제 3 판

이론 · 판례 · 사례

행 정 법 (하)

조정환 저

진 원 사

머리말(제3판)

● 한 인간이 육체적·정신적으로 계속 성장·발전하는 것과 같이 한 국가(대한민국)도 경제적·문화적으로 계속 성장·발전하여 선진국 형으로의 현재 진행형이다.

이러한 발전적 변화현상은 법제도 면에서나 대법원판례 및 헌법재판소 결정 역시 예외일 수가 없을 것이다.

이와 같은 발전적 변화현상의 주체는 정치나 경제보다는 주권자인 일반(대중)의 깨어있는 의식구조에서 출발하는 것이라고 보아야 한다.

● 행정법(하) 역시 독자들 호응에 힘입어 종래 빈약했던 내용이나 미진한 이론 또는 난해하게 설명되었던 부분들을 상당 부분 손질하고, 관련되는 부분에 판례 등을 소개하고 제·개정 법률에 맞추어 손질을 가하였다. 그러다 보니 쪽수도 보다 늘어나게 되어 「제3판」으로 하였다. 다만, 아쉽고 죄송한 점은 2007년까지 출제된 사법고시·행정고시·입법고시 등 각종고시 사례형 문제들을 모아 답안해설이 종래대로 되어 있으나, 2008년부터 2011년까지의 출제된 사례 문제들을 답안 해설하지 못한 점이다. 이는 시간상·지면상 문제이긴 하지만 아쉽고 죄송함을 금할 수 없다.

● 주요 제·개정 법률과 주요 내용설명 부분은 다음과 같다.

지방자치법, 국가공무원법, 건축법과 주택법, 도시개발법, 국유재산법, 공유재산및물품관리법, 국토의계획및이용에관한법률, 도시및주거환경정비법, 국토기본법, 보조금의관리에관한법률, 개인정보보호법, 지방교육자치에관한법률, 국민기초생활보장법, 공익사업을위한토지등의취득및보상에관한법률, 택지개발촉진법, 토양환경보전법, 지방세법과 지방세기본법 등이 있고, 주요내용 설명은 국가사무·자치사무·단체위임사무·기관위임사무의 근거법형상의 구별기준, 중앙행정기관과 지방자치단체간의 협의·조정, 국가와 지방자치단체간의 분쟁해결, 지방분권(중앙행정권한의 지방이양문제), 공무원의 임용요건, 소청절차, 근로법상의 권리, 급부행정법의 기본원리, 사회보장행정에서 사회보험과 사보험의 구별·보험료·보조금, 경제행정에서 신고주의, 자본·금융규제, 환경행정에서 배출시설의 신고제, 인·허가제 및 배출허용기준 등 의무위반에 대한 제재, 부동산행정에서 조례에 의한 용도지구의 지정, 공동구의 설치, 재선축초과 이익환수, 건축신고, 주택행정에서 주택의 유형, 리모델링, 공용부담에서 특별부담, 공용 환지에서 환지지정 등의 제한과 입체환지에 따른 주택공급, 순환개발방식 및 원형지개발방식에 의한 사업시행, 농어촌생활환경정비사업, 재무행정에서 지방세의 세목과 지방자치단체의 세목, 부동산회계, 공용 환지에서 도시개발법 개정에 따른 순환개발방식 및 원형지개발방식에 의한 사업시행, 국유재산에서 관리청, 국유재산종합계획, 국유재산의 관리전환, 민간참여개발 등에 관하여 수정·증보를 가하였다.

● 대법원판결이나 헌법재판소결정면에서는 자체완성적신고의 대상이 되는 행위일지라도 그 신고가 인·허가 의제의 효과를 갖는 경우(예 : 건축법 §14·②)에는 "수리를 요하는 신고"로 보고,

이 경우 행정청의 수리거부행위나 그 신고에 대한 실체적 요건의 충족여부를 심사하여 수리를 거부할 수 있는 바, 이 경우 거부는 항고소송의 대상이 되는 처분에 해당하고(대판 2011.1.20. 2010두14954; 대판 2010.11.18. 2008두167), 행정청의 착공신고 반려행위가 항고소송의 대상이 되고(대판 2011.6.10. 2010두7321), 중앙토지수용위원회의 이의신청재결에 대한 취소소송의 대상 및 피고적격과 관련하여 원처분주의의 입장을 취하였고(대판 2010.1.28. 2008두1504), 건축법상의 이행강제금부과에 대하여 항고소송의 대상이 되는 처분성을 인정하였고(대판 2009.12.24. 2009두14507), 재량준칙(행정규칙)에 대하여 행정의 자기구속법리를 인정하여 간접적·외부적 효력을 인정하였고(대판 2009.12.24. 2009두7967), 부동산가격공시감정평가법상의 개별공시지가에 대하여 이의가 있는 자의 불복방법(대판 2010.1.28. 2008두19987), 직위해제처분이 효력을 상실하였어도 이에 대한 취소소송의 협의의 소익을 인정하였고(대판 2010.7.29. 2007두18406), 주민들이 거주지 이동에 따른 '주민등록전입신고' 수리여부에 관한 심사의 범위에 대상에 관하여 '수리를 요하는 신고'로(대판 2009.6.18. 2008두10997), 체육시설의 회원을 모집하고자 하는 자의 시·도지사 등에 대한 회원모집계획서제출을 '수리를 요하는 신고'에서의 신고로(대판 2009.2.26. 2006두16243), 행정절차법 제24조의 처분의 방식에서 문서주의의 위반처분은 원칙적 무효(대판 2011.11.10. 2011도11109), 행정조사(세무조사)결정이 항고소송의 대상이 되는 처분이며(대판 2011.3.10. 2009두23617), 주택건축정비사업조합을 상대로 관리처분계획안에 대한 조합총회결의의 효력등을 다투는 소송을 행정소송법상 당사자소송으로(대판 2009.9.17. 2007다2428), 지방자치법 제11조 제1항 제3호의 헌법불합치결정(헌재결 2010.9.12. 2010헌마418), 체육시설을 도시계획시설사업의 대상이 되는 기반시설의 한 종류로 규정한 「국토의 계획 및 이용에 관한 법률」 제2조 제6호 라목 중 "체육시설"부분이 포괄적으로 대통령령에 입법을 위임하고 있으므로 포괄위임금지원칙에 위반된다는 위헌결정(헌재결 2011.6.30. 2011헌바35), 종업원등의 위반행위에 대하여 양벌조항으로서 영업주(사업자)나 법인에게 벌금형 등 법규정의 위헌선언(헌재결 2009.7.30. 2008헌가16; 헌재결 2007.11.29. 2005헌가10) 등 많은 판례와 헌법재판소결정은 실질적법치주의 및 국민의 권리보호확대와 행정의 민주화에 기여할 것으로 본다.

본서를 채택하여 계속해서 예습·복습 및 반복함으로써 독자들이 이루고자 하는 목적을 달성할 것을 기원하며, 본서로 독자들이 열심히 갈고 닦아 목적을 달성할 수 있다면 저자에겐 그 이상의 기쁨이 없을 것이며, 본 교재와 저자의 임무와 역할을 다하는 것이 될 것이다.

2012년 1월 1일

왕방산기슭 연구실에서 저자 씀.

머리말(제2판)

한 인간이 내어나서 성장하면서 신체체구가 커지면 이에 맞추어 옷도 키진 옷으로 맞추어 입듯이 한 국가도 성장·발전하면 이에 맞추어 제도(예 : 법령)도 성장·발전되어야 한다. 우리나라도 이제 개발도상국에서 선진국으로 진입하려는 노력과 시기에 관련법령도 많은 제·개정을 거듭하고 있는바, 이는 특히 세계화의 추세에서 선진국과 경쟁하고 따라잡고 살아남으려면 부득이한 현상이며 피할 수 없는 일이다.

매년 연구하고 출간할 때마다 느끼는 일이지만 학자는 보다 더 많은 인고와 노력을 요한다는 점이다.

2007년 8월 20일 행정법(하)가 출간된 지 1년 11개월 만에 개정·증보판이 출간되었다. 독자들의 호응에 힘입어 종래 빈약하였던 내용이나 미진한 이론 또는 난해하게 설명되었던 부분들을 전반적으로 손질하고, 사례형 기출문제해설과 그것에 관련되는 부분에 새로운 판례를 소개하고 제·개정 법률에 맞추어 손질을 가하였다. 그러다보니 쪽수도 많이 늘어나게 되어 「제2판」으로 하였다.

첫째, 주요 내용상 설명을 부가하였다.

심의기관으로서의 위원회, 권한 위임의 형태·유형과 권리구제, 정부조직법 개정에 따른 설명, 지방자치법 개정에 의하여 제도화됨으로써 입법적·제도적으로 해결(동법 §4·③~⑥, §4·⑦~⑨)한 지방자치단체의 구역변경에 대한 지방자치단체의 권리구제(행정소송, 권한쟁의 심판, 헌법소원 등), 지방자치 단체(공법인)의 주관적 법적지위의 보장문제, 주민(시민)의 권리·의무, 자치사무·단체위임사무·기관위임사무의 비교, 법령의 범위 안에서 조례에 의한 지방세 제정권 문제, 위법·부당한 명령·처분의 시정(지자법 §169), 지방자치단체의 장에 대한 직무이행 명령에 대한 지방자치단체의 불복제소(지자법 §170), 공무원임용에의 능력요건(결격사유) 및 자격요건(성적요건)결여(흠결)시의 효과문제, 소청심사 위원회의 결정에 대한 행정소송, 징계벌과 형벌의 양자관계 특히 형사법원판결의 구속력문제, 공무원책임 중 회계관계직원 등의 변상책임, 집회 및 시위에 관한 법률상의 집회 및 시위에 관련한 경비경찰, 경찰책임 특히 상태책임, 경찰책임의 승계문제(이 문제는 행정법(상)의 승계문제, 개인적 공권과 공의무와 상관된다), 공기업 이용관계의 내용, 도로법·하천법개정에 따른 공물의 성립과 소멸, 개정 국유재산법 및 공유재산법상의 원상회복과 불법시설물철거(대집행) 그리고 기부채납 받은 국·공유재산의 사용·수익허가, 사회기반 시설에 대한 민간투자법상의 기부채납 등에 관하여 설명을 부가하였다.

둘째, 판례는 2009년 4월 30일까지, 제·개정 법률은 2009년 6월 9일까지 모든 법률상 내용과 조문수까지 전부 손질을 가하였다. 정부조직법, 지방자치법, 도시 및 주거환경 정비법, 국유재산법, 개발제한 구역의 지정 및 관리에 관한 특별조치법 등에 관하여는 많은 손질을 하였고, 그 외에도 환경보전법은 소음·진동규제법으로 대체되고 나머지의 환경보전은 해당분야에 따라 자연 환경보전법과 토양환경보전법·대기환경보전법·수질 및 수생태계 보전에 관한 법률에서 규정하고, 공익사업을 위한 토지 등의 취득 및 보상에 관한 법률, 질서위반행위 규제법, 부패방지법과 국민고충처리위원회의 설치 및 운영에 관한 법률은 폐지되고 부패방지 및 국민권익위원회의 설치와 운영에 관한 법률로 대체되고, 하천법, 수도법, 도로법, 모·부자복지법은 한부모 가족지원법으로, 모자보건법, 공유재산 및 물품관리법, 군사시설보호법·해군기지법·군용항공기지법은 모두 폐지되고 「군사기지 및 군사시설보호법」으로 단일법으로 통일되고, 문화재보호법, 농어촌정비법, 도시개발법, 건축법, 농지법, 주택법, 부동산가격공시 및 감정평가에 관한 법률, 재건축초과이익환수에 관한 법률, 국토기본법, 환경영향평가법, 환경분쟁조정법, 해양환경관리법, 해양생태계의 보전 및 관리에 관한 법률, 종래의 「오수·분뇨 및 가축분뇨의 처리에 관한 법률」은 폐지되고 오수와 분뇨는 「하수도법」으로 가축분뇨는 「가축분뇨의 관리 및 이용에 관한 법률」로 각각 개정되고, 아동복지법, 기초노령연금법, 국민기초생활보장법, 노인장기요양보험법, 사회복지사업법, 고용보험법, 산업재해보상보험법, 국민건강보험법, 국민연금법 등이 제·개정되었으므로 그에 따른 설명을 가하였다.

셋째, 2007년까지 출제된 사법고시·행정고시·입법고시 등 각종고시 사례형 문제들을 모두 해설하였고(답안해설), 판례 및 헌법재판소 결정에는 Head Line화(예 : 환경영향평가 대상지역안의 주민들이 그 대상사업인 전원개발사업 실시계획승인처분과 관련하여 환경상 이익이 직접적·구체적이며, 위 주민들에게 그 침해를 이유로 위 처분의 취소를 구할 원고적격이 있다)하였다. 이는 길고 장황하며 난해한 판례 내용을 1차 시험에서 객관식문제로 출제가 가능할 것이다.

본서를 채택하여 계속해서 예습·복습 및 반복함으로써 독자들이 이루고자 하는 목적을 달성할 것을 기원하며, 본서로 독자들이 열심히 갈고 닦아 목적을 달성할 수 있다면 저자에겐 그 이상의 기쁨이 없을 것이며, 본 교재와 저자의 임무와 역할을 다하는 것이 될 것이다.

2009년 8월 18일

왕방산 기슭 연구실에서 저자 씀

머 리 말

본서는 행정법(상)에 대응되는 자매시로 행정법(하)에 해당한다.

행정법(하)이라는 표현은 행정조직면에 있어서는 국가행정조직이나 자치행정조직 등에 대하여는 (하)이라는 표현이 부적절 하겠으나 행정작용이나 행정분야면에 경찰행정, 급부행정, 경제행정, 환경행정, 부동산행정, 공용부담행정, 재무행정, 군사행정 등 특정한 행정분야(특별행정)를 대상으로 한다는 점에서 일반론(상)에 대응시켜서 행정법(하)로 표현 한 것이다. 그러므로 예컨대 경찰·재정·군정 등에서 경찰하명·경찰허가·경찰강제, 경찰벌, 재정하명, 재정허가, 재정강제, 재정벌, 군정하명, 군정허가, 군정강제, 군정벌 등에 관한 설명은 경찰·재정·군정이라는 특정분야 대상을 제외하고는 행정법(상)에서 설명한 이론, 즉 행정행위·하명·허가·행정강제·행정벌 등에 관한 이론이 그대로 타당하게 적용되는 것이다.

그리고 행정법(하)의 규율대상·분야가 다종·다양하며 광대할 뿐만 아니라 특정행정분야·대상마다 각각 독립하고 세분화·전문화하여 교과과목으로 설정되어야 하거나 설정되는 추세에 있다. 예컨대 경찰분야를 보면 경찰행정법이나 경찰학개론 등을 Curriculum으로 설정되고 있음은 물론이고 경찰 등 공무원 시험과목으로 채택되고 있는 것 등이 그 예이다.

본서 또한 행정법(상)·(하)의 어느 분야에서 설명한 부분은 중복설명을 줄임으로써 적은 분량으로 가장 효과적·체계적으로 공부할 수 있게 하였다. 예컨대 형식적의미의 경찰과 실질적 의미의 경찰은 형식적 의미의 행정과 실질적 의미의 행정을, 경찰 비례의 원칙은 행정법상 비례원칙을, 경찰하명은 행정행위의 하명을, 경찰허가는 행정행위의 허가를, 경찰강제는 행정강제를, 경찰벌은 행정벌을, 경찰조사는 행정조사를, 급부행정과 법치주의(법률에 의한 행정)는 법치행정(법치주의 또는 법률에 의한 행정)을, 공기업특허와 경찰상영업허가의 이동(異同)은 특허와 허가를 각각 공부하여 이해하게 되면 자연히 스스로 자신 있는 다양한 해답을 얻을 수 있게 될 것이다. 이는 바로 경제학에서 말하는 「최소의 비용으로 최대의 효과」를 가져오게 한다는 경제법칙에 비유될 수 있을 것이다.

사례와 판례, 헌법재판소재결의 중요성과 활용을 최대한으로 해야 할 것이다.

총칙규정이 없는 행정법분야에서 대법원의 판례나 헌법재판소의 결정이 갖는 의미는 중요하다.

기업가는 투자·기술개발·혁신(innovation)을 통하여 경쟁력을 갖추듯, 학자는 인고·노력·한문연구를 통하여 경쟁력을 갖추는 것일 것이다. 더 나아가 국가는 우루과이라운드(UR), OECD, WTO, FAT 등 많은 국제규범들을 협약 내지 가입하고 앞으로도 더 많은 국제질서에 발맞추지 않으면 안 되게 되었다. 특히 우리나라가 국제화에 적응하려면 각종제도가 변할 수밖에 없으며, 제도의 변화는 법령의 변화가 필연적이다. 더군다나 개발도상국 내지 중진국에서 선진국으로 도약하려면 법령이 변할 수밖에 없다. 이렇게 볼 때 현재 우리나라의 법령 특히 행정관련 법령의 변화는 현란하게 나타나고 있다. 전문인도 그 변화에 정신을 차려야만 이해할 수 있게 된다.

행정법(하) 내지 각론과 관련하여 2005년 후반부터 2007년 초반까지 법령이 새로 제정되거나 대체입법 또는 개정된 주요 법률들을 살펴보면 개발이익환수에 관한 법률, 건축법, 경찰법, 경찰공무원법, 공공기관의 운영에 관한 법률, 공공자금관리기본법, 공무원임용령, 공유재산 및 물품관리법, 공익사업을 위한 토지 등의 취득 및 보상에 관한 법률, 공적자금관리특별법, 공직선거법, 교원지위향상을 위한 특별법, 국가공무원법, 국가를 당사자로 하는 계약에 관한 법률, 국가재정법, 국민기초생활 보장법, 국유재산법, 국토기본법, 국토의 계획 및 이용에 관한 법률, 농어촌정비법, 농지법, 대기환경보전법, 도시개발법, 도시공원 및 녹지 등에 관한 법률, 도시 및 주거환경정비법, 모·부자 복지법, 민원사무처리에 관한 법률, 부동산가격공시 및 감정평가에 관한 법률, 사회보장기본법, 산림자원의 조성 및 관리에 관한 법률, 소방공무원법, 소방기본법, 소비자 기본법, 소음·진동규제법, 수질환경보전법, 습지 보전법, 식품위생법, 위험물안전관리법, 의료급여법, 자연환경보전법, 재건축초과이익환수에 관한 법률, 전자정부법, 제주특별자치도설치 및 국제자유도시조성을 위한 특별법, 주민소환에 관한 법률, 주민투표법, 주택법, 지방공기업법, 지방교육자치에 관한 법률, 지방교육재정교부금법, 지방자치단체를 당사자로하는 계약에 관한 법률, 정부조직법, 지방자치법, 지방재정법, 축산법, 토양환경보전법, 토지이용규제기본법, 통합방위법, 폐기물처리시설설치 촉진 및 주변지역지원 등에 관한 법률, 해양오염방지법, 행정규제기본법, 행정절차법, 환경·교통·재해 등에 관한 영향평가법, 환경분쟁조정법, 환경정책기본법 등을 들 수 있다.

필요 불가결한 것을 제외하고는 모두 한글화 하였다.

행정법 공부를 시작하는 학생, 현재 공부중이거나 시험을 앞두고 마지막 정리를 하고자 하는 학생들에게 행정법정리와 기본체계를 세울수 있는 체계서 및 최종 정리서로 활용하여도 좋을 듯싶다.

능력이 부족하고 천학비재한 저자가 본서를 낼 수 있었던 것은 전적으로 평생을 한국행정법학 발전을 위해 살아오신 은사 및 선후배 제현의 귀중한 연구업적에 전적으로 의존하고 있으며, 그분들에게 겸허한 마음으로 이 자리를 빌려 존경의 뜻과 감사의 말씀을 올린다.

이 책의 몇몇 곳에서 저자 나름의 견해를 표명해 보았으나 미진한 이론으로서 부끄러운 느낌은 있으나 이대로 출간하기로 하였으니 많은 질타를 바랄 뿐이다.

본서를 취택하여 계속해서 예습·복습 및 반복함으로서 독자들이 이루고자하는 목적을 달성할 것을 기원하며, 본서로 독자들이 열심히 갈고 닦아 목적을 달성할 수 있다면 저자에겐 그 이상의 기쁨이 없을 것이며, 본 교재와 저자의 임무와 역할을 다하는 것이 될 것이다.

끝으로 본서출간을 흔쾌히 맡아주시고 어려운 작업을 정성을 다하여 노력해주신 진원사 양진수 사장님과 양희원 과장님께 감사의 말씀을 드린다.

이 책이 출간되기까지 사랑과 인내와 이해·협조해준 아내에게 이 책을 바친다.

2007년 8월 20일

왕방산기슭 연구실에서 저자 씀.

독 자 문 의	· 독자여러분의 문의는 아래 연락처를 항상 개방해 두고 성실하게 답해 드리겠습니다. · 주소 : 경기도 포천시 선단동 산 11-1 내진내학교 사회과학대학 법학과 조정환 · 031) 539-2547, 011-9778-9308 · E-Mail : jjhwan@daejin.ac.kr

참고문헌

〈국내문헌〉

강구철	강의행정법(Ⅱ)	형설출판사	1999
고영훈	환경법	법문사	2000
구연창	환경법론	법문사	2000
권영성	헌법학원론	법문사	2004
권오승	경제법	법문사	2002
김남진·김연태	행정법(Ⅱ)	법문사	2005
김도창	일반행정법론(하)	청운사	1993
김동희	행정법(Ⅱ)	박영사	2005
김성수	개별행정법	법문사	2004
김연태	행정법사례연습	홍문사	2005
김철수	헌법학개론	박영사	2004
김철용	행정법(Ⅱ)	박영사	2004
김홍대	지방자치입법론	박영사	2001
류지태	행정법신론	신영사	2006
류해웅	국토계획법해설	한국감정평가연구원	2003
류해웅	부동산제도	부연사	2006
박균성	행정법론(하)	박영사	2005
박송규	사회복지법론	한국법제연구원	1998
박윤흔	최신행정법강의(하)	박영사	2005
볼프R. 쉔케(저)·서정범(역)	독일경찰법론	세창출판사	1998
석종현	일반행정법(하)	삼영사	2001
유상현	행정법(Ⅱ)	형설출판사	2002
이광윤	일반행정법	법문사	2006
이기우	지방자치행정법	법문사	1991
이상규	신 행정법론(하)	법문사	2000
이상철	군사행정법	경세원	1997
이태로	조세법강의	박영사	1997
임승순	조세법	박영사	2003
전광석	한국사회보장법론	법문사	1999
정하중	행정법각론	법문사	2005
정태용	도시계획법	한국법제연구원	2001
정태용	국토계획법	한국법제연구원	2003
조연홍	한국행정법원론(하)	형설출판사	2002
최명근	세법학총론	세경사	2003
최돈호	도시 및 주거환경정비법	박영사	2005
한견우	행정법(Ⅱ)	홍문사	1999
허 영	한국헌법론	박영사	2004
홍정선	지방자치법론	법영사	2002
홍정선	행정법원론(하)	박영사	2006
홍준형	환경법	박영사	2001
홍준형	판례행정법	두성사	1999

〈학회지·논문집·저널·판례평석〉

공법연구	한국공법학회
행정법연구	행정법이론실무학회
공법학연구	한국비교공법학회
토지공법연구	한국토지공법학회
환경법연구	한국환경법학회
지방자치법연구	한국지방자치법학회
행정판례연구	한국행정판례연구회
법조	법조협회
인권과 정의	대한변호사협회
법정고시	법률행정연구원
고시계	고시계사
고시연구	고시연구사
법률신문	법률신문사
대법원판례해설	법원도서관
판례월보	판례월보사
저스티스	한국법학원

미국집단소송의 발전(Development in Law class Action), 법무자료 제91집, 법무부, 1987
독일단체소송에 관한 연구(ZUR VERBANDSKLAGE IM ZIVILPROZESS)법무자료 제91집, 법무부, 1987
다수당사자소송연구(The STUDY OF MULTI-PARTIES' LITIGATION)법무자료, 제90집, 법무부, 1987

〈국외문헌〉

原田尙彦, 行政法要論, 學陽書房, 2000
態田宇靖, 行政法Ⅱ, 青林書院, 2000
南博方, 條解行政事件訴訟法, 弘文社, 1993
金子芳雄, 住民訴訟の諸問題, 慶應義塾大學法學硏究會刊, 1991
室井力·原野翹, 「現代地方自治法入門」, 法律文化史, 1992
田上穰治, 「警察法」(法律學全集⑫Ⅰ)(新版), 有斐閣, 1984
佐藤英善, 「經濟行政法」, 成文當, 1990

Jerry L. Mashaw, Richard A. Merrill, Peter M. shane, ADMINISTRATIVE LAW, The American Public Law system, Forth Edition 1998
ADMINISTRATIVE LAW, CASES AND COMENTS, Gellhorn/Byse/Straus/Rakoff/Schotland, university case book Series, 1987
Environmental Regulation, Law, Science, and Policy, Robert V. Percival, Alans. Miller, Christopher H.Schroeder, James P.Leape, Little, Brown and company Law Book Division, 1992
D. Foulkes, Administrative Law, 1999
W. Wade/C. Forsyth, Administrative Law, 1998

Hartmut Maurer, Allgemeines Verwaltungsrechts, 14. Aufl., 2002
H.J. Wollf/O.Bachof/R.stober, Verwaltungsrechts, 1995
Forsthoff, Ernst, Lehrbuch des Verwaltungsrechts, 10. Aufl., 1973
Wolff/Bachof/stober, VerwaltungsrechtⅡ, 6. A. Aufl., 2000
Maurer, Hartmut, Allgemeines Verwaltungsrecht, 14. Aufl., 2002

차 례

제1편 행정법 서론

제1장 개 설 / 3

제2장 국가행정조직(법) / 52

제2편 특별행정작용법

제1장 개 설 / 445

제2장 질서행정법(경찰행정법) / 452

제3장 급부행정법 / 604

제9장 군사행정법 / 1366

색 인

제1편

행 정 조 직 법

제1장 개 설

제2장 국가행정조직(법)

제3장 자치행정조직법(지방자치법)

제4장 공무원법

제1장 개 설

제1절 행정조직법 개관

I. 의 의

행정조직법이란 행정주체의 조직에 관한 법이라 할 수 있는바, 구체적으로는 다음과 같은 세 가지의 의미로 구분·사용된다.

1. 광의의 행정조직법

① 이는 행정작용에 대응되는 개념으로, 행정기관의 설치(변경·폐지 포함)·권한, 그 기관상호간의 관계 등에 관한 법과 이들 행정기관을 구성하는 인적(공무원)·물적(공물)요소와 인적·물적 종합시설(영조물)에 관한 법을 포함한다. 따라서 국가행정조직법·자치행정조직법·공공단체조직법뿐만 아니라, 공무원법·공물법 및 영조물법이 포함된다.

② 국가로부터 독립한 법인을 설립하고 그 법인격 있는 단체를 통해 수행되는 국가행정을 간접 국가행정이라 하고, 이런 행정을 행하는 법인의 조직에 관한 법을 간접국가행정조직이라 한다. 간접국가행정조직 유형에는 공법상사단(공공조합), 공법상재단(공재단)및 공법상 영조물 법인이 있다.

2. 협의의 행정조직법

행정기관의 설치·변경·폐지, 행정기관의 권한, 행정기관 상호간의 관계에 관한 법을 말한다. 즉, 광의의 행정조직법 중 인적·물적 요소인 공무원법, 공물법, 영조물법이 제외된다. 통상 행정조직법이라 함은 이를 말한다. 오늘날에 있어서는 공무원법은 별개의 독립된 법분야를 형성하고 있으며 공물법 및 영조물법도 행정조직법에 포함시키지 않는 것이 일반적 견해이다.

3. 최협의의 행정조직법

협의의 행정조직법 중 자치행정조직법과 공공단체조직법을 제외한 순수한 국가행정조직법만을 뜻한다. 본서에서는 광의의 개념 중 국가·지방자치단체·공공단체의 조직에 관한 법과 그 인적 요소인 공무원에 관한 법만을 고찰대상으로 하고, 물적 요소인 공물과 공기업(영조물)에 관한 법은 제5편 제3장 급부행정법의 분야에서 고찰하기로 한다.

Ⅱ. 성질 및 법적근거

1. 성 질

종래에는 행정조직법의 법규적 성질을 부인하고(19세기의 외견적 입헌국가시대) 일종의 행정규칙으로 파악하였으나, 오늘날에는 행정조직법의 법규성을 부인하는 견해는 없다. 행정조직법은 개인의 권리·의무를 직접 규정한 것은 아니지만, 행정기관의 설치·변경·운영은 예산과 관련하여 직접·간접으로 국민에게 적지 않은 경제적 부담을 주고, 또한 그 권한 분배는 국민에 대한 권한 행사를 전제하고 있으며, 행정조직의 목적은 행정권의 행사에 있으며, 어떠한 행정기관이 설치되고 어떠한 행정권한을 행사하는가는 국민생활에 중대한 영향을 미치며, 행정조직문제는 국가의 형성유지 및 국가생활에 있어서 중요하고도 본질적인 사항이기 때문에 이를 국회에 유보시킬 필요가 있다(중요사항유보설과 행정조직법정주의).

행정조직법은 행정조직에 관한 헌법상 기본원칙을 구체화·세목화 하면서도 기술법으로서의 독자적인 성격을 가지는 법이다.

입법조직법(국회법)·사법조직법(법원조직법)과 더불어 행정권의 조직을 규율하는 법인 행정조직법(정부조직법)은 우리나라의 통치구조에 대한 기본법을 이룬다.

행정조직법은 원칙적으로 행정조직의 내부문제를 규율하는 행정내부법인 점에서 행정의 외부관계를 규율하는 행정작용법과 구별된다.

(1) 법적근거(행정조직법정주의 : 행정조직법과 법치주의)

우리 헌법은 행정권의 근거와 소재 및 행정조직의 기본원칙을 정하고 있으므로 행정조직법의 법원(法源)임과 동시에 그 기초가 된다.

즉, 헌법은 행정권의 근거가 국민에게 있음을 규정한 국민주권사상(§1·②: 민주적 통제), 「행정권은 대통령을 수반으로 하는 정부에 속한다」(§66·④)고 하여 행정권의 소재명시, 국무회의(§88), 국무총리 및 행정각부(§86, §87, §94)와 중앙선거관리위원회(§114), 감사원(§97, §98), 국가안전보장회의(§91) 등의 조직과 설치를 입법사항으로 규정하고 있으며 그에 따라 그 각각에 대한 단행법이 제정되어 있다. 특히 헌법 제96조는 "행정각부의 설치·조직과 직무범위는 법률로 정한다"고 규정하여 행정조직 법정주의를 취하고 있다(정부조직법). 행정각부의 설치·조직·직무범위(§96), 감사원의 조직·직무범위(§100) 등에 관하여 법률로 정하도록 이에 근거하여 제정된 법이 정부조직법, 감사원법이다. 행정조직 법정주의 하에서도 법률에서 정부조직에 관한 세부적인 사항에 관하여는 구체적인 범위를 정하여 명령에 위임할 수 있다(§75·§95).

법령에서 정한 범위 내에서 법령에서 정한 행정조직보다 세부적인 행정조직에 관한 사항은 행정에 의해 정해질 수 있다. 행정조직에 관한 사항을 정하는 행정규칙을 "조직규칙"

이라 한다.

헌법은 또한 지방자치단체에 대하여도 그 종류와 조직 및 운영을 법률로 정하도록 하고 있으며(§117·② §118·②), 그에 따라 제정된 지방자치에 관한 일반법이 지방자치법이다.

Ⅲ. 유 형

1. 중앙집권형과 지방분권형

전자는 권력을 중앙에 집권시키는 경우이고, 후자는 권력을 지방에 분산시키는 경우인데 후자는 다시 ① 국가로부터 독립된 지방자치단체를 설립하여 자치권을 부여하는 「자치분권」(지방자치)과 ② 국가에 직접 예속된 지방행정기관에 행정권한을 분배하는 데 불과한 「권한분권」이 있는데, 자치분권만을 진정한 지방분권이라 한다.

2. 권력통합형과 권력분산형

권력통합형은 가능한 한 하나의 기관에 통합시키는 것으로 대통령제·독임제를 들 수 있고, 권력분산형은 여러 기관에 분산시키는 것으로 의원내각제·합의제를 들 수 있다. 오늘날에는 권력분산형이 일반적인 조직형태이다.

3. 관치행정형과 자치행정형

관치행정형은 국가가 그 스스로의 기관에 의하여 행정을 수행하는 것인데 대하여 자치행정형은 국가 밑에 국가로부터 독립한 인격을 가지는 지방자치단체, 경제단체(상공회의소, 협동조합 등), 직능단체(변호사회, 의사회, 교원단체 등)를 설치하여 그에게 포괄적·일반적 수권을 함으로써 그 단체로 하여금 일정한 행정을 자기의 기관에 의하여 자기 사무로 처리하게 하는 행정조직이다.

4. 직접민주형과 간접민주형

행정은 국민이 선출한 대표자에 의하여 행하는 간접민주형이 원칙이지만, 예외로 국민표결·국민소환·국민발안 등의 직접민주형을 채택하기도 한다(주민투표, 주민발안, 주민소환에 관하여는 각각 지방자치법 §14, §15, §20 참조).

5. 독임제와 합의제

독임제는 단독공무원의 책임으로 행정을 처리하는 경우이고, 합의제는 수인의 공무원의 합의에 의하여 행정을 처리하는 경우이다. 독임제는 책임소재를 명확히 하고 사무의 통일을 기하고 신속·능률·적시의 조치를 함에 알맞고, 합의제는 판단의 공정·신중을 기하고 민주적이며 각종 이해의 공평한 조정을 도모함에 알맞다. 독임제를 원칙으로 하나 오늘날 합의제가 점증하는 경향이 있다.

Ⅳ. 행정조직의 구성원리

오늘날 행정조직법은 「**능률성의 원리**」 및 「**민주성의 원리**」라는 이대원리 외에 최소조직의 원리 및 협동·조정의 원리에 의하여 지배되고 있다.

1. 분배의 원리

행정기관 사이의 사무의 분배원리이다.

행정의 통일성 확보와 효율적 목적 달성을 위해 계층제(최하위→최상위 단위까지)를 형성하고 있기 때문에 행정기관들 간에는 각각 고유한 소관사무가 분배되는 것이다.

2. 종합의 원리

종합의 원리는 행정조직 안에서 각 단위기관 사이에 요구되는 질서확립을 위한 원리이다.

분배된 사무를 하나의 체계로 결합이 요구되는 바 최상부에서 최하위에 이르기까지 하급단위의 사무를 상급단위의 지휘·감독에 맡김으로써 전체 행정의 통일을 기할 수 있게 된다.

3. 조정의 원리

조직의 원리는 전체로서의 행정의 보다 조화되고 합리적인 운영을 도모하기 위한 원리이다.

조정의 원리는 위의 두 가지 원리를 보완하는 제3의 원리로서 중요한 의의를 가진다. 현대행정은 복잡·다양하기 때문에 각 행정단위 간에 사무의 중복·경합이 생길 수 있고, 지휘감독 계통이 일원화 되지 않기 때문에 지휘계통에 경합·충돌이 일어날 수 있다.

조정의 기능은 통합화와 독립화를 들 수 있다. 통합화는 대등기관간의 업무를 조정하고 하나의 기관의 정점하에 두는 것이고, 독립화는 통합의 경우나 업무의 성질에 따라 다른 기관으로부터 독립을 요구하는 경우(예 : 감사업무)가 이에 해당한다.

제2절 우리나라 행정조직의 기본원리

Ⅰ. 서 설(헌법의 구체화법으로서의 행정법)

근대초기의 관료주의국가에서는 집권적·통합적이며 단독제·전문직제·임명제 등으로 채택이 많았으나, 시민적 법치국가화함에 따라 분권적·분립적이며 합의제·명예직제·선거제의 채택이 증가하였다. 현대에는 법률유보의 원리, 민주주의 원리, 능률성의 원리가 적용된다.

Ⅱ. 현대 행정조직의 특색

① 민주성 보장과 ② 행정의 능률성과 전문성의 확보이며, 이 양자의 합리적인 조화가 문제로 된다. 구체적 특색으로 행정조직의 방대화, 행정조직의 통일성·계층성·독임성·책임명확성·관료성·전문성·직업공무원제도, 행정조직의 민주적 통제(행정조직의 민주성) 및 합의제 행정기관의 증가를 들 수 있다.

Ⅲ. 우리나라 행정조직의 기본원리

1. 헌법의 구체화법으로서의 행정법

행정법은 헌법의 집행법이며, 헌법의 구체화법으로서의 특성을 갖기 때문에 헌법에는 행정이 준수하고 실천해야 할 중요한 법리가 담겨져 있다. 즉, 헌법에 표현된 국가의 임무 및 권한에 관한 결정들은 그것이 현실화되기 위해서는 행정에 반영되지 않으면 안 된다.

근대법치국가의 성립에 따라 형성된 행정법은 각국의 역사적 여건의 차이에 따라 각각 특색을 지니고 있으므로 그 기본원리로 특정국가의 실정법에 따라 논의되어야 할 문제이다. 따라서 우리나라는 현대입헌주의 헌법 내지 사회적 법치국가 헌법을 채택하였으므로 우리 행정조직법도 ① 민주국가원리 ② 법치국가원리 ③ 지방분권주의 ④ 사법국가원리 ⑤ 복지국가원리를 기본원리로 채택하였다.

2. 민주국가원리

우리나라 헌법은 국민주권원칙(§1)에 입각하고 있기 때문에 우리나라의 행정조직 등도 민주적 요소에 의하여 지배되고 있다. 참된 민주주의는 목적·이념·가치에 있어서 뿐만 아니라 형태·제도·수단·절차에 있어서도 민주적이어야 한다. 여기에는 (1) 행정조직의 민주화 (2) 책임행정의 원리 (3) 민주적 직업공무원제 (4) 독임제 원칙과 합의제 증가 등을 들 수 있다.

(1) 행정조직의 민주화

우리 헌법은 국가조직이 국민주권에 입각한 자유민주주의 원리를 실현할 수 있도록 하고 있는 바, 행정조직도 그러하다. 즉, 행정조직법정주의, 행정위원회와 같은 합의제기관채택, 행정조직에 대한 민주적 통제(국무총리 임명에 대한 국회의 동의, 국무총리·국무위원에 대한 국회의 해임건의, 대통령·국무총리·국무위원 등에 대한 국회의 탄핵소추 등), 지방자치단체의 민주적 기관구성, 민주적 공무원제도의 확립 등에서 나타나고 있다.

(2) 책임행정의 원리

책임행정의 원칙은 모든 입헌주의국가에서의 기본원리로서 모든 국가기관은 그 행위에 대하여 국민에게 책임을 지도록 되어 있다(헌법§·7 ① 참조). 이러한 책임행정의 제도적 표현으로서는 선거제도, 국회에 의한 탄핵제도, 해임건의제도, 공무원에 대한 징계제도, 파면청원제도 등을 들 수 있다.

(3) 민주적인 직업공무원제

우리 헌법 아래서는 행정기관담당자로서 공무원제도는 민주공무원제도임과 동시에 직업공무원제도임을 특색으로 하고 있다.

1) 민주공무원제

공무원은 국민 전체에 대한 봉사자이며 국민에 대하여 책임을 진다는 것으로 보아 공무원제도의 민주화를 기하고 있다.

2) 직업공무원제

헌법은 공무원의 신분과 정치적 중립은 법률이 정하는 바에 의하여 보장된다고 하였다. 그리하여 국가공무원법은

㉮ 공무원의 임명을 성적주의에 의한다는 것(성적주의채택, 엽관제배제원칙)

㉯ 신분과 생활을 보장받는다는 것(신분보장)

㉰ 정치운동이 금지되는 것(정치적 중립성) 등을 규정하고 또한 능률성을 포함하여 직업적 공무원제도를 지향하고 있다.

(4) 독임제 원칙과 합의제 증가

우리나라 행정조직도 그 기관설치방법에 있어 행정조직의 보편적인 방법이고, 신속성·능률성 및 책임성을 담보하기 위하여 독임제를 원칙으로 하고 있다. 그러나 타면에 있어서 행정사무의 확대·강화 및 전문화·기술화에 따라서 행정위원회와 같은 합의제를 취하는 경우가 많다. 감사원·중앙선거관리위원회·소청심사위원회 등이 그 예이다.

3. 법치국가 원리(행정기관법정주의 : 법률유보의 원칙)

행정기관법정주의(행정조직법정주의)란 행정기관의 조직·변경은 국회가 제정한 법률에 의하여 행함을 의미하는 바, 헌법 제96조가 명문화하고 있다. 이런 헌법규정에 따라 중앙행정기관의 조직의 대강을 정한 것이 행정 각 부에 관한 정부조직법, 감사원에 관한 감사원법, 선거관리위원회에 관한 선거관리위원회법, 지방자치단체에 관한 지방자치법 등이 있다. 다만, 정부조직법은 행정 각부의 보조기관, 특별지방행정기관, 부속기관의 설치는 대통령령으로 정할 수 있도록 위임하고 있다.

4. 지방분권주의

행정의 민주화를 위하여 지방자치제를 택하고 있다(헌법§117, §118).

"지방자치단체는 주민의 복리에 관한 사무를 처리하고 재산을 관리하며 법령의 범위 안에서 자치에 관한 규정을 제정할 수 있다"(헌법 §117)라고 규정함으로써 자치분권제의 실시를 명시하고 있다. 그러므로 우리나라의 행정조직은 헌법 자체에 의하여 국가행정조직과 자치행정조직의 이원성이 전제되고 있다.

5. 사법국가원리

우리 헌법은 「명령·규칙 또는 처분이 헌법이나 법률에 위반되는 여부가 재판의 전제가 되는 경우에는 대법원은 이를 최종적으로 심사할 권한을 가진다」고 규정하고(§107·②), 법원조직법에서는 법원의 법률상쟁송심판권(§2)과 행정사건에 관한 법적분쟁심판권은 행정법원에 속한다(§3)고 규정하여 사법국가주의를 채택하고 있다.

6. 복지국가원리(사회국가원리)

(1) 경제적 정의 실현

19세기 자유방임주의적 국가를 자유국가·야경국가·소극국가라 한다면, 20세기 이후의 현대국가는 국민의 자유와 평등을 실질적으로 보장하기 위하여 국민생활에 적극적으로 관여하고 경제질서의 형성을 주도하고 있다.

우리 헌법도 국민의 인간다운 생활을 할 권리 등 생존권(생활권·사회권)적 기본권을 규정하고(헌법 §32 ~§36) 사회적 경제조항을 규정하여(헌법 §119 ~§127) 행정이 국민의 복리후생에 역점을 두는 복지국가·복리국가·후생국가·적극국가·사회국가·경제국가를 지향하고 있다. 「아울러 노·사간의 갈등과 근로자의 빈곤 및 빈부격차 심화를 부의 공정한 배분을 통하여 정의사회 실현을 위하여 자본주의질서에 대한 수정을 요한다」(수정자본주의).

경제적 평등·소득의 재분배·사회정의 실현을 위해 직접세·누진세제가 요청된다. 이러한 복지국가원리는 행정조직법에 적용됨은 물론이고 특별 행정작용법에 적용되는데 의의가 있다. 예컨대 급부행정법상의 사회보장행정·조성행정, 규제행정법상의 경제규제행정, 환경행정, 재정행정법상의 조세행정에 복지국가원리가 적용되어야 함은 당연한 것이다.

(2) 능률행정주의

헌법상 자유민주적 기본질서를 행정의 기본이념으로 하면서 급변하는 환경에 신속히 적응할 수 있고, 행정의 안정과 능률을 확보할 수 있도록 대통령 중심제하에서 행정권을 대폭 강화하고 있으며(헌법전문, 헌법 §66), 능력배양을 위한 훈련, 근무성적의 객관적 평정, 근무능률증진을 위한 교육훈련 및 근무성적의 평정과 보건·휴양·안전·후생 등 실시, 행정운영개선에 반영하기 위한 제안제도 및 상훈제도를 두고 있다(국공법 §50~§54).

제3절 행정기관의 의의 및 종류

I. 의 의

(1) 행정주체·행정기관·공무원

행정주체는 행정을 담당하는 법적주체(법인격)이며 행정법상 국민과의 관계에서 권리·의무의 주체가 된다(예: 국가, 지방자치단체, 공공단체).

행정주체는 원칙적으로 자체로는 권리능력을 가지나 행위능력은 가지지 못한다. 의사와 행동은 자연인에게만 가능한 것이기 때문이다. 따라서 행정주체를 대신해 실제로 행위할 기관이 필요한데 이것이 행정기관이다.

행정기관은 법적으로 창설된 행정주체의 기구로서 부여받은 권한을 행정주체를 위하여 행정작용을 행사하고 그 법적 효과는 행정주체에게 귀속하게 된다. 행정기관의 행위에 의한 권리·의무도 행정주체에 귀속된다.

행정기관이란 넓은 의미에서는 국가·공공단체의 행정사무를 담당케 하기 위하여 설치된 기관(행정관청 이외에도 보조기관·보좌기관·의결기관·자문기관·집행기관 등이 포함)을 말하며, 좁은 의미에서는 국가·공공단체의 행정사무를 담당하고, 그 사무에 관하여 국가·공공단체의 의사를 결정·표시할 수 있는 권한을 가지는 기관을 의미한다(행정청의 의미). 기관과 기관구성자(공무원)는 구별되는데, 기관을 구성하는 자연인을 기관구성자(기관담당자)라 하는데, 이는 기관 그 자체와는 구별되는 것이므로 기관구성원인 자연인(공무원)에 변동(퇴임·사망 등)이 있더라도 기관으로 한 행위는 영향을 미치지 아니한다.

행정기관은 행정사무를 담당하는 기관이라는 점에서, 입법사무를 담당하는 입법기관 및 사법사무를 담당하는 사법기관과 구별된다.

(2) 권한분배단위로서의 행정기관과 사무분배단위로서의 행정기관(조직법상 의미의 행정기관과 기능상 의미의 행정기관)

① 권한분배단위로서의 행정기관은 행정주체의 행정사무를 담당하는 지위를 지칭한다. 작용법적·기능적 의미의 기관개념이며, 전통적 행정법학에 있어서의 행정관청법 이론상의 관념으로서, 행정작용법 및 행정절차법·행정구제법의 관점에서 행정결정과정의 최종단계에서 소관사무에 관하여 행정주체의 의사를 결정하고 이를 국민에 대하여 표시할 수 있는 권한과 책임을 가지는 기관을 의미한다(예: 국회사무총장·법원행정처장). 행정절차법상 행정청의 개념(행정절차법 §2·1호)과

행정쟁송법상 행정청의 개념(예: 행심법 § 1, 행소법 §1)은 권한분배단위로서의 행정기관 또는 기능상의미의 행정관청 개념에 해당한다. 이러한 의미의 행정기관관념은 대외적 권한(외부관계)을 행사하는 기관을 중심으로 하고, 권한과 책임의 소재(행정작용에 실효성 있는 법적통제)를 명확히 할 수 있어 법치주의에 충실할 수 있는 장점을 가진다.

② 사무분배단위로서의 행정기관은 행정주체의 행정사무를 외부관계·내부관계의 구별 없이 행정주체가 행하는 공행정 전체를 파악하여(부·처·청 등) 그것을 어떤 기관에 배분하는가에 초점을 맞추고, 일정한 행정사무를 분담하는 조직으로 보조기관·자문기관 등을 포함하는 조직체를 지칭한다. 그러므로 조직법상 의미의 행정기관을 의미한다. 정부조직법이 "중앙행정기관은 …… 부·처 및 청으로 한다"라고 규정하고 있고, 지방자치법(§9, §10)이 지방자치단체의 사무범위와 지방자치단체의 종류별 사무배분기준에 관하여 규정하고 있는 것은 사무분배단위로서의 행정기관의 관념에 입각하고 있다(정부조직법 §2·2호, 지자법 §103, §104, §110, §112, §113). 권한분배단위로서의 행정기관의 관념과 사무분배단위로서의 행정기관의 관념은 양자가 대립적인 것은 아니고 상호 보완적인 의미를 가진다고 보아야 한다.

Ⅱ. 행정기관의 법인격(권리주체) 인부문제(행정기관의 성질)

행정기관 자신이 인격을 가지는가 아니면 국가·공공단체의 표현기관에 지나지 않는가에 대하여 적극설과 소극설이 대립되나 통설은 행정기관은 권한을 가지지만 권리는 가지지 않으며 법률효과의 직접 귀속주체도 아니기에 법인격을 가지지 않는다고 본다. 행정관청(행정기관)은 권리주체가 아니고 행정주체가 권리주체이기 때문이다. 다만, 행정쟁송의 당사자(예: 취소소송의 피고는 처분청 또는 재결청임)인 경우와 대내적인 기관 상호간에 있어서 기관 자신의 이름으로 행위하고 그 법률효과가 기관에게 귀속되는 경우(예: 권한위임, 사무위탁, 권한쟁의 등)가 있지만 이는 현실적인 행정수행의 편의를 고려한 정책적 배려에 불과하고 직접 법인격을 인정한 것은 아니다. 모든 행정기관(예: 행정관청·행정청)이 행한 법적효과는 권리주체(법주체: 법인격)인 국가(또는 지방자치단체)에 귀속된다.

Ⅲ. 행정기관의 종류

1. 행정관청(행정청)

행정관청이란 국가 의사를 결정하여(결정권) 이를 자기의 이름으로 외부에 표시하는 권한(표시권)을 가진 행정기관을 말한다. 지방자치단체의 의사를 결정하여 이를 자기의 이름으로 외부에 표시하는 권한을 가진 기관을 행정청이라 하며, 국가기관인 행정관청과 구별하여 부르는 경우가 있다. 행정관청과 행정청을 합하여 광의의 행정청이라고도 한다. 행정관청이라는 용어는 학문상 용어로서 실정법상 용어로는 「행정기관의 장」이라고 표현되고 있다(정부조직법 §2, §7). 지방자치법에서는 지방자치단체의 장 또는 시·도지사, 시장·군수·자치구청장이라고 표현되고 있다(지자법 §93~§95). 국회사무처법은 국회사무총장(국회사무총장은 의장의 감독을 받아 국회의 사무를 통할하고 소속공무원을 지휘·감독한다. §4·①)이라고 표현되고, 법원조직법은 법원행정처장(법원행정처장은 대법원장의 지휘를 받아 법원행정처의 사무를 관장하고, 소속공무원을 지휘·감독하며, 법원의 사법행정사무 및 그 직원을 감독한다. §67·②)이라고 표현되고 있다.

행정절차법은 "행정청"이라 함은 행정에 관한 의사를 결정하여 표시하는 국가 또는 지방자치단체의 기관 기타 법령 또는 자치법규(이하 "법령등"이라고 한다.)에 의하여 행정권한을 가지고 있거나 위임 또는 위탁받은 공공단체나 그 기관 또는 사인을 말한다라고 규정하고 있고(동법 §2·1호), 행정심판법은 "행정청"·"피청구인"·"피청구인인 행정청"이라고 표현되고 있고(동법 §1, §2·①호, §3, §4, §13·①, §17·①, §17의 2·①, §37·①), 행정소송법은 "행정청"·"피고인행정청"이라고 표현되고 있다(동법 §1, §2·1호, §3·1호·2호, §4, §13, §28·③).

행정관청에는 구성원의 수에 따라 1인이면 독임제관청(각부 장관, 교육감, 문화재청장 등), 수인이면 합의제관청(방송통신위원회, 인권위원회, 금융감독원, 금융위원회, 공정거래위원회, 감사원, 토지수용위원회, 선거관리위원회, 노동위원회, 국가배상심의회 등), 권한이 미치는 지역범위에 따라 권한이 전국에 미치는 중앙관청(각부장관·처장·청장), 일정지역에 한정되는 지방관청(서울특별시장, 광역시장, 도지사, 시장, 군수, 구청장 등)이 있다.

지방관청은 사무의 범위에 따라서 사무의 범위가 일반적이고 광범위한 보통관청(예 : 특별시장, 광역시장, 도지사, 시장, 군수, 자치구청장)과 사무의 범위가 제한적이고 특별범위에 한정되는 특별관청(예 : 경찰서장, 세무서장, 우체국장)으로 구분된다. 감독권의 기준에 따라 상급관청(경찰서장에 대한 지방경찰청장)과 하급관청(지방경찰청장에 대한 경찰서장)으로 구분된다. 국가행정관청과 지방행정관청까지 포함하여 행정청이라고 한다. 행정관청의 설치·조직은 행정기관법정주의의 결과로서 법률사항인 것이다(정부조직법 §2·①).

2. 보조기관

자기 이름에서 스스로 행정에 관한 국가 의사를 결정·표시할 권한은 없고, 다만 행정관청을 내부에서 보조하는 데 그치는 행정기관(차관, 차장, 부시장, 부지사, 실장, 국장, 과장, 계장 등)을 말한다.

보조기관의 설치와 사무분장은 법률로 정한 것을 제외하고는 대통령령으로 정한다(정부조직법 §2·③·④).

3. 의결기관

행정(관)청이 표시할 행정에 관한 국가 의사를 의결의 형식으로 결정하는 권한을 가진 합의제행정기관이다(징계위원회, 인사위원회, 광업조정위원회, 지방의회, 시·도교육위원회, 정부투자기관 경영평가위원회 등). 의결기관의 설치는 법률사항이다. 직접행정에 관한 의사를 결정하며, 행정관청은 의결기관의 의결에 구속된다는 점에서 자문기관과 구별된다. 따라서 의결기관의 의결이 없거나, 그 의결에 반하는 행정청의 의사표시는 하자 있는 행위로써 무효가 된다. 그러나 의사를 외부에 표시할 권한까지 보유한 경우에는 합의제관청이 된다(합의제 관청의 예 : 각종선거관리위원회, 감사원, 토지수용위원회·노동위원회·국가배상심의회의·금융통화운영위원회 등).

4. 심의기관으로서의 위원회

(1) 의의 및 설치

심의기관이란 행정청이 국가의사나 지방자치단체의사를 결정·표시하기 전에 소관관청의 권한에 관한 사항을 심의하는 권한을 가진 합의제 행정기관이다. 심의기관의 설치는 법률사항이다.

국무회의(헌법 §88, §89), 학교환경위생정화위원회(학교보건법 §6), 정보공개심의회(정보공개법 §12), 개인정보보호심의위원회(개인정보보호법 §20), 건축위원회(건축법 §4), 문화재위원회(문화재보호법 §4), 규제개혁위원회(행정규제기본법 §23), 중앙도시계획위원회와 지방도시계획위원회(국토의계획·이용법 §106, §113), 사회보장심의회(사회보장기본법 §16), 식품위생심의위원회(식품위생법 §57) 등이 심의기관이라 할 수 있다.

(2) 법적지위 내지 성질

국무회의·학교환경위생정화위원회 등의 지위에 대해서는 의결기관으로 보는 견해, 자문기관으로 보는 견해, 중간성격을 가진 심의기관으로 보는 견해 등이 대립된다. 의결기관도 아니고 그렇다고 단순한 자문기관도 아닌 의결기관과 자문기관과의 중간 성격을 가진 필수적 심의기관으로 보아야 할 것이다.

(3) 의사절차

의사절차에 관하여는 개별법률이 규정하고 있는 바, 합의제기관이므로 「의결」의 형식을 취해야 할 것이다. 의결정족수에 관해서도 개별법률의 규정에 따르겠으나 규정이 없는 경우에는 전원일치설과 다수결설이 대립되나 다수결이 바람직하다고 본다.

(4) 행정청이 심의를 결한 권한행사

행정청이 심의기관의 심의를 거치지 아니하고 그 권한을 행사한 경우의 위헌·위법적 행위를 유효로 볼 것인가 무효로 볼 것인가가 문제된다. 유효설은 심의기관에서의 심의절차는 효력발생요건이 아니라 적법요건이므로 위헌·위법으로 탄핵소추대상이나 쟁송대상이 될 뿐, 그 행위의 효력에는 영향이 없다고 한다. 무효설은 헌법이나 법률이 요구하는 필수적 절차는 유효요건으로 간주되므로 이 절차를 결한 때의 그 효력은 무효가 된다고 한다. 판례는 학교환경위생정화위원회의 심의절차를 누락한 행정처분이 위법하여 취소사유가 된다고 한다.

판례 **〈학교보건법상 학교환경위생정화구역에서의 금지행위 및 시설의 해제여부에 관한 행정처분을 함에 있어 학교환경위생정화위원회의 심의를 거치도록 한 취지 및 그 심의절차를 누락한 행정처분이 위법하여 취소사유가 된다.〉** 행정청이 학교보건법(제6조 제1항) 소정의 학교환경위생정화구역 내에서 금지행위 및 시설의 해제에 관한 행정처분을 함에 있어 학교환경위생정화위원회의 심의를 거치도록 한 취지는 그에 관한 전문가 내지 이해관계인의 의견과 주민의 의사를 행정청의 의사결정에 반영함으로써 공익에 가장 부합하는 민주적 의사를 도출하고 행정처분의 공정성과 투명성을 확보하려는 데 있고, 나아가 그 심의의 요구가 법률에 근거하고 있을 뿐 아니라 심의에 따른 의결내용도 단순히 절차의 형식에 관련된 사항에 그치지 않고 금지행위 및 시설의 해제 여부에 관한 행정처분에 영향을 미칠 수 있는 사항에 관한 것임을 종합해 보면, 금지행위 및 시설의 해제 여부에 관한 행정처분을 하면서 절차상 위와 같은 심의를 누락한 흠이 있다면 그와 같은 흠을 가리켜 위 행정처분의 효력에 아무런 영향을 주지 않는다거나 경미한 정도에 불과하다고 볼 수는 없으므로, 특별한 사정이 없는 한 이는 행정처분을 위법하게 하는 취소사유가 된다(대판 2007.3.15. 2006두15806).

(5) 심의결과에 행정청의 구속문제

행정청은 심의기관의 심의결과, 특히 의결에 구속되는가 하는 점이다. 긍정설은 필수적 심의기관의 심의, 특히 의결에 구속된다고 하고, 부정설은 「의결」이라는 용어를 피하고 「심의」라는 용어를 사용한 헌법이나 법률규정상 행정청은 법적으로는 이에 구속되지 않는다고 볼 수밖에 없을 것이라고 한다. 위법한 행위에 대한 탄핵사유나 쟁송사유가 될 것이기에 어느 정도 견제는 가능하다는 것이다. 심의를 누락하고 행한 행정처분은 특별한 사정이 없는 한 이는 행정처분을 위법하게 하는 취소사유가 된다는 것이 판례입장이다(대판 2007.3.15. 2006두15806).

5. 자문기관

행정청의 자문에 응하여 또는 자진하여 행정기관에 의견을 제공함을 임무로 하는 행정기관이다(국가안전보장회의, 정치자문회의, 국가원로회의, 국민경제대책회의, 국방부 징발보상심의회 등). 국가의 자문기관은 헌법·법률에 규정된 것을 제외하고는 행정청의 소관사무의 범위 안에서, 특히 필요한 때에는 대통령령으로 설치할 수 있고(정부조직법 §4), 지방자치단체의 자문기관은 조례로 정한다(지방자치법 시행령 §80). 행정관청은 자문기관의 의견을 묻지 않을 수도 있고, 제시한 의견이나 의결에 구속되지 않는다는 점에서 의결기관과 구별된다.

6. 집행기관

행정(관)청 명을 받아 국가의사를 사실상 집행하는 기관이다. 실력을 행사함으로써 국가의사를 강제적으로 실현할 수 있음을 특색으로 한다(예: 경찰·세무·소방공무원, 경찰기동대, 해양경찰대).

7. 감사기관

행정기관의 사무 또는 회계를 검사하여 그 비위를 적발·시정함을 임무로 하는 국가 행정기관이다. 보통 감사기관(상급관청)과 특별감사기관(감사원)이 있다.

8. 공기업기관 또는 영조물기관

공기업을 경영하는 기관을 공기업기관(현업기관이라고도 한다)이라 하며, 체신관서가 그 예이고, 행정관청의 지위를 가진다. 영조물의 관리를 임무로 하는 기관을 영조물기관 또는 공공시설기관이라 하며 국립병원, 국립대학, 국립도서관, 국립박물관 등이 그 예이고, 행정관청의 지위를 가진다. 공기업기관은 법률의 근거를 요하나, 영조물기관은 대통령령으로 설치할 수 있다(국립학교설치령 §2, 서울대학교설치령 §1, §2). 영조물기관은 법인격을 갖고 있지 못한 점에서 영조물법인과 구별된다. 국립대학병원은 법인(法人)으로 하며, 그 설치는 법률사항이다(국립대학병원설치법 §2, §5).

9. 보좌기관(참모·막료기관)

행정관청 또는 그 보조기관을 보조하는 행정기관을 말한다(예: 대통령비서실, 국무총리비서실, 기획조정실, 정무조정실, 각 원·부·처의 차관보 및 담당관).

보조기관은 보조라는 이름 아래서 행하기는 하지만 실질적으로 그 자신이 업무를 결정·집행하나 보좌기관은 「정책의 기획·계획의 입안 및 연구·조사」를 담당하는 기관이며 이를 통하여 그 장이 해야 할 업무를 결정·집행은 못 하고 내부적으로 돕는 점에서 보조기관과 다르다.

보좌기관은 대통령령이 정하는바에 의하여 또는 총리령 또는 부령으로 둘 수 있다(정부조직법 §2·⑤).

10. 부속기관

행정조직에 있어서 행정권의 직접적인 행사를 임무로 하는 기관에 부속하여 그 기관을 지원하는 행정기관을 말한다. 정부조직법 제4조는 부속기관으로서 시험연구기관, 교육훈련기관, 문화기관, 의료기관, 제조기관 및 자문기관 등을 규정하고 있다. 대통령령으로 설치할 수 있다(정부조직법 §4).

제4절 행정관청의 권한(행정청의 권한)

Ⅰ. 의의 및 성질

행정관청이 법령상 유효하게 행정에 관한 국가의사 또는 판단을 결정·표시할 수 있는 범위를 권한 또는 관할이라 한다(직무수행범위). 권한은 권리·권능과는 구별되는 개념이다. 의무에 대응되는 개념인 권리란 일정한 이익을 누리기 위하여 법이 인정하는 힘을 말한다(예; 소유권, 인격권, 공권, 사권). 권능이란 권리의 내용을 이루는 각개의 법률상의 힘을 말한다. 예컨대 소유권은 권리이지만 그 내용인 사용권·수익권·처분권 등은 권능이다. 이에 반하여 권한이란 인·허가권, 대리권, 대표권, 의결권, 재결권 등처럼 인격주체(국가나 자치단체)를 위하여 그 자에 대하여 일정한 법적효과를 발생케 하는 행위를 할 수 있는 법률상의 자격을 말한다. 세무서장에게 과세권, 경찰서장에 경찰권(질서유지권), 검찰총장에게 검찰권이 부여되는데 이 경우 과세권·경찰권·검찰권을 권리 또는 권능이라 하지 않고 권한이라 한다.

행정청의 권한은 그 권한이 부여된 특정의 행정(관)청만이 행사할 수 있고, 다른 행정(관)청은 행사할 수 없다. 권한 행사는 그 권한이 부여된 특정 행정(관)청의 의무이기도 하다. 부여된 권한이 재량적인 것일지라도 재량행사 자체는 있어야 한다는 의미에서 재량권행사 역시 의무적이다.

이렇게 법령에 의해 권한을 획정하는 목적은 행정의 중복과 모순방지, 책임소재규명, 행정의 전문화 도모, 사인의 권리 구제 확충, 행정의 수행에 있어서 외부적 영향력의 배제 등을 위해서다.

Ⅱ. 권한의 획정

1. 권한 법정주의와 명확성원칙

행정청의 권한은 원칙상 법률에 의해 정해져야 한다. 이를 행정권한 법정주의라 한다(세부적인 권한사항은 명령에 위임할 수 있다).

행정관청의 권한의 내용과 범위는 헌법·법률 또는 명령으로 결정하고, 행정관청 스스로가 이를 결정 또는 변경할 수 없다. 그리고 권한을 획정하는 목적을 충분히 달성하기 위하여 권한을 정하는 규정들은 반드시 명백하여야 한다(명확성원칙).

2. 권한분쟁의 해결

행정관청의 권한에 관하여 행정관청 상호간에 권한쟁의가 있을 때는 아래와 같은 방법으로 해결한다.

(1) 행정각부간의 분쟁

행정 각부 간의 권한쟁의에 관하여는 국무회의 심의를 거쳐 대통령이 결정한다.

(2) 하급행정관청간의 분쟁

공통되는 상급행정관청에 속하는 하급행정관청 상호간의 권한쟁의는 그 공통의 상급행정관청이 결정한다.

(3) 상급관청을 달리하는 하급관청간의 분쟁

상급행정관청을 서로 달리하는 행정관청간의 권한쟁의는 그들의 상급행정관청의 상호협의에 의하여 결정한다. 협의가 되지 않을 때에는 결국 각부장관의 권한의 획정문제로서 국무회의 심의를 거쳐 대통령이 결정한다.

Ⅲ. 권한의 한계

행정청의 권한에는 사항, 지역, 상대방(대인적), 형식에 따른 일정한 한계가 있다.

1. 사항적 한계(사항관할·사물관할 또는 실질적 권한)

(1) 의 의

행정사무의 내용 또는 종류에 의하여 정하여진 행정관청의 활동범위를 의미한다. 행정관청은 당해 행정관청에 분배되어진 고유의 임무 외에 다른 행정관청에 속하는 권한을 행사할 수 없다. 상급행정관청은 하급행정관청을 지휘·감독할 수는 있어도 특별규정이 없는 한 하급행정관청의 권한을 스스로 행사할 수는 없다. 예컨대 「행정안전부장관은 국무회의의 서무, 법령 및 조약의 공포, 공무원의 인사·윤리 복무 및 연금관리, 상훈, 정부조직과 정원의 관리, 정부혁신, 행정능률, 전자정부 및 정보보호, 정부청사의 관리, 지방자치제도, 지방자치단체의 사무지원·재정·세제, 낙후지역 등 지원, 지방자치단체간의 분쟁조정, 선거, 국민투표, 안전관리 정책 및 비상대비·민방위·재난관리제도에 관한 사무를 관장한다」(정부조직법§29). 이 규정은 사항적 한계의 예이다.

행정(관)청의 권한의 일반적 권한, 즉 소관사무의 범위는 국가의 경우는 정부조직법, 지방자치단체의 경우는 지방자치법에 의해 정해진다. 행정(관)청의 권한 중 대외적인 개별적 권한은 개별작용법에 의해 정해진다. 예컨대 행정법규위반에 대한 허가의 취소권, 영업정지권, 일정조치권 등이 그 예이다. 법률의 근거가 필요한 법률유보의 원칙이 적용되는 경우는 행정청은 작용법에서 정한 권한 범위 내에서 권한을 행사하여야 되고, 법률의 근거가 필요없는 행정지도와 같은 경우에는 행정(관)청은 조지규범에 의해 정해진 사항적 한계 내에서(소관사무의 범위) 권한을 행사하여야 한다.

(2) 보통행정관청과 특별행정관청

일반적인 사무관할을 가지는 행정관청을 보통행정관청(국가행정관청의 지위에서 서울특별시장, 광역시장, 도지사와 시장, 군수)이라 하고 특수한 내용의 사무관할을 가지는 행정관청을 특별행정관청(지방국세청장, 지방병무청장, 우체국장등)이라 한다.

2. 지역적 한계

(1) 토지관할

장소(지역)에 의하여 정하여진 행정관청의 활동범위를 의미하며 토지관할이라고도 한다.

(2) 중앙관청과 지방관청

행정관청의 권한이 전국에 미치는 경우 이를 중앙관청이라 하고, 일부지방에 한정된 경우에 이를 지방관청이라 한다. 국가의 특별지방행정관청 및 지방자치단체의 행정청의 권한은 일정한 지역에 한정된다. 다만, 행정청에 의한 처분의 효과가 처분행정청의 관할구역을 넘어 미치는 경우도 있다. 예컨대 경기지방경찰청장이 부여한 운전면허는 전국적으로 효력을 갖는다.

3. 대인적 한계

행정관청의 권한이 미치는 인적 범위(교도소장은 수형자에 대하여 권한을 가진다)를 의미한다. 지방자치단체의 장의 권한은 원칙적으로 당해 지방자치단체의 주민에 한정되고, 국·공립대학교의 총장의 권한은 그 소속직원과 학생에게만 행사할 수 있다. 그러므로 교육과학기술부장관이 국·공립대학교 학생에 대한 징계처분은 무권한 행위로 무효이다.

4. 형식적 한계

행정관청의 권한행사의 형식에 의한 한계를 의미한다(국무총리는 총리령만, 각부장관은 부령만 발할 수 있는 경우). 법률 또는 대통령령으로 규정할 사항이 부령으로 규정되었다고 하면 그 부령은 무효이다(대판 1962.1.25, 4294민상9).

Ⅳ. 권한행사의 효과

1. 인격주체(권리주체)에 귀속

행정청이 그 권한범위 내에서 행한 행위의 효과는 행정(관)청 자신이 아니다. 국가 등 행정주체에 귀속한다. 일단 행정주체에 행위로서의 효과를 발생한 경우에는 그 후에 기관구성자인 공무원이 변경(교체)이나 당해 관청이 폐지·변경되더라도 그 효과는 소멸·변경되지 않는다. 행정(관)청 권한 외의 행위는 무권한행위에 해당하며 행정주체의 행위로서의 효력을 가지지 못한다.

2. 하자 있는 권한 행사

행정관청의 권한 밖의 행위는 무권한으로 그 행위는 무효가 된다. 다만, 권한을 초과한 행위나 권한 소멸 후의 행위는 무권한의 행위이긴 하나 경우에 따라 표현대리의 법리(민법 §126, §129)를 유추하여 유효한 행위로 보아야 할 때도 있을 것이다. 무권한 행위로 권익을 침해당한 자는 국가나 지방자치단체를 상대로 행정쟁송을 제기하거나 손해배상을 청구할 수 있다.

3. 대집행권·대행권 부정

행정관청의 권한은 행정내부에 있어 동급의 행정관청뿐만 아니라 상하 관청 사이에서도 법령의 명시적 규정이 없는 한 법령에 의한 위임·위탁·대리의 경우를 제외하고는 다른 행정청의 권한 또는 하급관청의 권한에 속하는 행위를 대신 행사할 수 없다.

제5절 행정관청의 상호간의 관계

I. 서 언

무수한 행정관청은 전체로서의 통일된 행정목적의 효과적이고 능률적인 수행을 위하여 상·하 또는 대등의 지위에서 상호간의 밀접한 관계를 맺고 있는 것이다.

이러한 행정청의 상호간의 관계는 이를 상·하의 계층관계에 있는 행정관청 상호간의 경우와 대등한 지위에 있는 행정관청 상호간의 경우로 나눌 수 있다.

Ⅱ. 상·하 관청간의 관계

1. 권한감독관계

(1) 서 설

1) 권한감독의 의의

상급관청이 하급관청의 권한행사를 지휘하여 그의 적법성과 합목적성(권한행사의 감독은 자유재량사항에도 미침)을 보장하고, 전체로서의 통일된 행정 목적의 효과적이고 능률적인 수행을 위하여 행하는 통제적 작용을 권한의 감독(행정감독)이라 한다. 행정조직은 행정의 통일적인 수행을 위해 상명하복을 주된 특징으로 하는 여러 상하 기관의 계층적 통일체이다.

2) 법적 근거

감독권은 상급관청이 하급관청에 대하여 일반적으로 가지는 권한이므로 그에 관한 개별적인 법령의 근거는 필요 없다(다만 취소·정지권 행사에 관하여는 학설대립). 그러나 상급관청이 하급관청에 대해 일반적으로 감독권을 갖는다는 감독권 자체에 대한 법적 근거는 필요하다. 현행법상으로는 정부조직법(§7, §11)과 지방자치법(§167, §169, §170) 등이 있다. 시행령으로는 행정업무의 효율적 운영에 관한 규정(이하 '행정업무운영 규정'이라 한다), 종래(사무관리규정)과 지방자치단체에 대한 행정감사규정 등이 있다.

3) 감독권의 범위

행정관청의 종류와 사무의 성질에 따라 다르다. 주의할 것은 독립관청의(예: 감사원, 중앙선거관리위원회, 토지수용위원회 등) 행위나 확인적 행위(행정심판재결, 합격자 결정, 당선자 결정)는 사무의 성질상 감독권이 그에 미치지 아니한다. 그리고 하급관청의 권한행사에 대한 감독은 적법성뿐만 아니라 타당성(합목적성)까지 감독할 수 있다. 이하에서는 감독의 수단에 대하여 살펴보기로 한다.

(2) 감독수단(감독방법)

【기출문제】 <1975년 외무고시 (논술형)> ※ 해외공관은 외무부장관으로부터 어떤 내용의 감독을 받는지, 그리고 그에 대한 복종의 한계를 논하라.

감독수단에는 예방적 감독(사전·적극적 감독)과 교정적 감독(사후·소극적 감독)이 있는데, 전자에 속하는 것으로는 감시권, 훈령권, 주관쟁의결정권, 인가권이 있고, 후자에 속하는 것으로 취소·정지권이 있다. 대행권(대집행권)은 개별법령상 근거가 없는 한 인정되지 아니한다.

1) 감 시 권

감시권이란 상급관청이 하급관청의 권한행사의 상황을 파악하기 위하여 행정사무를 감사하거나(자치단체에 대한 행정감사규정 §2, §5, §6, §7) 행정운영에 관한 감사를 하거나(행정업무운영규정 §66) 감사기구의 장은 자체감사대상기관에 대한 감사계획을 수립하여 자체감사를 해야 하며(공공감사에관한법률§19·①, 이하 '공공감사법'이라 한다), 자체감사에는 실지감사와 일상감사가 있다(공공감사법 §21, §22). 감사결과를 통보받을 권리(공공감사법 §23·①)가 있고, 그 감사결과에는 「회계관계직원등의 책임에 관한 법률」 제6조에 따른 변상명령, 징계·문책, 시정, 주의, 개선, 권고, 고발등의 처분요구 또는 조치사항이 포함되어야 한다(공공감사법 §23·②). 감사결과는 공개를 원칙으로 한다(공공감사법§26). 감시권은 특별한 법적근거없이도 가능하나, 현행 법령에는 공공감사에관한법률, 행정업무의 효율적 운영에 관한 규정, 지방자치단체에 대한 행정감사규정 및 자체감사활동의 심사에 관한 규칙등이 있다. 감시권은 예방적 감독수단에 속하나 사후교정적 감독수단일 때도 있다.

2) 훈 령 권

① 의 의

상급관청이 하급관청(또는 보좌기관)의 권한행사를 지휘하기 위하여 발하는 명령을 훈령이라 한다. 훈령과 직무명령은 감독권의 중요한 내용이 되나 양자는 발령자와 수령자·효력·범위 등에서 차이를 가져온다(후술한다). 훈령권을 지휘권이라고도 한다.

② 요 건

㉮ 형시저 요건 : 권한 있는 상급관청이 발할 것, 하급관청의 권한 내의 사항일 것, 하급관청의 직무상 독립이 보장되는 경우가 아닐 것(예:감사원), 형식을 갖출 것

㉯ 실질적 요건 : 적법·타당하고 실현가능하고 명확할 것

③ 심사권 : 하급관청의 심사권에 관하여 형식적 요건에 대하여는 심사권을 가진다. 실질적 요건의 경우에는 훈령에 중대하고도 명백한 하자가 있으면 무효로서 거부할 수 있고, 그런 정도에 이르지 아니한 경우는 복종해야 한다(절충설).

④ 훈령의 성질 : 행정조직의 내부관계에 있어서 하급관청에 발하여지는 명령(예:행정규칙)에 그치고 법규성이 없음이 원칙이다.

⑤ 종류 : 협의의 훈령, 지시, 예규, 1일 명령 등이 있다.

⑥ 훈령위반의 효과 : 통설에 의하면 훈령위반은 위법이 아니고 하자 있는 행위도 아니며 대내적인 징계책임의 문제만 된다고 한다.

⑦ 훈령의 경합 : 상·하관계에 있는 상급관청의 훈령이 경합된 때에는 직근상급관청의 훈령에 따라야 한다.

3) 권한쟁의결정권(주관쟁의결정권)

상급감독청이 하급기관의 주관쟁의에 대하여 결정하는 권한이다. 행정관청간의 권한에 대한 다툼이 있는 경우 공통의 상급관청이 있으면 그에 의해 결정되고, 공통의 상급관청이 없으면 각각의 상급관청의 협의에 의하여 결정되며, 협의가 이루어지지 않으면 최종적으로 행정각부 간의 권한쟁의로 되어 국무회의 심의를 거쳐 대통령이 결정한다.

행정관청간의 권한쟁의는 법률상의 쟁송이 아니므로 법원에 제소할 성질의 것이 아니다. 헌법은 국가기관간의 권한쟁의를 헌법재판소의 심판대상으로 하고 있으나(헌법 §111·① 4호) 여기에서는 국회·정부·법원·중앙선거관리위원회 상호간의 권한쟁의를 뜻하므로(헌법재판소법 §62·①1호), 행정관청 상호간의 주관쟁의는 헌법재판소의 심판대상이 아니다.

4) 인가권(승인권)

하급관청이 특정한 권한을 행사함에 있어서 미리 상급관청의 승인(인가)을 받아야 하는 경우가 있는데, 이때 상급관청이 갖는 권한이 인가권이다. 이 인가는 사전적인 감독수단의 하나이다. 인가권은 ① 법령에서 명시적으로 규정 될 때도 있고, ② 상급관청이 필요하다고 판단할 때 하급관청에 인가 받을 것을 지시하는 경우도 있다. 하급기관이 일정한 사항처리에 있어서 상급감독청의 사전승인을 받도록 법령에 명시 규정이 있는 경우는 반드시 승인

받아야 하는데 이때에 받지 않은 경우는 무효이다. 그러나 법령에 근거한 것이 아닌 때에는 단순히 행정주체 내부관계에서 이루어지는 행위이므로 하급관청의 행위는 위법·무효가 되지 않는다. 그러나 인가를 받아서 한 경우라도 그 행위에 하자가 있은 경우에는 무효 또는 취소할 수 있다. 인가는 하급관청의 권한행사에 대한 상급관청의 승인이기 때문이다. 인가는 행정조직내부에 있어서의 행위이며 따라서 행정행위의 인가와는 그 성질이 다르다. 따라서 인가(승인)가 거부되었다하더라도 인가를 받지 못한 하급관청은 인가의 거부에 대해 항고 소송을 제기할 수 없다.

5) 취소·정지권(사후적·교정적 감독수단임)

상급감독청이 하급관청의 위법·부당한 행위를 취소·정지시키는 권한을 말한다. 취소·정지권이 감독권에 당연히 포함되는가, 아니면 법적 근거를 요하는가에 관하여는 견해가 대립된다. 감독청의 취소·정지는 하급관청 권한의 대집행을 뜻하므로 법령의 근거를 요하며 단지 취소·정지를 명령할 수 있을 뿐이라는 소극설도 있으나, 취소·정지의 대상이 되는 행위가 위법·부당한 행위임을 감안하면 상급감독청은 특별한 규정이 없더라도 직접 취소·정지할 수 있는 권한을 가진다고 보는 적극설(인정설)이 타당하다(행정행위의 취소에서 설명함). 취소·정지권을 규정하고 있는 법규는 정부조직법(§11·②, §16·②), 지방자치법(§169)이 있다. 그러나 대행권 내지 대집행권은 인정되지 않는다. 취소·정지는 대외적 효력을 가지므로 행정쟁송의 대상이 된다. 취소·정지권은 사후적·교정적 감독수단이다.

【참고】 상급관청의 감독권에 의한 취소권·정지권의 인정여부

① 인정설[1] : 감독권속에는 취소권이 당연히 포함되고, 하급관청의 위법·부당한 행위를 교정하는 것은 감독상 필수적인 것이며, 감독의 목적을 달성하려면 당연히(법적 근거 없이도) 취소권을 갖는다 한다. 개인의 기득권고려는 취소권의 제한문제라 한다.

② 부정설[2] : 직권취소가 행정행위의 성질을 갖는 이상 이는 발령권을 갖는 기관에 한정해야 하며, 취소·정지는 하급관청의 권한을 대행하는 것으로서 그 효과는 직접 행정객체에 미치는 것이므로 법령의 규정이 있는 경우에만 허용된다고 한다.

2. 행정관청의 권한의 위임관계

(1) 의 의

권한의 위임은 사인에게나 사적 단체에 대하여도 행하여지나 행정관청 상호간의 관계에도 권한의 위임은 상급관청이 하급관청에 권한의 일부를 이전하여 수임관청의 명의와 책임으로 행하는 경우를 말한다. 권한의 대리·대결 및 내부위임과도 구별해야 한다(후술함 : 권한의 대리·위임 설명 참조).

---

1) 이상규(상), 499쪽 ; 김동희(Ⅰ) 260쪽 ; 홍정선(상), 351쪽.
2) 김남진(Ⅰ), 331쪽 ; 박윤흔(상), 450쪽 ; 석종현(상), 354쪽 ; 한견우(Ⅰ), 581쪽.

(2) 근 거

법이 정한 권한을 변경하는 것이므로 반드시 법적 근거가 있어야 한다.

(3) 위임의 상대방

위임의 상대방은 보조기관·하급행정청·지휘계통을 달리하는 타행정청·자치단체 및 사인(민간위탁)도 될 수 있다.

(4) 위임의 한계

위임사항(위임한계)은 위임관청의 일반적·포괄적 권한 중 그 일부에 한하여 할 수 있다.

(5) 위임의 효과

권한위임이 행하여지면 위임관청은 그 직무처리권을 잃으며, 수임기관이 자기의 권한으로 자기의 이름과 책임 아래서 그 권한을 행사하며, 위임사무에 필요한 비용부담은 위임관청이 부담한다.

3. 행정관청의 권한의 대리관계(후술함)

Ⅲ. 대등관청 상호간의 관계

1. 권한존중관계

(1) 권한의 불가침·구속

대등관계에 있는 행정관청은 서로 권한을 존중해야 하며 타관청의 권한을 침해할 수 없고, 행정관청 권한 내의 행위는 비록 하자 있어도 타관청은 이에 구속된다(공정력).

(2) 주관쟁의

대등관청 간의 주관 권한에 쟁의가 있을 때에는 공통의 상급관청이 이를 결정한다. 공통된 상급관청이 없을 때에는 쌍방관청의 협의에 의하고, 협의가 불가능할 때는 권한획정의 문제가 되면 국무회의 심의를 거쳐 대통령이 결정한다.

2. 상호협력관계

(1) 협의·동의·승인

어떤 사항이 둘 이상의 행정관청의 권한에 관련될 때에는 당해 관청 간의 협의에 의하여 이를 처리하여야 한다.

1) 공동결정

둘 이상의 행정청이 공동 주관청으로서 협의하는 경우 공동관청이 모두 주무행정청이 되며 대등하게 협의하고 공동명의로 외부에 표시한다. 합의가 당해 조치의 유효요건이 된다.

2) 동 의

어떤 사항이 둘이상의 행정청의 권한과 관련되어 있고 관계행정청 모두 주된 지위에 있지만 업무처리의 편의를 위해 보다 업무가 깊은 관계가 있는 행정청을 주관청으로 하고, 다른 행정청은 관계관청으로 하는 경우가 있다. 이 경우 주관관청은 업무처리에 관한 결정을 함에 있어 관계관청의 동의를 얻어야 한다. 예컨대 건축허가는 시장·군수가 주관관청이지만 소방서장의 동의를 얻어야 한다(소방시설설치유지 및 안전에 관한 법률 §7·①). 이 경우 관계관청의 동의 또는 부동의 의견에 주관관청은 구속받음이 원칙이다. 따라서 동의를 받아야 함에도 동의없이 한 처분은 취소사유로 보는 설이 있지만, 무권한의 하자로 원칙상 무효로 보아야 한다.

동의 거부는 내부행위이고 처분이 아니므로 그 자체를 다루는 항고소송을 제기할 수 없고, 처분청(주관관청)이 동의기관의 동의거부를 이유로 거부처분을 한 경우에 당해 거부처분의 취소를 구하면서 처분사유가 된 동의거부를 다투어야 한다.

3) 협 의

어떤 사항이 여러 행정청의 권한과 관련된 경우에 하나의 행정청이 주된 지위에 있고(주관행정청), 다른 행정청은 부차적 지위에 있는 경우(관계행정청), 주관행정청이 업무처리에 관한 결정권을 갖게 되고 관계행정청은 협의권을 갖게 된다. 이 경우 대외적으로는 주관관청(처분청)의 명의로 외부에 표시된다. 이때 법령상 요구되는 협의 절차를 이행하지 않고 처분을 한 경우 당해 행정처분은 위법하나 원칙상 무효라는 견해도 있고, 원칙상 취소라는 견해도 있으나, 협의의 중요성에 따라 무효 또는 취소할 수 있는 처분으로 보아야 할 것이다. 다만, 협의는 내부행위이고 처분이 아니므로 현실적으로 취소원인으로 보아야 함이 대부분일 것이다(토지보상법 §21, 공유수면관리및매립법 §10, 환경영향평가법 §16·②). 협의 절차가 법령에 의해 정해진 것이 아닌 경우에는 협의 절차를 이행하지 않고 처분을 하여도 그것만으로 당해 처분이 위법하다고 할 수 없다.

(2) 사무촉탁(위탁)

하나의 관청이 대등한 다른 관청 또는 그 지휘·감독 하에 있지 아니한 하급관청에 사무(권한)의 일부를 위양하는 경우이다. 법령근거하에서의 사무촉탁(위탁)하는 경우는 거부하지 못한다.

(3) 행정응원

1) 의 의

협의로는 재해·사변 기타 비상시에 처하여 하나의 행정관청의 고유기능만으로는 행정의 목적을 달성할 수 없을 때에 당해 관청의 요청이나 자발적으로 다른 관청이 자기의 기능의 전부 또는 일부를 동원하여 이를 응원하는 것을 말한다. 이에는 소방응원(소방기본법§11)·경찰응원(경찰직무응원법§1)·군사응원(위수령 §7, §8, §12, §18) 등이 있다.

광의로는 협의의 행정응원 외에 평시응원이 있다. 평시응원이란 직무수행의 필요상 한 관청이 다른 관청에 대해 필요한 특정행위(통계자료·장부·서류제출·의견제출 등), 필요한 공무원의 파견(국공법 §32의4, 공무원임용령 §41) 기타 필요한 협력을 요청하여(또는 자발적으로) 이루어지는 행정응원을 말한다. 행정응원은 행정상 공조라 부르기도 한다.[3]

2) 법적근거

행정응원에 반드시 법적근거가 필요한 것은 아니다. 그러나 개별법령에 명문규정이 있는 경우가 있고 이 경우 응원요청에 대하여 응원요청을 받은 행정청은 정당한 사유없이 거부하지 못 한다는 규정을 두는 경우가 많다(소방기본법 §11, 위수령 §8, §18).

행정응원에 관한 일반법으로 행정절차법이 있다. 이하에서는 행정절차법의 규정을 보기로 한다.

3) 행정절차법상 행정응원

① 응원요청

행정청은 ㉮ 법령 등의 이유로 독자적인 직무수행이 어려운 경우 ㉯ 인원·장비의 부족 등 사실상의 이유로 독자적인 직무수행이 어려운 경우 ㉰ 다른 행정청에 소속되어 있는 전문기관의 협조가 필요한 경우 ㉱ 다른 행정청이 관리하고 있는 문서(전자문서를 포함한다), 통계 등 행정자료가 직무수행을 위해 필요한 경우 ㉲ 다른 행정청의 응원을 받아 처리하는 것이 보다 능률적이고 경제적인 경우에는 다른 행정청에 행정응원을 요청할 수 있다(§8·①). 행정응원은 당해 직무를 직접 응원할 수 있는 행정청에 요청하여야 한다(§8·③).

② 응원의 거부

행정응원을 요청받은 행정청은 ㉮ 다른 행정청이 보다 능률적이거나 경제적으로 응원할 수 있는 명백한 이유가 있는 경우 ㉯ 행정응원으로 인하여 고유의 직무수행이 현저히 지장받을 것으로 인정되는 명백한 이유가 있는 경우에는 이를 거부할 수 있다(§8·②). 응원을 거부

---

3) 이상규, 신행정법론(하), 79쪽.

하는 경우에는 그 사유를 응원요청한 행정청에 통지하여야 한다(§8·④).

③ 지휘·감독

행정응원을 위하여 파견된 직원은 응원을 요청한 행정청의 지휘·감독을 받는다. 다만, 당해 직원의 복무에 관하여 다른 법령 등에 특별한 규정이 있는 경우에 그에 의한다(§8·⑤).

④ 비용부담

행정응원에 소요되는 비용은 응원을 요청한 행정청이 부담하며, 그 부담금액 및 부담방법은 응원을 요청한 행정청과 응원을 행하는 행정청이 협의하여 결정한다(§8·⑥).

제6절 훈령에 관하여 논함

【기출문제】 <제30회 사법시험 (약술형)·제22회 행정고시 (약술형)> ※ 훈령
<제30회 행정고시 (약술형)> ※ 훈령에 위반한 하급관청의 처분도 적법한가?
<1979년 외무고시 (약술형)> ※ 상급행정기관의 하급행정기관에 대한 훈령권
<예제문제> ※ 훈령과 직무명령을 비교하시오.

Ⅰ. 서 설

(1) 의 의

상급관청이 하급관청의 권한행사를 지휘하기 위하여 발하는 명령을 훈령이라 하며, 훈령을 발하는 권한을 훈령권이라고 한다. 훈령은 개별적·구체적 처분에 대하여 발령되기도 하고, 동종의 처분에 대하여 일반적·추상적 규범의 형식으로 발령되기도 한다. 훈령은 예방적 수단의 경우가 일반적이나 교정적 수단으로도 활용된다.

(2) 직무명령과 구별

① 개 념

훈령은 상급관청이 하급기관에 대하여 그 소관사무에 관하여 발하는 명령인 반면에 직무명령은 상관이 하관인 공무원 개인에 대하여 그 직무에 관하여 발하는 명령이다.

② 효 력

상급관청의 하급관청에 대한 명령인 점에서 상관의 하관에 대한 직무상 명령인 직무명령과 구별된다. 따라서 훈령은 관청의 의사를 구속하므로(직무명령은 공무원개인을 구속함) 기관구성자가 교체되어도 훈령의 효력에는 영향이 없는데 반하여 직무명령은 기관을 구성하는 공무원 개인을 구속할 뿐이므로 기관구성자가 교체되면 직무명령은 효력을 상실한다.

③ 훈령의 직무명령성

훈령은 직무명령의 성질을 동시에 가지나 직무명령은 반드시 훈령의 성질을 갖지는 않는다.

④ 대 상

훈령은 하급기관의 소관사무에 관한 권한 행사를 대상으로 하는 반면에 직무명령은 공무원의 직무를 대상으로 한다. 따라서 직무명령은 공무원의 소관사무에 관한 권한행사는 물론이고 공무원의 직무수행과 관련한 공무원의 생활(예: 출장명령, 직무태도, 제복착용 명령 등)도 대상이 된다(권한 행사와 항상 관련되는 것은 아니기 때문이다.).

(3) 훈령의 목적

훈령을 발하는 목적은 하급행정관청에 대하여 법령의 해석·적용에 잘못이 없도록 그 기준을 제시하고, 법령집행상의 불통일·불공평을 피하기 위하여 법령규정의 운영방침 혹은 행정재량의 기준(재량준칙)을 제시하고자 함에 있다.

(4) 법적 근거불요

훈령권은 예방적 감독수단의 중추로서 특별한 법적 근거 없이도 감독권의 당연한 작용으로 훈령을 발할 수 있다.

(5) 대집행불가

훈령권은 오직 하급관청의 권한행사를 지휘·감독할 수 있음에 그치며, 법령에 특별규정이 없는 한 하급관청이 훈령에 위반하더라도 상급관청이 권한을 대행(대집행)할 수는 없다. 왜냐하면 훈령은 권한 행사의 지휘만을 내용으로 하는 것일 뿐이기 때문이다.

Ⅱ. 훈령의 성질(법규성 또는 대외적 구속력 문제)

훈령은 행정조직 내부에 있어서의 작용에 불과하므로 국가와 국민 간의 효력을 가지는 법규가 아니고 행정규칙의 일종으로서 훈령의 위반은 위법이 되지 않고 이에 위반한 행정행위의 효력에도 영향이 없고 유효함이 원칙이다(법규의 성질을 갖는다는 설이 있다. 상세설명은 행정규칙의 성질 참조). 훈령위반자에게는 징계책임이 부과될 수 있을 뿐이다. 예외적으로 훈령(재량준칙·제재적 처분기준)이 평등원칙이나 행정의 자기구속의 법리와 결합하여 국민에 대하여 직·간접으로 효력을 가지는 경우가 있다.

Ⅲ. 훈령의 종류

(1) 협의의 훈령

상급관청이 하급관청의 권한행사를 일반적으로 지휘하기 위해 발하는 명령이다.

(2) 지 시

상급관청이 직권 또는 하급관청의 문의·신청에 의하여 개별적·구체적으로 발하는 명령이다(지령이라 고도함). 사무관리규정 제7조에서 규정하고 있는 지시문서(공문서는 ① 법규문서 ② 지시문서 ③ 공고문서 ④ 비치문서 ⑤ 민원문서 ⑥ 일반문서로 나눈다.), 즉 훈령·지시·예규 및 일일명령 등 행정기관이 그 하급기관 또는 소속공무원에 대하여 일정한 사항을 지시하는 문서중 행정기관에 발령되는 것은 훈령이고 소속공무원에 발령되는 것은 직무명령에 해당한다.

(3) 예 규

반복적으로 처리되는 행정사무의 기준을 제시하기 위하여 발하는 명령이다.

(4) 1일명령

당직, 출장, 특근, 휴가 등의 1일 업무에 관한 명령이다. 훈령·지시·예규·일일명령 등의 상호간에 법적성질에는 차이가 없고, 효력상 우열도 없다.

Ⅳ. 훈령의 요건

1. 형식적 요건

형식적 요건으로는, 첫째 적법한 훈령권을 가지는 상급관청에 의해 발하여져야 하고, 둘째 하급관청의 권한에 속하는 것이어야 하며, 셋째 권한생사의 독립성이 보장되는 경우가 아닐 것(예: 감사원 등)이어야 한다.

2. 실질적 요건

내용이 법령에 위반되어서는 아니 되므로 적법해야 하고, 실현가능해야 하고, 명백하며 타당(합목적성 내지 공익에 적합)해야 한다.

3. 훈령의 요건에 대한 심사

(1) 학 설

하급행정청은 상급행정청의 훈령의 하자에 대해서 어느 정도의 심사권을 가지느냐에 대하여 통설은 하급행정청은 훈령의 형식적 요건은 심사할 수 있으나 실질적 요건에 대해서는 심사권을 가지지 않고 훈령의 내용이 위법할지라도 그에 복종하지 않으면 안 된다고 하고 있다.

(2) 결 어

생각건대, 요건의 형식·실질을 불문하고 하급청은 훈령의 제요건을 판단하여 그것이 객관적으로 위법함이 명백한 경우는 그에 복종을 거부하여야 할 것이다. 다시 말하면 내용이 범죄를 구성하거나 중대하고 명백한 법규위반으로 절대무효인 경우에는 복종을 거부하고, 또 거부할 의무가 있다고 보며, 그에 따른 경우에는 책임을 진다고 할 것이다(통설).

즉, 법치주의의 관점에서 공무원의 법령준수의무를 복종의무에 우선시켜야 하느냐의 문제인바, 공무원의 법령준수의무와 명령복종의무가 충돌하는 경우의 문제이므로 이 두 가치의 조정의 문제라고 보아야 한다. 훈령의 위법이 명백하지 않은 경우에는 복종의무를 우선시키고, 훈령의 위법이 명백한 경우에는 법령준수의무를 우선시키는 것이 타당하다.

Ⅴ. 훈령의 경합

서로 모순되는 2 이상의 상급관청의 훈령이 경합한 때에는 주관상급관청의 훈령에 따르고, 하급관청이 서로 상·하 관계에 있을 때에는 하급관청은 직근상급관청의 훈령에 따라야 한다고 보는 것이 일반적 견해인데, 이는 행정조직의 계층적 질서가 유지되어야 하기 때문이다.

Ⅵ. 훈령의 형식·절차

훈령은 문서 또는 구술로서도 발할 수 있으므로 특별한 형식을 요하지 않는다. 사무관리규정 및 동규정시행규칙은 일정한 형식·절차상의 통제를 가하고 있다. 그러나 이러한 형식에 관한 규정은 훈시적 규정에 불과하며, 따라서 그러한 형식에 의하지 않고 훈령을 발한 경우에도 그 효력에는 영향이 없다고 할 것이다.

관보로 공포하는 것이 일반적이지만, 공포하지 않을 때도 있다(내훈·내규 등).

관보규성은 일성한 훈령을 관보에 세새하도록 하고 있으나, 판보에의 세재나 공포는 훈령의 효력요건은 아니다.[4)]

처분의 기준이 되는 훈령은 공표하여야 한다(행정절차법 §20·①).

Ⅶ. 훈령에 위반한 법률적 행위의 효력

훈령은 하급행정청의 권한, 즉 소관사무에 관한 명령이므로 하급행정청의 소관사무에 속

4) 박균성, 행정법론(하), 40쪽.

하는 행위는 그 전부가 규율의 대상이 된다. 따라서 명령의 규율대상에는 법률적 행위(허가·인가 등)와 사실적 행위(조사·출장 등)도 있을 수 있다. 이 중 하급행정청의 법률적 행위가 훈령에 위반하여 행해진 경우의 효력이 문제이나 단순한 훈령위반 만으로는 그 효력에 하등 영향이 없으며(유효하며 징계대상만 됨), 법규위반인 때 비로소 위법이 된다는 것이 통설의 견해이다. 그러나 행정관청의 행위가 평등원칙이나 행정의 자기구속의 법리를 매개로 국민에게 영향을 미치는 경우는 위법이 되며, 그 위반행위는 위법 또는 무효나 취소사유가 될 것이다.

오늘날에는 훈령인 재량준칙 등은 행정의 자기구속의 법리를 매개로 하여 국민에게 영향을 미치는 행정규칙의 법규성을 인정하는 추세이며 최근의 판례도 행정규칙의 법규성을 인정한 것이 있다(행정규칙 설명참조).

판례 〈법규성을 부정한 판례〉 ① "국민의 권익보호를 위한 행정절차에 관한 훈령(1989.11.17, 국무총리훈령 제235호)은 상급행정기관이 하급행정기관에 대하여 발하는 일반적인 행정명령으로서 행정기관 내부에서만 구속력이 있을 뿐 대외적인 구속력을 가지는 것이 아니다"(대판 1994.8.9. 94누3414).

② "농수산부훈령 제713호 농지전용업무처리심사세부규정은 군수가 농지전용신고증 발급에 앞서 농지의 보전 및 이용에 관한 법률시행규칙 제11조의 2, 제6조의 규정에 의한 농지전용타당성 여부를 심사하도록 규정하고 있으나, 이는 행정기관 내부의 사무처리 준칙에 불과한 것으로 관계행정기관이 직원을 기속함에 그치고, 일반 국민이나 법원을 구속하는 법규로서 효력이 없다"(대판 1993.9.14, 93누6959).

판례 〈법규성을 인정한 판례〉 ① "국가 지방자치단체 등 행정기관이 토지가격을 조사함에 있어서 관계 행정기관의 합동작업체계와 가격 결정절차 등에 관하여 필요한 사항을 정함을 목적으로 한 개별토지가격합동조사지침(1990.4.14, 국무총리훈령 제241호로 제정되어 1991.4.2, 국무총리훈령 제248호로 개정된 것)은 지가공시 및 토지 등의 평가에 관한 법률 제10조의 시행을 위한 집행명령으로서 법률보충적인 구실을 하는 법규적 성질을 가지고 있는 것으로 보아야 할 것이다"(대판 1995.11.10, 95누863).

② "구 재산제세조사사무처리규정(국세청훈령 제916호, 1987.1.26, 제980호로 개정되기 전의 것)은 법령의 위임에 의한 보충권한을 벗어난 것이라고 할 수 없는 유효한 규정으로서 소득세법 및 같은 법시행령의 규정과 결합하여 법규명령으로서 효력을 갖는 것이다"(대판 1991.1.25, 90누6705).

제7절 행정관청의 권한의 대리

【기출문제】 <제15회 행정고시 (논술형)·제42회 사법시험 (약술형)> ※ 행정관청의 권한의 대리와 위임 <1977년 외무고시 (논술형)·1987년 외무고시 (약술형)> ※ 행정관청의 권한의 대리

Ⅰ. 개념과 구별

1. 개 설

권한의 대리라 함은 행정관청의 권한의 전부 또는 일부를 타행정기관이 피대리관청을 위한 것임을 표시하고(현명주의) 자기의 이름으로(예 : 행정안전부장관직무대리 행정안전부차관 홍길동) 대행하여 그 행위가 피대리관청에로의 효력을 발생하는 경우를 말한다. 권한의 대행(헌법 §71) 또는 직무대행(정부조직법 §7·②, §1, §19)이라 불리기도 한다. 권한의 대리는 행정청과 그의 보조기관 간에 행해짐이 보통이다.

2. 타개념과의 구별

(1) 위임과의 구별

권한의 대리와 권한의 위임은 양자 모두 행정청의 행위를 다른 행정기관이 대신해서 행사한다는 점에서는 공통점을 가진다. 그러나 차이점은 다음과 같다.

대리는 권한이 이전되지 않는 점에서 위임과 다르다. 권한의 위임은 권한이 수임관청에 이전된다. 그러므로 위임은 반드시 법적 근거를 요한다.

대리는 피대리관청을 위한 것임을 표시하는 현명주의가 사용되는데 대하여 위임은 위임관청이 아닌 수임관청의 명의로 행사하는 점과 다르며, 따라서 행위의 효과도 대리는 피대리관청에게 발생하는데 대하여 위임은 수임관청에 발생하는 점에서 구별된다. 대리자는 보통 보조기관이나 수임자는 보통 하급행정청이다.

(2) 내부위임(위임전결)과의 구별

대리와 내부위임·위임전결에 있어서 모두 권한이 이전되지 않고, 다른 행정기관이 행정청을 대신해서 권한 행사를 위한 최종적인 결정을 내린다는 점에서 공통점이나 다음점에서 다르다.

권한의 대리는 대리인이 대리행위임을 표시(타행정기관이 피대리관청을 위한 것임을 표시 : 현명주의), 행위는 외부적 법률상의 것인데 대하여, 내부위임 또는 위임전결은 행정관청의 경미한 사항(위임전결사항은 당해 기관의 장이 훈령으로 정함)은 보조기관 또는 하급행정관청으로 하여금 의사결정을 하도록 하고 외부에 표시함이 없이 대외적으로는 본인의 행위(행정관청 자체의 명의로 표시)로 행하여지는 내부적 사실상의 것인 점에서 구별된다.

단 내부위임은 특히 피내부위임관청을 위한 것이라는 사실을 표시한다는 점에서 사실상 대리와 유사하다.

> 판례 〈내부위임은 위임관청의 명의로 권한을 행사하여야 한다는 판례〉 석유사업법(§13·③, §23·①)에 의한 시·도지사의 석유판매업의 허가취소에 관한 권한은 법령상 시장·군수에게 위임된 것이 아니고 단지 권한위임업무처리지침에 의하여 내무위임되었음에 불과하다면, 군수로서는 이 지침에 따라 도지사의 이름으로 석유판매업의 허가취소에 관한 권한을 사실상 대행하여 행사할 수 있을 뿐이며 자기의 이름으로 그 권한을 행사할 수는 없다(대판1989.9.12, 89누671).

(3) 대결·후결(후열)

① 행정관청의 구성자가 일시 부재시 및 출장·휴가 등으로 사고가 있는 경우에 한하여 대리의 방식에 의하지 아니하고 보조기관이 내부적인 결재만을 대행하고 대외적인 표시는 그 행정청 자체(본인)의 명의로 행하는 것을 대결 또는 후결이라 한다(사무관리규정§16③). 대리는 행정권한의 대외적인 권한 행사를 대신하는 점이 다르다.

② 대결은 당해 관청의 명의로 하되 그 권한을 사실상 대행하는 점과 중요한 문서는 후결을 받아야 한다는 점에서 대리와 구별되고, 일시적인 점에서 내부위임(위임전결)과 구별된다.

(4) 인격대리(사법상 대리)와 구별

민법상대리는 인격 대 인격간의 인격대리인데 대하여(대리인·피대리인 모두 권리주체임), 행정법상 대리는 임의대리이든 법정대리이든 모두 국가기관 상호간의 직무(권한)의 대리임을 본질로 한다.

(5) 대표와 구별

대표는 대리와 같이, 대리·피대리와 같은 대립관계에 있는 것이 아니고, 대표자인 행정청(대표기관)의 행위가 바로 국가 또는 지방자치단체의 행위가 되는 점에서 대리와 구별된다. 대통령이 국가를 대표하는 경우 대통령의 행위는 바로 국가행위가 된다. 「국가를 당사자로 하는 소송에 관한 법률」에 의거하여 국가를 대표로 하는 법무부장관도 대표에 해당한다(동법§2). 감사원법상 「원장은 감사원을 대표하며 소속공무원을 지휘·감독한다」(§4·②)에서 합의제 행정청의 구성원 중 특정한 자가 감사원을 대표하여 외부에 행정청을 표시하는 경우도 마찬가지이다.

Ⅱ. 대리의 종류

대리는 대리권의 발생원인에 따라 임의대리와 법정대리로 나누어진다.

1. 임의대리(수권대리)

(1) 의의 및 성질

임의대리란 피대리관청의 대리권 수여의사표시에 의하여 성립하는 대리이다(수권대리라고도 함). 즉, 피대리관청의 수권에 의하여 성립하는 대리이다. 임의대리 또는 수권대리라고도 한다. 수권행위의 성질은 수권행위는 상대방의 동의는 불필요하며 일방적 의사표시의 행위이다. 그 성질은 단독행위이다. 수권의 뜻을 일반에게 공시할 필요도 없다. 대리자로 되는 기관은 피대리관청의 보조기관 또는 하급기관이 되는 것이 통례이다.

(2) 근 거

대리는 권한의 이전을 가져오는 것도 아니며, 행정청의 권한이 일반적·포괄적으로 정하여진 경우에는 그 권한의 전부를 반드시 행정청 스스로 행하여야 한다는 것은 법이 요구하는 것이 아니기 때문에 그 권한의 일부는 법령의 근거없이 수권하는 것이 가능하다. 이에 대하여 행정청의 권한은 본래 당해 행정청 스스로 행사하여야 하며, 권한의 대리도 법령에 의해 정해진 행정기관 상호간의 권한 분배에 변경을 가져오는 것이므로 법령에 의한 명시적인 근거가 있어야 한다는 견해가 있다.[5)]

(3) 범 위

피대리관청의 일반적·포괄적 권한에 한해서만 인정되고, 일반적 권한 중 권한의 일부에 한해서 가능하다(일부대리). 권한의 전부에 대한 대리는 허용되지 않는다. 피대리관청이 그 권한에 관하여 전부나 포괄적으로 대리권을 부여하는 것은 법령에 의해 정해진 권한을 사실상 포기하는 것이 되기 때문에 금지된다. 그러므로 법령에서 개별적으로 지정되어 있는 권한(예: 부령제정권)은 수권할 수 없다.

(4) 대리사무의 처리권

대리기관이 권한을 행사하기 전에는 피대리관청이 스스로 권한을 행사할 수 있다.

(5) 대리의 효과

대리인이 피대리관청을 위한 것임으로 표시하고 한 행위는 피대리관청의 행위로서 효력이 발생한다(본인에게 효과 발생). 즉 대리관청의 행위는 피대리관청이 직접 행한 것과 다를 바 없다. 항고소송의 피고적격도 피대리관청이 된다. 권한 초과의 경우는 민법규정(§126)이 유추적용 될 수 있을 것이다(권한을 넘은 표현대리).

---

5) 박윤흔, 최신행정법강의(하), 34쪽.

(6) 지휘·감독·책임(피대리관청과 대리기관과의 관계)

피대리관청이 대리인을 지휘·감독할 수 있다. 임의대리에서 대리관청은 피대리관청의 권한을 피대리관청의 책임하에 자기(대리관청)이름으로 행사하게 되며, 이때 대리관청의 행위는 바로 피대리관청의 행위로 된다. 피대리관청은 대리관청에 대하여 지휘·감독권을 행사할 수 있고 또한 그에 대해 선임·감독에 대한 책임을 진다.

(7) 대리권의 소멸

수권행위의 철회, 대리시킨 권한행사의 종료, 기간의 경과, 조건의 성취, 대리인의 사망으로 소멸한다.

(8) 복 대 리

임의대리에서 대리관청이 대리권을 다시 다른 기관으로 하여금 행사하게 할 수 있는가?

임의대리에 있어서는 대리·피대리관청 사이에 신뢰관계를 기초로 수권행위가 행하여짐으로 대리관청이 다시 그 권한을 다른 기관으로 하여금 행사케 하는 복대리는 원칙적으로 허용되지 아니한다.

2. 법정대리

(1) 의 의

법정대리란 법정사유의 발생에 의하여 당연히 또는 일정한 자의 지정에 의하여 대리관계가 성립하는 경우이다. 근거법령은 헌법(§71), 정부조직법(§7-②, §12②, §19), 대통령령인 직무대리규정(§4)이 있다. 대리인으로 되는 자는 피대리관청의 보조기관인 것이 보통이다. 다른 행정관청인 경우도 적지 않다.

(2) 근 거

법정대리는 피대리관청 구성자에게 그 권한을 행사할 수 없을 정도의 사고가 있는 경우에 법령의 근거(헌법 §71, 정부조직법 §7, §12, §19)에 의하여 인정되며, 이에 관한 일반법이 대통령령인 「직무대리규정」이다.

① 대통령이 궐위되거나 사고로 인하여 직무를 수행할 수 없을 때에는 국무총리, 법률이 정한 국무위원의 순서로 그 권한을 대행한다(헌법 §71). 법정대리 중 협의의 법정대리 즉, 보충대리이다.

② 국무총리가 사고로 직무를 수행할 수 없는 경우에는 대통령의 지명이 있으면 그 지명을 받은 국무위원이(지정대리임), 지명이 없는 경우에는 제22조 제1항의 규정된 순서에 따라

국무위원이 그 직무를 대행한다(정부조직법 §19). 차관 또는 차장(국무총리실 차장을 포함한다.)은 그 기관의 장을 보좌하여 소관사무를 처리하고 소속 공무원을 지휘·감독하며, 그 기관의 장이 사고로 직무를 수행할 수 없으면 그 직무를 대행한다(정부조직법 §7·②).

③ 기관장이 사고가 있을 때에는 부기관장이 기관장을 직무대리한다. 기관장, 부기관장 또는 그 밖의 공무원이 사고가 있을 때에 직무상의 공백이 생기지 아니하도록 사고가 생긴 직위의 업무를 대신 수행하는 것을 "직무대리"라 한다(직무대리규정 §3, §4). 동규정상의 직무대리는 법정대리이다.

(3) 종 류

1) 협의의 법정대리

일정한 법정사실이 발생하였을 때 다른 보충적 행위를 기다릴 것 없이 법률상 당연히 대리권이 발생하는 경우이다(장관의 유고시 차관이 대리, 대통령궐위시 국무총리가 대행). 보충대리라고도 한다(헌법§71, 정부조직법 §7·②, §12·②, §19).

2) 지정대리

① 법정사유의 발생에 의하여 일정자가 대리자를 지정함으로써 대리관계가 발생하는 경우이다(예: 국무총리가 사고가 있는 경우에 대통령이 지정하는 국무위원이 국무총리를 대행). 지정대리의 경우 대리인의 지정은 대리명령서(代理命令書)에 의한다(직무대리규정 §6·②).

② 지정대리는 관청 구성자가 존재하면서 다만 사고가 있을 때에 인정되는 것이 보통이나, 관청 구성자가 궐위시에도(사망·면직) 새로운 관청구성자가 정식으로 임명되기 전에 일시 대리관청을 두어 그로 하여금 당해 관청의 권한을 행사하게 하는 경우를 특히 서리(署理)라 한다. 서리는 피대리관청의 지위에 있는 자가 존재하지 않는다는 점에서 일반대리와 구별되나, 그 행위가 피대리관청의 행위로서의 효과를 발생하는 점에서는 차이가 없다. 대리든 서리든 양자 모두 행정사무의 대행인 점에서 본질상의 차이 없고, 행정청의 대리는 인격의 대리가 아니라 직무(권한)의 대리이며 따라서 행정청구성자인 자연인의 존부는 대리관계의 성립에 아무런 영향이 없기 때문에 서리를 법정대리의 일종인 지정대리를 보는 것이 일반적인 견해이다. 서리는 자기 책임하에 자기의 이름으로 당해 기관의 전권한을 행사하며 잠정적으로 행정청의 지위를 갖는다. 당해 기관의 구성자가 정식으로 임명되거나 서리의 지정행위가 철회되면 그때부터 서리관계는 종료한다.

【참고】 국무총리서리제도

권한의 서리는 특히 국무총리서리제도와 관련하여 위헌성 논란이 있다. ① 국무총리의 임명에는 국회의 사전동의가 필요하고, 정부조직법 제19조는 국무총리의 직무대행에 관하여 규정하고 있으므로 서리의 임용이 불필요하다는 점을 들어 위헌이라는 설, ② 헌법상 국무총리제도는 대통령제와 부합하지 아니함을 전제로 국무총리서리제도는 이런 모순에서 생겨난 헌법관례라는 점을 들어 합헌이라는 설, ③ 원칙적으로 국무총리서리제도는 위헌이지만, 예외적으로 교전상황 등으로 인해 국회구성이나 국회소집이 불가능하여 국회의 사전동의가 곤란한 경우에는 합헌이라는 예외적 합헌설이 대립되고 있다.

예외적 합헌설이 타당하다고 생각된다.

(4) 대리사무의 처리

법정대리는 피대리관청이 사고로 인하여 직무를 수행할 수 없는 경우에 성립하므로 피대리관청은 스스로 권한행사가 사실상 곤란하다.

(5) 지휘·감독·책임(피대리관청과 대리관청과의 관계)

피대리관청은 대리자를 지휘·감독할 수 없으며, 대리자는 자기의 책임으로 권한을 행사한다. 피대리관청은 대리관청의 선임·지휘·감독에 책임을 지지 않는다는 점에서 임의대리와 다르다. 법정대리는 대리관계가 신뢰관계도 아니고 피대리관청의 의사가 아니라 법령에 의해 강제된 것이기 때문이다.

(6) 대리권의 범위

대리인은 피대리관청의 권한의 전부에 미치고(전부대리), 형식적 권한을 포함하여 일체의 권한을 대리할 수 있다.

(7) 대리권의 소멸

법정대리는 그 대리권을 발생케 한 법정사실의 소멸(예: 피대리관청 구성원의 질병치유, 출장으로부터의 귀청 등)에 따라 소멸한다.

Ⅲ. 대리의 표시방법·효과

대리행위를 함에 있어서 대리자는 피대리관청을 위한 것임을 표시(현명주의)하고 본인의 명의가 아니라 자기(대리권자)명의로 한다. 대리인이 피대리관청을 위한 것임을 표시하고 한 행위는 피대리관청의 행위로서 효력을 발생한다. 즉, 대리자의 대리행위의 효력은 직접 국가에 귀속한다.

Ⅳ. 복대리의 문제

대리자가 대리권의 행사를 다시 타인으로 하여금 대리케 할 수 있는가?

(1) 임의대리

임의대리는 일부대리일 뿐만 아니라, 신임관계에 기하여 수권된 것이므로 복대리는 원칙으로 허용되지 않는다.

(2) 법정대리

법정대리는 권한의 전부에 미치는 전부대리이고, 신임관계와 무관하게 일정사유의 법정사실에 따라 성립된 대리이며 대리자가 자기의 책임으로 대리행위를 하는 것이므로 대리자는 그 대리권의 일부에 대하여 복대리자를 선임할 수 있다고 보아야 한다. 따라서 복대리가 가능하며, 이 경우 복대리는 임의대리에 속한다는 점을 주의해야 한다.

제8절 임의대리와 법정대리의 이동

Ⅰ. 공 통 점

임의대리와 법정대리는 ① 본질적으로 인격대리가 아니고 직무대리·권한대리라는 점(민법상 대리는 인격대리인 점에서 차이) ② 대리사무처리권이 대리관청에 이양되는 것이 아니라는 점(권한이 이전되는 위임과의 차이) ③ 대리관청이 피대리관청을 위함을 표시하는 현명주의가 사용되는 점(위임관청이 아닌 수임관청명의로 행하는 위임과의 차이) ④ 대리행위의 효과가 피대리관청의 행위로서 효력이 발생하는 점(수임관청에 효력이 발생하는 위임과의 차이) 등에서 공통된다.

Ⅱ. 차 이 점

구별사항	임의대리	법정대리
발생원인·법적 근거	대리권 수여행위·법적 근거불요	법정사실의 발생·법적 근거 필요
대리권의 범위	일부대리	전부대리
권한행사의 책임	피대리관청이 책임진다.	대리관청이 책임을 진다.
피대리관청의 지휘·감독	가능하다.	허용되지 않는다(사실상 불가능).
피대리관청의 대리사무처리권	있다 (대리사무처리권 불이양·불소멸)	보통 그 문제가 발행하지 않는다(왜냐하면 사무처리 불능상태가 법정 대리발생 원인이므로).
복대리	불허된다.	가능하다(허용된다).
대리권의 소멸사유	대리권부여의 철회	법정사실의 소멸

제9절 행정관청의 권한의 위임

【기출문제】 <제27회 행정고시 (약술형)·1990년 외무고시 (약술형)·2000년 사법시험 (약술형)·제12회 입법고시 (약술형)> ※ 행정관청의 권한의 위임
<2003년 행정고시(사례형)> ※ 위임의 근거
<2007년 사법시험(사례형)> ※ 위임의 효과(내부위임을 받은 자가 자신의 이름으로 처분을 한 경우)

I. 권한의 위임의 개념과 구별

1. 권한위임의 개념

행정관청권한의 위임이라 함은 국가나 지방자치단체의 행정관청이 자기의 법령상의 권한의 일부를 다른 행정기관에 이양(이전)하여 수임기관의 권한으로 행사하도록 하는 경우를 말한다. 특히, 행정관청이 그 권한의 일부를 그 지휘·감독하에 있지 아니한 대등한 행정기관에 이전하는 경우를 특히 위탁이라 한다. 촉탁이란 권한의 위탁중에서 등기·소송에 관한 사무를 위탁하는 것을 말한다(부동산등기법 §27). 이론상으로는 권한의 위탁의 경우에 위탁기관은 하급기관이 아닌 수탁기관에 대한 지휘·감독권이 없다고 보아야 할 것이나 「행정권한의 위임 및 위탁에 관한 규정」(§6)은 권한의 위탁의 경우에도 권한의 위임에서와 같이 위탁기관이 수탁기관을 지휘·감독할 수 있다고 규정하고 있다.

판례 〈수임관청이 권한 없이 자신의 이름으로 처분한 경우 처분명의자인 행정청이 피고가 된다.〉 "권한의 위임이나 위탁을 받아 수임행정청이 정당한 권한에 기하여 그 명의로 한 처분에 대하여는 말할 것도 없고, 내부위임이나 대리권을 수여 받은 데 불과하여 원행정청 명의나 대리관계를 밝히지 아니하고는 그의 명의로 처분 등을 할 권한이 없는 행정청이 권한 없이 그의 명의로 한 처분에 대하여도 처분명의자인 행정청이 피고가 되어야 할 것이다"(대판 1995.12.22, 95누14688; 동 1994.6.14, 94누1197).

2. 권한의 대리와의 구별

권한의 위임에 있어서는 권한자체가 다른 행정기관에 이전되는 점에서, 권한자체를 이전하지 않는 권한의 대리와 구별되고, 위임관청이 아닌 수임관청의 명의로 행사하는 점에서, 피대리관청을 위한 것임을 표시하는 현명주의가 사용되는 권한의 대리와 구별되며, 행위의 효과가 수임관청에 발생하는 점에서, 대리행위의 효과가 피대리관청에 발생하는 대리와 구별된다.

3. 내부위임과의 구별

행정관청이 경미한 사항을 보조기관 또는 하급 행정기관(수임기관)으로 하여금 의사결정을 하

도록 하고 대외적으로 행정관청(위임청)자체의 명의로 표시하는 것을 내부위임 또는 위임전결이라 한다. 이는 행정관청의 권한의 변경을 초래하지 않는 대외적으로 권한의 이전이 없는 대내적 사실상 위임에 그치는 점에서 권한의 위임과 구별된다. 내부위임의 경우에는 법령의 근거가 없어도 가능하다(대판 1998.2.27, 97누1105). 내부위임의 경우에는 수임관청은 위임관청의 이름으로만 그 권한을 행사할 수 있을 뿐이고 자기의 이름으로는 그 권한을 행사할 수 없다.

판례 **〈행정관청 내부의 사무처리규정에 불과한 전결규정에 위반하여 원래의 전결권자 아닌 보조기관 등이 처분권자인 행정관청의 이름으로 행정처분을 한 경우 그 처분이 무효의 처분이라고는 할 수 없다.〉** 전결과 같은 행정권한의 내부위임은 법령상 처분권자인 행정관청이 내부적인 사무처리의 편의를 도모하기 위하여 그의 보조기관 또는 하급 행정관청으로 하여금 그의 권한을 사실상 행사하게 하는 것으로서 법률이 위임을 허용하지 않는 경우에도 인정되는 것이므로, 설사 행정관청 내부의 사무처리규정에 불과한 전결규정에 위반하여 원래의 전결권자 아닌 보조기관 등이 처분권자인 행정관청의 이름으로 행정처분을 하였다고 하더라도 그 처분이 권한 없는 자에 의하여 행하여진 무효의 처분이라고 할 수 없다(대판 1998.2.27, 97누1105).

판례 **〈권한위임의 경우는 수임관청이 자기의 이름으로 그 권한 행사를 할 수 있지만 내부위임의 경우는 수임관청은 위임관청의 이름으로만 그 권한을 행사할 수 있을 뿐 자기의 이름으로는 그 권한을 행사할 수 없다.〉** 행정권한의 위임은 행정관청이 법률에 따라 특정한 권한을 다른 행정관청에 이전하여 수임관청의 권한으로 행사하도록 하는 것이어서 권한의 법적인 귀속을 변경하는 것이므로 법률이 위임을 허용하고 있는 경우에 한하여 인정된다 할 것이고, 이에 반하여 행정권한의 내부위임은 법률이 위임을 허용하고 있지 아니한 경우에도 행정관청의 내부적인 사무처리의 편의를 도모하기 위하여 그의 보조기관 또는 하급행정관청으로 하여금 그의 권한을 사실상 행사하게 하는 것이므로, 권한위임의 경우에는 수임관청이 자기의 이름으로 그 권한행사를 할 수 있지만 내부위임의 경우에는 수임관청은 위임관청의 이름으로만 그 권한을 행사할 수 있을 뿐 자기의 이름으로는 그 권한을 행사할 수 없다(대판 1995.11.28, 94누6475).

판례 **〈내부위임의 경우에는 처분청은 수임관청이 아니라 위임관청이 된다.〉** "행정관청이 특정한 권한을 법률에 따라 다른 행정관청에 이관할 경우와 달리 내부적인 사무처리의 편의를 도모하기 위하여 그의 보조기관 또는 하급행정관청으로 하여금 그의 권한을 사실상 행하게 하는 내부위임의 경우에는 수임관청이 그 위임된 바에 따라 위임관청의 이름으로 권한을 행사하였다면 그 처분청은 위임관청이므로 그 처분의 취소나 무효확인을 구하는 소송의 피고는 위임관청으로 삼아야 한다. 구청장이 서울특별시장의 이름으로 한 직위해제 및 파면의 처분청은 서울특별시장이므로 구청장을 피고로 한 소를 각하한 원심의 판단은 정당하다고 한 사례"(대판 1991.10.8, 91누520)

【참고】 권한의 위임과 권한의 내부위임의 구별실익

① "행정권한의 위임은 행정관청이 법률에 따라 특정한 권한을 다른 행정관청에 이전하여 수임관청의 권한으로 행사하도록 하는 것이어서 권한의 법적인 귀속을 변경하는 것임에 대하여, 행정권한

의 내부위임은 행정관청의 내부적인 사무처리의 편의를 도모하기 위하여 그의 보조기관 또는 하급행정관청으로 하여금 그의 권한을 사실상 행하도록 하는데 그치는 것이므로 권한의 위임의 경우에는 수임관청이 자기의 이름으로 그 권한을 행사할 수 있지만, 내부위임의 경우에는 수임관청은 위임관청의 이름으로만 그 권한을 행사할 수 있을 뿐 자기의 이름으로는 그 권한을 행사할 수 없는 것이다. 그리고 행정권한의 위임이 위와 같이 권한의 법적인 귀속을 변경하는 것인 만큼 법률이 위임을 허용하고 있는 경우에 한하여만 인정된다고 보아야 할 것이다."(대판 1989.9.12, 89누671)

② "행정처분의 권한을 내부적으로 위임받은 수임기관이 그 권한을 행사함에 있어서는 행정처분의 내부적 성립과정은 스스로 결정하여 행하고 그 외부적 성립요건인 상대방에의 표시만 위임기관의 명의로 하면 된다."(대판 1984.12.11, 80누344)

③ "행정처분의 취소 또는 무효확인을 구하는 행정소송은 다른 법률에 특별한 규정이 없는 한 그 처분을 행한 행정청을 피고로 하여야 하며, 행정처분을 행할 적법한 권한 있는 상급행정청으로부터 내부위임을 받은 데 불과한 하급행정청이 권한 없이 행정처분을 한 경우에도 실제로 그 처분을 행한 하급행정청을 피고로 할 것은 아니다."

4. 대 결

대결은 행정관청 내부에서 관청 구성자의 일시적 부재시에 보조기관이 이를 대신하여 결재하는 것으로서, 이는 본래의 권한자의 명의로 하며 사실상 대신 결정하는 것에 불과한 점에서 법정대리와 구별되고 그것이 일시적이란 점에서 내부위임과도 구별된다.

5. 위 탁

행정관청이 그 권한의 일부를 그 지휘·감독하에 있지 아니한 대등한 다른 행정기관(또는 그 하급 행정기관)에 위임(이양)하는 경우를 위탁 또는 촉탁이라 하고, 이 경우 위탁은 위임과 같은 성질을 가진다(정조법 §6, 행정권한의 위임및위탁에관한규정 §2). 위탁 중에서 특히 등기·소송에 관한 사무의 위양을 촉탁이라 한다(부동산등기법 §27, 민사집행법 §54, §55). 이론적으로는 권한의 위탁의 경우에 위탁기관은 하급기관이 아닌 수탁기관에 대한 지휘감독권이 없다고 보아야 할 것이나 「행정권한의 위임 및 위탁에 관한 규정」은 권한의 위탁의 경우에도 권한의 위임에서와 같이 위탁기관이 수탁기관을 수탁사무처리에 대하여 지휘감독하고, 그 처리가 위법 또는 부당하다고 인정되는 때에는 이를 취소하거나 정지시킬 수 있다고 규정하고 있다(동규정 §6).

Ⅱ. 권한위임의 근거·한계

권한의 위임은 법령이 정한 권한분배를 대외적으로 변경하는 것이므로 반드시 법적 근거를 요한다. 권한의 위임에 관한 일반적 근거로서 정부조직법 제6조 및 동조에 근거한 일반법령으로서는 대통령령인 「행정권한의 위임 및 위탁에 관한 규정」 제3조 및 지방자치법 제102, 제104조가 있는 외에 개별법(예: 식품위생법 §91, 민방위기본법 §34, 공중위생관리법 §18)에 규정이 있다. 위임에 관한 일반적 근거규정인 정부조직법 제6조의 규정에 의해(개별법상 권한의 위임에 관한 명시적 규정이 없어도) 위임과 재위임을 할 수 있다는 것이 판례입장이다(대판1990.2.27, 89누5287). 그러나 법률이 정한 행정청의 권한은 당해 행정청이 행사하여야 하고, 권한을 부여한 그 법률 자체에서 예외적으로 그 권한을 다른 기관에 위임할 수 있다고 규정하고 있는 경우에만 위임이 가능한 것이다.

당해 법률에는 규정이 없음에도 불구하고 정부조직법 제6조에 근거하여 위임한다면 ① 그것은 권한을 법령으로 명확히 정하라는 행정조직법정주의에 반하는 포괄적 위임을 한 것이므로 위헌·위법인 법률규정이라 보아야 하고, ② 국민의 입장에서는 권한의 소재를 판단하는데 많은 어려움이 있게 될 것이고, ③ 행정청의 권한에 관하여 정하고 있는 모든 법률의 규정은 무의미하게 될 것이다. 따라서 당해 권한에 대하여 정하고 있는 법률 자체에 위임근거가 있을 때에만 위임이 가능하다고 보아야 한다. 정부조직법 제6조 제1항은 단지 행정청의 권한은 위임이 가능하다는 일반원칙을 표시한 것에 불과한 것으로 이를 근거로 하여 권한을 위임할 수는 없다고 보아야 한다.[6] 법적 근거 없는 위임에 의한 하급관청의 행위는 무권한 행위로 무효가 된다.

권한의 위임은 행정관청의 일부에 대하여서만 가능하고, 권한의 전부 또는 주요부분의 위임은 허용되지 않는다. 왜냐하면 권한의 획정을 무의미하게 하고, 위임기관의 존재 자체를 의심스럽게 하기 때문이다. 그러나 판례는 정부조직법 제6조를 위임과 재위임의 일반적 근거 규정으로 보고 있다.

판례 **〈행정관청의 권한의 위임에는 법령근거 필요하고, 정부조직법 제6조는 위임과 재위임의 일반적 근거규정이 된다.〉** "정부조직법 제6조 제1항 단서에 의하면 행정기관으로부터 권한의 위임을 받은 수임기관은 특히 필요할 때에는 법령이 정하는 바에 의하여 위임받은 사무의 일부를 보조기관 또는 하급행정기관에 재위임할 수 있다고 하여 법령상의 근거가 있다면 권한의 재위임이 가능함을 천명하고 있고, 행정권한의 위임 및 위탁에 관한 규정 제4조는 서울특별시장·직할시장 또는 도지사(서울특별시·직할시·도교육위원회의 교육감을 포함한다)는 행정의 능률향상과 주민의 편의를 위하여 필요하다고 인정할 때에는 수임사무의 일부를 위임기관의 장의 승인을 얻어 규칙이 정하는 바에 따라 위임할 수 있다고 규정한다."(대판 1989.9.26, 88누12127)(대판 1990.2.27, 89누5287)

판례 **〈기관위임사무는 조례에 의하여 재위임할 수는 없고 지방자치단체의 장이 제정한 규칙에 의하여 재위임하는 것만이 가능하다.〉**
가. 구 건설업법(1994. 1. 7. 법률 제4724호로 개정되기 전의 것) 제57조 제1항, 같은법 시행령 제53조 제1항 제1호에 의하면 건설부장관의 권한에 속하는 같은 법 제50조 제2항 제3호 소정의 영업정지 등 처분권한은 서울특별시장·직할시장 또는 도지사에게 위임되었을 뿐 시·도지

---

6) 박윤흔, 최신행정법강의(하), 40쪽 ; 정하중, 행정법각론, 25쪽 ; 박균성, 행정법론(하), 29쪽 ; 홍정선, 행정법원론(하), 26쪽.

사가 이를 구청장·시장·군수에게 재위임할 수 있는 근거규정은 없으나, 정부조직법 제5조 제1항과 이에 기한 행정권한의위임및위탁에관한규정 제4호에 재위임에 관한 일반적인 근거규정이 있으므로 시·도지사는 그 재위임에 관한 일반적인 규정에 따라 위임받은 위 처분권한을 구청장 등에게 재위임할 수 있다.

나. '가'항의 영업정지 등 처분에 관한 사무는 국가사무로서 지방자치단체의 장에게 위임된 이른바 기관위임사무에 해당하므로 시·도지사가 지방자치단체의 조례에 의하여 이를 구청장 등에게 재위임할 수는 없고 행정권한의위임및위탁에관한규정 제4조에 의하여 위임기관의 장의 승인을 얻은 후 지방자치단체의 장이 제정한 규칙이 정하는 바에 따라 재위임하는 것만이 가능하다(대판 1995.7.11, 94누4615).

기관위임사무는 지방자치단체의 장이 제정한 규칙이 정하는 바에 따라 재위임할 수 있고, 지방자치단체의 조례에 의하여 재위임할 수는 없다. 법령상 규칙으로 위임하여야 함에도 조례로 한 위법한 위임에 따라 행하여진 수임기관의 처분을 판례는 중대명백설에 따를 때 취소할 수 있는 행위로 본다.

판례 **〈처분권한의 근거조례가 무효인 경우, 그 근거규정에 기하여 한 행정처분이 당연무효사유는 아니라고 보아야 한다.〉** [다수의견] 조례 제정권의 범위를 벗어나 국가사무를 대상으로 한 무효인 서울특별시행정권한위임조례의 규정에 근거하여 구청장이 건설업영업정지처분을 한 경우, 그 처분은 결과적으로 적법한 위임 없이 권한 없는 자에 의하여 행하여진 것과 마찬가지가 되어 그 하자가 중대하나, 지방자치단체의 사무에 관한 조례와 규칙은 조례가 보다 상위규범이라고 할 수 있고, 또한 헌법 제107조 제2항의 "규칙"에는 지방자치단체의 조례와 규칙이 모두 포함되는 등 이른바 규칙의 개념이 경우에 따라 상이하게 해석되는 점 등에 비추어 보면 위 처분의 위임 과정의 하자가 객관적으로 명백한 것이라고 할 수 없으므로 이로 인한 하자는 결국 당연무효사유는 아니라고 봄이 상당하다(대판 1995.7.11, 94누4615).

Ⅲ. 위임의 방식

권한의 위임은 권한을 대외적으로 변경하는 것이므로 권한을 위임함에 있어서는 그것을 국민에게 알릴 수 있는 방식에 의하여야 한다.

따라서 위임에는 상대방에의 통지는 물론, 일반에의 공시를 요한다(관보·공보를 통한 공시가 많음).

권한의 위임은 수임행정기관과 위임사항을 직접 법령으로 정하거나, 법령에 근거한 위임관청의 의사 결정으로 행하여진다. 직접 법령으로 위임하는 경우에는 법령이 관보에 게재되어 국민에게 공시된다. 권한의 위임이 법형식으로 되지 않고 위임기관의 의사결정에 의하는 경우에는 고시의 형식으로 국민에게 권한의 위임을 공시해야 할 것이다.

Ⅳ. 위임의 상대방(권한위임의 형태)

① 가장 보편적인 것이 보조기관·하급행정기관에 대한 위임(위임받은보조기관은 위임의 범위 안에서 행정관청의 지위에 선다: 정부조직법§6②)이고 그 밖에 ② 자기의 지휘·감독하에 있지 아니한 대등관청(행정안전부장관이 시식경세부상관에세)이나, 계통을 달리하는 대등한 행정기관 또는 그 하급행정기관(농림수산식품부장관이 세무서장에게)에게 위임하거나(이 경우에 위탁이라 하고, 위탁 중에서 등기·소송에 관한 사무를 위임하는 것을 특히 촉탁이라 한다) ③ 국가가 지방자치단체나 그 기관에 대하여 위임하거나(기관위임, 단체위임) ④ 공공단체가 다른 공공단체나 그 기관에 대하여 위임·위탁한다(예: 특별시·광역시·도·시·군·자치구 또는 기관에 위임·위탁하는 경우 등).

⑤ 민간위탁

㉮ 의 의 : 사인(자연인·법인)에 대하여 위임하는 경우가 있는데 이를 민간위탁이라 한다. 자동차검사의 대행, 별정우체국장에 대한 체신업무위탁, 청사청소 등 청사관리업무, 건축사자격시험관리업무, 시험연구업무, 각종복지시설 등 공공시설관리업무 등 점차 확대되는 추세에 있다.

오늘날 민간위탁은 점차 그 중요성이 강조되고 있는데 이는 지나치게 비대해진 행정권을 축소 및 간소화하고, 사적인 자발성, 재정수단, 기술 및 전문지식을 활용할 수 있는 장점을 갖고 있기 때문이다. 민간위탁에서 행정권한을 위임받은 사인을 공무수탁사인이라고 한다.

㉯ 법적근거 : 민간위탁에 대한 일반 법적인 근거는 정부조직법 제6조 제3항 및 지방자치법 제104조 제3항이 있고, 대통령령인 행정권한의 위임 및 위탁에 관한 규정 제10조가 있다.

즉, 국가행정기관은 법령이 정하는 바에 의하여 그리고 지방자치단체의 장은 조례 또는 규칙이 정하는 바에 의하여(행정권한의 위임 및 위탁에 관한 규정 제10조는 "민간사무위탁에 관하여는 다른 법령에특별규정이 없는 한 이 영이 정하는 바에 의한다") 그 소관사무 중 조사·검사·검정·관리업무 등 국민의 권리·의무와 직접 관계되지 않는 사무중 ㉠ 단순한 사실행위인 행정작용, ㉡ 공익성보다 능률성이 현저히 요청되는 사무, ㉢ 특수한 전문지식 및 기술을 요하는 사무, ㉣ 기타 국민생활과 직결된 단순행정사무를 법인·단체 또는 그 기관이나 개인에게 위탁할 수 있다(정부조직법 §6·③, 지방자치법 §104·③, 행정권한의 위임 및 위탁에 관한 규정 §11).

행정권한의위임및위탁에관한규정 제10조에서 "민간사무위탁에 관하여는 다른 법령에 특별한 규정이 없는 한 이 영이 정하는 바에 의한다"고 규정하여 본 규정은 민간위탁의 규율에 관한 일반적 지위를 갖는다. 국민 또는 주민의 권리·의무와 직접 관련되는 사무의 민간위탁에는 개별법령의 근거가 필요하다.

㉰ 유형(종류)

㉠ 권한이전형위탁 : 행정기관의 권한이 민간위탁에 의해 사인에게 법적으로 이전하는 경우로서 협의의 위탁에 해당한다. 위탁받은 사인은 공무수탁사인의 지위를 갖는다.

㉡ 권한불이전형대행 : 행정기관의 권한이 민간위탁에 의해 사인에게 법적으로 이전

되지 않고 사인에게 행정권행사를 사실상 독립적으로 행하는 권한이 주어지는 경우이다. 대행에는 법적근거를 요한다.

도로교통법 제36조 제1항은 「차의 견인 및 보관업무 등의 대행」에서 "경찰서장 또는 시장 등은 제35조의 규정에 의하여 견인하도록 한 차의 견인·보관 및 반환업무의 전부 또는 일부를 그에 필요한 인력·시설·장비 등 자격요건을 갖춘 법인·단체 또는 개인(이하 "법인등"이라 한다)으로 하여금 대행하게 할 수 있다"고 규정하고 있다. 자동차관리법 제44조 제1항 자동차검사의 대행, 폐기물관리법 제14조 제2항 생활폐기물처리대행도 마찬가지이다.

여기서 대행은 대행자가 대신 권한을 행사하나 그 법적효과는 직접 민간위탁기관인 피대행기관, 즉 피대행기관이 속한 행정주체에 귀속된다. 이점에서 대리와 동일하다. 다만, 대행자는 행정기관이면서 동시에 법주체인 사인이고, 권한대행을 할 때 피대행기관과의 관계는 명시하지는 않는 점에서 대리와 구별된다.

그리고 대행기관은 피대행기관의 감독을 받지만 종속되지 않고 권한 행사를 독자적으로 할 수 있다. 이점에서 보조위탁은 보조수탁자가 위탁기관에 종속되어 위탁기관을 보조하는 점에서 구별된다. 행정보조인과 행정대행자의 공무수행의 법적 효과는 직접 공무를 위탁한 행정주체에 귀속되고, 그 행정주체가 책임을 지는 점, 형법적용에 있어서 공무원으로 보는 점에서 공통하다(도로교통법 §36·④).

㉢ 보조위탁 : 민간위탁에 의해서 행정기관의 권한이 사인에게 이전되지도 않고, 행정권한을 자기 이름으로 자기책임하에 수행하지도 못하고, 사인은 행정주체(위탁기관)을 위하여 비독립적으로 행정보조자로서 활동하는 경우를 말한다. 보조수탁자는 권한 행사를 독립적으로 할 수 없고, 위탁기관(행정주체)의 지시를 받아 권한을 행사한다. 보조위탁은 법률의 근거없이도 가능하다.

「행정대집법」상 사인에 대한 대집행의 위탁은 원칙적으로 대집행보조를 위한 위탁으로 본다.

㉣ 감독·통제 : 행정권한의 위임 및 위탁에 관한 규정에 따르면 민간위탁의 수탁기관은 상대방의 신청에 따라 선정되며, 위탁행정기관은 위탁사무처리에 대하여 수탁기관을 지휘·감독하며, 필요한 지시를 하거나 조치를 명할 수 있고, 위탁행정기관은 사무처리결과에 대하여 매년 1회 이상 감사를 하여야 하며, 위법·부당한 사항이 있는 경우에는 적절한 조치를 취할 수 있고, 관계임직원의 인사조치를 요구할 수 있다(동규정 §10~§15). 민간수탁자의 행정권 행사에도 행정절차법이 적용된다(행정절차법 §2·1호).

㉤ 권리구제(불복쟁송)

㉠ 민간위탁사인(공무수탁사인)의 지위 : 민간위탁사인이 공권력을 위임 받아 행사하는 경우에는 전래적 행정주체의 지위에 있고, 행정쟁송법상 행정청의 지위를 가지

며, 국가배상법 제2조의 공무원에 해당하며, 이들이 행사한 공권력행사에 대한 분쟁에 관한 행정소송에서 피고가 된다.

㉡ 항고소송 : 민간수탁자의 행위가 처분성을 갖는 경우에는 항고소송을 청구하되 공무수탁자를 피고로 하여 제기하여야 하고(행소법 §2·②), 대행과 보조의 경우는 위탁기관이 처분청이므로 위탁기관을 피고로 하여야 한다.

㉢ 당사자소송 : 공무수탁자가 법률에 근거한 행정계약에 의한 경우는 공무위탁계약이 공법상 계약에 해당함이 원칙이므로 이에 관한 분쟁은 공법상 당사자 소송이 된다. 다만, 공무위탁계약이 사법상 계약에 해당하는 경우는 이에 관한 분쟁은 민사소송 대상이 된다.

㉣ 손해배상 : 공무수행의 과실로 손해를 받은 자는 누구를 상대로 무슨 법에 근거하여 어떤 소송을 제기하여야 하는가?

ⓐ 위탁의 경우 :

ⓘ 국가배상청구설 : 공무수탁사인은 '널리 공무를 위탁받아 실질적으로 공무에 종사하는 자'로서 국가배상법상의 공무원이므로 공무수탁사인의 공무수행으로 인하여 손해를 가한 경우 국가 또는 지방자치단체가 배상책임을 부담한다는 견해이다. 이 견해는 공무수탁사인을 행정기관에 불과하다고 보는 경우에 타당하나, 공무수탁사인을 행정주체로 보는 경우는 타당하지 않다.

ⓘⓘ 민법상손해배상청구설 : 공무수탁자가 독립된 행정주체로서 공행정을 수행하는 경우에는 수탁자에게 손해배상을 청구해야 한다. 이 경우에 공무수탁사인은 공무를 수행하는 행정주체이므로 이론상 국가배상책임을 지도록 하는 것이 타당하지만, 현행 국가배상법은 국가와 지방자치단체의 배상책임만을 규정하고 있으므로 민법에 근거하여 배상책임을 부담하게 된다. 다만, 공무수탁사인에 대한 감독기관인 행정기관이 감독의무를 해태하여 손해가 발생한 경우에는 국가나 지방자치단체에 대하여도 국가배상법에 근거하여 국가배상을 청구할 수 있다. 행정권한의 위임은 법률에 근거하여 이루어지므로 그러한 법률은 사인에게 행정주체의 지위를 부여할 수 있다(행소법 §2·②). 따라서 공무수탁사인을 행정기관이 아닌 행정주체로 보는 이설 후설이 타당하다.

ⓑ 대행의 경우 :

ⓘ 행정주체책임설 : 대행의 경우 대집행자의 행위의 효과는 직접피대행기관인 행정주체에 귀속되기 때문에 위탁기관이 속한 행정주체가 배상책임자가 된다는 설이다.

ⓘⓘ 대행자책임설 : 대행기관이 권한 대행을 할 때 피대행기관과의 관계는 명시하지 않으며, 대행자는 독립적으로 권한 행사를 하는 것이므로 공무수탁사인과 같이 대행자가 원칙상 배상책임자가 되고, 감독과실이 있을 경우에 피대행기

관(위탁기관)이 속한 행정주체가 배상책임자가 된다는 설이다. 대행자가 배상책임을 지는 경우에 국가배상법을 유추적용하여 국가배상청구를 해야 하는지 민법에 따라 손해배상을 청구해야 하는지에 관하여는 위탁의 경우와 같다.

ⓒ 보조위탁의 경우 : 보조자의 공행정작용으로 인한 손해에 대하여는 위탁기관이 속한 행정주체가 배상책임자가 되며 피해자는 국가배상을 청구해야 한다. 이 경우 보조자는 국가배상법상 공무원이다.

V. 재 위 임

권한의 위임 또는 위탁을 받은 기관은 특히 필요한 때에는 법령이 정하는 바에 의하여 위임 또는 위탁을 받은 사무의 일부를 보조기관 또는 하급행정기관에 재위임할 수 있다는 것이 실정법의 태도이고 또한 판례의 입장이다(정부조직법 §6·①후단).

판례 **〈건설부장관의 권한에 속하는 구 건설업법(§50·②·3호)상 영업정지 등 처분에 관한 사무는 국가사무로서, 시·도지사에게 위임된 기관위임사무이므로 지방자치단체의 조례에 의하여 구청장에게 재위임 할 수 없고, 위임기관장의 승인을 얻은 후 지방자치단체의 장이 제정한 규칙이 정하는 바에 따라 재위임하는 것만이 가능하다.〉** 구 건설업법 제50조 제2항 제3호 소정의 영업정지 등 처분에 관한 사무는 국가 사무로서 지방자치단체의 장에게 위임된 이른 바 기관위임사무에 해당하므로 시·도지사가 지방자치단체의 조례에 의하여 이를 구청장 등에게 재위임할 수 없고 정부조직법 제5조 제1항과 이에 기한 「행정권한의 위임 및 위탁에 관한 규정」 제4조에 의하여 위임기관의 장의 승인을 얻은 후 지방자치단체의 장이 제정한 규칙이 정하는 바에 따라 재위임하는 것만이 가능하다(대판 1995.8.22, 94누4615).

「행정권한의 위임 및 위탁에 관한 규정」 제4조는 「특별시장·광역시장·도지사(특별시·광역시 및 도의 교육감을 포함한다) 또는 시장·군수·구청장은 행정의 능률향상과 주민의 편의를 위하여 필요하다고 인정되는 때에는 수임사무의 일부를 그 위임기관의 장의 승인을 받아 규칙이 정하는 바에 따라 시장·군수·구청장(교육장을 포함한다) 또는 읍·면·동장 기타 소속기관의 장에게 재위임 할 수 있다」고 규정하고 있다. 따라서 기관 위임사무의 경우는 수임자는 위임자의 승인을 얻어 규칙으로 재위임 할 수 있다.

한편 지방자치법은 「국가사무의 위임」에 관하여 「시·도와 시·군 및 자치구에서 시행하는 국가사무는 법령에 다른 규정이 없는 한 시·도지사와 시장·군수 및 자치구청장에게 위임하여 행한다」(동법 §102)고 규정하고 있고, 「사무의 위임 등」에 관하여 「지방자치단체의 장은 조례 또는 규칙이 정하는 바에 의하여 그 권한에 속하는 사무의 일부를 ① 보조기관, 소속행정기관 또는 하부행정기관에 위임할 수 있고, ② 관할지방자치단체나 공공단체 또는 그 기관(사무소출장소를 포함한다)에 위임 또는 위탁할 수 있다」(동법§104·①, ②)고 규정하고, 「지방자치단체의 장이 위임 또는 위탁 받은 사무의 일부를 재위임 또는 재위탁하는 경우에는 미리 당해 사무를 위임 또는 위탁한 기관의 장의 승인을 얻어야 한다」(동법 § 104·④)고 규정하고 있다. 따라서 기관위임사무의 경우, 수임자는 위임자의 승인을 얻어 규칙으로 재위임할 수 있다.

위에서 설명한 바와 같이 정부조직법 제6조 제1항(법령이 정하는 바에 따라)과 지방자치법 제104조 제4항("조례 또는 규칙이 정하는 바에 따라")은 단지 행정청의 권한은 위임에 가능하다는 일반원칙을 표시한 것에 불과한 것으로 이를 근거로 하여 권한을 위임할 수 없다는 견해와 위임에 관한 일반적 근거 규정인 정부조직법 제6조의 규정에 의해(개별법상 권한의 위임에 관한 명시규정이 없어도) 위임과 재위임을 할 수 있다는 견해가 대립되고 있다. 판례는 역시 변함없이 일관하여 후자를 취하고 있다.

판례 **〈건설부장관의 처분권한을 위임받은 시·도지사는 정부조직법 제5조 제1항과 이에 기한 행정권한의위임및위탁에관한규정 제4조에 재위임에 관한 일반적인 근거규정에 따라 구청장 등에게 위임할 수 있다.〉** 도시재개발법 제8조, 같은법시행령 제58조 제1항 제12호에 의하면 건설부장관의 권한에 속하는 도시재개발법 제41조의 규정에 의한 관리처분계획의 인가 등 처분권한은 시·도지사에게 위임되었을 뿐 시·도지사가 이를 구청장, 시장, 군수에게 재위임할 수 있는 근거규정은 없으나, 정부조직법 제5조 제1항과 이에 기한 행정권한의위임및위탁에관한규정 제4조에 재위임에 관한 일반적인 근거규정이 있으므로, 시·도지사는 그 재위임에 관한 일반적인 규정에 따라 위임받은 위 처분권한을 구청장 등에게 재위임할 수 있다(대판 1995.8.22, 94누5694).

판례 가항의 관리처분계획의 인가 등에 관한 사무는 국가사무로서 지방자치단체의 장에게 위임된 이른바 기관위임사무에 해당하므로, 시·도지사가 지방자치단체의 조례에 의하여 이를 구청장 등에게 재위임할 수는 없고, 「행정권한의 위임 및 위탁에 관한 규정」 제4조에 의하여 위임기관의 장의 승인을 얻은 후 지방자치단체의장이 제정한 규칙이 정하는 바에 따라 재위임하는 것만이 가능하다(대판1995.8.22, 94누5694).

정부조직법 제6조 제1항의 "법령이 정하는 바에 따라"에서의 법령은 개별법령을 의미하는 것이고, 지방자치법 제104조 제1항의 "조례나 규칙으로 정하는 바에 따라"에서 조례나 규칙은 개별 조례나 규칙을 의미하는 것이다. 따라서 개별법령에 위임에 관한 명시적 규정이 있어야 할 것이다.

Ⅵ. 위임사항(위임의 범위와 한계)

행정관청의 권한의 위임은 위임관청의 일반적·포괄적 권한 또는 사무 중 그 일부에 한하여 인정된다. 권한의 전부를 위임하거나 본질적인 부분을 위임하는 것은 위임청의 그에 관한 권한의 소멸 또는 권한획정의 본질을 형해화시키고 사실상 위임행정청의 권한 자체의 폐지를 뜻하는 것이므로 허용되지 않는다. 일반적·포괄적 권한 또는 사무 중 그 일부에 한하므로 개별적·구체적으로 정해진 권한 또는 사무는 당해 권한을 정하는 법률을 사실상 폐지하는 결과를 가져오므로 위임할 수 없다.

Ⅶ. 위임의 효과

1. 권한의 이전(권한위임의 경우)

권한이 위임되면 그 권한은 수임기관의 권한이 된다(행정권한의 위임 및 위탁에 관한 규정 §7, §8).

위임관청은 위임관계가 존속하는 한 그 권한을 행사할 수 없으며, 권한을 상실한다.

판례 **〈행정권한의 위임이 행하여진 때에는 위임관청은 그 사무를 처리할 권한을 잃는다.〉** (대판1992.9.22, 91누11292)

"본 조(서울특별시 도로수익자부담금 징수조례 제19조) 및 본조례시행규칙 제10조에 의하여 서울특별시장의 도로수익자부담금의 부과 및 징수사무전부가 관할구청장에게 위임되었고, 구청장에게 위임된 권한 중에는 부담금부과처분에 대한 이의신청을 수리하고 결정하는 권한도 포함되어 있다."(대판1982.3.9, 80누334)

권한의 위임은 권한이전효과가 있으므로 권한의 위임이 행하여진 때에는 위임관청은 그 사무를 처리할 권한을 잃으며(위임관청은 스스로 권한행사를 할 수 없다) 수임기관이 자기 권한으로 자기 이름과 책임 아래서 그 권한을 행사한다. 따라서 항고쟁송의 피고도 수임기관이 된다.

2. 내부위임의 경우

「내부위임의 경우」는 권한이 대내적으로 이전될 뿐 대외적으로는 이전되지 않는다. 따라서 수임기관은 수임사무의 처리를 위해 처분을 할 때에는 위임청의 이름으로 하거나 내부위임관계를 명시하여야 한다.

만일 내부위임의 경우 수임기관이 수임기관의 이름으로 처분을 한 경우 당해 처분은 위법하다. 문제는 이 위법이 무효사유인가 취소사유인가의 문제이다. 판례는 수임기관은 대외적으로는 처분권을 갖고 있지 못하므로 무권한의 행위로 보고 무효인 행위가 된다고 한다(대판 1995.11.28, 94누6475).

판례 **〈시장으로부터 체납취득세에 대한 압류처분권한을 내부위임 받은 구청장이 자신의 이름으로 한 압류처분은 권한없는 자에 의하여 행하여진 위법무효의 처분이다.〉** 체납취득세에 대한 압류처분권한은 도지사로부터 시장에게 권한위임된 것이고 시장으로부터 압류처분권한을 내부 위임받은 데 불과한 구청장으로서는 시장 명의로 압류처분을 대행 처리할 수 있을 뿐이고 자신의 명의로 이를 할 수 없다할 것이므로 구청장이 자신의 명의로 한 압류처분은 권한 없는 자에 의하여 행하여진 위법무효의 처분이다(대판 1997.5.27, 93누6621).

그러나 수임기관은 처분권한을 내부적으로는 위임받고 있으므로 무권한은 아니고 권한 행사의 형식에 하자가 있는 것에 불과한 것으로 보아야 할 것이며 따라서 당해 처분은 중대하고도 명백한 위법이 있는 행위로 볼 수 없고 취소할 수 있는 행위에 불과하다고 보아야 할 것이다.[7] 그리고 내부위임의 경우 수임기관이 자기의 이름으로 처분을 한 경우 항고소송의 피고는 실제로 처분을 한 수임기관이 되고(대판 1991.10.8, 91누520) 수임기관이 위임청의 이름으로 처분한 경우는 위임청이 항고소송의 피고가 된다.

판례 **〈수임관청이 내부위임에 따라 위임관청의 이름으로 행한 처분의 취소나 무효확인을 구하는 소송의 피고적격자는 위임관청이다.〉** 행정관청이 특정한 권한을 법률에 따라 다른 행정관청에 이관한 경우와 달리 내부적인 사무처리의 편의를 도모하기 위하여 그의 보조기관 또는 하급행정관청으로 하여금 그의 권한을 사실상 행하도록 하는 내부위임의 경우에는 수임관청이 그 위임된 바에 따라 위임관청의 이름으로 권한을 행사하였다면 그 처분청은 위임관청이므로 그 처분의 취소나 무효확인을 구하는 소송의 피고는 위임관청으로 삼아야 한다(대판 1991.10.8, 91누520).

그러나 내부위임을 받은 수임기관이 보조기관인 경우 보조기관의 이름으로 처분을 하였다면 그 위법이 중대하고도 명백하므로 무효이지만, 행정청의 지위를 갖는 기관(예: 지방자치단체의 장)인 경우에는 수임행정기관의 이름으로 처분하였다면 그 위법이 중대하고도 명백한 위법으로 볼 수 없으므로 취소할 수 있는 행위로 보는 것이 타당하다(예외적 취소설).

2. 비용부담

위임사무의 처리에 소요되는 경비는 법령에 특별한 규정이 있는 경우를 제외하고는 위임자가 부담한다(지방자치법 §141).

권한위임에 따르는 인력 또는 예산의 이관은 국가기관간에는 이루어질 수 있으나, 법인격을 달리하는 국가와 지방자치단체간에는 이루어질 수 없으므로 지방재정법(§21 ·②)은 "국가가 스스로 행하여야 할 사무를 지방자치단체 또는 그 기관에 위임하여 수행하는 경우에 그 소요되는 경비는 국가가 그 전부를 당해 지방자치단체에 교부하여야 한다"라고 규정하고 있고, 「시·도 또는 시·도지사가 시·군 및 자치구 또는 시장·군수·자치구의 구청장으로 하여금 그 사무를 집행하게 하는 때에는 시·도는 그 사무집행에 소요되는 경비를 부담하여야 한다」(지방재정법 §28)고 규정하고 있다. 그러나 이러한 경비의 교부는 적정하게 행하여지지 못하고 있는 것이 현실이다.

행정기관의 장은 행정권한을 위임 또는 위탁하고자 하는 때에는 위임 및 위탁하기 전에 수임기관의 수임능력여부를 점검하고 필요한 인력 및 예산을 이관하도록 해야 한다(행정권한의 위임 및 위탁에 관한 규정 §3·②).

---

7) 김남진, 「행정법의 기본문제」, 889~895쪽 ; 박균성, 행정법론(하), 32쪽.

Ⅷ. 위임청의 지휘·감독권

위임관청이 그 위임사무의 처리에 관하여 수임기관을 지휘·감독할 수 있는가?

① 수임기관이 위임관청의 보조기관이나 지휘·감독하에 있는 하급기관인 경우에는 위임관청이 상급관청으로서 수임기관의 권한행사를 지휘·감독할 수 있으나 ② 지휘·감독하에 있는 하급기관이 아닌 경우에는 특별한 규정이 없는 한 지휘·감독권이 없다.

그러나 「행정권한의 위임 및 위탁에 관한 규정」 제6조는 "위임기관 및 위탁기관은 수임기관 및 수탁기관의 수임 및 수탁 사무처리에 대하여 지휘·감독하고, 그 처리가 위법 또는 부당하다고 인정되는 때에는 이를 취소하거나 정지시킬 수 있다"라고 규정하여 실정법규상에서는 사후 감독권을 인정하고 있고, 위임 및 위탁 기관의 장은 그에 대한 감독책임을 진다(동 규정 §8.①).

그러나 "수임 및 수탁사무의 처리에 관하여 위임기관 또는 위탁기관은 수임기관 또는 수탁기관에 대하여 사전승인을 얻거나 협의를 할 것을 요구할 수 없다(동규정§7).

Ⅸ. 위임의 종료

위임은 위임의 해제, 종기의 도래, 해제조건의 성취, 위임행위의 실효 및 근거법령의 소멸에 의하여 종료된다. 위임이 법령의 형식으로 행하여진 경우에는 법령의 형식으로 행해지고, 위임이 법령의 근거한 위임청의 의사에 의해 행해진 위임의 해제는 위임의 경우와 마찬가지로 공시를 요한다. 위임이 종료된 위임된 권한은 당연히 위임기관에 환원된다.

※ <권한의 위임과 권한의 대리의 차이>

권한의 대리와 위임은 모두 행정관청의 권한을 타자가 대행하는 점에서 같다.

구별사항	권한의 대리	권한의 위임
권한이전여부	피대리관청의 권한은 이전되지 않는다.	위임관청의 권한이 수임청으로 이양된다.
발생원인	임의대리는 수권행위에 의하여, 법정대리는 법정사실에 의하여 발생한다.	법령에 근거한 위임행위에 의하여 위임관계가 설정된다.
법적성질	수권행위는 피대리관청의 일방적 행위이고 대리관청의 동의불요, 수권사실 공시불요	위임행위도 위임청의 일방적 행위라는 점은 같으나, 권한이 이전되므로 일반적으로 공시가 필요하다.
법적 근거여부	임의대리는 불요하나 법정대리는 필요하다.	반드시 법적 근거 필요, 왜냐하면 권한분배의 실질적 변경을 초래하기 때문이다.

당 사 자 (상대방)	대리자는 피대리관청의 보조기관인 것이 보통이다.	수임자가 되는 자는 보조기관, 하급관청, 공공단체, 자치행정기관, 사인 등 범위가 넓다.
행위방식 (명의자)	법무부장관(직무) 대리 법무부차관 홍길동(대리관청의 명의)식으로 「현명주의」가 적용된다.	수임기관 명의로 행위한다.
권한의 범위	임의대리는 일부대리이나, 법정대리는 전부대리이다.	위임은 위임청의 권한의 일부에 한하여 인정된다.
권한행사에 대한 책임	임의대리의 경우에는 피대리관청이, 법정대리의 경우에는 대리관청이 책임을 진다.	수임청이 책임을 진다.
사무처리에 대한 지휘·감독	임의대리에 있어서는 피대리관청이 대리관청을 지휘·감독할 수 있으나, 법정대리에 있어서는 원칙적으로 사실상 지휘·감독할 수 없다.	위임청이 수임청의 보조기관이나 지휘·감독하에 있는 하급기관인 경우에는 가능하나, 지휘·감독하에 있는 하급기관이 아닌 경우에는 불가
사무처리에 대한 효과 및 피고	대리행위의 효과는 피대리관청에 귀속한다. 행정소송의 피고도 피대리관청이 됨.	수임청 자신이 처분청이 되고, 행정소송의 피고도 수임청이 된다.
복대리·복위임의 가부	임의대리의 경우에는 원칙적으로 복대리가 불허되나, 법정대리의 경우에는 복대리가 가능하다.	복위임이 가능하다. 단, 법령의 근거가 필요하다.
소멸사유	임의대리는 수권행위의 철회, 대리권 행사의 종료에 의하여, 법정대리는 법정사실의 소멸에 의하여 소멸한다.	위임의 해제, 종기의 도래, 해제조건의 성취 및 근거법령의 소멸에 의하여 소멸한다.

제2장 국가행정조직(법)

제1절 국가중앙행정조직

Ⅰ. 개 설

1. 국가행정조직법의 의의와 범위

(1) 의의와 법원

국가행정조직법이라 함은 「국가행정을 담당하는 국가 자신의 행정기관의 조직에 관한 법」을 말한다. 우리나라 국가행정조직법은 헌법의 직접 규정 이외에 법률로 정하게 되어 있다.

헌법 제66조 제4항은 "행정권은 대통령을 수반으로 하는 정부에 속한다"고 규정하여, 대통령이 행정부의 수반임을 명시하고 있다.

우리의 중앙행정조직은 ① 행정수반인 대통령과 그 직속기관, ② 정부의 권한에 속하는 중요정책을 심의하는 국무회의, ③ 대통령의 명을 받아 행정각부를 통할하는 국무총리와 그 직속기관, ④ 대통령의 통할하에 있는 행정사무를 분장·처리하는 행정각부와 그 직속기관으로 구성된다.

한편, 선거와 국민투표의 공정한 관리 및 정당에 관한 사무를 처리하는 선거관리위원회는 행정기관의 일종으로 넓은 의미에서 행정조직의 하나이기는 하나, 행정수반인 대통령에 소속되지 않는 특수한 한정된 사무만을 처리한다는 점에서 대통령을 정점으로 하는 일반행정조직(협의의 행정조직)에는 포함되지 않는다.[8)]

국가행정은 행정주체를 기준으로 하여 ① 국가의 행정관청을 통한 행정과 ② 자치행정단체와 그 밖의 법적으로 독립한 공공단체(공법상 사단·재단·영조물법인), 공무수탁사인을 통한 행정이 있는데, 전자를 직접국가행정, 후자를 간접국가행정이라 하여 분류·설명하기도 한다.

여기의 국가의 직접적 행정이라 함은 국가의 중앙 및 국가의 지방행정기관에 의한 행정을 말한다.

이와 같은 중앙 또는 지방의 국가행정기관의 설치·폐지·조직·상호관계 등에 관한 규정을 국가행정조직법이라 한다.

국가행정조직의 주요법원으로서는 ① 기본법원으로서의 헌법 이외에 ② 국가중앙행정조직에 관하여는 일반법으로서 정부조직법이 있고, 특별법으로서 감사원법, 국가정보원법,

---

8) 박윤흔, 최신행정법강의(하), 59쪽 ; 정하중, 행정법각론, 39쪽.

대통령등의경호에관한법률, 국가안전보장회의법 등이 있으며, 독립중앙행정기관에 관한 것으로는 선거관리위원회법이 있다. ③ 국가지방행정기관에 관하여는 정부조직법 제3조에 의거하여 특별법으로 설치된 것을 제외하고는 대통령령으로 설치할 수 있다(정부조직법§3).

(2) 국가행정조직의 범위

협의의 국가 행정조직으로는 「국가의 중앙행정조직과 국가의 지방행정조직」을, 그리고 광의의 국가행정조직으로는 「협의의 국가행정조직 이외의 지방자치단체·공법상사단·공재단·영조물 법인」을 말한다.

전자를 직접국가 행정조직, 후자를 간접국가 행정조직으로 분류·설명하기도 한다.

2. 국가행정기관의 범위와 분류

(1) 범 위

현행헌법상의 국가행정기관에는 다음에 설명하는 바와 같은 중앙행정기관과 지방행정기관이 있다. 다만, 구체적으로는 국가행정기관의 범위, 특히 입법기관, 사법기관과의 구별한계에 관하여 문제되는 것이 없지 아니하다.

① 국회사무처는 국회의 기관으로서 여기서 말하는 국가행정기관은 아니다.

② 법원행정처도 여기서 말하는 국가행정기관은 아니다. 검찰기관은 법무부장관 소속으로서 국가행정기관에 속하지만, 다른 한편 광의의 사법기관의 하나로서 형사사법권을 행사하므로 그 조직은 형사소송법학에서 고찰된다.

③ 군법회의, 헌법재판소와 같은 헌법상의 사법기관도 여기서 말하는 국가행정기관이 아님은 물론이다.

(2) 분 류

국가행정기관은 구분의 표준에 따라 여러 가지로 분류할 수 있다.

① 관할지역에 의한 분류 : 국가행정기관은 그 권한의 지역적 범위에 따라 중앙행정기관과 지방행정기관으로 나눌 수 있다. 중앙행정기관은 그 행정기관의 지역적 권한, 즉 토지관할이 전국에 미치는 것을 말하며, 지방행정기관은 일부지역에 한하여 지역적 권한을 가지는 국가행정기관이다. 지방행정기관은 다시 그 권한의 내용이 일반적인지 또는 특정적인지에 따라 보통지방행정기관과 특별지방행정기관으로 나뉜다.

② 권한의 성질 및 지위에 의한 분류 : 국가행정기관은 그 기능, 권한 및 지위 등에 따라 행정관청, 보조기관, 부속기관, 의결기관, 감사기관, 집행기관, 기업기관 등으로 나눌 수 있다. 이들에 관해서는 앞에서 이미 설명한 바 있으므로 여기에서는 생략하고자 한다.

Ⅱ. 국가중앙행정조직(대통령, 대통령직속의 행정기관, 국무회의, 국무총리 국무총리소속 중앙행정기관, 행정각부, 독립중앙 행정기관)

정부조직법은 1948년에 제정·시행되었는바 지금까지 무려 60여 차례나 개정을 하였다. 현행 정부조직법을 위주로 주요 내용을 살펴보기로 한다.

1. 중앙행정기관의 개관

헌법과 법률에 의거하여 국가의 중앙행정기관을 개관하여 본다면 ① 중앙행정기관의 정점으로서 물론 국가원수이자 정부 수반인 대통령이 있고, 그 밑에 중앙행정기관인 감사원, 국가정보원, 자문기관으로서의 국가원로자문회의, 국가안전보장회의, 민주평화통일자문회의, 국민경제자문회의 및 보좌·집행기관으로서의 대통령실(대통령실장, 경호실장) 등이 직속하고 있다(헌법 §66, §90~§93, §97, 정부조직법 §14, §15, §16, §18).

② 그리고 대통령도 그 구성원으로 되는 국무회의가 있는 외에 ③ 대통령 밑에서 대통령의 명을 받아 행정 각 기관을 통괄하는 국무총리가 있고, 대통령이 특별히 지정하는 사무 또는 대통령의 명을 받아 국무총리가 특별히 지정하는 사무를 수행하기 위하여 국무위원으로 보하는 특임장관을 둘 수 있고, 국무총리 직속 중앙행정기관으로서 국무총리실, 법제처 및 국가보훈처가 있으며, 그리고 직속기관으로 공정거래위원회·금융위원회·국민권익위원회와 국무총리행정심판위원회가 있다. ④ 행정각부로서 15부 2처 17청이 있어서 행정각부장관소속의 중앙행정관청으로서 청 등이 있다(헌법§86, §88, §94, §96 정부조직법 제3장, 제4장 부패방지및국민권익위원회의설치와운영에관한법률 §11, §13).

이번 개정정부조직법(1999.1.21, 공포시 발효)은 중앙행정기관의 보조기관의 설치와 사무분장은 법률로 정한 경우를 제외하고는 대통령령으로 정한다. 다만 과의 설치와 사무분장은 총리령 또는 부령으로 정할 수 있다는 점이다. 다시 개정된 정부조직법(2000. 1.29.)은 기획예산위원회가 기획예산처로(대통령직속기관에서 국무총리직속기관으로 이관), 여성특별위원회가 여성부로(대통령직속기관에서 행정각부로 이관), 이는 다시 여성가족부(2005. 3.24.)로, 공보실이 국정홍보처로, 다시 개정된 정부조직법(2008. 2.29.)에서는 기획예산처가 기획재정부(기획예산처는 폐지됨)로, 여성가족부는 다시 여성부로, 국정홍보처가 폐지되고(국정에 관한 홍보 및 정부발표에 관한 사무는 문화체육관광부로 이관), 교육부가 교육인적자원부로 이는 다시 개정된 정부조직법(2008. 2.29.)에서는 교육과학기술부로 각각 개정되었다. ⑤ 끝으로 헌법상의 독립중앙행정관청으로서 선거관리위원회와 형식적으로 일반중앙위원기관에 소속하면서도 실질적으로 상대적 독립성을 가진 합의제행정기관으로의 각종 행정위원회가 있다.

국무총리직속기관이었던 국민고충처리위원회가 새로 제정된 「국민고충처리위원회의 설치 및 운영에 관한 법률」(2005. 7.29.)에 의하여 대통령소속하에 국민고충 처리위원회로, 이는 다시 국민고충처리위원회의 설치 및 운영에 관한 법률과 부패방지법이 폐지되고 「부패방지 및 국민권익위원회의 설치와 운영에 관한 법률」이 제정되어 국민고충처리위원회의 명칭을 「국민권익위원회」로 변경하고 국무총리소속으로 하여 시행하고 있다.

2. 대 통 령

(1) 대통령의 헌법상 지위

1) 국가원수로서의 지위

㉮ 대내적으로 전체로서의 국민과 전체적 국가이익을 대표
㉯ 대외적으로 국가를 대표(헌법 §66·①, §73)
㉰ 국정의 통합·조정자(헌법 §47, §72, §79, §81, §90, §92, §128)
㉱ 국가의 헌법의 수호자(헌법 §8·④, §66, §69, §72, §76·⑤, §77)
㉲ 헌법기관구성자(헌법 §92·②, §104, §104·②, §111·②·④, §114)

2) 행정부(집행부)수반으로서의 지위(헌법 §66·④)

㉮ 최고집행기관으로서의 집행에 관한 최고책임자, 즉 최고행정관청으로서의 지위
㉯ 집행부 조직권자, 즉 국가기관구성자로서의 지위
㉰ 국무회의의장
㉱ 입법부·사법부의 수반과의 병렬적 지위

(2) 대통령의 신분상 지위

대통령의 선거(헌법 §67)에 의해 피선된 대통령은 취임선서(§69)를 하고 임기 내(5년) 특히 형사상 특권(§84)을 가지고, 취임선서·겸직금지 등 일정의무(헌법 §69, §83)를 진다.

(3) 대통령의 권한

① **대통령의 비상적 권한**(국가긴급권)으로 ㉮ 긴급명령권, 긴급재정경제처분·명령권(헌법 §76) ㉯ 계엄선포권(헌법 §77) ㉰ 국민투표부의권(헌법 §72)
② **헌법기관구성권으로서** ㉮ 대법원장과 대법관임명권(헌법 §104) ㉯ 헌법재판소 재판관 임명권(§111·②, ③, ④) ㉰ 중앙선거관리위원회 위원 임명권(헌법 §114·②) ㉱ 감사원장과 감사위원임명권(헌법 §98·②, ③)
③ **헌법개정에 관한 권한**(헌법 §128~§130)
④ **행정(집행)에 관한 권한**으로 ㉮ 집행에 관한 최고결정권과 최고지도권 ㉯ 법률집행권(헌법 §75) ㉰ 외교에 관한 권한(헌법 §5·①, §60, §66, §73) ㉱ 정부구성권과 공무원 임명권 ㉲ 군사통수권 ㉳ 영전수여권 ㉴ 재정에 관한 권한(헌법 §54~§58)
⑤ 국회 및 입법에 관한 권한
㉮ 국회에 관한 권한으로 임시회의 집회요구권(헌법 §47, §89), 국회출석발언권

㉯ 입법에 관한 권한으로 법률안제출권(헌법 §52), 법률안공포권(헌법 §53), 법률안거부권(헌법 §53), 행정입법권(명령 제정권)(헌법 §75)

⑥ 사법에 관한 권한으로 위헌정당해산제청권(헌법 §8, §89), 사면·감형·복권에 관한 권한(헌법 §79)을 가진다.

(4) 대통령의 직속의 중앙행정기관

중앙선거관리위원회는 직속기관이 아니고 독립중앙행정기관이다.

① **보좌기관 : 대통령실**

② **집행기관 : 대통령경호처**

③ **행정관청**

㉮ **감 사 원**

㉠ 감사원의 지위 : 감사원은 국가의 세입·세출의 결산·회계검사 및 직무감찰을 하는 기관이다. 감사원은 대통령에 소속된 기관이면서도 그 직무의 성질상 독립성이 강하게 요청되므로 감사원법은 감사원의 직무상 독립성을 규정하고 있다(동법 §2). 그러므로 감사원은 대통령의 직속기관이면서도 지시·감독을 받지 아니한다.

㉡ 감사원의 조직 : 감사원은 원장을 포함한 5인 이상 11인 이하의 감사위원으로 구성하는데(헌법 §98·①), 감사원법은 감사원장을 포함한 감사위원수를 7인으로 규정하고 있다(동법 §3).

㉢ 감사원의 권한 : 국가기관 등 결산 및 회계감사권, 공무원의 직무감찰권, 감사결과에 따르는 시정 등 요구·변상판정·징계요구권, 회계관리법령의 제정·개폐에 관한 의견진술권, 심사청구권에 대한 결정권, 감사원 규칙제정권 등이 있다.

㉯ **국가정보원**

국가정보원은 헌법이 아닌 정부조직법과 국가정보원법에서 규정하고 있다. 국외정보 및 국내보안정보(대공 및 대정부 전복), 국가기밀에 관한 보안업무, 일정한 범죄수사를 임무로 하는 법률에 의해 설치된 중앙행정기관이다.

④ 자문기관(헌법 §90~§93)

- 국가안전보장회의 : 필수기관
- 국가원로자문회의 ┐
- 민주평화통일자문회의(민주평화통일자문회의사무처는 폐지되고 그 기능은 통일부에서 관장) ├ 임의기관
- 국민경제자문회의 ┘

3. 국무회의

(1) 구성 및 직무대행자

구성은 대통령, 국무총리와 15인 이상 30인 이하의 국무위원으로 구성되며, 대통령이 국무회의의 의장이 되고, 국무총리는 그 부의장이 된다(헌법 §88).

의장이 사고로 인하여 직무를 행할 수 없을 때에는 부의장인 국무총리가 그 직무를 대행하고, 의장과 부의장이 모두 사고로 직무를 수행할 수 없으면 정부조직법 제22조 제1항에 규정된 순서에 따라 국무위원이 그 직무를 대행한다(정부조직법 §12·②).

(2) 성질 및 심의사항

성격은 헌법상의 필수기구로서 의결기관이나 자문기관이 아니고, 최고의 정책심의기관이다(헌법 §87, §88, §89). 필수적 심의사항은 헌법 제89조에서 규정하고 있다.

4. 국무총리

우리 헌법은 대통령제를 취하고 있으면서도 거기에 내각제 요소를 가미한 이례적으로 국무총리를 두고 있다. 그러므로 우리 헌법에 있어서 국무총리는 내각제하에서의 총리와 같지 않지만 정부의 제2인자로서 다음과 같은 지위와 권한을 갖는다.

(1) 지 위

① 국무회의구성원으로서의 지위 ② 대통령의 보좌기관 ③ 정부의 제2인자로서 국무회의 부의장이며 대통령 다음가는 중앙행정관청이다. ④ 서울특별시 행정에 대한 조정자로서의 지위(서울특별시 행정특례에 관한 법률 §4·②, §5·①) 등을 가진다.

(2) 권 한

① 대통령권한대행권 ② 국무회의에서의 심의권 ③ 국무위원 및 행정각부의 장의 임명제청권과 국무위원의 해임건의권 ④ 대통령의 국법상 행위에의 부서권 ⑤ 대통령의 명을 받아 각 중앙행정기관의 장에 의한 지휘·감독권 ⑥ 국회에의 출석·발언권 ⑦ 총리령제정권 등을 가진다(헌법§82, §86, §87, §88, §89·§62, §95 등).

(3) 국무총리의 직속중앙행정기관

① 특임기관 : 대통령이 특별히 지정하는 사무 또는 대통령의 명을 받아 국무총리가 특히 지정하는 사무를 수행하기 위하여 국무위원(이하 "특임장관"이라 한다)을 둘 수 있다. 특임장관 밑에 차관 1명을 두되, 차관은 정무직으로 한다. 특임장관을 보좌하기 위하여 필요한 공무원을 둔다(정부조직법 §17).

② 보좌기관 : 국무총리실

국무총리실은 국무총리의 직무를 보좌하고 각 중앙행정기관의 행정의 지휘·감독, 사회위험·갈등의 관리, 심사평가 및 규제개혁에 관하여 국무총리를 보좌하기 위하여 국무총리 밑에 국무총리실을 둔다. 국무총리실에 실장 1명을 두되, 실장은 정무직으로 하고, 국무총리실에 국무차장, 사무차장 각 1명을 두되 각 차장은 정무직으로 한다(정부조직법 §18).

③ 직속 행정관청

㉮ 법제처 : 국무회의에 상정될 법령안·조약안과 총리령안 및 부령안의 심사와 그 밖에 법제에 관한 사무를 전문적으로 관장하기 위해 국무총리소속으로 법제처를 두고, 법제처장에 1명을 두되 정무직으로 한다(정부조직법 §20).

㉯ 국가보훈처 : 국가유공자 및 그 유족에 대한 보훈, 제대군인의 보상·보호 및 보훈선양에 관한 사무를 관장하기 위하여 국무총리소속으로 국가보훈처를 두고, 국가보훈처장에 1명을 두되 정무직으로 한다(정부조직법 §21).

㉰ 합의제행정청으로는

㉠ 공정거래위원회(독점규제법 §35) ㉡ 금융위원회(금융위원회설치법 §3) ㉢ 국민권익위원회(부패방지 및 국민권익위원회설치법 §11) ㉣ 중앙행정심판위원회(행심법 §6·②)가 있다.

④ 국무총리 직속기관은 독자적으로 부령에 해당하는 것을 발할 수 없고 총리령의 대상이 된다. 문제는 특임장관을 국무위원으로 보하는데(정부조직법 §17) 이 경우 부령을 발할 수 있는지 문제가 되는 바, 부령은 국무위원의 지위에서 발하는 것이 아니고 행정각부의 장의 지위에서 발하는 것이므로, 특임장관은 대통령 또는 국무총리가 특히 지정하는 사무를 수행하기 위한 것이며, 국무총리 직속기관은 행정각부가 아니며 직속기관이 담당하는 사무는 결국 국무총리의 통할사무로 총리령의 대상이 된다는 점에서 총리령으로 정하여야 할 것이다(특임장관의 부령제정권은 부정).

5. 행정각부

개정된 정부조직법은 행정각부로 「기획재정부·교육과학기술부·외교통상부·통일부·법무부·국방부·행정안전부·문화체육관광부·농림수산식품부·지식경제부·보건복지부·환경부·고용노동부·여성부·국토해양부」순으로 15부를 규정하고 있다(정조법 §22·①).

새로 개정된 정부조직법(2008년 2월29일)은 국세청에서부터 해양경찰청까지 17개청(정부조직법 §23내지§37), 1본부장이 있는바, 검찰청·경찰청·해양경찰청의 청장을 제외한 나머지 14개청의 청장과 통상교섭본부장은 모두 정무직으로 보하고 차장은 모두 새로 신설된 고위공무원단에 속하는 별정직 공무원으로 보하도록 하고 있다(정조법 §23~§37).

(1) 기획재정부

기획재정부장관은 중장기발전전략수립, 경제·재정정책의 수립·총괄·조정, 예산·기금의 편성·집행·성과관리, 화폐·외환·국고·정부회계·내국세제·관세·국제금융, 공공기관 관리, 경제협력·국유재산·민간투자 및 국가채무에 관한 사무를 관장한다(정부조직법 §23·①).

기획재정부소속으로 국세청·관세청·조달청·통계청을 둔다(정부조직법 §23·③~⑩).

2008년 2월 29일 정부조직법 개정으로 재정경제부에서 기획재정부로 개편하고, 종래 국무총리직속의 기획예산처는 폐지되고 기획·예산에 관한 업무는 기획재정부로 이관되었다.

(2) 교육과학기술부

교육과학기술부장관은 인적자원개발정책, 학교교육·평생교육 및 학술에 관한 사무와 기초과학정책·연구개발, 원자력, 과학기술인력양성 그 밖에 과학기술 진흥에 관한 사무를 관장한다. 2008년 2월 29일 정부조직법 개정으로 종래의 교육인적자원부와 과학기술부가 폐지되고 이들을 통합하여 교육과학기술부로 개편되었고, 종래의 과학기술부장관 소속하의 기상청은 환경부장관 소속으로 이관되었다(정부조직법 §24, §34).

(3) 외교통상부

외교통상부장관은 외교, 외국과의 통상교섭 및 통상교섭에 관한 총괄·조정, 조약 기타 국제협정, 재외국민의 보호·지원, 재외동포정책의 수립, 국제정세의 조사·분석에 관한 사무를 관장한다(정조법 §25·①). 외교통상부에 통상교섭사무를 담당하는 본부장 1명을 두되 정무직으로 한다(정조법 §25·②). 외교통상부는 통상행정체제를 일원화하기 위해 구법상의 외무부(구법 §30)가 구법상의 산업자원부(구법 §37·①)의 사무의 일부를 흡수하여 개편된 것이다.

(4) 통 일 부

통일부장관은 통일 및 남북대화·교류·협력에 관한 정책의 수립, 통일교육 기타 통일에 관한 사무를 관장한다(정조법 §26). 통일부는 구법상의 통일원(구법 §23·②)이 개편된 것이다.

(5) 법 무 부

법무부장관은 검찰·행형·인권옹호·출입국관리 기타 법무에 관한 사무를 관장한다(정조법 §27). 개정법률상 법무부장관의 관장사무도 개정 전과 다른 바 없다. 한편 법무부장관 소속하에 검찰청(정조법 §27·②)을 두는 것도 종전과 같다.

(6) 국 방 부

국방부장관은 국방에 관련된 군정 및 군령과 기타 군사에 관한 사무를 관장한다(정조법 §28·①). 개정법률상 국방부장관의 관장사무도 개정 전과 다른 바 없다. 한편 국방부장관 소속하에

병무청(정조법 §28·③)을 두는 것도 종전과 같다. 방위력개선사업, 군수물자조달 및 방위산업육성에 관한 사무를 관장하기 위하여 국방부장관 소속으로 방위사업청을 둔다(정조법 §28·⑤).

(7) 행정안전부

행정안전부장관은 국무회의의 서무(庶務), 법령 및 조약의 공포, 정부조직과 정원, 공무원의 인사·윤리·복무·연금, 상훈, 정부혁신, 행정능률, 전자정부 및 정보보호, 정부청사의 관리, 지방자치제도, 지방자치단체의 사무지원·재정·세제, 낙후지역 등 지원, 지방자치단체간 분쟁조정, 선거, 국민투표, 안전관리정책 및 비상대비·민방위·재난관리제도에 관한 사무를 관장한다(정조법 §29·①). 행정안전부는 구법상의 총무처(구법 §24·①)와 내무부(구법 §31)가 통합하여 행정자치부로 되었고, 이는 다시 정부조직법 개정(2008. 2. 29)에서 행정안전부로 개명한 것이다. 국가의 행정사무로서 다른 중앙행정기관의 소관에 속하지 아니하는 사무는 행정안전부장관이 이를 처리한다(정조법 §29·②).

한편, 행정안전부장관 소속하에 경찰청을 둔다(정조법 §29·④). 소방, 방재, 민방위운영 및 안전관리에 관한 사무를 관장하기 위하여 행정안전부장관 소속으로 소방방재청을 둔다(정조법 §29·⑥).

(8) 문화체육관광부

문화체육관광부장관은 문화·예술·영상·광고·출판·간행물·체육·관광에 관한 사무와 국정에 관한 홍보 및 정부발표에 관한 사무를 관장한다(정조법 §30·①). 문화체육관광부는 구법상의 문화관광부의 명칭이 변경된 것이지만, 동시에 구법상의 국정홍보처의 사무의 대부분도 이관받았다.

한편, 문화체육관광부장관 소속하에 문화재청을 둔다(정조법 §30·②). 문화재청은 종전문화재관리국이 승격된 것이다.

(9) 농림수산식품부

농림수산식품부장관은 농산·수산·축산, 식량·농지·수리(水利), 식품산업진흥, 농어촌개발 및 농산물 유통에 관한 사무를 관장한다(정조법 §31·①).

한편, 농림수산식품부장관 소속하에 농촌진흥청(정조법 §31·③)과 산림청(정조법 §31·⑤)을 둔다.

개정된 정부조직법(2008년 2월 29일)은 종래의 해양수산부장관의 관할 사무 중 수산에 관한 사무는 농림수산식품부장관의 관장사무로 이관하였다(정조법 §31·①).

(10) 지식경제부

지식경제부는 종래의 산업자원부와 정보통신부를 통합한 것이다. 지식경제부장관은 상업·무역·공업, 외국인 투자, 정보통신산업, 산업기술 연구개발정책, 에너지·지하자원, 전파·통신, 우편·우편환 및 우편대체에 관한 사무를 관장한다(정조법 §32·①). 지식경제부에 차관보 1명을 둘 수 있다(동법§ 32·②). 지식경제부장관 소속으로 중소기업청과 특허청을 둔다(정조법 §32·③·⑤).

(11) 보건복지부

보건복지부장관은 보건위생·방역·의정·약정·생활보호·자활지원 및 사회보장·아동(영유아 보육을 포함한다)·청소년·노인·장애인 및 가족에 관한 사무를 관장한다(정조법 §33). 개정법률상 보건복지부장관의 관장사무는 종전의 여성가족부장관의 소관이었던 가족(가족정책의 수립·조정·지원) 및 영유아 보육에 관한 사무를 이관받았다(정조법 §33·①).

한편, 보건복지부장관 소속하에 식품의약품안전청을 둔다(정조법 §33·②). 식품의약품안전청장은 식품 및 의약품의 안전에 관한 사무를 관장한다.

(12) 환 경 부

환경부장관은 자연환경 및 생활환경의 보전과 환경오염방지에 관한 사무를 관장한다(정조법 §34). 종래 과학기술부소속하에 두었던 기상청은 환경부장관소속으로 이관하였다(정조법 §34·②).

(13) 고용노동부

고용노동부장관은 근로조건의 기준, 직업안정, 직업훈련, 실업대책, 고용보험, 산업재해보상보험, 근로자의 복지후생, 노사관계의 조정 기타 노동에 관한 사무를 관장한다(정조법 §35). 개정법률상 고용노동부장관의 관장사무도 종전과 특별히 다른 바 없다.

(14) 여성가족부

여성부장관은 여성정책의 기획·종합, 여성의 권익증진 등 지위향상에 관한 사무를 관장한다(동법 §36). 종전 대통령 직속하의 여성특별위원회를 폐지하고 행정각부에 여성부를 신설하였고, 이는 다시 여성가족부로, 그리고 다시 여성부로 개명한 것이다. 종래 여성가족부장관 소관이었던 가족 및 영유아 보육에 관한 사무는 보건복지부로 이관되었다.

(15) 국토해양부

국토해양부는 종래의 건설교통부와 해양수산부(수산에 관한 사무는 농림수산식품부로 이관)를 통합한 것이다. 국토해양부장관은 국토종합계획의 수립·조정, 국토 및 수자원의 보전·이용 및 개발, 도시·도로 및 주택의 건설, 해안·하천·항만 및 간척, 육운·해운·철도 및 항공, 해양환경, 해양조사, 해양자원개발, 해양과학기술연구·개발 및 해양안전심판에 관한 사무를 관장한다(정조법 §37·①). 국토해양부에 차관보 1명을 둘 수 있다(정조법 §37·②). 해양에서의 경찰 및 오염방제에 관한 사무를 관장하기 위하여 국토해양부장관 소속으로 해양경찰청을 둔다(정조법 §37·③).

6. 독립중앙행정기관

(1) 중앙선거관리위원회

1) 지위·성질·종류

중앙선거관리위원회는 선거 등에 관한 중앙행정기관이지만 그 직무상으로는 국가의 일반행정기관과는 완전히 독립적 지위에 있으며 대통령의 직속기관이 아니다.

선거관리위원회는 선거와 국민투표의 공정한 관리와 정당에 관한 사무를 처리하기 위하여 설치되는 헌법기관이며 합의제독립행정관청이다(헌법 §114).

중앙선거관리위원회와 시·도 선거관리위원회, 시·군·구 선거관리위원회 등이 있다.

2) 구성·임기 등

중앙선거관리위원회는 9인의 위원으로 구성되는데, 3인은 대통령이 임명하고, 3인은 국회에서 선출하고, 3인은 대법원장이 지명한다(헌법§ 114·②). 위원장은 위원중에서 호선한다. 위원회의 임기는 6년이며, 정치적 중립성 보장을 위하여 위원은 정당에 가입하거나 정치관여가 금지되고 있다(헌법§ 114·④).

위원은 정당에 가입하거나 정치에 관여한 때, 탄핵 또는 금고 이상의 형의 선고에 의하지 아니하고는 파면(해임·해촉)되지 아니한다(§114·⑤).

3) 규칙제정권

중앙선거관리위원회는 법령의 범위 안에서 선거관리·국민투표관리 또는 정당사무에 관한 규칙을 제정할 수 있고, 법률에 저촉되지 아니하는 범위 내에서 내부규율에 관한 규칙을 제정할 수 있다(§114·⑥).

(2) 합의제행정기관(행정위원회 등)

1) 의 의

합의제행정기관이란 그 구성원이 2인 이상 다수인으로 구성되며 행정기관의 의사결정이 그 다수인의 동가치적인 의사의 합치에 의해 이루어지는 행정기관을 말한다. 각종의 행정위원회가 그 예이다. 독임제행정기관에 대비되는 개념이다. 합의제 행정기관에는 ① 의결권과 대외적 표시권을 갖는 합의제행정청, ② 의결권만을 갖는 의결기관, ③ 심의권만을 갖는 심의기관, ④ 자문권만을 갖는 자문기관이 있다.

행정위원회란 행정부에 속하나, 일반행정기관으로부터 독립하여 순수한 행정기능 이외에 준입법적·준사법적 권한을 아울러 행사하는 합의제행정청을 말한다(독립중앙행정기관).

2) 연혁, 특징

행정위원회제도는 19세기 말부터 20세기에 걸쳐서 주로 미국에서 자본주의의 발전에 따라서 야기되는 새로운 여러 가지 사회·경제적 문제를 행정적으로 처리함을 목적으로 하는 각종의 사회적 입법에 의하여 발전된 제도로서 그 특징은 ① 직무상 독립되어 있고 ② 삼권을 통합적으로 행사하며(행정적 권한, 규칙제정 등 준입법권한, 쟁송판단 등준사법적 권한 등) ③ 수인의 위원으로 구성되는 합의제행정청인 점에 있다(행정관청의 지위를 가짐).

3) 장·단점

① 장 점

행정위원회제도는 정치적 중립성, 기술적 전문성, 합리적 의사결정과 개인권익존중 등 행정의 민주화요청(각 계층의 의사의 종합적 반영)을 충족시킬 수 있는 제도라는 점에서 장점이 있다.

② 단 점

3권을 통합행사하므로 권력분립주의에 반하며, 행정기능의 능률적인 수행을 저해하며, 책임행정의 원리에 반하며(책임소재불명), 나아가 행정위원회에 대한 정치적 압력은 사실상 일반행정관청에 대한 것보다 더 강하다.

4) 우리나라의 행정위원회

정부조직법 제5조는 "행정기관에는 그 소관사무의 일부를 독립하여 수행할 필요가 있는 때에는 법률이 정하는 바에 의하여 행정위원회 등 합의제행정기관을 둘 수 있다"고 규정하고 있다.

우리나라에서는 현행법상 위원회의 명칭을 가진 기관이 다음과 같이 세 종류가 있다.

① 자문기관으로서의 위원회

세제심의회, 법제조사위원회 등이 그 예이며, 법률로 설치된 것을 제외하고는 국가의 경우에는 대통령령으로(정부조직법 §4), 지방자치단체의 경우에는 조례(지방자치법 §116의2)로 설치된다.

자문기관은 대통령령으로 설치가 가능하고, 자문기관의 심의나 의결에 독임제관청은 구속을 받지 아니한다. 따라서 자문기관의 자문을 거치지 아니한 독임제관청의 행위는 유효하다.

② 의결기관으로서의 위원회

법률에 의하여 설치되며, 각종 징계위원회·인사위원회·경찰위원회·광업조정위원회 등이 있다.

의결기관의 설치는 법률사항이다. 의사결정권만 있고 외부표시권은 행정관청에게 있다.

의결기관은 법률로 설치가 가능하고, 의결기관의 의결에 독임제관청은 구속을 받는다. 따라서 의결기관의 의결을 거치지 아니한 독임제관청의 행위는 무효가 된다.

> **판례** **〈대학교수임용권자의 교수임용행위의 법적성질 및 대학의 장이 대학 인사위원회에서 임용동의안이 부결되었음을 이유로 교수의 임용 또는 임용제청을 거부하는 행위가 재량권을 일탈·남용하였다고 볼 수 없다.〉** 대학교수의 임용 여부는 임용권자가 교육법상 대학교수 등에게 요구되는 고도의 전문적인 학식과 교수능력 및 인격 등을 고려하여 합목적적으로 판단할 자유재량에 속하고, 특히 교육공무원법 제25조에서 대학의 장이 교수를 임용 또는 임용제청함에 있어 대학 인사위원회의 동의를 얻도록 한 것은 교수 임용권자 또는 임용제청권자의 자의를 억제하고 객관적인 기준에 따른 인사질서를 확립함으로써 우수한 교원을 확보함과 동시에 대학의 자치 및 자율권과 교원의 신분보장을 도모하고자 하는 데 있으므로, 대학의 장이 대학 인사위원회에서 임용동의안이 부결되었음을 이유로 하여 교수의 임용 또는 임용제청을 거부하는 행위는 그것이 사회통념상 현저히 타당성을 잃었다고 볼 만한 특별한 사정이 없는 이상 재량권을 일탈·남용하였다고 볼 수 없다(대판 2006.9.28, 2004두7818).

③ 합의제행정관청으로서의 위원회

합의제 행정관청이므로 국가의사나 지방자치단체의 의사를 결정해서 대외적으로 표시할 수 있는 권한을 가진다. 감사원과 중앙선거관리위원회도 합의제 행정관청의 일종이지만 정부조직법에서 규정하는 합의제 행정관청은 중앙행정기관에 소속된 행정위원회 등을 말한다.

합의제 행정관청은 일반적으로 스스로의 사무기구를 가지고 있으며, 특정의 행정실시 등 행정기능을 수행하고, 아울러 규칙을 제정하는 준입법권과 이의에 대한 결정 등 재결을 행하는 준사법권을 가지며 소속중앙행정기관에 대하여 어느 정도까지는 직무상 독립성이 인정된다. 각 개별기관은 각 개별법률에 의하여 설치된다. 현행법상 합의제 행정관청의 예로는 대통령 소속의 방송통신위원회(방송통신위원회의 설치 및 운영에 관한 법률 §3), 국무총리 소속의 금융위원회(금융위원회의설치 등에관한법률§3)·공정거래위원회(독점규제 및 공정거래에 관한 법률 §35)·국민권익위원회(부패방지 및 국민권익위원회설치법 §11)·중앙행정심판위원회(행심법 §6·②)·조세심판원(국세기본법 §67), 법무부 소속의 본부배상심의회(국배법 §10), 국방부소속의 특별배상심의회(국배법 §10), 국토해양부 소속의 중앙토지수용위원회(토지보상법 §49), 고용노동부 소속의 중앙노동위원회(노동위원회법 §2,), 국토해양부 소속의 선원노동위원회(선원법 §4), 특허청장 소속의 특허심판원(특허법 §132의2), 문화체육관광부 소속의 영상물등급위원회 (영화및비디오물의진흥에 관한 법률 §71~§85)등이 있다. 의결기관이었던 행정심판위원회는 행정심판법 개정으로 합의제 행정관청으로 되었다. 행정안전부 소속의 소청심사위원회(국공법 §9)는 의결기관설, 합의제관청설 그리고 두 성질을 모두 가진다는 설 등이 대립된다. 영·미식 행정위원회는 합의제 행정관청으로서의 위원회를 뜻한다.

7. 정부위원

(1) 정부위원

국무조정실의 실장 및 차장, 특임장관 밑의 차관, 부·처·청의 처장·차관·청장·차장·실장·국장(外局의 국장을 포함한다) 및 차관보와 외교통상부의 본부장은 정부위원이 된다(정부조직법 §10).

(2) 국무회의의 출석권 및 의안제출

국무총리실장·법제처장·국가보훈처장 기타 법률이 정하는 공무원은 필요한 경우 국무회의에 출석하여 발언할 수 있고, 소관사무에 관하여 국무총리에게 의안의 제출을 건의할 수 있다(정부조직법 §13·①,②).

제2절 국가의 지방행정조직

Ⅰ. 의 의

국가의 지방행정기관은 중앙행정기관의 소관사무를 분장시키기 위하여 지방에 일정한 관할구역을 획정하여 설치한 행정기관을 말한다. 국가의 지방행정기관은 그 사무의 일반성·특수성을 기준으로 하여 보통지방행정기관과 특별지방행정기관으로 구분된다.

보통지방행정기관은 특정한 중앙행정기관에 소속되지 않고, 특별지방행정기관이 관장하는 사무를 제외하고는 그 관할구역 내에서 시행되는 모든 국가의 행정사무를 일반적으로 관장하는 지방행정기관을 의미한다. 이에 대하여 특별지방행정기관은 특정한 중앙행정기관에 소속되어 그의 소관사무만을 특히 관장하는 지방행정기관을 의미한다. 이러한 보통지방행정기관과 특별지방행정기관이 국가의 지방행정조직을 이루고 있다.

Ⅱ. 보통지방행정기관

(1) 기관위임

우리나라에서는 국가행정을 수행하기 위한 보통지방행정기관을 따로 설치하지 아니하고 지방자치단체의 집행기관인 서울특별시장·광역시장·도지사·특별자치도지사·시장·군수·구청장에게 위임하여 행한다(지방자치법 §102).

(2) 양 기관의 지위

따라서 지방자치단체의 집행행정기관은 지방자치단체의 집행기관의 지위와 국가의 보통행정관청의 지위를 아울러 가진다.

(3) 지휘·감독

보통지방행정기관은 중앙행정기관의 장, 즉 주무부장관(각원·부·처·청의장)의 지휘·감독을 받는다. 다만 서울특별시·광역시·도지사·특별자치도지사에 대하여는 주무장관, 시장·군수·자치구의 구청장에 대하여는 제1차로 도지사, 제2차로 주무장관이 지휘·감독한다(정부조직법§6·§7, 지자법§102·§167). 일반적인 지휘·감독권은 광역시장·도지사·특별자치도지사에 대하여서는 행정안전부장관이, 서울특별시장에 대하여는 국무총리가 가진다(정부조직법 §6,§29·①,서울특별시행정특례법 §4, §5).

Ⅲ. 특별지방행정기관

(1) 대통령령에 의한 설치

중앙행정기관은 그 소관사무를 분장하기 위하여 필요한 때에는 특히 법률로 정한 경우를 제외하고는 대통령령이 정하는 바에 따라서 특별지방행정기관을 설치할 수 있다(정부조직법 §3). 대통령령으로 설치된 특별지방행정기관으로는 기획재정부의 경우 국세청소속의 지방국세청, 행정안전부의 경우 경찰청소속의 지방경찰청·경찰서, 각급선거관리위원회, 농림수산식품부의 경우 산림청소속의 영림서, 국방부소속의 지방병무청, 국토해양부의 경우 국제공항, 국가보훈처소속의 지방보훈처, 법무부소속의 출입국관리사무소, 출장소 등 많이 있다.

특별지방행정기관은 특정한 중앙행정기관에 소속되어 그 중앙행정기관의 소관사무를 분장하는 것이 원칙이나, 특히 업무의 관련성이나 지역적인 특수성에 의하여 통합하여 수행함이 효율적이라고 인정되는 경우에는 대통령령이 정하는 바에 따라 관련되는 다른 중앙행정기관의 소관사무를 통합하여 수행할 수 있다(정부조직법 §3·②).

(2) 경찰서, 세무서, 소방서

경찰서, 세무서는 국가의 특별지방행정기관이다. 다만, 국가사무와 자치사무로 이원화되어 있었던 소방사무는 개정소방법 즉, 현행 소방기본법에 의하여 광역지방자치단체사무로 이양·일원화되었기 때문에 소방서는 지방자치단체의 자치사무의 행정기관의 일종이 되었다(소방기본법 §3, §6).

국가행정조직

·15부 2처 17청

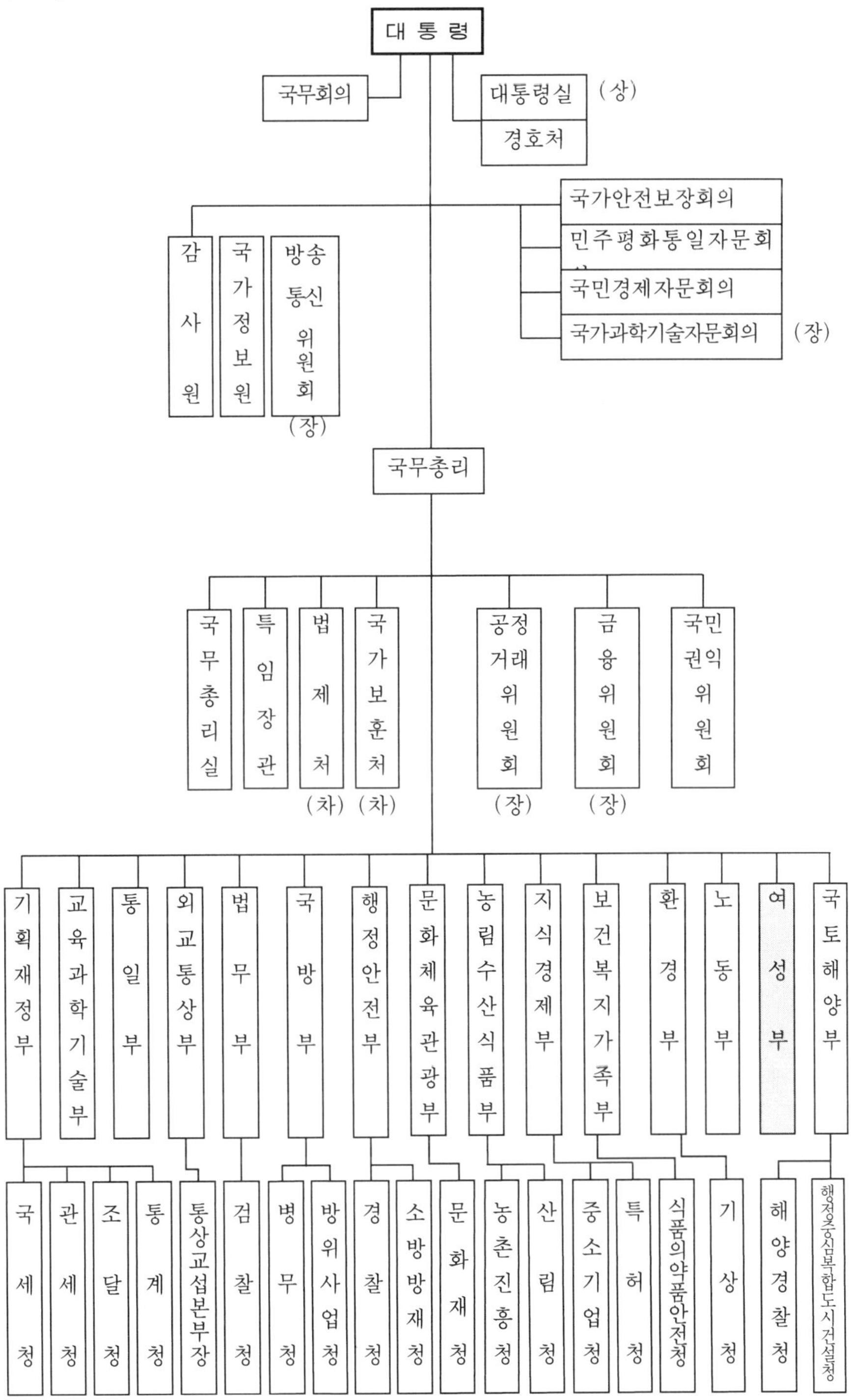

제3절 간접 국가 행정조직

Ⅰ. 간접 국가 행정조직의 의의

간접 국가 행정이란 국가가 그의 행정 과제를 스스로 또는 자신의 행정관청을 통해서 수행하는 것이 아니라, 국가로부터 법적으로 독립한 단체에 위탁하여 대신 수행토록 하는 행정을 말한다. 법적으로 독립한 단체는 공공단체(지방자치단체, 공법상 사단법인(공공조합), 공법상 재단법인(공재단), 영조물법인)를 말하며, 그 외 공무수탁사인도 포함된다.

Ⅱ. 지방자치단체

지방자치단체는 일정한 지역 및 그 지역 내의 모든 주민을 구성요소로 하여 법률의 범위 내에서 자치권(지배권, 통치권)을 행사하는 공법상 사단 법인이다(공공단체). 지방자치단체는 주민의 복리에 관한 사무를 처리하고 재산을 관리하며, 법령의 범위 안에서 자치에 관한 규정을 제정하는 등 그 지방 공공사무의 전반에 걸쳐 일반적인 권한을 가진다(헌법 §117·①). 지방자치단체에는 보통지방자치단체와 특별지방자치단체(예: 지방자치단체조합)가 있다. 지방자치단체의 지위와 구체적인 사무수행에 대해서는 헌법상 제도적으로 보장 받고 있다.

일정한 지역에 대하여 통치권을 가지는 점에서 국가와 성질을 같이하며, 다른 공공단체와 다르다. 다만, 그 통치권이 국가로부터 전래된 것인 점에서 국가와 다르다.

공공 단체 중에서 일정한 지역을 기초로 하는 지역단체가 그 구성원(주민)의 공공복리를 증진하기 위해 자신의 사무로서 행하는 행정을 지방자치라 한다. 자치행정은 일정지역을 정하여 이루어지는 것이므로 통상적으로 자치행정이라 하면 지방자치를 말한다.

지방자치는 민주주의와 지방분권주의를 기초로 하여 역사적으로 성립된 제도적인 관념인바, 민주주의가 강조되는 주민자치와 지방분권이 강조되는 단체자치가 있다.

주민자치의 관념은 영국에서 형성되어 미국에서도 수용되었다. 단체자치의 관념은 프랑스·독일 등 대륙법계 국가에서 형성되고 수용 되었다. 우리나라의 지방자치의 관념에는 주민자치와 단체자치가 혼합 되어 있다.

Ⅲ. 그 밖의 공법상사단(공공조합)

1. 의의·필요성

공법상 사단이란 독립한(특정한) 행정목적을 위하여 결합된 인적단체(조합원 또는 사원)에 법인격이 부여된 경우를 말한다. 공공조합이라고 불린다. 그 존재이유는 국가행정사무 중 직업이나 신분 등과 관련하여 일부의 국민들만이 상호이해 관계를 갖는 사무는 국가가 직접 관장하기보다는 그들 이해관계자들로 하여금 단체를 만들게 하고, 그 단체로 하여금 사무를 수행케 하는 것이 보다 효율적이라는 점에 있다.

공법상 사단은 그 구성원의 변동에 관계없이 독립적으로 존재하여 업무를 수행하게 된다. 일정한 조합원이나 사원의 결합으로 구성되는 점에서 사법상의 사단 법인과 같으나, 다만 그 목적이 국가로부터 부여되는 공행정목적을 수행한다는 점에서 그것과 구별된다.

인적결합체로서 공공조합 또는 공사단이라고도 한다.

공법상 사단의 구성원이 반드시 사인이어야 하는 것도 아니고, 다른 공법상 사단·재단·영조물법인도 사단의 구성원이 될 수 있다.

국가나 지방자치 단체도 공법인이며 공법상 사단의 일종임에는 틀림없다.

국가나 지방자치 단체가 아닌 공법상 사단도 행정권을 행사하는 한 그 범위 안에서 행정주체가 된다.

2. 특정의 한정된 임무수행

「도시재개발조합」인 도시재개발에관한사업, 「상공회의소」인 동업자 공동의 이익증진, 국민건강보험 공단인 국민건강보험사업 등 특정의 한정된 임무만을 수행하게 된다.

3. 유형 및 특색

① 구성원 자격의 강제성여부에 따라 강제사단·임의사단, ② 구성원 자격요건에 따라 지역적 사단(여기서의 '지역'은 사단의 구성원이 될 자격 요건이 되며 사업의 실시구역을 의미할 뿐이라는 점에서 지방자치단체의 지역과는 구별된다.). 인적사단·물적사단·조합사단으로 구분하고, ③ 설립목적을 기준으로 할 때 (가) 정비 사업을 목적으로 하는 것으로 도시및주거환경정비법상의 정비사업조합, 주택재개발조합, 주택재건축 조합이 있고, (나) 동업자(구성원)의 이익증진을 목적으로 하는 것으로 변호사회, 의사회, 약사회, 상공회의소, 재향군인회, 산림조합, 수산업협동조합, 농업협동조합, 중소기업협동조합, 반공연맹등이 있고, (다) 공제사업을 목적으로 하는 것으로 의료보험조합, 건설공제조합, 대한교원공제회 등이 있다.

특색은 공법상 사단은 설립과 가입이 강제되는 경우가 많고, 국가로부터 각종 공권과 특전이 부여되는 경우가 많고, 국가의 특별한 감독을 받는다.

Ⅳ. 공법상 영조물 법인

1. 의의·필요성

공법상 영조물법인이란 특정한 공행정 목적을 영속적으로 수행하기 위하여 설립된 인적·물적 수단의 결합체의 독립법인을 말한다. 공법상 영조물에는 법인격 있는 영조물과 법인격 없는 영조물이 있다. 법인격 없는 영조물은 직접국가 행정조직의 일부분일 뿐이며 간접국가 행정을 구성하는 것은 아니다. 영조물 법인은 독립의 행정주체이지만, 공법상 사단과는 달리 구성원이 없고, 다만 이용자만 있을 뿐이다. 그리하여 법인격 있는 공공시설이라고도 불린다.

오늘날은 국가로부터 독립하여 공공기관의 자율경영, 책임경영과 경영의 합리와 및 운영의 투명성을 제공함으로써 대국민서비스 증진을 위하여 영조물법인의 설립이 점증하고 있다.

우리나라에서는 국가 또는 지방자치단체에 의해 직영되는 영조물(법인격 있는 영조물)이 다수이었다.

2. 특 색

영조물 법인은 법률에 의해 직접 설립되는 것이 일반적이며, 공법상조직이고, 내부구조는 공법관계임이 원칙이고, 조직상 중요한 사항은 법률에서 규정되는 것이 일반적이다.

3. 현행법상 영조물 법인

국가의 영조물 법인에 대해서는 「공공기간의 운영에 관한 법률」(정부산하기관 관리기본법과 정부투자기관관리기본법을 통폐합한 법률이다)이, 지방자치단체의 영조물 법인에 대해서는 「지방공기업법」이 일반적으로 적용된다.

예컨대 한국조폐공사·한국방송공사·한국토지주택공사·한국농촌공사·철도공사·공항공사 등 「각종공사」, 국립공원관리공단·공업단지관리공단·한국공항공단·교통안전공단·국민건강보험공단 등 「각종공단」, 서울대학교병원, 적십자병원, 한국은행, 특수은행, 금융감독원, 증권거래소, 대한적십자사, 과학기술원 등이 있고, 지방자치단체의 도시공사·도시철도공사·서울특별시지하철공사 등 「지방공사」, 시설관리공단 등 「지방공단」등을 들 수 있다.

이들이 수행하는 기능은 본질적으로 국가행정 또는 지방자치행정의 간접적 형태에 속한다고 볼 수 있다.

V. 공법상 재단

1. 의의·구별개념

공법상 재단이란 국가나 지방자치단체가 출연한 재산을 관리하기 위하여 공법에 의하여 설립된 재단법인을 말한다. 재단은 필수적으로 권리능력(법인)을 가지며, 재단의 재산은 행정재산과 별도로 관리된다.

공법상 재단은 직원 및 수혜자는 있으나 구성원이 없는 점에서 구성원을 구성요소로 하는 공법상 사단(공공조합 또는 공사단) 과 기본적으로 구별된다. 공법상재단의 중심적 요소는 일정한 행정목적을 위하여 출연된 재산의 결합체이다. 재산의 결합체인 점에서 인적·물적 수단의 결합체인 영조물 법인과 구별된다. 다만, 공법상 재단의 경우도 출연된 재산의 결합체가 중심요소이기는 하나 그것을 관리하는 인적수단이 있으며, 영조물 법인의 경우에도 인적·물적수단 중에서 물적 수단의 중요성이 크고 인적수단의 중요성은 매우 약한 것도 있기 때문에 영조물법인과 공법상 재단의 차이가 거의 없는 경우도 있다.

양자를 구별하지 아니하고 모두를 영조물법인으로 파악하는 견해가 있는 것은 그 때문이라 할 것이다. 공법상 재단에는 공공조합에 있어서와 같은 구성원이 없고, 영조물 법인에 있어서와 같은 이용자와 수혜자만이 존재한다.

2. 현행법상의 공법상 재단

현행법상의 공법상 재단의 예로는 「학술진흥 및 학자금대출신용보증등에관한법률」에 의하여 설치된 「한국학술진흥재단」, 「한국과학기술원법」에 의하여 설립된 「학국과학기술원」이 있다.

제3장 자치행정조직법(지방자치법)

제1절 개 관

Ⅰ. 자치행정(자치단체·공공단체)의 의의(지방자치의 개념)

1. 자치행정(공공단체)의 의의

현대국가에서는 복지국가의 목적 달성을 위하여 국가가 직접 행정조직(직접스스로의 기관)에 의하여 그 행정을 행하는 이외에, 국가로부터 독립된 법인격을 가진 단체를 설립하여 이 단체에 일정한 행정권을 부여하여 단체로 하여금 행정을 행하도록 하는 행정주체가 증가하고 있다. 이러한 단체(법인)를 공공단체라 하며, 공공단체에 의한 행정을 국가가 직접 스스로의 기관(직접행정조직)에 의한 행정(관치행정)에 대하여 간접행정(간접국가행정)이라고 한다.

공공단체라 함은 국가로부터 독립된 인격을 가진 단체(법인)를 설립하여 이 단체에 일정한 행정권을 부여하여 단체스스로 행정을 행하게 하는 공법상 법인을 말한다. 국가·수권사인(공무수탁사인)과 함께 행정주체에 속한다.

공공단체 스스로 자신의 사무로 하는 행정이 자치행정이다. 행정기관과 구별은 행정기관은 법인격을 갖지 않는 점이고, 사법인과 구별은 사법인은 사법적 활동을 위해 존재하고, 민법 등에 의해 설립되는 점에서 구별된다.

2. 공공단체(자치행정)의 특색

공공단체는 위에 본 바와 같이 국가로부터 그 존립의 목적이 부여되고 공행정주체인 지위를 가지므로 법률상 사법인과는 다른 여러 가지 특질이 인정된다.

(1) 공공단체는 목적이 국가로부터 부여된다.

공공단체는 국가로부터 그 목적이 부여되므로 국가적 성질을 갖고 법률로 그 목적이 정하여 지는 것이 일반적인데 대하여 사법인은 원칙적으로 정관에 의하여 그 목적이 정하여 진다.

(2) 공공단체는 설립이 국가의 의사에 의한다.

공공단체의 설립은 직접 법률에 의하거나 또는 간접적으로 법률에 근거한 행정처분에 의하여 설립되는 것으로서 국가의 의사에 의하나 사법인의 설립은 사인들의 합동행위에 의한다.

(3) 공공단체는 국가적 공권 및 특전이 부여된다.

공공단체는 그 목적을 효율적으로 달성할 수 있도록 공공단체에 강제가입권, 경비의 강제징수 등의 일정한 범위의 국가적 공권이 부여되고, 또한 그 목적 달성에 도움이 될 수 있도록 면세와 보조금교부 등 각종 특전이 부여되는 경우가 많다.

(4) 공공단체는 목적수행의 의무가 있다.

공공단체는 목적수행의 의무, 국가적 업무의 수행 즉, 공의무의 부여와 해산의 자유가 인정되지 않는다.

(5) 공공단체는 국가의 특별한 감독을 받는다.

공공단체는 국가적 목적 내지 공익사업을 수행할 임무를 가지기 때문에 회계감사·보고서 제출 등 국가의 특별한 감독을 받는 경우가 대부분이다. 그러나 일반적으로 자치의 정도에 따라 국가의 감독에 강약의 차이가 있다.

위에서 살펴 본 공공단체의 특색은 어느 것이나 공법인과 사법인을 구별하는 기준이 되나 공법인 중에도 공법적 성질이 약한 것이 있는 반면, 사법인 중에도 위의 특색들의 어떤 것을 가진 것도 있어 그 구별이 반드시 명확한 것은 아니다. 공법인에 관한 법률관계가 모두 공법관계라고 말할 수 없고, 공공단체의 법률관계를 어떻게 다룰 것인가는 각 경우에 따라 구체적으로 판단하여 결정하는 수밖에 없을 것이다.

판례도 공공단체는 국가적 공권을 갖고 그 상대방은 개인적 공권을 갖는다고 한다.

판례 석탄가격안정지원금은 석탄의 수요 감소와 열악한 사업환경 등으로 점차 경영이 어려워지고 있는 석탄광업의 안정 및 육성을 위하여 국가정책적 차원에서 지급하는 지원비의 성격을 갖는 것이고, 석탄광업자가 석탄산업합리화사업단에 대하여 가지는 이와 같은 지원금 지급청구권은 석탄사업법령에 의하여 정책적으로 당연히 부여되는 공법상의 권리이므로, 석탄광업자가 석탄산업합리화사업단을 상대로 석탄산업법령 및 석탄가격안정지원금 지급요령에 의하여 지원금의 지급을 구하는 소송은 공법상의 법률관계에 관한 소송인 공법상의 당사자소송에 해당한다(대판 1997.5.30, 95다28960).

「… 피고 사업단(석탄사업법의 의하여 설립된 석탄사업합리화사업단)에 석탄광업자로부터 생산안정지원금 및 수송비 지급신청을 받아 그 신청액을 확인하거나 그 지급대상인지 여부를 확인하는 행위는 공권력의 주체로서의 우월한 지위에서 공권적으로 그 존부를 판단하는 행위로서 행정소송법 제2조 소정의 행정처분에 해당할 뿐 아니라, 피고 석탄광업권자에게 지급하는 생산안정지원금 등은 석탄 수급의 안정 및 석탄가격의 안정을 도모하기 위하여 석탄광업권자를 금전적으로 지원하는 일종의 보상금으로서 그 지급청구권은 위 법령이 특별히 인정하고 있는 공법상의 권리로 보아야 할 것이다.」(서울지법 1995.5.25, 95나7849)

Ⅱ. 공공단체(자치행정)의 종류

1. 지방자치단체

지방자치단체는 국가의 영토 일부를 자기구역으로 하여 그 구역 내의 모든 주민을 구성원으로 하는 사단으로, 법률의 범위 내에서 통치권(지배권·자치권)을 행사하는 공법상 사단법인이다. 지방자치단체는 공법인이므로 다른 공법상법인인 국가와의 분쟁은 헌법소송으로서의 권한쟁의의 대상이 된다(헌법 §111·①·4호, 헌법재판소법 §62·①·2호).

일정한 지역에 대하여 통치권을 가지는 점에서 국가와 성질을 같이하며 다른 공공단체와 다르다. 다만, 그 통치권이 국가로부터 부여된 것인 점에서 국가와 다르다.

공공단체 중에서 일정한 지역을 기초로 하는 지역 단체가 그 구성원(주민)의 공공복리를 증진하기위해 자신의 사무로서 행하는 행정을 지방자치라 한다. 자치행정은 일정지역을 정하여 이루어지는 것이므로 통상적으로 자치행정이라 하면 지방자치를 말한다.

지방자치는 민주주의와 지방분권주의를 기초로 하여 역사적으로 성립된 제도적인 관념인 바, 민주주의가 강조되는 주민자치와 지방분권이 강조되는 단체자치가 있다.

주민자치의 관념은 영국에서 형성되어 미국에서도 수용되었다. 단체자치의 관념은 프랑스·독일 등 대륙법계국가에서 형성되고 수용되었다. 우리나라의 지방자치의 관념에는 주민자치와 단체자치가 혼합되어 있다(광역단체로는 서울특별시·광역시·도가 있고, 기초자치단체로는 시·군·자치구가 있다).

2. 공공조합(공법상 사단)

공공조합은 국가로부터 존립목적이 부여된 특정의 공행정 목적을 위하여 법정의 자격을 가진 사람(조합원 또는 사원)을 구성요소로 하고 자치권이 인정된 공법상 사단법인이다. 일정한 조합원이나 사원의 결합으로 구성되는 점에서 사법상의 사단법인과 같으나, 다만 그 목적이 국가로부터 부여되는 공행정 목적을 수행한다는 점에서 그것과 구별된다. 인적결합체로서 공공조합 또는 공사단이라고도 한다. 공법상 사단은 그 구성원의 교체에 관계없이 존속한다.

공법상 사단의 구성원이 반드시 사인이어야 하는 것도 아니다. 다른 공법상 사단·재단·영조물법인도 사단의 구성원이 될 수 있다.

국가나 지방자치단체도 공법인이며 공법상 사단의 일종임에는 틀림없다. 국가나 지방자치단체가 아닌 공법상 사단도 행정권을 행사하는 한 그러한 범위 안에서 행정주체가 된다. 공공조합 또는 공법상 사단은 설립목적을 기준으로 할 때 (1) 정비사업을 목적으로 하는 것으로 도시 및 주거환경정비법상의 정비사업조합(동법 §13·①, §18·③), 주택재개발조합(동법 §16·①), 주택재건축조합(동법 §16·②)이 있다. (2) 동업자(구성원)의 이익증진을 목적으로 하는 것으로 변호사회, 의사회, 상공회의소, 약사회, 재향군인회, 산림조합, 수산업협동조합, 농업협동조합, 중소기업협동조합, 반공연맹 등이 있다. (3) 공제사업을 목적으로 하는 것으로 의료보험조합, 건설공제조합, 대한교원공제회 등이 있다.

3. 공법상 재단

공법상 재단이란 국가나 지방자치단체가 출연한 재산을 관리하기 위하여 공법에 의하여 설립된 재단법인을 말한다. 재단은 필수적으로 권리능력을 가지며, 재단의 재산은 행정 재산과 별도로 관리된다. 직원 및 수혜자는 있으나 구성원이 없는 점에서 이를 구성요소로 하는 공공조합 즉 공사단과 기본적으로 다르다.

공법상 재단의 중심적 요소는 일정한 행정목적을 위하여 출연된 재산의 결합체이다. 재산의 결합체인 점에서 인적·물적수단의 결합체인 영조물법인과 다르다. 다만, 공법상 재단의 경우에도 출연된 재산의 결합체가 중심요소이기는 하나 그것을 관리하는 인적수단이 있으며, 영조물법인의 경우에도 인적·물적수단 중에서 물적수단의 중요성이 크고 인적수단의 중요성은 매우 약한 것도 있기 때문에 영조물법인과 공법상 재단의 차이가 거의 없는 경우도 있다.

양자를 구별하지 아니하고 모두를 영조물법인으로 파악하는 견해가 있는 것은 그 때문이라 할 것이다.

공법상 재단에는 공공조합에 있어서와 같은 구성원이 없고, 영조물법인에 있어서와 같은 이용자와 수혜자만이 존재한다.

공법상 재단의 예로는 학술진흥 및 학자금대출신용보증 등에 관한 법률에 의하여 설립된 한국학술진흥재단, 한국과학기술원법에 의하여 설립된 한국과학기술원이 있다.

4. 공법상 영조물법인

공법상 영조물법인이란 특정한 공행정 목적을 영속적으로 수행하기 위하여 설립된 인적·물적 수단의 결합체의 독립법인이다. 공법상 영조물법인은 독립법인이므로 자신에게 부여된 사무를 자기책임으로 수행할 수 있는 권리와 의무의 귀속주체이고, 행정사무를 수행하는 한 행정주체이다. 따라서 법인격 없는 영조물은 조직상 독립적일지라도 법인격이 없으므로 법상 독립적이 아니다. 영조물법인은 독립의 행정주체이지만, 공법상 사단과는 달리 구성원이 없고, 다만 이용자만 있을 뿐이다. 영조물법인에 관련하는 인적요소로는 영조물의 사무를 수행하기 위한 영조물직원과 영조물의 외부에서 영조물의 급부를 향유하는 이용자가 있을 뿐이다. 그리하여 법인격 있는 공공시설이라고도 한다.[9)]

영조물법인은 법률에 의해 직접 설립되는 것이 일반적이며, 공법상 조직이며, 조직상 중요한 사항은 법률에서 규정되는 것이 일반적이며, 내부구조는 공법관계임이 원칙이다.

국가의 영조물법인에 대해서는 「공공기관의 운영에 관한 법률」(정부 산하기관 관리기본법과 정부투자기관 관리기본법을 통폐합한 법률이다)이, 지방자치단체의 영조물법인에 대해서는 지방공기업법이 일반적으로 적용된다.

오늘날은 국가로부터 독립하여 공공기관의 자율경영, 책임경영과 경영의 합리화 및 운영

9) 이상규(하), 135쪽; 김남진(Ⅱ), 80쪽.

의 투명성을 제고함으로써 대국민서비스 증진을 위하여 영조물법인의 설립이 점증하고 있는 추세이다.

예컨대 한국조폐공사·한국방송공사·한국토지주택공사·한국농촌공사·철도공사·공항공사 등 각종 공사, 서울대학교병원, 적십자병원, 국립공원관리공단, 공업단지관리공단, 한국공항공단 등 각종공단, 한국은행·특수은행·금융감독원·증권거래소·대한적십자사·과학기술원 등이 있고, 지방자치단체의 도시공사·도시철도공사 등 지방공사, 시설관리공단 등 지방공단 등을 들 수 있다.

이들이 수행하는 기능은 본질적으로 국가 행정 또는 지방자치행정의 간접적 형태에 속한다고 볼 수 있다. 자치행정(공공단체)은 일정지역을 정하여 이루어지는 것이므로 통상적으로 자치행정이라 하면 지방자치를 말한다. 따라서 이하에서는 지방자치에 관해서 살펴보기로 한다.

제2절 지방자치단체

I. 개 설

지방자치법은 1949년에 제정·시행되어 지금까지 무려 39차례나 개정되었다. 지방자치법의 개정·발전은 정치적 의미의 자치와 법적 의미의 자치의 발전 및 현대적 법치국가의 발전적 방향으로 평가되고 있어 실질적 민주와 법치에 이바지 할 것을 기대해 본다.

1. 지방자치법의 의의 및 법원

(1) 지방자치법의 의의

지방자치법이란 지방자치단체의 법적지위·조직·임무와 그 의사결정과정, 자치권 행사의 범위와 그 형식 등에 관하여 규율하는 공법법규의 총체를 말한다.

이러한 의미의 지방자치법에는 ① 국가와의 관계에서 지방자치단체가 갖는 법적지위 ② 그리고 지방자치단체 자체의 조직과 임무영역에 관한 법, ③ 지방자치단체가 지방자치법에 근거하여 주민에 대하여 행하는 임무에 관한 법, ④ 그 의사결정과정 및 자치권행사의 범위와 그 형식 등에 관한 법, ⑤ 지방자치단체의 경제적인 관계의 규율에 관한 법 등이 포함된다.

(2) 지방자치법의 법원

1) 헌 법

지방자치법의 법원으로서 최고규범은 헌법이다. 헌법은 지방자치법의 개념과 독자성의 근거가 되며, 지방자치법은 헌법의 한 부분이 된다. 헌법은 제 117조에서 지방자치를 헌법상의 제도로 제도적으로 보장하고(§117·①), 지방자치단체의 종류를 법률로 정하도록 하고 있으며(§117·②), 제118조에서는 지방의회에 관한 사항을 규율하고 있다. 지방자치법도 제도적으로 보장된 헌법의 한 부분이기에, 지방자치단제의 조식·삭용에노 헌법원칙이 타당하다. 따라서 지방자치법에 대한 헌법상 기본원칙으로 ㉮ 지방차지단체의 보장원리, ㉯ 민주국가원리, ㉰ 법치국가원리, ㉱ 사회복지국가 원리를 들 수 있다.

2) 법 률

이는 헌법조항에 의한 법률유보에 따라 이를 구체화한 것으로서 가장 기본적·일반적 법률이 「지방자치법」이다. 그 밖에 지방자치법의 법원으로, 지방의회의원과 자치단체장의 선거에 관한 「공직선거법」, 지방공무원법, 지방교육자치에 관한 법률, 주민소환에 관한 법률, 주민 투표법, 주민등록법, 국가균형발전특별법, 공공기관지방이전에 따른 혁신도시건설 및 지원에 관한 특별법, 지방분권촉진에 관한 특별법, 지방균형개발 및 지방중소기업 육성에 관한 법률, 지역보건법, 서울특별시 행정특례에 관한 법률, 제주특별자치도 설치 및 국제자유도시조성을 위한 특별법, 지방소도읍육성지원법, 지방문화원진흥법, 지방재정법, 지방세법, 지방교부세법, 지방교육재정교부금법, 지방자치단체를 당사자로 하는 계약에 관한 법률, 지방공기업법, 공유재산 및 물품관리법, 지역특화 발전 특구에 대한 규제특례법, 소방기본법, 소방시설설치유지 및 안전관리에 관한 법률, 소방시설공사업법, 위험물안전관리법, 소방공무원법, 의무소방대설치법, 민방위기본법 등을 들 수 있다.

3) 법규명령

법률에서 구체적으로 범위를 정하여 위임받은 사항에 대하여 행정기관이 정립하는 법규인 법규명령도 지방차지법의 법원이 된다. 법규명령으로는 지방자치법시행령, 지방재정법시행령, 지방공기업법시행령 등 상기 법률의 시행령과 시행규칙 등이 있다.

4) 자치법규(자치입법)

헌법상 보장되어 있는 자치입법권(헌법 §117·①)에 근거하여 제정되는 자치법규에는 조례와 규칙 및 교육규칙이 있다(지방자치법 §22, §23). 이들은 지방자치 단체에서 가장 전형적이고 가장 중요한 법원이 된다. 일일이 나열할 수 없을 정도로 많다.

5) 불 문 법

불문법에는 관습법, 판례법, 조리 등 행정법의 일반원칙이 있다. 관습법에는 특히 지역적으로 의미를 갖는 지역적 관습법과 행정선례법이 중요하며, 특히 조리 등 행정법의 일반원칙은 중요한 의미를 가지며 지방자치법의 법원이 된다. 행정법의 일반원칙으로는 ㉮ 과잉금지의 원칙(광의의 비례원칙) ㉯ 평등의 원칙과 행정의 자기구속의 원리, ㉰ 신뢰보호의 원칙, ㉱ 행정권한의 부당결부금지의 원칙, ㉲ 신의성실·권리남용금지의 원칙이 적용된다.

2. 지방자치의 의의(지방자치의 개념 요소)

(1) 前 국가적 자치권

인간은 사회적 동물(social animal)이다. 혼자서 생존을 영위할 수 없다. 인간은 국가 이전부터 집단을 만들어 생활함으로써 그 생명을 유지해 왔다. 원시적 농경 사회에서는 지역협동체를 형성하여 공동생활을 영위하면서 재해대책이나 농로나 관개용수로의 정비, 제례 등 비교적 단순한 역무를 공동으로 협동체 구성원 상호간의 부조와 협력에 의해 해결해 왔다. 그러나 사회기구가 복잡하게 되고 근대화·도시화·산업화됨에 따라 지역적 협동체의 일은 다양화되어 양적으로도 증가하게 되었다.

오늘날 국가나 지방자치단체가 담당하는 일(업무)들을 보면 소방 및 경찰 등 치안유지로서 사회공공의 안전과 질서유지, 치산치수, 도로정비, 공원관리 및 조성, 상·하수도 정비, 쓰레기 처리 등의 생활기반의 정비, 의료시설·문화·체육·레크리에이션의 시설의 개설 등 사회공공복지의 증진 등도 중요한 지역의 일이 되고 있다. 지역의 치안을 유지하고 시민들의 건강을 지키고 복지의 증진을 꾀하는 등 지역집단의 질서와 조화를 유지하기 위하여 필요한 일은 전부 지역집단에서 처리되어지고 있다.

이러한 지역공통의 일을 처리하는 것이 바로 지방행정이다. 이러한 의미에서 지방행정은 인간의 생존과 함께 자연히 발생하여 통일국가가 출현하는 이전부터 이미 존재하고 있었던 것이다.

이러한 전국가적자치권은 인권 내지 기본권과도 비교될 수 있을 것이다. 근래 헌법에 있어서 기본권은 천부인권론 내지 자연법론이 그 이론적 근거가 되었다. 따라서 기본권이란 개개인으로서의 인간에게 최고의 가치를 인정하여 개개인으로서의 인간의 존엄과 가치, 행복을 추구하는 생래적(生來的)·전국가적(前國家的)·초국가적(超國家的) 권리를 말한다.[10)]

그러나 오늘날 지방행정이라고 할 때에는 국가라고 하는 강력한 통치국가가 성립한 후 국가 안에서 운영되는 것을 상정하고 있다. 그리고 이러한 지방행정의 유형에는 크게 2가지 유형이 있다. 첫째는 중앙정부가 중앙의 공무원을 직접 지방에 파견하여 국가 자신이 직접 통일적으로 지방행정을 처리하는 「중앙집권형」, 둘째는 국가가 그 권력의 일부를 지방에 이양해서 지방의 주민에게 자치적으로 지방행정을 처리하도록 하는 「지방분권형」이

---

10) 다만, 기본권에는 천부인권적 인권도 있고, 국법에 의하여 형성되었거나 구체화되었다고 생각되는 권리(청구권적 기본권·정치적 기본권·생존권적 기본권)도 있어서 기본권의 내용과 천부적 인권이 반드시 동일한 것은 아니지만 후자는 전자를 바탕으로 한 인간의 권리를 실현하는 것이기 때문에 기본권은 대체로 인권을 의미하고 있다. 인권 또는 인간의 권리를 독일 등에서는 기본권이라고 한다.

다. 전자를 관치(官治), 후자를 자치(自治)라고 한다. 특히 지방의 정치나 행정을 지역의 주민에게 맡겨서 주민의 의사와 책임으로 처리시키는 것을 '지방자치'라고 한다.

따라서 '지방자치'는 민주주의의 이념과 지방분권주의를 기초로 하여 성립한 역사적 산물로서, 통상적으로 그 개념요소에는 주민자치의 요소와 단체자치의 요소로 성립되어 있다. 왜냐하면 지방자치에서의 민주주의의 이념은 지방 주민에 의해 지방자치단체 대표기관을 선출하도록 함으로써 지방자치단체의 권한 행사에 직접적인 민주적 정당성을 부여하게 하고, 지방 분권주의의 이념은 중앙의 지시에 의한 획일적인 행정을 지방자치단체의 자치사무에 관한 한 지양하여, 그 범위 내에서 지방적인 행정단위를 중앙과 병존하는 독립된 의사 결정체로서 형성하게 하기 때문이다. 그리고 지방자치의 개념요소에는 지방자치의 제도적 보장으로 '포괄적 자치권'을 빼놓을 수 없을 것이다.

포괄적 자치권에는 '전(全)권한성의 원칙'과 '자기책임성의 원칙'이 있다. 전권한성의 원칙은 '활동영역의 전면성'이라고도 하는데 헌법이나 법률이 국가나 그 밖의 공공단체의 사무로서 유보하지 않는 한, 지방자치단체는 지방적 공공사무에 대한 포괄적인 자치권을 가짐을 의미한다. 따라서 지방자치단체는 헌법에 명시되어 있는 '주민의 복리 사무처리', '재산관리' 및 '자치입법권'(헌법 §117·①)이 외에도 자주적 조직권, 자주적 인사권, 자주적 계획권 등을 향유한다고 보아야 한다.

지방자치에서의 '자기책임성의 원칙'은 지방자치단체가 자신의 기관을 통하여 활동하는 경우에(자치사무에 관한 한) 외부, 특히 중앙(국가)의 지시나 후견적 감독을 받음이 없이 헌법과 법률에 저촉되지 않는 한 자주적으로 처리하고 그에 대해 책임을 진다는 원칙이다.[11)]

(2) 주민자치(정치적 의미의 자치)

영국을 중심으로 하는 영·미 법계의 주민자치이다. 주민자치란 지방자치의 발달사적 측면에서 볼 때 지방자치단체의 자치권에 대한 국가의 인정과 관계없이 주민과 지역이 본래 가지고 있는 자치권(前국가적 권리)을 기반으로 하는 지방자치의 유형을 의미한다.

따라서 단체자치가 국가와의 관계에서 인정(부여)받은 자치권을 핵심으로 한다면 주민자치는 지방자치단체와 주민과의 관계에서 성립되는 민주주의적 여러 장치와 전통을 핵심으로 한다.

따라서 주민자치는 지방행정을 중앙정부의 간섭으로부터 배제하고, 지방자치단체의 구성주체의 주민이 자신의 부담과 책임하에 스스로 구성한 기관을 통해 자신의 공공사무를 처리한다는 민주정치의 요소를 존중한다. 그렇기 때문에 주민자치는 정치 이념적 의미의

11) 김남진(Ⅱ), 73~74쪽 ; 유지태, 지방자치의 제도적 보장론 소고, 고시연구, 1993. 10. 11; 이기우, 지방자치행정법, 1991, 25쪽 이하; 조성규, 지방자치체의 헌법적 보장의 의미, 공법연구, 제30집 제2호(2001. 12), 409쪽 이하 ; 최우용, 지방자치법 강의, 15쪽~25쪽, 동아대학교출판부, 2004.

지방자치, 즉 '정치적 의미의 자치'라고 불리고 있다.

주민자치의 전통은 일찍이 영국에서 발달하였고 그것은 근대적 의미의 지방자치로 연결되면서 점차 발전하여 오늘날에 이르렀다. 그렇기 때문에 영국 사람들은 국가적 사무와 지역사회의 공적사무의 개념적 구분도 하지 않고 있다는 점이다.

또한 그들은 지역사회의 일을 위해 자진해서 봉사해 왔기 때문에 지방자치와 관련한 명예직사상이 일찍부터 발달되어 있었다.

영국의 주민자치가 근대적 의미의 지방자치로 발달하는 과정에서 지방단체에 법인격을 부여하는 등 지방자치의 형식적 조건을 갖춘 것은 19세기 말엽의 일이다. 이 과정에서 주민자치의 핵심을 이루는 이른바 사회적 실천원리로서의 민주주의는 일련의 정치투쟁을 거쳐서 쟁취한 산물이라는 사실에 주목할 필요가 있다. 명예혁명과 청교도혁명은 그 대표적인 사건이며 미국의 혁명과 프랑스의 혁명도 결코 이와 무관하지 않은 사건이다. 따라서 지방자치의 발전과정은 민주주의 사상의 발전과정과 깊은 관계를 가지고 있다. 그렇기 때문에 특히 영국의 주민자치는 국가의 인정에 의해 비로소 지방자치가 성립되는 이른바 국가의 창조물이 아니라는 사실을 알 수 있다.

우리나라의 헌법은 주민자치의 형태로서 대의제에 관해 규정하고 있으나(헌법 §118·①), 대의제만이 주민자치의 전부가 아니며 또한 대의제(간접 민주정)의 단점을 보완하기 위하여 주민투표 규정 조항(지방자치법 §14)에 근거하여 제정된 주민투표법, 주민소환 규정조항(지방자치법 §20)에 근거하여 제정된 주민소환에 관한 법률, 그 밖에 조례의 제정 및 개폐청구권(지자법 §15) 및 주민의 감사청구권(지자법 §16)제도, 주민소송(지자법 §17)제도 등 주민의 직접참가를 통한 지방자치의 활성화(직접 민주정확대)를 가져오고 있다.

(3) 단체자치(법적 의미의 자치)

프랑스와 독일(프러시아)을 중심으로 대륙법계의 단체자치이다. 단체자치란 지방자치의 지방분권적 측면을 강조하는 의미로 사용할 때의 표현이다. 지방분권은 국가가 자기영토 내의 구역을 설정하고 그 구역을 기초로 하여 독자적인 행정처리 능력을 가진 지방자치단체를 인정한다는 뜻이다. 그 인정은 법률을 통하여 법인격을 부여하는 형식으로 이루어지기 때문에 법률적의미의 지방자치라고 불리고 있다. 즉, 단체자치란 국가로부터 독립한 법인격을 가진 지역단체를 설치하고, 그 지역 단체를 통해서 지방행정을 행하는 것을 뜻한다.[12)]

이 단체자치사상은 지방자치의 발달사적으로 보아 프랑스와 독일 같은 대륙에서 시작되었다. 이들 나라는 국가 권력이 중앙집권적 전체군주에게 장악돼 있었는데 자연법 사상에 기초한 지방권 사상(pouvoire municipale) 등에 의해 절대군주로 하여금 지방단체의 주체적 법인격을 인정하게 했다.

12) 김학노, 지방행정의 이론과 실제, 27쪽~29쪽, 박영사, 1998.

그러나 단체자치의 발달사적 배경을 가지고 있는 이들 나라들은 자신의 일을 자신의 책임하에 처리한다는 이른바 주민자치의 경험과 전통을 가지고 있지 못했다. 따라서 이들 나라의 지방자치는 국가와 지방자치단체간의 관계를 규정하는 자치권의 범위와 정도가 큰 관심사였다고 할 수 있다. 단체자치의 유형에 속하는 일본과 우리나라의 지방자치가 흔히 지방자치단체의 권한을 가지고 쟁점으로 삼는 것은 이와 같은 사정에 연유하고 있기 때문이다.

그런데 지방분권사상을 핵심으로 하는 단체자치의 논의에서는 다음의 두 가지 점에 유의할 필요가 있다.

첫째, 단체자치가 지방분권사상에 기초하고 있기는 하지만 지방단체가 갖는 자치권의 범위와 정도는 국가에 의해 결정된다는 사실이다. 따라서 보다 많은 자치권을 지방단체에 부여하고자하는 국가의 의지는 이상적 지방자치의 실현을 위한 관건이 된다 하겠다.

둘째, 지방분권사상에 기반을 두고 있는 지방자치단체의 자치권은 행정적 분권(delegation)의 의미가 아니라 독립적 분권(devolution)의 의미를 가지고 있다는 사실이다. 권한의 위임에 불과한 행정적 분권은 국가의 지방을 지배하는 일종의 통치기술적 조직원리라 한다면 독립적 분권은 진정한 분권사상에 기초한 정치이념적 조직원리라 할 수 있다.

(4) 주민자치와 단체자치의 차이

주민자치와 단체자치의 차이는 결국 자치의 중점이 어디에 있느냐에 따른 것이라 할 수 있다. 주민자치는 자치단체와 주민과의 관계, 즉 지방행정에의 주민참여에 중점을 두고 발전된 자치제도인데 대하여, 단체자치는 지방자치단체와 중앙정부와의 관계, 즉 중앙정부로부터 자치단체의 독립에 중점을 두고 발전된 자치제도이다.

주민자치는 주민각자에게 자치능력이 있고 그 능력을 기초로 지방자치가 실현되며 그 지방자치가 기본요건이 되어 한 나라의 민주주의가 구현되는 것으로 파악하는데 비하여, 단체자치는 자치단체가 독자적인 자주재원을 가지고 국가로부터 통제·감독을 되도록 벗어나 행정을 수행하는 것으로 인식된다. 양자의 차이는 다음과 같다.

1) 자치의 의미

영국의 주민자치는 그 정치제도의 기본이 되고 있는 자기통제(self-government) 사상에 따라 중앙 및 지방의 모든 행정사무를 주민자신이 자주적으로 처리한다는 이른바 정치적 의미의 자치행정인데 비하여, 유럽 대륙의 단체자치는 국가로부터 독립된 법인격을 가진 단체의 행정이라는 이른바 법률적 의미의 자치행정이다.

2) 자치권의 인정주체 및 자치권의 성질

주민자치에 있어서는 주민이 자치권을 인정하고 자연권으로서의 주민의 권리인 고유권으로 보는데 비하여, 단체자치에 있어서는 중앙정부(국가)가 자치권을 인정하고 실정권으로서의 단체의 권리인 전래권으로 본다.

3) 자치권의 범위

주민자치는 자치권이 주민으로부터 연원하므로 그 범위가 광범한데 비하여, 단체자치는 그것이 중앙정부(국가)로부터 연원하므로 그 범위가 협소하다.

4) 중시하는 권리

주민자치는 지방정치와 행정에의 주민참여, 즉 주민의 권리를 중시하는데 비하여, 단체자치는 국가로부터의 자치단체의 독립성, 즉 자치단체의 권능(자치권)을 중시한다.

5) 이념 사상적 기초

주민자치는 주민들이 자기사무를 스스로 또는 그 대표를 선출하여 처리하게 하는 의사의 자율성·행위의 자기 결정성·결과에 대한 자기책임성에 입각한 민주주의 이념을 실현하려는 것(국민자치사상에 기초)인데 비하여, 단체자치는 자치단체가 그 자신의 의사와 목적을 가지고 국가의 간섭을 배제하여 행정을 수행한다는 지방분권의 이념을 나타내는 것이다.

6) 권한 부여 방식

주민자치의 권한 부여 방식은 개별적 수권형13)이고, 단체자치의 권한 부여 방식은 포괄적 수권형이다.

7) 중앙(국가)통제의 방식

주민자치는 입법통제(legislation control)와 사법통제(judicial control)에 중점을 두는데 비하여, 단체자치는 행정통제(administrative control)에 중점을 둔다.

8) 중앙(국가)과 지방간의 관계

주민자치에 있어서는 중앙정부와 지방정부가 상호기능적 협력관계를 유지 하는데 비하여, 단체자치에 있어서는 중앙정부가 국가권력으로 자치단체를 지휘·감독·통제하는 권력적 감독 관계를 가진다.

---

13) 울트라 바이레스(ultra vires) : 영국에서 근대적 지방제도가 그 모습을 드러낸 것은 1835년의 도시단체법(Municipal Corporation Act)과 1888년의 지방자치법(Local Government Act)의 제정에 의해서 였다. 더욱이 영국의 근대적 법제에 있어서는 중앙의회가 절대적인, 소위 전능의 권한을 가지고 있던 관계(의회주권)로 '지방자치단체는 법률에 권한이 주어져 있지 않는 한 아무것도 할 수 없다'고 하여 소위 울트라 바이레스(ultra vires)의 원칙이 지배적이어서 영국의 지방자치 단체의 권한은 개별법률에 의해 개별적으로 설정되어진다고 하는 법적구조를 취해왔다.

9) 지방정부형태

주민자치는 지방의회가 의결기관인 동시에 집행기관인 기관통합주의(기관단일주의: 의회제·위원회제)를 채택하는데 비하여, 단체자치는 의결기관과 집행기관을 분리하여 견제·대립시키는 이른바 기관분리형(시장제)을 채택한다.

10) 우월적 지위

주민자치는 한 기관에 의결기능과 집행기능이 통합되어 있으면서, 주민이 선출한 대표에게 모든 권한을 집중시키는 의결기관 우월주의를 바탕으로 하는데 비하여 단체자치는 원칙적으로 집행기관이 의결기관보다 우월한 지위를 갖는다.

11) 자치단체의 성격과 사무구분

주민자치에 있어서는 지방정부가 처리하는 행정사무를 자치사무(고유사무)와 위임사무로 구별할 필요가 없으므로 자치단체로서 단일적 지위를 가지는데 비하여, 단체자치에 있어서는 자치사무와 위임사무를 구별하여 지방정부가 자치사무를 처리할 때에는 자치단체의 지위를 갖지만 국가의 위임사무를 처리할 때에는 국가의 하급행정기관의 지위에 놓이는 까닭에 이중적 성격을 띠게 된다.

12) 지 방 세

주민자치에 있어서는 국세와 지방세의 세원을 명확히 구분하여 자치단체는 독립세로서의 지방세를 독자적으로 부과·징수하는데 비하여, 단체자치에 있어서는 중앙정부가 조세를 부과·징수하여 그 수입 중의 일정한 비율을 자치단체의 재원으로 배분하는 부가세주의를 채택한다. 따라서 주민자치는 조세의 종목이 단순하지만 단체자치는 지방세수입의 종류가 복잡하다.

(5) 주민자치와 단체자치의 접근과 조화(양요소의 결합)

주민자치와 단체자치의 차이는 근대적 지방자치의 발전과정상·연혁상의 차이이며, 그것이 오늘날에는 지방자치 개념의 파악 및 특정국가의 지방자치 특성의 규명에 있어서 하나의 지침적의미를 가지는데 불과하게 되었으며, 실질적으로는 양자는 상호 밀접한 관련성을 갖는 상호보완적인 개념요소라 할 것이다. 지방자치에는 현실적으로 주민자치와 단체자치의 요소가 모두 내포되어 있는 것이다.

제2차 세계대전 이후 많은 신생 독립국들이 지방자치제도를 받아들이는 과정에서 두 가지의 기본적 개념을 바탕으로 하면서, 동시에 자국들의 현실적인 사회 경제적 조건을 바탕으로 여러 가지 방향으로 수정과 가감을 하게 됨에 따라 지방자치의 구체적 형태는 더욱 다양하게 되는 양상을 나타내게 되었다. 그리하여 오늘날 영·미와 유럽대륙의 제도가 상호간에 접근하는 경향을 보이고 있으며 그 밖의 여러 나라에서도 주민자치와 단체자치를 혼합채택하고 있다.

주민자치에 있어서도 주민 모두가 자치행정을 수행하는 것이 아니고 지방자치단체를 구성하여 그 단체로 하여금 자치행정을 수행하게 하는 것이며, 또한 단체자치에 있어서도 주민의 참여를 전제로 하는 경우에만 자치행정의 기본적인 이념이 실현될 수 있기 때문에, 양자는 불가분의 관계에 있다고 하겠다. 오히려 주민자치를 지방자치의 실질적 요소로, 그리고 단체자치를 지방자치의 형식적 요소로 보는 것이 타당하다 하겠다.[14)]

3. 지방자치(자치권)의 본질

(1) 고유권설(또는 독립설)

고유권설은 영국 및 프랑스혁명에서 유래하는 지방권의 사상이 독일적인 자연법이론과 융합하여 주장된 것으로, 이는 지역단체는 자연적으로 발생된 단체이며 고유의 인격과 지배권(자치권)을 가지며, 자치권은 개인의 자유권과 함께 기본권의 하나로(단체의 자유권) 국가의 인정에 의해 발생하는 것이 아니라, 지방자치단체는 국가이전부터 생성된 단체이므로 자치단체가 가지는 권능은 개인의 기본적 인권과 마찬가지로 지방자치단체가 가지는 전국가적 고유한 권리에 속한다고 한다. 이 설의 논쟁의 배경에는 헌법상의 국가와 사회의 이원론을 바탕으로 주장된 이론이다.

이 설에 의하면 국가의 법률이라도 자치단체의 권능을 함부로 제한해서는 안 된다는 해석이 비교적 용이하게 도출된다.

(2) 전래권설(수탁설; 자치위임설)

고유권설의 비판으로 등장한 전래권설은 근대국가에서의 주권이 국가로부터 유래하기 때문에 그 나라의 지방자치의 역사적·이념적 상황이 어떻든 간에 지방자치권의 법적기초를 국가에 의해서 창설 내지 승인이 있는 경우에만 가능하다고 한다.

이 설은 지방자치단체도 국가의 통치구조의 일환으로 보아야 하며 지방자치단체의 권능도 국가의 통치권으로부터 전래된 것이며 통치권 일부가 지방자치단체에 이양된 것이며 지역단체의 고유한 것은 아니라는 설로서 종래까지의 통설이다. 자치위임설이라고도 한다.

(3) 제도적 보장설

이 설은 헌법이 지방자치를 보장하나 지방자치단체의 자치권을 인정하는 것은 자연권이고 고유권적인 기본권을 보장하는 것이 아니라 지방자치라는 역사적·전통적·이념적인 공

---

14) 박윤흔(하), 87쪽.

법상의 제도를 보장하는 것 즉, 지방자치의 본질 및 핵심은 헌법을 통해 직접 보호된다는 헌법상 최소보장으로서의 제도적 보장이라고 한다. 그리고 이 보장의 뜻은 지방자치제도의 본질적인 내용을 입법 등에 의한 침해로부터 보호한다는데 있다고 한다. 칼슈미트(C. Schmitt)는 1928년 그의 「헌법론」에서 「지방자치단체의 자치의 제도 그 자체는 없앨 수 없으며 실체적 내용을 파괴하거나 그의 본질적 요소를 박탈하는 것과 같은 법률은 헌법위반이 된다」라고 하고 있다. 오늘날 통설에 해당한다.

(4) 신고유권설

종래 일본 공법학계의 지배적 학설이었던 제도적보장설에 대한 비판으로서 등장하여 최근에 지방자치가 위기에 처해 있다는 인식하에 고유권설이 부활하여야 한다는 주장과 인권보장이라는 헌법원리를 통하여 지방자치의 본질에 접근하려는 신고유권설이 국법보다 엄격한 환경규제를 내용으로 하는 소위 「초과조례」와 자치단체의 재정위기를 개선하기 위한 「자주과세」의 허용여부 등을 둘러싸고 대두되었다. 또한 자치권은 국가의 통치권과 병립·공존하는 자치제 고유의 공권력이라는 지방자치권 병립설이 대두되면서 신고유권설이 주장되었는바, 헌법상의 지방자치는 자연법적 고유권론을 취하는 이론적 근거로서 ① 헌법이 지방자치를 규정하게 됨으로써 자연법의 실정법에의 도입에 대한 근거를 갖게 되었다는 점, ② 법조문이 불명확한 경우에는 법의 이상이라 할 수 있는 자연법에 그 기준을 구할 수밖에 없다는 점, ③ 헌법의 토대가 영·미법의 원칙과 사상을 배경으로 한 것이며, 헌법의 기본이 영·미법의 전통과 사상을 받아들인 것이라면 거기에 규정된 지방자치도 마찬가지로 그 기반 위에서 해석해야 하며 따라서 지방자치의 본질은 자연법적 고유권이라 한다.[15)]

(5) 사 견

1) 제도적 보장설입장

고유권설 내지는 신고유권설은 자연법론의 영향을 받아 헌법이전·국가이전의 자연법적 권리를 인정함으로써 지방자치권의 강화에 이바지하고자 하는 이데올로기로써 작용하고 있다는 점은 인정하나, 현대 법치국가에 있어서의 법원리로서 이를 그대로 수용하기에는 어려움이 있고, 전래권설은 지방자치권의 존재자체까지를 국가의 입법정책에 전적으로 맡김으로써 현대 헌정이 지향하는 민주주의의 원리인 주권재민(헌법 §1·②)과는 상당한 거리가 있게 된다. 따라서 지방자치를 헌법에 의하여 제도로써 설정되고 보장하는 것으로서 그 본질적 내용은 국가의 입법에 의하여도 이를 부인할 수 없다는 제도적 보장설이 타당하다고 본다. 다만, 제도적 보장설은 지방자치의 본질적 내용을 적극 규명하지 못하고, 본질적 내용을 확정하기가 매우 곤란하다는 비판이 있다.

---

15) 星野光男, 地方自治の理論と構造, 1970. 99. 118～122.

2) 헌법상 보장되어 있다는 것의 의미

지방자치가 헌법상 보장되어 있다는 것의 의미와 관련하여 다음 두 가지 점이 문제된다.

① 자치권보장의 권한 부여 기능

지방자치단체가 구체적으로 권한을 행사하는 경우 개별적인 법률의 수권이 필요한가의 여부문제이다. 이는 제도적 보장의 내용으로 ㉮ 권리주체성의 제도적 보장 ㉯ 객관적 법제도의 보장 ㉰ 주관적 법적지위의 보장이 포함되는 것으로서 이들은 다음에서 설명할 「지방자치제도의 헌법적 보장」과 조례제정에 있어서의 법률우위와 조례제정에 있어서의 법률유보에서 설명하기로 하겠다.

② 자치권보장의 방어적 기능

지방자치단체의 권한 중에는 법률에 의해서도 침해될 수 없는 것이 존재한다는 것을 헌법이 보장하고 있느냐의 여부문제이다. 이는 지방자치를 헌법이 제도적으로 보장한다고 한다면 구체적으로 보장한다는 내용이 어떤 것인가가 문제이다.

㉮ 지방자치단체의 존립 자체를 보장 : 헌법은 지역적인 사무를 자치적으로 처리하는 지방자치단체의 존립자체를 보장한다. 따라서 법률에 의한 지방자치제도의 구체화는 이러한 헌법원칙에 맞게 행해져야 한다. 그러나 헌법의 보장은 개개의 지방자치단체의 존립을 보장하는 것이 아니므로 개개의 지방자치단체를 폐치분합하거나 계층구조를 변경하는 것은 비례원칙에 위반되지 아니하는 한 원칙적으로 허용된다.

㉯ 전권한성·자기책임처리를 보장 : 헌법은 주민의 복리에 관한 모든 사무(전권한성)를 자치적으로(자기책임성) 처리하는 것을 보장한다. 즉 ㉠ 지방자치단체는 헌법이나 법률이 국가나 지방자치단체 이외의 공공단체의 사무로 하고 있지 않는 한, 개별적인 법률로써 지방자치단체의 사무로 규정하고 있지 아니하더라도 주민의 복리에 관한 모든 사무를 처리할 수 있는 권한을 가진다. 이 전권한성의 내용을 이루는 것이 자치입법권·자치조직권·자치행정권·자치재정권 등을 들 수 있다. ㉡ 지방자치단체는 그 권한에 속하는 자치사무를 법의 테두리 내에서 외부의 간섭을 받지 아니하고 스스로 합목적적이라고 판단하는 바에 따라 처리할 수 있다.

4. 지방자치의 가치(기능·이념·장점)

(1) 지방자치의 가치(이념·기능)

1) 민주국가의 구성원리 및 민주적 통치구조

지방자치는 지방적 이해관계가 있는 사무를 지역주민의 의사에 따라 처리한다고 하는 주민자치가 가장 기본적 요소를 이루고, 지방자치는 민주주의의 이념을 기초로 행하는 행정에 대한 민주적 통제의 하나의 형태이며, 민주적 통치구조의 일환이라 하겠다. 민주국가의 구성원리에 해당한다.

2) 지방분권주의

단체자치는 지방분권의 하나의 형태라는 점에서 지방자치는 지방분권주의를 기초로 한다. 왜냐하면 지방자치는 국가와의 관계에 있어서 지역단체의 관점에서 파악한 지방자치의 관념으로 단체자치가 성립하기 위해서는 국가가 행정조직을 정함에 있어서 행정권을 지방에 분산시킨다는 것을 당연히 전제로 해야 하기 때문이다.

(2) 현대국가에서의 지방자치의 가치(기능·이념과 존재의의)

1) 지방행정의 민주화 및 정치형성적 기능

중앙집권적 지방제도하에서는 중앙정부의 의향에 좌우되게 되고 지역주민의 의향을 충분히 수렴하지 못하는 단점이 있는데 반하여, 지방자치의 보장은 지방행정을 민주화하여 지역주민의 인간성 확보를 지향하고, 나아가 지역주민의 자치참여는 단순한 행정참여 내지는 행정절차적 참여의 차원에 그치지 않고 공감대의 정치를 실현시키는 정치형성적 의미의 참여가 되어야 하며(정치형성적 기능), 지방자치제도는 이를 뒷받침하도록 제도화되어야 한다.

2) 지역실정에 맞는 지방행정 또는 친근한 행정(지역발전적 기능)

지방자치의 이념 내지 목적은 무엇보다도 지역주민에 친근하여 지역의 실정에 맞는 행정을 확보하려는 데 있다고 하겠다.

특히 지역적 문화의 개발·육성이나 지역적인 특성을 반영한 도시계획의 수립·추진, 지역적 단위를 기초로 하는 환경정책을 수립하여 세부적 지역권으로 구분한 폐기물 처리계획을 수립·실현하여 지역발전적 기능을 한다. 다만, 국가정책의 통일성과 지방자치단체 상호간의 연계사업의 필요성 및 지방재정자립도의 미약 등 일정한 한계점도 간과할 수 없는 점들이다.[16]

3) 민주주의의 기초 내지 실현

지방자치는 민주정치의 어머니라 할 것이며 국가 전체의 민주정치의 기추를 배양하는 토양이 된다할 것이다. 지방자치를 통한 훈련이나 경험 없이 중앙에 있어서의 민주정치가 원활히 수행되기를 기대한다는 것은 연목구어에 가까운 일이라 할 수 있다. 브라이스(James Bryce)는 「지방자치의 실시는 민주주의의 최량의 학교이며 그의 성공에 대한 최량의 보증이다」라고 갈파하였다(민주주의 풀뿌리). 지방자치의 정치적 교육의 효과는 ㉮ 주민의 교육과 ㉯ 주민의 대표자, 즉 정치가의 육성이다.

---

16) 허영, 한국헌법론, 772쪽.

4) 자유의 보장(기본권 실현기능)

토크빌(Tocgueville)은「지방자치제도 없이 사람들은 자유주의정부를 가질 수 있을지 모르나 자유의 정신은 결코 가질 수 없다」고 주장한다. 지방자치행정제도는 권력분립적이고 지방분권적 기능을 통해 주민의 자유보장(기본권 보장)에 이바지한다. 연혁적으로 보면 자유의 보장이 지방자치의 연원이기도하다.[17)]

5) 공공심의 함양 및 지방의 사기 함양

지방자치의 실시를 통해 주민의 공공심의 계발과 지방자치는 주민의 협동심을 길러주며, 남과 함께 일하는 방법과 습성을 길러준다 하겠다. 지방주민의 행정참여를 가능케 함으로써 주민들의 정치적 욕구를 충족시키고, 그 지방의 발전과 운명을 그 지방이 스스로 결정하고 관리해 나가기 때문에 충천된 포부와 의욕을 토대로 각자가 분발하게 됨으로써, 결국 지방의 정부와 주민들의 사기가 높아지며, 지방의 창의성 제고에 이바지할 수 있게 된다.

6) 권력분립적 기능(기능적 권력통제)

몽테스키외의 고전적 권력분립론은 오늘날에서 정책개발의 이니시어티브와 정책결정권을 중앙정부와 지방자치단체에 기능적으로 분담시킴으로써 정책기능의 분권적 다양화를 실현시키고, 그것을 통하여 중앙정부와 지방자치단체 상호간의 기능적 권력통제가 가능하게 되어 지방자치는 기능적 권력통제장치의 중요한 수단 중의 하나가 된다. 그러므로 지방자치행정은 수평적인 3권 분립을 보완하는 기능을 한다. 그리하여 지방자치단체에서는 국가차원에서와는 다른 정치세력이 형성될 수 있고, 다른 정치집단이 영향력을 미칠 수 있어 정치적 다원주의의 실현을 기대할 수 있다.

7) 보충성원리 실현기능

보충성원리는 개인과 사회, 국가와의 관계에 있어서 문제해결에 가장 가까이 있는 당사자가 우선적으로 해결해야 한다는 원리이다. 따라서 당해 지역의 문제는 자치단체 스스로가 우선적으로 해결하고 국가의 개입은 보충적으로만 인정하는 원리이다. 이는 국가와 자치단체간 기능분배의 원리라 할 수 있는 것으로서 개인과 사회 그리고 국가의 관계에 있어서 개인의 문제에 사회와 국가의 개입이나, 사회문제에 국가의 개입은 그 개인이나 사회가 해결할 수 없는 경우에만 인정된다는 원리이다. 따라서 지방자치제의 구체적인 운영에 있어서 국가의 개입문제, 지방자치단체의 업무범위 문제 등이 이 기능의 관점에서 고찰하게 된다.[18)]

---

17) 김남진(Ⅱ), 93쪽.
18) 허영, 전제서, 773쪽.

8) 사회적 능률

중앙집권에서는 기계적 능률(mechanical efficiency : 최소의 노력·시간·비용으로 최대의 성과·소득·만족을 산출하는 능률)을 기할 수 있는데 비하여, 지방분권(지방자치)에서는 사회적 능률(social efficiency)을 기할 수가 있다. 기계적 능률이 투입(in put)과 산출(out put) 사이의 냉정한 타산을 전제로 한 절대적인 능률이라 한다면, 사회적 능률은 인간의 존엄성과 만족, 목적과 수단의 관계, 사회적 발전에의 기여, 장기적 안목에서의 효과성 등을 중시하는 종합적이고도 상대적인 능률이라 할 수 있다. 지방자치는 주민들의 지방행정에의 관심과 참여, 정치적 훈련, 만족과 사기 앙양 등 광범한 사회적 발전과 정치적 민주화를 수반하는 사회적 능률을 기할 수 있다고 하는 능률 개념의 분화에 주의해야 한다.

9) 유능한 관리자 양성

지방공무원을 유능한 관리자로 양성할 수 있다. 중앙집권하에서는 지방자치단체에 중요한 결정권이 없으므로 지방공무원들에게는 의사결정을 담당할 기회가 부여되지 않는다. 즉, 중앙집권은 중앙정부가 강력한 지휘·감독권을 가지는 조직형태이므로 지방정부는 중앙으로부터 엄격한 지휘·감독을 받아 행정사무를 단순히 기계적·반복적으로 처리할 수밖에 없게 되어 그들의 자주성·창의성은 무시되고 사고력은 둔화 내지 저하되고 만다. 따라서 지방공무원이 유능한 관리자가 되기를 기대하기 곤란하다. 그러나 지방분권(지방자치) 체제하에서는 지방정부가 자치입법 및 자치행정권을 가지므로 지방공무원들이 정책결정과 집행에 직접 관여하여 풍부한 경험을 쌓게 되므로 넓은 시야와 고도의 판단력, 식견을 가진 능력있는 관리자를 양성시킬 수 있다.

10) 신속한 행정처리

행정을 신속히 처리할 수 있다. 중앙집권하에서는 경미한 행정사항일지라도 중앙정부의 최고관리층의 승인을 받아야 하므로 번잡한 결재(red-tape)에 따르는 행정의 지체를 초래한다. 그러나 지방분권(자치행정)하에서는 지방정부가 현지에서 모든 행정사항을 자주적으로 결정·집행(cut tape)하므로 중앙정부의 복잡한 결재나 승인을 요하지 않으며 행정의 신속한 처리가 가능해진다.

11) 기 타

정당정치의 폐단으로부터 지방을 보호하는 방파제기능, 정치적 실험실(일정지역부터 정치적실험을 함), 행정의 능률성·적응성·분업을 통한 효율행정 등을 들 수 있다.

5. 지방자치의 저해요인(위기·문제점·단점)

(1) 지방자치의 기반상실 내지 사회구조 변화

국가와 사회의 동질성(일원성)과 교통·통신 및 자본주의 경제의 발달은 역사적 지반상실과 종래의 향토애를 바탕으로 하는 공동체의식 약화·공민단체 해소를 초래하였다. 산업화에 따른 개인의 의식 및 생활방식의 변화도 지방자치의 제약요인이다.

(2) 지방적 특성의 감소

교통과 경제의 급속한 발전은 전국을 현대화로 가져오면서 각 지역의 지방적 특성이 점점 감소되는 현상을 가져오고 있다. 지방적 특성의 감소는 그만큼 자방자치제도의 가치를 감소하게 되는 것이다.

(3) 지방자치의 정당화(정당정치의 발달·정당에 의한 권력 통합)

정당정치의 발달로 자치입법권 등 모든 분야에 정당의 영향력이 관여하게 되었으며, 자치권력의 행사에 독립성을 악화시키고 있다.

(4) 대단위계획·집행(광역행정)의 필요

현대행정은 사회경제 발전과 기술혁신 또는 정보혁명의 진전에 따라 광역화·대규모화되고, 동일하거나 유사한 지방자치사무는 전국적으로 또는 광역적으로 시행하는 것이 효율적이고 합목적적이므로 대단위계획·집행(광역행정)이 필요하게 되었다.

(5) 신중앙집권화 현상

1) 지방자치단체의 성격변화

위에서 말한 여러 요인들은 결국 지방자치제와 상충되는 중앙집권화를 초래함을 의미한다. 사회적·경제적 기반의 변화, 급속한 기술혁신과 함께 산업의 고도화, 생활양식이 농촌형에서 도시형으로 급변화, 교통수단의 급격한 진보화 등에 동반하여 지방자치단체의 성격의 변화이다. 그리하여 시민의 생활권의 확대는 베드타운(Bed town)화 되어 그 지역에 살고 있는 주민은 당해 지방자치단체에 대한 지연의식이 희박하게 되었고, 주민과 지방자치단체와 관계는 포괄적 전인격적인 일원적 결합관계·운명 협동체적 일체의식으로부터 부분적으로 가능한 다원적 의존관계·지역사회의 이익사회의식을 부추기는 결과가 되어버렸다.

2) 현대의 복지국가 이념하의 최소한의 지역기준의 유지·책무

현대의 복지국가의 이념하에서는 지역주민이 건강하게 문화적인 생활을 유지하기 위한

최소한의 지역기준(national minimum standard)의 유지가 지방자치단체의 책무로 되었다. 각지의 지방자치단체는 그 행정·재정상의 능력 여하에 관계없이 지역주민의 복지화 생활환경의 정비를 위하여 전국 어느 지역에 있어서나 어느 정도 균질·균등한 공공역무를 제공하지 않으면 안 된다.

이와 같이 전국기준의 수준으로 실시해야 하는 지방적 사무가 증대하면 그 정확한 수행을 확보하기 위하여 좋든 싫든 지방의 행·재정에 대한 중앙정부의 조정이 요청되어져 국가의 지방자치단체에 대한 관여가 증대하게 되었다.

3) 지방자치단체 상호간의 행·재정상의 능력차이 확대

산업이 고도화됨에 따라 공업도시가 급속히 발달해가면 농어촌보다도 도시지역으로 인구의 사회이동이 현저해져서 도심은 과밀화되고 농어촌 지역은 과소지역으로 되어 도시와 농어촌의 지방자치단체간의 행·재정능력의 차이가 더욱더 확대되어져 왔다. 과소지역의 지방자치단체의 경우, 행·재정상의 능력에 부족을 느끼면 느낄수록 복지·교육 등 사회복지 분야보다는 과소(過疎)대책 등에 힘을 쏟지 않을 수 없고(예: 인구감소에 대한 대책), 이러한 자립행정의 어려움은 중앙의존을 더욱 강하게 한다는 악순환을 낳고 있다.

(6) 제도상 결함(저해 요인)

1) 행정상의 문제점(기관 위임사무)

지방자치는 주민에게 가장 가까운 기초지방자치단체가 그 능력의 범위 내에서 자주적으로 지역의 일을 처리하는 것이 가장 이상적이다. 그러나 우리의 경우 헌법에 지방자치의 보장이 명시되어 있지만 중앙정부의 관치적인 지방정부에의 관여는 변하지 않고 있다. 이는 기관 위임사무라고 하는 형태로 지방자치단체가 수행하는 거의 대부분의 사무가 국가의 위임에 의해 처리되고, 국가의 지도·감독을 받는 형태를 가지게 되었기 때문이다. 현재에 있어서도 국가의 위임사무는 더욱이 증가하는 경향이 있고 지방자치 단체가 독자의 책임과 권한으로 처리가능한 자치사무의 범위는 의외로 좁게 한정되어져 있는 것이 현실정이다.

2) 재정상의 문제점(재정의 국가의존)

지방자치의 성패는 지방재정의 자립도에 결정적으로 의존한다. 그런데 복지행정의 추진 등과 함께 현재의 지방자치 단체가 지불해야하는 행정경비가 현저히 팽창하였는데 반하여, 국가와 지방자치단체간의 재원의 배분은 현재도 국세중심으로 지방에의 재원배분이 충분히 행해지고 있지 않다. 그 때문에 지방자치단체가 자주적으로 사용가능한 일반 재원이 부족하여, 지방자치단체의 업무의 대부분이 국고보조금 등의 끈 달린 재원(특정재원)에 의존하지 않으면 안 되는 상황이며, 이로 인하여 지방행정은 재정 면에서 중앙(국가)에 의존할 수밖에 없으며 이는 자연히 중앙의 통제를 받게 되는 결과를 초래하였다. 그 결과 재정력이 약한 지방자치단체에 있어서는 중앙으로부터의 보조금 등을 고려한 후에 지역사업을 선택하고 있는 실정이며, 이에 동반하는 인사의 면에서도 중앙관청으로부터의 낙하산식 인사나 요구를 받아들이지 않을 수 없는 구조적 결함을 지니고 있다. 따라서 창의와 궁리에 근거를 둔 지역독자의 정책을 전개한다는 것은 사실상 많은 어려움이 있는 것이 사실이다.

지방자치의 적정한 운영을 꾀함에는 이러한 행정·재정상의 제도면에서의 결함을 시정할 필요가 있다. 국가사무의 지방자치단체에의 대폭적인 이양과 재원의 합리적인 배분 등이 오랜 기간 동안 현안으로서 계속해서 요청되어져 온 것은 이러한 연유에서이며, 작금 논의되고 있는 지방분권 논의의 핵심 또한 사무와 재원의 적정한 배분임은 주지의 사실이다.

【참고】 쓴 소 리

① 자치권 인정이 바른 길

세계사에서 가장 큰 영토를 지배한 로마와 몽고는 다른 점이 있다. 로마는 1000년 이상의 영화를 누렸지만, 몽고는 불과 한 세대를 넘기지 못했다. 그 이유 중의 하나가 로마는 적절히 권력을 분산했지만, 몽고는 그 넓은 영토를 직접 관할하려고 했다는 데 있다. 로마는 식민지의 자치권을 폭넓게 인정했고, 각 영토에서 자율적인 관리를 중시했다. 과도하게 집중하는 것보다 적절하게 분산하는 것이 오래 지배하는 길임을 로마인은 알고 있었던 것이다.

② 과도한 중앙집중 국가위기 초래

한국의 인구 48%, 국가 공공기관의 84%, 대기업 본사의 88%, 벤처기업의 80%가 수도권에 집중해 있다. 도심에서 반경 50km내에 2000만 명 이상의 인구가 몰려 있는 나라는 전 세계에서 한국밖에 없다. 지방의 우수인력들은 무조건 서울로 가고 보자는 데 이견이 없다. 기회와 자원이 비교가 안 되고, 지방에 있으면 실력이 없는 사람으로 취급받는데 누가 지방에 남는 만용(?)을 부리겠는가? 서울은 정보와 돈, 인재가 몰리는 반면 지방은 둑의 물이 새듯 자원들이 새어나가고 있다. 집중에 집중을 거듭해온 결과 한국에 세 종류의 시민 등급이 만들어지고 있다. 특등 시민인 강남구민과 일등시민인 수도권 시민, 그리고 이등 시민인 지방민, 이래서야 헌법에 보장된 평등권이 제대로 실현되었다고 할 수 있겠는가? 그리고 국가의 장기적 발전과 국민의 인간다운 삶을 추구할 수 있겠는가? 이대로 가면 단순히 지방만 위기에 처하는 것이 아니다. 나라 전체의 위기로 폭발할 위험이 있다. 과도한 집중은 투기와 거품 경제의 원인이 되고, 불균형한 자원 활용으로 발전잠재력을 약화시킨다.

수도권은 너무 복닥거려 살기 힘들고, 비수도권은 기회가 없어 삶의 질이 떨어진다. '분권이 구국이다!'는 말이 그래서 나오는 것이다.

③ 이 문제를 정치권이라고 왜 몰랐겠는가?

때문에 선거 때나 정권이 들어서기만 하면 국토균형발전을 위한 조치들이 취해지고, 지방 분권의 구호가 난무했다. 하지만 결과는 늘 거꾸로 갔다. 중앙의 통제권은 더 강화되고, 집중은 더 심해졌다. 이 정부에서도 법으로 '지방이양추진위원회'가 만들어졌지만, 거기서 '추진'된 내용은 그 실효성은 약한 정도다. 왜 지방분권은 이토록 의도와 결과가 늘 빗나가고 마는가? 이유는 간단하다. 서울에 있는 '높은 분'들이 지방의 간절한 요구에 대해 절실히 못 느끼기 때문이다. 정말로 서울에 있으면 지방이 안 보인다. 지방의 아우성은 창밖의 현실일 뿐이다.

그래서 이제 지방분권과 균형발전은 시혜로 얻는 것이 아니라 지역민들의 힘으로 쟁취해야 한다는 인식이 각 지역으로 확산되고 있다. '지방의 반란'이 시작된 것이다. 전국 각 지역에서 각계각층이 참여하는 '지방분권실현을 위한 연대조직'들이 만들어지고 있고, 국민운동 차원의 전국 조직도 결성될 참이다. 지방분권에 관한 한 지역의 행정기관, 언론, 학계, 상공계, 노동계, 여성계, 시민단체가 무지개 연합을 이루어 한목소리를 내고 있다.

④ 지방분권, 국가적 어젠다로

마침 대선 후보들도 과거와 달리 분권 분산에 관한 심도 있는 대안들을 내놓고 있다. 진일보한 양상이다. 하지만 중요한 것은 각 지역의 현안을 풀어주겠다는 선심성 약속보다 차기 정권 5년 동안 가장 주요한 국가 어젠다로 지방분권 분산을 추진한다는 의지를 확실히 하는 것이다. 그런 의지만 있으면 추진할 수 있는 합리적 정책은 이미 널려 있다. 유럽에서 가장 중앙집권적인 프랑스가 자신의 정치사상 '가장 심오한 혁명'이 될 것이라고 공언하고 지방분권을 대대적으로 추진한다는 뉴스가 계속 들려오는 지금, 우리의 대선 후보들도 분권 분산을 차기 정권이 승부를 걸어야 할 국가 어젠다로 분명히 선언해주었으면 한다. 국민통합의 가장 큰 걸림돌이 영호남 갈등 이전에 서울과 지방의 갈등임을 이해한다면, 또 지방인들을 이등 국민으로 버려 둘 생각이 아니라면 그것이 어려운 일은 아닐 것이다.

지방의 유권자들도 이제는 '누가 더 지방분권과 균형 발전을 잘 추진할 수 있는가'를 보고 투표해야 한다. 표로 하는 지방의 반란, 그것이 나라를 살리는 유권자의 지혜인 것이다(대한매일신문 2002.10.28; 최우용, 지방자치법강의, 31~32쪽, 동아대학교출판부, 2004).

6. 지방자치제도의 헌법적 보장

(1) 헌법규정

헌법 제117조와 제118조에서 "지방자치단체는 주민의 복리에 관한 사무를 처리하고 재산을 관리하며, 법령의 범위 안에서 자치에 관한 규정을 제정할 수 있다" "지방자치단체에 의회를 둔다"(헌법 §118)고 규정하여 지방자치단체의 자치(또는 자치권)를 보장하고 있다.

(2) 제도보장

제도보장이란 주관적 공권이 아닌 일정한 법적·정치적·경제적·사회적·문화적 제도와 같은 객관적인 제도(역사적·전통적으로 현존하는 제도) 그 자체를 헌법에 규정함으로써 제도의 본질(최소한)을 보장하려는 것이다. 헌법상 제도가 보장되면 입법부는 그러한 제도를 설정·발전·유지시켜야 할 의무를 지고 또 그 제도를 폐지하거나 본질적 내용을 침해하는 입법을 하지 못한다. 제도적 보장이론은 직접적으로는 혁명적 개혁으로부터 전통적인 개인주의적·자유주의적 질서와 제도의 최소한을 수호하려는 것이고, 간접적으로는 입법부의 일방적·자의적 입법으로 인한 기존제도의 폐지 등 법률만능주의 내지 법실증주의로부터 기본적 인권을 수호하려는 것이 목적이었다.

제도적 보장의 내용으로는 ① 권리주체성의 제도적 보장 ② 객관적 법제도의 보장(여기에 다시 작용영역의 全권한성과 자기책임성이 있다) ③ 주관적 법적 지위의 보장이 포함된다.[19] 이들은 모두 합쳐서 넓은 의미의 지방자치단체의 자치(또는 자치권)의 보장이라고 표현하기로 한다.

(3) 권리주체성의 제도적 보장

이는 지방자치제도의 권리주체성을 제도적으로 보장하는 것을 의미한다. 이러한 의미에서의 지방자치단체는 국가의 영토 내의 일정한 지역 및 그 지역주민으로 구성되어 일정한 통치권을 행사하는 공법상 법인이다. 지방자치단체는 단순한 국가조직의 일부가 아니라 독자적인 권리주체성이 인정되므로 법적으로 권리능력과 행위능력을 갖는 것은 물론이고, 국가에 대해서도 독자성이 보장된다. 따라서 지방자치단체를 모두 폐지하는 것은 헌법상 허용되지 않는다. 그러나 개개의 지방자치단체의 폐지, 통·폐합, 구역의 변경 등은 비례의 원칙에 위배되지 않는 한 헌법에 위반되지 않는다고 본다. 왜냐하면 헌법은 특정한 지방자치단체의 존립을 개별적으로 보장하는 것이 아니라 단지 제도적으로만 보장하는 것이기 때문이다.

(4) 객관적 법제도의 보장

이는 지방자치단체가 자신의 책임하에 지역적 사무를 스스로 해결하도록 지방자치행정을 제도적으로 보장하는 것을 말한다.

1) 지역적 사무의 보장

지방자치단체가 '역사적·전통적으로 형성되어온 지역공동체의 고유성을 보장하고 주민의 복리를 향상시키기 위한 목적으로 행해지는 지방의 고유한 공행정사무'를 자기의 책임하에 수행하는데 있어 제도적 보장의 결과로서 그 핵심적 내용은 법률로써도 침해할 수 없다. 따라서 지방자치단체의 지역적 사무에 대해서는 전권한성이 인정된다.

2) 전(全)권한성(포괄적인 사무의 보장, 주민의 복리에 관한 사무, 재산관리, 법령범위 안에서의 자치법규제정)[19]

헌법 제117조 제1항은 지방자치행정의 대상으로 '주민의 복리에 관한 모든 사무'로 규정하여, 지방자치단체에 의한 행정을 전권한적으로 보장하고 있다. 즉, 지방자치단체는 법률에 특별한 규정이 없는 한 주민의 복리에 관한 모든 사무에 대하여 포괄적으로 고유한 관할권을 갖는다. 지방자치법 제9조는 지방자치단체의 자치사무에 대하여 예시적으로 규정하고 있는 바, 이에 속하지 않는 사무라 할지라도 그 지역과 특별한 관계를 가진 사무는 모두 당해 지방자치단체의 사무가 된다. 전권한성의 원칙은 지방자치단체의 활동영역을 보장하고 각 지방의 사정에 따른 융통적이고 능률적인 업무수행을 가능하게 한다.

3) 자기책임성

헌법 제117조 제1항은 지방자치단체의 활동영역뿐만 아니라, 그의 업무를 자신의 책임하

---

19) 유지태, 행정법신론, 610~614쪽.

에 수행할 권능을 부여하고 있다. 즉 지방자치단체는 법령의 범위 안에서 자치사무를 외부의 간섭없이 스스로 합목적적이라고 판단하는 바에 따라 처리할 수 있다. 자기책임의 원칙에 따라 자치단체는 자치사무의 수행여부, 시기, 방법에 대하여 독자적으로 결정할 수 있다. 자기책인성의 보장으로서 지방자치단체에 지방자치단체의 자치권(지방고권)이 부여되고 있다. 자치권(지방고권)에는 지방자치단체의 영역 안에서 공권력을 행사할 수 있는 공권력(지역고권), 공무원의 선발·채용 등 지방자치단체의 인사를 독자적으로 할 수 있는 자치인사권(인사고권), 지방자치단체의 내부조직을 자기책임하에서 설치·형성할 수 있는 자치조직권(조직고권), 법령의 범위 안에서 수입과 지출을 자기책임하에 운영할 수 있는 자치재정권(재정고권), 지방자치단체 내의 토지의 이용 및 건축 등에 관한 계획을 수립하고 형성할 수 있는 자치계획권(계획고권), 법령의 범위 안에서 조례를 제정할 수 있는 자치입법권(조례고권) 등이 있다.

4) 핵심영역(본질적 내용)의 보장(법률 유보)

헌법은 지방자치단체의 자치권을 보장하고 있지만 자치행정의 구체적 내용은 법률에 의해 정해진다. 즉, 지방자치단체의 자치행정은 법률의 범위 내에서 보장된다. 다만, 법률은 지방자치의 본질적 내용을 침해하는 것은 허용되지 아니한다. 그러므로 지방자치단체의 객관적인 법제도보장은 입법자에 의한 제도내용의 구체화에 있어서 법률의 지나친 침해로부터 지방자치제도의 핵심내용(본질적 내용)을 보장하는 것을 내용으로 한다.

문제는 지방자치의 제도적 내용을 구체화하는 입법권행사의 한계설정에 중요한 의미를 갖는 자치사무의 전권한성과 자기책임성과 관련된 본질적내용(또는 핵심영역)을 어떻게 정할 것인가 하는 것이다. 지방자치단체의 본질적 내용의 판단기준으로 두 가지 방법론이 제시되고 있다.

① 공제법(잔여론)

본질적 내용의 침해여부는 입법(법률)에 의한 침해가 있은 후에 지방자치적 요소가 얼마나 남아 있는가에 따라 결정된다고 보는 이론이다. 잔여론이라고도 부른다. 즉 침해 후에 남은 부분에 대한 지방자치단체의 전권한성과 자기책임성의 보장내용에 비추어 판단하는 방법이다. 이는 본질적 내용을 소극적·분량적으로 결정하려는 입장으로 독일연방행정재판소에 의해 발전된 방법이다. 이 설은 너무 소극적·정적(靜的)·양적인 측면에 치우친다는 비판을 받는다.

② 역사적 고찰방법

지방자치의 역사적 발전과정과 역사적으로 생성되어온 외형적 형태를 기준으로 판단하는 방법이다. 즉, 본질적 내용의 침해여부는 일반적으로는 논의할 수 없고, 자치행정의 핵심영역은 소극적 분량적으로 정해질 수 없으며, 문제된 구체적·개별적인 사안에 대한 지방자치제도의 역사적 발전과 생성된 형식에 따라 판단해야 된다는 것이다. 모든 전통적인 제한은 적법하다고 보기 때문에 자치행정의 전통적인 행정에서 벗어나는 제한은 본질적 내용의 침해로 보게 된다. 독일 연방헌법재판소에 의해 발전된 방법이다. 이 설은 너무 정적이고 역사적인 측면에 치중한다는 비판을 받는다.

③ 소 결

공제법·역사적 고찰방법 모두 고려되는 것 이외에도 미래지향적·시대적 상황도 고려대상이 되어야 할 것이다. 다만 어느 견해를 따르건 법률적인 제한을 통하여 지방자치단체가 정상적인 활동을 할 수 없을 정도이거나 또는 그를 단순한 외견상의 존재로 만들 때에는 핵심영역(본질적 내용)의 침해가 된다고 할 것이다.[20] 헌법 제117조 및 제118가 보장하고 있는 지방자치의 본질적 내용은 자치단체의 존재의 보장, 자치기능의 보장 및 자치사무의 보장을 말한다. 헌법재판소는 주민에의 주민투표권·조례의 제정 및 개폐청구권·감사청구권 인정여부는 지방자치단체의 본질적 내용이 아니라한다.

> **【헌재결】 〈지방자치법 제13조의 2 제1항에서 규정한 주민투표권이 헌법이 보장하는 지방자치제도에 포함되지 아니한다.〉** 지방자치단체의 자치권으로 헌법은 지역주민들이 자신들이 선출한 지방자치단체의 장과 지방의회를 통하여 자치사무를 처리할 수 있는 대의제 또는 대표제 지방자치를 보장하고 있을 뿐이고, 지방자치법이 주민에게 부여한 주민투표권(§13 의2)과 조례의 제정 및 개폐청구권(§13 의3) 및 감사청구권(§13 의4)은 어디까지나 입법자의 결단에 의하여 채택된 것일 뿐 헌법이 이러한 제도의 도입을 보장하고 있는 것은 아니다(헌재 2001.6.28, 2000헌마735).

(5) 주관적 법적지위 보장문제(기본권주체 능력문제; 지방자치단체의 권리보호문제)

헌법 제117조 제1항의 지방자치단체의 제도적 보장에는 지방자치단체의 권리주체성의 제도적 보장이나 객관적인 법제도보장의 내용을 침해하는 행위가 있는 경우, 이를 법적으로 보호하기 위한 지방자치단체의 「주관적 법적지위의 보장」도 포함된다. 지방자치단체의 주관적 법적지위의 보장(지방자치단체의 권리보호)문제는 제도적 보장의 대상범위와 공법인(지방자치단체)의 기본권 주체문제로 귀결된다.

1) 제도적 보장의 대상범위

① 제도적 보장의 개념

제도적 보장이란 주관적 공권이 아닌 일정한 법적·정치적·경제적·사회적·문화적 제도와 같은 객관적인 제도(역사적·전통적으로 현존하는 제도임)를 헌법에 규정함으로써 제도의 본질(최소한의 보장원칙)을 보장하려는

20) 정하중, 행정법각론, 68쪽; 류지태, 행정법신론, 639쪽; 홍정선, 행정법원론(하), 70쪽; 이기우, 지방자치이론, 132쪽 이하.

것이다. 제도적 보장은 제도의 본질·중핵을 헌법에 규정함으로써 입법에 의한 폐지나 본질의 훼손으로부터 이를 보호하려는 점에 그 의의가 있다(본질적 내용 침해금지). 제도적 보장은 객관적 제도를 헌법에 규정함으로써 장래의 법발전, 법형성의 방침과 범주를 미리 규율하는 데 있다. 따라서 법률내용이나 공권력행사로 본질적 내용이 침해되는 경우에 위헌·위법문제가 제기된다.

② 제도적 보장의 법적 성격

제도적 보장은 국가 내에서 국가의 법질서에 의하여 비로소 인정되는 제도이므로 주관적 권리가 아닌「객관적 법규범성」을 가짐에 불과하나 기본권과 같이 입법권·행정권·사법권을 직접적으로 구속하며(헌법개정권력은 구속못함) 또한 사법권을 직접 구속하여 적용되는「재판규범성」을 가진다.

③ 제도적 보장의 대상

㉮ 원 칙 : 제도적 보장의 직접적인 대상은 특정한 객관적 제도 그 자체이고 주관적 공권으로서의 개인의 기본권이 아니다. 따라서 제도적 보장규정 그 자체를 직접근거로 하여 개인이 자신의 권리보호를 위한 헌법소원 등의 소송을 제기할 수는 없음이 원칙이다. 이는 권리보장규범이 아니기 때문이다.

㉯ 예 외 : 그러나 제도적 보장규정과 함께 다른 권리보장규정이 헌법상 존재하는 경우에는 헌법소원을 제기할 수 있다. 또한 제도자체의 보장이란 제도가 기본권과 병존 또는 기본권에 종속되어 동일 조항에서 보장됨을 방해하지 않는다. 따라서 권리가 제도에 종속하는 경우(예 : 정당의설립·가입·탈퇴의 자유는 복수정당제도에 종속), 제도가 기본권에 수반되는 경우(예 : 의무교육제도는 국민의 교육을 받을권리에 수반), 제도가 기본권과 병존하는 경우(예 : 사유재산제도와 사유재산권보장)가 있는 바, 이 경우에는 헌법소원을 제기할 수 있다.

2) 공법인(지방자치단체)의 기본권 주체문제

공법상 법인(특히 지방자치단체)이 기본권의 주체가 될 수 있는가? 공법인의 기본권주체성 문제는 자연인에 대한 관계가 아니라 다른 공법인과의 관계 특히 국가와의 관계이다.

① 부 정 설[21]

지방자치단체가 공적임무를 수행하는 한 그리고 지방자치를 제도적 보장으로 이해하는 한 지방자치단체는 자치(행정)권이 보장되는 것이지 기본권이 보장되는 것은 아니므로 국가에 의한 지방자치권침해에 대해 기본권침해로서 주장할 수는 없다고 한다. 헌법재판소도 부정하는 입장을 취한다.

【헌재결】 **〈서울시 의회가 헌법소원을 제기할 수 있는 청구인 적격을 보유하지 않는다.〉** 기본권보장에 관한 각 헌법규정의 해석상 국민(또는 국민과 유사한 지위에 있는 외국인과 사법인)만이 기본권의 주체라 할 것이고, 국가나

21) 유지태, 행정법신론, 617쪽; 홍정선(하), 76쪽; 허영, 한국헌법론, 242쪽.

국가기관 또는 국가조직의 일부나 공법인은 기본권의 '수범자'이지 기본권의 주체로서 그 '소지자'가 아니고 오히려 국민의 기본권을 보호 내지 실현해야 할 책임과 의무를 지니고 있는 지위에 있을 뿐이므로, 공법인인 지방자치단체의 의결기관인 청구인 의회는 기본권의 주체가 될 수 없고 따라서 헌법소원을 제기할 수 있는 적격이 없다(헌재결 1998.3.26, 96헌마345).

② 긍 정 설

공법상 법인인 지방자치단체가 기본권의 주체가 됨을 인정하는 설이 있고,[22] 우리 헌법재판소 결정도 같은 취지이다. 물론 성질상 법인이 누릴 수 있는 기본권인 경우이다.

【헌재결】 〈헌법 제31조 제4항 소정의 교육의 자주성, 대학의 자율성 보장은 … 학문의 자유의 확실한 보장수단이자 대학에 부여된 헌법상의 기본권이다; 1994년도 신입생선발입시안에 대한 헌법소원〉 헌법 제31조 제4항이 규정하고 있는 교육의 자주성, 대학의 자율성보장은 대학에 대한 공권력 등 외부세력의 간섭을 배제하고 대학인 자신이 대학을 자주적으로 운영할 수 있도록 함으로써 대학인으로 하여금 연구와 교육을 자유롭게 하여 진리탐구와 지도적 인격도야라는 대학의 기능을 충분히 발휘할 수 있도록 하기 위한 것으로서 이는 학문의 자유의 확실한 보장수단이자 대학에 부여된 헌법상의 기본권이다(헌재결 1992.10.1, 92헌마68, 76).

③ 결 어

㉮ 원 칙 : 기본권은 무엇보다 공권력의 침해로부터 보장함이 목적이며, 공법인으로서의 국가나 지방자치단체 등은 공법적 직무로서 관할 내지 권한을 가질 뿐 기본권의 주체가 될 수 없음이 원칙이다.

㉯ 본질적 내용의 침해(예외) : 지방자치단체는 지방자치단체의 권리 주체성의 제도적 보장이나 객관적 법제도 보장의 내용 중 본질적 내용을 침해하는 행위가 있는 경우 이를 법적으로 보호하기 위한 권리를 갖는다고 보아야 한다. 이러한 권리는 입법자나 행정부의 자치권침해에 대한 소극적인 방어권으로 보는 것이 타당하다고 본다.

국·공립대학이 학문의 자유를, 국·공영방송국·공법인으로서의 표현의 자유를 향유할 수 있는 것은 당해 본질적 내용에 해당하기 때문이다.

헌법재판소도 「서울대신입생 선발 입시안」에 대한 헌법소원결정에서 서울대학교가 공권력 행사의 주체인 동시에 학문의 자유 및 대학의 자율권(대학자치)이라는 기본권주체임을 판시하였다(헌재결 1992.10.1, 92헌마68, 76). 어떤 공법인이 일반국민의 경우와 같이 공권력의 강제에 복종하고 있는 경우에는 그 한도에서 주체성을 인정해야 한다고 본다.

㉰ 국고작용 : 민사소송의 대상(사법작용)이 되는 국고작용으로 인한 법률관계에 있어서는 사인과 동등하게 취급되어야 하므로 평등원칙이 적용되어 기본권주체가 될 수 있다.

㉱ 독립된 법주체(권리주체) : 지방자치단체는 독립된 법주체 즉 권리주체이므로 소송의 당

---

22) 계희열, 공법인의 기본권주체성, 구병삭 박사 정년기념논문집, 1991, 3쪽 이하.

사자가 될 수 있다. 따라서 법원의 제청에 의한 위헌법률심사제도(헌법 §107·①), 자치사무를 대상으로 하는 권한쟁의심판(헌법 §111·① 4호), 헌법재판소법 제68조 제2항에 의한 헌법소원 뿐만 아니라 당사자의 신청에 의한 위헌법률심사제도(헌법재판소법 §41)와 헌법소원심판청구(헌법 §111·① 5호 헌법재판소법 §68·①)도 제한적(본질적 내용 침해의 경우)으로 가능하다고 본다.

자치사무를 대상으로 하는 권한 쟁의심판이어야 하며 지방자치단체가 기관위임사무에 관하여 권한 쟁의심판을 청구할 수는 없다.

【헌재결】 〈지방자치단체가 기관위임사무에 관하여 권한 쟁의 심판을 청구할 수 없다.〉 지방자치단체는 헌법 또는 법률에 의하여 부여받은 그의 권한, 즉 지방자치단체의 사무에 관한 권한이 침해되거나 침해될 우려가 있는 때에 한하여 권한쟁의 심판을 청구할 수 있다고 할 것인데, 도시계획사업실시계획인가사무는 건설교통부장관으로부터 시·도지사에게 위임되었고, 다시 시장·군수에게 재위임된 기관위임사무로서 국가사무라고 할 것이므로, 청구인의 이 사건 심판청구 중 도시계획사업실시계획인가처분에 대한 부분은 지방자치단체의 권한에 속하지 아니하는 사무에 관한 것으로 부적법하다고 할 것이다(헌재결 1999.7.22, 98헌라4).

우리 헌법재판소도 우리 헌법에 법인의 기본권 향유능력을 인정하는 규정은 없지만, 성질상 법인이 누릴 수 있는 기본권은 당연히 법인에게도 적용된다고 판시하고 있다(헌재 1991.6.3 90헌마56).

전원재판부 1991. 6. 3. 90헌마56

【판시 사항】

① 단체내부(團體內部)의 분과위원회(分科委員會)에 헌법소원능력(憲法訴願能力)이 있는지 여부
② 단체(團體)가 그 구성원(構成員)들의 기본권침해(基本權侵害)를 주장(主張)하는 경우 자기관련성(自己關聯性) 인정 여부

【결정 요지】

① 청구인 한국영화인협회 감독위원회는 영화인협회로부터 독립(獨立)된 별개(別個)의 단체가 아니고, 영화인협회의 내부(內部)에 설치된 8개의 분과위원회(分科委員會) 가운데 하나에 지나지 아니하며, 달리 단체(團體)로서의 실체(實體)를 갖추어 당사자능력(當事者能力)이 인정되는 법인(法人)이 아닌 사단(社團)으로 볼 자료가 없으므로 헌법소원심판청구능력(憲法訴願審判請求能力)이 있다고 할 수 없다.
② 단체(團體)는 원칙적으로 단체자신(團體自身)이 기본권(基本權)을 직접(直接) 침해(侵害)당한 경우에만 그의 이름으로 헌법소원심판을 청구할 수 있을 뿐이고 그 구성원(構成員)을 위하여 또는 구성원(構成員)을 대신하여 헌법소원심판을 청구할 수 없다 할 것인데, 청구인 사단법인 한국영화인협회는 그 자신(自身)의 기본권(基本權)이 침해(侵害)당하고 있음을 이유로 하여 이 사건 헌법소원심판을 청구한 것이 아니고, 그 단체(團體)에 소속(所屬)된 회원(會員)들인 영화인들의 헌법상 보장된 예술의 자유와 표현의 자유가 침해당하고 있음을 이유로 하여 이 사건 헌법소원심판을 청구하여 자기관련성(自己關聯性)의 요건을 갖추지 못하였다(헌재결 1991.6.3, 90헌마56).

〈재판관 변정수의 반대의견(反對意見)〉

① 사단법인(社團法人)은 구성원전체(構成員全體)의 이익(利益)을 위한 것일 때에는 구성원(構成員)의 권리구제(權利救濟)를 위하여 자기의 이름으로 헌법소원을 제기할 수 있으므로 청구인 영화인협회는 자기 자신의 기본권(基本權)은

직접침해(直接侵害)된 것이 아니라고 하더라도 자기(自己) 구성원(構成員)의 기본권구제(基本權救濟)를 위하여 헌법소원(憲法所願)을 제기할 수 있다.

〈재판관 한병채의 반대의견(반대의견)〉

① 청구인 감독위원회는 별도의 대표자(代表者)를 갖고 독립적(獨立的)인 기능(機能)과 업무(業務)를 수행하는 권리능력(權利能力)이 없는 사단(社團)으로서의 법률적(法律的) 지위(地位)를 가지고 있으므로 실질적(實質的)인 요건(要件)을 검토하여 권리능력(權利能力)이 없는 사단(社團)의 경우와 같이 헌법소원심판을 청구할 수 있다고 보는 것이 합당하다.

② 헌법재판에 있어서는 청구(請求)의 내용(內容)에 따라 집단(集團)의 당사자적격(當事者適格)을 인정하여야 하는 것이 헌법적(憲法的) 정의실현(正義實現)에 합당(合當)한 경우도 있을 수 있으므로 청구인들이 당사자능력(當事者能力)과 적격(適格)의 문제는 헌법심판(憲法審判)의 본질적(本質的) 기능(機能)에 보다 실질적(實質的)으로 심리검토하여야 한다.

또한 지방자치단체는 헌법 및 법률상 자치권을 부여받고 있으므로 국가 등의 공권력 행사에 의해 이 자치권(특히 기본권에 의하여 보호될 생활영역)이 침해된 경우에는 당해 공권력 행사를 다투는 항고소송을 제기할 원고적격을 갖는다고 본다. 예컨대 위헌법률에 의한 국가의 처분이 행정소송법상 처분개념에 해당하는 한 지방자치단체는 항고소송의 제기를 통해 구체적 규범통제를 신청할 수 있다.[23)]

(6) 주민자치의 보장

헌법(§118)은 지방자치단체에 의회를 둔다고 규정한 헌법규정은 지방의회는 주민이 선출한 대표에 의하여 구성되는 것이므로, 이것은 헌법이 주민자치를 보장하고 있음을 의미한다.

Ⅱ. 지방자치단체의 법적지위·명칭·종류·소재지

1. 헌법에 의한 지방자치의 보장(현대 지방자치제도에 관한 기본원칙)

(1) 지방자치행정은 원칙적으로 지방자치단체에 의하여 행하여야 한다(헌법§117·①).

(2) 지방자치단체의 권능은 확대·강화되어야 한다.

(3) 지방자치행정은 지방자치단체의 자주적 기관에 의하여 행해져야 한다.

(4) 지방자치를 보호하기 위하여는 지방의 자주재정확립이 그 절대적 요건이다.

(5) 지방자치단체에 대한 국가의 감독은 최소한도에 그쳐야 한다.

2. 지방자치단체의 법적 지위

지방자치단체란 국가영토의 일부를 그 구역으로 하고 구역 안의 모든 주민을 구성원으

23) 박균성, 행정법(하), 53쪽; 정하중, 행정법각론, 68쪽; 홍정선, 행정법원론(하), 71쪽; 이기우, 지방자치행정법, 44쪽; 홍성방, 헌법학, 286쪽 이하.

로 하는 사단으로서 법률의 범위 내에서 고권적 지배권 즉 자치권을 행사하는 공법상 사단법인이다.

(1) 공법상 사단법인(공법인)

판례 〈지방자치단체가 양벌규정에 따라 처벌대상이 되는 법인에 해당한다.〉 ① 헌법 제117조, 지방자치법 제3조 제1항, 제9조, 제93조, 도로법 제54조, 제83조, 제86조의 각 규정을 종합하여 보면, 국가가 본래 그의 사무의 일부를 지방자치단체의 장에게 위임하여 그 사무를 처리하게 하는 기관위임사무의 경우에는 지방자치단체는 국가기관의 일부로 볼 수 있는 것이지만, 지방자치단체가 그 고유의 자치사무를 처리하는 경우에는 지방자치단체는 국가기관의 일부가 아니라 국가기관과는 별도의 독립한 공법인이므로, 지방자치단체 소속의 공무원이 지방자치단체 고유의 자치사무를 수행하던 중 도로법 제81조 내지 제85조의 규정에 의한 위반행위를 한 경우에는 지방자치단체는 도로법 제86조의 양벌규정에 따라 처벌대상이 되는 법인에 해당한다(대판 2005.11.10, 2004도2657).
② 지방자치단체 소속의 공무원이 압축트럭 청소차를 운전하여 고속도로를 운행하던 중 제한축중을 초과 적재 운행함으로써 도로관리청의 차량운행제한을 위반한 사안에서, 해당 지방자치단체가 도로법 제86조의 양벌규정에 따른 처벌대상이 된다고 한 사례.

1) 공법상 권리능력자

지방자치단체는 공법상 권리능력 있는 사단이다(자치법 §3). 지방자치단체는 주민의 복리에 관한 사무를 처리하고 재산을 관리하며, 법령의 범위 안에서 자치에 관한 규정을 제정할 수 있다(헌법 §117).

2) 권리·의무의 주체자 (법률효과의 귀속주체자)

지방자치단체가 공법상 법인이라는 권리주체이기 때문에 사법상이건 공법상이건 법률효과의 귀속주체가 된다. 공법상 법인이라는 권리주체이므로 지방자치단체는 단순한 국가의 행정구역과 구별되며, 그 설립, 해산, 사무 등이 법률로 정해지고, 또한 일정한 국가적 공권이(공과금 징수 등)이 부여되며 동시에 국가의 감독하에 놓이기도 한다.

3) 공법인 간의 분쟁은 기관소송 아닌 권한쟁의 대상

법인격을 갖기 때문에 또 다른 공법상 법인인 국가와의 분쟁은 동일한 법인내부의 분쟁을 대상으로 하는 기관소송의 대상으로 하지 못하고(행소법 §3·④) 권한쟁의의 대상이 된다(헌재법 §62·①2호).

4) 사단(社團)

국가 외에 독립적인 행정주체의 법형식으로는 사단(구성원), 재단(재산), 영조물(이용자) 등이 있으나, 지방자치단체는 주민이라는 구성원을 갖는 관계상 사단의 형식을 취할 수밖에 없다. 재단이나 영조물에는 구성원이 없다. 그리고 지방자치단체는 사단이기에 그 구성원의 변화에 관계없이 법상 단일성을 유지한다. 또한 지방자치단체는 강제적인 사단이므로 당해 구역에 주소를 갖는 자는 본인의 선택과 무관하게 당연히 그 지방자치단체의 구성원이 된다.

(2) 지역적 권력단체(통치 단체)

지방자치단체는 고권적 지배권 즉 자치권을 행사하는 행정권의 주체로서 국가와 같이 통치단체 성격을 가지므로 주민은 이에 복종해야 한다.

(3) 권리능력

지방자치단체는 공법상 법인으로서 권리와 의무의 주체가 될 수 있는 권리능력을 가진다(지자법 §3·①). 따라서 대외적인 권리의 행사주체와 의무의 귀속주체는 지방자치단체가 되며 그 내부기관이 아니다(예: 권리주체인 서울특별시와 그 내부기관인 서울특별시장).

(4) 행위능력

지방자치단체는 자기의 기관(예: 서울특별시장)을 통하여 완전한 법률상 효과를 발할 수 있는(법률행위) 능력을 갖는다. 그러나 법률의 규정에 의하여 지방자치단체의 행위능력이 제한되는 경우도 있다(지방재정법 §11·②).

(5) 당사자능력과 소송능력

지방자치단체는 권리능력이 있으므로 소송상 일방당사자가 될 수 있는 능력을 갖는다. 지방자치단체는 민사소송의 원고가 될 수 있고, 피고도 될 수 있다. 다른 권리주체에 의하여 자신의 자치권 또는 실질적인 법적지위가 침해되면 침해받은 지방자치단체는 행정소송을 제기할 수 있다.

또한 지방자치단체는 행위능력도 있으므로 스스로 또는 대리인을 통하여 소송의 행위를 할 수도 있고 받을 수도 있다. 읍·면은 지방자치단체의 하부 행정구역에 불과하며 민사소송에 있어 당사자 능력이 없다.

> **판례** **〈읍·면은 지방자치단체의 하부행정구역에 불과하여 민사소송에 있어 당사자능력을 인정할 수 없다.〉** 1949. 7. 4. 법률 제32호로 지방자치법이 제정되면서 읍·면은 지방자치단체로서 법인격을 가지고 있었지만 1961. 9. 1. 법률 제707호로 지방자치에관한임시조치법이 제정됨에 따라 군에 편입되어 독립적인 법인격을 갖는 지방자치단체로서의 지위를 상실함과 아울러 읍·면의 일체의 재산은 소속군에 귀속되었으므로, 그 이후부터는 읍·면은 지방자치단체의 하부 행정구역에 불과하여 민사소송에 있어 당사자능력을 인정할 수 없다(대판 2002.3.29, 2001다83258).

(6) 배상법상 책임능력

지방자치단체는 자신의 기관의 행위에 대하여 배상책임이 있다. 직무와 관련되는 공법적인 행위인 경우에는 국가배상법 제2조 제1항에 의하여, 영조물의 설치나 관리상 하자인 경우에는 동법 제5조에 의하여 배상책임을 진다. 그리고 사법적 행위인 경우에는 민법 제756조의 사용자책임을 진다.

(7) 기본권주체성문제(공법인〈지방자치단체〉의 기본권주체문제 설명참조)

공법상 법인인 지방자치단체가 기본권의 주체가 될 수 있는가?(지방자치단체의 기본권 주체 문제 설명 참조)

3. 지방자치단체의 명칭

(1) 특정명칭의 인격성

지방자치단체는 권리·의무의 주체로서 자신의 동일성을 나타내는 각기 고유한 명칭(이름)을 갖는다. 지방자치법은 지방자치단체의 명칭과 관련하여 역사적으로 사용되어 온 종전의 이름을 당해 지방자치단체의 명칭으로 하고 있다(§4·①). 지방자치단체의 명칭은 다른 지방자치단체에 대한 관계에서 특정 지방자치단체의 인격성 내지 동일성을 나타내는 것일 뿐만 아니라 그 지방자치단체의 실질적·정신적인 가치와 주민을 통합하는 효과를 갖는다.

(2) 명칭과 구역의 변경·폐지·분합은 법정 사항

1) 법정사항

지방자치단체의 명칭과 구역을 바꾸거나 지방자치단체를 폐지·설치하거나 나누거나 합칠 때에는 법률로 정한다. 다만, 지방자치단체의 관할구역 변경과 한자 명칭의 변경은 대통령령으로 정한다(개정지자법 §4·①). 지방자치단체의 명칭이나 구역을 바꾸거나 지방자치단체를 폐지·설치하거나 나누거나 합칠 때에는 관계 지방자치단체의 의회(이하 '지방의회'라 한다)의 의견을 들어야 한다. 다만, 주민투표법 제8조에 따라 주민투표를 한 경우는 그러하지 않다(§4·②).

2) 행정안전부장관 결정사항

제1항에 불구하고 다음사항은 행정안전부장관이 결정한다(지자법 §4·③).

①「공유수면관리및매립에관한법률」에 따른 매립지 : 같은 법 제28조에 따른 면허관청 또는 관련 지방자치단체의 장이 같은 법 제45조에 따른 준공검사 전에(매립지의 매립면허를 받은 자는 면허관청에 해당 매립지가 속할 지방자치단체의 결정신청을 요구할 수 있다.).

②「지적법」[24] 제2조 제2호의 지적공부(이하 '지적공부'라 한다)에 등록이 누락되어 있는 토지 : 지적법

제2조 제2호에 따른 소관청(이하 '지적소관청'이라 한다)이 지적공부에 등록하기 전에, 각각 행정안전부장관에게 해당지역이 속할 지방자치단체의 결정을 신청하여야 한다(지자법 §4·③·④). 신청을 받은 행정안전부장관은 지체 없이 그 사실을 20일 이상 관보나 인터넷 등의 방법으로 널리 알린 후, 제149조에 따른 지방자치단체 중앙분쟁조정위원회(이하 '위원회'라 한다)의 심의·의결에 따라 ①, ②의 지역이 속할 지방자치단체를 결정하고, 그 결과를 면허관청이나 지적소관청, 관계지방자치단체의 장에게 통보하고 공고 하여야 한다(지자법 §4·⑤·⑥).

위원회위원장은 심의과정에서 필요하다고 인정되면 관계중앙행정기관 및 지방자치단체의 공무원 또는 관련 전문가를 출석시켜 의견을 듣거나 관계기관이나 단체에 자료 및 의견제출 등을 요구할 수 있다. 이 경우 관계지방자치단체의 장에게는 의견을 진술할 기회를 주어야 한다(지자법 §4·⑦).

③ 대법원에 제소 : 관계 지방자치단체의 장은 제3항부터 제7항까지의 규정에 따른 행정안전부장관의 결정에 이의가 있으면 그 결과를 통보 받은 날부터 15일 이내에 대법원에 소송을 제기할 수 있다. 행정안전부장관은 대법원의 인용결정이 있으면 그 취지에 따라 다시 결정하여야 한다(지자법 §4·⑧·⑨).

3) 조례사항

자치구가 아닌 구와 읍·면·동의 명칭과 구역을 폐지·설치하거나 나누거나 합칠 때에는 행정안전부장관의 승인을 받아 그 지방자치단체의 조례로 정한다. 다만 명칭과 구역의 변경은 당해 지방자치단체의 조례로 정하고 그 결과를 특별시장·광역시장·도지사에게 보고하여야 한다(§4의2).

리(里)의 구역은 자연촌락을 기준으로 하되, 명칭과 구역을 변경하거나 리를 폐지·설치하거나 나누거나 합칠 때에는 당해 지방자치단체의 조례로 정한다(§4의2·②).

(3) 행정면, 행정동·리 제도 도입

① 행정면제 도입 : 인구가 과소한 면이 늘어남에 따라 면의 통합성이 제기되고 있으나, 관련 제도가 없어 효율적 운영이 곤란하였었다. 이번 개정지방자치법(2009. 4. 1.)에서는 지방자치단체는 조례가 정하는 바에 따라 2개 이상의 면을 하나의 행정면으로 통합하여 운영할 수 있도록 하였다(지자법 §4의2). 이는 인구가 과소한 면의 자율적인 통합 운영을 통하여 인력·예산의 절감이 가능할 것으로 기대된다.

② 행정동·리 제도 도입 : 동·리에서는 행정능률과 주민의 편의를 위하여 그 지방자치단체의 조례로 정하는 바에 따라 하나의 동·리를 2개 이상의 동·리로 운영하거나 2개 이상의

24) 지적법은 2011. 4. 1.「측량·수로조사 및 지적에 관한 법률」로 대체되었다.

동·리를 하나의 동·리로 운영하는 등 행정운영상의 동·리(이하 "행정동·리"라 한다)를 따로 둘 수 있다(지자법§4의2·④)고 하여 행정동·리제를 새로 도입하였다.

4. 지방자치단체의 종류

(1) 보통지방자치단체

보통지방자치단체는 목적, 조직, 권한이 일반적 성격을 가지고 전국을 걸쳐 보편적으로 존재하는 지방자치단체이다.

1) 상급지방자치단체(광역단체 : 보충적 또는 제2차적 자치단체) : 서울특별시, 광역시, 특별자치시·도 및 특별자치도가 있다.

2) 하급지방자치단체(기초단체 : 기초적 또는 1차적 자치단체) : 시·군 및 자치구가 있다.

본래 선진외국의 입법례를 보면 기초자치단체는 자연적으로 형성된 동질적인 생활공동체를 말한다. 따라서 기초자치단체에는 조그만 마을(Village)에서부터 읍(Town)·시(City)및 서울과 같은 대도시까지 그 규모가 매우 다양하다.

그러나 우리나라에서는 자연적으로 형성된 생활공동체라고 할 수 있는 리·읍을 자치단체로 하지 않고 일정한 구역과 주민수를 갖고 있는 시·군 및 자치구를 기초자치단체로 하고 있다. 리·읍·동이 아니라 시·군 및 자치구를 기초자치단체로 한 것은 지방자치의 본래의 정신에는 맞지 않지만 기초자치단체의 규모를 일정 정도 이상으로 함으로써 지방자치행정의 능률성과 효율성을 제고하기 위한 것이다.

3) 기초자치단체와 광역자치단체의 관계

① 대등지위 : 기초자치단체와 광역자치단체는 법적으로는 대등한 지위를 갖는다. 따라서 광역자치단체는 기초자치단체의 상급기관은 아니며 광역자치단체의 지위에서 기초자치단체를 지휘·감독하는 권한을 갖지 않는다.

② 현행법상 통제

(가) 조례와 규칙의 입법한계 : 시·군 및 자치구의 조례나 규칙은 시·도의 조례나 규칙을 위반하여서는 아니된다(지자법 §24)고 규성하여 광역자치단체의 조례와 규칙은 기초자치단체의 조례와 규칙보다 우월한 효력을 갖는다. 이 규정이 두어진 것은 국가법질서의 통일성을 보장하기 위한 것인데 그 결과 광역자치단체의 조례와 규칙을 통하여 기초자치단체를 통제할 여지가 있다.

(나) 사무의 위임 : 지방자치단체의 장은 조례나 규칙으로 정하는 바에 따라 그 권한에 속하는 사무의 일부를 관할 지방자치단체나 공공단체 또는 그 기관(사업소·출장소를 포함한다.)에 위임하거나 위탁할 수 있고(지자법 §104·②), 시·군 및 자치구나 그 장이 위임받아 처리하는 시·도의 사무에

관하여는 시·도지사의 지도·감독을 받는다(지자법 §167·②)고 규정하며, 기초자치단체의 장이 광역자치단체의 사무를 기관위임 받아 처리하는 경우에는 광역자치단체의 장의 일반적 지도·감독을 받는다.

(다) 지방자치단체 상호간의 분쟁조정 : 지방자치법상 광역자치단체의 장은 기초자치단체 상호간 또는 기초자치단체의 장 상호간의 분쟁을 조정하는 권한을 가진다(지자법 §148, §149).

(라) 국가사무나 시·도 사무처리의 지도·감독 : 지방자치단체나 그 장이 위임받아 처리하는 "국가사무"에 관하여 시·도에서는 주무부장관의, 시·군 및 자치구에서는 1차로 시·도지사, 2차로 주무부장관의 지도·감독을 받는다. 그러나 이 경우는 광역자치단체의 장이 국가기관의 지위에서 기초자치단체를 감독하는 것이지, 광역자치단체의 장이 기초자치단체의 상급기관의 지위는 아닌 것이다(지자법 §167·①·②).

(마) 위법·부당한 명령·처분의 시정 : 지방자치단체의 사무에 관한 그 장의 명령이나 처분이 법령에 위반되거나(자치사무에 한한다) 현저히 부당하여 공익을 해친다고 인정되면 시·도에 대하여는 주무부장관이, 시·군 및 자치구에 대하여는 시·도지사가 그 기간을 정하여 서면으로 시정을 명하고, 그 기간에 이행하지 아니하면 이를 취소하거나 정지할 수 있다(지자법 §169·①).

(바) 지방자치단체의 장에 대한 직무이행명령 : 지방자치단체의 장이 법령의 규정에 따라 그 의무에 속하는 국가위임사무나 시·도위임사무의 관리와 집행을 명백히 게을리 하고 있다고 인정되면 시·도에 대하여는 주무부장관이, 시·군 및 자치구에 대하여는 시·도지사가 기간을 정하여 서면으로 이행할 사항을 명령할 수 있고, 그 기간에 이행명령을 이행하지 아니하면 그 지방자치단체의 비용부담으로 행정대집행법상 대집행하거나 행정상·재정상 필요한 조치를 할 수 있다(지자법 §170·①·②). 이 경우는 위임사무에 한정된다.

(사) 자치구의 재원 : 특별시장이나 광역시장은 시세(市稅) 수입중의 일정액을 확보하여 조례로 정하는 바에 따라 해당 지방자치단체의 관할 구역안의 자치구 상호간의 재원을 조정하여야 한다(지자법 §173). 이상과 같이 현행지방자치법은 광역자치단체가 부분적으로 사실상 기초자치단체의 상급기관의 지위를 갖는 결과를 가져온다.

(2) 특별지방자치단체

특별지방자치단체는 그 설치목적·조직·권한 등이 특수한 목적을 수행하기 위하여 설치되고 전국적·보편적으로 존재하지 아니하는 지방자치단체이다. 즉 특별지방자치단체는 자치권의 범위가 특정한 목적에 한정된 지방자치단체이다.

이러한 특별지방자치단체는 상수도·소방·도시교통·교육행정사무 등 특정한 목적을 수행하기 위하여 설치된다.

특별지방자치단체에는 미국의 특별구(Special district)와 같이 주민을 구성요소로 하는 것과, 자치단체조합과 같이 보통지방자치단체를 구성요소로 하는 것이 있다. 우리나라도 주민을 구성요소로 하는 것과 보통지방자치단체를 구성요소로 하는 것이 있는 바, 전자가 특별지방자치단체이고, 후자가 지방자치단체조합이다. 후자도 넓은 의미의 특별지방자치단체이다(지방자치단체조합에 관하여는 후술함). 좁은 의미의 특별지방자치단체는 특정한 목적을 수행하기 위하여 필요한 경우에 설립하며 그 설치·운영에 필요한 사항은 대통령령으로 정한다. 이에 관한 대통령령은 아직 마련되어 있지 않고 이에 따라 설치된 특별지방자치단체는(지자법 §2·④) 없다.

교육행정사무에 대하여는 그 특수성을 고려하여, 이 사무를 일반지방자치단체의 사무에서 분리하여 이를 별도로 설치되는 교육특별지방자치단체로 하여금 담당하게 하여야 한다는 의견도 한때 유력하게 제시된 바 있었으나[25] 결실을 보지 못하고 교육에 관한 사무로 일반지방자치단체의 사무로 되었다. 그러나 교육행정의 전문성을 고려하여 서울특별시·광역시·도 단위에는 지방자치단체의 일반기관인 지방의회와 지방자치단체의 장과는 별도로 의결기관인 교육위원회와 집행기관인 교육감을 두도록 하였다. 지방교육자치에 관한 법률이 제정되었다(이에 관해서는 후술함).

5. 지방자치단체의 사무소의 소재지

지방자치단체의 사무소의 소재지와 자치구가 아닌 구 및 읍·면·동의 사무소의 소재지는 종전에 의하고, 이를 변경하거나 신설의 경우에는 당해 지방자치단체의 조례로 정한다. 그리고 지방자치단체의 사무소의 소재지의 변경·신설을 정하는 조례에는 당해 지방의회재적의원 과반수의 찬성을 얻어야 한다(지자법 §6·①·②).

Ⅲ. 지방자치단체의 구성요소

지방자치단체는 ① 일정한 구역(지역) ② 그 구역 내의 주민(구성원) ③ 자치권(지배권)을 구성요소로 하며, 이하에서는 이들에 관해 살펴보기로 한다.

1. 지방자치단체의 구역

(1) 구역의 의의와 범위

① 구역의 의의 및 범위 : 지방자치단체의 구역이란 「자치단체의 지배권이 미치는 지역적 범위」를 말한다. 이 구역은 육지와 그 지하 및 상공뿐만 아니라 하천·호수 등의 수면 및 이와 연접된 영해를 포함한다(헌재결 2004.9.23, 2000헌라2). 지방자치단체의 구역은 종전에 의한다(지자법 §4·①). 종전의 구역이란 최초의 지방자치법 시행당시의 구역을 말한다.

② 직할 및 관할구역 : 특별시, 광역시와 도 및 특별자치도(이하 시·도라 한다)는 정부의 직할하에

25) 박윤흔(하), 106쪽.

두고, 시는 도의 관할구역 안에, 군은 광역시 또는 도의 관할구역 안에 두며, 자치구는 특별시와 광역시의 관할구역 안에 둔다(§3·②). 여기서 '직할' 또는 '관할구역'에 둔다는 것은 통제하에 둔다는 의미가 아니고 그 구역 내에 위치한다는 뜻이다. 특별시 또는 광역시가 아닌 인구 50만 이상의 시에는 자치구가 아닌 구를 둘 수 있고, 군에는 읍·면을 두며, 시와 구에는 동을, 읍·면에는 리를 둔다(§3·③).

도농복합형태의 시에는 도시의 형태를 갖춘 지역에는 동을, 그 밖의 지역에는 읍·면을 두되, 자치구가 아닌 구를 둘 경우에는 당해 구에 읍·면·동을 둘 수 있다(§3·④).

③ 매립지나 지적공부 미등록지의 귀속절차 제도화(지자법 §4·③~⑥, §4·⑦~⑨ 신설) : 공유수면매립법에 따른 매립지나 측량·수로조사및지적에관한법률 제2조 제19호 상 지적공부에 등록이 누락되어 있는 토지는 지적등록과정에서 자치단체간 분쟁이 자주 발생함에 따라 이를 예방할 수 있는 제도적 장치가 필요하다. 이번 개정 자치법(2009. 4. 1.)에서는 매립지와 지적공부에 누락된 토지는 그 지역이 속할 지방자치단체를 매립관청이나 관련 지방자치단체 등의 신청에 따라 행정안전부장관이 지방자치단체중앙분쟁조정위원회의 심의를 거쳐 결정하도록 하고, 이 결정에 이의가 있으면 대법원에 소를 제기할 수 있도록 하였다. 이는 매립지 등에 대한 관할 결정절차를 정비함으로써 신규 토지 등에 대한 분쟁을 제도적으로 해소할 수 있을 것으로 기대된다.

(2) 구역변경

① 구역변경에는 폐치·분합(지방자치단체의 신설 또는 폐지를 수반하는 구역변경), 경계변경(지방자치단체의 존폐에는 관계없이 단순히 관할구역만을 변경), 미소속지의 편입 등이 있는데 이들은 지방의회의 의견을 들어(다만주민투표법 제8조의 규정에 의하여 주민투표를 실시한 경우에는 그러하지 아니하다) 법률로 정한다. 다만, 지방자치단체의 관할구역 변경과 한자 명칭의 변경은 대통령령으로 정한다(지자법 §4·①·②).

② 자치구가 아닌 구와 읍·면·동을 폐치·분합할 때에는 행정안전부장관의 승인을 얻어 당해 지방자치단체의 조례로 정한다. 다만 명칭과 구역변경은 당해 지방자치단체의 조례로 정하고, 그 결과를 특별시장·광역시장·도지사·특별자치도지사에게 보고하여야 한다(§4·③).

③ 리(里)의 구역을 변경하거나 설치하거나 폐치·분합할 때에는 당해 지방자치단체의 조례로 정한다.

④ 구역변경의 효과로는 사무와 재산의 승계문제와 조례와 규칙의 시행문제가 있다.

㉮ 지방자치단체의 구역변경이나 폐치·분합이 있는 때에는 그 새 지역을 관할하게 된 지방자치단체가 그 사무와 재산을 승계한다. 이 경우 지역에 의하여 지방자치단체의 사무 및 재산을 구분하기 곤란한 때에는 시·도에 있어서는 행정안전부장관이, 시·군 및 자치구에 있어서는 시·도지사가 그 사무와 재산의 한계 및 승계할 지방자치단체를 지정한다(§5·①·②).

판례 **〈기관위임사무는 이전·승계되지 않는다.〉** 지방자치법 제5조 제1항 소정의 '구역변경으로 새로 그 지역을 관할하게 된 지방자치단체가 승계하게 되는 사무와 재산'은 당해 지방자치단체 고유의 재산이나 사무를 지칭하는 것이라 할 것이고, 하천부속물 관리사무와 같이 하천법 등 별개의 법률규정에 의하여 국가로부터 관할 지방자치단체의 장에게 기관위임된 국가사무까지 관할구역의 변경에 따라 당연히 이전된다고 볼 수 없다(대판 1991.10.22, 91다5594).

판례 **〈종전의 두 지방자치단체가 완전히 폐지되고 그 전체구역을 관할하는 지방자치단체가 신설된 경우, 종전 지방자치단체가 부담하던 채무는 신설된 지방자치단체가 이를 승계한다.〉** 경기도남양주시등33개도농복합형태의시설치등에관한법률(1994. 8. 3. 법률 제4774호)에 따라 '거제군'과 '장승포시'가 폐지되고 위 '거제군'과 '장승포시'의 전 관할구역을 그 관할구역으로 하는 '거제시'가 새로이 설치된 경우와 같이, 종전의 두 지방자치단체가 완전히 폐지되고 그 지방자치단체들이 관할하는 전 구역을 그 관할 구역으로 하여 새로운 지방자치단체가 설치되는 흡수합병 내지 합체의 경우에는, 그 채무를 부담할 주체인 기존의 지방자치단체는 소멸되었으므로 그 기존의 지방자치단체가 부담하고 있던 채무는 새로운 지방자치단체가 이를 승계한다(대판 1995.12.8, 95다36053).

㈏ 조례와 규칙의 시행문제이다. 즉, 지방자치단체가 분합하여 새로운 지방자치단체가 설치되거나 지방자치단체의 격이 변경된 경우에는 당해 지방자치단체의 장은 필요한 사항에 관하여 새로운 조례 또는 규칙이 제정·시행될 때까지 종래 그 지역에 시행되던 조례 또는 규칙을 계속 시행할 수 있다(지자법 §25).

⑤ 폐치·분합시에 지방자치단체의 장의 지위문제 및 예산 및 결산의 문제가 있다.

㈎ 지방자치단체가 폐치·분합에 따라 새로 지방자치단체의 장을 선거하여야 하는 경우에는 그 지방자치단체의 장이 선거될 때까지 시·도지사는 행정안전부장관이, 시장·군수 및 자치구의 구청장은 시·도지사가 각각 그 직무를 대행할 자를 지정하여야 한다. 다만, 2 이상의 동격의 지방자치단체를 통·폐합하여 새로운 지방자치단체를 설치하는 경우에는 종전의 지방자치단체의 장 중에서 당해 지방자치단체의 장의 직무를 대행할 자를 지정한다(지자법 §97).

㈏ 지방자치단체가 폐치·분합되어 새로운 지방자치단체가 설립된 때에는 지체 없이 지방자치단체의 예산을 편성하여야 하고, 예산 성립시까지의 필요한 경상적 수입과 지출을 할 수 있다(지자법 시행령§4). 또한 지방자치단체가 소멸한 경우의 수입과 지출은 당해 지방자치단체의 장이었던 자가 이를 결산하여야 한다. 이때에는 사무를 인수한 지방자치단체의 의회의 승인을 얻어야 한다(지자법 시행령§5).

⑥ 구역변경에 대한 지방자치단체의 권리구제

㈎ 법적하자의 존재

국가가 자치조직권(조직고권)을 발동하여 지방자치단체의 구역설정과 변경, 통·폐합이라는 재량권을 행사함에 있어서는 본질내용 및 결정과정상의 하자가 없어야 한다. 재량권행사의 내용이 헌법상 보장된 지방자치단체의 본질내용(예 : 법적 존립보호)과 공공복리의 원칙, 비례원칙 등 관계이익의 형량 및 법적 절차 등을 위반하는 경우에는 위헌 또는 위법이 된다. 이런 경우에는 지방자치단체는 그의 주관적 법적지위에서 위헌 또는 위법인 구역변경에 대한 법적구제를 받을 수 있다.

㈏ 구제방법

㉠ 행정소송 : 법률의 형식에 의해 구역변경이 되는 경우에는 지방자치단체는 자치단체 통합의 행위형식인 법률자체를 대상으로 하여 소송을 제기할 수 있다고 본다. 왜냐하면 지방자치단체의 통·폐합은 법률자체에 의하여 직접적으로 통합의 효력이 발생하는 경우이고 처분이 매개하는 경우가 아니므로, 그 성질에 있어서 「처분적 법률」이라고 보아야 하기 때문이다. 헌법재판소도 같은 입장이다.[26)]

【헌재결】 〈지방자치단체의 폐치·분합이 기본권 침해문제를 발생시킬 수 있다.〉 지방자치단체의 폐치(廢置)·분합(分合)은 지방자치단체의 자치권(自治權)의 침해문제와 더불어 그 주민의 헌법상 보장된 기본권의 침해문제도 발생시킬 수 있다(헌재결 1995.3.23. 94헌마175).

【헌재결】 〈법률 또는 법률조항 자체가 헌법소원의 대상이 될 수 있으려면 그 법률 또는 법률조항에 의하여 구체적인 집행행위를 기다리지 아니하고 직접·현재·자기의 기본권의 침해를 받아야 하는 바, 법률조항 자체에 의하여 중원군이 폐지되어 충주시에 편입되므로 그로인한 기본권 침해의 직접성은 인정된다고 보아야 할 것이다.〉 "……법률 또는 법률조항자체가 헌법소원의 대상이 될 수 있으려면 그 법률 또는 법률조항에 의하여 구체적인 집행행위를 기다리지 아니하고 직접·현재·자기의 기본권을 침해받아야 하는 것을 요건으로 하고, 여기서 말하는 기본권의 침해의 직접성이란 집행행위에 의하지 아니하고 법률 그 자체에 의하여 자유의 제한, 의무의 부과, 권리 또는 법적 지위의 박탈이 생긴 경우를 뜻한다. 이 사건의 경우, 다른 집행행위의 매개없이 이 사건 법률조항자체에 의하여 중원군이 폐지되어 충주시에 편입되므로 그로 인한 기본권침해의 직접성은 인정된다고 보아야 할 것이다."(헌재 1994.12.29. 94헌마201)

【헌재결】 〈지방자치단체의 폐치·분합에 관한 사항이 헌법소원의 대상이 될 수 있다.〉 지방자치단체의 폐치·분합에 관한 것은 지방자치단체의 자치행정권 중 지역고권의 보장문제이나, 대상지역 주민들은 그로 인하여 인간다운 생활공간에서 살 권리, 평등권, 정당한 청문권, 거주이전의 자유, 선거권, 공무담임권, 인간다운 생활을 할 권리, 사회보장, 사회복지수급권 및 환경권 등을 침해받게 될 수도 있다는 점에서 기본권과도 관련이 있어 헌법소원의 대상이 될 수 있다(헌재결 1994.12.29 94헌마201).

국회는 중원군과 충주시의 지리적 위치, 역사, 생활권의 동일 여부 등을 고려하여 중원군을 충주시에 편입시키기로 하는 이 사건 법률을 제정하면서, 중원군 주민들이 기존에 누리고 있던

---

26) 헌재결 1995. 5. 23, 94헌마175

각종 혜택을 그대로 유지시키고 그로 인한 기본권제한의 여지를 필요 최소한도로 그치도록 하고 있으므로, 국회가 위 법률을 제정함에 있어서 공공복리적합성 판단과 비례원칙 적용에 있어서 명백히 잘못되었거나 헌법상의 가치질서를 침해하였다고 볼 수 없다(헌재결 1994.12.29, 94헌마201).

대통령령의 형식에 의해 시·군·자치구의 구역변경에 하자가 있는 경우에는 당해 대통령령에 직접적인 처분성을 인정하여 취소소송을 제기할 수 있다. 이때의 소송제기는 지방자치단체의 대외적인 권리주장의 성질을 갖는 것이므로, 대외적인 대표기관성을 갖는 지방자치단체의 장이 원고가 되고 지방의회의 명의로는 주장이 불가능하다.

ⓛ 권한쟁의심판 : 구역변경 등은 국가의 권한사항에 속하므로 권한쟁의심판의 대상이 아니라는 입장도 있으나, 권한쟁의심판이 국가나 지방자치단체 사이의 권한의 존부나 그 범위에 관한 다툼을 대상으로 하는 것이며, 구역변경이 설령 국가의 권한사항에 속한다 하더라도 지방자치단체의 제도적 보장의 본질적 내용 및 헌법상 제원칙에 반하는 경우에는 위헌이 되므로 이 경우에도 헌법재판소에서 관할할 수 있다고 보아야 한다.[27]

ⓒ 헌법소원 : 법률에 의한 구역변경의 경우, 헌법소원의 대상이 되는지가 문제가 된다. 우리 헌법재판소는 지방자치단체의 헌법소원은 그 기본권 주체성을 부정해 인정하지 않고 있다. 그러나 지방자치단체는 독립된 법주체(권리주체)이므로 소송의 당사자가 될 수 있다. 따라서 위에서 본 법원의 제청에 의한 위헌법률 심사제도(헌법 §107·①), 자치사무를 대상으로 하는 권한쟁의심판(헌법§111·①·4호)이 가능한 것과 마찬가지로 헌법재판소법 제68조 제2항에 의한 헌법소원뿐만 아니라 헌법재판소법 제68조 제1항에 의한 헌법소원심판청구(헌법§111·①·5호)도 제한적(본질적 내용 침해 경우)으로 가능하다고 본다.

또한 주민들이 직접 자신들의 기본권침해를 이유로 헌법소원을 제기할 수 있음은 당연하다(헌재 1994.12.29, 94헌마201).

(3) 공유수면매립 후 형성된 육지의 구역결정문제

공유수면매립 후 형성된 육지에 대한 지방자치단체의 구역을 어떻게 결정할 것인지가 문제된다.

1) 학 설

① 연접된 영해에 대한 지방자치단체의 구역에 따른다는 설 : 이 견해는 연접된 영해에 지방자치단체의 구역이 설정되어 있으면 연접된 영해의 구역에 따라 공유수면매립지의 관

27) 이기우, 전게서, 57쪽.

할구역을 결정하고, 연접된 영해의 구역설정이 명확하지 않으면 영해의 구획획정기준에 따라 영해의 구역을 결정하고, 그 영해의 구역에 따라 공유수면매립지의 관할구역을 정하는 것이 타당하다고 한다. 이 설은 영해와 육지의 성질상 차이에 따라 영해의 구역결정과 육지의 결정 기준은 다를 수밖에 없는데 영해의 구역결정기준에 의해 새롭게 형성된 육지의 구역결정을 하는 것은 타당하지 않다는 비판이 있다.

② 육지의 구역결정 기준에 따르되 새롭게 구역을 결정해야 한다는 설 : 이 설은 매립된 토지는 전혀 새롭게 형성된 토지이므로 주민의 편의 및 행정의 효율성을 가장 중요한 구역결정기준으로 하여 그 구역을 새롭게 결정하는 것이 타당하다고 한다. 이 설은 영해의 구역을 전혀 무시하고 바다(영해)를 매립하여 조성된 매립지의 구역을 정하는 것은 지방자치단체의 영토고권을 침해하는 것이라는 비판이 있다.

③ 절충설(영해의 구역과 육지의 구역을 함께 고려하여 결정해야 한다는 설) : 이 설은 영해의 구역과 육지인 행정구역의 일반적 설정기준을 고려하여 공유수면매립지가 속한 지방자치단체의 구역을 결정해야 한다는 설이다. 왜냐하면 영해를 매립하여 조성된 토지는 영해의 구역을 소멸시키면서 그 위에 조성된 것이며 다른 한편으로 조성된 매립지는 이제 영해는 아니고 육지이므로 기존의 육지와의 연결 등이 중요요소라고 보아야 하기 때문이다.

2) 판례 : 헌법재판소는 ①설을 취한다.

> **【헌재결】 〈해역에 관한 관할구역이 있으면 공유수면에 매립된 토지에 대한 관할권한은 당연히 당해 공유수면을 관할하는 지방자치단체에 속한다.〉** 공유수면에 대한 지방자치단체의 자치권한이 존재하기 때문에, 해역에 관한 관할구역과 그 해역 위에 매립된 토지에 관한 관할구역이 일치하여야 하므로, 지방자치단체가 관할하는 공유수면에 매립된 토지에 대한 관할권한은 당연히 당해 공유수면을 관할하는 지방자치단체에 귀속된다. 위에서 본 바와 같이, 이 사건 해역에 대한 관할권한은 청구인에게 귀속되기 때문에, 이 사건 해역에 건설된 이 사건 제방에 대한 관할권한도 청구인에게 귀속된다(헌재 2004.9.27, 2000헌라2 당진군과 평택시간의 권한쟁의).

3) 결 어

① 종래의 행정관습법

지방자치단체의 구역은 종전과 같이하고, …구역을 바꾸거나 지방자치단체를 폐지하거나 설치하거나 나누거나 합칠 때에는 법률로 정한다. 다만, 지방자치단체의 관할구역 변경과 명칭변경은 대통령령으로 정한다(지자법 §4·①). 그런데 지방자치단체가 관할하는 공유수면(영해·바다)의 행정구역 경계에 관하여는 법률로 규정하지 않고 있어서, 공유수면에 대한 행정구역을 구분하는 법률상의 경계는 존재하지 않는다. 이는 입법의 불비이며, 이에 관한 입법이 요구된다. 다만 지방자치단체가 관할하는 공유수면의 행정구역경계가 불명확한 경우에는 그 경계의 획정은 행정관습법이 있으면 행정관습법에 의한다. 이는 헌법재판소의 입장이기도 하다.

【헌재결】〈개별법률들에 의한 행정권한(수산업법상의 어업허가 내지 어업면허·어업단속행위, 공유수면관리법상의 공유수면에 대한 점용 내지 사용허가)을 행사함에 있어서 국립지리원이 간행한 지형도상의 해상경계선을 행정구역 경계선으로 인정해온 행정관행이 오랜 기간 동안 존재하고, 지형도상 해상경계선이 해상에서의 경계선이라는 점에 대한 지자단체들과 일반국민들의 법적확신이 존재한다고 할 것이므로, 지형도상의 해상경계선은 행정관습법상 해상경계가 된다.〉 지방자치단체가 관할하는 공유수면의 행정구역 경계에 관하여는 법률로 규정하지 않고 있어서, 공유수면에 대한 행정구역을 구분하는 법률상의 경계는 존재하지 않지만, 지방자치단체 등의 행정기관이 수산업법상의 어업허가 내지 어업면허, 어업단속행위, 공유수면관리법상의 공유수면에 대한 점용 내지 사용허가 등 개별법률들에 의한 행정권한을 행사함에 있어서 국립지리원이 간행한 지형도상의 해상경계선을 행정구역 경계선으로 인정해온 행정관행이 존재하고, 이러한 행정관행이 오랜 기간 동안 존재하여 왔고, 지형도상 해상경계선이 해상에서의 행정구역 경계선이라는 점에 대한 지방자치단체들과 일반국민들의 법적확신이 존재한다고 할 것이므로, 국립지리원이 간행한 지형도상의 해상경계선은 행정관습법상 해상경계선으로 인정될 뿐만 아니라 행정판례법상으로도 인정되고 있기 때문에, 불문법상의 해상경계가 된다(헌재결 2004.9.23, 2000헌라2) 당진군과 평택시 간의 권한쟁의).

② 개정된 지방자치법

이번 개정된 지방자치법(2009. 4. 1.)에서는 매립지와 지적공부에 누락된 토지는 그 지역이 속할 지방자치단체를 매립관청이나 관련 지방자치단체 등의 신청에 따라 행정안전부장관이 지방자치단체중앙분쟁조정위원회의 심의를 거쳐 결정하도록 하고, 이 결정에 따라 이의가 있으면 대법원에 소를 제기할 수 있도록 하였다(지자법 §4 ③~⑨). 이는 매립지나 지적공부미등록지의 귀속절차를 제도화하였다.

▶ 사 례(1)

당진군이 평택시를 상대로 아산만 해역중에서 일정해역(이하 "이사건 해역"이라 한다.)에 건설된 항만시설용 제방 중 일정부분의 제방(이하 "이사건 제방"이라 한다.)에 대한 자치권한이 당진군에 속한다 하면서 평택시의 토지대장에 등록한 것을 말소해 달라고 요청하였으나 평택시는 이를 거부하였다. 당진군은 자치권한을 침해한 것이라 하여 헌법재판소에 권한쟁의심판을 청구하였다. 다음 사항에 대하여 순서대로 설명하라.

(1) ① 아산만 해역 중에서 "이사건 해역"에 건설된 항만시설용 제방 중 "이사건 제방"에 대한 자치권한이 청구인에게 속하고, ② 피청구인인 평택시장이 "이사건 제방"을 자신의 토지대장에 등록한 것을 말소하지 아니한 부작위가 청구인의 위 자치권한을 침해하며, ③ 피청구인 평택시장이 "이사건 제방"을 자신의 토지대장에 등록한 것을 청구인이 말소해 달라고 요청하였으나 피청구인이 이를 거부한 행위(처분)가 청구인의 위 자치권한을 침해한 것이라는 청구인의 피청구인 평택시장에 대한 심판청구가 적법한 것인지 여부
(2) 피청구인의 장래처분에 대하여 헌법재판소법 제61조 제2항에 의거 권한쟁의심판을 청구할 수 있는지 여부
(3) 피청구인 평택시가 "이사건 제방"에 대해서 행사할 장래처분이 청구인의 위 자치권한을 침해할 위험성이 있다는, 청구인의 피청구인 평택시에 대한 심판청구가 적법한 것인지 여부
(4) "이사건 제방"에 대한 관할 권한이 청구인에게 귀속되는지 여부

【관련법령】

헌 법

제111조 제1항 헌법재판소는 다음 사항을 관장한다.

4. 국가기관상호간, 국가기관과 지방자치단체간 및 지방자치단체 상호간의 권한쟁의에 관한 심판

지방자치법

제4조 제1항 지방자치단체의 명칭과 구역은 종전과 같이 하고, 명칭과 구역을 바꾸거나 지방자치단체를 폐지하거나 설치하거나 나누거나 합칠 때에는 법률로 정한다. 다만, 지방자치단체의 관할구역변경과 명칭변경은 대통령령으로 정한다.

공유수면관리법

제14조 배타적경제수역법 제2조의 규정에 따른 배타적 경제수역, 그 밖에 대통령령이 정하는 공유수면은 국토해양부장관이 관리하고, 기타의 공유수면은 특별자치도지사·시장·군수·구청장이 관리한다.

수산업법

제4조 제1항 시장·군수·구청장은 관할 수면을 종합적으로 이용·개발하기 위한 어장이용개발계획을 수립하여 특별시장·광역시장·도지사 또는 특별자치도지사의 승인을 받아야 한다.

제8조 제1항 정치망어업·해조류양식어업·패류양식어업·어류등양식어업·복합양식어업·협동양식어업·마을어업을 하려는 자는 시장·군수·구청장의 면허를 받아야 한다.

제43조 제2항(구법 §41·②)

1. 무동력어선, 총톤수 8톤 미만의 동력어선 또는 어선의 안전조업과 어업조정을 위하여 대통령령으로 정하는 총톤수 8통 이상 10톤 미만의 동력어선을 사용하는 사업으로서 근해어업 및 제3항에 따른 어업외의 어업(이하 "연안어업" 이라 한다.)
2. 인공적으로 조성한 육상의 해수면에서 수산동식물을 양식하는 어업(이하 "육상해수양식업"이라 한다.)
3. 일정하게 구획된 바다·바닷가 또는 인공적으로 조성한 육상의 해수면에 시설물을 설치하여 수산종묘를 생산하는 어업(생산종묘를 일정기간 동안 중간육성하는 경우 포함한다. 이하 "종묘생산업"이라 한다.)을 하려는 자는 어선·어구 또는 시설마다 시·도지사의 허가를 받아야 한다.

제43조 제3항(구법 §41·③) 일정한 수역을 정하여 무동력어선, 총톤수 5톤 미만의 동력어선 또는 어구를 이용하여 대통령령으로 정하는 어업(이하 "구획어업"이라 한다.)을 하려는 자는 어선이나 어구마다 시장·군수·구청장의 허가를 받아야 한다.

연안관리법

제8조 제1항 시장·군수·구청장은 관할 연안의 효율적인 보존·이용 및 개발을 위하여 필요하다고 인정하는 지역에 대하여 통합계획의 범위 안에서 연안관리지역계획을 수립할 수 있다.

헌법재판소법

제61조 제1항 국가기관 상호간, 국가기관과 지방자치단체간 및 지방자치단체 상호간에 권한의 존부 또는 범위에 관하여 다툼이 있을 때에는 당해 국가기관 또는 지방자치단체는 헌법재판소에 권한쟁의의 심판을 청구할 수 있다.

제61조 제2항 제1항의 심판청구는 피청구인의 처분 또는 부작위가 헌법 또는 법률에 의하여 부여받은 청구인의 권한을 침해하였거나 침해할 현저한 위험이 있는 때에 한하여 이를 할 수 있다.

국립지리원

국립지리원은 지도제작을 위해 설립된 국가기관이다. 국토의 기본측량과 측량성과의 관리 국토기본도제작 항공사진측량 지리조사연구 및 국세지도첩 발간 측량기술 등을 주요 업무로 한다.

개별법률에 의한 행정권한(예 : 수산업법상의 어업면허 내지 어업허가·단속행위, 공유수면관리법상의 공유수면에 대한 점용 내지 사용허가 등)을 행사함에 있어서 국립지리원이 간행한 지형도(설계도와 지세도 사이의 중간정도의 축적이나 정확도로 지표를 표현한 지도. 지형도는 축적의 범위 내에서 자연물과 인공물의 위치와 모양을 정확하게 표현한다.)상의 해양경계선을 행정구역 경계선으로 인정해 오고 있다.

측 량 법

제21조 제1항 국토지리정보원장은 대통령령이 정하는 바에 의하여 기본측량의 측량성과를 고시하여야 한다.

제21조 제2항 국토지리정보원장은 기본측량의 측량성과와 측량기록을 보관하고 이를 일반인에게 열람시켜야 한다.

제23조 제1항 국토지리정보원장은 국토해양부령이 정하는 바에 의하여 기본측량의 측량성과를 사용하여 지도 기타 필요한 간행물(이하 "지도 등"이라 한다.)을 간행하여 발매 또는 배포하여야 한다. 이 경우 국가안보를 해할 우려가 있는 사항을 지도 등에 표시하여서는 아니된다.

제23조 제2항 국토지리정보원장은 제1항의 규정에 의한 지도 등을 간행하여 발매 또는 배포하게 하거나 간행된 지도 등을 발매 또는 배포하게 하기 위하여 대행자를 지정할 수 있다.

제23조 제7항 국토지리정보원장은 제1항의 규정에 의하여 간행한 지도 중 국토해양부령이 정하는 요건에 적합한 것을 기본도로 지정할 수 있다.

지도도식규칙

제9조

1. 이 규칙에 규정된 사항 외에 도식에 관하여 필요한 세부적인 기준은 지도의 종류별로 지리원장이 정한다. 다만 세부기준에서 정하지 아니한 기호에 관하여는 간행자가 이를 정할 수 있다.
2. 지리원장은 제1항의 규정에 의하여 도심에 관한 세부기준을 정하였을 때에는 이를 지체 없이 관보에 고시하여야 한다.

【문제해결】

1. 주요논점

첫째, 지방자치단체의 구역에 일정해역(영해 내지 바다)이 포함되느냐의 문제, 평택시의 토지대장에 등록한 행위가 당진군의 자치권한을 침해하는 것이냐 문제, 피청구인 평택시장이 "이사건 제방"을 자신의 등록대장에 등록한 것을 청구인이 말소해 달라고 요구하였으나 피청구인이 이를 거부한 행위가 청구인의 위 자치권한을 침해한 것이라는 청구인의 피청구인 평택시장에 대한 심판청구가 적법한 것인지 문제된다.

둘째, 피청구인의 장래처분에 대하여 헌법재판소 제61조 제2항에 의거 권한쟁의 심판을 청구할 수 있는 지가 문제되고,

셋째, 피청구인 평택시가 "이사건 제방"에 대하여 행사할 장래 처분이 청구인의 위 자치권한을 침해할 위험성이 있다는 청구인의 피청구인 평택시에 대한 심판청구가 적법한 것인가가 문제고,

넷째, "이사건 제방"에 대한 관할권한이 청구인에게 귀속되는지가 문제된다.

2. 주요논점의 해설

첫째, ① 지방자치단체의 구역에 영해(해역 내지 바다)가 포함되는가?

지방자치단체의 구역(지역)이란 "자치단체의 지배권이 미치는 지역적 범위"를 말한다. 그 구역에는 육지와 그 지하 및 상공뿐만 아니라 하천·호수 등의 수면 및 이와 연접된 영해(바다·해역)를 포함한다(헌재결 2004.9.23, 2000헌라2). 지방자치단체의 구역은 주민·자치권과 함께 자치단체의 구성요소이며, 자치권(지배권)이 미치는 관할구역의 범위는 육지는 물론 바다도 포함되므로, 공유수면에 대한 지방자치단체의 자치권한이 존재한다.

② 평택시의 토지대장에 등록한 행위가 당진군의 자치권한을 침해하는가?

헌법재판소는 청구인 당진군의 피청구인 평택시장에 대한 심판청구는 그 심판청구의 본질을 지방자치권의 침해로 볼

수 없으며, 지방자치단체인 청구인 당진군이 「국가사무인 지적공부의 등록사무」에 관한 「권한의 존부 및 범위」에 관하여 국가기관의 지위에서 국가로부터 사무를 위임받은 피청구인 평택시장을 상대로 다투고 있는 청구라 할 것이므로, 지방자치단체인 청구인의 이 부분 심판청구는 청구인의 권한에 속하지 아니하는 사무에 관한 권한쟁의 심판청구라 할 것이므로 부적법하다고 판시하고 있다(헌재결 2004.9.23, 2000헌라2 : 다수의견).

그러나 청구인은 이사건 제방 지적법상의 토지대장관리권한이 아니라 이사건 제방에 대한 토지관할권한을 다투고 있는 것이며, 청구인과 피청구인인 평택시장 사이에 피청구인 평택시장의 토지대장등록행위는 청구인의 토지관할권한을 침해하는 행위가 될 수 있으므로, 청구인은 피청구인 평택시장을 상대로 ㉠ 이사건 제방에 대한 자치권한이 청구인에게 있다는 확인을 구할 수 있고, ㉡ 침해상태의 제거를 위하여 그 등록의 말소를 청구할 수도 있을 것이므로, 청구인의 피청구인 평택시장에 대한 자치권한 확인청구부분과 토지등록말소청구부분은 적법하다고 본다(헌재결 2004.9.23, 2000헌라2 : 소수의견).

③ 피청구인 평택시장이 "이사건 제방"을 자신의 등록대장에 등록한 것을 청구인이 말소해 달라고 요청하였으나 피청구인이 이를 거부한 행위가 청구인의 위 자치권한을 침해한 것이라는 청구인의 피청구인 평택시장에 대한 심판청구가 적법한 것인가?

헌법재판소의 다수의견은 ㉠ 청구인 당진군이 국가사무인 지적공부의 등록사무에 관한 권한의 존부 및 범위에 관한 것이라는 점, ㉡ 국가기관의 지위에서 국가로부터 사무를 위임받은 피청구인 평택시장을 상대로 다투고 있는 청구라는 점, ㉢ 따라서 지방자치단체인 청구인의 이 부분 심판청구는 청구인의 권한에 속하지 아니하는 사무에 관한 권한쟁의심판청구라 할 것이므로 부적법하다 하였으며, 청구인의 피청구인 평택시장에 대한 심판청구는 그 심판청구의 본질을 지방자치권의 침해로 볼 수 없다 하고 있다(헌재결 2004.9.23, 2000헌라2).

그러나 ㉠ 청구인은 이사건 제방에 대한 지적법상의 토지대장관리권한이 아니라 이사건 제방에 대한 토지관할권한을 다투고 있는 것이라는 점, ㉡ 청구인과 피청구인 평택시장 사이에서 피청구인 평택시장의 토지대장등록행위는 청구인의 토지관할권을 침해하는 행위가 될 수 있다는 점, ㉢ 피청구인 평택시장이 이사건 제방을 자신의 등록대장에 등록한 것을 청구인이 말소해 달라고 요구하였으나 피청구인이 이를 거부한 행위(처분)는 거부처분에 해당하는 것이므로(행심법 §2·①·1호, 행소법 §2·1호), 청구인은 피청구인인 평택시장을 상대로 이사건 제방에 대한 자치권한이 청구인에게 있다는 확인을 구할 수 있고, 침해상태의 제거를 위하여 그 등록의 말소를 청구할 수도 있을 것이므로, 청구인의 피청구인 평택시장에 대한 자치권한 확인청구부분과 토지등록말소청구부분은 적법하다고 본다(헌재결 2004.9.23, 2000헌라2 : 소수의견).

둘째, 피청구인의 장래처분에 대하여 헌법재판소법 제61조 제2항에 의거 권한쟁의심판을 청구할 수 있는가?

피청구인의 장래 처분에 의하여 청구인의 권한 침해가 예상되는 경우에 청구인은 원칙적으로 이러한 장래처분이 행사되기를 기다린 이후에 이에 대한 권한쟁의심판청구를 통해서 침해된 권한의 구제를 받을 수 있으므로, 피청구인의 장래처분을 대상으로 하는 심판청구는 원칙적으로 허용되지 아니한다. 그러나 피청구인의 장래처분이 확실하게 예정되어 있어, 피청구인의 장래처분에 의해서 청구인의 권한이 침해될 위험성이 있어서 청구인의 권한을 사전에 보호해주어야 할 필요성이 매우 큰 예외적인 경우에는 피청구인의 장래처분에 대해서도 헌법재판소법 제61조 제2항에 의거하여 권한쟁의 심판을 청구할 수 있다(헌재결 2004.9.23, 2000헌라2). 헌법재판소법 제61조 제2항 후단에 "청구인의 권한을 …침해할 현저한 위험이 있는 때에 한하여 이를 할 수 있다"고 규정하고 있는 것이다.

셋째, 피청구인인 평택시가 "이사건 제방"에 대해서 행사할 장래 처분이 청구인의 위 자치권한을 침해할 위험성이 있다는 청구인의 피청구인 평택시에 대한 심판청구가 적법한 것인가?

"이사건 제방"과 항만 창고시설 등에 대한 피청구인 평택시의 관할 권한행사가 확실하게 예정되어 있으므로, 피청구인 평택시의 장래처분이 확정적으로 존재하고, 피청구인의 장래처분에 의하여 청구인의 "이사건 제방"에 대한 관할 권한이 침해될 위험성이 있어서 청구인의 권한을 사전에 보호해야 할 필요성이 매우 크다고 해야 할 것이므로, 피청구인 평택시의 장래 처분은 헌법재판소법 제61조 제2항에서 규정하고 있는 처분에 해당된다고 할 것이며, 기타의 적법요건도 갖추고 있으므로, 청구인의 피청구인 평택시의 장래처분에 대한 심판청구는 적법하다(헌재결 2004.9.23, 2000헌라2).

넷째, "이사건 제방"에 대한 관할 권한이 청구인에게 귀속되는가?

① 지방자치단체는 ㉠ 일정한 구역(지역), ㉡ 그 구역 내의 주민(구성원), ㉢ 자치권(지배권)을 구성요소로 하며, 수산업법 제8조 제1항, 제43조 제2항·3항, 공유수면관리법 제4조, 연안관리법 제8조 제1항 등의 개별법률 규정들, 학계의 통설, 대법원 판례 및 법제처의 의견을 종합하건대, 지방자치단체의 구역은 주민·자치권과 함께 자치단체의 구성요소이며, 자치권이 미치는 관할구역의 범위는 육지는 물론 바다도 포함되므로, 공유수면에 대한 지방자치단체의 자치권한이 존재한다.

② 그리고 지방자치단체가 관할하는 공유수면의 행정구역 경계에 관하여는 법률이 규정하고 있지 아니하므로, 공유수면에 대한 행정구역을 구분하는 법률상의 경계는 존재하지 않지만, 지방자치단체 등의 행정기관이 수산업법상의 어업

> 허가 내지 어업면허, 어업단속행위, 공유수면관리법상의 공유수면에 대한 점용 내지 사용허가 등 개별법률들에 의한 행정권한을 행사함에 있어서 국립지리원이 간행한 지형도상의 해상경계선을 행정구역 경계선으로 인정해온 행정관행이 존재하고, 이러한 행정관행이 오랜 기간 동안 존재하여 왔고, 지형도상의 해상경계선이 해상에서의 행정구역 경계선이라는 점에 대한 지방자치단체들과 일반국민들의 법적 확신이 존재한다고 할 것이므로, 국립지리원이 간행한 지형도상의 해상경계선은 행정관습법상 해상경계선으로 인정될 뿐만 아니라 행정판례법상으로 인정되고 있기 때문에, 불문법상 해상경계가 된다(헌재결 2004.9.23. 2000헌라2).
>
> ③ 위와 같이 공유수면에 대한 지방자치단체의 자치권한이 존재하기 때문에, 해역에 관한 관할 구역과 그 해역위에 매립된 토지에 관한 관할 구역이 일치하여야하므로, 지방자치단체가 관할하는 공유수면에 매립된 토지에 대한 관할 권한은 당연히 당해 공유수면을 관할하는 지방자치단체에 귀속된다.
>
> 위에서 본바와 같이, "이사건 해역"에 대한 관할권한은 청구인에게 귀속되기 때문에 이사건 해역에 건설된 "이사건 제방"에 대한 관할권한으로 청구인에게 귀속된다(헌재결 2004.9.23. 2000헌라2).
>
> 다만, 위에서 설명한 바와 같이 지방자치법이 개정(2009. 4. 1. 법률 제9577호)되어, 매립지나 지적공부미등록지의 귀속절차가 제도화되어(지자법 §4·③~⑥, §4·⑦~⑨ 신설) 신규토지 등에 대한 분쟁을 제도적으로 해소할 수 있을 것으로 기대된다.

(4) 시·읍·도농복합형태의 시의 설치기준

1) 시·도농복합형태의 시

시는 그 대부분이 도시의 형태를 갖추고 인구 5만 이상이어야 한다.

도·농 복합형태의 시는 ① 대부분이 도시의 형태를 갖춘 인구 5만 이상의 시와 군을 통합한 지역, ② 인구 5만 이상의 도시형태를 갖춘 지역이 있는 군, ③ 군의 인구가 15만 이상으로서 인구 2만 이상의 도시형태를 갖춘 두 개 이상의 지역의 인구가 5만 이상인 군, ④ 국가의 정책으로 인하여 도시가 형성되고 도의 출장소가 설치된 지역으로서 그 지역의 인구가 3만 이상이고, 인구 15만 이상의 도·농 복합형태의 시의 일부인 지역의 경우이다(지자법 §7·①·②).

2) 읍

읍은 그 대부분이 도시의 형태를 갖추고 인구 2만 이상이어야 한다. 다만, ① 군사무소 소재지의 면, ② 읍이 없는 도농복합형태의 시에 있어서 그 면 중 1개면의 경우에는 인구 2만 미만인 경우에도 읍으로 할 수 있다(지자법 §7·③).

2. 지방자치단체의 주민

(1) 주민의 의의

1) 개 념

주민은 지방자치단체의 구역 안에 주소를 가진 자를 말한다(지자법 §12). 주소를 가진 자이면

인종, 국적(그러므로 외국인도 주민될 수 있음), 성별, 연령, 행위능력, 법인 여하를 막론하고 그 자치단체의 주민으로 한다.

기초지방자치단체의 주민은 동시에 그 구역을 관할하는 광역지방자치단체의 주민이 된다. 30일 이상 거주할 목적으로 일정구역 안에 주소 또는 거소를 가진 자는 주민등록법에 따라 등록하여야 한다(주민등록법 §6). 다만, 외국인에 대하여는 예외로 한다(동법 §6·① 단서). 누구든지 거주지 신고를 이중으로 할 수 없다(동법 §10·②). 해외이주법 제2조에 따른 해외이주자는 대통령령으로 정하는 바에 따라 해외이주를 포기한 후가 아니면 등록할 수 없다(주민등록법 §6·③).

주민등록법(§17의7·①)은 다른 법률에 특별한 규정이 없는 한 주민등록법에 의한 주민등록지를 공법관계에 있어서의 주소로 하고 있다(주민등록법 §23). 신거주지의 전입신고일에 주민등록이 된 것으로 본다(주민등록법 §23·②). 주민의 거주지 이동에 따른 주민등록의 전입신고가 있으면 병역법, 민방위기본법, 인감증명법, 국민기초생활보장법, 국민건강보험법 및 장애인복지법에 따른 거주지 이동의 전출신고와 전입신고를 한 것으로 본다(주민등록법 §17). 주민등록지를 갖고 있는 한 외국인이나 무국적자도 주민이 될 수 있다(동법§10①·9호). 지방자치단체 안의 법인도 주민의 개념에 포함되며 이들에 대하여는 자연인에 적용되는 권리·의무에 관한 규정을 성질이 허용하는 한 준용된다. 등록해야만 주민으로서의 모든 권리와 의무를 향유할 수 있으므로 등록은 주민의 권리행사의 요건이다.

2) 시민 내지 공민과 구별

주민 중에서 지방자치단체의 선거에서 선거권을 가진 자를 시민 또는 공민이라 하고, 이는 국적요건을 필요로 하므로 외국인이나 법인은 주민에 해당하나 시민(공민)에는 해당하지 않는다. 반대로 명예시민은 주민임을 요하지 아니하며 외국인도 명예시민이 될 수 있다(당해 지방자치단체에 공로가 있는 자에게 부여함).

(2) 주민의 권리·의무

【기출문제】 **<2005년 (제21회) 입법고시 (약술형)>** ※ 지방자치법상 주민의 직접 참여 수단에 대하여 논하시오.

<2006년 (제50회) 행정고시 (사례형)> ※ A시에 사는 甲 등은 시장 乙이 재선을 위한 사전선거운동에 업무추진비를 위법하게 지출하였다고 주장하고 있다. 이 경우 주민 甲 등이 시장 乙의 위법행위에 대하여 취할 수 있는 지방자치법상의 수단에 대해서 설명하시오(30점). 지방자치법 §16(주민감사청구), §17(주민소송), §18(손해배상금지불청구), §19(변상명령) 등 참조할 것.

<2007년 (제51회) 행정고시 (행정직) (사례형)> ※ A광역시 B구의 乙구청장은 구립체육관의 수영장 이용규칙을 제정하면서 주말과 공휴일 그리고 수용능력을 초과하는 경우에는 B구의 주민이 우선적으로 해당 수영장을 이용할 수 있도록 규정하였다. 또 B구 주민은 해당 수영장을 무료로 수영할 수 있도록 규정하였고, B구 이외의 시민은 이용이 가능한 경우에도 B구 乙구청장이 정하는 바에 의하

여 실비의 입장료를 내고 해당 수영장을 이용토록 하였다. 물음에 답하라.

(1) 이에 A광역시 甲시장은 B구 乙구청장이 제정한 규칙의 내용이 법령에 위반되는 것으로 판단하여 시정명령을 내렸다. 이와 관련된 법적인 쟁점을 검토하시오.

(2) A광역시 C구 주민 丙은 자신도 B구 주민과 동등한 조건으로 해당 수영장을 이용할 수 있도록 권리구제수단을 강구하려고 한다. 이와 관련된 권리구제제도를 검토하시오.

【문제해결】

1. 주요논점

(1) 시정명령의 법적인 쟁점검토

A광역시 甲시장은 B구 乙구청장이 제정한 규칙의 내용이 법령에 위반되는 것으로 판단하여 시정명령을 내렸으므로, 이와 관련된 법적인 쟁점으로는 ① 시정명령의 의의와 요건, ② 공공시설의 개념 및 공공시설 이용권의 성질, ③ 공공시설이용권자, ④ 공공시설이용규칙의 성질, ⑤ 공공시설의 이용·사용료, ⑥ 공공시설이용규칙의 위법·부당여부 문제 등이 법적인 쟁점으로 제기된다.

(2) 丙의 권리구제수단

A광역시 C구 주민 丙은 자신도 B구 주민과 동등한 조건으로 해당 수영장을 이용할 수 있도록 권리구제수단을 강구하려고 하는바, 이와 관련된 권리 구제제도로는 ① 공공시설이용권자 및 이·사용료 ② 이용관계의 성질 및 대응, ③ 이용자의 보호 등이 丙의 권리구제수단 관련하여 문제점이 제기된다.

2. 주요논점의 해설

(1) 시정명령의 법적인 쟁점검토

① 시정명령의 의의와 요건 : 지방자치단체의 사무에 관한 그 장의 명령이나 처분이 법령에 위반되거나 현저히 부당하여 공익을 해친다고 인정되면… 시·군 및 자치구에 대하여는 시·도지사가 기간을 정하여 서면으로 시정할 것을 명하고, 그 기간에 이행하지 아니하면 이를 취소하거나 정지할 수 있다(지자법 §169·①). 이 경우 자치사무에 관한 명령이나 처분에 대하여는 법령을 위반하는 것에 한한다(지자법 §169·① 단서)고 규정하고 있는 바, 이에 근거하여 A광역시 甲시장은 B구 乙구청장이 제정한 규칙의 내용이 법령에 위반되는 것으로 판단하여 시정명령을 내린 것이다. 문제는 구립체육관에 관한 사무나 동 수영장 이용규칙은 지방자치법 제9조 제2항 제5호의 교육·체육·문화·예술의 진흥에 관한 사무로서 자치사무에 해당한다. 따라서 시정명령은 법령에 위반하는 것에 한한다.

② 공공시설의 개념 및 공공시설 이용권의 성질 : 공공시설이란 주민의 복리에 관한 급부행정을 수행하기 위해 설치·운영되어 주민의 이용에 제공되는 것으로서, 그 존재목적인 주민의 생존배려와 복리증진을 위한 모든 시설이 이에 해당하며, 지방자치단체의 공물·영조물·공기업 기타 급부를 제공하는 시설이 포함된다. 따라서 구립체육관은 공공시설에 해당한다. 주민의 공공시설이용권은 반사적 이익이 아니라 지방자치단체가 주민의 수요를 충족하는 의미를 갖는 공공시설을 주민들이 납부하는 세금이나 부담금으로 설립하고 운영하는 것이므로, 이들 시설에 대해 반대급부로서 주민의 이용청구권이 인정되는 것이므로 정당한 이유없이 이용이 거부되면 이의시정을 구할 수 있는 청구권을 개인이 갖게 되는 개인적 공권으로 보아야 한다.

③ 공공시설이용자 : 구립체육관이용권은 주민의 권리이고 비주민의 권리는 아니며 비주민에게는 합리적인 이유가 있으면 구립체육관의 이용이 제한될 수도 있다. 주민에는 법인이나 외국인도 포함된다.

④ 공공시설의 이용료·사용료 : 일반사용의 대상이 아닌 공공시설의 이용에 대하여는 사법상의 이용료나 공법상의 사용료를 징수할 수 있다. 이용시설의 수수료(이용료·사용료)는 이용시설의 설치 및 관리비용의 한도 내에서 징수되어야 한다. 이용시설의 설치 및 관리가 수수료 등 시설운영수입으로만 충당되지 않고 지방자치단체가 그 경비를 분담하는 경우에는 주민과 비주민 사이에 이용수수료(이용료·사용료)에 차등을 둘 수 있다.

⑤ 구립체육관 수영장 이용규칙의 성질 : 공공시설이용규칙은 지방자치단체장이 법령 또는 조례가 위임(개별·구체적 위임)한 범위 안에서 그 권한에 속하는 사무에 관하여 제정하는 법이므로 외부적 효력을 갖는 일반적·추상적 규율로 실질적 의미의 법령의 성질을 갖는다.

⑥ 구립체육관 수영장 이용규칙의 위법·부당여부 문제 : 구립체육관 수영장 이용규칙은 주말과 공휴일 그리고 수용능력을 초과하는 경우에는 B구의 주민이 우선적으로 해당 수영장을 이용할 수 있도록 하고, 또 B구 주민은 해당 수영장을 무료

로, B구 이외의 시민은 이용이 가능한 경우에도 실비의 입장료를 내고 해당 수영장을 이용할 수 있도록 규정하고 있는 바, 그 내용이 법령에 위반되는 것으로 판단하여 상급지방자치단체장이 시정명령을 내린 것이다. 그러나 공공시설이용권은 주민의 권리이고, 비주민의 권리는 아니며 비주민에게는 합리적인 사유가 있으면 이용이 제한될 수 도 있고, 이용시설의 설치 및 관리가 이용수수료 등 시설운영수입으로만 충당되지 않고 지방자치단체가 그 경비를 분담하는 경우에는 주민과 비주민 사이에 이용수수료에 차등을 둘 수 있다(합리적 차별). 따라서 구립체육관 수영장이용규칙의 내용이 상위 법령에 위반된다고 판단되지 아니한다.

(2) 丙의 권리구제수단

① 구립체육관 수영장 이용자 및 이·사용료 : 공공시설이용권은 주민의 권리이고, 비주민의 권리는 아니며, 비주민에게는 합리적인 사유가 있으면 공공시설의 이용이 제한될 수 있다. C구 주민 丙은 B구의 비주민이다. 그리고 이용시설의 이용료·사용료는 이용시설의 설치 및 관리가 이용수수료 등 시설운영수입으로만 충당되지 않고 지방자치단체(B구)가 그 경비를 분담하는 경우에는 주민(B구의 주민)과 비주민(C구의 주민)사이에 이용수수료(이용료·사용료)에 차등을 둘 수 있다(합리적 차별).

② 이용관계의 성질 및 내용 : 구립체육관수영장의 이용관계는 이용관계의 설정행위의 설정에 따라 다른바, 이용관계가 행정행위(예 : 허가 또는 특허)에 의해 설정된 경우는 공법관계이고, 사법상 계약에 의해 설정된 경우는 사법관계이다. 이용관계의 내용은 이용관계의 설정행위에 의해 정하여진다.

③ 이용자의 보호 등 : ㉮ 지방자치법 제13조는 "주민은 법령으로 정하는 바에 따라 소속지방자치단체의 … 공공시설을 이용할 권리와 그 지방자치단체로부터 균등하게 행정의 혜택을 받을 권리를 가진다." 고 규정하고 있다. 따라서 공공 시설이용권은 ㉠ 법령에 의한 제한과 ㉡ 평등원칙의 적용이라는 제한을 받는다. 여기의 ㉠의 법령에는 법률과 자치단체의 자치법규, 즉 조례·규칙이 포함되나 행정규칙은 제외된다. ㉡의 평등원칙의 적용은 공용지정의 목적에 의하여 제한 받으며, 공공시설의 수용능력이나 정원과 사실상의 한계에 의하여도 제한받으나 어느 경우에도 평등의 원칙에 위배되어서는 아니된다. 그러나 이상의 제한들은 B구 주민들 상호간의 공공시설이용관계에서 적용되는 것이고, B구 주민과 비주민(C구 주민)간의 구립체육관 이용관계에서의 적용은 위에서 설명한 바(이용권자 및 이·사용료)와 같이 합리적 차별이 가능할 수 있다.

㉯ 행정소송이나 민사소송제기문제 : 구립체육관 수영장이용과 관련하여 관리주체(B구)가 이용자(C구의 주민)에게 위법한 처분(적법요건을 구비한 구립체육관 수영장 사용허가신청에 대한 허가 거부처분 등)이나 사법상 계약체결의 거부인 경우에는 행정소송이나 민사소송을 제기할 수 있다. 그러나 설문상의 경우는 위에서 설명한 바와 같이 합리적 차별로서 위법한 것으로 보기 어려우므로 인용은 어려울 것이다.

㉰ 청원·진정제기 문제 : C구 주민은 乙구청장에게 구립체육관 수영장 이용규칙개정을 청원이나 진정을 제기할 수도 있겠으나 이것 역시 간접적 권리구제수단일 뿐만 아니라 합리적 차별이라고 해석되는 한 실효력이 약하다.

1) 권 리

【기출문제】 <2005년 입법고시 (약술형)> 주민의 직접참여 수단

주민은 헌법과 법령이 정하는 바에 의하여 소속 지방자치단체의 재산과 공공시설이용권, 균등하게 행정혜택을 받을 권리, 참정권, 청원권 등이 있으며, 특히 의회대표제(간접민주정) 내지 대의제 지방자치를 보장(헌법 §117, §118)하는 외에 대의제 지방자치를 보완하고 지방행정에 주민의 직접참여를 보장함과 동시에 지방자치행정의 민주성과 책임성을 제고할 목적으로 ① 주민투표권 ② 조례제정과 개폐청구권(주민발안권) ③ 감사청구권 ④ 주민소송제기권 ⑤ 주민소환권을 인정하고 있다. 다만, 지방행정에 주민의 직접참여를 보장하는 이들 권리들은 헌법이 이러한 제도의 도입을 보장하고 있는 것은 아니고 입법자의 결단에 의하여 채택된 것이다.

판례 〈헌법 제117조 및 제118조가 보장하고 있는 본질적인 내용은 자치단체의 보장, 자치기능의 보장

및 자치사무의 보장으로 어디까지나 지방자치단체의 자치권으로 헌법은 지역주민들이 자신들이 선출한 자치단체의 장과 지방의회를 통하여 자치사무를 처리할 수 있는 대의제 지방자치를 보장하고 있을뿐, 주민투표권, 조례제정·개폐청구권, 감사청구권제도는 입법자의 결단에 의하여 채택된 것일 뿐, 헌법이 이들 제도의 도입을 보장하고 있는 것은 아니다.〉 헌법 제117조 및 제118조가 보장하고 있는 본실적인 내용은 사치단체의 보장, 자지기능의 보장 및 자치사무의 보장으로 어디까지나 지방자치단체의 자치권으로 헌법은 지역 주민들이 자신들이 선출한 자치단체의 장과 지방의회를 통하여 자치사무를 처리할 수 있는 대의제 또는 대표제 지방자치를 보장하고 있을 뿐이지 주민투표에 대하여는 어떠한 규정도 두고 있지 않다. 따라서 우리의 지방자치법이 비록 주민에게 주민투표권(제13조의 2)과 조례의 제정 및 개폐청구권(제13조의 3) 및 감사청구권(제13조의 4)을 부여함으로써 주민이 지방자치사무에 직접 참여할 수 있는 길을 열어 놓고 있다 하더라도 이러한 제도는 어디까지나 입법자의 결단에 의하여 채택된 것일 뿐, 헌법이 이러한 제도의 도입을 보장하고 있는 것은 아니다. 그러므로 지방자치법 제13조의 2가 주민투표의 법률적 근거를 마련하면서, 주민투표에 관련된 구체적 절차와 사항에 관하여는 따로 법률로 정하도록 하였다고 하더라도 주민투표에 관련된 구체적인 절차와 사항에 대하여 입법하여야 할 헌법상 의무가 국회에 발생하였다고 할 수는 없다(헌재결 2001.6.28, 2000헌마735).

반대로 지방자치법상의 의회대표제 하에서는 법적으로 아무런 책임을 지지 아니하는 주민이 본회의 또는 위원회의 안건 심의 중 안건에 관하여 발언하는 것은 허용될 수 없고, 다만 간접민주제를 보완하기 위하여 의회대표제의 본질을 해하지 않고 의회의 기능을 저해하지 아니하는 범위 내에서 주민이 의회의 기능수행에 참여하는 것은 허용된다.

판례 〈주민이 지방의회 본회의 또는 위원회의 안건심의 중 참고인 등의 자격이 아닌 방청인으로서 안건에 관하여 발언하는 것은 허용되지 아니한다 : 완주군의회회의 규칙 중 개정규칙 재의결 취소 등〉 지방자치법상의 의회대표제하에서 의회의원과 주민은 엄연히 다른 지위를 지니는 것으로서 의원과는 달리 정치적, 법적으로 아무런 책임을 지지 아니하는 주민이 본회의 또는 위원회의 안건 심의중 안건에 관하여 발언한다는 것은 선거제도를 통한 대표제원리에 정면으로 위반되는 것으로서 허용될 수 없고, 다만 간접민주제를 보완하기 위하여 의회대표제의 본질을 해하지 않고 의회의 기능수행을 저해하지 아니하는 범위 내에서 주민이 의회의 기능수행에 참여하는 것 - 예컨대 공청회에서 발언하거나 본회의, 위원회의 참고인, 증인, 청원인의 자격으로 발언하는 것 - 은 허용된다(대판 1993.2.26, 92추109).

㉮ 지방자치단체의 재산이용권 및 공공시설이용권

㉠ 재산과 공공시설 : 주민은 법령이 정하는 바에 의하여 소속지방자치단체의 재산과 공공시설을 이용할 권리를 가진다(지자법 §13·①). 여기서 재산과 공공시설을 같은 의미로 보는 견해[28]와 재산의 개념을 공공시설을 포함하는 넓은 의미로 보는 견해[29]가 대

28) 김남진(Ⅱ), 105쪽 ; 이상규(하), 145쪽 ; 홍정선(하), 35쪽.
29) 이기우, 전게서, 63쪽.

립되고 있는바, 현행지방자치법은 재산과 공공시설을 구분하여 사용하고 있고, 재산에는 잡종재산도 포함시키는 한(잡종재산을 주민에게 대여하는 경우 : 공유재산 및 물품관리법§35·④) 양자의 개념은 구분되는 것이 타당하다고 본다.

㉡ 공공시설의 개념·실례 : 공공시설이란 주민의 복리에 관한 급부행정을 수행하기 위해 설치·운영되어, 주민의 이용에 제공되는 것으로서, 그 존재목적인 주민의 생존배려와 복리증진을 위한 모든 시설이 이에 해당하며, 지방자치단체의 공물·영조물·공기업 기타 급부를 제공하는 시설이 포함된다(예 : 공립도서관, 공회당, 상하수도시설, 공원, 공동묘지, 학교, 극장, 강당, 박물관, 운동시설, 주차시설). 다만, 도로는 일반인에 제공되는 공물로서, 도로법이 그 귀속 주체에 관계없이 누구에게나 물적인 이용권을 인정하고 있으므로 공공시설로부터 제외하는 것이 타당하다고 본다[30](비주민에게는 공공시설 이용이 제한될 수 있기 때문).

㉢ 공공시설의 성립·조직형태 : 공공시설의 조직형태는 공공시설개념의 본질적 요소에 해당하지 않기 때문에 공기업이나 영조물 등의 공법상 형태이든 재단법인 등의 사법상 형태이든 민간위탁에의 관리이든 모두 가능하다. 그러나 공공시설이 주민의 이용에 제공되기 위해서는 공용지정 또는 공용개시(명시적이든 묵시적이든) 의사표시를 요한다.

㉣ 공공시설이용권의 성질 : 주민의 공공시설이용권은 주민의 지위에서 공평하게 이용할 수 있다는 의미에서 그것은 권리가 아니라 반사적 이익이라는 견해가 있으나,[31] 지방자치단체가 주민의 수요를 충족하는 의미를 갖는 공공시설을 주민들이 납부하는 세금이나 부담금으로 설립하고 운영하는 것이므로, 이들 시설에 대해 반대급부로서 주민의 이용청구권이 인정되는 것이므로 정당한 이유 없이 이용이 거부되면 이의 시정을 구할 수 있는 청구권을 개인이 갖게 되는 개인적 공권으로 보아야 할 것이다. 따라서 지방자치단체는 정당한 사유가 없는 한 주민에게 재산 및 공공시설의 이용을 거부하여서는 아니된다.

㉤ 공공시설이용권자 : 공공시설이용권은 주민의 권리이고 비주민의 권리는 아니며 비주민에게는 합리적인 이유가 있으면 공공시설의 이용이 제한될 수도 있다. 주민에는 법인이나 외국인도 포함된다.

㉥ 이용료·사용료 : 일반사용의 대상이 아닌 공공시설의 이용에 대하여는 사법상의 이용료나 공법상의 사용료를 징수할 수 있다. 이용시설의 수수료(이용료·사용료)는 이용시설의 설치 및 관리비용의 한도 내에서 징수되어야 한다. 이용시설의 설치 및 관리가 이용수수료(이용료·사용료) 등 시설운영수입으로만 충당되지 않고 지방자치단체가 그 경비를 분담하는 경우에는 비주민과 주민사이에 이용수수료(이용료·사용료)에 차등을 둘 수 있다.

30) 유지태, 전게서, 628쪽.
31) 윤세창(상), 653쪽.

ⓢ 이용권의 내용 및 한계 : 공공시설의 이용권은 지방자치법 제13조 제1항은 「주민은 법령이 정하는 바에 의하여」 소속 지방자치단체의 공공시설을 이용할 권리를 가진다고 규정하고 있다. 따라서 공공시설의 이용권은 법령에 의한 제한을 받는다. 여기의 법령에는 법률과 자치단체의 자치법규(조례·규칙)가 포함되나 행정규칙은 제외된다. 법령에 의한 제한 이외에도 공용지정의 목적에 의하여 제한받으며, 공공시설의 수용능력이나 정원과 같은 사실상의 한계에 의하여도 제한받으나 어느 경우에도 평등의 원칙에 위배되어서는 아니된다.

ⓞ 이용관계의 성질 및 내용 : 이용관계의 성질은 이용관계의 설정행위의 성질에 따라 다른바, 이용관계가 행정행위(예 : 허가 또는 특허)에 의해 설정된 경우는 공법관계이고 사법상계약에 의해 설정된 경우는 사법관계이다. 이용관계의 내용은 이용관계의 설정행위에 의해 정하여진다.

ⓙ 이용자의 보호 : 행정재산과 공공시설과 관련하여 관리주체가 이용자에게 위법한 처분(예 : 적법요건을 구비한 공설운동장사용허가신청에 대한 허가 거부처분 등)을 받은 경우에는 행정소송을 제기할 수 있고, 행정재산과 공공시설의 설치·관리상의 하자로 인하여 이용자가 손해를 받은 경우에는 국가 또는 지방자치단체에 대하여 국가배상을 청구할 수 있다.

㈏ 지방자치단체로부터 균등하게 행정의 혜택을 받을 권리

주민은 소속지방자치단체로부터 균등하게 행정의 혜택을 받을 권리가 있다(지자법 §13·① 후단). 여기서 행정의 혜택을 받을 권리란 앞에서 설명한 재산·공공시설의 이용권을 제외한 그 밖의 일체의 행정서비스의 혜택을 받을 수 있는 권리를 뜻한다. 행정의 혜택은 합리적인 사유가 없는 한 모든 주민에게 평등한 것이어야 한다. 이는 헌법상 원리이다(헌법 §11).

㈐ 참 정 권

㉠ 선거권 : 선거일 현재 19세 이상인 국민으로서 선거인명부 작성기준일 현재 ⅰ 당해 지방자치단체의 관할구역 안에 주민등록이 된 자, ⅱ 「재외동포의 출입국과 법적지위에 관한 법률」제6조 제1항에 따라 해당지방자치단체의 국내거소신고인 명부에 올라 있는 국민, ⅲ 「출입국관리법」 제10조에 따른 영주의 체류 자격취득일 후 3년이 경과한 외국인으로서 같은 법 제34조에 따라 해당지방자치단체의 외국인등록대장에 올라있는 사람은 그 구역에서 선거하는 지방자치단체의 의회의원 및 장의 선거권이 있다(공직선거법 §15·②).

대통령선거나 국회의원선거는 '국민'에게 주어지는 권리지만 지방선거는 '당해 지역주민'에게 주어지는 권리이기 때문에 굳이 국적을 따질 필요가 없기 때문이다.

㉡ 피선거권 : 선거일 현재 계속하여 60일 이상(공무로 외국에 파견되어 선거일전 60일 후에 귀국한자는 선거일 명부 작성기준일부터 계속하여 선거일까지) 당해 지방자치단체의 관할구역 안에 주민등록(국내거소 신고인 명부에 올라 있는 경우를 포함한다)이 되어 있는 주민으로서 25세 이상의 국민은 그 지방의회의원 및 지방자치단체의 장의 피선거권이 있다(공직선거법 §16·③).

이 경우 60일의 기간은 그 지방자치단체의 설치·폐지·분할·합병 또는 구역변경(제28조 각 호의 어느 하나에 따른 구역변경을 포함한다) 에 의하여 중단되지 않는다(공직선거법 §16·③).

㉣ 청 원 권

지방의회에 청원하고자 하는 청원자의 성명(법인인 경우는 그 명칭과 대표자의 성명) 및 주소를 기재하고 서명·날인하여 서면으로 지방의회의원의 소개를 얻어 청원서를 제출할 수 있다(지자법 §73~§76). 청원권 행사의 일반법으로 청원법이 있다.

다만, 재판에 간섭하거나 법령에 위배되는 내용의 청원은 수리하지 아니한다(지자법 §74). 헌법재판소는 청원에 지방의회의원의 소개를 얻도록 하는 것은 공공복리를 위한 것으로 합헌이라고 하였다(헌재 1999.11.25, 97헌마54). 위원회가 청원을 심사하여 본 회의에 부칠 필요가 없다고 결정하면 그 처리 결과를 의장에게 보고하고, 의장은 청원한 자에게 통보하여야 한다.

한편, 청원에 대한 통보조치는 헌법소원의 대상이 되지 않는다고 보았다.

【헌재결】 〈청원에 대한 회신인 통보조치는 헌법소원심판의 대상이 되는 공권력의 행사에 해당되지 않는다.〉 적법한 청원에 대하여 국가기관이 이를 수리, 심사하여 그 결과를 청원인에게 통보하였다면 이로써 당해 국가기관은 헌법 및 청원법상의 의무이행을 다한 것이고, 그 통보자체에 의하여 청구인의 권리·의무나 법률관계가 직접 무슨 영향을 받는 것도 아니므로, 비록 그 통보내용이 청원인이 기대하는 바에는 미치지 못한다고 하더라도 그러한 통보조치가 헌법소원의 대상이 되는 구체적인 공권력의 행사 내지 불행사라고 볼 수는 없다(헌재 2000.10.25, 99헌마458 납골당설치허가부동의위헌확인판결).

㉤ 주민투표권

㉠ 주민투표법의 헌법의 의의 : 지방자치법 제14조 제2항의 규정에 의거하여 제정된 주민투표법은 헌법상 민주주의 이념을 실현하고 주민의 참정권을 실질화하며, 지방자치행정에 주민의 참여를 보장함으로써 지방행정의 민주화·합리화를 기할 수 있다는데 의의가 있다. 그리하여 「주민투표법」에서도 지방자치단체의 주요결정사항에 대한 주민의 직접참여를 보장함과 동시에 지방자치행정의 민주성과 책임성을 제고하고 주민복리를 증진함을 목적으로 한다고 규정하고 있다(동법 §1, §2).

판례 〈지방자치법 제13조의 2 제1항(현행법 §14)에서 규정한 주민투표권이 헌법이 보장하는 지방자치제도에 포함되지 않는다.〉 헌법 제117조 및 제118조가 보장하고 있는 본질적인 내용은 자치단체의 보장, 자치기능의 보장 및 자치사무의 보장으로 어디까지나 지방자치단체의 자치권으로 헌법은 지역 주민들이 자신들이 선출한 자치단체의 장과 지방의회를 통하여 자치사무를 처리할 수 있는 대의제 또는 대표제 지방자치를 보장하고 있을 뿐이지 주민투표에 대하여는 어떠한 규정도 두고 있지 않다. 따라서 우리의 지방자치법이 비록 주민에게 주민투표권(제13조의 2)과 조례의 제정 및 개폐청구권(제13조의 3) 및 감사청구권(제13조의 4)을 부여함으로써 주민이 지방자치사무에 직접 참여할 수 있는 길을 열어 놓고 있다 하더라도 이러한 제도는 어디까지나 입법자의 결단에 의하여 채택된 것일 뿐, 헌법이 이러한 제도의 도입을 보장하고 있는 것은 아니다. 그러므로 지방자치법 제13조의 2가 주민투표의 법률적 근거를 마련하면서, 주민투표에 관련된 구체적 절차와 사항에 관하여는 따로 법률로 정하도록 하였다고 하더라도 주민투표에 관련된 구체적 절차와 사항에 대하여 입법하여야 할 헌법상의 의무가 국회에게 발생하였다고 할 수는 없다.

판례 **〈주민투표권은 법률이 보장하는 참정권이라 할 수 있을지언정, 국민투표권과는 전혀 다른 것이어서 헌법이 보장하는 참정권이라 할 수 없다.〉** 우리 헌법은 법률이 정하는 바에 따른 '선거권'과 '공무담임권' 및 국가안위에 관한 중요정책과 헌법개정에 대한 '국민투표권'만을 헌법상의 참정권으로 보장하고 있으므로, 지방자치법 제13조의 2에서 규정한 주민투표권은 그 성질상 선거권, 공무담임권, 국민투표권과 전혀 다른 것이어서 이를 법률이 보장하는 참정권이라고 할 수 있을지언정 헌법이 보장하는 참정권이라고 할 수는 없다(헌재결 2001.6.28, 2000헌마735 입법부작위위헌확인).

【헌재결】 〈주민투표권을 헌법상 보장되는 기본권 또는 헌법상 제도적으로 보장되는 주관적 공권으로 볼 수 없다.〉 우리 헌법은 간접적인 참정권으로 선거권(헌법 제24조), 공무담임권(헌법 제25조)을, 직접적인 참정권으로 국민투표권(헌법 제72조 제130조)을 규정하고 있을 뿐 주민투표권을 기본권으로 규정한 바가 없고 제117조, 제118조에서 제도적으로 보장하고 있는 지방자치단체의 자치의 내용도 자치단체의 설치와 존속 그리고 그 자치기능 및 자치사무로서 지방자치단체의 자치권의 본질적 사항에 관한 것이므로 주민투표권을 헌법상 보장되는 기본권이라고 하거나 헌법 제37조 제1항의 "헌법에 열거되지 아니한 권리"의 하나로 보기 어렵다(헌재결 2005.12.22, 2004헌마530 주민투표법 제7조 제1항 등 위헌확인).

㉡ 주민투표권자와 정보제공의무 : 19세 이상의 주민으로서 투표인 명부작성기준일 현재 ⓘ 그 자치단체의 관할구역에 주민등록이 되어 있는 사람, ⓘⓘ 「재외동포의 출입국과 법적지위에 관한 법률」 제6조에 따라 국내거소신고가 되어 있는 재외국민, ⓘⓘⓘ 출입국관리관계법령에 따라 대한민국에 계속 거주할 수 있는 자격(체류자격 변경허가 또는 체류기간 연장허가를 통해 계속 거주할 수 있는 경우를 포함한다)을 갖춘 외국인으로서 지방자치단체의 조례로 정한 사람에게는 주민투표권이 있다(주민투표법 §5).

【헌재결】 〈주민투표권 행사를 위한 요건으로 주민등록을 요구함으로써 국내거소신고만 할 수 있고 주민등록을 할 수 없는 국내거주 재외국민에 대하여 주민투표권을 인정하지 않고 있는 주민투표법 (2004. 1. 29. 법률 제7124호로 제정된 것) 제5조 제1항 중 "그 지방자치단체의 관할 구역에 주민등록이 되어 있는 자"에 관한 부분이 국내거주 재외국민의 평등권을 침해한다.〉 주민에게 과도한 부담을 주거나 중대한 영향을 미치는 당해 지방자치단체의 주요결정사항에 대한 주민투표의 결과는 주민등록이 가능한 국민인 주민은 물론 주민등록을 할 수 없는 국내거주 재외국민에게도 그 미치는 영향에 있어 다르다고 보기 어렵다. 지방자치단체의 폐치·분합 또는 구역변경, 주요시설의 설치 등 국가정책의 수립에 관한 주민투표의 경우에도 마찬가지이다. 지방자치단체의 폐치·분합 또는 구역변경은 단순히 행정단위나 행정구역의 개편 차원을 넘어 폐치·분합 또는 구역변경의 대상이 되는 지방자치단체의 주민의 이익과 직접적으로 관련되어 있으며, 국내거

주 재외국민의 경우에도 예외는 아니다. 주요시설의 설치와 관련하여 주민투표가 실시되는 경우에도 마찬가지이다(헌재결 2007.6.28, 2004헌마643. 주민투표법 제5조 위헌확인).

주민투표권자의 연령은 투표일 현재를 기준으로 산정한다(동법 §5). 그런데 조례의 제정 및 개폐청구권자(지자법 §15·①), 주민의 감사청구권자(지자법 §16), 주민소송제기권자(지자법 §17), 주민소환투표권자(주민소환법 §3·①)는 모두 19세로 되어 있는데, 유독 주민투표권자 만 20세 이상의 주민으로 되어 있었다. 이번 개정주민투표법(§5)에서 주민투표권을 19세로 개정하였다. 참고로 「국민투표법」은 2007년 5월 17일 투표권자의 연령을 20세에서 19세로 낮추어 "19세 이상의 국민은 투표권이 있다."라고 개정하였다(국민투표법 §7).

지방자치단체의 장은 주민투표와 관련하여 주민이 정확하고 객관적인 판단과 합리적인 결정을 할 수 있도록 지방자치단체의 공보, 일간신문, 인터넷 등 다양한 수단을 통하여 주민투표에 관한 각종정보와 자료를 제공하여야 한다. 관할 선거관리위원회는 주민투표에 관한 정보를 제공하기 위하여 설명회·토론회 등을 개최하여야 하고, 의견을 달리하는 자가 균등하게 참여할 수 있도록 해야 한다(주민투표법 §4·①·②·③).

㉢ 주민투표의 대상 : 주민에게 과도한 부담을 주거나 중대한 영향을 미치는 지방자치단체의 주요결정사항으로서 그 지방자치단체의 조례로 정하는 사항은 주민투표에 부칠 수 있다. 다만 ⓐ 법령에 위반되거나 재판중인 사항, ⓑ 국가 또는 다른 지방자치단체의 권한 또는 사무에 속하는 사항 ⓒ 지방자치단체의 예산·회계·계약 및 재산관리에 관한 사항과 지방세·사용료·수수료·분담금 등 각종 공과금의 부과 또는 감면에 관한 사항, ⓓ 행정기구의 설치·변경에 관한 사항과 공무원의 인사·정원 등 신분과 보수에 관한 사항, ⓔ 다른 법률에 의하여 주민대표가 직접 의사결정주체로서 참여할 수 있는 공공시설의 설치에 관한 사항(다만, 지방의회가 주민투표의 실시를 청구하는 경우에는 그러하지 아니하다), ⓕ 동일한 사항에 대하여 주민투표가 실시된 후 2년이 경과되지 아니한 사항은 주민투표에 붙일 수 없다(동법 §7).

판례 〈미군부대이전은 지방자치단체의 장의 권한에 의하여 결정할 수 있는 사항이 아님이 명백하므로 지방자치법 제13조의 2 소정의 주민투표의 대상이 될 수 없다.(대판 2002.4.26, 2002추23)〉

판례 〈지방의회가 조례로 정한 특정한 사항에 관하여 지방자치단체의 장이 일정기간 내에 반드시 주민투표를 실시하도록 규정한 조례안이 지방자치단체의 장의 고유권한을 침해하는 규정이다.〉 지방자치법은 지방의회와 지방자치단체의 장에게 독자적 권한을 부여하고 상호 견제와 균형을 이루도록 하고 있으므로, 법률에 특별한 규정이 없는 한 조례로써 견제의 범위를 넘어서 고유권한을 침해하는 규정을 둘 수 없다 할 것인바, 위 지방자치법 제13조의 2 제1항에 의하면, 주민투표의 대상이 되는 사항이라 하더라도 주민투표의 시행 여부는 지방자치단체의 장의 임의적 재량에 맡겨져 있음이 분명하므로, 지방자치단체의 장의 재량으로서 투표실시 여부를 결정할

수 있도록 한 법규정에 반하여 지방의회가 조례로 정한 특정한 사항에 관하여는 일정한 기간 내에 반드시 투표를 실시하도록 규정한 조례안은 지방자치단체의 장의 고유권한을 침해하는 규정이다(대판 2002.4.26, 2002추23 조례안재의결무효확인).

미군부대이전은 지방자치단체의 장의 권한에 의하여 결정할 수 있는 사항(자치사무가 아닌 국가사무)이 아님이 명백하므로 지방자치법 제14조(구법 §13의 2) 소정의 주민투표의 대상이 될 수 없고, 지방의회가 조례로 정한 특정한 사항에 관하여 지방자치단체의 장이 일정한 기간 내에 반드시 주민투표를 실시하도록 규정한 조례안이 지방자치단체의 장의 고유권한을 침해하는 것으로서 법령에 위반된다는 것이 판례입장이다(대판 2002.4.26. 2002추23).

한편, 중앙행정기관의 장은 지방자치단체의 폐치·분합 또는 구역변경, 주요시설의 설치 등 국가정책의 수립에 관하여 주민의 의견을 듣기 위하여 필요하다고 인정하는 때에는 미리 행정안전부장관과 협의한 후 주민투표의 실시구역을 정하여 관계 자치단체의 장에게 주민투표의 실시를 요구할 수 있다.

판례 **〈지방의회가 조례로 정한 특정한 사항에 관하여 지방자치단체의 장이 일정한 기간 내에 반드시 주민투표를 실시하도록 규정한 조례안이 지방자치단체의 장의 고유권한을 침해하는 것으로 법령에 위반된다.〉**(대판 2002.4.26, 2002추23 조례안재의결무효확인)

주민투표의 실시를 요구받은 지방자치단체의 장은 지체 없이 공표하여야 하며, 공표일로부터 30일 이내에 그 지방의회의 의견을 들어야 한다(동법§8: 국가정책에 관한 주민투표).

㉣ 주민투표의 청구 및 실시요건 : 지방자치단체의 장은 주민 또는 지방의회의 청구에 의하거나 직권에 의하여 주민투표를 실시할 수 있다(동법 §9).

ⓐ 지방자치단체의 장 : 지방자치단체의 장은 직권에 의해 주민투표를 실시하고자 하는 때에는 그 지방의회 재적의원 과반수의 출석과 출석의원 과반수의 동의를 얻어야 한다.

ⓑ 주 민 : 지역주민은 주민투표청구권자 총수의 20분의 1 이상 5분의 1 이하의 범위 안에서 지방자치단체의 조례로 정하는 수 이상의 서명으로 그 지방자치단체의 장에게 주민투표의 실시를 청구할 수 있다.

ⓒ 지방의회 : 지방의회는 재적의원 과반수의 출석과 출석의원 3분의 2 이상의 찬성으로 그 지방자치단체의 장에게 주민투표의 실시를 청구할 수 있다.

㉤ 주민투표의 실시구역 : 주민투표는 그 지방자치단체의 관할구역 전체를 대상으로 실시한다. 다만, 특정한 지역 또는 주민에게만 이해관계가 있는 사항인 경우 지방자치단체의 장이 지방의회의 동의를 얻은 때에는 관계 시·군·구 또는 읍·면·동을 대상으로 주민투표를 실시할 수 있다(동법 §16).

㉥ 투표운동의 원칙 : 투표운동이란 "주민투표에 부쳐진 사항에 관하여 찬성 또는 반대하게 하거나 주민투표에 부쳐진 두 가지 사항 중 하나를 지지하게 하는 행위를 말한다. 다만, 주민투표에 부쳐진 사항에 관한 단순한 의견개진 및 의사표시는 투표운동으로 보지 아니한다."

이 법 또는 다른 법률의 규정에 의하여 금지 또는 제한되는 경우(ⓐ 주민투표권이 없는 자 ⓑ 공무원 ⓒ 공무원(단, 그 지방의회의 의원은 제외한다) ⓓ 각급 선거관리위원회의 위원, ⓔ 방송법에 의한 방송사업을 경영하거나 이에 상시 고용되어 편집·제작·취재·집필 또는 보도의 업무에 종사하는 자, ⓕ 정기간행물을 발행 또는 경영하거나 상시 고용되어 편집·취재·집필 또는 보도의 업무에 종사하는 자는 투표운동을 할 수 없다.)를 제외하고는 누구든지 자유롭게 투표운동을 할 수 있다(동법 §20).

그리고 누구든지 ⓐ 야간 호별방문 및 야간 옥외집회 ⓑ 투표운동을 목적으로 서명 또는 날인을 받는 행위 ⓒ 연설금지장소에서의 연설행위, ⓓ 확성장치 및 자동차의 사용제한에 관한 규정에 위반되는 행위의 방법으로 투표운동을 하여서는 아니된다(동법 §22).

㉦ 투표결과의 확정 및 효력 : 주민투표는 특정한 사항에 대하여 찬성 또는 반대의 의사표시를 하거나 두 가지 사항 중 하나를 선택하는 형식으로 실시되며, 주민투표에 부쳐진 사항은 주민투표권자 총수의 3분의 1 이상의 투표와 유효투표 과반수의 득표로 확정된다. 전체투표수가 주민투표권자 총수의 3분의 1에 미달되는 때에는 개표를 하지 아니한다.

지방자치단체의 장 및 지방의회는 주민투표결과 확정된 내용대로 행정·재정상의 필요한 조치를 하여야 하며, 주민투표결과 확정된 사항에 대하여 2년 이내에는 이를 변경하거나 새로운 결정을 할 수 없다(동법 §24). 다만 제1항 단서의 규정에 의하여 찬성과 반대 양자를 모두 수용하지 아니하거나 양자택일의 대상이 되는 사항 모두를 선택하지 아니하기로 확정된 때에는 그러하지 아니하다(동법 §24·⑥).

㉧ 주민투표사무의 관리 : 주민투표사무는 이 법에 특별한 규정이 있는 경우를 제외하고는 특별시·광역시 또는 도에 있어서는 특별시·광역시·도 선거관리위원회가, 자치구·시 또는 군에 있어서는 구·시·군 선거관리위원회가 관리한다(동법 §3).

㉨ 주민투표에 대한 불복절차(주민투표쟁송 : 소청 및 소송) : 주민투표의 효력에 관하여 이의가 있는 주민투표권자는 주민투표권자 총수의 100분의 1 이상의 서명으로 주민투표 결과가 공표된 날부터 14일 이내에 관할 선거관리위원회 위원장을 피소청인으로 하여 시·군 및 자치구에 있어서는 특별시·광역시·도 선거관리위원회에, 특별시·광역시 및 도에 있어서는 중앙선거관리위원회에 소청할 수 있다.

소청에 대한 결정에 대하여 불복이 있는 소청인은 관할 선거관리위원회위원장을 피고로 하여 그 결정서를 받은 날부터 10일 이내에 특별시·광역시 및 도에 있어서는 대법원에, 시·군 및 자치구에 있어서는 관할 고등법원에 소를 제기할 수 있다(동법 §25·①·②).

㉧ 문제점 : 첫째, 주민투표의 대상에서 "행정기구의 설치·변경에 관한 사항"을 제외한 점(동법 §7·②·4호), 둘째, 지방자치단체의 장의 직권에 의한 주민투표의 실시요건이 지나치게 엄격하다는 점이다(동법 §9·⑥).

㉥ 주민의 조례의 제징 및 개폐청구권(주민발안)

【기출문제】 <2010년 사법시험 (사례형)> 녹차산업육성 및 지원에 관한 조례

㉠ 의의 및 취지 : 지방자치단체의 19세 이상의 주민은 지방자치단체의 장에게 조례의 제정이나 개폐를 청구할 수 있다(지자법 §15·①). 주민의 조례의 제정·개폐청구권은 주민투표권과 마찬가지로 지방행정의 대의민주제를 보완하고, 주민의 지방자치행정에 대한 실질적 참여를 도모하고, 객관적으로는 지방의회의 조례제정 및 개폐에 대한 해태를 시정하려는데 그 의의가 있다.

㉡ 청구권자(청구요건) 및 청구의 상대방

ⓐ 청구권자 : ⓘ 해당 지방자치단체의 관할구역에 주민등록이 되어 있는 사람, ⓘⓘ 재외동포의 출입국과 법적지위에 관한 법률 제6조 제1항에 따라 해당 지방자치단체의 국내거소신고인명부에 올라 있는 국민, ⓘⓘⓘ 출입국관리법 제10조에 따른 영주의 체류자격취득일 후 3년이 경과한 외국인으로서 같은법 제34조에 따라 해당 지방자치단체의 외국인등록대장에 올라있는 사람에게도 조례 제·개폐 및 주민감사청구권을 부여하였다(개정지자법 §15·①·2·3호). 헌법재판소의 입법개선명령에 따라 국내거소신고를 재외국민과 일정한 국내거주외국인에게 주민참여권을 부여·확대하였다.

이는 공직선거법(§15·②·3·4호)에서 ⓘ 재외동포의 출입국과 법적지위에 관한 법률 제6조 제1항에 따라 해당 지방자치단체의 국내거소신고인명부에 올라있는 국민, ⓘⓘ 출입국관리법 제10조에 따른 영주의 체류자격취득일 후 3년이 경과한 외국인으로서 같은법 제34조에 따라 해당 지방자치단체의 외국인등록대장에 올라있는 사람은 그 구역에서 선거하는 지방자치단체의 의회의원 및 장의 선거권을 부여한 것에 상응하는 것이다.

ⓑ 청구요건 및 청구의 상대방 : ⓘ 시·도 및 인구 50만 이상 대도시에 있어서는 19세 이상 주민총수의 100분의 1이상 70분의 1이하, ⓘⓘ 시·군 및 자치구에 있어서는 19세 이상 주민총수의 50분의 1 이상 20분의 1이하의 범위 안에서 당해 지방자치단체의 조례로 정하는 19세 이상의 주민수 이상의 연서로 당해 지방자치단체의 장에게 조례의 제정이나 개폐를 청구할 수 있다(§15·①).

제1항에 따른 19세 이상의 주민총수는 전년도 12월 31일 현재의 주민등록표 및 재외국민국내거소신고표, 외국인등록표에 의하여 산정한다(지자법 §15·⑩).

㉢ 청구의 대상 : 지방의회의 조례제정과 관련된 모든 사항이 대상이 된다. 다만 ⓐ 법령을 위반하는 사항, ⓑ 지방세·사용료·수수료·부담금의 부과·징수 또는 감면에 관한 사항, ⓒ 행정기구의 설치·변경에 관한 사항 또는 공공시설의 설치를 반대하는 사항은 청구대상에서 제외된다(지자법 §15·②).

㉣ 청구의 절차 및 이의신청 : 지방자치단체의 19세 이상의 주민이 조례의 제정이나 개폐를 청구하는 때에는 청구인의 대표자를 선정하여 이를 청구인명부에 기재하여야 하며, 청구인의 대표자는 주민청구 조례안을 작성하여 제출하여야 한다. 지방자치단체의 장은 청구를 접수한 날부터 5일 이내에 그 내용을 공표하여야 하며, 청구를 공표한 날부터 10일간 청구인명부 또는 그 사본을 공개된 장소에 비치하여 열람할 수 있도록 하여야 한다(지자법 §15·②·③). 청구인명부의 서명에 관하여 이의가 있는 자는 열람기간(10일간) 내에 당해 지방자치단체의 장에게 이의 신청을 할 수 있다(지자법 §15·⑤).

㉤ 주민청구 조례안의 심사절차 : 지방자치단체의 장은 청구된 주민청구조례안에 대하여 의견이 있으면 주민청구 조례안을 지방의회에 부의할 때 그 의견을 첨부할 수 있다. 지방의회는 심사안건으로 부쳐진 주민청구 조례안을 의결하기 전에 청구인의 대표자를 회의에 참석시켜 그 청구취지(청구인의 대표자와의 질의·답변을 포함한다)를 들을 수 있다. 주민청구조례안의 심사절차에 관하여 필요한 사항은 지방의회 회의규칙으로 정한다(지자법 §15의2).

㉥ 법적효과 및 지방의회에 부의

ⓐ 이의신청을 받은 지방자치단체의 장은 열람기간이 종료된 날부터 14일 이내에 이를 심사·결정하되, 그 신청이 이유 있다고 결정한 때에는 청구인명부를 수정하고, 이를 이의신청을 한 자와 청구인의 대표자에게 통지하여야 하며, 그 이의신청이 이유 없다고 결정한 때에는 그 뜻을 즉시 이의신청을 한 자에게 통지하여야 한다(지자법 §15·⑤).

ⓑ 지방자치단체의 장은 이의신청이 없는 경우 또는 모든 이의신청에 대한 결정이 완료된 경우 조례의 제정·개폐청구가 요건을 갖춘 때에는 청구를 수리하고, 그러하지 아니한 때에는 청구를 각하하여 이를 청구인의 대표자에게 통지하여야 한다. 청구를 각하하는 경우에는 청구인의 대표자에게 의견제출의 기회를 주어야 한다(지자법 §15·⑥·⑦).

ⓒ 지방자치단체의 장은 청구를 수리한 날부터 60일 이내에 조례의 제정 또는 개폐안을 지방의회에 부의하여야 하며, 그 결과를 청구인의 대표자에게 통지하여야 한다(지자법 §15·⑧).

판례 〈**주민이 지방의회 본회의 또는 위원회의 안건심의 중 참고인 등의 자격이 아닌 방청인으로서 안건에 관하여 발언하는 것은 허용되지 아니한다.**〉 지방자치법상의 의회대표제하에서 의회의원과 주민은 엄연히 다른 지위를 지니는 것으로서 의원과는 달리 정치적, 법적으로 아무런 책임을 지지 아니하는 주민이 본회의 또는 위원회의 안건 심의 중 안건에 관하여 발언하는 것은 선거제도를 통한 대표제원리에 정면으로 위반되는 것으로서 허용될 수 없고 다만 간접민주제를 보완하기 위하여 의회대표제의 본질을 해하지 않고 의회의 기능수행을 저해하지 아니하는 범위 내에서 주민이 의회의 기능수행에 참여하는 것 - 예컨대 공정회에서 발언하거나 본회의, 위원회에서 참고인, 증인, 청원인의 자격으로 발언하는 것 - 은 허용된다(대판 1993.2.26, 92추109, 완주군의회의규칙중 개정규칙재의결취소등).

㈇ 주민소환권

㉠ 서 설

ⓐ 연 혁 : 간접민주주의 결함을 시정하여, 지방자치의 실효를 거두기 위하여, 주민참여제도로 주민이 직접 그 의사를 표시할 수 있는 제도채택의 요청으로 외국에서는 주민발안(Initiative), 주민투표(referendum), 주민소환(Recall) 등의 제도가 채택되고 있으나, 우리나라는 부분적이기는 하나 주민발안과 주민투표제는 인정되고 있으나 주민소환제는 인정되지 않고 있었다.

그러다가 2006년 5월 24일 개정된 지방자치법에서 주민소환제를 채택하였다. 즉, 주민은 당해 지방자치단체의장 및 지방의회의원(비례대표 지방의회의원을 제외한다)을 소환할 권리를 가진다. 주민소환의 투표청구권자·청구요건·절차 및 효력 등에 관하여는 따로 법률로 정한다(지자법 §20·①·②). 이하에서 항을 바꾸어 설명하기로 한다(2007년 5월 25일부터 시행됨).

ⓑ 주민소환의 의의 : 주민은 당해지방자치단체의 장 및 지방의회의원(비례대표지방의회의원을 제외한다)을 소환할 권리를 가지는 바(지자법 §20·①), 이를 주민소환권이라 한다. 주민소환제도는 지방자치에 관한 주민의 직접참여를 확대하고 지방행정의 민주성과 책임성을 제고함에 그 취지와 목적이 있다(주민소환법 §1).

ⓒ 적용법률 : 주민소환의 투표청구권자·청구요건·절차 및 효력 등에 관하여는 따로 법률로 정한다(지자법 §20·②). 이에 근거하여 제정된 법률이 「주민소환에 관한 법률」이다(2006.5.24일 공포후 1년 경과한 날부터 시행).

ⓘ 주민소환에 관하여는 「제주특별자치도 설치 및 국제자유도시 조성을 위한 특별법」 등 다른 법률에 특별한 규정이 있는 경우를 제외하고는 이 법이 정하는 바에 따른다(주민소환법 §6). ⓘⓘ 주민소환투표에 관한 소청 및 소송의 절차에 관하여는 이 법에 규정된 사항을 제외하고는 「공직선거법」 제219조 내지 제229조의 규정 중 지방자치단체의장 및 지방의회의원에 관한 규정을 준용한다(주민소환법 §24·③). ⓘⓘⓘ 주민소환투표와 관련하여서는 주민소환에 관한 법률에 정한 사항을 제외하

고는 「주민투표법」 제3조 제2항, 제4조, 제10조 제1항 및 제2항, 제12조(제8항을 제외한다), 제17조 내지 제19조, 제23조 및 제26조의 규정을 준용한다(주민소환법 §27·①).

㉡ 주민소환투표의 대상자·주민소환투표권자·주민소환투표청구권자

ⓐ 주민소환투표의 대상자(주민소환의 대상) : 주민소환투표의 대상자는 당해 지방자치단체의 장 및 지방의회의원(비례대표 지방의회의원을 제외한다)이다(지자법 §20·①). 그러나 「제주특별자치도 설치 및 국제자유도시 조성을 위한 특별법」은 도지사, 제주특별자치도의회의원(비례대표의원을 제외한다) 이외에 제주특별자치도교육감에 대하여도 주민소환투표를 실시할 수 있다고 규정하고 있다(제주특별법 §26·①).

ⓑ 주민소환투표권자 : 주민소환투표인 명부 작성기준일 현재 ⓘ 19세 이상의 주민으로서 당해 지방자치단체의 관할구역에 주민등록이 되어 있는 자(공직선거법 제18조의 규정에 의하여 선거권이 없는 자를 제외한다), ⓘⓘ 19세 이상의 외국인으로서 출입국관리법 제10조의 규정에 따른 영주의 체류자격 취득일 후 3년이 경과한 자 중 같은 법 제34조의 규정에 따라 당해 지방자치단체 관할구역의 외국인등록대장에 등재된 자는 주민소환 투표권이 있다(주민소환법 §3·①).

주민소환투표권자의 연령은 주민소환투표일 현재를 기준으로 계산한다(주민소환법 §3·②).

ⓒ 주민소환투표의 청구권자수

ⓘ 해당 지방자치단체별 주민소환투표청구권자의 수 : 전년도 12월 31일 현재 주민등록표 및 외국인등록표에 등록된 제3조 제1항 제1호 및 제2호에 해당하는 자(이하 '주민소환투표청구권자'라 한다)는 해당 지방자치단체의장 및 지방의회의원(비례대표선거구 시·도 의회의원 및 비례대표선거구자치구 시·군의회의원은 제외하며, 이하 '선출직 지방공직자'라 한다.)에 대하여 ① 특별시장·광역시장·도지사(이하 '시·도지사'라 한다)는 당해 지방자치단체의 주민소환투표청구권자 총수의 100분의 10 이상, ② 시장·군수·자치구의 구청장은 당해 지방자치단체의 주민소환투표청구권자 총수의 100분의 15 이상, ③ 지역선거구 시·도의회의원(이하'지역구 시·도의원'이라 한다) 및 지역선거구자치구·시·군 의회의원(이하'지역구자치구·시·군의원'이라 한다)은 당해 지방의회의원의 선거구 안의 주민소환투표청구권자 총수의 100분의 20 이상 주민의 서명으로 그 소환사유를 서면에 구체적으로 명시하여 관할 선거관리위원회에 주민소환투표의 실시를 청구할 수 있다(주민소환법 §7·①).

【지법】 〈주민소환투표청구에 대하여 선거관리위원회가 하는 수리결정은 항고소송의 대상이 되는 행정처분에 해당하고, 주민소환투표 종료전이라도 그 효력을 다툴 수 있다.〉 주민소환투표청구에 대하여 선거관리위원회가 하는 수리결정은, 일반 선거 또는 투표 절차와는 달리 주민소환투표안의 공고시까지의 주민소환투표청구 및 그 심사·결정 단계, 즉 투표청구요건 심사·결정 단계와 주민소환투표의 실시 단계의 2단계로 구성되는 주민소환투표절차의 전단계를 실질적으

로 마무리하는 행위로서(주민소환투표안의 공고는 위 수리결정에 수반되는 후속절차로서 별개 결정으로서의 의미를 갖는다고 보기 어렵다) 행정청인 선거관리위원회가 우월한 공권력 행사자의 지위에서 주민소환투표청구의 유·무효라는 구체적 사실에 관한 법집행으로서 행하는 공권력의 행사이고, 그로 인하여 주민소환투표청구대상자의 구체적인 권리의무에 직접적인 변동을 초래하는 법적인 행위로서 항고소송의 대상이 되는 행정처분에 해당하고(주민소환투표청구 수리결정은 주민소환투표청구가 요건을 갖추지 못한 경우에 하는 주민소환에 관한 법률 제11조 소정의 각하처분에 대응하는 것으로서 위 각하처분은 행정소송의 대상이 된다고 보아야 하므로 반대로 주민소환투표청구를 수리하는 처분 또한 행정소송의 대상이 된다고 보는 것이 형평의 원칙에 부합한다고 보아야 할 것인 점에서도 그러하다) 일반적인 선거 또는 투표절차에 있어서의 관할 선거관리위원회의 개개의 선거 또는 투표절차에 대한 집행행위와는 달리 위와 같이 요건심사·결정이라는 주민소환투표절차의 전단계를 마무리하는 처분으로서 주민소환투표의 실시라는 후단계에 진입하기 전에 그 처분의 적법성에 관한 사법심사의 길을 열어 둠으로써 무익한 후속절차의 진행을 방지할 필요성이 크다는 점에 비추어 볼 때 주민소환투표 종료 전이라도 그 효력을 다툴 수 있다고 보아야 한다(수원지법 2007.9.13. 2007구합7360 주민소환투표청구수리처분 등 무효확인).

ⅱ 관할구역 안의 지방자치단체별 주민소환투표청구권자의 수 : ① 제1항의 규정에 의하여 시·도지사에 대한 주민소환투표를 청구함에 있어서 당해 지방자치단체 관할구역 안의 시·군·자치구 전체의 수가 3개 이상인 경우에는 3분의 1 이상의 시·군·자치구에서 각각 주민소환 투표청구권자 총수의 1만분의 5 이상 1천분의 10 이하의 범위 안에서 대통령령이 정하는 수 이상의 서명을 받아야 한다. 다만, 당해 지방자치단체 관할구역 안의 시·군·자치구 전체의 수가 2개인 경우에는 각각 주민소환투표청구권자 총수의 100분 1 이상의 서명을 받아야 한다(주민소환법 §7·②). ② 제1항의 규정에 의하여 시장·군수·자치구의 구청장 및 지역구 지방의회의원(지역구 시·도의원과 지역구자치구·시·군의원을 말한다. 이하 같다)에 대한 주민소환투표를 청구함에 있어서 당해 시장·군수·자치구의 구청장 및 당해 지역구 지방의회의원 선거구 안의 읍·면·동 전체의 수가 3개 이상인 경우에는 3분의 1 이상의 읍·면·동에서 각각 주민소환투표청구권자 총수의 1만분의 5 이상 1천분의 10 이하의 범위 안에서 대통령령이 정하는 수 이상의 서명을 받아야 한다. 다만, 당해 시장·군수·자치구의 구청장 및 당해 지역구 지방의회의원 선거구 안의 읍·면·동 전체의 수가 2개인 경우에는 각각 주민소환투표청구권자 총수의 100분의 1 이상의 서명을 받아야 한다(주민소환법 §7·③).

주민소환투표청구권자 총수는 전년도 12월 31일 현재의 주민등록표 및 외국인등록표에 의하여 산정한다(주민소환법 §7·④).

ⅲ 서명요청활동 : 주민소환투표청구인 대표자(이하 '소환청구인 대표자'라 한다)와 서면에 의하여 소환청구인 대표자로부터 서명요청권을 위임받은 자는 대통령령이 정하는 서명요청 활동기간동안 주민소환투표의 청구사유가 기재되고 관할 선거관리위원회가 검인하여 교부한 주민소환투표 청구인 서명부(이하 '소환청구인 서명부'라 한다)를 사

용하여 주민소환투표 청구권자에게 서명할 것을 요청할 수 있다. 이 경우 제10조의 규정에 따라 서명이 제한되는 기간은 서명요청활동 기간에 산입하지 아니한다(주민소환법 §9·①). 소환정구인 서명부에 서명을 한 자가 그 서명을 철회하고자 하는 때에는 그 소환청구인 서명부가 관할 선거관리위원회에 제출되기 전에 이를 철회하여야 한다. 이 경우 소환청구인 대표자는 즉시 소환청구인 서명부에서 그 서명을 삭제하여야 한다(주민소환법 §9·③).

ⓘⓥ 서명요청활동의 제한 : ① 소환청구인 대표자와 서면에 소환청구인 대표자로부터 서명요청권을 위임받은 자(이하 '소환청구인대표자 등'이라 한다)는 해당 선출직 지방공직자의 선거구의 전부 또는 일부에 대하여 「공직선거법」의 규정에 의한 선거가 실시되는 때에는 그 선거의 선거일전 60일부터 선거일까지 그 선거구에서 서명을 요청할 수 없다. ② 주민소환투표권이 없는 자, 국가공무원·지방공무원, 다른 법령의 규정에 따라 공무원 신분을 가진 자, 공직선거법 제60조 제1항의 규정에 의하여 선거운동을 할 수 없는 자(제4호를 제외한다), 선출직 지방공직자의 해당 선거에 후보자가 되고자 하는 자(이하 '입후보예정자'라 한다), 입후보예정자의 가족(배우자, 입후보 예정자 또는 그 배우자의 직계존·비속과 형제자매,입후보예정자의 직계비속 및형제자매의 배우자를 말한다) 및 이들이 설립·운명하고 있는 기관·단체·시설의 임·직원은 「소환청구인대표자 등」이 될 수 없으며, 서명요청활동을 하거나 서명요청활동을 기획·주도하는 등 서명요청 활동에 관여할 수 없다(주민소환법 §10·①·②). ③ 소환청구인 대표자 등을 제외하고는 누구든지 서명을 요청할 수 없으며, 검인되지 아니한 소환청구인 서명부에 서명을 받을 수 없다. ④ 소환청구인 대표자 등이 소환청구인서명부를 제시하거나 구두로 주민소환투표의 취지나 이유를 설명하는 경우를 제외하고는 누구든지 인쇄물·시설물 및 그 밖의 방법을 이용하여 서명요청활동을 할 수 없다(주민소환법 §10·③·④).

ⓥ 주민소환투표의 청구제한기간(청구기간의 제한) : 제7조 제1항 내지 제3항의 규정에 불구하고 ① 선출직 지방공직자의 임기 개시일 부터 1년이 경과하지 아니한 때, ② 선출직 지방공직자의 임기만료일부터 1년 미만일 때, ③ 해당선출직 지방공직자에 대한 주민소환투표를 실시한 날부터 1년 이내인 때에는 주민소환투표의 실시를 청구할 수 없다(주민소환법 §8).

㉢ 주민소환투표운동

ⓐ 주민소환투표운동의 의의 : 이 법에 '주민소환투표운동'이라 함은 주민소환투표에 부치거나 부쳐질 사항에 관하여 찬성 또는 반대하는 행위를 말한다. ① 주민소환투표에 부쳐지거나 부쳐질 사항에 관한 단순한 의견개진 및 의사표시, ② 주민소환투표운동에 관한 준비행위는 주민소환투표운동으로 보지 아니

한다(주민소환법 §17).

ⓑ 주민소환투표운동의 기간 : 주민소환투표운동은 주민소환투표공고일의 다음날부터 투표일 전일까지(이하 '주민소환투표운동기간'이라 한다)할 수 있다(주민소환법 §18·①). 제1항의 규정에 불구하고 제13조 제2항의 규정에 의하여 주민소환투표가 실시될 경우의 주민투표운동기간은 주민소환투표일 전 25일부터 투표일 전일까지로 한다(주민소환법 §18·②).

ⓒ 주민소환투표운동을 할 수 없는 자 : 「공직선거법」 제60조 제1항 각 호의 어느 하나에 해당하는 자는 주민소환투표운동을 할 수 없다. 다만, 당해 주민소환투표 대상자는 그러하지 아니하다(주민소환법 §18·③).

ⓓ 주민소환투표운동의 방법 : 주민소환투표운동의 방법은 해당 주민소환투표 대상자의 선거에 관한 규정에 한하여 「공직선거법」 제61조·제63조(선거운동기구에 관한사항에 한한다), 제69조, 제79조(사회자에 관한 사항을 제외한다)·제82조(제1항 단서를 제외한다)·제82조의 4 및 제82조의 6의 규정을 준용한다(주민소환법 §19).

ⓔ 주민소환투표운동의 제한 : 누구든지 주민소환투표운동기간 중 이 법에서 준용하는「공직선거법」에 따른 선거운동기구의 설치, 신문광고, 공개장소에서의 연설·대담, 언론기관 초청대담·토론회, 정보통신망을 이용한 선거운동 및 인터넷 광고와 제27조 제1항의 규정에 의하여 준용되는「주민투표법」 제17조의 규정에 의하여 관할 선거관리위원회가 주관하는 주민소환투표공보의 발행·배부,「공직선거법」 제8조의 7의 규정에 따른 선거방송토론의원회가 중앙선거관리위원회 규칙으로 정하는 방법으로 개최하는 토론회(부득이한 사유로 토론회를 개최할 수 없는 경우에는옥내합동연설회를 말한다)를 제외하고는 어떠한 방법의 주민소환투표운동도 하여서는 아니된다.
제1항의 규정에 따라 주민소환투표운동을 하는 경우에는 ① 공직선거법 제80조의 규정에 따른 연설금지장소에서의 연설행위, ② 공직선거법 제82조의 5의 규정을 위반하여 전자우편을 이용한 주민소환투표정보를 전송하는 행위, ③ 공직선거법 제91조에서 정하는 확성장치 및 자동차 사용제한에 관한 규정을 위반하는 행위, ④ 공직선거법 제10조의 규정을 위반하여 야간에 연설·대담을 하는 행위, ⑤ 공직선서법 제106조의 규정을 위반하여 호별방문을 하는 행위, ⑥ 주민소환투표운동을 목적으로 서명 또는 날인을 받는 행위를 할 수 없다(주민소환법 §20·②).

㉣ 주민소환투표의 실시 등

ⓐ 주민소환투표청구의 각하 : 관할 선거관리위원회는 제27조 제1항의 규정에 의하여 준용되는「주민투표법」 제12조 제1항의 규정에 의하여 소환청구인 대표자가 제출한 주민소환투표청구가 ⓘ 유효한 서명의 총수가 제7조 제1항 내지 제3항의 규정에 의한 요건에 미달되는 경우, ⓘⓘ 제8조의 규정에 의한 주민소환

투표의 청구제한기간이내에 청구한 경우, ⅲ 주민소환투표청구서(이하 '소환청구서'라 한다)와 주민소환청구인 서명부를 제27조 제1항의 규정에 의하여 준용되는 「주민투표법」 제12조 제1항의 규정에 의한 기간을 경과하여 제출한 경우, ⅳ 제27조 제1항의 규정에 의하여 준용되는 「주민투표법」 제12조 제7항의 규정에 의한 보정기간 이내에 보정하지 아니한 경우에는 이를 각하하여야 한다(주민소환법 §11). 이 경우 관할선거관리위원회는 소환청구인 대표자에게 그 사유를 통지하고 이를 공표하여야 한다(주민소환법 §11).

ⓑ 주민소환투표의 발의 : 선서관리위원회는 제7조 제1항 내지 제3항의 규정에 의한 주민소환투표청구가 적법하다고 인정하는 경우에는 지체 없이 그 요지를 공표하고, 소환 청구인 대표자 및 해당 선출직 지방공직자에게 그 사실을 통지하여야 한다(주민소환법 §12·①).

관할 선거관리위원회는 제1항의 규정에 따른 통지를 받은 선출직 지방공직자(이하 '주민소환투표대상자'라 한다)에 대한 주민소환투표를 발의하고자 하는 때에는 제14조 제2항의 규정에 의한 주민소환투표 대상자의 소명요지 또는 소명서 제출기간이 경과한 날부터 7일 이내에 주민소환투표일과 주민소환투표안(소환청구서 요지를 포함하다)을 공고하여 주민소환투표를 발의하여야 한다(주민소환법 §12·②).

ⓒ 소명기회의 보장 : 관할 선거관리위원회는 제7조 제1항 내지 제3항의 규정에 의한 주민소환투표청구가 적법하다고 인정하는 때에는 지체 없이 주민소환투표대상자에게 서면으로 소명할 것을 요청하여야 한다(주민소환법 §14·①). 제1항의 규정에 의하여 소명요청을 받은 주민소환투표대상자는 그 요청을 받은 날부터 20일 이내에 500자 이내의 소명요지와 소명서(필요한 자료를 기재한 소명자료를 포함한다)를 관할 선거관리위원회에 제출하여야 한다. 이 경우 소명서 또는 소명요지를 제출하지 아니한 때에는 소명이 없는 것으로 본다(주민소환법 §14·②). 제12조 제2항의 규정에 의하여 주민소환투표일과 주민소환투표안을 공고하는 때에는 제14조 제2항의 규정에 의한 소명요지를 함께 공고하여야 한다(주민소환법 §14·③).

ⓓ 주민소환투표의 실시 : 주민소환투표일은 제12조 제2항의 규정에 의한 공고일부터 20일 이상 30일 이하의 범위 안에서 관할 선거관리위원회가 정한다. 다만, 주민소환투표 대상자가 자진사퇴, 피선거권상실 또는 사망 등으로 궐위된 때에는 주민소환투표를 실시하지 아니한다(주민소환법 §13·①). 주민소환투표 공고일 이후 90일 이내에 ⅰ 「주민투표법」에 의한 주민투표, ⅱ 「공직선거법」에 의한 선거·재선거 및 보궐선거(대통령 및 국회의원 선거를 제외한다), ⅲ 동일 또는 다른 선출직에 지방공직자에 대한 주민소환투표 또는 선거가 있을 때에는 제1항의 규정에 불구하고 주민소환

투표를 그에 병합하거나 동시에 실시할 수 있다(주민소환법 §13·②).

ⓔ 주민소환투표의 형식과 실시구역 : ⓘ 주민소환투표는 찬성 또는 반대를 선택하는 형식으로 실시한다. 지방자치단체의 동일 관할 구역에 2인 이상의 주민소환투표 대상자가 있을 때에는 관할 선거관리위원회는 하나의 투표용지에 그 대상자별로 제1항의 규정에 의한 형식으로 주민소환투표를 실시할 수 있다(주민소환법 §15). ⓘⓘ 지방자치단체의 장에 대한 주민소환투표는 당해 지방자치단체 관할 구역 전체를 대상으로 하고, 지방의회의원에 대한 주민소환투표는 당해 지방의회의원의 지역선거구를 대상으로 한다(주민소환법 §15·①·②).

ⓜ 주민소환투표의 확정과 효력(권한행사의 정지 및 권한 대행)

ⓐ 권한 행사의 정지 및 권한 대행 : 주민소환투표 대상자는 관할 선거관리위원회가 제12조 제2항의 규정에 의하여 주민소환투표안을 공고한 때부터 제22조 제3항의 규정에 의하여 주민소환투표 결과를 공표할 때까지 그 권한 행사가 정지된다(주민소환법 §21·①). 제1항의 규정에 의하여 지방자치단체의 장의 권한이 정지된 경우에는 부지사·부시장·부군수·부구청자(이하'부단체장'이라 한다)이 「지방자치법」 제111조의 제4항의 규정을 준용하여 그 권한을 대행하고, 부단체장이 권한을 대행할 수 없는 경우에는 「지방자치법」 제111조 제5항의 규정을 준용하여 그 권한을 대행한다(주민소환법 §21·②).

제1항의 규정에 따라 권한 행사가 정지된 지방의회의원은 그 정지기간동안 「공직선거법」 제111조의 규정에 의한 의정활동보고를 할 수 없다. 다만, 인터넷에 의정활동보고서를 게재할 수 있다(주민소환법 §21·③).

ⓑ 주민소환투표결과의 확정 : 주민소환은 제3조의 규정에 의한 주민소환투표권자(이하 '주민소환투표권자'라 한다) 총수의 3분의 1이상의 투표와 유효투표총수과반수의 찬성으로 확정된다. 전체 주민소환투표자의 수가 주민소환투표권자 총수의 3분의 1에 미달하는 때에는 개표를 하지 아니한다(주민소환법 §22·①·②).

관할 선거관리위원회는 개표가 끝난 때에는 지체 없이 그 결과를 공표한 후 소환청구인 대표자, 주민소환투표 대상자, 관계 중앙행정기관의 장, 당해 지방자치단체의 장(지방자치단체의 장이 주민소환투표 대상자인 경우는 제21조 제2항의 규정에 의하여 권한을 대행하는 당해 지방자치단체의 부단체장 등을 말한다)에게 통시하여야 한다. 제2항의 규정에 의하여 개표를 하지 아니한 때에도 또한 같다(주민소환법 §22·③).

ⓒ 주민소환투표의 효력 : 제22조 제1항의 규정에 의하여 주민소환이 확정된 때에는 주민소환투표 대상자는 그 결과가 공표된 시점부터 그 직을 상실한다(주민소환법 §23·①).

제1항의 규정에 의하여 그 직을 상실한 자는 그로인하여 실시하는 이 법 또는 공직선거법에 의한 해당 보궐선거에 후보자로 등록할 수 없다(주민소환법 §23·②).

㉥ 주민소환투표 소송 등(소청과 소송)

ⓐ 소 청 : 주민소환투표의 효력에 관하여 이의가 있는 해당 주민소환투표 대상자 또는 주민소환투표권자(주민소환투표권자 총수의 100분의 1이상의 서명을 받아야 한다)는 제22조 제3항의 규정에 의하여 주민소환투표 결과가 공표된 날부터 14일 이내에 관할 선거관리위원회위원장을 피소청인으로 하여 지역구 시·도의원, 지역구 자치구·시·군의원 또는 시장·군수·자치구의 구청장을 대상으로 하는 주민소환투표에 있어서는 특별시·광역시·도 선거관리위원회에, 시·도지사를 대상으로 하는 주민소환투표에 있어서는 중앙선거관리위원회에 소청할 수 있다(주민소환법 §24·①).

ⓑ 소 송 : 제1항의 규정에 따른 소청에 대한 결정에 관하여 불복이 있는 소청인은 관할 선거관리위원회위원장을 피고로 하여 그 결정서를 받은 날(결정서를 받지 못한 때에는 공직선거법 제220조 제1항의 규정에 의한 결정기간이 종료된 날을 말한다.)부터 10일 이내에 지역구·시·군의원 또는 시장·군수·자치구의 구청장을 대상으로 하는 주민소환투표에 있어서는 그 선거구를 관할하는 고등법원에, 시·도지사를 대상으로 하는 주민소환투표에 있어서는 대법원에 소를 제기할 수 있다(주민소환법 §24·②).

ⓒ 공직선거법준용 : 주민소환투표에 관한 소청 및 소송의 절차에 관하여는 이 법에 규정된 사항을 제외하고는 「공직선거법」 제219조 내지 제229조의 규정 중 지방자치단체의 장 및 지방의회의원에 관한 규정을 준용한다(주민소환법 §24·③).

ⓓ 보궐선거실시제한 : 제24조의 규정에 따른 주민소환투표에 관한 소청 및 소송이 제기되거나 제27조 제1항의 규정에 의하여 준용되는 「주민투표법」 제26조의 규정에 의한 재투표가 실시되는 때에는 그 결과가 확정된 후에 보궐선거를 실시하여야 한다(주민소환법 §25·①).

㉦ 주민소환투표 관리경비

ⓐ 각자부담 : 주민소환투표 사무의 관리에 필요한 ① 주민소환투표의 준비·관리 및 실시에 필요한 비용, ② 주민소환투표 공보의 발행, 토론회 등의 개최 및 불법주민소환투표운동의 단속에 필요한 경비, ③ 주민소환투표에 관한 소청 및 소송과 관련 된 경비 ④ 주민소환투표 결과에 대한 자료의 정리, 그 밖에 주민소환투표 사무의 관리를 위한 관할 선거관리위원회의 운영 및 사무처리에 필요한 경비는 당해 지방자치단체가 부담하되, 소환청구인 대표자 및 주민소환투표 대상자가 주민소환투표운동을 위하여 지출한 비용은 각자 부담한다(주민소환법 §26·①).

ⓑ 관할선관위에 납부 : 지방자치단체는 제1항의 규정에 의한 경비를 주민소환투표를 발의일부터 5일 이내에 관할 선거관리위원회에 납부하여야 한다(주민소환법 §26·②).

㉵ 주민의 감사청구권

【기출문제】 <2006년 행정고시(사례형)>

㉠ 의의 및 취지·기능 : 지방자치단체의 19세 이상의 주민은 당해 지방자치단체와 그 장의 권한에 속하는 사무의 처리가 법령에 위반되거나 공익을 현저히 해한다고 인정되는 경우에는 감사를 청구할 수 있다(지자법 §16·①).

주민감사청구제도는 주민의 지방자치행정에의 참여를 도모하고 지방자치단체의 잘못된 행정을 통제하기 위하여 주민에게 인정된 권리이다. 그러므로 감사청구권 제도는 완화된 주민참여제도의 일종이다.

㉡ 청구권자 및 청구의 상대방(감사기관) : 지방자치단체의 19세 이상의 주민은 시·도는 500명, 50만 이상 대도시는 300명, 그 밖의 시·군·구는 200명을 초과하지 아니하는 범위 내에서 당해 지방자치단체의 조례가 정하는 19세 이상의 주민수 이상의 연서로 시·도에 있어서는 주무부장관에게, 시·군 및 자치구에 있어서는 시·도지사에게 감사를 청구할 수 있다(지자법 §16·①).

감사청구권도 조례 제·개폐청구권에서 설명한 바와 같이 국내거주재외국민 중 국내거소신고인명부에 올라있는 자와 19세 이상 외국인으로서 영주의 체류자격을 취득하고 3년이 경과한 자로서 해당 지방자치단체의 외국인등록대장에 올라있는 자에게도 감사청구권을 부여하였다(개정지자법 §16·⑨).

㉢ 청구의 대상 및 제외사항 : 주민감사청구의 대상은 당해 지방자치단체와 그 장의 권한에 속하는 사무로서 법령에 위반되거나 공익을 현저히 해한다고 인정되는 사항이다. 다만, ⓐ 수사 또는 재판에 관여하게 되는 사항, ⓑ 개인의 사생활을 침해할 우려가 있는 사항, ⓒ 다른 기관에서 감사하였거나 감사 중인 사항,(다만, 다른 기관에서 감사한 사항이라도 새로운 사항이 발견되거나 중요사항이 감사에서 누락된 경우와 주민소송의 대상이 되는 경우에는 그러하지 아니하다) ⓓ 동일한 사항에 대하여 제17조 제2항 각 호의 어느 하나에 해당하는 소송이 계속 중이거나 그 판결이 확정된 사항은 감사청구의 대상에서 제외한다(지자법 §16·①).

감사청구는 당해 사무처리가 있었던 날 또는 종료된 날부터 2년을 경과하면 제기할 수 없다(지자법 §16·②).

㉣ 감사의 실시 : 주무부장관 또는 시·도지사는 감사청구를 수리한 날부터 60일 이내에 감사 청구된 사항에 대하여 감사를 종료하여야 하며, 그 감사결과를 청구인의 대표자와 당해 지방자치단체의 장에게 서면으로 통지하고 이를 공표하여야 한다(지자법 §16·③). 주무부장관 또는 시·도지사는 주민감사청구를 처리함에 있어서 청구인의 대표자에게 반드시 증거제출 및 의견진술의 기회를 부여하여야 한다(§16·⑤). 행정절차

에 참여할 권리가 보장되었다는 점이다.

ⓜ 중복감사의 방지 : 주무부장관 또는 시·도지사는 주민이 감사를 청구한 사항이 다른 기관에서 이미 감사한 사항이거나 감사 중인 사항인 경우에는 그 기관에서 실시한 감사결과 또는 감사 중인 사실과 감사종료 후 그 결과를 통지하겠다는 사실을 청구인의 대표자에게 통지하여야 하고, 당해 기관에도 그 사실을 통지해야 한다(§16·④).

ⓗ 감사결과에 따른 필요조치 요구 : 주무부장관 또는 시·도지사는 당해 지방자치단체의 장에게 감사결과에 따라 기간을 정하여 필요한 조치를 요구할 수 있다. 이 경우 당해 지방자치단체의 장은 이를 성실히 이행하여야 하고 그 조치결과를 지방의회와 주무부장관 또는 시·도지사에게 보고하여야 한다.

주무부장관 또는 시·도지사는 감사결과에 따른 조치요구 내용과 당해 지방자치단체의 장의 조치결과를 청구인의 대표자에게 서면으로 통지하고 이를 공표하여야 한다(지자법§16·⑥·⑦).

㉶ 주민소송

【기출문제】 <2008년 행정고시(일반 행정직)(사례형)>

㉠ 주민소송의 의의 : 주민소송이란 주민이 지방자치단체의 위법한 재무회계행위를 시정하기 위하여 법원에 제기하는 소송을 말한다. 2006년 1월 1일부터 도입되었다(지자법 부칙§2).

주민소송은 미국·프랑스 등의 납세자소송에 비교되는 소송으로 주민의 직접참여에 의한 지방행정의 공정성과 투명성 강화와 감시 및 통제의 기능을 갖는다.

㉡ 성 질 : 주민소송은 지방자치단체의 위법한 재무회계행위를 시정하고자 하는 공익목적을 가지고 제기되는 소송으로서 행정소송법상 공익소송·민중소송이며 구체적인 권익침해 없이도 제기되고 적법성 통제를 목적으로 하는 소송으로서 객관소송이다.

㉢ 주민소송의 유형 : 지방자치법 제17조 제2항은 주민소송을 다음의 4가지로 한정하고 있다.

ⓐ 중지소송(금지청구소송) : 당해 행위를 계속할 경우 회복이 곤란한 손해를 발생시킬 우려가 있는 경우에는 당해 행위의 전부 또는 일부의 중지를 구하는 소송이다. 이 중지청구소송은 당해 행위를 중지함으로써 생명 또는 신체에 대한 중대한 위해발생의 우려가 있거나 그 밖에 공공복리를 현저하게 저해할 우려가 있는 때에는 이를 제기할 수 없다(§17·③).

ⓑ 처분소송(취소소송·무효등 확인소송) : 행정처분인 당해 행위의 취소 또는 변경을 구하거나 효력의 유무 또는 존재여부의 확인을 구하는 소송.

ⓒ 부작위위법확인소송(사실소송) : 당해 해태사실의 위법확인을 구하는 소송.

ⓓ 손해배상청구 등 의무이행소송(재산소송) : 당해 지방자치단체의 장 및 직원, 지방의회의원, 당해 행위와 관련이 있는 상대방에게 손해배상청구 또는 부당이득반환청구를 할 것을 요구하는 소송이다. 다만, 지방자치단체의 직원이 「지방재정법」 제94조 또는 「회계관계직원등의책임에관한법률」 제4조의 규정에 의하여 변상책임을 져야 하는 경우에는 당해 변상명령을 할 것을 요구하는 소송이다.

㉣ 소송당사자적격(§17·①)

ⓐ 원고적격 : 감사청구한 주민이 주민소송을 제기할 수 있다. 감사청구한 주민이라면 누구나 제소할 수 있다. 1인에 의한 제소도 가능하다.

감사청구를 할 수 있는 주민은 선거권이 있는 자에 한정되므로 외국인, 법인 등 단체는 주민소송을 제기할 당사자 적격이 없다.

주민소송은 감사 청구한 주민이 제기할 수 있으므로 「감사청구전치주의」가 적용된다.

감사청구전치주의는 주민소송의 남용을 막고 주민감사기관의 전문성을 활용하고, 법원의 부담을 줄이기 위하여 도입된 것이다.

주민감사청구의 실효성이 확보되지 않는 경우 주민소송제기권이 제약되는 결과를 가져오므로 주민감사청구의 실효성을 강화하는 조치가 있어야 한다.[32)]

ⓑ 피고적격 : 주민소송의 피고는 당해 지방자치단체의 장(당해 사항의 사무처리에 관한 권한을 소속기관의 장에게 위임한 경우에는 그 소속기관의 장)이다(§17·①).

㉤ 주민소송의 대상(제소사유) : 주민소송의 대상은 감사청구한 재무사항(공금의 지출에 관한 사항, 재산의 취득·관리·처분에 관한 사항, 당해 지방자치단체를 당사자로 하는 매매·임차·도급 그 밖의 계약의 체결·이행에 관한 사항, 또는 지방세·사용료·수수료·과태료 등 공금의 부과·징수의 해태에 관한 사항) 관련 있는 위법한 행위나 해태사실이다(§17·①).

주민소송이 계속 중인 경우 다른 주민은 동일한 사항에 대하여 별도의 소송을 제기할 수 없다(별소금지: §17·⑤).

㉥ 출소기간

주민소송은 다음의 어느 하나에 해당하는 날부터 90일 이내에 제기하여야 한다(§17·④).

ⓐ 주무부장관 또는 시·도지사가 감사청구를 수리한 날부터 60일을 경과하여도 감사를 종료하지 아니한 경우는 당해 60일이 종료된 날부터,

ⓑ 감사결과 또는 감사결과에 따라 기간을 정하여 필요한 조치를 요구한 경우의 그 조치요구에 불복이 있는 경우는 당해 감사결과 또는 조치요구 내용에 대한 통지를 받은 날부터,

---

32) 박균성, 행정법론(하), 70쪽.

ⓒ 주무부장관 또는 시·도지사의 조치요구를 지방자치단체의 장이 이행하지 아니한 경우는 당해 조치요구시 지정한 처리기간이 만료된 날부터,

ⓓ 지방자치단체의 장의 이행조치에 불복이 있는 경우는 당해 이행조치결과에 대한 통지를 받은 날부터, 각각 90일 이내에 주민소송을 제기하여야 한다(§17·①·④).

㉦ 관할법원 : 주민소송은 당해 지방자치단체의 사무소 소재지를 관할하는 행정법원(행정법원이 설치되지 아니한 지역의경우에는행정법원의 권한에 속하는 사건을 관할하는 지방법원본원을 말한다)의 관할로 한다(§17·⑨).

㉧ 소송절차

ⓐ 소송의 중단과 수계 등(원고의 사망 또는 주민자격의 상실) : 소송의 계속 중에 소송을 제기한 주민이 사망하거나 제12조의 규정에 의한 주민의 자격을 잃은 때에는 소송절차는 중단된다. 소송대리인이 있는 경우에도 또한 같다(§17·⑥).

이 경우 감사청구에 연서한 다른 주민은 제6항의 규정에 의한 사유가 발생한 사실을 안 날부터 6월 이내에 소송절차를 수계할 수 있다. 이 기간 이내에 수계절차가 이루어지지 아니할 경우 당해 소송절차는 종료된다(§17·⑦).

법원은 제6항의 규정에 의하여 소송이 중단된 경우에는 감사청구에 연서한 다른 주민에게 소송절차 중단의 사유와 소송절차 수계의 방법을 지체 없이 통지하여야 한다. 이 경우 법원은 감사청구에 기재된 주소로 통지를 우편으로 발송할 수 있고, 우편물이 통상 도달할 수 있는 때에 감사청구에 연서한 다른 주민은 제6항의 사유가 발생한 사실을 안 것으로 본다(§17·⑧).

ⓑ 소송고지·시효중단(이해관계 있는 제3자의 권익보호) : 당해 지방자치단체의 장은 중지소송(금지청구소송)·처분소송(취소소송·무효등 확인소송)·부작위위법확인소송(사실소송)이 제기되어 그 소송의 결과에 따라 권리 또는 이익의 침해를 받을 제3자가 있는 경우에는 그 제3자에 대하여, 의무이행소송(재산소송)이 제기된 경우에는 당해 직원·지방의회의원 또는 상대방에 대하여, 각각 소송고지를 하여 줄 것을 법원에 신청하여야 한다(§17·⑩).

의무이행소송(재산소송)이 제기된 경우에 지방자치단체의 장이 한 소송고지신청은 당해 소송에 관한 손해배상 또는 부당이득반환청구권의 시효중단에 관하여 「민법」 제168조 제1호의 규정에 의한 청구로 본다. 시효중단의 효력은 그 소송이 종료된 날부터 6월 이내에 재판상 청구, 파산절차참가, 압류 또는 가압류, 가처분을 하지 아니하면 그 효력이 생기지 아니한다(§17·⑪·⑫).

ⓒ 소송참가 : 국가, 상급 지방자치단체 및 감사청구에 연서한 다른 주민과 제10항의 규정에 의하여 소송고지를 받은 자는 법원에 계속 중인 소송에 참가할 수 있다(§17·⑬).

ⓓ 소의 취하·소송의 화해 또는 청구의 포기의 금지 : 중지소송·처분소송·부작위

위법확인소송·의무이행소송에 있어서 당사자는 법원의 허가를 얻지 아니하고는 소의 취하, 소송의 화해 또는 청구의 포기를 할 수 없다. 이 경우 법원은 허가하기 이전에 감사청구에 연서한 다른 주민에게 이를 통지하여야 하며, 통지한 때부터 1월 이내에 허가여부를 결정하여야 한다. 위 통지에 관하여는 제8항 후단의 규정을 준용한다(§17·⑭).

㉧ 판결의 효력

민중소송의 유형에 따른 효력을 살펴보기로 한다.

ⓐ 중지소송판결 : 중지소송에서 인용판결인 금지판결이 있으면 기속력에 의해 관계 행정청은 당해 행위를 중지할 부작위의무를 진다.

ⓑ 처분소송판결 : 처분소송에서 취소소송 또는 무효 등 확인소송의 인용판결은 행정소송법상의 취소판결 또는 무효 등 확인판결과 같은 효력을 갖는다.

ⓒ 부작위위법확인소송판결 : 부작위위법확인소송에서 부작위위법확인판결이 있으면 관계 행정청에게 판결의 취지에 따른 작위의무를 진다.

ⓓ 의무이행소송판결 : 의무이행소송에서 이행판결이 있으면 ⓘ 지불청구와 소송제기 : 지방자치단체의 장은 제17조 제2항 제4호 본문의 규정에 의한 소송에 대하여 손해배상 또는 부당이득반환의 청구를 명하는 판결이 확정된 때에는 당해 판결이 확정된 날부터 60일 이내를 기한으로 하여 해당 당사자에게 그 판결에 의하여 결정된 손해배상금 또는 부당이득반환금의 지불을 청구하여야 한다. 다만 손해배상금은 부당이득반환금을 지불하여야 할 당사자가 지방자치단체의 장인 경우에는 당해 지방의회의 의장이 그 지불을 청구하여야 한다(§18·①)(지불청구). 지방자치단체는 제1항의 규정에 의하여 지불청구를 받은 자가 동항의 기한 내에 손해배상금 또는 부당이득반환금을 지불하지 아니한 때에는 손해배상·부당이득반환의 청구를 목적으로 하는 소송을 제기하여야 한다(소송제기). 이 경우 그 소송의 상대방이 이 지방자치단체의 장인 경우에는 당해 지방의회의장이 당해 지방자치단체를 대표한다(§18·②).

ⓘⓘ 변상명령과 제소금지 : 지방자치단체의 장은 제17조 제2항 제4호 단서의 규정에 의한 소송에 대하여 변상명령을 명하는 판결이 확정된 때에는 당해 판결이 확정된 날부터 60일 이내를 기한으로 하여 해당 당사자에게 그 판결에 의하여 결정된 금액의 변상명령을 하여야 한다(§19·①)(변상명령). 제1항의 규정에 의하여 변상명령을 받은 자가 동항의 기한 내에 변상금을 지불하지 아니한 때에는 지방세체납처분의 예에 따라 이를 징수할 수 있다. 제1항 규정에 의하여 변상명령을 받은 자는 이에 불복하는 경우 행정소송을 제기할 수 있다. 다만, 행정심판법에 의한 행정심판청구는 제기할 수 없다(§19·②·③)(제소금지).

㉧ 소송비용·적용법규 기타

ⓐ 소송비용(비용의 보상) : 소송을 제기한 주민은 승소(일부 승소를 포함한다)한 경우에 당해 지방자치단체에 대하여 변호사 보수 등의 소송비용, 감사청구절차의 진행 등을 위하여 소요된 여비 그 밖에 실비의 보상을 청구할 수 있다. 이 경우 당해 지방자치단체는 청구된 금액의 범위 안에서 당해 소송을 진행하는데 객관적으로 소요된 것으로 인정되는 금액을 지급하여야 한다(§17·⑯).

ⓑ 적용법규 : 주민소송에 대하여는 지방자치법에 규정된 것을 제외하고는 행정소송법을 적용한다(§17·⑰).

ⓒ 기 타(소가) : 주민소송은 「민사소송등인지법」 제2조 제4항의 규정에 의한 소정의 비재산권을 목적으로 하는 소송으로 본다(§17·⑮).

㉨ 그 밖의 권리

주민은 그 밖에도 ⓐ 지방자치단체의 위법한 처분에 대하여 행정쟁송법에 의한 행정쟁송제기권 ⓑ 국가배상법에 의한 손해배상청구권, 토지보상법에 의한 손실보상청구권 ⓒ 지방의회방청권, 지방의회의사록열람권 및 정보공개조례에 의한 정보제공청구권 등 각종 조례에 의한 개별적 권리가 인정되고, 특히 행정절차에 참여할 권리가 보장되어 있다.

판례 **〈주민이 본회의 또는 위원회의 안건심의 중 안건에 관하여 발언한다는 것은 의회대표제원리하에서 허용될 수 없다.〉** 지방자치법상의 의회대표제하에서 의회의원과 주민은 엄연히 다른 지위를 지니는 것으로서 의원과는 달리 정치적·법적으로 아무런 책임을 지지 아니하는 주민이 본회의 또는 위원회의 안건심의 중 안건에 관하여 발언한다는 것은 선거제도를 통한 대표제원리에 정면으로 위반되는 것으로서 허용될 수 없고, 다만 간접민주제를 보완하기 위하여 의회대표제의 본질을 해하지 않고 의회의 기능수행을 저해하지 아니하는 범위 내에서 주민이 의회의 기능수행에 참여하는 것 - 예컨대 공청회에서 발언하거나 본회의 위원회에서 참고인, 증인, 청원인의 자격으로 발언하는 것은 허용된다(대판 1993.2.26, 92추109).

2) 의 무

주민은 그 지방자치단체의 「비용을 분담」한다. 현재의 지방자치법은 비용 분담의 형태로 지방세, 사용료, 수수료, 분담금 등을 규정하고 있다(동법 §135~§138). 종래의 지방자치법에서는 비상재해시 주민으로부터 「부역, 현품」을 징수할 수 있도록 규정하고 있었으나, 현행법에서는 폐지되었다. 그러나 그밖에 개별법에서 주민은 「노역 및 물품」 제공의무를 부담하는데, 재난및안전관리기본법 제45조(응급부담), 방조제관리법 제10조(응급조치), 농어업재해대책법 제7조(응급조치), 도로법 제47조(비상재해) 등에서 그 예를 볼 수 있다. 「이용강제의무」가 되는 경우도 있다. 하수도법 제27조 및 제65조의 공공하수도의 이용강제와 사용료징수, 장사등에관한법률 제13조 및 제23조의 사설화장시설이 없는 지역에서 공설화장시설의 이용강제와 사용료, 관리비의 부과, 분묘설치기간강제(동법 §19, §20) 등을 들 수 있고, 과태료 납부의무(조례위반 행위에 대하여 주민은 조례에 의하여 1천만 원 이하의 범위에서 과태료를 납부해야 할 의무를 부담: 지자법 §27·①·②)도 있다.

(3) 지방자치단체의 지배권(자치권)

후술함(지방자치단체의 권한또는 권능 참조).

Ⅳ. 지방자치단체의 사무

【기출문제】 **<1995년 (제39회) 행정고시 (약술형)>**	※ 지방자치단체의 사무와 그에 대한 국가의 지도·감독
<1989년 (제31회) 사법시험 (약술형)>	※ 지방자치단체의 위임사무(단체위임사무)
<1996년 (제38회) 사법시험 (약술형)>	※ 기관위임사무
<2001년 (제45회) 행정고시 (약술형)>	※ 기관위임사무에 대한 지방의회의 관여

1. 국가와 지방자치단체간의 기능배분

(1) 기능배분의 개념 및 성격

1) 기능배분의 개념

현대사회의 정부역할 증대는 어느 국가에서나 보편적인 현상이다. 따라서 이렇게 양적으로 팽창되고 질적으로 전문화해 가고 있는 정부의 역할을 중앙정부와 지방정부가 어떻게 분담하여 처리할 것인가의 문제가 중요시된다. 이는 바로 국가가 처리해야 할 사무는 무엇이고, 광역자치단체가 처리해야 할 사무는 어떤 것이고, 기초자치단체가 처리해야 할 사무는 어떤 것인가를 구별하는 문제가 기능배분의 문제이다.

기능배분의 문제가 중시되는 이유는 국민의 생활과 직결되는 정부의 행정사무를 중앙정부와 각급 지방정부에 어떻게 배분하느냐에 따라 공급서비스의 수준이 결정되기 때문이다.

2) 기능배분의 성격

① 정치·행정문화·체제와 밀접관련

중앙집권과 권위주의가 발달한 나라에서는 중앙정부 또는 상급 자치단체에 기능이 집중적으로 배분되는 반면, 지방분권과 민주주의가 발달한 나라에서는 특히 기초자치단체에 많은 기능이 배분되게 한다.

② 지방정부의 관할구역과 밀접관련

국가의 규모가 커서 지방정부의 관할구역도 크고 그 조직 또한 잘 발달된 나라에서는 지방정부의 기능이 증대하는 반면, 국가의 규모가 작아 지방정부의 관할구역이 작고 그 조직 또한 중앙정부조직에 비해 미약한 나라에서는 중앙정부에 많은 기능이 집중되게 된다.

③ 지방자치의 계층구조와 밀접관련

지방자치의 계층이 한 개뿐이면 중앙정부와 지방정부의 기능배분은 비교적 간단한 성격을 띠게 되지만, 지방자치의 계층이 둘 이상의 다층구조를 지니게 되면 지방정부간의 또 다른 기능배분문제가 발생하게 되어 기능배분은 상당히 복잡하고 기술적인 성격을 띠게 된다.

(2) 기능배분의 원칙

기능배분의 원칙에 관하여는 여러 가지 원칙들이 제시되고 있고 실제로 각 나라에서 사용하고 있는 기능배분의 원칙들도 공통적인 것은 아니다.

국가와 지방자치단체의 기능배분은 나라마다의 정치·행정의 역사와 전통, 정치·행정의 이념, 지방분권화의 정도, 사회·경제적 환경, 과학기술과 교통·통신의 발달정도, 개별적 사무의 성질과 내용 등에 따라 달라지는 것이기 때문이다. 따라서 여기서는 기능배분의 원칙으로 각국에서 사용되고 있는 기능배분의 원칙 중에서 공통되고 중요한 원칙을 살펴보고자 한다.

1) 불경합원칙

이는 중앙정부와 각급 지방자치단체가 그 사무를 처리함에 있어서 서로 중복되거나 경쟁적으로 이루어지지 아니하도록 사무의 소속과 그 처리에 대한 권한·책임을 명확히 하여야 한다는 원칙이다. 불경합원칙은 사무처리의 중복에서 야기되는 이중감독·이중규제·이중행정 등의 폐해와 이로부터 발생하는 낭비와 대립을 줄이기 위한 기능배분의 원칙으로 나라에 따라서는 행정책임명확화의 원칙 또는 권한중복금지의 원칙이라고도 한다.

2) 기초자치단체 우선의 원칙

이는 공공의 행정사무를 민주적으로 수행하기 위해서는 주민참여와 주민통제가 용이한 지방자치단체의 가장 최저단계인 기초자치단체에 가능한 많은 사무를 배분하고, 특히 주민의 생활에 밀착된 사무는 그 신변에 가까운 단체에 배분해야 한다는 원칙이다.

기초자치단체의 우선원칙은 행정서비스가 가능한 주민과 가까운 위치에서 수행되도록 함으로써 행정서비스의 적실성과 민주성을 제고하고자 하는 기능배분의 원칙으로 나라에 따라서는 현지성의 원칙 또는 주민밀착성의 원칙이라고 한다.

3) 경제성의 원칙

이는 행정의 능률적인 집행을 위해서 행정기능은 행정주체의 규모, 행·재정적 능력, 그리고 행정대상이 되는 인구들에 비추어 가장 능률적이고 경제적으로 수행될 수 있도록 배분되어야 한다는 원칙이다.

경제성의 원칙은 최소의 비용으로 최대의 효과를 확보하고자 하는 행정능률화를 위한 기능배분의 원칙으로 나라에 따라서는 능률성원칙이라고도 한다.

4) 종합성의 원칙

이는 행정의 일관성과 주민편의를 위해서는 지방행정이 종합적으로 이루어져야 하는데 이를 위한 방법으로 지방행정기능을 중앙정부의 일선기관인 특별지방행정기관에 부여할 것이 아니라 일반지방자치단체에 우선 배분하고, 사무의 위임에 있어서도 기관위임보다는 단체위임이 우선적으로 이루어져야 한다는 원칙이다.

(3) 기능배분의 방식

국가와 지방자치단체간 또는 지방자치단체 상호간의 기능배분방식도 나라에 따라 다르나, 이는 대체로 다음과 같은 3가지 수권방식으로 유형화할 수 있다.

1) 개별적 수권방식

이는 지방자치단체가 처리해야 할 행정기능과 사무를 개개의 지방자치단체별, 사무종류별로 분류하여 필요할 때마다 지방자치법 외에 개별적인 법률을 통하여 배분하는 방식이다.

개별적 수권방식은 중앙정부와 자치단체 또는 자치단체 상호간의 기능배분이 명확하고 그 한계가 분명하여 사무의 중복을 피할 수 있으며 중앙정부의 통제를 방지하고 지방자치단체의 특성에 맞는 자치행정을 확보할 수 있다는 장점이 있다. 반면 빈번한 법률제정으로 인해 시간의 지연과 낭비를 초래할 수 있고 수많은 개별 법률의 양산은 행정상 혼란과 낭비를 초래하기 쉬우며 지방자치단체간의 관계도 법률의 제정과 개정시마다 변경될 수밖에 없다는 단점이 있다.

개별적 수권방식은 영국과 미국을 비롯하여 캐나다, 호주, 스웨덴 등의 국가에서 채택되고 있다.

2) 포괄적 수권방식

이는 법률에 의해 특별히 금지된 사항이나 중앙정부 또는 다른 지방자치단체의 전권에 속하는 사무 외의 모든 지방적 행정기능과 사무를 지방자치단체가 수행할 수 있도록 헌법이나 법률에 포괄적으로 규정하여 배분하는 방식이다.

포괄적 수권방식은 지방자치단체의 행정수행에 신축성을 부여하는 장점이 있다. 반면, 기능배분의 불명확성으로 인하여 지방자치단체간의 불필요한 사무의 중복을 초래할 수 있고, 자치사무와 위임사무의 한계가 모호할 수 있으며, 중앙정부 또는 상급 지방자치단체의 무제한적인 통제를 초래하기 쉽다는 단점이 있다. 또한 포괄적 수권방식에 의하면 지방자치단체에 보다 광범위한 권한이 부여될 것 같이 보이나 각 분야에서 제정되는 각종의 특별법을 통하여 국가 또는 상급 자치단체의 소관사항으로 규정되는 사무가 늘어남으로써 실제에 있어서는 개별적 수권방식을 채택하고 있는 국가에 있어서보다 지방자치의 기능이 협소한 것이 일반적이다. 포괄적 수권방식은 프랑스와 독일을 비롯한 유럽대륙계의 많은 나라에서 채택되고 있다.

3) 절충적 수권방식

이는 개별적 수권방식과 포괄적 수권방식을 절충한 것으로 각급 지방자치단체에 종합적으로 적용되는 기능배분기준을 제시하되 구체적으로 사무종목을 예시 또는 열거하는 방식이다.

절충적 수권방식은 개별적 수권방식과 포괄적 수권방식의 단점을 보완할 수 있는 장점이 있다. 반면, 그 절차가 복잡하고 행정사무의 종류와 기준을 중앙정부가 정하기 때문에 관치행정의 성격이 농후하여 동일한 자치단체에서도 관치행정과 자치행정이 동시에 이루어지기 때문에 지방행정의 이원화의 우려가 있다는 단점이 있다.

절충적 수권방식은 우리나라·일본·나이지리아 등에서 채택되고 있다. 일본은 개개의 지방자치단체별로 사무배분을 하지는 않고, 지방자치단체를 광역적 자치단체와 기초적 자치단체로 나누어 일괄 배정하되, 법적수탁사무로서 광역자치단체가 처리할 사무(제1호)와, 기초자치단체가 처리할 사무(제2호)를 각 개별법의 근거를 제시하여 일일이 열거하는 이른바 '열거적 포괄수권방식'을 채택하고 있다.

우리나라는 지방자치법에서 광역자치단체가 처리할 사무와 기초자치단체가 처리할 사무를 개략적으로 예시하여 일괄배정하고, 동법시행령에서 별표를 통하여 그 예시사무의 광역자치단체와 기초자치단체별 배분을 열거하는 이른바 「예시적 포괄수권방식」을 채택하고 있다(동법§9, §10, 동법시행령§8, 별표1).

(4) 기능배분의 기준

1) 국가의 기능(국가사무의처리제한 : 지자법 §11)

국가와 지방자치단체간의 기능을 배분함에 있어서는 그 성질상 당연히 국가가 담당하여야 할 사무를 제외하고는 모두 지방자치단체가 담당하는 것이 바람직하다. 지방자치단체는 다음 각 호에 해당하는 국가사무를 처리할 수 없다.

① 국가의 존립에 필요한 사무
외교, 국방(병무), 사법, 국세 등과 화폐, 대통령 및 국회의원선거, 국가의 조직 및 재정, 행형, 국가경찰에 관한 사무 등

② 전국적으로 통일적 처리를 요하는 사무
물가정책, 금융정책, 수출입정책 등과 식량관리, 농지제도 및 어업권제도의 개선, 무역 및 검역, 보험업·광업·전기사업·해상운송사업 등의 감독, 공정거래의 확보, 해난심판, 마약단속, 중요한 문화재보호에 관한 사무 등

판례 〈골재채취업등록 및 골재채취허가사무는 전국적으로 통일적 처리가 요구되는 중앙행정기관인 건설교통부장관의 고유업무인 국가사무로서 지방자치단체의 장에게 위임된 기관위임사무에 해당한다.(대판 2004.6.11, 2004추34)〉

③ 전국적 규모의 사무
농림·축·수산물 및 양곡의 수급조절과 수출입 등

④ 정책상 전국적 규모로서 전국적·종합적으로 행하는 기획에 관한 사무
국가종합경제개발계획, 국토종합개발계획, 국가하천, 국유림, 지정항만, 고속국도, 일반국도, 국립공원 등과 경제개발계획, 전국주요간선도로계획에 관한 사무 등

⑤ 전국적으로 기준의 통일 및 조정을 요하는 사무
근로기준, 측량단위(도량형 기준설정) 등과 의사·약사 등의 시험과 면허, 전국적인 통계조사 등

⑥ 전국적·광역적 규모의 현업사무
우편, 철도 등과 전화, 전신, 전매에 관한 사무 등

⑦ 지방자치단체의 기술 및 재정능력으로 감당하기 어려운 고도의 기술을 요하는 사무
원자력개발사업, 기상행정, 항공관리, 고도의 연구·시험·검사에 관한 사무

⑧ 기 타
㉮ 사회정책요구에 대응하기 위한 사무
실업대책, 사회보장, 생활보호기준의 설정에 관한 사무 등
㉯ 국가발전에 관한 사무 : 국가형성 및 국민형성, 사회변동의 관리에 관한 사무 등
㉰ 지방자치단체의 조정사무 : 지방자치단체간의 연락·조정사무, 지방재정제도운영에 관한 사무, 자치단체의 사무배분과 기관설치에 관한 기준설정에 관한 사무 등
㉱ 도의 구역을 넘고 도 상호간의 협의에 의하여 처리하기 곤란한 사무 및 지방자치단체의 구역에 관계가 없는 사무 : 원양어업, 대하천, 항만간척, 발전소, 대규모 토지개량사업에 관한 사무 등이다(지자법 §11).

판례 〈법령상 지방자치단체의 장이 처리하도록 규정하고 있는 사무가 자치사무 또는 기관위임사무에 해당하는지 여부의 판단기준〉 헌법 제117조 제1항과 지방자치법 제15조에 의하면 지방자치단체는 법령의 범위 안에서 그 사무에 관하여 자치조례를 제정할 수 있으나 이 때 사무란 지방자치법 제9조 제1항에서 말하는 지방자치단체의 자치사무와 법령에 의하여 지방자치단체에 속하게 된 단체위임사무를 가리키므로 지방자치단체가 자치조례를 제정할 수 있는 것은 원칙적으로 이러한 자치사무와 단체위임사무에 한한다. 그러므로 국가사무가 지방자치단체의 장에게 위임된 기관위임사무는 원칙적으로 자치조례의 제정범위에 속하지 않는다 할 것이고, 다만 개별법령에서 일정한 사항을 조례로 정하도록 위임하고 있는 경우에는 위임받은 사항에 관하여 개별법령의 취지에 부합하는 범위 내에서 이른바 위임조례를 정할 수 있다. 그리고 법

령상 지방자치단체의 장이 처리하도록 규정하고 있는 사무가 자치사무인지 기관위임사무에 해당하는지 여부를 판단함에 있어서는 그에 관한 법령의 규정 형식과 취지를 우선 고려하여야 할 것이지만 그 외에도 그 사무의 성질이 전국적으로 통일적 처리가 요구되는 사무인지 여부나 그에 관한 경비부담과 최종적인 책임귀속의 주체 등도 아울러 고려하여 판단하여야 할 것이다(대법원 2001.11.27, 2001추57 판결, 참조, 대판 2004.6.11, 2004추34).

2) 지방자치단체의 기능(자치사무)

국가와 지방자치단체간의 기능을 배분함에 있어서는 그 성질상 당연히 국가가 담당하여야 할 사무를 제외하고는 모두 지방자치단체가 담당하는 것이 바람직하다. 따라서 지방자치단체의 사무에 관하여는 항을 바꾸어 설명하기로 한다.

5. 근거법령상 기준

국가사무, 자치사무, 단체위임사무및기관위임사무는 개념적으로는 구별할 수 있지만, 현실적으로 어떤 기준에 따라 각 사무의 유형을 구별할 것인지는 결코 용이한 일이 아니다. 현행 헌법 제117조 제1항과 제118조 제2항 및 근거법령의 규율내용과 입법취지에 따라 구별기준을 살펴보면 다음과 같다.

(1) 헌법 제117조 제1항 및 제118조 제2항

지방자치단체는 「주민의 복리에 관한 사무」를 처리하고 재산을 관리하며, 법령의 범위 안에서 자치에 관한 규정(조례·규칙)을 제정할 수 있다고 규정하고 있다.

헌법 제117조 제1항, 제118조 제2항(지방의회의…권한…기타 지방자치단체의 조직과 운영에 관한 사항은 법률로 정한다)에 따라 지방자치단체의 자치권은 법률 유보 하에 있기 때문에 입법자는 자신의 입법재량에 따라 일정한 사무를 자치사무, 단체위임사무 또는 기관위임사무로 결정할 수 있다고 본다. 다만, 지방자치단체의 제도적 보장에 따라 자치권의 본질적인 내용을 이루는 사무(예: 주민의복리증진사무, 지방자치단체의 존폐에 관한 사무)를 지방자치단체로부터 박탈하여 국가사무로 하는 것은 입법재량의 한계를 벗어나기 때문에 허용될 수 없다(김남진, 정하중). 지방자치단체가 구체적으로 행하는 특정사무가 어떤 유형의 사무에 속하는지 판단하기가 쉽지 않은 경우가 종종 발생한다.

판례 **〈법령상 지방자치단체의 장이 처리하도록 규정하고 있는 사무가 자치사무 또는 기관위임사무에 해당하는지 여부의 판단 방법〉** ① 법령상 지방자치단체의 장이 처리하도록 규정하고 있는 사무가 자치사무인지 아니면 기관위임사무인지를 판단함에 있어서는 그에 관한 법령의 규정 형식과 취지를 우선 고려하여야 하지만 그 외에도 사무의 성질이 전국적으로 통일적인 처리가 요구되는 사무인지 여부나 그에 관한 경비부담과 최종적인 책임귀속의 주체 등도 아울러 고려하여야 한다. ② 서울신용보증재단의 사무 중 특히, 업무감독과 감독상 필요한 명령에 관한 사무는 중소기업청장의 위임에 의하여 국가사무가 지방자치단체의 장에게 위임된 기관위임 사무에 해당한다고 한 사례(대판 2003.4.22, 선고 2002두10483 판결 [해임처분취소]).

(2) 지방자치법 제9조 제1항

「지방자치단체는 관할 구역의 자치사무와 법령에 따라 지방자치단체에 속하는 사무를 처리한다」고 규정하고, 동조 제2항에서 지방자치단체의 사무를 구체적으로 규정하고 있다.

그런데 제2항에 규정된 사항은 "예시적"인 것이며 동 조항에 예시된 사무는 자치사무뿐만 아니라 위임사무도 포함한다는 것이 일반적 견해이고 판례 입장이다(대판 2001.11.27, 2001추57; 대판 2004.6.11, 2004추34). 따라서 지방자치법 제9조 제2항에 관한 사무로서 「주민의 복리에 관한 사무」(헌법 §117①)로서의 성질을 갖는 한 원칙적으로 지방자치단체의 "자치사무"로 보아야 할 것이다.

그러나 동 조항에 따라 지방자치단체의 자치사무로 예시된 것이라 하더라도, 그것이 개별법에 따라 국가사무로 되어있는 경우는 위임사무로 보아야 한다(류지태 이기우).

(3) 지방자치법 제11조(국가사무)

지방자치법 제11조는 지방자치단체가 처리할 수 없는 사무를 규정하고 있다(상술하였음). 다만, 제11조 단서는 「법률에 이와 다른 규정이 있는 경우에는 그러하지 아니하다」고 규정하여, 동 조항에 규정된 사무도 법률의 규정이 있는 경우에는 예외적으로 자치사무와 위임사무가 될 수 있다.

(4) 개별법령의 권한 규정

1) 단체위임·기관위임사무

각 개별법령에서 대통령 및 국무총리 기타 각 중앙부처의 장 등 중앙행정기관의 장의 권한으로 규정하고 있는 사무는 국가사무로 보아야 할 것이다.

문제는 이러한 국가사무가 개별법령에 의해 지방자치단체에게 위임된 경우 단체위임사무인지 기관위임사부인지 또는 광역지방자지단제사무인지 기초자치난체사무인시의 여부이다. 이 경우 가장 중요한 구별기준은 '근거법령의 수권규정'이 된다고 보아야 한다. 따라서 ① 국가사무중 시·도지사 및 시장·군수·구청장 등 지방자치단체의 기관에게 위임된 사무는 기관위임사무, 지방자치단체에게 위임된 사무는 단체위임사무로 보아야 한다.

2) 광역단체·기초단체의사무

지방자치법 제10조 제1항 제1호에 예시된 사무와 개별법령에서 시·도지사의 권한으로 위임된 사무는 광역지방자치단체의 사무이고, 지방자치법 제10조 제1항 제1호 이외의 사무와 개별법령에서 시장·군수·구청장의 권한으로 규정된 사무는 기초 자치단체의 사무로 보아야 할 것이다.

(5) 근거법령의 규정이 불명확한 경우

사무배분에 관한 근거법령의 규정이 불명확한 경우는 사무의 성질과 비용부담 및 감독규정등을 종합적으로 고려하여 판단해야 한다.

〈 판례의 정리 〉

판례 **〈기관위임사무 해당 여부의 판단기준〉** 법령상 지방자치단체의 장이 처리하도록 규정하고 있는 사무가 기관위임사무에 해당하는지 여부를 판단함에 있어서는 그에 관한 법령의 규정 형식과 취지를 우선 고려하여야 할 것이지만 그 외에도 그 사무의 성질이 전국적으로 통일적인 처리가 요구되는 사무인지 여부나 그에 관한 경비부담과 최종적인 책임귀속의 주체 등도 아울러 고려하여 판단하여야 할 것이다(대판 1999.9.17, 99추30 울진군발전소주변지역지원산업시행에관한조례무효확인청구의소).

판례 **〈호적사무의 법적 성질〉(자치사무)** 호적법 및 지방자치법의 제 규정에 비추어 보면 호적사무는 국가의 사무로서 국가의 기관위임에 의하여 수행되는 사무가 아니고 지방자치법 제9조가 정하는 지방자치단체의 사무라 할 것이고, 단지 일반 행정사무와는 달리 사법적 성질이 강하여 법원의 감독을 받게 하는 데 지나지 아니한다(대판 1995.3.28, 94다45654 손해배상(기)).

판례 **〈도지사의 의료기관감독에 관한 사무는 자치사무이며, 의료 기관에 대한 업무정지명령 권한을 조례로써 위임·위탁 할 수 있다.〉** 의료법 제30조 제3항, 제51조 제1항에 의하면 도지사에게 신고함으로써 개설하는 의료 기관에 대한 의료정지명령 등의 권한은 보건사회부장관이 아닌 도지사에게 있고, 이러한 도지사의 의료기관 감독에 관한 사무는 헌법 제117조, 지방자치법 제9조 제1항, 제2항 등 관련법규와 그 사무의 성질 등에 비추어 볼 때, 주민의 복지에 관한 사업으로 지방자치단체의 사무에 속하고 국가사무에는 속한다고 할 수 없으므로, 도지사의 의료정지명령의 권한은 지방자치법 제95조 제2항에 의하여 조례로써 관할 지방자치단체나 공공단체 또는 그 기관에 위임 또는 위탁할 수 있다(대판 1994.9.13, 94누3599 의료업무정지처분무효확인).

판례 **〈도로법 제22조 제2항에 의하여 시장이 국도의 관리청이 된 경우는 기관위임사무이며 국가는 도로관리상 하자로 인한 손해배상책임을 면할 수 없다.〉** 도로법 제22조 제2항에 의하여 지방자치단체의 장인 시장이 국도의 관리청이 되었다 하더라도 이는 시장이 국가로부터 관리업무를 위임받아 국가행정기관의 지위에서 집행하는 것이므로 국가는 도로관리상 하자로 인한 손해배상책임을 면할 수 없다(대판 1993.1.26, 92다2684 구상금).

판례 **〈묘지 등의 허가사무가 도의 고유사무인 자치사무인지이며, 도지사로부터 시장·군수에게 묘지 등의 허가권을 위임한 것이 기관위임으로 보아야 한다.〉** ① 재단법인이 운영하는 묘지 등의 허가는 도의 사무에 속한다는 점에서는 일치하지만, 종중 등이 설치하는 묘지 등의 허가 사무는 매장및묘지등에관한법률에 의하면 도의 사무에 속하고, 지방자치법 및 같은법시행령에 의하면 시·군의 사무에 속하는 것으로 서로 다르게 규정되어 있으나, 지방자치법시행령 제8조 단서는 "다른 법령에 이와 다른 규정이 있는 경우에는 그러하지 아니하다"고 규정하고 있으므로, 묘지 등의 설치허가에 관하여는 지방자치법과는 다르게 매장및묘지등에관한법률이 특별히 규정한 것으로 볼 수 있고, 매장및묘지등에관한법률이 지방자치법시행령보다 상위의 법규라는 점 등에 비추어 볼 때 종중 등이 설치하는 묘지 등의 허가사무도 매장및묘지등에관한법률 제8조에 의하여 도의 고유사무인 자치사무라고 해석할 것이다. ② 도지사로부터 시장·군수에게 묘지 등의 허가권을 위임한 것은 단체위임이 아니라 기관위임이라고 보아야 할 것이다 (대판 1995.12.22, 95추32 조례안재의결무효확인).

판례 **〈부랑인선도시설 및 정신질환자요양시설에 대한 지방자치단체장의 지도·감독사무를 보건복지부장관 등으로부터 기관 위임된 국가사무로 판단한 사례〉** 부랑인선도시설 및 정신질환자요양시설의 지도·감독사무에 관한 법규의 규정 형식과 취지가 보건사회부장관 또는 보건복지부장관이 위 각 시설에 대한 지도·감독권한을 시장·군수·구청장에게 위임 또는 재위임하고 있는 것으로 보이는 점, 위 각 시설에 대한 지도·감독사무가 성질상 전국적으로 통일적인 처리가 요구되는 것인 점, 위 각 시설에 대한 대부분의 시설운영비 등의 보조금을 국가가 부담하고 있는 점, 장관이 정기적인 보고를 받는 방법으로 최종적인 책임을 지고 있는 것으로 보이는 점 등을 종합하여, 부랑인선도시설 및 정신질환자요양시설에 대한 지방자치단체장의 지도·감독사무를 보건복지부장관 등으로부터 기관 위임된 국가사무로 판단한 사례(대판 2006.7.28, 2004다759 손해배상(기)).

판례 **〈시·도지사의 지역별 가스공급시설의 공사계획 수립·공고나 도시가스의 공급조건에 관한 공급규정의 승인에 관한 업무가 기관위임사무가 아니고 지방자치단체의 사무에 속한다.〉** 도시가스사업법 제3조, 제9조, 제10조, 제11조, 제18조, 제18조의3, 제20조 등 관련 규정을 종합하면, 시·도지사의 지역별 가스공급시설의 공사계획 수립·공고나 도시가스의 요금 및 기타 공급조건에 관한 공급규정의 승인에 관한 사항은 지방자치법 제9조, 제35조 제1항 제11호에 의하여 법령에 의하여 지방자치단체의 사무에 속한 사항으로 조례로 제정할 수 있고, 일정한 경우 지방의회의 의결사항으로 할 수도 있다고 할 것이지 국가사무로 시·도지사에게 기관 위임된 사무라고 할 것은 아니고, 같은 법 제18조의2, 제18조의4 제1항, 제20조 제3항, 제24조 제1항, 제2항, 제40조, 제40조의3, 제41조 제1항, 같은 법 시행령 제10조, 제11조, 제12조등의 규정만으로 시·도지사가 가지는 지역별 가스공급시설의 공사계획 수립·공고나 도시가스의 요금 및 기타 공급조건에 관한 공급 규정의 승인에 관한 업무의 성질이 달라지는 것은 아니다(대판 2001.11.27, 2001추57 조례안재의결무효확인청구).

2. 자치사무(고유사무 : 복리사무)

【기출문제】 <2010년 사법시험(사례형)> 녹차산업육성및지원에관한조례

지방자치단체의 사무라 함은 지방자치단체가 사무의 관리주체가 되어 책임을 지고 처리하는 사무를 말한다. 지방의회가 개입할 수 있고 사무처리의 효과는 지방자치단체에 귀속된다(단체위임 사무 포함).

자치사무라 함은 지방자치단체의 존립목적이 되는 고유한 업무로서 자기책임하에서 처리하는 사무를 말한다. 고유사무라고도 한다.

자치사무의 범위에 있어서는 전권한성은 지방자치의 제도적 보장의 내용으로서 인정되고 있다.

우리헌법 제117조 제1항에서는 「지방자치단체는 주민의 복리에 관한 사무를 처리한다」고 규정하여 지방자치단체의 사무에 관한 포괄적 규정을 두고 있고, 지방자치법 제9조 제1항은 「지방자치단체는 그 관할구역의 자치사무」(공공사무 : 고유사무)와 「법령에 의하여 지방자치단체에 속하는 사무」(단체위임사무)를 처리한다라고 규정하고 있다. 헌법 제117조 제1항은 자치사무를 '주민의 복리에 관한 사무'라고 표현하고 있다.

자치사무는 실정법령에 의해 명시적으로 규정된 경우도 있다. 명문의 규정이 없더라도 지역적 이해관계가 있는 지역에 고유한 사무는 자치사무로서 지방자치단체의 권한에 속한다. 이를 전권한성의 원칙이라 한다.

(1) 자치사무의 범위

지방자치단체의 사무에는 자치사무(고유사무 : 공공사무)와 단체위임사무(조세 등 공과금징수 위임)도 포함된다. 그러나 기관위임사무는 포함되지 않는다. 국가의 기관위임사무를 처리하는 지방자치단체의 장은 그 한도 안에서는 국가기관의 지위에서 국가사무를 처리하기 때문이다.

우리나라 지방자치법(§9, §10, 동시행령 §8별표1)은 "예시적 포괄수권"방식을 채택하고 있는 바, 지방자치단체의 사무를 예시하면 다음과 같다. 다만 다른 법률에 이와 다른 규정이 있는 경우는 그러하지 아니하다.

다음의 사무는 법률에 이와 다른 규정이 없는 한 자치사무에 속한다(§9·②).

1) 지방자치단체의 구역, 조직 및 행정관리 등에 관한 사무

① 관할구역 안 행정구역의 명칭·위치 및 구역의 조정
② 조례·규칙의 제정·개폐 및 그 운영·관리
③ 산하 행정기관의 조직관리

④ 산하 행정기관 및 단체의 지휘·감독
⑤ 소속 공무원의 인사·후생복지 및 교육
⑥ 지방세와 지방세외 수입의 부과 및 징수
⑦ 예산의 편성·집행 및 회계감사와 재산관리
⑧ 행정장비관리, 행정전산화 및 행정관리개선
⑨ 공유재산관리
⑩ 호적 및 주민등록관리
⑪ 지방자치단체가 필요로 하는 각종 조사 및 통계의 작성

2) 주민의 복지증진에 관한 사무

① 주민복지에 관한 사업
② 사회복지시설의 설치·운영 및 관리
③ 생활곤궁자의 보호 및 지원
④ 노인·아동·심신장애자·청소년 및 여성의 보호와 복지증진
⑤ 보건진료기관의 설치·운영
⑥ 전염병 및 기타 질병의 예방과 방역
⑦ 묘지·화장장 및 납골당의 운영·관리
⑧ 공중접객업소의 위생개선을 위한 지도
⑨ 청소, 오물의 수거 및 처리
⑩ 지방공기업의 설치 및 운영

3) 농림·상공업 등 산업진흥에 관한 사무

① 소류지(소류지: 작은 연못)·보(洑) 등 농업용수시설의 설치 및 관리
② 농림·축·수산물의 생산 및 유통지원
③ 농업자재의 관리
④ 복합영농의 운영·지도
⑤ 농외소득사업의 육성·지도
⑥ 농가부업의 장려
⑦ 공유림 관리
⑧ 소규모축산개발 및 낙농진흥사업
⑨ 가축전염병 예방
⑩ 지역산업의 육성·지원
⑪ 소비자보호 및 저축의 장려
⑫ 중소기업의 육성

⑬ 지역특화산업의 개발과 육성·지원
⑭ 우수토산품 개발과 관광민예품 개발

4) 지역개발 및 주민생활환경시설의 설치·관리에 관한 사무

① 지역개발사업
② 지방 토목·건설사업의 시행
③ 도시계획사업의 시행
④ 지방도, 시·군·도의 신설·개수 및 유지
⑤ 주거생활환경개선의 장려 및 지원
⑥ 농촌주택개량 및 취락구조개선
⑦ 자연보호활동
⑧ 지방 1급 하천, 지방 2급 하천 및 소하천의 관리
⑨ 상수도·하수도의 설치 및 관리
⑩ 간이급수시설의 설치 및 관리
⑪ 도립·군립 및 도시공원, 녹지 등 관광·휴양시설의 설치 및 관리
⑫ 지방궤도사업의 경영
⑬ 주차장·교통표지 등 교통편의시설의 설치 및 관리
⑭ 재해대책의 수립 및 집행
⑮ 지역경제의 육성 및 지원

5) 교육·체육·문화·예술의 진흥에 관한 사무

① 유아원·유치원·초등학교·중학교·고등학교 및 이에 준하는 각종 학교의 설치·운영·지도
② 도서관·운동장·광장·체육관·박물관·공연장·미술관·음악당 등 공공교육·체육·문화시설의 설치 및 관리
③ 지방문화재의 지정·보존 및 관리
④ 지방문화·예술의 진흥
⑤ 지방문화·예술단체의 육성

6) 지역민방위 및 지방소방에 관한 사무

① 지역 및 직장민방위조직(의용소방대를 포함한다)의 편성과 운영 및 지도·감독
② 지역의 화재예방·경계·진압·조사 및 구조·구급

대법원판례는 호적사무를 국가의 기관위임사무가 아니고 지방자치법 제9조가 정하는 지방자치단체의 사무라고 보고 있다.

판례 〈호적사무는 국가의 사무로서 국가의 기관위임에 의하여 수행되는 사무가 아니고 지방자치법 제9조가 정하는 지방자치단체의 사무라 할 것이고, 단지 일반행정 사무와는 달리 사법적 성질이 강하여 법원의 감독을 받는데 지나지 않는다.〉 「호적법에 의하면 호적에 관한 사무는 시·읍·면의 장이 이를 관장하되(§2), 이는 시·읍·면의 사무소의 소재지를 관할하는 가정법원장 또는 가정법원장의 명을 받은 가정법원지원장이 감독한다(§4)고 규정되어 있고, 구 호적법(1990.12.31. 법제4298호로 개정되기 전의것)에 의하면 호적법의 규정에 의하여 납부하는 수수료 및 과태료를 서울특별시·직할시·시·읍·면의 수입으로 하고(§6·①), 시·읍·면의 장이 관장하는 호적사무에 요하는 비용은 당해 시·읍·면의 부담으로 한다(제7조)라고 규정되어 있으며, 지방자치법 제9조 제1항은 지방자치단체는 그 관할구역의 자치사무와 법령에 의하여 지방자치단체에 속하는 사무를 처리한다라고 규정하고, 같은 조 제2항은 각 호에서 제1항의 규정에 의한 지방자치단체의 사무를 열거하면서 제1호 차 목에서 호적 및 주민등록관리를 예시하되, 그 단서에서 법률에 이와 다른 규정이 있는 경우에는 그러하지 아니하다고 규정하고 있는 바, 이와 같은 호적법 및 지방자치법의 제 규정에 비추어 보면 호적사무는 국가의 사무로서 국가의 기관위임에 의하여 수행되는 사무가 아니고 지방자치법 제9조가 정하는 지방자치단체의 사무라 할 것이다」(대판 1995.3.28. 94다45654).

그런데 이러한 판례에 대하여 「판례가 호적사무를 지방자치단체의 사무 중 자치사무로 본 것인지 단체위임사무로 본 것인지 애매한데, 판례가 호적사무를 자치사무로 보았다고 해석하는 견해도 있지만, 판례는 호적사무가 기관위임사무가 아니라는 것을 분명히 하는데 그 중점이 있었고, 자치사무인지 단체위임사무인지를 명시하지 않고 단지 지방자치단체의 사무에 해당한다고 본 것으로 해석하는 것이 타당하다. 생각건대 호적사무는 국가사무로 보는 것이 타당하고, 호적법은 호적사무를 단체위임사무로 규정하고 있다고 보는 것이 타당하다」는 견해가 있다.33)

판례 〈시·도지사의 지역별 가스공급시설의 공사계획·수립공고나 도시가스의 공급조건에 관한 공급규정의 승인에 관한 업무가 기관위임사무가 아니고 지방자치단체의 사무에 속한다.〉 도시가스사업법 제3조, 제9조, 제10조, 제11조, 제18조, 제18조의 3, 제20조 등 관련 규정을 종합하면, 시·도지사의 지역별 가스공급시설의 공사계획 수립·공고나 도시가스의 요금 및 기타 공급조건에 관한 공급규정의 승인에 관한 사항은 지방자치법 제9조, 제35조 제1항 제11호에 의하여 법령에 의하여 지방자치단체의 사무에 속한 사항으로 조례로 제정할 수 있고, 일정한 경우 지방의회의 의결사항으로 할 수도 있다고 할 것이지 국가사무로 시·도지사에게 기관위임된 사무라고 할 것은 아니고, 같은 법 제18조의 2, 제18조의 4 제1항, 제20조 제3항, 제24조 제1항, 제2항, 제40조, 제40조의 3, 제41조 제1항, 같은법시행령 제10조, 제11조, 제12조 등의 규정만으로 시·도지사가 가지는 지역별 가스공급시설의 공사계획 수립·공고나 도시가스의 요금 및 기타 공급조건에 관한 공급규정의 승인에 관한 업무의 성질이 달라지는 것은 아니다(대판 2001.11.27. 2001추57. 조례안재의결무효확인청구).

33) 박균성, 행정법론 (하), 105쪽.

판례 〈부랑인선도시설 및 정신질환자요양시설에 지방자치단체장의 지도·감독사무를 보건복지부장관 등으로부터 기관위임된 국가사무이다.〉 부랑인선도시설 및 정신질환자요양시설의 지도·감독사무에 관한 법규의 규정 형식과 취지가 보건사회부장관 또는 보건복지부장관이 위 각 시설에 대한 지도·감독권한을 시장·군수·구청장에게 위임 또는 재위임하고 있는 것으로 보이는 점, 위 각 시설에 대한 지도·감독사무가 성질상 전국적으로 통일적인 처리가 요구되는 것인 점, 위 각 시설에 대한 대부분의 시설운영비 등의 보조금을 국가가 부담하고 있는 점, 장관이 정기적인 보고를 받는 방법으로 최종적인 책임을 지고 있는 것으로 보이는 점 등을 종합하여, 부랑인선도시설 및 정신질환자요양시설에 대한 지방자치단체장의 지도·감독사무를 보건복지부장관 등으로부터 기관위임된 국가사무로 판단한 사례(대판 2006.7.28. 2004다759).

판례 〈시·도지사가 구 학교용지확보에 관한 특례법 제5조에 따라 학교용지부담금을 부과·징수하는 것이 지방자치단체의 고유사무인 자치사무에 해당한다.〉 (대판 2008.1.17. 2007다59295, 부당이득금)

(2) 자치사무와 국가사무(기관위임사무)의 구별실익

1) 자율성 보장

자치사무 중에서 임의적 자치사무는 그 사무를 수행하는데 있어 사무의 수행여부 및 수행방법에 자율성이 인정된다. 그리고 의무적 자치사무는 그 수행방법에 있어서만 자율성이 보장된다. 그리고 단체위임사무는 기관위임사무에 비하여 어느 정도의 자율성이 인정된다.

2) 관리주체의 결정

자치사무는 지방자치단체의 권한과 책임에 속하고 국가사무는 국가의 권한과 책임에 속한다. 따라서 지방자치단체와 국가간에 권한쟁의가 있는 경우에 그 계쟁사무의 관리주체를 정하기 위해 자치와 국가사무를 구별할 실익이 있다.

판례 〈구 공공용지의취득및손실보상에관한특례법에 의하여 이주대책을 수립실시하여야 할 건설부장관이 그 사무를 관할 지방자치단체의 장에게 위탁하고, 그 자치단체의 장이 다시 관할 하위 자치단체의 장에게 재위탁한 경우, 이주대책의 수립실시사무의 귀속주체는 국가이다.〉 정부조직법 제6조 제1항, 구 공공용지의취득및손실보상에관한특례법(2002. 2. 4. 법률 제6656호로 폐지) 제8조 제4항, 구 공공용지의취득및손실보상에관한특례법시행령(2002. 12. 30. 대통령령 제17854호로 폐지) 제6조의 관련 규정을 종합하여 보면, 이주자를 위한 토지 등의 매수 및 이주대책의 수립실시사무(이하 '이주대책 사무'라고 한다)의 위탁과 재위탁은 그 수탁자가 관할 지방자치단체나 관할 하위 자치단체가 아닌 관할 지방자치단체의 장과 관할 하위 자치단체의 장으로서 기관위탁에 해당한다고 할 것이고, 따라서 이주대책사무의 실시에 있어서 수탁기관인 관할 지방자치단체의 장이나 관할 하위 자치단체의 장은 위탁자인 교통부장관이 속한 대한민국의 산하 행정기관의 지위에서 그 사무를 처리하는 것이고 그 위탁으로 인하여 사무귀속의 주체가 달라진다고 할 수 없으므로, 지방자치단체는 이주대책사무에 따른 권리의무의 귀속주체가 될 수 없고, 이주대책대상자들과의 이주대책사무와 관련된 택지의 공급가액을 둘러싼 분쟁의 당사자가 될 수도 없다(대판 2003.7.25. 2001다57778, 분양행위무효확인).

3) 지방의회의 관여

자치사무 및 단체위임사무에 대하여는 지방의회의 관여가 인정된다. 따라서 지방자치단체의 사무이므로 지방의회가 제정하는 조례의 대상이 되며 지방의회는 의결·감사 및 조사 등의 방법에 의하여 그 사무수행에 관여할 수 있다(지자법 §41). 이에 대하여 기관위임사무에 대하여는 원칙적으로 지방의회가 관여할 수 없다. 기관위임사무는 사무의 성질이 국가사무이며 그 사무를 집행하는 지방자치단체의 집행기관은 기관위임사무를 수행하는 경우에는 지방자치단체의 기관이 아니라 국가기관의 지위를 가지기 때문이다.

다만 지방자치단체에서 기관위임사무의 비용을 부담하는 경우에 그 비용의 통제에 관하여 지방의회가 관여할 수 있고, 국가 또는 시·도의 기관위임사무에 대하여 국회와 시·도의회가 직접 감사하기로 한 사무를 제외하고는 그 감사를 각각 시·도의회와 시·군 및 자치구의회가 행할 수 있다(§41·③).

4) 비용부담

자치사무는 지방자치단체의 사무이므로 그에 소요되는 경비는 지방자치단체가 부담한다(지자법 §141, 지방재정법 §20). 이에 대하여 기관위임사무는 본래 국가사무이므로 위임자인 국가가 사무처리비용을 부담하게 된다(지자법 §141단서). 그러나 단체위임사무의 경우는 지방재정법 제21조의 해석과 관련하여 비용부담을 누가 질 것인지에 대해 학설이 대립되는 바, ①「국가와 지방자치단체 상호간에 이해관계가 있는 경우 그 원활한 사무처리를 위해 국가에서 부담하지 아니하면 아니될 경비는 국가가 그 전부 또는 일부를 부담한다」는 지방재정법 제21조 제1항을 우선적으로 해석하여 지방자치단체와 국가가 분담하여 비용을 부담한다는「분담설」[34]이 있으나, ②「국가가 스스로 행하여야 할 사무를 지방자치단체 또는 그 기관에 위임하여 수행하는 경우에, 그 소요되는 경비는 국가가 그 전부를 당해 지방자치단체에 교부하여야 한다」는 지방재정법 제21조 제2항을 우선적으로 해석하여 국가가 그 비용을 전액 부담한다는 '국가전액부담설'이 타당하다고 생각된다. 단체위임사무는 원래 국가 또는 다른 자치단체의 사무를 위임받은 것이므로 이의 처리에 소요되는 비용은 위임자가 부담함이 원칙이기 때문이다(지자법 §141).[35]

5) 국가의 감독

① 자치사무에 대하여는 행정안전부장관 또는 광역단체장의 감독을 받는다. 자치사무에 대한 감독은 교정감독 및 적법성 감독에 그친다(지자법 §171). 즉 자치사무에 대한 감독으로서의 시정명령(시정을 명하거나 취소하거나 정지할 수 있다)은「자치사무가……법령에 위반한 경우에 한한다」고 명시적으로 규

34) 모진환, "조례의 무효와 그 조례에 근거한 행정처분의 당연무효 여부", 행정판례연구 Ⅲ, 314쪽.

35) 김남진(Ⅱ), 99쪽 ; 류지태, 행정법신론, 668쪽.

정하고 있다(지자법 §169·① 단서). 또한 감독수단의 하나로서 행정안전부장관과 시·도지사는 지방자치단체의 자치사무에 관하여 보고를 받거나 서류·장부 또는 회계를 감사할 수 있다. 이 경우 감사는 법령위반사실에 한하여 실시한다(지자법 §171).

② 단체위임사무 또는 기관위임사무에 관하여는 시·도에 있어서는 주무부장관의, 시·군 및 자치구에 있어서는 1차로 시·도지사의, 2차로 주무부장관의 지도·감독을 받는다. 시·군 및 자치구 또는 그 장이 위임받아 처리하는 시·도의 사무에 관하여는 시·도지사의 지도·감독을 받는다(지자법 § 167·①·②).

단체위임사무 또는 기관위임사무에 대한 감독은 적법성(법령에 위반) 감독뿐만 아니라 합목적성 감독(현저히 부당하여 공익을 해하는 경우)도 인정된다(지자법 §169). 특히 기관위임사무에 대해서는 사무의 관리 및 집행을 명백히 해태하고 있다고 인정되는 때에는 직무이행명령의 발령과 행정대집행을 할 수 있다(지자법 §170).

6) 배상책임자

① 자치사무에 대하여는 사무의 관리주체와 비용부담주체 모두 지방자치단체이므로 피해자에 대하여는 지방자치단체가 배상책임을 진다.

② 기관위임사무에 대하여는 사무의 관리주체(귀속주체)인 국가는 관리주체로서 피해자에 대하여 배상책임을 지고, 지방자치단체는 형식적 비용부담자이므로 피해자에 대하여 배상책임을 진다. 기관위임사무의 경우 실질적 비용부담자는 원칙상 국가이므로 국가가 최종적 배상책임자가 되므로 국가배상을 한 지방자치단체는 국가에 대하여 구상할 수 있다.

판례는 기관위임사무의 경우 지방자치단체에 대해 국가배상법 제6조의 '비용부담자'에 해당함을 인정하여 국가배상책임을 인정하고 있다.

> 판례 **〈지방자치단체의 장이 기관위임된 국가행정사무를 처리하는 경우, 그 지방자치단체가 국가배상법 제6조 제1항 소정의 비용부담자로서 배상할 책임이 있다.〉** 지방자치단체의 장이 기관위임된 국가행정사무를 처리하는 경우 그에 소요되는 경비의 실질적·궁극적 부담자는 국가라고 하더라도 당해 지방자치단체는 국가로부터 내부적으로 교부된 금원으로 그 사무에 필요한 경비를 대외적으로 지출하는 자이므로, 이러한 경우 지방자치단체는 국가배상법 제6조 제1항 소정의 비용부담자로서 공무원의 불법행위로 인한 같은 법에 의한 손해를 배상할 책임이 있다(대판 1994.12.9. 94다38137).

③ 단체위임사무에 대하여는 사무의 관리주체이자 형식적 비용부담자인 지방자치단체가 배상책임을 지며, 또한 국가 등이 사무처리비용의 전부 또는 일부를 부담하는 경우에는 실질적 부담자로서 책임을 지게 된다.

이때에 국가 등이 실질적 비용부담자로서 배상한 경우에는 사무관리주체인 지방자치단체에게 청구할 수 있는가의 문제는 관리자설, 비용부담설, 기여도설 등 학설에 따라 그 결론이 달라질 수 있다. 관리자설이 다수설이다.

(3) 사무배분의 기준

1) 지방자치단체와 국가(기관위임) 사이의 사무배분

① 문제의 제기

위에서 본 바와 같이 자치사무, 기관위임사무, 단체위임사무는 사무의 성질·법적관계·국가의 감독·경비부담·의회의 관여에 있어서 차이가 있는 바, 실제로 지방자치단체가 행하는 구체적인 사무가 위 세 가지 사무유형 중 어디에 속하는지 구별할 필요성이 있다.

헌법 제117조 제1항, 제118조 제2항에 따라 지방자치단체의 자치권은 법률유보하에 있기 때문에, 입법자는 자신의 입법재량에 따라 일정한 사무를 자치사무, 단체위임사무 또는 기관위임사무로 결정할 수 있다고 본다.

다만, 지방자치단체의 제도적 보장에 따라 자치권의 본질적인 내용을 이루는 사무(예 : 주민의 복리증진사무, 지방자치단체의 존폐에 관한 사무)를 지방자치단체로부터 박탈하여 국가사무로 하는 것은 입법재량의 한계를 벗어나기 때문에 허용될 수 없다.[36] 지방자치단체가 구체적으로 행하는 특정사무가 어떤 유형의 사무에 속하는지 판단하기가 쉽지 않은 경우가 종종 발생한다.

> 판례 **〈법령상 지방자치단체의 장이 처리하도록 규정하고 있는 사무가 자치사무 또는 기관위임사무에 해당하는지 여부의 판단방법〉** 법령상 지방자치단체의 장이 처리하도록 규정하고 있는 사무가 자치사무인지 아니면 기관위임사무인지를 판단함에 있어서는 그에 관한 법령의 규정 형식과 취지를 우선 고려하여야 하지만 그 외에도 그 사무의 성질이 전국적으로 통일적인 처리가 요구되는 사무인지 여부나 그에 관한 경비부담과 최종적인 책임귀속의 주체 등도 아울러 고려하여야 한다(대판 2003.4.22, 2002두10483, 해임처분취소).
>
> **〈서울신용보증재단의 사무 중 특히, 업무감독과 감독상 필요한 명령에 관한 사무는 중소기업청장의 위임에 의하여 국가사무가 지방자치단체의 장에게 위임된 기관위임사무에 해당한다고 한 사례〉**

② 지방자치법 제9조 제1항

지방자치법 제9조 제1항은 「지방자치단체는 그 관할구역의 자치사무와 법령에 의하여 지방자치단체에 속하는 사무를 처리한다」고 규정하고 동조 제2항에 구체적으로 규정하고 있다.

제2항에서 규정된 사항은 예시적인 것이며 동조항에 예시된 사무는 자치사무뿐만 아니라 위임사무도 포함한다고 보아야 한다.

하지만 지방자치법 제9조 제2항에 관한 사무로서 주민의 복리에 관한 사무로서의 성질을 갖는 한 원칙적으로 지방자치단체의 자치사무로 보아야 할 것이다. 그러나 동조항에 따라 지방자치단체의 자치사무로 예시된 것이라 하더라도, 그것에 개별법에서 국가사무로 되어 있는 경우에는 위임사무로 보아야 한다.

---

36) 김남진·김연태, 행정법(Ⅱ), 106쪽 ; 정하중, 행정법각론, 117쪽.

③ 지방자치법 제11조

지방자치법 제11조는 지방자치단체가 처리할 수 없는 사무(국가사무)를 7가지로 규정하고 있다. 동조항에 규정된 사무는 국가가 직접 자신의 기관에 의해 처리하거나 지방자치단체의 기관을 이용하여 기관위임사무로서만 처리할 수 있다. 다만, 동조 단서는 「법률에 이와 다른 규정이 있는 경우에는 그러하지 아니하다」고 규정하여, 동조항에 규정된 사무도 법률의 규정이 있는 경우에는 예외적으로 자치사무나 단체위임사무가 될 수 있다.

④ 개별법령에 권한 규정이 있는 경우

각 개별법령에서 대통령 및 국무총리 기타 각 부서의 장 등 중앙행정기관의 장의 권한으로 규정하고 있는 사무는 국가사무로 보아야 한다.

문제는 이러한 국가사무가 개별법령에 의해 지방자치단체에 위임된 경우 단체위임사무, 기관위임사무 또는 광역지방자치단체사무, 기초자치단체사무인지의 여부이다. 이에 관한 중요한 구별기준은 「근거법령인 수권규정」이 된다. 즉 ㉠ 국가사무 중 시·도지사 및 시장·군수·구청장 등 지방자치단체의 기관(장)에게 위임된 사무는 기관위임사무이고, 지방자치단체에게 위임된 사무는 단체위임사무로 보아야 한다.

⑤ 개별법령에 권한 규정이 불분명한 경우

사무배분에 권한규정이 불명확한 경우에는 사무의 성질·비용부담·수입규정·감독규정 및 지방자치법 제9조 제2항과 제11조의 예시규정을 종합적으로 고려하여 판단하여야 할 것이다.

2) 광역지방자치단체와 기초지방자치단체간의 사무의 배분

① 각 지방자치단체에 공통된 사무

지방자치단체의 종류별 사무배분기준을 정한 지방자치법 제10조 제1항 단서에서, 「제9조 제2항 제1호의 사무」는 각 지방자치단체에 공통된 사무로 한다.

② 예시적 포괄수권방식

우리나라는 지방자치단체가 처리해야 할 행정기능과 사무를 영·미식의 개별적수권방식, 대륙법계식의 포괄적수권방식을 취하지 않고 절충적수권방식 중에서 예시적 포괄수권방식을 채택하고 있다. 지방자치법은 지방자치단체의 사무를 예시적 포괄수권방식으로 정하고, 다시 이를 시·도와 시·군·자치구 사이의 배분기준을 다음과 같이 하고 있다.

③ 시·도의 사무(지자법 §10·①)

㉮ 행정처리 결과가 2개 이상의 시·군 및 자치구에 미치는 광역적 사무

㉯ 시·도 단위로 동일한 기준에 따라 처리되어야 할 성질의 사무

㉰ 지역적 특성을 살리면서 시·도 단위로 통일성을 유지할 필요가 있는 사무

㉱ 국가와 시·군 및 자치구간의 연락·조정 등의 사무

㉮ 시·군 및 자치구가 독자적으로 처리하기에 부적당한 사무

㉯ 2개 이상의 시·군 및 자치구가 공동으로 설치하는 것이 적당하다고 인정되는 규모의 시설의 설치 및 관리에 관한 사무

④ 시·군 및 자치구의 사무

시·도가 처리하는 것으로 되어 있는 사무를 제외한 사무는 시·군 및 자치구가 처리한다. 다만 인구 50만 이상의 시에 대하여는 도가 처리하는 사무의 일부를 직접 처리하게 할 수 있다(지자법 §10·①·2호).

⑤ 경합의 경우

시·도와 시·군 및 자치구는 그 사무를 처리함에 있어서 서로 경합하지 아니하도록 하여야 하며, 그 사무가 서로 경합되는 경우에는 시·군 및 자치구에서 우선 처리한다(지자법 §10·③).

판례 〈학교급식시설의 지원에 관한 사무는 시·군·자치구의 사무이다.〉 학교급식의 실시에 관한 사항은 고등학교 이하 각급 학교의 설립·경영·지휘·감독에 관한 사무로서 지방자치단체 중 특별시·광역시·도의 사무에 해당하나, 학교급식시설의 지원에 관한 사무는 고등학교 이하 각급 학교에서 학교급식의 실시에 필요한 경비의 일부를 보조하는 것이어서 그것이 곧 학교급식의 실시에 관한 사무에 해당한다고 보기 어려울 뿐만 아니라, 지방교육재정교부금법 제11조 제5항은 시·군·자치구가 관할구역 안에 있는 고등학교 이하 각급 학교의 교육에 소요되는 경비의 일부를 보조할 수 있다고 규정하고 있으므로, 각급학교시설의 지원에 관한 사무는 시·군·자치구의 자치사무에 해당한다(대판 1996.11.29, 96추84).

⑥ 사무처리의 기본원칙(지자법 §8, §10·③)

지방자치단체는 그 사무를 처리함에 있어서 다음과 같은 원칙을 준수하여야 한다.

㉮ 주민복리증진의 원칙 : 주민의 복리증진은 지방자치단체 존립의 근본목적이므로 「지방자치단체는 그 사무를 처리함에 있어서 주민의 편의 및 복리증진을 위하여 노력하여야 한다」는 원칙이다.

㉯ 행정효율의 원칙 : 「지방자치단체는 조직 및 운영의 합리화에 노력하고 그 규모의 적정화를 도모하여야 한다」는 원칙이다. 조직과 운영의 합리화란 '최소의 경비로 최대의 효과'를 거두기 위해 조직의 편제와 운영이 효율적으로 이루어져야 한다는 것을 뜻하며, 규모의 적정화는 전국적 수준의 균등한 향상을 기하고 각 자치단체의 기능·특성에 적합할 수 있는 적정한 규모로 구역을 분립시키자는 것이다.

㉰ 법령적합의 원칙 : 「지방자치단체는 법령이나 상급지방자치단체의 조례에 위반하여 그 사무를 처리할 수 없다」는 원칙이다.

㉱ 현지성원칙·기초단체우선원칙 : 시·도와 시·군·자치구의 사무가 서로 경합되는 경우에는 시·군 및 자치구에서 우선적으로 처리한다는 원칙이다(지자법 §10·③).

㉮ 자치단체 상호간의 협력원칙 : 지방자치단체는 다른 지방자치단체로부터 사무의 공동처리에 관한 요청이나 사무처리에 관한 협의·조정·승인 또는 지원의 요청이 있는 때에는 법령의 범위 안에서 이에 협력해야 한다는 원칙이다(지자법 §147). 사무의 처리에 있어서 자치단체 상호간의 협력은 경쟁력 제고를 위해서뿐만 아니라 분쟁해결을 위해서도 필연적이다.

3. 사무의 종류

(1) 공공사무(고유사무 또는 자치사무)

지방자치단체의 존립을 위한 사무 및 주민의 복리에 관한 사무(예 : 초등학교, 버스, 지하철, 병원, 진료소, 시장, 공익전당포, 도축장, 화장장, 오물처리, 소방사무, 호적 및 주민등록관리, 지역 및 직장민방위 등)를 처리하고 재산을 관리하며, 법령의 범위 안에서 자치에 관한 규정을 제정할 수 있다(헌법 §117). 호적사무는 국가의 사무로서 국가의 기관위임에 의하여 수행되는 사무가 아니고, 지방자치법 제9조가 정하는 지방자치단체의 사무라 할 것이고, 단지 일반 행정사무와는 달리 사법적 성질이 강하여 법원의 감독을 받게 하는데 지나지 아니한다(대판 1995.3.28, 94다45654). 국가는 자치사무에 대하여는 합법성 감독에 그친다. 합목적성의 통제대상은 아니다(지자법 §169 ·① 단서). 감독청의 서류·장부·회계감사도 법령위반 사항에 한해 실시한다(지자법 §171). 시·도가 처리하는 것으로 되어 있는 사무를 제외한 사무는 시·군 및 자치구가 처리한다. 다만, 인구 50만 이상의 시에 대하여는 도가 처리하는 사무의 일부를 처리하게 할 수 있다(지자법 §10 ·①·2호). 자치사무는 조례제정의 대상이 된다.

판례 **〈호적사무의 법적 성질〉(자치사무)** 호적법 및 지방자치법의 제 규정에 비추어 보면 호적사무는 국가의 사무로서 국가의 기관위임에 의하여 수행되는 사무가 아니고 지방자치법 제9조가 정하는 지방자치단체의 사무라 할 것이고, 단지 일반 행정사무와는 달리 사법적 성질이 강하여 법원의 감독을 받게 하는 데 지나지 아니한다(대판 1995.3.28, 94다45654 손해배상(기)).

판례 **〈자치사무와 관련된 행정정보공개사무는 조례로서 독자적 규율을 할 수 있다.〉** "행정정보공개조례안이 국가위임사무가 아닌 자치사무 등에 관한 정보만을 공개대상으로 하고 있다고 풀이되는 이상 반드시 전국적으로 통일된 기준에 따르게 할 것이 아니라 지방자치단체가 각 지역의 특성을 고려하여 자기 고유사무와 관련된 행정정보의 공개사무에 관하여 독자적으로 규율할 수 있다"(대판 1992.6.23, 92추17).

판례 **〈도지사의 의료기관감독에 관한 사무는 자치사무이며, 의료 기관에 대한 업무정지명령 권한을 조례로서 위임·위탁 할 수 있다.〉** 의료법 제30조 제3항, 제51조 제1항에 의하면 도지사에게 신고함으로써 개설하는 의료 기관에 대한 의료업정지명령 등의 권한은 보건사회부장관이 아닌 도지사에게 있고, 이러한 도지사의 의료기관감독에 관한 사무는 헌법 제117조, 지방자치법 제9조제1항, 제2항 등 관련법규와 그 사무의 성질 등에 비추어 볼 때, 주민의 복지에 관한 사업으로 지방자치단체의 사무에 속하고 국가사무에는 속한다고 할 수 없으므로, 도지사의 의료업정지명령의 권한은 지방자치법 제95조 제2항에 의하여 조례로써 관할 지방자치단체나 공공단체 또는 그 기관에 위임 또는 위탁할 수 있다(대판 1994.9.13, 94누3599 의료업무정지처분무효확인).

판례 **〈시·도지사의 지역별 가스공급시설의 공사계획 수립·공고나 도시가스의 공급조건에 관한 공급규정의 승인에 관한 업무가 기관위임사무가 아니고 지방자치단체의 사무에 속한다.〉** 도시가스사업법 제3조, 제9조, 제10조, 제11조, 제18조, 제18조의3, 제20조 등 관련 규정을 종합하면, 시·도시사의 지역별 가스공급시설의 공사계획 수립·공고나 도시가스의 요금 및 기타 공급조건에 관한 공급규정의 승인에 관한사항은 지방자치법 제9조, 제35조 제1항 제11호에 의하여 법령에 의하여 지방자치단체의 사무에 속한 사항으로 조례로 제정할 수 있고, 일정한 경우 지방의회의 의결사항으로 할 수도 있다고 할 것이지 국가사무로 시·도지사에게 기관 위임된 사무라고 할 것은 아니고, 같은 법 제18조의2, 제18조의4 제1항, 제20조 제3항, 제24조제1항, 제2항, 제40조, 제40조의3, 제41조제1항, 같은법시행령 제10조, 제11조, 제12조 등의 규정만으로 시·도지사가 가지는 지역별 가스공급시설의 공사계획 수립·공고나 도시가스의 요금 및 기타 공급조건에 관한 공급규정의 승인에 관한 업무의 성질이 달라지는 것은 아니다(대판 2001.11.27, 2001추57 조례안재의결무효확인청구).

기초단체와 광역단체의 사무가 서로 경합되는 경우는 시·군 및 자치구에서 우선적으로 처리한다(동법 §10·③).

1) 필요사무(의무적 자치사무)

법령에 의하여 그 시행의무가 부과되어 있는 사무인데 그 사무수행에 있어서 사무의 수행여부는 법정되어 있으나, 수행방법은 자치단체에 자율성이 인정된다. 상·하수도 사업, 오물처리, 초등학교 설치, 소방, 묘지와 화장장의 설치, 예방접종, 호적 및 주민등록관리, 지역 및 직장민방위 등이 그 예이다.

2) 수의사무(임의적 자치사무)

그 시행에 지방자치단체의 재량에 맡겨진 사무(예: 도서관설치, 경로당·영화관설립, 주택개량지원 등)로 사무의 수행여부와 수행방법이 자치단체에 자율성이 인정된다. 이는 제도적 보장의 내용으로서 인정된 '전권한성으로부터 직접 유래하는 사무'이다.

(2) 위임사무

위임사무라 함은 국가 또는 지방자치단체 등으로부터 지방자치단체 또는 자방자치단체 의장에게 위임된 사무를 말한다. 위임사무 중 지방자치단체에 위임된 사무가 단체위임사무이고, 지방자치단체의 장에게 위임된 사무가 기관위임사무이다. 좁은 의미에서는 단체위임사무만을 의미하며, 넓은 의미에서는 기관위임사무가 포함된다.

1) 단체위임사무

① 의 의

국가 또는 다른 지방자치단체 등으로부터 당해 지방자치단체에 위임된 사무이다. 단체위임사무는 성격상 국가 또는 다른 지방자치단체 등과 당해 지방자치단체가 함께 이해관계를 가지는 사무이다.

② 법적 근거

일반법령으로는 정부조직법 제6조 및 행정권한의 위임 및 위탁에 관한 규정(대통령령)이 있으나, 위임은 개별적인 법령의 근거를 요한다. 지방자치법 제9조 제1항은 「법령에 의하여 지방자치단체에 속하는 사무」가 단체위임사무이다. 또한 「지방자치단체……가 위임받아 처리하는 국가사무(지자법 §167·①)」 또는 「시·군 및 자치구……가 위임받아 처리하는 시·도의 사무(지자법 §167·②)」도 단체위임사무이다. 단체위임사무의 경우에는 반드시 법률의 근거가 있어야 한다(대판 1973.10.23, 73다1212).

③ 실 례

단체위임사무의 예는 별로 없다. ㉮ 도세 징수의 시·군 자치구에 위임(시·군은 그 시·군내의 도세를 징수하여 도에 납입할 의무를 진다. 다만, 필요할 때에는 도지사는 납세의무자 또는 특별징수의무자에게 직접 납세고지서 또는 납입통지서를 교부할 수 있다. 지방세법 §53·①) ㉯ 시·군이 다른 시·군에 의무교육 학령아동 일부에 대한 교육사무를 위탁하여 실시할 경우(지방자치단체는 지방자치단체가 설립한 초·중 및 특수학교에 그 관할구역 안의 의무교육대상자 전원을 취학시키는 것이 곤란한 경우에는 ……인접한 지방자치단체나 국립 또는 사립의 초·중 및 특수학교에 위탁하여 교육을 실시할 수 있다. 초·중등교육법 §12·③) 등을 들 수 있다.

④ 법적 관계

㉮ 단체위임사무는 위임되더라도 여전히 당해 사무의 성질은 국가 또는 광역지방자치단체의 사무가 되며, 따라서 이에 대한 감독권도 국가 또는 광역지방자치단체가 행사하게 된다(지자법 §167·①·②) ㉯ 「경비부담」은 국가사무나 광역지방자치단체의 사무를 위임받아 수행하는 경우의 소요비용은 국가나 광역지방자치단체 등 위임자가 전부부담이 원칙이다(지자법 §141 단서, 지방재정법 §28, §21·②). ㉰ 「감독범위」는 위임사무에 대한 국가 등의 감독은 위법(적법)뿐만 아니라 부당(합목적성)의 경우에도 가능하며 ㉱ 「배상책임자」는 위임사무의 수행시에 제3자에 대한 직무상 불법행위가 있는 경우에는 지방자치단체가 자신의 이름과 책임으로 수행하는 사무이므로 원칙적으로 지방자치단체가 책임을 지게 되나, 위임자도 사무의 귀속 주체자 또는 비용을 부담하는 자로서 배상책임을 지게 된다(국배법 §2·§6·①).

⑤ 자치사무와 단체위임사무의 공통점

양자는 다같이 ㉮ 지방자치단체 자체의 사무이므로 ㉯ 지방의회의 사무감사와 조사를 받고 ㉰ 조례의 제정대상이 된다는 점에서는 공통점이 있다(지자법 §9, §22).

2) 기관위임사무

① 의 의

국가 또는 다른 지방자치단체 등으로부터 당해 지방자치단체기관(장)에게 위임된 사무이다. 이러한 사무를 처리함에 있어서는 지방자치단체의 기관은 지방자치단체의 기관으로서가 아니라 국가의 행정기관으로서의 지위를 갖게 되며, 그 사무는 국가의(직접적인 행정) 사무에 속하게 된다.

판례 〈기관위임사무 해당 여부의 판단 기준〉 법령상 지방자치단체의 장이 처리하도록 규정하고 있는 사무가 기관위임사무에 해당하는지 여부를 판단함에 있어서는 그에 관한 법령의 규정 형식과 취지를 우선 고려하여야 할 것이지만 그 외에도 그 사무의 성질이 전국적으로 통일적인 처리가 요구되는 사무인지 여부나 그에 관한 경비부담과 최종적인 책임귀속의 주체 등도 아울러 고려하여 판단하여야 할 것이다(대판 1999.9.17, 99추30 울진군발전소주변지역지원산업시행에관한조례무효확인청구의소).

② 법적 근거

일반법령으로 역시 정부조직법 제6조 및 행정권한의 위임 및 위탁에 관한 규정이 있으나, 위임은 보통 개별법령에 의하여 행하여진다. 지방자치법 제102조는 「지방자치단체에서 시행하는 국가사무는 법령에 다른 규정이 없는 한 지방자치단체의 장에게 위임하여 행한다」 동법 제103조는 「지방자치단체의 장은 당해 지방자치단체의 사무와 법령에 의하여 그 지방자치단체의 장에게 위임된 사무를 관리하고 집행한다」는 규정이 근거 규정이다.

③ 실 례

㉮ 도지사의 국가하천의 보수와 유지사무(하천법 §28·①) ㉯ 도지사의 국도유지·수선사무(도로법 §23) ㉰ 서울특별시장·광역시장·도지사의 공유수면매립에 관한 처분(공유수면관리및매립에관한법률 §28) 등을 들 수 있고, 병무·국회의원·통계사무·식품위생·환경·건설·교통·관광 등에 관한 대부분의 인·허가 및 행정지도·감독 등의 업무도 이에 해당한다.

④ 법적 관계

㉮ 「경비부담」은 기관위임사무가 국가사무이므로 그에 소요되는 경비는 국가가 그 전부를 당해 지방자치단체에 교부하여야 한다(지방재정법 §21·②). ㉯ 「감독범위」는 위법·부당의 경우는 물론이고 사전·사후예방·교정적 감독·훈령까지 발할 수 있으며 위법·부당한 명령, 처분의 시정 및 취소권·정지권을 행사할 수 있고(지자법 §167, §169, §170) ㉰ 기관위임사무의 관리 및 집행을 명백하게 해태한 때에는 감독관청은 이행명령을 할 수 있고, 기간 내에 이행하지 않을 때에는 대집행을 할 수 있다(지자법 §169, §170). 다만 지방자치단체의 장은 자치사무에 관한 명령이나 처분의 취소 또는 정지에 대하여 이의가 있는 때에는 직무이행명령서를 접수한 날부터 15일, 그

취소처분 또는 정지처분을 통보받은 날로부터 15일 이내에 각각 대법원에 제소할 수 있다(지자법§169·③, §170·③). ㉣ 「배상책임자」는 국가의 행정기관으로서의 지위책임이 없고 국가가 행정상 손해배상 책임주체가 된다. 판례도 경기도지사가 행하는 공유수면매립에 관한 사무(기관위임사무)는 국가행정기관으로서의 사무이므로 경기도는 그 직무상의 위법행위에 대한 행정상의 손해배상책임이 없다고 한다(대판 1982.11.24, 80다2303).

그러나 이와는 반대로 지방자치단체의 장이 기관위임된 국가행정사무를 처리하는 경우, 그 지방자치단체가 국가배상법 제6조 제1항 소정의 비용부담자로서 손해를 배상할 책임이 있다고 판시하고 있다.

판례 **〈지방자치단체의 장이 기관위임된 국가행정사무를 처리하는 경우, 그 지방자치단체가 국가배상법 제6조 제1항 소정의 비용부담자로서 배상책임을 진다.〉** 구 지방자치법(1988. 4. 6. 법률 제4004호로 전문 개정되기 전의 것) 제131조(현행 제132조), 구 지방재정법(1988. 4. 6. 법률 제4006호로 전문 개정되기 전의 것) 제16조 제2항(현행 제18조 제2항)의 규정상, 지방자치단체의 장이 기관위임된 국가행정사무를 처리하는 경우 그에 소요되는 경비의 실질적·궁극적 부담자는 국가라고 하더라도 당해 지방자치단체는 국가로부터 내부적으로 교부된 금원으로 그 사무에 필요한 경비를 대외적으로 지출하는 자이므로, 이러한 경우 지방자치단체는 국가배상법 제6조 제1항 소정의 비용부담자로서 공무원의 불법행위로 인한 같은 법에 의한 손해를 배상할 책임이 있다(대판 1994.12.9, 94다38137, 손해배상청구).

판례 **〈묘지 등의 허가사무가 도의 고유사무인 자치사무인지이며, 도지사로부터 시장·군수에게 묘지 등의 허가권을 위임한 것이 기관위임으로 보아야 한다.〉** ① 재단법인이 운영하는 묘지 등의 허가는 도의 사무에 속한다는 점에서 일치하지만, 종중 등이 설치하는 묘지 등의 허가 사무는 매장및묘지등에관한법률에 의하면 도의 사무에 속하고, 지방자치법 및 같은법시행령에 의하면 시·군의 사무에 속하는 것으로 서로 다르게 규정되어 있으나, 지방자치법시행령 제8조 단서는 "다른 법령에 이와 다른 규정이 있는 경우에는 그러하지 아니하다"고 규정하고 있으므로, 묘지 등의 설치허가에 관하여는 지방자치법과는 다르게 매장및묘지등에관한법률이 특별히 규정한 것으로 볼 수 있고, 매장및묘지등에관한법률이 지방자치법시행령보다 상위의 법규라는 점 등에 비추어 볼 때 종중 등이 설치하는 묘지 등의 허가사무도 매장및묘지등에관한법률 제8조에 의하여 도의 고유사무인 자치사무라고 해석할 것이다. ② 도지사로부터 시장·군수에게 묘지 등의 허가권을 위임한 것은 단체위임이 아니라 기관위임이라고 보아야 할 것이다(대판 1995.12.22, 95추32 조례안재의결무효확인).

판례 **〈부랑인선도시설 및 정신질환자요양시설에 대한 지방자치단체장의 지도·감독사무를 보건복지부장관 등으로부터 기관 위임된 국가사무로 판단한 사례〉** 부랑인선도시설 및 정신질환자요양시설의 지도·감독사무에 관한 법규의 규정 형식과 취지가 보건사회부장관 또는 보건복지부 장관이 위 각 시설에 대한 지도·감독권한을 시장·군수·구청장에게 위임 또는 재위임하고 있는 것으로 보이는 점, 위 각 시설에 대한 지도·감독사무가 성질상 전국적으로 통일적인 처리가 요구되는 것인 점, 위 각 시설에 대한 대부분의 시설운영비 등의 보조금을 국가가 부담하고 있는 점, 장관이 정기적인 보고를 받는 방법으로 최종적인 책임을 지고 있는 것으로 보이는 점 등을 종합하여, 부랑인선도시설 및 정신질환자요양시설에 대한 지방자치단체장의 지도·감독사무를 보건복지부장관 등으로부터 기관 위임된 국가사무로 판단한 사례(대판 2006.7.28, 2004다759 손해배상(기)).

위와 같은 문제에 대하여 다음과 같이 정리되어야 한다.

㉮ 기관위임사무에 있어서는 사무의 관리주체(귀속주체)인 국가는 관리주체(귀속주체)로서 피해자에 대하여 배상책임을 지고, 지방자치단체는 형식적 비용부담자이므로 피해자에 대하여 배상책임을 진다(국배법 §6·①). 기관위임사무의 경우 실질적 비용부담자는 원칙상 국가이므로 국가가 최종적 배상책임자가 되고 따라서 국가배상을 한 지방자치단체는 국가에 대하여 구상할 수 있다.

㉯ 종국적 배상책임과 관련하여 관리주체(귀속주체)설에 의하면 단체위임사무의 경우 종국적 배상책임자는 지방자치단체이고, 기관위임사무의 경우 국가 등이 된다. 비용부담자설에 의하면 단체위임사무의 경우 국가와 지방자치단체 사이의 실질적 비용부담에 비례하여 책임을 분담하고, 기관위임사무의 경우 원칙상 국가가 종국적 배상책임자가 된다.

⑤ 기관위임사무

기관위임사무는 조례의 제정대상이 아니다.

판례 **〈광주직할시서구주택건설사업계획입지심의회운영조례안이 규정하는 주택건설촉진법 제33조의 규정에 의한 사업계획승인은 지방자치단체에 위임된 단체위임사무가 아니라, 단체장에게 위임된 기관위임사무이므로 지방자치법의 규정에 위반되어 위법하다.〉** ① 광주직할시서구주택건설사업계획입지심의회운영조례안이 규정하는 주택건설촉진법 제33조의 규정에 의한 사업계획승인은 건설부장관 소관의 국가사무로서 단체장에게 위임된 이른바 기관위임사무이고 지방자치단체에 위임된 단체위임사무가 아님이 명백하므로, 위 조례안은 조례로 제정할 수 없는 사항을 규정한 것이어서 조례제정범위에 관한 지방자치법의 규정에 위반되어 위법하다(대판 1992.7.28, 92추31). ② 지방자치단체의 골재채취법상 골재채취업등록 및 골재채취허가사무의 법적성질은 기관위임사무이고, 골재를 지방자치단체의 직영 또는 위탁지영으로만 채취하도록 하여 지방자치단체의 장의 민간에 대한 골재채취허가권 자체를 배제하는 것을 내용으로 하는 골재채취허가의 제한에 관한 지방자치단체의 조례안이 법령에 위반된다(대판 2004.6.11, 2004추34 조례안재의결무효확인).

판례 **〈도지사가 하천구역에서의 점용료나 부당이득금의 징수권을 조례 또는 규칙에 의하여 시장·군수에게 위임할 수 있다.〉** 도지사가 하천구역에서의 점용료나 부당이득금 등의 징수권을 행사하는 것은 국가기관의 지위에서 수행하는 사무가 아니라 지방자치단체 자체의 사무이므로, 구 지방자치법(2006. 1. 11. 법률 제7846호로 개정되기 전의 것) 제95조 제2항에 따라 조례 또는 규칙에 의하여 시장·군수에게 그 권한의 위임이 가능하다(대판 2006.9.8, 2004두947, 하천무단점용에따른 부당이득금부과처분무효확인).

판례 〈자치사무 또는 기관위임사무에 해당하는지 여부의 판단방법〉 법령상 지방자치단체의 장이 처리하도록 규정하고 있는 사무가 자치사무 또는 기관위임사무에 해당하는지 여부의 판단방법은 법령의 규정형식과 취지를 우선고려하고 사무의 성질이 전국적으로 통일적인 처리가 요구되는 사무인지 여부 및 경비부담과 최종적인 책임 귀속의 주체 등도 아울러 고려하여야 한다(대판 2003.4.22, 2002두10483, 해임처분취소).

3) 자치사무·단체위임사무·기관위임사무의 차이점

① 사무처리효과의 귀속주체

자치사무 및 단체위임사무의 처리효과는 당해 자치단체에 귀속하나, 기관위임사무의 처리효과는 국가에 귀속되며 이를 처리하는 지방자치단체의 장은 그 범위 안에서 국가기관의 지위에 선다.

② 사무수행에 있어서의 자율성(사무의 성질)

자치사무 중 임의적 자치사무(또는 수의사무)는 사무의 수행여부와 그 수행방법이 넓게 자율적 수행권이 인정되고, 의무적 자치사무(또는 필요사무)는 법령에서 그 수행여부가 결정되고 있으므로 수행방법만 자율성이 인정된다. 위임사무 중 단체위임사무는 성질상 국가 또는 광역지방자치단체 사무이지만 국가 또는 광역지방자치단체의 감독하에 자신(당해 지방자치단체)의 이름과 책임으로 수행하게 된다. 따라서 단체위임사무는 자치사무에 유사한 성질을 갖는다. 기관위임사무는 국가 또는 광역지방자치단체의 사무이고, 국가 등의 행정기관으로서 행하는 것이므로 그 자율적 수행이 미약하다.

③ 감독권 행사(감독정도)

자치사무는 당해 지방자치단체 자체의 사무이므로 인격을 달리 하는 국가의 감독권 내지 시정명령권·취소권·정지권 등은 위법의 경우(법규감독)에 한한다(지자법 §169·①). 취소·정지권 발동에 이의가 있는 지방자치단체의 장은 대법원에 제소할 수 있다(지자법 §169·②). 단체위임사무나 기관위임사무는 위법뿐만 아니라 부당(합목적성)의 경우에도 취소·정지할 수 있다(지자법 §169·①). 특히 기관위임사무의 관리 및 집행을 명백하게 해태한 때에는 감독관청은 이행명령을 할 수 있고, 기간내에 이행하지 아니하는 때에는 대집행을 할 수 있다(지자법 §170·①·②). 다만 지방자치단체의 장은 이행명령에 대하여 이의가 있는 때에는 대법원에 제소할 수 있다(지자법 §170·③).

④ 지방의회의 관여

자치사무는 지방의회의 관여(지방의회의 의결·사무감사 및 조사·회계감사 등)가 인정됨은 물론이다. 단체위임사무도 자치단체 자체의 사무로 전환되고 자신의 책임과 이름으로 수행되므로 지방의회가 사무감사·조사 등으로 감독할 수 있으며, 조례제정 대상이 되지만, 기관위임사무는 자치단체의 장이 국가기관의 지위에서 행하며 그 효과도 국가에 귀속하고 배상주체도 국가이므로 지방의회로서는 감독할 수 없고, 조례제정 대상이 되지 못하며, 국회의 국정감사·조사의 대상이 되고 법률(입법)제정 대상이 된다. 다만, 당해 지방자치단체가 경비를 부담한 경우는 예외적으로 관여(감독)할 수 있다고 본다. 우리 지방자치법(§41·③)은 '지방자치단체' 및 그 장이 위임받아 처리하는 국가사무와 시·도의 사무에 대하여 국회와 시·도 의회가 직접 감사하기로 한 사무를 제외하고는 그 감사를 각각 당해 시·도의회와 시·군 및 자치구의회가 행할 수 있다. 이 경우 국회와 시·도의회는 그 감사결과에 대하여 당해 지방의회에 필요한 자료를 요구할 수 있다고 규정하여, 단체위임과 기관위임 사무를 구별하지 않고 있다.

⑤ 경비부담

자치사무의 경비는 당연히 당해 자치단체가 부담하지만(지방재정법 §20), 단체위임사무나 기관위임사무는 국가 등 위임자가 전부 부담함이 원칙이다(지자법 §141). 단체위임의 경우는 공동부담하는 경우도 있다(지방재정법 §30·①).

⑥ 배상책임자

자치사무는 지방자치단체가 스스로 책임의 주체가 된다. 단체위임사무는 사무의 관리주체인 지방자치단체가 배상책임을 지게 되나, 위임자도 사무의 귀속주체자 또는 비용을 부담하는 자로서 배상책임을 지게 된다.

기관위임사무는 사무의 관리주체(귀속주체)인 국가는 관리주체로서 피해자에 대하여 배상책임을 지고, 지방자치단체는 형식적 비용 부담자로서 피해자에 대하여 배상책임을 진다(국배법 §6·①). 최종적 배상책임자는 실질적 비용부담자인 국가가 된다.

⑦ 조례제정대상

자치사무와 단체위임사무의 처리에 관하여 필요한 경우에는 자치법규인 조례를 제정하여 스스로 규율할 수 있으나, 기관위임사무는 국가의 사무이므로 국가의 법령에 의해 규율되며 법령에서 특별히 위임받은 경우를 제외하고는 자치법규인 조례를 제정하여 규율할 수는 없다(지자법 §22). 그러나 기관위임사무이지만 부동산 중개수수료, 건축물의 건폐율, 용적률, 높이제한 등에 관하여 법령은 상한선만 규정하고, 그 범위 안에서 자치단체의 실정에 맞게 조례로 구체적으로 정하도록 특별히 위임한 예가 많이 있는데, 이를 특히 「위임조례」라고 한다.

판례 〈자치사무와 단체위임사무만이 조례 규정 대상〉 지방자치법 제15조, 제9조의 규정에 의하면 지방자치단체가 조례를 제정할 수 있는 사항은 지방자치단체의 고유사무인 자치사무와 개별법령에 의하여 지방자치단체에 위임된 이른바 단체위임사무에 한하고, 국가사무로서 단체장에 위임된 이른바 기관위임사무에 관한 사항은 조례제정의 범위 밖이라 할 것이다(대판 1996.5.10, 95추87).

판례 〈지방의회의원에 대한 별정직 지방공무원인 보좌관 존치는 법률규정사항〉 지방의회의원에 대하여 별정직 지방공무원인 보좌관을 두도록 하는 것은 지방의회의원의 신분·지위 및 그 처우에 관한 현행 법령상의 제도에 중대한 변경을 초래하는 것으로서 이는 개별지방의회의 조례로 규정할 사항이 아니라 국회의 법률로서 규정하여야 할 입법사항인 바, 지방의회의원에 대하여 별정직 지방공무원인 보좌관을 둘 수 있는 법적근거가 없으므로 지방의회의원에 대하여 5급 상당의 별정직 지방공무원인 유급보좌관을 두는 내용의 조례안의 재의결은 무효다(대판 1996.12.12, 96추121).

4) 위임사무의 공통점 및 문제점

① 단체위임사무는 ㉮ 자치단체의 사무이므로 그의 자주적인 책임하에 시행되며 ㉯ 국가의 감독도 교정적 감독에 그치고 ㉰ 지방의회가 관여하는 점에서 자치사무(공공사무)와 같고

② 단체위임사무는 ㉮ 반드시 법령근거를 필요로 하고 ㉯ 소요경비는 국가 등 위임인이 부담함이 원칙이며 ㉰ 국가의 감독은 합법성은 물론 합목적성 감독까지 할 수 있는 점은 기관위임사무와 같다.

③ 문제점은 현행법상 ㉮ 자치사무의 범위는 매우 좁고 ㉯ 단체위임사무는 자치사무(고유사무) 및 기관위임사무와의 구별이 애매한 경우가 많아서 경비부담문제, 국회와 지방의회간 감독권한의 충돌 등 많은 혼선을 초래하고 있으며 ㉰ 기관위임사무가 지방자치단체의 사무의 대부분을 차지하고 있는 바, 이는 지방자치를 제도적으로 보장하고 있는 우리 헌법정신에 맞지 아니하므로, 속히 자치사무를 확대하고 위임사무를 축소하며, 국세와 지방세의 개념정립 및 국세의 지방세로의 이관·조정 등 국가와 지방자치단체간, 그리고 광역단체와 기초단체간에 권한의 재배분이 이루어져야 한다고 본다.

▶ 자치사무·단체위임사무·기관위임사무

구 분	자치사무	단체위임사무	기관위임사무
개 념	주민의 복리증진에 관한 사무 및 지방자치단체의 존립을 위해 필요한 사무	국가 또는 다른 지방자치단체로부터 당해 지방자치단체에게 위임된 사무	국가 또는 지방자치단체로부터 당해 지방자치단체의 장에게 위임된 사무
지위 및 사무의 성질	공법상법인으로서 권리주체의 지위에서 필요사무(의무적)와 수의사무(임의적)	당해 지방자치단체의 이름과 책임으로 수행하므로 자치사무와 유사한 성격을 갖는다	국가 등의 기관의 지위에서 위임자인 국가 등의 행정기관으로서 행하므로 자율성이 미약
법적근거	헌법 §117·①, §118, 지방자치법 §9	정부조직법 §6·①, 행정권한의위임및위탁에관한규정(대통령령), 지자법 §9·①, §167·①·② 개별법령	정부조직법 §6·①, 행정권한의위임위탁에관한규정(대통령령), 지자법 §167·①·②, §102, §103, 개별법령

<table>
<tr><td>실 례</td><td>① 필요사무 : 상·하수도, 오물처리, 초등학교설치, 소방, 예방접종 등
② 수의사무 : 노인정, 도서관, 스포츠시설 등 문화시설 설치, 지역경제지원, 개발촉진 등</td><td>시·군의 국세·도세징수, 의무교육학령아동 일부에 대한 교육위탁 등</td><td>병무·위생·환경·건설·교통·관광 등에 관한 대부분의 인·허가 및 행정지도·감독 등의 업무, 도지사의 직할하천보수·유지의무, 도지사의 국도유지·수선의무 등</td></tr>
<tr><td>법적관계
① 사무의 성질</td><td>해당 지방자치단체 자신의 사무</td><td>국가 또는 광역지방자치단체의 사무</td><td>국가 또는 광역지방자치단체의 사무</td></tr>
<tr><td>② 경비부담</td><td>해당 지방자치단체가 부담</td><td>위임자 전부부담이 원칙</td><td>위임자 전부부담</td></tr>
<tr><td>③ 감독범위</td><td>합법적 감독에 국한</td><td>위법뿐만 아니라 부당(합목적성)까지 감독</td><td>위법·부당은 물론이고, 사전·사후감독, 예방적·교정적감독, 훈령까지 발할 수 있고, 처분의 시정 및 취소·정지권·이행명령까지</td></tr>
<tr><td>④ 배상책임자</td><td>해당 지방자치단체 부담</td><td>위임자부담(국배법 §2)
해당 지방자치단체부담
(국배법 §6)</td><td>위임자 부담(국배법 §2)
해당 지방자치단체부담
(국배법 §6)</td></tr>
<tr><td>감독권행사</td><td>국가 등의 감독은 합법성 감독에 국한, 감독권·시정명령권·취소·정지권 등이 위법하면 대법원에 제소가능(§169·②)</td><td>위법성뿐만 아니라 합목적성 감독까지 가능</td><td>위법·부당은 물론이고, 기관위임사무의 관리·집행을 해태한 경우 이행명령과 대집행까지 가능(§170)</td></tr>
<tr><td>사무처리효과의 귀속주체</td><td>해당 자치단체에 귀속</td><td>해당 지방자치단체에 귀속</td><td>국가 등 위임인에게 귀속</td></tr>
<tr><td>지방의회의 관 여</td><td>가 능</td><td>가 능 : 지방의회가 사무감사·조사 등으로 감독, 조례제정대상</td><td>불가능. 감사에 대하여는 단체위임사무 및 기관위임사무와 구별하지 않고 있다
(지자법 §41·③)</td></tr>
<tr><td>조례제정대상</td><td>조례의 제정대상이 된다</td><td>조례의 제정대상이 된다</td><td>조례의 제정대상이 아니다.
※위임조례의 경우임</td></tr>
<tr><td rowspan="2">공 통 점</td><td colspan="2">단체위임사누도 자치단체의 사부로 전환되어 지방자지단체 자체의 사무로 되므로 ① 자신의 이름과 책임하에 수행, ② 지방의회가 사무감사·조사 등으로 감독, ③ 조례의 대상이 되는 점이 공통점이다</td><td></td></tr>
<tr><td></td><td colspan="2">단체위임사무와 기간위임사무는 ① 반드시 개별법령의 근거를 요하고, ② 소요경비는 국가 등 위임자가 부담하며, ③ 국가의 감독은 합법성뿐만 아니라 합목적성 감독까지 할 수 있다는 점에서 공통점이다.</td></tr>
</table>

V. 지방자치단체의 권한(자치권)

1. 서 설

자치권이란 지방자치단체가 자신의 사무를 자신의 책임하에 행할 수 있는 권한을 말한다. 이는 지방자치의 제도적 보장의 한 내용으로서 인정되는 것이므로 입법자가 입법권행사를 통해 지방자치의 본질적 내용을 침해하거나 폐지할 수는 없다. 자치권에는 ① 자치조직권 ② 자치입법권 ③ 자치행정권 ④ 자치재정권이 있다. 자치권의 중요한 내용으로 ① 지방자치단체는 헌법이나 법률이 국가나 그 밖의 공공단체의 권한으로 유보하고 있지 않는 한 당해 지방에 고유한 사무를 임의로 처리하고 규율하는 권한을 갖는다는 「전권한성의 원칙」과, ② 지방자치단체는 지방사무를 처리함에 있어 국가의 후견적 감독없이 자기의 책임하에 자율적으로 처리할 수 있다는 「자기책임성의 원칙」을 갖는다. 자치권의 성질은 고유권설과 전래권설이 있으나 후설이 통설이었으나 오늘날은 제도적 보장설이 통설이다.

2. 자치조직권·자치인사권(조직고권·인사고권)

(1) 자치조직권의 의의

자치조직권이란 지방자지단체 스스로가 자신의 내부조직을 형성·변경·폐지할 수 있는 권한을 말한다. 자치인사권이란 지방자치단체가 소속공무원의 임명·승진·징계·해임 등의 인사를 결정할 수 있는 권한을 말한다.

(2) 관계법률

헌법(§117, §118)은 지방자치단체의 종류와 조직 및 운영에 관한 사항은 법률로 정하도록 규정하고 있다. 이에 기하여 제정된 법이 지방자치법, 지방교육자치에 관한 법률, 지방공무원법 등이 있는바 지방자치법은 지방자치단체의 조직의 대강을 정하고, 그 범위 안에서 행정기구·공무원 등에 관한 많은 사항을 조례로 정하도록 하고 있다.

(3) 자치인사권의 문제점

현재 인정되고 있는 자치조직권의 인정은 지방자치법 제91조 제1항과 제2항(지방의회의 직원), 제105조(지방자치단체직원에 대한 임면권), 제112조(행정기구와 지방공무원)과 지방공무원법 제6조 제1항(지방자치단체장의 소속공무원 임용), 제25조의 2(지방자치단체장의외국인과 복수국적자의 임용권)에서 이를 확인하고 있다.

헌법 제118조 제2항에 의해 입법자의 법률에 의한 제한은 가능하나, 일정한 한계에서만 가능하다고 보아야 한다. 이에 비추어볼 때 지방자치단체에 국가공무원을 대통령 또는 소속장관이 임명하도록 한 규정(구지자법 §103·④·⑤)은 삭제되었으나, 특별시와 광역시의 부시장, 도의 부지사는 정무직 또는 일반직 국가공무원으로 대통령이 임명하도록 한 규정(지자법 §110·③)과 특히 2006년에 개정된 5급 이상의 국가공무원 또는 고위직공무원단에 속하는 공무원을 대통령이 임명하고, 6급 이하의 국가 공무원을 소속장관이 임명하도록 한 규정(지자법 §112·⑥)은 제도적 보장으로 자주인사권을 침해하는 것은 아닌지 문제시 될 수 있다.

3. 자치입법권

(1) 의의·종류(자치법규)

1) 의 의

자치입법권이란 지방자치단체가 법령의 범위 내에서 그 자치행정에 관하여 필요한 일반적·추상적인 규정을 정립할 수 있는 권한이다. 자치입법권에 의해 정립된 법이 자치법규이다. 헌법(§117)은「지방자치단체는 …… 법령의 범위 안에서 자치에 관한 규정을 제정할 수 있다」고 하여 자치입법권을 보장하고 있고, 지방자치법 제22조에서는「지방자치단체는 법령의 범위 안에서 그 사무에 관하여 조례를 제정할 수 있다. 다만, 주민의 권리제한 또는 의무부과에 관한 사항이나 벌칙을 정할 때에는 법률의 위임이 있어야 한다」고 규정하고, 또한 지방교육자치에 관한 법률에서도 교육·학예에 관해서는 이를 구체화하고 있다.

① 지방자치법은 자치법규로서 ㉮ 지방자치단체의 조례(제정권)와 ㉯ 지방자치단체의 장의 규칙(제정권)을 인정하고, ② 지방교육자치에 관한 법률은 교육규칙을 인정하고 있다(지자법 §22·§23, 지방교육자치법 §25).

즉, 자치입법에는 조례·규칙·교육규칙이 있다. 지방자치단체에 관한 조례와 규칙 중 조례가 보다 상위 규범이다(대판 1995. 7. 11, 94누4615).

(2) 조 례

【기출문제】 **<1985년 (제27회) (약술형)·1991년 외무고시 (약술형)>** ※ 지방자치단체의 입법권(자치입법권)

<1990년 (제34회) 사법시험 (약술형)> ※ 법률과 조례와 관계

<2003년 (제19회) 입법고시 (약술형)> ※ 조례제정권의 한계와 통제

<2006년 (제48회) 사법시험 (약술형)> ※ 기관위임사무에 대한 조례의 제정가능성에 관하여 약술하시오(20점)

<2004년 사법시험 (사례형)>·<2006년 행정고시 (사례형)>

<2007년 행정고시(일반행정)(사례형)> ※ 조례제정권의 범위와 한계

<2009년 입법고시(사례형)>·<2009년 행정고시(재경등)(사례형)> ※ 조례제정권의 범위와 한계

<2010년 사법시험 (사례형)> ※ 조례제정권의 범위와 한계

<2003년 (제47회) 행정고시 (사례형)> ※ 도지사 A는 환경개선비용부담법 제9조 제1항의 규정에 의한 환경개선부담금부과징수권한을 같은법 제22조 및 같은법시행령 제28조 제1항 제1호에 의해 환경부장관으로부터 위임을 받았다. 그런데 A는 이 권한을 직접행사하지 않고 재위임에 관하여 법에 아무런 규

정이 없기 때문에 행정권한을 도 조례에 의해 구청장에게 재위임하였는 바, 구청장 B는 이에 의거하여 甲에 대하여 환경개선부담금을 부과하였다.

(1) 이에 대하여 甲은 무효확인소송을 제기하였다. 甲의 권리구제의 가능성을 논하시오.

(2) 이 경우 일반적인 재위임의 법적근거와 문제점을 논하시오.

<2006년 (제50회) 행정고시 (사례형) (법률유보 및 초과조례문제)> ※ 사업자 A는 울산광역시와 경기도에 각각 염색공장을 건설하여 현재 조업 중에 있다. 그러던 중 울산광역시에서는 기존 시 조례에서 정한 지역환경기준을 유지하기 어렵다고 판단하여, 환경관련 법령상의 기준보다 엄격한 배출허용기준을 내용으로 하는 조례를 새로 제정하였다. 한편 사업자 A는 제품생산을 확대하기 위하여 경기도지사와 울산광역시장에 대하여 폐수배출시설을 포함한 공장증설허가를 신청하였다. A의 공장증설허가신청에 대해 경기도지사로부터는 허가가 내려졌으나, 울산광역시장으로부터는 A가 신청한 폐수배출시설이 시 조례가 정한 지역환경기준을 달성하기 어렵고 조례에서 정한 배출허용기준을 충족하지 못한다는 이유로 공장증설허가가 거부되었다. 이에 대하여 A는 울산광역시 조례가 법령보다 엄격한 규정을 두고 있으며 또한 경기도의 배출허용기준에 관한 조례와 비교하더라도 형평에 어긋나므로, 울산광역시 조례에 근거한 공장증설허가 거부처분이 위법하다고 주장하고 있다. A가 취할수 있는 권리구제 수단 및 그 인용가능성을 논하시오. 단 환경관련법령에서 정한 기준보다 조례에 의해 엄격한 배출허용기준을 설정할 수 있다는 법규정이 없음을 전제로 한다(20점).

<2007년 (제51회) (행정직) (일반행정) (사례형)> ※ C도는 지방세수의 적정한 확보와 지방세의 성실납부를 독려하기 위하여 법률과는 별도로 지방세성실납부기업에 대해서는 지방세의 일부를 경감하고, 지방세의 불성실납부기업에 대해서는 C도 및 C도 내의 개별 기초지방자치단체가 발주하는 일체의 공공사업입찰에 참여할 수 없도록 하는 것을 내용으로 하는 조례를 제정하였다. 이 조례는 적법한가?(조례제정권의 범위와 한계문제)

<2007년 (제51회) 행정고시 (재경직 및 기타) (사례형 : 공공시설이용권)> ※ 이는 뒤에서 해설함

<2004년 (제46회) 사법시험 (사례형)> ※ A군은 포도 등 과일의 주산지로 이들 과일의 생산에 의하여 전체 농가소득의 대부분을 올리고 있다. 그런데 관상용으로 주택, 가로 또는 묘지 등에 심은 X나무가 포도 등 과일나무에 해로운 영향을 미치고 있으므로 X나무의 식재(植栽)를 금지하여야 한다는 여론이 제기되었다.

이에 군의회는 이러한 여론을 수렴하여,

(1) A군에서는 X나무를 심거나 기르지 못한다.

(2) "기존의 X나무에 대하여 소유권 등 권리가 있는 자는 1년 안에 X나무를 제거하여야 하며, 이를 이행하지 않는 자는 300만 원 이하의 과태료에 처한다"라는 내용의 'X나무 식재금지에 관한 조례안'을 의결하였다(50점).

가. 위 의결된 조례안에 대한 군수 및 도지사의 통제방법을 논하시오.

나. 위 조례가 공포, 시행된 후 A군 관내에서 X나무 묘목을 생산, 판매하는 甲이 취할 수 있는 권리구제수단을 논하시오.

<2003년 제47회 행정고시 (사례형)> 에 관한 설명해답은 〈① 제9절 행정관청의 권한의 위임 ② 지방자치단체의 권한 3. 자치입법권. (3) 규칙제정권, ③ Ⅶ. 지방자치단체 상호간의 관계. 1. 지방자치단체 상호간의 관계 (4) 사무위임과위탁및재위임과 재위탁〉을 참조할 것.

〈답안요지만 약술한다.〉

※ **답안요지**

(1) 甲의 권리구제가능성 문제

환경부장관으로부터 기관위임을 받은 도지사 A는 환경개선부담금징수사무에 관한 권한을 직접행사하시 않고 조례에 의하여 구청장에게 재위임하였다. 기관위임사무를 지방자치단체의 조례에 의하여 재위임 할 수는 없고, 위임기관의 장의 승인을 얻어 지방자치단체의 장이 제정하는 규칙에 의하여 재위임하는 것만이 가능하므로 도의 조례로 정한 것은 무효이다.

무효인 도의 조례에 근거한 구청장 B의 환경개선부담금부과처분의 하자는 내용상 중대하지만 외관상 명백하지 아니하므로 그 처분은 취소할 수 있는 행위에 불과하다(대판 1995.8.22, 94누4615 건설업영업정지처분무효확인). 따라서 甲은 무효확인소송에서 승소하기 어려울 것이다. 한편 甲이 제기한 무효확인소송에 무효확인만을 구한다는 것이 명백한 것이 아닌 한 취소를 구하는 취지까지 포함되어 있는 것으로 볼 것이다. 그러나 법원이 甲의 취소청구를 인용하려면 먼저 그 취소소송의 요건을 구비하여야 한다(대판 1986.9.23, 85누838, 사회단체등록취소처분무효확인). 취소소송의 요건이 구비되지 않는 한 법원은 청구기각 판결을 할 것이다.

(2) 일반적 재위임의 법적근거와 문제점

판례는 정부조직법 제6조 제1항과 「행정권한의 위임 및 위탁에 관한 규정」(대통령령) 제4조를 국가사무의 재위임의 일반적 근거규정으로 보고(대판 1990.2.27, 89누5287, 석유판매사업정지처분취소), 지방자치법 제104조 제4항을 지방자치단체의 사무의 재위임에 관한 일반적 근거규정으로 본다.

그러나 당해 개별 법률에는 규정이 없음에도 불구하고 정부조직법 제6조에 근거하여 위임·재위임한다면 ① 권한을 법령으로 명확히 정하라는 행정조직법정주의에 반하는 포괄적 위임을 한 것이므로 위헌·위법인 법률규정이라 보아야 하고, ② 국민의 입장에서는 권한의 소재를 판단하는데 많은 어려움이 있게 되고, ③ 행정청의 권한에 관하여 정하고 있는 모든 법률의 규정은 무의미하게 될 것이다. 따라서 개별법상 재위임에 관한 근거규정이 없는 경우에는 재위임을 인정하지 않는 것이 타당하다고 본다.

<2006년 제50회 행정고시 (사례형) 답안해설>

【문제해결】

〈주요논점〉

1. A가 취할 수 있는 권리구제수단 및 인용가능성 문제

A는 울산광역시 조례가 법령보다 엄격한 규정을 두고 있으며 또한 경기도의 배출허용기준에 관한 조례와 비교하더라도 형평에 어긋나므로, 울산광역시 조례에 근거한 공장증설허가 거부처분이 위법하다고 주장하면서 (1) 의무이행심판(공장증설허가 거부처분을 심판대상으로 하여 공장증설허가를 하도록 하는 심판청구 : 행심법 §4·3호),

(2) 공장증설허가거부처분취소청구소송(행소법 §4·1호)을 제기할 수 있다.

행정심판이나 행정소송에서 인용되기 위해서는 공장증설허가 거부처분이 위법하여야 하고 공장증설허가거부처분이 위법하기 위하여는 "환경관련법상에서 정한 기준보다 엄격한 배출허용기준을 내용으로 하는 울산광역시의 조례"가 위법하여야 한다.

2. 울산광역시 조례의 위법여부 문제

울산광역시 조례의 위법여부를 논하기 위하여는 (1) 조례의 의의와 성질, (2) 조례제정권의 범위와

한계(법률과 조례와의 관계)를, 후자는 다시 ① 법률우위문제, ② 법률유보문제를, 특히 헌법 제117조 제1항의 "법령의 범위내"의 의미 등에서 문제가 제기된다.

〈주요논점 해설〉

1. 조례의 의의와 성질

(1) 조례의 의의 : 조례란 지방자치단체가 지방의회의 의결을 거쳐 제정하는 자치법규이다.

(2) 조례의 성질 : 조례의 성질에 관하여는 지방자치권의 본질과 관련하여 ① 고유권설에 입각한 조례자주입설, ② 전래설에 입각한 조례자주입법설, ③ 조례위임입법설이 대립되고 있다.

그러나 前국가적이고 자연권적인 지방자치권을 인정하기는 어렵고, 조례제정권도 국가권력에 유래한다고 보아야하므로 고유권에 입각한 조례자주입법은 문제가 있고, 반대로 조례위임입법설은 지방자치를 국가의 지방행정의 일환으로 보아 지방자치단체의 기관을 국가의 지방관청의 일종으로 보고 있고 있기 때문에 우리 헌법정신에도 맞지 않는다(헌법 §117·①). 따라서 전래권설에 입각한 조례자주입법설이 타당하다고 본다. 이 견해에 의하면 조례제정권은 국가로부터 전래된 것이므로 고유사무(자치사무)에 있어서도 법령에 위반할 수는 없지만 법령의 개별적인 위임은 필요없으며, 헌법 제117조 제1항의 "법령의 범위안에서"라는 표현은 바로 법령에 위반되어서는 아니된다는 의미이며, 법률의 위임이 있어야 조례를 제정할 수 있다는 의미는 아니므로 "법령의 범위안에서"(헌법 §117·①)의 표현은 법률우위만을 의미하며 법률유보는 의미하지 않는다.

2. 조례제정권의 범위와 한계(법률과 조례와의 관계)

(1) 법률우위의 문제

조례는 법령에 위배되어서는 아니된다. 법률우위는 성문법규로서 조례가 갖는 가장 기본적인 한계로서 실정법의 명문규정에 관계없이 인정되는 것이다. 국가법령의 조례에 대한 우위는 통일적인 국가법질서를 유지하기 위하여 요구되는 것이다. 따라서 헌법 제117조 제1항과 지방자치법 제22조 본문의 「법령의 범위 안에서」의 표현은 이를 확인하는 의미를 갖는다고 본다. 헌법 제117조 제1항과 지방자치법 제22조 본문의 「법령의 범위 안에서」하는 의미는 「법령에 위반되지 아니하는 범위 안에서」라고 해석하고, 따라서 법령에 저촉되지 아니하면 법령의 위임이 없더라도 그 권한에 속하는 사항에 대하여는 조례를 제정할 수 있으므로 법률우위원칙은 적용되지만 법률유보원칙은 적용되지 아니한다고 본다. 그러나 법령에 위반한 조례는 무효가 된다(대판 2004.7.22, 2003추51 : 재의결무효확인, 2005.9.9, 2004추10 : 전라북도학교급조례재의결무효확인). 그리고 법령에의 위반·저촉여부는 헌법에 의한 지방자치의 제도적 보장, 국법체계의 전체적 통일성, 지방의회의 입법능력, 지방자치단체의 특수성, 조례의 실효성 등을 종합적으로 평가하여 구체적 사안에 따라 정하여야 할 것으로 본다.

① 추가조례 : 국가의 법령과 규율대상(사항)을 달리하는 조례를 추가조례라 한다. 국가의 법령과 동일한 목적이라도 당해 법령의 대상 외의 사항(대상)을 규율하는 조례는 가능하다고 본다(대판 2000.11.24, 2000추29 : 단양군 공유재산관리 조례 중 개정조례에 대한 재의결, 2007.12.13, 2006추52 : 조례안의결 무효확인청구).

② 초과조례

㉮ 의 의 : 국가의 법령과 조례가 규율대상과 규율목적이 동일하지만 조례가 내용만이 법령이 정한 기준을 초과하여 보다 강화되거나 보다 약화된 기준을 정하는 조례를 초과조례라 한다.

㉯ 침익초과조례 : 법령보다 강하게 국민의 권익을 제한하는 조례를 침익초과 조례라 한다. 국가의 법령과 동일목적과 동일 대상이지만 법령보다 엄격한 요건이나 규제수단을 정하는 조례, 예컨대 법령보다 엄격한 허가기준 또는 법령상의 신고제를 허가제로 하는 것

등은 법령에 위반되는 것으로 허용되지 않는다. 초과 대상(사항)에 관한 규율을 조례에 위임한 경우에도 당해 침익초과조례가 법령의 내용을 위반하여서는 아니된다. 판례도 차고지 확보제도를 규정한 조례안이 법률의 위임근거는 있으나, 그 내용이 자동차등록기준 및 차고지확보기준에 관한 상위법령의 제한범위를 초과하여 무효라고 판시하고 있다(대판 1997.4.25, 96추251 소례안재의결무효확인).

㉰ 수익초과조례 : 법령보다 강하게 국민의 권익을 보장하는 조례를 수익초과조례라 한다. 수익초과조례는 법령의 위임없이 제정될 수 있는데, 법령이 최소한의 기준을 정하고 있고, 조례로 지방의 실정에 맞게 별도로 급부를 강화하는 규율을 허용하고 있다고 해석되는 경우에는 당해 조례는 법령에 위반되지 않는다. 동일한 규율목적을 가지고 있는 생활보호법과는 별도로 생활곤궁자를 보다 보호하는 내용의 조례는 법령에 위반되는 것이라 볼 수 없다.

즉, 국가법령이 이미 존재하는 경우에도 조례가 법령과 별도의 목적을 가지거나, 법령규정이 의도하는 목적과 효과를 전혀 저해하는 바가 없거나, 동일한 목적일지라도 전국에 걸쳐 일률적으로 동일한 내용을 규율하는 취지가 아니고 그 지방의 실정에 맞게 별도로 규율하는 것을 용인하는 취지인 경우에는 그 조례는 국가의 법령에 위반되는 것이 아니다(대판 1997.4.25, 96추244 조례안재의결무효확인).

㉱ 규율목적이 다른 조례 : 국가의 법령과 동일한 대상(사항)을 다른 목적으로 규율하는 조례는 가능하다고 본다. 판례도 "지방자치단체에 생활보호법과 모순·저촉되지 않는 별도의 생활보호제도를 두면서 그 재원은 전액 지방자치단체의 부담으로 하되 예산결정권은 지방자치단체의 장에게 부여한 조례가 생활보호법 제36조의 규정(보호비용의 부담구분)에 위반되지 않는다"고 판시하고 있다(대판 1997.4.25, 96추244 조례안재의결무효확인).

㉲ 최저기준법률 : 당해 법령이 정하는 규제가 전국적·전국민적 차원의 최저기준을 설정한 「최저기준법률」로 해석되는 경우에는 조례로 그것보다 엄격하게 규제하는 것은 허용된다할 것이다. 예컨대 대기오염에 관해서 전국적 견지에서 최소한도의 기준을 1ppm으로 법령에서 설정한 것으로 해석되는 경우, 즉 전국적 최저기준법률인 경우에는 강원도의 청정지역과 울산공업지역에서의 대기 오염은 같을 수 없기에 울산지역에서는 조례에 의한 보다 엄격한 규제로 허용된다고 본다.

㉳ 규제한도법률 : 규제한도법률이란 규제사항의 성질과 인권보장을 대조하여 당면한 입법적 규제의 최대한까지를 규정하고 있다고 해석되는 법률을 말한다(최대규제법률).

국가의 규제가 지역의 실정을 고려한 것으로써 필요·충분하기 때문에 더 이상 초과규제의 여지는 없는 경우이다. 이 경우 법률의 규제한도를 초과하여 규제하는 조례는 위법으로 해석된다.

㉴ 법령의 공백 : 입법자가 법령규율을 하고 있지 않는 "법령의 공백" 분야에서는 법령의 위임이 없더라도(조례제정권의 원시적·자주적 권리의 성질을 갖는 것이므로) 직접 스스로 조례를 규정할 수 있다고 하여야 할 것이다. 이는 당해 권리제한이나 의무부과가 지역적 관련성을 강하게 갖는 경우에 특히 해당되고 필요성이 요구된다 하겠다.

(2) 법률유보의 문제

① 법규정의 의미

㉮ 헌법 제117조 제1항 : 헌법 제117조 제1항은 "지방자치단체는 … 법령의 범위안에서 자치에 관한 규정을 제정할 수 있다"고 규정하고 있는 바, 이는 지방자치단체의 조례제정

권이 지방자치제의 제도적 보장의 한 내용으로서 원시적인 권리로서 보장된다는 것을 규정한 것으로 해석해야 한다(전래설에 입각한 조례자주입설). 따라서 조례제정에 있어서 법률우위원칙은 적용되나 법률유보원칙은 원칙적으로 적용되지 않는다(대판 2006.10.12. 2006추38).

㊏ 지방자치법 제22조 : "지방자치단체는 법령의 범위안에서 그 사무에 관하여 조례를 제정할 수 있다. 다만, 주민의 권리제한 또는 의무부과에 관한 사항이나 벌칙을 정할 때에는 법률의 위임이 있어야 한다"고 규정하고 있다. 지방자치법 제22조 단서에 관한 사항에 대하여는 법률유보의 원칙이 적용되도록 하고 있어 위헌여부가 논의되고 있다. 그러나 지방자치법 제22조 단서의 의미는 ㉠ 지방자치단체가 갖는 조례제정권의 한계와 관련되는 규정으로서 지방자치단체의 사무가 자치사무이든 단체위임사무이든 특정영역에 대하여 법령이 직접규율하고 있는 때에는 조례가 독자적으로 법령과 충돌되거나 경합되는 내용을 제정할 수 없고, 법령의 위임을 받아서 대상영역에 대해 조례가 규율할 수 있고, ㉡ 법령이 직접 규율하고 있는 경우에도 ⓐ 추가조례, ⓑ 일정한도의 수익초과조례, ⓒ 규율목적이 다른 조례, ⓓ 최저기준법률, ⓔ 최대규제법률에서의 조례제정은 지역적 특성에 따라 필요하고 가능하다 할 것이며,
㉢ 법령의 공백 즉, 법령에 의한 규율이 없는 때에는 지방자치단체가 법령의 위임이 없이도 직접 규율할 수 있다고 해석해야 할 것이다.

3. 결론(사례적용)

(1) 행정쟁송제기 : A는 울산광역시 조례가 법령보다 엄격한 규정을 두고 있으며 또한 경기도의 배출허용기준에 관한 조례와 비교하더라도 형평에 어긋나므로, 울산광역시 조례에 근거한 공장증설허가거부처분이 위법하다고 주장하고 있는 바, 이에 따라 공장증설허가거부처분을 심판대상으로 하여 공장증설허가를 하도록 하는 의무이행심판청구와 공장증설허가거부처분취소송인 행정소송을 제기할 수 있다.

(2) 울산광역시 조례의 위법여부 문제

전래설에 입각한 조례자주입법설에 따라 그리고 헌법 제117조 제1항의 취지는 지방자치단체의 조례제정권이 지방자치제의 제도적 보장의 한 내용으로서 원시적인 권리로서 보장된다는 것을 규정한 것으로 해석하므로 조례제정에 있어서 법률우위원칙은 적용되나 법률유보원칙은 원칙적으로 적용되지 않는다. 그리고 법률우위의 문제에서도 배출허용기준을 법령보다 엄격한 규정을 두고 있는 울산광역시 조례는 당해 법령(법률)이 「최저기준법률」로 해석되는 경우에는 울산지역에서는 조례에 의한 보다 엄격한 규제로 허용된다고 본다.

따라서 A가 위법하다고 주장하여 제기한 행정심판이나 행정소송은 인용되지 않고 기각될 것이다.

<2007년 제51회 행정직 (사례형) 답안해설>

【문제해결】

〈주요논점〉

C도는 법률과는 별도로 지방세성실납부에 대하여는 지방세의 일부를 경감하고, 지방세의 불성실납부기업에 대하여는 C도 및 C도 내의 개별 기초지방자치단체가 발주하는 일체의 공공사업입찰에 참여할 수 없도록 하는 것을 내용으로 하는 조례를 제정하였는 바, 지방세의 경감과 해당 지방자치단체의 입찰제한 사무는 자치사무로서 조례규율 대상이다. 그러나 법률과는 별도로 지방세경감 및 공공사업입찰참여제한 등 주민의 권리제한이나 의무부과 등에 관한 사항을 조례로 규정할 수 있는지 즉, 법률

과 조례와의 관계(조례제정권의 범위·한계)의 문제가 된다.

〈주요논점 해설〉

1. 조례와 지방세 경감

(1) 헌법과 지방세법

헌법 제59조는 "조세의 종목과 세율은 법률로 정한다"고 하여 조세법률주의를 규정하고, 이에 근거하여 제정된 지방세법 제3조 제1항은 "지방자치단체는 지방세의 세목, 과세객체, 과세표준, 세율 기타 부과징수에 관하여 필요한 사항을 정함에 있어서는 이 법이 정하는 범위 안에서 조례로써 하여야 한다"고 규정하고 있다. 구 지방세법(1998년 12월 31일 개정 전의 것) 제3조 제1항은 "지방자치단체는 지방세의 세목, 과세객체, 과세표준, 세율 기타 과세징수에 관하여 필요한 사항을 정함에 있어서는 조례로써 하여야 한다"고 규정함으로써 지방세조례주의를 천명한 것이고 헌법 제59조의 조세법률주의에 대한 예외를 인정한 것이 아닌가에 관한 논란이 제기되었었다. 그런데 입법자는 1998년 12월 31일 지방세법 제3조 제1항을 " … '지방세법이 정하는 범위 안에서' 조례로써 하여야 한다"고 개정하였다.

(2) 법률우위문제

헌법 제117조 제1항의 " … 법령의 범위 안에서"와 지방세법 제3조 제1항의 " … 지방세법이 정하는 범위 안에서"라는 것은 법률우위원칙은 적용되지만 법률유보원칙은 적용되지 않는다고 본다.

그러나 법령에 위반한 조례는 무효가 됨이 원칙이다.

그리고 법령의 위반·저촉여부는 헌법에 의한 지방자치의 제도적 보장, 국법체계의 전체적 통일성, 지방의회의 입법능력, 지방자치단체의 특수성, 조례의 실효성 등을 종합적으로 평가하여 구체적 사안에 따라 정하여야 할 것으로 본다.

그리하여 ① 국가의 법령과 규율대상(사항)을 달리하는 조례 즉, 추가조례는 가능하고, ② 국가의 법령과 조례가 규율대상(사항)과 규율목적이 동일하지만 조례가 내용만이 법령이 정한 기준을 초과하여 보다 강화되거나 보다 약화된 기준을 정하는 조례 즉, 초과조례는 ㉮ 수익초과조례는 원칙적으로 가능하고, ㉯ 침익초과조례, 예컨대 법령보다 엄격한 허가 기준 또는 법령상 신고제를 허가제로 하는 것 등은 법령에 위반되는 것으로 허용되지 않고, ③ 규율목적이 상이한 조례는 법령의 규정이 의도하는 목적과 효과를 저해할 우려가 없을 때, 또는 동일한 목적일지라도 전국에 걸쳐 일률적으로 동일한 내용을 규율하려는 취지가 아니고 그 지방의 실정에 맞게 별도로 규율하는 것을 용인하는 취지인 경우에는 그 조례가 국가의 법령에 위반되는 것은 아니며, ④ 최저기준법률로 해석되는 경우에는 조례에 의한 보다 엄격한 규제가 허용되고, ⑤ 최대규제한도법률의 경우는 그 법률의 규제한도를 초과하여 규제하는 조례는 위법으로 해석되고, ⑥ 법령의 공백분야에서 법령의 위임이 없더라도 조례제정권의 원시적·자주적 권리의 성질을 가지므로 직접 스스로 조례를 제정할 수 있다.

(3) 법률유보문제

지방자치단체의 조례제정권은 「전래에 입각한 조례자주입법설」에 입각하여 그 성질에 있어서 시원적인 권리로서 국가의 위임을 요하지 않는 권리로 이해되어야 한다. 헌법 제117조 제1항은 지방자치단체의 조례제정권이 제도적 보장의 한 내용으로서, 시원적인 권리로서 보장된다는 것을 규정한 것으로 이해되어야 하고, 민주적 정당성을 갖는 자치입법인 조례는 헌법 제40조에 의한 국회입법권과 별도로 헌법 제117조 제1항에 의하여 직접 부여된 자치입법권에 근거하여 제정되는 이상 헌법 제117조 제1항이 우선적으로 적용되어야 하며, 따라서 "법령의 범위안에서" 즉, 법령에 저촉되지 않는 범위안에서 법률의 위임 없이도 얼마든지 제정할 수 있다고 본다.

(4) 사례적용(조례상의 지방세경감규정)

조례상의 지방세감경규정은 지방세법 제3조 제1항은 " … 지방세법이 정하는 범위안에서 조례로써 하여야 한다"고 규정하고 있으므로 '지방세법이 정하는 범위안에서' 즉, 법률에 저촉되지 않는 범위안에서 법률의 위임없이도 조례를 제정할 수 있으며, 법률우위문제에서도 동일한 목적·동일한 규율대상일지라도 전국에 걸쳐 일률적으로 동일한 내용을 규율하려는 취지가 아니고 그 지방의 실정에 맞게 별도로 규율하는 것을 용인하는 취지인 경우 또는 조례가 규율하는 특정사항에 대하여 그것을 규율하는 국가의 법령이 이미 존재하는 경우에도 조례가 법령과 별도의 목적에 기하여 규율함을 의도하는 것으로서 그 적용에 의하여 법령의 규정이 의도하는 목적과 효과를 저해할 우려가 없는 경우에 해당된다고 판단된다. 따라서 법률우위원칙에 위반된다고 볼 수 없다.

2. 조례와 공공사업입찰참여 제한

(1) 헌법과 지방자치법

① 헌법 제37조 제2항은 "국민의 모든 자유와 권리는 국가안전보장·질서유지 또는 공공복리를 위하여 필요한 경우에 한하여 법률로써 제한할 수 있으며, 제한하는 경우에도 자유와 권리의 본질적인 내용을 침해할 수 없다"고 규정하여 기본권보장의 이념을 선언하고 있다. 헌법 제37조 제2항은 전단과 후단으로 나누어 검토할 필요가 있다. 동항 전단은 그 자체가 목적규정은 아니며 헌법의 목표는 오히려 후단, 즉 제한하는 경우에도 자유와 권리의 「본질적인 내용을 침해할 수 없다」는 데에 있는 것이다.

따라서 헌법 제37조 제2항의 후단은 그것이 국가이든 지방자치단체이든 간에 어떠한 권력기관에 의하여서도 침해될 수 없는 최상위 규범에 해당하지만 동항 전단은 이러한 최상위 규범을 고수하기 위한 하나의 방편 내지는 수단으로 기능하고 있는 것이며 이러한 기본권보장을 위한 수단성으로서의 가치관은 지방자치제도의 보장에 대하여도 동일하게 내릴 수 있는 것이다. 즉, 지방자치제도도 이를 제도로써 보장하고 그 본질적 내용을 침해하지 못하도록 함으로써(중앙집권적 국가에만 의존하는 것보다) 지방자치사무를 통한 기본권보장에 기여하는 바가 더 클 수 있다는 가치판단 상태하에서 헌법 제117조 제1항의 제도보장규정이 마련된 것이다.

② 지방자치법 제22조는 "지방자치단체는 법령의 범위 안에서 그 사무에 관하여 조례를 제정할 수 있다. 다만 주민의 권리제한 또는 의무부과에 관한 사항이나 벌칙을 정할 때에는 법률의 위임이 있어야 한다"고 규정하고 있다. 지방자치법 제22조 단서에 관한 사항에 대하여는 법률유보의 원칙이 적용되도록 하고 있어 위헌여부가 논의된다(사세설명은 본서설명참조).

그러나 ① 지방자치단체의 조례제정권은 「전래에 입각한 조례자주입법설」에 의하여 그 성질에 있어서 시원적인 권리로서 국가의 위임을 요하지 않는 권리이고, ② 헌법 제117조 제1항은 지방자치단체의 조례제정권이 지방자치제의 제도적 보장의 한 내용으로서, 시원적인 권리로서 보장되는 것이며, ③ 따라서 "법령의 범위 안에서"의 표현은 법률우위를 확보하는 의미를 가질 뿐이다(이는 지방자치법 제22조도 마찬가지이다). 따라서 지방자치법 제22조 단서의 의미는 지방자치단체가 갖는 조례제정권의 한계와 관련되는 규정으로서 지방자치단체의 사무가 자치사무이든 단체위임사무이든 특정영역에 대하여 법령이 직접규율하고 있는 때(법률우위원칙에서도 추가 조례, 최저기준법률, 수익초과조례, 법령의 공백분야에서는 조례제정가능함)에는 조례가 독자적으로 법령과 충돌되거나 경합되는 내용을 제정할 수 없고 법령의 위임을 받아서 대상영역에 대해 조례가 규율할 수 있으며, 법령에 의한 규율이 없는 때에만 지방자치단체가 법령의 위임이 없이도 직접규율 할 수 있다.

(2) 법률우위문제

① 지방자치단체를 당사자로 하는 계약에 관한 법령(이하 '지자체당사자계약법'이라 한다)

㉮ 지방자치단체를 당사자로 하는 계약에 관한 법률

제9조(계약의 방법) ① 지방자치단체의 장 또는 계약담당자는 계약을 체결하고자 하는 경우에는 이를 공고하여 일반경쟁에 부쳐야 한다. 다만, 계약의 목적·성질·규모 및 지역특수성 등에 비추어 필요하다고 인정되는 경우에는 입찰참가자의 자격을 제한하거나 참가자를 지명하여 경쟁에 부치거나 수의계약(隨意契約)에 의할 수 있다.

② 제1항 단서의 규정에 의한 경쟁입찰참가자의 자격제한기준, 지명절차 및 기준, 수의계약의 대상범위 및 수의계약상대자의 선정절차 그 밖에 필요한 사항은 대통령령으로 정한다.

㉯ 지방자치단체를 당사자로 하는 계약에 관한 법률시행령

제13조(경쟁입찰의 참가자격) ① 지방자치단체의 장 또는 계약담당자는 다음 각 호의 요건을 갖춘 자에 한하여 경쟁입찰에 참가하게 하여야 한다.

1. 다른 법령의 규정에 의하여 허가·인가·면허·등록·신고 등을 요하거나 자격요건을 갖추어야 할 경우에는 당해 허가·인가·면허 등을 받았거나 등록·신고 등을 하였거나 당해 자격요건에 적합할 것
2. 보안측정 등의 조사가 필요한 경우에는 관계기관으로부터 적합판정을 받을 것
3. 그 밖에 행정안전부령이 정하는 요건에 적합할 것

② 「중소기업협동조합법」에 의한 중소기업협동조합이 물품의 제조 및 구매에 관한 경쟁입찰에 참가하는 경우로서 제1항 제1호의 규정에 의한 요건을 갖춘 조합원으로 하여금 당해 물품을 제조 또는 구매하게 하는 경우에는 제1항 제1호의 규정을 적용하지 아니한다. 〈개정 2006. 5. 30. 2007. 9. 20.〉

제20조(제한경쟁입찰에 의한 계약과 제한사항 등) ① 법 제9조 제1항 단서의 규정에 의하여 입찰참가자의 자격을 제한할 수 있는 경우와 그 제한사항은 다음 각 호와 같다. 이 경우 제1호 내지 제6호 및 제9호의 제한사항별 제한기준은 행정안전부령으로 정한다. 〈개정 2007. 9. 20〉

② 지방자치단체의 장 또는 계약담당자는 제1항의 규정에 의하여 경쟁참가자의 자격을 제한하고자 하는 때에는 입찰공고에 그 제한사항과 제한기준을 명시하여야 한다.

㉰ 지방자치단체를 당사자로 하는 계약에 관한 법률시행규칙

행정안전부령이 정하는 요건에 적합할 것에 관하여는 동 법률시행규칙에서는 제14조(입찰참가자격요건의 증명), 제15조(입찰참가자격의 등록), 제16조(입찰참가자격에 관한 서류의 확인등)는 각각 증명·등록·확인토록 규정하고 있다.

제17조(입찰참가자격의 부당한 제한금지) 지방자치단체의 장 또는 계약담당자는 영, 이 규칙 및 다른 법령에 특별한 규정이 있는 경우 외에는 영 제13조의 규정에 의한 경쟁입찰참가자격 외의 요건을 정하여 입찰참가를 제한하여서는 아니된다.

② 지자체당사자계약법령해석문제

㉮ 긍정설 : "계약의 목적·성질·규모 및 지역특수성 등에 비추어 필요하다고 인정되는 경우에는 입찰참가자의 자격을 제한할 수 있는데"(동법률 §9·① 단서, 동법시행령 §20·①), "지방자치단체의 장 또는 계약담당자는 경쟁참가자의 자격을 제한하고자 하는 때에는 입찰공고에 그 제한사항과 제한기준을 명시하여야 한다"(동법시행령 §20·②)고 규정하고 있는 바, 이 경우 제한사항과 제한기준을 지역특수성에 맞게 조례로 규정할 수 있을 것으로 해석하는 경우이다.

㈏ 부정설 : 지방자치단체의 장 또는 계약담당자는 계약을 체결하고자 하는 경우에는 이를 공고하여 일반경쟁에 부쳐야 한다(동법률§9·① 본문). 지방자치단체의 장 또는 계약담당자는 다음 각 호의 요건을 갖춘 자에 한하여 경쟁입찰에 참가하게 하여야 한다(동법률시행령 §13·①). 그리고 '그 밖에 행정안전부령이 정하는 요건에 적합할 것'에 관하여는, 동법률시행규칙에서는 제14조(입찰참가자격요건의 증명), 제15조(입찰참가자격의 등록), 제16조(입찰참가자격에 관한 서류의 확인 등)는 각각 증명·등록·확인토록 규정하고, 지방자치단체의 장 또는 계약담당자는 영, 규칙 및 다른 법령에 특별한 규정이 있는 경우 외에는 영 제13조의 규정에 의한 경쟁입찰참가자격외의 요건을 정하여 입찰참가를 제한하여서는 아니된다(동법시행규칙 §17)고 규정하고 있어 법령우위원칙에 의하여 조례로 참가요건을 부가하여 제한하는 것은 법령에 위반된다고 해석하는 경우이다.

(3) 법률유보문제 : 이는 위에서 설명한 것이 그대로 타당하다(헌법 제37조 제2항, 제117조 제1항, 지방자치법 제22조 단서).

(4) 사례적용(조례와 공공사업입찰참여제한문제)

① 법률유보문제 : 지방자치법 제22조 단서의 의미는 지방자치단체가 갖는 조례제정권의 한계와 관련되는 규정으로서 지방자치단체의 사무가 특정영역에 대하여 법령이 직접규율하고 있는 때에는 조례가 독자적으로 법령과 충돌되거나 경합되는 내용을 제정할 수 없고 법령의 위임을 받아서 대상영역에 대해 조례가 규율할 수 있고, 법령에 의한 규율이 없는 때에만 지방자치단체가 법령의 위임없이도 직접 규율할 수 있다. 따라서 법률유보에 관하여는 조례에 의한 공공사업입찰참여제한이 법령에 위반되는 것은 아니라고 본다.

② 법률우위문제 : 지방자치단체를 당사자로 하는 계약에 관한 법령해석문제에서는 긍정설을 취하면

㈎ 지방세의 불성실납부기업에 대하여는 C도 및 C도 내의 개별기초지방자치단체가 발주하는 일체의 공공사업입찰에 참여할 수 없도록 하는 것을 내용으로 하는 조례제정은 침익초과조례로서 법령에 위반되는 것이며, ㈏ 지방자치단체의 장 또는 계약담당자는 영, 이 규칙 및 다른 법령에 특별한 규정이 있는 경우 외에는 영 제13조의 규정에 의한 경쟁입찰참가자격외의 요건을 정하여 입찰참가를 제한하여서는 아니된다(동법시행규칙 §17)고 규정하고 있어 법령우위원칙에 반하게 된다. 따라서 부정설이 타당하다고 본다.

3. 결 어

지방세성실납부에 대한 지방세일부경감하는 조례제정은 적법하나, 지방세 불성실납부기업에 대한 C도 및 C도 내의 개별기초지방자치단체가 발주하는 일체의 공공사업입찰에 참여할 수 없도록 하는 것을 내용으로 하는 조례제정은 법률유보면에서는 법령에 위반된다 할 수 없으나 법률우위면에서는 법령에 위반된다.

조례의 일부에 위법이 있어도 전부의 효력이 부인된다(대판 2001.11.27, 2001추57 조례안재의결무효확인청구).

<2004년 제46회 사법시험 (사례형) 답안해설>

【문제해결】

〈주요논점〉

1. 조례(안)에 대한 통제방법에 관해서는 ① 통제방법 중 ㈎ 지방자치단체의 장에 대한 통제(지자법 §26, §107)와 ㈏ 감독청에 의한 통제(지자법 §172)가 있는데, 이들 통제의 전제로서 X나무 식재금지에 관한 조례

(안)의 위법여부의 검토가 먼저 요구된다.

2. 甲이 취할 수 있는 권리구제수단에 관하여는 ① 행정심판(X나무식재금지에 관한 조례를 심판대상으로 하는 경우, 국무총리행정심판위원회의 시정조치요청의 경우 §42의 2), ② 행정소송(X나무식재금지에 관한 조례를 소의 대상으로 하는 경우, 조례에 근거한 과태료처분을 소의 대상으로 하는 경우.), ③ 헌법소원, ④ 손해전보(손해배상 손실보상), ⑤ 조례의 개폐청구(§15)·기타 주민투표(§14)·주민감사청구(§16)·청원 등을 들 수 있다.

〈주요논점 해설〉

1. 조례(안)에 대한 통제방법

(1) X나무 식재금지에 관한 조례(안)의 위법여부문제

① 조례규정사항(자치사무의 범위) 해당문제 : 지방자치법 제9조 제2항 3목 나호에 해당되어 자치사무로 판단된다.

② 법률우위문제 : '법령의 공백'에 해당하고 조례(안)과 목적이나 내용이 모순·저촉되는 법률은 보이지 아니한다.
따라서 법률우위원칙에 반하지 않는다.

③ 법률의 유보문제 :

㉮ 헌법 제117조 제1항 : 헌법 제117조 제1항은 "지방자치단체 … 법령의 범위안에서 자치에 관한 규정을 제정할 수 있다"고 규정하고 있다. 이는 지방자치단체의 조례제정권이 지방자치제의 제도적 보장의 한 내용으로서 원시적인 권리로서 보장된다는 것을 규정한 것으로 해석해야 한다(전래설에 입각한 조례자주입법설). 따라서 조례제정에 있어서 법률우위원칙은 적용되나 법률유보원칙은 원칙적으로 적용되지 아니한다(대판 2006.10.12, 2006추38).

㉯ 지방자치법 제22조 : "지방자치단체는 법령의 범위안에 그 사무에 관하여 조례를 제정할 수 있다. 다만, 국민의 권리제한 또는 의무부과에 관한 사항이나 벌칙을 정할 때에는 법률의 위임이 있어야 한다"고 규정하고 있다. 지방자치법 제22조 단서에 관한 사항에 대하여는 법률유보의 원칙이 적용되도록 하고 있어 위헌 여부가 논의되고 있다. 그러나 지방자치법 제22조 단서의 의미는 ㉠ 지방자치단체가 갖는 조례제정권의 한계와 관련되는 규정으로서 지방자치단체의 사무가 특정영역에 대하여 법령이 직접규율하고 있는 때에는 조례가 독자적으로 법령과 충돌되거나 경합되는 내용은 제정할 수 없고, 법령의 위임을 받아서 대상영역에 대해 조례가 규율할 수 있고, ㉡ 법령이 직접규율하고 있는 경우에도 ⓐ 추가조례, ⓑ 일정한도의 수익초과조례, ⓒ 규율목적이 다른 조례, ⓓ 최저기준법률, ⓔ 최대규제법률에서의 조례제정은 지역적 특성에 따라 가능하고도 필요하며, ㉢ 법령의 공백, 즉 법령에 의한 규율이 없는 때에는 지방자치단체가 법령의 위임이 없이도 직접규율할 수 있다고 해석해야 할 것이다. X나무의 식재금지와 제거의 성질은 권리제한과 의무부과로서의 침익적 행위이지만 "법령의 공백"에 해당하는 사항이므로 법령의 위임이 없이도 조례로 규율할 수 있다. 따라서 법률유보의 원칙에 반하지 않는다 할 것이다.

㉰ 300만 원 과태료 조항 : X나무 식재금지에 관한 조례(안)이 법률우위원칙과 법률유보원칙에 위반하지 않는다고 해석되기 때문에 지방자치법 제27(조례위반에 대한 과태료)조에 근거하여 300만 원이하의 과태료에 처한다는 조례(안)도 적법하다 할 것이다.

(2) 지방자치단체의 장(군수)에 의한 통제

① 지방자치법 제26조에 의한 통제(조례안거부권·재의요구권, 소송제기권문제) :

② 지방자치법 제107조에 의한 통제(재의요구권 소송제기권) :

(3) 감독청(도지사)에 의한 통제(감독청의 요청에 의한 재의요구 및 제소 : §172)

① 재의요구지시(§172·①)

② 제소지시·직접제소(§172·④)

③ 재의요구불응시 직접제소(§172·⑦)

2. 甲이 취할 수 있는 권리구제수단

(1) 행정심판

① "X나무 식재금지에 관한 조례"(위 조례는 집행행위의 개입없이 조례 그자체로서 주민의 권리와 의무에 직접 영향을 미치므로 처분적 조례에 해당한다)를 행정심판 대상으로 하는 행정심판

② 국무총리행정심판위원회의 조례개폐시정요청문제(행심법 §42의 2)

(2) 행정소송

① 항고소송

㉮ "X나무 식재금지에 관한 조례"를 소의 대상으로 한다(처분적 조례).
승소하려면 위 조례가 위법하여야 하는데 적법한 조례로 판단되는 한 인용판결은 어려울 것이다.

㉯ 위 조례에 근거한 과태료부과처분을 소의 대상으로 하는 경우 : 이것 역시 적법한 과태료부과처분인 한 인용판결은 어려울 것이다.

(3) 헌법소원

① 헌법소원심판 청구 : 공권력의 행사 또는 불행사로 인하여 헌법상 보장된 기본권을 침해받은 자는 "법원의 재판"을 제외하고는 헌법재판소에 헌법소원심판을 청구할 수 있다. 다만, 다른 법률에 구제절차가 있는 경우에는 그 절차를 모두 거친 후가 아니면 청구할 수 없다(헌법재판소법 §68·①).

② 헌법소원의 보충성 원칙 문제 : 헌법소원은 "다른 법률에 구제절차가 있는 경우"에는 그 절차를 모두 마친 후에 가능하다는 원칙을 헌법소원의 보충성원칙이라 한다. 보충성 요건 불구비로 헌법소원심판청구 인용결정은 어려울 것이다.

(4) 손해전보

① 손해배상책임문제 : " … 지방자치단체는 공무원이 직무를 집행하면서 고의 또는 과실로 법령에 위반하여 타인에게 손해를 입힌 경우 … 이 법에 따라 그 손해를 배상하여야 한다"(국가배상법 §2). 그러나 "고의 또는 과실로 법령에 위반하여"라는 성립요건이 구비된다고 볼 수 없으므로 손해배상책임이 인정되기는 어렵다.

② 손실보상문제

㉮ 헌법규정 : 모든 국민의 재산권은 보장된다. 공공필요에 의한 재산권의 수용·사용·제한 및 그에 대한 보상은 법률로써 하되, 정당한 보상을 지급하여야 한다(헌법 §23·①·③). 여기서 공용침해는 법률로써 하여야 한다. 그러나 X나무의 식재금지와 제거의 성질은 권리제한과 의무부과로서의 침익적 행위로서 재산권침해(공용침해)이지만 "법령의 공백"에 해당하는

사항이므로 법령의 위임없이도 조례로서 규율할 수 있다.

㉯ 보상규정 : 국가나 지방자치단체가 국민의 재산권을 수용·사용·제한(공용침해)하는 경우에 그에 대한 보상은 법률로써 하되 정당한 보상을 지급하여야 한다(헌법 §23·③)고 규정하고 있는데, 실제로 법률이 공용침해(수용·사용·제한) 규정을 두면서 그 보상규정을 두지 않는 경우 재산권을 침해당한 개인은 헌법 제23조 제3항 규정만을 근거로 해서 보상금을 청구할 수 있다고 보아야 할 것이다(국민에 대한 직접효력설).

㉰ 재산권박탈 소급입법문제 : 법률불소급(조례불소급)원칙은 그 법률(조례)의 효력발생 전에 완성된 요건사실에 대하여 당해 법률(조례)를 적용할 수 없다는 의미일 뿐, 계속 중인 사실이나 그 이후에 발생한 요건사실에 관한 법률(조례)적용까지를 제한하는 것은 아니다(부진정소급효는 인정)(대판 1994.2.25, 93누20726 2001.11.13, 2001두5705).

(5) 기타 구제문제

① 조례개폐청구(지자법 §15), ② 주민투표(지자법 §14), ③ 주민감사청구(지자법 §16), ④ 청원(지자법 §73 이하) 등 행사를 통한 구제도 있으나 실질적으로 권리구제의 실효성은 어려울 것이다.

3. 사례적용

(1) 조례(안)에 대한 통제방법

조례(안)이 법률우위 및 법률유보원칙에 위반하지 않고 적법한 조례이라고 판단하는 한 통제의 실효력은 약하다. 특히 구청장의 재의요구 및 대법원에의 소제기와 도지사의 재의요구지시, 제소지시·직접제소, 재의요구 불응시 직접제소는 모두가 지방의회의결이 법령에 위반되는 경우(공익을 현저히 해친다고 판단되는 경우도 포함)이어야 하기 때문에 적법한 조례인 경우에는 인용판결을 받기 어려울 것이다.

(2) 甲의 권리구제

X나무 식재금지에 관한 조례가 적법한 조례라 판단하는 한 행정심판, 항고소송, 헌법소원, 손해배상 기타 권리구제 수단 등에 의하여 권리구제의 실효성은 어렵다. 그러므로 재산권이 특별희생된 한도에서 정당한 손실보상을 청구할 수 있을 것이다.

이때는 공법상 당사자 소송으로 제기해야 할 것이다.

1) 의 의

지방자치단체가 지방의회의 의결을 거쳐 제정하는 자치법규이다. 형식적으로 모두 법규이나 실질적 내용에서 보면 법규인 것이 보통이나 행정규칙인 것도 있다. 즉, 내부적인 효과만을 갖는 조례도 있을 수 있다.

조례는 ㉮ 헌법상 국가와 더불어 통치단체의 지위가 보장된 지방자치단체가 제정한 불특정다수인에 대해 구속력을 갖는 법이며 ㉯ 행정기관에 대한 대외적 구속력을 갖고, 재판기준성을 가지며 ㉰ 주민의 법적 지위를 변동시키는 효력을 가진 규범으로 행정법원(法源)이 되며 ㉱ 일부구역에서만 효력을 갖는다는 의미에서 지역법이고, 지방자치단체 스스로의 의사에 기한 그리고 지방자치단체의 고유의 법이라는 의미에서 자주법이다. 통상 조례를 포함한 국법질서의 형성이 인정된다 하더라도 조례 자신은 협의의 국가법의 일부를 이루는 것은 아니다.

> **판례** **〈조례는 규칙보다 상위규범〉** 지방자치단체의 사무에 관한 조례와 규칙은 조례가 보다 상위규범이라 할 수 있다(대판 1995.7.11, 94누4615).

2) 성 질

조례의 성질에 관하여는 지방자치권의 본질과 관련하여 학설이 대립된다.

① 조례자주입법설

㉮ 고유권설에 입각한 조례자주입법설 : 이 설은 지방자치단체의 자치권은 자연권적 고유권이며 자치단체의 고유사무에 관한 한 조례의 전권사항이므로 법률과 저촉되는 경우에도 조례가 우선한다고 하며 헌법(§117.①)상의 「법령의 범위 안에서」라는 표현은 고유사무에 관한 한 아무 의미가 없다고 하며 법률우위·법률유보를 부정한다.

㉯ 전래권설에 입각한 조례자주입법설 : 이 설은 조례제정권은 국가로부터 전래된 것이므로 고유사무에 있어서도 법령에 위배되어서는 아니 되지만 적어도 법령의 개별적인 위임은 필요없다 하며 헌법(§117.①)상의 「법령의 범위 안에서」라는 표현은 바로 법령에 위반되어서는 아니 된다는 의미이며, 위임이 있어야 조례를 제정할 수 있다는 의미는 아니라고 하며 법률우위는 인정하나 법률유보는 부인한다. 따라서 법령의 개별적 위임을 받도록 함은 위헌이 된다고 한다.

② 조례위임입법설

이 설은 전래권설의 입장에서 주장되며, 조례도 국가의 위임에 의하여 제정되는 행정상 입법(위임입법)의 일종이므로 법률우위와 법률유보의 원칙이 모두 적용된다고 한다.

③ 결 어

前국가적이고 자연권적인 지방자치권을 인정하기는 어렵고, 조례제정권도 국가권력에 유래한다고 보아야 하므로 고유권에 입각한 조례자주입법설은 문제가 있다고 하겠으며, 반대로 조례위임입법설은 지방자치를 국가의 지방행정의 일환으로 보아 지방자치단체의 기관을 국가의 지방관청의 일종으로 보고 있으므로 우리 헌법정신에도 맞지 않는다고 본다. 즉, 헌법(§117.①)이 「법령의 위임에 의하여」라는 표현이 아니고, 「법령의 범위 안에서」 조례를 제정할 수 있다. 따라서 전래권설에 입각한 조례자주입법설이 타당하다고 보며, 이 견해에 의하면 헌법(§117.①)이 「법령의 범위 안에서」라는 표현은 「법령에 위반하지 않는 범위 안」에서로 보아 법률우위만을 의미하며 법률유보는 의미하지 않는다 할 것이다.

3) 조례제정사항(조례제정의 대상사무)

지방자치단체는 헌법이나 법률이 국가나 그 밖의 공공단체의 권한으로 유보하고 있지 않는 한 당해 지방에 고유한 사무를 임의로 처리하고 규율하는 권한인 「전권한성의 원칙」과 지방사무를 처리함에 있어 국가의 후견적 감독없이 자기책임하에 자율적으로 처리할 수 있다는 「자기책임성의 원칙」을 갖는다. 헌법 제117조 제1항은 「지방자치단체는 주민의 복리에 관한 사무를 처리하고 재산을 관리하며, 법령의 범위 안에서 자치에 관한 규정을 제정할 수 있다」고 하여 자치입법을 제도적으로 보장하고 있고, 지방자치법 제22조 및 제10조와 제9조에 의하면 지방자치단체가 자치조례를 제정할 수 있는 사항은 지방자치단체의 고유사무인 자치사무와 단체위임사무에 한한다. 국가사무가 지방자치단체의 장에게 위임된 기관위임사무는 원칙적으로 자치조례의 제정범위에 속하지 않는다. 조례는 지방자치단체의 사무, 즉 고유사무와 단체위임사무에 관하여는 법령의 위임 없이도 제정될 수 있다(헌법§117·①, 지자법§22, §9).

그리하여 지방자치법 제22조 단서의 규정에 관하여 위헌론 문제가 제기되고 있다.

4) 조례제정권의 범위·한계(법률과 조례와의 관계)

헌법규정(§117·①)의 해석과 관련하여 조례가 법률에 의하여 어느 정도까지 제약을 받는가에 관하여 논쟁이 있는바 이하에서는 법률우위와 법률유보로 나누어 살펴보기로 한다.

① 법률우위의 문제[37)]

조례는 법령에 위배되어서는 아니 된다. 여기서 법령이라 함은 헌법, 법률, 법규명령 및 헌법상 일반원칙까지도 포함하는 개념이다. 이는 성문법규로서 조례가 갖는 가장 기본적인 한계로서 실정법의 명문규정에 관계없이 인정되는 것이다. 국가법령의 조례에 대한 우위는 통일적인 국가법질서를 유지하기 위하여 요구되는 것이다. 따라서 헌법 제117조 제1항과 지방자치법 제22조 본문의 「법령의 범위 안에서」의 표현은 이를 확인하는 의미를 갖는다고 본다.[38)]

헌법 제117조 제1항과 지방자치법 제22조 본문의 「법령의 범위 안에서」라는 의미는 「법령에 위반되지 아니하는 범위 안에서」라고 해석하고, 따라서 법령에 저촉되지 아니하면 법령의 위임이 없더라도 그 권한에 속하는 사항에 대하여는 조례를 제정할 수 있다. 즉 헌법 제117조 제1항이나 지방자치법 제22조 본문의 「법령의 범위 안에서」라는 것은 법률우위원칙은 적용되지만 법률유보원칙은 적용되지 아니한다고 할 것이다. 그러나 법령에 위반한 조례는 무효가 된다.

판례 **〈지방자치법 제15조(현행 §22)에서 정하는 '법령의 범위 안에서' 의 의미〉** 헌법 제117조 제1항은 "지방자치단체는 주민의 복리에 관한 사무를 처리하고 재산을 관리하며, 법령의 범위 안에서 자치에 관한 규정을 제정할 수 있다."고 규정하고, 지방자치법 제15조 본문은 "지방자치단체는 법령의 범위 안에서 그 사무에 관하여 조례를 제정할 수 있다."고 규정하는 바, 여기서 말

37) 유지태, 행정법신론, 697쪽.
38) 조정환, "자치입법권 특히 조례제정권과 법률우위와의 관계문제", 공법연구 제29집 제1호, 375쪽 이하, 2000. 11.

하는 '법령의 범위 안에서'란 '법령에 위반되지 않는 범위 내에서'를 가리키므로 지방자치단체가 제정한 조례가 법령에 위반되는 경우에는 효력이 없다(대판 2004.7.22, 2003추51) 재의결무효확인).

그리고 법령에의 위반·저촉여부는 헌법에 의한 지방자치의 제도적 보장, 국법체계의 전체적 통일성, 지방의회의 입법능력, 지방자치단체의 특수성, 조례의 실효성 등을 종합적으로 평가하여 구체적 사안에 따라 정하여야 할 것으로 본다.

【판시사항】

① 〈지방자치단체가 제정한 조례가 '1994년 관세 및 무역에 관한 일반협정'(General Agreement on Tariffs and Trade 1994)이나 정부조달에 관한 협정'(Agreement on Government Procurement)에 위반되는 경우, 그 조례의 효력은 무효이다〉

② 〈학교급식을 위해 국내 우수농산물을 사용하는 자에게 식재료나 구입비의 일부를 지원하는 것 등을 내용으로 하는 지방자치단체의 조례안이 '1994년 관세 및 무역에 관한 일반협정'(General Agreement on Tariffs and Trade 1994)에 위반되어 그 효력이 없다〉

【판결요지】

① '1994년 관세 및 무역에 관한 일반협정'(General Agreement on Tariffs and Trade 1994, 이하 'GATT'라 한다)은 1994. 12. 16. 국회의 동의를 얻어 같은 달 23. 대통령의 비준을 거쳐 같은 달 30. 공포되고 1995. 1. 1. 시행된 조약인 '세계무역기구(WTO) 설립을 위한 마라케쉬협정'(Agreement Establishing the WTO)(조약 1265호)의 부속 협정(다자간 무역협정)이고, '정부조달에 관한 협정'(Agreement on Government Procurement, 이하 'AGP'라 한다)은 1994. 12. 16. 국회의 동의를 얻어 1997. 1. 3. 공포시행된 조약(조약 1363호, 복수국가간 무역협정)으로서 각 헌법 제6조 제1항에 의하여 국내법령과 동일한 효력을 가지므로 지방자치단체가 제정한 조례가 GATT나 AGP에 위반되는 경우에는 그 효력이 없다.

② 특정 지방자치단체의 초·중·고등학교에서 실시하는 학교급식을 위해 위 지방자치단체에서 생산되는 우수 농수축산물과 이를 재료로 사용하는 가공식품(이하 '우수농산물'이라고 한다)을 우선적으로 사용하도록 하고 그러한 우수농산물을 사용하는 자를 선별하여 식재료나 식재료 구입비의 일부를 지원하며 지원을 받은 학교는 지원금을 반드시 우수농산물을 구입하는 데 사용하도록 하는 것을 내용으로 하는 위 지방자치단체의 조례안이 내국민대우원칙을 규정한 '1994년 관세 및 무역에 관한 일반협정'(General Agreement on Tariffs and Trade 1994)에 위반되어 그 효력이 없다고 한 사례(대판 2005.9.9, 2004추10, 전라북도 학교급식조례재의결무효확인)

판례 **〈지방의회의원에 대한 회기수당의 지급요건으로서의 "회기"는 정례회 및 임시회의 회기만을 의미하고, 특별위원회가 비회기중에 회의 등의 활동을 할 경우 그 활동에 참석한 위원에게 참석일수에 따라 수당을 지급할 수 있도록 한 조례안이 법령에 위반된다.〉** 지방의회의원에 대한 회기수당의 지급요건으로서의 '회기'는 정례회 및 임시회의 회기만을 의미하는 것이라고 해석함이 상당하므로, 행정사무조사특별위원회가 지방자치법 제53조의 규정에 의하여 폐회 중에도 본회의의 의결이 있거나 의장이 필요하다고 인정할 때, 제적의원 3분의 1 이상의 요구 또는 지방자치단체의 장의 요구가 있는 때에 한하여 개회할 수 있고, 같은 법 제36조의 규정에 의하여 본회의의 의결로 활동기간을 부여받은 것이라 하더라도 그러한 사유만으로 '비회기 중의 회의 등 활동'을 정례회 및 임시회의 '회기 중의 활동'에 준하는 것이라거나 '회기 중의 활동'이라고 의제할 수는 없는바, 행정사무조사특별위원회가 비회기 중에 회의 등 활동할 경우 그 활동에 참석한 위원에게 참석 일수에 따라 수당을 지급할 수 있도록 한 조례안은 헌법 제117조, 지방자치법 제15조, 제32조 제1항 제3호의 규정에 위반되어 위법하고 이와 같은 경우에는 이 조례안에 대한 재의결은 전부 효력이 부인되어야 한다(대판 2004.7.22, 2003추51. 재의결무효확인).

판례 〈**상위법령에 의하여 기관구성원의 임명·위촉권한이 지방자치단체의 장에게 전속적으로 부여된 경우, 조례로써 지방자치단체의 장의 임명·위촉권을 제약할 수 없다.**〉 상위법령에서 지방자치단체의 장에게 기관구성원 임명·위촉권한을 부여하면서도 임명·위촉권의 행사에 대한 지방의회의 동의를 받도록 하는 등의 견제나 제약을 규정하고 있거나 그러한 제약을 조례 등에서 할 수 있다고 규정하고 있지 아니하는 한 당해 법령에 의한 임명·위촉권은 지방자치단체의 장에게 전속적으로 부여된 것이라고 보아야 할 것이어서 하위법규인 조례로써는 지방자치단체의 장의 임명·위촉권을 제약할 수 없다 할 것이고 지방의회의 지방자치단체 사무에 대한 비판, 감시, 통제를 위한 행정사무감사 및 조사권의 행사의 일환으로 위와 같은 제약을 규정하는 조례를 제정할 수도 없다.

판례 〈**지방자치단체의 장으로 하여금 지방자치단체가 설립한 지방공기업 등의 대표에 대한 임명권의 행사에 앞서 지방의회의 인사청문회를 거치도록 한 조례안이 지방자치단체의 장의 임명권에 대한 견제나 제약에 해당한다는 이유로 법령에 위반된다.**〉(대판 2004.7.22, 2003추44.)

㉮ 추가조례

국가의 법령과 규율대상(사항)을 달리하는 조례를 추가조례라 한다. 국가의 법령과 동일한 목적이라도 당해 법령의 대상(사항) 외의 사항(대상)을 규율하는 조례는 가능하다고 본다.

판례 〈**특정사항에 관하여 국가법령이 이미 존재할 경우에도 그 규정취지가 반드시 전국에 걸쳐 일률적 규율을 하려는 것이 아니라 각 지방자치단체가 그 지방의 실정에 맞게 별도로 규율하는 것을 용인하고 있다고 해석될 때에는 조례가 국가법령에서 정하지 아니한 사항을 규정하더라도 법령에 위반된 것이라 할 수 없다.**〉 지방자치법 제15조(현행 §22)에서 말하는 '법령의 범위 안'이라는 의미는 '법령에 위반되지 아니하는 범위 안'이라는 의미로 풀이되는 것으로서, 특정사항에 관하여 국가 법령이 이미 존재할 경우에도 그 규정의 취지가 반드시 전국에 걸쳐 일률적인 규율을 하려는 것이 아니라 각 지방자치단체가 그 지방의 실정에 맞게 별도로 규율하는 것을 용인하고 있다고 해석될 때에는 조례가 국가법령에서 정하지 아니하는 사항을 규정하고 있다고 하더라도 이를 들어 법령에 위반되는 것이라 할 수 없다(대판 2000.11.24, 2000추29).

판례 〈**조례로 규율하고자 하는 특정사항에 관하여 국가의 법령이 이미 존재하는 경우, 조례의 적법요건**〉 지방자치단체의 조례는 그것이 자치조례에 해당하는 것이라도 법령에 위반되지 않는 범위 안에서만 제정할 수 있어서 법령에 위반되는 조례는 그 효력이 없지만 {지방자치법 제22조 및 위 구 지방자치법(2007. 5. 11. 법률 제8423호로 전문 개정되기 전의 것) 제15조}, 조례가 규율하는 특정사항에 관하여 그것을 규율하는 국가의 법령이 이미 존재하는 경우에도 조례가 법령과 별도의 목적에 기하여 규율함을 의도하는 것으로서 그 적용에 의하여 법령의 규정이 의도하는 목적과 효과를 전혀 저해하는 바가 없는 때 또는 양자가 동일한 목적에서 출발한 것이라고 할지라도 국가의 법령이 반드시 그 규정에 의하여 전국에 걸쳐 일률적으로 동일한 내용을 규율하려는 취지가 아니고 각 지방자치단체가 그 지방의 실정에 맞게 별도로 규율하는 것을 용인하는 취지라고 해석되는 때에는 그 조례가 국가의 법령에 위배되는 것은 아니라고 보아야 한다(대판 2007.12.13, 2006추52 조례안의결무효확인청구).

최근 대법원 판례도 추가 조례인 광주광역시 동구 저소득주민 생계보호지원 조례안에 대해 「자활보호대상자에 대한 생계비 보조는 지방자치법 제9조 제2항 제2호 (다)목 소정의 "생활곤궁자의 보호 및 지원"에 해당하여 지방자치단체의 사무에 속하는 것이 분명하고, 일정한 자활보호대상자에 대한 생계비지원을 규정한 조례안의 내용은 …… 주민의 사회복지향상을 기여함을 목적으로 하는 것으로서 생활보호법과 그 목적 및 취지를 같이 하는 것이나 보호대상자 선정의 기준 및 방법, 보호의 내용을 생활보호법의 소정의 자활보호대상자 중에서 사실상 생계유지가 어려운 자에게 생활보호법과는 별도로 생계비를 지원하는 것을 내용으로 하는 것이라는 점에서 생활보호법과는 다른 점이 있고, 이 사건 조례안에 의하여 생활보호법 소정의 자활보호대상자 중 일부에 대하여 생계비를 지원한다고 하여 생활보호법이 의도하는 목적과 효과를 저해할 우려가 없다고 보여지며, 비록 생활보호법이 자활보호대상자에게는 생계비를 지원하지 아니하도록 규정하고 있다고 할지라도 그 규정에 의한 자활보호대상자에게는 전국에 걸쳐 일률적으로 동일한 내용의 보호만을 실시하여야 한다는 취지로는 보이지 아니하고, 각 지방자치단체가 그 지방의 실정에 맞게 별도의 생활보호를 실시하는 것을 용인하는 취지라고 보아야 할 것이므로, 이 사건 조례안의 내용이 생활보호법의 규정과 모순·저촉되는 것이라고 할 수 없다」라고 판시하고 있다(대판 1997.4.25, 96추244).

판례 **〈일정한 자활보호대상자에 대한 생계비지원을 규정한 조례가 생활보호법상의 자활보호대상자 보호제도와 모순·저촉되지 않는다고 본 사례〉**(대판 1997.4.25, 96추244. 조례안재의결무효확인)

㈏ 초과조례

㉠ 침익초과조례 : 국가의 법령과 조례가 규율대상과 규율목적이 동일하지만 조례가 내용만이 법령이 정한 기준을 초과하여 보다 강화되거나 보다 약화된 기준을 정하는 조례를 초과조례라 한다. 이는 다시 ⓐ 법령보다 강하게 국민의 권익을 제한하는 조례를 침익초과조례, ⓑ 법령보다 강하게 국민의 권익을 보장하는 조례를 수익초과조례가 있다. ⓐ 침익초과조례 즉, 국가의 법령과 동일 목적으로 동일 대상(사항)에 법령보다 엄격한 요건이나 규제수단을 정하는 조례, 예컨대 법령보다 엄격한 허가기준 또는 법령상의 신고제를 허가제로 하는 것 등은 법령에 위반되는 것으로 허용되지 않는다. 초과 대상(사항)에 관한 규율을 조례에 위임한 경우에도 당해 침익초과조례가 법령의 내용을 위반하여서는 아니된다. 판례도 차고지 확보입증을 자동차 등록요건으로 한 조례는 위임법률기준보다 강화 확대되어 위법이라 판시하고 있다. 조례가 법령의 내용을 위반하여서는 아니된다.

판례 **〈차고지 확보제도를 규정한 조례안이 법률의 위임근거는 있으나, 그 내용이 자동차등록기준 및 차고지확보기준에 관한 상위법령의 제한범위를 초과하여 무효이다.〉** 차고지 확보대상을 자가용자동차 중 승차정원 16인 미만의 승합자동차와 적재정량 2.5톤 미만의 화물자동차까지로 정하여 자동차운수사업법령이 정한 기준보다 확대하고, 차고지확보 입증서류의 미제출을 자동차등록

거부사유로 정하여 자동차관리법령이 정한 자동차 등록기준보다 더 높은 수준의 기준을 부가하고 있는 차고지확보제도에 관한 조례안은 비록 그 법률적 위임근거는 있지만 그 내용이 차고지 확보기준 및 자동차등록기준에 상위법령의 제한범위를 초과하여 무효이다(대판 1997.4.25, 96추251).

㉡ 수익초과조례 : 수익초과조례는 법령의 위임없이 제정될 수 있는데, 법령이 최소한의 기준을 정하고 있고, 조례로 지방의 실정에 맞게 별도로 급부를 강화하는 규율을 허용하고 있다고 해석되는 경우에는 당해 조례는 법령에 반하지 않는다. 동일한 규율목적을 가지고 있는 생활보호법과는 별도로 생활곤궁자를 보다 보호하는 내용의 조례는 법령에 위반되는 것이라 볼 수 없다. 즉, 국가법령이 이미 존재하는 경우에도 조례가 법령과 별도의 목적을 가지거나, 법령의 규정이 의도하는 목적과 효과를 전혀 저해하는 바가 없거나, 동일한 목적일지라도 전국에 걸쳐 일률적으로 동일한 내용을 규율하려는 취지가 아니고 그 지방의 실정에 맞게 별도로 규율하는 것을 용인하는 취지인 경우에는 그 조례는 국가의 법령에 위반되는 것이 아니다(대판 1997.4.25, 96추244).

판례 **〈일정한 자활보호대상자에 대한 생계비지원을 규정한 조례가 지방재정법 제14조의 규정(현행 §17; 법률에 규정이 있는 경우)에 위배되지 아니한다.〉** 지방의회가 2년 이상 당해 지방자치단체의 관내에 거주하는 자로서 법률상 부양의무자가 있으나 부양의무를 이행할 수 없는 자로 인정되어 사실상 생활에 어려움이 있는 자활보호대상자 중 65세 이상의 노쇠자·18세 미만의 아동·임산부·폐질 또는 심신장애로 인하여 근로능력이 없는 자를 보호대상자로 결정하여 그들에게 생활보호법 소정의 생계비 수준에 준하여 당해 지방자치단체 예산의 범위 내에서 생계비를 지원하도록 하는 내용의 저소득주민생계보호지원조례안을 의결한 경우, 당해 조례안의 규정에 의하여 결정된 보호대상자에 대한 생계비의 보조는 지방자치법 제9조 제2항 제2호 (다)목 소정의 '생활곤궁자의 보호 및 지원'에 해당하여 지방자치단체의 사무에 속하는 것임이 분명하고, 따라서 이는 지방자치단체가 개인 또는 공공기관이 아닌 단체에 기부·보조 또는 기타 공금의 지출을 할 수 있는 경우를 규정한 지방재정법 제14조 제1항 제1호 소정의 '법률의 규정이 있는 경우'에 해당한다(대판 1997.4.25, 96추244. 조례안재의결무효확인).

판례 **〈지방자치단체가 세 자녀 이상 세대양육비 등 지원에 관한 조례안을 제정함에 있어서 법률의 개별적위임이 따로 필요한 것은 아니다.〉** 지방자치법 제15조에 의하면 지방자치단체는 그 내용이 주민의 권리의 제한 또는 의무의 부과에 관한 사항이거나 벌칙에 관한 사항이 아닌 한 법률의 위임이 없더라도 그의 사무에 관하여 조례를 제정할 수 있는바, 지방자치단체의 세 자녀 이상 세대 양육비 등 지원에 관한 조례안은 저출산 문제의 국가적·사회적 심각성을 십분 감안하여 향후 지방자치단체의 출산을 적극 장려토록 하여 인구정책을 보다 전향적으로 실효성 있게 추진하고자 세 자녀 이상 세대 중 세 번째 이후 자녀에게 양육비 등을 지원할 수 있도록 하는 것으로서, 위와 같은 사무는 지방자치단체 고유의 자치사무 중 주민의 복지증진에 관한 사무를 규정한 지방자치법 제9조 제2항 제2호 (라)목에서 예시하고 있는 아동·청소년 및 부녀의 보호와 복지증진에 해당되는 사무이고, 또한 위 조례안에는 주민의 편의 및 복리증진에 관한 내용을 담고 있어 그 제정에 있어서 반드시 법률의 개별적 위임이 따로 필요한 것은 아니다(대판 2006.10.12, 2006추38).

㉰ 규율목적의 상이 : 국가의 법령과 동일한 대상(사항)을 다른 목적으로 규율하는 조례는 가능하다고 본다. 최근 우리나라의 판례도 「생활보호법과는 달리 자활보호 대상자에게 생계비를 지원하도록 규정한 조례가 생활보호법에 위반되지 않는다는 판례」에서 조례가 규율하는 특정사항에 대하여 그것을 규율하는 국가의 법령이 이미 존재하는 경우에도 조례가 법령과 별도의 목적에 기하여 규율함을 의도하는 것으로서 그 적용에 의하여 법령의 규정이 의도하는 목적과 효과를 저해할 우려가 없을 때, 또는 양자가 전국에 걸쳐 일률적으로 동일한 내용의 보호만을 실시하여야 한다는 취지로 보이지 아니하고, 각 지방자치단체가 그 지방의 실정에 맞게 별도의 생활보호를 실시하는 것을 용인하는 취지라고 해석되는 때에는 그 조례가 국가의 법령에 위반되는 것은 아니다라고 판시하고 있다(대판 1997.4.25, 96추244).

판례 **〈지방자치단체에 생활보호법과 모순·저촉되지 않는 별도의 생활보호제도를 두면서 그 재원은 전액 지방자치단체에의 부담으로 하되 예산결정권은 지방자치단체장에게 부여한 조례가 생활보호법 제36조의 규정(보호비용의 부담구분)에 위반되지 않는다.〉** 지방자치단체가 그 재정권에 의하여 확보한 재화는 구성원인 주민의 희생으로 이룩된 것이므로 이를 가장 효율적으로 사용함으로써 건전한 재정의 운영을 하여야 하는 것이나, 주민의 복리에 관한 사무를 처리하는 권한과 의무를 가지는 지방자치단체의 기관인 지방의회가 미리 지방자치단체장의 의견을 들은 후 당해 지방자치단체의 재정능력범위 내에서 생활보호법과는 별도로 생활곤궁자를 보호하는 내용의 조례를 제정·시행하는 것은 지방자치제도의 본질에 부합하는 것으로서 이로 인하여 당해 지방자치단체 재정의 건전한 운영에 지장을 초래하는 것이 아닌 한 이를 탓할 수는 없는바, 생활보호법에 모순·저촉되지 않는 별도의 생활보호제도를 두는 것을 내용으로 한 조례안이 생계비 지급대상이 되는 자활보호대상자의 구체적인 선정 기준(보호대상자의 범위 및 선정 기준)은 규칙으로 정하도록 하고, 보호대상자에게 지급되는 생계비의 액수 또한 당해 지방자치단체 예산의 범위 내에서만 정하도록 규정함으로써 자치단체장에게 생활보호에 소요되는 예산의 규모를 결정할 수 있는 권한을 부여하고 있다면 당해 조례안의 시행으로 인하여 당해 지방자치단체 재정의 건전한 운영에 지장을 초래할 것으로 보이지도 아니하므로, 그 조례에 의하여 결정된 보호대상자에 대한 생계보조에 소요되는 재원의 전액을 당해 자치단체의 출연에 의하도록 하였다는 점만을 들어 당해 조례안이 보호대상자에 대한 보호업무의 비용을 국가와 지방자치단체가 분담하도록 규정하고 있는 생활보호법 제36조에 위배된다고 볼 수 없다(대판 1997.4.25, 96추244, 조례안재의결무효확인).

판례 **〈조례로 정하고자 하는 특정사항에 관하여 이미 국가의 법령이 존재하는 경우에도 ① 목적과 효과를 전혀 저해하는 바가 없는 때 ② 양자가 동일한 목적에서 출발한 것이라 할지라도 국가의 법령이**

전국에 걸쳐 일률적으로 동일한 내용을 규율하려는 취지가 아니라고 해석될 때에는 그 조례는 국가의 법령에 위반되는 것은 아니다.〉 지방자치단체는 법령에 위반되지 아니하는 범위 내에서 그 사무에 관하여 조례를 제정할 수 있는 것이고, 조례가 규율하는 특정사항에 관하여 그것을 규율하는 국가의 법령이 이미 존재하는 경우에도 조례가 법령과 별도의 목적에 기하여 규율함을 의도하는 것으로서 그 적용에 의하여 법령의 규정이 의도하는 목적과 효과를 전혀 저해하는 바가 없는 때, 또는 양자가 동일한 목적에서 출발한 것이라고 할지라도 국가의 법령이 반드시 그 규정에 의하여 전국에 걸쳐 일률적으로 동일한 내용을 규율하려는 취지가 아니고 각 지방자치단체가 그 지방의 실정에 맞게 별도로 규율하는 것을 용인하는 취지라고 해석되는 때에는 그 조례가 국가의 법령에 위반되는 것은 아니다(대판 2006.10.12, 2006추38).

㉱ 최저기준법률 : 당해 법령이 정하는 규제가 전국적·전국민적 차원의 최저기준을 설정한 「최저기준법률」로 해석되는 경우에는 조례로 그것보다 엄격하게 규제하는 것은 허용된다 하겠다. 이는 주로 환경규제관련 조례에서 문제가 된다. 예컨대 대기오염에 관해서 전국적 견지에서 최소한도의 기준을 1ppm으로 법령에서 설정한 것으로 해석되는 경우, 즉 전국적 최저기준법률인 경우에는 강원도의 청정지역과 울산공업지역에서의 대기오염은 같을 수 없기에 울산지역에서는 조례에 의한 보다 엄격한 규제도 허용된다고 본다. 그리고 헌법상 국가의 적극적 관여와 조장이 요청되는 생존권보장분야에 있어서는 최저기준법률로 해석할 경우가 많을 것이다.

㉲ 규제한도법률 : 규제한도법률이란 규제사항의 성질과 인권보장을 대조하여 당면한 입법적규제의 최대한까지를 규정하고 있다고 해석되는 법률을 말한다. 국가의 규제가 지역의 실정을 고려한 것으로써 필요·충분하기 때문에 더 이상 초과규제의 여지가 없는 경우이다. 이 경우 법률의 규제한도를 초과하여 규제하는 조례는 위법으로 해석된다.

㉳ 법령의 공백 : 입법자가 법령규율을 하고 있지 않는 '법령의 공백' 분야에서는 법령의 위임이 없더라도(조례제정권의 원시적·자주적 권리의 성질을 갖는 것이므로) 직접 스스로 조례를 규정할 수 있다고 하여야 할 것이다(예 : 서울특별시 조례로 쓰레기 배출시 시간대를 규제하는 것). 이는 당해 권리제한이나 의무부과가 지역적 관련성을 강하게 갖는 경우에 특히 해당되고 필요성이 요구된다 하겠다.

㉴ 기타 : 초과조례 중 수익조례도 아니고 침익조례도 아닌 경우에는 지방자치법 제22조 단서에의 위반 여부는 문제되지 아니한다. 이 경우는 수익초과조례와 같이 당해 초과조례가 법령이 정한 기준을 초과하여 양자가 동일한 규율목적을 가지고 있는 경우에도 국가의 법령의 규정이 전국에 걸쳐 일률적으로 동일한 내용을 규율하려는 취지가 아니고 각 지방자치단체가 그 지방의 실정에 맞게 별도로 규율하는 것을 용인하는 취지라고 해석되는 때에는 당해 조례는 법령에 반하는 것이 아니라고 본다(대판 2000.11.24, 2000추29 : 단양군공유재산관리조례 중 개정조례안에 대한 재의결).

판례 **〈중요재산의 취득과 처분에 관하여는 지방의회의 의결을 받도록 규정하면서 공유재산의 관리행위에 관하여는 별도의 규정을 두고 있지 아니한 지방자치법과 지방재정 등의 규정취지는 각각의 지방자치단체에서 그에 관하여 조례로써 별도로 정할 것을 용인하고 있는 것이라고 보아야 한다.〉** 지방자치법 제35조 제1항 제6호 및 그 시행령 제15조의 3과 지방재정법 제77조 및 그 시행령 제84조는 일정한 중요재산의 취득과 처분에 관하여는 관리계획으로 정하여 지방의회의 의결을 받도록 규정하면서도 공유재산의 대부와 같은 관리행위가 지방의회의 의결사항인지 여부에 관하여는 명시적으로 규정하고 있지 아니하지만, 우선 지방자치법 제35조 제2항에서 그 제1항이 정하고 있는 사항 이외의 지방의회에서 의결되어야 할 사항을 조례로써 정할 수 있도록 규정하고 있을 뿐만 아니라, 일반적으로 공유재산의 관리가 그 행위의 성질 등에 있어 그 취득이나 처분과는 달리 지방자치단체장의 고유권한에 속하는 것으로서 지방의회가 사전에 관여하여서는 아니되는 사항이라고 볼 근거는 없는 것이므로, 지방자치법과 지방재정법 등의 국가 법령에서 위와 같이 중요재산의 취득과 처분에 관하여 지방의회의 의결을 받도록 규정하면서 공유재산의 관리행위에 관하여는 별도의 규정을 두고 있지 아니하더라도 이는 공유재산의 관리행위를 지방의회의 의결사항으로 하는 것을 일률적으로 배제하고자 하는 취지는 아니고 각각의 지방자치단체에서 그에 관하여 조례로써 별도로 정할 것을 용인하고 있는 것이라고 보아야 한다(대판 2000.11.24, 2000추29, 단양군공유재산관리조례중개정조례안에대한재의결).

판례 **〈정부업무평가기본법(§18)상 지방자치단체의 장의 권한으로 정하고 있는 자체평가업무에 관한 사항에 대하여 지방의회가 견제의 범위 내에서 소극적·사후적으로 개입한 정도가 아니라 사전에 적극적으로 개입하는 내용을 지방자치단체의 조례로 정하는 것은 허용되지 않는다.〉** 지방자치법은 지방의회가 지방자치단체의 장에게 독자적 권한을 부여하고 상호견제와 균형을 이루도록하고 있으므로, 지방의회는 법률에 특별한 규정이 없는 한 견제의 범위를 넘어서 상대방의 고유권한을 침해하는 내용의 조례를 제정할 수 없다. 정부업무평가 기본법 제18조에서 지방자치단체의 장의 권한으로 정하고 있는 자체평가업무에 관한 사항에 대하여 지방의회가 견제의 범위 내에서 소극적·사후적으로 개입한 정도가 아니라 사전에 적극적으로 개입하는 내용을 지방자치단체의 조례로 정하는 것은 허용되지 않는다(대판 2007.2.9, 2006추45 : 원고인 제주특별자치도지사가 피고인 제주특별자치도의회를 상대로 조례안재의결무효확인).

판례 **〈당해 주민을 상대로 한 모든 행정기관의 행정처분에 대한 행정심판청구지원 또는 지방의회 스스로의 정당성여부 판단을 기초로 당해 지방자치단체의 행정처분에 대한 행정심판청구 지원을 내용으로 한 조례안은 효력이 없다.〉** 당해 지방자치단체의 주민을 상대로 한 모든 행정기관의 행정처분에 대한 행정심판청구를 지원하는 것을 내용으로 하는 조례안은 지방자치단체의 사무에 관한 조례제정권의 한계를 벗어난 것일 뿐 아니라, 가사 그 조례안이 당해 지방자치단체의 행정처분에 대한 행정심판청구만을 지원한다는 의미로 이해한다고 하더라도, 그 지원 여부를 결정하기 위한 전제로서 당해 행정처분의 정당성 여부를 지방의회에서 판단하도록 규정하고 있다면 이는 결국 지방의회가 스스로 행정처분의 정당성 판단을 함으로써 자치단체의 장을 견제하려는 것으로서 이는 법률에 규정이 없는 새로운 견제장치를 만드는 것이 되어 지방자치단체의 장의 고유권한을 침해하는 것이 되어 효력이 없다(대판 1997.3.28, 96추60, 행정심판청구지원조례안재의결무효확인).

② **법률유보의 문제**

헌법 제117조 제1항은 "지방자치단체는 ……법령의 범위 안에서 자치에 관한 규정을 제정할 수 있다"고 규정하고 있고, 지방자치법 제22조는 "지방자치단체는 법령의 범위 안에서 그 사무에 관하여 조례를 제정할 수 있다. 다만, 주민의 권리제한 또는 의무부과에 관한 사항이나 벌칙을 정할 때에는 법률의 위임이 있어야 한다"라고 규정하고 있다.

조례제정에 있어서 법률우위의 원칙은 적용되나 법률유보의 원칙은 원칙적으로 적용되지 않는다.

그런데 지방자치법 제22조 단서에 관한 사항에 대하여는 법률유보의 원칙이 적용되도록 하고 있어 위헌여부가 논의되고 있다.

㉮ 지방자치법 제22조 단서의 해석문제

㉠ 위헌론의 논거[39)]

- 헌법 제117조 제1항은 "지방자치단체는 ……법령의 범위 안에서……"로 규정한 것을, 지방자치법 제22조 단서는 "……법률의 위임이 있어야 한다"로 변형되어 표현하고 있어 지방자치법규정은 헌법의 취지를 제약하고 있으며, 조례는 법령의 위임이 있는 경우에만 제정할 수 있는 국가행정기관의 위임입법과는 구별되므로, 법령의 범위 안에서, 즉 법령에 위반되지만 않으면 법률의 위임이 없어도 조례는 제정할 수 있다. 그러므로 지방자치법 제22조 단서의 규정은 헌법 제117조 제1항에 위반되는 위헌적 규정이라 한다.
- 헌법 제117조 제1항은 지방자치단체의 사무에 관하여는 '법령의 범위 안에서' 즉, 법령에 위반되지 않는 한 조례를 제정할 수 있는 것으로 자치입법권을 보장하고 있는데, 지방자치법 제22조 단서는 지방자치단체의 사무에 있어서도 주민의 권리제한 등에 관한 사항에 관하여는 법률의 위임이 있어야 조례가 제정될 수 있는 것으로 헌법에서 정하지 아니한 추가적 제한을 규정하고 있으므로 헌법 제117조 제1항에 반한다.
- 지방자치단체의 포괄적인 자치권과 전권한성의 원칙의 내용과 취지에 지방자치법 제22조 단서규정은 문제가 있다고 본다.
- 지방의회가 주민대표기관이므로 조례가 갖는 민주적 정당성을 논거로 지방자치단체의 조례는 자치사무에 관한 한 법률과 동등한 효력을 지닐 수 있으며, 국가사무에 관한한 법령의 범위 내에서 효력을 지닐 수 있다고 본다.
- 헌법 제37조 제2항의 규정은 국민의 자유와 권리 일반을 대상으로 하는 기본권 제한의 일반적 한계를 규정한 것이지 헌법에 의하여 별도로 보장하고 있는 지방자치단체의 조례제정에 있어서의 법률의 위임에 관하여 규정한 것이 아니다.

---

39) 김남진(Ⅰ), 124쪽 ; 박윤흔(하), 118쪽 ; 김명길, 조례제정권의 범위, 한국공법학회, 제32회 학술발표회(1992. 11. 21), 20쪽 ; 김철수, 헌법학개론, 849쪽 ; 서원우, 「지방자치의 헌법적 보장」, 고시연구, 1993년 6월호, 33쪽.

㉡ 합헌논의 논거[40)]

- 헌법 제117조 제1항의 확장해석이다. 즉, 헌법규정에 표현된 '법령의 범위 내'라는 것은 두 가지 의미로서 법령에 위반할 수 없다는 것뿐만 아니라, 경우에 따라서는 법령의 근거를 필요로 한다는 의미로 해석해야 한다고 한다. 따라서 지역주민의 기본권 제한의 경우는 지방자치법 제22조 단서의 표현대로 법령의 근거나 위임이 필요하다는 것이다. 그러므로 지방자치법 제22조 단서는 합헌적 규정이라 한다.
- 헌법 제117조 제1항은 지방자치제의 제도적 보장규정으로서 그 본질적 내용으로서 자치입법권의 보장을 규정한 것으로 본다.
- 침해유보에 제한적으로 적용한다. 즉, 조례의 내용이 침해적인 조례인 때에는 법률유보가 적용되므로 지방자치법 제22조 단서를 당연한 규정으로 본다. 헌법 제37조 제2항에서 국민의 자유와 권리의 제한은 「법률」로서만 하게 한 자유와 권리제한의 법률주의(헌법 §37·②)를 내세워 합헌이라는 것이다. 그리하여 지방자치법 제22조 단서를 전통적인 침해유보 내지 헌법 제37조 제2항을 단지 확인하고 선언한 것으로 본다.

㉢ 한정합헌론

- 위 제22조 단서와 관련하여 특정지역에 대하여 법률유보의 원칙적용에 의해 법률이 직접 규율하고 있는 때에는 조례가 독자적으로 규정하여 법령과 충돌되거나 경합되는 내용을 마련할 수는 없으나, 법령에 의한 규율이 없는 때에는 지방자치단체가 법령의 위임 없이도 직접 규율할 수 있는 것으로 새기어, 헌법 합치적인 것으로 보는 견해도 있다(류지태·박종수).

㉣ 판 례

- 판례는 다음에서 보는 바와 같이 전통적으로 국민의 권리제한·의무부과에 관한 조례제정에 법률의 근거요구를 합헌이라 하고 있다.

> 판례 **〈침익적 조례제정에는 법률위임 필요하다는 지방자치법 제15조(현행 §22) 단서는 합헌〉** 지방자치법 제15조(현행 §22)가 원칙적으로 헌법 제117조 제1항의 규정과 같이 지방자치단체의 자치입법권을 보장하면서, 국민의 권리제한·의무부과에 관한 사항을 규정하는 조례의 중대성에 비추어 입법정책적 고려에서 법률의 위임을 요한다고 규정하는바, 이는 기본권 제한에 대하여 법률유보원칙을 선언한 헌법 제37조 제2항의 취지에 부합하므로 조례제정에 있어서 위와 같은 경우에 법률의 근거를 요구하는 것이 위헌성이 있다고 할 수 없다(대판 1995.5.12, 94추28).

40) 홍정선, 조례와 침해유보, 고시계, 1993. 4. 108쪽 이하 ; 이기우, 지방자치행정법, 227쪽, 고영훈, 법률유보원칙의 이론과 실제(하), 판례월보, 제273호, 54쪽 ; 권영성, 헌법학원론, 270쪽 ; 김동희, 행정법Ⅱ, 73쪽 ; 유지태, 행정법신론 715쪽 이하.

• 전통적으로 법률의 위임이 있어야 조례를 제정할 수 있다고 하며 법률유보 정신에 입각하여 왔으며 「대구시 수입원·지출원신원보증조례」가 신원보증법상 신원보증의무기간인 3년보다 긴 5년의 보증기간을 정한 데 대하여 법률의 위임 없이 권리의무를 정한 것이라는 이유로 위헌이라고 하였다(대판 1963.2.28, 63다22).

판례 **〈기간을 정하지 아니한 신원보증계약의 존속기간을 3년으로 인정한 실례〉** 지방자치법(56.2.13. 법률 제385호) 제7조에 의하면 지방자치단체는 법령의 범위 내에서 그 사무에 관하여 조례를 제정할 수 있으나 주민의 권리의무에 관한 사항이나 벌칙을 규정할 때에는 법률의 위임이 있어야 한다고 규정하고 있으므로 신원보증계약기간을 5년으로 정한 시 조례가 법률의 위임이 있는 것이 아니라면 이를 적용할 수는 없고 신원보증법에 따라 신원보증계약은 그 성립일로부터 3년간 효력을 가진다 할 것이다(대판 1963. 2. 28, 63다22 신원보증에 의한 손해배상).

판례 **〈지방주민의 권리제한·의무부과 또는 벌칙에 관한 사항이 아닌 한 법률의 위임 없이도 조례를 제정할 수 있다.〉** 주민의 권리제한, 의무부과 또는 벌칙에 관한 사항이 아닌 한 법률의 위임 없이도 조례를 제정할 수 있다는 판례는 그 내용이 주민의 권리·의무에 관한 사항이거나 벌칙에 관한 사항이 아닌 한 법률의 위임이 없더라도 피고市는 이 사건 환지절차를 시행하기 위하여 조례를 제정할 수 있다(대판 1970.2.20, 69다12121).

판례 **〈자치사무에 관한 한 법률의 공백부분에 대하여는 법률의 위임 없이도 주민의 권리·의무에 관한 사항을 제정할 수 있다.〉** 1992년의 "청주시행정정보공개조례"사건에서는 "자치사무(고유사무)에 관한 행정정보만을 공개대상으로 하고 있는 한 구태여 국가의 입법의 미비를 들어 지방자치단체의 자주적인 조례제정권의 행사를 가로막을 수는 없다"고 함으로써 조례자주입법설에 근거하여 '법률의 공백' 부분에 대하여도 법률의 위임 없이도 주민의 권리의무에 관한 사항을 조례로 제정할 수 있다는 견해를 취하고 있다(대판 1992.6.23, 92추17).

과거의 판례들이 조례위임입법설에 입각하여 법률유보론을 견지해 왔으나 최근에는 자주입법설에 입각한 판례들이 나타나고 있다.

이 판례에서는 사생활 침해의 우려가 있는 정보의 공개금지규정이 있으므로 주민의 권리가 제한되는 것은 아니라는 이유로 법률의 위임이 필요 없다는 논리를 전개하고 있으나, 정보공개제도는 전체적으로 볼 때 반드시 권리만 부여하는 것은 아니며 주민의 권리제한(예컨대, 알 권리를 부당하게 제한하는 것) 또는 의무부과에 직·간접적으로 관련되는 사항임을 부인할 수 없다고 하겠다.

헌법재판소도 지방자치법 제15(현행 §22)조 단서를 합헌설 입장에 동조하고 있다.

【헌재결】 〈자판기설치제한에 관한 조례제정에는 법률의 위임을 요한다.〉 "이 사건의 조례들은 담배소매업을 영위하는 주민들에게 자판기설치를 제한하는 것을 내용으로 하는 것이므로 주민의 직업선택의 자유 특히 직업수행의 자유를 제한하는 것이 되어 지방자치단체가 이러한 조례를 제정함에 있어서는 법률의 위임을 필요로 한다"(헌재 1995.4.20, 92헌마264·279).

㉤ 결 어

ⓐ 우리 헌법구조와 관련시켜 국가와 사인 사이의 법률유보론을 규정한 헌법 제37조 제2항의 규정과, 국가의 법령과 지방자치단체 사이의 조례를 규정한 제117조 제1항과의 관계는 서로 별개의 차원의 것이며, 후자의 규정은 오히려 헌법 제75조가 같은 반열에서 비교·검토되어야 함을 의미하는 것으로 하여야 하고, 따라서 헌법 제117조 제1항의 「법령의 범위 내」의 의미는 헌법 제37조 제2항과의 관계에서가 아니라 법규명령에 대한 위임입법의 관계를 규정한 제75조와의 관계에서 탐구되어야 할 성질의 것이다. 따라서 일부에서 주장하듯이 '법령의 범위 내는 위임과는 다르다'는 주장이 단순한 용어 해석론에 의해서만 도출된 것이 아니라는 점이 이해될 수 있을 것이다.

ⓑ 기본권보장의 이념을 선언한 것으로 일컬어지는 헌법 제37조 제2항은 전단과 후단으로 나누어 검토할 필요가 있다. 동항 전단은 그 자체가 목적규정은 아니며 헌법의 목표는 오히려 후단, 즉 제한하는 경우에도 자유와 권리의 「본질적인 내용을 침해할 수 없다」는 데에 있다고 할 것이다. 따라서 헌법 제37조 제2항의 후단은 그것이 국가이든 지방자치단체이든 간에 어떠한 권력기관에 의하여서도 침해될 수 없는 최상위규범에 해당하지만 동항 전단은 이러한 최상위규범을 고수하기 위한 하나의 방편 내지는 수단으로서 기능하고 있는 것이며 이러한 기본권 보장을 위한 수단성으로서의 가치판단은 지방자치제도의 보장에 대하여도 동일하게 내릴 수 있는 것이다. 즉 지방자치제도도 이를 제도로써 보장하고 그 본질적 내용을 침해하지 못하도록 함으로써(중앙집권적 국가에만 의존하는 것보다) 지방자치사무를 통한 기본권보장에 기여하는 바가 더 클 수 있다는 가치판단 상태하에서 헌법 제117조 제1항의 제도보장규정이 마련된 것이다.

ⓒ 헌법 제117조 제1항의 내용은 시원적인 권리로서 보장된다는 것을 규정한 것으로 이해되어야 한다고 본다. 따라서 이때의 「법령의 범위 안에서」의 표현은 법률우위를 확인하는데 의미를 갖는데 불과하고, 법령의 위임에 의한 경우도 동시에 포함되는 것으로 확대해석은 금물이다. 이는 동일표현을 사용하고 있는 지방자치법 제22조 단서가 본문과 단서로 나누어서 서로 상이한 표현을 사용하고 있는 예에 비추어 볼 때에도, 이와 상이한 해석을 해야 할 필연적인 이유와 달리 인정될 수 없기 때문이다.

이는 조례제정기관의 민주적 정당성, 지방자치권의 포괄성(전권한성) 및 자주성(자기책임성) 등을 충분히 존중해야 하는 입장에서도 그러하다.

ⓓ 지방자치단체의 조례제정권은 「전래에 입각한 조례자주입법설」에 의하여 그 성질에 있어서 시원적인 권리로서 국가의 위임을 요하지 않는 권리로 이해되어야 한다. 헌법 제117조 제1항은 지방자치단체의 조례제정권이 지방자치제의

제도적 보장의 한 내용으로서, 시원적인 권리로서 보장된다는 것을 규정한 것으로 이해되어야 하고, '법령의 범위 안에서'의 표현은 법률우위를 확보하는 의미를 갖는데 불과하다. 따라서 조례제정권은 지방자치의 제도적 보장의 내용으로서 입법자가 갖는 제도 내용의 구체화 권한에 의해서 제한될 수 있으나, 입법권행사는 지방자치의 제도적 보장의 본질적 내용을 침해할 수 없는 것이므로 개개의 입법권 행사의 내용이 본질적 내용을 침해하는 것인지의 여부가 엄격히 검토되어야 할 것이다.

ⓔ 입법자가 특정영역에 대하여 법령규율을 하고 있는 경우에는(예 : 주민의 권리제한이나 의무부과에 관한 규율한 경우) 당해 영역에 대한 별도의 조례에 의한 규율은 할 수 없고, 법령의 위임(개괄적 위임·포괄적 위임도 가능)이 있는 경우에만 가능하다.

ⓕ 입법자가 법령규율을 하고 있지 않는 '법령의 공백' 분야에 대해서는 법령의 위임이 없더라도(조례제정권의 시원적인 자주적 권리의 성질을 갖는 것이므로) 직접 스스로 조례로 규정할 수 있다고 해야 할 것이다(예 : 서울특별시 조례로 쓰레기 배출 시간대를 규제하는 것). 이는 당해 권리제한이나 의무부과가 지역적 관련성을 강하게 갖는 경우에 특히 해당한다고 볼 수 있다.

따라서 지방자치법 제22조 단서의 의미는 지방자치단체가 갖는 조례제정권의 한계와 관련되는 규정으로서 지방자치단체의 사무가 자치사무이든 위임사무이든 특정영역에 대하여 법령이 직접규율하고 있는 때(이때에도 추가조례제정은 가능하며, 초과조례제정은 규제한도법률이 아닌 최저기준법률인 경우에는 법률초과조례의 제정이 가능함)에는 조례가 독자적으로 법령과 충돌되거나 경합되는 내용을 제정할 수 없고, 법령의 위임을 받아서 대상영역에 대해 조례가 규율할 수 있으며, 법령에 의한 규율이 없는 때에만 지방자치단체가 법령의 위임이 없어도 직접 규율할 수 있다고 해석해야 할 것이다.[41]

㉯ 헌법상 법률주의사항과의 관계(조례에 의한 벌칙제정권의 문제) : 헌법 제117조 제1항은 "지방자치단체는 법령의 범위 안에서 자치에 관한 규정을 제정할 수 있다."

지방자치법 제22조 단서는 "지방자치단체는 벌칙을 정할 때에는 법률의 위임이 있어야 한다."

지방자치법 제27조 제1항은 "지방자치단체는 조례로써 조례위반 행위에 대하여 1천만 원 이하의 과태료를 정할 수 있다."

지방자치법 제139조 제2항은 "사기 기타 부정한 방법으로 사용료·수수료 또는 분담금의 징수를 면한 자에 대하여는 그 징수를 면한 금액의 5배 이내의 과태료를, 공공시설을 부정사용한 자에 대하여는 50만 원 이하의 과태료를 처하는 규정을 조례로 정할 수 있다."고 규정하고 있다.

㉠ 지자법 제27조 제1항의 의미 : 지방자치법 제27조 제1항의 규정은 1994년 3월 개

41) 조정환, 「조례제정에 있어서의 법률유보」, 토지공법연구 제7집, 269~286쪽, 1999. 2.

정이전의 지방자치법 제20조가 "시·도는 당해 지방자치단체의 조례로서 3월 이하의 징역 또는 금고, 10만 원 이하의 벌금, 구류, 과료 또는 50만 원 이하의 과태료의 벌칙을 정할 수 있다"고 규정하여 기초단체인 시·군·자치구의 조례로는 벌칙을 정할 수 없었던 문제와 벌칙의 한도만을 규정하고 있고, 그 구성요건에 대하여는 규정하고 있지 않아서 죄형법정주의에 위반되어 위헌논의 문제가 일어나 삭제되고 현행 지방자치법 제27조 제1항과 같이, 과태료 규정 제정권만을 일반적으로 인정하고 있다. 따라서 이제는 기초 지방자치단체도 조례에 의해 과태료를 부과할 수 있게 되었다.

ⓛ 과태료 이외의 벌칙제정권의 문제 : 헌법상 죄형법정주의(§12), 재산권법정주의(§23·①), 조세법률주의(§59) 등 특별히 법률로 정하도록 규정된 사항에 대하여는 ⓐ 헌법 제37조 제2항의 국민의 자유와 권리에 대한 침해의 우려가 있다는 이유로 또는 법률의 위임에 의하여 형사처벌을 정하는 조례를 국가의 위임명령의 일종으로 보아 개별적 위임이 없는 한 조례로 규율할 수 없다는 견해 ⓑ 지방자치단체의 조례는 주민의 대표기관인 지방의회의 의결을 거쳐 제정되는 것으로서 법률에 준하는 것이므로, 국가의 행정입법에 있어서의 위임과 달리 「지방자치법」에서 과태료를 포함하여 형벌 등 벌칙제정권을 일반적으로 조례에 위임하여도 위헌이 아니라는 견해(박윤흔)도 있으나, ⓒ 전래설에 입각한 조례자주입법설에 입각하여 민주적 정당성을 갖는 조례와 통상적인 행정기관에 의해 정립되는 행정입법의 본질적 차이를 강조하고 행정입법은 헌법(§75, §95)에 의거하여 반드시 법률의 위임이 있어야 하지만, 자치입법인 조례는 헌법 제40조에 의한 국회입법권과 별도로 헌법 제117조 제1항(이는 제40조에 대한 예외규정 또는 특별규정)에 의하여 직접 부여된 자치입법권에 근거하여 제정되는 이상 헌법 제117조 제1항이 우선적으로 적용되어야 하며, 따라서 '법령의 범위 안에서' 즉, 법령에 저촉되지 않는 범위 안에서 법률의 위임 없이도 얼마든지 제정할 수 있다는 견해가 있는 바, 법률유보문제에서 설명한 것과 같은 이유로 후설에 찬동한다(법률 수권설이 아닌 '헌법 수권설'에서는 조례에 의하여 형사벌칙을 정할 수 있는 것은 헌법 제117조 제1항에 직접 수권되어 있으며, 따라서 헌법 제117조 제1항은 제12조에 대한 예외규정 내지 특별규정으로 보아야 할 것이다.).42)

따라서 지방자치법 제27조 제1항 규정에 관계없이 지방자치단체는 과태료 이외의 벌칙제정권을 갖는다고 하겠다. 이는 구성요건과 형벌의 한도에 대해서 모두 해당하는 것이다. 그러므로 법률이 이미 특정구성요건에 관한 규정을 두고 있는 때에는 당해 법률에 의한 수권조항이 있어야 조례를 규율할 수 있으나, 법률이 특정행위에 대한 벌칙규정을 두고 있지 않는(법령의 공백) 경우에는 조례는 법률의 개별적 위임

42) 형벌의 창설과 그 과벌절차는 비록 그것이 지방자치단체의 자치사무에 관련된 것이라 할지라도 그 성질상 국가사무에 속하며 따라서 법률의 위임이 없는 한 조례로 제정할 수 없다고 하는 '법률수권설'에서는 舊지방자치법 제20조(형벌규정)는 바로 조례에 대하여 형사벌칙을 정할 수 있도록 위임한 '창설적 수권규정'으로 본다.

이 없어도 스스로 구성요건을 규정하여 벌칙규정을 둘 수 있다고 본다. 그리고 개별법률상의 위임이 있다면 지방자치단체가 지방자치법 제27조의 과태료 이외의 벌칙을 규정할 수 있음은 물론이다.

그러나 판례는 조례위반에 형벌을 가할 수 있도록 규정한 조례안이 지방자치법 제15조(현행 §22) 단서 및 헌법 제12조 제1항(죄형법정주의)에 위반된다고 판시하고 있다.

판례 **〈조례위반에 형벌을 가할 수 있도록 규정한 조례안 규정들이 지방자치법(§22·단서) 및 헌법(죄형법정주의 §12·①)에 위반된다.〉** 지방자치법 제15조 단서는 지방자치단체가 법령의 범위 안에서 그 사무에 관하여 조례를 제정하는 경우에 벌칙을 정할 때에는 법률의 위임이 있어야한다고 규정하고 있는데, 불출석 등의 죄, 의회모욕죄, 위증 등의 죄에 관하여 형벌을 규정한 조례안에 관하여 법률에 의한 위임이 없었을 뿐만 아니라, 구 지방자치법(1994. 3. 16. 법률 제4741호로 개정되기 전의 것) 제20조가 조례에 의하여 3월 이하의 징역 등 형벌을 가할 수 있도록 규정하였으나 개정된 지방자치법 제20조는 형벌권을 삭제하여 지방자치단체는 조례로써 조례 위반에 대하여 1,000만 원 이하의 과태료만을 부과할 수 있도록 규정하고 있으므로, 조례 위반에 형벌을 가할 수 있도록 규정한 조례안 규정들은 현행 지방자치법 제20조에 위반되고, 적법한 법률의 위임 없이 제정된 것이 되어 지방자치법 제15조 단서에 위반되고, 나아가 죄형법정주의를 선언한 헌법 제12조 제1항에도 위반된다(대판 1995.6.30, 93추83, 경북도의회에서의 증언·감정등에관한조례무효확인청구의소).

㉢ 지방세 제정권 문제 : 헌법 제59조는 "조세의 종목과 세율은 법률로 정한다"고 하여 조세법률주의를 채택하고, 이에 근거하여 제정된 지방세법 제3조 제1항은 "지방자치단체는 지방세의 세목, 과세객체, 과세표준, 세율 기타 부과·징수에 관하여 필요한 사항을 정함에 있어서는 이 법이 정하는 범위 안에서 조례로써 하여야 한다"고 규정하고 있다. 구 지방세법(1998년 12월 31일 개정전의 것) 제3조 제1항은 "지방자치단체는 지방세의 세목, 과세객체, 과세표준, 세율 기타 부과·징수에 관하여 필요한 사항을 정함에 있어서 조례로써 하여야 한다"고 규정함으로써 지방세조례주의를 천명한 것이고 헌법 제59조의 조세법률주의에 대한 예외를 인정한 것이 아닌가에 관한 논란이 제기되었었다. 그런데 입법자는 1998년 12월 31일 지방세법 제3조 제1항을 "… 지방세법이 정하는 범위 안에서 조례로써 하여야 한다"고 개정하였다.

이는 다시 2011년 1. 1「지방세기본법」이 제정되어 동법 제5조 제1항은 "지방자치단체는 지방세의 세목, 과세대상, 과세표준, 세율, 그 밖에 부과·징수에 필요한 사항을 정할 때에는 이법 또는 지방세관계법에서 정하는 범위에서 조례로 정하여야 한다」고 규정하고 있다.

헌법 제117조 제1항의 "… 법령의 범위 안에서"와 지방세기본법 제5조 제1항의 "… 지방세기본법 또는 지방세관계법에서 정하는 범위에서…"라는 것은 법률에 저촉되지 않는 범위 안에서 법률의 위임없이도 조례를 제정할 수 있으며, 법률우위원칙은 적용되지만 법률유보원칙은 적용되지 않는다고 본다. 그러나 법령에 위반한 조례는 무효가 됨이 원칙이다.

그리고 법령의 위반·저촉여부는 헌법에 의한 지방자치의 제도적 보장, 국법체계의 전체적 통일성, 지방의회의 입법능력, 지방자치단체의 특수성, 조례의 실효성 등을 종합적으로 평가하여 구체적 사안에 따라 정하여야 할 것으로 본다.

그리고 법률우위문제는 위에서 설명한 것(추가조례, 초과조례, 최저기준법률, 법령의 공백 등)들이 여기서도 그대로 타당하다.

㈐ 위임의 정도

지방자치법 제22조 단서에서 말하는 법률의 위임은 국가의 행정입법에 있어서의 위임과는 달리 개별적·구체적 위임일 필요는 없고, 일반적 포괄적 위임도 가능하다. 대법원의 판례와 헌법재판소의 결정도 같은 입장에 선다.

판례 **〈법률이 조례에 대하여 주민의 권리·의무에 관한 사항을 정하도록 위임할 때에는 포괄적위임도 가능하다.〉** 1991년의 「서울시공유수면점용료등징수조례」 사건에서는 "공유수면관리법 제7조가 점용료가 산정기준·방법 등에 관하여 구체적인 범위를 정하지 아니한 채 포괄적으로 조례에 위임하였더라도, 조례는 위임명령과 달리 주민의 대표기관인 지방의회의 의결로 제정되는 지방자치단체의 자주법인만큼, 법령에 위반되지 않는 범위 내에서 주민의 권리의무에 관한 사항을 조례로 제정할 수 있는 것이다"라고 하여, 포괄적 위임을 인정하였다(대판 1991.8.27, 90누6613).

【헌재결】 〈조례에 대한 법률의 위임은 포괄적 위임도 가능〉 조례의 제정권자인 지방의회는 선거를 통해서 그 지역적인 민주적 정당성을 지니고 있는 주민의 대표기관이고, 헌법이 지방자치단체에 대해 포괄적인 자치권을 보장하고 있는 취지로 볼 때, 조례제정권에 대한 지나친 제약은 바람직하지 않으므로 조례에 대한 법률의 위임은 법규명령에 대한 법률의 위임과 같이 반드시 구체적으로 범위를 정하여 할 필요가 없으며 포괄적인 것으로 족하다(헌재 1995.4.20, 92헌마264·279(병합)).

5) 광역자치단체의 조례 및 규칙의 관계

시·군 및 자치구의 조례는 시(서울특별시, 광역시)·도의 조례 또는 규칙에 위반되어서는 아니된다. 국법질서의 통일을 위한 것이라 하겠다. 이에 대하여는 양 지방자치단체는 그 규율대상과 사무범위가 구별되는 독립된 지위의 관계이고, 상하관계일 수 없음을 비추어 볼 때 위헌성이 검토되어야 한다는 견해가 있다.[43)]

6) 조례의 종류

조례에는 위에서 본 자치입법인 자치조례와 위임입법(행정입법)의 일종인 위임조례가 있다.

43) 유지태, 669쪽.

① 자치조례

헌법 제117조 제1항에 기초하고 지방자치법 제22조의 일반적 수권(개괄적 수권조항)에 근거하여 자치사무에 관하여 제정되는 조례이다. 단체위임사무도 자치단체의 사무로 전환된 것이므로 이의 처리에 필요한 조례를 제정할 수 있다. 판례도 인정하고 있다.

> 판례 〈지방조례사항이 전국적으로 통일된 기준에 따를 필요는 없다.〉 행정정보공개조례안이 국가위임사무가 아닌 자치사무 등에 관한 정보만을 공개대상으로 하고 있다고 풀이되는 이상 반드시 전국적으로 통일된 기준에 따르게 할 것이 아니라 지방자치단체가 각 지역의 특성을 고려하여 자기고유사무와 관련된 행정정보의 공개사무에 관하여 독자적으로 규율할 수 있다(대판 1992.6.23, 92추17).

> 판례 〈조례제정권은 자치사무와 단체위임사무에 한한다는 판례〉 지방자치단체가 조례를 제정할 수 있는 사항은 지방자치단체의 고유사무인 자치사무와 개별법령에 의하여 자치단체에 위임된 단체위임사무에 한하고, 국가사무로서 지방자치단체의 장에 위임된 이른바 기관위임사무에 관한 사항은 조례제정의 범위 밖이라 할 것이다(대판 1992.7.28, 92추31).

지방자치법 제22조 이외에 각 개별조항(§4·③·④, §6, §113~§116), 지방교육자치에관한법률(§25), 지방공기업법(§49·②), 지방세기본법(§5) 등의 각 개별조항의 수권에 의하여 제정되는 조례도 있는데 이는 자치사무에 관한 자주입법인 조례인 점에서 국가법령의 위임에 의하여 국가법령을 보충하는 위임조례와 성격을 달리한다.

② 위임조례

㉮ 개별적·구체적 법령의 위임에 의하여 「기관위임사무」를 규율 대상으로 하는 조례를 위임조례라 한다. 법률의 각 개별조항에서 국가의 지방적 행정에 일정한 사항의 규율을 조례에 위임하고 있는 경우에 그 위임에 따라 제정되는 일군의 조례를 말한다. 기관위임사무는 지방자치단체 자체의 사무라 할 수 없으므로 조례로 제정할 수 없다. 그러나 건축법, 부동산중개업법, 폐기물관리법 등 많은 법률은 기관위임사무의 처리에 있어서 건폐율, 부동산 중개수수료, 폐기물 처리방법 등을 그 지역의 실정에 맞게 법률의 범위 안에서 조례로써 정하도록 구체적·개별적으로 위임하고 있으며, 이를 처리하는 자치단체의 장은 국가의 하급행정기관의 지위에 서게 되고, 이에 근거하여 건축조례 등이 제정되고 있으나, 기관위임사무에 관한 조례인 위임조례는 국가법인 행정입법의 성질을 가지며, 「위임입법의 한계에 관한 원리가 그대로 적용」되므로 자치조례와는 성질상 구분되어야 한다. 그러나 이 경우에는 각 지방의 특수성을 고려하도록 하는 것이므로 순수한 국가법과 달라서 국가의 행정기관이 제정하는 행정입법과 전혀 동일하게 보는 것은 타당하지 않고 한계론을 완화하여 적용해야할 것이라는 견해가 있다.[44]

㉯ 조례는 고유사무와 개별법령에 의하여 지방자치단체에 위임된 단체위임사무에 대하여서만 정할 수 있다. 지방자치법 제22조는 지방자치단체는 「그 사무에 관하여」 조례를 제정할 수 있다는 규정에서 「그 사무」란 고유사무와 단체위임사무를 의미한다. 기관위임사무에 대하여는 법령에 의한 개별적 위임이 없는 한 조례로 제정할 수 없다 할 것이다.

즉 국가 등의 사무로서 지방자치단체의 장에게 위임된 기관위임사무는 이에 포함되지 아니한다(대판 1992.7.28, 92추31, 대판 1999.4.13, 98추40).

대법원은 서울특별시장이 건설교통부장관으로부터 위임받은 관리처분계획의 인가 등 처분권한을 「행정권한의위임및위탁에관한규정」에 의하여 규칙을 제정해서 구청장에게 재위임하지 아니하고 「서울특별시행정권한위임조례」에 의하여 구청장에게 재위임한 사건에서 "서울특별시 행정권한위임조례 중 위 처분권한의 재위임에 관한 부분은 조례제정권의 범위를 벗어난 국가사무인 기관위임사무를 대상으로 한 것이어서 무효이다"라고 판시하고 있다. 그러나 무효인 위임조례의 규정에 근거한 관리처분계획의 인가처분은 하자가 중대하나 하자가 객관적으로 명백한 것은 아니어서 당연무효사유는 아니라고 판시하였다.

판례 〈기관위임사무를 지방자치단체의 조례에 의하여 재위임할 수는 없고, 위임기관의 장의 승인을 얻어 지방자치단체의 장이 제정하는 규칙에 의하여 재위임하는 것만이 가능하다.〉(대판 1995.7.11, 94누4615 건설업영업정지처분무효확인)

판례 〈기관위임사무를 지방자치단체의 조례에 의하여 재위임한 경우, 그러한 조례에 근거한 처분이 당연무효사유는 아니라 봄이 상당하다.〉 서울특별시장이 건설교통부장관으로부터 위임받은 관리처분계획의 인가 등 처분권한을 규칙을 제정해서 구청장에게 재위임하지 않고, 위임조례에 의해 재위임하였다면 그 부분은 기관위임사무를 대상으로 한 것이어서 무효이다. 무효인 위임조례의 규정에 근거한 관리처분계획의 인가처분은 하자가 중대하나 하자가 객관적으로 명백한 것은 아니어서 당연무효사유는 아니다(대판 1995.8.22, 94누4615).

그러나 실제로는 법령에서 일정한 사항을 정하도록 위임하면서 기관위임사무는 하위법령에 위임해야 함에도 불구하고 조례에 위임하는 사례가 증가하고 있다. 따라서 그 기관위임사무라도 개별법령에서 일정한 사항을 조례로 정하도록 위임하고 있는 경우에는 위임받은 사항에 관하여 개별법령의 취지에 부합하는 범위 내에서 예외로 이른바 위임조례를 정할 수 있다(대판 2000.5.30, 99추85).

판례 〈지방자치단체가 기관위임사무에 있어서도 그에 관한 개별법령에서 일정한 사항을 조례로 정하도록 위임하고 있는 경우에는 예외적으로 위임조례를 정할 수 있다.〉 지방자치법 제15조, 제9조에 의하면, 지방자치단체가 자치조례를 제정할 수 있는 사람은 지방자치단체의 고유사무인 자치사무와 개별법령에 의하여 지방자치단체에 위임된 단체위임사무에 한하는 것이고, 국가사무가

44) 박윤흔(하), 125쪽.

지방자치단체의 장에게 위임된 기관위임사무는 원칙적으로 자치조례의 제정범위에 속하지 않는다 할 것이고, 다만 기관위임사무에 있어서도 그에 관한 개별법령에서 일정한 사항을 조례로 정하도록 위임하고 있는 경우에는 위임받은 사항에 관하여 개별법령의 취지에 부합하는 범위 내에서 이른바 위임조례를 정할 수 있다(대판 2000.5.30, 99추85 공원조례중개정조례안무효).

판례 〈**발전소주변지역지원에 대한 지원사업의 일부를 지방자치단체의 장이 아닌 지역단체가 시행할 수 있도록 규정한 울진군발전소지원사업시행에 관한 조례안이 발전소주변지역지원에관한법률시행령(§30·①, §36)의 위임(기관위임사무)범위를 벗어나 무효라고 본다.**〉 그런데 법은 지역개발 외에 전원개발의 촉진과 발전소 및 방사성폐기물 관리시설의 원활한 운영 도모를 그 목적에 포함시키고 있고(제1조), 법상 발전소 주변지역에 대한 지원사업은 한국전력공사(이하 '공사'라고 한다)가 전국의 각 주변지역에 대한 장기계획을 각각 수립하여야 하며(제9조), 지원사업은 지방자치단체의 장 외에 공사도 그 시행주체가 되어(제11조), 지원사업의 내용에 따라 각각 나누어 시행하게 되어 있고(법시행령 제19조 내지 제25조), 사업시행에 필요한 경비는 기본적으로 공사가 출연하며 운용·관리하는 기금에 의하여 충당하게 되어 있는 점을 고려할 때(제4조 내지 제7조), 법상의 발전소 주변지역에 대한 지원사업은 지방자치단체별로 제정능력에 따른 차등이 없이 통일적으로 시행하여야 할 국가사무에 해당하나 다만 당해 지역의 사정과 지방자치단체가 시행하는 다른 복지시책과 밀접한 관련하에서 시행할 필요가 있는 점을 고려하여 당해 지방자치단체의 장에게 시행을 위임한 기관위임사무에 해당한다고 할 것이다.

그러므로 피고가 법상의 지원사업에 관하여 조례를 제정하기 위하여는 법령의 규정상 별도의 위임근거가 있어야만 할 것인데, 법시행령 제30조 제1항은 그 제19조의 기본지원사업 및 제22조의 특별지원사업의 시행에 따른 시설물의 취득 및 관리에 관하여 조례로 정할 수 있도록 위임하고 있고, 또 법시행령 제36조는 지원사업의 시행에 관하여 법시행령이 정한 것 이외에는 당해 지방자치단체의 조례로 정할 수 있도록 위임하고 있으므로 법상의 지원사업 시행에 관하여 규정하고 있는 이 사건 계쟁 조항의 내용이 위 각 법시행령 규정의 위임범위 내에서 그 취지에 따라 정하여진 것이라면 이를 포함한 이 사건 조례안도 위임조례로서 그 효력을 인정할 수가 있을 것이다.

그러나 법시행령 제30조 제1항은 그 소정의 지원사업의 시행에 따른 시설물의 취득·관리에 관한 사항을 조례로 정하도록 위임하고 또 법시행령 제36조 역시 소득증대사업과 공공시설사업 등 그 소정 사업을 지방자치단체의 장이 시행하는 것을 전제로 하여 그 시행에 관한 세부적인 사항을 조례로 정하도록 위임하고 있을 뿐, 그 어느 규정도 지원사업의 내용이나 주체에 관한 사항을 조례로 정하도록 위임하고 있지 아니함이 그 내용상 분명하다.

그런데 이 사건 계정 조항은 그 규정 내용 등에 비추어 지방자치단체의 장이 시행하게 되어 있는 지원사업의 일부를 그 소정의 지역단체가 시행할 수 있게 하는 규정으로 해석할 수밖에 없었으므로 이를 포함한 이 사건 조례안은 결국 법시행령 제30조 제1항이나 제36조의 위임범위를 벗어난 사항을 규정하고 있는 법령 위배의 조례에 해당한다고 하지 않을 수 없고, 따라서 그 제정을 위한 이 사건 재의결도 그 효력을 인정할 수가 없다고 할 것이다(대판 1999.9.17, 99추30, 울진군발전소주변지역지원산업시행에 관한 조례무효확인청구의소).

판례 〈기관위임사무에 있어서도, 기관위임사무에 관한 개별법령에서 일정한 사항을 조례로 정하도록 위임하고 있는 경우에는 위임받은 사항에 관하여 개별법령취지에 부합하는 범위 내에서 위임조례를 제정할 수 있다.〉 지방자치법 제15조, 제9조에 의하면, 지방자치단체가 자치조례를 제정할 수 있는 사항은 지방자치단체의 고유사무인 자치사무와 개별법령에 의하여 지방자치단체에 위임된 단체위임사무에 한하는 것이고, 국가사무가 지방자치단체의 장에게 위임된 기관위임사무는 원칙적으로 자치조례의 제정범위에 속하지 않는다 할 것이고, 다만 기관위임사무에 있어서도 그에 관한 개별법령에서 일정한 사항을 조례로 정하도록 위임하고 있는 경우에는 위임받은 사항에 관하여 개별법령의 취지에 부합하는 범위 내에서 이른바 위임조례를 정할 수 있다(대판 2000.5.30, 99추85, 공원조례중개정조례안무효).

【기출문제】 <2006년 사법시험(약술형)> ※ 기관위임사무에 대한 조례의 제정가능성에 관하여 약술하시오(20점)

7) 조례의 제정절차

① 의안의 발의

조례안은 ㉮ 당해 지방자치단체의 장 ㉯ 재적의원 5분의 1 이상 ㉰ 의원 10인 이상의 연서로 발의한다(지자법 §66·①). ㉱ 위원회도 그 소관에 속하는 사항에 관하여 조례안을 제출할 수 있고(지자법 §66·②), ㉲ 지방자치단체의 교육·과학·기술·체육 그 밖의 학예에 관한 조례안은 교육감이 제출하거나 재적의원 5분의 1 이상 또는 의원 10인 이상의 연서로 발의한다(지방교육자치법 §13·①), ㉳ 주민에 의한 조례의 제정 및 개폐의 청구가 있는 바, 그것이 요건을 갖춘 적법한 것이면, 지방자치단체의 장은 청구를 접수한 날부터 60일 이내에 조례의 제정 또는 개폐안을 지방의회에 부의하여야 한다(지자법 §15·⑨).

조례안은 그 안을 갖추어 문서로써 의장에게 제출하여야 한다(지자법§66·③, 지방교육자치법§13·②). 지방의회가 새로운 재정부담을 수반하는 조례나 안건을 의결·제출하고자 할 때에는 미리 지방자치단체의 장의 의견을 듣거나 협의하여야 한다(지자법§132, 지방교육자치법§13·③).

② 이송 및 조례안거부권(§26)

조례안이 지방의회에서 의결되면 의결된 날로부터 5일 이내에 지방자치단체의 장에게 이송해야 한다. 지방자치단체의 장은 조례안을 이송받으면 20일 이내에 공포하여야 한다. 지방자치단체의 장 등은 이송받은 조례안에 대하여 이의가 있는 때에는 20일 이내에 이유를 붙여 지방의회로 환부하고 그 재의를 요구할 수 있다. 이 경우 지방자치단체의 장은 조례안의 일부에 대하여 또는 조례안을 수정하여 재의를 요구할 수 없다. 재의의 요구가 있을 때에는 지방의회는 재의에 붙여 재적의원 과반수의 출석과 출석의원 2/3 이상 찬성으로 전과 같은 의결을 하면 그 조례안은 조례로서 확정되며 그렇지 못하면 조례안은 폐기된다. 지방자치단체의 장이 조례안을 이송받은 때에는 20일 이내에 공포하지 아니하거나 재의를 요구하지 않는 경우에도 조례안은 조례로 확정된다(지자법 §26·⑤). 지방자치단체의 장은 확정된 조례를 지체 없이 공포하여야 한다(지자법 §26·⑥).

③ 공포 및 효력발생

조례는 전문을 붙여 공보·신문·세시로써 공포한다. ㉮ 지방자치단체의 장은 이송 받은 조례안을 20일 이내에 공포하여야 한다. ㉯ 조례가 확정된 후 또는 재의결에 의해 확정된 조례가 지방자치단체의 장에게 이송된 후 5일 이내에 지방자치단체의 장이 공포하지 않으면 지방의회의 의장이 이를 공포한다(지자법 §26·⑥). 조례는 특별한 규정이 없는 한 공포한 날로부터 20일이 경과함으로써 효력을 발생한다(지자법 §26·⑦). ㉰ 조례의 구속력은 당해 지방자치단체의 모든 주민과 관계 국가행정기관 그리고 감독청과 법원에도 미친다.

조례와 규칙의 공포에 관한 필요한 사항은 대통령령으로 정한다(지자법 §26·⑧).

④ 하자(흠)

조례의 적법요건의 일부나 전부가 준수되지 않으면 그 조례는 하자(흠) 있는 것이 되고 하자 있는 조례는 무효이다. 재의결의 내용이 전부가 아니라 그 일부만이 위법한 경우에도(의결의 일부에 대한 재의 요구나 수정재의요구가 허용되지않는다는 점을 들어) 의결전부의 효력이 부인된다는 것이 판례입장이다.[45]

조례안의 일부가 위법한 경우, 그에 대한 재의결 전부의 효력이 부인된다(대판 2001.11.27, 2001추57 조례안재의결무효확인청구).

판례 〈조례의 일부에 위법 있어도 전부의 효력이 부인〉 의결의 일부에 대한 효력의 배제는 결과적으로 전체적인 의결의 내용을 변경하는 것에 다름 아니어서 의결기관인 지방의회의 고유권한을 침해하는 것이 될 뿐 아니라, 그 일부만의 효력배제는 자칫 전체적인 의결내용을 지방의회의 당초의 의도와는 다른 내용으로 변질시킬 우려가 있으며, 또한 재의요구가 있는 때에는 재의요구에서 지적한 이의사항이 의결의 일부에 관한 것이라고 하여도 의결 전체가 실효되고 재의결만이 의결로서 효력을 발생하는 것이어서 의결의 일부에 대한 재의요구나 수정재의 요구가 허용되지 않는 점(지방자치법 제19조 제3항 및 같은 법 시행령 제37조 제2항)에 비추어 보면, 재의결의 내용 전부가 아니라 그 일부만이 위법한 경우에도 그 재의결 전부의 효력을 부인하여야 할 것이다(대판 1994.5.10, 93추144).

【참고】 〈집행기관의 인사권에 지방의회가 사전·적극 개입하는 조례는 무효다.〉
공유재산심의회의 위원(12명) 중 9명을 시의원으로 구성하고 그 위원이 될 시의원을 지방의회의장이 추천케 하는 것은 집행기관의 인사권에 지방의회가 사전에 적극 개입하는 것으로써 허용될 수 없으므로 일부내용이 위법한 본 건 개정조례안은 전부무효다.

8) 보 고

조례의 제정 또는 개폐안이 지방의회에서 의결되어 이송된 날로부터 5일 이내(규칙에 있어서는 공포예정 15일 전에) 시·도지사는 행정안전부장관에게, 시장·군수 및 자치구의 구청장은 시·도지사에게 전문을 붙

45) 대판 1994. 5. 10, 93추144 ; 대판 1994. 4. 26, 93추175 ; 대판 1992. 7. 28, 92추31.

여 보고해야 한다(지자법 §28). 보고를 받은 행정안전부장관은 이를 관계 중앙행정기관의 장에게 통보하여야 한다(지자법 §28).

9) 통 제

① 지방자치단체의 장에 의한 통제

지방자치단체의 장은 ㉮「조례안에 대한 재의요구」(지자법 §26·③), ㉯「지방의회의 의결에 대한 재의요구」, 즉 지방의회의 의결이 월권 또는 법령에 위반되거나 공익을 현저히 해한다고 인정하는 때에는 의회에 재의를 요구할 수 있고(지자법 §107·①), ㉰「예산상 집행불가능한 의결의 재의요구」(지자법 §108), 즉 지방자치단체의 장은 ㉠ 지방의회의 의결이 예산상 집행할 수 없는 경비를 포함하고 있다고 인정되면 그 의결사항, ㉡ 지방의회가 ⓐ 법령에 따라 지방자치단체에서 의무적으로 부담하여야 할 경비, ⓑ 비상재해로 인한 시설의 응급복구를 위하여 필요한 경비를 줄이는 의결을 한 때에도 그 의결사항을 각각 이송 받은 날부터 20일 이내에 이유를 붙여 재의를 요구할 수 있다(지자법 §108).

문제는 지자법 제26조의 경우는 소의제기에 관한 규정이 없다. 하지만 지방자치단체의 장의 재의요구에도 불구하고 조례안을 재의결하였을 경우, 지방자치단체의 장이 지방자치법 제107조 제3항의 규정에 의하여 법령위반을 이유로 대법원에 소를 제기할 수 있다고 볼 것이다. 판례도 같은 입장이다.

> 판례 **〈지방자치단체장의 재의요구에도 불구하고 지방의회가 조례안을 재의결하였을 경우, 지방자치단체장이 지방자치법 제98조 제3항(현행 §107)에 따라 법령위반을 이유로 대법원에 재소할 수 있는 것이다.〉** 지방자치법 제19조 제3항은 지방의회의 의결사항 중 하나인 조례안에 대하여 지방자치단체의 장에게 재의요구권을 폭넓게 인정한 것으로서 지방자치단체의 장의 재의요구권을 일반적으로 인정한 지방자치법 제98조 제1항에 대한 특별규정이라고 할 것이므로, 지방자치단체의 장의 재의요구에도 불구하고 조례안이 원안대로 재의결되었을 때에는 지방자치단체의 장은 지방자치법 제98조 제3항에 따라 그 재의결에 법령위반이 있음을 내세워 대법원에 제소할 수 있는 것이다(대판 1999.4.27, 99추23, 건축조례중개정조례안재의결무효확인).

의회에서 재의결로 확정된 경우에 그 재의결된 사항이 법령에 위반된다고 인정되는 때에는 대법원에 소를 제기할 수 있다(지자법 §107·③). 여기서 지방의회에서 의결 및 재의결된 사항에 조례안이 당연히 포함되기 때문에, 지방자치단체의 장은 위법한 조례안에 대하여 직권으로 대법원에 제소하여 이를 다툴 수 있다할 것이다.

② 감독청에 의한 통제

【기출문제】 <1996년 지방고시 (약술형)> ※ 감독청에 의한 조례에 대한 통제

㉮ 재의요구지시 : 지방의회의 의결이 법령에 위반되거나 공익을 현저히 해한다고 판단될 때에는 시·도에 대하여는 주무부장관이, 시·군 및 자치구에 대하여는 시·도지사가 재의를 요구하게 할 수 있고, 재의의 요구를 받은 지방자치단체의 장은 의결사항을 이송받은 날부터 20일 이내에 지방의회에 이유를 붙여 재의를 요구하여야 한다(지자법 §172·①).

㉯ 제소지시·직접제소 : 주무부장관 또는 시·도지사는 재의결된 사항이 법령에 위반된다고 판단됨에도 당해 지방자치단체의 장이 소를 제기하지 아니하는 때에는 당해 지방자치단체의 장에게 제소를 지시하거나 직접 제소 및 집행정지결정을 신청할 수 있다(지자법 §172·④).

㉰ 재의요구지시 불응시 직접제소 : 제1항의 규정에 의하여 지방의회의 의결이 법령에 위반된다고 판단되어 주무부장관 또는 시·도지사로부터 재의요구지시를 받은 지방자치단체의 장이 재의를 요구하지 아니하는 경우(법령에 위반되는 지방의회의 의결사항이 조례안인 경우로서 재의요구지시를 받기 전에 당해 조례안을 공포한 경우를 포함한다.)에는 주무부장관은 또는 시·도지사는 제1항의 규정에 의한 기간이 경과한 날부터 7일 이내에 대법원에 직접제소 및 집행정지 결정을 신청할 수 있다(지자법 §172·⑦). 제172조 제7항에 따른 소송에서 원고는 주무부장관 또는 시·도지사가 되고, 피고는 재의요구지시에 불응한 지방자치단체의 장과 대비되는 지방의회가 될 것이다.
다만, 「법령에 위반되는 지방의회의 의결사항이 조례안인 경우로서 재의요구 지시를 받기 전에 그 조례안을 공포한 경우」에 대한 소송은 일종의 추상적 규범통제의 성격을 띠고 피고는 당해 지방자치단체의 장인 지방자치단체의 장이 된다.

판례 **〈자치구의 장이 시·도지사의 재의요구지시에 불응한 경우, 시·도지사가 자치구의 장을 상대로 조례안의 효력 등을 다툴 수 없다.〉** 행정소송법 제3조 제4호와 제45조에 의하면 국가 또는 공공단체의 기관 상호간에 권한의 존부 또는 그 행사에 관한 다툼이 있을 때에 이에 대하여 제기하는 기관소송은 법률이 정한 경우에 법률이 정한 자에 한하여 제기할 수 있다고 규정하여 이른바 기관소송법정주의를 취하고 있는바. 지방자치법 제159조는 시·도지사가 자치구의 장에게 그 자치구의 지방의회 의결에 대한 재의 요구를 지시하였음에도 자치구의 장이 그에 따르지 아니하였다 하여, 바로 지방의회의 의결이나 그에 의한 조례의 효력을 다투는 소를 자치구의 장을 상대로 제기할 수 있는 것으로 규정하고 있지는 아니하고, 달리 지방자치법상 이러한 소의 제기를 허용하고 있는 근거규정을 찾아볼 수 없으므로, 시·도지사가 바로 자치구의 장을 상대로 조례안 의결의 효력 혹은 그에 의한 조례의 존재나 효력을 다투는 소를 제기하는 것은 지방자치법상 허용되지 아니하는 것이라고 볼 수밖에 없다(대판 1999.10.22, 99추54, 대전광역시유성구세특례조례부존재확인).

③ **법원에 의한 통제**

㉮ 조례안 재의결에 대한 무효확인소송 : 지방자치단체의 장, 주무부장관 또는 시·도지사에 의해 제기되는 위법한 조례안의 재의결에 대한 무효확인소송은 대법원에

제기된다. 조례안은 그 일부가 위법한 경우에 위법한 부분만의 일부취소는 불가능하며 그 경우에는 조례안에 대한 재의결은 전부 효력이 부인된다(대판 1996.10.25, 96추107).

㉯ 조례에 대한 간접적 통제 : 조례는 헌법 제107조 제2항에 의한 간접적 규범통제의 대상이 된다(구체적 규범통제). 위법한 조례는 처분성을 갖지 않는 한 항고소송의 대상이 되지 않는다(추상적규범 통제 불인정). 그러나 위법한 조례에 근거하여 내려진 처분에 의해 권익을 침해받은 주민은 그 처분에 대하여 항고소송을 제기하여 당해 항고소송에서 당해 처분의 위법사유로서 그 근거법규인 조례의 위법을 주장할 수 있고, 항고소송의 수소법원은 선결(전제 문제)문제로서 당해 조례의 위법여부에 대하여 부수적으로 심리한다.

그러나 조례가 행정처분의 매개 없이 직접 국민의 권리·의무에 영향을 미치는 이른바 '처분적 조례'인 경우에는 항고고송의 대상이 된다 할 것이다.

판례 〈조례가 항고소송의 대상이 되는 행정처분에 해당되는 경우 및 그 경우 조례무효확인 소송의 피고적격(지방자치단체의 장)〉 조례가 집행행위의 개입 없이도 그 자체로서 직접 국민의 구체적인 권리의무나 법적 이익에 영향을 미치는 등의 법률상 효과를 발생하는 경우 그 조례는 항고소송의 대상이 되는 행정처분에 해당하고, 이러한 조례에 대한 무효 확인소송을 제기함에 있어서 행정소송법 제38조 제1항, 제13조에 의하여 피고적격이 있는 처분 등을 행한 행정청은, 행정주체인 지방자치단체 또는 지방자치단체의 내부적 의결기관으로서 지방자치단체의 의사를 외부에 표시한 권한이 없는 지방의회가 아니라, 구 지방자치법(1994. 3. 16. 법률 제4741호로 개정되기 전의 것) 제19조 제2항, 제92조에 의하여 지방자치단체의 집행기관으로서 조례로서의 효력을 발생시키는 공포권이 있는 지방자치단체의 장이다(대판 1996.9.20, 95누8003 조례무효확인). 경기 가평군 가평읍 상색초등학교 두밀분교를 폐지하는 내용의 이 사건 조례는 위 두밀분교의 취학아동과의 관계에서 영조물인 특정의 초등학교를 구체적으로 이용할 이익을 직접적으로 상실하게 하는 것이므로 항고소송의 대상이 되는 행정처분이라 판단 한 것은 타당하다.

㉰ 항고소송 : 조례가 예외적으로 처분성을 갖는 경우에는 항고소송의 대상이 된다. 이 경우에 피고는 조례를 공포한 집행기관인 지방자치단체의 장(교육·학예에 관한 조례에 있어서는 시·도교육감)이 된다. 예컨대 두밀분교폐교조례는 처분성(조례가 그자체로서 직접 국민의 권익에 영향을 미침)을 갖는다(대판 1996.9.20, 95누8003).

㉱ 헌법재판소에 의한 통제 : 헌법재판소법(§68 ①)은 법원의 재판을 제외한 일체의 「공권력의 행사 또는 불행사」에 대한 헌법소원심판을 인정하고 있다. 그러므로 조례에 의하여 직접 기본권을 침해받은 자로서 다른 구제방법이 없는 경우 헌법재판소에 헌법소원을 제기할 수 있다고 본다.

【헌재결】 〈조례가 헌법소원의 대상이 될 수 있다.〉 조례는 지방자치단체가 그 자치입법권에 근거하여 자주적으로 지방의회의 의결을 거쳐 제정한 법규이기 때문에 조례 자체로 인하여 직접 그리고 현재 자기의 기본권을 침해받은 자는 그 권리구제의 수단으로서 조례에 대한 헌법소원을 제기할 수 있다(헌재 1995.4.20, 92헌마264·279, 1994.12.29, 92헌마216).

【헌재결】 〈담배자동판매기의 설치제한 및 철거를 규정한 조례가 직업수행의 자유를 다소 제한하더라도 법익형량의 원리상 감수되어야 할 것이다.〉 자동판매기를 통한 담배판매는 구입자가 누구인지를 분별하는 것이 곤란하여 청소년의 담배구입을 막기 어렵고, 또 그 특성상 판매자와 대면하지 않는 익명성(匿名性), 비노출성(非露出性)으로 인하여 청소년으로 하여금 심리적으로 담배구입을 용이하게 하고, 주야를 불문하고 언제라도 담배구입을 가능하게 하며, 청소년이 쉽게 볼 수 있는 장소에 설치됨으로써 청소년에 대한 흡연유발효과도 매우 크다고 아니할 수 없으므로, 청소년의 보호를 위하여 자판기설치의 제한은 반드시 필요하다고 할 것이고, 이로 인하여 담배소매인의 직업수행의 자유가 다소 제한되더라도 법익형량의 원리상 감수되어야 할 것이다(헌재결 1995.4.20, 92헌마264, 279, 부천시 담배자동판매기설치금지조례 제4조 등 위헌확인, 강남구담배자동판매기설치).

④ 주민에 의한 통제 : 개정 지방자치법에서는 주민투표권(§14: referendum), 조례의 제정 및 개폐청구권(§15: 일종의 주민발안: Initiative), 주민소환권(§20: recall) 등의 제도를 채택하여 주민참여에 의한 주민에 의한 통제수단의 성질을 갖는다.

▶사 례(1)

A군 의회는 학교급식법 및 동시행령에 근거하여 A군 초·중·고등학교에서 실시하는 학교급식에 A군에서 생산되는 우수농산물을 사용하도록 지도·지원함으로써 급식의 안정성과 질을 높여 성장기 학생의 건전한 심신의 발달을 도모함은 물론 전통 식문화에 대한 이해의 증진과 식생활 개선에 이바지함을 목적으로, 'A군 학교급식조례안' 을 주민의 조례제정청구에 의하여 제정하고, 이를 의결하였다. 이에 A군의 군수는 이 조례가 우리 정부가 1994년에 체결한 「관세 및 무역에 관한 일반협정(GATT)」에 위반된다고 하여 이 조례의 위법성을 제기하고 재의결을 요구하였으나 A군 의회는 재의결을 통해 위 조례를 확정하였다(대판 2005.9.9, 2004추10).

(1) 위 의결된 조례안에 대한 군수와 도지사의 사법적 통제방법을 논하라.
(2) 위 조례의 공포 후 수입농산물을 A군의 초등학교에 제공해온 甲은 위 조례의 위법성을 주장한다.
① 본 조례는 적법·유효한가?
② 甲이 취할 수 있는 권리구제수단은 무엇인가?

【관련법령】

학교급식법

제3조(국가·지방자치단체의 임무) ① 국가와 지방자치단체는 양질의 학교급식이 안전하게 제공될 수 있도록 행정적·재정적으로 지원하여야 하며, 영양교육을 통한 학생의 올바른 식생활 관리능력 배양과 전통식 문화의 계승·발전을 위하여 필요한 시책을 강구하여야 한다.

② 특별시·광역시·도·특별자치도의 교육감(이하 "교육감"이라 한다)은 매년 학교급식에 관한 계획을 수립하여야 한다.

학교급식법시행령

제2조(학교급식의 운영원칙) ① 학교급식은 수업일의 점시시간 [「학교급식법」(이하 "법"이라 한다) 제4조 제2호에 따른 근로청소년을 위한 특별학급 및 산업체부설학교에 있어서는 저녁시간]에 법 제11조 제2항에 따른 영양관리기준에

맞는 주식과 부식 등을 제공하는 것을 원칙으로 한다.

② 학교급식에 관한 다음 각 호의 사항은 「초·중등교육법」 제31조에 따른 학교운영위원회(이하 "학교운영위원회"라 한다)의 심의 또는 자문을 거쳐 학교의 장이 결정하여야 한다.

1. 학교급식 운영방식, 급식대상, 급식횟수, 급식시간 및 구체적 영양기준 등에 관한 사항
2. 학교급식 운영계획 및 예산·결산에 관한 사항
3. 식재료의 구체적인 품질기준 및 완제품 사용 승인에 관한 사항
4. 식재료 등의 조달방법 및 업체선정 기준에 관한 사항
5. 보호자가 부담하는 경비 및 급식비의 결정에 관한 사항
6. 급식비 지원대상자 선정 등에 관한 사항
7. 급식활동에 관한 보호자의 참여와 지원에 관한 사항
8. 그 밖에 학교의 장이 학교급식 운영에 관하여 중요하다고 인정하는 사항

제9조(급식운영비 부담) ① 법 제8조 제2항에 따른 급식운영비는 다음 각 호와 같다.

1. 급식시설·설비의 유지비
2. 종사자의 인건비
3. 연료비, 소모품비 등의 경비

② 제1항 제2호와 제3호에 따른 경비는 학교윤영위원회의 심의 또는 자문을 거쳐 그 경비의 일부를 보호자로 하여금 부담하게 할 수 있다.

③ 학교의 설립·경영자는 제2항에 따른 보호자의 부담이 경감되도록 노력하여야 한다.

제10조(급식비 지원기준 등) ① 법 제9조 제1항에 따라 보호자가 부담할 경비를 지원하는 경우 그 지원액 및 지원대상은 학교급식위원회의 심의를 거쳐 교육감이 정한다.

② 법 제9조 제2항 제2호와 제3호에서 "대통령령이 정하는 지역의 학교"라 함은 각각 다음 각 호의 학교를 말한다.

1. 법 제9조 제2항 제2호 : 「도서·벽지 교육진흥법」 제2조에 따른 도서벽지에 준하는 지역에 소재하는 학교로서 7할 이상에 해당하는 학생의 학부모가 도서벽지의 학부모와 유사한 생활여건에 처하여 있다고 교육감이 인정하는 학교
2. 법 제9조 제2항 제3호 : 「농림어업인 삶의 질 향상 및 농산어촌지역 개발촉진에 관한 특별법」 제3조제1호에 따른 농산어촌에 준하는 지역에 소재하는 학교로서 7할 이상에 해당하는 학생의 학부모가 농산어촌의 학부모와 유사한 생활여건에 처하여 있다고 교육감이 인정하는 학교

A군 학교급식조례안

제1조(목적) 이 조례는 학교급식법 및 동법시행령에 근거하여 A군의 초·중·고등학교에서 실시하는 학교급식에 A군에서 생산되는 농산물을 사용하도록 지도·지원함으로써 급식의 안정성과 질을 높여 성장기 학생의 건전한 심신의 발달을 도모함은 물론 전통 식문화에 대한 이해의 증진과 식생활 개선 및 A군 지역 농산물의 소비촉진과 안정된 수급조절에 이바지함을 목적으로 한다.

제6조(지원방법) ① 교육감은 지원대상자로 하여금 안전하고 질 높은 학교급식을 위하여 우선적으로 우수농산물을 사용하도록 한다.

② 군수는 A군 농산물의 소비촉진과 안정된 수급조절, 도민의 복리증진을 위하여 학교급식에 우수농산물이 사용될 수 있도록 식재료의 일부를 현물로 지원하거나, 식재료구입비의 일부를 정해진 절차에 따라 예산범위 안에서 지원하여야 한다.

「관세 및 무역에 관한 일반협정 : GATT」

수입산품의 국내판매에 불리한 영향을 주는 법률, 규칙 및 요건 등이 국내생산을 보호하기 위하여 수입산품 또는 국내산품에 적용되어서는 아니되고, 수입국이 법률, 규칙 및 요건에 의하여 수입품에 대하여 국내의 동종물품에 비해 경쟁관계에 불리한 영향을 미칠 수 있는 차별적인 대우를 하여서는 아니된다.

【문제해결】

1. 주요논점

첫째는, 군수에 의한 통제방법으로 지방의회의 재의결에 대한 군수의 대법원에의 제소(지자법 §107)가 있고, 도지사에 의한 통제방법으로 지방의회의 재의결에 대한 도지사의 당해 군수에게 제소지시 또는 직접제소 및 집행정지결정을 신청할 수 있다(지자법 §172).

둘째는, 조례와 법률과의 관계 및 조례와 국제법규와의 관계문제인 바, 조례와 법률과의 관계에서는 조례의 제정범위로 법률우위문제 및 법률유보문제가 논의대상이 되고, 조례와 국제법규와의 관계에서는 헌법 제6조에 근거하여 해결될 수 있을 것이다.

셋째는, 甲이 어떤 권리 구제수단을 취할 수 있는가의 문제는 본건 조례가 지방자치법 제15조 및 GATT에 위반한 조례이므로 ① 조례의 항고소송대상문제 ② 헌법소원제기문제 ③ 기타 조례개폐청구권행사(지자법 §15), 주민소송으로서의 조례취소·무효확인소송(지자법 §17·②), 청원권행사 등이 있다.

2. 주요논점의 해설

(1) 조례안에 대한 지방자치단체장의 사법적통제

① 군수에 의한 사법적통제

군수는 재의결조례안(재의결을 통해 조례가 확정됨)이 법령에 위반된다고 인정되는 때에는 재의결된 날로부터 20일 이내에 대법원에 소를 제기할 수 있다.

이 경우 필요하다고 인정되는 때에는 그 의결의 집행을 정지하게 하는 집행정지결정을 신청할 수 있다(지자법§107·③, §172·③).

② 도지사에 의한 사법적 통제

도지사는 재의결된 조례안이 법령에 위반된다고 판단됨에도 당해 군수가 소를 제기하지 아니하는 때에는 당해 군수에게 제소를 지시하거나 직접제소 및 집행정지결정을 신청할 수 있다(지자법 §172·④).

제소의 지시는 재의결된 날부터 20일이 경과한 날부터 7일 이내에 하고, 당해 군수는 제소지시를 받은 날부터 7일 이내에 제소하여야 한다(지자법 § 172·①·⑤).

도지사는 제소지시를 한 날부터 7일이 경과한 날부터 7일 이내에 직접 제소할 수 있다(지자법 §172·⑥). 제1항의 규정에 의하여 지방의회 의결이 법령에 위반된다고 판단되어 도지사로부터 재의 요구지시를 받은 군수가 재의를 요구하지 아니하는 경우(법령에 위반되는 지방의회의 의결사항이 조례안인 경우로서 재의 요구지시를 받기 전에 당해 조례안을 공포한 경우를 포함한다.)에는 도지사는 제1항의 규정에 의한 기간이 경과한 날부터 7일 이내에 대법원에 직접제소 및 집행정지결정을 신청할 수 있다(지자법 §172·⑦).

③ 기관소송

군수나 도지사에 의해 대법원에 제기된 소는 기관소송으로서 기관소송을 인정하는 개별법률에서 정한 사항을 제외하고는 행정소송법의 규정을 적용한다.

따라서 ㉠ 기관소송으로서 처분 등의 취소를 구하는 소송 및 처분 등의 효력유무 또는 존재여부나 부작위의 위법의 확인을 구하는 소송에는 그 성질에 반하지 아니하는 한 각각 취소소송 및 무효등확인소송 또는 부작위위법확인소송에 관한 규정을 준용하고, ㉡ 이들 소송 외의 소송에는 그 성질에 반하지 아니하는 한 당사자소송에 관한 규정을 준용한다(행소법 § 46·②·③).

본 사례의 경우에는 군수나 도지사는 조례의 무효확인소송의 형태를 취하게 될 것이다.

(2) 조례와 법률 및 국제법규와의 관계(조례의 적법성: 조례의 제정범위·한계)

① 조례의 대상으로서의 학교급식사무

학교급식사무가 지방자치법 제9조의 자치사무에 해당하는지 여부를 우선 검토할 필요가 있다.

지방자치법 제9조 제2항 5호에서는 교육·체육·문화·예술의 진흥에 관한 사무를 지방자치단체의 사무로 예시하고 있고, 학교급식법 제3조의 조문규정상, 지방자치단체에게 학교급식의 사무를 단체위임하였다고 할 수 있다. 단체위임사무는 조례의 대상이 되기 때문에 본건 조례는 조례제정의 대상에 해당된다고 볼 수 있다.

② 법률우위 및 법률유보의 문제

조례는 법령에 위배되어서는 아니된다. 이는 성문법규로서 조례가 갖는 가장 기본적인 조례로서 실정법의 명문규정에 관계없이 인정되는 것이다.

국가법령의 조례에 대한 우위는 통일적인 국가법질서를 유지하기 위하여 요구되는 것이다. 헌법 제117조 제1항과 지방자치법 제22조 본문의 「법령의 범위 안에서」라는 의미는 확인적 의미로서 「법령에 위반되지 아니하는 범위 안에서」라고 해석한다. 따라서 법령에 저촉되지 아니하면 법령의 위임이 없더라도 그 권한에 속하는 사항에 대하여는 조례를 제정할 수 있다. 즉, 헌법 제117조 제1항이나 지방자치법 제22조 본문의 「법령의 범위 안에서」라는 것은 법률우위원칙은 적용되지만 법률유보원칙은 적용되지 아니한다라고 할 것이다. 그러나 법령에 위반한 조례는 무효가 된다.

'법령의 공백' 분야에 대해서는 법령의 위임이 없더라도 직접 스스로 조례로 규정할 수 있다. 따라서 지방자치법 제22조 단서의 의미는 지방자치단체가 갖는 조례제정의 한계와 관련되는 것으로서 지방자치단체의 사무가 자치사무이든 위임사무이든 특정영역에 대하여 법령이 직접 규율하고 있을 때(이때에도 추가조례제정은 가능하며, 추가조례제정은 규제한도 법률이 아닌 최저기준법률인 경우에는 법률초과조례의 제정이 가능하다)에는 조례가 독자적으로 법령과 충돌되거나 경합되는 내용을 제정할 수 없고, 법령의 위임을 받아서 대상영역에 대해 조례가 규율할 수 있으며, 법령에 의한 규율이 없는 때에만 지방자치단체가 법령의 위임이 없어도 직접규율 할 수 있다고 하겠다.

우리판례는 조례는 자치단체의 자주법이라는 차원에서 조례에 대한 위임은 구체적 위임일 필요는 없고 포괄적 위임도 가능하다고 하고 있다(대판 1991.8.27, 90누6613; 헌재92헌마264,279).

본 사례의 경우 학교급식법은 어디에도 위임에 관한 규정은 없으며 법령의 공백으로 되어 있고, 입법의 공백인 경우에 해당하는 사무에 관하여 조례가 그 공백을 메우는 것으로 조례제정 그 자체는 가능한 것이라 하겠다. 그러나 다수설과 대법원은 그 내용에 있어서 지방자치법 제22조의 '법률의 범위 내'에 관한 대법원해석인 '법률에 위반하지 아니하는 한'이라는 것을 적용하더라도, 위 조례의 내용은 甲과 같은 수입업자의 영업의 자유 등을 제한하는 것으로, 지방자치법 제22조 단서와의 관계에서도 위법한 조례라는 것이다.

③ 조례와 국제법규와의 관계(GATT와의 관계)

헌법 제6조 제1항은 「헌법에 의하여 체결·공포된 조약과 일반적으로 승인된 국제법규는 국내법과 같은 효력을 가진다」라고 규정하고 있다. 여기에서의 「국내법」은 원칙적으로 법률을 의미한다. 따라서 조약과 국제법규는 법률과 동일한 효력을 갖는다. 다만, 헌법 제60조 제1항에 열거된 조약 이외의 입법사항과 관계가 없는 행정협정(국회동의불요)과 같은 조약 등은 명령과 같은 효력을 갖는다고 본다. 조약과 국제법규가 그와 동일한 효력을 갖는 법률과 충돌할 경우에는 신법우선원칙 및 특별법우선원칙이 적용된다.

본 사례의 경우 '1994년 관세 및 무역에 관한 일반협정(General Agreement on Tariffs and Trade 1994, 이하'GATT'라 한다)'은 1994년 12월 16일 국회의 동의를 얻어 같은 달 23일 대통령의 비준을 거쳐 같은 달 30일 공포되고 1995년 1월 1일 시행된 조약인 '세계무역기구(WTO) 설립을 위한 마라케쉬협정'의 부속협정(다자간무역협정)이고, '정부조달에 관한 협정'(Agreement on Government Procurement, 이하'AGP'라 한다)은 1994년 12월 16일 국회의 동의를 얻어 1997년 1월 3일 공포시행된 조약(복수국가간무역협정)으로서 헌법 제6조 제1항에 의하여 국내법령과 동일한 효력을 가지므로 지방자치단체가 제정한 조례가 GATT나 AGP에 위반되는 경우에는 그 효력이 없다고 판시하고 있고, 특정지방자치단체의 초·중·고등학교에서 실시하는 학교급식을 위해 위 지방자치단체에서 생산되는 우수 농수축산물과 이를 재료로 사용하는 가공식품(이하'우수농산물'이라고 한다)을 우선적으로 사용하도록 하고 그러한 우수농산물을 사용하는 자를 선별하여 식재료나 식재료구입비의 일부를 지원하며 지원을 받은 학교는 지원금을 반드시 우수농산물을 구입하는데 사용하도록 하는 것을 내용으로 하는 위 지방자치단체의 조례안이 내국민우대원칙을 규정하고 있으므로 '1994년 관세 및 무역에 관한 일반협정'에 위반되어 그 효력이 없다고 판시하고 있다(대판 2005.9.9, 2004추10).

(3) 갑이 취할 수 있는 권리구제수단

① 조례의 항고소송 대상문제

조례는 일반적·추상적으로 규율되는 법규이므로 원칙적으로 항고소송의 대상이 될 수 없음이 원칙이다.

그러나 두밀분교폐지조례사건(대판 1996.9.20, 95누8003)에서처럼 '조례가 집행행위의 개입 없이도 그 자체로서 직접 국민의 구체적인 권리의무나 법적이익에 영향을 미치는 등의 법률상 효과를 발생하는 경우 즉, 처분적 조례는 항고소송의 대상이 된다.

본 사례의 경우 위 조례는 집행행위의 개입 없이도 그 자체로서 주민의 권리와 의무에 직접적인 영향을 줄 수 있으므로 처분적 조례라 할 수 있고, 따라서 항고소송의 대상이 될 수 있다.

문제는 본 사례의 조례가 지방자치법 제22조 및 GATT에 위반한 조례는 취소사유가 아니라 무효가 되는 것이므로 그 무효확인소송을 통해 조례의 무효를 주장할 수 있는 방법이 甲에게 인정된다.

② 헌법소원 제기문제

헌법재판소법 제68조 제1항은 '공권력의 행사 또는 불행사로 인하여 헌법상 보장된 기본권을 침해받은 자는 법원의 재판을 제외하고는 헌법재판소에 헌법소원심판을 청구할 수 있다. 다만, 다른 법률에 구제절차가 있는 경우에는 그 절차를 모두 거친 후가 아니면 청구할 수 없다(보충성 문제)'고 규정하고 있다. 본 사례의 경우, 보충성의 원칙이 적용되어 원칙적으로 헌법소원심판은 인정하기가 어렵다고 본다.

③ 조례의 개폐청구 및 주민소송

지방자치단체의 19세 이상의 주민은 시·군 및 자치구에 있어서는 19세 이상 주민 총수의 50분의 1 이상 20분의 1 이하의 범위 안에서 당해 지방자치단체의 조례로 정하는 19세 이상의 주민 수 이상의 연서로 당해 지방자치단체의 장에게 조례의 개폐를 청구할 수 있다(지자법 §15·①).

그리고 감사청구한 주민(지자법 §17·①)은 감사청구한 사항과 관련있는 위법한 행위나 해태사실에 대하여 당해 지방자치단체의 장을 상대방으로 당해 행위의 취소 또는 변경을 구하거나 효력의 유무 또는 존재여부의 확인을 구하는 주민소송을 제기할 수 있다(지자법 § 17·②·2호).

④ 청원권행사

지방의회에 청원을 하고자 하는 자는 지방의회의원의 소개를 얻어 청원서를 제출하여야 한다. 청원서에는 청원자의 성명(법인인 경우에는 그 명칭과 대표자의 성명) 및 주소를 기재하고 서명·날인하여야 한다(지자법 §73).

(4) 결 어

'A군 학교급식조례안'은 단체위임사무(지자법§9·② 5호, 학교급식법§3)로서 조례제정의 대상이 되기 때문에 조례제정의 대상에 해당한다. 그리고 조례제정의 범위 및 한계(헌법 §117·①, 지자법 §22)에서 법률우위의 원칙은 적용되지만 법률유보의 원칙은 적용되지 아니하므로 '법령의 공백'의 분야에 대해서는 법령의 위임이 없더라도 직접 스스로 조례를 규정할 수 있다. 따라서 'A군 학교급식조례안'은 제정 그 자체는 가능한 것이라 하겠다.

그러나 조례와 국제법규 즉 GATT와의 관계에서 지방자치단체가 제정한 조례가 GATT나 AGP에 위반·저촉되므로 그 효력이 없다.

따라서 甲은 항고소송의 대상이 되는 '처분적 조례(A군 학교 급식조례안)'를 대상으로 하여 당해 지방자치단체의 장을 피고로(대판 1996.9.20, 95누8003) 하여 조례의 무효확인소송을 제기할 수 있다. 조례의 무효확인소송은 인용판결이 가능할 것이다.

그리고 일정요건하에서의 주민의 지방자치단체의 장에게의 조례폐지청구(지자법 §15), 감사청구한 주민이 감사청구한 사항과 관련 있는 위법한 행위나 해태사실에 대하여 '처분적 조례'의 효력유무 또는 존재여부의 확인을 구하는 주민소송을 제기할 수도 있을 것이다(지자법 § 17·②·2호).

▶ 사 례(2)

수원시의회는 도로교통의 원활한 소통을 도모하고, 공공복리의 증진을 위하여 도시교통정비촉진법 제33조 제7항과 동법시행령 제14조의 규정에 따라 교통수요관리 중 주차수요관리의 시행방안으로 자동차(1,500㏄ 미만의 승용자동차 제외)의 보유자에게 자동차를 보관할 수 있는 차고지를 확보하도록 하는 내용의 조례안을 의결하여 다음날 수원시장에게 이송하였다. 수원시장으로부터 조례안에 대한 보고를 받은 경기도지사는 위 조례안의 내용 중 자동차의 보유자에게 차고지확보의무 및 자동차관리법에 의한 자동차등록을 함에 있어서 차고지확보 입증서류의 제출의무를 부과하며 그 입증서류의 미제출을 등록신청의 수리거부사유로 정하고 있는 것은 위법이라고 주장한다. 경기도지사의 주장이 정당하고 이유 있는지의 문제와 그 주장의 관철방법은 어떤 것이 있는지에 대하여 설명하라(대판 1997.4.25, 96추251).

【관련법령】

도시교통정비촉진법

제33조(교통수요관리의 시행) ① 시장은 도시교통의 원활한 소통과 대기오염의 개선 및 교통시설의 효율적인 이용을 위하여 관할지역 안의 일정한 지역에서 다음 각 호의 교통수요관리를 시행할 필요가 있다고 인정되는 때에는 지방도시교통정책심의위원회의 심의를 거쳐 이를 시행할 수 있다.

7. 그 밖의 통행량의 분산 또는 감소를 위하여 대통령령이 정하는 사항.

③ 제1항의 규정에 따른 교통수요관리에 관하여는 이 법에 정한 사항을 제외하고는 조례가 정하는 바를 따른다.

도시교통정비촉진법시행령

제14조(통행량의 분산 또는 감소를 위한 사항)법 제15조, 제1항 제3호에서 통행량의 분산 또는 감소를 위하여 '대통령령이 정하는 사항'이라 함은 다음 각 호의 사항을 말한다.

2. 주차수요관리

자동차관리법

제5조(등록) 자동차(이륜자동차를 제외한다)는 자동차등록원부에 등록 후가 아니면 이를 운행하지 못한다.

제9조(신규등록의 거부) 시·도지사는 다음 각 호의 1에 해당하는 때에는 제8조의 규정에 의한 신규등록을 거부하여야 한다.

1. 당해 자동차의 취득에 관한 정당한 원인행위가 없거나 등록신청사항에 허위가 있는 때
2. 제22조의 규정에 의한 자동차의 차대번호 또는 원동기형식의 표기가 없거나 이들 표기가 제30조 제4항의 규정에 의한 자기인증표시 또는 제43조 제3항 제1호의 규정에 의한 신규검사증명서에 기재된 것과 다른 때
3. 여객자동차운수사업법에 의한 여객자동차운수사업 및 화물자동차운수사업법에 의한 화물자동차운수사업의 면허·등록·인가 또는 신고내용과 다르게 사업용자동차로 등록하고자 할 때
4. 액화석유가스의안전및사업관리법 제34조의 3의 규정에 의한 액화석유가스의 연료사용제한규정에 위반하여 등록하고자 할 때
5. 대기환경보전법 제32조 및 소음·진동규제법 제33조의 규정에 의한 제작차 인증을 받지 아니한 자동차 또는 제동장치에 석면을 사용한 자동차를 등록하고자 할 때

자동차등록령

제17조(등록신청의 수리거부) 등록관청은 등록신청이 다음 각 호의 1에 해당하는 때에는 그 신청을 수리해서는 아니된다.

1. 제5조의 규정에 의한 등록사무의 관할을 위반하여 신청한 때
2. 등록신청내용이 제8조 제2항의 규정에 의하여 등록원부에 기재하여야 할 사항이 아닌 때
3. 제12조 제2항의 규정에 의하여 신청인이 등록관청에 직접 출석하여야 하는 경우에 신청인이 출석하지 아니한 때
4. 신청서가 서식에 적합하지 아니한 때
5. 신청서에 기재된 사항과 등록원부에 기재된 사항이 서로 다른 때
6. 제16조의 규정에 의한 자동차의 제시요구에 응하지 아니한 때
7. 등록수수료를 납부하지 아니한 때

8. 법 제9조(법 제11조 제2항 및 법 제12조 제6항에서 준용하는 경우를 포함)의 규정에 해당하는 때
9. 다른 법률에서 정하고 있는 등록의 요건을 충족하지 못한 때

【문제해결】

1. 주요논점

첫째는, 자동차의 보유자에게 자동차를 보관할 수 있는 차고지를 확보하도록 하는 내용의 조례안이 지방자치단체의 사무에 해당하는지, 즉 지방자치단체의 사무의 구별기준.

둘째는, 지방자치단체의 조례제정권의 범위 및 한계문제로서 법률유보문제와 법률우위의 문제이다.

셋째는, 위법한 조례제정에 대한 행정기관의 관여 및 사법적통제문제이다.

2. 주요논점의 해설

(1) 수원시의회의 조례제정권에 속하는 사무인지 여부

① 조례제정대상사무

지방자치단체가 자치조례를 제정할 수 있는 사항은 지방자치단체의 고유사무인 자치사무와 개별법령에 의하여 지방자치단체에 위임된 단체위임사무에 한정되고, 국가사무가 지방자치단체의 장에게 위임된 기관위임사무는 원칙적으로 자치조례의 제정범위에 속하지 아니한다(지자법 §9, §11).

② 사무의 구별기준

㉮ 예시적 포괄수권방식

지방자치법 제11조에서는 '국가사무의 처리제한'으로 하여 국가사무를 예시하고 있고, 제9조 제2항에서는 '예시적 포괄수권방식'으로 하여 지방자치단체의 사무를 예시하고 있다. 다만, 국가사무이든 지방자치단체의 사무이든 양자 모두 법률에 이와 다른 규정이 있는 경우에는 그러하지 아니하다(지자법 §9·② 단서, §11 단서)고 규정하고 있어 법률에서 이와 달리 규정하고 있는 경우에는 이 규정에도 불구하고 그 법적성질이 달라지기 때문에 절대적인 구별기준은 되지 못한다. 근본적으로 어떠한 사무가 어느 유형에 속하는지는 입법정책의 문제로서 관계법 규정에 담겨져 있는 입법자의 의사를 추적함으로써 해명될 수 있는 것이다. 다만, 지방자치단체의 본질적인 내용을 이루는 사무(예 : 주민의 복리증진사무)를 지방자치단체로부터 박탈하는 것은 객관적인 법제도적 보장과 입법형성의 자유의 한계를 벗어나는 것이므로 허용될 수 없다.

㉯ 권한규정과 보충규정

중요한 구별기준은 근거법령의 권한규정이다. 개별법에서 대통령·국무총리·각 중앙부처의 장 등 중앙행정기관의 장의 권한으로 규정하고 있는 사무는 국가사무로 볼 수 있다. 이러한 국가사무 중에서 시·도지사나 시장·군수·구청장 등에게 위임된 사무는 기관위임사무, 지방자치단체에 위임된 사무는 단체위임사무로 보아야 할 것이다.

권한규정이 불분명한 경우에는 개별법상의 비용부담, 수입규정, 감독규정을 고려하여 판단할 수밖에 없을 것이다. 예컨대 사무에 소요되는 비용을 지방자치단체가 부담하고 그로 인한 수입도 지방자치단체의 것으로 귀속시키는 경우에는 자치사무라 할 수 있을 것이다.

그리고 지방자치단체의 사무를 구별하는데 있어 지방자치법 제9조 제2항과 제11조의 예시규정을 보충적으로 고려하면 판단하는데 기준이 될 것이다.

③ 본 사례의 경우

교통수요관리사무는 지방자치단체장이 도시교통의 원활한 소통과 교통시설의 효율적인 이용을 위하여 관할지역 안의 일정한 지역에서 시행하는 주민의 복리에 관한 사무로서 전국적으로 통일적인 처리가 요구되는 사무라기보다는 당해 지역의 도시교통 및 교통시설의 상황에 따라 자율적으로 처리되는 것이 바람직한 사무이다. 따라서 수원시가 의결한 이 사건 조례안 해당부분은 자치사무를 대상으로 한 것이며, 따라서 그 제정권한을 일탈한 위법은 없다.

(2) 지방자치단체의 조례제정권의 범위 및 한계문제(법률유보 및 법률우위의 문제)

① 법률우위의 문제

조례는 법령에 위배되어서는 아니된다. 법령에 위반한 조례는 무효가 된다. 이는 성문법규로서 조례가 갖는 가장

기본적인 한계로서 실정법의 명문규정에 관계없이 인정되는 것이다. 국가법령의 조례에 대한 우위는 통일적인 국가법질서를 유지하기 위해 요구되는 것이다.

따라서 헌법 제117조 제1항과 지방자치법 제22조 본문의 「법령의 범위 안에서」의 표현은 이를 확인하는 의미를 갖는다. 헌법 제117조 제1항과 지방자치법 제22조 본문의 「법령의 범위 안에서」라는 의미는 「법령에 위반되지 아니하는 범위 안에서」라고 해석하고 따라서 법령에 저촉되지 아니하면 법령에 위임이 없더라도 그 권한에 속하는 사항에 대하여는 조례를 제정할 수 있다.

즉 헌법 제117조 제1항이나 지방자치법 제22조 본문의 「법령의 범위 안에서」라는 것은 법률우위의 원칙은 적용되지만 법률유보의 원칙은 적용되지 아니한다고 할 것이다. 문제되는 점을 살펴보기로 한다.

㉮ 국가의 법령과 동일한 목적이라도 규율대상(사항)을 달리하는 추가조례는 가능하다.

㉯ 국가의 법령과 조례가 규율대상과 규율목적이 동일하지만 조례가 내용만이 법령이 정한 기준을 초과하여 보다 강화되거나 보다 약화된 기준을 정하는 조례인 초과조례인 경우에는 침익초과조례는 법령에 위반되는 것으로 허용되지 않지만, 수익초과조례는 법령에 위반하는 것이라 볼 수 없다(대판 96,추244).

㉰ 당해 법령이 정하는 규제가 전국적·전국민적 차원의 최저기준을 설정한 「최저기준법률」로 해석되는 경우에는 조례로 그것보다 엄격하게 규제하는 것은 허용된다 할 것이다.

㉱ 규제사항의 성질과 인권보장을 대조하여 당면한 입법적규제의 최대한까지를 규정하고 있다고 해석되는 「규제한도법률」은 그 규제한도를 초과하여 규제하는 조례는 위법으로 해석된다.

㉲ 입법자가 법령규율을 하고 있지 않은 「법령의 공백」 분야에서는 법령의 위임이 없더라도 직접 스스로 조례를 제정할 수 있다고 볼 것이다. 이는 당해 권리제한이나 의무부과가 지역적 관련성을 강하게 갖는 경우에 특히 해당되고 필요성이 요구된다 하겠다.

② 법률유보의 문제

조례제정에 있어서 법률우위의 원칙은 적용되나 법률유보의 원칙은 원칙적으로 적용되지 않는다. 그런데 지방자치법 제22조 단서에 관한 사항에 대하여는 법률유보의 원칙이 적용되도록 하고 있어 위헌여부가 논의되고 있다. 상세한 설명·이해는 본서 설명을 참조하기 바란다.

㉮ 헌법 제117조 제1항의 내용은 시원적인 권리로서 보장된다는 것을 규정한 것으로 이해되어야 한다. 따라서 이때의 「법령의 범위 안에서」의 표현은 법률우위를 확인하는 의미에 불과하다.

㉯ 지방자치단체의 조례제정권은 「전래에 입각한 조례자주입법설」에 의해서 그 성질에 있어서 시원적인 권리로서 국가의 위임을 요하지 않는 권리로 이해되어야 한다. 헌법 제117조 제1항은 지방자치단체의 조례제정권이 지방자치제의 제도적보장의 한 내용으로서, 시원적인 권리로서 보장된다는 것을 규정한 것으로 이해되어야 한다. 따라서 조례제정권은 지방자치의 제도적 보장의 내용으로서 입법자가 갖는 제도 내용의 구체화 권한에 의해서 제한될 수 있으나, 입법권행사는 지방자치의 제도적 보장의 본질적 내용을 침해할 수 없다.

㉰ 입법자가 특정영역에 대하여 법령규율을 하고 있는 경우에는(예 : 주민의 권리제한이나 의무부과에 관해 규율한 경우) 당해 영역에 대한 별도의 조례에 의한 규율은 할 수 없고, 법령의 위임(개괄적 위임·포괄적 위임도 가능)이 있는 경우에만 가능하다.

㉱ '법령의 공백' 분야에 대해서는 법령의 위임이 없더라도 직접 조례로 규정할 수 있다. 따라서 제22조 단서의 의미는 지방자치단체가 갖는 조례제정권의 한계와 관련되는 규정으로서 지방자치단체의 사무가 자치사무이든 위임사무이든 특정영역에 대하여 법령이 직접규율하고 있는 때(이때에도 추가 조례제정은 가능하며, 추가조례제정은 규제한도 법률이 아닌 최저기준법률인 경우에는 법률초과조례의 제정이 가능함)에는 조례가 독자적으로 법령과 충돌되거나 경합되는 내용을 제정할 수 없고, 법령의 위임을 받아서 대상영역에 대해 조례가 규율할 수 있다 할 것이다.

㉲ 위임의 정도는 국가의 행정입법에 있어서의 위임과는 달리 개별적·구체적 위임일 필요는 없고, 일반적 포괄적 위임도 가능하다.

③ 본 사례의 경우

㉮ 법률우위의 문제

자동차관리법상의 신규등록의 거부 및 자동차등록령상의 등록신청의 수리거부 등 소정의 자동차등록기준은 전국에 걸쳐 일률적으로 동일한 내용의 자동차등록요건을 규율하는 것이므로(침익초과조례나 규제한도법률) 법령에 없는 등록신청거부사유를 추가로 규정한 것은 법령에 저촉되는 것으로서 위법하다고 볼 것이다. 판례도 같은 취지이다.

판례 차고지확보대상을 자가용자동차 중 승차정원 16인 미만의 승합자동차와 적재정량 2.5톤 미만의 화물자동차까지로 정하여 자동차운수사업법령이 정한 기준보다 확대하고, 차고지확보입증서류의 미제출을 자동차등록 거부사유로 정하여 자동차관리법령이 정한 자동차 등록기준보다 더 높은 수준의 기준을 부과하고 있는 차고지확보제도에 관한 조례안은 비록 그 법률적 위임근거는 있지만 그 내용이 차고지확보기준 및 자동차등록기준에 관한 상위법령의 제한범위를 초과하여 무효이다(대판 1997.4.25, 96추251).

㈏ 법률유보의 문제

본 사례의 경우에는 도시교통정비촉진법 제22조 제3항에서 「제1항의 규정에 따른 교통수요관리에 관하여는 이 법에 정한 사항을 제외하고는 조례가 정하는 바를 따른다」고 규정하고 있으므로 이 조항을 본 사례 조례안 해당부분의 법적근거로 볼 수 있을 것이다.

따라서 지방자치법 제22조 단서 조항의 위헌성에 대한 논의의 실익은 위임법령의 위임정도로 귀결된다.

도시교통정비촉진법 제22조 제3항은 조례의 제정사항에 대해 예측가능성이 결여되어 있기는 하나 위임의 정도는 국가의 행정입법에 있어서의 위임과는 달리 개별적·구체적 위임일 필요는 없고, 일반적 포괄적 위임도 가능하므로 당해 법률조항은 위임의 한계를 일탈하지 않은 것이므로 이에 근거한 본 사례 조례안 해당부분 역시 법률유보의 원칙에 반하지 아니한다.

헌법 제117조 제1항이나 지방자치법 제22조 본문의 「법령의 범위 안에서」라는 것이 법률우위의 원칙은 적용되지만 법률유보의 원칙은 적용되지 아니한다는 입장에서는 더더욱 법률유보의 원칙에는 반하지 아니한다.

그러나 위에서 본바와 같이 조례안의 내용 중 자동차의 보유자에게 차고지확보의무 및 차고지확보입증서류제출의무를 부과한 것은 법률우위의 원칙에서 「침익초과조례」는 법령에 위반되고, 또는 「규제한도법률」로 그 규제한도를 초과하여 규제하는 조례는 위법이 된다.

결론적으로 지방자치단체의 조례제정권의 범위 및 한계문제로서 법률유보와 법률우위 문제에서 법률유보의 원칙에는 반하지 않으나 법률우위의 원칙에는 반하므로 본 사례의 조례안은 위법한 것이 된다.

(3) 위법한 조례제정권에 대한 행정기관의 관여 및 사법적 통제

① 행정적 통제

지방자치법 제172조 제1항은 「지방의회의 의결이 법령에 위반되거나 공익을 현저히 해한다고 판단될 때에는 시·도에 대하여는 주무부장관이, 시·군 및 자치구에 대하여는 시·도지사가 재의를 요구하게 할 수 있고, 재의의 요구를 받은 지방자치단체의 장은 의결사항을 이송받은 날부터 20일 이내에 지방의회에 이유를 붙여 재의를 요구하여야 한다」고 규정하고 있다. 본 사례의 경우 경기도지사는 법령위반을 이유로 수원시장에게 재의를 요구하게 할 수 있고, 이 경우 수원시장은 재의를 요구하여야 한다.

종래 지방자치법 제172조 제1항에 의한 재의요구의 경우에는 다른 재의요구와는 달리 기간의 제한에 관한 명문규정이 없었는데, 2005년 개정된 지방자치법은 지방의회에 대한 재의요구의 기간을 '의결사항을 이송받은 날부터 20일 이내'로 명시하여, 이를 입법적으로 해결하였다.

한편 재의요구를 받은 지방자치단체의 장(수원시장)이 이에 응하지 않고 20일이 경과하는 경우, 종래에는 실정법상 이에 대한 법적 대응수단이 존재하지 않았는데, 2005년 개정된 지방자치법은 제172조 제7항을 신설하였다. 즉 '지방의회의 의결이 법령에 위반된다고 판단되어 주무부장관 또는 시·도지사로부터 재의요구지시를 받은 지방자치단체의 장이 재의를 요구하지 아니하는 경우(법령에 위반되는 지방의회의 의결사항이 조례안인 경우로서 재의요구지시를 받기 전에 당해 조례안을 공포한 경우를 포함한다)에는 주무부장관 또는 시·도지사가 대법원에 직접 제소 및 집행정지결정을 신청할 수 있다.'

② 사법적 통제

주무부장관 또는 시·도지사는 재의결된 사항이 법령에 위반된다고 판단됨에도 당해 지방자치단체의 장이 소를 제기하지 아니하는 때에는 당해 지방자치단체의 장에게 제소를 지시하거 나 직접 제소 및 집행정지결정을 신청할 수 있다(지자법 §172·④).

제소의 지시는 재의결된 날부터 20일이 경과한 날부터 7일 이내에 하고, 당해 지방자치단체의 장은 제소지시를 받은 날부터 7일 이내에 제소하여야 한다(지자법 §172·⑤).

한편 주무부장관 또는 시·도지사는 제5항의 기간(당해 지방자치단체의 장은 제소지시를 받은 날부터 7일)이 경과한 날부터 7일 이내에 직접 제

소할 수 있다(§172·⑥).

또한 지방의회의 의결이 법령에 위반된다고 판단되어 주무부장관 또는 시·도지사로부터 재의요구지시를 받은 지방자치단체의 장이 재의를 요구하지 아니하는 경우(법령에 위반되는 지방의회 의결사항이 조례안인 경우로서 재의요구지시를 받기 전에 당해 조례안을 공포한 경우를 포함한다.)에는 주무부장관 또는 시·도지사는 제1항의 규정에 의한 기간(지방자치단체의 장이 의결사항을 이송받은 날부터 20일)이 경과한 날부터 7일 이내에 직접 대법원에 직접 제소 및 집행정지결정을 신청할 수 있다(지자법 §172·⑦).

본 사례의 경우 경기도지사는 수원조례안 해당부분 소정의 법률우위의 원칙에 위반한 사항을 수원시의회가 재의결하였음에도 수원시장이 제소하지 아니한 경우에는 수원시장에게 제소를 지시하거나 직접 대법원에 조례안 재의결 무효확인소송을 제기할 수 있고, 아울러 집행정지결정을 신청할 수 있다.

또한 수원시장이 경기도지사의 재의요구지시에 따르지 않는 경우에는 경기도지사가 직접 대법원에 제소 및 집행정지결정을 신청할 수 있을 것이다. 문제는 조례안의 일부에 위법성이 있는 경우에도 ㉠ 조례안 일부에 대한 재의요구를 할 수 없다는 점(지자법 §26·③), ㉡ 조례안 중 일부만 무효로 할 경우 의회가 당초 의도하지 않았던 결과를 낳을 수 있다는 점 등에 비추어 대법원은 조례안 전부에 대해 무효확인을 하여야 한다고 본다. 판례도 같은 입장이다.

판례 「의결의 일부에 대한 효력배제는 결과적으로 전체적인 의결의 내용을 변경하는 것에 다름 아니어서 의결기관인 지방의회의 고유권한을 침해하는 것이 될 뿐 아니라, 그 일부만의 효력배제는 자칫 전체적인 의결내용을 지방의회의 당초의 의도와는 다른 내용으로 변질시킬 우려가 있으며, 또 재의요구가 있는 때에는 재의요구에서 지적한 이의사항이 의결의 일부에 관한 것이라고 하여도 의결 전체가 실효되고 재의결만이 의결로서 효력을 발생하는 것이어서 의결의 일부에 대한 재의요구나 수정재의 요구가 허용되지 않는 점에 비추어 보아도 재의결의 내용 전부가 아니라 그 일부만이 위법한 경우에도 대법원은 의결 전부의 효력을 부인할 수밖에 없다」(대판 1992.7.28, 92추31).

(4) 결 어

본 사례의 조례안 해당부분은 자치사무를 대상으로 한 것이어서 제정권한을 일탈할 위법은 없고, 법률유보의 원칙에도 반하지 아니하나 법률우위의 원칙에는 위반하여 위법하다. 즉 자동차등록령 제17조에 한정적으로 열거한 등록신청거부사유에 없는 사항을 추가적으로 규율한 조례로서 자동차관리법 및 자동차등록령에 저촉된다.

따라서 경기도지사는 수원시장에게 본 사례의 조례안의 해당부분이 법령위반을 이유로 당해 조례안의 재의를 요구하게 할 수 있다. 수원시장의 재의요구에 다시 의회가 재의결한 경우 수원시장이 대법원에 제소하지 않으면 수원시장에게 제소를 지시하거나 직접 제소할 수 있다.

한편 수원시장이 재의요구지시에 따르지 않는 경우에는 경기도지사가 직접 대법원에 제소할 수 있다. 이때 필요하면 집행정지도 신청할 수 있다.

그리고 대법원은 조례안의 일부에 위법사유가 있더라도 그 전부에 대해 무효확인을 선고하여야 한다.

▶ 사 례(3)

경기도 내에 소재하는 A시는 최근 들어 자연녹지지역 안에서 편법적인 방법으로 주택의 건축이 난립하면서 이른바 녹지지역의 난개발이 매우 심각한 지경에 이르자 이를 억제하기 위한 공익적 목적으로 2005년 5월 A의 도시계획조례를 개정하면서, 「2004년 12월 31일까지 토지대장상 주택건축이 가능한 대지로 지목을 변경하여야 한다」는 건축허가기준을 추가로 규정하였다.

甲은 A시 소재 160여 평의 잡종지를 사서 여기에 다세대 주택을 짓기 위해 2005년 3월 이를 대지로 토지형질변경을 한 후, 2005년 10월 A시에 다세대주택 건축허가 신청을 하였는데, 이에 대하여 A시의 시장 B는 甲이 토지대장상 다세대주택건축이 가능한 대지로 지목을 변경한 것은 2005년 3월로 2005년 5월 개정된 조례가 정한 건축허가

기준인 2004년 12월 31일 이전 토지대장상 대지에 해당하지 않는다며 건축허가신청반려처분을 하였다.

B가 건축허가신청반려처분은 적법한 것이며 甲은 구제를 받을 수 없는 것인가?

【관련법령】

국토의 계획 및 이용에 관한법률

제76조(용도지역 및 용도지구 안에서의 건축물의 건축제한 등) ① 제36조의 규정에 의하여 지정된 용도지역 안에서의 건축물 그 밖의 시설의 용도·종류 및 규모 등의 제한에 관한 사항은 대통령령으로 정한다.

국토의 계획 및 이용에 관한 법률 시행령

제71조(용도지역 안에서의 건축제한) ① 법 제76조 제1항의 규정에 의한 용도지역 안에서의 건축물의 용도·종류 및 규모 등의 제한(이하 '건축제한'이라 한다)은 다음 각 호와 같다.

16. 자연녹지지역 안에서 건축할 수 있는 건축물 : 별표 17에 규정된 건축물

[별표 17] 자연녹지지역 안에서 건축할 수 있는 건축물(제71조 제1항 제16호 관련)

2. 도시계획조례가 정하는 바에 의하여 건축할 수 있는 건축물(4층 이하의 건축물에 한한다. 다만, 4층 이하의 범위 안에서 도시계획조례로 따로 층수를 정하는 경우에는 그 층수 이하의 건축물에 한한다)

가. 건축법시행령 별표 1 제2호의 공동주택(아파트를 제외한다)

A시 도시계획조례

제00조(자연녹지지역 안에서 건축할 수 있는 건축물) ② 영 제71조 제1항 제16호 별표 17 제2호의 규정에 의하여 건축할 수 있는 건축물은 다음 각 호의 1과 같다.

가. 건축법시행령 별표 1 제2호의 공동주택(아파트를 제외하며 연립주택, 다세대 및 기숙사의 건축과 용도변경은 2004년 12월 31일 이전에 공부상지목이 '대' 로 되어 있는 경우에 한한다)

【문제해결】

1. 주요논점

B의 건축허가신청반려처분은 A시의 개정된 건축조례에 의한 것이므로 처분의 위법성을 살펴보기 위해서는

첫째 조례의 적법요건에 따라 개정된 조례의 위법성 여부를 검토하고

둘째 개정된 조례를 개정 이전에 소급하여 적용하는 것이 가능한가 하는 관점에서 법률불소급원칙과 신뢰보호원칙을 살펴보고

셋째 A시의 개정도시계획조례가 신뢰보호원칙에 위반되는 위법한 조례의 효력과 위법한 조례에 근거한 B의 건축허가신청반려처분은 위법한 처분으로서 항고소송의 대상이 되는 것인지가 문제된다.

2. 주요논점의 해설

(1) 조례의 적법요건

① 조례제정권의 개념 및 성질

조례의 성질에 관하여는 지방자치권의 본질과 관련하여 학설이 대립된다. 조례자주입법설과 조례위임입법설이 대립되고 조례자주입법설은 다시 고유권설에 입각한 조례자주입법설과 전래권설에 입각한 조례자주입법설로 나누어진다.

생각건대, 前국가적이고 자연권적인 지방자치권을 인정하기는 어렵고, 조례제정권도 국가권력에 유래한다고 보아야 하므로 고유권에 입각한 조례자주입법설은 문제가 있다고 하겠으며, 반대로 조례위임입법설은 우리 헌법정신에도 맞지 않는다고 본다. 즉, 헌법 제117조 제1항은 「지방자치단체는 주민의 복리에 관한 사무를 처리하고 재산

을 관리하며, 법령의 범위 안에서 자치에 관한 규정을 제정할 수 있다」고 규정하여, 「법령의 위임에 의하여」라는 표현이 아니고, 「법령의 범위 안에서」 조례를 제정할 수 있다. 따라서 전래권설에 입각한 조례자주입법설이 타당하다고 본다. 즉, 조례제정권은 국가로부터 전래된 것이므로 고유사무에 있어서도 법령에 위배되어서는 아니되지만 적어도 법령의 개별적인 위임은 필요없고, 헌법(§117·①)상의 「법령의 범위 안에서」라는 표현은 바로 법령에 위반되어서는 아니된다는 의미이며, 위임이 있어야 조례를 제정할 수 있다는 의미는 아니라고 하여 법률우위는 인정하나 법률유보는 부인한다. 따라서 법령의 개별적 위임을 받도록 함은 위헌문제가 제기된다는 것이다. 지방자치단체는 「전권한성의 원칙」과 「자기책임성의 원칙」을 가진다는 점에서도 전래권설에 입각한 조례자주입법설이 타당하다고 생각된다.

② 조례제정의 대상사무

헌법 제117조 제1항, 지방자치법 제22조와 제9조에 의하면 지방자치단체가 자치조례를 제정할 수 있는 사항은 지방자치단체의 고유사무인 자치사무와 단체위임사무에 국한한다. 국가사무가 지방자치단체의 장에게 위임된 기관위임사무는 원칙적으로 자치조례의 제정범위에 속하지 않는다.

본 사례의 경우 A시에 소재하는 지역의 건축에 관한 구체적인 사무는 이를 자치사무(지방자치법 §9·②·4나호 참조)라고 보아야 할 것이므로 이는 당연히 조례제정의 대상이 될 수 있다고 판단한다.

③ 조례제정권의 범위 및 한계(법률과 조례와의 관계)

㉮ 법률우위의 문제

조례는 법령에 위배되어서는 아니된다. 이는 성문법규로서 조례가 갖는 가장 기본적인 한계로서 실정법의 명문규정에 관계없이 인정되는 것이다. 국가법령의 조례에 대한 우위는 통일적인 국가법질서를 유지하기 위하여 요구되는 것이다. 따라서 헌법 제117조 제1항 및 지방자치법 제22조 본문의 「법령의 범위 안에서」의 표현은 이를 확인하는 의미를 갖는다고 보고, 「법령의 범위 안에서」라는 것은 법률우위의 원칙은 적용되지만 법률유보의 원칙은 적용되지 않는다고 할 것이다. 그러나 법령에 위반한 조례는 무효가 된다.

국가법령과 동일한 목적이라도 규율대상을 달리하는 조례 즉, 추가조례는 가능하며(대판 2000.11.24, 2000추29) 특히 추가조례인 광주광역시 동구 저소득주민 생계보호지원 조례안에 대해 생활보호법의 규정과 모순·저촉되는 것이라고 할 수 없다고 판시하고 있다(대판 1997.4.25, 96추244). 초과조례 중에서 수익초과조례는 가능하나(대판 1997.4.25, 96추244), 침익초과조례는 위법하다(대판 1997.4.25, 96추251). 최저기준법률로 해석되는 경우에는 조례로 그것보다 엄격하게 규제하는 것은 허용되지만, 규제한도법률로 해석되는 경우에는 법률의 규제한도를 초과하여 규제하는 조례는 위법으로 해석된다. 법령의 공백 분야에서는 법령의 위임이 없더라도 직접 스스로 조례를 규정할 수 있다.

㉯ 법률유보의 문제

헌법 제117조 제1항은 「지방자치단체는……법령의 범위 안에서 자치에 관한 규정을 제정할 수 있다」고 규정하고 있고, 지방자치법 제22조 본문은 「지방자치단체는 법령의 범위 안에서 그 사무에 관하여 조례를 제정할 수 있다」고 규정하고 있다. 조례제정에 있어서 법률우위의 원칙은 적용되나 법률유보의 원칙은 적용되지 않음이 원칙이다.

그러나 지방자치법 제22조 단서조항에 규정된 바와 같이, 「조례의 내용이 주민의 권리를 제한하거나 주민에게 의무를 부과하거나, 또는 벌칙을 정하는 경우에는 조례제정에 별도의 법률의 위임이 있어야 한다」(특별수권 : 법률유보).

이에 관하여 종래 조례제정권의 침해여부를 둘러싸고 합헌론과 위헌론이 대립되고 있다. 헌법 제117조 제1항은 지방자치단체의 사무에 관하여는 「법령의 범위 안에서」 즉, 법령에 위반되지 않는한 조례를 제정할 수 있는 것으로 자치입법권을 보장하고 있는데, 지방자치법 제22조 단서는 지방자치단체의 사무에 있어서도 주민의 권리제한 등에 관한 사항에 관하여는 법률의 위임이 있어야 조례를 제정할 수 있는 것으로 헌법에서 정하지 아니한 추가적 제한을 규정하고 있으므로 헌법 제117조 제1항에 반한다. 그리고 헌법 제37조 제2항의 규정은 국민의 자유와 권리 일반을 대상으로 하는 기본권제한의 일반적 한계를 규정한 것이지 헌법에 의하여 별도로 보장하고 있는 지방자치단체의 조례제정에 있어서의 법률의 위임에 관하여 규정한 것이 아니다. 그러나 다수설과 판례는 합헌설을 취하고 있다. 우리 대법원은 「기본권제한에 관하여 법률유보원칙을 선언한 헌법 제37조 제2항의 취지에 부합하므로……위헌성이 있다고 할 수 없다」(대판 1995.5.12, 94추28)고 하여 합헌입장이며, 헌법재판소도 「……담배자판기설치금지조례는 주민의 직업선택의 자유 특히 직업수행의 자유를 제한하는 것이 되어 지방자치법 제22조 단서 소정의 주민의 권리·의무에 관한 사항을 규율하는 조례라 할 수 있으므로 지방자치단체가 이러한 조례를 제정함에 있어서는 법률의 위임을 필요로 한다」(헌재 1995.4.20, 92헌마2649·279)고 하여 합헌설의 입장을 전제로 하고 있다.

다만, 과거의 판례들이 조례위임입법설에 입각하여 법률유보를 견지해 왔으나 「자치사무에 관한 한 법률의 위임 없이도 주민의 권리·의무에 관한 사항을 제정할 수 있다」(대판 1992.6.23, 92추17)고 하여 최근에는 자주입법설에 입각한 판례가 나타나고 있다. 일본의 경우와 같이 주민의 권리를 제한하거나 의무를 부과하는 조례도 법률의 위임없이 제정될 수 있어야 할 것이다.

㉰ 본 사례의 경우

본 사례의 경우 법률우위의 원칙에 있어서는 문제점이 없고, 법률유보의 원칙에 있어서도 법률유보의 원칙이 적용되지 않는다는 견해는 물론이고 법률의 위임이 필요하다는 견해에 있어서도 A시의 도시계획조례가 2004년 12월 31일까지 토지대장상 주택건축이 가능한 대지로 지목이 변경된 경우에 한한다고 하여 건축허가를 제한하는 내용이므로 이에 대해서는 별도의 법률의 위임이 필요할 것이고, A시의 도시계획조례는 국토의계획및이용에관한법률 제76조, 동법시행령 제71조의 위임에 의한 것이므로 법률유보의 원칙에 있어서도 아무런 문제가 없다.

㉱ 내용적 요건

조례의 실질적인 적법요건으로서의 내용요건으로는 법률우위, 법률유보 이외에도 명확성, 실현가능성, 행정법상의 일반원칙 등을 들 수 있다.

조례는 비례원칙, 평등원칙, 신의성실원칙, 권리남용금지원칙, 부당결부금지원칙, 신뢰보호원칙과 같은 행정법상의 일반원칙을 준수하여야 하는데, 이중 본 사례의 경우, 조례의 제정시점 이전에 지목변경을 한 것에 대하여 개정된 조례의 내용을 소급적용하는 것이 문제되고 있으므로 법률불소급의 원칙과 신뢰보호의 관점에서 보다 상세한 검토를 요한다.

④ 법률불소급원칙

법률불소급원칙은 새로이 제정된 법률이 그 이전에 발생한 사실에 소급하여 적용되지 아니한다는 원칙이다. 그 이유는 기득권존중·법적안정성을 해치고 법적생활의 예측가능성을 빼앗게 되어 법치국가원리에 반하기 때문이다. 따라서 조례불소급원칙도 당연히 적용된다고 보아야 한다.

위와 같은 불소급은 기득권존중·법적안정성의 견지에서 개인의 보호를 위한 것이므로 ㉮ 국민의 기득권에 영향이 없거나 국민에게 권리·이익을 부여하는 것일 때 ㉯ 국민의 기득권에 영향이 있는 경우에도 그것에 예측 가능하고 객관적 합리성이 있는 경우에는 소급효가 인정되며 ㉰ 시행일 이전에 시작되었으나 현재도 진행 중인 사실에 대하여는 신법령(조례)이나 개정법령(조례)이 소급하여 적용되는데, 이를 「부진정소급효」라 한다.

본 사례의 경우 甲은 2005년 3월에 대지로 형질변경을 하였고, 2005년 10월에 다세대주택 건축허가신청을 하였는데 반하여, 2005년 5월에 도시계획조례를 개정하면서 2004년 12월 31일까지 토지대장상 주택건축이 가능한 대지로 지목을 변경해야 한다고 건축허가기준을 추가로 규정하였다. 따라서 부진정소급효에 해당되므로 개정된 도시계획조례가 법률불소급원칙에 반하는 것은 아니어서 개정조례가 위법은 아니라고 볼 것이다.

(2) 신뢰보호의 원칙

상세설명은 생략하기로 한다(본서 해당부분 설명참조).

① 의의 및 근거와 필요성

② 요 건

㉮ 행정청의 선행조치

㉯ 신뢰에 기초한 상대방(관계자)의 처리

㉰ 보호가치 있는 신뢰

㉱ 인과 관계

㉲ 선행조치에 위반하는 행정처분의 존재

③ 신뢰보호의 한계(신뢰보호의 원칙과법률적합성원칙과의충돌문제)

㉮ 법적합성 우위설

㉯ 법률적합성과 법적안정성 동위설

㉰ 이익교량설(이익형량설)

④ 신뢰보호원칙 위반의 효과

⑤ 본 사례의 경우

우선 요건판단과 관련하여 살펴보면, 甲은 개정되기 이전의 종래의 조례를 신뢰하고(행정청의 선행조치), 이에 따라 잡종지를 구입하여 2005년 3월 토지형질변경을 하는 등 행정청의 조례를 신뢰하고 일정한 투자를 개시하였다(신뢰에 기초한 상대방의 처리). 그런데 그 후 2005년 5월 도시계획조례가 甲에게 불리하게 변경되면서 선행조치에 반하는 건축허가신청반려처분이 있었다(선행조치에 위반하는 행정처분의 존재). 따라서 신뢰보호원칙의 요건은 모두 구비되었다고 판단된다.

그러나 신뢰보호의 한계와 관련하여 살펴보면 조례의 개정과 소급적용으로 인하여 얻게 되는 공익과 이로 인하여 甲이 입게 되는 불이익을 정당하게 형량하여야 하는데, 개정된 조례가 자연녹지지역 안에서의 편법적인 난개발을 억제하기 위한 것이었다는 점에서 그 공익적 목적이 충분하다고 판단되지만, 개정된 조례의 내용 가운데 개정시점(2005년 5월)보다도 과거시점(2004년 12월 31일)을 규율함으로써 개정 이전의 사실에 대하여 소급하여 적용하는 것은, 甲과 같이 조례시행 이전에 이미 땅을 토지대장상 잡종지에서 다세대주택의 건축이 가능한 대지로 지목을 변경한 자들의 개정 이전의 조례에 대한 신뢰를 위반하는 것으로서 이를 정당화하기 어렵다고 보아야 할 것이다.

(3) 결어(갑에 대한 구제)

위에서 살펴본 바와 같이 첫째, 조례의 적법요건판단과 관련하여 개정된 조례가 위법한 것은 아니었으며, 둘째, 개정된 조례를 개정 이전에 소급하여 적용하는 것과 관련하여 법률불소급원칙에 관해서는 부진정소급효에 해당되어 예외적으로 가능하나 신뢰보호원칙에 관해서는 A시의 개정도시계획조례는 신뢰보호원칙에 위반되는 위법한 조례로서 무효하다고 보아야 할 것이다.

무효인 조례에 근거한 B의 건축허가신청반려처분은 근거가 없는 위법한 처분으로서 항고소송의 대상이 된다. 다만 무효인 조례에 근거한 B의 건축허가신청반려처분은 근거가 없는 위법한 처분이지만, 위법성의 정도에 관하여는 행정행위의 경우는 하자의 중대·명백성에 따라 하자가 중대하지만 명백하다고 볼 수 없으므로 무효가 아닌 취소사유로 보아야 할 것이다. 따라서 甲은 건축허가신청반려처분에 대한 거부처분취소소송을 제기할 수 있을 것이다.

---

(3) 규칙제정권(일반규칙)

【기출문제】 <1985년 (제27회) 사법시험 (약술형)> ※ 지방자치단체의 입법권
<1991년 외무고시 (약술형)> ※ 지방자치단체의 입법권
<1997년 지방고시 (약술형)> ※ 자치법규로서의 규칙

1) 의의 및 성질

① 규칙은 지방자치단체의 장이 법령 또는 조례가 위임(개별·구체적 위임)한 범위 안에서 그 권한에 속하는 사무에 관하여 제정하는 법이다(지자법 §23).

② 규칙은 외부적 효력을 갖는 일반적·추상적 규율로 실질적 의미의 법령(법률과 명령)의 성질을 갖는다. 그러나 행정 내부의 사무처리를 위한 지침적 성격을 갖는 행정규칙의 성질을 갖는 규칙도 있다.

판례 〈구 서울특별시 하천점용규칙은 법규적 성질을 갖는 것이 아니어서, 동규칙(1970.5.20. 규칙 제1008호) 제6조 제1항 소정의 하천점용허가기간(최장 10년)을 넘어서 점용허가를 하였다하더라도 그 효력을 부정할 수 없다.〉 구 서울특별시하천점용규칙 제6조 제1항에 하천점용허가기간을 최장 10년으로 규정하고 있더라도 상위 법규인 하천법이나 하천법시행령 또는 서울특별시 조례에 점용기간에 관한 아무런 제한적 규정도 없고 이를 자치법규인 위 서울특별시 하천점용규칙에 위임하고 있는 규정도 없는 이상 이는 행정청 내부에 있어서 그 권한행사의 방법을 정한 지침에 불과하여 국민에 대한 법규적 성질을 가진 것은 아니라고 해석되므로 그 규정된 점용기간을 넘어서 점용허가를 하였다 하더라도 그 효력을 부정할 수는 없다(대판 1985.12.23. 84누343).

판례 〈법령의 규정이 지방자치단체장(허가관청)에게 그 법령내용의 구체적인 사항을 정할 수 있는 권한을 부여하면서 그 권한행사의 절차나 방법을 정하지 않고 있는 경우, 그 법령내용이 될 사항을 구체적으로 규정한 지방자치단체장의 고시는 그 법령규정과 결합하여 대외적인 구속력 있는 법규명령으로서의 효력을 갖게되고, 허가관청인 지방자치단체장이 그 범위 내에서 허가기준을 정한 경우, 그 허가기준은 유효하다.〉 법령의 규정이 지방자치단체장(허가관청)에게 그 법령내용의 구체적인 사항을 정할 수 있는 권한을 부여하면서 그 권한행사의 절차나 방법을 정하지 아니하고 있는 경우, 그 법령의 내용이 될 사항을 구체적으로 규정한 지방자치단체장의 고시는, 당해 법률 및 그 시행령의 위임한계를 벗어나지 아니하는 한 그 법령의 규정과 결합하여 대외적인 구속력이 있는 법규명령으로서의 효력을 갖게 되고, 허가관청인 지방자치단체장이 그 범위 내에서 허가기준을 정하였다면 그 허가기준의 내용이 관계 법령의 목적이나 근본취지에 명백히 배치되거나 서로 모순되는 등의 특별한 사정이 없는 한 그 허가기준이 효력이 없는 것이라고 볼 수는 없다(대판 2002.9.27. 2000두7933. 판매사업불허가처분취소).

2) 근거 및 종류

규칙은 새로운 법규사항을 정하기 위하여는 법령 또는 조례의 개별적이고 구체적인 위임이 있어야 한다. 법령이나 조례의 위임을 받아 제정된 규칙을 「위임규칙」이라 한다.

규칙이 새로운 법규사항을 정하지 않고, 즉 국민에 대하여 권리를 제한하거나 의무를 부과하는 것이 아닌 한 단지 법령이나 조례를 시행하기 위하여 제정되는 경우에는 법령 또는 조례의 위임 없이 직권으로 제정될 수 있다. 직권으로 제정된 규칙을 「직권규칙」이라 한다. 다만, 교육과 학예에 관하여 교육감이 발하는 규칙은 교육규칙이라 부른다. 이에 관하여는 지방교육자치에관한법률에서 규정하고 있다.

3) 규칙제정의 범위와 한계

① 규칙제정사항(대상)

교육규칙의 대상이 되는 교육·학예에 관한 사항을 제외하고 지방자치단체의 장의 권한에 속하는 모든 사무에 관하여 제정될 수 있다. 자치사무 및 단체위임사무뿐만 아니라 기관위임사무에 관해서도 제정될 수 있다. 다만, 현행법은 규칙에 대하여 벌칙을 위임하고 있지 않기 때문에, 규칙으로 벌칙을 제정할 수는 없다.

② 법령우위의 원칙

규칙은 법령이나 조례에 위반할 수 없다(§23). 특히 시·군 및 자치구의 규칙은 시·도의 조례나 규칙에 위반될 수 없다(§24).

4) 규칙의 제정절차 및 효력발생

규칙은 지방자치단체의 장이 제정하되, 공포예정 15일 전에 시·도지사는 행정안전부장관에게, 시장·군수 및 자치구의 구청장은 시·도지사에게 그 전문을 첨부하여 각각 보고하여야 하며, 보고를 받은 행정안전부장관은 이를 관계 중앙행정기관의 장에게 통보하여야 한다(§28).

규칙은 특별한 규정이 없는 한 공포한 날로부터 20일을 경과함으로써 효력이 발생한다(§26·⑦).

5) 재위임문제

판례는 기관위임사무의 재위임은 법령이 정하는 바에 따라 지방자치단체의장이 제정한 규칙이 정하는 바에 따라 재위임이 가능하다고 한다.

> 판례 **〈기관위임사무의 재위임은 지방자치단체의 조례에 의하여 재위임할 수 없고, 법령이 정함에 따라 지방자치단체의 장이 제정한 규칙이 정하는 바에 따라 재위임가능〉** ① 위(건설업법상) 영업정지 등 처분에 관한 사무는 국가사무로서 지방자치단체의 장에게 위임된 이른바 기관위임사무에 해당하므로 시·도지사가 지방자치단체의 조례에 의하여 이를 구청장 등에게 재위임할 수는 없고 위 행정권한의 위임 및 위탁에 관한 규정 제4조에 의하여 위임기관의 장이 제정한 규칙이 정하는 바에 따라 재위임하는 것만이 가능하다고 할 것이다(대판 1995.7.11, 94누4615).
>
> ② **〈기관위임사무는 지방자치단체의 조례에 의하여 재위임할 수 없고, 위임기관의 장의 승인을 얻은 후에 지방자치단체의 장이 제정한 규칙이 정하는 바에 따라 재위임하는 것만이 가능하다.〉** 도시재개발법에 의한 사업시행변경인가, 관리처분계획인가 및 각 고시에 관한 사무는 국가사무로서 지방자치단체의 장에게 위임된 이른바 기관위임사무에 해당하므로 시·도지사가 지방자치단체의 조례에 의하여 이를 구청장 등에게 재위임할 수는 없고, 정부조직법 제6조 제1항 및 이에 기한 행정권한의 위임 및 위탁에 관한 규정 제4조에 의하여 위임기관의 장이 승인을 얻은 후에 지방자치단체의 장이 제정한 규칙이 정하는 바에 따라 재위임하는 것만이 가능하다(대판 1995.11.14, 94누13572).

(4) 교육규칙

교육감이 법령 또는 조례의 범위 안에서 그 권한에 속하는 교육·학술에 관한 사무에 관하여 정립하는 법이다(지방교육자치법 §25).

4. 자치행정권

(1) 권력적 행정

지방자치단체는 지방자치단체의 권력적 행정으로 일정범위 안에서 공권력을 발동하여 ① 공용부담특권 ② 소방권 ③ 재정권 ④ 규제행정상의 명령강제권 등을 행사하는 권력단체·통치단체이다. 공용부담특권을 갖는 경우에 토지보상법 등에 의한 제한을 받고, 공용제한, 공용수용, 공용환지, 공용환권 등의 특권을 갖는 경우에 도로법 등 관련 법률에 의한 제한을 받는 것은 불가피하다(예:도로법 §46~§48).

(2) 복리행정권

지방자치단체는 ① 급부행정권으로 지방공기업의 설치·운영(예:수도, 농수산물 도매시장, 가축시장 등), 공공시설의 설치·관리, 금곡 등의 적립, 각종의 경제조장행정, 사회개발행정을 수행하는 권능을 가진 경제단체·사업단체인 동시에, ② 규제행정권으로 각종 경제규제, 환경보존, 환경오염대책 행정을 수행하고, ③ 공용부담특권으로 분담금부과(지자단체의 재산이나 공공시설로 인한 수익자에 대한 수익자 부담징수; 지자법§138, 하천법 §67), 응급조치·응급대책지원(비상재해의 복구 기타 필요한 때; 농어업 재해대책법 §7·§8) 등을 행하는데, 급부행정영역에서 도로와 지방공기업의 설치·관리는 각각 도로법과 도시공원법, 지방공기업의 설치·운영은 지방공기업법에 의한 제약을 받는다.

(3) 소 방 권

종래에는 국가사무였으나 지방자치법과 소방기본법 개정에 의하여 소방에 관한 사무는 모두 완전히 자치사무(광역 단체)로 이관되었음은 주의할 것이다(지자법§9·② 6호, 소방기본법§3, §6).

(4) 인 사 권

① 지방자치단체는 그 경비로서 임용한 지방공무원에 대한 자주적 인사권을 가진다.

② 지방의회에 두는 사무직원의 정수는 조례로 정하고, 사무직원은 지방의회의 의장의 추천에 의하여 당해 지방자치단체의 장이 임명한다(지자법 §91·①·②). 다만, 지방자치단체의 장은 사무직원 중 별정직·기능직 공무원에 대한 임용권은 지방의회사무처장·사무국장·사무과장에 위임하여야 한다(§91·② 단서).

③ 지방자치단체의 장은 소속직원을 법령과 조례·규칙이 정하는 바에 의하여 그 임면·교육훈련·복무·징계 등에 관한 사항을 처리한다(지자법 §105).

문제는 지방자치단체에는 법률이 정하는 바에 의하여 국가공무원을 둘 수 있고, 이 경우의 국가공무원은 5급 이상의 국가공무원 또는 고위공무원단에 속하는 공무원은 당해 지방자치단체의 장의 제청으로 소속장관을 거쳐 대통령이 임명하고, 6급 이하의 국가공무원은 당해 지방자치단체의 장의 제청으로 소속장관이 임명한다는 점이다(지자법 §112·⑤·⑥).

(5) 행정절차·정보공개

1) 행정절차법준용

지방자치단체의 행정활동 수행방법에 있어서, 그 행정활동이 처분·신고·행정상 입법예고·행정예고 및 행정지도에 관한 것인 한, 다른 법률에 특별한 규정이 있는 경우를 제외하고는 행정절차법의 적용을 받는다(행정절차법§3).

2) 공공기관의 정보공개에 관한 법률

지방자치단체가 보유·관리하는 행정정보공개에 관하여는 법령의 범위 안에서 조례를 따로 정할 수 있으나, 정보의 공개에 관하여는 다른 법률에 특별한 규정이 있는 경우를 제외하고는 「공공기관의 정보공개에 관한 법률」이 적용되며(동법 §4·②·①), 지방자치단체가 보유하는 개인정보의 보호에 관하여도 다른 법률에 특별규정이 있는 경우를 제외하고는 「개인정보보호법」이 적용된다(동법 §6).

5. 자치재정권(자주재정권)

(1) 개 설

지방자치단체는 스스로 그 존립과 활동에 필요한 세입을 확보하고 지출을 관리하는 권한을 가지는데 이를 자치재정권이라 한다.

지방재정이라 함은 지방자치단체의 재원의 취득, 재산의 관리, 재원의 지출을 의미한다. 그런데 우리나라의 경우 지방재정이 열악하고 국가재정에 대한 의존율이 높다. 지방자치단체의 재정이 국가에 지나치게 의존되는 것은 지방자치의 장애요인이 된다. 국가는 자신이 지방자치단체에 지원하는 재정에 대한 통제를 통하여 지방자치단체의 자치행정을 통제할 수 있기 때문이다.

다른 한편, 지방자치단체의 재정이 적절하게 통제될 필요가 있다. 지방자치단체가 재정을 제대로 관리하지 않고 낭비하게 되면 그 부담은 주민에게 돌아오고 국가의 재정과 달리 지방자치단체의 재정규모는 크지 못하므로 지방자치단체가 파산될 위험도 있다.

지방자치단체의 재정자립성의 확보는 지방자치의 실질적 구현을 위하여 필수불가결한 결정적 요인이 된다. 그러나 현재 지방자치단체의 재정은 그 상당부분을 지방재정조정제도에 따라 국가나 상급 지방자치단체로부터 받는 지방교부세(지방교부세법), 보조금, 부담금(보조금의 예산 및 관리에 관한 법률)에 의존하고 있는 바, 따라서 자주재원의 확보가 절실한 실정이다.

지방자치단체의 재정 및 회계에 관한 기본원칙을 정함으로써 지방재정의 건전하고 투명한 운영과 자율성을 보장함을 목적으로 지방재정법이 제정되었다.

(2) 지방재정운영의 기본원칙

지방재정의 운영과 관리 및 재정·회계사무는 그 작용이 주민들의 이해와 밀접한 관련성을 가지는 공금이기 때문에 선공후사의 원칙에서 그 처리의 공정성이 요구된다.

1) 수지균형의 원칙(건전재정의 운영)

수지균형의 원칙은 지방자치단체가 예산을 세우고 집행함에 있어서 수입과 지출이 균형을 이루어야 한다는 법칙이다. 지방자치단체는 그 재정을 수지균형의 원칙에 따라 건전하게 운영하여야 하며, 국가는 지방재정의 자주성과 건전한 운영을 조장하여야 하며 국가의 부담을 지방자치단체에 전가하여서는 아니된다(지자법 §122).

지방자치단체는 주민복리증진을 위하여 그 재정을 건전하고 효율적으로 운영하여야 한다(지방재정법§3).

2) 국가시책의 구현

지방자치단체는 국가시책의 구현을 위하여 노력하여야 하며, 국가시책구현을 위하여 소요되는 경비에 대한 국고보조율과 지방비부담률은 법령으로 정한다(지자법 §123). 국가의 정책에 반하거나 국가 또는 다른 지방자치단체의 재정에 부당한 영향을 미치게 해서는 안된다(지방재정법§3).

(3) 지방자치단체의 수입

지방자치단체의 수입에는 지방세수입, 세외수입인 사용료·수수료·분담금·과태료·재산수입·사업수입·잡수입, 지방교부세와 국고보조금, 지방채와 일시차입금이 있다. 지방양여금법의 폐지로 지방양여금은 2005년 1월 1일부터 폐지되었다.

1) 지 방 세

지방자치단체는 자치상 필요한 경비를 법률(지방자치법 §135, 지방세기본법 §4, §5,)이 정하는 바에 따라 주민에게 조세로 부과·징수할 수 있다. 지방세는 지방자치단체의 세입이 가장 중요한 원천이며 제1차적 재원이다.

국세에는 소득세·법인세·상속세·증여세·재평가세·부가가치세·개별소비세·주세·인지세·증권거래세·관세·임시수입(輸入)부가세·교육세·교통·에너지·환경세·농어촌특별세·종합부동산세(2005.1.15.신설)가 있다(국세기본법 §2, 국세와지방세의조정등에관한법률 §2).

지방세에는 보통세와 목적세로 분류하여 부과 징수한다. 보통세에는 취득세·등록면허세·

주민세·재산세·자동차세·지방소비세·지방소득세·담배소비세 및 레저세가 있고, 목적세에는 지역자원시설세 및 지방교육세가 있다(지방세기본법 §7, 국세와지방세조정등에관한법률 §3).

국가와 지방자치단체는 「국세와 지방세의 조정 등에 관한 법률」에 규정한 것을 제외하고는 과세물건이 중복되는 여하한 명목의 세법도 제정하지 못한다는 「중복과세의 금지」를 명시하고 있다(국세와지방세의조정등에관한법률 §4).

일본에서는 지방세가 조례에 의해 부과·징수될 수 있는 것으로 되어 있으나, 우리나라 현행 지방세기본법이나 지방자치법은 조례로 지방세를 부과·징수할 수 있다는 규정을 두고 있지 않다. 지방세도 조세이므로 조세법률주의가 적용된다. 따라서 법률에 명문규정이 없는 한 조례에 의한 지방세의 부과·징수는 인정될 수 없다. 지방자치단체는 법률이 정하는 바에 의하여 지방세를 부과·징수할 수 있다(지자법 §135). 그리고 현행법상 지방세의 부과·징수는 지방세기본법 또는 지방세관계법에 의해 규율되고 있다(지방세기본법 제3장, 제4장, 지방세법 제3절).

지방세는 그 과세주체 또는 과세의 목적·대상에 따라 다음과 같이 분류된다. 다만, 광역시의 군 지역에서는 도세를 광역시세로 한다(지방세 기본법 §8).

지방세	특별시세 광역시세	보통세	취득세, 등록세, 레저세, 주민세, 자동차세, 지방소비세, 지방소득세, 담배소비세
		목적세	지역자원시설세, 지방교육세(2000.12.29 신설)
	도 세	보통세	취득세, 등록면허세, 레저세, 지방소비세
		목적세	지역자원시설세, 지방교육세(2000.12.29 신설)
	시·군세	보통세	주민세, 재산세, 자동차세, 지방소득세, 담배소비세, 도축세, 종합토지세는 삭제(2005.1.5)되고, 종합부동산세로 대체하여 국세로 이관되었음
	자치구세	보통세	등록면허세, 재산세, 종합토지세는 삭제(2005.1.5)되고, 종합부동산세로 대체하여 국세로 이관되었음.

【참고】 〈지방자치법 § 135, 지방세기본법 § 4~§ 6 참조〉

- 지방세의 부과주체는 지방자치단체인 바, 그 집행기관인 지방자치단체의 장은 그 권한의 일부를 소속공무원 또는 다른 자치단체의 장(예: 도의경우는 시장·군수)에게 위임 또는 위탁할 수 있다.
- 지방세의 과목, 과세객체, 과세표준, 세율, 기타 부과·징수에 관하여 필요한 사항을 정함에 있어서는 지방세기본법 또는 지방세관계법이 정하는 범위 안에서 조례로 정한다(지방세기본법 §5).

2) 세외수입(협의의 세외수입)

사용료, 수수료, 분담금, 과태료, 재산수입, 사업수입, 기타 잡수입(지방자치법상의 부역과 현품은 폐지되었음)이 있다.

① 사 용 료

사용료는 공공시설의 이용 또는 재산의 사용의 대가로 부과·징수하는 것을 말한다(지자법 §136, §140). 사용료·수수료 또는 분담금의 부과 또는 징수에 대하여 이의가 있는 자는 그 처분의 통지를 받은 날로부터 90일 이내에 그 지방자치단체의 장에게 이의 신청할 수 있다(지자법 §140·③). 지방자치단체의 장은 이의 신청을 받은 날로부터 60일 이내에 이를 결정·통지하여야 한다(지자법 §140·④). 이의 신청, 심사청구 및 심판청구의 방법과 절차 등에 관하여는「지방세기본법」(§117~§119)이 규정한 사항을 제외하고는 국세기본법 규정을 준용하며,「행정심판법」의 규정을 적용하지 아니한다(지자법§140·⑦, 지방세기본법 §125, §127).

사용료·수수료 또는 분담금의 부과 또는 징수에 대하여 행정소송을 제기하고자 하는 때에는 결정의 통지를 받은 날부터 90일 이내에 처분청을 당사자로 하여 소를 제기하여야 한다(지자법 §140·⑤). 결정기간(60일) 내에 결정의 통지를 받지 못한 경우에는 그 결정기간이 경과한 날부터 90일 이내에 소를 제기할 수 있다(지자법 §140·⑥). 지방자치단체 또는 그 장이 관리하는 국가의 공공시설에 대한 사용료는 징수한 당해 지방자치단체의 수입으로 한다(지재법 §31).

② 수 수 료

수수료는 지방자치단체의 사무가 특정인을 위한 것일 경우 그 사무에 대한 반대급부를 말한다(지자법 §137, §140). 법령에 달리 정하여진 경우를 제외하고는 단체위임사무에 대한 수수료는 당해 지방자치단체의 수입으로 한다(지자법 §137·③).

수수료에 대하여 이의 신청이나 불복에 대하여는 위 사용료의 그것에 대해 설명한 바와 같다(지자법 §140).

③ 분 담 금

분담금은 지방자치단체의 재산 또는 공공시설의 설치로 인하여 주민의 일부가 특히 이익을 받는 경우에 그 수익자로부터 그 이익의 범위 안에서 부과·징수하는 금전이다(지자법 §138, §140). 분담금은 목적세인 지역자원시설세와 그 내용이 같은 것이므로 목적세를 부과·징수한 것에 대하여는 분담금을 징수할 수 없다.

분담금에 대한 이의 신청이나 불복에 대하여도 위 사용료의 그것에 대해 설명한 바와 같다(지자법 §140).

사용료·수수료 또는 분담금의 징수에 관한 사항은 조례로 정한다. 다만, 국가가 지방자치단체 또는 그 기관에 위임한 사무 및 자치사무의 수수료 중 전국의 통일이 필요한 수수료에 관한 사항은 다른 법령의 규정에 불구하고 대통령령이 정하는 기준에 따라 조례로 정한다(지자법 §139·①).

④ **과 태 료**

과태료는 행정상의 질서유지를 위하여 과하는 일종의 벌과금이다. 지방자치단체는 조례로써 조례위반행위에 대하여 1천만 원 이하의 과태료를 규정할 수 있다(지자법 §27). 각 지방자치단체는 사기, 기타의 부정한 수단으로 사용료·수수료·분담금의 징수를 면한 자에 대하여 그 징수를 면한 금액의 5배 이내의 과태료에, 공공시설을 부정사용한 자에 대하여는 50만 원이하의 과태료에 처하는 벌칙을 조례로 정할 수 있다(지자법 §139·②). 이러한 일종의 벌과금적 과태료의 부과·징수, 재판 및 집행 등의 절차에 관한 사항은 「질서위반행위규제법」에 따른다(지자법 §139·③). 위임사무에 대하여 법령이 정하는 바에 의하여 과태료 또는 과징금을 부과·징수한 경우 그 수입은 사무위임을 받은 지방자치단체의 수입으로 한다. 다만, 다른 법령에 특별한 규정이 있거나 「비송사건절차법」이 정하는 바에 의하여 부과·징수한 과태료의 경우는 그러하지 아니하다(지방재정법 §32).

⑤ **재산수입**

재산수입은 지방자치단체가 보유하는 재산 및 기금에서 얻어지는 수입을 말한다(지자법 §142·①). 지방자치단체의 재산의 보유, 기금의 설치·운영에 관하여 필요한 사항은 조례로 정한다(지자법 §142·②).

⑥ **사업수입**

지방자치단체가 경영하는 지방공기업·공공시설 등의 사업경영을 통해서 얻어지는 수입을 말한다(지자법 §144, §146).

⑦ **잡 수 입**

잡수입으로는 임의기부채납에 의한 수입인 기부금, 재산의 매각대금, 징수교부금 및 복권수입(지방의회의 의결을얻어 행정안전부장관의 승인을 얻어야함 : 지재법 §11·②) 등이 있다.

3) 지방교부세·국고보조금

① **지방교부세**

지방교부금 제도(지방교부세·지방교육재정교부금)는 재정사정이 다른 지방자치단체 간의 재정조정을 위한 것으로서, 지방교부세는 지방자치단체의 운영에 필요한 재원을 교부하여 그 재정을 조정함으로써 지방행정의 건전한 발전을 도모하기 위하여 국가가 재정적 결함이 생긴 지방자치단체에 교부하는 금전을 말한다(지방교부세법 §1, §2). 그리고 교육재정의 결함에 충당하여 교육의 균형 있는 발전을 위하여 교부하는 지방교육재정교부금이 있다(지방교육재정교부금법 §1, §3, §5). 교부목적이 특정되어 있는지의 여부에 따라 보통교부세·보통교부금과 특별교부세·특별교부금으로 나누어진다.

② **국고보조금**

별도로 지방자치단체의 각종 사무·사업에 대하여 교부되는 것으로서, 국가와 지방간에 공통이해관계가 있는 사업(예 : 경지정리, 영세민보호 등)이나 지방자치단체의 사업이지만 재정형편상 어려움이 있는 사업(예: 도립병원지원 등)을 특별히 지원하기 위해 교부하는 것이다. 지방재정법(§21, §23)과 보조금의 예산 및 관리에 관한 법률이 있다.

4) 지방채, 일시차입금

지방자치단체의 장이나 지방자치단체조합은 따로 법률로 정하는 바에 따라 지방채를 발행할 수 있다(지자법 §124·①). 지방자치단체의 장은 그 지방자치단체의 항구적 이익이 되거나 긴급한 재난복구 등의 필요가 있는 때에는 지방채를 발행할 수 있다(지방재정법§11·①). 지방채를 발행하고자 하는 경우에는 재정상황 및 채무규모 등을 고려하여 대통령령이 정하는 지방채발행 한도액의 범위 안에서 지방의회의 의결을 얻어야 한다(동법 §11·②).

다만, 지방채발행 한도액의 범위 안이라도 외채를 발행하는 경우에는 지방의회의 의결을 거치기 전에 행정안전부장관의 승인을 얻어야 한다(동법 §11·②). 지방자치단체의 장은 제2항의 규정에도 불구하고 당해 지방자치단체의 발전과 관계있는 사업을 위한 경우 등 대통령령이 정하는 사유가 발생하는 경우에는 행정안전부장관의 승인을 얻은 범위 안에서 지방의회의 의결을 얻어 제2항의 규정에 의한 지방채발행한도액의 범위를 초과하여 지방채를 발행할 수 있다(동법 §11·③).

일시차입금은 당해 회계연도 내의 일시적인 자금부족을 보충하기 위하여 차입하는 금전이다. 지방자치단체의 장은 예산의 계상된 범위 내에서 지출을 위하여 일시차입금이 필요한 때에는 그 한도액을 그 회계연도마다 회계별로 미리 지방의회의 의결을 거쳐 일시차입을 할 수 있으며 그 차입금은 그 회계연도의 수입으로 상환해야 한다(지재법 §14).

5) 지방양여금

지방양여금이란 국세를 지방자치단체의 일정한 사업을 위하여 양여하는 금액을 말한다. 그러나 이는 지방양여금법의 폐지로 지방양여금은 2005년 1월 1일부터 폐지되었다.

(4) 지방자치단체의 예산과 결산

1) 예산안의 편성과 의결

지방자치단체의 장은 회계연도(매년 1월 1일부터 12월 31일까지)마다 예산안을 편성하여 시(서울시·광역시)·도는 회계연도 개시 50일 전까지, 시·군 및 자치구는 회계연도 개시 40일 전까지 지방의회에 제출하여야 하며, 예산안을 시·도의회에서는 회계연도 개시 15일 전까지, 시·군 및 자치구의회에서는 회계연도 개시 10일 전까지 의결하여야 한다(지자법 §127·①·②).

지방의회는 지방자치단체의 장의 동의 없이 지출예산 각 항의 금액을 증가하거나 새 비용항목을 설치할 수 없으며 지방자치단체의 장은 수정예산안을 작성하여 지방의회에 다시 제출할 수 있다(지자법 §127·③·④).

2) 계속비·예비비·추가갱정예산

지방자치단체의 장은 회계연도를 넘어 계속하여 경비를 지출할 필요가 있는 때에는 그 총액과 연도별 금액을 정하여 계속비로서 지방의회의 의결을 얻어야 한다(지자법 §128).

지방자치단체는 예측할 수 없는 예산 외의 지출 또는 예산초과지출에 충당하기 위하여 세입·세출예산에 예비비를 계상하여야 하며, 예비비의 지출은 다음 연도 지방의회의 승인을 얻어야 한다(지자법 §129). 지방자치단체의 장은 예산에 변경을 가할 필요가 있는 때에는 추가갱정예산안을 편성하여 지방의회의 의결을 얻어야 한다(지자법 §130).

3) 예산불성립의 예산집행

지방의회에서 새로운 회계연도가 개시될 때까지 예산안이 의결되지 못한 때에는 지방자치단체의 장은 지방의회에서 예산안이 의결될 때까지 ① 법령이나 조례에 의하여 설치된 기관 또는 시설의 유지·운영, ② 법령 또는 조례상 지출의무의 이행, ③ 이미 예산으로 승인된 사업의 계속을 위한 경비는 전년도 예산에 준하여 집행할 수 있다(지자법 §131).

4) 재정부담을 수반하는 조례제정 등

지방의회가 새로운 재정부담을 수반하는 조례나 안건을 의결하고자 할 때에는 미리 지방자치단체의 장의 의견을 들어야 한다(지자법 §132).

5) 결 산

지방자치단체의 장은 출납폐쇄 후 80일 이내에 결산서 및 증빙서류를 작성하고 지방의회가 선임한 검사위원의 검사의견서를 첨부하여 다음 연도 지방의회의 승인을 얻어야 하며, 지방자치단체의 장이 지방의회의 승인을 얻은 때에는 이를 5일 이내에 시·도에 있어서는 행정안전부장관에게, 시·군 및 자치구에 있어서는 시·도지사에게 각각 보고하고 그 내용을 고시하여야 한다(지자법 §134).

(5) 재산관리

지방자치단체의 재산관리에 관하여는 지방자치법 제142조 내지 제145조의 규정과 공유재산 및 물품관리법에서 규율하고 있다.

Ⅵ. 지방자치단체의 기관(지방자치단체의 조직)

1. 개 설

(1) 보통기관

- 의결기관(지방의회)
  - 광역의회로는 특별시의회, 광역시의회, 도의회, 특별자치시의회, 특별자치도의회
  - 기초의회로는 자치구의회, 시의회, 군의회
- 집행기관(지방자치단체의 장)
  - 광역단체의장으로는
    - 특별시장
    - 도지사
    - 광역시장
    - 특별자치시
    - 특별자치도
  - 기초단체의장으로는
    - 자치구청장
    - 시장
    - 군수

(2) 특별기관

교육감 및 교육위원회, 인사위원회, 지방공무원소청심사위원회, 선거관리위원회

2. 지방의회(의결기관)

(1) 헌법규정(헌법기관)

헌법 제118조는「지방자치단체에 의회를 둔다」고 규정하고 있다. 지방자치단체에 의회를 둔다는 것은 지방자치가「대의민주제」를 그 기본으로 하겠다는 뜻이다. 따라서 지방의회는 당연히 주민에 의해 선출된 대표로써 구성되어야 하며, 그 지방의회에는 자치입법권을 위시하여 지방자치단체의 중요사항에 대한 의결권이 부여되어야 한다. 그리고「지방의회의 조직·권한·의원선거와 지방자치단체의 장의 선임방법 기타 지방자치단체의 조직과 운영에 관한 사항은 법률로 정한다」(헌법 §118·②)고 규정하고 있는 바, 이에 관한 법률이 지방자치법, 공직선거법, 지방교육자치에 관한 법률 등 법률이 있다.

(2) 지방의회의 법적지위

1) 헌법기관

지방의회는 헌법이 인정한 헌법기관이다(헌법 §118). 따라서 법률에 의해 지방의회를 두지 않거나 이를 다른 조직이나 기관으로 대체할 수는 없다.

2) 주민대표기관

지방의회는 주민에 의해 선출된 의원으로 구성되므로 지방의회는 주민대표기관이다. 지방의회는 국회를 국민대표기관으로 부르는 것과 같은 취지이다. 지방자치단체를 대표하는 것은 지방자치단체의 장이므로 지방의회는 지방자치단체의 대표기관은 아니다. 국가를 대표하는 것은 대통령이므로 국회는 국가의 대표기관이 아닌 것과 같은 취지이다.

지방의회가 주민을 대표한다는 의미는 지방의회의 의사를 주민의 의사로 간주·의제하는 것이므로 주민의 의사를 대표한다는 것이다.

3) 의결기관

지방의회는 당해 지방자치단체에서의 최상위 의결기관으로서의 지위를 가진다. 지방의회의 의결은 지방자치단체의 장이나 기타기관을 구속한다.

지방의회의 의결사항은 열거되어있고(지자법 §39·①), 지방자치단체의 교육·학예에 관한사항도 열거되어있고, 그들 사항 중 일정사항에 대해서는 교육위원회의 의결을 시·도의회의 의결로 본다(지방교육자치에관한법률 §11·①·②). 교육위원회의 위원장은 교육위원회가 ① 주민의 재정적 부담이나 의무부과에 관한 조례안, ② 지방자치단체의 일반회계와 관련되는 사항을 의결할 때에는 의결하기 전에 미리 특별시장·광역시장·도지사의 의견을 들어야 한다(지방교육자치법 §11·③).

4) 자치입법기관

자치입법에는 조례가 위주로 되나 지방자치단체의 장이 제정하는 규칙도 있다. 조례와 규칙과의 관계는 법률과 명령과의 관계에 비유할 수 있다.

법률제정권이 입법부인 국회에 있듯이 조례제정권이 의결기관인 지방의회에 있는 것이다. 국회를 입법기관이라 부르는 것에 준하여 지방의회를(자치) 입법기관이라 부른다. 즉, 지방의회는 지방자치단체의 사무에 관한 조례를 제정하고 개폐하는 권한을 가진다(지자법 §39·①).

5) 집행기관의 감시·통제기관

지방의회는 집행기관을 감시하고 통제하는 권한을 갖는다. 지방의회와 집행기관인 지방자치단체의 장은 상호독립된 지위를 갖지만 또한 상호견제와 균형의 관계에 있다.

지방의회의 집행기관에 대한 감시·통제수단으로는 서류제출요구권(§40), 행정사무감사 및 조사권(§41), 행정사무처리상황의 보고와 질문응답권(§42) 즉, 지방자치단체의 장 또는 관계공무원의 출석·답변요구권 등이 있다. 그리고 지방의회가 가지고 있는 각종 중요사항에 대한 의결권(§39), 예산·결산에 대한 권한(§39, §125 이하) 등도 간접적인 통제수단이다.

6) 행정기관성 여부(집행기관으로서의 지위 여부)

지방의회는 지방자치단체의 구성부분의 하나로서 지방행정청에 귀속되는,[46] 또는 지방행정권에 귀속되는,[47] 또는 지방행정기능을 분담하는[48] 행정기관으로서의 지위를 갖는다는 것이 다수설이다.[49]

그러나 지방의회의 행정기관설에 반대하는 견해도 있다.「독일에서는 조례제정권 같은 자치입법권은 행정권의 일부로 보는 경향이 유력하다. 지방의회를 입법기관으로 보지 않고 행정기관으로 보려는 견해는 그와 같은 독일학계의 영향을 받은 것으로 볼 수 있다. 독일에서의 사정은 여하간에, 지방의회의 입법기관성은 부인하고 행정기관으로서의 지위만을 인정하는 견해에 대해서는 찬성하기 어렵다. 지방의회의 입법기관성을 긍정하고, 국가의 입법기관인 국회와의 차이점을 살펴보아야 할 것으로 생각된다. 아울러 아직도 주민 100인 이내의 기초자치단체가 있는 독일의 지방자치단체의 지방의회의 법적 성격 내지 지위에 관한 논의를 우리의 그것에 그대로 대입시키는 데에도 문제가 있다고 생각된다」[50]고 하여 행정기관설에 반대하고 있다.

생각건대, 다음과 같은 점에서 지방의회는 입법기관이지 행정기관이 아니라고 본다.

첫째, '행정기관'에 있어서의 '행정'은 실질적 의미의 행정을 뜻한다. 국회인 입법기관에 있어서도 실질적 의미의 행정은 얼마든지 있을 수 있다(예: 국회직원 임면행위). 학문상 행정청은 조직법상에 국한하지 않고 실질적·기능적 의미의 개념이다. 따라서 지방의회의 의장에 대한 불신임의결이 행정처분의 일종이 될 수 있고 또한 행정소송의 대상이 될 수 있는 것이다(대판 1994.10.11, 94두23).

둘째, 우리나라는 기관단일형(통합형)이 아니라 의결기관과 집행기관의 분리된 기관대립형을 취하고 있다. 국가에 있어서의 권력분립이 입법권(입법기관인 국회)과 행정권(집행기관인 대통령책임제에 있어서의 대통령을 포함한 정부)이 있는 것과 마찬가지로, 지방자치에 있어서의 권력분립이 입법권(입법기관인 지방의회)과 행정권(집행기관인 지방자치단체의 장)이 있어 권력분립을 시켜 상호간에 견제와 균형을 유지하고 있는 것이다.

셋째, 지방자치의 본질을 조례자주입법설(고유권설에 입각한조례자주입법설과 전래권설에 입각한조례자주입법설)과 조례위임입법설 등이 있으나 조례위임입법설은 지방자치를 국가의 지방행정의 일환으로 보아 지방자치단체의 기관을 국가의 지방관청의 일종으로 보고 있으므로 우리 헌법정신에도 맞지 않는다. 따라서 전래권설에 입각한 조례자주입법설이 타당하며, 법률우위원칙은 적용되나 법률유보원칙은 적용되지 않는 것이다

넷째, 법규명령인 행정입법(위임입법)과 자치법규인 조례제정과는 차이점에 있어서도 행정입법인 위임입법은 개별적·구체적인 위임을 요하지만 자치입법인 조례제정은 법률의 위임을 요하지 않는다는 점이다.

---

46) 석종현(하), 99쪽.
47) 홍정선(하), 102쪽.
48) 이기우, 지방자치론, 417쪽.
49) 유지태, 행정법신론, 725쪽 ; 박균성(하), 77쪽.
50) 김남진(Ⅱ), 133~134쪽.

(3) 지방의회의 구성과 운영

지방의회는 19세 이상의 국민으로서 선거인명부 작성기준일 현재 당해 지방자치단체의 관할구역 안에 주민등록이 되어있는 자와 「재외동포의출입국과법적지위에관한법률」 제6조 제1항에 따라 해당 지방자치단체의 국내거소신고인 명부에 올라 있는 국민」, 출입국관리법 제10조의 규정에 따른 영주의 체류자격 취득일 후 3년이 경과한 19세 이상의 외국인으로서 선거인명부 작성기준일 현재 당해 지방자치단체의 외국인등록대장에 등재된 자의 보통·평등·직접·비밀선거에 의하여 선출된 의원으로 구성된다(공직선거법§15, 지방자치법§31).

1) 선거구역과 의원정수

① 비례대표

비례대표 시·도의원은 당해 시·도를 단위로 선거하며, 비례대표자치구·시·군의원은 당해 자치구·시·군을 단위로 선거한다(공직선거법 §20·②).

② 특별시·광역시·도의회 의원수

지역구 시·도의원 및 지역구 자치구·시·군의원은 당해 의원의 선거구를 단위로 하여 선거한다(공선법 §20·③).

지역구 시·도의원 총정수는 그 관할구역 안의 자치구·시·군(하나의 자치구·시·군이 2이상의 국회의원지역선거구로 된 경우에는 국회의원 지역 선거구를 말하며, 행정구역의 변경으로 국회의원지역선거구와 행정구역이 합치되지 아니하게 된 때에는 행정구역을 말한다)수의 2배수로 하되, 인구·행정구역·지세·교통 그 밖의 조건을 고려하여 100분의 11의 범위에서 조정할 수 있다. 다만, 자치구·시·군의 지역구 시·도 의원 정수는 최소 1명으로 한다. 의원정수가 19인 미만이 되는 광역시 및 도는 그 정수를 19인으로 한다.

비례대표 시·도의원정수는 지역구 시·도의원정수의 100분의 10으로 한다. 이 경우 단수는 1로 본다. 다만, 산정된 비례대표 시·도의원정수가 3인 미만인 때에는 3인으로 한다(공직선거법 §22·①·③·④).

③ 자치구·시·군의회의 의원정수

자치구·시·군의회 의원의 총정수는 당해 시·도의 총정수 범위 내에서 당해 시·도의 자치구·시·군의원 선거구획정위원회가 자치구·시·군의 인구와 지역대표성을 고려하여 중앙선거관리위원회규칙이 정하는 기준에 따라 정하되 자치구·시·군의회의 최소정수는 7인으로 한다. 비례대표자치구·시·군의원정수는 자치구·시·군의원정수의 100분의 10으로 한다. 이 경우 단수는 1로 본다(공직선거법 §23·①·②·③).

2) 지방의회의 회의

지방의회의 의결은 지방의회의 회의에서 행한다. 지방의회의 개회·휴회·폐회와 회기는 지방의회가 의결로 이를 정한다. 연간 회의 총일수와 정례회 및 임시회의 회기는 당해 지방자치단체의 조례로 정한다(지자법 §47·①·③). 지방의회의 회의에는 정례회와 임시회가 있다.

① 정 례 회

지방의회는 매년 2회 정례회를 개최한다. 정례의 집회일 기타 정례회의 운영에 관하여 필요한 사항은 대통령령이 정하는 바에 의하여 당해 지방자치단체의 조례로 정한다(지자법 §44·①·②).

② 임 시 회

총선거 후 최초로 집회되는 임시회는 지방의회사무처장·사무국장·사무과장이 지방의회의원 임기개시일부터 25일 이내에 소집한다. 지방의회의장은 지방자치단체의 장이나 재적의원 3분의 1 이상의 요구가 있는 때에는 15일 이내에 임시회를 소집하여야 한다. 다만, 의장과 부의장이 사고로 임시회를 소집할 수 없으면 의원 중 연장자의 순으로 소집할 수 있다. 임시회의 소집은 집회일 3일전에 공고해야 한다. 다만, 긴급을 요할 때에는 그러하지 아니하다(지자법 §45·①·②·③).

③ **의사정족수와 의결정족수**(지자법 §63, §64)

㉮ 의사정족수 : 지방의회는 재적의원 3분의 1 이상의 출석으로 개의한다. 회의 중 의사정족수에 달하지 못한 때에는 의장은 회의의 중지 또는 산회를 선포한다.

㉯ 의결정족수 : 의결사항은 지방자치법에 특별히 규정된 경우를 제외하고는 재적의원 과반수의 출석과 출석의원 과반수의 찬성으로 의결한다. 의장은 의결에 있어서 표결권을 가지며 가부동수인 때에는 부결된 것으로 본다.

④ **회의의 원칙**

㉮ 회의의 공개원칙 : 지방의회의 회의는 공개한다. 다만, 의원 3인 이상의 발의로 출석의원 3분의 2 이상의 찬성이 있거나 의장이 사회의 안녕 질서유지를 위하여 필요하다고 인정하는 경우에는 공개하지 아니할 수 있다(지자법 §65).

회의록은 공개하지 아니하기로 한 것(비밀을 요한다고 의장이 인정하거나 지방의회에서 의결한 사항 : §72)을 제외하고는 정보공개청구의 대상이 된다고 보아야 한다.

㉯ 회기계속의 원칙 : 지방의회에 제출된 의안은 회기 중에 의결되지 못한 이유로 폐기되지 아니한다. 다만, 지방의회의원의 임기가 만료되는 경우에는 그러하지 아니하다(지자법 §67).

㉰ 일사부재의의 원칙 : 지방의회에서 부결된 의안은 같은 회기 중에 다시 발의 또는 제출할 수 없다(지자법 §68).

⑤ **회의의 절차**

㉮ 회의의 소집 : 정례회와 임시회의 소집은 모두 의장이 소집함이 원칙이다(지자법 §45).

㉯ 의안의 발의 : 지방의회에서 의결할 의안은 지방자치단체의 장이나 재적의원 5분의 1 이상 또는 의원 10인 이상의 연서로 발의한다. 위원회는 그 소관에 속하는 사항에 관하여 의안을 제출할 수 있다(지자법 §66). 의원이 조례안을 발의하는 때에는 발의의원과

찬성의원을 구분하되, 해당 조례안의 제명을 부제로 발의의원의 성명을 기재해야 한다. 다만, 발의 의원이 2명 이상인 때에는 대표발의의원 1명을 명시해야 한다(§66·④). 예산안과 추가경정예산안은 지방자치단체의 장이 제출한다(지자법 § 127, §130). 지방자치단체의 장이 지방의회에 부의할 안건은 지방자치단체의 장이 이를 미리 공고하여야 한다. 다만, 회의 중 긴급한 안건을 부의할 때에는 그러하지 아니하다(지자법 §46). 지방자치단체의장이 예산상 또는 기금상 조치를 수반하는 의안을 발의할 경우는 그 의안의 시행에 수반될 것으로 예상되는 비용에 대한 추계서와 이에 상응하는 재원조달 방안에 관한 자료를 의안에 첨부해야 한다(§66 의3).

위원회에서 본회의에 부의할 필요가 없다고 결정된 의안은 본회의에 부의할 수 없다. 다만, 위원회의 결정이 본회의에 보고된 날로부터 폐회 또는 휴회 중의 기간을 제외한 7일 이내에 의장 또는 재적의원 3분의 1 이상의 요구가 있을 때에는 그 의안을 본회의에 부의하여야 한다(지자법 § 69·① 단서). 제1항 단서의 요구가 없을 때에는 그 의안은 폐기된다(지자법 §69·②).

㉰ 조례안 예고 : 지방의회는 심사대상인 조례안에 대하여 5일 이상의 기간을 정하여 그 취지, 주요내용, 전문을 공보나 인터넷 홈페이지 등에 게재하는 방법으로 예고할 수 있다(§66 의2).

㉱ 의결 : 지방의회회의에서 의사결정을 하는데, 의결은 지방의회의 최종적 의사이다.

㉲ 회의록 : 지방의회는 회의록을 작성하고 회의의 진행내용 및 결과와 출석의원의 성명을 기재하여야 한다. 회의록에는 의장과 의회에서 선출한 의원 2인 이상이 서명하여야 한다. 의장은 회의록의 사본을 첨부하여 회의의 결과를 그 지방자치단체의 장에게 통고하여야 한다. 회의록은 의원에게 배부한다. 다만, 비밀을 요한다고 의장이 인정하거나 지방의회에서 의결한 사항은 공개하지 아니한다(지자법 §72).

3) 위원회와 전문위원

① **위원회(상임위원회·특별위원회·윤리특별위원회)**

지방의회는 조례가 정하는 바에 의하여 위원회를 둘 수 있다. 위원회는 소관의안과 청원 등을 심사·처리하는 상임위원회와 특정한 안건을 일시적으로 심사·처리하기 위한 특별위원회의 2종으로 한다. 위원회의 위원은 본회의에서 선임한다. 윤리심사 및 징계에 관한 사항을 심사하기 위하여 윤리특별위원회를 둘 수 있다(지자법 § 56, §57).

위원회는 그 소관에 속하는 의안과 청원 등 또는 지방의회가 위임한 특정한 안건을 심사한다(지자법 §58).

② **전문위원**

위원회에는 위원장과 위원의 자치입법활동을 지원하기 위하여 의원 아닌 전문지식을 가진 위원(이하 '전문위원'이라 한다)을 둔다. 전문위원은 위원회에서 의안과 청원 등의 심사, 행정사무 감사 및 조사 그 밖에 소관사항과 관련하여 검토보고 및 관련 자료의 수집·조사·연구를 행한다. 위원회에 두는 전문위원의 직급과 정수 등에 관하여 필요한 사항은 대통령령으로 정한다(지자법 §59·①·②·③).

③ 위원회의 해임(위원회에서 폐기된 의안)

위원회에서 본회의에 부의할 필요가 없다고 결정된 의안은 본회의에 부의할 수 없다. 다만, 위원회의 결정이 본회의에 보고된 날부터 폐회 또는 휴회 중의 기간을 제외한 7일 이내에 의장 또는 재적의원 3분의 1 이상의 요구가 있을 때에는 그 의안을 본회의에 부의하여야 한다. 이를 위원회의 해임이라 한다(지자법 §69).

④ 위원회에서의 방청 등

위원회에서는 당해 지방의회의원이 아닌 자는 위원장의 허가를 얻어 방청할 수 있다. 위원장은 질서를 유지하기 위하여 필요한 때에는 방청인의 퇴장을 명할 수 있다(지자법 §60).

⑤ 위원회의 개회

위원회는 본 회의의 의결이 있거나 의장 또는 위원장이 필요하다고 인정할 때, 재적위원 3분의 1 이상의 요구가 있는 때에 개회한다. 폐회 중에는 지방자치단체의 장도 의장 또는 위원장에게 이유서를 붙여 위원회의 개회를 요구할 수 있다(지자법 §61).

4) 의장과 부의장

① 선거와 임기

지방의회는 의원 중에서 시·도의 경우 의장 1인과 부의장 2인을, 시·군 및 자치구의 경우 의장과 부의장 각 1인을 무기명투표로 선거하여야 한다. 의장과 부의장의 임기는 2년으로 한다. 지방의회의원 총 선거후 처음으로 선출하는 의장·부의장 선거는 최초 집회일에 실시한다(§48·②). 의장 등의 선거를 실시하는 경우에 의장의 직무를 수행할 자가 없으면 출석의원 중 최다선의원이, 최다선의원이 2명 이상인 경우에는 그 중 연장자가 그 직무를 대행한다. 이 경우 직무를 대행하는 의원이 정당한 사유 없이 의장 등의 선거를 실시할 직무를 이행하지 아니할 때에는 다음 순위의 의원이 그 직무를 대행한다(§54).

지방의회의 의장과 부의장이 모두 사고가 있을 때에는 임시의장을 선출하여 의장의 직무를 대행하게 한다(지자법 §48, §52).

② 의장의 직무상 지위

㉮ 지방의회의 대표자 : 지방의회의 의장은 지방의회의 외부에 대하여 지방의회를 대표한다(지자법 §49).

㉯ 회의의 주재자 : 지방의회의 의장은 회의의 주재자로 의사를 정리하고, 회의장내의 질서를 유지하고, 의회의 사무를 감독하고(지자법 §49), 회의를 중지하거나 산회를 선포한다(지자법 §63).

③ 의장불신임의 의결

지방의회의 의장 또는 부의장이 법령을 위반하거나 정당한 이유없이 직무를 수행하지 아니한 때에는 지방의회는 재적의원 4분의 1 이상의 발의와 재적의원 과반수의 찬성으로 불신임을 의결할 수 있다. 불신임의결이 있는 때에는 의장 또는 부의장은 그 직에서 해임된다(지자법 §55·①·②·③).

지방의회의장에 대한 불신임의결은 의장으로서의 권한을 박탈하는 행정처분의 일종으로서 항고소송의 대상이 된다(대판 1994.10.11, 94두23).

> **판례** **〈지방의회의 의장선임의결이 행정처분으로서 항고소송의 대상이 된다.〉** 지방의회의 의장은 지방자치법 제43조, 제44조의 규정에 의하여 의회를 대표하고 의사를 정리하며, 회의장 내의 질서를 유지하고 의회의 사무를 감독할 뿐만 아니라 위원회에 출석하여 발언할 수 있는 등의 직무권한을 가지는 것이므로, 지방의회의 의사를 결정공표하여 그 당선자에게 이와 같은 의장으로서의 직무권한을 부여하는 지방의회의 의장선거는 행정처분의 일종으로서 항고소송의 대상이 된다고 할 것이다(대판 1995.1.12, 94누2602. 임시총회무효확인).

> **판례** **〈지방의회의장에 대한 불신임의결이 행정처분의 일종으로서 항고소송의 대상이 된다.〉** 지방의회를 대표하고 의사를 정리하며 회의장 내의 질서를 유지하고 의회의 사무를 감독하며 위원회에 출석하여 발언할 수 있는 등의 직무권한을 가지는 지방의회 의장에 대한 불신임의결은 의장으로서의 권한을 박탈하는 행정처분의 일종으로서 항고소송의 대상이 된다(대판 1994.10.11, 94두23. 행정처분효력정지).

④ 의장·부의장의 권한

의장은 의결된 조례안의 지방자치단체의 장에게의 이송권(§26·①), 확정된 조례의 예외적인 공포권(§26·⑥), 정례회·임시회의 소집·공고권(§44, §45), 지방의회대표권(§49), 위원회출석발언권(§50), 회의의 중지·산회선포권(§63)폐회 중 의원의 사직허가권(§77), 회의장 내 질서유지권(§49, §82), 의회사무감독권(§49, §92)을 갖는다. 부의장은 의장이 사고가 있을 때에는 그 직무를 대리한다(§51).

(4) 지방의회의원

1) 임 기

지방의회의의원의 임기는 4년으로 한다(지자법 §32).

2) 의원의 겸직금지(지자법 §35)

개정 지방자치법은 지방의원의 겸직금지 및 영리행위제한을 강화하였다.

첫째, 지방의회의원은 다음 각 호의 1에 해당하는 직을 겸할 수 없다(§35·①).

1. 국회의원, 다른 지방의회의 의원

2. 헌법재판소재판관, 각급 선거관리위원회위원
3. 국가공무원법 제2조에 규정된 국가공무원과 지방공무원법 제2조에 규정된 지방공무원(정당법 제22조의 규정에 의하여 정당의 당원이 될 수 있는 공무원을 제외한다)
4. 공공기관의운영에관한법률 제4조에 따른 공공기관(한국방송공사, 한국교육방송공사 및 한국은행을 포함한다)의 임·직원
5. 지방공기업법 제2조에 규정된 지방공사와 지방공단의 임·직원
6. 농업협동조합·수산업협동조합·산림조합·신용협동조합·엽연초생산협동조합·새마을금고(이들 조합·금고의 중앙회와 연합회를 포함한다)의 상근 임·직원과 이들 조합·금고의 중앙회장이나 연합회장
7. 정당법 제22조의 규정에 의하여 정당의 당원이 될 수 없는 교원
8. 다른 법령에 따라 공무원의 신분을 가지는 직
9. 그 밖에 다른 법률에서 겸임할 수 없도록 정하는 직

둘째, 정당법 제22조에 따라 정당의 당원이 될 수 있는 교원이 지방의회 의원으로 당선되면 임기 중 그 교원의 직은 휴직된다(§35·②).

셋째, 지방의회의원이 당선 전부터 제1항 각 호의 직을 제외한 다른 직을 가진 경우에는 임기개시 후 1개월 이내에, 임기 중 그 다른 직에 취임한 경우에는 취임 후 15일 이내에 지방의회의 의장에게 서면으로 신고해야하며, 그 방법과 절차는 해당 지방자치단체의 조례로 정한다(§35·③).

넷째, 지방의회의 의장은 지방의회의원이 다른 직을 겸하는 것이 제36조 제2항(청렴·품위유지의무)에 위반된다고 인정될 때에는 그 겸한 직을 사임할 것을 권고할 수 있다(§35·④).

다섯째, 지방의회의원은 당해 지방자치단체 및 공공단체와 영리를 목적으로 하는 거래를 할 수 없으며 이와 관련된 시설 또는 재산의 양수인 또는 관리인이 될 수 없다(§35·⑤).

여섯째, 지방의회의원은 소관상임위원회의 직무와 관련된 영리행위를 하지 못하며, 그 범위는 지방자치단체의 조례로 정한다(§35·⑥). 주의할 것은, 지방의회의원은 지방자치단체조합의 장과 그 조합회의의 위원은 겸할 수 있다(지자법 §160·③). 대법원은 지방의회의원이 행정정보공개심의위원회에 참여하는 것은 법령에 위배되는 것은 아니라고 한다(대판1992.6.23, 92추17).

3) 의원의 권리

① 직무상 권리

지방의회의원은 질문권(§42), 의안발의권(§66), 회의에서의 발언·표결권, 의장·부의장 및 위원회위원의 선거권과 피선거권 등을 갖는다. 그리고 임시회의소집요구권(§45·②), 의원의자격심사청구권(§79·①), 의원의징계요구권(§87·②) 등을 가진다. 그러나 지방의회의 의장이나 의원은 본인·배우자·직계존비속 또는 형제자매와 직접 이해관계가 있는 안건에 관하여는 그 의사에 참여할 수 없다. 다만, 의회의 동의가 있는 때에는 의회에 출석하여 발언은 할 수 있다(§70).

행정사무감사·조사권은 지방의회 자체의 권한이지 의원 개개인의 권한은 아니다(§41).

판례 **〈지방의회의 행정감사·조사권 등은 의회 자체의 권한이고 의원 개인의 자격으로 가지는 권능이 아니므로 의원은 의회의 본회의 및 위원회의 활동과 아무런 관련없이 의원 개인의 자격에서 집행기관의 사무집행에 간섭할 권한이 없다.〉** 의회의 의결권과 집행기관에 대한 행정감사 및 조사권은 의결기관인 의회 자체의 권한이고 의회를 구성하는 의원 개개인의 권한이 아닌 바, 의원은 의회의 본회의 및 위원회의 의결과 안건의 심사·처리에 있어서 발의권, 질문권, 토론권 및 표결권을 가지며 의회가 행하는 지방자치단체사무에 대한 행정감사 및 조사에서 직접 감사 및 조사를 담당하며 시행하는 권능이 있으나, 이는 의회의 구성원으로서 의회의 권한행사를 담당하는 권능이지 의원 개인의 자격으로 가지는 권능이 아니므로 의원은 의회의 본회의 및 위원회의 활동과 아무런 관련없이 의원 개인의 자격에서 집행기관의 사무집행에 간섭할 권한이 없으며, 이러한 권한은 법이 규정하는 의회의 권한 밖의 일로써 집행기관의 권한 한계를 침해하는 것이어서 허용될 수 없다(대판 1992.7.28, 92추31).

판례 **〈동정자문위원회 조례 중 동장의 동정자치위원회위원 위촉·해촉권 행사에 당해 지역구의원과 협의토록 한 규정은 권한분리에 위반되는 위법한 규정이다.〉** 광주직할시 서구 동정자문위원회 조례 중 개정조례안 중 동정자치위원회를 구성하는 위원의 위촉과 해촉에 있어서 당해 지역 구의원과 협의하도록 한 규정은 지방자치단체의 하부집행기관인 동장에게 인사와 관련된 사무권한의 행사에 있어서 당해 지역 구의원과 협의하도록 의무를 부과하는 한편 구의원에게는 협의의 권능을 부여한 것이나, 이는 구의회의 본회의 또는 위원회의 활동과 관련 없이 구의원 개인에게 하부집행기관의 사무집행에 관여하도록 함으로써 하부집행기관의 권능을 제약한 것에 다름 아니므로, 이러한 규정은 법이 정한 의결기관과 집행기관 사이의 권한분리 및 배분의 취지에 위반되는 위법한 규정이라고 볼 수밖에 없다(대판 1992.7.28, 92추31).

② 재산상 권리

㉮ 의원의 의정활동비 등 보수를 받을 권리 : 의원은 다음 각 호의 비용을 지급받는다.

㉠ 의정자료의 수집·연구와 이를 위한 보조 활동에 소요되는 비용을 보전하기 위하여 매월 지급하는 의정활동비

㉡ 본회의 또는 위원회의 의결이나 의장의 명에 의하여 공무로 여행할 때 지급하는 여비

㉢ 지방의회의원의 직무활동에 대하여 지급하는 월정수당

이들 비용의 지급기준은 대통령령이 정하는 바에 따라 당해 지방자치단체의 의정비심의위원회에서 결정하는 범위 안에서 당해 지방자치단체의 조례로 정한다(지자법 §33·①·②).

판례 **〈지방의회의원에 대한 회기수당의 지급요건으로서의 '회기'는 정례회 및 임시회의 회기만을 의미하는 것이고 특별위원회가 비회기중에 회의 등의 활동을 할 경우 그 활동에 참석한 위원에게 참석일수에 따라 수당을 지급할 수 있도록 한 조례안이 법령에 위반된다.〉** 지방의회의원에 대한 회기수

당의 지급요건으로서의 '회기'는 정례회 및 임시회의 회기만을 의미하는 것이라고 해석함이 상당하므로, 행정사무조사특별위원회가 지방자치법 제53조의 규정에 의하여 폐회 중에도 본회의의 의결이 있거나 의장이 필요하다고 인정할 때, 제적의원 3분의 1 이상의 요구 또는 지방자치단체의 장의 요구가 있는 때에 한하여 개최할 수 있고, 같은 법 제36조의 규정에 의하여 본회의 의결로 활동기간을 부여받는 것이라 하더라도 그러한 사유만으로 '비회기 중의 회의 등 활동'을 정례회 및 임시회의 '회기 중의 활동'에 준하는 것이라거나 '회기 중의 활동'이라고 의제할 수는 없는바, 행정사무조사특별위원회가 비회기 중에 회의 등 활동할 경우 그 활동에 참석한 위원에게 참석 일수에 따라 수당을 지급할 수 있도록 한 조례안은 헌법 제117조, 지방자치법 제15조, 제32조 제1항 제3호의 규정에 위반되어 위법하고 이와 같은 경우에는 이 조례안에 대한 재의결은 전부 효력이 부인되어야 한다(대판 2004.7.22, 2003추51. 재의결무효확인).

㉯ 상해·사망 등의 보상을 받을 권리 : 지방의회의원이 회기 중 직무로 인하여 신체에 상해를 입거나 사망한 때와 그 상해 또는 직무로 인한 질병으로 사망한 때에는 보상금을 지급할 수 있다. 보상금의 지급기준은 대통령령이 정하는 범위 안에서 당해 지방자치단체의 조례로 정한다(§34·①·②).

4) 의원의 의무

① 공익우선의 의무

지방의회의원은 공공의 이익을 우선하여 양심에 따라 그 직무를 성실히 수행하여야 한다(§36·①).

② 청렴·품위유지의무

지방의회의원은 청렴의 의무를 지며, 의원으로서의 품위를 유지하여야 한다(§36·②).

③ 지위남용금지의무

지방의회의원은 그 지위를 남용하여 지방자치단체·공공단체 또는 기업체와의 계약이나 그 처분에 의하여 재산상의 권리·이익 또는 직위를 취득하거나 타인을 위하여 그 취득을 알선하여서는 아니된다(§36·③).

④ 영리목적거래금지의무 등

지방의회의원은 당해 지방자치단체 및 공공단체와 영리를 목적으로 하는 거래를 할 수 없으며 이와 관련된 시설 또는 재산의 양수인 또는 관리인이 될 수 없다(지자법 §35·⑤). 지방의회의원은 소관상임위원회의 직무와 관련된 영리행위를 하지 못한다(지자법 §35·⑥).

⑤ 회의체 구성원으로서의 의무

지방의회의 구성원인 지방의회의원은 ㉮ 본회의와 위원회에 출석하여야 하고(지자법 §63) ㉯ 지방의회의 회의질서유지의무가 있는바 ㉠ 회의의 질서유지(회의장에서 법령이나 회의규칙에 위배되는 발언·행위를 아니할 회의장의 질서유지 : §82·①) ㉡ 회의의 질서유지를 위한 의장의 명령에 복종하고(§82·②), ㉢ 본회의나 위원회에서의 모욕 등 발언금지(§83·①), ㉣ 회의 중에 폭력행사·소란행위 등으로 발언방해금지(§84) 등을 규정하고 있다.

5) 제척제도

지방의회의 의장이나 의원은 본인·배우자·직계존비속 또는 형제자매와 직접 이해관계가 있는 안건에 관하여는 그 의안에 참여할 수 없다. 다만, 의회의 동의가 있을 때에는 의회에 출석하여 발언할 수는 있다(지자법 §70). 제척제도에 법인이 포함되지 않고 배제되었다는 점은 문제가 있다고 본다.

제척의 효과로는 제척사유를 갖는 지방의회의원은 의사(표결·심의뿐만 아니라 그 의안에 관한 일체의 과정)에 참여할 수 없다. 제척사유 있는 지방의회의원이 의사에 참가하면 그 의사는 위법한 것이 되며 그 결정은 무효로 보아야 할 것이다.

6) 신분보장

① 의원체포 및 확정판결의 통지

체포 또는 구금된 지방의회의원이 있을 때에는 관계수사기관의 장은 지체 없이 의장에게 영장의 사본을 첨부하여 이를 통지하여야 한다. 지방의회의원이 형사사건으로 공소가 제기되어 그 판결이 확정된 때에는 각급 법원장은 지체 없이 당해 의장에게 이를 통지하여야 한다(지자법 §37).

국회의원의 경우와는 달리, 지방의회의원에 대해서는 면책특권이나 불체포특권은 인정되지 않는다.

② 의원의 징계 및 퇴직

의원에 대한 징계의 종류는 ㉮ 공개회의에서의 경고, ㉯ 공개회의에서의 사과, ㉰ 30일 이내의 출석정지, ㉱ 제명이 있다. 지방의회의 제명 또는 자격상실의 의결에는 재적의원 3분의 2 이상의 찬성이 필요하다(지자법 §88·①·②, §80·②). 의원이 퇴직되는 경우로는 ㉮ 의원이 겸할 수 없는 직에 취임한 때(의원의겸직금지의무위반), ㉯ 지방의회의원이 당해 지방자치단체의 관할구역 밖으로 주민등록을 옮긴 때 ㉰ 징계에 의하여 제명된 때이다(§78). 지방의회의 징계결정은 처분이므로 항고소송의 대상이 된다.

(5) 지방의회와 정당제도

종래의 대통령선거법, 국회의원선거법, 지방의회의원선거법, 지방자치단체의장선거법을 모두 폐지하고, 하나의 단일·통합선거법으로서 대체시킨 법이 「공직선거및선거부정방지법」이고 이는 다시 「공직선거법」으로 개정되었다.

동법은 광역단체의 의원 및 장은 물론, 기초단체인 시·군 및 자치구의 장은 물론 기초자치단체의 의원까지 모든 선거에 정당의 후보자 추천을 규정하고 정당원이 될 수 있게 되었다(공직선거법 §47~§49).

지방자치단체의 선거에 정당참여가 바람직한 것인가에 관하여는 찬반양론이 있다. ① 오늘날 권력분립은 정책개발의 이니시어티브와 정책결정권을 중앙정부와 지방자치단체 상호간의 기능적 권력통제가 가능하게 되어 지빙자치는 기능직 권력통제징치(집권당에 대한 통제)의 중요힌 수단 중의 하나가 되고, ② 정당정치의 폐단으로부터 지방을 보호하는 방파제기능을 하고, ③ 정당정치의 발달로 자치입법권 등 모든 분야에 영향력을 관여하는 지방자치의 정당화를 막는다는 측면, 특히 정당의 영향력이 증가하게 되어 자치권력의 행사에 독립성을 약화시키고, 정당정치의 폐해로부터 지역을 보호하기 위한 측면에서 볼 때 정당참여는 바람직하지 못하다고 본다.

정당공천제로 인해 지방정치가 중앙정치에 예속되는 폐해가 발생하고, 생활자치 성격이 강한 기초자치단체에서만은 의원선거뿐만 아니라 단체장 선거에도 정당공천제가 폐지되어야 함이 바람직하다. 지역에서 정당이 주민을 위해 직접 할 수 있는 일은 아무것도 없는 것이다.

(6) 지방의회의 권한

【기출문제】 <2001년 (제45회) 행정고시·(제7회) 지방고시 (약술형)> ※ 기관위임사무에 대한 지방의회의 관여

1) 의결권(§39)

지방의회는 다음 사항을 의결한다.

① 조례의 제정 및 개폐
② 예산의 심의·확정
③ 결산의 승인
④ 법령에 규정된 것을 제외한 사용료·수수료·분담금·지방세 또는 가입금의 부과와 징수
⑤ 기금의 설치·운영
⑥ 대통령령으로 정하는 중요재산의 취득·처분
⑦ 대통령령으로 정하는 공공시설의 설치·처분
⑧ 법령과 조례에 규정된 것을 제외한 예산 외 의무 부담이나 권리의 포기
⑨ 청원의 수리와 처리
⑩ 외국지방자치단체와의 교류협력에 관한 사항
⑪ 기타 법령에 의하여 그 권한에 속하는 사항

지방자치단체는 제1항의 사항 외에 조례가 정하는 바에 의하여 지방의회에서 의결되어야 할 사항을 따로 정할 수 있다(지자법 §39·②).

2) 조례제정권(자치입법권 : 입법에 관한 권한)

지방의회는 조례제정권을 갖는다. 조례제정권은 지방의회의 권한 중 가장 기본적인 것이다. 조례에 관해서 상술한 바 있다.

3) 집행기관에 대한 감시·통제권

① **행정사무 감사권과 조사권**(자치사무에 대한 연례감사)

㉮ 의의 : 지방의회의 행정사무 감사 및 조사권은 지방의회의 집행기관에 대한 중요한 통제수단이다. ㉠ 지방의회는 매년 1회 당해 지방자치단체의 사무에 대하여 시·도에 있어서는 14일, 시·군 및 자치구에 있어서는 9일의 각 범위 내에서 감사를 실시하고, ㉡ 지방자치단체의 사무 중 특정사안에 관하여 본회의 의결로 본회의 또는 위원회로 하여금 조사하게 할 수 있는 바(지자법 §41·①), 전자를 행정사무감사, 후자를 행정사무조사라 한다. 행정사무감사 및 조사권은 지방의회 자체의 권한이지 의회를 구성하는 의원 개개인의 권한은 아니다.

판례 **〈사무감사··조사권은 지방의회 자체의 권한이지 의원 개개인의 권한은 아니다.〉**「……행정사무감사·조사권은 의회의 구성원으로서 의회의 권한 행사를 담당하는 권능이지 의원 개인의 자격으로 가지는 권능이 아니므로 의원은 의회의 본회의 및 위원회의 활동과 아무런 관련없이 의원 개인의 자격에서 집행기관의 사무집행에 간섭할 권한이 없으며, 이러한 권한은 법이 규정하는 의회의 권한 밖의 일로서 집행기관과의 권한 한계를 침해하는 것이어서 허용될 수 없다(대판 1992.7.28, 92추31).

㉯ 감사·조사의 개시 : 행정사무 감사는 매년 1회씩 실시되나, 행정사무조사는 본회의 의결이 있어야만 조사가 가능하다. 조사를 발의하자고 할 때에는 이유를 명시한 서면으로 하여야 하며, 재적의원 3분의 1이상의 연서가 있어야 한다(지자법 §41·①·②).

㉰ 감사·조사의 범위·기간 : 행정사무감사의 범위는 '지방자치단체의 사무의 전반'에 미치고, 행정사무조사의 범위는 '지방자치 단체의 사무 중 특정사안'에만 미친다. 여기서 사무감사에 관한 '지방자치단체의 사무'란 '자치사무'를 의미하는 것으로 보아야 한다. 왜냐하면 단체위임사무와 기관위임사무에 관하여는 지방자치법 제41조 제3항에서 특별히 규정하고 있기 때문이다. 한편 여기서 조사에 관한 '지방자치단체의 사무'란 자치사무와 단체위임사무를 의미한다(지자법 §41·③).

행정사무감사는 연1회 한정되며, 시·도의 경우는 14일 이내, 시·군 및 자치구의 경우는 9일 이내의 범위에서 감사를 실시한다(§41).

㉱ 감사·조사의 방법 : 감사 또는 조사를 위하여 필요한 때에는 현지 확인을 하거나 서류제출을 요구할 수 있으며, 지방자치단체의 장 또는 관계 공무원이나 그 사무에

관계되는 자를 출석하게 하여 증인으로 선서한 후 증언하게 하거나 참고인으로서 의견의 진술을 요구할 수 있다(지자법 §41·④). 이 때 증언에서 허위증언을 한 자에 대하여는 고발할 수 있으며, 서류제출을 요구받은 자가 정당한 사유 없이 서류를 정하여진 기한까지 제출하지 아니한 경우, 출석요구를 받은 증인이 정당한 이유없이 출석하지 아니하거나 증언을 거부하는 경우에는 500만 원 이하의 과태료를 부과할 수 있다(지자법 §41·⑤). 과태료의 부과 절차는 지방자치법 제27조의 규정에 따른다(지자법 §41·⑥).

감사 또는 조사를 위하여 필요한 사항은 「국정감사 및 조사에 관한 법률」에 준하여 대통령령으로 정하고, 선서·증언·감정 등에 관한 절차는 「국회에서의 증언·감정 등에 관한 법률」에 준하여 대통령령으로 정한다(지자법 §41·⑦).

㉮ 행정사무감사 또는 조사보고에 대한 처리 : 지방의회는 본회의 의결로 감사 또는 조사결과를 처리한다. 지방의회는 감사 또는 조사결과 해당 지방자치단체나 기관의 시정을 필요로 하는 사유가 있을 때에는 그 시정을 요구하고, 그 지방자치단체나 기관에서 처리함이 타당하다고 인정되는 사항은 그 지방자치단체나 기관으로 이송한다. 지방자치단체나 기관은 시정요구를 받거나 이송 받은 사항을 지체 없이 처리하고 그 결과를 지방의회에 보고하여야 한다(지자법 §41의2).

㉯ 단체·기관위임사무의 감사(국정감사와의 관계)

㉠ 현행법규정 : 지방자치단체 및 그 장이 위임받아 처리하는 국가사무와 시·도의 사무에 대하여 국회와 시·도 의회가 직접감사하기로 한 사무를 제외하고는 그 감사를 각각 당해 시·도의회와 시·군 및 자치구의회가 행할 수 있다. 이 경우 국회와 시·도 의회는 그 감사 결과에 대하여 당해 지방의회에 필요한 자료를 요구할 수 있다(지자법 §41·③).

㉡ 국정감사 및 조사에 관한 법률(§7, §7의2) : 국정감사의 대상기관은 다음 각 호와 같다.

2. 지방자치단체 중 특별시·광역시·도. 다만, 그 감사범위는 국가위임사무와 국가가 보조금 등 예산을 지원하는 사업으로 한다(§7).

4. 위의 2호 외의 지방행정기관·지방자치단체·감사원법에 의한 감사대상기관. 다만, 이 경우 본 회의가 특히 필요하다고 의결한 경우에 한한다(§7).

※ 감사원법에서는 감사원은 ①회계검사에서 지방자치단체의 회계 등에 관하여(동법 §22). ② 직무감찰에서 지방자치단체의 사무와 그에 소속한 지방공무원의 직무(동법§24·① 2호)에 관하여 검사와 감찰권을 가진다.

㉢ 원칙 및 근거 : 비록 사무의 단체·기관위임이 있었다고 하여도 국가사무는 국회가, 시·도의 사무는 시·도의회가 감사하는 것이 논리적이다. 다만, 지방자치단체의 사무에는 단체위임사무도 포함되는 것이므로 단체위임사무는 당해 지방자치단체의

지방의회가 감사하는 것이 논리적이며 타당하다고 본다. 문제는 기관위임사무에 대하여도 지방의회의 감사의 대상이 될 수 있는 것으로 하고 있는데, 그 근거는 ⓐ 기본적으로 기관위임사무가 지방자치단체의 비용부담에 의해 행하여지고 있고, ⓑ 기관위임사무가 주민의 이해와 관련이 있으며, ⓒ 그 집행이 지방자치단체의 조직에 의해 행하여지고 있다는데 그 근거를 들 수 있으며, ⓓ 국회나 시·도 의회가 직접 감사하기로 한 사무를 제외하고는 그 감사를 각각 당해 시·도의회와 시·군 및 자치구의회가 행할 수 있다는 지방자치법 제41조 제3항이 직접 근거가 된다.

㉣ 문제점 : ⓐ 지방자치법 제41조 제3항은 단체위임사무와 기관위임사무를 구별하고 있지 않는 점, 또는 양자의 구별이 현실적으로 쉽지 않다는 점과 ⓑ 국정감사 및 조사에 관한 법률 제7조는 '국가위임사무'라고 하여 단체위임사무와 기관위임사무를 포함하고 있으며, ⓒ 감사원법(§22, §24·①)은 '지방자치단체의 회계', '지방자치단체의 사무'라고 규정하고 있어, 여기에는 고유사무·단체위임사무·기관위임사무를 모두 포함하고 있다는 점이다.

② 출석·답변요구권

지방자치단체의 장 또는 관계공무원은 지방의회나 그 위원회에 출석하여 행정사무의 처리 상황을 보고하거나 의견을 진술하고 질문에 응답할 수 있다(지자법 §42·①).

지방자치단체의 장 또는 관계 공무원은 지방의회나 그 위원회의 요구가 있을 때에는 출석·답변하여야 한다. 다만, 특별한 사유가 있는 경우에 지방자치단체의 장은 관계 공무원으로 하여금 출석·답변하게 할 수 있다(지자법 §42·②).

지방의회 또는 그 위원회에 출석하여 답변할 수 있는 관계 공무원은 조례로 정한다(지자법 §42·③).

③ 서류제출요구권

본회의 또는 위원회는 그 의결로 안건의 심의와 직접 관련된 서류의 제출을 당해 지방자치단체의 장에 대하여 요구할 수 있다(지자법 §40·①). 위원회가 서류제출요구를 할 때에는 의장을 경유하여야 한다(지자법 §40·②). 폐회 중에 의원으로부터 서류제출 요구가 있을 때에는 의장은 이를 요구할 수 있다(§40·③).

서류제출은 서면, 전자문서 또는 컴퓨터의 자기테이프·자기디스크 그 밖에 이와 유사한 매체에 기록된 상태나 전산망에 입력된 상태로 제출할 것을 요구할 수 있다(§40·④).

지방의회의 서류제출요구권은 지방의회의 정보를 위한 것이고 안건의 효율적인 심의에 기여하게 된다. 특히 정보는 모든 통제의 전제가 된다는 점에서 볼 때, 지방의회의 서류제출요구권은 집행기관에 대한 통제수단의 기초가 된다.

서류제출의 요구권자는 지방의회의 본회의와 위원회이며. 개개지방의회의원은 본조에 의해서 서류제출요구권을 갖지 못한다. 서류제출요구의 상대방은 지방자치단체의 장이다. 서류제출요구의 대상이 되는 서류는 안건의 심의와 직접 관련된 서류이다.

④ **승인권·기타 의결권**

㉮ 지방자치단체의 장은 출납폐쇄 후 80일 이내에 결산서 및 증빙서류를 작성하고 지방의회가 선임한 검사위원의 검사의견서를 첨부하여 다음 연도 지방의회의 승인을 얻어야 한다(지자법 §134·①).

㉯ 지방자치단체의 장의 선결처분은 지체 없이 지방의회에 보고하여 승인을 얻어야 한다(지자법 §109·①).

㉰ 예비비의 지출은 다음 연도 지방의회의 승인을 얻어야 한다(지자법 §129·②).

㉱ 지방자치단체의 장은 예산에 변경을 가할 필요가 있을 때에는 추가 갱정예산안을 편성하여 지방의회의 의결을 얻어야 한다(지자법 §130·①).

㉲ 지방자치단체의 장은 공익을 위하여 필요하다고 인정하는 경우에는 미리 지방의회의 의결을 얻어 보증채무부담행위를 할 수 있다(지자법 §124·③).

4) 조직과 운영에 관한 자율권(지방의회 내부에 관한 권한)

① **조직의 자율권**

지방의회는 의장과 부의장을 선출하고(지자법 §48), 임시의장도 선출한다(지자법 §52). 지방의회의 의장 또는 부의장이 법령을 위반하거나 정당한 이유 없이 직무를 수행하지 아니한 때에는 지방의회는 불신임을 의결할 수 있다(지자법 §55·①). 불신임의결은 재적의원 4분의 1 이상의 발의와 재적의원 과반수의 찬성으로 불신임의결이 있는 때에는 의장 또는 부의장은 그 직에서 해임된다(지자법 §55·②·③).

또한 위원회를 둘 수 있고(지자법 §56·①), 위원회의 위원을 선임하며(지자법 §56·③), 조례가 정하는 바에 의하여 사무기구를 설치하고 사무직원을 둘 수 있다(지자법 §90, §91). 사무직원은 지방의회의 의장의 추천에 의하여 지방자치단체의 장이 임명한다(지자법 §91·②).

판례 **〈지방의회의 의장선거는 행정처분으로서 항고소송의 대상이 된다.〉** 지방의회 의장은 지방자치법 제43조, 제44조의 규정에 의하여 의회를 대표하고 의사를 정리하며, 회의장 내의 질서를 유지하고 의회의 사무를 감독할 뿐만 아니라 위원회에 출석하여 발언할 수 있는 등의 직무권한을 가지는 것이므로, 지방의회의 의사를 결정·공포하며 그 당선자에게 이와 같은 의장으로서의 직무권한을 부여하는 지방의회의 의장선거는 행정처분의 일종으로서 항고소송의 대상이 된다(대판 1995.1.12, 94누2602).

② **운영의 자율권**(의회규칙 제정권)

지방의회는 회의의 운영에 관하여 지방자치법에 정한 것을 제외하고 필요한 사항은 「의회규칙」으로 정한다(지자법 §43). 지방의회의 운영에 관하여 지방자치법이 규정하고 있는 주요사항으로는 지방의회의 개회·휴회·폐회와 회기는 지방의회가 의결로 이를 정하고(지자법 §47·①), 지방의회는 내부운영에 관하여 지방자치법이 정한 것을 제외하고 필요한 사항을 「규칙」으로 정할 수 있다(지자법 §43)는 것이다.

③ **질서유지 자율권**(내부경찰권과 지방의회가택권)

㉮ 지방의회 의장 또는 위원장은 지방의회의 의원이 본회의 또는 위원회의 회의장에서 지방자치법 또는 회의 규칙에 위배되는 발언 또는 행위를 하여 회의장의 질서를 문란하게 한 때에는 이를 경고 또는 제지하거나 그 발언의 최소를 명할 수 있고, 그 명에 응하지 아니한 의원이 있는 때에는 그 의원에 대하여 당일의 회의에서 발언을 금지시키거나(내부 경찰권) 퇴장시킬 수 있으며, 회의장이 소란하여 질서를 유지하기 곤란한 경우에는 회의를 중지하거나 산회를 선포할 수 있다(지자법§82·①·②·③).

㉯ 지방의회 의장은 방청인이 회의장 안의 질서를 방해할 때에는 퇴장을 명할 수 있으며, 필요한 때에는 경찰관서에 인도할 수 있고, 방청석이 요란할 때에는 모든 방청인을 퇴장 시킬 수 있다(지자법 §85·②·③). 이를 지방의회가택권이라 한다.

㉰ 지방의회의 의원은 회의 중에 폭력을 행사하거나 소란한 행위를 하여 타인의 발언을 방해할 수 없으며, 의장 또는 위원장의 허가 없이 연단이나 단상에 등단해서는 아니된다(지자법 §84).

④ **의원신분에 관련된 자율권**

㉮ 자격심사 : 지방의회의 의원이 다른 의원의 자격에 대하여 이의가 있는 때에는 재적의원 4분의 1 이상의 연서로 의장에게 자격심사를 청구할 수 있고, 피심의원에 대한 자격상실 의결은 재적의원 3분의 2 이상의 찬성이 있어야 하며, 피심의원은 자격상실이 확정될 때까지는 그 직을 상실하지 않는다(지자법 §79, §80).

자격심사는 일종의 행정행위로 보아 행정소송의 대상이 된다고 본다.

㉯ 징 계 : 지방의회는 의원이 지방자치법 또는 자치법규에 위배되는 행위를 한 때에는 의결로써 이를 징계할 수 있다(지자법 §86). 지방의회의 의장은 ⓐ 제86조의 규정에 의한 징계 대상의원이 있어 징계 요구가 있을 때, ⓑ 제83조 제1항의 규정(모욕 등 발언의 금지)에 위반한 의원에 대하여 모욕을 당한 위원이 징계를 요구할 때에는 징계사유를 기재한 요구서를 의장에게 제출하여 징계요구가 있을 때에는 각각 이를 윤리특별위원회 또는 본회의에 회부한다(지자법 §87·②·③). 징계의 종류로는 ⓐ 공개회의에서의 경고, ⓑ 공개회의에서의 사과, ⓒ 30일이내의 출석정지, ⓓ 제명이 있다(지자법 §88·①). 제명에는 재적의원 3분의 2 이상의 찬성이 있어야 한다(지자법 §88·②). 징계는 일종의 행정행위로서 행정소송의 대상이 되며, 또한 행정소송법이 적용된다. 판례도 같은 입장이다.

판례 〈지방의회의 의원징계의결은 행정처분의 일종으로서 행정소송의 대상이 된다.〉 지방자치법 제78조 내지 제81조의 규정에 의거한 지방의회의 의원징계의결은 그로 인해 의원의 권리에 직접 법률 효과를 미치는 행정처분의 일종으로서 행정소송의 대상이 되고, 그와 같은 의원징계의결의 당부를 다투는 소송의 관할 법원에 관하여는 동법에 특별한 규정이 없으므로 일반법인 행정소송법의 규정에 따른다(대판 1993.11.26, 93누7341).

㉰ 사직허가 : 지방의회는 그 의결로 소속의원의 사직을 허가할 수 있다. 다만, 폐회중에는 의장이 이를 허가할 수 있다(지자법 §77).

5) 청원의 심사·처리권

① **청원서 제출**

지방의회에 청원을 하고자 하는 자는 지방의회의원의 소개를 얻어 청원서를 제출해야 한다. 청원서에는 청원자의 성명(법인인 경우에는 그 명칭과 대표자의 성명) 및 주소를 기재하고 서명·날인하여야 한다(지자법 §73·①·②).

② **청원의 심사·처리**

지방의회의 의장은 청원서를 접수한 때에는 이를 소관 위원회 또는 본회의에 회부하여 심사를 하게한다. 위원회가 청원을 삼사하여 본회의에 부의할 필요가 없다고 결정한 때에는 그 처리 결과를 의장에게 보고하고, 의장은 청원인에게 이를 통지하여야 한다(지자법 §75·①·③).

③ **청원의 이송과 처리보고**

지방의회가 채택한 청원으로서 그 지방자치단체의 장이 처리함이 타당하다고 인정되는 청원은 의견서를 첨부하여 지방자치단체의 장에게 이송한다.

지방자치단체의 장은 청원을 처리하고 그 처리 결과를 지체 없이 지방의회에 보고하여야 한다(지자법 §76·①·②).

6) 선 거 권

지방의회는 의장, 부의장, 임시의장을 선출하고(지자법 §48, §52), 위원회의 위원을 선임하고(지자법 §56·③), 결산검사위원을 선임한다(시사법 §134·①).

(8) 지방의회의 의무

지방의회는 ① 지방의회의원이 준수해야 할 지방의회의 윤리강령 및 윤리실천규범을 조례로 정하여야 하고, ② 소속 의원들이 의정활동에 필요한 전문성을 확보하도록 노력하여야 한다(지자법 §38).

(9) 지방의회와 국회(공통점과 차이점)

1) 의 의

의회라는 말은 보통 국가의 의회와 지방자치단체의 의회 양쪽을 다 가리키는 개념으로 사용되고 있다. 우리나라 현행제도 아래서는 국가의 의회를 「국회」라 하고(헌법 제3장), 지방자치단체의 의회를 단순히 「의회」라고 하고 있다(헌법 §118). 다만, 제도상의 명칭은 별도로 하고 통상 국회도 단순히 의회라고 하는 경우가 적지 않으며 국가의 의회와 구별되는 의미에서 지방자치단체의 의회를 말하는 경우에는 「의회」라는 용어를 사용하고 국회와 대비되는 특별한 경우에 한하여 「지방의회」라는 용어를 쓰기로 한다.

2) 공 통 점

국회와 지방의회는 국민 또는 주민의 보통·평등·직접·비밀선거에 의하여 선출된 의원으로 구성된 합의체로서의 대의기관(국민대표기관 또는 주민대표기관)이라는 점, 국가 또는 지방자치단체의 최상위 의결기관이라는 점, 헌법기관이라는 점, 기능면에서도 집행기관의 비판·감시·통제기관이라는 점, 입법기관이라는 점, 운영면에서도 같고 임기면에서도 같으며 소선거구제·비례대표제를 택하고 있음도 모두 공통점이다.

3) 차 이 점

국회와 지방의회는 다음과 같은 차이점이 있다.

① 입법기관이지만 입법형식과 그 내용과 적용범위가 다르다. 국회에서 제정한 법은 「법률」이라는 형식으로서 「국가 전 지역」의 「모든 국민」에게 적용되지만, 지방의회에서 제정한 법은 법령의 범위 내에서 「조례」라는 형식으로서 「당해 지방자치단체의 구역 내」의 「당해 주민」에게만 적용된다.

② 국회의원은 면책특권과 불체포특권이 있으나(헌법 §44, §45) 지방의원에게는 이러한 특권이 인정되지 아니한다. 다만, 체포 또는 구금된 지방의회의원이 있을 때에는 관계 수사기관의 장은 지체 없이 의장에게 영장의 사본을 첨부하여 이를 통지하여야 한다(지자법 §37·①). 지방의회의원이 형사사건으로 공소가 제기되어 그 판결이 확정된 때에는 각급 법원장은 지체 없이 당해 의장에게 이를 통지하여야 한다(지자법 §37·②).

③ 의원의 선거권·피선거권의 일반요건은 같으나 지방의회의원의 선거권은 「주민」이라야 하고, 피선거권은 「주민」으로서 「60일」 이상 당해 지방자치단체의 관할구역 안에 「주민등록」이 되어 있어야 하는 점이 추가된다.

④ 의회의 회기가 다르다. 정기회·임시회(정례회·임시회)를 두고 있는 점은 같으나 국회의 정기회의 회기는 100일을, 임시회의 회기는 30일을 초과할 수 없고(헌법 §47), 연간 총회의 일수의 제한

은 없다. 지방의회는 매년 2회 정례회를 개최하고, 정례회의 집회일, 기타 정례회의 운영에 관하여 필요한 사항은 대통령령이 정하는 바에 의하여 당해 지방자치 단체의 조례로 정한다(지자법 §44). 임시회의 소집은 시·도에 있어서는 집회일 7일 전에, 시·군 및 자치구에 있어서는 집회일 5일 전에 이를 공고해야 한다(지자법 §45·③). 연간 회의 총일수와 정례회 및 임시회의 회기는 당해 지방자치단체의 조례로 정한다(지자법 §47·③).

⑤ 직접민주정치 채택이 다르다. 국회는 한정적이라 할 수 있는 중요정책의 국민투표(헌법 §72)제도만 채택하고 있을 뿐 국민소환(recall)과 국민발안(initiative)은 인정되지 않고 있는데, 지방의회는 주민투표(지자법 §14)·주민발안(지자법 §15)·주민소환(지자법 §20)제도를 제한적이나마 모두 채택하고 있다는 점이 다르다. 즉, 주민참여제도를 확대하고 있다.

3. 집행기관

【기출문제】 **<1987년 사법시험(약술형)>·<1991년 외무고시(약술형)>** ※ 지방자치단체의 입법권
<1997년 지방고시(약술형) ※ 자치법규로서의 규칙
<2000년 (제16회) 입법고시 (약술형)> ※ 지방자치법상의 재의요구
<2004년 (제48회) 행정고시 (약술형)> ※ 지방자치단체장의 선결처분에 관하여 기술하시오.
<2002년 (제46회) 행정고시 (약술형)> ※ 지방자치단체의 장의 지위와 권한
<2004년 (제46회) 사법시험 (사례형)> ※ 지방의회의 견제기관으로서 재의요구 및 소송제기권

지방자치단체의 장으로서 광역자치단체인 특별시에는 특별시장, 광역시에는 광역시장, 도에는 도지사를 두고, 기초자치단체인 시에는 시장, 군에는 군수, 자치구에는 구청장을 둔다(지자법 §93).

1) 지방자치단체장의 지위

① 지방자치단체의 대표기관

지방자치단체의 장은 교육·과학·체육에 관한 사무를 제외하고(지자법 §121)는 당해 지방자치단체를 법적으로 대표한다(§101). 지방자치단체의 모든 대외적 행위는 지방자치단체의 장이 대표하여 행하며 그 행위의 효과는 지방자치단체에 귀속된다(지자법 §101).

② 자치행정사무통할기관

지방자치단체의 장은 지방자치단체의 사무를 통할한다(§101). 통할기관과 최고행정청의 지위에서 사무를 관리·집행하고, 소속직원을 지휘·감독하며, 직원인사에 관한 사항을 처리한다(§103, §105).

③ 지방자치단체의 최고행정청·사무의 관리·집행최고기관(독임제행정청)

지방자치단체의 장은 당해 지방자치단체 행정의 최고행정청이다. 지방자치단체의 장은 지방자치단체의 사무를 관리하고 집행하는 최고기관이다.

④ 하급행정기관에 대한 감독기관

지방자치단체의 장은 보조기관(지자법 제6장 제2절), 소속행정기관(지자법 제6장 제3절) 및 하급행정기관(지자법 제6장 제4절)(자치구가 아닌 구에 구청장·읍면장·동장)을 지휘·감독한다.

⑤ 지방의회의 견제기관

지방자치단체의 장은 지방의회의 견제기관으로서의 지위를 갖는다. 이와 같은 지위에서 지방자치단체의 장은 조례안에 대한 공포거부권이나 재의요구권·소송제기권 또는 선결처분권 등을 갖는다(§26·③, §107·③, §109).

⑥ 국가의 행정기관

지방자치단체의 장은 지방자치단체의 기관이지 국가기관은 아니다. 그러나 지방자치단체의 장이 자치구역 내에서 법령에 근거하여 국가사무를 처리하는 경우가 있는 바, 이러한 국가사무를 수행하는 한도에서는 국가행정기관의 지위를 갖는다. 즉, 일반적인 국가행정사무를 위임받아 처리하는 한도 내에서 지방자치단체의 장은 바로 국가기관의 지위에 서게 된다. 시·도와 시·군·자치구에서 행해지는 국가사무는 법령에 다른 규정이 없는 한, 시·도지사와 시장·군수·자치구청장에게 위임하여 행한다(지자법 §102).

2) 지방자치단체의 장의 신분

① 신분의 취득(선거)

지방자치단체의 장은 주민의 보통·평등·직접·비밀선거에 의하여 선출되며 임기는 4년으로 하되 계속 재임은 3기에 한하여 허용되며(지자법 §94, §95), 피선거권은 당해 지방자치단체의 관할구역 안에 계속하여 60일 이상 주민등록이 된 자로서 선거일 현재 25세 이상인 자이어야 한다(공직선거법 §16·③).

② 겸임 등 제한 및 특정영리사업 금지(지방자치단체장의 의무)

지방자치단체의 장은 대통령, 국회의원, 헌법재판소재판관, 각급 선거관리위원회의원, 지방의회의원, 국가공무원법 제2조에 규정된 국가공무원과 지방공무원법 제2조에 규정된 지방공무원, 다른 법령의 규정에 공무원의 신분을 가지는 직, 공공기관의운영에관한법률 제4조에 따른 공공기관(한국방송공사, 한국교육방송공사 및 한국은행을 포함한다)의 임·직원, 농업협동조합·수산업협동조합·산림조합·엽연초생산협동조합·신용협동조합 및 새마을금고(이들 조합·금고의 중앙회와 연합회를 포함한다)의 임·직원, 교원, 지방공기업법 제2조에 규정된 지방공사와 지방공단의 임·직원, 기타 다른 법령이 겸임할 수 없도록 정하는 직을 겸임할 수 없다(지자법 §96·①). 그리고 지방자치단체의 장은 재임 중 당해 지방자치단체와 영리를 목적으로 하는 거래를 하거나 당해 지방자치단체와 관계있는 영리사업에 종사할 수 없다(§96·②).

주의할 것은, 지방자치단체의 장은 지방자치단체조합의 장과 그 조합회의의 위원은 겸할 수 있다(지자법 §160·③).

③ 신분의 소멸

㉮ 임기만료 : 지방자치단체의 장의 임기는 4년으로 하며, 지방자치단체의 장의 계속 재임은 3기에 한한다. 따라서 4년의 임기만료로 종료한다(§95).

【헌재결】 〈자치단체장의 계속 재임을 3기로 제한한 지방자치법 제87조 제1항(현행 §95)이 지방자치단체 장들의 공무담임권을 침해하여 헌법에 위배되지 않는다.〉 지방자치단체 장의 계속 재임을 3기로 제한한 규정의 입법취지는 장기집권으로 인한 지역발전저해 방지와 유능한 인사의 자치단체장 진출확대로 대별할 수 있는 바, 그 목적의 정당성, 방법의 적절성, 피해의 최소성, 법익의 균형성이 충족되므로 헌법에 위반되지 아니한다(헌재 2006.2.23, 2005헌마403).

㉯ 사 임 : 지방자치단체의 장은 사임할 수 있다. 지방자치단체의 장이 지방의회의 의장에게 미리 사임일을 기재한 서면(이하 '사임통지서'라 한다)으로 통지하여야 한다(지자법 §98·①). 당해 지방자치단체의 장은 사임통지가 된 날에 사임된다(§98·②).

㉰ 퇴 직 : 지방자치단체의 장이 ㉠ 겸임할 수 없는 직에 취임한 때 ㉡ 피선거권이 없게 된 때(지방자치단체의 구역변경이나 폐치·분합을 제외한 다른 사유로 당해지방자치단체의 구역밖으로 주민등록을 이전한 때를포함한다) ㉢ 제97조의 규정(지방자치단체의 폐치·분합)에 의하여 지방자치단체의 장의 직을 상실한 때에는 그 직에서 퇴직한다(§99). 퇴직하는 때에는 그 소관사무의 일체를 후임자에게 인계하여야 한다(§106). 사무인계의무는 퇴직시 나타날 수 있는 행정의 공백·혼란·누수를 방지하기 위한 것이다.

㉱ 공무원 등의 입후보(공직선거법 §53)

㉠ 다음 각 호의 어느 하나에 해당하는 자로서 입후보자가 되고자 하는 자는 선거일 전 60일(비례대표지방의회의원선거 및 보궐선거 등에 있어서와 국회의원이 지방자치단체의 장의 선거에 입후보하는 경우 및 지방의회의원이 다른 지방자치단체의 의회의원이나 장의 선거에 입후보하는 경우에 있어서는 후보자등록 신청 전)까지 그 직을 그만두어야 한다. 다만, 지방의회의원선거와 지방자치단체의 장의 선거에 있어서 당해 지방자치단체의 의회의원이나 장이 그 직을 가지고 입후보하는 경우에는 그러하지 아니하다.

1. 국가공무원법 제2조에 규정된 국가공무원과 지방공무원법 제2조에 규정된 지방공무원. 다만, 정당법 제22조(발기인 및 당원의 자격) 제1항 제1호 단서의 규정에 의하여 정당의 당원이 될 수 있는 공무원(정무직공무원을 제외한다)은 그러하지 아니하다.
2. 각급선거관리위원회위원 또는 교육위원회의 교육위원
3. 다른 법령의 규정에 의하여 공무원의 신분을 가진 자
4. 공공기관의운영에관한법률 제4조 제1항 제3호에 해당하는 기관 중 정부가 $\frac{50}{100}$

이상의 지분을 가지고 있는 기관(한국은행 포함)의 상근임원

5. 농업협동조합법·수산업협동조합법·산림조합법·엽연초생산협동조합법에 의하여 설립된 조합의 상근 임원과 이들 조합의 중앙회장
6. 지방공기업법 제2조(적용 범위)에 규정된 지방공사와 지방공단의 상근 임원
7. 정당법 제22조 제1항 제2호의 규정에 의하여 정당의 당원이 될 수 없는 사립학교교원
8. 대통령령으로 정하는 언론인
9. 특별법에 의해 설립된 국민운동단체로서 국가 또는 지방자치단체의 출연 또는 보조를 받은 단체(바르게 살기운동협의회·새마을운동협의회·한국자유총연맹을 말하며, 시·도 조직 및 시·구·군 조직을 포함)의 대표자

ⓛ 제1항 본문에도 불구하고 다음 각 호의 어느 하나에 해당하는 경우에는 후보자등록 신청 전까지 그 직을 그만 두어야 한다.

ⓘ 비례대표 국회의원선거나 비례대표 지방의회의원 선거에 입후보하는 경우

ⅱ 보궐선거 등에 입후보하는 경우

ⅲ 국회의원이 지방자치단체의 장의 선거에 입후보하는 경우

ⅳ 지방의회의원이 다른 지방자치단체의 의회의원이나 장의 선거에 입후보하는 경우

ⓒ 비례대표 국회의원이 지역구 국회의원 보궐선거 등에 입후보하는 경우 및 비례대표지방의회의원이 해당 지방자치단체의 지역구지방의회의원 보궐선거 등에 입후보하는 경우에는 후보자등록신청전까지 그 직을 그만두어야 한다(공직선거법 §53·③).

ⓔ 위의 ㉠과 ⓛ 규정에 불구하고, 지방자치단체의 장은 선거구역이 당해 지방자치단체의 관할구역과 같거나 겹치는 지역구 국회의원선거에 입후보하고자 하는 경우에는 당해 선거의 선거일전 120일까지 그 직을 그만두어야 한다. 다만, 지방자치단체의 장이 임기가 만료된 후에 그 임기만료일부터 90일 후에 실시되는 지역구 국회의원선거에 입후보하려는 경우에는 그러하지 아니하다(공직선거법 §53·⑤).

④ 지방자치단체의 장의 대행과 대리

지방자치단체의 장의 권한대행에 관하여는 ㉮ 지방자치단체의 장이 궐위된 경우, 공소제기된 후 구금상태에 있는 경우, 의료법에 의한 의료기관에 60일 이상 계속하여 입원한 경우에는 부지사·부시장·부군수·부구청장(이하 부단체장이라 한다)이 그 권한을 대행한다(§111·①). 헌법재판소의 헌법불합치 판결에 따라 지방자치단체의 장이 「금고이상의 형을 선고받은 경우」 직무를 정지하고 부단체장이 권한을 대행하도록 했던 규정을 삭제하였다.

【헌재결】 〈지방자치단체의 장(이하 '자치단체장'이라 한다.)이 금고 이상의 형을 선고받고 그 형이 확정되지 아니한 경우 부단체장이 그 권한을 대행하도록 규정한 지방자치법(2007. 5. 11. 법률 제8423호로 전부 개정된 것〉 제111조 제1항 제3호(이하 '이 사건 법률조항'이라 한다)가 자치단체장인 청구인의

공무담임권 등 기본권을 침해하는지 여부(적극)》 헌법 제27조 제4항은 "형사피고인은 유죄의 판결이 확정될 때까지는 무죄로 추정된다."고 선언함으로써, 공소가 제기된 피고인이 비록 1심이나 2심에서 유죄판결을 선고받았더라도 그 유죄판결이 확정되기 전까지는 원칙적으로 죄가 없는 자에 준하여 취급해야 함은 물론, 유죄임을 전제로 하여 해당 피고인에 대하여 유형·무형의 일체의 불이익을 가하지 못하도록 하고 있다. 그런데 이 사건 법률조항은 '금고 이상의 형이 선고되었다.'는 사실 자체에 주민의 신뢰가 훼손되고 자치 단체장으로서 직무의 전념성이 해쳐질 것이라는 부정적 의미를 부여한 후, 그러한 판결이 선고되었다는 사실만을 유일한 요건으로 하여, 형이 확정될 때까지의 불확정한 기간 동안 자치 단체장으로서의 직무를 정지시키는 불이익을 가하고 있으며, 그와 같이 불이익을 가함에 있어 필요최소한에 그치도록 엄격한 요건을 설정하지도 않았으므로, 무죄추정의 원칙에 위배된다(헌재결 2010.9.2, 2010헌마418 지방자치법 제111조 제1항 제3호 위원확인).

㉯ 지방자치단체의 장이 그 직을 가지고 당해 지방자치단체의 장 선거에 입후보하는 경우에는 후보자등록을 한 날로부터 선거일까지 부단체장이 당해 지방자치단체의 장의 권한을 대행한다(지자법 §111·②). ㉰ 지방자치단체의 장이 출장·휴가 등 일시적 사유로 직무를 수행할 수 없는 경우에는 부단체장이 그 직무를 대리한다(§111·③). ㉱ 부지사나 부시장이 2명이상인 시·도에서는 대통령령으로 정하는 순서에 따라 그 권한을 대행하거나 직무를 대행한다(§111·④). ㉲ 권한을 대행하거나 직무를 대리할 부단체장이 부득이한 사유로 직무를 수행할 수 없으면 그 지방자치단체의 규칙에 정하여진 직제 순서에 따른 공무원이 권한을 대행하거나 직무를 대리한다(§111·⑤).

⑤ 체포 및 형사사건의 확정판결의 통지

체포·구금된 지방자치단체의 장이 있을 때에는 관계수사기관의 장은 지체 없이 영장의 사본을 첨부하여 당해 지방자치단체에 이를 통지하여야 한다. 또한 지방자치단체의 장이 형사사건으로 공소가 제기되어 그 판결이 확정된 때에는 각급 법원장은 지체 없이 당해 지방자치단체에게 이를 통지하여야 한다. 이들 경우에 있어서 통지를 받은 지방자치단체는 이를 즉시 행정안전부장관(시·군및 자치구가 행정안전부장관에게 보고하는 경우에는 시·도지사를 거쳐)에게 보고하여야 한다(지자법 §100).

3) 지방자치단체장의 권한

① 지방자치단체의 대표권

지방자치단체의 장은 당해 지방자치단체를 대표한다(§101). 단, 교육·과학·체육에 관한 사무는 교육감이 대표한다(지방교육자치에 관한 법률§18·②).

② 자치행정사무의 통할권

지방자치단체의 장은 당해 지방자치단체의 사무를 통할한다(§101). 단, 교육, 학예, 체육에 관한 사무는 교육감이 통할한다. 시·도와 시·군 및 자치구에서 시행하는 국가사무는 법령에 다른 규정이 없는 한 시·도지사와 시장·군수 및 자치구의 구청장에게 위임하여 행한다

(§102). 지방자치단체의 장은 자치행정에 있어서 최고의 행정관청의 지위에 있으므로 ㉮ 사무의 관리·집행권(§103) ㉯ 소속직원에 대한 지휘권·감독권 및 임면권·징계권(§91, §105) ㉰ 하부행정기관에 대한 지휘권, 감독권 및 임면권·징계권(§118, §119) ㉱ 채권발행·채무부담·예산·결산 등 재정에 관한 권한(§124, §127)을 가진다.

집행기관의 인사권에 지방의회가 사전에 적극적으로 개입하는 것은 지방자치법이 정한 의결기관과 집행기관 사이의 권한분리 및 배분의 취지에 위배되어 위법이 된다고 보아야 한다.

판례 ① **〈행정불만처리조정위원회 위원 일부의 위촉권을 지방의회의 장에게 부여한 조례안의 규정은 위법하다.〉** 지방의회가 집행기관의 인사권에 관하여 소극적·사후적으로 개입하는 것은 그것이 견제의 범위 안에 드는 경우에는 허용되나, 집행기관의 인사권을 독자적으로 행사하거나 동등한 지위에서 합의하여 행사할 수는 없으며, 사전에 적극적으로 개입하는 것도 원칙적으로 허용되지 아니하므로 조례안에 규정된 행정불만처리조정위원회 위원의 위촉, 해촉에 지방의회의 동의를 받도록 한 것은 사후에 소극적으로 개입하는 것으로서 지방의회의 집행기관에 대한 견제권의 범위에 드는 적법한 규정이라고 보아야 될 것이나, 그 일부를 지방의회 의장이 위촉하도록 한 것은 지방의회가 집행기관 인사권에 사전에 적극적으로 개입하는 것으로서 지방자치법이 정한 의결기관과 집행기관 사이의 권한분리 및 배분의 취지에 배치되는 위법한 규정이며, 또 집행기관의 인사권에 의장 개인의 자격으로는 관여할 수 있는 권한이 없고 조례로써 이를 허용할 수도 없으며, 따라서 의장 개인이 위원의 일부를 위촉하도록 한 조례안의 규정은 그 점에서도 위법하다(대판 1994.4.26, 93추175).

② **〈조례로 단체장의 예산안 편성권 또는 국·시비보조금의 예산계상신청권을 본질적으로 제한하는 내용을 규정할 수 없다.〉** 지방자치법상 의결기관과 집행기관 사이의 권한의 분리 및 배분의 취지에 비추어 보면, 지방의회는 지방자치단체의 예산을 심의·확정할 권한이 있으므로 지방자치단체의 재정부담을 수반하는 국·시비보조금의 사업이 적절하지 않다고 판단되면 관련 예산안에 대한 심의를 통하여 사후에 감시·통제할 수 있으나, 법령상 지방자치단체의 장에게 예산안 편성 또는 국·시비보조금의 예산계상 신청 등의 사무에 관한 집행권한을 부여하면서도 그 권한 행사에 대한 의회의 사전 의결 또는 사후 승인을 받도록 하는 등의 권한행사를 견제·제한하는 규정을 두거나 그러한 내용의 조례를 제정할 수 있다고 규정하고 있지 아니하는 한, 하위법규인 조례로써는 단체장의 예산안 편성권 또는 국·시비보조금의 예산계상 신청권을 본질적으로 제약하는 내용의 규정을 할 수 없고, 이러한 내용의 조례가 제정되었다면 이는 지방자치법에 위배된다(대판1996.5.10, 95추87).

상위법에 근거 없이 단체장 임명권을 제약하는 "지방공기업 사장 인사 청문회" 「조례」는 지방공기업법 등 관련법위반으로 무효이다. 즉, 지방자치단체장이 지방공기업의 사장을 임명하기 전에 지방의회의 인사청문회를 거치도록 한 "조례"는 상위법에 근거없이 단체장의 임명권을 제약하는 것이어서 위법하여 무효라는 것이다.

판례 **〈상위법령에 의하여 기관구성원의 임명·위촉권한이 지방자치단체의 장에게 전속적으로 부여된 경우, 조례로써 지방자치단체의 장의 임명·위촉권을 제약할 수 없다.〉** "상위법령에서 지방자치단체의 장에게 기관구성원 임명·위촉권한을 부여하면서도 임명·위촉권의 행사에 대한 지방의회의 동의를 받도록 하는 등의 견제나 제약을 규정하고 있거나 그러한 제약을 조례 등에서 할 수 있다고 규정하고 있지 않는 한 당해 법령에 의한 임명·위촉권은 지방자치단체의 장에게 전속적으로 부여된 것이라고 봐야 한다"며 "따라서 하위법규인 조례로써는 지방자치단체의 장의 임명·위촉권을 제약할 수 없다 할 것이고 지방의회의 지방자치단체 사무에 대한 비판·감시·통제를 위한 행정사무감사 및 조사권의 행사의 일환으로 위와 같은 제약을 규정하는 "조례"를 제정할 수도 없다(대판 2004.7.22, 2003추44).

판례 **〈정부업무평가기본법 제18조에서 지방자치단체의 장의 권한으로 정하고 있는 자체평가업무에 관한 사항에 대하여 지방의회가 견제의 범위 내에서 소극적·사후적으로 개입한 정도가 아니라 사전에 적극적으로 개입하는 내용을 지방자치단체의 조례로 정하는 것은 허용되지 않는다.〉** (대판 2007.2.9, 2006추45 조례안재의결무효)

판례 **〈당해 주민을 상대로 한 모든 행정기관의 행정처분에 대한 행정심판청구 지원, 또는 지방의회 스스로의 정당성 여부 판단을 기초로 당해 지방자치단체의 행정처분에 대한 행정심판청구 지원을 내용으로 한 조례안의 효력(무효)〉** 당해 지방자치단체의 주민을 상대로 한 모든 행정기관의 행정처분에 대한 행정심판청구를 지원하는 것을 내용으로 하는 조례안은 지방자치단체의 사무에 관한 조례제정권의 한계를 벗어난 것일 뿐 아니라, 가사 그 조례안이 당해 지방자치단체의 행정처분에 대한 행정심판청구만을 지원한다는 의미로 이해한다고 하더라도, 그 지원 여부를 결정하기 위한 전제로서 당해 행정처분의 정당성 여부를 지방의회에서 판단하도록 규정하고 있다면 이는 결국 지방의회가 스스로 행정처분의 정당성 판단을 함으로써 자치단체의 장을 견제하려는 것으로서 이는 법률에 규정이 없는 새로운 견제장치를 만드는 것이 되어 지방자치단체의 장의 고유권한을 침해하는 것이 되어 효력이 없다(대판 1997.3.28, 96추60 행정심판청구지원조례안재의결무효확인).

③ 규칙제정권

㉮ 의의·종류 : 규칙이란 지방자치단체의 장이 법령 또는 조례가 위임(개별적·구체적 위임)한 범위 안에서 그 권한에 속하는 사무에 관하여 제정하는 법이다(지자법 §23). 규칙은 외부적 효력을 갖는 일반적·추상적 규율로 실질적의미의 법령(법규)의 성질을 갖는다. 그러나 행정내부의 사무처리를 위한 지침적 성질을 갖는 행정규칙의 성질을 갖는 규칙도 있다.

판례 **〈구 서울특별시 하천점용규칙 제6조 제1항의 하천점용허가기간 규정은 법규성이 없으므로 그 규칙에 규정된 점용기간을 넘어서 점용허가를 하였다 하더라도 그 효력을 부정할 수 없다.〉** 구 서울특별시하천점용규칙 제6조 제1항에 하천점용허가기간을 최장 10년을 규정하고 있더라도 상위법규인 하천법이나 하천법시행령 또는 서울특별시 조례에 점용기간에 관한 아무런 제한적 규정도 없고 이를 자치법규인 위 서울특별시 하천점용규칙에 위임하고 있는 규정도 없는 이상

이는 행정청 내부에 있어서 그 권한행사의 방법을 정한 지침에 불과하여 국민에 대한 법규적 성질을 가진 것은 아니라고 해석되므로 그 규정된 점용기간을 넘어서 점용허가를 하였다 하더라도 그 효력을 부정할 수는 없다(대판 1985.12.23, 84누343).

규칙은 새로운 법규사항을 정하기 위하여는 법령 또는 조례의 개별적이고 구체적인 위임이 있어야 한다. 법령이나 조례의 위임을 받아 제정된 규칙을 「위임규칙」이라 한다.

규칙이 새로운 법규사항을 정하지 않고 단지 법령이나 조례를 시행하기위하여 제정되는 경우에는 법령 또는 조례의 위임 없이 직권으로 제정될 수 있다. 직권으로 제정된 규칙을 「직권규칙」이라 한다.

㉯ 법규명령인 고시와 구별 : 고시는 위임입법의 일종인 법규명령이므로 자치입법으로서의 규칙과 구별된다(행정규제기본법 §2·① 2호).

판례 **〈법령의 규정이 지방자치단체장(허가관청)에게 그 법령내용의 구체적인 사항을 정할 수 있는 권한을 부여하면서 그 권한행사의 절차나 방법을 정하지 아니하고 있는 경우, 그 법령의 내용이 될 사항을 구체적으로 규정한 지방자치단체장의 고시는, 그 법령의 규정과 결합하여 대외적 구속력 있는 법규명령이며, 허가관청인 지방자치단체장이 그 범위 내에서 허가기준을 정한 경우 그 허가기준의 효력은 유효하다.〉** 법령의 규정이 지방자치단체장(허가관청)에게 그 법령내용의 구체적인 사항을 정할 수 있는 권한을 부여하면서 그 권한행사의 절차나 방법을 정하지 아니하고 있는 경우, 그 법령의 내용이 될 사항을 구체적으로 규정한 지방자치단체장의 고시는, 당해 법률 및 그 시행령의 위임한계를 벗어나지 아니하는 한 그 법령의 규정과 결합하여 대외적인 구속력이 있는 법규명령으로서의 효력을 갖게 되고, 허가관청인 지방자치단체장이 그 범위 내에서 허가기준을 정하였다면 그 허가 기준의 내용이 관계 법령의 목적이나 근본취지에 명백히 배치되거나 서로 모순되는 등의 특별한 사정이 없는 한 그 허가기준이 효력이 없는 것이라고 볼 수는 없다(대판 2002.9.27, 2000두7933).

㉰ 규칙제정의 범위와 한계

㉠ 규칙제정사항 : 규칙을 제정할 수 있는 사항은 교육·학예에 관한 사항을 제외하고는 지방자치단체의 장의 권한에 속하는 모든 사무에 관한 사항이며, 자치사무·단체위임사무·기관위임사무를 모두 포함한다. 특히 기관위임사무의 경우에는 조례가 아니라 규칙으로 정하여야 한다(대판 1995.11.14, 94누13572). 규칙으로는 벌칙을 정할 수 있도록 위임하고 있지 않으므로 개별적인 법령의 근거가 없는 한 규칙으로 벌칙을 규정할 수는 없다(지자법 §27).

㉡ 법령우위의 원칙 : 규칙은 법령과 조례에 위반할 수 없으며(지자법 §23), 지방자치단체의 사무에 관한 조례 와 규칙은 조례가 보다 상위규범이라 할 수 있다(대판 1995.8.22, 94누5694). 시·

군 및 자치구의 규칙은 특별시·광역시·도의 조례나 규칙에 위반할 수 없다(지자법 §24).

㉣ 근 거 : 규칙은 법령 또는 조례의 위임이 있는 사항에 관하여 규정할 수 있다. 이 경우의 위임은 개별적·구체적 위임이어야 한다. 이 점이 일반적·포괄적 위임도 가능한 조례의 경우와 다른 점이다. 그러나 직권규칙은 지방자치단체의 장이 명문규정이 없어도 비침익적 사항에 관하여 제정할 수 있으므로 반드시 법령이나 조례의 위임이 있어야만 하는 것은 아니라 할 것이다.

㉤ 규칙제정절차 및 효력발생 : 규칙은 지방자치단체의 장이 제정하되, 공포예정 15일 전에 시·도지사는 행정안전부장관에게, 시장·군수 및 자치구의 구청장은 시·도지사에게 그 전문(全文)을 첨부하여 각각 보고하여야 하며, 보고를 받은 행정안전부장관은 이를 관계 중앙 행정기관의 장에게 통보하여야 한다(지자법 §28). 규칙의 공포절차와 효력발생시기는 조례의 경우와 같다. 따라서 특별한 규정이 없는 한 공포한 날로부터 20일을 경과함으로써 효력이 발생한다(지자법 § 26·⑦·⑧).

㉥ 재위임문제 : 판례는 기관위임사무의 재위임은 법령이 정하는 바에 따라 지방자치단체의 장이 제정한 규칙이 정하는 바에 따라 재위임이 가능하다고 한다.

판례 **〈기관위임사무는 조례에 의해 재위임할 수는 없고, 재위임은 법령이 정함에 따라 지방자치단체의 장이 제정한 규칙이 정하는 바에 따라 재위임하는 것만이 가능하다.〉** ① 위(건설업법상) 영업정지 등 처분에 관한 사무는 국가사무로서 지방자치단체의 장에게 위임된 이른 바 기관위임사무에 해당하므로 시·도 지사가 지방자치단체의 조례에 의하여 이를 구청장 등에게 재위임할 수는 없고 위 행정권한의 위임 및 위탁에 관한 규정 제4조에 의하여 위임기관의 장이 제정한 규칙이 정하는 바에 따라 재위임하는 것만이 가능하다고 할 것이다(대판 1995.7.11, 94누4615).

② 도시재개발에 의한 사업시행변경인가 관리처분계획인가 및 각 고시에 관한 사무는 국가사무로서 지방자치단체의 장에게 위임된 이른바 기관위임사무에 해당하므로 시·도지사가 지방자치단체의 조례에 의하여 이를 구청장 등에게 재위임할 수 없고, 정부조직법 제6조 제1항 및 이에 기한 행정권한의 위임 및 위탁에 관한 규정 제4조에 의하여 위임기관의 장이 승인을 얻은 후에 지방자치단체의 장이 제정한 규칙이 정하는 바에 따라 재위임하는 것만이 가능하다(대판 1995.11.14, 94누13572).

④ 주민투표부의권

지방자치단체의 장은 지방자치단체의 폐치·분합 또는 주민에게 과도한 부담을 주거나 중대한 영향을 미치는 지방자치단체의 주요 결정사항 등에 대하여 주민투표에 붙일 수 있다. 이에 관한 구체적 사항은 별도로 법률로 정한다(§14). 이에 근거하여 제정된 주민투표법에서는 주민투표의 대상·발의자·발의요건 기타 투표절차 등에 관하여 규정하고 있다.

⑤ 행정감독권

㉮ 위임사무의 지휘·감독 : 기관 또는 단체위임사무에 관하여는 시·도는 각 주무부장관의, 시·군·자치구는 제1차로 시·도지사, 제2차로 각 주무부장관의 지휘·감독을 받는다. 시·군·자치구나 그 장이 시·도의 사무를 위임받아 처리하는 경우에도 시·도지사의 지휘·감독을 받는다(§167).

㉯ 위법·부당한 명령·처분의 시정 : 지방자치단체의 장의 명령·처분 중 자치사무에 관한 것은 「위법인 경우에 한」하여, 위임사무(단체·기관 위임 포함)에 관한 것은 위법 또는 현저히 부당하여 공익을 해한다고 인정될 경우에는 시·도지사의 명령·처분은 각 주무부장관이, 시·군·자치구의 명령·처분은 시·도지사가 각각 기간을 정하여 시정을 명하고, 그 기간 내에 이행치 아니한 때에는 이를 취소·정지할 수 있다. 이 경우 「자치사무」에 관한 명령·처분의 취소·정지에 대하여 이의가 있을 때에는 15일 이내에 대법원에 제소할 수 있다(기관소송 §169).

㉰ 직무이행명령 : 지방자치단체의 장이 법령의 규정에 의하여 그 의무에 속하는 국가위임사무(단체·기관위임사무 포함) 또는 시·도 위임사무의 관리 및 집행을 명백히 태만히 하고 있다고 인정되는 때에는 시·도에 대하여는 각 주무부장관이, 시·군·자치구에 대하여 시·도지사가 기간을 정하여 서면으로 그 이행할 사항을 명령할 수 있으며, 기간 내에 이행치 아니할 때에는 당해 지방자치단체의 비용부담으로 대집행하거나 행정·재정상의 필요한 조치를 할 수 있다(§170). 이행명령에 이의가 있는 경우에는 이행명령서를 접수한 날부터 15일 이내에 대법원에 제소할 수 있으며, 이 경우 이행명령의 집행정지결정도 함께 신청할 수 있다(기관소송 §170·③). 이행명령제도는 지방자치를 보장하되 위임사무에 관한 한 지도·감독을 강화하기 위하여 1994년 3월 16일 지방자치법 개정시 신설되었다.

⑥ 하부행정기관의 장의 임명권

자치구가 아닌 구의 구청장은 시장이 임명하고, 읍장·면장·동장은 시장·군수 및 자치구의 구청장이 임명한다(지자법 § 118·①·②).

⑦ 선결처분권(후술함)

⑧ 지방의회에 대한 권한

㉮ 의회출석 진술권(§42) ㉯ 의회의 임시회 소집권(§45) ㉰ 소집요구권(§45) ㉱ 의회부의안건의 공고(§46) ㉲ 의안 예산안 발의권, 예산안편성권·집행권, 지방채발행권(§127, §124) ㉳ 조례안제안권(§66) ㉴ 조례안공포권(§26·②) ㉵ 재의요구권(후술함), ㉶ 조례안거부권(§26·③) ㉷ 지방의회의 재의결에 대한 대법원에의 출소권(§107·③, §172·③) ㉸ 선결처분권(후술함) 등이 있다.

⑨ 감사권 등

시·도지사는 지방자치단체의 자치사무에 관하여 보고를 받거나 서류·장부 또는 회계를 감사할 수 있다. 이 경우 감사는 법령위반사항에 한하여 실시한다(§171). 시·도지사는 감사를 실시하기 전에 사무의 처리가 법령에 위반되는지 여부 등을 확인하여야 한다(§171·②).

4) 지방의회와의 관계(특히 지방의회에 대한 견제 및 지방의회에 의한 견제)

① 개 설

지방자치단체의 장과 지방의회의 관계는 지방자치단체의 조직형태에 따라 다르겠으나, 우리나라와 같은 기관대립형의 경우에는 중앙정부에서와 마찬가지로 견제와 균형(checks and balance)을 이룩함으로써 어느 일방의 권한남용과 이로 인한 주민의 권익침해를 방지하기 위하여 여러 가지 상호 견제 수단을 마련해 두고 있다.

② 지방의회의 단체장에 대한 관계

지방의회는 자치단체의 ㉮ 최고 의결기관의 지위에서 예산·결산 등 자치사무의 대부분의 중요사항에 대한 의결권과 ㉯ 자치입법기관으로서 조례제정권, 그리고 ㉰ 집행기관에 대한 감시·비판·통제기관으로서 행정감사·조사권, 출석 및 서류제출요구권 등을 행사함으로써 지방자치단체의 집행기관을 구체적으로 통제한다.

③ 단체장의 지방의회에 대한 관계

지방자치단체의 장이 지방의회와의 관계에서 가지는 주요권한은 다음과 같다.

㉮ 지방의회의 임시회소집요구권 : 지방자치단체의 장은 지방의회의 의장에 대하여 임시회의 소집을 요구할 수 있다(§45·②). 다만 총선거 후 최초로 소집되는 임시회는 지방자치단체의 장이 아니라 지방의회사무처장·사무국장·사무과장이 소집한다(§45·①).

㉯ 의안발의권 : 지방자치단체의 장은 지방의회에서 의결할 의안을 발의할 수 있다(§66).

㉰ 의회출석·진술권 : 지방자치단체의 장은 지방의회나 그 위원회에 출석하여 행정사무의 처리상황을 보고하거나 의견을 진술하고 질문에 응답할 수 있다. 지방자치단체의 장은 지방의회나 그 위원회의 요구가 있는 때에는 출석·답변하여야 한다. 다만, 특별한 사유가 있는 경우에 지방자치단체의 장은 조례로 정하는 바에 의하여 관계공무원으로 하여금 출석·답변하게 할 수 있다(지자법§42·①·②·③).

㉱ 조례안의 공포권·거부권 : 지방자치단체의 장은 의결된 조례안을 이송받은 때에는 20일 이내에 이를 공포하여야 한다. 지방자치단체의 장은 이송받은 조례안에 대하여 이의가 있는 때에는 20일 이내에 이유를 붙여 지방의회로 환부하고 그 재의를 요구할 수 있다. 이 경우 지방자치단체의 장은 조례안의 일부에 대하여 또는 조례안을 수정하여 재의를 요구할 수 없다. 재의의 요구가 있는 때에는 지방의회는 재의에 붙여 재적의원 과반수의 출석과 출석의원 3분의 2 이상의 찬성으로 전과 같은

의결을 하면 그 조례안은 조례로서 확정된다. 지방자치단체의 장이 동조 제2항의 기간 내에 공포나 재의를 요구하지 아니한 때에도 그 조례안은 조례로서 확정된다(지자법 §26·①~⑤).

㉤ 재의요구권 및 소송제기권(제소권)

㉠ 조례의 재의요구 : 지방자치단체의 장은 이송받은 조례안에 대하여 이의가 있는 때에는 20일 내에 이유를 붙여 지방의회에 돌려보내 그 재의를 요구할 수 있다. 이 경우 지방자치단체의 장은 조례안의 일부에 대하여 또는 조례안을 수정하여 재의를 요구할 수 없다(지자법 §26·③). 지자법 제26조의 경우는 소의제기에 관한 규정이 없다. 하지만, 지방자치단체의 장의 재의요구에도 불구하고 조례안을 재의결하였을 경우, 지방자치단체의 장은 지자법 제107조 제3항의 규정에 의하여 법령위반을 이유로 대법원에 소를 제기할 수 있다고 본다(대판 1999.4.27. 99추23).

㉡ 의결이 월권·법령위반 등인 경우의 재의 요구 : 지방자치단체의 장은 지방의회의 의결이 월권 또는 법령에 위반되거나 공익을 현저히 해한다고 인정되는 때에는 그 의결사항을 이송받은 날부터 20일 이내에 이유를 붙여 재의를 요구할 수 있다. 재의의 결과 재적의원 과반수의 출석과 출석의원 3분의 2 이상의 찬성으로 전과 같은 의결을 하면 그 의결사항은 확정된다. 지방자치단체의 장은 재의결된 사항이 법령에 위반된다고 인정되는 때에는 재의결된 날부터 20일 이내 대법원에 소를 제기할 수 있다(지자법 §107·①·②·③).

판례 **〈재의결의 내용 일부만 위법인 경우도 의결 전부의 효력 부인된다.〉** 재의결의 내용 전부가 아니라 그 일부만이 위법한 경우에도 대법원은 의결 전부의 효력을 부인할 수밖에 없다. 왜냐하면 의결의 일부에 대한 효력배제는 결과적으로 전체적인 의결의 내용을 변경하는 것에 다름 아니어서 의결기관인 지방의회 고유권한을 침해하는 것이 될 뿐 아니라, 그 일부만의 효력배제는 자칫 전체적인 의결내용이 지방의회의 당초의 의도와는 다른 내용으로 변질될 우려가 있기 때문이다. 또 재의요구가 있는 때에는 재의요구에서 지적한 이의사항이 의결의 일부에 관한 것이라고 하여도 의결 전체가 실효되고 재의결만이 의결로서 효력을 발생하는 것이어서 의결의 일부에 대한 재의요구나 수정재의 요구가 허용되지 않는 점(지자법 §19·②)에 비추어 보아도 그렇다(대판 1992.7.28, 92추31).

㉢ 예산상 집행불가능한 의결인 경우의 재의요구 : 지방자치단체의 장은 지방의회의 의결이 ⓐ 예산상 집행할 수 없는 경비가 포함되어 있다고 인정되는 때, ⓑ 법령에 의하여 지방자치단체에서 의무적으로 부담해야 할 경비를 삭감한 때, ⓒ 비상재해로 인한 시설의 응급복구를 위하여 필요한 경비를 삭감한 때에는 그 의결사항을 이송받은 날부터 20일 이내에 이유를 붙여 재의를 요구할 수 있다. 이들에

대한 재의결인 경우에도 제107조 제2항의 규정을 준용한다(지자법§108·①·②·③). 따라서 재적의원 과반수의 출석과 출석의원 3분의 2 이상의 찬성으로 의결하면 그 의결사항은 확정된다.

㉣ 감독청의 요청에 의한 재의요구 및 제소 : ⓐ 지방의회의 의결이 법령에 위반되거나 공익을 현저히 해한다고 판단될 때에는 시·도에 대하여는 주무부장관이, 시·군 및 자치구에 대하여는 시·도지사가 재의를 요구하게 할 수 있고, 재의의 요구를 받은 지방자치단체의 장은 의결사항을 이송받은 날부터 20일 이내에 지방의회에 이유를 붙여 재의를 요구하여야 한다. 재의의 결과 재직의원 과반수의 출석과 출석의원 3분의 2 이상의 찬성으로 전과 같은 의결을 하면 그 의결사항은 확정된다(지자법§172·①·②).

지방자치단체의 장은 재의결된 사항이 법령에 위반된다고 판단되는 때에는 재의결된 날부터 20일 이내에 대법원에 소를 제기할 수 있고, 그 의결의 집행을 정지하게 하는 집행정지결정을 신청할 수 있다(지자법§172·③).

ⓑ 주무부장관 또는 시·도지사는 재의결된 사항이 법령에 위반된다고 판단됨에도 당해 지방자치단체의장이 소를 제기하지 아니하는 때에는 당해 지방자치단체의 장에게 제소를 지시하거나 직접 제소 및 집행정지결정을 신청할 수 있다(지자법§172·④). 제소의 지시는 동조 제3항의 기간이 경과한 날부터 7일 이내에 하고, 당해 지방자치단체의 장은 제소지시를 받은 날부터 7일 이내에 제소하여야 한다(§172·⑤). 주무부장관 또는 시·도지사는 동조 제5항의 기간이 경과한 날부터 7일 이내에 직접 제소할 수 있다(§172·⑥).

ⓒ 지방의회의 의결이 법령에 위반된다고 판단되어 주무부장관 또는 시·도지사로부터 재의요구지시를 받은 지방자치단체의 장이 재의를 요구하지 아니하는 경우(법령에 위반되는 지방의회의 의결사항이 조례안인 경우로서 재의요구지시를 받기 전에 당해 조례안을 공포한 경우를 포함한다)에는 주무부장관 또는 시·도지사는 제1항의 규정에 의한 기간이 경과한 날부터 7일 이내에 대법원에 직접제소 및 집행정지결정을 신청할 수 있다(§172·⑦).

ⓓ 지방의회의 의결 또는 제2항의 규정에 의하여 재의결된 사항이 2 이상의 부처와 관련되거나 주무부장관이 불분명한 때에는 행정안전부장관이 재의요구 또는 제소를 지시하거나 직접제소 및 집행정지결정을 신청할 수 있다(§172·⑧).

판례 〈지방자치법(각 조문)상의 재의요구의 요건·대상·기간의 차이〉 지방자치법 제19조 제3항·제98조 제1항·제99조 제1항의 규정에 의한 재의요구와 같은 법 제159조 제1항의 규정에 의한 재의요구는 그 요건과 대상 등을 달리 규정하고 있어 서로 별개의 것으로 보아야 할 것이므로 같은 제159조 제1항의 규정에 의한 재의요구에 대하여는 다른 조항에 규정된 재의요구기간을 적용하거나 준용할 수는 없다 할 것이나 같은 법 제159조 제3항이 대법원에 제소하였을 때에는 의결의 효력이 정지된다고 규정하고 있음에 비춰 같은 조 제1항에 의한 재의요구는 언제라도 할 수 있는 것이 아니라 의결이 재의요구를 할 수 없는 상태로 확정될 때까지로 제한된다고 할 것이다(대판 1992.6.23, 92추17). 그러나 2005년 1월 27일 제159조 제1항 개정으로 「의결사항을 이송받은 날부터 20일 이내에 지방의회에 이유를 붙여 재의를 요구하여야 한다」로 개정되었다.

ⓔ 제107조상의 지방의회의 의결에 대한 재의요구와 제소, 그리고 제172조상의 지방의회의 의결에 대한 재의와 제소를 함에 있어서는 지방자치단체의 장은 법령에 위반된다고 인정되는 재의결에 대하여 재의결된 날로부터 20일 이내에 대법원에 재의결이 무효확인을 구하는 기관소송을 제기하는 것이며,[51] 이는 원고의 권리침해와 무관하게 재의결의 객관적 위법성을 따지는 객관소송이라고 보는 견해가 다수설이다.[52]

ⓕ 또한 지방자치단체의 장은 「자치사무」에 관한 명령이나 처분의 취소 또는 정지에 대하여 이의가 있는 때에는 그 취소 또는 정지처분을 통보받은 날로부터 15일 이내에 대법원에 소를 제기할 수 있고(§169·②), 지방자치단체의 장은 주무부장관이나 시·도지사의 직무이행명령에 이의가 있는 때에는 이행명령서를 접수한 날부터 15일 이내에 대법원에 소를 제기할 수 있고, 이행명령의 집행을 정지하게 하는 집행정지결정을 신청할 수 있다(§170·③).

㉳ 선결처분권

㉠ 의 의 : 지방자치단체의 장은 지방의회가 성립되지 아니한 때(의원의 구속 등의 사유로 제64조 규정에 의한 의결정족수에 미달하게 된 때를 말한다)와 지방의회의 의결사항 중 주민의 생명과 재산보호를 위하여 긴급하게 필요한 사항으로서 지방의회를 소집할 시간적 여유가 없거나, 지방의회에서 의결이 지체되어 의결되지 아니한 때에는 선결처분할 수 있다(지자법 §109·①).

이 제도는 지방자치단체의 장의 집행권을 보장해주기 위한 제도로 지방의회에 대한 견제의 기능을 가지며 특히 긴급한 상황하에서 지방자치단체의 장에 의한 주민의 생명과 재산의 보호를 보장하기 위하여 인정된 제도이다. 이는 국가의 대통령 긴급처분·긴급재정처분에 상응하는 제도이다.

㉡ 요 건 : ⓐ 지방의회가 성립되지 아니한 때(의결정족수 미달을 포함)와, ⓑ 지방의회가 성립된 경우에는 의회의 의결사항 중 주민의 생명과 재산보호를 위하여 긴급하게 필요한 사항으로서 의회를 소집할 시간적 여유가 없거나 의결이 지체되어 의결되지 못한 때에는 각각 선결처분을 할 수 있다. 지방자치단체의 장의 선결처분권은 긴급상황인 경우에 예외적으로 인정되는 것이므로 긴급상황의 요건은 엄격하게 판단하여야 한다.

---

51) 박균성, 행정법론(하), 89쪽.

52) 홍정선, 지방자치법학, 2001, 232쪽 ; 정하중, "조례제정권의 범위와 한계", 고시연구 1998. 8, 16쪽.

㉢ 선결처분권의 대상(범위) : 선결처분에서의 "처분"의 의미는 행정소송법이나 행정절차법상의 처분이 아니라 지방자치단체의 장의 결정을 의미하는 것인 바, ⓐ 지방의회가 성립되지 아니한 경우에 있어서의 선결처분은 지방의회의 의결사항은 모두 지방자치단단의 장의 선결처분의 대상이 되고, ⓑ 지방의회가 성립된 경우에 있어서의 선결처분은 "지방의회의 의결사항 중 주민의 생명과 재산보호를 위하여 긴급하게 필요한 사항"에 한하여 선결처분의 대상이 된다(지자법 §109·①).

㉣ 승 인 : 선결처분은 다음 회기의 지방의회에 보고하여 승인을 얻어야 하며, 승인을 얻지 못하면 그 때부터 선결처분은 그 효력을 상실한다. 승인이나 승인을 얻지 못한 사항 등을 지체 없이 공고하여야 한다.

㉤ 선결처분 및 승인거부에 대한 통제와 불복 : ⓐ 선결처분은 지방자치단체의 장의 결정이므로 지방자치법상의 지방자치단체의 장의 처분에 대한 감독기관과 주민 등의 통제를 받고, 선결처분이 행정소송법상 처분에 해당하는 경우에 권익을 침해받은 자는 선결처분에 대하여 항고소송을 제기할 수 있다.

ⓑ 승인거부는 지방의회의 의결에 해당한다. 따라서 지방의회의 의결에 대해 지방자치법상의 지방자치단체의 장의 재의요구 및 감독기관의 재의요구지시, 제소지시, 직접제소가 가능하다고 본다. 다만 입법론으로는 지방의회의 승인거부에 대한 지방자치단체의 장 및 감독기관 등의 통제에 관하여 명문의 규정을 두어야 할 것이다. 선결처분이 침익적 행위가 아닌 수익적 행위이거나 제3자효(복효적) 행정행위인 경우에 지방의회의 승인거부는 이들 행위의 효력을 상실시키므로 행정소송법상 처분에 해당한다. 따라서 수익적 행정행위의 상대방이거나 제3자효 행정행위로 인하여 이익을 받고 있던 자는 승인거부로 인하여 이익을 침해받게 되기 때문에 지방의회의 승인거부에 대하여 항고소송을 제기할 수 있다.[53)]

㉥ 문제점 : 천재지변·화재·폭발 등의 대형사고 등의 경우에 지방의회의 의결 없이도 긴급한 처분을 할 수 있도록 한 제도이지만, 처분의 목적·요건은 명시되어 있으나 처분의 내용은 명시되어 있지 않기 때문에 권한남용의 우려가 있다.

【참고】

(1) 지방의회의 권한의 제한에 관한 판례

① **〈지방자치법 제107조(현행 § 116) 소정의 합의제기관 및 지역주민을 위하여 동사무소에 설치된 각종 편익시설과 프로그램을 총칭하는 주민자치센터의 운영에 관하여 주민자치위원회의 의결을 거치도록 한 조례안의 규정이 법령에 위반되지 않는다.〉** 지방자치법 제107조 소정의 '합의제행정기관'의 범위 및 지역주민을 위하여 동사무소에 설치된 각종 편익시설과 프로그램을 총칭하는 주민자치센터의 운영에 관하여 주민자치위원회의 의결을 거치도록 한 조례안의 규정이 법령에 위반된다고 단정할 수 없다(대판 2000.11.10, 2000추36 : 인천광역시동구주민자치센터설치및운영조례안재의결무효확인청구).

53) 박균성, 행정법론(하), 91쪽.

② **〈헌법이나 법령에 근거규정 없이도 합의제행정기관인 옴부즈맨의 설치를 조례로 정할 수 있다.〉** 합의제행정기관인 옴부즈맨(ombudsman)을 집행기관의 장인 도지사 소속으로 설치하는데 있어서는 지방자치법 제 107조 제1항의 규정에 따라 당해 지방자치단체의 조례로 정하면 되는 것이지 헌법이나 다른 법령상으로 별도의 설치근거가 있어야 되는 것은 아니다(대판 1997.4.11, 96추138:옴부즈맨조례안재의결무효확인).

③ **〈지방의회의 행정감시·통제기능을 제한·박탈하거나 제3의 기관 또는 집행기관 소속의 특정행정기관에 일임하는 조례제정은 무효이다.〉** 지방자치단체의 집행기관의 사무집행에 관한 감시·통제기능은 지방의회의 고유권한이므로 이러한 지방의회의 권한을 제한·박탈하거나 제3의 기관 또는 집행기관 소속의 어느 특정 행정기관에 일임하는 내용의 조례를 제정한다면 이는 지방의회의 권한을 본질적으로 침해하거나 그 권한을 스스로 저버리는 내용의 것으로서 지방자치법령에 위반되어 무효이다(대판 1997.4.11, 96추138).

(2) 지방자치단체의 장의 권한의 제한에 관한 판례

① **〈당해 주민을 상대로 한 모든 행정기관의 행정처분에 대한 행정심판청구지원 또는 지방의회 스스로의 정당성여부판단을 기초로 당해 지방자치단체의 행정처분에 대한 행정심판청구지원을 내용으로 하는 조례안은 무효이다.〉**

「당해 지방자치단체의 주민을 상대로 한 모든 행정기관의 행정처분에 대한 행정심판청구를 지원하는 것을 내용으로 하는 조례안은 지방자치단체의 사무에 관한 조례제정권의 한계를 벗어난 것일 뿐만 아니라, …… 그 지원여부를 결정하기 위한 전제로서 당해 행정처분의 정당성 여부를 지방의회에서 판단하도록 규정하고 있다면 이는 결국 지방의회가 스스로 행정처분의 정당성 판단을 함으로써 자치단체의 장을 견제하려는 것으로서 이는 법률에 규정이 없는 새로운 견제장치를 만드는 것이 되어 지방자치단체의 장의 고유권한을 침해하는 것이 되어 효력이 없다」(대판 1997.3.28, 96추60 : 행정심판청구지원조례안재의결무효확인).

② **〈집행기관의 고유권인 인사권행사에 지방의회는 견제의 범위 내에서 소극적·사후적으로 개입할 수 있을 뿐 사전에 적극적으로 개입하는 것은 허용되지 않는다. 구청장이 주민자치위원회 위원을 위촉함에 있어 동장과 당해 지역 구의원 개인과의 사전협의가 필요한 것으로 하는 조례안은 법령에 위반된다.〉** 집행기관의 고유권한에 속하는 인사권 행사에 있어서 지방의회는 견제의 범위 내에서 소극적·사후적으로 개입할 수 있을 뿐 사전에 적극적으로 개입하는 것은 허용되지 아니한다. 또 집행기관을 비판·감시·견제하기 위한 의결권·승인권·동의권 등의 권한도, 지방자치법상 의결기관인 지방의회에 있는 것이지 의원 개인에게 있는 것이 아니므로 지방의회가 재의결한 조례안에서 구청장이 주민자치위원회위원을 위촉함에 있어 동장과 당해 지역 구의원 개인과의 사전협의절차가 필요한 것으로 규정함으로써 지방의회 의원 개인이 구청장의 고유권한인 인사권 행사에 사전 관여할 수 있도록 규정하고 있는 것 또한 지방자치법상 허용되지 아니한다(대판 2000.11.10, 2000추36 ; 인천광역시동구주민자치센터설치및운영조례안재의결무효확인청구).

③ **〈공공기관의 장이 정보공개심의회 위원의 과반수 이상을 반드시 외부인사로 위촉하여야 하고 부위원장을 시민복지국장으로 한다고 규정한 조례안은 지방의회가 단순한 견제의 범위를 넘어 집행기관의 장의 인사권의 본질적 부분을 사전에 적극적으로 침해한 것으로 관련 법령의 규정 취지에 위배된다.〉**(대판 2002.3.15, 2001추95 조례안재의결무효확인).

④ **〈지방공무원의 파견에 관한 지방자치단체의 장의 임용권행사에 대하여 조례로써 지방의회가 상호견제의 범위를 넘어 적극적으로 관여하는 경우, 그 조례규정은 법령에 위반된다.〉** 조례안에서 지방자치단체의 장이 재단법인 광주비엔날레의 업무수행을 지원하기 위하여 소속지방공무원을 위 재단

법인에 파견함에 있어 그 파견기간과 인원을 정하여 지방의회의 동의를 얻도록 하고, 이미 위 재단법인에 파견된 소속 지방공무원에 대하여는 조례안이 조례로서 시행된 후 최초로 개회되는 지방의회에서 동의를 얻도록 규정하고 있는 경우, 그 조례안 규정은 지방자치단체의 장의 고유권한에 속하는 소속 지방공무원에 대한 임용권 행사에 대하여 지방의회가 동의 절차를 통하여 단순한 견제의 범위를 넘어 적극적으로 관여하는 것을 허용하고 있다는 이유로 법령에 위반된다(대판 2001.2.23, 2000추67: 재단법인광주비엔날레지원조례중개정조례안재의결무효확인).

⑤ **〈주민자치센터운영위원회는 하부행정기관인 동장의 보조기관에 해당하고, 당해 동 구의원 개인이 주민자치센터운영위원회의 당연직 위원장이 된다고 규정한 조례안은 법령에 위반된다.〉** 주민자치센터의 설치와 운영은 지역주민의 복리증진을 위한 지방자치단체 고유의 자치사무에 속하고, 주민자치센터운영위원회는 하부 행정기관인 동장의 주민자치센터의 설치와 운영에 관한 집행사무를 심의하기 위한 보조기관에 해당한다고 해석되고, …… 또 집행기관을 비판·감시·견제하기 위한 의결권·동의권·승인권 등의 권한도 법상 의결기관인 지방의회에 있는 것이지 의원 개인에게 있는 것이 아닌바, 주민자치센터설치·운영조례안에서 당해 동 구의원 개인이 그 운영위원회의 당연직 위원장이 된다고 규정하고 있는 것은 지방의회의원 개인이 하부 행정기관인 동장의 권한에 속하는 주민자치센터의 설치와 운영을 심의하는 보조기관인 운영위원회의 구성과 운영에 적극적·실질적으로 사전에 개입하여 관여할 수 있게 함을 내용으로 하는 것으로서 지방의회의원의 법령상 권한 범위를 넘어 법령에 위반된다(대판 2001.12.11, 2001추64: 지방의회조례안의결취소).

⑥ **〈공유재산의 대부와 같은 관리행위를 지방의회의 의결사항으로 정한 조례는 적법하다.〉**(대판 2000.11.24, 2000추29: 단양군공유재산관리조례중개정조례안에대한재의결)

⑦ **〈지방자치법 제13조의 2(현행 제14조)상의 주민투표의 시행여부는 지방자치단체의 장의 재량이므로 지방의회가 조례로 정한 특정한 사항에 관하여는 일정한 기간 내에 반드시 투표를 실시하도록 규정한 조례안은 지방자치단체의 장의 고유권한을 침해하는 규정이다.〉**(대판 2002.4.26, 2002추23 조례안재의결무효확인)

⑧ **〈시장으로 하여금 가스사업자에 대하여 가스공급계획에 의한 가스공급시설의 미설치 승인시 일정 규모 이상의 가스공급시설을 추가 설치할 수 있도록 가스공급계획을 변경하도록 하고, 가스공급시설 설치지역의 우선순위도 민원을 제기한 지역의 주민의 수만으로 결정하도록 규정한 지방자치단체의 조례안이 시장의 집행권을 본질적으로 침해하는 것으로 관련법령에 위배된다.〉**

〈그러나 시장으로 하여금 가스공급시설 공사계획의 수립 또는 도시가스의 공급조건에 관한 공급규정의 승인이나 변경시 시의회에 보고하고 의견을 청취하도록 규정한 지방자치단체의 조례안은 시장의 집행권을 본질적으로 침해하는 것은 아니며 법령에 위배되지 않는다.〉(대판 2001.11.27, 2001추57 조례안재의결무효확인)

판례 **〈옴부즈맨 구성원의 임면시 지방의회의 사전동의를 얻도록 조례로써 정한 것은 집행기관의 인사권을 침해한 것이라 할 수 없다.〉** 집행기관의 구성원의 전부 또는 일부를 지방의회가 임면하도록 하는 것은 지방의회가 집행기관의 인사권에 사전에 적극적으로 개입하는 것이어서 원칙적으로 허용되지 않지만, 지방자치단체의 집행기관의 구성원을 집행기관의 장이 임면하되 다만 그 임면에 지방의회의 동의를 얻도록 하는 것은 지방의회가 집행기관의 인사권에 소극적으로 개입하는 것으로서 지방자치법이 정하고 있는 지방의회의 집행기관에 대한 견제권의 범위 안에 드는 적법한 것이므로, 지방의회가 조례로써 옴부즈맨의 위촉(임명)·해촉시에 지방의회의 동의를 얻도록 정하였다고 해서 집행기관의 인사권을 침해한 것이라고 할 수 없다 (대판 1997.4.11, 96추138 옴부즈맨조례안재의결무효확인).

판례 〈지방자치단체의 장으로 하여금 지방자치단체가 설립한 지방공기업 등의 대표에 대한 임명권의 행사에 앞서 지방의회의 인사청문회를 거치도록 한 조례안이 지방자치단체의 장의 임명권에 대한 견제나 제약에 해당한다는 이유로 법령에 위반된다.〉 (대판 2004.7.22, 2003추44)

【판시사항】

〈지방의회의원이 지방자치단체의 장이 조례안으로서 제안한 행정기구를 종류 및 업무가 다른 행정기구로 전환하는 수정안을 발의하여 지방의회가 의결 및 재의결하는 것은 허용되지 아니한다.〉

【판결요지】

지방자치법령은 지방자치단체의 장으로 하여금 지방자치단체의 대표자로서 당해 지방자치단체의 사무와 법령에 의하여 위임된 사무를 관리·집행하는 데 필요한 행정기구를 설치할 고유의 권한과 이를 위한 조례안의 제안권을 가지도록 하는 반면 지방의회로 하여금 지방자치단체의 장의 행정기구의 설치권한을 견제하도록 하기 위하여 지방자치단체의 장이 조례안으로서 제안한 행정기구의 축소, 통폐합의 권한을 가지는 것으로 하고 있으므로, 지방의회의원이 지방자치단체의 장이 조례안으로서 제안한 행정기구를 종류 및 업무가 다른 행정기구로 전환하는 수정안을 발의하여 지방의회가 의결 및 재의결하는 것은 지방자치단체의 장의 고유 권한에 속하는 사항의 행사에 관하여 사전에 적극적으로 개입하는 것으로서 허용되지 아니한다(대판 2005.8.19, 2005추48 ; 광주광역시북구행정기구설치조례일부개정조례안에대한수정안재의결무효확인청구).

판례 〈구의회의원에게 본회의 또는 위원회활동과 무관하게 동장의 권한을 통제할 수 있는 권능을 부여하는 조례안은 허용될 수 없다.〉 지방자치법은 의결기관으로서의 의회의 권한과 집행기관으로서의 단체장의 권한을 분리하여 배분하는 한편, 의회는 행정사무감사와 조사권 등에 의하여 단체장의 사무집행을 감시 통제할 수 있게 하고 단체장은 의회의 의결에 대한 재의요구권 등으로 의회의 의결권행사에 제동을 가할 수 있게 함으로써 상호 견제와 균형을 유지하도록 하고 있는 것인바, 위와 같은 의회의 의결권과 집행기관에 대한 행정감사 및 조사권은 의결기관인 의회 자체의 권한이고 의회를 구성하는 의원 개개인의 권한이 아닌바, 의원은 의회의 본회의 및 위원회의 의결과 안건의 심사 처리에 있어서 발의권, 질문권, 토론권 및 표결권을 가지며 의회가 행하는 지방자치단체사무에 대한 행정감사 및 조사에서 직접 감사 및 조사를 담당하여 시행하는 권능이 있으나, 이는 의회의 구성원으로서 의회의 권한행사를 담당하는 권능이지 의원 개인의 자격으로 가지는 권능이 아니므로 의원은 의회의 본회의 및 위원회의 활동과 아무런 관련 없이 의원 개인의 자격에서 집행기관의 사무집행에 간섭할 권한이 없으며, 이러한 권한은 법이 규정하는 의회의 권한 밖의 일로서 집행기관과의 권한한계를 침해하는 것이어서 허용될 수 없다(대판 1992.7.28, 92추31 지방의회조례안의결취소).

광주직할시서구동정자문위원회조례 중 개정조례안 중 동정자치위원회를 구성하는 위원의 위촉과 해촉에 관한 권한을 동장에게 부여하면서 그 위촉과 해촉에 있어서 당해 지역 구의원과 협의하도록 한 규정은 지방자치단체의 하부집행기관인 동장에게 인사와 관련된 사무권한의 행사에 있어서 당해 지역 구의원과 협의하도록 의무를 부과하는 한편 구의원에게는 협의의 권능을 부여한 것이나, 이는 구의회의 본회의 또는 위원회의 활동과 관련 없이 구의원 개인에게 하부집행기관의 사무집행에 관여하도록 함으로써 하부집행기관의 권능을 제약한 것에 다름 아니므로, 이러한 규정은 법이 정한 의결기관과 집행기관 사이의 권한분리 및 배분의 취지에 위반되는 위법한 규정이라고 볼 수밖에 없다.

(2) 장의 보조기관·보좌기관

1) 광역단체 부시장·부지사

특별시의 부시장은 3명을 넘지 않는 범위에서, 광역시와 특별자치시의 부시장 및 도와 특별자치도의 부지사는 2명(인구 800만 이상의 광역시나 도는 3명)을 넘지 않는 범위에서 각각 대통령령으로 정하는 바에 따라 정무직 또는 일반직 국가공무원으로 보한다(지자법 §110·①·②). 다만, 특별시와 광역시의 부시장, 도와 특별자치도의 부지사를 2명이나 3명을 두는 경우에 1명은 대통령령으로 정하는 바에 따라 정무직·일반직 또는 별정직 지방공무원으로 보하되, 정무직과 별정직 지방공무원으로 보할 때의 자격기준은 해당 지방자치단체의 조례로 정한다(지자법 §110·②). 정무직 또는 일반직 국가공무원으로 보하는 부시장·부지사는 시·도지사의 제정으로 행정안전부장관을 거쳐 대통령이 임명하는데, 이 경우 제정된 자에게 법적결격사유가 없으면 30일 이내에 그 임명절차를 마쳐야 한다(지자법 §110·③). 시·도의 부시장·부지사를 2명이나 3명을 두는 경우에 그 사무분장은 대통령령으로 정하고, 부시장·부지사를 3명을 두는 시·도에서는 그 중 1명에게 특정지역의 사무를 담당하게 할 수 있다(지자법 §110·⑥).

2) 기초단체 부시장·부군수·부구청장

시의 부시장, 군의 부군수, 자치구의 부구청장의 정수는 1인으로 하고, 일반직 지방공무원으로 보하되, 그 직급은 대통령령으로 정하며 당해 시장·군수·구청장이 임명한다(지자법 §110·①·3호, §110·④).

3) 자치구 아닌 구청장, 읍·면·동장

자치구가 아닌 구의 구청장은 일반직 지방공무원으로 보하되 시장이 임명한다. 읍·면·동장은 일반직 지방공무원으로 보하되, 시장·군수 및 자치구의 구청장이 임명한다(지자법 §118).

4) 자치단체에의 국가공무원 임명

지방자치단체에는 법률이 정하는 바에 따라 국가공무원을 둘 수 있는데, 5급 이상의 국가공무원 또는 고위공무원단에 속하는 공무원은 당해 지방자치단체의 장의 제청으로 소속장관을 거쳐 대통령이 임명하고, 6급 이하의 국가공무원은 당해 지방자치단체의 장의 제청으로 소속장관이 임명한다는 점이다(지자법 §112·⑤·⑥).

(3) 소속행정기관

1) 직속기관

지방자치단체는 그 소관사무의 범위 안에서 필요한 때에는 대통령령 또는 대통령령이 정하는 바에 의하여 당해 지방자치단체의 조례로 자치경찰기관(제주특별자치도에 한한다). 소방기관·교육훈련기관·보건진료기관·시험연구기관 및 중소기업지도기관 등을 직속기관으로 설치할 수 있다(지자법 §113).

서울특별시 및 광역시의 소방서만 지방자치단체의 기관이고 그 이외의 소방서는 국가기관이었으나 소방법(이는 다시 소방기본법으로 개정되었다)과 지방자치법 개정으로 소방사무는 도까지 모두 광역자치단체의 사무로 되었다.

2) 사 업 소

지방자치단체는 특정업무를 효율적으로 수행하기 위하여 필요한 때에는 대통령령이 정하는 바에 의하여 당해 지방자치단체의 조례로 사업소를 설치할 수 있다(지자법 §114).

3) 출 장 소

지방자치단체는 원격지 주민의 편의와 특정지역의 개발 촉진을 위하여 필요한 때에는 대통령령이 정하는 바에 의하여 당해 지방자치단체의 조례로 출장소를 설치할 수 있다(지자법 §106).

4) 합의제행정기관

지방자치단체는 그 소관사무의 일부를 독립하여 수행할 필요가 있는 때에는 법령 또는 당해 지방자치단체의 조례가 정하는 바에 의하여 합의제행정기관을 설치할 수 있다. 합의제행정기관의 설치·운영에 관하여 필요한 사항은 대통령령 또는 당해지방자치단체의 조례로 정한다(지자법 § 116·①·②).

판례 ① 지방자치법 제107조(현행 §116) 소정 '합의제행정기관'의 범위 및 지역주민을 위하여 동사무소에 설치된 각종편익시설과 프로그램을 총칭하는 주민자치센터의 운영에 관하여 주민자치위원회의 의결을 거치도록 한 조례안의 규정이 법령에 위반된다고 단정할 수 없다(대판 2000.11.10, 2000추36).

② 합의제 행정기관인 옴부즈맨(ombudsman)을 집행기관의 장인 도지사 소속으로 설치하는데 있어서는 지방자치법 제107조 제1항(현 지방자치법 §116·①)의 규정에 따라 지방자치단체의 조례로 정하면 되는 것이지 헌법이나 다른 법령상으로 별도의 설치근거가 있어야 되는 것은 아니다(대판 1997.4.11, 96추138).

5) 자문기관

지방자치단체는 소관사무의 범위 안에서 법령이나 조례로 정하는 바에 따라 심의회·위원회 등의 자문기관을 설치·운영할 수 있다. 설치된 자문기관은 해당 지방자치단체의 조례로 정하는 바에 따라 성격과 기능이 유사한 다른 자문기관의 기능을 포함하여 운영할 수 있다(지자법 §116의 2). 자문기관의 설치근거를 법률에 명시하고, 유사·중복기능을 수행하는 자문기관은 조례로 통합하여 설치·운영할 수 있게 하였다.

(4) 지방자치단체의 하부행정기관

1) 자치구가 아닌 구청장, 읍장, 면장

① 자치구는 특별시와 광역시의 관할구역 안의 구에 한하여 인정된다(지자법 §2·②, §3·②). 지방자치단체에는 특별시, 광역시, 특별자치시, 도, 특별자치도와 시·군 및 자치구가 있고(지자법 §2·①), 특정목적의 수행을 위해 필요한 경우에는 별도의 특별지방자치단체를 설치할 수 있는 바, 이는 다음에 설명하는 지방자치단체조합이다(지자법 §2·③). 특별시 또는 광역시가 아닌 인구 50만 이상의 시에는 자치구가 아닌 구를 둘 수 있고(지자법 §3·③), 자치구가 아닌 구청장은 일반직 지방공무원으로 보하되 시장이 임명하며, 시장의 지휘·감독을 받아 소관국가사무 및 지방자치단체의 사무를 맡아 처리하고 소속직원을 지휘·감독하는 하급행정기관이다(지자법 §117, §119).

② 읍·면은 종래에는 지방자치단체였으나 현행 지방자치법에서는 군의 행정구역에 불과하게 되었으며, 따라서 읍·면장도 지방자치단체의 지위는 인정되지 아니하나 군수의 지휘·감독을 받아 자기 이름으로 소관된 군자치사무와 국가사무를 관리하므로 보좌기관인 동시에 하급행정청의 지위에 있으면서 국가사무를 수임처리한 범위 안에서 국가기관의 지위도 가진다.

2) 위임된 사무는 자신의 이름과 권한으로 처리하며, 반대로 위임을 받지 않고 행한 사무처리의 효과는 위임자에게 발생할 수 없다. 그리고 위임관청의 감독권은 위법한 처분뿐만 아니라 부당한 처분에도 미친다.

군수가 사무위임조례에 의하여 무허가 건축물에 대한 철거대집행사무를 읍·면에게 위임한 경우, 읍·면장은 대집행계고처분권이 있다.

판례 **〈위임된 사무는 자신의 이름과 권한으로 처리한다. 군수가 군사무위임조례의 규정에 따라 무허가 건축물에 대한 철거대집행사무를 하부 행정기관인 읍·면에 위임하였다면 읍·면장에게는 철거대집행을 위한 계고처분 할 권한이 있다.〉** 지방자치법 제95조 제1항에 따른 권한의 위임은 내부적으로 집행사무만을 위임한 것이라기보다는 이른바 외부적 권한 위임에 해당한다.

군수가 군사무위임조례의 규정에 따라 무허가 건축물에 대한 철거대집행사무를 하부 행정기관인 읍·면에 위임하였다면, 읍·면장에게는 관할구역 내의 무허가 건축물에 대하여 그 철거대집행을 위한 계고처분을 할 권한이 있다(대판 1997.2.14, 96누15428).

읍장의 부락민에게 판매하는 건축자재 외상대금의 지급보증행위는 지방자치단체인 군에 대하여 아무런 효력도 생길 수 없다.

판례 〈동장의 부락민에게 판매하는 건축자재 외상대금의 지급보증행위가 지방자치단체인 군에 대하여 아무런 효력도 발생하지 않는다.〉 읍이 지방자치단체인 피고 군의 예하기관이라 하더라도 읍장은 법률상 군을 대리하여 채무부담행위를 할 아무런 권한도 없으며 또 그러한 권한을 군으로부터 위임받았거나 군이 이를 추인하지 아니한 이상 읍장의 부락민에게 판매하는 건축자재 외상대금의 지급보증행위는 군에 대하여 아무런 효력도 생길 수 없는 것이다(대판 1976.5.11, 76다581).

동장이 주민자치센터의 운영을 다시 민간에 위탁할 수 있는 것으로 한 조례안의 규정은 근거법령이 없으므로 법령에 위반된 규정이다.

판례 〈동장의 수임권한의 재위임 또는 재위탁시에는 법령상 근거를 요한다.〉 동장의 주민자치센터의 운영을 다시 민간에 위탁하는 것은 그 수임사무의 재위탁에 해당하는 것이므로 그에 관하여는 별도의 법령상 근거가 필요하다고 할 것인데, 지방자치법 제95조(현행법 §104) 제3항은 소정 사무의 민간위탁은 지방자치단체의 장이 할 수 있는 것으로 규정하고 있을 뿐 동장과 같은 하부행정기관이 할 수 있는 것으로는 규정하고 있지 아니하고, 행정권한의위임및위탁에관한규정 제4조 역시 동장이 자치사무에 관한 수임권한을 재위임 또는 재위탁할 수 있는 근거가 될 수 없음은 그 규정 내용상 분명하며, 달리 동장이 그 수임권한을 재위임 또는 재위탁할 수 있도록 규정하고 있는 근거법령이 없으므로, 지방의회가 재의결한 조례안에서 동장이 주민자치센터의 운영을 다시 민간에 위탁할 수 있는 것으로 규정하고 있는 것은 결국 법령상의 근거 없이 동장이 그 수임사무를 재위탁할 수 있는 것으로 규정하고 있는 것이어서 법령에 위반된 규정이다(대판 2000.11.10, 2000추36 ; 인천광역시동구주민자치센터설치및운영조례안재의결무효확인청구).

군수가 읍·면장에게 위임한 사무에 관하여 읍·면장의 위법처분에 대하여만 군수의 취소·중지권을 부여하고 부당처분에 대하여는 이를 배제한 조례안의 효력은 무효이다.

판례 〈위임관청의 감독 권한은 위법한 처분뿐만 아니라 부당한 처분에도 미친다.〉 하급 행정관청으로서 군수의 일반적 지휘·감독을 받는 읍·면장의 위임사무 처리에 관한 위법한 처분에 대하여만 군수에게 취소·정지권을 부여하고 부당한 처분에 대하여는 이를 배제한 조례안은, 지방자치법에 위배되어 허용되지 않으므로 그 효력이 없다(대판 1996.12.23, 96추114).

주민자치센터 운영위원회는 하부 행정기관인 동장의 주민자치센터의 설치와 운영에 관한 집행사무를 심의하기 위한 보조기관에 해당하는 바, 당해 동 구의원 개인이 주민자치센터운영위원회의 당연직위원장이 된다고 규정한 조례안이 법령에 위반된다는 것이 판례입장이다.

> 판례 **〈주민자치센터운영위원회는 동장의 보조기관이고, 당 구의원개인이 주민자치센터위원회의 당연직 위원장이 된다고 규정한 조례안이 법령에 위반된다.〉** 주민자치센터의 설치와 운영은 지역주민의 복리 증진을 위한 지방자치단체고유의 자치사무에 속하고, 주민자치센터 운영위원회는 하부 행정기관인 동장의 주민자치센터의 설치와 운영에 관한 집행사무를 심의하기 위한 보조기관에 해당한다고 해석되고, ……주민자치센터설치·운영 조례안에서 당해 동·구의원 개인이 그 운영위원회의 당연직원위원장이 된다고 규정하고 있는 것은 지방의회의원 개인이 하부행정기관인 동장의 권한에 속하는 구민자치센터의 설치와 운영을 심의하는 보조기관인 운영위원회의 구성과 운영에 적극적·실질적으로 사전에 개입하여 관여할 수 있게 함을 내용으로 하는 것으로서 지방의회의원의 법령상 권한 범위를 넘어 법령에 위반된다(대판 2001.12.11, 2001추64).

4. 지방자치단체의 특별기관(지방교육자치)

지방교육자치에 관한 법률은 1991년에 제정·시행되어 지금까지 20여 차례 개정을 거듭하였다. 이하에서는 현행 지방교육자치에 관한 주요 내용을 살펴보기로 한다.

(1) 교육위원회, 교육감(지방교육자치)

헌법 제31조 제4항은 「교육의 자주성·전문성·정치적 중립성은 법률이 정하는 바에 의하여 보장된다」고 규정하고, 지방자치법 제121조 제1항 및 제2항은 「지방자치단체의 교육·과학 및 체육에 관한 사무를 분장하게 하기 위하여 별도의 기관을 둔다. 교육 등의 기관의 조직과 운영에 관하여 필요한 사항은 따로 법률로 정한다」고 규정하고 있는바, 이에 따라 제정된 것이 「지방교육자치에 관한 법률」이다.

동법에서는 정당은 교육위원 및 교육감 후보자를 추천할 수 없도록 하는 한편, 후보자도 특정정당으로부터 지지·추천받고 있음을 표방할 수 없도록 함으로써 교육의원 및 교육감 선거의 정치적 중립성을 도모하고 있다. 즉, 정당의 선거관여 행위를 금지하고 있다(§46, §54).

지방교육자치에 관한 법률(이하 '지방교육자치법' 이라 한다)은 시·도(광역단체)단위에서 교육자치를 실시하는 것으로 히고 있다(지방교육자치법 §2, §3, §4). 교육지치는 광역지방지치단체에서만 인정히되, 의결기관인 교육위인회와 집행기관인 교육감을 두고 있다. 이들은 교육·과학·기술·체육 그 밖의 학예(이하 '교육·학예'라 한다) 행정사무에 있어서 일반행정사무인 경우 지방의회와 지방자치단체의 장에 상응하는 지위를 갖는다.

교육자치에 있어서의 특수성은 ① 교육의 자주성 ② 교육의 인간형성 ③ 교육의 지역적 다양성 ④ 교육의 민주성 ⑤ 교육의 전문성으로서 전문가에 의한 교육 등을 들 수 있다. 이러한 특수성으로 비추어 볼 때, 교육자치는 특별시·광역시 및 도의 사무로서 광역 지방자치단체서만 인정하고 있으나(지방교육자치법§2) 오히려 구·시·군 등의 기초단체(하급지방자치단체)에서부터 실시하는 것이 교육의 민주성·교육의 자주성·교육의 전문성에 부응하고 논리적이며 현실적이라고 하겠다. 이하에서는 전부 개정된 지방교육자치에 관한 법률상의 주요내용을 살펴보기로 한다.

1) 교육위원회

① **법적지위**

시(특별시·광역시)·도의회에 교육·학예에 관한 의안과 청원 등을 심사·의결하기 위하여 상임위원회(이하 "교육위원회"라 한다)를 둔다(§4). 교육위원회는 「의결기관」으로서의 지위를 가진다. 그러나 시·군 및 자치구에 의결기관으로 교육위원회와 집행기관으로 교육장에 관해서는 지방교육자치법에서는 아직 자치가 인정되지 않고 있다(§34, §35). 위에서 언급한 바와 같이 기초단체(시·군 및 자치구)에서부터 먼저 교육자치를 실시함이 바람직하다 할 것이다.

② **설치 및 구성**

교육위원회는 시·도의회에 교육·학예에 관한 의안과 청원 등을 심사·의결하기위하여 상임위원회(이하 "교육위원회"라 한다)를 둔다. 교육위원회는 시·도의회의원과 교육의원으로 구성하되, 교육의원이 과반수가 되도록 구성한다(§4, §5).

교육위원회위원 교육의원의 정수는 다음과 같다(§5).

시·도	교육위원회 의원 정수	교육의원 정 수	시·도	교육위원회 의원정수	교육의원 정 수
서울특별시	15인	8인	대구광역시 인천광역시	9인	5인
경기도	13인	7인	광주·대전·울산광역시	7인	4인
부산광역시	11인	6인	강원도·충남·전북·전남· 경북·경남	9인	5인
			충청북도	7인	4인

③ **교육의원**

㉮ 교육의원의 지위·권한·임기·선출

교육의원은 시·도 의회의원의 지위와 권한을 갖는다. 교육의원에 관하여 이 법에 규정된 것을 제외하고는 「지방자치법」의 시·도 의회의원에 관한 규정을 적용한다. 교육의원의 임기는 4년으로 하며, 교육의원은 주민의 보통·평등·직접·비밀선거에 따라 선출한다. 교육의원선거에 관하여 이 법에 규정된 것을 제외하고 필요한 사항은 따로 법률로 정한다(§6, §7, §8).

㉯ 겸직금지 : 교육의원은 다음 각 호의 어느 하나에 해당하는 직을 겸할 수 없다(§9·①).

㉠ 지방자치법 제35조 제1항 제1호부터 제6호까지, 제8호 및 제9호에 규정된 직
㉡ 사립학교법 제2조상의 사립학교의 교원. 다만, 고등교육법 제2조상 학교의 전임강사 이상의 교원을 제외한다.
㉢ 사립학교경영자 또는 사립학교를 설치·경영하는 법인의 임·직원

㉰ 특정영리사업 등 제한

교육의원은 당해 지방자치단체의 교육기관(교육행정기관, 교육연구기관, 교육연수·수련기관, 도서관, 교원·학생복지후생기관 등을포함한다)과 영리를 목적으로 하는 거래를 할 수 없으며, 이와 관련된 재산의 양수인 또는 관리인이 될 수 없다(§9·②). 위의 ㉯의 ㉡의 단서의 규정에 따른 교원이 교육의원으로 당선 된 때에는 임기 중 그 교원의 직은 휴직된다(§9·③).

제9조 제1항 및 제2항은 교육위원회의원으로 선임되는 시·도 의회의원에 대해서도 적용된다.

㉱ 교육의원후보자의 자격(§10)

교육의원후보가 되고자 하는 자는 시·도 의회의원의 피선거권이 있는 자로서 후보자 등록 신청 개시일부터 과거 1년 동안 정당의 당원이 아닌 자이어야 한다.

교육의원후보자가 되고자 하는 자는 후보등록신청 개시일을 기준으로 교육경력 또는 교육행정 경력이 5년 이상 있거나 양 경력을 합하여 5년 이상 있는 자 이어야 한다.

㉲ 교육의원의 소환 : 주민은 교육의원을 소환할 권리를 가진다. 교육의원에 대한 주민소환 투표사무는 제52조에 따른 선거관리위원회가 관리한다. 교육의원의 주민소환에 관하여는 이법에서 규정한 사항을 제외하고는 그 성질에 반하지 아니하는 범위에서 「주민소환에 관한 법률」의 지역선거구 시·도 의회의원에 관한 규정을 준용한다(지방교육자치법 §10의2).

④ **교육위원회의 권한**(의결권·의결사항)

교육위원회는 서울특별시·광역시·도(이하 '시·도'라 부르기로한다)의 교육·과학·기술·기타 학예(이하 '교육·학예'라 부르기로 한다)에 관한 심의·의결기관이므로, 다음 각 호의 사항을 심의·의결한다(§11).

1. 시·도의회에 제출할 조례안
2. 시·도의회에 제출할 예산안 및 결산
3. 시·도의회에 제출할 특별부과금·사용료·수수료·분담금 및 가입금의 부과와 징수에 관한 사항
4. 시·도의회에 제출할 기채안(起債案)
5. 기금의 설치·운용에 관한 사항
6. 대통령령으로 정하는 공공시설의 설치·관리 및 처분에 관한 사항
7. 법령과 조례에 규정된 것을 제외한 예산의 의무부담이나 권리의 포기에 관한 사항

8. 대통령령으로 정하는 중요재산의 취득·처분에 관한 사항
9. 청원의 수리와 처리
10. 외국 지방자치단체와의 교류협력에 관한 사항
11. 기타 법령과 시·도 조례에 의하여 그 권한에 속하는 사항

위의 사항들 중 5호 내지 11호에 규정된 사항에 대하여 행한 교육위원회의 의결은 시·도의회의 의결로 본다(지자교육자치법 §11·②).

교육위원회위원장은 교육위원회가 ㉮ 주민의 재정적 부담이나 의무부과에 관한 조례안 ㉯ 지방자치단체의 일반회계와 관련되는 사항에 해당하는 의안을 의결할 때에는 의결하기 전에 미리 특별시장·광역시장·도지사(이하 "시·도지사"라 한다)의견을 들어야 한다(§11·③).

⑤ 회 의

㉮ 의사정족수 및 의결정족수 : 교육위원회의 의사정족수 및 의결정족수에 관하여는 재적의원 3분의 1이상의 출석으로 개의하고. 재적의원 과반수의 출석과 출석의원 과반수의 찬성으로 의결한다(§12, 지방자치법 §63, §64). 교육위원회위원장은 의결에 있어서 표결권을 가지며 가부동수인 때에는 부결된 것으로 본다.

㉯ 의안의 발의 및 제출 : 교육위원회에서 심사·의결한 의안은 교육감이 제출하거나 시·도의회 재적의원 5분의 1 이상 또는 의원 10인 이상의 연서로 발의하고, 그 의안은 문서로써 시·도의회의장에게 제출해야 한다.

교육감은 교육·학예에 관한 의안 중 ㉠ 주민의 재정적 부담이나 의무부과에 관한 조례안 ㉡ 지방자치단체의 일반회계와 관련되는 사항에 해당하는 의안을 시·도의회에 제출하고자 할 때에는 미리 시·도지사와 협의하여야 한다(§13·③).

㉰ 의안의 이송 등 : 교육위원회에서 의결된 의안 중 본회의의 의결로 보는 의안(§11·②)은 교육위원회위원장이 이를 5일 이내에 교육감에게 이송하고 동시에 시·도 의회의장에게 보고하여야 한다(§14·①). 시·도의회의장은 본회의의 의결을 필요로 하는 사항(§11·1호 내4호)에 관한 의안이 교육위원회의 심사를 거쳐 본회의에서 의결된 때에는 이를 의결된 날로부터 5일 이내에 교육감에게 이송하여야 한다(§14·②). 교육감에게 이송된 의안 중 조례안은 지방자치법 제26조 제2항의 규정(지방자치단체의 장이 공포)에 불구하고 교육감이 대통령령이 정하는 절차와 방식에 따라 20일 이내에 이를 공포해야 한다(§14·③).

조례안의 재의 요구 및 공포에 관하여는 지방자치법 제26조 제3항 내지 제7항의 규정을 준용한다. 이 경우 같은 조 제3항·제5항 및 제6항 중 "지방자치단체의장"은 "교육감"으로 본다.

㉱ 청원의 이송과 처리보고 : 교육위원회가 채택한 청원으로서 교육감이 처리함이 타당하다고 인정되는 청원은 의견서를 첨부하여 교육감에게 이송한다. 교육감은 이송받은 청원을 처리하고 그 처리 결과를 지체 없이 교육위원회에 보고해야한다(§15·①·②).

⑥ 사무직원

㉮ 교육위원회 및 시·도의회의 교육·학예에 관한 사무를 처리하기 위하여 조례로 정하는바에 따라 시·도의회의 사무처에 지원조직과 사무직원을 둔다. 사무직원은 지방공무원으로 보한다. 사무직원은 교육위원회위원장의 추천에 따라 교육감이 임명한다(§17·①·②·③).

㉯ 교육감은 소속 공무원을 지휘·감독하고 법령과 조례·교육규칙이 정하는 바에 따라 그 임용·교육훈련·복무·징계 등에 관한 사항을 처리한다(§27).

2) 교 육 감

① 교육감의 지위

시·도의 교육·학예에 관한 사무의 「집행기관」으로서 시·도에 교육감을 둔다. 교육감은 교육·학예에 관한 소관 사무로 인한 소송이나 재산의 등기 등에 대하여 당해 「시·도를 대표」한다(§18·①·②).

국가행정사무중 시·도에 위임하여 시행하는 사무로서 교육·학예에 관한 사무는 교육감에게 위임하여 행한다. 다만, 법령에 다른 규정이 있는 경우는 그렇지 않다(§19).

② 교육감의 선출과 임기

㉮ 교육감의 임기는 4년으로 하며, 교육감의 계속 재임은 3기에 한한다(§21).

㉯ 교육감의 선출은 보통·평등·직접·비밀선거에 따라 선출한다.

㉰ 정당의 선거관여행위금지 등 : 정당은 교육감 선거에 후보자를 추천할 수 없다. 정당의 대표자·간부 및 유급사무직원은 특정 후보자를 지지·반대하는 등 선거에 영향을 미치게 하기 위하여 선거에 관여하는 행위를 할 수 없으며, 그 밖의 당원은 소속정당의 명칭을 밝히거나 추정할 수 있는 방법으로 선거관여 행위를 할 수 없다. 후보자는 특정정당을 지지·반대하거나 특정 정당으로부터 지지·추천받고 있음을 표방(당원경력의 표시를 포함)하여서는 아니된다(지방교육자치법 §46)고 규정하여 정치적 중립을 도모하였다.

㉱ 공직선거법의 준용 : 교육감 선거에 관하여 이 법에서 규정한 사항을 제외하고는 그 성질에 반하지 않는 범위 내에서 시·도지사 및 시·도지사 선거에 관한 규정을 준용한다. 이 경우 정당추천 후보자와 무소속 후보자에게 적용되는 규정이 다른 경우에는 무소속 후보자에 관한 규정을 준용한다(지방교육자치법 §49).

③ 교육감후보자의 자격 및 겸직제한

㉮ 교육감후보자의 자격 : 교육감후보자가 되고자 하는 자는 당해 시·도지사 피선거권이 있는 자로서 후보자등록 개시일부터 과거 1년 동안 정당의 당원이 아닌 자이어야 한다.

교육감후보자가 되고자 하는 자는 후보자등록 개시일을 기준으로 교육경력 또는 교육공무원으로서의 교육행정경력이 5년 이상 있거나 양 경력을 합하여 5년 이상 있는 자이어야 한다(§24).

㈏ 겸직제한 : 교육감은 다음 각 호의 어느 하나에 해당하는 직은 겸할 수 없다(§23).

㉠ 국회의원·지방의회의원·교육의원

㉡ 국가공무원법 제2조에 규정된 국가 공무원과 지방공무원법 제2조에 규정된 지방공무원 및 사립학교법 제2조의 규정에 따른 사립학교의 교원

㉢ 사립학교경영자 또는 사립학교를 설치·경영하는 법인의 임·직원

교육감이 당선 전부터 위의 겸직이 금지된 직을 가진 경우에는 임기 개시일 전에 그 직에서 당연 퇴직된다(§23·②).

④ 교육감의 관장사무 및 사무의 위임·위탁

㈎ 관장사무 : 교육감은 교육·학예에 관한 다음 각 호의 사항에 관한 사무를 관장한다.

ⓐ 조례안의 작성 및 제출 ⓑ 예산안의 편성 및 제출 ⓒ 결산서의 작성 및 제출 ⓓ 교육규칙의 제정 ⓔ 학교, 그 밖의 교육기관의 설치·이전 및 폐지 ⓕ 교육과정의 운영 ⓖ 과학·기술교육의 진흥 ⓗ 평생교육, 그 밖의 교육·학예진흥 ⓘ 학교체육·보건 및 학교 환경정화 ⓙ 학생통학 구역 ⓚ 교육·학예의 시설 및 교구(敎具) ⓛ 재산의 취득·처분 ⓜ 특별부과금·사용료·수수료·분담금 및 가입금 ⓝ 기채·차입금 또는 예산외의 의무부담 ⓞ 기금의 설치·운용 ⓟ 소속 국가공무원 및 지방공무원의 인사관리 ⓠ 그 밖에 당해 시·도의 교육·학예에 관한 사항과 위임된 사항(§20)

㈏ 사무의 위임·위탁 : 교육감은 조례 또는 교육규칙이 정하는 바에 따라 그 권한에 속하는 사무의 일부를 보조기관, 소속 교육기관 또는 하급 교육행정기관에 위임할 수 있다(§26).

교육감은 교육규칙이 정하는 바에 따라 그 권한에 속하는 사무의 일부를 당해 지방자치단체의 장과 협의하여 구·출장소 또는 읍·면·동의 장에게 위임할 수 있다. 이 경우 교육감은 당해 사무의 집행에 관하여 구·출장소 또는 읍·면·동의 장을 지휘·감독할 수 있다.

교육감은 조례 또는 교육규칙이 정하는 바에 따라 그 권한에 속하는 사무 중 조사·검사·검정·관리 등 주민의 권리·의무와 직접 관계되지 아니하는 사무를 법인·단체 또는 그 기관이나 개인에게 위탁할 수 있다(§26·③).

⑤ 교육감의 소환

주민은 교육감을 소환할 권리를 가진다. 교육감에 대한 주민소환투표사무는 제44조에 따른 선거관리위원회가 관리한다. 교육감의 주민소환에 관하여는 이 법에 규정한 사항을 제외하고는 그 성질에 반하지 아니하는 범위에서 「주민소환에 관한 법률」의 시·도지사에 관한 규정을 준용한다. 다만, 이 법에서 「공직선거법」을 준용할 때

「주민소환에 관한 법률」에서 준용하는 「공직선거법」과 다르게 정하고 있는 경우에는 이 법에서 준용하는 「공직선거법」의 해당규정을 인용한 것으로 본다(지방교육자치법 §24의2). 교육의원 및 교육감에 대한 주민소환제를 도입하였다.

Ⓒ **교육감의 권한**

㉮ 교육규칙의 제정권 : 교육감은 법령 또는 조례의 범위 안에서 그 권한에 속하는 사무에 관하여 교육규칙을 제정할 수 있다. 교육감은 대통령령이 정하는 절차와 방식에 따라 교육규칙을 공포해야 하며, 교육규칙은 특별한 규정이 없는 한 공포한 날로부터 20일이 경과함으로써 효력이 발생한다(§25).

㉯ 대표권 : 교육·학예에 관한 당해 지방자치단체를 대표한다(§18).

㉰ 행정통할권 : 당해 지방자치단체의 교육·학예에 관한 사무를 통할한다.

㉱ 관장사무 : 교육감은 교육·학예에 관한 제20조에 규정한 각 호의 사항에 관한 사무를 관장한다.

㉲ 소속직원에 대한 지휘·감독권·임명권·징계권(§17, §26, §20·16호, §27)

㉳ 교육·학예 관한 조례안 작성권 및 조례안 공포권(§20·1호, §14·③)

㉴ 시·도의회 등의 의결에 대한 재의와 제소권 : 교육감은 제11조 제2항의 규정(교육위원회의 의결을 시·도의회 본회의의 의결로 간주)에 따른 교육위원회의 의결 또는 교육·학예에 관한 시·도의회의 의결이 법령에 위반되거나 공익을 현저히 저해한다고 판단될 때에는 그 의결사항을 이송 받은 날부터 20일 이내에 이유를 붙여 재의를 요구할 수 있다. 교육감이 교육과학기술부장관으로부터 재의요구를 하도록 요청받은 경우에는 교육위원회 또는 시·도의회에 재의를 요구하여야 한다(§28·①).

재의요구가 있을 때에는 재의 요구를 받은 교육위원회 또는 시·도 의회는 재의에 붙이고 교육위원회 재적위원 또는 시·도의회 재적의원 과반수의 출석과 교육위원회 출석위원 또는 시·도의회 출석의원 3분의 2 이상의 찬성으로 전과 같은 의결을 하면 그 의결사항은 확정된다(§28·②).

재의결된 사항이 법령에 위반 된다고 판단될 때에는 교육감은 재의결된 날부터 20일 이내에 대법원에 제소할 수 있다(§28·③).

교육과학기술부장관은 재의결된 사항이 법령에 위반된다고 판단됨에도 해당교육감이 소를 제기하지 않는 때에는 제소를 지시하거나 직접 제소할 수 있다(§28·④).

제소의 지시는 제3항의 기간(재의결된 날부터 20일 이내)이 경과한 날부터 7일 이내에 하고, 해당 교육감은 제소지시를 받은 날부터 7일 이내에 제소해야 해야 한다(§28·⑤).

교육과학기술부장관은 제5항의 기간(제소지시를 받은 날부터 7일 이내)이 경과한 날부터 7일 이내에 직접 제소할 수 있다(§28·⑥).

제3항 및 제4항의 규정에 따라 재의결된 사항을 대법원에 제소한 경우 제소를 한 교육과학기술부장관 또는 교육감은 그 의결의 집행을 정지하게 하는 집행정지결정을 신청할 수 있다(§28·⑦).

㉵ 교육감의 선결처분권 : 교육감은 소관 사무 중 교육위원회 또는 시·도의회의 의결을 요하는 사항에 대하여 ㉠ 교육위원회 또는 시·도의회가 성립되지 아니한 때(교육위원회의원 또는 시·도의회의원의 구속 등의 사유로 제12조에서준용하는 지방자치법 제64조의 규정에 따른 의결정족수에미달하게 된 때를말한다). ㉡ 학생의 안전과 교육기관 등의 재산보호를 위하여 긴급하게 필요한 사항으로서 교육위원회 또는 시·도의회가 소집될 시간적 여유가 없거나 교육위원회 또는 시·도의회에서 의결이 지체되어 의결되지 아니한 때의 경우에는 선결처분을 할 수 있다(§29·①).

선결처분은 지체 없이 교육위원회 또는 시·도의회에 보고하고 승인을 얻어야 한다(§29·②). 교육위원회 또는 시·도의회에서 승인을 얻지 못한 때에는 그 선결처분은 그때부터 효력을 상실한다(§29·③). 교육감은 제2항 및 제3항에 관한 사항을 지체 없이 공고해야 한다(§29·④).

⑦ **보조기관 및 소속교육기관**

㉮ 보조기관 : 교육감 소속하에 국가 공무원으로 보하는 부교육감 1인(인구 800만 이상이고 학생 170만명 이상인 시·도는 2인)을 두되, 대통령령이 정하는 바에 따라 「국가공무원법」 제2조의 2의 규정에 따른 고위공무원단에 속하는 일반직 공무원 또는 장학관으로 보한다(§30·①). 부교육감은 교육감을 보좌하여 사무를 처리한다.

교육감소속하에 보좌기관을 두되, 그 설치 운영 등에 관하여 필요한 사항은 대통령령이 정한 범위 안에서 조례로 정한다(§30·②·③·⑤).

교육감의 권한 대행·직무대리에 관하여는 「지방자치법」 제111조의 규정을 준용한다. 이 경우 "부지사·부시장·부군수·부구청장"은 "부교육감"으로, "지방자치단체의 규칙"은 "교육규칙"으로 본다(§31).

㉯ 교육기관의 설치 : 교육감은 그 소관사무의 범위 안에서 필요한 때에는 대통령령 또는 조례가 정하는 바에 따라 교육기관을 설치할 수 있다(§32).

㉰ 공무원의 배치 : 보조기관과 교육기관 및 하급교육행정기관에는 해당 시·도의 교육비 특별회계가 부담하는 경비로서 지방공무원을 두되, 그 정원은 법령이 정한 기준에 따라 조례로 정한다(§33·①). 보조기관과 교육기관 및 하급행정기관에는 제1항 및 「지방자치단체에 두는 국가 공무원의 정원에 관한 법률」에 불구하고 대통령령이 정하는 바에 따라 국가 공무원을 둘 수 있다(§33·②).

⑧ **하급교육행정기관**

㉮ 지역교육청 : 시·도의 교육·학예에 관한 사무를 분장하기 위하여 1개 또는 2개 이

상의 시·군 및 자치구를 관할 구역으로 하는 하급교육행정기관(이하 "지역교육청"이라 한다)을 둔다. 지역교육청에 교육장을 두되 장학관으로 보하고, 그 임용에 관하여 필요한 사항은 대통령령으로 정한다(§34·①·③).

㈏ 교육상의 분장사무 : 교육장은 시·도의 교육·학예에 관한 사무 중 ㉠ 공·사립의 유치원·초등학교·중학교·공민학교·고등공민학교 및 이에 준하는 각종 학교의 운영·관리에 관한 지도·감독 ㉡ 그 밖에 조례로 정하는 사무를 위임받아 분장한다(§35).

3) 교육재정

① **교육·학예에 관한 경비**

교육·학예에 관한 경비는 다음 각 호의 재원으로 충당한다(§36).

㈎ 교육에 관한 특별부과금·수수료 및 사용료 ㈏ 지방교육재정교부금 ㈐ 해당 지방자치 단체의 일반회계로부터의 전입금 ㈑ 그 외의 수입으로서 교육·학예에 속하는 수입

② **의무교육경비**

의무교육에 종사하는 교원의 보수와 그 밖의 의무교육에 관련되는 경비는 「지방교육재정교부금법」이 정하는 바에 따라 국가 및 지방차지단체가 부담하다.

의무교육 외의 교육에 관련되는 경비는 「지방교육재정교부금법」이 정하는 바에 따라 국가·지방자치단체 및 학부모 등이 부담한다(§37).

③ **교육비 특별회계**

시·도의 교육·학예에 관한 경비를 따로 경리하기 위하여 당해 지방자치단체에 교육비 특별회계를 둔다(§38).

④ **교육비의 보조**

국가는 예산의 범위 안에서 시·도의 교육비를 보조한다. 국가의 교육비 보조에 관한 사무는 교육과학기술부장관이 관장한다(§39).

4) 지방교육에 관한 협의

① **지방교육행징협의회 설치**

지방자치단체의 교육·학예에 관한 사무를 효율적으로 처리하기 위하여 지방교육행정협의회를 둔다. 지방교육행정협의회의 구성·운영에 관하여 필요한 사항은 교육감과 시·도지사가 협의하여 조례로 정한다.

② **교육감협의체**

교육감은 상호간의 교류와 협력을 증진하고, 공동의 문제를 협의하기 위하여 전국적인 협의체를 설립할 수 있다. 교육감협의체를 설립한 때에는 당해 협의체의 대표자는 이를 지체 없이 교육과학기술부장관에게 신고해야 한다. 교육감협의체는 지방교육자치에 직접적 영

향을 미치는 법령 등에 관하여 교육과학기술부장관을 거쳐 정부에 의견을 제출할 수 있다(§42).

5) 「지방자치법」과의 관계

지방자치단체의 교육·학예에 관한 사무를 관장하는 기관의 설치와 그 조직 및 운영 등에 관하여 이 법에서 규정한 사항을 제외하고는 그 성질에 반하지 않는 한 「지방자치법」의 관련규정을 준용한다. 이 경우 "지방자치단체의 장" 또는 "시·도지사"는 "교육감"으로, "지방자치단체의 사무"는 "지방자치단체의 교육·학예에 관한 사무"로, "자치사무"는 "교육·학예에 관한 자치사무"로, "행정안전부장관"·"주무부장관" 및 "중앙행정기관의 장"은 "교육과학기술부장관"으로 본다(§3).

(2) 지방자치법상의 특별기관(합의제 행정기관)

지방자치단체는 그 소관사무의 일부를 독립하여 수행할 필요가 있는 때에는 법령 또는 지방자치단체의 조례가 정하는 바에 의하여 합의제행정기관을 설치할 수 있다.

합의제행정기관의 설치·운영에 관하여 필요한 사항은 대통령령 또는 당해 지방자치단체의 조례로 정한다(지자법 §116).

(3) 개별법상의 특별기관

지방자치법 이외의 특별기관에는 ① 공직선거법에 의한 선거구선거관리위원회(§13), ② 지방공무원법에 의한 인사위원회(§7)와 지방공무원소청심사위원회 및 교육소청심사위원회(§13), ③ 국토의계획및이용에관한법률에 의한 지방도시계획위원회(§113), ④ 공익사업을 위한 토지 등의 취득 및 보상에 관한 법률에 의한 토지수용위원회(§49) 등이 있다.

Ⅶ. 지방자치단체 상호간의 관계(협력과 분쟁조정)

【기출문제】 <1999년 (제43회) 행정고시 (약술형)> ※ 지방자치단체 상호간에 분쟁이 발생한 경우에 현행법상의 분쟁해결수단 및 그 문제점을 설명하시오.

1. 지방자치단체상호간의 협력

(1) 지방자치단체 상호간의 협력

① 지방자치단체는 다른 지방자치단체로부터 사무의 공동처리에 관한 요청이나 사무 처리에 관한 협의·조정·승인 또는 지원의 요청이 있는 때에는 법령의 범위 안에서 이에 협력하여야 한다(지자법 §147).

② 협력관계 공동처리의 방식에는 행정협의회(지자법 §152~§158), 지방자치단체 조합(지자법 §159~§164), 공공시설의 구역 외 설치 및 공동이용(§144·③ 폐기물처리장·상수도수원지 등), 지방공사·지방공단의 공동설립(지방공기업법 §50, §76) 등이 있다.

(2) 행정협의회에 의한 공동처리

1) 의 의

지방자치단체는 둘 이상의 지방자치단체에 관련된 사무의 일부를 공동으로 처리하기 위하여 관계 지방자치단체 간의 행정협의회를 구성할 수 있다(동법 §152). 행정협의회는 지방자치단체 상호간의 협의기구이며, 법인격이 없는 점에서 지방자치단체조합과 다르다.

2) 구성절차

지자단체가 행정협의회를 구성하고자 할 때에는 관계 지방자치단체간의 협의에 따라 규약을 정하며 관계 지방의회의 의결을 각각 거친 후에 이를 고시하여야 한다. 행정안전부장관 또는 특별시장·광역시장·도지사는 공익상 필요할 때에는 관계 지방자치단체에 대하여 그 구성을 권고할 수 있다(지자법 §152·①·②·③). 지방자치단체의 장은 광역지방자치단체가 그 구성원인 경우에는 행정안전부장관과 관계 중앙행정기관의 장에게, 기초지방자치단체가 그 구성원인 경우에는 특별시장·광역시장·도지사에게 행정협의회 구성을 보고하여야 한다(동법§152·① 단서).

3) 조 직

행정협의회는 회장과 위원으로 구성된다. 회장과 위원은 규약이 정하는 바에 따라 관계 지방자치단체의 직원 중에서 선임한다(동법 §153·①·②).

4) 행정협의회 결정의 효력

행정협의회가 행한 결정은 행정협의회를 구성한 관계 지방자치단체를 구속한다(동법 §157·①). 즉, 협의회를 구성한 관계 지방자치단체는 협의회가 결정한 사항이 있는 경우에는 이에 따라 그 사무를 처리하여야 한다.

협의회가 관계 지방자치단체 또는 그 장의 명의로 행한 사무의 처리는 관계 지방자치단체 또는 그 장이 행한 것으로 본다.

5) 협의사항의 조정

행정안전부장관 또는 시·도지사가 협의사항(§156 ; 행정협의회에서 합의가 이루어지지 아니한 사항에 대하여 관계지방자치단체의 장으로부터 조정요청이 있는 때에는 시·도지사의 협의사항에 대하여는 행정안전부장관이, 시·군 및 자치구간의 협의사항에 대하여는 시·도지사가 이를 조정할 수 있다)에 대한 조정을 하고자 할 때에는 관계 중앙행정기관의 장과의 협의를 거쳐 제149조의 규정에 의한 분쟁조정위원회의 의결에 따라 조정하여야 한다(§156·②).

행정안전부장관 또는 특별시장·광역시장·도지사가 행한 조정결정은 행정협의회를 구성한 관계 지방자치단체에게 서면으로 통보되며, 통보를 받은 지방자치단체의 장은 그 조정결정 사항을 이행하여야 한다(지자법 §157·②).

(3) 지방자치단체조합(특별지방자치단체)에 의한 공동처리

1) 의 의

2개 이상의 지방자치단체가 하나 또는 둘 이상의 사무를 공동으로 처리하기 위하여 관계 지방자치단체 사이의 합의로서 설립되는 공법상 법인이며(설립의 자유), 설립행위의 성질은 공법상 합동행위이며 특별지방자치단체에 속한다. 독자적인 법인격을 가진 점에서 행정협의회와 다르다. 특별 지방자치단체의 설치·운영에 관하여 필요한 사항은 대통령령으로 정한다(지자법 §2·③·④).

2) 설립·해산절차

지방자치단체조합을 설립하기 위해서는 규약을 정하여 지방의회의 의결을 거쳐야 하며, 시·도는 행정안전부장관의, 시·군·자치구는 시·도지사의 승인을 얻어야 한다(동법 §159이하). 규약변경 및 해산의 경우에는 조합의 설립과 같은 절차를 요한다(지자법 §164·①). 다만 공익상 필요할 때에는 행정안전부장관은 그 설립·해산·규약변경을 명할 수 있다(동법 §163·②).

3) 종 류

지방자치단체조합에는 일부사무조합(자치단체의 사무의 일부를 공동처리)과 전부사무조합(지방자치단체의 사무의 전부를 공동처리)이 있는데 현행법상에서는 하나 또는 둘 이상의 사무의 공동처리를 위한 조합, 즉 일부사무조합만을 인정하고 있다.

4) 조직과 권한

조합의 조직으로는 조합의회와 조합장 및 사무직원을 두며 그 선임은 조합규약이 정하는 바에 의한다(지자법 §160). 지방자치단체의 의회의원과 그 지방자치단체의 장은 조합회의의 위원 또는 조합장을 겸할 수 있다(지자법 §160·③). 조합회의는 조합의 규약이 정하는 바에 따라 조합의 중요사무를 심의·의결하며, 조합에 제공하는 역무 등에 대한 사용료·수수료 또는 분담금을 조례의 범위 안에서 정할 수 있다(동법 §161·①·②).

5) 조합의 지도·감독

특별시·광역시·도 등이 구성원인 조합은 행정안전부장관이 시·군 및 자치구 등이 구성원인 조합은 시·도지사가 각각 지도·감독하나, 2개 이상의 특별시·광역시·도에 걸쳐 있는 조합은 행정안전부장관이 지도·감독한다(지자법 §163·①).

(4) 사무위임과 위탁

1) 의 의

행정사무의 위임은 각종 법률에 규정된 행정기관의 장의 권한 중 일부를 그 보조기관 또는 하급행정기관의 장이나 지방자치단체의 장에게 맡겨 그의 권한과 책임으로 행사하도록 하는 것을 말하고, 위탁은 각종 법률에 규정된 행정기관의 장의 권한 중 일부를 다른 행정기관의 장에게 맡겨 그의 권한과 책임으로 행사하도록 하는 것을 말한다(행정권한의 위임 및 위탁에 관한 규정 §2).

사무위탁은 공법상 계약으로서의 성질을 가진다.

지방자치단체의 장은 조례 또는 규칙이 정하는 바에 의하여 (가) 그 권한에 속하는 사무의 일부를 보조기관, 소속행정기관 또는 하부행정기관에 위임할 수 있고, (나) 그 권한에 속하는 사무의 일부를 관할 지방자치단체나 공공단체 또는 그 기관(사무소·출장소를 포함한다)에 위임 또는 위탁할 수 있고, (다) 그 권한에 속하는 사무 중 조사·검사·검정·관리업무 등 주민의 권리·의무와 직접 관련되지 아니하는 사무를 법인·단체 또는 그 기관이나 개인에게 위탁할 수 있다(지자법 §104·①·②·③). 지방자치단체의 장이 위임 또는 위탁받은 사무의 일부를 다시 위임 또는 위탁하는 경우에는 미리 당해 사무를 위임 또는 위탁한 기관의 장의 승인을 얻어야 한다(지자법 §104·④).

(라) 지방자치단체 또는 그 장은 소관사무의 일부를 다른 지방자치단체 또는 그 장에게 위탁하여 처리하게 할 수 있다(지자법 §151·①).

(마) 특별시장·광역시장·도지사(특별시·광역시 및 도의 교육감을 포함한다) 또는 시장·군수·구청장은 행정의 능률향상과 주민의 편의를 위하여 필요하다고 인정되는 때에는 수임사무의 일부를 그 위임기관의 장의 승인을 얻어 규칙이 정하는 바에 따라 시장·군수·구청장(교육장을 포함한다) 또는 읍·면·동장 기타 소속기관의 장에게 다시 위임(재위임)할 수 있다(행정권한의위임및위탁에관한규정 §4).

판례 **〈기관위임사무는 조례에 의하여 재위임 할 수 없고, 행정권한의위임및위탁에관한규정 제4조에 의하여 위임기관의 장의 승인을 얻은 후 지방자치단체의 장이 제정한 규칙이 정하는 바에 따라 재위임하는 것이 가능하다.〉** '가'항의 영업정지 등 처분에 관한 사무는 국가사무로서 지방자치단체의 장에게 위임된 이른바 기관위임사무에 해당하므로 시·도지사가 지방자치단체의 조례에 의하여 이를 구청장 등에게 재위임할 수는 없고 행정권한의위임및위탁에관한규정 제4조에 의하여 위임기관의 장의 승인을 얻은 후 지방자치단체의 장이 제정한 규칙이 정하는 바에 따라 재위임하는 것만이 가능하다(대판 1995.7.11, 94누4615 건설업영업정지처분무효확인).

2) 보고·고시

지방자치단체의 장은 사무위탁의 당사자가 시·도 또는 그 장인 경우에는 행정안전부장관 및 관계 중앙행정기관의 장에게, 시·군 및 자치구 또는 그 장인 경우에는 시·도지사에게 이를 보고하여야 한다(지자법 §151·①). 지방자치단체 또는 그 장이 사무를 위탁하고자 하는 때에는 관계 지방자치단체의 협의에 따라 규약을 정하여 이를 고시하여야 한다(지자법 §151·②).

3) 효 과

행정사무의 수탁자는 해당사무를 자기의 명의와 권한으로 처리하며, 그 처리에 관하여 책임을 진다. 사무가 위탁된 경우, 위탁된 사무의 관리 및 처리에 관한 조례 또는 규칙은 규약에 달리 정해진 경우를 제외하고는 사무를 위탁받은 지방자치단체에도 적용된다(지자법 §151·⑤).

위탁자는 수탁자의 수탁사무처리에 관한 지휘·감독의 권한과 책임을 가지며 그 사무처리가 위법 또는 부당하다고 인정될 때에는 이를 취소·정지시킬 수 있다(행정권한의 위임 및 위탁에 관한 규정 §6, §8). 또한 위탁자는 위탁사무처리의 적정성을 확보하기 위하여 필요한 경우에는 해당사무처리상황을 수시로 감사할 수 있다(동규정 §9).

2. 지방자치단체 상호간의 분쟁조정

(1) 분쟁조정제도에 의한 분쟁해결

1) 분쟁조정권자

지방자치단체 상호간 또는 지방자치단체의 장 상호간에 분쟁이 있는 때에는 시·도 또는 그 장이 당사자가 되는 경우에는 행정안전부장관이, 시·군 및 자치구 또는 그의 장이 당사자가 되는 경우에는 시·도지사가 당사자의 신청에 의하여 이를 조정할 수 있다. 다만, 그 분쟁이 공익을 현저히 저해하여 조속한 조정이 필요하다고 인정되는 경우에는 당사자의 신청이 없는 때에도 직권으로 이를 협의·조정할 수 있으나, 이 경우는 행정안전부장관 또는 시·도지사가 분쟁을 조정하는 경우에는 그 취지를 당사자에게 미리 통보해야 한다(지자법 §148·①·②).

2) 분쟁조정절차(분쟁조정위원회의 의결)

행정안전부장관 또는 시·도지사가 위의 분쟁을 조정하고자 할 때에는 관계 중앙행정기관의 장과의 협의를 거쳐 시·도에 설치된 지방자치단체 지방분쟁조정위원회 또는 행정안전부에 설치된 지방자치단체 중앙분쟁조정위원회의 의결에 따라 조정하여야 한다(§148·③)(위의 분쟁의 조정과 협의사항의 조정에 필요한 사항을 심의하기 위하여 행정안전부장관 또는 시·도지사 소속하에 설치하는 데 그 구성·운영에 관한 필요한 사항은 대통령령 또는 조례로 정한다).

【참고】 분쟁조정위원회

(1) 의 의

지방자치단체상호간의 분쟁의 조정(§148·①의 규정에 의한 분쟁)과 행정협의회에서 합의가 이루어지지 아니한 사항에 대하여 관계 지방자치단체의 장으로부터 협의 요청이 있는 협의사항의 조정(§156·①)에 필요한 사항을 심의·의결하기 위하여 행정안전부에 지방자치단체 중앙분쟁조정위원회(이하 중앙분쟁조정위원회라 함)와 시·도에 지방자치단체 지방분쟁조정위원회를 둔다. 이들은 의결기관에 해당한다.

(2) 심의·의결사항(§149·②)

(가) 중앙분쟁조정위원회

㉮ 시·도 또는 그 장간의 분쟁 ㉯ 시·도를 달리하는 시·군 및 자치구 또는 그 장간의 분쟁 ㉰ 시·도와 시·군 및 자치구 또는 그 장간의 분쟁 ㉱ 시·도와 지방자치단체조합 또는 그 장간의 분쟁 ㉲ 시·도를 달리하는 시·군 및 자치구와 지방자치단체조합 또는 그 장간의 분쟁 ㉳ 시·도를 달리하는 지방자치단체조합 또는 그 장간의 분쟁

(나) 지방분쟁조정위원회

중앙분쟁조정위원회의 의결사항에 해당하지 아니하는 지방자치단체·지방자치단체조합 또는 그 장간의 분쟁을 심의·의결한다.

(3) 구성·자격·임기 등(§149·④~⑦)

중앙분쟁조정위원회의 지방분쟁조정위원회는 각각 위원장을 포함한 11인 이내의 위원으로 구성된다. 공무원 아닌 위원장 및 위원의 임기는 3년으로 하되 연임할 수 있다.

(가) 중앙분쟁조정위원회

위원장 및 위원 중 5인(대학에서 부교수 이상으로 3년 이상 재직 중이거나 재직한 자, 판·검사 또는 변호사의 직에 6년 이상 재직 중이거나 재직한 자, 기타 지방자치사무에 관한 학식과 경험이 풍부한 자 중)은 행정안전부장관의 제청으로 대통령이 임명 또는 위촉하고, 대통령령이 정하는 중앙행정기관 소속공무원은 당연직위원이 된다.

(나) 지방분쟁조정위원회

위원장 및 위원 중 5인(중앙분쟁조정위원회의 괄호 안의 자격자)은 시·도지사가 임명 또는 위촉하고, 조례로 정하는 당해 지방자치단체 소속공무원은 당연직위원이 된다.

(4) 운 영(§150)

분쟁조정위원회는 위원장을 포함한 위원 7인 이상의 출석으로 개의하고, 출석위원 2/3 이상의 찬성으로 의결한다.

분쟁조정위원회의 위원장은 분쟁의 조정과 관련하여 필요하다고 인정되는 때에는 관계 공무원, 지방자치단체조합직원 또는 관계 전문가를 출석시켜 의견을 듣거나 관계 기관 또는 단체에 대하여 자료 및 의견제출 등을 요구할 수 있다. 이 경우 분쟁의 당사자에게는 의견을 진술할 기회를 주어야 한다.

3) 이해의 조절 및 조정사항의 이행(효력)

① 행정안전부장관 또는 시·도지사는 분쟁조절의 결정을 한 때에는 이를 서면으로 지체없이 관계 지방자치단체의 장에게 통보하여야 하며, 통보를 받은 지방자치단체의 장은 그 조정결정사항을 이행하여야 하며, 예산이 수반되는 사항의 경우에는 관계 지방자치단체는 이에 필요한 예산을 우선적으로 편성하여야 한다. 이 경우 연차적으로 추진하여야 할 사항은 연도별 추진계획을 행정안전부장관 또는 시·도지사에게 보고하여야 한다(§148·④·⑤).

② 행정안전부장관 또는 시·도지사는 조정결정에 의한 시설의 설치 또는 역무의 제공으로 이익을 받거나 그 원인을 야기하였다고 인정되는 지방자치단체에 대하여는 그 시설비 또는 운영비 등의 전부 또는 일부를 행정안전부장관이 정하는 기준에 따라 부담하게 할 수 있다. 행정안전부장관 또는 시·도지사는 관계 지방자치단체 또는 그 장의 조정결정사항 이행, 예산편성, 추진계획보고, 비용부담 등 조정결정사항이 성실히 이행되지 아니한 때에는 당해 지방자치단체에 대하여 제170조의 규정(지방자치단체의 장에 대한 직무이행명령)을 준용하여 이를 이행하게 할 수 있다(지자법 § 148·⑥·⑦).

4) 지방자치단체의 장·의장의 협의체(§ 165)

지방자치단체의 장 또는 지방의회의 의장은 상호간의 교류와 협력을 증진하고, 공동의 문제를 협의하기 위하여 시·도지사, 시·도의회의 의장, 시장·군수·자치구의 구청장, 시·군·자치구의회의 의장이 각각 전국적 협의체를 설립할 수 있다. 그리고 전국적 협의체가 모두 참가하는 지방자치단체연합체를 설립할 수 있다(§165·①·②). 협의체나 연합체를 설립한 때에는 당해 협의체의 대표자는 이를 지체 없이 행정안전부장관에게 신고하여야 한다.

협의체나 연합체는 지방자치에 직접적 영향을 미치는 법령 등에 관한 의견을 행정안전부 장관에게 제출할 수 있으며, 행정안전부장관은 제출된 의견을 관계중앙행정기관의 장에게 통보하여야 한다.

관계중앙행정기관의 장은 통보된 내용에 대하여 통보받은 날부터 2개월 이내에 타당성을 검토하여 행정안전부장관에게 그 결과를 통보해야 하고, 행정안전부장관은 통보받은 검토결과를 해당 협의체나 연합체에 지체없이 통보해야 한다. 이 경우 관계중앙행정기관의 장은 검토 결과 타당성이 없다고 인정하면 구체적인 사유 및 내용을 명시하여 통보해야 하며, 타당하다고 인정하면 관계 법령에 그 내용이 반영될 수 있도록 적극 협력하여야 한다(§165·⑤).

협의체나 연합체는 지방자치와 관련된 법률의 제정·개정 또는 폐지가 필요하다고 인정하는 경우에는 국회에 서면으로 의견을 제출할 수 있다(§165·⑥).

5) 중앙행정기관과 지방자치단체간협의조정(§ 168)

중앙행정기관의 장과 지방자치단체의 장이 사무를 처리함에 있어서 의견을 달리하는 경우 이를 협의·조정하기 위하여 국무총리소속하에 협의조정기구를 둘 수 있다.

(2) 사법적 분쟁해결 제도에 의한 분쟁해결

1) 권한쟁의 심판

헌법 제111조 제1항 제4호에서 「…지방자치단체상호간의 권한 쟁의에 관한 심판」, 헌법재판소법 제62조 제1항 제3호 다목에서 지방자치단체상호간의 권한쟁의 심판으로서 「특별시·광역시·도 또는 특별자치도와 시·군 또는 자치구간의 권한쟁의 심판」을 규정하여 헌법재판소의 관장사항으로 하고 있다.

이는 공법상 독립된 법인격주체로서의 지방자치단체 상호간의 권한의 유무 및 범위에 관하여 다툼이 있는 경우에 이에 대한 법적판단은 헌법재판소에 의해 관장한다는 것을 의미한다. 이들 규정에 따라 지방자치단체간의 권한 분쟁에 대해서는 헌법재판소의 재판관할권이 인정될 것이다.

헌법재판소는 당진군과 평택시간의 해역에 관한 권한 쟁의(헌재결 2004.9.23, 2000헌라2), 강서구와 진해시간의 계쟁토지에 관한 사무에 관한 권한 쟁의(헌재결 2006.8.31, 2004헌라2) 심판을 한바 있다.

2) 기관소송

행정법상 기관소송은 "국가 또는 공공단체의 기관 상호간에 있어서의 권한의 존부 또는 행사에 관한 다툼이 있을 때에 이에 대하여 제기하는 소송을 말한다(행소법 §3·4호). 다만, 헌법재판소법 제2조의 규정에 의하여 헌법재판소의 관장사항으로 되는 소송은 제외한다(행소법 §3·4호 단서).

행정법상 기관소송의 개념에 대하여 기관소송광의설은 각기 다른 법 주체의 기관 상호간의 소송도 기관소송으로 보아 국가기관과 지방자치단체기관간의 다툼도 기관소송에 해당한다고 본다. 그러나 기관소송협의설은 동일한 법 주체에 속하는 기관 상호간 소송만을 기관소송으로 보며 이 견해가 타당하다. 기관소송 유형에는 국가기관 상호간의 기관소송과 공공단체의 기관 상호간의 기관소송이 있을 수 있다. 객관적소송인 기관소송은 기관소송법정주의를 채택하고 있다(행소법 §45).

3) 항고소송

지방자치단체간의 분쟁해결을 위하여 지방자치단체가 다른 지방자치단체에 대하여 항고소송을 제기할 수 있는지가 문제 된다.

항고소송은 행정청의 위법한 처분이나 부작위에 대하여 제기하는 취소소송, 무효 등 확인소송 및 부작위위법 확인 소송으로서 법률상 이익 있는 자가 제기할 수 있다(행소법 §4, §12, §35, §36). 여기서 문제가 되는 것은 지방자치단체의 기본권(법률상 이익)주체성 문제이다.

첫째 기본권은 공권력의 침해로부터 보장함이 목적이므로, 공법인으로서의 국가나 지방자치단체 등은 공법적 직무로서 관할 내지 권한을 가질 뿐 기본권의 주체가 될 수 없음이 원칙이지만, 지방자치단체는 지방자치단체의 권리 주체성의 제도적 보장이나 객관적 법제도 보장의 내용 중 본질적 내용(자기의 고유한 권리, 자치권)을 침해하는 행위가 있는 경우 이를 법적으로 보호하기 위한 권리를 갖는다고 보아야 한다.

공법인이 일반 국민의 경우와 같이 공권력의 강제에 복종하고 있는 경우에는 그 한도에서 기본권의 주체성을 인정하여야 한다고 본다. 둘째, 지방자치단체는 독립된 법 주체, 즉 권리주체이므로 소송의 당사자가 될 수 있다. 셋째, 지방자치단체의 항고소송 제기권에 관하여는 지방자치단체의 자치권을 행정소송법상의 법률상 이익으로 보지 않고 항고소송 제기권을 부정하는 견해도 있으나, 지방자치단체는 헌법 제117조 및 법률상 자치권을 보장받고 있고, 이러한 제도적 보장의 내용으로 지방자치단체에게는 헌법상의 자치권(특히 기본권에 의해 보호될 생활영역) 보장을 주장할 수 있는 주관적 법적지위가 인정된다는 점에서 볼 때, 공권력 주체에 의한 공권력행사에 의해 자치권이 침해된 경우에는 당해 공권력 행사를 다투는 항고소송을 제기할 원고적격을 갖는다고 본다.

Ⅷ. 지방자치단체와 국가간의 관계

【기출문제】 <1961년 (제 5회) 행정고시 (논술형)> ※ 국가와 지방자치단체와의 관계
<1995년 (제39회) 행정고시 (약술형)> ※ 지방자치단체의 사무와 그에 대한 국가의 지도·감독

1. 조정 협동관계

(1) 현대복리국가에서의 협동관계

오늘날의 국가와 지방자치단체간의 기본적 관계는 각각의 행정주체의 입장에서 행정기능과 행정책임을 분담하면서 주민의 복리증진이라는 하나의 목적을 향하여 협력하는 협동관계에 있다 할 것이다. 지방행정은 자치에 의하게 하려는 것이 헌법 및 지방자치법의 기본취지이다. 그러나 지방자치단체도 국가 내의 존재이므로 국가적 통일, 국가적 생활의 원활한 운용이라는 견지에서 국가의 지방자치단체에의 관여 및 양자의 긴밀한 관계유지는 필요하게 된다.

(2) 지방자치의 본질 및 근거와 조정·협동관계

지방자치단체에 대한 국가의 관여문제는 자치행정의 본질 및 근거를 ① 주민자치 내지 영국형 자치이냐 ② 단체자치 내지 법적 의미의 자치이냐, 그리고 ㉮ 고유권설이냐 ㉯ 전래권설이냐에 따라 차이를 가져왔다. 영·미법계 국가에서는 국가의 권력적 감독에 갈음하여 중앙과 지방간의 기술적·비권력적인 조정·협동의 방식에 의하게 되고, 종래 대륙법계 국가에서는 지방자치단체에 대한 일반적·후견적 감독을 취해 왔었다. 오늘날은 대륙법계 국가에서도 국가의 일반적·후견적 감독은 폐지하고 행정권에 의한 관여는 개별적·법적 감독을 하고 실질적 내용에 있어서도 권력적 관여는 가능한 제한하고 주로 조언·권고 등 비권력적 관여에 그치도록 하고 있다. 우리나라 새 지방자치법은 국가와 자치단체간의 기본적 관계

를 권력적 감독관계에서 비권력적인 조정·협동관계로 변경시켰다고 할 것이다(지자법 §1, §166). 이는 지방자치단체가 헌법에 의하여 보장되는 이른바 제도적 보장의 하나로서 지방자치단체에 대한 국가의 관여는 최소한도에 그쳐야 한다는 헌법(§117, §118)의 요청을 충실하게 반영한 것이라 하겠다.

(3) 국가관여의 형태(종류)와 방식

관여주체에 따라 ① 입법기관에 의한 관여 ② 사법기관에 의한 관여 ③ 행정기관에 의한 관여로 나누어 고찰할 수 있다.

2. 국가와 지방자치단체간의 분쟁해결

(1) 행정협의조정위원회(중앙행정기관과 지방자치단체간 협의조정)

중앙행정기관의 장과 지방자치단체의 장이 사무를 처리할 때 의견을 달리하는 경우 이를 협의·조정하기 위하여 국무총리 소속으로 행정협의 조정위원회를 둔다.

행정협의 조정위원회는 위원장 1명을 포함하여 13명 이내의 위원으로 구성하는 바, 위원장은 지방자치에 관한 학식과 경험이 풍부한 사람 중에서 국무총리가 위촉하는 사람 4명 중에서 국무총리가 위촉한다(§168·①·②·③).

그 밖에 행정협의 조정위원회의 구성과 운영 등에 필요한 사항은 대통령령으로 정한다(§168·④).

(2) 권한쟁의 심판

1) 헌법 및 헌법재판소법상 권한쟁의심판

국가기관과 지방자치단체 간에 권한의 존부 또는 범위에 관하여 다툼이 있을 때에는 당해 국가기관 또는 지방자치단체는 헌법재판소에 권한쟁의 심판을 청구할 수 있다(헌법 §111·①·4호 헌법재판소법 §61·①). 권한쟁의심판 청구는 피청구인의 처분 또는 부작위가 헌법 또는 법률에 의하여 부여 받은 청구인의 권한을 침해하였거나 침해할 현저한 위험이 있는 때에 한하여 이를 할 수 있다(헌법재판소법 §61·②).

2) 권한쟁의 심판의 종류

① 국가기관과 지방자치단체간의 권한쟁의 심판의 종류는 (가) 정부와 특별시·광역시 또는 도간의 권한쟁의 심판 (나) 정부와 시·군 또는 자치구간의 권한쟁의 심판이 있다(헌법재판소법 §62·①·2호).

② 권한쟁의가 지방교육자치에 관한 법률 제12조의 규정에 의한 교육·학예에 관한 지방

자치단체의 사무에 관한 것인 때에는 교육감이 제1항 제2호 및 제3호의 당사자가 된다(헌법재판소법 §62·②).

3. 지방자치단체에 대한 국가의 통제(간여)

(1) 입법기관에 의한 관여(국회에 의한 통제)

1) 법 률

지방자치단체의 종류, 지방의회의 조직·권한·의원선거와 지방자치단체장의 선임방법 및 기타 지방자치단체의 조직과 운영에 관한 사항은 법률로 정해진다(헌법 §117·②, §118·②). 지방자치제도의 본질을 침해하지 않는 한 지방자치단체에 관한 사항은 국회의 입법정책에 속한다.

2) 행정입법

대통령령 등 행정입법에 의한 관여가 중요한 기능을 가진다. 또한 법령의 해석·적용과 관련하여 행정기관의 예규 등에 의한 관여도 간과할 수 없다.

3) 예산의결권, 국정감사권과 국정조사권

① 예산의결권

지방자치단체에 대한 국가의 재정지원에 관한 사항은 국회의 예산의결권에 의해 통제된다.

② 국정감사권과 국정조사권

(가) 국회는 지방자치단체 중 특별시·광역시·도에 대하여는 국가위임사무(단체위임사무와 기관위임사무)와 자치사무 중 국가가 보조금 등 예산을 지원하는 사업에 대하여 국정감사를 할 수 있다(국정감사 및 조사에 관한 법률 §7·2호).

(나) 기초자치단체에 대하여는 국가위임사무(단체위임사무와 기관위임사무)와 자치사무 중 국가가 보조금 등 예산을 지원하는 사업에 대하여 본회의가 특히 필요하다고 의결한 경우에 한하여 국정감사권을 갖는다(동법 §7·4호, 지방자치법 §41·③).

(다) 지방자치단체에 대한 국정조사에 관하여는 특별한 명문규정이 없다. 국정조사는 국정의 특정한 사안에 대하여 행하는 것이므로 지방자치단체의 사무 중 자치사무를 제외하고 단체위임사무와 기관위임사무에 한하여 행할 수 있다.

(2) 사법기관에 의한 관여(법원에 의한 통제 : 사법적 통제)

1) 항고소송

행정청의 처분이나 부작위에 대하여 제기하는 항고소송인 취소소송, 무효 등 확인소송 및 부작위위법확인소송을 통하여 관여하게 된다.

예컨대 ① 지방자치단체가 감독관청의 위법한 처분에 의하여 자치권이 침해되었다고 주장하면서 취소소송을, ② 승인이 필요한 행위에 대하여 승인을 신청하였으나 감독관청(국가기관)의 부작위가 있을 때에는 부작위위법확인소송을 각각 행정소송법에 따라 제기할 수 있다. 다만, 지방자치법 제169조 제2항은 시정명령이나 취소·정지처분에 대한 소송에 대하여 대법원을 관할법원으로 하고 있으므로, 이는 행정소송법 제9조의 취소소송의 재판관할에 대한 특칙이 된다(부작위위법확인소송도 준용 : §38·①).

2) 당사자소송

행정청의 처분 등을 원인으로 하는 법률관계에 관한 소송 그 밖에 공법상의 법률관계에 관한 소송으로서 그 법률관계의 한쪽 당사자를 피고로 하는 당사자소송을 통하여 관여하게 된다.

3) 민중소송

선거인이 제기하는 선거소송인 민중소송 등을 통하여 관여하게 된다(공직선거법 §222·②). 개정된 지방자치법에서 주민소송이 도입되었는데, 이 주민소송은 민중소송이다(지자법 §17). 또한 국민투표법상 국민투표무효소송(§92), 주민투표법상 주민투표소송(§25)도 민중소송에 해당한다.

4) 기관소송

① 지방의회와 지방자치단체의 장간의 기관소송

현행법상 인정되고 있는 기관소송에는 ㉮ 지방자치법상 지방의회의 재의결에 대한 자치단체의 장의 제소(지자법 §107·③, §172·③), ㉯ 지방교육자치에 관한 법률상의 시·도 의회의 재의결에 대한 교육감의 제소(지방교육자치법 §28·③) 등이 있다.

② 국가기관과 지방자치단체의 장간의 기관소송

㉮ 감독관청의 시정명령이나 취소·정지처분에 대한 자치단체장의 제소(지자법 §169·②), ㉯ 감독관청의 직무이행명령에 대한 자치단체장의 제소(지자법 §170·③), ㉰ 지방의회의 재의결에 대한 감독관청의 직접제소(지자법 §172·④·⑥), ㉱ 교육·학예에 관한 시·도 의회의 재의결에 대한 감독관청의 직접제소(지방교육자치법 §28·④·⑥)할 수 있는바, 이들 소송이 기관소송인지에 관하여는 견해가 대립된다. 기관소송광의설과 판례는 기관소송으로 보나(대판 2007.9.20, 2005두6935; 대판 2006.11.10, 2006누3001), 기관소송협의설에서는 ㉠ 특수한 형태의 항고소송설, ㉡ 항고소송설, ㉢ 기관소송설 등이 대립되고 있다. 그러나 「기관위임사무」인 경우에는 기관위임 사무를 집행함에 있어서 지방자치단체의 장은 지방자치단체의 기관이 아니라 국가기관 또는 위임한 자치단체의 기관의 지위를 가지므로 이들 소송(직무이행명령·제소지시·재의요구지시)은 동일한 행정주체 내부의 기관 상호간의 다툼을 대상으로 하는 소송이기 때문에 기관소송으로 보아야 한다. 그러나 「자치사무」에 있어서 감독관청의 취소·정지 처분에 대한 자치단체장의 소송은 지방자치법에서 인정되는 특수한 형태의 항고소송으

로 보아야 한다. 즉, 장으로 대표되는 지방자치 단체가 독립된 법인격 주체로서 지방주민의 이익, 즉 자무사무와 관련하여 일종의 주관적 지위를 갖는 것이며 또한 취소·정지는 항고소송의 대상이 되는 일종의 행정행위의 성질을 갖는 것으로 볼 수 있기 때문이다.

(3) 헌법재판소에 의한 관여

지방자치단체의 기관 상호간이 아니라 국가기관(정부)과 지방자치단체간의 권한쟁의심판, 지방자치단체 상호간의 권한쟁의심판은 헌법재판소의 소관사항이 된다(헌재법 §62·①, 행소법 §3·④).

1) 권한쟁의심판

국가기관과 지방자치단체간 및 지방자치단체 상호간에 권한의 존부 또는 범위에 관하여 다툼이 있을 때에는 당해 지방자치단체는 헌법재판소에 권한쟁의심판을 청구할 수 있다(헌법재판소법 §61·①). 이는 행정소송으로서의 기관소송과는 달리, 권한쟁의심판에 있어서는 지방자치단체가 소송 당사자가 된다.

지방자치단체가 당사자가 되는 권한쟁의심판으로서는, ① 정부와 지방자치단체간의 권한쟁의심판으로서, 정부와 광역지방자치단체·기초지방자치단체 사이의 권한쟁의심판과 ② 지방자치단체 상호간의 것으로서, 광역지방자치단체 상호간의 권한쟁의심판, 기초지방자치단체 상호간의 심판 및 광역지방자치단체와 기초지방자치단체 사이의 권한쟁의심판이 있다(동법 §62·①).

헌법재판소의 권한쟁의심판의 결정은 모든 국가기관과 지방자치단체를 기속한다(동법 §67·①).

2) 헌법소원

지방자치단체에 의한 공권력의 행사 또는 불행사로 인하여 헌법상 기본권을 침해받은 자는 헌법재판소에 헌법소원을 청구할 수 있다. 다만 다른 법률에 구제절차가 있는 경우에는 그 절차를 모두 거치지 않고는 헌법소원을 청구할 수 없다. 헌법재판소는 이러한 헌법소원에 의하여 지방자치단체의 위법한 공권력행사를 통제할 수 있음은 물론이다.

이 밖에 지방자치단체 또는 그 기관의 헌법소원의 제기에 의한 통제도 일단 상정될 수 있다. 그러나 지방자치단체에는 자치행정권이 보장되고 있기는 하나, 기본권이 보장되는 것은 아니라고 하면서, 이러한 헌법소원은 인정되지 아니하는 것이 판례의 입장이다.

【헌재결】 기본권의 보장에 관한 각 헌법규정의 해석상 국민(또는 국민과 유사한 지위에 있는 외국인과 사법인)만이 기본권의 주체라 할 것이고, 국가나 국가기관 또는 국가조직의 일부나 공법인은 기본권의 수범자이지 기본권의 주체로서 그 소지자가 아니고 오히려 국민의 기본권을 보호 내지 실행해야 할 '책임'과 '의무'를 지니고 있는 지위에 있을 뿐이므로, 공법인인 지방자치단체의 의결기관인 청구인 의회(서울특별시의회)는 기본권의 주체가 될 수 없고 따라서 헌법소원을 제기할 수 있는 적격이 없다(헌재결 1998.3.26, 96헌마345).

(4) 행정기관에 의한 관여

자치단체에 대한 국가의 관여방식으로 가장 중요한 것은 적극적·능동적 성질을 갖는 행정권에 의한 관여이다. 행정기관에 의한 관여에도 ① 행정입법에 의한 관여(전술했음) ② 행정심판 등에 의한 관여 ③ 가장 중요한 것은 행정적 감독이다. 감독의 정도는 합법성 감독과 합목적성 감독이 있다.

1) 행정심판에 의한 관여

① 특별시장·광역시장·도지사·특별자치도지사(이 경우 교육감을 포함한다) 또는 특별시·광역시·도·특별자치도(이하 시·도라 한다)의 의회(의장, 위원회의위원장, 사무처장 등 의회소속 모든 행정청을 포함한다)의 처분 또는 부작위로 권리 또는 이익을 침해당한 자는 행정심판을 제기할 수 있는바, 「부패방지 및 국민권익위원회의 설치와 운영에 관한 법률」에 따른 국민권익위원회에 중앙행정심판위원회에서 심리·재결한다(행심법 §6·②).

② 시·도 소속의 행정청, 시·도의 관할구역에 있는 시·군·자치구의 장, 소속행정청 또는 시·군·자치구의 의회(의장, 위원회의위원장, 사무국장, 사무과장 등 의회소속 모든 행정청을 포함한다)의 처분 또는 부작위로 권리 또는 이익을 침해받은 자는 행정심판을 제기할 수 있는바, 특별시장·광역시장·도지사·제주특별자치도지사 소속의 행정심판위원회에서 심리·재결한다(행심법 §5·③).

2) 행정적 관여

① **관여기관**(감독기관)

지방자치단체에 대한 행정적 관여기관은 대통령·국무총리·행정각부장관·기타 중앙행정기관의 장(소관사무에 관하여), 상급지방자치단체의 장, 감사원 등이다.

(가) 지방자치단체 또는 그 장이 위임받아 처리하는 국가사무에 관하여는 시(특별시·광역시)·도에 있어서는 주무부장관의, 시·군 및 자치구에 있어서는 1차로 시·도지사의, 2차로 주무부장관의 지도·감독을 받는다(지자법 §167).

(나) 지방자치단체의 자치사무에 대하여는 행정안전부장관 및 시·도지사가 일정한 범위에서 감독권을 가지고 있다(동법 §171).

(다) 감사원은 자치단체에 대한 회계검사권 및 직무감찰권을 갖는다(감사원법 §22, §24).

(라) 행정안전부장관은 자치단체에 대한 일반적인 감독권을 가진다(정부조직법 §29).

② **감독의 정도와 주감독기관**

(가) **자치사무**(지자법 §171)

㉮ 감독의 정도 : 최소한의 합법적 감독에 그친다(지자법 §169~§172).

㉯ 감독기관 : 특별시·광역시·도의 경우는 행정안전부장관이, 일반 시·군의 경우는 도

지사가, 자치구의 경우는 특별시장·광역시장이 감독기관이다.

(나) 위임사무(지자법 §167)

㉮ 감독정도 : 단체위임사무에는 합법성 감독과 합목적성 감독이 가능하고, 기관위임사무에는 하급관청에 대한 감독과 같이 일반적인 지휘·감독으로서 훈령까지 가능하다.

㉯ 감독기관

㉠ 국가위임사무의 경우는 수임자가 특별시·광역시·도인 때에는 주무부장관이, 수임자가 일반시·군·자치구인 때에는 1차적으로는 특별시장·광역시장·도지사가, 2차적으로는 주무부장관이다.

㉡ 시·도위임사무의 경우는 시·군·자치구가 수임자이고, 특별시장·광역시장·도지사가 감독기관이다.

③ **관여방법**(감독내용, 감독수단)

형식적 감독수단이 중요하며 이는 다시 사전적·예방적인 것과 사후적·교정적인 것이 있다. 다음에서 설명하는 (가)에서 (마)까지 대체로 사전·예방적인 것이고 (바) 이하는 대체로 사후적·교정적인 것이다.

(가) 지도, 권고, 조언

중앙행정기관의 장 또는 시·도지사는 지방자치단체의 사무에 관하여 지도·권고·조언할 수 있고, 이를 위해 필요시에는 지방자치단체에 대하여 자료제출을 요구할 수 있다(지자법 §166·①).

(나) 사무·회계감사

행정안전부장관 또는 시·도지사는 지방자치단체의 자치사무에 관하여 서류·장부 또는 회계를 감사할 수 있다(지자법 §171). 이 경우 감사는 법령위반사항에 한하여 실시한다(지자법 §171 단서). 감사원은 지방자치단체의 회계감사·사무감사와 직무감찰을 할 수 있다(감사원법 §22, §24).

(다) 지 원

국가 또는 시·도는 지방자치단체가 당해 지방자치단체의 사무를 처리함에 있어 필요하다고 인정할 경우 재정지원 또는 기술지원을 할 수 있다(지자법 §166·②).

(라) 자치입법과 결산 등 보고

행정안전부장관 또는 시·도지사는 지방자치단체의 자치사무에 관하여 보고를 받을 수 있으며(지자법 §171), 지방자치단체의 장은 조례, 규칙, 결산 등에 관하여 행정안전부장관 또는 시·도지사에 보고해야 한다(지자법 §134·②). 조례나 규칙을 제정·개폐하는 경우 조례에 있어서는 지방의회에 이송된 날로부터 5일 이내에, 규칙은 공포예정 15일 전에 시·도지사는 행정안전부장관에게, 시장·군수·자치구청장은 시·도지사에게 그 전문을 첨부하여 각각 보고해야 하며, 보고를 받은 행정안전부장관은 관계 중앙행정기관의 장에게 통보해야 한다(지자법 §28).

(마) 승인 또는 승인의 유보

㉮ 의 의 : 승인은 지방자치단체가 일정한 사안에 대하여 사전에 국가(또는 감독기관)의 승인을 받음으로써 법적효력을 가지게 되는 것을 말한다.

여기서 말하는 승인은 국가(또는 다른 자치단체) 대 자치단체간에 행해지는 것을 말하므로, 행정조직 내부에 있어서의 상급행정청의 하급행정청에 대한 승인과 구별된다. 승인은 지방자치단체가 행할 일정한 법적행위의 효력발생요건이 된다는 점에서 사전적 통제수단에 해당한다.

승인의 유보라 함은 지방자치단체의 행위가 국가(또는 다른 지자단체)의 승인을 받음으로써 비로소 유효하게 되도록 하는 지방자치단체의 자치권에 대한 법적인 제한이다.

승인 및 승인의 유보에는 사전적인 합법성통제를 의미하는 감독수단으로서 성격을 갖는 것과 국가적 이해와 함께 지방적 이해와 관련된 사항에 있어서 국가목적의 형성적 실현을 위한 공동결정권의 성격을 갖는 것이 있다.[54)]

㉯ 법적근거 : 승인은 지방자치단체의 자치권을 제한하는 것이기 때문에 법률의 근거가 있어야 한다. 현행 지방자치법상 감독청의 승인을 요하는 사항으로는 자치구가 아닌 구와 읍·면·동의 명칭과 구역의 폐치·분합(지자법 §4·③), 지방자치단체조합의 설립(지자법 §159·①) 등이 있고, 지방재정법상에는 지방채발행(지자법 §124·①, 지방재정법 §11·②·③·④), 지방세법상에는 과세면제 등을 위한 조례(지방세법 §9), 국토의계획및이용에관한법률상에는 광역도시계획의 승인(§16), 시·군 도시기본계획의 승인(§22의2), 지방교부세법시행령상에는 특별교부세 사용승인(§9·③) 등 규정이 있다. 지방자치단체의 직속기관, 사업소, 출장소, 합의제행정기관 설치에는 승인을 요하지 않는다.

㉰ 승인심사의 범위문제 : 사전적 감독수단의 성격을 갖는 승인의 유보는 적법성통제에 국한되나, 국가의 공동결정권, 즉 협력적 관여수단의 성격을 갖는 승인의 유보는 적법성통제뿐만 아니라 합목적성 통제에도 미친다.

자치사무에 대하여는 공동결정권이 인정되지 않기 때문에 적법성통제에 국한되나, 국가의 위임사무(단체 및 기관위임사무)에 대하여는 적법성통제뿐만 아니라 합목적성통제도 가능하다.[55)]

㉱ 승인없는 행위의 효력 : 법령의 규정에 의하여 승인을 받아야 할 행위를 승인을 받지 않고 행한 지방자치단체의 행위는 위법한 행위가 된다.

그것이 어떤 효력을 갖는가는 ㉠ 공법상의 행위에 있어서는 승인은 효력요건에 해당하기 때문에 승인없이 한 행위는 효력을 발생하지 않는다. ㉡ 그러나 지방자치단체의 사법상의 행위에 있어서는 승인을 결여한 경우에는 민법 제103조(반사회질서의 법률행위), 제

54) 정하중, 행정법각론, 156쪽.

55) 박균성, 행정법론(하), 147쪽 ; 정하중, 전게서, 157쪽.

104조(불공정한 법률행위)가 이러한 행위를 절대적으로 금지한다고 볼 수 없으므로 당연무효로 되는 것이 아니라 잠정적인 무효라고 보아야 한다. 계약당사자는 민법 제2조의 신의 성실의 원칙에 따라 승인을 받도록 노력할 법적의무를 지며, 승인이 확정적으로 거부되거나 승인을 얻는데 필요한 시간이 경과한 경우에는 그 법률행위는 확정적으로 무효가 된다.[56)]

(바) 지정, 명령

지방자치단체의 장의 직무대행자의 지정, 공익상 필요한 경우의 행정안전부장관의 지방자치단체조합설립·해산 또는 규약변경 등을 명할 수 있다(지자법 §164·②). 자치단체의 구역변경이나 폐치·분합에 따른 사무·재산의 승계에 있어서 지역구분이 곤란할 때에는 시·도에 있어서는 행정안전부장관이, 시·군·자치구에 있어서는 시·도지사가 행정안전부장관의 승인을 얻어, 그 사무와 재산한계 및 승계할 지방자치단체를 지정한다(지자법 §5·②).

(사) 명령·처분의 시정명령 및 취소·정지와 제소

【기출문제】 **<2000년 (제44회) 행정고시 (약술형)>** ※ 지방자치법 제157조(현행 제169조)의 의의

<2007년 (재51회) 행정고시 (재경직 및 기타) (사례형)> ※ A광역시장은 A광역시 시립수영장의 이용규칙을 만들면서 주말과 공휴일에는 A광역시 시민만이 동 수영장을 사용할 수 있음을 규정하고 이를 시행하였다. 그러자 문화관광부장관은 지방자치법 제157조 제1항(현행 §169·①)이 정하는 바에 따라 A광역시장에게 주말과 공휴일에도 모든 국민이 다 이용할 수 있도록 이용규칙을 한달 내에 개정토록 통보하였다. 그러나 A광역시장은 이에 응하지 않았다. 이에 문화관광부장관은 이용규칙의 시행을 정지시켰다. A광역시장은 취소소송의 제기를 통해 이를 다투려고 한다. 문화관광부장관의 정지처분은 적법한가?

㉮ 법규정 및 의의

㉠ 법규정 : 지방자치단체의 사무에 관한 그 장의 명령이나 처분이 법령에 위반되거나 현저히 부당하여 공익을 저해한다고 인정할 때에는 시·도에 대하여는 주무부장관이, 시·군 또는 자치구에 대하여는 시·도지사가 기간을 정하여 서면으로 시정을 명하고 그 기간 내에 이행치 않는 때에는 이를 취소·정지할 수 있다. 단, 자치사무의 경우는 법령위반에 한한다(동법 §169). 지방자치단체의 장은 감독청의 자치사무에 관한 명령이나 처분의 취소 또는 정지에 대하여 이의가 있는 때에는 그 취소 또는 정지처분을 통보받은 날로부터 15일 이내에 대법원에 소를 제기할 수 있다(지자법 §169·②).

㉡ 지자법 제169조의 의의 : 지방자치법 제169조는 국가법질서의 통일 및 공공이익의 보호를 위해 국가기관에 의한 지방자치단체의 장의 명령이나 처분에 대한 행정적 통제를 규정하고, 반면 지방자치단체의 자치행정권을 보장하기 위해 국가기관의 통제의 한계 및 부당한 통제에 대한 불복을 규정한 제도이다. 시정명령이란 지방

56) 이기우, 지방자치행정법, 138쪽 ; 정하중, 행정법각론, 157쪽.

자치단체의 사무에 관한 지방자치단체의 장의 위법·부당한 명령이나 처분에 대하여 감독청이 그 시정을 요구하는 제도이며, 그 시정을 요구할 수 있는 감독청의 권한이 시정명령권이다. 시정명령은 지방자치단체의 장이 행한 위법 또는 부당한 행위를 사후적으로 시정하는 감독수단이다.

㈏ 시정(통제)의 대상

㉠ 「지방자치단체의 사무에 관한 그 장의 명령이나 처분」이 그 대상이다. 지방자치단체의 사무에는 자치사무와 단체위임 사무를 대상으로 한다. 지방자치단체의 사무에 기관위임사무가 포함된다는 설[57]이 있지만 기관위임사무는 그 대상이 아니라고 보는 것이 타당하다. 왜냐하면 기관위임사무에 대한 시정명령은 지방자치법 제167조(국가사무나 시·도 사무처리의 지도·감독)에 근거하여 지도·감독권의 일환으로 할 수 있으나, 제167조에 따른 시정명령에 대하여는 취소소송을 제기할 수 없으며, 사무처리의 법적효과의 귀속주체도 단체위임사무는 지방자치단체이나 기관위임사무는 국가이므로 사무의 성질을 달리하기 때문이다. 판례도 같은 입장이다.

판례 **〈국가가 국토이용계획과 관련한 기관위임 사무처리에 관하여 지방자치단체의 장을 상대로 취소소송을 제기할 수 없다.〉** 건설교통부장관은 지방자치단체의 장이 기관위임사무인 국토이용계획 사무를 처리함에 있어 자신과 의견이 다를 경우 행정협의조정위원회에 협의·조정 신청을 하여 그 협의·조정 결정에 따라 의견불일치를 해소할 수 있고, 법원에 의한 판결을 받지 않고서도 행정권한의 위임 및 위탁에 관한 규정이나 구 지방자치법에서 정하고 있는 지도·감독을 통하여 직접 지방자치단체의 장의 사무처리에 대하여 시정명령을 발하고 그 사무처리를 취소 또는 정지할 수 있으며, 지방자치단체의 장에게 기간을 정하여 직무이행명령을 하고 지방자치단체의 장이 이를 이행하지 아니할 때에는 직접 필요한 조치를 할 수도 있으므로, 국가가 국토이용계획과 관련한 지방자치단체의 장의 기관위임사무의 처리에 관하여 지방자치단체의 장을 상대로 취소소송을 제기하는 것은 허용되지 않는다(대판 2007.9.20, 2005두6935, 국토이용계획변경신청거부처분취소).

㉡ 명령과 처분은 '명령'은 일반·추상적 규율로서의 자치입법인 규칙을 의미하며, '처분'은 행정행위를 말하는바, 법률행위적 행정행위 및 준법률행위적 행정행위가 모두 포함된다.

㉢ 지방자치단체의 사무에 관한 그 장의 명령이나 처분에는 적극적 작위(作爲)만이 대상이 되고, 부작위(예: 의무규칙의 미제정)는 대상이 되지 않는다. 이는 문제점으로 지적될 수 있다.

㈐ 시정의 사유·범위

㉠ 자치사무의 경우는 지방자치단체장의 명령이나 처분이 위법한 경우에만 국한하고, 단체위임사무의 경우는 위법뿐만 아니라 부당(합목적성)도 포함한다. 다만, 현저히 부당하여 공익을 해치는 경우에 한한다.

57) 김동희(Ⅱ), 114쪽, 박영사, 2005 ; 김남진·김연태, 행정법(Ⅱ), 180쪽, 법문사, 2005.

㉡ 법령위반 및 재량권 일탈·남용 : 지방자치법 제169조 제1항에 정한 지방자치단체장의 명령·처분의 취소요건인 '법령위반'에 '재량권의 일탈·남용'이 포함되는지 여부가 문제된다. 대법원 판례의 다수의견은 지방자치법 제157조(현행 §169) 제1항에서 법령에 위반되는 경우라 함은 명령이나 처분이 현저히 부당하여 공익을 해하는 경우, 즉 합목적성을 현저히 결하는 경우와 대비되는 개념으로, 명시적인 법령의 규정을 구체적으로 위반한 경우뿐만 아니라 그러한 사무의 집행이 재량권을 일탈·남용하여 위법하게 되는 경우를 포함한다고 하고 있다.
그리하여 하급지방자치단체장이 전국 공무원노동조합의 불법총파업에 참가한 소속지방공무원들에 대하여 징계의결을 요구하지 않은 채 승진임용하는 처분을 한 것이 재량권의 범위를 현저히 일탈한 것으로서 위법한 처분이며 따라서 상급지방자치단체장이 지방자치법 제157조(현행 §169) 제1항에 따라 위 승진임용처분을 취소한 것이 적법하다고 판시하고 있다. 그러나 이들을 부정하는 소수의견이 있음도 주목해야 한다.

판례 **〈지방자치법 제157조 제1항(현행 §169·①)에서 정한 지방자치단체장의 명령·처분의 취소요건인 '법령위반'에 '재량권의 일탈·남용'이 포함된다.〉**
〈하급지방자치단체장이 전국공무원노동조합의 불법 총파업에 참가한 소속 지방공무원들에 대하여 징계의결을 요구하지 않은 채 승진임용하는 처분을 한 것이 재량권의 범위를 현저히 일탈한 것으로서 위법한 처분이며, 따라서 상급지방자치단체장이 지방자치법 제157조 제1항에 따라 위 승진임용처분을 취소한 것이 적법하다.〉

[다수의견]
지방자치법 제157조(현행 §169) 제1항 전문은 "지방자치단체의 사무에 관한 그 장의 명령이나 처분이 법령에 위반되거나 현저히 부당하여 공익을 해한다고 인정될 때에는 시·도에 대하여 는 주무부장관이, 시·군 및 자치구에 대하여는 시·도지사가 기간을 정하여 서면으로 시정을 명하고 그 기간 내에 이행하지 아니할 때에는 이를 취소하거나 정지할 수 있다"고 규정하고 있고, 같은 항 후문은 "이 경우 자치사무에 관한 명령이나 처분에 있어서는 법령에 위반하는 것에 한한다"고 규정하고 있는바, 지방자치법 제157조 제1항 전문 및 후문에서 규정하고 있는 지방자치단체의 사무에 관한 그 장의 명령이나 처분이 법령에 위반되는 경우라 함은 명령이나 처분이 현저히 부당하여 공익을 해하는 경우, 즉 합목적성을 현저히 결하는 경우와 대비되는 개념으로, 시·군·구의 장의 사무의 집행이 명시적인 법령의 규정을 구체적으로 위반한 경우뿐만 아니라 그러한 사무의 집행이 재량권의 일탈·남용하여 위법하게 되는 경우를 포함한다고 할 것이므로, 시·군·구의 장의 자치사무의 일종인 당해 지방자치단체 소속 공무원에 대한 승진처분이 재량권을 일탈·남용하여 위법하게 된 경우 시·도지사는 지방자치법 제157조 제1항 후문에 따라 그에 대한 시정명령이나 취소 또는 정지를 할 수 있다.

[대법관 김영란, 박시환, 김지형, 이홍훈, 전수안의 반대의견(소수의견)]
헌법이 보장하는 지방자치제도의 본질상 재량판단의 영역에서는 국가나 상급 지방자치단체가 하급 지방자치단체의 자치사무 처리에 개입하는 것을 엄격히 금지하여야 할 필요성이 있

으므로, 지방자치법 제157조 제1항 후문은 지방자치제도의 본질적 내용이 침해되지 않도록 헌법합치적으로 조화롭게 해석하여야 하는바, 일반적으로 '법령위반'의 개념에 '재량권의 일탈·남용'도 포함된다고 보고 있기는 하나, 지방자치법 제157조 제1항에서 정한 취소권의 행사요건은 위임사무에 관하여는 '법령에 위반되거나 현저히 부당하여 공익을 해한다고 인정될 때', 자치사무에 관하여는 '법령에 위반하는 때'라고 규정되어 있어, 여기에서의 '법령위반'이라는 문구는 '현저히 부당하여 공익을 해한다고 인정될 때'와 대비적으로 쓰이고 있고, 재량권의 한계 위반 여부를 판단할 때에 통상적으로는 '현저히 부당하여 공익을 해하는' 경우를 바로 '재량권이 일탈·남용된 경우'로 보는 견해가 일반적이므로, 위 법조항에서 '현저히 부당하여 공익을 해하는 경우'와 대비되어 규정된 '법령에 위반하는 때'의 개념 속에는 일반적인 '법령위반'의 개념과는 다르게 '재량권의 일탈·남용'은 포함되지 않는 것으로 해석하여야 한다. 가사 이론적으로는 합목적성과 합법성의 심사가 명확히 구분된다고 하더라도 '현저히 부당하여 공익을 해한다는 것'과 '재량권의 한계를 일탈하였다는 것'을 실무적으로 구별하기 매우 어렵다는 점까지 보태어 보면, 지방자치법 제157조 제1항 후문의 '법령위반'에 '재량권의 일탈·남용'이 포함된다고 보는 다수의견의 해석은 잘못된 것이다(대판 2007.3.22. 2005추62, 승진임용직권취소처분취소청구).

㉣ 시정의 절차

㉠ 시정명령 : 지방자치단체의 사무에 관하여 그 장의 명령이나 처분이 법령에 위반되거나(자치사무) 현저히 부당하여 공익을 해친다고 인정되면(단체위임사무) 기간을 정하여 서면으로 시정을 명할 수 있다(§169·①). 이때 지방자치단체의 장이 '시정명령'에 대해서 이의를 제기할 수 있는 지에 관하여는 명문규정이 없으므로 이의를 제기할 수 없는 것으로 해석할 수밖에 없다. 입법론적으로는 '시정명령'에 대해 지방자치단체가 이의가 있을 때에는 감독기관은 취소·정지권을 행사할 수 없고, 법원에 소송을 제기하여 그 판결에 의하여 당해 명령이나 처분의 효력을 취소·정지케 하는 것이 타당하다 할 것이다.[58]

㉡ 취소·정지처분 : 감독기관의 시정명령을 정해진 기간 내에 지방자치단체장이 이행하지 않을 때에는 시·도에 대하여는 주무부장관이, 시·군 및 자치구에 대하여는 시·도지사가 당해 명령이나 처분을 취소하거나 정지할 수 있다(§169·①). 이는 형성적인 행정행위로서 당해 지방자치단체장의 별도의 취소나 정지처분이 없이도 위법한 명령이나 처분의 효력은 직접 상실하게 된다.

감독관청은 당해 권한행사로서 다른 처분으로 대체할 것을 명할 수는 없다.[59]

광역자치단체장이 지방자치법 제169조 제1항 소정기간을 정하여 기초자치단체장의 위법한 승진임용의 시정을 명하고 기초자치단체장이 그 기간 내에 이를 이행하지 아니하자 그 승진임용을 취소한 것이 적법하다고 판시하였다.

58) 류지태, 행정법신론, 755쪽, 신영사, 2007 ; 김남진·김연태(Ⅱ), 181쪽 ; 홍정선(하), 239쪽.
59) 이기우, 지방자치행정법, 130쪽.

【판시사항】

(1) 〈지방자치단체장이 지방공무원법위반 등으로 처벌된 바 있는 산하 공무원에 대하여 징계의결요구를 하지 않고 오히려 승진임용한 경우, 재량권의 범위를 일탈한 위법한 처분이다.〉

(2) 〈위 (1)항의 경우, 광역자치단체장이 지방자치법 제157조 제1항 소정의 기간을 정하여 기초자치단체장의 위법한 승진임용의 시정을 명하고 기초자치단체장이 그 기간 내에 이를 이행하지 아니하자 그 승진임용을 취소한 것이 적법하다.〉

【판결요지】

(1) 기초자치단체장의 산하 내무과장에 대한 승진임용 당시 위 내무과장은 지방공무원법위반 등으로 구속기소된 바 있는데, 그 사안의 내용에 비추어 보면, 이는 지방공무원법 제69조 제1항 소정의 징계사유에 해당된다고 볼 수 있고, 따라서 위 자치단체장으로서는 위 내무과장에 대하여 지체 없이 징계의결의 요구를 할 의무가 있다고 할 것이며, 나아가 직위해제를 할 필요성도 매우 높은 경우라고 보아야할 것이다. 그럼에도 불구하고 위 자치단체장은 위 내무과장에 대하여 징계의결요구나 직위해제처분을 하지 않았을 뿐만 아니라, 오히려 지방서기관으로 그를 승진임용시켰는바, 이는 법률이 임용권자에게 부여한 승진임용에 관한 재량권의 범위를 일탈한 것으로서 현저히 부당하여 공익을 해하는 위법한 처분이다.

(2) 위 (1)항의 경우, 광역자치단체장이 지방자치법 제157조 제1항 소정의 기간을 정하여 기초자치단체장의 위와 같은 위법한 승진임용의 시정을 명하고 기초자치단체장이 그 기간 내에 이를 이행하지 아니하자 그 승진임용을 취소한 것이 적법하다(대판 1998.7.10, 97추67, 승진임용취소처분취소).

전국공무원노동조합의 총파업에 참가한 구청소속공무원들에 대한 구청장의 승진임용처분을 광역시장이 취소한 것이 적법하다고 보는 것이 판례입장이다(대판 2006.11.10, 2006누3001, 승진임용취소처분취소).

㉲ 시정(취소·정지)에 대한 불복(지방자치단체장의 제소)

지방자치단체의 장은 제1항에 따른 자치사무에 관한 명령이나 처분의 취소 또는 정지에 대하여 이의가 있으면 그 취소처분 또는 정지처분을 통보받은 날로부터 15일 이내에 대법원에 소를 제기할 수 있다(§169·②).

㉠ 소송의 대상 : 자치사무에 관한 취소 또는 정지처분에 한하여 지방자치단체장이 대법원에 소를 제기할 수 있다. 단체위임사무에 관한 명령이나 처분의 취소 또는 정지에 대하여는 취소소송을 인정하지 않고 있다. 시정명령에 대해서도 항고소송을 제기할 수 있는 명문규정이 없어 문제점이 있다는 것은 전술한 바 있다.

㉡ 소송의 성질 : 제169조 제2항의 소송, 즉 취소·정지에 대한 지방자치단체의 장의 소송의 성질을 ⓐ 기관소송광의설 입장에서 기관소송으로 보는 견해, ⓑ 헌법재판소의 권한쟁의심판의 대상으로 하여야 하므로 입법론으로 삭제되어야 한다는 견해, ⓒ 항고소송으로 보는 견해가 있다. 다음과 같은 법리로 항고소송설이 타당하다. 지방자치단체는 자치권을 갖는 독립된 인격주체(법주체)이므로 항고소송을 제기할 수 있는 원고적격이 있고, 자치사무에 관한 명령이나 처분의 취소 또는 정지는 지방자치단체의 자치권을 침해하는 행정소송법상의 처분에 해당하며, 지방자치단체의 장이 원고가 되지만 이때의 지방자치단체의 장은 지방자치단체를 대표하여 소송을 제기하는 것이다.

㉢ 집행정지신청 : 지방자치단체의 장이 감독기관의 취소·정지에 대한 집행정지를

신청할 수 있는지가 문제이다. 명문규정은 없지만 위 소송을 항고소송으로 보면 행정소송법상의 집행정지에 관한 규정(행소법 §23)이 이 소송에도 적용될 수 있을 것이므로 집행정지신청을 할 수 있다고 본다. 기관소송설을 취하더라도 처분 등의 취소를 구하는 기관소송에는 그 성질에 반하지 않는 한 취소소송에 관한 규정이 준용되므로(행소법 §46·①) 행정소송법의 집행정지에 관한 규정을 이 소송에 준용할 수 있을 것이다.

㉥ 개인(사인)의 권리보호 : 자치사무에 관한 지방자치단체의 장(피감독청)의 명령이나 처분에 대한 감독청의 취소·정지로 인하여 개인(사인)의 법률상 이익이 위법하게 침해되었으면 원고적격을 갖는다. 이때 개인은 누구를 피고로 하는지가 문제된다. 감독청의 취소·정지처분에 대한 대외적 법적효과의 귀속은 당해 지방자치단체에 귀속되는 것이므로 피감독청, 즉 지방자치단체의 장이 피고가 되어야 할 것이다.

㉦ 문제점 및 개선방향(보완책)

㉠ 부작위 : 현행 지방자치법상 시정명령제도는 지방자치단체장의 명령이나 처분, 즉 적극적인 작위만을 대상으로 하고 있다. 지방자치단체장의 부작위로 위법하게 주민의 권리를 침해할 수도 있으므로 입법적 보완이 필요하다.

㉡ 시정명령에 대한 이의제기시 감독기관의 제소 : 시정명령에 대해 이의를 제기할 수 있는 명문규정이 없다.

입법론적으로 지방자치단체의 장이 시정명령에 대해 이의를 제기할 수 있게 하고, 이의제기시에는 감독기관이 직접 취소·정지처분을 하지 못하도록 하고, 감독기관이 대법원에 소송을 제기하여 대법원의 결정에 의해 당해 명령·처분이 취소·정지되도록 하고, 필요한 경우 감독기관이 당해 명령·처분의 집행정지를 신청할 수 있는 것으로 개정하여야 한다고 본다.[60]

<2007년 제51회 행정고시 (재경직 및 기타) (사례형) 답안요약>

【문제해결】

〈주요논점〉

1. 시정명령의 법적인 쟁점검토

문화관광부장관은 A광역시장이 제정한 시립수영장이용규칙의 내용이 법령에 위반되는 것으로 판단하여 시정명령을 내려 이용규칙의 시행을 정지시켰기 때문에 이와 관련된 법적인 쟁점으로는 (1) 시정명령의 의의와 요건, (2) 공공시설의 개념 및 공공시설이용권의 성질, (3) 공공시설이용권자 (4) 공공시설이용규칙의 성질, (5) 공공시설이용규칙의 위법·부당여부 문제 등이 법적인 쟁점이 된다.

2. A광역시장의 취소소송제기(시정명령에 대한 불복)

문화관광부장관의 시정명령에 대해 A광역시장이 불복수단으로서 취소소송을 제기하는 것이기 때문에 (1) 소송의 대상, (2) 소송의 성질, (3) 집행정지 신청문제 등이 법적쟁점이 된다.

60) 박균성(하), 142쪽.

〈주요논점 해설〉

1. 문화부장관의 시정명령

(1) 시정명령의 의의 및 요건

지방자치단체의 사무에 관한 그 장의 명령이나 처분이 법령에 위반되거나 현저히 부당하여 공익을 해친다고 인정되면 시·도에 대하여는 주무부장관이 … 기간을 정하여 서면으로 시정할 것을 명하고, 그 기간 내에 이행하지 아니하면 이를 취소하거나 정지할 수 있다. 이 경우 자치사무에 관한 명령이나 처분에 대하여는 법령에 위반하는 것에 한한다(지자법 §169·①). ① 시정의 대상은 ㉮ 지방자치단체의 사무에 관한 그 장의 명령이나 처분이 그 대상인데, 이 경우 사무는 자치사무와 단체사무위임을 뜻하고, 기관위임사무는 그 대상이 아니다(대판 2007.9.20, 2005두6935). ㉯ 명령은 일반적·추상적 규율로서의 자치입법인 규칙을 뜻하고, 처분은 행정행위를 뜻한다. ㉰ 명령이나 처분에는 적극적 작위만이 대상이 되고, 부작위는 대상이 되지 않는 점이 문제점으로 지적된다. ② 시정의 사유·범위는 ㉮ 자치사무의 경우는 지방자치단체장의 명령이나 처분이 위법한 경우에 국한하고, 단체위임사무의 경우는 위법뿐만 아니라 부당(합목적성)도 포함된다. 다만, 현저히 부당하여 공익을 해치는 경우에 한한다. ㉯ "법령위반"에 "재량권의 일탈·남용"이 포함된다는 것이 대법원 판례의 다수의견이다(대판 2007.3.22, 2005추62 승진임용직권취소처분취소청구).

(2) 공공시설의 개념 및 공공시설이용권의 성질

공공시설이란 주민의 복리에 관한 급부행정을 수행하기 위해 설치·운영되어 주민의 이용에 제공되는 것으로서 그 존재목적인 주민의 생존배려와 복리증진을 위한 모든 시설이 이에 해당하며, 지방자치단체의 공물·영조물·공기업 기타 급부를 제공하는 시설이 포함된다. 따라서 시립수영장은 공공시설에 해당한다. 주민의 공공시설이용권은 단순한 반사적 이익이 아니라 정당한 이유없이 이용이 거부되면 이의신청을 구할 수 있는 청구권을 개인이 갖게 되는 개인적 공권이다.

(3) 공공시설이용권자 : A광역시의 시립수영장이용권은 주민의 권리이고 비주민의 권리는 아니며 비주민에게는 합리적인 이유가 있으면 시립수영장의 이용이 제한될 수도 있다. 그러나 A광역시가 대한민국의 한 부분사회임에도 불구하고 주말과 공휴일에 비주민(국민)의 A광역시 시립수영장의 사용가능성을 완전히 배제한 것은 합리적 사유가 없는 것이므로 헌법상 평등원칙에 위반되고 또한 지방자치법의 일반원칙(지방자치단체 상호간의 협력원칙)에 어긋나므로 위법하다 할 것이다.

(4) 공공시설이용규칙의 성질 : 공공시설이용규칙(시립수영장 이용규칙)은 지방자치단체장이 법령 또는 조례가 위임(개별·구체적 위임)한 범위 안에서 그 권한에 속하는 사무에 관하여 제정하는 법이므로 외부적 효력을 갖는 일반적·추상적 규율로 실질적 의미의 법령의 성질을 가진다.

(5) 공공시설이용규칙(시립수영장 이용규칙)의 위법·부당여부문제 : A광역시장은 A광역시 시립수영장의 이용규칙을 만들면서 주말과 공휴일에는 A광역시 시민만이 동 수영장을 이용할 수 있음을 규정하고 이를 시행하였다. A광역시 시립수영장에 관한 사무는 지방자치법 제9조 제2항 제5호 나목에 해당하므로 자치사무에 속한다. 따라서 A광역시 시립수영장이용권은 주민의 권리이고 비주민의 권리는 아니며 비주민에게는 합리적인 이유가 있으면 시립수영장 이용이 제한될 수도 있다. 그러나 A광역시가 대한민국의 한 부분사회임에도 불구하고 주말과 공휴일에 비주민의 A광역시 시립수영장의 사용가능성을 완전히 배제한 것은 합리적 사유가 없는 것이므로 헌법상 평등원칙에 위반되고 또한 지방자치법의 일반적인(지방자치단체 상호간의 협력원칙)에 어긋나므로 위법하다

하겠다.

2. A광역시장의 취소소송제기(시정명령에 대한 불복)

문화관광부장관의 A광역시 시립수영장이용규칙의 시행을 정지시킨 것에 대하여 A광역시장은 정지처분을 통보받은 날부터 15일 이내에 대법원에 소를 제기할 수 있다(지자법 §169·②).

(1) 소의대상 : 자치사무에 관한 취소 또는 정지처분에 한하여 지방자치단체장이 대법원에 소를 제기할 수 있다. 지방자치법 제9조 제2항 제5호 나목 등에 비추어 A광역시 시립수영장에 관한 사무는 A광역시의 자치사무이다.

(2) 소의 성질 : 제169조 제2항의 소송, 즉 취소·정지에 대한 지방자치단체장의 소송의 성질을 ① 가관소송으로 보는 견해, ② 헌법재판소의 권한쟁의심판의 대상으로 하여야 하므로 입법론으로 삭제되어야 한다는 견해가 있으나 다음과 같은 이유로 항고소송으로 보아야 한다. ㉮ 지방자치단체는 자치권을 갖는 독립된 인격주체(법주체)이므로 항고소송을 제기할 수 있는 원격이 있고, ㉯ 자치사무에 관한 명령이나 처분의 취소 또는 정지는 지방자치단체의 자치권을 침해하는 행정소송법상의 처분에 해당하며, ㉰ 지방자치단체의 장이 원고가 되지만 이때의 지방자치단체의 장은 지방자치단체를 대표하여 소송을 제기하는 것이다.

(3) 집행정지신청 : A광역시장은 행정소송을 제기하면서 처분의 집행정지신청도 할 수 있다고 본다(행소법 §23).

3. 사례적용(결론)

A광역시장이 제정한 시립수영장 이용규칙의 내용이 헌법상 평등원칙과 지방자치법상의 일반원칙에 어긋나므로 위법하다. 따라서 문화관광부장관의 정지처분은 적법하다고 본다.

(아) 징계처분 등 요구

감사원은 지방공무원이 징계사유 또는 정당한 사유없이 감사를 거부하거나 자료제출을 해태한 경우에는 소속장관 또는 임명권자에게 징계처분 또는 문책을 요구하고, 변상책임유무를 판정하며, 감사원의 변상판정에 대한 재심의 청구에 대하여 재심의를 한다(감사원법§32, §31, §36~§40).

(자) 지도·감독

지방자치단체 또는 그 장이 위임받아 처리하는 국가사무에 관하여는 시·도에 있어서는 주무부장관의, 시·군 및 자치구에 있어서는 1차로 시·도지사의, 2차로 주무부장관의 지도·감독을 받는다(지자법 §167·①).

시·군 및 자치구 또는 그 장이 위임받아 처리하는 시·도의 사무에 관하여는 시·도지사의 지도·감독을 받는다(지자법 §167·②). 사무를 위임받은 자의 사무처리에 대한 위임자의 관여는 적법성뿐만 아니라 합목적성(재량권 행사의 적정여부)에 대해서도 미칠 수 있으며, 훈령은 기관위임사무에 한한다.

(차) 지방의회의결의 재의요구

지방의회의 의결이 법령에 위반되거나 공익을 현저히 해한다고 판단될 때에는 시·도에 대하여는 행정안전부장관이, 시·군 및 자치구에 대하여는 시·도지사가 재의를 요구하게 할 수 있고, 재의의 요구를 받은 지방자치단체의 장은 의결사항을 이송받은 날부터 20일 이내에 지방의회에 이유를 붙여 재의를 요구하여야 한다(지자법 §172·①).

(카) 보고징수

감독기관의 사무에 관한 보고징수(지자법 §171), 감사원의 서류·물품제출요구, 출석·답변요구 등이다(감사원법 §25~§27).

(타) 분쟁조정

지방자치단체 상호간 또는 그 장 상호간에 분쟁이 있는 때에는 감독기관이 당사자의 신청에 의하여 조정할 수 있는 바, 그 조정결정은 기속력을 갖는다 할 것이다(동법 §148).

(파) 감독청의 재의요구지시·제소지시·직접제소·집행정지결정신청 및 직무이행명령

이들 설명은 감독권의 실효성 확보수단에서 항을 바꾸어 설명하기로 한다.

④ 감독권행사에 대한 이의 및 감독권의 실효성 확보수단

(가) 지방의회의 재의결에 대한 단체장의 제소

지방자치단체의 장은 지방의회의 의결이 월권 또는 법령에 위반되거나 공익을 현저히 해한다고 인정되는 때에는 그 의결사항을 이송받은 날로부터 20일 이내에 사유를 붙여 재의를 요구할 수 있고, 재적의원 과반수 출석과 출석의원 2/3 이상의 찬성으로 재의결하면 그 의결사항은 확정되는데, 그 재의결된 사항이 법령에 위반된다고 인정되는 때에는 재의결된 날로부터 20일 이내에 대법원에 소를 제기할 수 있다(지자법 §107, §172). 이 경우 필요하다고 인정되는 때에는 그 의결의 집행을 정지하게 하는 집행정지결정을 신청할 수 있다.

(나) 행정안전부장관 또는 시·도지사의 제소지시나 직접제소 또는 집행정지결정

㉮ 행정안전부장관 또는 시·도지사는 재의결된 사항이 법령에 위반된다고 판단됨에도 당해 지방자치단체의 장이 소를 제기하지 아니할 때에는 재의결된 날로부터 20일 기간이 경과한 날로부터 7일 이내에 당해 지방자치단체의 장에게 제소를 지시할 수 있고, 그 기간(7일)이 경과한 날로부터 7일 이내에 직접제소 및 그 의결의 집행을 정지케 하는 집행정지결정을 신청할 수 있다(동법§172·④·⑤·⑥).

㉯ 지방의회의 의결이 법령에 위반된다고 판단되어 주무부장관 또는 시·도지사로부터 재의요구지시를 받은 지방자치단체의 장이 재의를 요구하지 아니하는 경우(법령에 위반되는 지방의회의 의결사항이 조례안인 경우로서 재의요구지시를 받기 전에 당해 조례안을 공포한 경우를 포함한다)에는 주무부장관 또는 시·도지사는 제1항의 규정에 의한 기간이 경과한 날부터 7일 이내에 대법원에 직접제소 및 집행정지결정을 신청할 수 있다(§172·⑦, 2005. 1. 27 신설).

제1항의 규정에 의한 지방의회의 의결 또는 제2항의 규정에 의하여 재의결된 사항이 2 이상의 부처와 관련되거나 주무부장관이 불분명한 때에는 행정안전부장관이 재의요구 또는 제소를 지시하거나 직접제소 및 집행정지결정을 신청할 수 있다(§172·⑧, 2005. 1.27 신설).

이들의 제소지시 및 직접제소는 지방의회에 대한 국가기관의 통제권이며 동시에 지방자치단체의 장에 대한 감독권의 성질을 갖는다. 제172조의 권한을 행사함에 있어서 시·도지사는 국가기관의 지위를 갖는다고 보아야 한다.

판례 〈지방자치단체의 장이 지방의회의 재의결된 사항에 관하여 행정자치부장관 또는 시·도지사(이하 '시·도지사 등'이라 한다)의 제소지시를 받고 제소를 하였다가 시·도지사 등의 동의 없이 이를 취하한 경우, 시·도지사 등의 직접제소기간은 지방자치단체의 장에 의한 소 취하의 효력발생을 안 날로부터 7일〉「지방자치법 제159조 제4항은, 행정자치부장관 또는 시·도지사(이하 '시·도지사 등'이라 한다)는 재의결된 사항이 법령에 위반된다고 판단됨에도 당해 지방자치단체의 장이 소를 제기하지 아니한 때에는 당해 지방자치단체의 장에게 제소를 지시하거나 직접 제소할 수 있도록 규정하고 있는 바, 지방자치단체의 장이 재의결된 사항이 법령에 위반된다고 판단됨에도 재의결된 날부터 20일 이내에 대법원에 소를 제기하지 아니하던 중, 시·도지사 등의 제소지시를 받고 제소를 하였다가 시·도지사 등의 동의없이 이를 취하하였다면 소취하의 소급효에 의하여 처음부터 소가 제기되지 아니한 셈이므로, 이는 결국 지방자치법 제159조 제4항의 '당해 지방자치단체의 장이 소를 제기하지 아니하는 때'에 준하는 경우로 볼 수 있고, 따라서 시·도지사 등은 직접 제소할 수 있다 할 것인데, 이 경우의 제소기간은 지방자치법 제159조 제6항에서 시·도지사 등의 독자적인 제소기간을 당해 지방자치단체의 장의 제소기간 경과일부터 7일로 규정한 취지에 비추어 지방자치단체의 장에 의한 소 취하의 효력발생을 안 날로부터 7일 이내로 봄이 상당하다(대판 2002.5.31, 2001추88).

(다) 지방자치단체의 장에 대한 직무이행명령

㉮ 법 규 정

㉠ 지방자치단체의 장이 법령의 규정에 의하여 그 의무에 속하는 국가위임사무 또는 시·도 위임사무의 관리 및 집행을 명백히 해태하고 있다고 인정되는 때에는 시·도지사에 대하여는 주무부장관이, 시·군 및 자치구에 대하여는 시·도지사가 기간을 정하여 서면으로 그 이행할 사항을 명령할 수 있다(동법 §170·①).

㉡ 주무부장관 또는 시·도지사는 당해 지방자치단체의 장이 이행명령기간 내에 이를 집행하지 아니할 때에는 당해 지방자치단체의 비용부담으로 대집행하거나 행정·재정상 필요한 조치를 할 수 있으며, 행정대집행에 관하여는 행정대집행법이 준용된다(동법 §170·②).

㉢ 지방자치단체의 장은 감독청의 직무이행명령에 이의가 있는 때에는 이행명령서를 접수한 날로부터 15일 이내에 대법원에 소를 제기할 수 있다. 이 경우 지방자치단체의 장은 이행명령의 집행을 정지하게 하는 집행정지결정을 신청할 수 있다(동법 §170·③).

㉯ 의의 및 성질

㉠ 직무이행명령이란 지방자치단체의 장이 법령의 규정에 의하여 그 의무에 속하는 국가의 위임사무 또는 시·도의 위임사무의 관리 및 집행을 명백히 해태하고 있다

고 인정되는 때에는 감독기관(주무부장관 또는 시·도지사)이 그 이행을 명령하는 것을 말한다.

㉡ 법적성질은 이행명령은 구체적 작위의무를 부과하는 명령적 행정행위에 해당한다고 본다. 직무이행명령은 지방자치단체의 장의 위법한 해태 즉, 부작위에 대해 적극적으로 이행을 명령하고 대집행의 수단을 통해 관철할 수 있는 적극적 감독수단이라는 점에서, 지방자치단체의 장의 위법한 작위에 대해 소극적으로 시정을 구하는 시정명령과는 구별된다.

㉰ 대 상 : 감독청의 이행명령의 대상은 '지방자치단체의 장이 법령의 규정에 의하여 그 의무에 속하는 「위임사무」를 해태한 경우이다. 이때의 위임사무 즉, 국가위임사무 또는 시·도 위임사무의 범위에 대하여 견해가 대립된다.

㉠ 기관위임사무설[61] : 직무이행명령의 대상은 기관위임사무에만 한정된다는 견해이다. 그 이유는 단체위임사무는 자치사무나 마찬가지로 지방의회의 관여 하에 처리되기 때문에, 또는 해석상·입법취지에 비추어, 또는 감독청의 직무이행명령권은 지방자치단체의 장에 대한 것이지 지방의회에 대한 것은 아니기 때문에 기관위임사무에만 적용될 뿐이라 한다. 우리나라는 다수설이다.

㉡ 단체위임사무설[62] : 직무이행명령의 대상은 단체위임사무의 경우만 해당된다는 견해이다. 그 이유는 수임기관이 기관위임사무를 해태하는 경우에는 감독기관이 그 행정감독권에 의하여 이행명령을 할 수 있을 것이므로 지방자치법 제170조와 같은 특별규정을 둘 이유가 없다는 점이다. 또한 상급기관의 명령을 하급기관인 지방자치단체의 장이 소송으로 다투도록 한 것도 행정조직법의 법리에 맞지 않는다는 것이다.

㉢ 기관·단체위임사무설(위임사무설)[63] : 직무이행명령의 대상은 단체위임사무와 기관위임사무 모두 포함된다고 보는 견해이다.

㉣ 결 어 : 지방자치법 제169조에 의한 지방자치단체의 사무에 관한 그 장의 위법·부당한 명령·처분에 대한 감독청의 시정명령에 있어서는 사무는 자치사무와 단체위임사무를 의미하고, 지방자치법 제170조에 의한 지방자치단체장의 위임사무의 부작위에 대한 감독청의 직무이행명령에 있어서의 위임사무는 입법취지로 볼 때 기관위임사무를 의미하는 것으로 보는 것이 타당하다고 본다.

㉱ 이행명령의 요건 : 지방자치단체의 장이 위임사무의 관리 및 집행을 '명백히 해태하고 있다고 인정'되는 때이다. 따라서 '부작위'만이 이행명령의 대상이 되는 셈이며, '명백한 해태'가 있어야 하므로, 위임사무를 이행하고자 준비 중에 있다든가 또

---

61) 박윤흔, 행정법강의(하), 197쪽 ; 김남진, 행정법Ⅱ, 183쪽 ; 박균성, 행정법론(하), 142쪽 ; 홍정선 행정법원론(하), 225쪽.

62) 홍준현, '지방자치법상 직무이행명령제도', 고시계 1996. 5, 76쪽 이하.

63) 장태주, 행정법개론, 1008쪽.

는 재정사정 등의 이유로 위임사무를 집행하지 못하는 경우 등은 이에 포함되지 않는다.

㉤ 감독청의 대집행 등 : 감독관청은 자치단체의 장이 정하여진 기간 내에 명령사항을 이행하지 아니할 때에는 당해 자치단체의 비용부담으로 행정대집행을 준용하여 대집행하거나 행정·재정상의 필요한 조치를 할 수 있다.

㉥ 지방자치단체의 불복제소(소송의 성질) : 지방자치단체의 장은 이행명령서를 접수한 날로부터 15일 이내에 대법원에 소를 제기할 수 있다. 이 경우 이행명령의 집행을 정지하는 집행정지신청을 할 수 있다. 이때의 소송의 성질에 관하여 견해가 대립되고 있다.

㉠ 기관소송설

감독청의 직무이행명령은 기관위임사무에 관한 것이고 행정행위가 아니라 내부적 행위이며, 행정기관상호간의 권한의 존부 및 그 행사에 관한 다툼이고, 기관위임사무를 수행함에 있어 지방자치단체의 장은 국가기관 또는 위임 시·도의 기관의 지위를 가지므로 실질상 동일한 주체내부의 기관 상호간의 다툼을 대상으로 하는 소송이므로 기관소송으로 본다(박균성).

㉡ 특수소송설

감독청의 직무이행명령은 기관위임사무에 관한 것이고 행정행위가 아니라 내부적 행위이므로 이 소송을 통상의 항고소송으로 볼 수 없고, 동일한 행정주체 내의 기관 상호간의 소송이 아니므로 기관소송으로도 볼 수 없고, 지방자치법이 특별히 인정한 특수한 소송이라 보는 견해이다(김남진, 홍정선, 정하중).

㉢ 항고소송설

직무이행명령의 대상이 되는 사무를 단체위임사무로 본다면, 동 조항의 소송은 서로 다른 법주체간의 소송이므로 기관소송으로 볼 수 없으며, 이러한 직무이행명령은 행정소송법상 처분에 해당한다고 보아 항고소송의 일종으로 본다(박정훈).

㉣ 권한쟁의심판설

지방자치법 제170조 제3항의 소송은 행정소송의 문제로 이해하기보다는 헌법재판인 권한쟁의심판문제로 보는 것이 타당하고, 따라서 입법론상 삭제하여 권한쟁의 심판이 제기될 수 있도록 하여야 한다는 견해이다(류지태).

이에 대하여 지방자치법 제170조 제3항의 소송의 대상은 헌법재판소의 권한쟁의 대상으로 할만한 헌법적 사항은 아니므로 지방자치법 제170조 제3항의 소송을 권한쟁의심판대상으로 하여야 한다는 주장은 타당하지 않다는 견해가 있다.

㉣ 결 어 : 기관소송은 국가 또는 공공단체의 기관상호간에 있어서의 권한의 존부 또는 그 행사에 관한 다툼이 있을 때에 이에 대하여 제기하는 소송이므로, 기관위임사무에 관한 지방자치단체의 장과 국가기관 또는 위임 시·도의 기관 사이에 다

툼이 기관위임사무의 경우에는 기관위임사무를 집행함에 있어서 지방자치단체의 장은 지방자치단체의 기관이 아니라 국가기관 또는 위임한 자치단체의 기관의 지위를 가지므로 이 소송은 동일한 행정주체 내부의 기관상호간의 다툼을 대상으로 하는 소송이기 때문에 기관소송으로 보아야 한다. 동일한 행정주체에 있어서의 내부적 행위는 지방자치법 제167조에 의한 위임받은 국가사무나 시·도 사무처리의 지도·감독으로 해결하거나 행정관청간의 권한쟁의는 그들의 상급행정관청의 상호협의로, 협의가 되지 않을 때에는 결국 각부장관의 권한의 획정문제로서 국무회의 심의를 거쳐 대통령이 결정한다. 그럼에도 불구하고 직무이행명령에 불복소송(기관소송)을 인정한 것은 지방자치단체의 장이 현실적으로 국가기관이나 시·도지사로부터 독립된 지위를 갖고 있으며, 기관상호간에 있어서의 권한의 존부 또는 그 행사에 관한 다툼이 있을 수 있기 때문이다.

(라) 재정지원 또는 기술지원

국가(또는 시·도)는 자치단체가 사무를 처리함에 있어서 필요하다고 인정할 경우 재정지원 또는 기술지원을 할 수 있다(동법 §166·②).

⑤ 결 어

자치단체를 국가의 강력한 감독 아래 두는 제도인 행정안전부의 일반적 감독권, 기관위임사무의 과다, 지방재정의 국가의존, 국가공무원의 배치 등은 그대로 유지되고 있는 바, 이들 제도는 앞으로 지방자치제도의 발전에 따라 차차 완화 내지는 정비되어야 할 것이다. 특히 행정안전부장관은 일반적 지도·감독권을 가지며 인사권 및 재정 등에 관한 강력한 통제권을 행사하게 되어 있어 행정안전부장관과 다른 중앙행정기관 간에는 지방자치단체에 대한 관계에 있어서 심한 불균형이 생기고 이에 따라 각 중앙행정기관의 지방행정에 대한 지도·감독의 실효성 확보가 어렵게 되고 결과적으로는 지방행정에 대한 국가합리적인 통합·조정기능이 제대로 발휘할 수 없게 되었으며 이는 중앙행정기관별로 특별지방행정기관을 남설하는 원인이 되었다. 앞으로 지방자치의 발전에 따라 행정안전부의 조직과 기능은 조정되어야 할 것이다.

4. 지방분권(중앙행정권한의 지방이양문제)

(1) 지방분권

1) 의 의

지방분권이라 함은 통치의 권능을 중앙행정부에 집중시키지 않고 지방통치단체에 대한 권한 분배를 인정하는 제도이다. 중앙집권에 대응되는 개념이다.

권한분배가 ① 국가기관 내부의 상·하간이나 중앙·지방간에 행하여지는 '권한분권'과 ② 국가와 독립된 법인격이 있는 단체와의 사이에서 행하여지는 '자치분권'으로 나눌 수 있다.

지방분권은 분권주의에 가장 발전된 형태이며, 지방분권이라 하면 자치분권을 가리키는 것이 보통이다. 한국의 헌법도 자치분권으로서의 지방분권을 인정한다(헌법 §117· §118).

2) 행정법의 기본원리

지방분권주의는 우리 행정법의 기본원리중의 하나로서 지방자치단체에 의한 자치행정의 수행을 말한다. 이는 지방이해에 관한 사무를 전국을 그 대상으로 하는 중앙집권적인 국가조직행정과 분리시켜 지방자치단체가 그 주민의 자치의사에 따라 처리하도록 함으로써 지방행정의 민주화와 능률화를 도모하려는 것이다.

우리나라의 행정조직은 헌법자체에 의하여 국가행정조직과 자치행정조직의 이원성이 전제되고 있다.

3) 지방행정

지방행정은 관치행정과 자치행정이 있는바, 다의적으로 쓰인다. ① 국가의 지방행정기관에 의해 행해지는 국가의 행정, ② 지방자치단체의 기관에 위임된 국가의 행정, ③ 지방자치단체에 의하여 행하여지는 지방자치행정 등이 있다.

(2) 지방분권촉진법

1) 의 의

국가와 지방자치단체간 또는 지방자치단체상호간의 권한과 책임과 역할을 합리적으로 배분·분담함으로써 국가의 경쟁력 향상과 지방의 창의성 및 다양성이 존중되는 내실 있는 발전적 지방자치 실현을 위하여 '지방분권촉진에관한특별법'(이하 '지방분권촉진법'이라 한다)이 제정되었다. '중앙행정권한의지방이양촉진등에관한법률'은 지방분권촉진법 공포 후 6개월이 경과한 날에 폐지되고, '중앙행정권한의지방이양촉진등에관한법률' 제6조에 따른 지방이양추진위원회의 사무는 지방분권촉진법 제17조에 따른 위원회의 사무로 보며, 지방이양추진위원회가 심의·의결한 사항은 지방분권촉진법 제17조에 따른 위원회의 의결을 거쳐 그 효력을 인정할 수 있고, 지방이양 대상사무로 확정된 사무는 지방분권촉진법 제10조에 따라 지방자치단체에 이양하여야 한다(지방분권촉진법 부칙 §3, §4, §5).

2) 지방분권의 기본이념

지방분권은 주민의 자발적 참여를 통하여 지방자치단체가 그 지역에 관한 정책을 자율적으로 결정하고 자기의 책임하에 집행하도록 하여, 국가와 지방자치단체간 또는 지방자치단체상호간의 역할을 합리적으로 분담하도록 함으로써 지방의 창의성 및 다양성이 존중되는 내실있는 지방자치를 실현함을 그 기본이념으로 한다(지방분권촉진법 §3).

3) 다른법령 제·개정원칙

지방자치와 관련되어 제정하는 경우에는 지방분권의 기본이념에 적합하도록 하여야 하며, 관련 현행 법령을 조속히 정비하여야 한다(지방분권 촉진법 §4). 분권정책을 수행하기 위한 법적조치를 마련하는 때에는 포괄적·일괄적으로 하여야 한다(동법 §5·④).

4) 현실행정

국가사무와 자치사무의 배분을 보면 자치사무로 해야 할 것을 국가사무로 하고 있는 경우가 적지 않고, 국가사무가 지방자치단체의 장에게 위임되어 행해지는 사무, 즉 기관위임사무 중에는 자치사무로 해야 하는 것이 합리적인 사무도 있다. 더하고 싶은 것은 교육자치의 특수성 (① 교육의 자주성, ② 교육의 인간 형성, ③ 교육의 지역적 다양성, ④ 교육의 민주성, ⑤ 교육의 전문성으로서 전문가에 의한 교육 등을 들 수 있다)으로 비추어 볼 때, 교육자치는 광역지방자치단체에서만 인정하고 있으나, 오히려 기초단체에서부터 실시하는 것이 교육의 민주성·교육의 자주성·교육의 전문성에 부응하고 논리적이며, 현실적이라 할 것이다.

제4장 공무원법

제1절 공무원의 개념·종류

Ⅰ. 개 념

1. 최 광 의

국가 또는 공공단체의 기관구성자로서의 일체의 공무담당자이다. 헌법 제7조에서 사용되고 있는 공무원의 개념, 공무원의 배상법상 개념, 형법상 개념이 최광의 공무원에 해당한다. 국가배상법상 공무원은 공무원법상의 공무원뿐만 아니라 널리 사실상 공무를 수행하는 자를 의미한다.

2. 광 의

국가 또는 지방자치단체와 공법상 근무관계를 맺고 공무를 담당하는 기관구성자이다(대통령·국회의원·명예직 공무원 등이포함된다). 국가공무원법·지방공무원법 기타 이들 법의 특례를 정한 각종 특별공무원법상의 공무원은 대체로 이에 해당한다. 공무원법상의 공무원은 형법상의 공무원과 국가배상법상의 공무원과는 그 개념이 다르다.

3. 협 의

국가 또는 지방자치단체와 특별권력관계를 맺고 공무를 담당하는 기관구성자이다. 공무원법상의 공무원은 원칙적으로 협의의 공무원(예: 직업공무원 제상의 공무원)을 뜻하나, 경우에 따라서는 최광의 또는 광의의 공무원도 포함될 때가 있다. 공무원의 의의 내지 범위는 모든 법률에서 동일하게 정하고 있는 것은 아니며, 각 실정법은 그 법률의 목적에 비추어 공무원의 범위를 다르게 정하고 있으므로 공무원의 범위는 일률적으로 말할 수는 없고, 각 개별법에 따라 구체적으로 정하는 수밖에 없다. 공무원법상의 공무원은 국가공무원법이나 지방공무원법상의 공무원에 한정되는 것은 아니다.

판례 〈국가나 지방자치단체에 근무하는 청원경찰에 대한 징계처분에 대한 불복방법은 행정소송의 대상이 된다.〉 국가나 지방자치단체에 근무하는 청원경찰은 국가공무원법이나 지방공무원법상의 공무원은 아니지만, 다른 청원경찰과는 달리 그 임용권자가 행정기관의 장이고, 국가나 지방자치단체로부터 보수를 받으며, 산업재해보상보험법이나 근로기준법이 아닌 공무원연금법에 따른 재해보상과 퇴직급여를 지급받고, 직무상의 불법행위에 대하여도 민법이 아닌 국가배상법이 적용되는 등의 특질이 있으며 그 외 임용자격, 직무, 복무의무 내용 등을 종합하여 볼 때,

그 근무관계를 사법상의 고용계약관계로 보기 어려우므로 그에 대한 징계처분의 시정을 구하는 소는 행정소송의 대상이지 민사소송의 대상이 아니다(대판 1993.7.13, 92다47564, 파면처분취소).

집행관·별정우체국장이나 공무수탁사인, 행정보조자, 행정대행자, 재개발·재건축조합장 등과 같이 공무를 수행하지만 행정조직을 구성하지 않는 자나 사인으로서 공무수행에 협력하는 공무협력자는 형법적용에 있어서는 공무원으로 보지만 공무원법상 공무원은 아니다.

Ⅱ. 종 류

1. 국가공무원·지방공무원

공무원은 그 임명주체, 사무의 귀속주체(담당사무), 비용부담주체 및 적용법규 등에 따라 국가공무원과 지방공무원으로 나뉜다. 즉, 국가공무원은 국가에 의해 임명되고 국가의 사무를 담당하며 국가로부터 보수를 받고 국가공무원법, 공무원임용령 등이 적용되는 데 반하여 지방공무원은 지방단체자체에 의하여 임명되고 자치단체 사무를 담당하며 자치단체로부터 보수가 지급되고 지방공무원법, 지방공무원임용령 등이 적용되는 것이 보통이다. 그러나 선거에 의하여 취임되는 자도 있고, 지방공무원이 국가사무를 담당하는 경우(예: 국가위임사무의 경우)도 있고, 그 반대의 경우(지자법 §110·③·⑤·⑥)도 있기 때문에 양자 구별은 공무원이 근로의무를 지는 행정주체와 경비부담주체 여하를 기준으로 하는 것이 타당하다. 양자는 적용법(국가공무원법, 지방공무원법)을 달리한다.

한편 국가공무원의 보수 기타 경비는 국가가 부담하는 것이 원칙이나, 경우에 따라서는 지방자치단체가 부담하는 경우도 있고(예: 지방기관에 파견된 국가 공무원의 경우) 또한 지방공무원의 보수 기타 경비는 지방자치단체가 부담하는 것이 원칙이나 경우에 따라서는 국가가 부담하는 경우도 있다.64)

2. 정공무원·준공무원

정공무원은 국가공무원법, 지방공무원법이 정하는 공무원 등과 같이 정규의 공무원으로서 신분을 가지는 자이며, 준공무원은 각 개별법에서 공무원에 준하는 신분 취급을 하도록 규정된 자이다. 예컨대, 각종공사(예: 한국조폐공사, 대한석탄공사, 한국방송공사, 대한토지주택공사, 한국관광공사 등), 국책은행(예: 한국은행, 한국산업은행, 중소기업은행 등) 등의 임원(한국은행은 임원과 직원도 포함), 별정우체국의 국장 기타 직원, 금융통화운영위원, 증권관리위원회위원, 증권감독원 직원 등이다.

64) 「지방자치단체에 두는 국가공무원의 정원에 관한 법률」 및 동법시행령에 의해 지방자치단체에 국가공무원이 배치되고 있는데, 이 국가공무원은 지방자치단체의 사무를 수행하기도 한다.

판례 ① **〈공립교육기관의 장에 의해 공립유치원의 임용기간을 정해 임용된 전임강사는 교육공무원에 준하여 신분보장 받는 정원 외의 임시직공무원임〉** 교육부장관의 권한을 재위임받은 공립교육기관의 장에 의하여 공립유치원의 임용기간을 정한 전임강사로 임용되어 지방자치단체로부터 보수를 지급받으면서 공무원 복무규정을 적용받고 사실상 유치원교사의 업무를 담당하여 온 유치원교사의 자격이 있는 자는 교육공무원에 준하여 신분보장을 받는 정원 외의 임시직공무원으로 봄이 상당하므로 그에 대한 해임처분의 시정 및 수령 지체된 보수의 지급을 구하는 소송은 행정소송의 대상이지 민사소송의 대상이 아니다(대판 1991.5.10, 90다10766).

판례 ② **〈국립공원관리공단의 임·직원이 당연히 공무원으로 의제되는 것은 아니다.〉** 자연공원법 제49조의 12에서 '공단의 임원 및 직원은 형법 기타 법률에 의한 벌칙의 적용에 있어서는 이를 공무원으로 본다'라고 규정하고 있는 취지는 국립공원관리단의 임·직원에게 형법이나 자연공원법 등에 의한 벌칙을 적용하는 경우에는 이들 임·직원을 공무원으로 의제한다는 의미에 불과하고, 그 이외의 경우에 있어서도 국립공원관리공단의 임·직원이 당연히 공무원으로 의제된다거나 공무원의 신분을 보유한다는 취지는 아니라고 할 것이며, 따라서 국립공원관리공단의 임·직원은 변호사법 제78조에서 규정하는 공무원이라고 말할 수 없다(대판 1994.5.10, 94도474).

헌법재판소는 공무원으로 의제되어 가중처벌하도록 규정하고 있는 특정범죄가중처벌등에관한법률 제4조를 위헌이라고 결정하였다.

【헌재결】 〈포괄적 위임은 죄형법정주의와 위임입법의 한계위반〉
특정범죄가중처벌등에관한법률 제4조 제2항은 공무원으로 의제되는 정부관리기업체 및 간부직원의 범위를 포괄적으로 대통령령으로 위임하여 규율할 수 있도록 하고 있기 때문에 죄형법정주의와 위임입법의 한계를 위반한 것으로서 위헌이다(헌재 1995.9.28, 93헌바50).

3. 경력직공무원·특수경력직공무원

(1) 경력직공무원

실적과 자격에 의하여 임용되고, 그 신분이 보장되며, 평생토록 공무원으로 근무할 것이 예정되는 공무원이다(국공법 §2·②).

1) 일반직공무원

기술·연구 또는 행정일반에 대한 업무를 담당하며 직군·직렬별로 분류되는 공무원으로 1급 내지 9급으로 구분한다.

2) 특정직공무원

법관, 검사, 외무공무원, 경찰공무원, 소방공무원, 교육공무원, 군인, 군무원, 헌법재판소 헌법연구관 및 국가정보원의 직원과 특수 분야의 사무를 담당하는 공무원으로서 다른 법률이 특정직공무원으로 지정하는 공무원으로 특성(임용자격·신분보장·복무규율 등)을 인정할 필요가 있는 공무원.

3) 기능직공무원

기능적인 업무를 담당하며 그 기능별로 분류되는 공무원으로서 철도·정보통신 등 현업기관과 각급 행정기관에서 일반직공무원과 특정직공무원의 사무를 보조하고 있으며 계급대신 기능의 숙련도에 따라 기능 1급에서 기능 9급까지 구분되어 있는 공무원이다(국공법 §4·①).

(2) 특수경력직공무원

경력직 공무원 이외의 모든 공무원을 말한다(국공법 §2·③).

1) 정무직공무원

① 선거에 의하여 취임하거나 임명에 있어서 국회의 동의를 요하는 공무원

② 고도의 정책결정업무를 담당하거나 이러한 업무를 보조하는 공무원으로서 법률 또는 대통령령(대통령실의 조직에 관한 대통령령에 한한다)에서 정무직으로 지정하는 공무원

2) 별정직공무원

특정한 업무를 담당하기 위하여 별도의 자격기준에 의하여 임용되는 공무원으로서 법령에서 별정직으로 지정하는 공무원이다.

3) 계약직공무원

국가와 채용계약에 의하여 일정한 기간 전문지식·기술이 요구되거나 임용에 있어서 신축성 등이 요구되는 업무에 일정기간 종사하는 공무원(공법상 계약)이다. 소관업무의 성질상 전문성이 필요하다고 인정되는 경우 중앙행정기관별로 100분의 20의 범위 안에서 대통령령이 정하는 직위(보조기관 및 보좌기관)에 대해서는 계약직공무원으로 보할 수 있다(정부조직법 §2·⑧).

종래의 고용직공무원을 삭제하고, 이를 별정직 공무원에 흡수시켰다(2011.5.23. 개정 국공법 §2·③·④).

(3) 개별법규규정적용

경력직공무원에 대하여는 국가공무원법 또는 지방공무원법이 적용되나, 특수경력직 공무원에 대하여는 보수 및 복무에 관한 규정 이외에는 적용되지 않으며 각 개별법 규정이 적용된다(국공법 §3, 지공법 §3). 즉 특수경력직공무원에게는 제33조(결격사유), 제46조부터 제67조까지(제5장 보수, 제6장 능률, 제7장 복무) 및 제69조(당연퇴직)외에는 국가공무원법이 적용되지 아니함이 원칙이다(국공법 §3 지공법 §3). 정무직공무원에게는 제33조(결격사유)와 제69조(당연퇴직)은 적용되지 아니한다(국공법 §3. 단서, 지공법 §3. 단서).

별정직공무원과 계약직공무원의 채용조건·임용절차·근무상한연령 그 밖에 필요한 사항

은 국회규칙·대법원규칙·헌법재판소규칙·중앙선거관리위원회규칙 및 대통령령으로 정한다(국공법 §2·④).

(4) 고위공무원단(국공법 §2의 2)

1) 의 의

고위공무원단이란 직무의 곤란성과 책임도가 높은 ① 정부조직법 제2조의 규정에 의한 중앙행정기관의 실장·국장 및 이에 상당하는 보좌기관, ② 행정부 각급 기관(감사원을 제외한다)의 직위 중 제1호의 직위에 상당하는 직위, ③ 지방자치법 제110조 제2항·제112조 제5항 및 지방교육자치에 관한 법률 제33조 제2항의 규정에 의하여 국가공무원으로 보하는 지방자치단체 및 지방교육행정기관의 직위 중 제1호의 직위에 상당하는 직위, ④ 그 밖에 다른 법령에서 고위공무원단에 속하는 공무원으로 임용될 수 있도록 정한 직위(이하 '고위공무원단직위'라 한다)에 임용되어 재직 중이거나 파견·휴직 등으로 인사관리되고 있는 일반직공무원·특정직공무원·별정직공무원 및 계약직공무원(특정직공무원의 경우 다른 법률에서 고위공무원단에 속하는 공무원으로 임용할 수 있도록 임용하고 있는 경우에 한한다)의 군을 말한다.

2) 취지·목적

국가의 고위공무원을 범정부적 차원에서 효율적으로 인사관리함으로써 정부의 경쟁력을 제고하기 위해 고위공무원단을 구성한다.

3) 소 관

행정안전부장관은 고위공무원단에 속하는 공무원이 갖추어야 할 능력과 자질을 설정하고 이를 기준으로 고위공무원단 직위에 임용되고자 하는 자를 평가하여 신규채용, 승진임용 등 인사관리에 활용할 수 있다. 인사관리의 구체적인 범위, 능력과 자질의 내용, 평가대상자의 범위, 평가방법 및 평가결과의 활용 등에 관하여 필요한 사항은 대통령령으로 정한다(국공법 §2의 2·③·④).

4) 적격심사

① 고위공무원단에 속하는 일반직공무원은 ㉮ 고위공무원단에 속하는 공무원으로 임용된 날부터 매5년이 되는 때, 다만, 당해 기간동안 제28조의 4의 규정에 의한 개방형직위 또는 제28조의 5의 규정에 의한 공모직위에 임명된 자는 당해 임용일부터 5년이 되는 때를 말한다. ㉯ 연속하여 2년 이상 근무성적평정에서 최하위등급의 평정을 받거나 총 3년 이상 최하위등급의 평정을 받은 때, ㉰ 대통령령이 정하는 정당한 사유없이 직위를 부여받지 못한 기간이 총 2년에 달한 때. 이들 중 어느 하나에 해당하는 경우에는 고위공무원으로서 적격한지 여부에 대한 심사(이하'적격심사'라 한다)를 받아야 한다. 적격심사는 당해 사유가 발생한 날부

터 6월 이내에 실시하여야하며, 위의 ㉯ 및 ㉰의 규정에 의한 적격심사는 당해 사유가 발생한 날부터 3월 이내에 실시하여야 한다(국공법 §70의 2·①·②).

② 적격심사는 근무성적과 능력의 평정에 의하되 ㉮ 위의 ㉮의 사유에 해당하는 자로서 근무성적 또는 무보직기간 등이 위의 ㉯ 또는 ㉰의 사유에 상당하는 정도인 자 ㉯ 위의 ㉯ 또는 ㉰의 사유에 해당하는 자로서 대통령령이 정하는 바에 따라 고위공무원의 직무를 계속 수행하게 하는 것이 곤란하다고 판단되는 자를 부적격자로 결정한다(국공법 §70의 2·③). 고위공무원단에 속하는 공무원의 적격심사를 위하여 행정안전부에 고위공무원단적격심사를 위하여 고위공무원임용심사위원회를 둔다(국공법 §28의 6).

③ 고위공무원임용심사위원회는 위원장을 포함하며 5인 내지 7인의 위원으로 구성하며, 위원장은 행정안전부소속 정무직 공무원이 된다(국공법 §28의 6·②). 임용권자 또는 임용제청권자는 고위공무원단에 속하는 공무원의 채용 또는 고위공무원단직위로 승진임용하고자 하는 경우 임용대상자로 선정하여 고위공무원임용심사위원회의 심사를 거쳐 임용 또는 임용제청하여야 한다(국공법 §28의 6·③).

④ 소속장관은 소속공무원이 ①의 ㉮, ㉯, ㉰의 어느 하나에 해당하는 경우에는 지체 없이 행정안전부장관에게 적격심사를 요구하여야 한다(국공법 §70의2·⑤).

4. 기 타

(1) 입법·행정·사법공무원

소속하는 국가기관을 기준으로 입법·행정·사법공무원이 있고(국회규칙·대통령령·대법원 규칙이 각각 적용),

(2) 정치적 공무원·비정치적 공무원

업무내용과 행위방식이 정치적인가를 기준으로 정치적 공무원, 비정치적 공무원이 있고(정치적 중립성 보장,정당가입이나 정당 활동의 가능여부에 차이),

(3) 직업공무원·명예직공무원

직업성을 기준으로 직업공무원(이는 공무원관계의 계속성에 따라 정년직공무원, 임기직공무원, 수습직공무원으로 구분된다)·명예직공무원(자신의 노동력을 2차적 직업으로 하고, 보수청구권이나 생활배려청구권이 주어지지 않는다)이 있고,

(4) 전문직·비전문직공무원

사무의 전문성을 기준으로 전문직공무원, 비전문직공무원,

(5) 선거직·임명직·계약직공무원

공무원 신분취득방식을 기준으로 선거직·임명직·계약직 공무원 등이 있다.

제2절 우리나라 공무원제도의 기본원칙

I. 서 설(공무원의 본질·지위)

국민주권을 기본으로 하는 우리나라 헌법 하에서는 공무원은 이미 과거와 같은 충성관계 내지 신분적 예속관계에 있는 관공리도 아니요, 관료적 관공리도 아니다. 공무원은 정치적으로는 주권자인 국민의 대표자·수임자로서, 국민 전체에 봉사하고 국민에 대하여 책임을 지는 것을 본지로 하며, 법적으로는 국민의 법적 조직체인 국가의 기관의 구성자요, 국가조직의 인적 요소, 법적단위로서 특별한 법적 지위(권리, 의무, 책임)가 인정되는 전문직·기술적인 행정을 담당하는 전문가적 기관이다.

공무원은 공무를 수행하는 지위를 갖는다. 따라서 공무원은 사법상의 피용자와는 다른 특별한 법적 규율을 받기 때문에 특수한 권리를 가지고 반면에 특수한 의무를 부담한다. 그러나 공무원도 근로자이므로 성질에 반하지 않는 한 근로기준법 등 노동법관계의 적용을 받는다. 다만 공무원인 근로자는 법률이 정하는 자에 한하여 단결권·단체교섭권 및 단체행동권을 가진다(헌법 §33·②).

우리나라 헌법 제7조에서도 공무원은 국민전체에 대한 봉사자이며, 국민에 대하여 책임을 진다. 공무원의 신분과 정치적 중립성은 법률이 정하는 바에 의하며 보장된다고 규정하고 있다.

우리나라의 공무원제도는 ① 민주적 공무원 제도 ② 중립적·전문적·능률적인 직업 공무원제도임을 본질로 한다.

Ⅱ. 민주적 공무원제도

헌법은 공무원은 국민 전체의 봉사자이며 국민에 대하여 책임을 진다는 규정을 비롯하여(헌법 §7·①) 국민주권주의(헌법 §1·②)에 입각한 국민의 공무원선거권 및 공무담임권(헌법 §24, §25)을 보장함으로써 민주적 공무원제를 확립하였다.

(1) 국민 전체에 대한 봉사자(헌법 §7·①)

공무원이 국민 전체의 봉사자라는 것은 공무원의 근무관계가 공평무사한 직무수행의무의 원칙에 따라야 함을 뜻하며 공무원은 정당의 봉사자도, 각종의 부분사회의 봉사자도 아니다.

(2) 국민에 대한 책임(헌법 §7·①)

헌법에서 규정한 공무원의 국민에 대한 책임은 단순한 도의적·윤리적 책임이 아니라 헌법이 직접 인정하는 헌법적 책임이다. 책임의 구체적인 내용은 입법자에 의해 형성된다. 국회의원·지방의회의원 및 지방자치단체의 장의 경우 등 선거에 의해 선출되는 공무원의 경우는 선거를 통해서(정치적 추궁), 대통령·국무총리·국무의원 등은 탄핵심판에 의해서(법적 추궁), 일반의 직업공무원의 경우는 구체적인 것은 입법자가 정할 것이지만, 현행법상으로는 징계책임·변상책임·형사책임 등이 규정되고 있다.

(3) 공무담임에 기회균등과 공무원임용의 민주성

"모든 국민은 법률이 정하는 바에 의하여 공무담임권을 갖는다"(헌법 §25)고 규정하고, 헌법 제11조는 평등권에 관하여 규정하고 있으므로, 공무담임권은 모든 국민에게 평등하게 보장된다. 공무원 임명에 있어서 남녀성별·혈통·언어·출산지·신앙·정치적 견해 등이 고려되어서는 아니된다. 헌법상의 평등원칙은 공무담임의 경우에도 적용된다. 그러나 합리적 차별은 평등에 반하지 않는다. 입법자는 모든 국민에게 평등한 공무담임권을 부여하는 입법을 형성하게 된다. "모든 국민은 법률이 정하는 바에 의하여 선거권을 가진다"(헌법 §24)고 규정하고, 선거직 공무원인 대통령·국회의원·지방자치단체장·지방의회의원 등은 국민의 선거에 의해 선출되고 있으므로(헌법§41, §67, 지자법§31, §94) 공무원 임용의 민주성이 보장된다.

(4) 공무원에 관한 기본적 사항의 법률주의(특히 인사행정의 민주적 통제)

공무원에 관한 인사 등 기본적 사항은 인사권자의 자의를 배제하고 법률로 정하도록 함으로써 민주적 통제를 하고 있다(헌법 §25, §7② 국가공무원법, 지방공무원법 등).

Ⅲ. 직업공무원제도(비정치적·과학적 공무원제도)

1. 의 의

헌법은 "공무원의 신분과 정치적 중립성은 법률이 정하는 바에 의하여 보장된다"(헌법 §7·②)고 하여 직업공무원제도를 택하고 있다. 이는 공무원의 임명·승진을 집권당의 당파적 정실에 의하여 행하는 제도인 「엽관제」(엽관제, *spoil system*, 엽관제의 폐단은 정실인사, 유능한인재확보곤란, 불필요한 관직증대, 행정비용 과다소요, 전문기술성결여 등을 들 수있다)를 배제하고, 본인의 능력에 따라 이루어지는 제도인 성적제(merit system)에 기반하게 하는 제도이다.

직업공무원제의 확립에는 ① 공무원의 신분보장 ② 공무원의 정치적 중립성 ③ 성적주의 등이 요구된다.

【헌재결】〈직업공무원제도의 의미 및 취지〉

우리나라는 직업공무원제도를 채택하고 있는데, 이는 공무원이 집권세력의 논공행상의 제물이 되는 엽관제도(獵官制度)를 지양하고 정권교체에 따른 국가작용의 중단과 혼란을 예방하고 일관성있는 공무수행의 독자성을 유지하기 위하여 헌법과 법률에 의하여 공무원의 신분이 보장되는 공직구조에 관한 제도이다. 여기서 말하는 공무원은 국가 또는 공공단체와 근로관계를 맺고 이른바 공법상 특별권력관계 내지 특별행정법관계 아래 공무를 담당하는 것을 직업으로 하는 협의의 공무원을 말하며 정치적 공무원이라든가 임시적 공무원은 포함되지 않는 것이다.

– 직업공무원제도하에 있어서는 과학적 직위분류제(職位分類制), 성적주의 등에 따른 인사의 공정성을 유지하는 장치가 중요하지만 특히 공무원의 정치적 중립과 신분보장은 그 중추적 요소라고 할 수 있는 것이다. 그러나 보장이 있음으로 해서 공무원은 어떤 특정정당이나 특정상급자를 위하여 충성하는 것이 아니고 국민전체에 대한 공복으로서 법에 따라 그 소임을 다할 수 있게 되는 것으로서 이는 당해 공무원의 권리나 이익의 보호에 그치지 않고 국가통치 차원에서의 정치적 안정의 유지와 공무원으로 하여금 상급자의 불법부당한 지시나 정실(情實)에 속박되지 않고 오직 법과 정의에 따라 공직을 수행하게 하는 법치주의의 이념과 고도의 합리성, 전문성, 연속성이 요구되는 공무의 차질없는 수행을 보장하기 위한 것이다.

– 헌법이 "공무원은 국민전체에 대한 봉사자이며, 국민에 대하여 책임을 진다. 공무원의 신분과 정치적 중립성은 법률이 정하는 바에 의하여 보장된다."(헌법 제7조, 구 헌법 제6조)라고 명문으로 규정하고 있는 것은 바로 직업공무원제도가 국민주권원리에 바탕을 둔 민주적이고 법치주의적인 공직제도임을 천명하고 정권담당자에 따라 영향받지 않는 것은 물론 같은 정권하에서도 정당한 이유없이 해임당하지 않는 것을 불가결의 요건으로 하는 직업공무원제도의 확립을 내용으로 하는 입법의 원리를 지시하고 있는 것으로서 법률로서 관계규정을 마련함에 있어서도 헌법의 위와 같은 기속적 방향(羈束的 方向) 제시에 따라 공무원의 신분보장이라는 본질적 내용이 침해되지 않는 범위 내라는 입법의 한계가 확정되어진 것이라 할 것이다(헌재결 1989.12.18, 89헌마32, 33, 국가보위입법회의법등의 위헌여부에관한헌법소원).

2. 신분보장

신분보장은 엽관주의의 폐단을 방지하고 국민 전체의 봉사자로서 공무원이 공무에 전념하고 능률적인 사무처리와 아울러 공무의 영속성을 확보하고자 함에 있다. 국가공무원법(§68)과 지방공무원법(§60)은 "공무원은 형의 선고·징계처분 또는 이 법이 정하는 사유에 의하지 아니하고는 그 의사에 반하여 휴직·강임 또는 면직을 당하지 아니한다. 다만 1급 공무원은 그러하지 아니하다"고 하여 신분보장을 제도화하고 있다.

공무원의 신분보장은 헌법상 보장되고 있는 직업공무원제도의 한 내용이 되는 것이므로 공무원의 신분보장을 제한하는 법률은 직업공무원제도의 본질적 내용을 침해하여서는 아니된다(대판 1997.3.14, 95누17625 동장지위확인).

3. 정치적 중립성

공무원은 특정 당파의 봉사자가 아니므로 정치적 중립성 유지는 당연하며(§7.②), 이는 엽관제를 부인하는 당연한 결과이며, 정권교체에 따르는 행정의 불안을 없애려는 취지이다. 정치운동의 금지와 집단행위의 금지를 규정하고 있는 현행의 국가공무원법(§65, §66)과 지방공무원법(§57, §58)에서 제도화하고 있다.

【헌재결】 〈공무원정치적 중립성의 필요성〉

① 〈초·중등학교의 교육공무원의 정당가입 및 선거운동을 금지하고 있는 정당법 제6조 단서 제1호 및 공직선거 및 선거부정방지법 제60조 제1항 제4호에 대한 이 사건 청구인들(중등학교교육공무원인 지방선거 선거권자들)의 법적관련성 및 권리보호이익이 인정된다.〉

이 사건 청구인들(중등학교 교육공무원인 지방선거 선거권자들)은 별도의 집행행위 없이 이 사건 법률조항에 의하여 정당가입 및 선거운동이 금지되었으므로 자기관련성 및 직접성이 있다. 한편, 선거운동은 당해 후보자의 등록이 끝난 때부터 선거일 전일까지에 한하여 이를 할 수 있는 바, 현행 헌법소원절차에 미루어 후보자등록신청개시일보다 약 8개월 전에 청구한 이 사건 심판청구는 현재성의 요건도 갖춘 것으로 보아야 한다. 또한, 청구인들이 헌법소원심판을 청구한 후 2002. 6. 13. 지방선거는 이미 실시되어 종료하였으므로 이 사건 법률조항에 대한 위헌결정이 선고되더라도 청구인의 주관적 권리구제는 불가능하게 되었다고 할 수 도 있을 것이나, 이 사건 법률조항이 청구인들의 기본권을 침해하는 것이라면 앞으로 있을 각종 선거에서 청구인들과 같은 교육공무원들이 이 사건 법률조항에 의하여 반복하여 기본권을 침해당할 것이 확실히 예상된다. 따라서 이 사건 법률조항의 위헌 여부에 관한 판단은 헌법질서의 수호·유지를 위하여 긴요한 사항으로서 헌법적으로 그 해명이 중대한 의미를 지니므로, 심판청구의 이익을 인정할 수 있다.

② 〈헌법상 정치적 자유권의 의의〉

오늘날 정치적 기본권은 국민이 정치적 의사를 자유롭게 표현하고, 국가의 정치적 의사형성에 참여하는 정치적 활동을 총칭하는 것으로 넓게 인식되고 있다. 정치적 기본권은 기본권의 주체인 개별 국민의 입장에서 보면 주관적 공권으로서의 성질을 가지지만, 민주정치를 표방한 민주국가에 있어서는 국민의 정치적 의사를 국정에 반영하기 위한 객관적 질서로서의 의미를 아울러 가진다. 그 중 정치적 자유권이라 함은 국가권력의 간섭이나 통제를 받지 아니하고 자유롭게 정치적 의사를 형성·발표할 수 있는 자유라고 할 수 있다. 이러한 정치적 자유권에는 정치적 의사를 자유롭게 표현하고 자발적으로 정당에 가입하고 활동하며, 자유롭게 선거운동을 할 수 있는 것을 주된 내용으로 한다.

③ 〈이 사건 법률조항이 청구인들(중등학교 교육공무원인 지방선거선거권자들)의 정치적 자유권을 침해한 것이라 할 수 없다.〉

이 사건 법률조항이 청구인들과 같은 초·중등학교 교원의 정당가입 및 선거운동의 자유를 금지함으로써 정치적 기본권을 제한하는 측면이 있는 것은 사실이나, 공무원의 정치적 중립성 등을 규정한 헌법 제7조 제1항·제2항, 교육의 정치적 중립성을 규정한 헌법 제31조 제4항의 규정취지에 비추어 보면, 감수성과 모방성 그리고 수용성이 왕성한 초·중등학교 학생들에게 교원이 미치는 영향은 매우 크고, 교원의 활동은 근무시간 내외를 불문하고 학생들의 인격 및 기본생활습관 형성 등에 중요한 영향을 끼치는 잠재적 교육과정의 일부분인 점을 고려하고,

교원의 정치활동은 교육수혜자인 학생의 입장에서는 수업권의 침해로 받아들여질 수 있다는 점에서 현 시점에서는 국민의 교육기본권을 더욱 보장함으로써 얻을 수 있는 공익의 우선시해야 할 것이라는 점 등을 종합적으로 감안할 때, 초·중등학교 교육공무원의 정당가입 및 선거운동의 자유를 제한하는 것은 헌법적으로 정당화될 수 있다.

④ 〈이 사건 법률조항이 대학교원의 정당가입 및 선거운동의 자유를 허용하면서도 청구인들과 같은 초·중등학교의 교원에 대하여는 이를 금지함으로써 청구인들의 평등권을 침해한 것이라 할 수 없다.〉
현행 교육법령은 초·중등학교의 교원 즉 교사는 법령이 정하는 바에 따라 학생을 교육하는 자이고(교육기본법 제9조, 초·중등교육법 제20조 제3항), 반면에 대학의 교원은 학생을 교육·지도하고 학문을 연구하되 학문연구만을 전담할 수 있다(고등교육법 제15조 제2항)고 하여 양자의 직무를 달리 규정하고 있다. 뿐만 아니라, 초·중등학교의 교육은 일반적으로 승인된 기초적인 지식의 전달에 중점이 있는데 비하여, 대학의 교육은 학문의 연구·활동과 교수기능을 유기적으로 결합하여 학문의 발전과 피교육자인 대학생들에 대한 교육의 질을 높일 필요성이 있기 때문에 대학교원의 자격기준도 이와 같은 기능을 수행할 수 있는 능력을 갖출 것이 요구된다. 그렇다면 초·중등학교 교원에 대해서는 정당가입과 선거운동의 자유를 금지하면서 대학교원에게는 이를 허용한다 하더라도, 이는 양자간 직무의 본질이나 내용 그리고 근무태양이 다른 점을 고려할 때 합리적인 차별이라고 할 것이므로 청구인이 주장하듯 헌법상의 평등권을 침해한 것이라고 할 수 없다(헌재결 2004.3.25, 2001헌마710 정당법 제6조 제1호등 위헌확인).

4. 성적주의(실적제도)

이는 공무원의 임명·승진을 정치세력에 의한 간섭 없이 본인의 능력과 실적에 따라 행하는 제도를 말한다. 성적주의 확립은 정치적 중립성과 전문적 능력 있는 공무원을 확보하고 행정의 능률성을 확보하려는 것이다. "공무원의 임용은 시험성적·근무성적 기타 능력의 실증에 의하여 행한다"고 규정하고 있다(국공법 §26, 지공법 §25, 경찰공 §11·①, 교육공 §10). 엽관제에 대칭되는 실적제는 능력원칙·중립성원칙·기회균등원칙 등을 그 요소로 한다. 현행법이 단계적으로 실시한 것을 기약하고 있는 직위분류제(국공법제3장, 지공법제3장) 역시 성적주의를 실현하는데 기여하게 된다. 이들은 항을 바꾸어 설명하기로 한다.

5. 능률주의

이는 생활보장·사회보장·훈련·근무성적평정·상훈표창 등을 인정함으로써 공무원으로 하여금 그 직무에 필요한 지식·기술·경험을 체득케 하여 직책을 능률적으로 수행하고자 하는 것을 말한다.

6. 직위분류제와 계급제(공무원의 계층성·계급성)

(1) 직위제의 의의·직급·직렬·직군·직류

국가공무원법상 직위분류제란 1인의 공무원에게 부여할 수 있는 직무와 책임 양자를 합하여 직위라 하며 그 직위를(담당할 특정인과 관계없이 직무가 객관적으로 갖는) 직무의 종류·곤란성·책임도 및 자격요건에 따라 직급별로 분류하는 제도를 말한다(국공법 §5, §22). 즉, 직위분류제란 공무원의 직위를 직무의 종류에 따라 직렬로 나누고 그것을 다시 직무의 곤란성·책임도·자격도의 차이에 따라 직급별로 분류·정리하는 제도이다. 직위분류제는 직위를 체계적으로 분류·표준화함으로써 행정사무의 능률화, 전문화 및 객관화를 도모하기 위한 것이다. 직위분류제와 대조를 이루는 것이 계층제(계급제)이다. 직위분류제는 직계제라고도 한다(예: A과장 직에 보함).

① "직위(職位)"란 1인의 공무원에게 부여할 수 있는 직무와 책임을 말한다.

② "직급(職級)"이란 직무의 종류·곤란성과 책임도가 상당히 유사한 직위의 군을 말한다(경무관·총경·교정관·교정관보).

③ "정급(定級)"이란 직위를 직급 또는 직무등급에 배정시키는 것을 말한다(A과장직을 사무관에 배정).

④ "강임(降任)"이란 동일한 직렬 내에서의 하위의 직급에 임명하거나 하위직급이 없어 다른 직렬의 하위직급으로 임명하거나 고위공무원단에 속하는 일반직 공무원을 고위공무원단 직위가 아닌 하위직위에 임명하는 것을 말한다(총경에서 경정으로).

⑤ "전직(轉職)"이란 직렬을 달리하는 임명을 말한다(외교직에서 외무행정직으로).

⑥ "전보(轉補)"란 동일한 직급 내에서의 보직변경 또는 고위공무원단 직위간의 보직변경을 말한다(외무행정직사무관에서 외교정보관리직사무관으로).

⑦ "직군(職群)"이란 직무의 성질이 유사한 직렬의 군을 말한다(공안직군·학예직군).

⑧ "직렬(職列)"이란 직무의 종류가 유사하고 그 책임과 곤란성의 정도가 상이한 직급의 군을 말한다(교정직, 경찰직).

⑨ "직류(職類)"란 동일한 직렬 내에서 담당분야가 동일한 직무의 군을 말한다(수산직렬–수산제조직과 수산증식직).

⑩ "직무등급"이란 직무의 곤란성과 책임도가 상당히 유사한 직위의 군을 말한다.

(2) 직위분류제와 계급제 비교

직위분류제	계급제(계층제·계서제)
일(직책) 중심으로 종류, 곤란성, 책임도, 자격 요건에 따라 직렬 및 직급별로 분류 (공무원이 담당하는직무와 책임을 기초로 한개념이다)(국공법 §22, §24)	사람(인물) 중심으로 학력, 경력, 능력을 기준해서 공무원을 계급으로 분류하는 제도 (공무원 개인의 능력과 자격을 기초로 한 개념이다). 1~9급으로 구분됨(국공법 §4) 단, 고위공무원단에 속하는 공무원의 경우는 그러하지 아니하다.

장 점	장 점
㉮ 채용시험, 전직, 승진 등 인사배치의 기준으로 합리성을 가짐 ㉯ 직무급 수립에 유용 ㉰ 근무성적 평정기준 수립에 유용 ㉱ 권한·책임의 한계 명확성 및 조직의 분업화·전문화·합리화에 기여(공헌) ㉲ 직업소개·정원관리·작업연구에 편의성	㉮ 폭넓은 교양과 능력을 갖춘 자의 채용에 유리 ㉯ 공무원 능력의 신축성·적응성 향상에 기여 ㉰ 다른 기관과의 유기적 협조의 용이성 ㉱ 신분보장에 안전성 확보 ㉲ 인사관리상 적재적소 배치의 편의성

(3) 직위분류제의 원칙

직위 분류에 있어서는 모든 대상 직위를 직무의 종류와 곤란성 및 책임도에 따라 직군·직렬·직급 또는 직무등급별로 분류하되 동일 직급 또는 동일직무등급에 속하는 직위에 대하여는 동일하거나 유사한 보수가 지급되도록 하여야 한다고 하여 직위분류제의 원칙을 채택하고 있다(국공법 §22).

(4) 직위의 정급(定級)

직위분류제의 적용을 받는 모든 직위는 어느 하나의 직급 또는 직무등급에 배정되어야 한다(국공법 §23). 국회사무총장, 법원행정처장, 헌법재판소사무처장, 중앙선거관리위원회사무총장 또는 행정안전부장관은 법령(국회규칙, 대법원규칙, 헌법재판소규칙 및 중앙선거관리위원회규칙을 포함한다)으로 정하는 바에 따라 제1항에 따른 정급(定級)을 재심사하고, 필요하다고 인정하면 이를 개정하여야 한다(국공법 §23·②).

제3절 공무원관계의 변동(발생·변경·소멸)

공무원관계의 변동이라 함은 공무원관계의 발생·변경·소멸을 말한다. 공무원관계의 발생·변경·소멸시키는 행위를 통틀어 임용이라 한다.

Ⅰ. 공무원관계의 발생

【기출문제】 <1982년 외무고시 (약술형)> ※ 공무원임용의 법적성격

공무원관계의 발생원인은 ① 임명에 의한 경우 외에 ② 선거에 의한 경우(대통령, 국회의원) ③ 법규정에 의해 당연히 성립되는 경우(예 : 예비군소집, 군복무관계) ④ 계약에 의한 경우(국공법§2·③·3호. 특수경력직공무원 중 계약직공무원) ⑤ 사무위탁에 의한 경우(예:조세원천징수의무자) 등이 있다. 이하에서는 경력직공무원의 임명을 중심으로 살펴보기로 한다.

1. 임명에 의한 경우(임명행위)

(1) 임용과 임명

1) 임 용

임용은 실정법상 용어로서 공무원관계를 발생·변경 및 소멸하게 하는 일체의 행위를 말한다. 즉, 임용이란 공무원관계를 발생시키는 임명행위 등 신규채용, 공무원관계를 변경시키는 승진임용, 전직, 전보, 겸임, 파견, 강임, 휴직, 직위해제, 정직, 복직, 공무원관계를 소멸시키는 면직, 해임 및 파면을 포함하는 넓은 개념이다(공무원임용령 §2·①, 지공임용령 §2·①).

2) 임 명

① 의 의

임명이란 공무원관계를 발생시키는 쌍방적 행정행위이다(협력을 요하는 행정행위). 국가, 공공단체와 자연인 사이에 공무원관계(특별행정법관계 중 근무관계)를 설정하는 공법상의 행위를 말한다.

3) 임명의 법적성격

① 학설 : ㉮ 임명행위는 그 내용을 행정주체가 일방적으로 결정하는 단독행위이기는 하나 상대편의 동의를 전제조건으로 하므로, 순수한 단독행위도 아니고 공법상 계약도 아니며 쌍방적 행정행위라고 하는 견해(다수설)와 ㉯ 사법상계약도 그 내용을 일방이 정하고 타방은 그 승낙여부만을 결정하는 「부합계약」이 있다고 주장하면서 그 임명에 있어서 본인의 동의를 필요로 함을 중시하여 국가와 특정인 사이에 복수당사자의 의사의 합치로 이루어지는 행위라는 점에서 공법상 계약이라는 견해(소수설)65) ㉰ 절대적 단독 행위설 ㉱ 동의를 전제로 하는 단독행위설 즉 동의의 결여를 취소사유로 하는 행정행위설 등 있으나 쌍방적 행정행위(동의의 결여를 무효사유로하는 행정행위설)설이 다수설이다.

임명행위는 단독행위로서의 행정행위이기는 하나 상대방의 동의를 요하는 쌍방적 행정행위로 보는 것이 타당할 것이고, 따라서 상대방의 동의가 결여된 임명행위는 무효라 할 것이다.

② 판례 : 대법원도 공무원에 대한 임명행위는 쌍방적 행정행위로 보고 있다.

> **판례** 〈공무원에 대한 임명 또는 해임행위는 임명권자의 의사표시를 내용으로 하는 하나의 행정처분으로 보아야 할 것이다.〉(대판 1962.11.8, 62누163)

③ 보직 : 「보직행위」는 공무원신분취득자에게 일정한 직위를 부여하는 단독적 행정처분인 점에서 임명행위와 구별된다(임명행위는 공무원의 신분설정행위임).

④ 임용의 거부 : 판례는 국·공립대학교교원의 임용과 관련하여 경우에 따라 신규임용거

---

65) 이상규(하), 213쪽.

부로 항고소송의 대상이 되고, 재임용거부취지의 임용기간만료통지도 항고소송의 대상이 된다고 한다.

> 판례 **〈대학교원의 신규채용에 있어서 유일한 면접심사 대상자로 선정된 임용지원자에 대한 교원신규채용중단조치가 항고소송의 대상이 되는 행정처분에 해당한다.〉** 구 교육공무원법(1999.1.29. 법률 제5717호로 개정되기 전의 것) 및 구 교육공무원임용령(1999.9.30. 대통령령 16564호로 개정되기 전의 것) 등 관계 법령에 대학교원의 신규임용에 있어서의 심사단계나 심사방법 등에 관하여 아무런 규정을 두지 않았다고 하더라도, 대학 스스로 교원의 임용규정이나 신규채용업무시행지침 등을 제정하여 그에 따라 교원을 신규임용하여 온 경우, 임용지원자가 당해 대학의 교원임용규정 등에 정한 심사단계 중 중요한 대부분의 단계를 통과하여 다수의 임용지원자 중 유일한 면접심사 대상자로 선정되는 등으로 장차 나머지 일부의 심사단계를 거쳐 대학교원으로 임용될 것을 상당한 정도로 기대할 수 있는 지위에 이르렀다면, 그러나 임용지원자는 임용에 관한 법률상 이익을 가진 자로서 임용권자에 대하여 나머지 심사를 공정하게 진행하여 그 심사에서 통과되면 대학교원으로 임용해 줄 것을 신청할 조리상의 권리가 있다고 보아야 할 것이고, 또한 유일한 면접심사대상자로 선정된 임용지원자에 대한 교원신규채용업무를 중단하는 조치는 교원신규채용절차의 진행을 유보하였다가 다시 속개하기 위한 중간처분 또는 사무처리절차상 하나의 행위에 불과한 것이라고는 볼 수 없고, 유일한 면접심사 대상자로서 임용에 관한 법률상 이익을 가지는 임용지원자에 대한 신규임용을 사실상 거부하는 종국적인 조치에 해당하는 것이며, 임용지원자에게 직접 고지되지 않았다고 하더라도 임용지원자가 이를 알게 됨으로써 효력이 발생한 것으로 보아야 할 것이므로, 이는 임용지원자의 권리 내지 법률상의 이익에 직접 관계되는 것으로서 항고소송의 대상이 되는 처분 등에 해당한다(대판 2004.6.11, 2001두7053 교원신규채용업무중단처분취소).

대학교원의 임용권자가 임용기간이 만료된 조교수에 대하여 재임용을 거부하는 취지로 한 임용기간만료통지가 행정소송의 대상이 되는 처분에 해당한다(대판 2004.4.22, 2000두7735. 교수재임용거부처분취소).

⑤ 임용청구권 : 특정행위청구권으로서 개인적 공권인 임용청구권은 인정되지 않는다. 다만, 무하자재량행사청구권(적법한 재량행사를 구할 권리)은 인정될 수 있다. 그러나 공무원의 임명을 위한 판단은 대체로 사법통제가 곤란한 판단여지에 해당하므로 행정소송상 관철이 어려운 경우가 많을 것이다. 임명에 관한 확약이 있는 경우에는 임명청구권이 존재할 수도 있을 것이다.

(2) 중앙인사관장기관

인사행정에 관한 기본정책의 수립 및 국가공무원법의 시행·운영에 관한 사무는 국회는 국회사무총장·법원은 법원행정처장·헌법재판소는 헌법재판소사무처장·선거관리위원회는 중앙선거관리위원회사무총장·행정부는 행정안전부장관이 이를 관장한다(국공법 §6·①). 중앙인사관장기관의 장(행정부의 경우는 행정안전부장관를 말한다)은 각 기관의 균형적인 인사운영을 도모하고 인력의 효율적인 활용과 능력개발을 위하여 법령이 정하는 바에 따라 인사관리에 관한 총괄적인 사항을 관장한다(국공법 §6·②). 조직의 개편 등으로 현원이 정원을 초과하는 경우와 행정기관별로 고위공무원단에 속하는 공무원의 현원이 정원을 초과하는 경우 중앙인사관장기관의 장은 그 초과 현원을 총괄하여 관리할 수 있다. 이 경우 결원이 있는 기관의 장은 중앙인사관장기관의 장과 협의하여 결원을 보충하여야 한다(국공법 §6·③). 행정부 내 각급기관은 공무원의 임용·교육훈련·보수 등 인사관계법령(특정직공무원의 인사관계법령을 포함하되, 총리령·부령을 제외한다)의 제정 또는 개폐시에는 행정안전부장관과 협의하여야 한다(국공법 §6·④).

(3) 임명권자와 시험실시기관

1) 임명권자

① 5급 이상 일반직 국가공무원

행정기관소속 일반직 5급 이상 국가공무원 및 고위공무원단에 속하는 일반직공무원은 소속장관의 제청으로 행정안전부장관의 협의를 거쳐 국무총리를 경유하여 대통령이 임명하되, 고위공무원단에 속하는 일반직공무원의 경우에는 소속장관은 당해 기관에 소속되지 아니한 공무원에 대하여도 임용제청을 할 수 있다. 이 경우 국세청장은 국회의 인사청문을 거쳐 대통령이 임명한다. 기타의 공무원은 소속장관이 임명하되, 소속기관장에게 위임할 수 있다(국공법 §32·①·②).

② 행정소속 이외 공무원

국회 소속공무원, 법원 소속공무원 및 헌법재판소 소속공무원의 임명은 각각 국회의장, 대법원장 및 헌법재판소장이 하되 소속기관의 장에게 위임할 수 있다(국공법 §32·④·⑤·⑥).

③ 선거관리위원회 소속 5급 이상 공무원

선거관리위원회소속 5급 이상 공무원은 중앙선거관리위원회의 의결을 거쳐 중앙선거관리위원회 위원장이 임용하고, 6급 이하 및 기능직공무원은 중앙선거관리위원회 사무총장이 임용한다(§32·⑦). 이 경우 중앙선거관리위원회 위원장은 중앙선거관리위원회규칙으로 정하는 바에 따라 중앙선거관리위원회 상임위원·사무총장 및 시·도 선거관리위원회 위원장에게, 중앙선거관리위원회 사무총장은 시·도 선거관리위원회 위원장에게 그 임용권의 일부를 각각 위임할 수 있다(국공법 §32·⑧).

④ 일반직 지방공무원

지방자치단체의 장(교육감은 소속직원을 임용 : 지방교육자치법 §27)이 임명권을 가지나 소속기관의 장에게 위임할 수 있다(지공법 §6, 지자법 §105).

2) 시험실시기관

① 행정기관 소속공무원

행정기관 소속 공무원의 채용시험·승진시험, 그 밖의 시험은 행정안전부 장관이 실시한다. 다만, 행정안전부 장관이 단독으로 실시하기 곤란하면 관계기관과 공동으로 실시할 수 있으며, 행정안전부장관은 대통령령으로 정하는 바에 따라 그 시험의 일부를 다른 행정기관의 장에게 위임하여 실시할 수 있다(국공법 §34·①).

② 국회 및 법원소속 공무원

국회 및 법원소속 공무원의 채용시험·승진시험, 그 밖의 시험은 국회사무처 또는 법원행정처에서 실시한다. 이 경우 국회사무총장 또는 법원행정처장은 국회규칙 또는 대법원규칙으로 정하는 바에 따라 그 시험의 일부를 소속기관에 위임하여 실시할 수 있다(국공법 §34·③).

③ 헌법재판소 소속공무원

헌법재판소 소속공무원의 채용시험·승진시험, 그 밖의 시험은 헌법재판소 사무처에서 실시한다. 다만, 헌법재판소 사무처장은 그 시험의 전부나 일부를 행정안전부장관 또는 법원행정처장에게 위탁하여 실시할 수 있다(국공법 §34·④).

④ 선거관리위원회 소속공무원

선거관리위원회 소속공무원의 채용시험·승진시험, 그 밖의 시험은 중앙선거관리위원회 사무처에서 실시하되, 중앙선거관리위원회 규칙으로 정하는 바에 따라 그 시험의 일부를 시·도 선거관리위원회에 위임하여 실시할 수 있다. 다만, 중앙선거관리위원회 사무총장은 시험의 전부나 일부를 행정안전부장관에게 위탁하여 실시하거나 행정안전부장관이 실시한 공개경쟁 채용시험에 합격한 자를 선거관리위원회에서 실시한 공개경쟁채용시험에 합격한 자로 보아 임용할 수 있다(국공법 §34·⑤).

⑤ 지방공무원

(가) 5급 이상 공무원의 각종 임용시험은 대통령령으로 정하는 기관에서 실시하고, (나) 6급 및 7급 공무원의 신규임용시험은 시·도 단위로 해당 시·도 인사위원회에서 실시하고, (다) 8급 및 9급 공무원의 신규임용과 6·7·8급 공무원에의 승진시험 6·7·8·9급 공무원의 전직시험, 기능직 공무원의 신규임용·승진 및 전직시험은 해당 지방자치단체의 인사위원회에서 실시한다. (라) 임용예정직과 관련 있는 자격증소지자의 특별임용시험은 (가)·(나)·(다)에도 불구하고 시·도 인사위원회에서 실시한다(지공법 §32).

(4) 임명 요건

【기출문제】 **<1999년 (제41회) 사법시험 (사례형)>** ※ A는 1980년 1. 19에 징역 8월에 집행유예 2년을 선고받았다. 1981. 9. 7에 A는 철도청공무원으로 임용되었다. 2002. 3. 31에 A는 "집행유예 기간 중에 공무원으로 임용된 것은, 임용결격자가 공무원으로 임용된 것으로 당연무효이므로 1981. 9. 7자로 임용취소 되었음"을 통지받았다.

A는 취소소송을 제기하려고 한다. A의 승소가능성은?

1) 능력요건(결격사유·소극적요건)

국가공무원법 제33조, 지방공무원법 제31조에 규정되어 있다(결격사유).

① 금치산자 또는 한정치산자 ② 파산자로서 복권되지 아니한 자 ③ 금고 이상의 실형을 받고 그 집행이 종료되거나 집행을 받지 아니하기로 확정된 후 5년을 경과하지 아니한 자 ④ 금고 이상의 형을 받고 그 집행유예의 기간이 완료된 날로부터 2년을 경과하지 아니한 자 ⑤ 금고 이상의 형의 선고유예를 받은 경우에 그 선고유예기간 중에 있는 자 ⑥ 법원의 판결 또는 다른 법률에 의하여 자격이 상실 또는 정지된 자 ⑦ 공무원으로 재직기간 중 직무와 관련하여 형법 제355조 및 제356조에 규정된 죄를 범한자로서 300만 원 이상의 벌금형을 선고받고 그 형이 확정된 후 2년이 지나지 아니한 자 ⑧ 징계에 의하여 파면의 처분을 받은 날로부터 5년을 경과하지 아니한 자 ⑨ 징계에 의하여 해임의 처분을 받은 때로부터 3년을 경과하지 아니한 자 등은 결격사유로서 공무원으로 임명될 수 없을 뿐만 아니라, 재직 중에 요건을 결여하게 되면 당연 퇴직된다.

【참고】 〈외국인의 공무원 취임 능력〉

외국인이 공무원이 될 수 있는가?

(1) 법률에서 명문으로 대한민국의 국적을 갖지 아니한 자를 공무원의 결격사유로 규정하고 있는 경우가 있다(예: 외무공무원법 §9·②, 국가정보원직원법 §8·②, 경찰공무원법 §7·② 등).

(2) 법률에서 명문으로 외국인이 공무원으로 임용될 수 있다고 규정한 경우가 있다(예: 교육공무원법 §10의 2).

(3) 국가기관의 장은 국가안보 및 보안·기밀에 관계되는 분야를 제외하고 국회규칙·대법원규칙·헌법재판소규칙·중앙선거관리위원회규칙 또는 대통령령으로 정하는 바에 따라 외국인을 공무원으로 임용할 수 있다(국가공무원법 §26의 3).

(4) 위와 같은 명문 규정이 없는 경우에는 외국인도 공무원이 될 수 있는가?

이에 대하여는 「공권력을 발동하여 국민에 대하여 명령·강제함을 내용으로 하는 직무를 담당하는 직에 있어서는 공무원을 국가가 충분히 신뢰할 수 있어야 한다는 것, 국가에 대해서 충성을 서약하고 전력을 다하여 직무를 수행할 수 있어야 한다는 것, 그 자가 속하는 국가의 대인주권이 미칠 우려가 있는 것, 그 나라의 문물제도를 잘 알아야 한다는 것 등의 점에서 외국인은 공무원이 될 수 있는 능력이 없다고 할 것이다」[66]라는 견해도 있으나, 공무원의 다양성, 국제화의 진전 등을 고려해 본다면 법률의 명문 규정이 없는 경우에도 일률적으로 외국인의 공무원 취임능력을 부인할 것은 아니라고 본다.[67]

2) 자격요건(성적요건·적극적요건 ; 실질적요건)

① 공무원으로 임명되기 위하여는 위의 소극적인 결격사유에 해당되지 않아야 할뿐만 아니라 적극적으로 개별 법령에서 요구하는 일정한 자격요건을 갖추어야 하고, 소정의 임용시험에도 합격해야 한다. 자격요건을 성적요건이라고도 하는바, 그 자격은 능력요건을

66) 박윤흔, 최신행정법강의(하), 223쪽.

67) 김철용, 행정법(Ⅱ), 156쪽.

갖춘자 중에서도 시험성적·근무성적 기타 능력의 실증에 의하여 행한다(국공법 §26, 지공법 §25). 다만, 국가기관의 장은 국회규칙, 대법원규칙, 헌법재판소규칙, 중앙선거관리위원회규칙 또는 대통령령으로 정하는 바에 따라 장애인·이공계 전공자·저소득층 등에 대한 채용·승진·전보 등 인사관리상의 우대와 실질적인 양성평등을 구현하기 위한 적극적인 정책을 실시할 수 있다(국공법 §26 단서, 지공법 §25 단서). 그러나 시험성적·근무성적 기타 능력의 실증에 의하여 행하는 성적요건은 경력직공무원의 임명에 필요로 하나 특수 경력직공무원의 경우는 성적요건을 요하지 아니한다.

② 경력공무원의 신규채용은 공개경쟁시험에 의함을 원칙으로 하며, 예외적으로 경력경쟁채용(종래의 특별채용)에 의할 수 있다(국공법 §28①·②, 지공법 §27①·②).

공개경쟁에 의한 채용시험은 동일한 자격을 가진 모든 국민에게 평등하게 공개해야 한다(국공법 §35, 지공법 §33).

③ 경력경쟁채용시험

공무원은 공개경쟁채용시험으로 채용함이 원칙이나, 국가공무원법 제28조 제2항의 각 호의 어느 하나에 해당하는 경우에는 「경력경쟁채용시험」(경력 등 응시요건을 정하여 같은 사유에 해당하는 다수인을 대상으로 경쟁의 방법으로 채용하는 시험)으로 공무원을 채용할 수 있다(국공법 §28·②). 다만, 국가공무원법 제28조 제2항의 각 호 중, 제1호, 제3호, 제4호, 제5호, 제7호, 제11호의 어느 하나에 해당하는 경우 중 다수인을 대상으로 시험을 실시하는 것이 적당하지 아니하여 국회규칙, 대법원규칙, 헌법재판소 규칙, 중앙선거관리위원회 규칙 또는 대통령령으로 정하는 경우에는 다수인을 대상으로 하지 아니한 시험으로 공무원을 채용할 수 있다(2011.5.23. 개정국공법 §28·②· 단서).

④ 외국인과의 복수국적자의 임용

(가) 외국인 : 국가기관의 장은 국가안보 및 보안·기밀에 관계되는 분야를 제외하고 국회규칙·대법원규칙·헌법재판소규칙·중앙선거관리위원회규칙 또는 대통령령이 정하는 바에 따라 외국인을 공무원으로 임용할 수 있다(국공법 §26의3).

(나) 복수국적자 : 국가기관의 장은 ㉮ 국가안보 분야, ㉯ 국가보안·기밀분야, ㉰ 외교, 국가 간 이해관계와 관련된 정책결정 및 집행 등 복수국적자의 임용이 부적합한 분야로서 국회규칙, 대법원규칙, 헌법재판소규칙, 중앙선거관리위원회규칙 또는 대통령령이 정하는 분야에는 복수국적자의 임용을 제한할 수 있다(국공법 §26의3·②).

⑤ 근무시간의 단축임용

국가기관의 장은 업무의 특성 또는 기관의 사정 등을 고려하여 소속공무원을 국회규칙·대법원규칙·헌법재판소규칙·중앙선거관리위원회규칙 또는 대통령령이 정하는 바에 따라 통상적인 근무시간보다 짧게 근무하는 공무원으로 임용할 수 있다(국공법 §26의2).

⑥ 지역·기능인재의 추천채용 및 견습근무

임용권자는 우수인재를 공직에 유치하기 위하여 학업성적 등이 뛰어난 고등학교 이상 졸업자나 졸업예정자를 추천·선발하여 3년의 범위 안에서 견습으로 근무하게 하고, 당해 근무기간 동안 근무성적 및 자질이 우수하다고 인정되는 자는 6급 이하의 공무원 또는 기능직공무원으로 임용할 수 있다(국공법 §26의4). 견습으로 근무하는 자를 공무원(기능직공무원은 제외한다)으로 임용할 때에는 행정 분야와 기술 분야별로 적정한 구성을 유지하여 지역별 균형을 이루도록 하여야 한다(국공법 §26의4·②). 견습으로 근무하는 자는 직무상행위를 하거나 「형법」, 그 밖의 법률에 따른 벌칙을 적용할 때 공무원으로 본다(국공법 §26의 4·③).

⑦ 개방형직위

임용권자 또는 임용제청권자는 당해 기관의 직위 중 전문성이 특히 요구되거나 효율적인 정책수립을 위하여 필요하다고 판단되어 공직 내부 또는 외부에서 적격자를 임용할 필요가 있는 직위에 대하여는 이를 개방형직위로 지정하여 운영할 수 있다.

다만, 정부조직법 등 조직관계법령의 규정에 의하여 1급 내지 3급 공무원 또는 이에 상당하는 공무원으로 보할 수 있는 직위(고위공무원단 직위를 포함하며, 실장·국장 밑에 두는보조기관 또는 이에 상당하는직위를 제외한다) 중 계약직공무원으로도 보할 수 있는 직위는 이를 개방형직위로 본다. 임용권자 또는 임용제청권자는 개방형직위에 대하여는 직위별로 직무의 내용·특성 등을 고려하여 직무수행요건을 설정하고 그 요건을 갖춘 자를 임용 또는 임용제청하여야 한다. 임용권자 또는 임용제청권자는 개방형직위를 지정 또는 변경하거나 직위별 직무수행요건을 설정 또는 변경하고자 하는 때에는 중앙인사관장기관의 장과 협의하여야 한다(국공법 §28의4).

⑧ 공모직위

임용권자 또는 임용제청권자는 당해 기관의 직위 중 효율적인 정책수립 또는 관리를 위하여 당해 기관 내부 또는 외부의 공무원 중에서 적격자를 임용할 필요가 있는 직위에 대하여는 이를 공모직위로 지정하여 운영할 수 있다. 공모직위에 대하여는 직위별로 직무의 내용·특성 등을 고려하여 직무수행 여건을 설정하고 그 요건을 갖춘 자를 임용 또는 임용제청하여야 한다. 임용권자 또는 임용제청권자가 고위공무원단 직위인 공모직위를 지정 또는 변경하거나 직위별직무수행요건을 설정 또는 변경하고자 하는 때에는 중앙인사기관의 장과 협의하여야 한다(국공법 §28의5).

⑨ 여성 또는 남성의 선발예정인원 초과합격

시험실시기관의 장은 여성과 남성의 평등한 공무원임용기회를 확대하기 위하여 필요하다고 인정하는 경우에는 공무원임용시험령 제23조, 제25조, 제30조 및 제40조의 규정에 불구하고 한시적으로 여성 또는 남성이 시험실시단계별로 선발예정인원의 일정비율 이상이 될 수 있도록 선발예정인원을 초과하여 여성 또는 남성을 합격시킬 수 있다. 여성 또는 남성을 합격시킬 경우에 그 실시대상시험의 종류, 채용목표비율, 합격자 결정방법, 기타 시험의 시행에 관하여 필요한 사항은 시험실시기관의장이 정한다(공무원임용시험령 §20).

⑩ 지방인재의 선발예정인원 초과합격

실시기관의장은 지방인재(서울특별시를 제외한 지역소재 대학의 졸업자(예정자) 서울특별시를제외한 지역에 있는 학교를 최종적으로 졸업·중퇴하거나 재학·휴학중인사람을 말한다)의 공무원 임용기회를 확대하기 위하여 필요하다고 인정하는 경우에는 공무원임용시험령 제23조의 규정에 불구하고 5급 공개경쟁채용시험에서 한시적으로 지방인재가 선발예정인원의 일정비율 이상이 될 수 있도록 선발예정인원을 초과하여 지방인재를 합격시킬 수 있다. 지방인재를 합격시킬 경우에 그 적용대상, 채용목표비율, 합격자 결정방법 그 밖에 시험의 시행에 관하여 필요한 사항은 시험실시기관의 장이 정한다(공무원임용시험령 §20의2 시행일 : 2007.1.1).

3) 요건결여의 효과

요건결여의 효과에 관하여는 ① 능력요건(결격사유)이 결여된 경우 ② 자격요건(성적요건)이 결여된 경우 ③ 임용요건이 결여된 공무원 행위의 효과 ④ 봉급의 반환문제 ⑤ 퇴직금의 지급문제 등이 제기된다.

① 능력요건(결격사유)이 결여된 경우

능력요건이 결여된 자에 대한 임용은 취소사유로 보는 견해도 있지만 당연무효라고 보아야 한다. 임용권자의 과실에 의하여 임용결격자임을 밝혀내지 못하였다 하더라도 그 임용행위는 당연무효이다.

판례 **〈임용권자의 과실에 의하여 임용결격자임을 밝혀내지 못하였다 하더라도 그 임용행위는 당연무효이다.〉** 경찰공무원법에 규정되어 경찰관임용 결격사유는 경찰관으로 임용되기 위한 절대적인 소극적 요건으로서 임용 당시 경찰관임용 결격사유가 있었다면 비록 임용권자의 과실에 의하여 임용결격자임을 밝혀내지 못하였다 하더라도 그 임용행위는 당연무효로 보아야 한다(대판 2005.7.28, 2003두469, 지방공무원지위확인).

재직 중에 능력요건을 결여(결격사유)하게 되면 당연히 퇴직하게 된다(국공법 §33, 지공법 §31). 판례도 같은 입장이다.

판례 **〈직위해제중에 자격정지 이상의 형의 선고유예를 받아 당연퇴직된 경찰공무원에게 임용권자가 복직처분을 한 상태에서 선고유예기간이 경과하였다하여도 경찰공무원의 신분이 회복되지 아니한다.〉** 경찰공무원이 재직 중 자격정지 이상의 형의 선고유예를 받음으로써 경찰공무원법 제7조 제2항 제5호에 정하는 임용결격사유에 해당하게 되면, 같은 법 제21조의 규정에 의하여 임용권자의 별도의 행위(공무원의 신분을 상실시키는 행위)를 기다리지 아니하고 그 선고유예 판결의 확정일에 당연히 경찰공무원의 신분을 상실(당연퇴직)하게 되는 것이고, 나중에 선고유예기간(2년)이 경과하였다고 하더라도 이미 발생한 당연퇴직의 효력이 소멸되어 경찰공무원의 신분이 회복되는 것은 아니며, 한편 직위해제처분은 형사사건으로 기소되는 등 국가공무원법 제73조의 2 제1항 각 호에 정하는 귀책사유가 있을 때 당해 공무원에게 직위를 부여하지 아니하는 처분이고, 복직처분은 직위해제사유가 소멸되었을 때 직위해제된 공무원에게 국가공무원법 제73조의 2 제2항의 규정에 의하여 다시 직위를 부여하는 처분일 뿐, 이들 처분들이 공무원의 신분을 박탈하거나 설정하는 처분은 아닌 것이므로, 임용권자가 임용결격사유의 발생 사실을 알지 못하고 직위해제되어 있던 중 임용결격사유가 발생하여 당연퇴직된 자에게 복직처분을 하였다고 하더라도 이 때문에 그 자가 공무원의 신분을 회복하는 것은 아니다(대판 1997.7.8, 96누4275. 경찰공무원신분확인).

공무원 임용결격사유가 있는지의 여부는 채용후보자명부에 등록된 때가 아니라 공무원관계가 설정되는 임용당시에 시행되던 법률을 기준으로 판단하여야 한다는 것이 판례의 입장이다.

판례 **〈공무원관계 설정시점 및 공무원임용결격사유가 있는지 여부의 판단기준〉** 국가공무원법에 규정되어 있는 공무원임용결격사유는 공무원으로 임용되기 위한 절대적인 소극적 요건으로서 공무원관계는 국가공무원법 제38조, 공무원임용령 제11조의 규정에 의한 채용후보자 명부에 등록한 때가 아니라 국가의 임용이 있는 때에 설정되는 것이므로 공무원임용결격사유가 있는지의 여부는 채용후보자 명부에 등록한 때가 아닌 임용당시에 시행되던 법률을 기준으로 하여 판단하여야 한다(대판 1987.4.14, 86누459. 임용행위취소처분취소).

판례는 "당초 임용당시 공무원 결격사유가 있었던 자를 그 후의 공무원 경력을 바탕으로 특별임용하였으나 특별임용 당시에는 공무원 결격사유가 없는 경우는 당연무효는 아니고 취소사유"가 된다고 한다.

판례 **〈당초 임용당시 공무원 결격사유가 있었던 자를 그 후의 공무원 경력을 바탕으로 특별임용하였으나 특별임용 당시에는 공무원결격사유가 없는 경우 당연무효는 아니고 취소사유가 된다.〉** 당초 임용 이래 공무원으로 근무하여 온 경력에 바탕을 두고 구 지방공무원법(1991. 5. 31. 법률 제4370호로 개정되기 전의 것) 제27조 제2항 제3호 등을 근거로 하여 특별임용 방식으로 임용이 이루어졌다면 이는 당초 임용과는 별도로 그 자체가 하나의 신규임용이라고 할 것이므로, 그 효력도 특별임용이 이루어질 당시를 기준으로 판단하여야 할 것인데, 당초 임용 당시에는 집행유예기간 중에 있었으나 특별임용 당시 이미 집행유예 기간 만료일로부터 2년이 경과하였다면 같은 법 제31조 제4호에서 정하는 공무원 결격사유에 해당할 수 없고, 다만 당초 임용과의 관계에서는 공무원 결격사유에 해당하여 당초 처분 이후 공무원으로 근무하였다고 하더라도 그것이 적법한 공무원 경력으로 되지 아니하는 점에서 특별임용의 효력에 영향을 미친다고 할 수 있으나, 위 특별임용의 하자는 결국 소정의 경력을 갖추지 못한 자에 대하여 특별임용시험의 방식으로 신규임용을 한 하자에 불과하여 취소사유가 된다고 함은 별론으로 하고, 그 하자가 중대·명백하여 특별임용이 당연무효로 된다고 할 수는 없다(대판 1998.10.23, 98두12932. 공무원지위확인의 소).

당연퇴직의 통보는 형성적 행위가 아니라 사실의 통보에 불과하고 항고소송의 대상인 행정처분이 아니다.

> 판례 **〈당연퇴직의 통보는 사실의 통보에 불과하고 항고소송의 대상이 되는 행정처분이 아니다.〉** 당연퇴직의 통보는 법률상 당연히 발생하는 퇴직사유를 공적으로 확인하여 알려주는 사실의 통보에 불과한 것이지 그 통보자체가 징계파면이나 직권면직과 같이 공무원의 신분을 상실시키는 새로운 형성적 행위는 아니므로 항고소송의 대상이 되는 독립한 행정처분이 될 수 없다(대판 1985.7.23, 84누374 면직처분무효확인).

② 자격요건(성적요건)이 결여된 경우

성적요건이 결여된 자에 대한 임용은 취소할 수 있는 행위가 된다. 이때 취소는 원칙상 장래에 향하여 효력이 있는 것으로 보아야 한다. 다만, 당사자에게 귀책사유가 있을 때에는 소급하여 취소할 수 있는 것이다. 판례도 같은 취지이다.

> 판례 **〈행정처분에 당사자의 사실은폐나 기타 사위의 방법에 의한 신청행위에 기인하는 하자가 있음을 이유로 처분청이 이를 취소하는 경우, 당사자는 신뢰이익을 원용할 수 없고, 행정청은 이를 고려하여야 하는 것도 아니다.〉〈따라서 허위의 고등학교 졸업증명서를 제출하는 사위의 방법에 의한 하사관 지원의 하자를 이유로 하사관 임용일로부터 33년이 경과한 후에 행정청이 행한 하사관 및 준하사관 임용취소처분이 적법하다.〉** ① 행정처분에 하자가 있음을 이유로 처분청이 이를 취소하는 경우에도 그 처분이 국민에게 권리나 이익을 부여하는 처분인 때에는 그 처분을 취소하여야 할 공익상의 필요와 그 취소로 인하여 당사자가 입게 될 불이익을 비교형량한 후 공익상의 필요가 당사자가 입을 불이익을 정당화할 만큼 강한 경우에 한하여 취소할 수 있는 것이지만, 그 처분의 하자가 당사자의 사실은폐나 기타 사위의 방법에 의한 신청행위에 기인한 것이라면 당사자는 그 처분에 의한 이익이 위법하게 취득되었음을 알아 그 취소가능성도 예상하고 있었다고 할 것이므로 그 자신이 위 처분에 관한 신뢰이익을 원용할 수 없음은 물론 행정청이 이를 고려하지 아니하였다고 하여도 재량권의 남용이 되지 않는다.
>
> ② 허위의 고등학교 졸업증명서를 제출하는 사위의 방법에 의한 하사관 지원의 하자를 이유로 하사관 임용일로부터 33년이 경과한 후에 행정청이 행한 하사관 및 준사관 임용취소처분이 적법하다고 한 사례(대판 2002.2.5, 2001두5286 임명취소처분취소).

③ 임용요건이 결여된 공무원 행위의 효과 및 봉급의 반환문제

임용요건이 결여된 공무원이 행한 행위는 국민의 신뢰와 법적 안정성을 고려하여 사실상 공무원이론에 의해 유효한 것으로 보아야 할 경우가 있을 것이다. 그리고 그러한 자가 현실적으로 공무를 수행하였다면 그 자가 받은 보수는 부당이득으로 볼 수 없다. 따라서 그 봉급을 반환할 의무는 없다고 보아야 한다.

④ 퇴직금지급문제

대법원은 임용행위가 당연 무효인 경우 그 공무원이 사실상 근무하여 왔다고 하여도 퇴직금청구권은 없다고 판시하고 있다.

판례 **〈임용결격자가 공무원으로 임명되어 사실상 근무하여온 경우 공무원연금이나 근로기준법 소정의 퇴직금청구를 할 수 없다.〉** 공무원연금법이나 근로기준법에 의한 퇴직금은 적법한 공무원으로서의 신분취득 또는 근로고용관계가 성립되어 근무하다가 퇴직하는 경우에 지급되는 것이고, 당연무효인 임용결격자에 대한 임용행위에 의하여서는 공무원의 신분을 취득하거나 근로고용관계가 성립될 수 없는 것이므로 임용결격자가 공무원으로 임용되어 사실상 근무하여 왔다고 하더라도 그러한 피임용자는 위 법률소정의 퇴직금청구를 할 수 없다(대판 1987.4.14, 86누459. 임용행위취소처분취소)(대판 1998.1.23, 97누16985 퇴직일시금지급처분취소).

판례 **〈공무원에게 당연퇴직사유가 발생하였으면 그때까지의 재직기간에 대한 퇴직금청구권은 당연하지만 그 후 퇴직하지 않고 사실상 근무했다고 해도 이는 적법한 공무원으로 재직한 것이라고 볼 수 없어 그 기간은 퇴직급여청구권이 발생할 수 없다.〉**(대판 2001.9.25, 2001두4221 퇴직금급여거부처분취소)

판례 **〈공무원 임용결격사유가 소멸된 후 계속 근무하였다고 하더라도 묵시적 임용처분 내지 무효행위를 추인하였다거나 새로운 임용을 한 것으로 볼 수 없다.〉** 경찰공무원으로 임용된 후 70일 만에 선고받은 형이 사면 등으로 실효되어 결격사유가 소멸된 후 30년 3개월 동안 사실상 공무원으로 계속 근무를 하였다고 하더라도 그것만으로는 임용권자가 묵시적으로 새로운 임용처분을 한 것으로 볼 수 없고, 임용 당시 결격자였다는 사실이 밝혀졌는데도 서울특별시 경찰국장이 일반사면령 등의 공포로 현재 결격사유에 해당하지 아니한다는 이유로 당연퇴직은 불가하다는 조치를 내려서 그 후 정년퇴직시까지 계속 사실상 근무하도록 한 것이 임용권자가 일반사면령의 시행으로 공무원자격을 구비한 후의 근무행위를 유효한 것으로 추인하였다거나 장래에 향하여 그를 공무원으로 새로 임용하는 효력이 있다고 볼 수 없을 뿐만 아니라, 1982. 당시 경장이었던 그의 임용권자는 당시 시행된 경찰공무원법 및 경찰공무원임용령의 규정상 서울특별시장이지 경찰국장이 아니었음이 분명하고, 무효인 임용행위를 임용권자가 추인하였다거나 장래에 향하여 공무원으로 임용하는 새로운 처분이 있었던 것으로 볼 수 없다고 한 사례(대판 1996.2.27, 95누9617 퇴직급여청구반려처분취소).

그러나 사실상 공무원이론적용의 경우, 봉급의 반환의무가 없는 경우 그리고 연금은 공무원이 납부한 기여금(연금의 2분의1)에 한하여 봉급연불적(후불 임금적) 성격이 있으므로 사실상 공무원이 납부한 기여금은 지급하여야 함이 타당하다고 본다.

(5) 임명절차

일반직공무원을 임명할 때에는 다음의 절차를 거쳐야한다.

1) 채용후보자명부

행정안전부장관·지방자치단체장 등 시험실시기관의 장은 채용시험에 합격한 자를 채용후보자명부에 등재하여야 한다. 채용후보자명부의 유효기간은 5급의 경우 5년이고, 기타의 경우는 2년의 범위 안에서 국회규칙·대법원규칙·헌법재판소규칙·중앙선거관리위원회규칙는 대통령령으로 정한다. 다만 시험실시기관의 장은 필요에 따라 1년의 범위 내에 그 기간을 연장할 수 있다(국공법 §38·①, ② 지공법 §36·①, ④).

2) 채용후보자의 추천

시험실시기관의 장은 채용후보자명부에 등재된 채용후보자(임용후보자)를 임용권자 또는 임용제청권자에게 추천하여야 한다(국공법§39·① 지공법§37·③).

3) 시보임용

공무원을 신규채용하는 경우에는 5급 공무원은 1년간, 6급 이하 공무원 및 기능직공무원은 6월간 시보로 임용하고, 그 기간 중에 근무성적이 양호한 경우에는 정규공무원으로 임용한다(국공법§29·① 지공법§28·①).

시보임용기간 중에는 신분이 보장되지 않는다. 그러나 소청심사청구권까지 제한되는 것은 아니다.

다만 시보임용기간 중에 근무성적 또는 교육훈련성적이 불량한 때에는 징계절차를 거치지 아니하고 바로 면직시키거나 면직을 제청할 수 있다(국공법§29·③ 지공법§28·③).

판례 **〈대학의 정규교원으로 임용되기 전에 1년간 상근강사로 근무하여 적극 판정을 받은 자만을 임용하는 제도하에서 상근강사로 채용된 자의 법률상 지위는 시보임용 내지 조건부채용으로서 지위를 가진다고 보아야 한다.〉** 서울교육대학에서 전임강사 이상의 신규교원을 임용함에 있어 학장이 소정의 전형을 거쳐 임용후보자를 최종 결정하여 1년을 기한으로 상근강사로 근무시킨 뒤, 교수로서의 자질, 능력, 학생지도실적 및 근무상황 등을 평가하여 그 중 적격판정을 받은 자만을 대학인사위원회의 동의를 얻어 정규교원으로 임용하게 되어 있는 제도에 의하여 그 대학의 상근강사로 채용된 자는 교육법시행령 제35조 제2항 소정의 정원 이외에 교원의 직무를 보조하기 위하여 상시 근무하는 전임강사를 의미하는 것이나, 이는 교육법 제 75조 제1항 제2호 소정의 정규교원인 전임강사와는 구별되는 것이므로 위 상근강사제도는 교육법이나 교육공무원법상의 명문의 근거를 둔 교원의 임용방법이 아니고, 국가공무원법상의 이른바 시보임용제도에 의하여 조건부로 채용된 공무원에 해당한다고 보아야 할 것인바, 상근강사로 채용된 자는 그 시보임용 내지 조건부채용시 장차 소정의 조건부 채용기간 중 근무성적이 양호하여 적격판정을 받는 것을 조건으로, 특별한 사정이 없는 한 위 기간의 종료와 더불어 바로 정규공무원으로 임용될 권리를 취득하고 임용권자는 이에 대응하는 법률상의 의무를 부담한다고 할 것이며, 또한 교육공무원법상 시보임용에 의한 교육공무원으로서의 지위를 누리면서 그 조건부채용기간 중 면직 등의 처분이나 징계처분과 같은 신분상의 불이익한 처분을 받거나 또는 시보임용기간 종료 후 정규공무원 내지 교원으로서 임용이 거부된 경우에는 행정소송 제기를 위한 전치절차로서의 교육공무원법 제52조에 의한 소청심사청구권도 가진다고 보아야 한다(대판 1990.9.25, 89누4758, 교원임용의무불이행행위법확인등).

4) 전문직위의 지정

소속장관은 당해 기관의 직위 중 전문성이 특히 요구되는 직위를 전문직으로 지정·운영할 수 있다. 전문직위에 대하여는 일정한 직무수행요건을 설정하고 해당직위의 직무수행요건을 갖춘 자를 전문관으로 선발하여 임용하여야 하며, 전문직위에 임용된 공무원은 3년의 범위에서 행정안전부장관이 정하는 기간 동안 다른 직위에 전보될 수 없다. 직무수행요건이 동일한 직위간의 전보는 그러하지 아니하다. 전문직위의 지정, 전문관의 선발 등 전문직위의 운영에 관하여 필요한 사항은 행정안전부장관이 정한다(공무원임용령 §43의 3).

5) 겸 임

일반직공무원은 직위 및 직무내용이 유사하고 담당직무수행에 지장이 없다고 인정되는 경우에는 대학교수 등 특정직공무원이나 특수전문분야의 일반직공무원 또는 대통령령으로 정하는 관련교육·연구기관 기타 기관·단체의 임·직원과 서로 겸임시킬 수 있고, 대통령령으로 정하는 관련교육, 연구기관 그 밖의 기관, 단체의 임·직원은 특수전문분야의 별정직공무원으로 겸임하게 할 수 있다(국공법§32의3 지공법§30의3).

6) 경쟁시험합격자 및 국가유공자의 우선임용

결원을 보충함에 있어서 각 임용권자 또는 임용제청권자는 공개경쟁채용시험합격자 및 공개경쟁승진시험합격자를 우선하여 임용 또는 임용제청하여야 한다(국공법 §31). 공무원을 임용할 때에는 법령으로 정하는 바에 따라 국가유공자를 우선 임용하여야 한다(국공법 §42·①).

7) 국무위원임명 전 인사청문실시

대통령은 국무위원을 임명하고자하는 경우에는 미리 국회의 인사청문을 거쳐야 한다(국공법 §31의2).

(6) 임명의 형식과 효력발생

1) 임명의 형식

임명의 형식은 임용장 또는 임용통지서의 교부에 의함이 원칙이다. 다만, 임명은 요식행위가 아니므로 임명장 등의 교부는 임명의 유효요건이 아니라 임명행위를 확인하고 증명하기 위함이라는 것이 통설이다.

2) 효력발생시기

임명의 효력시기에 관하여는 공무원은 임용장 또는 임용통지서에 기재된 날짜에 임용된 것으로 본다(공무원임용령 §6·① 지방공무원임용령 §5). 다만, 사망으로 인한 면직은 사망한 다음 날에 면직된 것으로 본다.

공무원의 임용은 그 임용일자를 소급해서는 안 된다. 다만, ① 재직 중 공적이 현저한자가 공무로 사망한때 그 사망일의 전날을 임용일자로 하여 추서하는 경우, ② 휴직기간의 만료 또는 휴직사유가 소멸된 뒤에도 직무에 복귀하지 않거나 직무를 감당할 수 없을 경우에의 직권면직 하는 때에 휴직기간의 만료일 또는 휴직사유의 소멸일을 임용일자로 하여 직권면직 하는 경우는 예외이다(공무원임용령 §7, 지방공무원임용령 §6).

(7) 특별행정법관계(특별권력관계)

1) 특별권력관계

종래에는 공무원의 근무관계를 특별권력관계로 보는 것이 통설·판례였다. 공무원의 근무관계를 특별권력관계로 보는 견해에 의하면 특별권력관계에 있어서의 포괄적 지배권이 인정되고 당해 특별권력관계 설정목적에 필요한 한도 안에서 공무원의 기본권에 대한 구체적인 법률의 근거 없이도 제한할 수 있고, 공무원관계에 있어서의 징계처분 등 불이익처분에 대하여도 사법적 통제가 배제되거나 제한되는 것으로 보게 된다.

그러나 오늘날 특별권력관계이론은 부정되고 있고 종래 특별권력관계로 보았던 것은 특별행정법관계로 보는 것이 타당하다. 공무원은 공무원이기 이전에 인간으로서 기본권을 가진 독립된 인격주체이므로 공무원의 근무관계에도 법치주의가 적용되어야 하며, 헌법상 기본권에 대한 제한은 법률의 근거가 있어야 되고, 공무원의 근무관계에 있어서의 징계처분 등 불이익처분에 대하여도 사법적 통제를 받아야 할 것이다.

다만, 행정목적을 달성하기 위한 공무의 적정한 수행을 보장하기 위하여 공무원의 근무관계에 대하여 특수한 법적규율을 할 필요가 있다. 따라서 공무원의 근무관계는 행정주체와 국민간의 일반행정법관계와는 다른 특별행정법관계로 구성되어 있은바, 국가공무원법 및 지방공무원법에서 공무원에 대하여 특별한 신분보장이 주어지고 반면에 특수한 법적의무가 부담되는 등 특수한 법률이 행해지고 있으므로 특별행정법관계로 보아야 한다.

2) 공법상 근무관계와 사법상 근로관계

공무원의 근무관계는 법령에 의해 규정되는 공법상 법률관계(공법관계)이다. 다만, 공무원의 근무관계의 특수성에 반하지 않는 한도 내에서 예외적으로 사법상 근로계약의 법리가 공무원의 근무관계에 적용될 수 있다고 본다. 판례도 같은 취지이다.

> 판례 〈지방공무원도 근로기준법 제14조에 정한 근로자이므로, 원칙적으로 근로기준법 제28조의 적용대상이 되며, 공무원연금법상의 퇴직금제도는 위 규정의 취지를 구체화한 것이다.〉〈공무원연금법의 적용대상에서 제외된 지방잡급직원 등 임시직 공무원이 근무기준법 제28조에 따른 퇴직금 지급을 금지하는 취지가 아니다.〉 ① 국가공무원 또는 지방공무원도 근로기준법 제14조에 정한 근로자이므로, 원칙적으로 근로기준법 제28조의 적용대상이 되며, 공무원연금법상의 퇴직금제도는 위 규정의 취지를 구체화 한 것이다.

② 공무원연금법 제2조 제1항 제1호 단서, 동법시행령 제2조 제4호에 의하여 지방잡급직 등 임시직 공무원은 공무원연금법 적용대상에서 제외되나, 임시직 공무원의 퇴직금 제도에 관하여 관계법령에 아무런 규정도 없으니, 원칙규정인 근로기준법 제28조에 따라 퇴직금 지급을 받을 수 있다. 지방공무원법 제44조 제3항(국가공무원법 제46조 제4항)은 임시직공무원에 대한 근로기준법 제28조 소정의 최저기준의 퇴직금 지급을 금지하는 취지가 아니다(대판 1979.3.27, 78다163, 퇴직금).

2. 계약에 의한 경우(채용계약)

【기출문제】 <2008년 사법시험(사례형)>

계약직 공무원은 계약에 의해 공무원으로 채용되는 경우이다(국공법 §2·③·3호). 계약직 공무원의 임명행위의 법적성질은 공법상 계약설이 타당하다.

판례 〈지방전문직공무원채용계약해지의 의사표시는 공법상 당사자소송대상〉 현행 실정법이 지방전문직공무원 채용계약 해지의 의사표시를 일반공무원에 대한 징계처분과는 달리 항고소송의 대상이 되는 처분 등의 성격을 가진 것으로 인정하지 아니하고, 지방전문직공무원규정 제7조 각 호의 1에 해당하는 사유가 있을 때 지방자치단체가 채용계약관계의 한쪽 당사자로서 대등한 지위에서 행하는 의사표시로 취급하고 있는 것으로 이해되므로, 지방전문직공무원 채용계약 해지의 의사표시에 대하여는 대등한 당사자간의 소송형식인 공법상 당사자소송으로 그 의사표시의 무효확인을 청구할 수 있다(대판 1993.9.14, 92추4611).

판례 〈공중보건의사채용계약해지의 의사표시에 대하여는 대등한 당사자간의 소송형식인 공법상 당사자소송으로 그 의사표시의 무효확인을 청구할 수 있는 것이지 항고소송을 제기할 수는 없다.〉 전문직공무원인 공중보건의사의 채용계약의 해지가 관할 도지사의 일방적인 의사표시에 의하여 그 신분을 박탈하는 불이익처분이라고 하여 곧바로 그 의사표시가 관할 도지사가 행정청으로서 공권력을 행사하여 행하는 행정처분이라고 단정할 수 없고, 공무원 및 공중보건의사에 관한 현행 실정법이 공중보건의사의 근무관계에 관하여 구체적으로 어떻게 규정하고 있는가에 따라 그 의사표시가 항고소송의 대상이 되는 처분 등에 해당하는 것인지의 여부를 개별적으로 판단하여야 할 것인바, 농어촌등보건의료를위한특별조치법 제2조, 제3조, 제5조, 제9조, 제26조와 같은법시행령 제3조, 제17조, 전문직공무원규정 제5조 제1항, 제7조 및 국가공무원법 제2조, 제3항 제3호, 제4항 등 관계 법령의 규정내용에 미루어 보면 현행 실정법이 전문직공무원인 공중보건의사의 채용계약 해지의 의사표시는 일반공무원에 대한 징계처분과는 달라서 항고소송의 대상이 되는 처분 등의 성격을 가진 것으로 인정되지 아니하고, 일정한 사유가 있을 때에 관할 도지사가 채용계약 관계의 한쪽 당사자로서 대등한 지위에서 행하는 의사표시로 취급하고 있는 것으로 이해되므로, 공중보건의사 채용계약 해지의 의사표시에 대하여는 대등한 당사자간의 소송형식인 공법상의 당사자소송으로 그 의사표시의 무효확인을 청구할 수 있는 것인지, 이를 항고소송의 대상이 되는 행정처분이라는 전제하에서 그 취소를 구하는 항고소송을 제기할 수는 없다(대판 1996.5.31, 95누10617, 공중보건의사전문직공무원채용계약해지처분취소 등).

Ⅱ. 공무원관계의 변경

공무원관계의 변경이란 공무원의 신분을 유지하면서 공무원관계의 내용에 일시적 또는 영구적 변경이 생기는 것을 말한다. 공무원관계의 변경은 공무원임명행위와는 달리 일방적 단독행위로 행하여진다. 변경에는 다음과 같은 것이 있다.

1. 승 진

(1) 일반승진

동일직렬 내의 상급직급에 임용(예: 행정주사가 행정사무관으로)되는 경우이다. 3급으로 승진의 경우는 직렬관계 없이 가능하다.

계급간 승진임용은 근무성적평정·경력평정 기타 능력의 실증에 의한다. 다만 1급 내지 3급 공무원에의 승진임용·고위공무원단 직위로의 승진임용에 있어서는 능력과 경력 등을 고려하여 임명하며, 5급 공무원에의 승진임용에 있어서는 승진시험을 거치도록 하되 필요하다고 인정할 때에는 국회규칙·대법원규칙·헌법재판소규칙·중앙선거관리위원회규칙 또는 대통령령이 정하는바에 따라 승진심사위원회의 심사를 거쳐 임용할 수 있다(국공법 §40·①). 6급 이하 공무원에의 승진임용에 있어서 필요하다고 인정할 때에는 국회규칙 등과 대통령령이 정하는 바에 따라 승진시험을 병용할 수 있다(국공법 §40·②).

1급 공무원에의 승진은 바로 하급공무원 중에서, 2급 및 3급 공무원에의 승진은 동일 직군 내의 바로 하급공무원 중에서 각각 임용 또는 임용제청한다(국공법 §40의2). 고위공무원단 직위로의 승진임용은 대통령령이 정하는 자격·경력 등을 갖춘 자 중에서 임용 또는 임용제청한다(§40의2).

> 판례 〈조교수에서 부교수로 임용은 승진임용이 아닌 새로운 신분관계설정행위임〉 대학교원의 임면에 관한 위와 같은 제 규정은 대학교원에 대해서는 각 직명마다 임용을 달리하여 그 직명에 따라 정해진 임용기간 동안 교원의 지위를 보장하고자 하는 데 그 취지가 있는 것으로 보여지므로 그러한 취지에 비추어 볼 때 조교수로 신규임용한 자를 그 후 동일한 대학에서 부교수로 임용하는 행위는 조교수 임용행위에 기한 단순한 승진발령행위로 볼 것이 아니라 직명이 부교수라는 교원에 임용하는 것으로서 이는 새로운 신분관계설정행위로 봄이 상당하다 할 것이고 따라서 조교수 임용행위에 무효사유가 있다 하여 부교수 임용행위도 당연히 무효가 된다고 할 수는 없을 것이다(대판 1993.9.10. 93누11180).

(2) 특별승진

특별승진이라 함은 우수공무원 등에 대하여 승진소요연수와 승진후보자명부상의 순위에 의한 제한을 받지 않고 승진시키는 것을 말한다.

공무원이 ① 청렴과 투철한 봉사정신으로 직무에 정려하여 공무집행의 공정성유지와 깨끗한 공직사회구현에 있어서 다른 공무원의 귀감이 되는 자 ② 직무수행능력이 탁월하여 행정발전에 지대한 공헌을 한 자 ③ 제53조(제안제도)의 제안의 채택·시행으로 국가예산의 절감 등 행정운영발전에 현저한 실적이 있는 자 ④ 재직 중 공적이 특히 현저한 자가 제74조의 2의 규정에 의하여 명예퇴직할 때 ⑤ 재직 중 공적이 특히 현저한 자가 공무로 인하여 사망한 때에는 일반승진(§40) 및 승진임용의 방법(제40조의2)의 규정에 불구하고 특별승진임용하거나 일반승진시험에 우선 응시하게 할 수 있다(국공법 §40의4).

2. 전직·전보·전입·파견·복직

(1) 전 직

직렬을 달리하는 임용(예: 행정사무관이 외무사무관으로)되는 경우이다. 공무원을 전직임용하려는 때에는 전직시험을 거쳐야 한다(국공법 §28의3, 공무원임용령 §29). 다만, 대통령령 등으로 정하는 전직의 경우에는 시험의 일부 또는 전부를 면제할 수 있다.

(2) 전 보

동일직급 내의 보직변경을 말하며 임용일로부터 2년 이내에 전보할 수 없음이 원칙(세무 1과장에서 세무 2과장으로)이다. 정부조직의 개편 등으로 현원이 정원을 초과하는 경우와 행정기관별로 고위공무원단에 속하는 공무원의 현원이 정원을 초과하는 경우 중앙인사관장기관의 장이 총괄, 관리하고 결원이 있는 기관의장과 협의하여 결원을 보충하여야 한다(국공법 §6·③). 전보는 정실인사로 악용된 사례가 적지 않았기 때문에 당해 직위에 임용된 날로부터 2년 이내에는 다른 직위에 전보될 수 없는 것을 원칙으로 하고 있다(공무원임용령 §45·①). 고위공무원단 직위에 재직하고 있는 공무원은 1년 이내에 다른 직위로 전보할 수 없다.

전보발령이 행정행위(처분)성을 갖는가는 다투어지고 있는 문제이나 공무원의 권리구제의 관점에서 처분성을 인정함이 타당하다고 본다. 우리 판례도 전보의 처분성을 인정한 바 있다.

「전보발령은 행정청이 행정조직법상의 권한에 기하여 권한 발동의 상대방의 직무집행의무의 내용을 변경시키는 행위로서 형평에 반하거나 특정인에게 특별히 불리한 결과를 가져오게 되는 등 재량권의 범위를 벗어난 전보발령에 대하여는 그 당사자가 소송을 통하여 이를 시정받을 수 있는 길을 열어줄 실제적인 필요성도 있다고 인정되므로 행정소송의 대상이 되는 행정처분이라고 보아야 할 것이다」(서울고판 1994.9.6, 94구1496).

(3) 전입 또는 전출

전입이라 함은 임명권자를 달리하는 국회·법원·헌법재판소·선거관리위원회 및 행정부간에 타 소속공무원을 받아들이는 것을 말한다. 전입하고자 할 때에는 시험을 거쳐 임용하여야 한다. 이 경우 임용자격요건 또는 승진요소 최저연수·시험과목이 동일할 때에는 국회규칙·대법원규칙·헌법재판소규칙·선거관리위원회규칙 및 대통령령이 정하는 바에 따라 그 시험의 일부 또는 전부를 면제할 수 있다(국공법 §28의2).

지방자치단체간의 지방공무원의 전입·전출은 한 지방자치단체의 전출명령과 다른 지방자치단체의 전입명령으로 행해진다.

지방공무원법은 「지방자치단체의 장은 다른 지방자치단체의 장의 동의를 얻어 그 소속공무원을 전입할 수 있다」(§29의3)라고 규정하고 있다.

문제는 이 경우에 반드시 당해 공무원의 동의를 전제로 한다고 보는 것이 타당하므로 당해 공무원의 동의없는 전출명령은 중대하고 명백한 위법이며 원칙으로 무효로 보는 것이 타당하다고 본다. 그런데 판례는 「…… 당해 공무원의 동의없는 전출명령은 위법이며 취소할 수 있는 행위로 본다」(대판 2001.12.11, 99두1823).

(4) 파견근무

국가기관의 장은 국가적 사무의 수행 또는 그 업무수행과 관련된 행정지원이나 연수 기타 능력개발 등을 위하여 필요한 때에는 소속공무원을 다른 국가 기관·공공기관·정부투자기관, 국내외의 교육기관·연구기관 기타 기관에 일정기간 파견근무 할 수 있으며, 국가적 사업의 공동수행 또는 전문성이 특히 요구되는 특수업무의 효율적 수행 등을 위하여 필요한 때에는 국가기관외의 기관·단체의 임직원을 파견받아 근무하게 할 수 있다(국공법 §32의4). 파견권자는 파견사유가 소멸하거나 파견목적이 달성될 가망이 없는 경우에는 그 공무원을 지체 없이 원소속기관에 복귀시켜야 한다(동법§32의 4·②). 제1항의 규정에 의항 국가기관의 기관·단체로부터 파견된 임·직원은 직무상 행위를 함에 있어서는 공무원으로 본다. 형법 기타 법률에 의한 벌칙의 적용에 있어서도 또한 같다(동법§32의 4·③).

(5) 인사교류

행정안전부장관은 행정기관 상호간에 인사 교류의 필요가 있다고 인정할 때에는 인사교류심의위원회의 심의를 거쳐 인사교류계획을 수립하고, 국무총리를 경유하여 대통령의 승인을 얻어 이를 실시할 수 있다(국공법 §32의2).

(6) 복 직

휴직·직위해제 및 정직 중에 있는 공무원을 직위에 복직시키는 임용행위를 말한다(국공법 §73, 공무원임용령 §2·2호).

휴직 중인 공무원은 휴직기간 중 그 사유가 소멸된 때에는 이를 30일 이내에 임용권자 또는 임용제청권자에게 신고하여야 하고, 임용권자는 지체 없이 복직을 명하여야 한다. 휴직기간이 만료된 공무원이 30일 이내에 복귀신고를 한 때에는 당연 복직된다(국공법 §73·②·③). 직위해제 중인 공무원의 직위해제사유가 소멸된 때에는 곧 복직시켜야 한다(국공법 §73의3·②). 휴직의 경우에는 복직이 보장된다(국공법 §73, 공무원임용령 §2·3호).

3. 휴직·정직·직위해제·강임·감봉

(1) 휴 직(국공법 § 71~§ 73, 지공법 § 63~§ 65)

1) 의의·종류

휴직이라 함은 공무원의 신분은 보유하면서 직무담임을 일시적으로 해제하는 행위이다. 휴직에는 임용권자가 본인의 의사에 불구하고 직권으로 휴직을 명하는 직권휴직과 공무원 본인의 원에 의하여 임용권자가 행하는 의원휴직이 있다.

2) 직권휴직사유·기간

임용권자는 공무원이 다음 사유 중 하나에 해당할 때에는 본인의 의사에 불구하고 휴직을 명하여야 한다.

① 신체정신상의 장애로 장기요양을 요할 때, 이 경우 휴직기간은 1년(공무원연금법에 따른 공무상 질병 또는 부상으로 인한 휴직기간은 3년) 이내로 한다.

② 병역법에 의한 병역복무를 필하기 위하여 징·소집되었을 때, 이 경우 휴직기간은 그 복무기간이 만료될 때까지로 한다.

③ 천재·지변 또는 전시·사변이나 기타의 사유로 인하여 생사 또는 소재가 불분명하게 되었을 때, 이 경우 휴직기간은 3월 이내로 한다.

④ 기타 법률의 규정에 의한 의무를 수행하기 위하여 직무를 이탈하게 되었을 때, 이 경우 휴직기간은 그 복무기간이 만료될 때까지로 한다.

⑤ 공무원의 노동조합설립 및 운영 등에 관한 법률 제7조의 규정에 따라 노동조합전임자로 종사하게 된 때, 이 경우 휴직기간은 그 전임기간으로 한다.

3) 의원휴직사유·기간

임용권자는 공무원이 다음 중 하나에 해당하는 사유로 휴직을 원하는 경우에는 휴직을 명할 수 있다. 다만, ④의 경우에는 대통령령이 정하는 특별사정이 없는 한 휴직을 명하여야 한다.

① 국제기구·외국기관, 국내외의 대학·연구기관, 다른 국가기관 또는 대통령령이 정하는 민간기업 그 밖의 기관에 임시로 채용될 때, 이 경우 휴직기관은 그 채용기간으

로 한다. 다만, 민간기업 그 밖의 기관에 채용되는 경우는 3년 이내로 한다.

② 해외유학을 하게 될 때, 이 경우 휴직기간은 3년 이내로 하되, 부득이한 경우에는 2년의 범위 내에서 연장할 수 있다.

③ 중앙인사관장기관의 장이 지정하는 연구기관이나 교육기관 등에서 연수하게 될 때, 이 경우 휴직기관은 2년 이내로 한다.

④ 만 8세 이하(취학중인 경우에는 초등학교 2학년 이하를 말한다)의 자녀를 양육하기 위하여 필요하거나, 여자 공무원이 임신 또는 출산하게 된 때(이 경우에는 대통령령으로 정하는 특별한 사정이 없으면 휴직을 명하여야 한다. §71·② 단서), 이 경우 휴직기간은 자녀 1인에 대하여 1년(여자공무원은 3년) 이내로 한다.

⑤ 사고 또는 질병 등으로 장기간의 요양을 요하는 부모, 배우자, 자녀 또는 배우자의 부모의 간호를 위하여 필요한 때, 이 경우 휴직기간은 1년 이내로 하되 재직기간 중 총 3년을 초과할 수 없다.

⑥ 외국에서 근무·유학 또는 연수하게 되는 배우자를 동반하게 된 때, 이 경우 휴직기간은 3년 이내로 하되, 부득이한 경우에는 2년의 범위 안에서 연장할 수 있다(국공법§71·④, §72).

임용권자는 의원휴직 ④의 규정에 의한 휴직을 이유로 인사상 불리한 처우를 하여서는 아니된다(국공법§71·④).

4) 효 력

① 휴직 중인 공무원은 신분은 보유하나 직무에 종사하지 못한다.

휴직기간 중에는 보수를 지급하지 않는 것이 원칙이다(공무원보수규정 §28·③). 그러나 「직권휴직」 중 ①의 경우에는 봉급의 7할을 지급한다. 다만, 결핵성질환으로 인하여 휴직한 경우에는 그 기간 중 8할을 지급하며, 공무상 질병으로 휴직한 경우에는 그 기간 중 봉급의 전액을 지급한다(공무원보수규정 §28·①).

의원휴직 중 ②의 경우에는 그 기간 중 봉급의 5할을 지급할 수 있다. 이 경우 교육공무원을 제외한 공무원에 대한 지급기간은 3년을 초과할 수 없다(동규정§28·②).

② 휴직기간은 승진소요연수에 산입되지 않는 것이 원칙이다(공무원임용령 §31·②).

그러나 「직권휴직」 중 ①의 경우에는 공무상 질병 또는 부상으로 인한 휴직기간, ②·④·⑤의 경우에는 그 휴직기간을 모두 산입하며, 「의원휴직」 중 ①·④의 경우에는 그 휴직기간을 모두 산입하며, ②의 경우에는 그 휴직기간의 5할에 해당하는 기간을 산입한다(공무원임용령 §31·②).

③ 휴직기간 중 그 사유 소멸된 때에는 30일 이내에 임용권자 또는 임용제청권자에게 이를 신고하여야 하며, 임용권자는 지체 없이 복직을 명하여야 한다. 휴직기간이 만료된 공무원이 30일 이내에 복귀신고를 한때에는 당연히 복직된다(국공법§73·②·③).

④ 휴직·파견 등의 결원 보충 : 공무원이 제71조 제1항 1호·3호·5호·6호, 제71조 제2항 또는 제73조의2에 따라 6개월 이상 휴직하면 휴직일부터 그 휴직자의 직급 또는 상당계급(고위공무원단에 속하는 공무원은 해당 휴직자의 직위와 곤란성과 책임도가 유사한 직위를 말한다)에 해당하는 정원이 따로 있는 것으로 보고 결원을 보충할 수 있다. 다만, 제71조 제2항 제4호에 따라 휴직하는 경우에는 국회규칙, 대법원규칙, 헌법재판소규칙, 중앙선거관리위원회규칙 또는 대통령령으로 정하는 경우에 한하여 3개월 이상 휴직하는 경우에도 결원을 보충할 수 있고, 출산휴가와 육아 휴직을 연속하여 사용하는 경우에는 출산휴가일부터 후임자를 보충할 수 있다(국공법 §43·①). 공무원을 제32조의4에 따라 파견하는 경우(파견근무)에도 파견기간 중 그 파견하는 직급에 해당하는 정원이 따로 있는 것으로 보고 결원을 보충할 수 있다(국공법 §43·② 지공법 §41·①·②). 파면·해임·면직 또는 강등처분에 대하여 소청심사위원회와 법원에서 무효나 취소의 결정 또는 판결을 하면 그 파면·해임·면직 또는 강등처분에 따라 결원을 보충하였던 때부터 파면·해임·면직 또는 강등 처분을 받은 사람의 원 직급에 해당하는 정원이 따로 있는 것으로 본다(국공법 §43·③ 지공법 §41·③). 제1항부터 제3항까지의 규정에 따른 정원은 ㉮ 휴직자의 복직, ㉯ 파견된 자의 복귀, ㉰ 파면·해임·면직 또는 강등된 사람의 복귀나 원 직급 회복 등의 사유가 발생한 이후 그 직급에 최초로 결원이 발생한 때에 각각 소멸된 것으로 본다(국공법 §43·④ 지공법 §41·④).

5) 특수경력직공무원의 휴직

별정직 공무원에게 질병휴직, 간병휴직 등을 허용하고, 계약직 공무원에게 질병휴직을 허용하며, 정무직공무원·별정직공무원·계약직공무원에게 출산·육아 휴직 및 질병등 간호휴직을 허용하고, 임기계약직공무원의 출산을 장려하기 위하여 계약직 공무원의 육아휴직 신청요건을 휴직을 시작하려는 날부터 계약기간이 6개월이 넘는 사람에게 허용한다(국공법 §73의2).

(2) 정 직

정직은 공무원의 신분은 보유하나 정직기간 중 직무에 종사하지 못하게 하는 임용행위이다. 정직은 징계처분의 하나이며 1월 이상 3월 이하의 기간으로 하고 보수의 3분의 2를 감한다(국공법 §80·③).

(3) 직위해제

공무원신분을 보유하면서 직무담임을 해제하는 행위이다. 휴직과 다른 점은 본인의 무능력 등으로 인한 제재적 의미를 가진 보직해제이고, 복직이 보장되지 않는다는 점에서 휴직과 구별된다. 직위해제는 징계처분은 아니다.

판례 〈동일사유로 직위해제처분하고 다시 감봉처분을 한 경우에 일사부재리원칙에 위배된다 할 수 없다.〉 직위해제처분이 공무원에 대한 불이익한 처분이긴 하나 징계처분과 같은 성질의 처분이라 할 수 없으므로 동일한 사유로 직위해제 처분을 하고 다시 감봉처분을 하였다 하여 일사부재리원칙에 위배된다 할 수 없다(대판 1983.10.25, 83누184, 감봉처분취소).

직위해제는 일종의 행정행위로서 항고쟁송의 대상인 처분성이 인정되며 재량행위의 성질을 갖는다.

1) 직위해제사유

① 직무수행능력이 부족하거나 근무성적이 극히 불량한 자 ② 파면·해임 또는 정직에 해당하는 징계의결이 요구중인 자 ③ 형사사건으로 기소 중인 자(약식명령이 청구된 자는 제외한다) ④ 고위공무원단에 속하는 일반직공무원으로서 제70조의 2 제1항 제2호 및 제3호의 사유로 적격심사를 요구 받은 자 등이다. ①의 사유로 직위해제 처분을 하는 경우에는 3월 이내에 기간대기를 명하고, 아울러 대기명령을 받은 자에 한하여 능력회복과 태도개선을 위한 교육훈련 또는 특별한 연구과제부여 등 필요한 조치를 하여야 한다(국공법 §73의3·③·④, 지공법 §2·④). 직위해제 여부는 의무에 합당한 재량으로 결정해야 한다.

2) 직위해제처분

형사사건으로 기소되면 필요적(반드시) 직위해제처분을 하도록 한 종래의 국가공무원법규정은 헌법재판소에 의한 위헌결정이 내려졌다.

【헌재결】 〈형사사건으로 기소되면 필요적으로 직위해제처분을 하도록 한 국가공무원법규정은 직업의 자유와 무죄추정의 원칙에 위반된다.〉 형사사건으로 기소되기만 하면 그가 국가공무원법 제33조 제1항 제3호 내지 제6호에 해당하는 유죄판결을 받을 고도의 개연성이 있는가의 여부에 무관하게 경우에 따라서는 벌금형이나 무죄가 선고될 가능성이 큰 사건인 경우에 대해서까지도 당해 공무원에게 일률적으로 직위해제처분을 하지 않을 수 없도록 한 이 사건 규정은 헌법 제37조 제2항의 비례의 원칙에 위반되어 직업의 자유를 과도하게 침해하고 헌법 제27조 제4항의 무죄추정의 원칙에도 위반된다(헌재결 1998.5.28, 96헌가12, 구 국가공무원법 제73조의 2 제1항 단서 위헌제청).

따라서 이제는 임용권자는 직위해제사유의 어느 하나에 해당하는 자에게는 직위를 부여하지 아니할 수 있다(국공법 §73의 3·①). 직위해제여부는 임용권자의 재량에 속한다.

다만, 「직위해제 사유」 중 ①의 사유와 ②의 사유 또는 ③의 사유가 경합하는 경우에는 ② 또는 ③의 사유로, 직위해제처분을 하여야 한다(국공법 §73의 3·⑤).

판례는 형사사건으로 기소되었다는 사유만으로 직위해제처분을 한 것은 재량권의 범위를 일탈·남용한 것으로 보고,[68] 형사사건에 기소된 것을 사유로 한 직위해제처분의 위법여부의 판단기준에 대하여 다음과 같이 판시하고 있다.

판례 〈단순히 일반형사사건이 아닌 국가보안법위반으로 기소되었다는 이유만으로 직위해제처분(구 국가공무원법 §73의 2 제1항 제4호)을 하는 것은 재량권의 범위를 일탈·남용한 것이다.〉 헌법 제27조 제4항은 형사피고인은 유죄의 판결이 확정될 때까지는 무죄로 추정된다고 규정하고 있고, 구 국가공무원법(1994.12.2. 법률 제4829호로 개정되기 이전의 것) 제73조의 2 제1항 제4호에 의한 직위해제 제도는 유죄의 확정판결을 받아 당연퇴직되기 전 단계에서 형사소추를 받은 공무원이 계속 직위를 보유하고 직무를 수행한다면 공무집행의 공정성과 그에 대한 국민의 신뢰를 저해할 구체적인 위험이 생길 우려가 있으므로 이를 사전에 방지하고자 하는데 그 목적이 있는 바, 헌법상의 무죄추정의 원칙이나 위와 같은 직위해제제도의 목적에 비추어 볼 때, 형사사건으로 기소되었다는 이유만으로 직위해제처분을 하는 것은 정당화될 수 없고, 당사자가 당연퇴직사유인 국가공무원법 제33조 제1항 제3호 내지 제6호에 해당하는 유죄판결을 받을 고도의 개연성이 있는지 여부, 당사자가 계속 직무를 수행함으로 인하여 공정한 공무집행에 위험을 초래하는지 여부 등 구체적인 사정을 고려하여 그 위법 여부를 판단하여야 할 것이다(대판 1999.9.17, 98두15412).

3) 직위해제의 효과

직무에 종사하지 못하며 출근의무도 없다. 직위해제사유가 소멸되면, ㉮ 지체 없이 직위를 부여하여야 한다(국공법 §73의 3·②). ㉯ 단, 직무수행능력이 부족하거나 근무성적이 극히 불량한 자의 경우 대기명령을 받은 자가 그 기간 중 능력 또는 근무성적의 향상을 기대하기 어렵다고 인정된 때에는 징계위원회의 「동의」를 얻어 직권 면직할 수 있다(국공법 §70·②). 직위 해제된 자에 대하여는 봉급의 8할을 지급한다. 단, 「직위해제사유」중 ②와 ③의 사유로 직위 해제된 자가 직위해제일로부터 3월이 경과해도 직위를 부여받지 못하면 그 이후에는 봉급의 50퍼센트를 지급한다(공무원 보수규정 §29). 직위해제는 징계벌과는 그 성질을 달리하므로 일사부재리의 원칙이나 이중처벌금지의 원칙이 적용되지 않는다. 직권면직처분과 이보다 앞서 행하여진 직위해제처분은 그 목적을 달리한 각 별개의 독립된 처분이라 할 것이므로 본건 직권면직처분에 직위해제처분을 사유로 하였다하더라도 일사부재리원칙에 위배되지 않는다.

판례 〈동일한 사유로 직위해제처분 있은 후 다시 직권면직(해임처분)도 가능〉 직권면직처분과 이보다 앞서 행하여진 직위해제처분은 그 목적을 달리 한 별개의 독립된 것이라 할 것이므로 본 건 직권면직처분이 직위해제처분을 사유로 하였다 하더라도 일사부재리원칙에 위배되지 않는다(대판 1983.10.25, 83누340); 직위해제처분은 공무원에 대하여 불이익한 처분이긴 하나 징계처분과 같은 성질의 처분이라고는 볼 수 없으므로 동일한 사유에 대한 직위해제처분이 있은 후 다시 해임처분이 있었다 하여 일사부재리의 법리에 어긋난다고 할 수는 없다(대판 1984.2.28, 83누489).

---

68) 징계처분 당시의 구 국가공무원법 제73조의 2 제1항 단서에서는 형사사건으로 기소된 자를 직위해제하여야 하는 것으로 규정하고 있었으나 이 판결이 나기 전에 이 단서규정이 위헌결정(헌재결 1998. 5. 28, 96헌가12)을 받았으므로, 문제가 된 직위해제처분은 재량행위로 되었다.

판례 〈**직위해제처분을 받았다가 다른 직위를 부여받은 경우 그 직위해제처분의 무효를 구할 소송상의 이익은 없다.**〉 직위해제란 공무원에 있어서 그 직위를 계속 유지시킬 수 없는 사유가 있어 그 직위를 부여하지 아니하는 처분으로서 공무원이 직위해제처분을 받았다가 얼마 후에 다른 직위를 다시 부여받았다면 그 직위는 이미 회복되었다고 볼 것이므로 그 직위해제처분에 어떤 하자가 있음을 이유로 그 무효확인을 구할 소송상의 이익은 없다(대판 1987.9.8, 87누560. 징계처분취소등).

판례는 직위해제처분과 직권면직처분 간에 있어서 선행행위의 하자를 후행행위에 승계되지 않는다고 한다.

판례 〈**선행한 직위해제처분의 위법을 후행한 직권면직처분의 취소청구소송에서 주장할 수 없다.**〉 원심은 직위해제처분이 있은 후 다시 면직처분이 있은 본건과 같은 경우에 있어서 직위해제처분에 불복이 있을 때에는 소청심사위원회에 심사를 청구해야하고, 만약 심사청구도 하지 아니하고 청구기간을 도과하였을 때에는 그 처분이 당연무효인 경우를 제외하고는 다시 위법·부당을 다툴 수 없게 된다고 판단한 다음, 본건에 있어서 원고는 직위해제처분에 대하여 소정기간 내에 소청심사청구나 행정소송을 제기한 바 없고, 그 후의 면직처분에 대한 불복의 행정소송에서 직위해제처분의 취소사유를 들어 다시 위법을 주장할 수 없다고 판단하였음은 정당하다(대판 1970.1.27, 68누10).

즉, 선행행위의 하자를 후행행위에 승계되지 않는다고 판시하였다.

그러나 3개월의 대기기간동안 직위 해제된 공무원이 직위해제처분을 소송상 다투는 것은 사실상 기대하기가 어려우므로, 3개월의 대기기간과 동시에 90일(3개월)의 제소기간이 경과한 후 직위 해제된 자를 직권 면직시키는 경우에 직권면직 절차를 다투는 소송에서 직위해제의 위법을 다툴 수 없다고 하는 것은 「예측가능성과 수인한도」를 넘는 불이익을 강요하는 것이고 국민의 재판 권리를 보장한 헌법이념에도 반하는 것이다. 따라서 법적 안정성이나 제3자 보호에 지장이 없다면 하자의 승계를 인정하는 것이 타당하다 할 것이다.

그리고 직위해제처분(징계의결요구에 따른 직위해제처분을 제외한다)이 무효 또는 취소된 경우와 징계의결이 요구되어 직위해제처분을 받은 자가 징계위원회 의결로 당해 징계의결요구가 기각되거나, 그 직위해제처분 또는 직위해제처분의 사유가 된 징계처분이 소청심사위원회 또는 법원의 결정이나 판결에 의하여 무효 또는 취소되는 경우와, 형사사건으로 기소되어 직위해제처분(고용직공무원의 경우는 휴직처분을 말한다)을 받은 자가 법원의 판결에 의하여 무죄의 선고를 받은 경우에는 원래의 정기 승급일을 기준으로 한 보수액과 그 직위해제처분기간(고용직공무원의 경우는 휴직처분기간) 중에 보수액과의 차액을 소급하여 지급한다(공무원보수규정 §30). 그러므로 직위해제처분의 효력이 소멸된 후에도 소의 이익이 있다고 보아야 한다. 즉, 직위해제기간 만료 등으로 직위해제처분의 효력이 소멸한 경우에도 직위해제처분의 소급적 취소로 구제될 봉급청구 승진소요연수의 산입 등 부수적 이익이 있으므로 당해 직위해제처분의 취소를 구할 소이익이 있다고 보는 것이 타당하다. 그러나 대법원은 소의 이익을 부정하고 있다.

판례 〈**직위해제처분을 한 후 동일한 사유로 징계처분을 한 경우, 직위해제처분의 효력은 상실한다 할 것이고, 이때 직위해제처분의 무효확인을 구할 이익은 없다 할 것이다.**〉 직위해제 처분은 그 근로자로서의 지위를 그대로 존속시키면서 다만 그 직위만을 부여하지 아니하는 처분이므로 만일 어떤 사유에 기하여 근로자를 직위해제한 후 그 직위해제 사유와 동일한 사유를 이유로 징계처분을 하였다면 뒤에 이루어진 징계처분에 의하여 그 전에 있었던 직위해제 처분은 그 효력을 상실한다고 할 것이고(대법원 1997. 9. 26. 선고 97다25590 판결 등 참조), 이와 같이 직위해제 처분이 효력을 상실한 경우에는, 인사규정 등에 의하여 승진·승급에 제한이 가하여지는 등의 특별한 사정이 없는 한, 그 무효확인을 구할 이익은 없다고 할 것이다(대법원 1993. 9. 10. 선고 93다10743 판결 등 참조)(대판 2007.12.28, 2006다33999 직위해제 및 정직무효확인 등).

판례 〈**행정청이 공무원에 대하여 새로운 직위해제사유에 기한 직위해제 처분을 한 경우, 그 이전의 직위해제처분의 취소를 구할 소의 이익이 없다.**〉 행정청이 공무원에 대하여 새로운 직위해제사유에 기한 직위해제처분을 한 경우 그 이전에 한 직위해제처분은 이를 묵시적으로 철회하였다고 봄이 상당하므로, 그 이전 처분의 취소를 구하는 부분은 존재하지 않는 행정처분을 대상으로 한 것으로서 그 소의 이익이 없어 부적법하다(대판 2003.10.10, 2003두5945 직위해제처분취소).

그러나 최근에 직위해제 후 동일한 사유를 이유로 징계처분을 한 경우, 직위해제처분이 효력을 상실하였어도 직위해제처분에 대한 취소소송의 협의의 소익을 인정하였다.

판례 〈**직위해제한 후 동일한 사유를 이유로 징계처분을 한 경우, 직위해제처분이 효력을 상실하였어도 직위해제처분에 대한 취소소송의 협의의 소익을 인정하고 있다.**〉 직위해제처분은 근로자로서의 지위를 그대로 존속시키면서 다만 그 직위만을 부여하지 아니하는 처분이므로 만일 어떤 사유에 기하여 근로자를 직위해제한 후 그 직위해제 사유와 동일한 사유를 이유로 징계처분을 하였다면 뒤에 이루어진 징계처분에 의하여 그전에 있었던 직위해제처분은 그 효력을 상실한다. 여기서 직위해제처분이 효력을 상실한다는 것은 직위해제처분이 소급적으로 소멸하여 처음부터 직위해제처분이 없었던 것과 같은 상태로 되는 것이 아니라 사후적으로 그 효력이 소멸한다는 의미이다. 따라서 직위해제처분에 기하여 발생한 효과는 당해 직위해제처분이 실효되더라도 소급하여 소멸하는 것이 아니므로, 인사규정 등에서 직위해제처분에 따른 효과로 승진·승급에 제한을 가하는 등의 법률상 불이익을 규정하고 있는 경우에는 직위해제처분을 받은 근로자는 이러한 법률상 불이익을 제거하기 위하여 그 실효된 직위해제처분에 대한 구제를 신청할 이익이 있다(대판 2010.7.29, 2007두18406 부당해고구제재심판정중직위해제부분취소).

(4) 강 임

동일직렬 내에서의 하위직급의 직위에 임명하거나 하위직급이 없이 다른 직렬의 하위직급으로 임명하거나 고위공무원단에 속하는 일반직 공무원을 고위공무원단 직위가 아닌 하위직위에 임명하는 것을 말한다(국공법 §5·4호). 강임된 자는 상위급수의 직위에 결원이 생긴 경우 시험없이 우선하여 승진 임용된다. 강임은 불이익처분이므로 본인의 의사에 반하여 할 수 없는 것이 원칙이며, 단지 직제 또는 정원의 변경이나 예선의 감소에 의하여 직위가 폐직 또는 강등되었거나 본인이 동의한 경우에 한하여 할 수 있다(국공법 §73의4).

(5) 감 봉

감봉은 징계의 일종이며, 1월 이상 3월 이하의 기간 중 보수의 1/3을 감한다(국공법 §79, §80·④).

▶사 례(1)

'갑'구청장은 건축과장 '을'에게 건축허가를 신청한 '병'에 대하여 건축허가의 발급을 위한 서류작성을 지시하였다. 을은 병이 건축허가를 신청한 지역은 건축을 할 수 없는 지역에 명백히 해당한다는 이유로 서류작성을 거부하였다. 이에 따라 갑 구청장은 을을 청소과장으로 전보조치를 하고, 3개월 후에 있는 승진심사에 있어서 을을 탈락시켰다. 을은 서류작성명령 및 전보조치와 승진탈락조치에 대하여 취소소송을 제기하였다. 을은 구제를 받을 수 있는가?

【문제해결】

1. 주요 논점 및 문제의 소개
   (1) 특별행정법관계(특별권력관계)에 있어서의 사법심사의 가능성 문제
   (2) 공무원의 명령복종의무 문제
   (3) 서류작성명령, 전보조치, 승진탈락조치에 대한 취소소송의 제기 가능성문제.

2. 주요논점의 해설
   (1) 특별권력관계에 있어서의 사법심사의가능성 문제
      ① 특별권력관계의 의의·연혁·인정근거

      위의 사안은 공무원관계로서 이른바 특별권력관계에 해당한다.

      전통적 의미의 특별권력관계는 일반권력관계에 대응되는 개념으로서 공법상 특별한 원인 또는 동의에 의하여 성립되고 공법상 특별한 목적달성위한 필요한 한도 내에서 국가 등 행정주체에게 포괄적 지배권이 부여되고, 상대방인 특정신분자(즉, 구성원)는 이에 복종할 지위에 있는 관계를 말한다.

      특별권력관계이론은 19세기후반 독일의 외견적 입헌군주정을 시대적 배경, 즉, 독일의 입헌군주시대에 군주와 시민계급의 정치적 타협에 의해 성립된 독일공법이론에만 인정되는 특유한 것으로, 군주에게 법으로부터 자유로운 영역을 확보해주는데 이바지한 입헌군주옹호이론이었다.

      「행정권의 우월성 보호」의 이론적 근거는 국가는 법인격체이므로 국가와 다른 인격주체 간에는 법이 적용되지만, 국가의 내부관계인 행정기관 상호간에는 법이 침투하지 못한다는 「국가법인격내부에의 법의 불침투성이론」에 근거를 두고 있다. 20세기 복지국가에서도 공법상 근무관계, 영조물이용관계에 국가목적으로 달성하고자 이용되었다.

      ② 특색 및 일반 권력관계와의 차이

      특별 권력관계의 특색은 ㉮ 법률관계가 아닌 특별권력관계라는 점, ㉯ 법률유보의원칙을 배제하는 점, ㉰ 기본인권보장의 배제, ㉱ 사법심사의 제한, ㉲ 행정규칙의 법규성부인되는 점이 특색이다.

      그리하여 일반권력관계와의 차이는 특별권력관계에서는 ㉮ 법치주의 적용면에서는 법률유보의 원칙이 적용되지 않고 구체적 법적근거 없이 포괄적 지배권의 발동이 가능하며, ㉯ 기본권제한면에서는 구체적인 법률의 수권없이도 그 구성원의 기본권을 제한할 수 있고, ㉰ 권력기초면에서는 특별권력에 의해 발하여지는 일반적·추상적 명령

(행정규칙)은 법규성이 없으며, ㉣ 법원통제면에서는 특별권력 내의 사항은 사법심사의 대상이 되지 않는 점 등에서 일반권력(일반통치권)관계와 차이가 있다.

③ 오늘날 비판(현대적 특별행정법 관계)

위에서의 특별권력관계의 특색이 종래 독일에서의 고전적 특별권력관계이론을 열거한 것이며, 2차 대전 이후 현대에 들어 현대적 특별행정법관계에서는 ㉮ 법치주의 적용면에서 법률유보의 원칙이 적용되며, ㉯ 기본권제한면에서는 오로지 법률로 또는 법률에 근거하여서만 가능하고, ㉰ 권력기초면에서는 행정기관 대 행정기관의 비법률관계론과 행정조직내부에서의 행정규칙의 비법규성론은 오늘날 국가법인격 내부에도 인격주체상호간의 관계인 법률관계(권리·의무관계)가 존재하며, 행정규칙도 평등원칙을 근거로 행정의 자기구속의 법리를 매개로 하여 국민에게 영향을 미치는 행정규칙의 법규성을 인정하게 된다. ㉣ 법원통제면에서는 특별권력관계 내부에서의 처분도 권력복종자의 권리를 침해하는 것이라면 사법심사의 대상이 되며 권리구제가 가능하다.

이와 같이 오늘날 특별권력관계에 있어서 사법심사를 부정하는 견해는 더이상 존재하지 않으며, 다만 제한적 긍정설과 완전 긍정설이 대립되고 있다.

④ 일반권력관계와의 구별(성질), 즉 사법심사 가능성 문제.

일반권력관계와 특별권력관계를 구별할 것인가에 관하여 ㉮ 구별긍정설과 ㉯ 구별부정설이 대립되고 있다. 전자는 다시 ㉠ 절대적 구별설 ㉡ 상대적 구별설 ㉢ 특별권력관계수정설 내지 제한적 긍정설이 있고, 후자는 다시 ㉠ 전면적·형식적부정설 ㉡ 개별적·실질적 부정설 ㉢ 기능적·재구성적 부정설 ㉣ 특별행정법관계설이있다. 우리나라에서 가장 많이 논의되는 학설은 긍정설 중에는 상대적 구별설과 특별권력관계수정설 내지 제한적긍정설, 부정설 중에는 개별적·실질적부정설과 특별행정법관계설이다(관계설명은 본교재「특별권력관계」 설명참조).

절대적 구별설·상대적구별설 및 제한적 긍정설 (특별권력관계 수정설)은 헌법적 근거도 없이 법률로부터 자유로운 특별권력관계의 관념을 인정하며 법치주의의 적용을 배제 또는 제한하는데 문제가 있다. 특별권력관계는 어디까지나 의회중심주의·법치주의 및 기본권존중주의가 확립된 오늘의 헌법구조 아래서는 그 존립기초는 상실되고 법치주의 타당범위안에서 논해야 할 것이며, 따라서 거기서는 법치주의의 존·부가 문제가 아니라 재량의 광협(특별권력관계하에서는 재량성이 많아짐)만이 문제되는 것이다.

다수설인 구별부정설(개별적·실질적 부정설과 특별행정법관계설)은 특별권력관계에 있어서 행정주체의 행위를 전면적 사법심사의 대상으로 할 것을 주장하고 있다. 무제한한 사법심사는 결과적으로 행정기능의 장애를 초래한다는 비판이 있다. 이에 대하여 예컨대, 직무명령에 의하여 구성원의 권리가 침해되는 경우는 그리 많지 않으며, 대부분 원고적격의 결여로 소가 각하되며(예 : 숙제부과행위), 또한 소의 이익이 인정되어 본안에 들어간다고 하더라도 특별권력관계(특별행정법 관계)를 규율하는 법률은 많은 경우에 불확정개념을 사용하여 판단여지를 인정하거나 또는 재량을 부여하기 때문에 이러한 한계 내에서 사법심사가 제한된다. 따라서 제한 없는 사법심사는 행정목적수행에 큰 장애를 초래 한다는 비판은 옳지 않다.

(2) 공무원의 명령복종의무문제

① 명령복종의무의 의의

공무원은 직무를 수행함에 있어서 소속상관의 직무상 명령에 복종하여야 할 의무를 가진다. 소속상관이란 신분상 상관이 아니라 직무상 소속상관으로서 지휘·감독권을 가진 관청인 상관과 보조기관인 상관을 포함한다. 법관·감사위원 등과 같이 직무의 성질상 독립이 보장된 공무원의 직무집행에는 적용되지 아니한다.

② 직무명령

㉮ 의 의

직무명령이란 상관이 직무에 관하여 하관에게 발하는 명령이다. 직무명령의 성질은 법규가 아니며, 직무상 명령위반은 위법이 아니고 징계사유가 될 뿐이다.

직무명령의 형식에는 제한이 없으며 구술이나 서면으로 하면 된다는 점이 훈령과 같다. 훈령은 상급 관청이 하급기관에 대하여 발하는 명령인 점에서 직무명령과 구별되나, 훈령은 하급기관을 구성하는 공무원에 대하여는 동시에 직무명령으로서의 성질도 갖는다.

따라서 공무원은 상관의 훈령에도 복종하여야한다.

㉯ 요 건

형식적 요건으로 ㉠ 권한 있는 상관이 발할 것 ㉡ 부하 공무원의 직무범위 내일 것 ㉢ 부하공무원의 직무상 독립된 범위에 속하는 사항이 아닐 것 ㉣ 법정의 형식·절차가 있으면 이를 갖출 것 등이고, 실질적 요건으로는 ㉠ 그 내용이 실현가능할 것, ㉡ 명백할 것 ㉢ 법령에 적합(적법)할 것, ㉣ 공익에 적합할 것 등의 요건을 갖추어야 한다. 이러한 요건 중 하나라도 결여한 직무명령은 위법 또는 부당이 된다.

③ 복종의무의 한계(심사권)

㉮ 형식적 요건

이것의 구비여부는 외관상으로도 명백한 것이므로 부하공무원은 이를 심사할 수 있고, 그 요건이 결여되었으면 복종을 거부할 수 있다.

㉯ 실질적 요건

형식적 요건이 구비되는 한, ㉠ 공무원의 복종의무를 법령준수의무보다 우선시 하는 견해 ㉡ 공무원의 법령준수의무를 복종의무보다 우선시하는 견해 ㉢ 부하공무원의 실질적 요건에 대한 심사권을 인정하나 직무명령이 명백히 위법한 경우에만 복종을 거부할 수 있다는 절충적 해결을 시도하는 견해가 다수설이다.

㉣ 수명공무원은 직무명령의 실질적 요건에 관한 하자의 유무를 심사할 수 있고, 삼사의 결과 의견을 진술할 수 있으며, 의견이 기각된 경우에도 직무명령이 중대·명백한 법규위반으로 절대무효라고 판단되는 경우와 범죄를 명하는 경우에는 복종을 거부하고 또 거부할 의무가 있으며, 만약에 이에 복종하면 그 결과에 대한 책임을 복종자 스스로 져야 한다. 그 밖에 단순한 법령해석의 견해 차이에 불과하거나, 직무명령이 부당하다고 인정되는데 불과한 경우에는 공무원관계의 질서를 유지하는 견지에서, 직무명령은 일단 적법추정을 받고 부하공무원을 구속한다고 본다.

그리고 어느 설에 의하든 부하공무원이 상관의 직무명령에 대한 복종을 거부할 수 있는 경우에는 의견을 진술하여야하며 단순히 명령에 복종하였다는 것만으로 변명되거나 면책되지 아니하므로 자신의 행위에 대한 책임은 자신이 져야 한다.

④ 복종의무위반

직무명령은 국민에 대한 외부적 효과가 발생하는 것이 아니라 하급 공무원에 대해서만 효력이 발생함에 그친다. 따라서 복종의무에 위반하여 직무명령을 어기더라도 그 공무원의 행위가 위법으로 되는 것은 아니며, 다만 당해 공무원의 징계사유가 됨에 그친다.

(3) 사안의 해결(서류작성명령, 전보조치, 승진탈락조치에 대한 취소소송 가능성문제)

사안에서 을은 서류작성명령, 전보조치, 승진탈락조치에 대하여 취소소송을 제기하였는바, 이들이 취소소송의 대상이 되는 처분에 해당하는지가 문제된다.

① 서류작성명령

서류작성명령은 특별행정법관계하에서 단순히 상관이 부하공무원의 직무에 관하여 발하는 직무명령에 해당한다. 이러한 직무명령은 행정행위의 본질적 요소인 외부적 효력이 없어 행정처분의 성격이 부인된다. 이에 따라 서류작성명령에 대하여는 건축과장 을은 취소소송을 제기할 수 없다. 다만 복종거부에 대한 가능성이 있을 뿐이다. 즉, 병이 건축허가를 신청한 지역은 건축을 할 수 없는 지역에 명백히 해당한다는 이유로 을은 서류작성을 거부한 것이다. 수명공무원은 직무명령에 대한 심사의 결과 중대·명백한 위법임을 진술하였고, 직무명령이 중대·명백한 법규위반에 해당하는 때에는 이는 벌써 직무상의 지시명령이라 할 수 없으므로 이에 따라야 할 의무는 없다. 이러한 직무명령에는 복종을 거부하고 또 거부할 의무가 있으며, 만일에 이에 복종하면 그 결과에 대한 책임을 복종자 스스로 져야 한다.

② 전보조치

전보는 동일직급 내의 보직변경(예: 총무과장을 건축과장으로 임용하는 행위)을 말한다. 전보는 정실인사로 악용된 사례가 적지 않았기 때문에 당해 직위에 임용된 날로부터 2년 이내에는 다른 직위에 전보될 수 없는 것을 원칙으로 한다.

전보발령이 행정행위(처분)성을 갖는가에 대하여 ㉠ 전보는 외부적 효력을 갖지 않기 때문에 직무명령의 성격을 갖는다는 견해 ㉡ 공무원의 권리구제의 관점에서 행정행위(처분)성을 인정함이 타당하다는 견해가 있다. 후설이 타당하다고 생각된다. 우리의 판례도 전보의 처분성을 인정한바 있다.

> **판례** 전보발령은 행정청이 행정조직법상의 권한에 기하여 권한 발동의 상대방의 직무집행의무의 내용을 변경시키는 행위로서 형평에 반하거나 특정인에게 특별히 불리한 결과를 가져오게 되는 등 재량권의 범위를 벗어난 전보발령에 대하여는 그 당사자가 소송을 통하여 이를 시정 받을 수 있는 길을 열어줄 실제적인 필요성이 있다고 인정되므로 행정소송의 대상이 되는 행정처분이라고 보아야 할 것이다(서울고판 1994.9.6, 94구1496).

③ 승진탈락조치

공무원의 신분을 변동시키는 승진은 파면·해임·강임·직위해제조치·감봉조치·전직명령과 같이 이른바 을의 기본관계에 해당하는 행위로서 외부적 효력을 갖는 개별적·구체적 규율로서 행정처분의 성격을 갖는다.

이에 따라 을은 승진탈락 조치에 대하여 취소소송을 제기할 수 있다.

갑의 위법한 직무명령에 대한 을의 서류작성거부는 적법·정당하였고, 이에 따라 전보발령과 승진탈락조치는 형평(평등원칙)성 원칙에 반하여 재량권의 범위를 벗어난 것으로 위법행위가 된다. 따라서 취소소송제기는 인용될 것으로 본다.

Ⅲ. 공무원관계의 소멸

공무원관계의 소멸원인에는 퇴직과 면직의 두 가지가 있다.

1. 당연퇴직

(1) 당연퇴직의 의의·사유

당연퇴직이란 일정한 사유의 발생으로 인하여 법률의 규정에 의하여 당연히 공무원의 신분이 상실되는 것을 말한다, 그러므로 당연퇴직발령은 퇴직된 사실을 알리는 관념의 표시로 확인행위에 지나지 아니한다. 주의할 것은 파면이나 해임으로 면직되는 것은 당연퇴직이 아니다.

1) 결격사유가 발생한 때(국공법 §69, 지공법 §61)

공무원이 공무원임명의 소극적 요건인 결격사유 중 어느 하나에 해당할 때에는 당연히 퇴직한다.

다만, 제33조 제5호(금고 이상의 형의선고유예를 받은 경우에 그 선고유예기간 중에 있는 자)에 해당할 때에는 그러하지 아니하다(국공법 §69).

종래의 국가공무원법과 지방공무원법에서는 「당연퇴직」사유에 「금고이상의 형의 선고유예를 받은 경우에 그 선고 유예기간 중에 있는 자」가 규정되어 있었다. 그런데 금고이상의 선고유예의 판결을 받은 「모든 범죄를 포괄하여 규정하고 있고, 과실범의 경우마저 당연퇴직 사유에서 제외하지 않고 있으므로 최소침해성의 원칙에 반한다」고 하여 헌법재판소의 위헌판결이 있었다. 그리하여 국가공무원법과 지방공무원법은 각각 「금고 이상의 형의 선고유예를 받은 경우에 그 선고유예 기간 중에 있는 자」는 「당연퇴직」이 되는 것은 아니라고 개정된 것이다(국가공무원법 §69, §33·5호, 지방공무원법 §61, §31·5호). 즉, “국가공무원법 제33조 제5호(지방공무원법 제31조 제5호)는 「형법」 제129조부터 제132조까지 및 직무와 관련하여 「형법」 제355조 및 제356조에 규정된 죄를 범한 자로서 금고이상의 형의 선고유예를 받은 경우만 해당한다”고 개정하여, 이 경우에는 당연퇴직된다(국공법 §69, 지공법 §61).

【헌재결】 〈금고이상의 형의 선고유예를 받은 경우에는 공무원직에 당연히 퇴직하는 것으로 규정한 지방공무원 법 제61조 중 제31조 제5호(금고이상의 선고유예를 받은 경우에 그 선고유예 기간 중에 있는 자)부분이 헌법 제25조의 공무담임권을 침해한다.〉 ① 헌법 제25조는 "모든 국민은 법률이 정하는 바에 의하여 공무담임권을 가진다."고 하여 공무담임권을 보장하고 있고, 공무담임권의 보호영역에는 공직취임의 기회의 자의적인 배제 뿐 아니라, 공무원 신분의 부당한 박탈도 포함되는 것이다.

② 공무원이 금고 이상의 형의 선고유예를 받은 경우에는 공무원직에서 당연히 퇴직하는 것으로 규정하고 있는 이 사건 법률조항은 금고 이상의 선고유예의 판결을 받은 모든 범죄를 포괄하여 규정하고 있을 뿐 아니라, 심지어 오늘날 누구에게나 위험이 상존하는 교통사고 관련 범죄 등 과실범의 경우마저 당연퇴직의 사유에서 제외하지 않고 있으므로 최소침해성의 원칙에 반한다.

-오늘날 사회구조의 변화로 인하여 '모든 범죄로부터 순결한 공직자 집단'이라는 신뢰를 요구하는 것은 지나치게 공익만을 우선한 것이며, 오늘날 사회국가원리에 입각한 공직제도의 중요성이 강조되면서 개개 공무원의 공무담임권 보장의 중요성이 더욱 큰 의미를 가지고 있다. 일단 공무원으로 채용된 공무원을 퇴직시키는 것은 공무원이 장기간 쌓은 지위를 박탈해 버리는 것이므로 같은 입법목적을 위한 것이라고 하여도 당연퇴직사유를 임용결격사유와 동일하게 취급하는 것은 타당하다고 할 수 없다. 결국, 지방공무원법 제61조 중 제31조 제5호 부분은 헌법 제25조의 공무담임권을 침해하였다고 할 것이다. 따라서 헌법재판소가 종전에 1990. 6. 25. 89헌마220 결정에서 위 규정이 헌법에 위반되지 아니한다고 판시한 의견은 이를 변경하기로 한다(헌재 2002.8.29, 2001헌마788, 2002헌마173(병합) 지방공무원법 제31조 제5호 등 위헌 확인. 국공법 제33조 제1항 제5호 등 위헌 확인. 국공법 제69조 위헌 확인; 헌재 2003.10.3, 2002헌마684, 2002헌마735·763(병합)).

판례 **〈당연퇴직통보는 사실의 통보에 불과하고 항고소송의 대상인 행정처분이 아니다.〉** 당연퇴직의 통보는 법률상 당연히 발생하는 퇴직사유를 공적으로 확인하여 알려주는 사실의 통보에 불과한 것이지 그 통보 자체가 징계파면이나 직권면직과 같이 공무원의 신분을 상실시키는 새로운 형성적 행위는 아니므로 항고소송의 대상이 되는 독립한 행정처분이 될 수 없다(대판 1985.7.23, 84누374).

판례 **〈지방공무원법 소정의 결격사유에 따른 당연퇴직의 인사발령이 행정소송의 대상이 되는 행정처분은 아니다.〉** 지방공무원법 제61조의 규정에 의하면 공무원에게 같은 법 제31조 소정의 결격사유가 있을 때에는 당연히 퇴직한다고 되어 있으므로 이러한 당연퇴직의 경우에는 결격사유가 있어 법률상 당연퇴직되는 것이지 공무원관계를 소멸시키기 위한 별도의 행정처분을 요하지 아니한다 할 것이며 위와 같은 사유의 발생으로 당연퇴직의 인사발령이 있었다 하여도 이는 퇴직사실을 알리는 이른바 관념의 통지에 불과하여 행정소송의 대상이 되지 아니한다(대판 1992.1.21, 91누2687 퇴직처분무효확인).

판례 **〈공무원면직처분무효확인의 소의 원고들이 상고심 계속 중에 이미 국가공무원법 소정의 정년이 지난 경우, 손해배상청구소송 등 권익침해를 구제받을 수 있는 이상, 면직처분의 무효확인의 이익이 없다.〉** 원고들은 상고심 계속 중에 이미 국가공무원법 소정의 정년이 지났으므로 면직처분이 무효로 확인된다 하더라도 공무원의 신분을 다시 회복할 수 없기 때문에, 비록 면직으로 인한 퇴직기간을 재직기간으로 인정받지 못함으로써 퇴직급여, 승진소요연수의 계산 및 호봉승급에 과거의 불이익이 남아 있긴 하나 이러한 불이익이 현재는 계속되고 있지 아니하고, 면직처분으로 인한 급료청구소송 또는 명예침해 등을 이유로 한 손해배상청구소송에서 위 처분의 무효를 주장하여 과거에 입은 권익의 침해를 구제받을 수 있는 이상, 소로써, 면직처분의 무효확인을 받는 것이 원고들의 권리 또는 법률상 지위에 현존하는 불안, 위협을 제거하는 데 필요하고도 적절한 것이라 할 수 없으므로 확인의 이익이 없다(대판 1993.1.15, 91누5747. 면직처분무효확인).

판례 **〈국회해직공무원인 원고가 복직은 되었으나 원·피고사이에 원고의 면직처분의 무효여부에 관하여 다툼이 있고 원고가 그로 인하여 퇴직급여, 호봉승급 등에 있어서 현재에도 불이익한 대우를 받고 있는 경우, 면직처분무효확인의 소는 확인의 이익이 있다.〉** 국회해직공무원인 원고가 복직은 되었으나 원·피고 사이에 원고의 면직처분의 무효 여부에 관하여 다툼이 있고 원고가 면직으로 인한 퇴직기간을 재직기간으로 인정받지 못하고 있어 퇴직급여, 승진소요연수의 계산 및 호봉승급 등에 있어서 현재에도 계속하여 불이익한 대우를 받고 있다면 그 법률상의 지위의 불안, 위험을 제거할 필요가 있고 다른 소송수단(국가배상소송이나 민사소송)으로는 위와 같은 원고들의 권리 또는 법률상의 지위의 불안, 위험을 제거하기에 미흡하여 면직처분무효확인의 소가 필요하고도 적절한 것이므로 면직처분무효확인의 소는 확인의 이익이 있다고 할 것이다(대판 1991.6.28, 90누9346) 면직처분무효확인).

판례 **〈정년제이전 동장의 신분보장에 관하여 군무상한기간제를 추가한 서울특별시 자치구의 동장임용등에관한규칙이 위헌·무효의 규정이라 할 수 없다.〉** 공익상의 이유로 공무원(동장)을 직권면직시킬 수 있도록 규정한 지방공무원법 제62조 제1항 제3호, 구 서울특별시동장인사규칙(1970. 9. 1. 제정, 1988. 5. 7. 폐지) 제6조 제1항 제2호, 제6호 등의 규정들에 비추어 볼 때 근무상한기간제 도입 이전에 동장으로 임용된 자들이 정년까지 근무할 수 있으리라고 하는 기대와 신뢰는 절대적인 권리로 보호되어야만 하는 것이 아니라 행정조직·직제·정원의 변경, 예산의 감소 등 행정운영상의 필요성 등 정당한 공익상의 근거에 의하여 좌우될 수 있는 상대적이고 가변적인 것이라 할 것인바, 공직사회의 무사안일을 방지하고 인사적체를 해소하며 공직참여의 기회를 확대하고 관료제의 민주화를 추구하며 동 행정을 활성화하려는 근무상한기간제 도입의 목적은 직업공무원제도를 합리적으로 보완·운영하기 위한 것으로서 그 정당성이 인정되고, 구 서울특별시동장인사규칙의 폐지에 따라 1988. 5. 7. 제정·시행된 서울특별시 자치구의 동장임용등에관한규칙 제11조 제2항과 부칙 제2항이 기존 동장들에 대하여는 그 근무상한기간을 규칙시행일로부터 기산하도록 하고 근무상한기간을 2년 연장할 수 있도록 하고 있어 근무상한기간제의 도입이 위 목적 달성을 위한 유효·적절한 방법임과 동시에 기존 동장들의 기대와 신뢰를 가능한 한 최소로 침해하는 방법이며, 근무상한기간제의 도입으로 인하여 보호하려는 공익이 기존 동장들이 가지고 있는 사익보다 크다고 보여지므로, 동장임용등에관한규칙 제11조가 종전의 정년제에다가 근무상한기간제를 추가로 규정함으로써 종전의 규칙에 따라 임용되어 근무중인 기존 동장들이 정년까지 근무할 수 있으리라고 예상하고 있던 기대와 신뢰를 침해받게 되었다고 하더라도, 그것은 입법재량의 범위 내에 있는 것으로서 직업공무원제도의 본질적 내용을 침해하거나 비례의 원칙(과잉금지의 원칙) 또는 신뢰보호의 원칙에 위반되거나 헌법 제10조(인간으로서의 존엄과 가치 및 행복추구권), 제11조 제1항

(평등과 차별금지), 第15조(직업선택의 자유), 第23조(재산권의 보장), 第32조(근로의 권리), 第34조(인간다운 생활을 할 권리)의 규정들에 위배된다고 할 수 없다(대판 1997.3.14, 95누17625, 동장지위확인).

판례 **〈공무원임용 후 사후에 결격사유가 있는 자임을 발견하고 공무원임용행위를 취소하는 것은 당초부터 당연무효이었음을 통지하여 확인시켜주는 행위에 불과하고, 당초의 임용처분을 취소함에 있어서는 신의칙 내지 신뢰의 원칙을 적용할 수 없다.〉** 국가가 공무원임용결격사유가 있는 자에 대하여 결격사유가 있는 것을 알지 못하고 공무원으로 임용하였다가 사후에 결격사유가 있는 자임을 발견하고 공무원임용행위를 취소하는 것은 당사자에게 원래의 임용행위가 당초부터 당연무효이었음을 통지하여 확인시켜 주는 행위에 지나지 아니하는 것이므로, 그러한 의미에서 당초의 임용처분을 취소함에 있어서는 신의칙 내지 신뢰의 원칙을 적요할 수 없고 또 그러한 의미의 취소권은 시효로 소멸하는 것도 아니다(대판 1987.4.14, 86누459).

2) 사망·임기만료·정년

사망, 임기만료, 정년(국공법 §74, 지공법 §66). 공무원의 정년은 다른 법률에 특별규정이 있는 경우를 제외하고는 60세로 한다. 단, 정년의 경우 정년에 달한 날이 1월에서 6월 사이에 있으면 6월 30일에, 7월에서 12일 사이에 있으면 12월 31일에 각각 퇴직한다(국공법 §74, 지공법 §66).

3) 국적상실

공무원이 국적을 상실한 때. 다만, 외국인도 임명될 수 있는 직에 근무하고 있었던 경우에는 국적상실로 당연히 퇴직되는 것은 아니라고 할 것이다. 그러나 법률에서 명문으로 대한민국의 국적을 가지지 아니한 자를 공무원의 결격사유로 하고 있는 경우에는 공무원이 대한민국의 국적을 상실하였을 때에는 당연히 퇴직된다.

4) 명예퇴직

① 공무원으로서 20년 이상 근속한 자가 정년 전에 자진하여 퇴직한 경우에는 예산범위 안에서 명예퇴직수당을 지급할 수 있다(국공법 §74의2·①, 지공법 §66의2·①).

② 직세와 정원의 개폐 또는 예산의 감소 등에 의하여 폐직 또는 과원이 되었을 때에 20년 미만 근속한 자가 정년 전에 자진하여 퇴직하는 경우에는 예산범위 안에서 수당을 지급할 수 있다(국공법 §74의2·②, 지공법 §66의2·②).

(2) 효과 및 권리구제

1) 효 과

당연퇴직의 사유가 발생하면 별도의 처분이 없어도 당연퇴직의 효과가 발생한다. 당연퇴직의 사유가 발생하면 당연퇴직된 자는 그 시점부터 공무원신분을 잃는다.

판례 〈직위해제 중에 자격정지 이상의 형의 선고유예를 받아 당연퇴직된 경찰공무원에게 임용권자가 복직처분을 한 상태에서 선고유예기간이 경과된 경우, 경찰공무원의 신분이 회복되는 것은 아니다.〉 경찰공무원이 재직 중 자격정지 이상의 형의 선고유예를 받음으로써 경찰공무원법 제7조 제2항 제5호에 정하는 임용결격사유에 해당하게 되면, 같은 법 제21조의 규정에 의하여 임용권자의 별도의 행위(공무원의 신분을 상실시키는 행위)를 기다리지 아니하고 그 선고유예 판결의 확정일에 당연히 경찰공무원의 신분을 상실(당연퇴직)하게 되는 것이고, 나중에 선고유예기간(2년)이 경과하였다고 하더라도 이미 발생한 당연퇴직의 효력이 소멸되어 경찰공무원의 신분이 회복되는 것은 아니며, 한편 직위해제처분은 형사사건으로 기소되는 등 국가공무원법 제73조의 2 제1항 각 호에 정하는 귀책사유가 있을 때 당해 공무원에게 직위를 부여하지 아니하는 처분이고, 복직처분은 직위해제사유가 소멸되었을 때 직위해제된 공무원에게 국가공무원법 제73조의 2 제2항의 규정에 의하여 다시 직위를 부여하는 처분일 뿐, 이들 처분들이 공무원의 신분을 박탈하거나 설정하는 처분은 아닌 것이므로, 임용권자가 임용결격사유의 발생 사실을 알지 못하고 직위해제되어 있던 중 임용결격사유가 발생하여 당연퇴직된 자에게 복직처분을 하였다고 하더라도 이 때문에 그 자가 공무원의 신분을 회복하는 것은 아니다(대판 1997.7.8, 96누4275 경찰공무원신분확인).

판례 〈과거에 법률에 의하여 당연퇴직된 공무원의 복직 또는 재임용신청에 대한 행정청의 거부행위가 항고소송의 대상이 되는 행정처분에 해당하지 아니한다.〉(대판 2006.3.10, 2005두562 당연퇴직자복직등)

따라서 당연퇴직된 자가 행한 행위는 원칙상 무권한 행위로 무효이다. 다만, 그 행위가 사실상 공무원이론에 의해 유효한 행위로 되는 경우가 있을 수 있다.

2) 권리구제

당연퇴직의 경우에는 통상 퇴직발령통지서가 발부되는데, 퇴직발령통지서는 처분이 아니며 단순한 퇴직된 사실을 알리는 사실상의 통지에 불과하므로 항고소송(취소소송)의 대상이 되지 않는다(대판 1995.11.14, 95누2036).

당연퇴직의 사유가 없음에도 불구하고 퇴직발령통보를 받은 경우에는 공무원지위의 확인을 구하는 공법상 당사자 소송을 제기하여야 한다.

2. 면 직

면직에는 의원면직과 일방적 면직(징계면직과 직권면직)이 있다.

(1) 의원면직

1) 의 의

의원면직이란 공무원 자신의 사직의사 표시에 의하여 임용권자가 공무원의 공무원관계를 소멸시키는 처분을 말한다. 이는 공무원의 신청을 요건으로 하는 쌍방적 행위이므로 자신의 의사를 표시하는 것만으로 공무원관계가 소멸하는 것이 아니고, 면직처분이 있기까지는 공무원관계가 유지된다.

권고사직, 명예퇴직은 의원면직에 속한다.

사직원의 제출만으로 공무원관계가 소멸되는 것은 아니며, 임용권자의 면직행위(사직원 의수리)가 있을 때까지 공무원관계는 존속하기 때문에, 사직원을 제출한 공무원도 사직원이 수리될 때까지는 출근하여 직무를 수행하는 등 공무원으로서의 모든 의무를 다하여야 한다. 그러하지 아니하면 징계책임 등 그에 따른 책임을 져야 한다. 판례도 같은 취지의 입장을 취한다, 즉, 경찰서 수사과 형사계 반장이 검찰의 뇌물수수사건 수사를 피하기 위하여 제출한 사직원이 수리되지 아니한 상태에서 3개월여 동안 출근하지 아니한 경우, 직장이탈을 이유로 한 파면처분이 재량권의 남용 또는 일탈에 해당하지 않는다고 한다(대판 1991.11.22, 91누3666). 의원면직은 징계처분이 아니므로 징계절차를 거칠 필요는 없다(대판 1996.7.22, 83누43).

2) 사직원의 제출

사직원의 제출은 사인의 공법행위이고, 사직원의 제출에는 사인의 공법행위의 법리가 적용된다. 따라서 사직원의 제출에 관하여 명문규정이 없는 경우에는 민법의 법원칙, 의사표시나 법률행위에 관한 규정을 적용함이 원칙이지만, 사직원 제출에 고유한 특성이 고려되는 한도 내에서 사법(민법 등)규정을 적용할 수 없거나 수정하여 적용하여야 하는 경우가 있다.

① 강요에 의한 사직원 제출

사직원 제출은 공무원 자신의 자유로운 의사에 의한 것이어야 한다. 사직원의 제출이 강요에 의해 의사결정의 자유가 박탈된 상태 하에서(절대적·물리적폭력·항거할 수 없는 폭력이나 협박) 행하여진 경우에는 그에 의거한 면직처분은 무효이다. 판례도 같은 취지이다.

판례 **〈본인의 진정한 의사에 의하여 작성된 것이 아닌 한 사직원(강요된 사직원)에 의한 면직처분은 위법하다.〉**

〔사실 개요〕

1966년 1월경 그 당시 모동사무원으로 있는 소외 원모의 제의로 그 당시 위 동의 사무장으로 있는 원고와 그 외 동사무원 및 동장 손모는 동장을 환영하는 의미에서 모양주점에서 5,000원 상당의 음주를 한 사실이 있었던 바, 원고는 1967년 1월 20일, 모기관수사과에 소환당하여 수사관으로부터 위의 주대금 5,000원은 동관 내에 거주하는 소외 최모가 자기의 무허가 건물을 동사무소에서 묵인하여 주었다는 사례조로 위 원모에게 제공하였던 금전임을 원고는 알고 있느냐고 추궁하였으나, 원고는 그와 같은 사실을 알지 못한 관계로 그 사실을 부인하자 수사관은 원고의 빰을 3·4회 구타하고 원고보다 먼저 소환당하여 출두하고 있는 원모는 이미 구타당하였던 흔적이 역연할 뿐 아니라, 동장인 손모는 그 자리에서 진술서와 사직원을 쓰고 있는 것을 본 원고로서는 수사관의 추궁을 그 이상 부인하여 구타를 당하리라는 공포심에서 추궁하는 내용과 같이 수사관의 구술대로 진술서를 작성하고 수사관은 다시 원고에 대하여 사직원을 쓰라고 하였으나 원고가 불응하자 빰을 3·4회 구타하고 실제로 면직케 하기 위하여 사직원을 쓰라는 것이 아니고 공무원에게 경각심을 주기 위한 것에 불과하다고 하므로, 원고는 그 이상 거절하면 또 구타를 당하리라는 공포심에서 사직원을 작성하여 교부하였는데 그것이 서울특별시장에게 전달되어 면직 처분되었다.

〔판결 요지〕
원심이 위와 같은 사실에 의하여 위와 같은 원고의 사직원은 본인의 진정한 의사에 의하여 작성된 것이 아님에도 불구하고 피고가 이를 오인하여 원고를 면직처분하였음은 부당하다는 이유로 판단하였음은 정당한, 즉 이와 반대된 취지의 논지는 이유없다(대판 1968.3.19. 67누164). 같은 취지 : 의사결정의 자유를 박탈할 정도면 무효다(대판 1975.6.24. 75누46).

판례 ① 〈공무원이 사직의 의사표시를 하여 의원면직된 경우, 그 사직의 의사표시에 민법 제107조(진의아닌 의사표시)가 준용되지 않는다.〉
② 〈공무원이 감사기관이나 상급관청 등의 강박에 의하여 사직서를 제출한 경우, 그 강박의 정도가 비리에 따른 객관적 상황을 고지하면서 사직을 권고·종용한 것에 불과한 경우, 당해 사직서에 터 잡은 의원면직 처분의 효력에 영향이 없다.〉 ① 공무원이 사직의 의사표시를 하여 의원면직처분을 하는 경우 그 사직의 의사표시는 그 법률관계의 특수성에 비추어 외부적·객관적으로 표시된 바를 존중하여야 할 것이므로, 비록 사직원제출자의 내심의 의사가 사직할 뜻이 아니었다고 하더라도 진의 아닌 의사표시에 관한 민법 제107조는 그 성질상 사직의 의사표시와 같은 사인의 공법행위에는 준용되지 아니하므로 그 의사가 외부에 표시된 이상 그 의사는 표시된 대로 효력을 발한다.
② 사직서의 제출이 감사기관이나 상급관청 등의 강박에 의한 경우에는 그 정도가 의사결정의 자유를 박탈할 정도에 이른 것이라면 그 의사표시가 무효로 될 것이고 그렇지 않고 의사결정의 자유를 제한하는 정도에 그친 경우라면 그 성질에 반하지 아니하는 한 의사표시에 관한 민법 제110조(사기·강박에 의한 의사표시)의 규정을 준용하여 그 효력을 따져보아야 할 것이나, 감사담당 직원이 당해 공무원에 대한 비리를 조사하는 과정에서 사직하지 아니하면 징계파면이 될 것이고 또한 그렇게 되면 퇴직금 지급상의 불이익을 당하게 될 것이라는 등의 강경한 태도를 취하였다고 할지라도 그 취지가 단지 비리에 따른 객관적 상황을 고지하면서 사직을 권고·종용한 것에 지나지 않고 위 공무원이 그 비리로 인하여 징계파면이 될 경우 퇴직금 지급상의 불이익을 당하게 될 것 등 여러 사정을 고려하여 사직서를 제출한 경우라면 그 의사결정이 의원면직처분의 효력에 영향을 미칠 하자가 있었다고는 볼 수 없다(대판 1997.12.12, 97누13962. 의원면직처분취소).

실무상 행하여지는 권고사직은 법적으로는 의원면직에 해당한다.

그러나 권고사직의 형식을 취하고 있는 경우에도 사직의 권고가 공무원의 의사결정의 자유를 박탈할 정도의 강요에 해당하는 경우에는 당해 권고사직은 무효이다.

② 진의 아닌 의사표시(비진의 의사표시)

사인의 공법행위인 공무원의 사직의 의사표시에는 비진의 의사표시에 관한 민법 제107조는 적용되지 아니한다.

판례 **〈민법 제107조(진의아닌 의사표시)는 그 성질상 사직의 의사표시와 같은 사인의 공법행위에는 준용되지 아니하므로 사직의사표시가 외부에 표시된 이상 그 의사는 표시된 대로 효력을 발생한다.〉** 공무원이 사직의 의사표시를 하여 의원면직처분을 하는 경우 그 사직의 의사표시는 그 법률관계의 특수성에 비추어 외부적·객관적으로 표시된 바를 존중하여야 할 것이므로, 비록 사직원제출자의 내심의 의사가 사직할 뜻이 아니었다고 하더라도 진의 아닌 의사표시에 관한 민법 제107조는 그 성질상 사직의 의사표시와 같은 사인의 공법행위에는 준용되지 아니하므로 그 의사가 외부에 표시된 이상 그 의사는 표시된 대로 효력을 발한다(대판 1997.12.12, 97누13962).

판례 **〈이른바 1980년의 공직자숙정계획의 일환으로 일괄사표의 제출과 선별수리의 형식으로 공무원에 대한 의원면직처분이 이루어진 경우, 사직원 제출행위가 강압에 의하여 의사결정의 자유를 박탈당한 상태에서 이루어진 것이라고 할 수 없고 민법상 비진의 의사표시의 무효에 관한 규정은 사인의 공법행위에 적용되지 않는다는 등의 이유로 그 의원면직처분을 당연무효라고 할 수 없다고 한 사례〉**(대판 2001.8.24, 99두9971, 면직무효확인등)

판례 **〈일괄사표의 제출과 선별수리의 형식으로 이루어진 공무원에 대한 의원면직처분은 당연무효라고 할 수 없다(유효).〉** 일괄사표를 제출하였다가 선별수리하는 형식으로 의원면직되었다고 하더라도 공무원들이 임용권자 앞으로 일괄사표를 제출한 경우 그 사직원의 제출은 제출 당시 임용권자에 의하여 수리 또는 반려 중 어느 하나의 방법으로 처리되리라는 예측이 가능한 상태에서 이루어진 것으로서 그 사직원에 따른 의원면직은 그 의사에 반하지 아니하고, 비록 사직원 제출자의 내심의 의사가 사직할 뜻이 아니었다 하더라도 그 의사가 외부에 객관적으로 표시된 이상 그 의사는 표시된 대로 효력을 발하는 것이며, 민법 제107조는 그 성질상 사인의 공법행위에 적용되지 아니하므로 사직원제출을 받아들여 의원면직처분한 것을 당연무효라고 할 수 없다(대판 1992.8.14, 92누909 퇴직처분무효확인).

③ 대 리

사직원의 제출 또는 그 철회는 대리에 친하지 않은 행위이므로 사직원의 제출 또는 그 철회는 대리가 허용되지 않는다고 보아야 한다.

④ 사직원의 철회

공무원에 의해 제출된 사직원은 그에 터 잡은 의원면직처분이 있을 때까지는 철회될 수 있다. 그러나 일단 면직처분이 있고 난 후에는 철회나 취소할 여지가 없다(대판 2001.8.24, 99두9971).

3) 사직원의 수리

사직원의 수리는 준법률행위적 행정행위로서 유효한 것으로 판단하여 받아들이는 인식

표시 행위이다. 사직원이 제출된 경우에 임용권자에게 수리의무가 있는지가 문제된다. 공무담임은 권리이지만 의무는 아니므로 병역의무와 같이 법률상 의무가 있는 특별한 규정이 있는 경우를 제외하고 임용권자에게 수리의무가 있다고 보아야 할 것이다. 다만, 수리의 시기에 대해서는 당해 업무의 공백상태나 의원면직제도의 악용(예: 징계처분을 회피하기 위하여 사직서를 제출한 경우) 등을 방지하기 위하여 일정한 한도 내에서 합목적재량이 인정된다고 보아야 한다.

4) 명예퇴직 등

명예퇴직이란 공무원으로서 20년간 근속한 자가 정년 전에 자진하여 퇴직하는 것을 말한다. 명예퇴직은 의원면직의 하나이다. 명예퇴직하는 경우에는 예산의 범위 안에서 명예퇴직 수당을 지급할 수 있다(국공법 §74의2).

직제와 정원의 개폐 또는 예산의 감소 등에 의하여 폐직 또는 과원이 되었을 때에 20년 미만 근속한 자가 정년 전에 자진하여 퇴직하는 경우에는 예산의 범위 안에서 수당을 지급할 수 있다(동법 §74의2·②).

(2) 일방적 면직(강제면직)

일방적 면직이란 공무원 본인의 의사와 관계없이 임용권자가 일방적인 의사결정에 의하여 공무원 관계를 소멸시키는 단독행위이다. 강제면직이라고도 한다.

일방적 면직에는 징계면직과 직권면직이 있다.

1) 징계면직(파면, 해임)

징계면직이란 공무원의 공무원법상의 의무위반에 대한 징계로서 내려지는 파면과 해임을 말한다. 파면과 해임은 모두 공무원의 신분을 박탈하는 징계처분인 점에서는 동일하나, 공직에의 취임 제한·퇴직급여 및 퇴직수당급여의 제한 등 그 부수적인 효과가 다르다. 즉, 파면의 경우는 파면의 처분을 받은 때로부터 5년을 경과하지 아니한 경우 공무원에 임용될 수 없고, 퇴직급여 및 급여수당이 감액되는데 반하여, 해임의 경우에는 해임의 처분을 받은 때로부터 3년을 경과하지 아니한 경우 공무원에 임용될 수 없지만 퇴직급여 등의 감액이 없다(국공법 §33·①, 공무원연금법 §64·①).

징계면직(파면·해임)은 징계처분이므로 징계절차를 거쳐야 한다(국공법 §82).

판례 ① 〈소청제기기간의 기산일은 파면처분사유설명서를 받은 날이다.〉
경찰공무원이 파면처분을 받은 경우에 그 소청제기기간의 기산일은 그 처분사유설명서를 받은 날이며 단순한 파면 통지를 받은 날이거나 파면된 사실을 안 날이 아니다(대판 1978.9.26, 78누223).
② 〈퇴폐행위특별단속계획을 사전에 전화로 알려 준 공무원에 대한 파면 처분은 정당하다.〉
내무부 및 서울특별시 경찰국 지시에 따라 유흥접객업소 퇴폐영업행위 특별단속반원에 편입되어 그 단속계획을 알게 되자 고고클럽주인에게 미성년자출입 등 퇴폐행위 특별단속계획을

사전에 전화로 알려주어 단속 당일에 고고클럽의 영업을 아니하게 하였다면, 위와 같은 비위는 경찰공무원법 제53조 제1항 제1호 및 제3호 소정의 징계사유에 해당하고 이를 이유로 한 파면처분은 정당하다(대판 1983.4.26, 83누9).

2) 직권면직

① 의 의

법정사유(대기명령을 받은 자가 그 기간 중에 능력 또는 근무성적의 향상을 기대하기 어렵다는 사유)가 있는 경우에 본인의 의사에 불구하고 임용권자가 직권으로 행하는 면직처분이다. 직권면직은 징계면직과는 달리 징계처분이 아니다.

② 직권면직사유

㉮ 「직제와 정원의 개폐 또는 예산의 감소 등에 의하여 폐직 또는 과원이 되었을 때」에 해당되어 직권면직시킬 때에는 임용형태·업무실적·업무수행능력·징계처분사실을 고려하여 면직기준을 정하여야 하며, 면직기준을 정하거나 면직대상자를 결정함에 있어서는 임용권자 또는 임용제청권자별로 심사위원회(위원장은 임용권자 또는 임용제청권자가 되며, 위원은 면직대상자보다 상위계급자 또는 고위공무원단에 속하는 일반직공무원 중에서 위원장이 지명하는 5 내지 7인으로 구성)를 구성하여 심의·의결을 거쳐야 한다(국공법 §70·④·⑤).

㉯ 휴직기간의 만료 또는 휴직사유가 소멸된 후에도 직무에 복귀하지 않거나 직무를 감당할 수 없을 때

㉰ 직위해제되어 대기명령을 받은 자가 그 기간 중 능력 또는 근무성적의 향상을 기대하기 어렵다고 인정된 때(이 경우에는 징계위원회의 동의를 얻어야 한다)

㉱ 전직시험에서 3회 이상 불합격한 자로서 직무수행능력이 부족하다고 인정된 때

㉲ 징병검사·입영 또는 소집의 명령을 받고 정당한 이유없이 이를 기피하거나 군복무를 위하여 휴직 중에 있는 자가 재영 중 근무를 이탈하였을 때

㉳ 당해 직급에서 직무를 수행하는데 필요한 자격증의 효력이 상실되거나 면허가 취소되어 담당직무를 수행할 수 없게 된 때

㉴ 고위공무원단에 속하는 공무원이 제70조의 2의 규정에 의한 적격심사 결과 부적격 결정을 받은 때이다(국공법 §70). 임용권자가 ㉮ 내지 ㉳의 규정에 의하여 직권면직시킬 경우에는 미리 관할 징계위원회의 의견을 들어야 한다. 다만 ㉰의 경우는 직권면직시킬 경우 징계위원회의 동의를 얻어야 한다(§70·②).

3) 면직(징계면직·직권면직)처분의 효력발생

① 임용 중 면직의 경우에는 면직발령장 또는 면직통지서에 기재된 일자에 면직의 효과가 발생하여 그날 영시(00:00)부터 공무원의 신분을 상실한다.

판례 〈임용중 면직의 경우에는 면직발령장 또는 면직통지서에 기재된 일자에 면직의 효과가 발생한다.〉
공무원임용령 제6조 제1항 본문의 규정에 의하면 공무원의 임용시기에 관하여 공무원은 임용

> 장 또는 임용통지서에 기재된 일자에 임용된 것으로 본다고 되어있고 이는 임용장 또는 임용통지서에 기재된 일자에 임용의 효과가 발생함을 말하는 것이므로, 임용 중 면직의 경우(동령 제2조 제1호 참조)에는 면직발령장 또는 면직통지서에 기재된 일자에 면직의 효과가 발생하여 그 날 영시(00:00)부터 공무원의 신분을 상실한다(대판 1985.12.24, 85누531).

면직통지서의 수령이 면직통지서에 기재된 일자보다 뒤인 경우에는 면직통지서를 수령한 날 면직처분의 효력이 발생한다.

② 직권면직사유 중 ㉯의 규정(국공법 제70조 제1항 제4호)에 의한 직권면직일은 휴직기간의 만료일 또는 휴직사유의 소멸일로 한다(국공법 §70·⑥).

③ 본인의 의사에 반하여 파면 또는 해임이나 직권면직사유 중 ㉰의 규정(국공법 제70조 제1항 제5호)에 의한 면직처분을 하였을 때에는 그 처분을 한 날부터 40일 이내에는 후임자의 보충발령을 받지 못한다. 다만, 인력관리상 후임자를 보충하여야 할 불가피한 사유가 있는 경우(제3항의 규정에 의한 가결정을 행한 경우를 제외한다)에는 국회사무총장·법원행정처장·헌법재판소사무처장·중앙선거관리위원회의사무총장 또는 행정안전부장관과 협의를 거쳐 후임자의 보충발령을 할 수 있다(국공법 §76·②).

Ⅳ. 불이익처분에 대한 구제(권익의 보장 및 행정구제)

【기출문제】 <1999년 (제41회) 사법시험 (사례형)> <2009년 사법시험(사례형)>

공무원에 대한 위법·부당한 불이익 조치에 대한 구제수단으로는 고충처리, 소청, 행정소송이 있고, 기타 공무원의 신분 및 권익보장의 취지를 관철하기 위하여 처분사유설명서의 교부·후임자의 보충발령의 유예를 두고 있다.

1. 처분사유설명서의 교부 및 후임자의 보충발령의 유예

(1) 처분사유설명서의 교부

공무원에 대하여 징계처분을 할 때나 강임·휴직·직위해제 또는 면직처분을 행할 때에는 그 처분권자 또는 처분제청권자는 처분의 사유를 기재한 설명서를 교부하여야 한다. 다만, 본인의 원에 의한 강임·휴직 또는 면직처분은 그러하지 아니하다(국공법 §75, 지공법 §67).

이 제도는 공무원에 대한 불이익 처분이 정당한 사유에 의한 것이란 것을 설명하고, 피처분자는 이에 대하여 이의가 있는 경우 불복수단의 기회를 부여하려는 데 의의가 있다. 처분사유설명서는 불이익처분의 효력발생요건은 아니지만, 처분사유설명서가 흠결되거나 불충분한 경우에는 하자 있는 불이익처분이 된다. 판례는 처분의 법적 근거를 제시하는 내용을 기재하는 데 그친 경우도 국가공무원법 제75조, 지방공무원법 제67조 소정의 처분사유설명서로 보고 있다(대판 1991.12.24, 90누1007).

그러나 처분사유설명서의 취지(의의)를 고려할 때 행정절차법상의 이유부기가 행정처분 등에서 그 처분의 근거가 된 법률상·사실상의 이유를 명시하듯이 어떠한 위반사실에 대하여 당해 처분이 있었는지를 알 수 있을 정도의 근거와 처분이유를 구체적으로 기재하여야 한다고 본다.

(2) 후임자의 보충발령의 유예

공무원이 본인의 의사에 반하여 파면 또는 해임된 경우, 또는 대기발령을 받은 자가 그 기간 중 능력 또는 근무성적의 향상을 기대하기 어렵다고 인정되어 직권면직 된 경우(국공법 §70·①·5호, 지공법 §62·①·7호)에는 그 처분을 한 날부터 40일 이내에는 후임자의 보충발령을 하지 못한다. 다만, 인력관리상 후임자를 보충하여야 할 불가피한 사유가 있는 경우(제3항의 규정에 의한 가결정을 행한 경우를 제외한다)에는 국회사무총장·법원행정처장·헌법재판소사무처장·중앙선거관리위원회사무총장 또는 행정안전부장관과 협의를 거쳐 후임자의 보충발령을 할 수 있다(국공법 §76·②, 지공법 §67·③).

소청심사위원회는 제1항에 따른 소청심사청구가 파면 또는 해임이나 제70조 제1항 제5호에 따른 면직처분으로 인한 경우에는 그 청구를 접수한 날부터 5일 이내에 해당 사건의 최종결정이 있을 때까지 후임자의 보충발령을 유예하게 하는 임시결정을 할 수 있고, 이 경우에는 임시결정을 한 날부터 20일 이내에 최종결정을 하여야 하며 각 임용권자는 그 최종결정이 있을 때까지 후임자를 보충발령하지 못한다(국공법 §76·③·④, 지공법 §67·④·⑤).

2. 고충처리(고충심사청구)

(1) 의 의

공무원은 누구나 인사·조직·처우 등 각종 직무조건과 기타 신상문제에 대하여 인사상담이나 고충의 심사를 청구할 수 있다. 고충심사청구를 이유로 불이익한 처분이나 대우를 받지 아니한다(국공법 §76의2·①).

(2) 고충심사위원회의 종류

공무원의 고충을 심사하기 위하여 ① 중앙인사관장기관에 중앙고충심사위원회를, ② 임용권자 또는 임용제청권자 단위로 보통고충심사위원회를 각각 둔다. 중앙고충심사위원회의 기능은 소청심사위원회에서 관장한다(국공법 §76의2·③).

(3) 심사대상공무원

① 중앙고충심사위원회는 보통고충심사위원회의 심사를 거친 재심청구와 5급 이상 공무

원 및 고위공무원단에 속하는 일반직공무원의 고충을, ② 보통고충심사위원회는 소속 6급 이하 공무원과 기능직공무원의 고충을 각각 심사한다. 다만, 6급 이하 공무원과 기능직공무원의 고충은 임용권자를 달리하는 2 이상의 기관에 관련되는 경우에는 중앙고충심사위원회에서, 원 소속기관의 보통고충심사위원회에서 고충을 심사하는 것이 부적당하다고 인정될 경우에는 직근 상급기관의 보통고충심사위원회에서 각각 이를 심사할 수 있다(국공법 §76의2·④).

(4) 기 능

공무원은 누구나 근무조건 또는 인사관리 기타 신상문제에 대하여 인사상담이나 고충심사를 청구할 수 있으며 청구를 받은 중앙인사관장기관의 장(국회사무총장·대법원행정처장·행정안전부장관), 임용권자 또는 임용제청권자는 이를 고충심사위원회에 부의하여 심사하게 하거나 소속공무원으로 하여금 상담하게 하고, 그 결과에 따라 고충의 해소 등 공정한 처리를 위하여 노력하여야 한다(국공법 §76의2·②).

중앙인사관장기관의 장, 임용권자 또는 임용제청권자는 심사결과 필요하다고 인정되면 처분청이나 관계기관의 장에게 그 시정을 요청할 수 있으며, 요청받은 처분청이나 관계기관의 장은 특별한 사유가 없으면 이를 이행하고, 그 처리결과를 알려야 한다. 다만, 부득이한 사유로 이행하지 못하면 그 사유를 알려야 한다(국공법 §76의 2·⑥).

(5) 특수경력직공무원의 고충처리

다른 법률에 특별한 규정이 있는 경우 외에는 특수경력직공무원에 대하여도 국회규칙·대법원규칙·헌법재판소규칙·중앙선거관리위원회규칙 또는 대통령령이 정하는 바에 따라 제76조의 2의 규정을 준용할 수 있다(§76의3).

3. 소 청

(1) 의 의

소청이란 소속공무원이 징계처분 기타 그 의사에 반하는 불리한 처분이나 부작위에 대하여 불복이 있는 경우에 관할소청심사위원회에 그 심사·결정을 청구하는 제도이다(국공법 §9~§16, 지공법 §13~§21). 소청은 처분에 대한 재심사의 청구라는 점에서 행정심판의 일종이나 국가공무원법은 행정심판법에 대한 특례로서 소청제도를 두고 있는 바, 이는 일종의 특별행정심판제도이다. 소청제도는 공무원의 권리구제를 주된 목적으로 하나 행정통제(행정의 적정성) 확보도 또한 그 목적으로 하고 있다. 한편, 교육공무원 및 사립학교 교원은 「교원지위향상을 위한 특별법」에 의하여 교육과학기술부에 설치되어 있는 교원소청심사위원회에 불이익처분에 대한 소청심사청구를 할 수 있는데(동법 §7이하), 이 또한 소청과 같은 성격을 지닌다고 볼 수 있다.

(2) 소청사항

소청의 대상은 "…… 징계처분 기타 그 의사에 반하는 불리한 처분이나 부작위"이다(국공법 §9·①). 징계처분에는 파면·해임·강등·정직·감봉·견책이 있고, "의사에 반하는 불리한 처분"에는 강림·휴직·직위해제·면직처분 및 복직거부는 물론이고, 의원면직형식에 의한 면직·대기발령·전보·전직, 불리한 경력평정도 그에 포함된다고 할 것이다.

(3) 소청심사기관(소청심사위원회)

심사기관인 소청심사위원회는 독립적인 합의제관청(① 합의제행정관청설 ② 합의제의결기관설 ③ 의결기관임과 동시행정관청설 등의 학설이 대립)으로서 행정안전부·국회사무처·법원행정처·헌법재판소사무처 및 중앙선거관리위원회사무처에 설치하되 위원장 1인을 포함한 위원 5인 이상 7인 이내의 비상임위원으로 구성하고, 행정안전부에 설치된 소청심사위원회는 위원장 1인을 포함한 5인 이상 7인 이내의 상임위원과 상임위원수의 2분의 1 이상인 비상임위원으로 구성하되, 위원장은 정무직으로 보한다(§9). 상임위원은 다른 직무를 겸할 수 없고, 신분이 보장되며(§10, §11) 상임위원의 임기는 3년으로 하되 1차에 한해 연임될 수 있다(§10·②). 교육공무원은 교원소청심사위원회에 소청을 제기하여야 한다(교육공무원법 §53·①). 국가공무원법 제9조 제1항에 따라 설치된 소청심사위원회는 다른 법률로 정하는 바에 따라 특정직공무원의 소청을 심사·결정할 수 있다(국공법 §9·④).

(4) 소청절차

1) 심사청구(소청제기)

징계처분·강임·휴직·직위해제 또는 면직처분을 행할 때에는 처분사유설명서를 교부받은 날부터, 그 의사에 반하는 불리한 처분을 받았을 때에는 그 처분이 있은 것을 안 날부터 각각 30일 이내에 소청심사위원회에 심사를 청구할 수 있다(§75, §76). 심사청구를 이유로 불이익한 처분이나 대우를 받지 아니한다(국공법 §76·⑥).

본인의 의사에 반하는 파면 또는 해임이나 제70조 제1항 제5호에 따른 면직처분하였을 때에는 ① 그 처분을 한 날로부터 40일 이내에는 후임자의 보충발령을 하지 못하며 ② 소청심사위원회는 그 청구를 접수한 날로부터 5일 이내에 당해 사건의 최종결정이 있을 때까지 후임자의 보충발령을 유예하게 하는 임시결정을 행할 수 있고(§76·②·③), 임시결정을 한 경우에는 임시결정을 한 날부터 20일 이내에 최종결정을 하여야 하며 각 임용권자는 그 최종결정이 있을 때까지 후임자를 보충발령하지 못한다(국공법 §76·④).

소청에는 처분의 취소 또는 변경을 구하는 심사청구, 처분의 효력 유무 또는 존재여부에 대한 확인을 구하는 심사청구, 위법 또는 부당한 거부처분이나 부작위에 대하여 의무이행을 구하는 심사청구가 있다(국공법 §14·⑤).

2) 심 사

소청심사위원회가 소청을 접수하였을 때에는 지체 없이 이를 심사하여야 한다. 위원회는 소청을 심사함에 있어 필요한 경우에는 검증·감정 기타 사실조사 또는 증인을 소환하여 질문하거나 관계서류의 제출을 명할 수 있는 바, 직권에 의한 조사를 규정한 것은 행정의 적정성을 확보하기 위한데 그 목적이 있다(국공법 §12·①·②).

위원회가 소청사건을 심사할 때에는 반드시 소청인 또는 그 대리인에게 진술의 기회를 부여하여야 하며, 진술기회를 주지 아니한 결정은 이를 무효로 한다(§13). 소청심사위원회의 심리에는 인사행정의 적정성보장이라는 공익성을 고려하여 불고불리의 원칙은 적용되지 않으나, 불이익변경금지의 원칙은 적용된다(§14·⑥).

3) 제척·기피·회피제도 도입

① 제척 : 소청심사위원회의 위원은 그 위원회에 계류된 소청사건의 증인이 될 수 없으며, ㉮ 위원 본인과 관계있는 사항, ㉯ 위원 본인과 친족관계에 있거나 친족관계에 있었던 자와 관계있는 사항에 관한 소청사건의 심사·결정에서 제척된다(국공법 §14·② 지공법 §19·②).

② 기피 : 소청사건의 당사자는 ㉮ 소청심사위원회의 위원에게 제2항 각 호(제척사유)의 사항이 있는 경우, ㉯ 심사·결정의 공정을 기대하기 어려운 사정이 있는 경우에는 그 이유를 구체적으로 밝혀 그 위원에 대한 기피를 신청할 수 있고, 소청심사위원회는 해당 위원의 기피여부를 결정하여야 한다. 이 경우 기피신청을 받은 위원은 그 기피여부에 대한 결정에 참여할 수 없다(국공법 §14·③ 지공법 §19·③).

③ 회피 : 소청심사위원회 위원은 제3항 각 호의 어느 하나에 해당하는 때에는 스스로 그 사건의 심사·결정에서 회피할 수 있다(국공법 §14·④ 지공법 §19·④).

4) 결 정

소청사건의 결정은 재적위원 3분의 2이상의 출석과 출석위원 과반수의 합의에 따르되, 의견이 나뉠 경우에는 출석위원 과반수에 이를 때까지 소청인에게 가장 불리한 의견에 차례로 유리한 의견을 더하여 그 중 가장 유리한 의견을 합의된 의견으로 본다(국공법 §14·①).

소청심사위원회는 소청심사청구를 접수한 날로부터 60일 이내에 이에 대한 결정을 하여야 한다. 단, 불가피하다고 인정되는 경우에는 30일을 연장할 수 있다(§76·⑤).

소청심사위원회의 결정에 (가) 심사청구가 이법이나 다른 법률에 적합하지 아니한 것이면 그 청구를 각하하고, (나) 심사청구가 이유 없다고 인정되면 그 청구를 기각하고, (다) 처분의 취소 또는 변경을 구하는 심사청구가 이유 있다고 인정되면 처분을 취소 또는 변경하거나(여기서 변경은 징계의 종류를 변경하는 것, 즉 적극적 변경도 가능하다고 본다) 행정청에 취소 또는 변경할 것을 명하고, (라) 처분의 효력 유무 또는 존재여부에 대한 확인을 구하는 심사청구가 이유 있다고 인정되면 처분의 효력

유무 또는 존재여부를 확인하고, (마) 위법 또는 부당한 거부 처분이나 부작위에 대하여 의무이행을 구하는 심사청구가 이유 있다고 인정되면 지체 없이 청구에 따른 처분을 하거나 이를 할 것을 명한다(국공법 §14·⑤).

주의할 것은 소청심사위원회의 취소명령 또는 변경명령 결정은 그에 따른 징계나 그 밖의 처분이 있을 때까지는 종전에 행한 징계처분 또는 제78조의2에 따른 징계부가금 부과처분에 영향을 미치지 아니한다(국공법 §14·⑥).

소청심사위원회의 결정은 그 이유를 구체적으로 밝힌 결정서로 하여야 한다(국공법 §14·⑧). 원징계처분 또는 원징계부가금 부과처분보다 무거운 징계 또는 징계부가금을 부과하는 결정을 하지 못한다는 「불이익변경금 원칙」도 적용된다(국공법 §14·⑦).

소청심사위원회의 결정은 처분행정청을 기속한다(국공법 §15).

② 파면처분·해임처분·면직처분 또는 강등처분에 대하여 소청심사위원회나 법원에서 무효나 취소의 결정 또는 판결을 하면 그 파면처분·해임처분·면직처분 또는 강등처분에 따라 결원을 보충하였던 때부터 파면처분·해임처분 또는 면직처분을 받은 자의 직급 또는 강등처분을 받은 자의 원 직급에 해당하는 정원이 따로 있는 것으로 본다(§43·③). 이렇게 함으로써 후임자가 임명된 경우에도, 공무원에게 한 징계처분, 면직처분 또는 직위해제처분(재의결 요구에 따른 직위해제처분은 제외)이 무효 또는 취소된 경우에는 복귀일 또는 발령일에 원래의 정기승급을 기준으로 한 당시의 보수전액 또는 차액을 소급하여 지급한다. 이 경우 재징계 절차에 따라 징계처분 하였을 경우에는 재징계처분에 따라 보수를 지급하되, 재징계처분전의 징계처분 기간에 대해서는 보수의 전액 또는 차액을 소급하여 지급한다(공무원보수규정 §30·①).

(5) 행정소송과의 관계

징계처분·강임·휴직·직위해제 또는 면직처분 기타 본인의 의사에 반하는 불리한 처분이나 부작위에 관한 행정소송은 소청심사위원회의 심사·결정을 거치지 아니하면 이를 제기할 수 없다(국공법 §16·①)고 하여 행정심판전치주의를 취하고 있다.

4. 행정소송제도

소청을 제기한 자가 소청심사위원회의 결정에 대하여 불복이 있는 때에는 위법한 경우에 한하여 항고소송을 제기할 수 있고, 이 때 항고소송은 반드시 소청심사위원회의 심사결정을 거친 후라야 가능하며, 이 경우의 항고소송의 대상은 원 처분(원처분주의)이며 소청심사위원회의 결정이 아니다. 따라서 항고소송의 피고는 원칙적으로 원처분청이 된다. 그러나 소청심사위원회의 결정자체에 고유한 위법이 있을 때에는 위원회의 결정이 행정소송의 대상이 된다.

원처분주의를 취하는 한 소청심사위원회의 결정이 기각결정인 경우에는 원 불이익처분을 대상으로 하여야 한다(이설 없음).

문제는 일부취소결정(예: 감봉 5개월을 감봉 2개월로 감경하는 결정)이나 적극적 변경결정(예: 파면을 해임으로 감경된 경우)에 대한 행정소송의 대상은 원처분주의 원칙에 따른 처분청이 내린 처분인가 아니면 재결에 의해 감경된 재결처분인가 하는 것이 문제가 된다. 행정심판이나 소청은 불이익변경금지 원칙이 적용되기 때문에 불리하게 변경되는 경우는 없고 유리하게 변경되는 경우만이 있게 된다.

(1) 원처분설

원처분을 상대로 일부 취소되고 남은 원처분이나 변경결정으로 변경된 원처분(파면이 해임으로 감경된 경우 해임처분)을 다투어야 한다는 견해이다. 그러므로 피고는 소청심사위원회가 아니라 원처분청이 된다. 대법원의 판례입장이기도 하다.

판례 **〈감액경정처분이 있었으나 그 경정시 취소되지 않고 남아있는 부분에 관하여 다투는 경우, 항고소송의 대상은 감액경정결정이 아니고 당초 신고나 부과처분중 경정결정에 의하여 취소되지 않고 남아있는 부분이 된다.〉** 감액경정처분은 당초의 신고 또는 부과처분과 별개인 독립의 과세처분이 아니라 그 실질은 당초의 신고 또는 부과처분의 변경이고 그에 의하여 세액의 일부 취소라는 납세자에게 유리한 효과를 가져오는 처분이므로, 그 경정결정으로도 아직 취소되지 않고 남아 있는 부분이 위법하다 하여 다투는 경우 항고소송의 대상은 당초 신고나 부과처분 중 경정결정에 의하여 취소되지 않고 남은 부분이며, 감액경정결정이 항고소송의 대상이 되는 것은 아니다(대판 1996.11.15, 95누8904 법인세부과처분취소).

판례 **〈감액하는 재경정결정으로도 취소되지 않고 남아 있는 부분이 위법하다하여 다투는 경우 항고소송의 대상은 감액재경정결정이 아니고 증액경정처분 중 감액재경정결정에 의하여 취소되지 않고 남은 부분이 된다.〉** 과세처분이 있은 후 이를 증액하는 경정처분이 있으면 당초 처분은 경정처분에 흡수되어 독립된 존재가치를 상실하여 소멸하는 것이고, 그 후 다시 이를 감액하는 재경정처분이 있으면 재경정처분은 위 증액경정처분과는 별개인 독립의 과세처분이 아니라 그 실질은 위 증액경정처분의 변경이고 그에 의하여 세액의 일부 취소라는 납세의무자에게 유리한 효과를 가져오는 처분이라 할 것이므로, 그 감액하는 재경정결정으로도 아직 취소되지 않고 남아 있는 부분이 위법하다 하여 다투는 경우 항고소송의 대상은 그 증액경정처분 중 감액재경정결정에 의하여 취소되지 않고 남은 부분이고, 감액재경정결정이 항고소송의 대상이 되는 것은 아니다. 이러한 법리는 국세심판소가 심판청구를 일부 인용하면서 정당한 세액을 명시하여 취소하지 아니하고 경정기준을 제시하여 당해 행정청으로 하여금 구체적인 과세표준과 세액을 결정하도록 함에 따라, 당해 행정청이 감액경정결정을 함에 있어 심판결정의 취지에 어긋나게 결정하거나 혹은 그 결정 자체에 위법사유가 존재하여 그에 대하여 별도의 쟁송수단을 인정하여야 할 특별한 사정이 없는 한 마찬가지로 적용된다(대판 1996.7.30, 95누6328 상속세등부과처분취소).

판례 **〈과세표준과 세액을 감액하는 경정결정이 독립한 항고소송의 대상이 되지 아니한다.〉** 과세표준과 세액을 감액하는 경정처분은 당초 부과처분과 별개 독립의 과세처분이 아니라 그 실질은 당초 부과처분의 변경이고, 그에 의하여 세액의 일부 취소라는 납세자에게 유리한 효과를 가져오는 처분이므로 그 감액경정결정으로도 아직 취소되지 아니하고 남아 있는 부분이 위법하다 하여 다투는 경우, 항고소송의 대상은 당초의 부과처분 중 경정결정에 의하여 취소되지 않고 남은 부분이고, 경정결정이 항고소송의 대상이 되는 것은 아니며, 이 경우 적법한 전심절차를 거쳤는지 여부도 당초 처분을 기준으로 판단하여야 한다(대판 1998.5.26, 98두3211 상속세부과처분취소).

(2) 소청결정설

소청심사위원회의 결정은 원처분을 대체하는 새로운 처분이므로 소청심사위원회의 결정을 다투어야 한다는 견해이다. 그러므로 피고는 소청심사위원회가 된다.

(3) 일부취소결정·변경결정구별설

일부취소결정의 경우는 취소되고 남은 원처분을 다투어야 하지만, 적극적 변경결정의 경우는 변경결정이 원처분을 완전히 대체하는 새로운 처분이고 당초의 원처분이 존재하지 않으므로 변경결정을 다투어야 한다는 견해이다. 그러므로 적극적 변경결정을 대상으로 소청심사위원회를 피고로 하여 행정소송을 제기해야 한다는 견해이다.

(4) 결 어

원처분설이 타당하다고 본다. 그 논거는 다음과 같다.

① 원처분중심주의 채택 : 행정소송법(§19)은 "취소소송은 처분 등을 대상으로 한다. 다만, 재결취소소송의 경우에는 재결자체에 고유한 위법이 있음을 이유로 하는 경우에 한한다"고 하여 원처분주의를 채택하고 있다. 재결자체에 고유한 위법이 있는 경우에만 예외적으로 재결을 취소소송의 대상으로 할 수 있도록 하고 있으므로, 재결에 대한 불복소송에서는 원처분의 위법을 다툴 수 없고, 재결자체의 위법만을 다툴 수 있게 된다. 그러나 개별법에서 원처분주의에 대한 예외로서 재결주의를 채택하고 있는 경우에는 원처분의 위법도 주장할 수 있다(대판 1995.12.8, 95누5561; 2002.6.25, 2000후1290).

② 형성결정의 경우 : 형성결정의 경우는 소청심사위원회(재결청) 스스로가 처분을 취소 또는 변경하는 경우로서 취소 또는 변경의 효과는 형성결정(형성재결)에 의해서 발생하는 것이므로 형성결정만이 항고소송의 대상이 된다. 그러므로 ㉮ 처분의 취소 또는 변경을 구하는 심사청구가 이유있다고 인정되면 처분의 취소결정 또는 변경결정(국공법 §14·⑤·3호 전단), ㉯ 위법 또는 부당한 거부처분이나 부작위에 대하여 의무이행을 구하는 심사청구가 이유있다고 인정되면 청구에 따른 처분결정(국공법 §14·⑤·5호 전단)이 각각 항고소송의 대상이 되고, 소청심사위원회가 피고가 된다.

소청심사위원회의 결정에 불복이 있으면 위법에 한해 그 결정서 송달을 받은 날로부터 90일 내에 행정소송을 제기할 수 있다(행소법 §20·① 단서, §18·① 단서). 그러나 소청제기 후 60일이 지나도 결정이 없거나, 그 결정을 기다림으로써 발생할 중대한 손해를 예방하기 위하여 긴급한 필요가 있는 때에는 소청에 대한 결정을 거치지 않고 행정소송을 제기할 수 있다(행소법 §18·②). 다만, 이 경우에 징계처분 또는 불이익처분의 처분청이 대통령인 경우는 소속장관이, 대법원장인 경우는 법원행정처장이, 국회의장인 경우는 국회사무총장이, 중앙선거관리위원회위원장인 경우는 중앙선거관리위원회사무총장이 각각 피고가 된다(국공법 §16·②, 법원조직법 §70).

③ 교육공무원의 경우 : 교육공무원인 교원과 사립학교 교원은 징계처분과 그 밖에 의사에 반하는 불리한 처분에 대하여 불복할 때에는 그 처분이 있었던 것을 안 날부터 30일 이내에 심사위원회에 소청심사를 청구할 수 있고, 심사위원회는 소청심사청구를 접수한 날부터 60일 이내에 이에 대한 결정을 하여야 한다(교원지위향상을위한특별법 §9·①, §10·①).
교원소청심사위원회의 결정에 불복하는 경우에는 교원, 사립학교법 제2조에 따른 학교법인 또는 사립학교 경영자 등 당사자는 그 결정서 송달을 받은 날 부터 90일 이내에 「행소송법」으로 정하는 바에 따라 소송을 제기할 수 있다(동법 §10·③).

이 경우의 행정소송의 대상은 일반 공무원의 경우처럼 원처분인 징계처분 등 불이익 처분이고(행소법 §19 : 원처분주의), 교원소청심사위원회의 결정은 고유한 위법이 있을 때에만 행정소송의 대상이 될 수 있다. 판례도 같은 취지이다.

판례 **〈재심결정에 사실오인 또는 재량권남용 일탈의 위법이 있다는 주장이 재심결정 취소사유가 되는지 여부〉** 국공립학교교원에 대한 징계 등 불리한 처분은 행정처분이므로 국공립학교교원이 징계 등 불리한 처분에 대하여 불복이 있으면 교원징계재심위원회에 재심청구를 하고 위 재심위원회의 재심결정에 불복이 있으면 항고소송으로 이를 다투어야 할 것인데, 이 경우 그 소송의 대상이 되는 처분은 원칙적으로 원처분청의 처분이고, 원처분이 정당한 것으로 인정되어 재심청구를 기각한 재결에 대한 항고소송은 원처분의 하자를 이유로 주장할 수는 없고 그 재결 자체에 고유한 주체·절차·형식 또는 내용상의 위법이 있는 경우에 한한다고 할 것이므로, 도교육감의 해임처분의 취소를 구하는 재심청구를 기각한 재심결정에 사실오인의 위법이 있다거나 재량권의 남용 또는 그 범위를 일탈한 것으로서 위법하다는 사유는 재심결정 자체에 고유한 위법을 주장하는 것으로 볼 수 없어 재심결정의 취소사유가 될 수 없다(대판 1994.2.8, 93누17874 해임처분취소).

공무원에 대한 위법·부당한 불이익조치가 설사 처분이 아니라도 당사자 소송을 제기하여 권리구제를 받을 수 있다고 보아야 한다.

그리고 사립학교 교원의 경우에는 그에 대한 사립학교의 불이익처분 그 자체는 행정소송 대상이 되는 행정처분은 아니므로 「교원지위향상을위한특별법」 제10조 제3항에 따라 소청심사위원회의 결정에 대하여 교원은 그 결정서를 송달받은 날부터 90일 이내에 행정소송법으로 정하는 바에 따라 행정소송을 제기할 수 있다. 이 경우에도 행정소송의 대상이 되는 행정처분은 교원소청심사위원회의 결정이지 학교법인의 해임처분이 행정처분으로 의제되는 것은 아니며, 또한 교원소청심사위원회의 결정을 이에 대한 행정심판으로서의 재결에 해당되는 것으로 볼 수는 없다(대판 1993.2.12, 92누13707). 그러나 행정소송 이외에 민사소송절차에 의하여 사립학교를 피고로 하여 불이익 처분의 취소를 구하는 것도 가능하다(대판 1993.2.22, 92누13707).

판례 ① **〈사립학교 교원에 대한 학교 법인의 해임처분을 행정소송의 대상이 되는 행정청의 처분으로 볼 수 없다.〉** 사립학교 교원은 학교법인 또는 사립학교 경영자에 의하여 임명되는 것으로서 사립학교 교원과 학교법인의 관계를 공법상의 권력관계라고 볼 수 없으므로 사립학교 교원에 대한 학교법인의 해임처분을 취소소송의 대상이 되는 행정청의 처분으로 볼 수 없고, 따라서 학교법인을 상대로 한 불복은 행정소송에 의할 수 없고 민사소송절차에 의할 것이다.
② **〈사립학교 교원이 학교법인의 해임처분에 대하여 교원지위향상을 위한 특별법에 따라 교육부 내의 교원징계재심위원회에 재심청구를 한 경우 재심위원회의 결정이 행정소송의 대상인 행정처분으로 볼 수 있다.〉** 사립학교 교원에 대한 해임처분에 대한 구제방법으로 학교법인을 상대로 한 민사소송 이외 교원지위향상을위한특별법 제7조 내지 10조에 따라 교육부 내에 설치된 교원징계재심위원회에 재심청구를 하고 교원징계재심위원회의 결정에 불복하여 행정소송을 제기하는 방법도 있으나, 이 경우에도 행정소송의 대상이 되는 행정처분은 교원징계심사위원회의 결정이지 학교법인의 해임처분이행 정처분으로 의제되는 것이 아니며 또한 교원징계재심위원회의결정을 이에 대한 행전심판으로서의 재결에 해당되는 것으로 볼 수는 없다(대판 1993.2.12, 92누13707 해임처분취소등).

제4절 공무원의 권리

Ⅰ. 서 언(공무원의 권리와 기본권의 제한)

공무원은 공무원이라는 신분 이외에 한 사람의 국민, 한 사람의 근로자로서의 신분을 가지고 있기 때문에 여러 가지 권리를 향유한다. 그러나 공무원의 신분으로 인하여 공무원의 기본권행사에 있어서 여러 가지 제약을 인정할 수 있으나 반드시 법률의 근거 아래 행해져야 하고 그 내용도 필요한 최소한도에 그쳐야 한다. 따라서 공무원의 근무와 관련하여 공무원관계의 존립을 위해 불가피한 제약은 그 합리성이 인정되는 한 인정될 수 있다.

공무원은 일정한 의무와 책임을 지는 동시에 공직 직무를 수행할 권리와 기타 생활인으로서의 권리 등을 갖는다. 그리고 오늘날은 공무원의 노동법상 권리와 절차법상 권리도 중요시 되고 있다.

Ⅱ. 신분상의 권리

1. 신분보장권

공무원이 직무수행에 있어서 특정 정당이나 정파, 집단의 부당한 영향을 받지 않고 「국민 전체에 대한 봉사자」로서 소임을 다하기 위해서는 무엇보다도 그 신분이 법적으로 보장되어야 한다. 그리하여 헌법(§7·②)은 「공무원의 신분과 정치적 중립성은 법률이 정하는 바에 의하여 보장된다」고 규정하였으며, 이에 근거하여 국가공무원법(§68)은 「공무원은 형의 선고·징계처분 또는 이법에 정하는 사유에 의하지 아니하고는 그 의사에 반하여 휴직·강임 또는 면직을 당하지 아니한다」고 규정하고, 또 징계처분은 일정한 법정 사유가 있는 경우에 한하여 인정되며(국공법 §78, 지공법 §69), 법정 사유에 의하지 아니하고는 직위해제를 당하지 아니하며, 직위해제를 당한 경우에도 그 사유가 소멸되면 지체 없이 직위를 부여하여야 한다(국공법 §73의3·②, 지공법 §65의3·②). 신분보장권은 원칙상 경력직공무원(직업공무원)에 한하여 보장된다(국공법 §2·②, 지공법 §2·②). 특수경력직공무원은 신분보장권을 받지 못함이 원칙이다(국공법 §2·③, §3, 지공법§3). 다만, 특수경력직공무원도 법령이 정한 바에 따라 일정한 신분보장을 받는 경우가 있다. 1급 공무원과 시보임용 중에 있는 공무원은 신분보장을 받지 못한다(국공법 §68·단서, §29·③, 지공법 §28·③, §60 단서).

2. 신분보유권·직위보유권·직무집행권

① 신분보유권은 "공무원의 신분은 법률이 정하는 바에 의하여 보장된다"(헌법 §7·②), "공무원은 형의선고, 징계처분 또는 이 법에 정하는 사유에 의하지 아니하고는 그 의사에 반하여 면직을 당하지 아니한다"(국공법 §68, 지공법 §60)고 규정하고 있는 바, 신분보유권은 신분보장권의 한 내용이고, ② 직위보유권은 일정한 직위를 부여받을 권리와 부여된 직위가 박탈되지 않을 권리를 가지며(국공법 §32, 지공법 §30) ③ 직무집행권은 자기가 담당하는 직무집행을 부당하게 방해당하지 않을 권리를 가지며 이를 방해한 자는 형법상 공무집행방해죄를 구성한다. 직무집행권은 예컨대 전보명령이 공무원의 일정한 업무집행(업무처리)을 방해하기 위하여 행하여 졌다면 당해 전보명령은 위법한 처분이 된다(예: 공무원의 소신있는 업무처리를 방해하는 전보명령).

3. 직명사용권, 제복착용권

공무원은 직명(예: 과장)을 사용하고, 또 제복이 있는 경우 그 착용권이 있다(경찰공무원법 §20). 그러나 제복착용권은 권리라기보다는 의무로 보는 것이 타당하다(류지태).

4. 쟁송제기권

공무원은 위법 또는 부당한 징계 기타의 처분을 받았을 때는 행정안전부에 설치된 소청심사위원회에 제소할 수 있고, 또 행정소송을 제기할 수 있다. 쟁송제기권은 권·익 침해를 받은 국민 일반에 인정되는 것이므로, 이를 공무원의 고유한 권리라고 할 수는 없다.

5. 고충심사청구권

고충처리제도란 공무원이 인사, 조직, 처우 등 각종 직무조건과 기타 신상문제에 대하여 인사상담이나 고충의 심사를 일정기관에 청구하여 그 기관으로 하여금 심사케 하고, 그 심사결과에 따라 고충의 해소 등의 처리를 도모하는 제도이다. 고충심사청구권을 이유로 불이익한 처분이나 대우를 받지 아니한다(국공법 §76의2). 판례는 고충처리제도가 행정소송의 대상이 되는 처분이 아니라 한다.[69]

Ⅲ. 재산상의 권리

1. 봉급청구권(보수청구권)

(1) 보수의 의의 및 성질·종류

공무원의 '보수'란 공무원이 국가 또는 지방자치단체로부터 받은 봉급과 각종 수당을 포함한 액을 말한다(공무원보수규정 §4·1호). 보수의 성질은 반대급부설과 생활자금설이 있으나 우리 공무원법은 양자의 성질을 갖는다고 하겠다. 즉, 직무에 대한 반대급부적인 성질과 생활보장적인 성질을 가지고 있다. 공무원보수규정과 지방공무원보수규정이 공무원의 보수에 관하여 구체적인 규정을 두고 있다.

'봉급'이라 함은 직무의 곤란성 및 책임의 정도에 따라 직책별로 지급되는 기본급여 또는 직무의 곤란성 및 책임의 정도와 재직 기간 등에 따라 계급별·호봉별로 지급되는 기본급여를 말한다.

'수당'이라 함은 직무여건 및 생활여건 등에 따라 지급되는 부가 급여를 말한다(공무원보수규정 §4·4호). 수당으로는 상여수당(대우공무원수당, 정근수당, 성과상여금), 가계보전수당(가족수당, 자녀학비보조수당, 주택수당, 육아휴직수당), 특수지근무수당, 특수근무수당(위험근무수당, 특수업무수당, 업무대행수당, 군법무관수당), 초과근무수당(시간외근무수당, 야근근무수당, 휴일근무수당, 관리업무수당), 실비변상(정액급식비, 교통보조비, 명절휴가비, 가계지원비, 연가보상비, 직급보조비) 등이 있다(공무원수당 등에 관한 규정).

(2) 보수청구권의 성질

공무원의 보수청구권은 공무원법관계에서 발생하는 공법상의 권리이다. 따라서 보수지급청구소송이나 보수청구확인소송은 행정소송 중 당사자소송에 의하여야 한다. 보수청구권은 봉급을 법령에 정하고 있으므로 포기할 수 없는 것으로 보아야 하고, 노동대가적 성격은 물론이고, 생활보장적 성격을 가지므로 양도가 금지되며 압류가 제한되는 것으로 보아야 한다. 현행법상 보수청구권의 압류는 2분 1까지로 제한된다(민사집행법 §246, 국세징수법 §33). 보수청구권은

69) 대판 1987. 12. 8, 87누657, 대판 1995. 9. 29, 95누5332.

국가에 대한 권리로서 금전급부를 목적으로 하는 것이므로 시효에 관하여 다른 법률에 규정이 없으면 5년간 행사하지 않으면 시효로 인하여 소멸한다(국가재정법 §96, 지방재정법 §82). 보수청구권은 공법상채권이다.

판례 〈교육부장관(당시 문화부장관)의 권한을 재위임 받은 공립교육기관의 장에 의하여 공립유치원의 임용기간을 정한 전임강사로 임용되어 지방자치단체로부터 보수를 지급받으면서 공무원복무규정을 적용받고 사실상 유치원 교사의 업무를 담당하여 온 유치원 교사의 자격이 있는 자에 대한 해임처분의 시정 및 수령지체된 보수의 지급을 구하는 소송이 행정소송의 대상이다.〉 교육부장관(당시 문화부장관)의 권한을 재위임 받은 공립교육기관의 장에 의하여 공립유치원의 임용기간을 정한 전임강사로 임용되어 지방자치단체로부터 보수를 지급받으면서 공무원복무규정을 적용받고 사실상 유치원 교사의 업무를 담당하여 온 유치원 교사의 자격이 있는 자는 교육공무원에 준하여 신분보장을 받는 정원 외의 임시직 공무원으로 봄이 상당하므로 그에 대한 해임처분의 시정 및 수령지체된 보수의 지급을 구하는 소송은 행정소송의 대상이지 민사소송의 대상이 아니다(대판 1991.5.10, 90다10766 해임처분무효확인등).

(3) 성과급제·연봉제 도입

① 근무성적평정결과 근무성적이 우수한 자에 대하여는 상여금을 지급하거나 특별승급을 시킬 수 있도록 하여, 공무원에게도 성과급제 내지는 보수상 경쟁원리를 도입하였다(국공법 §51·②).

② 3급 국장급 이상 공무원과 계약직공무원에 대하여 공직사회의 경쟁력을 강화하고, 생산성을 높이기 위하여 연봉제를 도입하여, 보수체계를 종래의 계급과 경력을 중시하는 연공급 보수체계에서 능력과 업무실적을 중시하는 성과급 보수체계로 전환하였다. 그리고 정무직공무원에 대하여는 고정급적 연봉제를 도입하였다(공무원보수규정 §33).

2. 연금청구권(연금권)

(1) 의의 및 성질

1) 의 의

연금이라 함은 본래 일정한 기간 근무하고 퇴직(사망으로 인한 퇴직포함)한 경우에 공무원 또는 그 유족에게 지급되는 급여를 말한다.

그런데 공무원연금법은 "공무원의 퇴직 또는 사망과 공무로 인한 부상·질병·폐질에 대하여 적절한 급여를 실시함으로써, 공무원 및 그 유족의 생활안정과 복리향상에 기여함을 목적으로 지급하는 급여"를 공무원의 연금으로 규정하고 있다(공무원연금법 §1).

2) 성 질

연금의 성질에 관하여는 사회보장설, 보험금설, 거치보수(deferred pay)설 또는 봉급연불설 등이 있으나, 연금은 공무원의 봉급에서 매월 납부되는 기여금(월보수의 7%)과 국가 또는 지방자치단체의 부담금(연보수예산액의 7%)을 기금으로 하여 지급(공무원연금법 §66, §69,)되는 것이므로, 연금은 위의 각 설의 성질을 아울러 가진다고 할 수 있다.

본래의 연금(퇴직금)은 공무원이 기여금을 납부하는 점에서 후불임금적 성질을 가지며 또한 기여금 이상으로 국가와 지방자치단체가 부담하는 부담금이 포함되어 지급(동법 §65·①)되는 점에서 사회보장적 성질을 가진다.

공무원이 공무상 질병 또는 부상으로 인해 지급받는 공무상요양비, 공무원이 수재·화재 기타 재해로 인해 지급받은 재해부조금 등 재해보상금은 퇴직시 또는 퇴직 후에 받는 것도 아니고 공무원이 부담하지 않고 국가와 지방자치단체가 부담하는 점에서 연금과는 그 성질을 구별하여야 한다. 현행 공무원연금법에서 편의상 모두 규정하고 있다(동법 §35, §41). 그러나 장해연금 또는 장해보상금 등의 장해급여와 유족연금 등 유족급여는 연금의 성질을 가진다(동법 §51, §56). 중요한 것은 공무원연금법상의 장해급여나 불법행위로 인한 손해배상과는 아무런 연관이 없다는 점이다(대판 1992.5.12, 91누1363).

연금청구권은 공권이다. 따라서 지급결정된 연금의 지급청구소송은 행정소송중 당사자소송에 의하여야 한다(대판 2004.7.8, 2004두244).

급여를 받을 권리는 이를 양도, 압류하거나 담보에 제공할 수 없다. 다만, 연금(퇴직연금, 장애연금, 유족연금)인 급여를 받을 권리는 이를 대통령령이 정하는 금융기관에 담보로 제공할 수 있고, 국세징수법, 지방세기본법 기타 법률에 의한 체납처분의 대상으로 할 수 있다(동법 §32).

공무원연금법에 의한 급여를 받을 권리는 그 급여의 사유가 발생한 날로부터 단기급여에 있어서는 3년간, 장기급여에 있어서는 5년간 이를 행사하지 아니할 때에는 시효로 인하여 소멸한다(동법 §81).

3) 연금의 종류

연금은 공무원이 20년 이상 재직하고 퇴직한 때에 적용되고, 공무원이 20년 미만 재직하고 퇴직할 때에는 퇴직일시금을 지급한다(동법 §46·①, §48·①).

공무원연금법상의 급여에는 단기급여와 장기급여가 있다. 단기급여에는 ① 공무상요양비 ② 재해부조금 ③ 사망조위금이 있고(동법 §34), 장기급여에는 ① 퇴직급여(퇴직연금, 퇴직연금일시금, 퇴직연금공제일시금, 퇴직일시금), ② 장해급여(장해연금, 장해보상금), ③ 유족급여(유족연금, 유족연금부가금, 유족연금특별부가금, 유족연금일시금, 유족일시금, 유족보상금), ④ 퇴직수당이 있다(동법 §42).

4) 급여의 결정 및 심사의 청구

① 급여의 결정 등

급여를 받을 권리는 공무원연금법이 정한 사유에 해당하는 경우에 당연히 발생한다. 그러나 각종급여는 그 급여를 받을 권리를 가진 자가 당해 공무원이 소속하였던 기관장의 확인을 얻어 신청하는 바에 의하여 행정안전부장관의 결정으로 공단이 지급한다, 행정안전부장관의 결정권은 공단에 위탁되어있다(공무원연금법 §26·①·②·③). 이 결정의 법적 성질은 확인행위의 성질을 가진다.

② 심사의 청구 및 쟁송방법

급여에 관한 결정, 기여금의 징수 기타 이 법에 의한 급여에 관하여 이의가 있는 자는 결정 등이 있는 날로부터 180일, 그 사실을 안 날부터 90일 이내에 공무원연금급여재심위원회(이하 '위원회'라 한다)에 그 심사를 청구할 수 있다. 다만, 그 기간에 정당한 사유가 있어 심사의 청구를 할 수 없었던 것을 증명한 때에는 예외로 한다(동법§80·①·②).

급여에 관한 결정, 기여금의 징수 기타 이 법에 관한 급여에 관하여는 행정심판법에 의한 행정심판을 청구할 수 없다(동법 §80·④).

공무원연금관리공단의 급여에 관한 결정은 국민의 권리에 직접 영향을 미치는 것이어서 행정처분(확인행위)에 해당한다. 따라서 공무원연금관리공단의 급여결정에 불복하는 자는 공무원연금급여재심위원회의 심사결정을 거쳐 공무원연금관리공단의 급여결정을 대상으로 취소소송을 제기해야 한다(대판 1996.12.6, 96누6417 퇴직급여지급처분취소). 그러나 지급결정된 연금의 일부 지급거부에 대하여는 연금지급청구소송(공법상당사자소송)을 제기해야 한다(대판 2004.7.8, 2004두244 연금지급청구서반려처분취소).

③ 퇴직급여권자

임용결격자가 공무원으로 임용되어 사실상 근무하여 온 경우는 공무원연금법상 퇴직급여 등을 청구할 수 없다.

판례 **〈임용결격자가 공무원으로 임용되어 사실상 근무하여온 경우 공무원연금법상 퇴직급여 등을 청구할 수 없다.〉** 공무원연금법에 의한 퇴직급여 등은 적법한 공무원으로서의 신분을 취득하여 근무하다가 퇴직하는 경우에 지급되는 것이고, 임용 당시 공무원임용 결격사유가 있었다면 비록 국가의 과실에 의하여 임용결격자임을 밝혀 내지 못하였다고 하더라도 그 임용행위는 당연무효로 보아야 하고, 당연무효인 임용행위에 의하여 공무원의 신분을 취득하거나 근로고용관계가 성립할 수는 없으므로, 임용결격자가 공무원으로 임용되어 사실상 근무하여 왔다고 하더라도 적법한 공무원으로서의 신분을 취득하지 못한 자로서는 공무원연금법 소정의 퇴직급여 등을 청구할 수 없으며, 임용결격사유가 소멸된 후에 계속 근무하여 왔다고 하더라도 그 때부터 무효인 임용행위가 유효로 되어 적법한 공무원의 신분을 회복하고 퇴직급여 등을 청구할 수 있다고 볼 수는 없다(대판 1996.7.12, 96누3333).

3. 실비변상청구권

공무원은 보수 외에 직무수행에 소요되는 실비변상인 출장비, 여비 등의 청구를 할 수 있는 권리이다(국공법 §48·①, 지공법 §46·①).

공무원은 공무로 여행할 때 공무원여비규정에 의해 운임·일비·숙박비·식비·이선비·가족여비 및 준비금 등 여비가 지급된다(공무원여비규정 §2).

Ⅳ. 공무원의 근로법상 권리

1. 서 설

공무원인 근로자는 법률이 정하는 자에 한하여 단결권·단체교섭권 또는 단체행동권을 가진다(헌법 §33·②). 그런데 국가공무원법(§66)은 "대통령령으로 정하는「사실상 노무에 종사하는 공무원」"만이 노동법상 권리(단결권·단체교섭권·단체행동권)를 가지게 하고 있다. 대통령령인「국가공무원복무규정」은 여기서「사실상 노무에 종사하는 공무원」의 범위는 지식경제부 소속의 현업기관의 작업현장에서 노무에 종사하는 기능직공무원으로서 "① 서무·인사 및 기밀업무에 종사하는 공무원, ② 경리 및 물품 출납사무에 종사하는 공무원, ③ 노무자 감독사무에 종사하는 공무원, ④「보안업무규정」에 따른 보안목표시설의 경비업무에 종사하는 공무원, ⑤ 승용자동차 및 구급차의 운전에 종사하는 공무원"에 해당하지 아니하는 공무원만을 사실상 노무에 종사하는 공무원으로 규정하고 있다. 종래 규정하고 있었던 고용직공무원을 삭제한 것은 이를 별정직공무원에 흡수시켰기 때문이다(2011.5.23. 개정 국공법 §2·③)(개정국가공무원복무규정 §28). 대법원과 헌법재판소는 공무원의 노동법상 기본권을 제한하는 국가공무원법에 대해서 위헌이 아니라는 판단을 하고 있다.

판례 〈공무원의 집단행위를 금지한 국가공무원법 제66조는 합헌〉 공무원의 집단행위를 금지한 국가공무원법 제66조 제1항이 헌법 제11조 평등권조항, 제21조 언론·출판·집회·결사의 자유조항, 제31조 제4항의 교육의 자주성 등의 보장조항, 제33조의 근로자의 단결권 등 조항이나 제37조 제2항의 국민의 자유와 권리의 제한조항에 위배된 위헌규정이라고 할 수는 없다(대판 1990.12.26, 90다8916).

【헌재결】 국공립학교 교육공무원은 고도의 전문성·자주성·사회적 책임성이 존중되어야 하므로 사실상 노무에 종사하는 공무원과 달리 근로 3권을 제한한다는 것은 합리적 이유가 있어, 공무원의 노동운동을 금지한 국가공무원법 제66조 제1항은 합헌이다(헌재 1992.4.28, 90헌바 21 내지 46).

한편 지방공무원법 제58조 제1항은「공무원은 노동운동이나 그 밖에 공무외의 일을 위한 집단행위를 하여서는 아니된다. 다만, 사실노무에 종사하는 공무원은 예외로 한다」, 제2항은「사실상 노무에 종사하는 공무원의 범위는 "조례"로 정한다」고 하여 조례에 위임하였다. 여기서 헌법재판소는 지방공무원법 제58조 제2항의 위임에 따라 '사실상 노무에 종사하는 공무원의 범위를 정하는 조례를 제정하지 아니한 부작위(입법 부작위)에 대하여 위헌결정을 내렸다.

【헌재결】〈지방자치단체인 피청구인들이 지방공무원법(1973. 3. 12. 법률 제2594호로 개정된 것, 이하 같다) 제58조 제2항의 위임에 따라 '사실상 노무에 종사하는 공무원의 범위'를 정하는 조례를 제정하지 아니한 부작위(이하 '이 사건 부작위'라 한다)에 의하여 청구인들의 기본권이 침해될 가능성이 존재하는지 여부 및 청구인들이 이 사건 부작위에 대하여 자기관련성을 가지는지 여부(적극)〉 '공무원의 노동조합 설립 및 운영 등에 관한 법률'(이하 '공무원노조법'이라 한다)에 의하면, 지방공무원 중 기능직공무원과 고용직공무원은 모두 공무원노동조합에 가입할 수 있고, 단결권과 단체교섭권을 가진다. 그런데 만일 지방공무원법 제58조제2항에 따라 제정된 조례가 기능직공무원을 '사실상 노무에 종사하는 공무원'의 범위에 포함시킨다면 기능직공무원들은 공무원노조법의 적용 대상에서 제외되어 단결권과 단체교섭권은 물론 단체행동권까지 가질 수 있게 되는바, 해당 조례가 어떻게 제정되는지에 따라 기능직공무원인 청구인들이 향유할 수 있는 근로3권의 범위가 달라지게 된다. 따라서 이 사건 부작위에 의하여 청구인들의 기본권이 침해될 가능성이 있으며 아울러 청구인들은 이 사건 심판청구에 관한 자기관련성도 인정된다(헌재 2009.7.30, 2006헌마358 전원재판부 입법부작위 위헌 확인).

2. 공무원의 노동조합

(1) 공무원의 노동조합 설립목적

1) 목 적

공무원의 노동기본권(헌법 §32·②)을 보장하기 위하여 「노동조합 및 노동관계조정법」 제5조 단서의 규정(공무원과 교원에 대하여는 따로 법률로 정한다)에 따라 공무원의 노동조합 설립 및 운영 등에 관한 사항을 정함을 목적으로 「공무원의 노동조합 설립 및 운영 등에 관한 법률」이 제정·시행되고 있다.

2) 공무원의 정의

이 법에서 '공무원'이라 함은 국가공무원법 제2조 및 지방공무원법 제2조에서 규정하고 있는 공무원을 말한다.

국가공무원법 제66조 제1항 단서 및 지방공무원법 및 제58조 제1항 단서의 규정에 의한 '사실상 노무에 종사하는 공무원' 과 「교원의 노동조합 설립 및 운영에 관한 법률」의 적용을 받는 '교원인 공무원'을 제외한다(동법 §2).

(2) 공무원의 노동조합 설립

1) 설 립

공무원이 노동조합을 설립하고자 하는 경우에는 국회·법원·헌법재판소·선거관리위원회·행정부·특별시·광역시·도·특별자치도·시·군·구(자치구를 말한다) 및 특별시·광역시·도의 교육청을 최소단위로 한다. 노동조합을 설립하고자 하는 자는 고용노동부장관에게 설립신고서를 제출해야 한다(동법 §5·①·②).

2) 가입범위(동법 §6)

① 가입가능한 공무원

㉮ 6급 이하의 일반직공무원 및 이에 상당하는 일반직공무원

㉯ 특정직공무원 중 6급 이하의 일반직공무원에 상당하는 외무행정·외교정보 관리직 공무원

㉰ 기능직공무원

㉱ 6급 이하의 일반직공무원에 상당하는 별정직공무원 및 계약직공무원
종래 규정하고 있었던 '고용직공무원'이 삭제된 것은 이를 별정직공무원에 흡수시켰기 때문이다(2011.5.23. 개정 국공법 §2·③).

② **가입할 수 없는 공무원**(제1항에 불구하고 다음에 해당하는 공무원은 노동조합에 가입할 수 없다)

㉮ 다른 공무원에 대해서 지휘·감독권을 행사하거나 다른 공무원의 업무를 총괄하는 업무에 종사하는 공무원

㉯ 인사·보수에 관한 업무를 수행하는 공무원 등 노동조합과의 관계에서 행정기관의 입장에 서서 업무를 수행하는 공무원

㉰ 교정·수사 그 밖에 이와 유사한 업무에 종사하는 공무원

㉱ 업무의 주된 내용이 노동관계의 조정·감독 등 노동조합의 조합원으로서의 지위를 가지고 수행하기에 적절하지 아니하다고 인정되는 업무에 종사하는 공무원

③ 노동조합원의 지위유지

공무원이 면직·파면 또는 해임되어 노동조합 및 노동관계조정법 제82조 제1항의 규정에 따라 노동위원회에 부당노동행위의 구제신청을 한 때에는 중앙노동위원회의 재심판정이 있을 때까지는 노동조합원의 지위를 상실하는 것으로 보아서는 아니된다(동법 §6·③).

④ 노동조합전임자(專任者)의 지위(동법 §7)

㉮ 임용권자의 동의
공무원은 임용권자의 동의를 얻어 노동조합의 업무에만 종사할 수 있다(전임자).

㉯ 휴직명령
동의를 얻어 노동조합의 업무에만 종사하는 자(이하 '전임자'라 한다)대하여는 그 기간 중 국가공무원법 제71조 또는 지방공무원법 제63조의 규정에 따라 휴직명령을 하여야 한다.

㉰ 보수지급불가

국가 및 지방자치단체는 전임자에 대하여 그 전임기간 중 보수를 지급하여서는 아니된다.

㉣ 불이익처우금지

국가 및 지방자치단체는 전임자임을 이유로 승급 그 밖의 신분에 관한 불이익한 처우를 하여서는 아니된다.

(3) 노동조합활동의 보장 및 한계

1) 보 장

이 법에 의한 공무원의 노동조합(이하 '노동조합'이라 한다)의 조직 및 가입과 노동조합과 관련된 정당한 활동에 대하여는 국가공무원법 제66조 제1항 본문(공무원은 노동운동기타 공무 이외의 일을 위한 집단적 행위를 하여서는 아니된다) 및 지방공무원법 제58조 제1항 본문의 규정을 적용하지 아니한다(동법 §3·①).

2) 한 계

① 의무위반행위금지

공무원은 노동조합의 활동을 함에 있어서 다른 법령이 규정하는 공무원의 의무에 반하는 행위를 하여서는 아니된다(동법 §3·②).

② 정치활동금지

노동조합과 그 조합원은 정치활동을 하여서는 아니된다(동법 §4).

③ 쟁의행위금지

노동조합과 그 조합원은 파업·태업 그 밖에 업무의 정상적인 운영을 저해하는 일체의 행위를 하여서는 아니된다(동법 §11).

(4) 교섭 및 체결권

1) 노동조합대표자와 정부교섭대표자 등

노동조합의 대표자는 그 노동조합에 관한 사항 또는 조합원의 보수·복지 그 밖의 근무조건에 관한 사항에 대하여 국회사무총장·법원행정처장·헌법재판소사무처장·중앙선거관리위원회사무총장·행정안전부장관(행정부를 대표한다)·특별시장·광역시장·도지사·시장·군수·구청장 또는 특별시·광역시·도의 교육감 중 어느 하나에 해당하는 자(이하 '정부교섭대표'라 한다)와 각각 교섭하고 단체협약을 체결할 권한을 가진다(동법 §8·①).

2) 교섭사항(대상)

교섭사항은 노동조합에 관한 사항 또는 조합원의 보수·복지 그 밖의 근무조건에 관한 사항이다.

법령 등에 의하여 국가 또는 지방자체단체가 그 권한으로 행하는 정책결정에 관한 사항, 임용권의 행사 등 그 기관의 관리·운영에 관한 사항으로서 근무조건과 직접 관련되지 아니하는 사항은 교섭의 대상이 될 수 없다(동법 §8·① 난서).

3) 정부교섭대표 등 의무

정부교섭대표는 법령 등에 의하여 스스로 관리하거나 결정할 수 있는 권한을 가진 사항에 대하여 노동조합의 교섭요구가 있는 때에는 정당한 사유가 없는 한 이에 응해야 한다(동법 §8·②).

4) 교섭의 절차(동법 §9)

① 교섭위원

노동조합은 단체교섭을 위하여 노동조합의 대표자와 조합원으로 교섭위원을 구성하여야 한다.

② 서면교섭요구

노동조합의 대표자는 정부교섭대표와 교섭하고자 하는 경우에는 교섭하고자 하는 사항에 대하여 권한을 가진 정부교섭대표에게 서면으로 교섭을 요구해야 한다.

③ 관련된 노동조합 참여

정부교섭대표는 노동조합으로부터 교섭을 요구받은 때에는 교섭을 요구받은 사실을 공고하여 관련된 노동조합이 교섭에 참여할 수 있도록 하여야 한다.

④ 교섭창구의 단일화

정부교섭대표는 교섭을 요구하는 노동조합이 2인 이상의 경우에는 당해 노동조합에 대하여 교섭창구를 단일화하도록 요청할 수 있고, 교섭창구가 단일화될 때까지 교섭을 거부할 수 있다(동법 §9·④).

⑤ 단체협약체결에 불참한 노동조합

정부교섭대표는 노동조합과 단체협약을 체결한 경우 그 유효기간 중에는 당해 단체협약 체결에 참여하지 아니한 노동조합이 교섭을 요구하더라도 이를 거부할 수 있다(동법 §9·⑤).

5) 단체협약의 효력(동법 §10)

체결된 단체협약의 내용 중 법령·조례 또는 예산에 의하여 규정되는 내용과 법령 또는 조례에 의한 위임을 받아 규정된 내용은 단체협약으로서의 효력을 갖지 아니한다.

정부교섭대표는 위와 같은 단체협약으로서의 효력을 가지지 아니하는 내용에 대하여는 그 내용이 이행될 수 있도록 성실히 노력하여야 한다.

(5) 조정과 중재(동법 §12~§16)

1) 조 정

① 조정신청

단체교섭이 결렬된 경우에는 당사자 일방 또는 쌍방은 노동위원회법 제2조의 규정에 의한 중앙노동위원회(이하 '중앙노동위원회'라 한다)에 조정을 신청할 수 있다(동법 §12·①).

② 조정개시 및 조정안 작성

중앙노동위원회는 당사자의 일방 또는 쌍방이 조정을 신청한 경우에는 지체 없이 조정을 개시하여야 하고, 조정안을 작성하여 이를 관계 당사자에게 제시하고 그 수락을 권고하는 동시에 그 조정안에 이유를 붙여 공표할 수 있다. 이 경우 필요한 때에는 신문 또는 방송에 보도 등 협조를 요청할 수 있다(동법 §12·③).

③ 30일내 종료

조정은 조정신청이 있는 날부터 30일 이내에 종료하여야 한다. 다만, 당사자간의 합의시에는 30일 이내의 범위에서 연장할 수 있다(동법 §12·④).

2) 중 재(동법 §13, §14, §16)

① 중재개시

중앙노동위원회는 ㉮ 단체교섭이 결렬되어 관계 당사자 쌍방이 함께 중재를 신청한 경우, ㉯ 조정이 이루어지지 아니하여 공무원노동관계조정위원회 전원 회의에서 중재회부의 결정을 한 경우에는 지체 없이 중재를 행한다.

② 공무원노동관계조정위원회 구성(동법 §14)

㉮ 단체교섭이 결렬될 경우 이를 조정·중재하기 위하여 중앙노동위원회에 공무원 노동관계조정위원회(이하 '위원회'라 한다)를 둔다.

㉯ 7인 이내의 공익위원 : 위원회는 공무원노동관계의 조정·중재를 전담하는 7인 이내의 공익위원으로 구성한다.

㉰ 공익위원은 공무원문제 또는 노동문제에 관한 지식과 경험을 갖춘 자 또는 사회적 덕망이 있는 자 중에서 중앙노동위원회위원장의 추천과 고용노동부장관의 제청으로 대통령이 위촉한다.

③ 중재재정의 확정 등(동법 §16)

㉮ 15일 이내에 행정소송 제기

관계 당사자는 중앙노동위원회의 중재재정이 위법하거나 월권에 의한 것이라고 인정하는 경우에는 행정소송법 제20조의 규조(제소기간)에 불구하고 그 중재재정서의 송달을 받은 날부터 15일 이내에 중앙노동위원회위원장을 피고로 하여 행정소송을 제기할 수 있다.

㉯ 확정 및 효력

위의 기간인 15일 이내에 행정소송을 제기하지 아니한 때에는 그 중재재정은 확정된다. 중재재정이 확립된 때에는 관계 당사자는 이에 따라야 한다.

그리고 중앙노동위원회의 중재재정은 행정소송제기에 의하여 그 효력이 정지되지 아니한다(집행부정지 원칙).

확정된 중재재정의 내용은 단체협약과 동일한 효력을 가진다(동법 §16·⑤).

(6) 다른 법률과의 관계(동법 §17)

1) 직장협의회 설립·운영 존속

이 법의 규정은 공무원이 공무원직장협의회의 설립·운영에 관한 법률에 의하여 직장협의회를 설립·운영하는 것을 방해하지 않는다.

2) 노동조합법 및 노동관계 조정법 준용

공무원에 적용할 노동조합 법 및 노동관계조정에 관하여 이 법에서 정하지 아니하는 사항에 대하여는 원칙적으로 노동조합법 및 노동관계조정법이 정하는 바에 따른다.

3. 교원의 노동조합

(1) 교원의 노동조합 설립목적

1) 목 적

국가공무원법 제66조 제1항(공무원은 노동운동 기타 공무원 외의 일을 위한 집단적 행위를 하여서는 아니된다) 및 사립학교법 제55조(사립학교의 교원의 복무에 관하여는 국·공립학교의 교원에 관한 규정을 적용한다)의 규정에 불구하고 초·중등교육법 제19조 제1항에서 규정하고 있는 교원에게 노동조합의 설립 및 단체교섭권을 인정한다. 노동조합 및 노동관계조정법 제5조 단서(교원과 공무원에 대하여는 따로 법률을 정한다)의 규정에 의하여 교원의 노동조합설립에 관한 사항을 정하고 교원에 적용할 노동조합 및 노동관계조정법에 대한 특례를 정함을 목적으로 「교원의 노동조합 설립 및 운영 등에 관한 법률」이 제정·시행되었다.

2) 교원의 정의

이 법에서 "교원"이라 함은 대학의 교원을 제외한 초·중등교육법 제19조 제1항에서 규정하고 있는 교원을 말한다(초등학교·중학교·고등학교·공민학교·고등공민학교·고등기술학교 및 특수학교에서의 교장·교감·교사). 다만, 해고된 자로서 노동위원회에서 부당노동행위의 구제신청을 한자의 경우에는 중앙노동위원회의 재심판정이 있을 때까지 이를 교원으로 본다(동법 §2).

(2) 교원의 노동조합설립(동법 §4, §5)

1) 설 립

교원은 특별시·광역시·도(이하 '시·도'라 한다)단위 또는 전국단위에 한하여 노동조합을 설립할 수 있다. 노동조합을 설립하고자 하는 자는 고용노동부장관에게 설립신고를 제출하여야 한다(동법§4·①·②).

2) 노동조합 전임자의 지위

임용권자의 허가, 휴직명령, 봉급지급불가, 불이익처우금지 등은 공무원의 노동조합에서 설명한 바와 같다(동법§5·③·④).

(3) 노동조합 활동과 관계(동법 §3, §8)

교원의 노동조합은 일체의 정치활동을 하지 못하며, 노동조합과 그 조합원은 파업·태업 기타 업무의 정상적인 운영을 저해하는 일체의 행위를 해서는 안된다(동법 §3, §8).

(4) 교섭 및 체결(동법 §6, §7)

1) 노동조합의 대표자와 교육과학기술부장관, 시·도 교육감 또는 사립학교설립·경영자

노동조합의 대표자는 그 노동조합 또는 조합원의 임금·노동조건·후생복지 등 경제적·사회적 지위 향상에 관한 사항에 대하여 교육과학기술부장관, 시·도 교육감 또는 사립학교를 설립·운영하는 자와 교섭하고 단체협약을 체결할 권한을 가진다. 이 경우 사립학교의 경우에는 사립학교를 설립·경영하는 자가 전국 또는 시·도 단위로 연합하여 교섭에 응하여야 한다.

2) 교섭위원

노동조합의 교섭위원은 당해 노동조합을 대표하는 자와 그 조합원으로 구성하여야 한다.

3) 교섭창구의 단일화

조직대상을 같이 하는 2 이상의 노동조합이 설립되어 있는 경우는 노동조합은 교섭창구를 단일화하여 단체교섭을 요구하여야 한다.

4) 국민여론 및 학부모의 의견 수렴

단체교섭을 하거나 단체협약을 체결하는 경우에는 관계 당사자는 국민여론 및 학부모의 의견을 수렴하여 성실히 교섭하고 단체협약을 체결하여야 하며, 그 권한을 남용하여서는 아니된다.

5) 단체협약의 효력(동법 §7)

체결된 단체협약의 내용 중 법령·조례 및 예산에 의하여 규정되는 내용과 법령 또는 조례에 의한 위임을 받아 규정되는 내용은 단체협약으로서의 효력을 가지지 아니한다.

교육과학기술부장관, 시·도 교육감 및 사립학교를 설립·경영하는 자는 단체협약으로서의 효력을 가지지 아니하는 내용에 대하여는 그 내용이 이행될 수 있도록 성실히 노력하여야 한다(동법 §7).

(5) 조정과 중재

1) 조　정(동법 §9)

① **조정신청**

단체교섭이 결렬되는 경우에는 당사자 일방 또는 쌍방은 중앙노동위원회에 조정을 신청할 수 있다.

② **조정개시**

당사자 일방 또는 쌍방이 조정을 신청한 경우에는 중앙노동위원회는 지체 없이 조정을 개시해야하며 당사자 쌍방은 이에 성실히 임하여야 한다.

③ **조정종료**

조정은 조정신청이 있는 날부터 30일 이내에 종료하여야 한다.

2) 중　재(동법 §10, §11, §12)

① **중재개시**

중앙노동위원회는 ㉮ 단체교섭이 결렬되어 관계당사자 쌍방이 함께 중재를 신청한 경우 ㉯ 중앙노동위원회가 제시한 조정안을 당사자 일방 또는 쌍방이 거부한 경우 ㉰ 중앙노동위원회위원장이 직권 또는 고용노동부장관의 요청에 의하여 중재에 회부한다는 결정을 한 경우에는 중재를 행한다.

② **교원노동관계조종위원회 구성**

교원의 노동쟁의를 조정·중재하기 위하여 중앙노동위원회에 교원노동관계조정위원회(이하 '위원회'라 한다)를 둔다. 위원회는 중앙노동위원회위원장이 지명하는 조정담당공익위원 3인으로 구성한다, 다만, 관계 당사자의 합의로 중앙노동위원회의 조정담당공익위원이 아닌 자를 추천하는 경우에는 그 추천된 자를 지명하여야 한다. 위원회의 위원장은 위원 중에서 호선한다.

③ **중재재정확정 등**

15일 이내에 행정소송제기, 확정 및 효력, 집행부정지효력 등은 공무원의 노동조합에서 설명한 바와 같다.

④ 교원소청심사청구와의 관계

노동조합 및 노동관계조정법 제81조 제1호(근로자가 노동조합에 가입 또는 가입하려고 하였거나 노동조합을 조직하려고 하였거나 기타 노동조합의 업무를 위한 정당한 행위를 한 것을 이유로 그 근로자를 해고하거나 그 근로자에게 불이익을 주는 행위) 및 제5호(근로자가 정당한 단체행위에 참가한 것을 이유로 하거나 또는 노동위원회에 대하여 사용자가 이 조의 규정에 위반을 것을 신고하거나 그에 관한 증언을 하거나 기타 행정관청에 증거를 제출한 것을 이유로 그 근로자를 해고하거나 그 근로자에게 불이익을 주는 행위) 규정에 의한 행위로 인하여 교원이 해고 기타 불이익을 받은 것을 이유로 당해 교원 또는 노동조합이 동법 제82조 제1항의 규정(사용자의 부당노동행위로 인하여 그 권리를 침해당한 근로자 또는 조합원은 노동위원회에 그 구제를 신청할 수 있다)에 의하여 노동위원회에 그 구제를 신청한 경우에는 교원지위향상을 위한 특별법 제9조의 규정에 불구하고 교원소청심사위원회에 소청심사를 청구할 수 없다(동법 §13).

(6) 노동조합 및 노동관계 조정법 적용

교원에 적용할 노동조합 및 노동관계 조정에 관하여 이 법에서 정하지 아니한 사항에 대하여는 제2항에서 정하는 경우를 제외하고는 노동조합 및 노동관계 조정법이 정하는 바에 따른다(동법 §14).

Ⅴ. 공무원의 절차법상 권리

공무원은 위법·부당하게 불이익한 처분에 대한 시정청구권과 근로조건·인사관리 등 신상문제에 대하여 인사상담·고충심사청구권이 인정된다. 고충심사청구권제도는 공무원에게 노동 3권을 제약하는 것에 대한 대상적 의미를 가진다. 소청권과 행정소송제기권은 쟁송법상 권리로서 중요시 되고 있다(기술함).

기업별노동조합의 경우와 달리 산업별·직종별·직업별 노동조합의 경우 일정한 사용자와의 종속관계를 조합원의 자격요건으로 하지 않으므로 구직 중인 여성노동자는 근로자가 아니라는 이유로, 그를 구성원으로 포함시킨 노동자조합설립신고를 반려한 것은 잘못이라고 하여 실업자도 지역별 노동조합에 가입할 수 있다(대판 2004.2.26, 2001두8568).

Ⅵ. 공무원직장협의회

1. 제정취지·목적

「공무원직장협의회의 설립·운영에 관한 법률」의 제정동기는 "공무원에게 단결권 및 단체교섭권 등 노동기본권을 보장해 주고 있는 국제적 추세에 부응하여 단결권이 허용되지 않는 공무원들에게 직장협의회설립을 허용하여 근로환경개선·업무능률향상 등에 관해 소속기관장의 협의·조정토록 함으로써 공무원의 복무상 권익을 보호하고 진작시키기 위한 것"이며 「공무원의 근무환경개선·업무능률향상 및 고충처리 등을 위한 직장협의회의 설립 및 운영에 관한 기본적인 사항을 규정함」을 목적으로 한다고 규정하고 있다(이 법은 1999년 1월 1일부터 시행).

2. 협의회의 성격

이 법률이 예정하고 있는 공무원직장협의회는 합의된 내용에 강제성이 없는 점에서 노동조합과 성격이 같지 않다. 다만, 협의회의 운영 여하에 따라서는 장래 공무원노동조합의 도입의 계기가 될 수 있는 바, 이 협의회는 노동조합의 전 단계의 성격을 갖는다고 할 수 있다.

(1) 목 적

「공무원직장협의회의 설립·운영에 관한 법률」은 공무원의 근무환경개선·업무능률향상 및 고충처리 등을 위한 직장협의회의 설립 및 운영에 관한 기본적인 사항을 규정함을 목적으로 한다고 규정하고 있다.

(2) 설립·가입범위·가입 및 탈퇴자유

1) 설 립

국가기관·지방자치단체 및 그 하부기관에 근무하는 공무원은 기관단위로 하나의 기관에는 하나의 직장협의회만을 설립할 수 있다. 협의회를 설립한 때에는 그 대표자는 소속기관의 장에게 설립사실을 통보해야 한다(동법 §2·③).

2) 가입범위

협의회에 가입할 수 있는 공무원의 범위는 ㉠ 6급 이하의 일반직공무원 및 이에 준하는 연구·특수기술직렬의 일반직 공무원 ㉡ 특정직 공무원 중 재직경력 10년 미만의 외무영사직렬·외교정보 기술직렬 외무공무원 ㉢ 기능직 공무원 ㉣ 고용직 공무원 ㉤ ㉠의 일반직공무원에 상당하는 별정직공무원이다. 주의할 것은 사실상 노무에 종사하는 국가·지방공무원(국공법 §66·①, 지공법 §58·①)과 지휘·감독의 직책이나 인사·예산·경리·물품출납·비서·비밀·보안·경비 또는 자동차 운전 기타 이와 유사한 업무에 종사하는 공무원은 협의회에 가입할 수 없다(동법§3·② 단서).

3) 가입 및 탈퇴의 자유

공무원은 자유로이 협의회에 가입하거나 협의회를 탈퇴할 수 있다.

(3) 협의회의 기능

1) 기관장과의 협의사항

협의회는 ㉠ 당해 기관 고유의 근무환경개선에 관한 사항 ㉡ 업무능률 향상에 관한 사항

㉢ 소속공무원의 공무와 관련된 일반적 고충에 관한 사항 ㉣ 기타 기관의 발전에 관한 사항을 기관장과 협의한다(동법 §5). 협의회는 협의사항에 관한 협의를 함에 있어서 협의회 구성원의 직급 등을 고려하여 협의회 구성원의 의사를 고루 대체할 수 있는 협의의원을 선임하여야 한다(동법 §5·②).

2) 기관장의 직무

기관장은 협의회가 문서로 명시하여 협의를 요구한 경우 이에 성실히 임하여야 하며, 문서로 합의한 사항은 최대한 이의 이행에 노력해야 하며, 협의회의 조직 및 운영과 관련하여 소속 공무원에 대하여 불리한 조치를 하여서는 아니된다(동법§6·②·③).

제5절 공무원의 의무

【기출문제】 <1968년 (제12회) 행정고시 (논술형)> ※ 공무원의 의무 <1988년 외무고시 (약술형)> ※ 공무원의 의무

Ⅰ. 개 설

1. 법 규 정

헌법(§7)은 공무원이 주권을 가진 국민의 수임자이며, 국민 전체에 대한 봉사자이므로, 이 취지에 입각하여 공무원법(국가공무원법§1,§55, 지방공무원법§1,§47)은 공무원이 국민 또는 국민 전체의 봉사자로서 직무를 민주적·능률적으로 수행할 것을 규정하고 있다. 이것은 공무원의 근무상의 기본원칙을 천명한 것이다. 여기서 공무원의 복무의 기본원칙이 표시되어 있고 일반국민이 지지 않는 특별한 의무를 진다. 공무원의 의무는 공무원의 종류 또는 직무의 성질에 따라 다르고, 각종 법령에서 개별적으로 규정하는 바이나 국가 및 지방공무원법은 주로 경력직공무원에 공통된 의무를 규정하고 있다.

2. 공무원의무의 근거

① 특별권력관계 긍정설은 공무원의 의무는 특별권력으로부터 유출되는 포괄적 의무이고 법령에 규정된 것은 주의적·예시적인 것에 불과하다는 견해이고 ② 특별권력관계부정설 입장에서는 법령 또는 당사자간 합의에서 또는 법령 및 당사자의 합의에서 구하는 견해가 다수설이다. 그러므로 공무원에게 부과되는 의무도 반드시 법적근거를 요한다. 현행 법적 근거로는 헌법 제7조, 국가공무원법 제1조 및 제7장과 지방공무원법 제1조 및 제6장을

들 수 있다.

3. 공무원의무의 특수성

공무원의 특수성으로 특별권력관계 긍정설에는 포괄성, 윤리성, 영속성을 띠는 것이 특색이라 한다.

그러나 오늘날 군주국이 아닌 민주적법치국가에서는 이러한 견해는 이미 극복되었으며, 공무원의 모든 의무는 헌법과 공무원법을 비롯한 관계법령에 규정되어 있다. 다만 법령에서 규정된 의무 중에는 공무원의 복종의무(국공법 §57, 지공법 §49)와 같이 포괄적인 성질을 가진 것도 있나. 또한 공무원의 국가에 대한 관계를 단순한 노무급부관계 또는 사법상 고용관계와 동일시하는 것은 타당치 않으며, 공법상 근무관계로서 특수한 법적 규율의 적용을 받으며, 공무원관계가 경제성에 의하여 지배되는 사법상 고용관계와 다른 윤리적 관계로서의 윤리성을 갖는다.

Ⅱ. 일반적 의무

1. 선서의무

공무원은 취임할 때 소속기관의 장 앞에서 국회규칙·대법원규칙·헌법재판소규칙·중앙선거관리위원회규칙 또는 대통령령이 정하는 바에 따라 선서를 하여야 한다(국공법 §55, 지공법 §47).

대통령령인 「국가공무원복무규정」 제2조 제2항은 소속기관장 앞에서 「나는 대한민국 공무원으로서 헌법과 법령을 준수하고, 국가를 수호하며, 국민에 대한 봉사자로서의 임무를 성실히 수행할 것을 엄숙히 선서합니다」라고 선서하여야 한다고 규정하고 있다(국가공무원 복무규정 §2).

다만, 불가피한 사유가 있을 때에는 취임 후에 선서를 하게할 수 있다.

2. 성실의무

공무원은 주권을 가진 국민 전체에 대한 봉사자로서 공공이익을 위하여 전 인격과 양심을 바쳐 법령을 준수하며 성실히 직무를 수행하여야 한다(국공법 §56, 지공법 §48). 이 성실의무는 모든 공무원의무의 원천이 되는 기본적 의무이며 윤리성을 본질로 한다. 따라서 경제성에 의해 지배되는 사법상의 고용관계에 있어서의 노무급부의무와는 그 성질이 다르다. 다만, 무정량의 충성의무가 아니라 법적 의무이다. 상위적 공무원일수록 더 요구되는 의무이다. 각종의 개별적인 직무상의 의무는 물론이고 직무 외에서의 의무도 여기에서 나온다. 성실의무는 단지 법령을 준수하고, 상관의 명령에 복종하는 것만으로는 충분하지 않고, 보다 적극적으로 법령이 허용하는 범위 안에서 국가의 이익을 도모할 것을 요구하는 자발적(능동적)직무 태도이다. 따라서 성실의무는 상관의 명령에 대해서만 수동적 직무태도인 복종의무와 구별된다. 따라서 공무원이 법령을 위배하지 않더라도 성실의무를 위배하면 징계의 사유가 된다.

판례 〈지방공무원법 제48조 소정의 성실의무의 내용〉 지방공무원법 제4조 소정의 성실의무는 공무원에게 부과된 가장 기본적인 중요한 의무로서 최대한으로 공공의 이익을 도모하고 그 불이익을 방지하기 위하여 전인격과 양심을 바쳐서 성실히 직무를 수행하여야 하는 것을 그 내용으로 한다(대판 1989.5.23, 88누3161).

판례 〈성실의무에 위배되는 사례〉
㉮ 역조역(驛助役)이 수익금의 인계를 소홀히 한 경우(대판 1965.3.9, 64누166), ㉯ 운수과장이 사고방지책을 강구하지 않고 있던 중 사고가 발생한 경우(대판 1973.11.27, 73누190), ㉰ 직위해제처분 중 상관의 출근명령을 거부한 경우(대판 1974.3.12, 74누24), ㉱ 세무사 자료계장이 과세자료철에 대하여 1년 5개월 동안 아무런 조치를 하지 않은 경우(대판 1974.3.26, 73누219) 등이 있다.

판례 〈공무원이 직무와 관련하여 뇌물을 받은 것은 성실의무·청렴의무에 위반된다.〉(대판 1983.9.28, 83누356, 대판 1990.3.13, 89누5034)
① 성실의무·직장이탈금지의무에 위반한 해임처분은 적정 〈사통하던 여자와 싸우다가 상해를 가하고 상관의 허가없이 직장을 이탈한 경찰관에 대한 해임처분은 적정하다.〉
경찰서 형사계에 근무하던 원고가 다방을 경영하던 여자와 정을 통하여 오던 중 서로 욕설을 하며 싸움을 하다가 그 여자에게 20일 간의 치료를 요하는 상해를 입히게 하고, 그 여자로부터 형사고소를 당하자 부모와 상의하기 위하여 소속상관의 허가 없이 직장을 떠나 고향으로 내려갔었다면 원고의 행위는 국가공무원법 제56조 소정의 성실의무, 제58조 제1항 소정의 직장이탈금지의무, 제63조 소정의 품위유지의무에 위배되어 같은 법 제78조 제1항 소정의 징계사유에 해당한다 할 것이고, 그 의무위반의 내용에 비추어 보면 징계종류로서의 해임처분은 적정하다(대판 1990.3.13, 89누8040).
② 〈부하직원에 대한 감독 소홀은 업무상 성실의무 위반에 해당한다.〉
신고된 특정건물 양성화업무를 처리함에 있어, 부하직원에 대한 감독을 소홀히 하여 부당양성화조치가 이루어지게 되었다면, 이는 업무상 성실의무를 위배한 것이라 할 것이다(대판 1987.4.14, 86누183).

공무원의 성실의무가 미치는 범위는 성실의무는 경우에 따라서는 근무시간 외에 근무지 밖까지 미칠 수도 있다(대판 1997.2.11, 96누2125).

Ⅲ. 직무상의무

1. 법령준수의무

【기출문제】 <1993년 외무고시 (약술형)> ※ 공무원의 법령준수와 해석

공무원은 성실히 법령을 준수하여야 한다(국가공무원법 §56, 지방공무원법 §48). 공무원은 법령의 효력발생여부에 대한 형식적 요건에 대한 심사권은 가지나, 법령에 대한 실질적 심사권은 원칙적으로 부인된다.

판례 ① 소속 상관의 명령이 참고인으로 소환된 사람에게 가혹행위를 하라는 것 등과 같이 명백히 위법한 때에는 그에 복종할 의무가 없다(대판 1998.2.23, 87누2358).
② 비록 상사의 명령에 의하여 한 행위라 하더라도 위법한 상사의 명령에는 복종할 의무가 없는 것이므로 그 책임을 면할 수 없다(대판 1967.2.7, 66누168).

법령준수의무를 위반하여 행해진 행위는 취소의 대상이 되고, 국가배상법상의 요건을 충족하는 경우에는 국가배상책임 및 공무원의 배상책임을 발생시키며, 법령준수의무위반은 징계사유가 된다. 공무원은 법관과는 달리 법령에 대한 위헌·위법심사권을 갖지 않기 때문에, 법령의 적용을 배제할 권한을 갖지 못한다. 단지, 공무원은 상급기관 내지 상관에게 이에 대한 질의를 할 수 있을 것이다.

2. 복종의무

【기출문제】 <1983년 (제25회) 사법시험 (약술형)> ※ 공무원의 복종의무의 한계
<1985년 (제29회) 행정고시 (약술형)·1996년 (제38회) 행정고시 (약술형)> ※ 직무명령
<1979년 외무고시 (약술형)> ※ 공무원의 복종의무

(1) 의 의

공무원은 직무를 수행함에 있어서 소속상관의 직무상 명령에 복종하여야 할 의무를 진다(국공법 §57, 지공법 §49). 소속상관이란 신분상상관이 아니라 지휘·감독권을 가진 관청인 상관과 보조기관인 상관을 포함한다. 직무의 성질상 독립이 보장된 공무원(법관, 감사위원, 각종 합의제행정관청의 위원 등)의 직무집행에는 적용되지 아니한다.

(2) 직무명령

직무명령이란 상관이 직무에 관하여 하관에게 발하는 명령이다. 직무상 명령의 성질은 법규가 아니며, 직무상 명령위반은 위법이 아니고 징계사유가 될 뿐이다. 직무명령의 형식에는 제한이 없으며 구술이나 서면으로 하면 된다는 점에서 훈령과 같으나, 훈령과 직무명령은 발령자와 수명자, 효력, 범위 등에서 훈령과 서로 다르다(훈령에서 설명함).

직무명령은 소속상관이 부하공무원에게 발하는 것이므로 상·하급공무원간의 규율로서 상·하공무원의 신분의 변동에 따라 효력이 상실되지만, 훈령은 상급관청이 하급관청에게 발하는 것이므로 상·하급관청간의 규율로서 상급관청이 폐지되지 않는 한 기관구성자의 변동에 관계없이 효력을 지속한다.

훈령은 상급관청이 하급기관에 대하여 발하는 명령이므로, 훈령은 하급기관을 구성하는

공무원에 대하여는 동시에 직무명령으로서의 성질을 갖는다. 따라서 공무원은 상관의 훈령에도 복종하여야 한다(대판 2001.8.24, 2000두7704).

(3) 직무명령의 요건

1) 형식적 요건

권한 있는 상관이 발할 것, 부하공무원의 직무범위 내일 것, 부하공무원의 직무상 독립된 범위에 속하는 사항이 아닐 것, 법정의 형식·절차가 있으면 이를 갖출 것 등이다.

2) 실질적 요건

그 내용이 실현가능 할 것, 명백하고 법령·공익에 적합(타당)할 것 등의 요건을 갖추어야 한다. 이러한 요건 중 하나라도 결여한 직무명령은 위법 또는 부당이 된다.

(4) 복종의무의 한계(심사권)

① 형식적 요건은 그 구비 여부가 외관상으로 명백한 것이므로 부하공무원은 이를 심사할 수 있고, 그 요건이 결여되었으면 복종을 거부할 수 있다.

② 실질적 요건에 관하여는

㉮ 부하공무원은 직무명령의 실질적 요건의 구비 여부는 심사할 수 없으며 형식적 요건이 구비하는 한 이에 복종하여야 한다는 부정설(공무원의 복종의무를 법령준수의 의무보다 우선시 하는 견해)

㉯ 상관의 명령이 위법이냐 아니냐는 그 상관 개인 의견으로 결정할 수 없으며 부하공무원에게도 복종의무 외에 법령준수 의무가 있으므로 그 적법 여부를 심사할 수 있다는 긍정설(공무원의 법령준수의무를 복종의무보다 우선시 하는 견해)

㉰ 부하공무원의 실질적 요건에 대한 심사권을 인정하나, 직무명령이 명백히 위법한 경우에만 복종을 거부할 수 있다는 설이 있다. 법령준수 의무와 복종의무가 대립하는 경우에 절충적 해결을 시도하는 입장으로 오늘날 다수설의 입장이다.

㉱ 결 론 : 수명공무원은 직무명령의 실질적 요건에 관한 하자의 유무도 심사할 수 있고, 심사의 결과 의견을 진술할 수 있으며, 의견이 기각된 경우에도 직무명령이 ㉠ 중대·명백한 법규위반으로 절대무효라고 판단되는 경우 ㉡ 범죄를 명하는 경우 ㉢ 위법성이 명백한 경우에는 복종을 거부하고 또 거부할 의무가 있으며, 만일에 이에 복종하면 그 결과에 대한 책임을 복종자 스스로 져야 한다. 그 밖에 단순한 법령해석의 견해 차이에 불과하거나, 직무명령이 부당하다고 인정되는데 불과한 경우에는 공무원관계의 질서를 유지하는 견지에서, 직무명령은 일단 유효추정을 받고 부하공무원을 구속한다고 본다. 그리고 어느 설에 의하든 부하공무원이 상관의 직무명령에 대한 복종을 거부할 수 있는 경우에는 의견을 진술하여야 하며 단순

히 명령에 복종하였다는 것만으로 변명되거나 면책되지 아니하므로 자신의 행위에 대한 책임은 자신이 져야 한다(대판 1967.2.7, 66누168).

판례 ① 〈명령복종의무보다 법령준수의무가 우선이다.〉 상관의 명령이라고 해서 위법성을 알면서 행한 행위는 자신의 책임을 벗어날 수 없고, 따라서 상관의 명령에 복종하였다는 것으로 변명되거나 면책이 되는 것은 아니다(대판 1967.2.27, 68누168)(같은 취지의 판결; 대판 1966.9.27, 66도1100).

② 〈명백한 위법 내지 불법명령에는 명령복종의무 없다.〉 공무원이 그 직무를 수행함에 있어 상관은 하관에 대하여 범죄행위 등 위법한 행위를 하도록 명령할 직권이 없는 것이고, 하관은 소속상관의 적법한 명령에 복종할 의무는 있으나 그 명령이 참고인으로 소환된 사람에게 가혹행위를 가하라는 등과 같은 명백한 위법 내지 불법한 명령인 때에는 이는 벌써 직무상의 지시명령이라 할 수 없으므로 이에 따라야 할 의무는 없다(대판 1988.2.23, 87도2358).

③ 〈검찰총장이 검사에 대한 비리혐의를 내사하는 과정에서 해당 검사에게 참고인과 대질신문을 받도록 담당부서에 출석할 것을 지시한 경우, 검찰총장의 그 출석명령은 그 검사의 직무범위 내에서 속하지 아니하는 사항을 대상으로 한 것이므로 그 검사에게 복종의무를 발생시키는 직무상 명령이라 볼 수 없다.〉 검사가 대신질문을 받기 위하여 대검찰청에 출석하는 행위는 검찰청법 제4조 제1항에서 규정하고 있는 검사의 고유한 직무인 검찰사무에 속하지 아니할 뿐만 아니라, 또한 그 검사가 소속 검찰청의 구성원으로서 맡아 처리하는 이른바 검찰행정사무에 속한다고 볼 수도 없는 것이고, 따라서 위 출석명령은 그 검사의 직무범위 내에 속하지 아니하는 사항을 대상으로 한 것이므로 그 검사에게 복종의무를 발생시키는 직무상의 명령이라고 볼 수는 없다(대판 2001.8.24, 2000두7704).

④ 〈법률상 허용되지 아니하는 목적을 위한 집회에 참석하지 말라는 학교장의 교사에 대한 명령은 감독자의 정당한 직무상의 명령이라 할 것이므로 교사가 이에 복종하지 아니하였음은 같은 법 제57조 소정의 복종의 의무를 위반한 것이다.〉 (대판 1997.6.26, 91누11780).

(5) 모순되는 2단계 이상의 직무명령

둘 이상의 상관으로부터 서로 모순되는 직무명령을 받았을 때에 ① 직근상관에게 복종해야 한다는 직근상관설 ② 상급의 상관에게 복종해야 한다는 상급상관설이 있다. 행정조직의 계층적 질서에 비추어 볼 때 전설이 타당하다(통설).

(6) 복종의무위반

직무명령은 국민에 대한 외부적 효과가 발생하는 것이 아니라 하급공무원에 대해서만 효력이 발생함에 그친다. 따라서 복종의무에 위반하여 직무명령을 어기더라도 그 공무원의 행위가 위법으로 되는 것은 아니며, 다만 당해 공무원의 징계사유가 됨에 그친다.

3. 직무전념의무

(1) 직장의 이탈금지(§58)

소속상관의 허가(사후허가 도 가능) 또는 정당한 이유 없이 직장을 이탈하지 못한다. 이는 근무(시간 외 근무포함) 시간 중에 한하여 적용된다. 직장이탈금지의무는 소속상관이 시간외 근무를 명한 경우에도 인정될 수 있다.

휴가중, 휴직중, 직위해제 중에는 직장이탈금지가 적용되지 않지만 휴가나 휴직의 신청, 사직원의 제출만으로는 이 의무를 면하지 못한다.

즉, 공무원이 법정연가일수의 범위 내에서 연가 신청을 하였지만 그 연가신청에 대한 허가가 있기 전에 근무지를 이탈한 행위(대판 1996.6.14, 96누2521), 사직원이 수리되지 아니한 상태에서 출근하지 아니한 것(대판 1991.11.22, 91누3666)은 직장이탈금지의무에 위반하는 행위이다.

수사기관이 공무원을 구속하고자 할 때에는 사전에 그 소속기관의 장에게 통보하여야 한다. 다만, 현행범인은 그러하지 아니하다(국공법 §58·②).

판례 ① **〈상관의 승인을 얻어 한 다방출입은 직장이탈이 아니다.〉** (대판 1969.7.8, 69누34)
② **〈사직서를 제출하였어도 아직 수리되기 전에 귀가하여 직장을 무단이탈한 경우는 징계사유가 된다.〉** (대판 1971.3.13, 71누14).

판례 **〈검찰청의 장이 출장 등의 사유로 근무지를 떠날 때에는 검찰총장의 승인을 얻어야 한다고 규정한 검찰근무규칙은 행정규칙으로서 그 위반행위는 직무상의무위반으로 징계사유에 해당한다.〉** 검찰청법 제11조의 위임에 기한 검찰근무규칙 제13조 제1항은, 검찰청의 장이 출장 등의 사유로 근무지를 떠날 때에는 미리 바로 윗 검찰청의 장 및 검찰총장의 승인을 얻어야 한다고 규정하고 있는바, 이는 검찰조직 내부에서 검찰청의 장의 근무수칙을 정한 이른바 행정규칙으로서 검찰청의 장에 대하여 일반적인 구속력을 가지므로, 그 위반행위는 직무상의 의무위반으로 검사징계법 제2조 제2호의 징계사유에 해당한다(대판 2001.8.24, 2000두7704. 면직처분취소).

판례 ③ **〈경찰서 수사과 형사계 반장이 검찰의 뇌물수수사건 수사를 피하기 위하여 제출한 사직원이 수리되지 않은 상태에서 3개월여 동안 출근하지 아니한 경우, 직장이탈을 이유로 한 파면처분이 재량권의 남용 또는 일탈에 해당하지 않는다.〉** 경찰서 수사과 형사계 반장인 원고의 부하직원에 대한 뇌물수수사건의 검찰수사과정에서 뇌물을 받은 사람이 원고라는 제공자의 진술에 따라 원고에게까지 수사가 확대되자, 원고가 수사를 피하기 위하여 사직원을 제출하였으나 수리도 되지 아니한 상태에서 소속상관의 허가없이 3여 개월 동안 직장을 이탈하고 출근하지 아니하여 뇌물수수 등의 죄로 지명수배된 경우, 원고의 위와 같은 행위는 국가공무원법상의 직장이탈이어서 같은 법 제78조 제1항 제1호(징계 사유)에 해당한다(대판 1991.11.22, 91누3666).
④ **〈연가신청 후 소속기관장의 허가 전에 직장이탈은 직장이탈금지의무 위반이 되어 징계사유가 된**

> 다.〉 공무원이 그 법정 연가일수의 범위 내에서 인가를 신청하였다고 할지라도 그에 대한 소속 행정기관의 장의 허가가 있기 이전에 근무지를 이탈한 행위는 특단의 사정이 없는 한 국가공무원법 제58조에 위반되는 행위로서 징계사유가 된다 할 것이다(대판 1996.6.14, 96누2521).

(2) 영리업무 종사의 금지(§64)

공무 이외의 영리목적업무에 종사하지 못한다(공무원복무규정 §25). 허가를 받아도 영리업무는 종사하지 못한다. 이러한 금지되는 영리업무의 범위는 공무원에 대해서 기본권의 주체로서 인정되는 재산권행사 등에 비추어 제한적으로 해석해야 한다.

영리를 목적으로 하는 업무의 한계는 대통령령 등으로 정해지는데(국공법 §64·②), 국가공무원복무규정(§25)은 영리업무금지의 원칙이 적용되는 경우를 추상적으로 규정하고 있다. 즉, 공무원은 ① 공무원이 상업·공업·금융업 기타 영리적인 업무를 스스로 경영하여 영리를 추구함이 현저한 업무, ② 공무원이 상업·공업·금융업 기타 영리를 목적으로 하는 사기업체의 이사·감사·업무를 집행하는 무한책임사원·지배인·발기인 기타의 임원이 되는 것, ③ 그의 직무와 관련이 있는 타인의 기업에 투자하는 행위, ④ 기타 계속적으로 재산상의 이득을 목적으로 하는 업무를 행하는 것에, 종사함으로써 공무원의 직무상능률의 저해, 공무원에 대한 부당한 영향, 국가의 이익과 상반되는 이익의 취득 또는 정부에 대한 불명예스러운 영향을 초래할 우려가 있는 경우에는 이에 종사할 수 없다.

영리업무가 금지되는 경우 당해 금지는 절대적인 것이며 소속기관장의 허가를 받아도 영리업무에 종사할 수 없다.

(3) 겸직금지의무(§64)

겸직금지의무는 공무원의 지위에 의하여 부여된 공무수행에 영향을 줄 수 있는 다른 겸직을 금지함을 내용으로 한다. 소속기관의 장의 허가 없이 다른 직무를 겸할 수 없다(국공법 §64·①).

소속기관장의 허가를 받으면 다른 직무를 겸직할 수 있는데, 허가는 담당 직무의 수행에 지장이 없는 경우에 한하며, 겸직의 대상의 되는 직무는 영리업무에 해당하지 않아야 하며, 사전에 허가를 받아야 한다(국가공무원복무규정 §26). 소속기관의 장이라 함은 3급 이상 공무원의 경우에는 임용제청권자, 4급 이하 공무원 및 기능직공무원의 경우에는 임용권자를 말한다(동규정 §26·③).

> 판례 **〈공무원이 여관을 매수하여 임대한 행위가 공무원으로서 겸직이 금지되는 영리업무에 해당하지 아니한다.〉** 공무원으로서 겸직이 금지되는 영리업무는 영리적인 업무를 공무원이 스스로 경영하여 영리를 추구함이 현저한 업무를 의미하고, 공무원이 여관을 매수하여 임대하는 행위는 부동산투기행위가 된다고 볼 자료가 없으므로 영리업무에 종사하는 경우라고 할 수 없다(대판 1982.9.14, 82누46).

【헌재결】〈겸직금지규정을 둔 이유〉 일반적으로 입법상의 공직 겸직금지제도가 마련되는 이유로는 ㉮ 직무전념 내지 직무수행의 이념상 일반직의 국가공무원 또는 지방공무원이 다른 직종을 겸직하는 것을 원칙적으로 금지하는 경우와 ㉯ 제도상 직무상호간에 권력분립의 필요성이 있는 경우로서 국회의원과 일반직 공무원간의 겸직금지, 지방자치단체의 장과 지방의회의원간의 겸직금지 등이 그 예이며, ㉰ 직무의 공정성과 전념적 및 정치적 중립성의 확보를 위한 목적으로 겸직금지의 규정을 두고 있는 경우가 많다(헌재 1993.7.29, 91헌마69).

다른 한편 퇴직공직자의 취업제한은 공직자윤리법에서 규정하고 있다(동법 § 17 이하). 즉, 퇴직일로부터 2년간 퇴직 전 3년 이내에 소속하였던 부서의 업무와 밀접한 관련이 있는 일정 규모 이상의 영리를 목적으로 하는 사기업체 또는 영리사기업체의 공동이익과 상호협력 등을 위하여 설립된 법인에 취업할 수 없다. 다만, 관할 공직자 윤리위원회의 승인을 얻은 때에는 그러하지 아니하다.

(4) 영예제한

공무원은 대통령의 허가 없이 외국정부로부터 영예 또는 증여를 받지 못한다(§62). 여기서 외국정부란 우리나라의 국교수립 여부와 관계없이 국제법상 주권을 가진 독립된 국가의 정부를 말하고, 외국의 공·사법인은 이에 해당되지 않는다. 따라서 외국대학으로부터 학위를 받은 행위는 영예제한대상에서 제외된다.

(5) 정치활동금지(정치적 중립의무)

① 정당 등 결성 등 금지 : 공무원은 정치활동이 허용되는 자(대통령, 국무총리, 국무위원, 국회의원, 지방의회의원, 선거에 의해 취임하는 지방자치단체의장, 국회의원보좌관·비서관·비서, 국회교섭단체의 정책연구위원과 고등교육법 제14조 제1항·제2항의 규정에 의한 총장·학장·교수·부교수·조교수인 교원과 사립학교의 교원 등이다: 정당법 §22) 이외에는 정당 기타 정치단체에 가입하지 못하며, 정당결성 등 금지, 선거운동 금지 등이 있다(국공법 §65·①, 지공법 §57·①). 공무원은 선거에 있어서 특정정당 또는 특정인의 지지나 반대를 하기 위하여 다음의 행위를 할 수 없다(국공법 §65·②, 지공법 §57·②).

② 선거운동 등 금지 : ㉮ 투표를 하거나 하지 아니하도록 권유운동을 하는 것 ㉯ 서명운동을 기도·주재하거나 권유하는 것 ㉰ 문서 또는 도서를 공공시설 등에 게시하거나 게시하게 하는 것 ㉱ 기부금을 모집 또는 모집하게 하거나 공공자금을 이용 또는 이용하게 하는 것 ㉲ 타인으로 하여금 정당 기타 정치단체에 가입하게 하거나 또는 가입하지 아니하도록 권유운동을 하는 것 등이다.

【참고】 국가공무원법 제65조가 대통령령으로 정하는 특수경력직공무원에게 적용하지 않는바(국공법 §3·③), 이에 의거한 대통령령인 「국가공무원법 제3조 제3항의 공무원의 범위에 관한 규정」 제2조는 '국가공무원법 제3조 제3항의 규정에 의한 공무원의 범위'는 ① 대통령, ② 국무총리, ③ 국무위

원, ④ 국회의원, ⑤ 처의장, ⑥ 각 원·부·처의 차관, ⑦ 정무차관, ⑧ ①내지 ③·⑤·⑥에 규정된 공무원의 비서실장 및 비서관과 전직 대통령의 비서관, ⑨ 국회의장·국회부의장 및 국회의원의 비서실장·보좌관·비서관 및 비서와 교섭단체의 정책연구위원이다. 즉, 이들은 정치운동이 가능하다.

③ 다른 공무원에 대한 정치적 행위금지 : 한편 공무원은 다른 공무원에게 국가공무원법 제65조 제1항과 제2항에 위배 되는 행위를 하도록 요구하거나 또는 정치적 행위의 보상 또는 보복으로서 이익 또는 불이익을 약속하여서는 아니된다(국공법 §65·③).

④ 기타 정치적 행위금지 : 국가공무원법 제65조 제4항은 "제3항 외의 정치적 행위금지에 관한 한계는 국회규칙·대법원규칙·헌법재판소규칙·중앙선거관리위원회규칙 또는 대통령령으로 정한다"라고 규정하고 있는 바(이는 포괄적 위임이라고 볼 여지가있다), 이에 근거한 국가공무원복무규정 제27조는 정치적 목적을 가진 정치적 행위는 ㉮ 정당의 조직·조직의 확장 기타 그 목적달성을 위한 것 ㉯ 특정 정당이나 정치단체를 지지 또는 반대하는 것, ㉰ 법률에 의한 공직선거에 있어서 특정의 후보자를 당선하게 하거나 낙선하게 하기 위한 것을 말한다(동규정 §27·①). 그리고 제1항에 규정된 정치적 행위의 한계는 제1항의 규정에 의한 정치적 목적을 가지고 ㉮ 시위운동을 기획·조직·지휘하거나 이에 참가 또는 원조하는 것 ㉯ 정당 기타 정치단체의 기관지인 신문 또는 간행물을 발행·편집·배부하거나 이와 같은 행위를 원조하거나 방해하는 것 ㉰ 특정 정당 또는 정치단체를 지지 또는 반대하거나 공직선거에 있어서 특정후보자를 지지 또는 반대하는 의견을 집회 기타 다수인이 모인 장소에서 발표하거나 문서·도서·신문 기타의 간행물에 게재하는 것 ㉱ 정당 기타 정치단체의 표지로 사용되는 기·완장·복식 등을 제작 또는 배부하거나 이를 착용·착용권유 또는 착용을 방해하는 행위 등 기타 명목여하를 불문하고 금전 또는 물질로 특정정당 또는 정치단체를 지지 또는 반대하는 것을 말한다고 하여 금지하고 있다(동규정 §27·②).

⑤ 공무원의 노동조합과 그 조합원은 정치활동을 하여서는 아니된다(공무원의노동조합및 운영에관한법률§4). 교원의 노동조합은 일체의 정치활동을 하여서는 아니된다(교원의노동조합및 운영에관한법률§3).

(6) 집단행동금지

공무원인 근로자는 법률이 정하는 경우에 한하여 단결권, 단체교섭권, 단체행동권을 가진다(헌법 §33·②)라고 규정하고, 이에 의거한 공무원법은 경력직공무원의 노동운동을 금지하였을 뿐만 아니라 공무 이외의 일을 위한 집단적 행위를 모두 금지하고 그 위반에 벌칙을 두고 있다(국공법 §66, 지공법 §58). 단, 사실상 노무에 종사하는 공무원(국공법 §66·①, 지공법 §58·①)과 대통령령으로 정하는 공무원(국공법 §3, 지공법 §3)은 집단적 행위가 가능하다.

판례 ① 〈공무원의 집단행위를 금지한 국가 공무원법 제66조는 합헌이다.〉 국가공무원법 제66조 제1

항의 사실상 노무에 종사하는 공무원 이외의 공무원들에 대하여는 근로3권의 행사를 제한함으로써 일반 근로자 또는 사실상 노무에 종사하는 공무원들의 경우와 달리 취급하는 것은 헌법 제33조 제2항에 근거를 두고 있을 뿐만 아니라 공무원의 근로관계는 노동법관계에 의하여 규율하는 것 보다는 오히려 공무원의 지위의 특수성과 담당직무의 공공성에 적합하게 형성·발전되도록 하는 것이 보다 합리적이다 할 것이므로 헌법에 위반하는 것은 아니다(헌재 1992.4.28, 90헌마27 내지 34).

② **〈장관주재의 정례회의에서 집단퇴장은 공무원으로서 직무에 관한 기강을 저해하거나 기타 그 본분에 배치되는 등 공무의 본지를 해치는 다수인의 행위라 할 수 있다.〉** 국가공무원법 제66조 제1항이 금지하고 있는 '공무원의 집단적 행위'라 함은 공무원으로서 직무에 관한 기강을 저해하거나 기타 그 본분에 배치되는 등 공무의 본질을 해치는 특정목적을 위한 다수인의 행위로서 단체의 결성단계에는 이르지 아니한 상태에서의 행위를 말한다 할 것인 바, 장관주재의 정례회의시 집단퇴장은 공무원으로서의 직무에 관한 기강을 저해하거나 기타 그 본분에 배치되는 등 공무의 본질을 해치는 다수인의 행위라 할 것이므로, 비록 그것이 건설행정기구의 개편안에 관한 불만의 의사표시에서 비롯되었다 하더라도, 국가공무원법 제66조 제1항이 금지하고 있는 공무외의 집단적 행위에 해당한다(대판 1992.3.27, 91누9145).

판례 ① **〈국가공무원법 제66조에서 공무원에게 금지한 "노동운동"과 "공무이외의 일을 위한 집단적 행위"의 의미〉** 국가공무원법 제66조에서 금지한 '노동운동'은 헌법과 국가공무원법과의 관계 및 우리 헌법이 근로삼권을 집회, 결사의 자유와 구분하여 보장하면서도 근로삼권에 한하여 공무원에 대한 헌법적 제한규정을 두고 있는 점에 비추어 헌법 및 노동법적 개념으로서의 근로삼권, 즉 단결권, 단체교섭권, 단체행동권을 의미한다고 해석하여야 할 것이고, 제한되는 단결권은 종속근로자들이 사용자에 대하여 근로조건의 유지, 개선 등을 목적으로 조직한 경제적 결사인 노동조합을 결성하고 그에 가입, 활동하는 권리를 말한다고 할 것이며 또한 같은 법상의 '공무 이외의 일을 위한 집단적 행위'는 공무가 아닌 어떤 일을 위하여 공무원들이 하는 모든 집단적 행위를 의미하는 것은 아니고 언론, 출판, 집회, 결사의 자유를 보장하고 있는 헌법 제21조 제1항, 헌법상의 원리, 국가공무원법의 취지, 국가공무원법상의 성실의무 및 직무전념의무 등을 종합적으로 고려하여 '공익에 반하는 목적을 위하여 직무전념의무를 해태하는 등의 영향을 가져오는 집단적 행위'라고 축소 해석하여야 할 것이다(대판 1992.2.14, 90도2310 국가공무원법위반).

【헌재결】 〈국가공무원법 제66조 제1항의 "노동운동·집단행위"의 개념〉 '노동운동'의 개념은 근로자의 근로조건의 향상을 위한 단결권·단체교섭권·단체행동권 등 근로삼권을 기초로 하여 이에 직접관련된 행위를 의미하는 것으로 좁게 해석하여야 하고, '공무 이외의 일을 위한 집단행위'의 개념도 모든 집단행위를 의미하는 것이 아니라 공무 이외의 일을 위한 집단행위 중 공익에 반하는 행위로 축소하여 해석하여야 하는데, 법원도 위 개념들을 해석·적용함에 있어서 위와 유사하게 해석하고 있다. 아울러 '사실상 노무에 종사하는 공무원'의 개념은 공무원의 주된 직무를 정신활동으로 보고 이에 대비되는 신체활동에 종사하는 공무원으로 명확하게 해석된다(헌재결 2007.8.30, 2003헌바51, 2005헌가 5(병합) 국가공무원법 제66조 제1항 등 위헌소송 등).

국가공무원법 제66조의 적용이 배제되는 '대통령령으로 정하는 공무원'의 범위는 다음과 같다(국공법§3·③, 국가공무원법 제3조 제3항의 공무원의범위에 관한 규정).

① 대통령 ② 국무총리 ③ 국무위원 ④ 국회의원 ⑤ 처의장 ⑥ 각원·부·처의 차관 ⑦ 정무차관 ⑧ ①내지 ③·⑤ 및 ⑥에 규정된 공무원의 비서실장 및 비서관과 전직대통령의 비서관 ⑨ 국회의장·국회부의장 및 국회의원의 비서실장·보좌관·비서관 및 비서와 교섭단체의 정책연구원이다.

다른 한편에서는 앞에서 설명한 바와 같이 「공무원의노동조합설립및운영등에관한법률」(이하 '공무원노조법'이라 한다)과 「교원의노동조합설립및운영등에관한법률」(이하 '교원노조법'이라 한다)이 제정·시행되고 있다.

이들 법에 의하면 노동조합에 가입한 공무원이나 교원은 단결권, 단체교섭 및 체결권은 가지나, 일체의 쟁의행위(노동조합과 그 조합원은 파업, 태업 또는 그밖에 업무의 정상적인 운영을 방해하는 일체의 행위를 하여서는 아니된다)는 금지된다(공무원노조법 §11, 교원노조법 §8).

(7) 종교중립의 의무

공무원은 종교에 따른 차별없이 직무를 수행하여야 한다. 공무원은 소속상관이 제1항에 위배되는 직무상 명령을 한 경우에는 이에 따르지 아니할 수 있다(국공법 §59의2)고 규정하여 국가공무원의 복무조항에 종교중립의무를 신설하고, 종교중립의무에 위배되는 상관의 직무상 명령을 거부할 수 있도록 함으로써 헌법이 보장하는 종교의 자유와 평등권 침해를 예방하고 정교분리의 원칙에 따른 정부와 종교의 바람직한 역할 구분 및 협력관계를 재정립하여 국가발전과 국민화합에 기여하려는 것이다(개정국공법 2009.2.6.).

4. 친절·공정의무(국공법 §59, 지공법 §51)

공무원은 국민 전체에 대한 봉사자로서 친절·공정히 직무를 행하여야 한다. 이는 단순한 도덕상 의무가 아니고 법적 의무이며 이를 위반하면 징계사유가 된다.

5. 비밀엄수의무(국공법 §60, 지공법 §62)

【기출문제】 <1994년 (제36회) 사법시험 (약술형)> ※ 공무원의 비밀엄수의무

(1) 의 의

공무원은 재직 중은 물론 퇴임 후에도 직무상 지득한 비밀을 엄수하여야 한다(국공법 §60, 지공법 §52). 여기서 직무상 비밀이란 공무원 본인이 취급한 직무에 관한 비밀뿐만 아니라 직무와 관련하여 알게 된 비밀도 포함된다. 비밀의 대상은 개인이나 사기업에 관한 것도 포함될 수 있으며 반드시 공적인 것에 한정되지 않는다.

(2) 비밀의 의의

공무원의 비밀엄수의무의 대상이 되는 비밀의 의의에 관하여 형식설과 실질설이 대립하고 있다.

1) 형 식 설

'법률이나 행정기관이 직무상 비밀로 정한 사항'을 국가공무원법상의 누설이 금지되는 직무상 비밀로 보는 설이다.

2) 실 질 설

객관적·실질적(성질상)으로 비밀에 해당하는 사항은 비밀로 지정되어 있는지 여부와 관계없이 형벌로서 보호할만한 가치가 있는 것만을 국가공무원법상의 누설이 금지되는 직무상 비밀로 보는 설이다.

3) 결 어

법령에 의하여 비밀로 정해진 사항, 관계기관이 훈령이나 직무명령 등에 의하여 비밀문서로 분류해 놓은 사항이 대체로 비밀에 해당한다고 할 수 있겠지만, 오늘날 민주국가에서의 국민의 알 권리와 행정의 공개원칙에 비추어 사안의 성질상, 객관적으로 비밀임이 명백한 사항은 비밀에 포함하여야 할 것이므로 실질설이 타당하다. 다수설이며 판례의 입장이다.

실질상 비밀이 아니지만 형식적으로 훈령에 의해 비밀 취급되고 있거나 직무명령에 의해 비밀로 되어 있는 경우에 그것을 누설한 때에는 비밀엄수위반은 되지 아니한다. 다만, 이 경우에 직무명령에 위반한 것이 되므로 복종의무위반으로 징계의 대상이 될 수 있다. 그러나 당해 직무명령이 위법하며 그 위법성이 명백하다면 복종의무위반이 되지 아니하므로 징계사유가 되지 않는다.

또한 직무명령의 위법성이 명백하지 않은 경우에도 직무명령(예: 감사자료취급에 관한 내부수칙)위반이 내부비리고발 등 공익을 위한 것이었을 때에는 징계시에 이를 고려하여 징계책임을 감면하여야 한다(대판 1996.10.11, 94누7171: 이문옥감사관사건).

기업의 비업무용부동산 보유실태에 관한 감사원의 감사보고서의 내용이 직무상 비밀에 해당하지 아니한다(대판 1996.10.11, 94누7171).

판례 ① 〈실질설에 입각, 비업무용기업부동산 보유실태 감사보고서가 직무상 비밀이 아니다.〉

(사실 개요: * 연습 사례)기업의 비업무용부동산보유현황 등을 감사하는 감사반은 1989. 8. 16 감사를 시작하였으나 정부에서 8·25 토지세제 개정방침이 발표되자, 감사는 법개정 후 실시하기로 하고 중단하라는 상사의 지시에 따라, 그 때까지의 조사결과를 취합한 감사보고서를 작성하였다. 그런데 30대 재벌 520개 법인의 비업무용토지비율이 한국은행감독원이 이미 국회에 제출한 보고서에는 총 보유면적의 1.2%인데, 감사보고서에는 43.3%로 대비되어 있었고, 법인별로 비업무용부동산에 대한 과세누락명세, 추징세액 등을 기재하고, 감사과정에서 드러난 법령의 모순

점을 지적한 후, 법인에 의한 부동산투기는 관계기관의 공식적 발표내용보다 훨씬 심각하다는 견해표명이 기재되어 있었다. 그런데 감사의 부당한 중단, 보고서의 사장(死藏)에 불만을 가진 당시 감사반장 이문옥은 한겨레신문 기자에게 감사보고서 사본을 교부, 보고서 내용이 공개되었다. 이문옥은 직무상 비밀누설혐의로 파면처분되었으며, 이에 그 취소를 구하는 행정소송을 제기하였다.

[판결 요지]

이 사건 보고서는 그 내용이나 성격으로 보아 직무상 비밀에 속하지 않는다(대판 1996.10.11 94누7171).

② 〈직무상 비밀은 다수인에게 인지되지 않고 정부나 국민의 이익 또는 행정목적달성을 위해 실질적으로 비밀로 보호할 가치가 있는 경우이다.〉 국가공무원법상 직무상 비밀이라 함은 국가공무원의 민주적, 능률적 운영을 확보하여야 한다는 이념에 비추어 볼 때 당해 사실이 알려질 경우 그러한 행정의 목적을 해할 우려가 있는지 여부를 기준으로 판단하여야 하며, 구체적으로 행정기관이 비밀이라고 형식적으로 정한 것에 따를 것이 아니라 실질적으로 비밀로서 보호할 가치가 있는지, 즉 그것이 통상의 지식과 경험을 가진 다수인에게 알려지지 아니한 비밀성을 가졌는지 또한 정부나 국민의 이익 또는 행정목적달성을 위하여 비밀로서 보호할 필요가 있는지 등이 객관적으로 검토되어야 한다(대판1996.10.1, 94누7171).

(3) 비밀엄수의무의 한계

1) 국회에서의 공무상 비밀에 관한 증언·서류의 제출

국회로부터 공무원 또는 공무원이었던 자가 증언의 요구를 받거나 유관기관이 서류제출을 요구받은 경우에 증언할 사실이나 제출할 서류의 내용이 직무상 비밀에 속한다는 사유로 증언이나 서류제출을 거부할 수 없다(국회에서의증언·감정 등에 관한 법률§4).

다만, 군사·외교·대북관계의 국가기밀에 관한 사항으로서 그 발표로 말미암아 국가안위에 중대한 영향을 미친다는 주무부장관(대통령 및국무총리의 소속 기관에서는 당해 관서의 장)의 소명이 증언 등의 요구를 받은 날로부터 5일 이내에 있는 경우에는 그러하지 아니하다(동법§4·① 단서).

국회가 제1항의 단서의 소명을 수락하지 아니할 경우에는 본회의의 의결로, 폐회 중에는 당해위원회의 의결로 국회가 요구한 증언 또는 서류의 제출이 국가의 중대한 이익을 해친다는 국무총리의 성명을 요구할 수 있다. 국무총리가 성명의 요구를 받은 날로부터 7일 이내에 그 성명을 발표하지 아니하는 경우에는 증언이나 서류제출을 거부할 수 없다(동법§4·②·③).

2) 공무상비밀과 증인자격(직무상 비밀에 관한 재판상 증언)

공무원 또는 공무원이었던 자가 그 직무에 관하여 알게 된 사실에 관하여 본인 또는 당해 공무소가 직무상 비밀에 속한 사항임을 신고한 때에는 그 소속공무소 또는 감독 관공서의 승낙 없이는 증인으로 신문하지 못한다. 그 소속공무소 또는 당해 감독 관공서는 국가에 중대한 이익을 해하는 경우를 제외하고는 승낙을 거부하지 못한다(형소법 § 147·①·②).

3) 내부비리고발을 위한 직무상 비밀의 공개

내부비리를 고발하기 위하여 부득이 직무상 비밀을 제출한 것이 비밀엄수의 위반이 되는지 문제된다. 부패방지법 제55조는 '누구든지 부패행위를 알게 된 때에는 이를 위원회에 신고할 수 있다'고 규정하고, 동법 제56조는 '공직자는 그 직무를 행함에 있어 다른 공직자가 부패행위를 한 사실을 알게 되었거나 부패행위를 강요 또는 제의받은 경우에는 지체없이 이를 수사기관·감사원 또는 위원회에 신고하여야 한다'라고 하여 공직자의 부패행위 신고의 의무를 규정하고 있다. 따라서 부패방지법에 의해 위원회 등에 신고하는 행위는 비밀엄수의무 위반이 되지 않는다고 보아야 한다.

4) 비밀엄수의무와 정보공개제도

공공기관의 정보공개에 관한 법률(이하 "정보공개법"이라 한다) 제9조 제1항 제1호에서「"다른 법률" … 에 의하여 비밀 또는 비공개사항으로 규정된 정보는 이를 공개하지 아니할 수 있다」. 그런데 비밀엄수의무를 정하고 있는 국가공무원법 제60조가 정보공개법 제9조 제1항 제1호 소정의 비밀 또는 비공개사항으로 정한 "다른 법률"에 해당하는지가 문제된다.

국가공무원법 제60조는 공무원의 비밀엄수의무를 규율하는 규정이고, 정보공개법은 공공기관의 정보공개여부에 관하여 규율하는 법으로서 규율목적과 규율대상을 달리하므로 국가공무원법 제60조는 정보공개법 제9조 제1항 제1호 소정의 "다른 법률"에 해당하지 않는다고 보아야 한다.[70] 따라서 공무원이 지득한 직무상 비밀이라는 이유만으로 정보공개를 거부할 수 없다. 그러므로 공무원이 직무상 지득한 비밀도 정보공개법 제9조에서 비공개정보로 규정하고 있는 국가안전보장에 관한 정보, 개인정보와 기업비밀 등 비공개사유를 근거로 공개정보를 거부할 수 있을 뿐이다. 따라서 공공기관의 정보공개에 관한 법률에 따른 비밀의 공개는 비밀엄수의무위반에 해당하지 않는다.

(4) 비밀엄수의무의 위반

비밀누설은 행정상 징계사유가 될 뿐만 아니라, 형사상 피의사실공표죄(형법 §126) 또는 공무상 비밀침해죄(형법 §127)를 구성한다. 공무원이 퇴직한 후 비밀유지의무에 위반이 있는 경우에는 징계책임은 물을 수 없으나, 형사책임 또는 이후의 공무원임용에 있어서 불이익을 당하게 된다.

---

70) 변현철, "정보공개법의 실무적 연구", 재판자료 제89집, 622~624쪽 ; 행정재판실무편람(2)－자료집, 서울행정법원, 496~497쪽 ; 박균성, 행정법론(하), 218쪽, 박영사.

Ⅳ. 신분상 의무(직무 외 의무)

1. 품위유지의무

공무원은 직무의 내외를 불문하고 품위를 유지해야 한다(국공법 §63, 지공법 §55). 여기서 품위란 수권자인 국민의 수임자로서 직책을 맡아 수행함에 있어서 손색이 없는 인품을 뜻한다(대판 1989.12.8, 87누657). 품위유지의무는 공직의 체면·위신·신용에 직접적 영향이 있는 경우를 제외하고는 단순한 사생활에는 미치지 아니한다. 품위손상행위의 예로는 도박·마약복용·축첩행위·알코올중독 등을 들 수 있다.

판례 ① 품위손상에 해당하는 행위
〈국민에게 보장된 기본권행사행위가 사회적 의의를 벗어날 정도로 지나쳐 주권자인 국민의 입장에서 보아 바람직스럽지 못한 행위라고 판단되면 지방공무원법 제55조 소정의 품위유지의무위반행위에 해당될 수 있다.〉 지방공무원법 제55조에서의 '품위'라 함은 주권자인 국민의 수임자로서의 직책을 맡아 수행해 나가기에 손색이 없는 인품을 말하는 것이므로 공무원이 모든 국민에게 보장된 기본권을 행사하는 행위를 하였다 할지라도 그 권리행사의 정도가 권리를 인정한 사회적 의의를 벗어날 정도로 지나쳐 주권자인 국민의 입장에서 보아 바람직스럽지 못한 행위라고 판단되는 경우라면 공무원의 그와 같은 행위는 그 품위를 손상하는 행위에 해당한다 할 것이다(대판 1987.12.8, 87누658 해임처분취소, 고충심사결정취소).

② **〈불법집회에 참석하여 집단행동을 한 것은 품위유지의무 위반이 된다.〉** 전교조의 결성을 위한 불법집회에 참석하여 머리띠를 두르고 구호를 외치는 등의 집단행동을 한 것은 교육자로서의 체면과 위신을 손상한 경우에 해당한다 할 것이므로 원고의 위와 같은 행위는 국가공무원법 제63조 소정의 품위유지의무에도 위반된다(대판 1992.6.26, 91누11780).

③ **〈아무런 변제대책도 없이 과다채무를 부담한 경찰공무원에 대한 해임처분이 재량권의 범위를 일탈·남용한 것이라 할 수 없다.〉** 원심판결 이유에 의하면 원심은, 원고는 아무런 변제 대책도 없이 위와 같이 과다한 채무를 부담하였고, 대출금의 상당 부분을 자녀의 해외어학연수비 등 교육비와 생활비 등에 무절제하게 소비하였으며, 동료경찰관에게 위와 같은 채무 부담 사실을 알리지도 않고 대출보증을 하도록 하거나 대출을 받아 자신에게 대출금을 빌려주도록 하여 그들의 월급이 압류되게 하는 등 피해를 입히고 있고, 원고가 위 채무에 대한 변제능력이 없으며, 기디 경찰관의 공익적 지위와 위와 같은 과다 채무를 부담한 상태에서는 정상적인 복무를 기대하기 어려운 점 등 제반 사정을 종합하여 볼 때, 원고가 22년간 경찰관으로 근무하면서 수회 표창을 받았고, 형사처벌이나 징계처분을 받은 사실이 없이 근무하여 온 점과 채무의 일부를 변제한 사정 등 원고 주장의 제반 정상을 참작하더라도, 이 사건 해임처분이 원고의 직무의 특성과 비위의 내용 및 성질, 징계의 목적 등에 비추어 객관적으로 명백하게 부당한 것으로 사회통념상 현저하게 타당성을 잃어 징계 재량권의 범위를 일탈하였거나 남용한 것이라고 할 수 없다고 판단하였는바, 기록에 비추어 살펴보면 원심의 위와 같은 판단은 정당하고, 거기에 국가공무원법상의 품위유지 의무위반으로 인한 징계처분의 재량권의 범위에 관한 법리오해의 위법이 있다고 할 수 없다. 논지도 이유 없다(대판 1999.4.27, 99두1458).

2. 청렴의무

【기출문제】 <1997년 (제41회) 행정고시 (약술형)> ※ 공무원의 청렴의무

공무원은 그 직무와 관련하여 직접 또는 간접을 불문하고 사례·증여·향응을 수수할 수 없으며, 직무상 관계여하를 불문하고 그 소속상관에게 증여하거나 소속공무원으로부터 증여를 받아서는 아니 된다(국공법 §61, 지공법 §53). 이 의무위반은 징계원인이 될 뿐만 아니라 일정한 경우에는 범죄를 구성한다.

> 판례 〈경찰관이 피의자로부터 뇌물을 받음에 있어서 상관의 승인을 얻었거나 상관과 같이 향연을 받았다하여 수뢰죄의 성립을 부정할 수 없고, 그 동기가 직원의 후생관계를 위한 것이라 할지라도 범죄조각 사유에 해당한다 할 수 없다.〉 (대판 1995.10.18, 4288형상235)

부패방지법상의 청렴의무도 규정하고 있다.

부패방지법은 「…… 청렴한 공직 및 사회풍토의 확립에 이바지함을 목적으로 한다」(§1) 그리고 「공직자는 …… 일체의 부패행위와 품위를 손상하는 행위를 하여서는 아니된다」(§7)고 하여 공직자의 청렴의무를 강조하고 있고, 공직자가 준수하여야 할 행동강령은 대통령령 등으로 규정하고, 공직자가 공직자행동강령을 위반한 때에는 징계처분 할 수 있다(동법 §8·①·③). 또한 공직자의 부패행위신고의무를 두고 있다(동법 §56).

그리고 「비위면직자의 취업제한」을 두고 있다. 즉, 공직자가 재직 중 직무와 관련된 부패행위로 당연퇴직, 파면 또는 해임된 경우에는 공공기관, 퇴직 전 3년간 소속하였던 부서의 업무와 밀접한 관련이 있는 일정 규모 이상의 영리를 목적으로 하는 사기업체(이하 '영리사기업체'라 한다) 또는 영리사기업체의 공동이익과 상호협력 등을 위하여 설립된 법인·단체(이하 '협회'라 한다)에 퇴직일부터 5년간 취업할 수 없다(동법 §82·①). 또한 취업자의 해임요구 즉, 위원회는 제82조에 위반하여 공공기관에 취업한 자가 있는 경우 당해 공공기관의 장에게 그의 해임을 요구하여야 하며, 해임요구를 받은 공공기관의 장은 정당한 사유가 없는 한 이에 응하여야 한다(동법 §83·①).

3. 기 타

비밀엄수의무, 영예 등 제한, 정치활동금지, 집단행동금지 등도 신분상 의무로 포함시키는 견해가 있다. 영예제한, 정치활동 금지 및 집단행동금지 등은 직무전념의무에도 포함되나 이들 의무는 공무원이라는 신분 때문에 제한 또는 금지되는 점을 강조하면 신분상 의무로 보아도 틀림없다.

V. 공직자 윤리법상의 의무

1. 공직자윤리법 의의·목적

이 법은 공직자 및 공직후보의 재산등록 및 등록재산공개와 주식백지신탁을 제도화하고, 공직을 이용한 재산취득의 규제, 공직자의 선물신고, 퇴직공직자의 취업제한 및 행위제한 등을 규정함으로써 공직자의 부정한 재산증식을 방지하고 공무집행의 공정성을 확보하는 등 공익과 사익의 이해충돌을 방지하여 국민에 대한 봉사자로서의 공직자의 윤리를 확립함을 목석으로 한다(동법 §1).

2. 등록의무자

① 국가의 정무직공무원(대통령, 국무총리, 국무위원, 국회의원), ② 지방자치 단체의 장 등 지방자치단체의 정무직 공무원과 지방의회의원, ③ 4급 이상의 일반직 국가공무원 및 지방공무원과 이에 상당하는 보수를 받는 별정직공무원, ④ 대통령령이 정하는 외무공무원과 4급 이상의 국가정보원의 직원 및 대통령실의 경호공무원, ⑤ 법관 및 검사, ⑥ 그리고 헌법재판소 헌법연구관 ⑦ 대령 이상의 장교 및 이에 상당하는 군무원, ⑧ 교육공무원 중 총·부총장, 대학원장, 학장, 전문대학장, 서울시·도의 교육감, 교육장 및 교육위원, ⑨ 총경 이상의 경찰 공무원과 소방정 및 지방 소방정 이상의 소방공무원, ⑩ ③부터 ⑦까지 및 ⑨의 공무원으로 보할 수 있는 직위 또는 이에 상당하는 직위에 채용된 계약직공무원, ⑪ 공공기관의운영에관한법률에 따른 공기업의 장·부기관장 및 상임감사, 한국은행의 총재·부총재 및 감사, 금융통화위원회의 추천직 위원, 금융감독원의 원장·부원장 및 감사, 농협·수협중앙회의 회장 및 상임감사, ⑫ 제3조의 2에 따른 공직유관단체의 임원, ⑬ 그리고 국회규칙·대법원규칙 및 대통령령이 정하는 특정분야의 공무원과 공직유관단체의 직원도 등록의무자이다(동법 §3).

【참고】 공직유관단체의 임원

제3조의 2 (공직유관단체) ① 제9조 제2항 제8호에 따른 정부공직자윤리위원회는 정부 또는 지방자치단체의 재정지원 규모, 임원선임 방법 등을 고려하여 다음 각 호에 해당하는 기관·단체를 공직유관단체로 지정할 수 있다.

1. 한국은행
2. 공기업
3. 정부의 출자·출연·보조를 받는 기관·단체(재출자·재출연을 포함한다), 그 밖에 정부 업무를 위탁받아 수행하는 기관·단체
4. 「지방공기업법」에 따른 지방공사·지방공단 및 지방자치단체의 출자·출연·보조를 받는 기관·단체(재출자·재출연을 포함한다), 그 밖에 지방자치단체의 업무를 위탁받아 수행하는 기관·단체
5. 임원 선임시 중앙행정기관의 장 또는 지방자치단체의 장의 승인·동의·추천·제청 등이 필요한 기관·단체나 중앙행정기관의 장 또는 지방자치단체의 장이 임원을 선임·임명·위촉하는 기관·단체

3. 등록대상재산

등록의무자가 등록할 재산은 ① 본인, ② 배우자(사실상 혼인관계에 있는 자를 포함), ③ 본인의 직계존비속(다만, 혼인한 직계비속인 여자와 외증조부모, 외조부모, 외손자녀 및 외증손자녀는 제외함)의 재산으로서 소유명의에 불구하고 사실상 소유하는 재산, 비영리법에의 출연재산과 외국에 있는 재산을 포함하는 것으로 ㉠ 부동산에 관한 소유권·지상권 및 전세권 ㉡ 광업권·어업권 기타 부동산에 관한 규정이 준용되는 권리 ㉢ 동산·유가증권·채권·채무 및 지식재산권으로서 소유자별 합계액 1천만 원 이상의 현금(수표포함)·예금·주식·국채·공채·회사채 등 유가증권·채권·채무, 소유자별 합계액 500만 원 이상의 금 및 백금, 품목당 500만 원 이상의 보석류·골동품 및 예술품, 권당 500만 원 이상의 회원권, 소유자별 연간 1천만 원 이상의 소득이 있는 지식재산권, 자동차·건설기계·선박 및 항공기 ㉣ 합명·합자 및 유한회사에의 출자자분 ㉤ 주식매수선택권이다(동법 §4).

4. 등록재산의 공개

(1) 등록재산을 공개할 자(§10 : 등록재산의 공개)

① 공직자윤리위원회는 관할 등록의무자 중 다음 각 호의 어느 하나에 해당하는 공직자 본인과 배우자 및 본인의 직계존속·직계비속의 재산에 관한 등록사항과 제6조에 따른 변동사항 신고내용을 등록기간 또는 신고기간 만료 후 1개월 이내에 관보 또는 공보에 게재하여 공개하여야 한다.

1. 대통령, 국무총리, 국무위원, 국회의원, 국가정보원의 원장 및 차장 등 국가의 정무직 공무원
2. 지방자치단체의 장, 지방의회의원 등 지방자치단체의 정무직공무원
3. 일반직 1급 국가공무원(이에 상당하는 고위공무원단에 속하는 일반직공무원을 포함한다) 및 지방공무원과 이에 상응하는 보수를 받는 별정직공무원(고위공무원단에 속하는 별정직공무원을 포함한다)
4. 대통령령으로 정하는 외무공무원과 국가정보원의 기획조정실장
5. 고등법원 부장판사급 이상의 법관과 대검찰청 검사급 이상의 검사
6. 중장 이상의 장관급 장교
7. 교육공무원 중 총장·부총장·학장(대학교의 학장은 제외한다) 및 전문대학의 장과 대학에 준하는 각종 학교의 장, 특별시·광역시·도·특별자치도의 교육감 및 교육위원
8. 치안감 이상의 경찰공무원 및 특별시·광역시·도·특별자치도의 지방경찰청장
9. 지방 국세청장 및 3급 공무원 또는 고위공무원단에 속하는 공무원인 세관장
10. 제3호부터 제6호까지, 제8호 및 제9호의 공무원으로 임명할 수 있는 직위 또는 이에 상당하는 직위에 채용된 계약직공무원. 다만, 제4호·제5호·제8호 및 제9호 중 직위가

지정된 경우에는 그 직위에 채용된 계약직공무원만 해당된다.

11. 공기업의 장·부기관장 및 상임감사, 한국은행의 총재·부총재·감사 및 금융통화위원회의 추천직 위원, 금융감독원의 원장·부원장 및 감사, 농업협동조합중앙회·수산업협동조합중앙회의 회장 및 상임감사
12. 그 밖에 대통령령으로 정하는 정부의 공무원 및 공직유관단체의 임원
13. 제1호부터 제12호까지의 직에서 퇴직한 사람(제6조 제2항의 경우에만 공개한다. ; 주식거래내역의 신고)

② 등록의무자가 재산등록 후 승진·전보 등으로 인하여 제1항에 따른 공개대상자가 된 경우에는 공개대상자가 된 날부터 1개월 이내에 공개대상자가 된 날 현재의 재산을 제5조 제1항 본문에 따라 다시 등록기관에 등록하여야 하며, 공직자윤리위원회는 제1항에 따라 이를 공개하여야 한다. 다만, 공개대상자가 공개대상이 아닌 직위로 전보되었다가 3년 이내에 다시 공개대상자가 된 경우에는 최종 공개 이후에 변동된 사항만을 공개한다.

③ 제1항과 제2항에 해당하는 경우가 아니면 누구든지 공직자윤리위원회 또는 등록기관의 장의 허가를 받지 아니하고는 등록의무자의 재산에 관한 등록사항을 열람·복사하거나 이를 하게 하여서는 아니된다.

④ 공직자윤리위원회 또는 등록기관의 장은 다음 각 호의 어느 하나에 해당하는 경우가 아니면 제3항에 따른 허가를 할 수 없다.

1. 등록의무자 또는 등록의무자였던 사람에 대한 범죄수사 또는 비위조사나 이에 관련된 재판상 필요가 있는 경우
2. 국회의원이 「국회법」 제128조 제1항, 「국정감사 및 조사에 관한 법률」 제10조 제1항, 「국회에서의 증언·감정 등에 관한 법률」 제4조에 따라 국정감사·조사 등의 자료를 요구하는 경우 또는 의정활동으로서 특정 공직자가 구체적 비위사건에 관련되었는지를 규명하기 위하여 필요한 경우. 이 경우 재산등록사항의 전체 세부목록을 외부에 공개할 수 없다.
3. 국가기관·지방자치단체 또는 공직유관단체의 장이 소속 공직자의 비위사건 관련 여부를 판단할 필요가 있는 경우
4. 등록의무자 또는 등록의무자였던 사람이 본인의 등록사항에 대하여 열람 또는 복사를 요구하는 경우

(2) 공직선거후보자(§10의 2 : 재산공개)

① 대통령, 국회의원, 지방자치단체의 장, 지방의회의원 선거의 후보자가 되려는 사람이 후보자등록을 할 때에는 전년도 12월 31일 현재의 제4조에 따른 등록대상재산에 관한 신고서를 관할 선거관리위원회에 제출하고, 관할 선거관리위원회는 후보자 등록공고시에 후보자의 재산신고사항을 공개하여야 한다.

② 대법원장·헌법재판소장·국무총리·감사원장·대법관·국회사무총장 등 임명에 국회의 동의가 필요한 공직자의 임명동의안 또는 헌법재판소재판관·중앙선거관리위원회위원 등 국회에서 선출하는 공직자의 선출안을 제출할 때에는 그 공직후보자에 대하여 제4조에 따른 등록대상재산에 관한 신고서를 국회에 제출하고, 국회의장은 지체 없이 그 공직후보자의 재산신고사항을 공개하여야 한다. 다만, 그 공직후보자가 전년도 12월 31일 현재 또는 그 이후의 등록대상재산에 관하여 해당 임명동의안 또는 선출안 제출 전까지 제10조 제1항에 따라 등록대상재산을 공개한 경우에는 그러하지 아니하되, 등록대상재산을 공개하였음을 확인할 수 있는 서류를 국회에 제출하여야 한다.

③ 중앙선거관리위원회 공직자윤리위원회와 국회 공직자윤리위원회는 제1항 또는 제2항의 재산신고사항을 심사하여 심사결과를 공개할 수 있다.

5. 등록시기 및 등록시의 공개

재산등록의무자가 되면 1월 이내에 등록하여야 하며, 매년 1월 중에 변동사항을 신고하여야 한다(동법 §5, §6). 등록재산은 등록 및 변동신고기간 만료 후 1월 이내에 관보 또는 공보에 게재하여 그 내역을 공개하여야 한다(동법 §10). 재산등록의무자가 재산등록을 거부하거나 등록대상재산을 허위로 기재한 경우 등에는 벌칙을 포함한 제재를 받게 된다(동법 §8의2, §22).

6. 선물 및 병역사항 신고의무

① 공무원 또는 공직유관단체의 임·직원이 외국 또는 그 직무와 관련하여 외국인(외국단체를 포함)으로부터 선물을 받은 때에는 지체 없이 소속기관·단체의 장에게 신고하고 당해 선물을 인도해야 한다. 이들의 가족이 선물을 받은 경우에도 같다(동법 §15). 신고된 선물은 신고 즉시 국고에 귀속된다(동법 §16·①).

② 「공직자 등의 병역사항신고 및 공개에 관한 법률」은 공직자 및 공직후보자와 그 직계비속의 병역사항신고 및 공개를 제도화하여 공직을 이용한 부정한 병역면탈을 방지하고 병역의무의 자진이행에 기여함을 목적으로 하는 바, 공무원에게 그 자신 및 18세 이상 직계비속의 병역복무사항을 신고할 의무를 과하고 있다. 신고할 사항은 복무한 군별, 계급, 복무기간, 의무가 면제된 경우 그 사유 등이다(동법 §3).

7. 퇴직공직자의 취업제한

대통령령(동시행령 §31, §32, §33)이 정하는 직급 또는 직무분야에 종사하였던 공무원과 공직유관단체의 임·직원은 퇴직일로부터 2년간 퇴직 전 5년 동안 소속하였던 「부서의 업무와 밀접한 관련」이 있는 사기업체 등 또는 영리사기업체의 공동이익과 상호협력 등을 위하여 설립된 법인·

단체(이하 '협회'라 한다), 법무법인, 회계법인, 세무법인, 외국법자문법률사무소에 「취업」할 수 없다. 다만, 공직자윤리위원회의 승인을 얻은 때에는 그러하지 아니하다(동법 §17).

【참고】 1. 소속하였던 부서의 업무와 밀접한 관련성의 범위 (§17·②)

① 직·간접으로 보조금·장려금·조성금 등을 배정·지급하는 등 재정보조를 제공하는 업무
② 인·허가·면허·특허·승인 등에 직접 관계되는 업무
③ 생산방식·규격·경리 등에 대한 검사·감사에 직접 관계되는 업무
④ 조세의 조사·부과·징수에 직접 관계되는 업무
⑤ 공사 또는 물품구입의 계약·검사·검수에 직접 관계되는 업무
⑥ 법령에 근거하여 직접 감독하는 경우
⑦ 사기업체등이 당사자이거나 직접적인 이해관계를 가지는 사건의 수사 및 심리·심판과 관계되는 업무
⑧ 그 밖에 국회규칙, 대법원규칙, 헌법재판소규칙, 중앙선거관리위원회규칙 또는 대통령령으로 정하는 경우

2. 업무관련성이 있는 것으로 간주(§ 17·④)

취업심사 대상자가 퇴직 전 5년 동안 처리하였거나 의사 결정과정에 참여한 제2항 각 호의 업무와 관련하여 법무법인 등이 사건을 수임하거나 회계법인이 공인회계사법 제2조 각 호에 따라 업무를 수행하는 경우 또는 세무사법 제2조 각 호에 따라 업무를 수행한 경우 그 취업심사 대상자가 소속하였던 부서의 업무는 해당 법무법인 등이나 회계법인 또는 세무법인의 업무와 제1항에 따른 업무 관련성이 있는 것으로 본다.

3. 취업으로 간주(§ 17·③)

제1항에 따른 취업여부를 판단하는 경우에 「상법」에 따른 사외이사나 고문 또는 자문위원 등 지위나 직책 여부를 불문하고 사기업체등의 업무를 처리하거나 사기업체 등에 조언·자문하는 등의 지원을 하고 주기적으로 또는 기간을 정하여 그 대가로서 임금·봉급 등을 받는 경우에는 이를 취업한 것으로 본다.

8. 징계 및 벌칙 등

공직자윤리법은 상위공직자 등의 재산등록, 등록재산공개 및 재산형성과정 소명과 공직을 이용한 재산취득의 규제, 공직자의 선물신고 및 주식백지신탁, 퇴직공직자의 취업제한 등을 규정함으로써 공직자의 부정한 재산증식을 방지하고, 공무집행의 공정성을 확보하여 국민에 대한 봉사자로서 가져야 할 '공직자의 윤리'를 확립함을 목적으로 하는 바, 동법상의 의무를 이행하지 않는 경우에는 퇴직공직자의 취업제한(동법 §17~§19의2)이외에도 징계책임을 지는 경우(동법 §22), 재산등록거부의죄(동법 §24), 주식백지신탁거부의죄(동법 §24의2), 거짓자료제출등의죄(동법 §25), 출석거부의죄(동법 §26), 무허가열람·복사의죄(동법 §27), 비밀누설의죄(동법 §28), 주식백지신탁관여금지위반의죄(동법 §28의2), 취업제한·업무취급제한 및 행위제한위반의죄(동법 §29)등의 형사책임을 진다.

Ⅵ. 의무위반에 대한 제재

상기한 의무를 위반하였을 때에는 특별권력관계에서 징계책임과 아울러 일정한 경우 징계부과금을 부과한다(국공법 §78의2, 지공법 §69의2).

제6절 공무원의 책임

【기출문제】 <1986년 (제28회) 사법시험 (약술형)> ※ 공무원의 책임
<1966년 (제10회) 행정고시 (약술형)> ※ 공무원의 책임
<1976년 (제20회) 행정고시 (논술형)> ※ 공무원의 법적지위를 개설하고 그 책임을 논하라
<1980년 외무고시 (논술형)> ※ 공무원의 행정상 책임을 설명하라.

Ⅰ. 서 설

1. 의 의

공무원의 책임이란, 공무원이 그 의무에 위반함으로써 법률상의 제재 또는 불이익을 받게 되는 지위를 말한다.

2. 분 류

공무원의 책임은 협의의 책임과 광의의 책임으로 나눌 수 있다. 전자는 공무원이 공무원으로서 지는 의무에 위반함으로써 공무원관계 내부관계에서 국가나 지방자치단체에 대하여 지는 책임을 말하며(공무원법상 책임 또는 행정상 책임), 징계책임과 변상책임이 포함된다. 후자는 협의의 책임 이외에 공무원의 행위가 공무원의 의무위반에 그치지 않고, 동시에 사회법익(일반사회질서)을 침해함으로써 성립되는 책임이며, 이에는 민사책임과 형사책임까지 포함된다. 여기서는 광의의 공무원책임에 대하여 설명하기로 한다.

Ⅱ. 행정상의 책임(공무원법상의 책임)

1. 징계책임

【기출문제】 <1962년 (제6회) 행정고시 (논술형)> ※ 징계권의 성질과 그 한계
<1999년 (제41회) 사법시험 (논술형)> ※ 공무원관계의 소멸사유를 설명하고 공무원의 신분상 불이익 처분에 대한 권익구제를 논하시오.

(1) 의 의

징계란 「공무원이 공무원관계법상의 의무를 위반한 경우에 공무원 관계의 질서유지를 위하여 불이익한 법적제재를 받게 되는 지위」를 말한다. 불이익한 법적제재로서의 벌을 징계벌, 그 벌을 받은 지위를 징계책임이라 한다. 징계벌을 과하는 행위를 징계처분이라 한다.

(2) 징계벌과 형벌

1) 양자의 차이

공무원의 의무위반행위가 징계벌의 대상이 됨과 동시에 형벌의 대상이 되는 경우가 있으나 양자는 권력적 기초, 행사목적, 내용, 대상 등에서 차이가 있다.

① 권력적 기초

징계벌은 특별행정법관계에 입각한 권력행사인데 대하여, 형벌은 국가의 일반통치권에 입각한 권력행사이다.

② 행사목적

징계벌은 공무원관계의 내부질서유지를 목적으로 하는데 대하여, 형벌은 일반사회의 법질서유지를 목적으로 한다.

③ 내 용

징계벌은 공무원의 신분상이익의 전부 또는 일부를 박탈함을 그 내용으로 하는 데 대하여, 형벌은 신분상 이익뿐만 아니라 재산상의 이익의 박탈·제한, 신체적 자유·생명까지 박탈함을 내용으로 한다.

④ 대 상

징계벌은 공무원의 공무원법상의 의무위반을 대상으로 하나, 형벌은 형법상의 비행, 즉 형법위반을 그 대상으로 한다. 따라서 징계벌과 형벌은 상이한 기준에 의해 부과되는 것이다. 그 결과 형사법원에 의해 무죄로 선고된 공무원이 징계벌의 대상이 될 수 있고, 반대로 징계벌의 대상은 되지 않지만 형벌의 대상이 되는 경우도 있을 수 있다. 그리고 명문규정이 없는 한 형벌이 사면되어도 징계벌이 당연히 소멸되는 것은 아니다.

특히 징계벌은 공무원의 신분을 전제로 하여 부과되므로 공무원이 퇴직 등으로 공무원의 신분을 상실한 경우에는 문제되지 않으나 형벌은 공무원의 신분을 전제로 하지 않으므로 공무원의 퇴직 등 신분상실과는 관계없이 부과된다.

⑤ 성질 및 부과절차

징계벌은 행정적 제재이므로 징계권자는 행정기관이며 징계절차에 의해 부과되는데 대하여, 형벌은 형사적 제재이므로 형사법원에 의해 부과된다. 따라서 징계절차와 형사절차는 원칙상 상호 독립된 절차로 별개로 진행될 수 있다. 따라서 공무원에게 징계사유가 인정되는 이상 관련된 형사사건이 아직 유죄로 확정되지 아니하였다고 하더라도 징계처분을 할 수 있다(대판 2001.11.9, 2001두4184).

2) 양자관계

① **양자상호독립원칙**

양자는 위와 같이 권력적 기초·목적·내용·대상을 달리하기 때문에 동일한 행위에 대하여 징계벌과 형벌을 「병과」할 수 있으며, 형벌과 징계벌 사이에 「일사부재리의 원칙」이 적용되지 않는다(헌법 §13·①). 현행 공무원법은 「형사소추우선원칙」은 인정되지 않는다. 공무원에게 징계사유가 인정되는 이상 관련된 형사사건이 아직 유죄로 확정되지 아니하였다고 하더라도 징계처분을 할 수 있다(대판 2001.11.9, 2001두4184, 파면처분취소). 다만, 수사기관에서 수사 중인 사건에 대하여는 수사개시의 통보를 받은 날로부터 징계의결의 요구 기타 징계 절차를 진행하지 아니할 수 있다(국공법 §83·②). 이와 같은 징계절차의 중지는 의무적인 것은 아니며 징계권자의 재량에 속한다.

② **형사소추시의 직위해제문제와 징계처분**

형사소추시의 직위해제문제인 바 공무원이 형사소송으로 기소 중인 경우에 공무원의 법규위반이 중대한 일정한 경우에는 형사법원의 확정판결이 날 때까지 공무원의 직위를 해제할 수 있다. 국가공무원법도 형사사건으로 기소된 자에게 직위를 부여하지 아니할 수 있다고 규정하고 있다(국공법 §73의3·①·4호). 직위해제는 징계처분의 일종은 아니지만 징계처분의 사전단계로서 행하여지는 경우가 있다. 징계처분에도 동일한 징계원인으로 거듭 징계될 수 없다는 의미에서의 「일사부재리의 원칙」은 적용되지만, 징계처분과 직위해제는 그 성질을 달리하므로 직위해제 후 같은 사유로 징계처분을 하는 것은 가능하다.

판례 **〈동일사유로 직위해제처분하고 다시 감봉처분을 하였다하여 일사부재리원칙에 위배되지 않는다.〉** 직위해제처분이 공무원에 대한 불이익한 처분이긴 하나 징계처분과 같은 성질의 처분이라 할 수 없으므로 동일한 사유로 직위해제 처분을 하고 다시 감봉처분을 하였다 하여 일사부재리원칙에 위배된다 할 수 없다(대판 1983.10.25, 83누184 감봉처분취소).

판례 **〈동일한 사유로 직위해제처분을 하고 다시 직권면직처분을 하여도 일사부재리원칙에 위배되지 않는다.〉** 직권면직처분과 이보다 앞서 행하여진 직위해제처분은 그 목적을 달리한 각 별개의 독립된 처분이라 할 것이므로 본건 직권면직처분이 직위해제처분을 사유로 하였다 하더라도 일사부재리의 원칙에 위배되지 않는다(대판 1983.10.25, 83누340).

③ **형사법원판결의 구속력문제**

형사법원이 사실의 존재 또는 부존재에 대하여 내린 판단은 원칙상 징계권자를 구속한다. 그러므로 「유죄판결」을 받은 경우인바, ㉮ 징계사유의 존재를 전제로 내려진 유죄판결이 확정된 경우에 징계권자는 유죄판결에 근거하여 징계처분을 내릴 수 있고, ㉯ 형사법원의 판결이 공무원의 새로운 직무의무 위반사실을 드러낸 경우 징계권자는 그 새로운 직무위반에 대하여 징계절차를 개시할 수 있다.

그러나 「무죄판결」을 받은 경우이다. 징계벌과 형벌은 권력적 기초·목적·내용·대상을 달리하기 때문에 동일한 행위에 대하여 양자를 병과할 수 있고, 일사부재리원칙도 적용되지 아니하며 형사벌은 성립되지 아니하여도 징계벌은 성립될 수 있기 때문에 무죄판결은 원칙상 징계권자를 구속하는 것은 아니라고 본다. 따라서 ㉮ 징계처분이 내려진 후에 무죄판결이 내려진 경우에 무죄판결은 징계처분의 효력에 직접 영향을 미치지 않으며, 불복기간이 경과한 경우 불복기간이 다시 부여되지도 않으며, ㉯ 무죄판결을 받은 경우에는 징계권자를 구속하지 않으므로 따로 징계절차를 개시할 수도 있고 ㉰ 공무원이 징계사유가 인정되는 이상 관련된 형사사건이 아직 유죄로 확정되지 아니하였다 하더라도 징계처분을 할 수 있고, ㉱ 형사사건에서 무죄판결을 받은 공무원에 대한 징계처분이 당연무효인 것은 아니다. 공무원이 「면소판결」을 받은 경우에 이 판결은 징계권자를 구속하지 않는다.

판례 **〈형사사건에서 무죄판결을 받은 공무원에 대한 징계처분이 당연무효인 것은 아니다.〉** 공무원인 갑이 그 직무에 관하여 뇌물을 받았음을 징계사유로 하여 파면처분을 받은 후 그에 대한 형사사건이 항소심까지 유죄로 인정되었고 그 형사사건에서 갑이 수사기관과 법정에서 금품수수사실을 자인하였으나 그 후 대법원의 파기환송판결에 따라 무죄의 확정판결이 있었다면 위 징계처분은 근거없는 사실을 징계사유로 삼은 것이 되어 위법하다고 할 수는 있을지언정 그것이 객관적으로 명백하다고는 할 수 없으므로 위 징계처분이 당연무효인 것은 아니다(대판 1989.9.26, 89누4963, 파면처분무효확인).

판례 **〈징계처분이 동일한 사실로 유죄판결된 후 무죄판결이 확정돼도 징계처분이 당연무효는 아니다.〉** 징계처분 후 징계사유에 대한 형사사건으로 1심에서 유죄판결이 선고되었으나 그 후 항소심에서 무죄판결이 선고되고 이 판결이 대법원에서 확정되었다면 그 징계처분이 근거 없는 사실을 징계사유로 삼은 것이 되어 위법하다고는 할 수 있으나 그 하자가 객관적으로 명백하다고는 할 수 없으므로 징계처분이 당연무효가 되는 것은 아니다(대판 1994.1.11, 93누14752, 파면처분취소).

(3) 징계벌과 법치주의

징계벌도 형벌과 같이 법치주의가 적용되는가에 대하여는 특별권력관계를 인정하면 법치주의가 제한적용되나 특별권력관계를 부정하면 법치주의가 적용된다. 그러나 공무원신분이 헌법에 의하여 보장되는 오늘의 민주적 법치국가에서는 공무원의 징계에는 법률의 수권을 필요로 한다.

공무원의 징계에는 법률의 수권을 필요로 하되, 징계권의 발동에는 공무원의 기능상 특수성·전문성을 고려해서 어느 정도 재량의 여지를 남겨두고 있다. 따라서 징계사유가 발생하는 한, 징계권자는 반드시 징계를 요구해야 하는 점에서는 기속성이 인정되고, 징계의 종류에 관해서는 재량성(선택재량임)이 인정된다. 국가공무원법 및 지방공무원법도 징계사유·종류·절차에 관하여 자세하게 규정하고 있다.

판례 **〈징계의 종류선택은 선택재량이지만 조리상 제한을 받는다.〉** 공무원인 피징계자에게 징계사유가 있어 징계처분을 하는 경우 어떠한 처분을 할 것인가 하는 것은 징계권자의 재량에 맡겨진 것이다. 그러나 징계권자가 징계권의 행사로서 한 징계처분이 사회통념상 현저하게 타당성을 잃은 경우에는 징계권자에게 맡겨진 재량권을 남용한 것으로 위법하다. 여기서 사회통념상 현저하게 타당성을 잃었는지 여부는 구체적인 사례에 부딪혀 수행직무의 특성, 징계의 원인된 비위사실의 내용과 성질, 징계에 의하여 달성하려는 행정목적, 징계양정의 기준 등 여러 가지 요소를 종합하여 판단하여야 할 것이다. 특히 금품수수의 경우는 수수액수, 수수경위, 수수시기, 수수 이후 직무에 영향을 미쳤는지 여부 등이 고려되어야 할 것이다(대판 1991.7.23, 90누8954).

(4) 징계원인(징계사유)

1) 징계사유(징계원인)(국공법 §78)

공무원의 공무원법상의 의무위반이 징계사유다. 공무원법상의 징계사유(원인)에는

① 국가·지방공무원법 및 동법에 의한 명령위반(법령위반)

② 직무상의 의무위반이나 그 직무태반

③ 직무의 내외를 불문하고 그 체면 또는 위신을 손상하는 행위를 한 때이다. 이들 징계사유 중 어느 하나에 해당하면 징계의결의 요구를 하여야 하고 동 징계의결의 결과에 따라 징계처분을 행하여야 한다(국공법, 지공법 §78, §69).

소속공무원들이 전국공무원노동조합이 주도한 파업에 참가한 행위가 직무상의무(집단행위금지의무, 직장이탈금지의무)에 위반되어 명백한 징계사유에 해당한다는 것이 판례입장이다.

판례 ① **〈소속공무원의 구체적인 행위가 징계사유에 해당하는 것이 명백한 경우에 소속지방자치단체장이 관할인사위원회에 징계를 요구할 의무가 있다 : 기속행위〉** 지방공무원의 징계와 관련된 규정을 종합해 보면, 징계권자이자 임용권자인 지방자치단체장은 소속 공무원의 구체적인 행위가 과연 지방공무원법 제69조 제1항에 규정된 징계사유에 해당하는지 여부에 관하여 판단할 재량은 있지만, 징계사유에 해당하는 것이 명백한 경우에는 관할 인사위원회에 징계를 요구할 의무가 있다.

② **〈소속공무원들이 전국공무원노동조합이 주도한 파업에 참가한 행위가 지방공무원법 제48조 내지 제50조, 제58조 등이 규정하는 집단행위금지의무, 직장이탈금지의무 등의 직무상 의무에 위반되는 것이어서 임용권자인 소속 지방자치단체장의 징계의결의무가 인정될 정도의 징계사유에 해당한다.〉** 소속 공무원들이 전국공무원노동조합이 주도한 파업에 참가한 행위가 지방공무원법 제48조 내지 제50조, 제58조 등이 규정하는 집단행위금지의무, 직장이탈금지의무 등의 직무상 의무에 위반되는 것이어서 임용권자인 소속 지방자치단체장의 징계의결요구 의무가 인정될 정도의 징계사유에 해당한다(대판 2007.7.12, 2006도1390, 직무유기).

이들 징계에 있어서는 징계벌의 성질상 공무원의 의무위반에 고의나 과실을 요하지 않는다. 그렇다고 공무원의 무과실책임을 의미하는 것은 아니다.

판례 ① 〈세관원이 입국자의 휴대품 검사시 감시소홀로 인하여 물과 1수일 사이에 2회에 걸쳐 밀수품이 다른 곳으로 빼돌려진 경우, 그 세관원의 부주의(과실)는 국가공무원법 제78조 제2호의 징계사유에 해당할 것이나 파면처분한 것은 재량권의 남용이다.〉 (대판 1972.2.22, 71누200 파면처분취소)

감독자의 감독태만은 직무태만이 되므로 징계사유가 된다. 임명전의행위가 재직 중의 징계원인이 될 수 있는지에 관하여 ㉮ 이를 가능하다고 하는 견해와 ㉯ 이론상 원칙적으로 징계원인이 될 수 없고 임명 전의 행위가 재직을 허용하지 못할 만한 중대한 것인 경우에는 임명행위를 취소 또는 철회할 수 있을 뿐이라는 견해(판례)로 대립된다.

판례 ① 〈공기업의 직원이 업무관련 사실을 공표한 행위가 징계사유에 해당하지 않는다고 본 사례〉
지방공기업법에 의하여 설립된 지방공사인 의료원의 복무규정 중 '직원은 재직 중 또는 퇴직 후에 자기가 담당한 직무의 비밀과 업무상 지득한 병원의 기밀을 누설하여서는 아니되고, 직원이 병원의 사업 또는 업무와 관련한 내용을 발표할 경우에는 원장의 승인을 받아야 한다'고 정한 규정은 정당한 내부자 고발을 해치지 않는 범위 내에서만 유효하므로, 상당한 근거를 가지고 의료원의 비리 고발이라는 목적 아래 행해진 진정은 보호되어야 할 내부자 고발에 해당하여 위 복무규정에 위배되는 행위라 할 수 없고, 진정으로 인하여 의료원의 명예 등이 손상되었다고 하더라도 이는 불가피하거나 그 직원에게 책임을 돌릴 수 없는 것이어서 인사규정에서 정한 병원의 명예와 위신손상 행위에 해당한다고 볼 수 없다(대판 1999.12.21, 98두7787, 부당해고구제재심판취소소송에서 상고기각).
② 〈임명 전의 행위가 징계사유가 될 수 있는 경우〉
원칙적으로 공무원으로 임용되기 전의 행위를 재직 중의 징계사유로 삼을 수 없으나, 비록 임용 전의 행위라 하더라도 이로 인하여 임용 후의 공무원의 체면 또는 위신을 손상하게 된 경우에는 국가공무원법 제78조 제1항 제3호의 징계사유로 삼을 수 있다(대판 1990.5.22, 89누7368).
③ 〈상관의 위법한 명령에 따라 행한 행위도 징계사유가 된다는 판례〉
[사실 개요]
원고는 충청남도 농촌진흥원 소속공무원으로서, 농촌진흥청에서 청사신축자재용으로 송부되어 온 외국원조물자인 케이블선을 외자관리법 제5조, 물품관리법 제31조, 지방재정법 제61조에 정하여진 절차를 밟지 않고 매각하였다는 이유 등으로 징계면직당하였다. 원고는 그와 살은 매각은 상관의 명령에 의한 것이라는 것 등의 이유를 들어 징계면직처분의 취소를 구하였다.

[판결 요지]
원고가 비록 상관인 서무과장의 명령에 의하여 위에서 설시한 바와 같은 조치를 하였다 하여도 이는 위법한 명령으로서 그에 복종할 의무가 없는 것이므로 원고의 책임은 면할 수 없다 할 것이므로 이와 같은 뜻으로 판시한 원심판결이유는 정당하고 논지는 이유없다.
원고가 이 사건으로 인하여 고등법원에서 형사상의 책임이 없다고 무죄판결의 선고를 받았다고 하여도 원고에 대한 징계사유의 인정에 아무런 영향을 줄 수 없으며, 더구나 명령을 받았다는 진흥원장이나 사무과장이 징계처분을 받지 아니하였다는 사유가 원고에 대한 징계면직의 처분에 무슨 영향을 줄 수 없고, 또 원심이 이러한 징계사유로써 원고에게 징계면직처분을 한 것이 정당하다고 판시한 조처에 위법이 없고, 소론 진흥원장 李모, 서무과장 金모를 조사하지 않았다고 하여서 무슨 위법이 있다고 할 수 없다(대판 1967.2.7, 66누168).
④ 〈징계사유가 아닌 사실을 징계양정의 자료로 삼을 수 있다.〉
징계처분에서 징계사유로 삼지 않은 비위행위라고 하더라도 징계종류의 선택의 자료로서 피징계자의 소행과 근무성적, 당해 징계처분사유인 비위행위 이후에 저지른 행위정도도 징계양정에 있어 참작자료가 될 수 있다(대판 1998.5.22, 97다49701).
⑤ 공무원에게 징계사유가 인정되는 이상 관련 형사사건이 아직 유죄로 확정되지 아니하였다 하더라도 징계처분을 할 수 있음은 물론, 그 징계처분에 대한 행정소송을 진행함도 아무런 지장이 없다(대판 1986.11.11, 86누59).

2) 징계부가금제도

징계부가금제도는 제78조에 따라 공무원의 징계의결을 요구하는 경우 그 징계사유가 금품 및 향응수수, 공금의 횡령·유용인 경우에는 해당징계 외에 금품 및 향응수수액, 공금의 횡령액·유용액의 5배내의 징계부과금 부과의결을 징계위원회에 요구하여야 한다. 징계위원회에서 징계부가금 부과의결을 하기 전에 금품 및 향응수수, 공금의 횡령·유용으로 다른 법률에 따라 형사처벌을 받거나 변상책임 등을 이행한 경우(몰수나 추징을 당한 경우 포함)에는 징계위원회는 대통령령으로 정하는 바에 따라 조정된 범위에서 징계부가금 부과를 의결하여야 하며, 징계부가금 부과의결을 한 후에 형사처벌을 받거나 변상책임 등을 이행한 경우(몰수나 추징을 당한 경우를 포함한다)에는 징계위원회는 대통령령으로 정하는 바에 따라 징계부가금의 감면 등의 조치를 하여야 한다(국공법 §78의2, 지공법 §69의2).

3) 징계사유의 발생시점

① 징계사유는 공무원의 재직 중에 일어난 것이어야 한다. 다만, 재직 전의 것이라 하더라도 그것이 직무의 내외를 불문하고 그 체면 또는 위신을 손상하는 것이 되는 때에는 임명의 취소사유 내지는 징계사유가 될 수 있다고 본다, 판례도 같은 입장이다.

판례 〈임용되기 전의 행위가 임용 후의 공무원의 체면 또는 위신을 손상되는 경우는 징계사유가 될 수 있다.〉 ① 뇌물을 공여한 행위는 공립학교 교사로 임명되기 전이었다 하더라도 그 때문에 임용 후의 공립학교 교사로서의 체면과 위신이 크게 손상되었다고 하지 않을 수 없으므로 이를 징계사유로 삼은 것은 정당하다(대판 1990.5.22, 89누7368).
② 사립학교 교원이 그 임용 이전에 한 행위는 원칙적이므로 재직 중의 징계사유로 삼을 수 없다 할 것이나, 사립학교 교원 임용과 관련된 비위행위와 같이 비록 임용전의 행위라 하더라도 이로 인하여 임용 후의 교원으로서의 품위(체면·위신)를 손상하게 된 경우에는 사립학교법 제61조 제1항 제3호 소정의 징계사유로 삼을 수 있다(대판 1996.3.8, 95누18536).

② 징계에 관하여 다른 법률의 적용을 받는 공무원이 이법의 징계에 관한 규정의 적용을 받는 공무원으로 임용된 경우에 임용이전의 다른 법률에 의한 징계사유는 그 사유가 발생한 날로부터 이법에 의한 징계사유가 발생한 것으로 본다(국공법 §78·②).

③ 특수경력직공무원이 경력직공무원으로 임용된 경우에, 임용 전의 당해 특수경력직공무원의 징계를 규율하는 법령상의 징계사유는 그 사유가 발생한 날로부터 이 장의 규정에 의한 징계사유가 발생한 것으로 본다(국공법 §78·③).

4) 징계사유의 시효(기산점)

① 징계사유가 발생한 날로부터 2년이 경과하면 징계권이 소멸된다(국공법 §83의2). 다만, 금품 및 향응수수, 공금의 횡령·유용의 경우에는 5년이다(동법 §83의 2·① 단서). 임용 전에 징계사유가 발생한 경우에 있어서 징계시효의 기산점은 공무원으로 임용된 때이다(대판 1990.5.22, 89누7368).

판례 **〈사립학교 교원이 그 임용과 관련된 비위행위에 의하여 사립학교 교원으로 임용된 경우, 징계시효의 기산점은 교원으로 임용된 때부터 기산하여야 한다.〉** 사립학교 교원이 그 임용과 관련된 비위행위에 의하여 사립학교 교원으로 임용되었다면 그 신분을 취득하기까지의 일련의 행위가 사립학교법상의 징계사유에 해당하므로, 사립학교법 제66조의 2 제1항에서 정하는 징계시효의 기산점도 임용 전의 비위행위시가 아니라 교원으로 임용된 때로부터 기산하여야 한다(대판 1996.3.8, 95누18536; 1990.5.22, 89누7368, 해임처분취소).

② 감사원이나 수사기관에서 조사나 수사 중인 사건에 대하여 징계절차를 진행하지 못한 경우에는 조사나 수사의 종료의 통보를 받은 날로부터 1월이 경과한 날에 만료되는 것으로 본다(국공법 § 83의 2·②).

판례 **〈검사의 조사결과통보(기소중지결통보) 지연과 징계사유의 시효〉** 피고 서울특별시장은 원고에 대한 뇌물수수피의사건이 검찰에 의하여 조사 중이었으므로, 지방공무원법 제73조 제2항에 따라 원고에 대한 징계의결의 요구 기타 징계절차를 진행하지 아니하다가 1979년 3월 13일, 검찰로부터 위 피의사건에 대해 1978년 3월 18일자로 기소중지결정을 하였다는 사실을 통보받고, 그로부터 위법 제73조의 2 제2항 소정의 1월 이내인 1979년 3월 16일 원고에 대한 징계의결을 요구하였음은 적법하다(대판 1981.7.28, 80누515).

③ 징계위원회의 구성·징계의결 기타 절차상의 하자나 징계양정 및 징계부가금의 과다를 이유로 소청심사위원회 또는 법원에서 징계처분의 무효 또는 취소의 결정이나 판결을 한 때에는 제1항의 시효기간이 경과하거나 그 잔여기간이 3월 미만인 경우에도 그 결정 또는 판결이 확정된 날로부터 3월 이내에는 다시 징계의결을 요구할 수 있다(국공법 § 83의 2·③).

④ 공무원이 그 임용과 관련된 비위행위에 의하여 공무원으로 임용된 경우 징계시효의

가산점은 공무원으로 임용된 때로부터 기산하여야 한다(대판 1990.5.22, 89누7368. 해임처분취소).

(4) 징계의 종류(국공법 §79, §80, 지공법 §70, §71)

파면, 해임(이상 배제징계), 강등, 정직, 감봉, 견책(이상 교정징계)의 6종이 있다. 그리고 파면·해임·강등 또는 정직을 중징계라하고, 감봉 또는 견책을 경징계라 한다(공무원징계령 §1의 2).

1) 파 면

파면을 당한 자는 5년간 공무원이 될 수 없다(국공법 §33·7호 지공법 §31·7호). 파면의 경우는 퇴직급여 및 퇴직수당의 일부를 감액하여 지급한다(공무원연금법 §64·①, 동법령§55·①).

2) 해 임

공무원신분이 박탈되는 점은 파면과 같으나 3년간 공무원에 재임용될 수 없는 점과 퇴직급여 및 퇴직수당의 감액이 없는 점이 파면과 다르다(국공법 §33·①, 공무원연금법 §64·①). 단, 금품 및 향응수수, 공금의 횡령·유용으로 징계해임 된 때에는 퇴직급여 및 퇴직수당의 일부를 감액하여 지급한다(공무원연금법 §64·①).

> **판례** **〈공무원의 범죄행위를 이유로 해임 처분한 것은 정당하다.〉** 철도역무원이 승객의 유실물 가방 안에 있던 현금 50만원을 습득한 행위는 철도청의 위신을 크게 실추시킨 비위로서 그 비위의 도가 중하고 고의 있는 경우에 해당하므로 해임처분을 내린 것은 정당하다(대판 1997.1.24, 96누15763).

3) 강 등

강등이란 1계급 아래로 직급을 내리고(고위공무원단에 속하는 공무원은 3급으로 임용하고, 연구관 및 지도관은 연구사 및 지도사로 한다), 공무원신분은 보유하나 3개월간 직무에 종사하지 못하며 그 기간 중 보수의 3분의2를 감한다(국공법 §80·① 지공법 §71·①), 다만, 고등교육법 제14조에 해당하는 교원 및 조교에 대하여는 강등을 적용하지 아니한다.

4) 정 직

정직은 1월 이상 3월 이내의 기간으로 하고, 정직처분을 받은 자는 그 기간 중 공무원의 신분은 보유하나 직무에 종사하지 못하고, 보수의 2/3가 감액되며, 정직처분기간 종료 후 18개월 동안 승급이 제한된다(국공법 §80·③, 공무원보수규정§14·①, 지공법 §71·③, 지방공무원보수규정§13·①).

5) 감 봉

1개월 이상 3개월 이하의 기간 동안 보수의 1/3을 감한다. 감봉기간이 종료한 후 12개월 동안 승급이 제한된다(국공법 §80·④, 공무원보수규정 §14·①, 지공법 §71·③, 지보수규정 §13·①).

6) 견 책

전과에 대하여 훈계하고 회개하게 하는 것(가장 가벼운 징계임)(국공법 §80·⑤, 지공법 §71·④). 견책은 집행종료 후 6개월 기간 동안 승급이 제한된다(공무원보수규정 §14·①, 지공보수규정 §13·①). 판례는 징계종류의 선택은 징계권자의 선택재량이지만, 비위사실과 징계 종류간에 비례가 이루어지지 않으면 재량권은 남용으로 본다.

7) 경 고

경고는 법령상 정해진 징계의 종류는 아니다. 그러나 행정규칙에 의해서 실무상으로 가장 가벼운 징계로 행해지고 있다. 경고는 원칙상 신분에 직접 영향이나 법적효과를 미치지 않으므로 항고소송의 대상이 되는 처분이 아니다. 그러나 경고조치가 실제상으로 공무원의 신분이나 법적효과에 영향을 미치는 경우에는 처분에 해당한다고 보아야 한다.

판례 **〈공무원이 소속장관으로부터 받은 서면에 의한 경고가 국가공무원법상의 징계처분이나 행정소송의 대상이 되는 행정처분이라 할 수 없어 그 취소를 구할 법률상 이익이 없다.〉** 공무원이 소속 장관으로부터 받은 "직상급자와 다투고 폭언하는 행위 등에 대하여 엄중 경고하니 차후 이러한 사례가 없도록 각별히 유념하기 바람"이라는 내용의 서면에 의한 경고가 공무원의 신분에 영향을 미치는 국가공무원법상의 징계의 종류에 해당하지 아니하고, 근무충실에 관한 권고행위 내지 지도행위로서 그 때문에 공무원으로서의 신분에 불이익을 초래하는 법률상의 효과가 발생하는 것도 아니므로, 경고가 국가공무원법상의 징계처분이나 행정소송의 대상이 되는 행정처분이라고 할 수 없어 그 취소를 구할 법률상의 이익이 없다(대판 1991.11.12, 91누2700, 경고처분취소).

판례 **〈행정규칙인 관련규칙이나 예규 및 지침에 의한 징계처분(불문경고조치)이 항고소송의 대상이 되는 행정처분에 해당한다.〉** 행정규칙에 의한 '불문경고조치'가 비록 법률상의 징계처분은 아니지만 위 처분을 받지 아니하였다면 차후 다른 징계처분이나 경고를 받게 될 경우 징계감경사유로 사용될 수 있었던 표창공적의 사용가능성을 소멸시키는 효과와 1년 동안 인사기록카드에 등재됨으로써 그 동안은 장관표창이나 도지사표창 대상자에서 제외시키는 효과 등이 있다는 이유로 항고소송의 대상이 되는 행정처분에 해당한다고 한 사례(대판 2002.7.26, 2001두3532, 함양군수의 원고에 대한 견책처분의 취소를 구한 함양군불문경고사건).

(5) 징계의 재량 및 양정

공무원인 피징계자에게 징계사유가 있어 징계처분을 행하는 경우 ① 징계처분을 행할 것인가 여부로 결정재량문제 ② 어떤 종류의 징계처분을 행할 것인가 여부로 선택재량문제가 있다.

1) 결정재량문제

공무원인 피징계자에게 징계사유가 있어 징계처분을 행하는 경우 법정요건이 구비된 이상 당해 공무원의 소속기관장은 징계위원회에 징계의결을 요구하여야 하고(국공법 §78·①), 징계의결을 요구하지 아니할 수 있는 재량 즉 결정재량은 인정 되지 않는다고 보아야 한다. 그러므로 징계처분문제는 결정재량은 부인되고 선택재량이 인정되는 경우로 보아야 한다.

공무원징계령 제7조 제1항, 제2항에서도 "…… 당해 공무원의 소속기관의 장 또는 소속상급기관의 장이 관할 징계위원회에 징계의결을 요구하여야 한다"하고 "…… 징계의결요구권을 갖지 아니하는 공무원에 대하여 징계사유가 있다고 인정한 때에는 그 행정기관의 장은 징계의결요구권을 갖는 행정기관의 장에게 그 징계사유를 입증할 수 있는 관계 자료를 첨부하여 이를 통보하여야 한다"라고 규정하고 있다.

2) 선택재량문제(징계의 재량 및 양정)

어떤 종류의 징계처분을 행할 것인가는 징계권자(징계위원회의)의 재량에 맡겨져 있다.

재량권자가 법정의 징계종류 중 어느 것을 택하는가는 구체적인 징계사유의 내용과 성질이 표준이 되겠지만, 징계혐의자의 소행·근무성적·공적·개전의 정·징계요구의 내용 기타 정상을 참작하여야 한다(공무원징계령 §17). 공무원에 대한 징계처분이 재량권을 일탈·남용한 경우에는 위법이 된다. 재량권의 행사가 징계권자의 재량에 맡겨진 것이라 하여도 ㉮ 공익목적을 위하여 징계권을 행사하여야 할 공익의 원칙에 반하거나 ㉯ 일반적으로 징계사유로 삼은 비행의 정도에 비하여 균형을 잃은 과중한 징계처분을 선택함으로써 비례의 원칙에 반하거나 ㉰ 합리적인 사유 없이 같은 정도의 비행에 대하여 일반적으로 적용하여 왔던 기준과 어긋나게 공평을 잃은 징계처분을 선택함으로써 평등원칙에 위반되는 경우에는 위법한 징계처분이 된다.

판례 ① 〈**공무원에 대한 징계처분에 있어서 재량권의 한계를 벗어나면 위법이다.**〉 공무원인 피징계자에게 징계사유가 있어 징계처분을 하는 경우 어떠한 처분을 할 것인가 하는 것은 징계권자의 재량에 맡겨진 것이고, 다만 징계권자가 재량권의 행사로서 한 징계처분이 사회통념상 현저하게 타당성을 잃어 징계권자에게 맡겨진 재량권을 남용한 것이라고 인정되는 경우에 한하여 위법한 것이다(대판 1997.11.14. 97누7325).

② 〈**경찰공무원이 혈중알콜농도 0.27%의 주취상태에서 운전하다가 승용차 2대를 들이받고 그 차에 타고 있던 사람 4명에게 상해를 입히는 사고를 낸데 대한 정직 2월의 징계처분이 재량권의 일탈·남용이 아니다.**〉 경찰공무원이 혈중알콜농도 0.27%의 주취상태에서 승용차를 운전하다가 승용차 2대를 들이받고 그 차에 타고 있던 사람 4명에게 상해를 입히는 사고를 내어 벌금 3,000,000원의 약식명령을 받은 비위사실에 대하여, 그 비위의 내용과 성질 및 징계처분의 목적, 경찰공무원이 주장하는 여러 정상들을 종합하여 보면, 당해 경찰공무원에 대한 정직 2월의 징계처분은 적정하고 그것이 재량권의 범위를 일탈하거나 남용한 것이라고 볼 수 없다(대판 1997.11.14. 97누7325).

(6) 징계권자

1) 징계요구권자

징계의결요구는 5급 이상 공무원 및 고위공무원단에 속하는 일반직공무원은 소속장관이, 6급 이하 공무원 및 기능직공무원은 소속기관의 장 또는 소속 상급기관의 장이 한다. 다만, 국무총리·행정안전부장관 및 국회규칙, 대법원규칙, 헌법재판소규칙, 중앙선거관리위원회규칙 또는 대통령령으로 정하는 각급기관의 장은 다른 기관소속공무원이 징계사유가 있다고 인정하면 관계공무원에 대하여 관할 징계위원회에 직접 요구할 수 있다(국공법 §78·④).

감사원은 국가공무원법 기타 법령에 규정된 징계사유에 해당하거나 정당한 사유없이 이 법에 의한 감사를 거부하거나 자료의 제출을 해태한 공무원에 대하여 징계요구를 그 소속장관 또는 임용권자에게 할 수 있다(감사원법 §32·①).

2) 징계처분권자

국가공무원의 징계는 징계위원회의 의결을 거쳐 징계위원회가 설치된 소속기관의 장이 행하되, 국무총리 소속하에 설치된 징계위원회(국회·법원·헌법재판소 및 선거관리위원회에 있어서는해당 중앙인사관장기관에 설치된 상급징계위원회를 말한다. 이하같다)에서 행한 징계의결에 대하여는 중앙행정기관의 장이 행한다. 다만, 파면과 해임은 징계위원회의 의결을 거쳐 각 임용권자 또는 임용권을 위임한 상급감독기관의 장이 행한다(국공법 §82·①).

지방공무원의 징계는 인사위원회의 의결을 거쳐 임용권자가 행한다. 다만, 5급 이상 공무원 또는 이와 관련된 하급직공무원의 징계와 소속기관(시·도와 구·시·군, 구·시·군)을 달리하는 동일사건에 관련되는 자의 징계는 시·도의 인사위원회의 의결로 행한다(지공법 §72·①).

(7) 징계절차

공무원에 대한 징계는 소속장의 징계의결요구, 징계위원회의 의결, 징계권자의 집행으로 행한다.

1) 징계의결 요구

징계요구권자는 공무원이 징계사유에 해당할 때 관할 징계위원회에 반드시 징계의결을 요구하여야 한다. 징계권자의 징계요구여부는 기속행위다.

> 판례 ① 〈지방자치단체장이 지방공무원법위반 등으로 처벌된바 있는 산하 공무원에 대하여 징계의결요구를 하지 않고 오히려 승진임용한 경우, 재량권의 범위를 일탈한 위법한 처분이다.〉
> ② 〈위 ①의 경우, 광역자치단체장이 지방자치법 제157조 제1항 소정의 기간을 정하여 기초자치단체장의 위법한 승진임용의 시정을 명하고 기초자치단체장이 그 기간 내에 이를 이행하지 아니하자 그 승진임용을 취소한 것이 적법하다.〉
> 기초자치단체장의 산하 내무과장에 대한 승진임용 당시 위 내무과장은 지방공무원법위반 등

> 으로 구속기소된 바 있는데, 그 사안의 내용에 비추어 보면, 이는 지방공무원법 제69조 제1항 소정의 징계사유에 해당된다고 볼 수 있고, 따라서 위 자치단체장으로서는 위 내무과장에 대하여 지체 없이 징계의결의 요구를 할 의무가 있다고 할 것이며, 나아가 직위해제를 할 필요성도 매우 높은 경우라고 보아야 할 것이다. 그럼에도 불구하고 위 자치단체장은 위 내무과장에 대하여 징계의결요구나 직위해제처분을 하지 않았을 뿐만 아니라, 오히려 지방서기관으로 그를 승진임용시켰는 바, 이는 법률이 임용권자에게 부여한 승진임용에 관한 재량권의 범위를 일탈한 것으로서 현저히 부당하여 공익을 해하는 위법한 처분이다(대판 1998.7.10, 97추67 승진임용취소처분취소).

5급 이상의 공무원 및 고위공무원단에 속하는 일반직 공무원은 소속장관이, 6급 이하 및 기능직 공무원은 소속기관의 장 또는 소속상급기관의 장이 징계위원회에 징계의결을 요구한다. 공무원의 징계사유가 있는 때에는 징계권자는 징계위원회에 대하여 반드시 징계의결의 요구를 하여야 한다(국공법 §78·④). 그리고 대통령 또는 국무총리의 명에 의한 각종 감사 결과 징계사유가 있는 공무원은 국무총리가 직접 징계의결을 요구할 수 있다(공무원징계령 §8).

또한 국무총리·행정안전부장관 및 국회규칙·대법원규칙·헌법재판소규칙·중앙선거관리위원회규칙 또는 대통령령으로 정하는 각급기관의장은 타 소속공무원이 징계사유가 있다고 인정할 때에는 관계공무원에 대하여 관할 징계위원회에 직접 징계를 요구할 수 있다(국공법 §78·④단서).

행정기관의 장이 징계의결요구권을 갖지 아니하는 공무원에 대하여 징계사유가 있다고 인정한 때에는 그 행정기관의 장은 징계의결요구권을 갖는 행정기관의 장에게 그 징계사유를 입증할 수 있는 관계자료를 첨부하여 이를 통보하여야 한다(공무원징계령 §7·②).

지방공무원의 경우에는 임용권자가 인사위원회에 소속공무원에 대한 징계의결을 요구하여야 한다(지공법 §72·①).

징계의결의 요구는 징계사유에 대한 충분한 조사를 행한 후에 입증에 필요한 관계증빙서류를 첨부하여 서면(공무원징계의결요구서)으로 하되, 징계요구권자는 중징계와 경징계로 구분하여 요구해야 한다(공무원징계령 §7·⑥, 지방공무원징계 및 소청규정§1의 2). 보통징계위원회가 설치된 행정기관의 장(중앙행정기관의 장을 제외한다)은 징계사건의 내용이 중대하거나 당해 기관에 설치된 징계위원회에서는 공정한 의결을 못할 우려가 있다고 인정한 때에는 직근 상급행정기관에 설치된 보통징계위원회에 징계의결을 요구할 수 있다(공무원징계령 §7·⑤).

2) 감사원의 징계요구

① 감사원은 국가공무원법 기타 법령에 규정된 징계사유에 해당하거나 정당한 사유없이 감사원법에 의한 감사를 거부하거나 자료의 제출을 해태한 공무원에 대하여 징계요구를 그 소속장관 또는 임용권자에게 할 수 있다(감사원법 §32). 감사원의 징계요구는 행정청을 기속한다.

② 감사선행의 원칙 : 장계에 부한 사건 또는 부할 사건이 감사원에서 조사 중인 때에는

동일사건에 관하여 감사원에서 조사개시 통보를 받은 날로부터 징계의결의 요구 기타 징계절차를 진행하지 못한다(국공법~§83·①, 지공법~§73·①). 검·경찰 기타 수사기관에서 수사 중인 사건에 대하여는 수사개시통보를 받은 날로부터 징계의결의 요구 기타 징계절차를 진행하지 아니할 수 있다(국공법 §83·②, 지공법 §73·②).

3) 징계위원회의 의결

① 공무원의 징계는 의결기관인 관할 징계위원회의의결을 거쳐야 한다. 징계위원회는 중앙징계위원회(국무총리소 속하에 둠)와 보통징계위원회(5급 이상의 공무원을 장으로 하여 일정한 행정기관에 둠)의 2종이 있다. 중앙징계위원회는 다시 제1중앙위원회(1급 공무원의 징계 사건을 심의·의결)와 제2중앙징계위원회(2급 내지 5급 공무원 및 국무총리가 징계의결을 요구한 6급 이하의 공무원)으로 나뉜다. 보통징계위원회는 6급 이하 공무원·연구사·지도사 및 기능직공무원의 징계사건을 심의·의결한다(공무원징계령 §2, §3).

② 징계의결요구권자가 징계의결요구서를 관할 징계의결기관에 송부할 때에는 그 사본을 징계혐의자에게 송부하여야 한다(공무원징계령 §7·⑦). 그리고 징계의결요구권자는 중징계와 경징계를 구분하여 요구하여야 한다(동징계령 §7·⑥).

이는 행정절차법상의 처분의 사전통지에 해당하는 것으로서 징계혐의자로 하여금 자신의 혐의사실을 확인하고 이에 대한 방어준비를 하게 하려는 것이다. 징계의결요구서를 징계혐의자에게 사본의 송부없이 진행된 징계절차는 원칙적으로 위법하다.

> 판례 **〈징계혐의자에게 징계의결요구서 사본의 송부없이 진행된 징계절차는 위법하다.〉** 공무원징계령 제7조 제7항에 의하면 징계의결요구된 자는 징계위원회에 징계의결을 요구함과 동시에 징계사유와 징계종류 등 기재한 공무원징계의결요구서 사본을 징계혐의자에게 송부하도록 되어 있는 바, 이 규정의 취지는 징계혐의자로 하여금 어떠한 사유로 징계에 회부되었는가를 사전에 알게 함으로써 징계위원회에서 그에 대한 방어준비를 하게 하려는 것으로 징계위원회에 출석하여 진술할 수 있는 권리와 함께 징계혐의자의 방어권보장을 위한 주요 규정으로서 강행규정이므로 징계의결요구서 사본의 송부 없이 진행된 징계절차는 징계혐의자의 방어권 준비 및 행사에 지장이 없었다거나 징계혐의자가 이의없이 징계위원회에 출석하여 변명하였다는 등의 특단의 사정이 인정되지 않는 이상 위법하다(대판 1993.6.25, 92누17426).

③ 징계위원회는 징계의결 요구서를 받은 때에는 그 요구서를 접수한 날로부터 30일 제1 및 제2중앙징계위원회의 경우는 60일 이내에 징계의결을 하여야 하며 부득이한 사유가 있을 때에는 30일에 한하여 그 기간을 연장할 수 있다(공무원징계령 §9, 지공징계·소청규정 §3·①).

④ 징계위원회는 징계사건을 심의할 때는 반드시 징계혐의자를 출석시켜 진술의 기회를 부여해야 하며, 그 진술기회를 주지 아니하고 한 징계의결은 원칙적으로 무효이다(국공법 §81·③, §13·②, 공무원징계령 §10). 증거제출권·증거신청권 등의 절차적 권리가 보장되어 있다. 징계위원회에 제척·기

피제도가 적용되며(공징령 §15, 지공징령 §7), 징계위원회의 회의는 공개하지 아니하고(공징령 §20), 징계위원회의 회의에 참여한 자는 직무상 안 비밀을 누설하여서는 아니된다(공무원징계령 §21).

⑤ 재심사청구, 즉 징계의결을 요구한 기관의 장은 징계위원회의 의결이 가볍다고 인정한 때에는 그 처분을 하기 전에 징계의결을 통보 받은 15일 이내에 직근 상급기관에 설치된 징계위원회(국무총리 소속하에 설치된 징계위원회의 의결에 대하여는 그 징계위원회)에 심사 또는 재심사를 청구할 수 있다(국공법 §82·②, 지공법 §72·②).

판례 **〈일반직원에 대한 징계를 교원징계위원회에서 한 경우 피징계인이 징계위원회에 출석, 해명을 하고 징계절차를 문제 삼지 않았어도 그 징계는 효력이 없다.〉** 취업규칙 등에서 근로자를 징계하고자 할 때에는 징계위원회의의결을 거치도록 명하고 있는 경우, 이러한 절차를 거치지 아니하고 한 징계처분은 원칙적으로 효력을 인정할 수 없는 것이나, 다만 사용자와 노동조합 사이에 근로자에 대한 징계절차를 취업규칙에 정한 징계절차보다 근로자에게 유리한 방식으로 운영하기로 합의가 이루어져 상당한 기간 그 합의에 따라 징계절차가 운영되어 왔고, 이에 대하여 근로자들도 아무런 이의를 제기하지 아니하였다면, 그와 같은 징계절차의 운영은 취업규칙의 징계절차에 따르지 않는다고 하더라도 그 효력을 부인할 수는 없을 것이다(대판 2001.4.10, 2000두7605).

4) 징계의 집행

징계처분권자는 징계 등 의결서 또는 징계부가금 감면 의결서를 받은 날로부터 15일 이내에 징계의결 등을 집행해야 한다(공무원징계령 §19). 징계처분은 징계의결서의 사본을 첨부한 징계처분사유설명서를 교부하여야 한다. 다만, 5급 이상 공무원·연구관 및 지도관에 대한 파면 또는 해임의 경우에는 임용제청권자가 이를 교부한다(공무원징계령 §19·②), 징계의 효력은 당해 징계처분의 내용이 상대방에게 통지함으로써 발생한다.

5) 징계처분사유설명서의 교부

공무원에 대하여 징계처분을 할 때에는 그 처분권자 또는 처분제청권자는 처분사유를 적은 설명서를 교부하여야 한다. 다만, 본인의 원에 따른 강임·휴직 또는 면직처분은 그러하지 아니하다(국공법 §75, 지공법 §67·①). 징계처분시 징계처분사유 설명서를 교부하도록 한 취지는 이유부기제도 취지와 유사하다. 따라서 징계처분을 신중하게 하고 징계혐의자로 하여금 징계처분에 대하여 방어의 준비 및 불복기회를 보장하기 위한 것이다. 판례는 처분사유설명서의 교부는 징계처분의 효력발생요건이 아니며 처분사유는 구체적인 적시없이 당해 처분의 법적근거제시로도 가능하다고 하고 있다.

판례 **〈처분사유 설명서의 교부는 징계처분의 효력발생요건이 아니며 처분사유는 구체적인 적시없이 당해 처분의 법적근거 제시로도 가능하다.〉** 지방공무원법 제67조 제1항 처분사유설명서 교부의 규정은 징계처분이 정당한 이유에 의하여 한 것이라는 것을 분명히 하고 또 피처분자로 하여금 불복이 있을 경우에 출소의 기회를 부여하는데 법적의의가 있다고 할 것이므로 그 처분사유설명서의 교부를 처분의 효력발생요건이라고 할 수 없을 뿐만 아니라 직권에 의한 면직처분을 한 경우 그 인사발령통지서에 처분사유에 대한 구체적인 적시없이 단순히 당해 처분의 법적 근거를 제시하는 내용을 기재한 데 그친 것이더라도 그러한 기재는 위 법조 소정의 처분사유 설명서로 볼 수 있다(대판 1991.12.24, 90누1007).

그러나 처분사유설명서는 징계처분이 공무원의 신분에 미치는 중대한 영향 및 징계처분의 제재적 성격에 비추어 일반적인 이유부기보다는 처분사유를 구체적으로 기술하여야 한다고 본다(행정절차법 §23). 헌법재판소도 처분사유를 구체적 사실의 적시가 요구된다고 보고 있다.

【헌재결】 〈직위해제처분을 행함에 있어서 구체적이고도 명확한 사실의 적시가 요구되는 처분사유고지서를 반드시 교부하여야 한다.〉 구 국가공무원법은 이 사건 법률조항의 직위해제처분을 행함에 있어서 구체적이고도 명확한 사실의 적시가 요구되는 처분사유고지서를 반드시 교부하도록 하여 해당 공무원에게 방어의 준비 및 불복의 기회를 보장하고 임용권자의 판단에 신중함과 합리성을 담보하게 하고 있고, 직위해제처분을 받은 공무원은 사후적으로 소청이나 행정소송을 통하여 충분한 의견진술 및 자료제출의 기회를 보장받고 있으므로, 이 사건 법률조항이 적법절차원칙에 위배된다고 볼 수 없다(헌재결 2006.5.25, 2004헌바12 국공법 제73조의 2 제1항 제4호 위헌소원).

그리고 원칙상 징계처분서와는 별도로 징계처분권자가 징계처분사유설명서를 징계의결서 또는 징계부가금 감면 의결서의 사본을 첨부하여 교부하여야 한다(공무원징계령 §19·②).

징계처분의 통지는 피처분자가 볼 수 있는 상태에 놓여지면 처분설명서의 교부가 없이도 그 행정처분은 유효하다고 본다.

판례 **〈공무원에 대하여 징계처분 또는 면직처분을 할 때 그 처분통지가 피처분자의 볼 수 있는 상태에 놓여진 때에는 처분사유설명서의 교부가 없다 하더라도 그 처분은 유효하다.〉** 공무원에 대하여 징계처분 또는 면직 등 처분을 할 때 그 처분통지를 하는 것은 그 행정처분이 정당한 이유에 의하여 한 것이라는 것을 분명이 하고 또 피처분자로 하여금 불복있는 경우에 제소의 기회를 부여하는데 그 취지가 있다 할 것이고 그 처분사유설명서의 교부를 처분의 효력발생요건이라 할 수 없고 그 처분의 통지가 피처분자의 볼 수 있는 상태에 놓여질 때에는 처분설명서의 교부가 없다 하더라도 그 행정처분은 유효하다(대판 1990.1.27, 68누10).

6) 재징계의결등의 요구

처분권자(대통령이 처분권자인 경우는 처분제청권자)는 ① 법령의 적용, 증거 및 사실 조사에 명백한 흠이 있는 경우, ② 징계위원회의 구성 또는 징계의결 등, 그 밖의 절차상 흠이 있는 경우, ③ 징계양정 및 징계부가금이 과다한 경우에는, 소청심사위원회 또는 법원에서 징계처분 등의 무효 또는 취소(취소명령포함)의 결정이나 판결을 받은 경우에는 다시 징계의결 또는 징계부가금 부과의결(이하 '징계의결 등' 이라 한다)을 요구하여야 한다. 다만, 위③의 사유로 무효 또는 취소(취소명령포함)의 결정이나 판결을 받은 감봉·견책처분에 대하여는 징계의결을 요구하지 아니할 수 있다(국공법 §78의3, 지공법 §69의3). 처분권자는 재징계의결등을 요구하는 경우에는 소청심사위원회의 결정 또는 법원의 판결이 확정된 날부터 3개월 이내에 관할 징계위원회에 징계의결 등을 요구해야 하며 관할 징계위원회에서는 다른 징계사건에 우선하여 징계의결등을 해야 한다(국공법 §78의3·②, 지공법 §69의3·②).

(8) 징계에 대한 구제

1) 「소청심사위원회」에 심사청구

> **【기출문제】 <2009년 (제51회) 사법시험 (사례형)>** ※ ① 소청심사위원회의 법적지위와 처분변경명령재결의 효력 ② 처분을 대상으로 취소소송을 제기하는 경우 어떠한 처분을 대상으로 할 것인가? 또 이 취소소송에서 어느 시점을 제소기간 준수여부의 기준 시점으로 하여야 하는가?

① 소청심사청구 : 징계처분을 받은 자가 징계처분에 대하여 이의가 있는 경우에 징계처분 사유설명서를 교부 받은 날로부터 30일 이내에 소청심사위원회에 심사를 청구할 수 있다(국공법 §76·①). 이는 항고쟁송으로 행정심판의 일종이다.

② 소청심사위원회의 설치 : 소청심사위원회는 관계소속공무원과 관련하여 행정안전부, 국회사무처, 법원행정처, 헌법재판소 사무처 및 중앙선거관리위원회사무처에 각각 당해 소청심사위원회를 둔다(국공법 §9·②).

국회사무처·법원행정처·헌법재판소사무처 및 중앙선거관리위원회사무처에 설치된 소청심사위원회는 위원장 1인을 포함한 위원 5인 이상 7인 이내의 비임상위원으로 구성하고, 행정안전부에 설치된 소청심사위원회는 위원장 1인을 포함한 5인 이상 7인 이내의 상임위원과 상임위원수의 2분의1 이상인 비상임위원으로 구성하되, 위원장은 정무직으로 보한다(국공법 §9·③).

소청심사위원회의 위원은 금고이상의 형벌 또는 장기의 심신쇠약으로 직무를 수행할 수 없게 된 때를 제외하고는 그의 의사에 반하여 면직되지 아니한다(국공법 §11).

③ 소청인의 진술권 : 소청인의 진술기회를 부여하지 않는 결정은 무효이다(국공법 §13·②). 소청심사위원회의 결정은 재적위원 3분의 2이상의 출석과 재적위원 과반수의 합의에 의한다(국공법 §14·①).

④ 불이익변경금지원칙 : 그 결정을 함에 있어서는 불이익변경금지의 원칙이 적용된다. 즉, 소청심사위원회가 징계처분이나 징계부가금부과처분을 받은 자의 청구에 의하여 소청을 심사할 경우에는 원징계처분보다 무거운 징계 또는 원징계부가금 부과처분보다 무거운 징계부가금을 부과하는 결정을 하지 못한다(국공법 §14·⑦).

⑤ 소청인의 보호 : 불이익변경금지의 원칙과 진술기회를 부여하지 않은 결정은 무효 등 이외에도 다음과 같은 소청인의 보호제도를 두고 있다. ㉮ 후임자 보충발령제한이다. 즉 본인의 의사에 반하여 파면 또는 해임이나 징계면직처분을 하였을 때에는 그 처분을 한 날부터 40일 이내에는 후임자의 보충발령을 하지 못함이 원칙이다(국공법 §76·②). ㉯ 면직 또는 징

계처분 등이 취소된 공무원의 보수지급이다. 즉 공무원에게 행한 파면·해임 또는 면직처분에 대하여 소청심사위원회 또는 법원에서 무효나 취소의 결정 또는 판결을 한 때에는 그 파면·해임 또는 면직처분에 따라 결원의 보충이 있었던 때로부터 파면·해임 또는 면직처분을 받은 자의 직급에 해당하는 정원이 따로 있는 것으로 보고(국공법 §43·③), 그 정원은 파면·해임 또는 면직된 자의 복귀 이후에는 당해 직급에 최초로 결원이 발생한 때에 소멸된 것으로 본다(국공법 §43·④). 그러하기 때문에 공무원에게 행한 징계처분, 면직처분 또는 직위해제처분이 무효 또는 취소된 경우에는 복귀일 또는 발령일에 원래의 정기승급일을 기준으로 한 당시의 보수전액 또는 차액을 소급하여 지급한다(공무원보수규정 §30·①·②).

⑥ 결정의 효력 : 소청심사위원회의 결정은 처분행정청을 기속한다(국공법 §15).

2) 행정법원에 행정소송

① 행정소송제기 : 소청심사위원회의 결정에 불복이 있는 자는 행정소송을 제기할 수 있다. 이때의 행정소송의 대상은 원징계처분이 되며, 소청심사위원회의 결정에 고유한 위법이 있는 경우에는 소청심사위원회의 결정도 그 대상이 될 수 있다(행소법 §19).

② 소청심사전치주의 : 징계처분에 대하여 취소소송을 제기하여 이를 다투기 위하여는, 행정소송법이 정하는 행정심판 절차의 임의주의에도 불구하고, 국가공무원법 또는 지방공무원법의 명시적 규정에 따라 소정절차 또는 심사청구절차를 반드시 거쳐야 한다(국공법 §16·②, 지공법 §20의2).

즉, 이 경우의 행정소송은 소청심사위원회의 심사·결정을 거치지 아니하면 이를 제기할 수 없다(국공법 §16·①).

③ 행정소송의 피고 : 공무원에 대한 징계처분 등 불이익처분 기타 본인의 의사에 반한 불리한 처분이나 부작위에 관한 행정소송의 피고는 대통령의 처분 또는 부작위의 경우에는 소속장관(대통령령이 정하는 기관의 장을 포함한다. 이하 같다)으로, 중앙선거관리위원회위원장의 처분 또는 부작위의 경우에는 중앙선거관리위원회 사무총장으로 한다(국공법 §16·②).

3) 헌법재판소에 헌법소원

위법한 징계처분으로 기본권을 침해 받은 자는 헌법재판소에 헌법소원심판을 청구할 수 있다(헌재결 1993.12.23.92헌마247. 전원재판부결정).

2. 변상책임

공무원이 의무를 위반함으로써 국가 또는 공공단체에 대하여 재산상의 손해를 발생케 한 경우에 국가 또는 공공단체에 대하여 이를 변상해야 할 책임을 말한다. 변상책임은 「국가배상법」에 의한 변상책임과 「회계관계직원등의책임에관한법률」에 의한 회계관계직원 등의 변상책임이 있다.

(1) 국가배상법의 변상책임

헌법 제29조에 근거하여 제정된 국가배상법에 의하면 공무원의 변상책임은 다음의 세 경우로 나누어 볼 수 있다.

① 공무원이 그 직무를 행함에 있어 고의 또는 과실로 타인에게 손해를 가하였을 때 국가 또는 지방자치단체가 그 손해를 배상할 책임이 있고 이 경우에 국가는 공무원에게 고의 또는 중대한 과실이 있을 때에는 구상할 수 있다(국배법 §2·①).

② 영조물의 설치·관리상의 하자로 인하여 타인에게 발생한 손해를 국가 또는 지방자치단체가 배상책임이 있고, 이 경우에 공무원에게 그 원인에 대한 책임이 있을 때에는 국가 또는 지방자치단체는 그 공무원에게 구상할 수 있다(국배법 §5·①·②).

③ 공무원이 사경제적 행위를 행함에 대하여 한 불법행위에 대하여 국가 또는 공공단체는 사용자로서 민사상 배상책임이 있고 이 경우 국가 또는 공공단체는 공무원에게 배상의 원인에 대하여 책임이 있을 때에는 그에게 구상할 수 있다(민법 §756·③). 공무원이 직무와 무관하게 불법행위를 하여 손해를 발생시킨 경우에는 민법 제750조에 근거하여 배상책임을 진다.

(2) 회계관계직원 등의 변상책임

1) 서 설

①「국가재정법」은 기금의 자산운용을 담당하는 자는 고의 또는 중대한 과실로 법령을 위반하여 기금에 손해를 끼친 경우 그 손해를 배상할 책임이 있고, 공무원이 기금의 자산운용에 영향을 줄 목적으로 직권을 남용하여 기금관리주체 그 밖에 기금의 자산운용을 담당하는 자에게 부당한 영향력을 행사하여 기금에 손해를 끼친 경우 당해 공무원은 제1항의 규정에 따른 책임이 있는 자와 연대하여 손해를 배상하여야 한다(동법 §84·①·②)고 하여「기금자산운용담당자의 손해배상책임」을 규정하고 있다.

② 한편,「지방재정법」은 회계관계공무원이 그 직무를 행함에 있어서 고의 또는 중대한 과실로 그 지방자치단체에 손해를 끼친 때에는 변상책임을 지고, 출납원과 그 출납사무를 대리 또는 분임하는 자가 그 보관에 속하는 현금을 망실하거나 훼손한 경우에 선량한 관리자의 주의를 태만히 하지 아니한 증명을 하지 못한 때에는 변상책임을 진다(동법 §94·①·②)고 하여「회계관계공무원의 책임」규정을 두고 있다. 그리고 현금 또는 유가증권이 출납·보관에 관하여 지방자치단체에 손해를 끼친 경우에「금고의 배상책임」에 관하여는「민법」및「상법」을 적용한다(지방재정법 §80).

③「물품관리법」은 물품관리관·물품운용관·물품출납공무원 및 물품사용공무원 등의「물품관리종사공무원의 변상책임」에 관하여는 "따로 법률로 정한다"고 규정하고 있다(물품관리법 §45).

④ 「군수품관리법」은 ㉮ 물품관리관·물품운용관과 그 분임자 또는 대리자는 직무를 행함에 있어서 임무에 위배하여 고의 또는 중대한 과실로 국가에 손해를 끼친 때, ㉯ 물품출납공무원과 그 분임자 또는 대리자는 그 보관에 속하는 군수품을 망실 또는 훼손한 경우에 선량한 관리자의 주의를 태만히 하지 아니한 증명을 하지 못한 때, ㉰ 물품사용공무원은 고의 또는 중대한 과실로 군수품을 사용하거나 임대받은 군수품을 망실 또는 훼손한 때, 각각 "따로 법률이 정하는 바에 의하여 변상책임을 진다"고 규정하고 있다(군수품관리법 §28, §29).

2) 일반법으로 「회계관계직원 등의 책임에 관한 법률」

① 일반법 : 물품관리법(§45 : 물품관리종사 공무원의 책임)이나 군수품관리법(§28, §29 : 물품관리·물품 사용 공무원들의변상책임) 등에서 해당관련 공무원 등의 변상책임에 관하여는 "따로 법률로 정한다" 또는 "따로 법률이 정하는 바에 따라"라고 각각 규정하고 있는바, 이들 법률에 근거하여 제정된 일반법이 「회계관계직원등의책임에관한법률」이다. 이 법률에서 회계관계직원의 범위·회계관계직원 등의 변상책임의 유형·성립요건·유무, 변상책임의 범위, 변상책임 판정과 그 행사방법에 관하여 규정하고 있다.

② "회계관계직원"의 범위 : 이 법에서 "회계관계직원"이라 함은 다음의 1에 해당하는 자를 말한다.

㉮ 국가재정법·국가회계법·국고금관리법 등 국가의 예산 및 회계에 관계되는 사항을 정한 법령의 규정에 의하여 국가의 회계사무를 집행하는 자(수입징수관·재무관·지출관·계약관 및 현금출납공무원, 유가증권취급공무원, 조체급명령관, 기금의 회계사무처리자, 채권관리관, 물품관리관·물품운용관·물품출납공무원 및 물품사용공무원, 재산관리관, 국세환급금의 지급명령관, 관세환급금의 지급을 명하는 공무원, 회계책임관, 그밖에 국가의 회계사무를 처리하는 자, 이상 규정된 자의 대리자·분임자 또는 대리분임자) 및 그자의 대리자, 분임자 또는 분임자의 대리자

㉯ 지방재정법 등 지방자치단체의 예산 및 회계에 관계되는 사항을 정한 법령의 규정에 의하여 지방자치단체의 회계사무를 집행하는 자(징수관·경리관·지출원·출납원·물품관리관 및 물품사용공무원, 이상 규정되지 아니한 자로서 ㉮에서 규정된 자가 집행하는 회계사무에 준하는 사무를 처리하는 자)

㉰ 감사원법에 따라 감사원의 감사를 받는 단체 등의 회계사무를 집행하는 자로서 관계법령·정관·사규 등에 규정되거나 관계법령·정관·사규 등에 의하여 임명된 자와 그 대리자·분임자 또는 대리분임자

㉱ ㉮·㉯·㉰에 규정된 자의 보조자로서 그 회계사무의 일부를 처리하는 자이다.

③ **변상책임의 성립요건**

㉮ 직무상의무위반 : 회계관계직원은 법령 그 밖의 관계규정과 예산에 정하여진 바에 따라 성실하게 직무를 수행하여야 한다(동법 §3).

㉯ 주관적 요건 : 회계관계직원에게 "고의 또는 중대한 과실"로 법령 그 밖의 관계규정과 예산에 위반하여야 한다. 다만, 현금 또는 물품을 출납·보관하는 회계관계직원은 "선량한 관리자로서의 주의를 게을리 한"(선관주의의무) 경우에 변상책임을 진다(동법 §4 ·①·②).

㉰ 국가·지자단체 등의 재산에 대한 손해발생 : 회계관계직원의 변상책임은 국가·지방자치단체 그 밖에 감사원의 감사를 받는 단체 등의 재산에 손해를 끼친 때, 또는 회계관계직원이 보관하는 현금 또는 물품이 망실되거나 훼손된 때에 성립한다(동법 §4·①·②).

④ 변상책임의 유형 및 통지의무

㉮ 회계관계직원은 고의 또는 중대한 과실로 법령 그 밖의 관계규정과 예산에 정하여진 바에 위반하여 국가·지방자치단체 그 밖에 감사원의 감사를 받는 단체 등의 재산에 대하여 손해를 끼친 때에는 변상의 책임이 있다(동법 §4·①).

㉯ 현금 또는 물품을 출납·보관하는 회계관계직원은 선량한 관리자로서 주의를 게을리하여 그가 보관하는 현금 또는 물품이 망실되거나 훼손된 때에는 변상의 책임이 있다(동법 §4·③).

㉰ 중앙관서의 장, 지방자치단체의 장, 감독기관의 장 또는 당해 기관의 장은 소속의 회계관계직원 등에 의하여 변상책임이 있는 손해가 발생하는 때에는 지체 없이 기획재정부장관 및 감사원에 알려야 한다(동법 §7).

⑤ 변상책임의 범위

2인 이상의 회계관계직원 등의 행위로 인하여 발생한 손해는 각자의 행위가 손해발생에 미친 정도에 따라 각자 변상책임을 지지만, 손해발생에 미친 정도가 분명하지 않은 경우에는 동일한 것으로 본다. 그리고 회계관계직원 등은 스스로 사무를 집행하지 아니한 것을 이유로 변상책임을 면하지 못하며, 회계관계직원의 상급자로서 위법한 회계관계행위를 명령하였을 때는 상급자도 연대하여 변상책임을 진다(동법 §4·③·④, §8·①).

⑥ 변상책임판정

㉮ 감사원의 판정 전의 회계관계직원의 변상책임(변상명령)

중앙관서의 장(국가재정법 제6조의 규정에 의한 중앙관서의 장을 말한다. 이하 같다.), 지방자치단체의 장, 감독기관(국가기관이나 지방자치단체의 기관이 아닌 경우에 한한다. 이하 같다.)장 또는 당해기관(국가기관이나 지방자치단체의 기관이 아닌 경우로서 감독기관이 없거나 분명하지 아니한 경우에 한한다. 이하 같다)의 장은 회계관계직원이 제4조의 규정에 의하여 변상책임이 있다고 인정되는 때에는 감사원이 판정하기 전이라도 당해 회계관계직원에 대하여 변상을 명할 수 있다(회계관계직원등의 책임에 관한 법률 §6·①).

변상명령을 한 자는 감사원이 당해 회계관계직원에 대하여 변상책임이 없다고 판정하거나 제5조의 규정에 의하여 변상금액을 감면한 때에는 회계관계직원이 이미 낸 변상금의 전부 또는 그 차액을 지체 없이 반환해야 한다(동법 §6·④).

감사원의 판정에 의한 변상명령서나 당해 기관의 장에 의한 변상명령서가 당해 회계관계직원에게 송달된 때에는 시효중단의 효력이 있다(동법 §6·⑤).

㉯ 감사원의 변상판정

감사원은 감사의 결과에 따라 따로 법률이 정하는 바에 의하여 회계관계직원 등에 대한 변상책임의 유·무를 심리·판정한다(감사원법 §31·①). 감사원은 변상책임이 있다고 판정하였을 때에는 변상책임자·변상액 및 변상의 이유를 명백히 한 변상판정서를 소속장관(국가기관에 행한다. 이하 같다)에게 송부하여야 한다(동법 §31·②).

변상판정서의 송부를 받은 소속장관·감독 기관의 장 또는 당해 기관의 장은 그 송부를 받은 날부터 20일 이내에 변상판정서를 당해 변상책임자에 송부하여 감사원이 정한 기한 내에 변상하게 하여야 한다(동법 §31·③).

감사원의 변상판정은 변상책임의 유무, 변상책임자 및 변상액을 결정하는 행정행위(확인행위)이다.

㈐ 변상판정에 따른 변상명령

감사원의 변상책임이 있다고 판정하였을 때에는 판정문등본 2통을 변상책임자의 소속장관 또는 감독기관의 장에게 송부하고(변상판정집행절차에관한규칙 §3·①), 소속장관 또는 감독기관의 장이 판정문등본의 송부를 받았을 때에는 그 중 1통을 변상명령서와 함께 변상책임자에게 송달하거나 또는 변상책임자가 그 변상책임사유 발생 당시에 소속하였던 관서 또는 단체의 장(이하 '소속관서 또는 단체의 장'이라 한다)에게 송부하여 변상책임자에게 송달되도록 하여야 한다(동규칙 §4·①).

변상판정에 따른 변상명령은 변상판정의 내용을 집행하는 것에 불과한 단순한 변상판정의 표시행위에 불과한 것이고 변상책임의 유무 및 범위에 관하여 구체적이고 직접적인 영향을 미치는 독립한 행정처분은 아니므로 변상명령은 항고소송의 대상이 될 수 없다는 주장이 있을 수 있다(서울고판 1992.12.2, 92구10137). 그러나 대법원 판례는 변상판정에 따른 변상명령을 그 자체 독립한 행정행위로 보고, 변상명령 자체의 위법을 이유로 하는 경우 변상명령에 대하여 항고소송을 제기할 수 있다고 판시하고 있다.

판례 **〈감사원의 변상판정의 위법과는 별개로 소속장관 등의 변상명령자체에 위법사유가 있을 수 있어 변상명령을 별도로 행정소송대상으로 인정할 필요가 있다.〉** 감사원의 변상판정의 위법과는 별개로 소속장관 등의 변상명령 자체에 위법사유가 있을 수 있어 변상명령을 별도로 행정소송 대상으로 인정할 필요성도 있고, 또한 감사원법 제31조 제2항, 제3항, 제5항, 제36조 제1항, 변상판정집행절차에관한규칙 제4조 제1항, 제9조 제1항 등의 규정을 종합하여 보면, 회계관계직원 등의 변상책임에 관하여 감사원은 추상적인 변상의무의 유무 및 범위 등을 확정할 뿐이고 그 변상판정의 내용에 따른 구체적인 변상금 납부의무는 소속장관 등이 감사원의 변상판정서를 첨부한 변상명령처분을 함으로써 비로소 발생한다 할 것이어서, 변상명령은 감사원의 변상판정에 의해 성립한 기존의 의무 이상으로 새로운 의무를 부담시키는 것은 아닐지라도 변상책임자의 권리의무에 아무런 영향을 미치지 않는 단순한 변상판정의 한 단계로서 표시행위에 불과한 것으로 볼 수는 없을 것이고 그 자체 독립한 행정행위의 하나로 보아야 할 것이다(대판 1994.12.2, 93누623).

⑦ 변상책임의 강제집행

㉮ 변상책임자가 감사원이 정한 기한 내에 변상의 책임을 이행하지 아니하였을 때에는 소속장관 또는 감독기관의 장은 관계세무서장에게 위탁하여 국세징수법중 체납처분의 규정을 준용하여 이를 집행한다(감사원법 §31·⑤). 위탁을 받은 세무서장은 그 사무집행에 있어서 제5항의 소속장관 또는 감독기관의 장의 감독을 받는다(동법 §31·⑥).

㉯ 그러나 감사원의 판정 전의 회계관계직원에 대한 변상명령의 경우에는 소속행정기관의 변상명령에 대한 강제집행에 관한 규정이 존재하지 않는다. 그리고 그 변상명령은 변상의무를 발생시키는 법적 행위는 아니다. 따라서 상대방이 이행하지 않더라도 강제집행을 할 수 없고 소속기관의 장 등은 감사원에 변상판정을 청구하는 수밖에 없다.

⑧ 당해 공무원의 불복절차

㉮ 행정기관의 장이 변상명령을 한 경우
변상명령을 받은 회계관계직원은 이의가 있는 때에는 감사원장이 정하는 판정청구서에 의하여 감사원에 판정을 청구할 수 있다(회계관계직원 등의 책임에 관한 법률§6·③).

㉯ 감사원의 변상 판정의 경우

㉠ 변상판정에 대하여 위법 또는 부당하다고 인정하는 본인·소속장관·감독기관의 장 또는 당해 기관의장은 변상판정서가 도달한 날로부터 3월 이내에 감사원에 재심의를 청구할 수 있다(감사원법 §36·①).
변상판정에 대한 재심의청구는 집행정지의 효력이 없다(동법 §36·③).
감사원의 재심의 판정에 대하여는 감사원을 당사자로 하여 행정소송을 제기할 수 있다. 다만, 그 효력을 정지하는 가처분결정은 할 수 없다(동법 §40·②).
판례는 감사원의 변상판정에 대한 행정소송 제기 가부에 대하여 「감사원의 변상판정처분에 대하여서는 행정소송을 제기할 수 없고, 재결에 해당하는 재심의 판정에 대하여서만 감사원을 피고로 하여 행정소송을 제기할 수 있다」(대판 1984.4.10, 84누91)고 판시하여 감사원의 재심의를 필요적 전치절차로 하고 취소소송의 대상에 대하여는 「재결주의」를 취하고 있다.

판례 〈감사원의 변상판정에 대하여는 행정소송을 제기할 수 없다.〉 감사원의 변상판정처분에 대하여서는 행정소송을 제기할 수 없고, 재결에 해당하는 재심의 판정에 대하여서만 감사원을 피고로 하여 행정소송을 제기할 수 있다(대판 1984.4.10, 84누91 변상판정처분취소) (감사원법 §36, §40·②).

㉡ 한편 감사원의 감사를 받는 자의 직무에 관한 처분 기타 행위에 관하여 이해관계 있는 자는 감사원에 그 심사의 청구를 할 수 있고, 청구인은 감사원에의 심사청구 및 결정을 거친 행정기관의장의 처분에 대하여는 당해 처분청을 당사자로 하여 당

해 결정의 통지를 받은 날로부터 90일 이내에 행정소송을 제기할 수 있다(감사원법 §43, §46, §46의 2) 고 하여 행정소송의 대상에 대하여 「원처분주의」를 취하고 있다.

Ⅲ. 형사상의 책임

공무원의 각종 의무위반행위가 형법상의 공무원의 직무에 관한 죄를 구성하는 경우는 형사책임을 진다. 공무원의 범죄는 「직무범」(직무행위 자체가 범죄구성; 직무유기죄·불법체포·감금죄 등; 형법 §122 ~ §128)과 「준직무범」(공무원의 신분 때문에 범죄를 구성; 뇌물죄·알선수뢰죄 등 형법 §129 ~ §133)이 있다. 「특정범죄가중처벌등에관한법률」 제2조에서는 준직무범 중 수뢰죄·제3자뇌물제공죄 및 알선수뢰죄에 있어서 공무원이 수수·요구 또는 약속한 금액이 일정한 도를 넘는 경우에는 가중처벌하도록 규정하고 있다. 행정벌칙책임을 받는 경우도 있다(국공법 §44, §45, §65, §66, §84).

Ⅳ. 민사상의 책임(공무원의 손해배상)

(1) 공무원의 민사상책임문제

공무원이 고의 또는 과실에 의한 위법행위로 타인에게 손해를 가했을 때에 민사상의 손해를 배상할 책임이 있는지에 관하여 학설이 대립되고 있다. 즉, 공무원이 피해자에 대하여 직접배상책임을 지는지 문제된다.

(2) 학설·판례입장

국가배상법(§2)의 취지로 보아 국가·지방자치단체가 대위책임을 지며, 공무원 자신은 피해자에게 직접 배상책임을 지지 않고, 다만 그에게 고의 또는 중과실이 있을 때 국가·지방자치단체의 구상에 응하여 변상책임을 질뿐이라는 설(대위책임설)과 국가 또는 지방자치단체의 기관의 행위는 적법·위법을 불문하고 공무원의 행위의 효과는 바로 국가 또는 지방자치단체의 행위로 귀속되므로 기관의 행위를 통하여 직접 자기의 책임으로서 부담하는 것이며, 따라서 국가의 배상책임과 공무원 개인의 책임은 상호무관하여 양립될 수 있으므로 피해자는 선택적 청구권(피해자는 공무원에게 직접배상청구 가능함)을 인정하는 자기책임설 및 중간설(세한석·선택적 청구권)이 있다. 다만, 판례는 공무원의 직접 책임을 긍정한 경우(대판 1973.10.10, 72다2583), 선택적 청구권을 부인한 경우(대판 1994.4.12, 93다 11807)도 있었는데 최근 판례(대판 1996.2.15, 95다38677)는 제한적 선택적 청구권을 인정하고 있다. 즉 전원합의체 판결에 의하면 공무원에게 고의 또는 중과실이 있은 때에는 공무원은 피해자에게 직접배상 책임을 진다(행정법(상), 배상책임의 성질, 선택적 청구문제 참조).

판례 〈공무원이 직무수행 중 불법행위로 타인에게 손해를 입힌 경우, 경과실인 경우는 공무원 개인에게 책임을 부담시키지 아니하고, 고의·중과실인 경우는 국가 등이 공무원 개인과 중첩으로 배상책임을 부담한다.〉 공무원이 직무를 수행함에 있어 경과실로 타인에게 손해를 입힌 경우에는 그 직무 수행상 통상 예기할 수 있는 흠이 있는 것에 불과하므로, 이러한 공무원의 행위는 여전히 국가 등의 행위로 보아 그로 인하여 발생한 손해에 대한 배상책임도 전적으로 국가 등에만 귀속시키고 공무원 개인에게 그로 인한 책임을 부담시키지 아니하고, 반면에 공무원의 위법행위가 고의·중과실에 기한 경우에는 비록 그 행위가 그의 직무와 관련된 것이라 하더라도 위와 같은 행위는 그 본질에 있어 기관행위로서의 품격을 상실하여 국가 등에게 그 책임을 귀속시킬 수 없으므로 공무원 개인에게 불법행위로 인한 손해배상책임을 부담시키되, 다만 이러한 경우에도 그 행위의 외관을 객관적으로 관찰하여 공무원의 직무행위로 보여질 때에는 피해자인 국민을 두텁게 보호하기 위하여 국가 등이 공무원 개인과 중첩적으로 배상책임을 부담한다(대법원전원합의체판결 1996.2.15, 95다38677).

제 2 편

특별행정작용법

제1장 개 설

I. 행정작용법의 성립·발선

행정작용법은 사실상 오랜 역사를 가지고 있다. 행정법의 탄생은 권력분립주의와 법치주의의 성립·발전과 맥락을 같이 하는 것으로 생각할 수 있으나, 실은 행정법은 그 이전에도 국왕의 칙령 등을 통하여 존재하여 왔으며 그것이 바로 행정법의 효시를 이루고 있다.

1. 고대 및 중세사회

중세사회는 대체로 375년 German 민족의 이동으로부터 14C~16C Reneissance까지 약 1000년간을 말한다. 이 시기에는 서유럽인인 로마·게르만 문화권은 라틴어를, 동유럽인인 비잔틴(동로마)·슬라브 문화권은 그리스어를, 각각 공용어·학술어로 사용하였고, 중세유럽(중세서구) 사회는 봉건제후의 통치권인 영주고권(재판권·입법권·과세권)과 교부철학·스콜라철학·신본주의·황제교황주의(정교일치)를 거쳐, 절대주의국가에 이르기 전까지를 말한다. 이 시기에는 행정법은 분화되지 아니하고, 교회의 제후가 가지고 있던 교회행정권한을 제외한 일체의 국가행정을 경찰이라 하여 경찰권(통치권)은 다음에 설명될 절대주의적 국가권력의 기초가 되었다. 따라서 국가목적행정과 사회목적행정은 아직 분화되지 아니하고 국가의 통치권 속에 통합되어 있었다.

그리하여 국가의 경찰·외교·국방·재정 등에 관한 행정이 분화되지 아니하고 통치권이라는 이름으로 행하여 졌다.

2. 경찰국가시대·전제군주국가시대(17C~18C)

중세봉건영주시대(중세사회)를 청산하고 왕권통일국가를 형성하여 「전제군주국가」를 건설하였으며, 중세의 신본주의 사상과 농업경제의 핍박으로부터 벗어나 행복주의 정치철학 하에 중상주의경제정책을 강조하였다.

경찰국가시대에는 경찰권 만능의 「절대적 경찰국가」체제였는바, 경찰개념에서 외교·군사·사법·재정이 분리되었다.

독일의 경우 17세기에서 18세기에 걸쳐 국가목적행정으로 취급되는 외교·군사·사법·재정을 제외한 나머지 국가작용(내무행정전반), 즉 사회공공의 안녕과 복지에 직접적으로 관계되는 내무행정의 전반을 경찰이라 하였다.

그리하여 행정작용(국가작용) 중에서 외교·군사·재정·사법(司法) 등이 「국가목적행정」으로 취급되고 내무행정인 보안경찰과 복리경찰 등이 「사회목적행정」으로 분리되었다. 주의할 것은 소극적인 치안유지(보안경찰) 뿐만 아니라 적극적인 공공복리증진을 위한 강제력의 행사도 경찰

(보안경찰)에 포함되었다. 이러한 강제력으로 대표되는 무제한적인 국가권력(법적통제 및 재판적 통제를 받지 않았음)이 바로 경찰이었다. 따라서 국가의 권력행정은 법치주의의 외곽에 존재하였다.

3. 근대자유주의·시민법치국가시대

19세기에 들어와 전제군주국가·경찰국가시대의 행복주의를 추구하기 위한 독재정치에 항거하여 「입헌군주국가」를 건설하였으며, 자유주의를 정치철학으로 확립하였고, 이를 실현하기 위하여 국가의 모든 제도를 개편하였다.

영국의 명예혁명(1688)을 거쳐, 18세기 중엽의 계몽기를 지나 자연법적 자유주의 사상의 영향 아래 쟁취한 미국의 독립(1776), 프랑스혁명(1789) 등을 계기로 하여 혁명세력인 시민계급은 자유주의를 정치철학으로 하였으며 이를 위하여 영·미·불은 시민적 법치국가를 세웠다. 독일은 19세기 후반에 결과론적으로 형식적 법치국가를 취하였다.

이러한 국가기능의 변질에 따라 행정작용의 범위도 19세기 국가에 있어서는 자유주의 정치철학의 실현을 위하여 오직 국가와 사회의 존립에 필요한 한도 내에 그쳤는바, 외교·국방·조세·사법 등의 국가목적행정작용 이외에 사회목적작용으로서는 최소한의 현상유지적인 질서유지를 내용으로 하는 「소극적 질서행정」을 이루고, 따라서 행정작용은 최소화시켰는바, 이러한 국가를 소극국가·야경국가·자유국가라 부르기도 한다.

이리하여 소극적 경찰행정은 경찰관청에 의하여 수행되고, 일반적 국가행정작용은 일반국가행정기관에서 담당하게 되었다.

영국의 명예혁명, 미국의 독립혁명, 프랑스의 대혁명 등을 통해서 세계에 보급된 입헌정체는 자연법에 근거한 인권존중을 이념으로 하고, 이를 위해 국가의 목적과 임무를 한정할 뿐만 아니라 권력분립 주의적 사고를 기초로 하는 법치주의의 생성에 따라 군주의 권력도 법의 구속을 받게 되었다(입헌주의국가, 즉, 입헌군주국).

경찰국가하에서 국왕의 절대적 통치권의 객체에 지나지 않았던 시민은 그 주체성을 회복하고, 경찰분야에 있어서도 적극적인 복지 경찰 분야가 제외되면서, 경찰권의 발동은 소극적인 위험방지분야에 한정하게 되었다.

칸트 등의 계몽주의와 자연법사상하에서 제정된 1794년 「프로이센일반란트법」 제10조 제2항 제17호에서는 「공공의 평온·안녕 및 질서를 유지하고, 또한 공중 및 그의 개개 구성원들에 대한 현존하는 위해를 제거하기 위하여 필요한 조치를 취하는 것은 경찰의 직무이다」라고 규정하여 경찰의 직무를 공공의 안녕과 질서유지에 한정하였다. 즉, 소극적 경찰(보안행정)에 국한되고 적극적 경찰(복리경찰)은 원칙적으로 금지되었다. 1882년 프로이센 고등행정법원에서 내린 크로이쯔베르크 판결(Kreuzberg-urteil)에서 「경찰관청이 일반수권 규정에 근거하여 "법규명령을 발할 수 있는 분야는 위험방지분야에 국한된다"」고 판결하면서 경찰의 임무는 적극적 복지 경찰요소를 배제한 소극적인 위험방지분야에 한정된다는 사상이 법해석상 확정되는 계기를 마련하였다.

【참고】 크로이쯔베르크판결은 1882년 독일의 프로이센 고등행정법원이 베를린의 크로이쯔베르크 언덕에 있는 전승기념 조망을 확보하기 위하여 주변 토지에 대한 건축물의 높이를 제한한 베를린 경찰청의 명령에 대하여 그러한 명령은 심미적 이유로 내려진 것으로 복지의 증진을 목적으로 하는 것이므로 무효라고 함으로써 경찰의 임무는 위험방지에 한정된다고 하는 사상이 법해석상 확정되는 계기를 만든 판결로 유명하다.

4. 현대 복지주의·사회법치국가시대

20세기에 들어와서는 제2차 세계대전의 승리를 계기로 하여 패전국인 독일 등 대륙법계 국가에서는 군주를 제거하여 입헌군주주권시대를 청산하고 「국민주권국가」를 건설하였으며 자유주의시대·질서행정시대의 시장경제질서인 자본주의 폐단으로 인하여(예 : 빈부격차심화, 부의편재, 노사대립, 대량실업, 유휴자원의 낭비 등) 양산된 「프롤레타리아」의 인간다운 생활을 확보하려는 복리주의를 정치철학으로 확립하였다.

그리하여 자유권적기본권 못지않게 생존권적 기본권이 중요시하게 되었다. 1919년 「바이마르」헌법을 기점으로 하여 제2차 세계대전 후 「본」기본법하에서는 지배자와 피지배자의 동질성을 기조로 하여 국가는 국민의 정치적 자유의 보장에 그치지 아니하고 공공복리를 증진하여 경제·사회·문화면에 있어서 실질적 자유·평등을 보장하는 복리국가·후생국가·사회국가·적극국가를 이루게 되었다.

이러한 변화는 자유국가·야경국가에서 사회국가·복지국가로, 형식적 법치·시민적 법치에서 실질적 법치·사회적 법치로, 자유 시장경제에서 사회적 시장경제로(헌법 §119·①·②), 기본권도 자유권적기본권에서 생존권(생활권·사회권)적 기본권으로, 행정작용도 억제적 기능에서 행정지도·향도적 기능으로 옮겨짐으로써 종래 질서행정(경찰행정)에서 급부행정·규제행정 등 복리행정으로 그 중요성이 증대되고 있다. 그리하여 이 시대의 행정작용법의 중심은 인간다운 생활을 보장하는 것이었기 때문에 공공복리를 증진하기 위하여 적극적으로 사업경영·보호·규제를 중심으로 하는 행정을 펼쳐나가게 되었다. 따라서 종래의 국가목적행정으로서 외교·국방·조세·사법 등을 행하는 외에 사회목적행정으로서 경찰과 복리행정을 중심으로 전개하였으니 행정작용은 광역화·다양화·전문화·기술화를 더욱 요구하게 되었다.

Ⅱ. 특별행정작용법의 의의 및 발전(분류)

1. 특별행정작용법의 의의

특별행정작용법이란 행정주체가 특별행정목적달성을 위하여 행하는 법률적 작용 및 사실적 작용에 관한 공법을 말한다.

특별행정작용법이란 일반 행정작용법에 대응되는 개념으로 사용되는 것이다. 일반 행정작용법은 행정법 총론 내지 행정법(상)에 해당하는 것으로 이는 개개의 활동의 목적이나 기능과는 관계없이 일반론·통칙론으로 고찰하여 행정법의 일반법으로서의 원리·원칙과 각각의 법적 특색을 밝히는데 반하여, 특별행정작용법은 행정법총론 내지 행정법(상)의 이론을 기초로 하여 행정작용을 예컨대 경찰행정·복리행정 중의 급부행정(여기는 다시 공급행정·사회보장행정·조성행정 등)·경제행정·환경행정·부동산행정·공용부담행정 등 목적별 내지는 기능별로 개개의 분야의 성격과 특색을 고찰 대상으로 하는 경우이다.

그리고 행정작용법의 성질이 공법적인 것인지, 사법적인 것인지를 불문하며, 공법적 권리를 개입시킨 행정사법을 포함하여, 국가·지방자치단체·정부투자기관(영조물법인·특수법인)·공공조합 등의 행정주체가 국민에 대한 관계에서 행하는 일체의 법률적인 작용과 사실적인 작용에 관한 법으로서 좁은 의미로는 국민에 대한 외부적작용법, 즉 대외적작용법(예 : 경찰법·조세법·공용부담법·병역법 등)을 내용으로 하였으나, 넓은 의미로는 행정주체내부 또는 행정주체 상호간에 있어서의 내부적작용법, 즉 대내적작용법(예 : 국가재정법·국유재산법·지방재정법·물품관리법 등)도 포함한다.

행정작용에 관한 행위형식은 권력적 행정작용(예 : 경찰법·공용부담법·조세법·경제행정법·환경행정법·부동산행정법·병역법 등)이든 비권력적 행정작용(예: 공기업법·공물법·수도법·회계법 등)도 포함한다.

2. 특별행정작용법의 유형

(1) 서 론

위에서 살펴본 바와 같이 국가목적행정으로서 재무행정·군사행정·외무행정·사법(司法)행정 등은 국가의 성립과 더불어 큰 변화 없이 발전을 거듭하여 왔다.

그러나 사회목적행정은 경찰행정으로부터 시작하여 발전하였으며, 20세기에 와서는 복지행정이 탄생하고 복지행정은 다시 급부행정·경제행정·환경행정·부동산행정·공용부담행정 등을 포함하는 행정으로 발전하면서 행정작용은 광역화·다양화·전문화·기술화·적극화되었으며, 행정작용법의 체계에 커다란 변화를 가져오게 되었다.

(2) 외국 학자들의 견해

1) 슈타인(L. von. stein)의 5분류설

국가목적행정작용 : 재무행정·군사행정·외무행정·사법행정

사회목적행정작용 : 내무행정 ┬ 경찰행정
└ 보육행정(공기업·공물·공용부담·보호규제)

2) 프리드만(W. Friedmann) 교수의 분류[68)]

영국의 프리드만 교수는 현대국가의 기능을 ① 질서유지자(Protector)로서의 기능(국방·외교·경찰 등 전통적 행정기능), ② 사회봉사자(dispensor of social services)로서의 기능(사회복지·노동행정, 의료·주택 등의 공여 등), ③ 기업경영자(industrial manager)로서의 기능(산업국유화정책에 의하여 국유화 된 석탄·가스·전기·운수·민간항공 등을 경영하는 공사의 행정), ④ 중재자(arbitrator)로서의 기능(현대사회에서 이해관계가 대립되는 개개인 간 또는 단체 간의 분쟁을 조정하고 중재하는 행정)

3) 볼프(W. J. wolf)교수의 분류[69)]

독일의 볼프교수는 현대행정작용을 다음과 같이 분류한다.

① **질서행정**(Ordnede verwaltung), ② **급부행정**(Leistende verwaltung)

③ **공과행정**(Abgaben verwaltung), ④ **조달행정**(Bedarfs verwaltung)

4) 포르스트호프(E. Forsthoff)교수의 분류[70)]

① **질서행정**

② **복리행정** : ㉮ 배려행정, ㉯ 사회행정, ㉰ 조장행정

5) 成田賴明 교수의 분류[71)]

일본의 成田賴明 교수는 다음과 같이 분류되고 있다.

① **질서행정**

㉮ 소극적 질서유지행정(경찰행정)

㉯ 적극적 질서정서행정 : ㉠ 경제통제행정, ㉡ 지역정서행정

② **급부행정**

㉮ 공급행정, ㉯ 사회보장행정, ㉰ 자금조성행정

③ **재정관리행정**

(3) 본서의 체계

본서의 체계에 있어서는 행정법총론(상)과 행정법각론(하)이 구성상으로는 구별되어 2원적으로 되어 있으나, 양자는 전혀 무관한 것이 아니고 각론은 총론의 이론을 기초로 하여, 그 발전·전개로써 구성되어 있다.

---

68) W.Friedmann, Law and social change in contemporary Britain, 1951. 9, 298쪽.

69) H.J.wolf, Verwaltungsrecht Ⅲ. 7. Aufl, S. 132ff. 「볼프」 교수는 질서행정을 다시 감시행정 특히 경찰행정과 보안행정, 지역정서행정, 경제제한행정으로, 급부행정을 다시 배려행정, 사회행정, 조장행정(자금지원·사유재산형성조장)으로 나누고 있다.

70) E.Forsthoff, Die verwaltung als Leistungsträger, 1938 ; derseibe Lehrbuch, S. 368ff.

71) 成田賴明 등, 現代行政法, 205쪽 이하 ; 行政法講義(下), 11쪽 이하.

행정작용법의 체계를 어떻게 구성할 것인가는 행정법학의 원래의 임무와 대상이 무엇인가 하는 학문상의 근본문제와도 관련되는 까닭에 대단히 어려운 문제이다.

특히 오늘날 현대국가는 복리국가를 강조하게 되자 사회목적행정에는 경찰행정 외에 복리행정중심으로 전개하게 되자 행정작용은 광역화·전문화·다양화·기술화되면서 더욱 복잡하게 되어가고 있다.

현대국가의 복잡다기한 행정작용을 어떤 관점에서 체계화할 것인가에 대하여는 여러 가지 표준이 제시될 수 있을 것이다.

예컨대 ① 행정주체 내부에서의 작용인지, 행정주체와 국민간의 작용인지에 따라 내부적 행정작용법과 외부적 행정작용법, ② 행정작용 담당주체를 표준으로 국가행정작용법과 자치행정작용법, ③ 정부조직법상 행정기관 소관을 표준으로 재무행정법, 교육행정법, 과학기술행정법, 외교통상행정법, 국방행정법, 행정자치(내부)행정법, 문화관광행정법, 농림행정법, 산업자원행정법, 정보통신행정법, 보건복지행정법, 환경행정법, 노동행정법, 건설교통행정법, 해양수산행정법, 여성행정법 등으로 나눌 수 있다.

행정작용의 새로운 분류와 체계를 위한 연구는 다양하게 나타나고 있다.

본서에서는 행정작용법의 직접적인 목적과 내용을 기준으로 한 구별이 각 양태의 행정작용에 공통되는 법의 일반원칙의 발견 및 체계화라는 견지에서 가장 부합된다고 본다. 위에서 본 「슈타인」의 분류가 대체로 이에 속하는 바, 종래 가장 널리 채택되어 왔었다.

이와 같이 볼 때 행정작용은 ① 국가 자체의 존립과 활동을 직접목적으로 행하는 작용인 「국가목적행정작용」, ② 사회공공의 이익(질서유지 또는 공공복리)을 도모하는 것이 직접목적이 되는 「사회목적행정작용」으로 크게 분류할 수 있고, ① 국가목적행정은 다시 ㉮ 재정행정, ㉯ 국가안전보장행정, ㉰ 외무행정(주로 국제법 적용), ㉱ 사법행정(주로 사법법 적용)으로 분류되고, ② 사회목적행정작용은 ㉮ 질서행정법(경찰법), ㉯ 복리행정법으로 구별되며, 복리행정법은 다시 ㉠ 급부행정법(공급행정, 사회보장 행정, 조성행정), ㉡ 경제행정법, ㉢ 토지(부동산)행정법, ㉣ 환경행정법, ㉤ 공용부담행정법(인적공용부담, 물적 공용부담)으로 분류하기로 한다.

위와 같은 분류는 우리 현행 헌법 제37조 제2항 규정의 목적과 내용을 같이 한다고 볼 수 있다. 헌법 제37조 제2항은 「모든 국민의 자유와 권리는 국가안전보장·질서유지 또는 공공복리를 위하여 필요한 경우에 한하여 법률로써 제한할 수 있으며, 제한하는 경우에도 자유와 권리의 본질적인 내용을 침해할 수 없다」고 규정하여 「…… 국가안전보장·질서유지·공공복리 ……」 등의 「공익」확보를 위하여 기본권을 제한하는 「행정법」을 제정할 수 있도록 하였다. 여기에서의 「공익」의 분류는 목적과 내용을 표준으로 작용법의 체계를 제시하고 있다고 본다.[72] 그리하여 「국가안전보장」은 국가목적행정법, 「질서유지·공공복리」는 사회목적행정법을 제정토록 한 것이다.

---

72) 조연홍, 한국행정법원론(하), 352쪽, 형설출판사, 2005.

<참고> 특별행정작용법의 체계

1. 국가목적행정작용법

(1) 재정행정법(재무행정법)

① 국가재정행정법 ② 지방재정행정법

(2) 국가안전보장행정법

① 군사행정법 ② 국가보안행정법

(3) 외무행정법, 사법행정법

→ 이들은 국제법과 사법법의 연구대상이다.

2. 사회목적행정작용법(내무행정)

(1) 질서행정법(경찰법)

① 보안경찰, ② 풍속경찰, ③ 위생경찰 등

(2) 복리행정법

- ① 급부행정법
  - ㉮ 공급행정법
    - 공물법
    - 공기업법
  - ㉯ 사회보장행정법
  - ㉰ 조성행정법
    - 자금조성행법
    - 사권보호법
- ② 경제행정법
- ③ 토지(부동산)행정법
- ④ 환경행정법
- ⑤ 공용부담행정법
  - 인적공용부담 : 부담금, 부역·현품, 노역·물품, 시설부담
  - 물적공용부담
    - 공용제한행정법
    - 공용수용행정법
    - 공용환지행정법
    - 공용환권행정법

제2장 질서행정법(경찰행정법)73)

제1절 경찰의 개념과 연혁 및 비교경찰

I. 경찰개념의 연혁 및 비교경찰

1. 경찰개념의 연혁

(1) 고대경찰(경찰의 어원)

경찰(Police)이라는 용어의 기원은 도시국가(Polis)에 관한 일체의 정치(특히, 헌법 또는 질서 있는 공동사회)를 뜻하는 라틴어인 Politia에서 유래하였는바, 국가의 모든 작용을 의미하였다.

(2) 중세경찰

14세기 말 프랑스의 경찰이라는 개념은 국가목적을 위한 모든 국가의 작용, 국가의 평온한 질서 있는 상태를 의미하였다. 15세기 말 독일에 계수되어, 종래 봉건제후의 통치권으로서 전통적으로 인정되었던 재판권·입법권·과세권 등 영주고권의 체제에 경찰권이 접목되었다. 그 결과 공공의 질서와 복리를 위한 특별한 통치권으로서의 경찰권이라는 말이 사용되어 국가행정 전반을 뜻하였다.

16세기(1530) 독일의 제국경찰법(帝國警察法)에 의해 교회의 제후가 가지는 교회행정권을 제외한 일체의 국가행정을 의미하게 되어, 경찰은 세속적인 사회생활의 질서를 공권력에 의해 유지하는 작용으로 축소되었다. 즉 당시 국가와 대등한 권력을 가지고 있던 교회지도자들의 교회행정권과 구별하여 국가가 행하는 일체의 행정작용을 경찰(Polizey)이라고 일컬었다.

(3) 경찰국가(절대주의국가)시대의 경찰개념

17세기 국가 활동이 점차 분업화 되고 전문화되어 감에 따라 외교, 군사, 재정, 사법(1648년 베스트팔렌조약으로 사법이 경찰에서 분리) 등 전분야가 분리되어 나가 경찰은 사회공공의 안녕과 복지를 직접 다루는 「내무행정」만을 의미하게 되어 양적으로는 그 범위가 축소되었다. 국왕의 절대적인 통치권이 내무행정 전반에 미치는 경찰국가적 행정이 전개되었다. 절대군주체제가 강화됨에 따라 경찰로서 통치권의 전반을 행사하는 이른바 경찰국가시대가 실현됨으로써, 내무행정 전반에 관한 국가의 임무는 소극적인 질서유지뿐만 아니라 적극적인 복리증진을 위한 모

73) 경찰행정법에 관한 이하의 설명은 조정환, 「이것이 경찰학 개론이다」, 2005, 고시연구원에서의 교재와 조정환, 「한국의 자치경찰제 도입문제」, 법정책논총창간호, 9쪽~53쪽, 2004년의 논문을 다시 참고하여 요약한 것이다.

든 작용에도 강제력을 발동하게 되었다. 이 시대에는 전제군주국가로서 군주주권론과 그 맥을 같이 한다. 당시 관료는 국왕의 절대적인 권력에 복종하고 헌신하는 대신, 국민에 대해서는 포괄적인 권한에 근거하여 재판통제도 받음이 없이 일방적으로 국민의 권리관계에 간섭하고 지배하는 체제가 갖추어졌다.

(4) 근대 자유주의적 법치국가시대의 경찰 개념

18세기 계몽주의, 영국의 명예혁명, 미국의 독립, 프랑스의 대혁명의 영향과 자유주의적 자연법사상을 이념으로 한 법치국가가 등장하자 경찰개념은 적극적 복지행정분야를 제외한 소극적 위험방지분야로 축소되어 공공안녕과 질서유지작용만을 의미하게 되었다.

1794년 프로이센 일반주법(프로이센일반란트법 제10조 2항)에서는 “공공의 평온·안전과 질서를 유지하고 공중 또는 그 구성원에 대한 현존하는 위해를 제거하기 위하여 필요한 수단을 강구하는 것이 경찰의 책무이다”라고 규정하여 소극적인 질서유지작용만을 인정하고 있다.

1882년 크로이쯔베르크(Kreuzberg)판결은 경찰의 임무는 소극적인 위험방지에 한정된다고 하는 사상이 법해석상 확정되는 계기를 만든 판결이다.

1795년 프랑스 경죄(輕罪)처벌법전 제16조에서는 “경찰은 공공의 질서, 자유·재산 및 개인의 안전을 유지하는 것을 임무로 한다”고 규정한 것은 근대법치국가적 경찰개념을 분명히 표현한 것이며, 이러한 경찰개념은 서구 여러 나라의 경찰개념으로 정착하게 되었다. 그리고 동법 제18조에서는 “행정경찰은 공공질서유지·범죄예방을 목적으로 하고, 사법경찰은 범죄의 수사·체포를 목적으로 한다”고 규정하여 행정경찰과 사법경찰을 구분하였다.

(5) 제2차 세계대전 이후

위험방지의 이름하에 행하여지던 협의의 행정경찰사무가 「비경찰화」(非警察化)[74]의 과정을 거치면서 오늘날과 같이 공공의 안녕과 질서유지 임무에 국한하게 되었다.

(6) 영·미법계 국가의 경찰개념

프랑스 및 독일을 비롯한 대륙법계 국가와는 달리 영·미법계 경찰제도의 모태라 할 수 있는 영국의 경우는 치안질서를 유지한다는 것은 사회구성원의 의무 중 일부라고 여겨 시민들이 돌아가면서 경찰 직무를 담당하던가 또는 일반시민으로부터 선출된 자가 명예직으로 경찰역할을 수행하였다.

그러다가 상공업이 발달하면서 일반시민이 본래의 직업에 종사하면서 윤번제에 의하여

---

74) 대륙법계의 경찰개념은 그 범위가 축소되어 왔는바, 범죄의 예방과 검거 등 보안경찰 이외에 행정경찰사무 즉, 영업경찰, 건축경찰, 위생경찰 또는 보건경찰 등의 경찰사무를 다른 행정관청의 분장사무로 이관하는 현상을 「비경찰화」라 하며, 중요한 의미를 갖는다.

교대로 치안유지를 담당하는 것이 곤란하게 되어 유급전속의 고용인을 두고 치안질서를 담당시키게 되었다.

대륙법계 국가의 경찰개념이 시민권과 경찰권이 대립관계(경찰권의 객체와 경찰권의 주체)에서 형성되었다면, 영·미에서의 경찰은 각 자치단체에서 주민의 합의에 의해 자기들을 방지하기 위하여 결성한 것이며, 시민으로부터 권한을 위임받아 시민을 위한 것이므로 시민이 경찰권의 주체가 된다. 즉, 경찰권의 객체가 아닌 동반자 관계이며 경찰에 대해 경찰권을 위임한 것이다.

(7) 우리나라

서구적 의미의 경찰개념이 도입된 것은 1894년 갑오개혁(고종 31년) 이후의 일이다. 즉, 갑오개혁에 따른 새로운 관제에 의하여 포도청이 폐지되고 내무아문 소속하에 경찰청이 신설되면서 근대적 의미의 경찰제도가 시행되게 되었다.

현재 경찰조직의 기본법이라 할 수 있는 「경찰법」 제3조에서는 "경찰은 국민의 생명·신체 및 재산의 보호와 범죄의 예방·진압 및 수사, 치안정보의 수립, 교통의 단속, 기타 공공의 안녕과 질서유지를 그 임무로 한다"고 규정하고 있다.

(8) 경찰개념에 대한 3가지 입장

경찰의 개념은 역사적·사회적 배경에 따라 발전되어 왔기 때문에 국가와 시대에 따라 상당한 다양성을 가지고 있어서 한마디로 정의하기는 어렵지만 전통적 경찰개념, 현대적 경찰개념, 통합적 경찰개념의 3가지 입장으로 정리될 수 있다.

1) 전통적 경찰개념(대륙법계 경찰개념)

경찰이란 "사회공공의 안녕과 질서를 유지하기 위하여 일반 통치권에 의거하여 국민에게 명령·강제함으로써 그 자연적 자유를 제한하는 작용"이라 한다.

전통적 경찰개념에는 ① 당위성을 전제로 권리·자유·행동을 제한하는 소극적 기능이라 보고 ② 일반통치권에 의하여 국민에게 명령·강제하는 권력적 작용이라고 보는 행정 법학자들의 주장이며 ③ 공공질서유지와 관련한 명령·강제를 모두 경찰작용으로 보아 경찰개념을 지나치게 확대하여 제도상의 경찰과 차이가 있다(예: 위생 단속하는 위생경찰, 산림단속하는 산림경찰 등도 경찰개념에 포함).

경찰과 국민과의 관계는 권력실행적 관계에 놓이게 되고, 그 역할·지위·규범은 수직적 관계에서 설정되며, 경찰개념을 지나치게 권력적인 작용으로만 보는 것이 문제로 지적된다.

2) 현대적 경찰개념(영·미법계의 경찰개념)

경찰이란 "사회적으로 공공의 질서를 유지하고 위해와 범죄로부터 국민 개개인의 생명과 재산을 보호하며 다양한 공공서비스 또는 공공재를 제공해주는 작용"이라 한다.

현대적 경찰 개념은 ① 소극적인 질서유지작용이지만 국민의 자유와 권리를 보호하기 위하여 적극적인 봉사작용(봉사기능)이라 보고(오늘날 소극적인 질서유지뿐만 아니라 공공복리증진이라는 적극적인 목적을 위한 권력작용도 경찰개념에 포함시켜야 한다는 주장도 있다) ② 19세기 후반 행정학자 및 경찰행정학자들이 주장하는 견해로서 경찰을 사회공동체 구성원들 사이의 문제에 대한 문제해결자로 봄으로서 기능과 기술, 봉사의 협력 요인을 강조하며, ③ 경찰은 국민의 생명과 재산을 보호할 뿐만 아니라, 계몽·지도·봉사차원의 비권력적인 서비스 제공에 크게 의존하는 공공서비스 제공자이다. ④ 행정의 과정과 시민과의 관계를 중시하는 신행정학의 이념과 일맥상통한다.

3) 통합적 경찰개념

경찰이란 "국민에 대하여 명령·강제하는 권력작용뿐만 아니라 헌신·봉사하는 봉사자(서비스맨)로서 기능하는 것을 말한다"

21세기에 있어서는 전통적 경찰개념과 현대적 경찰개념을 종합한 종합적 경찰개념이 필요하다. 전통적 경찰개념이 실질적 의미에 있어서 경찰개념이 확대된 것이라면, 현대적 경찰개념은 기능의 다양화로 국민생활의 필요한 요구에 의하여 목표 및 수단이 확대된 경찰개념이다.

2. 비교경찰(선진외국 경찰사)

(1) 외국경찰의 역사와 제도를 연구하는 목적·필요성

① 제도의 특수성과 보편성을 규명함으로써 경찰제도의 일반제도의 일반원리를 탐구하는데 유용하고
② 우리 경찰의 뿌리를 더 근원적으로 규명하는데 유용하며
③ 우리나라의 경찰제도에 관한 법 제정과 실정법해석에 도움이 될 뿐만 아니라
④ 세계 경찰에 흐르는 사상·이념·제도를 비교·분석함으로써 우리 경찰의 나아갈 방향을 제시함이 목적이다.

한국경찰은 대륙법계와 영·미 법계의 법의 계수와 이식을 통해서 가깝게는 일본, 멀리는 미국이나 유럽 등으로부터 영향을 받았다.

(2) 영국경찰

1) 영국경찰의 역사

① 고대경찰

㉮ 마을집단안전체제

앵글로색슨족 이전에는 경찰조직이 없었고, 공공의 안녕과 질서유지에 대한 일차 책임은 각각의 마을이었다.

㉯ 10인조제도(Tything → Tithe 1/10)

5세기경부터 앵글로색슨족이 정착하면서 10가구씩 하나의 집단을 이루어 성인 남자들이 돌아가면서 자치치안을 유지(self-policing)하였는데 이를 10인조제도라 한다.

㉰ 10인조합장(chief Tithingmen)

10인조합장은 도적을 "도적 잡아라"하고 고함질러 추적하고(Hue and cry), 범죄자를 체포하며, 형벌을 부과할 책임이 있었다.

㉱ 관리책임자(constable)선출

10인조가 다시 100가구 단위로 발전하여 100인조(Hundred)제도가 되자 이를 효율적으로 관리하기 위해 관리책임자(constable)를 선출하여 오늘날 경찰의 시초가 되었다. Constable은 범죄추적권과 마을 전체의 말(馬)과 무기를 관리하는 책임을 맡았다.

② 중세경찰

㉮ Frankpledge와 sheriff

중세 영국은 노르만침공(1066)으로 Tithing은 Frankpledge(성인남자가 10인이 한 조로, 개개인 행위에 대하여 연대책임지는 제도 : 10인조 제도로 장원이고, 영주가 경찰관을 임명함) 제도로 바뀌고, Frankpledge의 우두머리인 sheriff(치안과 행정을 집행하는 행정관임)는 중앙정부에 의해 임명되었다는 점이 특색이다.

㉯ 국왕대관(shire-reeve)임명

노르만족의 정복자 윌리엄의 지배하에 놓이게 되면서 100인 조합은 다시 합쳐서 샤이어(shire : 오늘날의 군인 County에서 세금징수, 치안유지, 재판권 행사)가 되었고, 13세기 말에는 왕이 각 샤이어의 치안질서를 위해 국왕대관(shire-reeve 國王大官)을 임명하여 그들로 하여금 국왕을 대신해 세금징수, 치안유지, 재판권행사 등 각종 권한을 행사토록 하였다.

㉰ 1285년 윈체스터 법령

윈체스터 법령은 ㉠ 노르만 침공과 1829년 수도경찰청법 사이(600여년) 경찰활동을 규율하는 일반원칙을 정립한 법령이고, ㉡ 중소도시(Town)에 야경인 제도를 도입(종래 경찰관 임무보좌)하였고, ㉢ 모든 주민에게 범죄추적의무 즉, 모든 주민에게 색슨전통인 '저 놈 잡아라'('Hue and cry')식의 범죄대처방식을 채택하였고, ㉣ 범죄대처방안의 강화책으로 15세~60세 남자들에게 계급에 따라 장비(철모, 칼, 활과 화살) 등을 보유할 수 있게 하였다.

㉱ 교구경찰

㉠ 교회지역의 단위인 교구가 행정력을 갖춘 지방정부 단위로서 바뀌고, 각 교구에서 경찰관(constable)을 임명하였고, ㉡ 16세기 중상주의의 여파로 많은 부를 소유한 상인계층이 자기에게 부여된 경찰직을 대리인을 고용하여 수행케 하고, 이들 대리인은 다시 대리인을 고용하여 경찰관은 차츰 늙고 열등인이 맡는 지위로 변화하였으며, ㉢ 타이번 티켓(Tyburn Ticket) 즉, 타이번 티켓을 취득함으로써 경찰관 복무의무가 면제될 수 있었으며, ㉣ 마침내 18세기 말경에는 교구경찰관(Parish Constable)은 대부분은 문맹자나 범죄집단 출신이었다.

③ **근대경찰**

㉮ 수도경찰창설

1829년 로버트 필 경(Sir Robert peel)에 의한 수도경찰청을 창설(애칭은 Bobby)하여 다원적인 경찰조직을 통합하여 일원화하였다.

㉯ 농 촌

1829년 군 경찰법(County Police Act)을 제정하여 인구 1천 명당 1인의 경찰관을 두었다.

㉰ 지 방

1835년 도시자치체법(Municipal Corporations Act)을 제정하여 공안위원회(watch committee)를 발족하고, 전국 경찰의 표준화작업을 하였다.

㉱ 정 부

1856년 군과 자치도시경찰법(County and Borough police Act)을 제정하여 자치경찰에 대한 내무부장관의 감독권과 통제권을 강화하고, 경찰기관의 통일성을 확보하여 오늘날 영국 경찰 제도를 특징짓는 전국적 평준화에 대한 모델을 제공하였다.

④ **현대경찰**

1919년 경찰관의 근무여건에 관한 개선요구 등을 반영한 경찰법(Police Act)이 제정되었으나 실현되지 못하였고, 1950년대에 와서는 자동차의 급격한 증가에 따른 단속강화와 경찰의 부정부패가 심화되면서 국민의 불신이 깊어지고 경찰의 비효율과 비능률에 따라 개혁의 목소리가 높아졌다.

㉮ 왕립위원회(1960. 1 : Royal Commission)가 발족되어 1962년 경찰개혁보고서제출은 Good Hart 교수가 프랑스식 국가 경찰제를 도입 제안하였으나, 영국의 자유주의 전통이 강해 무산되었다.

㉯ 1964년 경찰법 제정

지방경찰의 통폐합이 이루어 졌고, 경찰의 관리와 운영이 3원체제(내무부장관, 경찰위원회, 경찰청장)로 각각 권한과 책무가 분담되었다.

㉠ 내무부장관(Home Secretary)은 ⓐ 경찰의 능률성을 향상시키기 위한 권리행사 기능 ⓑ 능률성 향상을 위해 경찰위원회에 특정 경찰정장 퇴직요구 ⓒ 각 경찰청에게 특정사안에 대한 진상보고서 제출 요구 ⓓ 매년 각 경찰청의 활동내용을 담은 연례보고서를 경찰청장들로부터 보고를 받고 ⓔ 각 경찰청 예산의 50%씩 지원하며 ⓕ 경찰의 근무조건, 행정 등에 관한 규칙제정권 보유 ⓖ 공공의 안녕과 질서유지를 위해 필요한 경우, 특정 경찰청으로 하여금 타 경찰청을 원조토록 지휘할 수 있다.

㉡ 경찰위원회(Police Authority)는 ⓐ 경찰위원회의 구성은 치안판사 ⅓과 지방의회의원 ⅔ ⓑ 해당지역 경찰의 적절하고 효율적인 경찰력의 확보 ⓒ 내무부장관 동의하에 경찰청장 임명 ⓓ 내무부장관 동의하에 건물, 구조, 토지 등을 경찰에 제공

ⓔ 차량, 장비, 피복 등을 경찰에 제공 ⓕ 매년 해당 지역 경찰청의 활동내역을 담은 연례보고서 제출 받는다.

㉢ 경찰청장(Chief Constable)은 ⓐ 경찰위원회에서 내무부장관의 동의를 얻어 임명되어 해당 지역 경찰을 지위·통제하며, ⓑ 매년 내무부장관과 경찰위원회에 경찰의 내역을 담은 보고서를 제출하고, ⓒ 특정 사안과 관련하여 내무부장관, 경찰위원회로부터 요구 시 보고서를 제출한다.

㉰ 1980년대 치안약화로 경찰력 강화(내무부장관의 영향력 강화)

㉠ 3원체제에서 내무부장관 영향력 강화 : 1980년대에 치안상황이 약화되면서 경찰력을 강화하고, 국민을 범죄로부터 보호할 목적으로 1984년에 경찰 및 치안판사법원법(Police and Magistrates's Courts Act)이 제정되어 3원체제에서 내무부장관의 영향력을 강화시켰다.

㉡ 국가적 범죄수사기관 창설 : 3원체제에서 내무부장관의 영향력 강화현상은 1992년의 국립범죄정보국(National Criminal Intelligence Service : NCIS)과 1997년의 국가범죄수사국(National Crime Squad Service : NCS)의 창설과 맥을 같이 한다. 이들은 광역·조직·국제범죄수사를 담당한다.

㉢ 국립정보위원회 신설 : 국립범죄정보국은 1992년에 내무부장관 직속의 경찰기관으로 창설되어 범죄정보의 수집·분석·배포업무를 수행하다가 1997년 경찰법으로 자체수사기능을 보유케 하고 그 관리 기관으로서 국립범죄정보위원회(National Criminal Intelligence Service Authority)를 신설하였다.

㉣ 국가범죄수사국도 국가수사위원회가 관리 : 국가범죄수사국도 1997년 경찰법에 의해 창설되었으나, 1998년 4월 1일부터 활동을 시작하였다. 국가범죄수사국수사대는 기존의 광역수사대(Regional Crime Squads)를 일원화하여 중대한 범죄와 조직범죄, 국제범죄에 대한 수사를 담당하는 기구로서, 국가수사위원회(National Crime Squad Service Authority)의 관리 하에 있다.

2) 영국경찰의 조직

① 서 설

㉮ 절충적 성격(절충형)

경찰제도는 주민자치치안(self policing)의 전통에 따라 각지 지방의 경찰위원회의 관리 하에 자치경찰 제도를 취하고 있으며(외형상), 실질적으로는 중앙정치 강화(내면상)로 결국 절충형을 취한다.

㉯ 상호간의 지위독립

내무부의 조정·통제를 받는 수도경찰을 제외하고는 원칙적으로 상호 지위나 감독, 통제를 받지 않는다. 그러나 2000년부터는 내무부장관의 관리에서 수도경찰도 대 런던의회의 관리로 변하였다(자치제경찰).

㈐ 내무부하의 경찰국

내무부 산하 경찰국에서 경찰과 범죄관련 국가 정책결정, 교육, 과학수사업무, 전산관리, 감사, 보조금지원 등을 운영하고 있다.

㈑ 기타 경찰기관

㉠ 국립정보위원회의 관리 하에 국립범죄정보국(범죄정보의 수집·분석·배포 및 자체 수사기능 보유함)

㉡ 국가수사위원회의 관리하의 국가범죄수사국(중대범죄와 조직범죄, 광역·국제범죄의 수사를 담당)이 있다(NCIS, NCS).

② **수도경찰청**(1829 : Metropolitan Police Service)

㉮ 내무부장관 직속의 준 국가 경찰에서 자치 경찰화

수도경찰청은 영국경찰의 전통적 자치체경찰과는 달리 내무부장관 관리하의 특수한 경찰형태로서 예산의 50%를 국가의 보조를 받는다. 그러나 런던시민투표로 2000년부터 시장직선, 大런던의회구성, 경찰위원회창설로 자치 경찰화되었다.

㈏ 임 무

왕궁, 의사당의 경비, 법 집행과 질서유지를 담당한다.

㈐ 국가상황실(1972 : National Reporting Center)

영국 경찰협의회의 회장이 국가상황실장이 되고, 수도 경찰청에 설치되어, 대규모시위·소요사태에 대처하기 위한 것이며, 이런 사태 발생 시에 각 지방경찰청기동대(police Supporting unit)의 경찰력 이동·배치 등을 지휘한다.

③ **런던 시 경찰청**(City of London Police Service)

시의회가 관리하는 바, 시의회는 런던시 경찰을 관리하고, 경찰청장 임명, 경찰예산 의결, 법률 집행에 필요한 규칙·조례제정 등을 관장하나, 실제업무(집행)는 런던시 경찰청장이 행한다.

④ **지방경찰**(Local Police)

수도경찰청을 포함하여 England와 Wales에 43개의 지방경찰청이 있는데, 이들은 모두 지방자치 경찰 제도를 취하고 있다.

㉮ 지방자치단체가 관리

영국은 원칙적으로 모든 지방의 경찰행정은 지방자치단체(경찰위원회)가 관리하는 자치경찰제이다. 지방경찰청장은 지방경찰위원회가 내무부장관의 동의를 얻어 임명한다.

㈏ 지방경찰청의 관리는 3원체제에 의함.

내무부장관(지방정부예산의 50%를 부담하고 매년 이에 대한 합법성·합목적성 감사, 경찰위원회위원 5명 선임권, 경찰규칙제정권), 지방경찰위원회, 지방경찰청장의 3자가 권한과 책임을 분담한다. 지방경찰의 관리기관은 지방의회의 의원과 치안판사로 구성되는 경찰위원회이다.

㈐ 지방의회

지방의회의원과 치안판사로 구성되는 경찰위원회가 있고, 지방의회와 지방경찰청의 관계는 지방의회는 경찰위원회 17명 중 9명을 선임하고, 지방치안관련 질의·답변을 요구할 수 있으나, 경찰의 지휘·운영에 관여 못하며, 경찰청장에 대해서는 출석요구를 할 수 없다. 지방경찰예산에 관해서는 내무부로부터 보조금 50%를 지원받는다.

※ 영국은 잉글랜드, 웨일즈, 스코틀랜드(8개의 지방 경찰청 있음), 북아일랜드(신·구교도간의 분쟁·폭동·각종 테러 등의 진압업무를 담당하는 헌병대가 있음)가 있는데 각각의 주마다 독특한 경찰 제도를 운영하고 있다. 위의 설명은 잉글랜드, 웨일즈에 관한 것이다. 스코틀랜드·북아일랜드 경찰은 내무부장관 대신에 스코틀랜드부장관·북아일랜드부장관이 경찰업무를 총괄하며 경찰 관리기관은 경찰위원회이다.

⑤ **절충형 내지 통합형**

영국은 외형적으로는 자치경찰을 운영함으로써 주민의 참여와 치안서비스의 확대를 도모하는 동시에, 실질적으로는 중앙통제장치를 강화함으로써 민주성과 효율성을 동시에 추구하는 절충적인 입장을 보이고 있다. 그러한 현상은 특히 수도경찰청의 지방자치경찰화와 2개의 국가수사기구의 창설을 통하여 분명히 드러나고 있다.

절충형 내지 통합형 체제에 해당하는 국가로는 영국·독일·일본·호주·브라질 등이 있다.

(3) 미국경찰

1) 미국경찰의 역사

① 식민지시대 및 독립초기 경찰(영국경찰제도의 영향)

㉮ 작은 정부지향사상과 경찰제도의 분권화(분산형)

㉠ 작은 정부 : 강력한 중앙정부에 의해 시민의 자유와 권리가 침해당할 것을 우려한 미국인들의 '작은 정부 지향사상'이 경찰제도에 투영되어 미국의 지방자치제도와 조화를 이룬다.

㉡ Jefferson : 「중앙정부는 작게 하는 대신 지방정부는 빈곤한 자의 보호, 도로의 관리, 경찰, 경미사건에 관한 사법행정, 시민군의 기본훈련 등 강력한 권한을 행사해야 한다」는 사상은 미국의 지방자치제도와 맞물려 경찰제도의 발달과정에 큰 영향을 주었다.

㉯ 지역 환경적 영향

㉠ 북부지역은 인디언 공격에 효과적으로 대응하기위해 민간경비업 발전 및 특정지역에 마을(Town)이 형성되어 Town에서는 Constable(치안관) watchman(야경원·경비원)이 치안을 담당하였다. Town 중 일부는 산업혁명과정을 거치면서 인구가 증가하고 기능이 복잡해진 도시로 성장하자 후에 도시경찰로 발전하였다.

㉡ 남부지역은 군정부(County Government)가 지방정부의 주요 단위이고, County를 관할하는 sheriff(보안관)가 경찰기능을 담당하였다.

㉢ 서부지역은 여러 제도가 혼합하여 발전하였다.

㉣ 광활한 농축지역은 County sheriff가 경찰기능을 수행하였다.

㉤ 연방정부는 각 주에 1명씩 연방보안관·연방지방검사(연방법 위반사건을 소추함)를 임명하고, 주지사의 지휘 하에 있던 민간방위대도 주군인 경찰(state militia)로서 이때 생겼다.

㉰ 1636년 보스턴시의 야경제도(night watch system)

미국 도시경찰의 시초로서 1631년 보스턴에 있는 6인의 야경원과 1인의 책임자로 구성되었고, 후에 보스턴시 경찰국으로 탄생하게 되었다.

㉱ 주군인경찰

주지사의 지휘 하에 있던 민간방위대로 주군인경찰(state militia)이 생겼다.

② 미국의 근대경찰(근대경찰로의 개혁)

㉮ 배 경

도시화·산업화·이주민의 증가로 종래의 체제(치안관·보안관·야경원만으로는)로는 대처하기가 곤란하게 되었다.

㉯ 1838년 보스턴 시 경찰국 탄생

㉠ 1838년 보스턴 시는 오늘날 도시경찰의 원형이라 할 수 있는 시 보안관 밑에 9인의 경찰 관리를 임명하여 이들에게 치안관과 같은 권한이 주어졌고, 이후에 30명으로 보강했으며, 다시 보스턴시 경찰국이 탄생되었는데, 이는 최초의 시 경찰국 창설 이였고, 이때 최초의 제복경찰이 등장하였다.

㉡ 서부개척당시 민간방범대, 보안관 등과 함께 경비회사(역마차나 철도를 통한 금괴나 현금을 보호하기 위한 경호경비를 전담함)가 생겼고, 이는 오늘날 민간경비의 시초가 되었다.

㉰ 주경찰기관 설립

㉠ 텍사스(1835년 Texas Ranger ; 멕시코 국경경비를 전담하기 위해 창설된 텍사스 레인즈가 점차로 주 전 지역 치안업무를 맡게 된 것이 주 경찰의 시초이다)·펜실베니아(1905년 Pennsylvania statecontabulary)·매사추세츠 1920년(Massachusetts District Police) 등에서 주 경찰기관을 설립하였고, 점차 다른 주에서도 주 경찰을 보유하게 되었다.

㉡ 일반치안유지는 주의 임무로서 자치체가 담당하였다.

㉱ 연방경찰 FBI(Federal Bureau of Investigation) 창설

주(州)간 통상, 화폐위조, 도량형 표준화, 우편사무증가 등의 필요성으로 연방범죄수사국을 창설하였다(1935).

③ 경찰개혁과 혁신운동(20세기 초 경찰개혁)

㉮ 20세기 초 윌슨(o. w. Willson)의 경찰개혁

경찰의 조직구조, 순찰운용, 통신의 효율성을 통한 경찰업무의 혁신과 전문직화를 주장하였다(전문직업경찰제도, 자동차를 이용한 순찰, 1인 순찰제, 효율적인 무선통신, 시민신고에 대한 즉응체제, 주기적인 담당구역 변경 등).

㉯ 경찰과 정치의 분리

미국사회의 혁신운동과 함께 '경찰로부터의 정치의 분리와 정치로부터의 경찰의 분리'를

기본 목표로 경찰의 전문직화를 주장하였다.

㉰ '준법 및 법 집행에 대한 실태조사위원회'의 보고서(1931년)

정치적 간섭배제, 경찰채용 기준강화, 근무조건 개선, 교육 강화 등의 내용을 담고 있다.

㉱ 연방대법원 판결

경찰업무집행에도 적법절차(due process of Law)를 요구하였다. 우리에게 익숙한 소송법의 증거법칙도 이때 형성되었다.

2) 미국경찰의 조직(분산형·분권형)

① 개 관

㉮ 미국의 경찰조직
- ㉠ 연방경찰
- ㉡ 주경찰
- ㉢ 지방경찰
  - ⓐ 도시경찰 : 지방자치도시인 州(city), 법인격을 가진 타운(incorporated town), village의 경찰을 총칭한다. 미국 지방자치체경찰의 주력이며 중요하다.
  - ⓑ 군 보안관(county sheriff)
  - ⓒ 특별구역경찰 또는 특별경찰(대학경찰·공원경찰, 교육구 등 특별구경찰)

㉯ 경찰제도 분권화결과로 우리나라의 경찰청과 같이 전국경찰을 일원적으로 지휘·명령하는 제도나 기구는 없다.

㉰ 각 기관 상호간에는 집중형에서와 같은 상하관계가 아니고 지원·협력·응원관계이다.

㉱ 미국은 공적 경찰과 구별되는 민간부문의 경비업(private police)이 발달되어 각 분야에서 많은 역할을 수행하고 있다.

② 연방경찰

㉮ 권한·범위

㉠ 연방정부는 헌법상 명문으로 경찰권을 가지고 있지 않으나, 헌법이 부여한 과세권, 주간통상 규제권의 행사로 사실상 경찰권을 행사한다. 최근 그 기능은 강화 또는 확대 추세에 있다.

㉡ 연방경찰기관의 권한은 국가적 범죄 및 주(州)간의 범죄 단속에 한정된다(연방경찰은 연방법만 집행).

㉯ 연방경찰 또는 연방법집행기관

법무부 산하에 연방범죄수사국(Federal Bureau of Investigation : FBI)과 재무부산하에 시크리트 서비스(Secret Service) 등 각 기관에 113개의 연방법집행기관이 있다(법무부와 재무부에 가장 많다). FBI에서는 연방법위반범죄수사, 국내 범죄정보 수집을 위한 첩보활동, 공무원신원조사, 범죄감식, 범죄통계 작성, 경찰관교육(주 및 자치단체 경찰도 교육) 등의 임무를 맡고 있다.

㈐ 조직재편의 필요성

모두 특정한 법 영역만을 담당하는 좁은 분야의 법집행기관이며, 연방법집행기관의 난립·임무의 중복·비능률·비경제적이라는 비판과 함께 조직재편이 긴급한 과제이다.

③ 주경찰(state police)

㈎ 권한·범위

㉠ 주정부(State Goverment)는 고유한 권한으로 경찰권을 가진다. 즉 연방수정헌법 제10조에 따라 경찰권은 각 주에 유보되어 있고 주정부는 경찰권을 직접 행사하거나 하급 지방정부인 City, Town, Village, County 등에 위임하여 행사하고 있다. 경찰제도의 분권화 결과로 우리나라의 경찰청과 같이 전국경찰을 일원적으로 지휘하는 기구가 없고, 각 기관 상호간에는 상·하관계가 아닌 지원·협력·응원관계에 있다.

㈏ 주 경찰국 설치

각 주마다 그 임무·조직·기능이 다양하나 하와이를 제외한 모든 주에서는 주정부에 경찰국을 설립하고 있다. 주 경찰 형태는 기본적 경찰기능 수행형태(주 전역을 관할하는 일반적 경찰권한을 가지고 순찰, 수사, 방범 등을 행함), 고속도로 순찰형태(1929년 캘리포니아 주에서 처음 설립), 특정분야에만 권한이 한정된 특별법집행기관형태가 있다.

㈐ 주경찰의 관리행태

㉠ 주지사 직속으로 주경찰국(펜실베이니아)

㉡ 주지사 밑에 경찰위원회(조지아, 뉴멕시코, 텍사스)

㉢ 주지사 밑에 법집행청을 두고 법집행청 내에 경찰국, 형사국, 소방국을 두는 주(일리노이주)도 있어 경찰의 관리행태가 주마다 같지 않다.

㈑ 주군인경찰

주지사의 직할조직으로 자원자를 중심으로 하는 주 군인경찰을 가진 주가 있는데 주지사가 비상시에 치안유지를 위해 동원할 수 있다.

④ 지방경찰

㈎ 미국경찰의 핵심·주력임

지방경찰은 미국경찰의 핵심이며 각 지역의 치안유지 및 지역주민에 대한 봉사기능을 맡고 있다.

㈏ 지방경찰의 유형
- ㉠ 도시경찰(city police)
- ㉡ County sheriff : 관할지역치안유지 및 법원업무(영장집행, 재판비용 징수, 교도소 관리 등)수행
- ㉢ 특별경찰(대학경찰, 공원경찰, 교육구 등 특별구 경찰)

㈐ 도시경찰

㉠ 미국의 지방자치체 경찰의 주력으로서 지방자치도시인 시(city), 법인격을 가진 타운(incorporated town), village의 경찰을 총칭하며, 미국의 지방자치경찰의 주력일 뿐만 아니라 가장 규모가 크고 중요하다.

㉡ 역할·기능 : 가장 광범위하고 복잡·다양하며, 광범한 법집행, 질서유지 및 봉사기능을 수행하고 있으며, 24시간 상시 신고대응 체제를 유지하면서, 다른 공공기관이나 민간기관이 할 수 없거나 하지 않는 모든 사회문제를 대상으로 한다.

㉢ 관리형태 : 주의 중앙통제에 있는 시(city)를 제외하고는 ⓐ 경찰장 선출 ⓑ 경찰위원회 ⓒ 위원회정부를 갖춘 경찰위원(공안위원회) ⓓ 독임제경찰관리자 ⓔ 주정부를 통한 직접관리 방식 등 다양하다. 최근에는 일반경찰과 각종 법집행기관 등을 통합한 주 경찰청을 설치하는 곳이 증가하고 있다. 텍사스 주 경찰청(Texas Ranger)이 1835년 최초로 설립되었다.

㉣ 규모 및 조직 : 시 경찰 중에도 3만 명이 넘는 직원(뉴욕시 경찰)을 가지고 있는 경찰부터 작은 것은 10명 이하의 경찰에 이르기까지 다양하다. 또한 독자적인 경찰조직을 가지지 않고 소속 County나 인접 도시경찰에게 경비를 부담하고 치안 유지를 위임하고 있는 곳도 있다.

㉱ 기타의 지방경찰

군(County)의 보안관과 검시관(coroner), 면(town or village) 및 특별구의 경찰이 있다(도시경찰발달로 점감추세).

㉲ 공통점 및 상호관계

㉠ 각 지방 경찰에 공통적인 것으로 군(County)의 보안관(sheriff)과 검시관(coroner), 특별구(Special District)를 관할하는 경찰이 있다.

㉡ 우리나라의 경찰청과 같은 전국경찰을 일원적으로 지휘하는 제도나 기구는 없고, 각 기관 상호간에는 상하관계가 아니고 지원·협력·응원관계에 있다.

㉢ 민간부문의 경비업이 발전되어 있고, 이는 공적 경찰(Public Police)과 구별하여 Private Police라고 부른다. 각 분야에서 많은 역할을 수행하고 있다.
분산형 내지 분권형체제에 해당하는 국가로는 미국, 캐나다, 스위스, 네덜란드, 벨기에 등이 있다.

㉳ 문 제 점

경찰조직이 과다하게 분산되어 상호협력이 문제점으로 지적되고 있다.

구 분	경찰기관
연방(Federal)	FBI(연방수사국), DEA(마약수사국), SS(특별업무국), ATF(알코올·담배·총기국), US Marshal(연방보안관), INS(이민국), IRS(국세청)
주(stste)	State Police(주 경찰), State Highway Patrol(고속도로순찰대)
군(county)	County Police(군 경찰), Sheriff(보안관), Coroner(검시관), Medical Examiner(법의학관)
도(Municipalities)	City police(도시경찰), Town Police(소도시경찰)
마을(Township)	Township Police(읍 경찰), Constable(치안관)

(4) 독일경찰

1) 독일경찰의 역사

① **봉건영주의 경찰권**

㉮ 14세기 이후부터 봉건영주에게 자신의 권한행사를 보장하기 위한 포괄적 기능으로서 경찰권을 부여하였다.

㉯ 농촌에서는 기마경찰로 출발하였으나, 1812년 기마경찰을 개편하여 경찰대를 창설하였다.

㉰ 도시에서는 자치경찰형태로 출발하였으나, 1848년 베를린에서 처음으로 국가경찰인 정복경찰이 탄생하였고, 1808년 자치행정을 채택한 후에도 경찰은 여전히 국가사무(주 단위의 국가)이었다.

② 비스마르크의 독일통일(1871. 4) 때의 제국헌법과 바이마르공화국(1919. 11 : 바이마르헌법)의 국가개혁 시대에도 국가경찰이었고, 경찰전통에는 큰 변화가 없었다. 1919년 중앙집권적 경찰을 창설했으나 연합국의 반대로 예전의 지방경찰로 복귀하였다.

※ 1934년까지는 전국적으로 통일된 경찰제도가 없었으나, 히틀러의 나치독일에서는 각 주의 주권을 박탈하고, 경찰권도 독일중앙정부로 귀속하게 되었다(게슈타포라는 비밀경찰 창설함).

③ **게슈타포**(Ggheime staasspolizei ; Gestapo)

㉮ 프로이센 내무부장관 직속 하에 비밀국가경찰을 설치하고 전국의 정치경찰사무를 담당케 한 비밀경찰을 말한다. 경찰은 각 주의 권한으로부터 중앙정부에 귀속시켰다.

㉯ 나치스시대, 즉 국가사회주의시대 독일의 중앙집권적·관료적 국가경찰제도 중 특이한 경찰조직이었다.

㉰ 지위·임무 : 비밀경찰은 외부로부터 일체의 간섭을 받지 않는 완전한 독립 기관이고, 그 활동의 주목적은 나치정권안전을 위한 모든 정치범예방에 대한 책임을 지고 있었다.

④ **제2차 대전 후 연합국에 의한 독일경찰의 개편**

㉮ 4D 정책

경찰의 탈나치화, 탈군사화, 탈정치화, 민주화, 지방분권화를 설정·추진하였다.

㉯ 비경찰화

소방·영업·도로·위생·건축 등의 업무를 경찰로부터 분리하여 일반 행정기관에 이관시키는 것을 말한다.

⑤ **1949년 독일기본법**(Bohn헌법)

㉮ 일반경찰행정권은 주정부에 부여하였는바, 각 주는 고유한 경찰법을 제정하여 운영하였다.

㉯ 이는 자치경찰로의 전환은 아니며, 주 단위(주를 국가로 하는 단위)의 국가경찰제도를 채택하였다.

⑥ 1950년대 연방경찰

㉮ 연방경찰기관의 창설

1950년대는 연방단위의 헌법보호청, 국경경비대, 연방범죄수사국 등이 설립되었다.

㉯ 경찰법의 통일

1977년 「연방 및 각주 통일경찰법 모범초안」이 최종적으로 제정되어, 이에 따라 대부분의 주에서는 전체 또는 부분적으로 경찰법을 제정하여 경찰법의 통일을 이룩하였다.

2) 독일경찰의 조직

① **독일기본법(헌법) 제30조, 제70조**

경찰조직은 각 주의 입법사항으로 규정되어 있고, 경찰권은 원칙적으로 주정부에 속하며, 다만 전국적인 특수상황에 대비하기 위해 연방경찰이 병존하다(절충형).

② **연방경찰**(연방내무부 소속)

㉮ 연방헌법보호청

반헌정질서범죄 및 범죄자에 대한 정보수집 및 배포임무를 담당한다.

㉯ 연방범죄수사국

반헌정질서범죄 및 국제적·광역적 범죄에 대한 수사권을 행사한다.

㉰ 연방국경경비대

연방지역의 국경경비를 수행한다. 연방내무부장관은 주경찰에 대하여 원칙적으로 재정부담이나 지휘 통솔권은 없다.

③ **주경찰**(주내무부 소속)

㉮ 사실상 지역치안은 주 경찰이 전담하고 있으며, 각 주는 경찰법을 제정하여 운영하고 있다. 독일경찰조직의 핵심은 주 경찰이다. 연방경찰은 국경경비와 특수한 업무만 담당하고, 연방차원의 단일한 경찰법도 없다.

㉯ 행정조직

연방경찰은 연방정부내무부에, 주 경찰은 주 정부내무부에 소속되어 있다.

㉰ 주 내무부는 주의 최상급 경찰관청이며, 각급 경찰관서는 주 내무부 소속기관으로서, 직무집행에 관하여 주 내무부의 지휘·감독에 복종해야 한다. 주 내무부는 각종 법규명령·행정규칙을 제정한다(주는 하나의 국가임).

㉱ 주 경찰조직

㉠ 보안경찰 : 행정경찰이라고도 하며 정복착용하고 순찰·방범·교통 등 일반적 경찰 업무를 수행한다.

㉡ 수사경찰 : 사법경찰이라고도 하며 사복착용하고 범죄의 수사 및 예방업무를 수행한다.

㉢ 기동경찰 : 폭동이나 시위 등 전국적인 긴급치안 상황시 진압과 각종행사를 경비한다.

㉣ 수상경찰 : 각 주의 내무부장관에 직속되어 해난사고처리 및 환경오염단속을 한다.

ⓜ 주헌법보호청 : 반헌정질서범죄 및 범죄자에 대한 정보수집 및 배포임무를 담당한다.

ⓗ 주범죄수사국 : 연방범죄수사국법에 따라 주의 수사업무를 관할한다.

㉮ 주경찰의 기본 업무

사회공공의 안녕과 질서유지에 있고, 각 주는 대개 고유한 경찰법을 제정하여 독자적인 경찰을 운영한다. 각 주별로 경찰제도가 운영되나 1976년부터는 계급·제복 등이 전국적으로 통일되었다.

주헌법보호청과 주범죄수사국은 주 경찰의 내부조직이 아니다.

㉯ 연방·주 경찰의 상호관계

연방경찰과 주 경찰은 상호 독자적 지위를 유지하며, 양자 간에 상명하복 관계는 아니다. 절충형 내지 통합형체제에 해당하는 국가로는 영국·독일·일본·호주·브라질 등이 있다.

(5) 프랑스경찰

1) 프랑스경찰의 역사

① **앙시안레짐(ancien regime : 구체제)하의 경찰제도**

㉮ 프 레 보

프랑스혁명 이전에는 프레보(Prevot)가 담당하였다. 프레보란 앙리1세가 1032년 파리 내의 치안을 위해 창설한 국왕친위 순찰대격인 바 재판과 경찰을 담당하였다.

㉯ 꼬뮌시장의 행정경찰권

꼬뮌(Commune)의 시장(11세기부터 영주로부터 자치권을 획득함)이 질서유지를 위한 행정 경찰권을 행사하게 되었고, 이는 오늘날 지방자치경찰의 시초가 되었다. 꼬뮌은 최소지방자치제이다.

㉰ 군인경찰(헌병)

독립군경찰(Gendamerie nationale)은 12세기 기마 순찰대에서 기원하며, 100년 전쟁과 종교전쟁 후 농촌지역에서 군인들의 약탈이 심하자 1373년 샤를르 5세가 군부대 내의 치안을 담당하던 마레쇼세(maréchaussée)에게 성내를 제외한 지역의 범죄를 관리토록 하면서 정착하였고, 오늘날 군 경찰(헌병)이 경찰업무를 담당하는 전통은 여기에서 유래한다.

㉱ 1667년 루이14세 때 경찰국 창설

이때 경찰과 재판을 담당하던 프레보로부터 경찰업무를 분화하여 경찰국을 창설하였다.

② **프랑스혁명 이후의 경찰제도**

㉮ 민간방범대

1789년 프랑스혁명과 청중시위대의 혼란과 무질서를 막기 위해 자율적인 민간방범대를 편성하여 치안업무를 담당하였다.

㉯ 군 경찰(Gendamerie nationale)이 치안 담당

파리시의 경찰국이 폐지되고 파리시는 국립민간방위대(혁명당시의 민간 방범대 즉, Garde civique가 혁명 후의 국립민간방위대의 근간이 되었다)가, 지방은 군 경찰(헌병 : Gendamerie nationale)이 치안을 담당하였다.

㉰ 중앙집권화 진행

나폴레옹정권하에서는 파리의 파리경찰청(직접 중앙권력에 종속하는 경찰기관 : 중앙집권화), 지방은 지방군 경찰사령부를 각각 창설하였다.

③ 근대 프랑스경찰제도(중앙집권화 강화)

㉮ 내무부에 경찰청 창설과 군경찰기동대 창설

1881년(19세기)은 중앙집권화가 강화되어 경찰감독을 위해 내무부 안에 경찰청을 창설하였다. 군 경찰은 정치경찰화하면서 관할구역에 관계없이 활동하는 군경찰기동대를 창설하였다.

㉯ 국립경찰청 창설

1934년(20세기)은 중앙집권화가 더욱 강화되어 내무부경찰청을 국립경찰청으로 변경하였다. 1941년에는 인구 1만 명 이상의 도시는 모두 국립경찰화 하였다.

㉰ 국립경찰 일원화

제2차 세계대전 후 1966년에는 내무부의 국립경찰청과 파리경찰청을 통합하여 국립경찰로 일원화하였다. 그리하여 파리경찰도 경찰청장 밑에 소속되게 되었다.

2) 프랑스경찰의 조직

① 개관(프랑스의 경찰조직)

㉮ 국가경찰
- ㉠ 국립경찰
  - ⓐ 국립경찰청본부
  - ⓑ 파리경찰청
  - ⓒ 시·도 지방경찰청
- ㉡ 군 경찰(군인경찰)

㉯ 자치체경찰

【참고】

※ 국립경찰이 배치되지 않은 인구 1만 명 미만의 꼬뮌(commune)에서는 군인경찰이 지방경찰을 보충하여 치안을 담당한다.

※ 권력분립이론에 따라 행정경찰(공공질서유지를 위한 행정경찰권은 행정기관 소관)과 사법경찰(범죄수사 등 사법 경찰권은 사법부 권한)이 엄격하게 구분되어 있다.

※ 국립경찰도 지방에는 시경찰국 또는 지방경찰청을 설치하고 내무부장관이 임명하는 도지사를 통해 관리한다.

※ 국립경찰은 사법경찰관의 직권이 엄격히 제한되어 있지만 군인경찰은 전원이 사법경찰관리의 권한을 부여받고 있다.

② 국가경찰 ㉠ 내무부소속의 국립경찰청
㉡ 파리경찰청
㉢ 국방부소속의 군 경찰

㉮ 국가경찰유형

국가경찰에는 ㉠ 국립경찰(인구 2만 명 이상의 코뮌에 배치되는 전국적 조직),
㉡ 국가경찰기동대
㉢ 파리경찰청(파리와 인접 3개도를 관할 : 파리지역은 국립경찰과 군 경찰이 중첩배치)

㉯ 국립경찰청

㉠ 내무부장관의 지휘 하에 있는 국립경찰청의 경찰청장이 전국을 통일적으로 지휘·감독한다.

㉡ 1996년 9월부터 1개 코뮌 또는 인접 코뮌이 인구 2만 명이 넘거나 인구 2만 명 이상의 도시지역에서는 국립경찰이 담당한다.

㉢ 국가소속인 경찰관은 정복경찰(외근·교통·경비 등), 사복경찰(수사·형사업무), 경찰기동대가 있다.

【참고】
※ 경찰기동대 : 공화국안전대라고도 하는 바, 이는 국가경찰 내에 부가적으로 설치되어있고, 전국적으로 61개 기동중대와 본부대 및 대원교육센터로 이루어져 있고, 그 임무는 우리나라와 같이 대규모치안상황 외에 경호·집회·데모·행진·스포츠행사의 경비 등의 질서유지, 중요한 건설도로에서의 교통단속 그리고 지방경찰활동지원, 안전사고에 대한 구조보호활동, 국경이나 연안 및 공항 등에서의 감시활동 등이다. 공화국안전대는 위기 혹은 재해가 일어났을 때는 추가적인 지원을 제공할 필요로서 내무부장관의 명령으로 전국의 각 지역으로 출동한다.

㉣ 치안업무책임 : 내무부장관은 치안업무에 대해 국방부장관, 각 시·도지사와 함께 책임자로서 그 밑에 국립경찰을 두고 있다.

㉰ 파리경찰청

㉠ 임 명 : 파리는 프랑스의 정치·경제·사회·문화의 중심지로서 중앙권력의 집중통제를 받을 필요가 있어 수도경찰로서 파리경찰청장은 센느도지사와 같이 내무부장관의 추천으로 대통령이 임명한다.

㉡ 도지사가 치안유지 담당 : 중앙에서 임명하는 도지사가 행정을 집행하고, 치안유지를 담당하지만, 파리시와 센느도만은 예외로 도지사는 일반 행정만 행하고, 경찰권은 지사와 동위인 파리경찰청장이 담당한다.

㉢ 파리경찰청은 행정경찰업무와 사법경찰업무를 각각 관장한다.

㉱ 군 경찰

㉠ 국방부장관하에 있으면서 전국적인 제2의 국가 경찰력으로서 일반경찰사무도 담당한다.

㉡ 군 경찰은 국립경찰이 배치되지 않는 코뮌에서 도지사의 지휘를 받아, 지방경찰의 인원부족을 보충하는 역할을 하며, 국립경찰과 협동 하에 일반경찰임무를 수행한다.

㉢ 국립경찰과 군인경찰의 직무분담은 일반적으로 인구 2만 명이 꼬뮌에서는 국립경찰이, 2만 명 미만의 꼬뮌에서는 군인경찰이 치안업무를 담당한다.

㉣ 군인경찰 전원이 사법경찰 관리의 권한을 부여받고 있는데 이는 군 경찰이 넓은 지방을 관할하고 있어 사법절차가 필요한 경우 즉각 대응하기 위한 것이다.

㉤ 소속은 국방부이지만 내무부장관 밑에서 근무(군으로 임무 수행 시는 군인, 경찰업무 수행 시는 국가경찰)하고 있다.

㉥ 경찰기관이 없는 소도시와 농촌지역, 주로 간선도로 등 전국토의 95%에 해당하는 지역의 경찰업무를 담당한다.

㉦ 군경찰기동대는 경찰업무지원에 동원되면 경찰청장, 각도지사, 파리경찰청의 지휘를 받는다.

㉧ 군 경찰의 조직은 중앙에는 국방부에 군인경찰사령부, 지방에는 22개 지방에 군인경찰지방사령부가 있고, 도군인경찰(인구 1만 명 미만의 소도시, 농촌지역에서 일반경찰로서 활동함), 기동군인 경찰대(시위나 폭동진압, 관할이 없이 전국 고정된 지역을 관할함), 공화국 경비대(대통령 등 요인 경호, 경비, 의전행사 등을 맡으며, 파리관할 군인경찰사령부 직할부대로 편성됨)가 있다.

③ 자치체경찰

㉮ 법률에 의해 인구 1만 명 미만이거나 인구가 많지 않은 지역의 코뮌의 장이 설치한다.

㉯ 인구 1만 명 이상의 코뮌에 배치되는 국립경찰은 도지사가 관장하고, 인구 1만 명 미만의 코뮌에서의 경찰업무는 코뮌의 장이 관장한다.

그러나 1996년 9월「국가경찰의 설치기준에 관한 명령」으로 1개 지역 또는 인접지역이 인구 2만 명 이상의 지역에서는 국립경찰이 경찰업무를 담당하게 되었다.

국립경찰과 자치체경찰은 각자 담당하는 경찰업무가 명확히 구분(국립경찰은 방범·수사·교통·질서·유지 등 일반적 경찰업무를 담당하고, 자치제경찰은 지방자치단체장의 규칙 등 극히 지역적인 경찰업무를 담당)되어 분업 및 협동체계를 이루고 있어 상호 충돌이 없다.

㉰ 집중형 내지 집권화 체제에 해당하는 국가로는 프랑스, 한국, 대만, 태국, 이탈리아, 아일랜드, 핀란드, 덴마크, 스웨덴, 필리핀 등이 있다.

(6) 일본경찰

1) 일본경찰의 역사

① 명치유신 이전의 경찰

각 지방의 번(藩)을 중심으로 하는 지방토호적인 체제가 지배하고 있었으므로 번주와 그에 봉사하는 무사(사무라이)가 지방치안을 담당하였다.

② 명치유신 후 1945년 이전의 경찰

㉮ 일본국내 안정

일본국내의 안정 기반을 확보하기 위한 것이 최우선 목적이고, 경찰국가의 철학을 기반으로 조직되어 국민의 자유와 권리를 도외시하고 국민들로부터 정부를 보호하는 것에 주안점을 두었다.

㉯ 중앙집권적·왕정체제의 경찰조직

명치유신에 의한 왕정복고를 통해 중앙집권적인 왕정체제가 들어서자 국가목표(식산흥업을 통한 부국강병

(으로써 동양의 제국주의로 군림)달성을 위해 근대적 경찰을 창설하였다.

㈐ 근대적 경찰의 창설은 시민의 필요나 자치적 의지에 따라 창설된 것이 아니고 제국주의국·군국주의 국으로서의 필요한 통치수단, 나아가 해외 침략도구로서 경찰이 창설되었다.

㈑ 천왕에게 독립명령권 부여(1889년) 및 각종 치안법(출판법, 치안경찰법, 행정집행법, 신문지법, 치안유지법, 사상범보호관찰법, 국가인보법, 위경 죄즉결례, 경찰범처벌령 등)을 통해 경찰은 제국주의·군국주의 일본의 국내안정과 해외침탈의 핵심세력으로서 국민의 사상까지 감시하였다. 1889년에 제정된 명치헌법상의 천왕의 독립 명령권을 통하여 경찰권 발동의 근거부여가 가능했다.

③ 근대경찰의 창설과정

일본경찰의 창설과정은 병부성시대 → 사법성시대 → 내무성시대로 나누어진다.

㉮ 병부성(兵部省)시대

㉠ 명치유신 초기로 군 무관(후의 병부성)의 지휘 하에 번에서 차출된 무사들로 번병·부병이 조직되어 동경부의 치안을 담당하고, 지방은 부병·번병이 치안을 담당하였다.

㉡ 1871년에는 모든 번이 폐지되고 현이 설치되는 폐번치현(廢藩置縣)조치에 따라 부병·번병은 그 존재기반이 상실되었다.

㉯ 사법성(司法省)시대

㉠ 근대적 경찰 등장 : 1871년 동경부에 순찰요원인 나졸 3,000인이 창설되어 근대적 경찰이 처음 등장하였다.

㉡ 지방은 지방경찰의 순찰에 관한 규정인 현치조례(縣置條例)가 제정되어 지방 경라(警邏)에 관한 규정을 두었으며, 이로써 전국통일의 경찰조직으로 정비되었다.

㉢ 경보료직제장정(警保寮職制章程 : 경찰의 조직과 임무에 관한 규정, 1872년)은 행정경찰로서의 경찰업무를 규정하고, 사법직무정제(司法職務定制)는 사법경찰업무를 규정하고 검사가 수행토록 되어 있었다.

㉰ 내무성(內務省)시대

㉠ 나졸총장을 맡고 있던 사법성의 川路利良(천로이량 : 가와지토시요시)의 건의로 내무성이 설치되었다(유럽경찰제 도시찰 후).

㉡ 내무성관할하에 동경경시청 창설 : 1874년 내무성 관할하에 동경경시청이 창설되었고, 나졸은 순사로 되고, 번인제도 폐지로 지치경찰제요소가 완전히 일소되었다.

※ 국사사무(정치경찰·고등경찰사무)는 총리대신(태정대신)의 지휘를 받도록 되어있어 경찰의 정치화의 실마리를 볼 수 있다.

㉢ 동경경시청 폐지(1877년) → 경시청이 부활(1881년)되고, 경시청에 유명한 정치경찰인 특별고등경찰과가 설치되었다(1911년).

㉣ 행정경찰규칙제정·현치조례폐지 : 행정경찰규칙을 제정하여 광범위한 경찰활동의 근거를 마련하였고, 현치조례를 폐지하고 그 대신 「부현직제병사무장정」을 제정하여 부현 내에 제4과가 경찰업무를 담당하였으나, 이 장정은 1878년에 폐지되

고 그 대신 부현관직제(府縣官職制)를 제정하여 지사나 현령 밑에 경부(警部)를 두어 관내 경찰사무를 담당하였다.

지방경찰의 경우도 국사사무만은 내무대신의 지휘·명령을 받았다(전국적 정치경찰의 편향).

㉤ 1886년 지방관관제를 제정하여 현에도 지사를 두고 지사로 하여금 관내의 경찰사무를 총괄했으나, 각 부현에「경찰본부」→ 1890년「경찰부」→ 1905년 각 부현에「내무부」와「경찰부」가 설치되면서 경찰부가 경찰사무를 관장하였다.

㉥ 一郡一區警察署主義 : 1888년「경찰관리배치 및 근무개칙」이 제정되어 일군일구경찰서주의 채택으로 전국적인 경찰 망이 완성되었다.

㉦ 1881년 헌병조례 : 헌병조례에 의해 설치된 헌병은 군사경찰 이외에 행정경찰·사법경찰도 겸하였다.

④ 미군정하의 경찰

㉮ 일본을 점령한 미군정 당국의 대일방침

미군정 당국은 일본의 군국주의제도를 일소하고, 비밀경찰조직을 철폐하며, 경찰 제도를 개혁하였다.

㉯ 인권지령

인권지령(1945년)에 의해 각종 치안입법 폐지, 내무대신 이하 경찰수뇌부와 전국의 사상경찰관계자 파면, 특별고등경찰 등 정치경찰 철폐, 헌병대 폐지, 내무경찰이라 불리던 내무부도 폐지하였다. 천왕의 독립명령권 등 전제적 요소를 가지고 있던 명치헌법을 폐지했으며, 국회를 유일한 입법기관으로 하고, 기본적 인권인 불가침성과 지방자치를 보장하는 신헌법이 제정되었다.

㉰ 비경찰화

기존경찰이 관리해 오던 경찰사무 중 협의의 행정사무를 다른 행정기관에 이관하였다.

㉱ 수 사 권

수사권도 전제적 요소로 보아 검사의 독점을 철폐하고, 경찰에게도 수사권을 분산하였다.

㉲ 국회가 유일한 입법기관이 되고, 기본적 인권 불가침성과 지방자치를 보장하였다.

㉳ 경찰법 제정과 지방자치경찰제도의 도입(1947년)

경찰법을 제정하여 독립적인 공안위원회제도를 도입하고, 시와 인구 5,000인 이상의 시가적정촌(市街的町村)에 자치체경찰을 두고, 그 이외의 지역에는 국립지방경찰을 두어 이원적 구조를 가진 경찰 제도를 창설하였다(1948년).

경찰법은 민주적 자치의식 미약·자치체경찰설치 의무화 등 문제점이 노출되어 실패하고, 1차 개정(1951. 5)이 주민투표에 의해 자치체경찰운영포기 가능성을 열어 놓았고, 2차 개정(1952)은 내각총리대신의 경찰행정에 대한 개입을 강화하였고, 일본이 독립 후인 1954년에는 전면개정이 있었는 바(신경찰법), 도도부현(都道府縣) 단위의 도도부현경찰제도와 공안위원회에 의한 경찰관리라는 도도부현경찰제가 정착되었다.

⑤ 도도부현경찰제 정착

1954년 경찰법 전면 개정으로 도도부현 단위의 도도부현경찰제도와 공안위원회에 의한 경찰관리라는 현행제도의 골격이 마련되었다.

2) 일본경찰의 조직

① 개 관

㉮ 국가경찰 ㉠ 경찰청 → 관리는 국가공안위원회와 내각총리대신의 소할(所轄)하에 있다.
　　　　　　㉡ 관구경찰국

㉯ 자치체경찰(도도부현경찰) ㉠ 동경도에는 경시청 ┐→ 관리는 도도부현 공안위원회와 지사의 소할 하에 있다.
　　　　　　　　　　　　㉡ 도부현에는 경찰본부 ┘

위와 같이 국가경찰과 자치체경찰의 2중체계를 유지하여 절충형·이원화를 기하고 있다.

※ 일본의 지방자치단체 및 관할구역은 都·道·府·縣·市·町·村으로 되어있다.

㉰ 국가경찰(경찰청 및 국가공안위원회)

㉠ 경찰사무는 도도부현경찰에 단체 위임하여 이를 수행하게 하고, 경찰청은 국가공안위원회의 관리 하에 있지만 국가공안위원회는 단순한 보조기관이 아니라 직무상 독립성이 인정된 합의제 행정관청이며, 국가공안에 관련된 사항, 전국적 관점에서 대처할 사항, 기술적·능률적 측면에서 전국적 통일이 필요한 사항 등에 관한 사무만을 관장한다.

㉡ 경찰청 임무는 국가의 공안에 관련된 경찰운영을 관장하고, 내각총리대신 소할 하에 있는 국가공안위원회는 경찰예산·경찰교육·경찰통신·범죄감식·범죄통계·경찰장비·황궁경찰에 관한 사항을 총괄하여 경찰청의 소관 사무에 대하여 경찰청을 관리하며, 도도부현경찰행정에 관한 조정을 한다.

㉢ 내각총리대신의 소할 하에 국가공안위원회가 있고, 국가공안위원회에 경찰청이 설치되어 있는데, 합의제 행정기관인 국가공안위원회는 내각총리대신의 소할 하에 있으나 직무상 독립성이 인정되어 그 권한행사에 대하여 대신의 지휘·감독을 받지 않지만 위원의 인사나 예산 편성권을 통하여 내각의 조정을 받게 된다.

㉣ 국가공안위원회는 국가공안위원회위원장 및 5인의 위원으로 구성되며, 위원장은 내각과의 관계 및 정책결정에의 참여를 위해 내각총리대신이 국무대신 중에서 임명하고, 위원은 내각총리대신이 양원의 동의를 얻어 임명하나 정치적 중립을 보장하기 위하여 3인 이상이 동일정당소속이어서는 안 된다.

㉤ 경찰청장관은 국가공인위원회가 내각총리대신의 승인을 얻어 임명한다.

㉣ 자치경찰(도도부현경찰 및 도도부현공안위원회)

㉠ 지사의 소할 하에 도도부현공안위원회를 설치한다.

【참고】 도도부현지사는 도도부현공안위원회를 그 소할 하에 두고 있을 뿐이고 경찰의 운영에 관하여 도도부현공안위원회를 지휘·감독할 권한을 갖고 있지 않다. 다만, 도도부현공안위원회 위원의 임면권과 지방자치법상 가지고 있는 직무권한, 즉 도도부현경찰에 관한 조례안 및 예산안의 의회제출권, 예산의 지출명령권 등을 갖고 있다.

㉡ 도도부현공안위원회는 경시청과 도부현경찰본부를 관리한다.

㉢ 공안위원회위원은 지사가 지방의회의 동의를 얻어 임명한다.

㉣ 경비는 원칙적으로 도도부현이 부담(예외적으로 국가부담)한다.

㉤ 경시정 이상의 경찰관의 봉급 기타 급여, 경찰교육시설의 유지관리, 경찰통신시설의 유지관리는 국가가 부담한다.

㉤ 신 분

국가경찰은 국가공무원이고, 도도부현경찰은 지방공무원이다. 단, 경시정 이상의 지방경찰관은 국가공무원이며, 국가공안위원회가 도도부현공안위원회의 동의를 얻어 임명한다.

㉥ 국가경찰과 도도부현경찰의 관계(내각총리대신과 경찰청장관의중앙통제)

㉠ 대규모 재해, 소요 기타 긴급사태 발생 시에는 내각총리대신과 경찰청장관의 통제를 인정하고 있다. 긴급사태를 대비하여 내각총리대신에 국가공안위원회의 권고에 의거하여 전국 또는 일부의 지역에 대한 긴급사태의 포고권을 부여하고 있다.

㉡ 재해나 소란 등 긴급사태의 경우 일시적으로 내각총리대신이 직접 경찰청장관을 지휘·감독하고, 경찰청장관은 도도부현공안위원회의 권한을 정지시켜 포고구역을 관장하는 경시총감 또는 경찰본부장(도도부현 경찰책임자)을 직접 지휘 또는 명령하고 포고구역 이외의 도도부현경찰에 대하여 포고구역 등에 파견을 명할 수 있게 하여 사태를 수습할 수 있도록 규정하고 있다(신경찰법 §71~§75).

㉢ 국가공안위원회가 경시총감·도부현경찰본부장·지방경무관(도도부현경찰중 경시정 이상)임면권을 행사한다.

㉣ 국고지변금제도 및 경찰보조금제도 등을 통하여 간접적으로 국가의 관여를 인정하고 있다.

㉤ 경시청·도부현경찰본부의 내부조직, 경시(경정) 이하 경찰관의 정원 등을 정하는 조례는 정령(政令)으로 정한 기준에 따르도록 하고 일상적 사항에 관해서는 기준설정을 통하여 간접적으로 통제하고 있다.

② 국가경찰

신 경찰법은 경찰의 민주화(공안위원회)와 능률화, 국가적 성격과 자치적 성격(2중체계이고, 절충형), 정치적 중립과 책임의 명확화와 조화를 이루고 있다.

㉮ 경 찰 청

㉠ 경찰청장관은 국가공안위원회가 내각총리대신의 동의를 얻어 임명한다.

㉡ 국가공안위원회는 경찰청 소장사무에 대해 경찰청을 관리한다(경찰예산, 경찰교양, 범죄감식, 경찰통신, 경찰장비 황궁경찰 등).

㉢ 경찰청장관은 소장사무 범위 내에서 도도부현경찰을 지휘·감독한다.

㉣ 구조

- 장관관방 – 국제부
- 생활안전국
- 형사국 – 폭력단대책부
- 교통국
- 경비국
- 정보통신국

부속기관

- 경찰대학교
- 과학경찰연구소
- 황궁경찰본부

㉯ 관구경찰국

㉠ 경찰청의 지방기관으로 7개의 관구경찰국이 있다.

㉡ 관구경찰국장은 소장사무범위 내에서 부현경찰을 관리·감독한다.

③ 자치경찰(도도부현경찰)

㉮ 도도부현경찰은 자치경찰적 성격과 국가경찰적 성격이 혼재되어 있는 특이한 형태의 경찰이다. 경비부담은 도도부현경찰에 요하는 경비 중 경시정(警視正) 이상의 경찰관의 봉급 기타의 급여, 경찰교육시설의 유지관리, 경찰통신시설의 유지관리 등 경찰법 제37조 제1항이 정하는 경비로서 정령으로 정한 사항은 국고에서 부담하고, 그 이외의 경비는 도도부현에서 부담하므로, 도도부현경찰의 경비는 원칙적으로 도도부현이 부담하고, 예외적으로 국가가 부담한다.

대규모 재해나 소란 기타 긴급사태 발생 시에는 내각총리대신과 경찰청장관에 의한 중앙통제를 인정하고 있다.

그 밖에 광역수사를 위한 필요에서 국가경찰의 개입 또는 도도부현간 관할의 극복 등을 위한 제도적 장치가 마련되어 있다.

㉯ 경시청에는 경시총감을 둔다. 경시총감은 국가공안위원회가 도공안위원회의 동의를 얻어 내각총리대신의 승인을 얻어 임면한다.

㉰ 도부현경찰본부에는 경찰본부장을 둔다. 경찰본부장은 국가공안위원회가 도부현공안위원회의 동의를 얻어 임면한다. 경찰본부는 관구경찰국을 통하여 경찰청의 지휘·감독을 받는데 반하여, 수도경찰인 경시청은 경찰청의 직접 지휘·감독 하에 있다.

㉱ 도도부현공안위원회와 도도부현경찰과의 관계

㉠ 도도부현공안위원회와 도도부현경찰과의 관계는 관리 기관과 운영기관으로서 '관리'관계에 있는 바, 관리란 대강의 방침만을 정하여 사전 사후감독을 하는 관계를

말한다. 이러한 감독관계를 내실화하기 위하여 도도부현공안위원회는 경시총감, 경찰본부장 및 방면본부장(북해도) 이외의 경시정(총경) 이상의 경찰관에 대하여는 국가공안위원회에게, 기타 직원에 대하여는 경시총감 또는 경시본부장에게 각각 그 징계 또는 파면에 관하여 필요한 권고를 할 수 있다.

㉡ 지방공무원의 채용은 도도부현인사위원회의 위탁에 의해 경시청·도부현경찰본부가 단독 또는 공동으로 주관하여 합격자를 결정·임용하는데 순사(순경)에서 출발, 승진시험·심사(선고 및 선발)로 경시정(총경)까지 승진할 수 있다.

㉮ 도도부현지사 : 공안위원회위원의 임면권(지방의회 동의얻어), 도도부현경찰에 관한 조례안·예산안의 의회 제출권, 예산지출명령권, 경찰서의 설치권 등을 보유하나 공안위원회를 지휘·감독할 권한을 갖지 못한다.

㉯ 도부현경찰본부의 사무분장을 위해 지정 시에 시 경찰부를 두고, 북해도에는 방면본부를 두며 방면본부마다 공안위원회가 설치되어 있다.

④ 광역수사대 및 생활안전센터로서의 교번과 주재소

㉮ 광역수사대(1994. 7)

범죄수사에 따른 경찰활동의 광역화에 대응하기 위하여 광역수사대가 3개 지역에 발족되었으며 그 후 7개 지역에도 광역수사대가 설치되었다.

㉯ 생활안전센터로서의 교번과 주재소

㉠ 교번은 경찰대상(사건·사고 등)이 비교적 많은 도시를 중심으로 설치(전국에 약 6,500개)되어 있고, 주재소는 주로 도시 외의 지역을 중심으로 설치(전국에 약 8,500개)되어 있다.

㉡ 지역경찰이 지역사회에 있어서의 생활안전센터로서 교번·주재소를 중심으로 하여 순찰 등 지역의 안전을 수호하는 모든 활동에 종사함으로써 보다 지역에 뿌리를 둔 경찰활동을 전개하여 주민과의 접촉이 깊은 다양한 활동을 추진하고 있다.

㉢ 교번·주재소는 지역사회에 개한 침투력이 미국에 비해 훨씬 강하다. 특히 일본경찰은 주민과의 공식적인 것보다는 일상적이고 탈권위적이며 인간적 접촉을 활성화 시키고 있다는 점이다.

※ 절충형 내지 통합형 체제에 해당하는 국가로는 일본, 영국, 독일, 호주, 브라질 등이 있다.

(7) 경찰제도의 3가지 모델

세계 민주국가에는 전통이나 사상 등의 상당한 차이가 있기 때문에 경찰의 역할과 구조 또한 상당히 다를 수밖에 없다. 그럼에도 불구하고 세계민주경찰제도에는 ① 분산형(분권화 체제) ② 집중형(집권화 체제) ③ 절충형(통합형 체제)의 3가지 모델로 유형화 할 수 있다.

1) 분산형(분권화 체제)

① 배 경

경찰권의 남용에 대한 두려움에 그 바탕을 두고 있으므로 경찰권행사에 많은 제한을 하고, 시민의 자유보호를 강조한다. 반면에 시민들은 상당수준의 범죄위험을 감수해야 한다.

② 해당 국가

미국, 캐나다, 스위스, 네덜란드, 벨기에 등이 있다. 이하에서는 대표적인 미국경찰제를 고찰하기로 한다.

③ 미국경찰의 특징

㉮ 특 징

㉠ 경찰권은 법에 의해 철저히 제한 받는다(개인의 자유가 사회통제를 희생하면서 철저히 보장받고 있다).

㉡ 경찰권을 제공하는 책임이 분권화 되었고, 그 책임을 지방정부가 담당한다.

㉢ 분권화된 법집행기관이라는 점이다.

㉣ 시민들을 강력한 주 또는 연방정부의 권한 남용으로부터 보호하기 위함이 특징이다.

㉯ 단 점

㉠ 연방정부와 주정부가 지방경찰활동을 위한 기본구조를 창설해 내지 못한 점(비효율적인 지방경찰 양산)

㉡ 그 결과 단편적이며 비효율적인 수만 개의 지방경찰기관을 양산한 점

㉢ 개별적 지방분권화로 국제범죄 및 광역화 된 범죄에 효과적 대처능력이 저하되는 점

㉣ 각 경찰기관에 대한 통일적 조정의 결여로 사회통제 및 범죄대처능력이나 경찰서비스제공에 비효율성이 나타나며 관할권분쟁 등의 문제가 발생하는 점

㉤ 다수의 경찰기관들이 난립되어 업무중복 등 비능률을 극복하는 것이 과제라는 점

㉥ 제도운영에 통일적 기준의 미비로 인한 폐해(예: 채용·승진조건·정책결정·연구개발 등 종합적 고려 미비) 등을 들 수 있다.

㉰ 장 점

㉠ 시민의 자유보호에 적합

㉡ 정부의 권한 남용 견제(기능적권력 분립)

㉢ 국민들의 지지·선호를 하고 있다는 점이다.

㉱ 대 책

㉠ 분산형체제에서의 효과적·효율성 제고는 경찰의 전문화, 경찰관 자질향상이 요구되고(고용과 승진에 학력조건, 교육조건등),

㉡ 통일적 기준마련이 필요하며(기관간의 통신·정책결정과 집행, 연구와 기술개발 등),

㉢ 현존기관들간의 조정과 협조가 강화되어야 한다.

2) 집중형(집권화 체제)

① 배 경

사회통제를 시민의 자유·권리보다 우선시 함(사회의 권리를 개인적 시민의 권리보다 더 중요시).

② 해당 국가

프랑스, 한국, 이탈리아, 대만, 태국, 이스라엘, 아일랜드, 핀란드, 덴마크, 스웨덴, 필리핀 등이 있다. 이하에서는 대표적인 프랑스경찰제를 고찰하기로 한다.

③ 프랑스경찰의 특징

㉮ 특 징

㉠ 강력한 관료제와 집권화된 중앙정부 형태

㉡ 지방정부에 봉사자라기보다는 중앙정부의 보호자로 기능

㉢ 경찰의 기원은 프랑스혁명이전 군주들에 운영되던 상비군제도에서 비롯

㉣ 단일한 성문법체계와 형사법체계

㉤ 내무부 소속의 국립경찰과 국방부소속의 군 경찰의 이원적 구조 등이 특징이다.

㉯ 단 점

㉠ 자치도시들의 이익이 무시 내지 경시되고(국가경찰의 서비스에 대한 불만족),

㉡ 그 결과 일부 자치도시에서 시 경찰을 창설한다(해당자치단체의 시장이 지휘함).

㉰ 장 점

㉠ 범죄통제(사회통제)에 대한 효과적·효율적 대처를 할 수 있고,

㉡ 복잡·다양한 현대사회에 보다 충실하다.

㉱ 대 책

경찰권 남용으로부터 국민의 자유와 권리를 보호하는 제도적 장치가 필요하다.

3) 절충형(통합형체제)

① 배 경

경찰에 대한 통제권을 중앙정부와 지방정부가 공유하는 형태로서 효과적이고 통일적인 경찰서비스를 제공하는 국가경찰제도가 자칫 빠질 수 있는 경찰권 남용의 가능성을 억제시키기 위해 마련되었다.

② 해당 국가

영국, 독일, 일본, 호주, 브라질 등이 있다. 이하에서는 가장 대표적인 영국경찰제를 고찰하기로 한다.

③ 영국경찰의 특징

㉮ 특 징

㉠ 초기경찰제도는 경찰권 제한과 지방적 통제를 강조한 분권적이었다.

㉡ 1856년 군과 자치도시 경찰법(County and Borough Police Act)을 제정하여 경찰기관간의 통일성 확보와 적정한 법집행력 제고로 효율성을 확보하고, 전국적 평준화에 대한 모델을 제공하였다.

㈏ 단 점

㉠ 범죄 통제와 시민의 자유보호간의 균형이 어렵다.

㉡ 집중형에서와 같은 조직범죄·국제범죄 등 대처에 미흡하다.
그리하여 1992년 국립범죄정보국(NCIS), 1997년 국가범죄수사국(NCS)을 창설하여 경찰력의 국가경찰직 임무를 수행하게 하였다(중앙집권화 강화).

㈐ 장 점

㉠ 집권적 경찰체제와 분권적 경찰체제의 타협의 산물로서 각 유형의 단점을 보완

㉡ 지방정부와 중앙정부의 합동통제는 경찰기관의 통일적 업무수행 보장

㉢ 중앙정부의 지방이익 보장

㉣ 중앙의 영향력은 경찰서비스의 열악화와 경찰의 부패를 방지하는 역할을 한다.

4) 결 어

① 집권형·분권형·절충형 중 어느 것을 택할 것인가는 시민의 자유와 권리 보호에 중점을 두느냐, 국가의 존립이나 시회통제(범죄통제) 등 공공사회의 이익에 중점을 두느냐는 국가적 또는 국민적 가치판단 문제이다.

② 민주국가라해서 반드시 분권적체제일 필요는 없으며, 중앙집권적 체제라 해서 반드시 비민주국가인 것도 아니다.

③ 각국의 독특한 환경, 국민의식, 역사적 전통, 외국의 경험과 교훈 등을 참고하여 선택할 것이며, 자국의 체제가 가지는 단점·약점을 연구·보완해야 할 것이다.

3. 현대국가의 경찰제도

(1) 대륙법계 국가의 경찰제도

① 경찰조직은 중앙집권적·관료적인 국가경찰제

② 경찰사명은 보안목적 이외에 복리증진상 질서유지를 위한 권력작용까지 포함

③ 경찰수단은 권력발동·명령강제를 중시

(2) 영·미법계 국가의 경찰제도

① 경찰조직은 지방분권적·민주적 자치체경찰

② 경찰사명은 일반 공안유지에 국한(협의의 행정경찰)하여 범죄의 예방, 수사 등 사법경찰사무만 담당

③ 경찰수단은 비권력적 보호를 중시

(3) 우리나라의 경찰제도

① 경찰조직은 대륙법계적인 중앙집권적·관료적인 국가경찰제도
② 경찰사명은 영·미법계적인 일반 공안유지에 국한한다. 경찰의 사물관할로서 경찰관직무집행법에 규정된 범죄수사에 관한 임무는 영·미 경찰 개념의 영향을 받은 것이다.
③ 경찰수단은 대륙법계적인 권력발동, 명령강제를 중시한다.

Ⅱ. 경찰의 개념(형식적 의미의 경찰과 실질적 의미의 경찰)

1. 형식적 의미의 경찰(제도적 의미의 경찰)

(1) 보통경찰기관의 권한을 기준

경찰작용의 성질과는 관계없이 제도를 기준으로 하며 실정법상 일반경찰기관(보통경찰기관)의 권한에 속하는 일체의 작용, 즉 경찰관서가 담당한 모든 작용을 말한다. 실정법적·제도적인 면에서 정립된 경찰개념이며 보통경찰기관의 권한을 중심으로 파악한 것이다. 실직적 의미의 경찰작용 중 어디까지를 보통경찰기관의 권한으로 할 것인가 특히 일반 공안유지의 목적을 위한 권력작용 이외에 복리행정상 질서유지를 위한 권력작용도 보통경찰기관의 권한으로 할 것인가는 그 나라의 입법정책의 문제이다.

【예】
경찰관직무집행법 제2조에 규정된 경찰관의 직무 범위가 우리나라에서의 형식적 의미의 경찰개념이다.
제2조(직무의 범위) : 경찰관은 다음 각 호의 직무를 행한다.
1. 국민의 생명·신체 및 재산의 보호 2. 범죄의 예방·진압 및 수사 3. 경비·요인경호 및 대간첩작전수행 4. 치안정보의 수집·작성 및 배포 5. 교통의 단속과 위해의 방지 6. 기타 공공의 안녕과 질서유지

경찰법 제3조에 규정된 경찰의 임무범위도 우리나라에서의 형식적 의미의 경찰개념이다.
제2조(경찰의 임무)
경찰은 1. 국민의 생명·신체 및 재산의 보호 2. 범죄의 예방·진압 및 수사 3. 경비·요인경호 및 대간첩 작전수행 4. 치안정보의 수집·작성 및 배포 5. 교통의 단속과 위해의 방지 6. 기타 공공의 안녕과 질서유지를 그 임무로 한다.

경찰관직무집행법상의 직무의 범위와 경찰법상의 경찰의 임무는 공공의 안녕과 질서유지에 국한하고 있는 것을 보면, 우리의 제도적 경찰(형식적 의미의 경찰)의 사명은 영·미법계식의 보안경찰, 즉 일반 공공의 안녕과 질서의 유지와 사법경찰로 제한되어 있고, 복리 행정상의 질서유지를 위한 권력 작용은 당해 주무행정청에 맡겨져 있다(예: 위생경찰은 보건복지부장관). 이를 비경찰화라 하는데, 「경찰의 분산화」라 부르는 견해도 있다.[75] 복지행정상의 경찰행정을 담당하는 당해

행정기관에도 사법경찰권(특별사법경찰권)이 부여되기도 하지만(사법경찰관리의 직무를 행할 자와 그 직무범위에 관한 법률), 그렇다고 그 분야에서의 보통경찰기관의 사법경찰권이 배제되는 것은 아니며 실제로는 보통경찰 기관이 그 분야에서도 사법 경찰권을 주로 행사하고 있다.

(2) 보통경찰기관의 임무

경찰청, 지방경찰청, 해양경찰청, 경찰서, 지구대·파출소에서 경찰공무원에 의해 이루어지는 모든 작용, 즉 실정법상(정부조직법, 경찰법 등) 보통경찰기관에 분류되어 있는 임무를 달성하기 위하여 행해지는 경찰활동을 말한다.

(3) 범죄수사 활동 및 비권력적 사실행위

형식적 의미의 경찰개념에는 수사 활동(실질적 의미의 경찰은 아니다), 복리행정상 질서유지를 위한 권력작용, 준법률행위적 작용, 즉 경찰상의 확인·공증·통지·수리, 비권력적 사실행위(예 : 호구조사, 노유·병사자보호, 수난구조 등) 등이 포함된다.

2. 실질적 의미의 경찰

(1) 의 의

실정법상·제도적인 면과는 관계없이 경찰작용의 성질에 의하여 정립된 개념으로 직접 사회공공의 안녕과 질서를 유지하기 위하여 일반통치권에 의거하여 국민에게 명령·강제하여 그 자연적 자유를 제한·해제하는 권력적 작용이다(예 : 보안경찰 + 행정경찰). 이론적·학문적인 면에서 정립된 경찰개념이며, 작용 내지 성질을 중심으로 파악한 것이다. 실질적 의미의 경찰은 목적·수단·권력적 기초에서 다른 행정작용과 구별된다.

(2) 목 적

경찰은 국민의 자유와 권리의 보호 및 사회공공의 안녕과 질서유지를 직접목적으로 한다(경찰관직무집행법 §1, §2, 경찰법 §3).

1) 복리작용과 구별

경찰은 소극적으로 사회공공의 안녕과 질서의 유지를 위한 위해방지를 그 직접목적으로 한다는 점에서 적극적으로 공공복리의 증진을 목적으로 하는 급부행정 등 복리작용과 구별된다.

---

75) 박윤흔, 전게서, 302쪽.

2) 국가 목적적 작용과 구별

사회의 평온한 사회유지를 직접목적으로 한다는 점에서 국가 그 자체의 존립과 활동을 직접목적(정보경찰은 실질적 의미의 경찰은 아니다)으로 하는 조직·외교·재정·군사 등의 국가 목적적 작용과 구별된다.

3) 민사작용과 구별

사회공공의 안녕질서 유지를 직접목적으로 한다는 점에서 개인 상호간의 법률관계를 규율함을 직접목적으로 하는 민사작용과 구별된다.

사회공공의 안녕과 질서유지에서 '공공'이란 경찰 공공의 원칙을 뜻하는 것으로 경찰권은 공익을 위하여 발동할 수 있으며 사익을 위해서는 발동할 수 없다는 뜻이다. 예컨대 사인간의 채권채무관계나 부부싸움의 경우에 경찰권이 발동되는 것은 경찰 공공의 원칙에 반한다. 그러나 민사상 법률관계라 하더라도 사회공공의 안녕과 질서에 영향을 미치는 경우, 예컨대 암표매매행위의 경우에는 그 범위 내에서 경찰권 발동의 대상이 된다.

경찰 공공의 원칙과 관계있는 사항으로 제시되고 있는 것이 사생활불간섭, 사주소불가침, 사경제자유, 민사관계불간섭이 있다(후술함).

4) 형사 작용과 구별(사법경찰과 구별)

장래에 향한 사회공공의 질서유지를 직접목적으로 한다는 점에서 과거의 범죄에 대한 제재로서의 형벌을 과함을 직접목적으로 하는 형사 작용과 구별된다.

경찰작용 중에도 과거의 의무위반에 대하여 「제재」를 과하는 것과 같은 경우, 예컨대 업태위반의 영업행위에 대하여 허가취소를 하는 경우도 있으나 그것은 어디까지나 경찰행정상의 목적달성을 위한 제재인 것이며, 형벌권의 실행과는 아무런 관계가 없다.

위와 같이 경찰행정과 형사사법작용은 그 직접적 목적을 달리하지만 또한 밀접한 관련성을 갖는 경우도 있다. 즉, 「경찰의무위반에 대하여 형벌」을 과하는 것이 보통인 바, 여기의 형벌을 과하는 것은 형사사법작용이고, 그것은 경찰의무이행을 담보하기 위한 하나의 간접강제의 수단이다.

그리고 「사법경찰」이 범인을 수색·체포 하는 등 형사사법작용으로 행하는 경우도 있으나 그것은 어디까지나 사법경찰이 형사사법작용을 도와주도록 규정되어있기 때문이며(따라서 제도적·형식적 의미의 경찰) 당연히 형사사법작용에 해당한다(경찰법 §3, 경찰관직무집행법 §2·1호, 형사소송법 §196).

(3) 수단 및 성질

1) 권력작용

경찰은 권력으로 국민에게 명령·강제하는 것을 수단으로 한다. 따라서 비권력적 관리작용인 보육작용과 구별된다.

명령이란 법규 또는 행정처분에 의하여 국민에게 작위·부작위·수인·급부의무를 명하거나 이를 해제하는 명령적 행정행위인 법률적 행위이고(예 : 경찰하명·허가면제 등), 강제란 개인의 재산·신체·가택 등에 실력을 가하여 사실상 필요한 상태를 실현하는 사실적 행위이다(예 : 경찰강제).

2) 명령적 행위

경찰은 자연적 자유를 제한·해제(예 : 경찰허가)하는데 그치는 명령적 행정행위라는 점에서 법률상의 권리나 능력을 발생·변경·소멸시키는 형성적 행위(예 : 특허)와 구별된다.

(4) 권력의 기초

1) 일반통치권

경찰은 일반통치권에 기초를 두고 있다. 따라서 일반 통치권에 복종하는 자는 자연인·법인·내국인·외국인을 불문하고 경찰권에 복종하여야 한다. 일반 통치권이 아닌 특별행정법관계에 입각한 권력행사인 의원경찰인 국회의장의 국회경호권(국회법 §143), 법정경찰인 법원의 법정경찰권(법원조직법 §58)은 형식적 의미의 경찰도 아니고 실질적 의미의 경찰도 아닌 비경찰작용이다.

2) 협의의 행정경찰

보통경찰기관이 아닌 다른 일반 행정기관에 속하는 행정작용 중에서도 실질적 의미의 경찰작용에 속하는 것이 많다.

㉮ 건축허가와 같은 건축경찰(건축법이 적용되고, 특별자치도지사 또는 시장·군수·구청장 관할), 유흥주점의 허가와 같은 위생경찰(식품위생법이 적용되고, 특별자치도지사·시장·군수·구청장의 관할이다)과 산림경찰(산림자원의 조성 및 관리에 관한 법률이 적용되고, 시장·군수·구청장이나 지방산림청장 관할) 등은 실질적 의미의 경찰에 해당하며, 협의의 행정경찰이다.

3) 비경찰화

범죄의 예방과 검거 등 보안경찰 이외의 행정경찰사무, 즉 영업경찰·건축경찰·보건경찰·산림경찰 등의 경찰사무를 다른 행정관청의 사무로 이관하는 것을 비경찰화라고 한다. 즉, 경찰개념의 형성과정에서 경찰의 사무이던 것을 다른 관청의 사무로 이관하는 현상을 말한다.

▶ 형식적 의미의 경찰과 실질적 의미의 경찰의 비교

구 분	형식적 의미의 경찰	실질적 의미의 경찰
의 의	• 보통(일반)경찰기관의 권한에 속하는 일체의 작용	• 직접 사회공공의 안녕과 질서를 위지하기 위해 일반통치권에 의거하여 국민에게 명령·강제하여 그 자연적 자유를 제한·해제하는 권력적 작용

	• 실정법학적·제도적 의미의 경찰, 조직 중심	• 이론적·학문적 의미의 경찰, 작용 중심
예	정보경찰, 보안(대공)경찰활동, 사법경찰, 서비스 활동	건축경찰, 위생경찰, 산림경찰, 도로경찰, 행정경찰
양자의 관계	• 형식적 의미의 경찰은 실질적 의미의 경찰과 반드시 일치하지는 않는다. • 형식적 의미의 경찰이 언제나 실질적 의미의 경찰이 되는 것은 아니고(예 사법경찰), 또한 실질적 의미의 경찰이 모두 형식적 의미의 경찰이 되는 것도 아니다.(예 협의의 행정경찰) • 실질적 의미의 경찰이면서 형식적 의미의 경찰인 경우도 있다(예 불심검문·생활안전경찰·교통경찰·경비경찰 등).	

제2절 경찰의 기본적 임무·수단·관할·기초

I. 경찰의 임무(기본적 임무)

1. 개 설

(1) 경찰법 제3조(경찰의 임무)

경찰은 국민의 생명·신체 및 재산의 보호와 범죄의 예방·진압 및 수사, 경비·요인경호 및 대간첩작전수행, 치안정보의 수집·작성 및 배포, 교통의 단속과 위해의 방지 기타 공공의 안녕과 질서유지를 그 임무로 한다(경찰의 임무는 행정조직법상의 경찰기관을 전제로 한 개념이다).

(2) 경찰관직무집행법 제2조(직무의 범위)

경찰관직무집행법은 직무의 범위를 '국민의 생명·신체 및 재산의 보호, 범죄의 예방·진압 및 수사, 경비·요인경호 및 대간첩작전 수행, 치안정보의 수집·작성 및 배포, 교통의 단속과 위험의 방지 기타 공공의 안녕과 질서유지'라고 규정하고 있다.

(3) 궁극적인 기본임무

국민의 생명·신체 및 재산의 보호가 강조되기는 하였으나, 이는 공공의 안녕의 한 요소를 이루는 것이므로 경찰의 궁극적 기본임무는 ① 공공의 안녕과 질서에 대한 위험방지(실질적 의미의 경찰), ② 범죄의 수사와 서비스(형식적 의미의 경찰)이다.

2. 공공의 안녕과 질서에 대한 위험방지

(1) 기본권(국민의 자유와 권리) 제한의 목적

국민의 자유와 권리를 제한하는 목적은 「국가안전보장·질서유지 또는 공공복리」를 위해서이다(헌법§37·②). 기본권을 법률로써 제한하는 경우에도 자유와 권리의 본질적인 내용을 침해할 수 없다(헌법§37·②후단). 여기서 국가의 안전보장·질서유지 또는 공공복리의 개념이 무엇인지가 문제된다.

1) 국가안전보장

국가안전보장이 무엇을 의미하느냐에 관해서는 헌법 학자들의 여러 견해가 있다. 제헌헌법에서 제3공화국 헌법까지는 질서유지와 공공복리의 요건만이 규정되어 있었고, 따라서 국가안전보장은 질서유지의 개념에 포함된다고 보았으나, 제4공화국 헌법(1972년 유신헌법)에서 처음 규정되어 현행 헌법까지 이를 따로 규정하였다.

이러한 배경에서 볼 때 국가안전보장이란 외부로부터 국가의 존립과 안전 그리고 이와 관련되는 내부적 안전과 존립을 보장하는데 국한한다고 보는 것이 적절하다.

따라서 국가의 존립, 영토의 보전, 헌법의 기능, 헌법기관유지, 헌법의 기본질서유지만을 의미한다.[76] 헌법재판소의 결정도 같은 취지이다.

> **【헌재결】** 헌법 제37조 제2항에서 기본권제한의 근거로 제시하고 있는 국가안전보장의 개념은 국가의 존립·헌법의 기본질서의 유지 등을 포함하는 개념으로서 결국 국가의 독립·영토의 보전·헌법과 법률의 기능·헌법에 의하여 설치된 국가 기관의 유지 등의 의미로 이해될 수 있을 것이다(헌재 1992.2.25,89헌가104, 헌재판례집 제4권 64쪽 이하 90쪽).

국가안전보장을 위한 기본권을 제한하는 법률로는 내란·외환에 관한 형법, 국가보안법, 군사기밀보호법 등이 있다.

2) 질서유지

제3공화국 헌법까지는 국가안전보장이라는 개념을 질서유지의 개념 속에 포함하고 있었으나, 제4·제5공화국 헌법과 현행헌법은 국가의 안전보장을 질서유지개념과 별도로 사용하고 있다(헌법§37·②). 국가의 작용을 소극적인 현상유지 작용과 적극적인 형성 작용으로 구분할 때, 국가의 안전보장을 위한 작용은 기존의 국가질서·헌법질서의 유지 작용으로서의 소극적인 작용으로 보아야 한다. 양자의 개념이 모두 소극적인 개념인 것은 일치되는 견해다. 헌법상 국가안전보장의 개념과(협의) 질서유지의 개념을 합하여 광의의 질서유지 개념을 구

---

76) 김철수, 헌법학개론, 344쪽, 박영사, 2005 : 권명성, 학원론, 349쪽, 법문사, 2004 : 장영수, 기본권론, 148~149쪽, 홍문사, 2003.

성한다고 새기는 견해가 논리적이라 생각된다.

이런 입장에서 보면 협의의 질서유지란 사회 공공의 안녕과 질서의 유지를 의미하고, 그것은 공적안전과 공적질서의 유지를 개념요소로 하나 이에는 타인의 권리의 유지와 도덕적 질서유지가 포함된다.

따라서 질서유지에는 타인의 권리유지, 도덕질서유지, 사회공공질서유지 등이 포함되어 있다.

소극적작용인 점에서 국가와 국민에게 새로운 질서와 복지를 가져다주는 작용은 아닌 것이다.

질서유지를 위한 기본권을 제한하는 법률로는 형법을 비롯하여 경찰법, 경찰관 직무집행법, 집회 및 시위에 관한 법률, 도로교통법, 경범죄처벌법, 성매매 방지 및 피해자 보호 등에 관한 법률, 성매매 알선 등 행위의 처벌에 관한 법률, 성폭력방지 및 피해자 보호 등에 관한법률, 성폭력 범죄의 처벌 등에 관한 특례법, 화염병 사용 등의 처벌에 관한 법률, 소방기본법, 민방위기본법, 식품위생법, 공중위생관리법, 풍속영업의 규제에 관한 법률, 사행행위 등 규제 및 처벌 특례법, 기타 많은 경찰 관련법들이 있다.

3) 공공복리

기본권제한의 목적이 되는 공공복리(공공의 행복과 이익)는 다의적이고 불확정 개념이다. 공공복리는 개개인의 사적이익에 대한 대립적 개념이지만 오늘날 그 개념은 대체로 다음 중 하나로 이해되고 있다. 하나는 개인적 이익을 초월하여 국가적 차원에서 결정되는 전체적 이익인 국가 절대주의적 공공복리의 개념(공공복리가 기본적인권보다 상위개념이라는입장)이고, 또 하나는 개개인의 사적 이익에 우월하면서 개개인에게 공통된 이익을 의미하는 국민공동의 공공복리개념(공공복리와 기본적인권의 양자의 비중을 동일시하는 입장)이다. 후자의 공공복리개념을 사회국가적 공공복리개념이라고도 한다. 다만, 국민공동의 공공복리개념은 자유권에 대해서는 제한의 사유가 되지만 사회적 기본권(생존권적 기본권)에 대해서는 실천 목표가 된다.

생각건대 현대사회국가에서 기본권제한의 목적이 되는 사회국가적 공공복리의 개념은 국가적 생활이익을 절대시하는 국가 절대주의적 복리라든가 개인적 생활이익을 절대시하는 근대시민국가적 복리(기본권보장이 절대개념이라는 입장)와는 명확히 구별되어야 할 개념이다.

사회국가적 공공복리의 개념은 공동으로 사회생활을 영위하는 개개인의 이익을 포함한 사회구성원 전체를 위한 공공적 이익, 즉 「국민공동의 이익」으로 이해하여야 한다.

이와 같은 공공복리는 우리나라와 같은 사회국가에서는 사회공동생활의 지표인 동시에 국가적 이념이라 할 수 있다.[77]

이러한 공공복리에는 인류적 복지, 사회적 복지, 국가적 복지 등이 포함되는 바, 인류적 복지나 개인적인 인간관계에 있어서의 복지는 위생보건·전염병 예방 등의 복지를 말하는

---

77) 권영성, 전게서, 350쪽.

것으로, 소위 사적이익도 이에 포함되며, 사회적 복지는 국민일반의 건강증진과 생활안정 등을 들 수 있다. 그러나 단순히 공무원의 공무수행의 편의를 위한다든가 국가재정의 절약 등은 공공복리의 개념에 포함시킬 수 없다.[78)]

헌법재판소는 공익과 공공복리를 동일시하고 있다.

【헌재결】 헌법 제119조는 …… 국가가 경제정책을 통하여 달성하여야 할 공익을 구체화하고, 동시에 헌법 제37조 제2항의 기본권제한을 위한 일반법률 유보에서의 공공복리를 구체화하고 있다. 경제조항은 제119조에서 균형 있는 국민경제의 성장과 안정, 적정한 소득의 분배, 시장의 지배와 경제력 남용의 방지, 경제주체간의 조화를 통한 경제의 민주화, 균형 있는 지역경제의 육성, 중소기업의 보호육성, 소비자 보호 등을 들고 있다(헌재 1996.12.26, 96헌가18, 헌재판례집 제8권 제2집, 680쪽).

(2) 공공의 안녕

1) 의 의

경찰의 위험방지의 보호대상은 공공의 안녕이다. 사회공공의 안녕이란 ㉮ 사회생활을 영위하는 각 개인이 그 생명·신체·명예·재산 기타 개인적 법익에 대하여 어떠한 침해도 받지 아니할 상태에 있고, ㉯ 법질서가 보호되고 있고, ㉰ 국가의 존속과 기능이 보장되고 있는 상태를 말한다. 즉 개인적 법익·사회적 법익 및 국가적 법익이 침해되지 않는 상태를 말한다.[79)]

① 공공의 안녕이란 법질서의 불가침성, 국가의 존립과 국가기관의 기능성의 불가침성, 개인의 권리와 법익의 불가침성이 유지되는 상태를 의미한다(국가 등의 법익보호 + 개인의 법익보호).

② 공공의 안녕의 개념은 일부는 개인, 일부는 국가 등 집단과 관련되어 있으므로 경찰의 임무수행에 양자의 균형성이 필요하다.

2) 공공의 안녕의 구성요소

① 개인의 권리와 법익의 불가침

공공의 안녕에 우선적으로 속하는 것은 인간의 존엄성·생명·신체·자유·명예·건강·재산 등 개인적 법익의 보호이다. 무형의 권리도 보호해야 한다.

그러나 이들 권리가 사법(私法)에 의하여 보호되는 경우에는 각 개인은 우선적으로 민사 법원에 그 보호를 요청하여야 한다. 다만 경찰은 개인의 사법(私法)상의 권리를 적시에 실현시킬 수 없거나 경찰의 도움이 없이는 권리실현이 불가능하거나 현저히 어려운 예외적인 경우에만 이들 권리의 구제를 위하여 필요한 조치를 취할 수 있다.

이를 보충성의 원칙 또는 최후수단의 원칙이라 한다. 이는 경찰공공의 원칙(사생활 자유의 원칙 ㉠ 사생활불가침,

---

78) 김철수, 전게서, 347~348쪽.

79) volkmarGötz, Allgemeines Polizei-und Ordnungsrecht, 11. Aufl., S. 41ff.; 정하중, 독일경찰법의 체계와 한국 경찰관 직무집행법의 개선방향, 사법행정, 1994. 2·3월호 ; 홍정선(하), 317~318쪽.

(ⓛ 사주소불가침, ⓒ 사경제자유, ⓔ 민사관계불간섭 등의 원칙)이 적용되는 당연한 결과이다.

그리고 개인의 법익에 대한 침해가 동시에 형법이나 행정법 등의 공법규범을 위반하고 공공의 안녕이 위협 또는 침해받은 상태인 경우에는 잠정적 조치만으로는 아니되고 경찰이 직접적으로 개입하게 된다.

② 법질서의 불가침성

객관적인 법질서의 유지 역시 공공의 안녕의 개념에 속한다.

㉮ 사법규정에 대한 위반 : 사법질서(私法秩序)는 민사작용에 의하여 보호되기 때문에 예외적으로 법적 보호가 적시에 이루어지지 않고, 경찰의 원조가 없어서 법이 무효가 되거나 사실상 어려워질 경우에만 경찰이 개입할 수 있다(보충성의 원칙=최후수단의 원칙).

㉯ 공법규정에 대한 위반 : 경찰에 의하여 보호되는 법질서는 형법 및 행정법 등 공법규범들이다. 공법규범들은 보통 공공의 안녕에 대한 위험으로 취급되어 이들 법규범이 수범자에 의하여 침해되거나 침해될 우려가 있는 경우에는 경찰권 발동의 대상이 된다.

다만, 주관적 범죄구성요건의 실현, 책임성 및 구체적 가벌성을 요하지 않는다. 즉, 법익의 위해 또는 침해가 객관적으로 존재하면 족하다.

③ 국가의 존립과 국가기관의 기능성의 불가침성

㉮ 국가존립의 불가침성 : 군의 적국과의 관계에서, 경찰은 사회공공과의 관계에서 각각 국가의 존립을 보호할 의무가 있다. 국가 존립에 대한 침해는 대외적으로는 외환의 죄로, 대내적으로는 내란의 죄로 형법에서 다루고 있다. 경찰은 국가존립의 침해를 방지하기 위하여 범죄의 예비·음모에 대하여 정보경찰·보안경찰·외사경찰에 의한 정보수집과 보안수사 및 외사수사의 대상이 된다.

㉯ 국가기관의 기능성의 불가침성 : 경찰은 국회·정부·법원·자치단체 등 국가기관의 정상적인 기능발휘를 보호해야 한다. 경찰의 활동은 형벌적 가벌성의 범위 내에만 국한되는 것이 아니라 가벌성 범위 내에 이르지 아니하였어도 국민의 자유와 권리를 침해하지 아니하는 범위 내에서 수사나 정보, 보안, 외사활동을 할 수 있다.

「표현의 자유보장」으로 폭력성과 명예훼손 행위없이 표출되는 국가조직(국가기관)에 대한 모든 종류의 비판은 언론·출판·예술의 자유 및 상황에 따라서 집회의 자유에 관한 헌법적 보호의 대상이 되고 있기 때문에 경찰이 개입할 문제가 아니다.

(3) 공공의 질서

1) 의 의

공공의 질서란 지배적인 사회의 가치관에 비추어 그것을 준수하는 것이 원만한 공동생활을 위한 불가결한 전제조건이 되는 법규범 이외의 규범의 총체를 뜻한다. 여기에서 규범이란 국가에 의하여 제정된 법규범이 아니라 사회의 가치관에 근거하고 있는 도덕·윤리 등 사회규범(불문규범의 총체)을 의미하며, 그 중에서 명백한 다수에 의하여 지지되는 규범만이 공공의 질서의 대상이 된다.[80] 공공의 질서는 오늘날 특별법의 제정을 통하여 그 적용범위가 점차 축소되어 가고 있다. 예컨대 공공의 질서에 의하여 보호되는 중요한 법익은 경범죄처벌법에서 규정되고 있다.

2) 개념의 유동성

공공질서의 개념은 절대적인 것이 아니라 시대에 따라 변화하는 유동적인 개념이기 때문에 그 개념 자체를 비판하기도 한다.

3) 공공의 안녕과의 구별

공공의 질서는 단지 불문화된 사회적 행동규칙과 가치관만을 포함한다는 점에서 성문의 법규범을 포함하는 공공의 안녕과 구별된다.

(4) 위험과 장해

1) 의 의

위험이란 현재의 상황을 그대로 방치하는 경우에 공공의 안녕 또는 질서에 손해발생의 충분한 개연성이 있는 상황을 의미하며(즉, 가까운 장래에 공공의 안녕 또는 질서에 손해가 나타날 수 있는 가능성이 개개인의 경우에 충분히 존재하는 상태를 뜻하며 '손해가능성으로서의 위험'을 말한다), 장해란 공공의 안녕·질서에 이미 손해가 발생된 경우를 의미한다. 여기서 손해란 공공의 안녕과 질서의 내용을 이루는 법익의 침해를 말한다. 위험의 판단에 요구되는 개연성의 정도는 침해될 우려가 있는 법익의 중요성에 따라 달리 판단되며, 도래될 손해가 중대하면 중대할수록 개연성에 요구되는 정도는 완화된다. 판단기준은 정상적인 평균적 인간을 기준으로 한다.

2) 경찰법상 손해

보호받는 개인 또는 공동의 법익에 관한 정상적인 상태의 객관적 감소를 뜻하며, '보호법익에 대한 현저한 침해' 행위가 있어야 한다. 즉, 단순한 성가심·불편함 등은 경찰개입대상이 아니다.

3) 종 류(분류)

① 구체적 위험과 추상적 위험

구체적 위험은 위험이 개개의 경우에 실제로 존재하는 경우이고, 추상적 위험은 위험이

---

80) 정하중, 행정법각론, 224쪽, 법문사, 2005.

단순히 가설적이고 상상적인 경우이다. 전자의 경우는 구체적인 경찰처분의 대상이 되는데 반하여, 후자의 경우는 법률이나 법규명령의 규율대상이 된다.

양자의 차이는 위험의 현실성에 따라 달라지므로 경찰개입은 구체적 위험뿐만 아니라 추상적 위험이 있을 때에도 있을 수 있다. 즉, 보호법익에 대해 위험이 필수적으로 존재해야 하는 것은 아니다. 예컨대 빨간불(신호등)에 차도를 건너는 자는 밤 시간이나 차도에 차가 전혀 다니지 아니하여도 경찰책임자가 된다. 법률위반행위로서 법질서의 불가침성이 침해되고, 도로교통의 보호법익인 공공의 안녕을 침해하였기 때문이다. 그러나 경찰관직무집행법상 위험발생 방지조치 등(§3~§10의4)을 취하기 위해서는 구체적 위험이 존재하여야 한다.

② 일반적 위험과 위험방지

범죄의 예방분야나 장래의 위험방지를 위한 준비행위는(예: 범인검거를 통해 일반적인 위험을 예방하는 조치) 구체적 위험이나 추상적 위험의 구성요소에 의해서 제한되지 않으므로 그런 목적으로 추상적 위험의 존재에도 경찰이 활동할 수 있음은 당연하다.

4) 위험에 대한 인식

위험에는 일종의 예측, 즉 사실에 기인하여 향후 발생할 사건의 진행에 관한 주관적 추정을 포함한다.

① 외관적 위험

경찰이 의무에 합당한 사려 깊은 상황판단을 했음에도 불구하고 위험을 잘못 긍정하는 경우를 말한다.

㉠ 심야에 순찰 중인 경찰이 "강도야!"라는 소리를 듣고 달려가 이를 제압하였으나 실제로는 한 친구가 다른 친구를 놀려주려고 장난을 치고 있었던 경우, 심야에 순찰 중인 경찰관이 살려달라는 소리를 듣고 출입문을 부수고 들어갔는데 귀가 어두운 노인이 TV를 크게 켜 놓아 그 소리가 밖으로 들린 경우이다. 외관적 위험의 경우는 원칙적으로 손해배상, 손실보상의 문제가 발생하지 않는다.

② 위험혐의

경찰의 위험방지활동은 위험의 존재 여부가 명백해질 때까지는 예비적 조치에만 국한되어야 하는데 그런 상황은 위험조사차원의 개입을 정당화시키는 경우이다.

㉠ 악취가 나서 인근 주민의 생명과 신체에 위해가 나타나고 있다고 할 경우에 경찰이 주변에 있는 화학공장에 대해 조사 차원에서 가동을 중단시키고 개입하는 경우

③ 오상위험(추정적 위험)

이성적·객관적으로 판단할 때 위험의 외관도 그 혐의도 정당화되지 아니함에도 불구하고 경찰이 위험의 존재를 잘못 추정한 경우이다. 이 경우에는 외관적 위험이나 위험혐의의 경우와는 달리 손해배상·보상 문제가 발생한다.

㉠ 약간의 물적 손해가 발생한 화재로 경찰관이 즉시 퇴거명령을 한 경우 경찰관의 주관

적 판단에 따르는 위험이 존재하므로 경찰의 활동영역이 인정되지 않아 위법하다.

3. 범죄의 수사

(1) 수사경찰의 주된 임무

1) 임무의 근거

경찰법, 경찰관직무집행법은 각각 범죄의 수사를 경찰의 임무(직무)로 규정하고 있다.

2) 권한의 근거

범죄의 수사는 사법경찰작용으로서 수사경찰의 주된 임무이다. 형사소송법은 수사에 관한 일반법적 성질을 가지며, 검사의 지휘를 받는 한도 내에서 경찰에 수사권을 부여하고 있다(형소법 §196).

(2) 법정주의 원칙(형사법상 수사권의 행사)

1) 임의수사원칙

행정경찰작용은 행정편의주의 원칙에 따라 '…… 할 수 있다'고 규정되어 있는 경우가 대부분이다. 그리하여 임의수사를 원칙으로 하고 있다.

2) 수사법정주의

형사법상 수사권행사는 '…… 하여야 한다'고 규정함으로써 법정주의 원칙을 명시하고 있다. 따라서 범죄행위가 있으면 친고죄나 반의사불벌죄 등 특별히 법정된 경우를 제외하고는 수사를 해야 할 의무가 발생한다.

(3) 경찰수사임무와 위험방지임무의 상호 연관성

경찰은 범죄의 예방과 제지를 위한 예방적인 위험방지조치가 가능할 뿐만 아니라(경찰관직무집행법 §6) 위험이 현실화될 때(어떤 법익에 대한손해가 이미 발생되어 경찰위반의 상태가 되고, 그것이 형법이나 행정법규에 위반되는 범죄의 구성요건을 충족시키는 경우)에는 경찰의 수사대상이 된다. 그러므로 양자는 완전히 별개가 아니고 일련의 과정 속에서 상호 연관되어 있다.

4. 서비스(Service)

(1) 21세기적 복지행정에서는 경찰에게 협의의 소극적인 위험방지를 위한 명령·강제나 범인의 체포·수사와 같은 법집행적인 임무 이외에 '적극적인 서비스 활동'을 통해 국민에게 봉사하는 역할이 요구된다(예: 교통정보·지리정보등의 제공, 인명구조와 같은 각종보호의 제공, 어린이 교통안전교육, 순찰활동을 통한 범죄의 예방활동 등).

(2) 법집행적 임무조차 서비스제공 차원에서 수행해 줄 것을 바라고 있는 것이 현대행정

의 요구이다(예 : 환경법령위반자를 수사하는 것은헌법이 보장하고 있는 국민의 환경권을 보장하기 위한 수단으로 활용되어야 한다).

(3) 처음부터 위험을 전제로 하지 아니한 서비스 활동도 있다(예 : 교통정보의 제공은 순수한 서비스활동이다).

5. 사인에 의한 경찰작용(위험방지)

위험방지 등 경찰의 임무는 예외적으로 사인에 의해서 고권적으로 행해지는 경우도 있다. 고권적 행위는 법률이나 법률에 근거한 행정행위를 통해 경찰권이 사인에게 부여된 경우이어야 한다.

즉, 법률의 규정에 의한 경우는 선박의 선장, 항공기의 조종사 등을 예를 들 수 있고, 법률에 근거한 행정행위에 의한 경우는 위험방지목적의 어업감시·사냥감시·삼림감시 등의 임무를 부여하는 행위 등을 예를 들 수 있다.

Ⅱ. 경찰의 수단

1. 명령과 강제(권력적 수단)

공공의 안녕과 질서를 유지하기 위한 경찰수단은 명령·강제 등 권력적 수단이 그 중심을 이루어 왔다. 그러나 오늘날 행정지도, 비권력적 행정조사, 교육 및 홍보 등 비권력적 수단의 비중이 점차 확대되고 있는 것이 현실이다.

(1) 권력적 수단

경찰은 사회공공의 안녕과 질서를 유지하기 위하여 명령(법률적 행위), 강제(사실적 행위) 등의 권력적 수단을 사용한다.

(2) 내 용

① 경찰의 권력적 수단으로는 경찰하명(작위·부작위·수인·급부하명), 경찰허가, 경찰강제 등이 있다.

② 경찰은 이러한 명령·강제작용의 부수적인 것으로 경찰에게 법적으로 허용된 허가(예 : 건축허가) 등 이외에도 확인(예 : 운전면허시험의 합격·불합격 결정), 공증(예 : 면허증교부), 통지 등의 준법률행위적 행정행위를 하기도 한다.

2. 비권력적 수단

(1) 비권력적 수단의 근거

오늘날 경찰의 활동 중에서 개인의 자유에 개입하지 않으면서 특별한 구체적 수권 없이도 임무에 관한 일반조항만으로도 가능하다. 따라서 광위의 위험방지활동이 관심의 대상이 되고 있다.

(2) 내 용

① 이러한 활동에는 행정지도(예: 도보·차량순찰, 일상적인 교통관리, 정보의 제공, 지리안내, 권고 등)와 범죄의 예방에 기여하는 많은 활동이 포함된다.

② 정보경찰이 수행하는 정보의 수집이나 작성·배포활동도 비권력적 작용에 속한다. 즉, 비권력적 사실행위도 포함된다.

3. 범죄수사를 위한 수단(수사권)

(1) 임의수사원칙

형사소송법은 범죄수사와 관련하여 수사목적의 달성과 인권보장(§199)의 조화를 위하여 임의수사(임의제출물 등의 압수는 영장없이도 수사활동이 가능)를 원칙으로 한다(§108).

(2) 예외적 강제수사

강제수사(체포·구속·압수·수색 등의 영장이 대표적 예로서 각각에 대하여 그 요건·기간 등이 엄격히 법으로 정해져 있다)(§200의 2, §201)는 예외적으로 허용되고 있다(§199 단서). 그러나 임의수사이건 강제수사이건 이들은 모두 사법경찰활동을 위한 수단이다.

Ⅲ. 경찰활동의 기초(경찰권과 수사권)

1. 협의의 경찰권

(1) 의 의

1) 개 념

사회공공의 안녕과 질서를 유지하기 위하여 일반통치권에 의거하여 국민에게 명령·강제하는 권한을 말한다. 여기의 경찰은 대체로 실질적 의미의 경찰을 뜻하며, 경찰작용은 국가와 국민사이의 일반통치관계를 선제로 한다.

2) 범죄수사활동의 사법경찰

경찰의 범죄수사활동은 형사소송법에서 수여하고 있는 수사 권한에 의한 경찰활동으로서 종래의 경찰권발동인 경찰하명이나 의무위반에 대한 경찰강제(강제집행·즉시강제)와 전혀 성질을 달리하는 것이므로 경찰의 범죄수사활동은 사법경찰에 속한다.

3) 의원경찰 및 법정경찰과의 구별

국회의장의 국회경호권한의 작용인 의원경찰(국회법 §143), 법원의 법정경찰권의 행사인 법정경찰(법원조직법 §58) 등은 일반통치권을 전제로 하지 아니하고 부분사회의 내부질서를 목적으로 하는 경우이므로 경찰작용에 해당되지 아니한다.

(2) 경찰권의 대상

법률에 특별규정이 없는 한 통치권에 복종하는 모든 자가 대상이 된다. 따라서 자연인이든 법인이든 내국인이든 외국인이든 경찰권에 복종해야 한다. 법인의 경우 양벌규정이 적용되기도 한다. 외교사절·주한미군과 같이 국제법상 특례가 인정되는 경우에는 예외가 인정된다(후술).

2. 수사권(광의의 경찰권 = 협의의 경찰권 + 수사권)

(1) 의 의

국가형벌권을 행사하기 위해 형사소송법에 의거 검찰·경찰(수사기관)에게 부여된 권한으로서, 사건에 대한 공소제기 여부의 결정 또는 공소제기 및 이를 유지·수행하기 위한 준비로서, 범죄 사실을 조사하고 범인 및 증거를 발견·수집·보전하기 위한 경찰의 권한을 말한다.

(2) 경찰수사권의 근거 및 제한

경찰수사권행사의 근거는 형사소송법이고, 경찰의 수사권은 검사에 의한 지휘가 허용되는 등 일정한 제한을 받고 있다(형사소송법 §196).

(3) 경찰수사권의 대상

1) 원 칙

경찰의 수사권은 자연인에게 발동될 수 있음은 물론이고 법인에 대해서도 발동되나(예: 압수·수색 등), 법인의 성질상 체포와 구속은 불가능하다. 또한 수사권은 내국인이든 외국인이든 불문한다.

2) 예 외

외교사절에게는 면책특권이 인정되고, SOFA협정에 의거 공무집행 중의 미군범죄 등에 대하여는 1차적 재판권을 미군 당국이 가지므로 제한을 받고 있으며, 대통령의 형사상 특권(대통령은 내란 또는 외환의 죄를 범한 경우를 제외하고는 재직 중 형사상의 소추를 받지 아니한다. 헌법 § 84)과 국회의원의 면책특권(국회의원은 국회에서 직무상 행한 발언과 표결에 관하여 국회 외에서 책임을 지지 않는다. 헌법 § 44)·불체포특권(국회의원은 현행범인인 경우를 제외하고는 회기중 국회의 동의없이 체포 또는 구금되지 아니한다. 헌법 §44)이 인정된다.

(4) 협의의 경찰권과 수사권의 차이점

협의의 경찰권은 일반처분이 가능하고, 경찰책임자 이외의 비책임자에게도 권한이 발동될 수 있는 데 대하여 수사권은 피의자나 참고인 등 형사소송법에서 규정된 관계자 이외에는 발동될 수 없다.

Ⅳ. 경찰의 관할

1. 사물관할

경찰의 사물관할이라 함은 경찰이 처리할 수 있고 또 처리해야 하는 사무내용의 범위를 말하며, 넓은 의미의 경찰권이 발동될 수 있는 범위를 설정함으로써 그 범위를 넘는 분야에 관하여는 경찰이 개입할 수 없도록 한다는 점에서 법적 의미를 가진다.

(1) 범죄의 수사

① 우리나라는 영·미 경찰개념의 영향을 받아 범죄의 수사에 관한 임무가 경찰의 사물관할로 인정되어 있으며, 작용법인 경찰관직무집행법에 조직법적인 임무규정이 포함되어 있는 특색이 있다.

② 다만, 이 경우에도 형사소송법 제197조와 이에 근거하여 제정된 '사법경찰관리의 직무를 행할 자와 그 직무범위에 관한 법률'·'사법경찰관리직무규칙' 등에 의거, 국가정보원직원·국립공원관리공단임직원·군 사법경찰관리·교도소장·출입국관리업무종사국가공무원·근로감독관·산림보호종사원·선장·검사장의 지명에 의한 사법경찰관리·자치경찰공무원 등은 원칙적으로 각 소속관서의 관할구역 내에서 법정의 범죄에 대해 사법경찰관리로서의 직무를 행하게 되어 있으므로 그 범위만큼 우리 경찰의 사물관할 또는 지역관할에서 제외됨을 유의해야 한다.

(2) 경찰법 제3조와 경찰관직무집행법 제2조

① 경찰법(§3)과 경찰관직무집행법(§2)의 양 법률이 여러 가지의 경찰의 임무 또는 경찰의 직무 범위를 나열하고 있으나 이는 궁극적으로 공공의 안녕과 질서유지에 귀결되며, 여기에는 소극적인 위험방지(Gefahrenabwehr)뿐만 아니라 서비스(Service)영역이 포함됨은 물론이다.

② 위 규정에 열거되어 있지 아니하더라도 공공의 안녕과 질서유지를 위한 활동은 다른 법령의 규정에 의거, 경찰이 그 범위 내에서 직무를 수행할 수 있는 근거를 제시한 것이라고 볼 수 있다.

2. 인적 관할

(1) 개 념

넓은 의미의 경찰권이 어떤 사람에게 적용되는가의 문제를 인적 관할이라고 할 수 있다.

(2) 적용범위 및 제한

경찰권은 원칙적으로 모든 사람(자연인·법인·비법인·내국인·외국인 포함)에게 적용되나, 국내 법적으로는 대통령과 국회의원에 대해서, 그리고 국제법적으로는 외교사절과 주한미군에 대해서 일정한 제한이 있다.

3. 지역관할

(1) 개 념

넓은 의미의 경찰권이 발동될 수 있는 지역적 범위를 지역관할이라고 할 수 있는 바, 대한민국의 영역 내에 모두 적용됨이 원칙이다. 그러나 이 경우에도 다른 행정관청이나 행정기관에 대해서 법적 근거에 의거하여 일정한 한계가 있음을 주의하여야 한다.

(2) 해양경찰청과의 관할 구분

해양경찰청은 원칙적으로 해양에서의 경찰 및 오염방제에 관한 사무에 대하여 관할권을 가지므로(해양경찰청과 그 소속기관 등 직제 §3) 일반경찰은 육상에서의 경찰사무를 관할함에 그친다.

> 【참고】 종래 해양경찰청이 경찰청에 속해 있을 때에는 그리 문제가 없었으나, 해양경찰청이 국토해양부 소속으로 변경됨에 따라 양자 간의 관할범위를 명백히 할 필요가 생겼다.

(3) 국회 및 법정 내부(국회의장의 국회경찰권과 재판장의 법정경찰권)

1) 국회의장의 국회경호권

① 국회의장은 회기 중 국회의 질서를 유지하기 위하여 국회 안에서 경호권을 행한다. 즉, 국회의장은 국회경찰권을 행사한다(국회법 §143).

② 국회의 경호를 위하여 국회에 경위를 두며(국회법 §144·①), 국회의장은 필요시 정부에 대하여 경찰관의 파견을 요청할 수 있다(국회법 §144·②).

③ 경위와 파견된 경찰관은 의장의 지휘를 받아 경위는 회의장 건물 안에서, 경찰관은 회의장 건물 밖에서 경호를 한다(국회법 §144·③).

④ 경찰관은 회의장 건물 밖에서만 경호하도록 제한되어 있다.

⑤ 국회 안에 현행범인이 있을 때에는 경위 또는 경찰관은 이를 체포한 후 의장의 지시

를 받아야 한다(국회법 §150).

⑥ 의원은 회의장 안에 있어서는 의장의 명령 없이 이를 체포할 수 없다(국회법 §150).

⑦ 방청의 금지와 신체검사 : 흉기를 휴대한 자, 주기가 있는 자, 정신에 이상이 있는 자, 기타 행동이 수상하다고 인정되는 자는 방청을 허가하지 아니한다. 의장은 필요한 때에는 경위 또는 경찰관으로 하여금 방청인의 신체를 검사하게 할 수 있다(국회법 §153).

⑧ 방청인에 대한 퇴장명령 : 의장은 회의장 안의 질서를 방해하는 방청인의 퇴장을 명할 수 있으며, 필요한 때에는 경찰관서에 인도할 수 있다. 방청석이 소란할 때에는 의장은 모든 방청인을 퇴장시킬 수 있다(국회법 §154).

2) 법원의 법정경찰권

재판장이 법정경찰권을 행사하도록 되어 있으므로, 재판장의 경찰관 파견요청이 있는 경우에도 법정 내외의 질서유지에 관하여는 재판장의 지휘를 받아야 한다(법원조직법 §60).

(4) 치외법권지역

① 외교공관과 외교관의 개인주택은 국제법상 치외법권지역이므로 불가침의 대상이다.

② 외교사절의 요구나 동의가 없는 한 경찰은 직무수행을 위하여 거기에 들어갈 수 없는 것이 원칙이며, 관사에 대한 불가침에 준하여 외교사절의 승용차·보트·비행기 등 교통수단도 불가침의 특권을 갖는다.

③ 경찰상의 상태책임(Zustandsverantwortlichkeit)과 관련하여 화재나 전염병의 발생 등과 같이 공안을 유지하기 위하여 긴급을 요하는 경우에는 외교사절의 동의 없이도 공관에 들어갈 수 있다(국제적 관습으로 인정).

(5) 미군 영내

1) 한미행정협정(SOFA)

SOFA협정(한·미행정협정의 정식명칭은 「대한민국과 아메리카합중국간의 상호방위조약 제4조에 의한 시설과 구역 및 대한민국에서의 합중국 군대의 지위에 관한협정」이다)은 군대 규율과 질서를 유지해야 하는 군대의 특수성을 감안, 미군 당국이 부대 영내 외에서 경찰권을 행사함으로써 자체적으로 질서와 안전의 유지를 위하여 필요한 적절한 조치를 취할 수 있도록 하고 있다.

2) 시설 및 구역 내부경찰권

① 미군 당국은 그 시설 및 구역 내에서 범죄를 행한 모든 자를 체포할 수 있다.

② 미군 당국이 동의한 경우와 중대한 죄를 범하고 도주하는 현행범인을 추적하는 때에는 대한민국 경찰도 시설 및 구역 내에서 범인을 체포할 수 있다.

③ 대한민국 경찰이 체포하려는 자로서 한미행정협정의 대상이 아닌 자가 이러한 시설

및 구역 내에 있을 때에는 대한민국경찰이 요청하는 경우에 미군 당국은 그 자를 체포하여 즉시 인도하여야 한다.

3) 사람이나 재산에 관한 압수·수색·검증

① 대한민국 당국은 미군 당국이 동의하는 경우가 아니면 시설 또는 구역 내에서 사람이나 재산에 관하여 또는 시설 및 구역 내외를 불문하고 미군재산에 관하여 압수·수색 또는 검증을 할 수 없다.

② 이에 관한 대한민국 당국의 요청이 있을 때에는 미군 당국은 필요한 조치를 취하여야 한다.

제3절 경찰의 종류

I. 학문상·이론상의 경찰의 종류

1. 3권분립 사상(프랑스경죄 처벌법전)에 의한 분류(행정경찰과 사법경찰)

(1) 행정경찰

행정경찰은 공공의 안녕과 질서에 대한 위해를 방지하는 실질적 의미의 경찰이다. 광의의 행정경찰에는 보안경찰과 협의의 행정경찰이 포함되는데 이들은 실질적 의미의 경찰로서 공공의 질서유지 및 범죄의 예방을 주 임무로 하는 행정작용이다. 행정법규의 적용을 받고 일반통치권에 의거한다.

(2) 사법경찰

범죄의 수사·피의자의 체포 등을 목적으로 하는 형사사법작용을 의미하며, 형식적 의미의 경찰이다. 피의자의 체포와 같은 직무는 본래 사법(司法)작용으로서의 성질을 갖는 것이지만(실질적 의미의 경찰은 아니지만) 공공의 안녕·질서유지를 임무로 하는 기관에 맡기는 것이 편리한 탓으로 보통경찰기관이 관장하도록 하고 있다(경찰법 §3, 경찰관직무집행법 §2, 형사소송법 §196). 이에 따라 보통경찰기관이 범죄수사 등의 직무를 수행할 때, 이를 일반사법경찰이라 한다. 일반경찰기관이 담당하고 있더라도 검사의 지휘를 받고 형사소송법이 적용된다.

「특별사법경찰」이란 삼림·해사·세무·철도·군 수사기관 기타 특별한 사항이나 특별지역에 관하여 법률로써 정하여진 사법경찰을 말한다. 예컨대 교도소장, 출입국관리업무에 종사하며 사법경찰직무를 수행하는 국가공무원, 산림보호에 종사하는 공무원, 국토해양부와 그 소속기관에 근무하며 철도 공안 사무에 종사하는 국가공무원, 관세법에 따라 관세법의 조사 업무에 종사하는 세관공무원, 수산업법에 따른 어업감독공무원, 복건복지부, 시·도 및 시·군·구에 근무하며 환경관계 단속 사무에 종사하는 공무원 등이 이에 해당한다(사법경찰 관리의 직무를 행할자와 그 직무범위에 관한 법률).

이들도 일반사법경찰관리와 형사소송법상의 권한에 차이가 없으나, 다만 그 권한의 범위가 사항적·지역적으로 제한되어 있는 점이 다르다(형소법 §197).

(3) 양자의 관계

① 행정경찰과 사법경찰의 구분은 프랑스 경죄처벌법전 제182조에서 유래한다.

② 관장기관은 개념상으로는 양자가 구별되지만, 조직법상으로는 일반경찰기관으로 하여금 양자를 겸무하게 하고 있다.

③ 우리나라에서는 조직법상으로는 양자가 구분되어 있지 않으며, 보통경찰기관이 양사무를 모두 담당한다.

2. 업무의 특성에 의한 분류(보안경찰과 협의의 행정경찰)

(1) 보안경찰

보통경찰기관에 의하여 행하여지는 위해방지작용으로 고유의 경찰(실질적 의미의 경찰)이다. 다른 작용에 부수하지 않고 오로지 경찰작용만을 하는 경찰활동이다. 행정안전부장관의 소속하에 있는 경찰청장의 소관사항이다. 예컨대 교통·집회·경비·방범·사행행위 및 풍속영업규제·소방경찰 등이 있다.

(2) 협의의 행정경찰

일반 행정기관에 의하여 행하여지는 위해방지작용으로 학문상·실질상 관념이다. 실질적 의미의 경찰에는 포함되나, 제도상·형식적 의미의 경찰은 아니다. 다른 작용에 부수하여 그 행정작용을 뒷받침해 주는 특수경찰활동이다. 이는 각 주무부장관(예: 위생경찰은 보건복지부장관)의 소관사항이다. 예컨대 건축·위생·영업·환경·산림경찰 등이 있다.

과거 독일에서는 공공의 안녕과 질서에 대한 위해방지작용은 보통경찰기관이 담당하여 왔으나, 2차 대전 후 비경찰화정책에 따라 대부분 위해방지업무는 일반 행정기관에 이관되고 보통경찰기관은 긴급한 경우의 위해방지업무(신체·생명의 보호, 범죄의 예방 등)를 담당하는 이른바 집행경찰을 수행하고 있다.

우리나라의 경우에도 대부분의 위해방지의무는 일반 행정기관에서 수행하고 있다. 학문상 경찰이라고 할 때는 이들 보안경찰과 협의의 행정경찰의 양자를 다 포함한다. 협의의 행정경찰은 종래의 제도적 경찰의 목적 범위 여하에 구애됨이 없이, 질서유지를 위한 권력작용이라고 하는 공통된 성질을 가진 모든 행정작용을 망라하여 이를 경찰작용으로 이해하는 견지에서, 일반공안유지를 제외하고 적극적으로 공공복리의 증진을 목적으로 하지만 이에 부수하여 보안상 또는 위생상 유해하다고 인정되는 등의 공공의 안녕과 질서유지를 위한 권력작용(예: 건축경찰·위생경찰)을 경찰개념에 포함시키게 되었다.

3. 경찰권발동 시점에 의한 분류(예방경찰과 진압경찰)

(1) 예방경찰

예방경찰은 공공의 안녕과 질서에 의하여 보호되는 법익에 대한 침해가 우려되는 경우에 이를 방지하기 위하여 발동되는 경찰이다. 예컨대 전염병 예방, 방범활동, 폭력이 우려되는 집회의 사전금지, 위험건축물 철거, 정신착란자 보호, 총포·화약의 취급제한 등이 있다. 사전에 범죄의 발생을 방지하기 위한 권력작용으로 행정경찰작용보다 좁은 개념이다.

(2) 진압경찰

진압경찰은 법익침해가 이미 발생한 경우에 이를 제거하기 위한 경찰작용이다. 즉, 이미 발생한 범죄를 제지·진압·수사하고 피의자를 체포하는 권력작용으로 사법경찰과 일치한다. 예컨대 폭동진압, 재해 및 교통사고시 구조 활동, 인질구출, 범죄의 제지·수사, 피의자의 체포 등이 있다.

예방경찰과 진압경찰은 항상 명확하게 구별되는 것은 아니며, 동시에 행해지기도 한다. 경찰법 제3조와 경찰관직무집행법 제2조의 「진압」에는 폭동진압이나 집단적 범죄 등에 대한 예방작용과 동시에 사법적 수사도 포함하므로 예방경찰과 진압경찰이 모두 관련된다.

4. 위해의 정도 및 담당기관에 의한 분류(평시경찰과 비상경찰)

(1) 평시경찰

평시경찰은 일반경찰기관이 평상시에 일반경찰법규에 의하여 공공의 안녕과 질서의 유지 작용을 말한다.

(2) 비상경찰

비상경찰은 특별경찰기관이 비상시에 병력에 의한 안녕·질서의 유지 작용이다. 전시·사변 또는 이에 준하는 국가비상사태(전국 또는 일부 지방)에 있어서 사회질서가 교란되어 일반 행정기관만으로는 치안을 확보할 수 없는 경우에 공공의 안녕질서를 유지하기 위하여 헌법 제77조 및 계엄법에 의하여 계엄이 선포되면, 계엄사령관은 군사에 관한 행정사무와 사법사무(경비계엄의 경우) 또는 모든 행정사무와 사법사무(비상계엄의 경우)를 관장하게 되는 바, 이때 행정사무의 일환으로 경찰사무도 관장하게 된다(계엄법 §7, §8).

5. 경찰활동의 질과 내용에 의한 분류(질서경찰과 봉사경찰)

(1) 질서경찰

질서경찰은 보통경찰조직의 직무범위 중에서 강제력을 수단으로 법집행을 주로 하는 경찰활동을 말한다. 예컨대 범죄의 수사·진압, 즉시강제, 교통위반자 처벌 등이다.

(2) 봉사경찰

봉사경찰은 보통경찰조직의 직무범위 중에서 강제력이 아닌 서비스·계몽·지도 등을 통해 수행하는 활동을 말한다. 예컨대 생활안전지도, 생활안전순찰, 수난구호, 청소년선도, 교통정보의 제공 등이다.

6. 권한과 책임의 소재에 의한 분류(국가경찰과 자치체경찰)

(1) 국가경찰

국가경찰은 국가에 소속되어 있는 경찰, 즉 경찰의 조직·인사·경비부담 기타의 경찰권이 국가에 있는 경우이다. 경찰법에서는 행정안전부 소속하에 경찰청을 두고, 시·도지사 소속하에 지방경찰청을 두어 중앙경찰과 지방경찰의 책임분담을 도모하고 있다. 그러나 지방경찰청도 경찰청장의 지휘·감독을 받는 국가경찰로 이루어져 있어 현재 원칙상 자치체경찰은 없다. 다만, 제주자치도에는 자치경찰단을 두어 자치경찰을 시행하고 있다(제주특별자치도 설치 및 국제자유도시 조성을 위한 특별법 제11장 자치경찰 §105~§139). 그리고 소방 사무는 시·도의 사무로 되어있어 자치체경찰에 해당한다(소방기본법 §3, 소방공무원법 §5·②).

(2) 자치체경찰

자치체경찰은 지방자치단체에 소속되어 있는 경찰, 즉 경찰의 조직·인사·경비부담 기타의 경찰권이 지방자치단체에 있는 경우이다. 우리나라에는 제주특별자치도의 자치경찰과 소방 사무를 제외하고는 자치체경찰은 없다. 이하에서는 국가경찰과 자치체경찰을 도표로 비교하기로 한다.

구분	국가경찰	자치체경찰
의의	경찰의 조직·관리에 관한 모든 권한을 중앙정부인 국가가 장악하고 있는 제도	경찰의 조직·관리에 관한 권한이 지방자치단체에 분산되어 있는 경찰제도
특징	• 경찰조직 : 중앙집권적, 관료적인 국가경찰제도로서 단일화된 명령체계(예: 프랑스, 한국)	• 경찰조직 : 지방분권적, 민주적인 조직체계(예: 영국, 미국)

	• 경찰사명 : 일반 공안의 유지에 국한하지 않고 복리증진상의 질서유지를 위한 권력작용도 포함(우리나라는 공공의 안녕 및 질서유지와 사법경찰인 범죄수사에 국한한다) • 경찰수단 : 권력적 명령·강제의 면이 강조된다. 즉, 개인에게 명령하고 강제하는 것을 그 주된 수단을 함	• 경찰사명 : 엄격히 공공의 안녕과 질서유지에 국한(협의의 행정경찰)하며, 범죄의 예방, 수사 등 사법경찰사무만 담당 • 경찰수단 : 개인적 이익, 사회적 안전의 보호에 치중하기 때문에 권력적 명령·강제의 면보다 서비스 등 비권력적인 면을 중시
장점	• 국가권력을 배경으로 강력한 기능과 집행력을 발휘 • 통일적인 지휘체계하에 있어 명령계통의 일원성이 유지되고 협조와 조정이 원활 • 기동성·능률성을 발휘 • 전국적으로 균등한 경찰서비스를 제공 • 타행정부문과 긴밀한 협조·조정이 원할 • 전국적인 통계자료의 정확성을 이룸	• 각 지방 특성에 적합한 경찰행정의 운영이 가능 • 인권보장과 민주성·정치적 중립이 보장되어 주민들의 지지를 받기 쉬움 • 지방별로 독립된 조직이므로 조직·운영의 개혁이 용이
단점	• 국민으로부터 신뢰를 잃고 관료화될 우려가 있음 • 중립성을 잃고 정부의 특정 정책수행에 이용되어 본연의 임무에 벗어날 우려가 있음 • 각 지방의 특수성·창의성이 저해됨	• 기능과 집행력이 약함 • 전국적인 기동성에 부적합하고, 조직체계가 무질서해지기 쉬움 • 전국적·광역적·통일적인 경찰활동에 부적합 • 전국적인 협조와 조정이 곤란하고, 타경찰 기관과의 협조·응원체제가 곤란 • 통계자료에 정확을 기하기 어려움 • 지방 세력이 간섭하여 정실에 흐르기 쉬움
비고	• 우리나라는 중앙집권적 국가경찰이고, 자치체경찰은 인정되지 않은 것이 원칙이다. • 지방의 경찰업무는 지방자치단체의 장에 기관위임사무로 되어 있을 뿐이다. 다만, 제주자치도에는 자치경찰단을 두어 자치경찰로 시행하고 있다. • 특별시장·광역시장 및 도지사 소속하에 지방경찰청을 두고, 지방경찰청에 지방경찰청장을 두며, 지방경찰청장은 경찰청장의 지휘·감독을 받아 관할구역 안의 경찰사무를 관장하고 소속공무원 및 소속기관의 장을 지휘·감독한다(경찰법 §2, §14). • 소방 사무는 광역지방자치단체의 사무로 되어 있음이 원칙이다. 따라서 소방사무작용은 자치체경찰이며, 지방공무원에 해당하고, 제주자치도의 자치경찰도 지방공무원이다.	

7. 보호법익가치를 표준으로 한 분류(고등경찰과 보통경찰)

(1) 고등경찰

프랑스 법에서 유래한 것으로 고등경찰이란 당초에는 사회적으로 보다 고차원의 가치를 지닌 법익보호를 목적으로 하는 경찰이다. 그러나 오늘날에 와서는 국가조직의 기본에 대한 위해의 예방 및 제거를 위한 경찰작용을 말한다. 예컨대 사상·종교·집회·결사·언론·출판 등이다.

(2) 보통경찰

보통경찰은 일반사회 공공의 안녕과 질서의 유지를 위한 경찰작용이다. 예컨대 교통·풍속 등을 들 수 있다. 국가정보원 및 경찰부서 내의 정보과는 고등경찰을 담당하는 기관으로 볼 수 있을 것이나.

8. 경찰권의 청원여부에 따른 분류(일반경찰과 청원경찰)

(1) 일반경찰

일반경찰은 일반 행정기관에 의해 이루어지는 일반적인 경찰작용을 말한다.

(2) 청원경찰

청원경찰은 청원경찰법에 의하여 이루어지는 경찰작용을 말한다. 청원경찰법(§2)에서는 청원경찰이라 함은 「① 국가기관 또는 공공단체와 그 관리 하에 있는 중요시설 또는 사업장, ② 국내 주재 외국기관, ③ 기타 행정안전부령으로 정하는 중요시설·사업장 또는 장소」의 기관의 장 또는 시설·사업장 등의 경영자가 소요경비를 부담할 것을 조건으로 경찰의 배치를 신청하는 경우에 그 기관·시설 또는 사업장 등의 경비를 담당하기 위하여 배치하는 경찰을 말한다. 청원경찰제도는 국가의 예산상 문제를 이유로 일반경찰이 갖는 한계를 극복하기 위하여 국가의 감독 하에 경찰권을 필요로 하는 사업주 등의 부담에 의하여 운영하게 된다.

청원경찰은 청원주와 배치된 기관·시설 또는 사업장 등의 구역을 관할하는 경찰서장의 감독을 받아 그 경비구역 안에 한하여 경비목적을 위하여 필요한 범위 안에서 경찰관직무집행법에 의한 경찰관의 직무를 수행한다(청원경찰법§3).

청원경찰업무에 종사하는 자는 형법 기타 법령에 의한 벌칙의 적용에 있어서는 공무원으로 본다(동법 §10·②). 그러나 청원경찰(국가기관 또는 지방자치단체 근무하는 청원경찰을 제외)의 직무상 불법행위에 대한 배상책임에 관하여는 민법의 규정에 의한다고 하고 있다(청원경찰법 §10의2).

판례 **〈국가나 지방자치단체에 근무하는 청원경찰에 대한 징계처분은 행정소송 대상〉** 국가나 지방자치단체에 근무하는 청원경찰은 국가공무원법이나 지방공무원법상의 공무원은 아니지만, 다른 청원경찰과는 달리 그 임용권자가 행정기관의 장이고, 국가나 지방자치단체로부터 보수를 받으며, 산업재해보상보험법이나 근로기준법이 아닌 공무원연금법에 따른 재해보상과 퇴직급여를 지급받고, 직무상의 불법행위에 대하여도 민법이 아닌 국가배상법이 적용되는 등의 특질이 있으며 그 외 임용자격, 직무, 복무의무내용 등을 종합하여 볼 때, 그 근무 관계를 사법상의 고용계약관계로 보기는 어렵다 할 것이다. 따라서 수원시장이 수원시 상수도사업소에 근무하는 청원경찰인 원고에 대하여 한 징계처분의 시정을 구하는 원고의 이 사건 소는 행정소송의 대상이지 민사소송의 대상이 아니라고 판단한 원심판결은 정당하다(대판 1993.7.13, 92다47564).

Ⅱ. 실무분야 또는 응용론상에 따른 경찰의 종류 및 법적근거

1. 방범경찰(범죄의 예방)

(1) 방범경찰이란 범죄예방정책의 수립과 집행, 기타 이와 관련된 활동을 통하여 국민의 생명과 재산을 보호하고 공공의 안녕과 질서를 유지하는 목적을 달성하기 위한 경찰을 말한다. 방범경찰은 사법경찰이 아니고 행정경찰(광의의 행정경찰)이고, 협의의 행정경찰이 아니라 보안경찰이며, 진압경찰이 아니라 예방경찰에 속한다. 즉 범죄의 원인을 제거하는 일체의 경찰활동을 말한다.

(2) 범죄예방활동은 ① 사전활동, 즉 범죄사건 이후에 대응하는 활동이 아니라 범죄가 발생하기 전에 수행되는 행위이고, ② 범죄에 대한 공중(국민)의 두려움을 감소시키는 활동이고, ③ 범죄환경에 대한 직접적 통제뿐만 아니라 간접적 활동도 포함된다. 그리하여 범죄예방개념에는 범죄억제활동, 치료 및 갱생활동, 사회발전활동, 범죄기회의 제거활동 등이 포함된다.

(3) 방범활동의 유형에는 ① 외근경찰이 행하는 범죄활동의 방범을 주목적으로 하는 방범심방활동 ② 외근경찰관의 일상외근 직무집행 이외의 특별사항·대상 등에 대하여 특별히 행하는 특별방범활동(방범정보수집, 방범실방, 방범상담, 방범홍보 등) ③ 주민들 스스로 자기 가정·직장·지역을 범죄로부터 보호하기 위해 방범활동을 하는 자위방범활동 ④ 특정 범죄·지역·계절 또는 대상 등을 정해 경찰과 관계기관·단체 등의 활동을 유기적으로 결집함으로써 일관된 계획 하에 종합적으로 실시하는 종합방범활동이 있다(예: 성범죄, 방범모범지구).

(4) 범죄통제모델(유형)

① 일반 대중을 대상으로 하는 제1차적 범죄예방(예: CCTV 설치)

② 우범자·우범집단을 대상으로 하는 범죄기회를 차단하여 범죄를 예방하는 제2차적 범죄예방(예: 교육자·부모의 활동, 범죄예측, 범죄지역분석 등)

③ 범죄자를 대상으로 하는 제3차적 범죄예방(예: 특별예방·교화·교정 프로그램, 형사사법기관의 활동)

(5) 방범활동의 법적 근거

경찰법 제3조(경찰의 임무), 경찰관직무집행법 제2조(직무의 범위에서 범죄의 예방), 경찰청과 그 소속기관 등 직제 제11조(생활안전국의 업무)가 있다. 구체적인 단속대상을 기준으로 하여 ① 풍속사범의 단속(윤락행위, 음란추행 범죄행위, 사해행위 등이 풍속사범의 단속대상이다)에 관한 법규로는 성매매알선 등 행위의 처벌에 관한 법률, 성매매방지 및 피해자 보호 등에 관한 법률, 성폭력범죄의 처벌 및 피해자 보호 등에 관한 법률, 풍속영업의 규제에 관한 법률, 식품위생법, 아동복지법, 공중위생관리법, 영화 및 비디오물의 진흥에 관한 법률, 사행행위 등 규제 및 처벌 특례법, 체육시설의 설치·이용에 관한 법률, 옥외광고물 등 관리법 등이 있고, ② 기초 질서 위반사범의 단속에 관한 법규로는 경범죄처벌법, 도로교통법 등이 있고, ③ 총기·도검류 등의 단속에 관한 법규로는 총포·도검·화약류 등 단속법이 있다. 그리고 청소년 선도와 보호 등의 소년경찰과 즉결심판 청구업무의 지도 등도 방범경찰의 업무분담(경찰청과 그 소속기관 등 직제 제11조)으로 되어있는 바, 이에 관한 법규로는 소년법, 청소년보호법, 아동복지법과 즉결심판에 관한 절차법이 있다.

2. 수사경찰(형사경찰 ; 범죄의 진압 및 수사)

(1) 범죄수사란 범죄의 혐의를 명백히 하여 공소제기 여부 결정 또는 공소제기 및 이를 유지·수행하기 위하여 범죄 사실을 조사하고 범인 및 증거를 발견·수집·보전하는 수사기관의 일련의 활동이다. 내사(內査)나 수사단서의 수집도 광의의 수사에 포함되고 또한 양형 또는 소송조건의 존부에 관한 조사도 수사에 해당한다.

(2) 범죄수사의 성질은 사법경찰이고, 형사절차의 일환으로 수사기관이 심증형성을 목표로 하는 활동이며 획득한 증거의 판단을 증명하는 활동이며 사안(행위)진실을 규명하는 활동이다.

(3) 범죄수사의 목적은 공소제기 및 유지, 유죄의 판결, 형사소송법의 목적 실현인 실체적 진실발견과 기본적인권보장이다. 절차면에서의 인권보장과 실체면에서의 실체적 진실발견은 수사의 기본 이념에 해당한다.

(4) 수사의 단계(범죄수사의 순서)는 ① 수사의 단서(수사기관 자신의 체험에 의한 경우로는 현행범·준현행범, 변사체 검시, 불심검문, 범죄인지, 다른 사건 수사중 범죄발견, 검사의 수사지휘 등 타인의 체험에 의한 경우로는 고소, 고발, 자수·자복, 청원·진정, 투서·신문기사·방송, 세간의 풍문 등) ② 수사의 착수(내사) ③ 수사의 개시(입건 : 실무상 입건이란 사건접수부에 사건을 기재하고 사건번호를 부여하는 단계를 말하며 그 이후에는 혐의자가 피의자 신분으로 된다) ④ 현장관찰 ⑤ 수사실행 ⑥ 수사종결의 순서로 이루어진다.

(5) 범죄수사의 기본원칙은 ① 범죄수사의 3대원칙으로 신속착수의 원칙, 현장보존의 원칙, 공중(민중)협력의 원칙이 있고, ② 수사의 기본원칙으로 임의수사의 원칙, 수사비례의 원칙, 수사비공개의 원칙, 자기부죄 강요금지의 원칙, 강제수사법정주의, 영장주의, 제출인 환부의 원칙이 있고, ③ 범죄수사상 준수원칙으로 선증후포(先證後捕)의 원칙, 법령준수의 원칙, 민사관계 불간섭의 원칙, 종합수사의 원칙이 있고, ④ 수사실행의 5원칙으로는 수사자료 완전수집의 원칙, 수사자료 감식·검토의 원칙, 적절한 사안 추리의 원칙, 검증적 수사의 원칙, 사실판단 증명의 원칙(판단이 진실이라는 이유나 근거·증거를 제시)이 있다.

(6) 수사 활동의 법적 근거

헌법 제12조 제2항, 제12조 제3항, 경찰법 제3조 제2호, 경찰관직무집행법 제2조 제2호, 형사소송법 제195조, 제196조, 제200조, 제200조의2 내지 제200조의5, 제219조, 제134조, 형법 제125조, 경찰청과 그 소속기관 등 직제 제12조(수사·형사기능) 등을 들 수 있다. 특별경찰행정법(개별법률)으로는 마약류관리에관한법률, 의료법, 약사법 등이 있다.

3. 경비경찰(경비·요인경호·대간첩작전)

(1) 경비경찰이란 공공의 안녕이나 질서에 위험 또는 경찰 위반 상태(위험 또는 경찰위반상태는 사람인 개인·집단에 의한 경우는 물론, 동물이나 풍수해 등 자연력에 의한 경우도 포함) 발생하였거나, 발생할 우려가 있는 경우(국가비상사태 또는 긴급중요사태 등 경비사태가 발생하거나 발생우려가 있는 경우) 이를 예방·진압하는 경찰활동을 말한다.

(2) 경찰경비의 특색은 예방과 진압 등 종합업무성이 강한 복합 기능적 활동, 현상유지적 활동, 신속을 요하므로 처리기한이 없이 즉응조기제압이 요구되는 즉응적 활동, 하향적인 명령·보고에 의해 수행되는 조직적인 부대활동, 직접적인 안녕 및 질서유지활동을 들 수 있다.

(3) 경비경찰의 대상은 공공의 안녕과 질서를 해하는 개인적·단체적 불법행위와 인위적인 것 이외의 자연적인 혼잡·재해도 모두 그 대상으로 한다.

(4) 경비경찰의 업무분장은 ① 혼잡경비(각종 대회, 행사, 공연 등을 들수 있으며 수익자부담원칙) ② 재해경비(인위적 재난과 자연적 재난) ③ 중요시설경비 ④ 경호경비 ⑤ 다중범죄진압 ⑥ 치안경비 ⑦ 경찰기동대 ⑧ 경찰작전 ⑨ 대테러(Terror)업무 ⑩ 민간경비의 지도·감독 ⑪ 전경·의경관리 등이 있다.

(5) 경비경찰의 기본원칙은 ① 비례성(적합성·필요성·상당성)원칙 ② 보충성원칙 ③ 적시성 원칙(경비경찰권은 조건이 충족되기 전에 발동되거나, 이미 소멸한 후에 발동되어서는 아니 되고 가장 적합시기에 발동)이 있다.

(6) 경비 활동의 법적 근거

헌법 제37조 제2항, 경찰법 제3조, 경찰관직무집행법 제2조(직무의범위: 경비·요인경호 및 대간첩작전수행), 형법 제115조, 경찰청과 그 소속기관 등 직제 제13조(경비국의 분장업무) 등이 있고, 개별 법률(특별경찰행정법)로는 청원경찰법, 경비업법, 위수령, 재해구호법, 수난구호법, 재난 및 안전관리기본법, 집회 및 시위에 관한 법률, 화염병사용 등의 처벌에 관한 법률 등이 있다.

「집회 및 시위에 관한 법률」(이하 "집시법"이라 한다)상의 집회 및 시위에 관해서이다. 헌법에서 "모든 국민은 …… 집회·결사의 자유를 가진다"(헌법 § 21·①), "…집회·결사에 대한 허가는 인정되지 아니한다"(헌법 § 21·②)고 하며 집회·결사의 자유를 보장하고 있다. 집시법에서 "누구든지 해가 뜨기 전이나 해가 진 후에는 옥외집회 또는 시위를 하여서는 아니된다. 다만, 집회의 성격상 부득이 하여 주최자가 질서유지인을 두고 미리 신고한 경우에는 관할 경찰관서장은 질서유지를 위한 조건을 붙여 해가 뜨기 전이나 해가 진 후에도 옥외집회를 허용할 수 있다"(집시법 §10)고 규정하고 있다.

원칙적으로 야간집회를 허용하고 일정한 경우 제한하도록 하여야 하는데 그렇지 아니한 위 조항은 과잉금지원칙에 위반하여 위헌의 여지가 있다고 할 것이다. 다만, 헌법재판소는 야간집회를 일률적으로 금지하지 아니하고 일정한 조건을 붙여 해가 뜨기 전, 해가 진 후 옥외집회를 허용할 수 있고, 그 허용여부는 헌법이념 및 조리상 경찰서장의 재량사항이 아니라 기속재량사항이라 해석하는 한 합헌이라고 밝혔다(헌재결 2008.5.29. 2007 헌마712).

따라서 경찰은 야간집회라는 이유만으로 금지할 수 없고, 주최 측이 질서유지인을 두고 집회신고를 한 경우에는 야간이라 하더라도 집회를 허용할 의무가 있다.

최근 헌법재판소는 집회및시위에관한법률 제10조 등 위헌제청사건에서 「집회 및 시위에 관한 법률(2007.5.11. 법률 제8424호로 전부 개정된 것)제10조 중 '옥외집회' 부분 및 제23조 제1호 중 '제10조 본문의 옥외집회' 부분은 헌법에 합치되지 아니한다. 위 조항들은 2010. 6. 30.을 시한으로 입법자가 개정할 때까지 계속된다」고 하여 헌법불합치 결정을 내렸다.

【헌재결】 〈집회 및 시위에 관한 법률 제10조 등 위헌제청〉

〈해가 뜨기 전이나 해가 진 후의 옥외집회(이하 '야간옥외집회'라 한다)를 금지하고, 일정한 경우 관할경찰관서장이 허용할 수 있도록 한 '집회및시위에관한법률'(2007. 5. 11. 법률 제8424호로 전부 개정된 것, 이하 '집시법'이라 한다)제10조 중 "옥외집회"부분과 이에 위반한 경우의 처벌규정인 집시법 제23조 제1호 중 "제10조 본문의 옥외집회" 부분(이하 두 조항을 합하여 '이 사건 법률조항들'이라 한다)이 헌법에 위반하여 집회의 자유를 침해하는지 여부(적극)〉

가. 재판관 이강국, 재판관 이공현, 재판관 조대현, 재판관 김종대, 재판관 송두환의 위헌의견

헌법 제21조 제2항은 집회에 대한 허가제는 집회에 대한 검열제와 마찬가지이므로 이를 절대적으로 금지하겠다는 헌법개정권력자인 국민들의 헌법가치적 합의이며 헌법적 결단이다. 또한 위 조항은 헌법 자체에서 직접 집회의 자유에 대한 제한의 한계를 명시한 것이므로 기본권 제한에 관한 일반적 법률유보조항인 헌법 제37조 제2항에 앞서서, 우선적이고 제1차적인 위헌심사기준이 되어야 한다. 헌법 제21조 제2항에서 금지하고 있는 '허가'는 행정권이 주체가 되어 집회 이전에 예방적 조치로서 집회의 내용·시간·장소 등을 사전 심사하여 일반적인 집회금지를 특정한 경우에 해제함으로써 집회를 할 수 있게 하는 제도, 즉 허가를 받지 아니한 집회를 금지하는 제도를 의미한다.

집시법 제10조 본문은 야간옥외집회를 일반적으로 금지하고, 그 단서는 행정권인 관할경찰서장이 집회의 성격 등을 포함하여 야간옥외집회의 허용 여부를 사전에 심사하여 결정한다는 것이므로, 결국 야간옥외집회에 관한 일반적 금지를 규정한 집시법 제10조 본문과 관할 경찰서장에 의한 예외적 허용을 규정한 단서는 그 전체로서 야간옥외집회에 대한 허가를 규정한 것이라고 보지 않을 수 없고, 이는 헌법 제21조 제2항에 정면으로 위반된다. 따라서 집시법 제10조 중 "옥외집회" 부분은 헌법 제21조 제2항에 의하여 금지되는 허가제를 규정한 것으로서 헌법에 위반되고, 이에 위반한 경우에 적용되는 처벌조항인 집시법 제23조 제1호 중 "제10조 본문의 옥외집회" 부분도 헌법에 위반된다.

나. 재판관 조대현, 재판관 송두환의 위헌보충의견

이 사건 법률조항들이 헌법 제21조 제2항에 위반된다고만 선언할 경우에, 국회가 집시법 제10조 단서를 삭제하면 행정청이 집회의 허부를 결정하는 허가제에 해당되지 않게 되어 헌법 제21조 제2항에 위반되는 점은 해소되지만, 집시법 제10조 본문이 야간옥외집회를 일반적·전면적으로 금지하고 있는 점의 위헌성은 해소되지 않게 된다. 집시법 제10조 본문은 야간옥외집회를 일반적·전면적으로 금지하여 합리적 사유도 없이 집회의 자유를 상당 부분 박탈하는 것이므로 헌법 제37조 제2항에 위반된다고 선언할 필요가 있다(헌재결 2009.9.24, 2008헌가25 전원재판부).

집시법에서 옥외집회나 시위를 시작하기 720시간 전부터 48시간 전에 관할 경찰서장에게 신고서를 제출하여야 한다(집시법 §6·①). 그런데 어떤 사건(소고기 수입)을 계기로 조직되지 아니한 시민들이 공동 목적을 갖지 않고 자연스럽게 모여 공동의사를 형성하고 표현하게 되는 자연발생적인 집회의 경우 사전신고가 원천적으로 불가능하기 때문에 신고의무가 없다. 또 긴급집회에서는 48시간 전이라는 요건이 충족되지 못한 경우에도 집회개최의 공표와 동시에 집회신고를 하는 것으로 충분하다. 따라서 국민들이 평화적 집회(촛불 집회)를 위해 공적인 장소에 모이는 것을 사전에 차단하는 것은 위법이다. 신고제는 행정적 협조의무를 요구하는데 그쳐야 하므로 신고를 하지 않았다는 이유로 평화적 집회나 시위가 위법한 것이 되는 것이 아니다. 따라서 신고의무위반이 자동적으로 집회금지 또는 해산의 근거가 되어서는 안된다.

의견표현의 자유와 마찬가지로 집회의 자유를 제한하는 경우에도 그것은 동등한 중요성을 갖는 다른 법익을 보호하기 위한 것으로써 엄격하게 비례의 원칙(과잉금지의 원칙)이 지켜져야 한다.

4. 교통경찰(교통의 관리 및 단속)

(1) 교통의 개념

① 협의의 도로교통은 육상 도로에서 사람의 왕래나 화물의 운반을 위한 차의 운행, 즉 차를 당해 차량용법에 따라 사용하는 것을 말한다. 궤도 및 삭도에 의한 교통(해당 전문기관에서 취급), 항공교통(해당 전문기관에서 취급) 및 해상교통(해양경찰에서 취급)은 제외된다.

② 통상적·일반적 교통은 공간적 장소의 변화 또는 장소적 이동(사람의 장소적 이동은 물론 화물의 장소적 이동인 수송도 교통에 속함)으로 거리저항을 극복하고 체계적인 교통기관이나 시설에 의한 반복현상을 갖고 이동하는 것을 말한다. 일반교통에는 철도교통, 항공교통 및 해양교통이 포함되고, 정보통신의 장소적 이동은 제외된다.

③ 광의의 교통은 일반교통 외에 정보의 장소적 이동이 포함된다.

(2) 교통경찰의 개념·목적

교통경찰이란 교통에서 발생되는 모든 위해를 방지하고 제거하여 교통의 안전과 원활한 소통을 도모함을 목적으로 하는 경찰을 말한다. 도로교통법 제1조는 「도로에서 일어나는 교통상의 모든 위험과 장애를 방지·제거하여 안전하고 원활한 교통을 확보함을 목적으로 한다」고 규정하고 있다. 여기서 위험방지와 안전은 소극적인데 반하여 원활의 확보는 적극적인 면을 가진다.

(3) 교통경찰 활동의 특성

① 누구나 모든 계층의 인간이 대상이 되고 ② 사회생활이나 경제생활에 중대한 영향을 미치며 ③ 직접적으로 국민과 접촉하며 경찰활동평가의 창구가 되고, ④ 전문분야·기술적

분야사항이 많으며(해당 전문분야의 지식과 기술적 연구가 요구됨) ⑤ 일반 행정 분야와 협력이 필요(중앙과 지방자치단체에서 교통안전위원회조직 활용)하며 ⑥ 교통 환경의 변화가 급격하고 ⑦ 광역적이고 전국적인 관련성(전국 일일 생활권)이 강하다.

(4) 교통경찰의 업무분장

1) 제1분류

도로교통시설의 관리, 자동차운전면허의 관리, 도로교통사고의 처리, 고속도로 순찰대의 운영.

2) 제2분류

교통규제, 교통(지도)단속, 교통사고처리, 운전면허로 분류된다.

※ 교통사고처리 : 교통사고란 차의 교통으로 인하여 운전자의 과실에 의하여 사람을 사상하거나 물건을 손괴하여 피해의 결과를 발생시키는 경우를 말한다.

도로교통법상의 「차마」란 차와 우마를 말하고, 「차」란 자동차·건설기계·원동기장치자전거·자전거 또는 사람이나 가축의 힘 그 밖의 동력에 의하여 도로에서 운전되는 것(예: 우마차, 경운기)을 말하고, [그러므로 철길 또는 가설된 선에 의해 운전되는 것(예: 궤도차와 케이블카), 소아용 세발자전거, 유모차, 신체장애자용 의자차(휠체어) 등은 차에 해당되지 않음], 「자동차」란 철길 또는 가설된 선에 의하지 아니하고 원동기를 사용하여 운전되는 차(견인되는 자동차도 자동차의 일부로 본다)로서 승용자동차·승합자동차·화물자동차·특수자동차·이륜자동차 등을 말한다. 건설기계, 농업기계 (예: 경운기), 군수품관리법에 따른 차량, 궤도 또는 공중선에 의해 운행되는 차량은 제외된다(자동차관리법 §2·1호). 「차」란 도로에서 운전되는 것이므로 기차·전동차·항공기·선박 등은 차에 해당되지 않는다.

(5) 도로교통활동의 법적 근거

임무(직무)규정으로는 경찰법 제3조(교통의 단속), 경찰관직무집행법 제2조(교통의 단속과 위해의 방지), 경찰청과 그 소속기관 직제 제8조의2, 수권규정으로는 일반법인 도로교통법, 형법(과실치사상죄, 업무상과실치사상죄), 교통사고 처리특례법, 특정범죄가중처벌 등에 관한 법률 등이 있다.

5. 정보경찰(치안 정보의 수집·작성 및 배포)

(1) 정보경찰이란

정보경찰이란 공공의 안녕과 질서에 대한 위험 또는 경찰위반상태를 제거하기 위한 경찰활동을 위하여 그 전제가 되는 치안정보 또는 그 배경이 되는 내외의 정치·경제·사회·문화 등의 일반적 정보 등을 수집·분석·작성·배포하는 경찰을 말한다(모든 경찰에게 정보수집의무가 있다).

(2) 정보경찰의 목적·기능

정보경찰은 국가안전과 사회공공의 질서유지를 목적으로 한다. 따라서 상대적으로 국민의 생명·신체·재산의 보호를 목적으로 하는 보안경찰과 구별된다. 정보경찰은 국헌유지적 국가안전보장기능과 국가안전을 위한 일체의 예방적 수사기능을 수행한다.

(3) 정보와 첩보

정보란 수집된 첩보를 평가·분석·종합·해석한 결과로서 작성되고 객관적으로 평가된 정확(정보는 사용자인 주체가 어떤 결심이나 행동 방책을 결정하는 요소가 되므로 객관적으로평가된 정확한 지식이어야한다는 정확성)하고도 완전(정보는 주체와 관련된 사항을 망라하여 부분적이거나 단편적이 아닌 완전하게 작성되어야한다는 완전성)한 지식을 적시성(정보는 정보사용자의 필요시기에 알맞게 제공되어야한다는 적시성)있게 사용목적에 부합하도록 협동 작업을 통해 만들어진 정책적 산물이다. 이에 반하여 「첩보」란 평가·해석되지 않은 부정확하고 목적적구성이 없는 단편적·불규칙적 미확인된 사실로서 개인의 식견에 대한 지식인 견문사항인 점에서, 정확성·완전성·적시성·사용자의 목적성·생산과정의 협동성 등에서 정보와 구별된다.

(4) 정보활동의 특색

① 정보(경비정보·범죄정보·보안정보·외사정보 등)수집활동은 각종 경찰활동을 하는데 기초가 되는 기초 활동성 ② 정보수집활동은 그 법적 성질이 사실행위에 속하는 사실행위성 ③ 정보활동은 임의수단에 의한 비권력성 ④ 정보경찰활동은 모든 경찰활동을 위한 기초 활동이기 때문에 대상 면에서 사태 또는 범죄의 전후 여부 등 제한이 없는 광범성을 지닌다.

(5) 정보경찰업무분장

정보기능으로는 ① 정치·경제·사회·노동·학원·종교 및 문화 분야에 관련된 치안정보수집 등의 업무를 담당하는 일반정보활동 이외에 ② 신원조사 ③ 채증활동 ④ 집회 및 시위에 관한 업무 등을 분장하며, 보안기능, 외사기능 그리고 수사·형사 기능도 분장한다.

(6) 정책정보와 치안정보

치안정보는 정치·경제·사회·문화 등 제반의 상황을 반영한다.

정책정보는 정부정책의 설정과 결정 및 시행과 그 오류의 시정과정(정부정책을 둘러싼 국민들의 요구나 문제점)에 있어 귀중한 자료가 되고 정부정책과 관련된 비용과 부작용을 최소화하는데 기여한다. 따라서 양자는 정부의 정책 의제의 설정, 정책결정, 정책집행 및 정책평가의 전 과정과 밀접하므로 치안정보와 정책정보는 관련성 있다.

(7) 정보활동의 법적 근거

경찰법 제3조(경찰의 임무로 치안정보의 수집·작성·배포), 경찰관직무집행법 제2조 제4호(직무범위로 치안정보의 수집·작성 및 배포), 집회 및 시위에 관한 법률, 국가정보원법 제3조 제1항 제1호 및 제2항, 공직선거법 등이 있고, 보안업무규정(대통령령)이 있다.

6. 보안경찰

(1) 보안경찰이란 헌법상의 자유민주적 기본질서(예: 기본적 인권존중, 의회제도, 복수정당제도, 사유재산과 시장경제를 골간으로 하는 경제질서등 우리나라 체제보호)와 국가안전보장을 위태롭게 하는 간첩활동 및 제반 국가 활동 세력에 대비하는 국가적 대공 취약점에 대한 첩보수집과 분석 및 판단, 보안사범 수사를 전담하는 경찰을 말한다.

(2) 보안경찰의 임무 및 특색

① 보안경찰의 임무는 ㉮ 공산주의 국가와 단체추정자 등의 반민주주의 활동에 관한 정보의 수집·분석 ㉯ 보안관찰 업무수집 ㉰ 간첩 등 중요방첩공작수사 ㉱ 좌익사범 수사(좌익폭력세력) ㉲ 방첩계몽과 관련 단체와의 협조 ㉳ 반국가적 불온유인물의 수집 및 분석 ㉴ 남북교류 관련 업무 등이 주 임무이며 지금까지 주로 대공경찰적 임무에 집중되고 있다.

② 보안경찰의 특색은 ㉮ 국가안전과 사회공공의 안녕질서유지를 목적으로 하는 점에서·정보경찰과 같은 특색을 지니나, 국민의 생명·신체·재산의 보호를 직접목적으로 하는 일반경찰과 다른 특색을 가진다. ㉯ 국가적·사회적 침해 범죄를 그 대상으로 하는 점에서 정보경찰과 같으나 주 대상은 대공에 관한 사항인 점이 특색이다. ㉰ 보안경찰활동은 직접 국가안전보장에 관련되는 범죄를 대상으로 하기 때문에 고도의 보안을 요하는 비공개활동을 그 특색으로 한다.

(3) 보안경찰의 업무분장

① 방첩활동 ② 보안수사 ③ 보안관찰 ④ 남북교류협력과 관련된 활동 ⑤ 북한이탈주민의 보호 등을 업무분장하고 있다.

> ※ 방첩 : 방첩이란 기밀유지·보안유지라고도 하는데 전국을 위한 간첩·태업·전복 등 외세 또는 국내 불순세력의 국가위해행위로부터 국가안전과 질서를 보장하고, 첩보·인원·시설·물자 등을 보호하기 위한 소극적(보안업무규정에 따른 보안활동), 적극적(방첩공작) 보안대책에 관계되는 활동을 말한다. 상대로 하여금 우리 측의 의도를 간파하지 못하게 하고, 우리 측의 어떤 상황도 상대에게 전파되어서는 안 된다는 것이 특색이다.
> 방첩활동의 기본 원칙으로는 관련 전문기관과 전 국민으로부터 완전협조가 요구되는 완전협조의 원칙, 치밀한 계획과 준비가 요구되는 치밀의 원칙, 조직망 전체가 완전히 파악될 때까지 계속해서 유·무형의 접촉을 해야 하는 계속접촉의 원칙이다.

(4) 보안사범(정보사범)의 특성

보안사범은 일반형사범과는 달리 ① 확신범 ② 보안성 ③ 비노출적 범행 ④ 조직적 범죄 ⑤ 비인도적 범행 ⑥ 동족간의 범행 ⑦ 조직적·체계적 범죄, 추상적 위험범·정치적 배경이 있는 범죄 등이 특색이다.

(5) 보안활동과 법적근거

경찰법 제3조, 경찰관직무집행법 제2조가 있고, 형법, 국가보안법, 보안관찰법, 북한이탈주민의 보호 및 정착지원에 관한 법률, 남북교류협력에 관한 법률, 군형법, 군사기밀보호법 등이 있다.

7. 외사경찰

(1) 외사경찰의 의의 및 특성

외사경찰은 대한민국의 안전과 사회공공의 안녕 및 질서유지를 목적으로 외국인, 해외교포 또는 외국과 관련된 기관·단체 등 외사 대상에 대하여 이들의 동정을 관찰하고 이들과 관련된 범죄를 예방·단속하는 것을 주된 임무로 하는 경찰활동이다. 그러므로 외사경찰은 ① 대상의 특성 ② 활동범위의 광범성 ③ 외사경찰의 전문성 ④ 고도의 기술성 ⑤ 국가법익의 우선보호 ⑥ 비공개성 ⑦ 은밀·비밀 등을 요하는 비노출성 등이 요구되는 특성을 가진다.

(2) 외사경찰의 업무분장

① 외사 정보활동 ② 외사 사범수사활동 ③ 외사 보안활동 ④ 국제경찰 간 협력활동 ⑤ 한·미 행정협정에 따른 미군 범죄에 대응 ⑥ 외교특권과 경찰활동을 업무분장하고 있는바 ⑤와 ⑥은 항을 바꾸어 설명하기로 한다(경찰청과 그 소속기관 등 직제 제8조 제2항).

(3) 한·미 행정협정에 따른 미군범죄에 대응(SOFA : Status of forces agreement)

「대한민국과 아메리카합중국간의 상호방위조약 제4조에 의한 시설과 구역 및 대한민국에서의 합중국군대의 지위에 관한 협정」(이하 '한·미 행정협정'이라 한다. 1967.2.9 조약체결)을 한·미 양국이 체결하였는바 한·미 행정협정(이하 한·미행협이라 한다)의 주요내용을 약설하면 다음과 같다.

1) 한·미 행정협정의 대상자

① 합중국군대의 구성원(§1)

대한민국 영역 안에 있는 아메리카합중국의 육군, 해군 또는 공군에 속하는 인원으로서 현역에 복무하고 있는 자를 말한다. 다만 합중국대사관에 부속된 합중국군대의 인원과(무관) 주한미군사고문단원은 제외한다.

② 군 속(§1)

합중국의 국적을 가진 민간인으로서 대한민국에 있는 합중국군대에 고용되거나 동 군대에 근무하거나 또는 동반하는 자를 말한다. 본 협정의 적용에 관한한 대한민국 및 합중국의 이중국적자로서 합중국에 의하여 대한민국에 들어온 자는 합중국 국민으로 간주한다.

③ 가 족(§1)

배우자 및 21세 미만의 자녀, 부모 및 21세 이상의 자녀 또는 기타 친척으로서 그 생계비의 반액 이상을 합중국군대의 구성원 또는 군속에 의존하는 자를 말한다.

④ 초청계약자(§15·①)

합중국의 법률에 따라 조직된 법인, 통상적으로 합중국에 거주하는 그의 고용원, 위 법인 고용원의 가족을 포함하여 미군 또는 미군으로부터 군수지원을 받는 통합사령부산하 주한 외국군대를 위한 미국과의 계약이행만을 위하여 대한민국에 체류하고 또한 미국정부가 제15조 제2항의 규정에 따라 지정한 자이다.

2) 형사재판권

① 재판관할권

㉮ 대한민국 당국은 합중국군대의 구성원, 군속 및 그들의 가족에 대하여 대한민국 영역 안에서 범한 것으로서 대한민국법령에 의하여 처벌할 수 있는 범죄에 대하여 재판권을 가진다.

㉯ 미합중국군 당국은 합중국군 당국의 합중국군대의 구성원, 군속 및 그들의 가족에 대하여 합중국 법령이 부여한 모든 형사재판권 및 징계권을 대한민국 안에서 행사할 권리를 가진다.

② 전속적 재판권

㉮ 한·미행협대상자들이 범한 범죄로서 한미 양국 중 어느 일방국가의 법령에 의해서는 처벌할 수 있으나, 다른 일방국가의 법령에 의해서 처벌할 수 없는 경우에 처벌이 가능한 국가만이 배타적으로 형사재판권을 행사하는 경우를 전속적 재판권이라 한다.

㉯ 「대한민국 당국은 대한민국의 법령에 의해서는 처벌할 수 있으나, 합중국 법령에 의해서는 처벌할 수 없는 범죄(대한민국의 안전에 관한 범죄 포함)에 관하여 전속적 재판권을 행사할 권리를 가진다」 그러나 「합중국 군 당국의 요청에 의하여 제2항에 따라 재판권의 행사를 포기할 수 있다」고 규정함으로써 대한민국의 전속적재판권의 행사를 제한하고 있다.

㉰ 「합중국 군 당국은 합중국법령에 의해서는 처벌할 수 있으나, 대한민국 법령에 의하여서는 처벌할 수 없는 범죄(합중국의 안전에 관한 범죄 포함)에 관하여 전속적 재판권을 가진다」고 규정하고 있다.

③ 재판권의 경합과 제1차적 재판권

㉮ 주한미군 당국의 제1차적 재판권 행사 : 먼저 주한미군 당국은 한·미행협대상자에 대해 ㉠ 오로지(solely) 합중국의 재판이나 안전에 관한 범죄, 또는 오로지 합중국군대의 타구성원이나 군속 또는 그들의 가족의 신체나 재산에 대한 범죄 ㉡ 공무(official duty)집행 중의 작위(act)또는 부작위(omission)에 의한 범죄(주한미군의 내부적범죄와 공무집행중의 범죄)에 대해서 제1차적 재판권을 가진다.

㉯ 대한민국의 제 1차적 재판권 행사 : 「기타의 범죄에 대하여는 대한민국당국이 재판권을 행사할 제1차적 권리를 가진다」고 하여 한국의 제1차적 재판권행사는 많은 제한을 받는다.

④ 재판 전의 피의자의 체포 및 구금

한·미행협대상자에 대한 체포와 인도에 있어서 상호 조력해야 하며 체포한 경우는 상호 통고 및 통지의무를 명시하고 있다.

㉮ 합중국당국이 체포·구금했을 경우 : 한·미 행협대상자의 구금은 「그 피의자가 합중국군 당국의 수중에 있는 경우에는 모든 재판절차가 종결되고 또한 대한민국 당국이 구금을 요청할 때에까지 합중국 당국이 계속 구금한다」 「피의자가 합중국당국의 수중에 있을 때는 대한민국의 구금인도요청에 대해 호의적 고려를 해야 한다」고 규정하고 있을 뿐이다.

㉯ 대한민국이 체포·구금했을 경우 : 「그 피의자가 대한민국의 수중에 있는 경우에는 그 피의자는 요청이 있으면 합중국 군 당국에 인도되어야 하며 모든 재판절차가 종결되고 또한 대한민국 당국이 구금을 요청할 때까지 합중국 군 당국이 계속 구금한다」(유죄가 확정될 때까지는 미군당국이 관리하겠다는 취지) 「피의자가 대한민국 수중에 있는 경우에는 합중국 당국의 구금인도요청이 있으면 인도되어야 한다」고 하여 강제성을 내포하고 있다. 뿐만 아니라 인도 후의 수사 진행은 다시 피의자에게 출석 요구서를 발부하여 미합중국 정부 대표의 참석 하에 수사를 진행해야 하는 제한이 따른다.

⑤ 피의자 및 피고인의 권리

한·미행협 대상자가 대한민국 당국에 의해 피의자나 피고인이 된 경우에는 형사소송절차상 권리를 가지는 이외에 추가적으로 합중국 정부 대표와 접견·교통권 및 자신의 재판에 그 대표를 입회시킬 권리를 가진다. 특히 접견권의 경우 무제한적 접견권을 인정하여 대한민국 당국에 의해 구금되거나 유치된 한·미행협 대상자에 대해 합중국군 당국은 언제든지 접견할 권리를 가지며, 접견하는 동안 의류·음식·침구·의료 등 보조적인 보호와 물건을 공여할 수 있도록 하고 있으므로 경찰에서 수사시 유의해야 한다.

3) 시설 및 구역 내의 경찰권

① **시설 및 구역내부 경찰권**

㉮ 미군 당국은 그 시설 및 구역 내에서 범죄를 행한 모든 자를 체포할 수 있다.

㉯ 대한민국 당국은 미군당국이 동의한 경우와 중대한 죄를 범하고 도주하는 현행범인을 추적하는 때에는 그 시설 및 구역 내에서 범인을 체포할 수 있고, 체포하려는 자로서 한·미행협대상이 아닌 자가 그 시설 및 구역 내에 있을 때에는 대한민국 당국이 요청하는 경우에 미군 당국은 그 자를 체포하여 즉시 인도하여야 한다.

② **사람이나 재산에 관한 압수·수색·검증**

대한민국 당국은 미군 당국이 동의하는 경우가 아니면 시설 또는 구역 내에서 사람이나 재산에 관하여 또는 시설 및 구역 내외를 불문하고 미국재산에 관하여 압수·수색 또는 검증을 할 수 없다.

(4) 외교특권과 경찰

1) 서 설

① **외교특권의 개념**

외교사절은 종류와 계급을 불문하고 일반 외국인과 달리 특권적 지위를 향유하는데, 이러한 외교사절의 특권을 외교특권이라 한다. 외교특권을 치외법권 또는 특권과 면제라는 용어를 사용하기도 한다.

② **외교특권과 경찰책임**

경찰책임은 원칙적으로 한국인이든 외국인이든 무국적자이든 관계없이 국내에 재류하는 모든 사람들에게 존재한다. 그러나 외국의 외교·영사대표들과 이들의 일가족, 임무수행 중인 행정 및 기술관계자들은 국내의 재판권과 경찰권을 포함한 행정권으로부터 면책을 받는다.

③ **면책특권의 성질**

면책특권은 외교관계에 있어 개인적 특권으로서가 아닌 외교임무의 기능발휘를 위해 보장되는 것이다(외교특권의 인정근거론에 관해서는 기능설 이외에도 영토외적성질설, 국가대표자격설, 상호주의원칙설 등이 있다).

2) 외교특권의 내용

① **불가침성**

㉮ 신체와 명예의 불가침 : 외교관의 신체는 불가침이다. 외교관은 어떠한 형태의 체포 또는 구금도 당하지 아니 한다.

㉯ 관사(공관)불가침 : 공관은 물론 외교관의 개인주택도 불가침이다. 소유 또는 임차를 불문하며, 관사는 본 건물은 물론, 부속건물, 정원, 차고 등을 포함한다. 외교사절의 요구나 동의가 없는 한 접수국의 관헌은 직무수행을 위해서도 여기에 들어갈 수

없는 것이 원칙이다. 따라서 공관과 공관 내의 시설, 비품, 운반수단은 수색·징발·압류·강제집행대상이 되지 아니한다. 관사에 대한 불가침에 준하여 외교사절의 승용차, 보트, 비행기 등 교통수단도 불가침의 특권을 갖는다.

> ※ 범죄의 비호권 : 관사라 할지라도 형사상 범죄인이나 정치적 도망자를 비호하는 것은 그 본래의 취지에 반하므로 범죄의 비호권은 인정되지 않는 것이 원칙이다.

㉰ 문서의 불가침 : 외교공관의 문서와 서류는 언제(외교단절의 경우에도 접수국은 문서의 불가침권을 존중하고 보호해야 한다), 어디서나(문서가 어느 장소에 있는지를 불문한다) 불가침이며 수색·검열·압수되거나 그 제시가 요구되지 아니한다. 외교관의 개인서류, 통신문서 및 그의 개인재산도 불가침이다.

② 치외법권

외교사절은 원칙적으로 접수국의 통치권에 복종하지 않는다. 즉 접수국의 사법권, 행정권, 과세권으로부터 면제된다.

㉮ 형사재판권으로부터의 면제 : 외교사절은 접수국의 형사재판권으로부터 면제된다. 외교관은 어떤 경우에도 체포·구금·소추 또는 처벌되지 않는다. 이는 공무수행중의 행위는 물론, 개인자격으로 행한 행위에 대해서도 그러하다.

> **【참고】**
> ① 민사, 행정재판권 : 외교사절을 상대로 민사소송을 제기할 수 없을 뿐만 아니라 수리할 수도 없으며 강제집행이나 손해배상청구도 허용되지 않는 것이 원칙이다. 예외적으로 외교사절이 자진출소, 응소하는 경우 또는 외교사절 개인의 부동산 소유·영업·상속재산·손해배상에 관한 소송의 경우는 재판에 응할 수 있다.
> ② 과세권 면제 : 접수국은 외교사절단에 대하여 조세를 부과할 수 없음이 원칙이다. 예외적으로 외교사절이 개인적으로 접수국에서 부동산소유·영업종사·상속재산취득 등의 경우에는 세금을 부과할 수 있다.

㉯ 경찰권의 면제와 허용 : 외교사절은 접수국의 경찰권으로부터 면제되는 것이 원칙이다. 대사관 차량이라도 일상적 교통과 관련하여서는 교차로에서 적색 신호에 정차해야 한다. 예외적으로 긴급방어나 긴급사태의 상황이 존재할 경우에는 경찰강제가 허용된다.

㉠ 행위책임 : 대사관 소속원이 임무를 벗어나 다른 사람들을 무력으로 습격하거나 또는 음주운전을 하면서 교통법규를 난폭하게 위반할 경우 경찰은 긴급방어조치를 취할 수 있다.

㉡ 상태책임 : 화재나 전염병 발생 등과 같이 공안유지를 위해 긴급을 요하는 경우 외교사절의 동의 없이 공관에 들어갈 수 있으며 이는 국제적 관습으로 인정되고 있다.

제4절 경찰의 조직(경찰행정조직법)

Ⅰ. 개 설

1. 중앙집권적 중앙경찰과 소방경찰

(1) 원칙적 국가경찰과 예외적 자치경찰

국가경찰로 일원화되어 있는 우리나라의 경찰조직(소방은 제외)은 중앙집권적인 국가 행정조직으로 이루어져 있음을 특색으로 한다. 즉, 경찰권의 작용은 모두 국가행정기관에 의하여 행하여짐을 원칙으로 하고(국가경찰이며 자치체경찰은 제주특별자치도의 자치경찰만을 인정하고 있음), 지방자치단체의 자치권에 의하여 행하여지는 경찰작용은 제주특별자치도의 자치경찰 및 소방과 협의의 행정경찰뿐이다.

(2) 국가경찰공무원의 계급 및 직무수행

국가경찰공무원의 계급은 치안총감·치안정감·치안감·경무관·총경·경정·경감·경위·경사·경장·순경으로 한다(경찰법 §23).

국가경찰공무원은 상관의 지휘·감독을 받아 직무를 수행하고, 그 직무수행에 관하여 서로 협력하여야 한다(경찰법 §24·①). 경찰공무원은 구체적 사건 수사와 관련된 제1항의 지휘·감독의 적법성 또는 정당성여부에 대하여 이견이 있는 때에는 이의를 제기할 수 있다(경찰법 § 24·② 신설).

2. 보통경찰기관·협의의 행정경찰기관·비상경찰기관

경찰권도 행정권의 일부인 까닭에 대통령을 수반으로 하는 정부에 속하고 있다. 따라서 대통령과 국무총리의 통할 아래, 보안경찰을 관장하는 보통경찰기관, 협의의 행정경찰을 관장하는 협의의 행정경찰기관, 비상시의 비상경찰기관 등이 있다.

3. 경찰조직의 지도원리

경찰조직의 지도 원리로는 ① 민주경찰 ② 법치경찰주의 ③ 능률주의 ④ 중립주의 ⑤ 중앙집권적 국가경찰주의를 들 수 있다.

4. 경찰의 3대 기본 임무

경찰의 3대 기본 임무로는 ① 위험방지 ② 범죄의 수사 ③ 대국민 서비스 활동이다.

5. 경찰의 기본 이념

(1) 민주주의

경찰이 경찰권을 가지고 이를 행사하는 것은 국민의 위임에 근거한 것이다. 경찰공무원이 국민 전체에 대한 봉사자이며, 국민에게 책임을 지는 이유가 여기에 있다. 경찰권은 국민에게 있고, 그 권력은 국민으로부터 나온다는 사상이다(헌법 §1·②).

(2) 법치주의

국민의 자유와 권리를 제한하고 의무를 과하는 모든 경찰활동은 법률로써만 가능하다는 주의이다.

(3) 인권존중주의

형사소송법은 임의수사를 원칙으로 하고, 강제처분 법정주의를 채택하고 있는데, 이는 인권존중을 위한 것이며 인권존중은 수사경찰에게 요구되는 가장 큰 덕목이다.

(4) 정치적 중립주의

경찰은 특정 정당 기타 정치단체의 이익이나 이념을 위해 활동해서는 아니되며, 오로지 주권자인 전체국민과 국가의 이익을 위하여 활동해야 한다(과거 3.15 부정선거에 경찰이 깊이 개입).

(5) 경영주의

경찰은 경찰경영 차원에서 능률성·효율성 제고를 위하여 조직을 관리하고 운용해 나갈 의무가 있다. 생산성 개념의 공유, 생산성 극대화를 위한 조직, 장비·예산의 적정배분 등이 경영주의의 주요 내용이다.

Ⅱ. 경찰 의결기관·협의기관

1. 경찰위원회

(1) 설 치

경찰행정에 관한 일정사항(경찰법 §9·① 각 호 사항)을 심의·의결하기 위하여 행정안전부에 경찰위원회(이하 위원회라 한다)를 둔다(의결기관). 위원회는 위원장 1인을 포함한 7인의 위원으로 구성하되 위원장 및 5인의 위원은 비상임, 1인의 위원은 상임으로 하고, 위원 중 2인은 법관의 자격이 있는 자이어야 한다(경찰법 §5, §6·③). 상임위원은 정무직으로 한다(동법 §5·③).

(2) 위원의 임명·신분보장·결격사유(경찰법 §6, §7)

① 위원은 행정안전부장관의 제청으로 국무총리를 거쳐 대통령이 임명한다. 행정안전부장관은 위원을 제청함에 있어서 경찰의 정치적 중립이 보장되도록 해야 한다.

② 위원은 중대한 심신상의 장애로 직무를 수행할 수 없게 된 경우를 제외하고는 그 의사에 반하여 면직되지 아니한다. 위원의 임기는 3년으로 하며 연임할 수 없다. 위원은 정당에 가입하거나 아래 ③의 ㉯ 또는 ㉰의 직에 취임 또는 임용되거나 ㉱에 해당하게 된 때에는 당연히 퇴직한다.

③ 다음 각 호의 1에 해당하는 자는 위원이 될 수 없다.

㉮ 당적을 이탈한 날로부터 3년이 경과되지 아니한 자

㉯ 선거에 의해 취임하는 공직에서 퇴직한 날로부터 3년이 경과되지 아니한 자

㉰ 경찰·검찰·국가정보원 직원 또는 군인의 직에서 퇴직한 날로부터 3년이 경과되지 아니한 자

㉱ 국가공무원법 제33조 각 호의 1에 해당하는 자

(3) 위원회의 심의·의결사항(경찰법 §9)

다음 각 호 사항은 위원회에서 심의·의결을 거쳐야 한다.

① 경찰의 인사·예산·장비·통신 등에 관한 주요 정책 및 경찰업무발전에 관한 사항

② 인권보호와 관련되는 경찰의 운영·개선에 관한 사항

③ 경찰임무 외의 다른 국가기관으로부터의 업무협조요청에 관한 사항

④ 기타 행정안전부장관 및 경찰청장이 중요하다고 인정하여 위원회에 부의한 사항

⑤ 위원회는 경찰청장 임명에 대한 동의권을 가진다(경찰법 §1·②).

(4) 위원회의 운영 등

위원회의 사무는 경찰청에서 수행한다. 위원회의 회의는 재적위원 과반수의 출석과 출석위원 과반수의 찬성으로 의결한다. 행정안전부장관은 심의·의결된 내용이 부적당하다고 판단될 때에는 재의를 요구할 수 있다(경찰법 §10·①, §9·②).

2. 치안행정협의회

지방행정과 치안행정의 업무협조, 그 밖의 필요한 사항을 협의·조정하기 위하여 시·도지사 소속하에 치안행정협의회를 둔다(동법 §16).

Ⅲ. 보통경찰기관

보통경찰기관이란 보안경찰작용, 즉 다른 행정작용과 직접 관련됨이 없이 그 자체로서 공공의 안녕과 질서의 유지를 위하여 경찰작용을 주된 관장사무로 하는 경찰기관을 말한다. 보통경찰기관은 그 기능에 따라 경찰관청과 경찰집행기관으로 나뉜다.

1. 보통경찰관청

(1) 경찰청장

① 치안에 관한 사무를 관장하게 하기 위하여 행정안전부장관 소속하에 경찰청을 둔다.

② 경찰청장은 행정안전부장관 소속하에 있는 최상급의 독임제 보통경찰 관청으로서 경찰에 관한 사무를 통할하고 청무를 관장하며 소속공무원 및 각급 경찰기관의 장을 지휘·감독한다. 경찰청장은 치안총감으로 보하되 경찰위원회의 동의를 얻어 행정안전부장관의 제청으로 국무총리를 거쳐 대통령이 임명한다. 이 경우 국회의 인사 청문을 거쳐야 한다(경찰법 §2, §11·①·②·③). 경찰청장의 임기는 2년으로 하고 중임할 수 없고, 경찰청장이 그 직무집행에 있어서 헌법이나 법률을 위반한 때에는 국회는 탄핵소추를 의결할 수 있다(경찰법 § 11·⑤·⑥).

(2) 해양경찰청장

해양에서의 경찰 및 오염방제에 관한 사무를 관장하기 위하여 국토해양부장관 소속하에 해양경찰청을 둔다. 이에 따라 보통경찰행정청은 행정안전부장관 소속하의 경찰청과 국토해양부장관소속하의 해양경찰청으로 이원화 되었다. 해양경찰청장 소속하에 해양경찰서를 둔다. 해양경찰청에 청장 1인을 두되 청장은 경찰공무원으로 보한다(정부조직법 §37). 해양경찰청장은 보통경찰관청의 성격을 가지며 해양경찰에 관한 사무를 통할하고 청무를 관장하며 소속공무원 및 소속경찰기관의 장을 지휘·감독한다.

(3) 지방경찰청장

① 경찰청의 사무를 지역적으로 분담·수행하게 하기 위하여 서울특별시장·광역시장 및 도지사 소속하에 지방경찰청을 두고, 지방경찰청 소속하에 경찰서를 둔다(경찰법 §2·②).

② 지방경찰청장은 경찰청장의 지휘·감독을 받아 관할구역 안의 경찰사무를 관장하고, 소속공무원 및 소속경찰기관의 장을 지휘·감독한다(경찰법 §14·②).

지방경찰청장은 치안정감·치안감 또는 경무관으로 보한다(경찰법 §14·① 경찰청과 그 소속기관직제 §40·③).

(4) 경찰서장·해양경찰서장

경찰서장 및 해양경찰서장은 지방의 하급 보통경찰관청으로서, 서울특별시장·광역시장 또는 도지사의 소속하에 있는 지방경찰청장 및 해양경찰청장의 지휘·감독을 받아 관할구역 내의 치안에 관한 사무를 장리(관장)하고 소속경찰공무원을 지휘·감독한다.

경찰서장은 총경 또는 경정으로 보한다(경찰법 §17·①).

2. 보통경찰집행기관

경찰집행기관은 소속 경찰관청의 명을 받아 경찰에 관한 국가의사를 실력으로써 사실상 집행하는 기관이다.

경찰집행기관은 그 직무의 일반성 여하에 따라 일반경찰집행기관과 특별경찰집행기관으로 구분할 수 있다.

(1) 일반경찰집행기관

1) 경찰공무원

경찰업무 일반에 관한 집행기관을 말하는 바, 이러한 경찰집행기관으로는 경찰공무원(치안총감·치안정감·치안감·경무관·총경·경정·경감·경위·경사·경장·순경)을 들 수 있는데, 이들은 경찰공무원법의 적용을 받는 특정직국가공무원이다(국공법 §2·②). 경찰공무원은 한 사람 한 사람이 경찰집행기관이 된다는 점에 특색이 있다.

행정안전부장관과 경찰청장·지방경찰청장 및 해양경찰청장은 경찰관청이기는 하지만 경찰집행기관은 아니며, 이들의 보조기관의 소속직원 및 경찰서소속직원(경찰서장도 포함)만이 경찰집행기관이다.

2) 직 할 대

지방경찰청장은 행정안전부령이 정하는 범위 내에서 차장(지방경찰청에 차장을 두지 아니하는 경우는 지방경찰청장) 밑에 직할대를 둘 수 있다(경찰청과 그 소속기관직제 §42·①·②). 직할대의 장은 특정한 경찰사무에 관하여 지방경찰청장 또는 지방경찰청차장을 보좌한다.

3) 지구대 또는 파출소

지방경찰청장은 경찰서장의 소관 사무를 분장하기 위하여 행정안전부령이 정하는 바에 따라 경찰청장의 승인을 얻어 지구대 또는 파출소를 둘 수 있다(경찰청과 그 소속기관직제 §44·①). 지방경찰청장은 임시로 필요한 때에는 출장소를 둘 수 있다(동직제 §44·②).

4) 기동대·경비대

경찰청장 또는 해양경찰청장은 돌발사태의 진압이나 특수지구의 경비에 당하게 하기 위하여 특히 필요한 때에는 경찰관으로써 경찰기동대를 편성하여 필요한 지역에 파견할 수 있으며(경찰직무응원법 §4), 이러한 기동대 및 경비대도 경찰집행기관의 일종이다. 기동대장은 경무관 또는 총경 중에서 경찰청장 또는 해양경찰청장이 임명한다(경찰직무응원법 §6).

5) 사법경찰관리

일반경찰집행기관을 이루는 경찰공무원은 사법경찰에 관한 사무를 아울러 담당하며(형소법 §196), 이 지위에서의 경찰공무원을 특히 사법경찰관리라고 한다. 사법경찰관리는 검사의 지휘를 받아 형사소송법이 정하는 바에 따라 직무를 수행한다(형소법 § 196·①·②).

(2) 특별 경찰집행기관

일반경찰작용 중에서도 특정한 분야의 경찰작용에 관한 경찰집행기관을 말하는데 전투경찰대(전투경찰대설치법 §1, §2, 병역법 §24·①·2호)·헌병 및 국가소방공무원 등을 들 수 있다.

1) 전투경찰대

전투경찰대는 간첩(무장공비를 포함한다)의 침투거부·포착·섬멸 기타의 대간첩작전을 수행하고 치안업무를 보조하기 위하여 지방경찰청장 및 대통령령이 정하는 경찰기관장 또는 해양경찰기관의 장 소속하에 두는 특별경찰집행기관이다(전투경찰대설치법 §1).

경찰청장 또는 해양경찰청장은 필요한 때에는 그 소속하에 따로 전투경찰대를 두거나 대통령령으로 정하는 바에 따라 전투경찰대의 총괄기관을 둘 수 있다(동법 §1·②). 전투경찰대의 대원은 제2조의3에 따라 임용된 전투경찰순경과 경찰공무원법의 규정에 의한 경찰공무원으로 구성하므로(동법 §2) 그 조직과 임무에 있어 군대와 비슷하지만 그 임무가 치안유지의 일환이며, 그 구성원이 군인이 아닌 점에서 군대는 아니다. 전투경찰순경은 군에서 소정의 군사교육만을 받고 현역복무에 갈음하여 전투경찰대에서 전환 복무하는 것이다(병역법 §24·②, §25·①).

① 병역법 제24조 제2항의 규정에 의하여 전환복무대상자가 될 대간첩작전의 수행을 임무로 하는 전투경찰순경 임용예정 소요인원은 대통령령이 정하는바에 의하여 경찰청장 또는 해양경찰청장이 국방부장관에게 그 배정을 요청하고, ② 병역법 제25조 제1항의 규정에 의하여 전환복무대상자가 될 치안업무의 보조를 임무로 하는 전투경찰순경 임용예정자는 18세 이상인 자(현역병으로 징집이 결정된 자를 제외한다) 중에서 대통령령이 정하는바에 의하여 경찰청장 또는 해양경찰청장이 국방부장관에게 추천하고, ③ 경찰대학을 졸업하고 경위로 임용되어 전투경찰대의 대원으로 복무할 자로서 병역법 제25조 제1항의 규정에 의하여 전환복무대상자가 될 자는 경찰대학 졸업예정자(징병검사결과 현역병입영대상자 및 병역법 제26조 제1항 제1호의 규정에 의한 공익근무요원 소집대상자에 한한다) 중에서 대통령령이 정하는바에 의하여 경찰청장이 국방부장관에게 추천한다(전투경찰대설치법 §3·①·②·③).

2) 헌 병

헌병은 국방부에 소속하고 참모총장의 지휘·감독을 받아 군사에 관한 경찰을 장리한다(헌병령 §1).

헌병은 군사·군인 및 군무원에 관한 사항에 한하여 행정경찰(보안경찰)과 사법경찰을 행할 수 있다(헌병령 §2, 군사법원법 §43~§46).

행정경찰에 관하여는 헌병은 서울시장 또는 도지사의 지휘를 받아야 하며 사법경찰에 관하여는 헌병사령관은 사법경찰관으로서 서울시장, 도지사 또는 지방검찰청검사와 동일한 권한을 가지며, 헌병의 장교·준사관 및 하사관은 사법경찰관으로서 서울시장, 도지사 또는 검사의 지휘를 받아야 한다(동령 §2, 군사법원법 §43~§46).

헌병은 군사·군인·군무원에 관련 있는 범죄와 군용물 등 범죄에 관한 특별조치법에 규정된 범죄 및 군사기밀보호법에 규정하는 범죄에 관하여 사법경찰관리의 직무를 행하므로 이들 범죄에 관하여는 일반인을 수사할 수 있다(사법경찰관리의 직무를 행할 자와 그 직무범위에 관한 법률 §9).

3) 국가소방공무원

화재를 예방·경계하거나 진압하고 화재, 재난·재해 그 밖의 위급한 상황에서의 구조·구급활동을 통하여 국민의 생명·신체 및 재산을 보호함으로써 공공의 안녕·질서유지와 복리증진에 이바지함을 목적으로 소방기본법이 제정되었다.

화재의 예방·경계·진압, 재난·재해 그 밖의 위급한 상황에서의 구조·구급활동 등을 내용으로 하는 소방 사무는 위해방지업무, 즉 경찰사무의 한 부분을 이루고 있으나, 일반경찰조직으로부터 분리되어 자치체경찰로 운영되고 있다. 즉, 소방업무를 수행하는 소방본부장 또는 소방서장은 그 소재지를 관할하는 특별시장·광역시장 또는 도지사(이하 '시·도지사'라 한다)의 지휘와 감독을 받는다(소방기본법 §3·②)고 하여 광역단체의 자치사무로 하고 있다.

소방행정청에는 시·도지사와 소방본부장 및 소방서장이 있고(동법 §3·①, §12~§36), 소방집행기관에는 소방공무원, 의무소방원, 의용소방대원이 있다(소방기본법 §2). 소방공무원에는 국가소방공무원과 지방소방공무원이 있다(소방공무원법 §1).

국가소방공무원에는 소방총감·소방정감·소방감·소방준감·소방정·소방령·소방경·소방위·소방장·소방교·소방사가 있으며(소방공무원법 §2·1호), 지방소방공무원에는 지방소방정감·지방소방감·지방소방준감·지방소방정·지방소방령·지방소방경·지방소방위·지방소방장·지방소방교·지방소방사가 있다(소방공무원법 §2·2호). 의무소방원은 의무소방대설치법 제3조에 의하여 소방업무를 보조하기 위하여 소방기관의 장 소속하에 설치된 의무소방대의 대원을 말한다. 의용소방대원은 소방기본법 제37조에 의하여 소방본부장 또는 소방서장의 소방업무를 보조하기 위하여 설치된 의용소방대의 대원을 말한다(소방기본법 §2·5호).

Ⅳ. 협의의 행정경찰기관

1. 협의의 행정경찰관청

협의의 행정경찰이 다른 주된 행정작용에 부수하여 일어나는 공안에 대한 위해를 예방·제거하는 작용이라는 점에서, 협의의 행정경찰기관은 그 주된 행정작용을 관장하는 행정기관이 된다. 다시 말하면, 각부 장관은 그의 소관사무와 관련되는 범위 내에서 협의의 행정경찰작용을 담당하는 경찰기관이 된다(예: 위생경찰에 관하여는 보건복지부장관). 조직상 일반 경찰행정청에 속하지 아니하는 행정청을 의미한다. 협의의 행정경찰기관은 그의 지방경찰기관으로서 특별지방행정기관인 특별지방경찰청(예: 지방산림관청·영림서장 등)을 가지는 경우도 있으나, 그러한 특별경찰조직을 가지지 아니한 경우에는 역시 각 주무부장관, 서울특별시장·광역시장 및 도지사 또는 시장·군수가 협의의 행정경찰사무를 관장한다.

2. 협의의 행정경찰집행기관

협의의 행정경찰집행기관은 협의의 행정경찰기관의 소속공무원이 된다(위생경찰·산림경찰·관세경찰 등). 협의의 행정경찰집행기관은 당해 행정작용과 관련하여 발생하는 범죄를 수사하고 범인을 체포하는 특별사법경찰관리로서의 신분을 아울러 가진다(형소법 §197). 형사소송법 제197조에 의거하여 제정된 「사법경찰관리의 직무를 행할 자와 그 직무범위에 관한 법률」에서는 사법경찰관리의 직무를 행할 자와 그 직무범위에 관하여 규정하고 있다(동법 §3~§5, 동법 §6).

Ⅴ. 비상경찰기관

비상경찰기관이란 비상경찰작용을 관장하는 경찰기관을 말한다. 그런데 비상경찰은 전국 또는 일부지역에 비상상태가 발생하여 일반경찰조직으로는 공안을 유지할 수 없다고 인정되는 경우에 병력으로 공안의 유지에 당하게 하는 것이므로, 비상경찰기관은 당연히 군사기관이 되는 것이다. 현행법 아래의 비상경찰기관으로서는 계엄사령관, 위수사령관, 수도방위사령관 및 대통령 비상조치에 따른 군 기관을 들 수 있다.

1. 계엄사령관

대통령은 전시·사변 또는 이에 준하는 국가 비상사태에 있어서 병력으로써 군사상의 필요에 응하거나 공공의 안녕질서를 유지할 필요가 있는 때에는 법률이 정하는 바에 따라 계엄을 선포할 수 있다(헌법 §77①). 계엄이 선포되면 계엄사령관은 병력으로 당해 지역 내의 경찰작용을 수행한다.

계엄은 비상계엄과 경비계엄으로 나뉜다(계엄법 §2).

비상계엄은 대통령이 전시·사변 또는 이에 준하는 국가 비상사태에 있어서 적과 교전상태에 있거나 사회질서가 극도로 교란되어 행정 및 사법기능의 수행이 현저히 곤란한 경우에 군사상의 필요에 응하거나 공공의 안녕질서를 유지하기 위하여 선포하는 경우인 바(계엄법 §2·②), 비상계엄의 경우에는 비상계엄의 선포와 동시에 계엄사령관은 계엄지역 안의 모든 행정사무와 사법사무를 관장한다(계엄법 §7·①).

경비계엄은 대통령이 전시·사변 또는 이에 준하는 비상사태에 있어서 사회질서가 교련되어 일반 행정기관만으로는 치안을 확보할 수 없는 경우에 공공의 안녕질서를 유지하기 위하여 선포하는 경우인 바, 경비계엄의 선포와 동시에 계엄사령관은 계엄지역 안의 군사에 관한 행정사무와 사법사무를 관장한다(계엄법 §2·③, §7·②).

계엄사령관은 계엄지역이 전국에 걸치는 경우에는 대통령의, 일부 지역에 국한되는 경우에는 국방부장관의 지휘·감독을 받는다(계엄법 §6).

2. 위수사령관

육군군대가 영구히 1지구에 주둔하여 당해 지구의 경비, 육군의 질서 및 군기의 감시와 육군에 속하는 건축물 기타 시설물의 보호에 임할 목적으로 위수령이 제정되었다(위수령 §1).

위수근무를 행하게 하기 위하여 위수지역에 위수사령관을 둔다. 위수사령관은 당해 지구에 주둔하는 헌병대 이외의 군대의 장 중 상급 선임자가 이에 임함이 원칙이다(위수령 §2).

위수사령관은 재해 또는 비상사태에 있어서 치안유지에 관한 조치에 관하여 그 지구를 관할하는 시장·군수 및 경찰서장에게 협의하여야 한다(위수령 §10).

위수사령관은 ① 재해 또는 비상사태에 즈음하여 서울시장·광역시장 또는 도지사로부터 병력출동의 요청을 받았을 때에는 육군참모총장에게 상신하여 그 승인을 얻어, ② 사태가 긴급하여 육군참모총장의 승인을 기다릴 수 없는 때에는 즉시 그 요청에 응할 수 있다(위수령 §12). 이를 병력출동이라 한다.

위수사령관의 병력출동은 군사기관의 독자적인 경찰작용이 아니고 일반경찰기관의 요청에 의하여 행하여지는 행정응원의 성격을 갖는다.

위수근무는 주로 경비 및 순찰로써 행하고, 위수근무에 복무하는 자는 헌병 이외의 병과의 자로써 이에 임한다(위수령 §14).

위수근무에 복무하는 자는 그 임무에 지장이 없는 한 ① 폭행·반란·살인·도망·방화·강도 및 절도 등의 현행범인, ② 영내 거주 부사관·병이 근무의 필요에 의하지 아니하거나 또는 규정에 위반하여 영외에 있을 때에는 체포할 수 있으며, 군인 이외의 범죄자를 체포하기 위하여 헌병 또는 경찰관으로부터 원조의 요청이 있을 때에는 이에 응할 수 있다.

체포된 자 중 군인·군무원은 헌병 또는 그 소속부대에, 군인·군무원 이외의 자는 경찰관에게 즉시 인도하여야 한다(위수령 §17).

3. 수도방위사령관

수도를 방위하고 특정경비구역(국가원수가 위치하는 지역으로서 경호를 위하여 필요한 상당한 범위 안의 지역을 말한다. 이하 같다)을 경비하기 위하여 육군에 수도방위사령부를 둔다(수도방위사령부령 §1). 수도방위사령부는 수도방위, 특정경비구역의 경비, 천재·지변 기타 재해의 경우에 인명 또는 재산을 보호하기 위하여 필요한 지원, 기타 안전질서의 유지를 위하여 필요한 조치의 임무를 진다(동령 §2). 사령부의 관할구역은 수도일원과 특정경비구역으로 한다(동령 §3). 사령관은 국군조직법 제9조 제3항의 규정에 의하여 합동참모의장의 작전지휘·감독을 받는 경우를 제외하고는 육군참모총장의 명을 받아 사령부의 업무를 통할하고 사령부에 예속 또는 배속된 부대를 지휘·감독한다(동령 §5). 사령관은 특정경비구역과 관련된 작전활동을 할 때에는 대통령실경호처장과 협의하여야 한다(동령 §5·②).

제5절 경찰행정작용법

I. 경찰권의 근거와 한계

1. 서 설(경찰작용과 법치주의 원리)

경찰권의 작용은 공공의 안녕·질서유지를 위해 명령·강제하는 권력작용이므로 법치주의가 엄격히 적용될 것이 요구되는 바 이는 경찰권의 근거에 관한 문제이다(법률유보원칙).

그러나 법규는 경찰작용의 성질상(그 대상의 돌발성·다양성), 경찰기관의 포괄적인 재량권을 부여하는 일이 많다. 이 경우에는 재량권은 완전한 자유재량이 아니고 기속재량으로서 경찰기관이 준수하지 않으면 아니될 일정한 조리 상의 법칙이 예정되고 있는 바 이는 경찰권의 한계에 관한 문제이다.

2. 경찰권의 근거

【기출문제】 **<1974년 (제16회) 사법시험 (논술형)>** ※ 경찰권의 근거와 한계를 논하라.

<1996년 (제12회) 입법고시 (약술형)> ※ 행정경찰권의 근거

<1998년 (제14회) 입법고시 (약술형)> ※ 경찰상 법률유보

<2003년 (제47회) 행정고시 (약술형)> ※ 경찰관은 경찰관직무집행법을 근거로 이른바 '호스트바(남자 접대부를 고용한 술집)'를 단속할 수 있는가?

<2003년 (제47회) 행정고시 (약술형) 답안요지>

【문제해결】

1. 경찰권 발동의 법적근거 문제로서 법률유보(법률의 근거와 법률유보원칙의 적용범위)

(1) 근거법규는 경찰의 조직법 규정만으로 족한가?
(2) 근거법규는 경찰의 직무·책무에 관한 규정만으로 족한가?
(3) 근거법규는 경찰의 작용법의 근거법규는 경찰의 권력작용 외에 경찰의 비권력작용까지 요구되는가?
(4) 사례적용 : 경찰권발동은 조직규범 및 경찰의 직무·직책에 관한 규정 외에 경찰작용에 관한 개별적인 근거법규가 있어야만 발동할 수 있다. 법률유보원칙의 적용범위는 ① 국민의 권리·의무에 관한 본질적 사항(중요사항)은 반드시 법률의 근거를 요하고, ② 권력적 행정작용과 침해적 행정작용은 반드시 법률의 근거를 요하고, ③ 비권력행위 중 급부행정행위도 사회국가의 이념 및 법 앞의 평등의 원칙에 근거를 두고 법률의 근거를 요한다는 경향에 있다.

2. 경찰작용의 법적근거의 방식(형태)의 세 가지
(1) 특별경찰법상 개별적 수권조항
예방경찰, 수사경찰, 경비경찰, 정보경찰, 보안경찰, 외사경찰 기타 경찰작용법의 근거로는 집회 및 시위에 관한 법률·공중위생법·식품위생법·소방기본법 등 많은 법들이 있다. 하지만 호스트바(남자접대부를 고용한 술집)를 단속할 수 있는 근거법은 없다.

(2) 일반경찰법상 개별수권조항
경찰관직무집행법 제3조 불심검문에서부터 제10조의4 무기사용까지 각종 조치 등을 규정하고 있는데, 이들 조치들은 일반경찰법상의 개별수권규정에 의한 전형적 경찰권행사들을 유형화한 것으로 표준조치 또는 표준조항이라 한다. 여기서도 호스트바를 단속할 수 있는 근거조항은 없다.

(3) 일반경찰법상 일반수권(일반조항·개괄조항)
특별경찰법상 개별적 수권조항이나 일반경찰법상 개별수권조항이 없을 때 일반경찰법상 일반적 수권조항 즉, 일반조항에 의한 일반수권방식이 허용되는 것인가? 경찰관직무집행법 제2조 제5호의 "기타 공공의 안녕과 질서유지"를 경찰법상 일반조항(개괄조항)으로 보는 견해도 있으나, 그것은 경찰의 직무범위만을 정한 직무조항이지 권한조항이 아니다. 경찰권이 가지는 침해적·권력적 성격상 경찰작용법의 개별적 수권규정을 필요로 한다고 볼 것이다. 따라서 경찰관직무집행법 제2조 제5호를 근거로 하여 호스트바를 단속할 수 없다 할 것이다. 설령 경찰관직무집행법상 제2조 제5호를 경찰법상 일반수권조항으로 본다고 하여도 호스트바를 경찰의 단속대상이 되는 공공의 안녕과 질서를 깨뜨리는 행위로 보기 어려우므로 경찰관직무집행법상 제2조 제5호를 근거로 호스트바를 단속하는 것은 어렵다 할 것이다. 그러나 일반경찰법상 일반수권조항을 인정하고, 호스트바가 공공의 안녕과 질서에 위해를 야기한다고 보는 견해에 의하면 호스트바 단속이 가능하게 된다.

(1) 성문법원칙

경찰권은 국민의 기본권을 제한·침해하는 작용이므로 법률에 의한 행정의 원칙에 따라 원칙적으로 국회가 제정한 법률에 근거하여, 법률에 따라서만 발동될 수 있다(헌법 §37·②). 현행법상 대통령의 긴급명령은 중대한 예외가 되고, 조약·명령·자치법규에 근거하여서도 경찰권은 발동될 수 있다. 경찰작용에 있어서는 어느 분야보다 법치주의가 요청된다는 점에서 관습법이 경찰권 발동근거가 되는 경우는 극히 드물 것이다. 현행법상 소방을 제외하고는 경찰이 국가경찰청 → 지방경찰청의 사무로 일원화되었기 때문에 규칙으로는 정할 수 없고, 조례로서는 소방권의 근거만을 정할 수 있다 할 것이다.

법률이 경찰행정법의 가장 중요한 법원이 된다.

경찰조직법에 관련해서는 정부조직법(§29 ④·⑤), 경찰법, 경찰공무원법, 전투경찰대설치법 등이 있고, 경찰작용법에 관련해서는 경찰권발동의 일반적인 근거법으로 경찰관직무집행법이 있고, 그 외에 특정사항에 관한 근거법으로는

① 방범에 관련된 것으로는 사격 및 사격장단속법, 풍속사범단속관련법(예: 풍속영업의 규제에 관한 법률), 즉결심판에 관한 절차법, 총포·도검·화약류 등 단속법, 신용정보의 이용 및 보호에 관한 법률, 청소년보호법, 경범죄처벌법, 경비업법 등이 있고,

② 경비에 관련된 것으로는 경찰직무응원법, 수난구호법, 집회 및 시위에 관한 법률, 대통령 등의 경호에 관한 법률, 전직대통령 예우에 관한 법률, 화염병사용 등의 처벌에 관한 법률, 청원경찰법, 경비업법 등이 있고,

③ 교통에 관련된 것으로는 도로교통법, 도로법, 교통사고처리특례법, 특정범죄가중처벌등에 관한 법률 등이 있고,

④ 보안에 관련된 것으로는 국가보안법, 보안관찰법, 북한이탈주민의 보호 및 정착지원에 관한 법률, 남북교류협력에 관한 법률, 군사기밀보호법 등이 있고,

⑤ 기타사항의 경찰작용법의 근거로는 소방기본법, 재난 및 안전관리기본법, 옥외광고물등 관리법, 기부금품의 모집 및 사용에 관한 법률, 유선 및 도선사업법, 수상레저안전법, 사행행위 등 규제 및 처벌특례법, 식품위생법, 공중위생관리법, 밀항단속법, 자전거이용활성화에 관한 법률, 검역법, 감염병의 예방 및 관리에 관한 법률(이하 '감염법'이라 한다)민방위기본법, 약사법, 자연재해대책법, 방조제 관리법, 주민등록법, 마약류관리에 관한 법률(마약, 향정신성의약품, 대마), 모자보건법, 관세법, 출입국관리법 등이 있다.

다만, 경찰관직무집행법이 과연 일반법으로서의 체계나 내용을 담고 있는지는 의문시되며, 각 단행법도 개별 목적의 개별 입법에 의하여 존재하고 있어, 경찰작용법 전체가 체계적 통합성과 법적 명확성을 갖지 못하는 한계를 지니고 있다. 따라서 조리 등과 불문법원으로서의 행정법의 일반원칙이 경찰행정법의 중요한 법원이 된다 할 것이다.

경찰이란 직접 사회공공의 안녕과 질서를 유지하기 위해 일반 통치권에 의거하여 국민에 명령·강제하여 그 자연적 자유를 제한하는 작용이기 때문에, 경찰권의 발동은(헌법자체가 인정하는 예외규정인 대통령의 긴급명령 등을 제외하고는) 조직법규 외에 개별적 근거가 되는 작용법규 내지 권한규범에 근거가 있어야 발동할 수 있음이 원칙이다.

이러한 근거법규와 관련하여 다음과 같은 3가지 문제가 있다.

첫째, 근거법규는 경찰의 조직에 관한 규정만으로 족한가? 경찰권발동이 명령·강제이므로 법률유보원칙의 적용범위 안에 있는 한 경찰작용법의 근거가 있어야 한다. 그러므로 경찰조직법규는 여기서 말하는 경찰작용에 관한 근거법규(근거규범)가 될 수 없다.

둘째, 근거법규(근거규범)은 경찰의 직무·책무에 관한 규정만으로 족한가? 경찰의 직무·책무에 관한 규정 외에 경찰작용에 관한 개별적 근거법규가 있어야만 경찰권을 발동할 수 있다 할 것이다. 오늘날 법치국가 원리적 관점에서는 일반적으로 경찰의 직무·책무에 관한 규정

과 경찰작용에 관한 개별적 근거규정과는 구별하고 있다. 따라서 경찰권의 발동이 법률유보원칙의 적용범위 안에 있는 한 경찰의 직무·책무에 관한 규정은 여기서 말하는 경찰작용에 관한 근거법규가 될 수 없다.

셋째, 경찰작용에 관한 근거법규는 경찰의 권력작용 외에 경찰의 비권력 작용까지 요구되는가? 이는 법률유보원칙의 적용범위의 문제이며, 경찰작용이 비권력 작용이라 해서 당연히 법률유보원칙의 작용에서 배제되는 것은 아니다(급부행정유보설과 본질사항유보설). 경찰작용의 법적 근거 규정의 방식에는 법기술상 ① 일반경찰법상 개괄수권조항에 의한 방식, ② 일반경찰법상 개별적 수권조항에 의한 방식, ③ 특별경찰법상 개별적 수권조항에 의한 방식이 있다.

(2) 일반경찰법상 일반수권(일반조항·개괄조항)

【기출문제】 <2003년 (제47회) 행정고시 (사례형 약술)·2006년 (제50회) 행정고시 (사례형)>

1) 인부문제

경찰권 발동의 법적 근거방식에는 ① 일반경찰법상 개별적 수권조항(예 : 경찰관직무집행법상의 §3의 불심검문에서부터 §10의 4의 무기사용까지 각종 조치 등을 규정하고 있는데, 이들 조치들은 일반경찰법상의 개별수권규정에 의한 전형적 경찰권행사들을 유형화한 것으로서 표준조치라 한다) ② 특별경찰법상의 개별적 수권조항(예 : 도로교통법, 자동차관리법, 선박법, 선박안전법, 항공법, 식품위생법, 공중위생관리법, 직업안정법, 건축법, 의료법, 약사법, 전염병예방법, 폐기물관리법, 자연환경보전법, 수질 및 수생태계보전에 관한 법률, 해양오염방지법, 대기환경보전법, 집회 및 시위에 관한 법률, 수난구호법, 재해구호법, 민방위기본법 등)에 의해서 경찰권 발동이 인정된다는 점에서는 의문이 없다. ③ 문제는 일반경찰법상 일반적 수권조항 즉, 일반조항(경찰법규가 공공의 안녕 혹은 공공의 질서에 대한 위험을 방지 또는 제거하기 위하여 경찰권을 발동할 수 있도록 일반적인 법적 근거를 둘 때가 있는데, 이러한 일반적인 법적 근거조항을 개괄조항 또는 일반조항이라 한다)에 의한 일반수권의 방식이 허용되는지 여부에 대하여 학설이 대립된다. 경찰관직무집행법 제2조 제6호는 "기타 공공의 안녕과 질서유지"를 경찰관의 직무범위로 규정하고 있는 바 이를 직무규범으로 볼 것인가 아니면 소위 개괄적(일반적)수권조항 즉, 수권규범으로 볼 수 있느냐의 문제와 이를 근거로 하여 경찰권을 발동할 수 있느냐에 대하여 문제가 제기되고 있다.

㉮ 긍정설[81]은 "경찰관직무집행법 제2조 제6호의 '기타 공공의 안녕과 질서유지'에 관한 규정을 우리의 실정법상 경찰(관)에 대한 개괄적 수권조항으로 볼 수 있다. 그러나 개괄조항은 어디까지나 개별적 수권조항이 없는 경우에 있어서의 제2차적·보충적 수권조항으로 이해되어야 한다"고 한다.

위험발생방지에 관하여 정하고 있는 경찰관직무집행법 제5조에 일반조항으로서의 성격이 인정된다는 설도 있다. 이설은 동법 제5조는 경찰이 위험방지를 위한 조치를 취할 수 있는 위험사태로서 인명 또는 신체에 위험을 미치거나 재산에 중대한 손해를 끼칠 우려가 있는 천재, 사변, 공작물의 손괴 등 구체적인 위험상황 외에도 「기타 위험한 사태」를 부가하고 있다는 점을 강조하고 있다.

---

81) 김남진(Ⅱ), 255쪽 ; 석종현(하), 311쪽 ; 유지태, 703쪽 ; 강구철, 경찰권의 근거와 한계, 고시연구, 1991. 9월호, 80쪽 ; 이운주, 경찰법상의 개괄수권조항에 관한 연구, 서울대학교 법학박사학위논문, 2005, 200~203쪽.

㉯ 부정설[82]은 경찰권 발동근거가 되는 "…… 법률은 조직법적 근거 또는 목적조항(경찰의 목적으로 '공공의 안녕과 질서유지')만이 아니고, 개별적인 작용법적 근거(경찰관직무집행법 제3조 이하, 기타 단행법)를 함께 요구하는 것으로 본다"고 하고, 또는 "…… 침해 작용의 경우에는 권한과 직무를 구분하여(경찰관직무집행법 제2조는 경찰관의 직무를 규정한 규범일 뿐임) 직무규정뿐만 아니라 권한규정이 필요하게 되는 것이다 ……" 또는 "비침해 예방작용에는 직무규정만으로 족하다 볼 것이다"고 하여 직무규정과 권한규정 그리고 침해 작용과 비침해작용으로 구분하여 수권조항필요성 유무를 구별하여 설명하는 견해도 권한규정과 침해 작용에는 개별적 법적 근거를 요한다는 입장이다. 또한 현행경찰관직무집행법상의 개별적 수권조항들은 경찰상의 위험에 해당하는 경우를 포괄하고 있고, 특히 제5조 제1항은 다른 규정에서 규정하고 있지 않은 공백상태를 상당 부분 규율하고 있어서 실무상 일반조항의 필요성이 그리 큰 것은 아니라고 본다고 하는 설도 부정설입장이다. 즉 부정설은 우리 헌법상 경찰권 발동에 있어 개괄적 수권조항은 인정할 수 없으며, 반드시 개별적인 수권규정을 필요로 한다고 한다.

㉰ 소 결 : 우리 헌법 제37조 제2항 후단은 질서유지를 위한 국민의 자유와 권리의 제한은 법률로써만 할 수 있도록 하고 있어서 경찰권이 가지는 침해적·권력적 성격상 경찰권 발동에는 반드시 법률의 근거가 있어야 하며, 이 경우의 법률은 반드시 개별적인 경찰작용법이어야 하고, 경찰권 발동에 있어서 개괄적 수권조항은 인정할 수 없으며, 반드시 개별적인 수권규정을 필요로 한다(헌법 제75조 : 개별적·구체적 위임입법).

또한 경찰관직무집행법 제2조 제5호는 경찰권의 발동근거에 관한 개괄조항이 아니고, 그것은 다만 경찰의 직무범위만을 정한 것이다. 그리고 우리나라 경찰관직무집행법은 독일에서와 같은 "공공의 안녕이나 질서에 대한 개별적 경우에 존재하는 위험을 방지하기 위하여 필요한 조치를 취할 수 있다"는 명시적 수권조항(일반적 수권조항)이 없다(독일의 「연방 및 주의통일경찰법 모범 초안」에서 일반적 규정을 두어 양자는 권한에 관한 일반적 수권조항과 임무에 관한 직무규범을 분리규정하고 있음).

그러나 입법적으로는 경찰관직무집행법 제2조 제2항을 신설하여 "경찰관은 공공의 안녕과 질서에 대한 구체적인 위험이 있을 때에는 공공의 안녕과 질서를 유지하기 위한 필요한 조치를 할 수 있다"라고 규정할 것을 입법론으로 제안하고자 한다.[83]

판례 〈청원경찰관의 직무집행을 방해한 경우 공무집행방해죄에 해당한다.〉 청원경찰법 제3조는 …… 경찰관직무집행법 제2조에 의하면 경찰관은 …… 기타 공공의 안녕과 질서유지 등을 그 직무로 하고 있는 터이므로 청원경찰관이 허가 없이 창고를 주택으로 개축하는 것을 단속하는 것은 그들의 정당한 공무집행에 속한다고 할 것이므로 이를 폭력으로 방해한 판시 소위를 공무집행방해죄로 다스린 원심조치는 정당하다(대판 1986.1.28, 85도2448).

82) 박윤흔(하), 316쪽 ; 김동희(Ⅱ), 202쪽 ; 홍정선(하), 360쪽 ; 정하중, 독일경찰법의 체계와 한국경찰관직무집행법의 개선방향(하), 사법행정 1994. 3월호, 10쪽.

83) 남승길, 「경찰작용법에 관한 연구」, 치안정책용역연구보고서 95-19, 64쪽.

긍정설은 위와 같은 관할구역의 주민이 허가 없이 창고를 주택으로 개축하는 것을 다룬 대법원 판례가 경찰관직무집행법 제2조 제6호를 개괄수권조항으로 보고 있다고 주장한다. 그러나 만약 판례가 경찰관직무집행법 제2조 제6호를 개괄수권조항으로 인정하였다면 구 건축법 제42조(현 건축법 §79)를 수권조항으로 보았어야 했을 것이다. 판례는 단순히 위법건축물의 단속이 청원경찰의 직무범위에 속한다는 것을 판시했을 뿐 단속조치가 구체적으로 어떤 수권규정에 근거하고 있는지를 밝히지 않고 있다.

(3) 일반경찰법상 개별적 수권조항(경찰관직무집행법상 개별적수권조항 : 표준적 직무행위 또는 표준조항)

1) 불심검문

① 의 의

불심검문이란 경찰공무원이 범죄의 예방 및 범인검거의 목적으로 거동이 수상한 자를 정지시켜 직접 질문하여 조사하는 것을 말한다(경찰관직무집행법 제3조).

② 법적성질

불심검문에 있어서 어느 정도의 신체적 접촉이 불가피하고 또한 소지품을 검사하며, 질문에 응하지 않고 달아나는 경우에는 추적하여 도주할 수 없는 정도로 신체의 일부에 물리적 실력을 가할 수 있다는 점에서 즉시강제(대인적 강제수단)의 성격을 갖는다는 견해가 있다.[84] 그러나 불심검문을 당한 자는 답변을 강요당하지 않으며, 동행요구를 거부할 수 있고, 상대방의 신체에 대한 강제력이 행사되는 경우에도, 그것은 관련정보수집에 필요한 한도에서 부수적으로만 인정될 수 있기 때문에 즉시강제의 성격을 갖기 보다는 행정조사의 일종인 경찰조사의 성격을 갖는다고 할 것이다. 어떠한 죄를 범하려 하고 있다고 의심되는 자에 대한 불심검문은 범죄의 예방을 목적으로 하는 불심검문이므로 행정경찰에 속하고, 어떠한 죄를 범하였다고 의심되는 자에 대한 불심검문은 사법경찰에 속한다.

③ 불심검문의 대상자(거동불심자)

㉮ 어떤 죄를 범하였거나 범하려 하고 있다고 의심할만한 상당한 이유가 있는 자이다. 여기서 '어떤 죄'란 형벌법규에 저촉되는 모든 행위를 의미하는데 「객관적으로 구성요건에 해당하는 위법한 행위이면 족하고 유책 여부를 묻지 않는다.」 예컨내 경찰관을 보고 깜짝 놀라며 자취를 감추려는 사람, 옷에 핏자국이 묻은 사람, 밤중에 큰 보따리를 들고 뒷골목을 급히 가는 사람 등도 거동불심자에 해당한다. 과거에 이미 범행을 종료하였거나 범죄에 착수할 것이 예상되는 자를 말하며 '상당한 이유'란 객관적 또는 합리적으로 판단하여 단정할 수 있는 이유를 말한다.

㉯ 이미 행하여진 범죄 혹은 행하여지려고 하는 범죄에 관하여 그 사실을 안다고 인정

---

84) 박윤흔, 행정법강의(하), 364쪽.

되는 자이다. 직접 죄를 범하였거나 이미 완성된 범죄사실 또는 범죄의 착수가 예상되는 사실(예비·음모)을 알고 있다고 인정되는 자를 말한다.

거동불심자의 판단기준은 거동불심자에 해당하는지의 여부는 '수상한 거동', 기타 '주의사정'을 '합리적으로 판단'하여 정한다.

④ 불심검문의 방법

경찰관직무집행법상의 불심검문의 방법으로는 ㉮ 질문 ㉯ 동행요구(임의동행) ㉰ 흉기소지 여부조사가 있다.

㉮ 질 문 : 질문이란 거동이 수상한 자(거동불심자)에게 신분증을 통하여 성명, 주소, 연령 등 신원을 확인하고, 행선지, 용건, 소지품 등을 물어보는 조사행위이다. 질문을 권력적 사실행위로 보는 견해(김성수, 475쪽)도 있으나 불심검문을 당한 자는 그 의사에 반하여 답변을 강요당하지 아니하므로(§3·⑦) 질문은 비권력적 사실행위로 보는 것이 타당하다. 여기서의 질문은 피의자 심문이 아니므로 형사소송법 제244조의3에 명시한 진술거부권을 고지할 필요는 없다.

상대방이 경찰관의 질문을 위한 정지요구에 응하지 않거나 질문 도중 현장을 떠나려고 하는 경우 경찰관은 물리력을 행사하여 이를 저지할 수 있는가가 문제된다. 상대방의 의사를 제압하지 않는 정도의 물리력의 행사(예 : 정지를 위하여 길을 막아서거나 추적하거나 팔을 붙잡는 행위 등)는 허용된다고 보는 것이 일반적이다.

㉯ 임의동행(동행요구)

㉠ 의 의 : 경찰관은 불심검문장소에서 질문하는 것이 당해인에게 불리하거나 교통의 방해가 된다고 인정되는 때에는 부근의 경찰관서(경찰서·지구대·파출소·출장소·지방해양경찰관서 등)에 동행할 것을 요구할 수 있다. 이 경우 당해인은 경찰관의 동행요구를 거절할 수 있다(동법 §3·②). 당해인이 동행요구를 거절했음에도 강제로 연행하려고 하는 경우에 이 강제연행은 위법한 공무집행으로 이에 저항하여도 공무집행방해죄가 되지 않는다.

판례 **〈경찰관이 임의동행요구에 응하지 않는다하여 강제연행하려고 대상자의 양팔을 잡아 끈 행위에 대하여 그 대상자가 이로부터 벗어나기 위하여 저항한 행위에 과실이 있다고 할 수 없다(정당행위).〉**
경찰관이 임의동행요구에 응하지 않는다 하여 강제연행하려고 대상자의 양팔을 잡아 끈 행위는 적법한 공무집행이라 할 수 없으므로 그 대상자가 이러한 불법연행으로부터 벗어나기 위하여 저항한 행위는 정당한 행위라 할 것이고 이러한 행위에 무슨 과실이 있다고 할 수 없다(대판 1992.5.26, 91다38334).

"동행할 것을 요구할 수 있다"고 함은 경찰관서 등에 같이 갈 것을 요구할 수 있다는 것으로서 임의수단을 말하는 것이므로 실력에 의하여 동행케 하는 것은 위법이 된다. 최근 판례는 「수사관이 피의자에게 '서에 좀 갑시다' 등의 임의동행형식으로 피의자를 경찰관서에 동행할 경우에도 동행거부 권리를 알려주지 않았으면 불법체포에 해당한다」는 획기적 판결이 나왔다.

판례 **〈수사관이 피의자에게 '서에 좀 갑시다' 등의 임의동행형식으로 피의자를 경찰관서에 동행할 경우에도 동행거부 권리를 알려주지 않았으면 불법체포에 해당한다.〉** 수사관이 수사 과정에서 당사자의 동의를 받는 형식으로 피의자를 수사관서 등에 동행하는 것은 상대방의 신체의 자유가 현실적으로 제한 돼 실질적으로 체포와 유사한 상태에 놓이게 되는데도 영장을 요하지 않고 그 밖에 강제성을 띤 동행을 억제할 방법도 없어서 제도적으로는 물론 현실적으로 임의성이 보장되지 않는다고 판시하고, 이어서 피고인에 대한 동행은 피의자가 사법경찰관의 동행요구를 거절할 수 없는 심리적 압박 아래 행해진 사실상의 강제연행, 즉 불법체포에 해당하며 이후 피고인에 대해 긴급체포의 절차를 밟았더라도 이는 불법체포에 기해 사후적으로 취해진 것에 불과하므로 이와 같은 긴급체포 또한 위법하다」며 따라서 피고인은 불법 체포된 자로서 형법 제145조 제1항 소정의 '법률에 의해 체포 또는 구금된 자'가 아니어서 도주죄의 주체가 될 수 없다고 덧붙였다(대판 2006.7.6, 2005도6810).

위와 같이 대법원이 임의동행형식을 빌려 피의자를 사실상 강제연행 해오던 경찰관행에 제동을 걸었다. 대법원은 이번 판결에서 '임의동행'의 적법요건을 엄격히 제한하고, 피의자에 대한 인신구속의 절차적 기준을 명확히 제시했다. 앞으로 임의동행과 관련한 수사 관행에 큰 변화가 불가피할 것으로 보인다.

㉡ 법적 성질 : 종래에는 행정상 즉시강제 중에서 대인적 강제수단으로 보았으나 오늘날은 강제수단으로 보기는 어렵고 당사자의 동의에 의한 동행이라는 사실행위로 볼 것이다.

㉢ 절 차(증표제시 및 신체구속·답변 강요금지·가족 등에 고지) : 경찰관이 질문하거나 동행을 요구할 경우 당해인에게 자신의 신분을 표시하는 증표를 제시하면서 소속과 성명을 밝히고 그 목적과 이유를 설명하여야 하며, 동행의 경우는 동행 장소를 밝혀야 한다(동행의 경우에는 동행을 거부할 자유와 동행 후 언제든지 퇴거할 자유가 있음을 고지하였으나, 이번 개정법에서 고지규정을 삭제하였다).

임의동행을 한 경우 경찰관은 그 자의 가족 또는 친지 등에게 동행한 경찰관의 신분, 동행 장소, 동행목적과 이유를 고지하거나 본인으로 하여금 즉시 연락할 수 있는 기회를 부여하여야 하며 변호인의 조력을 받을 권리가 있음을 고지하여야 한다. 동행한 경우 경찰관은 그 자를 6시간을 초과하여 경찰관서에 머물게 할 수 없다. 동행요구는 질문을 하기 위한 것이므로 상대방의 동의를 얻어 임의적으로 하여야 한다. 다만, 형사소송법상 긴급체포사유에 해당하는 경우에는 체포가 가능하다. 당해인은 형사소송에 관한 법률에 의하지 아니하고는 신체를 구속당하지 아니하며, 그 의사에 반하여 답변을 강요당하지 아니한다. 경찰관이 이를 남용하면 불법체포감금죄 또는 직권남용죄의 책임을 진다.

㉰ 흉기소지여부 조사

㉠ 의 의 : 경찰관은 질문을 할 때에 흉기의 소지 여부를 조사할 수 있다(§3.③).

흉기라 함은 사회통념상 사람을 살상하기에 족한 일체의 기구를 말한다. 본래의 성능이나 용도는 사람을 살상하는 것이 아니지만 그 용도에 따라서는 사람을 살상할 수 있는 것도 흉기에 포함된다(예: 철봉, 배트, 장도리 등).

㉡ 법적 성질 : ⓐ 흉기소지여부조사는 사람의 신체나 소지품에 대하여 행하여지게 되므로 물리적 측면에서 볼 때 헌법 제12조 제3항의 수색으로 볼 수 있으며 이러한 관점에서 볼 때에 법관의 영장 없이 조사를 행할 수 있도록 규정하고 있는 경찰관직무집행법은 문제가 있다는 견해(이상규, 92쪽), ⓑ 흉기소지 여부조사는 장래의 위해발생을 예방하기 위하여 행하여지며, 범죄행위가 행하여진 후에 행해지는 경우에도 증거물 발견목적도 있기는 하지만 주로 당해 흉기의 사용으로 다시 범죄가 범하여지는 것을 예방하기 위한 것이라 할 것이며, 시간적으로 급박한 반면 상대방에게 미치는 피해는 일시적이며 비교적 경미하다는 점을 감안할 때 헌법 제12조 제3항의 수색에 해당하지 않는다는 견해(박윤흔, 361쪽; 정하중, 240쪽), ⓒ 흉기조사는 영장 없이 이루어지는 강제조사의 성격을 갖는다는 견해 또한 신체의 조사에는 헌법에 따라 법률상 근거가 요구된다. 본조가 바로 그 근거가 된다는 견해(홍정선, 364~365쪽), ⓓ 흉기소지 여부조사는 주로 경찰상 위해방지의 차원에서 행해지고 시간적으로 급박한 상황 하에서 행해지므로 경찰상 즉시강제로서의 성질을 가지며 수색에 요구되는 영장은 요구되지 않는다는 견해(유지태, 758쪽)가 있다

생각건대, 흉기소지 여부조사는 주된 목적이 범죄의 예방에 있고 또한 경찰관 자신의 위해방지와 당해인의 자해방지를 위하여 흉기의 소지여부를 조사하기 위한 것이다. 그러므로 그 조사는 신체의 자유를 침해하지 않는 한도 내에서 가볍게 행하여져야 하므로 사법작용으로서의 수색이라 할 수 없고 따라서 반드시 영장이 필요하다고 할 수는 없다. 그 법적 성질은 어느 정도의 강제력이 수반되는 권력적 행정조사로 보는 것이 타당하다. 흉기소지여부조사는 그것만으로 직접 행정목적을 달성하는 것이 아니라 위해방지조치라는 행정을 위한 자료의 수집으로서의 성질이 강하다고 보아야 하기 때문이다.

불심검문을 당한 자는 형사소송에 관한 법률에 의하지 아니하고는 신체를 구속당하지 않는다(§3.⑦).

㉢ 주의점 : 경찰관이 당해인(불심자)을 동행할 때에는 위해를 가하지 않도록 해야 하며, 증거인멸방지, 자살방지, 도주방지, 자해방지와 불심자로부터의 위해·공격에 대비해야 한다.

⑤ 불심검문 후의 조치

㉮ 보호조치·범죄예방 : 경찰관직무집행법 제4조에 해당하는 자에 대하여는 필요한 보호조치를 하고 당해인(피질문자)이 범죄를 행하려고 한 자이면 경고·제지한다.

㉯ 범인의 수사 및 체포 : 범죄혐의가 있다고 생각되거나 현행범이라고 인정되면 형사소송법에 의하여 범인을 수사 및 체포할 수 있다.

㉰ 동행검문보고 : 경찰관이 동행해서 검문한 때에는 24시간 이내에 동행검문 결과보고서를 작성, 소속경찰관서의 장에게 보고해야 한다(동법시행령 §7).
다만, 검문결과 형사소송법에 의하여 처리한 경우는 그러하지 아니하다.

2) 보호조치(§4)

【기출문제】 <2001년 (제17회) 입법고시 (사례형)> ※ 영하 15도의 추운 날씨에 경찰관 A는 근무를 마치고 귀가 도중(A의 근무시간은 새벽2시까지이다)도로상에서 음주로 누워 있는 행인 B를 보고 그냥 지나쳤다. 그런데 B는 혹한의 날씨로 인하여 동사하여 유가족 C는 국가를 상대로 국가배상청구권을 제기하고자 한다. 국가배상청구권이 성립하겠는가? ※ 경찰재량권의 영으로의 수축론 참조할 것

① 의 의

보호조치는 자기 또는 타인의 생명·신체와 재산에 위해를 미칠 우려가 있는 자에 대해 긴급구호의 수단으로서 그 위해를 방지하기 위하여 잠정적으로 신체의 자유를 제한하여 보호하는 조치를 말한다.

② 보호조치 및 임시영치의 법적 성질

사전에 상대방에게 일정한 의무부과행위가 없이 신체 및 물건에 실력을 가하는 보호조치 및 임시영치는 즉시강제의 성격을 갖는다고 할 것이다. 경찰강제 중 경찰상 즉시강제수단의 일종으로서 경찰상 대인적 강제수단의 성질을 갖고 예방적 경찰의 실질적 의의를 살리는 것이다. 응급적인 구호의 조치는 일반적인 국민 누구나 행할 수 있으나, 경찰관의 긴급구호는 상대방에게 수인의 의무를 발생시킨다는 데 특징이 있다.

③ 보호조치의 대상자 및 요건

㉮ 보호조치의 대상자 : 강제보호조치 대상자로는 정신착란자 또는 주취로 인하여 자기 또는 타인의 생명·신체와 재산에 위해를 미칠 우려가 있는 자와 자살을 기도하는 자이다.
임의보호조치 대상자로는 길을 잃은 아동(미아)·병자·부상자 등으로 적당한 보호자가 없으며 긴급의 구호를 요한다고 인정되는 자이다. 다만, 당해인이 이를 거절하는 경우에는 예외로 한다.

㉯ 보호조치의 요건 : 정신착란자·주취자·자살기도자·미아·병자·부상자라고 해서 모

두 보호대상이 되는 것은 아니고 '응급의 구호를 요한다고 믿을만한 상당한 이유'가 있는 자에 한한다. 상당한 이유에 대한 판단은 경찰관의 재량적 판단으로서, 방치해두면 자기 또는 타인의 생명·신체·재산에 위해를 미칠 우려가 있거나(정신착란자), 긴급구호하지 않으면 생명이 위태로운 경우(보호자 없는 부상자) 등이 이에 해당한다.

④ 보호조치의 방법 및 보호의 장소

㉠ 긴급구호 요청 : 긴급한 구호를 요청하는 자를 발견하면 보건의료기관이나 공공구호기관에 긴급구호를 요청할 수 있고, 요청을 받은 당해 기관은 정당한 이유 없이 긴급구호를 거절할 수 없다. 보건의료기관에는 국·공립병원, 시·군 보건소는 물론, 사설의료기관도 포함되고, 공공구호기관에는 미아보호소·갱생원·수용시설 및 지방자치단체 등 모든 사회보장시설이 포함된다.

문제는 긴급구호요청을 받은 보건의료기관이나 공공시설기관이 정당한 이유 없이 거부할 수 없다는 점인 바, 응급진료를 거부하는 의료인에 대하여는 의료법 제68조에 의거하여 처벌할 수 있으나, 경찰관직무집행법에서는 처벌규정이 없는 것으로 보아 선언적 규정인 것으로 풀이된다.

㉡ 경찰관서에서의 일시호보 : 피구호자를 보호자나 관계 기관에 인계할 때까지 일시 보호하거나, 보호조치사유가 해제될 때까지 일시 보호하는 것을 말한다.

⑤ 보호의 기간 및 무기·흉기 등의 임시영치기간(보호조치의 한계)

보호조치는 긴급한 상황 하에서 행해지는 잠정적 조치이다. 경찰관서에서의 보호는 24시간을 초과할 수 없다. 피구호자가 휴대하고 있는 무기·흉기 등 위험을 야기할 수 있는 것으로 인정되는 물건을 경찰관서에 임시 영치할 수 있다. 위험물건의 임시영치는 10일을 초과할 수 없다. 그리고 흉기 등 물건을 임시영치한 때에는 소속경찰관서의 장(지방해양경찰관서의 장을 포함)은 그 물건을 소지하였던 자에게 임시영치증명서를 교부해야 한다(동법시행령 §2). 구속영장을 받음이 없이 24시간을 초과하여 경찰서 보호실에 유치하는 것은 영장주의에 위배되는 위법한 구금이다.

판례 〈구속영장 없이 경찰서 조사대기실에 유치하는 것은 원칙적으로 영장주의에 위배되는 위법한 구금이다.〉 경찰서 조사대기실이 조사대기자 등의 도주방지와 경찰업무의 편의 등을 위한 수용시설로서 그 안에 대기하고 있는 사람들의 출입이 제한되는 시설이라면, 일단 그 장소에 유치되는 사람은 그 의사에 기하지 아니하고 일정 장소에 구금되는 결과가 되므로 경찰관직무집행법상 정신착란자, 주취자, 자살기도자 등 응급의 구호를 요하는 자를 24시간을 초과하지 아니하는 범위 내에서 경찰관서에 보호조치 할 수 있는 시설로 제한적으로 운영되는 경우를 제외하고는 구속영장을 발부받음이 없이 조사대기실에 유치하는 것은 영장주의에 위배되는 위법한 구금이라 하지 않을 수 없다(대판 1995.5.26, 94다37226).

⑥ 보호조치 후의 조치

㉮ 연고자 등에게 통지·인계 : 경찰관이 긴급구호나 보호조치를 한 때에는 지체 없이 이를 피구호자의 가족·친지 기타의 연고자에게 그 사실을 통지하여야 하며, 연고자가 발견되지 아니할 때에는 피보호자를 적당한 공중보건의료기관이나 공공기관에 즉시 인계하여야 한다(§4·④).

㉯ 소속관서의 장 및 감독행정청에게 보고·통보 : 이 경우에 즉시 그 사실을 소속경찰서장 또는 지방해양경찰관서의 장에게 보고하여야 한다(§4·⑤). 보고를 받은 소속경찰서장 또는 지방해양경찰관서의 장은 대통령령이 정하는 바에 의하여 피구호자를 인계한 사실을 지체 없이 당해 공중보건의료기관·공공구호기관의 장 및 그 감독행정청에 통보하여야 한다(§4·⑥). 무기·흉기 등을 임시영치한 때에는 24시간 이내에 임시영치보고서를 작성해 소속경찰관서의 장에게 보고해야 한다. 이를 반환할 때에도 또한 같다.

3) 위험발생방지조치(§5)

① 의 의

인명 또는 신체에 위해를 미치거나 재산에 중대한 손해를 끼칠 우려가 있는 위험한 사태가 목전에 절박한 경우, 대간첩작전수행 또는 소요사태의 진압을 위하여 필요하다고 인정되는 상당한 이유가 있는 경우에 경고조치, 억류, 피난조치, 위험방지조치, 접근 또는 통행을 제한하거나 금지 조치를 하는 것을 말한다.

② 성 질

위험발생방지조치의 법적 성질은 위해방지를 위한 조치로서 관계인에 대한 경고, 억류, 피난조치, 기타 위해방지를 위하여 필요하다고 인정되는 조치 등 광범위한 조치 등을 포함하고 있는 바, 이 중에서 억류, 피난조치, 기타 조치가 긴급하게 필요하여 경찰행정청의 의무부과행위가 선행됨이 없이 행하여지는 경우에는 즉시강제의 성격을 갖는다고 할 것이다. 위험발생의 방지조치는 경찰강제 중 경찰상 즉시강제수단의 일종이며, 또한 경찰관직무집행법상의 대인적 강제수단, 대물적 강제수단, 대가택적 강제수단이다.

③ 조치의 요건

㉮ 위험사태의 존재 : 위험한 사태라 함은 인명 또는 신체에 위해를 미치거나 재산에 중대한 손해를 끼칠 염려가 있는 위험이 절박한 상태를 말한다.

㉾ 천재, 사변, 공작물의 손괴, 교통사고, 위험물의 폭발, 광견, 분마류의 출현, 극단한 혼잡 기타 위험한 사태가 있을 때 등을 예시하고 있다.

㉯ 위험사태의 절박성 : 인명·신체에 위해를 미치거나 또는 재산에 중대한 손해를 끼칠 우려가 있을 것을 요한다(위해를 미칠 우려라 함은 위험사태의 발생정도가 목전에 절박한 경우를 말한다).

㉰ 대간첩작전수행 또는 소요사태의 진압을 위하여 필요하다고 인정되는 상당한 이유

가 있을 것을 요한다.

④ 조치의 수단

㉮ 경고조치 : 경찰관은 위험한 사태의 발생현장에 집합한 자, 사물의 관리자, 기타 관계자에게 필요한 경고를 발할 수 있다.

【참고】 이 조치는 경고를 받은 자가 스스로 위험발생방지조치를 취할 것을 기대하여 가능한 한 강제력의 행사를 피하고자 한 것이며 경고의 상대방은 이에 따른 의무를 부담하고 이에 불응하면 강제수단에 의할 수 있고 경범죄처벌법에 의하여 처벌된다.

㉯ 억류·피난조치 : 긴급을 요할 때에는 위해를 받을 우려 있는 자에 대하여 필요한 한도 내에서 이를 억류하거나 피난 조치하여 위해를 예방하도록 한 것이다. '긴급을 요할 때'라 함은 위험사태가 절박하여 강제력을 수반하지 않는 경고와 같은 수단으로 수습할 수 없는 경우를 말한다.

㉰ 위험방지조치 : 경찰관은 위험사태의 발생현장에 있는 자, 사물의 관리자 기타 관계자에 대하여 위해방지상 필요하다고 인정되는 조치, 즉 협력과 원조 등을 하게 하거나 경찰관 스스로 그 조치를 취하여 급박한 위해를 예방하여야 한다.

㉱ 접근 또는 통행의 제한·금지조치 : 대간첩작전수행 또는 소요사태의 진압을 위하여 작전지역 또는 경찰관서·무기고 등 국가중요시설에 대하여 접근하거나 통행하는 것을 제한 내지 금지시킴으로써 위해를 사전에 예방하자는 것이다.

⑤ 조치의 한계

㉮ 부득이한 조치 : 이와 같은 조치는 국민의 자유와 재산권의 행사를 제한 내지 침해하는 것으로서 절박한 위해사태에서 공중의 위해를 방지하려는 부득이한 조치여야 한다.

㉯ 경찰비례원칙 : 따라서 이 권한을 행사함에는 사회통념상 필요하다고 인정되는 최소한도에 그쳐야 하며 경찰비례원칙에 의하여 위험을 받을 우려가 있는 법익과 이 조치를 취함으로써 해를 받는 법익과 비교하여 법익의 균형이 이루어져야 한다.

㉰ 경찰행정청의 재량문제 : 경찰관직무집행법 제5조 제1항은 "…… 보호조치를 할 수 있다"라고 규정하고 있어 위해방지조치여부는 경찰행정청의 재량에 있다. 그러나 구체적인 상황 하에서는 재량이 영으로 수축되어 경찰행정청에게 일정한 조치를 취하여야 할 의무가 발생되는 경우가 있다. 이 경우에 행정청의 부작위는 위법한 직무행위가 되어 그로 인하여 개인에게 손해가 발생되는 경우에는 국가배상책임이 인정될 수 있다. 판례도 같은 취지를 취한다.

판례 **〈경찰관직무집행법 제5조의 위험발생의 방지조치는 경찰관이 그 권한을 행사하여 필요한 조치를 취하지 아니한 것이 현저하게 불합리하다고 인정되는 경우에는 그러한 권한의 불행사는 직무상의무를 위반한 것이 되어 위법하게 된다.〉** 경찰관직무집행법 제5조는 경찰관은 인명 또는 신체에 위해를 미치거나 재산에 중대한 손해를 끼칠 우려가 있는 위험한 사태가 있을 때에는 그 각 호의 조치를 취할 수 있다고 규정하여 형식상 경찰관에게 재량에 의한 직무수행권을 부여한 것처럼 되어 있으나, 경찰관에게 그러한 권한을 부여한 취지와 목적에 비추어볼 때 구체적인 사정에 따라 경찰관이 그 권한을 행사하여 필요한 조치를 취하지 아니하는 것이 현저하게 불합리하다고 인정되는 경우에는 그러한 권한의 불행사는 직무상의 의무를 위반한 것이 되어 위법하게 된다(대판 1998.8.25, 98다16890).

판례 **〈경찰관이 경찰관직무집행법 제5조에 규정된 위험발생방지조치를 취하지 아니하였음을 이유로 국가배상책임을 인정할 수 있다.〉** 경찰관이 농민들의 시위를 진압하고 시위과정에 도로 상에 방치된 트랙터 1대에 대하여 이를 도로 밖으로 옮기거나 후방에 안전 표지판을 설치하는 것과 같은 위험발생방지조치를 취하지 아니한 채 그대로 방치하고 철수하여 버린 결과, 야간에 그 도로를 진행하던 운전자가 위 방치된 트랙터를 피하려다가 다른 트랙터에 부딪혀 상해를 입은 사안에서 국가배상책임(대판 1998.8.25, 98다16890).

⑥ 사후조치(보고 및 협조)

㉮ 조치결과의 보고 : 경찰관이 위험방지를 위하여 조치를 취하였을 때는 지체 없이 소속경찰관서의 장에게 보고하여야 한다(동법시행령 §7).

㉯ 관계 기관의 협조조치 : 보고를 받은 경찰관서의 장이나 동법 제2항의 조치를 취한 경찰관서의 장은 관계 기관의 협조를 구하는 등 적당한 조치를 취하여야 한다(동법 §5·④).

4) 범죄의 예방과 제지조치(§6)

① 의 의

㉮ 개 념 : 경찰관이 범죄행위가 목전에 행하여지려는 것을 인정하였을 때 이를 미연에 방지하기 위하여 관계자에게 필요한 경고를 발하고 그 행위로 인하여 생명·신체에 위해를 미치거나 재산에 중대한 손해를 끼칠 우려가 있어 긴급을 요하는 경우에 그 행위를 제지하는 것을 말한다(경찰관은 범죄발생의 위험이 현저한 가택에 대한 생활안전을 계도하기 위하여 관계인의 동의를 얻어 가택을 방문·계도할 수 있었으나 개정법에서는 가택방문·제도는 삭제되었다).

㉯ 성질 및 근거 : 경찰상의 즉시강제의 일종으로서 대인적 강제수단이며, 경찰관직무집행법 제6조에 규정되어 있다.

② 예방과 제지의 요건

㉮ 범죄행위가 목전에 행하여지려고 할 것 : 범죄행위라 함은 모든 형벌법령에 저촉되는 행위를 말하며 범죄구성요건에 해당하는 행위이면 유책여부는 불문한다. 따라서 심신상실자의 행위는 물론, 14세 미만자의 행위나 또는 고의·과실 등을 가리지 않는다. '범죄행위가 목전에 행하여지려고 한다'함은 그 행위가 범죄구성요건에 해당하는 단계의 직전에 와 있음을 말한다(예 : 미수, 예비 또는 음모가 성립되는 시점 이전의 것).

㉯ 목전에 행하여지려고 하는 범죄행위로 인하여 인명·신체·재산에 중대한 손해를 끼

칠 우려가 있어 긴급을 요할 것

여기에서 '인명·신체·재산'은 피해자뿐만 아니라 관계있는 자의 그것을 포함하는 개념이며 '긴급을 요하는 경우'란 사태가 급박하여 실력을 행사하지 않으면 안 될 경우를 말한다.

③ 예방과 제지의 수단

㉮ 경 고 : 경찰관은 범죄행위가 목전에 행하여지려고 한 것을 인정하였을 때는 그를 예방하기 위하여 관계자에게 필요한 경고를 발할 수 있다. 경고는 가해자·피해자 그 밖의 관계자에 대하여 범죄의 예방을 위해 주의·권고·설득 등을 하는 것으로서 경찰관의 의사를 통지하는 사실행위이다. 명령적 행정행위가 아니므로 상대방은 그에 복종할 의무가 발생하지 않는다고 본다. '관계자'라 함은 범죄를 범하려고 하는 자 외에 그 보호자·관리자·피해자 등이 포함된다. '경고'는 사실상의 통지행위로서 범죄의 중지나 그 예방을 위하여 주의를 환기시키는 것으로서 그 방법에는 제한이 없으며 구두·몸짓·경적·확성기·라디오·TV 등을 사용하여 주의를 주는 것이다.

㉯ 행위의 제지 : 목전에 행하여지려고 하는 범죄행위로 인하여 인명·신체에 위해를 끼치거나 재산에 중대한 손해를 끼칠 우려가 있어 긴급을 요하는 경우에는 그 행위를 제지할 수 있다. '제지'라 함은 실력을 행함으로써 행위를 중지시키는 것 또는 중지하지 아니할 수 없는 상태에 두는 것을 말하며, 일반적으로 질서를 문란케 하는 언동을 언어 또는 동작에 의해서 중지시키는 것을 말한다. 상대방의 동작을 중지시키는 수단 중에서 주의·권고·설득 등 언어에 의하는 것을 '경고'라 하고, 실력행사에 의하는 것을 제지라고 한다.

㉵ 불법시위를 하는 군중에 대해 방수 또는 경찰봉을 사용하여 해산시키는 행위 등이 제지에 해당한다.

④ 조치의 한계

제지의 수단으로서의 실력행사는 범죄의 방지를 위하여 필요한 최소한도에 그쳐야 하며 그 정도를 초과하였거나 또는 긴급한 사태가 해소된 때 또는 범죄방지의 목적이 달성된 때에는 경찰비례의 원칙에 의거 실력의 행사를 즉시 중지해야 한다.

㉵ '집회 및 시위에 관한 법률'에 위반하여 무신고집회를 하려고 하는 회사원들에게 방수 또는 경찰봉을 사용하여 해산시키는 것은 허용되지만, 최루가스 사용은 위해를 끼칠 우려가 있는 까닭에 정당방위, 긴급피난 등에 국한된다 할 것이다.

⑤ 범죄의 예방과 제지의 보고

경찰관이 범죄행위를 제지한 때에는 소속경찰관서의 장에게 보고해야 한다. 다만, 관계자에게 형사소송법에 의한 상당한 절차를 취하였을 때는 예외로 한다.

5) 위험방지를 위한 가택 등 출입(§7)

① 개 념

㉮ 의 의 : 긴급출입은 위험사태가 발생하여 긴급한 조치를 취하여야 하는 경우에 관계자의 승낙 없이 타인의 토지·건물 또는 선차 내에 출입하는 것을 말한다(긴급출입). 예방출입은 흥행장·여관·음식점·역 기타 다수인이 출입하는 '공개된 장소'에 범죄예방과 위해예방을 목적으로 '공개시간' 내에 출입하는 것을 말한다(예방출입). 긴급검색은 대간첩작전수행을 위해 작전지역 안에서 흥행장·여관·음식점·역 기타 다수인이 출입하는 공개된 장소 안을 검색하는 것을 말한다(긴급검색, 즉 대간첩작전을 위한 검색).

【참고】 위와 같은 가택 출입권은 총포·도검·화약류단속법 등에 의해서도 인정되고 있는데, 이러한 특별법상의 가택출입은 이를 거부할 경우 처벌할 수 있는데 반하여, 경찰관직무집행법은 벌칙이 없는 것이 특징인 바 그 이유는 긴급한 경우의 가택출입은 응급적인 사태에 대비하는 것으로서 실력에 의한 행사만으로도 그 목적을 달성할 수 있기 때문인 것으로 해석된다.

㉯ 법적 성질 : 즉시강제의 일종으로 대가택적 강제이다. 개인의 신체·생명에 대한 급박한 위험을 제거하거나 목전에 발생되는 범죄를 예방하고 제지하는 경우를 제외하고는 대부분 수인하명을 전제로 한 직접강제의 성질을 갖는다고 보는 견해가 있다(정하중, 행정법각론, 244쪽).

② 종 류

㉮ 긴급출입

㉠ 요 건 : "위험한 사태가 발생하여 인명, 신체 또는 재산에 대한 위해가 절박한 때"에 "그 위해를 방지하거나 피해자를 구조하기 위하여 부득이하다고 인정할 때"에 인정된다.

위험한 사태의 발생	• 인명 또는 신체에 위해를 미치거나 재산에 중대한 손해를 끼칠 우려가 있는 천재지변, 공작물의 손괴, 교통사고, 위험물의 폭발, 광견, 분마류의 출현, 극단한 혼잡 기타 위험한 사태 • 범죄행위가 목전에 행해지려고 하는 것을 인정하였을 때나 그 행위로 인하여 인명·신체에 위해를 미치거나 재산에 중대한 손해를 끼칠 우려가 있어 긴급을 요하는 경우(§6)
위해의 절박	위험발생이 목전에 급박함을 의미하는데 필요한 장소에 출입하여 위험발생방지(§5)와 범죄예방과 제지(§6)수단을 강구하지 않으면 그 목적 없는 상태
부득이한 경우	그 위해를 방지하거나 또는 피해자를 구조하기 위한 수단으로서 그 장소에 출입하는 것 이외에는 다른 적당한 수단이 없다고 인정되는 경우

㉡ 내 용(출입권의 행사)

출입목적은 위해를 방지하고 피해자를 구조하는데 목적이 있으므로 범죄수사를 위해서는 이용될 수 없다. 긴급 출입할 수 있는 시간은 주야를 통하여 제한받지 않는데 이때 상대방은 수인의 의무를 진다. 긴급 출입할 수 있는 장소는 토지·건물·선차 등인데 관리자의 동의는 필요치 않으며 토지·건물·선차 등은 예시적인 것에 불과하고, 우리나라 통치권이 미치는 범위에서는 자연인이든 법인이든 관리하는 장소적 제한을 받지 않는다. 긴급출입을 폭행 또는 협박으로 거부한 때는 공무집행방해죄를 구성하며, 반대로 경찰관이 직권을 남용했을 때는 1년 이하의 징역이나 금고에 처한다(§12).

㈏ 예방출입

㉠ 요 건

흥행장, 여관, 요정, 역 기타 다수인이 집합하는 '공개된 장소'의 '공개시간' 내에 있어서의 범죄의 예방 또는 인명, 신체와 재산에 대한 위험예방을 목적으로 출입하는 경우이다. 공개된 장소란 불특정 다수인이 자유로이 출입할 수 있는 장소로서 이에는 시설도 포함된다. 따라서 한정된 사람만을 대상으로 하는 연구회·강연회·수업 중인 교실 등은 공개된 장소로 보기 어렵다.

㉡ 내 용(출입권의 행사)

출입목적은 범죄의 예방과 위해방지에 있다. 그러므로 범죄수사 등에는 이용될 수 없다. 출입할 수 있는 시간은 공개시간에 한한다. 출입 장소는 흥행장·여관·음식점·역 기타 다수인이 출입하는 장소로서 경찰상 공개된 장소이다. 예방출입의 경우에는 '관리자의 승인'을 얻어야 한다. 관리자 등은 경찰관의 출입요구에 정당한 이유 없이 이를 거절할 수 없다. 공개된 장소에서의 출입은 범죄예방·위해방지 등 사회나 개인에 대한 추상적인 위험의 배제를 목적으로 하며, 구체적인 위험이 절박한 경우가 아니므로 강제출입권은 인정하지 않는다. 폭행 또는 협박이 따른 때에 공무집행방해죄가 성립되는 것은 긴급출입에서와 같다.

㈐ 대간첩작전지역 안에서의 검색(긴급검색)

경찰관이 대간첩작전수행에 필요한 경우 작전지역 안의 흥행장, 여관, 음식점, 역 기타 다수인이 출입하는 장소, 즉 공개된 장소 안을 검색하는 것을 말한다.

요건은 ㉠ 대간첩작전에 필요할 것, ㉡ 작전지역 내일 것, ㉢ 공개된 장소일 것, ㉣ 영업시간이나 공개시간 외에도 주·야간을 불문하며, ㉤ 관리자의 승인을 요하지 않는다. 이러한 검색은 법관의 영장 없이 주간이나 야간을 가리지 않고 가능한 것으로 사생활 보장에 대한 중대한 예외이다. 이는 대간첩작전수행의 목적에만 국한된다.

③ 출입 시의 주의사항

관계인의 정당한 업무를 방해하여서는 아니 된다(관계인은 정당한 이유가 있으면 경찰관의 출입요구거절 가능). 이유고지 및 신분을 표시하는 증표를 제시하여야 한다.

④ 출입 후의 보고

경찰관이 예방출입 또는 대간첩작전지역에서 다수인이 출입하는 장소에 대하여 출입 또는 검색을 한 때에는 출입보고서 또는 작전지역검색보고서를 작성, 소속경찰관서의 장에게 보고해야 한다. 다만, 소속경찰관서의 장이나 지휘관의 지시에 의한 경우는 구두로 보고하거나 근무일지 기재로 갈음할 수 있다.

6) 사실확인 및 출석요구(§8)

① 개 설

㉮ 의 의 : 경찰관서의 장이나 경찰관이 직무수행에 필요한 경우 국가기관 또는 공사단체 등에 대하여 사실을 조회하거나 사실 확인을 위해 관계인에게 경찰관서에 출석할 것을 요구하는 사실행위를 말한다.

㉯ 법적 근거 및 성질

경찰관직무집행법 제8조에 규정되어 있는 것으로 법적 효과가 발생하지 않는다는 점에서 단순한 사실행위에 불과하며 즉시강제수단도 아니다. 또한 상대방은 경찰강제집행이나 경찰벌의 대상이 되지 않으나 경찰관의 정당한 직무행위를 방해하게 되면 공무집행방해죄를 구성하게 된다. 그리고 사실 확인행위는 법적 효과를 발생시키지 않는다는 점에서 경찰허가나 경찰하명과도 구별된다.

② 출석요구방식

출석 요구서에 의하나, 시간적 여유가 없을 때에는 전화 등으로 관계인에게 출석을 요구할 수 있다.

③ 사실의 조회 및 직접 확인

경찰관서의 장은 직무수행에 필요하다고 인정되는 상당한 이유가 있을 때에 국가기관 또는 공사 단체에 대하여 직무수행에 관련된 사실을 조회할 수 있으며, 긴급을 요할 경우는 소속경찰관으로 하여금 현장에 출장하여 당해 기관 또는 단체의 장의 협조를 얻어 그 사실을 확인하게 할 수 있다.

여기서 직무수행에 관련된 사실이라 함은 경찰관직무집행법 제2조에 열거되어 있는 '직무의 범위'를 가리키는 것으로 범죄의 예방과 진압 및 조사는 물론 경비, 교통, 정보 등 경찰의 직무수행을 위한 모든 업무에 있어서 사실의 조회가 가능하다.

㉠ 경호안전을 위한 개인회사의 현장도면의 확인 또는 다중범죄진압을 위해 학교의 학생 수를 확인하는 행위 등의 그 예이다. 국가기관이라 함은 모든 행정관청·국회·법원을 포함하며, 공사단체라 함은 지방자치단체 및 공사의 모든 단체 등을 포함한다.

④ 사실의 확인을 위한 출석요구

경찰관은 ㉠ 미아를 인수할 보호자의 여부, ㉡ 유실물을 인수할 권리자의 여부, ㉢ 사고로 인한 사상자를 확인하기 위하여, ㉣ 교통사고 조사상의 사실 등을 확인하기 위하여 필요할 때에는 관계인의 경찰관서에의 출석을 요구할 수 있다.

관계자의 출석을 요구할 때에는 출석을 요하는 사유·일시·장소 등을 명확히 한 출석 요구서에 의하여야 한다. 시간적 여유가 없을 때에는 전화 등으로 관계인에게 출석을 요구할 수 있다. 사실조회나 사실 확인을 위한 출석요구는 임의적 사실행위이며 강제가 따르지 않음은 물론이다.

주의할 것은 범죄피해내용 확인, 형사책임을 규명하기 위한 사실조사, 교통사고시 가해자와 피해자의 합의를 위한 종용 등은 출석요구사유에 해당하지 않는다는 점이다. 범죄피해 내용확인, 형사책임을 규명하기 위한 사실 조사는 형사소송법상의 출석요구에 의하여야 할 것이다.

⑤ 소속경찰관서의 장에게 보고

경찰관이 긴급을 요하여 현장에 출장, 사실을 확인한 경우에는 사실확인보고서를 작성, 소속경찰관서의 장에게 보고하여야 한다. 다만, 사실 확인이 정례적인 경우에는 구두로 보고하거나 근무일지 기재로 갈음할 수 있다.

7) 유 치 장(§9)

① 유치장의 개념

법률이 정한 절차에 따라 체포·구속되거나 신체의 자유를 제한하는 판결 또는 처분을 받은 자를 수용하기 위하여 경찰서에 두는 시설이다. 유치장은 구치소나 교도소와는 달리 경찰의 적법절차에 따라 체포·구속된 자, 구류형선고자, 입감의뢰자가 주로 수용된다.

② 유치장의 수용대상자

㉮ 법률이 정한 절차에 따라 체포·구속된 자 : 형사소송법에 의해 체포·구속된 자를 말한다.

㉯ 신체의 자유를 제한하는 판결 또는 처분을 받은 자 : 형사소송법 및 즉결심판에 관한 절차법에 의한 판결 또는 처분을 받은 자와 기타 형사특별법규에 의해 판결처분을 받은 자를 말한다.

③ 처 우

미결수의 경우 무죄추정의 법리에 따라 일반시민에 해당하는 처우를 하여야 한다.

④ 유치장 감찰

형사소송법 제198조의 2는 지방검찰청검사장 또는 지청장은 불법체포·구속의 유무를 조사하기 위하여 검사로 하여금 매월 1회 이상 관할수사관서의 피의자의 체포·구속 장소를 감찰하게 하여야 하며, 감찰하는 검사는 체포 또는 구속된 자를 심문하고 관계서류를 조사하여야 한다고 규정하고 있다. 경찰서의 유치장도 검찰의 감찰대상 장소이다.

8) 경찰장비의 사용(§10)

① 의 의

경찰관은 직무수행 중 경찰장비를 사용할 수 있다. 다만, 인명 또는 신체에 위해를 가할 수 있는 경찰장비에 대해서는 필요한 안전교육과 안전검사를 실시하여야 한다. 경찰장비라 함은 무기, 경찰장구, 최루제 및 그 발사장치, 감식기구, 해안감시기구, 통신기기, 차량·선박·항공기 등 경찰의 직무수행을 위하여 필요한 장치와 기구를 말한다.

② 경찰장비의 사용요건

인명 또는 신체에 위해를 가할 수 있는 경찰장비에 대하여는 필요한 안전교육과 안전검사를 실시하여야 한다.

③ 한 계

경찰장비를 임의로 개조하거나 임의의 장비를 부착하여 통상의 용법과 달리 사용함으로써 타인의 생명·신체에 위해를 주어서는 아니 된다. 경찰장비는 통상의 용법에 따라 필요한 최소한의 범위 내에서 이를 사용하여야 한다.

④ 장비의 종류·그 사용기준, 교육·검사기준

인명 또는 신체에 위해를 가할 수 있는 경찰장비의 종류·그 사용기준, 안전교육·안전검사의 기준 등에 대하여는 대통령령으로 정한다.

9) 경찰장구의 사용(§10의 2)

① 의 의

경찰관은 범인의 체포 및 도주의 방지와 자기 또는 타인의 생명과 신체에 대한 방호나, 또는 경찰관의 공무집행에 대한 항거의 억제를 위하여 필요하다고 인정되는 상당한 이유가 있을 때에는 그 사태를 합리적으로 판단하여 필요한 한도 내에서 경찰의 장구를 사용할 수 있다(경찰장구사용은 경찰관의 무기사용 다음으로 인명·신체에 실력을 가하는 중요한 수단이다).

② 경찰장구의 개념

여기서 '경찰장구'라 함은 수갑·포승·경찰봉·방패(예시에 불과) 등 경찰관직무활동을 위하여 몸에 지니는 것 중 무기를 제외한 일체의 물건으로서 인명·신체에 실력을 가하는 데 사용되는 것을 말한다.

③ 근거 및 성질

경찰관직무집행법 제10조의 2에 근거한 것으로서 이 법리는 경찰상 즉시강제로서의 대인적 강제수단(불심검문·교통차단)에 해당한다.

④ 요 건

㉮ 상황적 요건

㉠ 현행범인 경우와 사형·무기 또는 장기 3년 이상의 징역형이나 금고형에 해당하는

죄를 범한 범인의 체포 및 도주의 방지상 필요한 때

㉡ 자기 또는 타인의 생명이나 신체에 대한 방호를 위한 때

㉢ 경찰관의 공무집행에 대한 항거의 억제 등을 위하여 필요한 때

【참고】 장기 3년 이상의 징역이나 금고에 해당하는 죄를 범한 범인이란 처단형이나 선고형이 아니고 법정형을 의미하며, 이러한 범죄에 해당할 것이라는 판단은 경찰관의 합리적 판단에 일임한 것이므로 이러한 혐의를 인정할만한 상당한 이유가 있는 때에는 실제로 이러한 범죄를 범하지 않았어도 상관없다. 현행범인에 대하여도 사용할 수 있다.

㉯ 상당성(필요하다고 인정되는 상당한 이유가 있을 때) : 여기서 상당한 이유란 경찰관의 합리적 재량적 판단을 의미하지만 결과적으로 충분한 이유를 말한다. 그러나 경찰장구를 사용할만한 상당한 이유가 존재하더라도 필요한 한도 내에서만 사용해야 한다. 즉, 객관적으로 수긍할 수 있는 합리적 판단에 의하여야 한다.

⑤ 사용기준

㉮ 수갑·포승·호송용 포승 : 경찰관은 체포·구속영장을 집행하거나 신체의 자유를 제한하는 판결 또는 처분을 받은 자를 법률이 정한 절차에 따라 호송하거나 수용하기 위하여 필요한 때에는 최소한의 범위 내에서 수갑·포승 또는 호송용 포승을 사용할 수 있다. 범인·주취자 또는 정신착란자의 자살 또는 자해기도를 방지하기 위하여 필요한 때에도 수갑·포승 또는 호송용 포승을 사용할 수 있다.

㉯ 경찰봉·호신용 경봉 : 경찰관의 불법집회 및 시위로 인하여 발생할 수 있는 타인 또는 경찰관의 생명·신체의 위해와 재산·공공시설의 위험을 방지하기 위하여 필요한 때에는 최소한의 범위 안에서 경찰봉 또는 호신용 경봉을 사용할 수 있다.

㉰ 전자충격기·전자방패 : 경찰관은 14세 미만의 자 또는 임산부에 대하여 전자충격기 또는 전자방패를 사용하여서는 아니 된다.

10) 분사기 등의 사용(§10의 3)

① 의 의

경찰관은 범인의 체포·도주의 방지 또는 불법집회·시위로 인하여 자기 또는 타인의 생명·신체와 재산 및 공공시설안전에 대한 현저한 위해발생을 억제하기 위하여 부득이한 경우 분사기(가스발사총) 또는 최루탄을 사용할 수 있다.

② 요 건

분사기 또는 최루탄은 '범인의 체포·도주의 방지 또는 불법집회·시위'로 인하여 자기 또는 타인의 생명·신체와 재산 및 공공시설안전에 대한 현저한 위해발생을 억제하기 위하여 사용할 수 있다.

㉮ 범인의 체포·도주의 방지 또는 불법집회·시위 : 범인이란 수사기관에 수사 중인 피

의자, 형사피고인으로서 공소가 제기된 자 및 유죄판결이 확정된 기결수 등을 통틀어 말하는 것으로 체포·구속·구인 및 수감의 대상이 되는 사람이다. 체포에는 형사소송법상의 통상구속·긴급구속·현행범의 체포와 아울러 피고인에 대한 구속영장·구인장의 집행 및 형의 선고를 받은 자에 대한 형집행장의 집행 등도 포함된다. 도주의 방지란 이미 체포·구속단계에 있는 자를 그 실력적 지배로부터 이탈하지 못하도록 함을 뜻한다. 불법집회·시위란 '집회 및 시위에 관한 법률'에 의해 금지되는 집회·시위로서 집단적인 폭행·협박·손괴 등 공공의 안녕질서에 직접적인 위험을 가할 것이 명백한 집회·시위를 뜻한다.

㈏ 자기 또는 타인의 생명·신체와 재산 및 공공시설안전에 대한 현저한 위해발생의 억제

㉠ 자기 또는 타인의 생명·신체와 재산에 대한 위해발생의 억제 : 경찰관이 범인의 체포와 도주의 방지 또는 불법집회와 시위에 따른 직무를 수행하는 과정에서 자기 또는 타인의 생명·신체·재산 등에 현저한 위해발생이 예견되거나 직접적으로 위해가 발생하는 경우 그 억제를 위해 분사기 또는 최루탄을 사용할 수 있다.

㉡ 공공시설안전에 대한 현저한 위해발생의 억제를 위한 경우 : 공공시설은 국가·지방자치단체 및 기타 공공법인의 시설로서 국민의 생활·질서유지 등에 직접적인 영향을 미치는 시설을 말하는 바, 이러한 시설들의 파괴·손괴·방화 등 현저한 위해가 예견되거나 직접적으로 위해가 발생하는 경우 그 억제를 위해 분사기 또는 최루탄을 사용할 수 있다.

③ 한 계

분사기 또는 최루탄의 사용은 '부득이한 경우'로서 '현장책임자의 합리적인 판단'하에 '필요한 최소한의 범위 내'에서 행사하여야 한다. '부득이한 경우'란 분사기 또는 최루탄을 사용하지 않고는 위해발생을 억제할 수 없는 경우이다. '현장책임자의 합리적인 판단'은 분사기 또는 최루탄이 다중에게 일시적인 신체·정신적 기능장애를 발생시키는 것이므로 경찰관 개개인의 개인적 판단이 아닌 현장책임자, 즉 현장지휘자의 판단하에서 사용되어야 한다.

④ 사용제한

㈎ 가스발사총 : 경찰관은 범인의 체포 또는 도주방지, 타인 또는 경찰관의 생명·신체에 대한 방호, 공무집행에 대한 항거의 억제를 위하여 필요한 때에는 최소한의 범위 안에서 가스발사총을 사용할 수 있다. 이 경우 경찰관은 1미터 이내의 거리에서 상대방의 얼굴을 향하여 이를 발사하여서는 아니 된다.

㈏ 최루탄 : 경찰관은 최루탄발사기로 최루탄을 발사하는 경우 30° 이상의 발사각을 유지해야 하고, 가스차, 살수차 또는 특수진압차의 최루탄발사대로 최루탄을 발사하는 경우에도 15° 이상의 발사각을 유지해야 한다.

⑤ 기록·보관

분사기 또는 최루탄을 사용한 경우 그 책임자는 사용일시·사용 장소·사용대상·현장책임

자·종류·수량 등을 기록하여 보관하여야 한다.

11) 무기사용(§10의 4)

① 의 의

경찰관은 범인의 체포·도주의 방지, 자기 또는 타인의 생명·신체에 대한 방호, 공무집행에 대한 항거의 억제를 위하여 필요하다고 인정되는 상당한 이유가 있을 때에는 그 사태를 합리적으로 판단하여 필요한 한도 내에서 무기를 사용할 수 있다. 무기사용이라는 실력행사가 인정되는 경우에도 무기의 사용에 관해서는 본조의 요건이 필요하고 본조에 정한 요건에 합치되면 위법성은 조각되지만 그렇지 않을 경우 위법하게 된다(예: 경찰관 무기휴대는 경찰공무원법의 규정에 근거하고 있다).

② 무기의 개념

무기란 사람을 살상하는 성능을 가진 기구 일반을 총칭한다. '성질상 무기'는 사람을 살상하는 용도에 공할 목적으로 제작된 기구를 말하고, '용법상 무기'는 제작목적은 사람의 살상은 아니나 사용에 따라 사람의 살상에 이용할 수 있는 기구를 말한다.

경찰관직무집행법 제10조의 4의 적용을 받는 무기라 함은 인명 또는 신체에 위해를 가할 수 있도록 제작된 권총·소총·도검 등 '성질상 무기'만을 말한다.

개정 법률에서는 용법상 무기(예: 채찍, 돌팔매)는 경찰장비로 규정하여 여기의 무기에서 배제하였다.

③ 무기사용의 요건

위해를 수반하지 않는 무기의 사용	• 범인의 체포, 도주의 방지를 위해 필요한 때 • 자기 또는 타인의 생명, 신체에 대한 방호를 위해 필요한 때 • 공무집행에 대한 항거를 억제하기 위해 필요한 때 • 기타 필요하다고 인정되는 상당한 이유가 있을 때
위해의 수반이 허용되는 무기의 사용	• 형법상 정당방위 또는 긴급피난에 해당하는 때 • 사형·무기 또는 장기 3년 이상의 징역이나 금고에 해당하는 범인을 체포하는 경우 그 항거나 도주방지를 위해 필요한 때 • 체포·구속영장과 압수·색영장을 집행시 항거·도주방지를 위해 필요한 때 • 무기·흉기 등 위험한 물건을 소지한 범인·소요행위자가 경찰관으로부터 3회 이상의 투기·투항명령을 받고도 불응하면서 계속 항거할 때 • 대간첩작전 수행 중 무장간첩이 경찰관의 투항명령을 받고도 이에 불응할 때

④ 무기사용의 한계

㉮ 경찰비례의 원칙 : 필요하다고 인정되는 상당한 이유가 있을 때에는 그 사태를 합리적으로 판단하여 필요한 한도 내에서 사용하여야 한다.

㉯ 보충성의 원칙 : 무기를 사용하지 아니하고는 다른 수단이 없다고 인정되는 상당한 이유가 있을 때 사용한다.

판례 ① 〈경찰관의 무기 사용 요건 충족 여부의 판단 기준〉 경찰관은 범인의 체포, 도주의 방지, 자기 또는 타인의 생명·신체에 대한 방호, 공무집행에 대한 항거의 억제를 위하여 무기를 사용할 수 있으나, 이 경우에도 무기는 목적 달성에 필요하다고 인정되는 상당한 이유가 있을 때 그 사태를 합리적으로 판단하여 필요한 한도 내에서 사용하여야 하는바(구 경찰관직무집행법(1999. 5 24. 법률 제5988호로 개정되기 전의 것) 제11조), 경찰관의 무기 사용이 이러한 요건을 충족하는지 여부는 범죄의 종류, 죄질, 피해법익의 경중, 위해의 급박성, 저항의 강약, 범인과 경찰관의 수, 무기의 종류, 무기 사용의 태양, 주변의 상황 등을 고려하여 사회통념상 상당하다고 평가되는지 여부에 따라 판단하여야 하고, 특히 사람에게 위해를 가할 위험성이 큰 권총의 사용에 있어서는 그 요건을 더욱 엄격하게 판단하여야 한다.

② 50cc 소형 오토바이 1대를 절취하여 운전 중인 15~16세의 절도 혐의자 3인이 경찰관의 검문에 불응하며 도주하자, 경찰관이 체포 목적으로 오토바이의 바퀴를 조준하여 실탄을 발사하였으나 오토바이에 타고 있던 1인이 총상을 입게 된 경우, 제반 사정에 비추어 경찰관의 총기 사용이 사회통념상 허용범위를 벗어나 위법하다고 한 사례(대판 2004.5.13, 2003다57956 손해배상(기)).

판례 ① 〈경찰관직무집행법 제11조에서 정하는 '무기 사용'의 요건과 한계〉

② 경찰관이 신호위반을 이유로 한 정지명령에 불응하고 도주하던 차량에 탑승한 동승자를 추격하던 중 수차례에 걸쳐 경고하고 공포탄을 발사했음에도 불구하고 계속 도주하자 실탄을 발사하여 사망케 한 경우, 위 총기 사용 행위는 허용 범위를 벗어난 위법행위라고 본 사례

① 경찰관직무집행법 제11조의 규정에 비추어 보면 경찰관은 범인의 체포, 도주의 방지, 자기 또는 타인의 생명, 신체에 대한 방호, 공무집행에 대한 항거의 억제를 위하여 상당한 이유가 있을 때에는 필요한 한도 내에서 무기를 사용할 수 있으나, 형법이 정하는 정당방위와 긴급피난에 해당할 때 또는 체포, 도주의 방지나 항거의 억제를 위하여 다른 수단이 없다고 인정되는 상당한 이유가 있는 때에 한하여 필요한 한도 내에서만 무기를 사용하여 사람에게 위해를 가할 수 있음이 명백하다.

② 경찰관이 신호위반을 이유로 한 정지명령에 불응하고 도주하던 차량에 탑승한 동승자를 추격하던 중 몸에 지닌 각종 장비 때문에 거리가 점점 멀어져 추격이 힘들게 되자 수차례에 걸쳐 경고하고 공포탄을 발사했음에도 불구하고 계속 도주하자 실탄을 발사하여 사망케 한 경우, 위 사망자가 아무런 흉기를 휴대하지 아니한 상태에서 경찰관을 공격하거나 위협하는 등 거칠게 항거하지 않고 단지 계속하여 도주하였다면 그러한 상황은 형법에 규정된 정당방위나 긴급피난의 요건에 해당한다고 보기 어렵고, 위 사망자가 경찰관의 정지명령에 응하지 아니하고 계속 도주하였다는 사실만으로 경찰관직무집행법 제11조에서 규정하는 범죄를 범하였거나 범하였다고 의심할 충분한 이유가 있다고 보기도 어려우며, 동료 경찰관이 총기를 사용하지 않고도 함께 도주하던 다른 일행을 계속 추격하여 체포한 점에 비추어 볼 때, 경찰관이 추격에 불필요한 장비를 일단 놓아둔 채 계속 추격을 하거나 공포탄을 다시 발사하는 방법으로 충분히 위 사망자를 제압할 여지가 있었다고 보이므로, 경찰관이 그러한 방법을 택하지 아니하고 실탄을 발사한 행위는 경찰관직무집행법 제11조에 정해진 총기 사용의 허용범위를 벗어난 위법행위라고 본 사례(대판 1999.6.22, 98다61470 손해배상(기)).

판례 ① 〈형사상 범죄를 구성하지 아니하는 침해행위가 민사상 불법행위를 구성할 수 있는지 여부(적극)〉
② 경찰관이 범인을 제압하는 과정에서 총기를 사용하여 범인을 사망에 이르게 한 사안에서, 총기사용행위에 대한 무죄판결이 확정된 것과 무관하게 민사상 불법행위책임을 인정한 사례〉
① 불법행위에 따른 형사책임은 사회의 법질서를 위반한 행위에 대한 책임을 묻는 것으로서 행위자에 대한 공적인 제재(형벌)를 그 내용으로 함에 비하여, 민사책임은 타인의 법익을 침해한 데 대하여 행위자의 개인적 책임을 묻는 것으로서 피해자에게 발생한 손해의 전보를 그 내용으로 하는 것이고, 손해배상제도는 손해의 공평·타당한 부담을 그 지도원리로 하는 것이므로, 형사상 범죄를 구성하지 아니하는 침해행위라고 하더라도 그것이 민사상 불법행위를 구성하는지 여부는 형사책임과 별개의 관점에서 검토하여야 한다.
② 경찰관이 범인을 제압하는 과정에서 총기를 사용하여 범인을 사망에 이르게 한 사안에서, … 설령 부득이 실탄을 발사할 수밖에 없는 상황이었다고 하더라도 공소 외 2의 하체 부분을 향하여 발사하는 등의 방법으로 그 위해를 최소한으로 줄일 여지도 있었음에도 불구하고 우측 흉부를 향해 실탄을 발사하여 공소 외 2로 하여금 사망에까지 이르게 한 과실이 있으며, 한편 공소 외 1의 위 총기사용은, 그 동기나 목적, 경위, 상황에 참작할 만한 사정이 있고 그 때문에 형사사건에서는 무죄판결이 선고, 확정되었다고 하더라도, 위와 같은 당해 경찰관의 과실의 내용 및 총기사용의 구체적인 태양이 사람에게 결정적인 위해를 가할 수 있는 것이었고 실제로 공소 외 2의 사망이라는 중대한 결과를 초래한 점에다가 이 사건 사고로 발생한 손해의 공평한 분담이라는 측면까지 종합하여 고찰하면, 민사상 불법행위를 구성한다고 판단하였다(대판 2008.2.1, 2006다6713 손해배상(기)).

⑤ 무기사용의 기준

㉮ 총기사용의 경고 : 경찰관이 총기를 사용할 때에는 미리 구두 또는 공포탄에 의한 사격으로 상대방에게 경고하여야 한다. 그러나 상황이 급박하고 경고의 시간적 여유가 없는 때, 즉 경찰관에 대한 급습, 타인의 생명·신체에 중대한 위험 야기, 범행이 목전에 실행되는 때와 인질·간첩·테러사건에서 은밀한 작전수행의 경우에는 예외가 인정된다.

㉯ 사용제한 : 총기는 범죄와 무관한 다중의 생명·신체에 위해를 가할 우려가 있는 때에는 사용하여서는 아니 된다. 단, 타인 또는 경찰관의 생명·신체에 대한 중대한 위험을 방지할 수 있는 다른 수단이 없다고 인정되는 때에는 필요 최소한의 범위에서 사용할 수 있다. 총기 또는 폭발물을 가지고 대항하는 경우를 제외하고는 14세 미만자, 임산부에 대해서는 총기를 사용하지 못한다.

㉰ 동물의 사살 : 공공의 안전을 위협하는 동물을 사살하기 위하여 부득이 할 때 총기를 사용할 수 있다.

⑥ 무기사용 후 조치(보고와 기록 보관)

무기를 사용한 경우 책임자는 사용일시, 장소, 대상, 현장책임자, 종류, 수량 등을 기록·보관하여야 한다.

12) 벌 칙(§12)

① 이 법에 규정된 경찰관의 의무에 위반하거나 직권을 남용하여 다른 사람에게 해를 끼친 자는 1년 이하의 징역이나 금고에 처한다.

② 경찰관이 의무에 위반하거나 직권을 남용하여 다른 사람에게 해를 끼치는 행위를 범죄행위로 규정하여 형벌을 부과하고 있다.

(4) 특별경찰법상 개별적 수권조항(특별수권)

경찰작용법에 관련하여 경찰권 발동의 일반적 근거 법으로 위에서 설명한 경찰관직무집행법이 있고, 그 외에 특정 사항에 관한 근거법이 바로 특별경찰법상 특별수권(특별경찰법상 개별적 수권조항) 문제이다.

특별경찰법상 특별 규정들은 일반경찰법에 우선한다.

이하에서는 특별법상 모든 경찰작용을 상세히 설명할 수는 없고, 중요하다고 생각되는 것을 위에서 설명한 실무분야 또는 응용론상의 경찰에 따라 그 근거 법명만을 살펴보기로 한다.

1) 생활안전경찰(예방 경찰)

① 풍속사범의 단속에 관한 법률로는 풍속영업의 규제에 관한 법률, 사행행위 등 규제 및 처벌특례법, 성매매알선 등 행위의 처벌에 관한 법률, 성매매방지 및 피해자보호 등에 관한 법률, 성폭력범죄의 처벌 및 피해자보호 등에 관한 법률, 사격 및 사격장 단속법, 아동복지법, 식품위생법, 공중위생관리법, 영화 및 비디오물의 진흥에 관한 법률, 체육시설의 설치·이용에 관한 법률, 옥외광고물 등 관리법 등이 있다.

② 기초 질서 위반사범의 단속에 관한 법률로는 경범죄처벌법, 도로교통법 등이 있다.

③ 총포·도검류 등의 단속에 관한 법률로는 총포·도검·화약류 등 단속법 등이 있다.

④ 소년경찰에 관해서는 예규인 소년경찰직무규칙(㉠비행소년: 범죄소년·촉법소년·우범소년, ㉡불량소년, ㉢ 요보호소년)이 있고, 청소년보호법, 청소년의 보호에 관한 법률, 아동복지법, 청소년의 성보호에 관한 법률, 근로기준법 등이 있다.

⑤ 즉결심판에 관한 업무에 관한 법률로는 즉결심판에 관한 절차법이 있다.

2) 수사경찰

수사 활동의 법적 근거로는 경찰관직무집행법과 형사소송법 이외에 특별법으로는 마약류관리에 관한 법률 등이 있다.

3) 경비경찰

경비에 관련된 것으로는 형법 이외에 전투경찰대설치법, 경찰직무응원법, 수난구호법, 재해구호법, 화염병사용 등의 처벌에 관한 법률, 집회 및 시위에 관한 법률, 대통령 등의 경호에 관한 법률, 전직대통령예우에 관한 법률, 청원경찰법, 경비업법, 계엄법, 통합방위법 등이 있다.

4) 교통경찰

교통에 관한 것으로는 경찰법과 경찰관직무집행법 이외에 특별법으로는 도로교통법, 교통사고처리특례법, 특정범죄가중처벌에 관한 법률, 도로법, 형법 등이 있다.

5) 정보경찰

정보경찰에 관한 근거법으로는 경찰법과 경찰관직무집행법 이외에 특별법으로는 집회 및 시위에 관한 법률, 공직선거법 등이 있다.

6) 보안경찰

보안에 관한 것으로는 경찰법과 경찰관직무집행법 이외에 특별법으로는 국가보안법, 보안관찰법, 북한이탈주민의 보호 및 정착지원에 관한 법률, 남북교류협력에 관한 법률, 군사기밀보호법 등이 있다.

7) 외사경찰

외사경찰·건축경찰 및 환경경찰에 관한 것으로는 경찰청과 그 소속기관 등 직제, 건축법, 폐기물관리법, 검역법, 감염법, 자동차관리법, 출입국관리법, 범죄인인도법, 국제형사사법공조법, 외국환거래법, 여권법, 국가보안법, 밀항단속법, 국내재산도피방지법, 외국인투자촉진법, 해외이주법, 대외무역법, 외국인토지법 등이 있다. 특히 「대한민국과 아메리카합중국간의 상호방지조약 제4조에 의한 시설과 구역 및 대한민국에서의 합중국군대의 지위에 관한 협정(SOFA)」과 협정의 시행에 관한 형사특별법 등의 법령이나 조약 등이 있다.

8) 기 타

기타 사항의 경찰작용법의 근거로는 소방기본법, 재난 및 안전관리기본법, 옥외광고물 등 관리법, 기부금품의 모집 및 사용에 관한 법률, 유선 및 도선사업법, 수상레저안전법, 자전거이용 활성화에 관한 법률, 민방위기본법, 의료법, 약사법, 자연재해대책법, 방조제관리법, 주민등록법, 마약류관리에 관한 법률, 모자보건법, 관세법, 출입국관리법, 직업안정법, 선박안전법, 산림자원의 조성 및 관리에 관한 법률, 항공법 등이 있다.

3. 경찰권의 한계

(1) 법규상 한계

1) 서 설

경찰권은 반드시 법규의 근거가 있는 때에만 발동할 수 있는 동시에 법규에 의하여 허용된 한도 내에서만 발동되어야 한다. 따라서 경찰법규는 경찰권의 근거인 동시에 경찰권의 한계로서 원칙적으로 법률, 예외적으로 법규명령의 형식으로 존재한다. 그러므로 법규상 한계는 경찰권의 발동에 대한 제1단계적 제약이 된다.

2) 경찰작용과 편의주의(경찰작용과 재량성문제)

경찰작용은 명령과 강제를 위주로 하는 전형적인 권력작용이므로 반드시 법률의 근거에 따라 행하여져야 하며(법률유보), 또한 법령에 위반·저촉되어서도 아니 된다(법률우위).

그런데 경찰관직무집행법(§4~§6)과 대부분의 경찰작용에 대한 근거법(수권법)들은 법률요건에 불확정개념을 사용하거나 법률효과를 가능규정으로 하여 경찰관청에게 판단 여지나 재량을 부여하고 있다. 위해방지작용에 있어서 행정청에게 판단 여지와 재량을 부여하는 것을 행정작용(경찰작용)의 편의주의라 한다. 합법주의에 대응되는 개념이다. 이러한 경찰작용의 편의주의는 공공의 안녕과 질서에 대한 위해는 종류·수 및 정도 등에 있어서 아주 다양하여 예견할 수도 없기 때문에 입법자가 이들을 미리 예견하여 상세하게 규정한다는 것은 입법기술상 불가능하며, 경찰행정청에게도 구체적인 경우에 위해방지를 위한 유연하고 탄력성 있는 조치가 불가피하다는 입법정책적인 면에서도 요구되고 있다.

그러나 경찰관청은 구체적인 위해방지작용에 있어서 판단여지와 재량이 부여된다고 하더라도 그 한계를 준수하여야 한다. 재량의 일탈이나 남용, 재량의 해태시에는 위법이 되며, 재량의 영에로의 수축시에는 특정 의무가 발생한다는 점이다.

3) 경찰권 영으로의 수축(경찰권발동의 의무화와 경찰개입청구권)

【기출문제】 2006년 (제50회) 행정고시 (사례형)> ※ 경찰재량과 무하자재량행사청구권 및 행정개입청구권(행정법(상), 행정개입청구권에서 답안해설 함)

경찰작용의 편의주의에 따라 구체적인 경우에 경찰권을 발동할 수 있는지 문제와 발동하는 경우에 어떤 발동을 할 것인지는 경찰관청의 재량권의 범위에 속한다. 또한 경찰권이 발동된다고 하더라도 개인이 이로부터 받는 이익은 반사적 이익에 불과하다는 것이 종래 지배적인 견해였다.

그러나 공공의 안녕과 질서에 의하여 보호되는 법익이 중대하고 그에 대한 위해가 급박한 경우에는 재량이 영으로 수축되어 경찰권 발동이 의무화되고, 이러한 의무에 상응하여 개인(상대방)에게는 경찰개입청구권이 발생한다. 재량권의 영으로의 수축이론은 행정청의 부작위로 인하여 손해가 발생한 경우에 국가의 배상책임을 인정하기 위한 법리로서 성립·발전되었다.

경찰개입청구권이 성립하기 위해서는 ① 경찰권발동을 의무지우는 강행법규가 존재해야 한다. 따라서 재량법규인 경우에는 재량이 영으로 수축되어야 한다. 재량이 영으로 수축하여 경찰개입의 의무가 존재하기 위해서는 생명·신체 등 개인의 중요한 법익에 대한 위해가 존재해야 하며, 개입을 통하여 동가치적 또는 보다 높은 법익의 침해의 우려가 없어야 하며, 아울러 개인의 자력구제나 민사상 구제수단을 기대하기가 어려워야 한다.[85] ② 당해 경찰법규가 공익뿐만 아니라 최소한 사익보호를 의도하고 있어야 한다. 종래 경찰작용의 수권조항은 단지 공익만을 보호한다는 이유에서 사익보호성이 부인되어 왔으나, 오늘날 경찰관직무집행법 및 개별 법률상의 수권조항들의 상당수가 공익뿐만 아니라 사익도 보호하고 있다는 점이다(예: 경찰관직무집행법 §4~§7).

(2) 조리상 한계

1) 경찰공공의 원칙(사생활자유의 원칙)

경찰권은 사회공공의 안녕과 질서유지를 위하여서만 발동할 수 있고, 사회질서에 직접적인 영향이 없는 개인의 사익에 관한 사항(사인의 사생활)에는 원칙적으로 관여할 수 없다는 원칙이다. 이 원칙에 위반하여 경찰권을 발동하면 위법행위가 된다. 개인의 활동에 대하여는 원칙상 개입할 수 없고, 예외적으로 그 개인의 활동이 공공의 안녕과 질서에 위해를 가하는 경우에 한하여 경찰권을 발동할 수 있다.

① 사생활불가침의 원칙

경찰작용은 각인의 사생활에 관여할 수 없으나, 사회질서에 직접 영향을 줄 때에만 간섭할 수 있다(질병의 예방·치료는 사생활이지만, 전염병의 경우 강제접종·강제격리를 실시하고, 남녀교제가 풍기문란이 되는 경우 또는 미성년자가 음주·흡연할 경우, 정신착란 또는 주취로 인하여 자기 또는 타인의 생명·신체·재산에 위해를 미칠 우려가 있는 경우 등은 단속한다).

② 사주소 불가침의 원칙

사주소란 사적 활동의 본거가 되는 곳 즉, 직접공중과 접촉되지 않은 장소를 말하므로 거주용 주택에 한하지 않고, 회사공장, 사무소, 연구실 등이 포함된다. 다만 불특정다수인이 수시로 출입하는 흥행장, 여관, 음식점, 역은 사주소가 아니고, 공개된 장소에 해당한다. 사주소 안의 행동은 원칙적으로 경찰의 관여를 받지 아니하나, 사주소라도 직접 공중(사회공공의 안녕과 질서유지)과 접촉되거나 영향을 미칠 수 있는 행위 또는 상태일 때(외부에서 보이는 사주소 내의 나체, 전염병, 화기, 소음)에는 간섭할 수 있다. 불특정다수인이 자유로이 출입할 수 있는 장소를 공개된 장소라 한다. 예컨대 흥행장, 여관, 음식점, 역은 사주소가 아니고 공개된 장소이며, 이는 공적장소와 다름이 없으므로 사주소와는 구별된다.

> **판례** 〈대학교의 강의실은 일반인에게 개방되어 자유롭게 출입할 수 있는 건조물이 아니므로 공개된 장소가 아니다.〉 대학의 강의실은 경찰상 공개된 장소가 아니다. 일반적으로 대학의 강의실은 그 대학 당국에 의하여 관리되면서 그 관리업무나 강의와 관련되는 사람에 한하여 출입이 허용되는 건조물인 것이지 널리 일반인에게 개방되어 누구나 자유롭게 출입할 수 있는 곳은 아니다(대판 1992.9.25, 92도1520).

85) 정하중, 행정법각론, 248쪽.

③ 사경제자유의 원칙

㉮ 사경제적 거래도 우리나라의 경제제도가 사유재산제도 및 계약자유의 원칙을 인정하는 이상 개개인의 자유의 영역에 속하고, 경찰은 원칙적으로 이에 관여하지 못하는 바, 이를 사경제적 자유의 원칙이라 한다.

㉯ 다만, 이러한 사경제적 거래의 자유는 오늘날의 경제국가, 사회국가, 복지국가에 있어서는 각종 경제규제법에 의거하여 경찰이 이 방면의 국민생활에 관여하는 일이 많아지고 있다.

㉰ 그러나 법적 근거가 없는 한 상품의 가격·품질·내용, 영업의 종류·방법, 물건의 매점·매석과 같은 사경제 생활에 관여하지 못함이 원칙이다. 사경제자유의 원칙은 오늘날 광의의 민사관계불간섭의 원칙에 포함된다.

④ 민사관계 불간섭의 원칙

민사관계 불간섭의 원칙이란 경찰기관은 사회공공의 안녕 및 질서와 관계없이 민사관계에 개입해서는 안 된다는 원칙이다. 경찰은 특정한 사인의 소유권의 불행사를 명한다든가, 방의 전세를 줄 것을 명하거나 사인 간의 채무불이행·불법행위·재산권행사·친권행사·민법상 계약 등과 같은 민사상 법률관계에 관여할 수 없다. 민사상법률관계는 특정한 당사자의 이해관계에 그치고 또 형성이나 유지는 사법권의 작용에 속하기 때문이다. 그러나 당사자의 사익에 그치지 않고 공중의 안전·위생·풍속·교통 기타 사회공공의 안녕과 질서에 관계되는 경우에는 관여할 수 있다. 예컨대 암표매매행위의 경우는 그 범위 내에서 경찰권 발동의 대상이 된다.

2) 경찰비례의 원칙(비례의 원칙 설명참조)

【기출문제】 <1987년 (제31회) 행정고시 (약술형)> ※ 경찰비례의 원칙

① 개 념

경찰권발동의 조건과 그 정도는 질서유지의 필요와 국민의 자유와 권리를 제한하는 정도를 비교하여 그 사이에 사회통념상 적당하다고 인정되는 비례가 유지되어야 한다는 원칙이다. 비례의 원칙은 실정 법률의 규정과 관계없이 모든 행정영역에 적용되는 행정법의 일반원칙으로 경찰권행사를 구속하는 헌법적 효력을 갖는다. 경찰관직무집행법 제1조 제2항은 「…… 경찰관의 직권은 그 직무수행에 필요한 최소한도 내에서 행사되어야 하며 이를 남용하여서는 아니 된다」라고 하여 경찰권 발동에 있어서 비례의 원칙을 명시적으로 규정하고 있다. 이 원칙에 위반한 경찰권 행사는 위법으로, 국민은 복종할 의무가 없고, 정당방위나 손해배상·원상회복을 청구할 수 있다.

② 경찰권발동의 조건

경찰권은 진압경찰의 경우는 사회질서유지상 묵과할 수 없는 위험이 있을 때, 예방경찰의 경우는 묵과할 수 없는 장해발생의 직접적 위험 또는 상당한 확실성(이는 명백하고도 현존하는 위험의 원칙에 해당)이 있을 때에만 발동하여야 한다.

경찰비례·책임·소극목적의 원칙에서 경찰관직무집행법 제2조·제7조 등에서의 위험(위해)이란 개념은 일종의 예측, 즉 위험이란 개개의 경우에 존재하는 손해발생의 가능성이 있는 경우로 위험의 존재는 경찰개입을 위한 요건이다. 위험은 사실에 기인하여 향후 발생할 사건의 진행에 관한 주관적 추정을 포함하지만, 일종의 객관화를 이루는 사전판단을 요한다. 다만 객관적으로 판단할 때 위험의 외관 또는 혐의도 정당화되지 아니함에도 불구하고 경찰이 위험의 존재를 잘못 추정했다면, 오상위험이고 이때 경찰개입이 이뤄졌다면 손해전보 문제가 발생한다.

③ **경찰발동권의 정도**

이상과 같은 조건하에서 발동하는 경우에도 경찰권발동은 장애나 위험의 제거를 위하여 불가피하게 요구되는 최소한도에 그쳐야 한다(경찰관직무집행법 §1·②). 경찰비례의 원칙은 공공의 안녕과 질서유지라는 공익목적과 이를 실현하기 위하여 개인의 권리나 재산을 침해하는 수단 사이에는 합리적인 비례관계가 있어야 한다는 원칙으로서 적합성의 원칙, 필요성의 원칙, 상당성의 원칙의 3요소를 그 내용으로 하고 있다.

㉮ 적합성 원칙

경찰기관이 취한 조치는 위험방지의 목적을 달성하는 데에 적합한 것이어야 한다.

㉯ 필요성 원칙

경찰상의 조치가 비록 위험방지의 목적을 달성하는 데 적합한 것이라 할지라도, 당해 목적을 달성하기 위하여 필요한 최소한의 범위 내에서만 경찰권발동이 허용되어야 한다는 원칙으로서, 최소 침해의 원칙이라고도 한다.

㉰ 상당성 원칙(협의의 비례원칙)

경찰상의 조치가 비록 경찰상의 목적을 달성하기 위한 최소한의 범위 내에의 것이라 할지라도, 그로 인하여 얻는 이익이 상대방이 받는 불이익보다 큰 경우에만 당해 조치를 취할 수 있다는 원칙이다. 협의의 비례원칙이라고도 한다. “경찰은 대포로 참새를 쏘아서는 안 된다”는 표현은 이 상당성의 원칙을 뜻한다.

3) 경찰책임의 원칙(경찰권 발동의 대상)

【기출문제】 **<1983년 (제25회) 사법시험 (약술형)·2002년 (제18회) 입법고시 (약술형)>** ※ 경찰책임
<1991년 (제33회) 사법시험 (논술형)> ※ 경찰권은 어떠한 경우에 누구에 대해 어느 범위에서 발동할 수 있는가?

① 의 의

경찰권은 사회장애의 발생 또는 발생위험(경찰위반의 행위 또는 상태)에 대하여 직접 책임을 질 지위에 있

는 자에 대하여서만 발동할 수 있고 그 밖에 제3자에 대한 발동은 위법이다. 제3자에 대하여는 긴급한 필요가 있는 경우 법규에 근거하여서만 예외적으로 발동할 수 있다.

② 경찰책임의 특성(경찰책임자)

㉮ 경찰채임과 주관적 요건 불요

경찰책임은 형사책임과 달리 고의·과실을 요건으로 하지 않고 과실 없이도 사회적 장애가 자기의 생활범위 안에서 발생하면 그 장애의 방지·제거의 책임이 있고, 경찰상의 명령·강제에 복종해야 한다.

㉯ 경찰책임과 권원(책임의 객관화)

자기 생활범위 안이라 함은 자기 자신의 행위뿐만 아니라 자기의 지배범위 안에 속하는 타인의 행위 또는 물건의 상태까지를 포함하며 경찰책임자를 결정하는 생활범위는 객관적인 사실상의 질서에 의하는 것이므로 지배권의 정당한 권원의 유무를 묻지 않는다. 또한 상대방은 불가항력에 의한 질서위반 상태에 대해서 책임을 진다.

㉰ 경찰책임의 주체

㉠ 자연인과 사법인(私法人) : 자연인과 사법인은 실질적·형식적 경찰책임자가 된다. 자연인의 경우는 행위능력이나 불법행위능력 유무를 불문하고, 내국인·외국인 등을 묻지 않는다. 다만 행위능력 없는 경찰책임자에 대한 경찰권발동으로 인한 의무부과처분은 법정대리인에게 송달되어야 한다. 그리고 법인의 실체를 갖추고 있으면서 법인격을 취득하지 아니한 권리능력 없는 사단도 포함된다. 또한 피용자의 경찰책임과 병행하여 사용자 또한 부가적인 책임을 진다.

㉡ 공법인 및 행정기관 : ⓐ 국가·지방자치단체 기타 공법인 및 행정기관이 공공의 안녕·질서유지에 관한 법을 지킬 의무가 있는가, 즉 경찰책임의 주체 문제와 ⓑ 경찰위해를 일으키는 국가적 기관에 대하여 경찰은 경찰권을 발동할 수 있는가, 즉 경찰책임을 묻는 방법 등에 대하여 문제가 제기된다. 예컨대 국가의 시설이 노후되어 붕괴의 위험이 있다던가, 군대의 기동연습이 국민에게 위험을 주는 등의 식으로 국가적 기관의 행위나 물건이 경찰위해를 가하는 경우, 지방자치단체가 운영하는 폐기물 매립장에서 방출하는 오염물질에 의해 인근주민이 피해를 입고 있어 경찰권 발동이 문제되는 경우이다. 공법상의 법인도 당연히 경찰책임자가 될 수 있고, 또한 경찰법규를 준수할 의무가 있다.

공법인의 경찰책임은 공행정작용(권력작용+비권력작용+행정사법작용도 실질은 공행정작용임)에 관해서만 문제되고, 국고적 작용의 경우에는 사법인(사인)의 지위와 같기 때문에 경찰권이 발동될 수 있다(경찰책임의 주체임). 공행정작용에는 실질적 경찰책임과 형식적 경찰책임이 있다.

ⓐ 공법인 및 다른 행정기관의 실질적 경찰책임 : 공법인도 실질적 경찰책임의 주체가 되는 것은 당연하다. 모든 국가기관은 헌법과 법에 구속되며, 모든 국가작용은 경찰법 등을 비롯하여 법질서의 예외자가 될 수 없기 때문이다. 다만, 공

법인에 속하는 국가기관은 수행하는 공적 임무의 특수성으로 인해 경우에 따라서는 경찰상 의무이행에서 면제되어야 할 경우가 존재한다. 이는 특히 법률의 규정이 있는 경우(예 : 도로교통법 제2조 제20호 및 동법시행령 제2조에 의해 인정되는 긴급자동차의 경우에, 배제되는 경찰상의무규정들인 동법 제29조, 제30조의 경우)도 있지만, 명문의 규정이 없는 경우에도 공법인 등의 공적 임무수행을 통한 공익과 공공의 안녕과 질서의 유지라는 공익을 비교형량하여 공법인 등의 실질적 경찰책임이 감·면될 수 있는 경우가 있을 것이다.[86)]

ⓑ 공법인 및 다른 행정기관의 형식적 경찰책임 : 공법인이나 행정기관에 대하여서도 경찰상 위해(공공의 안녕과 공공의 질서에 대한 위해)의 제거를 위한 경찰관청의 경찰권발동의 대상이 될 수 있는지가 문제된다. 예컨대 의정부시 부근에 주둔하는 군대의 사격연습장에서 사격연습으로 탄환이 날아온 경우 경찰기관은 군대에 대하여 경찰권을 발동하여 사격연습의 중지를 명할 수 있는가?

ⓘ 부정설 : 부정설은 공법인이 행정기관에 대하여는 경찰권과 각각 권한이 분배되어있고, 따라서 그 권한의 범위 안에서는 다른 기관의 간섭을 받음이 없이 권한이 행사되어야 하고, 조직법상 형식적 경찰책임을 인정하면 다른 국가기관이나 지방자치단체 또는 다른 공법인에 대한 경찰관청의 우위를 인정하는 결과가 되며(모든 행정 분야는 동일한 서열과 등급을 갖는다는 조직법상 기본원칙에 반한다), 그 권한행사 과정에서 발생하는 경찰위해에 대한 책임은 스스로의 책임 하에서 행하여져야만 하며 경찰권이 관여해서는 안 된다는 것이다. 다만, 필요한 경우에는 시정권고만을 할 수 있다고 한다.[87)] 만약, 경찰상 위해의 존부여부에 대하여 상호의견의 차이가 존재하는 경우에는 경찰행정청과 다른 행정기관에 공통되는 상급 행정청에 의하여 해결되어야 한다고 한다(정하중).

ⓘⓘ 긍정설(제한적 긍정설) : 긍정설은 법령에 의하여 국가·지방자치단체의 기관에 고유의 권한이 분배되어 있다는 것은 경찰기관이 이들 기관에 대하여 경찰권을 발동하는데 장애가 될 수 없다는 것이다. 그것은 다른 기관에 고유권한이 분배되어있다 하더라도 질서유지에 관하여는 경찰기관의 권한이 보다 우월하기 때문이라 한다. 즉, 전체로서의 법질서는 국가 아닌 공법인에 대해, 그리고 행정조직 내부에서는 다른 행정기관에 대해서도 경찰목적을 위한 경찰의 개입권능은 인정되어야 한다는 것이다.

ⓘⓘⓘ 결 어 : 부정설에 따르게 되면 예컨대 국·공립학교 주위에 사는 주민은 학교운영과 관련하여 발생하는 건강을 해하는 소음에 대해서, 소방서 주위에 사는 사람은 소방차 사이렌 소음에 대해서, 군대의 사격장 주위에 사는 주민

86) 유지태, 전게서, 756쪽 ; 박균성(하), 442쪽.
87) 김성수, 개별행정법, 498쪽, 법문사, 2001.

은 신체상의 위협에 대해서, 각각 경찰기관의 개입을 요구할 수 없게 된다. 생각건대 원칙적으로 경찰행정기관에 의한 위해방지를 위한 정당한 권한 행사는 다른 국가기관이나 공법인(예 : 지방자치단체)에 대해서도 인정되어야 한다고 본다.[88] 그러나 그 구체적 행사는 다른 국가기관 등의 공행정임무수행에 영향을 주는 방식으로 행하여서는 안 될 것이다. 따라서 다른 국가기관에 의해서 행해지는 적법한 임무수행을 방해하지 않는 범위 내에서만 위해방지를 위한 경찰기관의 처분은 허용되는 것이라고 보아야 한다. 따라서 경찰기관이 이러한 기준에 따라 개입권한을 갖고 위해방지를 위한 행위를 스스로 행한 때에는, 이로 인해 소요된 비용은 사인이 야기한 경우와 마찬가지로 당해 국가기관에 대해 청구할 수 있다고 보아야 할 것이다. 그러나 경찰기관이 개별적인 경우에 비추어 다른 국가기관의 고권적 임무수행을 방해할 가능성으로 인해 개입할 권한을 갖지 못하게 되는 경우에는, 이에 대한 위해방지책임은 당해 국가기관이 스스로 지게 된다. 이 경우 당해 국가기관이 스스로 이러한 경찰책임을 이행하지 않는 경우에는 경찰행정기관은 당해 기관의 상급기관에 대해 협조를 구할 수밖에 없을 것이다. 항공기 소음이 환경기준을 초과하는 경우에, 환경부장관이 관계기관의 장에게 항공기소음의 감소 및 피해방지를 위하여 필요한 조치나 관계기관의 협조를 요청할 수 있도록 하고 직접 개입하지 못하는 규정(소음·진동관리법 §39·①, §48)은 이러한 관점에서 이해할 수 있을 것이다.[89] 국가기관이 국고작용(私法作用)을 수행하는 과정에서 위해를 야기한 경우는 이때는 행정목적 달성과는 무관하기 때문에 당연히 당해 국가기관에 대한 경찰권발동이 인정된다. 따라서 구청청사를 신축하는 공사에서 나오는 소음·악취, 행인에 대한 위해에 대해서는 일반사인의 경우와 같이 경찰권이 발동된다.

③ **경찰책임의 종류**

㉮ 행위책임

㉠ 의 의 : 자기의 행위에 대해서는 물론, 타인의 행위를 관리하고 있는 자는 그 권한의 범위 내에서 피관리자의 행위로 인하여 발생한 경찰위반상태에 대하여 책임을 진다. 예컨대 타인(무능력자·피고용인)을 보호·감독할 지위에 있는 자(친권자·사용주)는 그 타인의 경찰위반에 대하여도 경찰책임을 진다. 여기에서 「타인의 행위에 대한 책임」은 대위책임이 아니고, 자기의 지배권 내에서 발생한 데 대한 책임인 자기책임이다. 예컨대 자녀의 행위에 대하여 보호자가, 사용인의 행위에 대하여 사업주가 책임을 지도록

88) 유지태, 전게서, 757쪽 ; 박균성(하), 442쪽.

89) 유지태, 전게서, 758쪽.

규정한 경우가 있고, 주유소의 종업원이 부정휘발유를 판매한 경우에 종업원은 행정벌을 받게 되고, 사업자도 행정벌과 함께 영업정지처분을 받도록 규정되어 있는 경우가 있다(위험물안전관리법 §38 : 양벌규정). 타인의 행위에 대하여 경찰책임이 인정되는 경우에도 행위자의 경찰책임이 면제되는 것은 아니다. 즉, 실제의 행위자와 감독자가 동시에 경찰책임을 진다.

경찰법상의 행위책임은 민사법상의 책임이나 형사법상의 책임과는 달리 행위자의 의사능력·행위능력 및 과실여부를 묻지 않는 「객관적 책임」을 의미한다. 예컨대 도로상에서 발작을 일으킨 간질병환자나 도로상에 방치되어 있는 만취자 역시 행위책임자가 된다. 타인의 행위에 대한 보호자 또는 감독자의 경찰책임은 민사상의 사용자나 후견인의 책임과는 달리 보호자 또는 감독자의 고의·과실도 요하지 않는다.

㉡ 행위책임의 귀속(인과관계) : 경찰책임이 인정되기 위해서는 발생된 경찰상의 위해와 책임자의 행위(타인의 행위로 인한 책임의 경우에는 피감독자의 행위)사이에 인과관계가 존재하여야 한다. 어떤 경우에 경찰책임상의 인과관계가 존재하는가에 대하여는 ⓐ 결과발생의 원인이 모든 조건에 관하여 인과관계를 인정하는 「조건설」, ⓑ 동일한 조건이 존재하는 경우에는 동일한 결과를 발생케 하는 것이 보통이라는 경우에만, 즉 경험측상 그러한 결과에 상당한 조건만 인과관계를 인정하는 「상당인과관계설」, ⓒ 경찰위반상태를 직접 야기한 행위자만이 경찰책임을 지고 간접적인 원인제공자는 경찰책임을 지지 않는다는 「직접원인설」이 있는데 직접원인설이 통설이다.

조건설에 의하게 되면 경찰책임의 귀속이 무한히 확대되기 때문에 적합하지 않고, 상당인과관계설에 의하게 되면 위해방지임무는 예측하기 어려운 예외적인 상황에서도 대처하여야 하며, 발생된 위해가 경험 측에 비추어 예견할 수 없었다고 하더라도 행위자에 대하여 경찰권을 발동하여야 하기 때문에 상당인과관계설 역시 타당하지 않다. 따라서 직접원인설이 타당하다고 본다.

직접 원인설에 따르면 공공의 안녕과 질서에 대한 위해를 직접 발생시키는 행위만이 경찰책임의 대상이 된다. 결과발생의 간접적인 원인은 경찰책임의 대상이 되지 않음이 원칙이며, 일련의 인과관계의 고리 중에서 마지막의 그리고 결정적인 원인을 제공한 사람이 행위책임자가 됨이 원칙이다.

예컨대 합법적으로 개최된 집회(프로축구시합)가 방해자들에 의하여 난동이나 소요가 발생한 경우 경찰책임자는 집회의 개최자가 아니라 난동자·소요자이다. 한편 직접적으로 위해의 원인을 야기하지는 않았으나 직접원인자의 행위를 의도적으로 야기시킨 자를 「목적적 원인제공자」라고 한다. 이 자 역시 행위책임자로 보아 경찰권 발동의 대상이 된다. 예컨대 상점 주인이 쇼윈도에 이색적 광고를 하여 사람들이 운집한 경우에 운집한 군중은 「직접적인 원인자」로서 경찰권발동의 대상이 되며, 한편 상점주인은 「목적적 원인제공자」로서 경찰권발동의 대상이 된다.

축구장이나 음악회에서 관중의 소요·난동을 통하여 발생된 위해에 대하여, 소요를 일으킨 관중은 직접적인 원인자로서, 행사의 개최자는 목적적 원인제공자로서 행위책임을 진다. 다만 행사의 개최자에게 경찰책임을 지우는 것은 개최자의 영업의 자유를 지나치게 침해하는 결과를 가져올 수 있으므로, 중대한 난동이 일어날 가능성이 농후하였고, 개최자가 난동을 방지하기 위하여 필요한 조치를 소홀히 한 극히 예외적인 경우에만 개최자에게 경찰책임을 물어야 할 것이다.[90]

그러나 누구든지 자신의 상업적 또는 정치적 목적을 위하여 군중을 원하는 경우, 이를 통하여 발생된 공공의 안녕과 질서에 대한 위해가 그 행사와 직접적인 연관관계가 있을 때에는 그 위해에 대하여 책임을 져야함이 원칙이다.[91]

㉯ 상태책임

㉠ 의 의 : 상태책임이란 물건(토지·공작물·동식물)의 소유자·점유자 및 물건을 사실상 지배하고 있는 자는 그의 지배 범위 내에서 그 물건의 상태나 동물의 행위로부터 야기된 경찰위반 상태가 발생한 경우에 물건의 소유자·점유자 또는 사실상 지배자가 지는 책임이다. 상태책임은 물건의 위험한 상태가 경찰상 위해를 야기하고 있는 경우에 당해 물건에 대하여 지배력(당해 물건의 위험한 상태에 대하여 영향력을 미칠 수) 있는 자에게 그 경찰상 위해를 제거하도록 하는 것이 타당하다는 데 근거한다.

㉡ 인과관계 : 상태책임도 물건의 상태와 경찰상 위험 사이에는 인과관계가 존재해야 하며, 위험이 직접적으로 물건으로부터 발생한 경우에 상태책임이 인정된다. 물건의 위험한 상태의 발생 원인이 사실상의 지배권 자에 의한 것이건, 제3자에 의한 것이건, 또는 자연력에 의하여 발생되었는지를 묻지 않는다. 위험의 야기상태는 제3자에 의해서도 생겨날 수 있다. 예컨대 제3자가 타인의 자동차를 위법하게 사용하고 도로상에 버린 경우 제3자는 더 이상 사실상 지배력을 행사하지 않게 되는데, 이 경우 자동차 소유권자는 제3자에 의해 생긴 위험에 그 제3자와 아울러 경찰책임을 져야 한다. 경찰의 상태책임자는 물건에 대한 정당한 권원(관리권의 적법성)을 가져야 할 필요는 없고, 사실상 지배하는 자이면 족하다. 따라서 경찰기관은 당해 물건의 소유관계와는 관계없이 당해 물건을 현실적으로 지배하고 있는 당사자에게 경찰권을 발동할 수 있게 된다.

㉢ 상태책임의 주체

ⓐ 사실상 지배력을 행사하고 있는 자 : 자신의 처분권이 법률상 또는 사실상 미치지 않는 범위에서는 상태책임을 지지 않고, 사실상 지배력을 행사하고 있는 자(점유보조자, 임차인 등)가 상태책임을 진다. 따라서 ⓘ 물건이 도난 된 경우와 같이 사실상

---

90) 박균성, 행정법론(하), 446쪽.

91) 정하중, 행정법각론, 253쪽.

지배력을 미치고 있는 자가 소유권자 등 정당한 권리자의 의사에 반하여 지배력을 행사하고 있는 경우, ⅱ 법률상 국가에 의하여 재산권이 압류당한 경우에는 각각 소유권자 등 정당한 권리자는 상태책임을 지지 않는다.

ⓑ 정당한 권리자 : 소유권자·임차인 등 정당한 권리자가 상태책임을 진다. 물건의 소유권자는 통상 2차적인 책임자가 된다. 제3자에 의한 사실상 지배력을 행사하고 있는 자가 물건의 점유이탈이나 포기함으로서 제3자에 의해 생긴 위험(제3자가 타인의 자동차를 위법하게 사용하고 도로상에 버린 경우)에 대해서는 소유권 등 정당한 권리자도 제3자와 함께 상태책임을 진다.

소유권을 포기하면 원칙상 경찰책임이 종료되지만, 그 포기가 경찰책임을 면하기 위한 것인 때 또는 포기당시 경찰상 위해가 발생하고 있었던 때에는 소유권자의 경찰책임은 면제되지 않는다. 예컨대 승용차의 소유자가 사고 후에 폐차처리 비용의 절약을 위해 소유권을 포기하여도 운전자로서 그는 여전히 경찰책임이 있다. 경찰책임은 공법상 책임이므로 명문의 근거 없이 경찰책임자의 일방적 의사에 의해 그 책임이 면제될 수는 없는 것이다.

ⓒ 잠재적 위험의 실현에 대한 경찰책임 : 원래는 경찰적합상태에 있던 물건이 소유자나 점유자의 귀책사유 없는 주변 환경의 변화에 의하여 공공의 안녕과 질서에 위해가 되는 경우 당해 물건의 소유자나 점유자는 상태책임을 인정함이 타당하다는 것이 잠재적 위험의 실현에 대한 경찰책임 문제이다. 예컨대 시의 외곽 지역에 양돈업을 경영하고 있던 자는 주거 지역이 확대되어 양돈업에 의한 악취·소음 등으로 인근 주민의 위생에 위해가 되는 경우 기존 양돈업자에 대하여 조업중단명령을 내릴 수 있는가의 문제이다. 이 경우 양돈업은 잠재적 위험을 내포하고 있었으며, 주변 환경의 변화에 따라 구체적인 위험으로 현실화 되었으며, 상태책임은 지배권자의 귀책사유와 관계없이 현재의 물건의 상태로 인하여 경찰위해가 발생된 경우에 인정되기 때문이다. 다만, 조업중단 명령 등 경찰상 조치는 철회에 준하는 것이므로, 경찰책임자에게 손실보상은 필요하다. 그러나 철회권이 유보된 경우, 즉 이러한 상황의 발생을 물건이나 시설의 소유자 등이 사전에 예견하고 있어서 기득이익 내지 신뢰이익을 보호할 필요가 없다고 여겨지는 경우에는 손실보상을 해 줄 필요가 없다. 예견가능성이 있고 신뢰이익을 보호할 필요가 없기 때문이다.

ⓓ 소유권자 등이 감당해야 할 위험영역을 넘는 자연재해·불가항력적 경우·사회적으로 상당하지 아니한 우연의 경우 : 예컨대 비정형적인 사건 전쟁 중 폭격으로 건물이 훼손되어 붕괴위험이 있는 건물소유자의 철거책임, 유조차의 전복으로 인근 토지가 오염되고 지하수의 수질오염의 위험이 있는 경우 등으로 당해 물건이 경찰상 위해 되는 경우 소유권자 등은 상태책임은 지지 않는다고

보아야 한다. 이러한 책임은 국민 일반에게 귀속된다고 보아야 한다.

ⓔ 상태책임의 종료원인 : 소유권자의 상태책임은 소유물을 양도하면 종료되고, 포기하여도 종료된다. 그러나 포기의 절차가 정하여져 있으면 절차를 마칠 때까지 종료되지 아니하며(자동차의 등록말소), 또한 포기 후 물적 존재가 잔존하는 경우(자동차폐차 후 도로에 방치한 경우)에는 상태책임을 면할 수 없고, 또한 포기가 경찰책임을 면하기 위한 것인 경우에는 소유권자의 상태책임을 면할 수 없다.

㈐ 다수자책임(복합적 책임)

㉠ 다수의 행위책임자 : 경찰상의 위해가 여러 사람의 행위에 의하여 발생된다면, 경찰관청은 자신의 성실한 합리적 재량에 따라 그들 모두에게 또는 그들 중 한사람에게 경찰권을 발동할 수 있다. 여기서 경찰책임을 질자는 ⓐ 경찰상 위해제거의 효율성에 우선적으로 기준을 두어 위해를 가장 신속하고 효과적으로 제거할 수 있는 자에게(그러한 자는 대개 시간적으로 그리고 장소적으로 위해에 가장 근접한 사람일것이다), ⓑ 결정적인 경찰상 위해를 일으키고 있는 자의 순으로 될 것이다. 만약 시간이 긴박하여 다수의 행위책임자 중 한사람에게 경찰권이 발동된다면, 위해제거에 소요되는 비용은 위해발생에 기여한 몫에 따라 배분된다.[92]

㉡ 다수의 상태책임자 : 다수의 상태책임자가 있는 경우에도 경찰관청의 의무의 적합재량에 따라 경찰권발동의 대상자를 선택할 수 있다. 즉 경찰관청은 물건의 소유자에게 또는 사실상 지배권자에게 또는 양자에게 모두 경찰권을 발동할 수 있다. 위해의 제거조치는 경제적인 이행능력이 있는 자에게 우선적으로 발동되겠지만, 부득이 한 경우에는 경제적 약자에 대하여도 경찰권을 발동할 수 있다.

㉢ 행위책임과 상태책임의 경합 : 예컨대 유조차가 전복되어 기름이 유출되어 도로 인근 토지에 스며든 경우에 운전자의 행위책임과 토지소유자의 상태책임이 경합되는 경우이다. 이와 같이 행위책임과 상태책임이 경합된 경우에 행위책임이 우선되어 행위책임자에게 경찰권이 발동된다 할 것이다. 따라서 유조차가 전복된 경우 기름제거의 비용은 행위책임자로서 유조차 주인이 부담하여야 하기 때문에 경찰관청은 우선적으로 그에게 경찰권을 발동해야 하며, 부득이한 상황으로 인하여 토지소유자에게 경찰권이 발동된 경우에는 토지소유자는 자동차소유자에게 민사상 불법행위로 인한 손해배상을 할 수 있다.[93]

㉣ 비용상환청구권 문제(경찰상책임의범위) : 경찰책임의 범위에 대하여 다수자책임의 경우에 경찰기관이 특정인에게만 발동한 경우에, 그 자가 다른 경찰책임자에 대하여 민법상의 사무관리규정이나 연대채무에 관한 규정을 유추 적용하여 비용 상환청구를 할

92) 박윤흔(하), 334쪽 ; 정하중(각론), 254쪽 ; 박균성(하), 448쪽.

93) 박윤흔(하), 334쪽 ; 홍정선(하), 395쪽 ; 정하중(각론), 254쪽.

수 있는가? 독일의 학설은 긍정설, 부정설, 절충설로 나뉘어 있다. 다수의 경찰책임자가 존재함에도 그 중 한사람이 위해방지를 위한 중요한 책임을 지고 있어서 그에게 경찰권을 발동하는 것이 흠 없는 재량권행사일 경우에는 ⓐ 타인의 사무를 당사자가 대신 수행하는 것도 아니고, ⓑ 구체적인 경우에 비추어 모든 당사자가 동일한 정도로 경찰책임의 대상이 되는 것이 아니라 특정인만이 현실적으로 경찰책임의 대상이 되고 있다고 평가되어야 한다. 즉, 다수의 경찰책임자는 연대 채무자로서 책임을 지는 것이 아니라 상이한 법적근거를 이유로 책임을 부담하는 것이므로, 민법상의 상황과는 다르기 때문에 민법상의 사무관리규정이나 연대채무에 기한 비용상환청구권은 원칙적으로 인정될 수 없다. 그러나 다수책임자 중에서 누구에게 경찰권을 발동할 수 있을 것인가에 대해 구체적인 경우에 비추어 경찰기관에 재량이 인정되고 각 행위자들에게 부과되어 있는 의무내용들이 서로 동일한 경우 즉, 각 행위책임자들이나 상태책임자들이 부담하는 의무 내용이 동일한 경우에는 민법상의 연대채무자간의 내부구상권은 이 경우에도 유추 적용될 수 있다고 본다(절충설 입장).[94]

④ 경찰책임의 승계

【기출문제】 <2000년 (제42회) 사법시험 (사례형)> ※ 甲은 乙로부터 정비업체를 인수받았다. 그런데 乙은 자동차정비업을 경영하면서 발생한 폐유를 업소부지에 파묻은 용기에 폐기하여 왔으나, 甲은 이러한 사실을 전혀 알지 못하고 자신이 인수한 후 발생한 폐유는 적법한 방법으로 처리하여 왔다. 그 후 홍수로 인하여 위 용기가 일부 훼손되어 폐유가 누출됨으로써 인근 지역의 공공수역을 오염시키기에 이르렀다. 이에 행정청은 수질환경보전법 제29조(현행, 수질 및 수생태계 보전에관한법률 §15)에 근거하여 甲에게 오염물질의 제거를 명하였다. 그러나 甲은 수질오염의 행위자가 별도로 존재하므로 오염물질의 제거명령은 행위자를 대상으로 이루어져야 한다고 주장하면서 오염물질의 제거명령에 불응하였다. 이에 행정청은 행정대집행법에 의한 대집행을 통하여 오염물질을 제거하였다. 다음 질문에 답하시오.

(1) 행정청은 甲에게 대집행비용을 징수하고자 비용납부명령을 발하였을 때 甲은 이에 응하여야 할 법적 책임이 있는가?

(2) 甲이 비용납부 명령을 다투고자할 때 오염물질제거명령에 대한 취소쟁송기간이 이미 도과하였다면 甲이 승소할 가능성은 존재하는가?

【관련법령】

수질환경보전법

제15조(배출등의 금지) (현행, 수질및수생태계 보전에관한법률 §15) ① 누구든지 정당한 사유 없이 다음 각 호의 어느 하나에 해당하는 행위를 하여서는 아니된다.

1. 공공수역에 특정수질유해물질, 「폐기물관리법」에 의한 지정폐기물, 「석유 및 석유대체연료사업법」에 의한 유독물(이하 '유독물'이라 한다), 「농약관리법」에 의한 농약(이하 '농약'이라 한다)을 누출·유출하거나 버리는 행위.

94) 유지태, 행정법신론, 763쪽 ; 박윤흔(하), 334쪽.

2. 공공수역에 분뇨, 축산폐수, 동물의 사체, 폐기물(폐기물관리법에 의한 지정폐기물을 제외한다) 또는 오니(汚泥)를 버리는 행위
3. 하천·호소(湖沼)에서 자동차를 세차하는 행위
4. 공공수역에 다량의 토사를 유출하거나 버려 상수원 또는 하천·호소(湖沼)를 현저히 오염되게 하는 행위

② 제1항 제1호 또는 제2호의 행위로 인하여 공공수역이 오염되거나 오염될 우려가 있는 경우에는 그 행위자·행위자가 소속된 법인 및 그 행위자의 사업주(이하 '행위자 등'이라 한다)는 당해 물질을 제거하는 등 오염의 방지·제거를 위한 조치(이하 '방제조치'라 한다)를 하여야 한다.

③ 시·도지사는 제2항의 규정에 의하여 행위자 등이 방제조치를 행하지 아니하는 경우에는 당해 행위자 등에게 방제조치의 이행을 명할 수 있다.

④ 시·도지사는 제3항의 규정에 의한 방제조치의 명령을 받은 자가 그 명령을 이행하지 아니하거나 그 방제조치만으로는 수질오염의 방지 또는 제거가 곤란하다고 인정되는 때에는 시장·군수·구청장으로 하여금 당해 방제조치의 대집행을 하도록 할 수 있다.

⑤ 제4항의 규정에 의한 대집행에 관하여는 「행정대집행법」이 정하는 바에 의한다.
이 경우 제3항의 규정에 의한 시·도지사의 명령은 이를 시장·군수·구청장의 명령으로 본다.

제36조(권리·의무의 승계) ① 사업자가 배출시설 및 방지시설을 양도하거나 사망한 경우 또는 법인의 합병이 있는 경우에는 그 양수인·상속인 또는 합병 후 존속하는 법인이나 합병에 의해 설립되는 법인은 허가·변경허가·신고 또는 변경신고에 따른 사업자의 권리·의무를 승계한다.

【문제해결】

1. 주요논점

(1) 사례 1문은 첫째, 경찰책임자가 누구인가의 문제이다.
둘째, 경찰책임의 승계문제이다.

(2) 사례 2문은 하자의 승계문제이다.

2. 주요논점해설

(1) 경찰책임자

① 행위책임

행위책임이란 자기의 행위에 대해서는 물론이고 타인의 행위를 관리하고 있는 자는 그 권한의 범위 내에서 피관리자의 행위로 인하여 발생한 경찰위반상태에 대하여 책임을 지는 것을 말한다. 예컨대 피관리자(피고용인)를 보호·감독할 지위에 있는 자(법인·사용주 등)도 피관리자의 경찰위반상태에 대하여 책임을 진다. 수질·수생태계보전법 제15조 제1항은 「누구든지 정당한 사유 없이 다음 각 호의 어느 하나에 해당하는 행위를 하여서는 아니 된다」고 하여 행위책임을 정하고 있고, 제2항은 「제1항 제1호 또는 제2호의 행위로 인하여 공공수역이 오염되거나 오염될 우려가 있는 경우에는 그 행위자·행위자가 소속된 법인 및 그 행위자의 사업주(이하 '행위자 등'이라 한다)는 당해 물질을 제거하는 등 오염의 방지 제거(이하 '방제조치'라 한다)를 하여야 한다」고 하여 행위자는 물론이고 피관리자가 소속된 법인 및 그 피관리자의 사업주에게 행위책임을 인정한 것이다. 사례문제에서 자동차정비업을 경영하면서 발생한 폐유를 업소부지에 파묻은 용기에 폐기하여온 을이 행위책임자가 된다.

② 상태책임

상태책임이란 토지·공작물·동식물 등 물건의 소유자·점유자 및 물건을 사실상 지배하고 있는 자는 그의 지배범위 내에서 그 물건으로부터 경찰위반 상태가 발생한 경우에 물건의 소유자·점유자 또는 사실상 지배자가 지는 책임을 말한다. 물건의 위험한 상태의 발생원인이 사실상 지배권자에 의한 것이건, 제3자에 의한 것이건, 또는 자연력에 의하여 발생되었는지를 묻지 아니한다.

사례문제에서 홍수로 인하여 위 용기가 일부 훼손되어 폐유가 누출됨으로써 인근지역의 공공수역을 오염시키는 상

태에 이르렀다. 즉 현재 경찰위반 상태에 있는 자동차정비업(영업이든 물건이든)의 소유자·점유자 또는 사실상 지배자는 갑이다. 따라서 자동차정비업을 인수받아 경영하고 있는 현재 소유권자·사실상 지배자인 갑이 상태책임자가 된다.

③ 경찰책임의 승계

경찰책임자가 사망하거나 영업 또는 물건을 양도하면 경찰책임이 상속인이나 양수인에게 이전(또는 승계)되는지 문제된다. 경찰책임의 승계, 즉 경찰의무 승계는 공법상 의무승계의 한 부분을 이룬다.

㉮ 행위책임의 승계 문제 : 행위책임의 경우는 특정인의 행위에 대한 평가와 관련되기 때문에 인적 책임으로 일신전속적 의무라고 평가되는 한 타인에게 승계되지 않는다. 법률에 행위책임의 승계를 인정하는 명시적 규정이 있는 경우는 그것은 예외가 된다. 승계인정설이 말하는 포괄승계나 대체 가능한 경우는 모두 행위로 인한 책임이 아니라 물건의 상태로 인한 책임(상태책임)의 승계가 인정되는 경우를 보아야 한다.

㉯ 상태책임의 승계 : ㉠ 공법상의 권리·의무는 일신 전속적인 성질을 갖기 때문에 승계되지 않는다는 승계부정설(이 설은 乙에 대한 대집행을 하기 위해서는 새로운 철거명령이 있어야 함), ㉡ 경찰상 장애가 발생하고 있는 당해 물건을 소유나 지배하고 있기 때문에 새로운 상태책임을 진다는 신규 책임설(이 설은 승계인에 대해 새로운 철거명령을 하고 이에 근거하여 대집행 등 후속절차를 진행해야 함), ㉢ 포괄승계와 특별승계, 구체적 책임과 추상적 책임의 승계를 구별하여 개별적으로 판단해야 한다는 개별적 결정설, ㉣ 물건의 상태와 관련되기 때문에 물건의 이전과 함께 경찰책임도 이전된다는 승계 긍정설(다수설)이 대립된다. 승계긍정설이 타당하다. 그리고 경찰책임은 공법상 책임이므로 명문의 근거 없이 사인의 의사에 의하여 그 책임이 면책적으로 양도될 수는 없는 것이므로 양수인이 상태책임을 지는 경우에도 양도인이 상태책임이 면책되는 것은 아니다.

수질및수생태계보전에관한법률(§36)은 "사업자가 배출시설 및 방지시설을 양도하거나 사망한 경우 또는 법인의 합병이 있는 경우에는 그 양수인·상속인 또는 합병 후 존속하는 법인이나 합병에 의하여 설립되는 허가·변경허가·신고 또는 변경신고에 따른 사업자의 권리·의무를 승계한다"고 명시적으로 인정하고 있다.

따라서 「행정행위에 의하여 명하여진 상태책임의 경우」에는 승계인에게 의무를 명하는 새로운 행정행위(오염물질 제거명령)를 발함이 없이 피승계인에게 이미 발하여진 행정행위(오염물질 제거명령)를 근거로 하여, 「법령에서 구체화된 책임의 경우」는 당해 법령을 근거로 하여 각각 대집행을 할 수 있게 된다.

㉰ 행위책임의 경우는 물론이고, 상태책임의 경우 ㉠ 새로운 상태책임을 진다는 견해이든, ㉡ 상태책임의 승계를 인정하는 견해이든 어느 견해에 의할지라도 양수인이 상태책임을 지는 경우에도 양도인이 상태책임을 면하는 것은 아니라는 점이다. 즉, 양도인은 양도 후에도 그가 소유하고 지배하는 동안 발생한 경찰상 위해에 대하여는 여전히 경찰책임을 진다.

④ 사례의 경우

수질·수생태계보전법 제15조 제1항과 제2항에서는 행위자 등 즉, 을에게 오염물질 제거를 명할 수 있다고 규정하고 있다(행위자 책임).

그런데 사례문제에 있어서 자동차정비업체를 인수받은 갑에게 경찰상 상태책임을 물어 공공수역의 오염물질의 제거를 명하였다. 사례의 경우 행위책임으로 보는 경우에는 대체적 행위책임에 해당하여 경찰책임이 양수인에게 승계될 수 있고, 상태책임으로 해석하는 경우(행정행위에 의해 명하여진 상태책임)에는 양수인이 새로운 상태책임을 진다는 견해이든, 상태책임의 승계를 인정하는 견해이든 어떤 견해에 의할지라도 갑에게 경찰책임을 물을 수 있게 된다.

그리하여 수질·수생태계보전법 제15조 제3항에 의하여 행정청은 갑에게 오염물질의 제거를 명할 수 있고, 그 방제조치명령에 불응한 경우에는 동조 제4항에 의하여 행정대집행법에 의한 대집행을 할 수 있으므로 모두 적법하다 할 수 있다.

따라서 갑은 행정청의 비용납부명령에 응하여야 할 법적 책임이 있다고 하겠다. 하지만 양도인의 상태책임이 면제되는 것은 아니며, 또한 양도인과 양수인 사이에 합의가 없는 한 경찰상위해에 관한 경찰책임의 이행에 필요한 비용부담의 최종적 책임자는 행위자인 양도인이라고 보아야하기 때문에, 양수인 갑은 양도인 을에게 민사상 불법행위로 인한 손해배상을 청구할 수 있다. 행위책임과 상태책임의 승계를 부정하는 견해에 의하면 갑은 비용납부명령에 응할 법적 책임이 없다.

(2) 오염물질제거명령과 비용납부명령간의 하자의 승계여부

하자의 승계는 둘 이상의 행정행위가 연속적으로 행해지는 경우, 선행행위에 하자가 있으면 후행행위 자체에 하자가 없어도 후행행위에 영향을 미치는가의 문제다.

하자의 승계를 논하는 실익은 하자있는 선행행위가 이미 불가쟁력이 발생한 행정행위일지라도 위법한 선행행위가 후행행위에 승계되면 후행행위의 위법을 들어 행정쟁송을 제기할 수 있게 된다. 이 문제를 논의하기 위한 전제로는 ① 선행행위에 하자가 존재하고 후행행위에는 하자가 존재하지 않을 것, ② 선행행위의 하자가 무효가 아닌 취소하자가 존재할 것, ③ 선행행위의 하자가 불가쟁력을 발생하고 있을 것, ④ 선행행위와 후행행위가 모두 항고소송의 대상인 행정처분일 것 등이다. 사례문제에 있어서 갑은 상태책임을 부담하게 되고 따라서 오염물질제거명령과 대집행의 비용납부명령은 모두 적법한 것이었고 하자가 있는 것이 아니다.
그리하여 하자의 승계의 전제요건을 구비하지 못하였기 때문에 하자의 승계문제는 발생하지 않는다. 따라서 갑이 비용납부명령을 다투고자 할 때 오염물질제거명령에 대한 취소쟁송기간이 도과하였다면 갑은 승소할 수 없을 것이다.
경찰법상 상태책임의 승계를 부정하는 견해에 따르면 위의 오염물질제거명령은 경찰책임이 없는 자에 대한 명령으로서 위법하고 그에 대한 하자의 효과는 무효 또는 취소사유에 해당하게 될 것이다. 무효라면 후행행위인 비용납부명령의 경우에도 선행행위의 하자를 주장하여 승소할 수 있다. 취소사유라면 하자의 승계여부는 학설·판례에 따라 ① 선행행위와 후행행위가 일련의 절차를 구성하면서 동일한 법적효과를 목적으로 하여 이루어진 경우, ② 예외적으로 선행처분과 후행처분이 서로 독립하여 별개의 법적효과를 목적으로 하는 경우에도 「선행행위의 불가쟁력이나 구속력이 그로 인하여 불이익을 입게 되는 자에게 수인한도를 넘는 가혹한 것이고 예측 가능한 것이 아닌 경우에는 하자의 승계를 인정한다」
그러나 사례문제의 경우 오염물질제거명령과 비용납부명령은 동일한 법적 효과를 지향하는 일련의 절차로 보기는 어렵고, 특별한 예외적 상황도 인정된다고 보기는 어려워 갑은 취소소송의 경우 승소하기가 어려울 것이다.

경찰책임자가 사망하거나 영업 또는 물건을 양도하면 경찰상책임이 상속인이나 양수인에게 이전(승계)되는지가 문제된다. 경찰책임의 승계, 즉 경찰의무승계는 공법상의무의 승계의 한 부분을 이룬다.

㉮ 행위책임의 승계

행위책임의 경우에는 특정인의 행위에 대한 평가와 관련되기 때문에 인적 책임으로 일신 전속적 의무(예: 예방접종의 수인의무, 소음발생의 중지의무, 정보제공의 의무 등)라고 평가되어 법률에 특별 규정이 없는 한 법적승계인에게 승계되지 않는다.

㉠ 대체적 행위책임의 경우에 한하여 경찰책임이 상속·양수인에게 승계될 수 있다는 설(예 : 도로의 청소의무, 무단폐기한 오염물질의 제거의무).

㉡ 상속은 포괄적 승계이므로, 행위책임도 원칙상 상속인에게 승계된다고 보아야 한다는 설.

㉢ 경찰상 의무가 대체 가능한 경우에는 법률의 근거가 있는 경우에 승계가 가능하다는 설이 있다. 포괄승계나 대체 가능한 경우는 모두 행위로 인한 책임의 승계가 아니라 물건의 상태로 인한 책임(상태책임)의 승계가 인정되는 경우로 보아야 할 것이다.

㉯ 상태책임의 승계

예컨대 갑이 건축한 불법건축물에 대해 철거명령을 하였으나, 갑이 이를 무시한 채 을에게 불법건축물을 양도한 경우, 을에게 철거의무가 승계되었다고 보아 을에 대하여 대집행을 할 수 있는가?

㉠ 전통적 견해(승계부정설) : 전통적으로 공법상의 권리·의무는 일신전속적인 성질을 갖기 때문에 승계되지 않는다고 보았다. 공법상의 의무에 속하는 경찰책임의 승계

문제도 이러한 이유에서 부인되었다. 이 견해에 따르면 위의 예에서 을에 대한 대집행을 하기 위해서는 새로운 철거명령이 있어야 한다.

ⓛ 새로운 상태책임을 진다는 견해(신규책임설) : 양수인은 양수 후에 경찰상 위해가 계속하는 한 상태책임을 지는데, 양도인의 상태책임을 승계하여 지는 것이 아니라 경찰상 장애가 발생하고 있는 당해 물건을 소유하고 지배하고 있기 때문에 새로운 상태책임(시원적으로 책임이 성립)을 진다고 한다.[95] 이 설에 의하면 위의 예에서 불법건축물 승계인에 대하여는 새로운 철거명령을 발하고 이에 근거하여 후속절차(대집행)를 진행하여야 한다.

그리고 양수인이 상태책임을 지는 경우에도 양도인이 상태책임을 면하는 것은 아니다. 양도인은 양도 후에도 그가 소유하고 지배하는 동안 발생한 경찰상 위해에 대하여는 여전히 경찰책임을 진다. 왜냐하면 경찰책임은 공법상 책임이므로 명문의 근거 없이 사인의 의사에 의해 그 책임이 면책적으로 양도될 수는 없다고 보는 것이 타당하기 때문이라고 한다.

ⓒ 개별적 결정설 : 포괄승계와 특별승계, 구체적 책임(경찰책임이 경찰처분에 의해 구체화 되어 있는 경우)의 승계와 추상적 책임(경찰처분에 의해 구체화되지 않은 법령상의 책임)의 승계를 구별하여 개별적으로 판단하여야 한다는 설이다. 추상적 책임은 승계되지 않는다고 한다.

ⓡ 상태책임의 승계를 인정하는 견해(승계긍정설) : 상태책임 즉, 행정행위에 의해 명하여진 상태책임은 물론, 법령에서 구체화되어 있는 상태책임(식품위생법 제4조상의 위해 식품등의 판매등 금지의무도 포함)은 물건의 상태와 관련되기 때문에(물적 책임) 법률에 특별규정이 없는 경우에는 경찰상 위해가 존재하는 한 승계된다고 한다. 상태책임은 물적 책임의 성질을 가지므로 물건의 이전과 함께 경찰책임도 이전된다는 것이다. 그리하여 ⓐ 행정행위에 의해 명하여진 상태책임의 경우에는 승계인에게 의무를 명하는 새로운 행정행위(위의 철거명령)를 발함이 없이 피승계인에게 이미 발하여진 행정행위(위의 철거명령)를 근거로 하여, ⓑ 법령에서 구체화된 책임의 경우에는 당해 법령을 근거로 하여 각각 집행을 할 수 있게 된다. 다수설 입장이다.

ⓜ 판 례 : 판례는 양도인의 법령위반사실을 이유로 양수인에게 제재적 처분을 할 수 있다고 한다.

판례 **〈석유판매업이 양도된 경우, 양도인의 귀책사유로 양수인에게 제재를 가할 수 있다.〉** 석유사업법 제12조 제3항, 제9조 제1항, 제12조 제4항 등을 종합하면 석유판매업(주유소)허가는 소위 대물적 허가의 성질을 갖는 것이어서 그 사업의 양도도 가능하고 이 경우 양수인은 양도인의 지위를 승계하게 됨에 따라 양도인의 위 허가에 따른 권리의무가 양수인에게 이전되는 것이므로 만

95) 김남진(Ⅱ), 270쪽 ; 박균성(하), 450쪽.

약 양도인에게 그 허가를 취소할 위법사유가 있다면 허가관청은 이를 이유로 양수인에게 응분의 제재조치를 취할 수 있다 할 것이고, 양수인이 그 양수 후 허가관청으로부터 석유판매업 허가를 다시 받았다 하더라도 이는 석유판매업의 양수도를 전제로 한 것이어서 이로써 양도인의 지위승계가 부정되는 것은 아니므로 양도인의 귀책사유는 양수인에게 그 효력이 미친다(대판 1986.7.22, 86누203).

㉥ 결 어 : 상태책임의 승계를 인정함이 타당하다고 본다. 그리고 경찰책임은 공법상 책임이므로 명문의 근거 없이 사인의 의사에 의하여 그 책임이 면책적으로 양도될 수는 없는 것이므로 양수인이 상태책임을 지는 경우에도 양도인이 상태책임을 면하는 것은 아니라 할 것이다.

또한 실정법상 양수인에게 그 지위를 승계한다는 명문규정이 있는 경우, 예컨대 폐기물관리법(§33), 식품위생법(§39), 공중위생관리법(§3의2), 수질및수생태계보전에관한법률(§36, §65, §49의3) 등이 있으나, 이러한 규정은 확인적 규정에 불과하다고 할 것이고, 그러한 규정이 없는 경우에도 원칙적으로 대물적 허가의 효과와 같이 물건의 상태와 관련되기 때문에(물적 책임) 경찰상 위해가 존재하는 한 승계된다고 본다. 판례도 같은 취지이다.

판례 **〈공중위생관리법 제11조 제5항의 영업정지나 영업장 폐쇄 명령은 모두 대물적 처분이므로 그 영업이 양도·양수 되었다 하더라도 그 업소와 양수인에 대하여 영업정지처분을 할 수 있다.〉** 공중위생관리법 제11조 제5항의 영업정지나 영업장폐쇄명령은 모두 대물적 처분으로 보아야 할 것이므로 양수인이 그 양수 후 행정청에 새로운 영업소개설통보를 하였다 하더라도 그로 인하여 영업양도·양수로 영업소에 관한 권리·의무가 양수인에게 이전하는 법률 효과까지 부정되는 것은 아니므로 만일 어떠한 공중위생영업에 대하여 그 영업을 정지할 위법사유가 있다면 관할 행정청은 그 영업이 양도·양수되었다 하더라도 그 업소와 양수인에 대하여 영업정지처분을 할 수 있다(대판 2001.11.9, 2001두5064).

그리고 행정제재처분효과의 승계를 명문화하는 경향이 증가하고 있다(식품위생법 §78, 석유 및 석유대체연료사업 §8). 식품위생법 제78조는 「영업자가 그 영업을 양도하거나 법인의 합병이 있는 때에는 종전의 영업자에 대하여 법령위반(§75·① 각호, §76·① 각호)을 사유로 행한 행정제재처분의 효과는 그 처분기간이 만료된 날로부터 1년간 양수인 또는 합병 후 존속하는 법인에 승계되며, 행정제재처분의 절차가 진행 중인 때에는 양수인 또는 합병 후 존속하는 법인에 대하여 행정제재처분의 절차를 속행할 수 있다. 다만 양수인 또는 합병 후 존속하는 법인이 양수 또는 합병 시에 그 처분 또는 위반사실을 알지 못하였음을 증명한 때에는 그러하지 아니하다」고 규정하고 있다. 이와 같은 내용의 취지는 공중위생관리법(§11의3)에도 규정하고 있다.

㉰ 경찰책임의 승계와 비용부담

㉠ 법령에 규정이 있는 경우 : 예컨대 "종말처리시설부담금의 징수대상이 되는 공장 또는 사업장 등을 양수한 자는 당사자 간에 특별한 약정이 없는 한 양수 전에 이 법에 따라 양도자에게 발생한 종말처리시설부담금에 관한 권리·의무를 승계한다"(수질및수생태계보전에관한법률 §49의3)고 명문 규정을 두고 있다.

㉡ 비용부담에 관한 당사자 간의 합의가 있는 경우 : 예컨대 「토양이 오염된 토지를 매매하면서 토양오염의 제거비용을 고려하거나 토양오염으로 인한 토지가치의 하락을 고려하여 주위의 일반 토지가격보다 현저히 낮은 가격으로 매매가 이뤄진 경우 토양의 오염으로 인한 경찰책임의 이행에 필요한 비용의 양수인에 의한 부담에 관한 합의(명시적·묵시적)가 있었던 경우에는 경찰권발동에 의한 오염된 토양의 정화명령의 이행에 필요한 비용은 양수인이 부담」하는 것으로 보아야 할 것이다. 위와 같이 경찰책임의 이행에 필요한 비용부담에 관한 양도인과 양수인의 합의는 효력이 있다고 본다.[96]

㉢ 비용부담에 관한 당사자 간의 합의가 없는 경우 : 양도인과 양수인 사이에 경찰상 위해에 관한 경찰책임의 이행에 필요한 비용부담에 관한 합의가 없었던 경우에는 경찰책임의 이행으로 인한 비용의 최종적 책임자는 행위자인 양도인이라고 보아야 할 것이다.[97] 다만, 양수인의 과실로 비용이 증가한 경우에는 그 한도 내에서는 양수인이 비용을 부담해야 한다.

⑤ 긴급시 제3자의 경찰책임(경찰긴급권 또는 경찰책임의 예외)

㉮ 의 의

경찰상 위해나 장애에 직접책임이 없는 제3자에 대하여 경찰권이 발동될 수 있는지의 문제이다. 공공의 안녕과 질서에 대한 위해가 발생된 경우에는 경찰기관은 원칙적으로 경찰책임자에 대하여 경찰권을 발동하거나 또는 스스로의 인력이나 수단에 의하여 이를 제거하여야 한다. 그러나 급박하게 발생되는 위험을 경찰책임자에 대한 경찰권발동이나 경찰스스로의 자력에 의하여 제거할 수 없는 경우가 빈번히 발생한다. 이와 같이 경찰상위험의 원인제공과 무관한 자에 대한 경찰의 개입이 이루어지는 상태를 경찰상 긴급상태 또는 경찰비책임자에게도 경찰권발동이 인정되는 경우를 경찰긴급권이라 한다.

㉯ 특 징

경찰 긴급권행사 내지 경찰상 긴급상태에 있어서는 ㉠ 경찰이 중대한 위험을 방치할 수 없다는 점, ㉡ 위험에 관계없는 제3자가 책임을 져야한다는 점이다. 따라서 경찰책임자의 경우에 비해 경찰비책임자에 대한 경찰의 개입은 아주 예외적인 보

96) 박균성(하), 451쪽.
97) 박균성(하), 451쪽.

다 엄격한 요건이 요구되는 점, ㉢ 경찰의 개입으로 인해 경찰 비책임자에게 손실이 발생하면 보상되어야 한다는 점이다. 따라서 경찰상 긴급상태에 관한 규정의 적용에 있어서는 그것이 예외적인 규정임을 주의할 필요가 있다.

㈐ 요 건

㉠ 장애 및 급박한 위험 : 공공의 안녕과 질서에 대한 장애가 이미 발생하였거나 또는 위험이 직접 임박하여야 한다. 즉, 시간적으로 근접하여야 한다. 급박한 위험이란 공공의 안녕과 질서에 대한 법익침해가 거의 확실성을 갖고 예견될 수 있어야 한다.

㉡ 다른 방법에 의한 위해방지가 불가능할 것(경찰 책임자에 처분의 무의미 할 것) : 경찰책임자에 대한 경찰권발동이 불가능하거나 경찰 자체수단에 의하여 위해방지가 불가능한 경우에, 제3자(경찰비책임자)에 대해 경찰권발동을 할 수 있다. 따라서 경찰책임자에 대한 경찰권발동의 우선성과 경찰 자체수단에 의한 위해방지의 우선성을 말하는 것이다.

예컨대 특정한 정치적 견해를 주장하는 평화적 시위가 반대견해를 주장하는 폭력적 수단에 의하여 방해를 받는 경우에는 행위책임자인 반대집단에 대하여 경찰권을 발동하여야 하며, 적법한 집회에 대하여 경찰권을 발동할 것은 아니다. 다만, 제3자의 생명·신체에 대한 위해가 급박한 경우에는 최후수단으로 적법한 집회의 해산을 명할 수 있다 할 것이다.

㉢ 기대가능성 있을 것(비 경찰 책임자에 수인가능성 있을 것) : 위의 요건이 충족되더라도 경찰비책임자에 대한 경찰권발동은 비례의 원칙에 따라 기대 가능하여야 한다. 비책임자 자신이 현저한 위험에 직면하거나 또는 자신의 보다 우월한 가치가 있는 의무를 해태할 수밖에 없는 경우에는 경찰권을 발동할 수 없다. 예컨대 폭발위험이 있는 경우에는 비책임자에 대하여 경찰권을 발동하여서는 안 되며, 위급한 중환자를 치료 중인 의사에게 교통사고로 다친 다른 사람의 치료를 명하여서는 아니된다.

㉣ 법률의 근거 및 보상 : 제3자에 대한 경찰권발동은 아주 예외적 상황에서만 허용되는 제3자의 기본권을 침해하는 행위이기 때문에 엄격한 법률의 근거가 있어야 한다. 또한 경찰권발동을 통하여 제3자가 입은 손실에 대한 보상규정이 있어야 한다. 현행법상 제3자에 대한 법적 근거로는 경찰관직무집행법(§5·①·3호)상의 위험발생의 방지조치, 즉 「그 장소에 있는 자에게 위해방지상 필요하다고 인정되는 조치를 하게 ……」 할 수 있음을 규정하고 있다. 경범죄처벌법(§1·36호)상의 공무원원조불응, 즉 「눈·비·바람·해일·지진 등으로 인한 재해 또는 화재·교통사고·범죄 그 밖의 급작스러운 사고가 발생한 때에 그 곳에 있으면서도 정당한 이유 없이 관계공무원 또는 이를 돕는 사람의 현장출입에 관한 지시에 따르지 아니하거나 공무원이 도움을 청하여도 이에 응하지 아니한 사람」이라고 규정하여 경찰비책임자에 대한 법적 근거를 제시하고 있다. 그 외에도 개별법 근거로는 소방기본법(§24·①, §25)상의 소방종

사명령, 강제처분, 재난 및 안전관리기본법(§45)상의 응급부담, 방조제관리법(§10)상의 응급조치, 자연재해대책법(§11)상의 물건의 제거 및 사용, 도로법(§47)상의 비상재해시의 토지 등의 사용, 수난구호법(§7)상의 수난구호를 위한 응급조치, 농어업재해대책법(§7·①, §8·①)상의 응급조치, 응급대책지원 등이 있다.

그에 대한 보상규정으로는 소방기본법(§24·②, §25·④), 재난 및 안전관리기본법(§64), 방조제관리법(§11), 자연재해대책법(§68), 도로법(§92), 수난구호법(§24), 농어업재해대책법(§7·③, §8·③) 등이 있다. 그리고 경찰관직무집행법 제2조 제6호를 개괄적 수권조항으로 보는 견해는 동 조항이 경찰비책임자에 대한 수권규정도 될 수 있다고 한다.[98]

그러나 법률에 의한 행정의 원칙에 입각할 때 가장 전형적인 권력작용인 경찰권을 아주 예외적인 상황 하에서 가능한 제3자에 대해 발동하는 것이므로 개괄수권조항에 의하여 비책임자인 제3자에 대하여 발동할 수는 없다고 할 것이다.[99] 경찰비책임자인 제3자에 대한 경찰권발동은 개괄수권조항보다 훨씬 엄격한 요건이 요구되어야 할 것이기 때문이다.

4) 경찰소극목적의 원칙

경찰은 질서유지·위해방지라는 소극목적을 위해서만 발동될 수 있고, 적극적으로 복리증진을 위해서는 발동될 수 없다. 예컨대, 경찰허가를 함에 있어서 특별한 정함이 없는 한 동업자간의 경쟁관계를 고려할 수 없는 경우가 소극적 질서유지에 위반되기 때문이다. 크로이츠베르크판결은 개괄조항에서 본 유명한 1882년 독일의 프로이센 고등행정법원이 베를린의 크로이츠베르크언덕에 있는 전승기념비 조망을 확보하기 위하여 주변토지에 대한 건축물의 높이를 제한한 베를린의 경찰청장의 명령에 대하여 그러한 명령은 심미적 이유로 내려진 것으로 복리의 증진을 목적으로 하는 것이므로 무효라고 함으로써 경찰의 임무는 위험방지에 한정된다고 하는 사상이 법해석상 확정되는 계기를 제공한 판결로서 유명하다. 대법원 판례[100]도 종래에는 공중목욕탕 영업허가를 함에 있어서 허가관청은 업자간의 과다경쟁을 배려할 것은 아니라는 취지로 판결하였으나, 그 뒤에는 주유소의 설치 또는 설치변경허가에 있어 주유소의 난립방지를 위한 배려를 할 수 있다는 취지도 판결하였다.[101] 경찰소극 목적의 원칙은 실질적 의미의 경찰개념에서 나오는 한계이다.

5) 경찰평등의 원칙

경찰권을 행사함에 있어서 상대방의 성별, 신앙, 인종, 사회적 신분 등을 이유로 불합리

98) 김남진(Ⅱ), 274쪽 ; 박균성(하), 450쪽.
99) 박훈흔(하), 336쪽 ; 정하중(각론), 259쪽.
100) 대판 1960. 9. 30, 4292행상20.
101) 대판 1974. 11. 26, 74누110.

한 차별을 하여서는 안 된다는 원칙이다.

6) 보충성의 원칙

협의의 행정경찰이란 타행정작용에 부수하여 타의 행정작용과 관련해서 발생하는 사회적 장애를 제거하기 위하여 행하여지는 경찰작용을 말하는 바, 협의의 행정경찰영역에서 경찰위해가 발생할 경우에는 그에 대한 직접적인 권한을 가진 기관(협의의행정경찰기관)이 권한을 행사하지 않는 경우에만 보안경찰(형식적의미의 경찰)이 경찰권을 행사할 수 있다는 원칙을 보충성의 원칙이라 한다.

(3) 경찰권의 적극적 한계(경찰권 발동의 의무화)

> **【기출문제】 <2001년 (제17회) 입법고시 (사례형)·2006년 (제50회) 행정고시 (사례형)>** ※ 경찰재량과 무하자재량행사청구권 및 행정개입청구권

1) 경찰재량권의 영으로의 수축

경찰재량권의 영으로의 수축이란 경찰의 결정재량도 의무에 합당한 재량이어야 하며, 재량권의 한계 내에서 행사되지 않으면 아니 되며, 구체적인 상황에 따라서는 재량공간이 축소되어 마침내는 1 내지 영에 도달함으로써 경찰청은 오직 일정한 행위를 하지 않으면 안 된다는 결론만이 나오는 경우에는 경찰청은 요구되는 그 행위를 하지 아니하거나(해태, 즉 재량권불행사, 부작위) 또는 다른 경찰처분을 하게 되면(선택재량위반) 위법의 평가를 받게 되는 것을 말하는 데, 이는 부작위로 인한 손해에 대하여 국가배상책임을 인정하게 되는 기초이론으로 판례도 인정하고 있다(대판 1971.4.6, 71다124).

> 판례 〈재량권이 영으로 수축된 권한의 불행사는 직무상 의무위반한 것이 되어 위법한 것이 된다.〉 경찰관직무집행법 제5조는 경찰관은 인명 또는 신체에 위해를 미치거나 재산에 중대한 손해를 끼칠 우려가 있는 위험한 사태가 있을 때에는 각 호의 조치를 취할 수 있다고 규정하여 형식상 경찰관에게 재량에 의한 직무수행권한을 부여한 것처럼 되어있으나, 경찰관에게 그러한 권한을 부여한 취지와 목적에 비추어 볼 때 구체적인 사정에 따라 경찰관이 그 권한을 행사하여 필요한 조치를 취하지 아니하는 것이 현저하게 불합리하다고 인정되는 경우에는 그러한 권한의 불행사는 직무상의 의무를 위반한 것이 되어 위법한 것이 된다(대판 1998.8.25, 98다16890).

2) 경찰개입청구권

① 의 의

자기의 이익을 위하여 타인(제3자)에게 경찰권을 발동할 것을 청구할 수 있는 권리이다. 자기의 이익을 위하여 자기에게 경찰권을 발동하여 줄 것을 청구하는 행정행위 발급청구

권과 다르다. 즉, 경찰개입청구권이란 경찰권의 발동여부는 경찰편의주의에 따라 경찰기관의 재량(결정재량·선택재량)이지만 사회공공의 안녕과 질서에 대한 위험이나 목전의 상황이 매우 중대하고 급박한 것이거나, 그로 인하여 국민의 중대한 법익이 침해될 우려가 있는 경우에는 경찰기관의 재량권이 영으로 수축되어 경찰기관의 개입의무가 발생한다는 것이다.

당해 재량행위는 내용적으로 기속행위로 전환되고 따라서 재량권행사가 의무에 합당치 아니한 경우에는 위법문제가 생길 수 있다.

② 부정론·긍정론의 근거

전통적 입장인 부정론은 경찰편의주의와 반사적 이익론을 그 논거로 들고 있으나, 최근 경향인 긍정론은 재량권의 영으로의 수축론과 반사적 이익의 보호이익화(법률상 이익화)를 논거로 들고 있다. 판례도 1·21사태의 김신조 사건과 관련하여 재량권 영으로의 수축을 인정하여 국가의 손해배상책임을 인정하였다(대판 1971.4.6, 71다124).

③ 성립요건

경찰 법규상으로 처분의무(예 : 영으로의 재량권 수축)와 사익보호성이 인정되어야 한다.

④ 효과 및 구제

경찰기관의 부작위로 인하여 권익을 침해당한 자는 경찰기관에 대하여 경찰권의 발동을 청구할 수 있는 권리가 있으며, 부작위에 대하여는 의무이행심판 및 부작위위법확인소송 그리고 손해가 발생한 경우에는 손해배상소송을 제기하여 구제받을 수 있다.

독일에서는 의무화 소송, 영·미에서는 선언적 재판(declaratory judgement), 중지명령소(injunction), 직무집행명령소송(mandamus proceeding) 등이 인정되고 있다.

(4) 조리상 한계위반의 효과

조리상 한계를 벗어난 경찰권 행사는 공권력 행사로서의 정당성을 상실하고 그 자체가 위법이 된다. 위법한 경찰권 발동에는 ① 국민의 복종의무 없고 ② 정당방위 ③ 행정쟁송 또는 직권에 의한 취소·정지 ④ 손해배상 또는 원상회복 ⑤ 청원·헌법소원 ⑥ 당해 공무원의 형사·징계책임(간접적 구제) 등을 들 수 있다.

Ⅱ. 질서작용(경찰행정작용)의 형태(종류)와 성질

【기출문제】 <1969년 (제11회) 사법시험 (논술형)> ※ 경찰작용의 성질 및 종류를 밝혀라.

1. 경찰작용(질서작용)의 형태(종류)

질서작용은 사회공공의 안녕과 질서를 유지하기 위한 작용이기 때문에 원칙적으로 하명·강제 등 권력적 작용으로 행하여진다. 경찰하명, 경찰허가, 경찰강제, 경찰벌 등을 비롯하여 경찰면제·준법률행위적 행정행위(통지·수리 등)가 있다. 그러나 질서목적을 달성하기 위하여 비권력적 작용의 유용한 경우가 적지 않으며 지도, 권고, 조언이나 협력의 요구, 재해의 예보·경보 등이 그 예이다.

2. 경찰하명(질서하명)

3. 경찰허가(질서허가)

4. 경찰강제(질서강제)

5. 경찰벌(질서벌)

6. 경찰조사

Ⅲ. 경찰하명(질서하명)

【기출문제】 <1965년 (제7회) 사법시험 (논술형)> ※ 경찰하명을 논하라.

1. 의의 및 성질

(1) 의 의

경찰하명이라 함은 경찰상의 목적을 위하여 일반통치권에 의거하여 개인에게 특정한 작위, 부작위, 급부, 수인의 의무를 명하는 행위를 말한다(질서하명이라고도 한다). 법치행정의 원리상 경찰하명도 법규에 근거가 있어야 한다.

(2) 법적성질

경찰하명은

① 법적 행위라는 점에서 실력적 사실작용인 경찰강제와 구별되며
② 명령적 행위인 점에서 형성적 행위와 구별되며
③ 경찰상의 목적을 위한 하명이라는 점에서 재정하명, 군정하명 등과 구별되고
④ 일반통치권에 의거한 하명이라는 점에서 특별권력관계에서의 하명과 구별된다.

2. 종 류

(1) 내용에 따라

① 작위하명(일정한 행위를 적극적으로 할 것을 명하는 것, 예:영업자의 신고 등) ② 부작위하명(일정한 행위를 하지 아니할 것, 즉 경찰금지를 명하는 것, 예:야간통행금지 등) ③ 급부하명(금전 또는 물품의 급부의무를 과하는것, 예:검사수수료, 증명서교부수수료·수험료 등) ④ 수인하명(경찰권으로부터 자기의 신체·재산·가택에 대한 사실상 강제를 감수하고 저항하지 않을 의무를 과하는 것, 예:강제격리, 임시영치 등)이 있다.

(2) 대상에 따라

하명의 대상이 사람인지 물건인지에 따라 대인적 하명, 대물적 하명, 혼합적 하명이 있고, 또한 대상자가 특정인인가 불특정다수인인가에 따라 개별하명과 일반하명(예:야간통행금지)이 있다.

3. 경찰하명의 형식

(1) 법규하명

별도의 행정행위를 기다릴 것 없이 법령에 의하여 직접 일정한 경찰의무를 발생하게 되는 하명을 말한다. 일반성·추상성이며 새로운 의무부과가 가능하다. 도로교통법에 의한 좌측통행의 법규하명의 경우이다. 그러나 경찰법규 중 처분법규(경찰처분을 매개로 하지 않고 법규의 규정 자체에 의하여 직접·구체적인 의무를 발생시키는 법규; 예:청소년보호법 제26조에 의한 미성년자에 대한 유해약물판매금지)는 그 형식에도 불구하고, 실질적으로는 행정처분으로서의 성질을 가지는 것이므로, 처분법규의 성질을 가지는 법규명령의 규정은 항고소송의 대상이 된다 할 것이다.

판례 **〈처분적 법규명령은 행정소송법상 처분으로 보아 그 명령의 취소를 법원에 구할 수 있다.〉** 법령의 효력을 가진 명령이라도 그 효력이 다른 행정행위를 기다릴 것 없이 직접적으로 또 현저히 그 자체로서 국민의 권리훼손 기타 이익침해의 결과를 발생케 되는 성질의 것이라면 행정소송법상 처분으로 보아야 할 것이요, 따라서 그에 관한 이해관계자는 그 구체적 관계사실과 이유를 주장하여 그 명령의 취소를 법원에 구할 수 있을 것이다(대판 1954.8.19, 53행상37).

(2) 경찰처분

법규에 의거한 행정행위에 의하여 하명하는 형식을 취하는 경우이다. 경찰처분은 특정인에 대하여 개별적·구체적으로 행하여지는 것이 보통이나 불특정다수인에 대하여 일반적으로 행하여지는 경우도 있다(일반처분). 경찰상 일반 처분이란 경찰 목적을 위하여 인적규율 대상은 불특정다수인(일반적)이지만 시간적·공간적으로는 특정된 사항만을 규율하는 경우, 즉 일반적·구체적 규율을 말한다. 주차금지, 좌회전금지 등 교통표지가 그 예이다. 그 규율 받은 대상자가 불특정 다수인이라는 점에서는 일반적이나 그 규율대상이 시간·공간 등의 관점에 특정된다는 점에서 구체적 성질을 갖는다. 일반처분도 행정행위에 해당한다. 경찰처분은 법규하명과 달라서 새로운 의무를 과할 수 없고 개별적 구체성을 특징으로 한다. 대부분의 경찰권반동은 경찰처분의 성격을 갖는다.

【참고】 경찰하명에 대한 새로운 견해

종래 경찰하명을 형식에 따라 법규하명인 경우와 경찰처분인 경우를 나누어 보아 왔으나, 근래에는 경찰하명의 범주에 법규하명과 경찰처분을 포함시키는 것은 권한의 소재·형식·효과·집행의 수단·쟁송형태에 있어 현저한 차이가 있는데도 불구하고 이를 무시하는 결과가 된다는 점, 그리고 법률에 의한 경찰하명은 경찰의 행위형식에 포함되지 않음에도 불구하고 이를 경찰작용에 포함시키게 된다는 점, 경찰하명의 전부를 행정행위로 오해시킬 우려가 있다는 점을 들어, 경찰작용의 행위형식으로 종래 법규명령에 의한 경찰하명은 「경찰명령」으로 정의하고, 행정행위에 의한 「경찰처분」과 구분하는 견해가 있다.

경찰명령이란 경찰목적(공공의 안녕과 질서에 대한 위해방지)을 위하여 당사자에게 일정한 의무를 명하는 경찰행정청에 의하여 제정되는 법규명령형식의 경찰작용을 말한다. 예컨대 식품위생법 제44조 제1항이나 제48조 제2항에 의해 보건복지부장관이 정하는 사항을 준수하여야 하는 경우가 이에 해당한다.

제정주체가 행정청인 점에서 국회제정의 법률과 다르다. 경찰명령은 일반적·추상적 규율인 점에서 개별적·구체적 규율인 경찰처분과 다르며, 외부적 효력을 갖는 법규명령인 점에서 내부적 효력만 갖는 경찰규칙(행정규칙)과 다르다.

경찰명령은 위해방지를 위하여 불특정다수의 사건과 불특정다수인을 규율하는 명령 또는 금지를 뜻한다.

4. 경찰하명의 효과

(1) 경찰의무의 발생

1) 경찰의무의 발생

경찰하명의 효과는 그 하명을 받은 특정인 또는 불 특정인이 그 하명의 내용을 이행할 작위, 부작위, 수인, 급부의 의무를 경찰권기관에 대하여 지는 데 있다.

2) 경찰의무와 법률행위의 효력

경찰하명은 국민의 자연적 자유의 제한을 그 내용으로 하므로 법률상 능력이나 법률행위의 효력에는 직접적으로 아무런 관련이 없다. 따라서 ① 경찰하명에 위반한 행위가 사법상 당연히 무효가 되는 것이 아닌 반면에, 사법상 법률행위가 발생하지 못하는 행위라도 그것이 경찰하명에 위반한 것이면 경찰벌의 대상이 된다. ② 경찰하명의 효과로 특정인이 반사적 이익을 받을지라도 그에 사법상 청구권을 발생시키는 것이 아니다.

(2) 경찰하명효과의 대인적 범위

1) 경찰처분의 효과

① 대인적 하명의 경우 엄격히 특정인에게만 효과가 국한된다(의료업 정지 등).

② 대물적 하명의 경우 하명의 효과는 물건, 영업 등에 부착하여 그 양수인에게도 미친다(검사 불합격 자동차의 사용금지 등).

③ 혼합적 하명의 경우 위의 두 요소가 혼합된 경우로서 하명의 효과의 이전성은 일반적으로 제한된다(석유·가스 사업금지).

2) 법규하명의 효과

그 일반성·추상성으로 말미암아 불특정 다수인에게도 미친다.

(3) 경찰하명효과의 지역적 범위

경찰하명을 한 경찰기관의 관할구역 안에 그 효과가 국한된다. 예외적으로 ① 법령의 규정에 의하여 또는 ② 성질상 당연히 관할구역 밖에까지 미치는 경우도 있다(예컨대, 운전면허의 정지의 효력이 전국에 미치는 것).

5. 경찰하명의 하자

(1) 경찰하명의 무효

중대하고 명백한 법규위반이 있는 경우는 무효이고 따라서 수명자는 경찰벌이나 강제의 대상이 되지 아니한다.

(2) 경찰하명의 취소

단순한 위법 특히 경찰권의 한계를 일탈한 위법만이 있는 하명은 취소할 수 있음에 그치고, 취소가 있기까지는 유효한 하명으로 추정된다.

6. 경찰하명의 위반(경찰의무의 강제)

(1) 경찰하명의 불이행(작위·급부의무의 경우)

경찰상 강제집행에 의하여 그 의무이행을 확보한다.

(2) 경찰의무의 위반(부작위·수인의무의 경우)

일반통치권에 기하여 제재로서 경찰벌을 과한다(가로에 소변 보는자를 과료에 처함, 통금위반자에 대한 제재).

7. 경찰하명에 대한 구제

(1) 적법한 경찰하명에 대한 구제

경찰하명의 수명자는 경찰책임자로서의 수인의무를 가지므로 적법한 경찰하명으로 인한 손실이 생긴 때에는 국가에 대하여 그 보상을 청구하지 못한다. 다만, 부득이한 경우 경찰상 필요로 경찰책임이 없는 자에게나 과중한 손실을 가한 경우에는 손실보상청구권을 인정해야 한다(예: 소방기본법 §25·④).

(2) 위법·부당한 경찰하명에 대한 구제

1) 행정상 구제

① 감독권에 의한 취소·정지

당해 처분청이나 공무원 또는 그 감독청이 직권으로 하명을 취소·정지할 수 있다.

② 행정쟁송의 제기

소의 이익이 있는 한 피해자는 행정심판 또는 행정소송을 제기할 수 있다.

③ 공무원의 징계책임

당해 공무원의 파면 기타 징계도 간접적인 구제가 될 수 있다.

2) 민사상 구제

피해자는 행정상 손해배상을 청구할 수 있고 또한 당해 공무원은 변상책임이 있다.

3) 형사상 구제

① 공무원의 형사책임

당해 공무원은 형사상 또는 특별법상 책임을 진다(직권남용죄).

② 정당방위

중대하고 명백한 위법으로 하명이 무효인 경우에만 정당방위가 성립한다.

③ 고소·고발

피해자는 당해 공무원을 고소·고발하여 구제받을 수 있다.

4) 헌법상 구제

헌법상 기본권인 청원에 의하여 구제 받을 수 있다.

Ⅳ. 경찰허가(질서허가)

1. 의 의

경찰허가란 경찰목적을 위한 상대적인 금지를 특정한 경우에 해제함으로써 금지되어 있던 행위를 적법하게 할 수 있도록 자연의 자유를 회복시켜 주는 경찰처분이다. 이는 공공의 안녕과 질서유지라는 경찰상의 목적 외에는 통상의 허가와 같다. 경찰허가는 금지(부작위 의무)의 해제라는 점에서 작위, 급부, 수인의무의 해제인 경찰면제와 다르다.

【참고】 규제완화정책으로 경찰허가수(수)는 대폭감소하고 신고제로

「행정규제기본법」은 제1조에서 「불필요한 행정규제를 폐지하고 비효율적인 행정규제의 신설을 억제」한다고 선언하고 있으며, 그에 따라 종래의 많은 경찰허가가 폐지되거나 등록제 혹은 신고제 등으로 전환되었다. 그리하여 경찰허가제가 그대로 유지되고 있는 것은, 고압가스의 제조·저장소설치·판매허가(고압가스안전 관리법 §4·②), 총포·도검·화약류 등의 제조업·판매업 허가(총포·도검·화약류 등 단속법 §4, §6), 사행행위영업 등 허가(사행행위 등 규제 및 처벌특례법 §4, §13), 운전면허(도로교통 법 §80 등), 음식점 허가 중 단란주점 및 유흥주점 허가(식품위생법 §22, 동시행령 §9), 옥외광고물 등의 허가(옥외광고물 등관리법 §3), 유선사업 및 도선사업허가(유선및도선 사업법 §3), 건축허가(건축법 §11, §14), 배출시설의 설치허가 및 신고(수질및수생태계보전 에 관한법률 §33) 대기오염배출시설의 설치허가(대기환경 법 §23) 등만 존치하고, 종래 허가제였던 이용업·미용업·목욕장업·숙박업·전당포영업·일반음식점영업·휴게음식점영업·당구장업 등의 허가제는 폐지되거나 등록제 혹은 신고제로 전환되었다.

2. 성 질

(1) 금지(부작위 의무)해제행위

허가는 부작위의무(금지)해제인 점에서 작위·수인·급부의무의 해제인 면제와 다르다.

(2) 명령적 행위

금지된 행위에 대한 자연적 자유를 회복시켜 주는 명령적 행위이기 때문에 권리·능력 기타법상의 힘을 설정하여 주는 형성적 행위(특허)와 다르다. 판례도 원칙적으로 같은 입장을 취한다(대판 1999.7.23, 99두3690).

(3) 기속재량행위

허가의 요건·기준 등이 법령에 명시되어 경찰관청의 판단의 여지가 없는 경우에는 경찰허가가 기속행위에 속함은 물론이며, 경찰관청의 심사결과 당해 행위가 사회적 장해를 발생할 염려가 없다고 인정될 때에는 반드시 허가해야 하는 재량처분으로서 경찰허가도 기속재량행위이다.

(4) 쌍방적 행정행위

원칙적으로 신청을 요하는 행위이며(야간통행금지해제와 같이 신청을 요하지 않는 경우도 있다), 수정허가도 기속재량행위이다. 그러나 판례 중에는 자유재량행위라고 하는 것도 있다(대판 2001.1.30, 99두3577 : 자연공원법이 적용되는 지역 내에서의 단란주점영업허가를 재량행위라 함).

(5) 불요식행위

원칙적으로 불요식행위이므로 구술이나 서면에 의하여 행하여질 수 있다. 법령의 규정에 의하여 요식행위로 하는 경우는 허가받은 자와 받지 않은 자를 구별하기 위하여 공증행위를 허가의 효력발생요건으로 할 때가 있다(도로교통법 §85·③; 자동차 운전면허의 면허증교부).

3. 경찰허가의 형식과 부관

(1) 형 식

경찰허가는 일반적 경찰금지를 전제로 하여 행정처분의 형식으로 행하여진다. 이 점에 있어서 법규하명이 인정되는 경찰하명과 다르다. 법규허가는 없다.

(2) 부 관

기속허가의 경우를 제외하고 재량허가에는 부관을 붙일 수 있는 것이며, 이 부관은 경찰비례의 원칙에 의한 한계 내에서만 붙여야 한다. 부관에 조건, 기한, 부담, 철회권의 유보, 법률효과의 일부 배제가 있다.

4. 경찰허가의 대상과 상대방

(1) 대 상

경찰허가는 상대방의 사실행위에 대하여 행하여짐이 원칙이나, 법률행위를 그 대상으로 하는 경우도 있다.

(2) 상 대 방

경찰허가는 신청한 특정인에 부여하는 것이 원칙이지만, 신청 없이 직권에 의한 경찰허가 또는 불특정 다수인에 대하여 행해질 수 있다(예 : 야간통행금지 해제처분).

5. 경찰허가의 요건

(1) 신 청(절차적요건)

경찰허가는 상대방의 신청을 필요로 하는 것이 원칙이다. 따라서 신청을 요하는 행정행위, 즉 쌍방적 행정행위이고, 이 경우 신청이 없는 허가는 무효가 원칙이다(단, 신청이 없어도 직권으로 허가할 때가 있다. 예 : 특정 외래품 수입금지의 일반적 해제, 비상계엄 하에서의 보도 관제사항의 해제를 신문사에 통고, 연말연시 통행금지 해제).

(2) 수수료·조세의 납부(절차적 요건)

법률 또는 이에 의거한 명령에 의하여 수수료(도로교통법 §139) 또는 조세의 납부(면허세; 지방세법 §35)를 경찰허가의 요건으로 할 때가 있다.

(3) 공적증명(형식적 요건)

허가의 유무 및 내용을 객관적으로 명확히 하기 위하여 일정한 공증행위(면허장, 검사증, 감찰 등의 교부 또는 공부에의 등록)를 경찰허가의 효력발생요건으로 할 때가 많다.

(4) 시험 등 확인행위

경찰허가를 자동차운전면허와 같이 일정한 시험, 검사 등에 합격한 자에 대하여서만 부여하는 경우가 있는 바, 이 경우에는 시험, 검사 등 합격결정(확인행위)을 거치지 아니한 경찰허가는 무효이다.

(5) 인근주민의 동의문제

경찰법령에서 경찰허가를 행함에 있어서 허가신청 장소의 인근주민의 동의를 요구하고 있는 경우에 허가신청자가 인근주민의 동의서를 제출하지 못한 경우에는 경찰허가 관청은 이를 이유로 허가를 거부할 수 있다. 반대로 법적 근거가 없음에도 불구하고 경찰관청이 집단민원발생우려 등을 이유로 임의로 인근주민의 동의서 제출을 요구한 경우에 이에 응하지 않았다던가 인근주민이 반대하고 있다는 이유만으로 허가를 거부할 수 없다 할 것이다(대판 1997.10.14, 96누14944).

(6) 다른 법령에서 정한 요건과의 관계

하나의 경찰허가의 요건에 관하여 입법목적을 달리하는 2개 이상의 경찰법령(예 : 건축법, 소방기본법, 주택법, 석유 및 석유대체연료사업법, 국토의 계획 및 이용에 관한 법률)이 규율하고 있는 경우가 있다. 이 경우에 허가를 받기 위해서는 하나의 법령이 우선하여 배타적으로 적용되는 관계에 있는 경우를 제외하고는 이들 경찰법령이 정한 요건을 모두 갖추어야 한다.

판례 〈입법목적을 달리하는 법률들이 일정한 행위에 관한 요건을 각각 규정하고 있는 경우 그 행위에 관하여 각 법률의 규정에 따른 요건을 갖추어야 한다.〉 입법목적을 달리하는 법률들이 일정한 행위에 관한 요건을 각각 규정하고 있는 경우에는 어느 법률이 다른 법률에 우선하여 배타적으로 적용된다고 해석되지 않는 이상 그 행위에 관하여 각 법률의 규정에 따른 요건을 갖추어야 한다. 주유소 허가(지금은 석유판매업이 등록 또는 신고사항임)에 있어서 입법목적, 규정사항, 적용범위 등에 비추어 석유사업법은 건축법, 도시계획법, 소방기본법, 주택건설촉진법 등에 우선하여 배타적으로 적용되는 관계에 있다고는 해석되지 아니하므로 석유사업법에 따른 주유소허가의 기준을 갖춘 자라 할지라도 위 건축법 등 다른 법령 소정의 주유소허가기준을 별도로 갖추지 아니하는 이상 적법한 주유소허가를 할 수 없음은 당연한 이치라고 판시하고 있다(대판 1995.1.12, 94누3216).

6. 경찰허가의 종류

(1) 대인적 경찰허가

허가 여부의 심사기준이 인적·주관적 사정(능력·기술 지식 등)에 있는 허가이다(예: 운전면허, 의사면허 등). 허가의 효과가 허가 받은 자에 국한하고, 타인에게 이전될 수 없다.

(2) 대물적 경찰허가

허가의 심사기준이 물건의 내용·상태 등 객관적 사정에 있는 경우이다(예: 식품위생업허가, 건축허가, 차량검사 등). 이 경우는 허가의 효과를 타인에게 이전할 수 있다.

(3) 혼합적 경찰허가

허가신청인의 주관적 사정과 객관적 사정을 함께 고려하여 행하여지는 경찰허가이다(예: 총포·도검·화약류 제조허가, 석유·가스사업허가 등). 이러한 허가의 경우는 당연히 양도·상속되는 것은 허용되지 않고 상속인, 양수인에게 새로운 허가를 받게 하고 있다. 이 경우 허가관청의 심사대상은 양수인이나 상속인의 인적사항 즉 인적요소의 적부에 한정된다 할 것이다. 그러나 오늘날에는 지위의 승계를 경찰관청에게 승계사실을 신고하게 하고 있다(총포·도검·화약류단속법 §4의2).

7. 경찰허가의 효과

【기출문제】 <1979년 (제23회) 행정고시 (약술형)> ※ 경찰허가의 효과

(1) 경찰금지의 해제

1) 자유의 회복(특허와 구별)

경찰허가는 경찰상 목적(질서유지, 즉 사회적 장애발생의 방지)을 위한 일반적·상대적 금지를 해제하여 개인의 행위의 자유를 회복시켜 주는 것에 불과하고, 권리, 능력 기타 법률상의 힘을 설정하여 주는 것이 아니므로 설권행위인 특허 등과 구별된다.

2) 경찰허가와 타법률 관계

경찰허가는 경찰상 목적을 위한 금지만 해제할 뿐이지 타법령상의 제한까지 해제하는 것은 아니다(예컨대, 공무원의신분을 가진 자가영업의 경찰허가를받았다하더라도 공무원법상의 영업금지제한은 여전히 받는다).

3) 경찰허가와 법률행위의 효력

경찰허가는 금지된 행위의 자유를 회복시켜 주는 데 그치므로 법률행위로서의 효력발생 여부에는 직접적인 관계가 없다.

즉 요허가행위를 허가 없이 해도 그것이 위법으로 경찰강제집행이나 경찰벌의 대상은 될지언정 법률행위로서 유효일 수도 있는 것이고, 반대로 허가 받고 한 행위라도 법률행위로서는 무효인 때도 있다. 전자의 예로서는 무허가 음식점에서의 음식물판매 행위는 유효인 경우를 들 수 있고, 후자의 예로는 허가 받은 총포·도검·화약류의 판매업이라 하더라도 판매금지대상물을 판매한 경우라면 무효인 법률행위가 되는 것과 같은 경우이다.

4) 경찰허가 받은 자의 이익(법률상이익 또는 반사적 이익)

허가의 결과 허가를 받은 자는 사실상 일정한 독점적인 이익을 받는 경우가 많지만, 그것은 법상의 경찰제한에서 오는 반사적 이익에 불과하고, 권리로서의 이익이 아니라 함이 통설이다. 즉, 혼자서 허가를 받아 영업하고 있는데, 무허가 자가 출현하여 영업함으로 인해 손해를 보았더라도 그 자에게 직접 영업정지청구나 손해배상청구를 할 수 없고, 단속 기관에 고발할 수 있을 뿐이다. 또 법령이 영업허가의 거리제한을 두고 있는 경우에 허가 청이 그 거리제한을 위반하여 허가했을 때도 기존 허가 받은 자는 그 허가취소 등을 청구할 수 없다는 설도 있으나, 이 경우 기존업자는 신규허가의 취소청구를 할 수 있다는 견해도 있다(경원허가와 무하자재량행사청구권 문제). 기존 공중목욕탕업자가 받은 이익을 반사적 이익으로 판시한 것이 대표적 사례이다(대판 1963.8.22, 63누97). 그러나 경찰법규가 사적 이익도 보호법익으로 포함하고 있다면 허가를 받은 자의 이익은 단순한 반사적 이익이 아니라 법률상 이익이 된다(대판 1974.11.26, 74누110).

5) 기한부허가의 갱신

기한부허가가 종기의 도래에 의하여 효력을 상실함은 물론이지만, 많은 영업허가에 있어서와 같이 기한의 갱신을 신청할 수 있는 경우에는 경찰상 장애가 발생할 새로운 사정이 없는 한 갱신을 허가하여야 한다.

판례 〈사행행위의 갱신허가는 별도의 새로운 행정처분이다.〉 ① 사행행위의 갱신허가는 …… 종전의 허가처분과는 별도의 새로운 행정처분이라고 보아야 할 것이므로, 허가관청은 기존허가를 받은 자에 대해서 다시 허가를 할 때에는 신법 소정의 허가요건 및 허가를 제한하고 있는 경우에 해당하고 있는지 여부를 새로이 판단하여 허가 여부를 결정하여야 하며, 재허가를 불허하더라도 기득권 박탈이나 신뢰보호원칙에 어긋난다고 할 수 없다(대판 1993.5.25, 93누4177).

② 사행행위를 단속함을 목적으로 제정된 구 복표발행·현상기타사행행위단속법(1991. 3. 8. 법률 제4339호로 사행행위등규제법으로 개정되기 전의 것)의 규정에 비추어 보면 사행행위의 허가는 그것이 비록 갱신허가라 하더라도 종전 허가에 붙여진 기한의 연장에 불과하여 관련 법령의 변동이나 위법한 사유가 새로 발생하는 등 사정의 변화가 없는 한 반드시 갱신하여야 하는 것은 아니고 위 법조 소정의 허가 요건이나 그 밖에 다른 법령에 저촉되는가의 여부 및 공익 등을 고려하여 허가 여부를 결정하여야 한다고 봄이 상당하다－도시계획법상 일반주거지역에 위치한 관광호텔 내의 투전기업소 영업허가갱신신청을 불허한 처분이 정당하다고 한 사례(대판 1992.10.23, 92누4643).

(2) 경찰허가의 효과의 범위

1) 인적 범위

① 대인적 허가의 경우 허가의 효과는 엄격히 그 특정인에게만 국한되고 이전성이 없다(예 : 의사면허, 운전면허).

② 대물적 허가의 경우 허가를 받은 자뿐만 아니라 그 지위의 승계인(상속인·양수인)에게도 미친다(예 : 건축허가).

판례 **〈석유판매업자의 지위를 승계한 자에 대하여 종전의 석유판매업자가 유사 석유제품을 판매하는 위법행위를 하였다는 이유로 사업정지 등 제재처분을 취할 수 있다(대판 2003.10.23, 2003두8005).〉** 석유사업법 제9조 제3항 및 그 시행령이 규정하는 석유판매업의 적극적 등록요건과 제9조 제4항, 제5조가 규정하는 소극적 결격사유 및 제9조 제4항, 제7조가 석유판매업자의 영업양도, 사망, 합병의 경우뿐만 아니라 경매 등의 절차에 따라 단순히 석유판매시설만의 인수가 이루어진 경우에도 석유판매업자의 지위승계를 인정하고 있는 점을 종합하여 보면, 석유판매업 등록은 원칙적으로 대물적 허가의 성격을 갖고, 또 석유판매업자가 같은 법 제26조의 유사 석유제품 판매금지를 위반함으로써 같은 법 제13조 제3항 제6호, 제1항 제11호에 따라 받게 되는 사업정지 등의 제재처분은 사업자 개인의 자격에 대한 제재가 아니라 사업의 전부나 일부에 대한 것으로서 대물적 처분의 성격을 갖고 있으므로, 위와 같은 지위승계에는 종전 석유판매업자가 유사석유제품을 판매함으로써 받게 되는 사업정지 등 제재처분의 승계가 포함되어 그 지위를 승계한 자에 대하여 사업정지 등의 제재처분을 취할 수 있다고 보아야 하고, 같은 법 제14조 제1항 소정의 과징금은 해당 사업자에게 경제적 부담을 주어 행정상의 제재 및 감독의 효과를 달성함과 동시에 그 사업자와 거래관계에 있는 일반국민의 불편을 해소시켜 준다는 취지에서 사업정지처분에 갈음하여 부과되는 것일 뿐이므로, 지위승계의 효과에 있어서 과징금부과처분을 사업정지처분과 달리 볼 이유가 없다.

판례 **〈석유판매시설을 경매에 의하여 취득하여 석유판매업자의 지위를 승계한 자에 대하여 종전의 석유판매업자가 유사 석유제품을 판매하는 위법행위를 하였다는 이유로 사업정지 등 제재처분을 취하는 것이 헌법(영업의 자유나 재산권 보장 또는 평등원칙)에 위반된 것이라 볼 수 없다.〉** 석유사업법 제26조는 사회적·경제적으로 해악을 끼치는 유사 석유제품의 유통을 엄중하게 방지한다는 취지에서 규정된 것으로서 그 위반에 따른 제재의 실효성을 확보할 필요가 있는 점, 지위승계 사유의 하나인 경매는 석유판매시설에 대하여만 이루어질 뿐이고, 경매로 말미암아 석유판매사업자의 지위승계가 강제되는 것은 아닌 점, 석유판매업자의 지위를 승계한 자는 종전의 석유판매업자의 위반행위에 대하여 책임을 추궁할 수도 있는 점, 위 과징금은 사업정지처분에 갈음하여 부과될 뿐인 점 등을 종합하여 보면, 석유판매사업자의 지위승계 및 과징금부과처분에 관한 위와 같은 해석은 특히 경매에 의한 지위승계에 있어서 영업의 자유나 재산권의 보장 또는 평등의 원칙 등에 위배되는 것이라고 볼 수 없다.

판례 **〈개인택시운송사업의 양도·양수가 있고 그에 대한 인가가 있은 후 그 양도·양수 이전에 있었던 양도인에 대한 운송사업면허취소사유(음주운전 등으로 인한 자동차운전면허의 취소)를 들어 양수인의 사업면허를 취소한 것은 정당하다(대판 1998.6.26, 96누18960).〉**

③ 혼합적 허가의 경우 허가의 효과는 이전성이 제한되어, 당연히 타인에게 이전 또는 상속이 되는 것은 아니다. 그러나 최근에는 양도·상속 등 지위 승계를 한 경우에는 경찰관청에게 지위승계를 신고하여야 한다고 규정하는 경우가 많다(총포·도검·화약류 단속법 §4의2, §6의2).

2) 지역적 범위

경찰허가의 효과는 원칙으로 당해 경찰관청의 관할지역 내에 한정되는 것이나, 법령이나 행위의 성질상 당해 관할구역 밖에까지 미치는 경우가 있다(운전면허·미용사 시험의 합격, 차량검사의 합격).

3) 시간적 범위

법규 또는 부관에 의해서 시간적 한계를 정할 수 있으나, 일반적으로 경찰허가가 소멸될 때까지 그 효력이 지속된다.

8. 경찰허가의 하자

(1) 경찰허가의 무효

경찰허가가 그 성립요건에 있어서 중대하고 명백한 하자를 지니고 있을 때에는 허가는 당연히 무효이고, 이 경우 행위자는 허가를 받고 한 때라도 경찰위반의 책임을 지며, 무효임을 인식하지 못하였더라도 정당한 이유가 없으면 경찰벌의 대상이 된다.

(2) 경찰허가의 취소

일단 유효하게 성립된 허가에 대하여 성립상 하자가 있는 경우 사후에 그 효력을 상실시키는 행정행위로서 일단 해제된 금지를 부활시키는 것이다. 따라서 경찰허가의 취소는 침익적 행위이므로 취소해야 할 특별한 공익상 필요 또는 제3자의 이익보호의 필요 없이 취소함은 위법이 되므로 당연히 행정구제의 방도를 취할 수 있다.

(3) 경찰허가의 철회

경찰허가의 철회는 하자있는 행위는 아니나 일반의 행정행위와 마찬가지로 하자 없이 적법하게 허가된 행위가 사후에 공공의 안녕과 질서에 반하게 되는 경우, 허가를 받은 자가 상당한 기간 내에 허가된 행위를 실행하지 않는 경우 등에는 철회할 수 있다고 할 것이며 다만 취소의 경우보다 더 강한 제한을 받는다 하겠다.

(4) 경찰허가영업의 양도·양수와 하자의 승계문제

경찰허가의 취소사유 또는 철회사유가 발생하였으나 취소·철회하지 아니하고 있는 사이에 허가영업이 양도·상속·법인합병이 된 경우, 그 이유로 양수인·상속인·합병법인의 허가를 취소·철회할 수 있는가 하는 것이다.

① 대인적 허가는 허가의 효과는 엄격히 그 특정인에게만 국한되고 이전성이 없으므로 허가의 효과도 이전되지 않는다.

② 혼합적 허가도 허가의 효과는 제한되어, 당연히 타인에게 이전·상속이 되는 것은 아니고, 양수인 또는 상속인으로 하여금 신고를 하도록 하는 것이 일반적이다(액화석유가스의 안전관리 및 사업법 §8·③).

③ 대물적 허가인 경우에 허가의 효과가 이전되느냐 하는 문제는 주로 여기서 발생한다. 실정법상 승계를 인정하는 규정을 두고 있는 경우, 즉 권리·의무의 승계 또는 지위의 승계를 인정하고 있는 경우는 승계를 인정하는데 문제가 없으나(예: 대기환경보전 §11의2, 수질및수생태계보전에 관한법률 §36, §49의3, §65 소음·진동규제 §10의2), 그러한 명문규정이 없는 경우가 문제되는 바, 일반적·통상적으로는 다음과 같은 경우를 제외하고는 양수인 등에게 승계된다고 할 것이다. 이러한 법리(法理)는 과징금의 경우도 마찬가지이다.

㉮ 경찰허가에 통상적으로 수반되는 지위 또는 권리·의무로 볼 수 없는 순수한 대인적(對人的)취소사유는 승계되지 않는다 할 것이다. 다만 이 경우에도 양수인이 양수시에 양도인의 취소사유를 알고 그것을 이용하여 이득을 취한 경우에는 보호할 가치도 없을 뿐만 아니라 스스로 취소로 인한 불이익을 예상한 것이므로 취소사유가 승계된다.

㉯ 대기환경보전법 등에 의한 배출부과금제도는 영업정지에 갈음하는 것으로 보기 어렵고 또한 위반기간·배출량에 따라 부과되기 때문에 가분성이 있어 양도인과 양수인의 책임한계를 명확하게 구분할 수 있는 행정제재금의 경우는 승계되지 아니한다고 할 것이다.

④ 판례는 양도인에게 생긴 취소사유가 제한 없이 승계된다는 판례와, 선의의 양수인에게는 승계되지 아니한다는 판례가 있다.

판례 〈석유판매업이 양도된 경우, 양도인의 귀책사유로 양수인에게 제재를 가할 수 있는지 여부〉 석유사업법 제12조 제3항, 제9조 제1항, 제12조 제4항 등을 종합하면 석유판매업(주유소)허가는 소위 대물적 허가의 성질을 갖는 것이어서 그 사업의 양도도 가능하고 이 경우 양수인은 양도인의 지위를 승계하게 됨에 따라 양도인의 위 허가에 따른 권리의무가 양수인에게 이전되는 것이므로 만약 양도인에게 그 허가를 취소할 위법사유가 있다면 허가관청은 이를 이유로 양수인에게 응분의 제재조치를 취할 수 있다 할 것이고, 양수인이 그 양수 후 허가관청으로부터 석유판매업허가를 다시 받았다 하더라도 이는 석유판매업의 양수도를 전제로 한 것이어서 이로써 양도인의 지위승계가 부정되는 것은 아니므로 양도인의 귀책사유는 양수인에게 그 효력이 미친다(대판 1986.7.22, 86누203).

판례 〈전 허가명의자의 허가조건 위배사실과 선의의 허가명의승계인에 대한 허가취소의 당부〉 식육판매영업허가시에 과하여진 밀도살육판매금지와 같은 허가조건의 위배는 이를 위배한 당초 허가를 받은 자만이 영업허가취소의 행정제재를 받는다 할 것이고 선의의 허가명의의 승계인에게는 전 허가명의자의 허가조건 위배사실을 알았다는 등 특단의 사정이 없는 한 전 허가명의자의 허가조건위배를 이유로 허가취소를 행할 수 없다.

V. 경찰강제(질서강제)

【기출문제】 <1970년 (제12회) 사법시험 (논술형)·제2회 법무관시험 (논술형)> ※ 경찰상 즉시강제를 논하고 그 위법에 대한 구제를 논급하라.

1. 의의 및 성질

(1) 의 의

경찰상의 실력행사로서 경찰상 목적현실을 확보하기 위하여 개인의 신체·재산 또는 가택에 실력을 가하여 필요한 상태를 실현하는 권력적 사실작용이다.

(2) 성 질

① 일반통치권에 의한 권력적 사실행위인 점에서 법률 행위적 작용인 경찰하명이나 경찰허가와 구별되고 ② 경찰의무의 부과와 존재를 전제로 하는 점에서 경찰상 즉시강제와 구별되며 ③ 장래의 의무이행강제수단인 점에서 과거의 비행에 대한 제재수단인 경찰벌과 구별된다.

2. 종 류

(1) 경찰상 강제집행

경찰의무의 불이행에 대하여 경찰권 자신이 강제적으로 의무이행을 시키거나 의무이행이 있었던 것과 동일한 상태를 실현하는 작용이다.

(2) 경찰상 즉시강제

목전에 급박한 경찰상 장해를 예방 또는 제거하기 위하여 의무를 명할 시간적 여유가 없거나 성질상 의무를 명하여서는 경찰목적을 달성할 수 없는 경우에 직접 국민의 신체·재산에 실력을 가하여 경찰상 필요한 상태를 실현하는 작용이다. 경찰상 즉시강제는 법적 안정성과 예측가능성을 해하는 침해행정의 전형으로 인권침해의 우려가 많으므로 경찰하명과 경찰상 강제집행에 의하여 목적을 달성할 수 없는 경우에만 경찰강제수단으로 사용되어야 한다.

(3) 양자의 차이

경찰상 강제집행은 선행하는 구체적 의무의 존재(예: 하명) 및 그 의무불이행을 전제로 하는 점에서, 의무를 과하지 아니하고 즉시에 실력으로서 강제하는 경찰상 즉시강제와 다르다.

3. 경찰강제의 근거(경찰강제와 법치주의)

(1) 자연법적 근거(경찰긴급권)

이론적 근거인 종래 경찰긴급권 방위이론으로 과거 대륙법계 국가에서는 경찰상의 의무를 부과하는 근거가 되는 법규가 곧 강제집행의 근거가 되고 특별한 법규가 다시 필요하지 않는다고 보았다. 그러나 현대 법치국가에서는 반드시 실정법적 근거를 요한다.

(2) 실정법적 근거

① 경찰상 강제집행은 일반법으로 행정대집행법, 국세징수법과 기타 단행법이 있다.

② 경찰상 즉시강제는 일반법으로 경찰관직무집행법, 기타 단행법(예: 소방기본법, 수난구호법, 총포·도검·화약류단속법, 식품위생법, 도로교통법 등)이 있다.

4. 경찰강제의 수단(행정강제의 수단 설명참조)

(1) 경찰상 강제집행의 수단

대집행, 집행벌 내지 이행강제금, 직접강제 및 금전적 의무의 강제집행 수단으로서 경찰상 강제징수 등을 들 수 있으나 우리나라에서는 경찰상의 강제집행에 관한 일반법인 행정대집행법이 대집행을 규정하고 있고 경찰상의 금전급부의무에 관하여는 도로교통법(§160), 건축법(§113) 등 개별법에 근거규정을 두고, 국세징수법이 강제징수절차를 각각 규정하고 있다.

(2) 경찰상 즉시강제와 영장제도

경찰즉시강제시에 체포·구금·압수·수색을 할 때에는 법관의 영장을 요하느냐에 관하여 ① 영장불요설 ② 영장필요설 ③ 절충설이 대립되나 ③설이 통설이다(행정상 즉시강제 설명참조).

(3) 경찰상 즉시강제의 수단(일반 경찰법상 개별적 수권조항 설명참조)

1) 대인적 강제

사람의 신체에 실력을 가하여 경찰상 필요한 상태를 실현시키는 즉시강제이다.

① 경찰관직무집행법상의 대인적 강제(동법 §3~§11참조)

㉮ 불심검문

범죄예방 및 범인검거의 목적으로 거동불심자를 정지시켜 직접 질문하여 조사하는 것이 불심검문이다.

㉠ 경찰관이 수상한 거동 기타 주위의 사정을 합리적으로 판단하여 어떤 죄를 범하였거나 범하려 하고 있다고 의심할 만한 상당한 이유가 있는 자, 또는 이미 행하여진 범죄나 행하려고 하는 범죄행위에 관하여 그 사실을 안다고 인정되는 자를 정지시켜 질문하는 것을 말한다. 질문할 때 흉기의 소지여부를 조사할 수 있다. 질문시 주의할 점은 상대방의 명예존중, 상대방의 저항·도주의 방지 및 불심점 발견이다.

㉡ 그 장소에 정지시켜 질문하는 것이 원칙이나, 그 장소에서 질문하는 것이 본인에게 불리하거나 교통의 방해가 된다고 인정되는 때에는 질문하기 위하여 부근의 경찰서, 지구대, 파출소 또는 출장소에 동행할 것을 요구할 수 있다.

㉢ 불심검문을 당한 자는 그 의사에 반하여 답변을 강요당하지 아니하며 경찰관의 동행요구를 거부할 수 있다(임의동행임).

판례 〈경찰관이 임의동행 요구에 응하지 않는다 하여 강제연행 하려고 대상자의 양팔을 잡아 끈 행위에 대하여 그 대상자가 이로부터 벗어나기 위하여 저항한 행위는 정당한 행위이고 과실이 없다.〉 경찰관이 임의동행요구에 응하지 않는다 하여 강제연행하려고 대상자의 양팔을 잡아 끈 행위는 적법한 공무집행이라고 할 수 없으므로 그 대상자가 이러한 불법연행으로부터 벗어나기 위하여 저항한 행위는 정당한 행위라고 할 것이고 이러한 행위에 무슨 과실이 있다고 할 수 없다(대판 1992.5.26, 91다38334).

불심검문을 행하는 경우 경찰관은 자신의 신분을 표시하는 증표를 제시하면서 소속·성명을 밝히고 그 목적과 이유를 설명해야 하며, 동행의 경우는 동행 장소를 밝혀야 한다. 동행할 때의 주의 점은 위해(危害)·증거인멸·자살·도주·자해방지·불심자로부터의 위해의 공격에 대비해야 한다.

㉣ 동행을 한 경우 경찰관은 당해인의 가족 또는 친지 등에게 동행한 경찰관의 신분·소속과 성명·동행 장소·동행목적과 이유를 고지하거나 본인으로 하여금 즉시 연락할 수 있는 기회를 부여해야 하며, 변호인의 조력을 받을 권리가 있음을 고지하여야 한다. 동행을 한 경우 경찰관은 그 자를 6시간을 초과하여 경찰관서에 머물게 할 수 없나. 불심검문을 당한 자는 형사소송에 관한 법률에 의하지 아니하고는 신체를 구속당하지 아니한다.

㉤ 불심검문은 경찰목적에 필요한 자료를 수집하기 위한 측면이 있다는 점에서 경찰상 조사라고 보는 견해와, 그것은 다른 조사와는 달라서 그 자체가 경찰목적을 직접 실현하는 작용인 측면이 강하다는 면에서 경찰상 즉시강제로 보는 견해가 있는데 후설이 다수설이다(양자의 차이점에 관하여는 행정상 즉시강제와 행정조사와의 구별 참조).

㉯ 보호조치

긴급구호를 요하는 자를 발견한 때에 보건의료기관 또는 공공구호기관 등에 긴급구호를 요청하거나 경찰관서에 일시적 보호조치 하는 것이다.

㉠ 경찰관은 정신착란자, 술 취한 상태로 인하여 자기 또는 타인의 생명·신체와 재산에 위해를 미칠 우려가 있는 자, 미아, 주취자, 자살기도자, 병자 또는 부상자로서 긴급구호를 요한다고 믿을 만한 상당한 이유가 있는 자를 발견할 때에는 보건의료기관 또는 공공구호기관에 긴급구호를 요청하거나, 경찰관서에 보호하는 등 적당한 조치를 하여야 한다. 긴급구호요청을 받은 보건의료기관이나 공공구호기관은 정당한 이유 없이 긴급구호를 거절할 수 없다. 경찰관이 보호조치를 한 때에는 지체없이 피보호자의 가족·친지 기타의 연고자에게 통지하고, 연고자가 발견되지 않으면 피보호자를 적당한 공중보건의료기관이나 공공구호기관에 즉시 인계해야 한다.

판례 **〈구속영장을 교부받음이 없이 피의자를 보호실에 유치함은 적법한 공무수행이 아니므로 이에 대해 항의하여 나오려는 것을 경찰이 제지할 권한도 없으므로 이에 대해서 공무집행방해죄가 성립되지 않는다.〉** 피고인이 경찰서 보호실에 유치될 당시에 긴급구호를 요한다고 믿을만한 상당한 이유가 있었다든지 보호실에 유치된 후 가족에게 통지하였다고 볼 아무런 자료가 없는 경우에는, 당사자를 적법하게 보호조치한 것이 아니므로 보호실에 유치한 것은 적법한 공무로 볼 수 없으며 이에 대해 항의하여 나오려는 것을 순경이 제지할 권한도 없으므로 이에 대해서 공무집행방해죄가 성립되지 않는다(대판 1994.2.11, 93도958).

㉡ 보호조치는 24시간을 초과할 수 없다. 위험물 등의 임시영치는 10일을 초과할 수 없다. 임시영치는 대물적 즉시강제에 해당한다.

판례 〈구속영장 발부받음 없이 응급구호 요한 자를 24시간 이상 경찰관서에 보호불가하다.〉 경찰서 조사대기실이 조사대기자 등의 도주방지와 경찰업무의 편의 등을 위한 수용시설로서 그 안에 대기하고 있는 사람들의 출입이 제한되는 시설이라면, 일단 그 장소에 유치되는 사람은 그 의사에 기하지 아니하고 일정장소에 구금되는 결과가 되므로 경찰관직무집행법상 정신착란자, 주취자, 자살기도자 등 응급의 구호를 요하는 자를 24시간을 초과하지 아니하는 범위 내에서 경찰관서에 보호조치할 수 있는 시설로 제한적으로 운영되는 경우(경찰관직무집행법 제4조 제1항 제1항)을 제외하고는 구속영장을 발부받음이 없이 위 조사대기실에 유치함은 영장주의에 위배되는 위법한 구금이라 하지 않을 수 없다(대판 1995.5.26, 94다37226).

㉰ 위험발생방지조치

경찰관이 인명 또는 신체에 위해를 미치거나 재산에 중대한 손해를 끼칠 우려가 있는 천재, 사변, 공작물의 손괴, 교통사고, 위험물의 폭발, 광견이나 분마류 등의 출현, 극단한 혼잡 기타 위험한 사태가 있을 때나 대간첩작전수행 또는 소요사태의 진압을 위하여 필요하다고 인정되는 상당한 이유가 있을 때에 그 위해를 방지하기 위하여 취하는 조치이다. 그 구체적 수단으로는 관계인에게 경고, 긴급시의 위해우려자의 억류 조치나 피난조치, 직접적인 위험 발생 방지조치가 있다. 법적 성질은 대인적·대물적·대가택적 즉시강제에 해당한다.

㉱ 범죄의 예방·제지조지

경찰관은 범죄행위가 목전에 행하여지려고 하고 있다고 인정될 때에는 이를 예방하기 위하여 관계인에게 필요한 경고를 발하고, 그 행위로 인하여 인명·신체에 위해를 미치거나 재산에 중대한 손해를 끼칠 우려가 있어 긴급을 요하는 경우에는 그 행위를 제지할 수 있다.

㉲ 위해방지를 위한 가택출입

㉠ 긴급출입 : 경찰관은 긴급을 요할 때에는 위해를 받을 우려가 있는 자를 필요한 한도 내에서 압류·피난 및 ㉱에 규정한 위험한 사태가 발생하여 인명·신체 또는 재산에 대한 위해가 절박한 때에 그 위해를 방지하거나 피해자를 구조하기 위하여 부득이하다고 인정할 때에는 합리적으로 판단하여 필요한 한도 내에서 타인의 토지·건물 또는 선·차내에 출입할 수 있다.

㉡ 예방출입 : 흥행장, 여관, 음식점, 역 기타 다수인이 출입하는 장소의 관리자 또는 이에 준하는 관계인은 그 영업 또는 공개시간 내에 경찰관이 범죄의 예방 또는 인명·신체와 재산에 대한 위해 예방을 목적으로 그 장소에 출입할 것을 요구한 때에는 정당한 이유 없이 이를 거절할 수 없다. 만일 폭행·협박으로 출입을 거절하면 공무집행방해죄를 구성한다.

㉢ 긴급검색(작전지역안에서의 검색) : 경찰관은 대간첩작전수행에 필요한 때에는 작전지역 안에 있

어서의 위 ㉡에 규정된 장소 안을 검색할 수 있다. 공개된 장소 안을 법관의 영장 없이 주·야간을 가리지 않고 가능하나 대간첩작전수행에 국한된다. 관리자의 승인을 요하지 않는다.

㉣ 경찰관이 위의 ㉠·㉡·㉢의 필요한 장소에 출입할 때에는 그 신분을 표시하는 증표를 제시해야 하며, 함부로 관계인의 정당한 업무를 방해하여서는 안 된다.

㉯ 사실확인

경찰관서의 장은 직무수행에 필요하다고 인정되는 상당한 이유가 있을 때에는 국가기관 또는 공공단체 등에 대하여 직무수행에 관련된 사실을 조회할 수 있으며, 긴급을 요할 때에는 소속 경찰관으로 하여금 현장에 출장하여 당해 기관 또는 단체의 장의 협조를 얻어 그 사실을 확인하게 할 수 있다. 경찰관은 미아를 인수할 보호자의 여부, 유실물을 인수할 권리자의 여부 또는 사고로 인한 사망자를 확인하기 위하거나 행정처분을 위한 교통사고조사상의 사실을 확인하기 위하여 필요한 때에는 관계인에게 출석을 요하는 사유, 일시 및 장소를 명확히 한 출석 요구서에 의하여 경찰관서에 출석할 것을 요구할 수 있다.

㉶ 경찰장비의 사용 등

경찰관은 직무수행 중 경찰장비를 사용할 수 있다. 다만 인명 또는 신체에 위해를 가할 수 있는 경찰장비에 대하여는 필요한 안전교육과 안전검사를 실시하여야 한다.

경찰장구(警察裝具)라 함은 경찰관이 휴대하여 범인검거와 범죄 진압 등 직무수행에 사용하는 수갑·포승·경찰봉·방패 등을 말한다.

경찰장비(警察裝備)라 함은 무기·경찰장구·최루제 및 그 발사 장치, 감식기구, 해안감시기구, 통신기기, 차량, 선박, 항공기 등 경찰의 직무수행을 위하여 필요한 장치와 기구를 말한다.

무기라 함은 인명 또는 신체에 위해를 가할 수 있도록 제작된 권총·소총·도검 등을 말한다.

대간첩·대테러작전 등 국가안전에 관련되는 작전을 수행할 때에는 개인화기 외에 공용화기를 사용할 수 있다.

경찰관은 현행범인 경우와 사형·무기 또는 장기 3년 이상의 징역이나 금고에 해당하는 죄를 범한 범인의 체포, 도주의 방지, 자기 또는 타인의 생명·신체에 대한 방호, 공무집행에 대한 항거의 억제를 위하여 필요하다고 인정되는 상당한 이유가 있을 때에는 그 사태를 합리적으로 판단하여 필요한 한도 내에서 수갑·포승·경찰봉 등 경찰장구를 사용할 수 있다.

㉷ 무기사용

경찰관은 범인의 체포, 도주의 방지, 자기 또는 타인의 생명·신체에 대한 방호, 공무집행에 대한 항거를 억제하기 위하여 필요하다고 인정되는 상당한 이유가 있을 때에는 그 사태를 합리적으로 판단하여 필요한 한도 내에서 무기를 사용할 수 있다(위해를 수반하지 않는 무기사용). 다만, ㉠ 형법에 규정한 정당방위와 긴급피난에 해당하는 때 ㉡ 사형·무기 또는 장기 3년 이상의 징역이나 금고에 해당하는 죄를 범하거나 범하였다고 의심할 만한 충분한 이유가 있는 자가 경찰관의 직무집행에 대하여 항거하거나 도주하려고 할 때 또는 제3자가 그를 도주시키려고 경찰관에게 항거할 때 이를 방지 또는 체포하기 위하여 무기를 사용하지 아니하고는 다른 수단이 없다고 인정되는 상당한 이유가 있을 때 ㉢ 체포·구속영장과 압수·수색영장을 집행할 때에 본인이 경찰관의 직무집행에 대하여 항거하거나 도주하려고 할 때 또는 제3자가 그를 도주시키려고 경찰관에게 항거할 때 이를 방지 또는 체포하기 위하여 무기를 사용하지 아니하고는 다른 수단이 없다고 인정되는 상당한 이유가 있을 때 ㉣ 범인 또는 소요행위자가 무기·흉기 등 위험한 물건을 소지하고 경찰관으로부터 3회 이상의 투기명령 또는 투항명령을 받고도 이에 불응하면서 계속 항거하여 이를 방지 또는 체포하기 위하여 무기를 사용하지 않고는 다른 수단이 없다고 인정되는 상당한 이유가 있을 때 ㉤ 대간첩작전수행에 있어서 무장간첩이 경찰관의 투항명령을 받고도 이에 불응할 때(㉠~㉤)를 제외(위해를 수반하는 무기사용)하고는 사람에 위해를 주어서는 아니된다.

판례 **〈병원에서의 난동을 제압키 위해 출동한 경찰관이 칼을 들고 항거하던 피해자를 총격 사망하게 한 것이 그 직무집행사의 총기사용 한계를 벗어난 것이다.〉** 야간에 술이 취한 상태에서 병원에 있던 과도로 대형 유리 창문을 쳐 깨뜨리고 자신의 복부에 칼을 대고 할복자살하겠다고 난동을 부린 피해자가 출동한 2명의 경찰관들에게 칼을 들고 항거하였다고 하여도 위 경찰관 등이 공포를 발사하거나 소지한 가스총과 경찰봉을 사용하여 위 망인의 항거를 억제할 시간적 여유와 보충적 수단이 있었다고 보이고, 또 부득이 총을 발사할 수밖에 없었다고 하더라도 하체부위를 향하여 발사함으로써 그 위해를 최소한도로 줄일 여지가 있었다고 보이므로, 칼빈 소총을 1회 발사하여 피해자의 왼쪽 가슴 아래 부위를 관통하여 사망케 한 경찰관의 총기사용 행위는 경찰관직무집행법 제11조 소정의 총기사용한계를 벗어난 것이다(대판 1991.9.10. 91다19913).

판례 **〈체포를 면탈하기 위하여 항거하며 도주할 당시 그 항거의 내용 정도 등에 비추어 소지하던 가스총과 경찰봉을 사용하거나 다시 한 번 공포를 발사하여 원고를 제압할 여지가 보이므로 그런 방법을 택하지 않고 도망가는 원고의 다리를 향하여 권총을 발사한 행위는 총기사용의 허용범위를 벗어난 위법행위이다.〉** 경찰관은 범인의 체포, 도주의 방지, 자기 또는 타인의 생명·신체에 대한 방호, 공무집행에 대한 항거의 억제를 위하여 상당한 이유가 있을 때에는 필요한 한도 내에서 무기를 사용할 수 있으나, 형법 소정의 정당방위와 긴급피난에 해당할 때 또는 체포·도주의 방지나 항거의 억제를 위하여 다른 수단이 없다고 인정되는 상당한 이유가 있을 때에 한하여 필요한 한도 내에서만 무기를 사용하여 사람에게 위해를 가할 수 있음이 경찰관직무집행법 제11조의 규정에 비추어 명백한 바, 원심이 인정한 바와 같은 사정이라면, 위 함영길은 원고 이화영이 체포를 면탈하기 위하여 항거하며 도주할 당시 그 항거의 내용 정도 등에 비추어 소지하던 가스총과 경찰봉을 사용하거나 다시 한 번 공포를 발사하여 위 원고를 제압할 여지가 있었다고 보여지므로, 위 함영길이 그러한 방법을 택하지 않고 도망가는 원고 이화영의 다리를 향하여 권총을 발사한 행위는 경찰관직무집행법 제11조 소정의 총기사용의 허용범위를 벗어난 위법행위라 아니할 수 없다(대판 1993.7.27, 93다9163).

판례 **〈경찰관직무집행법상 총기사용의 허용범위와 한계〉** 경찰관은 법인의 체포, 도주의 방지, 자기 또는 타인의 성명, 신체에 대한 방호, 공무집행에 대한 항거의 억제를 위하여 상당한 이유가 있을 때에는 필요한 한도 내에서 무기를 사용할 수 있으나, 형법 소정의 정당방위 긴급피난에 해당할 때 또는 체포, 도주의 방지나 항거의 억제를 위하여 다른 수단이 없다고 인정되는 상당한 이유가 있는 때에 한하여 필요한 한도 내에서만 무기를 사용하여 사람에게 위해를 가할 수 있음이 경찰관직무집행법 제11조의 규정에 비추어 명백하다(당원 1991. 9. 10. 선고 91다19913 판결 ; 1993. 7. 27. 선고 93다9163 판결 등 참조). (경찰관의 총기사용으로 사망한 원고가 대한민국에 손해배상을 청구한 사건에서) 위 김광제는 위 망인이 체포를 면탈하기 위하여 항거하며 도주할 당시 그 항거의 내용, 정도에 비추어 아무런 무기나 흉기를 휴대하고 있지 아니한 망 소외 1을 계속적으로 추격하든지 다시 한 번 공포를 발사하는 등으로 위 망인을 충분히 제압할 여지가 있었다고 보여지므로, 소외 2가 그러한 방법을 택하지 않고 도망가는 위 망인의 몸쪽을 향하여 만연히 실탄을 발사한 행위는 경찰관직무집행법 제11조 소정의 총기사용의 허용범위를 벗어난 위법행위라고 아니할 수 없다 할 것인바, 같은 취지의 원심판단은 정당하고 거기에 소론과 같은 법리오해의 위법이 없다. 한편 기록을 대조하여 원심판결 이유를 살펴보면, 원심이 배상액을 정함에 있어 망 소외 1의 과실을 참작하되 그 비율을 전체의 70%로 본 조치는 정당하고 거기에 소론과 같은 과실상계의 법리를 오해한 위법이 없다. 논지는 이유 없다(대판 1994. 11. 8, 94다25896, 손해배상).

㉧ 임 검

㉠ 의 의 : 경찰관이 식품위생, 공중위생, 위험물안전관리, 총포·도검·화약 등 이른바 경찰단속대상업소 또는 영업물품의 보관 업소에 임하여 당해 영업자의 법령상 의무준수사항을 검사하거나 조사하고 필요한 지도·단속을 행하는 직무행위를 임검이라고 한다(보고·출입·검사 등).

㉡ 법적 성격 : 범죄수사 및 위험방지를 위한 출입과 구별되며, 행정상 즉시강제라기보다는 행정조사(경찰조사)라 할 것이다(실력요소 불포함).

㉢ 법적 근거: 각종 영업법 및 단속법규에 개별적으로 규정되어 있다. 예컨대, 식품위생법상의 출입·검사·수거(동법 §17), 공중위생관리법상의 보고·출입·검사(동법 §9), 총포·도검·화약류 등 단속법에 의한 관계업에 대한 임검(동법 §44), 위험물 안전관리법상의 출입·검사(동법 §22) 등을 들 수 있다.

㉣ 임검방법 : 구조시설의 검사, 비치 등의 검사, 영업물품의 검사, 관계자의 질문

㉤ 영장문제 : 순수한 행정목적달성을 위한 지도·단속에 지나지 않으므로 영장불요설이 타당하다.

㉶ 분사기 등의 사용

㉠ 최루탄의 개념 : 최루가스를 발생시켜 일시적으로 신체·정신적 기능에 장애를 주는 화학탄의 일종을 말하며, 사람을 살상시킬 목적으로 제조된 무기는 아니다.

㉡ 최루탄 사용요건 : 범인의 체포, 도주의 방지 또는 불법집회·시위로 인하여 자기 또는 타인의 생명·신체와 재산 및 공공시설안전에 대한 현저한 위해의 발생을 억제하기 위하여 분사기 또는 최루탄을 사용할 수 있다.

㉢ 한계 : 분사기 등의 사용은 부득이한 경우로서 현장책임자의 판단으로 필요한 최소한의 범위 내에서 분사기 또는 최루탄을 사용할 수 있다.

㉣ 사용등록의 보관 : 분사기나 최루탄 또는 무기를 사용하는 경우 그 책임자는 사용일시·사용 장소·사용대상·현장책임자·종류·수량 등을 기록하여 보관하여야 한다.

② 각 단행법상 대인적 강제

전염병예방법(§9, §29, §39, §42)상의 강제격리·강제수용, 강제건강진단 및 교통차단, 수난구호법(§7)상의 수난구호를 위한 응급조치, 소방기본법(§24)상의 소방종사명령, 검역법(§13)상 강제격리, 방조제 관리법(§10)상의 응급부담, 주민등록법(§17의10)상의 신원확인, 신원이나 거주관계의 입증 요구·주민등록증 제시 요구, 마약류관리에 관한 법률(§40)상의 마약류중독자의 치료보호 등 대인적 강제, 모자보건법(§15·②)상의 우생수술실시, 민방위법(§22)상의 동원, 관세법(§20)상의 질문·심문, 출입국관리법(§46, §51)상의 강제퇴거 또는 강제수용 등이 있다. 이들이 즉시강제인 점에서 직접강제와 구별해야 한다.

2) 대물적 강제

물건의 소유자·점유자 등의 의사에 반하여 물건에 대하여 실력을 행사함으로써 재산을 사실상 침해하는 즉시강제이다.

① 경찰관 직무집행상의 대물적 강제(동법 §4, §5)

㉮ 임시영치(가영치)

물건의 소지가 경찰상 장해를 발생하게 하는 상당한 이유가 있는 경우에 그 소지를 박탈하여 경찰관서에 보관하는 조치이다. 임시영치를 가영치라고도 하는데 그 기간은 10일을 초과하지 못한다.

㉯ 위험발생방지조치

대인적 강제에서 본 바와 같이 인명 또는 신체에 대하여 위해를 미치거나 기타 위험한 사태가 있을 때에 위험방지상 필요하다고 인정되는 조치를 스스로 취하는 것이다(예 : 토지·물건의 사용처분·사용제한 등).

② 각 단행법상의 대물적 강제

도로교통법상의 도로의 위법공작물에 대한 조치(§71), 도로의 지상공작물 등에 대한 위험방지조치(§72), 재난 및 안전관리기본법상의 응급부담(§45), 관세법상의 압수·보관(§303), 식품위생법(§56)상의 부패식품폐기·불량식품수거·압수, 검역법(§11)상의 검역·전염병 오염물 폐기, 총포·도검·화약류단속법(§46)상의 임시영치, 화약류 등의 폐기, 마약류관리에 관한 법률(§41, §47)상의 부정마약의 수거·압류, 소방기본법(§25)상의 소화를 위한 강제처분(§25), 옥외광고물관리법(§10)상의 위법광고물 철거, 전염병예방법(§37, §39)상의 물건 등에 대한 방역조치, 민방위기본법(§27) 및 수난구호법(§7)상의 토지·물건의 사용처분·사용제한, 약사법(§65)상의 폐기 등이 있다.

3) 대가택 강제

거주자·소유자의 의사에 반하여 거주나 창고·영업소 등에 출입하고 검사·수색하는 조치이다.

① 위험방지를 위한 가택출입(§7)

경찰관은 위험한 사태가 발생하여 인명·신체와 재산에 대한 위해가 절박한 때에 그 위해를 방지하거나 피해자를 구조하기 위하여 부득이하다고 인정할 때에는 합리적으로 판단하여 필요한 한도 내에서 타인의 토지·건물 또는 선·차 내에 출입할 수 있다. 소방기본법(§16)·검역법(§11) 등에서도 가택출입을 인정하고 있다.

② 가택수색

소유자나 관리자의 의사에 반하여 타인의 주택·사무실 기타의 건물에 들어가서 일정한 사실·물건 등의 상태나 유무 등을 검사·조사하는 즉시강제이다. 경찰관직무집행법 이외에도 식품위생법(§17)상의 음식물의 저장품 검사, 공중위생관리법(§9)상의 위생관리실태 등의 검사나 서류열람, 관세법상의 임검수색(§300), 총포·도검·화약류단속법(§44)상의 총포·화약류의 제작소·저장소의 임검 등도 같은 취지에서 가택수색을 인정하고 있다.

(4) 경찰상 즉시강제의 조리상의 한계

① 경찰장해가 목전에 급박하였을 것(긴박성)

② 급박한 위험의 제거 내지 예방이라는 소극목적을 위해 발동(소극성)되어야 하고, 경찰보호의 목적달성을 위해 필요할 것(필요성)

③ 다른 수단으로는 목적달성이 불가능할 것(보충성)

④ 그 목적의 달성에 필요한 최소한도에 그칠 것(비례성, 최소성) 등이다.

이러한 한계를 이탈한 즉시강제는 위법이 된다.

5. 경찰강제에 대한 구제(행정강제에 대한 구제 설명 참조할 것)

(1) 적법한 경찰강제에 대한 구제

경찰강제가 적법한 경우에도 그로 말미암아 수인의 정도를 넘는 특별한 손실을 가했을 때는 국가는 손실보상책임이 있다.

(2) 위법한 경찰강제에 대한 구제

1) 행정상 구제

㉮ 직권시정에 의한 취소·정지 ㉯ 행정쟁송(행정심판, 행정소송)을 제기할 수 있으나 소의 이익이 없는 경우가 많을 것이다.

2) 사법상 구제

경찰작용으로 인하여 손해가 발생한 경우는 물론이고 경찰권의 불행사로 손해가 발생한 경우에도 피해자는 국가배상을 청구할 수 있고, 당해 공무원은 국가에 대한 배상책임이 있다.

3) 형사상 구제

① 정당방위

경찰강제가 위법하면 이에 대한 저항은 정당방위가 되어 위법성이 조각되며 따라서 공무집행방해죄가 성립되지 않는다.

② 공무원의 형사책임·징계책임·고소·고발 등도 간접적 구제수단이다.

4) 헌법상 구제

청원(간접적 구제수단)

Ⅵ. 경찰벌(秩序罰)

【기출문제】 <1971년 (제15회) 행정고시 (논술형)> ※ 경찰벌(질서행정벌)을 논하라.

1. 의 의

(1) 경찰법상 의무위반에 대한 제재로서 일반통치권에 의거하여 과하는 벌이다. 경찰벌에 가하여지는 경찰의무위반행위를 경찰범이라 한다. 경찰벌은 행정벌의 일종이다.

(2) 경찰강제와 구별

경찰벌은 경찰의무위반에 대한 제재라는 점에서 경찰의무불이행에 대하여 행해지는 경찰강제와 구별된다.

2. 성 질

① 징계벌과 구별 ② 집행벌(이행강제금)과 구별 ③ 형사벌과 구별

① 경찰벌은 일반 행정법관계에서 의무위반에 과해지는 제재이나 징계벌은 특별 행정법

관계에서 내부질서 문란자에 과해지는 제재인 점에서 다르며, ② 경찰벌은 경찰상 과거의 의무위반에 대한 제재이나 이행가제금(집행벌)은 장래에 의무이행을 위한 수단인 점에서 구별되고, ③ 경찰벌과 형사벌은 형식적 관점에서 볼 때 처벌이 주어진다는 점은 같으나 경찰벌은 행정벌의 일종이다.

3. 근 거

죄형법정주의원칙이 적용되고 반드시 법률의 근거를 요한다(예: 경범죄처벌법). 단, 구체적 위임에 의한 행정입법이나 조례도 일정범위에서 근거가 된다.

4. 종 류

(1) 경찰형벌(행정형벌 참조)

경찰의무위반에 대한 제재로서 형법에 형명(사형, 징역, 금고, 자격상실, 자격정지, 벌금, 구류, 과료, 몰수의 9종)이 있는 형벌을 과하는 경찰벌이다.

(2) 경찰질서벌(행정질서벌 참조)

경찰의무해태 등 위반에 대한 제재로서 형법에 형명이 없는 벌, 즉 과태료를 과하는 경찰벌이다(신고, 보고, 등록, 장부비치 등 경찰의무해태).

5. 특수성(행정벌의 특수성 참조할 것)

(1) 경찰형벌의 특수성

1) 실체법적 특수성

① 경찰형벌과 형법총칙

형법 제8조에 의해 경찰형벌에도 형법총칙이 적용되나 경찰범의 특수성을 고려하여 그 적용에 일정한 조리상 한계가 인정된다.

② 특 수 성

범의·위법성 인식, 책임능력(형벌능력), 타인의 비행에 대한 책임, 법인의 범죄능력(법인의 책임), 공범(종범, 교사범), 누범, 경합범, 양형 등이 있다(행정벌의 특수성 참조).

2) 절차법적 특수성(경찰형벌의 과벌절차)

통고처분, 즉결심판, 보호처분 등이 있다.

(2) 경찰질서벌의 특수성

과태료는 형벌이 아니므로 형법총칙과 형사소송법의 적용이 없고, 법률에 특별 규정이 없는 한 과태료에 처할 자의 소재지를 관할하는 지방법원이 비송사건절차법에 의하여서 과한다(비송사건절차법 §247). 경찰질서벌의 과벌 절차는 다른 행정질서벌과 마찬가지로 질서위반행위규제법에서 규정하고 있다.

과태료 부과 절차는 종래 법원이 비송사건절차법상의 절차에 따라 과태료를 부과·징수하는 방식(비송사건절차법 §247)과 주무행정관청이 부과 결정하고 이의가 있으면 법원의 재판에 의하는 방식으로 나누어져 있었다. 그러나 최근 제정된 「질서위반행위규제법(2007.12.21. 제정, 2008.6.22. 시행)은 개별 법령에서 통일되지 못하고 있던 과태료의 부과·징수절차를 일원화 하였다. 우선 주무행정청에서 당사자에게 의견제출 기회를 준 뒤에 과태료를 제1차적으로 직접 부과·징수하고(동법 §17, §24), 이때 당사자가 행정청의 과태료 부과 결정에 동의하여 납부하면 그것으로 절차가 종결되나(동법 §18·②), 당사자가 이의를 제기하게 되면 처분행정청이 관할 법원에 그 사실을 통보함으로써 질서위반행위규제법에 의한 과태료 재판절차로 이행하게 된다(동법 §20, §21, §25, §50).

Ⅶ. 경찰상 조사(행정상 조사 참조)

1. 의 의

경찰상 조사란 경찰기관이 사회공공의 안녕과 질서를 유지하기 위하여 필요한 자료나 정보를 얻기 위하여 행하는 조사 작용으로서 권력적 수단에 의하는 경우(협의) 뿐만 아니라 비권력적 수단에 의하는 경우까지 포함된다(광의).

2. 경찰상 즉시강제와 구별

경찰상의 조사는 공공의 안녕과 질서유지목적을 위하여 필요한 자료나 정보를 얻기 위하여 하는 조사 작용이므로 경찰작용을 위한 준비적·부수적인 작용에 그치며, 그 자체로서 직접 일정한 경찰 상태를 실현시키는 경찰상 즉시강제와 구별된다.

3. 근 거

(1) 임의조사는 반드시 법률의 근거를 요하는 것은 아니나, 강제조사는 개인의 신체·재산에 중대한 영향을 미치는 권력적 작용이므로 법률의 수권이 있는 경우에 한하여 그리고 당해 법률이 정하는 바에 따라서만 할 수 있다.

(2) 우리나라에는 경찰상 조사에 관한 일반법은 없다. 각 개별법에서 경찰조사에 관하여 규정하고 있다. 예컨대, 경찰관직무집행법, 식품위생법, 총포·도검·화약류단속법 및 소득세

법 등이 그 예이다.

4. 종 류

(1) 수단에 의한 종류

1) 권력적 조사

행정행위 또는 행정 강제의 수단에 의하여 행해지는 조사

2) 비권력적 조사

비권력적 사실행위에 의하여 행하여지는 조사

(2) 대상에 의한 분류

1) 대인적 조사

사람의 신체에 실력을 가함으로써 하는 조사로 예컨대, 경찰관직무집행법상(§3·①의④) 불심검문, 사실의 확인(§8), 전염병예방법(§9)상의 강제건강진단 등이 그 예이다.

2) 대물적 조사

개인의 장부(부책) 기타 물건에 실력을 가하여 하는 조사로 예컨대 공중위생관리법(§9)상의 영업소나 장부의 검사나 열람, 식품위생법(§17)상의 검사·수거 등이 그 예이다.

3) 대가택 조사

소유자 기타의 관리자의 의사에 관계없이 타인의 가택이나 사무소·창고 등의 건물에 출입하여 일정한 상태 등을 조사하거나 수색을 하는 것으로 예컨대 경찰관직무집행법(§7), 식품위생법(§17, §17의2), 공중위생관리법(§9) 및 총포·도검·화약류단속법(§44)상의 가택출입·임검 및 가택수색 등이 그 예이다.

5. 요 건

(1) 영장주의

경찰상 조사에 헌법(§11, §16)이 보장하고 있는 영장주의가 적용될 것인가에 관하여 영장필요설, 영장불요설, 절충설 등이 있고 이들 중 절충설이 통설·판례임은 행정조사에서와 같다.

(2) 증표의 제시

경찰상 조사 중 강제조사의 경우에는 공무원은 그 권한을 표시하는 증표를 휴대하고 이

를 관계인에게 제시해야 한다(식품위생법 §17·③, 공중위생관리법 §9·②, 총포·도검·화약류등 단속법 §44·②).

(3) 사전절차

피조사자에 대하여 조사의 일시·장소·대상 등에 대하여 사전통지는 강제조사에 적용되고, 조사의 이유 기재를 할 필요가 있다.

6. 관련된 문제

(1) 불법조사

경찰조사가 위법하게 행하여진 경우에는, 그것에 입각한 행정결정은 위법함이 원칙이라 할 것이다.

(2) 실력행사의 제한

개인이 비권력 경찰조사에 불응할지라도 법적 근거가 없는 한 경찰강제(실력행사)는 행할 수 없다.

(3) 경찰상 조사로 얻어진 자료의 관리이용·제한(개인정보의 보호)

경찰상 조사에 의하여 얻어진 정보는 당해 목적에만 사용되고, 행정에 의하여서만 독점적으로 관리·이용되어서는 아니 되며, 또한 그 정보를 종합관리해서도 아니 되고, 개인에게 공개되어야 하는 반면에, 사적 정보(privacy)와 기업비밀은 보호되어야 한다. 이와 관련하여 「공공기관의 개인정보보호에 관한 법률」은 컴퓨터에 의하여 처리되는 개인정보보호를 위하여 다음과 같이 규정하고 있다.

1) 개인정보의 안전성 확보

공공기관의 장은 개인정보를 처리함에 있어서 개인정보가 분실·도난·누출·변조 또는 훼손되지 아니하도록 안전성 확보에 필요한 조치를 강구하여야 한다(§9·①).

2) 처리정보의 이용 및 제공의 제한

보유기관의 장은 다른 법률에 의하여 보유기관의 내부에서 이용하거나 보유기관 외의 자에게 제공하는 경우를 제외하고는 당해 개인정보화일의 보유목적 외의 목적으로 이용하거나 다른 기관에 제공하여서는 아니 된다(§10·①). 다만, ① 정보주체의 동의가 있거나 정보주체에게 제공되는 경우, ② 다른 법률에서 정하는 소관업무를 수행하기 위하여 당해 처리정보를 이용할 상당한 이유가 있는 경우, ③ 조약 기타 국제협정의 이행을 위하여 외국정부 또는 국제기구에 제공하는 경우, ④ 통계작성 및 학술연구 등의 목적을 위한 경우로서 특정 개인을 식별할 수 없는 형태로 제공하는 경우, ⑤ 정보주체 또는 그 법정대리인이 의사표시를 할 수 없는 상태에 있거나 주소불명 등으로 동의를 할 수 없는 경우로서 정보주체 외의 자에게 제공하는 것이 명백히 정보주체에게 이익이 된다고 인정되는 경우, ⑥ 범죄의 수사와 공소의 제기 및 유지에 필요한 경우, ⑦ 법원의 재판업무수행을 위하여 필요한 경우, ⑧ 기타 대통령령이 정하는 특별한 사유가 있는 경우에는 당해 개인정보파일의 보유목적 외의 목적으로 이용하거나 다른 기관에 제공할 수 있다(§10·②). 이 경우에도 정보주체 또는 제3자의 권리와 이익을 부당하게 침해할 우려가 있다고 인정되는 때에는 그러하지 아니하다(§10·②).

3) 개인정보취급자의 의무

개인정보의 처리를 행하는 공공기관의 직원이나 직원이었던 자 또는 공공기관으로부터 개인정보의 처리업무를 위탁받아 그 업무에 종사하거나 종사하였던 자는 직무상 알게 된 개인정보를 누설 또는 권한 없이 처리하거나 타인의 이용에 제공하는 등 부당한 목적을 위하여 사용하여서는 아니된다(§11).

7. 경찰조사에 대한 구제

(1) 행정쟁송

권력적 경찰조사는 상대방에 대하여 수인의무를 부과하기 때문에 처분성이 인정되어 그것이 위법하게 행하여지는 경우에는 취소심판과 취소소송의 대상이 된다. 그러나 불심검문에서 보는 바와 같이 단기간에 종료되는 행정조사는 취소를 청구할 법률상 이익이 없게 되어 국가배상을 청구하는 수밖에 없을 것이다. 예외적으로 위법한 행정조사가 행하여지려는 경우 예방적 금지소송을 제기하여 이를 저지할 수 있을 것이다.

(2) 행정상 손해전보

① 적법한 경찰조사에 의하여 재산상 특별한 희생을 받은 자가 있는 경우에는 헌법 제23조 제3항에 따라 정당한 보상을 받을 수 있도록 근거법률에서는 보상을 규정하여야 한다.

② 위법한 경찰조사 즉, 경찰조사가 공무원의 직무상 불법행위에 해당되는 경우에는 피해자는 국가배상법(§2·①)에 따라 국가배상청구권을 행사할 수 있다.

제3장 급부행정법

제1절 개 설

1. 급부행정의 등장배경

근대 시민적 법치국가 시대에는 당시의 정치·경제사상에 따라 국가는 국방 및 사회의 공공의 안녕과 질서유지의 임무만을 수행하고, 나머지 영역은 개인의 자유로운 활동에 맡기는 것을 이상으로 하였다. 자유주의국가로서 자유시장 경제질서에 맡긴 것이다.

그 시대에 있어서 국가의 기능과 역할은 적을수록 좋은 것으로 평가되어 '작은 정부'를 채택하였으며, 개인의 경제 및 시민생활은 보이지 않는 손에 의하여 자동조절작용을 할 수 있었다. 이 시대에는 자유국가·소극국가·야경국가라 부르게 된 것이다. 이러한 정치·경제사상은 개인을 국가권력의 예속으로부터 해방시켰으며 자본주의 발전과 물질문명을 성취하는데 크게 기여하였다.

그러나 자유주의의 진전과 자본주의의 발전은 여러 가지측면에 부정적인 효과도 나타났다. 산업혁명에 따른 산업과 경제의 획기적 발전은 하였지만 계층적·지역적 격차를 심화시켰고, 공업화에 따른 농촌인구의 대도시 유입은 주택·에너지·물·교통 등의 문제를 야기시켰다. 이들 문제들은 종래와 같은 자유시장 경제질서나 가격의 자동조절작용에 의해서는 해결될 수 없게 되었다.

이에 따라 국가의 기능과 역할도 국방 및 질서유지라는 소극적 활동으로는 부족하여 적극적으로 공급자로서 생존배려입장에서 개인에게 주택·물·전기·가스 등을 공급하고, 교통수단을 제공하며, 근로자의 생활보호를 위한 사회보장제도를 마련하게 된 것이다. 이러한 국가를 적극국가·복지국가·후생국가·경제국가라 부르게 된 것이다.

오늘날은 개인의 생활뿐만 아니라, 기업에 의한 생산까지도 국가에 의한 배려에 의존하는 바가 크기 때문에 급부행정의 폭은 더욱 확대 추세에 있다.

국가의 이러한 새로운 활동은 그 전체로 볼 때 개인의 활동을 규제하는 것이 아니라, 개인의 생활·활동에 필요한 역무나 재화를 제공해 주는 것을 특징으로 하고 있으며, 행정법상 이러한 활동을 급부행정으로 파악하여 독자적인 영역으로 고찰하고자 하는 것이다.

2. 급부행정의 개념

국가 또는 공공단체 등의 행정주체(특허 받은 사인 포함)가 수익적 활동을 통하여 적극적으로 사회공공복리를 증진하기 위하여 주로 비권력적 수단에 의하여 하는 작용을 말한다. 급부행정을 복리행정이라고도 한다. 복리행정이란 용어는 포르스트호프(Forsthoff)에 의하여, 급부행정이란 용어는 볼프(Hans J. Wolff)에 의하여 20C 초부터 사용되어 왔다. 볼프는 급부행정을 「주는 활동을 통해 공동체 구성원의 이익추구를 직접적으로 촉진하는 공행정」이라고 정의하고 있다.[102]

(1) 급부행정의 주체

국가, 공공단체, 사인(특허에 의하여)

(2) 급부행정의 목적

직접 적극적으로 사회공공복리의 증진을 목적으로 하는 점에서 ① 소극적으로 사회공공의 안녕과 질서유지를 목적으로 하는 경찰(질서)행정과 구별되고, ② 경제질서, 환경질서 또는 토지·건축 등 부동산 질서를 일정한 방향으로 유도·조정·형성함을 목적으로 하는 경제행정, 환경행정 또는 부동산 행정과 구별되고, ③ 국가 목적적 작용인 재무행정이나 군사행정 등과 구별된다.

(3) 급부행정의 내용 또는 대상

수익적 활동을 그 내용으로 하고 공급행정(배려행정), 사회보장행정, 조성행정 등을 그 대상으로 한다.

(4) 급부행정의 수단

공법상계약 또는 사법상계약 등에 의해 행해지는 비권력적 수단이 원칙이다. 권력적 수단인 행정처분(예: 공용개시결정, 국민기초생활보장결정, 사용료결정 등)에 의해 행하여질 때도 있고, 때로는 양자가 병존하는 혼합적 법형식에 의해 행하여질 때도 있다.

3. 급부행정의 종류

(1) 의무·내용에 따른 분류

1) 공급행정

공업화·기술화·도시화를 특색으로 하는 현대사회에 있어서 사회구성원이 이용하지 않을 수 없는 여러 가지 공공시설(공물·영조물·공기업)을 설치·경영하는 행정을 말하며, 배려행정이라고도 한다.

① 교통·통신수단의 제공(도로, 철도, 버스, 수로, 항공, 항만, 우편, 통신, 전화 등)

② 공급·처리시설(상·하수도, 가스, 오물가스 등)

---

102) Wolff/Bachof, Verwaltungsrecht Ⅲ, 4, Aufl., 1978, S. 182 ; 김남진(Ⅱ), 347 ; 정하중(각론), 282쪽.

③ 교육·교양시설(학교, 체육시설, 극장, 도서관, 박물관, 기념관, 방송국 등)
④ 보건시설(병원, 요양원, 묘지 등)
⑤ 복지시설, 주택시설(고아원, 양로원, 탁아소, 직업보도소, 공영주택 등) 등이 있다.

2) 사회보장행정

사회적 위험에 대하여 사회구성원 개인의 건강과 문화적인 생활보장을 확보하게 하기 위한 활동이다. 사회보장과 공적 부조(생활보호) 등이 포함된다.

3) 조성행정

개인의 생활영역이나 기업의 능력을 구조적으로 개선시켜 주는 내용의 행정이다. 농업, 공업 등 각종 산업발전, 개인의 기업운영·장학 등을 위한 자금공급, 그 밖의 사회적·경제적·문화적 목적을 가진 기술적·재정적 원조 등이 그 예이다.

(2) 급부의 종류에 따른 분류

현금급부, 물품급부, 역무제공, 기타 직업알선, 공직에의 우선채용, 보호, 쟁의조정, 보증인수 등이 있다.

(3) 법적 기속 여부에 따른 분류

기속(의무)적 급부, 재량적 급부, 법률로부터 자유로운 급부(예산에만 근거를 둔 급부) 등이 있다.

(4) 급부의 법형식에 따른 분류

1) 공행정적 급부행정

① 공법상 계약형식
보조금교부, 영조물이용관계설정, 공립학교용지기증

② 행정처분형식
사회구호결정, 공용개시결정, 사용료결정·취소 등

③ 공법상 급부기구
공공기업체, 공법인에 의한 공행정적 급부

2) 사법적 급부행정(사법상 계약, 행정사법 등)

① 행정주체에 의한 사법형식
철도사업, 농수산물도매시장, 시영버스

② 사법상 급부기구(특수법인, 특허기업)

한국전력공사, 국정교과서주식회사

③ 사인에 위임

별정우체국, 학교법인

3) 계약과 처분과의 복합적인 법형식(이단계이론)

급부행정은 한 가지 내용의 급부에 그의 법정형식이 단계적으로 상이한 법적형식을 취하는 경우이다(예: 공법적으로 조직된 급부시설을 사법적으로 이용하며, 자금지급의 결정은 행정행위의 형식으로 행하고 실제지급은 은행으로부터 대부라고 하는 사법적형식을 취하는 2단계설을 취한다).

4) 사실행위 : 행정지도

4. 급부행정(법)의 기본원리

(1) 사회국가원리

1) 의의 및 헌법적 근거

사회국가 원리는 국민 각자에 대하여 인간의 가치로서의 생활보장을 사명으로 하는 국가를 말한다. 또는 사회정의 실현을 목적으로 하는 국가를 말한다. 사회적정의란 공동체의 모든 구성원에게 인간다운 삶이 보장되고, 특히 경제적·문화적 수요의 충족이 상당 수준으로 보장되는 것을 말한다. 우리헌법은 독일의 기본법(§20·① §28·①)과는 달리 사회국가원리를 명시하고 있지는 않다. 그러나 국민생활의 균등한 향상을 기할 것을 규정한 헌법전문, 생존권적 기본권에 관한조항(§31~ §36), 재산권 행사의 사회적 기속(§23·②), 사회적 시장경제질서, 즉 균형 있는 국민경제의 성장 및 안정, 적정한 소득의 분배, 시장의 지배와 경제력의 남용방지, 경제의 민주화를 위하여 경제에 관한 규제와 조정(§119·②), 기타 헌법규정(§120~ §125)들을 종합하여 볼 때 사회국가원리가 우리헌법의 기본원리에 해당한다는 점에 대하여는 이론이 없어 보인다.

2) 법적성질

헌법 형성의 기본 결단으로서의 사회국가 원직은 실정법의 인식근거가 된다. 그러나 이 원칙으로부터 국민이 국가에 대하여 바로 직접적인 청구권을 갖는 것은 아님이 원칙이다. 이의 적용을 위해서는 법규로서 구체화를 요한다. 그 임무는 원칙적으로 입법자가 진다.

3) 내용 및 효과

문제는 사회국가원칙이 어떤 내용과 효력을 가지느냐 하는데 있다.

① 생산수단의 공유화(사유재산의 부정)나 계획경제를 채택하는 사회주의국가 또는 공산주의 국가와는 엄격히 구분하여야 할 것이다.

② 사회국가원리는 국가 및 기타 공행정주체에게 사회질서를 사회적 정의에 따라 형성할 권능과 의무를 부여함을 의미한다. 여기서 사회적 정의란 모든 국민에게 인간다운 생활을 보장하고 적당한 수준의 경제적·문화적 수요를 충족시켜주는 상태를 뜻한다.

③ 사회적 정의 실현을 위해서는 상호 충돌하는 여러 이익간의 조정이 주로 국가에 의해 행하여지되, 인간의 생존에 필수적인 수요가 우선하고 그 밖의 것은 그의 후열에 서게 하는 것이다.

④ 사회국가는 생활능력 없는 자에 대하여 국가의 보호의무가 있다. 이와 관련하여 과잉급부금지의 원칙과 국가의 「과소보호금지원칙」의 위반여부를 기준으로 삼는다.

> **【헌재결】 〈국가의 보호의무의 불이행에 대한 심사기준으로서 과소보호금지원칙〉** 국가가 국민의 생명·신체의 안전에 대한 보호 의무를 다하지 않았는지 여부를 헌법재판소가 심사할 때에는 국가가 이를 보호하기 위하여 적어도 적절하고 효율적인 최소한의 보호조치를 취하였는가 하는 이른바 '과소보호 금지원칙'의 위반 여부를 기준으로 삼아, 국민의 생명·신체의 안전을 보호하기 위한 조치가 필요한 상황인데도 국가가 아무런 보호조치를 취하지 않았든지 아니면 취한 조치가 법익을 보호하기에 전적으로 부적합하거나 매우 불충분한 것임이 명백한 경우에 한하여 국가의 보호의무의 위반을 확인하여야 한다(헌재 2008.12.26, 2008헌마419·423·436(병합) 전원재판부 미국산쇠고기 및 쇠고기제품 수입 위생조건 위헌 확인).

헌법 제34조는 모든 국민의 생존권적 기본권을 규정하고, 국가에게 사회보장의무를 부여하고 있다. 이것을 구체화한 법률이 사회보장기본법, 국민기초생활보장법, 국민연금법, 국민건강보험법, 노인복지법, 산업재해보상보험법, 고용보험법, 의료급여법(구 의료보호법) 등이다.

⑤ 사회국가원칙은 국가의 구성원인 국민에 대해서도 일정한 의무를 부과하고 있다. 헌법은 「재산권의 행사는 공공복리에 적합하도록 하여야 한다.」(§23·②), 「모든 국민은 근로의 의무를 진다.」(§32·②)고 규정하고 있다.

(2) 법률적합성원리(급부행정과 법치주의 ; 법치행정의 원리 반드시 참조할 것)

1) 서 설

근대 입헌국가에 있어서의 기본적인 법원리의 하나인 법치주의 내지 법률에 의한 행정의 원리가 급부행정에 있어서도 그대로 타당한 것인지가 문제된다. 이에 대하여는 법치주의의 내용의 하나인 법률유보의 범위를 어떻게 보느냐에 따라 결론이 달라진다. 「법률우위」 문제는 당연히 적용되나, 「법률유보」 문제는 급부행정유보설이나 전부유보설에 의하면 급부행정의 영역에도 법률유보의 원칙이 적용되어 법률적합성의 원리가 타당하게 된다. 그러나 법률유보원칙이 급부행정에 적용되는가에 관해서는 현재까지도 다툼이 있다.

2) 소 극 설

행정권이 개인의 자유나 권리를 침해·제한하는 경우에는 법률의 근거를 요한다는 전통적인 침해 유보설의 입장에서 뿐만 아니라 오늘날의 상당수의 학설 역시 급부행정에는 반드시 법률의 근거를 요하지는 않는다는 입장을 취하고 있다. 소극설은 만일 급부행정에 법률유보를 확장하게 되면 이때까지 예산, 조직법규, 행정규칙 등에 의거해서 행해져 온 급부행정은 그에 관한 법률이 제정될 때까지 중단하게 됨으로써 오히려 국민에게 불이익을 주게 되며, 그렇지 않아도 업무량이 많은 입법권을 더욱 비대화 시키며 과로케 한다는 점, 급부행정에도 예산, 법률우위원칙, 기본권규정 등에 의한 통제가 행해지고 있는 점을 그 이유로 들고 있다.

3) 적 극 설

최근의 유력설은 급부행정에 있어서도 원칙적으로 법률의 근거를 요한다는 입장을 취하고 있다.[103)]

그 논거는 ① 예산을 통한 통제는 불충분한 바, 국회의결에 의하여 확정된 예산에는 단지 종목별 예산책정이 있을 뿐이지, 급부의 대상·목적·조건과 범위가 규율되지 않아 이들은 결국 당해 중앙관서의 장이나 행정기관의 자의에 따라 결정될 우려가 있다는 점, ② 이러한 상황은 헌법의 기본원리인 민주주의 및 법치주의의 원리와 합치하지 않는다는 점, ③ 오늘날 사회적 법치국가에서는 급부의 거부는 자유와 재산의 침해보다 관련 대상자에게 보다 심각한 영향을 줄 수 있다는 점이다.

따라서 급부행정에 있어서도 원칙적으로 법률유보가 이뤄져야 하며, 국가의 사회적·문화적·경제적 목적의 실현을 위한 급부의 내용과 그 요건 및 기준은 관련 국민에게 충분히 예견 가능하도록 법률에 의하여 규율되어야 한다는 것이다. 다만, 침해행정처럼 구체적이고 세부적인 규율은 필요치 않으며, 행정부에게 충분한 활동의 여지를 주기 위해 상세한 규율은 법규명령에 위임하고, 행정의 탄력성 확보를 위하여 법률요건에 판단여지, 법률효과에 행정청에게 재량을 부여하는 것도 가능하다고 한다.

4) 중간(절충)설

급부행정에 있어서는 행정의 창의성이나 독자성을 존중할 필요성과 위에서 설명한 소극설의 논리적 이유 등을 들어 법률유보의 원칙은 원칙적으로 적용되지 않지만 ㉮ 급부가 상대방의 부담과 결부되어 행하여지는 경우(사회보험에 있어서 보험료, 하수도부담금의 납부의무 등), ㉯ 급부를 받을 권리를 법률상 공권으로 보호할 필요가 있는 경우(사회보험의 수급권, 의료급여, 국민기초생활보장을 받을 권리 등), ㉰ 급여의 법형식 또는 급부주체의 조직을 공법적으로 규율할 필요가 있는 경우, ㉱ 이용자에게 이용강제를 명하거나 제공자에게 이용제공의무를 명할 필요가 있는 경우(수도공급 등), ㉲ 사회보장적 급부나 생활배려(예: 생활보호대상자 지원 행정과 같은 경우는 시민의 생존을 위한 중요한 행정으로서 실제 침해행정보다 그 비중이 적지 않으므로, 지원의 중단이나 배제는 침해적 성질을 가질 수도 있다)를 위한 대중적 급부처럼 계속

---

103) 정하중, 행정법(총론), 46쪽 ; 정하중(각론), 286쪽.

적·평등적·의무적 급부가 보장되어야 하는 경우, ㉥ 급부가 상대방 또는 경쟁자에게 침해적 효과를 가져오거나(예: 자금지원 행정의 경우는 당사자에게는 급부적 성질이 강하지만, 경쟁업자나 제3자에게는 침해적 성질이 존재한다) 사회형성적 조치에 해당하는 경우 등에는 법률의 유보가 요구된다.[104] 그리고 급부행정에 있어서 법률의 근거가 필요하지 않다는 것이 당해 행정이 법으로부터 자유로운 행정영역임을 의미하는 것은 결코 아니며, 이 경우에도 급부행정은 예산의 범위 내에서 행하여지는 것이고, 또한 평등원칙·비례원칙 등의 불문법원리로서의 행정법일반원리에 의한 기속은 받는다는 점에 주의해야 할 것이다. 현재 절충설이 통설적 입장이다.

(3) 평등의 원칙

평등의 원칙은 헌법 제11조에 명시된 원칙으로 보든지, 또는 그 내용의 일부를 이루는 공적부담 앞의 평등원칙이나 공공역무 앞의 평등원칙을 동조의 기본이념에서 도출되는 불문법원리로 보든지, 여하 간에 이 원칙은 헌법적 효력을 가지는 원칙으로서 모든 행정작용에 당연히 적용되는 것이다. 따라서 급부행정의 경우 공행정 형식에 의한 급부는 물론이고 사법적 형식에 의한 급부에 있어서도, 그것은 국가 등 행정주체의 공적책무에 따른 작용이므로, 이 원칙은 당연히 적용된다. 급부행정에 있어서는 '불공평한 수익의 금지', 그리고 '평등한 분배의 제공'이 평등원칙의 본질적 내용을 이룬다고 할 수 있다.

급부행정영역에 자금지원 등은 그의 요건에 관하여 고려해야 할 사항이 매우 많으며, 그 평등원칙을 엄격히 적용하기가 매우 어려운 상태에 있고, 재량영역분야가 넓게 인정되는 분야인데, 이러한 영역에 있어서의 행정의 자의를 방지하며 경쟁자에 대한 권리의 구제를 열어주는 것이 무하자재량행사청구권 및 행정의 자기구속의 법리이다.

모든 국민과 단체에 대하여 균형 있게 시행되고 기회균등이 보장되어야 한다. 특별한 합리적인 이유가 없음에도 불구하고 부당하게 특정인에게 유리하게 또는 불리하게 급부를 행하는 것은 허용되지 않는다.

(4) 보충성의 원리

사인의 생활수단의 확보 기타 이익추구행위는 사인이나 하위단위공동체(가족, 시, 읍, 면 등)에 맡겨야 하는 것이 원칙이나, 일반납세자부담에 의한 행정주체의 급부활동은 사인 또는 하위단위공동체가 스스로 수요를 충족할 수 없거나 그들에게 맡기는 것이 부적당한 경우에만 보충적으로 해야 한다는 원칙이다. 이는 행정을 최후의 공공의 손으로 인식하는 것이다.

보충성원리를 실정법화 한 것으로는 사회보장기본법(§6·②; 국가와 지방자치단체는 사회보장제도를 시행함에 있어 가정과 지역공동체의 자발적 복지활동을 촉진하여야 한다)과 국민기초생활보장법(§3·①; 이 법에 의한 급여는 수급자가 자신의 생활의 유지·향상을 위하여 그 소득·재산·근로능력 등을 활용하여 최대한 노력하는 것을 전제로 이를 보충·발전시키는 것을 기본원칙으로 한다)에서 규정하였고, 지방공기업법(§3·②)에서도 "지방자치단체는 지방공기업을 설치·경영함에 있어서 민간

104) 김남진(Ⅱ), 352쪽 ; 박윤흔(하), 389~390쪽 ; 김동희(Ⅱ), 240쪽.

경제를 위축시키거나 공정하고 자유로운 경제 질서를 저해하거나 환경을 훼손시키지 아니하도록 노력하여야 한다"고 규정하여(지방단계에 있어서의) 보충성원리를 제도화하였다.

(5) 과잉급부금지의 원칙

급부행정의 내용과 정도는 개인의 생활관계 및 공익추구를 위하여 요구되는 적합하고 필요한(적합성·필요성 원칙) 범위 내의 것이어야 하며 행정주체의 지나친 관여 또는 과잉급부는 금지된다(광의의 비례원칙).

이 원칙은 광의의 비례원칙을 의미하는 것이므로 ① 적합성 원칙(목적달성을 위하여 적합한 수단만 적용, 쓸데없는 수단은 금지) ② 필요성 원칙(적합한 수단 중에서도 필요한 수단만 선택, 즉 침해받은 자에게 가장 적은 침해를 가져오는 수단을 선택) ③ 상당성 또는 적정비례원칙(적합하고도 필요한 조치일지라도 달성코자 하는 목적, 이익과 관계자의 불이익 사이에는 적정하고도 상당한 비례가 유지), 즉 협의의 비례원칙이 적용되어야 한다. 비례의 원칙은 헌법적 지위와 효력을 가지며 급부행정을 포함하여 모든 행정영역에 적용된다.

과잉급부금지의 원칙을 실정법화한 것이 사회보장기본법(§10·③ : 국가와 지방자치단체는 국가가 매년 관계법령에 따라 공표하는 최저생계비와 최저임금법에 의한 최저임금을 참작하여 사회보장 급여의 수준을 결정하여야 한다)과 국민기초생활보장법(§4·①·② ; 급여는 건강하고 문화적인 최저생활을 유지할 수 있는 것이어야 하고, 급여의 기준은 보건복지부장관이 수급자의 연령·가구규모·거주지역·기타 생활여건 등을 고려하여 급여 종류별로 정한다) 규정하여 과잉급부금지의 원칙을 제도화하였다.

(6) 부당결부금지의 원칙

당해 급부와 내용적으로 무관하거나 직접관련이 없는 부관이나 급부의무의 부과는 금지된다는 원칙이다. 이러한 부당결부금지의 원칙도 독자적인 불문법원리 내지 행정법상 일반원칙으로 보는 것이 일반이나, 이를 비례원칙(과잉급부금지원칙 내지 과잉조치금지원칙)에서 파생되는 원칙으로 보는 견해도 있다.[105] 부당결부 금지의 원칙은 법치국가 원리와 자의금지의 원칙에서 나오므로 이 원칙은 헌법적 지위와 효력을 갖는다. 판례도 부당결부금지의 원칙을 승인하고 있다. 부당결부금지의 원칙은 급부행정에도 당연히 적용된다.

(7) 신뢰보호의 원칙

신뢰보호의 원칙이란 급부주체의 급부에 관한 언동(명시적·묵시적)이 정당성 또는 신뢰성에 대한 사인의 보호가치 있는 신뢰는 보호해 주여야 한다는 원칙이다(이것도 행정법의 일반원칙에서 이미 상설하였음). 급부적 행정활동의 적법성·계속성에 대한 상대방 신뢰는 보호되어야 한다. 이 원칙에 의하여 적법한 급부행위의 철회가 제한되고, 나아가서는 위법한 급부행위의 취소가 제한되는 경우가 있다.

신뢰보호원칙은 법치국가 원칙 및 국민들의 법적안정을 보장하기 위한 원칙으로 헌법으로 도출되는 행정법의 일반원칙으로 헌법적 효력을 갖는다. 그리고 급부행정영역에도 당연히 적용된다.

---

105) 김남진(Ⅱ), 3쪽 ; 박윤흔(하), 367쪽.

신뢰보호의 원칙을 실정법화한 것으로는 사회보장기본법(§13 ; 사회보장수급권은 제한되거나 정지될 수 없음이 원칙이며, 사회보장수급권이 제한 또는 정지되는 경우에는 그 제한 또는 정지의 목적에 필요한 최소한도에 그쳐야 한다) 국민기초생활보장법(§34 ; 수급자에 대한 급여는 정당한 사유 없이 이를 불리하게 변경할 수 없다)에서 규정하여 신뢰보호의 원칙을 제도화하고 있다.

제2절 공급행정(배려행정)

Ⅰ. 공기업과 특허기업

1. 공기업의 개념 및 종류

(1) 개 념

1) 광의(주체만을 표준)

국가 또는 지방자치단체가 경영하는 모든 사업이다. 여기에는 전매사업, 군수사업, 방위산업 등이 포함된다.

2) 협의(주체와 목적만을 표준)

국가 또는 지방자치단체가 직접으로 사회공공복리를 위하여 경영하는 비권력적 사업이다. 여기에는 전혀 수익성이 없는 박물관, 도서관, 학교, 교도소 등이 포함된다.

3) 최협의(주제·목적 및 수익성을 표준)

공기업이란 국가 또는 지방자치단체(또는 특허기업으로서 사인)가 직접으로 사회적 공공이익의 증진을 위해 수익적 활동을 위하여 경영하는 기업이다(다수설임).

4) 결 어

다수설인 최협의설은 사업의 수익성을 강조함으로 인하여, 전혀 경제성을 가지지 아니하는 정신적·문화적 사업(예: 박물관·도서관·교도소 등)이나, 일반 개인에게 무상으로 역무나 재화를 제공하는 작용(예: 도로·공원등의 자유사용)이 공기업에서 제외함에는 이론이 없다. 그러나 공기업에 특허기업까지를 포함시키고 있는 것은 문제점이 있다고 본다. 왜냐하면 최협의의 공기업에 적용되는 정부기업예산법, 공공기관의 운영에 관한 법률, 지방공기업법 등 주요 법률에 특허기업은 적용되지 않기 때문이다.

그러한 의미에서 본서에서는 공기업을 「국가·지방자치단체 및 이들이 설립한 법인이 사회공공의 이익을 위하여 직접경영하거나 경영에 참가하는 기업」이라고 정의하기로 한다.

국가 또는 지방자치단체가 직접 공기업을 경영하는 것을 '직영공기업'이라 한다. 국가가 직접 경영하는 공기업을 '국영사업' 또는 '국영기업'이라 하고, 지방자치단체가 직접 경영하는 공기업을 '공영사업' 또는 '공영기업'이라 한다. 정부기업예산법(구 기업예산회계법)은 국영사업이라는 용어 대신에 '정부기업' 또는 '정부사업'이라는 용이를 사용하고(정부기업예산법 §2), 지방공기업법은 공영사업이라는 용어 대신에 '지방직영기업'이라는 용어를 사용하고 있다(지방공기업법 §2·②).

5) 공기업의 개념요소

① **공기업의 주체**

공기업의 주체는 국가 또는 지방자치단체나 이들이 설립한 법인(정부투자기관이나 지방공사)이다. 정부기업예산법상 '정부기업'이라 함은 우편사업·우체국예금사업·양곡관리사업·조달사업을 말한다(동법 §2). 지방공기업법상 '지방직영기업'이라 함은 일정기준 이상에 해당하는 다음 각 호의 1에 해당하는 사업을 말한다. ㉮ 수도 사업(간이상수도 사업을 제외한다), ㉯ 공업용수도 사업, ㉰ 궤도사업(도시철도사업을 포함한다) ㉱ 자동차운송사업, ㉲ 지방도로 사업(유료도로사업에 한한다), ㉳ 하수도사업, ㉴ 주택사업, ㉵ 토지개발사업과 이들에 부대되는 사업을 포함한다(동법 §2).

공기업은 국가와 지방자치단체로부터 독립된 법인에 의해 운영되는 경우도 있다. 공기업을 경영하는 법인은 「공공기관의 운영에 관한 법률」상의 공기업(동법률 §4·①, §5·③), 「지방공기업법」상의 지방공사와 지방공단(동법 §2)이 있다. 이들은 국가나 지방자치단체로부터 지배적인 영향력을 받은 특수법인인 바, 공법인(공사)의 형식을 취할 수도 있고, 상법상 회사의 형식을 취할 수도 있다.

② **공기업의 목적**(공익성)

공기업은 수도·전기·가스·교통 등 사회적 공공복리를 위하여 경영되는 사업이다. 즉, 국민 또는 주민의 생활에 필요한 재화나 서비스를 제공하는 사업이다. 오늘날 자유주의시장경제체제하에서는 생활에 필요한 재화나 서비스가 사기업에 의해 충분히 제공될 수 없거나 그 공익성에 비추어 사기업에 의해 제공되는 것이 적절치 않다고 판단되는 경우에 한하여 공기업으로 제공되어야 할 것이다. 이에 따라 공기업의 민영화가 추진되고 있다. 이에 관한 법이 '공기업의 경영구조개선 및 민영화에 대한 법률'이 있다. 한국전기통신공사와 한국담배인삼공사는 민영화되었다. 공기업이 민영화되면 공기업은 특허기업으로 대체되게 된다.

오늘날 국민 또는 주민의 생활에 필수적인 재화나 서비스의 제공에 공기업과 사기업이 경쟁하는 경우도 늘고 있다.

사회공공복리를 직접목적으로 하는 사업이므로, 재정적 목적을 위한 전매사업, 군사목적을 위한 군수사업·방위산업은 공기업에 포함되지 않는다.

③ **공기업의 수익성**(영리성)

공기업은 수익성·영리적 활동이다. 이 점에서 수익성을 고려하지 않는 정신적·문화적 사업인 영조물(예 : 박물관·도서관·학교 등)과 구별된다. 공기업을 영리적 활동으로 구성하는 것은 공기업을 공법적 규율로부터 해방하여 공기업경영의 효율성을 제공하기 위한 것이다. 따라서 공기업은 원칙적으로 사법에 의해 규율되고 있다. 다만, 사회공공복리를 목적으로 하는 공익성도 갖기 때문에 일정한 한도 내에서 공법적 규율을 받는다.

④ 공기업의 수단

공기업은 비권력적인 관리 작용인 점에서 권력적 수단을 본질로 하는 경찰·공용부담·환경행정 등의 작용과 구별된다.

⑤ 공기업의 독점성

독점성은 공기업의 요소는 아니다. 다만 우편사업, 수도사업과 같이 법률상 국가나 지방자치단체의 독점사업으로 규정된 것도 있고, 철도사업, 원자력발전사업과 같이 사실상 독점사업인 경우도 있고, 공기업에 의해 경영되는 사업이 사기업에 의해 경쟁적으로 운영되는 경우도 있다.

⑥ 공기업과 제3섹터

본래 제3섹터(the third sector)라는 용어는 미국에서 유래한 것으로서, 제1섹터(연방정부, 주정부)도 아니고 제2섹터(민간기업)도 아닌 독립섹터(independent sector)로서의 재단, 봉사단체, 노동조합 등을 가리키는 용어로 사용되는 경향이고, 일본에서는 '국가 또는 지방자치단체와 민간의 공동출자에 의한 각종법인'을 의미함이 보통이다. 우리나라에서 '제3섹터'라 함은 공공부문과 민간부문이 합동으로 벌이는 사업형태를 의미하는 것으로서, 여기에는 '공기업(특히 지방공사)형 제3섹터'와 '사법인형 제3섹터'가 포함되어 있는 경우를 말한다. 따라서 '제3섹터'의 전부가 공기업은 아니며, 국가 또는 지방자치단체가 민자유치를 통해 경영하는 기업만이 공기업의 성격을 갖는다. 이를 위한 법원으로서 「사회기반시설에대한민간투자법」이 있다.[106)]

(2) 공기업과 영조물의 구별

1) 의 의

공기업은 동적으로 행정주체에 의하여 행정목적수행을 위해 인적·물적 종합시설을 갖추어 경영되는 기업 그 자체를 뜻하는 데 대하여 영조물은 정적으로 행정주체에 의하여 일정한 행정목적의 계속적 수행을 위하여 영위되는 인적·물적 종합시설 자체를 뜻한다(예 : 국영철도이든 국립대학이든 모두 인적·물적 종합요소로 이루어져 있지만, 국영철도는 수익성을 추구하므로 공기업이라 부르고, 국립대학은 정신적·문화적 가치를 추구하므로 영조물이라 부른다).

2) 공 통 점

주체(국가 또는 공공단체), 목적(직접 공공목적), 수단(관리·경영되는 비권력적 관리작용), 인적·물적 종합시설인 점에서는 같다.

---

106) 배득종/김성수/유평준, 민자유치론, 1995 ; 심정근(저자대표), 지방재정학, 1997, 440쪽이하 ; 김성수, 개별행정법, 148쪽 이하.

3) 차 이 점

① 중심개념

공기업은 기업성·영리성, 영조물은 직접공익성이 중심 관념이며 수익성과는 관계없이 정신적·문화적 사입을 의미한다.

② 고찰관점

공기업은 행위·사업경영에 착안한 동적·작용법적 개념인데, 영조물은 시설에 착안한 정적·조직법적 개념이다.

③ 계 속 성

공기업은 철도와 같이 계속적 사업은 물론, 항만건설과 같이 일시적 사업도 포함된다. 영조물은 그 시설물의 계속적 존재를 필요로 하므로 계속적 사업만을 의미한다.

④ 이용관계

㉮ 공기업은 경영 그 자체는 물론 경영으로부터 나온 재화나 용역을 공급하는 것이므로 반드시 공기업 그 자체를 일반국민의 이용에 제공할 필요는 없으므로 공중이용을 반드시 요소로 하는 것은 아니다.

㉯ 영조물은 그 자체를 일반국민이 이용할 수 있도록 제공하는 것이므로 공중이용을 요소로 한다.

⑤ 종 류

㉮ 공기업 : 국영기업, 공영기업, 특수법인기업(예 : 철도사업, 수도사업, 전화사업 등) 등이 있다.

㉯ 영조물 : 공공용영조물, 공용영조물(예 : 국·공립대학, 국·공립도서관, 박물관 등) 등이 있다.

4) 결 어

① 재정수입을 목적으로 하는 전매시설, 국영광산시설, 공영경마장, 외국인전용 공영관광호텔

② 질서유지를 목적으로 하는 유치장, 교도소, 소년원

③ 국방목적인 방위산업시설 등은 사회목적작용 중 공공복리 증진작용이 아니므로 급부행정상의 영조물이나 공기업은 아니다.

(3) 공기업의 종류

1) 경영주체에 의한 분류

① 국영사업(국영기업)

국가가 자기의 경제적 부담에 의하여 스스로 경영·관리하는 공기업으로 정부기업·국영기업 또는 관영기업이라고도 한다. 정부기업예산법상 정부기업에는 우편사업·우체국예금사업·양곡관리사업·조달사업이 있다(동법 §2).

국영기업의 법적 지위는 행정기관의 일종이다. 그러나 국영기업은 특별회계에 의하여 운영되는 것이 일반적이다(국가재정법 §4, 정부기업예산법 §3).

② 공영사업(공영기업)

지방자치단체가 그의 경제적 부담에 의해 스스로 경영·관리하는 사업이다. 지방자치법(§146)과 지방공기업법(§3)은 이를 지방공기업(지방직영기업, 지방공사 및 지방공단(이하 "지방공기업"이라 한다))이라 하고 있다. 지방자치단체가 직접 경영하는 공영기업(예:수도사업)의 법적지위도 행정기관의 일종이다.

지방자치단체는 주민의 복지증진과 사업의 효율적 수행을 위하여 지방공기업을 설치·운영할 수 있는데 그 설치·운영에 관하여 필요한 사항은 법률로 정하도록 되어 있는바 이 법률이 지방공기업법이다.

지방공기업법의 적용을 받는 지방공기업의 형태는 ㉮ 직접경영방식(상·하수도, 주택, 택지개발등과 같은 행정기관형), ㉯ 지방공사·지방공단 등과 같은 간접경영방식(의료원이나 시설관리와 같은 법인을 설립하는 형태), ㉰ 지방자치단체 외의 자와 자본금을 공동출자하여 법인을 설립하는 형태인 제3섹터의 세 가지 형태가 있다.

지방공기업의 설치는 ㉮ 대통령령으로 정하는 일정규모 이상이 되면 반드시 지방공기업법의 적용대상이 되는 사업(수도사업, 하수도사업, 공업용수도사업, 궤도사업, 자동차운송사업, 지방도로사업, 주택사업, 토지개발사업)인 '지방직영기업'과 ㉯ 나머지 사업은 지방자치단체가 조례로써 임의로 동법의 적용여부를 결정할 수 있는 사업(도축사업, 통운사업, 자동차터미널사업, 체육장사업, 관광사업)인 '지방공사' 및 '지방공단'으로 나누고 있다(지방공기업법 §2). 수도 사업 등 ㉮의 사업은 지방자치단체가 직접 보조행정기관을 설치하여 운영하는 점에서 독자적으로 사업을 수행하는 법인과는 다르다.

③ 국영공비사업

공공단체(지자단체·공공조합 등)의 경제적 부담에 의해 국가가 경영·관리하는 사업이다(예: 도로, 하천의 유지·관리, 국영방조제의 유지·보수, 국영농지개량사업). 이는 국가가 부담해야 할 비용을 지방자치단체 등에 부담하게 하는 경우이다(도로법 §67).

④ 공공기업체사업(특수법인 기업)

국가·지자단체에 의해 설립된 특수법인이 특정한 공기업을 경영·관리하는 사업이다. 국영사업과 공영사업의 한 특수형태이다.

공공기관의 운영에 관한 법률상의 공기업(동법률§5·③: 시장형공기업, 준시장형공기업 등과 각종 공사·공단, 공공조합, 국책은행 등), 지방공기업법에 의한 지방공사, 지방공단 등이 있다.

2) 독점사업(독점기업)

① 독점사업

㉮ 여기서 독점이란 사실상 독점을 뜻하는 것이 아니고 법률적 독립만을 말한다는 것이 다수설이다. 기업의 독점형태는 예외적으로만, 그것도 법률에 의해서만 가능하다. 법률이 어떤 공기업을 독점기업으로 하느냐는 입법정책상의 문제이다. 현행법

상 국가의 독점사법의 예로는 우편법상 우편사업(§1, §2) 등이 있고, 공공단체의 독점사업으로는 수도법상 수도 사업(수도법 §12·①), 농수산물유통 및 가격안정에 관한 법률상 '농수산물도매시장'과 '중앙도매시장'(동법 § 2·2호), 한국은행법상 한국은행권발행(§47 §48) 등이 있다. 이에 반하여 전기사업법상 전기사업, 전기통신사업법상 전기통신사업, 철도사업법상 철도사업, 궤도운송법상 궤도사업, 도시가스사업법상의 가스사업, 재정수입을 위한 전매사업, 국영광업, 군비를 위한 무기제조사업은 사영이 인정되므로 독점사업이 아니다.

② 비독점사업

독점 이외의 사업(예 : 가스사업, 전기사업, 수력발전사업, 철도사업, 자동차운수사업, 토지구획정리사업 등사실상 독점임).

3) 독립성 유무에 의한 분류

① 비독립적 사업

공기업 자체가 독립한 법인격을 가지지 아니하고 행정기관에 의해 경영되는 사업으로 행정청형기업에 해당한다(예 : 우편사업, 공영주택사업, 수도사업 등).

② 독립적 사업(정부투자기관사업 지방공사사업)

국가나 지방자치단체의 행정조직계열에서 독립한 법인격을 가진 주체에 의해 경영되는 법인체사업이다(법인격을 가진 각종 공단·공사의 사업). 예산회계·인사 등의 제약으로부터 벗어나 자율성·능률성·창의성·신축성 등의 장점이 있으므로 오늘날은 이러한 독립적 사업이 증가추세에 있다.

㉮ 공사업체사업(공사체 사업) : 영조물 법인사업이고 정부전액출자법인으로 그 조직형태는 상법상 회사형태를 취하지 않는다(예 : 대한석탄공사, 대한주택공사 등).

㉯ 회사체사업 : 특수법인사업이고 정부가 1/2 이상 출자하는 법인으로 그 조직형태는 상법상 회사형태를 취한다(예 : 한국도로공사, 한국증권거래소 등). 현행법상으로는 이들 특수법인은 모두 특별법에 의해 설립되고, 모두 정부투자기관으로서 공공기관의 운영에 관한 법률의 적용을 받으므로(동법률 §5·③, §7), 그 한도에서는 양자를 구별할 실익이 없다. 지방공사와 지방공단은 조례에 의해 설립된다(지방공기업법 §49, §76).

4) 조직형태에 의한 분류

① 행정청형 기업

공기업의 조직이 행정조직의 일부로 행해지는 경우로서, 비독립적 기업이 이에 해당한다. 현업기관 또는 현업관서라고도 부른다(예 : 국영기업인 우편사업, 공영기업인 수도사업 등).

② 법인체기업

공공기업체사업이 이에 해당한다(독립적 사업임).

여기에는 다시 ㉮ 특정한 공기업의 관리·경영을 위하여 특별법에 의하여 설립되고 법인격이 부여된 특수한 형태의 법인에 의하여 경영되는 공사체 기업(예: 대한석탄공사, 대한주택공사, 한국전기통신공사 등) ㉯ 국가나 공공단체나 자본금의 전부 또는 일부를 출자한 주식회사 등 상사회사의 조직형태를 갖는 법인에 의하여 관리·경영되는 회사체기업(예: 한국도로공사, 한국증권선물거래소 등)이 있다.

2. 공기업의 법률적 특색(공기업의 보호와 감독)

(1) 개 설

국가, 자치단체 등의 행정주체가 경영·관리하는 공기업에 대하여 어떠한 경우 어떠한 범위에서 특별 규율할 것인가는 개개 공기업의 목적, 내용, 성질 등에 따라 입법 정책적으로 결정될 문제이고 일률적 설명은 어렵다. 근거법도 최광의로는 법규 아닌 정관, 규약, 행정규칙 등 법규범을 총칭한다. 그러한 특별규정이 없으면 동종의 사기업과 마찬가지로 그에도 사법규정 및 사법원리가 적용된다고 할 것이다(지방공기업법 §75).

(2) 공기업의 설립보장·공기업의 개설

공기업의 설립에 있어서 반드시 법률의 근거를 요하는 것은 아니고, 국영기업은 대통령령이 정하는 바에 따라 예산의 범위 내에서 자유로이 설립할 수 있고(공공기관의 운영에 관한 법률 §6·④), 공영기업은 자치사무인 주민의 복리증진에 관한 사무의 일부로서 공기업을 개설할 수 있으므로 그 예산범위 내에서 조례로 설립이 가능하다(지방공기업법 §5, §49, §76). 단 독립법인기업의 경우에는 그 근거 법으로 특별법(법률근거필요)이 필요하다. 독점기업의 경우에도 개설에는 법률의 근거를 요한다. 그러나 회사의 형태로서의 특수법인의 설립은 상법의 규정에 의해서도 할 수 있다고 본다.

(3) 공기업의 조직

1) 행정청형기업(비독립적 사업)

일반 행정조직의 일부이며, 따라서 정부조직법이 근거법이다. 행정청형 기업은 국·공영기업인데 국·공영기업의 경영을 담당하는 인적요소는 원칙적으로 공무원이고, 기업의 목적을 위하여 공용되어 있는 물적 요소는 원칙적으로 공물이며, 사기업과 다른 법적규율을 적용받는다.

2) 독립적기업(정부투자기관기업)

공공기관의 운영에 관한 법률 및 지방공기업법이 근거법이다.

독립적 기업은 특수법인체 기업이다. 특수법인은 국가 또는 지방자치단체로부터 독립된 법인격을 가지므로 특수법인기업의 경영을 담당하는 인적요소는 원칙적으로 공무원이 아니며, 기업의 목적을 위하여 공용되어 있는 물적 요소는 원칙적으로 공물이 아니다. 그러나 공공기관의 운영에 관한 법률과 지방공기업법은 특수법인기업의 조직에 관하여 사기업의 그것과 다른 특별한 규율을 하고 있다(공공기관의 운영에관한 법률 제4장, 지방공기업법 제3장, 제4장).

3) 지방공기업

지방공기업법이 근거법이다. 지방공기업법의 적용을 받는 지방공기업의 형태에 따라 행정기관 형이냐 특수법인 형이냐에 따라 전자를 '지방직영기업', 후자를 '지방공사 및 지방공단'이 있다.

(4) 공기업의 예산회계(회계관리)

1) 행정청형기업

국가재정법이 근거법이다. 행정청형 기업(행정주체 직영사업)은 행정기관에 의하여 행정작용의 일환으로 수행되는 것이므로, 그 예산회계도 국가나 지방자치단체의 예산회계의 일부이며, 따라서 다른 행정작용의 경우와 같이 예산회계 상의 제약을 받는다. 그러나 이러한 공기업의 경우에도 그 기업적 측면을 감안하여 그 영영상의 합리성이나 능률성을 확보하기 위하여 독립채산제를 채택하고, 특별회계제도를 두어 회계상의 특례를 인정하는 것이 보통이다(국가재정법 §4·③, §8, 정부기업예산법 §3, §9, 지방공기업법§13, §14, §15).

2) 정부투자관기업 및 지방공사기업(독립적 사업, 영조물법인, 특수법인체기업)

① 정부투자기관(공기업 및 준정부기관) 기업의 경우에는 공공기관의 운영에 관한 법률이 있다(동법 제4장 제4절).

정부투자기관기업은 국가로부터 독립된 법인이기 때문에 일반 행정기관에 대한 예산회계상의 여러 원칙이나 절차가 적용되지 아니한다. 투자기관기업은 그 자본금의 전부 또는 일부를 국가가 출자하였을 뿐만 아니라, 회계 관리는 공기업의 성과와 직결되는 것이기 때문에, 국가 재정법이 적용되지 않고 공공기관의 운영에 관한 법률이 적용되며 동법률에서 공기업 및 준정부기관의 예산 및 회계에 관하여 규정하고 있다(동법 제4절).

공기업과 준정부기관의 예산은 예산총칙·추정손익계산서·추정대차대조표와 자금계획서로 구분하여 편성한다(동법 §40·①).

공기업과 준정부기관은 이사회의 의결로 예산안이 확정되는데, 예산이 확정되거나 변경된 경우 지체 없이 기획재정부장관, 주무기관의 장 및 감사원장에게 그 내용을 보고 하여야 한다(동법 §40·⑥).

기획재정부장관은 공기업·준정부기관의 운영에 관한 일상적 사항과 관련하여 운영위원회의 심의·의결을 거쳐 경영 지침을 정하고 공기업·준정부기관 및 주무기관의장에게 통보하여야 한다(동법 §50·①).

기획재정부장관과 주무기관의 장은 공기업·준정부기관의 자율적 운영이 침해되지 아니하도록 공공기관의 운영에 관한 법률이나 다른 법령에서 그 내용과 범위를 구체적으로 명시한 경우에 한하여 감독한다(동법 §51·①).

기획재정부장관은 공기업의 경영지침 이행에 관한 사항을 감독한다(동법 §51·②).

② 지방공사기업의 경우에는 지방공기업법이 있다. 지방공사의 사장은 당해 사업연도 개시 전까지 매사업연도의 사업계획 및 예산을 편성하여야 하며, 편성된 예산은 이사회의 의결로 확정된다. 지방공사의 사장은 예산이 편성 또는 변경된 때에는 지체 없이 지방자치단체의 장에게 보고하여야 한다(지방공기업법 §65). 예산의 성립에 있어서 편성된 예산은 이사회의 의결로 확정되므로(지방공기업법 §65·②) 설립단체의 장인 지방자치단체의 장의 승인을 받지 아니하고 또한 지방의회의 의결을 요하지 않는 점에서 자율성이 인정되어 있다고 볼 수 있다. 공사는 지방자치단체의 장의 승인을 받아(지방자치단체의 장은 미리 행정안전부장관의 승인을 얻어야 함) 사채를 발행하거나 외국 차관을 할 수 있으며, 지방자치단체는 사채의 상환을 보증할 수 있고, 지방자치단체는 외국차관의 상환을 보증할 수 있다(동법 §68).

(5) 공기업의 경영관리

1) 행정청형기업

① 국영기업의 경영관리에 관한 일반법은 없다. 우편법·철도사업법 등 개별법에서 정하고 있으며, 경영합리화를 위한 특례를 정한 「우정사업운영에관한특례법 ; 우편사업」 등이 있으며, 행정청형 기업을 경영하는 행정기관이 책임운영기관으로 지정되면 보다 강화된 특례를 정한 「책임운영기관의설치·운영에관한법률」의 적용을 받게 된다.

② 경영의 기본원칙 : 공기업은 그 공공목적을 효율적으로 달성함과 동시에 경제원칙에 적합하도록 경영되어야 한다. 이와 관련하여 지방공기업법은 "지방직영기업, 지방공사 및 지방공단은 항상 기업의 경제성과 공공복리를 증대하도록 운영하여야 한다"고 하여 '경영의 기본원칙'을 규정하고 있고(§3), 지방공기업에 관한 법령 및 조례와 규칙 기타규정은 "경영의 기본원칙"에 따라야 한다고 규정하고 있다(§4).

③ 행정청형 기업은 일반 행정조직에 의한 행정작용의 일환으로 수행하므로 그 경영방식에 있어 다른 비권력적 행정작용과 기본적 차이가 없다.

2) 정부투자기관기업·지방공사기업(법인체기업)

① 국가의 공기업은 대부분이 정부투자기관기업으로 경영된다.

㉮ 공공기관의 운영에 관한 법률은 국민경제의 운용에 있어서 커다란 비중을 차지하고 있는 투자기관의 경영합리화를 위하여 그 관리방식을 사전통제방식에서 사후평가방식으로 전환하고 그 운영의 자율성을 높여 투자기관의 「자율·책임경영체제」를 확립하도록 하였다(공공기관의 운영에 관한 법률 §3).

㉯ 공기업 임원의 임면 : 공기업의 장은 「임원추천위원회」가 복수로 추천하여 운영위원회의 심의·의결을 거친 사람 중에서 주무기관의 장의 제청으로 대통령이 임명한다. 다만, 기관규모가 대통령령이 정하는 기준 이하인 공기업의 장은 「임원추천위원회」가 복수로 추천하여 운영위원회의 심의·의결을 거친 사람 중에서 주무기관의 장이 임명한다(동법 §25·①). 공기업의 상임이사는 「임원추천위원회」가 복수로 추천한 사람 중에서 공기업의 장이 임명한다. 공기업의 비상임 이사는 「임원추천위원회」가 복수로 추천하는 경영에 관한 학식과 경험이 풍부한 사람(국·공립학교의 교원이 아닌 공무원을 제외한다) 중에서 운영위원회의 심의의결을 거쳐 기획재정부장관이 임명한다(동법 §25·②·③). 공기업의 감사는 「임원추천위원회」가 복수로 추천하여 운영위원회의 심의·의결을 거친 사람 중에서 기획재정부장관의 제청으로 대통령이 임명한다. 다만, 기관규모가 대통령령이 정하는 기준이하인 공기업의 감사는 임원추천위원회가 복수로 추천하여 운영위원회의 심의·의결을 거친 사람 중에서 기획재정부장관이 임명한다(동법 §25·④).

㉰ 임원추천위원회 : 공기업·준정부기관의 임원후보자를 추천하고, 제31조 제2항에 따른 기관장 후보자와의 계약 안에 관한 사항의 협의 등을 수행하기 위하여 공기업·준정부기관에 임원추천위원회를 둔다. 임원추천위원회는 그 공기업·준정부기관의 비상임 이사와 이사회가 선임한 위원으로 구성한다. 이사회가 선임하는 위원의 정수는 임원추천위원회위원 정수의 2분의 1 미만으로 한다. 임원추천위원회의 위원장은 임원추천위원회위원인 공기업의 비상임 이사 중에서 임원추천위원회위원의 호선으로 선출한다(동법 §29·①·②·④·⑤).

공기업·준정부기관의 임직원과 공무원은 임원추천위원회의 위원이 될 수 없다. 다만, 그 공기업의 비상임 이사, 교육공무원법에 따른 교원은 그러하지 아니하다(동법 §29·③).

공기업의 장의 임기는 3년으로 하고, 이사와 감사의 임기는 2년으로 한다. 공기업 임원은 1년을 단위로 연임될 수 있다(동법§28·①·②).

㉱ 임원의 보수기준 : 공기업·준정부기관의 임원의 보수기준은 경영 성과와 계약의 내용과 이행수준, 성과계약이행실적평가결과, 직무수행실적평가결과를 고려하여 기획재정부장관이 운영위원회의 심의·의결을 거쳐 보수지침에 따라 「이사회」에서 정한다(동법 §33·①).

② 지방공사기업에 대하여는 지방공기업법에서 경영관리에 관하여 규정하고 있다. 사장과 감사는(대통령령이 정하는바에 의하여 지방공기업의 경영에 관한 전문적인 식견과 능력이 있는 자 중에서, 사장을 임명할 때에는 임원추천위원회에서 추천된 자중에서) 지방자치단체의 장이 임명한다(§58). 경영평가 및 지도, 부실 지방공기업에 대한 조치 등은 직영공기업의 경우와 동일하다(§78, §78의2).

(6) 공기업의 보호와 감독

1) 공기업의 보호

국가 또는 지방자치단체가 공기업을 경영하는 것은 국민 또는 주민의 일상생활에 필수적인 재화 또는 역무를 계속적으로 그리고 안정적으로 공급함에 있다. 공기업 경영의 목적을 효과적으로 달성하기 위하여 공기업에 여러 가지 법적보호와 특권이 부여되어 있는데 이는 궁극적으로는 이용자의 이익을 도모하기 위한 점이라는 것이다.

이들 법적보호와 특권의 종류와 범위는 공기업의 종류나 경영주체에 따라 한결같지 않다. 그 중 중요한 것은 다음과 같다.

① 기업독점권

법률상 공기업의 경영주체에 대하여 기업독점권을 보장하고 있는 경우가 있다(예: 국가에 대하여 우편사업의 독점권 보장, 우편법 제2조, 지방자치단체에 대하여 수도사업의 독점권 보장, 수도법 제12조).

② 공용부담특권

토지·건물의 수용·사용·제한 등의 공용부담특권이 부여될 때가 있다(토지보상법 §19).

③ 경제상 보호

종래에는 공기업에 대하여 많은 경제상 보호가 행하여 졌으나, 오늘날에는 공기업이 독립법인인 정부투자기관 또는 지방공사 형태를 취하는 경우가 많을 뿐만 아니라 독립채산제를 취하게 되는 일이 많게 됨에 따라 경제상 보호가 줄어드는 경향이 있다.

㉮ 면세·감면 : 국영기업·공영기업의 경우 과세되지 않는 것이 원칙이다(법인세법 §2·③). 특수법인기업의 경우 조세가 감면되는 경우가 있었으나(구 조세특례제한법 §78), 조세 감면제도도 역시 폐지되었다.

㉯ 보조금교부·자금융자 등 : 국가 또는 지방자치단체는 특수법인(예: 각종 공사)에 대하여 보조금교부, 자금융자, 채권·사채 및 외국차관상환을 보증, 장기대부를 행하는 경우 등이 있다(한국도로공사법 §15, §16, 수도법 §10, §75, 한국철도공사법 §11, §12, 지방공기업법 §68, §71의2).

㉰ 국·공유재산의 무상대부 등 : 국가 또는 지방자치단체는 공기업을 위하여 국·공유재산을 무상대부, 교환, 양여할 수 있다(국유재산법 제2절～제5절). 그러나 이러한 보호제도도 줄어드는 경향에 있다.

㉱ 손해배상책임 면책·제한 및 공기업용 물건에 대한 압류금지 등 : 공기업의 경영으로 인하여 발생한 경영주체의 손해배상책임이 면책되거나 제한되는 경우가 있고(우편법 §38 내지 §44, 철도안전법 §60), 공기업용 물건에 대한 압류금지·공과면제 및 해손부담면제 등이 있다(우편법 §7).

㉲ 강제징수권 : 국영기업·공영기업의 경우 공기업에 의한 재화 또는 역무의 대가로서의 수수료·사용료·분담금 등의 체납에 대하여 행정상 강제징수권이 인정되는 경우

가 있고(우편법§24, 수도법§68), 특수법인기업의 경우에도 행정상 강제징수권이 부여되어 있는 경우가 있다(방송법 §66·③, 유료도로법 §21, 도로법 §90).

④ 경찰상 보호(질서유지권, 경찰권 부여)

공기업의 관리·경영에 부수하는 질서유지, 위해 방지를 위하여 법률이 공기업의 관리 기관에게 공기업관리권의 일종으로서 일반 공권력인 영조물경찰권을 부여하는 경우가 있다.

⑤ 형사상 보호(공기업벌)

공기업법에 벌칙을 두어 공기업의 관리·경영을 침해한 자에 대하여 행정벌의 일종으로 제재(공기업벌)를 과하는 경우가 있다. 공기업 벌은 그 내용에 따라

㉮ 일반인에게 기업독점권침해의 죄 및 공기업용 물건손상에 대한 제재(우편법 §46, §49,)

㉯ 기업자에게 위법하게 공기업이 이용을 거부한 행위에 대한 제재(우편법 §50, 수도법 §63)

㉰ 이용자에게 공기업의 부정한 이용에 대한 제재 즉, 우편 금제품 발송죄(우편법 §52)가 있다.

⑥ 노동법상 보호

「노동조합 및 노동관계 조정법」은 공익사업에 대하여는 ㉮ 공익사업의 조정에 관한 특칙을 두고(§71 내지 §73), 긴급조정제도를 두고 있어(§76 내지 §80) 특별한 보호를 하고 있는 바, 공기업은 모두 공익사업에 해당된다(§71).

2) 공기업의 감독

행정청형 기업의 경우는 하급기관에 대한 상급기관의 감독의 법리가 그대로 적용되므로 이하에서는 법인체형 감독에 대하여만 살펴본다. 법인체형 기업의 경우는 합리성과 능률성을 보장하기 위하여 자주성을 부여하지만, ① 당해 사업이 갖는 공익성을 고려하여 감독이 필요하고 ② 공기업경영은 국민 또는 주민의 일상생활에 필수적인 재화 또는 역무를 계속적·안정적 공급이 필요하며, ③ 공기업자금은 공적자금이고 공적소유며 공적출자의 갹출자는 결국 국민이므로 국민의 공적통제가 필요하며 ④ 기업독점의 경우는 독점의 횡포·폐해를 법에 의해 억제할 필요가 있다.

① 국가의 특수법인기업(정부투자기관기업 즉, 공기업·준정부기관)의 감독

㉮ 행정청에 의한 감독

㉠ 대통령에 의한 감독 : 대통령은 사장(임원추천위원회의 추천에 따라 주무부장관의 제청으로) 임면권, 감사(임원추천위원회의 추천을 거쳐 기획재정부장관의 제청으로)임면권을 가지고 있다(공공기관의 운영에 관한 법률 §25).

㉡ 주무부장관에 의한 감독

ⓐ 일반적 감독 : 특수법인기업의 근거 법에서 주무부장관의 일반적 감독을 규정하고 있는 경우가 있다. 예컨대 "문화체육관광부장관은 공사의 업무를 감독한다(한국방송광고공사법 §6)", "국토해양부장관은 공사의 경영목표 달성에 필요한 범위 안에서

공사의 업무를 지도·감독한다(한국토지주택공사법§23, 한국도로공사법 §17)"고 규정하고 있는 것이 그것이다. 이러한 일반적 감독의 경우에는 일반적 감독의 범위를 기업의 자율적 운영의 보장(공공기관의 운영에 관한 법률 §3)을 해치지 않는 범위로 한정하는 것이 타당하다고 본다.

ⓑ 개별적 감독 : 기관규모가 대통령령이 정하는 기준 이하인 공기업의 장은 임원추천위원회가 복수로 추천하여 운영위원회의 심의·의결을 거친 사람 중에서 주무기관의 장이 임명한다(공공기관의 운영에 관한 법률 §25·① 단서).

주무부장관은 사장·감사·전무이사·이사 임면권(한국방송광고공사법 §8)을 가지고 있고, 공기업·준정부기관의 예산이 확정되거나 변경된 경우 지체 없이 보고 받고, 수립한 회계연도의 운영계획의 제출을 받고, 결산서의 제출을 받으며, 수립한 경영목표와 경영실적 등의 보고를 받고, 경영 지침을 통보하고, 경영지침 이행에 관한 사항을 감독한다(공공기관의 운영에 관한 법률 §40·⑥, §42·③, §43·④, §46, §47, §50, §51).

공기업·준정부기관의 예산·결산에 대한 승인권도 가지고 있고(공공기관의운영에관한 법률 §40·③, §43·②), 서류의 검사권을 가진다(한국산업은행법 §49).

【참고】 공공기관의운영에관한법률

① 결산서의 제출에 관하여는 공기업·준정부기관은 외부 회계 감사를 회계법인 또는 한국공인회계사회에 등록한 감사반 중에서 회계 감사인을 선임하여 받도록 하고, 감사원규칙으로 정하는 기간 내에 회계감사인에게 결산서를 제출하여야 하고(§43·① 개정),

② 회계 감사인의 선임 등에 관하여는 공기업·준정부기관은 외부 회계감사인을 선임하기 위하여 전문성과 독립성이 확보된 회계감사인 선임위원회를 구성·운영하여야 하고, 선임과정의 투명성을 확보하기 위하여 비상임이사는 모두 회계감사선임위원회의 위원으로 선임하여야 하고, 회계감사인의 결격사유·자격권한 등에 관하여 「주식회사의 외부감사에 관한 법률」을 준용한다(§43의3·① 신설).

③ 회계감사인 등의 손해배상책임에 관하여는 공기업·준정부기관 또는 제3자에 대한 회계감사인, 이사, 감사 또는 감사위원회위원 등의 손해배상책임에 관하여는 「주식회사의외부감사에관한법률」의 규정을 준용한다(§43의4 신설).

ⓒ 기획재정부장관에 의한 감독

기획재정부장관은 조직의 임원인선에 관하여 비상임 이사 임면권, 감사 임면의 제청권(공공기관의 운영에 관한 법률 §25③·④), 사장 및 상임이사 해임건의권을 가지고 있고, 경영의 내용에 관하여 경영목표설정·경영실적·확정된 예산·운영계획의 수립 등에 대한 보고를 받을 권한(동법 §48·⑥, §46, §47, §40·⑥), 정부투자기관의 관리에 관한 사항의 심의·의결기관인 공공기관·준정부기관 운영위원회가 있고, 기획재정부장관 소속하에 공공기관 운영위원회가 있고, 기획재정부장관은 공공기관운영위원회위원장으로서 경영실적평가권(동법 §8, §9, §48·①), 투자기관의 사장에게 예산과 자금운영에 관한 사항 등 경영지침을 작성·통보하여야 한다(동법 §50).

기획재정부장관은 결산서 승인권(동법 §43, 한국은행법 §98)을 가지고 있다.

㉣ 감사원에 의한 감독

정부투자기관의 회계는 감사원의 필요적 검사사항이고(감사원법 §22·①·②), 투자기관의 사무와 그 임원 또는 직원의 직무는 감사원의 감찰사항이다(동법 §24). 투자기관에 대한 외부감사는 감사원만이 원칙적으로 행할 수 있고, 중앙행정기관, 지방자치단체 및 정부투자기관의 장은 감사의 중복을 피하기 위하여 감사원과 협의가 있는 경우에만 행할 수 있게 하였다(동법 §30의 2·②). 개별법에서 별도로 외부감사를 감사원이 행하도록 규정하고 있는 경우도 있다(한국교육방송공사법 §26·③).

㉯ 국회에 의한 감독

공기업·준정부기관(정부투자기관기업)의 공적출자의 갹출자는 결국 납세자인 국민이므로 국민에 의한 공적통제가 필요하므로 기업경영의 자율적 운영을 해치지 않는 범위 내에서 국회가 감독을 행사하는 것은 당연하다.

국회에 의한 감독의 방법이나 범위 등은 각국의 실정법의 태도 및 정부형태의 차이에 따라 한결같지 아니하다.

현행법상 국회의 감독으로는 ㉠ 공기업 관계 법률의 제정·개폐 ㉡ 국정감사·조사(헌법 §61 국정감사 및 조사에 관한 법률 §7), ㉢ 국무총리·국무위원에 대한 질문 및 해임건의(헌법 §62, §63), ㉣ 예산심의(헌법 §54), ㉤ 결산보고의 접수(헌법 §99) 등에 의한 간접적 감독만이 인정되어 있다. 국회가 공기업의 예산의결이나 결산승인권을 갖지 못하고 있다.

기획재정부장관은 공기업의 결산서에 감사원의 검사결과를 첨부하여 이를 국무회의에 보고하고, 국회에 제출하여야 한다(공공기관의 운영에 관한 법률 §43·⑥).

㉰ 사법부(법원)에 의한 감독

법원은 공기업관계법령이 위헌 또는 위법한 경우에 위헌 위법명령 심사권의 행사에 의하여 감독한다. 따라서 공기업 관계 법률이 헌법에 위반되는지의 여부가 재판의 전제가 되는 경우에 법원은 위헌법률심사를 헌법재판소에 제청할 수 있고 관계법률의 위헌 등이 문제된 경우에 헌법재판소의 결정을 통하여 감독하고, 「공기업관계명령」이 헌법이나 법률에 위반되는지의 여부가 재판의 전제가 된 경우에 대법원은 최종적 심사권을 가지며, 공기업의 조직·운영 등에 분쟁이 발생한 경우에 소송의 재판을 통하여 감독하게 된다(헌법 §107·①·②).

② 지방자치단체의 지방공사기업(특수법인기업)의 감독

지방자치단체가 직접 설치·경영하는 공영사업(지방공기업법 (§2)에서는 "지방직영기업"이라 한다)과 법인을 설립하여 경영하는 특수법인기업(지방공사와 지방공단)이 있는바 공영사업(지방직영기업)은 행정청형 기업이므로 이하에서는 특수법인기업(이하 지방공사라 함)에 관하여 살펴보기로 한다. 이에 관한 일반법이라 할 수 있는 지방공기업법이 있다.

지방공사는「기업의 경제성과 공공복리를 증대하도록 경영」하여야 하는 것이 '경영의 기본원칙'이다(지방공기업법 §3). 공사가 당해 지방자치단체가 설립한 다른 공사로부터 출자를 받거나 당해 지방자치단체가 설립한 다른 공사에 출자하는 경우에는 이를 당해 지방자치단체가 출자한 것으로 본다(지방공기업법 §53·④ 신설).

지방공기업 임원을 임명할 경우 사장추천위원회를 확대 개편한「임원추천위원회」에서 사장뿐만 아니라 감사 및 이사에 대하여도 임원추천위원회의 추천절차를 거치도록 하고, 임원의 임기는 3년으로 하되, 경영성과에 따라 1년 단위로 연임될 수 있도록 개선되었다(지방공기업법 § 58, §59·② 신설).

㉮ 행정청에 의한 감독

㉠ 행정안전부장관에 의한 감독 : 행정안전부장관은 공사의 예산·결산에 관한 공통지침을 작성하여 통보할 수 있고(동법 §66의2), 공사는 대통령령이 정하는 기준을 초과하는 공사채 발행 시에는 지방자치단체의 장이 승인을 하기 전에 미리 행정안전부장관의 승인을 얻어야 한다(동법 §68③). 행정안전부장관은 공사의 업무·회계 및 재산에 관한 사항을 검사할 수 있고 필요한 보고를 명할 수 있고(동법 §74), 지방공기업의 효율적인 경영을 위하여 필요한 경우에는 지방공기업에 대한 경영평가를 실시하고, 지방자치단체의 장으로 하여금 경영평가를 실시하게 할 수 있으며(동법 §78·①),「지방공기업정책위원회」를 신설하여 지방공기업관련 주요정책, 경영평가, 경영진단 및 그 밖의 경영개선에 관한 사항을 심의하고(동법 §78의4 신설), 조언·지도 또는 권고를 할 수 있고(동법 §78), 일정한 경우에는 지방공기업에 대하여 따로 경영진단을 실시하고 그 결과를 공개할 수 있고(동법§78의2·②), 지방자치단체의 장, 공사의 장, 공단의 이사장에게 당해 지방공기업의 임원의 해임, 조직의 개편 등 경영개선을 위하여 필요한 조치를 명할 수 있다(동법 §78의2·③). 명을 받은 지방자치단체의 장 또는 공단의 이사장은 특별한 사유가 없는 한 지체 없이 이제 응하여야 한다(동법 §78의2·④).

㉡ 지방자치단체의 장에 의한 감독 : 기초자치단체장은 공사를 설립하기 전에 관할 시·도지사와 협의하여야 하고(동법 §49·① 단서), 당해 지방자치단체의 장은 지방공사·공단의 업무에 관한 일반적 감독권을 갖고 있고(동법 §73), 공사·공단의 업무회계 및 재산에 관한 사항을 검사할 수 있고 필요한 보고를 명할 수 있고(동법 §74), 지방공기업에 대한 경영평가를 실시하고 그 결과에 따라 필요한 조치를 강구해야 하며(동법 §78), 사장과 감사(사장임명에는 임원추천위원회에서 추천된 자 중에서) 임면권을 가지고 있다(동법 §58·②).

㉢ 감사원에 의한 감독 : 지방공사·공단의 회계로 감사원의 필요적 검사사항이며(감사원법 §22·①·②), 그 사무(직무)와 소속공무원 등도 감사원의 감찰사항이다(동법 §24·①).

㉣ 지방의회에 의한 감독 : 지방공사·공단의 공적출자의 갹출자는 결국 납세자인 주민이고(지방공기업법 §53·①, §76·②), 주민에 의한 공적 통제가 필요하기 때문에 주민의 대표인 지방의회가 감독을 행하는 것은 당연하다. 현행법상 지방의회의 감독에는 ⓐ 관련된 서류제출 요구권(지방자치법 §40), ⓑ 행정사무감사 및 조사권(동법 §41), 지방자치단체의 장 등에 대한 질문권을 행사할 수 있다(동법 §42). ⓒ 지방의회는 감사 또는 조사결과 해당 지방자치단체나 기관의 시정을 필요로 하는 사유가 있을 때에는 그 시정을 요구하고, 그 지방자치단체나 기관에서 처리함이 타당하다고 인정되는 사항은 그 지방자치단체나 기관으로 이송한다. 이송 받은 지방자치단체나 기관은 시정을 요구받거나 이송받은 사항을 지체 없이 처리하고 그 결과를 지방의회에 보고하여야 한다(지자법 §41의2).

3. 공기업의 이용관계

> **【기출문제】** **<1966년 (제8회) 사법시험 (논술형)·1975년 (제17회) 사법시험 (논술형)>** ※ 공기업의 이용관계를 논하라.
> **<1977년 (제19회) 사법시험 (논술형)>** ※ 서울특별시와 수도 이용자와의 수도 이용관계에 관하여 설명하라.
> **<1959년 (제3회) 행정고시 (논술형)>** ※ 공기업 이용관계의 내용과 법적성질

(1) 서 설

1) 의 의

공기업이용관계란 공기업의 기업주와 이용자 간의 법률관계로서 기업으로부터 역무(우편물 배달)·화물(수도 또는 가스)을 제공받거나 시설(철도, 국립병원)을 이용하는 관계이다.

2) 형 태

① 일시적 이용관계 : 시영식당의 음식물판매, 철도이용관계
② 계속적 이용관계 : 수도 사업에 의한 물의 공급(협의의 공기업 이용관계는 계속적 이용관계만을 뜻한다)

3) 영조물이용관계와의 구별

공기업은 수익성·영리성을 개념요소로 하는 사업이다. 영조물은 수익성·영리성을 개념요소로 하지 아니하며, 특별행정법관계를 형성하며, 문화적·정신적 성격을 가진 사업의 이용관계는 영조물이용관계로서 공기업 이용관계와 구별된다.

> 판례 철도사업은 공공복리를 증진하기 위하여 국가가 비권력적 수단에 의하여 경영하는 공기업의 일종에 불과하고 공권력의 주체로서 국민에 대하여 우월적인 지위에서 이를 경영하는 것은 아니며 따라서 그 이용관계는 국민과의 사이에서 이른바 권력관계가 성립될 여지는 전혀 없다 할 것이다(서울고판 1970. 2.10, 69구93).

(2) 공기업이용관계의 법적 성질

1) 성질결정의 필요성

재판관할의 결정, 재판절차 및 적용법규, 법적용원리를 결정하기 위하여 필요한 바, 먼저 그 이용관계가 공법·사법 어느 분야에 속하는지가 결정되어야 한다.

2) 성질에 관한 학설

① **공법관계설**

공기업은 공공복리를 위한 행정작용이므로 그 이용관계는 공법관계라 한다. 그러나 공기업은 목적에 있어 공익성을 갖지만 수단면에서는 영리적인 활동방식을 통하여 행하여지므로 공기업이용관계를 전부 공법관계로 보는 것은 타당하지 않다.

② **사법관계설(통설·판례)**

공기업의 관리·경영은 영리적 활동방식에 의한 비권력작용이므로 사법관계라 한다. 그러나 공기업이 영리적인 활동방식에 의해 행하여지지만 공익목적을 갖고 있으므로 전적으로 사법 및 사법원리에 의해 규율되는 것으로 보는 것은 타당치 않다.

③ **단체법적 사회법적 관계설**

공법관계와 사법관계의 혼재적 성격을 인정하는 설이다.

④ **행정사법 관계설(혼합법률 관계설)**

공기업은 그 수단면에서 영리적인 활동방식에 의해 행해지므로 이 점에서는 원칙상 사법 및 사법원리에 의해 규율되어야 하지만, 공익적 성격을 가지므로 그 한도 내에서는 공법적 규율이 필요하므로 공기업이용관계는 행정사법 관계로 보는 것이 타당하다는 설이다. 그러나 공기업관계는 실정 법률에 의해 명백히 공법관계로 규정되어 있는 경우가 있으므로 공기업이용관계를 전부를 개괄적으로 행정사법 관계로 보는 것은 타당하지 않다.

⑤ **개별적 결정설(혼합법률관계설)**

명시규정 없는 경우에는 개개의 구체적 관계에 관하여 당해 법규를 해석하여 개별적으로 결정해야 한다는 설이다.

⑥ 결 어

㉮ 사법관계 원칙 : 공기업도 기업의 일종인 점에서 사인이 경영하는 동종의 사업과 본질적으로 다를 것이 없기 때문에 공기업의 이용관계는 공법관계로 보아야 할 특별한 이유가 없는 한 일반적으로 사법관계라고 볼 것이다(예: 철도이용, 시영버스 이용, 공영주택이용관계). 그러므로 사법적용과 민사소송관할이 된다.

판례 ■ **사법적 공기업이용관계 : 전화이용관계**

〈전화가입계약의 해지가 항고소송의 대상이 되는 행정처분이 아니다.〉

전화관서가 특정인에게 설치하는 전화에 의하면 그 특정인이 공중통신역무의 제공을 받는 계약, 즉 전화가입계약은 영조물 이용의 계약관계로서, 비록 그것이 공중통신역무의 제공이라는 이용관계의 특수성 때문에 그 이용조건 및 방법, 이용의 제한, 이용관계의 종료원인 등에 관하여 여러 가지 법적 규제가 있기는 하나 그 성질은 사법상 계약관계에 불과하다(대판 1982.12.28, 82누441).

▪ **철도이용관계는 사법관계**

〈국영철도에 의한 여객 운송 중에 여객이 사망하였다면 피해자는 국가를 상대로 상법 제148조에 의한 손해배상 청구할 수 있다.〉

① 국영철도에 의한 여객운송 중에 여객이 사망하였으면 피해자는 나라를 상대로 상법 제148조에 의한 손해배상청구도 할 수 있다(대판 1971.12.28, 71다2434)(같은 취지판결 대판 1969.7.29, 69다832). ② 철도사업이용관계에 대하여는 국민과의 사이에 이른바 권력관계가 성립될 여지가 전혀 없다 할 것이므로 그에 관한 소관청의 행위는 특별한 사정이 없는 한 항고소송의 대상이 될 수 있는 행정처분이라고 일컬을 수 없다(고판 1970.2.10, 69구63).

㉯ 법령에 명시적 규정이 있는 경우(주택법 §89, 수도법 §68, 우편법 §24, 방송법 §66, 지자법 §140·⑤) : 법규가 이용관계에 행정벌, 행정강제, 행정구제 등의 규정을 두고 있거나 이용관계가 윤리성·공공성이 특히 강하거나 공권력 행사인 경우 또는 이용대가의 부과·징수에 행정쟁송이 인정되는 경우는 공법관계라고 본다(예 : 수도이용관계, 국립학교이용관계, 전화요금 및 수도요금 징수관계, 사립대총장의 학위수여, 국·공립병원 강제입원 등). 그러므로 공법적용과 행정소송관할이 된다.

판례 **〈수도료부과징수와 이에 따른 수도료납부관계는 공법상 권리·의무관계로서 행정소송 절차에 의한다.〉** 수도법에 의하여 지방자치단체인 수도업자가 그 수돗물의 공급을 받은 자에 대하여 하는 수도료의 부과징수와 이에 따른 수도료의 납부관계는 공법상의 권리 의무관계라 할 것이므로, 이에 관한 소송은 행정소송절차에 의하여야 하고 민사소송절차에 의할 수는 없다(대판 1977.2.22, 76다2517).

(3) 이용관계의 성립

1) 합의이용

공법상 계약인 때도 있고(예 : 국·공립대학 입학, 국·공립도서관 이용 등), 사법상 계약인 때도 있다(예 : 국영철도, 공영주택 임대차 등). 법률이나 공기업규칙이 정하는 바에 따라 합의함으로써 성립하는 경우는 명시적인 합의(예 : 우편물 반송계약)도 있고, 묵시적인 합의(예 : 우체통에 우편물 투입)도 있다. 그리고 하수도 이용관계와 같이 법률상 당연히 성립하는 경우도 있다.

2) 이용강제

① 기업주체의 이용허용의무

시설이 허용되는 한도에서 법률상 또는 조리상 이용허용의무·역무제공의무를 진다(전기통신사업법§3).

철도사업법상의 운송개시의무(동법 §8), 수도법상의 급수의무(동법 §39)도 공기업의 공익성 때문이다.

② 이용자에 대한 이용강제

㉮ 계약강제 : 공기업이용관계에서 계약체결이 법률상 의무로 되어 있는 경우이다(예 : 초등학교 취학강제, 보험회사와 한국보험공사와의 재보험계약).

㉯ 행정작용에 의한 이용강제 : 행정작용에 의한 공기업의 이용이 강제되는 경우이다(예 : 마약중독자 강제수용처분, 전염병환자의 병원에의 강제수용).

㉰ 직접 법률에 의한 이용강제 : 법률에 의하여 이용이 강제되는 경우이다(예 : 일정한 자가 당연히 산업재해보상보험의 가입자가 되는 것을 들 수 있다 ; 고용보험 및 산업재해 보상보험의 보험료 징수등에 관한 법률 §5).

㉱ 간접계약강제 : 법률상 또는 사실상 독점기업인 경우 이용자는 간접적으로 이용이 강제될 수밖에 없는 경우이다(예 : 수도·전기·전화사용 등 법률상·사실상 독점기업이용).

(4) 이용관계의 내용

1) 일반적 특색

① 획일·정형성 : 내용이 공기업에 관한 법령·조례·규정·정관 등에 의하여 획일·정형화가 대부분이다.

② 강제성 : 계약은 대부분 '부합계약'인 경우가 많다. 국민의 일상에 필수적인 사업이 공기업주체의 법률상 또는 사실상 독점사업에 해당하는 경우는 이용자는 사실상 그 이용을 강제당하게 된다.

③ 외형성 : 기업자의 손해배상 책임이 제한되거나 무능력자의 행위도 능력자행위로 간주되기도 한다(우편법 §10, §38~§40). 법령절차를 거쳐 교부한 때에는 정당한 교부가 있는 것으로 보기도 한다(우편법 §34).

2) 이용관계의 구체적 내용

① 이용자의 권리

㉮ 공기업이용권 : 공법상 권리인 경우도 있고(예 : 취학권, 국·공립도서관 이용권등) 사법상 채권인 경우도 있다(예 : 철도·시영버스이용권 등). 공기업이용권은 공기업이용을 청구할 수 있는 권리라는 점에서 채권적 성질을 가진다.

㉯ 부수적 권리

㉠ 손해배상청구권

ⓐ 행정청형 기업의 경우는 공기업에 제공된 물건은 공물이므로 당해 공물의 설치·관리의 하자로 인하여 손해가 발생한 경우 국가배상법 제5조에 의해 책임을 진다. 그러나 공기업 활동을 행하는 공무원의 불법행위로 손해가 발생한 경

우 손해를 발생시킨 직무행위가 공법행위이면 국가배상법 제2조에 의해 국가배상법이, 사법행위이면 민법 제756조에 의한 사용자책임이 각각 인정된다.

ⓑ 법인체 기업(정부투자기관기업·지방공사기업)의 경우는 현행 국가배상법이 국가와 지방자치단체의 배싱책임만을 정하고 있기 때문에 가해 행위가 공법행위인 경우에도 국가배상법 제2조가 적용되지 않고 민법 제756조에 의한 사용자 책임이 인정된다. 법인체 기업의 시설은 공물이 아니기 때문에 법인체 기업(공기업)시설의 설치·관리상의 하자로 인한 손해에 대하여는 민법 제758조에 의한 공작물 책임이 인정된다.

ⓒ 공기업이용관계에서의 손해배상책임을 제한하거나 부인하는 경우도 있다(우편법 §38~§44).

㉡ 쟁송제기권

ⓐ 민사소송 제기권 : 공기업 이용관계가 사법관계인 경우는 민사소송에 의한다. 예컨대 이용조건 위반으로 한국전력공사의 단전조치는 사법상의 문제이기 때문에 민사소송에 의한다. 그러나 위법건축물을 시정하기 위하여 건축관계기관의 요청에 따라 행하여지는 단전조치는 사법상의 행위라는 견해도 있으나 건축법 규정에 의해 인정된(위탁된) 일방적인 공권력 행사로서 처분으로 보는 것이 타당하다.

ⓑ 행정쟁송 제기권 : 공기업이용관계가 공법관계인 경우는 행정소송에 의한다. 수도료납부관계나 부과·징수관계는 공법상 권리로 행정소송 절차에 의하여야 한다. 권익침해행위가 처분인 경우는 항고소송에 의해 당해 처분을 다툴 수 있다. 판례는 단수처분을 항고소송의 대상이 되는 처분으로 보고 있다(대판 1979. 12. 28, 79누218). 이때 피고는 공기업 주체가 행정청이면 처분청이, 법인이면 당해 공기업 주체가 각각 피고가 된다. 행정청에 의해 인가된 공급규정의 내용이 이용자의 이용조건에 직접 구체적으로 불리한 영향을 미치는 경우에는 당해 이용자는 인가처분에 대하여 취소소송을 제기할 원고적격을 갖는다고 보아야 한다.

권익침해행위가 공법상 법률관계인 경우는 공기업이용관계에서의 권리·의무관계에 관한 소송은 공법상 당사자소송에 의한다.

㉢ 공공시설평등이용권(평등한 급부를 받을 권리)

공공시설의 조직형태는 공공시설 개념의 본질적 요소에 해당하지 않기 때문에 공기업이나 영조물 등의 공법상 형태(행정청형기업)이든 재단법인 등의 사법상 형태(법인체기업)이든 민간위탁에의 관리이든 모두 가능하다. 그러나 공공시설이 주민의 이용에 제공되기 위해서는 공용지정 또는 공용개시(명시적이든 묵시적이든)의사표시를 요한다. 헌법상 평등의 원칙에 따라 공기업의 이용자는 공기업주체로부터 평등한 급부를 받을 권리를 가진다. 공공시설이용권은 주민의 이용청구권이 인정되는 것이므로 정당한 이유 없이 이용이 거부되면 이의 시정을 구할 수 있는 청구권을 개인이 갖게 되는 개인적 공권으로 보아야 한다.

공공시설 이용관계가 행정행위(예 : 허가 또는 특허)에 의해 설정된 경우는 공법관계이고 사법상 계약에 의해 설정된 경우는 사법관계이다. 이용관계의 내용은 이용관계의 설정행위에 의해 정하여 진다.

관리주체가 공공시설 이용자에게 위법한 처분을 받은 경우에는 행정소송을 제기할 수 있고, 공공시설의 설치·관리상의 하자로 인하여 이용자에게 손해를 받은 경우에는 국가 또는 지방자치단체에 대하여 국가배상을 청구할 수 있다.

② **공기업주체의 권리**

㉮ 이용조건설정·변경권 : 공기업의 경영주체는 공기업의 이용에 관하여 법령, 조례 또는 규칙의 형식으로 사용료, 이용시간 기타의 이용조건을 정할 수 있다. 법령(전기통신사업법§29, 철도사업법§9, §11, §12, 수도법 §38) 또는 조례(지방공기업법 §22)에 의한 이용조건은 이용자와 공기업주체에 대하여 다 같이 법적 구속력을 가지며, 이에 위반하는 경우에는 형벌·과태료 등에 의한 제재(행정벌의 일종인 공기업벌)가 가해지나(수도법§83·8호, §85·9호), 「공기업규칙」에 의한 이용조건에 위반, 부정이용을 한 경우에는 그것이 행정규칙의 성질을 가지므로 처벌할 수 없고 이용의 거부·정지만 할 수 있다.

판례 **〈전기공급규정은 행정규칙의 성질을 가지므로 일반적 법적 구속력은 없다.〉** 한국전력공사의 전기 공급규정은 …… 그 사무 처리상의 편의를 위한 규정에 불과할 뿐 국민에 대하여 일반적 구속력을 갖는 법규로서 효력이 없고, 단지 한국전력공사와 전기 공급 계약을 체결하거나 그 규정의 적용에 동의한 수용자에 대하여서만 효력이 미칠 뿐이다(대판 1988.4.12, 88다2).

㉯ 이용대가징수권 : 공기업의 이용에 대한 반대급부(역무의 제공, 역무상 수반되는 설비의 이용대가인 점에서 단순한 설비의 이용대가인 사용료와 다르다)로서 수수료를 부과·징수할 수 있다. 공기업의 이용이 이용자의 자유의사에 의한 것일 때에는 법규의 근거가 없어도 수수료를 징수할 수 있으나 이용강제·독점이 인정되는 공기업에 있어서는 수수료의 징수는 법령이나 조례의 근거가 있어야 한다. 국가 독점사업(사실상 독점사업포함)의 공공요금은 주무부장관이 미리 기획재정부장관과 협의하여 결정한다. 국가 또는 국가로부터 위탁받은 기관이 다른 법률이 정하는 바에 따라 제공하는 행정서비스, 시설이용 및 특정한 권리부여 등에 대한 보상으로 징수하는 대가(이하 "수수료"라 한다)를 정하거나 변경하고자 할 때에도 주무부장관은 미리 기획재정부장관과 협의하여야 한다(물가안정법 §4·①·②). 지방공기업이 사업요금을 결정함에 있어서는 당해 공기업이 제공한 급부의 원가를 보상하면서 기업으로서 계속성을 유지할 수 있도록 해야 한다(지방공기업법 §22).

㉰ 일반 공권력에 의한 명령·강제권 : 공기업의 목적달성을 보조적 수단으로서 공기업 이용의 질서유지를 위하여 법규에 의해 일반 공권력인 공용수용권, 공기업 경찰권

(영조물 경찰권)에 명령·강제권을 발동하는 경우가 있다. 이들 명령·강제권은 일반 공권력에 의해 행하여지는 것이므로 반드시 법적근거가 필요하다. 수도료부과징수와 이에 따른 수도료납부관계는 공법상의 권리·의무 관계로서 행정소송 절차에 의하여야 한다(대판 1977. 2. 22, 76다2517).

(5) 공기업이용관계의 종료

1) 역무완료(이용목적 완료)

우편물의 배달, 철도 이용시 목적지 도착 후의 하차 등 역무 완료로 종료한다.

2) 임의탈퇴(이용관계에서의 탈퇴)

이용강제를 제외하고는 임의로 탈퇴할 수 있다.

3) 이용배제

이용자가 법령 또는 이용조건을 위반한 경우 등에는 공기업주체는 해지권의 행사에 의하여 이용자를 이용관계로부터 배제시킬 수 있다.

4) 공기업폐지

공기업은 그 사업의 성질상 자유로운 폐지가 허용되지 아니하는 것이 원칙이나, 정책적 이유로(예: 수요의 감퇴) 폐지할 수 있다(철도사업폐지).

4. 특허기업(공기업 특허)

【기출문제】 **<1964년 (제6회) 사법시험 (논술형)>** ※ 공기업의 특허를 논하라
<1964년 (제8회) 행정고시 (논술형> ※ 특허기업의 성질 및 법률관계의 내용
<1980년 (제24회) 행정고시 (약술형)> ※ 자동차운수사업의 법적 성질
<1988년 (제4회) 입법고시 (약술형)> ※ 공기업특허의 성질
<1966년 (제10회) 행정고시 (논술형)·1987년 (제31회) 행정고시 (논술형)·1990년 외무고시 (약술형)>
※ 영업허가와 공기업 특허의 비교
<1997년 (제39회) 사법시험 (약술형)> ※ 음식점의 영업허가와 자동차운수사업면허의 이동
<1999년 (제15회) 입법고시 (약술형)> ※ 특허기업의 이용관계(특허기업의 법률관계)

(1) 특허기업의 의의

1) 협의의 특허기업

협의설은 사인이 행정청(행정주체)으로부터 특허를 받아 경영하는 공익적 사업을 특허기업으

로 본다(예: 여객자동차운송사업, 항공운송사업, 전기통신사업, 도시가스사업 등). 협의설이 현재 통설적 견해이다.

2) 광의의 특허기업

광의설은 협의의 특허기업이외에 국가 또는 지방자치단체가 법령이나 조례에 의하여 직접 설립된 특수법인 기업(예 : 한국방송공사, 한국산업은행, 중소기업은행, 한국수출입은행, 은행 한국교육방송공사, 법상금융기관을 제외한 각종 공사나 공단을 말한다)을 포함시키고 있다. 법령이나 조례에 의하여 직접 공기업의 특허가 행하여지는 경우를 '법규특허'라 부르고 있다.[107] 광의설에 따르면 특허기업도 공기업의 개념에 포함된다.

통설인 협의설 입장에서 특허기업은 사인이 행정청(행정주체)으로부터 특허를 부여받아 공익적 사업을 경영한다는 점에서 사기업에 속하며, 따라서 국공영공기업이나 특수법인공기업과는 구별된다고 한다. 본서 역시 이러한 입장을 취하고 있다.

【참고】 공기업위탁과 구별

공기업위탁은 국가나 지방자치단체가 경영권을 유보하고 여전히 기업주체로서의 지위를 가지고 있으면서, 그 경영의무만을 다른 자치단체 또는 사인에게 부과하는 경우이다.

(2) (협의) 특허기업과 국공영기업·특수법인기업과의 구별

1) 특허기업과 국공영기업과의 구별

특허기업은 사기업이라는 점에서 국영기업·공영기업과 같은 공기업과 구별된다. 국·공영기업은 국가 및 지방자치단체의 행정조직을 통해 운영되며, 소속직원은 공무원 신분을 가진다. 그러나 특허기업은 어디까지나 사기업으로서 행정조직이나 공무원법과는 무관하다.

2) 특허기업과 특수법인기업과의 구별

특수법인기업은 정부나 지방자치단체가 자본의 전액 또는 50% 이상을 투자 또는 100분의 30 이상의 지분을 가지고 임원임면권 행사 등을 통해 당해 기관의 정책결정에 사실상 지배력을 확보하고 있는 법인체공기업으로서 공공기관의 운영에 관한 법률 및 지방공기업법의 규율을 받는 공기업이다(예: 한국토지공사, 한국조폐공사, 대한주택공사 등). 특수법인기업은 국가나 지방자치단체가 직접 또는 간접경영에 참여하는 기업형태이다. 그러나 특허기업은 사기업으로서 공공기관의 운영에 관한 법률이나 지방공기업법의 규율과는 무관하며, 정부가 특허나 감독 등의 방식으로 개입할 뿐 행정주체의 참여는 간접적인 경우에도 존재하지 아니하는 기업행태이다.

특허기업의 예로 여객자동차운수사업법상의 여객 자동차운수사업 면허(§5·①), 해운법상의 해상여객운송사업의 면허(§5·①), 전기통신사업법상의 기간통신사업의 허가(§6·①), 전기사업법상의 전기사업 허가(§7·①), 도시가스사업법상의 도시가스 도매사업의 허가(§3·①), 항공법상의 항

107) 이상규(하), 418쪽.

공운송사업의 면허(§113)등을 들 수 있다.

(3) 특허기업의 특허

1) 특허의 의의 및 성질

특허기업의 특허란 국가 또는 지방자치단체 등 행정주체가 공익적 사업의 독점적 경영권의 전부 또는 일부를 타자(사인)에게 설정하여 주는 형성적 행정행위이다. 특허에 의하여 경영되는 기업을 특허기업이라 한다. 실정법상으로는 특허 외에도 허가·면허·승인 등으로 혼용되고 있다.

(가) 행정주체가 사인에게 독점사업의 경영권을 설정하여 주는 것이므로, 특허의 주체는 국가인 경우가 대부분이나 지방자치단체도 될 수 있다.

(나) 특허의 대상이 되는 사업은 여객자동차운송사업, 항공운송사업, 전기통신사업, 도시가스사업 등 공익사업이다. 반드시 국가 등에 그 경영권이 독점되어 있는 것을 전제로 하는 것은 아니며, 어느 정도의 지역적 독점권이 보장되어 있는 공익사업이 그 대상이 된다.

(다) 특허기업의 특허는 형성적 행정행위로서의 성질을 가진다. 즉, 기업의 독점적 경영권을 특정인에게 설정하여 주는 형성적 행위이다. 이 점에서 부작위의무를 해제하는 명령적 행위인 허가와 구별된다. 다만 특허의 구체적인 효과에 관해서는 학설이 나뉜다.

① 독점적 경영권 설정설[108)]

이 설은 공익사업의 특허는 사업의 독점적 경영권을 특정인에게 설정하여 주는 행위라고 본다. 이 견해는 독점적 경영권이 인정되는 경우만을 특허라고 보아 특허기업의 범위를 좁게 파악한다.

② 포괄적 법률관계설[109)]

이 설은 특허를 기업경영을 위한 각종의 권리·의무의 총체, 즉 포괄적 법률관계를 설정하는 설권행위로 본다. 즉, 공기업의 특허는 특정한 공기업의 경영권과 그 경영권의 효과적인 수행을 담보하기 위한 특권을 부여함과 동시에, 당해 공기업경영에 관한 의무와 부담을 지우는 것을 내용으로 하는 포괄적 법률관계를 설정하는 형성적 행위라 한다.

③ 허 가 설[110)]

이 설은 공기업의 특허와 영업허가와의 성질상 구별을 부인하고 영업의 자유를 보장한 헌법 하에서는 특허도 자유회복을 의미하는 허가의 일종으로 본다. 물론 특허를 영업허가

---

108) 박윤흔(하), 442쪽 ; 홍정선(하), 475쪽 ; 유지태(신론) 851쪽.
109) 변재옥, 공기업의 특허, 고시연구, 1997. 10, 84쪽 이하 ; 이상규(하), 414; 석종현(하), 332쪽 ; 김동희(Ⅱ), 304쪽.
110) 佐籐英善, 「經濟行政法」, 1990, 889쪽 이하.

와 동일시하지 않고 특허라는 별개의 범주를 인정하여야 할 경우도 있으나 그 차이는 규제목적에서 오는 상대적 차이에 불과하다고 본다.

④ 결 어

독점적 경영권설정설이 타당하다고 본다. 법은 특허기업에 대하여 기업의 독점적 경영권을 부여하는 동시에 공익보호를 위하여 여러 가지 의무와 부담을 부과하나, 그 핵심을 이루고 있는 것은 기업의 경영권설정이라 하겠다.

특허기업이 국민생활에 필수적인 물자나 역무(서비스)를 제공하는 사업임을 이유로 '일정 범위 내에서의 사업의 독점적 영영권보장 등의 특별한 보호와 통제'를 받는 점에서 '허가영업'과 다른 점이다. 특허기업에 대해 사업의 독점적 경영권을 보장하는 이유는, 대체로 그 특허사업의 경영에는 막대한 설비투자를 필요로 함에도 불구하고 한정된 고객밖에는 기대할 수 없기 때문이다. '특허기업'은 국가·지방자치단체 또는 이들이 설립한 특수법인(정부투자기관이나 지방공사)이 경영하는 기업, 즉 공기업이 아니라 사인이 행정청의 승인을 받아 경영하는 사기업인 점에서, 역시 사인이 행정청의 승인을 받아 경영하는 허가영업과의 공통점이 있다.

(라) 협력을 요하는 행위(쌍방적 행정행위)

특허기업의 특허는 상대방의 신청을 전제로 하는 행정행위이다.

(마) 재량행위

특허기업의 특허는 일반적으로 재량행위이다. 이는 관련법규의 의미·내용의 해석문제이겠으나, 일반적으로 특허를 규정하는 관련법규는 행정청에게 재량을 인정한다.

(바) 경영의무

특허 기업자는 기업경영권을 갖는 동시에 특허기업 경영의무도 부담한다.

2) 특허기업의 특허와 영업의 허가(경찰상의 영업허가)와의 이동

특허기업의 특허는 행정청이 특정인에게 수익사업의 경영권을 설정하여 주는 형성적 행정행위인데 대하여, 영업의 허가(또는 경찰상 영업허가)는 행정청이 질서유지를 위하여 법률에 의하여 일반적으로 부과되고 있는 영업금지(부작위 의무)를 특정인에게 해제하여 자연의 자유를 회복시켜 주는 명령적 행정행위로 설명되고 있다. 그러나 양자의 차이는 상대적인 것에 지나지 않으며, 공통점 또한 많이 있다.

① 양자의 공통점

㉮ 법률 행위적 행위 : 양자 모두 법률 행위적 행정행위이며 효과의사표시로 의욕한 대로 효과가 발생한다.

㉯ 적법요건 : 양자는 모두 사인의 영업행위의 적법요건으로서의 의의를 갖는다. 따라서 특허 또는 허가를 받지 않고 특허기업 또는 허가영업을 임의로 개설하거나 영업행위를 하게 되면 효력에는 원칙적으로 영향이 없지만 제재내지 처벌을 받게 된다.

㉰ 사전통제 : 양자는 모두 영업행위에 대한 사전통제로서의 의의를 갖는다. 만일에 누구든지 특허나 허가의 대상이 되는 영업을 자유롭게 할 수 있게 한 다음, 사후에 요건불비로 금지처분을 하거나 제재를 가하는 경우에는, 그로 인하여 행위자 및 사회가 입는 불이익 내지 혼란을 훨씬 더 커지게 된다. 여기에 바로 특허·허가·인가 등의 사전통제제도가 존재하는 이유가 있다.

㉱ 수익적·쌍방적 행위 : 양자 모두 독점적·경제적 이익을 받는 수익적 행정행위인 점, 상대방의 신청을 요하는 행정행위라는 점에서 공통점을 갖는다.

㉲ 기타 : 양자 모두 실정법상으로는 승인·허가·인가·면허·특허 등으로 명칭이 혼용되고 있으며, 재량권이 인정되는 경우에 부관을 붙일 수 있고, 당사자는 행정주체의 특별한 의무부과와 감독을 받으며, 원칙적으로 불요식 행위인 점, 그 취소는 모두 기속행위인 점에서도 공통점을 갖는다.

② 양자의 차이점

특허기업의 특허와 영업허가의 허가는 비록 상대적이나마 다음과 같은 차이점들이 있다.

㉮ 대상사업상의 차이 : 허가의 대상이 되는 사업은 주로 먹고, 마시고, 놀고, 쉬는 일 등과 관련되는 사업이다. 그리하여 '식품위생법'상의 허가대상이 되는 업종(식품접객업, 유흥주점업 등), '관광진흥법'상의 허가·등록의 대상이 되는 사업(여행업, 관광숙박업, 관광객이용시설업, 카지노업, 유원시설업 등), '사행행위 등 규제 및 처벌 특례법'상의 사행행위영업(복표발행업, 현상업, 사행기구제조업, 사행기구판매업)과 같이 행정주체의 개입영역이 보건위생, 선량한 풍속 등 사회질서의 유지와 밀접하게 관련된 사업이다.

특허의 대상이 되는 사업은 주로 국민생활에 필수적인 재화나 역무(서비스)를 제공하는 공익사업이다. 그리하여 전기사업, 가스사업, 수도 사업, 운수사업 등 공익사업이다. 허가사업은 대체로 모든 사람이 그것을 이용해야 하는 사업은 아니다. 특허사업은 대체로 일정지역의 사람이 그것을 이용하지 않을 수 없는 사업으로서의 성격을 갖는다.

물론 양자는 명확하게 구별되는 것은 아니나, 특허기업의 특허와 영업허가의 허가의 차이는 주로 대상사업의 차이에서 유래한다고 할 수 있다.

㉯ 규율목적상의 차이 : 영업허가의 제도는 소극적인 공공의 안녕과 질서의 유지를 목적(경찰행정작용)으로 하는데 대하여, 특허기업의 특허는 적극적으로 공공의 복리증진을 목적(복리행정작용)으로 하고 있다. 이에 따라 허가영업에 대하여는 공공의 안녕과 질서에 대한 위해를 가져오지 않는 한, 행정권은 개입하지 않는데 대하여, 특허기업에 대하여는 그의 적극적인 육성을 위한 개입이 행하여진다.

㉰ 성질상 차이 : 영업허가는 일반적 금지를 해제하여 자연적 자유를 회복시켜 주는 명령적 행위인데 대하여, 특허는 특정인에게 특별한 권리(기업의 독점적 경영권)를 설정하여 주는 형성적 행위이다. 그러나 영업허가도 단순히 자연적 자유를 회복시켜 주는 것이

아니라, 허가요건을 구비한 경우에는 그에 대한 일반적 금지를 해제하여, 헌법상의 영업의 자유권을 적법하게 행사할 수 있는 법적지위를 설정하여 준다는 점에서, 허가 역시 본질적으로 형성적 행정행위의 성격을 갖는다.

다만, 영업허가에 있어서 원칙적으로 헌법상 이미 부여되어 있는 영업의 자유권을 적법하게 행사할 수 있게 하는 것에 그치고, 새로운 권리를 설정하여 주지 않는다는 점에서 독점적 경영권을 설정하여 주는 특허기업의 특허와 구별된다.

㉣ 재량성의 차이 : 허가신청이 있는 경우에 공공의 안녕과 질서의 유지의 목적에서 헌법상의 영업의 자유가 제한되고 있으므로, 관련 법률상의 허가 요건이 충족되는 경우에는 허가를 거부하는 것은 헌법상 보장되고 있는 영업의 자유에 대한 위법한 침해를 의미하기 때문에 영업허가는 원칙적으로 기속행위이다. 그러나 법률에서 예외적으로 중대한 공익상 필요시에는 허가를 재량행위로 할 수도 있다(건축법 §11·④).

이에 대하여 특허는 공공복리와 개인의 영업상의 이익을 고려하여 특정인에게 독점적 경영권을 부여하는 것이므로 원칙적으로 재량행위이다.

판례 **〈자동차운송사업면허처분은 행정청의 자유재량에 속한다.〉** 자동차운송사업 면허는 특정인에게 권리를 설정하는 행위로서 법령에 특별히 규정된 바가 없으면 행정청의 재량에 속하는 것이고, 그 면허를 위한 기준 역시 법령에 특별히 규정된 바가 없으면 행정청의 자유재량에 속하는 것이다.

행정구역변경에 따라 장의자동차운수사업자인 원고에게 그 사업구역을 김제시와 김제군 중 하나를 선택할 기회를 주었음에도 7개월 이상 이에 응하지 아니하다가 양쪽 모두를 사업구역으로 하겠다고 요구하므로 차고지 소재지인 김제시를 원고의 사업구역으로 정하고 장의자동차운수사업자가 없게 된 김제군을 사업구역으로 하여 제3자에게 신규면허처분을 하였다면, 사업구역을 축소한 결과가 되어 원고에게 경제적 손실을 가져온다 하더라도 이는 행정구역변경에 따른 사업구역조정이라는 공익상의 필요에 따른 것으로서 위 신규면허처분에 재량권 남용 등의 위법이 없다고 한 사례(대판 1992. 4. 28, 91누10220 장의자동차면허처분 취소).

㉤ 이익보호상의 차이(경제적 이익) : 허가영업에 있어서는 영업자의 영업허가에 의한 이익은 반사적 이익으로서 경업자의 경업에 의한 침익으로부터 보호받지 못하는데 대하여(대판 1963.8.31, 63누101), 특허기업자의 특허에 의한 이익은 법에 의한 보호를 받는다는 것이 종래학설·판례였다(대판 1969.12.30, 69무106). 그러나 허가도 개인이 허가를 받아 향유하는 이익은 법률상 이익으로서 행정쟁송을 통하여 보호를 받을 수 있다(예: 영업허가의 철회에 대한 취소소송).

판례 **〈어업허가는 일정한 종류의 어업을 일반적으로 금지하였다가 일정한 경우 이를 해제하여 주는 것으로서……해당 어업을 할 수 있는 지위는 재산권으로 보호받을 가치가 있다.〉** 어업허가는 일정한 종류의 어업을 일반적으로 금지하였다가 일정한 경우 이를 해제하여 주는 것으로서 어업면허에 의하여 취득하게 되는 어업권과는 그 성질이 다른 것이기는 하나, 어업허가를 받은 자가 그 허가에 따라 해당 어업을 함으로써 재산적인 이익을 얻는 면에서 보면 어업허가를 받은 자의 해당 어업을 할 수 있는 지위는 재산권으로 보호받을 가치가 있고, 수산업법이 1990. 8. 1. 개정되기 이전까지는 어업허가의 취소·제한·정지 등의 경우에 이를 보상하는 규정을 두고 있지 않았지만, 1988. 4. 25. 공공용지의취득및손실보상에관한특례법시행규칙이 개정되면서 그 제25조의 2에 허가어업의 폐지·휴업 또는 피해에 대한 손실의 평가규정이 마련되었고, 공공필요에 의한 재산권의 수용·사용 또는 제한 및 그에 관한 보상은 법률로써 하되 정당한 보상을 지급하여야 한다는 헌법 제23조 제3항, 면허어업권자 내지는 입어자에 관한 손실보상을 규정한 구 공유수면매립법(1999. 2. 8. 법률 제5911호로 전문 개정되기 전의 것) 第16조, 공공사업을 위한 토지 등의 취득 또는 사용으로 인하여 토지 등의 소유자가 입은 손실은 사업시행자가 이를 보상하여야 한다는 공공용지의취득및손실보상에관한특례법 제3조 제1항의 각 규정 취지를 종합하여 보면, 적법한 어업허가를 받고 허가어업에 종사하던 중 공유수면매립사업의 시행으로 피해를 입게 되는 어민들이 있는 경우 그 공유수면매립사업의 시행자로서는 위 구 공공용지의취득및손실보상에관한특례법시행규칙(1991. 10. 28. 건설부령 제493호로 개정되기 전의 것) 제25조의 2의 규정을 유추적용하여 위와 같은 어민들에게 손실보상을 하여 줄 의무가 있다(대판 1999. 11. 23, 98다11529, 손해배상).

다만, 신규업자(경업자)가 나타남으로써 자신이 지금까지 누려왔던 독점적 지위가 침해되는 경우에는 반사적 이익의 침해에 해당되어 행정쟁송을 통하여 구제받지 못한다. 경쟁자간의 이익갈등관계 문제는 ㉠ 이익분할관계(개방적 이익분할관계와 폐쇄적 이익분할관계)에 있는 경업자(경업자 소송)와 ㉡ 이익대체관계(성질상 양립할 수없는 경우와 법률상 양립할 수없는 경우)에 있는 경원자(경원자 소송)가 있다. 허가영업은 대부분 개방적 이익분할관계이고, 특허기업은 대부분 이익대체관계에 해당한다(행정법(상), 개인적공권 중 제3자보호규범을 참조할 것).

㉸ 감독·보호 상의 차이 : 영업허가에 대하여는 영업행위가 공공의 안녕과 질서를 해치지 않는 한 행정권은 감독권을 통하여 개입하지 않는 것이 원칙이다(공공의 안녕과 질서유지를 위한 출입검사·업무정지명령·허가취소 등의 수단).

반면에 어떠한 보호·특전을 부여하지도 않음이 원칙이다.

이에 반하여 특허기업에 대하여는 사업개시의무, 역무제공의무 등 여러 가지 의무가 부과되는 동시에, 사업계획의 요구, 사업의 조정, 요금의 인가제, 공급조건의 통제 등 여러 가지 감독이 행하여지며, 반면에 공용부담특권·공물사용권 등의 보호·특전이 부여됨이 보통이다.

㉹ 형 식 : 영업의 허가는 반드시 경찰처분의 형식을 취한다. 특허기업은 그 개념을 넓게 보아 사인에 대한 공익사업의 특허 이외에 국가가 직접 법률에 의하여 설립한 특수법인기업을 추가하고 있다. 즉, 특허의 형식에는 법률에 근거한 행정행위에 의한 특허(특허처분)와 직접 법률에 의한 특허(법규특허)의 두 가지 있다고 하는 것이 전통적인 견해이다.

그러나 특수법인 기업의 설립은 국가가 사인에 대하여 독점적 경영권을 부여하는 것이 아니고, 원래 국가가 자신의 기관에 의하여 처리하여야 할 사업을, 그 기관에 갈음하여 독립법인을 설립하고 그 법인을 통하여 사업을 수행하게 하고 있다. 그러므로 특허기업의 특허를 좁게 보아 사인에 대한 공익사업의 특허, 즉 특허는 처분의 형식(특허처분)으로 행하여진다. 궤도사업허가, 여객자동차운송사업면허, 수도사업인가, 광업허가, 농수산물도매시장인가, 전기통신사업허가 등이 그 예이다. 이 점에서 양자는 공통점을 갖는다.

㉶ 의무위반의 효과 : 영업의 경찰허가의 경우 영업자가 허가를 받지 않고 행한 영업상의 법률행위는 경찰상 제재나 경찰벌의 대상이 될지언정, 그 행위의 사법상 효력에는 영향이 없는데 대하여(유효), 특허 기업자가 법령이나 특허명령서에 위반하여 행한 법률행위는 효력을 발생하지 못하는 것이 원칙이다(무효).

(4) 특허기업의 법률관계

행정주체의 특허를 받아 관리·경영되는 특허기업은 공익사업으로서 이의 적정·원활한 수행은 국민의 일상생활에 중요한 의미를 가진다. 그리하여 법률은 특허 기업자에게 공익사업의 경영에 있어 여러 가지의 특권과 보호를 부여받고, 동시에 특별한 의무 및 부담이 과하여지며, 국가 등의 감독·통제 등을 규정하고 있다. 그 구체적인 내용은 개개의 법률이 정하는 바에 따라 한결같지 아니하다. 특허기업과 관련하여 발생하는 법률관계는 ① 국가나 지방자치단체와 특허기업자 간의 관계 ② 국가나 지방자치단체와 이용자 간의 관계 ③ 특허 기업자와 이용자 간의 관계의 3종류가 있다. 여기서 말하는 이용관계는 ③의 경우이다.

1) 특허기업자의 권리와 특권

① 특허기업자의 권리(기업경영권)

기업경영권은 특히 기업자가 법률이나 특허명령서가 정하는 바에 따라서 자기 이름으로 그 사업을 경영할 수 있는 권리이다. 이는 사실상의 독점적 지위가 보장되는 것이 일반적이다.

㉮ 기업경영권은 국가에 대한 공권이다. 특허를 받은 특허 기업자는 국가에 대하여 당해 사업의 독점적 경영권을 취득하고, 법은 특허의 기준으로서 수급적합의 원칙을 정하고 있으므로, 행정청은 적어도 과다경쟁으로 인한 수지악화를 방지할 의무가 있다. 만일 국가나 지방자치단체가 병행적으로 동종의 기업을 경영하거나 또는 행정청이 신규업자에 대하여 동종의 특허기업의 특허를 부여함으로써 기존업자의 경영상의 수지악화를 초래하게 된다면, 기존업자는 법률상 이익의 침해를 이유로 취소소송을 제기할 수 있을 것이다.

㉯ 특허 기업자와 이용자 또는 제3자와의 사이의 법률관계는 원칙으로 사법관계이다. 그러나 국가의 수권에 의한 권력적 관계는 공법관계이다(예 : 특허기업자에 의한 토지의 수용·사용, 사립대학의 학위수여 등).

② 특허기업자의 특권

특허 기업자는 특허기업의 원활한 운영을 위해 필요한 보호와 특전을 부여하는 경우가 많다. 그 종류는 기업에 따라 다르지만 그 중 중요한 것으로는 다음과 같다.

㉮ 공용부담권 : 특허 기업자에게 토지의 수용·사용·출입·장애물제거 등 제3자에 대하여 특별한 부담을 과할 수 있는 권리가 부여되는 경우가 많다. 개별 법률로는 전기통신사업법(§39,§40,§41), 전기사업법(§87,§88), 수도법(§44,§60,§61), 광업법(§67~§71), 궤도운송법(§10) 등이 있고, 일반법인 「공익사업을 위한 토지 등의 취득 및 보상에 관한 법률」이 있다.

㉯ 공물사용권 : 기업경영을 위하여 공물사용이 필요한 경우에는 공물사용권이 부여된다(전기사업법 §92). 이 경우 특허 기업자는 공물의 사용에 관하여 사전에 공물관리자의 허가를 받아야 하며, 공물관리자는 정당한 사유 없이 공물사용을 거부하지 못한다(도로법 §39).

㉰ 경제상 보호 : 특허 기업자에게는 그 사업의 원활한 수행을 위해 각종의 경제상의 보호·특전이 부여되기도 한다. 그 중요한 수단으로는 면세, 보조금교부, 국공유지 의무상대부나 양여, 정부출자 등을 들 수 있다.

㉱ 행정벌에 의한 보호 : 특허기업을 방해하거나 그의 시설을 파괴하는 자에 대하여는 처벌을 함으로써 특허기업을 보호한다(전기사업법 §72, §100, 도시가스사업법 §48).

2) 특허기업자의 의무와 부담

① 의 무

㉮ 기업경영의무

㉠ 기업개시의무 : 특허 기업자는 특허를 받은 날로부터 일정한 기간 내에 공사에 착수하거나 공사를 완료하여 기업을 개시할 의무를 진다(여객자동차운전사업 §7, 전기사업법§9).

㉡ 기업시행의무 : 특허 기업자는 특허를 받은 이상 사회공공의 이익을 위하여 당해 기업을 계속하여 경영할 의무를 진다(여객자동차운수사업법 §16, 도시가스사업법 §8, 수도법 §42).

㉢ 이용제공·공급의무 : 특허사업자는 특허기업의 공공성으로 말미암아 당해 기업을 일반 공중의 이용에 제공 또는 공급할 의무를 지며, 정당한 이유 없이 그 이용을 거절하지 못함이 원칙이다(도시가스사업법 §19, 수도법 §39, 전기사업법 §14).

㉯ 지휘·감독을 받을 의무(감독·통제에 복종할 의무) : 특허기업은 그가 가지고 있는 공익성으로 인하여 행정주체로부터 특별한 지휘·감독을 받을 의무를 진다. 따라서 감독권을 가진 행정주체에 대하여 사업실태보고의무, 서류제출의무, 사업의 양도·양수·합병시 인가를 받을 의무, 사업계획을 변경하거나 이용조건의 설정·변경시 인가를 받을 의무를 진다.

국가와 특허기업자의 관계는 특별행정법관계에 해당하며 그 중 감독관계에 속한다. ㉠ 기업의 감시 ㉡ 기업집행(관리)기관에 대한 감독 ㉢ 기업의 물적 기초에 대한 감독(수급, 조정, 사업의 통·폐합) ㉣ 기업 활동에 대한 감독(수급조건 설정·변경) 등을 들 수 있다.

② 부 담

㉮ 기업물건의 불융통성 : 특허기업에 제공하여지는 물건은 양도, 처분 등의 제한을 받는 경우가 많다.

㉯ 특별부담 : 국가나 공공단체 또는 제3자를 위하여 법령이나 특별 명령서에 의하여 특허 기업자에게 과하여지는 부담이다. 예컨대 공공의 이익을 위하여 관할구역 외의 지역에 재화나 역무를 제공할 의무를 부담하거나(수도법 §40), 다른 사업자 등을 위하여 설비를 대여하여야 할 의무를 부담하는 것 등이다(전기사업법 §20).

㉰ 특권료 납부의무 : 특허기업이 누리는 이익에 대한 보상으로서 특허 기업자가 국가에 지급하는 금전 기타의 물건을 말하는데 법령 또는 특허명령서에 의해 과해지는 경우가 있다(수도법§10·②, 도시가스사업법 §44).

㉱ 조정명령 등 : 재화나 역무의 수급상 필요하다고 인정하면 특허기업자에게 필요한 조정을 명할 수 있고, 원활한 재화나 역무의 수급과 공익상 필요하다고 인정하는 경우 및 공급의무 등에 위반하여 재화나 역무의 공급을 거절하거나 중단되게 하였을 경우에는 공급권역의 조정 및 사업의 통폐합을 명할 수 있다(도시가스사업법 §40).

㉲ 매매·회수에 응할 의무 : 특허기업은 공익사업이므로 국가 또는 공공단체가 법령이나 특허명령서에 따라 판매권을 유보할 경우가 있는데, 이 경우 특허기업자는 이에 응할 의무가 있다.

(5) 특허기업의 이용관계

특허기업은 사기업으로서의 성질을 가지므로, 이용자와 특허기업자와의 관계는 기본적으로 사법관계로 인정된다. 따라서 이용관계에 관한 법적 분쟁은 민사소송에 의해 해결된다. 그러나 공익목적 수행을 위하여 필요로 되어 예외적으로 요금의 강제징수절차 등 법률에 의해 규정되어 있는 때에는, 그 한도에서 공법적인 면을 가지며, 분쟁의 해결은 행정쟁송에 의해 해결된다.

(6) 특허기업의 이전·위임·종료

1) 특허기업의 이전

이전성이 제한되며 주무관청에 신고(도시가스사업법 §7, 여객자동차운수사업법 §14·①)하거나 인가(전기사업법 §10, 여객자동차운수사업법 §14·②, 전기통신사업법 §18·①)를 받게 하는 것이 보통이다. 이전방법은 양도, 상속, 회사합병, 대여, 경락, 매수 등을 들 수 있다.

2) 특허기업의 위탁(위임)

① 의 의

기업경영권은 여전히 원래의 특허 기업자가 가지고 그 특허기업의 경영·관리만을 타인에게 위탁하는 것을 말한다. 특허기업은 공익사업이므로 위탁은 인정되지 않음이 원칙이며 특허기업위탁에는 자격을 요하거나 주무관청에 신고나 허가를 요하는 경우가 대부분이다(여객자동차 운수사업 §13).

② 종 류

㉮ 임의위탁 : 특허 기업자가 주무관청의 인가를 받아 당해 특허기업의 경영·관리의 전부 또는 일부를 타인에게 위탁하는 경우이다.

㉯ 강제관리 : 일정한 사유가 발생한 경우에 특허기업자의 의사에 관계없이 법원 또는 감독청이 타인으로 하여금 당해 특허기업을 경영·관리하는 경우이다. 현행법령상 강제관리의 예는 없는 바, 이는 규제완화 차원에서 폐지된 것이다.

3) 특허기업의 종료

특허 기업자는 임의로 이를 폐지할 수 없음이 원칙이다. 그러나 당해 기업을 존속시킬 필요가 없게 되거나 효과적인 경영을 할 수 없다고 인정되는 사유가 생긴 경우에는 당해 기업은 종료하게 된다.

① 임의종료

사업의 폐지, 회사의 해산을 들 수 있는데, 임의 종료할 경우에는 주무관청에 신고하거나 인가를 받게 하는 것이 보통이다.

② 법정종료

특허의 실효, 특허기한의 만료, 특허의 철회를 들 수 있는데, 기업자의 의사와는 관계없이 일정한 사유의 발생으로 당연히 기업이 종료된다.

Ⅱ. 영조물법

1. 의 의

【기출문제】 <1994년 (제36회) 사법시험 (사례형)>

(1) 영조물의 개념

광의로는 행정주체가 행정목적을 달성하기 위하여 지속적으로 제공하는 인적 수단과 물적 시설의 종합체를 뜻한다. 협의로는 광의의 영조물 중 주로 정신적·문화적 또는 진료적 목적의 비영리적 사업에 계속적으로 제공된 것만을 의미한다. 영조물이 주로 현실적 의미를 갖는 것은 정신적·문화적(또는 진료적) 목적의 비영리적 사업에 계속적으로 수행하는 경우이다.

광의의 영조물 중 행정목적의 달성에 제공된 것이기는 하지만 영리적인 사업의 형태를 취하는 것은 상업적 영조물이라 할 수 있다. 따라서 이하에서는 협의 영조물의 개념으로 사용하기로 한다.

예컨대, 국공시립대학교, 국공시립도서관, 국공시립병원, 국공시립박물관, 국공립교육연구기관, 정신문화연구원, 적십자병원 및 교도소 등은 협의의 영조물이라 할 수 있다.

다만, 국·공립병원, 대학병원이 협의의 영조물인지 아니면 상업적 영조물(공기업)인지에 관하여 견해의 대립이 있는데, 일률적으로 말할 수 없고 개별적으로 검토할 필요가 있다.

영조물의 개념은 영조물의 이용관계를 포함하므로 작용법적 개념이기도 하나 국가조직 내지 행정조직법상 개념으로서의 의미가 중요하다.

(2) 영조물의 개념요소

1) 행정조직의 일부성

영조물은 국가 등 행정주체가 그 목적을 달성하기 위하여 제공하는 인적·물적 시설의 종합체로서 행정조직의 일부분이다. 따라서 사인이 공익을 위해 일정한 시설(도서관·병원·학교 등)을 설치·운영하는 경우에 그것은 영조물이 아니다.

2) 공익목적성

영조물은 직접공익목적을 위한 것으로서 특히 정신·문화 등에 계속적으로 제공되는 경우이다. 따라서 영조물은 공공성을 가지지만 영리성 내지 수익성을 갖는 공기업과 구별된다.

3) 계 속 성

영조물은 공적 목적에 계속적으로 봉사하기 위한 것이며, 이러한 영조물의 계속성은 일시적 사업도 가능한 공기업과 구별되며, 영조물의 일정한 조직성을 요구한다.

4) 인적수단과 물적수단의 결합성

영조물은 인적 수단과 물적 수단의 결합체이기 때문에 단순한 물적 요소인 개개의 유체물인 공물과 구별된다. 영조물은 물적 요소를 지배하는 인적 요소가 결합되어 있다는 점에 특징이 있으며, 그 존재의의는 일반 공중의 이용에 있다.

(3) 유사개념과 구별

1) 공기업과 구별

① 유 사 점

㉮ 양자 모두 국가 또는 공공단체에 의하여 설치·경영·유지된다는 점, ㉯ 비권력적 행정

작용인 점, ㉰ 공적 목적을 수행한다는 점에서 유사하다.

② 차 이 점

영조물은 직접 공익실현을 목적으로 하지만 공기업은 공익실현과 함께 영리를 추구한다는 점, 영조물은 사업의 계속성을 가지지만 공기업은 계속적 또는 일시적 사업을 수행하는 경우도 있다는 점, 영조물은 인적·물적 종합시설이지만 공기업은 기업 그 자체가 주된 관심사라는 점, 영조물은 이용이라는 면에 초점을 둔 정적 개념이지만 공기업은 기업 활동을 하는 동적 개념이라는 점에서 구별된다. 그러나 양자는 언제나 명백히 구별되는 개념은 아니며, 영조물이라도 이용료를 실비 이상으로 징수하여 수익성이 인정된다면 공기업의 성질도 가질 수 있다.

2) 공공시설과 구별

공공시설을 영조물과 동일시하는 입장과 이를 구별하는 입장으로 나뉘어져 있는데 구별하는 입장에 의하면 공공시설은 물적 시설의 집합체로서 그 외 인적 시설도 개념요소를 이루는 영조물과 구별되게 된다. 그러나 실정법상으로는 양자가 구별이 혼용되어 나타나는 경우도 있다. 양자를 구별하는 입장에서는 공공시설은 유체물의 집합체로서, 공물의 일종을 의미함이 보통이다(공물에서 상술함).

2. 종 류

(1) 주체에 의한 분류

영조물의 관리주체에 의하여 국영영조물, 공영영조물, 특수법인영조물 등으로 분류될 수 있다.

① 국영영조물이란 국가가 직접 관리하는 영조물을 말한다(예: 국립대학교, 국립도서관).

② 공영영조물이란 지방자치단체가 직접 관리하는 영조물을 말한다(예: 시립대학교, 시립도서관, 시립병원).

③ 특수법인영조물이란 영조물의 주체가 그를 위하여 특별히 설립한 법인인 경우를 말한다(예: 정신문화연구원, 한국과학원, 서울대학교병원, 적십자병원).

(2) 목적에 의한 분류

영조물의 설립 내지 경영목적에 의하여 ① 문화·교육적 영조물 ② 연구영조물 ③ 교도영조물 ④ 의료·휴양 등 영조물 등으로 분류할 수 있다.

영조물을 광의로 파악하는 입장에서는 ① 수도·가스·교통·오물처리 등 시민의 일상생활에 필요한 물자나 서비스를 공급하는 영조물 ② 은행 등 영조물 ③ 보험영조물 ④ 경제유도 및 경제진흥영조물 등을 영조물의 목적에 의한 분류 속에 포함시키기도 한다. 협의설에서는 이들은 공기업법의 대상으로 삼고 있다.[111]

(3) 독립성(법인성)의 유무에 의한 분류

영조물의 독립성 유무에 의하여 ① 국가 등 행정주체가 직접 경영하는 직영영조물(비법인인 영조물)과 ② 독립한 법인격을 가지고 있는 영조물법인(법인인 영조물)으로 분류할 수 있다.

(4) 이용성에 의한 분류

영조물의 이용성에 의하여 ① 행정주체에 소속한 직원(공무원)만이 이용하는 공용영조물과 ② 공무원 신분 이외의 사람(일반 국민이나 시민)이 이용할 수 있는 공공용영조물로 분류할 수 있다.

3. 영조물의 이용관계

(1) 영조물이용관계의 의의·성립·성질

1) 영조물이용관계의 개념

영조물이용관계란 일반 공중이나 특정인들의 사용을 위해 영조물주체와 영조물이용자 사이에 나타나는 법률관계를 말한다.

2) 영조물이용관계의 성립

① 임의적사용 영조물의 경우는 영조물주체와 이용자의 합의(공법상 계약 또는 사법상 계약에)에 의하여 성립된다(예 : 국립학교입학·국립병원에의 입원 등).

② 강제적사용 영조물의 경우는 행정처분 등에 의하여 강제적으로 성립된다(예 : 초등학교에의 입학허가, 교도소에의 입소, 전염병환자의 국립병원 강제입원).

3) 영조물이용관계의 성질

① 이용관계의 법적형식 및 다면성

영조물이용관계의 법적형식은 2원적으로 구성됨이 일반적이다. 즉, 이용관계에의 가입단계와 개별적인 이용관계의 내용형성 단계로 이원화된다. 영조물 이용관계의 가입단계는 공법적 성질을 갖게 되며, 그 원인은 당사자의 임의에 의한 경우(예: 초등학교 입학, 국립병원에의 입원)와 강제에 의한 경우(예: 교도소에의 입소, 국립병원에 강제입원)로 나눌 수 있다. 이용관계의 내용형성단계에서는 영조물 주체의 법적형태 선택의 자유가 인정된다. 따라서 그 이용관계를 공법적 형태로 구성할 수 있고, 사법적인 형태로 구성할 수도 있게 된다. 사법적 이용관계로 구성하는 때에도 그 이용목적의 공익성으로 인하여 많은 점에서 공법적 규율하게 있게 되는 점이 특색으로 적용한다.

영조물 이용관계에는 공법적인 것도 있고, 사법적인 것도 있으며, 경우에 따라서는 공·

111) 김남진(Ⅱ), 398쪽.

사법의 혼합적인 것도 있다.

② 특별권력관계성 → 특별행정법관계

영조물이용관계는 전통적 특별권력 관계론에 의하면 법률유보의 원칙이 배제되고 사법심사가 배제되는 것으로 이해하였다. 그러나 특별권력관계 부정론에 의하면 법률유보의 원칙이 적용되며 영조물의 목적달성을 위한 영조물주체의 권력행사를 위해서는 법적 근거를 요하게 되며 또 그 이용자에 대해서도 기본권보장과 사법적 권리구제가 인정되는 것이 원칙이다. 특별권력관계론에 제한적 긍정설입장에서는 법률유보원칙이 여기에도 원칙적으로 적용된다고 보면서도, 그 영조물의 목적과 기능을 달성하는 데 필요한 범위 내에서 영조물 이용자에 대한 특수한 규율역시 허용된다고 본다. 그러나 특별권력관계 부정론에 의하면 영조물이용관계가 공법관계인 경우는 특별한 행정법관계로 본다.

③ 관리관계성

영조물이용관계는 기본적으로는 대등한 비권력 관계이기 때문에 원칙적으로 사법이 적용되지만, 공공성·윤리성이 특히 요구되는 한도 내에서 예외적으로 공법원리가 적용된다. 행정적·공익적 목적, 정신적·윤리적·문화적 목적의 비영리적 사업을 행하는 것인 협의의 영조물(행정적 영조물)이용관계는 그 공익성에 비추어 원칙적으로 공법관계(공법 적용)로 보는 것이 타당하다고 본다. 실정법령에 사법관계로 규정한 경우에도 당해 법률관계는 행정사법관계라고 보아야 할 것이다. 영조물이용관계에 있어서 공법적 기속은 이용관계가 사법관계로 성립되는 경우에도 영조물의 공적 목적을 위한 것이므로 여러 방향에서 공적 기속이 가해질 수 있음을 뜻한다.

(2) 영조물이용자의 권리와 의무

1) 이용자의 권리

① 영조물이용권

영조물이용자가 법령이나 자치법규가 정하는 바에 따라 영조물주체에 대하여 영조물의 이용을 청구할 수 있는 권리이다. 영조물이용권의 구체적인 내용은 이용관계를 규율하는 근거법규나 영조물이용규칙에 의해 정해진다. 영조물이용관계의 법적 형태 및 법적 성질은 공법적 형태 및 공권인 경우와 사법적 형태 및 사권인 경우가 있다. 공권과 사권의 구별기준을 ㉮ 공행정주체에 대해서만 권리·의무를 귀속시키는 법이 공법, 누구에게나 권리·의무를 귀속시키는 법이 사법이라 하고, 공법에 의해 이용자가 공행정주체에 대해 가지는 권리가 공권이라는 설, ㉯ 이용관계를 근거지어 주는 법형식이 공법적인가 아니면 사법적인가에 따라 판단하여야 한다는 설이 있다(행정법(상), 공법과 사법의 구별설명참조). 그러나 이것은 이용관계를 근거지어 주는 법형식이 공법적인가 아니면 사법적인가에 따라 판단되어야 한다. 영조물 이용 권리는 영조물 주체에 대해서만 인정된다는 점에서 채권적 성질을 갖는다.

② 부수적 권리

㉮ 행정쟁송권 : 영조물의 이용관계에 있어서 영조물주체의 위법한 처분으로 권리가 침해된 이용자는 일반적인 내용에 따라 행정쟁송을 제기하여 권리구제를 받을 수 있다.

㉯ 손해배상청구권

㉠ 행정상 손해배상청구권 : 영조물이용자는 영조물의 설치·관리상 하자로 손해를 받은 경우에는 국가배상법에 의해 손해배상을 청구할 수 있다(국가배상법 §2, §5).

㉡ 민사상 손해배상청구권 : 실제로는 드물지만 사법적으로 그 이용관계가 구성되고 있는 경우에는, 이용자에게 발생한 손해에 대해 민사상의 손해배상청구가 인정될 수 있다. 따라서 그 책임의 내용은 민사상의 일반적인 원칙에 따라 구성된다. 이에 의해 국가나 지방자치단체는 민사상의 사용자 책임이나 공작물의 소유자 책임에 의해서 손해배상책임을 지게 되며, 이때에는 손해예방을 위해 요구되는 주의의무 위반이 중요한 의미를 갖게 된다.

2) 이용자의 의무

① 이용규칙준수·질서유지의무

영조물이용자는 이용규칙에 정하는 바를 준수하여야 할 의무와 영조물에서의 질서유지의무를 진다. 이용규칙은 일반적으로 이용방법과 시기(시간), 이용료납부, 기타 이용상 의무 등을 규정하고 있다. 이 의무의 부과는 당해 영조물 주체의 영조물 권력에서 도출되며, 이에 대해서는 일반적으로 영조물 규칙이 규정하게 된다.

② 이용대가 납부의무(이용료 납부의무)

영조물이용자는 영조물이용의 대가로서 이용료와 수수료 납부의무를 진다. 이러한 이용대가 납부의무의 불이행에 대해서는 이용관계의 법적 성질에 따라 행정상 강제징수절차에 의하기도 하고 민사상 강제집행절차에 의하기도 한다.

(3) 영조물주체의 권리와 의무

1) 영조물 주체의 권리

① 영조물규칙제정권

공동체의 중요한 사항은 입법자가 스스로 정하여야 하지만(중요사항유보설), 중요사항이 아닌 경우는 영조물권력에 기초하여 행정규칙(영조물이용규칙)으로 정할 수 있다. 이러한 영조물규칙을 특별명령의 한 종류로 볼 것인가에 관해서 부정적으로 보는 입장(홍정선)긍정적으로 보는 입장(김남진)의 대립이 있다(행정법(상), 특별명령 설명참조할 것). 우리나라에서는 특별명령은 법규명령으로 대체되어야 한다. 영조물규칙 중 조직규칙과 영조물이용기준 등 영조물주체내부에서의 사무처리기준을 정하는 부분인 해석규칙 또는 재량준칙은 행정규칙으로서의 성질을 갖는다고 보아야 한다.

② 영조물조건설정권

영조물의 이용조건에 관한 중요한 사항은 법령 또는 조례에 의하는 경우가 많겠지만, 법규의 범위 안에서 감독청의 인가를 받아 영조물이용에 관한 조건을 설정할 수 있다.

【헌재결】〈서울대학교가 대학입학고사 주요 요강을 제정·발표하는 행위는 공권력의 행사에 해당한다.〉
특정한 국가목적(대학교육)에 제공된 인적·물적 종합시설로서 공법상의 영조물인 서울대학교와 학생과의 관계는 공법상의 영조물이용관계로서 공법관계이며, 서울대학교가 대학입학고사 시행방안을 정하는 것은 공법상의 영조물이용관계설정을 위한 방법, 요령과 조건 등을 정하는 것이어서 서울대학교 입학고사에 응시하고자 하는 사람들에 대하여 그 시행방안에 따르지 않을 수 없는 요건·의무 등을 제한 설정하는 것이기 때문에 그것을 제정·발표하는 것은 공권력의 행사에 해당한다(헌재 1992.10.1, 92헌마68·76).

③ 이용대가 징수권

영조물의 이용이 무상인 경우를 제외하고는 법규 또는 이용규칙에 의하여 일정한 대가를 부과·징수할 수 있다. 이러한 영조물이용에 대한 대가는 수수료의 성질을 가진 경우도 있고, 사용료의 성질을 가진 경우도 있다.

④ 명령·징계권

영조물의 운영에 부수되는 질서유지를 위하여 영조물운영권에 기하여 이용규칙 위반자에 대하여 제재를 가할 수 있는 권한이 인정된다.

2) 영조물주체의 의무

① 영조물의 계속적 유지·관리의무

계속적인 이용자의 이용을 위하여 영조물을 유지·관리할 의무가 법령 또는 자치법규에 의하여 인정된다.

② 이용자에 대한 영조물이용 제공의무

영조물은 정신·문화·진료 목적에 계속적으로 제공하여야 할 영조물이용 제공의무가 있다. 따라서 일반 공중 등 이용자에게 적당한 이유 없이 영조물이용을 거부해서는 안 된다.

③ 이용자의 평등대우의무

영조물주체는 영조물의 이용을 평등하게 제공할 의무가 있다.

(4) 영조물이용관계의 종료

영조물이용관계는 ① 이용목적의 완료(학교의 졸업), ② 이용관계로부터의 탈퇴(자진 퇴학), ③ 이용관계의 배제(퇴학 처분), ④ 영조물의 폐지(폐교) 등의 사유에 의하여 종료된다.

Ⅲ. 공 물 법

> **【기출문제】** **<1974년 (제18회) 행정고시 (논술형)>** ※ 공물인 도로와 해빈(해변)의 성립과 소멸을 논하라.
> **<1981년 외무고시 (약술형)·1998년 외무고시 (약술형)>** ※ 공물의 성립(요건)
> **<1962년 (제4회) 사법시험 (논술형)>** ※ 공물의 공법적 특색
> **<1956년 (제1회) 행정고시 (논술형)·1970년 (제14회) 행정고시 (논술형)>** ※ 공물의 특성(법률적 특색)
> **<2001년 (제43회) 사법시험·제16회 군법무관시험 (약술형)>** ※ 공물의 시효취득

1. 공물의 개념과 종류

(1) 공물의 개념

공물이란 사물에 대응되는 개념으로 학문상 정립된 개념인 바, 행정주체에 의해 그 사용가치를 통하여 직접 행정목적에 제공되는 개개의 유체물이라는 것이 전통적인 견해이다.[112)]

위와 같은 전통적 공물 개념에 따르게 되면, 관습법에 의해 성립하는 자연공물, 동력(에너지)·공간과 같은 무체물, 물건의 집합체인 각종 시설(특허공공시설)이 공물개념으로 제외됨을 지적하면서, 공물은 「국가 등 행정주체에 의하여, 또는 관습법에 의하여 직접 공적 목적에 제공되어 공법적 규율을 받는 유체물과 무체물 및 물건의 집합체(시설)」를 공물로 정의하는 새로운 견해가 있다.[113)] 생각건대 공물에는 개개의 유체물 이외에도 무체물(전기·에너지)·자연력(대기·영해)과 집합물(체육관, 공원 등 공공시설)이 있고, 관습법에 의하여도 공물성립이 가능하다는 점에서 새로운 견해가 타당하다. 이하에서 공물의 개념을 살펴보기로 한다.

1) 공물은 물건이다(개개의 유체물과 무체물 및 집합물)

민법 제98조는 「본 법에서 물건이라 함은 유체물 및 전기 기타 관리할 수 있는 자연력을 말한다」고 규정하고 있다. 민법규정이 공물에도 그대로 적용될 수는 없겠으나 민법상 물건의 개념보다도 공물의 개념은 더 넓다고 보아야 한다.

① 공물은 '개개인의 유체물'이다. 따라서 인적·물적 종합시설인 영조물은 공물이 아니고(예 : 국립도서관은 시설물인 물적요소와 직원인 인적요소로 이루어진 영조물이지 공물이 아니다. 그러나 도서관의 건물이나 도서관의 장서는 공물이다. 서울대공원은 영조물이나 동물원의 코끼리는 공물이다), 또 공물은 유체물이므로 동산·부동산·동물을 불문하나 무체재산(의장권, 특허권, 실용신안권 등)은 공물이 아니다.

② 자연력(자연재산)도 공물이다. 유체물이 아니지만 전기·에너지(동력) 등 관리할 수 있는 자연력은 민법상 물건에 해당하므로 공물에도 포함되며, 유체물도 아니고 반드시 관리 가능한 것도 아닌 자연력, 예컨대 대기(大氣)나 영해는 공법상 의미로는 물건에 해당한다. 대기는

---

112) 김도창(하), 400쪽 ; 이상규(하), 430 ; 김동희(Ⅱ), 240쪽.

113) 김남진(Ⅱ), 355쪽.

환경법에 있어서, 영해는 국제법에 있어서 각각 공물로서의 중요성이 인정된다.

③ 집합물인 물적 종합시설도 공물이다. 공물도 사법(私法)에 있어서의 집합물과 같이 개개의 물건이 일정한 목적을 위하여 집합되어 독자적 개성을 가지며 실체상 일체로서 취급되는 경우이다(예: 공원, 도서관의 상서, 회관 등). 이러한 집합물은 실제 기능면에서 보면 개개의 유체물로서가 아니라 물적 종합시설로서 기능을 발휘하며 개개의 유체물로써 따로따로 떼어서 고찰하는 것은 사실상 불가능하고 의미도 또한 없는 것이다. 따라서 이러한 집합물은 그 자체로서 하나의 공물로 보아야 할 것이다.[114] 공물과 영조물의 차이는 집합물인 공물은 물적 종합시설이고 영조물은 인적·물적 종합시설이다.

2) 직접 행정목적에 공용된 물건이다.

'직접'이라 함은 사용가치를 통해 행정목적에 제공된 것을 말한다. 따라서 재산상의 가치나 수익을 올리어 행정주체의 재정에 기여함으로써 자본가치를 통해 간접적으로 행정목적에 이바지하는 재정재산(일반재산)은 공물이 아니며 사물이다.

공물을 흔히 행정재산이라 한다. 공물과 행정재산은 같은 뜻은 아니며, 각각 다른 관점에서 정리된 개념이다. 공물의 관념은 그 소유권이 누구에 속하는가에 관계없이 그 물건자체가 직접 행정목적에 공용된 경우이고, 행정재산의 관념은 국가 등 행정주체의 소유에 속하는 재산 중 직접행정목족에 공용된 재산을 말한다. 따라서 행정재산은 모두가 공물이나 공물은 모두가 반드시 행정재산은 아니며 사유(私有)인 공물도 있다. 행정주체의 소유에 속하는 국유재산이라도 모두가 공물은 아니며, 그 중 행정재산만이 공물이며, 보전재산은 행정재산에 준하고 일반재산은 사물이다.

3) 행정목적에 사용되는 물건이다.

공물이 사물(일반재산)에 대하여 갖는 특색은 직접 행정목적에 이바지하는 점이며, 직접 행정목적에 이바지하는 한도 내에서는 공법적 규율을 받는다. 행정목적에는 일반 공중의 사용에 제공되는 공공용물(도로·하천 등), 직접 행정주체 자신의 사용에 제공되는 공용물(관공서청사·관용차·경찰마·교도소·연병장), 물건자체의 보존을 주안으로 하는 보존공물(국보·고분·천연기념물등 문화재, 보안림)이 있다.

4) 공물은 행정주체(관리주체)에 의하여 제공된 물건이다.

공물은 관리주체가 국가 또는 지방자치단체 등 행정주체이다. 따라서 사인이 자기 재산을 공공목적에 제공할지라도 공물이 아니다. 반면 사유물이라 하더라도 행정주체가 권리를 설정(공용지정)하여 행정목적에 제공하는 경우는 공물이다. 그러므로 공물의 관리주체는 언제나 국가 또는 지방자치단체 등의 행정주체이며, 어떤 물건이 행정주체에 의하여 직접 공공목

---

114) 박윤흔(하), 453쪽.

적에 제공되고 있으면 그 소유권자(사인의 소유일지라도)와는 관계없이 공물인 것이다. 예컨대, 성북구청이 사인소유의 건물을 임차하여 이를 청사로 사용·관리하는 경우, 또는 사인소유의 토지를 임차하여 이를 도로로 개설하여 관리하는 경우, 그 건물·토지는 모두 공물이다.

【참고】 공용지정의 존재

공물 중 공공용물로서 성립되기 위해서는 공용지정이 필요하다.

공용지정이란 공용개시 또는 공용개시행위로 불리기도 한다. 공용지정이란 행정주체가 어떠한 물건이 특정한 공적목적에 이바지한다는 것과 공법적 지위를 부여하기 때문에 공법적 규율 하에 놓인다는 것을 선언하는 법적행위이다. 공용개시 행위라 함은 행정주체가 공공용물의 형체적 요소를 갖춘 물건을 일반 공중의 사용에 제공한다는 의사를 표시하는 행위라고 통상적으로 설명되고 있다.

공용지정의 형식에 대하여는 견해 대립이 있으나, 법률, 관습법, 자치법규 또는 행정행위로 다양하게 나타날 수 있다고 본다.

5) 공공시설도 공물인가?(공물과 공공시설)

물적 종합시설로서의 집합물도 공물에 포함시키는 경우 공물과 공공시설은 밀접한 관계를 갖게 된다. 나아가 오늘날에는 공공시설의 개념을 공물개념에 대체시켜야 한다는 견해가 있다.

① 공공시설의 개념

㉮ 「공공용물과 공공영조물」을 포괄할 수 있는 '공공시설' 개념을 공물개념에 대체시키는 것이 타당하다는 설 : 이 설은 공공용물과 공용물은 그 성립·소멸·관리·이용관계 등에 있어서 서로 다르므로 공물이라는 하나의 개념으로 포괄하는 것도 거의 실익이 없다고 하고, 중심적 과제는 일반 공중의 이용관계에 관한 것이므로 공공용물과 공공영조물을 포괄할 수 있는 공공시설개념을 공물개념에 대체시키는 것이 타당하다고 한다.[115] 이 설에 의하면 공공용물과 공공영조물은 공공시설개념으로 대체 된다.

㉯ 「공공영조물」과 유사하다. 즉 국가 또는 공공단체에 의하여 공익목적을 위하여 계속적으로 공용되는 인적·물적 시설의 종합체를 공공시설이라 한다. 이 설에 의하면 영조물개념과 유사하나 공공의 이용에 제공되는 시설(공공영조물)에 한정된다는 점에서 영조물보다는 좁은 개념이다.

㉰ 「물적집합체」, 즉 인적요소는 반드시 그 내용으로 하지 않고 물적 시설을 중심으로 하는 개념으로 본다. 이 설에 의하면 공공시설은 공물중 공공용물에 해당한다.

② 지방자치법

실정 법규상으로도 지방자치법 등은 '공공시설'이라는 용어를 사용하고 있다. 실정법상

115) 김원주, 공물이용관계의 재검토, 고시계 1986, 6월호.

공공시설이라는 용어가 공공용물, 영조물, 공기업 등을 포괄하는 의미로도 사용되고 있고 즉, 광의로는 공공시설을 주민이 이용할 수 있는 지방자치단체의 물적 요소(공물 및 영조물이나 공기업의 물적 요소)를 의미하기도 하고(지자법 §13·①, §136, §138), 협의로는 공공시설을 지방공기업과 구분하여 사용하기도 한다(지자법 §144, §146).

③ 결 어

공공시설이라는 개념을 영조물과 동일시하는 견해도 있고,[116] 상이한 것으로 보는 견해도 있다.[117]

공공시설은 개념상 물적 시설의 집합체로서의 의미를 갖는 것이므로, 물적 시설 이외에도 인적 수단이 그 개념적 요소를 이루는 영조물과 일응 구별된다. 그러나 영조물개념이나 공공시설개념은 어떤 물적 시설이 일반 공중의 이용이라는 실제기능면에서 하나의 종합체로서 기능을 발휘한다는데 중점을 두고 정립된 개념이라는 점에서 공통점을 갖는다.

또한 공공시설은 물적 시설의 집합체라는 점에서 공물과 밀접한 관련을 갖는다. 위에서 본바와 같이 공공시설의 개념 중 ㉮설을 취하면 공공용물과 공공영조물은 공공시설 개념으로 대체되고, ㉯설을 취하면 공공영조물에 한정되므로 영조물보다 좁은 개념이 되고, ㉰설을 취하게 되면 물적 집합체이므로 공공시설은 공물중 공공용물에 해당한다. 여하튼 집합물인 물적 종합시설도 공물로 보는 입장에서는 공원, 도서관의 장서, 회관 등은 공물로 보게 된다.

기능면에서 일반 공중의 이용관계를 중심으로 고찰할 때에는 공공시설개념이 일반화되어 가면 공물개념은 그 유용성이 상대적으로 감소될 것이다. 그러나 법률적으로는 물적·인적 종합시설인 영조물이나 공공시설에 대하여 그 법률적 특색(예: 불융통성, 시효취득, 강제집행, 공용수용의 가능성여부 등)을 고찰할 수는 없으며, 개개의 유체물인 공물에 대하여 고찰하여야 할 것이다. 그리고 이용관계에 대하여도 영조물이나 공공시설에 대한 일반적인 공법 일원적 파악은 존재하지 않으며, 개별적인 영조물별로 논하여지고 있다(예: 학교관계, 병원관계, 우편이용관계 등). 따라서 우리행정법에서는 공기업법을 제외한 영조물법이나 공공시설 법을 공물법과 병행하여 별도로 다루는 것은 별로 의미가 없다고 본다.[118]

6) 공물과 국유재산(공물의 대상)

공물은 소유권 개념이 아니고 관리권 개념이므로 국유재산이라도 공물 아닌 것이 있고(예: 일반재산, 무체재산), 국유재산이 아닌 공유재산, 사유재산 중에도 공물인 것이 있다(예: 사유공물).

---

116) 김도창(하), 368쪽 ; 박윤흔(하), 456쪽.
117) 김남진(Ⅱ). 356쪽, 397쪽.
118) 박윤흔(하), 456쪽.

- 국유재산과 공물
  - 행정재산 — 공 물
    - 공공용재산 : 공공용물
    - 공용재산 / 기업용재산 — 공용물
    - 보존용재산(문화재, 보안림, 보호림) : 보존공물(공적보존물)
  - 일반재산 — 사 물
    - 국유림, 국가소유금전
    - 유가증권(수표, 주식), 공용폐기물, 인삼

> **판례** 〈행정재산의 매각은 불가능하며 그 매매계약은 무효이다.〉 행정재산은 사법상 거래의 대상이 되지 아니하는 불유통물이므로 비록 관계당국이 이를 모르고 매각하였다 하더라도 그 매매로서 무효임을 면할 수 없다(대판 1995.11.14. 94다50992).

(2) 공물의 종류

1) 목적에 의한 분류

① 공공용물

직접 일반 공중의 공동사용에 제공된 물건이다(도로, 하천, 공원, 영해, 해변, 항만, 운하, 제방, 교량, 온천, 광장 등).

② 공 용 물

직접 행정주체 자신의 사용에 제공된 물건이다(관공서 청사, 등대, 관사, 병사, 병기, 요새, 연병장, 교도소, 소년원, 학교, 철도, 은행).

③ 공적 보존물(보존공물)

문화목적, 보안목적 등 공공목적을 위하여 그 물건 자체의 보존을 주안으로 하여 그 처분이 공법상 제한(공용제한)을 받는 물건이다(국보, 고분, 보안림, 천연기념물 등 문화재).

공적 보존물은 사용에 제공되는 것이 아니며 공적 보존물에 대한 규율은 공익상 보존가치 있는 물건의 보존을 위하여 재산권 행사에 대한 제한을 가하는 것을 주된 내용으로 하므로 이를 공물로 보지 않고 공용제한(공물제한·보전제한, 사용제한)의 하나로 보는 설이 있다. 공적 보존물은 사용에 제공되는 것이 아니며 공공용물이나 공용물과 그 성질이나 그에 대한 법적규율이 크게 다를 뿐만 아니라 공물 주체에게 공물 관리권이 존재하지 않는다는 점에서 공용제한으로 보는 것이 타당하다고 본다.

2) 성립과정에 의한 분류

① 자연공물

자연적 상태에 인공을 가하지 않고 그대로 공공목적에 제공될 수 있는 실체를 가지는 물건이다(하천, 호소, 해변, 해면, 갯벌, 항만).

그러나 ㉮ 제방·호안 등 물길의 안정을 위한 시설, ㉯ 댐·하구둑·홍수조절지·배수펌프장·수문 등 하천수위의 조절을 위한 시설, ㉰ 운하·안벽·물양장·선박장·갑문 등 선박의 운항과 관련된 시설 등 "하천시설"은 일정한 공사가 행하여져 생성된 것이다. 이와 같은 하천시설은 하천에 사람의 손이 가하여진(인공을 가하여진)한도 내에서는 당해 하천시설은 인공공물이다.

② **인공공물**

행정주체가 인공을 가하여 공공목적에 제공함으로써 비로소 공물이 되는 물건이다(운하, 도로, 공원, 관청). 공물로서 성립하기 위하여 공용개시(또는 공물지정·공용지정이라고도 함)라는 특별한 행정주체의 의사표시를 요한다.

3) 소유권자에 의한 분류

① **국유공물**

그 물건의 소유권이 국가에 있는 공물을 말하는 바, 국유재산 중의 공물은 모두 국유공물이다.

② **공유공물**

지방자치단체의 소유에 속하는 공물로서, 모두 공유재산 및 물품관리법상의 공유재산에 속한다.

③ **사유공물**

그 물건의 소유권은 사인에게 있으나 당해 물건이 행정주체에 의하여 공공목적에 사용되고 있는 물건이다(사유지상의 도로나 사유의 중요문화재).

4) 소유권자와 관리권자의 일치여부에 의한 분류

① **자유공물**

공물의 관리권자와 소유권자가 일치하는 경우의 공물이다. 국가의 공물 중 국유에 속하는 것은 모두 자유공물이다.

② **타유공물**

공물의 소유권자가 관리권자와 일치하지 않는 경우의 공물이다(개인소유토지를 도로로 사용하는 것인 사유공물은 모두 타유공물이다). 사유공물은 모두 타유공물이다.

5) 사권의 목적에 의한 분류

① **사권의 목적이 되지 못하는 공물**

대체로 자연공물의 범위와 일치한다(하천, 해변, 갯벌, 기타 공유수면).

② **사권의 목적이 되는 공물**

대체로 인공공물의 범위와 일치한다. 다만, 그 사권은 공공목적에 필요한 한도 내에서 공법상 제한을 받는다.

6) 예정공물

아직 공중이용의 목적에 사용될 수 있는 구조를 구비하지 못한 물건으로서 행정주체가 장차 그 구조의 완성을 기다려 공적 목적에 제공하기로 결정한 물건을 말한다. 따라서 그 구조의 완성에 의하여 비로소 완전한 공물로서 성립하는 것이다.

예정공물도 보통은 공물에 준하여 취급된다(예컨대, 국유재산상의 행정재산으로 사용하기로 결정한 물건, 하천예정지, 공원예정지, 도로예정지 내지 접도구역지정같은 것이다 ; 하천법 §11, 도로법 §49).

판례 〈예정공물도 시효취득의 대상이 될 수 없다.〉 예정공물인 이 토지도 일종의 행정재산인 공공용물에 준하여 취급하는 것이 타당하다고 할 것이므로, 구 국유재산법 제5조 제2항이 준용되어 시효취득의 대상이 될 수 없다(대판 1994.5.10, 93다23442).

2. 공물의 성립과 소멸

(1) 공물의 성립

1) 공공용물의 성립

공공용물이 성립하기 위해서는 그 물건이 일반 공중의 사용에 제공될 수 있는 형체적 요소와 이것을 일반 공중의 사용에 제공한다는 의미의 행정주체의 의사표시, 즉 공물지정(공용개시행위)을 필요로 한다. 인공공물과 자연공물을 분리하여 살펴볼 필요가 있다.

① 인공 공물의 성립

인공공물인 공공용물이 성립하기 위해서는 그 물건이 일반 공중의 사용에 제공할 수 있는 실체, 즉 형체적 요소를 갖추어야 하고(형체적 요소), 그 물건을 공공용물로서 일반 공중의 사용에 제공한다는 의사를 표시하는 행정주체의 의사표시, 즉 의사적 요소를 필요로 한다(의사적 요소).

㉮ 형체적 요소

인공 공공용물의 성립에는 먼저 인공을 가하여 그 물건이 공물로서 일반 공중의 이용에 제공될 수 있는 형태(실체)를 구비해야 한다. 도로의 경우 도로의 신설·개축 및 수선에 관한 공사(이하 '도로공사'라 한다)와 그 유지는 해당 도로의 관리청이 행하는 것이 원칙이다(도로법 §23·①). 이러한 형태를 구비하지 못한 물건은 공물로 결정되어도 공물이 되지 않으며, 후술하는 예정 공물에 불과하다. 형체적 요소를 구비하기 전에 밟아야 할 절차(예:환경·교통·재해 등 영향 평가)가 있으면 그 절차를 거쳐야 한다.

㉯ 의사적 요소(공물지정·공용개시행위·공용지정)

인공공용물이 성립하기 위해서는 형체적 요소 구비 외에 그것을 일반공중의 사용에 제공한다는 행정주체의 의사적 행위를 필요로 한다. 이러한 행정주체의 의사적 행위를 공용개시행위 또는 공물지정·공용지정이라 한다. 인공공용물의 공용개시는 이를 일반 공중에게 알릴 필요가 있다. 이를 위하여 대부분의 법령은 일정한 형식에 의하여 공물지정(공용개 시행위)을 하도록 법정하고 있다(자연공원법 §4, §6, 도로법 §24). 도로법은 「도로 관리청은 도로노선이 지정되거나 도로노선의 인정 또는 변경 공고가 있으면 지체 없이 그 도로구역을 결정하여야 한다」(도로법 §24)고 규정하고 있는 바, 여기서 "도로구역의 결정"이 행정행위에 의한 공물지정(공용개 시행위)에 해당한다.

【참고】 공용개시행위(공물지정)의 시기(도로에 관한 법적 행위는 3단계의 절차가 있다)

① 고속국도·일반국도에 대한 대통령의 노선지정(도로법 §10, §11, 고속국도법 §3·①) 또는 지방도에 대한 시·도·군·구청장의 노선인정(도로법 §12~§16)·공고(도로법 §17)

② 도로구역의 결정·고시(도로법 §24, 고속국도법 §10)

③ 도로사용 개시공고(도로법 §27, 고속국도법 §10)라는 3단계의 절차가 있다. 이들 중 ① 노선지정 또는 노선인정·공고는 노선번호·노선명·기점·종점·중요경과지·주요구간 등만 표시(도로법 § 10·②, §17)되므로, 공물로서의 특정성이 아직 결여된 상태이고, ③의 도로사용 개시는 공물로서의 성격 취득과는 무관하다. 따라서 공물지정(공용개 시행위)은 ②의 도로구역의 결정·고시의 효과로 보아야 할 것이다.[119)]

판례로 도로구역의 결정·고시가 있는 때 공물의 성립으로 본다.

판례 **〈인공공공용물 성립에는 형태적 요소와 의사적 요소가 필요한 바, 도로구역의 결정·고시 때부터 공용개시행위가 있다.〉** 도로는 도로로서의 형태를 갖추어야 하고, 도로법에 따른 노선지정 또는 인정의 공고 및 도로구역의 결정·고시가 있는 때로부터 또는 도시계획법 또는 도시재개발법 소정의 절차를 거쳐 도로를 설치하였을 때로부터 공공용물로서 공용개시행위(공물 지정)가 있다고 할 것이다(대판 1996. 3. 12, 95다7369).

인공 공공용물에 대한 공물지정(공용개 시행위)은 공물의 법적지위가 형성되고, 사권의 행사를 제한하는 효과를 가져오므로 공물지정(공용개 시행위)은 행정행위이며 물적 행정행위에 해당한다.

② 자연공물의 성립

자연공물의 성립에 관하여는 형체적 요소 이외에 의사적 요소를 필요로 하느냐에 대하여 학설·판례가 대립된다.

㉮ 불필요설[120)]

자연공공용물은 자연적 상태에 있어서 일반공중의 사용에 제공될 수 있는 실체를

---

119) 김도창(하), 410쪽 ; 박윤흔(하), 463쪽. 공용개시 행위(공물지정·공용지정)는 공물의 형체적 요소가 갖추어진 후에 행하여져야 하는데, 도로법 제48조 제2항은 도로구역의 결정 또는 변경과 도로구역의 결정 또는 변경고시는 토지보상법상 사업인정 및 사업인정고시로 보는 점에서 보면 도로구역의 결정·고시를 공용개시행위(공물지정)로 볼 수 없고, 도로사용 개시공고(도로법 §27)를 공용개시행위(공물지정)로 보는 것이 타당하다는 설이 있다. 박균성(하), 254쪽.

120) 김도창(하), 409쪽 ; 이상규(하), 439쪽, ; 박윤흔(하), 464쪽 ; 김동희(Ⅱ), 249쪽 ; 석종현(하), 419쪽 ; 박균성(하), 295쪽.

갖추고 있으면 행정주체의 의사적 행위를 필요함이 없이 그 자체로서 공물로 성립한다는 것이다. 하천법(§2·1호 §7·②·③)상의 하천의 명칭 및 지정이나 하천구역의 결정·고시는 공물로서의 성립요건이 아니며 이미 성립되어 있는 공물의 법위를 확정하기 위한 행정행위로서 「확인행위」로 본다. 즉, 하천법 제2조 제1호 및 제2호는 하천 및 하천구역의 정의에 관한 것인바, 어느 하천이 이 정의에 해당하면 공물로서의 하천의 성격을 가지게 되는 것으로서, 그에 있어 관리청의 특별한 행위가 필요한 것은 아니라 한다.

종래의 다수설은 하천의 성립에는 공용개시 행위가 필요하지 않고 자연의 상태로 인하여 성립하므로 하천의 성립에는 권원의 취득을 요하지 않는다고 한다.

㈏ 필 요 설[121)]

공용지정(공물지정·공용개시 행위)의 개념을 「권한을 가진 기관이 어떠한 물건이 특정한 목적에 제공되며, 그로 인하여 그 물건에 대한 사권의 행사가 제한되는 등 공법상의 특별한 규율 하에 놓이게 된다는 것을 선언하는 법적행위이다」라고 정의하고, 하천 등 자연공공물의 경우에도 형체적 요소 이외에 의사적 요소인 공용지정이 명시적 또는 묵시적으로든 필요하다는 것이다. 공용지정이라는 행위를 통하여 사인 소유의 물건도 공법적인 제한 하에 놓이게 되어 공물로서 요건을 갖추게 된다는 것이다.

공용지정의 법적성질문제는 그 형식과 관련되기 때문에 형식여하에 따라 공용지정의 성질도 다르게 나타난다.

㉠ 법령에 의한 공용지정 : 이는 법령이 정하고 있는 요건을 사실상 충족함에 따라 당연히 공법상 특별한 지위를 충족하게 되는 경우이다.

ⓐ 법률에 의한 공용지정의 경우는 구 하천법 제2조 제1항 제2호 가목, 나목, 다목의 경우이고, ⓑ 법규명령에 의한 공용지정의 경우는 구 하천법 제7조 제1항과 현행 하천법 제2조 제3호 라목의 경우이고, ⓒ 자치법규에 의한 공용지정의 경우(지자단체가 조례나 규칙에 의해서 공용시설이나 영조물의 이용을 가능케 하는 경우), ⓓ 관습법에 의한 공용지정의 경우(예: 해변의 공용사용)가 있다.

㉡ 행정행위에 의한 공용지정(공물지정·공용개시행위) : 행정행위에 의한 공용지정은 공용지정 중 가장 일반적이고 가장 중요한 형식이다. 구 하천법에서는 하천의 관리청이 지정하는 토지의 구역(구 하천법 §2·①·2호·라), 시·도지사가 지방2급 하천의 명칭과 구간지정(구 하천법 §7·②), 관리청이 연안구역의 지정(구 하천법 §10)이 행정행위에 의한 공용지정에 해당한다. 하천법상 행정행위에 의한 공용지정에서 여기에서의 "행정행위"는 직접적으로는 물건(공물)의 성질이나 상태에 관하여 특별한 규율을 행하는 것이므로 물적 행정행위의 성질을 가진다. 공물의 이용자는 이러한 공법적인 제한으로 인해 간접적으로 영향을 받게 된다.

---

121) 김남진·김연태(Ⅱ), 359~363쪽 ; 홍정선(하), 486쪽 ; 류지태, 행정법 신론, 858~859쪽.

㉰ 판례 : 종래 판례는 자연공물의 성립에는 형체적 요소 이외에 의사적 요소(공용지정)를 요하지 않는다고 하였다.

판례 ① **〈하천법상 관리청이 제방을 설치한 경우, 그 제방부지는 별도의 지정처분 없이 당연히 하천구역으로서 국유로 된다.〉** 하천법 제2조 제1항 제2호 (나)목, (다)목, 제3호, 제3조, 제8조, 제10조의 각 규정에 의하면, 준용하천의 관리청이 설치한 제방의 부지는 위 (나)목이 정하는 하천부속물의 부지인 토지의 구역으로서 관리청에 의한 지정처분이 없어도 법률의 규정에 의하여 당연히 하천구역이 되어 같은 법 제8조, 제3조에 의하여 국유로 된다(대판 1998.3.10, 97누20175).

② **〈하천법에 의하여 당연히 국유로 된 제방부지에 관하여 당해 토지의 원 소유자가 관리청을 상대로 토지가액에 대한 손실보상을 청구할 수 있을 뿐이다.〉** 당해 토지 역시 관리청인 지방자치단체장이 설치한 제방의 부지로 편입됨으로써 하천법에 의하여 당연히 국유로 되었다고 할 것이므로, 당해 토지의 원소유자는 그 이후부터는 하천법 제74조에 정한 바에 따라 지방자치단체장에게 토지가액에 대한 손실보상을 청구할 수 있을 뿐이고, 여전히 당해 토지가 자기의 소유임을 전제로 하여 임료 상당의 손해배상이나 부당이득금 반환청구를 하거나 또는 임료 상당의 손실보상을 청구할 수 없다(대판 1998.3.10, 97누20175).

판례 **〈제방으로부터 하심측에 위치하는 제외지는 법규정에 따라 관리청의 지정이 없어도 당연히 하천구역이 된다.〉** 하천법 제2조 제1항의 규정을 비롯한 관계 법규에 의하면, 제방으로부터 하심측에 위치하는 이른바 제외지는 위 법 제2조 제1항 제2호 (다)목 전단에 의하여 당연히 하천구역에 속하게 되는 것이지 이러한 제외지가 위 법 제2조 제1항 제2호 (다)목 후단의 적용을 받아 관리청의 지정이 있어야 하천구역이 되는 것은 아닌 것이다(대판 1992.6.9, 91누10497).

판례 ① **〈하천법상 하천구역은 하천과 일체를 이루고 있는 자연적인 토지의 형태에 따라 결정됨이 원칙이고, 설사 하천관리청이 특정 토지를 하천대장에 등재한 행위에 절차상 하자가 있어도 그 토지가 하천구역으로 되는지 여부에 어떤 영향을 미치지 않는다.〉** 하천법상 하천구역은 하천과 일체를 이루고 있는 자연적인 토지의 형태에 따라 결정되는 것이 원칙이고, 하천대장은 하천관리청이 하천에 관한 행정사무집행의 원활을 기하기 위하여 그 현황 및 관리사항을 기재하는 것으로서 이 하천대장에 어떤 특정 토지를 기재한다 하여 그 토지에 관한 권리의 창설이나 설정·취득·변경 및 소멸의 효력이 발생하는 것이 아니므로 설사 하천관리청이 특정 토지를 하천대장에 등재한 행위에 절차상의 하자가 있다 하더라도 그 토지가 하천구역으로 되는지의 여부에 어떠한 영향을 미치는 것은 아니다(대판 1991.1.22, 90누9896).

그러나 다음과 같이 대법원은 법령에 의한 공용지정을 인정하고 있다.

② **〈구 하천법에 의하면 하천이나 준용하천의 하천구역은 동법 제12조에 의하여 관리청이 이를 결정·고시함으로써 비로소 정하여지고, 현행 하천법에 의하면 하천구역은 제2조 제1항 제2호에서 하천구간내의 토지 중에서 일정한 구역을 하천구역으로 인정하고 있으므로 당연히 하천구역이 된다.〉** 구 하천법(1971.1.19. 법률 제2292호로 전면 개정되기 전의 것)에 의하면 하천이나 준용하천의 하천구역은 동법 제12조에 의하여 관리청이 이를 결정 고시함으로써 비로소 정하여지는 것이고 사실상 토지가 하상화 되었다고

하더라도 이러한 특별한 절차가 없이 당연히 하천구역으로 될 수는 없지만, 현행 하천법에 의하면 하천구역은 이를 관리청이 특별히 결정 고시하는 것이 아니라 하천법이 스스로 그 제2조 제1항 제2호에서 하천구간 내의 토지 중에서 일정한 구역을 하천구역으로 인정하고 있으므로 위 법조에 해당하는 구역은 당연히 하천구역이 된다(대판 1998.12.20, 87다카3029).

㉣ 사 견(결어)

㉠ 의사적 요소 필요 : 우선 결론적으로 말하면 자연 공물에도 의사적 요소가 명시적이든 묵시적이든 필요하다고 본다. 왜냐하면 공물은 사유의 물건일지라도 공법상 제약(사법적용에 제한)을 받는다는 점이 특징인데, 이러한 공법적인 구속은 단순한 사실상의 제공만으로는 발생할 수 없고, 법적행위를 근거로 하여 발생할 수 있다고 보아야 할 것이기 때문이다.

㉡ 개정하천법 : 구 하천법에서는 법률의 규정에 따라 직접 정해지는 구역과 하천관리청이 지정하는 구역을 합하여 하천구역으로 운영하여 왔으나(상술하였음), 앞으로는 하천관리청이 수립한 하천기본계획에 제방(완성제방·계획제방)이 포함되어 있는 곳은 그 제방의 부지 및 그 제방으로부터 하심측(연안구역)의 토지 등을 하천구역으로 결정하도록 하고, 하천구역을 결정·변경 또는 폐지하는 때에는 지형도면과 함께 고시하고, 하천구역의 결정·변경 또는 폐지는 제3항에 따른 고시가 있는 날부터 그 효력이 발생한다(하천법 §7·⑥ §10·①·③·④·⑤)고 규정하여 대부분이 행정행위에 의한 공용지정(공물지정·공용개시 행위)이 이루어지는 것으로 하였다.

③ 공물지정과 권원의 취득

㉮ 공물지정을 하기 위해서는 그 전제로서 행정주체는 그 물건에 대한 정당한 권원을 갖고 있어야 한다. 행정주체는 자신의 소유권인 토지 등 물건에 대하여는 임의로 공물지정을 할 수 있으나, 타인의 소유권인 토지 등 물건에 대하여는 법률에 특별한 규정이 없는 한 먼저 그 물건에 대하여 매매계약이나 공용수용 등에 의하여 소유권을 획득하거나 지상권·임차권 등 기타의 지배권을 취득하든가 또는 그 물건의 소유권자 등의 동의를 얻을 필요가 있다. 아무런 권원 없이 행한 공용지정은 위법한 것으로 소유자는 손해배상·부당이득반환 또는 결과제거로서 원상회복을 청구할 수 있다.

다만, 사인의 부지가 이미 사실상 도로 등 공용에 제공된 경우에는 원상회복의 기대 가능성이 없는 경우가 발생할 수 있을 것이다.

㉯ 판례는 권원 없이 사인의 토지를 도로로 공물지정한 경우에 손해배상 및 부당이득반환청구를 인정하나, 원상회복청구를 인정하지 않고 있다.

판례 **〈시가 사인소유의 토지를 권원 없이 도로로서 점유하고 있는 경우 부당이득이 성립한다.〉** ① 시가 사인 소유의 토지를 용익할 사법상의 권리를 취득함이 없이 또는 적법한 보상을 함이 없이 이를 점유하고 있다면 비록 그것이 도로라고 하더라도 그로 인하여 이득을 얻고 있는 것이라고 보아야 한다. 도로를 구성하는 부지에 관하여는 도로법 제5조에 의하여 사권의 행사가 제한된다고 하더라도 이는 도로법상의 도로에 관하여 도로로서의 관리, 이용에 저촉되는 사권을 행사할 수 없다는 취지이지 부당이득반환청구권의 행사를 배제하는 것은 아니다(대판 1989.1.24, 88다카6006).

② 도로를 구성하는 부지에 대하여는 사권을 행사할 수 없으므로 그 부지의 소유자는 불법행위를 원인으로 하여 손해배상을 청구함은 별론 으로 하고 그 부지에 관하여 그 소유권을 행사하여 인도를 청구할 수 없다(대판 1968.10.22, 68다1317).

③ **〈원소유자에 의하여 도로부지로 무상 제공된 토지를 특정 승계한 자는 배타적 사용수익권 및 부당이득 반환청구를 할 수 없다.〉** 토지의 원소유자가 토지의 일부를 도로 부지로 무상 제공함으로써 이에 대한 독점적이고 배타적인 사용수익권을 포기하고 이에 따라 주민들이 그 토지를 무상으로 통행하게 된 이후에 그 토지의 소유권을 경매, 매매, 대물변제 등에 의하여 특정 승계한 자는 그와 같은 사용·수익의 제한이라는 부담이 있다는 사정을 용인하거나 적어도 그러한 사정이 있음을 알고서 그 토지의 소유권을 취득하였다고 봄이 상당하므로 도로로 제공된 토지 부분에 대하여 독점적이고 배타적인 사용수익권을 행사할 수 없고, 따라서 지방자치단체가 그 토지의 일부를 도로로서 점유·관리하고 있다고 하더라도 그 자에게 어떠한 손해가 생긴다고 할 수 없으며 지방자치단체도 아무런 이익을 얻은 바가 없으므로 이를 전제로 부당이득반환청구를 할 수 없다(대판 1998.5.8, 97다52844).

④ **〈국가나 지방자치단체가 도로법 또는 도시계획법에 의한 수용절차 등 적법한 보상절차를 취하지 아니하고 타인의 토지를 도로로 점용하고 있는 경우 부당이득반환의무가 있다.〉** 국가나 지방자치단체가 도로법 또는 도시계획법에 의한 수용절차 등 적법한 보상절차를 취하지 아니하고 타인의 토지를 도로로 점유하고 있다면 그 토지소유주와의 사이에서는 법률상 원인 없이 이를 점유사용하고 있는 것이므로 도로법 등의 적용을 받는 도로인 여부에 관계없이 국가나 지방자치단체는 그 점유로 인한 부당이득반환의무를 면치 못한다(대판 1991.3.12, 90다5795).

㈐ 도로법 제3조(사권의 제한) 문제 : 도로를 구성하는 부지, 옹벽 기타의 물건에 대하여서는 사권을 행사할 수 없다. 다만 소유권을 이전하거나 저당권을 설정함은 그러하지 아니하다.

공공용물 및 공용물의 성립은 공적보존물과는 달리 권원이 있어야 하며 권원 특히 처분권 없는 공용개시행위(공물지정)는 원칙적으로 무효라 해야 할 것이다. 그러므로 위 판례가 권원 없이 도로를 개설한 경우에도 인도를 청구할 수 없다고 하나 ㉠ 공용개시행위가 무효이므로 공공복리를 이유로 한 사정재결이나 사정판결도 적용될 수 없다 할 것이고, ㉡ 도로법 제3조의 단서로 비추어 보면 사권의 제한은 소유권과 저당권 행사를 제외한 제한물권을 의미하는 것이므로 소유권행사 즉 인도청구를 할 수 있다고 보아야 할 것이다. 공용개시행위(공물지정)에 취소사유가 있는 경우 그 공물은 일반 공중의 공용에 제공되고 있으므로 사정재결이나 사정판결이 내려질 가능성은 높을 것이다.

그리고 공중의 편의를 위한 상수도 시설은 대지소유자가 소유권에 기하여 철거를 요구하는 것은 권리남용에 해당하지 않는다는 판례도 있다.

> 판례 **〈공익사업으로서 공중의 편의를 위한 상수도시설을 대지소유자가 소유권에 기하여 철거를 요구하는 것은 원칙적으로 권리남용에 해당하지 않는다.〉** 대지소유자가 그 소유권에 기하여 그 대지의 불법점유자인 시에 대하여 권원 없이 그 대지의 지하에 매설한 상수도관의 철거를 구하는 경우에 공익사업으로서 공중의 편의를 위하여 매설한 상수도관을 철거할 수 없다거나 이를 이설할 만한 마땅한 다른 장소가 없다는 이유만으로써는 대지소유자의 위 철거청구가 오로지 타인을 해하기 위한 것으로서 권리남용에 해당한다고 할 수는 없다(대판 1987.7.7, 85다카1383).

㉣ 현행 하천법은 ㉠ 소유권을 이전하는 경우, ㉡ 저당권을 설정하는 경우, ㉢ 하천점용허가를 받아 사용하는 경우를 제외하고는 하천을 구성하는 토지와 그 밖의 하천시설에 대하여는 사권을 행사할 수 없도록 하고 있다(하천법 §4·②). 하천을 국가하천과 지방하천으로 구분하고(하천법 §7·①), 국가하천으로 결정·변경된 사유 토지에 대하여는 사권의 제한으로 인한 권리침해를 구제하기 위하여 매수청구제를 도입하였다(하천법 §79). 그러나 지방하천은 지방 재정 등을 고려하여 매수청구 대상에서 제외하고 있다(하천법 §79·①). 지방하천으로 편입된 토지에 대한 권리구제가 없다면 헌법 제23조 제1항 및 제3항에 비추어 볼 때 문제가 제기될 수 있다고 본다.

④ 공물지정의 하자

공물지정이 하자가 있는 경우에 그 법적효과에 대하여는 공물지정의 형식에 따라 다르다. 공물지정이 법규의 형식에 의하여 행해지는 경우 하자있는 공물지정은 무효에 해당한다. 그러나 공물지정이 행정행위의 형식에 의하여 행하여지는 경우에는 하자의 효과에 관하여 학설의 대립이 있다. 종래의 학설에 의하면 하자있는 공물지정은 무효에 해당한다고 하나,[122] 행정행위의 하자의 일반원칙인 중대·명백설에 따라 하자가 중대하고 명백한 경우에는 무효에 해당하고 그 외의 경우에는 취소사유가 된다고 할 것이다.

그런데 도로·공원 등 공공용물을 설치하는 경우 수많은 토지나 건물 등을 취득하여야 하며, 여기서 권원의 유무가 명백하지 않은 경우가 많기 때문에 보통의 경우 취소사유에 그친다고 보아야 할 것이다. 하자 중 무효의 경우에는 공물지정에 대하여 재산권을 침해받은 개인은 원상회복·손해배상 등을 청구할 수 있을 것이고, 취소사유의 경우는 행정행위에 의한 공물지정의 경우에 인정되나 원상회복을 요구하지 못하고 항고소송을 다툴 수 있으나, 이미 당해 물건이 공용에 제공되고 있는 경우에는 사정재결(행심법 §33)이나 사정판결(행소법 §28

122) 김도창(하), 409쪽 ; 이상규(하), 438쪽.

의 대상이 될 가능성이 많을 것이다.

현행 하천법은 ㉮ 하천 예정지의 지정, 하천 관리청이 시행하는 하천공사, 국토해양부장관이 시행하는 수문조사시설 공사로 손실을 입은 자는 손실보상청구(하천법 §76·①), ㉯ 하천구역의 결정·변경으로 그 지역안의 토지를 종래의 용도로 사용할 수 없어 그 효용이 현저하게 감소한 토지 또는 그 토지의 사용 및 수익이 사실상 불가능한 토지(이하 "매수대상 토지"라 한다)의 소유자는 원칙으로 토지의 매수청구를 할 수 있다(하천법 §79·①).

2) 공용물의 성립

행정주체가 사실상 형체를 구비하여 사용을 개시함으로써 성립한다. 공용개시 내지 공물지정 의사표시는 불필요하나 정당한 권원은 필요하다.

공용물에 정당한 권원이 없는 경우 원칙으로 소유권에 기한 반환청구 또는 방해배제의 대상이 될 수 있다(무효인 경우). 그러나 반환으로 심대한 공익을 해하는 경우에는 당해 반환청구 또는 방해배제는 권리남용으로 인정되지 않고, 부당이득반환이나 손해배상만이 인정된다고 보아야 할 것이다.

3) 보존공물의 성립

공적 보존물을 지정하는 법규 또는 공물지정(공용개시) 의사표시가 필요하다(문화재보호법 §4 내지 §9). 정당한 권원이나 본인의 동의는 불요한다. 왜냐하면 공공용물, 공용물과는 달리 보존공물은 그 물건 자체를 보존하려는 것이기 때문이다.

판례 **〈국유림도 공물로 성립하려면 행정주체가 그 임야를 공물로 실제 사용하거나 장차 사용키로 결정하든지, 법령에 직접 또는 법령에 의거하여 그 임야를 보존공물로 지정하는 행위가 필요하다.〉** 국유임야라 하여 성질상 당연히 행정재산이나 보존재산이 된다고 할 수는 없고, 국유임야가 행정재산이나 보존재산인 공물로서 성립하기 위해서는 행정주체가 그 임야를 공용, 공공용 또는 기업용으로 실제 사용하거나 장차 사용하기로 결정하든지, 국가가 법령에 의하여 직접 또는 법령에 의거하여 그 임야를 보존공물로 지정하는 행위가 필요하다(대판 1995.4.28, 93다42658).

4) 예정공물

장래에 어떤 물건을 공적목적에 제공할 것임을 정하는 의사표시를 공물의 예정이라 하고, 그 물건을 예정공물이라 한다. 공물지정은 있었으나 행체적 요소가 갖추어지지 않아 현실적으로 공용되고 있지 않는 물건도 예정공물에 속한다. 예정공물에 대하여는 공물에 준하는 법적 취급을 함이 보통이다.

하천예정지(하천법 §11), 도로예정지 등이 그 예인데, 도로예정지는 도로법(§7)에서 규정하고 있었으나, 2005년 12월 7일 당해 조문이 삭제되고, '접도구역'의 지정으로 규정하고 있다(도로법 §49).

5) 공물성립의 효과

공물로 성립되면 공물목적, 즉 행정목적에 제공되고, 사법적용의 제한을 받으며, 특별한 공법적 규율대상이 된다.

(2) 공물의 소멸

공물이 공물로서의 성질을 상실하는 것을 공물의 소멸이라고 한다. 공물은 일반적으로 형체적 요소의 소멸(물건이 멸실되는 등의 사유로 소멸)이나 공적목적에의 제공을 폐지시키는 법적행위인 공용폐지(공물폐지)에 의하여 소멸된다. 공물의 소멸사유도 공물의 성립과 같이 공공용물·공용물 및 공적보존물에 따라 차이가 있으므로 아래에서 나누어 고찰하기로 한다.

1) 공공용물의 소멸

① 자연공물

자연공물이 자연력 또는 인위적으로 공물의 실체가 영구·확정적으로 소멸되어 사회통념상 그 실체회복을 기대할 수 없는 경우에는 공물로서의 성질을 상실한다.[123] 공물의 성립에 형체적 요소(실물제공)와 의사적 요소(공물지정)가 필요한 경우에도, 이 중에서 하나만 소멸하여도 당연히 공물로서의 성질을 상실한다고 보는 것이 타당하다(하천법 §84).

자연공물의 성립에 형체적 요소(실물제공)와 의사적 요소(공용지정)가 필요하므로, 이중에서 하나만 소멸하여도 당연히 공물로서의 성질을 상실한다고 보는 것이 논리적·합리적이다. 따라서 공용폐지의 의사표시가 있거나 또는 형체적 요소가 영구 확정적으로 소멸되어 사회통념상 그 실체회복을 기대할 수 없는 경우에는 공물로서의 성질을 상실한다고 보아야 한다.

판례는 자연공물이라 할지라도 형태적 요소의 멸실 이외에 의사적 요소인 공용폐지가 있어야 공물로서의 성질이 소멸된다는 입장이다.

> **판례** ① **〈공유수면의 일부가 사실상 매립되었으나 공용폐지되지 않은 경우, 법률상 공유수면으로서의 성질을 보유한다.〉** 공유수면은 소위 자연공물로서 그 자체가 직접 공공의 사용에 제공되는 것이고, 공유수면의 일부가 사실상 매립되었다 하더라도 국가가 공유수면으로서의 공용폐지를 하지 아니하는 이상 법률상으로는 여전히 공유수면으로서의 성질을 보유하고 있다(대판 1996.5.28, 95다52383).
>
> ② **〈국유하천부지가 사실상 대지화되어 그 본래의 용도에 공여되지 않은 상태에 놓인 것만으로 당연히 잡종재산으로 되는 것은 아니다.〉** 국유 하천부지는 공공용 재산이므로 그 일부가 사실상 대지화되어 그 본래의 용도에 공여되지 않는 상태에 놓여 있더라도 국유재산 법령에 의한 용도폐지를 하지 않은 이상 당연히 잡종재산으로 된다고는 할 수 없다(대판 1997.8.22, 96다10737).
>
> ③ **〈공용폐지의 의사표시는 명시적이든 묵시적이든 적법한 의사표시가 있어야 하며, 행정재산이 공용폐지되어 취득시효대상이 된다는 입증책임은 시효취득을 주장하는 자에게 있다.〉** 공용폐지의 의

123) 김남진(Ⅱ), 367쪽 ; 박윤흔(하), 470쪽 ; 김동희(Ⅱ), 252쪽 ; 홍정선(하), 439쪽 ; 박균성(하), 257쪽.

사표시는 명시적이든 묵시적이든 상관없으나 적법한 의사표시가 있어야 하며, 행정재산이 사실상 본래의 용도에 사용되고 있지 않다는 사실만으로 공용폐지의 의사표시가 있었다고 볼 수 없고, 원래의 행정재산이 공용 폐지되어 취득시효의 대상이 된다는 입증책임은 시효취득을 주장하는 자에게 있다(대판 1997.8.22, 96다10737).

④ 〈하천부지가 하류의 변경으로 사실상 하천부지로서의 성질을 상실한 경우에도 용도폐지처분이 없는 한 당연히 잡종재산으로 되는 것은 아니다.〉(대판 1969.2.4, 68다2166).

⑤ 〈용도폐지하에 국유잡종재산으로 편입된 공유수면에 대한 매립면허 또는 매립준공인가의 효력은 무효〉 공유수면은 그 용도를 폐지하여 잡종재산으로 편입하지 아니하는 이상 이를 처분할 수 없고 잡종재산으로 편입하였음에도 불구하고 공유수면이라 하여 한 매립면허나 그 준공인가는 당연 무효의 처분이다(대판 1967.4.25, 67다131).

⑥ 〈공공용 재산인 갯벌이 간척에 의하여 사실상 갯벌로서의 성질을 상실하여도 당연히 잡종재산으로 되는 것은 아니다.〉 공유수면인 갯벌은 자연의 상태 그대로 공공용에 제공될 수 있는 실체를 갖추고 있는 이른바 자연공물로서 간척사업에 의하여 사실상 갯벌로서의 성질을 상실하였더라도 당시 시행되던 국유재산 법령에 의한 용도폐지를 하지 않은 이상 당연히 잡종재산으로 된다고는 할 수 없다(대판 1995.11.4, 94다42877).

판례 〈빈지(바닷가)가 성토 등을 통하여 사실상 빈지로서의 성질을 상실하였으나 용도폐지되지 않는 경우, 시효취득의 대상인 잡종재산이 된다고 할 수 없다.〉 빈지는 만조수위선으로부터 지적공부에 등록된 지역까지의 사이를 말하는 것으로서 자연의 상태 그래도 공공용에 제공될 수 있는 실체를 갖추고 있는 이른바 자연공물이고, 성토 등을 통하여 사실상 빈지로서의 성질을 상실하였더라도 국유재산법령에 의한 용도폐지를 하지 않은 이상 당연히 시효취득의 대상인 잡종재산으로 된다고 할 수 없다(대판 1999. 4. 9, 98다34007, 소유권이전등기).

② 인공공물(인공공공용물)

형체적 요소의 소멸만으로 공물로서의 성질을 상실하는 것인가?

자연력 또는 인공에 의해 그 형체적 요소가 파괴되었어도 그 회복이 가능하고, 일시적으로 공물로서의 목적을 달성하기 어려운 것에 불과한 경우에는 공물이 소멸되지 않는다. 형체적 요소의 소멸이 사회통념상 회복되기 불가능한 경우에 공용폐지(공물폐시)행위 없이 소멸하는가에 관하여는 견해가 대립된다. ㉮ 공물의 구조가 영구 확정적으로 멸실하여 그 회복이 사회 관념상 불가능하게 되었다 할지라도, 그것은 공용폐지 사유가 되지마는 그것만으로 공물소멸사유는 되지 않는다 설[124] ㉯ 공물의 형체적 요소가 영구히 소멸되어 그 회복이 불가능한 경우에는 그 사실로서 공물이 소멸되었다고 보는 설[125]이 그것이다. ㉰ 공물의 형체적 요소는 공물의 성립요소 중의 하나이므로 공물의 형체적 요소가 소멸되어 사회통

124) 김도창(하), 414쪽.
125) 홍정선(하), 439쪽.

념상 회복되기 불가능한 경우에는 당해공물은 소멸되었다고 보아야 한다. 그러나 판례는 공용폐지를 필요로 하는 입장이다.

> 판례 ① 〈행정재산은 공용폐지가 되지 아니하는 한 사법상 거래의 대상이 될 수 없으므로 시효취득의 대상이 되지 아니하고, 관재당국이 이를 모르고 행정재산을 매각하였다 하더라도 그 매매는 당연 무효이다.〉(대판 1996.5.28, 95다52383)
>
> ② 〈행정재산이 기능을 상실하여 본래의 용도에 제공되지 않는 상태에 있다 하더라도 관계법령에 의하여 용도폐지가 되지 아니한 이상 당연히 취득시효의 대상이 되는 잡종재산이 되는 것은 아니다.〉(대판 1998.11.10, 98다42974)

> 판례 〈관재당국이 착오로 행정재산을 다른 재산과 교환하였다는 사정만으로 적법한 공용폐지의 의사표시가 있었다고 볼 수 없다.〉 공용폐지의 의사표시는 묵시적인 방법으로도 가능하나 행정재산이 본래의 용도에 제공되지 않는 상태에 있다는 사정만으로는 묵시적인 공용폐지의 의사표시가 있다고 볼 수 없으며, 또한 공용폐지의 의사표시는 적법한 것이어야 하는바, 행정재산은 공용폐지가 되지 아니한 상태에서는 사법상 거래의 대상이 될 수 없으므로 관재당국이 착오로 행정재산을 다른 재산과 교환하였다 하여 그러한 사정만으로 적법한 공용폐지의 의사표시가 있다고 볼 수도 없다(대판 1998. 11. 10, 98다42974, 소유권이전등기).

> 판례 〈도로로 오랫동안 사용되지 않고 사실상 대지화되었더라도 공용폐지된 것으로 볼 수 없다.〉 오랫동안 도로로서 사용되지 않는 토지가 일부에 건물이 세워져 있으며 그 주위에 담이 둘러져 있어 사실상 대지화되어 있다고 하더라도 관리청의 적법한 의사표시에 의한 것이 아니라 그 인접 토지의 소유자들이 임의로 토지를 봉쇄하고 독점적으로 사용해 왔기 때문이라면, 관리청이 묵시적으로 토지의 도로로서의 용도를 폐지하였다고 볼 수는 없다고 한 사례(대판 1994. 9. 13, 94다12579, 토지소유권 확인 등).

그리고 인공공용물은 ㉮ 행정주체의 공용폐지(공물폐지) 행위의 의사표시가 있을 때에 소멸하며, ㉯ 그 형체적 요소가 멸실되지 않아도 공용폐지행위가 있으면 소멸되며(예: 노선폐지, 도로법 §18·①), ㉰ 공공용물은 일반 공중의 사용에 제공되고 있는 것이므로 법률관계를 명확히 할 필요가 있으므로 공용폐지행위는 명시적 의사표시에 의하는 것이 원칙이다(도로법 §18, 자연공원법 §8). 다만, 예외적으로 행정주체의 공용폐지의사가 객관적으로 명확히 추론되는 경우에는 묵시적 공용폐지도 인정된다고 볼 것이다. 도립공원으로 지정된 구역을 국립공원으로 지정하거나 군립공원으로 지정된 구역을 도립공원 또는 국립공원으로 지정한 경우에는 그 도립공원 또는 군립공원은 폐지된 것으로 본다(자연공원법 §8·④).

판례도 같은 입장이다.

> 판례 ① 〈행정재산에 대한 국가의 매매계약체결은 적법한 공용폐지의사표시로 볼 수 없다.〉 공용폐지의 의사표시는 명시적 의사표시뿐 아니라 묵시적 의사표시여도 무방하나 적법한 의사표시여

야 하고, 행정재산이 본래의 용도에 제공되지 않는 상태에 놓여 있다는 사실만으로 관리청의 이에 대한 공용폐지의 의사표시가 있었다고 볼 수 없으며, 행정재산에 관하여 체결된 것이기 때문에 무효인 매매계약을 가지고 적법한 공용폐지의 의사표시가 있었다고 볼 수도 없다(대판 1996.5.28, 95다52383).

② **〈행정재산은 묵시적 의사표시도 가능하나 적법한 공용폐지가 되지 않은 상태에서는 사법상 거래의 대상이 될 수 없다.〉** 공용폐지의 의사표시는 묵시적인 방법으로도 가능하나 행정재산이 본래의 용도에 제공되지 않는 상태에 있다는 사정만으로는 묵시적인 공용폐지의 의사표시가 있다고 볼 수 없으며, 또한 공용폐지의 의사표시는 적법한 것이어야 하는 바, 행정재산은 공용폐지가 되지 아니한 상태에서는 사법상 거래의 대상이 될 수 없으므로 관재당국이 착오로 행정재산을 다른 재산과 교환하였다 하여 그러한 사정만으로 적법한 공용폐지의 의사표시가 있다고 볼 수도 없다(대판 1998.11.10, 98다42974).

판례 **〈교장이 관사를 용도폐지한 후 재무부로 귀속시키라는 국가의 지시를 어기고 사친회이사회의 의결을 거쳐 개인에게 매각한 경우, 위 용도폐지는 국가의 지시에 의한 것으로 유효하다 : 묵시적공용폐지 인정〉** 학교 교장이 학교 밖에 위치한 관사를 용도폐지한 후 재무부로 귀속시키라는 국가의 지시를 어기고 사친회이사회의 의결을 거쳐 개인에게 매각한 경우, 이와 같이 교장이 국가의 지시대로 위 부동산을 용도폐지한 다음 비록 재무부에 귀속시키지 않고 바로 매각하였다고 하더라도 위 용도폐지 자체는 국가의 지시에 의한 것으로 유효하다고 아니할 수 없고, 그 후 오랫동안 국가가 위 매각절차상의 문제를 제기하지도 않고, 위 부동산이 관사 등 공공의 용도에 전혀 사용된 바가 없다면 이로써 위 부동산은 적어도 묵시적으로 공용폐지되어 시효취득의 대상이 되었다고 봄이 상당하다고 본 사례(대판 1997. 7. 23, 99다15924, 소유권이전등기).

③ 공용폐지의 효과

공용폐지의 효과는 그 물건이 공물로서의 성격을 상실하고 공법상 제한이 해제되어 사법상의 소유권 기타 사권이 완전히 회복되어 일반 사물로서의 사법의 적용대상이 된다. 이 경우에 소유권의 귀속은 공용폐지로 인하여 변경되지 아니함이 원칙이나, 예외적으로 법률에서 소유권귀속에 관하여 특별규정을 둘 때가 있다(국유재산법 §40).

2) 공용물의 소멸

공용물은 그 성립에 있어서 공용개시(공용지정) 의사표시를 필요로 하지 않으므로 그 소멸에 있어서도 별도의 공용폐지 의사표시를 필요로 하지 않는다. 따라서 사실상 그 사용을 폐지함으로써(예 : 관용차 폐차처분) 공물성질은 상실한다(의사표시불요).

그러나 판례는 공용물도 공용폐지가 없는 한 공물로서의 성질을 유지한다고 하고 있다.

판례 **〈행정재산(교육청사부지)이 본래의 용도에 제공되지 않는 상태에 놓여 있다는 사실만으로 용도폐지의 의사표시가 있었다고 볼 수 없다.〉** 행정재산에 대한 공용폐지의 의사표시는 명시적이든 묵시적이

> 든 상관이 없으나 적법한 의사표시가 있어야 하고, 행정재산이 사실상 본래의 용도에 사용되지 않고 있다는 사실만으로 용도폐지의 의사표시가 있었다고 볼 수는 없으므로 행정청이 행정재산에 속하는 1필지 토지 중 일부를 그 필지에 속하는 토지인줄 모르고 본래의 용도에 사용하지 않는다는 사실만으로 묵시적으로나마 그 부분에 대한 용도폐지의 의사표시가 있었다고 할 수 없다(대판 1997. 3. 14, 96다43508, 소유권이전등기).

3) 공적 보존물의 소멸

지정해제의 의사표시로 소멸한다(국보지정 해제, 보안림지정 해제).

4) 공물소멸(공용폐지)의 효과

자연공물은 물건 자체가 멸실되고, 인공공물은 공법적 특수성과 각종 제한이 해제되고 완전한 사법적용의 대상이 된다(잡종재산이 됨). 공용폐지로 인하여 소유권의 귀속은 변경되지 아니함이 원칙이나, 예외적으로 법률에서 소유권 귀속에 관하여 특별규정을 둘 때가 있다(국유재산법 §40).

【참 고】

- 공물의 성립
  - 공공용물
    - 자연공물 : 형체적 요소 이외에 의사적 요소(공용지정)가 필요 (자연적 상태에서 당연히 공물성립돼 의사적 요소 불요설이 다수설·판례 입장이다).
    - 인공공물 : 형체와 공중사용에 제공하는 의사표시가 있어야 공물 (공물개시 내지 공물지정 의사표시 필요)
  - 공 물 용 — 필요한 구조를 설비하여 사실상 사용하면 공물 (특별한 공용개시 의사표시 내지 공물지정 의사표시 불요)
  - 공적 보존물 — 공적 보존물로 지정하는 법규나 의사표시로 공물 (권원이나 동의 불요)
- 공물의 소멸
  - 공용공물
    - 자연공물 : 그 자연상태의 영구확정적 멸실 (공용폐지 의사표시 불요)
    - 인공공물 : 공용폐지 의사표시 필요
  - 공 용 물
    - 사실상 사용폐지(관용차 폐차처분)
    - 형체적 요소의 소멸과 의사표시는 불요
  - 공적 보존물
    - 공적 보존물 지정해제의 의사표시 필요
    - 형체적 요소의 소멸

3. 공물의 공법적 특질

(1) 공물의 목적 구속

공물은 직접 행정목적에 제공된 것이므로 일반 사물과는 달리 그 목적달성에 필요한 범위 내에서 사법적용 대상에서 제외되고 특수한 공법적 규율을 받게 되는데 이를 공물의 목적구속이라 한다.

(2) 공물 위의 권리와 법적 성질

【기출문제】	**<1962년 (제4회) 사법시험 (논술형)>** ※ 공물의 공법적 특색 **<1956년 (제1회) 행정고시 (논술형)·1970년 (제14회) 행정고시 (논술형)>** ※ 공물의 특성(법률적 특색) **<2001년 (제43회) 사법시험 (약술형)·제16회 군법무관시험 (약술형)>** ※ 공물의 시효취득

1) 공유소유권설

공소유권설은 공물은 반드시 공소유권의 대상이어야 한다는 원리로서 공물에 대하여는 사법의 적용을 부인하게 되고 사권의 성립도 부인하게 된다. 공법상 물건에 대한 지배권은 공법에 속하는 것이므로 공물은 공법의 적용을 받는 공소유권의 대상이어야 한다는 것이다.

공소유권설은 공물에 대한 사권의 행사를 제한하고 공물에 특유한 공법적 규율을 함으로써 공물의 공적 목적에의 제공이라는 행정목적 달성을 위한 법이론적 기초를 제공한 점에 의의와 기능이 있다. 그러나 공물에 대하여 필요 이상으로 사권과 사법의 적용을 배제하고 있다는 비판이 있다.

2) 사소유권설

사소유권설은 공물이 반드시 공소유권의 대상이어야 하는 것은 아니고 사소유권의 대상이 될 수 있으며, 사소유권의 경우에는 공용지정(공물지정, 공용개시 행위)을 통해 정해지는 범위 안에서 공물목적달성을 위하여 공물 주체에게 공물관리권을 인정하고 사법의 적용이 배제되고 사소유권의 행사가 제한을 받는다는 원리이다.

사소유권설은 타유공물에 대한 이론적 기초를 제공하고, 공물에 대하여 공익의 보장과 사권의 보장 내지 공법적 규율과 사법적 규율 사이의 조화를 도모할 수 있도록 하는 이론인 점에서 그 의의와 기능이 있다. 그러나 공물에 대하여 소유권이 전혀 행사할 수 없는 경우에도 공물이 사 소유권의 대상이 된다고 보는 것은 그 실익이 전혀 없는 이론구성에 불과하다는 비판이 있다.

3) 결 어

① 입법 정책적 문제

위의 두 가지 학설은 공물의 법제에 관한 두 가지 가능한 유형을 나타내는 것으로, 이들 중 어느 것을 채택할 것인가는 당해 공물의 사회경제적·문화적 기능을 고려하여 입법 정책적으로 결정할 문제이며, 따라서 양 법제가 병용될 수 있다.[126)]

현행 도로법은 "소유권이전이나 저당권설정하는 것을 제외하고는 도로를 구성하는 부지, 옹벽 그 밖의 물건에 대하여는 사권을 행사할 수 없다"(도로법 §3)고 규정하고, 하천법은 "소유권을 이전하는 경우, 저당권을 설정하는 경우, 하천점용허가를 받아 사용하는 경우를 제외하고는 하천을 구성하는 토지와 그 밖의 하천시설에 대하여는 사권을 행사할 수 없다"(하천법 §4·②)고 규정하여 각각 사소유권설에 입각하여 규율하고 있다.

② 공소유권론과 공물관리권론의 구별

공물주체의 공물에 대한 권리 또는 권능은 공물관리권으로서, 공물에 대한 소유권행사와는 구별되어야 한다. 그리고 공소유권설은 「국가에 속하는 소유권은, 단지 사인과 동일한 수단으로 물(物)을 지배할 수 있는 것에 그치지 않고, 국가에 특유한 공공목적을 위하여 물을 지배할 수 있는 것도 그 내용으로 하는 것으로서, 그 소유권의 효과가 공공목적을 위한 물의 지배로 나타나는 한도에서는 소유권은 공권의 성질을 가진다」고 하며, 공소유권의 내용은 사소유권과는 달리 오직 「공공목적을 위한 물의 지배」라고 하는 바, 이 경우의 이른바 공소유권은 공물관리권에 지나지 아니한 것으로 구태여 공소유권의 관념으로 설명할 필요는 없다고 하겠다.[127)] 반면에 사소유권설은 「모든 공물을 사소유권의 대상으로 보는 바, 사법상의 소유권의 관념은 일반적으로 사적거래의 대상이 되고 사법이 정하는 소유권의 기능을 발휘하기 때문에, 그 관념으로써 설명할 필요와 실익이 있는 것이며, 그러한 기능을 발휘하지 못하는 공물, 특히 공공용물에 대하여 그것을 소유권의 대상으로 파악하는 것은 문제가 있다. 이른바 공공용물에 대하여는 그 관리에 중점이 있으므로 그 것이 일반 공중의 이용에 제공되는 한도 내에서는 소유권의 대상이라는 면은 극히 희박하고 오히려 공적인 지배 내지는 관리의 대상이 되는데 그친다 하겠다. 즉 공물은 공물주체의 공물관리권의 대상이며, 소유권의 대상이 아니라는 견해가 성립할 수 있다.」[128)] 이러한 의미에서 공물과 관련하여 '공소유권'의 문제를 깊이 논할 실익은 없다고 하겠다.

이하에서는 공물의 종류(국유자연공물, 사유인공공물)에 따라 그 성질·특성 등을 개별적·구체적으로 살펴보아야 할 것이다.

126) 박윤흔(하), 477쪽 ; 김동희(Ⅱ), 251쪽 ; 정하중(각론), 302쪽.
127) 美濃部達吉, 日本行政法(下), 784쪽 이하 ; 박윤흔(하), 480쪽.
128) 田中二郞, 公物의 法律的 構造, 178쪽 이하 ; 박윤흔(하), 480쪽.

(3) 실정법상 공물의 공법적 특색

공물은 직접 공적목적에 제공된 물건이므로, 그 목적 달성에 필요한 범위 안에서 사법이 적용되지 않고 특수한 공법적 규율을 받는다. 다만, 구체적으로 어느 범위에서 공법적 규율을 받을 것인가는 실정법의 문제로서 공물에 관한 개개의 실정법이 정하는 바에 따라 구체적으로 판단하는 수밖에 없다.

공물에 관한 현행 법률로는 국유공물에 관한 일반법은 국유재산법, 공유공물에 관한 일반법은 공유재산 및 물품관리법이 있고, 하천법, 도로법, 문화재보호법, 공유수면매립법, 공유수면관리법, 공익사업을 위한 토지 등의 취득 및 보상에 관한 법률(이하 '토지보상법'이라 한다), 소하천정비법 등 각 개별법이 있다.

1) 공물의 불융통성

① 융통성의 제한

공물은 사물과는 달리 매매, 저당권설정, 지상권설정 등이 제한된다. 처분이 금지된 공물을 처분하는 행위는 당연 무효이다. 그러나 융통성의 제한은 공물에 따라 다르다.

㉮ 하천을 구성하는 토지와 그 밖의 하천시설에 대하여는 사권을 행사할 수 없다. 다만, 소유권을 이전하는 경우, 저당권을 설정하는 경우, 하천점용허가를 받아 그 허가 받은 목적대로 사용하는 경우에 그러하지 아니하다(하천법 §4·②)고 하여 하천의 효용에 장애가 되는 사권의 설정이나 행사를 제한하고 있다.

㉯ 「도로를 구성하는 부지·옹벽·기타의 물건에 대하여서는 사권을 행사할 수 없다. 다만, 소유권을 이전하거나 저당권을 설정함은 그러하지 아니하다」고 하여, 도로를 구성하는 토지 기타의 물건이 사소유권의 대상임을 당연히 전제로 하고, 도로의 효용에 장애가 되는 사권의 설정이나 행사를 제한하고 있다(도로법 §3).

㉰ 행정재산은 처분하지 못한다(처분의 제한). 다만, ㉠ 공유 또는 사유재산과 교환하여 그 교환받은 재산을 행정재산으로 관리하려는 경우, ㉡ 대통령령으로 정하는 행정재산을 직접 공용이나 공공용으로 사용하기 위하여 필요로 하는 지방자치단체에 양여하는 경우에는 교환이나 양여 할 수 있다(국유재산법 §27·①).

중앙관서의 장은 ㉠ 공용·공공용·기업용 재산은 그 용도나 목적에 장애가 되지 아니하는 범위에서, ㉡ 보존용재산은 보존목적의 수행에 필요한 범위에서 각각 행정재산의 사용허가를 할 수 있다(국유재산법 §30·①).

지방자치단체의 공유공물에 관하여도 공유재산 및 물품관리법에서 행정재산과 보존재산의 처분 등의 제한과 사용·수익 허가를 규정하여 국유재산법과 유사하게 규정하고 있다(동법 §19, §20).

㉱ 문화재보호법은 「국가지정문화재에 대하여 ㉠ 명승이나 천연기념물로 지정되거나

가지정된 구역 또는 그 보호구역 안에서 동물, 식물, 광물을 포획·채취하거나 이를 그 구역 밖으로 반출하는 행위, ㉡ 국가지정문화재를 탁본 또는 영인하거나 그 보존에 영향을 미칠 우려가 있는 촬영을 하는 행위, ㉢ 국가지정문화재(보호물, 보호구역과 천연기념물 중 죽은 것을 포함 한다)의 현상을 변경(천연기념물을 표본하거나 박제하는 행위를 포함한다)하거나 그 보존에 영향을 미칠 우려가 있는 행위로서 문화체육관광부령으로 정하는 행위를 하려는 자는 대통령령으로 정하는 바에 따라 문화재청장의 허가를 받아야 한다」(문화재보호법 §35). 「국보, 보물, 천연기념물 또는 중요 민속자료는 국외로 수출하거나 반출할 수 없다」(동법 §39). 「국가지정문화재(보호물과 보호구역을 포함한다)의 소유자, 보유자 또는 관리단체는 해당 문화재에 관하여 일정한 사유가 발생한 때에는 그 사실과 경위를 문화재청장에게 신고하여야 한다」(동법 §40). 「국유문화재(그 부지를 포함한다)는 이 법에 특별한 규정이 없으면 이를 양도하거나 사권을 설정할 수 없다. 다만, 그 관리보호에 지장이 없다고 인정되면 공공용, 공용 또는 공익사업에 필요한 경우에 한정하여 일정한 조건을 붙여 그 사용을 허가할 수 있다」(동법 §66)고 규정하여, 각각 허가사항, 수출 등의 금지, 신고사항, 발견신고, 발굴의 제한과 양도 및 사권설정의 금지 등을 규정하고 있다. 참고될 판례를 소개한다.

판례 ① 하천구역인 이상 나라가 이를 개인에게 불하하여 불하받은 자 명의로 소유권이전등기가 경료되었다 하더라도 이는 무효이므로 당해 토지가 의연히 국유지임에 아무런 영향이 없다(대판 1979.8.21, 78다1922).

② **〈용도 폐지되지 않은 행정자산 매각처분의 효력은 무효〉** 행정재산은 공유물로서 이른바 사법상의 거래의 대상이 되지 아니하는 불융통물이므로 이러한 행정재산을 관재당국이 모르고 매각처분하였다 할지라도 그 매각처분은 무효이다(대판 1967.6.27, 67다806).

③ 1976년 12월 31일 법률 제2950호로 국유재산법이 제정되기 이전에도 행정재산은 공용폐지가 되지 않는 한 취득시효의 대상이 될 수 없다.

④ **〈1945. 8. 9 이전에 조선총독부 소관이던 국유재산은 대한민국 정부수립과 동시 국가고유의 권원에 의해 당연히 국유로 귀속된다.〉** 1945년 8월 9일 이전에 조선총독부 소관으로 있던 국유재산은 대한민국 정부수립과 동시에 국가 고유의 권원에 의하여 당연히 국유가 되는 것이지 귀속재산처리법 제2조 제1항에서 말하는 대한민국정부와 미국정부간에 체결된 재정및재산에관한 최초협정 제5조에 의하여 대한민국 정부에 이양된 귀속재산으로 볼 수 없다(대판 1994.2.8, 93다54040).

⑤ **〈세무서장이 용도폐지도 되지 않은 국유재산을 잡종재산으로 오인하여 매각하였다면 그 매도행위는 무효이고, 이를 국세청이 관리청으로 등기한 후 매수인에게 소유권이전등기를 경료해줘도 무효인 매도행위를 추인한 것으로 볼 수 없다.〉** 세무서장이 공공용 행정재산으로서 용도폐지도 되지 않은 국유재산을 잡종재산으로 오인하여 매각하였다면 그 매도행위는 무효라고 할 것이고, 이를 국세청이 관리청을 국세청으로 등기한 후 매수인에게 소유권이전등기를 경료해 주었다고 하여 무효인 매도행위를 추인한 것으로 볼 수 없다(대판 1992.7.14, 92다12971).

② 강제집행의 제한

공물이 민사집행법에 의한 압류와 경매 등 강제집행의 대상이 될 수 있는지에 대하여는 견해가 갈리고 있다.

㉮ 부정설 : 공물이 공적목적에 제공되고 융통성이 제한되고 있기 때문에 강제집행의 대상이 될 수 없다고 한다.

㉯ 긍정설 : 공물이라는 이유만으로 당연히 강제집행이 배제되는 것은 아니며. 강제집행의 가능성은 융통성을 기준으로 판단하여야 한다고 한다.

㉰ 결 어 : 공물에 대한 강제집행의 가능여부는 공물이 융통성을 가지느냐 않느냐에 의해 결정된다고 보아야 한다.

국·공유재산은 융통성이 제한받고 있으며, 또한 「국가에 대한 강제집행은 국고금을 압류함으로써 한다」고 규정(민사집행법 §192)하여 국가에 대한 강제집행은 국고금의 압류를 통해서만 가능하며, 동조항의 유추적용을 통하여 지방자치단체에 대한 강제집행 역시 공고금의 압류에 의해서 가능하다고 할 것이므로, 국·공유재산은 융통성이 제한받는 한도에서 강제집행이 제한받는다고 보아야 한다.

다른 한편 융통성이 인정되는 사유공물에 대한 강제집행은 가능하다고 보아야 한다. 다만, 사유공물에 있어서도 강제집행의 결과 소유권을 취득한 자는 여전히 그 물건을 공적목적을 위하여 공용할 제한을 받는다.[129)]

판례 **〈도로부지가 된 대지를 매수할 때 매수자는 손실보상청구권은 있을지언정 그 인도나 임료 상당의 손해금은 청구할 수 없다.〉** 내무부장관이 도시계획 가로 변경을 고시·결정하여 도로부지로 사용하였다면 그것은 관리청이 적법한 절차를 거쳐 도로부지로 한 것으로 추정되며 그 부지는 사권의 행사가 금지되는 것이므로 그와 같이 도로의 부지가 된 후에 이를 매수한 자는 그러한 부담이 붙은 소유권을 취득한 것이므로 그에 따른 손실보상청구권은 있을지언정 그 인도나 임료 상당 손해금을 청구할 수는 없다(대판 1996.7.26, 65다2105).

예컨대 사유공물인 별정우체국건물에 대한 강제집행의 경우 공물로 제공해야 할 부담을 가진 채 경락·소유권 이전이 될 수 있다.

③ 시효취득의 제한

「20년간 소유의 의사로 평온·공연하게 부동산을 점유하는 자는 등기함으로써 그 소유권을 취득한다」(민법 §245·①), 「부동산의 소유자로 등기한자가 10년간 소유의 의사로 평온, 공연하게 선의이며 과실 없이 그 부동산을 점유한 때에는 소유권을 취득한다」(§245·②), 「10년간 소유의 의사로 평온·공연하게 동산을 점유한 자는 그 소유권을 취득한다」(§246·①, 선의·무과실인 경우는 5년; 246·②)고, 규정하여 사물은 시효취득을 할 수 있다. 그런데 공물도 시효취득의 대상이 될 수 있는가에 대하여 학설이

129) 김남진(Ⅱ), 374쪽 ; 박윤흔(하), 483쪽 ; 김동희(Ⅱ), 253쪽.

대립된다. 국유재산 중 행정재산은 시효취득의 대상이 되지 아니하나, 잡종재산은 사물이므로 시효취득의 대상이 된다(국유재산법 §7·②, 헌재결 1991. 5. 13. 89헌가97).

㉮ 부정설 : 공물은 직접 공적목적에 제공되는 것을 그 본질로 하기 때문에 공물로 제공되고 있는 한(공용폐지되어 사물이 되지 않는 한) 시효취득의 대상이 될 수 없다고 한다.[130] 묵시적 공용 폐지가 있는 경우에는 공물의 지위를 상실하므로 그 때부터는 시효취득의 대상이 된다.

㉯ 제한적 시효취득설(공물부담부 시효취득설) : 공물은 공물로서의 공적목적에 방해가 되지 않는 한 또는 융통성이 인정되고 있는 한도에서 시효취득의 대상이 될 수 있으나, 이 경우에도 공적목적에 계속 제공되어야 하는 공법상 제한을 그대로 받는다고 한다.[131] 그리하여 도로와 같이 공물에 사법상의 소유권이 인정되는 경우에는 시효취득이 성립한다고 본다.

㉰ 완전시효취득설 : 공물이 법정기간 동안 장기간에 걸쳐 평온·공연하게 본래의 공용목적이 아닌 다른 사적인 목적으로 점유가 계속되고 관리자도 그대로 방치한 경우에는 묵시적인 공용폐지가 있는 것으로 보아 이미 사물에 해당하기 때문에 완전한 시효취득의 대상이 된다고 한다.[132]

㉱ 판 례 : 판례는 공용폐지가 없는 한 시효취득의 목적물이 될 수 없다고 한다(부정설). 또한 판례는 "원래 잡종재산이던 것이 행정재산으로 된 경우 잡종재산일 당시에 취득시효가 완성되었다 하더라도 행정재산으로 된 이상 이를 원인으로 하는 소유권 이전등기를 청구할 수 없다"고 한다(대판 1997. 11. 14, 96다10782).

판례 ① "국유 또는 공공단체의 소유재산으로서 그 각 행정목적을 위하여 공용되어 있는 부동산은 그 공용이 폐지되지 않는 한, 그것이 사인의 점유로 인한 소유권취득의 대상이 될 수 없다(대판 1968.6.30, 68다1198)".

② "원심이 도로와 같은 공용물은 그 도로를 관리하는 권한 있는 관청이 공용폐지의 의사표시를 하여 그 공용이 폐지된 후가 아니면 취득시효의 목적물이 될 수 없다고 판단하였음은 정당하다(대판 1967.11.28, 66다2238)."

③ **〈행정목적을 위하여 공용되는 행정재산은 공용폐지가 되지 않는 한 사법상 거래의 대상이 될 수 없으므로 취득시효의 대상도 될 수 없다.〉** 공물의 용도폐지 의사표시는 명시적이든 묵시적이든 불문하나 적법한 의사표시이어야 하고 단지 사실상 공물로서의 용도에 사용되지 아니하고 있다는 사실이나 무효인 매도행위를 가지고 용도폐지의 의사표시가 있다고 볼 수 없다(대판 1983.6.14, 83다카181).

그러나 공용폐지 의사표시는 명시적이든 묵시적이든 불문하나 적법한 의사표시이어야 한다면서, 묵시적 공용폐지가 있었다고 보고 공물의 시효취득을 인정한 판례가 있다.

---

130) 이상규(하), 410쪽 ; 김동희(Ⅱ), 254쪽 ; 홍정선(하), 429쪽 ; 유지태(신론), 787쪽.
131) 김도창(하), 436쪽.
132) 박윤흔(하), 484쪽.

판례 〈묵시적 공용폐지가 있었다고 하여 공물의 시효취득을 인정한 판례〉 ① 학교 교장이 학교 밖에 위치한 관사를 용도폐지한 후 재무부로 귀속시키라는 국가의 지시를 어기고 사친회 이사회의 의결을 거쳐 개인에게 매각한 경우, 이와 같이 교장이 국가의 지시대로 위 부동산을 용도 폐지한 다음 비록 재무부에 귀속시키지 않고 바로 매각하였다고 하더라도 위 용도폐지 자체는 국가의 지시에 의한 것으로 유효하다고 아니할 수 없고, 그 후 오랫동안 국가가 위 매각절차상의 문제를 제기하지도 않고, 위 부동산이 관사 등 공공의 용도에 전혀 사용된 바가 없다면, 이로써 위 부동산은 적어도 묵시적으로 공용 폐지되어 시효취득의 대상이 되었다고 봄이 상당하다고 본 사례(대판 1999.7.23, 99다15924).

② 사인이 국가와의 교환약정에 기하여 종전에 도로였던 계쟁토지부분에 변소를 지어 이를 점유하였다면 계쟁토지부분은 묵시적으로 공용 폐지되었다고 봄이 상당하여 시효취득의 대상이 될 수 있다(대판 1993.6.22, 92다29030).

③ 1949년 6월 4일 대구국도사무소가 폐지되고, 그 소장관사로 사용되던 부동산이 그 이래 달리 공용으로 사용된 바 없다면, 그 부동산은 이로 인하여 묵시적으로 공용이 폐지되어 시효취득의 대상이 되었다 할 것이다(대판 1990.11.27, 90다5948).

㈒ 국유재산법과 공유재산 및 물품관리법(실정법규정)

국유재산법 제72조 제2항에서는 「국유재산은 민법 제245조의 규정에 불구하고 시효취득의 대상이 되지 아니한다.

종전 법률규정(공유재산 및 물품관리법이 아니고 지방재정법이었음)에서는 잡종재산을 취득시효의 대상으로 인정한다는 단서규정이 없었는데, 동법률규정상의 국유재산이나 공유재산이 잡종재산을 포함하는 것으로 해석되는 한 평등원칙 등에 위반되어 위헌이라는 헌법재판소의 결정(국유잡종재산에 관하여-1991.5.13, 89헌가97, 공유잡종재산에 관하여-1992.10.1, 92헌가6·7)이 내려짐으로써 국유재산법과 지방재정법(현 공유재산 및 물품관리법) 규정이 개정되어 잡종재산은 취득시효의 대상이 되는 것으로 되었다.

【헌재결】 〈국유재산 중 잡종재산에 대하여도 시효취득을 부정하는 (구)국유재산법 제5조 제2항의 위헌심판〉 국가의 잡종재산에 대한 처분과 보존 등 행위는 국가가 공권력의 주체로서 처분행위를 하는 행정처분이 아니라 사경제적인 법인의 주체로 하는 사법상의 법률행위이다. 사법상의 권리관계에서는 국가도 일반 민사법의 적용을 받아 개인과 대등하게 타인의 재산을 시효취득할 수 있는 것과 같이, 국유잡종재산도 타인의 시효취득으로 권리가 소멸되어야 한다. …… 따라서 국유재산법 제5조 제2항을 동법의 국유재산 중 잡종재산에 대하여 적용하는 것은 헌법에 위반된다(헌재 1991.5.13, 89헌가97; 같은 취지의 결정, 헌재 1992.10.1, 92헌가6·7 지방재정법 제74조 제2항의 위헌심판).

【헌재결】 〈공유재산 중 잡종재산에 대하여도 시효취득을 부정하는 (구)지방재정법 제74조 제2항의 위헌심판〉 지방재정법(地方財政法) 제74조 제2항이 같은 법 제72조 제2항에 정한 공유재산(公有財産) 중 잡종재산(雜種財産)에 대해서까지 시효취득(時效取得)의 대상이 되지 아니한다고 규정한 것은, 사권(私權)을 규율하는 법률관계에 있어서는 그 권리주체가 누구냐에 따라 차별대

> 우가 있어서는 아니되며 비록 지방자치단체(地方自治團體)라 할지라도 사경제적(私經濟的) 작용(作用)으로 인한 민사관계(民事關係)에 있어서는 사인(私人)과 대등하게 다루어져야 한다는 헌법의 기본원리에 반하고, 공유재산(公有財産)의 사유화(私有化)로 인한 잠식을 방지하고 그 효율적인 보존을 위한 적정한 수단도 되지 아니하여 법률(法律)에 의한 기본권(基本權) 제한(制限)에 있어서 비례(比例)의 원칙(原則) 또는 과잉금지(過剩禁止)의 원칙(原則)에 위배된다(헌재 1992. 10. 1, 92헌가6·7, 지방재정법 제74조제2항에 대한 위헌심판).

㉥ 결 어 : 국유재산법과 공유재산 및 물품관리법은 행정재산의 시효취득을 명문으로 부정하고 있으므로 국유행정재산과 공유행정재산은 공용폐지 되지 않는 한 시효취득의 대상이 될 수 없다. 그러므로 현행법상 공물의 시효취득의 문제는 사유공물에 한하여 제기된다. 공물이 공물로서는 시효취득의 목적으로 될 수 없다는 점에서는 견해 차이는 없다. 민법의 시효취득제도는 민법만의 법원칙은 아니며 법의 일반원칙이므로 공법에도 적용된다고 본다. 그리고 공물의 시효취득은 실제에 있어서 공물이 공물로서의 실체를 상실하고 공물로서 관리되고 있지 않는 경우에 인정되는 것이므로 그러한 공물에 대하여 시효취득을 인정함이 이론상으로 타당하다고 본다. 그리고 취득시효기간 동안 점유자가 공물을 평온·공연하게 점유를 하였다는 것만으로는 부족하고 사실상 공물이 공적목적에 제공되지 않고 관리자도 이를 방치하였어야 시효취득이 인정된다고 보아야 한다. 다만, 구체적인 경우 시효취득을 인정할 것인지 여부는 공물의 공공성과 시효제도에 의해 보호되어야 할 사익을 비교형량하여 판단하여야 한다고 본다.133)

④ 공물의 공용수용의 제한

공물이 수용의 대상이 되는지가 문제된다. 이와 관련하여 공익사업을 위한 토지 등의 취득 및 보상에 관한 법률(이하 '토지보상법'이라 한다)은 "공익사업에 수용 또는 사용되고 있는 토지 등은 특별히 필요한 경우가 아니면 이를 다른 공익사업을 위하여 수용 또는 사용할 수 없다(동법 §19·②)"고 규정하고 있다.

㉮ 긍 정 설 : 긍정설은 토지보상법 제19조 제2항은 공익사업에 수용 또는 사용되고 있는 토지 등은 원칙상 수용의 목적물이 될 수 없지만, '특별히 필요한 경우', 즉 현재 당해 토지를 사용하고 있는 공익사업보다 당해 토지를 수용하고자 하는 사업이 보다 더 공익상 필요가 큰 경우에는 예외로 공익사업에 사용되고 있는 토지도 수용의 대상이 될 수 있도록 규정한 것으로 해석한다.

㉯ 부 정 설 : 공물은 공적목적에 제공될 수 있는 것이므로 공물 그 자체를 바로 수용할 수는 없다고 한다. 공물을 다른 공적목적에 사용하기 위해 수용할 필요가 있는

133) 田中二郎, 新版行政法(下), 230쪽 ; 박윤흔(하), 484쪽 ; 박균성(하), 264쪽.

경우에는 먼저 그 공물을 공물폐지(공용폐지)한 연후에 수용하여야 한다고 한다.

㈐ 결 어 : 공물은 이미 공적목적에 제공되고 있기 때문에 공물은 수용의 대상이 될 수 없음이 원칙이다. 다만 '특별히 필요한 경우'에는 토지를 수용할 수 있는 사업에 사용되고 있는 공물을 수용할 수도 있다. 다만 이러한 경우에는 먼저 공물폐지가 선행되어야 할 것이다.

판례 〈구 문화재보호법 제54조의 2 제1항에 의하여 지방문화재로 지정된 토지가 수용대상이 될 수 있다.〉 "토지수용법은 토지수용법 제5조의 규정에 의한 제한 이외에는 수용의 대상이 되는 토지에 대하여 아무런 제한을 하지 아니하고 있을 뿐만 아니라, 토지수용법 제5조, 문화재보호법 제20조 제4호, 제58조의 1 부칙 제3조 제2항 등의 규정을 종합하면 구 문화재보호법 제54조의 2 제1항에 의하여 지방문화재로 지정된 토지가 수용의 대상이 될 수 없다고 볼 수는 없다" (대판 1996.4.26, 95누13241).

위 판례를 긍정설을 취한 것으로 해석하는 견해도 있으나 이 판례는 공적보존물의 수용을 인정한 것이며 공익사업에 수용 또는 사용되고 있는 토지의 수용에 관한 판례는 아니다.

2) 공물 범위결정과 경계사정

도로구역의 결정 및 고시(도로법 §24), 하천구간의 지정(하천법 §10), 하천구역 중 토지구역의 지정(하천법 §10), 공원구역의 지정 및 고시 등과 같은 공물의 범위결정과 경계사정은 행정주체 또는 공물의 관리청이 공물지정(공용지정)을 통하여 일방적으로 결정할 수 있는 것이 보통이다. 공물의 범위나 경계설정은 법규의 형식으로 행하여 질 수도 있으나, 대부분은 행정행위의 형식으로 행하여진다. 이러한 행정행위에 불복하는 자는 행정심판이나 행정소송을 통하여 다툴 수 있다. 공물의 범위나 경계확정은 공물관리작용의 하나로서, 공물의 소유권의 범위를 결정하는 것이 결코 아니고, 공법상 제한을 받을 공물의 범위를 결정하는 것이다. 예컨대 사유지가 도로구역에 편입되면 소유권 자체 및 소유권의 범위는 영향 없고, 소유권을 이전하고 저당권을 설정하는 이외에는 사권을 행사하지 못하는 제한을 받는다.

그러나 하천공사 또는 수문조사시설 공사에 필요하여 사인의 토지 등을 수용 또는 사용할 때에는 손실보상을 하여야 하고(하천법 § 78·①·②), 하천구역(지방하천의 하천구역을 제외한다)의 결정 또는 변경으로 그 지역안의 토지를 종래의 용도로 사용할 수 없어 그 효용이 현저하게 감소한 토지 또는 그 토지의 사용 및 수익이 사실상 불가능한 토지(이하 "매수대상토지"라 한다)의 소유자로서 일정한 경우에는 하천관리청에 그 토지의 매수를 청구할 수 있다(하천법 §79·①).

3) 공물의 설치·관리의 하자로 인한 손해배상

도로·하천 기타공물의 설치 또는 관리에 하자가 있기 때문에 타인에게 손해가 발생한 때에는, 민법상 불법행위책임인 공작물 등의 설치·보존의 하자로 인한 점유자 또는 소유자의 배상책임에 관한 규정(민법 §758)이 적용되지 아니하고, 국가배상법상 영조물의 설치 또는 관리의 하자에 관하여 규정하고 있는 바에 따라 국가 또는 지방자치단체가 그 손해를 배상할 책임을 진다(국가배상법§5).

판례 **〈지방경찰청장 또는 경찰서장이 지방자치단체장으로부터 권한을 위탁받아 설치·관리하는 신호기의 하자로 인한 국가배상법 제5조 소정의 배상책임의 귀속주체는 사무의 귀속주체인 시장 등이 속한 지방자치단체가 부담한다.〉** 도로교통법 제3조 제1항에 의하여 특별시장·광역시장 또는 시장·군수의 권한으로 규정되어 있는 도로에서의 신호기 및 안전표지의 설치·관리에 관한 권한은 같은법시행령 제71조의 2 제1항 제1호에 의하여 지방경찰청장 또는 경찰서장에게 위탁되었으나, 이와 같은 권한의 위탁은 이른바 기관위임으로서 경찰서장 등은 권한을 위임한 시장 등이 속한 지방자치단체의 산하 행정기관의 지위에서 그 사무를 처리하는 것이므로, 경찰서장 등이 설치·관리하는 신호기의 하자로 인한 국가배상법 제5조 소정의 배상책임은 그 사무의 귀속 주체인 시장 등이 속한 지방자치단체가 부담한다(대판 2000. 1. 14, 99다24201, 손해배상).

판례 ① **〈도로법 제22조 제2항에 의하여 시장이 국도의 관리청이 된 경우 국가는 도로관리상 하자로 인한 손해배상책임을 면할 수 없다.〉** 도로법 제22조 제2항에 의하여 지방자치단체의 장인 시장이 국도의 관리청이 되었다 하더라도 이는 시장이 국가로부터 관리업무를 위임받아 국가행정기관의 지위에서 집행하는 것이므로 국가는 도로관리상 하자로 인한 손해배상책임을 면할 수 없다. ② **〈시가 국도의 관리상 비용부담자로서 책임을 지는 경우 국가배상법 제6조 제2항의 규정을 들어 구상권자인 공동불법행위자에게 대항할 수 없다.〉** 시가 국도의 관리상 비용부담자로서 책임을 지는 것은 국가배상법이 정한 자신의 고유한 배상책임이므로 도로의 하자로 인한 손해에 대하여 시는 부진정연대채무자인 공동불법행위자와의 내부관계에서 배상책임을 분담하는 관계에 있으며 국가배상법 제6조 제2항의 규정은 도로의 관리주체인 국가와 그 비용을 부담하는 경제주체인 시 상호간에 내부적으로 구상의 범위를 정하는데 적용될 뿐 이를 들어 구상권자인 공동불법행위 자에게 대항할 수 없다(대판 1993. 1. 26, 92다2684, 구상금).

4) 공물의 상린관계

사물(인접된 토지)의 상린관계는 민법(민법 §215 ~ §244)이 적용되지만, 공물에 대하여는 공물의 목적을 달성하기 위하여 공물 그 자체에 대하여 공법상 제한을 가하는 외에 법률의 규정에 의하여 인접지역 또는 인접주민에 대하여 여러 가지 필요한 제한을 가하는 특별규정을 두는 경우가 많다. 예컨대 도로법상의 접도구역 및 입체적 도로구역(동법 §49, §50), 도로보전입체구역(동법 §51, §52), 하천법상의 하천구역(동법 §10), 철도안전법상의 철도보호지구(동법 §45) 등에 있어서 일정한 행위를 제한·금지하거나 일정한 작위의무를 과하는 것 등이 그에 해당한다.

그러한 특별한 규정이 없는 경우에는 민법의 상린관계에 관한 규정이 적용된다.

5) 공물의 등기

부동산등기법 제114조는 “토지가 하천의 부지로 된 경우에는 당해 관청은 지체 없이 그 등기의 말소를 등기소에 촉탁하여야 한다”고 규정하고 있다. 그러나 이러한 특별한 법률 규정이 없는 경우에는 공물인 부동산에 내하여도 부동산등기법에 의한 등기를 하여야 한나.

공물도 국유공물·공유공물이건 사유공물이건 부동산은 등기하여야 물권의 변동이 발생하며(국유재산법 §14, 공유재산 및 물품관리법 §9·①·②), 부동산소유권취득에 특별규정이 없는 한 등기는 성립·발효요건이요 또한 대항요건이다.

> **판례** **〈부동산소유권취득에 특별규정 없는 한 등기는 성립·발효요건이요, 또한 대항요건이다.〉** 지방자치단체가 개인 소유의 부동산을 매수한 후 유지를 조성하여 공용개시를 하였다고 하더라도 법률의 규정에 의하여 등기를 거칠 필요 없이 부동산의 소유권을 취득하는 특별한 경우가 아닌 한 부동산에 대한 소유권이전등기를 거치기 전에는 소유권을 취득할 수 없는 것이므로 이를 지방자치단체 소유의 공공용물이라고 볼 수 없다(대판 1992.11.24, 92다26574). 또한 공용물(학교용지)에 대한 지방자치단체의 소유권도 등기를 하지 않으면 제3자에게 대항하지 못한다(대판 1973.3.13, 71다2490·2391).

국유공물인 부동산의 등기에 있어서는 권리자의 명칭은 국(國)으로 하고, 소속중앙관서의 명칭을 함께 기재하여야 한다(국유재산법 §14). 공유공물인 공유재산의 등기에 있어서는 권리자의 명의는 당해 지방자치단체로 한다. 다만 교육비특별회계 소관의 공유재산은 “교육감”으로 그 소관청의 명칭을 첨기하여야 한다(공유재산 및 물품관리법 §9·②).

6) 행정재산(공물)의 불법점유와 강제집행

① 국유 행정재산(국유공물)

사권이 설정된 재산은 그 사권이 소멸된 후가 아니면 이를 국유재산으로 취득하지 못하며(국유재산법 §10), 국가에 대한 강제집행은 국고금의 압류에 의하여야 하기 때문에(민사집행법 §192) 국유공물에 대한 강제집행은 인정되지 않는다. 그러나 국민(또는 개인)이 정당한 사유 없이 국유재산을 점유하거나 이에 시설물을 설치한 때에는 행정대집행법을 준용하여 철거 기타 필요한 조치를 힐 수 있으므로(국유재산법 §74) 국유행정재산의 불법점유에 대하여는 행정대집행법에 의한 깅제집행을 할 수 있다.

② 공유 행정재산(공유공물)

사권설정재산의 취득제한(사권이 설정된 재산은 그 사권이 소멸되기 전에는 공유재산으로 취득하지 못한다) 과 처분 등의 제한(공유재산 및 물품관리법 §8, §19) 등의 규정을 두고 있어 공유공물로 제공되고 있는 한 공유공물도 민사집행법에 의한 강제집행의 대상이 될 수 없다고 본다. 그러나 국민(또는 개인)이 정당한 사유 없이 공유재산을 점유하거나 이에 시설물을 설치한 때에는 원상복구 또는 시설물의 철거 등을 명하거나 이에 필요한 조치를 할 수 있고, 이 명령을 받은 자가 그 명령을 이행하지 아니할 때에는 「행정대집행법」에 따라 원상복구 또는 시설물의 철거 등을 하고 그 비용을 징수할 수 있다(공유재산 및 물품관리법 §83).

③ 사유공물

사유공물에는 압류가 가능하기 때문에 압류된 사유공물에 대하여는 강제집행이 가능하다. 다만, 강제집행의 결과 취득자는 역시 공공목적을 위한 공적이용(행정목적)에 제공하여야 하는 제한을 받는다.

7) 공물의 사용관계와 공물의 관리

공물의 사용관계는 사법의 적용을 배제하는 특별규정을 두는 경우가 많다. 공물의 관리는 사물(사적재산)의 관리와는 다른 여러 가지 공법적 특수성이 인정되고 공물경찰권도 발동할 수 있다. 공물의 사용관계 및 공물의 관리에 관하여는 아래에서 각각 별도로 고찰하기로 한다.

4. 공물의 사용관계

【기출문제】 **<1961년 (제3회) 사법시험 (논술형)·1967년 (제9회) 사법시험 (논술형)·1971년 (제13회) 사법시험 (논술형)>** ※ 공물의 사용관계를 논하라.

<1990년 (제34회) 행정고시 (약술형)> ※ 도로사용의 법률관계

<1991년 (제35회) 행정고시 (약술형)> ※ 공물이용자의 법적지위

<1981년 (제35회) 입법고시 (논술형)> ※ 공물이용의 법적관계를 논하라.

<1988년 (제30회) 사법시험 (약술형)> ※ 공물의 자유사용

<2003년 (제45회) 사법시험 (약술형)·제17회 군법무관 임용시험 (약술형)> ※ 도로사용에 있어 인접주민의 법적지위에 대하여 설명하시오.

<1972년 (제14회) 사법시험 (논술형)> ※ 도로법 제40조(현행법 §38·① 도로의 점용허가) 제1항의 허가행위의 성질과 그에 의해 설정된 법률관계의 내용을 논술하라.

<1980년 (제22회) 사법시험 (약술형)> ※ 도로교통법에 의한 도로의 규제와 도로법에 의한 그것의 차이

<1982년 (제26회) 행정고시 (약술형)> ※ 공물의 특허사용관계

<1994년 (제10회) 입법고시 (약술형)> ※ 행정재산의 사용허가

<1996년 외무고시 (약술형)> ※ 국유재산법 제24조 제1항(행정재산의 사용·수익허가)에 의한 공용물의 사용관계를 설명하시오.

<2007년 (제49회) 사법시험 (사례형)> ※ 甲은 A시 청사의 지하층 일부에 대한 사용허가를 받아 식당을 운영하고 있다. A시의 시장은 청사의 사용허가에 관한 권한을 B국장에게 내부적으로 위임(위임전결)하였고, 이에 따라 B국장은 자신의 명의로 甲에 대한 청사의 사용허가를 취소하였다. 甲은 이러한 사용허가의 취소가 위법하다고 생각하여 이를 다투려고 한다. 甲은 어떠한 소송유형을 선택하여 이를 다툴 수 있는가? ※ 행정관청의 권한의 위임을 참조할 것

(1) 의의 및 종류(형태)

1) 의 의

공물의 사용관계란 공물의 사용에 관련하여 공물주체와 사용자간의 법률관계로서 공물관리상 필요한 범위 내에서 공법적 규율을 받는다.

공물 중 사용관계가 문제되는 것은 공공용물과 공용물인데, 공공용물과 공용물은 그 제공목적이 다르기 때문에 그 사용관계의 내용도 다르다. 공공용물은 본래 일반 공중의 사용에 제공된 공물이므로 그 사용관계가 중요한 문제가 된다. 이에 반하여 공용물은 행정주체 자신의 사용에 제공된 공물이므로 원칙상 사용관계가 문제되지 않는다. 다만, 공용물은 그 본래의 목적에 방해가 되지 않는 한도 내에서 외부의 이용에 제공될 수 있는데, 이는 국유재산법이나 공유재산 및 물품관리법상 인정되고 있는 행정재산의 목적 외 사용·수익허가의 문제이다.

2) 형 태(종류)

공물은 그 사용방법을 기준으로 하여 일반사용(자유사용 또는 보통사용)과 특별사용으로 구분된다. 일반사용이란 일반 공중이 공물을 그 본래의 목적에 따라 자유로이 사용하는 경우이다. 특별사용이란 특별한 요건이 갖추어질 것을 조건으로 일반사용의 범위를 넘어서 사용이 허용되는 경우이다. 특별사용에는 그 사용의 법적 성질에 따라 허가사용, 특허사용, 관습법에 의한 사용, 행정재산의 목적 외 사용이 있다.

(2) 공물의 일반사용(자유사용 또는 보통사용)

1) 공공용물의 일반사용

① 의 의

공공용물은 공공의 사용에 제공되는 것이 근본목적이다. 여기서 사용이란 행정주체의 사용이 아니라 일반시민의 사용을 의미한다.

공공용물의 일반사용이라 함은 공공용물은 본래 일반 공중의 사용에 제공된 물건이므로 원칙상 일반 공중은 특별한 요건을 충족할 필요 없이(공물관리자의 허가·특허 등 특별한 의사표시 없이) 당연히 당해 공공용물을 자유로이 본래의 용법에 따라 사용하는 것을 말한다. 일반사용은 특별한 요건을 충족함이 없이 자유로이 사용한다는 점에서 자유사용 또는 보통사용이라고도 한다. 도로의 경우 보행·차량 통과가 본래의 목적이고, 공원의 경우는 산보가, 해빈에서의 해수욕 등이 본래의 목적이다.

② 법적 성질

일반사용의 법적 성질에 대하여는 반사적 이익설과 공법상 권리설(또는 법률상 보호이익설)이 대립되고 있다.

㉮ 반사적 이익설 : 이 설은 공물관리주체가 당해 공물을 일반 공중의 자유로운 사용에 제공하고 있는 결과로 받는 반사적 이익에 지나지 아니하며, 사용의 권리를 설정하는 것은 아니라고 한다. 독일에서 바이마르공화국시대인 20세기 전반기 및 1970년대까지 우리나라에서 주장되었던 지배적 견해였다. 그러나 오늘날 반사적 이익설을 주장하는 학자는 찾아보기 어렵다. 반사적 이익설에 따르면 일반사용에 대한 개인의 권리는 존재하지 않으며, 그것이 침해된 경우에도 권리구제는 받을 수 없게 된다.

㉯ 공법상 권리설 : 이 설은 일반사용은 국가의 공공역무에 참여(국가의 급부의 참여)할 수 있는 국민의 일반적인 수익권의 구체화인 것이며, 따라서 공법상의 권리 또는 법률상 보호되는 이익에 속한다고 한다. 현재의 통설이다.

다만, 그 근거에 대해서는 ㉠ 관계법규의 강행법규성 및 목적인 사익보호성에서 찾는 견해[134]와 ㉡ 헌법상 환경권 및 현대국가의 복리국가성·사회국가성(국가의 최소한의 생활배려의무)에서 찾는 견해[135]가 있다.

㉰ 결 어 : 오늘날은 공물의 일반사용으로부터 받는 이익을 단순한 반사적 이익으로 볼 수는 없다. 그리고 공물의 보통사용의 법적 성질이 반사적 이익인가 공권인가의 문제는 공물의 사용관계의 특유한 문제가 아니라, 개인적 공권과 반사적 이익의 구별에 관한 일반론에서 도출될 문제이다. 따라서 그 양자의 구별은 일차적으로 공권과 반사적 이익의 구별에 관한 일반적 기준 즉, 관계법규의 강행법규성 여부 및 사익보호성 여부 등에 따라 결정되어야 할 것이다.[136]

공물주체는 공공용물의 성립과 더불어 관련 법률에 따라 이를 일반사용에 제공할 의무를 가지며, 그 일반사용이 공물 목적에 따라 행사되는 한 이를 방해하거나 침해하여서는 안 되는 의무가 있다(강행법규에 의한 행정청의 의무존재). 그리고 공공용물의 사용은 일상생활에 필요한 것이므로 일반사용자의 개인적 이익이라 할 수 있고, 공공용물은 일반 공중의 사용에 제공되는 것을 본래의 목적으로 하는 것이므로 공공용물을 규제하는 법은 당연히 공공용물의 일반사용을 보호하는 것을 목적의 하나로 하고 있다고 보아야 한다(강행법규에 의한 사익보호성). 또한 공공용물의 본래의 이용인 일반사용에는 권리성을 인정하지 않으면서 본래적 이용이 아닌 특허사용에는 권리성을 인정하는 것은 불합리하다고 하지 않을 수 없다.[137]

공물의 일반사용이 공권으로서의 성질을 갖는다고 하더라도, 그것은 일반적으로 공물을 방해 받지 않고 그 공용목적에 따라 자유롭게 사용할 수 있는 권리(자유권), 다시 말하면 행정청이나 제3자에 대하여 자신의 정당한 일반사용을 수인할 것과 그 사용을 위법하게 제한·

134) 박윤흔(하), 495쪽 ; 김남진(Ⅱ), 380쪽.
135) 정하중(각론), 313쪽.
136) 김남진(Ⅱ), 380쪽.
137) 박균성(하), 286쪽.

방해하지 않을 것을 구할 수 있는 소극적·방어적 권리(자유권)로서의 성질을 가진다고 보아야 한다. 따라서 공물의 일반 사용권이 위법하게 침해된 경우에는 방해배제청구권이나 손해배상청구권을 통해서 구제받을 수 있다. 그러나 공물의 일반사용권은 일반적으로 공물의 변경 또는 폐지되지 않고 현 상태를 유지할 것을 요구하거나 또는 새로운 공물을 설치해 줄 것을 요구할 수 있는 즉, 작위·부작위 등을 요구할 수 있는 적극적 청구권으로서의 성질을 가지는 것은 아니라고 보아야 할 것이다.[138] 다만, 예외적으로 인접주민의 경우 기존의 도로 외에는 다른 통행수단이 없는 등의 특별한 요건 하에서는 공용 폐지에 대항할 수 있다고 보아야 할 것이다. 판례도 같은 취지이다.

판례 **〈공공용재산의 성질상 특정개인의 생활에 개별성이 강한 직접적이고 구체적인 이해관계를 가지는 사람이 그와 같은 이익을 현실적으로 침해당한 경우에는 용도폐지처분의 취소를 구할 법률상 이익이 있다.〉** 일반적으로 도로는 국가나 지방자치단체가 직접 공중의 통행에 제공하는 것으로서 일반국민은 이를 자유로이 이용할 수 있는 것이기는 하나, 그렇다고 하여 그 이용관계로부터 당연히 그 도로에 관하여 특정한 권리나 법령에 의하여 보호되는 이익이 개인에게 부여되는 것이라고까지는 말할 수 없으므로, 일반적인 시민생활에 있어 도로를 이용만 하는 사람은 그 용도폐지를 다툴 법률상의 이익이 있다고 말할 수 없지만, 공공용 재산이라고 하여도 당해 공공용재산의 성질상 특정개인의 생활에 개별성이 강한 직접적이고 구체적인 이익을 부여하고 있어서 그에게 그로 인한 이익을 가지게 하는 것이 법률적인 관점으로도 이유가 있다고 인정되는 특별한 사정이 있는 경우에는 그와 같은 이익은 법률상 보호되어야 할 것이고, 따라서 도로의 용도폐지처분에 관하여 이러한 직접적인 이해관계를 가지는 사람이 그와 같은 이익을 현실적으로 침해당한 경우에는 그 취소를 구할 법률상의 이익이 있다(대판 1992.9.22, 91누13212).

㉣ 사법상 방해배제청구권 및 손해배상청구권

한편, 공물의 일반사용에 대한 권리는 행정주체와의 관계에서 인정되는 권리이지만, 그것은 일상생활에 있어서 필수적인 것이므로 민법상으로도 보호된다고 할 것이다. 예컨대 도로의 일반사용이 제3자에 의하여 방해된 경우에는 일반사용권을 근거로 하여 민법상의 방해배제나 손해배상을 청구할 수 있다. 판례도 같은 취지이다.

판례 **〈공로 이용자는 다른 공로 이용자가 그 도로에 대해 가지는 이익 내지 자유를 침해하지 않는 정도 내에서 자기생활상 필요한 행동을 자유로이 할 수 있는 사용의 자유권을 가진다. 동사용의 자유권은 공법관계에서 유래하는 것이나 각자가 일상 생활상 제반권리를 행사하는데 있어서 불가결의 것이므로 이에 대하여는 민법상 보호가 필요함을 조리상 당연하다.〉** 공로에 대하여는 공로이용자는 다른 공로이용자가 그 도로에 대하여 가지는 이익 내지 자유를 침해하지 않는 정도 내에서 자기의 생활상 필요한 행동을 자유로이 할 수 있는 사용의 자유권을 가진다. 이것은 사용의 반사적 이익에 그친다 할 수 없고 동사용의 자유권은 공법관계에서 유래하는 것이나 각자가 일상생활상 제반의 권리를 행사하는 데 있어서 불가결의 것이므로 이에 대하여는 민법상의 보호가

138) 김남진(Ⅱ), 381쪽 ; 박윤흔(하), 495쪽 ; 박균성(하), 286쪽.

필요함은 조리상 당연하다 할 것이고, 따라서 어떤 공로이용자가 위 권리를 방해당한 때에는 민법상의 불법행위의 문제를 야기하여 그 방해가 계속되는 한 그 배제를 구할 권리를 가진다(대구지판 1965.6.15, 64나458).

③ 일반사용의 내용과 한계

일반사용의 내용과 그 한계는 공공용물의 종류에 따라 다르나 당해 공물의 공용목적과 관계법규(법령 및 자치법규) 등에 의하여 정하여진다. 또한 같은 종류의 공물일지라도 때와 장소에 따라 그의 사용방법에 차이가 있을 수 있을 것이다.

공물주체는 관리규칙 등에 의하여 일반사용의 범위를 한정할 수 있으나, 이용자의 사용의 자유를 본질적으로 침해할 수는 없다. 일반사용의 범위가 관련법규에 의하여 정하여지지 않은 경우에는 공물주체가 공물지정(공용지정) 등의 행위를 통하여 정하며, 그 밖의 경우에는 사회통념과 지방적 관습에 의하여 정하여 진다고 보아야 할 것이다.

공공용물의 일반사용이 공용목적의 범위 내의 사용이라고 할지라도 구체적인 경우에는 공물을 보호·유지하고 사용관계상의 이해대립의 조정 또는 공공의 안녕과 질서상의 위해를 방지하기 위하여 공물관리권(도로법 제45조는 '도로에 관한 금지행위', 제58조는 '통행의 금지 또는 제한', 제59조는 '차량의 운행제한') 또는 공물경찰권(도로교통법 제6조는 '도로에서의 통행의 금지 및 제한', 제68조는 '도로에서의 금지행위')에 의하여 제한될 수 있다.

따라서 일반 공중의 이용에 제공되는 공공용물에 대하여 특허 또는 허가를 받지 않고 하는 일반사용은 다른 개인의 자유이용과 국가 또는 지방자치단체 등의 공공목적을 위한 개발 또는 관리·보존행위를 방해하지 않는 범위 내에서만 허용된다. 판례도 같은 취지이다.

판례 **〈공공용물에 대한 일반사용이 적법한 개발행위로 제한됨으로 인한 불이익이 손실보상의 대상이 되는 특별한 손실에 해당한다고 할 수 없다.〉** 일반 공중의 이용에 제공되는 공공용물에 대하여 특허 또는 허가를 받지 않고 하는 일반사용은 다른 개인의 자유이용과 국가 또는 지방자치단체 등의 공공목적을 위한 개발 또는 관리·보존행위를 방해하지 않는 범위 내에서만 허용된다 할 것이므로, 공공용물에 관하여 적법한 개발행위 등이 이루어짐으로 말미암아 이에 대한 일정범위의 사람들의 일반사용이 종전에 비하여 제한받게 되었다 하더라도 특별한 사정이 없는 한 그로 인한 불이익은 손실보상의 대상이 되는 특별한 손실에 해당한다고 할 수 없다(대판 2002. 2. 26, 99다35300, 손해배상).

④ 인접주민의 고양된 일반사용

㉮ 의 의 : 도로나 하천과 같은 공공용물에 인접하여 거주하거나 토지 등을 소유하고 있는 자, 즉 인접주민의 일반사용은 특별한 고찰을 요한다. 인접주민은 인접한 도로나 하천 등에 대하여 일반인(통행인 등)보다 생활이나 경제활동에 있어서 특별한 이해관계를 가지며, 그런 의미에서 인접주민에게는 일반인의 일반사용을 넘어서는 법률상 이익이 인정된다고 할 때, 이를 '인접주민의 고양된 일반사용'이라고 한다.

인접주민에게 고양된 일반사용이 인정되는 이유는 인접주민은 생활이나 경제 활동에 있어서 당해 공물에 특히 의존되어 있고, 인접주민의 일반사용이 인접주민의 재산권, 생활권 등 기본권과 밀접한 관련을 가지고 있기 때문이다.

예컨대 도로변 점포주가 보도 상에서 물건을 차량에 싣거나 내리는 행위, 도로변 토지소유자가 건물의 신축 내지 증축을 위하여 보도에 일시적으로 건설장비나 건축자재를 쌓아두는 행위, 일시적으로 이삿짐을 쌓아두는 행위, 수거용 쓰레기통을 설치하는 행위 등이 그에 해당한다.

㈏ 근 거 : 인접주민의 공물사용권은 개별법에 명문규정이 있는 경우(예 : 주차장법 §10·①·3, 시행규칙 §6의 2·①; 노상주차장의 전용주차구획의 설치)가 있다. 인접주민의 공공용물사용권은 개별법에 명문규정이 없더라도 관습법 또는 헌법상의 재산권보장조항(§23·①)에 의하여 보장된다고 본다.[139] 인접주민의 공물사용권은 헌법 제23조 제1항으로부터 나오므로 도로법(재산권의 내용규정이면서 제한규정임)은 허가를 요하지 아니하는 인접주민의 고양된 일반사용을 보장하여야 한다. 그리하여 도로 등의 폐지, 변경 또는 보수작업 등으로 인접영업자의 재산권을 침해하여 수인한도를 넘는 손실을 발생시키는 경우에 그에 대한 보상을 인정하여야 할 것이다.

㈐ 요 건 : ㉠ 인접주민이 생활이나 경제활동에 있어서 당해 공물사용이 불가결하게 의존되어 있고(예: 인접 주민에게 필수적인 기존 도로에의 접속권이나 기존 도로의 존속을 구할 수 있는 권리는 인접주민의 고양된 일반사용이다),
㉡ 인접주민의 일반사용이 그의 재산권, 생활권 등 기본권과 밀접한 관련이 있고,
㉢ 이를 인정하더라도 타인의 일반사용을 중대하게(본질적 내용) 제약하지 않을 것 등이 요구된다.

> **판례** **〈직접적·구체적 이익을 부여하는 특별사정이 있는 경우에는 도로용도폐지가 법률상 이익을 침해한 경우이다.〉** (공주시 국도 폐지사건에서) 공공용재산이라고 하여도 당해 공공용재산의 성질상 특정개인의 생활에 개별성이 강한 직접적이고 구체적인 이익을 부여하고 있어서 그에게 그로 인한 이익을 가지게 하는 것이 법률적인 관점으로도 이유가 있다고 인정되는 특별한 사정이 있는 경우에는 그와 같은 이익은 법률상 보호되어야 할 것이고, 따라서 도로의 용도폐지처분에 관하여 이러한 직접적인 이해관계를 가지는 사람이 그와 같은 이익을 현실적으로 침해당한 경우에는 그 취소를 구할 법률상 이익이 있다(대판 1992. 9. 22, 91누13212 국유도로의 공용폐지처분무효확인 등).

㈑ 한 계 : ㉠ 인접주민의 공물사용은 일상생활이나 경제활동에 필요한 한도 내에서만 인정되고, ㉡ 인접주민의 고양된 일반사용이 일반인의 일반사용에 중대한(본질적 내용) 제한을 하여서는 안 된다. 즉, 당해 지역의 관행과 합치되어야 하며 일반 공공의 사용과 조화되어야 한다. 그러므로 보도를 자신의 주차장으로 사용하거나, 점포 앞 도로상에 자동판매기를 설치하거나, 도로상에 입간판을 설치하거나, 탁자·의자를 놓고 상품을 진열하여 영업하는 것 등은 원칙상 인정되지 아니하며, 이들은 특별사용에 해당되어 관할 행정청의 별도의(점용)허가를 요한다.

---

139) 김남진(Ⅱ), 383쪽; 정하중(각론), 316쪽.

판례 ① 〈공물의 인접주민이 공물에 대한 고양된 일반사용권을 가지는지 여부의 판단 방법〉 공물의 인접주민은 다른 일반인보다 인접공물의 일반사용에 있어 특별한 이해관계를 가지는 경우가 있고, 그러한 의미에서 다른 사람에게 인정되지 아니하는 이른바 고양된 일반사용권일 보장될 수 있으며, 이러한 고양된 일반사용권이 침해된 경우 다른 개인과의 관계에서 민법상으로도 보호될 수 있으나, 그 권리도 공물의 일반사용의 범위 안에서 인정되는 것이므로, 특정인에게 어느 범위에서 이른바 고양된 일반사용권으로서의 권리가 인정될 수 있는지의 여부는 당해 공물의 목적과 효용, 일반사용관계, 고양된 일반사용권을 주장하는 사람의 법률상의 지위와 당해 공물의 사용관계의 인접성, 특수성 등을 종합적으로 고려하여 판단하여야 한다. 따라서 구체적으로 공물을 사용하지 않고 있는 이상 그 공물의 인접주민이라는 사정만으로는 공물에 대한 고양된 일반사용권이 인정될 수 없다.

② 〈재래시장 내 점포의 소유자에게 점포 앞의 도로에 좌판을 설치·이용할 수 있는 권리가 없다.〉 재래시장 내 점포의 소유자가 점포 앞의 도로에 대하여 일반사용을 넘어 특별한 이해관계를 인정할 만한 사용을 하고 있었다는 사정을 인정할 수 없다는 이유로 위 소유자는 도로에 좌판을 설치·이용할 수 있는 권리가 없다(대판 2006. 12. 22, 2004다68311·68328, 점포명도·임대차보증금 반환).

㉤ 권리구제 : 인접주민의 고양된 일반사용권이 침해된 경우 방해배제청구권 및 손해배상청구권이 가능하다. 또한 인접주민의 고양된 일반사용권이 제3자에 의하여 침해된 경우에는 민법상의 방해배제청구권 및 손해배상청구권을 행사할 수 있다. 그리고 예외적으로 인접주민이 기존의 도로 외에는 다른 통행수단이 없는 등의 특별한 요건 하에서는 공용폐지를 다툴 원고 적격이 있다. 즉, 직접적·구체적 이익을 부여하는 특별사정이 있는 경우는 도로용도 폐지가 법률상 이익을 침해하는 경우여서 원고적격이 인정된다(대판 1992.9.22, 91누13212 국유도로의 공용폐지 처분 무효 확인 등).

⑤ **사용료 문제**

공공용물의 일반사용은 그 성질상 자유로운 이용을 위하여 무료로 제공되는 되는 것이 원칙이다. 그러나 일반사용에 있어서도 재정적인 목적이나 관리상의 목적을 위하여 사용료를 부과·징수할 수 있으며, 이때의 사용료의 징수가 일반사용의 성질과 모순되는 것은 아니다.

사용료의 징수는 일반사용권을 제한하는 것이기 때문에 반드시 법령이나 조례의 근거를 요하며, 이 경우에도 비례의 원칙에 합치되어야 하고 일반사용권을 본질적으로 침해하는 정도로 고액이 되어서는 안 된다. 사용료는 유료공물의 건설 및 운영비용을 충당하는 한도 내에서만 징수되어야 한다.[140] 현행 법 규정으로는 유료도로법 제15조와 사회기반 시설에 대한 민간투자법 제26조 및 지방자치법 제139조를 들 수 있다.

140) 김남진(Ⅱ), 382쪽 ; 정하중(각론), 316쪽 ; 박균성(하), 289쪽.

2) 공용물의 일반사용

공용물은 직접 행정주체자신의 사용에 제공함을 목적으로 하기 때문에 일반사용의 대상이 되지 아니한다. 다수설은 공용물의 경우에도 예외적으로 그 본래의 목적에 반하지 않은 한도에서 일정한 조건하에서 일반사용이 허용된다고 하면서 그 예로 국·공립학교 구내의 자유통행 또는 국·공립학교 운동장의 사용 등을 들고 있다. 그러나 이 경우에도 공물주체의 묵시적 허가에 의한 사용으로 보아야 하고, 공용물에는 일반사용은 인정되지 않는다고 보아야 한다.[141]

3) 공적보존물의 일반사용

공적보존물은 일반 공중이 자유로이 사용할 수 없음이 원칙이나 보존목적에 지장이 없는 한도 내에서 일반적 사용이 허용될 수 있다고 본다. 예컨대 고궁에의 입장·관람 등을 들 수 있다. 국가지정문화재는 특별한 사유가 없는 한 이를 공개함이 원칙이다(문화재보호법 §43·①).

(3) 공물의 허가사용

1) 공공용물의 허가사용

① 의 의

공공용물의 허가사용이란 공물관리목적상(공물의 일반사용이공물관리에 장애가될 우려가 있거나 공물의 사용관계를 조정할 필요가 있는 경우), 또는 경찰목적상(공물의 일반사용이사회공공의 안녕과 질서에 장애를 미칠 우려가 있는 경우) 일정한 공물의 사용을 일반적으로 금지시킨 다음에 행정청의 허가를 받아(금지의 해제) 공물을 사용하는 것을 말한다. 허가사용에는 공물 경찰권에 근거한 허가사용과 공물관리권에 근거한 허가사용이 있다. 허가사용은 그 사용관계가 일시적이라는 점에서(건축중의 도로의 점용허가) 계속적 사용관계인 특허사용과 구별된다.

② 허가사용의 종류(형태)

㉮ 공물관리권에 근거한 허가사용 : 공물의 사용이 타인의 공동사용이나 공물의 관리에 장해를 초래할 우려가 있는 경우에 이를 방지하고 또한 다수인의 사용관계를 조정하기 위하여 일정한 내용의 공물사용을 금지한 후, 개별적인 경우에 특정요건을 갖춘 경우에 그 금지를 해제하여 적법하게 그 공물을 사용하는 것을 말한다. 예컨대 하천에서의 죽목·갈대·목초·수초 등을 채취의 허가, 식물식재의 허가, 스케이트장·유선장·도선장 설치의 허가, 수상레저기구를 이용한 수상레저사업 물놀이의 허가, 선박운항의 허가(하천법§33·①, 하천법시행령 §35·①), 도로구역 안에서의 공작물을 신설·개축·제거를 목적으로 하는 도로점용허가(도로법 §38·①), 공유수면에 토석·모래·자갈을 채취하거나 식물을 재배 또는 채벌을 위한 공유수면 점·사용허가, 또한 공유수면으로부터 물을 끌어들이거나 공유수면에 물을 내보고자 하는 경우의 공유수면 점·사용허가(공유수면의관리 및 매립에관한법률 §8·①·②) 등을 들 수 있다.

---

141) 김동희(Ⅱ), 270쪽 ; 정하중(각론), 317쪽.

㉯ 공물 경찰권에 근거한 허가사용 : 공공용물의 일반사용이 사회공공의 안녕과 질서에 대한 위해를 방지하기 위하여 일정한 내용의 공물사용을 일반적으로 금지한 후에, 개별적으로 일정한 요건을 갖춘 경우에 그 금지를 해제하여 적법하게 공물을 사용하게 하는 경우이다. 일출시간 전, 일몰시간 후에 옥외집회 및 시위의 허가를 그 예로 들 수 있다(집회 및 시위에 관한 법률 §10).

종래에는 도로에서 공사 기타의 작업 등을 하고자 할 때에는 관할 경찰서장의 허가를 받도록 되어 있었으나(구 도로교통법 §49), 민원법령 정비작업의 일환으로 민원인이 도로관리청과 경찰서장의 허가를 이중으로 받는 불편을 없애고 원스톱행정서비스를 실현하기 위하여 도로법 제38조의 도로관리청의 허가만을 받는 것으로 하고 다만, 도로관리청이 도로법 제38조의 도로점용허가를 하고자 하는 경우 관할 경찰관서장에게 그 내용을 즉시 통보하여야 한다(도로교통법 §70·①). 다만, 통보를 받은 경찰관서의 장은 교통의 안전과 원활한 소통을 확보하기 위하여 필요하다고 인정하는 때에는 도로관리청에 필요한 조치를 요구할 수 있다. 이 경우 도로관리청은 정당한 사유가 없는 한 이에 응하여야 한다(도로교통법 §70·③).

③ 성 질

㉮ 공물사용의 허가는 공물관리권에 근거한 사용허가와 공물경찰권에 근거한 사용허가가 있는데, 양자 모두 일반적 금지를 해제하는 행위로서 강학상 허가의 성질을 가진다.

㉯ 공물 본래의 목적인 공공의 사용을 방해하지 않는 정도의 일시적 사용에 한한다는 점에서, 공물사용권을 설정 받아 공물을 계속적으로 사용하는 특허사용과 구별된다. 다만, 일시적 사용이라는 개념과 계속적 사용이라는 개념은 상대적인 것이며 실제에 있어서도 일시적 사용인지 계속적 사용인지 애매한 경우도 많으며, 실정법에서도 이론적으로 보면 허가사용에 해당하는 것과 특허사용에 해당하는 것을 구별하지 않고 함께 규정하고 있고 법적으로도 동일하게 다루고 있다(도로법 §38, 하천법 §33, 자연공원법 §23). 우리 실정법상으로만 보면 허가사용과 특허사용을 구별할 실익은 많지 않다.

㉰ 허가사용의 전제가 되는 일반적 제한·금지는 다수인의 공동사용관계를 조정하거나 사회공공의 안녕과 질서에 대한 장해를 방지하기 위한 것이므로, 이러한 목적과 관련하여 제한 또는 금지할 필요가 없는 이상은 공공용물의 목적에 따라 그 사용을 허가하여야 할 것이므로, 공물의 사용허가는 그 허가 요건을 충족하는 신청이 있으면 허가를 하여야 하는 기속행위라 할 것이다. 다만 법률의 규정에 의하여 재량행위로 하는 경우가 있다(예: 집시법 §10).

㉱ 허가사용에 의하여 당사자가 누리는 이익은 단순한 반사적 이익이 아니라, 공권으로서의 성질을 갖는다고 본다. 공물의 사용을 통하여 당사자는 자신의 기본권을 실

현하는 측면이 있기 때문이다. 따라서 법률이 정한 허가 요건을 충족한 경우에 당사자는 공물의 이용관계에서 배제되어서는 아니 되며, 합리적 근거 없이 행정청이 거부하는 경우에는 행정쟁송을 통하여 다툴 수 있다.

④ 내 용

허가사용의 내용도 당해 공물의 종류 및 특성에 따라 차이가 있으며, 구체적인 내용과 범위 및 허가기간 등에 대해서는 관련 법규(법령 및 자치법규) 및 부관에 의하여 정하여 진다.

특히 공물의 유지를 위하여 사용자에게 위해방지시설의 설치의무, 사용 종료 후 원상회복의무(공유수면의관리및매립에관한법률 §21·①) 등 여러 가지 의무가 부과될 수 있다.

⑤ 사 용 료

공물관리목적의 허가사용은 이용자에게 수익을 제공하는 것이기 때문에 그 사용료를 징수하는 것이 일반적이다(하천법 §37, 공유수면의관리및매립에관한법률 §13·①, 도로법 §41). 이때에 사용료를 납부하지 아니하는 경우에는 법률규정에 따른 행정상 강제징수절차에 따라 강제집행하게 되며(공유수면의관리및매립에관한법률 §13·⑦), 사용료징수에 불복하는 경우에는 행정소송이 인정된다.

2) 공용물의 허가사용

공용물은 행정주체가 행정목적수행을 위하여 스스로 사용함을 직접목적으로 하고, 개인의 사용에 제공함을 목적으로 하는 것이 아니기 때문에 그에 대한 허가사용은 인정되지 않음이 원칙이다. 다만, 당해 공물의 목적수행에 장애가 되지 아니하는 범위 내에서 허가사용이 인정되는 경우가 있다. 예컨대 학교나 관청의 구내체육장사용, 요새지·연병장의 통과, 방청권에 의한 국회·법정의 입장 등을 들 수 있다. 특히 「행정재산은 그 용도 또는 목적에 장애가 되지 아니하는 범위 안에서 그 사용 또는 수익을 허가할 수 있다」(국유재산법 §30·①), 「행정재산 등은 그 목적 또는 용도에 장애가 되지 아니하는 범위 내에서 그 사용 또는 수익을 허가할 수 있다」(공유재산 및 물품관리법 §20·①)고 명문으로 규정하고 있는 경우도 있다. 다만, 이들 규정에 의거하여 행해지는 사용허가 중에는, 성질상 사용특허(특허사용)로 새겨야 하는 경우도 있다고 보아야 한다.

3) 보존공물(공적보존물)의 허가사용

공적보존물(보존재산)도 보존목적의 수행에 필요한 범위 안에서 그 사용 또는 수익을 허가할 수 있다(국유재산법 §30·①·2호).

(4) 공물의 특허사용

【기출문제】 <2008년 제50회 사법시험(사례형)>

1) 의 의

공물에 관하여 일반 공중에게는 허용되지 않는 공법상의 특허사용권을 특정인을 위하여 설정할 경우에 이 설권행위에 의한 사용을 특허사용이라 한다. 특허사용은 계속적인 사용관계인 점에서 허가사용과 구별된다.

도로에 수도·가스관·전기 등을 매설하거나, 하천에 댐을 건설하는 경우, 공물사용권의 특허를 받아야 하는 바, 이들이 특허사용의 전형적이 예이다.

2) 성 질

① **권리설정**

공물관리권의 사용으로서 공물을 사용할 권리를 설정하는 형성적 행위이다. 특허는 관리권의 작용이므로 경찰권에 의한 특허는 있을 수 없다.

특허권자, 즉 계속적 사용권의 설정은 공물관리자만이 이행할 수 있고, 공물경찰권에 의해서는 행할 수 없다.

판례 **〈도로의 점용을 특별사용으로 볼 것인지 여부의 판단기준〉** 도로법 제40조, 제43조, 제80조의2에 규정된 도로의 점용이라 함은, 일반 공중의 교통에 공용되는 도로에 대하여 이러한 일반사용과는 별도로 도로의 특정부분을 유형적·고정적으로 사용하는 이른바 특별사용을 뜻하는 것이고, 그와 같은 도로의 특별사용은 반드시 독점적·배타적인 것이 아니라 그 사용목적에 따라서는 도로의 일반사용과 병존이 가능한 경우도 있고, 이러한 경우에는 도로점용부분이 동시에 일반 공중의 교통에 공용되고 있다고 하여 도로점용이 아니라고 말할 수 없는 것이며, 한편 당해 도로의 점용을 위와 같은 특별사용으로 볼 것인지 아니면 일반사용으로 볼 것인지는 그 도로점용의 주된 용도와 기능이 무엇인지에 따라 가려져야 한다(대판 1995.2.14, 94누5830 도로점용료부과처분취소).

판례 **〈도로의 특별사용은 권리로서의 이익(또는 법률상 이익)이다.〉** 도로법 제40조에 규정된 도로의 점용이라 함은 일반 공중의 교통에 공용되는 도로에 대한 일반사용과는 별도로 특정부분을 유형적·고정적으로 특정한 목적을 위하여 사용하는 특별사용을 뜻하고, 이는 반드시 독점적·배타적인 것이 아니라 사용목적에 따라서는 도로의 일반사용과 병존이 가능한 경우도 있고 이러한 경우에는 도로 점용부분이 동시에 일반 공중의 교통에 공용되고 있다고 하여 도로 점용이 아니라고 할 수 없다(대판 1993.5.11. 92누13325).

판례 **〈도로법 제40조(현행법 §38)에 규정된 점용허가의 대상이 되는 도로의 점용은 특별사용에 해당한다.〉** 도로법 제40조에 규정된 도로의 점용이라 함은 일반공중의 교통에 공용되는 도로에 대하여 이러한 일반사용과는 별도로 도로의 지표뿐만 아니라 그 지하나 지상 공간의 특정 부분을 유형적, 고정적으로 특정한 목적을 위하여 사용하는 이른바 특별사용을 뜻하는 것이므로, 허가없이 도로를 점용하는 행위의 내용이 위와 같은 특별사용에 해당한 경우에 한하여 도로법 제80조의 2의 규정에 따라 도로점용료 상당의 부당이득금을 징수할 수 있다(대판 1998. 9. 22. 96누7342 도로점용료 부과처분 취소).

판례 차도와 인도사이의 경계 턱을 없애고 인도 부분을 차도에서부터 완만한 오르막 경사를 이루도록 시공하는 방법으로 건물 앞 인도 부분에 차량 진출입통로를 개설한 경우, 도로의 특별사용에 해당한다(대판 1999.5.14, 98두17906).

일반사용으로 보고 특별사용으로 보지 않는 판례도 있다.

판례 **〈인근 롯데백화점에서 기존의 서울 을지로 입구 전철역 출입계단에 상행선 에스컬레이터를 설치하였는바 위 에스컬레이터는 지하도로의 일반사용을 위한 것이고 특별사용을 위한 도로점용이라 할 수 없다.〉** 인근 롯데백화점에서 서울특별시로부터 허가를 받고 지하철공사와의 협약을 거친 후 을지로입구 전철역과 위 백화점 지하 1층을 연결하는 지하 연결통로를 설치하는 것과 병행하여 통행의 편의를 증진시키기 위하여 그 지하 연결통로 쪽으로 올라가는 기존의 전철역 출입계단에 상행선 에스컬레이터를 설치하는 공사를 시행함으로써 종래 일반시민이 이용하던 전철역 출입계단이 위 지하연결 통로의 설치와 동시에 위 백화점에 출입하는 사람들의 통행도로도 곁들여 이용된 경우, 이 에스컬레이터는 지하도로의 일반사용을 위한 것이고 특별사용을 위한 것이라고 보기 어려워 도로를 점용하였다고 볼 수 없다고 한 사례(대판 1992. 9. 8, 91누12622 도로점용료 부과처분 취소).

판례 **〈건물과 지하도를 연결하는 지하 연결통로를 설치하여 기부채납하기 위하여 도로점용허가를 받은 경우, 그 점용기간은 특별사정이 없는 한 지하 연결통로 완공 시까지로 봄이 상당하고, 지하연결통로 중 확장부분은 기존 지하도를 통행하는 일반 시민들이 주로 이용하고 이에 곁들여 그 건물에 출입하는 사람들이 이용하는 것으로 건물 소유자가 특별사용하는 것으로 볼 수 없다.〉**

가. 도로점용 허가가 상대방의 신청에 의하여 행하여지는 쌍방적 행정행위인 점, 그리고 건물소유자가 도로점용허가를 받아 건물과 지하도를 연결하는 지하연결통로를 설치하여 이를 관리청에 기부채납하기로 하였다면 특별한 사정이 없는 한 건물소유자로서는 지하연결통로를 완공할 때까지 점용할 의사로 도로점용허가를 신청한 것으로 봄이 상당한 점 등에 비추어 보면, 지하연결통로를 설치하여 이를 기부채납하기 위하여 도로점용허가를 받은 경우 허가 자체에 점용기간이 명백히 정해져 있다는 등의 사정이 없는 한 그 점용기간은 지하연결통로 완공시까지로 봄이 상당하다.

나. 지하연결통로 완공 후의 지하도 전체 중 확장부분은 지하 전철역에서 지상의 대로로 나가는 일반 시민들이 주로 이용하고 이에 곁들여 건물에 출입하는 사람들이 이를 이용하고 있으며, 그 건물에 출입하는 사람들로 인하여 일반시민들이 본래의 사용보다 불편함을 감수하면서 이를 이용하는 것으로는 보이지 아니하고 그 구조 또한 주로 일반인의 이용을 위한 것으로 보이므로 건물소유자가 이를 특별사용 하는 것으로 볼 수 없고, 한편 연장부분은 주로 위 건물에 출입하는 사람들이 이를 이용하고 일반 시민의 이용을 제한하지 않는 것에 불과한 것으로 보이므로 건물소유자가 위 연장부분만을 특별사용 하는 것으로 보아야 한다고 한 사례(대판 1995. 2. 3, 94누3766 도로점용료 부과처분 취소).

② 쌍방적 행정행위

특허의 내용에 있어서 법령·조례·특허명령서 등에 의하여 획일·정형화되고 기속되는 경향이 있고, 또한 상대방의 출원을 효력발생요건으로 하므로 쌍방적 행정행위이다.

③ 자유재량행위

특정인을 위하여 새로운(특별한) 권리를 설정하는 행위이므로 특허를 할 것인가의 여부는 관리청의 자유재량이다.

판례 〈하천부지의 점용허가는 특허이며 재량행위이다.〉 하천부지의 점유허가 여부는 관리청의 자유재량에 속하고, 재량행위에 있어서는 법령상의 근거가 없다고 하더라도 부관을 붙일 것인가의 여부는 당해 행정청의 재량에 속한다고 할 것이고, 또한 같은 법 제24조 단서가 하천의 오염방지에 필요한 부관을 붙이도록 규정하고 있으므로 하천부지 점유허가의 성질의 면으로 보아 법 규정으로 보아 부관을 붙일 수 있음은 명백하다(대판 1991.10.11, 90누8688).

3) 특허사용의 내용

① 공물사용권(특허사용권자의 권리)

㉮ 사용권의 성질은 공권성·채권성·재산권성의 성질을 가진다.

㉠ 공권성 : 공권설·사권설이 대립하고 있으나 공권(공법상 채권)이라고 본다(통설). 따라서 이에 관한 분쟁은 행정쟁송절차에 의한다.

판례 〈비관리청의 항만시설 무상사용기간의 산정 기준이 되는 총사업비를 관리청이 적법한 기준에 미달하게 산정하여 통보한 경우, 그 산정통보 자체를 항고소송으로 다툴 수 있는지 여부(소극)(항만법상의 비관리청의 항만시설무상사용권의 법적성격)〉 항만법 제17조 제1항은, 비관리청의 항만공사로 조성 또는 설치된 토지 및 항만시설은 준공과 동시에 국가 또는 지방자치단체에 귀속된다고 규정하고, 같은 조 제3항은, 비관리청은 그 귀속된 항만시설을 총사업비의 범위 안에서 대통령령이 정하는 바에 따라 무상사용 할 수 있다고 규정하고 있는바, 비관리청이 행한 항만시설은 비관리청의 의사와 아무런 상관없이 항만법의 규정에 의하여 당연히 국가 또는 지방자치단체에 귀속하는 대신, 비관리청은 항만법에 의하여 총사업비의 범위 안에서 당해 항만시설에 대하여 무상사용권을 취득할 수 있으므로, 이에 따라 비관리청이 당해 항만시설을 무상사용하는 것은 일반인에게 허용되지 아니하는 특별한 사용으로서, 이른바 공물의 특허사용에 해당하고, 비관리청이 당해 항만시설을 무상사용할 수 있는 기간은 총사업비에 의하여 결정되므로, 관리청이 적법한 기준에 미달하게 총사업비를 산정하였다면, 그 금액과 적법한 기준에 의한 총사업비의 차액에 따른 기간만큼 무상사용기간이 단축되므로, 그 차액에 해당하는 기간에 관하여는 비관리청이 무상사용할 수 없게 된다는 법적 불안·위험이 현존한다고 보아야 하고, 따라서 이를 제거하기 위하여 국가를 상대로 공법상의 당사자소송으로 관리범위의 확인을 구할 필요나 이익이 있으며, 이러한 방법이 가장 유효·적절한 수단이라고 할 것이나, 관리청이 총사업비를 산정하여야만 비관리청이 당해 항만시설을 무상사용할 수 있는 것이 아니므로, 관리청이 적법한 기준에 미달하게 총사업비를 산정하여 통보하였다 하더라도 그 산정통보 자체를 항고소송으로 다툴 수는 없다(대판 2001.8.24, 2001두2485 총사업비재산정통보처분취소 등).

판례 〈항만공사시행자인 비관리청의 항만시설 무상사용기간의 산정기준이 되는 총사업비를 관리청이 법적기준에 미달하게 부당산정한 경우, 이에 대한 유효·적절한 쟁송방법은 공법상 당사자 소송으로 권리범위 확인의 소이고, 그 확인의 소송에 있어서 비관리청이 관리청에 의하여 산정된 총사업비에 따른 무상사용기간이 20년에 미달한다는 점을 입증하여야 확인의 이익이 있는 것은 아니다.〉 구 항만법(1995. 1. 5. 법률 제4925호로 개정되기 전의 것) 제17조 제1항, 제3항, 같은법시행령(1995. 12. 29. 대통령령 제14853호로 개정되기 전의 것) 제19조 제2, 제3항의 각 규정에 의하면 비관리청이 설치한 항만시설은 비관리청의 의사와 관계없이 법의 규정에 의하여 당연히 국가 또는 지방자치단체에 귀속하고 그 대신 비관리청은 20년의 범위 안에서 사용료의 총액이 총사업비에 달할 때까지 당해 항만시설에 대한 무상사용권을 취득하며 그 무상사용기간은 총사업비에 의하여 결정되므로, 지방청장이 법령에 의한 기준에 미달하게 총사업비를 부당 산정하였다면, 그 금액과 적법한 기준에 의한 총사업비와의 차액에 따른 기간만큼 무상사용기간이 단축되어 그 차액에 해당하는 기간에 관하여는 비관리청이 무상사용할 수 없게 된다는 법적 불안·위험이 현존한다고 보아야 하고, 따라서 이를 제거하기 위하여 공법상 당사자소송으로써 권리범위의 확인을 구할 필요나 이익이 있으며, 그러한 확인의 소를 제기하는 방법이 가장 유효·적절한 수단이고, 한편 사용료는 그 자체가 변동가능할 뿐만 아니라 사용 형태와 정도에 따라 달라질 수 있어, 총사업비에 따른 무상사용기간이 20년을 초과하는지 여부가 총사업비 산정 당시에 확정적으로 정하여지는 것은 아니므로 위의 확인소송에 있어서 비관리청이 지방청장에 의하여 산정된 총사업비에 따른 무상사용기간이 20년에 미달한다는 점을 입증하여야만 확인의 이익이 있다고 할 수 있게 되는 것은 아니다(대판 2001. 9. 4, 99두10148 포항신항만시설무상사용권확인).

또한 특허사용권을 침해하는 사인이 있는 경우에는 그 자에 대하여 침해행위의 배제·예방, 원상회복, 손해배상 등 민사상 구제수단을 행사할 수 있다.

판례 〈하천부지의 점용허가를 받은 사람은 그 하천부지를 권원 없이 점유·사용하는 자에 대하여 직접 부당이득의 반환 등을 구할 수 있다.〉
〈민법 제203조 제1항, 제2항에 의한 점유자의 필요비 또는 유익비상환청구권은 점유자가 회복자로부터 점유물의 반환을 청구받거나 회복자에게 점유물을 반환한 때에 비로소 회복자에 대하여 행사할 수 있다.〉(대판 1994. 9. 9, 94다4592 부당이득금반환)

㉡ 채권성 : 물권이 아니라 공물주체에 대하여 공물의 사용을 청구할 수 있는 채권의 성질을 갖는다. 다만, 어업권, 광업권, 댐 사용권 등은 물권의 성질을 가진다.

판례 하천의 점용허가권은 특허에 의한 공물사용권의 일종으로서 관리주체에 대하여 일정한 특별사용을 청구할 수 있는 채권에 지나지 아니하고 대물적 효력이 있는 물권이라 할 수 없다(대판 1990.2.13, 89다카23032).

㉢ 재산권성 : 공권이지만 공물을 일정한 목적을 위하여 사용 또는 점용하는 것을 내용으로 하는 재산권적 성질을 가진다(침해에 대하여 민법상 손해배상청구 가능). 따라서 공권이지만 이전성이 인정된다.

㈏ 내 용

㉠ 주로 공물의 계속적 사용을 내용으로 한다. 일시적 사용은 허가이다.

㉡ 예로서 하천 또는 그 부근 토지의 계속적 점용(하천구역 내에서의 토지의 점용, 유수인용, 하천부설물의 점용, 하천지역 안에서의 공작물의 신축·개축, 토지의 굴착·성토, 토석의 채취, 유선장의 설치, 식물의 식재) 도로의 계속적 점용(도로구역 내에서의 공작물 신축·전주·수도관·가스관·궤도부설) 공유수면의 계속적 점용, 공원의 계속적 점용 등이 있다.

판례 〈도로의 특별사용과 일반사용의 병존이 가능하며 특별사용은 독점적·배타적임을 불문한다.〉 지하연결통로의 주된 용도와 기능이 원고 소유 건물에 출입하는 사람들의 통행로로 사용하기 위한 것이고, 다만 이에 곁들여 일반인이 통행함을 제한하지 않는 것뿐이어서 일반 시민으로서는 본래의 도로사용보다 불편함을 감수하면서 이를 사용하는 것에 불과하다면, 위 지하연결통로는 일반사용을 위한 것이라기보다는 원고 소유 건물의 사용·편익을 위한 특별사용에 제공된 것이어서 이를 설치·사용하는 행위는 도로의 점용이라고 보아야 할 것이다(대판 1992.12.22. 92누1223). 도로의 특별사용은 반드시 독점적·배타적인 것이 아니라 그 사용목적에 따라서는 도로의 일반사용과 병존이 가능한 경우도 있고, 이러한 경우에는 도로점용부분이 동시에 일반 공중의 교통에 공용되고 있다고 하여 도로점용이 아니라고 말할 수는 없다(대판 1991.4.9. 90누8855).

특별사용이라고 보지 않은 예의 판례를 살펴보자(기술함).

판례 〈인근 롯데백화점에서 기존의 서울 을지로입구 전철역 출입계단에 상행선 에스컬레이터를 설치한 것이 도로의 특별점용에 해당하지 아니한다.〉(대판 1992. 9. 8, 91누12622 도로점용료부과처분취소).

판례 〈지하연결통로 중 확장부분은 기존 지하도를 통행하는 일반시민들이 주로 이용하고 이에 곁들여 그 건물에 출입하는 사람들이 이용하는 것으로서 건물소유자가 특별사용 하는 것으로 볼 수 없다. 한편 연장부분만을 특별사용하는 것으로 보아야 한다.〉(대판 1995. 2. 3, 94누3766 도로점용료부과처분취소)

② 공물사용권자의 의무(특허사용자의 의무)

공물사용권자의 의무는 법령·조례 또는 특허명령서가 정하는 바에 따라 공법상 특별한 의무를 부담한다. 사용료납세의무(지자법 §136, 도로법 §41, 하천법 §37, 공유재산법 §22), 손실보상의무(하천법 §35), 수선 또는 비용부담의무(하천법 §30, 도로법 §31, §74, §80) 등을 지는 경우가 있다.

사용료 납부의무는 공의무의 성질을 가지며, 그 불이행에 대하여는 행정상 강제징수절차가 적용됨이 일반적이다(지자법 §139, 하천법 §67, 도로법 §90,). 사용료 부과·징수에 대하여 불복하는 경우에는 행정쟁송을 제기할 수 있다.

사용료(징수)에 관하여 명문의 규정을 두는 경우가 있으나, 그러한 명문규정이 없는 경우에도 특허사용의 사용료는 특별한 이익에 대한 대가의 징수이므로 법규의 근거 없이도 징수할 수 있다고 보아야 한다.[142)]

③ **사용특허 없는 특별사용(불법점용)에 대한 제재**

㉮ 필요한 조치 : 사용특허 없는 특별사용에 대하여는 공물관리청은 도로 등 공물을 불법점유하거나 이에 시설물을 설치한 때에는 이전·철거를 명하고 이에 따르지 않는 경우에는 대집행을 할 수 있다(도로법 §83, 국유재산법 §38, 공유재산법 §83).

㉯ 변상금 부과 : 사용특허 없는 특별사용에 대해 변상금 등의 부과에 대한 특별규정이 있는 경우에는 변상금을 부과한다. 도로법 제94조는 「제38조에 따른 도로점용허가를 받지 아니하고 도로를 점용한 자에 대하여는 그 점용기간에 대한 점용료의 100분의 120에 상당하는 금액을 변상금으로 징수할 수 있다. 이 경우 징수방법은 도로점용료징수의 예에 따른다」, 하천법 제67조는 「…… 변상금을 징수하고, 변상금을 납부하여야 하는 자가 그 납부기한까지 납부하지 아니한 때에는 국세 또는 지방세 체납처분의 예에 따라 징수한다」고 규정하고 있다.

변상금부과와 같은 특별규정이 없는 경우에는 부당이득반환의 법리(민법 §741)에 의거하여 점용료 상당액을 부당이득금으로 징수할 수 있을 것이다. 변상금부과처분은 행정소송의 대상이 되는 행정처분이다.

㉰ 벌칙부과 : 도로법(§38·①)·하천법(§33·①)에 위반하여 허가 없이 도로나 하천을 점용한 자는 검찰에 고발당할 수 있다(도로법 §97, 하천법 §95).

④ **부 관**

공물사용권의 특허는 법규나 특허명령서에 의하여 조건·기한·부담·철회권의 유보 등의 부관을 붙일 수 있다.

⑤ **공물사용권의 한계**

공물 중 공공용물은 일반 공중의 사용에 제공됨을 직접목적으로 하고 공공복리 증진에 봉사함을 사명으로 하는 것이므로 본래의 목적에의 본질적 제한·침해하는 정도의 특별사용은 공공용물의 성질에 반한다 할 것이다.

따라서 공공용물은 그 용도 또는 목적에 장애가 되는 정도로 특정인에게 독점적·배타적인 사용권을 부여하는 것은 공공용물의 성질에 반한다(국유재산법 §30·①, 공유재산법 §20·①).

⑥ **특허사용관계의 종료**

사용권의 포기(공권이지만 재산권의 성질을 가지므로 포기가능), 공용폐지, 사용권에 의거한 시설 또는 사업의 소멸, 종기의 도래 또는 해제조건의 성취, 특허의 철회 등에 의하여 종료한다.

문제는 취소·철회의 한계이다. 공물사용의 특허는 ㉮ 상대방의 법령 등의 의무위반, ㉯ 공익상의 필요 등을 이유로 취소·철회될 수 있는데(도로법§83, §84, 하천법§69, §70), 어느 경우이든 사전에 청문을 해야 함이 원칙이다(행정절차법 §21, 도로법 §85, 하천법 §91).

142) 박윤흔(하), 505쪽 ; 김남진(Ⅱ), 387쪽 ; 박균성(하), 296쪽 ; 홍정선(하), 454쪽.

위에서 본 바와 같이 특허의 존속자체가 공익을 해하는 경우에는 법률규정에 의하여 철회 권을 유보하는 경우(도로법 §84, 하천법 §70)는 물론이고, 특허의 존속 그 자체가 공익을 해하는 것은 아니나, 다른 보다 큰 공익상의 필요에 의하여 특허를 철회하여야 하는 경우도 있다. 예컨대 하천에서의 사석채취허가·유수허가를 받아 이를 기초로 사업을 행하고 있는 경우에 발전용 수리를 위하여 특허를 철회하여야 할 경우 등이다. 어느 경우이든 철회는 완전히 자유로운 것은 아니며, 특허의 철회로 인한 공물사용권자의 손해와 철회함으로써 기대되는 공익과를 비교 형량하여야 한다는 비례원칙(과잉금지원칙) 등 조리상 제한을 받는다는 점이다. 그리고 그 철회로 인하여 발생한 손실에 대하여는 정당한 보상을 하여야 한다(도로법 §92, §93, 하천법 §76, §77).

(5) 관습상 사용(관습법에 의한 특별사용)

1) 의 의

지방의 다년간의 관습법에 의하여 특정범위 안의 주민에게 배타적인 사용권이 인정되는 경우를 말한다. 자연공물 특히 소규모의 공수사용(하천, 호수, 해면)의 예가 있다(관개용수이용권, 유수권, 음용용수권, 공동우물사용권, 관행어업권 즉, 입어권).

2) 성 립

관습법에 의한 공물사용권이 성립하기 위해서는 ① 특정인·특정지역·주민·단체 등 한정된 범위의 사람들이 당해 공물을 장기간 사용하고 있고(관행의 존재), ② 그 이용이 일시적이 아니고 계속적이며, 평온·공연하게 행하여져 관계인에게 인정되어 법적 확신을 얻어야 하며(일반으로부터 정당한 사용으로 인식) ③ 사용관계의 내용이 일반사용이 아닌 특별한 사용에 해당할 것을 요한다.

특허에 의한 사용권과 같이 공권의 성질을 띠고 있으나, 실질적으로는 재산권과 같은 까닭에 민법 등 사법의 적용도 받는다.

3) 내 용

관습상 공물사용의 내용은 관습법에 의하여 정해지며, 성문의 법령에 의한 제한이 가능하다. 그러나 이 경우에도 관습상 공물사용권을 보호하는 장치가 마련되어야 한다.

예컨대 관습상 공물사용권을 특허사용권으로 대체하여 주는 것으로 규정하는 것이 가능하고, 법령에 의한 관습상 공물사용권의 제한이 특별한 희생이 되는 경우 손실보상을 해주어야 한다(수산업법, 2008.2.29.부칙 §5·①·②).

> **판례** 〈관습법상 특별사용권(입어권)〉 공유수면으로부터 용수를 함에 있어서 하천법 제25조에 의하여 하천관리청으로부터 허가를 얻어야 한다고 하더라도 그 허가를 필요로 하는 법규의 공포시행 전에 원고가 위 화덕상보에 의하여 용수할 수 있는 권리를 관습에 의하여 취득하였음이 뚜렷하므로 위 하천법의 규정에 불구하고 그 기득권이 있는 것이다(대판 1972.3.31, 72다78).

관습법에 의한 특별사용 역시 개인적 공권의 성질을 가지므로 행정권에 의한 침해가 있는 경우에 행정쟁송 및 국가배상청구소송 등을 통하여 구제받을 수 있으며, 제3자가 이를 침해한 경우에는 민법상의 불법행위를 구성하며 방해배제청구권 및 손해배상청구권을 행사할 수 있음은 공공용물의 특허사용의 경우와 같다.

(6) 행정재산의 목적 외 사용

1) 의 의

행정재산(국유공물·공유공물)은 그 목적에 장애가 되지 않는 한 행정재산의 목적 외로 사용 또는 수익을 허가할 수 있는데, 이를 행정재산의 목적 외 사용이라 한다(국유재산법 §30, 공유재산 및 물품관리법§20). 행정자산은 직접 행정목적에 제공된 것이므로 원칙적으로 이를 대부·매각·교환·양여 또는 신탁하거나 출자의 목적으로 하지 못하며, 이에 사권을 설정하지 못한다(국유재산법 §27·①, 공유재산법 §19). 그러나 행정재산의 목적에 반하지 않는 한도 내에서 사용을 금지할 이유는 없다. 예컨대 관공서 청사의 일부를 사인에게 식당이나 매점을 경영할 수 있도록 사용허가하는 경우를 들 수 있다.

2) 형 태

행정재산의 목적 외 사용에는 ① 공공용물에 대한 허가사용(예: 하상의 모래채취, 공원안에 점포개설, 전동차내의 광고 등), ② 공용물에 대한 허가사용(예: 정부청사안의 매점·식당·이발관의 경영 등), ③ 공적 보존 물에 대한 허가사용(예: 고궁안에 점포개설 등)이 있다.

3) 공용물의 원칙

행정재산의 목적 외 사용에 대하여는 국유재산법(§30·①)과 공유재산 및 물품관리법(이하 '공유재산법'이라 한다)(§20)에서 규정하고 있다. 그러나 행정재산 중에서 공공용물의 사용(목적에 따른 사용 및 목적 외 사용)에 대하여는 도로법(§38, §39), 하천법(§38), 도시공원및녹지등에관한법률(§24), 공유수면관리및매립에관한법률(§8) 등에서 각각 규정하고 있기 때문에 이들 법이 각각 적용되고, 국유재산법및공유재산법의 규정은 적용되지 아니한다. 따라서 국유재산법 및 공유재산법이 정한 목적 외 사용규정이 적용되는 것은 공용물의 경우이다.

4) 근 거

행정재산의 목적 외 사용에 대하여는 국유재산법과 공유재산법에서 규정하고 있다.

① 국유재산법

「행정재산은 그 용도 또는 목적에 장애가 되지 아니하는 범위 안에서 그 사용 또는 수익을 허가할 수 있다」(§30·①), 라고 규정하고, 제31조 이하에서 사용료, 사용·수익허가기간, 사용·수익의 취소와 철회 등에 대하여 규정하고 있다.

② **공유재산법**

「행정재산 등은 그 목적 또는 용도에 장애가 되지 아니하는 범위 안에서 그 사용 또는 수익을 허가할 수 있다」(§20·①), 「지방자치단체의 장이 제1항의 규정에 의하여 사용·수익의 허가를 하고자 하는 경우에는 일반 경쟁 입찰에 의하여야 한다. 다만, 일정한 사항에 해당하는 경우에는 수의계약의 방법에 의하여 허가할 수 있다」(§20·②)라고 규정하며 허가하는 경우에 일반 경쟁입찰이나 수의계약의 방법에 의하여 허가할 수 있게 하고, 제21조 이하에서 사용·수익기간, 사용료, 사용·수익 허가의 취소, 청문 등에 대하여 규정하고 있다.

③ **계약에 의한 사용**

행정재산의 목적 외 사용은 법률의 근거가 없는 경우에도 계약에 의해 사용할 수 있다고 본다. 공법상의 계약은 행정행위의 형식에 의한 공물사용허가를 대신하는 의미를 갖는 것이며, 사법상의 계약은 행정기관에게 법적 형태의 선택의 자유가 인정되는 한도에서 인정된다고 보아야 한다. 다만, 실정법의 명문규정에 반하는 경우에는 이러한 계약형식의 공물사용은 인정될 수 없다.

5) 목적 외 사용허가의 성질

국유재산법(§30·①)과 공유재산법(§20·①)상의 행정재산의 사용허가가 사법상 계약인지, 아니면 공법관계로서의 행정처분인지에 관해 다툼이 있다.

① **사법상계약설**[143)]

이 설은 행정재산의 목적 외 사용허가를 사법상 계약으로 본다. 그 논거는 다음과 같다.

㉮ 사용·수익의 허가라는 용어만으로 행정재산의 목적 외 사용허가의 성질을 속단할 수 없고, 행정재산의 목적 외 사용·수익의 내용은 오로지 사용·수익자의 사적이익을 도모하는데 있다는 점, ㉯ 국유재산법 제30조 제1항에 의한 사용이 「원래의 목적 외의 사용」이라는 점, ㉰ 관리청과 사인 사이의 우열관계 내지 상하관계가 존재한다고 보기 어렵다는 점, ㉱ 조세체납절차에 의한 강제징수가 가능하다는 것이 반드시 법관계를 공법관계로 보아야 한다는 것은 아니라는 점, ㉲ 국유재산법상 사용허가는 승낙으로, 사용허가의 취소·철회는 계약의 해제 등으로 볼 수 있다는 점 등을 논거로 든다.

② **행정처분설(공법관계설)**[144)]

이 설은 행정재산의 목적 외 사용허가를 행정처분으로 보며 사용관계를 공법관계로 본다(다수설). 그 논거는 다음과 같다. ㉮ 현행국유재산법은 구 국유재산법과는 달리 행정재산의 사용·수익은 관리청의 허가에 의하도록 되어 있고, 또한 관리청은 상대방의 귀책사유나 공

143) 이상규(하), 472쪽 ; 홍성선(하), 456쪽.
144) 김남진(Ⅱ), 391쪽 ; 박균성(하), 301쪽 ; 김동희(Ⅱ), 276쪽 ; 정하중(각론), 324쪽 ; 류지태, 행정법신론, 877쪽.

공목적과의 관련에서는 그 허가를 일방적으로 취소·철회할 수 있도록 규정하고 있는 점, ㉯ 현행법은 사용료의 징수를 조세체납절차에 의하도록 정하고 있고, 사용허가에 관한 규정과 사용허가의 취소·철회에 관한 규정을 잡종재산의 대부에 관한 규정을 준용하지 아니하고 독립시켜 놓고 있어서 공법적 규율이 강화되고 있다는 점을 든다.

③ **이원적 법률관계설**145)

이 설은 행정재산의 사용·수익관계는 일부는 공법관계이고, 일부는 사법관계라 한다. 즉, 국유재산법의 개정취지가 사용·수익관계의 「발생·소멸과 사용료의 징수관계」는 그것을 공법적으로 규율하려는 의도가 분명하므로 그 범위 안에서는 공법관계라고 할 것이다. 그러나 행정재산의 「사용·수익관계」는 그 「실질」에 있어서는 사법상의 임대차관계와 같다고 할 것이며, 따라서 특수한 공법적 규율이 있는 사항을 제외하고는 행정재산의 목적 외 사용의 법률관계는 사법관계라 할 것이며, 허가라는 행정처분에 의하여 발생하는 사용권도 사권이라고 할 것이다(행정처분에 의하여사권이 설정될 수도 있는 것인 바, 광업허가에 의하여 광업권이, 어업허가에 의하여어업권이 설정되는것과 같다)」. 그리하여 행정재산의 목적 외 사용관계는 이원적 법률관계라 한다.

④ **판 례**

㉮ 목적 외 사용·수익의 허가를 구 국유재산법 아래서는 사법관계설이 통설·판례이었다.

판례 「국유재산 중 행정재산이라 할지라도 그 용도 또는 목적에 장애가 없는 한도에서 사용 또는 수익을 허가하는 행위는 그 목적이 사권의 설정에 있고 그 효과도 이에 따르는 것으로서 관리청은 이와 같은 사권의 설정행위에 있어서는 개인보다 우월적인 지위에 있어서 국가 권력의 담당자로서 행동한다는 것 보다는 개인과 대등한 위치에 있어서 사권설정의 법률행위를 하는 것으로 볼 것이니 이러한 행위는 국가통치기관으로서 권력관계에 기초하는 의사표시로서의 행정처분으로 볼 수 없다」(대판 1964.9.30, 64누102).

㉯ 개정된 신 국유재산법 아래서는 행정재산의 목적 외 사용·수익허가를 행정처분으로 보고 있다.

판례 **〈행정재산의 사용·수익에 대한 허가의 성질은 권리를 설정하여 주는 강학상 특허에 해당한다.〉** 「공유재산의 관리청이 행정재산의 사용·수익에 대한 허가는 순전히 사경제주체로서 행하는 사법상의 행위가 아니라 관리청이 공권력을 가진 우월적 지위에서 행하는 행정처분으로서 특정인에게 행정재산을 사용할 수 있는 권리를 설정하여 주는 강학상 특허에 해당한다」(대판 1998.2.28, 97누1105. 공유재산 대부신청 반려처분 무효확인).

판례 **〈구 지방재정법 제75조의 규정에 따라 기부채납 받은 행정재산에 대한 공유재산관리청의 사용·수익허가의 법적성질은 행정처분이다.〉** 공유재산의 관리청이 하는 행정재산의 사용·수익에 대한 허가는 순전히 사경제주체로서 행하는 사법상의 행위가 아니라 관리청이 공권력을 가진 우월

---

145) 박윤흔(하), 511쪽.

적 지위에서 행하는 행정처분이라고 보아야 할 것인바, 행정재산을 보호하고 그 유지·보존 및 운용 등의 적정을 기하고자 하는 지방재정법 및 그 시행령 등 관련 규정의 입법취지와 더불어 잡종재산에 대해서는 대부·매각 등의 처분을 할 수 있게 하면서도 행정재산에 대해서는 그 용도 또는 목적에 장해가 없는 한도 내에서 사용 또는 수익의 허가를 받은 경우가 아니면 이러한 처분을 하지 못하도록 하고 있는 구 지방재정법(1999. 1. 21. 법률 제5647호로 개정되기 전의 것) 제82조 제1항, 제83조 제2항 등 규정의 내용에 비추어 볼 때 그 행정재산이 구 지방재정법 제75조의 규정에 따라 기부채납 받은 재산이라 하여 그에 대한 사용·수익허가의 성질이 달라진다고 할 수는 없다(대판 2001. 6. 15, 99두509 무상사용허가일부거부처분 취소).

판례 **〈국립의료원부설주차장에 관한 위탁관리용역운영계약의 실질은 행정재산에 대한 국유재산법 제24조 제1항의 사용·수익허가(행정처분)임을 이유로, 민사소송으로 제기된 위 계약에 따른 가산금지급채무의 부존재확인청구에 관하여 본안판단을 한 원심판결을 파기하고, 소를 각하한 사례〉**(대판 2006. 3. 9, 2004다31074, 채무부존재확인)

또한 판례는 국유재산의 관리청이 행정재산의 사용·수익을 허가한 다음 그 사용·수익하는 자에 대하여 하는 「사용료부과」도 항고소송의 대상이 되는 행정처분이라 보고 있다(대판 1996.2.13, 95누11023).

⑤ 결 어

「관리청은 사용·수익을 허가한 행정재산 등을 국가 또는 지방자치단체가 직접 공용 또는 공공용으로 사용하기 위하여 필요로 하게 된 때에는 그 허가를 취소 또는 철회할 수 있다」(국유재산법 §36·①·②, 공유재산법 §25·①·②)고 규정하여 직접 공익상 필요로 한 때에는 사용·수익자의 귀책사유와 관계없이 일방적으로 그 허가를 취소(공유재산법 §25·②)·철회(국유재산법 §36·②)할 수 있는 것으로 규정하고 있고, 취소·철회하고자 하는 경우에는 청문을 실시하여야 한다(국유재산법 §37, 공유재산법 §26)고 규정한 것으로 보아 사용·수익의 허가나 사용·수익허가의 취소·철회는 순전히 사경제주체로서 행하는 사법상행위라 할 수 없고, 이는 관리청이 공권력을 가진 우월적 지위에서 행한 것으로서 항고소송의 대상이 되는 행정처분으로 보아야 할 것이다(대판 1997.4.11, 96누17325).

판례 **〈행정재산에 대한 사용·수익허가취소가 항고소송의 대상인 행정처분이다.〉** 국·공유재산의 관리청이 행정재산의 사용·수익을 허가한 다음 그 사용·수익하는 자에 대하여 하는 사용·수익허가취소는 순전히 사경제주체로서 행하는 사법상의 행위라 할 수 없고, 이는 관리청이 공권력을 가진 우월적 지위에서 행한 것으로서 항고소송의 대상이 되는 행정처분이다(대판 1997. 4. 11, 96누17325).

판례 **〈행정재산인 농수산물도매시장 내 점포의 사용허가를 사용료납부지체만을 이유로 취소한 것은 재량권을 벗어난 위법한 행정처분이다.〉** 지방자치단체장으로부터 행정재산인 농수산물도매시장의 관리권한을 위임받은 관리청이 사용료납부지체만을 이유로 그 농수산물도매시장 내 점포에 대한 사용허가를 취소한 것은 그 위반행위의 내용이나 정도에 비추어 상대방에게 주는 불이익이 너무 커 그 재량권을 벗어난 위법한 행정처분이라고 본 사례(대판 1997. 4. 11, 96누17325).

이에 반하여 일반재산 (종래의 잡종재산)의 대부행위는 사법상의 임대차 계약이고, 국유일반재산(구 잡종재산)에 관한 대부료의 납부고지 역시 사법상의 이행청구에 해당하고, 이를 행정처분이라 할 수 없다(대판 1993. 12. 7, 91누11612). 국유임야대부료부과처분 취소).

그리고 사용·수익허가를 받은 행정재산을 전대하는 행위는 그 행정재산의 관리청으로부터 국유재산 관리사무의 위임을 받거나 국유재산관리의 위탁을 받지 않는 이상, 통상의 사인간의 임대차라고 보아야 한다.

판례 **〈구 한국공항공단법 제17조에 의하여 한국공항공단이 정부로부터 무상사용허가를 받은 행정재산을 전대하는 행위가 사법상의 임대차에 해당한다.〉** 한국공항공단이 정부로부터 무상사용허가를 받은 행정재산을 구 한국공항공단법(2002. 1. 4. 법률 제6607호로 폐지) 제17조에서 정한 바에 따라 전대하는 경우에 미리 그 계획을 작성하여 건설교통부장관에게 제출하고 승인을 얻어야 하는 등 일부 공법적 규율을 받고 있다고 하더라도, 한국공항공단이 그 행정재산의 관리청으로부터 국유재산관리사무의 위임을 받거나 국유재산관리의 위탁을 받지 않은 이상, 한국공항공단이 무상사용허가를 받은 행정재산에 대하여 하는 전대행위는 통상의 사인간의 임대차와 다를 바가 없고, 그 임대차계약이 임차인의 사용승인신청과 임대인의 사용승인의 형식으로 이루어졌다고 하여 달리 볼 것은 아니다(대판 2004. 1. 15, 2001다12638. 임대료).

6) 사용·수익 허가 기간

행정재산 등의 사용·수익 허가 기간은 5년 이내로 한다. 다만, 기부채납재산의 경우에는 사용료의 총액이 기부를 채납한 재산의 가액에 달하는 기간 이내로 한다. 사용허가기간은 이를 갱신할 수 있다. 이 경우 갱신기간은 갱신할 때마다 제1항의 규정에 의한 기간을 초과할 수 없다(국유재산법 §35·①·②).

7) 사용·수익허가의 철회와 손실보상

관리청은 사용·수익을 허가한 행정재산 등을 국가 또는 지방자치단체가 직접 공용 또는 공공용으로 사용하기 위하여 필요한 때에는 그 허가를 철회할 수 있고, 그 철회로 인하여 당해 허가를 받은 자에게 손해가 발생한 때에는 그 재산을 사용할 기관은 대통령령이 정하는 바에 의하여 이를 보상한다(국유재산법 §36·③).

8) 원상회복과 불법시설물 철거(대집행)

① **원상회복(반환의무)**

국유재산법 제38조 또는 공유재산법 제20조 제5항은 "사용·수익의 허가를 받은 자는 허가기간이 종료되거나 제28조 또는 제25조의 규정에 의하여 사용·수익허가가 취소 또는 철회된 경우에는 당해 행정재산을 원상대로 반환하여야 한다. 다만, 관리청(또는 지방자치단체장)이 미리 원상의 변경을 승인한 경우에는 변경된 상태로 반환할 수 있다"라고 반환의무를 규정하고 있다.

② 불법시설물 철거

국유재산법 제74조는 "정당한 사유 없이 국유재산을 점유하거나 이에 시설물을 설치한 때에는 행정대집행법을 준용하여 철거 기타 필요한 조치를 할 수 있다"고 규정하고, 공유재산법 제83조는 "정당한 사유 없이 공유재산을 점유하거나 이에 시설물을 설치한 때에는 행정대집행법을 준용하여 철거 그 밖의 필요한 조치를 할 수 있다"고 규정하고 있다.

㉮ 정당한 사유 없는 점유의 의미 : 국유재산법 제74조와 공유재산법 제83조의 "정당한 사유 없는 점유"는 처음부터 불법 점유한 경우뿐만 아니라 사용·수익허가가 취소 또는 철회되면 정당한 권원이 없어지게 되므로 그 점유자의 국·공유재산에 대한 점유는 "정당한 이유 없는 점유"가 된다.

판례 〈공유재산대부계약의 해지에 따른 원상회복으로 행정대집행의 방법에 의하여 그 지상물을 철거시킬 수 있다.〉 지방재정법 제85조 제1항은, 공유재산을 정당한 이유 없이 점유하거나 그에 시설을 한 때에는 이를 강제로 철거하게 할 수 있다고 규정하고, 그 제2항은 지방자치단체의 장이 제1항의 규정에 의한 강제철거를 하게 하고자 할 때에는 행정대집행법 제3조 내지 제6조의 규정을 준용한다고 규정하고 있는바, 공유재산의 점유자가 그 공유재산에 관하여 대부계약 외 달리 정당한 권원이 있다는 자료가 없는 경우 그 대부계약이 적법하게 해지된 이상 그 점유자의 공유재산에 대한 점유는 정당한 이유 없는 점유라 할 것이고, 따라서 지방자치단체의 장은 지방재정법 제85조에 의하여 행정대집행의 방법으로 그 지상물을 철거시킬 수 있다(대판 2001. 10. 12, 2001두4078, 대집행계고처분무효확인).

㉯ 강제철거 : 철거의무는 대체적 작위의무이다. 국유재산법 제74조는 행정대집행법을 준용하고, 공유재산법 제83조도 행정대집행법을 준용하고 있다. 그러나 철거의무는 대체적 작위의무이기 때문에 공유재산법 제83조의 불법시설물의 강체철거는 대체적 작위의무에 해당하는 것은 대집행이 가능하다는 것이며, 대체적 작위의무가 아닌 것도 공유재산법 제83조에 의해 대집행이 가능하다고 규정하고 있는 것은 아니다. 그러므로 대체적 작위의무가 아닌 의무이거나 점유자의 퇴거 및 명도의무는 대집행의 대상이 되는 것은 아니라 할 것이다(점유이전의 대집행문제).

판례 〈지방재정법 제85조(현행 공유재산법 §83)가 대체적 작위의무가 아닌 의무에 대하여도 대집행을 허용하는 취지는 아니다.〉 지방재정법 제85조는 철거 대집행에 관한 개별적인 근거 규정을 마련함과 동시에 행정대집행법상의 대집행 요건 및 절차에 관한 일부 규정만을 준용한다는 취지에 그치는 것이고, 그것이 대체적 작위의무에 속하지 아니하여 원칙적으로 대집행의 대상이 될 수 없는 다른 종류의 의무에 대하여서까지 강제집행을 허용하는 취지는 아니다(대판 1998. 10. 23, 97누157 시설물철거대집행계고처분취소).

판례 〈도시공원시설 점유자의 퇴거 및 명도의무가 행정대집행법에 의한 대집행의 대상이 되는 것은 아니다.〉 도시공원시설인 매점의 관리청이 그 공동점유자 중의 1인에 대하여 소정의 기간 내에 위 매점으로부터 퇴거하고 이에 부수하여 그 판매 시설물 및 상품을 반출하지 아니할 때에는 이를 대집행하겠다는 내용의 계고처분은 그 주된 목적이 매점의 원형을 보존하기 위하여 점유자가 설치한 불법 시설물을 철거하고자 하는 것이 아니라, 매점에 대한 점유자의 점유를 배제하고 그 점유이전을 받는 데 있다고 할 것인데, 이러한 의무는 그것을 강제적으로 실현함에 있어 직접적인 실력행사가 필요한 것인지 대체적 작위의무에 해당하는 것은 아니어서 직접강제의 방법에 의하는 것은 별론으로 하고 행정대집행법에 의한 대집행의 대상이 되는 것은 아니다(대판 1998. 10. 23, 97누157 시설물철거대집행계고처분취소).

즉, 점유자의 퇴거 등 "점유이전"은 대체성이 없으므로 대집행의 대상이 될 수 없고, 특별규정이 있는 경우 직접강제의 대상이 되고, 명문규정이 없는 경우 민사집행법상 강제집행의 대상이 된다.

9) 변상금 부과 [변상금 부과대상(무단점유사용)및 변상금 부과처분(행정처분)]

국유재산법 제72조 제1항은 중앙관서의 장등은 무단점유자(대부 또는 사용·수익 허가기간이 만료된 후 다시 대부 또는 사용·수익 허가 등을 받지 아니하고 국유재산을 점유하거나 이를 사용·수익한 자를 포함한다)에 대하여는 대통령령이 정하는 바에 의하여 당해 재산에 대한 대부료 또는 사용료의 100분의 120에 상당하는 변상금을 징수한다. 다만, ㉮ 등기부 기타 공부상의 명의인을 정당한 소유자로 믿고 상당한 대가를 지급하고 권리를 취득한 자(취득자의 상속인 또는 승계인을 포함한다)의 재산이 취득 후에 국유재산으로 판명되어 국가에 귀속된 경우 ㉯ 국가 또는 지방자치단체가 재해대책 등 불가피한 사유로 일정기간 국유재산을 점유하게 하거나 사용·수익하게 한 경우에는 변상금을 징수하지 아니한다. 위와 같은 국유재산법 제71조 제1항의 내용은 공유재산법 제81조 제1항에서 공유재산에 관하여도 똑같은 내용을 규정하고 있다(변상금 부과 징수).

국유재산법(또는 공유재산법)상 변상금부과대상은 원칙상 점유개시가 법률상 권원 없이 또는 관리청의 승인 없이 이루어진 경우에 한하여 적용(무단점유사용)되며, 국·공유재산 무단점유자에 대한 변상금부과처분은 행정소송의 대상이 되는 행정처분이다.

판례 **〈적법한 대부사용자로부터 국유 행정재산인 철도용지의 점유를 양수한 자에 대하여는 변상금부과대상이 된다.〉** 적법한 대부사용자로부터 국유 행정재산인 철도용지의 점유를 양수한 자는 그 토지의 사용허가를 받은 자가 아니라 관리청의 승인 없이 그 사용수익권자로부터 그 점유를 양수하였음에 불과한 이른바 무단점유사용자이므로 그 점유사용은 구 국유재산법(1994. 1. 5. 법률 제4698호로 개정되기 전의 것) 제51조 제1항의 변상금 부과대상이 된다(대판 2000. 3. 10, 98두7831, 국유재산무단사용변상금추가징수처분 취소).

판례 **〈국유재산법 제51조 소정의 국유재산 무단점유자에 대한 변상금부과처분이 행정소송의 대상이 되는 행정처분이다.〉** 국유재산법 제51조 제1항은 국유재산의 무단점유자에 대하여는 대부 또는 사용, 수익허가 등을 받은 경우에 납부하여야 할 대부료 또는 사용료 상당액 외에도 그 징벌적 의미에서 국가측이 일방적으로 그 2할 상당액을 추가하여 변상금을 징수토록 하고 있으며 동조 제2항은 변상금의 체납시 국세징수법에 의하여 강제징수토록 하고 있는 점 등에 비추어 보면 국유재산의 관리청이 그 무단점유자에 대하여 하는 변상금부과처분은 순전히 사경제주체로서 행하는 사법상의 법률행위라 할 수 없고 이는 관리청이 공권력을 가진 우월적 지위에서 행한 것으로서 행정소송의 대상이 되는 행정처분이라고 보아야 한다(대판 1988. 2. 23, 87누1046, 1047. 국유재산변상금부과처분 취소).

국·공유재산의 무단점유 등에 대한 변상금의 징수는 기속행위이다.

판례 **〈국유재산의 무단점유 등에 대한 변상금의 징수는 기속행위이다.〉** 국유재산의 무단점유 등에 대한 변상금징수의 요건은 국유재산법(1994. 1. 5. 법률 제4968호로 개정된 것) 제51조 제1항에 명백히 규정되어 있으므로 변상금을 징수할 것인가는 처분청의 재량을 허용하지 않는 기속행위이고, 여기에 재량권 일탈·남용의 문제는 생길 여지가 없다(대판 1998. 9. 22, 98두7602) 대부계약 거부 등 처분 취소).

국유재산 중 일반재산(잡종재산)은 사물이므로 일반재산(잡종재산) 대부신청을 거부한 것은 항고소송의 대상이 되는 행정처분이 아니다.

10) 기부채납 받은 국·공유재산의 사용·수익허가

① 의 의

기부채납 받는 국·공유재산의 사용·수익허가라 함은 사인(민간)이 공공시설을 건설하여 국가 등에 기부채납하여 공물로 지정하고, 그 대신 건설비용 및 일정한 이윤을 회수할 수 있도록 하기 위하여 기부채납을 한 자에게 일정기간 동안 무상으로 사용·수익하도록 허가하는 경우를 말한다.

② 법적성질

기부채납과 이에 따른 사용허가는 일체로서 이뤄지는 것인데, 기부채납이 사법상 계약이므로 사용·수익허가로 사법상 계약으로 보아야 한다는 견해도 있겠으나, 기부채납행위는 사적자치의 원칙이 지배하지만, 채납된 재산은 법치행정의 원칙이 지배하므로 일반 행정재산의 사용·수익허가의 법적성질과 동일하게 행정행위로 보는 것이 타당하다.

판례도 행정재산이 구 지방재정법 제75조(현행, 공유재산법 §7)의 규정에 따라 기부채납 받은 재산이라 하여 그에 대한 사용·수익허가의 성질이 달라진다고 할 수는 없다고 보고, 특허로서의 성질을 인정한다.

판례 ① **〈구 지방재정법 제75조(현행, 공유재산법 §7)의 규정에 따라 기부채납 받은 행정재산에 대한 공유재산 관리청의 사용·수익허가의 법적 성질은 행정처분이다.〉** 공유재산의 관리청이 하는 행정재산의 사용·수익에 대한 허가는 순전히 사경제주체로서 행하는 사법상의 행위가 아니라 관리청이 공권력을 가진 우월적 지위에서 행하는 행정처분이라고 보아야 할 것인바, 행정재산을 보호하고 그 유지·보존 및 운용 등의 적정을 기하고자 하는 지방재정법 및 그 시행령 등 관련

규정의 입법 취지와 더불어 잡종재산에 대해서는 대부·매각 등의 처분을 할 수 있게 하면서도 행정재산에 대해서는 그 용도 또는 목적에 장해가 없는 한도 내에서 사용 또는 수익의 허가를 받은 경우가 아니면 이러한 처분을 하지 못하도록 하고 있는 구 지방재정법(1999. 1. 21. 법률 제5647호로 개정되기 전의 것) 제82조 제1항, 제83조 제2항 등 규정의 내용에 비추어 볼 때 그 행정재산이 구 지방재정법 제75조의 규정에 따라 기부채납 받은 재산이라 하여 그에 대한 사용·수익 허가의 성질이 달라진다고 할 수는 없다.

② **〈기부채납 받은 행정재산에 대한 사용·수익허가 중 사용·수익허가의 기간에 대하여 독립하여 행정소송을 제기할 수 없다.〉** 행정행위의 부관은 부담인 경우를 제외하고는 독립하여 행정소송의 대상이 될 수 없는 바, 기부채납 받은 행정재산에 대한 사용·수익허가에서 공유재산의 관리청이 정한 사용·수익허가의 기간은 그 허가의 효력을 제한하기 위한 행정행위의 부관으로서 이러한 사용·수익허가의 기간에 대해서는 독립하여 행정소송을 제기할 수 없다(대판 2001. 6. 15, 99두509 무상사용허가 일부 거부처분 취소).

③ 사회기반 시설에 대한 민간투자법상의 기부채납

㉮ 의 의 : 사회기반 시설에 대한 민간의 투자를 촉진하여 창의적이고 효율적인 사회기반시설의 확충·운영을 도모함으로써 국민경제의 발전에 이바지함을 목적으로 「사회기반시설에 대한 민간투자법」이 제정·시행되고 있다. "사회기반시설"이라 함은 각종 생활 활동의 기반이 되는 시설, 당해 시설의 효용을 증진시키거나 이용자의 편의를 도모하는 시설 및 국민생활의 편익을 증진시키는 시설로서 동법 제2조 제1호에서 46개 항목을 들고 있는바, 공용물도 있으나 대부분 공공용물에 해당한다(예: 도로·철도·도시철도·항만시설·공항시설·다목적댐·초중등학교교사 등).

㉯ 기부채납 : 민간투자사업은 사회기반시설의 준공과 동시에 당해 시설의 소유권이 국가 또는 지방자치단체에 귀속되며, ㉠ 사업시행자에게 일정기간의 시설관리운영권을 인정하는 방식 또는 ㉡ 사업시행자에게 일정기간의 시설관리운영권을 인정하되 그 시설을 국가 또는 지방자치단체 등의 협약에서 정한 기간 동안 임차하여 사용·수익하는 방식 등 총 6종류의 민간투자사업의 추진 방식이 있다(동법 §4). 이 법은 민간투자사업에 관하여 관계 법률의 규정에 우선하여 적용한다(동법 §3).

㉰ 사회기반시설의 관리·운영 : 민간투자사업으로 조성 또는 설치된 토지 및 사회기반시설은 실시협약(주무관청과 민간투자사업을 시행하고자 하는 자간에 사업시행의 조건 등에 관하여 체결하는 계약 : 사회기반시설에 대한 민간투자법 §2) 에서 정하는 바에 따라 관리 및 운영되어야 한다. 주무관청은 제4조 제1호 또는 제2호에 규정한 방식에 의하여 사회기반시설사업을 시행한 사업시행자가 제22조의 규정에 의하여 준공확인을 받은 경우에는 제25조 제1항의 규정에 의하여 무상으로 사용·수익할 수 있는 기간 동안 동 시설을 유지·관리하고 시설사용자로부터 사용료를 징수할 수 있는 사회기반시설관리운영권(이하 "관리운영권"이라 한다)을 당해 사업시행자에게 설정할 수 있는바(동법 §26), 관리운영권의 설정은 특허인 행정행위에 해당한다. 그러나 관리운영권(자체)의 성질은

물권으로 보여, 이 법에 특별한 규정이 있는 경우를 제외하고는 민법 중 부동산에 관한 규정을 준용한다(동법 §27).

㉣ 감 독 : 주무관청에게 감독명령(동법 §45), 법령위반 등에 대한 처분(동법 §46), 부정당업자의 민간투자사업 참가자격 제한(동법 §46의2) 공익을 위한 처분(동법 §47), 청문(동법 §48), 사업시행자의 지정취소에 따른 조치(동법 §49), 대상사업의 지정취소(동법 §50), 보고·검사권(동법 §51) 등을 부여하고 있다.

▶ 사 례(1)

> 甲은 서울 강남구 대치동 942의4 대 538m² 지상에 지하 1층 지상 4층 연면적 434.89m² 의 주유소건물을, 그리고 같은 동 960의5 대 648.60m² 지상에 지상 7층 지하3층 연면적 3286.29m² 의 업무시설 및 근린생활시설 건물을 각각 신축하여 소유하면서, 위 각 건물 앞차도와 인도사이의 경계 턱을 없애고, 인도 부분을 차도에서부터 완만한 오르막 경사를 이루게 하여 차량들을 위한 진출입통로를 개설하여 사용 중에 있다.
> 강남구청 장은 甲이 도로법 제38조에 의거하여 도로점용허가를 받고서 도로를 사용해야 함에도 불구하고, 허가를 받음이 없이 도로를 사용하였음을 이유로 도로법 제94조 및 「서울시도로점용료징수조례」에 의거하여 위 두 곳의 합계 300만원의 변상금을 부과 처분하였다. 이에 甲은 위 빌딩 주차장이나 위 주유소에 출입하는 차량들을 위하여
>
> 인도와 차도 사이의 턱을 깎아 내려 정비한 것에 불과하여 도로법 제40조의 도로점용에 해당하지 아니하므로, 위 변상금 부과 처분은 위법하다며 그 취소소송을 제기하였다. 甲주장의 타당여부를 검토하라.

【관련법령】

> **도 로 법**
>
> 제38조(도로의 점용) ① 도로의 구역 안에서 공작물·물건 기타의 시설을 신설·개축·변경 또는 제거하거나 기타의 목적으로 도로를 점용하고자하는 자는 관리청의 허가를 받아야 한다.
> ② 제1항의 규정에 의하여 허가를 받을 수 있는 공작물·물건 기타의 시설의 종류와 도로의 점용하가에 관하여 필요한 사항은 대통령령으로 정한다.
> 제41조(점용료의 징수) ① 관리청은 제38조의 규정에 의하여 도로를 점용하는 자로부터 점용료를 징수할 수 있다.
> ② 제1항의 규정에 의한 점용료의 산정 기준 등 점용료의 징수에 관하여 필요한 사항은 국도인 경우에는 대통령령으로, 기타의 도로인 경우에는 대통령령이 정하는 범위 안에서 당해 도로의 관리청이 속하는 지방자치단체의 조례로 정한다.
> 제94조(변상금의 징수) 제38조의 규정에 의한 도로점용허가를 받지 아니하고 도로를 점용한 자에 대하여는 그 점용기간에 대한 점용료의 100분의 120에 상당하는 금액을 변상금으로 징수할 수 있다. 이 경우에 그 징수방법은 도로점용료 징수의 예에 의한다.
>
> **도로법시행령**
>
> 제24조(점용의 허가신청) ⑤ 법 제38조 제2항의 규정에 의하여 도로의 점용허가를 받을 수 있는 공작물·물건 기타의 시설의 종류는 다음 각 호와 같다.
> 6. 지하상가·지하실·통로·육교 기타 이와 유사한 것.

<관련판례> 대판 1999. 5. 14, 98두179062

【문제해결】

1. 주요논점

(1) 어떤 종류(형태)의 공물의 사용관계에 해당하느냐 문제

① 공물의 사용관계의 종류(형태)

② 도로의 특별사용여부의 판단 기준

③ 차량진출입통로가 도로법시행령 제24조 제5항 6호 소정의 '통로 기타 이와 유사한 것'에 해당하는가?

④ 사안의 경우

(2) 변상금 부과처분의 위법성 문제

① 도로점용허가의 법적성질 및 도로점용허가의 대상

② 도로의 특허사용의 법적성질 및 도로의 특허사용의 대상

③ 도로점용료 및 변상금의 부과대상

④ 사안의 경우

(3) 결 론

2. 주요논점해설

(1) 어떤 종류(형태)의 공물의 사용관계에 해당하는가?

① 서 설(문제의 소재)

갑은 자신의 빌딩의 주차장 및 주유소의 차량진출입통로로 인도를 깎아 차도와 연결하여 사용하고 있는 것은 일반 공중의 도로사용에 장해를 주는 것이 아니고 함께 자유롭게 사용하는 것이므로 도로의 일반사용으로 인식하고 있는 것으로 보인다. 그러므로 갑은 도로의 허가사용의 경우에 부과하는 도로 점용료나 변상금은 해당 없다고 보고 있다. 따라서 먼저 어떤 종류(형태)의 공물의 사용관계에 해당하는지를 검토한다.

② 도로의 사용관계의 형태

㉮ 도로의 사용관계란 도로의 사용에 관련하여 도로주체와 사용자간의 법률관계로서 도로관리상 필요한 범위 내에서 공법적 규율을 받는다. 도로는 그 사용방법을 기준으로 하여 일반사용(자유사용 또는 보통사용)과 특별사용으로 구분된다. 일반사용이란 일반 공중이 도로를 그 본래의 목적에 따라 자유로이 사용하는 경우이다. 특별사용이란 특별한 요건이 갖춰질 것을 조건으로 일반사용의 범위를 넘어서 사용이 허용되는 경우이다. 특별사용에는 그 사용의 법적성질에 따라 허가사용, 특허사용, 관습법에 의한 사용, 행정재산의 목적 외 사용이 있다.

㉯ 인접주민의 고양된 일반사용

도로에 인접하여 거주하거나 토지 등을 소유하고 있는 자, 즉 인접주민은 인접한 도로에 대하여 일반인(통행인)보다 생활이나 경제활동에 있어서 특별한 이해관계를 가지며, 그런 의미에서 인접주민에게는 일반인의 일반사용을 넘어서는 법률상 이익이 인정된다고 할 때, 이를 '인접주민의 고양된 일반사용'이라 한다. 인접주민에게 고양된 일반사용이 인정되는 이유는 인접주민은 생활이나 경제활동에 있어서 당해 도로에 특히 의존되어 있고, 인접주민의 일반사용이 재산권·생활권 등 기본권과 밀접한 관련을 가지고 있기 때문이다. 예컨대 도로변 점포주가 보도 상에서 일시적으로 물건을 차량에 싣거나 내리는 행위, 일시적으로 이삿짐을 쌓아두는 행위 등이 그에 해당한다.

③ 도로의 특별사용여부의 판단기준

㉮ 도로라 함은 일반의 교통에 공용되는 도로를 말한다(도로법 §2·①). 도로법상 도로에는 터널·교량·도선장·도로용 엘리베이터 및 도로와 일체가 되어 그 효용을 다하게 하는 시설 또는 공작물로서 대통령령이 정하는 것과 도로부속물을 포함한다(동법 §2·②). 도로에는 고속국도·일반국도·특별시도·광역시도·지방도·시도·군도·구도가 있다(동법 §8).

이와 같은 도로는 일반 공중의 공동사용에 제공된 공공용물이다.

㉯ 그런데 도로의 사용관계에 있어서의 점용이라 함이 도로의 자유사용에 있어서의 점용과 도로의 특별사용에 있어서의 점용인지 여부의 판단기준이 문제시 된다.

공공용물의 일반사용은 본래 일반 공중의 사용에 제공된 물건이므로 원칙상 일반 공중은 특별한 요건을 충족할 필요 없이(공물관리자의 허가·특허등 특별한 의사 표시없이) 당연히 당해 공공용물을 자유로이 본래의 용법에 따라 사용(점용)하는

경우이다. 예컨대 도로의 경우 보행·차량통과가 본래의 목적이다.

공공용물의 허가사용은 공물관리목적상 또는 경찰목적상 일정한 공물의 사용을 일반적으로 금지시킨 다음에 행정청의 허가를 받아(금지의 해제) 공물을 사용(점용)하는 경우이다. 예컨대 도로구역 안에서의 공작물을 신설·개축·제거를 목적으로 하는 도로 점용허가(도로법 §38·①)를 들 수 있다. 공물본래의 목적인 공공의 사용을 방해하지 않는 정도의 일시적 사용에 한한다는 점에서, 공물사용권을 설정 받아 공물을 계속적으로 사용(점용)하는 특허사용과 구별된다.

공공용물의 특허사용은 공물에 관하여 일반 공중에게는 허용되지 않는 공법상의 특허사용권을 특정인을 위하여 설정할 경우에 이 설권행위에 의한 사용(점용)을 말한다. 예컨대 도로에 수도·가스관·전기 등을 배설하는 경우를 들 수 있다.

특허사용은 계속적인 사용관계인 점에서 일시적 사용관계인 허가사용과 구별된다. 특허는 관리권의 작용이므로 경찰권에 의한 특허는 있을 수 없다.

④ 도로법 제38조, 제41조, 제94조에 규정된 '도로의 점용'은 일반사용을 넘은 특별사용이다. 다만 허가사용이든 특허사용이든 공공용물은 일반 공중의 사용에 제공됨을 직접목적으로 하기 때문에 공물 본래의 목적에의 본질적 제한·침해하는 정도의 특별사용은 공공용물의 성질에 반한다. 따라서 공공용물은 그 용도 또는 목적에 장애가 되는 정도로 특정인에게 독점적·배타적인 사용권(점용권)을 부여하는 것은 공공용물의 성질에 반한다.

판례도 도로법 제38조, 제41조, 제94조에 규정된 도로의 점용이라 함은, 일반 공중의 교통에 공용되는 도로에 대하여 이러한 일반사용과는 별도로 도로의 특정부분을 유형적, 고정적으로 사용하는 이른바 특별사용을 뜻하는 것이고, 그와 같이 병존이 가능한 경우도 있고, 이러한 경우에는 도로점용부분이 동시에 일반 공중의 교통에 공용되고 있다고 하여 도로점용이 아니라고 말할 수는 없는 것이라고 한다(대판 1999.5.14, 98두17906).

⑤ 차량진출입통로가 도로법시행령 제24조 제5항6호 소정의'통로 기타 이와 유사한 것'에 해당하는가?

도로법 제38조 제2항은「도로의 구역 안에서 허가를 받을 수 있는 공작물·물건 기타의 시설의 종류와 도로의 점용허가에 관하여 필요한 사항은 대통령령으로 정한다」그리고 도로법 시행령 제24조 제5항은「도로의 점용허가를 받을 수 있는 공작물·물건 기타 시설의 종류는 다음 각 호와 같다」고 규정하고, 6호에서「지하상가·지하실·통로·육교 기타 이와 유사한 것」이라고 명시하고 있다. 사례에서의 차량진출입통로가 도로법시행령 제24조 제5항 6호의「……통로 기타 이와 유사한 것」에 해당하는 지에 관하여는 문제시 될 수 있겠지만 그것에 해당하는 특별사용으로 보는 데에는 이설이 없다.

⑥ 사안의 경우

甲이 인도부분을 차량들을 위한 진출입통로로 개설하여 사용 중에 있는 것을 인접주민의 고양된 일반사용으로 인지할 수 있겠으나 이는 일시적인 사용관계인 것이어야 하므로 인접주민의 고양된 일반사용으로 볼 수는 없다고 본다. 甲이 인도부분을 차량을 위한 진출입통로로 개설하여 사용하는 관계는 계속적인 공물의 사용관계에 해당하는 것이므로 특별사용으로 보아야 할 것이다.

특별사용 중에서 위에서 본 바와 같이 허가사용이 아닌 특허사용으로 보아야 한다. 공공용물은 그 용도 또는 목적에 장애가 되는 정도로(본질적인 제한·침해) 특정인에게 독점적·배타적인 사용권을 부여하는 것은 공공용물의 성질 반한다. 따라서 인도에서의 도로사용은 독점적·배타적인 것은 아니지만 그 도로의 본래의 사용목적에 따라 일반사용과 병존 가능하다.

그리고 도로법 제38조 제1항은「……관리청의 허가를 받아야 한다」라고 하여 허가사용이라고 하고 있으나 강학상 허가사용은 물론 특허사용을 포함하는 개념으로 보아야 할 것이다. 예컨대 도로 일부에 건축자재 등을 일시적으로 쌓아두기 위한 경우는 허가사용이라 할 수 있으나, 도로상에 전주를 세우는 장기간 사용의 경우는 특허사용이라 할 것이다.

(2) 변상금 부과처분의 위법성 문제

① 도로점용허가의 법적성질 및 도로점용허가의 대상

㉮ 법적성질

공물사용의 허가는 공물관리권에 근거한 사용허가와 공물 경찰권에 근거한 사용허가가 있는데 양자 모두 일반적 금지를 해제하는 행위로서 강학상허가의 성질을 가진다. 허가사용은 일시적 사용에 한한다는 점에서 공물을 계속적으로 사용하는 특허사용과 구별된다. 다만 일시적 사용이라는 개념과 계속적 사용이라는 개념은 상대적인 것이며 실제에 있어서도 일시적 사용인지 계속적 사용인지 애매한 경우도 많으며, 실정법에서도 양자를 구별하지 않고 함께 규정하고 있고 법적으로도 동일하게 다루고 있다(도로법 §38, 하천법 §33, 자연공원법 §23). 우리 실정법상으로만 보면 양자를 구별할 실익은 많지 않다.

허가사용의 전제가 되는 일반적 제한·금지는 다수인의 공동사용관계를 조정하거나 사회공공의 안녕과 질서에 대한 장해를 방지하기 위한 것이므로, 이러한 목적과 관련하여 제한 또는 금지할 필요가 없는 이상은 공공용물이 목적에 따라 그 사용을 허가하여야 할 것이므로 공물의 사용허가는 그 허가요건을 충족하는 신청이 있으면 허가를 하여야 하는 기속행위라 하겠다. 다만, 법률의 규정에 의하여 재량행위로 하는 경우가 있다(예: 집시법 §10).

공물의 사용을 통하여 당사자는 자신의 기본권을 실현하는 측면이 있으므로 반사적 이익이 아니고 공권성을 가진다. 따라서 법률이 정한 요건을 충족한 경우에 당사자는 공물의 이용관계에 배제되어서는 아니 되며, 합리적 근거 없이 행정청이 거부하는 경우에는 행정쟁송을 통하여 다툴 수 있다.

㉯ 도로점용허가의 대상

도로법 제38조 제1항에 의한 도로점용허가의 대상은 도로의 구역 안에서 공작물·물건 기타의 시설이며, 상세한 내용은 도로법 시행령 제24조 제5항 제1호 내지 제11호에 규정하고 있다. 예컨대 전주·전선·변압탑·우체통·공중전화 등, 수도관·하수도관·가스관·송유관·전기통신관 등, 주유소·주차장·여객자동차터미널·화물적치장, 철도·궤도 등, 지하상가·지하실·통로·육교 등, 간판·표지·현수막 등, 점포·주차장·광장·공원 등, 도로구조의 안전과 교통에 지장이 없다고 인정되는 공작물·물건 및 시설로서 건설교통부령 또는 당해 관리청의 조례로 정한 것 등이다.

② 도로 특허사용의 법적성질 및 도로의 특허사용의 대상

㉮ 법적성질

공물의 특허사용은 공물관리권의 사용으로서 공물을 사용할 권리를 설정하는 형성적 행위이다. 특허의 내용에 있어서 법령·조례·특허명령서 등에 의하여 획일·정형화되고 기속되는 경향이 있고, 또한 상대방의 출원을 효력발생요건으로 하므로 쌍방적 행정행위이다. 특정인을 위하여 새로운(특별한) 권리를 설정하는 행위이므로 특허를 할 것인가의 여부는 관리청의 자유재량이 원칙이다. 공물사용권은 공권성·채권성·재산권성을 가진다.

㉯ 도로의 특허사용의 대상

도로법 제38조에 의한 도로의 특허사용의 대상은 도로 구역 안의 공작물·물건 기타의 시설인 바, 상세한 내용은 도로법시행령 제24조 제5항 제1호 내지 제11호에 규정하고 있다. 위에서 설명한 바와 같이 도로법 제38조의 표현은 허가사용과 특허사용을 포괄하는 개념으로 사용하다 보니, 허가사용의 대상과 특허사용의 대상도 포괄하여 규정하고 있는 것이다.

그러나 이론상·강학상으로는 예컨대 도로에 수도·가스관을 매설하거나, 전주를 세우는 것 등과 같이 일시적이 아니고 계속적 사용(점용)의 경우에는 특허의 대상이 된다고 보아야 한다.

③ 도로의 점용료 및 변상금의 부과 대상

㉮ 도로법 제41조 제1항은 「관리청은 제38조의 규정에 의하여 도로를 점용하는 자로부터 점용료를 징수할 수 있다」고 규정하여, 도로의 특별사용에 따른 사용료의 지급의무를 부과할 수 있음을 부과하고하고 있다. 따라서 이 조항에 의한 점용료의 부과대상은 허가사용 또는 특허사용 등 도로의 특별사용이다. 공물사용권자의 의무는 법령·조례 또는 특허명령서가 정하는 바에 따라 공법상 특별한 의무를 부담한다. 사용료(점용료) 납부의무는 공의무의 성질을 가지며, 그 불이행에 대하여는 행정상 강제징수절차가 적용된다(도로법 §78). 사용료 부과·징수에 대하여 불복하는 경우에는 행정쟁송을 제기할 수 있다.

㉯ 도로법 제94조는 「제38조의 규정에 의한 도로점용허가를 받지 아니하고 도로를 점용한 자에 대하여는 그 점용기간에 대한 점용료의 100분의 120에 상당하는 금액을 변상금으로 징수할 수 있다. 이 경우에 그 징수방법은 도로점용료 징수의 예에 의한다」. 변상금은 그동안의 도로 점용료에 더하여, 일종의 의무위반으로 인한 과태료적 성격의 금액을 합한 금액으로 한 것이라고 할 수 있다.

④ 사안의 경우

甲은 인도를 차량의 진출입통로로 개설하여 사용하고 있으므로 도로의 일반사용(자유사용)이 아니라, 도로법 제38조 제1항·제2항, 도로법시행령 제24조 제5항 제6호의 「지하상가·지하실·통로·육교 기타 이와 유사한 것」에 해당하는 특별사용에 해당한다.

판례도 이러한 입장의 판시를 하고 있다.

판례 도로법 제40조는(현행법 §38)"도로의 구역 안에서 공작물·물건 기타의 시설을 신설·개축·변경 또는 제거하거나 기타의 목적으로 도로를 점용하고자 하는 자는 관리청의 허가를 받아야 한다(제1항)","제1항의 규정에 의하여 허가를 받을 수 있는 공작물·물건 기타의 시설의 종류와 점용허가에 관하여 필요한 사항은 대통령령으로 정한다(제2항)"고 규정하고 있고, 같은 법 시행령 제24조 제5항 제6호는 같은 법 제40조(현행법 §38) 제2항의 규정에 의하여 도로의 점용허가를 받을 수 있는 공작물·물건 기타의 시설의 하나로 "지하상가·지하실·통로·육교 기타 이와 유사한 것"을 들고 있는 바, 차도와 인도 사이의 경계 턱을 없애고, 인도 부분을 차도에서부터 완만한 오르막 경사를 이루도록 시공하는 방법으로 인도 부분에 개설한 차량 진출입통로는 같은 법 시행령 제24조 제5항 제6호 소정의 '통로 기타 이와 유사한 것'으로서, 같은 법 제40조(현행법 §38) 제1항 소정의 '공작물, 물건, 기타 시설'에 해당함이 명백하다(대판 1999.5.14, 98두17906).

따라서 甲은 도로법 제38조에 의한 도로점용허가를 받아 도로점용을 하여야 함에도 불구하고 이러한 허가를 받음이 없이 무단으로 도로점용을 한 것으로 볼 수 있으므로, 甲에 대하여 도로법 제41조에 의한 도로 점용료의 부과가 아니라 도로법 제94조에 의한 변상금을 부과한 것은 정당하다 하겠다.

(3) 결 론

甲은 자신의 소유인 주유소 건물과 빌딩 앞 차도와 인도 사이의 경계 턱을 없애고, 인도 부분을 차도에서부터 완만한 오르막 경사를 이루게 하여 차량진출입통로로 사용하고 있다. 이것은 도로법 제38조 제1항 소정의 「……공작물·물건 기타의 시설을 목적으로 도로를 점용하고자 하는지는 관리청의 허가를 받아야 하고」, 허가를 받을 수 있는 「공작물·물건 기타의 시설」은 도로법시행령 제24조 제5항 제6호의 「……통로 기타 이와 유사한 것」에 해당하여 일반사용이 아니라 특별사용에 해당한다. 여기에서의 특별사용은 독점적·배타적사용은 아니나 도로의 원래의 사용목적에 따라 일반공중의 도로의 일반사용과 병존하여 사용하는 특허사용에 해당한다. 이와 같은 특허사용은 도로법 제41조에 의한 도로 점용료를 납부해야하나, 甲은 허가를 받지 않고 도로의 특별사용을 하고 있으므로 도로법 제94조에 의한 변상금 부과 대상이 된다. 따라서 강남구청장의 변상금부과처분은 정당하며, 甲의 위법하다는 주장은 이유없다.

▶ 사 례(2)

甲은 서울특별시 청사의 일부의 사용허가를 받아 그에서 구내식당을 경영하고 있다. 그런데 이 식당은 시설이나 위생환경에도 문제가 있고, 또한 그에서 제공되는 음식의 종류도 한정적이며 그 품질도 가격에 비하여 결코 만족스럽지 못하다는 것이 이 식당을 주로 이용하는 서울특별시 직원들의 일반적 평가이며 또한 불만이기도 하다. 그에 따라 서울특별시장은 다른 사람에게 식당을 경영하게 하기로 하여, 甲에 대한 당해시설의 사용허가를 취소하였다.

이에 대하여 甲은 이러한 서울시장의 조치는 위법하다고 보아, 이를 다투려고 하는 바, 그 논거 및 쟁송수단에 대하여 논하라.

【관련법령】

공유재산 및 물품관리법

제4조(공유재산의 범위) ① 이 법에서 '공유재산'이라 함은 지방자치단체의 소유로 된 다음 각 호의 재산을 말한다.

1. 부동산과 그 종물

제5조(공유재산의 구분과 종류) ① 공유재산은 그 용도에 따라 이를 행정재산·보존재산 및 잡종재산으로 구분한다.
② '행정재산'이라 함은 다음 각 호의 재산을 말한다.
1. 공용재산 : 지방자치단체가 직접 사무용·사업용 또는 공무원 거주용으로 사용하거나 사용하기로 결정한 재산과 사용을 목적으로 건설 중인 재산
2. 공공용 재산 : 지방자치단체가 직접 공공용에 사용하거나 사용하기로 결정한 재산과 사용을 목적으로 건설 중인 재산
3. 기업용 재산 : 지방자치단체가 경영하는 기업용 또는 그 기업에 종사하는 직원의 거주용으로 사용하거나 사용하기로 결정한 재산과 사용을 목적으로 건설 중인 재산
③ '보존재산'이라 함은 법령 또는 조례나 규칙의 규정에 의하거나 그 밖에 필요에 의하여 지방자치단체가 보존하거나 보존하기로 결정한 재산을 말한다.
④ '잡종재산'이라 함은 행정재산 및 보존재산 외의 모든 공유재산을 말한다.
제20조(사용·수익허가) ① 행정재산 등은 그 목적 또는 용도에 장애가 되지 아니하는 범위 안에서 그 사용 또는 수익을 허가할 수 있다.
제21조(사용·수익허가기간) ① 행정재산 등의 사용·수익허가 기간은 그 허가를 받은 날부터 3년 이내로 한다.
제22조(사용료) ① 지방자치단체의 장은 행정재산 등의 사용·수익을 허가한 때에는 대통령령이 정하는 요율과 산출방법에 의하여 매년 사용료를 징수한다.
제25조(사용·수익허가의 취소) ① 지방자치단체의 장은 제20조 제1항의 규정에 의하여 행정재산 등의 사용·수익허가를 받은 자가 다음 각 호의 어느 하나에 해당하는 때에는 그 허가를 취소할 수 있다.
1. 사용·수익의 허가를 받은 행정재산 등을 제20조 제3항의 규정에 위반하여 다른 사람으로 하여금 사용·수익하게 한 때
2. 당해 행정재산 등의 관리를 태만하였거나 그 사용목적에 위반한 때
3. 지방자치단체의 장의 승인 없이 사용·수익의 허가를 받은 행정재산 등의 원상을 변경한 때
4. 허위진술이나 허위증빙서류의 제출 그 밖의 부정한 방법에 의하여 당해 허가를 받은 사실이 발견된 때
5. 제22조 제2항의 규정에 의한 납부기한 내에 사용료를 납부하지 아니한 때
② 지방자치단체의장은 사용·수익을 허가한 행정재산 등을 국가 또는 지방자치단체가 직접 공용 또는 공공용으로 사용하기 위하여 필요로 하게 된 때에는 그 허가를 취소할 수 있다.
③ 제2항의 경우에 그 취소로 인하여 당해 허가를 받은 자에게 손실이 발생한 때에는 대통령령이 정하는 바에 의하여 이를 보상한다.
제26조(청문) 지방자치단체의 장은 제25조 제1항의 규정에 의하여 행정재산 등의 사용·수익허가를 취소하고자 하는 경우에는 청문을 실시하여야 한다.
제28조(관리 및 처분) ① 잡종재산은 대부·매각·교환·양여·신탁하거나 사권을 설정할 수 있으며 법령이나 조례로 정하는 경우에는 현물출자 또는 대물변제를 할 수 있다.

<관련사례> ① 대판 1964. 9. 30, 64누102 ② 대판 1998. 2. 27, 97누1105

【문제해결】

1. 주요논점
   (1) 청사의 사용허가 및 그 취소의 법적성질
   (2) 취소(철회)의 사유와 한계
   (3) 사용허가 취소(철회)의 적법성문제
   (4) 쟁송수단
   (5) 결 론

2. 주요논점해설

본 사례에서는 甲이 서울시 청사의 일부의 사용허가를 받아 그에서 구내 음식점을 경영하고 있으나, 이 식당이 시설이나

위생환경에도 문제가 있고 또한 그에서 제공되는 음식물의 품질도 조악하다는 그 사용자들의 불만에 따라 서울특별시장이 그 사용허가를 취소하였다. 이에 대하여 갑은 당해 조치는 위법하다고 보고 있다. 이 경우 갑이 주장할 수 있는 법적논거와 그 쟁송수단을 묻고 있다.

본 사례에서는 서울특별시 청사의 사용허가 및 그 취소의 법적 성질이 우선 검토되어야 하고, 취소 또는 철회의 사유와 그 한계를 살펴본 후, 그 사용허가 취소 또는 철회의 적법성 문제, 그리고 그 쟁송수단에는 어떤 것이 타당한지를 검토되어야 할 것이다.

서울특별시 청사는 공유재산으로서 '지방자치단체가 직접 사무·사업용으로 사용하고' 있는 재산이므로 행정재산 중 공용재산에 해당한다(공유재산 및 물품관리법 §5·②).

이는 강학상으로는 공물이며, 내용적으로는 공용물에 해당한다.

행정재산은 직접 행정목적에 제공된 것이므로 원칙적으로 이를 대부·매각·교환·양여·신탁 또는 대물변제하거나 출자의 목적으로 하지 못하며, 이에 사권을 설정하지 못한다(공유재산법 §19·①). 그러나 행정재산의 목적에 반하지 않는 한도에서 사용을 금지할 이유는 없다. 행정재산은 그 목적에 장애가 되지 않는 한 행정재산의 목적 외로 사용 또는 수익을 허가할 수 있는데, 이를 행정재산의 목적 외 사용이라 한다(공유재산법 §20, 국유재산법 §24).

본 사례가 바로 여기에 해당한다. 즉 '행정재산 등은 그 목적 또는 용도에 장애가 되지 아니하는 범위 안에서 그 사용 또는 수익을 허가할 수 있다(공유재산법 §20·①)'. 여기서 이러한 서울특별시 청사의 일부의 사용허가의 법적성질에 관하여 학설·판례 등 견해 대립이 있다.

① 사법상계약설[146]

행정재산의 목적 외 사용허가를 사법상 계약으로 본다. 그 논거는 ㉮ 사용·수익의 허가라는 용어만으로 행정재산의 목적 외 사용허가의 성질을 속단할 수 없고, 행정재산의 목적 외 사용·수익의 내용은 오로지 사용·수익자의 사적이익을 도모하는데 있다는 점, ㉯ 공유재산법 제20조 제1항에 의한 사용이 「원래의 목적 외의 사용」이라는 점, ㉰ 관리청과 사인 사이의 우열관계 내지 상하 관계가 존재한다고 보기 어렵다는 점, ㉱ 조세체납절차에 의한 강제징수가 가능하다는 것이 반드시 법률관계를 공법관계로 보아야 한다는 것은 아니라는 점, ㉲ 공유재산법상 사용허가는 승낙으로, 사용·허가의 취소·철회는 계약의 해제 등으로 볼 수 있다는 점 등을 든다.

② 행정처분설(공법관계설)[147]

이 설은 행정재산의 목적 외 사용허가를 행정처분으로 보며 사용관계를 공법관계로 본다. 오늘날의 다수설이다. 그 논거는 ㉮ 현행 국유재산법·공유재산법은 구 국유재산법과는 달리 행정재산의 사용·수익은 관리청의 허가에 의하도록 되어 있고, 또한 관리청은 상대방의 귀책사유나 공공목적과의 관련에서는 그 허가를 일방적으로 취소(철회) 할 수 있도록 규정하고 있는 점, ㉯ 현행법은 사용료의 징수를 조세체납절차에 의하도록 정하고 있고, 사용허가에 관한 규정과 사용허가의 취소·철회에 관한 규정을 잡종재산의 대부에 관한 규정을 준용하지 아니하고 독립시켜 놓고 있어서 공법적 규율이 강화되고 있다는 점을 든다.

③ 이원적법률관계설[148]

이 설은 행정재산의 사용·수익관계는 일부는 공법관계이고, 일부는 사법관계라 한다. 즉, 국유재산법의 개정(공유재산법 제정)취지가 사용·수익관계의 「발생·소멸」과 사용료의 징수관계는 그것을 공법적으로 규율하려는 의도가 분명하므로 그 범위 안에서는 공법관계이고, 행정재산의 「사용·수익관계」는 그 「실질」에 있어서는 사법상의 임대차관계와 같다고 할 것이며, 따라서 특수한 공법적 규율이 있는 사항을 제외하고는 행정재산의 목적 외 사용의 법률관계는 사법관계라 할 것이며, 허가라는 행정처분에 의하여 발생하는 사용권도 사권이라 한다.

④ 판 례

㉮ 목적 외 사용·수익의 허가를 구 국유재산법 아래서는 사법관계설이 통설·판례이었다.

146) 이상규(하), 472쪽 ; 홍정선(하), 456쪽.

147) 김남진(Ⅱ), 391쪽 ; 김동희(Ⅱ), 276쪽 ; 박균성(하), 301쪽 ; 정하중(각론), 324쪽.

148) 박윤흔(하), 511쪽.

판례 「국유재산 중 행정재산이라 할지라도 그 용도 또는 목적에 장애가 없는 한도에서 사용 또는 수익을 허가하는 행위는 그 목적이 사권의 설정에 있고 그 효과도 이에 따르는 것으로서 관리청은 이와 같은 사권의 설정행위에 있어서는 개인보다 우월적인 지위에 있어서 국가권력의 담당자로서 행동한다는 것 보다는 개인과 대등한 위치에 있어서 사권설정의 법률행위를 하는 것으로 볼 것이니 이러한 행위는 국가통치기관으로서 권력관계에 기초하는 의사표시로서의 행정처분으로 볼 수 없다」(대판 1964.9.30, 64누102).

㉯ 개정된 신 국유재산법(공유재산법제정도 같은 취지) 아래서는 행정재산의 목적 외 사용·수익 허가를 행정처분으로 보고 있다.

판례 「공유재산의 관리청이 행정재산의 사용·수익에 대한 허가는 순전히 사경제주체로서 행하는 사법상의 행위가 아니라 관리청이 공권력을 가진 우월적 지위에서 행하는 행정처분으로서 특정인에게 행정재산을 사용할 수 있는 권리를 설정하여 주는 강학상 특허에 해당한다」(대판 1998.2.27, 97누1105).
또한 판례는 국유재산의 관리청이 행정재산의 사용·수익을 허가한 다음 그 사용·수익하는 자에 대하여 하는 「사용료부과」도 항고소송의 대상이 되는 행정처분이라 보고 있다(대판 1996.2.13, 95누11023).

⑤ 결 어

「관리청은 사용·수익을 허가한 행정재산 등을 국가 또는 지방자치단체가 직접공용 또는 공공용으로 사용하기 위하여 필요로 하게 된 때에는 그 허가를 취소(또는 철회)할 수 있다」(국유재산법§28·②, 공유재산법§25·②)고 규정하여 직접 공익상 필요로 하는 때에는 사용·수익자의 귀책사유와 관계없이 일방적으로 그 허가를 취소(공유재산법 §25·②)·철회(국유재산법 §28·②)할 수 있는 것으로 규정하고 있고, 취소·철회하고자 하는 경우에는 청문을 실시하여야 한다(국유재산법 §28의2, 공유재산법 §26)고 규정한 것으로 보아 사용·수익허가나 사용·수익허가의 취소·철회는 순전히 사경제주체로서 행하는 사법상행위라 할 수 없고, 이는 관리청이 공권력을 가진 우월적 지위에서 행한 것으로서 항고소송의 대상이 되는 행정처분으로 보아야 할 것이다(대판 1997.4.11, 96누17325). 본 사례의 경우 甲은 서울시장의 당해 취소조치에 대하여는 취소소송을 제기하여 이를 다툴 수 있을 것이다.

(1) 취소(철회)의 사유와 한계

① 철회의 사유

행정재산의 목적 외 사용·수익허가 및 그 취소·철회가 행정행위 또는 행정처분의 성질을 가진다고 볼 때, 본 사례에서 서울시장이 갑에 대한 사용허가를 취소한 것으로 되어있으나, 이 경우의 사용허가의 취소는 그 성립상의 흠(하자)을 이유로 한 것이 아니고 흠 없는 완전한 행정행위가 성립한 후에 새로운 이유로 인하여 장래에 향하여 그 효력을 소멸시키는 것이므로, 당해 조치는 그 표현에도 불구하고 그것은 내용적으로는 행정행위의 철회에 해당한다. 철회의 사유를 일반적·포괄적으로 말한다면 행정행위의 효력을 더 이상 지속시킬 수 없는 새로운 사정의 발생이다. 철회의 사유(원인)으로는 ㉮ 사정변경(여기에는 다시 ㉠ 사실관계의 변경과 ㉡ 근거법령의 개폐가 있다), ㉯ 의무위반 또는 의무불이행, ㉰ 철회권의유보 ㉱ 더 큰 공익요구가 있을 때 등을 들 수 있다. 공유재산법 제25조(사용·수익허가의 취소) 제1항 각 호 중 1·2·3·5호는 철회사유 중 의무위반 또는 의무불이행에 해당한다. 제4호는 취소사유이다 그리고 동법 제25제 제2항은 ㉱ 즉, 더 큰 공익요구가 있을 때에 해당한다.

② 철회권행사의 한계

철회권행사에 개별적인 법률의 명시적 근거규정이 있어야 하는지가 문제된다. 여기에는 ㉮ 법적근거불요설(철회자유원칙설)[149] ㉯ 법적근거 필요설(철회제한원칙설)[150] ㉰ 이분설[151] 등 대립되고 있다. 부담적 행정행위에 있어서는 원

149) 김도창(상), 504쪽 ; 박윤흔(상), 471쪽 ; 김동희(I), 286쪽.
150) 이상규(상), 459쪽 ; 김남진(I), 341쪽 ; 강구철(I), 480쪽 ; 홍준형, 행정법총론, 343쪽.
151) 석종현(상), 365쪽 ; 홍정선(상), 339쪽 ; 박균성(상), 370쪽 ; 유지태, 신행정법론, 198쪽.

행정행위의 수권규정이 철회의 근거가 될 수 있다고 보는 것이 타당하다. 그러나 수익적 행정행위에 있어서는 그 철회는 철회가 법령에 규정이 있는 경우, 상대방의 귀책사유에 기인하는 경우, 또는 철회권이 유보되어 있는 경우를 제외하고는 법적근거가 필요하다고 보아야 한다. 왜냐하면 ㉠ 철회는 그 자체가 공익목적을 실현하기 위하여 행하여지는 하나의 새로운 행정행위(침익적 행위)이므로 법률유보의 원칙상 법률에 근거가 있어야 하고, ㉡ 각종의 영업은 직업선택의 자유(헌법 §15)를, 각종의 건축은 재산권(헌법 §23)을 행사하는 것으로 국민의 기본권에 해당한다. 따라서 이미 부여된 허가나 특허 등 수익적 처분의 철회가 결과적으로 국민의 기본권의 행사를 침해하는 것이므로(헌법 §37·②) 법률의 수권이 필요하며 ㉢ 행정상 강제집행의 법적근거에 관하여 의무를 과하는 원 행정행위의 근거법규가 동시에 행정상 강제집행의 근거법규가 될 수 없고 행정청이 행정행위의 강제집행을 행하기 위해서는 반드시 별도의 법적근거가 필요한 것과 같은 이유로 수익적 행정행위의 철회는 법적 근거가 있어야 한다.

㉣ 그러나 판례는 법적근거 없이도 사정변경 또는 중대한 공익상 이유로 철회·변경할 수 있다고 한다(대판 1995.2.28, 94누7713; 1995.5.26, 94누8266; 1992.1.17, 91누3130).

㉤ 그리고 행정청은 처분을 하는 때에는 원칙적으로 당사자에게 그 근거와 이유를 제시하여야 한다(행정절차법 §23·①). 또한 지방자치 단체의장은 사용·수익허가의 취소·철회하고자 하는 경우에는 청문을 실시하여야 한다(공유재산법 §26).

㉥ 상대방의 책임으로 수익적 행정행위를 철회하는 경우는 상대방의 신뢰보호를 위한 제한은 받지 않지만, 이 경우에도 과잉금지원칙이 적용되어야 하기 때문에 시정명령 등으로 목적을 달성하기 어려운 경우 또는 철회보다 경미한 침해수단이나 일부 철회수단에 의해 목적을 달성할 수 없는 경우에 최후수단으로 철회 권을 행사해야 한다는 「보충성원칙」이 적용된다.

(2) 사용허가 취소·철회의 적법성문제

공유재산법의 관계규정과 관련하여 서울시장의 甲에 대한 사용허가의 취소(철회)적법성 여부의 문제를 검토하기로 한다.

본 사례에서는 갑이 경영하는 식당이 시설이나 위생환경에도 문제가 있고, 또한 그에서 제공되는 음식의 가지 수나 품질도 만족스럽지 못함을 이유로 하여 甲에 대한 사용허가를 취소하였다. 이들 사유가 허가의 취소(철회)사유가 되는지 여부를 살펴보기로 한다.

① 시설이나 위생환경문제

갑이 경영하는 식당은 그 시설이나 위생환경 등에서 문제가 있다는 점이다. 이러한 사유는 보다 실질적인 의미를 가지고 있지만, 당해 식당의 시설이 음식점 영업에 있어 필요한 시설을 갖추지 못하고 있는가, 또는 그 위생환경에 문제점이 있는가의 문제는 기본적으로 식품위생법이 규제하는 사항이며, 따라서 이 문제는 그 소관 행정청인 구청장이 단속해야 할 사항이다. 행정재산인 서울시 청사의 관리청의 지위에서 서울특별시장은 이를 규제하거나 단속할 수 있는 권한도 없고, 또한 이러한 사유에 따라 당해 허가를 취소할 수 있는 권한도 없다. 따라서 이러한 사유에 기하여 당해 사용하거를 취소(철회임)하였다고 하면, 그것은 위법한 처분이다.

② 음식의 가지 수나 품질도 불만족

甲의 식당에 제공되는 음식의 가지 수나 품질도 만족스럽지 못하다는 점은, 공유재산법 제25조 제1항 각 호 중 당해 허가의 취소 또는 철회의 어느 사유에도 해당하지 아니한다.

그렇다면 철회권 행사에 개별적인 법률의 명시적 근거규정 없이도 가능한 것인가?

위에서 살펴본 바와 같이 학설·판례는 근거불요설·근거필요설·이원적 법률관계설로 대립되고 있다.

근거불요설인 일부 학설과 판례는 법적근거 없이도 사정변경 또는 중대한 공익상 이유로 철회·변경할 수 있다고 한다(대판 1995.2.28, 94누7713). 이 견해에 의할지라도 음식의 가지 수나 품질의 불만족이 사정변경 또는 중대한 공익상 사유에 해당한다고 보기는 어렵다. 뿐만 아니라 서울시장이 철회를 하는 경우에는 당사자에게 그 근거와 이유를 제시하여야 함에도 불구하고(행정절차법 §23·①) 이를 생략하였으며, 취소·철회하고자 하는 경우에는 청문을 실시하여야 하는데(공유재산법 §26) 이것 역시 실시하지 아니하였으며, 과잉금지의 원칙이 적용되기 때문에 시정명령 등으로 목적을 달성하기 어려운 경우 또는 철회보다 경미한 침해수단이나 일부 철회수단에 의해 목적을 달성할 수 없는 경우에 최후수단으로 철회권을 행사하여야 한다는 보충성 원칙에도 위반된다. 따라서 위법한 처분이라 할 것이다.

이원적 법률관계설의 경우도 수익적 행정행위에 있어서는 그 철회는 철회가 법령에 규정이 있는 경우, 상대방의 귀책사유에 기인하는 경우 또는 철회권이 유보되어 있는 경우를 제외하고는 법적근거가 필요하다고 보기 때문에,

본 사례의 경우 서울시장의 철회권행사는 근거불요설에서 설명한 바와 같이 위법한 처분이 된다.

(3) 쟁송수단

甲은 서울시장의 조치가 위법하다고 보아, 이를 다투려고 하는 바, 어떤 쟁송수단을 취하여야 하는지가 문제된다.
이는 행정재산의 목적 외 사용허가의 성질을 어떻게 보느냐에 따라 달라질 것이다.
사법상 계약설에 의하면 사법관계로 보아 민사소송으로 민사처리 될 것이다.
그러나 행정처분설에 따라 공법관계로 보고 본 사례의 경우 甲은 서울시장의 당해 취소조치에 대하여 서울시장을 피고로 하여 취소소송을 제기하여 다툴 수 있다.

(4) 결 론

서울특별시장이 甲에 대하여 행한 서울시청사일부의 사용허가는 취소(학문상 철회임)는 위법한 것이라 할 것이며, 이러한 취소행위는 행정처분의 성질을 가지기 때문에, 甲은 서울시장을 피고로 하여 취소소송을 제기하여 그 취소를 구할 수 있다.
공유재산 및 물품관리법은 행정심판을 거치도록 한 규정이 없으므로, 甲은 행정심판을 거치지 아니하고 곧바로 취소소송을 제기할 수 있다(행소법 §18·①).

---

5. 공물관리와 공물경찰

【기출문제】 <1960년 (제4회) 행정고시 (논술형)> ※ 공물관리권의 성질 및 내용
<1965년 (제9회) 행정고시 (논술형)> ※ 공물관리와 공물경찰

(1) 공물관리

1) 공물관리의 의의

공물관리란 공물주체가 공물의 존립을 유지하고 당해 물건을 공공목적을 위하여 공용함으로써 공물 본래의 목적을 달성하기 위한 모든 작용을 말한다. 이러한 공물의 관리는 사물의 관리와는 달리 물건을 단지 재산적 가치의 대상으로서 관리하는 것이 아니라, 그 효용면에 착안하여 전적으로 공적목적을 달성하기 위하여 관리하는 데에 그 특색이 있다.[152)]

2) 공물관리권

① 의 의

공물을 관리하는 공물주체의 권한을 공물관리권이라 한다.

152) 김남진/김연태(Ⅱ), 393쪽 ; 박윤흔(하), 488쪽 ; 김동희(Ⅱ), 258쪽 ; 정하중(각론), 308쪽.

② 성 질

㉮ 공소유권설 : 공물관리권은 공물이 공적목적에 제공된 것이므로 공물에 대하여는 사법상 소유권인 사용·수익 처분권이 행사될 수 없고, 공물주체의 소유권만을 인정하는 것을 전제로(공물에 대하여 타인의 소유를 인정하지 않음. 따라서 타유공물을 인정하지 않음) 공물관리권은 공물주체의 소유권 그 자체에 의한 작용으로 본다. 또는 공물관리권과 공소유권을 동일한 개념으로 본다.

㉯ 포괄적 관리 권능설 : 개개의 구체적인 관리권의 내용을 이루는 관리 작용에는 행정처분, 강제집행 등 권력적 행정작용도 있고 비권력적 작용도 있고, 상법상의 행위도 존재하므로 이들을 모두 포괄하는 포괄적 관리권으로 보아야 한다.[153]

㉰ 자유공물과 타유공물 구별설 : 공물관리권은 소유권과는 별개의 공법상의 권한이라고 할 것인바, 자유공물인 경우 공법상의 견지에서 그 소유권을 제한함으로써 구성된 특수한 물권적 지배권으로 볼 수 있으며, 타유공물인 경우 타인의 소유에 속하는 물건에 대하여 공적목적을 위하여 그 소유권의 행사를 제한함을 내용으로 하는 일종의 공법상 제한물권으로 볼 수 있다는 견해이다.[154]

㉱ 공법상 물권적 지배권설 : 공물관리권은 공물에 대한 소유권과 독립하여 인정되는 공물에 대한 공법상 물권적 지배권이라 한다. 이 견해에 의하면 공물관리권은 공물에 대한 소유권으로부터 나오는 것이 아니라 실정 법률에 의해 인정된 것으로 본다. 이 설이 통설의 입장이다.[155]

③ 발동형식

공물관리권은 여러 행위형식으로 발동된다. 일반적·추상적인 규칙(행정규칙 : 예, 공물관리규칙, 공물이용규칙 등)의 정립의 형식으로 발동될 때도 있고, 개별적·구체적인 행위의 형식으로 발동될 때도 있다. 후자는 다시 행정행위의 형식(도로 또는 하천점용허가, 점용료 부과처분, 인접구역의 지정, 제거명령 등)인 때와 공법상 사실행위(도로 또는 하천공사 등)인 때도 있다. 그리고 사법상 계약의 형식으로 행하여지는 경우도 있다.

④ 공물관리권의 내용

공물관리권의 내용은 법령에 의하여 정하여질 때도 있고 법령의 범위 안에서 조례 또는 규칙에 의하여 정하여질 때도 있다.

공물관리권의 내용은 적극적으로 공물의 목적을 달성하기 위한 작용과 소극적으로 공물에 대한 장애를 방지하기 위한 작용으로 이루어지는 바, 그 구체적인 내용은 공물의 종류에 따라 상이하다. 대체로 각종의 공물에 공통되는 내용을 살펴보면 다음과 같다.

㉮ 하천의 하천구역지정(하천법 §10·①)·도로의 도로구역결정(도로법 §24·①) 등의 「공물의 범위결정」, ㉯ 도로 또는 하천의 유지·개축수선 등 「공물의 유지·수선·보존(도로법 §23, 하천법 §27)」, ㉰ 타인의 토

153) 박균성(하), 273쪽.

154) 박윤흔(하), 489쪽.

155) 김도창(하), 416쪽 ; 김남진/김연태(Ⅱ), 393쪽 ; 김동희(Ⅱ). 261쪽 ; 유지태, 789쪽 ; 정하중(각론), 308쪽.

지에의 출입 및 일시사용, 장애물의 변경 또는 제거 등과 같은 「공용부담특권」(도로법 §46, 하천법 §75), ㉣ 도로나 하천에 통행이 위험하거나 도로나 하천의 구조를 보전하고 통행의 위험을 방지하기 위하여 통행의 금지나 제한 또는 차량의 운행제한 또는 하천의 사용금지 등 「공물사용의 금지나 제한」(도로법 §58, §59, 하천법 §47). ㉤ 도로·하친의 점용허가 또는 항만시설의 사용·이용허가 등의 「공적목적에 제공」(도로법 §38, 하천법 §33, 항만법 §30) 등이 주요 내용이 된다.

3) 공물관리자(관리권의 주체)

공물의 관리는 공물주체가 스스로 행함을 원칙으로 한다. 도로의 관리청은 국도에 있어서는 국토해양부장관, 국가지원지방도에 있어서는 도지사(특별시·광역시 안의 구간은 당해시장), 기타의 도로에 있어서는 그 노선을 인정한 행정청이 된다(도로법 §20·①). 다만, 특별시·광역시·특별자치도 또는 시 관할구역 안의 상급도로(고속국도와 읍·면지역의 일반국도 및 지방도를 제외한다)는 특별시장·광역시장·특별자치도지사 또는 시장이 관리청으로 된다(도로법 §20·②). 시 지역을 통과하는 국도의 관리청인 특별시장·광역시장·특별자치도지사 또는 시장은 국가기관의 지위에 서게 되고, 그 관리 사무는 국가의 기관위임사무로 규정되어 있다. 그러나 입법론적으로는 시 지역을 통과하는 국도의 관리 사무를 기관위임사무가 아닌 단체위임사무로 하는 것이 타당하다. 하천의 관리청은 국가하천은 국토해양부장관이, 지방하천은 당해 관할구역의 시·도지사가 이를 관리한다(하천법 §8). 지방하천도 국가가 공물주체이나 하천법에 의해 관할 시·도지사가 관리청으로 법정위임된 것이다. 이 경우도 시·도지사는 국가의 기관으로서 관리하는 것이다. 또한 국가하천의 보수에 관한 하천공사와 유지·관리는 시·도지사가 이를 시행한다(하천법 §27·⑤)고 규정하여 시·도지사로 관리청을 법정위임하고 있다.

그리고 국도(특별시·광역시 또는 시관할구역 내의 국도는제외)의 수선 및 유지에 관한 업무는 대통령령이 정하는 바에 의하여 도지사로 하여금 이를 대행하게 할 수 있다(도로법 §23·① 단서). 고속국도의 관리권의 일부를 한국도로공사로 하여금 대행하게 하고(고속국도법§6), 도시공원의 관리를 공원관리청이 아닌 자(사인)에게 위탁하여 공원관리청의 업무를 대행하게 할 수 있다(도시공원 및 녹지등에 관한 법률 §20·①·③).

4) 공물 관리권의 범위와 한계

① **필요·최소성**

공물관리권은 공물의 공적 목적달성에 필요한 한도 내에서 인정된다.

② **인접·접도구역지정**

공물관리권은 원칙상 공물에 대하여 인정되지만 공물의 목적달성을 위하여 필요한 경우 공물의 인접·접도구역에 대하여도 인정된다. 다만, 인접·접도구역의 지정에는 법률의 근거가 있어야 하며(접도구역·입체적 도로구역·도로보전 입체구역 등의 지정 : 도로법 §49, §50, §51, 하천법 §11), 비례의 원칙상 인접·접도구역의 지정은 필요한 최소한도의 구역에 그쳐야 한다.

③ 지상·지하의 범위

공물관리권이 미치는 공물의 상·하(지상·지하)의 범위에 관하여는 공물의 목적달성에 필요한 한도 내에 공물관리권이 미친다고 보아야 한다. 따라서 공물관리권이 미치는 공물의 상·하(지상·지하)의 범위는 사소유권이 미치는 상·하의 범위와 다르다(도로법 §50·②).

④ 상린관계적용

공물관리권은 법률에 특별한 규정이 있는 경우를 제외하고는 민법상 상린관계에 관한 규정(민법 §215 ~ §244)이 적용된다. 법률상 특별규정으로 인접구역·접도구역·입체적 도로구역(도로법 §49, §50, §51), 하천구역·하천예정지(하천법 §10, §11), 철도보호지구(철도안전법 §45) 등에 있어서 일정한 행위를 제한·금지하거나 일정한 작위의무를 과하는 경우를 들 수 있다.

5) 공물관리와 비용부담

① 원 칙(비용부담의 주체)

공물관리에 요하는 비용은 공물주체가 부담함을 원칙으로 한다(도로법 §67, 하천법 §59). 이는 그 관리권을 다른 행정기관에게 위임사무로서 위임한 경우에도 동일하다. 따라서 사무수행에 소요되는 비용은 이를 위임한 국가나 지방자치단체가 부담하여야한다(지자법 §141단서). 국가사무를 위임받아 수행하는 경우의 소요비용은 국가가 전부를 부담하고(지방재정법 §21·②), 광역지방자치단체의 사무를 위임받은 경우의 소요비용도 위임자가 부담하여야 한다(지방재정법 §28).

② 예 외

그러나 법률규정에 의하여 이와는 다른 내용을 둘 수 있다.

㉮ 특별시·광역시·특별자치도 또는 시 관할구역 안의 상급도로(고속국도와 읍·면지역의 일반국도 및 지방도를 제외함)는 특별시장·광역시장·특별자치도지사 또는 시장이 관리청이 되므로(도로법 §20·②), 이의 도로에 관한 비용부담도 관리청이 속하는 지방자치단체의 부담으로 한다(도로법 §67). 다만, 국도(제20조 제2항의 규정이 적용되는 국도를 제외한다)의 수선 및 유지에 관한 업무는 대통령령이 정하는 바에 의하여 도지사로 하여금 이를 대행케 할 수 있으나 그 비용부담은 국고의 부담으로 한다(도로법 §67 단서).

판례 **〈서울특별시 영등포구가 여의도광장에서 차량진입으로 일어난 인사사고에 관하여 국가배상법 제6조 소정 비용 부담자로서의 손해배상책임이 있다.〉** 여의도광장의 관리는 광장의 관리에 관한 별도의 법령이나 규정이 없으므로 서울특별시는 여의도광장을 도로법 제2조 제2항 소정의 "도로와 일체가 되어 그 효용을 다하게 하는 시설"로 보고 같은 법의 규정을 적용하여 관리하고 있으며, 그 관리사무 중 일부를 영등포구청장에게 권한위임하고 있어, 여의도광장의 관리청이 본래 서울특별시장이라 하더라도 그 관리사무의 일부가 영등포구청장에게 위임되었다면, 그

> 위임된 관리 사무에 관한 한 여의도광장의 관리청은 영등포구청장이 되고, 같은 법 제56조에 의하면 도로에 관한 비용은 건설부장관이 관리하는 도로 이외의 도로에 관한 것은 관리청이 속하는 지방자치단체의 부담으로 하도록 되어 있어 여의도광장의 관리비용부담자는 그 위임된 관리 사무에 관한 한 관리를 위임받은 영등포구청장이 속한 영등포구가 되므로, 영등포구는 여의도 광장에서 차량진입으로 일어난 인사사고에 관하여 국가배상법 제6조 소정의 비용부담자로서의 손해배상책임이 있다(대판 1995.2.24, 94다57671).

㈏ 원인자 비용부담원칙을 규정하고 있다. 원인자부담금(도로법 §76) 등이 그 예이다.

6) 공물관리권과 권리구제

① 적법한 공물관리권 행사로 인한 손실보상

도로·하천 기타 공물의 유지·관리를 위해 타인의 재산권을 침해(수용·사용·제한)한 경우에는 정당한 보상을 지급하여야 한다(헌법 §23·③). 이에 따라 도로법은 「이 법의 규정에 의한 처분이나 제한으로 인하여 손실을 받을 자가 있는 때에는 국토해양부장관이 행한 처분이나 제한으로 인한 것은 국고에서, 기타의 행정청이 행한 처분이나 제한으로 인한 것은 당해 행정청이 속하는 지방자치단체에서 그 손실을 보상하여야 한다」(도로법 §92·①)고 규정하고, 이 규정을 공익을 위한 관리청의 감독처분으로 인한 손실에 관하여 이를 준용하고, 감독관청의 처분 또는 명령으로 인하여 관리청이 그의 처분을 취소 또는 변경함으로 인하여 생긴 손실에 관하여도 각각 준용하고 있다(도로법 §80·①②, §75, §76).

하천법에서도 손실보상에 관한 규정을 두고 있다(하천법 §76, §77).

② 공물관리의 하자(흠)로 인한 손해배상.

도로·하천 기타 공물의 설치·관리에 하자가 있기 때문에 타인에게 손해를 발생케 하였을 때에는 관리주체 또는 비용부담주체인 국가 또는 지방자치단체가 그 손해를 배상하여야 한다(국배법 §5, §6). 이때에 공물주체의 관리권이 다른 기관에게 위임되어 공물의 관리자와 비용부담자가 서로 다른 경우 또는 공물의 설치·관리자와 설치·관리의 비용부담자가 동일하지 아니한 경우는 양자 모두 배상책임을 부담하게 된다(국가배상법 §6·①). 따라서 피해자는 양자에게 선택적인 청구권을 행사할 수 있게 된다.

> 판례 ① **〈도로법 제22조 제2항(현행 도로법 §20·②)에 의하여 시장이 국도의 관리청이 된 경우 국가는 도로관리상 하자로 인한 손해배상책임을 면할 수 없다.〉** 도로법 제22조 제2항에 의하여 지방자치단체의 장인 시장이 국도의 관리청이 되었다 하더라도 이는 시장이 국가로부터 관리업무를 위임받아 국가행정기관의 지위에서 집행하는 것이므로 국가는 도로관리상 하자로 인한 손해배상책임을 면할 수 없다.
> ② **〈시가 국도의 관리상 비용부담자로서 책임을 지는 경우 국가배상법 제6조 제2항의 규정을 들어 구상권자인 공동불법행위자에게 대항할 수 없다.〉** 시가 국도의 관리상 비용부담자로서 책임을 지

는 것은 국가배상법이 정한 자신의 고유한 배상책임이므로 도로의 하자로 인한 손해에 대하여 시는 부진정연대채무자인 공동불법행위자와의 내부관계에서 배상책임을 분담하는 관계에 있으며 국가배상법 제6조 제2항의 규정은 도로의 관리주체인 국가와 그 비용을 부담하는 경제주체인 시 상호간에 내부적으로 구상의 범위를 정하는데 적용될 뿐 이를 들어 구상권자인 공동불법행위 자에게 대항할 수 없다(대판 1993. 1. 26, 92다2684, 구상금).

판례 〈**경찰서장이 지방자치단체장으로부터 권한을 위탁받아 설치·관리하는 신호기의 하자로 인한 국가배상법 제5조 소정의 배상책임의 귀속주체는 당해 지방자치단체가 된다.**〉 도로교통법 제3조 제1항에 의하여 특별시장·광역시장 또는 시장·군수의 권한으로 규정되어 있는 도로에서의 신호기 및 안전표지의 설치·관리에 관한 권한은 같은 법 시행령 제71조의 2 제1항 제1호에 의하여 지방경찰청장 또는 경찰서장에게 위탁되었으나, 이와 같은 권한의 위탁은 이른바 기관위임으로서 경찰서장 등은 권한을 위임한 시장 등이 속한 지방자치단체의 산하 행정기관의 지위에서 그 사무를 처리하는 것이므로, 경찰서장 등이 설치·관리하는 신호기의 하자로 인한 국가배상법 제5조 소정의 배상책임은 그 사무의 귀속 주체인 시장 등이 속한 지방자치단체가 부담한다(대판 2000. 1. 14, 99다24201, 손해배상(자)).

판례 집중호우로 국도변 산비탈이 무너져 내려 차량의 통행을 방해함으로써 일어난 교통사고에 대하여 국가의 도로에 대한 설치 또는 관리상의 하자책임이 있다(대판 1993.6.8, 93다11678).

(2) 공물경찰

1) 공물경찰의 의의

공물경찰이라 함은 공물 그 자체나 이용관계로부터 발생하는 사회공공의 안녕과 질서에 대한 위해를 예방·제거하기 위하여 경찰주체가 행하는 일반경찰권의 작용을 말한다. 공물의 안전을 해치고 사회공공의 안녕과 질서에 위해를 일으키는 행위나 상태는 경찰권발동의 대상이 된다.

예컨대 도로교통법은 「경찰공무원은 도로의 파손, 교통사고의 발생이나 그 밖의 사정으로 고속도로 등에서 교통이 위험 또는 혼잡하거나 그러할 우려가 있는 때에는 교통의 위험 또는 혼잡을 방지하고 교통의 안전 및 원활한 소통을 확보하기 위하여 필요한 범위 안에서 진행 중인 자동차의 통행을 일시 금지 또는 제한하거나 그 자동차의 운전자에게 필요한 조치를 명할 수 있다」(도로교통법 §58)고하여 공물경찰에 관하여 규정하고 있다. 공물경찰의 예로는 위해방지를 위한 도로통행제한 이외에도 고속도로에의 출입·통행의 제한, 비상재해시의 도로 부근 거주자에 대한 원조강제·토지물건사용, 위해방지를 위한 공유수면 사용의 제한·금지, 댐재해방지 조치, 홍수조절을 위한 지시 등을 들 수 있다.

2) 공물관리와 공물경찰의 구별과 관계

① 서 설

예컨대 교통사고를 예방하기 위한 도로 통행의 제한은 공물경찰에 속하고, 도로공사를 위한 도로 통행의 제한은 공물관리에 속한다. 이와 같이 공물경칠과 공물관리는 상호 구별되는 별개의 행정작용이지만 경우에 따라서는 동일한 상대방과 행위를 대상으로 유사한 규제가 경합하여 행하여진다. 이 경우 양 작용주체의 협력과 양 작용의 조정이 요청된다. 또한 구체적인 경우에 있어서 공물경찰과 공물관리의 구분이 애매한 경우도 있다. 그러나 양자는 목적·권력적 기초·작용주체·발동범위·위반행위에 대한 제재 및 강제수단에서 구별된다.

② 구 별

㉮ 목 적 : 공물관리는 적극적으로 공물 본래의 목적을 발휘할 수 있도록 행하는 작용인 데 대하여, 공물경찰은 소극적으로 공물상에서의 사회공공의 안녕과 질서에 대한 위해를 예방·제거하기 위하여 행하는 작용인 점에서 구별된다.

㉯ 권력적 기초 : 공물경찰은 일반 경찰권에 기초하여 행해지는데 대하여, 공물관리는 공물에 대한 지배권으로서의 성질을 가지는 공물관리권에 기초하여 행해진다.

㉰ 작용주체(주관기관) : 공물경찰은 일반경찰기관의 소관이 되나 공물관리는 공물관리권자, 즉 당해 공물관리청의 소관이 된다.

㉱ 발동범위 : 공물관리에 있어서는 일시적사용(허가)은 물론이고, 공물의 계속적인 독점적 사용권을 설정할 수 있으나, 공물경찰에 있어서는 계속적인 독점적 사용권은 인정되지 않고 일시적인 사용을 허가할 수 있을 뿐이다. 공물관리는 비권력 작용이 원칙이며 법률상 특별규정 있는 경우 권력작용이 가능하나(공용개시, 사용허가, 공용부담), 공물경찰은 권력작용이 원칙이다.

㉲ 위반행위에 대한 제재 및 강제수단

공물관리에 있어서는 의무위반자에 대한 제재는 공물의 이용관계로부터 배제가 최고의 제재수단이 되나, 공물경찰에 있어서는 의무위반자에 대하여 행정벌을 부과하거나 행정상강제집행이 가능하다. 공물경찰상의 행정벌의 부가와 강제집행에는 별도의 법률의 근거가 있어야 함은 물론이다.

③ 관 계

공물관리와 공물경찰은 원칙상 상호 독립적으로 행하여진다. 그런데 동일한 상대방에 대하여 동일한 규제가 행하여 질 수 있는 경우 등 양 작용이 경합하는 경우가 있다. 그 예는 도로와 같이 공중의 자유사용이 인정되는 공물에서 많이 나타난다.

㉮ 공물관리권 작용으로서의 차량의 운행제한 : 「관리청은 도로의 구조를 보전하고 운행의 위험을 방지하기 위하여 필요하다고 인정하는 때에는 대통령령이 정하는 바에 의하여 차량의 운행을 제한할 수 있다」(도로법 §59·①).

㉯ 공물경찰권 작용으로서의 통행의 금지 및 제한 : 「지방경찰청장은 도로에서의 위험을 방지하고 교통의 안전과 원활한 소통을 확보하기 위하여 필요하다고 인정하는 때에는 구간을 정하여 보행자나 차마의 통행을 금지하거나 제한할 수 있다」(도로교통법 §6·① 본문).

위에서 본 바와 같이 ㉮의 도로법 제59조에 근거한 차량의 운행제한과 ㉯의 도로교통법 제6조에 근거한 통행의 금지 및 제한은 규제목적이나 요건은 다르지만 동일한 내용의 규제이며 양 조치가 동시에 경합하여 행해질 수 있는 경우가 있다. 이러한 경우 이용자의 입장에서는 이중의 규제가 될 수 있고 경우에 따라서는 양 규제가 서로 모순될 수 있으므로 양 권한 행사에 있어서 협조와 조정이 필요함을 알 수 있다.

㉰ 도로교통법에서는 ㉠「지방경찰청장은 보행자나 차마의 통행을 금지하거나 제한한 도로의 관리청에 그 사실을 알려야 한다」고 규정하고 있고(§6·① 단서), 「경찰서장은 도로에서의 위험을 방지하고 교통의 안전과 원활한 소통을 확보하기 위하여 필요하다고 인정하는 때에는 우선 보행자나 차마의 통행을 금지하거나 제한한 후 그 도로관리자와 협의하여 금지 또는 제한의 대상과 구간 및 기간을 정하여 도로의 통행을 금지하거나 제한할 수 있다」(§6·②)고 규정하고 있다. 특히 「도로관리청이 도로법 제38조의 규정에 의한 도로의 점용허가, 도로법 제58조(통행의 금지 또는 제한) 또는 제59조(차량의 운행제한)의 규정에 의한 통행의 금지 또는 차량의 제한을 하고자 하는 때에는 그 도로관리청이 고속도로의 경우에는 경찰청장에게, 도로관리청이 고속도로외의 도로의 경우에는 관할 경찰서장에게 각각 그 내용을 즉시통보 하여야 한다」(도로교통법 §70·①)고 규정하여 효력을 조정하기 위하여 각각 그 내용을 통보하도록 하고 있다. 이때 통보를 받은 경찰청장 또는 관할 경찰서장은 교통의 안전과 원활한 소통을 확보하기 위하여 필요하다고 인정하는 때에는 도로관리청에 필요한 조치를 요구할 수 있다. 이 경우 도로관리청은 정당한 사유가 없는 한 이에 응하여야 한다(도로교통법 §70·③). 한편 도로법에서는 「통행의 금지 또는 제한」(§58) 또는 「차량의 운행제한」(§59)시에는 그 대상, 구간, 기간, 및 이유를 명시한 표지를 설치하고 대통령령이 정하는 바에 의하여 이를 공고하여야 한다(§58·②, §59·⑦).

제3절 사회보장행정

Ⅰ. 사회보장법의 형성과 사회보장의 의의 및 기본이념

1. 사회보장법의 형성

(1) 사회문제

사회문제라고 하면 질병, 노령, 장애, 빈곤, 실업 등을 가리킨다. 어떤 시대이든 언제나 존재했고 그로 말미암아 정상적 생활이 파괴될 가능성 역시 언제나 존재했다. 종전에는 이와 같은 사회문제가 「개별적 원인에 따라 발생한 위험」이라고 보았다. 따라서 그에 대하여 책임져야 할 주체도 전적으로 개인이었다. 예컨대 빈곤이라는 사회문제에 관한 입법으로 영국의 빈민구호법 및 개정구빈법 등을 들 수 있다. 빈곤은 개인의 속성 때문에 발생한다. 그가 빈곤한 이유는 그가 게으르기 때문이다. 바로 이 명제에 비추어 빈민도 보호가치 있는 빈민과 보호가치 없는 빈민을 구별했던 것이다.

하지만 오늘날 사회문제라고 하면 「사회구조적 성격을 지닌 위험」이라고 평가했다. 이에 대한 대처방안도 국가공동체가 나서서 강구해야 한다. 종전의 농업사회가 산업혁명을 거쳐 산업사회로 변했고 그 결과 사회구조도 변했다. 한 마디로 사회문제는 사회의 총체적 차원에서 일어난 현상이다. 우선 산업화의 결과로 대규모 인구이동이 일어났다. 그에 따라 급격하게 그리고 전면적으로 농촌이 붕괴했다. 결과적으로 농촌사회에 기반을 둔 대가족 제도 역시 해체되었는데 그것은 종전의 연대적 생활공동체가 붕괴했다는 뜻이었다. 이제 특히 도시근로자는 질병, 노령, 장애 등의 위험에 대하여 무보호 상태라는 나락에 떨어졌다.

물론 시장 경제적 질서를 통해서 이와 같은 사회문제를 해결한다고 이론적 전제를 설정하고 있었다. 「시장경제 질서」 아래 전형적인 개인의 생활유형을 살펴보면 어떻게 사회문제를 해결하는지 그 내용을 알 수 있다. 노동시장에서 성인은 노동을 제공한다. 그 대가로 임금을 받는다(노동과 임금의 교환영역). 노동자는 자신의 수입으로 가족을 부양하여 공동체를 유지한다(부양관계 영역). 노동자의 임금총액은 여기에 필요한 재화와 용역을 사들이기에 충분하다(수요조달 영역). 하지만 약점이 나타났다. 개인이 불시에 당하는 운명적 사건을 어찌할 것인가. 뿐만 아니라 시장 자체도 수요와 공급의 불일치 등으로 교란사태 내지 붕괴사태가 일어나 시장질서적 관계의 평형은 어차피 깨지기 마련이었다.

(2) 일반법에 대한 특별법으로서 사회보장법 필요성

이에 대하여 일반적 차원에서 대처할 수 있다. 각개 법 분야에서 저마다 지닌 법적 성격을 그대로 유지하면서 일정한 대책을 마련한다는 것이다. 가령 노동법 영역에서는 노동시장 자체에 개입해서 해고사유를 제한하거나 해고하더라도 퇴직금을 지급한다는 식으로 대처할 수 있다. 소비라는 측면에서도 일반적인 물가안정 대책을 비롯하여 저소득계층을 위한 임대주택의 폭을 넓히는 정책을 채택할 수 있다. 민법 영역에서는 이혼 등으로 발생하는 부양관계의 범위를 입법적으로 조정할 수 있다. 뿐만 아니라 일반적으로 세법 차원에서 간접세에 대하여 직접세의 비중을 높여 예컨대 자녀교육 및 양육, 노부모 부양, 의료 등의 각개분야에 대하여 조세상 혜택을 부여할 수 있다. 이와 같은 대처방식은 성격상 일반적인 것이어서 각개 부문의 독특한 원리를 그대로 유지해야 하므로 일정한 한계를 벗어나기 힘들다. 그래서 사회문제를 그 자체의 독자적인 법 원리에 따라 해결하여야 할 필요가 대두되었다. 그래서 사회보장법이라는 특수한 법 영역이 등장한다.

2. 한국사회보장법의 역사

사회문제 발생의 확인 그리고 그 문제를 극복하는 방식 따위에 관하여 권한보유자는 도대체 어떤 정책을 그리고 어떻게 결정할 것인가. 그 대답은 「정치 환경」에 따라 크게 달라질 것이다. 다시 말해서 민주주의가 얼마나 성숙했는지 그 정도가 주요한 기준이 된다. 국민이 주체로 우뚝 선 성숙한 민주주의 아래에서는 「복지국가 원칙의 순위」가 독재국가보다 훨씬 높게 설정될 것이다. 그래서 어떤 국가이든 역사적 발전과정에서 「사회보장의 적용대상인 국민의 수」가 획기적으로 확대되는 시기가 언제인지 그 점에 주목해야 한다. 그 밖에도 사회보장법이 생활위험 중 얼마나 많이 사회적 위험에 귀속시키는지 그 점에 또한 주목해야 한다. 다시 말하자면 생활위험을 선별한다는 수준을 벗어나 망라적으로 보호한다는 점이 중요하다.

(1) 1961년 이전 기간

일제 치하의 후반기에 해당되는 1944년 3월 조선구호령이 제정되었다. 하지만 모든 사항을 단순하게 행정적 재량에 맡긴다는 수준에 지나지 않았다. 1948년 대한민국 최초의 헌법을 제정하면서 1919년 독일 바이마르헌법을 대폭 받아들여 특히 헌법 제19조에 국가의 빈민구조 과제를 선언했다. 이와 같이 빈민구조에 국한해서 본다고 해도, 오늘날 요구하는 바와 같이 빈민을 포괄적으로 보호해야 한다는 수준에는 전혀 미치지 못하는 것이었다. 그래서 빈민 중에서도 근로능력과 생활유지능력 모두 없는 자만을 보장대상으로 인정하였다. 오늘날 빈민구조는 생활유지능력 자체만을 기준으로 한다는 점에서 당시의 것과 차이가 난다. 게다가 당시 헌법상 사회적 기본권은 규정되어 있었지만 기껏해야 교육적 효과를 갖는 정도에 지나지 않았다. 해방 후 정치적 혼란과 1950년 6·25 전쟁 등으로 일어난 개인의 생활보장에 대한 정책으로는 미공법 제480호에 따라 도입된 잉여농산물을 배급하는 행정에 그쳤다.

(2) 1961년에서 1976년까지 기간

5·16 이후 군사정부는 사회정책에 적극적인 의욕을 보였다. 헌법 제30조 제1항에서도 사회보장의 과제를 선언했다. 1942년 출판된 영국 비버리지 보고서가 국제적으로 큰 영향력을 미쳤던 것이다. 1952년 국제노동기구에서 ILO 사회보장 최저기준에 관한 협약 제102호를 채택했다. 하지만 정작 우리나라 사회보장 분야의 기본법에 해당하는 1963년 11월 5일자 사회보장에 관한 법률에는 실체적 내용은 없고 겨우 사회보장심의회를 구성하는 조직법적 내용에 그쳤다. 사회보험 분야에서도 1963년 의료보험법을 제정했지만 워낙 허술했고 그 후 14년이 지난 1976년에야 비로소 의무적 보험가입 사항을 채택할 수 있었다. 그래도 1962년 1월 10일 선원보험법, 1963년 1월 28일 군인연금법, 1963년 11월 5일 산업재해보상보험법 등을 제정하였다. 뿐만 아니라 사회보상 분야에서도 군사원호보상법과 국가유공자 등 특별원호법도 제정하였다. 사회복지 분야에서는 1961년 생활보호법, 1961년 아동복지법, 1970년 사회복지사업법도 제정하였다. 하지만 이들 역시 실질적 내용은 별로 없었다.

1970년대 들어와 경제성장 일변도를 벗어나야 할 필요성을 새삼 인식한다. 1973년 12월 14일 국민복지연금법을 제정했다. 분배의 불균형과 가족제도 붕괴 등에 따른 후속조치였다. 산업재해보상 보험법도 주목해야 할 것이었다. 1963년 500인 이상 근로자를 고용하는 광업·제조업 등 사업장에서 시작해서 1973년 적용 제외 사업장 열거주의를 채택하여 거의 모든 사업장까지 적용대상을 확대했다.

(3) 1977년에서 1986년까지 기간

① 1977년 의료보험법을 시행했다. 1977년 500인 이상 고용 사업장, 1979년 300인 1981년 100인, 1983년 16인 이상 고용사업장으로 확대했다. 1999년 국민건강보험법을 제정하면서 통합주의를 2000년에 실현했다. ② 국민연금법도 1976년에 제정했지만 지체하다가 1988년 1월 1일 시행하였다. ③ 산재보험법은 1982년 10인 이상 사업장을 거쳐 1986년 5인 이상 사업장으로 확대했다. ④ 사회보장 분야에서도 규모가 달라졌다. 월남귀순 용사, 보훈대상 등에 대한 각개 단행 법률도 제정했다. ⑤ 사회복지 분야에서도 아동복지법, 심신장애자복지법, 노인복지법 등을 제정하였다. 1982년 생활보호법을 개정했지만 자활조성을 입법목적으로 추가한다는 한계가 나타났다. 전반적으로 보면 상당한 진전이 있었다. 하지만 강권적 통치체제 아래 이룬 것이라 일정한 한계를 지닐 수밖에 없었다고 볼 수 있다.

(4) 1987년에서 1997년까지 기간

① 1987년 민주화의 결실로 헌법을 개정하였다. 시민 특히 노동자계급 등 사회구성원이 적극적으로 정치에 참여하면서 사회정책을 구현하기 위한 정치적 환경을 마련했다. ② 의료보험법의 경우 보호 대상을 점차 확대하여 1988년 7월 5인 이상 사업장 근로자에게 1988

년 1월 1일부터 농어촌 주민에게 1989년 7월 1일부터 도시지역 자영인에게도 적용하게 되었다. 의료보험 통합관리운영문제를 1997년 국민의료보험법을 제정하면서 부분적으로 해결하였다. ③ 국민연금도 점차 개선하였다. ④ 그동안 사회보험 분야에 누락되었던 고용보험법을 1993년에 이르러 비로소 제정하여 1996년 7월 1일부터 시행했다. ⑤ 사회보장 분야에서 범죄피해자에 대한 국가의 보호를 요구하는 범죄피해구조법을 1987년 11월 28일 제정하여 시행했다. ⑥ 1995년 사회보장 기본법을 제정하면서 최저생계비 공표의무를 제도화하였다. ⑦ 1992년 헌법재판소에 생활보호 급여 수준에 대한 보건사회부 지침이 헌법의 인간다운 생활을 할 권리를 침해한다는 이유로 헌법소원이 제기되었다. 종전에는 경찰 행정적 은혜로서 생활보호급여를 인정했다. 그런데 생활보호급여를 국민이 국가에 대하여 행사하는 권리로 인식하기에 이를 정도로 큰 변화를 일어났다. ⑧ 1996년 대법원은 노인복지법에 의한 노인수당 수급자의 최저연령도 재량규정으로 해석할 여지가 없다고 판시했다.

(5) 1997년에서 현재까지 기간

① 1997년 외환위기를 극복하기 위해 경제 및 기업 등에 대하여 전반적으로 구조조정을 단행하지 않을 수 없었다. 그 결과 대규모 실업이 발생하였다. 이와 같은 구조조정은 노사 양측이 협의하여 합의하지 않고서는 도저히 실현할 수 없었던 규모와 수준이었다. 이 과정에서 사회보장제도의 개선이야말로 그에 대한 반대급부로 확보해야 할 과업이었다. 결과적이긴 하지만 이를 추진할 참여세력도 형성된 셈이다. ② 1999년 8월 국민기초생활보장법을 제정했다. ③ 국민연금 역시 장기적 재정추계와 조정가능성을 새로 점검해야 했다. ④ 사회보장법에 고용촉진 급여를 포함시켜 적극적인 노동시장 정책의 수단으로 재조정하였다. ⑤ 사회보험의 대상을 전 국민으로 확대했다. 이로 말미암아 거꾸로 사회보험의 운영에 대하여 총체적 효율성을 확보해야 한다는 문제에 직면하게 되었다. ⑥ 의료보험은 통합관리 운영으로 마감되었다. 국민건강보험법은 급여의 종류에 관해서도 진보적으로 개정하여 예방과 재활을 포함시켰다. 보험수가도 의료 기관과 계약하여 결정한다. 물론 조직 측면에서 공공성을 확보하는 데 기여할 건강보험 심사평가원을 설립하였다. ⑦ 국민연금의 경우 1999년 4월 1일 그 대상을 도시지역 주민으로 확대하였다. 이혼배우자의 연금분할청구권도 도입하였다. 반면에 장기적 재정 추계에 따라 연금 수준을 하향 조정하고 노령연금 수급연령을 연장하는 등 재정의 안정을 도모하는 조치를 취했다. 새로운 연금산정방식에 따르면 소득대체율은 종전 40%에서 30%로 인하되었다. 사회보험 운영에 노사 등 가입자 대표의 참여를 보장한다는 내용을 1998년 국민연금법 개정으로 입법화하였다. 국민연금 심의위원회에 가입자가 참여하게 되었다. 또한 국민연금기금 운영위원회도 국민연금 자체의 정책을 실현하면서도 가입자의 참여에 기여하도록 조직의 구성에 변화를 가했다. ⑧ 산업재해보상보험법의 대상은 5인 미만 사업장을 제외했던 것을 2000년 삭제하였다. ⑨ 고용보험법 역시 인적 측면에서 적용대상을 크게 확대하였다. ⑩ 1999년 국민기초생활보장법을 제정하고 2003년부

터 소득과 재산을 함께 고려하여 소득 인정액을 기준으로 급여의 지급 여부를 결정했다. ⑪ 1998년 노인복지법을 개정하여 경로연금을 지급한다. 하지만 그 이름과 달리 공공부조 급여를 보충한다는 의미에 지나지 않는다. ⑫ 1999년 장애인복지법을 개정해서 장애인의 사회참여를 입법목적의 하나로 강조하였다.

(6) 평 가

사회보험, 사회보장, 사회복지 각 분야에서 시대별로 구분한 것이다. 그렇다면 과연 사회보장제도가 저마다 어떤 특징을 가졌는가? 과연 한 시대를 대표할 만한 독자적 특징의 판단기준은 무엇인가? 이들에 대한 고민은 그대로 제도의 본질을 파악하는 데 기여할 것이다.

① 전체적인 규모는 어떻게 변화하는가. 가령 국가의 전체 예산 중 사회보장 내지 사회복지 분야에 할당하는 절대금액의 규모 및 전예산 내 할당비율의 변화를 살펴본다.
② 그렇다면 표준적인 기준을 설정할 수 있는지 반성한다. 특히 국민평균소득을 기준으로 다른 나라와 각 시대의 수치와 비교해서 평가기준을 잠정적이나마 설정해 본다.
③ 사회보험, 사회보장, 사회복지 각 영역에 기본원칙에 어떤 변화가 있었는지 따져본다.
④ 궁극적으로 헌법상 두 기둥인 시민적 법치국가 원리와 사회적 복지국가 원리는 전사회의 기본원리인 개인주의와 집단주의를 구현한 것을 반영한다. 과연 이 두 개 원리를 모두 가장 잘 구현할 수 있는 한계선이 어디인지 점검한다. 본래 이 두 개 원리는 결코 대립적 성격만 가진 것은 아니었다. 그렇다면 보완적 성격에 해당되는 사실은 무엇인지 각개 영역마다 확인해 본다.

3. 사회보장의 의의 및 기본이념

(1) 현대국가와 사회보장

근대시민법은 소유권(사유재산)절대원칙, 사적자치원칙(법률행위자유·계약자유원칙), 과실책임(자기책임)원칙과 시민적 자유시장경제질서하에서 자본주의성장과 국가발전에 많은 기여를 하였으나, 반면에 19세기 근대 자유민주주의 국가의 소극적 자유방임적 태도는 빈부격차심화, 노사대립, 실업, 유휴자원의 낭비, 공황 등이 나타나게 되었다. 따라서 사회 조화적(사회정의) 요구를 충족하기 위하여 사회적 시장경제질서의 도입(헌법 §119·②) 및 자본주의의 수정과 국가의 적극적인 생활배려활동이 불가피하게 되었으며 그리하여 등장한 것이 사회보장과 생존권적 기본권이며 사회보장은 개인의 인간다운 생활의 확보를 목적으로 하는 행정작용이다.

(2) 사회보장의 의의

1) 헌법규정

"모든 국민은 인간다운 생활을 할 권리를 가진다(§34·①)"고 선언하고, "국가는 사회보장·사회복지의 증진에 노력할 의무를 진다(§34·②)"고 규정하고 있고, 여자의 복지(§34·③), 노인과 청소년의 복지(§34·④), 생활무능력자의 보호(§34·⑤), 근로자의 보호(§32) 등에 관하여 규정하고 있다.

이러한 헌법상의 생존권과 사회보장에 대한 국가의 의무를 기초로 하여 제정된 기본법이 사회보장기본법이다.

2) 사회보장기본법상 의의

① 목 적

이 법은 사회보장에 관한 국민의 권리와 국가 및 지방자치단체의 책임을 정하고 사회보장제도에 관한 기본적인 사항을 규정함으로써 국민의 복지증진에 기여함을 목적으로 한다(§1).

② 사회보장의 정의

사회보장이라 함은 질병·장애·노령·실업·사망 등의 사회적 위험으로부터 모든 국민을 보호하고 빈곤을 해소하며 국민생활의 질을 향상시키기 위하여 제공되는 사회보험·공공부조·사회복지서비스 및 관련복지제도를 말한다(§3·1).

③ 기본이념

사회보장은 모든 국민이 인간다운 생활을 할 수 있도록 최저생활을 보장하고 국민 개개인이 생활의 수준을 향상시킬 수 있도록 제도와 여건을 조성하여 그 시행에 있어 형평과 효율의 조화를 도모함으로써 복지사회를 실현하는 것을 기본이념으로 한다(§2).

④ 행정주체의 작용

사회보장행정의 주체는 국가 또는 지방자치단체 등 공공단체 등 행정주체이다. 따라서 행정주체가 행하는 것이 아니고 순수한 사인이 동일한 행위의 내용(예: 사회보험이 아닌 생명·상해보험, 고아원·양로원 설립행위 등)을 하는 경우에는 사회보장 행정이 아니다. 사회보장기본법인 사회보장사업은 원칙적으로 국가와 지방자치단체가 수행하되, 민간부분이 참여한 때에는 소요되는 경비의 전부 또는 일부를 지원하거나 그 업무수행에 필요한 지원을 할 수 있도록 하고 있다(동법 §25, §26).

Ⅱ. 사회보장법의 법원 및 특성

1. 법 원

사회보장행정법의 최상위의 법원은 헌법(§34·①·②·③·④·⑤, §32)이고, 사회보장행정법의 기본 법률로서는 사회보장기본법이 있고, 이의 시행을 위한 법률로서는 사회복지사업법이 있고, 영역별로는 사회보험에 관한 법률로서는 국민건강보험법·국민연금법·산업재해보상보험법·고용보험법·공무원연금법·군인연금법 및 사립학교교직원연금법 등이 있고, 공공부조에 관한 법률로서는 국민기초생활보장법·의료급여법 등이 있고, 사회복지에 관한 법률로서는 아동복지법·노인복지법 및 장애인 복지법 등이 있다.

> 【헌재결】 〈국가유공자예우등에관한법률 제9조 본문 위헌제청〉
> 〈국가유공자예우(國家有功者禮遇)등에관한법률(法律) 제9조가 소급입법에 의한 재산권 침해에 해당한다고 할 수 없고, 동 법률조항이 평등권이나 인간다운 생활을 할 권리를 침해한다고 할 수 없다.〉
> 인간다운 생활을 할 권리로부터는 인간의 존엄에 상응하는 생활에 필요한 "최소한의 물질적인 생활"의 유지에 필요한 급부를 요구할 수 있는 구체적인 권리가 상황에 따라서는 직접 도출될 수 있다고 할 수는 있어도, 동 기본권이 직접 그 이상의 급부를 내용으로 하는 구체적인 권리를 발생케 한다고는 볼 수 없다고 할 것이다. 이러한 구체적 권리는 국가가 재정형편 등 여러 가지 상황들을 종합적으로 감안하여 법률을 통하여 구체화할 때에 비로소 인정되는 법률적 권리라고 할 것이다. 예우법이 각종 보호와 지원을 하고 있는 사정과 "인간다운 생활"이라고 하는 개념이 사회의 경제적 수준 등에 따라 달라질 수 있는 상대적 개념이라는 점을 고려하면, 이 사건 법률조항이 헌법(憲法) 제34조 제1항의 인간의 존엄에 상응하는 "최소한의 물질생활"의 보장을 내용으로 하는 인간다운 생활을 할 권리를 침해하였다거나, 헌법 제34조 제2항 소정의 헌법상의 사회보장(社會保障), 사회복지(社會福祉)의 이념(理念)이나 이를 증진시킬 국가의 의무에 명백히 반한다거나 헌법 제32조 소정의 국가유공자에 대한 우선적 보호이념에도 반한다고 할 수 없어 입법재량(立法裁量)의 범위를 일탈한 규정이라고 할 수 없다(헌재결 1995.7.21, 93헌가14 전원재판부).

2. 사회보장법의 특성

사회보장기본법은 사회보장수급권을 모든 국민에게 명시적으로 인정하고(§9) 사회보장급여의 수준도 "건강하고 문화적인 생활을 유지"할 수 있도록 하고 있으며(§10), 사회보장에 관한 관계법령은 형식상 특성으로는 개괄조항, 입법목적명시 등을 들 수 있고, 내용상 특성으로는 정치성, 방침규정성, 수단성, 기술성, 윤리성 및 종합성 등을 가진다.

Ⅲ. 사회보장의 영역 및 내용

사회보장의 내용에 관하여는 사회보장기본법은 모든 사회보장제도에 공통되는 기본적 사항을 정하고 있으며, 사회보장의 영역에 관하여는 사회적 위험으로부터 국민을 보호하고 생존권을 보장하기 위한 것으로서 사회보험, 공공부조, 사회복지서비스 및 관련 복지제도가 있다. 이하에서는 사회보장기본법에 관한 주요내용을 살펴본 후, 사회보험, 공공부조 및 사회복지 서비스 순으로 살펴보기로 한다.

1. 사회보장기본법

「사회보장에 관한 법률」은 1963년 처음으로 제정되었다. 당시 군사정부는 한때나마 적극적으로 사회정책 구현의 의지를 과시했다. 하지만 곧바로 태도를 바꾸었다. 경제발전을 이룩하면 그에 따라 사회문제도 해결된다는 것이었다. 사회문제 자체의 차원을 격하하였다. 결국 이후 30년 동안 「사회보장에 관한 법률」은 사문화하여 명맥만 겨우 유지했다. 1995년

말 위의 법을 폐지하면서 「사회보장기본법」을 제정하였다. 기왕에 각개 분야에 대해서는 개별 법률을 제정한 바 있다. 그런데도 각개 사회보장 분야에 대하여 기본원칙과 공통원칙을 정리해서 사회보장기본법을 제정한 것이다.

하지만 헌법상 사회보장에 관한 권리를 효과적으로 실현하기 위해 매개규범이라는 측면에서 보면 사회보장기본법은 한계를 가질 수밖에 없다. 어차피 각개 개별 법률을 개정하는 효과를 지닌 것은 아니었다. 게다가 추상적 선언의 형식에 지나지 않아 구체적 효과는 없었다. 뿐만 아니라 체계적 구조나 기본적 구상을 규정했다는 측면에서 그 성과를 충분히 거둘 수 없었다. 다만 국가의 사회보장 의지에 관하여 법률적 차원에서도 비록 상징적이지만 분명한 표현을 얻었다는 점만은 긍정적이라고 평가할 수 있다.

「사회보장기본법」 제9조에서 「모든 국민」은 사회보장에 관한 관계 법령이 정하는 바에 의하여 사회보장의 급여를 받을 권리를 가진다고 규정하였다. 사회보장기본법 제10조에서는 모든 국민에게 건강하고 문화적인 최소생활을 보장할 국가의 과제를 선언한다.

사회보장 기본법에서는 기본적 사항으로 사회보험, 공공부조, 사회복지 서비스 및 관련 복지제도 등에 관하여 정의했다. 사회보장 운영에 기본원칙으로서 보편성, 형평성, 민주성, 효율성 그리고 각개 제도 사이의 연계성과 전문성 등을 강조한다(동법 §24). 예컨대 보편성의 원칙에 따르면 국민기초생활보장법의 경우 공공부조를 받을 수 있는 대상을 그 요건이라는 기준에 의거하여 크게 확대해야 한다.

사회보장의 역할과 비용을 분담시킨다. 사회보험은 국가가 맡고 공공부조와 복지서비스는 국가와 지방자치단체가 함께 맡는다. 뿐만 아니라 사회보장에 민간의 참여를 조성한다(동법 §25, §26). 특히 사회보험의 경우 비용을 사용자·피용자·자영자 등 수익자가 부담하고 다만 국가는 그 중 일부를 부담할 수 있다(동법 §27·②).

모든 국민은 사회보장에 관한 관계법령에서 정하는 바에 따라 사회보장급여를 받을 권리(이하 '사회보장수급권'이라 한다)를 가진다. 국가는 관계법령에서 정하는 바에 따라 최저생계비를 매년 공표하여야 한다(동법 §9, §10).

국가나 지방자치단체는 최저생계비와 「최저임금법」에 따른 최저임금을 고려하여 사회보장 급여의 수준을 결정하여야 한다(동법 §10·②·③).

사회보장급여를 받으려는 자는 관계법령에서 정하는 바에 따라 국가나 지방자치단체에 신청하여야 한다(동법 §11·①).

사회보장수급권을 실현하는 데 기여할 절차에 관하여 사회보장기본법에서 규정한다. 제30조 정보공개의무, 제32조 설명의무, 제33조 상담의무, 제34조 통지의무 등이 그것이다. 특히 사회보장청구권의 실현에 기여할 조직법적 차원의 조치에 유의해야 한다. 사회보장심의위원회를 설치한 것이다(동법 §16이하). 국무총리가 위원장이며 기획재정부장관 및 보건복지부장관이 부위원장이다. 위원회는 위원장 1인과 부위원장 2인을 포함한 30인 이내로 구성하되 관계 중앙행정기관의 장, 근로자 대표, 사용자 대표, 전문가 등을 기타 위원으로 임명한다. 보건복지부장관은 5년마다 장기발전방향을 수립한다(동법 §20·①)(1998년 11월 23일 사회보장 장기발전계획을 확정했다). 보건복지부장관 및 관계 중앙행정기관의 장은 장기발전 방향을 기초로 하여 사회보장과 관련된 소관 주요시책의 추진 방안을 내년 수립·시행하여야 한다(동법 §22·①). 그에 걸맞게 사회복지 진달체계를 특히 하부구조에 비중을 두어 충실하게 확대해야 할 것이다.

사회보장수급권에 대해서는 양도 및 압류 그리고 담보제공 등을 금지한다(동법 §12). 그래야 사회보장의 취지를 구현할 수 있기 때문이다. 사회보장청구권에 대하여 제한을 가할 때도 마찬가지다. 법치국가적 요청을 존중해야 한다. 각개 실정법에서 객관적으로 제한의 목적 및 정도를 규정해야 할 것이다.

외국인에 대해서는 원칙적으로 이른바 상호주의에 따른다(사회보장기본법 §8조). 물론 각개 영역에 따라 차이를 두어야 할 것이다. 사회보험의 경우 일단 가입과 보호급여 지급 여부의 문제는 분리해야 한다. 일단 가입을 허용했다면 보험급여는 국적 및 거주지에 상관없이 지급해야 할 것이다. 공공부조와 복지서비스 역시 모든 외국인에게 제공해야 할 것이다. 외국인이든 아니든 인간이다. 그렇다면 인간다운 최저생활을 누릴 권리는 누구에게나 부여된 것이라고 보아야 할 것이다.

사회보장기본법에서 규정한 정의는 다음과 같다.

"사회보장"이라 함은 질병·장애·노령·실업·사망 등의 사회적 위험으로부터 모든 국민을 보호하고 빈곤을 해소하여 국민 생활의 질을 향상시키기 위하여 제공되는 사회보험·공공부조·사회복지서비스 및 관련 복지제도를 말한다.

"사회보험"이라 함은 국민에게 발생하는 사회적 위험을 보험방식에 의하여 대처함으로써 국민건강과 소득을 보장하는 제도를 말한다(§3·ii).

"공공부조"라 함은 국가 및 지방자치단체의 책임 하에 생활유지능력이 없거나 생활이 어려운 국민의 최저생활을 보장하고 자립을 지원하는 제도를 말한다(§3·iii).

"사회복지서비스"라 함은 국가·지방자치단체 및 민간부문의 도움을 필요로 하는 모든 국민에게 상담·재활·직업소개 및 지도·사회복지시설 이용 등을 제공하여 정상적인 사회생활이 가능하도록 지원하는 제도를 말한다(§3·IV).

"관련복지제도"라 함은 보건·주거·교육·고용 등의 분야에서 인간다운 생활이 보장될 수 있도록 지원하는 각종 복지제도를 말한다(§3·V).

사회보장은 모든 국민이 인간다운 생활을 할 수 있도록 최저생활을 보장하고 국민 개개인이 생활수준을 향상시킬 수 있도록 제도와 여건을 조성하여, 그 시행에 있어 형평과 효율의 조화를 도모함으로써 복지사회를 실현하는 것을 기본이념으로 한다. 사회보장에 관한 다른 법률을 제정하거나 개정하는 경우에는 사회보장기본법에 부합되도록 하여야 한다(동법 §2, §4).

2. 사회보험법

(1) 의 의

사회보험은 보험방식에 의하여 사회적 위험으로부터 국민의 건강과 소득을 보장하는 제도이다. 사회보험도 보험이다. 다시 말해서 일정한 위험에 대하여 공동으로 대처하는 제도다. 그렇다면(사망의 시기가 사람마다 다르지만 평균사망율을 기준으로 보험회사가 비용과 이득을 산정하는) 상법상 생명보험이나(사고발생율을 기준으로 비용과 이득을 계산하는) 상법상 사고보험과 같은 보험제도와 다를 바 없을 것이다. 도대체 사회보험이 이들 상법상 보험과 무엇이 다른가? 계약이 아니라 강제인 보험가입 자체, 단순한 경제적 비율이 아닌 사회적 평가로 보장하여 심지어 소득재분배 효과까지 노리는 보험료와 보험급여 산정, 그 목적이 단순한 영리추구가 아니라 그보다 더 높은 수준에서 사회적 공익을 추구하는 보험자에 대한 조직 및 감독 등 전 분야에서 국가의 직접적 또는 간접적 관여 등에서 다르다. 이들이 바로 영리적 성격이 아닌 공적 성격의 구현이다. 사회보험 관련사항이라면 언제나 기본적으로 보험적 요소와 사회적 요소 두 측면에서 사태를 파악하고 다시 이를 균형 있게 총체적으로 점검해야 한다.

사회보험에 관한 실정법으로는 ① 국민건강보험법, ② 국민연금법, ③ 산업재해보상보험법, ④ 고용보험법, ⑤ 공무원연금법, ⑥ 군인연금법, ⑦ 사립학교교직원연금법 등이 있는 바 ① 내지 ④에 관하여 즉, 4대 보험에 관하여 살펴보기로 한다.

(2) 성 질

1) 사보험과 구별

사회보험의 당사자로는 보험자, 피 보험자, 사업주, 의료기관등이 있는바, 이들 상호간에는 다양한 법률관계가 형성된다. 그 중심이 되는 것이 보험자와 피 보험자 간인데 이들 간에는 수급자격·보험요율·급부내용이 결정되어 '피보험자'는 보험료의 납부의무를 부담하는 한편, 보험사고가 발생하면 보험급부를 받을 권리를 가지며, '보험자'는 급부의무를 부담한다. 사보험은 보험회사(주시회사 또는 상호회사)에 의해 행하여지는 사영보험(민영보험)을 말한다. 국가에서 실시하는 사회보험(공보험)과는 대별되는 개념이다. '사회보험'은 '사보험'과 마찬가지로 보험계약관계인 점에서는 같으나, '사회보험'은 ① 원칙적으로 보험가입이 강제되어 계약체결의 자유가 인정되지 않고, ② 보험계약의 내용이 법률에 의하여 정해지며, ③ 국가와 사업주도 보험비용의 일부를 부담하기 때문에 급부와 반대급부의 원칙이 유지되지 못하며, ④ 보험료의 징수에 있어서 강제징수방법이 인정되는 경우가 있는 점에서 '사보험'과 다르다. 이는 사회보장제도로서 사회보험의 특색을 나타내는 것이며, 그 범위 안에서는 행정법관계로 볼 수 있다.

2) 공공부조와 구별

사회보험과 공공부조가 함께 사회보장제도의 일환인 점에서는 같으나, ① 사회보험은 피보험자, 그의 사용주, 정부 등으로부터의 보험금 또는 기여금에 의존하나, 공공부조는 무갹출 급여제이며 그 급부의 재원은 조세수입 등 일반재원에 의존하고, ② 사회보험은 수요자의 실제의 사정에 불문하고 일정액의 보험금이 지급됨이 보통이나, 공공부조는 수급자격 및 급부금액이 법률에서 정하여 지지 않고 개개의 경우에 수요자의 현실적인 사정에 따라 지급되는 개별성의 원칙이 적용되는 점에서 다르다.

(3) 국민건강보험법(의료보험)

1) 의료보험의 일원화

종래의 지역의료보험과 직장의료보험을 통합하여 종래의 의료보험법에 의한 의료보험조합·의료보험연합회와 국민의료보험법에 의한 국민의료보험관리공단을 통합하여 통합의 첫 단계로 「국민의료보험공단」을 신설하고, 그에 따라 의료보험 관계 법률도 종래의 의료보험법(사업장의 근로자와그 피부양가족을 피보험자로 하는의료보험에 관한법)과 국민의료보험법(공무원 및 사립학교 교직원과 지역주민을 피보험자로 하는 의료보험에 관한 법)을 폐지하고 통합의 두 번째 단계로 「국민건강보험법」이 제정되어 2000년 1월 1일부터 시행되었다(국민건강보험법부칙 §2, §13). 종래 다보험자 방식으로 운영되고 있는 의료보험관리 체계를 단일 보험자로 통합 운영함으로써, 운영의 효율성과 보험료 부담의 형평성을 높이고 질병의 치료 외에 예방·건강증진 등을 포함하는 포괄적인 의료서비스를 제공하여 국민건강의 향상을 도모하기 위하여 의료보험제도를 일원화하였다.

2) 피보험자(가입자)

국내에 거주하는 국민은 의료급여 법에 따라 의료급여를 받는 자(이하 '수급권자'라 한다)와 유공자 등 의료보호 대상자를 제외하고는 모두 국민건강보험법에 의한 건강보험의 적용대상인 가입자 또는 피부양자가 된다. 「가입자」는 직장가입자와 지역가입자로 구분한다(동법 §5, §6).

직장가입자란 모든 사업장의 근로자(1월 미만의 기간 동안 고용되는 일용근로자, 현역병, 전환 복무된 사람 및 무관후보생, 선거에 의하여 취임하는 공무원으로서 매월 보수 또는 이에 준하는 급료를 받지 아니하는 자, 기타 사업장의 특성, 고용형태 및 사업의 종류 등을 고려하여 대통령령으로 정하는 사업장의 근로자 및 사용자와 공무원 및 교직원 등은 제외) 및 사용자와 공무원 및 교직원을 말하며, 지역가입자란 직장가입자와 그 피부양자를 제외한 자를 말한다(동법 §6).

가입자는 원칙적으로 국내에 거주하게 된 날에 가입자의 자격을 얻는다(동법 §7).

「피부양자」란 직장가입자에 의하여 주로 생계를 유지하는 자로서 보수 또는 소득이 없는 자를 말하는 바, 여기에는 직장가입자의 배우자·직계존속(배우자의 직계존속을 포함), 직장가입자의 직계비속(배우자의 직계비속을 포함) 및 그 배우자, 직장가입자의 형제·자매가 포함된다(동법 §5·②).

3) 보 험 자

건강보험의 보험자는 국민건강보험공단(이하 공단)이 된다(동법 §12). 공단은 법인으로 한다(동법 §14).

공단은 공법인으로 가입자 및 피부양자의 자격관리, 보험료의 부과·징수, 보험급여의 관리, 보험급여비용의 지급 등의 업무를 관장한다(동법 §13·①).

공단의 임원으로 이사장 1인(보건복지가족부장관의 제청에 의하여 대통령이 임명), 이사 7인 및 감사 1인(보건복지가족부장관이 임명)을 둔다(동법 §19).

공단의 주요사항은 이사장과 이사로 구성된 이사회에서 심의·의결하며(동법 §24), 공단에는 요양급여비용의 계약 및 보험료의 결손처분 등 보험재정과 관련된 사항을 심의·의결하기 위하여 재정운영위원회를 둔다(동법 §31).

4) 보험급여

① 보험급여의 종류

㉮ 요양급여·요양기관

가입자 및 피부양자의 질병·부상·출산 등에 대하여 실시하는 ㉠ 진찰·검사 ㉡ 약제·치료재료의 지급 ㉢ 처치·수술 기타의 치료 ㉣ 예방·재활 ㉤ 입원 ㉥ 간호 ㉦ 이송 등 현물급여를 행한다(동법 §39·①). 다만 업무 또는 일상생활에 지장이 없는 질환은 요양급여의 대상에서 제외할 수 있다(동법 §39·③). 요양급여의 방법·절차·범위·상한 등 의료급여의 기준은 보건복지부령으로 정한다(동법 §39·②). 요양급여는 요양기관에 의하여 행해지며, 요양기관은 정당한 이유 없이 요양급여를 거부하지 못한다(동법 §40·④). 요양기관으로는 ㉠ 의료법에 의하여 개설된 의료기관 ㉡ 약사법에 의하여 등록된 약국과 약사법 제72의 12에 의하여 설립된 한국희귀의약품센터 ㉢ 지역보건법에 의한 보건소·보건의료원 및 보건지소 ㉣ 농어촌 등 보건의료를 위한 특별조치법에 의하여 설치된 보건진료소 등이 있다(동법 §40·①).

공단은 가입자 및 피부양자가 긴급기타 부득이한 사유로 인하여 의료 기관과 유사한 기능을 수행하는 기관에서 질병·부상·출산 등에 대하여 요양을 받거나 요양기관 외의 장소에서 출산을 한 때에는 그 요양급여에 상응하는 금액을 그 가입자 또는 피부양자에게 요양비로 지급한다(동법 §44·①). 이러한 요양을 실시한 기관은 요양비명세서 또는 요양의 내역을 기재한 영수증을 요양을 받은 자에게 교부해야 하며, 요양을 받은 자는 이를 공단에 제출해야 한다(동법 §44·②). 이러한 요양비는 요양기관 외의 기관이나 장소에서 요양을 받거나 출산한 때에 그에 따른 비용을 상환하기 위해 지급되는 실비변상적성격의 현금급여이다.

㉯ 임의급여

보험자인 공단은 요양급여 외에 대통령령이 정하는 바에 의하여 장제비(葬祭費), 상병(傷病)수당 기타의 급여를 실시할 수 있다(동법 §45). 임의급여는 현금급여를 행한다. 임의급여에는 가입자 또는 피부양자가 사망한 경우에 그 장제를 행한 자에게 지급하는 장제비와 요양급여를 받은 자가 부담한 요양급여비용 중 본인부담금의 일부를 보상하기 위한 본인부담액 보상금이 있다(동법시행령 §25).

㉰ 건강검진

보험자인 공단은 가입자 및 피부양자에 대하여 질병의 조기발견과 그에 따른 요양급여를 하기 위하여 건강검진을 실시한다(동법 §47).

건강검진을 받을 수 있는 자는 직장가입자, 세대주인 지역가입자, 40세 이상인 지역가입자 및 40세 이상인 피부양자로 한다. 건강검진은 2년마다 1회 이상 실시하되 사무직에 종사하지 아니하는 직장가입자에 대하여는 1년에 1회 실시한다(동법시행령 §26).

㉱ 장애인에 대한 특례

보험자인 공단은 장애인복지법에 의하여 등록한 장애인인 가입자 및 피부양자에게는 보장구(補裝具)에 대하여 보험급여를 실시할 수 있다(동법 §46).

② 급여의 제한

보험급여를 받을 수 있는 자가 ㉮ 고의 중대한 과실로 인한 범죄행위에 기인하거나 고의로 사고를 발생 시킨 때 ㉯ 고의 또는 중대한 과실로 공단이나 요양기관의 요양에 관한 지시에 따르지 아니한 때 ㉰ 고의 또는 중대한 과실로 확인에 필요한 문서 기타 물건의 제출을 거부하거나 질문 또는 진단을 기피한 때 ㉱ 업무상 또는 공무상 질병·부상·재해로 인하여 다른 법령에 보험급여나 보상(報償) 또는 보상(補償)을 받게 되는 때에는 보상급여를 하지 아니한다(동법 §48).

③ 요양급여비용의 본인 일부부담

요양기관에서 요양급여를 받은 자는 대통령령이 정하는 바에 의하면 그 비용의 일부(이하 본인일부부담금)를 본인이 부담한다(동법 §41). 요양급여를 받는 자가 부담하는 요양급여비용의 부담률은 입원진료인가 외래진료인가에 따라 다르고, 또한 외래진료의 경우에도 요양기관의 종류별로 부담률을 차등화 하여 제1차 요양기관에 해당하는 의원·치과의원·한의원·보건의료원·보건소·보건지소 또는 보건진료소의 요양기관에서 수진(受診)을 유도하고 있다(동법시행령 §22, 별표2).

5) 요양급여 비용의 산정·청구와 지급 및 건강보험심사평가원

의료급여비용은 공단의 이사장과 대통령령이 정하는 의약계를 대표하는 자와의 계약으로 정한다. 이 경우 계약기간은 1년으로 한다(동법 §42·①). 계약이 체결된 경우 그 계약은 공단과 각 의료기관에 체결된 것으로 본다(동법 §42·②).

의료기관은 의료급여비용의 지급을 공단에 청구할 수 있다. 이 경우 제2항의 규정에 의

한 심사청구는 이를 공단에 대한 의료급여비용의 청구로 본다(동법 §43·①). 의료급여비용의 청구를 하고자 하는 의료기관은 건강보험심사평가원에 의료급여비용의 심사청구를 하여야 하며, 심사청구를 받은 건강보험심사평가원은 이를 심사한 후 지체 없이 그 내용을 공단 및 요양기관에 통보하여야 한다(동법 §43·②). 심사의 내용을 통보 받은 공단은 지체 없이 그 내용에 따라 요양급여 비용을 요양기관에게 지급한다(동법 §43·③).

요양급여비용을 심사하고 요양급여의 적절성을 평가하기 위하여 건강보험심사평가원을 국민건강보험공단과 별도로 설립하여 원장 및 감사는 보건복지부장관이 임면한다(동법 §55, §58). 건강보험심사평가원은 법인으로 한다(동법 §57).

6) 보험료(재정)

① 보험료(액)과 보험료율

가입자의 보험료율은 1천분 80의 범위 내에서 심의위원회의 의결을 거쳐 대통령령으로 정한다. 직장가입자의 월별 보험료 액은 표준보수월액(사업장에서 당해 연도에 종사한 기간 중 지급받은 보수총액을 근무월수로 나눈 금액인 연평균 보수월액)에 보험료율을 곱한 금액이다. 지역가입자의 월별 보험료액은 세대단위로 산정하되 부과표준소득에 따라 대통령령이 정하는 등급구분에 의하여 재정운영위원회의 의결을 거쳐 공단의 정관이 정하는 금액으로 한다(동법 §65, §62·③·④).

② 보험료의 부담

㉮ 직장가입자의 보험료는 직장가입자와 사업주(공무원인 경우는 국가 또는 지방자치단체)가 각각 보험료 액의 100분의 50씩 부담하고, 교직원인 경우에는 직장가입자가 100분의 50, 소속 학교경영기관이 100분의 30, 국가가 100분의 20을 각각 부담한다(동법 §67·①).

㉯ 지역가입자의 보험료는 그 가입자가 속한 세대의 지역가입자 전원이 연대하여 부담한다(동법 §67·②).

③ 보험료의 납부

㉮ 납부의무자 : 직장가입자의 보험료는 사용자가 납부한다(직장가입자가 부담하여야 하는 그 달의 보험료액을 그 보수에서 공제하여 납부). 지역가입자의 보험료는 그 가입자가 속한 세대의 지역가입자 전원이 연대하여 납부한다(동법 §68 ·①·②). 다만, 소득·재산·생활수준·경제활동 참가율 등을 고려하여 대통령령으로 정하는 기준에 해당하는 미성년자는 납부의무를 부담하지 아니한다(동법 §68 ·② 단서).

㉯ 납부기한 : 보험료의 납부의무가 있는 자는 가입자에 대한 해당 월의 보험료를 그 다음달 10일까지 납부하여야 한다. 다만 지역 가입자의 보험료는 보건복지부령이 정하는 바에 의하여 분기별로 납부할 수 있다(동법 §69).

④ 보험재정에 대한 정부지원 및 국가부담과 준비금제도

건강보험의 재정은 원칙적으로 가입자와 사용자가 부담하는 보험료로 충당한다. 건강보험사업에 대한 국가의 보조는 임의적 성격의 것이다(국민건강보험법 §92). 현재 지역가입자에 대한 보험료와 관리운영비에 대하여 국고로 보조하고 있다(2000년 지역가입자에 대해서 총재정의 31.4%인 1조 5529억 원을 국고로 보조하였다. - 보건복지부, 보건복지백서, 2001, 206쪽). 국가는 매년 예신의 범위 안에서 당해 연도 보험료 예상수입액의 100분의 14에 상당하는 금액을 국고에서 공단에 지원한다(동법 §92).

준비금 제도를 도입했다. 그 해 보험급여에 소요된 비용의 100분의 5 이상 그리고 총액이 100분의 50에 이를 때까지 적립한다(국민건강보험법 §36).

7) 가입자, 국민건강보험공단, 요양기관 사이의 법률관계

현물급여 원칙에 따라 의료기관은 건강보험의 공법체계에 편입된다. 특히 의료기관이 보유한 진료의 자유에 대하여 일정하게 제한을 가한다는 효과가 발생한다.

현행법상 의료 기관을 공법체계에 편입하는 절차는 당연지정 제도다. 의료기관은 정당한 이유 없이 요양급여를 거부하지 못한다(국민건강보험법 §40·④). 직업행사의 자유에 제한을 가한 것이다.

판례 **〈보건복지부의 약제상한금액고시는 항고소송의 대상이 되는 행정처분이며 제약회사는 복지부약제상한금액고시취소청구의 원고적격이 있다.〉** 약제를 공급하는 제약회사는 복지부의 약제상한금액고시(다른 집행행위의 매개없이 고시자체로서 국민건강보험가입자, 국민건강보험공단, 요양기관 등의 법률관계를 직접 규율하므로 처분성 인정)로 인해 자신이 제조·공급하는 약제의 상한금액이 인하됨에 따라 위 고시의 근거 법령에 의해 보호되는 법률상 이익을 침해했다고 할 것이므로 위 고시의 취소를 구할 원고적격이 있다(대판 2006.9.22, 2005두2506 보험약가인하처분취소).

8) 요양급여 비용을 결정하는 규범형식

현행법상 요양기관과 보험자 사이의 법률관계는 부분적으로 공법상 계약에 의하여 성립한다. 요양급여 비용에 대해서는 공단의 이사장과 의약계의 대표자가 계약을 체결한다. 계약기간은 1년으로 하고, 계약이 체결된 경우 그 계약은 공단과 각 의료기관간에 체결된 것으로 본다. 예외적으로 당사자 사이에 합의로 계약을 성립시킬 수 없을 경우 보건복지부장관이 심의위원회의 의결을 거쳐 일방적으로 정한다(국민건강보험법 §42·①·②·③).

9) 요양기관과 가입자 사이의 법률관계

요양기관은 보험자와 공동으로 공법상 법률관계를 기초로 가입자에게 적절한 급여를 제공하여 개인을 질병으로부터 보호할 의무를 진다. 질병의 진료와 처방이 그 수단이다. 그런데 진료비용 중 일부는 직접 본인이 부담한다(국민건강보험법 §41). 진료에 대한 보상은 그에 따라 이원적이다. 요양기관은 보상의 일부를 보험자로부터, 일부를 가입자 본인으로부터 각각 획득한다. 건강보험 심사평가원에 가입자 또는 피부양자는 자신이 부담한 비용이 과연 요양급여 대상에서 제외되는 것인지 여부에 대하여 확인을 요청할 수 있다(동법 §43의2). 위와 같이 보상

관계는 부분적으로 공법에 의해 규율되고 있다. 확인요청을 받은 건강보험심사평가원은 그 결과와 내용을 확인요청한 자와 공단 및 관련요양 기관에 통보해야 한다. 통보받은 요양기관은 과다하게 징수한 금액(이하 "과다본인부담금"이라 한다)을 지체 없이 확인 요청한 자에게 지급하여야 한다(동법 §143의2).

진료관계 자체는 환자가 의료 기관을 자유롭게 선택하고 의료 기관과 합의하에 형성되는 것이 원칙이다. 한마디로 사법관계다.

10) 권리구제

① 개 설

건강보험의 운영에 있어서는 가입자 및 피부양자의 자격의 득실, 표준보수월액, 보험급여의 내용, 보험료의 징수 등에 관하여 피보험자·사용자·공단·심사평가원 등간의 분쟁이 발생할 소지가 많다. 국민건강보험법은 이러한 경우에 대비하여 간이·신속한 절차에 의하여 분쟁을 해결하고 권리구제를 도모하기 위하여 이의신청 및 심사청구제도를 두고 있다.

② 이의신청

가입자 및 피부양자의 자격, 보험료·보험급여 및 보험급여비용에 관한 공단의 처분에 이의가 있는 자는 공단에, 요양급여비용 및 요양급여의 적정성에 대한 평가 등에 관한 심사평가원의 처분에 이의가 있는 공단·요양기관 기타의 자는 심사평가원에, 각각 처분이 있음을 안 날로부터 90일 이내에 이의신청을 할 수 있다(동법 §76). 처분이 있은 날부터 180일을 경과하면 이의를 제기하지 못한다(동법 §76·③). 다만, 정당한 사유에 의하여 그 기간 내에 이의신청을 할 수 없었음을 소명한 때에는 그러하지 아니하다(동법 §76·③ 단서). 그러나 요양기관이 제43조의 2에 따른 건강보험심사평가원의 확인에 대하여 이의 신청을 하는 경우는 그 확인 통보받은 날부터 30일 이내에 이의신청을 하여야 한다(동법 §76·④).

③ 심판청구

이의신청에 대한 결정에 불복 있는 자는 보건복지부장관 소속하의 건강보험분쟁조정위원회에 처분이 있는 날로부터 90일 이내에 심판청구를 할 수 있다(동법 §77).

④ 행정소송

이의신청 및 심사청구를 거쳐 행정소송을 제기할 수 있음은 물론이다. 그리고 현행 행정소송법은 행정심판전치주의가 채택되지 않고 있으며 행정심판은 임의절차이므로, 위의 이의신청이나 심사청구를 거치지 아니하고 곧바로 행정소송을 제기할 수도 있다.

(4) 국민연금법(국민연금보험)

1) 연금제도의 다원화

우리나라의 의료보험제도는 국민건강보험공단 신설과 국민건강보험법의 제정으로 의료보험제도는 일원화되었으나, 연금제도는 일원화되어 있지 못하고 일반국민을 적용대상으로 하는 국민연금법과 공무원·군인·사립학교교직원 등 특정직업 종사근로자를 적용대상으로 하는 특정직업연금법(공무원연금법, 군인연금법, 사립학교교직원연금법)으로 구분·실시되고 있어 일원화되지 못하고 있다. 이하에서는 국민연금법에 관해서 살펴보기로 한다.

군인연금법이 1986년 말에 제정·시행되어 여러 번 부분 일부 개정되어 오다가 2007년 7월 23일 전부 개정되었고, 또한 그 후 일부 개정되었다(2009. 1. 30). 개정이유는 군복무로 인한 소득상실로 국민연금에 가입할 수 없는 자에게 병역의무를 이행한 기간 중 일부를 노령연금 산정시 국민연금 가입기간으로 인정하도록 하고, 둘째 자녀이상 출산시 국민연금 가입기간을 추가로 인정하도록 하며, 인구 구조의 급속한 고령화에 대비하여 세대 간 형평성을 높이기 위하여 국민연금의 급여수준을 조정하고, 유족연금 수급에 있어서 남녀 차별적인 요소를 개선하는 등 현행 제도의 운영상 나타난 미비점을 개선·보완하기 위해서다.

2) 목적 및 정의

① 목 적(§1)

국민연금법은 국민의 노령·질병 또는 사망에 대하여 연금급여를 실시함으로써 국민의 생활안정과 복지증진에 기여함을 목적으로 한다.

② 정 의

㉮ '근로자'라 함은 직업의 종류에 불구하고 사업장에서 노무를 제공하고 그 대가로 임금을 받아 생활하는 자(법인의 이사 기타 임원을 포함한다)를 말한다. 다만 일용근로자 또는 1월 미만의 기한부로 사용되는 근로자, 소재지가 일정하지 아니한 사업장에 종사하는 근로자, 비상임 이사, 1개월 동안의 근로시간이 80시간 미만인 시간제 근로자 등 사업장에서 상시 근로에 종사할 목적으로 사용되는 자가 아닌 자는 제외된다(국민연금법 시행령 §2).

㉯ '사용자'라 함은 해당 근로자가 소속되어 있는 사업장의 사업주를 말한다(사업경영자를 삭제함).

㉰ '소득'이라 함은 일정기간 동안의 근로를 제공하여 얻은 대통령령으로 정하는 비과세 소득을 제외한 금액 또는 사업 및 자산을 운영하여 얻는 수입에서 필요경비를 제외한 금액을 말한다.

㉱ '평균소득월액'이라 함은 매년의 사업장 가입자 및 지역 가입자 전원의 기준 월소득액을 평균화한 금액을 말하며, 그 산정방법은 대통령령으로 정한다.

㉲ '기준소득월액'이라 함은 연금보험료와 급여를 산정을 위하여 가입자의 소득월액을 기준으로 하여 등급별로 대통령령이 정하는 금액을 말하며, 그 결정방법 및 적용기간 등에 관하여는 대통령령으로 정한다.

㉳ '사업장가입자'라 함은 사업장에 고용된 근로자 및 사용자로서 제8조에 따라 국민연금에 가입된 자를 말한다.

㈔ '지역가입자'라 함은 사업장가입자가 아닌 자로서 제9조에 따라 국민연금에 가입된 자를 말한다.

㈕ '임의가입자'라 함은 사업장가입자 지역가입자 외의 자로서 국민연금에 가입된 자를 말한다.

㈖ '임의계속가입자'라 함은 국민연금 가입자 또는 가입자였던 자가 제13조 제1항에 따라 가입자로 된 자를 말한다.

㈗ '연금보험료'라 함은 국민연금사업에 필요한 비용으로서 사업장가입자의 경우에는 부담금 및 기여금의 합계액을, 지역가입자·임의가입자 및 임의계속가입자의 경우에는 본인이 납부하는 금액을 말한다.

㈘ '부담금'이라 함은 사업장가입자의 사용자가 부담하는 금액을 말한다.

㈙ '기여금'이라 함은 사업장가입자가 부담하는 금액을 말한다.

㈚ '사업장'이라 함은 근로자를 사용하는 사업소 및 사무소를 말한다.

③ 사실혼관계

국민연금법의 적용에 있어서 배우자·남편 또는 아내에는 사실상의 혼인관계에 있는 자를 포함한다(동법 §3·②).

④ 국민연금법에 따른 급여를 받을 권리를 취득할 당시 가입자 또는 가입자였던 자의 태아가 출생하면 그 자녀는 가입자 또는 가입자였던 자에 의하여 생계를 유지하고 있던 자녀로 본다(동법 §3·③).

3) 피보험자(국민연금가입자 : 가입대상)

국민연금법의 적용대상은 국내에 거주하는 18세 이상 60세 미만의 국민은 국민연금의 가입대상이 된다(동법 §6·①). 다만, 공무원연금법, 군인연금법 및 사립학교교직원연금법의 적용을 받는 공무원·군인 및 사립학교 교직원 기타 대통령령이 정하는 자를 제외한다(동법 §6 단서). 피보험자인 국민연금가입자는 사업장가입자, 지역가입자, 임의가입자, 임의계속가입자로 구분된다(동법 §7).

① 사업장가입자

㈎ 당연적용사업장 : 1인 이상의 근로자를 사용하는 사업장·주한 외국기관으로 1인 이상의 대한민국 국민인 근로자를 사용하는 사업장(당연적용 사업장)의 18세 이상 60세 미만의 근로자와 사용자는 당연히 사업장가입자가 된다(동법 §8, 동법 시행령 §19). 다만, 국민연금법·사립학교교직원연금법 또는 별정우체국법에 의한 퇴직연금·장해연금 또는 퇴직연금 일시금이나 군인연금법에 의한 퇴직연금·상이연금 또는 퇴역연금 일시금을 받을 권리를 얻은 자(이하 '퇴직연금등 수급권자'라 한다)는 제외한다(동법 §8 ·① 단서).

㈏ 임의적용사업장 : 당연적용사업장 및 제6조(가입 대상)에도 불구하고 국민연금에 가입된 사업장에 종사하는 18세미만 근로자는 자기가 원하면 사용자의 동의를 받아 사업

장 가입자가 될 수 있고(동법 §8·②), 제8조 제1항에도 불구하고 「국민기초생활보장법」에 따른 수급자는 본인의 희망에 따라 사업장 가입자가 되지 아니할 수 있다(동법 §8·③).

② 지역가입자(동법 §9)

사업장가입자가 아닌 자로서 18세 이상 60세 미민인 자는 당연히 지역가입자가 된다. 다만, 다음의 어느 하나에 해당하는 자는 제외된다.

㉮ 다음의 각 목의 어느 하나에 해당하는 자의 배우자로서 별도의 소득이 없는 자
㉠ 제6조 단서의 규정에 의한 국민연금 가입대상 제외자, ㉡ 사업장가입자, 지역가입자, 임의계속가입자, ㉢ 별정우체국직원, ㉣ 노령연금수급권자 및 퇴직연금 등 수급권자

㉯ 퇴직연금 등 수급권자. 다만, 퇴직연금 등 수급권자가 「국민연금과 지역연금의 연계에 관한 법률」 제8조에 따라 연계신청을 한 경우에는 그러하지 아니하다.

㉰ 18세 이상 27세 미만인 자로서 학생이거나 군복무 등으로 소득이 없는 자(연금보험료를 납부한 사실이 있는 자를 제외한다)

㉱ 국민기초생활보장법에 의한 수급자.

㉲ 1년 이상 행방불명된 자, 이 경우 행방불명된 자에 대한 인정기준 및 방법은 대통령령으로 정한다.

③ 임의가입자

사업장가입자 및 지역가입자 외의 자로서 18세 이상 60세 미만인 자는 보건복지부령이 정하는 바에 의하여 국민연금관리공단에 가입신청을 하는 경우에는 임의가입자가 될 수 있다.

④ 임의계속가입자

㉮ 국민연금 가입자 또는 가입자였던 자로서 60세에 달한 자(① 연금 보험료를 납부한 사실이 없는 자, ② 노령연금 수급권자로서 급여를 받고 있는 자, ③ 제77조 제1항 제1호에 해당 사유로 반환 일시금을 지급받은 자는 제외된다), ㉯ 대통령령으로 정하는 직종에 종사하거나 종사하였던 근로자(이하 "특수직종 근로자"라 한다)로서 제61조 제2항 제3항 및 법률 제3902호 국민복지연금법 개정법률 부칙 제5조에 따라 특례 노령연금 수급권을 취득한 자가 보건복지부령이 정하는 바에 따라 국민연금공단에 가입신청을 하는 경우에는 65세에 달할 때까지 임의계속가입자가 될 수 있다(동법 §13·①). 임의계속가입자는 보건복지부령이 정하는 바에 따라 국민연금공단에 신청하면 탈퇴할 수 있다.

4) 보험자(국민연금공단)

국민연금사업은 보건복지부장관이 관장하나 보건복지부장관의 위탁을 받아 실제의 사업수행은 국민연금공단이 국민연금의 운영주체가 된다(동법 §2, §24~§48). 보험자인 국민연금공단(이하 공단)은 공법인으로서 가입자에 대한 기록의 관리 및 유지, 연금 보험료의 징수, 급여의 결정 및 지급, 가입자·가입자이었던 자 및 수급권자를 위한 자금의 대여 및 복지시설의 설치·운영

등 복지증진사업, 가입자 및 가입자이었던 자에 대한 기금증식을 위한 자금의 대여사업 기타 국민연금사업에 관하여 보건복지부장관이 위탁하는 사항 등의 업무를 수행한다(동법 §25).

공단의 임원으로는 이사장 1인, 상임이사 3인 이내, 이사 7인 및 감사 1인을 두되, 이사에는 사용자대표, 근로자대표, 지역가입자대표 각 1인 이상과 당연직이사로서 보건복지부의 국민연금업무를 담당하는 3급 이상 국가공무원 또는 고위공무원단에 속하는 일반직공무원 1인이 포함되어야 한다(동법 §30). 상임이사 중 국민연금기금의 관리·운용에 관한 업무를 담당하는 이사(이하 기금이사라 함)는 경영·경제 및 기금운용에 관한 지식과 경험이 풍부한 자 중에서 선임해야 한다(동법 §31). 이사장은 보건복지부장관의 제청에 의하여 대통령이 임면하고, 상임이사·이사(당연직이사를 제외) 및 감사는 이사장의 제청에 의하여 보건복지부장관이 임면한다(동법 §30·②).

5) 국민연금 급여

① 급여의 지급

㉮ 기본연금액과 부양가족연금액 : 급여는 그 지급을 받을 권리를 가진 자(이하 '수급권자'라 한다)의 청구에 의하여 공단이 지급한다. 연금액은 그 지급사유에 따라 기본연금액과 부양가족연금액을 기초로 하여 산정한다(동법 §50·①·②).

㉯ 연금액의 최고한도 : 연금의 월별지급액은 다음 각 호의 금액 중에서 많은 금액을 넘지 못한다(동법 §53).

㉠ 가입자였던 최종 5년 동안의 기준소득월액(연금수급 전 연도를 기준으로 제51조 제1항 제1호에 준하여 조정한다)을 평균한 금액을 제51조 제2항에 준하여 조정한 금액

㉡ 가입기간 동안의 기준소득월액(연금수급 전연도를 기준으로 제51조 제1항 제2호에 준하여 조정한다)을 평균한 금액을 제51조 제2항에 준하여 조정한 금액(동법 §53)

② 연금의 산정방식(기본연금액과 부양가족 연금액)

㉮ 기본연금액

기본연금액의 산정은 모든 수급권자(사업장가입자·지역가입자·임의가입자·임의계속가입자)에 대하여 원칙적으로 다음 각 호의 금액을 합한 금액에 1천분의 1천 200을 곱한 금액으로 한다. 다만, 가입기간이 20년을 초과하면 그 초과하는 1년(1년 미만이면 매 1개월을 12분의 1년으로 계산한다)마다 본문에 따라 계산한 금액에 1천분의 50을 곱한 금액을 더한다(동법 §51·①).

㉠ 다음 각목에 따라 산정한 금액을 합산하여 3으로 나눈 금액

ⓐ 연금수급 3년 전 연도의 평균소득월액을 연금수급 3년 전 연도와 대비한 연금 수급 전 연도의 전국소비자물가변동률(「통계법」 제3조에 따라 통계청장이 매년 하는 전국소비자물가변동률을 말한다)에 따라 환산한 금액

ⓑ 연금수급 2년 전 연도의 평균소득월액을 연금수급 2년 전 연도와 대비한 연금 수급 전 연도의 전국소비자물가변동률에 따라 환산한 금액

ⓒ 연금수급 전 연도의 평균소득월액

㉡ 가입자 개인의 가입기간 중 매년 기준 소득월액을 대통령령으로 정하는 바에 따라 보건복지부장관이 고시하는 연도별 재평가율에 의하여 연금수급 전 연도의 현재 가치를 환산한 후 이를 합산한 금액을 총 가입기간으로 나눈 금액. 다만, 다음 각 목에 따라 산정해야 하는 금액은 그 금액으로 한다.

ⓐ 제18조에 따라 추가로 산입되는 가입기간의 기준소득월액은 위의 ㉠에 따라 산정한 금액의 2분의 1에 해당하는 금액

ⓑ 제19조에 따라 추가로 산입되는 가입기간의 기준월소득액은 위의 ㉠에 따라 산정한 금액.

연금은 장기보험이므로 물가 상승에 따라 수급연금액의 실질적 가치가 하락할 수 있기 때문에, 국민연금법은 연금수급권자에게 지급되는 연금액을 매년 전국소비자물가변동률에 따라 조정하는 연금 슬라이드제를 채택하고 있다(동법 §4·③, §51·②).

기본연금액의 산정방식에 의하여 고소득자의 경우에는 연금하향효과가 저소득자의 경우에는 연금 상향효과가 발생하기 때문에 국민연금제도는 소득재분배적기능을 갖는다.

㉯ 부양가족연금액

부양가족 연금액은 가입자의 부양가족에 대한 가족수당의 성격을 가진다. 부양가족 연금액은 수급권자(유족연금의 경우에는 사망한 가입자 또는 가입자였던 자를 말한다)를 기준으로 하는 다음 각 호의 자로서 수급권자에 의하여 생계를 유지하고 있는 자에 해당 호에 규정된 각각의 금액으로 한다. ㉠ 배우자(연15만원) ㉡ 18세 미만 또는 장애등급 2급 이상에 해당하는 자녀(연10만원) ㉢ 60세 이상 또는 장애등급 2급 이상에 해당하는 부모(부 또는 모의 배우자, 배우자의 부모를 포함한다 : 연10만원)에게 지급한다(동법 §52).

③ 급여의 종류

국민 연금법에 의한 급여의 종류는 ㉠ 노령연금 ㉡ 장애연금 ㉢ 유족연금 ㉣ 반환일시금이 있다(동법 §49).

㉮ 노령연금

노령연금은 가입기간, 수급연령, 소득활동 여부 등을 기준으로 하여 완전노령연금, 감액노령연금, 재직자노령연금, 조기노령연금으로 구분되고, 최근에 이혼배우자의 연금수급권을 인정하는 분할연금제도가 신설되었다(동법 제2절). 그리고 가입기간과 관련하여 ㉠ 군복무기간전에 대한 가입기간 추가산입과 ㉡ 출산에 대한 가입기간 추가산입을 신설하였다. 즉, ㉠ 병역의무를 이행한 자 에게 복무기간 중 6개월을 국민연금가입 기간으로 인정하여 노령연금을 지급함으로써 군복무의 사회적 중요성 인식 및 개인의 기회비용을 보상할 수 있도록 하였고(동법 §18, §51·①·2호), ㉡ 고령화 사회에 대비한 출산 장려를 위하여 2 이상의 자녀가 있는 가입자 또는 가입자였던 자에게는 둘째

자녀에 대하여 12개월을, 셋째 자녀부터는 2 자녀를 초과하는 자녀 1명마다 18개월을 국민연금 가입기간에 추가로 인정함으로써 연금액이 인상되거나 연금 수급권을 취득하는 자가 늘어나도록 하였다(동법 §19, §51·①·2호).

㉠ 기본노령연금(완전노령연금) : 연금가입기간이 20년 이상인 가입자 또는 가입자였던 자에 대하여는 60세(갱내근로광부 등 특수직종근로자의 경우 55세)가 된 때부터 그가 생존하는 동안 노령연금을 지급한다. 기본노령연금액은 기본연금액에 부양가족연금액을 합산한 금액이다(동법 §61·①, §63·①).

㉡ 감액노령연금 : 연금가입기간이 10년 이상 20년 미만인 가입자 또는 가입자였던 자에 대하여는 60세(특수직종 근노자는 55세)가 된 때부터 그가 생존하는 동안 제1항에 따른 (기본)노령연금액에서 일정한 금액을 뺀 연금(이하 "감액노령연금"이라 한다)을 지급한다(동법 §61·②). 연금액은 기본연금액의 1,000분의 500에 해당하는 금액에 부양가족연금액을 가산한 액이다. 다만 10년을 초과하는 경우에는 그 초과하는 1년마다 기본연금액의 1천분의 50에 해당하는 금액을 더한다(동법 §63·②).

㉢ 재직자 노령연금 : 연금가입기간이 10년 이상인 자로서 소득이 있는 업무에 종사하고 있으면 60세 이상 65세 미만의 기간(특수직종근로자의 경우는 55세 이상 60세 미만의 기간) 동안에 일정한 금액의 연금을 지급한다(동법 §61·③).

연금액은 가입기간 및 수급권자의 연령에 따라 달라진다. 재직자 노령연금액은 가입기간 등에 따라 제1항·제2항·제4항·제62조 제2항 및 제66조 제2항에 따른 노령연금액에서 부양가족연금액을 제외한 금액에 수급권자의 연령별로 다음 각 호의 비율을 곱한 금액으로 한다.

ⓐ 60세(특수직종 근로자는 55세)인자는 1000분의 500

ⓑ 61세(특수직종 근로자는 56세)인자는 1000분의 600

ⓒ 62세(특수직종 근로자는 57세)인자는 1000분의 700

ⓓ 63세(특수직종 근로자는 58세)인자는 1000분의 800

ⓔ 64세(특수직종 근노자는 59세)인자는 1000분의 900(동법 §63·③)

재직자노령연금의 경우 부양가족연금액이 지급되지 않는다.

㉣ 조기노령연금 : 연금가입기간이 10년 이상인 가입자 또는 가입자였던 자로서 55세인 자가 소득이 있는 업무에 종사하지 않는 경우에 본인의 희망에 의하여 그가 생존하는 동안 일정한 연금을 지급받을 수 있다(동법 §61·④). 조기노령연금액은 가입기간 및 수급연령에 따라 달라진다.

조기노령 연금액은 가입기간에 따라 제1항 및 제2항에 따른 노령연금액 중 부양가족연금액을 제외한 금액에 수급 연령별로 다음 각 호의 구분에 따른 비율을 곱한 금액에 부양가족연금액을 더한 금액으로 한다.

ⓐ 55세부터 지급받는 경우는 1천분의 700
ⓑ 56세부터 지급받는 경우는 1천분의 760
ⓒ 57세부터 지급받는 경우는 1천분의 820
ⓓ 58세부터 지급받는 경우는 1천분의 880
ⓔ 59세부터 지급받는 경우는 1천분의 940(동법 §63·④)

㉤ 분할연금 : 1998년 12월 법 개정을 통해 분할연금제도를 신설함으로써 이혼배우자의 연금수급권이 인정되었다. 혼인기간이 5년 이상인 자(배우자의 가입기간중의 혼인기간에 한한다)는 ⓐ 노령연금수급권자인 배우자와 이혼한 후 60세가 된 때 ⓑ 60세가 된 이후에 노령연금수급권인 배우자와 이혼한 때 ⓒ 60세가 된 이후에 배우자이었던 자가 노령연금수급권을 취득한 때 ⓓ 배우자이었던 자가 노령연금수급권을 취득한 후 본인이 60세가 된 때에는 그때부터 그가 생존하는 동안 배우자이었던 자의 노령연금을 분할한 일정한 금액의 연금(분할연금)을 지급받을 수 있다(동법§ 64·①).

분할연금액은 배우자이었던 자의 노령연금액(가급연금액은 제외) 중 혼인기간에 해당하는 연금액을 균분한 액으로 한다. 분할연금수급권자가 재혼한 때에는 그 재혼기간 동안 분할 연금의 지급이 정지된다. 분할연금청구권은 그 사유 발생하는 때부터 3년을 경과한 때에는 소멸한다(동법 §64·③). 분할연금과 노령연금의 관계문제는 ⓐ 분할연금수급권은 그 수급권을 취득한 후에 배우자이었던 자에게 발생한 사유로 인한 노령연금수급권의 소멸·정지에 의하여 영향을 받지 아니하며 ⓑ 수급권자에게 2 이상의 분할연금수급권이 생기면 제56조(중복급여의 조정)에 불구하고 2이상의 분할 연금액을 합산하여 지급한다. 다만, 2이상의 분할연금수급권과 다른 급여(노령연금을 제외한다)의 수급권이 생기면 그 2이상의 분할연금수급권을 하나의 분할연금수급권으로 보고 본인의 선택에 따라 분할연금과 다른 급여 중 하나만 지급하고 선택하지 아니한 분할연금 또는 다른 급여의 지급은 정지된다. 분할연금수급권자는 제72조 제1항에 따른 유족연금을 지급할 때 노령연금수급권자로 보지 아니한다. 분할연금수급권자에게 노령연금수급권이 발생한 경우에는 제56조(중복급여의 조정)에도 불구하고 분할연금액과 노령연금액을 합산하여 지급한다(동법 §65).

㉯ 장애연금

연금가입기간 중에 발생한 질병 또는 부상으로 인하여 그 완치 후에도 신체상 또는 정신상의 장애가 있는 자에 대하여는 그 장애가 존속하는 동안 장애 정도에 따라 장애연금을 지급한다. 장애의 정도는 질병 또는 부상을 당한 자가 초진일로부터 1년 6개월이 경과하여도 완치되지 아니하는 경우 그 1년 6개월이 경과된 날을 기준으로 결정하고 장애등급은 1급에서 4급으로 구분된다(동법 §67). 장애연금액은 장애등급에 따라 차등지급된다. 장애등급 1급은 기본연금액에 부양가족연금액을 가산한 액,

2급은 기본연금액의 1000분의 800에 해당하는 액에 부양가족연금액을 가산한 액, 3급은 기본연금액의 1000분의 600에 해당하는 액에 부양가족연금액을 가산한 액, 4급은 기본연금액의 1000분의 2000천 250(225%)에 해당하는 금액을 일시보상금으로 지급한다(동법 §68).

㈐ 유족연금

㉠ 의 의 : 가입자·가입자이었던 자나 노령연금수급권자 등의 사망에 따른 그 유족의 생활을 보장하기 위하여 지급되는 것이다.

㉡ 유족연금수급권자 : 노령연금수급권자, 가입기간이 10년 이상 가입자이었던 자, 가입자, 장애등급 2급 이상에 해당하는 장애연금수급권자가 사망한 때에는 그 유족에게 유족연금을 지급한다. 다만 가입기간이 1년 미만인 가입자가 질병이나 부상으로 인하여 사망한 경우에는 가입 중에 질병이나 부상으로 사망한 경우에만 유족연금을 지급한다(동법 §72).

가입기간이 10년 미만인 가입자이었던 자가 가입 중에 발생한 질병이나 부상 또는 그 부상으로 인한 질병으로 가입 중에 초진일 또는 가입자자격상실 후 1년 이내의 초진일로부터 2년 이내에 사망한 때에는 그 유족에게 유족연금을 지급할 수 있다(동법 §72·②).

㉢ 유족의 범위 : 유족연금을 지급받을 수 있는 유족은 가입자 또는 가입자이었던 자의 사망 당시 그에 의하여 생계를 유지하고 있던 ⓐ 배우자 ⓑ 자녀(다만 18세 미만이거나 장애등급 2급 이상에 해당하는 자에 한한다) ⓒ 부모(배우자의 부모를 포함한다. 다만 60세 이상이거나 장애등급 2급 이상에 해당하는 자에 한한다) ⓓ 손자녀(다만 18세 미만이거나 장애등급 2급 이상에 해당하는 자에 한한다) ⓔ 조부모(배우자의 조부모를 포함한다. 다만 60세 이상이거나 장애등급 2급 이상에 해당하는 자에 한한다)로 한다(동법 §73·①).

유족연금은 위의 ⓐ에서 ⓔ순위에 따라 최우선 순위자에게만 지급한다. 동순위의 유족이 2인 이상 있는 때에는 그 유족연금액을 균분하여 지급한다(동법 §73·②·③).

㉣ 유족연금액 : 유족연금액은 가입기간에 따라 부양가족연금액을 더한 액으로 한다. 가입기간이 10년 미만인 경우는 기본연금액의 1000분의 400에 해당하는 액, 10년 이상 20년 미만인 경우는 기본연금액의 1000분의 500에 해당하는 액, 20년 이상인 경우는 1000분의 600에 해당하는 액이다.

다만 노령연금수급권자가 사망한 경우의 유족연금액은 사망한 자가 지급받던 노령연금액을 초과할 수 없다(동법 §74 단서).

㉤ 배우자에 대한 유족연금의 지급정지 : 유족연금의 수급권자인 배우자에 대하여는 수급권이 발생한 때부터 3년간 유족연금을 지급한 후 55세에 달할 때까지 그 지급을 정지한다. 다만 당해 수급권자가 ⓐ 장애등급 2급 이상인 때 ⓑ 가입자 또는 가입자이었던 자의 18세 미만의 자녀 또는 장애등급 2급 이상인 자녀의 생계를 유지한 때 ⓒ 대통령령이 정하는 소득이 있는 업무에 종사하지 아니한 때의 경우에는 지급을 정지하지 아니한다(동법 §76).

㉣ 반환일시금

㉠ 의 의 : 반환일시금은 가입자 또는 가입자이었던 자가 ⓐ 가입기간이 10년 미만인 자가 60세에 달한 때 ⓑ 가입자 또는 가입자이었던 자가 사망한 때 ⓒ 가입자 또는 가입자이었던 자가 국적을 상실하거나 국외에 이주한 때 ⓓ 공무원연금법·군인연금법·사립학교교직원연금법 또는 별정우체국법의 적용을 받는 공무원·군인·사립학교교직원 또는 별정우체국직원이 된 때에는 본인 또는 그 유족의 청구에 의하여 반환일시금을 지급받을 수 있다(동법 §77·①).

㉡ 반환일시금액 : 반환일시금액은 ⓐ 가입자 또는 가입자였던 자가 납부한 연금보험료(사업장가입자 또는 사업장가입자였던 자의 경우에는 사용자의 부담금을 포함한다)에 대통령령으로 정하는 이자를 더한 금액으로 한다(동법 §77·②).

㉤ 사망일시금

가입자 또는 가입자이었던 자가 사망한 때에 국민연금법 소정의 유족(동법 §73)이 없는 경우에 그 배우자·자녀·부모·손 자녀·조부모·형제자매 또는 4촌 이내의 방계혈족으로서 가입자 또는 가입자이었던 자에 의하여 생계를 유지하고 있던 자에게 사망일시금을 지급한다.

사망일시금은 가입자 또는 가입자이었던 자의 반환일시금에 상당하는 금액으로 하되, 그 금액은 사망한 가입자 또는 가입자이었던 자의 최종표준소득월액을 사망일시금 수급전(前) 연도의 현재가치로 환산한 금액과 가입기간 중 기준소득월액의 평균액 중에서 많은 금액의 4배를 초과하지 못한다(동법 §80·①·②).

④ 급여의 제한

㉮ 급여의 제한

㉠ 가입자 또는 가입자이었던 자가 고의로 질병·부상 또는 그 원인이 되는 사고를 발생시켜 그로 인하여 장애를 입은 경우에는 당해 장애를 지급사유로 하는 장애연금을 지급하지 아니할 수 있고 ㉡ 가입자 또는 가입자이었던 자가 고의 또는 중대한 과실로 요양지시에 따르지 아니하거나 정당한 사유 없이 요양지시에 따르지 아니함으로써 장애·사망 또는 그 원인이 되는 사고를 발생하게 하거나 그 장애를 악화시키거나 회복을 방해한 때에는 대통령령이 정하는 바에 의하여 이를 원인으로 하는 급여의 전부 또는 일부를 지급하지 아니할 수 있다(동법 §82).

㉯ 유족연금의 지급제한

가입자 또는 가입자이었던 자를 고의로 사망하게 한 유족에게는 유족연금을 지급하지 아니한다. 유족연금의 수급권자로 될 수 있는 자를 고의로 사망하게 한 유족에게는 유족연금을 지급하지 아니한다. 유족연금의 수급권자가 다른 수급권자를 고의로 사망하게 한 때에는 그 자에게 유족연금을 지급하지 아니한다(동법 §84).

㈐ 연금 보험료의 미납에 따른 지급제한

장애연금의 경우는 당해 질병 또는 부상의 초진일 당시, 유족연금의 경우는 사망일 당시 다음 각 호의 어느 하나에 해당하면 그 연금을 지급하지 아니한다.

ⓐ 연금 보험료를 낸 사실이 없는 경우

ⓑ 연금 보험료를 내 기간(제17조 제3항에 따라 기여금을 낸 기간을 포함한다)이 그 연금 보험료를 낸 기간과 연금보험료를 내지 아니한 기간(제89조 제1항에 따른 납부기한으로부터 1개월이 지나지 아니한 기간과 제91조 제1항에 따라 연금 보험료를 내지 아니한 기간은 제외한다)을 합산한 기간의 3분의 2보다 짧은 경우(다만, 연금보험료를 내지 아니한 기간이 6개월 미만인 경우는 제외한다)(동법 §85)

⑤ **비용부담 및 연금보험료(재정)징수 등**

㉮ 국고부담

국가는 매년 국민연금사업의 관리·운영에 필요한 공단의 관리·운영비의 전부 또는 일부를 부담한다(동법 §87).

㉯ 보험료부담 및 징수

공단은 국민연금사업에 소요되는 비용에 충당하기 위하여 가입자 및 사용자로부터 가입기간 동안 매월 연금보험료를 징수한다(동법 §88).

사업장가입자의 연금보험료 중 기여금은 사업장가입자 본인이, 부담금은 사용자가 각각 부담하되, 그 금액은 각각 기준소득월액의 1000분의 45에 해당하는 액으로 한다. 지역가입자·임의가입자 및 임의계속가입자의 연금 보험료는 지역가입자·임의가입자 및 임의계속가입자 본인이 부담하되, 그 금액은 기준소득월액의 1000분의 90으로 한다(동법 §88·②·③).

㉰ 국민연금기금

보건복지부장관은 국민연금사업에 필요한 재원을 확보하고 급여에 충당하기 위하여 책임준비금으로서 국민연금기금을 설치한다. 국민연금기금은 연금보험료, 기금운용수입금, 적립금 및 공단의 수입지출결산상의 잉여금으로 조성한다(동법 §101).

기금은 보건복지부장관이 관리·운용한다. 기금의 운용에 관한 중요한 사항을 심의·의결하기 위하여 국민연금기금운용위원회를 보건복지부에 둔다(동법 §102, §103).

⑥ **권리구제**

㉮ 심사청구와 재심사청구

가입자의 자격, 기준소득월액, 연금보험료 기타 이 법에 의한 징수금과 급여에 관한 공단의 처분에 이의가 있는 자는 그 처분이 있음을 안 날로부터 90일 이내에 문서로 공단에 심사청구를 할 수 있고, 심사청구에 대한 결정에 불복이 있는 자는 그 결정통지를 받은 날로부터 90일 이내에 보건복지부에 설치된 국민연금재심사위원회에 재심사를 청구할 수 있다(동법 §108, §109, §110). 다만, 정당한 사유로 그 기간에 심사청구를 할 수 없었음을 증명하면 그 기간이 지난 후에도 심사청구를 할 수 있다. 재심사 및 재결에 관한 절차에 관하여는 행정심판법이 준용된다(동법 §112).

㉯ 행정소송

재심사 청구에 대한 재결에 불복이 있는 자는 행정소송을 제기할 수 있으며, 위의 심사청구·재심사청구를 거치지 않고 곧비로 행정소송을 제기할 수도 있다(동법 §112, 행소법 §18).

⑦ 외국인에 대한 적용문제

국민연금법의 적용을 받는 사업장에 사용되고 있는 외국인과 국내에 거주하는 외국인으로서 대통령령이 정하는 자를 제외한 외국인(㉮ 출입국관리법(§25)상 체류기간 연장허가를 받지 아니하고 체류하는 자 ㉯ 출입국관리법(§31)사 외국인등록을 하지 아니하거나 강제퇴거 명령서가 발부된 자, ㉰ 출입국관리법 시행령(별표 I)상의 외국인의 체류자격이 있는 자로서 보건복지부령이 정하는 자를 제외한 외국인)은 국민연금법 제6조의 규정에 불구하고 당연히 사업장 가입자 또는 지역가입자가 된다(동법 §126, 동법 시행령 §85의2). 다만, 국민연금법에 의한 국민연금에 상응하는 연금에 관하여 외국인의 본국법이 대한민국국민에게 적용되지 아니하는 경우에는 그러하지 아니하다고 하여 상호주의를 취하고 있다(동법 § 126 단서).

(5) 산업재해보상보험법

산업재해보상보험법은 산업재해보상보험사업(이하 '보험사업'이라 한다)을 시행하여 근로자의 업무상의 재해를 신속하고 공정하게 보상하고, 재해 근로자의 재활 및 사회복귀를 촉진하기 위하여 이에 필요한 보험시설을 설치·운영하며 재해예방 기타 그 밖에 근로자의 복지증진을 위한 사업을 행함으로써 근로자의 보호에 이바지함을 목적으로 한다(동법 §1).

산업재해보상보험법은 1963년 11월에 제정·시행되어 부분적인 개정이 되다가 1994년 12월 전부 개정되고 다시 부분적인 개정이 되다가 2007년 4월 전부 개정되고, 다시 2007년 12월 전부개정 되었다. 우선 2007년 12월에는 산업재해보상보험법이 전면 개정되었고, 2009년 1월 7일에 일부개정 되었다.

1) 산재보험의 성질

① 무과실책임

재해를 당한 근로자 또는 그 유족은 민사상 손해배상청구에 의하여 손해배상을 청구할 수 있으나, 이는 과실책임주의에 입각하고 있어 재해근로자에 대한 신속하고도 효과적인 보호제도가 될 수 없으므로, 무과실책임원칙에 입각한 사회보험으로서의 산재보험제도가 도입되었다. 이러한 제도는 19세기 중반부터 선진공업국가에서 성립·발전하였다.

② 보 험 성

근로기준법에서도 무과실책임을 원칙으로 하는 재해보상을 규정하고 있지만 사용자의 무자력 등으로 근로자가 보호받지 못하는 사태가 발생할 수 있으므로 산업재해보상보험법에 의한 산재보험제도를 도입하여 산업재해보상을 사회보험화함으로써 사용자는 과중한 부담을 덜고 재해를 당한 근로자는 확실한 보상을 받도록 하였다.

2) 다른 보상 또는 배상과의 관계(민법·근로기준법과의 관계)

① 근로기준법상 재해보상책임면제

수급권자가 산업재해보상보험법에 의하여 보상급여를 받았거나 받을 수 있는 경우에는 보험가입자는 동일한 사유에 대하여 근로기준법에 의한 재해보상책임이 면제 된다(동법 §80·①).

② 민법 등에 의한 손해배상책임면제

수급권자가 동일한 사유에 대하여 산업재해보상보험법에 의한 보험급여를 받은 경우에는 보험가입자는 그 금액의 한도 안에서 민법 기타 법령에 의한 손해배상책임이 면제된다(동법 §80·②).

③ 이중급여제한

수급권자가 동일한 사유로 민법 기타 법령에 의하여 산업재해보상보험법의 보험급여에 상당한 금품을 받은 때에는 공단은 그 받은 금품을 대통령령이 정하는 바에 따라 환산한 금액의 한도 안에서 산업재해보상보험법에 의한 보험급여를 지급하지 아니한다(동법 §80·③).

3) 적용범위

산업재해보상보험법은 근로자를 사용하는 모든 사업 또는 사업장(이하 "사업"이라 한다.)에 적용된다(동법 §6).

다만 사업의 위험률·규모 및 사업장소 등을 참작하여 ① 공무원연금법 또는 군인연금법에 의하여 재해보상이 행해지는 사업 ② 선원법·어선원 및 어선재해보상보험법 또는 사립학교교원연금법에 의하여 재해보상이 행해지는 사업 ③ 주택법에 위한 주택건설사업자 또는 건설산업기본법에 의한 건설업자, 전기공 사업법에 의한 공사업자. 정보통신공사법에 의한 공사업자, 소방시설공사업법에 의한 소방시설업자 또는 문화재보호법에 의한 문화재수리 업자가 아닌 자가 시공하는 공사로서 ㉮ 「고용보험 및 산업재해보상보험의 보험료 징수 등에 관한 법률 시행령」 제2조 제1항 제2호의 규정에 의한 총 공사금액(이하 '총공사금액'이라 한다)이 2천만 원 미만인 공사 ㉯ 연면적이 330제곱미터 이하인 건축물의 건축 또는 대수선에 대한 공사, ④ 가사(家事)서비스업, ⑤ ① 내지 ④ 사업 외의 사업으로서 상시근로자의 수가 1인 이상이 되지 아니하는 사업 ⑥ 농업·임업·어업·수렵업 중 법인이 아닌 자의 사업으로서 상시 5인 미만의 근로자를 사용하는 사업은 그러하지 아니하다(동법§5, 동법 시행령§3).

4) 보 험 자

보험사업을 하는 산재보험의 보험자는 고용노동부장관의 위탁을 받아 산재보험사업을 행하는 근로복지공단(이하 공단)이다. 근로복지공단은 공법상 법인이다(동법 §10, §12).

공단은 ① 보험가입자 및 수급권자에 관한 기록의 관리·유지 ② 보험료기타 징수금의 징수 ③ 보험급여의 결정 및 지급 ④ 보험급여에 관한 심사청구의 심리·결정 ⑤ 산업재해보상보험시설의 설치·운영 ⑥ 근로자의 복지증진을 위한 사업 ⑦ 기타 정부로부터 위탁받은 사업 ⑧ ⑤ 내지 ⑦의 사업에 부대되는 사업 등을 행한다(동법 §11).

5) 보험급여의 수급권자(피보험자)

피보험자에 해당하는 바, 보험가입자인 사업주에게 고용되고 있는 근로자는 보험료 납부 부담 없이 보험급여를 받을 권리를 가진다. 즉 보험급여의 수급권자는 업무상의 사유에 의해 부상·질병·신체장애 또는 사망 등 업무상 재해를 당한 근로자이다. 근로자란 임금을 목적으로 근로를 제공하는 근로기준법상의 근로를 말한다.

① 해외파견자에 대한 특례(보험가입자가 대한민국 밖의 지역에서 행하는 사업에 근로시키기 위하여 파견하는 자에 대하여 공단에 가입신청을 하여 승인을 얻은 경우에는 해외파견자를 당해 가입자의 대한민국 영역안의 사업에 사용하는 근로자로 본다) ② 현장실습생에 대한 특례(산재보험법 적용 사업에서 현장실습을 하고 있는 학생 및 직업훈련생 중 고용노동부장관이 정하는 현장실습생은 당해 사업에 사용되는 근로자로 간주) 등이 있으며, ③ 특히 중소기업사업주에 대한 특례가 있는 바 보험가입자로서 대통령령이 정하는 중·소기업사업주는 공단의 승인을 얻어 자기 또는 유족을 보험급여를 받을 수 있는 자로 하여 보험에 가입할 수 있는데, 이 경우 당해 사업주는 산재보험법의 적용을 받는 근로자로 간주한다(동법 §122, §123, §124).

또한 ④ 국민기초생활보장법상의 수급자에 대한 특례도 신설되었는바 제5조 제2호에 따른 근로자가 아닌 자로서 국민기초생활보장법 제15조에 따른 자활급여수급자 중 고용노동부장관이 정하여 고시하는 사업에 종사하는 자는 제5조 제2호에도 불구하고 산업재해보상보험법의 적용을 받는 근로자로 본다(동법 §126). 자활급여수급자의 보험료 산정 및 보험급여의 기초가 되는 입금액은 자활급여수급자가 제1항의 사업에 참여하여 받는 자활급여로 본다(동법 § 126·②).

6) 보험급여

보험급여의 대상이 되는 보험사고는 「업무상의 재해」이다. '업무상의 재해'라 함은 업무상의 사유에 의한 근로자의 부상·질병·신체장애 또는 사망을 말한다(동법 §5·1호).

① 급여의 종류

산재보험법급여에는 ㉮ 요양급여 ㉯ 휴업급여 ㉰ 장애급여 ㉱ 간병급여 ㉲ 유족급여 ㉳ 상병보상연금 ㉴ 장의비 ㉵ 직업재활급여가 있다(동법 §36). 다만, 진폐에 따른 보험급여의 종류는 요양급여, 간병급여, 장의비, 직업재활급여, 제91조의3에 따른 진폐보상연금 및 제91조의4에 따른 진폐유족연금으로 한다. 보험급여는 지급 결정일 부터 14일 이내에 지급하여야 한다(동법 §82).

㉮ 요양급여

요양급여는 근로자가 업무상의 사유에 의하여 부상을 당하거나 질병에 걸린 경우에 근로자에게 요양비의 전액을 지급하되 공단이 설치한 보험시설 또는 공단이 지정한 의료 기관에서 요양을 하게 하는 현물급여가 원칙이다(진찰, 약제 또는 진료재료와 義肢 기타 보철구의 지급, 처치·수술 기타의 치료, 의료시설에의 수용, 간병 이송 등)(동법 §40). 다만 부득이한 경우에는 요양에 갈음하여 요양비를 지급할 수 있다. 부상 또는 질병이 3일 이내의 요양으로 치유될 수 있는 때에는 요양급여를 지급하지 아니한다(동법 §40·②, 단서 §40·③). 치료 후 요양의 대상이 되었던 업무상의 부상 또는 질병이 재발한 경우 등에는 재요양을 받을 수 있다(동법 §51).

㉯ 휴업급여

휴업급여는 요양으로 인하여 취업하지 못한 기간에 대하여 지급하는 소득보장 급여이며, 지급액은 휴업 1일당 평균임금(임금을 산정하여야할 사유가 발생한날 이전 3월간에그 근로자에 대하여 지급된 임금의 총액을 그 기간의 총일수로 나눈 금액. 근로기준법§19·①)의 100분의 70에 해당하는 금액이다. 그러나 취업하지 못한 기간이 3일 이내인 때에는 이를 지급하지 아니한다(동법 §52). 휴업급여가 최저임금액에 미달하는 경우에는 최저임금액을 휴업급여액으로 한다(동법 §53·①). 그리고 ㉠ 부분 휴업급여(요양 또는 재요양을 받고 있는 근로자가 그 요양 기간 중 일정기간 또는 단시간 취업한 경우는 그 취업한 날 또는 취업한 시간에 해당하는 그 근로자의 평균 임금에서 그 취업한 날 또는 취업한 시간에 대한 임금을 뺀 금액의 100분의 90에 상당하는 금액을 지급할 수 있다) ㉡ 저소득 근로자의 휴업급여(휴업급여지급액이 최저 보상 기준 금액의 100분의 80보다 적거나 같으면 그 근로자에 대하여는 평균 임금의 100분의 90에 상당하는 금액을 1일당 휴업급여지급액으로 한다), ㉢ 고령자의 휴업급여(휴업급여를 받는 근로자가 61세가 되면 그 이후의 휴업급여는 별표 1에 따라 산정한 금액을 지급한다), ㉣ 재요양기간 중의 휴업급여(재요양을 받는 자에 대하여는 재요양 당시의 임금을 기준으로 산정한 평균임금의 100분의 70에 상당하는 금액을 1일당 휴업급여지급액으로 한다)제도를 하거나 휴업급여 수준을 상향조정하였다(동법 §53 ~ §56).

㉰ 장애급여

장애급여는 근로자가 업무상의 사유에 의하여 부상을 당하거나 질병에 걸려 치유 후 신체 등에 장애가 있는 경우에 장애등급(1급~14급)에 따라 근로자에게 장애보상연금 또는 장애보상일시금으로 수급권자의 선택에 따라 지급된다(동법 §57·①·②).

㉱ 간병급여

간병급여는 요양급여를 받은 자가 치료 후 의학적으로 상시 또는 수시로 간병이 필요하여 실제로 간병을 받는 자에게 지급되는 급여이다(동법 §61·①).

㉲ 유족급여

유족급여는 근로자가 업무상의 사유에 의하여 사망한 경우에 그 유족의 생활보장을 목적으로 지급되는 급여이다. 진폐근로자가 진폐로 사망한 경우에 유족에게 진폐유족연금을 지급한다(동법 §91의4).

유족급여는 유족보상연금 또는 유족보상일시금으로 하되 유족보상일시금은 근로자가 사망할 당시 제63조 제1항에 따른 유족보상연금을 받을 수 있는 자격이 있는 자가 없는 경우에 지급한다(동법 §62·①·②).

다만 유족보상연금의 수급권자가 원하는 경우에는 유족보상일시금의 100분의 50에 상당하는 금액을 일시금으로 지급하고 유족보상연금은 100분의 50을 감액하여 지급한다(동법 §62·③).

유족보상연금을 받던 자가 그 수급자격을 잃은 경우 다른 수급자격자가 없고 이미 지급한 연금액을 지급 당시의 각각의 평균임금으로 나누어 산정한 일수의 합계가

1300일에 못 미치면 그 못 미치는 일수에 수급자격 상실 당시의 평균임금을 곱하여 산정한 금액을 수급자격 상실 당시의 유족에게 일시금으로 지급된다(동법 § 63·④).

㉥ 상병(傷病) 보상연금

요양급여를 받는 근로자가 요양개시 후 2년이 경과된 날 이후에 ㉠ 당해 부상 또는 질병이 치유되지 아니한 상태에 있을 것 ㉡ 그 부상 또는 질병에 의한 폐질의 정도가 대통령령이 정하는 폐질등급기준(1급·2급·3급)에 해당할 것의 상태가 계속되는 경우에는 휴업급여대신 상병보상연금을 당해 근로자에게 지급하는 바, 이는 보다 높은 수준의 급여 지급을 목적으로 인정되는 급여이다(동법 §66·①). 장기적 노동불능에 대한 소득보상급여이다. 상병보상연금은 별표 4에 의한 폐질 등급에 따라 지급한다(동법 §66·②). 저소득 근로자의 상병보상연금(제66조에 따라 상병보상연금을 산정할 때 그 근로자의 평균임금이 최저임금액에 70분의 100을 곱한 금액보다 적을 때는 최저임금액의 70분의 100에 해당하는 금액을 그 근로자의 평균 임금으로 보아 산정한다), 고령자의 상병보상연금(상병보상연금을 받은 근로자가 61세가 되면 그 이후의 상병보상연금은 별표 5에 따라 산정한 금액을 지급), 재요양기간 중의 상병보상연금(재요양을 시작한지 2년이 지난 후에 상병 상태가 제66조 제1항 각 호의 요건 모두에 해당하는 자에게는 휴업급여 대신 별표 4에 따른 폐질등급에 따라 상병보상연금을 지급)제도가 실시되고 있다(동법 §67, §68, §69). 업무상질병인 진폐에 걸린 근로자(이하 '진폐근로자'라 한다)에게는 진폐보상연금을 지급한다(동법 §91의3).

㉦ 장 의 비

근로자가 업무상의 사유에 의하여 사망한 경우에 장의를 행하는 자에게 평균임금의 120일분에 상당하는 금액이 지급된다(동법 §71).

㉧ 직업재활급여

㉠ 직업훈련비용 및 직업훈련 수당 : 장애급여를 받은 자(이하 "장애급여자"라 한다) 중 취업을 위하여 직업훈련이 필요한 자(이하 "훈련대상자"라 한다)에 대하여 실시하는 직업훈련에 드는 비용 및 직업훈련 수당

㉡ 직장복귀지원금, 직장적응훈련비 및 재활운동비 : 업무상의 재해가 발생할 당시의 사업장에 복귀한 장애급여자에 대하여 사업주가 고용을 유지하거나 직장적응훈련 또는 재활운동을 실시하는 경우에 각각 지급하는 직장복귀지원금, 직장적응훈련비 및 재활운동비가 있다(동법 §72~§75).

② 진폐판정절차의 간소화

진폐에 대한 판정절차를 요양급여 등의 청구, 진폐의 진단, 진폐심사회의의 심사, 진폐판정 및 보험급여의 결정으로 단순화하여, 진폐판정 및 보험급여의 결정절차 등을 명확히 하여 관련업무의 신속성 및 공정성을 제고할 것으로 기대된다(동법 §91의5~§91의8).

③ 급여의 제한과 부당이득의 징수 및 포상금제도

공단은 근로자가 정당한 이유 없이 요양에 관한 지시를 위반함으로써 부상·질병 또는 신체장애의 상태를 악화시키거나 그 치유를 방해한 경우와 장해보상연금 수급권자가 장애

등급 재판정 전에 자해 등 고의로 장해상태를 악화시킨 경우에는 보험급여의 전부 또는 일부를 지급하지 아니할 수 있고, 보험급여를 받은 자가 허위 기타 부정한 방법 등으로 보험급여를 받은 경우와 수급권자 또는 수급권이 있던 자가 제114조 제2항부터 제4항까지 규정에 따른 신고의무를 이행하지 아니하여 부당하게 보험급여를 받은 경우에는 그 급여액의 2배에 해당하는 금액을 징수한다(동법 §52, §53, §84). 공단은 보험급여, 진료비 또는 약제비를 부당하게 지급받은 자를 신고한 사람에게 예산의 범위에서 고용노동부령으로 정하는 바에 따라 포상금을 지급할 수 있다(동법 §119의2).

7) 보 험 료(재정문제)

① 보 험 료

산업재해보상보험법에 의한 보험사업에 소요되는 비용에 충당하기 위하여 징수하는 보험료 및 그 밖의 징수금에 대하여는 「고용보험 및 산업재해 보상보험의 보험료 징수 등에 관한 법률」(이하 '보험료징수법'이라 한다)이 정하는 바에 의한다(산재보험법 §4).

② 보험료징수법

보험료는 고용보험료(고용안정·직업능력개발사업 및 실업급여의 보험료)와 산재보험료(산업재해보험의 보험료)가 있다(동법 §13·①).

㉮ 고용보험가입자인 근로자가 부담하여야 하는 고용보험료는 자기의 임금총액에 실업급여의 보험료율의 2분의 1을 곱한 금액으로 한다(동법 §13·②).

㉯ 사업주가 부담하여야 하는 고용보험료는 그 사업에 종사하는 고용보험가입자인 근로자의 임금총액에 고용안정·직업능력개발사업의 보험료율을 곱한 금액 및 실업급여의 보험료율의 2분의 1을 곱한 금액을 합한 금액으로 한다(동법 §13·④).

㉰ 사업주가 부담하여야 하는 산재 보험료는 그 사업주가 경영하는 사업의 임금 총액에 같은 종류의 사업에 적용되는 보험료율을 곱한 금액으로 한다(동법 §13·④).

③ 보험료율의 결정

고용보험료율은 보험수지의 동향과 경제 상황 등을 고려하여 1000분의 30의 범위 안에서 ㉮ 고용안정·직업능력개발사업의 보험료율 및 ㉯ 실업급여의 보험료율로 구분하여 대통령령으로 정한다(동법 §14·①).

④ 국가의 부담 및 지원

국가는 매 회계연도 예산의 범위 안에서 보험사업의 사무집행에 소요되는 비용을 일반회계에서 부담하여야 한다(산재보험법 §3).

8) 산업재해보상보험 및 예방기금

고용노동부장관은 보험사업, 산업재해예방사업에 필요한 재원을 확보하고, 보험급여에 충당하기 위하여 산업재해보상보험예방기금(이하 '기금'이라 한다)을 설치한다. 기금은 보험료·기금운용수익금·적립금·기금의 결산상 잉여금·정부 또는 정부 아닌 자의 출연금 및 기부금·차입금 기타 수입금을 재원으로 하여 이를 조성한다. 기금은 고용노동부장관이 관리·운용한다(동법 §95, §97).

9) 권리구제

① 심사청구

보험급여에 관한 결정에 대하여 불복이 있는 자는 보험급여에 관한 결정이 있음을 안 날로부터 90일 이내에 당해 보험급여에 관한 결정을 행한 공단의 소속기관을 거쳐 공단에 심사청구를 제기하여야 한다(동법 §103).

보험급여에 관한 결정에 대하여는 행정심판법에 의한 행정심판을 제기할 수 없다(동법 §103·⑤).

② 재심사 청구

심사청구에 대한 결정에 대한 불복이 있는 자는 심사청구에 대한 결정이 있음을 안 날로부터 90일 이내에 고용노동부에 설치된 산업재해보상보험심사위원회에 제기하여야 한다. 심사위원회의 재결은 공단을 기속한다(동법 §106, §109·②).

심사청구 및 재심사청구에 관하여 산재보험법에서 정하고 있지 아니한 사항에 대하여는 행정심판법의 규정에 의한다(동법 §111·③).

③ 행정소송

심사청구 및 재심사청구에 대한 재결에 불복이 있는 자는 행정소송을 제기할 수 있으며, 심사청구나 재심사청구를 거치지 아니하고 곧바로 행정소송을 제기하여 다툴 수 있다(동법 §111·②).

보험급여 결정에 불복하는 사람은 산재보험법상의 심사청구 및 재심사청구를 거치지 않고 바로 취소소송을 제기할 수 있고 심사청구만을 하여 그 결정을 받은 후 취소소송을 제기할 수 있으며, 심사청구만을 거친 채 취소소송을 제기할 경우 그 제소기간은 심사청구결정 정본을 송달 받은 날로부터 기산해야 한다.

판례 **〈산재보험법상의 보험급여에 관한 결정에 대하여 취소소송을 제기하기 위하여 심사청구 및 재심사청구를 반드시 거쳐야 하는 것은 아니며, 임의적으로 심사청구만을 거친 채 취소소송을 제기할 경우 심사청구에 대한 결정의 정본을 송달 받은 날부터 90일 내에 제기해야 한다.〉** 산업재해보상보험법 제88조 제1항, 제90조 제1항·제3항, 제94조 제2항의 규정에 의하면, 보험급여에 관한 결정에 대하여는 심사청구 및 재심사청구를 할 수 있고 다만 재심사청구를 하고자 할 때에는 심사청구를 거쳐 그에 대한 결정의 통지를 받은 날로부터 소정의 기간 내에 하여야 한다고 되어 있을 뿐이며 보험급여에 관한 결정에 대하여 불복이 있는 사람이 임의적으로 심사 청구를 하여 결정을 받은 경우에 반드시 더 나아가 재심사청구까지 거쳐야 한다고 해석할 법률상의 근거규정이 없으므로, 보험급여에 관한 결정에 대하여 불복이 있는 사람으로서는 산업재해보상보험법상의 심사청구 및 재심사청구를 거치지 아니하고 바로 취소소송을 제기할 수 있고 임의적으로 심사청구 및 재심사 청구를 모두 거친 후에 비로소 취소소송을 제기할 수도 있을 뿐만 아니라, 임의적으로 심사청구만을 하여 그 결정을 받은 후 바로 취소소송을 제기할 수도

> 있는 것으로 해석하여야 할 것인 바, 이와 같은 임의적으로 심사청구만을 거친 채 취소소송을 제기할 경우에는 행정소송법 제20조 제1항의 규정에 따라 그 제소기간은 심사청구에 대한 결정의 정본을 송달받은 날로부터 기산하여야 한다(대판 2003.1.16, 2002두6811).

④ 다른 법률과의 관계

심사청구 및 재심사청구의 제기는 시효중단에 관하여 민법 제168조의 규정에 의한 재판상의 청구로 본다(동법 §111·①). 보험급여를 받을 권리는 3년간 행사하지 아니하면 시효로 인하여 소멸하고, 소멸시효는 보험급여청구로 인하여 중단된다(산재보험법 §112, §113).

(6) 고용보험법

1) 개 설

① 연 혁

고용보험은 원래 실업에 대비한 소극적인 실업보험으로 출발하였고, 1905년 프랑스에서 최초로 실업보험이 입법화되고, 1911년 영국에서 사회보험 방식의 강제적 실업보험이 시행되었다. 제2차 대전 후에는 세계경제의 지속적 성장으로 대량실업보다는 경제발전에 필요한 인력부족과 기술발전에 따르는 산업구조조정이 문제되면서, 인력의 효율적인 활용·배분, 근로자의 능력개발과 구조적·마찰적 실업의 해소, 산업구조조정에 따른 고용조정의 지원이 문제되었다. 이에 따라 독일·일본 등에서는 종전의 소극적인 실업보험을 보다 적극적이고 고용대책을 포함하는 고용보험으로 전환하여 운영하게 되었다.

② 성 질

우리나라도 적극적인 고용보험제도를 실시하게 되었던 바, 고용보험은 실직자에 대한 사후적인 생계보장을 목적으로 실업급여를 지급하였던 전통적인 의미에서의 실업보험과는 달리 실업예방·재취업촉진 등 적극적 고용정책과 연계된 예방적·적극적인 성격의 사회보험제도이다.

③ 목 적

고용보험법은 고용보험의 시행을 통하여 실업의 예방, 고용의 촉진 및 근로자의 직업능력의 개발·향상을 도모하고, 국가의 직업지도·직업소개 기능을 강화하며, 근로자가 실업한 경우에 생활에 필요한 급여를 실시함으로써, 근로자의 생활의 안정과 구직활동을 촉진하여 경제·사회발전에 이바지함을 목적으로 한다(동법 §1).

우리나라 고용보험법은 1993년 12월 제정·시행되어 사회여건 및 국제화에 따라 수많은 법률개정을 가져 왔다. 우리나라의 근로정책 및 근로사회 여건의 변화를 가져왔기 때문이다.

2) 적용범위

고용보험법은 근로자를 고용하는 모든 사업에 적용한다.

다만 사업의 규모 및 산업별 특성 등을 고려하여 ① 농업·임업·어업 및 수렵업 중 법인이 아닌 자가 상시 4인 이하의 근로자를 고용하는 사업 ②「고용보험 및 산업재해보상보험의 보험징수 등에 관한 법률시행령」 제2조 제1항 제2호의 규정에 의한 총 공사금액이 2천만 원 미만인 공사 ③ 연면적 100제곱미터 이하인 건축물의 건축 또는 연면적이 200제곱미터 이하인 건축물의 대수선에 관한 공사 ④ 가사 서비스업에 대하여는 그러하지 아니하다(동법 §8, 동법 시행령 §2). 이하에서는 이들을 「대통령령이 정하는 사업」이라 한다.

또한 ① 65세 이상인 자, ② 1월간의 소정근로시간이 60시간 미만인 자(1주간의 소정 근로시간이 15시간 미만인 자를 포함한다) 다만, 생업을 목적으로 근로를 제공하는 자 중 3월 이상 계속하여 근로를 제공하는 자 및 일용근로자를 제외한다. ③ 국가공무원법 및 지방공무원법에 의한 공무원, 다만, 대통령령으로 정하는 바에 따라 별정직 및 계약직 공무원의 경우는 본인의 의사에 따라 고용보험에 가입할 수 있다(동법 §10·3호). ④ 사립학교교직원연금법의 적용을 받는 자

3) 보 험 자

고용보험의 보험자는 고용노동부장관이다. 고용보험사업에는 고용안정사업·직업능력개발사업, 실업급여, 육아휴직급여 및 산전후휴가급여를 실시하는데 이는 고용노동부장관이 보험사업을 관장한다(동법 §3, §4). 고용노동부장관은 대통령령이 정하는 바에 따라 그 권한의 일부를 직업안정기관의 장에게 위임하거나, 대통령령이 정하는 자에게 위탁할 수 있다(동법 §115).

4) 보험가입자(피보험자)

① 고용보험법의 적용을 받는 사업의 사업주와 근로자는 당연히 보험의 가입자가 된다(고용보험 및 산업재해보상보험의 보험료징수에관한법률 §5·①). 보험에 가입된 근로자가 피보험자이다(고용보험법 §2·①). 고용보험법 제8조 단서에 따라 같은 법을 적용하지 아니하는 사업의 사업주가 근로자의 과반수의 동의를 얻어 공단의 승인을 얻은 때에는 그 사업의 사업주 및 근로자는 고용보험에 가입할 수 있다(고용보험 및 산업재해보상보험의 보험료징수 등에 관한 법률 §5·②).

개정 고용보험법(2011.7.21. 개정 2012.1.22. 시행)에서는 근로자를 사용하지 아니하거나 50인 미만 근로자를 사용하는 자영업자가 희망하는 경우, 본인을 피보험자로 하여 고용보험의 실업급여에 가입할 수 있도록 하였다(동법 §2·1호, §6·③, §13·②, §14·②, §15·⑦, §41·단서, §41·②, §47, §50·① 및 ④, §69의2부터 §69의9까지, §82·②, §106).

② 피보험 자격에 관한 신고 : 사업주는 당해 사업에 고용된 근로자의 피보험자격의 취득 또는 상실 등에 관한 사항을 대통령령이 정하는 바에 따라 고용노동부장관에게 신고하여야 한다(동법 §15).

5) 고용보험사업(급여)(고용보험사업의 내용)

고용보험법은 그 목적을 달성하기 위한 고용보험사업으로는 고용안정사업, 직업능력개발사업, 실업급여, 육아휴직급여 및 산전후휴가급여 등을 실시한다(동법 §4).

① 고용안정·직업능력개발사업의 실시

고용노동부장관은 피보험자 및 피보험자이었던 자 그 밖에 취업할 의사를 가진 자(이하 '피보험자 등'이라 한다)에 대한 실업의 예방, 취업의 촉진, 고용기회의 확대, 직업능력개발·향상의 기회 제공 및 지원 그 밖에 고용안정과 사업주에 대한 인력확보의 지원을 위하여 고용안정·직업능력개발사업을 실시한다.

고용노동부장관은 고용안정·직업능력개발사업을 실시함에 있어서 근로자 수, 고용안정·직업능력개발을 위하여 취한 조치 및 실적 등 대통령령이 정하는 기준에 해당하는 기업을 우선적으로 고려하여야 한다(동법 §19 ①·②).

고용노동부장관은 고용환경개선, 근무형태변경 등을 통하여 고용의 기회를 확대한 사업주에 대하여 대통령령이 정하는 바에 따라 필요한 지원을 할 수 있다(동법 §20). 개정고용보험법(2011.7.21. 개정 2012.1.22. 시행)에서는 중복수급을 방지하기 위해 다른 법령에 따른 지원금 등을 지원받은 경우에는 이법에 따른 지원을 제한할 수 있도록 하였다(§26의 2 신설).

② 실업급여

실업급여에는 구직급여와 취업촉진수당으로 구분한다.

㉮ 구직급여

㉠ 구직급여의 수급요건으로는 피보험자가 이직한 경우로서 ⓐ 이직일 이전 18월간(이하 '기준기간'이라 한다) 피보험 단위기간을 통산하여 180일 이상일 것 ⓑ 근로의 의사와 능력이 있음에도 불구하고 취업하지 못한 상태에 있을 것 ⓒ 이직사유에 따른 수급자격의 제한사유에 해당하지 아니할 것 ⓓ 재취업을 위한 노력을 적극적으로 할 것 ⓔ 제43조 규정에 의한 수급 자격인정 신청일 이전 1월간의 근로일수가 10일 미만일 것, ⓕ 최종 이직일 이전 기준기간 내의 피보험단위기간 180일 중 다른 사업에서 제58조의 규정에 의한 수급자격의 제한 사유에 해당하는 사유로 이직한 사실이 있는 경우에는 당해 피보험단위 기간 중 90일 이상을 일용근로자로 근로하였을 것 등의 요건을 갖춘 경우에 구직급여가 지급된다. ㉡ 구직급여를 지급받고자 하는 자는 이직 후 지체 없이 직업안정기관에 실업을 신고하여야 하고, 직업안정기관장으로부터 구직급여 수급자격 및 실업의 인정을 받아야 한다(동법 §42, §43, §44). ㉢ 구직급여의 산정기초가 되는 임금일액(이하 '기초일액'이라 한다)은 수급자격의 인정과 관련된 최종 이직당시 평균임금으로 하고(동법 §45), ㉣ 구직급여일액은 수급자격자의 기초일액에 100분의 50을 곱한 금액이다(동법 §46·①). 다만, 평균임금일액이 최저임금일액보다 낮은 경우에는 최저

임금일액의 100분의 90을 곱한 금액이다(동법 §46·①). 수급기간 및 수급일수는 구직급여의 수급자격과 관련된 이직일의 다음날부터 계산하기 시작하여 12개월 이내에 제50조 제1항에 따른 소정급여일수를 한도로 지급하고(동법 §48·①), 소정급여일수(하나의 수급 자격에 따라 구직급여를 지급받을 수 있는 날)는 대기기간이 끝난 다음날부터 계산하기 시작하여 피보험기간과 연령에 따라 별표에서 정한 일수가 되는 날까지로 한다(동법 §50·①). 수급자격자가 소정급여일수 내에 제48조 제2항에 따른 임신·출산·육아 그 밖에 대통령령으로 정하는 사유로 수급기간을 연장한 경우에는 그 기간만큼 구직급여를 유예하여 지급한다(동법 §50·②).

취업취약계층인 구직급여 수급자가 직업안정기관의 지시에 따라 직업능력개발 훈련을 받는 경우에 지급하는 '훈련연장급여'의 지급수준을 '구직급여'의 100분의 70에서 100분의 100으로 인상함으로써 작업능력개발훈련을 통하여 실직자의 재취업을 촉진하게 되었다(동법 §54·②).

㈏ 취업촉진수당

취업촉진수당은 실업자의 조기재취직을 촉진하기 위해 지급되는 급여로서 여기에는 조기재취업수당, 직업능력개발수당, 광역구직활동비, 이주비의 4가지가 있다(동법 §64·§67).

조기재취업수당은 수급자격자가 안정직업에 재취직하거나 스스로 영리를 목적으로 하는 사업을 영위하는 경우로서 6월 이상 계속 고용될 것이 확실하다고 인정되는 직업에 취직한 경우 또는 6월 이상 계속하여 스스로 영리를 목적으로 사업을 영위할 것이 확실하다고 인정되는 경우에 지급한다(동법 §64·①, 동 시행령 §84·①).

직업능력개발수당은 수급자격자가 직업안정기관의 장이 지시한 직업능력개발훈련 등을 받는 경우에 그 직업능력개발훈련 등을 받는 기간에 대하여 지급한다(동법 §65).

광역구직활동비는 수급자격자가 직업안정기관의 소개에 따라 광범위한 지역에 걸쳐 구직활동을 하는 경우로서 대통령령이 정하는 기준에 따라 직업안정기관의 장이 필요하다고 인정되는 경우에 지급할 수 있는 바 그 액은 구직활동에 통상 소요되는 비용이다(동법 §66).

이주비는 수급자격자가 취업하거나 직업안정기관의 장이 지시한 직업능력개발훈련 등을 받기 위하여 그 주거를 이전하는 경우로서 대통령령이 정하는 기준에 따라 직업 안정기관의 장이 필요하다고 인정하는 경우에 지급할 수 있는 것인 바 그 액은 그 수급자격자 및 그 수급자격자에 의존하여 생계를 유지하는 동거친족의 이주에 통상 소요되는 비용이다(동법 §67).

㉰ 급여의 제한

㉠ 취업거부·훈련거부·직업지도거부 : 수급자격자가 직업안정기관의 장이 소개하는 직업에 취직하는 것을 정당한 사유 없이 거부하거나 직업안정기관의 장이 지시한 직업능력개발훈련 등을 정당한 사유 없이 거부하는 경우에는 거부한 날부터 구직급여의 지급을 정지한다. 수급자격자가 정당한 사유 없이 고용노동부장관이 정한 기준에 따라 직업안정기관의 장이 실시하는 재취업촉진을 위한 직업지도를 거부한 경우에는 거부한 날부터의 구직급여의 지급이 정지된다(동법 §60·①·②).

㉡ 부정행위 : 허위 기타 부정한 방법으로 실업급여를 받았거나 받고자 하는 자에 대하여는 당해 급여를 받은 날 또는 받고자 한 날부터의 구직급여 및 취업촉진수당을 지급하지 아니한다(동법 §61·①, §68·①).

③ 육아휴직급여

㉮ 육아휴직급여

고용노동부장관은 육아휴직을 30일(근로기준법 제74조의 규정에 의한 산전 후 휴가기간 90일과 중복되는 기간을 제외한다) 이상 부여받은 피보험자 중 ㉠ 육아휴직개시일 이전에 피보험 단위기간이 통산하여 180일 이상일 것, ㉡ 동일한 자녀에 대해서 피보험자인 배우자가 육아휴직(30일 미만은 제외한다)을 부여받지 않고 있을 것, ㉢ 육아휴직 개시일 이후 1월부터 종료일 이후 12월 이내에 신청할 것(다만, 동 기간 내에 대통령령이 정하는 사유로 육아휴직급여를 신청할 수 없었던 자는 그 사유 종료 후 30일 이내에 신청해야 한다)의 요건을 모두 갖춘 경우에 육아휴직급여를 지급한다(동법 §70).

㉯ 육아휴직의 확인

사업주는 피보험자가 육아휴직급여를 받고자 하는 경우 고용노동부령이 정하는 바에 따라 사실의 확인 등 제반절차에 적극 협력하여야 한다(동법 §71).

㉰ 급여의 지급제한 등

피보험자가 육아휴직급여기간 중에 당해 사업에서 이직하거나 새로이 취업한 경우에는 그 이직 또는 취업한 때부터 육아휴직급여를 지급하지 아니한다(동법 §73·①).

④ 산전후휴가 급여

㉮ 산전후휴가급여 : 고용노동부 장관은 피보험자가 산전후 휴가 또는 유산·사산 휴가를 부여받은 경우로서 ㉠ 휴가종료일 이전에 피보험 단위기간이 통산하여 180일 이상일 것, ㉡ 휴가개시일 이후 1월부터 종료일 이후 12월 이내에 신청할 것(다만, 동기간 이내에 대통령령이 정하는 사유로 산전후휴가급여 등을 신청할 수 없었던 자는 그 사유 종료 후 30일 이내에 신청하여야 한다)을 갖춘 경우에 산전후휴가급여 등(이하 '산전후휴가급여 등'이라 한다)을 지급한다(동법 §75).

㉯ 지급기간 등 : 산전후휴가급여 등은 근로기준법 통상임금에 상당하는 금액을 지급한다(동법 §76).

㉰ 산전휴가급여 등의 수급권 대위 : 출산 근로자의 생활안정을 위하여 사업주가 미리

고용노동부장관이 지급하는 산전후휴가급여 등에 대체하여 금품을 지급한 경우에는 그 지급한 금품의 금액에 대하여 사업주가 근로자의 산전휴가급여 등 수급권을 대위한다(§75의 2 신설).

㉣ 육아기 근로시간 단축급여 : 육아휴직 대신 근로시간 단축을 하는 근로자에게 근로시간 단축에 따른 소득 감소액을 보전하는 육아기 근로시간 단축 급여를 신설하였다(동법 §73의2 신설).

⑤ **고용보험기금**

장관은 보험사업에 필요한 재원에 충당하기 위하여 고용보험기금(이하 '기금'이라 함)을 설치한다. 기금은 고용노동부장관이 관리·운용한다(동법 §78, §79).

6) 보 험 료

① **보험료부담**

보험사업에 드는 비용에 충당하기 위하여 보험가입자로부터 ㉠ 고용보험료(고용안정·직업능력개발사업 및 실업급여의 보험료, 이하"고용보험료"라 한다), ㉡ 산재보험료를 징수한다. 고용보험가입자인 근로자가 64세가 되었을 때에는 그 날이 속한 달부터 고용보험료를 징수하지 아니한다(고용보험 및 산업재해보상보험의 보험료 징수 등에 관한 법률 §13·①·③).

고용안정사업 및 직업능력개발사업의 보험료는 사업주가 부담하고(동법 §13·④), 실업급여의 보험료는 사업자와 근로자가 2분의 1씩 부담한다(동법 §13·②·④).

② **보험료율 결정**

고용보험의 보험율은 보험수지의 동향과 경제상황 등을 고려하여 1000분의 30의 범위에서 고용안정·직업능력개발사업의 보험료율 및 실업급여의 보험료율을 구분하여 대통령령으로 정하되 고용보험위원회의 심의를 거쳐야 한다(동법 §14·①).

③ **징수금의 체납처분 등**

보험료 기타의 징수금을 체납한 때에는 건강보험공단은 고용노동부장관의 승인을 얻어 국세체납처분의 예에 따라 이를 징수할 수 있다(동법 §28·①)

7) 국민기초생활보장법의 수급자에 대한 특례

국민기초생활보장법에 따른 자활을 위한 근로기회를 제공하기 위한 사업은 고용보험법의 적용을 받는 사업으로 보고, 해당사업에 참가하여 유급으로 근로하는 국민기초생활보장법 제2조 제2호에 따른 수급자는 고용보험법의 적용을 받는 근로자로 보되, 소득인정액이 최저생계비 이하인 자활급여 수급자에 대하여는 실업급여 등은 적용하지 않도록 하며, 자활급여의 수급자가 받는 자활급여는 피보험 단위기간 산정 및 임금일액의 기초가 되는 보수 및 임금으로 보도록 하는 등 자활급여 수급자에 대해 고용보험을 적용하게 되었다(고용보험법 §113의2).

8) 권리구제

① 심사청구

피보험자격의 취득·상실에 대한 확인 또는 실업급여 및 육아휴직급여·산전후휴가급여 등에 관한 처분(이하 '원처분 등'이라 한다)에 이의 있는 자는 확인 또는 처분이 있음을 안 날로부터 90일 이내에 원처분 등을 행한 직업안정기관을 거쳐 당해 직업안정기관의 관할 구역을 관할하는 심사관에게 심사를 청구할 수 있다(동법 §87·①·②).

② 재심사청구

심사청구의 결정에 이의가 있는 자는 심사청구에 대한 결정이 있음을 안 날로부터 90일 이내에 원처분 등을 행한 직업안정기관의 장을 상대방으로 하여, 고용노동부에 설치된 고용보험심사위원회(이하 심사위원회라 한다)에 제기하여야 한다(동법 §87·①·②, §90·①, §99).

심사의 청구는 원처분 등의 집행을 정지시키지 아니한다. 다만, 심사관은 원처분 등의 집행에 의하여 발생하는 중대한 위해를 피하기 위하여 긴급한 필요가 있다고 인정할 때에는 직권으로 그 집행을 정지시킬 수 있다(동법 §93·①).

③ 행정소송

재심사청구에 대한 재결에 불복 있는 자는 행정소송을 제기할 수 있음은 물론이며, 심사청구 또는 재심사청구를 제기함이 없이 곧바로 행정소송을 제기할 수도 있다(동법§104·①·②).

④ 소멸시효와 중단

지원금·실업급여·육아휴직급여 또는 산전후휴가급여 등을 지급받거나 그 반환을 받을 권리는 3년간 행사하지 아니하면 시효로 인하여 소멸하고, 이들 청구에 의하여 시효는 중단된다(동법 §107·①·②).

3. 공공부조법

▶사 례(1)

A시의 시장 을은 갑으로부터의 수급자의 급여신청(생활보호신청)이 진실한 것으로 믿고 갑에는 전혀 수입이 없는 것으로 인정하여 갑에 대한 수급자의 급여결정(생활보호결정)을 하여 이후 6년간 생계급여(보장비)를 지급하였다. 그러나 최근에 들어 갑에는 매월 상당히 고액의 수입이 있음에도 갑이 이를 은폐한 사실이 발각되었다. 이 경우 시장 을은 갑에 대하여 어떤 조치를 취할 수 있는가?

【관련법령】

국민기초생활보장법

제5조(수급권자의 범위) ① 수급권자는 부양 의무자가 없거나 부양 의무자가 있어도 부양능력이 없거나 부양을 받을 수 없는 자로서 소득인정액(개별가구의 소득평가액과 재산의 소득환산액을 합산한 금액)이 최저생계비 이하인 자로 한다.

② 제1항의 규정에 의한 수급권자에 해당하지 아니하여도 생활이 어려운 자로서 일정기간 동안 이 법이 정하는 급여의 전부 또는 일부가 필요하다고 보건복지부장관이 정하는 자는 수급권자로 본다.
③ 제1항의 부양의무가 있어도 부양능력이 없거나 부양을 받을 수 없는 경우는 대통령령으로 정한다.
제21조(급여의 신청) ① 제5조에 규정된 수급권자와 그 친족, 기타 관계인은 관할 시장·군수·구청장에게 수급권자에 대한 급여를 신청할 수 있다.
제26조(급여의 결정등) ① 시장·군수·구청장은 제22조의 규정에 의하여 조사를 한 때에는 지체 없이 급여실시의 여부와 급여의 내용을 결정하여야 한다.
제27조(급여의 실시등) ① 제26조 제1항의 규정에 의하여 급여실시 및 내용이 결정된 수급자에 대한 급여는 제21조의 규정에 의한 급여의 신청일부터 개시한다.
제43조(보장비용의 부담구분) 제1항 4호 : 시·군·구가 행하는 보장업무에 드는 비용 중 제42조 제3호 및 제4호의 비용(이하 이 호에서 "시·군·구 보장비용"이라 한다)은 시·군·구의 재정여건, 사회보장비지출 등을 고려하여 국가, 시·도 및 시·군·구가 다음 각 목에 따라 차등하여 분담한다.
㉮ 국가는 시·군·구 보장비용의 총액 중 100분 40 이상 100분의 90 이하를 부담한다.
㉯ 시·도는 시·군·구 보장비용의 총액에서 ㉮목의 부담부분을 차감한 금액 중 100분의 30 이상 100분의 70 이하를 부담한다.
㉰ 시·군·구는 시·군·구 보장비용총액 중에서 국가와 시·도가 부담하는 금액을 차감한 금액을 각각 부담한다.
제46조(비용의 징수) ② 사위 기타 부정한 방법에 의하여 급여를 받거나 타인으로 하여금 급여를 받게 한 경우에는 보장비용을 지급한 보장기관은 그 비용의 전부 또는 일부를 그 급여를 받은 자 또는 급여를 받게 한 자(이하 "부정수급자"라 한다)로부터 징수할 수 있다.
③ 징수할 금액은 부정수급자에게 통지하여 이를 징수하고 부정수급자가 이에 응하지 아니하는 경우 국세 또는 지방세 체납처분의 예에 의하여 이를 징수한다.
제49조(벌칙) 사위 기타 부정한 방법에 의하여 급여를 받거나 또는 타인으로 하여금 급여를 받게 한 자는 1년 이하의 징역, 500만 원 이하의 벌금, 구류 또는 과료에 처한다.

국민기초생활보장법 시행령

제41조(보장비용의 징수) ② 법 제46조 제2항의 규정에 의하여 보장기관이 부정수급자에게 징수하는 보장비용은 징수대상보장비용 전액으로 하되, 부정수급자가 2인 이상인 경우는 부정수급자의 수로 나눈 금액을 각각 징수한다.
③ 보장기관은 보장비용을 징수하는 경우에는 30일 이상의 기한을 정하여 납부통지를 하여야 하며, 부양의무자 또는 부정수급자가 납부기한 내에 납부하지 아니한 때에는 30일 이상의 기한을 정하여 이를 독촉하여야 한다.

【문제해결】

1. 주요논점

수급자가 부정한 방법에 의하여 수급자의 급여결정(생활보호결정)을 받아 일정기간 금전을 지급받은 경우에 시장이 취할 수 있는 조치에 관한 것이다.

(1) 시장 을의 갑에 대한 수급자의 급여결정(생활보호결정)의 성격이 문제된다.

(2) 수급자의 급여결정(생활보호결정)에 하자가 있는 경우에 시장 을은 어떠한 조치를 취할 수 있는지가 이 사례의 주요 논점이 된다.

2. 주요논점해설

(1) 수급자의 급여결정(생활보호결정)의 법적성격

이 사례의 수급자의 급여결정(생활보호결정)은 종전의 생활보호법을 대체한 국민기초생활보장법에 의한 것이다. 국민기초생활보장법은 생활이 어려운 자에게 필요한 급여를 행하여 이들의 최저생활을 보장하고 자활을 조성하는 것을 목적으로 하는 공공부조제도의 기본법이다(동법 §1).

국민기초생활보장법은 수급권자의 범위를 법령으로 규정하고(동법 §5), 제5조에 규정된 "수급권자와 그 친족, 기타 관계인은 관할 시장·군수·구청장에게 수급권자에 대한 급여를 신청할 수 있다"고 하고(동법 §21), "시장·군수·구청장은 제22조의 규정에 의하여 조사를 한 때에는 지체 없이 급여실시의 여부와 급여의 내용을 결정하여야 한다"(동법 §26)고 규정하고 있다.

이 사례의 수급자의 급여결정은 위의 국민기초생활보장법의 규정에 따라 시장이 상대방의 신청에 대하여 관계인을 수급권자(생활보호자)로 결정하여 그 생계보호를 위하여 일정한 금액을 지급하기로 하는 것을 내용으로 하는 것으로서, 이러한 수급자의 급여결정에 있어서 그 신청인을 생계급여 수급권자로 결정하는 것은 전적으로 소관행정청의 일방적 결정에 의한다. 그러한 점에서 이 결정은 상대방의 신청을 요하는 수익적 행정행위에 해당한다고 할 것이다.

그런데 이 사례에서 갑은 자신이 매월 상당히 고액의 수입이 있음에도 불구하고 이를 숨기고 급여의 신청을 하였고, 시장 을은 갑에게 수입이 없는 것으로 오인하여 갑을 생계급여 수급권자로 결정한 것이다. 즉, 사례의 경우 갑은 매월 고액의 수입이 있어서 제5조상의 "수급권자의 범위"에 해당하지 아니함에도 불구하고 생계급여 수급권자로 결정된 것이므로, 이 경우 시장 을의 수급권자에의 급여결정은 잘못된 사실에 기초한 위법한 처분이라 할 것이다.

(2) 갑에 대한 시장 을의 조치

① 수급자의 급여결정의 취소

㉮ 보장비용의 징수

㉠ 근거규정 : 시장 을의 갑에 대한 수급자의 급여결정(생활보호결정)은 갑의 부정한 신청에 기한 것으로서 위법한 것이고 보면, 시장 을은 이 결정에 따라 갑이 수급한 생계 급여비의 환수 조치를 강구하여야 할 것이다. 이와 관련하여 국민기초생활보장법은 ⓐ 사위 기타 부정한 방법에 의하여 급여를 받거나 타인으로 하여금 급여를 받게 한 경우에는 보장비용을 지급한 보장기관은 그 비용의 전부 또는 일부를 그 급여를 받은 자 또는 급여를 받게 한 자(이하 "부정수급자"라 한다)로부터 징수할 수 있고(동법 §46·②), ⓑ 징수할 금액은 각각 부양의무자 또는 부정수급자에게 통지하여 이를 징수하고, 부양의무자 또는 부정수급자가 이에 응하지 않는 경우 국세 및 지방세 체납처분의 예에 의하여 이를 징수한다(동법 §46·③). ⓒ 동법 시행령 제41조 제2항 및 제3항은 보장기관이 부정수급자에게 징수하는 보장비용은 징수대상 보장비용 전액으로 하고, 보장기관이 보장비용을 징수하는 경우에는 30일 이상의 기한을 정하여 납부통지를 해야 하며, 부정수급자가 납부기한 내에 납부하지 아니하는 때에는 30일 이상의 기한을 정하여 이를 독촉해야 한다고 규정하고 있다.

따라서 시장 을은 위의 규정에 따라 갑으로부터 그가 수급한 보장비용을 환수할 수 있을 것이다. 그러나 갑에 대한 보장비의 지급은 일단 수급자의 급여결정에 기한 것으로서, 이러한 시장 을의 수급자의 급여결정은 당해 보장비의 지급근거로 되고 있다.

㉡ 하자 있는 수급자의 급여결정의 효력

ⓐ 무효인 경우 : 수급자의 급여결정이 무효로 판단되는 한도 내에서는 시장 을은 갑에 대한 보장비의 지급은 법적근거가 없는 것이므로, 시장 을을 위 규정에 따라 갑에 대하여 그가 수급한 생계급여비의 환수조치를 취할 수 있을 것이다.

ⓑ 취소사유인 경우 : 이 사례에서의 시장 을의 갑에 대한 수급자의 급여결정은 위법한 것이기는 하나, 그것이 중대하고도 명백한 법규위반에 해당하는 것이라고는 할 수 없는 것으로 보인다. 따라서 당해 사위행위에 기인한 급여결정은 일단 위법한 것이기는 하나, 그것이 취소되지 아니하는 한 여전히 갑에 대한 보장비의 지급근거로 된다고 할 것이다. 따라서 이 사례에서 시장 을이 국민기초생활보장법 제46조에 따라 갑으로부터 그가 수급한 보장비를 징수하기 위해서는 갑에 대한 수급자의 급여결정의 취소 조치가 선행되어야 할 것이다.

ⓒ 신뢰보호원칙에 의한 취소의 제한 여부 : 상술한 바와 같이 시장 을의 수급자의 급여 결정은 위법한 것이므로 당해 행위가 일단 취소할 수 있다. 그러나 오늘날에는 특히 상대방에 권리·이익을 부여하는 수익적 행정행위의 경우에는 당해 처분이 위법하다고 하여 행정청이 언제나 이를 자유로이 취소할 수 있는 것은 아니고, 일정한 경우에는 행정청은 당해 행위를 취소할 수 없거나 또는 제한적 조건하에서만 취소가 제한

되는 경우가 있다. 이러한 행정행위의 직권취소의 제한 원리로서 가장 중요한 의미를 갖는 것이 신뢰보호의 원칙이며, 이 사안에서도 이 원칙에 의한 제한 문제가 제기될 수 있는지가 문제된다. 행정법상의 신뢰보호원칙이란 행정기관의 어떤 언동의 정당성 또는 존속성을 개인이 신뢰한 경우 개인의 보호가치 있는 신뢰를 보호해주는 원칙을 말한다.

신뢰보호원칙이 성립하려면 ⓘ 권한 있는 행정청의 선행조치 ⓘⓘ 보호가치가 있어야 하고 ⓘⓘⓘ 신뢰에 기초한 상대방의 처리 ⓘⓥ 인과관계 ⓥ 행정청의 선행조치에 반하는 행정작용이 존재(예: 처분)하여야 성립한다.

위의 신뢰보호원칙의 적용요건(성립요건)에 비추어 볼 때 본 사례의 경우에 적용하여 보면 갑에 대한 수급자의 급여 결정은 갑의 부정한 신청행위에 기인한 것이었다는 점에서, 갑의 당해 수급자의 급여결정의 정당성, 존속성에 대한 신뢰의 보호가치성은 인정될 수 없다고 할 것이다.

이것은 판례의 입장이기도 하다(대판 1992.5.8, 91누13274; 1996.10.25, 95누14190). 수익적 행정행위의 하자가 당사자의 사실은폐나 기타 사위의 방법에 의한 신청행위에 기인한 경우 그 취소에 있어 당사자에 의한 신뢰이익을 원용할 수 없음은 물론 행정청이 이를 고려하지 아니하였다 하여도 재량권의 남용이 되지 않는다(대판 1991.4.12, 90누9520).

㉯ 금전채권의 소멸시효

㉠ 취소의 소급효 : 시장 을은 갑에 대한 수급자의 급여 결정을 그 성립상의 하자(흠)를 이유로 취소할 수 있으며, 이 경우 그 취소의 효과의 제한 사유도 없으므로 그 취소의 효과는 기왕에 소급하여 발생한다 할 것이다. 따라서 시장 을은 당해 수급자의 급여 결정의 취소에 따라 갑으로부터 그가 과거 6년간 생계보장비에 해당하는 금액을 징수할 수 있을 것이다.

㉡ 금전채권·채무의 소멸시효 : 금전의 급부를 목적으로 하는 국가의 권리 또는 국가에 대한 국민의 권리의 소멸시효기간에 관하여 규정하고 있는 법규가 국가재정법이다. 국가재정법 제96조는 "금전의 급부를 목적으로 하는 국가의 권리 또는 국가에 대한 권리로서 시효에 관하여 다른 법률에 규정이 없는 것은 5년 동안 행사하지 아니하면 시효로 인하여 소멸한다". 지방재정법 제82조도 "금전의 지급을 목적으로 하는 지방자치단체의 권리 또는 지방자치단체에 대한 권리로서 시효에 관하여 다른 법률에 특별한 규정이 없는 것은 5년간 이를 행사하지 아니하면 소멸시효가 완성한다"고 규정하고 있다.

소멸시효의 기산점에 대하여는 국가재정법과 지방재정법에서는 특별한 규정을 두고 있지 아니하므로, 민법규정에 따라 "권리를 행사할 수 있는 때"가 된다고 할 것이다. 이 사례의 경우는 그 권리 즉 "징수권을 행사할 수 있는 때"는 시장 을이 갑에 대한 수급자의 급여결정을 취소하고 그에 따라 생계보장비의 반환명령이 상대방에 도달한 때가 된다고 할 것이다.

㉢ 국가의 채권·지방자치단체의 채권 : 지급된 보장비의 환수를 위한 그 상당액의 징수에 관한 금전채권이 국가의 채권인지 또는 지방자치단체의 채권인지가 문제된다. 보장비용중 시·군·구가 행하는 보장업무에 소요되는 비용 중 제42조 제3호(급여실시비용) 및 제4호의 비용(이하 이 호에서 "시·군·구 보장비용"이라 한다)은 시·군·구의 재정여건, 사회보장비 지출 등을 고려하여 국가, 시·도 및 시·군·구가 차등 분담하도록 되어있다(동법§43·①·4호). 하지만 주민복지증진에 관한 사무 특히 생활이 곤궁한자의 보호 및 지원사무는 지방자치단체의 자치사무(지자법 §9·②·2호)이고, 시·군·구의 재정여건, 사회보장비지출 등을 고려하여 국가, 시·도가 차등 분담하는 것은 보장비용의 부담구분으로서 각각 보조금을 교부하도록 하고 있고, 이는 지방자치단체가 지출한 보장비용의 총액을 기준으로 하여 국가가 부담하는 보조액의 기초로 하도록 규정하고 있을 뿐이다. 따라서 이 경우 지방자치단체가 지출한 보장비용의 총액의 산정에 있어서는 지방자치 단체가 수급자 급여 결정의 취소에 따라 환수한 금액은 그 일부로 되는 것으로 보아야 할 것이다. 그러한 점에서 당해 징수금액에 대한 채권은 지방자치단체의 수입으로 된다고 할 것이다.

② 처벌조치

사위 기타 부정한 방법에 의하여 급여를 받거나 또는 타인으로 하여금 급여를 받게 한자는 1년 이하의 징역 500만원 이하의 벌금, 구류 또는 과료에 처한다(동법 §49). 그리고 양벌규정도 두고 있다(동법 §51).

③ 사례의 경우

시장 을은 갑으로부터의 수급자 급여신청이 위법한 것으로 보아 갑에 대한 수급자 급여결정을 취소할 수 있다. 따라서 시장 을은 갑에 대한 수급자 급여 결정의 취소에 따라 6년간 지급한 생계급여비 전액의 반환을 청구할 수 있다 할 것이다. 또한 처벌조치도 과하여진다.

(1) 개 설

1) 근거 및 의의

헌법 제34조 제5항은 「신체장애자 및 질병·노령 기타의 사유로 생활능력이 없는 국민은 법률이 정하는 바에 의하여 국가의 보호를 받는다.」고 규정하고 있다.

이 헌법조항에 근거하여 제정된 대표적 법률이 「국민기초생활보장법」에 의한 국민기초생활보장(생활보호)과 「의료급여법」에 의한 의료급여이다.

공공부조라 함은 국가 및 지방자치단체의 책임 하에 신체장애자 및 노령·질병 기타의 사유로 생활능력이 없거나 생활이 어려운 자에게 최저한도의 생활을 보장하고 자립을 지원하는 제도이다(헌법 §34·⑤, 사회보장기본법 §3·3호).

2) 사회보험과의 차이

공공부조제도는 무갹출급여제이며 그 급부의 재원은 조세수입 등에 의한 일반재원이라는 점에서 사회보험과는 기본적으로 다른 특성을 가지며 사회보험에 대한 보완적 제도로서의 의미를 가진다. 국가에서 미리 최저생활의 기준을 정하고 엄격한 자력조사에 의하여 소득이 그 기준에 미달되는 자에 대하여 부족분을 금전 또는 현물로 급여하여 보충하는 것이며, 요보호 자가 보호를 받을 수 있는 권리와 이에 대응한 국가의 의무를 규정한 것이다(헌법 §34·⑤, 사회보장기본법 §5).

(2) 국민기초생활보장법

1) 공공부조제도의 기본법 및 목적

국민기초생활보장법은 종전의 생활보호법을 대체하여 1999년 9월 7일에 제정된 법으로서 공공부조제도의 기본법이며, 생활이 어려운 자에게 필요한 급여를 행하여 이들의 최저생활을 보장하고 자활을 조성하는 것을 목적으로 한다(동법 §1, 부칙 §2).

구법인 생활보호법의 단점을 고쳐 제정한 것이다. 현행 국민기초생활보장법의 특징은 거꾸로 왜 구법인 생활보호법을 폐기했는지 그 근거를 살펴보면 확연히 드러난다. 첫째, 구법은 급여수준에 대하여 건강하고 문화적 최저생활을 보장한다고 규정했다. 그렇지만 이 점을 법률 자체 내의 다른 조항에서는 거의 반영하지 않았고 실제로 시행하지도 않았다. 둘째, 구법은 보호대상자를 연령과 신체상태 등을 기준으로 선별하였다. 그 기준에서 벗어나는 이들은 개인의 자기책임이라고 선언한 것과 같은 효과가 발생했다. 셋째, 구법은 선별기준을 결정할 때 법치주의를 전혀 준수하지 않았다. 넷째, 구법은 생계보호 대상과 자활보호 대상으로 나누어 생계보호 대상한테만 급여를 제공했다. 다섯째, 구법은 부양의무에 대해서도 분명하지 않았다. 여섯째, 구법에서는 현금급여와 현물급여만 제공할 뿐, 서비스 급여에 전혀 배려하지 않았다. 일곱째, 구법에서는 예방적 조치가 없었다. 여덟째, 구법의 보호

급여 수준은 낮았고 특히 주거에 대한 급여는 완전히 무시했다. 1999년 각개 사항에 관하여 상당히 개선한 국민기초생활보장법을 제정하여 2000년 10월 1일부터 시행했다. 신법에 따르면 소득과 소득으로 환산한 재산가액을 합산해서 통합된 기준으로 수급권자를 결정한다.

국민 기초생활 보장제도는 복지제도로 최저생계비 이상의 생활수준보장이 목적이다.

일할능력이 있으면 자활관련사업 등에 참여한다는 조건하에 생계비를 지급하고, 연령이나 근로능력에 따라 차등 지원하는 점이 종전의 생활보호제도와 다른 점이다. 2011년 4인 가족기준 최저생계비는 143만9413원(1인 가구는 53만2583원)이다. 소득이 이에 못 미쳐 수급자가 된 대상자는 최저생계비에서 소득을 뺀 만큼의 생계비지원을 받는다.

2) 공공부조법 체계의 정책적 특수성

빈곤과 최저생활은 그 자체로 가치관련적 개념이다. 어떤 것을 가치라고 보는지, 그에 따라 구체적 판단기준도 다양할 수밖에 없다. 그렇기 때문에 정치적 의지가 필요하다. 민주주의 정치체제의 구현 수준도 그래서 이 개념을 정의할 때 작용한다. 어차피 빈민집단은 소수이기 때문이다. 성숙한 민주성을 획득한 사회라야 이에 대하여 균형 잡힌 판단을 내놓을 수 있다. 게다가 최저생활은 필연적으로 자유와 직결되기 마련이다. 이 문제 역시 조심스럽게 다루면서 균형 잡힌 판단을 찾아야 한다.

■ 통계 : ① 보건복지부 2005년 8월 11일 발표에 따르면 빈곤층은 700만으로 전체인구의 15%에 이른다. 이 수치는 소득이 최저생계비보다 낮은 절대빈곤층과 소득이 최저생계비의 120%미만인 차상위 계층도 포함한 것이다. 게다가 빈곤 여부를 판단할 때 경제적 능력을 기준으로 했다. 재산은 포함시키지 않은 것이다. 생계보호 받은 사람 수는 1997년 외환위기 이전보다 3배 정도로 많아졌고, 예산 또한 4배가량으로 그 규모가 커졌다. ② 보건복지부 간행물 발간자료에 의하면 2010년 12월말 기준으로 "2009년 국민기초생활보장 수급자(절대 빈곤층)현황"에서 기초생활수급자(1,549,820명)는 전체인구(50,515,666명)의 3.1%에 해당하여 점점 증가하고 있다.

3) 기본원칙

① 보편성 원칙

근로능력이 있는지 여부는 기준이 아니다. 오직 빈곤상태 자체만이 요건이다. 그렇다고 해서 근로하게 유인하는 요소까지 모두 포기한다는 뜻은 아니다.

국민기초생활보장도 이 법에 의한 급여는 수급자가 자신의 생활의 유지·향상을 위하여 그 소득·재산·근로능력 등을 활용하여 최대한 노력하는 것을 전제로 이를 보충·발전시키는 것을 기본원칙으로 한다고 규정하고 있다(동법 §3·①).

② 보충성 원칙

시장경제가 허용하는 모든 수단, 그리고 사회보험과 사회보상과 같은 사회보장 급여라면 어떤 것이든 모두 우선 투입해야 한다. 그 다음에 비로소 사회복지 수단인 공공부조 체계를 동원한다는 것이다. 다른 법령에 의한 보호에 대하여 이 법에 의한 급여는 보충적이다.

즉, 부양의무자의 부양과 다른 법령에 의한 보호는 이 법에 의한 급여에 우선하여 행한다. 다만, 다른 법령에 의한 보호의 수준이 이 법에서 정하는 수준에 이르지 아니하는 경우에 나머지 부분에 대해 이 법에 의한 급여를 받을 권리를 잃지 아니한다(동법 §3·②).

③ 개별성 원칙

생활이 어려운 자의 생활상태는 다양하기 때문에 급부의 내용이나 정도는 그 보호대상자의 사정에 따라 개별적으로 결정된다. 급여의 기준은 건강하고 문화적인 최저생활을 유지할 수 있는 것이어야 하고, 보건복지부장관이 수급자의 연령·가구규모·거주지역 기타 생활여건 등을 고려하여 종류별로 정한다(동법 §4·①·②). 그리고 급여는 개별가구를 단위로 하여 행하되, 특히 필요하다고 인정하는 경우에는 개인을 단위로 하여 행할 수 있다(동법 §4·③).

④ 공공부조 급여에 대한 법적 청구권성

오늘날 청구권적 성격을 인정한다. 다시 말해서 정책이 시행된 결과 이익이나 얻은 단순한 반사적 이익이 결코 아니다. 헌법상 개인의 인간다운 생활에 대한 보호 자체가 공공부조의 목적이기 때문이다.

4) 총 칙

① 급여의 기본원칙

㉮ 최저생활보장 및 자활조성 : 국민기초생활보장법에 의한 급여는 수급자가 자신의 생활을 유지·향상을 위하여 그 소득·재산·근로능력 등을 활용하여 최대한 노력하는 것을 전제로 이를 보충·발전시키는 것을 기본원칙으로 한다(동법 §3·①).

㉯ 보 충 성

부양의무자의 부양과 다른 법령에 의한 보호는 국민기초생활보장법에 의한 급여에 우선하여 행해지는 것으로 한다. 다만 다른 법령에 의한 보호의 수준이 국민기초생활보장법에서 정하는 수준에 이르지 아니하는 경우에는 나머지 부분에 관하여 국민기초생활보장법에 의한 급여를 받을 권리를 잃지 아니한다(동법 §3·②).

② 급여의 기준

국민기초생활보장법에 의한 급여는 건강하고 문화적인 최저생활을 유지할 수 있는 것이어야 한다. 이 법에 의한 급여의 기준은 보건복지부장관이 수급자의 연령·가구규모·거주지역 기타 생활여건 등을 고려하여 급여의 종류별로 정하고, 보장기관(국가 또는 지방자치단체)은 이법에 의한 급여를 개별가구를 단위로 하여 행하되 특히 필요하다고 인정되는 경우에는 개인을 단위로 하여 행할 수 있다(동법 §4).

③ 수급권자의 범위

수급권자는 부양의무자가 없거나, 부양의무자가 있어도 부양능력이 없거나 부양을 받을 수 없는 자로서 소득인정액(개별가구의 소득평가액과 재산의 소득환산액을 합산한 금액)이 최저생계비 이하인 자로 한다(동법 §5·①). 제1항의 규정에 의한 수급권자에 해당하지 아니하여도 생활이 어려운 자로서 일정기간 동안 이 법이 정하는 급여의 일부 또는 정부가 필요하다고 보건복지부장관이 정하는 자는 수급권자로 본다(동법 §5·②). 부양의무자가 있어도 부양능력이 없거나 부양을 받을 수 없는 경우는 대통령령으로 정한다(동법 §5·③).

국내에 체류하고 있는 외국인 중 대한민국 국민과 혼인하여 본인 또는 배우자가 임신중이거나 대한민국 국적의 미성년 자녀를 양육하고 있거나 배우자의 대한민국 국적인 직계존속과 생계나 주거를 같이하고 있는 사람으로서 대통령령이 정하는 사람이 제5조에 해당하는 경우에는 수급권자가 된다(§5의2 신설).

④ 최저생계비의 결정

보건복지부장관은 국민의 소득·지출수준과 수급권자의 가구유형 등 생활실태, 물가상승률 등을 고려하여 최저생계비(국민이 건강하고 문화적인 생활을 유지하기 위하여 소요되는 최소한의 비용)를 결정하여야 하며, 매년 9월 1일까지 보건복지부에 설치된 중앙생활보장위원회의 심의·의결을 거쳐 다음 연도의 최저생계비를 공표하여야 한다(동법 §6).

⑤ 수급자의 결정

수급자(급여를 받을자)를 결정함에 있어서는 수급권자 등에 의한 급여신청이 있는 경우에 시장·군수·구청장은 사회복지전담공무원으로 하여금 급여의 결정 및 실시 등에 필요한 ㉮ 부양의무자의 유무 및 부양능력 등 부양 의무자와 관련된 사항 ㉯ 수급권자 및 부양의무자의 소득·재산에 관한 사항 ㉰ 수급권자의 근로능력·취업상태·자활욕구 등 자활지원계획수립에 필요한 사항 ㉱ 기타 수급권자의 건강상태, 가구특성 등 생활실태에 관한 사항을 조사하게 하거나, 수급권자에게 보장기관이 지정하는 의료 기관에서 검진을 받게 할 수 있다(동법 §21, §22, §23).

5) 급　여

① 급여의 종류

국민기초생활보장법에 의한 급여에는 ㉮ 생계급여 ㉯ 주거급여 ㉰ 의료급여 ㉱ 교육급여 ㉲ 해산급여 ㉳ 장제급여 ㉴ 자활급여가 있는데 의료급여는 따로 법률이 정하는 바에 의한다(동법 §7·①·④). 수급권자에 대한 급여는 생계급여와 수급자의 필요에 따라 ㉯ 내지 ㉴의 급여를 함께 행하는 것으로 한다(동법 §7·②). 급여의 수준은 ㉮ 내지 ㉱ 및 ㉴의 급여와 수급자의 소득인정액을 포함하여 최저생계비 이상이 되도록 하여야 한다(동법 §7·②).

㉮ 생계급여

생계급여는 수급자에게 의복·음식물 및 연료비와 기타 일상생활에 기본적으로 필요한 금품을 지급하여 그 생계를 유지하게 하는 것이다(동법 §8).

생계급여는 금전 지급을 원칙으로 하고, 매월 정기적으로 지급함이 원칙이며, 수급자에 대한 직접지급 및 수급자 주거에서의 지급을 원칙으로 한다(동법§9, §10·①).

㉯ 주거급여

주거급여는 수급자에게 주거안정에 필요한 임차료, 유지수선비 기타 대통령령이 정하는 수급품을 지급하는 것이다(동법 §11).

㉰ 교육급여

교육급여는 수급자에게 입학금, 수업료, 학용품비 기타 수급품을 지급하는 것으로 하되 학교의 종류·범위 등에 관하여 필요한 사항은 대통령령으로 정한다(동법 §12).

㉱ 해산급여

해산급여는 수급자에게 조산, 분만 전과 분만 후의 필요한 조치와 보호를 행하는 것이다(동법 §13).

㉲ 장제급여

장제급여는 수급자가 사망한 경우 사체의 검안·운반·화장 또는 매장 기타 장제조치를 행하는 것이다(동법 §14).

㉳ 자활급여

자활급여는 수급자의 자활을 조성하기 위하여 ㉠ 자활에 필요한 금품의 지급 또는 대여 ㉡ 자활에 필요한 근로능력의 향상 및 기능습득의 지원 ㉢ 취업알선 등 정보의 제공 ㉣ 공공근로 등 자활을 위한 근로기회의 제공 ㉤ 자활에 필요한 시설 및 장비의 대여 ㉥ 창업교육, 기능훈련 및 기술·경영지도 등 창업지원 ㉦ 자활에 필요한 자산형성지원 ㉧ 기타 대통령령이 정하는 자활조성을 위한 각종 지원 등을 행하는 것이다.

이러한 자활급여는 관련 공공기관·비영리법인 또는 민간기관·시설에 위탁하여 이를 행할 수 있다. 이 경우 그에 소요되는 비용은 보장기관이 이를 부담한다(동법 §15).

② 급여의 신청

수급권자와 그 친족 기타 관계인은 관할 시장·군수·구청장에게 수급권자에 대한 급여를 신청할 수 있고, 사회복지전담공무원은 급여를 필요로 하는 자가 누락되지 아니하도록 하기 위하여 관할 지역 내에 거주하는 수급권자에 대한 급여를 수급권자의 동의를 얻어 직권으로 신청할 수 있다(동법 §21).

시장·군수·구청장은 수급권자의 급여신청이 있는 경우에는 위의 수급자의 결정에서 설명한 신청에 의한 일정사항을 조사하고, 수급자 및 수급자에 대한 급여의 적정성을 확인하고 필요하다고 인정되는 경우에는 보장기관이 지정하는 의료 기관에서 검진을 받게 할 수 있다(동법 §22, §23).

③ **차상위 계층에 대한 조사**

시장·군수·구청장은 최저생계비의 변경 등에 의하여 수급권자의 범위가 변동함에 따라 다음 연도에 급여가 필요한 것으로 예측되는 수급권자의 규모를 조사하기 위하여 수급권자의 차상위 계층에 대하여 조사를 실시할 수 있고, 조사를 실시하고자 하는 경우 조사대상자의 동의를 얻어야 한다. 이 경우 조사대상자의 동의는 다음연도의 급여신청으로 본다(동법 §24).

④ **급여의 결정**

시장·군수·구청장은 수급권자 등의 신청에 의한 조사(시장·군수·구청장은 제21조의 규정에 의한 급여신청이 있는 경우에는 사회복지전담공무원으로 하여금 급여의 결정 및 실시 등에 필요한 ㉠ 부양의무자의 유무 및 부양능력 등 부양의무자와 관련된 사항 ㉡ 수급권자 및 부양의무자의 소득·재산에 관한 사항 ㉢ 수급권자의 근로능력·취업상태·자활욕구 등 자활지원계획수립에 필요한 사항 ㉣ 기타 수급권자의 건강상태·가구특성 등 생활실태에 관한 사항 등을 조사하게 하거나 수급권자에게 보장기관이 지정하는 의료기관에서 검진을 받게 할 수 있다)를 한 때에는 지체 없이 급여의 실시여부와 급여의 내용을 결정해야 하고, 차상위 계층을 조사한 때에는 급여개시일이 속하는 월에 급여실시 여부와 급여내용을 결정하여야 한다(동법 §26·①·②).

⑤ **급여의 실시**

급여실시 및 내용이 결정된 수급자에 대한 급여는 급여의 신청일로부터 개시한다. 보건복지부장관이 매년 결정·공표하는 최저생계비의 변경으로 인하여 매년 1월에 새로이 수급자로 결정되는 자에 대한 급여는 해당연도의 1월 1일을 그 급여 개시일로 한다(동법 §27).

⑥ **급여의 중지·제한**

㉮ 보장기관은 수급자가 ㉠ 수급자에 대한 급여의 전부 또는 일부가 필요 없게 된 때 ㉡ 수급자가 급여의 전부 또는 일부를 거부한 때에는 급여의 전부 또는 일부를 중지하여야 한다. ㉯ 근로능력이 있는 수급자가 자활에 필요한 사업에 참가할 것을 조건으로 하여 생계급여를 지급한 경우에 그 조건을 이행하지 않는 경우 조건을 이행할 때까지 근로능력있는 수급자 본인의 생계급여의 전부 또는 일부를 지급하지 아니할 수 있다(동법§30·①·②). ㉰ 수급자의 소득·재산·근로능력에 변동이 없는 경우에는 서면으로 그 이유를 명시하여 수급자에게 통지하고 급여를 변경(전부 또는 일부)을 할 수 있다(동법 §29, §30·③).

6) 보장기관 및 보장시설

① **보장기관**

보장기관이라 함은 국민기초생활보장법에 의한 급여를 행하는 국가 또는 지방자치단체를 말하며, 국민기초생활보장법에 의한 급여는 수급권자 또는 수급자의 거주지를 관할하는 특별시장·광역시장·도지사(이하 시·도지사라 한다)와 시장·군수·구청장이 행한다(동법 §19·①).

보건복지부장관과 시·도지사는 수급자를 각각 국가 또는 당해 지방자치단체가 경영하는 보장시설에 입소하게 하거나 다른 보장시설에 위탁하여 급여를 행할 수 있다(동법§19·①·②). 주거가 일정하지 아니한 경우에는 수급권자 또는 수급자가 실제 거주하는 지역을 관할하는 시장·군수·구청장이 행한다(동법 §19·① 단서). 보장기관이 급여를 금전으로 지급할 때에는 수급자의 신청에 따라 수급자명의의 지정된 계좌(이하 '급여수급계좌'라 한다)로 입금하여야 한다. 급여수급계좌의 해당 금융기관은 이법에 따른 급여만이 급여수급계좌에 입금되도록 관리하여야 한다(동법 §27의2).

② 보장시설

국민기초생활보장법에서 보장시설이라 함은 급여를 행하는 사회복지사업법에 의한 사회복지 시설로서 장애인복지법상의 장애인생활시설, 노인복지법상의 양로시설·노인의료복지시설, 아동복지법상의 아동복지시설, 종합시설, 정신보건법상의 정신질환자 사회복귀시설 및 정신요양시설, 사회복지사업법상의 부랑인 보호를 위한 시설 기타 보건복지부령이 정하는 시설을 말한다(동법 §32, 동법 시행령 §38).

보장시설의 장은 보장기관으로부터 수급자에 대한 급여를 위탁받은 때에는 정당한 사유 없이 이를 거부하여서는 아니되며, 보장시설의 장은 위탁받은 수급자에게 최저기준 이상의 급여를 행하여야 하고, 급여를 행함에 있어서 성별·신앙 또는 사회적 신분 등을 이유로 차별대우를 하여서는 아니되며, 수급자의 자유로운 생활을 보장하여야 하고, 종교상의 행위를 강제해서는 아니된다(동법 §33).

7) 보장비용(재정)

① 의 의

국민기초생활보장법에서 보장비용이라 함은 ㉮ 이 법에 의한 보장업무에 소요되는 인건비와 사무비 ㉯ 생활보장위원회의 운영에 소요되는 비용 ㉰ 급여실시비용 ㉱ 기타 이법에 의한 보장업무에 소요되는 비용을 말한다(동법 §42).

② 보장비용의 부담구분

㉮ 국가 또는 시·도의 부담

국가 또는 시·도가 직접 행하는 보장업무에 소요되는 비용은 국가 또는 당해 시·도가 부담한다(동법 §43·①).

㉯ 시·군·구의 부담

시·군·구가 행하는 보장업무에 소요되는 비용 중 인건비와 사무비, 생활보장위원회의 운영에 소요되는 비용은 당해 시·군·구가 부담한다(동법 §43·①).

㉰ 급여실시비용과 기타 이 법에 의한 보장업무에 소요되는 비용

시·군·구가 행하는 보장업무에 드는 비용 중 급여실시비용과 기타 이 법에 의한 보장업무에 소요되는 비용(이하 "시·군·구 보장비용"이라 한다)은 시·군·구의 재정여건, 사회보장비지출 등을 국가, 시·도 및 시·군·구가 다음 각목에 따라 차등하여 분담한다.

㉠ 국가는 시·군·구 보장 비용의 총액 중 100분의 40 이상 100분의 90 이하를 부담한다.

㉡ 시·도는 시·군·구 보장비용의 총액에서 ㉠분의 국가 부담부분을 차감한 금액 중

100분의 30 이상 100분의 70 이하를, 시·군·구는 시·군·구 보장비용의 총액 중에서 국가와 시·도가 부담하는 금액을 차감한 금액을 각각 부담한다. 다만, 특별자치도는 시·군·구 보장비용의 총액 중에서 국가가 부담하는 금액을 차감한 금액을 부담한다(동법 §43·①).

㉣ 지방자치단체가 조례에 의한 실시비용

지방자치단체의 조례에 의하여 국민기초생활보장법에 의한 급여범위 및 수준을 초과하여 급여를 실시하는 경우 그 초과 보장비용은 당해 지방자치단체가 부담한다(동법 §43·⑤).

8) 권리구제

① 시·도지사에 대한 이의신청

수급자나 급여 또는 급여변경신청을 한 자는 그 결정의 통지를 받은 날로부터 60일 이내에 시장·군수·구청장의 처분에 대하여 이의가 있는 경우에는 당해 보장기관을 거쳐 시·도지사에게 서면 또는 구두(구두로 이의신청을 접수한 보장기관의 공무원은 이의신청서를 작성할 수 있도록 협조하여야 한다)로 이의를 신청할 수 있다(동법 §38·①). 이의신청을 받은 시장·군수·구청장은 10일 이내에 의견서와 관계서류를 첨부하여 시·도지사에게 송부하여야 한다.

이의 신청서를 송부 받은 시·도지사는 30일 이내에 필요한 심사를 하고 이의신청을 각하하거나 당해 처분을 변경 또는 취소하거나 기타 필요한 급여를 명하고, 지체 없이 신청인과 당해 시장·군수·구청장에게 각각 서면으로 이를 통지하여야 한다(동법 §39·①·②).

② 보건복지부장관에 대한 이의신청

시장·군수·구청장으로부터 이의 신청서를 송부 받아 시·도지사의 심사에 의한 처분 등에 대하여 이의가 있는 자는 그 처분 등의 통지를 받은 날로부터 60일 이내에 시·도지사를 거쳐 보건복지부장관에게 서면 또는 구두로 이의를 신청할 수 있다(동법 §40·①). 이의신청을 받은 시·도지사는 10일 이내에 의견서와 관계서류를 첨부하여 이를 보건복지부장관에게 송부해야 한다.

이의 신청서를 송부 받은 보건복지부장관을 30일 이내에 필요한 심사를 하고 이의신청을 각하하거나 당해 처분의 변경 또는 취소의 재결을 하여야 하며, 지체 없이 당해 시·도지사와 신청인에게 각각 서면으로 재결내용을 통지하여야 한다(동법 §41·①·②).

③ 행정소송

시장·군수·구청장 또는 시·도지사 등의 처분 등에 대하여는 이의신청절차를 거치지 아니하고 곧바로 행정소송을 제기하여 이를 다툴 수도 있다.

(3) 의료급여법

1) 목적·성격

의료급여법은 생활이 어려운 자에게 의료급여를 실시함으로써 국민보건의 향상과 사회복지의 증진에 이바지함을 목적으로 한다(동법 §1). 의료급여의 비용은 공공부조제도의 원리에 따라 국가 또는 지방자치단체가 부담하는 점(동법 §25)에서 의료급여법은 의료보험(사회보험)으로서의 본인이 비용의 일부를 부담하는 국민건강보험과는 다르다.

의료급여법은 종래 시행하여 오던 의료보험법을 2001년 5월 24일 의료급여법으로 전부개정하여 시행되었으며 수차례 부분 개정 되었다.

2) 수급권자(의료급여대상자)

의료급여법에 의한 수급권자는 ① 국민기초생활보장법에 의한 수급자, ② 재해구호법에 의한 이재민, ③ 의사상자등예우및지원에관한법률에 의한 의사상자 및 의사자(義死者)의 유족, ④ 입양촉진및절차에관한특례법에 의하여 국내에 입양된 18세 미만의 아동, ⑤ 독립유공자예우에관한법률및국가유공자등예우및지원에관한법률의 적용을 받고 있는 자와 그 가족으로서 국가보훈처장이 의료급여가 필요하다고 요청한 자 중 보건복지부장관이 의료급여가 필요하다고 인정한 자, ⑥ 문화재보호법에 의하여 지정된 중요 무형문화재의 보유자(명예보유자를 포함한다) 및 그 가족으로서 문화재청장이 의료급여가 필요하다고 요청한 자 중 보건복지부장관이 의료급여가 필요하다고 인정한 자, ⑦ 북한이탈주민의보호및정착지원에관한법률의 적용을 받고 있는 자와 그 가족으로서 보건복지부장관이 의료급여가 필요하다고 인정 한 자, ⑧ 5·18민주화운동관련자보상등에관한법률 제8조의 규정에 의하여 보상금 등을 받은 자와 그 가족으로서 보건복지부장관이 의료급여가 필요하다고 인정한 자, ⑨ 그 밖에 생활유지의 능력이 없거나 생활이 어려운자로서 대통령령이 정하는 자이다(동법 §3).

다만, 적용배제로서 수급권자가 다른 법령에 따라 의료급여를 받고 있는 경우에는 의료급여법에 의한 의료급여를 행하지 아니한다(동법 §4).

시장·군수·구청장은 수급권자에게 의료급여증을 발급하여야 한다(동법 §8).

3) 의료급여의 내용

① 의료급여의 내용

의료급여의 내용은 ㉮ 진찰·검사, ㉯ 약제·치료재료의 지급, ㉰ 처치·수술과 그 밖의 치료, ㉱ 예방·재활, ㉲ 입원, ㉳ 간호, ㉴ 이송과 그 밖의 의료목적의 달성을 위한 조치이다(동법 §7). 수급권자에 대한 의료급여는 수급권자로 선정된 날로부터 개시한다(동법시행령 §6).

② 의료급여의 제한·변경·중지

시장·군수·구청장은 ㉮ 수급권자가 자신의 고의 또는 중대한 과실로 인한 범죄행위에 기인하거나 고의로 사고를 발생시켜 의료급여가 필요 없게 된 경우, ㉯ 수급권자가 정당한 이유 없이 이 법의 규정이나 의료기관의 진료에 관한 지시에 따르지 아니한 경우에는 의료급여를 행하지 아니하며(동법 §15·①), ㉰ 수급권자의 소득·재산상황·근로능력 등에 변동이 있는 경우에는 직권 또는 수급권자나 그 친족 그 밖의 관계인의 신청에 따라 급여의 내용을 변경할 수 있으며(동법 §16·①), ㉱ 수급권자에 대한 의료급여가 필요 없게 된 경우, 수급권자가 의료급여를 거부한 경우에는 의료급여를 중지하여야 한다(동법 §17·①).

그리고 의료급여를 제한한 때에는 의료급여기관은 수급권자의 거주지를 관할하는 시장·군수·구청장에게 알려야 하고, 변경한 때에는 시장·군수·구청장은 서면으로 그 이유를 명시하여 수급권자에게 알려야 하고, 중지한 때에도 시장·군수·구청장은 서면으로 그 이유를 명시하여 수급권자에게 알려야 한다(동법 §15·②, §16·②, §17·③).

4) 보장기관과 의료급여기관

① 보장기관(책임주체)

의료급여법에 의한 의료급여에 관한 업무는 수급권자의 거주지를 관할하는 특별시장·광역시장·도지사·특별자치도지사와 시장·군수·구청장(자치구의 구청장을 말한다. 이하 같다)이 행한다. 주거가 일정하지 아니한 수급권자에 대하여는 그가 실제 거주하는 지역을 관할하는 시장·군수·구청장이 행한다(동법 §5). 의료급여사업의 실시에 관한 사항을 심의하기 위하여 보건복지부와 특별시·광역시·도와 시·군·구에 각각 의료급여심의위원회를 둔다(동법 §6).

의료급여 수급권자의 건강관리능력향상 합리적 의료이용 유도(과다이용 또는 과소이용 등 주의)등을 위하여 「사례관리」를 실시할 수 있게 하고, 사례관리를 실시하기 위하여 '의료급여관리사'를 시·도 및 시·군·구에 두고, 사례관리 사업의 전문적인 지원을 위하여 해당업무를 공공 또는 민간기관·단체에 위탁하여 실시할 수 있다(동법 §5의2).

② 의료급여기관

의료급여는 의료법에 따라 개설된 의료기관, 지역보건법에 따라 설지된 보건소·보건의료원 및 보건지소, 농어촌 등 보건의료를 위한 특별조치법에 따라 설치된 보건진료소, 약사법에 따라 등록된 약국 및 동법 제72조의 12의 규정에 따라 설립된 한국희귀의약품센터에서 각각 행한다. 의료급여기관은 정당한 이유 없이 의료급여법에 의한 의료급여를 거부하지 못한다(동법§9·①·③).

5) 의료급여비용의 청구와 지급

의료급여기관은 급여비용의 지급을 시장·군수·구청장에게 청구할 수 있다. 급여비용 청구를 하고자 하는 의료급여기관은 급여비용 심사기관에 급여비용의 심사청구를 해야 하며, 심사청구를 받은 급여비용 심사기관은 이를 심사한 후 지체 없이 그 내용을 시장·군수·구청장 및 의료급여기관에 알려야 한다. 심사의 내용을 통보받은 시장·군수·구청장은 지체 없이 그 내용에 따라 급여비용을 의료급여기관에 지급하여야 한다. 이 경우 수급권자가 이미 납부한 본인 부담금이 과다한 경우에는 의료급여기관에 지급할 금액에서 그 과다하게 납부된 금액을 공제하여 이를 수급권자에게 반환하여야 한다(§11). 다만, 그 반환하여야 할 금액이 1천원 미만인 경우에는 그러하지 아니하다(동법 §11·③ 단서).

의료급여 수급권자가 의료급여기관에서 진료를 받은 경우 동 진료의 급여항목해당 여부를 본인이 확인할 수 있도록 하고, 본인부담금이 과다하게 납부된 경우 그 과다 납부금을 환불 받을 수 있도록 하였다(§11의3 신설).

의료급여기관은 진료 등의 의료급여를 행하기 전에 수급권자에게 본인 부담금을 청구하거나 수급권자가 이법에 따라 부담하여야 하는 비용과 비급여비용 외에 입원보증금 등 다른 명목의 비용을 청구할 수 없도록 하였다(§11의4 신설). 수급권자가 제3자의 고의 또는 과실로 인하여 상해 등을 입은 경우에도 의료급여를 지원받을 수 있도록 하였다(§15·①).

6) 급여비용의 부담·대불 등과 의료급여기금의 설치 및 조정(재정)

① 급여비용의 부담 등

급여비용은 대통령령이 정하는 바에 따라 그 전부 또는 일부를 의료급여기금에서 부담한다(동법 §10). 의료급여기금에서 일부를 부담하는 경우 그 나머지의 비용은 본인이 부담한다. 급여비용의 일부를 의료급여기금에서 부담하는 경우에 그 나머지 급여비용에 대하여는 수급권자 또는 그 부양의무자의 신청에 따라 의료급여기금에서 이를 대불할 수 있다(동법 §20). 대불을 받은 자(그 부양의무자를 포함하며, 이하 '대불금상환의무자'라 한다)는 보건복지부령이 정하는바에 따라 대불금을 그 거주지를 관할하는 시장·군수·구청장에게 상환하여야 한다. 이 경우 대불금의 상환은 무이자로 한다(동법 §21).

② 의료급여기금의 설치 및 조성

의료급여법에 의한 급여비용의 재원에 충당하기 위하여 시·도에 의료급여기금(이하 '기금'이라 한다)을 설치한다. 기금은 ㉮ 국고보조금, ㉯ 지방자치단체의 출연금, ㉰ 제21조의 규정에 의하여 상환 받은 대불금, ㉱ 제23조의 규정에 의하여 징수한 부당이득금, ㉲ 제29조의 규정에 의하여 징수한 과징금, ㉳ 당해 기금의 결산상 잉여금 및 그 밖의 수입금의 재원으로 조성한다(동법 §25·①).

국가와 지방자치단체는 기금운영에 필요한 충분한 예산을 확보하여야 한다(동법 §25·②). 기금은 일반회계와 구분하여 별도의 계정을 설정하여 관리하여야 한다(동법 §26·①).

4. 사회복지법

(1) 사회복지사업의 목적

사회복지사업법은「사회복지사업에 관한 기본적 사항을 규정하여 사회복지를 필요로 하는 사람의 인간다운 생활을 할 권리를 보장하고, 사회복지의 전문성을 높이며, 사회복지사업의 공정·투명·적정을 도모하고, 지역사회 복지의 체계를 구축함으로써 사회복지의 증진에 이바지함을 목적으로 한다」(동법 §1). 사회복지는 소득능력·근로능력이 없는 자를 주 대상으로 하지마는 그들에 대한 소득보장 급여는 아니고, 따라서 경제적 측면에서의 생활보장을 주목적으로 하는 것은 아니며, 금전적 급여에 의하지 않는 공적 서비스를 제공하여 생활상의 핸디캡(Handicap)을 경감시킴을 주 목적으로 한다.

먼저 사회복지체계의 목적을 살펴본다. 신체 또는 연령 등에 관련된 사유 때문에 자신의 능력으로는 정상적으로 생활할 수 없거나 인격의 발현이 어려운 경우, 이들 집단의 수요를 주로 경제적 지원과 서비스급여를 통하여 충족시킨다는 것이다. 그 중 특히 서비스급여가 큰 비중을 차지한다. 뿐만 아니라 수급권자의 수요 심사나 자산 심사는 공공부조와 달라서 완화하거나 폐기한다. 그 밖에도 현재 해결해야 할 문제가 많이 쌓여있다. 첫째, 이들의 사회문제에 비하면 사회보장법적 의미의 급여가 지나치게 인색하다. 특히 직접적 급여가 너무 불충분하다. 둘째, 대부분 재량급여다. 개인의 권리를 도출할 근거로서 무력하다. 셋째, 부분적으로 사회복지 관련법에 직접급여가 포함되어 있으나 겨우 공공부조를 보충하는 수준에 그친다. 한 마디로 공공부조법과 구분할 수 있는 독자적 내용이 없다. 경로연금이나 장애수당이 그 사례다. 좀 더 이상적으로 개선한다면, 아동과 노인에 대한 국가기초생활보장법상 보호는 최저생활을 보장하고, 사회복지관계법은 소득 및 재산 상황과는 관계없이 독자적으로 아동, 노인, 장애인 등이 정상적으로 사회생활을 누릴 수 있게 지원해야 할 것이다.

(2) 사회복지사업의 의의·성질

1) 의 의

사회복지사업이라 함은「"사회복지사업에 관한 법률들"에 의한 보호·선도 또는 복지에 관한 사업과 사회복지상담·노숙인 보호·직업지원·무료숙박·지역사회복지·의료복지·재가(在家)복지·사회복지관운영·정신질환자 및 한센병력자(나완치자: 癩完治者)의 사회 복귀에 관한 사업 등 각종 복지사업과 이와 관련된 자원봉사활동 및 복지시설의 운영 또는 지원을 목적으로 하는 사업」을 말한다(동법 §2·①).

2) "사회복지사업에 관한 법률"

사회복지사업에 관한 현행 법률로는 ① 국민기초생활보장법 ② 아동복지법 ③ 노인복지법 ④ 장애인복지법 ⑤ 한부모가족지원법 ⑥ 영유아보육법 ⑦ 성매매방지및피해자보호등에관한법률 ⑧ 정신보건법 ⑨ 성폭력방지및피해자보호등에관한법률 ⑩ 입양촉진및절차에관한특례법 ⑪ 일제하일본군위안부피해자에대한생활안정지원및기념사업등에관한법률 ⑫ 사회복지공동모금회법 ⑬ 장애인·노인·임산부등의편의증진보장에관한법률 ⑭ 가정폭력방지 및 피해자보호 등에 관한 법률 ⑮ 농어촌주민의보건복지증진을위한특별법 ⑯ 식품기부 활성화에 관한 법률 ⑰ 의료급여법, 그리고 법개정에 의하여 ⑱ 기초노령연금법 ⑲ 긴급복지지원법 ⑳ 다문화가족지원법, 장애인연금법, 장애인활동지원에관한법률, 노숙인등의복지및자립지원에관한법률, 보호관찰등에관한법률이 신설되었다(사회복지사업법 §2·①).

3) 다른 법률과의 관계

사회복지사업의 내용·절차 등에 관하여 「사회복지사업에 관한 법률들」에 특별한 규정이 있는 경우를 제외하고는 사회복지사업법이 정하는 바에 의한다고 규정하고, 사회복지사업에 관한 법률들을 개정하는 경우에 사회복지사업법에 부합하도록 하여야 한다(동법§3①·②)고 규정하고 있어 사회복지사업법은 사회복지사업에 관한 기본법이다.

4) 복지조치의 성질

현행 사회복지사업법 및 사회복지사업에 관한 법률에는 복지조치는 실시기관의 직권으로 행하도록 규정하고, 상대방의 신청절차는 규정하고 있지 않는 점에서 사회보험이나 공공부조에 관한 입법들이 신청절차에 관하여 규정하고 있는 것과는 다르다. 그리하여 요원호자(要援護者) 등이 복지조치를 청구할 수 있는 권리를 가지는지가 문제된다. 생각건대 복지조치는 헌법상의 생존권적 기본권의 법이념에 따른 시책이고, 사회복지사업법상의 국가와 지방자치단체는 복진, 증진의 책임을 지며(동법 §4) 사회 복지사업에 관한 법률상 국가 및 지방자치단체에게 요원호자 등을 위하여 복지조치를 행할 의무가 과하여 진 이상 단순한 반사적 이익으로만 볼 수 없고 요원호자 등은 국가 등의 책임의무에 대응한 권리(법적보호이익)를 가진다고 보아야 진정한 의미의 오늘날 복지국가·후생국가라 할 수 있을 것이다. 그리하여 개정법에서는 사회복지서비스를 필요로 하는 자(이하 "보호대상자"라 한다)와 그 친족 그 밖의 관계인은 관할 시장·군수·구청장에게 보호 대상자에 대한 사회복지서비스의 제공(이하 "보호"라 한다)을 신청할 수 있다고 규정하고 있다(동법 §33의2).

(3) 복지사업주체

복지상업의 주체는 국가 및 지방자치단체이다. 사회복지법인도 복지사업의 주체가 된다(동법 §4, §16). 복지사업의 시행기관은 보건복지부장관, 서울특별시장·광역시장·도지사, 시장·군수·구청장이다(동법 §15의3~§15의6).

(4) 복지대상자

아동복지법상의 18세 미만의 아동(§2), 노인복지법상의 65세 이상의 노인(§9), 장애인복지법상의 장애인(§2), 한부모가족지원법상의 '모 또는 부'와 '아동(§4·1호,5호)', 영유아보육법상의 6세 미만의 취학 전 아동(§2), 성매매방지및피해자보호등에관한법률상의 성매매피해자(§2.④), 정신보건법상의 정신질환자(§3), 성폭력범죄의처벌및피해자보호등에관한 법률상의 성폭력피해자(§2), 입양촉진및절차에관한특례법상의 아동(§2), 일제하일본군위안부피해자에대한생활안정지원및기념사업등에관한 법률상의 일본군위안부 피해자 및 생활안정지원 대상자(§2), 농어촌주민의보건복지증진을위한특별법상의 저소득층 노인(§25), 장애인·노인·임산부등의편의증진보장에관한법률상의 장애인·노인·임산부(§1), 가정폭력방지및피해자보호등에관한법률상의 피해자(§1), 의료급여법상의 수급권자(§3), 기초노령연금법상의 수급권자(§2), 긴급복지지원법상의 긴급지원대상자(§5), 다문화가족지원법상의 다문화가족, 노숙인등의복지및자립지원에관한법률상의 노숙인(§2.①) 등이 복지대상자이다(사회복지사업법§2).

(5) 복지사업내용 및 사회복지서비스의 신청

아동복지법상의 아동의 건강 및 안전과 아동복지시설에의 입소 등 보호조치(§9, §2, §10), 노인복지법상의 경로우대, 생업지원, 노인복지상담·입소 등의 조치, 치매관리사업, 노인재활요양사업, 노인복지시설의 설치·운영(§7, §25, §26, 제4장), 장애인복지법상의 장애발생예방·교육·사회 적응훈련등 기본시책의 강구, 장애인등록·의료비·자녀교육비지급·재활상담 및 입소 등의 복지조치, 장애인복지전문인력양성(제2장, 제3장, 제7장), 한부모가족지원법상의 보호대상자의 조사·복지급여·고용촉진과 한부모가족복지시설 설치·운영(제2장, 제3장), 영유아보육법상의 보육시설의 설치·운영(제2장, 제4장), 성매매알선등행위의처벌에관한법률상의 성매매피해자 등의 보호, 보호사건처리 등(제2장, 제3장), 정신보건법상의 정신보건시설의 설치·운영, 정신질환자의 보호 및 치료(제2장, 제3장), 성폭력범죄의처벌및피해자보호등에관한법률상의 성폭력피해상담소의 설치·운영(제3장), 일제하일본군위안부피해자에대한생활안정지원및기념사업등에관한법률상의 생활안정지원금 지급, 의료급어·간병인 지원(§4), 가정폭력방지및피해자보호등에관한법률상의 가정폭력관련 상담소의 설치·운영, 가정폭력피해자보호시설의 설치·운영(§5, §7) 등이 주요 복지사업 내용이다(사회복지사업법§2).

사회복지서비스를 필요로 하는 사람(이하 '보호대상자'라 한다)과 그 친족, 그 밖의 관계인은 관할시장·군수·구청장에게 보호대상자에 대한 사회복지서비스의 제공(이하 '보호'라 한다)을 신청할 수 있다. 시·구·군 복지담당 공무원은 사회복지사업법에 따른 보호대상자가 누락되지 아니하도록 하기 위하여 관할 지역에 거주하는 보호대상자의 보호를 직권으로 신청할 수 있다. 이 경우 보호

대상자의 동의를 받아야 하며 동의를 받은 경우에는 보호대상자가 신청한 것으로 본다(동법 §33의2).

아래에서는 아동복지법, 노인복지법 및 장애인복지법에 관해 간단히 살펴보기로 한다.

(6) 아동복지법

국가와 지방자치단체는 아동을 보호하고 건전하게 육성할 책임을 진다(동법 §4). 아동이 장차 건전한 인격체로 성장할 수 있어야 한다는 것이다. 이는 인간의 존엄을 실현해야 한다는 헌법상 요청의 적극적 과제 중 하나이기 때문이다. 우선 아동에게는 가정의 보호가 필요하다. 그렇지만 가정으로서는 아동이 오히려 부담이다. 그래서 아동복지는 헌법 제36조 가족의 보호 및 유지에 대한 국가책임의 구현이기도 하다. 이와 같은 목적에 비추어 보면 아동복지법은 요보호 아동은 물론이요 아동 일반의 보호 대상으로 잡아야 한다.

현행 아동복지법은 상당히 큰 문제를 안고 있다. 첫째, 직접적 급여방식의 개별적 보호조치에 관해서는 전혀 규정하지 않았다. 주로 각종 시설보호 조치만 취하는 데 그친다. 둘째, 그나마 시설보호도 아동 일반에게 개방하지 않았다. 일반적 보호조치는 아니다. 셋째, 주로 금지규정이다. 하지만 이는 아동복지에 특유한 것이 아니다. 그저 일반적인 아동보호 조치적 성격에 지나지 않는다. 사회보장법에 특유한 좀 더 적극적인 아동보호 조치가 필요하다.

아동복지법상 각종 조치는 부모의 아동에 대한 양육권과 충돌한다. 이와 같이 특유한 양상에 대한 조항을 아동복지법에 규정했다. 지방자치단체의 장은 친권자가 친권을 남용하거나 친권을 행사할 수 없을 경우 친권상실을 법원에 청구할 수 있다(아동복지법 §12). 그 과정에서 직무상 지득한 비밀에 관해서는 사생활의 비밀을 지켜주어야 할 것이다(아동복지법 §38).

종래의 아동복리법은 1981년 4월 아동복지법으로 대체되어 시행되었고 아동복지법은 현재까지 많은 개정 법률이 사회변화에 따라 개정·발전되었다.

1) 보호대상자

18세 미만의 아동이다. 아동 일반을 대상으로 하는 조치와 특별히 요보호아동을 대상으로 하는 조치를 구분했다(동법§2·1호 및 2호).

2) 급여의 종류와 내용

아동에 대한 일반적 보호조치는 보건소 운영, 아동보호구역에서의 폐쇄회로 텔레비전 설치, 보호를 요하는 아동발견이나 보호자의 의뢰를 받은 때의 필요한 보호조치, 친권상실 선고 등의 청구나 아동의 후견인 선임청구에 의한 후견인 선정을 통한 보호조치, 아동복지시설의 설치·운영(아동양육시설·아동일시보호시설·아동보호치료시설·아동직업훈련시설·자립지원시설·아동단기보호시설·아동상담소·아동전용시설·아동복지관·지역아동센터)·아동보호전문기관의 설치·운영(학대아동의 발견, 보호, 치료에 대한 신속한 처리 및 아동학대예방을 전담)·긴급조치 등 일차적 조치를 행한다(아동복지법 §8, §9의2, §10, §12~§14, §16, §17, §24, §27). 그 다음에는 아동복지시설에 입소시켜 보호조치를 취한다(동법 §6). 그리고 각종 행위를 금지하는데 이는 사회보장법에 특이한 것이 아니라 일반적 아동보호조치에 해당한다(동법 §29). 이번 개정법에서는 아동복지시설, 보육시설, 초·중·고등학교장으로 하여금 아동실종·유괴의 예방과 방지를 위한 교육을 실시하도록 하고(§9·③), 국가와 지방자치단체는 유괴 등 범죄의 위험으로부터 아동을 보호하기 위하여 필요하다고 인정하는 때에는 아동보호구역에 폐쇄회로 텔레비전을 설치하거나 그 밖의 필요한 조치를 할 수 있다(§9의 2신설).

3) 재 정

국가 일반예산에서 충당한다(국가재정법 §4, 보조금의 예산 및 관리에 관한 법률 §1, §3). 사설 아동복지시설에 비용의 일부를 보조할 수 있다(아동복지법 §31). 국가와 지방자치단체의 부담비율은 보조금의 예산 및 관리에 관한 법률 시행령에서 결정한다(보조금의 예산 및관리에 관한 법률 §9, 동법시행령 §4).

4) 관리운영

국가 및 지방자치단체가 시행한다. 지방자치단체의 사회복지 전담공무원인 아동복지 지도원이 담당한다(아동복지법 §7).

(7) 노인복지법

노령에 이르면 신체 및 정신 기능이 저하되어 거동능력이 줄거나 사라진다. 소득능력도 줄거나 사라진다. 여러 측면에서 노인은 가족에게 부담을 준다. 대책도 다양하게 마련해야 할 것이다.

1) 목 적

노인복지법은 노인의 질환을 사전예방 또는 조기 발견하고 질환 상태에 따른 적절한 치료·요양으로 심신의 건강을 유지하고, 노후의 생활안정을 위하여 필요한 조치를 강구함으로써 노인의 보건복지증진에 기여함을 목적으로 한다.

노인복지법은 1981년 6월 5일 제정·시행되었고, 그 후 현재까지 수많은 개정을 거듭하였다.

2) 보호대상자

65세 이상의 노인이다(노인복지법 §26~§28, 기초노령연금법 §2, §3). 노인에 대한 사회적 관심과 공경의식을 높이기 위하여 매년 10월 2일을 경로의 날로, 매년 10월을 경로의 달로 한다(동법 §6).

3) 노인일자리 전담기관의 설치·운영

노인의 능력과 적성에 맞는 일자리 지원 사업을 전문적·체계적으로 수행하기 위한 전담기관(이하 '노인 일자리전 담기관'이라 한다)으로 ① 노인인력개발기관(노인 일자리·개발·보급사업, 조사사업, 교육·홍보 및 협력사업, 프로그램인증·평가사업 등을 지원하는 기관), ② 노인 일자리 지원기관(지역사회 등에서 노인 일자리의 개발·지원, 창업·육성 및 노인에 의한 재화의 생산·판매 등을 직접 담당하는 기관), ③ 노인취업알선기관(노인에게 취업상담 및 정보를 제공하거나 노인 일자리를 알선하는 기관)을 설치·운영한다(동법 §23의2). 국가 또는 지방자치단체는 노인일자리 전담기관을 설치·운영하거나 그 운영의 전부 또는 일부를 법인·단체 등에 위탁할 수 있다(동법 §23의2·②).

4) 생업지원·경로우대·치매관리사업

국가·지방자치단체 기타 공공단체가 설치·운영하는 공공시설 안에 식료품·사무용품·신문 등 일상생활용품의 판매를 위한 매점이나 자동판매기의 설치를 허가 또는 위탁할 때에는 65세 이상의 자의 신청이 있는 경우 이를 우선적으로 반영해야 한다(동법 §25). 국가 또는 지방자치단체는 ① 65세 이상의 자에 대하여 대통령령이 정하는 바에 의하여 국가 또는 지방자치단체의 수송시설 및 고궁·능원·박물관·공원 등의 공공시설을 무료로 또는 그 이용요금을 할인하여 이용하게 할 수 있고(동법 §26), ② 치매예방 및 치매퇴치를 위하여 치매연구 및 관리 사업을 실시하여야 하고, 시·군·구의 관할 보건소에 치매예방 및 치매환자 관리를 위한 치매상담센터를 설치한다(동법 §29, §29의2).

5) 급여의 종류와 내용

① **기초노령연금지급**

종래의 경로연금제도를 폐지하고(노인복지법 2007. 4. 25), 생활이 어려운 노인에게만 기초노령연금을 지급함으로써 노인의 생활안정을 지원하고, 복지를 증진하기 위해 「기초노령연금법」을 제정·시행하였다. 기초노령연금법은 노인이 후손의 양육과 국가 및 사회의 발전에 이바지하여온 점을 고려하여 생활이 어려운 노인에게 기초노령연금을 지급함으로써 노인의 생활안정을 지원하고 복지를 증진함을 목적으로 한다. 연금지급대상은 65세 이상인 자로서 대통령령이 정하는 금액 이하인 자에게 연금을 지급한다(§3). 연금수급희망자 또는 그 친족, 그 밖의 관계인은 복지보건부장관 또는 지방자치단체의 장에게 급여를 신청할 수 있다. 급여신청을 받은 보건복지부 또는 지방자치단체장은 제7조에 따른 조사결과에 따라 지체 없이 연금의 지급여부를 결정하여야 한다(§6·①).

② **장기요양급여 및 장기요양보험제도 도입**

㉮ 목　적 : 고령이나 노인성 질병 등의 사유로 일상생활을 혼자서 수행하기 어려운 노인 등에게 제공하는 신체활동 또는 가사활동지원 등의 장기요양급여에 관한 사항을 규정하여 노후의 건강증진 및 생활안정을 도모하고 그 가족의 부담을 덜어줌으로써 국민의 삶의 질을 향상함을 목적으로 「노인장기요양보험법」이 제정·시행되고 있다(§1).

㉯ 노인 등 및 장기요양급여 : 65세 이상의 노인 또는 65세 미만의 자로서 치매·뇌혈관성질환 등 대통령령으로 정하는 노인성질병을 가진 자를 「노인 등」이라 하고, 제15

조 제2항(등급판정위원의 등급판정)에 따라 6개월 이상 동안 혼자서 일상생활을 수행하기 어렵다고 인정되는 자에게 신체활동·가사활동의 지원 또는 간병 등의 서비스나 이에 갈음하여 지급하는 현금 등을 「장기요양급여」라 한다(§2).

㈐ 장기요양보험 : ㉠ 장기요양보험사업은 보건복지부장관이 관장하고, 장기요양보험사업의 보험자는 공단으로 한다(§7·①·②). ㉡ 장기요양보험의 가입자는 국민건강보험법 제5조 및 제93조에 따른 가입자로 한다. 공단은 장기요양사업에 사용되는 비용에 충당하기 위하여 장기보험료를 징수한다(§8).

㈑ 장기요양인정·신청·등급판정 : ㉠ 장기요양인정을 신청할 수 있는 자(장기요양인정의 신청자격)는 노인 등으로서 장기요양보험가입자 또는 그 피부양자이거나 「의료급여법」 제3조 제1항에 따른 수급권자이어야 한다(§12). ㉡ 장기요양인정을 신청하는 자는 공단에 보건복지부령이 정하는 바에 따라 장기요양인정신청서에 의사 또는 한의사가 발급하는 소견서를 첨부하여 제출하여야 한다(§13). ㉢ 등급판정에 관해서는 공단은 제14조에 따른 조사가 완료된 때 조사결과서, 신청서, 의사소견서, 그 밖에 심의에 필요한 자료를 제52조에 따른 장기요양등급판정위원회에 제출하여야하고, 제출받은 장기요양등급판정위원회는 신청인이 제12조의 신청자격요건을 충족하고 6개월 이상 동안 혼자서 일상생활을 수행하기 어렵다고 인정하는 경우 심신상태 및 장기요양이 필요한 정도 등 대통령령으로 정하는 등급판정기준에 따라 장기요양급여(이하 "수급자"라 한다)를 판정한다(§15). ㉣ 장기요양급여의 종류에는 재가급여(방문요양·목욕·간호, 주·야간보호 등)·시설급여·특별현금급여 등이 있다(§23).

③ 보건·복지조치

일반적 조치로는 노인사회참여지원(노인복지법 §23), 노인일자리 전담기관의 설치·운영(동법 §23의2), 건강진단(동법 §27), 상담·입소 등의 조치(동법 §28), 치매관리사업 및 치매상담센터의 설치·운영(동법 §29, §29의2), 노인재활요양사업(동법 §30)을 실시하고, 개별적 조치로는 생업지원·경로우대·홀로 사는 노인에 대한 지원(동법 §25, §26, §27의2)조치가 있다.

④ 노인복지시설의 설치·운영

노인복지시설의 설치·운영이다. 노인복지시설의 종류는 다음과 같다. ㉮ 노인주거복지시설(양로시설, 노인공동생활가정, 노인복지주택), ㉯ 노인의료 복지시설(노인요양시설, 노인요양공동생활가정, 노인전문병원), ㉰ 노인여가복지시설(노인복지관, 경로당, 노인교실, 노인휴양소), ㉱ 재가노인복지시설(방문요양서비스, 주·야간 보호서비스, 단기보호서비스, 방문목욕서비스 등), ㉲ 노인보호전문기관의 설치·운영은 발전된 입법제도라 할 것이다(노인복지법 제4장).

6) 재 정

국가와 지방자치단체가 부담한다. 당해 노인 또는 부양 의무자에게 일부 부담시킬 수 있다(동법 §45, §46, §47).

7) 관리운영

현행 노인복지법상 각종 보호과제의 수행은 국가 및 지방자치단체에게 부과하였다. 민간 단체도 유료노인복지시설을 설치할 수 있다. 이에 대하여 국가는 감독권 중 하나로 사업의 정지 및 폐지 등의 조치를 취할 수 있다(동법 §43). 시·군·구에 임용되어 있는 노인복지 상담원이 노인복지를 위한 상담, 지도, 조사 등의 업무를 수행한다(동법 §7. §5, §39의11). 노인복지시설은 주거 복지시설, 의료복지시설, 여가 복지시설, 재가노인복지시설 등의 목적으로 구분한다(동법 §31).

(8) 장애인 복지법

1) 목 적

장애인복지법은 장애인의 인간다운 삶과 권리보장을 위한 국가와 지방자치단체 등의 책임을 명백히 하고, 장애발생 예방과 장애인의 의료·교육·직업재활·생활환경개선 등에 관한 사업을 정하여 장애인복지대책을 종합적으로 추진하며, 장애인의 자립생활보호 및 수당 지급 등에 관하여 필요한 사항을 정하여 장애인의 생활 안정에 기여하는 등 장애인의 복지와 사회활동 참여 증진을 통하여 사회통합에 이바지함을 목적으로 한다(동법 §1).

장애인복지법은 1989년 12월 30일 제정·시행되어 그 동안 많은 전부·일부개정되면서 발전되어 왔다.

2) 개관 – 장애인 복지법이 장애인 복지의 종합적 실현체계 중 차지하는 위치

장애인은 신체적 장애(주요 외부신체기능의 장애, 내부기관의 장애)·정신적 장애(발달장애 또는 정신적 질환)로 인하여 장기간에 걸쳐 일상생활 또는 사회생활에 상당한 제약을 받는 자를 말한다(동법 §2).

장애인은 혼자서 정상적인 사회생활을 영위할 수 없다. 인격 실현은 물론이요 부당한 차별을 저지하기 위하여 국가 및 지방자치단체는 장애인에 대하여 적극적 보호 의무를 부담한다. 장애인에 대한 국민의 이해를 깊게 하고 장애인의 재활의욕을 높이기 위하여 매년 4월 20일을 장애인의 날로 하며, 장애인의 날부터 1주간을 장애인 주간으로 한다(동법 §9, §14). 장애인에 대한 보호는 체계상 다양하다.

① 1차적으로는 각 영역에 해당되는 「사회보험」으로 보호하는 것이 전문적이고 효율적이다. 건강보험도 신생아에 대한 질병예방조치와 같이 장애를 사전에 저지할 주요한 수단으로 작용한다. 본래 산업재해로 말미암아 발생하는 장애의 빈도 자체가 높기 때문에 산재보험의 역할도 크다. 연금보험에서도 노령, 사망 이외에 장애도 보호 대상에 포함시킨다. 위와 같이 각종 사회보험은 가입자가 보험료를 납부하고 반대급여로 재산권적 보호를 받기 때문에 사회복지 계열의 보호보다 훨씬 안정적이다.

② 2차적으로 「장애인복지법」이 장애인 보호에 기여할 것이다. 장애인을 사회에 통합하여 일반인과 같이 사회의 일원으로 정상적 생활을 누릴 수 있도록 각종 조치를 취한다

는 것이다. 이미 발생한 장애로 말미암아 입게 될 불이익을 최소화하며, 한 걸음 더 나아가 적극적으로 장애에 대한 예방조치를 취한다. 장애인 보호자의 의견을 존중하며 경제적 측면에서 배려하여 장애인에 대하여 가족적 측면에서도 지원한다는 따위다.

③ 3차적으로는「공공부조법」 역시 장애인 보호에 기여한다. 장애인 가구가 일반 가구에 비해서 빈곤 수준에 해당되는 비율이 높기 때문이다. 장애인이라는 특수성을 감안하면 빈곤에 대처하는 소득보장은 물론이요 서비스급여까지 마련해야 한다. 그래야 비로소 사회에 참여할 기회를 보장할 수 있기 때문이다. 하지만 현행 공공부조법은 서비스급여를 급여의 종류 중 하나로 규정하지도 않았다. 이하에서는 장애인복지법을 중심으로 살펴본다.

3) 기본이념

장애인복지의 기본이념은 장애인의 완전한 사회참여와 평등을 통한 사회통합을 이루는 데 있다(동법 §3).

4) 장애인복지법의 보호대상

신체적 장애 및 정신적 장애로 인하여 장시간에 걸쳐 일상생활 또는 사회생활에 상당한 제약을 받는 자가 장애인이다. 신체적, 정신적, 심리적 측면의 비정상적 상태가 존재한다. 그로 말미암아 통상적 생활을 통상적 방법으로 수행하기에 필요한 신체 각 부위의 기능이 줄었거나 아예 사라졌다. 기능장애는 지속적이어야 한다. 이와 같은 이유로 일반인과 같은 또는 일반인과 함께 정상적으로 생활할 수 없어야 한다. 보건복지부 장관은 3년마다 실태조사를 실시한다(동법 §31). 2000년 기준으로 우리나라 장애인 인구는 약150만 명으로 추정한다. 등록된 이는 겨우 76만 명 정도다. 장애인 복지시설은 생활시설 196개, 직업재활시설 175개, 지역사회 재활시설 184개 총 555개다. 생활시설과 직업재활시설 등에서 총 2만 1000명의 장애인을 보호하는 실정이다. 너무나 부족하다.

장애인의 장애인정과 등급사정에 관한 업무를 담당하게 하기 위하여 보건복지부에 판정위원회를 두고, 장애인·그 법정대리인 또는 대통령령이 정하는 보호자는 장애상태와 그 밖에 보건복지부령이 정하는 사항을 시장·군수·구청장에게 등록하여야 하며, 시장·군수·구청장은 등록을 신청한 장애인이 제2조에 따른 기준에 맞으면 장애인등록증을 내주어야 한다(동법 §32 ·①·④).

5) 급여의 종류와 내용

① 재활상담 및 입소, 장애유형·장애정도별 재활 및 자립지원서비스 제공, 국·공유재산의 우선 매각이나 유·무상대여, 의료비지급, 산후조리도우미 지원, 자녀교육비지급, 장애인이 사용하는 자동차 등에 대한 지원, 장애인보조견의 훈련·보급지원, 생업지원, 자립훈련비

지급, 생산품 구매, 공공시설의 우선이용, 고용촉진, 장애수당, 장애아동 부양 수당 및 보호수당 등 「복지조치」(동법 제3장), ② 자립생활지원, 중증장애인 자립생활 지원센터, 활동보조인 등 서비스지원 등 자립생활의 지원(동법 제4장), ③ 장애인복지시설(장애인생활시설, 장애인지역사회재활시설, 장애인직업재활시설, 장애유료복지시설), 장애인복지단체보호·육성 등 복지시설과 단체(동법 제5장), ④ 장애인 보조기구의 교부 등 「장애인보조기구」(동법 제6장) 등으로 측면에서 지원한다.

6) 재 정

국가와 지방자치단체가 부담하며, 부양 의무자에게 일부 부담시킬 수 있다. 일정사항에 관한 장애인 복지시설의 설치·운영에 드는 비용은 예산의 범위 안에서 대통령령이 정하는 바에 따라 장애인복지시설기관이 부담하게 할 수 있다(동법 §79, §80, §81). 장애인복지법을 공공부조법과 유사하게 형성했다는 점에서 비판받아 마땅하다.

7) 관리운영

국가 및 지방자치단체가 그 주체다. 민간단체가 장애인 복지시설을 개설할 수 있다. 장애인 고용촉진사업을 효율적으로 시행하기 위해서 한국장애인고용촉진공단을 설립했다(장애인고용촉진 및 직업재활법 제4장). 장애인 복지시설에 대하여 국가나 지방자치단체가 감독한다(동법 §61, §62). 사업의 정지 또는 폐지를 명할 권한을 보유한다. 그 밖에도 국무총리소속하에 장애인복지조정위원회를 설치했다(장애인복지법 §11). 행정부 각부 사이에 이견을 조정하며 정책의 이행을 감독하고 평가한다. 실제 시·군·구에서는 지방공무원인 장애인복지 상담원이 장애인복지사업을 담당한다(동법 §33, §34).

5. 관련복지제도(특별원호)

관련복지제도란 보건·주거·교육·고용 등의 분야에서 인간다운 생활이 보장될 수 있도록 지원하는 각종 복지제도를 말한다(사회보장기본법 §3·⑤). 이는 우리 현행제도상으로는 특별원호에 해당하는 것으로 볼 수 있을 것이다.

국가유공·독립유공·전투·재해구호 등으로 인하여 받은 특별한 희생에 대한 보상적(報償的)성질을 가진다고 볼 것이며, 그 급부재원은 공공부조의 경우와 같이 조세수입에 일반재원(財源)이다.

현행 법률로는 (1) 비상재해가 발생하였을 때 조해·수해·풍해·화재 기타의 재해로 인하여 동일한 지역 내에서 다수의 이재민이 발생하여 응급적인 구호가 필요한 경우에 적용되는 「재해구호법」(§1, §2), (2) 타인의 위해를 구제하다가 신체의 부상을 입은 자와 그 가족 및 사망한 자의 유족(이하 의사상자와 그 유족)에 대하여 필요한 보상 등이 적용되는 「의사상자등예우및지원에관한법률」, (3) 일제로부터 조국의 자주독립을 위하여 공헌한 독립유공자인 순국선열·애국지사와 그 유족에 대하여 국가가 보상 등 응분의 예우를 하기위해 적용되는 「독립유공자예우에관한법률」, (4) 국가를 위하여 공헌하거나 희생한 국가 유공자인 순국선열·애국지사·전몰군경·전상군경·순직군경·공상군경·보국수훈자·6·25참전재일학도의용군인·4·19혁명사·상자·순직공무원·공상공무워과 그 유족에 대한 보상 등 응분의 예우를 하기 위해 적용되는 「국가유공자등예우및지원에관한법률」이 있다.

6. 국제사회보장법

(1) 개 관

서구에서 19세기 중반 이후 산업화의 전개는 인류의 일상적 생활에 결정적으로 큰 영향력을 미쳤다. 공장에 종속된 노동이라는 생활유형이 일반화하고 기술의 전문화가 이루어졌다. 인력에 대한 수요가 커지면서 노동력도 지역을 넘어 외부로부터 동원하게 되었다. 다시 말해서 노동사회가 출현하자 그에 함께 노동력의 지역 간 또는 국제간 이동이라는 현상도 나타났다 이렇게 경제 질서에 편입된 외부 노동력을 사회보험 등 사회보장 질서체계에 어떻게 포섭할 것인가. 상황은 다음과 같다. 첫째, 외부 노동력을 사회보장법 체계에 편입시켜야 노동력의 이동 자체도 더욱 증진된다. 둘째, 사업자 사이에 공정한 경쟁을 도모해야 할 경쟁법상 원칙에 비추어 보아도 결론은 같다. 사회보장비용에 관하여 외국인 고용 사업자에게만 부당한 이익을 주어서는 안 되기 때문이다. 국제노동기구에서도 ILO 초기 입법에 속하는 1919년 권고 제2호 1925년 협약 제19호 등에서 내국인과 외국인에 대한 평등원칙을 채택하였다. 뿐만 아니라 자유로운 인적 교류를 통하여 국가 간 상호이해를 증진해야 비로소 전쟁 없는 평화로운 세계를 건설할 수 있다. 그래서 제2차 세계대전 이후 사회보장에 관한 국제협력의 프로그램을 입안하고 각국에 동참할 것을 호소해왔다. 뿐만 아니라 오늘날 외국여행의 규모가 커지면서 여행자 보호의 여러 가지 목적 중 특히 질병에 대한 보호가 주요한 관심사로 떠올랐다. 게다가 세계 곳곳에서 단일시장을 목표로 하는 경제지역공동체가 설립되면서 경제정책과 사회정책의 상관성을 달리 피할 도리가 없는 필수적 현상으로 인식하지 않을 수 없었다.

재원국제사회보장법의 범주에 대해 논의가 많다. 일단 대상을 3개로 구분할 수 있다. 국내법 중 지시규범, 국제법 중 지시규범 및 준거법을 통일하기 위한 국제규범, 사회보장에 관한 실질적 기준을 제시하는 국제규범 등이다. 여기에서는 우리 사회보장법과 관련된 국제사회보장법만 살펴본다.

(2) 역사적 개관

국가가 사회보장이라는 과제를 수행해야 한다는 점에 관하여 우리나라에서도 1960년 이후 태동하여 1970년 후반 이후 비로소 본격적으로 인식하게 되었다. 이때 성장과 분배라는 두 가지 성향은 언제나 서로 긴장관계였다. 성장과 분배를 균형 있게 절충한 정책을 수립할 때 사회보장에 관한 국제기준은 세부지침 중 하나로 작용했다. 아예 논쟁에서 벗어날 수 있게 하한을 설정해야 한다는 요구로 나타나기도 했다. 즉 최소한도 수준에서 합리적 내지 객관적 정책의 내용을 이루기도 했다는 것이다.

70년대 초반 이후 게다가 우리 근로자가 외국에 진출하여 취업하는 사례가 활발하게 늘어났다. 외국에서 획득한 사회보장법상 지위가 귀국하면 어떻게 되는가 하는 문제가 제기되었다. 거꾸로 우리 사회보장법상 급여청구권은, 가령 외국 여행 중 질병에 걸려 치료했을 경우에도, 그대로 행사할 수 있는가? 각개 사회보험 분야는 물론이고 사회복지 분야에서도 유사한 사례는 늘 발생할 가능성이 존재했다. 국가체류 외국인에 대해서도 마찬가지로 동일한 문제가 발생한다.

(3) 국 내 법

총론적 규율 : 우리나라의 경우 좁은 의미의 국제사회보장법 즉 지시규범에 관한 근본적 규정은 없다. 다만 사회보장기본법 제8조에서 국내에 거주하는 외국인에 대한 사회보장제도의 적용은 상호주의 원칙에 의하되, 관계법령이 정하는 바에 따른다고 규정했다. 이는 외교적 원칙에 불과하다. 국제사회보장법의 준거법을 정하는 실질적 기준에 관해서는 아무 규정도 없다.

개별규정 : 국내 사회보장법은 어떤 것이든 모두 묵시적으로 혹은 명시적으로 국제사회보장법의 법원이다. 법의 인적 및 장소적 적용범위야말로 그대로 국제사회보장법의 주요한 내용이기 때문이다. 국민건강보험법은 가입 자격으로 대한민국 국적과 국내 거주요건을 요구한다. 외국인의 보험가입은 제한적으로 인정한다. 직장가입자 적용사업장에 고용된 외국인근로자는 국민건강보험에 신청하여 임의로 가입할 수 있다. 다만 급여의 지급장소는 엄격하게 국내로 한정되어 있다. 국민연금법 역시 가입 자격으로 국적과 국내거주를 요구한다. 외국인의 경우 이른바 상호주의에 따라 가입 여부를 결정한다. 산재보상보험법에서는 외국인 근로자의 경우에도 산재보험법이 적용되는 사업장에 근무하는 경우 산재보험에 의한 보호대상이 된다. 그러나 고용보험법, 국가유공자등예우및지원에관한법률, 국민기초생활보장법 등 많은 법률에는 인적 및 장소적 적용범위에 관하여 전혀 규정한 바 없다. 아무리 그렇다고 해도 사회보장법의 성격을 기준하여 해석으로 법을 형성할 여지는 여전히 남아있다.

(4) 국 제 법

일반적으로 승인된 국제법규는 국제법과 같은 효력을 갖는다(헌법 제6조). 국제법 중 가장 명시적으로 우리 국제사회보장법의 내용을 이루는 것은 국제조약이다. 실제로 우리나라는 캐나다, 미국, 영국 등과 국제협정을 체결한 바 있다. 넓은 의미에서 국제조약에는 국제기구에 의한 입법 활동 및 이에 대한 비준이 포함된다. 우리도 비준한 바 있다. 2003년 기준으로 우리나라는 20개 국제노동기구 협약에 비준한 상태다. 그 중 사회보장에 직간접적으로 관련된 것으로는 1964년 일반고용정책에 관한 협약 제122호, 1983년 장애인의 재활 및 고용에 관한 협약 제159호, 1925년 산업재해보상에 있어 내외국인 평등에 관한 협약 제19호 등을 들 수 있다.

(5) 초국가법

국내법적 절차를 거치지 않고 회원국 국민에게 직접 적용된다는 뜻에서 초국가법이다. 그만큼 사회보장에 관한 국제협력으로서는 집중적 재지 집약적 효과가 크다. 유럽연합법이 대표적 사례다. 우리에게도 직접은 아니지만 간접적으로 관련현상이 나타날 것이다.[156)]

제4절 조성행정(조장행정)

Ⅰ. 조성행정의 개념

1. 광 의

조성행정이란 국가 또는 지방자치단체 기타의 공공단체가 특정한 사업의 촉진·조장 등을 도모하기 위하여, 그러한 사업을 행하는 공공단체 또는 사인 등에게 금전의 급부 기타의 방법에 의한 경제상의 원조나 기술지도 등을 부여하는 행정을 말한다.[157)]

2. 협 의

조성행정이란 일반적으로 공적목적을 위하여 개인의 생활이나 기업의 상태 등을 구조적으로 개선시켜 주기 위한 행정을 말한다.[158)]

장학금·연구비의 지급, 기업에 대한 융자 등 자금조성이 그 중심을 이룬다. 직접 개인의 생활에 편의를 제공하거나 생활을 돕는 것이 아니고, 공적목적을 위하여 개인·기업을 구조적으로 개선시킴을 직접목적으로 하는 점에서 같은 급부행정으로서의 공급행정·사회보장행정과 구별된다고 한다.

---

156) 김유성, 한국사회보장법론, 법문사, 제5판 2002. 9. ; 박송규, 한국사회보장법론, 법문사, 신판초판 2003. 6. ; 전광석, 독일사회보장법론, 법문사, 1994. ; 전광석, 국제사회보장법론, 법문사, 2002. ; 전광석, 한국사회보장법론, 법문사, 제5판 2003. 8. ; 한국사회정책연구, 창간호 1994 이후.

157) 박윤흔(하), 550쪽.

158) 김남진/김연태(Ⅱ), 454쪽.

협의설에 의하면 '사권보호(私權保護)'를 조성행정에 포함시키지 않는다는 점과 '공공단체'를 수급자에 포함시키지 않는다는 점이다. 또한 「보조금 관리에 관한 법률」은 보조금이라 함은 「국가외의 자가 행하는 사무 또는 사업에 대하여 국가가 이를 조성하거나 재정상의 원조를 하기 위하여 교부하는 보조금(지방자치단체에 대한 것과 기타 법인·단체 또는 개인의 시설자금이나 운영자금에 대한 것에 한한다)·부담금(국제조약에 의한 부담금은 제외한다) 기타 상당한 반대급부를 받지 아니하고 교부하는 급부금으로서 대통령령이 정하는 것을 말한다」(§2.①)고 정의하고 있다. 이것 또한 협의 설에서는 국가만을 급부의 주체로 하고 있으며, 자금조성보다 좁은 의미의 '보조금'의 '예산과 관리'에 중점을 두고 있는 점과 지방자치단체를 수급자로 하고 있는 점에서, 행정주체의 사인에 대한 경제적 급부에 중점을 두고 있는 자금조성과는 많이 다르다고 하여 조성행정에 포함시키지 않는다는 점이다.[159]

3. 결 어

조성행정이란 행정주체가 공공의 복리를 증진시키기 위하여 적극적으로 사업이나 개인의 경제·문화·산업·교육 등의 활동을 조성하고 자금·정보·지원 및 사권보호 등 수단을 제공하는 비권력적 행정작용을 말한다.

조성행정은 일정한 사업을 행하는 사인 또는 사기업(자연인과 법인 포함) 등에 대하여, 그 사업의 발전이 공공복리를 증진시키기 위하여 당해 사업의 조성을 목적으로 행하여짐이 대부분이나, 국가 또는 공공단체가 지방자치단체·공법인 기타의 공공적인 비영리법인에 대하여, 그들이 행하는 공공적사업의 조성을 목적으로 행하는 경우도 포함된다고 본다.[160]

또한 조성행정은 행정주체가 공공복리 또는 특정한 목적을 추구할 수 있도록 사업을 조성·조장하는 행정이다. 이러한 목적은 경제적 목적뿐만 아니라 사회적·문화적·교육적 등 목적을 포함한 모든 공적 목적을 포함한다.

조성행정은 적극적으로 개인의 활동을 조성하는 작용이므로, 자금조성을 경제 질서의 건전하고 조화 있는 발전을 도모하기 위하여 개인의 일정한 활동을 적극적으로 조성하여 주는 것을 내용으로 하는 것은 물론 사권의 형성·유지에 관하여 이를 보호·육성하는 작용인 점에서 다른 내용의 공급행정 및 사회보장행정과 구별된다.

Ⅱ. 조성행정과 법치주의(법적근거와 한계)

1. 법률유보

조성행정에 법률유보원칙이 적용되느냐 하는 것이다. 이 문제는 결국 법률유보에 관한

159) 김남진/김연태(Ⅱ), 456쪽 ; 정하중(각론), 381쪽.
160) 박윤흔(하), 550쪽.

침해유보설·권력행정유보설·사회유보설(급부행정유보설)·본질사항유보설·전부유보설 등 가운데 어느 설을 취하느냐에 따라 결론이 달라지게 된다. 본질사항유보설이 통설·판례이다.

또한 자금조성행정에 있어서 법률의 근거가 필요한지에 관하여 학설의 대립이 있다.

(1) 법률의 근거 불요설(예산근거설)[161)]

국회의 예산안의결을 통한 예산배정으로도 민주적정당성이 충분히 확보되기 때문에 자금조성행정에는 반드시 법률의 근거가 필요한 것은 아니라고 한다. 다만, 이러한 견해도 ① 조성이 상대방의 부담과 결부되어 행하여지는 경우, ② 조성을 받을 권리를 보호할 필요가 있는 경우, ③ 조성의 법형식 또는 조직을 고권적으로 구성할 필요가 있는 경우, ④ 제공자에게 조성의무를 명할 필요가 있는 경우, ⑤ 적어도 수급자 또는 경쟁자나 제3자에게 침해적 효과를 가져 온다거나 사회형성적 조치의 내용에 해당하는 경우에는 법률의 근거가 필요하다고 한다.

(2) 법률의 근거 필요설[162)]

「자금지원에 있어서 예산배정에 단순한 국회의결로는 불충분하며 원칙적으로 법률의 근거가 필요하다고 한다. 국회의결에 의한 예산배정의 경우는 단지 종목별 예산책정이 있을 뿐이지 자금지원의 지급대상, 목적, 조건과 범위가 규율되지 않아 이들은 결국 당해 중앙관서의 장이나 행정기관의 재량에 의하여 결정될 수밖에 없다. 이러한 상황은 헌법의 기본원리인 민주주의 및 법치주의 원리와 합치되지 않는다. 오늘날 사회적 법치국가에서는 급부의 거부는 자유와 재산의 침해보다 관련 대상자에게 보다 심각한 영향을 줄 수 있다. 따라서 자금지원행정에 있어서도 원칙적으로 법률유보가 이루어져야 하며, 국가의 사회적·문화적·경제적 목적 실현을 위한 재정수단의 배분은 관련 국민에게 충분히 예견 가능하도록 법률에 의하여 규율되어야 한다. 다만, 침해행정처럼 구체적이고 세부적인 규율은 법규명령에 위임하는 것이 바람직한 것이다. 물론 자금지원행정에 있어서 법률유보의 적용은 장기간에 걸쳐 그리고 다수국민을 대상으로 하는 자금지원에 대하여만 가능하며, 갑자기 발생하는 재해나 국가전반에 걸친 경제적 위기에 대하여는 국회가 미리 예측하여 법률로 제정할 수 없을 것이다. 이러한 경우에는 행정부의 긴급권을 인정할 수 있을 것이다」.

(3) 결 어

법률의 근거 불요설도 원칙에 대한 예외를 많이 인정하여 그 예외에 해당하는 경우에는 법률의 근거를 필요로 하므로 법률의 근거 필요설에로 접근하고 있고, 법률의 근거 필요설도

---

161) 김남진/김연태(Ⅱ), 458쪽 ; 박윤흔(하), 553쪽.
162) 정하중(각론), 384쪽.

원칙에 대한 예외를 인정하여 그 예외에 해당하는 경우에는 법률의 근거를 불요하므로 법률의 근거불요설에로 접근하고 있어 양설간에 크나큰 차이가 있는 것이 아닌 것으로 보인다.

그러나 진정한 사회국가·복지국가 실현 및 진정한 사회적 법치국가 실현을 위하여, 그리고 국민의 권익확대나 소의 이익확대 또는 원고적격확대를 위하여 법률유보필요설이 타당하다고 본다.

이에 관한 현행법으로는 ① 보조금관리에관한법률, ② 유통산업발전법, ③ 중소기업진흥에관한법률, 중소기업제품구매촉진및판로지원에관한법률, ④ 중소기업기본법, ⑤ 물류정책기본법, ⑥ 사회기반시설에대한민간투자법, ⑦ 전통시장및상점가육성을위한특별법, ⑧ 중소기업기술혁신촉진법, ⑨ 여성기업지원에관한법률, ⑩ 장애인기업활동촉진법, ⑪ 벤처기업육성에관한특별조치법, ⑫ 문화산업진흥기본법, ⑬ 산업기술단지지원에관한특례법, ⑭ 산업입지및개발에관한법률, ⑮ 산업집적활성화및공장설립에관한법률 등이 있다.

2. 법적한계(법률우위)

조성행정에 있어서도 법률우위원칙은 적용되기 때문에 조성행위는 실정법에 위반되어서는 안 된다. 사회국가원리, 특히 평등의 원칙, 비례의 원칙, 신뢰보호의 원칙, 신의성실의 원칙, 부당결부 금지의 원칙 등 행정법의 일반원칙에 위배되어서는 안 된다. 평등의 원칙과 부당결부금지의 원칙은 자금조성행정과 관련하여 중요한 의미를 갖는 바, 동일업종에 여러 경쟁 업체가 있는 경우에 합리적 사유 없이 특정업체에 자금 조성하는 것은 평등원칙에 위배되며, 자금조성의 수급자에게 실질적 관련성이 없는 반대급부를 요구하는 것은 부당결부금지원칙에 위반된다 하겠다.

Ⅲ. 조성행정의 법형식(행위형식)

조성행정은 다양한 행위형식으로 행하여지는 바, 구체적인 행위형식은 조성행정의 종류에 따라 관련법규에 의하여 정하여 진다.

1. 행정행위

일정한 사업을 조성하기 위하여 세액감면이나 세액공제를 하는 경우는 행정행위에 해당한다(조세특례제한법 §5, §7, §10, §11, §16).

2. 사법상계약

조성행정이 사법상계약을 통해 행해지는 경우도 있다. 일반재산인 국유나 공유의 부동산의 임대 등이 이에 해당한다(국유재산법 제4장, 공유재산 및 물품관리법 제4장).

3. 행정사법관계

우리나라의 경우, 자금조성의 주요수단인 대출·융자·보증이 거의 전적으로 금융기관과 사인(수혜자)간의 사법상계약을 통해 행하여지고 있는 것이 일반적이다. 이렇게 되면 사인(신청자)에게는 청구권이 인정되지 않으며, 위법한 거부에 대한 적절한 구제수단이 인정되기 어려운 점 등의 문제점이 존재한다. 그러므로 한국산업은행법상의 채무나 채권에 대한 정부 보증(§18, §28), 무역보험법상의 한국무역보험공사와 수혜자간의 무역보험계약(§5), 신용보증기금법상의 신용보증(§3, §23), 기술신용보증기금법상의 기술 및 일반신용보증(§28) 등은 당해 계약은 사법상 계약의 형식을 취하지만, 직접행정의 목적을 실현하기 위한 것이므로 행정사법관계로 보아야 한다(행정사법이론).

4. 공법상 계약·행정행위·2단계 형식

특히 가장 문제가 되고 있는 것은 자금지원에 있어서 보조금의 교부나 장려금의 지원이 어떤 행위형식을 취하느냐에 관하여 행정행위설, 공법상 계약설, 2단계 형식설 등 학설이 대립되고 있다. 항을 바꾸어 자금조성행정에서 설명하기로 한다.

Ⅳ. 조성행정의 종류 및 내용

조성행정은 조성을 받는 자, 조성의 방법, 조성의 법형식(행위형식)에 따라 각각 분류할 수도 있겠으나, 이하에서는 조성되는 생활영역을 기준으로 하여 자금조성, 기업조성, 교육조성, 문화예술조성, 과학기술조성, 사권보호조성으로 구분하여 설명하기로 한다.

1. 자금조성행정(자금지원행정)

【기출문제】 **<1993년 (제37회) 행정고시 (약술형)>** ※ 자금지원 행정과 법치주의

(1) 자금조성(자금지원·보조금교부)의 의의

자금조성행정이란 국가 또는 지방자치단체 기타의 공공단체가 공적목적을 위하여 특정한 사업의 촉진·조장 등을 도모하고, 그런 사업을 행하는 공공단체 또는 사인 등에게 금전의 급부기타의 방법에 의한 경제상의 원조를 부여하는 행정을 말한다. 자금지원이라고도 말한다. 광의의 자금조성(자금지원)에는 직접적 자금조성(보조금교부, 자금의 대부, 융자의 알선 및 보증 등)과 간접적 자금조성(세금, 수수료 등의 감면 등)이 있다. 협의의 자금조성(자금지원)에는 직접적 자금조성만을 뜻하고, 간접적 자금조성, 즉 세금 및 수수료 등 공공요금의 감면 등 이른바 공제적 자금지원은 배제하는 것이 일반적 견해이다.

보조금교부의 상대방(수혜자)이 사인에 국한하지 않고 공공단체(예: 지방자치단체)도 포함하고 있으므로 「보조금관리에관한법률」상의 보조금의 교부도 자금조성행정에 해당한다.[163] 동법에서는 '보조금'이라 함은 「국가 외의 자가 행하는 사무 또는 사업에 대하여 국가가 이를 조성하거나 재정상의 원조를 하기 위하여 교부하는 보조금(지방자치단체에 대한 것과 기타 법인 또는 개인의 시설자금이나 운영자료에 대한 것에 한한다)·부담금(국제조약에 의한 부담금은 제외한다) 기타 상당한 반대급부를 받지 아니하고 교부하는 급부금으로서 대통령령으로 정하는 것을 말한다」라고 정의하고 있다.

(2) 자금조성(자금지원)의 종류

자금조성은 조성되는 생활영역을 기준으로 경제·교육·문화예술·과학기술·관광·스포츠·환경 등 여러분야로 나누어 볼 수 있으나, 제공되는 급부의 종류에 따라 보조금, 융자, 보증 및 담보제공, 지원(사실적 조성), 면세 등으로 구분된다.

1) 보 조 금

보조금이란 행정주체가 경제를 조장·촉진하기 위하여 상대방에게 반대급부를 받지 아니하고 교부하는 금전을 말한다. 보조금은 특정한 사업 또는 사무를 하는 자에게 그 사업 또는 사무를 육성·조장·장려·촉진하기 위하여 국가 또는 지방자치단체가 교부하는 직접적인 자금지원이다. 장려금·조성금이라고도 한다. 장학금, 연구보조비, 생산 장려금, 학술 진흥을 위한 출연금 등 수급자가 반환의무를 지지 않는 각종의 보조금이 이에 해당한다.

보조금에 관한 일반법으로 「보조금 관리에 관한 법률(이하 '보조금법'이라 한다)이 있다. 보조금법은 보조금의 실체법상의 근거를 정하는 것이 아니라, 보조금의 교부절차를 중심으로 규정한 것이다.

보조금의 실체법상 근거를 두고 있는 실정법상 보조금의 예로는 농촌진흥법(§13·②)상의 농업과학기술사업에 대한 보조금, 농지법(§19)상의 농지이용증진사업에 대한 보조금, 수산업법(§86)상의 수산업의 장려와 진흥을 위한 보조금, 학술진흥및학자금대출신용보증등에관한법률(§12의2)상의 학술진흥을 위한 출연금, 중소기업진흥에관한법률상 중소기업의 자동화를 촉진하기 위한 자금지원·이업종교류지원사업에 자금지원·협업사업의 지원(§4, §5, §39), 벤처기업육성에관한특별조치법상 시설비용의 지원(§20), 농어업경영체육성및지원에관한법률상 자금지원·직접지불금(§8, §12)등이 있다.

---

163) 조성행정이나 자금조성행정의 개념을 협의로 보는 설에 의하면, 「보조금관리에관한법률」은 국가만을 급부의 주체로 하고 있고, 보조금의 개념에 국가의 지방자치단체에 대한 보조금도 포함시키고 있기 때문에 자금조성(행정)에 해당하지 않는다고 한다 : 김남진/김연태(Ⅱ), 456쪽 ; 정하중(각론), 381쪽.

2) 융 자

융자는 공적목적 실현을 위하여 일반적인 금융시장에서보다 유리한 조건, 즉 저렴한 이자나 유리한 상환조건하에서 수급자에게 제공되는 자금지원(자금대여)을 말한다. 현행법상 융자의 예로는 중소기업창업지원법(§4)상의 중소기업창업에 대한 융자, 광업법(§86)상의 광업의 개발 및 촉진을 위한 융자, 농어업경영체육성및지원에관한법률상의 후계농어업 경영인의 지원(§10), 취업후 학자금상환특별법상 학자금대출(§3), 한국장학재단설립등에관한법률상 우선적 장학금지원(§49의4) 등이 있다.

3) 보 증

보증은 수급자가 제3자(은행, 외국 등)에게 지고 있는 채무를 국가 등 행정주체가 보증하는 것을 말한다. 주된 채무자 이외에 동일한 내용의 채무를 부담하는 종 된 채무자를 두어서 주 채무자의 채무에 대한 채권을 담보하는 제도이다. 보증은 채권자와 보증인과의 사이에서 맺어지는 보증계약에 의해 성립하는 것으로 주 채무자가 채무를 이행하지 않는 경우에 보증인이 이를 이행할 책임을 져 주된 채무에 대한 채권을 담보하는 것이다.

현행법상 보증의 예로는 일반법으로서 신용보증기금법(§3, §23)상의 담보능력이 미약한 중소기업의 우선적 보증(신용보증), 무역보험법(§53·①)상의 수출신용보증 및 수출용원자재 수입신용보증, 학술진흥및학자금대출신용보증등에관한법률(§41)상의 국민기초생활보장법에 따른 수급권자에의 우선적 보증 등이 있다.

4) 지 원(사실적 조성)

지원이라 함은 국민경제와 사회의 균형발전 등 공익목적을 위하여 농어업·공업·광업·에너지 등 특정산업발전을 위한 기술기반조성, 벤처나 중소기업의 창업촉진·투자촉진, 건실한 산업구조의 구축, 경쟁력강화, 고용촉진 등 인력지원, 국·공유 토지나 시설 등을 무상으로 양여·대부하는 등의 물적 지원, 공공시설의 사용에 있어서 요금의 차별화, 용역 및 조달공급 계약에 있어서 특혜를 의미한다. 지원에는 비금전적 급부도 포함된다.

현행법상 지원을 뒷받침하는 많은 법률이 제정되어 있는 바, 농어업·농어촌 및 식품산업기본법상 후계농어업경영인·전업농어업인의 육성지원(§25, §26), 산업기술단지지원에관한특례법(§2, §6, §8, §10, §11)상의 산업기술단지에 대한 각종 지원, 항공우주산업개발촉진법(§5)상의 특정사업의 지정 및 지원, 환경친화적자동차의개발및보급촉진에관한법률(§8, §10, §11)상의 연료생산자 등에 대한 지원·환경 친화적 자동차의 구매자 및 소유자에 대한 지원·환경친화적자동차의 운행에 대한 지원, 산업디자인진흥법(§9)상의 산업디자인전문회사에 대한 지원, 환경 친화적 산업구조로의 전환촉진에 관한 법률(§5, §6, §8)상의 설비자금 등 지원·기술개발산업지원·자금 등의 지원, 장애인기업활동촉진법(§9, §10, §14)상의 자금지원우대·경영능력향상지원·세제지원, 여성기업지원에관한법률(§8~§12)상의 여성의창업지원특례·공공기관의 우선구매·자금지원우대·경영능력향상지원·디자인개발지원, 기업활동규제완화에관한특별조치법상의 각종 특례, 중소기업창업지원법(§9, §32)상의 기금의 우선지원·창업투자회사를 겸업하지 아니하는 중소기업상담회사가 창업자에 용역을 제공하는 경우의 용역비지원, 벤처기업육성에관한특별조치법(§8~§14, §18~§21)상의 조세감면 등 각종특례·촉진지구에 대한 지원·시설비용의 지원, 중소기업기술혁신촉진법(제3장, 제4장)상의 해외규격획득 및 품질향상지원 등 각종지원·중소기업기술연구회지원 등 각종지원, 전통시장 및 상점가육성을 위한 특별법(§10, §11, §12, §20, §56, §57)상의 시장 활성화 구역지정, 상점가 활성화 지원, 주말시장의 지원, 상업기반시설 현대화사업의 지원, 시장상인업종전환의 지원 등 각종지원, 국세 및 지방세감면에 관한 특례 등 각종특례, 중소기업진흥에 관한 법률상 협업사업의 지원·환경오염저감지원사업·생산시설의 해외이전 지원·민속공예산업에 대한 지원(§39, §42, §59, §62), 중소기업제품 구매촉진 및 판로지원에 관한 법률상 기술개발제품우선구매지원·중소기업판로지원·소모성자재 납품업지원·물류현대화 사업지원(제3장·제5장), 중소기업기본법(§18, §19)상의 법제 및 재정조치·금융 및 세제조치, 중소기업인력지원특별법(§10, §12, §21, §24, §28, §31)상의 청년실업자의 중소기업 취업지원·고용창출사업의 지원·공동복지시설의 지원·근로자의 창업지원·금융 및 세제지원, 소프트웨어산업진흥법 등을 들 수 있다.

5) 면세 등

자금조성(자금지원)에는 위에서 본 바와 같이 직접적 지원 또는 적극적인 지원, 즉 급부적 자금조성 이외에 세금 기타의 각종 부담금의 감면과 같은 간접적 지원 또는 소극적인 지원, 즉 공제적 자금조성까지를 포함시킬 것인가는 하나의 쟁점이 되고 있다.

간접적 지원 또는 공제적 자금조성에 관하여도 많은 법률이 제정되어 있는데, 가장 대표적인 법률이 조세특례제한법과 지방세특례제한법이다. 그 밖에도 사회기반시설에 대한 민간투자법(§57), 외국인투자촉진법(§26)상의 기술도입계약에 대한 조세감면, 중소기업인력지원특별법(§31)상의 세제지원, 중소기업진흥에관한법률(§80)상의 세제지원, 전통시장및상점가육성을위한특별법(§56)상의 국세 및 지방세 감면에 관한 특례, 중소기업기술혁신촉진법(§27)상의 세제지원, 여성기업지원에관한법률(§17)상의 세제지원, 장애인기업활동촉진법(§14)상의 세제지원 등이 있다. 한편 벤처기업육성에 관한 특별조치법(§22)은 벤처기업에게, 문화산업진흥기본법(§27)은 사업시행자에게, 산업기술단지지원에관한특례법(§16)은 산업기술단지에게 각각 각종 부담금(예: 농지전용부담금, 개발부담금, 교통유발부담금 등)을 면제하는 특칙을 두고 있음이 주목된다.

(3) 자금조성(자금지원)의 법적근거와 한계

이는 「조성행정과 법치주의」(법적근거와 한계)에서 설명한 것이 여기에서도 그대로 타당하다.

(4) 자금조성(자금지원)행정의 행위형식(법률관계의 성질)

자금조성(자금지원)은 다양한 행위형식으로 행하여지는 바, 구체적인 행위형식은 자금조성행정의 종류에 따라 관계 법률에 의하여 정하여 진다. 행정행위, 2단계형식, 공법상계약, 사법상계약, 행정사법관계 등 행위형식들을 들 수 있다. 여기에서는 조성행정의 법형식(행위형식)에서 설명하지 못한 부분, 즉 자금조성(자금지원)에 있어서 보조금의 교부나 장려금의 지원과 융자와 보증에 관하여 살펴보기로 한다.

1) 보조금·장려금

보조금·장려금 등 상대방에게 반대급부의무를 부담시키지 않은 급부금의 교부에 관한 법률관계 또는 행위형식에 대하여는 학설이 대립되고 있다.

① 공법상계약설

보조금 교부관계는 보조목적의 공익성과 당사자의 대등성에 착안하여 행정주체와 상대방간의 공법상계약이라는 것이다.[164]

② 행정행위설[165]

소비적 보조금은 일반적으로 상대방의 신청에 기하여 행정청의 결정에 의하여 지급된다. 여기서 행정청의 결정은 행정행위의 성격을 가지며 지급행위는 행정청의 결정의 이행행위로서 단순한 사실행위에 지나지 않는다.

보조금에 관한 일반법으로 볼 수 있는 「보조금의관리에관한법률」은 교부신청, 교부결정, 보조금의 교부조건(부관), 취소와 철회의 가능성 및 보조금의 반환명령 등을 규정하고 있고, 보조금의 교부결정을 일방적으로 행하고 있는 것으로 보아, 동법에 의한 보조금의 결정은 행정행위의 성격을 갖는다고 하겠다. 따라서 동법의 적용을 받는 보조금의 교부관계는 행정행위에 의하여 성립하는 공법상 채권관계이다.

③ 공법상 증여계약설[166]

보조금의 교부는 행정주체가 상대방에게 일정한 금액의 금전을 지급할 것을 내용으로 하는 공법상의 증여계약에 속한다는 것이다.

④ 결 어

"보조금의관리에관한법률"(이하 "보조금법"이라 한다)상의 보조금교부는 보조금의 신청을 받아 행정청이 결정하는 방식으로 규정하고 있으므로(동법 §16, §17) 보조금교부행위는 공법행위로 보아야 하고, 보조금의 교부 후 사정변경으로 특히 필요하다고 인정할 때에는 보조금의 교부결정의 내용을 변경하거나 그 교부결정의 전부 또는 일부를 일방적으로 취소할 수 있는 것으로 규정

---

164) 박윤흔(하), 554~555쪽.
165) 김남진/김연태(Ⅱ), 459~460쪽 ; 김하중(각론), 385쪽.
166) 이상규(하), 503쪽.

하고 있으므로(동법 §21·①) 보조금법상 보조금의 지급결정은 행정행위라고 보는 것이 타당하다. 다만, 행정행위설이 타당하다고 하겠으나, 행정행위를 갈음하는 공법상계약이 허용됨에 따라 소비적 보조금도 공법상계약에 의하여 지원될 수 있을 것이다. 즉 보조금지급의 법적성질을 쌍방적 행정행위로 본다고 해서 보조금행정이 반드시 행정처분의 형식으로 이루어져야 하는 것은 아니다. 현대행정에 있어서 행정주체는 행정의 효율성과 관련하여 행정의 행위형식에 관한 선택권이 인정된다는 것이다.

2) 대부·융자·보증

자금조성 특히 대부·융자·보증의 행위형식에 있어서 사법상계약설, 공법상계약설, 행정행위설, 행정행위와 사법상계약의 2단계설 등 학설이 대립되고 있다.

① 2단계설[167)]

대부·융자·보증과 같은 자금조성행위는 행정행위와 사법상계약의 2단계적으로 이루어진다는 견해이다. 즉 행정주체의 대부·융자·보증 여부의 결정은 공법상의 개별적 결정으로서 행정행위의 성질을 가지며, 이러한 개별적 결정을 이행하기 위하여 행정주체와 사인 간에 금전대차계약이나 보증계약이 체결된다고 한다. 2단계설은 한편으로는 자금지원행정을 법치국가적인 기속에 예속시키고 다른 한편으로는 실용적인 민법상의 법형식의 활용을 가능하게 한다는 장점을 갖고 있다. 그러나 2단계설은 다음과 같은 단점이 있다.

㉮ 사법상계약은 허구 또는 의제 : 2단계설은 자금의 대부·융자 등이 행정행위와 사법계약이라는 두 가지 행위형식을 통해 이루어진다고 보는데, 그 중 후자는 하나의 허구 또는 의제에 불과하다는 지적을 받는다. 실제로 1단계의 행위에서 대부·융자조건을 구체화하고 있는 경우는 그의 집행으로서의 사실행위만 남고, 법적행위로서의 제2단계의 행위는 존재하지 않을 수 있다는 것이다.

㉯ 어떤 사유발생시 어떤 단계에 귀속문제 발생 : 어떤 사유가 발생했을 경우, 예컨대 이자율변동 또는 급부장애가 발생하였을 경우에 어떤 단계에 귀속 또는 어떤 효과를 발생하는지 구별이 쉽지 않다는 것이다.

㉰ 쟁송제기문제 : 하나의 법률관계를 공법관계와 사법관계라고 하는 두 개의 법률관계로 나누게 되고, 그 결과 법적다툼이 있는 경우에 하나(半)는 행정소송, 다른 하나(다른半)는 민사소송이라고 하는 소송방법을 취해야 하는 불편하고도 기이한 결과를 가져온다는 점이다.

㉱ 하자 발생시 : 법적분쟁이나 하자가 발생하였을 경우에 행정행위를 취소할 것인가 또는 계약을 해지할 것인가 문제, 그리고 행정행위로서의 대부·융자 결정은 유효하게 성립되었는데 2단계인 계약의 체결단계에서 문제점이 발생한 경우(예: 대부조건 등에 있어 양자의 의견이 일치되지 않는 경우)

167) 박윤흔(하), 554쪽.

그 문제를 어떻게 해결하느냐 하는 것은 쉬운 일이 아니다.

② 행정행위설

대부·융자나 보증의 경우에도 소비적 보조금과 같이 행정행위가 적합한 행위형식이라는 견해로 오늘날의 다수설입장이다. 재정적 지원의 액수, 조건 등은 법령 내지는 행정규칙에 의하여 상세히 규율되고 있으며, 행정주체의 일방적 행위에 의하여 대부·융자나 보증이 행하여지기 때문에 계약의 본질적 요소인 교섭행위가 존재하지 않는다는 것이다.

신청자는 자금지원의 내용에 대하여 어떠한 영향을 행사할 수 없으며, 행정주체에 의하여 세시된 조건하에서 재정적 지원을 받아들이거나 또는 포기할 수밖에 없기 때문에, 대부·융자나 보증은 일방적인 행정행위의 성질을 갖는다는 것이다. 자금지원의 목적과 수급자의 의무는 부관을 통하여 적절히 규율되고 효과적으로 실현될 수 있으며, 수급자의 의무위반이 존재하거나 목적에 위반된 자금 사용 시에는 행정행위의 취소와 철회를 할 수 있으며, 반환결정을 통하여 이미 지급된 자금의 반환을 요구할 수 있으며, 경우에 따라서는 강제집행도 할 수 있다는 것이다.[168)]

③ 공법상계약설

대부·융자나 보증은 계약과 마찬가지로 자금지원행정에 있어서 행정주체와 수급자간에는 의사표시의 합치가 존재하므로 공법상계약이 적합한 행위형식이라 한다.

행정주체는 특정한 공적목적을 실현하기 위하여 재정적 지원을 하며, 수급자는 비록 자신의 경제적 이익을 위하여 자금을 사용하지만, 동시에 행정주체에 의하여 추구하는 목표실현에 협력할 의무를 진다. 수급자는 행정주체에 의하여 일방적으로 재정적 지원을 받는데 그치는 것이 아니라, 공동의 목표달성을 위하여 이러한 재원을 일정한 방식으로 사용해야 할 일련의 의무를 지며, 이들은 국가의 재정적 지원에 대한 반대급부로 평가된다는 것이다. 근래의 유력설이다. 사법상의 계약에 있어서 부합계약과 마찬가지로 수급자는 행정주체에 의하여 일방적으로 제시된 조건을 받아 들여 계약을 체결하거나 또는 포기하게 된다(이른바 종속계약).

자금지원에 있어서 공법상계약은 자금지원의 목적과 양 당사자의 권리와 의무를 명백히 한다는 점에서 행정행위보다 장점을 갖고 있다고 한다.

④ 결 어

오늘날 대부·융자나 보증에 있어서 행정행위와 공법상계약 둘 다 가능한 행위형식으로서 특별한 규정이 없는 한 행정주체의 선택권을 인정하는 것이 일반적 견해다. 행정주체의 의사를 확인할 수 없는 경우에는 객관적인 기준에 초점을 맞추어야 할 것이다. 자금조성관계가 법령 또는 행정규칙에 의하여 상세하게 규율된 경우에는 대부·융자나 보증은 행정행위의 성질을 갖는다고 보아야 할 것이고, 상세하게 규율되어 있지 않고 구체적인 경우에 행정주체의

168) 정하중(각론), 387쪽.

형성의 여지가 부여된 경우에는 공법상계약의 성질을 갖는다고 보아야 할 것이다.[169)]

(5) 자금지원청구권(보조금청구권)

1) 자금지원(보조금)청구권의 성립

개인적 공권으로 보조금(자금지원)청구권을 인정할 수 있는지 문제다. 이는 근거법을 기초로 판단하여야 한다. 자금지원의 성격을 갖는 근거법률이 보증금지원의 실질적요건 내지 절차를 규정하고 있는 경우에는 신청인은 이들 요건이 충족하게 되면 구체적 청구권이 인정될 수 있을 것이다. 그러나 예산이나 행정규칙은 시민에 대한 외부적 효력이 없기 때문에 예산과 행정규칙을 근거로 하여서는 보조금청구를 할 수 없음이 원칙이다. 다만, 이 경우에도 헌법상의 평등원칙, 특히 행정의 자기구속을 통하여 보조금청구권이 인정될 수 있다.

2) 보조금청구권의 양도성

보조금청구권의 양도성을 인정할 것인지가 문제된다. 이는 보증금청구권을 어떻게 이해하는 가에 따라 달라진다. 보조금청구권을 사법상 금전채권으로 해석하면 근거법령에 제한규정이 없는 한 양도나 압류가 가능하다. 그러나 보조금청구권을 공법상 권리로 해석하면 보조금교부의 목적이나 교부결정의 부관의 내용 등에 비추어 개별적으로 판단하게 된다. 공권으로서의 보조금청구권은 공익적 입장에서 인정되는 것이므로 그 이전·양도성이 제한되지만, 공권 중에서도 경제적 성질의 것은 그 이전·양도성이 인정된다.

판례는 교육진흥상의 목적으로 교부된 보조금과 유류세액 인상액 보조 등의 명목으로 여객자동차운수사업자에게 지급하는 보조금에 대하여 양도성을 부정한다.

판례 〈학교법인의 국가 및 지방자치단체에 대한 보조금교부채권이 압류금지채권인지 여부(적극)〉 사립학교법 제43조 제1항, 보조금의예산및관리에관한법률 제22조 제1항 등에 의하여 국가 또는 지방자치단체로부터 교육의 진흥상 필요하다고 인정되어 사립학교 교육의 지원을 위하여 교부되고 그 목적 이외의 사용이 금지되는 보조금은, 그 금원의 목적 내지 성질상 국가나 지방자치단체와 학교법인 사이에서만 수수, 결제되어야 하므로 그 보조금교부채권은 성질상 양도가 금지된 것으로 보아야 하고 따라서 강제집행의 대상이 될 수 없다(대판 1996.12.24, 96마1302, 1303 결정(채권압류및추심명령)).

판례 〈건설교통부장관 명의의 '유가조정에 따른 운수업계 보조금 지급지침'에 따라 유류세액 인상액 보조 등의 명목으로 지방자치단체가 관내 여객자동차 운수사업자에게 지급하는 보조금의 청구채권은 양도가 금지된 것으로서 강제집행의 대상이 될 수 없다고 한 사례〉 건설교통부장관 명의의 '유가조정에 따른 운수업계 보조금 지급지침'에 따라 유류세액 인상액 보조 등의 명목으로 지방자치단체가 관내 여객자동차 운수사업자에게 지급하는 보조금은, 운송업체가 실제 입은 과거의 손실을 직접 보전하는 것 그 자체에 목적이 있는 것이 아니라 그 손실보전을 통하여 향후 더

---

169) 정하중(각론), 388쪽.

나은 교통서비스를 제공하도록 하여 국민의 교통편의를 도모하기 위한 것이므로, 그 보조금 채권은 보조금의 목적과 성질상 양도가 금지된 것으로 보아야 하고, 따라서 강제집행의 대상이 될 수 없다고 한 사례(대판 2008.4.24, 2006다33586 보조금지급).

(6) 보조금지원(자금지원)의 실효성 확보

1) 보조금교부결정의 취소

중앙관서의 장은 보조사업자가 보조금을 다른 용도에 사용하거나 법령의 규정, 보조금의 교부결정의 내용 또는 법령에 의한 중앙관서의 장의 처분에 위반한 때 및 허위 신청이나 기타 부정한 방법으로 보조금의 교부를 받은 때에는 보조금교부결정의 전부 또는 일부를 취소할 수 있다(보조금관리에관한법률 §30·①).

2) 반환청구

중앙관서의 장은 보조금교부결정을 취소한 경우에 그 취소된 부분의 보조사업에 대하여 이미 보조금이 교부되어 있을 때에는 기한을 정하여 그 취소한 부분에 해당하는 보조금과 이로 인해 발생한 이자의 반환을 명하여야 한다. 반환해야 할 보조금은 국세징수의 예에 따라 징수할 수 있다(동법 §31·①, §33·①).

(7) 자금지원작용에 대한 통제·구제

1) 행정법의 일반원칙에 구속

자금지원작용도 행정법의 일반원칙에 구속된다. 따라서 신의성실·신뢰보호의 원칙, 비례(과잉금지)의 원칙, 평등의 원칙, 행정의 자기구속원칙 등 일반원칙에 구속되는 것이다. 자금지원에 있어서 재량통제의 문제가 중요한 과제가 된다. 경쟁관계에 있는 둘 이상의 기업이 있는 경우 A 기업에 대하여 B 기업과 합리적 이유 없이 차별하여 자금지원을 하지 않는 경우 평등의 원칙, 행정의 자기구속의 원칙 및 직업선택의 자유나 영업의 자유에도 반한다. 다만, 조성행정은 행정주체가 공공복리의 증진을 위하여 적극적으로 특정사업의 촉진·조장 등을 도모하기 위한 것이므로 합리적 차별인지 여부의 판단은 다른 분야보다 어려울 것이다.

2) 자금지원에 대한 사법적 통제

① 자금지원 수혜자의 권리보호

㉮ 자금지원의 법률관계의 성질 : 행정주체와 자금지원수혜자 사이의 법적 분쟁이 발생하는 경우에는 사법적으로 해결되는 바, 이때의 소송유형은 자금지원의 법률관계의 성질에 따라 달라지게 된다. 행정행위인 경우는 행정소송 중 항고소송, 공법상

계약인 경우는 행정소송 중 당사자 소송, 사법상 계약인 경우는 민사소송에 의하게 된다.

㈏ 자금지원거부의 처분성 : 자금지원 신청권이 있는 자는 자금지원 거부에 대하여 항고소송을 제기할 수 있다. 다만, 신청에 대한 거부가 처분이 되기 위해서는 신청자에게 신청권이 있어야 한다는 것이 판례 입장이므로 판례에 의하면 자급지원신청권이 있는 경우에 한하여 자금지원거부에 대하여 항고소송을 제기할 수 있다.

② 제3자의 권리보호(경쟁자의 원고적격)

자금지원에 대하여 경쟁관계에 있는 자가 항고소송을 제기할 수 있는가? ㉮ 경원자 소송으로 수익적 행정처분을 신청한 수인이 서로 경쟁관계에 있어서 일방에 대한 허가 등의 처분(자금지원 교부결정)이 타방에 대한 불허가 등으로 귀결될 수밖에 없는 때에는 허가 등 처분을 받지 못한 자는 비록 경원자에 대하여 이루어진 허가 등 처분의 상대방이 아니라 하더라도 당해 처분(자금지원 교부결정)의 취소를 구할 당사자 적격이 있다(대판 1992. 5. 8, 91누13274; 1996. 6. 28, 96누3630). ㉯ 경업자 소송으로 자금지원의 근거 내지 관계 법률이 경쟁관계에 있는 제3자의 개인적 이익도 보호하는 것을 목적으로 하는 경우에 당해 경쟁 관계에 있는 자는 타인에 대한 자금지원에 대하여 항고소송을 제기할 수 있다(대판 1969. 12. 30, 69누106; 1987. 9. 22, 85누985). ㉰ 보조금의지원에관한법률 내지 관계 법률의 보호목적 즉, 경쟁관계에 있는 제3자의 개인적 이익의 보호 목적과 관계없이 처분에 의해 기본권이 침해된 경쟁관계에 있는 자에게도 당해 자금지원을 다툴 원고 적격이 있다고 보아야 한다. 왜냐하면 이는 평등의 원칙, 행정의 자기구속의 원칙 및 직업선택의 자유나 영업의 자유에 반하기 때문이다(기본권의 헌법에 의한 성립).

2. 기업조성행정

기업조성이란 특정분야의 공익목적을 위하여 일정한 사기업(私企業)에 대하여 행하는 조성을 말한다. 조성을 받는 기업이 바로 「보호 기업」이다. 특정분야의 공익목적을 위하여라 함은 예컨대 중소기업의 성장을 조장하고, 경쟁력 강화·산업구조의 고도화·국민경제의 균형발전 등을 위함을 목적으로 한다.

현행법상 기업조성을 뒷받침하는 법적근거로는 헌법 제123조와 많은 법률이 제정되어 있는데, 이는 위에서 「지원」(사실적 조성)에서 예시한 법률들이 대체로 기업조성에도 그대로 적용된다. 예컨대 중소기업기본법, 항공우주산업개발촉진법, 소프트웨어산업진흥법, 중소기업기술혁신촉진법, 벤처기업육성에 관한 특별조치법, 여성기업지원에 관한 법률, 중소기업진흥에관한법률, 중소기업제품구매촉진및판로지원에관한법률 등이 있다.

3. 교육조성행정

교육조성은 국민의 교육을 받을 권리, 즉 모든 국민으로 하여금 인격을 도야하고 자주적 생활능력과 민주시민으로서 필요한 자질을 갖추게 하여 인간다운 삶을 영위하게 하고 민주국가의 발전과 인류공영의 이상을 실현하는 데 이바지하도록 보호·조성하는 작용이다.

현행법상 교육조성을 뒷받침하는 법적근거로는 헌법 제31조와 법률로는 교육기본법(§28)상의 장학제도, 영재교육진흥법상의 영재교육, 사립학교법(§44)상의 실업교육의 우선적 지원, 학교용지확보등에관한특례법(§4)상의 학교용지의 확보 및 경비의 부담, 유아교육법(§26)상의 비용의 부담, 평생교육법(§8, §17)상의 지도 및 지원, 산업교육진흥및산학협력촉진에 관한 법률(§11, §18, §19, §23)상의 실험·실습시설의 설치비·운영비 부담, 장학금의 지급, 과학교육진흥법(§7)상의 경비지원 및 보조, 장애인등에대한특수교육법(§16, §18, §23)상의 사립의 특수교육기관에 대한 보조, 장애영아의 교육지원, 진로 및 직업교육지원, 도서·벽지교육진흥법(§3, §4)상의 국가 및 지방자치단체의 우선적 임무 등이 있다.

4. 문화예술조성행정

"문화예술"이란 문학, 미술(응용미술을 포함한다), 음악, 무용, 연극, 영화, 연예, 국악, 사진, 건축, 어문 및 출판을 말한다(문화예술진흥법 §2·1호).

문화예술조성은 문화예술의 진흥을 위한 사업과 활동을 조성(지원)함으로써 문화예술발전을 도모하기 위한 작용이다. 이에 관한 대표적 법률이 문화예술진흥법이다. 동법에서는 문화예술의 진흥에 관한 시책강구와 장려·재원의 적극조달, 장려금지급, 문화강좌설치, 학교 등의 문화예술진흥지원, 문화산업의 육성·지원, 문화예술의 진흥을 위한 사업과 활동을 지원하기 위한 한국문화예술위원회설치 및 문화예술진흥기금설치·운용 등을 규정하고 있다.

그리고 문화예술교육지원법(§6, §10, §11, §15, §19, §21~§26)상의 문화예술교육지원을 위한 국가 및 지방자치단체의 임무, 한국문화예술교육진흥원의 설립과 경비지원 및 보조, 학교문화예술교육의 지원과 경비지원 및 보조, 사회문화예술교육의 지원, 민간교육시설 등의 지원, 지역사회 문화예술활동 및 행사의 지원과 경비의 지원 및 보조, 지방문화원진흥법(§3, §15)상의 지방문화원의 육성, 경비의 보조, 문화산업진흥기본법(§7, §8, §27, §39)상의 창업지원, 투자회사에 대한 지원, 각종 부담금 등의 면제, 문화산업진흥기금 설치, 영상진흥기본법(§5~§7)상의 정부의 시책의무와 영상물 창작 및 제작진흥의무, 법제상·재정상·금융상 조치, 문화재보호법(§24, §28, §36, §39, §62, §64, §90, §93, §95)상의 무형문화재의 보호·육성, 보조금, 매장문화재의 보호, 매장문화재 조사전문기관의 육성·지원, 건설공사시의 문화재 보호, 개발 사업에서의 문화재 보호, 문화재 보호 단체의 지원 육성, 고도(古都)보존에 관한 특별법(§16, §21)상의 보존사업의 비용부담과 조세의 감면, 전통사찰보존및지원에관한법률(§6)상의 전통사찰 역사문화보존구역의 지정 등이 있다.

5. 과학기술조성행정

과학기술조성이란 과학기술발전을 위한 기반을 조성하여 과학기술을 혁신하고 국가경쟁력을 강화함으로써 국민경제의 발전을 도모하고 나아가 국민의 생활의 질 향상과 인류사회 발전에 이바지할 수 있도록 하기 위하여 과학기술에 관한 연구 활동 및 사업을 조성하는 작용을 말한다.

이에 관한 기본법이라 할 수 있는 과학기술기본법이 있는 바, 동법은「과학기술혁신이 ① 인간존엄을 바탕으로 하여 ② 자연환경 및 사회 윤리적 가치와 조화를 이루도록 하고, ③ 경제·사회발전의 원동력이 되도록 하며, ④ 과학기술인의 자율성과 창의성이 존중되도록 하고, ⑤ 자연과학과 인문·사회과학이 상호 균형적으로 연계·발전되도록 함을 기본이념으로 한다」고 선언하고 있다. 그리고「과학기술에 관한 다른 법률을 제정 또는 개정하는 경우에는 이 법의 목적과 기본이념에 맞도록 하여야 한다」고 규정하고 있다(§1~§3).

동법은 국가는 과학기술혁신과 이를 통한 경제·사회발전을 위한 종합적인 시책을 세우고 추진해야 하고, 지방자치단체는 국가의 시책과 지역적 특성을 고려하여 지방과학기술진흥시책을 세우고 추진해야 한다고 하여 국가·지방자치단체의 책무를 부여하였고, 과학기술인은 경제와 사회의 발전을 위하여 과학기술의 역할이 매우 크다는 점을 인식하고 자신의 능력과 창의력을 발휘하여 이 법의 기본이념을 구현하고 과학기술의 발전에 이바지해야 한다고 하여 과학기술인의 윤리를 천명하고 있다(§4).

정부는 과학기술의 혁신이 국가발전의 중추적인 역할을 수행할 수 있도록 과학기술정책을 우선적으로 고려하고 이에 필요한 자원을 최대한 동원·활용하도록 노력해야 하고(§5), 정부는 기업, 대학, 정부가 출연하는 연구기관 및 국·공립연구기관이 지식기반 경제사회에 부응하는 과학기술을 혁신하기 위한 활동을 적극 수행할 수 있도록 효과적인 국가과학기술혁신체제를 구축해야 하고, 국가과학기술혁신체제를 구축하기 위한 환경과 기반을 만들어야 하고, 기업·대학·연구기관 또는 그 구성원들이 서로 인력·지식·정보 등을 원활하게 교류·연계 및 공유할 수 있도록 필요한 지원시책을 세우고 추진하여야 한다(§6).

국가연구개발사업의 효율적인 추진을 지원하기 위하여 한국과학기술기획평가원을 설립하고(§20), 정부는 과학기술주요정책·연구 개발계획 및 사업과 과학기술혁신관련 산업정책·인력정책 및 지역기술혁신정책을 조정하고 예산의 효율적인 운영 등에 관한 사항을 심의하기 위하여 국가과학기술위원회를 두며(§9), 기초과학의 진흥(§15), 민간기술개발지원(§16), 협동연구개발의 촉진(§17), 과학기술투자의 확대(§21), 여성과학기술인의 양성(§24), 연구개발시설·장비의 고도화(§28)과학연구단지 등의 조성 및 지원(§29), 과학기술문화의 창달 및 창의적 인재 육성(§30), 과학기술인의 우대(§31), 및 과학기술의 진흥과 과학기술문화의 창달을 효율적으로 지원하기 위하여 과학기술진흥기금을 설치하도록 하고 있다(§22).

또한 과학기술과 산업경제발전을 위한「특정연구기관육성법」, 생명공학연구의 기반을 조성하여 생명공학을 보다 효율적으로 육성·발전시키기 위한 「생명공학육성법」, 신기술개발촉진을 위한 「기술개발촉진법」, 공공연구기관에서 개발된 기술을 민간부문에 이전하기 위한 「기술의 이전 및 사업화촉진에 관한 법률」, 엔지니어링활동주체의 기술 집약화 및 연구개발결과의 실용화의 촉진을 위한 「엔지니어링 산업진흥법」, 우주개발의 체계적 진흥과 과학적 탐사를 촉진하기 위한 「우주개발진흥법」, 소프트웨어산업의 진흥과 소프트웨어산업발전의 기반조성 및 소프트웨어산업 경쟁력강화를 위한 「소프트웨어산업진흥법」, 나노기술의 연구기반조성과 나노기술의 체계적인 육성·발전 및 과학기술의 혁신을 위한 「나노기술개발촉진법」, 「여성과학기술인 육성 및 지원에 관한 법률」, 「한국과학기술원법」 및 기초과학연구를 효율적으로 지원·육성하여 창조적 연구역량을 축적하고 우수한 과학·기술인력 양성능력을 배양함으로써 과학문화 창달과 신기술 창출을 위한 「기초연구진흥 및 기술개발지원에 관한 법률」, 그리고 발명을 장려하고 발명의 신속하고 효율적인 권리화와 사업화를 촉진하여 산업기술경쟁력 제고를 위한 「발명진흥법」 등이 있다.

V. 사권보호(공업소유권 등)

1. 의 의

사권보호행정이란 국가 등의 행정주체가 사권의 형성·유지에 관하여 이를 보호·조장하는 행정작용을 말한다. 여기서 말하는 사권에는 공업소유권(특허권·실용신안권·디자인권·상표권)·저작권·광업권·어업권·댐사용권 등을 말하며 이는 엄밀히 말하여 사법 분야의 질서(민사법 질서)유지를 도모한다는 점에서 국가의 법 목적적인 사법작용이라는 측면도 있다.

사권보호행정은 그 형식에 따라 형성관여작용과 보호·감독 작용이 있다.

2. 작용의 형식

(1) 형성관여작용

사인에 의한 사권형성은 사적 자치의 원칙에 따라 사권의 자율로 결정함이 원칙이지만, 국가가 공익적 견지에서 관여하는 경우가 있다.

1) 직접형성

광업권·어업권 등 특허처럼 사권이 법률의 규정에 의하여 직접 형성되어 있는 경우이다.

2) 인 가

민법상 비영리법인 설립인가처럼 행정주체의 인가를 받아야만 법률행위의 효력을 발생하는 경우이다.

3) 확인·공증

발명특허(확인)처럼 모든 확인행위의 공통적 효력은 확정력(불가변력)이 발생하나, 발명특허와 같이 확인결과권리가 형성되는 경우이다. 광업권의 설정(특허)·등록(광업권의 효력발생요건임)·이전등록(공증)처럼 모든 공증행위의 공통적 효력은 증거력이 발생하나, 광업권이전등록처럼 권리의 성립요건 및 권리행사의 요건이 되는 경우가 있다.

(2) 보호·감독작용

1) 보호작용

사적 자치의 원칙이 적용되나 법률관계효과 실현을 위해 국가의 보호를 받는 경우가 있다. 우리 헌법은 발명가·저작자의 권리를 보호하도록 명시적으로 규정하고 있다(§22·②).

2) 민사감독작용

국가가 공업소유권, 광업권, 어업권, 저작권, 댐 사용권 등의 사권의 유지를 위하여 사인의 법률생활을 감시하며 필요한 작위(신고·등록·보고의무 등), 부작위(권리의 처분제한), 급부(수수료 납부 등), 수인(행정강제의 경우) 의 의무를 명하고, 이에 위반한 경우에 행정강제 또는 행정벌을 과하는 작용이다.

3. 대 상

1) 공업소유권

공업소유권이란 무체재산권을 배타적 지배대상으로 하는 권리로서 특허권(발명권), 실용신안권, 디자인권, 상표권을 총칭하는 개념이다. 이들 권리는 재산적 가치를 지닌 절대권·대세권(對世權)인 점에서 소유권과 유사하나 공업소유권이 무형적인 사유(思惟)의 산물을 객체로 하는 점에서 다르다. 이는 저작권에 있어서도 같다.

2) 무체재산권

무체재산권이란 무형 사상의 산물을 배타적으로 지배하는 권리로서 공업소유권과 저작권이 포함된다.

3) 물권적 재산권

광업권, 어업권, 댐 사용권 등이 있다.

- 사권
  - 지적소유권 (무체재산권)
    - 공업소유권
      - 특허권, 실용실안권, 디자인권 — 창작에 관한 권리
      - 상표권 — 표지에 관한 권리
    - 저작권 (컴퓨터프로그램저작권)
      - 저작인격권
      - 저작재산권
  - 물권적 재산권 : 광업권, 어업권, 댐사용권

(1) 특 허 권

1) 특허 받을 권리(발명권)

특허법에 의하여 산업에 이용할 수 있는 신규의 발명을 한 자가 그 발명에 대하여 발명특허를 받을 수 있는 권리이다.

발명이라 함은 자연법칙을 이용한 기술적인 사상의 창작으로서 고도(高度)한 것을 말한다. 특허발명이라 함은 특허를 받은 발명을 말한다. 발명에는 물건의 발명, 방법의 발명 및 물건을 생산하는 방법의 발명이 있다(§2).

2) 특허권(발명특허권)

① 의의·성질

특허 받은 발명을 독점적으로 이용할 수 있는 권리이다. 학문상의 권리설정 행위로서의 특허는 아니고 준법률행위적 행정행위 중 확인행위(발명사실을 공권적으로 확정)이며, 법정요건을 갖추고 있는 한 특허를 해야 하는 기속행위이고, 특허권 설정은 등록에 의하여 발생한다. 이번 개정 특허법에서는 물질특허를 인정한 점이 특징이다.

② 특허의 절차

㉮ 우리나라의 특허법은 출원주의를 수반하는 심사주의 및 선출원수의(先出願主義 : 최선발명주의가 아님)를 채택하고 있다(특허법 §36).

㉯ 특허절차는 특허출원 → 심사 → 출원공고 → 이의결정 → 특허사정 → 불복(쟁송) → 등록과 특허증발급(특허증발급은 공중행위임)순으로 행하여진다. 등록은 효력발생요건이다(§87).

③ 특허권의 효력

㉮ 내용(효력의 내용) : 특허권자는 업(業)으로서 그 특허발명을 실시할 권리를 독점한다. 즉, 발명의 이용을 독점(배타적)하는 권리를 내용으로 한다. 여기서 '실시'라 함은 ㉠ 물건

의 발명인 경우에는 그 물건을 생산·사용·양도·대여 또는 수입(輸入)하거나 그 물건의 양도 또는 대여의 청약을 하는 행위, ㉡ 방법의 발명인 경우에는 그 방법을 사용하는 행위, ㉢ 물건을 생산하는 방법의 발명인 경우에는 ㉡의 행위 외에 그 방법에 의하여 생산한 물건을 사용·양도·대여 또는 수입하거나 그 물건의 양도 또는 대여의 청약을 하는 행위를 말한다(§2).

㉯ 보호(효력의 보호) : 특허법은 신규의 동일물은 동일한 방법에 의해 생산된 것으로 추정한다.

판례 **〈물건을 생산하는 '방법'의 발명인 경우, 특정한 생산방법에 의하여 생산한 물건을 실시 발명으로 특정하여 특허권의 보호범위에 속하는지의 확인을 구할 수 있다.〉** 특허권자는 업(業)으로서 그 특허발명을 실시할 권리를 독점하고, 그 중 물건을 생산하는 방법의 발명인 경우에는 그 방법을 사용하는 행위 이외에 그 방법에 의하여 생산한 물건을 사용·양도·대여 또는 수입하거나 그 물건의 양도 또는 대여의 청약을 하는 행위까지 그 실시에 포함되므로, 물건을 생산하는 방법의 발명인 경우에는 그 방법에 의하여 생산된 물건에까지 특허권의 효력이 미친다 할 것이어서, 특정한 생산방법에 의하여 생산한 물건을 실시발명으로 특정하여 특허권의 보호범위에 속하는지 여부의 확인을 구할 수 있다(대판 2004.10.14, 2003후2164).

㉰ 특허권의 처분 : 다른 재산권과 같이 권리자가 자유로이 양도·처분함이 원칙(양도·질권설정)이다. 등록해야 양도·처분의 효력이 발생한다.

④ **특허권 소멸**

㉮ 존속기간 만료, 즉 특허권의 존속기간은 특허권의 설정등록이 있는 날부터 특허출원일 후 20년이 되는 날까지로 하고(동법 §88·①), ㉯ 특허료 불납, 즉 특허권은 특허료를 납부할 기간이 경과한 때에 소급하여 그 특허권이 소멸된 것으로 본다(동법 §81·③). ㉰ 상속인의 부존재, ㉱ 권리포기(동법 §120), ㉲ 특허권의 무효·취소로 특허권은 소멸한다.

3) 특허에 관한 쟁송

특허권에 관한 쟁송은 일반 민사소송 및 행정쟁송과는 달리 특허법에서 특별한 쟁송절차를 규정하고 있다. 즉, ① 심판(동법 제7장) ② 심결 등에 대한 소(동법 §186·①) ③ 상고(동법 §186·⑧)의 3단계인데 앞으로는 법 개정으로 인하여 ①은 특허청산하 특허심판원에서, ②는 심결에 대한 소 및 심판청구서나 재심청구서의 각하결정에 대한 소는 고등법원급인 특허법원에서, ③은 대법원에서 관할하게 되었다(§132의2 ~§191).

(2) 실용신안권

실용신안법은 실용적인 고안을 보호·장려하고 그 이용을 도모함으로써 기술의 발전을 촉진하여 산업발전에 이바지함을 목적으로 한다(동법 §1).

실용신안이란 물품의 형상·구조 또는 조합에 관한 산업에 이용할 수 있는 신규고안을 말한다. 고안이라 함은 자연법칙을 이용한 기술적 사상의 창작을 말한다(동법 §2, §4). 실용신안권이란 등록한 실용신안의 물건을 독점적으로 업으로서 생산·사용·판매·수입 또는 확포하는 권리이다. 실용신안권도 설정등록에 의하여 발생한다. 존속기간은 등록일로부터 실용신안 등록출원일 후 10년이 되는 날까지이며, 연장할 수 없다. 등록절차, 효력, 쟁송 등은 발명특허의 경우와 대체로 같다(동법 §3, §21).

(3) 디자인권

디자인권이라 함은 등록된 디자인으로 된 산업상 이용할 수 있는 물건을 독점적으로 업으로 생산·사용·판매·수입 또는 확포하는 권리를 말한다. 디자인이라 함은 물품(물품의 부분 및 글자체를 포함한다. 이하같다)의 형상·모양·색채 또는 이들을 결합한 것으로서 시각을 통하여 미감을 일으키게 하는 것을 말한다. '실시'라 함은 디자인에 관한 물품을 생산·사용·양도·대여 또는 수입하거나 그 물품의 양도 또는 대여의 청약(양도나 대여를 위한 전시를 포함한다. 이하같다)을 하는 행위를 말한다(디자인보호법 §2). 의장법이 폐지되고 디자인보호법으로 대체되어 제정 시행되고 있다.

디자인권은 설정등록에 의하여 발생하므로, 설정등록은 권리설정 요건이다(§39·①).

디자인권의 존속기간은 디자인권의 설정등록이 있는 날로부터 15년으로 한다(§40).

(4) 상 표 권

등록상표를 지정 상품에 독점적으로 사용할 수 있는 권리이다. 상표라 함은 상품을 생산·가공·증명 또는 판매하는 것을 업으로 영위하는 자가 자기의 업무에 관련된 상품을 타인의 상품과 식별되도록 하기 위하여 사용하는 '표장(기호·문자·도형·입체적 형상·색채·홀로그램·동작 또는 이들을 결합한 것, 그 밖에 시각적으로 인식할 수 있는 것)'을 말한다(상표법 §2). 상표권은 공업소유권처럼 공업상 신규고안을 보호하기 위한 것이 아니고 오직 영업상 신용을 보호하고 부정경쟁을 방지함을 목적으로 한다. 상호권은 상법이 적용되고, 그 등기는 비송사건절차법에 의해 법원이 관할하는데 상표권은 상표법이 적용되고, 다른 공업소유권과 같이 특허청에서 관장한다. 존속기간은 상표권의 등록일로부터 10년으로 한다. 상표권의 존속기간은 상표권의 존속기간 갱신등록 출원에 의하여 10년간씩 갱신할 수 있다(상표법 §42). 상표권은 설정등록에 의하여 발생하므로, 상표권의 설정등록은 권리설정 요건이다(상표법 §41·①).

(5) 저 작 권

1) 의의 및 성질

① 저작권이란 학문적 또는 예술적 저작물에 대한 배타적·독점적 권리이다. 저작물이라

함은 인간의 사상 또는 감정을 표현한 창작물을 말한다. 2차적 저작물이란 원저작물을 번역·편곡·변형·각색·영상제작 그 밖의 방법으로 작성한 창작물을 말하며, 독자적인 저작물로서 보호된다.

② 저작권은 재산권과 인격권의 이원적 성질을 가지며 무체재산권이다.

③ 저작권에는 저작인격권과 저작재산권이 있다(저작권법 §10).

2) 저작권의 발생

저작의 사실만으로 당연히 효력발생(따라서 다른 공업소유권처럼 등록등을 효력발생으로 하지 않는다)하고, 등록 등은 저작권의 상속·양도·입질을 위한 대항요건일 뿐이며(저작권법 §53, §54), 등록은 문화체육관광부장관이 관장한다.

3) 저작권의 효력

저작권 발행 또는 공연권에도 그 효력을 가진다. 미발행 또는 미공연의 저작물의 저작권은 압류가 금지된다. 저작권자는 출판권·공연권을 설정할 수 있는데 이들 존속기간은 특별약정이 없는 한 출판권은 맨 처음 출판한 날로부터 3년, 공연권이 1년이다. 출판권자 또는 공연권자는 저작권자의 동의 없이는 그것을 양도할 수 없으며 질권이 부인된다(§63·①).

4) 저작권의 이전과 소멸

저작재산권은 이전이 가능하며(§45), 저작권의 존속기간은 원칙으로 저작자가 생존하는 동안과 사후 50년간 존속한다. 공동저작물의 저작재산권은 맨 마지막으로 사망한 저작자의 사망 후 50년간 존속한다. 저작인격권은 영구 존속한다. 저작권은 존속기간만료, 상속인의 부존재, 저작권 포기 등으로 소멸한다(§39, §48, §49).

5) 저작권법과 컴퓨터프로그램보호법의 통합(저작권법 개정 2009. 4. 22. 시행 2009. 7. 23.)

성격이 유사한 일반저작물과 컴퓨터프로그램 저작물을 「저작권법」과 「컴퓨터프로그램보호법」에서 각각 규정하고 있어 정책수립과 집행에 효율성이 떨어지므로 2개의 법을 통합하여(컴퓨터프로그램보호법은 폐지됨 : 저작권법 부칙 §2), 컴퓨터프로그램을 포함한 저작물 전체를 동일한 법률(저작권법)에서 규정함으로써 일관된 정책추진이 가능할 것으로 기대된다. 다만, 컴퓨터프로그램 저작물의 경우 일반저작물과는 다른 특성이 있는 바, 프로그램저작권의 제한, 프로그램코드역분석, 정당한 이용자에 의한 보존을 위한 복제, 프로그램 배타적 발행권 설정, 프로그램의 임치규정 등 컴퓨터프로그램 저작물에 대한 특례를 규정하였다(§101의 2부터 §101의 7까지 신설). 그리고 온라인상의 불법복제를 효과적으로 근절하기 위하여 온라인서비스제공자 및 불법복제·전송자에 대한 규제를 강화하였다(§133의 2 및 §133의 3까지 신설). 저작권위원회와 컴퓨터프로그램보호위원회를 통합하여 한국저작권위원회를 설립함으로써 저작권보호와 조직·운영의 효율성이 제고될 것이 기대된다(§112의 및 §112의 2 신설).

(6) 광 업 권

1) 광업권 및 조광권의 의의·성질

① 의 의

광업권이란 등록을 한 일정한 토지의 구역(이하 "광구"라 한다)에서 등록을 한 광물과 이와 같은 광상에 묻혀 있는 다른 광물을 채굴하고 취득하는 독점적·배타적 물권이다(동법 §3, §10). 조광권이라 함은 지식경제부장관의 인가를 받은 설정행위에 의하여 타인의 광구에서 광업권의 목적으로 되어 있는 광물을 채굴·취득하는 물권이다(광업법 §3, §47). 조광권자가 광업권자에게 지급할 조광료율·지급시기 및 방법 등에 관하여 필요한 사항은 대통령령으로 정한다.

② 성 질

㉮ 광업권은 지식경제부장관의 특허에 의하여 설정되는 권리로서 형성적 행위(특허인 쌍방적 행정행위)이면서도 기속행위이다(따라서 부관을 붙일 수 없음이 원칙이다).

㉯ 광업권은 공권적인 성질을 가지는 사권으로서의 물권이다. 광업법에서 따로 정한 경우를 제외하고는 부동산에 관한 민법 기타 법령의 규정을 준용한다(§10 ·①).

2) 광업권의 객체

광물과 광구이다. 광구 안에서 광업권 또는 조광권에 의하지 아니하고 토지로부터 분리된 광물은 그 광업권자 또는 조광권자의 소유로 한다(§5). 석유에 관한 광업권은 정부만이 가질 수 있다(§9).

3) 광업권의 설정

설정출원, 광업허가(학문상 특허임), 등록(광업권의 효력 발생요건임)함으로써 효력발생한다(§15, §25, §39).

4) 광업권의 처분제한

광업권은 상속·양도·저당권 또는 조광권의 설정·체납처분이나 강제집행 이외에는 권리의 목적으로 하지 못한다(§11)(광업권은상속기타 일반승계 이외의 목적이 되지 못한다).

5) 광업권의 소멸

방기, 존속기간만료(존속기간은 25년), 취소·수용에 의해 소멸한다. 조광권의 존속기간은 그 광업권의 존속기간과 같다(§12, §49).

6) 광업처분에 대한 분쟁

광업법은 행정심판법에 의한 특례로 이의신청을 인정하였다(동법 §90). 지식경제부장관은 이의신청이 있는 때에는 광업조정위원회(의결기관임, 1회에 한하여 재의를 요구할 수 있다)의 의결을 거쳐 결정한다(§93). 광업법에 특별규정이 있는 경우를 제외하고는 행정시판법이 준용된다(광업법 §95).

(7) 어 업 권

1) 의의 및 성질

① 어업이란 수산 동·식물을 포획·채취 또는 양식하는 사업을 말하고, 어업권이란 국가의 특허를 받아 일정한 수면(일정한 수역, 즉 어장)에서 특정한 어업을 경영할 수 있는 독점하는 배타적 권리이다(수산업법 §2·2호, 9호). 현행법은 어업을 ㉮ 신고어업(동법 §47) ㉯ 면허어업(동법 §8) ㉰ 허가어업(동법 §41)으로 나누고 이들 중 ㉰는 특히 권리를 설정 받아야만 할 수 있는 어업으로 여기서의 어업권에 해당하며 어업면허라고도 한다.

② 어업면허는 단순금지해제인 허가가 아니라 어업독점권을 설정하는 설권처분(형성적 행위)으로서 특허이자 쌍방적 행정행위이다. 그러나 기속행위이다. 공권적 성질이 강한 사권으로서의 물권이다.

2) 객 체

어업권의 객체는 일정한 수역, 즉 어장이다. 어장이라 함은 제8조(면허어업)의 규정에 의하여 면허를 받아 어업을 하는 일정한 수면을 말한다. 어장은 어업권에 의하여 어업을 독점할 수 있는 구역이며, 어업권을 보호하는 구역이 아니다. 따라서 보호구역이나 조업구역(신고어업)과 구별된다.

3) 어업권의 설정

어업권은 면허어업(§8)의 경우는 시장·군수 또는 자치구청장의 면허를, 허가어업(§43)의 경우는 어선 또는 어구마다 농림수산식품부장관의 허가를, 각각 받아야 한다. 따라서 광업권이 광업허가 이외에 광업권의 등록에 의하여 효력이 발생하는 것과는 다르다.

어업권에 있어서도 어업권원부에 등록제가 있다(수산업법 §17, §16). 어업면허는 어업권원부에 등록을 함으로써 어업권을 취득한다(§16·①). 어업권원부에의 등록은 권리설정 요건이다.

4) 어업권의 효력

광업권자나 조광권자는 어떠한 이유로도 광업권이나 조광권을 타인이 행사하게 할 수 없다. 다만, 광업권에 조광권을 설정하는 경우에는 그러하지 아니하다(광업법 §8).

광업권은 상속·양도, 조광권·저당권의 설정, 체납처분 또는 강제집행의 경우 외에는 권리의 목적으로 할 수 없다(동법 §11).

공동광업권자의 광업권의 지분은 다른 공동광업권자의 동의 없이는 양도하거나 또는 저당권의 목적으로 할 수 없다(동법 §30·②).

5) 어업권의 소멸

어업면허(§8)의 유효기간은 10년(연장 가능함), 어업허가(§41)의 유효기간은 5년이다. 포기·면허취소·수용에 의하여 어업권은 소멸한다(§14, §43).

6) 어업에 대한 분쟁

공법적 성질이(광업권의 경우보다) 한층 더 현저하므로 어업면허는 물론이요, 어업권자 상호간의 어업권에 관한 분쟁까지도 민사사건으로 하지 않고 행정사건으로 행정쟁송방법에 의한다.

7) 입 어 권

수산업법 시행 전의 관행에 의하여 또는 공동어업권자와 계약에 의하여 설정되며 사법상 권리이다. 입어권은 어업권과는 달리 관습상 권리이고 특허가 아니다.

(8) 댐 사용권

댐 사용권(다목적댐에 의한 일정량의 저수를 일정지역에 확보하는 권리)은 저수를 특정 용도에 공용하고자 하는 자의 신청에 의하여 국토해양부장관이 설정하는 것으로(댐건설 및 주변지역 지원 등에 관한 법률 §24), 설정행위는 쌍방적 행정행위로서의 특허(설권 처분)이나, 법률은 이에 관해 기속적 규정들을 두고 있다(동법 §24·④, §25~§27).

댐 사용권도 물권으로 보며 특별규정이 있는 외에는 부동산에 관한 규정을 준용하게 되어 있으며(동법 §29), 그 설정 등은 댐 사용권 등록부에 등록을 하게 되어 있고 등록하지 아니하면 그 효력이 없고, 등록은 등기의 효력을 가진다(동법 §32)고 하였으므로, 댐 사용권 설정행위도 광업허가의 경우처럼 등록을 효력발생요건으로 한다.

제4장 경제행정법

제1절 개 설

I. 경제행정법의 성립배경(연혁)

1. 구·미 제국에서의 경제행정(법)의 발전

18·19세기의 자본주의 경제사회에서는 소유권(재산권)절대·계약자유(법률행위 자유)원칙·과실책임 원칙이라는 근대 시민사법의 3대 원칙하에 경제활동은 사적 자치에 맡겨졌고, 국가의 경제에의 개입은 배제되었다. 그리하여 근대 자유방임주의 하에서 경제이론은 미시이론으로 '가격(Price : P)'이라는 '보이지 않는 손(invisible hand)'에 의하여 수요와 공급이 자동 조절되고 인적·물적 자원의 적재적소에의 배치가 실현되고 자유경쟁원리에 의하여 경제번영이 이룩되기 때문에 국가기능은 소극적이고 작은 정부를 요하였다. 따라서 국가 개입은 배제 되었다. 자율적인 시장 메커니즘에 맡겨졌다.

그러나 20세기에서는 경제발전과 국가발전을 가져온 자본주의경제사회는 자본주의사회의 많은 모순점이 노정되었다. 1920년대의 경제공황으로 시장의 실패가 나타나고, 자본가와 근로자, 유산계급(bourgeoisie)과 무산계급(proletariat), 실업, 독점, 빈부격차 심화, 유휴자원의 낭비뿐만 아니라 국제적으로 시장쟁탈을 위한 제국주의전쟁(아편전쟁) 등 자본주의경제사회의 모순의 격화는 현대국가로 하여금 자유국가·소극국가·야경국가에서 탈피하여 적극적으로 국민의 경제활동에 개입하지 않을 수 없게 되었다. 그리하여 공공투자정책 등 거시이론이 등장되고 근로자, 약자·빈자를 위한 생존권이 나타나면서 복지·후생국가·적극국가를 취하게 되면서 수정자본주의(또 다른 한쪽은 사회주의·공산주의등장)를 취하게 되었다.

원래 자유주의 국가가 국민의 경제생활에 개입하게 된 단계로는 ① 주로 경제적 후진국에서 자본주의 경제체제의 확립을 위하여 산업을 보호 육성하는 조장행정, ② 1·2차 세계대전시의 경제통제행정, ③ 자본주의 경제의 성숙으로 인하여 상실하게 된 경제활동의 자동조절기능의 보완, ④ 전체적인 국민경제의 적극적인 규제·유도·조장 등의 단계로 구분하여 볼 수 있다.[170]

그러나 시장의 자동조절기능의 약화를 보완하기 위한 정부의 경제에 대한 개입은 이른바 정부실패를 가져왔고, 그리하여 1980년대 이후에는 정부실패를 교정하기 위하여, 1990년대에 와서는 WTO체제의 발족에 따라 국제경쟁력을 강화하기 위하여, 각각 다시 시장기

---

170) 김도창(하), 508쪽.

능의 활성화와 민간부분의 활력을 신장하려는 노력이 광범위하게 진행됨에 따라 정부기능의 민영화와 경제에 대한 규제완화정책이 대대적으로 추진되고 있다.[171)]

그러나 시장경제질서를 기본으로 하는 한계 내에서 국가가 공공목적을 추구하기위하여 경제에 대한 개입과 규제·조정을 할 수 있다는 데에 이론이 없다. 문제는 무엇이 개입을 정당화하는 공공목적인가, 개입은 어떤 한도 내에서 인정될 것인가에 있다.

2. 우리나라에서의 경제행정법의 발전

후발국가로 나선 우리나라는 구·미 선진제국에서와 같은 진정한 의미의 자유주의 경제를 경함하지 못하고, 급속한 경제발전을 위하여 정부주도의 경제발전을 이루었다. 처음부터 제1단계인 산업조장행정을 추진하였으며 산업의 근대화는 그 당초부터 국가의 경제관여에 의하여 달성되었으므로 정부가 경제에 깊숙이 개입하여 왔다. 특히 경제성장우선정책의 그늘에 가려 경제에 대한 법적통제문제는 별로 논의되지 않았으므로 경제는 법으로부터 자유로운 영역인 것 같이 여겨왔던 것이다.

그러나 1990년대에 들어와서는 경제규모가 커지고 우리나라가 선진국에 들어서면서 정부관리 경제의 비효율화가 나타나게 되자 자유주의 시장경제질서의 회복과 정부개입의 축소가 요청되었다. 특히 OECD회원국이 되고, WTO체제라는 국제적인 무한경쟁시대를 맞게 되었으며, 1997년 IMF관리체제라는 경제위기를 당하여 경제체질을 대폭적으로 강화하지 않으면 안되게 되었다.

국가의 경제규제도 법치주의 원칙의 예외를 이룰 수는 없는 것이다.

그리하여 수많은 행정규제를 폐지하고 비효율적인 행정규제의 신설을 억제함으로써 사회경제활동의 자율과 창의를 촉진하여 국민의 삶의 질을 높이고 국가경쟁력의 지속적인 향상을 도모하기 위하여 「행정규제기본법」이 제정되었다.

Ⅱ. 경제행정법의 의의

1. 개 념

행정주체가 경제정책을 실현할 목적으로 경제의 자율적 순환에 적극적으로 개입(생산, 분배, 유통, 소비등의 과정에 관여)하여 경제 질서를 일정한 방향으로 유도·촉진·형성하며 그 방향에 위배되는 경제활동을 규제·조정함을 규율하는 규범의 총체를 말한다.

경제행정법의 개념에 관해서도 학자들 간에 다양한 견해가 제시되고 있다. 경제행정법이란 '경제생활에 참여하는 자와 공행정간의 관계를 규율하고 경제의 감시·유도·촉진 등을 위한 공행정기관의 설치 및 그 활동을 규율하는 규범의 전체'라고 하는 견해,[172)] 경제행정

---

171) 박윤흔(하), 666쪽.

법이란 '사경제활동에 대한 행정권의 규제와 행정주체가 경제활동을 수행하는 것에 관한 법 규정 및 행정권의 행사에 의해 침해된 국민의 권익에 대한 구제제도에 관한 법체계를 의미한다.'는 견해[173] 등이 있다. 그러나 경제행정법의 개념 및 범위에 ① 경제정책 실현목적 등 행정목적(공공이익)을 위하여야 한다는 점, ② 경제적 유도·촉진이나 규제·조정(또는 개입)이라는 점, ③ 공행정기관 등 행정주체의 경제활동에 관한 규율도 대상이 된다는 점에서는 모두 공통점이다.

2. 경제법과 경제행정법

경제법의 개념도 학자에 따라 다양하게 정의되고 있다.

'국가가 영리활동을 제한하고 규제하기 위한 법체계이며, 곧 국가의 경제정책을 수행하기 위한 경제 간섭의 법이다'라고 하는 견해,[174] '정부가 국민경제상의 공공이익을 직접 실현하기 위하여 정책적으로 국민경제를 규제·조정하는 데 관한 법이다'라고 하는 견해[175] 또는 '국가의 개인과 기업의 경제활동에 대한 규제를 위한 법규범의 총체'라고 정의하기도 한다. 경제법이란 '국민경제 전체를 정당하게 질서지우기 위하여 경제를 규제·조정하는 법'이라고 정의하는 것이 유력하다. 경제법에는 경제사법과 경제공법이 포함되고 있다. 따라서 경제법은 경제사법과 경제공법의 혼합적 성격을 가지고 있다. 예컨대 우리나라 경제법 체계에 있어서 중심적 기능을 하고 있는 「독점규제및공정거래에관한법률」(이하 '공정거래법'이라 한다)에서 공정거래위원회의 각종의 불공정거래행위에 대한 시정조치(동법 §16, §21, §24, §27) 및 과징금의 부과(동법 §17, §22, §24의2, §28, §31의2, §34의2) 등 행정처분의 근거법규는 공법적 성질을 갖는데 대하여, 부당한 공동행위를 할 것을 약정하는 사업자간에 체결된 계약을 무효로 하거나(동법 §19·④), 사업자 또는 사업자단체가 공정거래법을 위반함으로써 피해를 입은 자가 있는 경우에 손해배상책임을 지도록 하는 규정은(동법 §56)은 사법적 성질을 갖는다.

구체적으로 경제법의 관련규정이 공법에 해당하는가. 또는 사법에 해당하는가의 문제는 공·사법의 일반적 구별 기준에 따라 판단되어질 것이다. 경제행정법은 경제공법 중에서 경제헌법을 제외한 것으로서 국민의 경제활동에 관한 행정법을 의미한다는 것이 일반적 견해이다.

경제공법은 경제헌법과 경제행정법을 포함하는 개념이기는 하나, 헌법의 구체화된 법으로서의 행정법이 강조되는 상황에서 행정법에서도 헌법이 중요한 법원이 되기 때문에 헌법상의 경제조항에 관한 연구는 경제행정법에 당연히 포함되어야 할 것이다. 경제헌법은

---

172) 김남진 / 김연태(Ⅱ), 596쪽 ; 홍정선(하) 634쪽 ; 정하중(각론), 551쪽.
173) 박균성(하), 454쪽.
174) 황적인·권오승, 「경제법」, 1984, 24쪽. 경제법개념에 관하여 기능설에 입각하고 있다.
175) 김영주, 「경제법원리」, 형설출판사, 1982, 136쪽. 경제법 개념에 관해 대상설과 기능설을 혼합한 견해이다.

경제행정법의 지도이념·지도 원리이자 경제행정법의 최상의 법원이 되기 때문이다.

경제법과 경제공법은 다 같이 경제규제법령을 연구대상으로 하지만, 경제법은 경제규제법하에서의 사인 상호간의 관계를 연구함에 대하여, 경제공법은 경제규제주체인 국가와 그 객체인 국민간의 관계를 연구하는 법 분야이다. 경제공법은 국가와 국민의 관계를 규율하는 공법인 바, 기업의 규제활동을 규제하는 법뿐만 아니라 공기업도 그 대상으로 한다.

3. 경제행정법의 특색

(1) 종합성·계획성

경제행정법은 개인과 기업의 경제활동 전반에 걸치는 매우 광범위하고 복잡·다양한 형태로 전개되고, 각 분야는 서로 밀접하게 영향을 주고받는 관계에 있으므로 각 분야를 종합하여 통일된 질서를 형성할 필요가 있으며, 또한 장래에 향하여 달성하고자 하는 목표를 설정하고 수단을 종합하기 위하여 행정계획(경제계획)의 형식에 의존할 경우가 많다(일반조항, 목표규정성).

(2) 비권력성·지도성

경제행정법은 소극적 질서유지만을 목표로 하는 경찰행정과는 달리 하명·허가 등의 권력작용뿐만 아니라, 행정지도, 공법상계약, 행정계획 등의 비권력적 작용과 함께 자금지원 등을 통하여 경제 질서를 일정한 방향으로 지도해 나가는 데 많은 비중을 두고 있다.

(3) 위임입법성·불확정개념성·폭넓은 재량성

경제의 복잡성, 전문성, 탄력성에 적용할 수 있도록 하기 위하여서는 법률은 그 목표와 수단의 골격만을 정하고 구체적인 방법에는 행정상 입법이나 주무장관의 구체적인 판단에 입각한 행정규칙 등에 위임하는 경우가 많으며(예: 주요물품 최고가격고시, 탄력관세제도, 수출입승인품목의 공고 등), 법령의 내용도 불확정개념을 많이 사용함으로써 행정청에게 비교적 광범위한 재량을 부여하는 경우가 많다.

(4) 다양한 행위수단

경제행정법은 생산·소비·분배 등 국민의 경제활동 전반에 미치며, 법률관계는 물론 사실관계와도 밀접하게 관련되어 있다. 이에 따라 그의 행정수단도 명령·금지·인가·허가 등의 전통적인 권력적 행위형식 이외에도 경제활동을 보호·육성하기 위한 행정계획·공법상계획·행정지도·행정사법 등 비권력적 행위형식 등을 사용하고 있으며, 사법상의 행위형식도 많이 활용되고 있다. 특히 행정주체가 공기업을 설립하여 경제주체로서 스스로 경제활동에 참여하는 경우가 있는 점은 경제행정법의 두드러진 특색 중의 하나라 할 것이다.[176]

---

176) 김남진 / 김연태(Ⅱ), 601쪽 ; 정하중(각론), 550쪽.

(5) 촉진적·유도적 기능, 규제적·조정적 기능

행정주체가 경제정책을 실현할 목적으로 경제의 자율적 순환에 적극적으로 개입(생산·분배·유통·소비 등의 과정에 관여)하여 경제 질서를 일정한 방향으로 촉진·유도·형성하며, 그 방향에 위배되는 경제활동을 규제·조정하는 기능을 한다.

Ⅲ. 경제행정법의 법원(경제규제의 법적 근거)

1. 헌법규정(자유주의적 시장경제와 사회적 시장경제)

우리 헌법(§119)은 개인과 기업의 경제상의 자유와 창의를 존중하는 「자유주의적 시장경제」 질서를 경제의 기본원칙으로 하면서도, 국민경제의 성장·안정과 적정한 소득분배·시장의 지배와 경제력남용의 방지, 경제주체 간의 조화를 통한 경제적 민주화를 위하여 경제에 관한 규제와 조정을 할 수 있다(§119②)고 함으로써 「사회적 시장경제」의 원리를 헌법에 구체화하고 있는 바, 이는 구체화된 헌법으로서의 경제행정법에도 민주주의원리, 법치주의원리, 사회복지주의원리가 그대로 적용된다.

2. 사회적 시장경제의 구체규정 및 관련법률

사회적 시장경제의 이념, 즉 사회정의와 경제적 민주화의 이념에 근거하여 우리 헌법은 더 구체적으로 ① 자연자원 등의 국유 및 특허(§120) ② 농·어업의 보호육성(§123①) ③ 지역경제의 균형적 육성(§123②) ④ 중소기업의 보호육성(§123③) ⑤ 소비자의 권익보호(§124) ⑥ 대외무역의 육성·규제(§125) 등의 규정을 두어 경제에 관한 규제·조정을 할 수 있도록 하고 있으며, 이를 실현하기 위하여 각 분야별 각 법령 등이 제정되었다. 그 중 주요 법률로는 ㉮ 금융과 관련하여 한국은행법을 비롯한 여러 국책은행법(예 : 한국은행법, 한국산업은행법 등), 신탁법, 보험업법 등 ㉯ 회계와 관련하여 국가재정법, 정부기업예산법, 지방재정법 등 ㉰ 농림·수산업과 관련하여 농어업·농어촌 및 식품산업기본법, 농업협동조합법, 양곡관리법, 축산법, 산림자원의 조성 및 관리에 관한 법률 등 ㉱ 상공업과 관련하여 독점규제 및 공정거래에 관한 법률, 물가안정에 관한 법률, 산업표준화법, 대외무역법, 발명진흥법, 특허법, 실용신안법, 디자인보호법, 상표법, 상공회의소법, 식품위생법, 부동산중개사의 업무 및 부동산 거래신고에 관한 법률 등 ㉲ 중소기업과 관련하여 중소기업기본법, 중소기업은행법, 중소기업창업지원법, 중소기업협동조합법, 중소기업진흥에 관한 법률, 중소기업제품구매촉진 및 판로지원에 관한 법률, 부정경쟁방지 및 영업비밀보호에 관한 법률, 기업활동규제 완화에 관한 특별조치법, 사회기반시설에 대한 민간투자법 등 ㉳ 소비자보호와 관련하여 소비자기본법, 약관의 규제에 관한 법률, 물가안정에 관한 법률, 독점규제 및 공정거래에 관한 법률 등이 있다. 다만 세법이나 노동법은 일반적으로 독립된 영역으로 다루어지고 있다.

3. 국제법규

우호통상항해조약, 지적소유권에관한조약, UR, OECD, WTO 협정가입 등과 같이 앞으로 국제화시대에 있어서 국제조약·국제법규들이 증가할 것이다. 경제의 국제화는 경제행정법에서 국제법규가 차지하는 비중을 증대시키고 있다. 특히 WTO체제하에서는 자유무역에 배치되는 국가의 활동이 금지되고 있고, 기업에 대한 원조도 제한되고 있으며, 자유경쟁을 제한하는 일정한 관행이 국제법상 제한되고 있다.

4. 개인의 기본권 보장

사회적 시장경제질서를 지향한다고 하더라도 우리 헌법상 또 다른 이념인 개인의 기본권 보장을 침해하여서는 아니되며, 특히 헌법 제37조 제2항의 비례의 원칙(적합성, 필요성 및 상당성 등 협의의 비례의원칙)과 제11조의 평등의 원칙, 제15조의 직업선택의 자유 및 제23조의 재산권의 보장을 침해하지 않는 범위 내에서만 행사되어야 하며 그렇지 아니할 경우 위헌의 가능성이 크다.

Ⅳ. 경제행정법의 지도원리(지도이념 : 기본원칙)

1. 자유적 시장경제와 사회적 시장경제

헌법 제119조는 경제 질서에 관한 기본조항이다.

우리헌법 제119조 제1항은 「대한민국의 경제 질서는 개인과 기업의 경제상의 자유와 창의를 존중함을 기본으로 한다」고 하여 자유주의적 시장경제질서를 원칙으로 하면서도, 제2항에서 「국가는 균형 있는 국민경제의 성장 및 안정과 적당한 소득의 분배를 유지하고, 시장의 지배와 경제력의 남용을 방지하며, 경제주체간의 조화를 통한 경제의 민주화를 위하여 경제에 관한 규제와 조정을 할 수 있다」고 하여 사회적 시장경제원리를 헌법에 구체화하고 있는 바, 경제행정법에도 민주주의원리, 법치주의원리, 사회복지주의 원리가 그대로 적용된다.

> **【헌재결】** 우리나라 헌법상의 경제 질서는 사유재산제를 바탕으로 하고 자유경쟁을 존중하는 자유시장 경제 질서를 기본으로 하면서도 이에 수반되는 갖가지 모순을 제거하고 사회복지·사회정의를 실현하기 위하여 국가적 규제와 조정을 용인하는 사회적 시장경제질서로서의 성격을 띠고 있다(헌재 1996.4.25, 92헌바47).

국민의 자유로운 경제활동은 보장되어야 하기 때문에 전면적 국유화는 현행 헌법하에서는 절대로 인정되지 않는다. 산업별 국유화 또는 공유화는 헌법상 제한적으로 허용된다고 볼 수 있다. 현행 헌법 제126조는 '국방상 또는 국민경제상 긴절한 필요가 있는 경우를 제외하고는 사영기업을 국유 또는 공유로 하거나 그 경영을 통제 또는 관리할 수 없다'고 규정하고 있다. 그러나 자유시장경제질서로부터 수반되는 갖가지 모순을 제거하고 사회복지·사회정의를 실현하기 위하여 국가적 규제와 조정을 용인하는 사회적 시장경제질서를 취하고 있는 것이다. 헌법 제119조 제2항은 정부개입의 정당화 사유를 균형 있는 국민경제의 성장 및 안정, 적정한 소득의 분배유지, 시장의 지배와 경제력의 남용의 방지, 경제주체간의 조화를 통한 경제의 민주화로 열거하고 있는데, 이는 예시적인 것으로 보는 것이 타당하다. 따라서 국가는 일반적으로 공공목적을 위하여 경제에 개입할 수 있다고 보아야 한다. 그리고 헌법 제120조 내지 제127조까지의 경제조항은 헌법 제119조를 구체화하는 의미에서 제119조에 대한 특별조항의 성질을 갖는다고 보는 것이 타당하다. 헌법은 이들 경제조항들 이외에도 제10조에서의 인간의 존엄과 가치·행복추구권, 제14조에서의 거주·이전의 자유, 제15조에서의 직업의 자유, 제23조에서의 사유재산권보장, 제32조·제33조에서의 근로자의 권리, 제34조의 인간다운 생활을 할 권리를 각각 규정하고 있는 바, 이들 모든 규정들이 경제헌법의 체계를 구성하고 있다고 할 것이다.

V. 경제행정조직

1. 국가의 경제행정조직

(1) 직접적인 국가경제행정조직

국가경제행정조직기관인 대통령, 국무회의, 기획재정부, 농림수산식품부, 지식경제부, 국토해양부, 고용노동부 등의 경제관련 장관, 공정거래위원회(합의제 관청) 등 국가(기관)가 다른 공법인을 통하지 않고 직접 수행하는 경제행정을 직접적인 국가경제행정조직이라 한다. 공기업은 경영주체에 따라 국영공기업(이것만이 직접적인 국가경제행정조직이다) 및 특수 법인기업으로 분류된다.

공기업을 관장하는 행정기관을 현업관서(또는 현업기관)이라 부른다(예: 국영기업으로는 우편사업 등).

(2) 간접적인 국가경제행정조직

국가가 직접 수행하는 것이 아니라 국가의 감독 하에서 행정목적을 수행하는 공법상 법인에 의해 수행되는 경제행정을 간접적인 국가경제행정조직이라 한다. 공법상의 사단법인으로서 각종 공공조합이 있고, 공법상의 영조물법인으로서 각종 공사, 공단, 국책은행, 증권거래소, 증권감독원, 국립병원, 적십자병원, 한국기술검정공단 등이 있고, 공법상재단으로서 한국학술진흥재단, 한국정신문화연구원, 한국과학재단이 있다. 영조물법인에 적용되는 일반법은 공공기관의 운영에 관한 법률이다.

2. 지방자치단체의 경제행정조직

(1) 직접적인 지방경제행정조직

지방자치단체가 다른 공법인을 통하지 않고 직접 수행하는 경제행정을 직접적인 지방경제행정조직이라 한다. 구체적으로는 지방자치법과 지방재정법 및 조례에 의해 규율하고 있다. 공영기업이라 부른다. 지방공기업법(§2, §5)상의 수도사업이 그 예이다.

(2) 간접적인 지방경제행정조직

지방자치단체가 직접 수행하는 것이 아니라 지자단체의 감독 하에서 행정목적을 수행하는 공법인에 의해 수행되는 경제행정을 간접적인 지방경제행정조직이라 한다. 지방공기업법상의 지방공사나 지방공단이 그 예이며 서울특별시 농수산물시장관리공사와 서울특별시 시설관리공단·서울특별시지하철공사 등이 이에 해당한다. 지방자치단체의 영조물법인에 대하여는 지방공기업법이 일반적으로 적용된다.

3. 기타의 경제행정조직

(1) 주요 동업단체

국가는 경제행정임무를 경제와 관련 있는 단체, 즉 주요 동업단체(예: 상공회의소, 의사회, 약사회, 변호사회, 한의사회, 간호사회 등)에 위탁하여 수행하도록 하기도 한다. 이러한 제도는 관련자들의 특별한 전문지식활용, 그들의 행정결정과정에 참여의 강화를 기본적인 목적으로 한다.

이들의 권한은 ① 국가의 감독을 받으며 동업단체의 자치법규라고 볼 수 있는 정관이나 직업규칙을 제정하고 ② 그 구성원에 대해 자율적으로 교육·감독·징계를 하기도 하며 ③ 법인의 형태를 가지며 법령상 일반적으로 단체의 구성원은 가입이 강제된다.

이러한 단체는 그 목적에 있어서 사적 이익추구를 목적으로 하는 전국경제인연합회, 중소기업연합회, 노동조합 등 경제 단체와 구별된다. 경제 단체는 사적 이익추구를 목적으로 하는 사법상의 자발적·임의적인 사익집단일 뿐이다.

(2) 공무수탁사인(수권사인)

1) 의 의

국가나 지방자치단체로부터 공권을 수여 받아 자신의 이름으로 공권력을 행사하는 사인이나 사법인을 공무수탁사인이라 한다.

사인에 의한 경제행정은 예방적인 임무, 기술적인 임무, 안전상의 임무와 관련하여 일정한 자격을 갖춘 사인(또는 사법인)에게 위임하는 것을 말한다. 단순히 경영위탁을 받은 사인은 수탁사인이 아니다.

2) 법적 근거

현행법으로는 정부조직법(§6·③), 지방자치법(§104·③)과 많은 개별 법률 등이 있다.

정부조직법은 "행정기관은 법령이 정하는 바에 의하여 그 소관사무 중 조사, 검사, 검정, 관리업무 등 국민의 권리·의무와 직접 관계되지 아니하는 사무를 지방자치단체가 아닌 법인·단체 또는 그 기관이나 개인에게 위탁할 수 있다"고 규정하고 있고(정부조직법 §6·③), 지방자치법도 같은 취지로 규정하고 있으며(지자법 §104·③), 사인이나 사기업이 기업자, 공공사업의 시행자로서 수용권을 행사하는 경우가 있고(토지보상법 §19·①) 수산물품질관리법(§8)은 품질인증기관의 지정과 품질인증기관의 품질인증을 대행하도록 규정하고 있다.

3) 법적 관계지위

① 공무수탁사인과 국가와의 관계는 공법적 관계로 사무수행의무를 지고 공법상의 특별감독관계에 해당한다.

② 공무수탁사인과 제3자와의 법률관계도 공법적인 성질을 가진다. 공무수탁사인은 사업수행의무, 공법규정준수의무 기타 비례원칙도 준수해야 하며, 공무수탁사인이 고권수행과정에서 위법행위를 한 경우에는 행정상 배상책임을 지고, 공무수탁사인이 행한 행위의 효과는 행정기관의 행위와 동일시된다.

제2절 경제행정의 행위형식

I. 법령에 의한 직접적 규제

일반적·추상적 규율인 법령이나 자치법규(조례·규칙)는 구체적인 처분의 근거규정으로 기능을 하는 경우가 대부분이나, "처분적 법규"는 처분의 매개 없이 직접 국민의 경제활동을 규율하는 경우이다. 부당한공동행위의 금지·불공정거래행위의 금지(독점규제 및 공정거래에 관한 법률 §19, §23), 최고가격 초과거래 및 매점매석해위의 금지(물가안정법 §2, §7), 기준환율에 의하지 않는 외국환거래의 금지(외국환거래법 §5, §27·①·1호) 등 법령이 직접 경제활동의 내용을 규제하는 경우가 있다. 이들 법령에 위반한 경우 일반적으로 행정벌이 과해지며, 특히 이로 인하여 얻은 경제적 이익을 박탈함으로써 법령상의 의무이행을 확보하기 위한 새로운 수단으로서 과징금(독점규제 및 공정거래법 §6, §17, §22, §24의2, §28)제도가 활용되고 있다. 부당이득세(물가안정법 §23, 부당이득세법 §1)제는 폐지되었다.

한편 이들 법령에 의한 위반행위는 경찰행정상의 하명·허가위반과는 달리, 행위의 경제적 효과 그 자체를 제거하여야만 그 목적이 달성된다는 점에서 이를 무효로 해야 하는 경우도 있다(독점규제 및 공정거래에 관한 법률 §19·④, 약관의 규제에 관한 법률 §6). 그러나 그러한 명문규정이 없는 경우에는 모든 경제 법령 위반행위의 효력을 부인함은 사적 거래질서에 엄청난 혼란을 초래할 것이므로 효력부인은 신중을 기하되 효력규정이냐 단속규정이냐의 여부에 의해 결정되어야 할 것이다. 판례는 외국환관리법의 외국환지급금지 규정을 효력규정으로 보아 동규정의 위반행위를 무효로 보았으나, 1975년에 판례를 변경하여 이를 단속규정으로 보아 처벌의 대상은 되지만 그 행위의 사법적 효력에는 영향이 없다고 하였다.

판례 〈외국환관리법 위반행위라도 그 사법적 효력에는 아무 영향이 없다.〉 외국환관리법 제21조는 대한민국 거주자의 비거주자에 대한 외국환 지급을 금지하고 있는 바, 이 규정은 원래 자유로이 할 수 있었어야 할 대외거래를 국민경제의 발전을 위하여 과도적으로 제한하는 규정으로서 단속법규라고 해석함이 타당하고, 따라서 이 규정에 저촉되는 행위라 할지라도 그 행위의 사법상 효력에는 아무런 영향이 없는 것이라 할 것이다(대판 1975.4.22, 72다2161).

Ⅱ. 행정행위에 의한 규제

개인이나 기업의 경제활동에 대한 규제는 법령에 근거한 행정행위로 행하여지는 것이 일반적이다. 행정행위의 법적효과에 따라 하명, 허가, 특허, 인가로 구분된다.

(1) 하 명

하명이란 작위·부작위·수인·급부를 명하는 행정행위를 말하며, 그 중에서 부작위를 내용으로 하는 하명을 금지라 하고, 그 밖의 경우를 명령이라고 한다. 물가안정법상의 가격표시 명령(§3), 독점규제 및 공정거래법상의 가격인하·행위중지 등 명령(§5) 등이 그 예이다. 하명의 대상인 행위는 사실행위인 것이 보통이나 법률행위도 될 수 있다. 그 상대방은 특정인 것이 보통이나 일반처분에 해당하는 불특정다수인이 될 수도 있다.

(2) 허 가

허가란 행정목적을 위한 일반적·상대적 금지를 특정한 경우에 해제하여 적법하게 사실행위 또는 법률행위를 할 수 있게 하는 자연의 자유를 회복시켜주는 행정행위이다. 절대적금지의 경우는 허가는 인정되지 않는다. 금지의 해제로서 주로 경제 감독상의 수단으로 활용된다. 보험업법상의 보험사업의 허가(§4), 대외무역법상의 전략물자의 수출허가(§19) 등이 그 예이다.

(3) 인 가

인가란 행정주체가 타당사자의 법률적 행위를 보충하여 그 법률상 효력을 완성시켜 주는 행정행위이다. 행정청의 승인이 사인의 법률행위의 유효요건으로 되어 있는 경우에 행정청이 사인의 법률행위에 승인을 부여하여 그것을 유효하게 하는 행위이므로 인가를 보충행위라고도 한다. 국토의 계획 및 이용에 관한 벌률 상의 토지거래계약에 관한 허가(§118), 은행법상의 은행업의 인가(§8), 항공법상의 국제항공운송사업의 운임 및 요금의 인가(§117), 대외무역법상의 물품 등 수출입의 승인(§11·②)·산업설비수출 등 플랜트수출의 승인(§32), 여객자동차운수사업법상의 사업양도의 인가(§14) 등이 그 예이다. 인가는 강력한 경제개입수단이다.

(4) 특 허

특허란 광의로는 행정주제(행정청)가 특정인에게 새로운 권리·능력 또는 포괄적인 법률관계 기타 법률상의 힘을 설정하는 행정해위를 말한다. 설권행위에는 협의의 특허(설권행위), 능력 설정행위, 포괄적 법률관계(법적지위를 설정)의 설정행위가 있다. 공유수면관리 및 매립에 관한 법률상의 공유수면매립면허(§28), 도시가스사업법상의 도시가스사업의 허가(§3), 전기사업법상의 전기사업의 허가(§7), 여객자동차운수사업법상의 여객자동차운수사업의 면허(§4) 등이 그 예이다.

경제행정에 있어서 특허는 진입규제를 위한 수단이라는 점에서 그 기본적인 의미가 있다. 즉 경제관계 법률이 특정사업의 특허의 요건으로 수급균형, 거리제한, 공급구역제 등을 정하고 있는 경우가 있는 바, 이들 규정은 당해 경제활동에 대한 진입을 제한하여 당해 지역에의 수급조절 또는 당해 영업활동을 특별히 보호하려는데 그 기본목적이 있다. 이에 따라 당해 지역에서의 특허사업자의 수는 단일 또는 소수의 사업자로 한정되며, 이들 사업자는 당해 지역에서의 사업경영에 있어 독점적 지위를 누리게 된다.

특허는 경제정책과 관련된 공익과 개인의 영업상의 이익을 고려하여 특정인에게 새로운 권리 내지는 법률상의 힘을 부여한다는 점에서 법률에서 기속행위로 규정하고 있지 않는 한 원칙적으로 재량행위의 성질을 갖는다.

Ⅲ. 신고주의(신고의무의 부과)

1. 의 의

신고란 국민이 법령의 규정에 따라 행정관청에 일정한 법률사실이나 법률관계의 존부에 관하여 알리는 행위를 말한다. 신고에는 수리를 요하지 않는 "자기 완성적 신고"와 신고의 수리를 요하는 "행정 요건적 신고"가 있다. 신고주의란 허가를 받음이 없이 적법한 신고만 하면 영리활동을 할 수 있는 경우를 말한다.

2. 유 형

(1) 단순사실로서의 신고

단순한 사실로서의 신고는 여기서 말하는 법적행위로서의 신고에 해당하지 아니한다. 단순한 사실로서의 신고는 신고자의 주관적인 법률상 이해관계가 없는 신고를 말한다. 예컨대 보행자가 경찰관서나 소방관서에 대하여 자신이 목격한 교통사고나 화재를 각각 신고하는 경우이다.

(2) 자기완성적 신고

1) 의 의

자기 완성적 신고란 수리를 요하지 않는 신고이므로 적법한 신고만 있으면 신고가 행정기관에 접수된 때(수리여부와 관계없이) 그 자체로서 법적절차가 완료되고 그 자체로서 법적효과가 발생하는 것을 말한다.

2) 수리거부와 권리구제

자체 완성적 신고는 수리를 요하지 아니하고 신고가 행정기관에 접수된 때 법적효과가 발생하므로 사인의 신고에 대해 행정청의 수리나 수리거부는 행정처분이 아닌 사실행위이고, 사인의 권리·의무에 아무런 영향을 미치지 않으므로 항고소송의 대상이 되지 않는다.

3) 행정절차법 등 법령규정

행정절차법 제46조 제1항·제2항의 형식적 요건을 갖춘 "신고"는 자체 완성적 신고에 관하여 규정하고 있고, 체육시설의 설치·이용에 관한 법률 제10조의 "신고체육시설업", "공중위생관리법 제3조의 영업소 개설신고·변경신고·폐업신고는 자체 완성적 신고에 해당한다.

4) 부적법한 신고의 효과

① 신고요건보완요구

신고가 신고 요건을 충족하지 않는 경우에 신고는 부직법한 신고가 된다. 부적법한 신고의 경우 행정청은 요건을 갖추지 못한 신고서가 제출된 경우 지체 없이 상당한 기간을 정하여 신고인에게 보완을 요구해야 하며, 신고인이 보완기간에 보완을 하지 아니한 때에는 그 이유를 명시하여 당해신고서를 되돌려 보내야 한다(행정절차법 §40·③·④).

② 신고의무위반의 효과

신고사항을 신고하지 아니하거나 신고하였으나 신고요건을 충족하지 않은 부적법한 신고의 경우는 신고의무를 이행하지 않는 것이 된다. 신고 없이 행위를 하여도 원칙상 신고의 대상이 되는 행위자체는 위법한 것이 아니나, 무신고행위로서 행정벌 및 관계법상의 제재

조치의 대상이 된다(공중위생관리법 §3, §20·①·②).

(3) 행정요건적 신고

1) 의 의

행정요건적 신고란 국민이 법령의 규정에 따라 행정관청에 일정한 사항을 통지하고 행정청이 이를 수리함으로써 법적효과가 발생하는 신고를 말한다. 신고가 수리되어야 신고의 효과가 발생하는 점에서 "수리를 요하는 신고"라고도 하고, 신고가 수리되어야 신고의 대상이 되는 행위에 대한 금지가 해제되는 점에서 "신고유보부금지" 또는 "허가적 신고"라고도 한다. 실정법은 "등록"이라는 용어를 사용하기도 한다.

2) 수리거부와 권리구제

수리를 요하는 신고는 수리를 하여야 법적효과가 발생하므로, 법령이 정한 요건을 구비한 적법한 신고가 있으면 행정청은 의무적으로 수리해야 한다. 법령에 없는 새로운 사유를 내세워 수리를 거부할 수 없다. 따라서 수리의 거부(거부처분)는 행정소송법상 처분성이 인정되며 행정소송의 대상이 된다.

3) 실정법 규정

최근 들어 행정규제의 완화책으로서 종래의 허가 사항이 다수 신고 사항으로 된 사실과 관련하여 일정한 신고의 경우에는 사인의 신고가 관계법상의 신고 요건을 충족하지 않는 경우에는 행정청이 당해 신고의 수리를 거부하고 있는바, 이 경우의 신고제는 실질적으로는 완화된 허가제와 같은 의미를 가진다고 할 것이다. 이는 행정요건적 사인의 공법행위인 신고에 해당한다. 체육시설의 설치·이용에 관한 법률 제10조의 "등록체육시설업", "신고어업"(수산업법 §47), "신문 또는 인터넷신문의 등록"(신문 등의 진흥에 관한 법률 §9). "음반·음악영상물 제작업 등의 신고"와 "노래연습장업의 등록"(음악산업진흥에관한법률 §16, §18), "게임제작업 등의 등록"(게임산업진흥에 관한법률 §25), "잡지·정기간행물의 등록·신고"(잡지 등 정기간행물의 진흥에 관한 법률 §15, §16), "액화석유가스사업 승계의 신고"(액화석유가스의 안전관리 및 사업법 §8), "공중위생영업 승계의 신고"(공중위생관리법 §3의2), "옥외광고업의 등록"(옥외광고물등관리법 §11)등이 행정요건적 신고, 즉 수리를 요하는 신고에 해당한다.

4) 부적법한 신고의 효과

① 신고요건보완요구

수리를 요하는 신고에 있어서도 행정절차법 제40조 제3항과 제4항을 준용하여 신고의 형식적 요건을 갖추지 않는 경우는 보완을 명하여야 하며, 그럼에도 보완을 하지 않는 경우에 수리를 거부할 수 있다고 보아야 한다.

② 신고의무위반의 효과

신고유보부금지 내지 규제적신고와 수리를 요하는 신고의 경우에는 신고 없이 행위를 한 경우 위법한 행위가 되며 통상 행정벌의 부과대상이 되며 시정명령의 대상이 된다.

③ 부적법한 신고를 수리한 경우

요건미비의 부적법한 신고가 있었음에도 불구하고 행정청이 이를 수리하였다면 그 수리행위는 위법한 수리행위 즉, 하자있는 행정행위가 된다. 수리행위가 무효인 경우는 신고의 효과가 발생하지 않으며, 신고영업의 영업행위는 무신고영업으로서 불법영업에 해당한다. 수리행위가 취소할 수 있는 행위인 경우는 신고의 효과가 발생하며, 신고영업의 영업행위는 수리가 취소될 때까지는 불법영업에 해당하지 않는다. 따라서 이 경우는 수리행위를 취소함으로써 신고인의 신고영업행위를 막을 수 있다.「주의할 것은 자체 완성적 신고의 대상이 되는 행위라 할지라도, 그 신고가 인·허가 의제의 효과를 갖는 경우는 "수리를 요하는 신고", 즉 행정요건적 신고라고 보아야 하며, 행정청의 신고반려 행위나 수리거부행위도 항고소송의 대상이 된다고 보아야 한다(건축법 §14·②). 인·허가 의제효과를 갖는 건축신고는 "수리를 요하는 신고"에 해당하고 따라서 행정청이 실체적 요건 충족 여부를 심사하여 수리를 거부할 수 있다고 판례도 변경한 바 있다(대판 2011.1.20, 2010두14954 ; 대판 2010.11.18, 2008두167).」

Ⅳ. 행정지도(경제지도) 및 비공식적 행정작용

경제지도는 국가와 경제의 이원주의를 전제로 한다. 행정청이 지도, 권고, 조언 등의 방법으로 상대방의 자발적 협력을 얻어 일정한 경제적 목적을 달성하는 작용으로서 다른 행정 분야보다 특히 경제행정에 있어서 많은 비중을 차지하는 것이 행정지도이다. 기업 간에 이해관계를 조정하기 위한 수단으로 또는 중소기업에 대한 기술지도와 같은 조성적 수단으로 활용되고 있다. 협상·홍보 등의 비공식적 행정작용도 경제행정에 있어서 널리 사용하고 있는 유용한 수단이다. 그러나 행정지도에 불응할 경우 인허가나 보조금 지급의 거절 등 사실상 불이익이 가해지는 경우도 있고, 또한 잘못된 행정지도를 신뢰한 사항에 대한 신뢰보호의 문제가 야기되는 만큼, 그 남용의 방지에 유의하여야 할 것이다.

Ⅴ. 행정계획(경제계획)

행정계획이란 행정주체가 일정한 활동을 위하여 장래를 예측하여 목표를 설정하고, 설정된 목표의 실현을 위하여 행정수단의 선택·조정·종합화를 통하여 장래의 일정한 질서의 실현을 목적으로 하는 구상 또는 활동기준의 설정이다. 경제행정은 소극적인 사회질서의 유지 작용에 그치지 않고, 적극적인 사회형성작용이라는 점에서 장래의 일정시점에 도달하고자 하는 목표를 설정하고, 그를 위하여 여러 시책들을 조정·종합하여 추진하는 것이 특히 요구된다. 그러한 점에서 행정계획은 경제행정에 있어서 매우 중요한 의미를 갖는다.

경제계획에는 국민경제 전반에 관한 종합계획(예: 경제개발 5개년계획 등), 특정산업 또는 물자에 관한 특정계획(예: 석유수급계획·수출진흥계획·중소기업진흥계획등) 등이 그 예이다.

경제에 관한 종합계획과 부분계획에 의하여 경제활동을 유도·조정하는 경우가 많다.

Ⅵ. 공법상계약

오늘날 사회적 법치 국가에서는 급부행정에 역점이 주어짐에 따라 공법상 계약과 같은 비권력적 행위 형식의 중요성이 강조되고 있고, 장점 및 필요성이 대두되고 있다(공법상 계약의 유용성 참조). 경제행정에 있어서 행정주체의 개인에 대한 자금지원이나 보증금지원 등이 공법상 계약의 형태를 취하는 경우가 많다. 행정절차법에 공법상 계약의 종류, 체결절차 및 하자에 대한 규정의 도입이 시급한 실정이다.

Ⅶ. 사실행위

행정주체가 직접 도로·항만을 건설하는 토목사업을 하거나, 철도·우편·전화·전기·가스·주택사업 등의 공기업을 경영함으로써 재화와 역무를 제공하는 경우도 있다.

Ⅷ. 자금지원(자금조성행정에서 상술하였음)

각종 보조금지급, 자금의 대부, 채무의 지급보증, 국공유재산의 무상대부·양여, 조세의 감면 등의 자금지원을 통하여 경제활동을 조장한다. 자금지원은 행정주체가 공공복리를 증진하기 위하여 적극적으로 사업이나 개인의 경제·문화·산업·교육 등의 활동을 조성하거나 촉진을 목적으로 하므로 자금조성 행정에서 상술하였다.

제3절 경제행정의 수단·내용

Ⅰ. 직접적 수단·내용

1. 관련법률

(1) 경제질서행정으로는 「독점규제 및 공정거래에 관한 법률」 등에 의한 기업공개·중소기업보호·기업결합의 제한·상호출자의 금지·출자총액제한·계열회사에 대한 채무보증의

금지, 부당한 공동행위의 금지·불공정거래행위의 금지·독과점규제(동법§3, §3의2, §7, §9, §10, §19~§24의2)와 「소비자기본법」 등에 의한 소비자에의 정보제공 등 소비자 보호, 취약계층의 보호와 약관의 규제에 관한 법률 등에 의한 불공정약관 조항의 사용금지, 소비자 단체소송(§4, §13, §15, §45, 제4절) 등이 있고, 「부정경쟁방지 및 영업비밀보호에 관한 법률」 등에 의한 부정경쟁행위의 금지 등이 있고,

(2) 경제활동행정으로는 물가안정에 관한 법률·약관의 규제에 관한 법률·대외무역법·외국환거래법·외국인투자촉진법 등에 의한 물가수급규제·물자규제·물가규제·무역규제·자본·금융규제, 외환 및 외자규제, 공기업규제(공공기관의 운영에 관한 법률) 등이 있고,

(3) 자원행정으로는 광업법, 수산업법, 특허법, 실용신안법, 상표법, 저작권법 등에 의한 광업권, 어업권, 특허권 등이 있는 바 이는 조성행정작용에 포함되므로 기술하였다. 이하에서는 물가안정에 관한 법률, 약관규제에 관한 법률 등에서 규정한 주요 내용을 간단히 살펴보기로 한다.

2. 가격표시명령·시정명령

주무부장관은 소비자의 보호 또는 공정한 거래를 위하여 필요하다고 인정할 때에는 물품을 생산·판매하거나 그 매매를 업으로 하는 자 또는 용역제공을 업으로 하는 자에게 대통령령이 정하는 바에 따라 당해 물품의 가격 또는 용역의 대가를 표시할 것을 명할 수 있고, 매점매석행위를 하고 있는 사업자에 대하여 그 행위의 시정 또는 중지를 명하여야 한다(물가안정법 §3, §9).

3. 최고가격의 지정

정부는 국민생활과 국민경제의 안정을 위하여 필요하다고 인정할 때에는 특히 긴요한 물품의 가격, 부동산 등의 임대료 또는 용역의 대가의 최고가격을 지정할 수 있다. 이 경우에 최고가격은 생산단계, 도매단계, 소비단계 등 거래단계별 및 지역별로 지정할 수 있고 또 그것을 고시하여야 한다(물가안정법 §2·①·②·④).

4. 농수산물 관리

(1) "양곡관리법"은 양곡의 효율적인 수급관리 및 적정가격 유지와 양곡증권 정리기금의 설치 등을 통하여 식량을 안정적으로 확보함으로써 국민경제에 이바지함을 목적으로 한다(동법 §1).

농림수산식품부장관은 국민식량을 안정적으로 확보하기 위하여 공공비축미곡을 비축·운용해야하고, 양곡의 수급조절을 위하여 필요하다고 인정하면 양곡을 수입하거나 수출할 수 있고(동법 §10, §11), 가격안정을 위한 양곡의 출하 및 농업협동조합 등에게 양곡을 매입하고 판

매하게 할 수 있다(동법 §16).

(2) "농수산물유통 및 가격안정에 관한 법률"은 농수산물의 유통을 원활하게 하고 적정한 가격을 유지하게 함으로써 생산자와 소비자의 이익을 보호하고 국민생활의 안정에 이바지함을 목적으로 한다(동법 §1).

시·도지사는 농·수산물의 수급조절을 위하여 생산 및 출하를 촉진 또는 조절할 필요가 있다고 인정하는 때에는 주요 농산물의 주산지를 지정하고 그 주산지에서 주요 농산물을 생산하는 자에 대하여 생산자금의 융자 및 기술지도 등 필요한 지원을 할 수 있다(동법 §4·①)(주산지의 지정 및 해제).

농림수산식품부 장관은 주요 농산물의 수급조절과 가격안정을 위하여 필요하다고 인정할 때에는 해당 농산물의 파종기 또는 수산물의 종묘입식시기 이전에 생산자를 보호하기 위한 하한가격(이하 "가격예시"이라 한다)을 예시할 수 있고(동법 §8·①), 채소류 등 저장성이 없는 농산물의 가격안정을 위하여 필요하다고 인정할 때에는 그 생산자 또는 생산자단체로부터 농산물가격 안정기금 또는 수산발전기금으로 해당 농·수산물을 수매할 수 있다(동법 §9·①)(과잉생산시의 생산자 보호).

농림수산식품부 장관은 부패·변질되기 쉬운 농수산물로서 농림수산식품부령이 정하는 농수산물에 대하여 현저한 수급 불안정을 해소하기 위하여 특히 필요하다고 인정되고 농림수산식품부령이 정하는 생산자 등 또는 생산단체의 요청이 있는 때에는 공정거래위원회와 협의를 거쳐 일정기간 동안 일정지역의 당해 농산물의 생산자 등에 대하여 생산조정 또는 출하조절을 하도록 "유통조절명령"을 발할 수 있고(동법 §10·②), 유통명령이 이행될 수 있도록 유통명령의 내용에 관한 홍보, 유통명령 위반자에 대한 제재 등 필요한 조치를 해야 하며, 유통명령 이행자에 대한 지원을 할 수 있다(동법 §11·①, §12·①).

농림수산식품부 장관은 농수산물(쌀과 보리는 제외된다)의 수급조절과 가격안정을 위하여 필요하다고 인정할 때에는 농산물가격안정기금 또는 수산발전기금으로 "농수산물을 비축"할 수 있고, 비축용 농수산물은 생산자 및 생산자단체로부터 수매하여야 한다(동법 §13·①·②). 농수산물도매시장(중앙도매시장과 지방도매시장)을 개설·운영한다(동법 제3장).

5. 정부비축제도

정부는 장단기의 원활한 물자수급과 물가안정을 위하여 생활필수품, 원자재 및 시설재로서 해외 의존도가 높은 물자, 국민생활 안정에 매우 중요한 물자, 그 밖에 물가안정과 수급조절을 위하여 긴급히 대처할 필요가 있다고 인정하는 물자 등을 정부가 구매하여 비축·공급한다(조달사업에 관한 법률 §2, 동법시행령 §3). 민간과 공동 비축사업을 할 수도 있다(동법 §2, §12).

6. (보통)거래약관

「약관의 규제에 관한 법률」은 사업자가 그 거래상의 지위를 남용하여 불공정한 내용의 약관을 작성 통용하는 것을 방지하고 불공정한 내용의 약관을 규제하여 건전한 거래질서를 확립함으로써 소비자를 보호하고 국민생활의 균형 있는 향상을 도모하기 위하여 거래약관을 작성하도록 하고, 계약체결시 고객에게 약관의 내용을 계약의 종류에 따라 일반적으로 예상되는 방법으로 명시하고, 고객이 요구할 때에는 당해 약관의 사본을 고객에게 교부하여 이를 알 수 있도록 하여야 하며, 특히 약관의 중요내용을 당연히 고객이 이해할 수 있도록 설명하여야 한다고 명시하고 있다(동법§3·②·③). 특히 사업자가 제3조 제2항과 제3항에 위반하여 계약을 체결한 때에는 당해 약관을 계약의 내용으로 주장할 수 없다(동법§3·④).

또한 거래약관에는 책임문제, 품질, 통지의무, 이자 등이 포함되고, 약관의 뜻이 명백하지 않는 경우에는 고객에게 유리하게 해석하여야 한다(동법§5·②). 그리고 신의성실에 반하여 공정성을 잃은 약관조항은 무효로 하며 무효추정조항·사항들을 열거하고 있다(동법§6·①·②). 또한 일정한 내용에 대하여는 면책조항을 무효로 하여 금지시키고 있다(동법§7).

7. 공공요금 등의 결정

주무부장관은 다른 법률이 정하는 바에 따라 결정·승인·인가 또는 허가하는 사업이나 물품의 가격 또는 요금(이하 "공공요금"이라 한다)을 정하거나 변경하고자 할 때에는 미리 기획재정부장관과 협의하여야 한다(물가안정법 §4·①).

국가 또는 국가로부터 위탁 받은 기관이 다른 법률이 정하는 바에 따라 제공하는 행정서비스, 시설이용 및 특정한 권리부여 등에 대한 보상으로 징수하는 대가(이하 "수수료"라 한다)를 정하거나 변경하고자 할 때에는 주무부장관은 미리 기획재정부장관과 협의하여야 한다(물가안정법 §4·②). 기획재정부장관은 제2항의 규정에 따른 협의를 위하여 협의대상 및 절차 등 필요한 사항에 관하여 고시하여야 한다(물가안정법 §4·③).

지방자치단체는 지방직영기업의 급부에 대하여 조례가 정하는 바에 의하여 요금을 징수하나, 요금은 적정하여야 하고, 지역 간 요금수준의 형평을 기하여야 하며, 이를 결정함에 있어서는 당해 지방직영기업이 제공한 급부의 원가를 보상함과 아울러 기업으로서 계속성을 유지할 수 있도록 하여야 하며, 조례가 정하는 요금의 산정방식은 영업비용 및 자본비용 등을 감안하여 대통령령으로 정한다(지방공기업법 §22).

8. 독점규제

헌법(§119·②)은 시장의 지배와 경제력의 남용을 방지하기 위하여 경제에 대한 규제와 조정을 할 수 있게 하였고, 이에 근거하여 독점규제 및 공정거래에 관한 법률(이하 '독점규제법'이라 함)이 제정·시행되고 있다.

(1) 목 적

독점규제법은 공정하고 자유로운 경쟁을 촉진함으로써 창의적인 기업 활동을 조장하고, 소비자를 보호하며 국민경제의 균형 있는 발전을 도모하는 것을 목적으로 한다.

(2) 내 용

사업자의 시장 지배적 지위의 남용을 금지하고(제2장), 기업결합의 제한 및 경제력집중의 억제(제3장), 부당한 공동행위의 제한(제4장), 불공정거래행위의 금지(제5장), 사업자단체의 부당한 행위규제(제6장), 재판매가격유지 행위제한(제7장), 그리고 부당한 국제계약의 체결을 제한하고 있다(제8장).

(3) 행정조직 및 제재수단

독점규제법상의 위반행위에 대하여는 가격인하, 당해 행위의 중지 기타 시정을 위한 필요한 조치를 명할 수 있으며, 위반사실의 공표, 벌금 및 과징금부과 등의 제재수단을 규정하고 있으며, 독점규제행정의 전담기구인 독립된 합의제 중앙행정관청으로서 국무총리 소속하에 공정거래위원회를 두고 있다(제9장).

(4) 하도급거래의 규제

공정한 하도급 거래질서를 확립함으로써 경제적 약자의 지위에 있는 수급사업자를 보호하기 위하여 특별히 독점규제법과는 별도로 「하도급거래공정화에 관한 법률」을 제정·시행하고 있다.

9. 중소기업의 보호육성

헌법(§123)은 중소기업의 보호·육성과 중소기업의 자조조직을 육성하며, 그 자율적 활동과 발전을 보장하도록 규정하고, 이에 근거하여 중소기업기본법이 제정·시행되고 있다. 중소기업기본법은 중소기업의 나아갈 방향과 시책의 기본을 규정함으로써 중소기업의 성장과 발전을 촉구하고 중소기업의 구조개선과 국제 경쟁력의 강화를 도모하며 국민경제의 균형 있는 발전에 기여함을 목적으로 한다.

중소기업기본법 외에도 중소기업기술혁신촉진법, 중소기업사업전환 촉진에 관한 특별법, 중소기업은행법, 대·중소기업 상생협력 촉진에 관한 법률, 중소기업진흥에 관한 법률, 중소기업제품구매촉진 및 판로지원에 관한 법률, 중소기업창업지원법 및 중소기업협동조합법 등이 제정·시행되고 있다.

10. 소비자보호

헌법(§124)은 "국가는 건전한 소비행위를 계도하고 생산품의 품질향상을 촉구하기 위한 소비자보호운동을 법률이 정하는 바에 의하여 보장한다"고 규정하고, 이에 근거하여 소비자기본법이 제정·시행되고 있다.

헌법정신을 구체화하기 위해 제정된 소비자기본법은

(1) 「소비자의 기본적 권리」로서

① 물품 또는 용역으로 인한 생명·신체 또는 재산에 대한 위해로부터 보호받을 권리

② 물품 등을 선택함에 있어서 필요한 지식 또는 정보를 제공받을 권리

③ 물품 등을 사용함에 있어서 거래상대방·구입 장소·가격 및 거래조건 등을 자유로이 선택할 권리

④ 소비생활에 영향을 주는 국가 및 지방자치단체의 정책과 사업자의 사업 활동 등에 대하여 의견을 반영시킬 권리

⑤ 물품 등의 사용으로 인하여 입은 피해에 대하여 신속·공정한 절차에 따라 적절한 보상을 받을 권리

⑥ 합리적인 소비생활을 위하여 필요한 교육을 받을 권리

⑦ 소비자 스스로의 권익을 증진하기 위하여 단체를 조직하고 이를 통하여 활동할 수 있는 권리

⑧ 안전하고 쾌적한 소비생활 환경에서 소비할 권리를 규정하고 있고(제2장),

(2) 「국가·지방자치단체의 책무」로서 국가·지방자지단체는 소비자의 기본적 권리가 실현되도록 하기 위하여 관계법령 및 조례의 개·폐, 필요한 행정조직의 정비 및 운영개선, 필요한 시책의 수립 및 실시, 소비자의 건전하고 자주적인 조직 활동의 지원·육성할 책무를 지며(동법 §6), 계량 및 규격의 적정화(동법 §9), 거래의 적정화(§12), 소비자에의 정보제공(§13), 개인정보의 보호(§15), 시험·검사 시설의 설치 등(§17)을 규정하고, 사업자의 책무를 규정(§19)하고, 채무불이행 등으로 인한 소비자의 손해를 배상해야 함을 규정하고(§19·⑤),

(3) 소비자 정책의 추진체계로서 ① 기획재정부장관은 소비자 정책을 수립하고, ② 소비자의 권익증진 및 소비생활의 향상에 관한 기본적인 정책을 심의·의결하기 위하여 기획재정부에 소비자 정책위원회를 두고 있고(제4장 제2절),

(4) 소비자 단체의 등록과 보조금지급을 규정하고(제5장),

(5) 소비자 권익증진시책의 효과적인 추진을 위하여 「한국소비자원」을 법인으로 하여 설립하고, 한국소비자원은 공정거래위원회의 승인을 얻어 필요한 곳에 그 지부를 설치할 수 있고(제6장),

(6) 「소비자안전」으로는 취약계층의 보호, 시정요청, 수거·파기 등의 권고와 수거·파기

등의 명령, 소비자안전시책을 지원하기 위하여 한국소비자원에 소비자안전센터를 두고 있고(제7장),

(7) 「소비자 분쟁의 해결」을 위하여 ① 소비자 상담기구 설치 ② 한국소비자원에 피해구제 신청 ③ 한국소비자원에 소비자분쟁조정위원회 설치로 분쟁을 조정하고(제8장), ④ 소비자단체소송제도(제8장 제4절)를 도입하였다(2008.1.1. 시행). 소비자보호를 위한 법률로서는 소비자기본법 이외에 물가안정에 관한 법률, 독점규제 및 공정거래에 관한 법률, 부정경쟁방지 및 영업비밀보호에 관한 법률, 품질경영및공산품안전관리법, 전기용품안전관리법, 산업표준화법, 유통산업발전법, 약관의규제에관한법률, 할부거래에관한법률, 방문판매등에관한법률, 제조물책임법 등이 있다.

11. 물자규제

물자규제란 국민생활 또는 경제상 긴밀한 관계에 있는 물자의 생산유통에 있어서 물자의 심한 수요·공급의 불균형 또는 임의적인 유통을 조절 및 제한함으로써 국민생활의 안정과 국민경제의 발전을 도모하기 위한 작용이다. 진행과정 면에서 생산규제, 유통규제, 이동규제, 저장규제 등을 들 수 있고, 분야 면에서 정부비축제도에 의한 규제, 농산업무문·수산업부문에 대한 규제, 에너지에 대한 규제, 외래품에 대한 규제 등이 있다.

우리 실정법상 물자규제조치로는 ① 조달사업에 관한 법률에 의하여 정부는 생활필수품·원자재 및 시설재로서 해외의존도가 높은 물자, 국민생활의 안정에 긴요한 물자, 기타 물가안정과 수급조절을 위하여 긴급히 대처할 필요가 있다고 인정하는 물자로서 정부가 단독으로 또는 정부와 민간인이 협력하여 비축·공급하는 정부비축제도(§2, 동법 시행령§3) ② 농수산물 유통 및 가격안정에 관한 법률에 의한 농수산물의 생산조정 및 출하조절조치(제2장) ③ 석탄산업법에 의한 석탄의 수급조정을 위한 조치(§24) ④ 석유및석유대체연료사업법에 의한 지식경제부장관의 석유수급상황에 관한 예측(§3), 석유비축계획(§15), 석유수급조정명령(§21), 석유정제업자에 대한 석유저장·비축의무부과(§17) 등을 들 수 있다.

12. 물가규제

물가 또는 가격은 수요와 공급을 기초로 하여 자유로이 형성되는 것이 원칙이다. 그러나 물자수급상의 불균형이나 기타 사유로 가격이 폭락·폭등하거나 인플레이션이 발생하여 자동조절작용으로는 가격균형을 유지할 수 없는 경우에는 물가의 안정을 도모하기 위하여 국가(행정)개입을 요하게 된다.

물가규제 유형에는 ① 직접적 규제와 간접적 규제 ② 일반적 물가규제와 특정 물가규제 등이 있다.

우리 실정법상 물가규제에 관한 것으로 ㉮ 일반법인 물가안정에 관한 법률에 의한 최고가격 지정(§2), 가격표시제(§3), 공공요금규제(§4), 긴급수급조정조치(§6), 매점매석행위금지(§7), 시정명령(§9) 등이 있고 ㉯ 개별 법률로서는 농수산물유통 및 가격안정에 관한 법률, 전기사업법(§15), 항공법(§117) 등이 있고, 간접적 규제법으로는 독점규제 및 공정거래에 관한 법률 등이 있다. 물가안정에 관한 사항을 심의·의결하기 위하여 기획재정부에 기획재정부장관을 위원장으로 하고 위원장 1인을 포함한 17인 이내의 위원으로 구성하는 의결기관인 물가안정위원회를 둔다(물가안정법 §10, §11).

13. 자본·금융(증권 등)규제

(1) 목 적

① 자본시장에서의 금융혁신과 공정한 경쟁을 촉진하고 투자자를 보호하며, ② 금융투자업을 건전하게 육성함으로써 자본시장의 공정성·신뢰성 및 효율성을 높여 국민경제의 발전에 이바지함을 목적으로 「자본시장과 금융투자업에 관한 법률(이하 "자본·금융법"이라 한다)이 제정·시행되고 있다.

(2) 개념정의

① "금융자산"이란 금융회사 등이 취급하는 예금·적금·부금·계금·예탁금·출자금·신탁재산·주식·채권·수익증권·출자지분·어음·수표·채무증서 등 금전 및 유가증권과 그 밖에 이와 유사한 것으로서 총리령으로 정하는 것을 말한다(금융실명거래 및 비밀보장에 관한 법률 §2, "금융실명거래법"이라 한다).

② "금융투자상품"이란 이익을 얻거나 손실을 회피할 목적으로 현재 또는 장래의 특정시점에 금전, 그 밖의 재산적가치가 있는 것(이하, "금전 등"이라 한다)을 지급하기로 약정함으로써 취득하는 권리로서, 그 권리를 취득하기 위하여 지급하였거나 지급하여야 할 금전 등 총액(판매수수료 등 대통령령으로 정하는 금액을 제외한다)을 초과하게 될 위험(이하 "투자성"이라 한다)이 있는 것을 말한다. 금융투자상품에는 증권과 파생상품으로 구분한다(자본·금융법 §3·①·②).

(3) 자본·금융규제

자본주의경제에 있어서 금융은 자유로운 자본시장·금융시장의 자동조절 작용을 통해 이루어짐이 원칙이지만, 자동조절 작용의 한계가 드러남에 따라 국가의 규제를 필요로 하게 된다. 자본시장과 금융투자에 관한 일반법이라 할 수 있는 자본·금융법에서는 ① 대주주와의 거래 등 제한(§34), ② 대주주의 부당한 영향력 행사의 금지(§35), ③ 금융위원회의 자료제출 명령(§36), ④ 명의대여의 금지(§39), ⑤ 정보교류의 차단(§45), ⑥ 투자권유 대행인의 금지행위(§52), ⑦ 직무관련정보의 이용금지(제4장 제3관), ⑧ 자기계약의 금지(§67). ⑨ 집합투자업자의 자산운용의 제한(§81), ⑩ 집합투자업자의 자기집합투자증권의 취득제한(§82), ⑪ 집합투자업자의 이해관계인과의 거래제한(§84), ⑫ 성과보수의 제한(§86), ⑬ 장부·서류의 열람 및 공시(§91), ⑭ 증권거래의 제한(§121), ⑮ 주식 등 대량보유 등의 보고(§147), ⑯ 불공정거래의 규제(제4편), ⑰ 증권의 투자 한도(§344), ⑱ 한국거래소 설립(제7편), ⑲ 주식소유의 제한(§406)등에 관하여 규정하고 있고, 특히 증권의 거래과정에서 발생한 집단적인 피해를 효율적으로 구제하고 이를 통해 기업의 경영투명성을 높이기 위하여 "증권관련 집단소송"제도를 도입하였다(증권관련 집단소송법 §1).

금융거래 질서유지에 관한 법률에는 자본·금융법, 금융실명거래법, 증권관련 집단소송법 이외에도 한국은행법, 은행법, 보험업법, 신탁법, 신용협동조합법, 상호저축은행법 등이 있다.

14. 자원규제

자원규제란 국민경제의 발전을 위하여 자연자원(지하자원, 수산자원) 기타 자원의 개발·채취·보전 또는 이용을 효율적으로 하게 하기 위한 작용이다.

우리 헌법(§120·①)은 "광물 기타 중요한 지하자원, 수산자원, 수력과 경제상 이용할 수 있는 자연력은 법률이 정하는 바에 의하여 일정한 기간 그 채취, 개발 또는 이용을 특허할 수 있다"고 하여 자연자원의 규제에 관하여 규정하고 있다.

자원규제에 관한 법으로는 지하자원에 관한 법으로 광업법·석탄산업법 및 해저광물자원 개발법 등이 있고, 수산자원에 관한 법으로는 수산업법, 하천법, 댐건설 및 주변지역지원 등에 관한 법률 등이 있고, 에너지자원에 관한 법으로는 전기사업법, 에너지이용합리화법, 원자력진흥법, 석유 및 석유대체연료사업법 등이 있으며, 토지자원에 관한 법으로는 국토기본법, 국토의 계획 및 이용에 관한 법률, 도시 및 주거환경정비법, 농지법·산림자원의 조성 및 관리에 관한 법률 등이 있다.

15. 대외무역규제

(1) 대외무역규제

헌법(§125)의 "국가는 대외무역을 육성하며 이를 규제·조정할 수 있다"는 규정에 따라 기본법인 대외무역법이 제정·시행되고 있다.

대외무역법은 「우리나라의 무역은 헌법에 의하여 체결된 공포된 무역에 관한 조약과 일반적으로 승인된 국제법규가 정하는 바에 따라 자유롭고 공정한 무역을 조장함을 원칙으로 하고(동법 §3·①)」, 「지식경제부장관은 물품 등의 수출 또는 수입이 원활히 이루어질 수 있도록 대통령령으로 정하는 물품을 수출입 거래형태로 인정할 수 있다(동법 §13·①)」. 무역거래자는 대외 신용도 확보 등 자유무역 질서를 유지하기 위해 자기 책임으로 거래를 성실히 이행해야 한다(동법 §10·②)고 하여 무역 및 수출입자유의 원칙을 선언하고 있다.

반면에 「지식경제부장관은 무역의 진흥을 위하여 필요하다고 인정되는 때에는 대통령령이 정하는 바에 의하여 물품 등의 수출·수입을 지속적으로 증대하기 위한 조치를 할 수 있고(동법 §4·①)」, 「지식경제부장관은 헌법에 의하여 체결·공포된 조약과 일반적으로 승인된 국제법규에 의한 의무의 이행, 생물자원의 보호 등을 위하여 필요하다고 인정하는 경우에는 물품 등의 수출 또는 수입을 제한하거나 금지할 수 있다(동법 §11·①)」고 하여 무역의 진흥을 위한 조치와 수출입자유에 대한 일정한 제한을 가하고 있다.

또한 외화획득용의 원료, 시설, 기재의 수입승인, 전략물자의 고시 및 수출허가 및 산업설비수출(플랜트 수출) 승인제도를 취하고 있다(동법§16, §19, §32). 그리고 수출입물품 등의 원산지 표시(§33), 외국산 물품 등을 국산품 등으로 가장하는 행위의 금지(§38) 및 수출입물품 등의 가격의 조작금지(§43)를 규정하고 있고, 지식경제부장관으로 하여금 일정한 경우에 수출입질서유지를 위한 조정명령을 발할 수 있도록 하고 있다(§46). 또한 지식경제부장관은 일정한 경우에 수입수량제한 조치를 시행할 수 있다(§39). 그 밖에 무역거래에 관계되는 법규로는, WTO(세계무역기구), GATT(관세 및 무역에 관한 일반협정), UR(다자간 무역협정), 세계무역기구설립을 위한 마라케쉬협정, 「세계무역기구협정 등에 의한 양허관세규정」, 「자유무역지역의 지정 및 운영에 관한 법률」, 「자유무역협정 체결에 따른 농어업인 등의 지원에 관한 법률」, 「자유무역협정 체결에 따른 농어업인 등의 지원에 관한 특별법」, 「자유무역협정체결에 따른 무역조정지원에 관한 법률」, 「관세법」, 「외국환거래법」, 「무역보험법」, 「수출용원재료에 대한 관세 등 환급에 관한 특례법」 등이 있다.

(2) 외국환관리

외국환거래법은 외국환거래 기타 대외거래의 자유를 보장하고 시장기능을 활성화하여 대외거래의 원활화 및 국제수지의 균형과 통화가치의 안정을 도모함으로써 국민경제의 건전한 발전에 이바지함을 목적으로 한다. 동법은 기준환율, 외국환의 매도율과 매입률 및 재정환율에 관한 사항(동법 §5), 비상시 외국환거래의 정지, 자본거래의 허가제 및 외국환강제예치제도를 두고 있으며(동법 §6), 외국환업무취급기관(제2장), 외국환평형기금(제3장), 외국환의 지급과 거래(제4장)에 관하여 규정하고 있다.

(3) 외자도입규제

외자도입이란 외국으로부터 자본을 도입하는 것을 말한다. 외자도입 유형에는 ㉮ 외자제공주체를 표준으로 공공자본(외국정부, 국제부흥개발은행, 아시아개발은행 등), 민간자본(외국인, 외국기업, 외국은행 등) ㉯ 자본내용을 표준으로 현금, 현물, 기술 ㉰ 자본제공 목적을 표준으로 직접투자(단독투자, 합작투자), 간접투자(상업차관, 공공차관)가 있다.

우리나라에서는 외국인 투자에 대한 지원과 편의제공을 통하여 외국인 투자의 유치를 촉진함으로써 국민경제의 건전한 발전에 이바지함을 목적으로 「외국인 투자촉진법」이 제정·시행되고 있다. 동법은 외국인 투자를 위한 출자목적물을 현금·자본재·주식·산업재산권·지적재산권·국내부동산 등으로 하고(동법 §2·①), 외국인 투자의 허가제 및 신고제(제2장), 외국인 투자에 대한 조세감면 등의 외국인 투자에 대한 지원(제3장), 외국인투자지역의 지정·개발 등의 외국인 투자지역제(제4장), 외국인 투자의 사후관리(제5장), 기술도입계약(제6장), 외국인 투자에 관한 기본정책과제도 및 외국인 투자유치에 관한 중요사항을 심의하기 위하여 외국인투자위원회를 두고 있다(제7장).

그리고 공공차관의 효율적인 도입 및 관리를 위하여 「공공차관의 도입 및 관리에 관한 법률」이 제정·시행되고 있다. 동법은 대외송금의 보장(§4), 공공차관의 도입계획(§6), 조세·공과금의 면제(§8), 공공차관협약의 체결(§7) 등에 관하여 규정하고 있다.

Ⅱ. 간접적 수단·내용(정책적 수단·내용)

국가가 사경제활동을 직접 규율하는 권력적·비권력적 수단과는 달리, 여러 경제정책을 수립·시행함으로써 간접적으로 경제활동에 영향을 행사하며 경제에 대한 규제·조정·보호·지도를 하는 것으로서 조세정책, 재정정책, 금융·통화정책 등이 있다.

1. 조세정책

조세는 본래 국가의 재정수입을 목적으로 담세력에 비례하여 조세를 부담시켜야 하겠지만, 분리과세방식(이자소득, 배당소득)은 저축·투자의 장려책으로 활용되고(소득세법 §16, §17), 조세의 감면, 중과세 등의 방법을 통하여 특정한 경제활동을 촉진하거나 억제하며, 관세 등을 통하여 국내 산업을 보호하는 등의 기능을 한다. 부동산투기억제를 위한 종합부동산세(종합부동산세법 §7), 농산물 가공산업을 육성하기 위한 조세감면(농어업·농어촌 및 식품산업기본법 §62), 벤처기업 투자자에 대한 조세감면(벤처기업육성에 관한 특별조치법 §14), 자국 산업을 보호하기 위한 보복관세(관세법 §63), 상계관세(동법 §57), 덤핑방지관세(동법 §51), 등이 이에 해당한다.

2. 재정정책

국가의 예산 및 각종 재정투자 및 융자(대부)정책의 실시로 재정지출 일반의 증감이 승수효과로 총수요의 증감을 유발하여 경기를 조절하고 경제성장의 폭을 조정한다. 따라서 국가의 예산 및 연차 투융자계획의 결정과 그 지출시기의 결정은 경제행정의 중요수단이 된다.

3. 금융·통화정책

통화량의 증감과 중앙은행의 ① 재할인율결정(금융기관에 대한 한국은행의 대부이자율; 한국은행법 §64) ② 공개시장조작(중앙은행이 증권시장에 있어서 국·공채 기타 유가증권을 매매; 한국은행법 §68) ③ 지급준비금보유제도(각 금융기관이 그 예금채무에 대한 일정비율의 예금지급준비금을 한국은행에 지급준비금으로 보유하는 제도; 한국은행법 §56~§58) 등에 의하여 산업계의 투자활동을 통제하고 금융시장의 정상화와 경기조정에 공헌하며 산업계의 자금공급을 간접으로 규제한다.

Ⅲ. 경제규제의 완화

기업의 시장지배와 경제력 남용을 방지하고 경제의 민주화를 실현하기 위하여 기업 활동에 관한 많은 규제와 조정이 행하여졌으나, 민간경제의 규모가 커짐에 따라 정부에 지나친 규제와 간섭이 기업의 자율과 창의를 저해하고 국제화·세계화에 부응할 수 없게 되고 경제활동에 장애가 되는 현상이 초래하게 되자 1993년 6월 11일 '기업활동규제 완화에 관한 특별조치법'을 제정하여 기업의 창업 및 공장설립에 관련되는 각종 개별법상의 규제를 대폭 완화하고 각종 법률에 의한 안전 관리자 등의 고용의무의 완화, 수출입승인 및 각종 제품검사의 완화 등에 관하여 규정하는 한편, 1994년 1월 7일 행정규제 및 민원사무기본법이 제정되었고, 이는 다시 1997년 8월 22일 행정규제기본법과 민원사무처리에 관한 법률로 각각 분리 제정되었다. 「행정규제기본법」은 불필요한 행정규제를 폐지하고 비효율적인 행정규제의 신설을 억제함으로써 사회·경제활동의 자율과 창의를 촉진하여 국민의 삶의 질을 높이고 국제 경쟁력의 지속적인 향상을 도모함을 목적으로 한다. 동법에서는 규제법정주의, 규제의 등록 및 공표제, 규제영향분석 및 자체심사, 규제의 존속기한 명시, 의견수렴, 기존규제의 정비, 그리고 정부의 규제정책을 심의·조정하고 규제의 심사·정비 등에 관한 사항을 종합적으로 추진하기 위하여 대통령 소속하에 규제개혁위원회를 두고 있다.

제4절 경제행정법상 의무이행확보수단

Ⅰ. 전통적 의무이행확보수단

전통적 수단으로서는 ① 행정상 강제집행으로서 ㉮ 대집행 ㉯ 직접강제(식품위생법 §79, 공중위생관리법 §11) ㉰ 집행벌(건축법상 이해강제금, 독점규제법상 이행강제금) ㉱ 행정상 강제징수(국세징수법)가 있고, ② 행정벌(특정경제범죄가중처벌법)로써 의무이행을 확보한다.

Ⅱ. 새로운 의무이행확보수단

1. 금전적 수단

세제상의 수단으로서 ① 가산세(국세기본법 §2, 지방세기본법 §2) ② 가산금(국세기본법 §2, 지방세기본법 §2) ③ 종합부동산세(종합부동산세법 §1) 등이 있고, 과징금(여객자동차운수사업법 §88, 식품위생법§82, §83, 공중위생관리법§11의2, 여신전문금융업법 §58, 독점규제및 공정거래에 관한 법률§6, 하도급거래공정화에관한법률 §25의3) 부과금(대기환경보전법 §35, 수질 및 수생태계 보전법 §4의7, §41)제도 등이 있다.

2. 비금전적 수단

① 관허사업제한(국세징수법 §7, 건축법 §79·②) ② 인·허가의 취소·정지(석유 및 석유대체연료사업법 §34, 여객자동차운수사업법 §85) ③ 경제행정법상 의무위반사실의 공표(소비자기본법 §28), 공표명령, 정정광고명령(독점규제법 §16, §21, §24, §27, §31, 대·중소기업상생 협력촉진에 관한 법률 §33·②·③) ④ 행정조사(공정거래위원회) 등의 새로운 수단이 도입되고 있다.

특히 행정조사 중 세무조사는 물가억제 및 부동산투기억제 등을 위한 목적으로 사용되어 사실상 다른 어떠한 수단보다도 강력한 수단으로 작용하고 있는 실정이다. 이 경우 행정조사의 기본원칙에 따라야 한다. 즉, 행정조사는 조사 목적을 달성하는데 필요한 최소한의 범위에서 실시해야 하며, 다른 목적 등을 위하여 조사권을 남용하여서는 아니 되고, 조사목적에 적합한 조사대상자를 선정하고, 행정조사가 중복되지 않아야 하며, 처벌보다 법령준수 등을 유도하는데 중점을 두어야 하고, 조사내용을 공표하거나 직무상 알게 된 비밀을 누설해서는 아니 되며, 원래의 조사목적 이외의 용도로 이용되거나 타인에게 제공하여서는 아니된다(행정조사기본법 §4).

제5절 권리구제

Ⅰ. 행정쟁송

경제행정작용이 행정입법, 행정계획, 행정행위로 발령되는 경우에는 일반적인 기준에 따라 그 위법한 행정작용으로 법률상 이익(권익)이 침해된 경우에는 행정심판·행정소송의 제기가 가능하다. 다만, 행정입법·행정계획이 대상인 때에는 추상적·예측적 성격으로 인해 행정소송에 있어서 그 발령주체의 고유한 결정이나 형성권이 존중되어야 할 경우가 많을 것이다(예: 계획상 형성의 자유).

그리고 행정행위가 대상인 때에는 그 행위로 인해 불이익을 받게 되는 제3자의 법적 지위의 보장이 중시되는 데 이 경우를 경쟁자소송이라 한다(복효적 행정행위와 경쟁자 소송).

Ⅱ. 손해전보와 헌법소원

경제행정작용법을 통해 기본권이 침해된 경우에는 적법·위법에 따라 다른 행정작용의 경우와 마찬가지로 행정상 손실보상과 행정상 손해배상이 가능하며, 구체적 규범통제 하에서 헌법소원도 가능하다고 본다.

제5장 환경행정법

【기출문제】 <2001년 (제17회) 입법고시 (약술형)> ※ 환경행정법상 사전배려(사전대비)·원인자책임 및 협동의 원칙을 약술하시오.

<2006년 (제22회) 입법고시 (사례형)> ※ 환경영향평가의 부실 등 환경영향평가 절차의 하자는 폐기물처리시설설치계획 승인의 절차의 하자라는 것을 전제로 아래 판례의 입장을 논평하시오(30점).

【판결요지(새만금 간척종합개발 사업을 다룬 사건인 대판 2006. 3. 16, 2006두330)】 환경영향평가법에서 환경영향평가를 실시하여야 할 사업을 정하고, 대상사업에 대하여 반드시 환경영향평가를 거치도록 한 취지 등에 비추어 보면, 같은 법에서 정한 환경영향평가를 거쳐야 할 대상사업에 대하여 그러한 환경영향평가를 거치지 아니하였음에도 승인 등 처분을 하였다면 그 처분은 위법하다 할 것이다. 그러한 절차를 거쳤다면 비록 환경영향평가의 내용이 다소 부실하다 하더라도, 그 부실의 정도가 환경영향평가 제도를 둔 입법취지를 달성할 수 없을 정도이어서 환경영향평가를 하지 아니한 것과 다를 바 없는 정도의 것이 아닌 이상 그 부실은 당해 승인 등 처분에 재량권 일탈·남용이 있는지 여부를 판단하는 하나의 요소로 됨에 그칠 뿐, 그 부실로 인하여 당연히 당해 승인 등 처분이 위법하게 되는 것이 아니다.

Ⅰ. 서 설

1. 환경행정법·환경법·환경·환경문제의 국제화

(1) 환경행정법의 개념

환경행정법은 「국가 등 환경행정주체가 환경적 조건을 보호·정비·개선하고(환경침해 예방), 국민의 건강하고 쾌적한 환경질서를 조성·조장(환경이용)하기 위한 규제적 의미의 행정의 조직·작용·절차·구제에 관한 법[177]」으로 정의될 수 있다. 따라서 환경행정법은 환경정책의 기본이 되는 사항을 정하여 환경오염과 환경훼손을 예방하고 환경을 적정하고 그 지속가능하게 관리·보전함으로써 모든 국민이 건강하고 쾌적한 삶을 누릴 수 있도록 함을 목적으로 한다(환경정책기본법§1, 헌법§35).

(2) 환 경 법

환경입법은 그 체계에 있어서 규율대상의 성격상 사전적·배려적인 내용, 사후적·재제적인 내용 및 복구적·회복적인 내용을 갖게 된다. 따라서 환경입법은 장래에 나타날 수 있는 환경에의 부담을 가능한 범위에서 예방해야 하고, 현재 나타나고 있는 환경에의 부담을 줄

177) 김남진, "환경안전과 환경행정법", 월간고시 1983. 3 : 석종현, "환경규제행정과 환경보전규제행정", 고시행정 1990. 11.

이도록 해야 하며, 이미 나타난 환경피해를 제거할 수 있는 내용 등으로 나타나게 된다. 하지만 환경입법제정의 어려움은 특히 그 규율대상인 환경위해의 특성과 관련하여 나타나는 바, 많은 환경위해는 입법자에 의해 미리 충분한 확정성을 가지고 예측할 수 없는 성질을 갖는데 있고, 특히 그 위해가 시기적으로 늦게 나타나는 특색을 갖고 있다.

환경입법의 입법방식으로는 통상적으로 모든 환경문제를 하나의 법안에서 규율하는 단일법주의, 환경매개인자별로 개별화하여 별도의 입법으로 규율하는 복수법주의, 단일법을 기본으로 하되 단일법에 넣을 수 없는 입법은 독립하여 규율하는 절충주의가 있다. 우리나라는 초기에 공해방지법의 제정당시에는 단일법주의에서 출발하였으나, 환경보전법의 제정으로 절충주의로 전환하였다가, 1990년 환경정책기본법의 제정 이후에는 개별법이 양산됨으로써 복수법주의 체제로 구성되고 있다.

이에 따라 현행법제는 자연환경, 생활환경, 토양환경, 수질환경, 대기환경, 습지, 소음·진동, 폐기물, 오수·분뇨·축산폐수, 유해화학물질, 원자력 등의 대상별로 독립한 입법체제를 갖추고 있다. 그러나 이러한 복수법주의는 현실적 운영에 있어서 동일한 대상에 대해 여러 관련 법률이 서로 조정되지 못하고 중복 적용되는 문제와, 경우에 따라서는 서로 모순되는 결과를 낳는 문제가 발생한다. 또한 통합적인 환경규제행정의 계획수립이나 관리수행이 어렵게 되는 문제도 발생하고 있다. 그 이유는 환경매체만을 고려하여 규율한 탓에, 이러한 매개 인자들이 관련을 갖는 다른 관련 법률과의 관계는 전혀 고려하지 못하기 때문이다. 따라서 이러한 복수법체계는 앞으로 지양하는 것이 바람직하며, 그 대상에 따라서 서로 상이한 구조를 가지고 규율되어 있는 환경 법률들을 통일화시키는 작업이 향후 중요한 입법과제에 포함된다고 볼 것이다.[178)]

이를 위해서는 우리나라에서도 환경법 적용의 통일성을 담보할 수 있는 내용의 통일 환경법 제정 작업이 필요하게 된다.[179)] 우리나라의 많은 환경법의 모델이 되어 왔던 일본에서도 통일적인 환경기본법의 제정 움직임이 있음도 참고가 될 것이다.

환경법은 그 유형에 있어서 규율하는 목적에 따라 환경행정법, 환경형법, 환경사법, 국제환경법 등으로 나눌 수 있다. 따라서 환경법은 환경보호를 위한 법규의 총체로서 공법과 사법의 성질을 동시에 포함하고 있다.

그러나 환경법은 환경침해로 인한 사후적인 민사상 구제나 형사법적인 대응이 중심을 이루는 것이 아니라, 환경을 사전에 보호하고 개선하기 위한 공적인 규제와 그 조정이 중추를 이루고 있으므로 환경공법, 특히 환경행정법이 환경법의 중심을 이루고 있다고 볼 수 있다.[180)]

---

178) 유지태, 행정법신론, 903쪽.

179) 오석락, 한국 환경규제의 현황과 과제, 현대산업사회와 환경문제(아산사회복지사업재단출판), 1994, 218쪽 ~ 253쪽.

180) 김남진, "환경안전과 환경행정법", 월간고시 1983. : 석종현, "환경규제행정과 환경보전규제행정", 고시행정 1990. 11.

(3) 환경관련 개념 정의

환경이란 광의로는 인간을 둘러싸고 있는 모든 환경을 말한다. 광의에는 자연환경·생활환경·사회환경·문화환경 등을 모두 포함한다. 협의로는 자연환경과 생활환경을 말한다. 협의에는 환경정책기본법인 실정법의 정의 개념이다(환경정책기본법 §3·1호).

① 자연환경이란 지하·지표(해양을 포함) 및 지상의 모든 생물과 이들을 둘러싸고 있는 비생물적인 것을 포함한 자연의 상태(생태계 및 자연경관을 포함)를 말한다.

② 생활환경이란 대기, 물, 폐기물, 소음·진동, 악취, 일조 등 사람의 일상생활과 관계되는 환경을 말한다.

③ 환경오염이란 사업활동 기타 사람의 활동에 따라 발생되는 대기오염, 수질오염, 토양오염, 해양오염, 방사능오염, 소음·진동, 악취, 일조방해 등으로서 사람의 건강이나 환경에 피해를 주는 상태를 말한다.

④ 환경훼손이란 야생물·식물의 남획 및 그 서식지의 파괴, 생태계 질서의 교란, 자연경관의 훼손, 표토의 유실 등으로 인하여 자연환경의 본래적 기능에 중대한 손상을 주는 상태를 말한다.

⑤ 환경보전이란 환경오염 및 환경훼손으로부터 환경을 보호하고 오염되거나 훼손된 환경을 개선함과 동시에 쾌적한 환경의 상태를 유지·조성하기 위한 행위를 말한다.

⑥ 환경용량이란 일정한 지역 안에서 환경의 질을 유지하고 환경오염 또는 환경훼손에 대하여 환경이 스스로 수용·정화 및 복원할 수 있는 한계를 말한다.

⑦ 사전환경성 검토란 환경에 영향을 미치는 행정계획의 수립 또는 개발사업(행정계획의 수립이 요구되지 아니하는 개발사업을 말한다. 이하 같다)허가·인가·승인·면허·결정·지정 등(이하 '허가'등이라 한다)을 함에 있어서 당해 행정계획 또는 개발 사업에 대한 대안의 설정·분석 등 평가를 통하여 미리 환경측면의 적정성 및 입지의 타당성 등을 검토하는 것을 말한다(환경정책기본법 §3).

(4) 환경문제의 국제화

인류의 미래를 좌우할 많은 요소 중에서도 인류가 지혜를 모아서 해결해야 할 가장 시급한 과제는 환경과 자원의 문제일 것이다.

환경오염에 대한 위기의식은 1972년 스톡홀롬에서 개최된 유엔인간환경회의의 인간환경선언(Declaration on the Human Environment)인 「세계는 지금 핵전쟁에 의한 절멸을 피할 수 있다 해도 공해에 의한 멸망의 위기에 직면하고 있다」라고 하여 환경파괴로 인한 인류의 멸망을 경고하였다. 그 후로 1982년 유엔 총회는 「세계자연헌장(the World charter for nature)」을 채택하여 자연보전과 사회·경제발전계획이 조화되어야 함을 선언하였고, 1992년 브라질 「리우데자네이로」에서 개최된 유엔환경개발회의(UN Conference on Environment and Development)에서 채택한 환경과 개발에 관한 「리우선언」에서는 환경과 개발을 조화하는 지속가능한 개발의 원칙을 선언하기에 이르렀고, 리우선언을 구체적으로 실천하기 위한 「의제 21세기를 위한 세부실천요강」(Agenda 21)을 채택한 것을 비롯하여 「생물다양성협약」·「기후변화협약」·「산림원칙협약」 등을 채택한 것을 계기로 하여 세계 각국은 헌법에 환경권을 기본권으로 등장시키고 그 실천을 위한 환경법 제정에 박차를 가하게 되었다.

오존층 파괴의 영향으로부터 지구와 인류를 보호하기 위해 1985년 3월 "오존층 보호에 관한 비엔나 협약"이 이뤄졌으며, 이어 1987년 9월 "오존층을 파괴하는 물질에 대한 몬트리올 의정서"가 채택돼 1989년 1월부터 발효되었다. 이에 따라 몬트리올 의정서에서는 96개 특정물질에 대한 감축 일정을 담고 있으며, 할론가스 및 프레온가스인 경우 선진국에 대한 각각 1994년 및 1996년부터 사용이 금지된데 이어 2010년에는 개도국에서도 사용할 수 없게 된다. 우리나라에서도 "오존층 보호를 위한 특정물질의 제조 규제 등에 관한 법률"이 제정·시행되고 있다(1991. 1. 14일 법률 제4322호).

기후변화와 지구 온난화규제 및 방지의 국제협약인 "기후변화 협약"의 구체적 이행방안으로 "교토 의정서"를 들 수 있다.

교토의정서는 1997년에 오스트레일리아, 캐나다, 미국, 일본, 영국을 포함한 EU(유럽연합) 등 38개 선진국이 일본 교토에 모여 "기후변화 협약 제3차 당사국총회"에 온실가스[181]배출을 줄이기로 한 약속이다. 즉 "기후변화 협약 부속서 1국가"들은 2008~2012년 사이 5년 동안 평균적으로 1990년의 95% 수준에 맞추기로 했다. 즉, 2008~2012년 내 1990년 보다 온실가스 배출량을 평균 5.2% 감축해야 한다. 미국과 호주(오스트레일리아)는 온실가스 배출을 줄이면 경제에 심각한 문제가 생긴다는 이유로 참여하지 않았으며, 미국은 자국의 산업보호를 위해 2001년 3월 탈퇴하였다. 1997년 "교토의정서"(온실가스 감축규약) 체결됐을 당시 개도국인 중국은 의무감축 대상에 포함되지 않았다.

한국은 제3차 당사국 총회에서 기후변화 협약상 개발도상국으로 분류되어 의무 대상국에서 제외되었으나 몇몇 선진국들은 감축 목표 합의를 명분으로 한국·멕시코 등이 선진국과 같이 2008년부터 자발적인 의무 부담을 할 것을 요구하였고, 제4차 당사국 총회 기간에 아르헨티나 카자흐스탄 등의 일부 개발도상국은 자발적으로 의무를 부담할 것을 선언하였다. 2007년 12월 인도네시아 발리에서 열리는 기후변화협약 당사국 총회에서 2013년 이후 감축문제를 본격적으로 논의하게 된다.

우리나라가 1991년에 「오존층보호를 위한 특정물질의 제조 규제 등에 관한 법률」을 제정하였음은 위와 같은 국제적 노력에 호응하기 위한 것이라 할 것이다.

21세기 후반 이후의 급격한 산업기술의 발달에 따른 공업화·도시화는 많은 물질적 풍요와 생활의 편리를 가져다 준 반면 자연의 자정복원능력을 훨씬 넘는 대량의 폐기물을 배

181) 온실가스 : 지구표면에 도달한 태양열이 우주로 빠져나가는 것을 방해하는 대기오염 물질을 말한다. 석탄·석유와 같은 화석연료를 태울 때 발생하는 이산화탄소(CO_2), 소가 트림할 때나 쓰레기 매립지에서 나오는 메탄(CH_4)이 대표적이다. 온실의 유리와 같은 역할을 한다고 해서 붙은 이름이다.

출·누적시킴으로써 환경을 급속도로 오염시키고 있다.

이제는 규제를 하는 정부와 오염원인자인 기업이 모두 더 이상 오염물질이 어디로 배출되어서는 아니 된다는 식의 발상에서 벗어나서 오염물질의 생성 그 자체에 대하여 어떠한 대책과 조치가 필요하다고 인식하게 된 것이다.[182)]

2. 환경권 및 법적 접근방법

(1) 환 경 권

1) 개 념

환경권의 개념도 학자들 간에 다양한 견해로 나타나고 있다.

환경권이란 「인간다운 환경 속에서 생존할 수 있는 권리」,[183)] 「건강하고 쾌적한 환경에서인간다운 생활을 누릴 수 있는 생활환경의 회복·보전을 요구할 수 있는 권리」,[184)] 「건강하고 쾌적한 환경에서 공해 없는 생활을 누릴 수 있는 권리」[185)]를 말한다고 각각 설명하고 있다.

건강하고 쾌적한 인간다운 환경에서 공해 없는 생활을 누릴 수 있는 권리라는 점과 여기서의 환경은 토지, 태양, 깨끗한 물, 맑은 공기 등의 자연경관 속에서 살 수 있는 권리, 즉 자연환경(권)을 의미한다는 점은 모두 공통점을 갖는다. 그러나 헌법이 '건강하고 쾌적한 환경'을 기본권으로 보장한다고 하는 것은 결국 자연환경에 나쁜 영향을 미치는 '행위'를 '자제' 내지 '규제'해서라도 자연환경이 '건강하고 쾌적한 환경으로 보전될 수 있도록 노력하겠다'는 뜻이므로 자연환경 외에 문화적 유산환경, 도로·공원·교육·의료 등 인공적제시설환경을 포함한 좋은 환경 속에서 살 수 있는 권리까지 포함된다. 따라서 넓은 의미의 환경권은 자연환경뿐만 아니라 생활환경을 포함한 물리적 인공 환경까지 포함한다고 보아야 한다. 환경정책기본법에서도 '환경'이라 함은 자연환경과 생활환경을 말한다고 규정하고 있다(동법 §3). 우리 헌법은 국민의 환경권에 관하여 규정하고 있는데, 제35조에 있어서의 「① 모든 국민은 건강하고 쾌적한 환경에서 생활할 권리를 가지며, 국가와 국민은 환경보전을 위하여 노력하여야 한다. ② 환경권의 내용과 행사에 관하여는 법률로 정한다」라고 하는 것이 그 내용이다. 그리고 그와 같은 헌법규성을 구체화하는 것이 헌법의 집행법으로서의 환경행정법의 과제인 바, 환경정책 기본법에서는 「국가 및 지방자치단체의 책무」를 규정하고 있다. 판례도 그 책무를 인정하고 있다.

---

182) Controlling Cross-media pollutants-an issue Report(1984. the conservation Foundation, wash. D. C.) pp.1~2.

183) 김철수, 헌법학개론, 569쪽, 박영사.

184) 권영성, 헌법학원론, 563쪽, 고시연구사.

185) 허영, 한국헌법론, 418쪽, 박영사.

판례 〈수돗물에 대한 국민의 불안감이나 의심이 단시일 내에 해소되기 어렵다면 국민으로 하여금 다른 음료수를 선택하여 마실 수 있게 하는 것이 국가의 당연한 책무이다.〉 헌법 제35조 제1항은 모든 국민은 건강하고 쾌적한 환경에서 생활할 권리를 가진다고 규정하고 있으므로, 국민이 수돗물의 질을 의심하여 수돗물을 마시기를 꺼린다면 국가로서는 수돗물의 질을 개선하는 등의 필요한 조치를 취함으로써 그와 같은 의심이 제거되도록 노력하여야 하고, 만일 수돗물에 대한 국민의 불안감이나 의심이 단시일 내에 해소되기 어렵다면 국민으로 하여금 다른 음료수를 선택하여 마실 수 있게 하는 것이 국가의 당연한 책무이다(대판 1994.3.8, 92누1728).

또한 국가의 환경보전의무를 인정한 판례도 있다.

판례 …… 환경권이 헌법상의 기본권으로 보장되는 권리로서 재산권이나 영업의 자유보다 우위에 있는 권리로 까지 해석될 수 있고, 환경의 보전이 국가나 지방자치단체의 임무임과 동시에 국민의 의무이기도 하다면, 환경의 보전을 위하여 특정한 행위를 제한하는 취지의 법규의 의미내용을 해석함에 있어서도 그 해석은 어디까지나 환경보전에 관한 헌법과 환경관련 법률의 이념에 합치되는 범위 안에서 합목적적으로 행하여져야 하며, 환경보전의 이념을 저해하는 방향으로 이를 해석하여서는 아니 된다(대판 1999.8.19, 98두1857).

2) 환경권의 근거 및 성질

① **이론적 근거**(공공신탁이론)

「공공신탁이론」이란 로마법의 「환경공유법리」를 발전시킨 것으로 최근 미국에서 유력하게 주장하고 있는 이론이다. 공기, 물, 공원 기타 자연자원은 국민 모두의 것이고, 만인에게 공통된 생활환경은 모든 사람이 아무런 제약을 받음이 없이 자유로이 이용할 수 있으며, 정부는 그 관리를 맡은 수탁자일 뿐이며, 신탁목적에 위배되는 자연자원의 특정된 사적 목적으로의 전환이나 매도를 할 수 없고, 수탁업무를 임의로 포기할 수도 없으며, 시민은 공공신탁관계에 기하여 수탁자인 정부에 대하여 법원을 통해 공공신탁을 강제하는 권리를 가진다는 이론이다.

② **실정법적 근거**

헌법 제35조와 환경정책기본법 및 자연환경보전법 및 환경오염관계법인 대기환경보전법, 수질 및 수생태계 보전에 관한 법률, 환경영향평가법, 소음·진동 관리법, 폐기물관리법, 하수도법, 유해화학물질관리법, 원자력법, 원자력시설 등의 방호 및 방사능 방재대책법, 야생 동·식물보호법, 해양환경관리법 등 많은 단행법이 있다. 환경권조항(헌법 §35)의 효력에 관하여는 학설이 대립된다.

㉮ 방침규정설 : 환경권은 구체적 내용을 갖는 법적 권리가 아니고, 입법자에 대하여 환경보전을 위한 효과적인 조치를 강구할 의무를 지는 것으로 본다.

㉯ 법적권리설

㉠ 추상적 권리설 : 환경보전입법을 요구할 수 있는 권리에 불과하다고 본다(종래 통설).

㉡ 구체적 권리설 : 환경권은 법적권리로서 환경침해행위에 배제청구, 예방청구를 할 수 있다는 견해이다. 또한 불완전하나마 구체적 권리설도 주장되고 있다.

㉢ 절충설(양면적 권리설) : 환경권은 자유권적 측면에서는 환경침해배제청구권(구체적 권리)이고, 생활권적 측면에서는 환경보호보장청구권(추상적 권리)이라는 견해가 있는데, 절충설이 다수설이며 또한 타당하다.[186)]

③ 환경권의 성질

㉮ 재산권의 일종으로 보는 견해

㉯ 인격권적 의미를 지니는 생존권으로 보는 견해

㉰ 자유권적 성격과 생존권적 기본권의 양면성을 가진다는 견해[187)]

㉱ 자유권 및 생존권뿐만 아니라 인간의 존엄과 가치, 행복추구권 등 종합적 기본권이라는 견해[188)]

㉲ 환경권은 기본권의 전제조건을 보장하는 기본권으로서의 성질과 기본권의 헌법적 한계로서 성질을 갖고 있는 종합적 기본권의 성격을 가지며, 동시에 윤리적 인격체로서의 인간의 당연한 생활 질서로서의 성질과 법률제도의 보장이라는 제도적 보장이라는 성질도 함께 내포하고 있다는 견해가 있다.[189)]

생각건대 환경권은 오염된 환경으로부터 자유를 의미하는 자유권적 성격과 아울러 오염된 환경은 인간다운 생활을 불가능하게 한다는 의미에서 사회권적 기본권의 성격을 갖는 권리라고 할 것이다. 환경권의 자유권적 성격으로부터 환경침해배제청구권이 도출되며, 환경권의 사회권적 성격으로부터 환경복구·유지·개선청구권(환경보호 보장청구권)이 도출된다고 할 것이다.[190)]

여기서 국가의 환경침해(예 : 환경오염업체의 설립인가)에 대하여 개인은 헌법상의 환경권을 근거로 취소소송 등을 제기할 수 있는지 문제된다. 헌법 제35조 제2항에 따라 환경권의 내용과 행사는 법률을 통하여 구체화되고 있기 때문에 개인의 원고적격은 우선적으로 근거법률 및 관련 법률에 의하여 주어진다고 할 것이다. 그러나 이러한 보호규범이 결여되고 있는 경우에는 보충적으로 헌법상의 환경권의 침해를 이유로 하여 원고적격이 인정된다고 할 것이다. 물론 이 경우에 개인의 환경권의 침해는 직접적이고 수인(受忍)의 기대가 가능하지 않을 정도로 중대하여야 한다.

한편, 국가의 환경보호의무를 구체적으로 실현함에 있어서 입법자에게는 국가의 사회

186) 김철수, 헌법학개론, 496쪽 이하 ; 구병삭, 신헌법원론, 582쪽 ; 이상규(하), 516쪽.
187) 김철수, 전게서, 496쪽 이하 ; 이상규(하), 516쪽 이하.
188) 권영성, 604~605쪽.
189) 허영, 한국헌법론, 422쪽.
190) 홍성방, 헌법학, 586쪽.

적·재정적 사정과 관련하여 상당한 입법재량이 인정되기 때문에 개인은 환경복구·유지·개선청구권을 직접 헌법에 근거하여 행사할 수 없을 것이다.

3) 환경권의 효력

환경권도 대 국가적 효력과 대 사인적효력을 가진다.

① 대 국가적 효력

환경권에 관한 헌법 제35조 제1항은 국가권력을 구속하는 효력을 가지므로, 입법부는 환경권을 실현하기 위한 구체적인 입법의 의무를 지고, 집행부(행정부)와 사법부는 환경행정법에 위반하여 환경권을 침해하는 처분이나 재판을 할 수 없다. 특히 행정관청은 각종 정책을 수립하고 추진함에 있어 반드시 환경영향평가를 해야 하고 환경훼손행위를 예방·규제해야 한다.[191)]

그러므로 국가의 권력작용·관리 작용·국고작용·사실작용 등에 의해서 발생하는 환경오염행위, 예컨대 국영기업에서 발생하는 매연과 폐수로 인한 환경오염, 오물수거과정이나 그 처리시설에서 나오는 환경오염, 동사무소의 스피커를 통해서 나오는 소음공해에 대하여 ㉮ 환경을 침해하지 말아 달라고 요구하는 측면과 ㉯ 환경을 개선·보호해 달라고 요구할 수 있는 두 측면이 있다.[192)] ㉮의 환경침해배제청구권은 사회공동생활에서 감수해야 되는 수인의 한도를 넘는 침해의 경우에만 행사할 수 있다는 점을 주의해야 한다.

㉯의 환경개선·보호청구권은 자연환경을 자연환경 그대로 보전하는 것뿐만 아니라 인공환경(도로·교량·등산로 등)과 쾌적한 주거환경을 개선하고 보전하는 것까지도 포함된다. 환경개선·보호청구권(생활환경 조성청구권)을 인정하는 경우에도 그것이 자칫하면 오히려 국민의 자유영역을 좁히는 방향으로 역기능 할 수도 있다는 점을 주의할 필요가 있다. 왜냐하면 지금까지 자유롭게 접근할 수 있었던 환경요소(물·공기·동식물·돌·경관 등)들이 국가의 환경조성계획에 흡수되어 오히려 자유롭게 접근할 수 없는 금지구역으로 변해버릴 가능성이 있기 때문이다. 또 국가가 인공적인 생활환경과 쾌적한 주거환경을 조성해서 보전하기 위해 특정한 환경요소에 대한 독점권과 규제권을 행사하는 경우에는 평등권의 관점에서 권리침해가 생기지 않도록 세심한 주의를 요한다.[193)] 예컨대 국립공원, 도립공원, 해수욕장 등의 조성·관리와 주거지역 내지 주택단지조성·관리에 따르는 문제들이 그것이다.

② 대 사인적 효력

헌법이 명문의 규정을 가지고 국민의 환경보전의무를 규정하고 있는 이상 환경권은 사인 상호간의 관계에도 직접 적용된다는 제3자적 효력을 갖는다는 견해[194)]와 사인에 의해서

191) 권영성, 헌법학원론, 690쪽.
192) 김철수, 헌법학개론, 880쪽.
193) 허영, 헌법이론과 헌법, 571쪽.
194) 권영성, 헌법학원론, 690쪽.

환경권이 침해된 경우 헌법의 규정에서 직접 사법상의 환경권이 나오는 것이 아니라 사법(私法)의 일반조항을 통하여 사인에게 간접 적용된다는 견해[195]가 있다. 그러나 사인 간에도 효력이 발생한다는 점에서는 차이점이 없다. 사인에 의하여 오염된 환경으로 말미암아 건강을 훼손당할 경우에 피해자는 ㉮ 국가에 대해서는 오염된 환경을 배제해 주도록 청구할 수 있고(공해배제청구권), ㉯ 당해 사인에 대해서는 헌법 제35조 제1항을 근거로 오염의 배제나 손해배상을 청구할 수 있다. 오늘날 환경오염의 대부분 원인이 국가 이외의 사적인 영역에서 나온다는 점을 상기할 때 공해배제청구권이 갖는 의미와 중요성은 매우 크다. 이 공해배제청구권은 건강하고 쾌적한 생활환경에 나쁜 영향을 미치는 인긴의 행위를 규제해 줄 것을 요구하는 것이기 때문에, 자연히 국가의 명령·금지를 구하는 것이 된다.

(2) 환경오염문제에 대한 법적 접근방법

오늘날 공해 내지 환경문제에 대한 법적 접근방법은 대증치료법이고 소극적·미시적인 공해법적인 단계에서 환경 전반에 대한 종합적·적정 관리적이고 적극적·거시적이며 계획적인 환경법 단계로 옮아갔다. 우리나라도 종래의 공해방지법에서 환경보전법으로 대치되고, 다시 환경정책기본법 및 환경 분야별 개별법이 제정되었다.

(3) 환경보전행정의 기능

환경오염대책에 있어서 행정은 규제를 통한 사전 예방적 기능과 오염된 음료수·농축산물의 섭취제한, 농작물의 경작·어로제한, 공장의 조업제한 등과 오염원인자에 대한 정화명령, 오염물질 제거명령 등을 통하여 오염으로부터 국민을 보호하고 오염된 환경을 복원하는 사후대책적 기능과 환경오염으로 인한 분쟁조정 등을 통하여 사법 보완적 기능을 한다.

3. 환경행정법의 법원

(1) 헌법적 근거

1980년 제5공화국 헌법에서 환경권을 신설한 이래 현행 우리 헌법 제35조는 「① 모든 국민은 건강하고 쾌적한 환경에서 생활할 권리를 가지며, 국가와 국민은 환경보전을 위하여 노력하여야 한다. ② 환경권의 내용과 행사에 관하여는 법률로 정한다. ③ 국가는 주택개발정책 등을 통하여 모든 국민이 쾌적한 주거생활을 할 수 있도록 노력하여야 한다.」고 규정하여 환경권을 기본권으로 보장하고 있음과 동시에 국가와 국민의 환경보호의무를 명문화하고 있다.

대법원도 국가 및 지방자치단체의 책무와 국가의 환경보전의무를 각각 인정하고 있다(대판 1994.3.8, 92누1728, 대판 1999.8.19, 98두1857).

---

195) 김철수, 헌법학개론, 880쪽 ; 홍성방, 헌법학, 591쪽.

(2) 법률적 근거

환경행정법의 법원으로는 헌법·법률·국제법규 및 조약·명령·자치법규 등 성문법과 불문법원으로 이루어지고 있으나 법률이 가장 중요한 법원이 되고 있다.

현행 환경행정법제는 체계적으로 우선 1990년에 제정된 환경정책기본법은 환경정책의 목적 및 기본이념, 환경 분야에 따른 공통적인 사항을 규정하고 있는 법으로 환경행정법의 기본법으로서의 성격을 갖는다. 그리고 위에서 언급한 바와 같이 환경법은 복수법 체제로 구성되어 있기 때문에 환경매개인자별로 개별화하여 별도의 많은 법들로서 규율하고 있다. 예컨대 환경영향평가법, 자연환경보전법, 소음·진동 관리법, 수질및수생태계보전에관한법률, 먹는물관리법, 한강수계상수원 수질개선 및 주민지원 등에 관한 법률,(오수·분뇨 및 축산폐수의 처리에 관한 법률은 폐지되고) 하수와 오수를 통합한 하수도법,

> **하수도법(전부개정 2006. 9. 27 법률 제8014호)**
>
> ◇ 개정이유
>
> 하수(下水)와 오수(汚水)는 동일한 물질임에도 그 관리체계가 「하수도법」과 「오수·분뇨 및 축산폐수의 처리에 관한 법률」로 이원화되어 있어 하수 및 오수처리시설이 중복 설치되거나 연계체계가 미흡하였으나, 앞으로는 하수와 오수를 통합하여 하수도시설의 분류체계를 단순화하고, 관련 업종을 통·폐합하여 비효율성을 근본적으로 개선하는 한편, 하수처리시설에서 처리한 물 자원을 재이용할 수 있는 제도적 기반을 마련하고, 하수처리구역에서의 개인하수처리시설의 설치의무를 단계적으로 면제하여 국민 불편사항을 해소하는 등 현행 제도의 운영 과정에서 나타난 일부 미비점을 개선·보완하려는 것임.

토양환경보전법, 대기환경보전법, 수도권 대기환경개선에 관한 특별법, 다중이용시설 등의 실내공기질관리법, 폐기물관리법, 건설폐기물의 재활용촉진에 관한 법률, 자원의 절약과 재활용촉진에 관한 법률, 폐기물의 국가 간 이동 및 그 처리에 관한 법률, 유해화학물질관리법, (해양오염방지법은 폐지되고) 해양환경의 종합관리를 위한 기본체계 마련과 기름방제사업 및 해양 환경사업을 효과적으로 수행할 수 있도록 한 「해양환경관리법」,

습지보전법, 오존층보호를위한특정물질의제조규제등에관한법률, 백두대간보호에관한법률, 야생동·식물보호법, 일조권과 관련하여서는 건축법, 주택법, 그 밖에 환경친화적산업구조로의 전환촉진에 관한 법률, 환경친화적 자동차의 개발 및 보급촉진에 관한 법률, 환경기술 및 환경산업지원법, 환경개선비용부담법, 환경분쟁조정법, 생필품·사료·의약품오염방지와 관련하여서는 식품위생법, 비료관리법, 농약관리법, 약사법 등이 있다. 온실가스 감축을 위하여 '저탄소 녹색성장 기본법'(2010.4.14. 시행)이 시행되고 있고, 지능형전략망(스마트그리드)구축 및 이용촉진에 관한 법률(2011.11.25. 제정 2012.5.26. 시행)이 제정 되었다. 지방자치단체에서 제정하는 조례도 오늘날 중요한 법원이 되고 있다. 환경보전을 위한 정책수단들이 점차 지자체의 조례를 통하여 시행되고 있는 바, 이는 환경보전이나 관리가 지역주민의 이익과 밀접한 관련을 갖기 때문이다.

4. 환경행정법의 목적과 기본원칙

(1) 목 적

환경행정법의 일반적 목적은 환경오염으로 인한 피해를 예방하고 자연환경 및 생활환경을 적정하게 관리·보전하여 모든 국민에게 건강하고 쾌적한 환경을 보장하는 데 있다. 구체적 목적은 환경 분야별 개별법에 따라 다르겠지만 환경정책기본법은 "이 법은 환경보전에 관한 국민의 권리·의무와 국가의 책무를 명확히 하고 환경정책의 기본이 되는 사항을 정하여 환경오염과 환경훼손을 예방하고 환경을 적정하고 지속가능하게 관리·보전함으로써 모든 국민이 건강하고 쾌적한 삶을 누릴 수 있도록 함을 목적으로 한다"고 규정하고 있다(동법 §1).

(2) 환경행정법의 기본원칙

【기출문제】 <2001년 입법고시 (약술형)> ※ 환경행정법상 사전배려, 원인자 책임 및 협동의 원칙을 약술하시오.

환경보전을 위한 책무의 수행에 있어서 그 기초를 이루는 기본원리는 헌법상의 환경권에 관한 규정 및 기본권 존중주의와 환경정책기본법에서 도출될 수 있는 바 ① 사전배려의 원칙(사전대비의 원칙) ② 원인제공자책임의 원칙 ③ 공동부담의 원칙 ④ 협동의 원칙(협력의 원칙) ⑤ 존속보장(악화금지)의 원칙 ⑥ 지속가능한 발전의 원칙 등을 들 수 있다.

1) 사전배려의 원칙

사전배려의 원칙은 미래지향적·형성적 성질을 가지며 환경상의 위해를 방지·제거할 뿐만 아니라 환경오염이나 파괴가 발생하지 않도록 사전에 대책을 수립·집행해야 한다는 원칙이다. 이 원칙은 예방적 환경보호라는 관점에서 오늘날 환경보호에 있어서 가장 중심적인 기본원칙이라 할 수 있다.

환경정책기본법은 「국가 및 지방자치단체는 환경오염물질 및 환경오염원의 원천적인 감소를 통한 사전예방적 오염관리에 우선적인 노력을 기울여야 한다」고 하여 사전배려의 원칙을 무엇보다 강조함과 동시에 이를 환경정책의 기본이념으로 삼고 있다(동법 §7의2, §2).

생태계보존에 적합하게 부존자원이 활용되도록 하는 원칙이다. 일반적인 위해에 대비한 사전배려와 자원의 관리·보전을 위한 사전배려를 그 개별 내용으로 한다.

헌법상의 국가의 환경보전을 위해 노력해야 할 의무(§35·①), 환경정책기본법상의 환경오염 등의 사전예방(§7의2) 환경이용에 있어서의 환경보전의 우선적 고려(§2), 국가 및 지방자치단체의 책무(§4), 사업자의 책무(§5), 국민의 권리와 의무규정(§6), 새로운 과학기술 사용으로 인한 환경위해의 예방(§11·3호), 환경계획수립(§14의2, §14의3), 환경영향평가법상의 환경영향평가제도에 관한 규정 등이 이에 해당한다.

2) 원인제공자책임 원칙

환경침해를 방지·제거·회복하기 위한 비용은 그 원인을 제공한 자가 부담해야 한다는 원칙이다. 원인자책임의 원칙은 경찰법상의 경찰책임의 원칙과 유사한 점이 있다. 이는 책임분배의 문제가 아니고 비용귀속의 원칙으로 이해되어야 한다(환경정책기본법 §7, 대기환경보전법 §35, 수질및수생태계보전에관한법률 §4의 7, §41, 환경개선비용부담법 §9 등의 부담금·부과금제도). 집단적인 원인자부담원칙도 존재한다. 예컨대, 화학 산업으로 인한 환경오염에 대해 화학 산업에 참여하는 기업 전체에게 환경개선(회복) 비용을 부과하는 경우이다. 오수·분뇨 및 축산폐수의 기준초과 유출 등에 부과하는 하수도법상의 원인자부담금(§61), 해양환경관리법상의 오염원인자책임원칙(§7) 등도 이에 해당한다.

3) 공동부담의 원칙

환경오염 등이 발생한 경우에 원인자부담의 원칙이 적용되지 못하는 경우와 국가 등의 행정주체가 스스로 그에 대한 부담을 지지 않는 경우에는 국가, 공공단체, 생산자, 소비자 등이(환경오염방지, 감소 및 제거를 위한 비용을) 공동으로 부담하도록 하는 원칙이다(환경세나 탄소세). 물론 원인자책임원칙이 공동부담원칙에 우선한다.

4) 협동의 원칙(협력의 원칙)

환경보전의 과제를 수행함에 있어서 국가, 국민, 사업자 등이 서로 협력해야 한다는 원칙이다. 이 원칙에 의하여 시민 등의 환경정책의 형성과정에 대한 참여보장과 환경에 관한 정보를 자유롭게 취득할 수 있고 환경에 관한 전문지식의 보급이 보장되어야 한다는 내용이 나오게 된다(헌법§35·①. 환경정책기본법 §5, §6, §16, §17, §32 §35). 폐기물관리법상(§15) 생활폐기물 배출자의 처리협조는 중요한 의미를 갖는다. 국민의 국가에 대한 협력은 반드시 물질적인 것에 한정되는 것은 아니며 환경보전을 위한 기술과 지식 등 비물질적인 것도 포함된다. 또한 오늘날 환경문제의 국제화 현상으로 인해 국가와 다른 국가와의 협력의 요청도 협력의 원칙에 의해 파생된다(환경정책기본법 §17).

5) 존속보장의 원칙

환경보호의 목표를 현상의 유지·보호에 두는 것으로서 악화금지의 원칙이라고도 한다(환경정책기본법 §11·①, §25, 자연환경보전법 §2·2호, §3·①).

사전배려의 원칙이 적극적·미래지향적 성격의 것이라면, 존속보장의 원칙은 소극적으로 현상유지를 중시할 뿐이고 현재의 환경상태의 개선을 추구하는 것은 아니다. 존속보장의 원칙에는 미래지향적 또는 형성적 요소가 결여되어 있으므로, 환경오염 및 파손행위의 금지 내지는 그 해제(허가)에 중요한 의미를 갖는다.

이는 환경상태의 개선을 그 내용으로 하는 것이 아니라 환경상태의 악화를 금지한다는 점에서, 보호적인 환경관리 및 자원배분을 통해 결국 추가적인 환경부담을 허용하게 되는 사전배려의 원칙보다 엄격한 원칙이라 할 수 있다.

6) 지속가능한 발전의 원칙

1972년 스웨덴의 스톡홀롬에서 개최된 유엔 인간 환경회의의 인간환경 선언에서 환경적인 제약을 적절히 배려하지 못한 경제개발은 낭비적이고 지속불가능하다고 하여 지속가능한 발전의 이념을 제시하였다.

가장 일반적으로 승인된 지속 가능성의 개념은 1987년 4월 "환경과 개발에 관한 세계위원회(WCED : World Commission on Environment and Development)에서 「우리의 공동 미래」(Our Common Future)라는 보고서이다. 이 보고서에서는 "미래 우리 후손의 욕구를 충족시킬 수 있는 능력과 여건을 저해하지 않으면서 현 세대의 욕구를 충족시키는 개발"196)이라고 정의하였다. 이 정의는 두 가지 함의를 지닌다. ① 현 세대의 욕구를 충족시키는 경제개발이 필요하다는 것을 인정하는 것이고, ② 이 같은 개발이 생태계의 수용능력, 즉 환경용량을 초과하여 미래세대가 누릴 가치를 침해해서는 안 된다는 것이다. 이것을 충족하기 위하여 환경가치를 중시하고 개발의 목표를 장기적 전망에 기초하여 설정할 것이 전제로 요구되고 있다고 볼 수 있다.

우리나라의 법적 근거로는 환경권의 헌법적 보장과 현재 및 미래 세대를 위한 환경보전에 노력해야 할 국가의 의무(헌법 §35:환경권), "우리들과 우리들의 자손의 안전과 자유와 행복을 영원히 확보할 것을 다짐"(헌법 전문), 헌법 전체를 관통하는 기본권 조항(헌법 §10 : 인간의 존엄과 가치·행복추구, §34 : 인간다운 생활할 권리), 국토와 자원 이용에 대한 규정(헌법 §120, §122, §123), 국민경제의 균형성장 및 안정 등에 관한 규정(헌법 §119·②)의 전체적 해석을 통해 헌법으로부터 지속가능성의 원리를 도출할 수 있다고 본다. 지속 가능한 발전의 원칙을 가장 현저하게 반영하고 있는 것은 환경정책기본법(§1, §2), 환경영향평가법(§1), 자연환경보전법(§1, §2·3호, §3)에서 구체화시키고 있다.

드디어 「지속가능발전기본법」이 제정·공포되었다(2007. 8. 3 법률 제8612호). 이는 다시 「지속가능발전법」으로 개정되었다. 이 법은 지속가능 발전을 이룩하고, 지속가능 발전을 위한 국제사회의 노력에 동참하여 현재 세대와 미래세대가 보다 나은 삶의 질을 누릴 수 있도록 함을 목적으

---

196) · our common Future, 43쪽 ; "development that meets the needs of the present with out compromising the ability of future generations to meet their own needs."
· 홍준형 "우리나라 환경정책 기본법의 개정방향", 「우리나라 환경법체계 정비에 관한 연구Ⅱ」, 환경정책평가·연구원, 1998. 12.
· 정희성, "지속가능한 사회를 향한 환경규제 정책의 발전방향", 환경정책·평가연구원, 2002. 6.
· 지속가능한 발전론의 전개 과정에 대해서는 정희성, "지속가능한 사회를 향한 환경규제 정책의 발전방향", 한국환경정책·평가 연구원, 1998, 75쪽~77쪽을 참고.

로 하고, "지속가능성"이란 현재 세대의 필요를 충족시키기 위하여 미래세대가 사용할 경제·사회·환경 등의 자원을 낭비하거나 여건을 저하시키지 아니하고 서로 조화와 균형을 이루는 것을 말하고, "지속가능발전"이란 지속가능성에 기초하여 경제의 성장, 사회의 안정과 통합 및 환경의 보전이 균형을 이루는 발전을 말한다고 각각 정의하고 있다(동법 §1, §2).

그리고 정부는 1992년 브라질에서 개최된 유엔환경개발 회의에서 채택한 의제 21(Agenda 21), 2002년 남아프리카 공화국에서 개최된 세계지속가능발전정상회의에서 채택한 이행계획(이하 "요하네스버그 이행계획"이라 한다) 등 지속가능 발전에 관련된 국제적 합의를 성실히 이행하고, 국가의 지속가능 발전을 촉진하기 위하여 20년을 단위로 하는 국가지속가능 발전 기본전략(이하 "국가 기본전략"이라 한다)을 수립하고 추진하여야 한다고 명시하고 있다(동법 §4·①).

지속가능성의 관점에서 최소한 계획 체계에 환경정의와 환경윤리가 포함되어야 한다. 환경정의는 지구의 신성함, 생태적 다양성, 모든 종의 상호의존성, 생태적 파괴로부터 자유로울 권리를 지지하고 있는 것으로, 현재와 미래 세대의 자연환경의 건강성을 담보할 수 있도록 하는 것이다. 환경윤리는 환경과 생태를 문제 삼는 것으로, 인간이 그간 저지른 환경 및 생태파괴 행위를 반성하면서 인간 중심적인 삶을 지양하고 모든 생물 또는 비생물 등과 함께 더불어 살아가기 위해 생태계를 고려하는 데서 시작된다고 볼 수 있다. 따라서 환경정의와 환경윤리는 함께 이루어져야 하며, 지속 가능성의 원칙의 밑바탕이 돼야 한다. 지속가능발전법의 시행을 계기로 신자유주의로 인해 야기되고 있는 환경위기가 극복될 수 있기를 기대한다.

7) 정보공개와 참여의 원칙

① 의 의

환경문제는 국민 내지 지역주민의 건강이나 재산에 중대한 영향을 미치기 때문에 환경정보의 공개와 환경행정에 대한 주민 참여가 요청된다. 환경행정에 대한 정보공개와 주민참여는 환경정책에 대한 국민 내지 지역 주민의 수용을 제고시키고 협력을 증대시키며 국민의 권리보호와 민주주의 실현을 위해서도 필요하다.

② 법적근거

환경영향평가법상 환경영향평가서의 의견수립(§13), 환경정책기본법상 환경정보의 보급(§15의3), 행정계획검토서작성시 의견수립(§25의5), 수질 및 수생태계보전에 관한 법률상 측정망 설치계획의 결정·고시 열람(§10), 대기환경보전법상의 대기오염에 대한 경보(§8), 소음·진동 관리법상 측정망 설치계획의 결정·고시·열람(§4)등을 들 수 있다.

③ 내 용

환경행정에 관한 정보공개와 주민참여의 원칙에 관한 주요 내용으로는 환경상 조치에 관한 정보공개 또는 환경정보의 보급, 환경계획의 수립에 대한 주민의 참여 및 검토서 작성시 의견수렴, 환경오염시설의 설치에 대한 의견진술이나 협의, 환경오염시설의 감시, 측정망 설치계획서 도면 열람, 문서열람청구(행정절차법 §37·①), 정보공개청구(정보공개법 §5·①), 지속가능발전 지식·정보의 보급(지속가능발전법 §20) 등을 들 수 있다.

5. 환경행정의 특징

(1) 종합성·계획성

소극적 질서유지작용과는 달리 다양한 산업 활동과 사람의 활동을 대상으로 장래에 향하여 종합적·계획적으로 일정한 상태를 형성·유도하는 작용이다. 따라서 10년마다 환경보전장기종합계획을 수립하고 있다(동법 §12·①).

(2) 수단의 다양성

하명·허가 등의 권력작용뿐만 아니라 행정지도, 행정계획, 공법상 계약 등의 비권력작용과 함께, 환경영향평가제도 등 각종 기술적 측정, 감시수단과 이에 입각한 권고, 개선명령, 사업장 이전, 폐쇄명령 및 각종 과징금, 분담금 부과 등의 다양한 수단이 활용되고 있다.

(3) 국제성·지역성

환경오염은 인접국 또는 전 세계에 직접 영향을 미치므로 국제조약으로 이를 감시·규제하고 있으며, 미시적으로는 특정 지방의 문제이므로 지방자치단체별로 환경보전계획을 수립·시행할 의무를 부과함과 동시에(환경정책기본법 §4·②), 시·도는 지역적 특수성을 고려하여 환경부장관에 보고하고, 조례로 별도의 환경기준을 설정할 수 있도록 함으로써(동법 §10·③·④) 환경부장관에의 보고를 조건으로 법률보다 더 강화된 배출기준 등을 정할 수 있도록 하였다(법률 스스로가 인정하고 있는 법률우위의 원칙에 대한 예외이다).

(4) 이해대립성, 조정성

경제 및 산업 활동에 관련되는 환경오염규제의 수준에 관한 여러 이해관계의 대립을 조정하는 행정으로서의 특징이 두드러지고 있다(예: 배출규제의 정도, 배출부과금·환경개선부담금 등의 부과정도 등).

(5) 생활배려성

환경행정은 국민에게 건강하고 쾌적한 환경을 조성하여 주는 생활배려행정활동으로서의 성격을 가진다.

(6) 적극적 행정 활동성

오늘날 공해 내지 환경문제데 대한 법적 접근 방법은 대증치료법이고 소극적·미시적인 공해법적인 단계에서 환경 전반에 종합적·적정 관리적이고, 적극적·거시적이며 계획적인 환경법 단계로 옮아갔는바, 현대의 환경행정은 소극적 질서유지에 그치는 경찰행정과는 달리 환경을 개선·보전하기 위한 적극적이고 계획적인 행정활동을 요구하게 된 것이다. 환경행정의 궁극적 목적은 소극적 위해 방지가 아니라 적극적인 생활환경 조성에 있기 때문이다.

6. 환경행정의 분류(유형)

환경행정은 그 목적 내지 보호 대상에 따라 매개적 환경보전, 인과적 환경보전, 육생적 환경보전, 종합적 환경보전으로 구분된다.[197] 이러한 분류는 환경보전에 관한 입법실무에 있어서 중요한 의미를 갖는다.

(1) 매개적 환경보전

환경은 대기, 물, 토양 등의 요소로 이루어지고, 환경오염은 주로 이들 요소의 오염이 그 원인을 이룬다. 매개적 환경보전이란 이들 매체를 보호하는 것을 목적으로 한다. 그러한 관점에서 토양, 수질 및 수자원, 대기환경보전으로 구분되고, 관련 법률로서는 토양환경보전법, 수질및수생태계보전에관한법률, 해양환경관리법, 대기환경보전법, 자연환경보전법 등이 있다.

(2) 인과적 환경보전

환경의 오염·유해물질을 직접 규율함으로써 환경에 대한 위해를 방지·제거하는 것이 인과적 환경보전이다. 환경의 오염원 내지 파괴원에 대한 대증요법적 환경행정을 인과적 환경보전이라 할 수 있다. 이는 오염원에 따라 소음·진동, 핵 및 방사능, 화학물질, 폐기물 등으로 분류되고, 관련 법률로서는 소음·진동관리법, 핵무기비확산에 관한 조약, 원자력법, 유해화학물질관리법, 하수와 오수를 통합한 하수도법, 폐기물관리법 등이 있다. 다만 인과적 환경보전은 매개적 환경보전과 명확하게 구분되는 것이 아니라 양자는 불가분의 밀접한 관계가 있다.

(3) 육생적 환경보전

인간의 건강을 그 직접적인 보호 목적으로 하지 않고 동물·식물 또는 자연적 생태계를 직접 보호하는 것을 목적으로 하는 활동을 말한다. 관련 법률로는 산림자원의 조성 및 관리에 관한 법률, 수산업법, 야생 동·식물보호법, 자연환경보전법, 토양환경보전법 등이 있다.

(4) 통합적 환경보전

통합적 환경보전이란 국토 및 자원개발과 자연생태계의 보전 등과의 상호 대립·경쟁관

---

197) 김남진/김연태, 행정법(Ⅱ), 624쪽 ; 정하중(각론), 516쪽.

계에 있는 대상을 통합하고 조정하는 행정활동을 통합적 환경보전이라 한다. 환경계획이 그 전형적인 예가 된다. 국가환경종합계획, 시·도 환경계획(환경정책기본법 §12, §14의3), 자연환경보전기본계획(자연환경보전법 §8), 환경보전을 위한 특별대책지역의 지정(자연환경보전법 §12, 환경정책기본법 §22), 부분적 목적이 되는 지역계획(자연환경보전법 §42), 특히 국토의 계획 및 이용에 관한 법률상의 도시관리계획상 보전관리지역 지정(동법 §36·①), 또는 환경영향평가법상의 환경영향평가제도는 통합적 환경보전을 위한 중요한 수단이 되고 있다.

Ⅱ. 환경행정작용의 행위형식과 수단

1. 일반적 행위형식과 수단

(1) 환경계획(환경행정 보전을 위한 장기종합계획)

1) 환경보전을 위한 국가 환경 종합계획

환경부장관은 10년마다 환경보전을 위한 정부의 장기종합계획을 수립해야 한다. 이는 환경정책위원회의 심의를 거쳐 수립되고 국무회의 심의를 거쳐 확정된다(환경정책기본법 §12·①·②, §13, §37·①). 이 계획은 행정기관 상호간의 관계에 있어서는 일정한 법적 구속을 가지나(동법 §14·②), 국민에 대한 직접적 법적 효력은 없다고 할 것이다. 환경부장관은 5년마다 환경보전중기종합계획도 수립하여야 한다(동법 §14의 2).

2) 영향권별·분야별환경계획

"환경부장관은 환경오염의 상황을 파악하고 그 방지대책을 강구하기 위하여 대통령령이 정하는 바에 의하여 대기오염의 영향권별 지역 및 수질오염의 수계별 지역 등에 대한 환경의 영향권별 관리를 하여야 한다(환경정책기본법 §23)."고 규정하여 환경부장관에의 영향권별 환경관리 의무를 과하고 있다. 지방자치단체의장은 관할 구역의 대기오염·수질오염 또는 생태계의 효과적인 관리를 위하여 지역의 실정에 따라 환경의 영향권별 관리를 할 수 있다(§23·②)고 하여 환경자치를 인정하고 있다.

분야별 환경계획으로는 ① 환경부장관은 자연환경보전기본계획을 10년마다 수립하여 시행하여야 하고(자연환경보전법§8), 환경부장관은 생태·경관 보전지역에 대하여 관계 중앙행정기관의 장 및 관할 시·도지사와 협의하여 생태·경관보전지역관리기본계획을 수립·시행하여야 한다(동법 §14). 시·도지사는 제14조의 규정에 준하여 당해 지방자치단체가 정하는 조례에 따라 시·도 생태·경관보전지역관리계획을 수립·시행하여야 한다(동법 §25).

3) 개별환경계획

하천법상 관리청(국토해양부장관, 시·도지사)은 10년 단위로 하천기본계획수립(§25), 하수도법상 환경부장관의 10년 단위의 국가 하수도 종합계획의 수립(§4), 특별시장·광역시장·특별자치도지사·시장·군수의 20년 단위의 하수도 정비 기본 계획의 수립(§5, §6), 대기환경보전법상 환경부장관의 대기환경개선 종합계획의 수립(§11), 시·도지사의 환경기준을 달성·유지하기 위한 실천계획(§19), 토양 환경보전법상 10년 단위의 토양보전 기본 계획의 수립(§4), 토지보전 대책지역에 특별자치도지사·시장·군수·구청장의 대책계획의 수립(§18), 폐기물관리법상 환경부장관은 「폐기물처리 기본계획」과 「폐기물관리 종합계획」을 10년마다 수립하여야 하고, 시·도지사는 폐기물처리 기본계획을 10년마다 수립하여야 한다(§9, §10). 폐기물처리시설 설치촉진 및 주변지역 지원 등에 관한 법률상 폐기물처리시설설치기관의 「폐기물처리시설 설치계획」(§11의3), 수질 및 수생태계 보전에 관한 법률상 시·도지사의 오염총량관리기본계획(§4의3), 국토종합계획에 반영(§13: 시·도지사, 시장 또는 군수는 국토기본법에 의하여 도 종합계획 또는 시·군 종합계획을 작성하는 경우에는 공공수역의 수질오염 방지를 위하여 수계영향권별수질 및 수생태계 관리를 위한 시·군 종합계획을 작성하는 경우에는 공공수역의 수질오염 방지를 위하여 수계영향권별 수질 및 수생태계 관리를 위한 방지대책 및 하수종말처리시설·분뇨처리시설 등의 설치계획을 당해 종합계획에 반영해야 한다), 도시계획에 반영(§14: 특별시장·광역시장·시장 또는 군수는 국토의 계획·이용법상의 도시기본계획을 수립하는 경우에는 §13조의 규정에 의한 도 종합계획, 「지역균형개발 및 지방중소기업육성에관한법률」상의 광역개발 사업계획에 포함된 하수종말처리시설·분뇨처리시설 등의 설치계획을 종합하여 도시기본계획에 반영해야 한다) 환경부장관의 대권역 수질 및 수생태계보전계획의 수립(§24), 중권역 수질 및 수생태계보전계획의 수립(§25), 소권역 수질 및 수생태계 보전계획의 수립(§26), 종말 처리시설 기본계획(§49), 자원의 절약과 재활용 촉진에 관한 법률상 자원순환기본계획(§7), 재활용의무이행계획서제출(§18), 자연환경보전법상 자연환경보전 기본계획 및 생태·경관 보전지역 기본계획을 수립해야 한다(§8, §14).

폐기물관리법상의 시장·군수·구청장은 10년마다 관할구역 내의 폐기물처리에 관한 기본계획을 수립하여 시·도지사에게 제출해야 하며, 시·도지사는 환경부장관이 정하는 지침에 따라 관할구역 안의 폐기물처리에 관한 기본계획을 수립하여 환경부장관의 승인을 얻어야 한다(§9).

4) 종합적 행정계획상의 환경보전(종합적 환경계획)

국토기본법상 국토계획(국토종합계획·도종합계획·시·군종합계획 등 §6), 국토의 계획 및 이용에 관한 법률상 도시기본계획과 도시관리계획(용도지역·용도지구·개발제한구역 등: §2, §19, §36, §37, §38), 개발제한구역의 지정 및 관리에 관한 특별조치법상 개발제한구역의 지정(§3) 등은 환경보전의 목적을 동시에 추구하고 있는 것이다.

(2) 환경기준

1) 환경기준의 개념

환경기준(environmental condition)이란 쾌적한 환경을 보전하고 사람의 건강을 보호하고 생활환경을 보전하기 위하여 유지하여야 할 환경상의 조건에 관한 기준을 말한다. 환경기준은 환경행정이 추구하는 지침 또는 목표치라 할 수 있다. 환경기준은 국가 전체가 획일적으로 적용받는 국가 환경기준 외에 지역 환경의 특수성을 고려하여 시·도의 조례로 중앙정부의 환경 기준보다 확대·강화된 별도의 지역 환경기준이 있다(환경정책기본법 §10).

2) 환경기준설정(지역적 환경기준설정 포함)

정부는 국민의 건강을 보호하고 쾌적한 환경을 조성하기 위하여 환경기준을 설정하여야 하며, 환경여건의 변화에 따라 그 적정성이 유지되도록 하여야 한다. 환경기준은 대통령령으로 정하나, 지역 환경의 특수성을 고려하여 필요하다고 인정하는 때에는 당해 시·도의 조례로 대통령령으로 정하는 환경기준보다 확대·강화된 별도의 환경기준(이하 "지역 환경기준" 이라 한다)을 설정할 수 있다. 시·도지사는 지역 환경 기준이 설정되거나 변경된 때에는 이를 지체 없이 환경부장관에게 보고 하여야 한다(환경정책기본법 §10).

환경기준은 대기·수질·토양 등 환경매체별로 정하여지는데 이들 매체가 어떤 오염원의 영향권 내에서 최소한도 유지되어야 할 오염도를 확정하여 준다. 이러한 환경기준의 설정은 경제성장이나 지역개발과 같은 다른 국가 목적, 국가의 기술발전수준, 당해 지역의 성격, 이익집단의 요구, 국민의 의지 등 제반요인을 종합적으로 검토하여 결정한다.

3) 환경기준의 유지

국가 또는 지방자치단체는 위의 환경기준이 적절히 유지되도록 환경에 관련되는 법령의 제정과 행정계획의 수립 및 사업의 집행에 있어서 ① 환경악화의 예방 및 그 요인의 제거, ② 환경오염지역의 원상회복, ③ 새로운 과학기술의 사용으로 인한 환경위해의 예방, ④ 환경오염방지를 위한 재원의 적정배분 등의 사항을 고려하여야 한다(환경정책기본법§11). 설정된 환경기준을 적정하게 유지하기 위해서는 정확한 환경상태의 측정·파악이 필요한 바, 이를 위한 것이 환경오염의 상시측정망의 설치·운영제도이다. 환경정책기본법은 국가 및 지방자치단체는 ① 자연환경 및 생활환경현황, ② 환경오염 및 환경훼손 실태, ③ 환경오염원 및 환경훼손요인, ④ 환경의 질의 변화 등 환경오염 상황을 상시조사·평가하여야 하고, 이를 위하여 환경오염의 감시·측정·시험 및 분석체제를 유지하여야 한다고 규정하고 있다(동법§15·①·②).

4) 환경기준의 법적 성격

여러 환경기준이 어떤 성질 또는 효력(구속력)을 가지는가는 각 환경기준이 정해지는 형식(대통령령 등 법규명령·조례·행정규칙등)에 따라 판단할 사항이다. 환경기준은 비록 대통령령이나 조례의 형식으로 제정되는 경우 일반국민에 대하여는 직접적인 법적 구속력을 갖지 않으며, 다만 환경행정의 목표의 성격을 갖는다는 것이 다수설 입장이다.[198)]

---

198) 김동희(Ⅱ), 490쪽 : 유지태, 행정법신론, 916쪽 : 김성수, 개별행정법, 255쪽.

그럼에도 불구하고 환경기준이 갖는 규범적 의미가 매우 크다. 대통령령 등 법규명령이나 조례로 정해지는 환경기준은 ① 환경영향평가에 있어 환경보전 목표의 설정과 환경영향의 평가기준이 되며(환경영향평가법 §7), ② 총량규제의 기준 및 근거가 되고(대기환경보전법 §22, 수질및수생태계보전에관한법률 §4), ③ 배출시설설치의 제한기준이 되며(대기환경보전법§23·⑥, 수질및수생태계보전에관한법률 §4, §33·⑥), ④ 개별법상의 허가기준에 있어 환경배려조항이 있는 경우에 그 허가기준(환경심사·환경처분의 내용을 결정하는 기준)이 되고, ⑤ 환경오염으로 인한 민사상의 손해배상청구나 유지청구소송에 있어 수인한도의 판단기준(환경분쟁 시 구체적인 피해의 정도나 책임을 판단하는 기준)이 될 수 있을 것이다.

환경기준의 대표적 수단인 '배출허용기준'은 그 형식이 환경부령(수질·수생태계 보전법 §32, 대기환경보전법 §16)으로 정립되더라도, 구체적인 법적구속력을 갖는다고 본다.

왜냐하면 배출허용기준은 오염 물질을 규제하기 위해 배출시설에서 나오는 오염물질이 허용되는 최대한 계치를 설정하는 것으로서 이 기준에 위반하면 행정청은 배출허용 기준 이하로 내려가도록 개선명령 또는 개선명령 불이행시의 배출시설의 전부 또는 일부에 대한 조업정지명령 또는 과징금처분을 부과하여 그 실효성을 담보할 수 있기 때문이다(수질·수생태계 보전법 §39, §40, §43·②, 대기환경보전법 §33, §34, §37).

5) 환경기준의 구체화 및 구체적 허용기준

환경정책기본법이 예정하고 있는 환경기준은 대통령령으로 정하도록 되어 있고(§10·②), 그에 따라 동법시행령 제2조가 「별표 1」에서 대기·수질·소음의 3개 분야에 있어서의 기준을 구체적 수치로 설정하여 놓고 있다. 그리고 환경기준은 그 자체로서는 추상적인 내용만을 의미하므로 현실적으로 실효성을 갖도록 하기 위해서는 이를 개별적인 환경매체에 따라 구체적인 허용기준을 수치화할 필요가 있는 바, 대기허용기준, 수질·수생태계 허용기준 및 소음·진동허용기준 등이 그것이다. 이들 구체적 허용기준은 환경기준과는 달라서 법적 구속력이 있는 규제기준이고, 사업장의 경영자 또는 관리자를 수범자로 하여 그 위반 시에는 제재가 가해진다.

(3) 환경영향평가법에 관한 영향평가제도

1) 의의 및 성질

환경영향평가란 환경·대기·수질·하수·가축분뇨·폐기물 등 영향이 큰 환경영향평가 대상사업의 사업계획을 수립하려고 할 때 그 사업의 시행이 환경에 미치는 영향(이하 "환경영향"이라 한다)을 미리 조사·예측·평가하여 해로운 환경영향을 피하거나 줄일 수 있는 방안(이하 "환경보전방안"이라 한다)을 강구하는 것을 말한다(환경영향평가법 §2·1호).

환경·교통·재해 등에 관한 영향평가제도는 환경·교통·재해 또는 인구에 미치는 영향이 큰 사업에 대한 사업(영향평가 대상사업)이 환경·교통·재해 및 인구에 미치는 영향을 미리 평가·검토(또는 예측·분석)하여 환경·교통·재해 및 인구에 미치는 영향을 줄일 수 있는 방안을 강구하는 것을 말한다(환경·교통·재해 등에 관한 영향평가법§1, §2·1호).

영향평가제도는 사전배려의 원칙을 배경으로 하며, 연혁 적으로는 미국의 국가환경정책법(National Environmental Policy Act : NEPA, 1969)에서 처음 도입된 것이며, 우리나라에서는 환경정책기본법에서 규정하였으나 1993년 6월 21일 환경영향평가법에서 이를 규정하였다가 동법이 폐지되고 1999년 12월 31일 이를 대체하는 법률로서 '환경·교통·재해 등에 관한 영향평가법'이 제정되었으며, 그 내용은 미국식 제도보다는 강화된 내용으로 마련되고 있다.

그러나 2008년 3월 28일 제명을 「환경·교통·재해 등에 관한 영향평가법」에서 다시 「환경영향평가법」으로 변경하고, 이 법에서 교통·인구·재해 영향 평가에 관한 규정을 삭제하며, 교통·재해·인구 영향 평가 제도를 분리하고 환경영향평가제도만을 규정하는 전면개정을 가져 왔다(2009. 1. 1. 시행).

환경영향평가는 환경영향평가의 대상이 되는 사업의 실시를 위한 사업계획 승인처분의 절차로서의 성질을 갖는다. 따라서 환경영향평가의 하자는 실체(내용)상 하자이든 절차상 하자이든 사업계획승인처분의 절차상 하자로서의 성질을 갖는다.

2) 대상사업

① 영향평가를 실시해야 할 사업은

ⓐ 도시의 개발 ⓑ 산업입지 및 공업단지의 조성 ⓒ 에너지개발 ⓓ 항만건설 ⓔ 도로건설 ⓕ 공항건설 ⓖ 철도건설 ⓗ 수자원개발 ⓘ 하천의 이용 및 개발 ⓙ 개간 및 공유수면매립 ⓚ 관광단지개발 ⓛ 체육시설의 설치 ⓜ 산림개발 ⓝ 특정지역개발, ⓞ 산지의 개발, ⓟ 체육시설의 설치, ⓠ 국방·군사시설의 설치 ⓡ 토석·모래·자갈·광물 등의 채취, ⓢ 폐기물처리시설의 설치 그리고 환경에 영향을 미치는 시설로서 대통령령으로 정하는 시설의 설치 사업이다(§4).

② 환경영향평가 실시 생략 사업(§4·②)

다음의 사업에 대하여는 환경영향평가를 실시하지 아니한다.

ⓐ 「재난 및 안전관리 기본법」 제37조에 따른 응급조치를 위한 사업

ⓑ 국방부장관이 국방상의 기밀을 보호하거나 군사작전을 긴급히 수행하기 위해 필요하다고 인정하여 환경부장관과 협의한 사항

ⓒ 국가정보원장이 국가 안보를 위하여 필요하다고 인정하여 환경부장관과 협의한 사업이다.

3) 환경영향평가서의 작성 등

① 작성주체

환경영향평가서는 원칙적으로 대상사업의 주제가 사업계획의 승인 이전에 작성하여야 한다(§10·①·②). 그러나 이 경우 사업자는 영향평가대행자로 하여금 영향평가의 실시를 대행하게 할 수 있다(§34·①). 대행이 대부분인 바 이 제도는 형식화 내지는 부실화의 위험요인으로 지적되고 있다.

② 주민의 의견수렴

사업자가 평가서를 작성함에 있어서는 설명회 또는 공청회 등을 개최하여 영향평가 대상지역 안의 주민의 의견을 수렴하고 이를 평가서의 내용에 포함시켜야 한다. 이 경우 대통령령이 정하는 범위의 주민의 요구가 있을 때에는 공청회를 개최하여야 한다. 주민의 의견을 수렴하고자 할 때에는 미리 평가서 초안을 작성하여야 한다(§14·①·③·⑤). 이는 평가서 작성과정에 주민들을 참여시켜 평가서의 내용의 적정성과 절차의 정당성을 보장하는 기능을 수행하기 위함이다. 사업자는 생태계의 보전가치가 큰 지역 등 대통령령이 정하는 지역에서 대상사업을 시행하고자 하는 경우에는 대통령령이 정하는 바에 따라 주민의 의견 외에 전문기관 등 주민 외의 자의 의견을 듣고 이를 평가서의 내용에 포함시켜야 한다(동법 §14·④).

판례 ① 조성 면적 10만㎡ 이상이어서 환경영향평가 대상사업에 해당하는 당해 국립공원 집단시설지구개발사업에 관하여 당해 변경승인 및 허가처분을 함에 있어서는 반드시 자연공원법령 및 환경영향평가법령 소정의 환경영향평가를 거쳐서 그 환경영향평가의 협의내용을 사업계획에 반영시키도록 하여야 하는 것이니만큼 자연공원법령뿐 아니라 환경영향평가법령도 당해 변경승인 및 허가처분에 직접적인 영향을 미치는 근거 법률이 된다.
② 환경영향평가에 관한 자연공원법령 및 환경영향평가법령의 규정들의 취지는 집단시설지구개발사업이 환경을 해치지 아니하는 방법으로 시행되도록 함으로써 집단시설지구개발사업과 관련된 환경공익을 보호하려는 데에 그치는 것이 아니라 그 사업으로 인하여 직접적이고 중대한 환경피해를 입으리라고 예상되는 환경영향평가 대상지역 안의 주민들이 개발 전과 비교하여 수인한도를 넘는 환경침해를 받지 아니하고 쾌적한 환경에서 생활할 수 있는 개별적 이익까지도 이를 보호하려는 데에 있다 할 것이므로, 위 주민들이 당해 변경승인 및 허가처분과 관련하여 갖고 있는 위와 같은 환경상의 이익은 단순히 환경공익보호의 결과로 국민일반이 공통적으로 가지게 되는 추상적·평균적·일반적인 이익에 그치지 아니하고 주민 개개인에 대하여 개별적으로 보호되는 직접적·구체적인 이익이라고 보아야 한다.
③ 당해 국립공원 용화집단시설지구개발사업으로 인하여 직접적이고 중대한 환경피해를 입으리라고 예상되는 환경영향평가 대상지역 안의 주민에게 환경영향평가 대상사업에 관한 변경승인 및 허가처분의 취소를 구할 원고적격이 있다(대판 1998.4.24, 97누3286).

판례 〈환경영향평가 대상지역 안의 주민들의 이익이 직접적·구체적 이익에 해당한다.〉(대판 1998.9.22, 97누19571).

4) 평가서에 대한 협의 및 검토

① 평가서의 협의

사업자 중 대상사업 또는 대상사업계획에 대한 승인(인가, 허가, 결정등)을 얻어야 하는 사업자는 평가서를 작성하여 승인기관의 장에게 제출해야 한다(§16·①). 승인기관의 장 및 승인 등을 얻지 아니하여도 되는 사업자는 대통령령이 정하는 바에 따라 환경부장관에게 평가서를 제출하고, 그 평가서에 대하여 협의를 요청하여야 한다. 이 경우 승인기관의 장은 평가서에 대한 의견을 첨부할 수 있다(동법§16·①·②).

② 평가서의 검토

환경부장관은 제출된 평가서를 검토함에 있어서 대상사업이 환경에 해로운 영향을 초래할 위험이 있어 사업계획 등의 조정 또는 보완이 필요하다고 인정하는 경우에는 승인기관의 장에게 평가서나 사업계획 등을 조정하거나 보완할 것을 요청할 수 있다(§17·①).

환경부장관은 평가서를 검토할 때 「정부출연연구기관 등의 설립·운영 및 육성에 관한 법률」에 따라 설립된 한국환경정책·평가 연구원의 의견을 들어야 하고, 해양환경에 영향을 미치는 환경영향평가 대상사업 중 대통령령으로 정하는 사업의 경우에는 추가로 국토해양부장관의 의견을 들어야 하며, 필요한 경우에는 관련 전문기관이나 전문가의 의견을 들을 수 있다(§17·②·③).

③ 평가서의 통보 등

환경부장관은 평가서의 검토가 완료된 때에는 그 결과(이하 '협의내용'이라 한다)를 대통령령이 정하는 기간 이내에 승인기관장 등과 의견서를 제출한 전문가에게 통보하여야 한다(동법 §18·①). 그리고 협의내용의 반영여부에 대한 확인·통보, 이의신청 등에 관하여 규정하고 있다(동법 §19, §20). 협의내용을 통보 받은 승인기관의 장은 이를 지체 없이 사업자에게 통보해야 한다(§18·③).

5) 평가서의 재협의

사업자는 협의 내용을 통보받은 후 ① 대통령령으로 정하는 기간 이내에 사업을 착공하지 아니한 경우, ② 대통령령으로 정하는 사유가 발생하여 협의 내용에 따라 사업계획 등을 시행하는 것이 맞지 아니한 경우에는, 평가서를 재작성하여야 하며, 승인 등을 받아야 하는 사업자는 재작성된 평가서를 승인기관의 장에게 제출하여야 한다(§21·①). 승인기관장 등은 재작성된 평가서에 대하여 환경부장관에게 재협의를 요청하여야 한다(§21·②).

6) 협의내용(평가서)의 사후관리·감독

환경에 관한 환경영향평가법은 환경영향평가제도의 실효성을 확보하기 위하여 사후관리 제도를 두고 있다. 그 주된 내용은 다음과 같다.

① 승인기관의 장 : 승인기관의 장은 승인 등을 받아야 하는 사업자가 ㉠ 협의 내용을

이행하는지 확인, ㉡ 협의내용을 불이행시의 필요한 조치명령, ㉢ 조치명령 불이행시의 공사 중지명령을 할 수 있다(§26·①·③·④).

② 환경부장관 : 환경부장관은 ㉠ 승인을 받지 아니하여도 되는 사업자에게 승인기관의 장이 필요한 조치 명령할 것을 요청할 수 있고, ㉡ 승인을 받지 아니하여도 되는 사업자나 승인기관의 장에게 협의기준을 지키기 위하여 필요한 조치를 할 것을 요청할 수 있다(§26·⑤·⑦).

③ 환경부장관과 승인기관의 장 : 환경부장관과 승인기관의 장은 사업자에게 협의내용의 이행에 관련된 자료를 제출하게 하거나 소속공무원으로 하여금 사업장에 출입하여 조사하게 할 수 있다(§26·②).

④ 환경영향에 대한 재평가 및 사전공사 시행의 금지 등을 들 수 있다(§28 §29).

7) 환경 등 영향평가의 하자와 사업계획 승인처분의 효력

【기출문제】 <2006년 (제22회) 입법고시 (사례형)>

① 절차상의 하자

환경영향평가를 시행함에 있어서 승인기관의 장이 평가서 협의기관장과의 협의를 거치지 않고 사업에 대한 승인을 하는 경우에는 당해 승인처분은 절차상의 하자로 위법한 처분이 된다. 한편, 승인기관의 장이 평가서협의기관장의 협의를 거쳤으나 협의내용을 사업계획에 반영시킴이 없이 승인을 한 경우 승인처분의 위법성 여부에 대하여, 판례는 입법취지를 달성할 수 없을 정도로 심히 부실하다는 등의 특별한 사정이 없는 한, 승인기관의 장의 협의를 거친 이상 그 의견에 반하는 처분을 하였다고 하여 그 처분이 위법하다고 할 수 없다고 한다.

> 판례 **〈국립공원관리청이 국립공원 집단시설지구 개발사업과 관련하여 그 시설물 기본설계 변경 승인처분을 함에 있어서 환경부장관과의 협의를 거친 이상 환부장관의 환경영향 평가에 대한 의견에 반하는 처분을 하였다고 하여 그 처분이 위법하다고 할 수 없다.〉** 국립공원 관리청이 국립공원집단시설지구 개발사업과 관련하여 그 시설물 기본설계 변경승인처분을 함에 있어서 환경부장관과의 협의를 거친 이상, 환경영향평가서의 내용이 환경영향평가 제도를 둔 입법취지를 달성할 수 없을 정도로 심히 부실하다는 등의 특별한 사정이 없는 한, 공원관리청이 환경부장관의 환경영향평가에 대한 의견에 반하는 처분을 하였다고 하여 그 처분이 위법하다고 할 수는 없다(대판 2001.7.27, 99두2970).

환경영향평가가 부실하게 됨으로써(내용상 부실) 승인기관이 사업계획 승인여부의 판단에 있어 중요한 고려사항을 고려하지 못하게 되는 경우에는 당해 환경영향평가의 부실은 사업계획 승인처분의 위법사유가 되는 환경영향평가의 실체상 하자가 된다고 보아야 할 것이다.[199]

환경영향평가 대상사업임에도 불구하고 의견수렴절차나 환경부장관의 협의 절차 등 환

경영향평가 절차가 전혀 행하여지지 아니한 경우 사업계획승인처분은 절차상 위법한 처분(당연무효)이 된다.

판례 **〈구 환경영향평가법상 환경영향 평가 후 실시하여야 할 사업에 대하여 환경영향 평가를 거치지 아니하였음에도 승인 등 처분을 한 경우, 그 처분의 하자가 당연무효 사유에 해당한다.〉** 구 환경영향평가법(1999. 12. 31. 법률 제6095호 환경·교통·재해 등에 관한 영향평가법 부칙 제2조로 폐지) 제1조, 제3조, 제9조, 제16조, 제17조, 제27조 등의 규정 취지는 환경영향평가를 실시하여야 할 사업(이하 '대상사업'이라 한다)이 환경을 해치지 아니하는 방법으로 시행되도록 함으로써 당해 사업과 관련된 환경공익을 보호하려는 데 그치는 것이 아니라, 당해 사업으로 인하여 직접적이고 중대한 환경피해를 입으리라고 예상되는 환경영향평가대상지역 안의 주민들이 전과 비교하여 수인한도를 넘는 환경침해를 받지 아니하고 쾌적한 환경에서 생활할 수 있는 개별적 이익까지도 보호하려는 데에 있는 것이다. 그런데 환경영향평가를 거쳐야 할 대상사업에 대하여 환경영향평가를 거치지 아니하였음에도 불구하고 승인 등 처분이 이루어진다면, 사전에 환경영향평가를 함에 있어 평가대상지역 주민들의 의견을 수렴하고 그 결과를 토대로 하여 환경부장관과의 협의내용을 사업계획에 미리 반영시키는 것 자체가 원칙적으로 봉쇄되는바, 이렇게 되면 환경파괴를 미연에 방지하고 쾌적한 환경을 유지·조성하기 위하여 환경영향평가 제도를 둔 입법 취지를 달성할 수 없게 되는 결과를 초래할 뿐만 아니라 환경영향평가대상지역 안의 주민들의 직접적이고 개별적인 이익을 근본적으로 침해하게 되므로, 이러한 행정처분의 하자는 법규의 중요한 부분을 위반한 중대한 것이고 객관적으로도 명백한 것이라고 하지 않을 수 없어, 이와 같은 행정처분은 당연무효이다(대판 2006. 6. 30, 2005두14363 국방군사시설사업실시계획 승인 처분 무효 확인).

환경영향평가 절차는 행해졌지만 절차에 하자가 있거나 의견수렴이 부실하였던 경우 등 절차상 하자가 경미한 경우에는 사업계획승인처분은 취소사유가 되지는 않지만, 절차상 하자가 중요한 경우에 한하여 사업계획승인처분은 독립한 취소사유가 된다고 보아야 할 것이다.[200]

사업(계획)에 대하여 승인 등 처분을 하기 전에 미리 관계 기관장과 협의를 규정한 경우, 이러한 협의를 거치지 아니하고 승인 등 처분을 하면 위법처분이 되는데 이때 하자의 정도에 대하여 판례는 취소사유에 불과하다고 보고 있다.

판례 **〈국방·군사 시설에 관한 법률 및 구 산림법에서 보전임지를 다른 용도로 이용하기 위한 사업에 대하여 승인 등 처분을 하기 전에 미리 산림청장과 협의를 하라고 규정한 의미 및 이러한 협의를 거치지 아니한 승인처분은 당연무효는 아니다.〉** 국방·군사시설 사업에 관한 법률 및 구 산림법(2002. 12. 30. 법률 제6841호로 개정되기 전의 것)에서 보전임지를 다른 용도로 이용하기 위한 사업에 대하여 승인 등 처분을 하기 전에 미리 산림청장과 협의를 하라고 규정한 의미는 그의 자문을 구하라는 것이지 그 의견을 따라 처분을 하라는 의미는 아니라 할 것이므로, 이러한 협의를 거치지 아니하였다고 하더라도 이는 당해 승인처분을 취소할 수 있는 원인이 되는 하자 정도에 불과하고 그 승인처분이 되는 하자에 해당하는 것은 아니라고 봄이 상당하다(대판 2006. 6. 30, 2005두14363).

---

199) 박균성(하), 616쪽.
200) 박균성(하), 618쪽.

환경부장관의 협의 절차를 거쳐야 하는 경우 협의는 했지만, 환경부장관의 반대에도 불구하고 사업계획을 승인한 경우에는 그 환경영향평가서의 내용이 환경영향평가제도를 둔 입법취지를 달성할 수 없을 정도로 심히 부실하다는 등의 특별한 사유가 없는 한, 당해 처분이 위법하게 되지는 않는다.[201)]

② 내용상 하자

판례는 환경영향평가서의 내용상의 하자가 있는 경우에 그 하자가 환경영향평가 제도를 둔 입법취지를 달성할 수 없을 정도로 심히 부실한 경우에는 당해 사업계획의 승인처분의 위법사유가 되나, 그 정도의 것이 아닌 부실의 경우에는 당해 승인 등 처분에 재량권의 일탈·남용의 위법이 있는지 여부를 판단하는 하나의 요소로 됨에 그칠 뿐, 그 부실로 인하여 당연히 당해 승인 등 처분이 위법하게 되는 것은 아니라고 판시하고 있다.

환경오염저감방안을 전혀 행하지 않은 환경영향평가는 부적절한 것으로 위법이며 취소사유가 된다고 보아야 한다. 환경오염저감방안을 나열할 뿐이며 환경오염저감방안을 전혀 설명하고 있지 않은 경우, 환경오염저감방안이 심히 모호한 경우, 환경오염저감방안이 기초한 정보가 부적절하거나 부실한 경우에도 환경오염저감방안은 부적절한 것으로 취소사유가 된다고 보아야 한다.[202)]

판례 **〈구 환경영향평가법에서 정한 환경영향평가 절차를 거쳤으나 그 환경영향평가의 내용이 부실한 경우, 그 부실의 정도가 환경영향평가제도를 둔 입법취지를 달성할 수 없을 정도이어서 환경영향평가를 하지 아니한 것과 다를 바 없는 정도의 것이 아닌 이상, 그 부실로 인하여 당연히 당해 승인 등 처분이 위법하게 되는 것은 아니다.〉** 구 환경영향평가법(1997. 3. 7. 법률 제5302호로 개정되기 전의 것) 제4조에서 환경영향평가를 실시하여야 할 사업을 정하고, 그 제16조 내지 제19조에서 대상사업에 대하여 반드시 환경영향평가를 거치도록 한 취지 등에 비추어 보면, 같은 법에서 정한 환경영향평가를 거쳐야 할 대상사업에 대하여 그러한 환경영향평가를 거치지 아니하였음에도 승인 등 처분을 하였다면 그 처분은 위법하다 할 것이나, 그러한 절차를 거쳤다면, 비록 그 환경영향평가의 내용이 다소 부실하다 하더라도, 그 부실의 정도가 환경영향평가 제도를 둔 입법 취지를 달성할 수 없을 정도이어서 환경영향평가를 하지 아니한 것과 다를 바 없는 정도의 것이 아닌 이상 그 부실은 당해 승인 등 처분에 재량권 일탈·남용의 위법이 있는지 여부를 판단하는 하나의 요소로 됨에 그칠 뿐, 그 부실로 인하여 당연히 당해 승인 등 처분이 위법하게 되는 것이 아니다(대판 2001.6.29, 99두9902).

판례 **〈환경영향평가법령에서 정한 환경영향평가절차를 거쳤으나 그 환경영향평가의 내용이 부실한 경우, 그 부실로 인하여 환경영향평가 대상사업에 대한 승인 등 처분이 위법하게 되는지 여부(한정적 소극)〉** 환경영향평가법령에서 정한 환경영향평가를 거쳐야 할 대상사업에 대하여 그러한 환경영향평가를 거치지 아니하였음에도 승인 등 처분을 하였다면 그 처분은 위법하다 할 것이

201) 대판 2001. 7. 27, 99두2970.

202) 박균성(하), 618쪽.

나, 그러한 결과를 거쳤다면, 비록 그 환경영향평가의 내용이 다소 부실하다 하더라도, 그 부실의 정도가 환경영향평가제도를 둔 입법 취지를 달성할 수 없을 정도이어서 환경영향평가를 하지 아니한 것과 다를 바 없는 정도의 것이 아닌 이상, 그 부실은 당해 승인 등 처분에 재량권 일탈·남용의 위험이 있는지 여부를 판단하는 하나의 요소로 됨에 그칠 뿐, 그 부실로 인하여 당연히 당해 승인 등 처분이 위법하게 되는 것이 아니다(대판 2006. 3. 16, 2006두330 정부조치 계획 취소 등).

8) 현행 영향평가제도의 문제점

① 영향평가의 대상사업이 법령상 제한되어 있다는 점
② 영향평가서에 대한 협의내용을 주민에게 통보하는 절차 및 협의내용에 대한 주민들의 이의절차 등이 없다는 점
③ 영향평가서작성의 대행이 일반적 관행 및 이로 인한 부조리(덤핑입찰에 의한 부실평가서 작성 등)
④ 본래의 취지와는 다르게 환경 등 침해의 합리화문서 또는 면죄부로 변질될 위험성이 있다는 점
⑤ 관계 행정기관이나 사업자가 보관하는 자료에 대한 주민의 열람청구나 제출요구권 등이 없다는 점(환경정보 청구권)
⑥ 환경부장관이 법률상 규정되어 있는 사업의 조정이나 보완요청을 하지 않는 경우에 대한 대비책이나, 환경부장관의 요청에 대해 사업승인기관의 장이 사업자에게 통보하지 않는 경우 등에 대한 대비책은 마련되고 있지 않다.
⑦ 벌칙 규정이 미비해 그 실효성이 미흡하다는 점
⑧ 체계적인 '모니터링 망'과 사후관리 시스템이 미흡하다는 점이다.

그러나 환경영향평가 대상 지역안의 주민들이 갖고 있는 환경상 이익은 주민 개개인에 대하여 개별적으로 보호되는 직접적·구체적 이익이며, 위 주민들은 그 이익 침해를 이유로 그 처분 등의 취소를 구할 원고적격이 있다.

판례 〈환경영향평가 대상 사업에 해당하는 국립공원 집단시설지구개발사업에 있어 그 시설물 기본설계 변경승인처분 등과 관련하여 환경영향평가 대상 지역안의 주민들이 갖고 있는 환경상의 이익이 주민 개개인에 대하여 개별적으로 보호되는 직접적·구체적 이익이며, 위 주민들에게 그 이익의 침해를 이유로 그 처분 등의 취소를 구할 원고적격이 있다.〉 구 자연공원법(1995. 12. 30. 법률 제5122호로 개정되기 전의 것), 같은법시행령(1996. 7. 1. 대통령령 제15106호로 개정되기 전의 것), 같은법시행규칙(1996. 7. 3. 내무부령 제687호로 개정되기 전의 것), 그리고 구 환경영향평가법(1999. 12. 31. 법률 제6095호 환경·교통·재해등에관한영향평가법 부칙 제2조로 폐지), 같은법시행령(2000. 12. 30. 대통령령 제17089호 환경·교통·재해등에관한영향평가법시행령 부칙 제2조로 폐지)의 각 관련 규정에 의하면, 국립공원 집단시설지구개발사업의 조성 면적이 10만㎡ 이상인 경우에는 환경영향평가 대상 사업에 해당하므로 환경부장관이 집단시설지구 내 시설물 기본설계변경승인처분 등을 함에 있어서는 반드시 자연공원법령 및 환경영향평가법령 소정의 환경영향평가서를 거쳐서 그 환경영향평가의 협의내용을 사업계획에 반영시키도록 하여야 하므로 자연공원법령뿐 아니라, 환경영향평가법령도 위 변경승인처분 등에 직접적인 영향을 미치는 근거 법령이 된다고 볼

수밖에 없고, 환경영향평가에 관한 위 자연공원법령 및 환경영향평가법령사의 관련 규정의 취지는 집단시설지구개발사업으로 인하여 직접적이고 중대한 환경피해를 입으리라고 예상되는 환경영향평가대상지역 안의 주민들이 개발 전과 비교하여 수인한도를 넘는 환경침해를 받지 아니하고 쾌적한 환경에서 생활할 수 있는 개별적 이익까지도 이를 보호하려는 데에 있다할 것이므로, 위 주민들이 위 변경승인처분과 관련하여 갖고 있는 위와 같은 환경상의 이익은 주민 개개인에 대하여 개별적으로 보호되는 직접적·구체적인 이익이라고 보아야 할 것이어서, 국립공원 집단시설지구 개발 사업으로 인하여 직접적이고 중대한 환경피해를 입으리라고 예상되는 환경영향평가 대상지역 안의 주민들이 누리고 있는 환경상의 이익이 위 변경승인처분으로 인하여 침해되거나 침해될 우려가 있는 경우에는 그 주민들에게 위 변경승인처분과 그 변경승인처분의 취소를 구하는 행정심판청구를 각하한 재결의 취소를 구할 원고적격이 있다고 보아야 한다(대판 2001. 7. 27. 99두2970).

2. 개별적 행위형식과 수단

(1) 권력작용(규제적 수단)

1) 신고제 또는 등록제

「자체 완성적 신고」는 신고요건을 갖춘 신고만 있으면 행정기관의 행위(예: 수리)를 기다릴 것 없이 신고의무가 이행되고 그 자체로서 법적 효과가 완성되는 경우이다. 즉, 신고요건을 갖춘 신고만 있으면 수리를 요하지 않으며 신고의 대상이 되는 행위에 대한 금지가 해제되는 신고를 말한다. 이는 수리를 요하지 아니하는 신고로 불리기도 한다. 이들은 통상적 의미의 신고에 해당한다. 적법한 신고만 있으면 신고의무를 이행한 것이 되며, 행정청이 수리하지 않았다 하여 과태료 또는 벌금의 부과 등 신고자가 어떠한 불이익도 받지 아니한다. 그러나 인·허가의제 효과를 갖는 건축법상 신고는 신고를 하여야 할 의무가 있는데 신고를 하지 아니한 경우에는 과태료 또는 벌금에 처한다(건축법 §111).

이에 반하여 「행정요건적 신고」는 사인이 행정청(행정기관)에 대하여 법령에 규정된 일정한 사항을 통지하고 행정청이 이를 수리함으로써 비로소 법적 효과가 발생하는 신고이다. 즉, 신고가 수리되어야 신고의 대상이 되는 행위에 대한 금지가 해제되는 신고를 말한다. 따라서 「수리를 요하는 신고」로 불리기도 한다. 실정법은 등록이라는 용어를 사용하기도 한다. 행정요건적신고의 경우의 수리를 거부하는 거부처분은 행정처분으로서 행정소송의 대상이 된다.

유해화학물질관리법상의 유독물영업의 등록(동법 §20)이 이에 해당한다.

그리고 소음·진동관리법상의 배출시설의 설치신고(동법 §8), 수질및수생태계보전에관한법률상의 수질오염배출시설의 설치신고(동법 §33), 대기환경보전법상의 배출시설의 설치신고(동법 §23), 폐기물관리법상의 폐기물처리신고(동법 §46) 등은「자체 완성적 신고」로 보는 것이 타당하다.

사업자가 배출시설·방지시설을, 폐기물처리업자가 폐기물처리시설을 양도·사망 또는 법인이 합병한 경우에는 그 양수인이나 상속인 또는 합병 후 존속하는 법인이나 합병으로 설립되는 법인은 신고 또는 변경신고에 따른 사업자 또는 폐기물처리업자의 권리·의무를 승계한다(대기환경보전법 §27, 수질 및 수생태계보전법 §36, 소음진동관리법 §10, 폐기물관리법 §33). 이때의 신고 또는 변경신고는 「행정요건적 신고」에 해당한다.

2) 인·허가제

인·허가제는 환경과 관련되는 일정한 공사·사업의 시행과 관련하여 환경보전을 위한 일정한 조건을 설정하고 그러한 조건을 충족하는 것만을 허용함으로 환경을 적정한 수준으로 보전하려는데 그 의의가 있다. 인·허가제는 환경보전을 위한 규제수단 중에서 중심적 역할을 하는 제도이다. 그리하여 환경보전에 관한 개별법은 환경에 영향을 미치는 일정규모 이상에 배출시설의 설치 또는 변경은 허가를 받아야 한다(대기환경보전법 §23, 수질및수생태계보전에관한 법률 §33, 소음·진동관리법 §8, 폐기물관리법 §25).

판례 ① **〈산림형질변경허가와 그 허가기간의 연장신청 대상 지역이 법령상의 금지 또는 제한지역에 해당하지 않더라도 국토 및 자연의 유지와 상수원 수질과 같은 환경의 보전 등을 위한 중대한 공익상의 필요가 있을 경우, 그 허가를 거부할 수 있는지 여부(적극)〉** 산림형질변경허가는 법령상의 금지 또는 제한지역에 해당하지 않더라도 신청 대상 토지의 현상과 위치 및 주위의 상황 등을 고려하여 국토 및 자연의 유지와 상수원 수질과 같은 환경의 보전 등을 위한 중대한 공익상의 필요가 있을 경우 그 허가를 거부할 수 있으며, 이는 산림형질변경 허가기간을 연장하는 경우에도 마찬가지이다.

② **〈천연기념물로 지정된 천호동굴에 인접한 토지에 대한 산림형질변경 허가기간 연장신청에 대하여 그 주변 지역의 자연경관 보호 등을 고려하여 이를 거부한 행정처분이 재량권 남용에 해당하지 않는다고 한 사례〉** 천연기념물로 지정된 천호동굴에 인접한 토지에 대한 산림형질변경 허가기간 연장신청에 대하여 그 주변 지역의 자연경관 보호 등을 고려하여 이를 거부한 행정처분이 재량권 남용에 해당하지 않는다고 한 사례(대판 2000.7.7, 99두66 산림형질변경허가기간연장신청반려처분취소).

3) 배출허용기준 및 배출규제(작위·부작위 의무의 부과)

신고 및 허가제를 통한 오염배출규제에 있어서 결정적인 역할을 하는 것은 배출허용기준이다. 배출허용기준이란 배출시설에서 배출되는 오염물질의 최대허용량 또는 최대허용농도를 의미하며, 환경오염규제의 제반조치의 근거가 되며 또한 한계가 된다. 일정한 시설의 설치 및 운영의 허가요건으로 오염물질의 배출허용기준을 충족시키도록 하고, 이후 감시제도를 통하여 오염물질이 배출허용기준 이하로 유지하도록 하는 것이 신고 및 허가 제도를 통한 오염방지대책의 중심을 이룬다. 여기서 배출허용기준을 어떻게 설정하느냐는 환경기준의 설정과 마찬가지로 중요하고도 어려운 문제이다. 결국 배출허용기준은 환경기준과 마찬가지로 국가의 과학기술의 발전상황 및 경제발전과 관련하여 결정되어야 할 가치판단적이고도 정치적인 결정이라고도 할 수 있다.

현행법상 배출허용기준은 환경부장관이 관계 중앙행정기관의 장과 협의하여 환경부령으로 정하도록 하고 있다(대기환경보전법§16, 수질및수생태계보전에관한법률§32, 소음·진동관리법§7). 환경기준은 환경행정의 목표치라고 할 수 있는 반면, 배출허용기준은 국민에 대하여 직접 법적구속력을 갖는다는 점에서 중요한 차이가 있다.

4) 농도규제와 총량규제

배출허용기준에 의한 규제는 배출허용기준을 설정함에 있어서 배출구의 배출물질의 농도를 기준으로 규제하는 것이 보편적이다. 이러한 농도규제는 오늘날 각국에서 가장 널리 사용하는 배출허용기준은 ppm(part per million : 백만분의 1)단위의 농도규제방식이다.

그러나 이러한 배출구의 농도규제방식은 오염원의 수와 규모의 증가에 따라 많은 오염물질이 환경 속에 축적된다는 점과 한정된 일정지역 내의 배출시설의 증설이나 신설에 따른 배출량의 절대량 증가와 축적된 오염에 대하여도 대처할 길이 없는 점, 인접지역의 오염원에 의한 오염부하 및 일반주민의 생활 활동으로부터 발생하는 오염부하에 대하여도 효과적으로 규제할 수 없다. 이에 따라 배출구의 농도규제방식을 보완하기 위하여 「총량규제방식」이 도입되었다. 총량규제는 각 지역의 대기나 하천 또는 항만 등의 자연정화능력·기상·지형 등을 조사하고 그 오염한도량을 산출하여 이를 기초로 그 지역에 있는 배출시설에 대하여 유해물질의 배출량을 할당하는 방식으로 이루어지고, 그 지역 안에서는 할당배출량을 규제하게 된다.[203] 총량규제가 적용되면 각 배출시설의 1일 배출 절대량이 확정되기 때문에 각 사업장은 이를 충족시킬 수 있는 오염방지시설을 설치한다던지 조업단축을 한다든지 혹은 시설을 이전한다든지 함으로써 결국 오염의 축적방지에 크게 기여할 수 있다.

그러나 총량규제에 있어서는 총량을 어떻게 설정해야 하는지 또는 설정된 경우에 어떻게 효과적으로 배출시설을 통제할 것인가의 방법에 있어서는 많은 행정적·기술적·정책적 어려움이 있다.

현행법은 환경부장관은 오염상태가 환경기준을 초과하여 주민의 건강·재산이나 동·식물의 생육에 중대한 위해를 가져올 우려가 있다고 인정하는 경우에는 수계영향권별·구역별 또는 특별대책지역 중 사업장이 밀집되어 있는 구역의 경우에는 당해 구역 안의 사업장별로, 배출되는 오염물질을 총량으로 규제할 수 있도록 하고 있다(대기환경보전법§22, 수질및수생태계보전에관한법률§4).

5) 배출허용기준의 다원화

환경오염은 인구 또는 산업의 집중정도 기타 조건에 따라 그 정도에 있어서 현저한 차이가 있으므로 오염농도를 감안하여 지역에 따라 다원적인 기준을 설정할 필요가 있다. 이리

203) 구연창, 환경법론, 223쪽.

하여 현행법령도 환경부령과 시·도의 조례로 정할 수 있도록 하고 있다. 환경부령에 의하여 정해지는 전국적으로 적용되는 일반적 배출허용기준 이외에, 환경부장관은 특별대책지역 안에 오염방지를 위하여 필요하다고 인정하는 때에는 당해 지역에 설치된 배출시설에 대하여 일반적 기준보다 엄격한 배출허용기준을 정할 수가 있으며, 당해 지역 안에 새로이 설치되는 배출시설에 대하여 특별배출 허용기준을 정할 수 있다(대기환경보전법 §16·③·⑤·⑥, 수질및수생태계보전에관한법률 §32·⑤).

또한 특별시·광역시 또는 도는 지역 환경기준의 유지가 곤란하다고 인정하는 때에는 조례로 일반적 기준보다 강화된 배출허용기준을 정할 수 있다(대기환경보전법 §16·③, 수질및수생태계보전에관한법률 §32·③).

6) 배출시설의 허가·신고제 및 배출허용기준 등 의무위반에 대한 제재

배출시설의 허가 및 신고제와 배출허용기준이나 총량규제 등 각종 의무위반에 대한 제재조치는 각종의 개선명령·조업정지명령·허가의 취소 또는 위법시설에 대한 폐쇄조치 등 직접적인 오염규제 수단을 규정하고 있다(대기환경보전법 §33, §34, §36, §38, 소음·진동 관리법 §15 §16, §17, §18, 수질 및 수생태계 보전에 관한 법률 §39, §40, §42, §44).

① 개선명령

환경부장관은 조업 중인 배출시설에서 배출되는 오염물질의 정도가 배출허용기준을 초과한다고 인정하는 때에는 기간을 정하여 사업자에게 배출허용기준 이하로 내려가도록 필요한 조치를 취할 것을 명할 수 있다.

② 조업정지명령

환경부장관은 개선명령을 받은 자가 개선명령을 이행하지 아니하거나 기간 내 이행은 하였으나 검사결과 배출허용기준을 계속 초과하면 해당 배출시설의 전부 또는 일부에 대하여 조업정지를 명할 수 있다.

③ 허가의 취소 등

환경부장관은 사업자가 ㉠ 거짓이나 그 밖의 부정한 방법으로 허가·변경 허가를 받았거나 신고·변경신고를 한 경우, ㉡ 변경허가를 받지 아니하거나 변경신고를 하지 아니한 경우, ㉢ 가동개시 신고를 하지 아니하고 조업을 한 경우, ㉣ 조업정지 명령을 이행하지 아니한 경우, ㉤ 자가 측정을 하지 아니하거나 측정방법을 위반하여 측정한 경우 등 각 법률조항 각 호의 사유(대기환경보전법 §36, 소음·진동 관리법 §17, 수질 및 수생태계 보전에 관한 법률 §42)에 해당하는 경우에는 배출시설의 설치허가 또는 변경허가를 취소하거나 배출시설의 폐쇄를 명하거나 6개월 이내의 기간을 정하여 배출시설 조정업자를 명할 수 있다.

④ 위법시설에 대한 폐쇄조치

환경부장관은 허가를 받지 아니하거나 신고를 하지 아니하고 배출시설을 설치하거나 사용하는 자에게는 그 배출시설의 사용중지를 명하여야 한다. 다만, 그 배출시설을 개선하거나 방지시설을 설치·개선하더라도 그 배출시설에서 배출되는 오염물질의 정도가 배출허용기준 이내로 내려갈 가능성이 없다고 인정되는 경우 또는 그 설치장소가 다른 법률에 따라

그 배출시설의 설치가 금지된 경우에는 그 배출시설의 폐쇄를 명해야 한다(대기환경보전법 §38, 소음·진동 관리법 §18, 수질 및 수생태계보전에 관한 법률 §44).

⑤ 간접적 규제수단

위에서 설명한 환경오염의 규제들은 가장 보편적으로 사용되어온 중요한 직접적 규제수단이다. 배출허용기준이나 총량규제 등을 통한 직접규제 수단을 보완하기 위하여 환경부담금, 환경보조금, 오염권판매제도, 공법상 계약 같은 간접적 규제 수단이나 환경협상, 환경지도와 같은 비공식적 행정작용이 요구된다.

(2) 비권력적수단(비권력적 작용)

1) 자금지원

자금지원의 형태로는 소비적 보조금 및 융자 등의 적극적 재정적 지원(자금지원)과 조세 및 공과금의 감면과 같은 공제적 자금지원이 있다. 국가 및 지방자치단체의 자금지원은 협력의 원칙에 의한 환경보호의 수단에 속한다. 사업자 측에서 특히 환영받는 자금지원의 형태는 수급자의 반환의무가 없는 소비적 보조금인 바, 오염규제와 결부하여 지급되는 것이 일반적이다.

적극적인 자금지원 또는 재정지원을 통하여 일정한 방향(친환경 또는 오염규제)으로 유도하는 방안으로는 ① 환경정책기본법상 ㉮ 사업자가 행하는 환경보전을 위한 시설의 설치·운영을 지원하기 위하여 필요한 세제상 조치 기타 재정지원, ㉯ 사업자가 스스로 환경관리를 위하여 노력하는 자발적 환경관리체제가 정착·확산될 수 있도록 필요한 행정적·재정적 지원, ㉰ 환경보전에 관련되는 학술·조사·연구 및 기술개발에 필요한 재정지원(동법 §32, §34, §35), ② 폐기물관리법상 폐기물처리시설을 설치하고자 하는 자에 대하여 필요하다고 인정하는 경우에는 그 시설에 소요되는 비용에 대한 재정적 지원(동법 §57), ③ 자연환경보전법상 자연환경·자연보전사업이나 자연보호운동에 대한 국고보조(동법 §54), ④ 수질및수생태계보전에관한법률상 지방자치단체의 수질보전을 위한 사업에 소요되는 경비에 대한 국고보조(동법 §69)를 규정하고 있다. 이들은 모두 환경보전 목적을 위한 수단으로서의 의미를 가진다.

2) 환경지도 및 환경협상

환경행정은 오염방지시설의 권고, 오염방지기술에 대한 지도·상담, 지역주민과 사업자간의 대화 및 협상의 알선·조정, 쓰레기·분뇨·축산 폐수배출시설의 설치나 폐기물처리설치를 위한 지역주민들과의 협상·설득·홍보의뢰 등의 다양한 비권력적 수단이 활용되고 있으며, 행정지도의 내용으로는 규제적 행정지도·조정적 행정지도 및 조성적 행정지도 등이 있다. 환경오염을 사전에 예방 또는 방지하기 위하여 행정지도나 협상과 같은 비공식적 행정작용은 명령·강제와 같은 직접적 규제수단보다 훨씬 효과적인 수단으로 나타나는 경우가 있다. 특히 환경보전은 국가의 일방적인 노력에 의하여 실현될 수 없으며, 사업자·개인 등 관련된 모든 당사자의 협력을 불가결하게 요구하고 있다. 이러한 의미에서 오늘날 환경보호에 있어서 상대방의 임의적 동의나 협력을 전제로 하는 행정지도나 협상은 오늘날의 환경보호에 있어서 중요한 의미를 갖는다.

예컨대 폐기물 처리시설의 설치에 대한 주민의 반대에 대하여 협상에 의하여 원만한 해결을 가능하게 한다.

그러나 다른 한편 행정청과 사업자간의 협상과 타협은 환경오염의 법적 규제의 엄격성을 완화시키고 규제수준의 저하를 초래할 위험성이 있으며, 사업자와 경쟁관계에 있는 제3자의 법적 지위를 침해할 우려가 있다.

3. 간접적 규제수단(환경부담금 : 환경공과금)

(1) 의 의

환경부담금이란 환경침해행위에 대하여 부과하는 일체의 공법상의 금전적 부담을 말한다. 환경부담금의 부과목적과 기능은 ㉮ 환경보호를 위한 재원을 마련하는 데 있고, ㉯ 경제적 유인이나 동기부여를 통하여 오염배출자의 결정에 영향을 주어 환경우호적인 행위를 유도하는 데 있다. 환경 부담금의 유도적 기능은 배출부과금에서 명백하게 나타난다. 즉, 배출부과금보다 적은 비용으로 오염배출을 축소시킬 수 있는 사업자는 배출부과금의 징수를 피하기 위하여 배출을 억제하는데 반하여 배출부과금보다 적은 비용으로 오염배출을 감축시킬 수 없는 기업은 배출부과금을 지불하는 것을 선택하게 된다.

그러나 이 경우에도 사업자는 비용상으로 배출억제에 대한 계속적인 유인을 받는다. 이에 따라 환경 부담금은 사업자에게 환경우호적인 행동을 유발시키고 최소의 비용으로 환경보전을 실현하게 된다. 환경 부담금을 대표적인 간접적 규제수단으로 부르는 이유가 여기에 있다.

환경 부담금의 이론적 근거는 원인자책임의 원칙이다. 즉, 환경침해에 대하여 원인을 제공하거나 직접적인 피해를 야기한 자가 원상회복, 침해의 제거 또는 이에 필요한 비용을 부담하여야 한다는 원칙이다.

환경정책 기본법에서 오염원인자 책임원칙을 명문화하고 있다(동법 §7).

환경 부담금의 유형으로는 배출부과금, 환경개선부담금, 환경세 등이 있다.

(2) 배출부과금

① 의 의 : 배출부과금이란 오염물질로 인한 환경상의 피해를 방지 또는 감소시키기 위하여 오염물질을 배출하는 사업자 및 허가·변경허가를 받지 아니하거나 신고·변

경신고를 하지 아니하고 배출시설을 설치 또는 변경한 자에 대하여 과하여지는 부과금을 말한다(대기환경보전법§35, 수질및수생태계보전에관한법률 §41).

배출부과금을 부과할 때에는 ㉠ 배출허용기준 초과 여부 ㉡ 배출되는 오염물질의 종류 ㉢ 오염물질의 배출기간 ㉣ 오염물질의 배출량 ㉤ 자가 측정의 여부 ㉥ 환경의 오염 또는 개선과 관련되는 사항으로서 환경부령이 정하는 사항을 고려하여야 하며, 구체적인 배출부과금의 종류·산정방법 및 산정 기준은 대통령령으로 정하고 있다(대기환경보전법 §35, 수질및수생태계보전에관한법률 §41,).

② 성　격 : 배출부과금은 ㉠ 조업정지 또는 영업정지에 갈음하여 조업 또는 영업을 계속할 수 있게 하는 대신에 이로 인하여 얻은 이익을 환수하는 일종의 과징금의 성격을 띤 제재적 수단, ㉡ 시장유인적 규제수단, ㉢ 원인자책임의 원칙에 따른 것으로서 배출허용기준을 초과하여 오염물질을 배출한 경우에 배출 자가 그로 인하여 오염된 환경의 처리비용을 부담하도록 하는 부담금의 성격을 갖기도 한다.

③ 종류 및 산정 : 배출부과금은 기본배출부과금(이하 '기본부과금'이라 한다)과 초과배출부과금(이하 '초과부과금'이라 한다)이 있다. 기본부과금은 오염물질을 배출하는 사업자가 배출허용기준 이하로 배출하는 오염물질의 배출량 및 배출농도를 기준으로 부과하는 금액으로 한다. 초과부과금은 배출허용기준을 초과한 경우에 당해 배출허용기준과 오염물질 배출량 및 배출농도를 기준으로 부과하는 금액으로 한다(대기환경보전법§35·①, 대기환경보전법시행령 §24, §28, 수질및수생태계보전에관한법률§41·①).

「기본부과금의 산정방법 및 기준」은 기본부과금은 배출허용기준 이하로 배출하는 오염물질 배출량에 오염물질 1킬로그램당 부과 금액, 연도별 부과금산정지수, 지역별 부과계수 및 농도별 부과계수를 곱하여 산출한 금액으로 한다. 「초과부담금의 산정방법 및 기준」은 초과부담금은 오염물질 1킬로그램당 부과 금액, 배출허용기준초과 오염물질 배출량, 배출허용기준초과율별 부과계수, 지역별부과계수, 연도별 부과금산정지수, 위반횟수별 부과계를 곱하여 산출한 금액으로 한다. 「초과부담금의 오염물질배출량산정」은 초과부과금 산정에 필요한 배출허용기준과 오염물질 배출량은 배출기간 중에 배출허용기준을 초과하여 조업함으로써 배출되는 오염물질의 양으로 하되, 일일기준 초과배출량에 배출기간의 일수를 곱하여 산정한다(대기환경보전법시행령 §24, §25, §28, §29, 수질및수생태계보전에관한법률 §10, §41, §45).

초과배출부과금의 산정에 있어서 지역이나 수역별로 차등적 부과율을 적용시키는 지역별 부과계수, 전년도 물가상승률을 감안하여 정하는 가격변동지수를 곱하여 정하는 연동별 부과금산정지수, 그리고 위반횟수에 따라서 가중되는 위반회수별 부과계수를 사용하여 탄력적인 부과율을 적용하고 있는 것이다.

④ 가산금 및 강제징수 : 환경부장관은 배출부과금을 납부하여야 할 자가 소정의 기한내에 이를 납부하지 아니할 때에는 가산금을 징수한다. 배출부과금 또는 가산금을

납부하여야 할 자가 소정의 기한 내에 이를 납부하지 아니하는 때에는 국세 또는 지방세 체납처분의 예에 의하여 이를 징수한다(대기환경보전법 §35·⑤·⑨, 수질및수생태계보전에관한법률 §41·④·⑧). 배출부과금과 가산금은 환경정책기본법에 따른 환경개선특별회계의 세입으로 한다(대기환경보전법 §35·⑦, 수질·수생태부전법 §41·⑥).

(3) 환경개선부담금

① 의의 및 법적성격 : 환경개선부담금이란 환경부장관이 유통·소비과정에서 환경오염물질의 다량배출로 인하여 환경오염의 직접적인 원인이 되는 건물 등 기타 시설물(이하 '시설물'이라 한다)의 소유자 또는 점유자와 자동차의 소유자로부터 개선부담금을 부과·징수하는 것을 말한다(환경개선비용부담법 §9·①). 환경개선부담금 역시 배출부과금과 같이 원인책임자의 원칙에 따른 특별부담금의 성격을 갖고 있고, 인적 공용부담의 일종인 부담금에 속한다.

② 개선금의 용도 : 징수된 개선부담금은 ㉠ 환경보전중기종합계획에 의하여 시행하는 대기 및 수질환경개선사업비의 지원, ㉡ 사업자가 시행하는 대기 및 수질환경개선사업비의 융자 및 저공해 기술개발 연구비의 지원, ㉢ 자연환경보전사업 기타 대통령령이 정하는 용도에 사용된다(동법 §11).

③ 부과대상 및 산정 기준 : 환경개선부담금의 부과대상은 ㉠ 대통령령이 정하는 규모 이상의 시설물, ㉡ 경유를 연료로 사용하는 대통령령이 정하는 자동차가 대상이다(동법 §9·②). 개선부담금의 산정 기준은 ㉠ 시설물에 대한 개선부담금은 당해 시설물에서 배출되는 대기 및 수질오염물의 배출총량을 감안하여 산정하는 바, ⓐ 대기오염물질을 배출하는 경우에는 연료사용량×단위당 부과 금액×연료계수×지역계수, ⓑ 수질오염물질을 배출하는 경우에는 용수사용량×단위당 부과금액×오염유발계수×지역계수이고, ㉡ 자동차에 대한 개선부담금은 대당 기본 부과 금액×오염유발계수×차령계수×지역계수를 곱한 금액으로 한다(동법 §10). 단위당 부과 금액·대당 기본 부과금액·연료계수·오염유발계수·지역계수·차령계수는 대통령령으로 정한다(동법 §10·③).

④ 납입 및 징수 : 개선부담금은 환경정책기본법에 의한 환경개선 특별회계의 세입으로 한다(§19). 환경부장관(또는 시행사)은 개선부담금과 방지사업부담금을 납부하여야 할 자가 납부기간 내에 그 부담금을 납부하지 아니하는 경우에는 10일 이상의 기간을 정하여 이를 독촉하여야 한다. 이 경우 체납된 부담금에 대하여는 100분의 5에 상당하는 가산금을 부과하여야 한다. 독촉을 받은 자가 그 기간 내에 부담금을 납부하지 아니하는 때에는 국세 또는 지방세 체납처분의 예에 따라 이를 징수할 수 있다(동법 §20).

(4) 과징금처분

① 의 의 : 환경부장관이 배출시설을 설치·운영하는 사업자에 대하여, 배출시설의 설치허가나 폐수처리업의 등록을 한 자에 대하여, 각각 영업이나 조업정지를 명하여야 하는 경우로서 그 영업·조업정지가 주민의 생활, 대외적인 신용·고용·물가 등 국민경제 기타 공익에 현저한 지장을 초래할 우려가 있다고 인정되는 경우에는 영업·조업정지처분에 갈음하여 2억 원(수질환경에서 배출시설의 설치하가의 경우는 3억원) 이하의 과징금을 부과하는 경우를 말한다(대기환경보전법 §37·①, 수질및수생태계보전에관한법률 §43, §66).

② 법적 성질 : 과징금은 원래 행정법상 의무위반으로 경제적 이익을 얻을 것이 예정되어 있는 경우에 당해 의무위반으로 인하여 얻게 되는 불법적 이익을 박탈하기 위하여 그 이익에 따라 과하여 의무위반에 따른 불법적 이익을 박탈함으로써 간접적으로 의무이행을 강제하는 효과를 갖는 일종의 행정제재금이다. 과징금은 행정법상 의무위반에 대한 금전적 제재라는 점에서 벌금·과태료와 다를 바 없으나, 행정청에 의해 부과되는 점, 징수된 과징금은 당해 행정 분야의 목적을 위해서만 사용될 수 있도록 제한을 받는 경우가 많다는 점에서 행정벌과 다르다.

그런데 오늘날 행정법규위반을 이유로 영업·조업정지처분을 내려야 하는 경우에 그 사업의 공익성을 고려하여 영업·조업정지를 내리지 않고 사업을 계속하게 하되 사업을 계속 함으로써 얻게 되는 이익을 박탈하는 제도로 과징금제도가 활용되고 있는 바, 이를 전형적인 과징금에 대하여 「변형된 과징금」이라 한다. 이러한 「변형된 과징금」은 점차 일반화되어 가고 있다.

③ 대 상 : 과징금처분의 대상은 ㉠ 의료기관의 배출시설, ㉡ 사회복지시설 및 공동주택의 냉·난방시설, ㉢ 발전소의 발전설비, ㉣ 집단에너지시설, ㉤ 초·중·고등학교의 배출시설, ㉥ 제조업의 배출시설, ㉦ 기타 대통령령이 정하는 배출시설이다(대기환경보전법 §37·①, 수질및수생태계보전에관한법률 §43).

과징금을 부과하는 위반행위의 종별·정도 등에 따른 과징금의 금액 기타 필요한 사항은 환경부령으로 정한다.

④ 징 수 : 환경부장관은 사업자가 과징금을 납부기한까지 납부하지 아니하는 때에는 국세체납처분의 예에 의하여 이를 징수한다.

징수한 과징금은 환경개선특별회계법에 의한 환경개선특별회계의 세입으로 한다(대기환경보전법 §37·③·④, 수질및수생태계보전에관한법률 §43·③·④).

⑤ 과징금제도의 활용 : 과징금제도는 영업·조업정지처분을 내려야 하는 경우에 그 사업의 공익성을 고려하여 영업·조업정지를 내리지 않고 사업을 계속하되 사업을 계속 함으로써 얻게 되는 이익을 박탈하는 제도이므로, 폐기물관리법상의 폐기물처리업(동법 §28), 하수도법상의 분뇨수집·운반업(동법 §50·①)에도 과징금제도를 활용하고 있고, 징

수한 과징금은 환경보전사업 외의 용도로 사용하여서는 아니된다(하수도법 §50·④, 폐기물처리법 §28·④).

Ⅲ. 영역별 환경행정

1. 환경오염규제의 필요성

(1) 민사책임의 한계

현대적인 환경오염으로 인한 피해에 대하여 민법에 의한 사법적 해결방법은 불법행위의 성립요건과 관련하여 충분한 기능을 발휘할 수 없으며(고의, 과실, 인과관계의 입증곤란), 대부분 사후구제이며, 개별적 구제수단이다(소송불제기자는 구제받지 못함).

(2) 국가의 공동책임

환경오염에 대한 대책이나 구제는 사전적 조치가 보다 유효하며, 그 사전적 조치는 적절한 행정지도나 행정조치에 의하여 효율적으로 수행될 수 있다. 환경오염 원인자의 특정성이 희박하고, 환경오염의 발생원이나 발생 원인이 기업이나 개인에게 있는 경우에도 이는 국가의 정책(특히, 인가·허가등과개선명령·조업정지·불이행 등)에 따라 행하여지는 것이 보통이므로 국가는 이에 대한 공동책임을 져야 한다.

(3) 예방책과 피해의 적절한 배상

환경오염의 원인과 결과 사이의 인과관계는 대개 고도의 과학적·의학적 기술에 의하여서만 해명될 수 있을 뿐만 아니라 환경오염에 관한 조사·연구업무는 많은 비용이 소요되는 것이기 때문에 이는 국가적 사업으로 행할 성질의 것이며 또한 그러한 국가적 사업에 의해서만 공정한 환경오염요인의 규명과 이에 대한 예방책이나 그로 인한 피해의 적절한 배상을 기할 수 있다.

2. 환경보전행정의 내용

(1) 환경정책기본법의 기본이념(기본적인 정책목표)

환경의 질적인 향상과 그 보전을 통한 쾌적한 환경의 조성 및 이를 통한 인간과 환경간의 조화와 균형의 유지는 국민의 건강과 문화적인 생활의 향유 및 국토의 보전과 항구적인 국가발전에 필수불가결한 요소임에 비추어, 국가, 지방자치단체, 사업자 및 국민은 환경을 보다 양호한 상태로 유지·조성하도록 노력하고, 환경을 이용하는 모든 행위를 할 때에는 환경보전을 우선적으로 고려하며, 지구의 환경상 위해를 예방하기 위한 공동의 노력을 강구함으로써 현재의 국민으로 하여금 그 혜택을 널리 향유할 수 있게 함과 동시에 미래의 세대에게 계승될 수 있도록 함을 그 기본이념으로 규정하고 있다(동법 §2).

(2) 환경보전의 책무

1) 국가의 책무

국가는 환경오염과 그 위해를 예방하고 환경을 적정하게 관리·보전하기 위하여 환경보전계획을 수립하여 이를 시행할 책무를 진다(동법 §4).

2) 지방자치단체의 의무

지방자치단체는 관할구역의 지역적 특성을 고려하여 국가의 환경보전계획에 따라 당해 지방자치단체의 계획을 수립하여 이를 시행할 책무를 진다(동법 §4).

3) 사업자의 책무

사업자는 그 사업 활동으로부터 야기되는 환경오염에 대하여 스스로 이를 방지함에 필요한 조치를 하여야 하며, 국가 또는 지방자치단체의 환경보전시책에 참여하고 협력해야 할 책무를 진다(동법 §5).

4) 국민의 권리·의무

모든 국민은 건강하고 쾌적한 환경에서 생활할 권리를 가지며 국가 및 지방자치단체의 환경보전시책에 협력하고 환경보전을 위하여 노력하여야 한다(동법 §6).

(3) 기본적 정책

1) 총괄적 정책

환경정책기본법은 환경기준의 설정 및 유지, 장기종합계획의 수립·시행, 환경오염상황의 상시조사, 환경보전의 지식 및 정보의 보급, 환경과학기술의 진흥, 국제협력, 특별대책지역의 지정 및 대책의 수립·시행, 영향권 환경관리, 환경영향평가 및 환경보전시책 추진상황의 국회보고 등을 규정하고 있다. 환경정책기본법은 계획법의 성격을 지닌다. 환경기준설정(동법§10· ①·②·③), 환경기준의 개념 및 환경영향평가제 등에 관하여는 기술하였다.

2) 환경오염방지를 위한 시책

오염물질 등의 배출규제, 소음, 진동, 악취 등의 발생에 대한 규제, 폐기물의 처리에 대한 규제, 유해화학물질의 관리, 방사성 물질에 의한 오염방지를 위한 조치, 오염원인자의 비용부담책임, 환경오염피해에 대한 무과실책임, 분쟁의 조정 및 피해구제 등에 관하여 규정하고 있다. 위와 같은 시책들은 주로 정부가 강구하여야 할 조치로서, 그 구체적인 실현을 위해서는 법령의 제정, 예산조치, 그 밖의 구체적인 조치가 뒤따라야 한다. 이하에서는 각 영역에 따른 단행법 규정에 의한 환경오염규제에 관하여 살펴보기로 한다.

3) 환경관계기관의 설치

환경보전위원회, 환경보전자문위원회, 환경보전협회, 환경감시원, 환경기술감시단 등의 환경관계기관이 있다.

3. 환경오염규제의 내용

(1) 대기환경보전법상의 대기환경규제

1) 대기오염의 상시측정

환경부장관은 전국적인 대기오염의 실태를 파악하기 위하여 측정망을 설치하고 대기오염도를 상시 측정하여야 하며, 시·도지사는 당해 관할구역 안의 대기오염실태를 파악하기 위하여 환경부령이 정하는 바에 따라 측정망을 설치하여 대기 오염도를 상시 측정하고, 그 측정결과를 환경부장관에게 보고하여야 한다. 환경부장관은 오염물질의 정확과 통일을 기하기 위하여 대기오염공정시행방법을 제정·고시하여야 한다(동법 §3, §4).

2) 대기오염물질배출규제로서 개선명령·조업정지명령·위법시설에 대한 폐쇄조치

환경부장관은 배출시설에서 배출되는 오염물질의 정도가 배출허용기준을 초과한다고 인정하는 때에는 대통령령이 정하는 바에 의하여 기간을 정하여 사업자에게 그 오염물질의 정도가 배출허용기준 이하로 내려가도록 필요한 조치를 할 것을 명할 수 있고(개선명령), 개선명령을 받은 자가 개선명령을 이행하지 아니하거나 기간 내에 이행은 하였으나 검사결과 배출허용기준을 계속 초과할 때에는 당해 배출시설의 전부 또는 일부에 대한 영업정지를 명할 수 있고, 허가를 받지 아니하거나 신고를 하지 아니하고 배출시설을 설치하거나 사용하는 자에 대하여 당해 배출시설의 사용중지를 명하여야 한다. 다만 당해 배출시설을 개선하거나 방시시설을 설치·개선하더라도 그 배출시설에서 배출되는 오염물질의 정도가 배출허용기준 이하로 내려갈 가능성이 없다고 인정되는 경우 또는 그 설치장소가 다른 법률의 규정에 의하여 당해 배출시설의 설치가 금지된 경우에는 그 배출시설의 폐쇄를 명해야 한다(동법 §16, §17, §21, §33, §34).

3) 자동차·선박 등의 배출가스의 규제

자동차를 제작하고자 하는 자는 당해 자동차에서 배출되는 오염물질이 환경부령이 정하는 허용기준에 적합하게 제작하여야 한다(제작차 배출허용기준).

그리고 제작차 배출허용기준 검사, 결함확인검사 및 결함시정, 운행차 배출허용기준, 운행차의 수시점검, 운행차의 배출가스 정기검사, 운행차의 배출가스 정밀검사, 운행차의 개선명령, 배출부과금, 자동차 연료 또는 첨가제규제 등에 관하여 규정하고 있다(대기환경보전법 §46~§76).

시·도지사는 ㉠ 자동차의 배출가스로 인한 대기오염 및 연료손실을 줄이기 위하여 필요하다고 인정하면 그 시·도의 조례가 정하는 바에 따라 터미널, 차고지, 주차장 등의 장소에서 자동차의 원동기를 가동한 상태로 주차하거나 정차하는 행위를 제한할 수 있고, ㉡ 대중교통용 자동차 등 환경부령으로 정하는 자동차에 대하여 공회전으로 인한 대기오염 및 연료손실을 방지하기 위하여 시·도 조례에 따라 공회전을 제한하는 장치의 부착을 명령할 수 있고, 부착명령을 받은 자동차 소유자에 대하여는 예산의 범위에서 필요한 자금을 보조하거나 융자할 수 있다(§59·①·②·③ 개정·신설).

(2) 토양환경보전법상의 토양환경규제

1) 토양오염도의 측정과 조사

① 환경부장관은 전국적인 토양오염실태를 파악하기 위하여, 시·도지사는 관할구역 안의 토양오염실태를 파악하기 위하여 각각 측정망을 설치하고 토양 오염도를 상시 측정하여야 한다(§5).

② 환경부장관과 시·도지사는 상시 측정결과 토양오염 우려기준을 초과하는 지역 등에 대하여 토양정밀조사를 실시할 수 있다(§5).

2) 토양 오염의 규제

① 토양오염의 신고

토양오염물질을 생산·운반·저장·취급·가공 또는 처리하는 자가 그 과정에서 토양오염물질을 누출·유출한 때에는 지체 없이 관할 시장·군수·구청장에 신고하여야 한다. 시장·군수는 신고가 있거나 토양오염물질의 누출·유출 사실을 발견한 때에는 소속공무원으로 하여금 당해 토지에 출입하여 오염원인·오염도에 관한 조사를 하게 할 수 있다. 조사 결과 오염도가 우려기준을 넘는 토양(오염토양)에 대하여는 대통령령이 정하는 바에 따라 기간을 정하여 오염원인자에게 토양관련 전문기관에 의한 토양정밀조사의 실시, 오염토양의 정화 조치를 할 것을 명할 수 있다. 토양관련 전문기관은 토양정밀조사를 실시한 경우에는 조사결과를 관할 시장·군수·구청장에게 지체 없이 통보하여야 한다(토양환경보전법 §11).

② 특정토양오염관리대상시설의 신고

특정토양오염관리대상시설을 설치하고자 하는 자는 대통령령이 정하는 바에 따라 당해 시설의 내용, 토양오염방지시설의 설치계획을 관할 시장·군수·구청장에게 신고하여야 한다. 위험물 안전관리법 및 유해화학물질관리법 그 밖에 환경부령이 정하는 법령의 규정에 의하여 특정토양오염관리대상 시설의 설치에 관한 허가를 받거나 등록을 한 경우에는 신고를 한 것으로 본다(동법 §12).

③ 토양오염검사

특정도양오염관리대상시설의 설치자는 대통령령이 정하는 바에 따라 도양관련 진문기관으로부터 당해 시설의 부지 및 그 주변지역에 대한 토양오염검사를 원칙적으로 받아야 한다. 토양오염검사는 토양오염검사 및 누출검사로 구분하여 실시한다. 다만, 누출검사는 저장시설 또는 배관이 땅속에 묻혀 있거나 땅에 붙어 있어 누출여부를 눈으로 확인할 수 없는 시설에 한하여 실시한다. 토양관련 전문기관은 토양오염검사를 실시한 경우에는 특정토양오염관리대상시설의 설치자, 관할시장·군수·구청장 및 관할 소방서장에게 검사결과를 통보하여야 하며, 특정토양오염관리대상시설의 설치자는 환경부령이 정하는 바에 따라 통보받은 검사결과를 보존하여야 한다(동법 §13).

④ 특정토양오염관리대상시설 설치자에 대한 명령

시장·군수·구청장은 특정토양오염관리대상시설의 설치자가 ㉮ 토양오염방지시설을 설치하지 아니하거나 그 기준에 적합하지 아니한 경우 ㉯ 토양오염 검사결과 우려기준을 넘는 경우(오염 토양)에는 대통령령이 정하는 바에 따라 기간을 정하여 토양오염방지시설의 설치 또는 개선이나 당해 시설의 부지 및 주변지역에 대하여 토양관련 전문기관에 의한 토양정밀조사의 실시 또는 오염토양의 정화 조치를 할 것을 명할 수 있고, 명령을 이행하지 아니하거나 그 명령을 이행하였더라도 당해 시설의 부지 및 그 주변지역의 토양오염의 정도가 우려기준 이내로 내려가지 아니한 경우에는 그 특정토양오염관리대상시설의 사용중지를 명할 수 있다(동법 §14).

⑤ 토양오염방지조치명령

시·도지사 또는 시장·군수·구청장은 오염토양에 해당하는 지역의 오염원인자에 대하여 대통령령이 정하는 바에 따라 기간을 정하여 토양관련 전문기관으로부터 토양정밀조사를 받도록 명할 수 있고, 토양오염실태조사 또는 토양정밀조사의 결과 우려기준을 넘는 경우에는 대통령령이 정하는 바에 따라 기간을 정하여 ㉮ 토양오염관리대상시설의 개선 또는 이전, ㉯ 당헤 토양오염물질의 사용제한 또는 사용중지, ㉰ 오염토양의 정화를 실시히도록 오염원인자에게 명할 수 있다. 다만, 오염원인자를 알 수 없거나 오염원인자에 의한 정화가 곤란하다고 인정하는 경우에는 시·도지사 또는 시장·군수·구청장이 토양정화를 실시할 수 있다(동법 §15).

⑥ 토양보전대책지역의 지정 및 관리

우려기준을 초과하여 사람의 건강 및 재산과 동·식물의 생육에 지장을 주어서 토양오염에 대한 대책을 필요로 하는 토양오염의 기준(이하 '대책기준'이라 한다)은 환경부령으로 정한다. 환경부장관은 대책기준을 넘는 지역 또는 시장·군수·구청장이 대책지역으로 요청하는 지역에 대하여는 관계 중앙행정기관의 장 및 관할 시·도지사와 협의하여 토양보전대책지역(이하 '대책지역'이라 한다)으로 지정할 수 있다. 다만, 대통령령이 정하는 경우에 해당하는 지역에 대하여는 대책지역으로 지정하여야 한다. 시장·군수·구청장은 대책지역 안에서는 그 지정목적을 해할 우려가 있다고 인정되는 토지의 이용 또는 시설의 설치를 대통령령이 정하는 바에 따라 제한할 수 있다. 누구든지 대책지역 안에서는 수질및수생태계보전에관한법률(§2·8호)상의 특정수질유해물질, 폐기물관리법(§2호)상의 폐기물, 유해화학물질관리법(§2·2호)상의 유해화학물질, 하수도법(§2·1호·2호)상의 오수·분뇨 또는 가축분뇨의관리및이용에관한법률(§2·②)상의 가축분뇨를 토양에 버려서는 아니된다는 행위제한을 받는다(동법 §16, §17, §20, §21).

(3) 수질및수생태계보전에관한법률상의 수질및수생태계보전

1) 상시측정 및 측정망 설치고시·열람

환경부장관은 전국적인 수질 및 수생태계의 실태를 파악하기 위하여 측정망을 설치하여 수질 오염도를 상시 측정하여야 한다. 특별시장·광역시장 또는 도지사(이하 '시·도지사'라 한다)는 당해 관할 구역안의 수질오염 및 수생태계 실태를 파악하기 위하여 측정망을 설치하고 수질 오염도를 상시 측정할 수 있다.

환경부장관은 측정망의 위치·측정항목·조사 시기 및 횟수 등을 명시한 측정망 설치계획을 결정하여 환경부령이 정하는 바에 의하여 이를 고시하고 그 도면을 누구든지 열람할 수 있게 하여야 한다. 이를 변경한 때에도 또한 같다. 시·도지사가 측정망을 설치하는 경우에 이를 준용한다(동법 §9, §10).

2) 폐수·하수종말처리시설 또는 폐기물처리시설의 설치·관리

환경부장관은 공공수역의 수질오염방지를 위하여 특히 필요하다고 인정하는 때에는 시·도지사, 시장·군수·구청장으로 하여금 관할구역 안의 하수관거, 폐수·하수종말처리시설 또는 폐기물 처리시설 등의 설치·정비 등을 하게 할 수 있다. 환경부장관은 폐수종말처리시설에서 배출되는 물의 수질이 방류수 수질기준을 초과하는 때에는 당해 시설을 설치·운영하는 자에게 그 시설의 개선 등 필요한 조치를 취하게 할 수 있다. 폐수종말처리시설에서 배출되는 물의 수질기준(이하 '방류수수질기준'이라 한다)은 관계 중앙행정기관의 장과 협의를 거쳐 환경부령으로 정하고, 하수종말처리시설 또는 폐기물 처리시설에서 배출되는 물의 수질 기준은 「하수도법」 또는 「폐기물관리법」에 의한다(동법 §12).

3) 배출 등의 금지

누구든지 정당한 사유 없이 ① 공공수역에 특정수질유해물질, 폐기물관리법상의 지정폐기물, 석유및석유대체연료사업법상의 석유제품 및 원유, 유해화학물질관리법상의 유독물,

농약관리법상 농약 등을 누출·유출하거나 버리는 행위, ② 공공수역에 분뇨·축산폐수, 동물의 사체, 폐기물(폐기물관리법에 의한 폐기물을 제외한다) 또는 오니(汚泥)를 버리는 행위, ③ 하천·호소에서 자동차를 세차하는 행위, ④ 공공수역에 다량의 토사를 유출하거나 버려 상수원 또는 하천·호소를 현저히 오염되게 히는 행위를 하여서는 아니 된다(동법 §15).

상수원의 수질보전을 위한 상수원보호구역·특별대책지역·지정 고시된 수변구역에 상수원을 오염시킬 우려가 있는 물질을 수송하는 자동차의 도로·구간 통행제한(§17), 낚시행위의 제한(§20), 수질오염경보발령제도(§21)를 규정하고 있다.

4) 산업폐수의 배출규제(배출부과금)

배출부과금은 ① 배출허용기준을 초과한 경우에 부과하는 초과부과금, ② 배출허용기준 이하로 배출되나 방류수질기준을 초과한 경우에 부과하는 기본부과금으로 구분하여 부과한다(동법 §41). 배출부과금 부과대상 오염물질 중 초과부담금 부과대상 오염물질에 망간 및 그 화합물과 아연 및 그 화합물을 추가하고, 기본부과금 부과대상 오염물질의 종류를 유기물질과 부유 물질로 분류하여 정하고(동법시행령 §42, §46), 초과부과금 부과 대상 오염물질의 종류는 유기물질과 부유 물질 및 카드뮴 및 그 화합물 등 19물질로 세분하고 있다(동법시행령 §46).

배출부과금 부과에 필요한 배출량 및 배출농도 등은 사업자가 제출한 자료에 기초하여 산정하도록 하는 등 산정방법 및 기준에 관하여 정하고, 행정기관에서 검사한 결과 제출된 내용이 불성실하다고 인정되는 경우에는 이를 조정할 수 있도록 하였다(동법§41, §동법시행령§41, §45).

5) 공공수역의 수질보전

환경부장관 또는 시장·군수·구청장은 하천유역의 면적·지형·지리 등 하천유역의 특성에 따라 수계영향권을 대권역·중권역·단위구간으로 구분하여 수질오염의 상황을 파악하고 적절한 방지대책을 강구하여야 한다. 환경부장관은 공공수역의 이용목적, 수질현황, 오염된 현황 등을 고려하여 수계별 영향권역과 목표수질을 결정·고시하여야 한다(동법 §22).

특히 환경부장관은 환경부령이 정하는 바에 따라 수계영향권별로 오염원의 종류·수질오염물질발생량 등을 정기적으로 조사하여야 한다(§23).

6) 호소의 수질 보전

환경부장관 및 시·도지사는 호소의 수질보전을 위하여 호소수의 이용 상황, 오염원의 분포현황, 수질오염물질의 발생량 및 수질오염도 등을 대통령령이 정하는 바에 의하여 정기적으로 조사·측정하여야 한다. 환경부장관은 조류의 발생 등으로 인한 피해를 예방하기 위하여 필요한 조치를 하도록 명할 수 있고, 이 경우 환경부장관은 소요사업비를 예산의 범위 안에서 지원할 수 있다(동법 §28, §29).

관계행정기관의 장은 상수원 호소[204]에 있어서는 「내수면어업법」 제6조 제1항의 규정에 의한 양식어업 중 가두리식 양식어장을 설치하는 양식어업에 대한 면허를 하여서는 아니된다(§30).

수면관리자는 호소 안의 쓰레기를 수거하고, 당해 호소를 관할하는 시장·군수·구청장은 수거된 쓰레기를 운반·처리하여야 한다. 수면관리자 및 시장·군수·구청장은 쓰레기 운반·처리 주체 및 쓰레기의 운반·처리에 소요되는 비용을 분담하기 위한 협약을 체결하여야 한다(동법 §31).

7) 낚시행위의 제한

시장·군수·구청장은 하천·호소의 이용목적 및 수질상황 등을 고려하여 대통령령이 정하는 바에 따라 수면관리자와 협의하여 낚시금지구역 또는 낚시제한구역을 지정할 수 있다.

낚시제한구역 안에서 낚시를 하고자 하는 자는 낚시의 방법·시기 등 환경부령이 정하는 사항을 준수하여야 한다. 이 경우 환경부장관이 환경부령을 정하는 때에는 국토해양부장관과 협의하여야 한다. 시장·군수·구청장은 낚시제한구역 및 그 주변지역의 오염방지를 위한 쓰레기 수거 등의 비용에 충당하기 위하여 낚시제한구역 안에서 낚시를 하고자 하는 자에 대하여 조례가 정하는 바에 따라 수수료를 징수할 수 있다(동법 §20).

(4) 소음·진동 규제법상의 소음·진동의 규제

1) 소음·진동의 상시 측정 및 공장소음·진동의 규제

소음·진동의 상시 측정(§3) 및 공장소음·진동의 규제에 관한 설명은 대체로 대기환경보전법에서와 같다(§8~ §22).

2) 생활소음·진동의 규제

시장·군수·구청장은 주민의 정온(靜穩)한 생활환경을 유지하기 위하여 사업장 및 공사장 등에서 발생되는 소음·진동(산업단지 기타 환경부령이 정하는 지역 안에서 발생하는 소음·진동을 제외하며, 이하 '생활소음·진동'이라 한다)을 규제하여야 한다. 생활소음·진동의 규제대상 및 규제기준은 환경부령으로 정한다(동법 §21).

시장·군수·구청장은 생활소음·진동이 규제기준을 초과하는 경우에는 소음·진동을 발생하는 자에 대하여 작업시간의 조정, 소음·진동발생행위의 중지, 방음·방진시설의 설치, 환경부령이 정하는 소음이 적게 발생하는 건설기계의 사용 등이 필요한 조치를 명할 수 있고,

204) 상수원 호소 및 상수원 보호구역 : "상수원호소"라 함은 「수도법」 제5조의 규정에 의하여 지정된 상수원 보호구역(이하 '상수원보호구역'이라 한다) 및 「환경정책기본법」 제22조의 규정에 의하여 지정된 수질보전을 위한 특별대책지역(이하 "특별대책지역"이라 한다)밖에 있는 호소 중 호소의 내부 또는 외부에 「수도법」 제3조 제15호의 규정에 의한 취수시설(이하 '취수시설'이라 한다)을 설치하여 당해 호소수를 먹는 물로 사용하는 호소로서 환경부장관이 정하여 고시한 것을 말한다(수질환경보전법 §2 15호).

그 조치명령을 받은 자가 이를 이행하지 아니한 때에는 당해 규제대상의 사용금지, 당해 공사의 중지 또는 폐쇄를 명할 수 있다(§23).

시장·군수·구청장은 폭약의 사용으로 인한 소음·진동피해를 방지하기 위하여 필요하다고 인정하는 경우에는 지방경찰청장에게 총포·도검·화약류 등 단속법에 의하여 폭약을 사용하는 자에 대하여 그 사용의 규제를 위한 필요한 조치를 하여 줄 것을 요청할 수 있다. 이 경우 지방경찰청장은 특별한 사유가 없는 한 이에 응하여야 한다(§25).

3) 교통소음·진동의 규제

특별시장·광역시장 또는 시장·군수(광역시의 군수를 제외한다)는 주민의 정온한 생활환경을 유지하기 위하여 교통기관으로 인하여 발생되는 소음·진동을 규제할 필요가 있다고 인정되는 지역을 교통소음·진동규제지역으로 지정할 수 있다. 환경부장관은 교통소음·진동의 규제가 필요하다고 인정하는 지역에 대하여는 이를 교통소음·진동규제지역으로 지정하여 줄 것을 특별시장·광역시장 또는 시장·군수에게 요청할 수 있다. 이 경우 특별시장·광역시장 또는 시장·군수는 특별한 사유가 없는 한 이에 응하여야 한다. 규제지역의 범위는 환경부령으로 정한다. 특별시장·광역시장 또는 시장·군수는 규제지역을 지정한 때에는 이를 고시하여야 한다(§26).

시장·군수·구청장은 규제지역 안을 통행하는 자동차를 운행하는 자(이하 '자동차 운행자'라 한다)에 대하여 도로교통법에 의한 속도의 제한·우회 등의 필요한 조치를 하여 줄 것을 지방경찰청장에게 요청할 수 있다. 이 경우 지방경찰청장은 특별한 사유가 없는 한 지체 없이 이에 응하여야 한다(§28 : 자동차 운행의 규제).

특별시장·광역시장 또는 시장·군수는 규제지역 안에서 자동차전용도로, 고속도로 및 철도로부터 발생하는 소음·진동이 교통소음·진동의 한도(§27)를 초과하여 주민이 정온한 생활환경이 침해된다고 인정하는 때에는 스스로 방음·방진시설을 설치하거나 당해 시설관리기관의 장에게 소음·방진시설의 설치 등 필요한 조치를 할 것을 요청할 수 있다. 이 경우 당해 시설 관리기관의 장은 특별한 사유가 없는 한 이에 응하여야 한다(§29 : 방음·방진 시설의 설치).

자동차를 제작(수입을 포함한다)하고자 하는 자(이하 '자동차 제작자'라 한다)는 제작되는 자동차에서 배출되는 소음이 대통령령이 정하는 제작차 소음 허용기준에 적합하게 제작하여야 한다. 자동차제작자는 자동차를 제작하고자 하는 경우에는 미리 제작 차에 대하여 당해 자동차의 소음이 제작차 소음허용기준에 적합하다는 환경부장관의 인증을 받아야 한다(§30, §31 : 제작 차소음허용기준).

자동차의 소유자는 그 차에서 배출되는 소음이 대통령령이 정하는 운행차 소음 허용기준에 적합하게 운행하거나 운행하게 하여야 하며, 소음기 또는 소음 덮개를 떼어버리거나 경음기를 추가로 부착하여서는 아니된다(§35 : 운행차 소음허용기준).

시장 등은 자동차에 대하여 운행차의 수시점검(§36)의 결과 그 자동차의 소음이 자동차소음 허용기준을 초과한 경우, 소음기나 소음덮개를 떼어버린 경우 또는 경음기를 추가로 부착한 경우에는 환경부령이 정하는 바에 의하여 자동차의 소유자에 대하여 개선을 명할 수 있다. 이 경우 10일 이내의 범위 안에서 개선에 필요한 기간 동안 당해 자동차의 사용정지를 명할 수 있다. 개선명령을 받은 자는 시장·군수·구청장에게 등록한 확인검사 대행자로부터 환경부령이 정하는 바에 의하여 개선결과를 확인받은 후 시장 등에게 보고하여야 한다(§36, §37, §38; 운행차의 개선명령 등).

4) 항공기소음의 규제

환경부장관은 항공기소음이 대통령령이 정하는 항공기소음의 한도를 초과하여 공항 주변의 생활환경이 매우 손상된다고 인정하는 경우에는 관계 기관의 장에게 방음시설의 설치 기타 항공기 소음의 방지를 위하여 필요한 조치를 요청할 수 있다(§39).

5) 방음시설의 설치기준 등

소음을 방지하기 위하여 방음벽·방음림·방음둑 등 방음시설을 설치하는 자는 충분한 차음 효과를 얻을 수 있도록 설계·시공하여야 한다.

방음시설의 성능·설치기준 및 사후관리에 관하여 필요한 사항은 환경부령이 정하여 고시할 수 있다. 다만, 다른 법률이 방음시설의 설치기준 등을 달리 정하고 있는 경우에는 그 설치기준 등에 의한다(§40).

(5) 유해화학물질관리법상의 유해화학물질의 관리

1) 신규화학물의 유해성 심사

신규화학물질을 제조하거나 수입하고자 하는 자(이하 '신규화학물질 제조자 등'이라 한다)는 당해 화학물질에 대하여 미리 환경부장관의 유해성(화학물질의 독성 등 사람의 건강이나 환경에 좋지 아니한 영향을 미치는 화학물질 고유의 성질) 심사를 받아야 한다. 다만, 대통령령이 정하는 유해성 심사 면제대상에 해당하는 것으로, 환경부장관의 확인을 받은 경우에는 그러하지 아니하다(동법 §10).

2) 화학물질의 위해성 평가

환경부장관은 사람의 건강이나 환경에 대한 위해가 클 것으로 우려되는 화학물질에 대하여는 환경부령이 정하는 바에 의하여 그 화학물질에 대한 위해성(유해한 화학물질이 노출되는 경우 사람의 건강이나 환경에 피해를 줄 수 있는 정도)을 평가할 수 있다(§18).

3) 화학물질의 유통량 및 배출량 조사

환경부장관은 화학물질로 인한 위해를 예방하기 위하여 필요한 때에는 환경부령이 정하는 바에 의하여 화학물질을 취급하는 자에 대하여 화학물질의 유통량 파악에 필요한 자료의 제출을 명하거나 관계 공무원으로 하여금 당해 사업장 등에 출입하여 화학물질의 취급량을 조사하게 할 수 있다. 환경부장관은 대통령령이 정하는 화학물질을 취급하는 과정에서 배출되는 화학물질의 양(이하 '배출량'이라 한다)을 파악하기 위하여 환경부령이 정하는 바에 따라 화학물질을 취급하는 자에게 필요한 자료의 제출을 명하거나 관계 공무원으로 하여금 당해 사업장에 출입하여 당해 화학물의 배출량을 조사하게 할 수 있다(§17).

4) 유독물취급시설의 관리

유독물(유해성이 있는 화학물질로서 대통령령이 정하는 기준에 따라 환경부장관이 정하여 고시한 것)영업자 중 대통령령이 정하는 유독물 취급시설을 운영하는 자는 해당 유독물 취급시설에 대하여 환경부령이 정하는 바에 의하여 정기 또는 수시로 환경부장관의 검사를 받아야 한다(§22).

5) 유독물영업의 등록

㉮ 유독물제조업(판매목적으로 유독물을 제조하는 영업을 말한다), ㉯ 유독물판매법(판매를 알선하는 경우를 포함한다), ㉰ 유독물 보관·저장업, ㉱ 유독물운반업, ㉲ 유독물사용업(유독물을 사용하여 제품을 제조하거나 세척·도장 등 작업과정 중 유독물을 사용하는 영업을 말한다) 중 하나의 영업을 하고자 하는 자는 환경부령이 정하는 기준에 적합한 취급시설을 갖추어 환경부령이 정하는 바에 의하여 업종별로 환경부장관에게 등록하여야 한다. 다만, 기계 또는 장치에 내장되어 있는 유독물을 판매, 보관·저장, 운반 또는 사용하는 영업을 하는 자 등 대통령령이 정하는 자의 경우에는 그러하지 아니하다. 한편 유독물영업자는 그 영업을 폐업하거나 휴업하고자 하는 때에는 환경부령이 정하는 바에 의하여 환경부장관에게 신고하여야 한다(§20, §26).

6) 유독물의 수입신고

유독물(취급제한·금지물질인 유독물을 제외한다)을 수입하고자 하는 자는 환경부령이 정하는 바에 의하여 유독물의 종류 및 용도 등을 환경부장관에게 신고하여야 한다. 다만, 시험·연구·검사용 시약을 해당 목적으로 사용하기 위하여 수입하는 경우 등 대통령령이 정하는 경우에는 그러하지 아니하다(§19).

(6) 폐기물 관리법상 폐기물 관리

1) 폐 기 물

폐기물관리법상 폐기물이란 쓰레기·연소재·오니·폐유·폐산·폐알칼리·동물의 사체 등으로 사람의 생활이나 사업 활동에 필요하지 아니하게 된 물질을 말한다(§2·1호).

폐기물에는 생활폐기물과 사업장폐기물이 있는 바, 폐기물은 ① 제거도 중요하지만, ② 재활용도 중요하고, ③ 더욱더 중요한 것은 폐기물의 발생을 억제하는 것인데, 이에 보다 많은 관심이 주어져야 할 것이다.

2) 폐기물의 투기금지

누구든지 특별자치도지사·시장·군수·구청장이나 공원·도로 등 시설의 관리자가 폐기물의 수집을 위하여 마련한 장소 또는 설비 외의 곳에 폐기물을 버려서는 아니된다. 누구든지 이 법에 의하여 허가를 받거나 승인을 얻은 매립시설 외의 곳에 폐기물을 매립하여서는 아니된다(§8).

시장·군수·구청장은 토지·건물의 소유자·점유자 또는 관리자가 제6조 제2항의 규정에 의한 청결을 유지하지 아니하는 경우에는 당해 지방자치단체의 조례가 정하는 바에 따라 필요한 조치를 명할 수 있다(동법 §8·③).

3) 폐기물의 배출 및 처리

누구든지 폐기물을 수집·운반·보관·처리하고자 하는 자는 대통령령이 정하는 기준 및 방법에 의하여야 한다. 특별자치도지사·시장·군수·구청장은 관할 구역 안에 배출되는 생활폐기물을 수집·운반·처리하여야 한다. 다만, 환경부령이 정하는 바에 의하여 시장·군수·구청장이 지정하는 지역을 제외한다(동법 §13, §14).

4) 사업장폐기물의 처리

'사업장폐기물'이라 함은 대기환경보전법·수질환경보전법 또는 소음·진동규제법의 규정에 의하여 배출시설을 설치·운영하는 사업장 기타 대통령령이 정하는 사업장에서 발생되는 폐기물을 말한다.

사업장폐기물 배출 자는 그의 사업장에서 발생하는 폐기물을 스스로 하거나 폐기물처리업의 허가를 받은 자, 다른 사람의 폐기물을 재활용하는 자, 폐기물처리시설을 설치·운영하는 자 또는 폐기물해양배출업의 등록을 한 자에게 위탁하여 처리하여야 한다(동법 §25).

5) 폐기물처리업

폐기물의 수집·운반·또는 처리를 업(이하 '폐기물처리업'이라 한다)으로 하고자 하는 자는 환경부령이 정하는 바에 따라 폐기물처리사업계획서를 지정폐기물을 대상으로 하는 경우에는 환경부장관에게, 그 밖의 폐기물을 대상으로 하는 경우에는 시·도지사에게 각각 제출하고 적합하다는 통보를 받은 자는 ㉮ 지정폐기물을 대상으로 하여 폐기물처리업을 하고자 하는 자는 환경부장관 허가를, ㉯ 그 밖의 폐기물을 대상으로 하는 경우에는 환경부령이 정하는 기준에 의한 시설·장비 및 기술 능력을 갖추어 업종별로 시·도지사의 허가를 받아야 한다(동법 §25·③).

폐기물처리업에는 ㉮ 폐기물수집·운반업, ㉯ 폐기물중간처리업, ㉰ 폐기물최종처리업, ㉱ 폐기물종합처리업이 있다(동법 §25·⑤).

6) 폐기물 재활용신고

다른 사람의 사업장폐기물을 재활용하는 자로서 ㉮ 산업표준화법상 한국산업규격표시인증을 받은 제품을 제조하는 자, ㉯ 비료관리법상 공정규격이 지정된 비료 또는 지정된 부산물 비료를 제조하는 자, ㉯ 사료 관리법상 성분등록을 받은 사료를 제조하는 자, ㉱ 자원의 절약과 재활용촉진에 관한 법률상 재활용제품을 제조하는 자로서 환경부령이 정하는 자, ㉲ 사업장폐기물을 재활용하는 자, ㉳ 사업장폐기물을 환경부령이 정하는 용도 및 방법으로 재활용하는 자는 환경부령이 정하는 보관시설 및 재활용 시설을 갖추어 환경부령이 정하는 바에 따라 시·도지사에게 신고하여야 한다(동법 §46).

폐기물 재활용신고를 한 자는 폐기물수집·운반업의 허가를 받지 아니하고 그 재활용 대상 폐기물을 스스로 수집·운반할 수 있다(동법§ 46·⑤).

(7) 자연환경보전법상의 규제

'자연환경'이라 함은 지하·지표(해양을 포함한다) 및 지상의 모든 생물과 이들을 둘러싸고 있는 비생물적인 것을 포함한 자연의 상태(생태계 및 자연경관을 포함한다)를 말한다(동법 §2).

1) 생태·경관보전지역의 관리

① 생태·경관보전지역의 지정

환경부장관은 ㉮ 자연 상태가 원시성을 유지하고 있거나 생물다양성이 풍부하여 보전 및 학술적 연구가치가 큰 지역, ㉯ 지형 또는 지질이 특이하여 학술적 연구 또는 자연경관의 유지를 위하여 보전이 필요한 지역, ㉰ 다양한 생태계를 대표할 수 있는 지역 또는 생태계의 표본지역, ㉱ 그 밖에 하천·산간계곡 등 자연경관이 수려하여 특별히 보전할 필요가 있는 지역으로서 대통령령이 정하는 지역 중 어느 하나에 해당하는 지역으로서 자연생태·자연경관을 특별히 보전할 필요가 있는 지역을 「생태·경관보전지역」으로 지정할 수 있다(동법 §12).

환경부장관은 생태·경관보전지역의 지속가능한 보전·관리를 위하여 생태적 특성, 자연경관 및 지형 여건 등을 고려하여 생태·경관보전지역을 ㉮ 핵심구역(생태계의 구조와 기능의 훼손방지를 위하여 특별한 보호가 필요하거나 자연경관이 수려하여 특별히 보호하고자 하는 지역), ㉯ 완충구역(핵심구역의 연접지역으로서 핵심구역의 보호를 위하여 필요한 지역), ㉯ 전이구역(핵심구역 또는 완충구역에 둘러싸인 취락지역으로서 지속가능한 보전과 이용을 위하여 필요한 지역)으로 구분하여 지정·관리할 수 있다(동법 §12·②).

② 생태·경관보전지역에서의 행위제한

누구든지 생태·경관보전지역 안에서는 ㉮ 핵심구역 안에서 야생·동식물을 포획·채취·이식·훼손하거나 고사시키는 행위 또는 포획하거나 고사시키기 위하여 화약류·덫·올무·그물·함정 등을 설치하거나 유독물·농약 등을 살포·주입하는 행위 ㉯ 건축물 그 밖의 공작물(이하 '건축물 등'이라 한다)의 신축·증축(생태·경관보전지역지정당시의건축연면적의2배 이상 증축하는 경우에 한한다) 및 토지의 형질변경, ㉰ 하천·호소 등의 구조를 변경하거나 수위 또는 수량에 증감을 가져오는 행위, ㉱ 토석의 채취, ㉲ 그 밖에 자연환경보전에 유해하다고 인정되는 행위로서 대통령령이 정하는 행위 중 어느 하나에 해당하는 자연 상태 또는 자연경관의 훼손행위를 하여서는 아니된다. 다만, 생태·경관보전지역 안에 자연공원법에 의하여 지정된 공원구역 또는 문화재보호법에 의한 문화재(보호구역을 포함한다)가 포함된 경우에는 자연공원법 또는 문화재보호법이 정하는 바에 의한다(동법 §15).

③ 생태·경관보전지역에서의 금지행위

누구든지 생태·경관보전지역 안에서는 ㉮ 수질환경보전법상 특정수질유해물질, 폐기물관리법상 폐기물 또는 유해화학물질관리법상 유독물을 버리는 행위, ㉯ 환경부령이 정하는 인화물질을 소지하거나 환경부장관이 지정하는 장소 외에서 취사 또는 야영을 하는 행위(핵심구역 및 완충구역에 한한다), ㉰ 자연환경보전에 관한 안내판 그 밖의 표지물을 오손 또는 훼손하거나 이전하는 행위, ㉱ 그 밖에 생태·경관보전지역의 보전을 위하여 금지하여야 할 행위로서 풀·나무의 채취 및 벌채 등 대통령령이 정하는 행위 중 어느 하나에 해당하는 행위를 하여서는 아니 된다. 다만, 군사목적을 위하여 필요한 경우, 천재·지변 또는 이에 준하는 대통령령이 정하는 재해가 발생하여 긴급한 조치가 필요한 경우에는 그러하지 아니하다(동법 §16).

④ 시·도 생태·경관보전지역의 지정·보전

시·도지사는 생태·경관보전지역에 준하여 보전할 필요가 있다고 인정되는 지역을 시·도 생태·경관보전지역으로 지정하여 관리할 수 있다. 시·도 생태·경관보전지역의 지정기준·구역구분·지정해제 등에 관한 사항은 제12조(생태·경관보전지역)의 규정을 준용한다(동법 §23).

(8) 야생동·식물 보호법상의 규제(보호)

1) 야생동물의 학대 방지

'야생동·식물'이라 함은 산·들 또는 강 등 자연 상태에서 서식하거나 자생하는 동·식물종을 말한다(§2·1호). 누구든지 정당한 사유 없이 야생동물에 대하여 ㉮ 독극물 사용 등 잔인한 방법이나 다른 사람에게 혐오감을 주는 방법으로 죽이는 행위, ㉯ 포획·감금하여 고통을 주거나 상처를 입히는 행위, ㉰ 살아 있는 상태에서 혈액·쓸개·내장 그 밖에 생체의 일부를 채취하거나 채취하는 장치 등을 설치하는 행위를 하여서는 아니된다(동법 §8).

2) 불법 포획한 야생동물의 취득 등 금지와 덫·창애·올무의 제작 금지

누구든지 이 법을 위반하여 포획·수입 또는 반입한 야생동물 및 이를 사용하여 만든 음식물 또는 가공품을 그 사실을 알면서 취득(환경부령이 정하는 야생동물을 사용하여 만든 음식물 또는 추출가공식품을 먹는 행위를 포함한다)·양도·양수·운반·보관하거나 그러한 행위를 알선하지 못한다. 환경부장관 또는 지방자치단체의 장은 이 법을 위반하여 포획·수입 또는 반입한 야생동물 및 이를 사용하여 만든 음식물 또는 가공품에 대하여 압류 등 필요한 조치를 할 수 있다(동법 §9·①·②).

누구든지 덫·창애·올무 그 밖에 이와 유사한 방법으로 야생동물을 포획할 수 있는 도구를 제작·판매·소지 또는 보관하여서는 아니 된다. 다만, 학술연구, 관람, 전시, 유해야생동물의 포획 등 환경부령이 정하는 경우에는 그러하지 아니하다(동법 §10).

3) 멸종위기 야생동·식물의 포획·채취 등의 금지

누구든지 멸종위기 야생동·식물을 포획·채취·방사·이식·가공·유통·보관·수출·수입·반출·반입(가공·유통·보관·수출·수입·반출 및 반입하는 경우에는 죽은 것을 포함한다)·훼손 및 고사(이하 '포획·채취 등'이라 한다)시켜서는 아니된다(§14). 다만, 다음 각 호의 1에 해당하는 경우로서 환경부장관의 허가를 받은 경우에는 그러하지 아니하다.

① 학술연구 또는 멸종위기 야생동·식물의 보호·증식 및 복원의 목적으로 사용하고자 하는 경우
② 제35조의 규정에 의하여 등록된 생물자원보전시설에서 관람용, 전시용으로 사용하고자 하는 경우
③ 공익사업을 위한 토지 등의 취득 및 보상에 관한 법률 제4조의 규정에 의한 공익사업의 시행 또는 다른 법령의 규정에 의한 인·허가 등을 받은 사업의 시행을 위하여 멸종위기 야생동·식물을 이동시키거나 이식하여 보호하는 것이 불가피한 경우
④ 사람 또는 동물의 질병의 진단·치료 또는 예방을 위하여 관계 중앙행정기관의 장이 환경부장관에게 요청하는 경우
⑤ 대통령령이 정하는 바에 따라 인공 증식한 것을 수출·수입·반출 또는 반입하는 경우
⑥ 그 밖에 멸종위기 야생동·식물의 보호에 지장을 주지 아니하는 범위 안에서 환경부령이 정하는 경우이다.

4) 야생동물의 포획금지

누구든지 멸종위기 야생 동·식물에 해당하지 아니하는 야생동물 중 환경부령이 정하는 포유류·조류·양서류 및 파충류를 포획하여서는 아니 된다(§19). 다만, 다음 각 호의 1에 해당하는 경우로서 시장·군수·구청장의 허가를 받은 경우에는 그러하지 아니한다.

① 학술연구 또는 야생동물의 보호·증식 및 복원의 목적으로 사용하고자 하는 경우
② 제35조의 규정에 의하여 등록된 생물자원보전시설에서 관람용, 전시용으로 사용하고자 하는 경우
③ 공익사업을 위한 토지 등의 취득 및 보상에 관한 법률 제4조의 규정에 의한 공익사업의 시행 또는 다른 법령의 규정에 의한 인·허가 등을 받은 사업의 시행을 위하여 멸종위기 야생동·식물을 이동시키거나 이식하여 보호하는 것이 불가피한 경우
④ 사람 또는 동물의 질병의 진단·치료 또는 예방을 위하여 관계 중앙행정기관의 장이 시장·군수·구청장에게 요청하는 경우
⑤ 그 밖에 야생동물의 보호에 지장을 주지 아니하는 범위 안에서 환경부령이 정하는 경우이다(§19).

5) 야생동·식물 특별보호구역의 지정 및 특별보호구역에서의 행위제한

① 야생동·식물 특별보호구역의 지정

환경부장관은 멸종위기 야생 동·식물의 보호 및 번식을 위하여 특별히 보전할 필요가 있는 지역에 대하여 토지소유자 등 이해관계인 및 지방자치단체의 장의 의견을 듣고 관계 중앙행정기관의 장과 협의를 거쳐 야생 동·식물 특별보호구역(이하 '특별보호구역'이라 한다)으로 지정할 수 있다(§27).

② 특별보호구역에서의 행위제한

누구든지 특별보호구역 안에서는 다음 각 호의 1에 해당하는 훼손행위를 하여서는 아니 된다(§28). 다만, 문화재보호법 제2조의 규정에 의한 문화재(보호구역을 포함한다)에 대하여는 그 법이 정하는 바에 따른다.

㉮ 건축물 그 밖의 공작물의 신축·증축(기존 건축 연면적의 2배 이상 증축하는 경우에 한한다) 및 토지의 형질 변경 ㉯ 하천·호소(湖沼) 등의 구조를 변경하거나 수위 또는 수량에 증감을 가져오는 행위 ㉰ 토석의 채취 ㉱ 그 밖에 야생동·식물 보호에 유해하다고 인정되는 훼손행위로서 대통령령이 정하는 행위이다.

6) 박제업자의 등록

야생동물의 박제품의 제조 또는 판매를 업으로 하고자 하는 자는 시장·군수·구청장에게 등록하여야 한다(§40). 박제업자는 박제품(박제용 야생동물을 포함한다)의 출처·종류·수량 및 거래 상대방 등 환경부령이 정하는 사항을 기재한 장부를 비치하여야 한다.

시장·군수·구청장은 박제업자에게 야생동물의 보호·번식을 위하여 필요한 경우에 박제품의 신고 등 필요한 명령을 할 수 있다(동법 §40).

7) 수렵관리

① 수렵장의 설치

시장·군수·구청장은 환경부장관의 승인을 얻어(수렵장의 설정을 변경하거나 해제하는 경우에도또한 같다) 야생동물의 보호와 국민의 건전한 수렵활동을 위하여 대통령령이 정하는 바에 따라 일정한 지역에 수렵을 할 수 있는 장소(이하 '수렵장'이라 한다)를 설정할 수 있고, 수렵장을 설정하고자 하는 때에는 미리 토지소유자 등 이해관계인의 의견을 들어야 하고, 수렵장을 설정한 때에는 지체 없이 이를 고시하여야 한다(§42).

시장·군수·구청장은 수렵장을 설정한 후 야생동물의 보호를 위하여 필요한 경우에는 수렵장의 설정을 해제 또는 변경할 수 있으며, 수렵장의 설정을 해제 또는 변경한 때에는 지체 없이 이를 고시하여야 한다.

누구든지 수렵장 외의 장소에서 수렵을 하여서는 아니된다(동법 §42).

② 수렵 동물의 지정 및 수렵면허

환경부장관은 수렵장 안에서 수렵할 수 있는 야생동물(이하 '수렵동물'이라 한다)의 종류를 지정·고시하여야 한다(§43).

수렵장 안에서 야생동물을 수렵하고자 하는 자는 대통령령이 정하는 바에 따라 그 주소지를 관할하는 시장·군수·구청장으로부터 수렵면허를 받아야 한다(§44①). 수렵면허의 종류는 제1종 수렵면허(총기를사용하는 수렵)와 제2종 수렵면허(총기 외의 수렵도구를 사용하는 수렵)가 있다. 수렵면허를 받은 자는 환경부령이 정하는 바에 따라 5년마다 수렵면허를 갱신하여야 한다(동법 §44). 수렵면허를 받고자 하는 자는 수렵면허의 종류별로 수렵에 관한 법령 등 환경부령이 정하는 사항에 대하여 시·도지사가 실시하는 수렵면허시험에 합격하여야 한다(§45).

㉮ 미성년자, ㉯ 심신상실자, 마약·대마·향정신성의약품 또는 알코올의 중독자 그 밖에 이에 준하는 정신장애인, ㉰ 이 법을 위반하여 금고이상의 실형을 선고 받고 그 집행이 종료되거나 집행이 면제된 날부터 2년이 경과 되지 아니한 자, ㉱ 이 법을 위반하여 금고이상의 형의 집행유예를 선고받고 그 유예기간 중에 있는 자, ㉲ 수렵면허가 취소된 날부터 1년이 경과되지 아니한 자는 수렵면허를 받을 수 없다(§46; 결격사유).

수렵장 안에서도 다음 각 호의 1에 해당하는 장소 또는 시간에 있어서는 수렵을 하여서는 아니된다(§55 :수렵의 제한).

㉮ 시가지·인가 부근 그 밖에 여러 사람이 다니거나 모이는 장소, ㉯ 해진 후부터 해뜨기 전, ㉰ 운행 중인 차량·선박 및 항공기 안, ㉱ 도로로부터 100미터 이내의 장소. 다만, 도로 쪽을 향하여 수렵을 하는 경우에는 도로로부터 600미터 이내의 장소를 포함한다. ㉲ 문화재보호법상 문화재가 있는 장소 및 지정된 보호구역으로부터 1킬로미터 이내의 장소, ㉳ 울타리가 설치되어 있거나 농작물이 있는 다른 사람의 토지. 다만, 점유자의 승인을 얻은 경우를 제외한다. ㉴ 그 밖에 인명·가축·문화재·건축물·차량·철도차량·선박 또는 항공기에 피해를 줄 우려가 있어 환경부령이 정하는 장소 및 시간이다.

(9) 하수도법과 가축분뇨의관리및이용에관한법률

「오수·분뇨및축산폐수의처리관한법률」은 폐지되고, 동법률 중 "오수·분뇨"에 관하여는 「하수도법」에 통합하여 규정하고, 동법률 중 "축산폐수"에 관하여는 별도의 법률로 제정된 「가축분뇨의관리및이용에관한법률」에 규정하고 있다.

1) 국가 및 지방자치단체의 책무

지방자치단체의 장은 공공하수도의 설치·관리를 통하여 관할 구역 안에서 발생하는 하수 및 분뇨를 적정하게 처리하여야 할 책무를 진다. 국가는 하수도의 설치·관리 및 관련기술개발 등에 관한 기본정책을 수립하고, 지방자치단체가 위의 책무를 성실하게 수행할 수 있도록 필요한 기술적·재정적 지원을 할 책무를 진다(동법 §3).

가축분뇨의 경우는 기초단체가 책무를 지고, 시·도지사는 시장·군수·구청장에 대하여 제1항 규정에 따른 기초단체장의 책무가 충실하게 이루어지도록 기술적·재정적 지원을 하여야 한다. 국가는 가축분뇨의 처리에 관한 기술을 연구·개발·지원하고, 시·도지사 및 시장·군수·구청장에 대하여 제1항 및 제2항의 규정에 따른 책무가 충실하게 이루어지도록 필요한 기술적·재정적 지원을 하여야 한다(가축분뇨의관리및 이용에관한법률 §3).

2) 오수 및 가축분뇨처리 기본계획과 방류수수질기준

① 특별시장·광역시장·시장 또는 군수(광역시의 군수를 제외 한다)는 사람의 건강을 보호함에 필요한 공중위생 및 생활환경의 개선과 「환경정책기본법」에서 정한 수질환경 기준의 유지를 위하여 종합계획을 바탕으로 관할 구역안의 유역별로 하수도의 정비에 관한 20년 단위의 기본계획(이하 "하수도정비기본계획"이라 한다)을 수립하여야 한다. 하수도정비의 기본계획을 수립하고자 할 때에는 환경부장관의 승인(환경부장관이 승인하고자 할 때에는 국토해양부장관과 미리 협의해야 한다)을 얻어야 한다(하수도법 §5, §6).

공공하수처리시설·분뇨처리시설 및 개인하수처리 시설의 방류수 수질기준은 환경부령으로 정한다. 이 경우 「환경정책기본법」 제22조의 규정에 따른 특별대책지역이나 상수원의 수질보전 또는 생활환경 보전을 위하여 필요한 지역으로서 대통령령이 정하는 지역에 대하여는 그 기준을 엄격하게 정할 수 있다. 특별시·광역시·도는 「환경정책기본법」 제10조 제3항의 규정에 따른 환경기준의 유지가 곤란하다고 인정하는 때에는 당해 시·도의 조례로 제1항의 규정에 따른 기준보다 엄격한 방류수 수질 기준을 정할 수 있다(하수도법 §7·①·②).

② 시·도지사는 관할 구역안의 가축분뇨의 관리에 관한 기본계획(이하 "기본계획"이라 한다)을 10년마다 수립하여야 한다. 기본계획수립에는 환경부장관의 승인(환경부장관이 승인하고자 할 때에는 농림수산식품부장관및 관계 중앙행정기관의 장과 협의하여야 한다)을 얻어야 한다. 시장·군수·구청장은 기본계획을 바탕으로 관할 구역안의 가축분뇨의 관리에 관한 세부계획을 수립하여 시·도지사에게 제출해야 한다(가축분뇨관리이용법 §5). 정화시설의 방류수 수질기준은 환경부령으로 정한다. 환경부장관은 「환경정책기본법」 제22조에의 규정에 따른 특별대책 지역이나 상수원의 수질보전 또는 생활환경 보전을 위하여 필요한 지역으로서 대통령령이 정하는 일정한 지역에 대하여는 환경부령이 정하는 바에 따라 제1항의 규정에 따른 방류수 수질 기준보다 엄격한 기준을 적용할 수 있다. 시·도지사는 「환경정책기본법」 제10조 제3항의 규정에 따른 환경기준의 유지가 곤란하다고 인정하는 때에는 당해 지방자치단체의 조례가 정하는 바에 따라 제1항의 규정에 따른 방류수 수질 기준보다 엄격한 기준을 적용할 수 있다(가축분뇨관리이용법 §13).

3) 개인하수처리시설

① 개인하수처리시설의 설치

㉮ 오수를 배출하는 건물 등을 설치하는 자는 단독 또는 공동으로 개인하수처리시설

을 설치하여야 한다(하수도법 §34). 다만, 다음 각 호의 1에 해당하는 경우에는 그러하지 아니하다.

1. 수질및수생태계보전에 관한 법률 제48조의 규정에 따른 폐수종말처리시설로 오수를 유입시켜 처리하는 경우
2. 오수를 흐르도록 하기 위한 분류식 하수관거로 배수설비를 연결하여 오수를 공공하수처리시설에 유입시켜 처리하는 경우
3. 공공하수도 관리청이 환경부령이 정하는 기준·절차에 따라 하수관거정비구역으로 공고한 지역에서 합류식 하수관거로 배수설비를 연결하여 공고하수처리시설에 오수를 유입시켜 처리하는 경우
4. 기타 환경부령이 정하는 요건에 해당하는 경우

㈏ 개인하수처리시설을 설치하거나 대통령령이 정하는 중요한 사항을 변경하고자 하는 자는 환경부령이 정하는 바에 의하여 미리 시장·군수·구청장에게 신고하여야 한다. 오수처리시설을 폐쇄하고자 하는 때에도 또한 같다.

㈐ 오수처리시설을 설치하고자 하는 자는 환경부령이 정하는 설치기준에 적합하게 설치하여야 한다(하수도법 §34·③). 국가 및 지방자치단체는 개인하수처리시설의 설치에 필요한 기술적·재정적 지원을 할 수 있다(하수도법 §32·①).

② 건물 등의 증축 등에 대한 특례

건물 등을 대통령령이 정하는 규모 이상으로 증축하거나 그 용도를 대통령령이 정하는 용도로 변경하고자 하는 경우로서 당해 건물 등에서 발생하는 오수의 양이 증가되는 때에는 당해 건물 등의 소유자는 제34조의 규정에 따라 개인하수처리시설을 설치하거나 개인하수처리시설의 처리용량을 증대시켜야 한다. 다만, 이미 설치 운영되고 있는 개인하수처리시설의 처리용량을 증대시켜야 하는 경우로서 처리 효과를 개선시켜야 하는 경우 등 대통령령이 정하는 요건에 해당하는 경우에는 그러하지 아니하다. 제1항의 규정에 따른 건물 등의 증축 또는 용도변경에 따른 오수의 양의 산정방법 등에 관한 사항은 환경부장관이 정하여 고시한다(하수도법 §35·①·②).

③ 오수·폐수 등의 병합처리에 관한 특례

동일한 사업장에서 배출되는 오수와 「수질및수생태계보전에관한법률」 제33조의 규정에 따라 허가를 받거나 신고를 한 배출시설에서 발생되는 폐수 또는 「폐기물관리법」 제29조의 규정에 따라 설치된 폐기물매립시설에서 발생되는 침출수를 환경부령이 정하는 바에 따라 병합 처리하는 사업장에 대하여는 하수도법에 따른 개인하수처리시설을 설치한 것으로 본다(하수도법 §36).

④ 개인하수처리시설 등의 개선명령

㉮ 시장·군수·구청장은 준공검사 후 방류수수질검사결과 방류수 수질기준을 초과하는

경우에는 당해 시설의 소유자게 대통령령이 정하는 바에 따라 기간을 정하여 당해 시설의 개선·대체·폐쇄 또는 시설의 가동상태를 확인할 수 있는 기기의 설치 등 필요한 조치(이하 '개선명령'이라 한다)를 명할 수 있다(§40·①).

㉯ 시장·군수·구청장은 개인하수처리시설이 방류수수질기준 또는 개인하수처리시설 설치기준 및 대통령령이 정하는 관리기준에 적합하지 아니하게 운영·관리된다고 인정되는 경우에는 그 소유자 또는 관리자에게 대통령령이 정하는 바에 따라 기간을 정하여 당해 시설에 대한 개선명령을 할 수 있다(하수도법 §40·②).

4) 분뇨의 처리

시장·군수·구청장은 관할 구역 안에서 발생하는 분뇨를 수집·운반 및 처리하여야 한다. 이 경우 시장·군수·구청장은 당해 지방자치단체의 조례가 정하는 바에 의하여 제45조의 규정에 의한 분뇨수집·운반업자로 하여금 그 수집 또는 운반 또는 처리를 대행하게 할 수 있다(§41·①). 시·군·구는 오지·벽지 등 분뇨의 수집·운반 및 처리가 어려운 지역에 대하여는 환경부령이 정하는 기준에 따라 제1항의 규정을 적용하지 아니할 수 있는 지역을 당해 지방자치단체의 조례로 정할 수 있다(동법 §42·②).

분뇨의 수집·운반에 및 처리의 기준은 환경부령으로 정한다(하수도법 §43·①).

5) 분뇨의 재활용

환경부령이 정하는 양 이상의 분뇨를 재활용하고자 하는 자는 시장·군수·구청장에게 신고하여야 하며, 신고를 한 자가 분뇨를 재활용하는 경우에는 환경부령이 정하는 기준에 따라 재활용시설을 설치·관리하여야 한다. 시장·군수·구청장은 재활용 시설이 환경부령이 정하는 기준에 적합하지 아니하게 설치·관리된다고 인정하는 때에는 그 재활용시설의 설치·관리자에 대하여 대통령령이 정하는 바에 따라 기간을 정하여 당해 시설에 대한 개선명령을 할 수 있다(하수도법 §44·①·③·④).

6) 가축분뇨의 처리

① 가축분뇨처리의무

가축을 사육하는 자 또는 가축분뇨를 수집·운반·처리하는 자는 적정하게 처리되지 아니한 가축분뇨가 수질및수생태계보전에관한법률 제2조 제9호의 규정에 따른 공공수역에 유입되도록 하여서는 아니된다(가축분뇨의관리및이용에관한법률 §10).

② 배출시설에 대한 설치의 허가와 신고

대통령령이 정하는 규모 이상의 배출시설을 설치하고자 하는 자는 대통령령이 정하는 바에 따라 배출시설의 설치계획을 갖추어 시장·군수·구청장의 허가를 받아야 한다(동법 §11). 허가를 받은 자가 그 허가 받은 사항을 변경하고자 할 때에는 환경부령이 정하는 바에 따라 변경허가를 받거나 변경신고를 하여야 한다(동법 §11·③).

③ 처리시설의 설치의무

배출시설 설치자는 처리시설을 설치하여야 하되, 당해 처리시설을 공동으로 설치할 수 있다. 시설설치사 중 액비(가축분뇨를 액체상으로 발효시켜 만든 비료 성분이 있는 물질로서 농림수산식품부령이 정하는 기준에 적합한 것을 말한다)를 만드는 사원화시설을 설치하는 자는 환경부장관이 농림수산식품부장관과 협의하여 정하는 환경부령에 따른 기준에 따라 액비의 살포에 필요한 조치 또는 농경지를 확보하여야 한다. 시설설치자 중 정화시설을 설치하는 자는 환경부령이 정하는 바에 따라 가축분뇨를 분과 요로 분리·저장할 수 있는 시설을 설치하여야 한다.

시장·군수·구청장은 가축분뇨를 분과 요로 분리·저장할 수 있는 시설을 설치하여야 하는 자가 이를 설치하지 아니하는 경우에는 대통령령이 정하는 바에 따라 기간을 정하여 그 설치를 명할 수 있다.

국가 및 지방자치단체는 처리시설의 설치 및 변경에 필요한 기술적·재정적 지원을 할 수 있다(가축분뇨의 관리·이용법 §12·①·②·③·④·⑤).

(10) 해양환경관리법

종래의 「해양오염방지법」은 2007년 1월 폐지되고, 명칭을 바꾸어 2007년 1월 「해양환경관리법」이 제정되었다(해양환경관리법 부칙 §2).

"해양환경"이라 함은 해양에 서식하는 생물체와 이를 둘러싸고 있는 해양수·해양지·해양대기 등 비생물적 환경 및 해양에서의 인간의 행동양식을 포함하는 것으로서 해양의 자연 및 생활 상태를 말한다. "해양오염"이라 함은 해양에 유입되거나 해양에서 발생하는 물질 또는 에너지로 인하여 해양환경에 해로운 결과를 미치거나 미칠 우려가 있는 상태를 말한다(해양환경관리법 §2·1호·2호).

해양환경관리법에서는 ① 환경오염 위해 예방과 훼손된 해양환경 복원에의 국가·지방자치단체의 책임(§5·①), ② 오염원인자 책임의 원칙(§7), ③ 해양환경기준고시(§8), ④ 국토해양부장관의 해양환경 측정·분석기관의 정도관리 및 측정·분석능력 인정(§12 §13), ⑤ 국토해양부장관의 해양환경관리 종합계획수립 및 환경관리해역의 지정관리와 환경관리 기본계획 수립(§14, §15 §16), ⑥ 해양관리청의 해양환경 개선조치(§18), ⑦ 국토해양부장관의 해양환경 개선부담금(§19), ⑧ 해양오염 방지를 위한 규제로는 ㉮ 오염물질의 배출금지(§22), ㉯ 육상에서 발생한 폐기물의 해양배출금지(§23), ㉰ 선박에서의 해양오염방지(§25~ §32), ㉱ 해양시설에서의 해양오염방지(§33~ §36), ㉲ 오염물질의 수거 및 처리(§37~ §38), ㉳ 잔류성 유기오염 물질의 조사(§39~ §40), ⑨ 해양에서의 대기오염 방지를 위한 규제(제4장), ⑩ 해양오염 방지를 위한 선박의 검사 등(제5장), ⑪ 해양오염 방제를 위한 조치(제6장), ⑫ 해양오염 영향조사(제8장), ⑬ 해양환경관리공단설립

(제10장) 등에 관하여 규율하고 있다.

해양환경관리법 외에도 해양환경과 관련되는 법원으로는 해양생태계보전및관리에관한 법률, 해양수산발전기본법, 해양 심층수의 개발 및 관리에 관한 법률 등이 있다. 이 중「해양생태계의보전및관리에관한법률」은 해양에서의 무분별한 개발행위와 해양생물의 남획으로 인한 해양생태계의 훼손 및 해양생물종의 감소현상의 가속화와 해양에서의 각종 개발·이용행위의 증가로 인하여 해양생물의 서식지 및 산란지 파괴 등 해양생태계 훼손이 급격히 진행되고 있고, 해양생태계의 보전 및 관리에 관하여는「자연환경보전법」에서 육상의 자연환경과 함께 규정하고 있어 육상과 다른 해양생태계의 특성과 여건에 맞는 효율적인 보전·관리에 어려움이 있으므로 해양생태계의 보전 및 관리에 관한 독자적인 법률을 제정하였다.

(11) 기 타

자원의 절약과 재활용촉진에 관한 법률, 폐기물의 국가 간 이동 및 그 처리에 관한 법률, 폐기물처리시설설치촉진 및 주변지역지원 등에 관한 법률 등도 제정·시행되고 있다.

Ⅳ. 환경오염피해의 특색과 환경분쟁 및 권익구제

1. 환경오염피해의 특성 및 행정절차와 정보공개

(1) 환경오염피해의 특색

① 피해의 발생·정도 및 내용이 불명확하여 가해행위와 피해결과와의 인과관계가 모호
② 환경오염피해의 집단성·공통성·광역성
③ 환경피해의 계속적·누적적·격화
④ 지위의 비대체성(원고는 피해자인 국민·주민, 피고는 가해자인 공장등 산업체·기업자)
⑤ 피해의 내용은 단순한 재산상 피해뿐만 아니라 건강상 유독·위협
⑥ 가해자나 피해자의 범위가 광범위하여 가해요인규명이 곤란, 가해자를 가려내기도 곤란하며, 가해자에게 민사상 또는 형사상의 책임을 지우기 어려운 경우가 있다.

(2) 행정절차와 정보공개문제

1) 행정절차

환경오염으로 인한 피해발생시의 사후권리구제보다는 이러한 피해가 발생하지 않도록 행정작용과정에서 통제하는 사전적인 권리구제제도로서의 행정절차는 현실적인 의미를 가질 뿐만 아니라 행정작용이 적정성보장과 민주적 정당성 측면에서도 중요한 의미를 갖는

다. 우리 현실정법으로는 사전환경성검토에 관한 주민, 관계전문가, 환경단체, 민간단체 등 이해당사자의 의견수렴(환경정책기본법 §25의5), 전략 환경 영향평가서 작성 시의 주민의 의견수렴 및 공청회 개최(환경영향평가법 §14조), 배출시설의 허가취소 또는 배출시설의 폐쇄명령, 방음·방진시설의 설치공사의 폐쇄명령, 인증시험 대행기관의 지정 취소, 인증의 취소, 등록의 취소, 소음도 검사기관의 지정 취소 시에는 청문실시규정(소음·진동관리법 §51), 토양오염물질의 제거 또는 시설의 철거명령, 토양관련전문기관의 지정취소, 토양정화업의 등록 취소 시에는 청문실시규정(토양환경보전법 §26의5), 허가의 취소 또는 배출시설의 폐쇄명령, 연료의 공급·판매 또는 사용의 금지명령, 자동차제작결함시정명령, 인증·지정의 취소, 확인검사대행자에 대한 등록의 취소 시에는 청문실시규정(대기환경보전법 §85), 분뇨수집·운반업 허가의 취소, 개인하수처리시설 설계·시공업자 또는 개인하수처리시설 관리업 등록의 취소 청문실시규정(하수도법 §72) 배출시설의 설치허가의 취소, 가축분뇨관련 영업허가의 취소시에는 청문실시규정(가축분뇨의관리및이용에관한법률 §46) 등을 들 수 있다.

원자력안전법상의 발전용원자로설치허가의 취소, 발전용원자로운영허가의 취소, 연구용원자로 건설·운영 허가의 취소, 핵연료주기사업허가의 취소, 핵연료물질사용 또는 소지허가의 취소, 판독 업무자 등록의 취소, 원자로의 운전이나 핵연료물질·방사성동위원소 등의 취급면허의 취소 시에는 청문을 실시하여야 한다(원자력안전법§101).

그러나 이의 체계적 보장을 위해서는 이에 관한 통일적인 법률이나 규정이 필요하다고 본다.

1996년 12월 일반적인 행정절차법이 제정되었으나 적용되는 경우는 그리 많지 않다(동법 §2·④, §38, §39).

2) 정보공개

① **환경정보청구권**

주민의 절차적 참여가 실효성 있게 보장되기 위해서는 환경관계 행정청의 정보가 시민에게 공개될 수 있는 제도가 마련되어야 한다.

사인이 환경보호에 효과적으로 협력할 수 있기 위해서는 사인이 행정주체가 보유하는 환경정보에 용이하게 접근할 수 있어야 한다.

환경정보의 청구에 관한 법적 근거로는 행정절차법상 문서열람청구권에 관한 규정(행정절차법 §37·①)과 공공기관의 정보공개에 관한 법률상 정보공개청구권에 관한 규정(정보공개법 §5·①)을 들 수 있다. 전자의 문서열람청구권은 청문절차에만 적용되는 제한적인 규정이고, 후자의 규정이 일반법적 성질을 갖는다.

② **지식·정보의 보급**

환경부장관은 모든 국민에게 환경보전에 관한 지식·정보를 보급하고, 국민이 환경에 관한 정보에 쉽게 접근할 수 있도록 노력하여야 하고, 국가 및 지방자치단체는 환경보전에 관한 교육과 홍보 등을 통하여 국민의 환경보전에 대한 이해를 깊게 함과 아울러 국민 스스로 환경보전에 참여하고 일상생활에서 이를 실천할 수 있도록 필요한 시책을 수립·추진하고, 국제협력을 통하여 환경정보와 기술을 교류하고 전문 인력을 양성하며, 지구 전체의 환경에 영향을 미치는 기후변화, 오존층의 파괴, 해양오염, 사막화 및 생물자원의 감소 등으로부터 지구의 환경을 보전하기 위하여 지구환경의 감시·관측 및 보호에 관하여 상호협력하는 등 국제적인 노력에도 적극 참여하여야 한다(환경정책기본법 §15의3, §16, §17). 또한 국가 및 지방자치단체는 환경보전을 위한 실험·조사·연구·기술개발 및 전문 인력의 양성 등 환경과학 기술의 진흥에 필요한 시책을 강구하여야 한다(동법 §18).

2. 환경분쟁 및 권익구제

(1) 환경분쟁조정제도

1) 환경분쟁조정법

환경오염으로 인한 피해와 조사, 분쟁조정을 위한 알선·조정 및 재정(裁定) 절차를 규정함으로써 국민의 건강 및 재산상 피해를 소송 외적 방법으로 신속·공정하고 저렴하게 구제받을 수 있게 하기 위하여 환경분쟁조정법이 제정되었다. 환경오염피해분쟁조정제도는 행정적·임의적 구제제도이다.

최근 환경에 관한 관심이 증대함에 따라 2006년 3월 24일 환경분쟁조정법이 개정되었는바, '환경피해'의 유발범주에 통풍방해, 조망저해를 추가하고, 현행 시행령에 규정된 일조방해를 법률로 상향조정하였으며, 환경피해의 범위에 건강·재산 외에 정신적 피해를 추가하여 다양한 환경피해의 효율적인 구제를 도모하고(§2·1호), 환경 분쟁과 건축분쟁이 복합될 경우 조망저해 및 일조방해 등 건축분쟁에 대하여도 환경분쟁조정위원회에서 분쟁조정을 할 수 있도록 하고(§5·1호), 일조방해, 조망저해, 통풍방해에 대한 분쟁의 재정(裁定)은 고도의 기술과 전문성이 요구되고 재정 결정의 객관성과 신뢰성이 확보되어야 한다는 점을 고려하여 신청가액에 관계없이 중앙환경분쟁조정위원회 관할로 하였다(§6·②).

2) 환경분쟁조정위원회

① 환경부에 중앙환경분쟁조정위원회를, 특별시·광역시·도에 지방환경분쟁조정위원회를 설치한다(동법 §4).

② 중앙조정위원회는 위원장 1인을 포함한 15인, 지방조정위원회는 위원장 1인을 포함한 15인 이내의 위원으로 구성하며 중앙조정위원회 위원 중 3인 이내는 상임으로 하고, 지방조정위원회위원 중 1인을 상임위원으로 둘 수 있다(동법 §7, §8). 위원회 위원의 임기는 2년으로 하되, 연임할 수 있다(동법 §7·③).

③ 중앙조정위원회는 ㉮ 분쟁의 재정, ㉯ 국가 또는 지방자치단체를 당사자로 하는 분쟁의 조정, ㉰ 2이상의 시·도의 관할구역에 걸치는 분쟁의 조정, ㉱ 제30조의 규정에 의한 직권조정, ㉲ 기타 대통령령이 정하는 분쟁의 조정을 관장한다(§6·①).

지방조정위원회는 당해 시·도의 관할구역 안에서 발생한 분쟁의 조정사무 중 위의 ㉯ 내지 ㉲의 사무외의 사무를 관할한다. 다만, 위의 ㉮의 경우에는 일조방해, 통풍방해, 조망저해로 인한 분쟁을 제외(이들 분쟁의 재정은 중앙조정위원회에서 관할함)하고 대통령령이 정하는 범위에 한한다(§6·②).

3) 알선, 조정

① 분쟁조정

(가) 분쟁당사자의 일방 또는 쌍방은 해당 위원회에 알선·조정 또는 재정 신청서를 제출해야 한다(동법 §16·①).

국가를 당사자로 하는 조정에 있어서는 환경부장관이 국가를 대표하며, 환경부장관은 당해 사건의 소관행정청 소속공무원을 조정수행자로 지정할 수 있다. 위원회는 당사자의 분쟁조정 신청을 받은 때에는 지체 없이 조정절차를 개시하여야 하며, 대통령령이 정하는 기간 내에 그 절차를 완료하여야 한다(§16·②·③·⑥).

(나) 위원회가 행하는 조정의 절차는 이 법에 특별한 규정이 있는 경우를 제외하고는 이를 공개하지 않는다(절차의비공개 : §25).

(다) 환경단체의 조정신청

㉮ 다음 각 호의 요건을 갖춘 환경단체는 중대한 자연생태계 파괴로 인한 피해가 발생하였거나 발생할 위험이 현저한 경우에는 위원회의 허가를 받아 분쟁당사자를 대리하여 위원회에 조정을 신청할 수 있다(§26·①).

1. 민법 제32조의 규정에 의하여 환경부장관의 허가를 받아 설립된 비영리법인일 것
2. 정관에 의하여 환경보호 등 공익의 보호와 증진을 목적으로 하는 단체일 것
3. 기타 대통령령이 정하는 요건에 해당할 것

㉯ 위 요건을 갖춘 환경단체가 조정을 신청하는 경우에는 ㉠ 대리인의 권한을 서면으로 소명해야 하고, ㉡ 대리인이 신청의 철회, 조정안의 수락, 복대리인의 선임행위에 대하여는 특별이 위임을 받아야 한다(§26·②).

② 알 선

알선은 환경오염으로 인한 분쟁을 당사자 간의 합의로 해결하도록 노력하는 행위이며 알선은 3인 이내의 알선위원이 행한다. 분쟁의 해결가능성이 없는 경우 또는 조정이나 재정신청이 있는 경우는 알선은 중단된다(§27, §29).

③ 조 정

조정이란 조정위원회가 당사자 쌍방의 주장을 듣고 독자적인 사실조사를 실시한 후 조

정안을 작성해 양측에 수락을 권고하는 행위이다. 중앙조정위원회는 중대한 환경피해로 사회적으로 중대한 영향을 미칠 우려가 있다고 인정되는 분쟁에 대하여는 당사자의 신청이 없는 경우에도 직권으로 조정절차를 개시할 수 있다(직권조정 : §30). 조정은 3인으로 구성되는 조정위원회에서 행하는데 조정안을 작성하여 30일 이상의 기간을 정하여 그 수락을 권고할 수 있고, 조정은 당사자가 조정안을 수락하고 이를 조서에 기재함으로써 성립한다(§31, §32, §33). 당사자가 조정안을 수락하고 이를 조서에 기재함으로써 성립된 조서의 효력은 재판상화해와 동일한 효력이 있다. 다만, 당사자가 임의로 처분할 수 없는 사항에 관한 것은 그러하지 않다(§33·②).

조정위원회는 당해 조정사건에 관하여 ① 당사자 간에 합의가 이뤄질 가능성이 없다고 인정하는 때, ② 권고가 있은 후 지정된 기간 내에 당사자로부터 수락한다는 뜻의 통지가 없는 때에는 당사자 간의 조정은 종결된다. 조정이 종결된 때에는 이를 당사자에게 통지하여야 한다. 통지를 받은 당사자가 통지를 받을 날부터 30일 이내에 소송을 제기한 경우 시효의 중단 및 제소기간의 계산에 있어서는 조정의 신청을 재판상의 청구로 본다(§35).

4) 재 정

① 재정의 의의

환경오염피해당사자의 신청에 의하여 재정위원회가 손해배상책임의 유무와 그 액수 및 원상회복을 결정하는 것을 재정이라 한다. 심문·심문의 공개, 사실조사 등 소송에 준하는 절차를 밟아 진행한다.

② 재정위원회

피해당사자는 재정위원회에 손해배상책임에 관한 재정을 신청할 수 있다. 재정은 위원회의 위원 5인으로 구성되는 재정위원회에서 행한다(§36). 재정위원회 회의는 구성원 전원의 출석으로 개의하고 구성원 과반수의 찬성으로 의결한다(§36·④). 다만, 대통령령이 정하는 경미한 사건의 재정은 3인으로 구성되는 재정위원회에서 행할 수 있다(§36·① 단서).

③ 재정의 효력

재정문서의 정본이 당사자에게 도달된 날로부터 60일 이내에 당사자 쌍방 또는 일방으로부터 그 재정의 대상인 환경피해를 원인으로 하는 소송이 제기되지 아니하거나 그 소송이 취하된 때에는 해당 재정 문서는 재판상 화해와 동일한 효력이 있다. 다만, 당사자가 임의로 처분할 수 없는 사항에 관한 것은 그러하지 아니하다(§42). 당사자가 재정에 불복하여 소송을 제기한 경우 시효의 중단 및 제소기간의 계산에 있어서는 재정의 신청을 재판상 청구로 본다(§44).

④ 소송과의 관계

(가) 재정절차와 소송절차는 전치관계도 아니고 택일관계도 아니다.

(나) 재정이 신청된 사건에 관하여 소송이 진행 중인 때에는 수소법원은 재정이 있을 때까지 소송절차를 중지할 수 있고(임의적 중지), 소송절차의 중지가 없는 경우에는 재정위원회가 재정절차를 중지하여야 한다(동법 §45).

⑤ 국가배상법과의 관계

국가배상법의 적용을 받는 분쟁으로서 환경분쟁조정법의 규정에 의한 조정(알선·조정 및 중재를 말한다)절차를 거친 경우에는 국가배상법에 의한 배상심의회의 심의·의결을 거친 것으로 본다(§62).

5) 환경분쟁조정제도의 특징

피해자의 신청이 있으면 국가의 비용으로 현장조사·전문가의 의견청취 등 모든 사실조사와 인과관계 및 피해판정까지 하도록 함으로써 복잡한 민사소송절차에 의존치 않고도 신속·간편·저렴하게 피해구제를 할 수 있다는 특징이 있다.

(2) 행정쟁송

환경오염으로 인한 권리·이익침해가 행정청의 작위(예 : 위법한 환경오염물질 배출공장의 건축허가)나 부작위(예 : 배출시설 개선 명령을 내리지 아니하는 것)에 기인할 때에는 행정쟁송에 의하여 당해 처분의 취소 등을 구할 수 있다. 환경행정쟁송과 관련하여 특히 문제가 되는 것은 환경행정상 처분은 제3자효를 갖는 경우가 적지 아니하기 때문에 제3자가 규제의 이행을 구하는 쟁송을 제기할 수 있는지 여부와 관련하여 ① 원고적격의 확대 ② 소의 이익의 확대 ③ 처분성의 확대 등을' 가져오고 ④ 행정행위요구소송(이행청 구소송)은 명문상 인정되지 아니하나 행정심판법상 의무이행심판과 행정소송법상 부작위위법확인소송으로 어느 정도 목적을 달성할 수 있게 되었다. 다만, 행정소송법 개정안에서는 의무이행소송(개정안 §4·3호)과 예방적 금지소송(개정안 §4·4호)을 채택하여 규정하고 있다. 선진국에서는 환경소송과 관련하여 집단소송 내지 단체소송을 인정하고 있는데 우리나라에서도 이 제도의 도입필요성이 요구된다.

1) 제3자의 원고적격 및 소이익의 확대(복효적 행정행위 : 제3자효 행정행위)

위에서 본 바와 같이 환경분쟁에 대한 행징쟁송에 있어서는 제3자의 원고적격 문제가 가장 중요한 의미를 갖는다.

제3자도 행정처분 등의 취소를 구할 법률상 이익이 인정되는 경우에는 취소심판 및 취소소송을 제기할 수 있으며(행심법§13, 행소법§12), 우리 판례도 인근주민이 제기한 연탄공장건축허가취소소송에서 건축법 등에 의하여 주거지역 내의 주민이 받는 주거의 안정과 생활한경을 보호받을 이익은 단순한 반사적 이익이 아니라 법률에 의하여 보호되는 이익임을 이유로 원고적격을 인정하였으며(대판 1975.5. 13, 73누96), 그 후 자동차 LPG가스충전소 설치허가취소소송에서도 같은 취지의 판결을 한 바 있다(대판 1983.7. 12, 83누59).

환경영향평가제와 주민의 원고적격에 관하여

환경영향평가대상사업과 관련하여 환경·교통·재해 등에 관한 영향평가법상의 환경영향평가제에 의하여 보호되는 주민의 환경상의 이익은 행정소송법 제12조상의 '법률상 이익'에 해당하는 것으로 보아야 한다. 그러므로 위법한 대상사업의 승인 등에 대하여는 당해 지역의 주민은 취소소송 등을 제기하여 이를 다툴 수 있다 할 것이다. 판례도 획기적인 판결을 취하고 있다.

판례 **〈환경영향 평가 대상지역 안의 주민들이 그 대상사업인 전원개발사업 실시계획 승인처분과 관련하여 갖는 환경상 이익이 직접적 구체적이며, 위 주민들에게 그 침해를 이유로 위 처분의 취소를 구할 원고적격이 있다.〉** "전원(電源)개발사업실시계획승인 처분의 근거법률인 전원개발에 관한 특례법령, 구 환경보전법령, 구환경정책기본법령 및 환경영향평가법령 등의 규정취지는 환경영향평가대상사업에 해당하는 발전소 건설 사업이 환경을 해치지 아니하는 방법으로 시행되도록 함으로써 당해 사업과 관련된 환경공익을 보호하려는 데 그치는 것이 아니라 당해 사업으로 인하여 직접적이고 중대한 환경피해를 입으리라고 예상되는 환경영향평가대상지역 안의 주민들이 전과 비교하여 수인한도를 넘는 환경침해를 받지 아니하고 쾌적한 환경에서 생활할 수 있는 개별적 이익까지도 이를 보호하려는 데에 있으므로, 주민들이 위 승인처분과 관련하여 갖고 있는 위와 같은 환경상의 이익은 단순히 환경공익보호의 결과로서 국민 일반이 공통적으로 갖게 되는 추상적·평균적·일반적 이익에 그치지 아니하고 환경영향평가지역 안의 주민 개개인에 대하여 개별적으로 보호되는 직접적·구체적 이익이라고 보아야 하고, 따라서 위 사업으로 인하여 직접적이고 중대한 환경침해를 받게 되리라고 예상되는 환경영향평가대상지역 안의 주민에게는 위 승인처분의 취소를 구할 원고적격이 있다(대판 1998.9.22. 97누19571)"고 판시하였다.

원자력법 (현행, 원자력안전법)상의 원자로시설 부지 사전 승인 처분과 주민의 원고적격에 관해서도 방사성물질에 의하여 보다 직접적이고 중대한 피해를 입으리라고 예상되는 지역 내의 주민들에게는 방사성 물질 등에 의한 생명·신체의 안전침해를 이유로 부지사전승인 처분의 취소를 구할 원고적격 있다고 판시하고 있다.

판례 ① **〈원자로 시설부지 인근 주민들에게 방사성물질 등에 의한 생명·신체의 안전침해를 이유로 부지사전승인 처분의 취소를 구할 원고적격이 있는지 여부〉** 원자력법 제12조 제2호(발전용 원자로 및 관계시설의 위치·구조 및 설비가 대통령령이 정하는 기술수준에 적합하여 방사성물질등에 의한 인체·물체·공공의 재해방지에 지장이 없을 것)의 취지는 원자로 등 건설 사업이 방사성물질 및 그에 의하여 오염된 물질에 의한 인체·물체·공공의 재해를 발생시키지 아니하는 방법으로 시행되도록 함으로써 방사성물질 등에 의한 생명·건강상의 위해를 받지 아니할 이익을 일반적 공익으로서 보호하려는 데 그치는 것이 아니라, 방사성물질에 의하여 보다 직접적이고 중대한 피해를 입으리라고 예상되는 지역 내의 주민들의 위와 같은 이익을 직접적·구체적 이익으로서도 보호하려는 데에 있다 할 것이므로, 위와 같은 지역 내의 주민들에게는 방사성물질 등에 의한 생명·신체의 안전침해를 이유로 부지사전 승인 처분의 취소를 구할 원고적격이 있다(대판 1998.9.4. 97누19588).

② 〈환경영향평가대상지역 안의 원자로 시설부지 인근 주민들이 방사성물질 이외의 원인에 의한 환경침해를 받지 아니하고 생활할 수 있는 이익이 직접적·구체적 이익인지 여부 및 위 주민들에게 이를 이유로 원자로시설부지사전 승인처분의 취소를 구할 원고적격이 있는지 여부〉 원자력법 제12조 제3호(발전용 원자로 및 관계시설의 건설이 국민의 건강·환경상의 위해방지에 지장이 없을 것)의 취지와 원자력법 제11조의 규정에 의한 원자로 및 관계 시설의 건설 사업을 환경영향평가대상사업으로 규정하고 있는 구 환경영향평가법(1997. 3. 7. 법률 제5302호로 개정되기 전의 것) 제4조, 구 환경영향평가법시행령(1993. 12. 11. 대통령령 제14018호로 제정되어 1997. 9. 8. 대통령령 제15475호로 개정되기 전의 것) 제2조 제2항 [별표 1]의 다의 (4) 규정 및 환경영향평가서의 작성, 주민의 의견 수렴, 평가서 작성에 관한 관계 기관과의 협의, 협의내용을 사업계획에 반영한 여부에 대한 확인·통보 등을 규정하고 있는 위 법 제8조, 제9조 제1항, 제16조 제1항, 제19조 제1항 규정의 내용을 종합하여 보면, 위 환경영향평가법 제7조에 정한 환경영향평가대상지역 안의 주민들이 방사성물질 이외의 원인에 의한 환경침해를 받지 아니하고 생활할 수 있는 이익도 직접적·구체적 이익으로서 그 보호 대상으로 삼고 있다고 보이므로, 위 환경영향평가대상지역 안의 주민에게는 방사성물질 이외에 원전냉각수 순환시 발생되는 온배수로 인한 환경침해를 이유로 부지사전 승인처분의 취소를 구할 원고적격도 있다(대판 1998.4.24, 97누3286).

판례 **〈환경영향평가 대상지역 안의 주민에게 공유수면매립면허처분과 농지개량사업 시행인가 처분의 무효확인을 구할 원고적격이 인정되고, 환경영향평가 대상지역 밖의 주민일지라도 공유수면매립면허처분 등으로 인하여 그 처분전과 비교하여 수인한도를 넘는 환경피해를 받거나 받을 우려가 있는 경우는, 공유수면매립면허처분 등으로 인하여 환경상 이익에 대한 침해 또는 침해우려가 있다는 것을 입증함으로써 그 처분 등의 무효확인을 구할 원고적격이 있다.〉** 공유수면매립면허처분과 농지개량사업 시행인가 처분의 근거 법규 또는 관련 법규가 되는 구 공유수면매립법(1997. 4. 10. 법률 제5337호로 개정되기 전의 것), 구 농촌근대화촉진법(1994. 12. 22 법률 제4823호로 개정되기 전의 것), 구 환경보전법(1990. 8. 1. 법률 제4257호로 폐지), 구 환경보전법시행령(1991. 2. 2. 대통령령 제13303호로 폐지), 구 환경정책기본법(1993. 6. 11. 법률 제4567호로 개정되기 전의 것), 구 환경정책기본법 시행령(1992. 8. 22. 대통령령 제13303호로 개정되기 전의 것)의 각 관련 규정의 취지는, 공유수면매립과 농지개량사업시행으로 인하여 직접적이고 중대한 환경피해를 입으리라고 예상되는 환경영향평가 대상지역 안의 주민들이 전과 비교하여 수인한도를 넘는 환경침해를 받지 아니하고, 쾌적한 환경에서 생활할 수 있는 개별적 이익까지도 이를 보호하려는 데에 있다고 할 것이므로, 위 주민들이 공유수면매립면허처분 등과 관련하여 갖고 있는 위와 같은 환경상의 이익은 주민 개개인에 대하여 개별적으로 보호되는 직접적·구체적 이익으로서 그들에 대하여는 특단의 사정이 없는 한 환경상의 이익에 대한 침해 또는 침해우려가 있는 것으로 사실상 추정되어 공유수면매립면허처분 등의 무효확인을 구할 원고적격이 인정된다. 한편 환경영향평가 대상지역 밖의 주민이라 할지라도 공유수면매립면허처분 등으로 인하여 그 처분 전과 비교하여 수인한도를 넘는 환경피해를 받거나 받을 우려가 있는 경우에는, 공유수면매립면허처분 등으로 인하여 환경상 이익에 대한 침해 또는 침해우려가 있다는 것을 입증함으로써 그 처분 등의 무효확인을 구할 원고적격을 인정받을 수 있다(대판 2006. 3. 16, 2006두330, 새만금 사건).

판례 〈환경영향평가대상사업에 해당하는 국립공원 집단시설지구개발사업에 있어 그 시설물기본설계 변경승인처분 등과 관련하여 환경영향평가대상지역 안의 주민들이 갖고 있는 환경상의 이익이 주민 개개인에 대하여 개별적으로 보호되는 직접적·구체적인 이익인지 여부(적극)및 위 주민들에게 그 이익의 침해를 이유로 그 처분 등의 취소를 구할 원고적격이 있는지 여부(적극)〉 구 자연공원법(1995. 12. 30. 법률 제5122호로 개정되기 전의 것), 같은법 시행령(1996. 7. 1. 대통령령 제15106호로 개정되기 전의 것), 같은법 시행규칙(1996. 7. 3. 내무부령 제687호로 개정되기 전의 것), 그리고 구 환경영향평가법(1999. 12. 31. 법률 제6095호로 환경·교통·재해등에관한영향평가법 부칙 제2조로 폐지), 같은법 시행령(2000. 12. 30. 대통령령 제17089호 환경·교통·재해등에관한영향평가법시행령 부칙 제2조로 폐지)의 각 관련 규정에 의하면, 국립공원 집단시설지구개발사업의 조성 면적이 10만㎡ 이상인 경우에는 환경영향평가대상사업에 해당하므로 환경부장관이 집단시설지구 내 시설물기본설계 변경승인처분 등을 함에 있어서는 반드시 자연공원법령 및 환경영향평가법령 소정의 환경영향평가를 거쳐서 그 환경영향평가의 협의내용을 사업계획에 반영시키도록 하여야 하므로 자연공원법령뿐 아니라, 환경영향평가법령도 위 변경승인처분 등에 직접적인 영향을 미치는 근거 법령이 된다고 볼 수밖에 없고, 환경영향평가에 관한 위 자연공원법령 및 환경영향평가법령상의 관련 규정의 취지는 집단시설지구개발사업으로 인하여 직접적이고 중대한 환경피해를 입으리라고 예상되는 환경영향평가대상지역 안의 주민들이 개발 전과 비교하여 수인한도를 넘는 환경침해를 받지 아니하고 쾌적한 환경에서 생활할 수 있는 개별적 이익까지도 이를 보호하려는 데에 있다 할 것이므로, 위 주민들이 위 변경승인처분과 관련하여 갖고 있는 위와 같은 환경상의 이익은 주민 개개인에 대하여 개별적으로 보호되는 직접적·구체적인 이익이라고 보아야 할 것이어서, 국립공원 집단시설지구개발사업으로 인하여 직접적이고 중대한 환경피해를 입으리라고 예상되는 환경영향평가대상지역 안의 주민들이 누리고 있는 환경상의 이익이 위 변경승인처분으로 인하여 침해되거나 침해될 우려가 있는 경우에는 그 주민들에게 위 변경승인처분과 그 변경승인처분의 취소를 구하는 행정심판청구를 각하한 재결의 취소를 구할 원고적격이 있다고 보아야 한다(대판 2001.7.27, 99두2970 용화집단시설지구기본설계변경승인처분취소).

2) 부작위에 대한 위법확인 및 의무이행의 청구(행정개입 청구 즉, 환경규제조치 발동청구권)

환경행정법상의 배출허용기준을 위반한 사업자에 대한 개선명령, 조업정지, 시설이전명령 등의 조치를 하지 아니한 부작위에 대하여도 인근주민이 적극적으로 이러한 조치를 할 것을 청구할 수 있을 것인가에 관하여는 일반적으로 행정개입청구권(환경규제조치 발동청구권)에 관한 문제로 설명하고 있다.

우선 행정개입청구권이 인정되기 위하여서는, ① 관계 법률이 공익뿐만 아니라 개인의 이익도 함께 보호함을 목적으로 하는 사익보호성이 인정되어야 할 것인 바, 대부분의 대기·수질·소음진동규제법령은 인근 주민의 사익도 함께 보호함을 목적으로 한다고 볼 수 있으며 ② 행정청에게 반드시 어떠한 처분을 하여야 할 처분의무가 존재하여야 할 것인 바, 상술한 바와 같이 인근 주민의 생명, 건강에 대한 중대한 위해의 방지를 위하여 조업정지처분 등의 발동만이 적절한 재량권 행사로 인정될 수 있을 경우에는 소위 재량권의 0으로의 수축이론에 따라 처분의무의 존재를 인정할 수 있을 것이다.

다음으로 행정개입청구권이 인정될 경우에 현행법이 허용하는 구체적인 쟁송수단으로서는, ① 행정심판단계에 있어서는 먼저 조업정지명령발동을 신청한 후 이에 대한 거부처분이 있거나 또는 거부처분 없이 상당한 기간 동안 이를 방치(부작위)한 경우에 직접 조업정지명령 등의 행정처분의 발동을 구하는 의무이행심판을 청구할 수 있으며 ② 행정소송단계에서는 우리 행정소송법이 적극적인 의무이행소송을 인정하고 있지 아니하므로 부득이 부작위위법확인소송을 제기하여 위법확인판결을 받은 후 판결의 취지에 따른 행정청의 재처분 의무 및 이에 대한 간접강제제도에 의하여 우회적으로 권익의 구제를 받을 수 있을 뿐이다.

3) 시민소송, 단체소송(또는 집단소송)

환경소송에서 주민에게 원고적격을 인정하는 경우에도 환경오염으로 인한 침해는 개별적 침해가 아니라 주민 또는 민중에 대한 침해인 것이 보통이므로 수많은 당사자가 있게 된다. 따라서 이러한 경우에 소송구조가 문제된다. 이러한 문제를 해결하기 위하여 우리나라에서는 집단소송(단체소송)의 도입을 위한 움직임이 다각적으로 일고 있다(행정법(상), (4) 집단소송 또는 단체소송 설명 참조).

(3) 국가배상

1) 영조물의 설치·관리의 하자로 인한 손해

국가 또는 지방자치단체의 기관 또는 시설이 배출하는 오염물질로 손해를 입은 자는 국가배상법 제5조에 의한 배상을 청구할 수 있다. 이는 무과실책임이다. 원자력손해배상법 제3조에서는 국가배상법에 대한 특별규정으로 무과실책임·연대책임 등을 규정하고 있다.

2) 위법한 직무집행행위로 인한 손해

국가배상법 제2조의 공무원의 직무상 불법행위로 인한 손해배상책임의 성립요건인 직무집행행위에는 적극적인 행위는 물론 부작위도 당연히 포함된다. 이는 과실책임이 원칙이다.

예컨대 위법한 배출시설의 허가로 인한 피해에 대한 국가책임에 관하여 국가배상법 제2조 제1항은 "국가나 지방자치단체는 공무원 또는 공무를 위탁받은 사인(이하 "공무원"이라 한다)이 그 직무를 집행하면서 고의 또는 과실로 법령에 위반하여 타인에게 손해를 가하였을 …… 때에는 이 법에 의하여 그 손해를 배상하여야 한다"고 규정하고 있다.

위법한 배출시설의 허가가 동법상의 직무집행 행위에 해당하고, 배출허가의 위법성 외에 그러한 위법한 행위를 함에 있어서는 공무원의 과실이 인정되어야 하는 바, 환경에 대한 행정에 있어서는 대다수의 경우 과실의 입증이 매우 어렵다는 점과 환경정책기본법은 사업자의 무과실책임을 규정하고 있는 점(동법 §31) 등을 감안하여, 이 경우 과실과 위법성이 융합되어 당해 작용이 위법한 경우는 그 한도에서 과실은 당연히 인정된다는 이론인 「과실관념의 객관화」를 적용될 수 있는 소지도 있을 것이다.

3) 위법한 부작위로 인한 손해·감독권의 불행사·해태문제

각종 환경관계법규에서 행정청에게 환경오염의 원인이 되는 각종 사업체에 대한 광범위하고도 강력한 단속권·감독권·규제권 등을 부여하고 있는 바, 부작위에 이러한 감독권의 불행사·해태도 포함된다고 할 것이다. 독일에서는 제2차 세계대전 이전부터 그에 대한 국가배상책임이 인정되어 왔다(재량권의 영으로의 수축이론).

예컨대 환경규제조치·개선명령·조업정지명령 등의 불행사·해태로 인한 피해에 대한 국가책임에 관하여 이는 행정청의 부작위로 인한 국가배상책임의 인정여부문제이다.

환경행정상의 환경규제조치·개선명령권 또는 조업정지명령의 불행사나 해태가 국가배상법 제2조상의 직무행위(직무집행행위에는 적극적 행위는물론 부작위도 포함된다)에 해당되며, 당해 부작위가 관계법령에 의하여 부과되고 있는 작위의무에 해당되며, 당해 부작위가 관계법령에 의하여 부과되고 있는 작위의무에 위반한 위법한 것이어야 하고, 작위의무를 부과하고 있는 관계법령의 취지가 공공일반의 이익 즉 공익 이외에 인근 주민의 이익도 보호하기 위한 것인 때에는 국가배상책임이 성립한다.

> 판례 〈공무원의 직무상 의무위반행위와 손해사이의 상당인과관계의 유무의 판단기준〉 공무원이 법령에서 부과된 직무상 의무를 위반한 것을 계기로 하여 제3자가 손해를 입은 경우에 제3자에게 손해배상청구권이 발생하기 위해서는 공무원의 직무상 의무위반행위와 제3자의 손해 사이에 상당인과관계가 있지 아니하면 아니되는 것이고, 상당인과관계의 유무를 판단함에 있어서는 …… 직무상 의무를 부과한 법령 기타 행동규범의 목적(을) …… 고려하여야 할 것인바, 공무원에게 직무상 의무를 부과한 법령의 보호 목적이 사회구성원 개인의 이익과 안전을 보호하기 위한 것이 아니고 단순히 공공 일반의 이익이나 행정기관 내부의 질서를 규율하기 위한 것이라면, 가사 공무원이 그 직무상 의무를 위반한 것을 계기로 하여 제3자가 손해를 입었다 하더라도 공무원이 직무상 직무를 위반한 행위와 제3자가 입은 손해 사이에는 상당인과관계가 있다고 할 수 없다(대판 1994.6.10, 93다30877).

그리고 당해 환경규제조치의 행사나 개선명령의 발동이 재량처분이 인정되는 한도에서는 행정청이 이를 행사하지 않아도 그것이 바로 위법한 것으로 되는 것은 아니어서 국가의 배상책임은 인정되지 않을 것이지만, 이 경우에도 재량권이 영으로 수축되는 경우에는 그 불행사는 위법한 것이 된다.

(4) 민사소송(민사상 무과실책임주의)

1) 배출중지청구와 손해배상청구

환경오염으로 인한 손해에 대한 민법상 구제수단으로는 민법 제217조에 의한 매연 등에 의한 인지(隣地)에 대한 방해금지(유지청구권 : 환경오염의 방지 및 제거청구권)와 민법 제750조에 의한 손해배상청구의 2종

이 있다. 그런데 민법 제750조는 과실책임주의를 채택하고 있어 피해자의 권리구제에 많은 어려움이 있었다. 그리하여 환경오염 또는 환경훼손으로 인하여 피해가 발생한 때에는 민법(민사상불법행위 책임 : 민법§750)에 대한 특례를 인정하여 무과실책임주의를 채택하는 입법이 증가하고 있다.

① **환경정책기본법상 무과실 및 연대책임**(동법 §31)

사업장 등에서 발생되는 환경오염 또는 환경훼손으로 인하여 피해가 발생한 때에는 당해 사업자는 그 피해를 배상해야 한다고 하여 무과실책임을 인정하고 있다.

사업장 등이 두 개 이상 있는 경우에 어느 사업장 등에 의하여 피해가 발생한 것인지를 알 수 없을 때에는 각 사업자는 연대하여 배상해야 한다고 하여 연대책임을 지우고 있다.

② **유류오염손해배상보장법상의 무과실책임**(동법 §5)

선박으로부터 유출 또는 배출된 유류에 의하여 발생한 유류오염손해의 배상에 대하여는 상법에 대한 특별법인 유류오염손해배상보장법이 있다. 여기에서 '유류'라 함은 선박에 화물로서 운송되거나 선박에 사용되는 유류로서 원유, 중유 및 윤활유 등 지속성 탄화수소광물성유로서 대통령령으로 정하는 것을 말한다(동법 §2·5호). 동법은 해상유류물동량의 증가로 대량 유류오염사고의 위험이 증대됨에 따라 「1992년 유류오염손해에 대한 민사책임에 관한 국제조약」을 국내법으로 수용한 것으로서 유조선에 의한 유류오염사고에 대하여 무과실책임주의를 채택하고 있다(동법 §5).

③ **토양환경보전법상의 토양오염의 피해에 대한 무과실책임 및 연대책임**(§10의 3)

토양오염으로 인하여 피해가 발생한 때에는 당해 오염원인자는 그 피해를 배상하고 오염된 토양을 정화하여야 한다고 규정하여 무과실책임주의를 채택하고 있다. 다만, 토양오염이 천재·지변 또는 전쟁으로 인하여 발생한 경우에는 그러하지 아니하다.

오염원인자가 2인 이상 있는 경우에 어느 오염원인자에 의하여 피해가 발생한 것인지를 알 수 없을 때에는 각 오염원인자가 연대하여 배상하고 오염된 토양을 정화하여야 한다.

다음에 해당하는 자는 오염원인자로 본다. ① 토양오염물질을 토양에 누출·유출시키거나 투기·방치함으로써 토양오염을 유발시킨 자, ② 토양오염의 발생 당시 토양오염의 원인이 된 토양오염관리대상시설을 소유·점유 또는 운영하고 있는 자, ③ 토양오염관리대상시설을 양수한 자 및 합병·상속 그 밖의 사유로 ① 및 ②에 해당되는 자의 권리·의무를 포괄적으로 승계한 자(다만, 양수한 자에 한하여 선의이며 과실이 없는 때에는 그러하지 않다), ④ 민사집행법에 의한 경매, 「채무자 회생 및 파산에 관한 법률」에 의한 환가, 국세징수법·관세법 또는 지방세법에 의한 압류재산의 매각 그 밖에 이에 준하는 절차에 따라 토양오염관리대상시설을 인수한 자.

④ **원자력손해배상법상의 무과실책임 및 책임의 집중**(§3)

(가) 원자로의 운전 등으로 인하여 원자력 손해가 생긴 때에는 당해 원자력 사업자가 그 손해를 배상할 책임을 진다고 하여 무과실책임주의를 채택하고 있다. 다만, 그 손해가 국가간의 무력충돌, 대적행위, 내란 또는 반란으로 인한 경우에는 그러하지 않다.

(나) 원자력 손해가 원자력사업자간의 핵연료물질 또는 그에 의하여 오염된 것의 운반으로 인하여 생긴 것인 때에는 당해 핵연료물질의 발송인인 원자력사업자가 그 손해를 배상할 책임을 진다. 다만 그 손해배상책임에 관하여 원자력사업자간에 특약이 있는 경우에는 그 특약에 의한다.

(다) (가) 또는 (나)의 경우에는 손해를 배상할 책임을 지는 원자력사업자 이외의 자는 그 손해를 배상할 책임을 지지 아니하며, 선박에 설치한 원자로의 운전 등으로 인하여 생긴 원자력손해에 대하여는 상법 제769조(선박소유의 유한책임)·제770조(책임의 한도액)·제773조(유한책임의 배제)·제875조(공동해손채권의 소멸) 및 제881조(선박충돌채권의 소멸)의 규정은 적용하지 않으며, 원자로의 운전 등으로 인하여 생긴 원자력손해에 대하여는 「제조물 책임법」의 규정은 이를 적용하지 않는다고 하여, 당해 원자력사업자에게 책임을 집중시키고 있다(동법 §3).

(라) 이 법에 의한 원자로 손해배상의 청구권은 피해자 또는 그 법정대리인이 그 손해 및 제3조의 규정에 의하여 손해배상책임을 지는 자를 안 날부터 3년간, 원자력 사고가 발생한 날부터 10년간, 이를 행사하지 않으면 시효로 인하여 소멸한다(§13의2).

다만, 신체상해, 질병발생 및 사망으로 인한 원자력손해배상의 청구권의 경우에는 원자력사고가 발생한 날부터 30년간 이를 행사하지 아니하면 시효로 인하여 소멸한다(§13의2·② 단서).

2) 환경법분야에서의 불법행위론의 발전

민법은 원래 이러한 환경오염현상을 예상하지 못하고 제정된 것이었으나 차츰 이에 관한 법리적인 발전에 따라 특별법도 제정되고 있고 새로운 이론 발전으로 중지청구권의 요건이 대폭 완화되고 불법행위의 요건도 과실책임론에서 무과실책임론으로(무과실책임의 근거로는 '이익있는 곳에 피해도 돌아가야 한다'는 보상책임설과 '위험물을 관리하는 자는 거기에서 생기는 손해를 배상하여야 한다'는 위험책임설이 유력하다), 위법성의 문제도 권리남용론에서 수인한도론으로, 환경오염피해로 인한 손해배상책임의 성립에 있어서 무과실책임주의를 취하여, 과실은 요하지 않으나 가해행위와 피해발생간의 인과관계는 있어야 한다. 인과관계는 민사소송법상 피해자가 입증하여야 하나 인과관계문제도 상당인과관계설에서 개연성설(인과관계의 입증은 개연성 정도의 심증을 형성시키면 된다)로 발전되고 있다.

(5) 손실보상

환경보전을 위하여 타인의 재산권에 특별한 희생에 대하여는 손실보상을 하는 것이 당연하지만, 특별한 희생의 범위와 법률상 보상규정이 없는 경우가 특히 문제가 된다(행정법(상), 행정상 손실보상, 헌법 제23조 제3항의 효력문제 설명 참조: 직접효력설).

1) 특별한 희생의 범위

학설은 형식적 표준설과 실질적 표준설로 나뉘어 있으나, 기존의 목적과 다른 목적으로의 이용을 강제하는 경우에만 보상을 요한다는 목적위배설 등을 중심으로 하되 형식적 표준설도 참고하여 판단하는 절충적 입장이 타당하다고 생각된다.

2) 법률상 보상규정이 없는 경우의 보상문제

공유수면관리및매립에관한법률 제32조 제1항은 제28조에 따라 매립면허를 받은 자는 대통령령이 정하는 바에 따라 공유수면매립 관련 권리자의 손실을 보상하거나 그 손실을 방지하는 시설을 설치하여야 한다」고 규정하고 있거나, 자연환경보전법(§53), 습지보전법(§20), 대기환경보전법(§5), 토양환경보전법(§7, §9), 수질 및 수생태계 보전에 관한 법률(§49의4) 등의 경우에는 손실보상에 관한 규정이 있거나 「수용 또는 사용에 관하여 당해 법에 특별한 규정이 있는 경우를 제외하고는 '공익사업을 위한 토지 등의 취득 및 보상에 관한 법률'을 적용한다」고 규정하고 있는 것이 일반적이다(예 : 폐기물처리시설설치촉진 및 주변지역지원 등에 관한 법률 §14·③, 토양환경보전법 §7·③, 대기환경보전법 §5·②). 문제되는 것은 손실보상에 관한 명문규정이 없는 경우이다. 이 경우에 대부분이 수용 또는 사용이 아니라 용도 또는 이용「제한」의 경우이다. 이러한 명문규정이 없는 경우(예:, 환경정책기본법 §22에 의한 특별대책지역지정으로 인한 토지이용의 제한 등)에는 우리 헌법(§23·③)상의 보상규정에 대한 견해 중, 입법자에 대한 직접효력설에 의하면 위헌무효에 따른 손해배상청구권의 행사가 가능할 뿐이며(공무원의 고의·과실 등 국가배상성립요건에 관하여 요건을 구비하기가 어려워 국민구제는 받기 어렵다), 국민에 대한 직접 효력설에 의하면 헌법규정에 직접 근거하여 손실보상을 청구할 수 있다고 한다. 즉, 그 제한이 객관적으로 현실화되어 있는 재산 가치를 현저히 손상하거나 사적 개발효과를 본질적으로 저해하는 것일 때, 공용제한의 결과 상대방에게 특별한 희생이 발생한 경우인 때 등에는 손실보상을 요한다 할 것이다(헌재결 1999.10.21, 97헌바26).

대법원도 당해 법률에 명문규정이 없다 할지라도 재산적 손실을 보상하여야 한다고 판시하고 있다.

> **판례** **〈토지구획정리사업으로 말미암아 본건 토지에 대한 환지를 교부하지 않고 그 소유권을 상실케 한 데 대한 본건과 같은 경우에 손실보상을 하여야 한다는 규정이 본법에 없다 할지라도 이는 법리상 그 손실을 보상하여야 할 것이다(대판 1972. 11. 28, 72다1597).〉**

▶ 사 례(1)

<새만금 간척 사업>

甲은 새만금간척 종합개발사업의 일환으로 새만금 공유수면 매립 면허처분 및 농지개량사업 시행인가처분을 받아 수년간의 사업을 시행하여 공유수면에 방조제 축조·교량·수문 기타 시설물의 사업진척이 80%~90%이상 공정이 진행되고 있는 가운데, 환경영향평가 대상 지역 안·밖의 주민들이 환경영향평가의 내용 및 절차가 부실하고, 위 각처분으로 인하여 조성되는 담수호가 농업용수로의 수질기준을 달성하지 못할 것이 예상되며, 방조제 축조로 인하여 생길 수 있는 자연적인 해안선의 변화나 물질순환의 차단, 퇴적환경이 달라지는 등의 해양환경상의 영향은 새만금사업 시행계획 당시 예상하지 못한 사정 변경을 들어 새만금간척 종합개발사업의 취소를 주장하고자 한다.

1. 환경영향평가 대상지역 안의 주민은 원고적격이 인정되는가?

2. 환경영향평가 대상지역 밖의 주민에게도 원고적격이 인정될 수 있을 것인가?

3. 이들이 받은 손실피해에 대한 법적구제책은 어떤 것인가?

【관련법령】

공유수면매립법

제2조(정의) 1. "공유수면"이라 함은 공유수면관리법 제2조 제1호의 규정에 의한 공유수면을 말한다.

3. "매립"이라 함은 공유수면에 토사·토석 기타의 물건을 인위적으로 투입하여 토지를 조성하는 것(간척을 포함한다)을 말한다.

제9조(면허) ① 공유수면을 매립하고자 하는 자는 대통령령이 정하는 바에 따라 매립목적을 명시하여 다음 각 호의 구분에 따른 행정청의 면허를 받아야 한다.

1. 항만법 제2조 제2호의 규정에 따른 지정항만의 구역 안에 공유수면의 매립 : 국토해양부장관

2. 제1호의 규정에 따른 공유수면을 제외한 공유수면의 매립 : 시.도지사

④ 국토해양부장관 또는 시.도지사는 제1항의 규정에 따른 면허를 하고자 하는 때에는 미리 관계 중앙행정기관의 장 및 관계 시.도지사와 협의하여야 한다.

⑤ 면허관청은 매립기본계획에 적합한 범위 내에서 제1항의 …… 규정에 의한 면허를 하여야 한다.

제11조(면허의 기준) ① 면허관청은 매립예정지 및 매립으로 인한 피해가 예상되는 인근의 구역안의 공유수면에 관하여 권리를 가진 자가 있는 경우에는 다음 각 호의 1에 해당하는 경우를 제외하고는 매립면허를 할 수 없다.

1. 공유수면에 관하여 권리를 가진 자가 매립에 동의하고 매립이 환경 또는 생태계의 변화에 관하여 충분히 고려한 것으로 인정되는 경우.

2. 매립으로 인하여 생기는 이익이 그 손실을 현저히 초과하는 경우.

3. 매립이 법령의 규정에 의하여 토지를 수용 또는 사용할 수 있는 사업을 위하여 필요한 경우.

4. 기타 공익을 위하여 필요한 경우로서 대통령령이 정하는 경우.

② 제1항의 규정에 의한 매립으로 인한 피해가 예상되는 인근의 구역의 범위는 대통령령으로 정한다.

제12조(권리를 가진 자의 범위) 제11조 제1항에서 "공유수면에 관하여 권리를 가진 자" 라 함은 다음 각 호의 1에 해당하는 자를 말한다.

1. 법령의 규정에 의하여 공유수면의 점.사용허가를 받거나 점.사용의 협의.승인을 받은 자.

2. 어업권자 또는 수산업 제2조 제10호의 규정에 의한 입어자.

3. 수산업법 제8조에 따른 어업면허를 받은 자.

4. 수산업법 제43조 제2항 제2호.제3호 및 같은 조 제3항에 따른 육상해수양식어업.종묘생산어업 및 구획어업의 허가를 받은 자

5. 법령의 규정에 따라 허가를 받거나 관습에 따라 공유수면으로부터 인수(引水)하거나 공유수면에 배수(排水)하는 자

제20조(손실방지와 보상) ① 제12조의 규정에 의한 권리를 가진 자가 있는 공유수면에 대하여 매립면허를 받은 자는 대통령령이 정하는 바에 의하여 그 권리를 가진 자에게 끼친 손실을 보상하거나 그 손실을 방지하는 시설을 하여야 한다.

② 매립면허를 받은 자는 제1항의 규정에 의한 보상에 관하여 보상을 받을 자와 협의 하여야 한다.

③ 매립면허를 받은 자 또는 제12조의 규정에 의한 권리를 가진 자는 제2항의 규정에 의한 협의가 성립되지 아니하거나 협의할 수 없을 경우에는 대통령령이 정하는 바에 의하여 관할 토지수용위원회에 재결을 신청할 수 있다.

④ 공익사업을 위한 토지 등의 취득 및 보상에 관한 법률 제83조 내지 제86조의 규정은 제3항의 규정에 의한 관할

토지수용위원회의 재결에 대한 이의신청 등에 관하여 이를 준용한다.

⑤ 공익사업을 위한 토지 등의 취득 및 보상에 관한 법률 제20조 제2항, 제28조 제2항 및 제58조 제3항의 규정은 제3항 및 제4항의 규정에 의한 재결과 관련한 수수료 등 비용에 관하여 이를 준용한다.

제21조(손실보상의 예외) 제13조의 규정에 의한 매립면허의 고시일 이후에 제12조의 규정에 해당하는 권리를 취득한 자에 대하여는 제20조 제1항의 규정을 적용하지 아니한다. 제12조의 규정에 의한 권리를 가진 자가 매립면허의 고시일 이후에 설치한 시설 등에 대하여도 또한 같다.

제32조(면허의 취소 등) 면허관청은 매립공사의 준공인가 전에 다음 각 호의 1에 해당하는 사유가 있는 경우에는 이 법에 의한 면허 또는 인가 등을 취소·변경하거나 매립공사의 시행구역 안에 있는 공작물 기타 물건의 개축·제거 또는 원상회복 기타 필요한 처분을 할 수 있다.

8. 관련된 산업의 발전, 국가 또는 지방자치단체의 관련계획의 변경 등 공유수면과 직접 관련된 상황의 변경으로 필요한 경우

제33조(공익처분 등에 있어서 손실의 보상) 면허관청은 제32조 제1항 제8호 또는 제9호에 따른 처분으로 인하여 손실을 받은 자가 있는 경우에도 대통령령이 정하는 바에 의하여 그 손실을 보상하여야 한다.

환경영향평가법

제2조(정의) 환경영향평가한 제4조에 따른 환경영향평가 대상사업의 사업계획을 수립하려고 할 때에 그 사업의 시행이 환경에 미치는 영향(이하 "환경영향"이라 한다)을 미리 조사·예측·평가하여 해로운 환경영향을 피하거나 줄일 수 있는 방안(이하 "환경보전방안"이라 한다)을 강구하는 것을 말한다.

제3조(국가 등의 책무) ① 국가와 지방자치 단체는 정책이나 계획을 수립·시행하려면 환경영향을 고려하고 이에 대한 대책을 강구하여야 한다.

② 국가·지방자치단체·사업자와 국민은 환경영향 평가의 중요성을 인식하고 이 법으로 정하고 있는 절차가 적절하고 원활하게 진행될 수 있도록 노력하여야 한다.

③ 환경에 영향을 미치는 사업을 하려는 자는 그 사업의 시행으로 인하여 환경에 미치는 해로운 영향이 최소화 될 수 있도록 하여야 한다.

제4조(환경영향평가 대상사업) ① 환경영향 평가를 실시하여야 하는 사업(이하 "환경영향평가대상사업"이라 한다)은 다음 각 호와 같다.

10. 개간 및 공유수면의 매립사업

18. 환경에 영향을 미치는 시설로서 대통령령으로 정하는 사업의 설치사업

제9조(환경영향평가 대상지역) 환경영향평가는 환경영향평가 대상사업의 시행으로 영향을 받게 되는 지역으로서 환경영향을 과학적으로 예측·분석한 자료에 따라 그 범위가 설정된 지역에 대하여 실시하여야 한다.

제14조(의견수렴 및 평가서 초안의 작성) ① 사업자는 평가서를 작성하려는 때에는 대통령령으로 정하는 바에 따라 설명회나 공청회 등을 개최하여 환경영향평가 대상사업의 시행으로 영향을 받게 되는 지역 주민(이하 "주민"이라 한다)의 의견을 듣고 이를 평가서의 내용에 포함시켜야 한다. 이 경우 대통령령으로 정하는 범위의 주민의 요구가 있으면 공청회를 개최하여야 한다.

③ 사업자는 생태계의 보전가치가 큰 지역 등 대통령령으로 정하는 지역에서 환경영향평가 대상사업을 시행하려는 경우에는 대통령령으로 정하는 바에 따라 주민의 의견 외에 전문기관 등 주민외의 자의 의견을 듣고 이를 평가서의 내용에 포함시켜야 한다.

⑤ 사업자는 제1항·제3항에....에 따른 의견수렴을 하려는 때에는 평가서 초안을 미리 작성하여야 한다.

제15조(사업계획의 변경 등에 따른 평가서 초안의 재작성 및 의견 재수렴) 사업자는 제14조에 따른 의견수렴 절차를 거친 후 제16조에 따라 승인기관의 장이나 환경부장관에게 평가서를 제출하기 전에 환경영향평가 대상사업에 대한 사업계획의 변경 등 대통령령으로 정하는 사유가 발생한 경우에는 제4조에 따른 평가서 초안의 작성과 의견수렴을 다시 하여야 한다.

제21조(평가서의 재작성·재협의) ① 사업자는 제18조에 따라 협의 내용을 통보받은 후 ㉮ 대통령령으로 정하는 기간이내에 사업을 착공하지 아니한 경우(사업을 착공하지 아니한 기간에 주변 여건의 변화가 경미한 경우로서 승인기관장 등이 환경부장관과 협의한 경우는 제외한다), ㉯ 대통령령으로 정하는 사유가 발생하여 협의 내용에 따라 사업계획 등을 시행하는 것이 맞지 아니한 경우에는 평가서를 재작성하여야 하며, 승인 등을 받아야 하는 사업자는 재 작성된 평가서를 승인기관의 장에게 제출하여야 한다.
② 승인기관의 장 등은 제1항에 따라 재 작성된 평가서에 대하여 환경부장관에게 재협의를 요청하여야 한다.
③ 제1항과 제2항에 따른 평가서의 재작성·재협의 등에 관하여는 제10조부터 제20조까지의 규정을 준용한다.

제29조(환경영향에 대한 재평가) ① 환경부장관은 환경영향평가 대상사업으로서 평가서의 협의 당시에는 예측하지 못한 환경영향이 해당사업의 착공 후 발생하여 주변 환경에 중대한 영향을 미친다고 인정되는 경우에는 제24조(사후환경영향조사) 제2항 및 제26조(협의내용의 관리·감독) 제3항부터 제5항 또는 제7항에 따른 조치나 조치명령으로는 환경보전 방안을 강구하기 곤란한 사업에 대하여는 승인기관장 등과의 협의를 거쳐 한국환경정책·평가 연구원의 장에게 재평가를 하도록 요청할 수 있다.
② 한국환경정책·연구원의 장은 제1항에 따른 요청을 받은 때에는 해당 사업에 대하여 재평가를 실시하고 그 결과를 대통령령으로 정하는 기간 이내에 환경부장관과 승인기관장 등에게 통보하여야 한다.
③ 환경부장관이나 승인기관장 등은 제2항에 따라 재평가의 결과를 통보받은 때에는 사업자 또는 관계기관의 장 등에게 재평가 결과에 따라 환경보전을 위하여 필요한 조치를 하게 하거나 필요한 조치명령을 요청할 수 있다.

제45조(평가서등의 공개) ① 환경부장관은 다른 법령에 따라 공개가 제한되는 경우 외에는 제48조(환경영향평가 정보의 수집·보급 및 전문인력의 육성) 제2항에 따른 환경영향평가와 관련된 정보지원 시스템 등을 이용하여 주민 등이 평가서 등을 열람할 수 있도록 공개할 수 있다.

【문제해결】

1. 주요논점

甲이 새만금간척 종합개발사업의 일환으로 새만금 공유수면 매립면허처분 및 농지개량사업 시행인가처분을 받아 수년간 사업을 시행하여 사업 진척이 80% 내지 90% 이상 방조제 축조 등의 공정이 진행되고 있는 가운데, 환경영향평가 대상지역 안·밖의 주민들이 환경영향평가의 내용 및 절차의 부실과 사정변경 등 사유를 들어 새만금간척 종합개발사업의 취소 등을 주장하고 있다. 그러므로 공유수면매립 면허처분 및 농지개량사업 시행인가처분이 어떤 성질의 것이고, 환경영향평가의 내용과 절차는 어떠한지, 환경영향평가 대상지역 안·밖의 주민들이 행정소송을 제기할 수 있는지(원고적격문제) 그리고 그들이 제소하였을 때 승소(인용)할 수 있는지 문제와 마지막으로 그들이 받은 손실피해에 대한 손실보상은 보장되는지가 문제된다.

(1) 공유수면 매립면허 및 농지개량사업 시행인가
(2) 환경영향평가의 내용 및 절차
(3) 환경영향평가 대상지역 안·밖의 주민들의 원고적격
(4) 안·밖의 주민들의 손실피해에 대한 손실보상문제

2. 주요논점의 해설

(1) 공유수면매립면허 및 농지개량사업시행인가

① 공유수면매립면허

㉮ 의 의

"공유수면"이라 함은 바다·바닷가, 하천·호소·구거 기타 공공용으로 사용되는 수면 또는 수류(水流)로서 국유인 것을 말한다(공유수면관리법 §2·1호).

"매립"이라 함은 공유수면에 토사·토석 기타의 물건을 인위적으로 투입하여 토지를 조성하는 것(간척을 포함한다)을 말한다.

"간척지"라 함은 만조 수위선 으로부터 간조 수위선까지의 사이를 말한다(공유수면관리법 §2·4호).

"바닷가"라 함은 만조 수위선 으로부터 지적공부에 등록된 지역까지의 사이를 말한다(공유수면관리법 §2·2호).

공유수면 매립면허는 공유수면을 매립하고자 하는 자는 대통령령이 정하는 바에 따라 매립목적을 명시하여 행정청의 면허를 받아야 하는데, 행정청은 매립기본계획에 적합한 범위 안에서 공유수면매립면허를 하여야 한다(공유수면매립법 §9·①·⑤).

관할 행정청은 ㉠ 항만법 제2조 제2호의 규정에 따른 지정항만의 구역 안에 공유수면의 매립, 「어촌·어항법」 제2조 제3호가 목에 따른 국가어항구역안의 공유수면 및 10만 제곱미터 이상의 공유수면매립은 국토해양부장관이고, ㉡ ㉠에 따른 공유수면을 제외한 공유수면의 매립은 시·도지사가 된다(공유수면매립법 §9·①).

㉯ 공유수면매립면허의 기준

면허관청은 매립예정지 및 매립으로 인한 피해가 예상되는 인근의 구역 안의 공유수면에 관하여 권리를 가진 자가 있는 경우에는 다음 각 호의 1에 해당하는 경우를 제외하고는 매립면허를 할 수 없다(공유수면매립법§11·①).

1. 공유수면에 관하여 권리를 가진 자가 매립에 동의하고 매립이 환경 및 생태계의 변화에 관하여 충분히 고려한 것으로 인정되는 경우.
2. 매립으로 인하여 생기는 이익이 그 손실을 현저히 초과하는 경우.
3. 매립이 법령의 규정에 의하여 토지를 수용 또는 사용할 수 있는 사업을 위하여 필요한 경우
4. 그 밖에 국방·재해예방 등 공익에 대한 위해를 없애거나 줄이기 위하여 필요한 경우로서 대통령령이 정하는 경우이다.

제11조 제1항에서 "공유수면에 관하여 권리를 가진 자"라 함은

1. 공유수면관리법 제5조 및 제6조에 따라 공유수면의 점·사용허가를 받거나 점·사용의 협의·승인을 받은 자.
2. 수산업법 제2조 제10호에 따른 입어자
3. 수산업법 제8조에 따른 어업면허를 받은 자
4. 수산업법 제43조 제2항 제2호·제3호 같은 조 제3항에 따른 육상해수양식어업·종묘생산어업및구획어업의 허가를 받은 자
5. 법령의 규정에 따라 허가를 받거나 관습에 따라 공유수면으로부터 인수하거나 공유수면에 배수하는 자를 말한다(§12).

㉰ 공유수면매립면허의 성질

공유수면매립면허는 권리를 창설하여 주는 형성적 행정행위로서 학문상 특허에 해당한다.

② 농지개량사업시행인가

종전에는 「농촌근대화촉진법」에 의하여 농지개량사업이 행하여졌는바, 종전의 농지개량사업은 오직 토지의 농지로서의 효용을 증진시키기 위하여 행하여지는 토지에 관한 권리를 강제적으로 교환·분합하는 경지정리사업이었다. 그러나 오늘날은 농수산업의 경쟁력 향상과 농어촌생활 환경개선을 촉진시키기 위하여 농지개량사업뿐만 아니라 그 밖의 정비 사업이 대대적으로 행하여지고 있고 이러한 사업을 수행함에 있어서도 공용환지가 필요한 점을 감안하여, 공용환지의 전제가 되는 사업을 농지개량사업에 한정하지 아니하고, 보다 넓은 정비 사업으로 확대하였다. 「농어촌정비법」에서는 농어촌정비사업, 농업생산기반정비사업, 농업생산기반시설, 농어촌생활환경정비사업, 농어촌관광휴양사업 등을 규정하고, 이들은 다시 세분하여 규정하고 있다(농어촌정비법 §2).

농업생산기반정비사업(이하 "농업기반정비사업"이라 한다) 시행자는 이의신청이 없거나 농림수산식품부장관 또는 시·도지사가 이의신청에 대하여 재정을 한 때에는 대통령령이 정하는 서류를 첨부하여 농업기반정비사업 시행자가 국가·지방자치단체 및 한국농촌공사인 경우에는 농림수산식품부장관에게, 토지소유자인 경우에는 시·도지사에게 각각 사업시행인가를 신청하여야 한다. 농림수산식품부장관 또는 시·도지사가 사업시행인가를 한 때에는 지체 없이 이를 농업기반정비사업 시행자에게 통지하여야 하며 그 인가 내용을 고시하여야한다(농어촌정비법 §12·①·②).

(2) 환경영향평가의 내용 및 절차

① 환경과 환경권

㉮ 환 경

환경이란 광의로는 인간을 둘러싸고 있는 모든 환경을 말한다. 여기에는 자연환경·생활환경·사회환경·문화환경 등을 모두 포함한다. 협의로는 자연환경과 생활환경을 말한다(환경정책기본법 §3·1호). 자연환경이라 함은 지하·지표

(해양을 포함한다) 및 지상의 모든 생물과 이들을 둘러싸고 있는 비생물적인 것을 포함한 자연의 상태(생태계 및 자연 경관을 포함한다)를 말한다. 생활환경이란 대기·물·폐기물·소음·진동·악취·일조 등 사람의 일상생활과 관계되는 환경을 말한다. 환경오염이라 함은 사업 활동 기타 사람의 활동에 따라 발생되는 대기오염, 수질오염, 토양오염, 해양오염, 방사능오염, 소음, 진동, 악취, 일조방해 등으로서 사람의 건강이나 환경에 피해를 주는 상태를 말한다(환경정책 기본법§3).

㈏ 환 경 권

환경권의 개념도 학자들 간에 다양한 견해로 나타나고 있다. 그러나 건강하고 쾌적한 인간다운 환경에서 공해 없는 생활을 누릴 수 있는 권리라는 점과 여기서의 환경은 토지, 태양, 깨끗한 물, 맑은 공기 등의 자연경관 속에서 살 수 있는 권리, 즉, 자연환경(권)을 의미한다는 점은 모두 공통점을 갖는다. 환경권에는 자연환경뿐만 아니라 생활환경까지 포함한다고 보아야 한다.

② 환경권의 성질

환경권은 오염된 환경으로부터 자유를 의미하는 자유권적 성격과 아울러 오염된 환경은 인간다운 생활을 불가능하게 한다는 의미에서 사회권적 기본권의 성격도 갖는 권리라 할 것이다. 환경권의 자유권적 성격으로부터 환경침해배제청구권이 도출되고, 환경권의 사회권적 성격으로부터 환경복구·유지·개선청구권(환경보호보장 청구권)이 도출된다고 할 것이다.

그리고 국가의 환경침해(예: 환경오염업체의 설립면허)에 대하여 개인은 헌법상의 환경권을 근거로 취소소송 등을 제기할 수 있는지 문제된다. 헌법 제35조 제2항에 따라 환경권의 내용과 행사는 법률을 통하여 구체화되고 있기 때문에 개인의 원고적격은 우선적으로 근거법규 및 관련 법률에 의하여 주어진다고 할 것이다. 그러나 이러한 보호규범이 결여되고 있는 경우에는 보충적으로 헌법상의 환경권의 침해를 이유로 하여 원고적격이 인정된다고 할 것이다. 물론 이 경우에 개인의 환경권의 침해는 직접적이고 수인(受忍)이 기대가 가능하지 않을 정도로 중대하여야 한다. 한편, 국가의 환경보호의무를 구체적으로 실현함에 있어서 입법자에게는 국가의 사회적·재정적 사정과 관련하여 상당한 입법재량이 인정되기 때문에 개인은 환경복구·유지·개선청구권(환경보호보장청구권)을 직접 헌법에 근거하여 행사할 수 없을 것이다.

③ 환경권의 효력

환경권도 대 국가적 효력과 대 사인적 효력을 가진다.

㈎ 대 국가적 효력

환경권에 관한 헌법 제35조 제1항은 국가권력을 구속하는 효력을 가지므로, 입법부는 환경권을 실현하기 위한 구체적인 입법의 의무를 지고, 집행부(행정부)와 사법부는 환경행정법에 위반하여 환경권을 침해하는 처분이나 재판을 할 수 없다. 특히 행정관청은 각종 정책을 수립하고 추진함에 있어 반드시 환경영향평가를 해야 하고 환경훼손행위를 예방·규제하여야 한다.

그러므로 국가의 권력작용·관리 작용·국고작용·사실작용 등에 의하여 발생하는 환경오염행위, 예컨대 국영기업에서 발생하는 매연과 폐수로 인한 환경오염, 오물수거 과정이나 처리시설에서 나오는 환경오염, 동사무소의 스피커를 통해서 나오는 소음공해에 대하여 ㉠ 환경을 침해하지 말아 달라고 요구하는 측면과 ㉡ 환경을 개선·보호해 달라고 요구할 수 있는 두 측면이 있다. ㉠의 환경침해배제청구권은 사회공동생활에서 감수해야 되는 수인(受忍)의 한도를 넘는 침해의 경우에만 행사할 수 있다는 점을 주의해야 한다.

㈏ 대 사인적 효력

헌법이 명문규정으로 국민의 환경보전의무를 규정하고 있는 이상 환경권은 사인 상호간의 관계에도 직접 적용된다는 제3자적 효력을 갖는다는 견해와 사인에 의해서 환경권이 침해된 경우 헌법의 규정에서 직접 사법(私法)상의 환경권이 나오는 것이 아니라 사법의 일반 조항을 통하여 사인에게 간접 적용된다는 견해가 있다. 그러나 사인 간에도 효력이 발생한다는 점에서는 차이점이 없다. 사인에 의하여 오염된 환경으로 말미암아 건강을 훼손당할 경우에 피해자는 ㉠ 국가에 대해서는 오염된 환경을 배제해주도록 청구할 수 있고(공해배제 청구권) ㉡ 당해 사인에 대해서는 헌법 제35조 제1항을 근거로 오염의 배제나 손해배상을 청구할 수 있다. 이 공해배제청구권은 건강하고 쾌적한 생활환경에 나쁜 영향을 미치는 인간의 행위를 규제해줄 것을 요구하는 것이기 때문에, 자연히 국가의 명령·금지를 구하는 것이 된다.

④ 환경영향평가의 내용 및 절차

㈎ 환경기준설정

정부는 국민의 건강을 보호하고 쾌적한 환경을 조성하기 위하여 환경기준을 설정해야하며 환경여건의 변화에 따라 그 적정성이 유지되도록 하여야 한다. 환경기준은 대통령령으로 정하나, 특별시·광역시·도는 지역 환경의 특수성을 고려하여 필요하다고 인정하는 때에는 당해 시·도의 조례로 중앙정부 환경기준보다 확대·강화된 별도의 환경기준(이하 "지역환경기준"이라 한다)을 설정할 수 있다(환경정책기본법 §10·③).

한경기준은 대기·수질·토양 등 환경 매체별루 정하여지는데 이들 매체가 어떤 오염의 영향권 내에서 최수한도 유지되어야 할 오염도를 확정하여 준다(공장소음·진동배출허용기준은 「소음·진동규제법 §7」, 수질오염물질 배출허용 기준은 「수질및수생태계보전에 관한법률 §32」, 토양오염환경기준은 「토양환경보전법·법 §16」, 대기오염물질 배출허용기준은 「대기환경보전법 §8, §16」). 이러한 환경기준설정은 경제성장이나 지역개발과 같은 다른 국가 목적, 국가의 기술 발전 수준, 당해지역의 성격, 이익집단의 요구, 국민의 의지 등 제반 요인을 종합적으로 검토하여 결정한다.

㉯ 환경기준의 유지

국가 및 지방자치단체는 환경기준이 적절히 유지되도록 환경에 관련되는 법령의 제정과 행정계획의 수립 및 사업의 집행을 함에 있어서 ㉠ 환경 악화의 예방 및 그 요인의 제거, ㉡ 환경오염지역의 원상회복, ㉢ 새로운 과학기술의 사용으로 인한 환경위해의 예방, ㉣ 환경오염방지를 위한 재원의 적정배분 등의 사항을 고려하여야 한다(환경정책기본법 §11).

설정된 환경기준을 적정하게 유지히기 위해서는 정확한 환경상태의 측정·감시·파악이 필요한바, 이를 위한 것이 환경오염의 상시 측정망의 설치·운영제도이다. 환경정책기본법은 국가 및 지방자치단체는 ㉠ 자연환경 및 생활환경 현황, ㉡ 환경오염 및 환경훼손 실태, ㉢ 환경오염원 및 환경훼손요인, ㉣ 환경의 질의 변화 등의 환경오염상황을 상시 조사·평가하여야 하고, 이를 위하여 환경오염의 감시·측정·시험 및 분석체제를 유지하여야 한다(동법§15①·②).

㉰ 환경기준의 법적성격

여러 환경기준이 어떤 성질 또는 효력(구속력)을 가지는가는 각 환경기준이 정해지는 형식(대통령령 등·법규명령·조례·행정규칙등)에 따라 판단할 사항이다. 환경기준은 비록 대통령령이나 조례의 형식으로 제정되는 경우 일반 국민에 대하여는 직접적인 법적구속력을 갖지 않으며, 다만 환경행정의 목표의 성격을 갖는다는 것이 다수설이다. 그럼에도 불구하고 환경기준이 갖는 규범적 의미는 매우 크다. 대통령령 등 법규명령이나 조례로 정해지는 환경기준은 ㉠ 환경영향평가에 있어서 평가기준이 되며(환경정책기본법 §10, 환경영향평가법 §7), ㉡ 총량규제의 기준 및 근거가 되고(수질및수생태계보전에관한법률 §4, 대기환경보전법 §22), ㉢ 배출시설설치의 허용기준이 되며(수질및수생태계보전에관한법률 §32·③, 대기환경보전법 §16), ㉣ 배출시설설치의 제한기준이 되고(수질및수생태계보전에관한법률 §33·⑥, 대기환경보전법 §23·⑥), ㉤ 개별법상 허가기준에 있어 환경배려조항이 있는 경우 그 허가기준이 되고, ㉥ 환경오염으로 인한 민사상의 손해배상이나 유지청구소송에 있어 수인한도의 판단기준이 될 수 있을 것이다.

㉱ 환경기준의 구체화 및 구체적 허용기준

환경정책기본법이 예정하고 있는 환경기준은 대통령령으로 정하도록 되어 있고(동법 §10·2), 그에 따라 동법시행령 제2조가 별표 제1에서 대기·수질·소음의 3개 분야에 있어서의 기준을 구체적 수치로 설정하여 놓고 있다. 그리고 환경기준은 그 자체로서는 추상적인 내용만을 의미하므로 현실적으로 실효성을 갖도록 하기 위해서는 이를 개별적인 환경매체에 따라 구체적인 허용기준을 수치화할 필요가 있는 바, 대기허용기준, 수질허용기준 및 소음·진동허용기준 등이 그것이다. 이들 구체적 허용기준은 환경기준과는 달라서 법적구속력까지 있는 규제기준이고, 사업장의 경영자 또는 관리자를 수범자로 하여 그 위반시에는 제재가 가해진다.

㉲ 환경영향평가 대상사업

환경영향평가를 실시해야 할 사업은 「환경영향평가법」 제4조에 열거하고 있다. 동법 제4조 제1항 제1호에서 제18호까지 대상사업을 규정하고 있는 바, 그 중 제10호에서 개간 및 공유수면의 매립사업을 들고 있다.

㉳ 환경영향평가 분야 및 관계중앙행정기관

환경영향평가 분야는 환경영향평가 대상사업(§4)의 시행으로 영향을 받게 될 생활환경, 자연생태 환경 및 사회·경제 등 분야에 대하여 환경영향평가를 실시하여야 한다(환경영향평가법 §8). 그리고 분야별 환경영향 평가의 세부항목(이하 "평가항목"이라 한다)은 대통령령으로 정한다(동법 §8). 다만, 「재난및안전관리기본법」(§37)상의 응급조치를 위한 사업, 국방부장관이 군사상 기밀보호 하거나 군사작전을 긴급히 수행하기 위하여 필요하다고 인정하여 환경부장관과 협의한 사업, 국가정보원장이 국가안보를 위하여 필요하다고 인정하여 환경부장관과 협의한 사업은 환경영향 평가를 실시하지 아니한다(§4·②). 그리고 환경영향 평가는 환경부의 소관이다.

특별시장·광역시장·도지사·특별자치도지사 또는 인구 50만 이상의 시의 시장은 제4조 제3항에 따른 환경영향평가 대상사업의 범위에 해당하지 아니하는 사업에 대하여 지역의 특성 등을 고려하여 환경영향평가를 실시하도록 할 필요가 있으면 대통령령으로 정하는 범위에서 해당 특별시·광역시·도·특별자치도 또는 인구 50만 이상인 시(이하 "시·도"라 한다)의 조례로 정하는 바에 따라 그 사업계획을 수립하거나 사업을 시행하려는 자로 하여금 환경영향평가를 실시하게 할 수 있다. 다만, 인구 50만 이상의 시의 경우에는 그 지역을 관할하는 도가 환경영향평가 실시에 관한 조례를 정하지 아니한 경우로 한정한다(환경영향평가법 §5·①).

㈔ 환경영향평가서의 작성·의견수렴·공개

사업자는 대상사업을 시행하고자 하는 때에는 영향평가서를 작성하여야 한다. 사업자가 평가서를 작성함에 있어서 대통령령이 정하는 바에 따라 설명회 또는 공청회 등을 개최하여 대상사업의 시행으로 인하여 영향을 받게 되는 지역 주민(이하 "주민"이라 한다)의 의견을 듣고 이를 평가서의 내용에 포함시켜야 한다. 이 경우 대통령령이 정하는 범위의 주민의 요구가 있는 때에는 공청회를 개최하여야 한다. 사업자는 생태계의 보전가치가 큰 지역 등 대통령령이 정하는 지역에서 대상사업을 시행하고자 하는 경우에는 대통령령이 정하는 바에 따라 주민외의 자의 의견을 듣고 이를 평가서의 내용에 포함시켜야 한다. 사업자는 제1항·제3항 및 제4항에 따른 의견을 수렴하고자 하는 때에는 미리 평가서 초안을 작성하여야 하며 대통령령이 정하는 바에 따라 관계행정기관의 장에게 제출하여야 한다(동법 §13, §14).

환경부장관은 다른 법령에 따라 공개가 제한되는 경우 외에는 제48조(환경영향평가의 정보의 수집·보급)의 제2항에 따른 환경영향평가와 관련된 정보지원 시스템 등을 이용하여 주민 등이 평가서 등을 열람할 수 있도록 공개할 수 있다. 다만, 환경부장관은 사업자나 승인기관의 장이 ㉠ 군사상기밀보호 등 국가안보를 위하여 필요한 경우, ㉡ 평가서 등에 해당사업의 특별한 영업비밀 등의 내용이 포함되어 있는 경우로서 평가서 등의 전부 또는 일부를 공개하지 아니하도록 환경부장관에게 요청한 경우에는 제1항에도 불구하고 이를 공개하지 아니할 수 있다(§45).

㈕ 환경보전 목표의 설정 및 환경영향평가의 기준

㉠ 환경보존 목표의 설정 : 사업자는 환경영향평가 대상 사업에 대한 환경영향평가를 실시하려면 그 사업의 시행으로 인한 환경영향평가 당시의 과학적 지식 및 경제적 상황 등을 고려하여 그 사업의 환경보전 목표를 설정한 후 이를 토대로 하여 환경영향평가를 실시할 수 있다.

㉡ 환경영향평가의 기준 : 사업자는 제1항에 따른 환경보전 목표를 설정하는 경우 ⓐ 환경정책기본법 제10조에 따른 환경기준, ⓑ 자연환경보전법 제2조 제14호에 따른 생태·자연도, ⓒ 지역별 오염총량 기준, ⓓ 그 밖에 관계 법률에서 환경보전을 위하여 설정한 기준을 참고 하여야 한다(환경영향평가법 §7·①·②).

⑤ 환경 등 영향평가의 하자

㉮ 내용상 하자

환경영향평가서의 내용상의 하자가 있는 경우에 그 하자가 환경영향평가 제도를 둔 입법취지를 달성할 수 없을 정도로 심히 부실한 경우에는 당해 사업계획의 승인처분의 위법사유가 되나, 그 정도의 것이 아닌 부실의 경우에는 당해 승인 등 처분에 재량권의 일탈·남용의 위법이 있는지 여부를 판단하는 하나의 요소로 됨에 그칠 뿐, 그 부실로 인하여 당연히 당해 승인 등 처분이 위법하게 되는 것은 아니라는 것이 판례의 입장이다(대판 2001.6.29, 99두9902).

㉯ 절차상 하자

㉠ 환경영향평가가 내용상 부실하여 승인기관이 사업계획승인 여부의 판단에 있어 중요한 고려사항을 고려하지 못하게 되는 경우에는 당해 환경영향평가의 부실은 사업계획승인처분의 위법사유가 되는 환경영향평가의 실체상 하자가 된다. ㉡ 환경영향평가 대상사업 임에도 불구하고 의견수렴절차나 환경부장관의 협의절차 등 환경영향평가 절차가 전혀 행하여지지 아니한 경우 사업계획승인처분은 절차상 위법한 처분이 된다. ㉢ 환경영향평가 절차는 행하여졌지만 절차에 하자가 있거나 의견수렴이 부실하였던 경우 등 절차상 하자가 경미한 경우에는 사업계획승인처분은 취소사유가 되지는 않지만, 절차상 하자가 중요한 경우에 한하여 사업계획승인처분은 독립한 취소사유가 된다고 보아야 한다. ㉣ 환경부장관 협의절차를 거쳐야 하는 경우 협의는 했지만,

환경부장관의 반대에도 불구하고 사업계획을 승인한 경우에는 그 환경영향평가서의 내용이 환경영향평가 제도를 둔 입법취지를 달성할 수 없을 정도로 심히 부실하다는 등의 특별한 사유가 없는 한, 당해 처분이 위법하게 되는 것은 아니라고 본다.

(3) 환경영향평가 대상지역 안·밖의 주민들의 원고적격

① 행정청의 자위·부자위

환경오염으로 인한 권리·이익침해가 행정청의 작위(예 : 위법한 환경오염물질 배출공장의 건축허가 등)나 부작위(예 : 배출시설개선명령을 내리지 아니하는 경우 등)에 기인할 때에는 행정쟁송에 의하여 당해 처분의 취소 등을 구할 수 있다.

환경행정법상의 배출허용기준을 위반한 사업자에 대한 개선명령·조업정지·시설이전명령 등의 조치를 하지 아니한 부작위에 대하여도 인근 주민이 적극적으로 이러한 조치를 할 것을 청구할 수 있을 것인가에 관하여는 일반적으로 행정개입청구권에 관한 문제로 설명되고 있다. 결국 부작위에 대한 위법확인 및 의무이행의 청구의 문제로 된다.

② 제3자의 원고적격(제3자효 행정행위)

제3자도 행정처분 등의 취소를 구할 법률상 이익이 인정되는 경우에는 취소심판 및 취소소송을 제기할 수 있다(행심법§9, 행소법§12).

환경영향평가제와 주민의 원고적격에 관하여 환경영향평가 대상사업과 관련하여 환경·교통·재해 등에 관한 영향평가법상의 환경영향 평가제에 의하여 보호되는 주민의 환경상의 이익은 행정소송법 제12조상의 "법률상 이익"에 해당하는 것으로 보아야 한다. 그러므로 위법한 대상사업의 승인 등에 대하여는 당해지역의 주민은 취소소송 등을 제기하여 이를 다툴 수 있다 할 것이다. 판례도 획기적 판결을 채택하고 있다(대판 1998.9.22,97누19571, 대판1998.4.24,97누3287).

③ 환경영향평가 대상지역 밖의 주민의 원고적격문제

환경영향평가 대상지역 안의 주민들이 전과 비교하여 수인한도를 넘는 환경침해는 개별적·구체적·직접적 이익침해에 해당되므로 이들에게 원고적격을 인정함에는 학설·판례가 일치한다. 문제는 환경영향평가 대상지역 밖의 주민들에게도 원고적격을 인정할 수 있을 것인지가 문제된다. 환경영향평가 대상지역 밖의 주민이라 할지라도 공유수면 매립면허처분 등으로 인하여 그 처분전과 비교하여 수인한도를 넘는 환경피해를 받거나 받을 우려가 있는 경우에는, 공유수면매립면허처분 등으로 인하여 환경상 이익에 대한 침해 또는 침해 우려가 있다는 것을 "입증" 함으로써 그 처분 등의 무효 확인을 구할 원고적격을 인정받을 수 있다는 것이 판례 입장이며, 또한 타당하다(대판 2006.3.16, 2006두330).

(4) 환경영향평가 대상지역 안·밖의 주민들의 손실피해에 대한 손실보상문제

① 손실보상의 이론적 근거

손실보상의 이론적 근거는 재산권 보장의 원칙 및 공적부담 앞의 평등원칙이라고 보는 것이 타당하다. 그리고 재산권과 평등원칙은 손실보상의 이론적 근거일 뿐만 아니라 법적근거도 된다고 보아야 한다. 따라서 헌법이나 법률에 손실보상의 근거가 없는 경우에는 재산권의 보장의 원칙과 공적부담 앞의 평등의 원칙이 손실보상의 직접적인 법적근거가 될 수 있다고 본다.

② 실정법상의 근거

㉮ 헌법 제23조 제3항

헌법 제23조 제3항은 「공공필요에 의한 재산권의 수용·사용 또는 제한 및 그에 대한 보상은 법률로서 하되 정당한 보상을 지급하여야 한다」고 규정하고 있다. 그런데 국가배상의 경우와는 달리 헌법규정에 근거하여 보상의 기준과 방법에 관하여 정한 일반법은 없고 「공익사업을 위한 토지 등의 취득 및 보상에 관한 법률」(이하 "토지보상법"이라 한다)과 각 개별법에서 규정하고 있다.

㉯ 개별법상 보상규정이 있는 경우

공유수면매립법(§20), 자연환경보전법(§53), 습지보전법(§20, §20의 2), 대기환경보전법(§5), 토양환경보전법(§9, §10의3), 폐기물처리시설 설치촉진 및 주변지역지원 등에 관한 법률(§14) 등에 명문규정이 있거나 토지보상법을 적용한다고 규정하고 있는 것이 일반적이다.

㉰ 개별법상 보상규정이 없는 경우

개별법상 보상규정이 없는 경우에는 위의 ①에서 본 바와 같이 재산권의 보장의 원칙과 공적부담 앞의 평등의

원칙이 손실보상의 직접적인 법적근거가 될 수 있다고 보고, 당해 재산권의 제한이 객관적으로 현실화 되어있는 재산 가치를 현저히 손상하거나 사적 개발효과를 본질적으로 저해하는 것일 때, 공용제한의 결과 상대방에게 특별한 희생이 발생한 경우인 때 등에는 손실보상을 요한다 할 것이다(헌재결1999.10.21, 97헌바26).

(5) 사안의 경우

① 환경영향평가 대상지역 안의 주민의 원고적 문제

새만금간척 종합개발사업의 일환으로 새만금 공유수면매립면허처분 및 농지개량사업시행인가처분의 직접 상대방이 아닌 제3자(인근 주민)라 하더라도 당해 처분으로 인하여 법률상 보호되는 이익을 침해당한 경우에는 그 처분의 무효 확인을 구하는 행정소송을 제기하여 그 당부의 판단을 받을 자격이 있다 할 것이며, 여기에서 말하는 법률상 보호되는 이익이라 함은 당해 처분의 근거법규 및 관련법규에 의하여 보호되는 개별적·직접적·구체적 이익이 있는 경우를 말하고, 공익 보호의 결과로 국민일반이 공통적으로 가지는 일반적·간접적·추상적 이익(반사적 이익)이 생기는 경우에는 법률상 보호되는 이익이 있다고 할 수 없다.

공유수면매립면허처분과 농지개량사업시행인가처분의 근거법규 또는 관련법규가 되는 공유수면매립법, 구 농촌근대화촉진법(현 농어촌정비법), 구 환경보전법, 구 환경보전법시행령, 구 환경정책기본법, 구 환경정책기본법시행령의 각 관련규정의 취지는 공유수면매립과 농지개량사업시행으로 인하여 직접적이고 중대한 환경피해를 입으리라고 예상되는 환경영향평가 대상지역 안의 주민들이 전과 비교하여 수인한도를 넘는 환경침해를 받지 아니하고 쾌적한 환경에서 생활할 수 있는 개별적 이익까지도 이를 보호하려는 데 있다고 할 것이므로 위 주민들이 공유수면매립면허처분 및 농지개량사업시행인가와 관련하여 갖고 있는 위와 같은 환경상 이익은 주민 개개인에 대하여 개별적으로 보호되는 직접적·구체적 이익으로서 그들에 대하여는 특단의 사정이 없는 한 환경상의 이익에 대한 침해 또는 침해우려가 있는 것으로 사실상 추정되어 공유수면매립면허처분 등의 무효 확인을 구할 원고적격이 인정된다(대판 2006.3.16, 2006두330).

② 환경영향평가 대상지역 밖의 주민에게도 원고적격이 인정될 수 있을 것인가?

환경영향평가 대상지역 밖의 주민이라 할지라도 공유수면매립면허처분 등으로 인하여 그 처분 전과 비교하여 수인한도를 넘는 환경피해를 받거나 받을 우려가 있는 경우에는 공유수면매립면허처분 등으로 인하여 환경상 이익에 대한 침해 또는 침해우려가 있다는 것을 "입증"함으로써 그 처분 등의 무효 확인을 구할 원고적격을 인정받을 수 있다(대판 2006.3.16, 2006두330 전원합의체 판결).

③ 항고소송의 인용문제

㉮ 환경영향평가 대상지역 안·밖의 주민에게 원고적격이 인정되어 항고소송이 제기되었을 때 당해 소송이 인용될 것인지가 문제된다. 항고소송이란 "행정청"의 "위법"한 "처분 등이나 부작위"에 대하여 제기하는 소송이다. 항고소송의 대상이 되는 처분 등이나 부작위는 "위법"한 것이어야 한다. 처분 등이 위법하다는 것은 성문법은 물론 불문법원리(평등원칙, 비례원칙) 등에 객관적으로 위반한 경우를 말한다. 행정규칙은 원칙적으로 법규에 해당되지 않으나, 법규를 보충하거나 행정의 자기구속법리가 적용되는 재량준칙 등은 여기의 법에 해당되고, 이에 위반하는 행위는 위법한 행위가 된다. 재량행위의 위반은 부당한 행위임이 원칙이나, 재량권의 일탈·남용 시에는 위법한 처분이 된다.

㉯ 환경영향평가법령에서 정한 환경영향평가를 거쳐야 할 대상사업에 대하여 그러한 환경영향평가를 거치지 아니하였음에도 승인 등 처분을 하였다면 그 처분은 위법하다 할 것이나, 그러한 절차를 거쳤다면 비록 그 환경영향평가의 내용이 다소 부실하다 하더라도, 그 부실의 정도가 환경영향평가 제도를 둔 입법취지를 달성할 수 없을 정도이어서 환경영향평가를 하지 아니한 것과 다를 바 없는 정도의 것이 아닌 이상, 그 부실은 당해 승인 등 처분에 재량권 일탈·남용의 위법이 있는지 여부를 판단하는 하나의 요소로 됨에 그칠 뿐, 그 부실로 인하여 당연히 당해 승인 등 처분이 위법하게 되는 것이 아니다(대판 2006.3.16, 2006두330).

㉰ 공유수면을 매립하여 조성된 매립간척지에 농지와 담수호를 만들기 위하여 공유수면매립면허처분과 사업시행인가처분이 이루어졌다가 그 후 위 각 처분으로 인하여 조성되는 담수호가 농업용수로서의 수질기준을 달성하지 못할 것이 예상되는 경우에는 농지 및 담수호를 조성하려는 사업목적을 달성할 수 없게 될 것이므로 그 경우에는 위 각 처분이 무효로 될 것인바, 위와 같이 담수호가 농업용수로서의 수질기준을 달성하지 못함으로써 사업목적을 달성할 수 없을 것인지 여부는 수질대책 수립당시의 과학적 수준이나 토목공학적 방법 또는

생물학적·생화학적 방법이나 수질예측에 관한 각종 상황 등에 비추어보아 수질대책이 실현가능한지 여부, 수질대책비용이 사회통념상 감당할 수 없을 정도에 이른 것인지 여부 등에 따라 판단하여야 하나, 수질대책 수립 당시의 과학적 수준과 수질예측에 관한 각종 상황 등에 비추어보아 수질대책이 실현 가능하고, 또한 수질대책비용이 사회통념상 감당할 수 없을 정도에 이르지 않은 경우라면 위 각 처분에 의하여 조성되는 담수호가 농업용수로서의 수질기준을 달성하지 못함으로써 사업목적을 달성할 수 없는 경우에 해당한다고 볼 수는 없다(대판 2006.3.16, 2006두330).

㉱ 구 공유수면매립법 제32조 제3호, 동법시행령 제40조 제4항, 제1항의 규정을 종합하면, 구 농림수산부장관은 매립공사의 준공인가 전에 공유수면의 상황변경 등 예상하지 못한 사정변경으로 인하여 공익상 특히 필요한 경우에는 같은 법에 의한 면허 또는 인가를 취소·변경할 수 있는 바, 여기에서 「사정변경」이라 함은 공유수면매립면허처분을 할 당시에 고려하였거나 고려하였어야 할 제반 사정들에 대하여 각각 사정변경이 있고, 그러한 사정변경으로 인하여 그 처분을 유지하는 것이 현저히 공익에 반하는 경우라고 보아야 할 것이며,위와 같은 사정변경이 생겼다는 점에 관하여는 그와 같은 사정변경을 주장하는 자에게 그 입증책임이 있다(대판 2006.3.16, 2006두330). 방조제 축조로 인하여 생길 수 있는 자연적인 해안선의 변화나 물질순환의 차단, 퇴적환경이 달라지는 등의 해양환경상의 영향은 새만금사업시행계획 당시부터 예상하였던 것으로서 이를 들어 예상하지 못한 사정변경이라고 볼 수 없다.

이상 위에서 설명한 ㉯·㉰·㉱를 종합하여 볼 때 원고적격이 있는 주민들의 주장은 이유가 없으므로 인용판결은 받을 수 없을 것이다.

④ 이들이 받은 손실피해에 대한 법적구제책은 어떤 것인가?

㉮ 공유수면에 관하여 권리를 가진 자, 즉, ㉠ 공유수면관리법 제5조 및 제6조에 따라 공유수면의 점·사용 허가를 받거나 점·사용의 협의·승인을 받은 자, ㉡ 수산업법 제2조 제10호에 따른 입어자, ㉢ 수산업법 제8조에 따른 어업면허를 받은 자, ㉣ 수산업법 제43조 제2항 제2호·제3호 및 같은 조 제3항에 따른 육상해수양식어업·종묘생산어업 및 구획어업의 허가를 받은 자, ㉤ 법령의 규정에 따라 허가를 받거나 관습에 따라 공유수면으로부터 인수(引水)하거나 공유수면에 배수(排水)하는 자가 있는 공유수면에 대하여 매립면허를 받은 자는 대통령령이 정하는 바에 의하여 그 권리를 가진 자에게 끼친 손실을 보상하거나 그 손실을 방지하는 시설을 하여야 한다(공유수면매립법 §12, §20·①).

㉯ 공유수면매립법 제12조의 규정에 의한 권리를 가진 자가 있는 공유수면에 관하여 권리를 가진 자가 받게 될 손실에 관하여 이를 방지하는 시설을 할 수 있는 경우에는 우선적으로 이를 방지하는 시설을 하여야 한다. 다만, 당사자 간에 협의가 이루어지거나 당해 시설의 설치비용이 손실을 현저히 초과하는 때에는 손실을 보상함으로써 손실방지시설의 설치를 갈음할 수 있다(동법시행령 §17·①).

매립면허를 받은 자는 공유수면 또는 토지에 관하여 권리를 가진 자가 받게 될 손실에 관하여 이를 방지하는 시설을 할 수 없는 경우에는 그 손실을 보상하여야 한다. 제1항 본문의 규정에 의한 손실방지를 위한 시설의 설치에 불구하고 손실이 남아있는 경우에도 또한 같다(동법시행령 §17·②).

제1항 및 제2항 의 규정에 의한 손실방지를 위한 시설의 설치 또는 손실보상은 매립으로 인하여 보통 발생하는 손실에 대한 것에 한한다(동법시행령 §17·③).

㉰ 손실보상의 예외

공유수면매립면허의 고시일 이후에 제12조의 규정에 해당하는 권리를 취득한 자에 대하여는 제20조 제1항의 규정(손실방지와 보상)을 적용하지 아니한다. 제12조의 규정에 의한 권리를 가진 자가 매립면허의 고시일 이후에 설치한 시설 등에 대하여도 또한 같다(동법 §21).

⑤ 여 론

자연환경은 그 속성상 한번 파괴되면 이를 회복하는 것이 어려울 뿐만 아니라, 자연환경은 현재 세대의 생존기초가 되는 동시에 장래 세대에 대하여도 역시 생존의 기초로 유지되어야 할 자산이다. 새만금간척 종합개발사업과 같이 환경훼손의 우려가 있는 대규모의 국책사업의 경우 신중한 판단을 위하여 사전에 환경피해의 범위 및 정도 등에 대한 철저한 조사 등이 우선되어야 한다. 그런데 다수 의견이 지적하고 있는 바와 같이 새만금종합개발사업을 수립할 당시에 이루어진 환경영향평가, 담수호 수질유지·관리대책 등에 관하여 일부 미흡한 점이 있었음을 인정하지 않을 수 없고, 이 점이 새만금간척종합개발사업의 원만한 추진에 걸림돌이 되었고, 커다란 사회적 갈등을 야기하였다. 다수의견은 현재 원고 측의 입증부족을 이유로 새만금간척종합개발사업의 취소청구를 받아들이지 않지만, 장래에 예상하지 못한 여건변화, 특히 수질문제나 해양환경상의 영향으로 새만금간척종합개발사업을 계속 시행함이 적절하지 아니할 정도의 사정변경이 발생할 가능성도 배제할 수는 없다. 그러한 만큼 농림부장관으로서는 이 사건 판결로써 새만금간척종합개발사업의 정당성이 확보되었다고 만족할 것이 아니라 변화하는 여건에 맞추어, 어떻게 하는 것이 진정으로 국가 경제에 발전에 도움이 되며 아울러 환경 친화적인 것인지를 꾸준히 검토하여 반영하는 지혜와 노력이 필요하다.

▶ 사 례(2)

<천성산 터널공사>

내원사, 미타암 및 도롱뇽과 도롱뇽의 친구들은 천성산에 소재하는 전통사찰로서 천성산을 관통하는 길이 13.5km의 원효터널(아래에서는 "이 사건 터널"이라 한다)이 통과하는 인근에 위치하고 있으며 터널 공사 구간 중 일부 토지의 소유권을 보유하는 바, 위 신청인들은 이에 근거하여 그들의 환경적 이익에 대한 침해의 배제 또는 예방으로서 이 사건 터널의 착공금지를 구하고자 한다. 피 신청인이 이사건 터널 공사를 시행함에 있어 환경영향평가 등에 관한 법령상의 절차를 위반하여 위 신청인들의 환경이익을 침해하고, 이 사건 환경영향평가서 작성 후 종전에 고려되지 아니하였던 새로운 사정이 발견되어 위 신청인들의 환경이익이 침해될 수 있다는 것이다. 이 사건 터널공사로 인하여 받은 피해의 손실에 대한 구제도 설명하라.

〈사실진행내용〉

1. 고속철도 기본노선은 1990년 6월 확정
2. 환경영향평가서는 1992년 4월 작성, 1994년 11월 2일 협의절차 종료
3. 환경영향평가 사업대상지역의 구역을 넘어서 널리 천성산 일원에 보호대상 동·식물 서식
4. 1998년 12월 31일 이 사건 터널에서 900m 떨어진 곳에 무제치늪이, 2002년 2월 1일 이 사건 터널에서 2,700m 떨어진 곳에 화엄늪이 각각 자연생태계 특별보호구역·습지보호구역으로 지정.

【관련법령】

환경정책기본법

제2조(기본이념) 환경의 질적인 향상과 그 보전을 통한 쾌적한 환경의 조성 및 이를 통한 인간과 환경간의 조화와 균형의 유지는 국민의 건강과 문화적인 생활의 향유 및 국토의 보전과 항구적인 국가발전에 필수불가결한 요소임에 비추어 국가·지방자치단체·사업자 및 국민은 환경을 보다 양호한 상태로 유지·조성하도록 노력하고 환경을 이용하는 모든 행위를 할 때에는 환경보전을 우선적으로 고려하며, 지구의 환경상 위해를 예방하기 위한 공동의 노력을 강구함으로써 현재의 국민으로 하여금 그 혜택을 널리 향유할 수 있게 함과 동시에 미래의 세대에게 계승될 수 있도록 함을 환경정책기본법의 기본 이념으로 한다.

제4조(국가 및 지방자치단체의 책무) ① 국가는 환경오염 및 환경훼손과 그 위해를 예방하고 환경을 적정하게 관리·보전하기 위하여 환경보전계획을 수립하여 이를 시행할 책무를 진다.

제7조의 2(환경오염 등의 사전예방) ③ 국가·지방자치단체 및 사업자는 행정계획이나 개발 사업에 따른 국토 및

자연환경의 훼손을 예방하기 위하여 당해 행정계획 또는 개발 사업으로 인하여 환경에 미치는 해로운 영향을 최소화 하도록 노력하여야 한다.

자연환경보전법

제1조(목적) 자연환경보전법은 자연환경을 인위적 훼손으로부터 보호하고, 생태계와 자연경관을 보전하는 등 자연환경을 체계적으로 보전·관리함으로써 자연환경의 지속가능한 이용을 도모하고, 국민이 쾌적한 자연환경에서 여유 있고 건강한 생활을 할 수 있도록 함을 목적으로 한다.

제3조(자연환경보전의 기본원칙) 5. 자연환경을 이용하거나 개발하는 때에는 생태적 균형이 파괴되거나 그 가치가 저하되지 아니하도록 하여야 한다. 다만, 자연 생태와 자연경관이 파괴·훼손되거나 침해되는 때에는 최대한 복원·복구되도록 노력하여야 한다.

제4조(국가·지방자치단체 및 사업자의 책무) ① 국가 및 지방자치단체는 제1조의 목적과 제3조의 규정에 의한 자연환경보전의 기본원칙에 따라 다음의 조치를 강구하여 시행할 책무를 진다.

1. 국토의 개발 및 이용 등으로 인한 자연환경의 훼손방지 및 자연환경의 지속가능한 이용을 위한 자연환경보전 대책의 수립·시행

제13조(생태·경관보전지역의 지정·변경절차) ① 환경부장관은 생태·경관보전지역을 지정하거나 변경하고자 하는 때에는 다음의 내용을 포함한 지정계획서에 대통령령이 정하는 지형도를 첨부하여 당해 지역주민과 이해관계인 및 지방자치단체의 장의 의견을 수렴한 후 관계 중앙행정기관의 장과의 협의 및 중앙환경보전자문위원회의 심의를 거쳐야 한다. 다만, 대통령령이 정하는 경미한 사항의 변경은 중앙환경보전자문위원회의 심의를 생략할 수 있다.

1. 지정사유 및 목적
2. 지정면적 및 범위
3. 자연생태·자연경관의 현황 및 특징
4. 토지이용현황
5. 핵심구역·완충구역 및 전이구역의 구분개요 및 해당구역별 관리방안

② 제1항의 규정의 의하여 의견청취 또는 협의의 요청을 받은 지방자치단체의 장 또는 관계 중앙행정기관의 장은 특별한 사유가 없는 한 그 요청을 받은 날부터 30일 이내에 환경부장관에게 의견을 제시하여야 한다.

③ 환경부장관은 제1항의 규정에 의하여 생태·경관보전지역을 지정하거나 변경한 때에는 지체 없이 환경부령이 정하는 지정 또는 변경 내용을 관보에 고시하여야 한다.

철도산업발전기본법

제4조(시책의 기본방향) ② 국가는 에너지 이용의 효율성, 환경친화성 및 수송효율성이 높은 철도의 역할이 국가의 건전한 발전과 국민의 교통편익 증진을 위하여 필수적인 요소임을 인식하여 적정한 철도수송 분담의 목표를 설정하여 유지하고 이를 위한 철도시설을 확보하는 등 철도산업 발전을 위한 여러 시책을 마련하여야 한다.

습지보전법

제3조(습지보전의 책무) ① 국가 또는 특별시·광역시·도·특별자치도(이하 "시·도"라 한다)는 습지를 보전할 책무를 진다.

제8조(습지지역의 지정 등) ① 환경부장관·국토해양부장관 또는 시·도지사는 습지 중 다음 각 호의 1에 해당하는 지역으로서 특별히 보전할 가치가 있는 지역을 습지보호지역으로 지정하고, 그 주변지역을 습지주변관리지역으로 지정할 수 있다.

1. 자연 상태가 원시성을 유지하고 있거나 생물 다양성이 풍부한 지역
2. 희귀하거나 멸종위기에 처한 야생 동·식물이 서식·도래 하는 지역
3. 특이한 경관적·지형적 또는 지질학적 가치를 지닌 지역

③ 환경부장관 또는 국토해양부장관은 제1항의 규정에 의하여 습지보호지역으로 지정할 때에는 시·도지사 및 지역주민의 의견을 들은 후 관계 중앙행정기관의 장과 협의하여야 한다.

④ 시·도지사는 제1항의 규정에 의하여 습지보호지역을 지정할 때에는 시장·군수·구청장 및 지역주민의 의견을 들은 후 관계 행정기관의 장과 협의하여야 한다.

⑤ 환경부장관·국토해양부장관 또는 시·도지사는 습지보호지역을 지정한 때에는 지역의 명명·위치 및 면적 기타 공동부령이 정하는 사항을 고시하여야 한다.

한국철도시설공단법

제1조(목적) 한국철도시설공단법은 한국철도시설공단을 설립하여 철도시설의 건설 및 관리와 그 밖에 이와 관련되는 사업을 효율적으로 시행하도록 함으로써 국민의 교통편의를 증진하고 국민경제의 건전한 발전에 이바지함을 목적으로 한다.

제3조(법인격) 한국철도시설공단(이하 "공단" 이라 한다)은 법인으로 한다.

제7조(사업) 공단은 다음 각 호의 사업을 시행한다.

1. 철도시설의 건설 및 관리
2. 외국철도 건설과 남북연결 및 동북아 철도망의 건설

제9조(임원) ③ 이사장 및 감사는 국토해양부장관이 임면한다.

④ 부이사장 및 이사는 국토해양부장관의 승인을 얻어 이사장이 임면한다.

제17조(자금의 조달 등) ① 공단의 운영 및 사업에 소요되는 자금의 조달은 다음 각 호에 의한다.

1. 정부 또는 정부 외의 자의 출연 또는 보조

제24조(자산·부채의 승계 등) ① 국가는 제7조의 규정에 따라 공단이 건설한 철도시설과 철도의 역세권 및 철도연변의 개발사업 등과 관련하여 취득한 재산·시설 및 그 운영에 관한 권리(이하 "자산"이라 한다)와 그 자산과 관련된 채무 등의 의무(이하 "부채"라 한다)를 각 사업이 종료되는 때에 이를 포괄하여 승계한다.

제35조(지도·감독) ① 국토해양부장관은 공단을 지도·감독하고, 필요하다고 인정하는 때에는 공단에 대하여 그 사업에 관한 지시 또는 명령을 할 수 있으며, 그 업무·회계 및 재산에 관한 사항을 보고하게 하거나 소속 공무원으로 하여금 공단의 장부·서류·시설 그 밖의 물건을 검사하게 할 수 있다.

② 국토해양부장관은 제1항의 규정에 의한 보고 또는 검사의 결과 위법 또는 부당한 사실이 있음을 발견하는 때에는 공단에 대하여 그 시정을 명할 수 있다.

제38조(벌칙적용에 있어서의 공무원의제) 공단의 임원 및 직원은 형법 제129조 내지 제132조의 적용에 있어서는 이를 공무원으로 본다.

환경영향평가법

제1조(목적) 환경영향평가법은 환경영향평가 대상사업의 사업계획을 수립·시행할 때 미리 그 사업이 환경에 미칠 영향을 평가·검토하여 친환경적이고 지속가능한 개발이 되도록 함으로써 쾌적하고 안전한 국민생활을 도모함을 목적으로 한다.

제4조(환경영향평가 대상사업) 환경영향평가를 실시해야 할 사업은 다음 각 호와 같다.

5. 도로의 건설사업
7. 철도(도시철도를 포함한다)의 건설사업

제13조(환경영향평가서 작성) 사업자는 환경영향평가 대상사업을 시행하려는 때에는 환경영향평가에 관한 서류(이하 "평가서"라 한다)를 작성하여야 한다.

제16조(평가서에 대한 협의요청 등) ① 승인 등을 받아야 하는 사업자는 사업계획 등에 대한 승인 등을 받기 전에 승인기관의 장에게 평가서를 제출하여야 한다.

② 승인기관의 장이나 승인 등을 받지 아니하여도 되는 사업자(이하 "승인기관장 등"이라 한다)는 대통령령으로 정하는 바에 따라 환경부장관에게 평가서를 제출하고, 그 평가서에 대하여 협의를 요청하여야 한다.
이 경우 승인기관의 장은 평가서에 대한 의견을 첨부할 수 있다.

제21조(평가서의 재작성·재협의 등) ① 사업자는 제18조에 따라 협의 내용을 통보받은 후 다음 각 호의 어느 하나에 해당되는 사유가 있으면 평가서를 재작성하여야 하며, 승인 등을 받아야 하는 사업자는 재작성된 평가서를 승인기관의 장에게 제출하여야 한다.

1. 대통령령으로 정하는 기간 이내에 사업을 착공하지 아니한 경우(사업을 착공하지 아니한 기간에 주변 여건의 변화가 경미한 경우로서 승인기관장 등이 환경부장관과 협의한 경우는 제외한다)
2. 대통령으로 정하는 사유가 발생하여 협의 내용에 따라 사업계획 등을 시행하는 것이 맞지 아니한 경우

② 승인기관장 등은 제1항에 따라 재 작성된 평가서에 대하여 환경부장관에 재협의를 요청하여야 한다.
③ 제1항과 제2항에 따른 평가서의 재작성·재협의 등에 관하여는 제10조부터 제20조까지의 규정을 준용한다.

제29조(환경영향평가에 대한 재평가) ① 환경부장관은 환경영향평가 대상사업으로서 평가서의 협의 당시에는 예측하지 못한 환경영향이 해당사업의 착공 후 발생하여 주변 환경에 중대한 영향을 미친다고 인정되는 경우에는 제24조 제2항 및 제26조 제3항부터 제5항까지 또는 제7항에 따른 조치나 조치명령으로는 환경보전방안을 강구하기 곤란한 사업에 대하여는 승인기관장 등과의 협의를 거쳐 한국환경정책·평가연구원의 장에게 재평가를 하도록 요청할 수 있다.
② 한국환경정책·평가연구원의 장은 제1항에 따른 요청을 받은 때에는 해당 사업에 대하여 재평가를 실시하고 그 결과를 대통령령으로 정하는 기간 이내에 환경부장관과 승인기관장 등에게 통보하여야 한다.
③ 환경부장관이나 승인기관장 등은 제2항에 따라 재평가의 결과를 통보받은 때에는 사업자 또는 관계 행정기관의 장 등에게 재평가 결과에 따라 환경보전을 위하여 필요한 조치를 하게 하거나 필요한 조치명령을 하도록 요청할 수 있다.

환경·교통·재해 등에 관한 영향평가법 시행령(동 시행령은 재판시 법령을 적용해야 하기 때문에 동 법규 명령을 그대로 사용함)

제23조(재협의) ① 법 제23조 제1항 본문에서 "대통령령이 정하는 기간 이내"라 함은 법 제20조 제1항 또는 제4항의 규정에 의하여 협의내용이 통보된 날부터 5년 이내를 말한다.
② 법 제23조 제1항 본문에서 "대통령령이 정하는 사유가 발생하여 협의내용에 따라 사업계획 등을 시행하는 것이 부적합한 경우"라 함은 다음 각 호의 어느 하나에 해당하는 경우를 말한다.
1의 2. 공사가 7년 이상 중지된 후 다시 공사를 재개하는 경우.

【문제해결】

1. 주요 논점

내원사, 미타암 및 도롱뇽과 도롱뇽의 친구들이 천성산에 소재하는 전통사찰로서 천성산을 관통하는 터널 인근에 위치하고 있으며 터널 구간 중 일부 토지의 소유권을 보유하는 바, 피 신청인이 이 사건 터널공사를 시행함에 있어 환경영향평가 등에 관한 법령상의 절차를 위반하여 신청인들의 환경이익을 침해하고, 이 사건 환경영향평가서 작성 후 종전에 고려되지 아니하였던 새로운 사정이 발견되어 위 신청인들의 환경이익이 침해될 수 있다고 하여 ① 환경적 이익에 대한 침해의 배제 또는 예방으로서 이 사건 터널의 착공금지(공사착공금지가처분)를 구하고자 하는 것과 ② 이 사건 터널 공사로 인하여 받은 피해의 손실에 대한 구제도 설명하라는 것이다. 여기에서 논점은 ① 도롱뇽과 도롱뇽의 친구들이 소송을 제기할 수 있는 원고적격자가 될 수 있는가 하는 문제, ② 환경권의 개념·성질·효력, ③ 환경영향평가 등에 관한 법령상의 절차의 하자로 인한 위법의 정도, ④ 환경영향평가서 작성 후 종전에 고려되지 아니하였던 새로운 사정이 발견되어 사정변경이 발생하였는데 이러한 사정변경은 어떤 영향을 미치는 것인가 하는 문제, ⑤ 행정쟁송법상의 집행정지 이외에 가처분 신청도 인정되는 것인지 등이 문제된다.

(1) 공사착공금지가처분 신청

① 가처분 인정문제
② 원고적격문제
③ 환경권의 개념·성질·효력문제
④ 환경영향평가 등에 관한 법령상의 절차의 하자문제
⑤ 사정변경문제

(2) 이 사건 터널공사로 인하여 받은 피해의 손실에 대한 구제
① 가처분신청과 손해전보청구권과의 관계
② 피해의 손실에 대한 구제

2. 주요 논점해설
(1) 공사착공금지 가처분신청
① 가처분 인정문제
㉮ 의 의
가처분이란 금전 이외의 특정한 급부를 목적으로 하는 청구권의 집행 보전을 도모하거나 분쟁이 있는 법률관계에 관하여 임시의 지위를 정함을 목적으로 하는 보전처분(가구제 제도)을 말한다. 민사집행법은 계쟁물에 관한 가처분과 다툼이 있는 권리관계에 대하여 임시의 지위를 정하기 위한 가처분을 인정하고 있다(민사집행법 §300~§310). 우리 행정소송법은 명문규정이 없어 집행정지제도 이외에 가처분제도를 인정할 것인지는 논쟁의 여지를 남겨두고 있다.
㉯ 부 정 설
㉠ 법원이 구체적 사건에 대한 법적용의 보장적 기능을 가지므로 처분의 위법여부의 판단은 가능하나 그 판단에 앞서 처분에 대한 가처분을 하는 것은 사법권의 범위를 벗어난다는 점, ㉡ 행정청에 처분을 명한 것과 동일한 법률 상태를 형성하는 가처분 기타 공권력 행사를 직접 제약하는 가처분은 독일처럼 본안소송으로서 의무이행소송이나 예방적 부작위청구소송 등이 인정되어 있음을 전제로 하는데 우리 행정소송법은 이런 소송제도를 인정하고 있지 않다는 점, ㉢ 민사소송에서 인정되고 있는 가처분제도는 행정소송에서는 집행정지제도로 인정되고 있으므로 행정소송법 제23조는 민사집행법에서 인정되고 있는 가처분제도의 특별규정으로 보아 그 근거를 행정소송법 제23조에서 찾는다. 판례도 일관되게 부정설을 취한다(대판1961.11.20, 4292행상2).
㉰ 긍 정 설
㉠ 행정소송법에 인정되고 있는 집행정지제도와 가처분제도는 다르기 때문에 별도로 인정할 필요성이 있다는 점, ㉡ 헌법상 재판을 받을 권리(헌법 §27)는 사법권에 의한 실효성 있는 실질적 권리보호의 보장으로 국민의 권익 확보라는 점에서 실질적 법치주의에 기여한다는 점, ㉢ 행정소송법 제8조 제2항이 그 근거가 되며, ㉣ 우리 행정소송법에는 일본의 행정사건소송법 제44조와 같은 가처분을 배제하는 특별규정도 없다는 점이다.
㉱ 인정필요성(실익)
㉠ 집행정지요건과 가처분(정지)요건을 달리하고 있고(행소법 §23, 민사집행법 §300, §301, §305) 집행정지는 가처분과 다음의 점에서 다르다.
㉡ 집행정지는 본안소송 계속 중에만 가능하나 가처분신청은 본안소송, 전에도 가능한 점,
㉢ 보전조치의 내용이 집행정지라는 소극적인 현상동결에 그치고, 적극적으로 계쟁권리관계에 관한 어떤 임시의 지위를 정하는 내용의 보전조치는 아니며,
㉣ 법원의 직권으로도 가능한 점,
㉤ 집행정지제도는 침익적 행정처분에 대한 보전처분으로서 기능을 수행할 뿐이므로 수익적 행정처분의 부작위거부에 대한 가구제제도로서 기능을 수행하지 못하므로 민사소송법상 가처분 제도를 행정소송에도 준용(인정)할 필요(실익)가 있다.
㉲ 결 의
집행정지의 대상이 되고 있는 영역에서는 민사 집행법상의 가처분이 적용될 여지는 원칙적으로 없다. 그러나 집행정지를 통해서는 실효적인 권리구제가 이루어지지 않는 경우(서울특별시 의회의 의장·부의장의 당선결정을 가처분으로 정지하여 그의 직권행사를 저지한 사례가 있다. 서울고결 1958.9.20, 4191행신60) 당사자에게 회복할 수 없는 손해를 입힐 염려가 있는 경우에는 집행정지의 성질에 반하지 아

니하는 범위 안에서 민사집행법상의 가처분제도를 준용할 수 있다 할 것이다.

참고로 행정소송법 개정안에서는 행정행위 등이 위법하다는 상당한 의심이 있는 경우로서 ㉠ 다툼의 대상에 관하여 현상이 바뀌면 당사자가 권리를 실행하지 못하거나 이를 실행하는 것이 매우 곤란할 염려가 있어 다툼의 대상에 관한 현상을 유지할 필요가 있는 경우(다툼의 대상에 관한 가처분), 또는 ㉡ 다툼이 있는 법률관계에 관하여 당사자의 중대한 불이익을 피하거나 급박한 위험을 막기 위하여 임시의 지위를 정하여야 할 필요가 있는 경우(당사자의 임시의 지위를 정하는 가처분) 가처분을 할 수 있다. 또한 집행정지와 조화를 꾀하기 위하여 집행정지에 의하여 목적을 달성 할 수 있는 경우에는 가처분을 허용할 수 없도록 하였다(행정소송법 개정안 §26). 개정안은 위법한 행정작용으로 인한 국민의 권익침해를 효과적으로 구제하기 위하여 행정상의 임시구제제도로서 현행법의 집행정지 이외에 가처분제도를 도입한 것이다.

② 원고적격문제

㉮ 당사자능력과 당사자적격문제

행정소송의 당사자가 되기 위해서는 먼저 ㉠ 소송의 주체(피고·원고·참가인)가 될 수 있는 능력 또는 자격을 당사자능력이라 한다. 민법 기타 법률에 의하여 권리능력을 가진 자(사람은 생존하는 동안 권리와 의무의 주체가 되다)는 당사자능력을 갖는다(행소법 §8·②, 민소법 §51, 민법§3, §4, §5). 태아와 법인도 일정한 한도에서 당사자능력을 갖는다(민법 §34, §762, §1000·③). 민사소송법은 법인격이 없더라도 대표자 또는 관리인이 정하여져 있어서 대외적으로 하나의 실체로 나타나는 사단 또는 재단(법인격 없는 사단 또는 재단)에 당사자능력을 인정하고 있는데, 행정소송에 있어서도 비법인 사단 또는 재단은 그 대표자 등을 통하여 단체의 이름으로 당사자가 될 수 있다(행소법 §8·②, 민소법 §52). ㉡ 당사자적격문제는 권리능력 및 당사자능력이 있는 것을 전제로 하고, 구체적 소송사건에서 당사자로서 소송을 수행하고 본안판결을 받을 자격을 당사자적격이라 한다. 소송 당사자에는 원고와 피고가 있는데 특히 원고적격이란 소송을 구할 수 있는 자격을 말한다. 당사자적격이 있는 자를 "정당한 당사자"라 부른다.

㉯ 사안의 경우(신청인 도롱뇽의 당사자능력에 관하여)

소송을 제기하거나 가처분신청을 하기위해서는 먼저 당사자능력을 가져야 하는데 당사자 능력은 권리능력을 가진 자이어야 한다. 권리 능력자는 사람(자연인과 법인) 및 비법인 사단 또는 재단이다. 그러므로 도롱뇽은 당사자능력을 인정받을 수 없다. 대법원도 「원심결정 이유를 기록에 비추어 살펴보면, 원심이, 도롱뇽은 천성산 일원에 서식하고 있는 도롱뇽목 도롱뇽과에 속하는 양서류로서 자연물인 도롱뇽 또는 그를 포함한 자연 그 자체로는 이 사건을 수행할 당사자 능력을 인정할 수 없다고 판단한 것은 정당하고, 위 신청인의 당사자능력에 관한 법리오해 등의 위법이 없다」 고 판시하고 있다(대판 2006.6.2, 2004마1148). 그런데 피 신청인은 한국철도시설공단법(현 한국철도공사법)에 의하여 설립된 특수법인으로서 법률상 국가로부터 독립된 지위를 갖지만, 국가의 기간산업인 고속철도의 건설과 관리를 목적으로 설립되어(§1), 고속철도 건설 사업을 행하고(§7), 이사장을 비롯한 상임 임원의 임면을 국토해양부장관이 관장하고(§9), 업무에 관하여 국토해양부장관의 지도·감독을 받고(§35), 공단의 임원은 뇌물죄 등 벌칙적용에서 공무원으로 간주되고(§38), 그 운영자금은 주로 정부의 출연에 의하며(§17), 피 신청인이 건설한 고속철도 및 관련시설 기타 일체의 자산은 국가에 귀속된다(§24·①). 소송피수계인인 한국고속철도건설공단을 규율한 구 한국고속철도건설공단법(2003.7.29. 법률 제6956호로 개정되기 전의 것)의 관련규정도 유사하였다(이래에서는 피신청인과 한국고속철도건설공단을 구분하지 않고 피신청인이라고만 한다). 따라서 피 신청인은 법률상으로는 건설교통부장관의 고속철도건설사업 실시계획승인처분에 기하여 고속철도사업을 시행하지만, 내부기관의 구성, 재정의 유지 등의 실질에서 볼 때 그 설립목적 행위로서 대규모 국책사업인 고속철도 건설 사업을 시행함에 있어서는 국가기관과 마찬가지의 기능을 수행한다고 할 수 있다(대판 2006.6.2, 2004마1148).

③ 환경권의 개념·성질·효력문제

전술하였음. [사례1] 해설참조

④ 환경영향평가 등에 관한 법령상의 절차의 하자문제

㉮ 환경영향평가를 시행함에 있어서 승인기관의 장이 평가서협의기관장과의 협의를 거치지 아니하고 사업에 대한 승인을 하는 경우에는 당해 승인처분은 절차상 하자로 위법한 처분이 된다. 한편, 승인기관의 장이 평가서

협의기관장의 협의를 거쳤으나 협의 내용을 사업계획에 반영시킴이 없이 승인을 한 경우 승인처분의 위법성 여부에 대하여, 판례는 입법취지를 달성할 수 없을 정도로 심히 부실하다는 등의 특별한 사정이 없는 한, 승인기관의 장의 협의를 거친 이상 그 의견에 반하는 처분을 하였다고 하여 그 처분이 위법하다고 할 수 없다고 한다(대판 2001.7.27, 99두2970).

㉯ 환경영향평가가 부실하게 됨으로써(내용상 부실) 승인기관이 사업계획승인 여부의 판단에 있어 중요한 고려사항을 고려하지 못하게 되는 경우에는 당해 환경영향평가의 부실은 사업계획승인처분의 위법사유가 되는 환경영향평가의 실체상 하자가 된다고 보아야 할 것이다.

㉰ 환경영향평가는 행해졌지만 절차에 하자가 있거나 의견수렴이 부실하였던 경우 등 절차상 하자가 경미한 경우에는 사업계획승인처분은 취소사유가 되지는 않지만, 절차상 하자가 중요한 경우에 한하여 사업계획승인처분은 독립한 취소사유가 된다고 보아야 한다.

㉱ 환경부장관의 협의 절차를 거쳐야 하는 경우 협의는 했지만, 환경부장관의 반대에도 불구하고 사업계획을 승인한 경우에는 그 환경영향평가서의 내용이 환경영향평가 제도를 둔 입법취지를 달성할 수 없을 정도로 심히 부실하다는 등의 특별한 사유가 없는 한, 당해 처분이 위법하게 되지는 않는다(대판 2001.7.27, 99두2970).

㉲ 환경저감방안을 전혀 행하지 않은 환경영향평가는 부적절한 것으로 위법이며 취소사유가 된다고 보아야 한다. 환경오염저감방안을 나열할 뿐이며 환경오염저감방안을 전혀 설명하고 있지 않은 경우, 환경오염저감방안이 심히 모호한 경우, 환경오염저감방안이 기초한 정보가 부적절하거나 부실한 경우에도 환경오염저감방안은 부적절한 것으로 취소사유가 된다고 보아야 한다.

㉳ 사안의 경우: 사업자는 환경영향평가서 협의내용을 통보받은 후 7년 이내에 공사에 착공하지 아니하는 경우 환경영향평가서를 재작성하여 재협의 절차를 이행하여야 하고(구 환경영향평가법 : 1997. 12. 13. 법률 제5453호로 개정되기 전의 것. §21·① 동법시행령 : 1997. 12. 31. 대통령령 제15598호로 개정되기 전의 것. §13·①, 부칙 §3, 환경·교통·재해 등에 관한 영향평가법 §23·①, 동법시행령 §23, 부칙 §6에 의하여 이 사건에 대하여는 7년의 기간이 적용된다) 환경부장관은 평가서의 협의 당시 예측하지 못한 환경영향이 당해 사업의 착공 후 발생하여 주변 환경에 중대한 영향을 미치는 것으로 인정되어 사업자의 조치 등으로는 저감대책을 수립하기 곤란한 사업에 대하여는 한국환경정책평가 연구원의 장에게 재평가를 요청할 수 있다(환경·교통·재해 등에 관한 영향평가법 §32·① 이하 "통합영향평가법"이라 한다. 현행 환경영향평가법 §29·①). 기록에 의하면, 피 신청인은 1992년 4월 구 환경정책기본법(1993.6.11 법률 제4567호로 개정되기 전의 것) 제26조에 의거하여 환경영향평가서를 작성하고(통합영향평가법 §5, 현행환경영향평가법 §13) 1993년 6월 11일 법률 제4567호로 환경영향평가법이 제정되자 1993년 9월 위 법에 따라 환경처장관에게 협의를 요청하여 1994년 11월 2일 협의 내용을 통보받았으며 그로부터 7년이 경과하기 이전인 2000년 12월 환경영향평가 대상사업으로서 부산역사 증축공사를 착공한 사실이 인정되므로, 피 신청인이 환경영향평가서의 재작성, 재협의 절차를 이행하여야 할 절차적 의무를 위반했다고 보기는 어렵다. 그리고 환경부장관이 통합영향평가법 제32조 제1항에 의한 재평가 요청의 권한을 행사하지 아니하였다고 하여 곧바로 그 대상사업의 시행절차가 위법해진다거나 위 신청인들의 환경이익이 침해된다고 볼 수 없다. 또한 위 신청인들이 주장하는 것처럼 이 사건 터널공사의 시행에 있어 습지보전법 제13조 제5항에 의한 환경부장관의 승인 기타 전통사찰보존법·자연공원법 소정의 협의 절차가 필요하다고 볼 수도 없다고 판시하고 있다(대판 2006.6.2, 2004마1148).

⑤ 사정변경문제

㉮ 사정변경의 원칙

이는 법률행위의 성립에 있어서 그 기초가 된 사정이 그 후에 당사자가 예견하지 못한 또는 예견할 수 없었던 중대한 변경을 받게 되어, 당초에 정하여진 행위의 효과를 그대로 유지하거나 강제한다면 대단히 부당한 결과가 생기는 경우에는 당사자는 그러한 행위의 효과를 신의원칙에 맞도록 적당히 변경할 것을 상대방에게 청구하거나 또는 계약을 해제·해지할 수 있는 원칙이다. 우리 민법에서는 이 원칙을 직접 규정하는 일반규정이 없으나 개별적으로 산재하고 있다(민법 §286, §557, §627, §628, §661, §689 등).

그런데 행정법관계에서도 사정변경의 원칙을 인정할 것인지가 문제될 수 있으나, 특별규정이 없는 한 원칙적으로 행정법관계에도 사정변경의 원칙을 적용함이 타당하다고 하겠다.

㉯ 사안의 경우

판례도 사정변경의 원칙이 적용됨을 전제로 하여 설명하고 있다.

이 사건 환경영향평가서 작성 후 종전에 고려되지 아니하였던 새로운 사정이 발견(사정변경)되어 위 신청인들의 환경이익이 침해될 수 있다는 개연성이 나타나고 종전 환경영향평가만으로는 그 개연성에 관한 우려를 해소하기에 충분하지 못하게 되었는지를 살펴본다.

기록에 의하면, 이 사건 터널이 포함된 고속철도 기본노선은 1990년 6월 확정되었고 피 신청인은 1992년 4월 환경영향평가서를 작성하여 1994년 11월 2일 협의 절차를 마쳤는데, 위 환경영향평가서는 환경부 고시인 '환경영향평가서 작성 등에 관한 규정'에 의거하여 사업대상 지역의 장축길이 2배 면적에 해당하는 구역을 조사하여 작성된 탓으로 그 구역 내에는 특별히 보호를 요하는 동·식물이 존재하지 않는다고 기술되었으나 그 구역을 넘어서 널리 천성산 일원에는 보호대상 동·식물이 살고 있는 사실, 환경영향평가서 작성 후 터널건설 예정지 밑에 법기단층을 비롯하여 종래 알지 못하였던 단층들이 확인됨과 아울러 위 단층들이 활성단층이라는 의견이 학계에서 제기된 사실, 또한 1998년 12월 31일 이 사건 터널에서 900m 떨어진 곳에 있는 무지체늪이 구 자연환경보전법(1999.2.8. 법률 제5876호로 개정되기 전의 것) 제18조 제2항 제2호, 법시행령(1999.3.26. 대통령령 제16201호로 개정되기 전의 것) 제20조 제4호에 의하여 자연생태계특별보호구역으로 지정되었고(1999. 2. 8. 법률 제5866호로 제정된 습지보전법 부칙 제2조 제1항에 의하여 위 구역은 습지보전법상의 습지보호구역으로 간주된다), 2002년 2월 1일 이 사건 터널에서 2,700m 떨어진 곳에 있는 화엄늪이 습지보전법 제18조 제1항에 의하여 습지보호구역으로 지정되었고, 천성산에는 그 외에도 보호가치가 높은 습지들이 존재하는 사실 등을 인정할 수 있다. 이와 같이 피신청인이 환경영향평가서의 작성·협의를 거쳤으나, 이 사건 터널이 통과하는 천성산에는 위 환경영향평가서에서 기술된 보호대상 동·식물들보다 많은 종류의 동·식물들이 있고 보호가치가 높은 습지들이 다수 분포되어 있었는데 위 환경영향평가서에는 이점이 반영되지 아니하였고, 더욱이 이 사건 터널 공사구간만을 놓고 보면 환경영향평가에 관한 협의를 마친 때로부터 7년이 지나도록 공사가 착공되지 아니하여 그동안 일부 습지는 습지보호구역으로 지정되기까지 하였으며 공사구간 내에는 종래 알지 못하였던 단층이 발견되는 등 환경요인이 변경(사정변경)되었으므로 위 환경영향평가서 만으로는 이 사건 터널공사로 인하여 천성산의 보호대상 동·식물, 습지, 단층 등 환경요인에 미칠 수 있는 영향 및 피해의 정도와 이로 인하여 신청인의 환경이익이 침해 될 수 있는 개연성에 관한 우려를 해소할 수 있는 자료로 삼기에 부족하다고 할 수 있다.

그러나 다른 한편, 기록에 의하면, 불교계와 환경단체 등이 위의 사정변경 및 이 사건 터널의 안정성 등을 문제삼아 이 사건 터널공사를 반대하고 나서자, 피신청인은 위 환경영향평가 이후의 사정변경 등을 종합적으로 고려하여 이 사건 터널이 환경에 미치는 영향을 다시 평가해보기 위하여 2002년 6월 사단법인 대한지질공학회에 이 사건 터널이 통과하는 천성산 일원에 대하여 자연변화 정밀조사를 의뢰하였고 이 사건 제1심 계속 중이던 2003년 12월 이 사건 터널이 천성산의 환경 및 생태계의 별다른 영향을 미치지 않는다는 내용의 조사결과가 나온 사실, 그리고 환경부는 원심계속중인 2004년 10월 위 보고서 내용의 전문가들에게 그 검토를 의뢰하였는데, 검토자들은 위 보고서가 적절한 절차와 방법을 통하여 작성되었으며 이 사건 터널 공사가 천성산의 환경에 별다른 영향을 미치지 않는다는 검토의견을 밝힌 사실, 또한 피신청인과 환경단체 등의 합의하에 2003년 5월 국무총리 산하 '대안노선 및 기존노선 재검토위원회'가 구성되어 약 2개월 동안의 검토 끝에 이 사건 터널을 통과하는 기존의 노선을 유지 하는 것이 타당하다는 보고서가 제출된 사실, 이 사건 터널은 무제치늪 및 화엄 늪과는 상당한 수평거리 내지는 수직거리를 둔 지점을 지나게 되어 있고 위의 조사결과는 위 습지들이 모두 강수에 의하여 수량이 유지되며 습지와 하부암반 사이에 불투수층이 존재하여 이 사건 터널건설로 인하여 습지의 수위 또는 수량에 증감을 가져올 가능성이 적다고 하는 내용을 담고 있으며, 피신청인은 이 사건 터널의 원안설계 단계를 거쳐 대안설계 단계에 이르러서 그 동안 문제가 제기 되었던 새로 발견된 단층대 등의 지질적 특성을 파악하여 이를 설계 및 공법에 반영하기도 한 사실을 인정할 수 있다.

그렇다면 위 신청인들의 주장과 같이 여전히 활성단층과 관련하여 공사의 안전성 및 지하수 유출 가능성, 무제치늪과 화엄늪 기타 천성산 일원의 여러 습지들 보호 등의 문제가 제기될 수 있으나, 피신청인은 위 신청인들이 주장하는 바와 같은 환경침해에 관한 우려를 해소하기 위하여 비록 법령상의 환경영향평가 절차는 아니지만 사단법인 대한지질공학회에 의뢰하여 자연변화 정밀조사를 실시하였고, 그 조사결과 및 환경부의 의뢰로 이루어진 한국환경정책평가 연구원 등의 검토의견에 의하면 이 사건 터널공사가 천성산의 환경에 별다른 영향을 미치지 않는 것으로 조사된 사정 등을 모두 종합하여 보면, 현재로서는 이 사건 터널공사로 인하여 위 신청인들의 환경이익이 침해될 수 있는 개연성에 관한 소명이 부족하다고 인정된다.

그러므로 위 신청인들의 이 부분 신청을 기각한 원심의 조치는 결과적으로 정당하고 통합영향평가법 등 관련 법령들의 해석 및 환경이익의 침해에 관한 법리를 오해하여 원심결정에 영향을 미친 위법은 없다. 그러므로 재항고를 모두 기각하고, 재항고 비용은 신청인 내원사, 미타암, 도롱뇽의 친구들이 부담하도록 하여 대법관의 일치된 의견으로 주문과 같이 결정한다(대판 2006.6.2. 2004마1148. 2004마11489(병합)).

(2) 이 사건 터널공사로 인하여 받은 피해의 손실에 대한 구제

① 가처분신청과 손해전보청구권과의 관계

㉮ 가처분의 성질 등

가처분은 특정 급부를 목적으로 하는 청구권의 집행을 보전하기 위하여 또는 분쟁이 있는 법률관계에 임시의 지위를 정하기 위하여 임시적·잠정적인 보전처분(임시적 구제제도)이다. 따라서 가처분의 결정의 효력은 본안소송(행정소송이나 손실보상 및 손해배상청구)의 본안판결의 주문에서 정하는 바가 없는 때에는 본안소송에 판결이 확정될 때까지 효력이 존속하며, 본안소송제기나 진행여부는 별개이다. 그러므로 법정요건을 구비하고 있는 한 손해전보를 청구하는 것은 당연하다. 다만, 공사착공금지가처분신청에서 살펴본 바와 같이 실체법상으로나 절차법으로나 위법한 행정작용이 아니라 적법한 행정작용으로 결론이 도출되고 있으므로 손해배상이 아닌 손실보상청구권 문제로 보아야 할 것이다.

② 피해의 손실에 대한 구제(손실보상 청구권문제)

㉮ 환경영향평가 대상지역 안·밖의 주민들의 손실피해에 대한 손실보상문제

㉠ 이에 관한 손실보상의 이론적 근거와 실정법상의 근거 등 상세설명은 "[사례1] (4) 환경영향평가 대상지역 안·밖의 주민들의 손실피해에 대한 손실보상문제"를 참조할 것

㉡ 개별법상 보상규정이 있는 경우

자연환경보전법(§19, §53), 습지보전법(§20, §20의 2), 대기환경보전법(§5), 토양환경보전법(§7, §9, §10의3), 환경정책기본법(§30, §31) 등이 있다.

특히 환경오염의 피해에 대한 무과실책임(환경정책기본법 §31), 토양오염의 피해에 대한 무과실책임(토양환경오염법 §10의 3)을 규정하고 있다.

㉢ 개별법상 보상규정이 없는 경우

개별법 상에서 보상규정이 없는 경우에는 재산권 보장의 원칙과 공적부담 앞의 평등의 원칙이 손실보상의 직접적인 법적근거가 될 수 있다고 보고, 당해 재산권 제한이 객관적으로 현실화 되어있는 재산 가치를 현저히 손상하거나 사적개발 효과를 본질적으로 저해하거나 공용제한의 결과 상대방에게 특별한 희생이 발생한 경우인 때 등에는 손실보상을 요한다 할 것이다(헌재결 1999.10.21, 97헌바26).

㉯ 사안의 경우

사례에서 ㉠ 도롱뇽과 도롱뇽의 친구들은 원고가 될 수 있는 당사자능력과 당사자적격을 갖지 못한다. ㉡ 내원사와 미타암은 천성산에 소재하는 전통사찰로서 천성산을 관통하는 길이 13.5㎞의 원효터널이 통과하는 인근에 위치하고 있으며 터널공사 구간 중 일부 토지의 소유권을 보유하고 있는 바, 이들 신청인들은 환경적 이익에 대한 침해와 재산권에 대한 침해가 있는 경우에는 손실보상청구가 가능할 수 있을 것이다. 특히 환경오염 및 토양오염의 피해에 대하여는 무과실책임을 인정하고 있다(환경정책기본법 §31, 토양환경오염법 §10의 3).

제6장 부동산행정법

【기출문제】 <1988년 (제36회) 행정고시 (약술형)> ※ 토지매매에 있어서 공법적 제한
<2005년 (제47회) 사법시험 (사례형)> ※ 건축허가의 법적성질

제1절 개 설

I. 개 념

1. 부동산행정법의 필요성

부동산이란 「토지와 그의 정착물을 말한다」(민법 §99·①). 토지란 일정범위의 지면에 정당한 이익이 있는 범위 내에서의 상·하, 즉 공중과 지하를 포함한다(민법 §212). 토지의 정착물이란 토지에 고정적으로 부착되어 용이하게 이동될 수 없는 물건으로서, 예를 들면 건물·수목·교량·돌담·도로의 포장 등을 말한다.

우리가 살아가는 영원한 삶의 터전인 땅은 자연적인 면에서 여러 가지의 특성을 갖는다. 토지는 자손만대에 영속적으로 사용되어야 한다는 항구성, 자연적으로 증가되는 것도 아니라는 불증성, 다른 물건으로 대체가 가능한 것도 아닌 비대체성, 이동이 가능한 것도 아닌 불이동성이라는 특성을 갖는다. 이러한 자연의 성질을 갖는 토지는 국가의 한 구성부분이자 동시에 사인의 소유의 대상이 되기도 하는 바, 토지의 보전·이용·관리·개발은 국가와 사회 그리고 개인의 공동의 과제이며 책임이다. 더욱이 삶의 근원인 토지는 한정되어 있으나 인구의 증가로 인하여 토지에 대한 수요와 공급의 균형을 유지할 수 없는 상황에서 토지질서를 유지한다는 것은 오늘날 국가의 중요한 의무 중의 하나이다. 사실 토지질서의 혼란은 국민의 삶의 기반에 중대한 타격을 가할 수도 있는 것이므로 토지에 대한 국가의 개입은 불가피하게 되었다. 여기에 토지에 대한 공법적 규율, 즉 부동산행정법의 필요성이 나타난다.

2. 부동산행정법의 의의 및 영역

국민 모두의 생산 및 생활의 기반이 되는 국토는 국가의 보호를 받고 국토의 효율적이고 균형있는 개발·계획·이용·규제·보전을 위하여 토지의 종합적 계획과 개별적 규제(제한과 의무)작용을 대상으로 하는 행정작용을 토지행정작용이라 하고 이에 관한 법체계를 토지행정법이라 한다(헌법 §120·②, §122). 토지행정법이라는 용어 이외에 국토개발정비행정법, 생활공간규제행정법,

지역개발행정법 등의 용어로 사용되고 있다. 국토개발이라는 단어는 과거와는 달리 지금은 보존에도 상당한 비중을 두어야 한다는 점이 간과되어 있고, 생활공간이라는 단어는 토지와 분리되어 형성될 수 있는 것도 아닐 뿐만 아니라 환경의 개념과 혼동할 염려도 있고, 지역이라는 단어는 특정지역에 국한되는 용어라는 점에서 포괄적이지 못하므로, 본서에서는 토지행정법 외에 주택 등 건축물까지 포함하므로 부동산행정법으로 사용하기로 한다.

Ⅱ. 부동산행정법의 특징 및 토지공개념

1. 특 징

삶의 터전이고 생산의 기초가 되어야 할 부동산이 투기의 대상으로 되면 토지의 공공적 성격을 상실하게 되므로 토지는 결코 재산증식의 도구로만 사용될 수 없는 것이다.

부동산행정법은 산업혁명의 결과 초래된, 급격한 공업화·도시화로 인하여 대도시의 슬럼화, 도·농간의 지역차, 개발과 보존간의 갈등, 지역간의 불균형 등의 문제가 심각하게 대두됨에 따라 이를 해결하기 위한 수단으로 등장한 것이며, 따라서 ① 종합성, ② 계획성, ③ 균형성, ④ 장기성, ⑤ 행정수단의 다양성, ⑥ 공·사익간 또는 사익 상호간의 이해대립성을 그 특색으로 한다.

2. 토지공개념

(1) 문제의 제기

토지공개념의 의미는 논자에 따라 상이하게 파악·사용하고 있으며, 토지공개념이라는 용어는 학문상으로나 실정법상으로도 정립된 것이 아닌데, 행정실무와 언론에서 사용하고 있는 것이 현실이다. 토지공개념이란 용어는 1977년 8월 3일 당시의 건설부장관이 한국경제인연합회에서 "우리나라와 같이 좁은 땅덩어리 안에서 토지의 절대적 사유물이란 존재하기 어려우며, 주택용토지, 일반농민의 농경지를 제외한 토지에 대해서는 공개념의 도입이 필요하다"라는 발언을 계기로 국민적 관심의 대상이 되었다.

그러나 사유재산제도를 보장하고 있는 현행 헌법하에서 재산권, 특히 토지소유권에 대한 공개념의 도입이 허용될 수 있는 것이냐 라는 점이 크게 문제로 부각되면서 긍정적 견해와 부정적견해가 첨예하게 대립되었다.

1) 공개념 부정설

공개념 부정론에서는 그것을 국유화 내지 공유화 또는 토지소유상한제나 토지소유권의 2원화제도를 의미하는 것으로 속단하여, 토지공개념에 의한 토지소유권의 제한을 ㉮ 사회주의체제로의 접근을 의미하는 참으로 위험한 발상이라고 주장하는 견해,[220] ㉯ 다분히 초기 사회주의적 이데올로기에 의해서 오염된 초헌법적 사고의 결과로 본다고 주장하는 견해[221]가 있다.

2) 공개념 긍정설

공개념 긍정설에서는 그것을 국유화 또는 공유화를 의미하는 것으로 보지 않고 또한 토지소유권 을 유명무실하게 만드는 것도 허용되지 않으면서, 토지재산권이 지닌 특수성 및 사회적 문제를 극복하기 위하여 국토의 효율적 이용과 계획적 관리라는 차원에서, 소유를 위한 토지소유로부터 「이용하기 위한 토지소유」로의 토지재산권에 대한 관념의 변천을 그 이론적 기초로 하면서, 토지소유권에 있어서의 소유와 이용의 분리를 전제로 하여 토지소유권보다 이용권을 중심으로 하여 소유와 이용을 분리하여 규제할 수 있으며, 소유권의 기능을 사용권·수익권·처분권 등으로 구분하여 각 「기능에 대한 공법적 규제」가 허용되는 것으로 본다. 신정·목동지역의 개발에서 보듯이 공영개발에 의한 토지개발권의 공유화는 긍정적으로 본다. 「토지란 단순한 상품이 아니라 인간의 생활과 생산활동을 위한 불가결한 기반을 의미하는 것이다. 따라서 그것이 농지이든, 주택이든 그 토지가 지니는 기능·적성·위치 등에 따라 공공복리를 위하여 가장 값지게 이용되어야 하며, 가장 효율적으로 이용되기 위하여 적정한 규제가 가해지지 않으면 아니됨을 의미한다[222]」는 것이다.

토지재산권은 법 이전의 천부적인 권리가 아니라, 그 내용 자체가 법률의 산물이며, 그 한계 또는 법률에 의하여 내재적으로 규정되어진다고 하는 사회적 제약 내지 의무성은 토지재산권 자체의 본질 내지 속성이기 때문에 한정된 국토의 효율적·계획적 이용을 위한 공권적 개입은 불가피한 것이며,[223] 토지재산권의 철학면에서도 「이용하기 위한 토지소유」에로 소유권의 관념을 전환시켜야 한다고 한다.

토지의 국유화나 공유화를 의미하는 것은 아니지만, 헌법 제23조와 제119조 등을 감안하면 적정한 보상을 전제로 하는 공공복리를 위한 법률에 의한 토지공유화 내지 국유화도 이론상으로는 적어도 불가능한 것은 아니라는 점을 긍정적으로 시사하기도 한다.[224]

토지소유권 그 자체가 아니라 토지이용권이며, 토지이용권 중심의 법체계의 정립을 위한 전제로서 토지공개념을 주장하고, 이 경우 이용권은 자본주의사회 자체가 갖는 제약때문에 원활한 토지공급을 할 수 없어서 사유지에 대한 제약의 하나로서 나오는 것이며, 이는 사회적 관점에서 보면 자본주의가 살아남기 위한 자기과정이며 자본주의를 부정하는 것이 아님은 물론 사회주의국가가 되는 것도 아니라고 본다.[225]

---

220) 조규창, 월간고시, 1989. 8, 50쪽.
221) 허영, 월간고시, 1989. 8, 187쪽.
222) 서원우, 토지소유제도와 이용·개발권의 재정립, 토지정책에 관한 토론회(주최 : 국토개발연구원, 1984. 2. 9)의 회의자료, 11쪽.
223) 서원우, 토지공개념의 논리와 현실, 신동아, 1983. 6, 236쪽.
224) 서원우, 전게논문, 241쪽.
225) 김철용, 토지소유권과 공공복리(세미나 보고서)(주최 : 한국행정과학연구소, 1977. 12), 소수, 130쪽.

(2) 토지공개념의 의의

토지공개념은 토지가 지니는 기능·적성·위치 등에 따라 공공복리를 위하여 가장 값지고 효율적 이용을 도모하기 위한 공권적 규제를 의미하며, 토지소유권을 사용·수익·처분권 등으로 구분하여 그 권능에 상응하는 규제를 그 내용으로 한다.[226)]

(3) 법적 근거

① 헌법 제23조 제2항은「재산권의 행사는 공공복리에 적합하도록 하여야 한다」라고 규정하고 있다. 토지공개념은 토지가 지니는 기능·적성·위치에 따라 공공복리를 위하여 가장 값지고 효율적 이용을 위한 공권적 규제를 의미한다. 따라서 토지소유권을 사용·수익·처분의 기능으로 구분하여 그 기능에 상응하는 규제를 내용으로 하고 있다.

② 헌법 제23조 제1항 2문은 재산권은 보장하되「그 내용과 한계는 법률로 정한다」고 규정하고 있다. 이를 구체화한 법률이「국토의 계획 및 이용에 관한 법률」이 있다.

③ 헌법 제120조 제2항, 제121조, 제122조를 들 수 있고, 관련조항으로는 헌법 제119조 제2항, 즉 사회복지국가 원리와 사회적 시장경제질서에 관한 규정을 들 수 있다(헌법 제121조~제126조).

(4) 토지공개념의 한계

① 한 계 : 우리나라 헌법 제23조 제1항 1문은「모든 국민의 재산권은 보장된다」, 제3항은「공공필요에 의한 재산권의 수용·사용 또는 제한 및 그에 대한 보상은 법률로써 하되, 정당한 보상을 지급하여야 한다」, 제37조 제2항은「국민의 모든 자유와 권리는 국가안전보장·질서유지 또는 공공복리를 위하여 필요한 경우에 한하여 법률로써 제한할 수 있으며, 제한하는 경우에도 자유와 권리의 본질적인 내용을 침해할 수 없다」고 규정하고 있다.

따라서 사유재산제도를 부정한다거나 모든 생산수단의 소유권을 원칙적으로 부인하는 소유권제도는 위헌이며, 또한 재산권가치의 보상이 없는 사유재산권의 제한은「재산권의 본질적 내용」을 침해하는 것이기 때문에 허용될 수 없다.

② 우리나라의 과거 현행제도 : 종래 우리나라도 집값과 땅값이 급등해 전국적으로 부동산 투기붐이 일어나자 정부가 토지공개념을 적용한 국토이용관리법·토지초과이득세법, 택지소유상환에관한법률 등 제도하에서 토지거래계약허가제, 유휴지제도, 개발이익환수제, 토지초과이득세, 택지소유상환제, 초과소유부담금 등 토지의 소유·거래·세금과 관련된 정책을 내놓고 시행한 바 있다. 그러나 토지공개념은 부동산시장 사정에 의해 정부 스스로 시행중에 폐지하거나, 국민의 재산권침해라는 주장 때문에 시행도 하지 못하거나 시행중에 위헌 결정 등으로 폐지된 것도 있다.

226) 석종현, 신토지공법론, 80쪽, 경진사, 1994. 4.

【헌재결】 **〈토지재산권의 공공성, 사회적 의무성**(국토행부 장관은 도시계획으로 개발제한구역으로 지정할 수 있고 개발제한구역 안에서는 구역지정의 목적에 위배되는 건축물의 건축 공작물의 설치·토지의 형질변경, 토지면적의 분할, 토지계획사업의 시행을 할 수 없다고 규정한 구 도시계획법 제21조에 대한 위헌소원) 토지는 원칙적으로 생산이나 대체가 불가능하여 공급이 제한되어 있고, 우리나라의 가용토지면적은 인구에 비하여 절대적으로 부족한 반면에, 모든 국민이 생산 및 생활의 기반으로서 토지의 합리적인 이용에 의존하고 있으므로, 그 사회적 기능에 있어서나 국민경제의 측면에서 다른 재산권과 같게 다룰 수 있는 성질의 것이 아니므로 **공동체의 이익이 보다 강하게 관철**되어야 한다(헌재결 1998.12.24. 89헌마214, 90헌바16, 97헌바78(병합): 1989.12.22. 88헌가13).

【헌재결】 **〈개발제한구역의지정및관리에관한특별조치법 제11조 제1항 등 위헌소헌〉** 헌법상의 재산권은 토지소유자가 이용가능한 모든 용도로 토지를 최대한 사용할 권리나 가장 경제적 또는 효율적으로 사용할 수 있는 권리를 보장하는 것을 의미하지는 않는다. 토지의 개발이나 건축은 합헌적 법률로 정한 재산권의 내용과 한계 내에서만 가능할 것일 뿐만 아니라 **토지재산권의 강한 사회성 내지는 공공성**으로 말미암아 이에 대하여는 다른 재산권에 비하여 보다 강한 제한과 의무가 부과될 수 있다. 다만 이 경우에도 과잉금지의 원칙을 준수해야 한다.

개발제한구역 내의 토지소유자에게 종래 상태에 따른 토지의 이용을 보장하면서 단지 개발행위만을 금지하는 것은 토지소유자가 수인해야 하는 사회적 제약의 범위에 속한다. 따라서 개발제한구역의 구역지정 후 토지를 종래의 목적으로 사용할 수 있는 경우에 있어서 개발제한구역의 지정으로 인한 토지재산권의 제한은 재산권에 내재하는 사회적 제약의 범위 내의 것이라 할 것이다.

그러나 이 사건 특조법 조항은 개발제한구역 내에서 허용되는 행위를 규정함으로써 토지재산권의 내용을 직접적으로 제한하고 있을 뿐 직업 선택의 자유를 제한하는 내용을 담고 있지 않다. 비록 개발제한구역 내 토지의 이용방법을 제한함으로 인하여 개발제한구역 내에 거주하는 주민들이 토지를 이용하여 영위할 수 있는 직업이 제한된다고 하더라도 이는 토지재산권의 제한에 따른 간접적인 효과 내지 반사적 불이익에 지나지 않는다.

나아가 가사 이 사건 특조법 조항에 의해 청구인들의 직업선택의 자유가 제한된다고 하더라도 위에서 살펴본 바와 같이 위 조항은 목적의 정당성, 수단의 적정성, 피해의 최소성, 법익의 균형성을 갖추고 있으므로 비례의 원칙에 위반하여 청구인들의 직업선택의 자유를 침해하는 것으로 볼 수 없다(헌재결 2001헌바80·84·102·103, 2002헌바26(병합)).

Ⅲ. 부동산행정법의 법원(법적근거)

1. 헌법적 근거

헌법 제120조 제2항은 「국토와 자원은 국가의 보호를 받으며, 국가는 그 균형 있는 개발과 이용을 위하여 필요한 계획을 수립한다」, 제122조는 「국가는 국민 모두의 생산 및 생활의 기반이 되는 국토의 효율적이고 균형있는 이용·개발과 보전을 위하여 법률이 정하는 바에 의하여 그에 관한 필요한 제한과 의무를 과할 수 있다」, 제23조 제2항은 「공공필요에 의한 재산권의 수용·사용 또는 제한 및 그에 대한 보상은 법률로써 하되, 정당한 보상을 지급하여야 한다」고 규정하고 헌법적 근거규정을 두고 있다.

2. 법률적 근거

법률적 근거로는 (1) 국토의 계획·이용·관리(규제)와 관련하여 국토기본법, 국토의 계획 및 이용에 관한 법률, 수도권정비계획법, 토지이용규제기본법, 국유림의 경령 및 관리에 관한 법률, 국가균형발전특별법, 산림기본법, 산림보호법, 산림자원의조성및관리에관한법률, 산지관리법, 부동산가격공시 및 감정평가에 관한 법률, 자연공원법, 도시공원 및 녹지 등에 관한 법률, 농지법 등이 있다.

(2) 국토의 개발과 정비에 관련하여 도시개발법, 도시 및 주거환경정비법, 도시재정비촉진을 위한 특별법, 택지개발촉진법, 개발이익환수에 관한 법률, 개발제한구역의 지정 및 관리에 관한 특별조치법, 도서개발촉진법, 농어촌정비법, 물류시설의개발및운영에관한법률(구.유통단지개발촉진법), 유통산업발전법, 산업입지 및 개발에 관한 법률, 지역균형개발 및 지방중소기업육성에 관한 법률, 제주특별자치도 설치 및 국제자유도시 조성을 위한 특별법 등이 있다. 부동산개발은 통상 물리적 현상변경을 의미하며, 토지를 구획·분합하고 형질을 변경하며 건축이 가능한 토지로 변경하는 행위를 말한다. 토지개발은 국토환경변화는 물론 사회·경제적으로 많은 영향을 미치므로 정부가 개입하는 것이 보통이다. 정부의 개입은 토지수급의 조절, 토지의 계획적 개발, 토지이용의 효율화, 개발이익배분의 사회적 형평성 도모 등을 위해 필수불가결하다. 그러나 정부의 개입은 토지개발을 둘러싸고 토지소유자와 많은 갈등을 낳고 있다. 토지소유자는 소유권을 유지하면서 건축적 토지이용을 추구하고, 정부는 국토의 보전과 계획적 개발을 위해 규제하기 때문이다. 이에 따라 개발 가능성을 둘러싸고 개인사업자간의 문제가 종종 발생하기도 한다. 토지는 토지가 지니고 있는 적성을 최대한 발휘하여 효율적으로 이용하기 위해서는 개발이 필요하다. 개발사업은 개발행위를 통해 건축용지로 전환하는 사업을 말한다.

이와 같은 의미를 갖는 개발 사업은 토지의 용도에 따라 토지개발, 공장용지개발, 관광지개발, 유통단지개발, 온천개발, 위탁시설개발, 농지개량, 공유수면 매립 등으로 구분할 수 있다.

그리고 개발사업은 목적에 따라 공공시설의 설치사업(도로, 철로, 항만, 지하철 등)을 비롯하여 자원개발 및 환경보전을 위한 사업(댐건설·공업용수 및 생활용수공급시설, 에너지자원개발, 간척·매립, 농지개량, 산림자원개발 등), 생활환경정비를 위한 사업(택지개발, 주택건설, 상·하수도 건설, 생활서비스시설의 설치, 휴양·위탁시설의 설치 등), 개발촉진지구의 개발과 복합단지개발 등 많은 분야의 사업이 있다.

(3) 토지의 수용 및 보상과 관련하여 공익사업을 위한 토지 등의 취득 및 보상에 관한 법률 등이 있다.

(4) 건축·주택과 관련하여 건축법, 주택법, 농어촌주택개량촉진법 등이 있다.

이들 법률 내용을 모두 검토할 수는 없으므로 이하에서는 그 대표적인 것으로 국토기본법, 국토의 계획 및 이용에 관한 법률, 토지이용규제기본법, 수도권정비계획법, 농지법, 건축법, 주택법, 부동산가격공시 및 감정평가에 관한 법률, 개발이익 환수에 관한 법률, 개발제한구역의 지정 및 관리에 관한 특별조치법 등에 관하여만 살펴보기로 한다.

그리고 도시개발법(구 토지구획정리사업)은 공용환지, 도시 및 주거환경정비법은 정비구역·정비사업·공용환권, 공익사업을 위한 토지 등의 취득 및 보상에 관한 법률은 공용수용, 자연공원법과 도시공원 및 녹지 등에 관한 법률은 공용제한과 관련하여서 각각 설명하여야 할 것이므로 이들은 모두 공용부담법에서 설명하기로 한다.

Ⅳ. 부동산행정법의 행위형식

특별행정법의 한 부분인 부동산행정법도 행정법이므로 행정법의 기본원리와 행위형식이 그대로 적용된다. 따라서 부동산 행정입법(부동산행정법을 보충하는 시행령·시행규칙 및 조례제정행위), 부동산행정계획(국토기본법상 계획, 수도권정비계획법상 계획, 국토의 계획 및 이용에 관한 법률상 계획, 농지법상계획, 도시 및 주거환경정비법상 주거환경정비기본계획, 주택법상 주택종합계획 등), 부동산 행정행위(농지법상 농지의 처분명령, 토지개발의 허가·토지거래의 허가·농지소유권의 제한·건축허가 등 부동산 행정법상 부동산의 소유·사용·수익·처분에 대한 각종규제행위 등), 행정지도 등 일반행정법에서 설명한 것들이 부동산행정법에도 그대로 타당하다.

제2절 부동산행정법의 내용(개별적 내용 : 부동산행정법의 개별적 법제)

Ⅰ. 서 설

부동산행정법의 내용설명에는 (1) 부동산의 소유에 관한 사항(예 : 토지소유상한제, 토지수용제도 등), (2) 부동산의 이용에 관한 사항(예 : 용도지역·지구·구역제, 토지이용강제제도 등), (3) 부동산의 수익에 관한 사항(예 : 개발이익환수제도 개발부담금제도 등), (4) 부동산의 처분에 관한 사항(예 : 토지거래계약허가제, 매매증명제도등)이 있고, (1) 국토의 계획·이용·관리(규제), (2) 국토의 개발과 정비, (3) 토지수용 및 보상에 관한 법률, (4) 건축과 주택에 관한 법률(건축허가와 건축신고) 등으로 분류할 수 있는데 본서는 후자에 따라 설명하기로 한다. 그리고 (2)의 국토의 개발과 정비, (3)의 토지수용 및 보상에 관한 법률에 관해서는 공용부담중 공용환지·공용환권 및 공용수용에서 설명하기로 한다.

Ⅱ. 국토의 계획·이용·관리(규제)

국토의 계획·이용·관리에 관한 주요 법제로는 국토기본법(국토건설종합계획법이 폐지되고 이를 보완·발전시킨 법이 국토기본법임), 국토의 계획 및 이용에 관한 법률(국토이용관리법과 도시계획법을 통합하여 국토의 계획 및 이용에 관한 법률이 제정됨), 토지이용규제기본법, 수도권정비계획법이 있다.

1. 국토계획(국토기본법)

(1) 국토기본법의 목적과 기본이념 및 책무

국토기본법은 국토에 관한 계획 및 정책의 수립·시행에 관한 기본적인 사항을 정함으로써 국토의 건전한 발전과 국민의 복리향상에 이바지함을 목적으로 하고, 국토는 모든 국민의 삶의 터전이며 후세에 물려줄 민족의 자산이므로, 국토에 관한 계획 및 정책은 개발과 환경의 조화를 바탕으로, 국토를 균형 있게 발전시키고 국가의 경쟁력을 높이며, 국민의 삶의 질을 개선함으로써 국토의 지속가능한 발전을 도모할 수 있도록 이를 수립·집행하여야 한다 하여 국토관리의 기본이념을 규정하고, 아울러 국가 및 지방자치단체는 각 지역이 특성에 따라 개성 있게 발전하고, 자립적인 경쟁력을 갖추도록 함으로써 국민 모두가 안정되고 편리한 삶을 누릴 수 있는 국토여건의 조성과 수도권과 비수도권 도시와 농촌·산촌·어촌, 대도시와 중소도시간의 균형 있는 발전을 이룩하고, 생활여건이 현저히 뒤떨어진 지역이 발전할 수 있는 기반구축과 지역 간의 화합과 공동번영을 도모하여야 하며, 환경 친화적 국토관리를 하도록 책무를 지우고 있다(국토기본법 §1~§5).

그리고 ① 국토해양부장관은 미리 관계 중앙행정기관의 장과 협의한 후 국토관리의 지속가능성을 측정·평가하기 위한 지표 및 기준을 설정하여 공고해야 하며, ② 지역의 특수성을 고려하여 필요하다고 인정되는 경우, 지방자치단체의 장은 국토관리의 지속가능성을 미리 관계 행정기관의 장과 협의한 후 당해 지방 도시계획 위원회의 심의를 거쳐 ①의 지표 및 기준을 충분히 고려하여 별도의 지표 및 기준을 설정하여 공고할 수 있으며, 이 경우 지체 없이 국토해양부장관에게 보고해야 하며, ③ 관계행정기관의 장은 국토에 관한 계획 및 정책을 수립하는 때에는 ①과 ②에서 설정·공고한 지표 및 기준을 고려하여야 하고, 국토관리의 지속가능성 측정·평가에 관한 사항은 대통령령으로 정하도록 하고 있다(§5의2·①~⑤ 신설).

(2) 국토계획의 의의·종류

1) 의 의

국토계획이라 함은 「국토를 이용·개발 및 보전함에 있어서 미래의 경제적·사회적 변동에 대응하여 국토가 지향하여야 할 발전방향을 설정하고 이를 달성하기 위한 계획을 말한다」(§6·①).

2) 종 류(§6·②)

① 국토종합계획

국토 전역을 대상으로 하여 국토의 장기적인 발전방향을 제시하는 종합계획

② 도종합계획

도의 관할 구역을 대상으로 하여 당해 지역의 장기적인 발전방향을 제시하는 종합계획

③ 시·군종합계획

특별시·광역시·시 또는 군(광역시의 군을 제외한다)의 관할구역을 대상으로 하여 당해 지역의 기본적인 공간구조와 장기발전방향을 제시하고, 토지이용·교통·환경·안전·산업·정보·통신·보건·후생·문화 등에 관하여 수립하는 계획으로서 국토의 계획 및 이용에 관한 법률에 의하여 수립되는 도시계획

④ 지역계획

특정한 지역을 대상으로 특별한 정책목적을 달성하기 위하여 수립하는 계획

⑤ 부문별계획

국토 전역을 대상으로 하여 특정부문에 대한 장기적인 발전방향을 제시하는 계획

(3) 국토계획의 성질·지위·타법령상 계획과의 관계

1) 성 질

국토계획은 광범한 형성의 자유를 갖는 계획재량행위이다(형량명령준수). 넓은 의미의 국토계획은 행정기관에 대하여 법적 구속력을 갖는다는 점에서 구속적 계획에 속하나, 사인에 대하여 법적 구속을 갖지 않는다는 점에서 좁은 의미의 구속적 계획은 아니다. 행정주체에게 광범한 형성의 자유를 갖는 계획재량이고, 국민에게는 구속력을 갖지 않는 비구속적 행정계획이므로 일반적·추상적 처분으로서 사법심사의 소송물에 해당하지 않으며, 그것을 다툴 수 있는 원고적격이 개인에게는 없다 하겠다. 다만, 공익을 위한 대표소송인 민중소송의 가능성이 존재하나 이것도 법이 인정하는 규정을 두고 있지 않다.

2) 지위 및 타 법령상 계획과의 관계

① 헌법 제122조에 근거하여 제정된 국토기본법과 이 법에 의한 국토종합계획은 다른 법령(수도권정비계획법 및 국토의 계획 및 이용에 관한 법률)에 의하여 수립되는 국토에 관한 계획에 우선하며 그 기본이 된다. 다만, 군사에 관한 계획에 대하여는 그러하지 아니하다(§8).

② 국토종합계획은 도종합계획 및 시·군종합계획의 기본이 되며, 부문별계획과 지역계획은 국토종합계획과 조화를 이루어야 한다.

도종합계획은 당해 도의 관할 구역 안에서 수립되는 시·군종합계획의 기본이 된다. 국토종합계획은 20년을 단위로 하여 수립되며, 도종합계획·시·군종합계획·지역계획 및 부문별계획의 수립권자는 국토종합계획의 수립주기를 감안하여 그 수립주기를 정하여야 한다(§7).

(4) 국토계획의 수립·조정

1) 국토계획의 수립

① 국토종합계획의 수립

㉮ 국토종합계획은 국토해양부장관이 수립한다. 국토해양부장관은 국토종합계획을 수

립하고자 하는 때에는 중앙행정기관의 장 및 특별시장·광역시장·도지사(이하 '시·도지사'라 한다)에게 대통령령이 정하는 바에 의하여 국토종합계획에 반영하여야 할 정책 및 사업에 관한 소관별 계획안의 제출을 요청할 수 있고, 제출받은 소관별 계획안을 기초로 대통령령이 정하는 바에 의하여 이를 조정·총괄하여 국토종합계획안을 작성한다(§9).

㉯ 국토해양부장관은 국토종합계획안을 작성한 때에는 공청회를 열어 국민 및 관계 전문가 등으로부터 의견을 청취하여야 하며, 공청회에서 제시된 의견이 타당하다고 인정되는 때에는 이를 국토종합계획의 수립에 반영하여야 한다(§11).

㉰ 국토해양부장관은 국토종합계획을 수립(확정된 계획을 변경)하고자 하는 때에는 심의안에 대하여 관계 중앙행정기관의 장과 협의하고 시·도지사의 의견을 듣고 국무회의의 심의를 거친 후 대통령의 승인을 얻어야 한다(§12).

㉱ 국토해양부장관은 국토종합계획의 승인을 얻은 때에는 지체 없이 그 주요 내용을 관보에 공고하고, 관계 중앙행정기관의 장, 시·도지사, 시장 및 군수에게 국토종합계획을 송부해야 한다(§12·④).

㉲ 국토계획에는 ㉠ 국토의 현황 및 여건변화 전망에 관한 사항, ㉡ 국토발전의 기본이념 및 바람직한 국토미래상의 정립에 관한 사항, ㉢ 국토의 공간구조의 정비 및 지역별 기능분담 방향에 관한 사항, ㉣ 국토의 균형발전을 위한 시책 및 지역산업육성에 관한 사항, ㉤ 국가경쟁력 제고 및 국민생활의 기반이 되는 국토기간 시설의 확충에 관한 사항, ㉥ 토지·수자원·산림자원·해양자원 등 국토자원의 효율적 이용 및 관리에 관한 사항, ㉦ 주택·상하수도 등 생활여건의 조성 및 삶의 질 개선에 관한 사항, ㉧ 수해·풍해 그 밖의 재해의 방제에 관한 사항, ㉨ 지하공간의 합리적 이용 및 관리에 관한 사항, ㉩ 지속가능한 국토발전을 위한 국토환경의 보전 및 개선에 관한 사항에 대한 기본적이고 장기적인 정책방향이 포함되어야 한다(§10).

② 도종합계획의 수립

도종합계획은 도지사가 수립한다. 도지사는 도종합계획을 수립하는 때에는 국토의 계획 및 이용에 관한 법률에 의하여 도에 설치된 도시계획위원회의 심의를 거쳐야 한다. 도종합계획을 수립하는 경우에는 공청회를 개최하여야 한다. 도지사는 도종합계획을 수립한 때에는 국토해양부장관의 승인을 얻어야 한다. 국토해양부장관이 도종합계획을 승인하고자 하는 때에는 관계 중앙행정기관의 장과 협의하여야 한다. 도지사가 도종합계획의 승인을 얻은 때에는 지체 없이 그 주요 내용을 공보에 공고하고 관할 구역에 있는 시장 및 군수에게 도종합계획을 송부하여야 한다(§13~§15).

③ 지역계획의 수립

중앙행정기관의 장 또는 지방자치단체의 장은 지역 특성에 맞는 정비나 개발을 위하여 필요하다고 인정하는 경우에는 관계 중앙행정기관의 장과 협의하여 관계법률이 정하는 바에 따라 ㉮ 수도권발전계획(수도권에 과도하게 집중된 인구와 산업의 분산 및 적정배치를 유도하기 위해 수립하는 계획), ㉯ 광역권개발계획(광역시와 그 주변지역, 산업단지와 그 배후지역 또는 여러 도시가 상호인접하여 동일한 생활권을 이루고 있는 지역 등을 광역적·체계적으로 개발하기 위한 계획), ㉰ 특정지역 개발계획(특정한 지역을 대상으로 경제·사회·문화·관광 등을 전략적으로 발전시키기 위해 수립하는 개발계획), ㉱ 개발촉진지구개발계획(다른지역에 비하여 개발수준이나 소득기반이 현저히 열악한 낙후지역을 대상으로 이의 개발을 촉진하기 위하여 수립하는 계획), ㉲ 그밖에 다른 법률에 의하여 수립하는 지역계획을 수립할 수 있다(§16).

④ 부문별계획의 수립

중앙행정기관의 장은 국토전역을 대상으로 하여 소관업무에 관한 부문별계획을 수립할 수 있다. 중앙행정기관의 장이 부문별 계획을 수립하고자 하는 경우에는 국토종합계획의 내용을 반영하여야 하며 이와 상충되지 아니하도록 하여야 하며, 부문별계획을 수립한 때에는 이를 지체 없이 국토해양부장관에게 통보하여야 한다(§17).

2) 국토계획의 조정

① 계획간의 조정

국토해양부장관은 도종합계획·시·군종합계획·지역계획 및 부문별계획이 ㉮ 서로 상충되거나 국토종합계획에 부합하지 아니하다고 판단되는 경우 ㉯ 국토계획평가 실시결과 해당 국토계획을 보관·조정할 필요가 있는 경우에는 중앙행정기관의 장 또는 지방자치단체의 장에게 당해 계획을 조정할 것을 요청할 수 있고, 요청받은 이들이 특별한 사유 없이 이를 반영하지 아니하는 경우에는 국토해양부장관은 국토정책위원회의 심의를 거쳐, 미리 관계 중앙행정기관의 장 또는 당해 지방자치단체의 장의 의견을 듣고, 이를 조정할 수 있다(§20).

② 처분간의 조정

국토해양부장관은 중앙행정기관의 장 또는 지방자치단체의 장이 행하는 국토계획의 시행을 위한 처분이나 사업이 서로 상충되어 국토계획의 원활한 실시에 지장을 초래할 우려가 있다고 인정하는 때에는 그 처분이나 사업을 미리 관계 중앙행정기관의 장 또는 당해 지방자치단체의 장의 의견을 듣고 국토정책위원회의 심의를 거쳐 조정할 수 있다. 관계 중앙행정기관의 장 또는 지방자치단체의 장은 상충되는 처분이나 사업의 조정을 국토해양부장관에게 요청할 수 있다(§21).

(5) 국토정보체계구축 및 국토조사

1) 국토정보체계의 구축·관리

국가는 국토계획 및 정책의 합리적인 수립과 집행을 위하여 지형·지물 등의 위치 및 속성, 토지이용, 수계 등에 대한 다양한 지리정보와 도로·교통·물류·산업·수자원·도시 등에 대한 다양한 인문·사회정보를 활용할 수 있는 국토정보체계를 구축·관리하여야 한다.

국토해양부장관은 국토현황을 조사하고 이를 지도로 제작하여 국토계획과 각종 토지이용계획의 수립 등을 위한 자료로 제공하여야 한다(§23).

정부는 국토의 계획 및 이용의 주요시책에 관한 보고서(이하 '연차보고서'라 한다)를 작성하여 매년 정기국회의 개회 전까지 국회에 제출하여야 한다(§24).

2) 국토조사

국토해양부장관은 국토에 관한 계획 또는 정책의 수립, 「국가공간정보에관한법률」 제25조 제2항에 따른 공간정보의 제작, 연차보고서의 작성 등을 위하여 필요한 경우에는 미리 인구·경제·사회·문화·교통·환경·토지이용 그 밖에 대통령령이 정하는 사항에 대하여 조사할 수 있고, 중앙행정기관의 장 또는 지방자치단체의 장에게 조사에 필요한 자료제출을 요청하거나 조사사항 중 일부에 대하여 이를 직접 조사하도록 요청할 수 있다. 요청을 받은 중앙행정기관의 장 또는 지방자치단체의 장은 특별한 사유가 없는 한 이에 따라야 한다(§25).

2. 도시계획(국토의계획및이용에관한법률)

국토의계획및이용에관한법률은 종래의 도시계획법(도시지역)과 국토이용관리법(비도시지역)을 통합하여 비도시지역에도 도시계획기법을 도입하여 국토의 계획적·체계적인 이용을 통한 난개발 방지와 환경 친화적인 국토이용 체계를 구축하였다. 국토의계획및이용에관한법률은 도시지역과 비도시지역, 건축물의 건축, 형질변경, 개발행위허가, 용도의 지역·지구·구역, 용적률·건폐율, 토지거래허가제 등 국민의 주거생활을 비롯한 생활환경 및 재산권에 직접 민감한 영향을 미친다.

(1) 「국토의계획및이용에관한법률」의 지위

① 일반법적 지위

동법은 헌법 제122조의 규정에 근거하여 제정되었으며 국토의 이용·개발에 관한 일반법의 지위에 있다(§4). 국토기본법(§8) 및 수도권정비계획법(§3) 보다는 하위에 있다.

② 중앙행정기관의 장 또는 지방자치단체의 장은 다른 법률에 의하여 토지이용에 관한 지역·지구·구역 또는 구획 등(이하 '구역 등'이라 한다)을 지정하고자 하는 경우에는 당해 구역 등의 지정목적이 이 법에 의한 용도지역·용도지구 및 용도구역의 지정목적에 부합되도록 하여야 한다(§8·①).

③ 국토해양부장관은 도시의 지속가능성을 평가할 수 있고, 국가 및 지방자치단체는 그 평가결과를 도시계획의 수립·집행에 반영하여야 한다(§3의2 신설).

④ 중앙행정기관의 장 또는 지방자치단체의 장은 다른 법률에 의하여 지정되는 구역 등 대통령령이 정하는 면적 이상의 구역 등을 지정 또는 변경하고자 하는 경우에는 중앙행정기관의 장은 국토해양부장관과 협의하여야 하며 지방자치단체의 장은 국토해양부장관의

승인을 얻어야 한다(§8·②).

⑤ 중앙행정기관의 장 또는 지방자치단체의 장은 다른 법률에서 이 법에 의한 용도지역·용도지구 또는 용도구역의 지정 또는 변경에 대한 도시관리계획의 결정을 의제하는 내용이 포함되어 있는 계획을 허가·인가·승인 또는 결정하고자 하는 경우에는 대통령령이 정하는 바에 따라 중앙도시계획위원회 또는 지방도시계획위원회의 심의를 받아야 한다. 다만, 제8조 제2항의 규정에 의하여 국토해양부장관의 협의 또는 승인을 얻은 경우에는 그러하지 아니하다(§9).

(2) 국가계획, 광역도시계획 및 도시·군 계획의 관계

1) 국가계획 우선

광역도시계획 및 도시·군 계획은 국가계획에 부합되어야 하며, 광역도시계획 또는 도시·군 계획의 내용이 국가계획의 내용과 다를 때에는 국가계획의 내용이 우선한다. 이 경우 국가계획을 수립하려는 중앙행정기관의 장은 미리 지방자치단체의 장의 의견을 듣고 충분히 협의하여야 한다(동법 §4·②).

2) 광역도시계획 우선

광역도시계획이 수립되어 있는 지역에 대하여 수립하는 도시·군 기본계획은 그 광역도시 계획에 부합되어야 하며, 도시·군 기본계획의 내용이 광역도시계획의 내용과 다를 때에는 광역도시계획의 내용이 우선하다(동법 §4·③).

3) 도시·군 계획 우선

도시·군 계획은 특별시·광역시·특별자치시·특별자치도·시 또는 군의 관할 구역에서 수립되는 다른 법률에 따른 토지의 이용·개발 및 보전에 관한 계획의 기본이 되고, 특별시장·광역시장·특별자치시장·특별자치도지사·시장 또는 군수가 관할구역에 대하여 다른 법률에 따른 환경·교통·수도·하수도·주택 등에 관한 부문별 계획을 수립할 때에는 도시·군 기본계획의 내용에 부합되게 하여야 한다(동법 §4·①·④).

(3) 도시계획의 유형과 국토의 용도구분 및 용도지역별 관리의무

1) 도시계획의 유형(§2)

① 광역도시계획

국토해양부장관에 의하여 지정된(공간구조 및 기능을 상호연계시키고 환경을 보전하여 광역시설을 체계적으로 정비하기 위하여 필요한 경우에는 인접한 2이상의 특별시·광역시·시 또는 군의 관할구역의 전부 또는 일부를) 광역계획권은 국토해양부장관 또는 시·도지사가 광역도시계획을 수립하여야 한다(§2·1호, §10, §11).

② 도시계획

특별시·광역시·시 또는 군(광역시의 관할구역안에 있는 군을 제외한다. 이하 같다)의 관할구역에 대하여 수립하는 공간구조와 발전방향에 대한 계획으로서 도시기본계획과 도시관리계획으로 구분한다(§2·2호).

㉮ 도시기본계획 : 특별시·광역시·시 또는 군의 관할구역에 대하여 기본적인 공간구조와 장기발전방향을 제시하는 종합계획으로서 도시관리계획수립의 지침이 되는 계획을 말한다(§2·3호).

㉯ 도시관리계획 : 특별시·광역시·시 또는 군의 개발 또는 정비 및 보전을 위하여 수립하는 토지이용·교통·환경·경관·안전·산업·정보통신·보건·후생·안보·문화 등에 관한 다음의 계획을 말한다(§2·4호).

㉠ 용도지역·용도지구의 지정 또는 변경에 관한 계획

㉡ 개발제한구역·도시자연공원구역·시가화조정구역·수산자원보호구역의 지정 또는 변경에 관한 계획

㉢ 기반시설의 설비·정비 또는 개량에 관한 계획

㉣ 도시개발사업 또는 정비사업에 관한 계획

㉤ 지구단위계획[227]구역의 지정 또는 변경에 관한 계획과 지구단위계획

2) 국토의 용도구분(§6)

국토는 토지의 이용실태 및 특성, 장래의 토지이용방향 등을 고려하여 다음과 같은 '용도지역' [228]으로 구분한다.

① 도시지역

인구와 산업이 밀집되어 있거나 밀집이 예상되어 당해 지역에 대하여 체계적인 개발·정비·관리·보전 등이 필요한 지역

② 관리지역

도시지역의 인구와 산업을 수용하기 위하여 도시지역에 준하여 체계적으로 관리하거나 농림업의 진흥, 자연환경 또는 산림의 보전을 위하여 농림지역 또는 자연환경보전지역에

---

227) '지구단위계획'이라 함은 도시계획수립대상지역 안의 일부에 대하여 토지이용을 합리화하고 그 기능을 증진시키며 미관을 개선하고 양호한 환경을 확보하며, 당해 지역을 체계적·계획적으로 관리하기 위하여 수립하는 도시관리계획을 말한다(§2·5).

228) 용도지역·용도지구·용도구역(§2·15~17호)

① 용도지역 : 토지의 이용 및 건축물의 용도·건폐물·용적률·높이 등을 제한함으로써 토지를 경제적·효율적 이용과 복리증진도모.

② 용도지구 : 토지의 이용 및 건축물의 용도·건폐률 높이 등에 대한 용도지역의 제한을 강화 또는 완화하여 적용함으로써 용도지역의 기능증진과 미관·경관·안전 등 도모.

③ 용도구역 : 토지의 이용 및 건축물의 용도·건폐율·용적률·높이 등에 대한 용도지역 및 용도지구의 제한을 강화 또는 완화하여 적용함으로써 시가지의 무질서한 확산방지, 토지이용의 종합적 조정·관리와 계획적이고 단계적인 토지이용 도모.

준하여 관리가 필요한 지역

③ 농림지역

도시지역에 속하지 아니하는 농지법에 의한 농업진흥지역 또는 산지관리법에 의한 보전산지 등으로서 농림업의 진흥과 산림의 보전을 위하여 필요한 지역

④ 자연환경보전지역

자연환경·수자원·해안·생태계·상수원 및 문화재의 보전과 수산자원의 보호·육성 등을 위하여 필요한 지역

3) 용도지역별 관리의무(국토의관리계획; §7)

국가 또는 지방자치단체는 용도지역의 효율적인 이용 및 관리를 위하여 다음 각 호에서 정하는 바에 따라 당해 용도지역에 관한 개발·정비 및 보전에 필요한 조치를 강구하여야 한다.

① 도시지역

이 법 또는 관계법률이 정하는 바에 따라 필요한 보전조치를 취하고 개발이 필요한 지역에 대하여는 계획적인 이용과 개발을 도모하여야 한다.

② 농림지역

이 법 또는 관계법률이 정하는 바에 따라 농림업의 진흥과 산림의 보전·육성에 필요한 조사와 대책을 마련하여야 한다.

③ 자연환경보전지역

이 법 또는 관계법률이 정하는 바에 따라 환경오염방지, 자연환경·수질·수자원·해안·생태계 및 문화재의 보전과 수산자원의 보호·육성을 위하여 필요한 조사와 대책을 마련하여야 한다.

(4) 도시계획의 성질과 특색

【기출문제】 <1988년 (제32회) 행정고시> ※ 도시계획의 법적성질을 설명하고 권리구제에 관하여 논하라.

1) 도시계획의 법적 성질(도시계획결정·고시의 처분성문제)

① 광역도시계획

광역도시계획은 1개 도시의 차원에서는 해결하기 곤란한 광역교통·환경 등의 광역도시문제를 해결하는데 그 의의가 있고, 인접한 지방자치단체 상호간의 연계된 공간정비를 가능케 하기 위하여 인정된 것이다. 광역도시계획은 일반국민에 대하여 직접적인 구속력을 갖지 않음이 원칙이다. 따라서 광역도시계획은 항고소송의 대상이 되지 않음이 원칙이다.

② 도시기본계획

도시기본계획은 기본적인 공간구조와 장기발전방향을 제시하고 도시관리계획의 지침이

되는 계획이므로 도시계획을 입안하는 기관을 구속한다. 그러나 도시기본계획은 도시관리계획과는 달리 일반국민에 대하여 직접구속력을 갖지 않음이 원칙이다. 따라서 도시기본계획은 항고소송의 대상이 되지 않음이 원칙이다.

③ 도시관리계획

용도지역·용도지구·용도구역의 지정이나 개발제한구역의 지정 등은 모두 도시관리계획으로 결정된다. 그러므로 도시관리계획은 종래의 「도시계획법」상 도시계획에 해당하며 국민에 대하여 직접구속력을 갖는 행정계획이다.

따라서 도시관리계획은 항고소송의 대상이 되는 처분에 해당한다. 판례도 같은 입장이다.

> 판례 〈도시계획의 결정고시는 구체적·개별적처분과 같은 행정처분에 해당한다.〉 ……도시계획법 제12조 소정의 도시계획결정이 고시되면 도시계획구역 안의 토지나 건물소유자의 토지형질변경, 건축물의 신축·개축 또는 증축 등 권리행사가 일정한 제한을 받게 되는 바, 이런 점에서 볼 때 고시된 도시계획결정은 특정 개인의 권리 내지 법률상 이익을 개별적이고 구체적으로 규제하는 효과를 가져오게 하는 행정청의 처분이라 할 것이고 이는 행정소송의 대상이 되는 것이라 할 것이다(대판 1982.3.9, 80누105).

그리고 도시계획이 행정행위인 경우에도 그것은 일반처분 또는 물적 행정행위에 해당한다 할 것이다(§38, §56, 개발제한구역의 지정 및 관리에 관한 특별조치법 §11).

2) 계획재량과 형량명령

① 계획재량

일반행정작용에 관한 법규가 가언명령적 명제 또는 조건프로그램형식을 따르는데 반해, 계획에 관한 법규는 목적·수단적 명제 또는 목적프로그램형식을 따른다. 목적프로그램이란 일정한 목적을 설정하여 놓고 이를 위한 수단·절차를 규정하고 있을 뿐, 행정계획의 요건과 효과에 관하여는 직접 규정하지 않는 '목적·수단명제정식'으로 규정된 것을 말한다. 행정계획의 목표달성을 위하여 행정주체에게 허용되어 있는 넓은 범위의 형성의 자유를 계획재량이라 한다. 즉, 목적·수단명제정식으로 규정되고 행정계획의 요건·효과는 행정권에 백지·포괄위임되어 있어 목표달성을 위해 행정청에 방법·기준·시간 순서 등이 인정되는 재량이 계획재량이다.

② 형량명령

행정계획의 수립과정에서 행정주체가 가지게 되는 재량권 즉, 계획상 형성의 자유를 말하는 계획재량은 행정관청에게 상반된 제이익의 조화를 위한 이익형량이 요구되는 바, 이를 형량명령이라 한다. 즉, 관계 제이익을 정당하게 고려하여야 한다. 따라서 형량이 전혀 없었던 경우(형량의 해태), 형량에 있어서 반드시 고려되어야 할 특정이익이 전혀 고려되지 않은 경우(형량의 흠결), 형량을 하였지만 정당성·객관성이 결여된 경우(오형량) 등은 위법한 것으로 되어 동법규제대상이 된다.

형량명령의 법리는 학설과 판례상 받아들여지고 있으나, 실정법상의 예를 찾아보기는 어렵다. 다만, 판례는 형량명령의 하자 유형을 인정하면서도 통상의 행정재량에서와 같이 재량권의 일탈·남용의 법리를 적용하고 있다. 즉, 형량하자라는 표현을 사용하지는 않았지만 실질적으로 형량명령을 인정하고 있는 것으로 볼 수 있다.

판례 **〈행정주체는 구체적인 행정계획을 입안·결정함에 있어서 비교적 광범위한 형성의 자유를 가지지만, 행정계획에 관련되는 자들의 이익을 공익과 사익간·공익상호간과 사익상호간에도 정당하게 비교형량 해야 하는 제한이 있으므로 형량의 해태·형량의 흠결·오형량·형량의 불비례 시에는 그 행정계획 결정은 재량권의 일탈·남용으로 위법한 것이 된다.〉** 행정계획이라 함은 행정에 관한 전문적·기술적 판단을 기초로 하여 도시의 건설·정비·개량 등과 같은 특정한 행정목표를 달성하기 위하여 서로 관련되는 행정수단을 종합·조정함으로써 장래의 일정한 시점에 있어서 일정한 질서를 실현하기 위한 활동기준으로 설정된 것으로서, 「도시계획법」 등 관계 법령에는 추상적인 행정목표와 절차만이 규정되어 있을 뿐 행정계획의 내용에 대하여는 별다른 규정을 두고 있지 아니하므로 행정주체는 구체적인 행정계획을 입안·결정함에 있어서 비교적 광범위한 형성의 자유를 가진다고 할 것이지만, 행정주체가 가지는 이와 같은 형성의 자유는 무제한적인 것이 아니라 그 행정계획에 관련되는 자들의 이익을 공익과 사익 사이에서는 물론이고 공익상호간과 사익상호간에도 정당하게 비교형량하여야 한다는 제한이 있는 것이고, 따라서 행정주체가 행정계획을 입안·결정함에 있어서 이익형량을 전혀 행하지 아니하거나 이익형량의 고려대상에 마땅히 포함시켜야할 사항을 누락한 경우 또는 이익형량을 하였으나 정당성·객관성이 결여된 경우에는 그 행정계획결정은 재량권을 일탈·남용한 것으로서 위법하다(대판 1996.11.29, 96누8567).

(5) 광역도시계획

1) 광역도시계획의 지정·변경

광역도시계획이라 함은 광역계획권의 장기발전방향을 제시하는 계획을 말한다(§2·1호).

국토해양부장관 또는 도지사는 2 이상의 특별시·광역시·도 또는 특별자치도(이하 '시·도'라 한다) 시 또는 군의 공간구조 및 기능을 상호 연계시키고 변경을 보전하며 광역시설을 체계적으로 정비하기 위하여 필요한 경우에는 인접한 2이상의 특별시·광역시·도 또는 특별자치도(이하 '시·도'라 한다)시 또는 군의 관할구역의 전부 또는 일부를 대통령령이 정하는 바에 따라 광역계획권으로 지정할 수 있다.

중앙행정기관의 장, 특별시장·광역시장·도지사(이하 '시·도 지사'라 한다), 시장 또는 군수는 국토해양부장관이나 도지사에게 광역계획권의 지정 또는 변경을 요청할 수 있다. 요청을 받은 국토해양부장관 또는 도지사는 관계 시·도지사, 시장 또는 군수의 의견을 들은 후 중앙도시계획위원회의 심의를 거쳐야 한다(§10·③). 도지사가 광역계획권을 지정하거나 변경하려면 국토해양부장관과의 협의와 관계 시·도지사, 시장 또는 군수의 의견을 들은 후 지방도시계획위원회의 심의를 거쳐야 한다(동법 § 10·④).

국토해양부장관 또는 도지사는 광역계획권을 지정 또는 이를 변경하고자 하는 때에는 관계 시·도지사, 시장 또는 군수에게 그 사실을 통보하여야 한다(§10).

2) 광역도시계획의 수립권자

① 시장 또는 군수가 공동, 시·도지사, 도지사와 시장 또는 군수가 공동

광역도시계획권이 ㉮ 같은 도의 관할구역 안에 속하여 있는 경우에는 관할 시장 또는 군수가 공동으로 수립하고, ㉯ 두 개 이상의 특별시·광역시·도(이하 '시·도'라 한다)의 관할구역에 걸쳐 있는 경우에는 관할 시·도지사가 공동으로 수립한다(§11·① Ⅰ, Ⅱ). ㉰ 광역계획권을 지정한 날부터 3년이 지날 때까지 관할 시장 또는 군수로부터 광역도시계획의 승인 신청이 없는 경우는 관할도지사가 수립하고, ㉱ 관할 시장 또는 군수가 협의를 거쳐 요청하는 경우에는 단독으로 관할도지사가 수립하고, ㉲ 도지사는 시장 또는 군수가 요청하는 경우와 그 밖에 필요하다고 인정하는 경우에는 제1항의 규정에 불구하고 관할 시장 또는 군수와 공동으로 광역도시계획을 수립할 수 있다(동법 §11·④).

② 국토해양부장관

국가계획과 관련된 광역도시계획의 수립이 필요한 경우 또는 광역계획권을 지정한 날부터 3년이 경과될 때까지 관할 시·도지사로부터 광역도시계획에 대하여 승인신청이 없는 경우에는 국토해양부장관이 이를 수립한다(§11·①, 4.).

③ 국토해양부장관과 시·도지사가 공동

국토해양부장관은 시·도지사의 요청이 있는 경우 및 그 밖에 필요하다고 인정되는 경우에는 제1항의 규정에 불구하고 관할 시·도지사와 공동으로 광역도시계획을 수립할 수 있다(§11·②).

3) 광역도시계획의 수립절차

① 기초조사 및 공청회 개최

국토해양부장관, 시·도지사, 시장 또는 군수는 광역도시계획을 수립 또는 이를 변경하고자 하는 때에는 미리 인구, 경제, 사회, 문화, 토지이용, 환경, 교통, 주택, 그 밖에 대통령령으로 정하는 사항 중 그 광역도시계획의 수립 또는 변경에 필요한 사항을 대통령령으로 정하는 바에 따라 조사하거나 측량하여야 한다(동법 § 13·①). 국토해양부장관, 시·도지사, 시장 또는 군수는 광역도시계획을 수립 또는 이를 변경하고자 할 때에는 미리 공청회를 열어 주민 및 관계전문가 등으로부터 의견을 들어야 하며, 공청회에서 제시된 의견이 타당하다고 인정하는 때에는 이를 광역도시계획에 반영하여야 한다(§14·①).

② 지방자치단체의 의견청취(동법 §15·①·②·③)

㉮ 시·도지사, 시장 또는 군수는 광역도시계획을 수립하거나 변경하려면 미리 관계 시·도, 시 또는 군의 의회와 관계시장 또는 군수의 의견을 들어야 한다.

㉯ 국토해양부장관은 광역도시계획을 수립하거나 변경하려면 관계 시·도지사에게 광역도시계획안을 송부하여야 하며, 관계 시·도지사는 그 광역도시계획안에 대하여 그 시·도의 의회와 관계 시장 또는 군수의 의견을 들은 후 그 결과를 국토해양부장관에게 제출하여야 한다.

㉰ ㉮와 ㉯에 따른 시·도, 시 또는 군의 의회와 관련 시장 또는 군수는 특별한 사유가 없으면 30일 이내에 시·도지사, 시장 또는 군수에게 의견을 제시해야 한다.

③ 광역도시계획의 승인

㉮ 시·도지사는 광역도시계획을 수립 또는 변경하는 때에는 국토해양부장관의 승인을 얻어야 한다. 다만, 제11조 제3항에 따라 도지사가 수립하는 광역도시계획은 그러하지 아니하다. ㉯ 국토해양부장관은 광역도시계획을 승인하거나 직접 광역도시계획을 수립 또는 이를 변경하고자 하는 때(공동으로 수립한 때를 포함한다)에는 관계중앙행정기관의 장과 협의한 후 중앙도시계획위원회의 심의를 거쳐야 한다(§16).

④ 광역도시계획의 공고·열람

국토해양부장관은 직접 광역도시계획을 수립 또는 이를 변경하거나 광역도시계획을 승인한 때에는 관계 중앙행정기관의 장과 시·도지사에게 관계서류를 송부하여야 하며, 관계서류를 송부받은 시·도지사는 대통령령이 정하는 바에 따라 이를 공고하고 일반이 열람할 수 있도록 하여야 한다(§16·④).

4) 광역도시계획의 내용

광역도시계획에는 ① 광역계획권의 공간 구조와 기능 분담에 관한 사항, ② 광역계획권의 녹지관리체계와 환경보전에 관한 사항, ③ 광역시설의 배치·규모·설치에 관한 사항, ④ 경관계획에 관한 사항, ⑤ 그 밖의 광역계획권에 속하는 특별시·광역시·시 또는 군 상호간의 기능연계에 관한 사항으로서 대통령령으로 정하는 사항으로서 광역계획권의 지정목적을 이루는데 필요한 사항에 대한 정책 방향이 포함되어야 한다(§12·①).

5) 광역도시계획의 조정

광역도시계획을 공동으로 수립하는 자는 그 내용에 관하여 서로 협의가 이뤄지지 아니한 때에는 공동 또는 단독으로 국토해양부장관에게 조정을 신청할 수 있다.

국토해양부장관은 단독으로 조정신청을 받은 경우에는 기한을 정하여 당사자간에 다시 협의를 하도록 권고할 수 있으며, 기한 내 협의가 이루어지지 아니하는 경우에는 이를 직접 조정할 수 있는 바, 조정신청을 받거나 직접 조정하고자 하는 때에는 중앙도시계획위원회의 심의를 거쳐 광역도시계획의 내용을 조정하여야 한다. 이 경우 이해관계를 가진 지방자치단체의 장은 중앙도시계획위원회의 회의에 출석하여 의견을 진술할 수 있다. 그리고 광역도시계획을 수립하는 자는 조정결과를 광역도시계획에 반영하여야 한다(§17).

(6) 도시기본계획

1) 의의 및 성질

도시기본계획이라 함은 특별시·광역시·시 또는 군의 관할구역에 대하여 기본적인 공간구조와 장기발전방향을 제시하는 종합계획으로서 도시관리계획수립의 지침이 되는 계획을 말한다(동법 §2·4호). 광역도시계획이 수립되어 있는 지역에 대하여 수립하는 도시기본계획은 당해 광역도시계획에 부합되어야 하며, 도시기본계획의 내용이 광역도시계획의 내용과 다른 때에는 광역도시계획의 내용이 우선한다(동법 §19·②).

도시기본계획은 행정기관에 대하여 법적구속력을 가지나 사인에 대하여는 법적 구속력을 갖지 않는다는 점에서 좁은 의미로는 비구속적 계획에 속한다.

판례 〈도시기본계획의 법적 성질은 도시계획의 지침이며 비구속적 계획이다.〉 …… 도시계획법은 …… 시장 또는 군수는 그 관할 도시계획구역 안에서 시행할 도시계획을 도시기본계획의 내용에 적합하도록 입안하여야 한다고 규정하고 있으나, 도시기본계획이라는 것은 도시의 장기적 개발방향과 미래상을 제시하는 도시계획입안의 지침이 되는 장기적·종합적인 개발계획으로서 직접적인 구속력은 없는 것이므로, 도시계획시설결정 대상면적이 도시기본계획에서 예정했던 것보다 증가하였다 하여 그것이 도시기본계획의 범위를 벗어나 위법한 것은 아니다……」(대판 1998.11.27, 96누13927).

판례 〈도시기본계획은 도시계획 입안의 지침이 되는 것에 불과하여 일반 국민에 대한 직접적인 구속력은 없는 것이다(대판 2002. 10. 11, 2000두8226 민영주택사업계획승인 신청반려처분취소).〉

판례 〈도시계획시설 결정 당시의 지방자치단체의 도시계획조례에서는 도시계획이 도시기본계획에 부합되어야 한다고 규정(구 법 도시계획 §19·①)하고 있으나, 도시기본계획은 도시의 장기적 개발방향과 미래상을 제시하는 도시계획입안의 지침이 되는 장기적·종합적인 개발계획으로서 행정청에 대한 직접적인 구속력은 없다(대판 2007. 4. 12, 2005두1893 도시계획시설결정취소).〉

2) 도시기본계획의 수립권자

특별시장·광역시장·특별자치시장·특별자치도시사·시장 또는 군수는 관할구역에 대하여 도시기본계획을 수립하여야 한다. 다만 시 또는 군의 위치, 인구의 규모, 인구감소율 등을 감안하여 대통령령이 정하는 시 또는 군은 도시기본계획을 수립하지 아니할 수 있는데, 그에 해당하는 시 또는 군으로는 ① 수도권정비계획법 제2조 제1호의 규정에 의한 수도권에 속하지 않고 광역시와 경계를 같이 하지 아니한 시 또는 군으로서 인구 10만 명 이하인 시 또는 군, ② 관할구역 전부에 대하여 광역도시계획이 수립되어 있는 시 또는 군으로서 당해 광역도시계획에 도시기본계획의 정책방향이 모두 포함되어 있는 시 또는 군이다(동법 §18·① 단서 및 동법시행령 §14).

한편, 특별시장·광역시장·시장 또는 군수는 지역여건상 필요하다고 인정되는 때에는 인접한 특별시·광역시·시 또는 군의 관할구역의 전부 또는 일부를 포함하여 도시기본계획을 수립할 수 있는데, 이 경우에는 미리 당해 특별시장·광역시장·시장 또는 군수와 협의하여야 한다(동법§18·②·③).

3) 도시기본계획의 내용

도시기본계획에는 다음 각 호의 사항에 대한 정책방향이 포함되어야 한다.

1. 지역적 특성 및 계획의 방향·목표에 관한 사항
2. 공간구조, 생활권의 설정 및 인구의 배분에 관한 사항
3. 토지의 이용 및 개발에 관한 사항
4. 토지의 용도별 수요 및 공급에 관한 사항
5. 환경의 보전 및 관리에 관한 사항
6. 기반시설에 관한 사항
7. 공원·녹지에 관한 사항
8. 경관에 관한 사항
9. 방재 및 안전에 관한 사항
10. 제2호 내지 제8호에 규정된 사항의 단계별 추진에 관한 사항
11. 그 밖에 대통령령이 정하는 사항

4) 도시기본계획의 수립절차

① 기초조사 및 공청회

도시기본계획의 경우에도 광역도시계획과 마찬가지로 기초조사와 공청회를 하여야 한다(§20).

② 지방의회의 의견청취

특별시장·광역시장·특별자치시장·특별자치도지사·시장 또는 군수가 도시·군 기본계획을 수립 또는 변경하는 때에는 미리 당해 특별시장·광역시장·시장 또는 군의 의회의 의견을 들어야 하는데, 이 경우 의회는 특별한 사유가 없는 한 30일 이내에 특별시장·광역시장·시장 또는 군수에게 의견을 제시하여야 한다(동법 §21).

③ 도시·군 기본계획의 협의와 심의, 공고·열람

㉮ 특별시장·광역시장·특별자치시장 또는 특별자치도지사는 도시·군 기본계획을 수립 또는 변경하는 때에는 관계행정기관의 장(국토해양부장관을 포함한다)과 협의한 후 지방도시계획위원회의 심의를 거쳐야 한다. 협의요청을 받은 관계행정기관의 장은 특별한 사유가 없으면 그 요청을 받은 날부터 30일 이내에 특별시장 또는 광역시장에게 의견을 제시하여야 한다(동법 §22·①·②). 특별시장·광역시장·특별자치시장 또는 특별자치도지사는 도시군·기본계획을 수립하거나 변경한 경우에는 관계행정기관의 장에게 관계서류를 송부하여야 하며, 대통령령으로 정하는 바에 따라 그 계획을 공고하고 일반인이 열람할 수 있도록 하여야 한다(동법 §22·③).

㉯ 시장 또는 군수는 도시기본계획을 수립 또는 변경하는 때에는 대통령령으로 정하는 바에 따라 시·도지사의 승인을 받아야 한다. 시·도지사는 도시기본계획을 승인하려면 관계행정기관의 장과 협의한 후 지방도시계획위원회의 심의를 거쳐야 한다(동법 §22의 2·①·②). 시·도지사는 도시기본계획을 승인하면 관계행정기관의 장과 시장 또는 군수에게 관계서류를 송부하여야 하며 관계서류를 받은 시장 또는 군수는 대통령령으로 정하는 바에 따라 그 계획을 공고하고 일반인이 열람할 수 있도록 하여야 한다(동법 §22의 2·④).

④ 시·군 도시기본계획의 승인(동법 §22의 2)

㉮ 시장 또는 군수는 도시기본계획을 수립하거나 변경하려면 대통령령으로 정하는 바에 따라 도지사의 승인을 받아야 한다. 도지사가 도시기본계획을 승인하려면 관계행정기관의 장과 협의한 후 지방도시계획위원회의 심의를 거쳐야 한다.

㉯ 도지사는 도시기본계획을 승인하면 관계행정기관의 장과 시장 또는 군수에게 관계서류를 송부하여야 하며, 관계 서류를 받은 시장 또는 군수는 대통령령으로 정하는 바에 따라 그 계획을 공고하고 일반인이 열람할 수 있도록 하여야 한다.

5) 5년마다 재검토

특별시장·광역시장·시장 또는 군수는 5년마다 관할구역의 도시기본계획에 대하여 그 타당성 여부를 전반적으로 재검토하여 이를 정비하여야 한다(동법 §23).

(7) 도시관리계획

【기출문제】 **<2005년 (제21회) 입법고시 (사례형)>** ※ 국토의계획및이용에관한법률 시행령은 제30조에서 "건설교통부장관 또는 시·도지사는 법 제36조 제2항의 규정에 의하여 도시관리계획결정으로 주거지역·상업지역·공업지역 및 녹지지역을 다음 각 호와 같이 세분하여 지정할 수 있다"고 규정하고 있다. 위 시행령 제30조 각 호의 규정에 따르면 준주거지역이란 "주거기능을 위주로 이를 지원하는 일부 상업기능 및 업무기능을 보완하기 위하여 필요한 지역"이고 "전용주거지역"이란 "양호한 주거환경을 보호하기 위하여

필요한 지역"이라고 규정되어 있다. 甲은 준주거지역에서 허용되는 상가 건물을 짓기 위해 준주거지역으로 지정된 지역 안에 위치한 토지를 취득하여 건축을 준비해 왔으나 이후 광역시장 乙은 당해 지역을 준주거지역에서 전용주거지역으로 변경하는 도시관리계획변경결정을 하였다. 그 후 甲은 자기 소유의 당해 토지가 위치한 지역이 전용주거지역으로 변경됨에 따라 관할관청으로부터 건축이 불가능하다는 통지를 받았다. 다음 물음에 답하라.

(1) 甲은 乙이 한 도시관리계획변경결정의 취소를 구하는 행정소송을 제기하였다. 甲의 소송상 청구는 적법한가?(본안판단은 제외)

(2) 甲은 乙을 상대로 위 용도 지역을 변경한 도시관리계획변경결정을 취소하고 甲 소유의 토지가 위치한 지역을 다시 준주거지역으로 지정해 달라고 요구할 수 있는 권리를 가지는지 검토하시오(행정법(상), 제6장 행정계획, 제3절 행정계획의 성질, 제9절 행정계획과 권리구제도 참조할 것).

1) 의의 및 성질

도시관리계획이라 함은 특별시·광역시·시 또는 군의 개발·정비 및 보전을 위하여 수립하는 토지이용·교통·환경·경관·안전·산업·정보통신·보건·후생·안보·문화 등에 관한 계획으로서 ① 용도지역·용도지구의 지정 또는 변경에 관한 계획, ② 개발제한구역·도시자연공원구역·시가화조정구역·수산자원보호구역의 지정 또는 변경에 관한 계획, ③ 기반시설의 설치·정비 또는 개량에 관한 계획, ④ 도시개발사업 또는 정비사업에 관한 계획, ⑤ 지구단위계획구역의 지정 또는 변경에 관한 계획과 지구단위계획으로 구분된다(§2·4호).

도시관리계획의 성질은 도시기본계획을 집행하기 위한 구체적인 계획으로서 국민에 대하여 직접적으로 구속력을 가지는 행정계획이다. 이러한 도시관리계획은 행정쟁송법상의 처분의 성질을 가지며, 따라서 행정소송의 대상이 된다.

판례도 도시계획의 결정고시는 구체적·개별적 처분과 같은 행정처분에 해당한다고 판시하고 있다(대판 1982. 3. 9, 80누105 도시계획변경처분취소). 도시관리계획은 행정계획으로서 재량행위에 해당한다.

그러므로 도시계획법령상 용도지역지정·변경 행위는 일종의 행정계획으로서 재량행위이다(대판 2005. 3. 10, 2002두5474 도시계획변경결정취소청구).

2) 도시관리계획의 입안

① **도시관리계획의 입안권자(§24)**

㉮ 특별시장·광역시장·시장 또는 군수 : 특별시장·광역시장·시장 또는 군수는 관할구역에 대하여 도시관리계획을 입안하여야 한다.

특별시장·광역시장·시장 또는 군수는 ㉠ 지역여건상 필요하다고 인정하여 미리 인접한 특별시장·광역시장·시장 또는 군수와 협의한 경우, ㉡ 인접한 특별시·광역시·시 또는 군의 관할구역을 포함하여 도시기본계획을 수립한 경우에는 인접한 특별시·광역시·시 또는 군의 관할구역의 전부 또는 일부를 포함하여 도시관리계획을 입안 할 수 있는 바, 이 경우의 도시관리계획은 관계 특별시장·광역시장·시장 또는 군수가 협의하여 공동으로 입안하거나 입안할 자를 정하며, 협의가 성립되지 않는 경우에는 도시관리계획을 입안하고자 하는 구역이 같은 도의 관할구역에 속하는 때에는 관할 도지사가, 둘 이상의 시·도의 관할구역에 걸치는 때에는 국토해양부장관이 입안할 자를 지정하고 이를 고시하여야 한다.

㈏ 국토해양부장관 : 국토해양부장관은 ㉠ 국가계획과 관련된 경우, ㉡ 2 이상의 시·도에 걸쳐 지정되는 용도지역·용도지구 또는 용도구역과 2 이상의 시·도에 걸쳐 이루어지는 사업의 계획 중 도시관리계획으로 결정해야 할 사항이 있는 경우, ㉢ 특별시장·광역시장·시장 또는 군수가 제138조의 규정에 의한 기한까지 국토해양부장관의 도시관리계획의 조정요구에 따라 도시관리계획을 정비하지 않는 경우에는 직접 또는 관계 중앙행정기관의 장의 요청에 의하여 도시관리계획을 입안할 수 있다. 이 경우 국토해양부장관은 관할 시·도지사 및 시장·군수의 의견을 들어야 한다.

㈐ 도지사 : 도지사는 ㉠ 2 이상의 시·군에 걸쳐 지정되는 용도지역·용도지구 또는 용도구역과 2 이상의 시·군에 걸쳐 이루어지는 사업의 계획 중 도시관리계획으로 결정해야 할 사항이 포함되어 있는 경우, ㉡ 도지사가 직접 수립하는 사업의 계획으로서 도시관리계획으로 결정해야 할 사항이 포함되어 있는 경우에는 직접 또는 시장이나 군수의 요청에 의하여 도시관리계획을 입안할 수 있다. 이 경우 도지사는 관계시장 또는 군수의 의견을 들어야 한다(§24·⑥).

② 도시관리계획의 입안(§25)

도시관리계획은 광역도시계획 및 도시기본계획에 부합되어야 한다.

국토해양부장관, 시·도지사, 시장 또는 군수는 도시관리계획을 입안하는 때에는 대통령령이 정하는 바에 따라 도시관리계획도서(계획도 및 계획조서를 말한다)와 이를 보조하는 계획설명서(기초조사결과·재원조달방안 및 경관계획 등을 포함한다)를 작성하여야 한다. 도시관리계획은 계획의 상세정도, 도시관리계획으로 결정해야 하는 기반시설의 종류 등에 대하여 도시 및 농·산·어촌 지역의 인구밀도, 토지이용의 특성 및 주변환경 등을 종합적으로 고려하여 차등화되게 입안하여야 한다.

한편 주민(이해관계자를 포함한다. 이하 같다)은 ㉮ 기반시설의 설치·정비 또는 개량에 관한 사항, ㉯ 지구단위계획구역의 지정 및 변경과 지구단위계획의 수립 및 변경에 관한 사항에 대하여는 도시관리계획입안권자에게 도시관리계획입안을 제안할 수 있다. 이 경우 제안서에는 도시관리계획도서와 계획설명서를 첨부해야 한다.

도시관리계획의 입안을 제안받은 자는 그 처리결과를 제안자에게 통보하여야 하며, 제안자와 협의하여 제안된 도시관리계획의 입안 및 결정에 필요한 비용의 전부 또는 일부를 제안자에게 부담시킬 수 있다.

입안의 제안거부처분은 항고소송의 대상이 된다.

판례 **〈도시계획내 토지소유자의 도시계획안신청에 대한 도시계획입안권자의 거부행위가 항고소송의 대상이 되는 행정처분에 해당한다.〉** 구 도시계획법(2002. 2. 4 법률 제6655호 국토의계획및이용에관한법률 부칙 제2조로 폐지)은 도시계획의 수립 및 집행에 관하여 필요한 사항을 규정함으로써 공공의 안녕질서를 보장하고 공공복리를 증진하며 주민의 삶의 질을 향상하게 함을 목적으로 하면서도 도시계획시설결정으로 인한 개인의 재산권행사의 제한을 줄이기 위하여, 도시계획시설부지의 매수청구권, 도시계획시설결정의 실효에 관한 규정과 아울러 도시계획 입안권자인 특별시장·광역시장·시장 또는 군수로 하여금 5년마다 관할 도시계획구역 안의 도시계획에 대하여 그 타당성 여부를 전반적으로 재검토하여 정비하여야 할 의무를 지우고, 도시계획입안제안과 관련하여서는 주민이 입안권자에게 '1. 도시계획시설의 설치·정비 또는 개량에 관한 사항 2. 지구단위계획구역의 지정 및 변경과 지구단위계획의 수립 및 변경에 관한 사항'에 관하여 '도시계획도서와 계획설명서를 첨부'하여 도시계획의 입안을 제안할 수 있고, 위 입안제안을 받은 입안권자는 그 처리결과를 제안자에게 통보하도록 규정하고 있는 점 등과 헌법상 개인의 재산권 보장의 취지에 비추어 보면, 도시계획구역 내 토지 등을 소유하고 있는 주민으로서는 입안권자에게 도시계획입안을 요구할 수 있는 법규상 또는 조리상의 신청권이 있다고 할 것이고, 이러한 신청에 대한 거부행위는 항고소송의 대상이 되는 행정처분에 해당한다(대판 2004. 4. 28, 2003두1806 도시계획시설변경안의 제안거부 처분취소).

③ **도시관리계획의 입안절차**(§27, §28)

도시관리계획을 입안하는 경우에도 광역도시계획에서와 같은 기초조사를 하여야 하며, 기초조사의 내용에는 도시관리계획이 환경에 미치는 영향 등에 대한 환경성 검토를 포함해야 하고, 국토해양부장관이 정하는 바에 따라 실시하는 토지의 토양, 입지, 활용가능성 등 토지의 적성에 대한 평가도 포함하여야 한다.

다만, 지구단위계획구역으로 지정하고자 하는 구역 또는 지구단위계획을 입안하는 구역이 도심지에 위치하거나 개발이 완료되어 나대지가 없는 등 대통령령이 정하는 요건에 해당하는 경우에는 기초조사, 환경성 검토 또는 토지의 적성에 대한 평가를 실시하지 아니할 수 있다.

도시관리계획의 입안권자는 도시관리계획을 입안하는 때에는 주민의 의견을 들어야 하며, 그 의견이 타당하다고 인정되는 때에는 이를 도시관리계획안에 반영하여야 한다.

다만, 국방상 또는 국가안전보장상 기밀을 요하는 사항(관계 중앙행정기관의 장이 요청이 있는 것에 한한다)이거나 대통령령이 정하는 경미한 사항인 경우에는 그렇지 않다. 주민의 의견청취에 관하여 필요한 사항은 대통령령이 정하는 기준에 따라 당해 지방자치단체의 조례로 정한다.

한편, 도시관리계획의 입안권자는 ㉮ 용도지역·용도지구 또는 용도구역의 지정 또는 변경지정, ㉯ 광역도시계획에 포함될 광역시설의 설치·정비 또는 개량에 관한 도시관리계획의 결정 또는 변경결정, ㉰ 기반시설(도로중 주간선도로, 철도 중 도시철도, 자동차정류장 중 여객자동차터미널, 공원, 유통업무설비, 학교중 대학, 운동장, 공공청사 중 지방자치단체의 청사, 화장장, 공동묘지, 납골시설 하수도 하수종말처리 시설에 한한다. 폐기물처리시설, 수질오염방지시설) 설치·정비 또는 개량에 관한 도시관리계획의 결정 또는 변경결정 등의 사항에 대하여는 지방의회의 의견을 들어야 한다(§28·⑤, 동법 시행령 §22·⑦).

3) 도시관리계획의 결정(§29～§33)

① 도시관리계획의 결정권자

㉮ 시·도지사

도시관리계획은 시·도지사가 직접 또는 시장·군수의 신청에 의하여 이를 결정한다. 다만, 지방자치법 제175조에 따른 서울특별시와 광역시 및 특별자치시를 제외한 인구 50만 이상의 대도시(이하 '대도시'라 한다)의 경우에는 해당 시장("이하 "대도시 시장"이라 한다)이 직접 결정한다.

㉯ 국토해양부 : ㉮의 경우에도 불구하고 다음 각 호의 도시관리계획은 국토해양부장관이 결정한다.

1. 국토해양부장관이 입안한 도시·군 관리계획
2. 개발제한구역의 지정 및 변경에 관한 도시·군 관리계획
3. 시가화조정구역의 지정 및 변경에 관한 도시·군 관리계획
4. 수산자원보호구역의 지정 및 변경에 관한 도시·군 관리계획(이는 농림수산식품부장관이 결정한다)

그리하여 종전에 국토해양부장관이 직접 결정하는 도시·군 관리계획 중 국가차원에서 관리 및 조정할 필요성이 적은 5제곱킬로미터 이상의 도시·관리·농림 또는 자연환경보전지역간 용도지역의 지정·변경, 녹지지역의 50만 제곱미터 이상의 주거·상업·공업지역으로의 변경 및 5제곱킬로미터 이상의 2종 지구단위계획구역의 지정·변경에 관한 도시·군 관리계획의 결정권자를 시·도지사로 조정·변경된 것이다(동법 §29).

② 도시·군 관리계획의 결정

㉮ 시·도지사는 도시관리계획을 결정하고자 하는 때에는 관계 행정기관의 장과 미리 협의해야 하며, 국토해양부장관이 도시관리계획을 결정하고자 하는 때에는 관계 중앙행정기관의 장과 미리 협의하여야 한다. 이 경우 협의요청을 받은 기관의 장은 특별한 사유가 없는 한 그 요청을 받은 날부터 30일 이내에 의견을 제시해야 한다.

㉯ 시·도지사는 국토해양부장관이 입안하여 결정한 도시·군 관리계획을 변경하거나, 그밖에 광역도시계획과 관련하여 시·도지사가 입안한 도시·군 관리계획, 개발제한구역이 해제되는 지역에 대하여 해제 이후 최초로 결정되는 도시·군 관리계획, 2 이상의 시·도에 걸치는 기반시설의 설치·정비 또는 개량에 관한 도시·군 관리계획 중 국토해양부령이 정하는 도시·군 관리계획 등의 사항에 대하여 결정하고자 하는 때에는 미리 국토해양부장관과 협의해야 한다(§30·②, 동법 시행령 §25·①).

㉰ 국토해양부장관(제40조에 따른 수산자원보호구역의 경우 농림수산식품부장관을 말한다. 이하 같다)이 도시·군 관리계획을 결정하고자 하는 때에는 중앙도시계획위원회의 심의를 거쳐야 하며, 시·도지사가 도시·군 관리계획을 결정하고자 하는 때에는 시·도 도시계획위원회의 심의를 거쳐야 한다. 다만,

시·도지사는 지구단위계획 중 ㉠ 건축물의 높이의 최고한도 또는 최저한도에 관한 사항, ㉡ 건축물의 배치·형태·색채 또는 건축선에 관한 계획의 사항, ㉢ 경관 계획에 관한 사항 등에 관해서는 건축법 제4조의 규정에 의하여 시·도에 두는 건축위원회와 도시계획위원회가 공동으로 하는 심의를 거쳐야 한다(§30·③).

㉣ 국토해양부장관 또는 시·도지사는 국방상 또는 국가안전보장상 기밀을 요한다고 인정되는 때(관계 중앙행정기관의 장의 요청이 있는 때에 한한다)에는 그 도시·군 관리계획의 전부 또는 일부에 대하여 협의 또는 심의절차를 생략할 수 있다(§30·④).

㉤ 국토해양부장관 또는 시·도지사는 도시·군 관리계획을 결정한 때에는 이를 고시하고, 관계 서류를 관계 특별시장·광역시장·특별자치시장·특별자치도지사·시장 또는 군수에게 송부하여 일반인이 열람할 수 있도록 해야 하며, 특별시장·광역시장·특별자치시장·특별자치도지사는 관계서류를 일반인이 열람할 수 있도록 하여야 한다(§30·⑥).

4) 도시관리계획 결정의 효력(§31)

도시관리계획결정은 고시가 있은 날부터 5일 후에 그 효력이 발생한다.

도시관리계획결정 당시 이미 사업 또는 공사에 착수한 자는 당해 도시관리계획결정에 관계없이 그 사업 또는 공사를 계속할 수 있다. 다만, 시가화조정구역 또는 수산자원보호구역의 지정에 관한 도시관리계획결정이 있는 경우에는 특별시장·광역시장·시장 또는 군수에게 신고하여 그 사업 또는 공사를 계속할 수 있다.

도시관리계획이 수립되면 국민의 권리가 직접 제한되기 때문에 도시관리계획은 항고소송의 대상이 되는 처분에 해당한다. 판례도 같은 입장이다.

> 판례 **〈고시된 도시계획결정은 행정소송의 대상이 되는 행정청의 처분이다.〉** 도시계획법 제12조 소정의 고시된 도시계획결정은 특정 개인의 권리 내지 법률상의 이익을 개별적이고 구체적으로 규제한 효과를 가져오게 하는 행정청의 처분이라 할 것이고, 이는 행정소송의 대상이 된다(대판 1982. 3. 9, 80누105 도시계획변경 처분 취소).

> 판례 **〈도시계획사업의 실시계획인가는 행정처분의 성질을 가지나, 실시계획인가고시의 위법을 이유로 수용재결처분의 취소를 구할 수 없다.〉** 도시계획사업의 실시계획인가는 그 자체가 행정처분의 성격을 띠는 것으로서 독립하여 행정쟁송의 대상이 되므로 이것이 당연무효가 아닌 한 이 처분이 위법하다고 주장하는 사람은 이 행정처분을 대상으로 하여 그 취소를 구하여야 하고, 이 선행처분을 다투지 아니하고 그 쟁송기간이 도과한 후 수용재결단계에 있어서는 그 처분의 불가쟁력에 의하여 그 도시계획사업의 실시계획인가고시에 위법에 있음을 들어 수용재결처분의 취소를 구할 수는 없다(대판 1991.11.26, 90누9971).

5) 다른 법률에 의하여 지정된 지역의 용도지역 지정 등의 의제(집중효·대체효)

다른 법률에 의하여 구역 등으로 지정·고시된 지역은 국토의 계획·이용법에 의한 도시지역으로 결정·고시된 것으로 본다(§42·①).

관리지역 안에서 「농지법」에 의한 농업진흥지역으로 지정·고시된 지역은 국토의 계획·이용법에 의한 농림지역으로, 관리지역안의 산림 중 「산지관리법」에 의하여 보전산지로 지정·고시된 지역은 당해 고시에서 구분하는 바에 의하여 국토의 계획·이용법에 의한 농림지역 또는 자연환경보전지역으로 결정·고시된 것으로 본다(§42·②).

관계행정기관의 장은 제1항 및 제2항의 규정에 해당하는 항만구역·어항구역·산업단지·택지개발예정지구·전원개발사업구역 및 예정구역·농업진흥지역 또는 보전산지를 지정한 경우에는 국토해양부령이 정하는 바에 따라 제32조의 규정에 의하여 고시된 지형도면 또는 지형도에 그 지정 사실을 표시하여 당해 지역을 관할하는 특별시장·광역시장·시장 또는 군수에게 통보하여야 한다(§42·③).

6) 도시관리계획의 실효(失效)

도시관리계획결정의 고시 이후부터 2년이 되는 날까지 지형도면의 고시가 없는 경우에는 그 2년이 되는 날의 다음 날에 그 도시관리계획결정은 효력을 상실한다(§33).

7) 도시관리계획에 관한 지형도면(§32)

지형도면이라 함은 지적이 표시된 지형도에 도시관리계획 사항을 명시한 도면을 말한다(§32·①). 지형도면은 개별토지에 대하여 도시관리계획상 어떠한 제한이 가해지는 것인지를 명확히 하기 위하여 작성된다.

① 지형도면의 작성

특별시장·광역시장·특별자치시장·특별자치도시사·시장 또는 군수는 도시관리계획결정의 고시가 있는 때에는 지적이 표시된 지형도에 도시관리계획사항을 명시한 도면을 작성하여야 한다. 다만, 도시지역 외의 지역으로서 당해 토지에 도시계획시설이 결정되지 아니한 경우 등 대통령령이 정하는 경우에는 지적이 표시되지 아니한 지형도에 도시관리계획사항을 명시한 도면을 작성할 수 있다.

시장 또는 군수는 지형도면을 작성한 때에는 도지사의 승인을 얻어야 한다.

이 경우 지형도면의 승인신청을 받은 도지사는 그 지형도면과 결정·고시된 도시관리계획을 대조하여 착오가 없다고 인정되는 때에는 대통령령이 정하는 기간 내에 그 지형도면을 승인하여야 한다.

국토해양부장관 또는 도지사는 도시관리계획을 직접 입안한 때에는 관계 특별시장·광역시장·시장 또는 군수의 의견을 들어 직접 지형도면을 작성할 수 있다.

② 지형도면의 고시·열람(§32·④)

국토해양부장관 또는 시·도지사는 직접 지형도면을 작성하거나 지형도면을 승인한 때에는 이를 고시하고, 국토해양부장관 또는 도지사는 관계 서류를 관계 특별시장·광역시장·시장 또는 군수에게 송부하여 일반인이 열람할 수 있도록 해야 하며, 특별시장·광역시장은 관계 서류를 일반인이 열람할 수 있도록 하여야 한다.

대통령령이 정하는 축적 이상의 지형도를 사용하여 도시관리계획결정을 고시한 경우에는 지형도면을 따로 작성하지 아니하고 그 도시관리계획결정의 고시로써 제4항의 규정에 의한 고시에 갈음할 수 있다. 이 경우 도시관리계획결정의 고시내용에는 지형도면을 따로 작성하여 고시하지 아니함을 명기해야 한다(§32·⑤).

지형도면의 고시는 지형도면이 도시관리계획 사항과 일치하는지 여부를 확인하여 아무런 착오가 없으면 이를 그대로 확정·선언하는 확인행위이며, 항고소송의 대상이 되는 처분이다.

판례 **〈지적고시 없이 도시계획사업 실시를 위한 토지를 수용할 수 없다.〉** 처음부터 지적고시가 없었거나 있었다 하더라도 그 계획이 실효된 경우에는 그 토지는 도시계획사업과 아무런 관계가 없으므로 그 계획의 실시를 위한 수용을 할 수 없다(대판 1979. 10. 10, 78누476 토지수용재결처분 취소).

③ 지형도면 고시의 효과

도시관리계획 결정·고시의 도면만으로는 구체적인 범위나 개별토지의 도시계획선을 특정할 수 없으므로 결국 지형도면 고시는 도시관리계획 결정의 구체적·개별적인 범위를 실질적으로 확정하는 효과를 갖는다.

판례 ① **〈도시계획구역 안에서 토지에 대한 형질변경허가 신청에 대한 불허가의 대상이 되는 경우 추상적으로 당해 토지의 합리적 이용이나 도시계획 사업에 지장이 될 우려가 있다는 것만으로는 부족하고 구체적으로(토지의 형질 변경 등 행위허가 기준 등에 관한 규칙)정하는 기준에 적합하지 아니한 경우에 한하여 불허가의 대상이 된다.〉** 도시계획법 시행령 제5조의 2의 규정에 따르면 도시계획구역 안에서 토지에 대한 형질변경허가신청에 대한 불허가의 대상이 되는 경우는 추상적으로 당해 토지의 합리적인 이용이나 도시계획사업에 지장이 될 우려가 있다는 것만으로는 부족하고 구체적으로 건설교통부령인 토지의형질변경등행위허가기준등에관한규칙이 정하는 기준에 적합하지 아니한 경우에 한하여 불허가의 대상이 된다.

② **〈도시계획결정고시의 도면만으로는 구체적인 범위나 개별토지의 도시계획선을 특정할 수 없으므로 결국 도시계획결정의 구체적·개별적인 범위는 지적고시 도면에 의하여 확정된다.〉** 도시계획결정의 효력은 도시계획결정고시로 인하여 생기고 지적고시도면의 승인고시로 인하여 생기는 것은 아니라고 할 것이나, 일반적으로 도시계획결정고시의 도면만으로는 구체적인 범위나 개별토지의 도시계획선을 특정할 수 없으므로 결국 도시계획 결정의 구체적, 개별적인 범위는 지적고시도면에 의하여 확정되고, 따라서 어느 토지가 도시계획법에 의한 도로에 저촉된다는 이유로 토지의형질변경등행위허가기준등에관한규칙 제4조 제1항 제3호 소정의 '공공목적상 원형유지의 필요가 있는 지역'에 해당하는지를 판단함에는 지적고시 내용을 기초로 판단하여야 할 것이다(대판 1999. 2. 9, 98두13195 주유소 건축 불허가 처분 취소).

④ 도시관리계획결정과 지형도면고시의 관계

㉮ 도시관리계획결정은 고시가 있는 날부터 5일 후에 그 효력이 발생하나(§31·①), 그 구체적·개별적 범위는 지적고시도면(지형도면)에 의하여 확정된다(대판 2000. 3. 23, 99두11851. 재개발편입지구에 대한 사업시행 인가를 위한 공람 공고무효확인 등; 1993. 2. 9, 92누5607. 도시계획선 지적고시 등 처분무효).

㉯ 지형도면 고시에 포함되지 아니한 토지에 대하여는 도시관리계획결정의 효력이 미치지 아니하여 이러한 토지에 대하여는 도시관리계획결정을 이유로 행위를 제한하거나 도시계획사업을 시행할 수 없다(대판 1979. 10. 10, 78누476 토지수용 재결 처분 취소). 따라서 지형도면 고시 없이 토지수용을 할 수 없다.

㉰ 지형도면고시는 도시관리계획결정을 기초로 하여 도시계획 사항을 확정하는 것이므로 도시관리계획으로 결정되지 아니한 사항은 지형도면고시가 되더라도 아무런 효력이 없다.

㉱ 도시관리계획결정의 효력은 도시관리계획결정고시로 인하여 발생하고 지형도면고시로 인하여 발생하는 것이 아니다(대판 1993. 2. 9, 92누5607 도시계획 결정의 효력발생 시기).

판례 ① **〈도시계획결정의 구체적·개별적인 범위는 지적고시에 의하여 확정되므로, 지적고시의 경정 또는 변경은 도시계획결정의 범위를 벗어나지 아니하는 한도 내에서만 가능하고, 도시계획결정의 효력을 변경하는 내용의 지적고시 도면의 경정 또는 변경은 그 한계를 넘는 것이어서 허용되지 아니한다.〉** 도시계획결정의 구체적, 개별적인 범위는 지적고시에 의하여 확정되므로 확정된 지적고시의 변경은 실질적으로 도시계획결정을 변경하는 효력이 생기는바, 지적고시 도면에 의한 지적고시에 잘못이 있어 이를 경정하거나 변경한다고 하더라도 그 경정 또는 변경은 도시계획 결정의 범위를 벗어나지 아니하고 지적고시 도면상의 명백한 오류, 착오기재 등을 바로잡는 한도 내에서만 가능하도록, 도시계획 결정의 효력을 변경하는 내용의 지적고시 도면의 경정 또는 변경은 국민의 재산권 보장과 공공의 이익을 규제하는 도시계획법의 입법취지 및 적법절차의 원칙에 비추어 그 한계를 넘는 것이어서 허용되지 않는다(대판 1996. 3. 22, 95누13920 토지형질변경행위허가거부처분취소).

② **〈도시계획 결정의 효력을 변경하는 내용으로 지적고시도면을 경정하거나 변경하기 위하여는 이에 선행하여 도시계획결정을 변경한 다음 그 변경된 도시계획결정에 맞게 지적고시 도면을 경정하거나 변경하여야 한다.〉** 도시계획결정의 효력을 변경하는 내용으로 지적도시 도면을 경정하거나변경하기 위하여는 이에 선행하여 도시계획법 제12조에 의하여 건설부장관이 관계 지방의회의 의견을 듣고 중앙도시계획위원회의 의결을 거쳐 도시계획결정을 변경한 다음 그 변경된 도시계획결정에 맞게 지적고시 도면을 경정하거나 변경하여야 하고, 따라서 이와 같은 절차를 밟지 아니한 채 실질적으로 도시계획결정의 변경을 가져오는 내용으로 시장·군수 또는 구청장이 지적고시 도면을 경정 또는 변경하는 조치는 도시계획법 제12조에 위반되어 위법하고, 그 효력이 없다(대판 1996. 3. 21, 95누13920 토지형질변경행위허가거부처분취소).

8) 도시관리계획의 내용(용도지역·용도지구·용도구역)

① 개요(§36~§40, 동법시행령 §30~§32)

- ㉠ 용도지역
  - ⓐ 도시지역
    - ⅰ 주거지역
      - 전용주거지역
        - 단독주택중심인 제1종 전용주거지역
        - 공동주택중심인 제2종 전용주거지역
      - 일반주거지역
        - 저층주택중심인 제1종 일반주거지역
        - 중층주택중심인 제2종 일반주거지역
        - 중고층주택중심인 제3종 일반주거지역
      - 준주거지역(주거기능을 위주로 일부 상업기능 및 업무기능의 보완이 필요한 지역)
    - ⅱ 상업지역
      - 중심상업지역
      - 일반상업지역
      - 근린상업지역(근린지역에서 일용품 및 서비스의 공급을 위해 필요한 지역)
      - 유통상업지역(도시 내 및 지역 간 유통기능 증진을 위해 필요한 지역)
    - ⅲ 공업지역
      - 전용공업지역
      - 일반공업지역
      - 준공업지역(경공업 그 밖의 공업을 수용하되, 주거기능·상업기능 및 업무기능의 보완이 필요한 지역)
    - ⅳ 녹지지역
      - 보전녹지지역(도시의 자연환경·경관·산림 및 녹지공간을 보전할 필요가 있는 지역)
      - 생산녹지지역(주로 농업적 생산을 위하여 개발을 유보할 필요가 있는 지역)
      - 자연녹지지역(도시의 녹지공간으로 확보, 도시 확산의 방지, 장래도시용지의 공급 등을 위하여 보전할 필요가 있는 지역으로, 불가피한 경우에 한하여 제한적인 개발이 허용되는 지역)
  - ⓑ 관리지역
    - ⅰ 보전관리지역
    - ⅱ 생산관리지역
    - ⅲ 계획관리지역
  - ⓒ 농림지역
  - ⓓ 자연환경보전지역

ⓛ 용도지구
- ⓐ 경관지구(① 자연경관지구, ② 수변경관지구, ③ 시가지경관지구)
- ⓑ 미관지구(① 중심지미관지구, ② 역사문화미관지구, ③ 일반미관지구)
- ⓒ 고도지구(① 최고고도지구, ② 최저고도지구)
- ⓓ 방화지구
- ⓔ 방재지구
- ⓕ 보존지구(① 문화자원보존지구, ② 중요시설물보존지구, ③ 생태계보존지구)
- ⓖ 시설보호지구(① 학교시설보호지구, ② 공용시설보호지구, ③ 항만시설보호지구, ④ 공항시설보호지구)
- ⓗ 취락지구(① 자연취락지구, ② 집단취락지구)
- ⓘ 개발진흥지구(주거개발진흥지구, 산업개발진흥지구, 유통개발진흥지구, 관광휴양개발진흥지구, 복합개발진흥지구, 특정개발진흥지구)
- ⓙ 특정용도제한지구
- ⓚ 그 밖에 대통령령이 정하는 지구

ⓒ 용도구역
- ⓐ 개발제한구역
- ⓑ 도시자연공원구역
- ⓒ 시가화조정구역
- ⓓ 수산자원보호구역

② 용도지역

㉮ 의 의 : 용도지역이라 함은 토지의 이용 및 건축물의 용도·건폐율·용적률·높이 등을 제한함으로써 토지를 경제적·효율적으로 이용하고 공공복리의 증진을 도모하기 위하여 서로 중복되지 않게 도시관리계획으로 결정하는 지역을 말한다(§2·15호).

동법은 전국토를 종전의 5개 용도지역(도시·준도시·농림·준농림·자연환경보전지역)에서 4개 용도지역(도시·관리·농림·자연환경보전지역)으로 축소하고, 종전에 난개발문제가 제기되었던 준농림지역이 관리지역으로 편입되고 관리지역을 보전관리지역·생산관리지역·계획관리지역으로 세분하여 관리하도록 함으로써 난개발문제의 해소를 도모하고 있다.

㉯ 용도지역의 지정 : 토지의 이용실태 및 특성, 장래의 토지이용방향 등 고려하여 용도지역을 도시지역·관리지역·농림지역·자연환경보전지역으로 구분하며, 국토해양부장관, 시·도지사 또는 대도시 시장은 용도지역의 지정 또는 변경을 도시관리계획으로 결정한다. 용도지역의 구분은 다음과 같다(§36).

판례는 용도지역 지정·변경행위는 일종의 행정계획으로서 재량행위(계획재량)이고, 행정청이 용도지역을 자연녹지지역으로 지정하였다가 그보다 규제가 엄한 보전녹지지역으로 지정 결정하는 내용으로 도시계획을 변경한 경우, 신뢰보호의 원칙이 적용되지 아니한다고 보고 있다.

판례 ① **〈행정청이 용도지역을 자연녹지지역으로 지정하였다가 그보다 규제가 엄한 보전 녹지지역으로 지정 결정하는 내용으로 도시계획을 변경한 경우, 신뢰보호의 원칙이 적용되지 아니한다.〉** 행정청이 용도지역을 자연녹지지역으로 지정 결정하였다가 그보다 규제가 엄한 보전녹지지역으로 지정 결정하는 내용으로 도시계획을 변경한 경우, 행정청이 용도지역을 자연녹지지역으로 결정한 것만으로는 그 결정 후 그 토지의 소유권을 취득한 자에게 용도지역을 종래와 같이 자연녹지지역으로 유지하거나 보전녹지지역으로 변경하지 않겠다는 취지의 공적인 견해표명을 한 것이라고 볼 수 없고, 토지소유자가 당해 토지 지상에 물류창고를 건축하기 위한 준비행위를 하였더라도 그와 같은 사정만으로는 용도지역을 자연녹지지역에서 보전 녹지지역으로 변경하는 내용의 도시계획변경결정이 행정청의 공적인 견해표명에 반하는 처분을 함으로써 그 견해표명을 신뢰한 개인의 이익이 침해되는 결과가 초래된 것이라고도 볼 수 없다는 등의 이유로, 신뢰보호의 원칙이 적용되지 않는다고 본 원심의 판단을 수긍한 사례.

② **〈도시계획법상 용도지역 지정 행위나 용도지역 변경 행위는 전문적·기술적 판단에 기초하여 행하여지는 일종의 행정계획으로서 재량행위이다.〉** 도시계획 변경 결정 당시 도시계획법령에 의하면, 도시계획 구역 안에서의 녹지지역은 보건위생·공해방지, 보안과 도시의 무질서한 확산을 방지하기 위하여 녹지의 보전이 필요한 때에 지정되고, 그 중 보전녹지지역은 도시의 자연환경·경관·수림 및 녹지를 보전할 필요가 있을 때에, 자연녹지지역은 녹지공간의 보전을 해하지 아니하는 범위 안에서 제한적 개발이 불가피할 때 각 지정되는 것으로서 위와 같은 용도지역지정 행위나 용도지역변경 행위는 전문적·기술적 판단에 기초하여 행하여지는 일종의 행정계획으로서 재량행위라 할 것이지만, 행정주체가 가지는 이와 같은 계획재량은 그 행정계획에 관련되는 자들의 이익을 공익과 사익 사이에서는 물론이고 공익 상호간과 사익 상호간에도 정당하게 비교·교량하여야 하고 그 비교·교량은 비례의 원칙에 적합하도록 하여야 하는 것이므로, 만약 행정주체가 행정계획을 입안·결정함에 있어서 이익형량을 전혀 행하지 아니하였거나 이익형량의 고려 대상에 마땅히 포함시켜야 할 중요한 사항을 누락한 경우 또는 이익형량을 하였으나 그것이 비례의 원칙에 어긋나게 된 경우에는 그 행정계획 결정은 재량권을 일탈·남용한 것으로 위법하다(대판 2005. 3. 10, 2002두5474 도시계획 변경 결정 취소 청구).

㉠ 도시지역 : 인구와 산업이 밀집되어 있거나 밀집이 예상되어 당해 지역에 대하여 체계적인 개발·정비·관리·보전 등이 필요한 지역으로서 다음과 같이 세분된다(§6·1호, §36).

ⓐ 주거지역 : 거주의 안녕과 건전한 생활환경의 보호를 위하여 필요한 지역이다. 이는 다시 전용주거지역(제1종·제2종 전용주거지역), 일반주거지역(제1종·제2종·제3종 일반주거지역), 준주거지역이 있다.

ⓑ 상업지역 : 상업 그 밖의 업무의 편익증진을 위하여 필요한 지역이다. 이는 다시 중심상업지역, 일반상업지역, 근린상업지역, 유통상업지역이 있다.

ⓒ 공업지역 : 공업의 편익증진을 위하여 필요한 지역이다. 이는 다시 전용공업지역, 일반공업지역, 준공업지역이 있다.

ⓓ 녹지지역 : 자연환경·농지 및 산림의 보호, 보건위생, 보안과 도시의 무질서한

확장을 방지하기 위하여 녹지의 보전이 필요한 지역이다. 이는 다시 보전녹지지역, 생산녹지지역, 자연녹지지역이 있다.

㉡ 관리지역 : 도시지역의 인구와 산업을 수용하기 위하여 도시지역에 준하여 체계적으로 관리하거나 농림업의 진흥, 자연환경 또는 산림의 보전을 위하여 농림지역 또는 자연환경보전지역에 준하여 관리가 필요한 지역으로서 다음과 같이 구분하여 지정한다.

ⓐ 보전관리지역 : 자연환경보호, 산림보호, 수질오염방지, 녹지공간확보 및 생태계 보전 등을 위하여 보전이 필요하나, 주변의 용도지역과의 관계 등을 고려할 때 자연환경보전지역으로 지정하여 관리하기가 곤란한 지역

ⓑ 생산관리지역 : 농업·임업·어업생산 등을 위하여 관리가 필요하나, 주변의 용도지역과의 관계 등을 고려할 때 농림지역으로 지정하여 관리하기가 곤란한 지역

ⓒ 계획관리지역 : 도시지역으로의 편입이 예상되는 지역이나 자연환경을 고려하여 제한적인 이용·개발을 하려는 지역으로서 계획적·체계적인 관리가 필요한 지역

㉢ 농림지역 : 도시지역에 속하지 아니하는 「농지법」에 의한 농업진흥지역 또는 「산지관리법」에 의한 보전산지 등으로서 농림업을 진흥시키고 산림을 보전하기 위하여 필요한 지역이다(§6·3호).

㉣ 자연환경보전지역 : 자연환경·수자원·해안·생태계·상수원 및 문화재의 보전과 수산자원의 보호·육성 등을 위하여 필요한 지역이다(§6·4호).

㈐ 다른 법률에 의하여 지정된 지역의 용도지역지정의 의제(§42).

다음의 구역 등으로 지정·고시된 지역은 「국토의 계획 및 이용에 관한 법률」에 의한 도시지역으로 결정·고시된 것으로 본다.

㉠ 「항만법」상의 항만구역으로서 도시지역에 연접된 공유수면

㉡ 「어촌·어항법」상의 어항구역으로서 도시지역에 연접된 공유수면

㉢ 「산업입지 및 개발에 관한 법률」상의 국가산업단지 일반산업단지 및 도시첨단 산업단지

㉣ 「택지개발촉진법」상의 택지개발지구

㉤ 「전원개발촉진법」상의 전원개발 사업구역 및 예정구역(수력발전소 또는 송·변전설비만을 설치하기 위한 전원개발사업구역 및 예정구역을 제외한다)

그리고 관리지역안에서 「농지법」에 의한 농업진흥지역으로 지정·고시된 지역은 국토의 계획·이용법에 의한 농림지역으로, 관리 지역안의 산림 중 「산지관리법」에 의하여 보전산지로 지정·고시된 지역은 당해 고시에서 구분하는 바에 의하여 국토의 계획·이용법에 의한 농림지역 또는 자연환경보전 지역으로 결정·고시된 것으로 본다(§42·②).

㉥ 관계행정기관의 장은 ㉠ 내지 ㉤에 해당하는 항만구역, 어항구역, 산업단지, 택지개발지구, 전원개발 사업구역 및 예정구역, 농업진흥지역 또는 보전산지를 지정한 경우에는 국토해양부령으로 정하는 바에 따라 제32조에 따라 고시된 지형도면 및 지형도에 그 지정 사실을 표시하여 그 지역을 관할하는 "자치단체장"에게 통보하여야 한다.

㉣ 용도지역에서의 행위제한(§76~§79)

㉠ 건축물 등의 건축제한 : 용도지역 안에서의 건축물 그 밖의 시설의 용도·종류 및 규모 등의 제한에 관한 사항은 대통령령으로 정한다.

㉡ 건폐율 : 용도지역 안에서의 건폐율(대지면적에 대한 건축면적의 비율)의 최대한도는 관할구역의 면적 및 인구규모, 용도지역의 특성 등을 감안하여 다음 각 호의 범위 안에서 대통령령이 정하는 기준에 따라 특별시·광역시·시 또는 군의 조례로 정한다.

ⓐ 도시지역 : 주거지역은 70, 상업지역은 90, 공업지역은 70, 녹지지역은 20 퍼센트 이하

ⓑ 관리지역 : 보전관리지역은 20, 생산관리지역은 20, 계획관리지역은 40 퍼센트 이하

ⓒ 농림지역 : 20퍼센트 이하

ⓓ 자연환경보전지역 : 20퍼센트 이하

㉢ 용적률 : 용도지역 안에서의 용적률(대지면적에 대한 건축연면적의 비율)의 최대한도는 관할구역의 면적 및 인구규모, 용도지역의 특성 등을 감안하여 다음 각 호의 범위 안에서 대통령령이 정하는 기준에 따라 특별시·광역시·시 또는 군의 조례로 정한다.

ⓐ 도시지역 : 주거지역은 500, 상업지역은 1천500, 공업지역은 400, 녹지지역은 100퍼센트 이하

ⓑ 관리지역 : 보전관리지역은 80, 생산관리지역은 80, 계획관리지역은 100퍼센트 이하

ⓒ 농림지역 : 80퍼센트 이하

ⓓ 자연환경보전지역 : 80퍼센트 이하

③ 용도지구

㉮ 의 의 : 용도지구라 함은 토지의 이용 및 건축물의 용도·건폐율·용적률·높이 등에 대한 용도지역의 제한을 강화 또는 완화하여 적용함으로써 용도지역의 기능을 증진시키고 미관·경관·안전 등을 도모하기 위하여 도시관리계획으로 결정하는 지역을 말한다(§2·16호).

이러한 용도지구는 특정 용도지역 위에 지정됨으로써 용도지역의 기능을 보완하는 기능을 수행한다. 용도지구는 용도지역과는 달리 국토전체에 대하여 지정되는 것은

아니며, 동일지역에 있어서도 지구가 서로 양립되지 않는 한 둘 이상의 용도지구가 중복 지정될 수 있다.

㈏ 용도지구의 지정 : 국토해양부장관, 시·도지사 또는 대도시 시장은 ㉠ 경관지구~㉧ 특정용도 제한지구 중 어느 하나의 용도지구의 지정 또는 변경을 도시관리계획으로 결정한다(§37).

용도지구의 구분은 다음과 같다.

㉠ 경관지구 : 경관을 보호·형성하기 위하여 필요한 지구

㉡ 미관지구 : 미관을 유지하기 위하여 필요한 지구

㉢ 고도지구 : 쾌적한 환경조성 및 토지의 고도이용과 그 증진을 위하여 건축물의 높이의 최저한도 또는 최고한도를 규제할 필요가 있는 지구

㉣ 방화지구 : 화재의 위험을 예방하기 위하여 필요한 지구

㉤ 방재지구 : 풍수해, 산사태, 지반의 붕괴 그 밖의 재해를 예방하기 위하여 필요한 지구

㉥ 보존지구 : 문화재, 중요시설물 및 문화적·생태적으로 보존가치가 큰 지역의 보호와 보존을 위하여 필요한 지구

㉦ 시설보호지구 : 학교시설·공용시설·항만 또는 공항의 보호, 업무기능의 효율화, 항공기의 안전운항 등을 위하여 필요한 지구

㉧ 취락지구 : 녹지지역·관리지역·농림지역·자연환경보전지역·개발제한구역 또는 도시자연공원구역 안의 취락을 정비하기 위한 지구

㉨ 개발진흥지구 : 주거기능·상업기능·공업기능·유통물류기능·관광기능·휴양기능 등을 집중적으로 개발·정비할 필요가 있는 지구

㉩ 특정용도제한지구 : 주거기능 보호 또는 청소년보호 등의 목적으로 청소년 유해시설 등 특정시설의 입지를 제한할 필요가 있는 경우

㉪ 그 밖에 대통령령이 정하는 지구 : 이에 해당하는 것으로는 위락지구(위락시설을 집단화하여 다른 지역의 환경을 보호하기 위해 필요한 지구)와 리모델링지구(노후된 공동주택 등 건축물의 밀집된 지역으로서 새로운 개발보다는 현재의 환경을 유지하면서 이를 정비할 필요가 있는 지구) 등이 있다(동법시행령 §31).

㈐ 조례에 의한 용도지구의 지정 : 시·도지사 또는 대도시 시장은 지역여건상 필요하면 당해 시·도 또는 대도시의 조례로 용도지구의 명칭 및 지정목적, 건축이나 그 밖의 행위의 금지 및 제한에 관한 사항 등을 정하여 동법 및 동법시행령에 규정된 용도지구 외의 용도지구의 지정 또는 변경을 도시·군 관리계획으로 결정할 수 있다(§37·③). 이러한 조례에 의한 용도지구의 신설은 ㉠ 법에서 정하고 있는 용도지역, 용도지구 또는 용도구역만으로는 효율적인 토지이용을 달성할 수 없는 부득이한 사유가 있는 경우에 한하여야 하며, ㉡ 용도지구 안에서의 행위제한은 그 용도지구의 지정목적 달성에 필요한 최소한도에 그쳐야 하고, ㉢ 당해 용도지역 또는 용도구역의 행위제한을 완화하는 용도지구를 설치하지 아니한다는 기준을 따라야 한다(동법시행령 §31·④).

㉱ 용도지구 안에서의 행위제한

용도지구 안에서의 건축물 그 밖의 시설의 용도·종류 및 규모 등의 제한에 관한 사항은 이 법 또는 다른 법률에 특별한 규정이 있는 경우를 제외하고는 대통령령이 정하는 기준에 따라 특별시·광역시·특별자치시·특별자치도·시 또는 군의 조례로 정할 수 있다(§76·②).

④ **용도구역**(개발제한구역 등)(상세설명은 공용부담 중 공용제한에서 함)

㉮ 의 의 : 용도구역이라 함은 토지의 이용 및 건축물의 용도·건폐율·용적률·높이 등에 대한 용도지역 및 용도지구의 제한을 강화 또는 완화하여 정함으로써 시가지의 무질서한 확산방지, 계획적이고 단계적인 토지이용의 도모, 토지이용의 종합적 조정·관리 등을 위하여 도시관리계획으로 결정하는 지역을 말한다(§2·17호).

㉯ 용도구역의 구분 및 지정(§38~§40)

용도구역에는 개발제한구역, 도시자연공원구역, 시가화조정구역 및 수산자원보호구역으로 각각 지정한다.

㉠ 개발제한구역의 지정(§38) : 국토해양부장관은 도시의 무질서한 확산을 방지하고 도시주변의 자연환경을 보전하여 도시민의 건전한 생활환경을 확보하기 위하여 도시의 개발을 제한할 필요가 있거나 국방부장관의 요청이 있어 보안상 도시의 개발을 제한할 필요가 있다고 인정되는 경우에는 개발제한구역의 지정 또는 변경을 도시관리계획으로 결정할 수 있다. 개발제한구역의 지정 또는 변경에 관하여 필요한 사항은 따로 법률로 정하도록 하고 있는데, 이에 해당하는 법률이 바로 「개발제한구역의 지정 및 관리에 관한 특별조치법」이다(상세 설명은 공용제한 중 개발제한구역에서 설명함).

㉡ 시가화 조정구역의 지정(§39) : 국토해양부장관은 직접 또는 관계 행정기관의 장의 요청을 받아 도시지역과 그 주변지역의 무질서한 시가화를 방지하고 계획적·단계적인 개발을 도모하기 위하여 대통령령이 정하는 일정기간동안 시가화를 유보할 필요가 있다고 인정되는 경우에는 시가화조정구역의 지정 또는 변경을 도시관리계획으로 결정할 수 있다.

㉢ 수산자원보호구역의 지역(§40) : 농림수산식품부장관은 직접 또는 관계 행정기관의 장의 요청을 받아 수산자원의 보호·육성을 위하여 필요한 공유수면이나 그에 인접된 토지에 대한 수산자원보호구역의 지정 또는 변경을 도시관리계획으로 결정할 수 있다.

㉣ 도시자연공원구역의 지정(§38의2) : 시·도지사 또는 대도시 시장은 도시의 자연환경 및 경관을 보호하고 도시민에게 건전한 여가·휴식공간을 제공하기 위하여 도시지역 안의 식생이 양호한 산지의 개발을 제한할 필요가 있다고 인정하는 경우에는 도시자연공원구역의 지정 또는 변경을 도시관리계획으로 결정할 수 있다. 도시자연공

원구역의 지정 또는 변경에 관하여 필요한 사항은 따로 법률로 정하도록 하고 있는바, 이에 해당하는 법률이 바로 「도시공원 및 녹지 등에 관한 법률」이다.

㉰ 용도구역 안에서의 행위제한

㉠ 시가화조정구역 안에서의 행위제한 : 시가화조정구역 안에서의 도시계획사업은 대통령령이 정하는 사업에 한하여 이를 시행할 수 있다(§81). 시가화조정구역 안에서는 제56조(개발행위의 허가) 및 제76조(용도지역 및 용도지구안에서의 건축물의 건축제한)의 규정에 불구하고 다음 각 호의 1에 해당하는 행위에 한하여 특별시장·광역시장·시장 또는 군수의 허가를 받아 이를 할 수 있다(§81·②).

1. 농업·임업 또는 어업용의 건축물 중 대통령령이 정하는 종류와 규모의 건축물 그 밖의 시설을 건축하는 행위
2. 마을공동시설, 공익시설·공공시설, 광공업 등 주민의 생활을 영위하는데 필요한 행위로서 대통령령이 정하는 행위
3. 입목의 벌채, 조림, 육림, 토석의 채취 그 밖에 대통령령이 정하는 경미한 행위

㉡ 수산자원보호구역 안에서의 행위제한

수산자원보호구역의 관리 및 수산자원보호구역 안에서의 행위제한 등에 관한 규율은 수산업법에서 규정하고 있다. 수산자원 보호구역은 그 구역을 관할하는 특별시장·광역시장·특별자치도지사·시장 또는 군수(이하 "관리관청"이라 한다)가 관리한다.

수산자원보호구역안에서의 도시계획사업은 대통령령이 정하는 사업에 한하여 이를 시행할 수 있다(수산업법§67의3·①). 수산자원보호구역안에서는 「국토의 계획·이용법」 제56조(개발행위의 허가) 및 제76조(용도지역 및 용도지구 안에서의 건축물의 건축제한)의 규정에 불구하고 제1항의 도시계획사업에 의하는 경우를 제외하고는 다음 각 호의 1에 해당하는 행위에 한하여 특별시장·광역시장·시장 또는 군수의 허가를 받아 이를 할 수 있다(수산업법§67의3·②).

1. 수산자원의 보호 또는 수산자원의 육성 등을 위하여 필요한 건축물 그 밖의 시설 중 대통령령이 정하는 종류와 규모의 건축물 그 밖의 시설을 건축하는 행위
2. 주민의 생활을 영위하는데 필요한 건축물 그 밖의 시설을 설치하는 행위로서 대통령령이 정하는 행위
3. 산림자원의 조성 및 관리에 관한 법률 또는 산지관리법에 의한 조림·육림·임도의 설치 그 밖에 대통령령이 정하는 경미한 행위

㉢ 개발제한구역 안에서의 행위제한 : 개발제한구역 안에서의 행위제한 그 밖에 개발제한구역의 관리에 관하여 필요한 사항은 따로 법률로 정하도록 하고 있는 바(§80) 이에 해당하는 법률이 바로 「개발제한구역의 지정 및 관리에 관한 특별조치법」이다. 동법률상 주요내용은 다음과 같다.

ⓐ 개발제한구역관리계획의 수립 : 개발제한구역을 관할하는 특별시장·광역시장

또는 도지사(이하 '시·도지사'라 한다)는 개발제한구역을 종합적으로 관리하기 위하여 5년 단위로 다음 각 호의 사항이 포함된 개발제한구역관리계획(이하 '관리계획'이라 한다)을 수립하여 국토해양부장관의 승인을 얻어야 한다(동법 §11). 개발제한구역의 관리의 목표와 기본방향·현황 및 실태의 조사·토지이용 및 보전, 개발제한구역 안에서 도시계획시설의 설치·대통령령이 정하는 규모이상의 건축물의 건축 및 토지의 형질변경, 취락지구의 지정 및 정비, 주민지원 사업, 개발제한구역의 관리 및 주민지원사업에 필요한 재원의 조달 및 운용, 기타 개발제한구역의 합리적인 관리를 위하여 대통령령이 정하는 사항이다.

ⓑ 개발제한구역에서의 행위제한 : 개발제한구역에서는 건축물의 건축 및 용도변경, 공작물의 설치, 토지의 형질변경, 죽목의 벌채, 토지의 분할, 물건을 쌓아놓는 행위 또는 「국토의 계획 및 이용에 관한 법률 제2조 제11호」의 규정에 의한 도시계획사업(도시계획사업이라 함은 도시관리계획을 시행하기 위한사업으로서 도시계획시설사업, 도시개발법에 의한도시개발사업및 도시 및 주거환경정비법에 의한정비사업을 말한다)의 시행을 할 수 없다.

다음 각 호의 1에 해당하는 행위를 하고자 하는 자는 특별자치도지사·시장·군수 또는 구청장의 허가를 받아 이를 행할 수 있다(동법 §12·①).

1. 다음 각 목의 1에 해당하는 건축물 또는 공작물로서 대통령령이 정하는 건축물의 건축 또는 공작물의 설치와 이에 따른 토지의 형질변경
   가. 도로·철도 및 상·하수도 등 공공용 시설
   나. 축사 및 창고 등 농림수산업을 영위하기 위한 건축물 및 공작물
   다. 주택 및 근린생활시설
   라. 농로·제방·마을회관 등 개발제한구역의 주민이 공동으로 이용하는 시설
   마. 옥외 체육시설
   바. 휴양림·수목원 등 도시민의 여가활용을 위한 시설
   사. 국방·군사에 관한 시설
   아. 학교·폐기물처리시설 및 전기공급시설 등 공익 시설
2. 개발제한구역 안의 건축물로서 취락지구 안으로의 이축
3. 공익사업을 위한 토지 등의 취득 및 보상에 관한 법률상의 공입사업의 시행으로 인하여 철거된 건축물의 이축을 위한 이주단지의 조성
4. 건축물의 건축을 수반하지 아니하는 토지의 형질변경으로서 영농을 위한 경우 등 대통령령이 정하는 토지의 형질 변경
5. 벌채면적 및 수량(樹量) 기타 대통령령이 정하는 규모 이상의 죽목의 벌채
6. 대통령령이 정하는 범위의 토지의 분할
7. 모래·자갈·토석 등 대통령령이 정하는 물건을 대통령령이 정하는 기간 동안

쌓아 놓는 행위

8. 1호 또는 존속 중인 건축물 중 대통령령이 정하는 건축물은 근린생활시설 등 대통령령이 정하는 용도로 용도 변경하는 행위

ⓒ 취락지구에 대한 특례 : 시·도지사는 개발제한구역 안에 주민이 집단적으로 거주하는 취락을 국토의 계획 및 이용에 관한 법률(§37·①·8호)에 의한 취락지구로 지정할 수 있다(§15·①).

취락을 구성하는 주택의 수, 단위면적당 주택의 수, 취락지구의 경계설정기준 등 취락지구의 지정기준 및 정비에 관한 사항은 대통령령으로 정한다(§15·②). 취락지구에서의 건축물의 용도·높이·연면적 및 건폐율에 관하여는 제11조 제6항의 규정에 불구하고 따로 대통령령으로 정한다(§15·③).

ⓓ 주민지원사업 : 시장·군수 또는 구청장은 관리계획에 따라 개발 제한구역주민의 생활편익과 복지증진 등을 위한 지원사업을 시행할 수 있다. 국토해양부장관은 국가균형발전특별법에 의한 국가 균형발전 특별회계에서 주민지원사업에 소요되는 비용을 지원할 수 있고, 취락지구 안에 건설하는 주택에 대하여는 주택법에 의한 국민주택기금을 우선하여 지원할 수 있다(동법 §16).

ⓔ 개발제한구역과 권리구제 : 상세설명은 공용제한 중 개발제한구역에서 설명한다. 토지매수의 청구 : 개발제한구역의 지정으로 인하여 개발제한구역안의 토지를 종래의 용도로 사용할 수 없어 그 효용이 현저히 감소된 토지 또는 당해 토지의 사용 및 수익이 사실상 불가능한 토지(이하 '매수대상 토지'라 한다)의 소유자로서 다음 각 호의 1에 해당하는 자는 국토해양장관에게 당해 토지의 매수를 청구할 수 있다(§17).

1. 개발제한구역의 지정당시부터 당해 토지를 계속 소유한 자
2. 토지의 사용·수익이 사실상 불가능하게 되기 전에 당해 토지를 취득하여 계속 소유한 자
3. 제1호 또는 제2호의 자로부터 당해 토지를 상속받아 계속 소유한 자

국토해양부장관은 매수청구를 받은 토지가 요건의 기준에 해당되는 때에는 이를 매수하여야 한다. 매수대상토지의 구체적인 판정기준은 대통령령으로 정한다(§17·②·③).

㉣ 도시자연공원구역 안에서의 행위제한 : 도시자연공원구역의 지정 또는 변경에 필요한 사항은 따로 법률로 정하도록 하고 있는 바, 이에 해당하는 법률이 바로 「도시공원 및 녹지 등에 관한 법률」이다. 동법률상의 주요내용은 다음과 같다.

ⓐ 공원녹지기본계획의 수립권자 : 공원녹지기본계획수립권자(특별시장·광역시장 또는 대통령령으로 정하는 시의 시장)는 10년을 단위로 하여 관할구역 안의 도시지역에 대하여 공원녹지의 확충·관리·이용방향을 종합적으로 제시하는 기본계획(이하 '공원녹지기본계획'이라 한다)을 수립하여야 하고,

공원녹지기본계획에 의하여 그가 관할하는 도시지역의 일부에 대하여 도시녹화계획을 수립해야 한다(동법 §5, §11).

ⓑ 도시공원 : 도시공원은 그 기능 및 주제에 의하여 다음과 같이 세분한다(§15).

- 생활권공원 : 소공원, 어린이공원, 근린공원.
- 주제공원 : 역사공원, 문화공원, 수변공원, 묘지공원, 체육공원, 그 밖에 시·도의 조례가 정하는 공원

ⓒ 도시공원의 점용허가 : 도시공원 안에서는 다음 각 호의 1에 해당하는 행위를 하고자 하는 자는 대통령령이 정하는 바에 의하여 당해 도시공원을 관리하는 특별시장·광역시장·시장 또는 군수의 점용허가를 받아야 한다(§24).

1. 공원시설 외의 시설·건축물 또는 공작물을 설치하는 행위
2. 토지의 형질변경
3. 죽목의 벌채·재식(栽植)
4. 토석의 채취
5. 물건의 적치

ⓓ 도지자연공원구역에서의 행위제한 : 도시자연공원구역에서는 건축물의 건축 및 용도변경, 공작물의 설치, 토지의 형질변경, 토석의 채취, 토지의 분할, 죽목의 벌채, 물건의 적치 또는 국토의 계획 및 이용에 관한 법률 제2조의 제11호의 도시계획사업(도시계획시설사업,「도시개발법」상 도시개발사업및「도시 및주거환경정비법」상 정비사업)의 시행을 할 수 없다(§27). 다만, 다음 각 호의 1에 해당하는 행위는 특별시장·광역시장·시장 또는 군수의 허가를 받아 이를 할 수 있다.

1. 다음 각 목의 어느 하나에 해당하는 건축물 또는 공작물로서 대통령령이 정하는 건축물의 건축 또는 공작물의 설치와 이에 따르는 토지의 형질 변경
   가. 도로·철도 등 공공용시설
   나. 임시건축물 또는 임시공작물
   다. 휴양림·수목원 등 도시민의 여가활용시설
   라. 등산로·철봉 등 체력단련시설
   마. 전기·가스 관련시설 등 공익시설
   바. 주택·근린생활시설
2. 기존건축물 또는 공작물의 개축·재축·증축 또는 대수선
3. 건축물의 건축을 수반하지 아니하는 토지의 형질변경
4. 대통령령이 정하는 토석의 채취, 죽목의 벌채 및 물건의 적치

ⓔ 취락지구에 대한 특례 : 시·도지사는 도시자연공원구역 안에 주민이 집단적으로 거주하는 취락을「국토의 계획 및 이용에 관한 법률」(§37·①·8호)에 의한 '취락지구'로 지정할 수 있다(§28).

취락을 구성하는 주택의 수, 단위면적당 주택의 수, 취락지구의 경계설정기준 등 취락지구의 지정기준 그 밖에 필요한 사항은 대통령령으로 정한다. 취락지구 안에서의 건축물의 용도·높이·연면적·건폐율 및 용적률에 관하여는 제27조 제3항의 규정에 불구하고 따로 대통령령으로 정한다(§28·②·③).

9) 도시계획시설설치에 관한 도시관리계획

① 도시계획시설의 의의

도시계획시설이란 기반시설 중 도시관리계획으로 결정된 시설을 말한다(§2·제7호). 기반시설에는 ㉮ 「교통시설」로는 도로·철도·항만·공항·주차장, ㉯ 「공간시설」로는 광장·공원·녹지, ㉰ 「유통·공급시설」로는 유통업무설비, 수도·전기·가스공급설비, 방송·통신시설, 공동구, ㉱ 「공동·문화체육시설」로는 학교·운동장·공공청사·문화시설·체육시설, ㉲ 「방재시설」로는 하천·유수지·방화설비, ㉳ 「보건위생시설」로는 화장장·공동묘지·납골시설, ㉴ 「환경기초시설」로는 하수도·폐기물 처리시설 등이 있다(§2·제6호).

② 도시관리계획결정

지상·수상·공중·수중 또는 지하에 기반시설을 설치하고자 하는 때에는 그 시설의 종류·명칭·위치·규모 등을 미리 도시관리계획으로 결정하여야 한다(§43).

다만, 용도지역·기반시설의 특성 등을 감안하여 대통령령이 정하는 경우에는 그렇지 않다(§43 단서).

③ 도시계획시설의 관리

도시계획시설의 관리에 관하여는 이 법 또는 다른 법률에 특별한 규정이 있는 경우를 제외하고는 국가가 관리하는 경우에는 대통령령으로, 지방자치단체가 관리하는 경우에는 해당 지방자치단체의 조례로 도시계획시설의 관리에 관한 사항을 정한다(§43·③).

④ 도시계획시설의 공중 및 지하에의 설치기준과 보상

도시계획시설을 공중·수중·수상 또는 지하에 설치함에 있어서 그 높이 또는 깊이의 기준과 그 설치로 인하여 토지나 건물에 대한 소유권의 행사에 제한을 받는 자에 대한 보상 등에 관하여는 따로 법률로 정한다(§46).

⑤ 도시계획시설부지의 매수청구

도시계획시설에 대한 도시관리계획의 결정(이하 '도시계획시설결정'이라 한다)의 고시일부터 10년 이내에 당해 도시계획시설의 설치에 관한 도시계획시설사업이 이행되지 아니하는 경우(제88조의 규정에 의한 실시계획의 인가 또는 그에 상당하는 절차가 행하여진 경우를 제외한다) 당해 도시계획시설의 부지로 되어 있는 토지 중 지목이 대인 토지(당해 토지에 있는 건축물 및 정착물을 포함한다.)의 소유자는 대통령령이 정하는 바에 따라 특별시장·광역시장·시장 또는 군수에게 당해 토지의 매수를 청구할 수 있다. 다만, 다음 각 호의 1의 경우에는 그에 해당하는 자(이하 특별시장·광역시장·시장 또는

(군수를 포함하며, 이 조에서 '매수의무자'라 한다)에게 당해 토지의 매수를 청구할 수 있다.

1. 이 법에 의하여 당해 도시계획시설사업의 시행자가 정하여진 경우에는 그 시행자
2. 이 법 또는 다른 법률에 의하여 도시계획시설을 설치하거나 관리해야 할 의무가 있는 자가 있는 경우에는 그 의무가 있는 자. 이 경우 도시계획시설을 설치하거나 관리하여야 할 의무가 있는 자가 서로 다른 경우에는 설치하여야 할 의무가 있는 자에게 매수청구하여야 한다(§47·①).

매수의무자는 매수청구를 받은 토지를 매수하는 때에는 현금으로 그 대금을 지급한다. 다만, 다음 각 호의 1에 해당하는 경우로서 매수의무자가 지방자치단체인 경우에는 채권(이하 '도시계획시설채권'이라 한다)을 발행하여 지급할 수 있다.

1. 토지소유자가 원하는 경우
2. 대통령령이 정하는 부재부동산소유자의 토지 또는 비업무용토지로서 매수대금이 대통령령이 정하는 일정금액을 초과하는 경우 그 초과하는 금액에 대하여 지급하는 경우

도시계획시설채권의 상환기간은 10년 이내로 하며, 그 이율은 채권발행 당시 은행법에 의한 인가를 받은 금융기관 중 전국을 영업으로 하는 금융기관이 적용하는 1년 만기 정기예금 금리의 평균 이상이어야 하며, 구체적인 상환기관과 이율은 특별시·광역시·시 또는 군의 조례로 정한다(§47·②·③). 매수의무자는 매수청구가 있은 날부터 2년 이내에 매수여부를 결정하여 토지소유자와 특별시장·광역시장·시장 또는 군수(매수의무자가 특별시장·광역시장·시장 또는 군수인경우를 제외한다)에게 통지해야 하며, 매수하기로 결정한 토지는 매수결정을 통지한 날부터 2년 이내에 매수하여야 한다(§47·⑥).

매수하지 아니하기로 결정한 경우 또는 매수결정을 통지한 날부터 2년이 경과될 때까지 당해 토지를 매수하지 아니하는 경우에는 매수청구를 한 토지소유자는 개발행위의 허가를 받아 대통령령이 정하는 건축물 또는 공작물을 설치할 수 있다(§47·⑦).

⑥ 도시계획시설결정의 실효

도시계획시설결정이 고시된 도시계획시설에 대하여 그 고시일부터 20년이 경과될 때까지 당해 시설의 설치에 관한 도시계획시설사업이 시행되지 아니하는 경우 그 도시계획시설결정은 그 고시일부터 20년이 되는 날의 다음 날에 그 효력을 상실한다(§48·①).

10) 공동구의 설치

도시개발법(§2·①)에 따른 도시개발구역, 택지개발촉진법(§2·3호)에 따른 택지개발지구, 경제자유구역의 지정 및 운영에 관한 특별법(§2·1호)에 따른 경제자유구역, 도시및주거환경정비법(§2·1호)에 따른 정비구역에 해당하는 지역·지구·구역 등(이하 '지역등'이라 한다)이 대통령령으로 정하는 규모를 초과하는 개발 사업을 시행하는 경우에는 해당 사업시행자가 공동구를 설치하여야

한다(국토의 계획·이용법 §44·①).

이는 도시가 산업화됨에 따라 국민의 일상생활에 필수적인 전기선, 통신선 등이 증가되어 도시 미관을 저해하고 대형차량의 통행을 방해하여 지중화가 이루어지고 있으며, 수도 및 가스 등의 지하매설물 또한 도로에 매설되고 있어 이들을 설치 및 관리하는 데에 도로의 반복굴착으로 인한 도로구조의 훼손, 공사시의 환경·안전문제, 교통사고의 위험 등의 어려움이 야기되고 있으므로 일정규모 이상의 개발사업 지역 등에 공동구 설치를 의무화하고, 공동구 설치 및 관리에 관한 필요한 사항을 보완함으로써 장기적으로 지하시설물의 체계적 유지관리를 가능하도록 하는 한편, 도시관리계획 결정권한을 갖고 있는 대도시 시장에 대하여 인구 50만 이상의 시장으로 확대 조정함으로써 도시계획에 대한 자율성을 부여하고 계획절차를 간소화하려는 것이다.

① 도로관리청은 지하매설물의 빈번한 설치 등으로 인하여 도로구조의 보전과 안전하고 원활한 도로교통의 확보에 현저한 지장을 초래할 것으로 예상되는 경우에는 기존도로에 대해서도 타당성을 검토하도록 하되, 이 경우 재정여건 및 설치 우선순위 등을 감안하여 단계적으로 공동구가 설치되도록 하였다(법 제44조 제2항).

② 공동구 설치에 필요한 비용은 사업시행자와 공동구 점용예정자가 공동부담하도록 하되, 공동구 점용예정자는 해당시설의 개별적 매설비용의 범위 안에서 대통령령으로 정하는 바에 따라 부담하도록 하고, 국가 또는 지방자치단체가 이를 보조 또는 융자할 수 있도록 하였다(법 제44조 제5항 및 제6항).

③ 공동구는 원칙적으로 특별시장·광역시장·시장 또는 군수가 관리하되, 해당 공동구의 효율적 관리를 위하여 위탁 관리할 수 있도록 하고, 공동구관리자는 매 5년마다 공동구의 안전 및 유지관리계획을 수립·시행하도록 하였다(법 제44조의2 제1항 및 제2항 신설).

④ 공동구 설치·관리의 주요사항 심의를 위해 설치된 공동구관리협의회에 관한 규정을 법률에 직접 규정하고, 공동구협의회로 명칭을 변경하였다(법 제44조의2 제4항 신설).

⑤ 공동구 관리에 소요되는 비용을 해당 공동구를 점용하는 자가 함께 부담하되, 부담비율은 점용면적에 따라 산정하고, 세부적인 사항에 대해서는 조례로 규정할 수 있도록 하였다(법 제44조의3 신설).

11) 지구단위계획에 관한 도시관리계획

① 의 의

지구단위계획이라 함은 도시계획수립대상지역 안의 일부에 대하여 토지이용을 합리화하고 그 기능을 증진시키며 미관을 개선하고 양호한 환경을 확보하며, 당해 지역을 체계적·계획적으로 관리하기 위하여 수립하는 상세 도시관리계획을 말한다(§2·제5호).

지구단위계획은 종전의 도시계획법에 의한 상세계획과 건축법에 의한 도시설계를 통합한 것이다. 지구단위계획의 취지는 지역·지구제에 의한 도시계획만으로는 토지의 합리적 이용, 도시기반시설의 확보 및 양호한 환경의 보호 등의 목표를 달성할 수 없기 때문에 도시계획지구안의 소규모의 지역에 대하여 보다 구체적인 토지이용계획을 수립하여 보다 체계적이고 구체적인 도시개발을 도모하기 위하여 수립하는 것이다.

② 유 형

지구단위계획은 제1종 지구단위계획과 제2종 지구단위계획으로 구분한다(§49).

㉮ 제1종 지구단위계획 : 토지이용을 합리화·구체화하고, 도시 또는 농·산·어촌의 기능의 증진, 미관의 개선 및 양호한 환경을 확보하기 위하여 수립하는 계획이다.

㉯ 제2종 지구단위계획 : 계획관리지역 또는 개발진흥지구를 체계적·계획적으로 개발 또는 관리하기 위하여 용도지역의 건축물 그 밖의 시설의 용도·종류 및 규모 등에 대한 제한을 완화하거나 건폐율 또는 용적률을 완화하여 수립하는 계획이다.

지구단위계획구역 및 지구단위계획은 도시관리계획으로 결정한다(§50).

③ 지구단위계획구역의 지정

㉮ 제1종 지구단위계획구역의 지정 : 국토해양부장관, 시·도지사 또는 대도시 시장은 「㉠ 용도지구 ㉡ 기반시설부담구역 ㉢ 도시개발법상의 도시개발구역 ㉣ 도시 및 주거환경정비법상의 정비구역 ㉤ 택지개발촉진법상의 택지개발지구 ㉥ 주택법상의 대지조성사업지구 ㉦ 산업입지 및 개발에 관한 법률상의 산업단지 ㉧ 관광진흥법상의 관광특구 ⓐ 개발제한구역·도시자연공원구역·시가화조정구역 또는 공원에서 해제되는 구역, 녹지지역에서 주거·상업·공업지역으로 변경되는 구역과 새로이 도시지역으로 편입되는 구역 중 계획적인 개발 또는 관리가 필요한 지역 ㉨ 그 밖에 양호한 환경의 확보 또는 기능 및 미관의 증진 등을 위하여 필요한 지역으로서 대통령령이 정하는 지역」의 전부 또는 일부에 대하여 제1종 지구단위계획구역을 지정할 수 있다. 국토해양부장관, 시·도지사 또는 대도시 시장은 ⓐ 위의 정비구역 내지 택지개발예정지구지역에 시행되는 사업이 완료된 후 10년이 경과된 지역, ⓑ 위의 ㉠ 내지 ㉨ 중에서 체계적·계획적인 개발 또는 관리가 필요한 지역으로서 대통령령이 정하는 지역에 대하여는 이를 제1종 지구단위계획구역으로 지정하여야 한다(§51·②).

㉯ 제2종 지구단위계획구역의 지정 : 국토해양부장관 또는 시·도지사는 ㉠ 「계획관리지역」으로서 대통령령이 정하는 요건에 해당하는 지역 ㉡ 「개발진흥지구」로서 대통령령이 정하는 요건에 해당하는 지역에 대하여 제2종 지구단위계획구역을 지정할 수 있다(§51·③).

④ 지구단위계획의 내용

지구단위계획구역의 지정목적을 달성하기 위하여 제1종 지구단위계획에는 다음 사항 중

1 이상의 사항이 포함되어야 하며, 제2종 지구단위계획에는 ㉡ 내지 ㉣ 및 ㉦의 사항을 포함한 4 이상의 사항이 포함되어야 한다.

㉮ 용도지역 또는 용도지구를 대통령령이 정하는 범위 안에서 세분하거나 변경하는 사항

㉯ 대통령령이 정하는 기반시설의 배치와 규모

㉰ 도로로 둘러싸인 일단의 지역 또는 계획적인 개발·정비를 위하여 구획된 일단의 토지의 규모와 조성계획

㉱ 건축물의 용도제한·건축물의 건폐율 또는 용적률·건축물의 높이의 최고한도 또는 최저한도

㉲ 건축물의 배치·형태·색채 또는 건축선에 관한 계획

㉳ 환경관리계획

㉴ 교통처리계획

㉵ 그 밖에 토지이용의 합리화, 도시 또는 농·산·어촌의 기능증진 등에 필요한 사항으로서 대통령령이 정하는 사항

지구단위계획구역 안에서는 제76조 내지 제78조(용도지역 및 용도지구 안에서의 건축물의 건축제한, 용도지역 안에서의 건폐율과 용적률)와 건축법 제42조(대지안의 조경)·43조(공개공지 등의 확보)·제44조(대지와 도로와의 관계)·제60조(건축물의 높이제한) 및 제61조(일조등의 확보를 위한 건축물의 높이제한), 주차장법 제19조(부설주차장의 설치)및 제19조의 2(부설주차장 설치계획서)의 규정을 대통령령이 정하는 범위 안에서 지구단위계획이 정하는 바에 따라 완화하여 적용할 수 있다(§52·③).

⑤ 지구단위계획구역 지정에 관한 도시관리계획결정의 실효

지구단위계획구역의 지정에 관한 도시관리계획결정의 고시일부터 3년 이내에 당해 지구단위계획구역에 관한 지구단위계획이 결정·고시되지 아니하는 경우에는 그 3년이 되는 날의 다음날에 당해 지구단위계획구역의 지정에 관한 도시관리계획결정은 그 효력을 상실한다(§53). 다만, 다른 법률에서 지구단위계획의 결정(결정될 것으로 보는 경우를 포함)에 관하여 따로 정한 경우에는 그 법률에 의하여 지구단위계획을 결정할 때까지 지구단위 계획구역의 지정은 그 효력을 유지한다(§53 단서).

⑥ 지구단위계획구역 안에서의 건축

지구단위계획구역 안에서 건축물을 건축하거나 건축물의 용도를 변경하고자 하는 경우에는 그 지구 단위계획에 적합하게 건축하거나 용도를 변경해야 한다. 다만, 지구단위계획이 수립되어 있지 아니한 경우와 지구단위계획의 범위 안에서 시차를 두어 단계적으로 건축물을 건축하는 경우에는 그러하지 아니하다(§54).

(8) 개발행위의 허가제 등

1) 개발행위허가제

① 의 의

개발행위허가제도는 「국토의 계획 및 이용에 관한 법률」에서 정하는 '개발행위'에 대하여 사전에 허가를 받도록 하는 제도를 말한다. 종래 도시계획구역 안에서는 소규모 난개발을 방지하기 위하여 일정한 행위는 시장·군수의 허가를 받도록 하고 있었으나 허가대상이 포괄적이고 불투명하다는 문제점이 제기되었다. 이에 따라 2000년 도시계획법의 전문 개정시에 개발행위허가제도를 도입하여 허가대상을 명확히 한정하고 허가기준을 구체적으로 정하였었다. 이러한 개발행위허가제도는 구 도시계획법하에서는 도시지역에 한정하여 실시하였으나 「국토의 계획 및 이용에 관한 법률」에서는 국토의 난개발 방지를 위하여 그 실시지역을 전 국토로 확대하고 있다.

② 개발행위 허가의 대상과 허가권자

㉮ 다음 각 호의 1에 해당하는 행위로서 대통령령이 정하는 행위(이하 '개발행위'라 한다)를 하고자 하는 자는 특별시장·광역시장·특별자치시장·특별자치도지사·시장 또는 군수의 허가(이하 '개발행위허가'라 한다)를 받아야 한다. 다만, 도시계획 사업에 의하는 경우에는 그러하지 아니하다(§56·①).

1. 건축물의 건축 또는 공작물의 설치
2. 토지의 형질변경(경작을 위한 토지의 형질변경을 제외한다)

   토지의 형질변경이라 함은 절토·성토·정지·포장 등의 방법으로 토지의 형상을 변경하는 행위와 공유수면의 매립(경작을 위한 토지의 형질 변경을 제외 한다)행위를 말한다(령 §51·3호). 토지의 형질변경이 되기 위하여는 토지의 형상을 외형상으로 사실상 변경시킬 것과 그 변경으로 말미암아 원상회복이 어려운 상태에 있을 것을 요한다. 그러나 토지의 지목까지 변경시킬 필요는 없다.

판례 ① 〈토지형질 변경의 의의 및 요건〉 토지의 형질변경이라 함은 절토, 성토 또는 정지 등으로 토지의 형상을 변경하는 행위와 공유수면의 매립을 뜻하는 것으로서, 토지의 형상을 외형상으로 사실상 변경시킬 것과 그 변경으로 말미암아 원상회복이 어려운 상태에 있을 것을 요한다.
② 〈밭에 건축용 자재인 패널이나 철재로 된 사무실을 설치하는 행위가 형질 변경에 해당되지 않는다.〉 피고인이 토지의 형상을 외형적으로 변경시켰다는 구체적인 내용이 없어 토지형질 변경행위를 인정할 수 없을 뿐 아니라 이 사건 밭에 건축용 자재인 패널이나 철재로 된 사무실을 설치하는 행위를 가리켜 토지의 형질변경의 한 형태로 볼 수도 없다(대판 1996. 7. 12, 92도1237 도시계획법 위반).
③ 〈토지의 형질을 외형상으로 사실상 변경시키면 족하고 토지의 지목변경까지 변경시킬 필요는 없다(대판 1992. 11. 27, 92도1477 도시계획법 위반).〉

3. 토석채취

4. 토지분할(건축물이 있는 대지의 분할은 제외한다)

5. 녹지지역·관리지역 또는 자연환경보전지역 안에 물건을 1월 이상 쌓아 놓는 행위

이들 중 「토지의 형질변경 및 토석채취」의 개발행위 중 도시지역 및 계획관리지역 안의 산림에서의 임도의 설치와 사방사업에 관하여는 각각 「산림자원의 조성 및 관리에 관한 법률」 및 「사방사업법」의 규정에 의하고, 보전관리지역·생산관리지역·농림지역 및 자연환경보전지역 안의 산림에서의 「토지의 형질변경 및 토석채취」의 개발행위에 관하여는 「산지관리법」의 규정에 의한다(§56·③). 비도시지역의 토지분할행위도 개발행위허가를 받도록 하였다는 점이다.

㉯ 다음 각 호의 1에 해당하는 행위는 개발행위허가를 받지 아니하고 이를 할 수 있다.

1. 재해복구 또는 재난수습을 위한 응급조치
2. 건축법에 의하여 신고하고 설치할 수 있는 건축물의 개축·증축 및 재축과 이에 필요한 범위 안에서의 토지의 형질변경(도시계획 시설사업이 시행되지 않고 있는 도시계획시설의 부지인 경우에 한한다)
3. 그 밖에 대통령령이 정하는 경미한 행위.

다만, 1의 행위를 한 경우에는 1월 이내에 특별시장·광역시장·시장 또는 군수에게 이를 신고하여야 한다(§56·④).

③ 개발행위허가의 기준

특별시장·광역시장·특별자치시장·특별자치도지사·시장 또는 군수는 개발행위허가의 신청내용이 다음 각 호의 기준에 적합한 경우에 한하여 개발행위허가를 하여야 한다.

1. 용도지역별 특성을 감안하여 대통령령이 정하는 개발행위의 규모에 적합할 것
2. 도시관리계획의 내용에 배치되지 않을 것
3. 도시계획사업의 시행에 지장이 없을 것
4. 주변지역의 토지이용실태 또는 토지이용계획, 건축물의 높이, 토지의 경사도, 수목의 상태, 물의 배수, 하천·호소·습지의 배수 등 주변 환경 또는 경관과 조화를 이룰 것
5. 당해 개발행위에 따른 기반시설의 설치 또는 그에 필요한 용지의 확보계획이 적정할 것.

개발행위허가의 기준 등에 관하여 필요한 세부사항은 대통령령으로 정한다(§58·①·③).

④ 개발행위허가의 절차

㉮ 허가의 신청 : 개발행위를 하고자 하는 자는 당해 개발행위에 따른 기반시설의 설치 또는 그에 필요한 용지의 확보·위해방지·환경오염방지·경관·조경 등에 관한 계획서를 첨부한 신청서를 개발행위허가권자에게 제출하여야 한다(§57·①). 이 경우 개발밀도관리구역 안에서는 기반시설의 설치 또는 그에 필요한 용지의 확보에 관한 계

회서를 제출하지 아니한다(§57·① 단서).

㉯ 처리기간 : 특별시장·광역시장·시장 또는 군수는 개발행위허가의 신청에 대하여 특별한 사유가 없는 한 15일(도시계획위원회의 심의를 거쳐야 하거나 관계 행정기관의 장과 협의를 하여야 하는 경우에는 심의또는 협의기간을 제외한다)이내에 허가 또는 불허가 처분을 하여야 한다(§57·②, 동법 시행령§54·①). 개발행위의 허가 또는 불허가의 처분을 하는 때에는 지체 없이 그 신청인에게 허가증을 교부하거나 불허가처분사유를 서면으로 통지하여야 한다.

㉰ 도시계획사업시행자의 의견청취 : 특별시장·광역시장·시장 또는 군수는 개발행위허가를 하고자 하는 때에는 당해 개발행위가 도시계획사업의 시행에 지장을 주는지의 여부에 관하여 당해 지역 안에서 시행되는 도시계획사업의 시행자의 의견을 들어야 한다(§58·②).

㉱ 개발행위에 대한 도시계획위원회의 심의 : 관계 행정기관의 장은 건축물의 건축 또는 공작물의 설치·토지의 형질변경·토석의 채취 중에 해당하는 행위로서 ㉠ 건축물의 건축 또는 공작물의 설치를 목적으로 하는 토지의 형질변경으로서 그 면적이 허가기준면적(동법시행령 §55) 이상인 경우와 ㉡ 부피 3만㎥ 이상의 토석채취 등의 경우에 있어서 이 법에 의하거나 다른 법률에 의하여 인가·허가·승인 또는 협의를 하고자 하는 경우에는 중앙도시계획위원회 또는 지방도시계획위원회의 심의를 거쳐야 한다(§59·①, 동법 시행령§57·①).

다만, 제1항의 규정에 불구하고 다음 각 호의 1의 개발행위의 경우에는 중앙도시계획위원회 및 지방도시계획위원회의 심의를 거치지 아니한다(§59·②).

1. 제8조(다른 법률에 의한 토지이용에 관한 구역 등의 지정제한 등)·제9조(다른 법률에 의한 용도지역 등의 변경제한)또는 다른 법률에 의하여 도시계획위원회의 심의를 받는 구역 안에서의 개발행위
2. 지구단위계획을 수립한 지역 안에서의 개발행위
3. 주거지역·상업지역·공업지역 안에서 시행하는 개발행위 중 특별시·광역시·시 또는 군의 조례로 정하는 규모·위치 등에 해당하지 아니하는 개발행위
4. 「환경영향평가법」에 따라 환경영향평가를 받은 개발행위

4의2. 「도시교통정비촉진법」에 따라 교통영향분석·개선대책에 대한 검토를 받은 개발행위

5. 「농어촌정비법」 제2조 제4호의 규정에 의한 농어촌정비사업 중 대통령령이 정하는 사업을 위한 개발행위
6. 「산림자원의 조성 및 관리에 관한 법률」에 의한 산림사업 및 「사방사업법」에 의한 사방사업을 위한 개발행위

㉲ 조건부허가 : 특별시장·광역시장·시장 또는 군수는 개발행위허가를 하는 경우에는 대통령령이 정하는 바에 따라 당해 개발행위에 따른 기반시설의 설치 또는 그에 필

요한 용지의 확보·위해방지·환경오염방지·경관·조경 등에 관한 조치를 할 것을 조건으로 개발행위허가를 할 수 있다(§57·④).

㉳ 개발행위허가의 제한 : 국토해양부장관, 시·도지사, 시장 또는 군수는 다음 각 호의 1에 해당되는 지역으로서 도시관리계획상 특히 필요하다고 인정되는 지역에 대하여는 대통령령이 정하는 바에 따라 중앙도시계획위원회 또는 지방도시계획위원회의 심의를 거쳐 1회에 한하여 3년 이내의 기간동안 개발행위의 허가를 제한할 수 있다. 다만, 3호 내지 5호에 해당하는 지역에 대하여는 1회에 한하여 2년 이내의 기간 동안 개발행위허가의 제한을 연장할 수 있다(§63).

1. 녹지지역 또는 계획관리지역으로서 수목이 집단적으로 생육되고 있거나 조수류 등이 집단적으로 서식하고 있는 지역 또는 우량농지 등으로 보전할 필요가 있는 지역
2. 개발행위로 인하여 주변의 환경·경관·미관·문화재 등이 크게 오염되거나 손상될 우려가 있는 지역
3. 도시기본계획 또는 도시관리계획을 수립하고 있는 지역으로서 당해 도시기본계획 또는 도시관리계획이 결정될 경우 용도지역·용도지구 또는 용도구역의 변경이 예상되고 그에 따라 개발행위허가의 기준이 크게 달라질 것으로 예상되는 지역
4. 지구단위계획구역으로 지정된 지역
5. 기반시설부담구역으로 지정된 지역

국토해양부장관, 시·도지사, 시장 또는 군수는 위와 같은 개발행위허가를 제한하고자 하는 때에는 대통령령이 정하는 바에 따라 제한지역·제한사유·제한대상행위 및 제한기간을 미리 고시하여야 한다(§63·②).

⑤ 개발행위허가의 결정(개발행위허가의 성질)

㉮ 명령적 행위(예외적 승인) : 개발행위허가는 소위 예외적 승인에 해당하며 보통의 경찰허가와 구별된다. 전자는 억제적 금지(유해적 금지)를 전제로 하며 후자는 공공안녕·질서유지를 위한 예방적 금지를 전제로 한다. 따라서 전자는 억제가 원칙이고 허가는 예외적이므로 재량행위에 해당하고, 후자는 허가가 원칙이고 억제는 예외적이므로 기속행위에 해당한다.

판례 〈구 도시계획법상의 개발제한구역 내의 건축물의 용도변경허가의 법적 성질 및 그 위법 여부에 대한 사법심사 대상(개발행위허가는 예외적 승인에 해당하는 명령적행위로서 재량행위에 속한다.)〉
…… 개발제한구역 내에서는 구역지정의 목적상 건축물의 건축이나 그 용도변경은 원칙적으로 금지되고, 다만 구체적인 경우에 위와 같은 구역 지정의 목적에 위배되지 아니할 경우 예외적으로 허가에 의하여 그러한 행위를 할 수 있게 되어 있음이 위와 같은 관련규정의 체제와 문언상 분명한 한편, 이러한 건축물의 용도변경에 대한 예외적인 허가는 그 상대방에게 수익

적인 것에 틀림이 없으므로, 이는 그 법률적 성질이 재량행위 내지 자유재량행위에 속하는 것이라고 할 것이고, 따라서 그 위법 여부에 대한 심사는 재량권 일탈·남용의 유무를 그 대상으로 한다(대판 2001.2.9, 98두17593 건축물용도변경신청거부처분취소).

㈏ 자유재량행위 : 개발행위허가를 원칙상 기속행위로 보는 견해, 기속재량행위로 보는 견해, 재량행위로 보는 견해, 원칙적으로 기속행위로 보면서 예외적으로 판단여지가 인정될 수 있다고 보는 견해 등이 있다. 기속행위냐 재량행위냐 하는 것은 관계법령의 구체적인 해석에 의할 수밖에 없는 것이지만, (개발행위 허가의 근거가 되는 실정법령(국토의 계획·이용법 §56, §58, §63)의 규정방식을 일차적 기준으로 하고) 개발행위허가는 예외적 승인에 해당하고 개발의 공익성에 중점이 있기 때문에 그 공익성과 관련하여 「자유재량행위」로 보아야 한다(개발행위 허가의 법적성질을 고려).

이는 경찰행정법에 있어서 경찰허가는 자유권 보장에 중점이 있으므로 자유권보장과 관련하여 기속행위인 것과 대조를 이룬다.

판례는 종래에는 토지형질변경행위허가 및 불허가처분을 기속행위(대판 1994.9.23, 94누9368) 또는 재량행위(대판 2001.9.28, 2000두8684)의 성질을 갖는 것으로 보는 상이한 판시를 한 바 있었다. 그러나 최근에는 판례가 자유재량행위로 보는 입장을 취하고 있다.

판례 **〈산림형질변경허가와 그 허가기간의 연장신청대상지역이 법령상 금지 또는 제한지역에 해당하지 않더라도 국토 및 자연유지와 상수원 수질과 같은 환경보전 등을 위한 중대한 공익상 필요가 있는 경우, 그 허가를 거부할 수 있다.〉** …… 산림형질변경허가는 법령상의 금지 또는 제한지역에 해당하지 않더라도 신청대상토지의 현상과 위치 및 주위의 상황 등을 고려하여 국토 및 자연의 유지와 상수원수질과 같은 환경의 보전 등을 위한 중대한 공익상의 필요가 있을 경우 그 허가를 거부할 수 있으며, 이는 산림형질변경허가기간을 연장하는 경우에도 마찬가지다 ……(대판 2000.7.7, 99두66).

판례 **〈형질변경허가 기준의 설정이 행정청의 재량에 속한다.〉** 도시계획법 제4조 제1항 제1호, 같은 법 시행령 제5조의2, 토지의형질변경등행위허가기준등에관한규칙 제5조의 규정의 형식이나 문언 등에 비추어 볼 때, 형질변경의 허가가 신청된 당해 토지의 합리적인 이용이나 도시계획사업에 지장이 될 우려가 있는지 여부와 공익상 또는 이해관계인의 보호를 위하여 부관을 붙일 필요의 유무나 그 내용 등을 판단함에 있어서 행정처에 재량의 여지가 있으므로 그에 관한 판단 기준을 정하는 것 역시 행정청의 재량에 속하고, 그 설정된 기준이 객관적으로 합리적이 아니라거나 타당하지 않다고 볼 만한 특별한 사정이 없는 이상 행정청의 의사는 가능한 한 존중되어야 할 것이다(대판 1999. 2. 23, 98두17845 토지형질 변경 불허가 처분 취소).

㈐ 부 관

개발행위허가를 하는 경우에는 특별시장·광역시장·시장 또는 군수는 대통령령이 정하는 바에 따라 당해 개발행위에 따른 기반시설의 설치 또는 그에 필요한 용지의 확보·위해방지·환경오염방지·경관·조경 등에 관한 조치를 할 것을 조건으로 개발행위 허가를 할 수 있다(본법상의 조건은 학문상 부관으로서 원칙상 부담에 해당한다).

⑥ 개발행위허가의 이행담보 등

㉮ 이행보조금 : 특별시장·광역시장·시장 또는 군수는 기반시설의 설치 또는 그에 필요한 용지의 확보·위해방지·환경오염방지·경관·조경 등을 위하여 필요하다고 인정되는 경우로서 대통령령이 정하는 경우에는 이의 이행을 담보하기 위하여 개발행위허가를 받는 자로 하여금 이행 보증금을 예치하게 할 수 있다(§60·①). 다만, 다음의 1의 경우에는 그렇지 않다.

1. 국가 또는 지방자치단체가 시행하는 개발행위
2. 정부투자기관관리기본법에 의한 정부투자기관(이하 '정부투자기관'이라 한다)이 시행하는 개발행위
3. 그 밖에 당해 지방자치단체의 조례가 정하는 공공단체가 시행하는 개발행위

㉯ 원상회복과 대집행 : 특별시장·광역시장·시장 또는 군수는 개발행위허가를 받지 아니하고 개발행위를 하거나 허가 내용이 다르게 개발행위를 하는 자에 대하여는 그 토지의 원상회복을 명할 수 있고, 원상회복의 명령을 받은 자가 원상회복을 하지 아니하는 때에는 행정대집행법에 의한 행정대집행에 의하여 원상회복을 할 수 있다. 이 경우 행정대집행에 필요한 비용은 개발행위허가를 받은 자가 예치한 이행보증금을 사용할 수 있다(§60).

⑦ **관련 인·허가 등의 의제(집중효·대체효)**

개발행위허가를 받은 경우 다른 법률상의 인·허가 등을 받은 것으로 의제된다(§61·①). 다만, 이 경우 미리 관계 행정기관의 장과 협의한 사항이어야 한다. 협의를 거치지 않은 경우 협의를 거치지 않은 관련사항의 인·허가는 의제되지 않는다고 보아야 한다.

제1항의 규정에 의한 인·허가 등의 의제를 받고자 하는 자는 개발행위허가의 신청을 하는 때에 해당법률이 정하는 관련 서류를 함께 제출하여야 한다(§61·②).

특별시장·광역시장·시장 또는 군수는 개발행위허가를 함에 있어서 그 내용에 제1항 각 호의 1에 해당하는 사항이 있는 때에는 미리 관계 행정기관의 장과 협의해야 한다(§61·③).

⑧ 개발행위의 준공검사

개발행위허가는 최종적으로 준공검사에 의해 그 절차가 완성된다. 국토의 계획·이용법은 개발행위허가의 대상 가운데 ㉮ 건축물의 건축 또는 공작물의 설치, ㉯ 토지의 형질변경, ㉰ 토석의 채취에 대해 특별시장·광역시장·특별자치시장·특별자치도지사·시장 또는 군수의 준공검사를 받아야 한다(§62·①). 토지의 분할과 물건을 쌓아놓는 행위 등은 특별한 건설공사가 수반되지 않기 때문에 준공검사 대상에서 제외하고 있다.

다만, 건축법상 건축허가를 받은 건축물의 사용승인을 얻은 경우에는 개발행위의 준공검

사는 받지 않아도 된다(§62).

⑨ 개발행위에 따른 공공시설 등의 귀속

개발행위허가를 받은 자가 행정청인 경우 개발행위허가를 받은 자가 새로이 공공시설을 설치하거나 기존의 공공시설에 대체되는 공공시설을 설치한 때에는 국유재산법 및 공유재산 및 물품관리법의 규정에 불구하고 새로이 설치된 공공시설은 그 시설을 관리할 관리청에 무상으로 귀속되고, 종래의 공공시설은 개발행위허가를 받은 자에게 무상으로 귀속된다(§65·①).

개발행위허가를 받은 자가 행정청이 아닌 경우 개발행위허가를 받은 자가 새로이 설치한 공공시설은 그 시설을 관리할 관리청에 무상으로 귀속되고, 개발행위로 인하여 용도가 폐지되는 공공시설은 국유재산법 및 공유재산 및 물품관리법 규정에 불구하고 새로이 설치한 공공시설의 설치비용에 상당하는 범위 안에서 개발행위허가를 받은 자에게 무상으로 이를 양도할 수 있다(§65·②).

2) 개발행위에 따른 기반시설의 설치

기반시설이 부족한 상태에서 개발이 이루어지는 경우가 있었던 과거의 문제점을 해결하기 위하여 국토의 계획·이용법은 개발행위에 따른 기반시설의 설치에 관한 규정을 두고 있다.

① **개발밀도관리구역**(기반시설연동문제)

기반시설연동제는 도로·항만 등 교통시설, 광장·공원 등 공간시설, 유통·공급시설, 공공문화체육시설, 보건위생시설 등의 「기반시설」(동법 §2·6호)의 설치여부와 연계하여 개발행위를 허가해 주는 제도이다. 국토의 계획·이용법상 기반시설연동제는 개발밀도 관리구역을 그 내용으로 하고 있다.

개발밀도관리구역이란 개발로 인하여 기반시설이 부족할 것으로 예상되는 지역 중 기반시설을 설치하기 곤란한 지역을 대상으로 건폐율이나 용적률을 강화하여 적용하기 위하여 지정하는 구역을 말한다(동법 §2·18호).

특별시장·광역시장·특별자치시장·특별자치도지사·시장 또는 군수는 주거·상업 또는 공업지역에서의 개발행위로 인하여 기반시설(도시계획시설을 포함한다)의 처리·공급 또는 수용능력이 부족한 것으로 예상되는 지역 중 기반시설의 설치가 곤란한 지역을 개발밀도관리구역으로 지정할 수 있다(동법 §66·①).

특별시장·광역시장·시장 또는 군수는 개발밀도관리구역 안에서는 대통령령이 정하는 범위 안에서 제77조(용도지역안에서의 건폐율) 또는 제78조(용도지역안에서의 용적률)의 규정에 의한 건폐율 또는 용적률을 강화하여 적용한다(동법 §66·②).

② **기반시설부담구역**

㉮ 의 의 : 기반시설부담구역이란 개발밀도관리구역 외의 지역으로서 개발로 인하여 기반시설의 설치가 필요한 지역을 대상으로 기반시설을 설치하거나 그에 필요한

용지를 확보하게 하기 위하여 지정하는 구역을 말한다(§2·제19호).

㈏ 기반시설부담구역의 지정

㉠ 지정대상 : 특별시장·광역시장·특별자치시장·특별자치도지사·시장 또는 군수는 다음 각 호의 1에 해당하는 지역에 대하여는 기반시설부담 구역으로 지정하여야 한다(§67·①).

1. 이 법 또는 다른 법령의 제정·개정으로 인하여 행위 제한이 완화되거나 해제되는 지역.
2. 이 법 또는 다른 법령에 따라 지정된 용도지역 등이 변경되거나 해제되어 행위제한이 완화되는 지역.
3. 개발행위허가 현황 및 인구 증가율 등을 고려하여 대통령으로 정하는 지역.

다만, 개발행위가 집중되어 특별시장·광역시장·특별자치시장·특별자치도지사·시장 또는 군수가 해당 지역의 계획적 관리를 위하여 필요하다고 인정되는 경우에는 위의 1, 2, 3의 각 호에 해당하지 아니하는 경우라도 기반시설 부담 구역으로 지정할 수 있다(§67·① 단서).

㉡ 지정절차 : 특별시장·광역시장·특별자치시장·특별자치도지사·시장 또는 군수는 기반시설부담구역을 지정 또는 변경하고자 하는 때에는 주민의 의견을 들어야 하며, 당해 지방도시계획위원회의 심의를 거쳐야 하며(§67·②), 기반시설부담구역을 지정 또는 변경한 경우에는 이를 고시하여야 한다(§67·②). 특별시장·광역시장·특별자치시장·특별자치도지사·시장 또는 군수는 기반시설부담구역이 지정된 경우에는 대통령령이 정하는 바에 따라 기반시설설치계획을 수립하여야 하며, 이를 도시관리계획에 반영하여야 한다(§67·④).

③ **기반시설설치비용의 부과대상 및 산정 기준**

㈎ 부과대상 : 기반시설부담구역 안에서 기반시설 설치비용의 부과대상인 건축행위는 제2조 제20호(기반시설 설치비용)에 따른 시설로서 200제곱미터(기존 건축물의 연면적을 포함 한다)를 초과하는 건축물의 신·증축 행위로 한다. 다만, 기존 건축물을 철거하고 신축하는 경우에는 기존 건축물의 건축 연면적을 초과하는 건축행위에 대하여만 부과대상으로 한다(§68·①).

㈏ 산정 기준 : 기반시설 설치비용은 기반시설을 설치하는데 필요한 기반시설 표준시설 비용과 용지 비용을 합산한 금액에 제1항에 따른 부과대상 건축 연면적과 기반시설 설치를 위하여 사용되는 총비용 중 국가·지방자치단체의 부담분을 제외하고 민간 개발사업자가 부담하는 부담률을 곱한 금액으로 한다. 다만, 특별시장·광역시장·시장 또는 군수가 해당 지역의 기반시설 소요량 등을 고려하여 대통령령령으로 정하는 바에 따라 기반시설부담계획을 수립한 경우에는 그 부담계획에 따른다(§68·②). 제2항에 따른 민간 개발사업자가 부담하는 부담률은 100분의 20으로 하며, 특별시

장·광역시장·시장 또는 군수가 건물의 규모, 지역 특성 등을 감안하여 100분의 25의 범위 내에서 부담률을 가감할 수 있다.

④ 기반시설 설치비용의 납부 및 체납처분

제68조 제1항에 따른 건축행위를 하는 자(건축행위의 위탁자 또는 지위의 승계자 등 대통령령으로 정하는 자를 포함한다. 이하 "납부의무자"라 한다)는 기반시설 설치비용을 납부하여야 한다(§69·①).

특별시장·광역시장·시장 또는 군수는 납부의무자가 국가 또는 지방자치단체로부터 건축허가(다른 법률에 따른 사업승인 등 건축허가가 의제되는 경우는 그 사업 승인)를 받은 날부터 2개월 이내에 기반시설 설치비용을 부과하여야 하고, 납부 의무자는 사용승인(다른 법률에 따라 준공검사 등 사용승인이 의제되는 경우는 그 준공검사)신청 시까지 이를 납부하여야 한다(§69·②).

납부의무자가 제2항에서 정한 때까지 기반시설 설치비용을 납부하지 아니하는 때에는 지방세 체납처분의 예에 따라 징수될 수 있다(§69·③).

(9) 토지거래허가제도

【기출문제】 <1988년 행정고시 (약술형)> ※ 토지매매에 있어서 공법적 제한

> 국토의 계획 및 이용에 관한 법률
>
> 제118조 토지거래계약에 관한 허가
>
> ① 허가구역 안에 있는 토지에 관한 소유권·지상권(소유권·지상권의 취득을 목적으로 하는 권리를 포함한다)을 이전 또는 설정(대가를 받고 이전 또는 설정하는 경우에 한한다)하는 계약(예약을 포함한다. 이하 같다)을 체결하고자 하는 당사자는 공동으로 대통령령이 정하는 바에 따라 시장·군수 또는 구청장의 허가를 받아야 한다. 허가받은 사항을 변경하고자 하는 때에도 또한 같다.

1) 개 설

우리나라의 경우 특히 인구가 과밀하고 토지가 절대 부족한 여건하에서 급속한 산업화·도시화가 이루어지면서 택지·공업용지 및 공공용지 등에 대한 각종 토지수요가 급증하면서 지가가 급격히 상승함과 동시에 토지의 투기적 거래현상도 심각하였다. 특히, 80년대 이후 토지공개념이 도입되면서 토지재산권의 사회적 구속성이 강하게 요청되었고, 이에 따라 토지거래허가제가 도입되었다. 토지거래허가제는 종래 구 국토이용관리법에서는 토지거래허가제도를 규정되어 있던 것이(§21의3) 새로 제정된 「국토의 계획 및 이용에 관한 법률」에서도 동제도를 채택하고 있다.

2) 토지거래허가의 의의

토지의 투기적인 거래가 성행하거나 지가가 급격히 상승하는 지역과 그런 우려가 있는 지역에 국토해양부장관은 5년 이내의 기간을 정하여 허가구역으로 지정하고, 허가구역 안에 있는 토지에 관한 소유권·지상권을 이전 또는 설정하는 계약을 체결하고자 하는 당사자는 시장·군수 또는 구청장의 허가를 받도록 하는 제도이다(§117·①, §118·①).

어느 토지가 거래신고 대상 토지인지 거래허가 대상 토지인지의 여부는 매매계약 체결일을 기준으로 하여야 한다(대판 1994. 5. 24, 93다53450, 소유권이전등기).

3) 토지거래허가의 성질

토지거래허가의 법정 성질에 대하여는 인가설, 허가설, 인가·허가복합체설로 나뉜다.

① 인 가 설

토지거래는 행정주체의 승인을 받아야 법적 효력이 발생하며 이를 받지 아니한 경우에는 무효가 되는 것이므로 형성적 행위로서 인가에 해당한다는 것이다.[229]

② 허 가 설

토지거래허가는 인간의 자연적 자유에 속했던 것을 금지하였다가 해제하여 거래의 자유를 회복해 주는 것이며 이를 위반한 경우에는 처벌받기 때문에 명령적 행위로서 허가에 해당한다는 것이다. 그리고 본래 허가에 있어서 허가를 받지 않고 행한 사법상 행위의 효력에는 영향이 없는 것이 원칙이지만 허가를 받지 않고 행한 사법상 행위를 부인하지 않고서는 무허가 행위를 막을 수 없는 경우에는 무허가 행위의 효력을 부인하는 경우가 있다는 것이 일반적인 견해라고 한다.[230]

③ 인가·허가복합체설(허가·인가양면설)

토지거래허가제는 토지거래계약이 관할 시장·군수·구청장의 허가를 받아야 법적 효력이 발생한다는 점에서 학문상의 인가로서의 성질을 가지고, 이 허가제는 무허가 계약을 일반적으로 금지하고 허가없이 거래계약을 체결한 경우에 형사처벌을 과하고 있는 점에서 학문상의 허가로서의 성질도 아울러 가지므로 인가와 허가의 양면성을 갖는다는 것이다.[231]

④ 판 례

판례는 다음과 같이 토지거래허가를 '인가'로 보고 있다.

판례 **〈규제지역 내에서도 토지거래의 자유가 인정되나 다만 위 허가를 허가 전의 유동적 무효상태에 있는 법률행위의 효력을 완성시켜 주는 인가의 성질을 띤 것이라고 보는 것이 타당하다.〉** 토지거래허가가 규제지역 내의 모든 국민에게 전반적으로 토지거래의 자유를 금지하고 일정한 요건을 갖춘 경우에만 금지를 해제하여 계약체결의 자유를 회복시켜 주는 성질의 것(허가)이라고 보는 것은 위 법의 입법 취지를 넘어선 지나친 해석이라고 할 것이고, 규제지역 내에서도 토지거래의 자유가 인정되나 다만 위 허가를 허가 전의 유동적 무효상태에 있는 법률행위의 효력을 완성시켜주는 '인가'적 성질을 띤 것이라고 보는 것이 타당하다(대판 1991.12.24, 90다12243).

---

229) 유지태, 행정법신론, 898쪽 : 김성수, 개별행정법, 662쪽 : 정하중, 행정법각론, 491쪽 : 김상용, 토지거래허가·신고제의 검토, 사법행정, 1989. 6, 30쪽 이하 : 김동희(Ⅱ), 460쪽.

230) 이상규(하), 575쪽 : 박균성(하), 560쪽.

231) 홍정선(하), 597쪽 : 조연홍, 한국행정법원론(하), 843쪽 : 김재덕, 토지소유제한의 이론, 1983, 310쪽 이하.

⑤ 결 어

허가는 ㉮ 법규에 의한 상대적 금지를 해제하여 자유를 회복시키는 명령적 행위이고 ㉯ 금지해제·자연의 자유회복을 그 목적으로 하며 ㉰ 적법요건이므로 요허가행위를 허가받지 않고 행한 행위는 행정강제·행정벌 등 처벌의 대상은 되나 행위 자체는 유효함이 원칙이며, ㉱ 법규의 목적이 사실상 행동의 자유를 제한함에 있는데 반하여, 인가는 ㉮ 행정주체가 타 법률관계 당사자의 법률행위를 보충하여 효력을 완성시키는 형성적 행위이고 ㉯ 타자의 법률행위 효력의 보충·완성을 그 목적으로 하며 ㉰ 유효요건이므로 요인가행위를 인가 받지 않고 행한 행위는 처벌의 대상은 되지 않음이 원칙이나, 무인가행위는 무효가 됨이 원칙이고, ㉱ 법규의 목적이 행위의 법적효력발생을 억제함에 있는 점에서 양자는 다르다.

다만, 허가도 무허가행위의 사법상 효력까지 부인하지 않으면 행정목적을 달성할 수 없을 때에는 사법상 효력까지 무효로 하는 경우가 있고, 반대로 인가도 무효로 하는 것만으로 행정목적을 달성할 수 없을 때에는 행정벌을 과하거나 강제집행을 하는 경우가 있다는 점에서 양자는 접근성을 가지며 적법요건이냐 유효요건이냐 또는 행정벌이나 강제집행인정 유무 등에 의한 구별이 절대적 구분이 되는 것도 아니다. 따라서 토지거래허가가 인가냐 허가냐의 문제는 당해 법규의 목적과 입법취지에 따라 목적론적 해석에 의하여야 할 것이다.

이렇게 볼 때, 국토의 계획 및 이용에 관한 법률상 해당조문(§117~ §124의 2)의 규정목적이 토지의 투기적인 거래가 성행하거나 지가가 급격히 상승하는 지역과 그러한 우려가 있는 지역에 사실상 행동의 자유를 제한함에 있다기보다는 행위의 법적효력발생을 억제함에 있다고 해석함이 입법취지에도 타당한 것으로 보인다. 여기서 허가(인가)는 기속행위로 볼 것이다. 판례의 입장도 같다.

> 판례 **〈인근 주민들의 혐오시설설치 반대가 토지거래 계약불허가 사유가 될 수 없다.〉** 토지거래계약허가권자는 그 허가신청이 국토이용관리법 제21조의 4 제1항 각 호 소정의 불허가 사유에 해당하지 아니하는 한 허가를 하여야 하는 것인데, 인근 주민들이 당해 폐기물 처리장 설치를 반대한다는 사유는 국토이용관리법 제21조의 4 규정에 의한 불허가 사유로 규정되어 있지 아니하므로 그와 같은 사유만으로는 토지거래허가를 거부할 사유가 될 수 없다(대판 1997. 6. 27, 96누9362 토지거래계약 불허가 처분 취소).

4) 토지거래허가의 근거

토지거래허가제의 법적 근거는 헌법 제23조 제1항과 제2항의 「재산권의 내용과 한계는 법률로 정한다」, 「재산권의 행사는 공공복리에 적합하도록 하여야 한다」 동법 제119조 제2항에 기초하고, 제122조의 「국가는 국민 모두의 생산 및 생활의 기반이 되는 국토의 효율적이고 균형있는 이용·개발과 보전을 위하여 법률이 정하는 바에 의하여 그에 관한 필요한 제한과 의무를 과할 수 있다」고 한 규정에 근거하여 제정된 법률이 「국토의 계획 및 이용에 관한 법률」 제118조 제1항이다.

그런데 국토의 계획 및 이용에 관한 법률에 해당하는 구 국토이용관리법 등에 의한 토지거래 허가제가 토지공개념의 등장과 함께 헌법 제37조 제2항의 「…… 재산권의 본질적인 내용을 침해할 수 없다」는 조항에 위반하여 비례원칙에 반하는 것은 아닌지의 위헌성 여부에 대하여 논란이 있었다.

① 합 헌 설[232)]

합헌설은 입법권자의 입법형성권을 중시하는 견해로서 헌법재판소와 같은 견해이다.

그 논거는 ㉮ 헌법 제23조에서 재산권을 보장하면서도 그 내용과 한계는 법률로 유보하고 있으므로 법률에 의하여 토지소유권의 처분권을 금지하는 것이 아니고 「제한」하는 토지거래허가라는 점, ㉯ 토지소유권의 본질적인 특수성으로 볼 때에 토지는 수요에 따라 생산·공급될 수 없으며, 오늘날은 인구와 산업의 도시집중이 계속됨으로써 수요는 이미 공급을 초과하여 토지시장은 기능을 발휘할 수 없게 되었다는 점, ㉰ 우리 헌법이 채택하고 있는 「사회적 복리국가의 이념」을 실현하기 위하여는 재산권, 특히 토지소유권에 대한 제한이 불가피하다는 점, ㉱ 재산권의 제한은 재산권의 본질적인 내용을 침해할 수 없는 것이지만 거래의 금지가 아니고 제한이기 때문에 본질적 내용을 침해하는 것은 아니라는 점, ㉲ 구 국토이용관리법(현행 국토의 계획 및 이용에 관한 법률)에 의한 거래허가제는 허가없이 계약을 체결한 경우에 그 효력만 부인하는 것이 아니고 형사처벌까지 하도록 하고 있으나, 효력만을 부인할 것인지 형사처벌까지 할 것인지는 우리나라에서의 토지의 투기적 거래의 실태와 그 정도 등 모든 점을 종합적으로 판단하여 실효성 확보라는 차원에서 입법권자가 결정할 수 있다는 점 등이다. 이는 헌법의 비례원칙, 즉 적합성원칙, 필요성원칙 및 상당성원칙에 위배되는지의 여부가 검토대상이 되는데 그 점에서도 위헌으로 볼 수 없다는 것이다.

② 위 헌 설[233)]

토지거래허가제는 헌법상 재산권 제한의 한계(헌법§23, §37·②)를 넘은 것이라는 견해이다.

그 논거는 ㉮ 토지의 처분에 대하여 제한을 가하는 것은 사용·수익·처분의 세 가지 기능을 그 본질적 속성으로 하는 토지소유권을 유명무실하게 하고, 나아가 사유재산제를 유명무실하게 하여 「토지소유권의 본질적 내용을 침해」함으로써 비례원칙에 위배될 뿐만 아니라, 우리 헌법이 추구하는 거래의 자유를 지나치게 통제하는 것으로서 자본주의의 경제질서조차도 위태롭게 한다는 점, ㉯ 토지거래허가제 자체는 재산권의 본질적 내용을 침해하는 것이 아니라 하더라도 우리 구 국토이용관리법(국토의 계획 및 이용에 관한법률)에 의한 토지거래허가제는 허

232) 서원우, 「토지거래허가의 위헌시비·허영·조규창 두 교수의 글을 읽고」, 고시계, 1989. 10, 137쪽 ; 정하중, 「토지거래허가제도의 고찰」, 고시연구, 2001. 10, 151쪽 ; 김남진 「토지거래의 합헌설」, 고시연구, 1989. 8, 215쪽 : 유해웅, 토지법제론, 612쪽 ; 박윤흔 「토지거래허가제·그 위헌 여부에 대한 헌법재판소의 결정과 관련하여」, 월간고시, 1990. 5, 108쪽.

233) 조규창, 「사유재산제도의 위기」, 월간고시, 1989. 8, 62쪽 : 허영, 「토지거래허가의 헌법상 문제점」, 고시연구, 1989. 8, 175쪽.

가처분을 받지 못한 토지소유자가 적정한 값으로 환가할 수 있는 구제수단을 인정하지 아니함으로써 「완전한 매수청구권」을 인정하지 않고 「불완전한 매수청구권」을 인정하고 있다는 점 등을 들고 있다.

③ 헌법재판소의 결정

헌법재판소는 토지거래허가제도를 합헌으로 결정하였다.

【헌재결】 〈토지거래허가제도는 사유재산제도의 부정이 아니고 재산권의 본질적인 침해도 아니며, 헌법상의 경제조항에도 위배되지 아니하고 현재 상황에서 이러한 제재수단의 선택이 헌법상의 비례원칙이나 과잉금지원칙에 위배된다 할 수 없다.〉 국토이용관리법 제21조의 3 제1항의 토지거래허가제는 사유재산제도의 부정이 아니라 그 제한의 한 형태이고 토지의 투기적 거래의 억제를 위하여 그 처분을 제한함은 부득이한 것이므로 재산권의 본질적인 침해가 아니며, 헌법상의 경제조항에도 위배되지 아니하고 현재의 상황에서 이러한 제한수단의 선택이 헌법상의 비례의 원칙이나 과잉금지의 원칙에 위배된다고 할 수도 없다(헌재결 1989.12.22, 88헌가13).

④ 결 어

토지거래허가제도는 토지공개념과도 관련을 갖는다.

토지공개념 긍정설 입장에서 보면 사유재산제도를 부정한다거나 모든 생산수단의 소유권을 원칙으로 부인하는 것도 아니며 또한 재산권가치의 보상이 없는 사유재산권제한도 아니기 때문에 재산권의 본질적 내용을 침해하는 것도 아니라는 것이다. 토지재산권이 지닌 특수성 및 사회적 문제를 극복하기 위하여 국토의 효율적 이용과 계획적 관리 및 합리적 토지 이용(국토계획·이용법 §117·①) 차원에서 소유를 위한 토지소유로부터 「이용하기 위한 토지소유」로의 토지재산권에 대한 관념의 변천을 그 이론적 기초로 하면서 토지소유권에 있어서의 소유와 이용의 분리를 전제로 하여 토지소유권보다 이용권을 중심으로 하여 소유와 이용을 분리하여 규제할 수 있으며, 소유권의 기능을 사용권·이용권을 중심으로 하여 소유와 이용을 분리하여 규제할 수 있으며, 소유권의 기능을 사용권·수익권·처분권 등으로 구분하여 각 「기능에 대한 공법적 규제」가 허용되는 것으로 본다. 토지소유권 그 자체가 아니라 토지이용권이며, 토지이용권 중심의 법체계의 정립을 위한 전제로서 토지공개념을 주장하고, 이 경우 이용권은 자본주의사회 자체가 갖는 제약 때문에 원활한 도지공급을 힐 수 없이시 사유지에 대한 제약의 하나로서 나오는 것이며, 이는 사회적 관점에서 보면 자본주의가 살아남기 위한 자기과정이며 자본주의를 부정하는 것이 아님은 물론 사회주의가 되는 것도 결코 아니라고 본다. 이러한 의미에서 토지거래허가제는 국토의 이용·계획적 관리 및 합리적 토지이용(국토계획·이용법 §117·①)을 위하여 토지의 투기적인 거래가 성행하거나 지가가 급상승하는 지역과 그러한 우려가 있는 지역에 채택하는 것이고, 재산권의 본질적인 내용을 침해하는 것으로 볼 수 없으며 따라서 비례의 원칙에도 반한다고 볼 수 없다고 볼 것이다.

5) 토지거래허가의 요건 및 내용

① 허가구역의 지정

국토해양부장관은 국토의 이용 및 관리에 관한 계획의 원활한 수립 및 집행, 합리적 토지이용 등을 위하여 토지의 투기적인 거래가 성행하거나 지가가 급격히 상승하는 지역과 그러한 우려가 있는 지역에 대하여는 5년 이내의 기간을 정하여 토지거래계약에 관한 허가구역으로 지정할 수 있다(§117·①). 국토해양부장관이 허가구역으로 지정하고자 하는 때에는 중앙도시계획 위원회의 심의를 거쳐야 한다. 다만, 지정기간이 만료되는 허가구역을 계속하여 다시 허가구역으로 지정하고자 하는 때에는 중앙도시계획위원회의 심의 전에 미리 시·도지사·시장·군수 또는 구청장의 의견을 들어야 한다(§117·②).

국토해양부장관이 허가구역으로 지정한 때에는 지체 없이 이를 공고하고, 그 공고내용을 시·도지사에게 통지하여야 하며, 통지를 받은 시·도지사는 지체 없이 그 공고내용을 그 허가구역을 관할하는 등기소의 장과 시장·군수 또는 구청장에게 통지하여야 하며, 그 통지를 받은 시장·군수 또는 구청장은 지체 없이 이를 7일 이상 공고하고, 그 공고내용을 15일간 일반이 열람할 수 있도록 하여야 한다(§117·③·④).

허가구역의 지정은 허가구역의 지정을 공고한 날부터 5일 후에 그 효력이 발생한다(§117·⑤). 토지거래 허가구역의 지정은 처분성을 갖는다.

판례 〈국토의계획및이용에관한법률상 토지거래허가구역의 지정이 항고소송의 대상이 되는 처분성을 갖는다.〉 항고소송의 대상이 되는 행정처분이란 특정 사항에 대하여 법규에 의한 권리의 설정 또는 의무의 부담을 명하거나 기타 법률상 효과를 발생하게 하는 등 국민의 권리의무에 직접 관계가 있는 행위를 가리키는 것인바, 국토의계획및이용에관한법률의 규정에 의하면, 같은 법에 따라 토지거래계약에 관한 허가구역으로 지정되는 경우, 허가구역 안에 있는 토지에 대하여 소유권이전 등을 목적으로 하는 거래계약을 체결하고자 하는 당사자는 공동으로 행정관청으로부터 허가를 받아야 하는 등 일정한 제한을 받게 되고, 허가를 받지 아니하고 체결한 토지거래계약은 그 효력이 발생하지 아니하며, 토지거래계약허가를 받은 자는 5년의 범위 이내에서 대통령령이 정하는 기간 동안 그 토지를 허가받은 목적대로 이용하여야 하는 의무도 부담하며, 같은 법에 따른 토지이용의무를 이행하지 아니하는 경우 이행강제금을 부과당하게 되는 등 토지거래계약에 관한 허가구역의 지정은 개인의 권리 내지 법률상의 이익을 구체적으로 규제하는 효과를 가져오게 하는 행정청의 처분에 해당하고, 따라서 이에 대하여는 원칙적으로 항고소송을 제기할 수 있다(대판 2006. 12. 22, 2006두12883 공인중개사시험 불합격 취소 처분).

② 토지거래계약의 허가

㉮ 허가구역 안에 있는 토지에 관한 소유권·지상권(소유권·지상권의 취득을 목적으로 하는 권리를 포함한다)을 이전 또는 설정(대가를 받고 이전또는 설정하는 경우에 한한다)하는 계약(예약을 포함한다. 이하 '토지거래계약'이라 한다)을 체결하고자 하는 당사자는 공동으로 시장·군수 또는 구청장의 허가를 받아야 한다. 허가받은 사항을 변경하고자

하는 때에도 또한 같다(§118·①).

㉯ 토지거래계약에 관한 허가를 받고자 하는 당사자는 공동으로 허가신청서에 계약내용과 그 토지의 이용계획·취득자금조달계획 등을 기재하여 시장·군수 또는 구청장에게 제출하여야 한다.

허가신청서에는 계약내용과 그 토지의 이용계획·취득자금 조달 계획 등을 기재하여 시장·군수 또는 구청장에게 제출하여야 한다(§118·③).

규제구역 내의 토지에 대하여 거래계약이 체결된 경우 쌍방당사자는 공동으로 관할관청의 허가를 신청할 의무가 있으며, 허가신청절차에 협력하지 않는 상대방에 대하여 그 협력의무의 이행을 소송으로써 구할 이익이 있다(대판 1991.12.24, 90다12243).

㉰ 시장·군수 또는 구청장은 허가신청서를 받은 때에는 「민원사무처리에 관한 법률」의 규정에 의한 처리기간 내에 허가 또는 불허가의 처분을 하고, 그 신청인에게 허가증을 교부하거나 불허가처분사유를 서면으로 통지하여야 한다. 다만, 선매협의절차가 진행 중인 때에는 위의 기간 내에 그 사실을 신청인에게 통지하여야 한다(§118·④).

㉱ 위의 기간 이내에 허가증의 교부 또는 불허가처분사유의 통지가 없거나 선매협의 사실의 통지가 없는 때에는 당해 기간이 만료한 날의 다음날에 허가가 있는 것으로 보며, 이 경우 시장·군수 또는 구청장은 지체 없이 신청인에게 허가증을 교부하여야 한다(§118·⑤).

③ 허가기준

시장·군수 또는 구청장은 허가신청이 다음의 1에 해당하는 경우에는 허가를 하여서는 아니된다.

㉮ 토지거래 계약을 체결하고자 하는 자의 토지이용목적이 다음 각 목의 1에 해당되지 아니하는 경우. ㉠ 자기거주용 주택용지로 이용하고자 하는 것인 경우, ㉡ 허가구역을 포함한 지역의 주민을 위한 복지시설 또는 편의시설로서 관할 시장·군수 또는 구청장이 확인한 시설의 설치에 이용하고자 하는 것인 경우, ㉢ 허가구역 안에 거주하는 농업인·임업인·어업인 또는 대통령령이 정하는 자가 당해 허가구역 안에서 농업·축산업·임업·또는 어업을 영위하기 위하여 필요한 것인 경우, ㉣ 공익사업을 위한 토지 등의 취득 및 보상에 관한 법률 그 밖의 법률에 의하여 토지를 수용 또는 사용할 수 있는 사업을 시행하는 자가 그 사업을 시행하기 위하여 필요한 것인 경우, ㉤ 허가구역을 포함한 지역의 건전한 발전을 위하여 필요하고 관계법률의 규정에 의하여 지정된 지역·지구·구역 등의 지정목적에 적합하다고 인정되는 사업을 시행하는 자 또는 시행하고자 하는 자가 그 사업에 이용하고자 하는 것인 경우, ㉥ 허가구역의 지정 당시 당해 구역 안에서 사업을 시행하고 있는 자가 그 사업에 이용하고자 하는 것인 경우 또는 그 자의 사업과 밀접한 관련이 있는 사업을 행하는

자가 그 사업에 이용하고자 하는 것인 경우, ㉦ 허가구역 안에 거주하고 있는 자의 일상생활 및 통상적인 경제활동에 필요한 것 등으로서 대통령령이 정하는 용도에 이용하고자 하는 것인 경우

㉯ 토지거래계약을 체결하고자 하는 자의 토지이용목적이 ㉠ 도시계획 그 밖에 토지의 이용 및 관리에 관한 계획에 적합하지 아니한 경우, ㉡ 생태계 보전 및 주민의 건전한 생활환경보호에 중대한 위해를 초래할 우려가 있는 경우

㉰ 그 면적이 그 토지의 이용목적으로 보아 적합하지 아니하다고 인정되는 경우(§119)

④ 선매협의

시장·군수 또는 구청장은 토지거래계약에 관한 허가신청이 있는 경우에 ㉮ 공익사업용토지, ㉯ 토지거래계약허가를 받아 취득한 토지를 그 이용목적대로 이용하고 있지 아니한 토지에 대하여 국가·지방자치단체·한국토지공사 그 밖에 대통령령이 정하는 정부투자기관 또는 공공단체가 그 매수를 원하는 때에는 이들 중에서 당해 토지를 매수할 자(이하 '선매자'라 한다)를 지정하여 당해 토지를 협의 매수하게 할 수 있다(§122·①). 선매자의 지정은 토지거래계약허가 신청이 있는 경우에는 그 신청이 있는 날부터 1월 이내에 선매자를 지정하여 토지소유자에게 이를 통지하여야 하며, 선매자는 지정통지를 받은 날부터 1월 이내에 당해 토지소유자와 대통령령이 정하는 바에 따라 선매협의를 완료하여야 한다(§122·②).

선매자가 토지를 매수하는 경우의 가격은 부동산가격공시 및 감정평가에 관한 법률에 따라 감정평가업자가 감정평가한 감정가격을 기준으로 하되, 토지거래계약허가 신청서에 기재된 가격이 감정가격보다 낮은 경우에는 허가신청서에 기재된 가격으로 할 수 있다.

시장·군수 또는 구청장은 선매협의가 이루어지지 아니한 때에는 지체 없이 허가 또는 불허가의 여부를 결정하여 이를 통보하여야 한다(§122·③·④).

이는 선매권이 아니라 선매 협의로서 당사자간의 협의의 성립이 매수의 성립요건이다.

⑤ 매수청구

토지거래계약에 관한 허가신청을 한 경우에 있어서 불허가의 처분을 받은 자는 불허가 처분의 통지를 받은 날부터 1월 이내에 시장·군수 또는 구청장에게 당해 토지에 관한 권리의 매수를 청구할 수 있다. 매수청구를 받은 시장·군수 또는 구청장은 국가·지방자치단체·한국토지공사 그 밖에 대통령령이 정하는 정부투자기관 또는 공공단체 중에서 매수할 자를 지정하여, 매수할 자로 하여금 예산의 범위 안에서 공시지가를 기준으로 하여 당해 토지를 매수하게 하여야 한다. 다만, 토지거래계약허가신청서에 기재된 가격이 공시지가보다 낮은 때에는 허가신청서에 기재된 가격으로 매수할 수 있다(§123·①·②).

⑥ 토지이용에 관한 의무

토지거래계약허가를 받은 자는 대통령령이 정하는 사유가 있는 경우를 제외하고는 5년의 범위 내에서 대통령령이 정하는 기간 동안 그 토지를 허가받은 목적대로 이용하여야

한다(§124·①).

시장·군수 또는 구청장은 토지거래계약허가를 받은 자가 허가받은 목적대로 이용하고 있는지의 여부를 국토해양부령이 정하는 바에 따라 조사하여야 한다(§124·②).

시장·군수 또는 구청장은 ㉮ 토지거래계약에 관한 허가 또는 변경허가를 받지 아니하고 토지거래 계약을 체결하거나 거짓 그 밖의 부정한 방법으로 토지거래계약허가를 받은 자 ㉯ 토지거래계약허가를 받아 취득한 토지를 제1항 규정을 위반하여 허가받은 목적대로 이용하지 아니한 자를 시장·군수 또는 구청장이나 수사기관에 신고 또는 고발한 자에 대하여 대통령령이 정하는 바에 따라 포상금을 지급할 수 있다(§124·③). 포상금의 지급에 소요되는 비용은 시·군 또는 구의 재원으로 한다(§124·④).

⑦ 이행강제금

시장·군수 또는 구청장은 토지의 이용의무를 이행하지 아니한 자에 대하여는 상당한 기간을 정하여 토지의 이용의무를 이행하도록 명할 수 있고, 이행명령이 정하여진 기간 내에 이행되지 아니한 경우에는 토지취득가액의 100분의 10의 범위 안에서 대통령령이 정하는 금액의 이행강제금을 부과한다.

시장·군수 또는 구청장은 최초의 이행명령이 있은 날을 기준으로 하여 1년에 1회씩 당해 이행명령이 이행될 때까지 반복하여 이행강제금을 부과·징수할 수 있다(§124의2).

6) 토지거래계약허가의 효과 및 제재

① 무허가 토지거래 계약의 효력

허가구역 안에 있는 토지에 관한 소유권·지상권을 이전 또는 설정하는 계약은 허가를 받아야 효력을 발생하며, 허가를 받지 않고 체결한 토지거래계약은 그 효력을 발생하지 않는다(§118·⑥).

이와 관련하여 판례는 허가를 받지 않고 체결된 토지거래계약을 유동적 무효와 확정적 무효로 구분하고 있다.

판례 〈허가를 받기 전의 거래 계약이 처음부터 허가를 배제하거나 잠탈하는 내용의 계약일 경우는 확정적 무효로서 유효화 될 여지가 없고, 허가 받을 것을 전제로 한 거래계약일 경우는 허가를 받을 때까지 거래효력이 전혀 발생치 않지만 일단 허가를 받으면 그 계약은 소급하여 유효한 계약이 되고, 불허가가 된 때에는 무효로 확정되므로 허가받기까지는 유동적 무효의 상태에 있다.〉 국토이용관리법상의 규제구역 내의 '토지 등의 거래계약' 허가에 관한 관계규정의 내용과 그 입법취지에 비추어 볼 때 토지의 소유권 등 권리를 이전 또는 설정하는 내용의 거래계약은 물론 채권적 효력도 발생하지 아니하여 무효라고 보아야 할 것인 바, 다만 허가를 받기 전의 거래계약이 처음부터 허가를 배제하거나 잠탈하는 내용의 계약일 경우에는 확정적으로 무효로서 유효화 될 여지가 없으나 이와 달리 허가받을 것을 전제로 한 거래계약(허가를 배제하거나 잠탈하는 내용의 계약이 아닌 계약은 여기에 해당하는 것으로 본다)

일 경우에는 허가를 받을 때까지는 법률상 미완성의 법률행위로서 소유권 등 권리의 이전 또는 설정에 관한 거래의 효력이 전혀 발생하지 않음은 위의 확정적 무효의 경우와 다를 바 없지만, 일단 허가를 받으면 그 계약은 소급하여 유효한 계약이 되고 이와 달리 불허가가 된 때에는 무효로 확정되므로 허가를 받기까지는 유동적 무효의 상태에 있다고 보는 것이 타당하므로 허가받을 것을 전제로 한 거래계약은 허가받기 전의 상태에서는 거래계약의 채권적 효력도 전혀 발생하지 않으므로 권리의 이전 또는 설정에 관한 어떠한 내용의 이행청구도 할 수 없으나 일단 허가를 받으면 그 계약은 소급해서 유효화되므로 허가 후에 새로이 거래계약을 체결할 필요는 없다(대판 1991.12.24. 90다12243).

유동적 무효의 법리에 의하면 허가받기 전의 상태에서는 토지거래계약의 물권적 효력은 물론 채권적 효력도 발생하지 않으므로, 권리의 이전 또는 설정에 관한 어떠한 내용의 이행청구도 할 수 없고, 허가를 받으면 그 계약은 소급해서 유효가 되므로 허가 후에 새로이 거래계약을 체결할 필요는 없다. 다만 계약관계의 성립이전에 발생할 수 있는 일반적 효과로서, 당사자가 허가를 받는데 필요한 조치를 취할 협력의무와 허가를 받은 후에 계약의 이행을 위하여 방해가 되는 행위를 하지 않아야 할 충실의무가 있으며, 이러한 의무를 위반한 경우에는 상대방에 대하여 손해배상책임을 부담하게 되고, 허가신청절차에 협력하지 않는 상대방에 대하여 그 협력의무의 이행을 소송으로써 구할 이익이 있다(대판 1991.12.24. 90다12243).

② **농지취득자격증명취득 및 계약서 등 검인취득 간주**

농지에 대하여 토지거래계약허가를 받은 경우에는 농지법 제8조의 규정에 의한 농지취득자격증명을 받은 것으로 본다(§126·①).

토지거래계약에 관한 허가를 받고 '토지거래허가증'을 교부받은 경우에는 부동산등기 특별조치법 제3조의 규정에 의한 검인을 받은 것으로 본다(§126·②).

③ **형사상 제제(벌칙)**

제118조 제1항의 규정에 의한 허가 또는 변경허가를 받지 아니하고 토지거래 계약을 체결하거나 사위 그 밖의 부정한 방법으로 토지거래계약허가를 받은 자는 2년 이하의 징역 또는 계약체결 당시의 개별공시지가에 의한 당해 토지가격의 100분의 30에 상당하는 금액 이하의 벌금에 처한다(동법 §141·5호). 여기서 말하는 벌칙 적용대상인 "허가 없이 토지 등의 거래계약을 체결하는 행위"라 함은 처음부터 허가를 배제하거나 잠탈하는 내용의 계약을 체결하는 행위를 의미한다.

판례 **〈"허가 없이 토지 등의 거래계약을 체결하는 행위"의 의미〉** 같은 법 제31조의 2 제1호와 그 제21조의 3 제1항의 취지는 같은 법 소정의 규제구역 내에 있는 토지 등에 대한 어떠한 내용의 거래계약도 허가 없이 체결하는 것을 금지하고 이를 위반한 자를 처벌하고자 하는 것은 아니고 처음부터 허가를 배제하거나 잠탈하는 내용의 거래계약의 체결을 금지하는 것이고, 같은 법 제31조의 2 소정의 벌칙적용대상인 '허가없이 토지 등의 거래계약을 체결하는 행위'라 함은 이와 같이 처음부터 허가를 배제하거나 잠탈하는 내용의 계약을 체결하는 행위를 가리키고, 허가받을 것을 전제로 한 거래계약을 체결하는 것은 여기에 해당하지 않는다(대판 1992. 4. 24, 92도245 국토이용관리법 위반).

7) 토지거래계약 허가서부에 대한 권익구제

① 이의신청

허가신청에 대하여 이의가 있는 자는 그 처분을 받은 날부터 1월 이내에 시장·군수 또는 구청장에게 이의를 신청할 수 있다. 이의신청을 받은 시장·군수 또는 구청장은 시·군·구 도시계획위원회의 심의를 거쳐 그 결과를 이의신청인에게 통보하여야 한다(§120·①·②).

② 불허가처분을 받은 토지의 매수청구

허가신청에 대하여 불허가의 처분을 받은 자는 불허가처분의 통지를 받은 날부터 1월 이내에 시장·군수 또는 구청장에게 당해 토지에 관한 권리의 매수를 청구할 수 있다(§123·①).

(10) 권리구제문제

1) 문제의 제기

도시관리계획결정이 고시되면 그 안에서의 개인은 재산권 행사에 많은 제한이 가해진다. 그 중에서도 개발제한구역에 있어서의 개인의 재산권에 대한 제한은 보다 심각한 것이나, 「국토의계획및이용에관한법률」은 어느 경우에도 손실보상에 관한 규정을 두고 있지 않다. 특히 개발제한구역에 있어서의 재산권에 관한 제한으로 인한 손실에 대한 보상의 인정 여부가 최근 심각한 논쟁의 대상이 되고 있다. 대법원 판례와 헌법재판소 결정이 서로 다른 판결을 하고 있어 구 도시계획법 제21조 규정의 위헌성·합헌성 여부 심사를 청구하는 헌법소원이 다수 제기된 바 있었다.

개발제한구역 등에 있어서의 재산권에 대한 제한에 대하여 손실보상을 요하는 것인지의 문제는 그 제한이 재산권의 「내재제약 : 사회적 제약」인지, 아니면 그것을 넘어서는 「특별한 희생」에 해당하는지의 여부에 따라 결정되어야 한다.

개발제한구역의 지정과 같이 행정계획으로서의 지역·지구·구역 등의 지정에 따른 재산권의 제한에 대한 손실보상 여부의 문제에 대하여는 ① 당해 계획으로 인하여 토지이용이 제한되더라도 종래의 방법에 의한 토지의 이용이 계속 가능하고, ② 그 제한이 당해 토지의 본래의 기능에 반하지 아니하는 경우에는 보상을 요하지 않는다. 그러나 공법상 제한이 ① 객관적으로 현실화되어 있는 재산가치를 현저히 손상하거나 ② 토지의 본래의 기능이나 소유권의 본질적 내용을 제한(저해)하거나 ③ 이미 객관적으로 현실화 되어 있는 개발행위를 저해하거나 ④ 공용제한의 결과 상대방에게 특별한 희생이 발생하는 경우에는 손실보상을 요한다 할 것이다.

2) 대법원의 판례

대법원은 구 도시계획법 제21조에 기하여 토지소유자에게 가하여지는 제한은 재산권의 사회적 구속 내의 것으로 보아, 동조가 보상규정을 두고 있지 않아도 위헌은 아니라고 판시하였다.

> 판례 …… 도시계획법은 제21조 제1·2항의 규정에 의하여 개발제한구역 안에 있는 토지의 소유자는 재산상의 권리행사에 많은 제한을 받게 되고 그 한도 내에서 일반토지소유자에 비하여 불이익을 받게 되어 있음은 명백하지만 도시의 무질서한 확산을 방지하고 도시주변의 자연환경을 보전하여 건전한 생활환경을 확보하기 위하여, 또는 국방부장관의 요청이 있어 보안상 도시의 개발을 제한할 필요가 있다고 인정되는 때에 한하여 가하여지는 위와 같은 제한은 공공복리에 적합한 합리적인 제한이라고 볼 것이고, 그 제한으로 인한 토지소유자의 불이익은 공공복리를 위하여 감수하지 아니하면 안될 정도의 것이라고 인정되므로 이에 대하여 손실보상의 규정을 아니하였다 하여 도시계획법 제21조 제1·2항의 규정을 헌법 제23조 제3항이나 제37조 제2항에 위배되는 것이라 할 수 없다 ……(대판 1990.5.9, 89누2).

3) 헌법재판소의 결정

헌법재판소는 결정에서 구 도시계획법 제21조에 의한 개발제한구역의 지정으로 예외적으로 토지소유자에게 가혹한 부담이 가하여지는 경우가 있는 것으로서, 그러한 한도에서는 보상규정을 두고 있지 아니한 동조는 「헌법에 합치되지 아니한다」고 헌법불합치의 결정을 선언하였다.

> **【헌재결】 〈개발제한구역의 지정에 의한 손실은 재산권의 내재적 한계에 해당하나, 특별한 희생이 존재하는 경우에는 보상규정을 둘 필요가 있다.〉** …… 이 사건의 법률조항이 규정한 개발제한구역의 지정이라는 제도 그 자체는 토지재산권에 내재하는 사회적 기속성을 구체화한 것으로서 원칙적으로 합헌적인 규정인데, 다만 구역지정으로 말미암아 일부 토지소유자에게 사회적 제약의 범위를 넘는 가혹한 부담이 발생하는 예외적인 경우에도 보상규정을 두지 않는 것에 위헌성이 있는 것이므로, 헌법불합치결정을 선고함으로써 입법자가 이 사건 법률조항을 헌법에 적합하게 개정할 때까지 그대로 유지해야 할 당위성이 있다 ……(헌재 1998.12.24, 89헌마214, 90헌바16, 97헌바78(병합)).

이 결정에 헌법재판소는 먼저 「토지의 개발이나 건축은 합헌적 법률로 정한 재산권의 내용과 한계 내에서만 가능할 뿐만 아니라 토지재산권의 강한 사회성 내지는 공공성으로 말미암아 이에 대하여는 다른 재산권에 비하여 보다 강한 제한과 의무가 부과될 수 있다」라고 하고 있다. 그러나 동재판소는 이어서 「토지재산권에 대한 제한입법 역시 다른 기본권을 제한하는 입법과 마찬가지로 과잉금지의 원칙(비례의 원칙)을 준수해야 하고, 재산권의 본질적 내용인 사용·수익권과 처분권을 부인해서는 아니된다」고 하고 있다.

이러한 기본원칙에 따라 동재판소는 「개발제한구역의 지정으로 인한 ① 개발가능성의 소멸과 그에 따른 지가의 하락이나 지가 상승률의 상대적 감소는 토지소유자가 감수해야 하는 사회적 제약의 범주에 속한다고 하고 있다. 그리하여 동재판소는 ② 토지소유자가 종래의 목적대로 토지를 이용할 수 있는 한 개발제한구역의 지정에 따른 위와 같은 제한으로 인하여 토지재산권의 내재적 제약의 한계를 넘는 가혹한 부담이 가해졌다고 할 수 없다」고 하고 있다.

그러나 개발제한구역의 지정으로 인하여 예외적으로 ① 토지를 종래의 목적으로도 사용할 수 없거나 또는 ② 법률상으로 허용된 토지이용의 방법이 없기 때문에 실질적으로 토지의 사용·수익권이 폐지된 경우에는 재산권의 사회적 구속성에 의하여도 정당화될 수 없는 가혹한 부담을 토지소유자에게 부과하는 것이므로 그러한 부담의 부과는 「관계법에 보상규정을 두어야만」 비로소 헌법상으로 허용된다고 하고 있다.

동재판소는 그러한 사례로서 「나대지」와 「사정변경으로 인한 용도의 폐지」의 경우를 들고 있다. ① 「나대지에 대하여는 토지관련 공부에 나대지로 되어있어 개발제한구역의 지정 이전에 대지로서 이용할 수 있는 권리가 발생하였고, 구역의 지정 당시 이미 나대지 상태로 형성되어 있었다면, 그 용도에 관하여 그 소유자에는 보상 없이는 박탈할 수 없는 재산권적 지위가 인정된다」고 하고 있다.

② 「사정변경으로 인한 용도폐지와 관련하여서는 종래 농지 등으로 사용되었으나 개발제한 구역의 지정 후에 주변지역의 도시과밀화로 농지가 오염되었거나 수로가 차단되는 등으로 당해 토지를 더 이상 종래의 목적대로 사용할 수 없는 경우를 들면서 이 경우에도 토지소유자에는 가혹한 부담이 되는 것이므로, 그 경우에는 관계법률에 보상규정을 두어야 한다」고 하고 있다.

위와 같은 헌법재판소의 결정을 받들어 「개발제한구역의지정및관리에관한특별조치법」이 제정(2001.1.28)되었는 바, 동법에서는 토지매수의 청구(동법 §16)및 협의에 의한 토지매수(동법 §19) 등에 관한 규정을 두게 된 것이다.

(11) 도시계획위원회

1) 중앙도시계획위원회

① 설 치

광역도시계획·도시계획·토지거래계약허가구역 등 국토해양부장관의 권한에 속하는 사항과 다른 법률에서 중앙도시계획위원회의 심의를 거치도록 한 사항을 심의하고 도시계획에 관한 조사·연구를 수행하기위하여 국토해양부에 중앙도시계획위원회를 둔다(§106).

② 조 직

중앙도시계획위원회는 위원장·부위원장 각 1인을 포함한 위원 25인 이상 30인 이내의 위원으로 구성한다. 위원장 및 부위원장은 위원 중에서 국토해양부장관이 임명 또는 위촉한다. 공무원이 아닌 위원의 수는 10인 이상으로 하고 그 임기는 2년으로 한다. 위원은 관계중앙행정기관의 공무원과 토지이용·건축·주택·교통·환경·방재·문화·농림 등 도시계획에 관한 학식과 경험이 풍부한 자 중에서 국토해양부장관이 임명 또는 위촉한다(§107).

위원장은 중앙도시계획위원회의 업무를 총괄하며, 중앙도시계획위원회의 의장이 된다(§108).

③ 회의소집 및 의결정족수

중앙도시계획위원회의 회의는 국토해양부장관 또는 위원장이 필요하다고 인정하는 경우에 국토해양부장관 또는 위원장이 소집한다. 중앙도시계획위원회의 회의는 재적의원 반 수 출석으로 개의하고, 출석의원 과반수의 찬성으로 의결한다(§109).

④ 분과위원회 및 전문위원

㉮ 분과위원

㉠ 제8조 제2항의 규정에 의한 토지이용에 관한 구역 등의 지정, 변경 및 용도지역 등의 변경계획에 관한 사항

㉡ 제59조의 규정에 의한 심의에 관한 사항

㉢ 제117조의 규정에 의한 허가구역의 지정에 관한 사항

㉣ 중앙도시계획위원회에서 위임하는 사항을 효율적으로 심의하기 위하여 중앙도시계획위원회에 분과위원회를 들 수 있다(§110·①).

㉯ 전문위원 : 도시계획 등에 관한 중요사항을 조사·연구하기 위하여 중앙도시계획위원회에 전문위원을 둘 수 있다. 전문위원은 위원장 및 중앙도시계획위원회나 분과위원회의 요구가 있는 때에는 회의에 출석하여 발언할 수 있다. 전문위원은 토지이용·교통·환경 등 도시계획에 관한 학식과 경험이 풍부한 자 중에서 국토해양부장관이 임명한다(§111).

2) 지방도시계획위원회

① 설 치

㉮ 시·도 도시계획위원회

㉠ 시·도지사가 결정하는 도시관리계획의 심의 등 시·도지사의 권한에 속하는 사항과 다른 법률에서 시·도 도시계획위원회의 심의를 거치도록 한 사항의 심의, ㉡ 국토해양부장관의 권한에 속하는 사항 중 중앙도시 계획위원회의 심의대상에 해당하는 사항이 시·도지사에게 위임된 경우 그 위임된 사항의 심의, ㉢ 도시관리계획과 관련된 사항에 관한 시·도지사에 대한 자문 ㉣ 그 밖의 대통령령이 정하는 사항에 관한 심의 또는 자문을 하게 하기 위하여 시·도에 시·도 도시계획 위원회를 둔다(§113·①).

㈏ 시·군·구 도시계획위원회

㉠ 대도시 시장이 결정하는 도시관리계획의 심의와 국토해양부장관 또는 시·도지사의 권한에 속하는 사항 중 시·도 도시계획위원회의 심의대상에 해당하는 사항이 시장·군수 또는 구청장에게 위임 또는 재위임된 경우 그 위임 또는 재위임된 사항의 심의, ㉡ 도시관리계획과 관련된 사항에 관한 시장·군수 또는 구청장에 대한 자문, ㉢ 제59조의 규정에 의한 개발행위의 허가 등에 관한 심의, ㉣ 그 밖에 대통령령이 정하는 사항에 관한 심의 또는 자문을 하게 하기 위하여 시·군 또는 구에 각각 시·군·구 도시계획위원회를 둔다(§113·②).

② 제척사유

지방도시계획위원회 위원은 다음 사유에 해당하는 경우에는 심의·자문에서 제척된다.

㉮ 자기나 배우자 또는 배우자이었던 자가 당사자이거나 공동권리자 또는 공동의무자인 경우

㈏ 자기가 당사자와 친족관계에 있거나 자기 또는 자기가 속한 법인이 당사자의 법률·경영 등에 대한 자문·고문 등으로 있는 경우

㈐ 자기 또는 자기가 속한 법인이 당사자 등의 대리인으로 관여하거나 관여하였던 경우

㈑ 그 밖에 해당 안건에 자기가 이해관계인으로 관여한 경우로서 대통령령이 정하는 경우(§113·⑤).

③ 회의록 공개

지방도시계획위원회의 심의·일시·장소·안건·내용·결과 등이 기록된 회의록은 3년을 초과하지 않은 범위 내에서 대통령령이 정하는 기간이 경과한 후에는 공개요청이 있는 경우 대통령령이 정하는 바에 따라 이를 공개하여야 한다(§113·⑥). 다만, 공개에 의하여 부동산투기 유발 등 공익을 현저히 해할 우려가 있다고 인정되는 경우나, 심의·의결의 공정성을 침해할 우려가 있다고 인정되는 이름·주민등록번호 등 대통령령이 정하는 개인식별정보에 관한 부분의 경우에는 그러하지 않다(§113·⑥ 단서).

3. 토지이용규제(토지이용규제기본법)

(1) 토지이용규제기본법 제정 이유

토지이용규제기본법은 경제사회적인 발전과 더불어 개별법령에서 수많은 토지이용규제제도가 다양한 목적으로 도입됨에 따라 지역·지구 등이 복잡·다기화되고, 국민이 토지이용규제의 내용을 쉽게 알 수가 없어 국민경제생활에 적지 않은 불편이 초래되고 있는 바, 새로운 토지이용규제를 수반하는 지역·지구 등의 신설을 엄격히 제한하고, 기존의 지역·지구 등을 정기적으로 재평가하여 지속적으로 정비해 나가는 한편, 지역·지구 등의 지정 시 주

민이 알 수 있도록 의견청취절차와 지형도면 고시절차를 의무화하고, 규제 안내서의 작성과 토지이용규제의 내용을 전산화하는 등 토지이용규제의 투명성을 확보하고 국민의 토지이용의 편의를 도모하려는 것이 주된 이유이다.

(2) 목 적

토지이용규제기본법의 목적은 토지이용과 관련된 지역·지구 등의 지정과 관리에 관한 기본적인 사항을 규정함으로써 토지이용규제의 투명성을 확보하여 국민의 토지이용상의 불편을 줄이고 국민경제의 발전에 이바지함에 있다(§1).

(3) 토지이용규제기본법의 지위

지역·지구 등의 지정과 운영 등에 관하여 다른 법률에 제8조의 규정(지역·지구등의 지정 등)과 다른 규정이 있는 경우에는 이 법의 규정에 따른다고 하고 있으므로 일반법적 지위에 있다(§3).

(4) 토지이용규제의 투명성 확보

지역·지구 등을 규정하는 법령 또는 자치법규는 그 지정목적, 지정기준, 행위제한 내용 등을 구체적이고 명확하게 규정해야 한다(§4).

(5) 주요 내용

1) 지역·지구 등

① 지역·지구 등의 개념

지역·지구 등이라 함은 지역·지구·구역·권역·단지·도시계획 시설 등 명칭에 관계없이 개발행위를 제한하거나 토지이용과 관련된 인가·허가 등을 받도록 하는 등 토지의 이용 및 보전에 관한 제한을 하는 일단의 토지(토지와 연접한 해면으로서 토지와 같이 제한되는 경우에는해면을 포함한다)로서 제5조(지역·지구 등의 신설제한 등) 각 호에 규정된 것을 말한다(§2·1호).

② 지역·지구 등의 신설제한 등

㉮ 지역·지구 등의 신설제한 등 : 지역·지구 등은 ㉠ 별표에 규정된 지역·지구 등, ㉡ 다른 법률의 위임에 의하여 대통령령에 규정된 지역·지구 등으로서 이 법의 대통령령에 규정된 지역·지구 등, ㉢ 다른 법령의 위임에 의하여 총리령·부령 및 자치법규에 규정된 지역·지구 등으로서 국토해양부장관이 관보에 고시하는 지역·지구 등의 것을 제외하고는 신설(지역·지구 등을 세분하거나 변경하는 것을 포함한다)할 수 없다(§5).

㉯ 지역·지구 등 신설에 대한 심의 : 중앙행정기관의 장 또는 지방자치단체의 장은 지역·지구 등의 신설되는 법령 또는 자치법규를 제정 또는 개정하고자 하는 경우에는

해당 법령안 또는 자치법규안을 입법예고하기 전에 지역·지구 등의 신설이 ㉠ 기존의 지역·지구 등의 지정목적 또는 명칭과 유사하거나 중복되지 않을 것, ㉡ 지역·지구 등의 신설이 명확한 목적을 가질 것, ㉢ 지역·지구 등의 지정기준과 요건 등이 구체적이고 명확할 것, ㉣ 지역·지구 등 안에서의 행위제한 내용이 그 지정목적에 비추어 다른 지역·지구 등과 균형을 유지할 것, ㉤ 그 밖에 대통령령이 정하는 사항에 부합하는지에 대하여 토지이용규제심의위원회의 심의를 국토해양부장관에게 요청하여야 한다(§6·①).

㉰ 계획서 제출 : 중앙행정기관의 장 또는 지방자치단체의 장은 제1항의 심의를 요청하는 때에는 지역·지구 등의 지정 및 운영계획서(이하 '계획서'라 한다)를 작성하여 제출해야 한다(§6·②). 지역·지구 등을 신설하고자 하는 경우로서 「행정규제기본법」 제10조의 규정에 의한 심사요청을 한 때에는 제6조의 규정(지역·지구 등의 신설에 대한 심의)을 적용하지 않는다(부칙 §2).

㉱ 지역·지구 등 안에서의 행위제한 : 개발사업을 시행하기위한 지역·지구 등(이하 '사업지구'라 한다)을 규정하는 법령 또는 자치법규에는 당해 사업지구 안에서 관계 행정기관의 장의 허가를 받아야 하는 ㉠ 건축물의 건축 ㉡ 공작물의 설치 ㉢ 토지의 형질변경 ㉣ 토석의 채취 ㉤ 토지분할 ㉥ 물건을 쌓아 놓는 행위 ㉦ 그 밖에 개발 사업에 지장을 초래할 수 있는 행위를 구체적으로 정하여야 한다(§7·①).

㉲ 행위제한(지역·지구 등의 신설 제한) 강화 등에 대한 심의(동법 §6의 2)

㉠ 중앙행정기관의 장이나 지방자치단체의 장은 ㉮의 지역·지구 등에서의 행위제한을 신설 또는 강화(이하 "강화" 등이라 한다)하려는 경우에는 해당 법령안 또는 자치법규안을 입법예고하기 전에 ⓐ 지역·지구 등에서 행위제한강화 등이 다른 지역·지구 등과 균형을 유지할 것 ⓑ 지역·지구 등에서의 행위제한 강화 등이 해당 목적달성을 위하여 반드시 필요한 사항일 것 ⓒ 그 밖에 대통령령으로 정하는 사항 등의 기준에 부합하는지에 대하여 위원회의 심의를 국토해양부장관에게 요청하여야 한다.

㉡ 중앙행정기관의 장이나 지방자치단체의 장이 심의요청을 할 때에는 행위제한강화 등 계획서(이하 "계획서"라 한다)를 작성하여 제출하여야 한다. 국토해양부장관은 심의결과 행위제한강화 등이 ㉠에서 규정한 기준에 부합하지 아니하다고 인정되는 경우에는 계획서를 제출한 중앙행정기관의 장이나 지방자치단체의 장에게 계획서의 재검토 또는 수정을 요청할 수 있다.

③ 지역·지구 등의 지정 등

㉮ 중앙행정기관의 장 또는 지방자치단체의 장이 지역·지구 등을 지정·변경하고자 하는 때에는 대통령령이 정하는 바에 따라 미리 주민의 의견을 들어야 하며, 지역·지구 등을 지정하는 때에는 지적이 표시된 지형도에 지역·지구 등을 명시한 도면(이하 '지형도면'이라 한다)을 작성하여 관보 또는 공보에 고시해야 한다(§8·①·②).

다만, 대통령령이 정하는 경우에는 지형도면을 작성·고시하지 아니하거나 지적도 등에 지역·지구 등을 명시한 도면을 작성하여 고시할 수 있다(§8·② 단서).

㈏ 지형도면 또는 지적도 등에 지역·구역 등을 명시한 도면(이하 '지형도면 등'이라 한다)을 고시해야 하는 지역·지구 등의 지정의 효력은 지형도면 등의 고시를 함으로써 발생한다(§8·③). 다만, 지역·지구 등을 지정하는 때에 지형도면 등의 고시가 곤란한 경우로서 대통령령이 정하는 경우에는 그렇지 않다(§8·③ 단서).

㈐ 제3항 단서의 규정에 해당하는 경우에는 지역·지구 등의 지정일부터 2년이 되는 날까지 지형도면 등을 고시하여야 하며, 지형도면 등의 고시가 없는 경우에는 그 2년이 되는 날의 다음날부터 그 지정의 효력을 잃는다(§8·④).

㈑ 중앙행정기관의 장 또는 지방자치단체의 장은 지형도면 등의 고시를 하고자 하는 때에는 관계 시장·군수 또는 구청장에게 관련서류 및 고시예정일 등 대통령령이 정하는 사항을 미리 통보하여야 한다(§8·⑧). 통보를 받은 시장·군수 또는 구청장은 그 내용을 국토이용정보체계상에 등재하여 지역·지구 등의 지정효력발생일부터 일반 국민이 볼 수 있도록 하여야 한다(§8·⑨).

④ 지역·지구 등의 지정 및 행위제한 내용을 국민에게 제공

㈎ 국토해양부장관 및 지방자치단체의 장은 국토이용정보체계를 이용하여 필지별로 지역·지구 등의 지정여부 및 행위제한 내용을 일반 국민에게 제공하여야 한다(§9·①).

㈏ 중앙행기관의 장은 지역·지구 등이 신설되거나 지역·지구 등 안에서의 행위제한 내용이 변경되는 경우에는 그 내용을 대통령령이 정하는 바에 따라 국토해양부장관에게 통보하여야 한다. 이 경우 국토해양부장관은 국토이용정보체계를 통하여 제공되는 내용을 변경하여야 한다(§9·②).

㈐ 지방자치단체의 장은 지역·지구 등이 신설되거나 지역·지구 등 안에서의 행위제한 내용이 변경되는 경우에는 그 내용을 대통령령이 정하는 바에 따라 국토해양부장관에게 통보하고 국토이용정보체계를 통하여 제공되는 내용을 직접 변경하여야 한다(§9·③).

⑤ 토지이용계획확인서의 발급

시장·군수 또는 구청장은 ㈎ 지역·지구 등의 지정내용, ㈏ 지역·지구 등의 행위제한 내용, ㈐ 그 밖에 대통령령이 정하는 사항을 확인하는 서류의 발급신청이 있는 경우에는 대통령령이 정하는 바에 따라 토지이용계획확인서를 발급해야 한다(§10·①).

⑥ 규제안내서

㈎ 국토해양부장관은 규제안내서를 작성할 수 있다. 규제안내서를 작성하고자 할 때에는 관계행정기관의 장과 미리 협의하여야 한다. 협의를 요청받은 관계행정기관의 장은 특별한 사유가 없는 한 그 요청을 받은 날부터 30일 이내에 의견을 제시해야

한다. 규제안내서를 작성한 경우에는 이를 관보에 고시해야 하며, 국토이용정보체계를 이용하여 이를 일반 국민에게 제공하여야 한다(§11·①·②·③).

㈏ 규제안내서에는 ㉠ 대상사업을 위한 인가·허가 등의 명칭, 기준, 절차 및 구비서류, ㉡ 토지이용과 개발을 위한 인가·허가 등의 명칭, 기준, 절차 및 구비서류, ㉢ 건축물의 건축을 위한 인가·허가 등의 명칭, 기준, 절차 및 구비 서류, ㉣ 그 밖에 대통령령이 정하는 사항이 포함되어야 한다(§11·④).

㈐ 중앙행정기관의 장이 고시된 규제안내서에 포함된 내용을 변경하는 경우에는 관계법령의 공포일에 규제안내서의 내용이 변경된 사실과 그 효력발생일을 함께 관보에 고시해야 하며, 고시 전에 고시예정일 등 대통령령이 정하는 사항을 국토해양부장관에게 통보해야 한다. 이 경우 국토해양부장관은 국토이용정보체계를 이용하여 제공되는 규제안내서를 변경하여 그 효력이 발생한 날부터 일반 국민이 볼 수 있도록 해야 한다(§11·⑤).

㈑ 지방자치단체의 장이 고시된 규제안내서에 포함된 내용을 변경하는 경우에는 자치법규의 공포일에 규제안내서의 내용이 변경된 사실과 그 효력발생일을 함께 공보에 고시해야 하며, 고시 전에 고시예정일 등 대통령령이 정하는 사항을 국토해양부장관에게 통보해야 한다. 이 경우 지방자치단체의 장은 국토이용정보체계를 이용하여 제공되는 규제안내서를 변경하여 그 효력이 발생한 날부터 일반 국민이 볼 수 있도록 해야 한다(§11·⑥).

⑦ 국토이용정보체계의 구축·운영 및 활용

㈎ 국토해양부장관, 특별시장, 광역시장, 도지사, 시장, 군수, 또는 구청장(이하 '정보체계운영자'라 한다)은 국토의 이용 및 관리업무를 효율적으로 추진하기 위하여 국토이용정보체계를 구축하여 운영할 수 있다(§12·①).

㈏ 정보체계운영자는 국토이용정보체계를 통하여 ㉠ 지역·지구 등의 지정내용, ㉡ 지역·지구 등의 행위제한 내용, ㉢ 규제안내서, ㉣ 그 밖에 대통령령이 정하는 사항을 일반 국민에게 제공할 수 있다(§12·②).

⑧ 지역·지구 등의 지정과 운영실적 등의 평가(지역·지구 등의 정기적 재평가및 제도적 개선추진)

㈎ 토지이용규제보고서 작성 : 지역·지구 등을 관장하는 중앙행정기관의 장 및 지방자치단체의 장은 2년마다 지역·지구 등의 지정과 운영실적 등을 포함한 토지이용규제보고서를 작성하여 국토해양부장관에게 제출해야 한다(§13·①).

㈏ 토지이용규제평가단의 평가 : 국토해양부장관은 토지이용규제의 적정성을 확보하기위해 토지이용규제평가단(이하 '평가단'이라 한다)으로 하여금 토지이용규제보고서에 기초하여 지역·지구 등의 지정실태 등을 평가하게 하고, 위원회의 심의를 거쳐 국무회의에

보고한 후 중앙행정기관의 장 또는 지방자치단체의 장에게 그 지역·지구 등의 통합이나 폐합 등 제도개선을 요청할 수 있다(§13·②).

㉰ 행위제한 내용 및 절차에 대한 평가 : 국토해양부장관은 서로 다른 지역·지구 등에서 행위제한 내용 및 절차의 균형이 유지되도록 하기 위하여 매년 대통령령으로 정하는 바에 따라 평가단으로 하여금 지역·지구 등에서의 행위제한 내용 및 절차를 조사하여 평가하게 하고, 평가 결과에 대하여 위원회의 심의를 거쳐 중앙행정기관의 장이나 지방자치단체의 장에게 제도개선을 요청할 수 있다(동법 §14).

⑨ **토지이용규제심의위원회**

지역·지구 등의 신설, 지역·지구 등의 지정과 운영실적 등에 대한 평가결과, 지역·지구 등 안에서의 행위제한 내용 평가결과에 관한 사항을 심의하기 위하여 국토해양부에 토지이용규제 심의위원회를 둔다(§15).

2) 지형도면 등의 고시에 관한 경과조치

제8조 제2항 내지 제9항의 규정(지형 도면을 작성하여 관보·공보에 고시등)은 이 법 공포 후 1년이 경과한 날 전에 지정된 지역·지구 등에 대하여는 이를 적용하지 아니하고, 2008년 12월 31일까지 지형도면을 고시하여야 하며, 2008년 12월 31일까지 고시하지 아니한 경우는 그 다음날부터 그 지역·지구 등의 지정의 효력을 잃는다는 점이다(부칙§4·①·②).

4. 수도권정비계획법

(1) 목적·수도권·수도권정비계획의 개념

1) 목 적

수도권정비계획법은 수도권의 정비에 관한 종합적인 계획의 수립과 시행에 관하여 필요한 사항을 정함으로써 수도권에 과도하게 집중된 인구 및 산업의 적정배치를 유도하여 수도권의 질서있는 정비와 균형있는 발전을 기함에 있다(§1).

2) 수 도 권

수도권정비계획법에서 수도권이라 함은 서울특별시와 인천광역시 및 경기도를 말한다(§2·1호, 동법 시행령 §2).

3) 수도권정비계획

수도권정비계획이라 함은 「국토기본법」상의 국토종합계획을 기본으로 하여 제4조의 규정(수도권정비 계획의 수립)에 의하여 수립되는 계획을 말한다(§2·2호).

(2) 다른 계획 등과의 관계

1) 다른 계획의 기본

수도권정비계획은 수도권 안에서의 「국토의 계획 및 이용에 관한 법률」에 의한 도시계획, 그 밖의 다른 법령에 의한 토지이용계획 또는 개발계획 등에 우선하며, 그 계획의 기본이 된다(§3·①). 다만, 수도권의 군사에 관한 사항에 대하여는 그러하지 아니하다(§·3① 단서).

2) 수도권정비계획에 부합

중앙행정기관의 장이나 특별시장·광역시장·도지사·또는 시장군수·구청장 등 관계행정기관의 장은 수도권정비계획에 부합되지 아니하는 토지이용계획 또는 개발계획 등을 수립·시행해서는 안된다(§3·②).

(3) 수도권정비계획의 수립

1) 수도권정비계획안 입안

국토해양부장관 은 수도권의 인구 및 산업의 집중억제와 적정배치를 위하여 중앙행정기관의 장과 서울특별시장·광역시장 또는 도지사(이하 '시·도지사'라 한다)의 의견을 들어 ① 수도권정비의 목표와 기본방향에 관한 사항, ② 인구 및 산업 등의 배치에 관한 사항, ③ 권역의 구분 및 권역별 정비에 관한 사항, ④ 인구집중유발시설 및 개발사업의 관리에 관한 사항, ⑤ 광역적 교통시설, 상·하수도시설 등의 정비에 관한 사항, ⑥ 환경보전에 관한 사항, ⑦ 수도권정비를 위한 지원 등에 관한 사항, ⑧ ①에서 ⑦까지의 계획의 집행 및 관리에 관한 사항, ⑨ 기타 대통령령이 정하는 수도권정비에 관한 사항이 포함된 수도권정비계획안을 입안한다(§4·①).

2) 심의·승인·결정·고시

국토해양부장관은 수도권정비계획안을 수도권정비위원회의 심의를 거친 후 국무회의의 심의와 대통령의 승인을 얻어 이를 결정한다. 다만, 대통령령이 정하는 경미한 사항의 변경은 수도권정비위원회의 심의를 거쳐 이를 할 수 있다(§4·②). 국토해양부장관은 결정된 수도권정비계획을 고시하고 중앙행정기관의 장 및 시·도지사에게 통보하여야 한다(§4·③).

3) 추진계획

중앙행정기관의 장 및 시·도지사는 수도권정비계획을 실행하기 위한 소관별 추진계획을 수립하여 국토해양부장관에게 제출해야 하고, 추진계획은 수도권정비위원회의 심의를 거쳐 확정되며, 국토해양부장관은 추진계획이 확정된 때에는 중앙행정기관의 장 및 시·도지사에게 통보해야 한다. 시·도지사는 확정된 추진계획을 통보받은 때에는 이를 지체 없이 고시해야 한다(§5).

(4) 권역의 구분 및 지정과 행위제한

수도권의 인구와 산업을 적정하게 배치하기 위하여 수도권을 ① 과밀억제권역, ② 성장관리권역, ③ 자연보전권역으로 구분하고, 이들 3권역의 범위는 대통령령으로 정한다(§6).

1) 과밀 억제권역

① 의 의

인구 및 산업이 과도하게 집중되었거나 집중될 우려가 있어 그 이전 또는 정비가 필요한 지역이다.

② 행위제한

㉮ 관계행정기관의 장은 과밀억제권역 안에서 ㉠ 대통령령이 정하는 학교·공공청사·연수시설 기타 인구집중유발시설의 신설·증설(용도변경을 포함하며, 학교의 증설은 입학정원의 증원을 말한다), ㉡ 공업지역의 지정의 행위나 이의 허가·인가·승인 또는 협의(이하 '허가 등'이라 한다)를 하여서는 아니된다(§7·①).

㉯ 관계기관의 장은 국민경제의 발전과 공공복리의 증진을 위하여 필요하다고 인정되는 경우에는 제1항의 규정에 불구하고 ㉠ 대통령령이 정하는 학교·공공청사의 신설·증설, ㉡ 시·도별 기존 공업지역의 총면적을 증가시키지 아니하는 범위 안에서의 공업지역의 지정(다만, 국토해양부장관이 수도권정비위원회 심의를 거쳐 지정하거나 허가 등을 하는 경우에 한한다)의 행위나 이의 허가 등을 할 수 있다(§7·②).

③ 이전하는 자에 대한 지원과 종전 대지에 관한 조치

㉮ 국가·지방자치단체 또는 「공공기관의 운영에 관한 법률」에 따른 공공기관은 "과밀억제권역"의 인구집중유발시설을 "성장관리권역"에 조성한 대지로 이전하려는 자에게는 그 대지를 우선하여 분양할 수 있다(§10).

㉯ 국토해양부장관 또는 시·도지사는 "과밀억제권역"의 인구집중유발시설이 이전의 종전의 대지(이하 "종전대지"라 한다)를 인구집중유발시설의 신설 또는 증설이 아닌 다른 용도로 이용할 수 있도록 하기 위하여 「국토의 계획·이용법」 등 관계 법률에 따른 지역의 변경 등 필요한 조치를 할 수 있다. 관계행정기관의 장은 대통령령으로 정하는 규모 이상의 종전 대지에 인구집중유발시설의 신설 또는 증설이나 이의 허가 등을 하려면 미리 이용계획을 입안하여 수도권정비위원회의 심의를 거쳐 국토해양부장관과 협의하거나 승인을 받아야 한다(§11).

2) 성장관리권역

① 의 의

과밀억제권역으로부터 이전하는 인구 및 산업을 계획적으로 유치하고 산업의 입지와 도시의 개발을 적정하게 관리할 필요가 있는 지역이다.

② 행위제한

관계행정기관의 장은 ㉮ 성장관리권역이 적정하게 성장하도록 하되, 과도한 인구집중을 초래하지 아니하도록 대통령령이 정하는 학교·공공청사·연수시설 기타 인구집중유발시설의 신·증설이나 이의 허가 등을 해서는 안 된다. ㉯ 성장관리권역 안에서 공업지역을 지정하는 경우에는 대통령령이 정하는 범위 안에서 수도권정비계획이 정하는 바에 따라야 한다(§8·①·②).

3) 자연보전권역

① 의 의

한강수계의 수질 및 녹지 등 자연환경의 보전이 필요한 지역이다.

② 행위제한

관계행정기관의 장은 자연보전구역 안에서는 ㉮ 택지·공업용지·관광지 등의 조성을 목적으로 하는 사업으로서 대통령령이 정하는 종류 및 규모 이상의 개발사업, ㉯ 대통령령이 정하는 학교·공공청사·업무용건축물·판매용건축물·연수시설 기타 인구집중유발시설의 신·증설의 행위나 이의 허가 등을 해서는 안 된다. 다만, 국민경제의 발전과 공공복리의 증진을 위하여 필요하다고 인정되는 경우로서 대통령령이 정하는 경우에는 그러하지 아니하다(§9).

(5) 수도권정비계획법의 실효성 담보조치

1) 과밀부담금의 부과·징수와 이의신청

① 과밀부담금의 부과

㉮ 과밀억제권역 안의 지역으로서 대통령령이 정하는 지역 안에서 인구집중유발시설 중 업무용건축물·판매용건축물·공공청사 기타 대통령령이 정하는 건축물을 건축(신축·증축 및 공공청사가 아닌 시설에서 공공청사로의 용도변경 그 밖에 대통령령이 정하는 용도변경을 말한다)하고자 하는 자는 과밀부담금(이하 '부담금'이라 한다)을 납부해야 한다(§12·①).

㉯ 국가 또는 지방자치단체가 건축하는 건축물, 도시 및 주거환경정비법에 의한 도시환경정비사업에 따른 건축물, 건축물 중 주차장이나 그 밖에 대통령령이 정하는 용도로 사용되는 건축물, 건축물 중 대통령령으로 정하는 면적 이하의 부분에 대하여는 대통령령이 정하는 바에 따라 부담금을 감면할 수 있다(§13).

㉰ 부담금은 건축비의 100분의 10으로 하되, 지역별 여건 등을 감안하여 대통령령이 정하는 바에 따라 건축비의 100분의 5까지 조정할 수 있다. 건축비는 국토해양부장관이 고시하는 표준건축비를 기준으로 산정한다(§14·①·②).

㉱ 징수된 부담금의 100분의 50은 국가균형발전특별법에 의한 국가균형발전특별회계에 귀속하고, 100분의 50은 부담금을 징수한 건축물이 소재하는 시·도에 귀속한다(§16).

② 이의 신청

부담금의 부과·징수에 대하여 이의가 있는 자는 공익사업을 위한 토지 등의 취득 및 보상에 관한 법률에 의한 중앙토지수용위원회에 행정심판을 청구할 수 있다.

행정심판청구에 대하여는 행정심판법 제6조(행정심판위원회)의 규정에 불구하고 중앙토지수용위원회가 심리·의결하여야 한다(§17·①·②).

2) 총량규제

① 총량초과 신·증설의 제한

국토해양부장관은 공장·학교 기타 대통령령이 정하는 인구집중유발시설이 수도권에 과도하게 집중되지 않도록 하기 위하여 그 신·증설의 총 허용량을 정하여 이를 초과하는 신설·증설을 제한할 수 있다(§18·①).

② 총량규제고시

공장에 대한 총량규제의 내용 및 방법은 대통령령이 정하는 바에 따라 수도권정비위원회의 심의를 거쳐 결정하며, 국토해양부장관은 이를 고시해야 한다(§18·②).

③ 인구집중유발시설

㉮ 학교 기타 대통령령이 정하는 인구집중유발시설에 대한 총량규제의 내용은 대통령령으로 정한다.

㉯ 관계행정기관의 장은 인구집중유발시설의 신·증설에 대하여 위 ② 및 ③의 ㉮의 총량규제의 내용과 다르게 허가 등을 해서는 안된다(§18·④).

3) 대규모 개발사업에 대한 규제

① 대규모 개발사업 시행 허가

관계 행정기관의 장은 수도권 안에서 대규모 개발사업을 시행하거나 이의 허가 등을 하고자 하는 경우에는 그 개발계획에 대하여 수도권정비위원회의 심의를 거쳐 국토해양부장관과 협의하거나 그 승인을 얻어야 한다. 국토해양부장관이 대규모사업을 시행하거나 이의 허가 등을 하고자 하는 경우에도 또한 같다(§19·①).

② 영향평가와 광역적 기반시설의 설치계획 및 설치비용

제1항의 경우 관계 행정기관의 장은 인구영향평가·교통영향평가 및 환경영향평가를 토대로 인구집중문제·교통문제·환경오염문제 등을 방지하기 위한 방안과 대통령령이 정하는 광역적 기반시설의 설치계획을 수립해야 한다. 광역적 기반시설의 설치비용은 수도권정비위원회의 심의를 거쳐 대규모 개발사업을 시행하는 자에게 이를 부담시킬 수 있다(§19·②, §20).

교통문제 및 환경오염 문제를 방지하기 위한 방안은 각각 「도시교통정비촉진법」과 「환경영향평가법」에서 정하는 바에 따르고, 인구집중 문제를 방지하기 위한 인구유발 효과 분석, 저감방안의 수립 등에 필요한 사항은 대통령령으로 정하는 바에 따른다(§19·③).

5. 농지법(농지행정법)

농시는 국민의 식량공급과 국토환경 보전의 기반이 되는 한정된 자원이므로 보전되어야 하고, 농업의 생산성을 높이는 방향으로 소유·이용되어야 하며 투기의 대상이 되어서는 아니 되며, 의·식·주의 생활터전의 중요한 자원이다.

(1) 개 설

1) 농지법의 제정

기업가는 투자·기술개발·혁신(innovation)을 통하여 국제 경쟁력을 갖추듯, 농업인이나 농업법인도 투자·기술개발(품종개발)·혁신을 통한 경쟁력 향상이 절실한 때이다. 농업노동력의 고령화에 대한 대책(농업으로부터 떠나고자 하는 농민의 수가 증가), 효율적인 농어촌구조개선, 경영규모의 확대를 통한 경쟁력제고, 농업부문의 국제화에의 대응이 시급한 과제이다. UR(우르과이 라운드), OECD, WTO, FTA 등 많은 국제규범들을 협약 내지 가입하고 앞으로도 더 많은 국제질서에 발맞추지 않으면 안 되게 되었다.

우리나라의 농지제도는 기본적으로 1949년에 농지개혁을 위해 제정된 한시적 성격의 농지개혁법, 1975년 4월 15일의 농지확대개발촉진법, 1975년 12월 31일의 농지의 보전 및 이용에 관한 법률에 의하여 운영되어 왔는바, 위에서 본 바와 같이 대내외적으로 급변하는 여건 변화에 대응하기 위하여 새로운 농지제도의 정립이 요청되었다. 이에 맞추어 농지의 소유·이용·보전 등에 관하여 현대적 제도를 마련한 것이 1994년에 농지법이 제정되었다.

그러나 축산물시장이 다른 농산물에 비해 일찍이 큰 폭으로 개방되었음에도 불구하고 축산업은 매년 성장을 거듭한 결과 2004년에는 그 생산액이 10조 8,399억 원에 달하여 쌀 생산액(9조 9,631억 원)을 능가하는 등 농촌경제에서 중요한 비중을 차지하고 있다. 그러나 현재의 축산업은 특정지역에 축사가 밀집되어 있고, 단위면적당 가축사육두수가 과도하여 가축분뇨과다발생, 악취, 가축질병에 대한 취약성 등의 문제를 안고 있으며, 또한 각종 개발로 기존 축사부지가 사라져가고 있는 데 비해 환경관련규제강화, 민원 등으로 축사이전을 위한 적절한 입지를 찾기가 어려운 실정이다.

한편 농산물시장개방 확대가 국민의 식품패턴의 변화로 쌀 재고가 증가하고 있고, 친환경 축산물의 수요는 지속적으로 증가되고 있다.

이러한 여러 요인을 고려할 때, 우리나라에 친환경적인 농축산업을 적극 육성할 필요가 있으며, 그러한 의미에서 이제 농지는 경종(耕種)과 축산을 포괄하는 농업용 토지로 활용되어야 한다.

그러나 현행규정은 농지를 경종작물의 경작을 위한 토지로만 간주하여 농지에 축사를 설치하기 위해서는 농지 이외의 용도로 전용절차를 거쳐야 하며, 특히 농업진흥지역은 경지정리 등 농업생산기반이 정비되어 있다는 이유로 축사부지용도로 전용이 거의 불가능한 실정이다.

따라서 축사 부지를 농지로 보아 농지에 축사를 설치·운영하는 것을 가능하도록 하는 등 관련규정을 정비하기 위하여 2007년 1월 3일 농지법이 개정되었다(공포 후 6개월이 경과한 날부터 시행).

2) 우리나라 농지행정법의 법원

헌법 제121조는 ① 국가는 농지에 관하여 경자유전(耕者有田)의 원칙이 달성될 수 있도록 노력하여야 하며, 농지의 소작제도는 금지된다. ② 농업생산성의 제고와 농지의 합리적인 이용을 위하거나 불가피한 사정으로 발생하는 농지의 임대차와 위탁경영은 법률이 정하는 바에 의하여 인정된다. 제123조는 ① 국가는 농업 및 어업을 보호·육성하기 위하여 농·어촌 종합개발과 그 지원 등 필요한 계획을 수립·시행하여야 한다. ② 국가는 지역간의 균형있는 발전을 위하여 지역경제를 육성할 의무를 진다. ③ 국가는 농·수산물의 수급균형과 유통구조의 개선에 노력하여 가격안정을 도모함으로써 농·어민의 이익을 보호한다. ④ 국가는 농·어민과 중소기업의 자조조직을 육성하여야 하며, 그 자율적 활동과 발전을 보장한다.

이와 관련된 법률로는 농지법 외에도 농산물가공산업육성법은 폐지되고 대체로 제정된 식품산업진흥법, 농산물품질관리법, 농어업·농어촌및신품산업기본법, 농수산물유통공사법, 농수산물유통 및 가격안정에 관한 법률, 농약관리법, 농어업재해대책법, 농어촌도로정비법, 농어촌 등 보건의료를 위한 특별조치법, 농어촌정비법, 농어촌주민의 보건복지증진을위한특별법, 농어촌주택개량촉진법, 농어촌특별세법, 농업유전자원의 보존·관리 및 이용에 관한 법률, 농업인 등의 농외소득 활동지원에 관한 법률, 농어업 경영체 육성 및 지원에 관한 법률, 농업기계화촉진법, 한국농어촌공사 및 농지관리기금법, 농업협동조합법, 농작물재해보험법, 농촌진흥법 등이 있다. 이하에서는 농지에 관한 기본법이라 할 수 있는 농지법을 주로 하여 설명하기로 한다.

3) 농지법의 목적·기본이념·의무

① 목 적

농지법의 목적은 농지의 소유·이용 및 보전 등에 관하여 필요한 사항을 정함으로써 농지를 효율적으로 이용·관리하여 농업인의 경영안정 및 생산성향상을 통한 농업의 경쟁력 강화와 국민경제의 균형있는 발전 및 국토의 환경보전에 이바지함에 있다(§1).

② 농지에 관한 기본이념

농지는 국민의 식량공급과 국토환경보전의 기반이고 농업과 국민경제의 균형있는 발전에 영향을 미치는 한정된 귀중한 자원이므로 소중히 보전되어야 함은 물론 공공복리에 적합하게 관리되어야 하며 그에 관한 권리의 행사에는 필요한 제한과 의무가 따른다. 농지는 농업의 생산성을 높이는 방향으로 소유·이용되어야 하며 투기의 대상이 되어서는 아니된다(§3).

③ 의 무

㉮ 국가와 지방자치단체는 농지에 관한 기본이념이 구현되도록 농지에 관한 시책을 수립하고 이를 시행하여야 하며, 농지에 관한 시책을 수립할 경우 필요한 규제와 조정을 통하여 농지를 보전하고 합리적으로 이용할 수 있도록 함으로써 농업의 육성과 국민경제의 균형있는 발전에 이바지하도록 하여야 한다(§4).

㉯ 모든 국민은 농지에 관한 기본이념을 존중해야 하며 국가 및 지방자치단체가 시행하는 농지에 관한 시책에 협력해야 한다(§5).

4) 기본용어

① 농 지

'농지'라 함은 다음 각 목의 1에 해당하는 토지를 말한다(§2·1호).

㉮ 전·답 또는 과수원 기타 그 법적 지목 여하에 불구하고 실제의 토지현상이 농작물의 경작 또는 다년성식물재배지(목초·종묘·인삼·약초·잔디 및 조림용 묘목, 과수·뽕나무·유실수 기타 생육기간이 2년 이상인 식용 또는 약용으로 이용되는 식물, 조경 또는 관상용 수목과 그 묘목)로 이용되는 토지. 다만, ㉠ 초지법에 의하여 조성된 초지, ㉡ 지적법에 의한 지목이 ⓐ 전·답·과수원이 아닌 토지로서 농작물의 경작이나 다년성식물의 재배지로 계속하여 이용되는 기간이 3년 미만인 토지와 ⓑ 임야인 토지로서(ⓐ에 해당하는 토지를 제외한다) 그 형질을 변경하지 아니하고 다년성식물의 재배에 이용되는 토지를 제외한다(§2·1호, 동법시행령 §2·①·②·③).

㉯ ㉮의 토지의 개량시설과 ㉮의 토지에 설치하는 농축산물 생산시설로서 농작물의 경작 또는 농지법 시행령 제2조 제1항 각 호에 규정된 다년생식물의 재배지로 이용되고 있는 토지에 설치한 ㉠ 고정식온실·버섯재배사 및 비닐하우스와 그 부속시설, ㉡ 축사와 농림수산식품부령으로 정하는 그 부속시설, ㉢ 농막·간이저온창고·간이퇴비장 또는 간이 액비저장조시설의 부지

② 농 업 인

농업인이라 함은 농업에 종사하는 개인으로서 ㉮ 1천 제곱미터 이상의 농지에서 농작물 또는 다년성식물을 경작 또는 재배하거나 1년 중 90일 이상 농업에 종사하는 자 ㉯ 농지에 330제곱미터 이상의 고정식온실·버섯재배사·비닐하우스 기타 농림수산식품부령이 정하는 농업생산에 필요한 시설을 설치하여 농작물 또는 다년성 식물을 경작 또는 재배하는 자, ㉰ 대가축 2두, 중가축 10두, 소가축 100두, 가금 1천 수 또는 꿀벌 10군 이상을 사육하거나 1년 중 120일 이상 축산업에 종사하는 자, ㉱ 농업경영을 통한 농산물의 연간 판매액이 100만 원 이상인 자(§2·2호, 동법시행령§3).

③ 농업법인

농업법인이라 함은 「농어업경영체육성및지원에관한법률」 제16조에 따라 설립된 영농조

합법인과 같은법 제19조에 따라 설립되고 업무집행권을 가진 자 중 3분의 1 이상이 농업인인 농업회사법인을 말한다(§2·3호).

④ **농업경영**

농업경영이라 함은 농업인 또는 농업법인이 자기의 계산과 책임으로 농업을 영위하는 것을 말한다(§2·4호).

(2) 농지의 소유

1) 농지의 소유제한

① **원 칙**

농지는 자기의 농업경영에 이용하거나 이용할 자가 아니면 이를 소유하지 못한다(§6·①).

② **예 외**

다음 각 호의 1에 해당하는 경우에는 제1항의 규정에 불구하고 자기의 농업경영에 이용하지 아니하는 농지라도 이를 소유할 수 있다(§6·②).

㉮ 국가 또는 지방자치단체가 농지를 소유하는 경우

㉯ 초·중등교육법 및 고등교육법에 의한 학교, 농림수산식품부령이 정하는 공공단체·농업연구기관·농업생산자 단체 또는 종묘(種苗) 기타 농업기자재를 생산하는 자가 그 목적사업을 수행하기 위하여 필요로 하는 시험지·연구지·실습지 또는 종묘생산용지로 농림수산식품 부령이 정하는 바에 의하여 농지를 취득하여 소유하는 경우

㉰ 주말·체험농장(농업인이 다닌 개인이 주말 등을 이용하여 취미 또는 여가활동으로 농장물을 경작하거나 다년성식물을 재배하는 것을 말한다)을 하고자 농지를 소유하는 경우

㉱ 상속(상속인에 한 유증을포함한다)에 의하여 농지를 취득하여 소유하는 경우

㉲ 8년 이상 농업경영을 하던 자가 이농하는 경우 이농 당시 소유하고 있던 농지를 계속 소유하고 있는 경우

㉳ 제13조 제1항의 규정에 의하여 담보농지를 취득하여 소유하는 경우

㉴ 제34조 제1항의 규정에 의한 농지전용허가를 받거나 제35조 또는 제43조의 규정에 의한 농지전용신고를 한 자가 당해 농지를 소유하는 경우

㉵ 제34조 제2항의 규정에 의한 농지전용협의를 완료한 농지를 소유하는 경우

㉶ 「한국농촌공사 및 농지관리기금법」 제24조 제2항의 규정에 의한 농지의 개발사업지구 안에 소재하는 농지로서 대통령령이 정하는 1천 500제곱미터 미만의 농지 또는 「농어촌정비법」 제94조 제3항의 규정에 의한 농지를 취득하여 소유하는 경우

㉷ 「농어촌정비법」 제2조 제10호에 따른 한계농지 중 최상단부부터 최하단부까지의 평균 경사율이 15퍼센트 이상인 농지로서 대통령령으로 정하는 농지를 소유하는 경우

㉸ 다음 각 목의 어느 하나에 해당하는 경우

㉠ 「한국농촌공사 및 농지관리기금법」에 의하여 한국농촌공사가 농지를 취득하여 소유하는 경우
㉡ 농어촌정비법 제16조·제25조·제43조·제82조 또는 제100조의 규정에 의하여 농지를 취득하여 소유하는 경우
㉢ 「공유수면매립법」에 의하여 매립농지를 취득하여 소유하는 경우
㉣ 토지수용에 의하여 농지를 취득하여 소유하는 경우
㉤ 농림수산식품부장관과 협의를 마치고 「공익사업을 위한 토지 등의 취득 및 보상에 관한 법률」에 의하여 농지를 취득하여 소유하는 경우
㉥ 「공공토지의비축에관한법률」 제2조 제1호 가목에 해당하는 토지 중 같은법 제7조 제1항에 따른 공공토지비축심의위원회가 비축이 필요하다고 인정하는 토지로서 「국토의계획및이용에관한법률」 제36조에 따른 계획관리지역과 자연녹지지역안의 농지를 한국토지공사가 취득하여 소유하는 경우, 이 경우 그 취득한 농지를 전용하기 전까지는 한국농촌공사에 지체 없이 위탁하여 임대하거나 사용대(使用貸)하여야 한다.

③ 제23조 제2호 내지 제6호의 규정에 의하여 농지를 임대하거나 사용대하는 경우에는 「농지의 소유제한의 원칙」(제6조 제1항)에 불구하고 자기의 농업경영에 이용하지 아니하는 농지라도 그 기간 중에는 이를 계속하여 소유할 수 있다(§6.③).

④ 농지법에서 허용된 경우를 제외하고는 농지의 소유에 관한 특례를 정할 수 없다(§6.④).

2) 농지의 소유상한(§7)

① 상 속

상속에 의하여 농지를 취득한 자로서 농업경영을 하지 아니하는 자는 그 상속농지 중에서 1만 제곱미터 이내의 것에 한하여 이를 소유할 수 있다.

② 8년 이상 농업경영

8년 이상 농업경영을 한 후 이농한 자는 이농 당시의 소유농지 중에서 1만 제곱미터 이내의 것에 한하여 이를 소유할 수 있다(동법시행령 §4).

③ 주말·체험영농

주말·체험영농을 하고자 하는 자는 1천 제곱미터 미만의 농지에 한하여 이를 소유할 수 있다. 이 경우 면적의 계산은 그 세대원 전부가 소유하는 총면적으로 한다.

④ 제23조 제7호의 규정에 의하여 농지를 임대하거나 사용대하는 경우에는 제1항 또는 제2항(농지의 소유제한 또는 농지의 소유상한)의 규정에 불구하고 소유상한 초과하는 농지라도 그 기간 중에는 이를 계속하여 소유할 수 있다.

3) 농지취득자격증명의 발급

① 원 칙

㉮ 농지를 취득하고자 하는 자는 농지의 소재지를 관할하는 시장·구청장·읍장 또는 면장으로부터 농지취득자격증명을 발급받아야 한다. 농지취득자격증명을 발급받고자 하는 자는 ㉠ 취득대상농지의 면적 ㉡ 취득대상농지의 농업경영에 적합한 노동력 및 농업기계·장비·시설의 확보방안 ㉢ 소유농지의 이용실태(농지를 소유하고 있는 자의 경우에 한한다)가 포함된 농업경영계획서를 작성하여 농지의 소재지를 관할하는 시·구·읍·면장에게 그 발급을 신청하여야 한다. 다만, 위의 「1) 농지의 소유제한, ② 농지소유제한 예외에서의 설명 중」 ㉯·㉰·㉶ 또는 ㉷에서 농지를 취득한 자는 농업경영계획서를 작성하지 아니하고 그 발급을 신청할 수 있다(§8·② 단서).

㉯ 농지취득자격증명을 발급받아 농지를 취득한 자는 그 소유권에 관한 등기를 신청할 때에는 농지취득자격증명을 첨부해야 한다(§8·④).

② 예외(§8·① 단서)

다음 호의 1에 해당하는 경우에는 농지취득자격증명을 발급받지 아니하고 농지를 취득할 수 있다.

㉮ 위의 「1) 농지의 소유제한, ② 농지의 소유제한 예외에서의 설명 중」 ㉮·㉱·㉳·㉵ 또는 ㉸에 의해 농지를 취득한 경우

㉯ 농업법인의 합병으로 농지를 취득하는 경우

㉰ 공유농지의 분할 기타 대통령령이 정하는 원인으로 농지를 취득하는 경우

4) 농업경영에 이용하지 아니하는 농지 등의 처분(§10)

① 농지의 소유자가 다음 각 호의 1에 해당하는 때에는 그 사유가 발생한 날부터 1년 이내에 당해 농지를 처분해야 한다.

㉮ 소유농지를 자연재해·농지개량·질병 등 대통령령이 정하는 정당한 사유없이 자기의 농업경영에 이용하지 아니하거나 이용하지 아니하게 되었다고 시장·군수·구청장이 인정한 때

㉯ 농지를 소유하고 있는 농업 회사법인이 ㉠「농업 회사 법인을 대표하는 자가 농업인일 것, ㉡ 농업회사 법인의 업무집행권을 갖는 자의 2분의 1 이상이 농업인일 것」의 요건에 적합하지 아니하게 된 후 3월이 경과한 때

㉰ 위의 「1) 농지의 소유제한, ② 농지의 소유제한 예외에서의 설명 중」 ㉯에 의하여 농지를 취득한 자가 그 농지를 당해 목적사업에 이용하지 아니하게 되었다고 시장·군수·구청장이 인정한 때

㉱ 위의 「1) 농지의 소유제한, ② 농지의 소유제한 예외에서의 설명 중」 ㉰에 의하여

농지를 취득한 자가 자연재해·농지개량·질병 등 대통령령이 정하는 정당한 사유없이 그 농지를 주말·체험영농에 이용하지 아니하게 되었다고 시장·군수·구청장이 인정한 때

㉲ 「1) 농지의 수유제한, ② 농지의 소유제한 예외에서의 설명 중」 ㉶에 의하여 농지를 취득한 자가 취득한 날로부터 2년 이내에 그 목적사업에 착수하지 아니한 때

㉳ 제7조의 규정에 의한 농지의 소유상한을 초과하여 농지를 소유한 것이 판명된 때 (소유상한을 초과하는 면적)

㉶ 사위 기타 부정한 방법으로 제8조 제1항의 규정에 의한 농지취득자격증명을 발급받아 농지를 소유한 것이 판명된 때

㉷ 자연재해·농지개량·질병 등 대통령령이 정하는 정당한 사유없이 「농업경영계획서」의 내용을 이행하지 아니하였다고 시장·군수·구청장이 인정한 때

② 시장·군수·구청장은 농지의 처분의무가 생긴 농지의 소유자에게 농림수산식품부령에 정하는 바에 의하여 처분대상 농지·처분의무기간 등을 명시하여 당해 농지를 처분해야 함을 통지해야 한다.

5) 처분명령 및 매수청구(§11)

① 시장·군수·구청장은 처분의무기간 내에 처분대상농지를 처분하지 아니한 농지의 소유자에 대하여는 6월 이내의 당해 농지를 처분할 것을 명할 수 있다(§11·①).

농지소유자는 처분명령을 받은 때에는 「한국농촌공사 및 농지관리 기금법」에 따라 한국농촌공사에게 당해 농지의 매수를 청구할 수 있다(§11·②). 한국농촌공사는 매수청구가 있는 때에는 「부동산가격공시 및 감정평가에 관한 법률」에 의한 공시지가를 기준으로 당해 농지를 매수할 수 있다.

이 경우 인근지역의 실제거래가격이 공시지가보다 낮으면 실제거래가격을 기준으로 매수할 수 있다.

② 처분명령의 유예

시장·군수·구청장은 처분의무기간 내에 처분대상 농지를 처분하지 아니한 농지의 소유자가 다음 각 호의 1에 해당하는 경우에는 처분의무기간이 경과한 때부터 3년간 처분명령을 직권으로 유예할 수 있다(§12·①).

㉮ 당해 농지를 자기의 농업경영에 이용하는 경우

㉯ 한국농촌공사 그 밖에 대통령령이 정하는 자와 해당농지의 매도위탁계약을 체결한 경우

③ 유예한 처분명령

시장·군수·구청장은 처분명령을 유예 받은 농지의 소유자가 처분명령의 유예기간 중 위의 「② 처분명령의 유예에서 ㉮·㉯」의 어느 하나에도 해당하지 아니하게 된 경우에는 지체

없이 그 유예한 처분명령을 하여야 한다. 농지의 소유자가 처분명령을 유예받은 후 「유예한 처분명령」을 받지 아니하고 그 유예기간을 경과한 때에는 처분의무(§10·①)에 대하여 처분명령이 유예된 해당 농지의 그 처분의무만 소멸된 것으로 본다(§12·②·③).

④ 이행강제금(§62)

시장·군수·또는 구청장은 농지의 소유자가 처분명령을 받은 후 매수를 청구하여 협의중인 경우 등 대통령령이 정하는 정당한 사유없이 지정기간 안에 당해 처분명령의 이행을 하지 아니한 자에 대하여는 당해 농지의 토지가액의 100분의 20에 상당하는 이행강제금을 부과한다(§62·①). 시장·군수·구청장은 최초의 처분명령이 있는 날을 기준으로 하여 당해 처분명령이 이행될 때까지 이행강제금을 매년 1회 부과·징수할 수 있다(§62·④). 이행강제금의 부과처분에 불복이 있는 자는 그 처분의 고지를 받은 날부터 30일 이내에 시장·군수·구청장에게 이의를 제기할 수 있고, 이의를 제기받은 시장·군수·구청장은 지체 없이 관할 법원에 그 사실을 통보해야 하며 그 통보를 받은 관할 법원은 비송사건절차법에 의한 과태료의 재판에 준하여 재판을 한다(§62·⑥⑦). 기간 내에 이의를 제기하지도 않고 납부기간 내에 이행강제금을 납부도 하지 않은 때는 지방세체납처분의 예에 의해 이를 징수한다(§62·⑧).

6) 담보농지의 취득(§13)

농지의 저당권자로서 다음 각 호의 1에 해당하는 자는 농지저당권 실행을 위한 경매기일을 2회 이상 진행하여도 경락인이 없으면 그 후의 경매에 참가하여 그 담보농지를 취득할 수 있다.

1. 「농업협동조합법」에 따른 지역농업협동조합, 지역축산업협동조합, 품목별·업종별협동조합 및 그 중앙회, 「수산업협동조합법」에 따른 지구별 수산업협동조합, 업종별 수산업협동조합, 수산물가공수산업협동조합 및 그 중앙회, 「산림조합법」에 따른 지역산림조합, 품목별·업종별 산림조합 및 그 중앙회
2. 한국농촌공사
3. 은행법에 따라 설립된 금융기관이나 그 밖에 대통령령으로 정하는 금융기관
4. 「금융기관 부실자산 등의 효율적 처리 및 한국자산관리공사의설립에관한법률」에 따라 설립된 한국자산관리공사
5. 「자산유통화에관한법률」 제3조에 따른 유통화 전문회사 등
6. 「농업협동조합의구조개선에관한법률」에 따라 설립된 농업협동조합자산관리회사

(3) 농지의 이용

1) 농지의 이용증진 등

① 농지이용계획의 수립

㉮ 시장·군수 또는 자치구청장은 농지의 효율적인 이용을 위하여 대통령령이 정하는

바에 의하여 지역주민의 의견을 들은 후 「농업·농촌및식품산업기본법」 제15조의 규정에 의한 시·군·구 농업·농촌 및 식품산업정책 심의회의의 심의를 거쳐 관할구역 안에 농지의 종합적인 이용에 관한 계획(이하 '농지이용계획'이라 한다)을 수립하여야 한다. 수립한 계획을 변경하고자 할 때에도 또한 같다(§14·①).

농지이용계획에는 ㉠ 농지의 지대별·용도별 이용계획 ㉡ 농지의 효율적인 이용과 농업경영의 개선을 위한 경영규모 확대계획 ㉢ 농지를 농업 외 용도로의 활용계획이 포함되어야 한다(§13·②).

㈏ 시장·군수·구청장은 농지이용계획을 수립·변경할 때에는 관할 특별시장·광역시장 또는 도지사(이하 "시·도지사"라 한다)의 승인을 얻어 그 내용을 확정·고시하여야 하며 일반인이 이를 열람할 수 있도록 해야 한다(§14·③).

㈐ 시·도지사, 시장·군수·구청장은 농지이용계획이 확정된 때에는 농지이용계획에 의하여 농지의 이용 또는 개발이 적정하게 이루어지도록 노력하여야 하며 필요한 투자 및 지원을 하여야 한다(14·④).

② 대리경작자의 지정 등

시장·군수·구청장은 유휴농지에 대하여 대통령령이 정하는 바에 의하여 당해 농지의 소유권 또는 임차권을 가진 자에 갈음하여 농작물을 경작할 자(이하 '대리경작자'라 한다)를 지정할 수 있다(§20·①). 시장·군수·구청장은 대리경작자를 지정하고자 할 때에는 농림수산식품부령이 정하는 바에 의하여 당해 농지의 소유권 또는 임차권을 가진 자에게 예고하여야 하며, 대리경작자를 지정한 때에는 당해 농지의 대리경작자와 소유권 또는 임차권을 가진 자에게 지정통지서를 송부해야 한다(§20·②).

대리경작기간은 따로 정함이 없는 한 1년으로 한다. 대리경작는 수확량의 100분의 10을 농림수산식품부령이 정하는 바에 의하여 다해 농지의 소유권 또는 임차권을 가진 자에게 토지사용료로 지급해야 한다(§19·③·④). 이 경우 수령을 거부하거나 지급이 곤란한 경우에는 토지사용료를 공탁할 수 있다(§20·④ 단서).

③ 농지소유의 세분화 방지

㈎ 국가 및 지방자치단체는 농업인 또는 농업법인의 농지소유가 세분화 되는 것을 방지하기 위하여 그 농지가 1농업인 또는 1농업법인에게 일괄하여 상속·증여 또는 양도되도록 필요한 지원을 할 수 있다(§22·①).

㈏ 「농어촌정비법」의 규정에 의한 농업생산기반정비사업이 시행된 농지는 ㉠ 국토의 계획 및 이용에 관한 법률에 의한 도시지역 안의 주거지역·상업지역·공업지역 또는 도시계획 시설부지 안에 포함되어 있는 농지를 분할하는 경우 ㉡ 각 필지의 면적이 2천 제곱미터를 초과하도록 분할하는 경우 ㉢ 제34조 제1항에 따라 농지전용

허가를 받거나 제35조나 제43조에 따른 농지전용신고를 하고, 전용한 농지를 분할하는 경우 ㉣ 농지의 개량, 농지의 교환·분합 등 대통령령이 정하는 사유로 분할하는 경우에 해당하는 경우를 제외하고는 분할할 수 없다(§22·②).

2) 농지의 임대차 또는 사용대차(§23~§27)

① 농지의 임대차 또는 사용대차

다음의 1에 해당하는 경우를 제외하고는 농지를 임대하거나 사용대차할 수 없다.

㉮ 농지법 제6조 제2항 제1호·제4호부터 제9호까지·제9호의 2 및 제10호의 규정에 해당하는 농지를 임대하거나 사용대하는 경우

㉯ 제17조의 규정에 의한 농지이용증진 사업시행계획에 의하여 농지를 임대하거나 사용대하는 경우

㉰ 질병·징집·취학·선거에 의한 공직취임 기타 대통령령이 정하는 부득이한 사유로 인하여 일시적으로 농업경영에 종사하지 아니하게 된 자가 소유하고 있는 농지를 임대하거나 사용대하는 경우

㉱ 60세 이상의 고령으로 인하여 더 이상 농업경영에 종사하지 않게 된 자로서 대통령령이 정하는 자가 소유하고 있는 농지 중 자기의 농업경영에 이용한 기간이 5년을 초과하는 농지를 임대하거나 사용대하는 경우

㉲ 제6조 제1항의 규정에 의하여 소유하고 있는 농지를 주말·체험영농을 하고자 하는 자에게 임대·사용대하거나 주말·체험영농을 하고자 하는 자에게 임대하는 것을 업으로 하는 자에게 임대·사용대하는 경우

㉳ 제6조 제1항의 규정에 의하여 개인이 소유하고 있는 농지를 한국농촌공사 그 밖에 대통령령이 정하는 자에게 위탁하여 임대·사용대하는 경우

㉴ 다음 각 목의 어느 하나에 해당하는 농지를 한국농어촌공사나 그 밖에 대통령령으로 정하는 자에게 위탁하여 임대하거나 사용대하는 경우

㉠ 상속으로 농지를 취득한 자로서 농업경영을 하지 아니하는 자가 제7조 제1항에서 규정한 소유상한을 초과하여 소유하고 있는 경우. 이는 개정농지법에서는 비농업인이 상속농지소유한도를 초과하여 농지은행에 위탁하여 임대할 수 있는 농지의 규모가 2만 제곱미터로 제한되어 있으나 그 제한을 폐지하였다(동법 §23·제7호 가목).

㉡ 대통령령으로 정하는 기간이상 농업경영을 한 후 이농한 자가 제7조 제2항에서 규정한 소유상한을 초과하여 소유하고 있는 농지이다.

(4) 농지의 보전 등(§28~§33)

1) 농업진흥지역의 지정(§28)

① 시·도지사는 농지를 효율적으로 이용·보전하기 위하여 농업진흥지역을 지정한다.

② 농업진흥 지역은 ㉮ 농업진흥구역 ㉯ 농업보호구역으로 지정할 수 있다.

③ 시·도지사는 시·도 농업·농촌 및 식품산업정책 심의회의 심의를 거쳐 농림수산식품부장관의 승인을 얻어 농업진흥지역을 지정하고, 농업진흥지역이 지정되면 지체 없이 이를 고시하고 관계 기관에 통보해야 하며 시장·군수·구청장으로 하여금 일반에게 열람하게 하여야 한다(§30·①·②).

2) 용도구역 안에서의 행위제한

① 원 칙

농업진흥구역 안에서는 농업생산 또는 농지개량과 직접 관련되지 아니한 토지이용행위를 할 수 없다.

② 예 외

다음 각 호의 토지이용행위는 할 수 있다(§32·① 단서).

㉮ 대통령령이 정하는 농수산물(농산물·임산물·축산물·수산물을 말한다)의 가공·처리시설 및 농수산업(농업·임업·축산업·수산업을 말한다) 관련 시험·연구시설의 설치

㉯ 어린이 놀이터·마을회관 기타 대통령령이 정하는 농업인의 공동생활의 편익을 위한 시설 및 이용시설의 설치

㉰ 농업인 주택 기타 대통령령이 정하는 농업용 또는 축산업용 시설의 설치

㉱ 국방·군사시설의 설치

㉲ 하천·사방 기타 이에 준하는 국토보존시설의 설치

㉳ 문화재의 보수·복원·이전 또는 매장문화재의 발굴, 비석·기념탑 기타 이와 유사한 공작물의 설치

㉴ 도로·철도·전기공급설비 기타 대통령령이 정하는 공공시설의 설치

㉵ 지하자원의 개발을 위한 탐사 및 지하광물의 채광과 광물의 선별 및 적치를 위한 장소로 사용하는 행위

㉶ 농어촌소득원의 개발 등 농어촌발전을 위하여 필요한 시설로서 대통령령이 정하는 시설의 설치

③ 농업보호구역 안에서는 다음 각 호 외의 토지이용행위를 할 수 없다.

㉮ 위의 「2) 용도구역 안에서의 행위제한, ② 예외」 각 호의 토지이용행위

㉯ 농업인의 소득증대를 위하여 필요한 시설로서 대통령령이 정하는 건축물·공작물 그 밖의 시설의 설치

㉰ 농업인의 생활여건 개선을 위하여 필요한 시설로서 대통령령이 정하는 건축물·공작물 그 밖의 시설의 설치

3) 농업진흥지역에 대한 개발투자의 확대 및 우선지원

국가 및 지방자치단체는 ① 농업진흥지역에 대하여 농지 및 농업시설의 개량·정비와 농어촌도로·농산물유통시설의 확충 기타 농업의 발전을 위한 사업에 우선적으로 투자해야 하며, ② 농업진흥지역 안의 농지에 농작물을 경작하거나 다년성 식물을 재배하는 농업인 또는 농업법인에 대하여 자금을 지원하거나 조세특례제한법에 의한 조세의 감경 등 필요한 지원을 우선 실시해야 한다(§33·①·②).

(5) 농지의 전용(§34~§43)

1) 농지의 전용허가·협의

① 농림수산식품부장관의 허가

농지를 전용하고자 하는 자는 다음 각 호의 1에 해당하는 경우를 제외하고는 당해 농지의 소재지를 관할하는 농지관리위원회의 확인을 거쳐 농림수산식품부장관의 허가를 받아야 한다(§34).

㉮ 다른 법률에 의하여 농지전용허가가 의제되는 협의를 거쳐 농지를 전용하는 경우
㉯ 국토의 계획 및 이용에 관한 법률에 의한 도시지역 안에 있는 농지로서 제2항의 규정에 의한 협의를 거친 농지나 제2항 제1호 단서의 규정에 의하여 협의대상에서 제외되는 농지를 전용하는 경우
㉰ 제35조의 규정에 의하여 농지전용신고를 하고 농지를 전용하는 경우
㉱ 산지관리법 제14조·제15조의 규정에 의한 산지전용허가를 받지 아니하거나 산지전용신고를 하지 아니하고 불법으로 개간된 농지를 산림으로 복구하는 경우
㉲ 하천법에 의하여 하천관리청으로부터 허가를 받아 농지를 형질변경하거나 공작물을 설치하기 위하여 농지를 전용하는 경우

② 관련기관장과의 협의

주무부장관 또는 지방자치단체의 장은 다음 각 호의 1에 해당하는 경우에는 농림수산식품부장관과 미리 농지의 전용에 관한 협의를 하여야 한다(§34·②).

㉮ 국토의 계획 및 이용에 관한 법률에 의한 도시지역 안에 주거지역·상업지역·공업지역 또는 도시계획시설을 지정 또는 결정할 때에 당해 지역 또는 시설예정지 안에 농지가 포함되어 있는 경우. 다만, 이미 지정된 주거지역·상업지역·공업지역을 다른 지역으로 변경하거나 이미 지정된 주거지역·상업지역·공업지역에 도시계획시설을 결정하는 경우를 제외한다.
㉯ 국토의 계획 및 이용에 관한 법률에 의한 도시지역 안의 녹지지역 및 개발제한구역 안의 농지에 대하여 동법 제56조의 규정에 의하여 개발행위의 허가를 하거나 개발제한구역의 지정 및 관리에 관한 특별조치법 제12조 제1항 각 호 외의 부분 단서의

규정에 의하여 토지형질변경허가를 하는 경우

③ **농지의 전용신고**

농지를 다음 각 호의 1에 해당하는 시설의 부지로 전용하고자 하는 자는 농지의 소재지를 관할하는 농지관리위원회의 확인을 거쳐 시장·군수·구청장에게 신고해야 한다(§35).

㉮ 농업인 주택, 농축산업용시설(제2조 제1호 나목의 규정에 따른 개량시설과 농축산물 생산시설을 제외한다), 농수산물유통·가공시설

㉯ 어린이 놀이터·마을회관 등 농업인의 공동생활 편익시설

㉰ 농수산관련 연구시설과 양어장·양식장 등 어업용 시설

2) 농지의 타용도 일시사용허가

① **시장·군수·구청장의 허가**

농지를 다음 각 호의 1에 해당하는 용도로 일시사용하고자 하는 자는 3년 동안 사용한 후 농지로 복구하는 조건으로 시장·군수·구청장의 허가를 받아야 한다(§36·①, 동법 시행령 §43). 다만, 국가 또는 지방자치단체의 경우에는 시장·군수·구청장과 협의해야 한다.

㉮ 건축법에 의한 건축허가 또는 건축신고대상시설이 아닌 간이 농업용 시설과 농수산물의 간이 처리시설을 설치하는 경우

㉯ 주목적사업(당해 농지에서 허용되는사업에 한한다)을 위하여 현장사무소 또는 부대시설 기타 이에 준하는 시설을 설치하거나 물건을 적치·매설하는 경우

㉰ 대통령령이 정하는 토석 및 광물을 채굴하는 경우

② **부관부 협의**

시장·군수·구청장은 주무부장관 또는 지방자치단체의 장이 다른 법률에 의한 사업 또는 사업계획 등의 인가·허가 또는 승인 등과 관련하여 농지의 타용도 일시사용의 협의를 요청하는 경우에는 그 인허·허가 또는 승인 등을 할 때에 당해 사업을 시행하고자 하는 자에게 3년 동안 당해 농지를 사용한 후 농지로 복구하는 조건을 붙일 것을 조건으로 협의할 수 있다(§36·②).

③ **복구계획 제출 및 복구비 예치**

시장·군수·구청장은 허가를 하거나 협의를 할 때에는 대통령령이 정하는 바에 의하여 사업을 시행하고자 하는 자에게 농지로의 복구계획을 제출하게 하고 복구비용을 예치하게 할 수 있다(§36·③).

3) 농지전용허가 등의 제한

① **허가할 수 없는 시설의 부지**

농림수산식품부장관은 농지전용허가를 함에 있어서 국토의 계획 및 이용에 관한 법률에 의한 도시지역·계획관리지역 및 개발진흥지구 안의 농지를 제외하고는 다음 각 호의 1에

해당하는 시설의 부지로 사용하는 경우에는 그 전용을 허가할 수 없다(§37·①).

㉮ 대기환경보전법 제2조 제9호의 규정에 의한 대기오염배출시설로서 대통령령이 정하는 시설

㉯ 수질및수생태계보전에관한법률 제2조 제10호의 규정에 의한 폐수배출시설로서 대통령령이 정하는 시설

㉰ 농업의 진흥이나 농지의 보전을 저해할 우려가 있는 시설로서 대통령령이 정하는 시설

② 농지전용허가·협의·타용도 일시사용의 제한

농림수산식품부장관, 시장·군수·자치구청장은 다음 각 호의 1에 해당하는 경우에는 농지전용허가 및 협의 또는 농지의 타용도 일시사용허가 및 협의를 함에 있어서 농지의 전용 또는 타용도 일시사용을 제한할 수 있다(§37·②).

㉮ 전용하고자 하는 농지가 농업생산기반이 정비되어 있거나 농업생산기반정비사업의 시행예정지역으로 편입되어 우량농지로 보전할 필요성이 있는 경우

㉯ 당해 농지의 전용 또는 타용도 일시사용이 일조·통풍·통작에 현저한 지장을 초래하거나 농지우량시설의 폐지를 수반하여 인근 농지의 농업경영에 현저한 영향을 미치는 경우

㉰ 당해 농지의 전용 또는 타용도 일시사용에 따르는 토사의 유출 등으로 인근 농지 또는 농지개량시설을 손괴할 우려가 있는 경우

㉱ 전용목적의 실현을 위한 사업계획 및 자금조달계획이 불확실한 경우

㉲ 전용하고자 하는 면적이 전용목적 실현을 위한 면적보다 과다한 경우

4) 농지보전부담금

① 다음 각 호의 1에 해당하는 자는 농지의 보전·관리 및 조성을 위한 부담금(이하 '농지보전부담금'이라 한다)을 농지관리기금을 운용·관리하는 자에게 납입하여야 한다(§38).

㉮ 농지전용허가를 받는 자

㉯ 농지전용협의를 거친 지역 또는 시설예정지역 안의 농지를 전용하고자 하는 자

㉰ 다른 법률에 의하여 농지전용허가가 의제되는 협의를 거친 농지를 전용하고자 하는 자

㉱ 제37조 또는 제45조의 규정에 의하여 농지전용신고를 하고 농지를 전용하고자 하는 자

② 농지보전부담금 면제대상

농림수산식품부장관은 다음 각 호의 1에 해당하는 경우에는 대통령령이 정하는 바에 의하여 농지보전부담금을 감면할 수 있다(§38·⑤).

㉮ 국가 또는 지방자치단체가 공용 또는 공공용의 목적으로 농지를 전용하는 경우

㉯ 대통령령이 정하는 중요산업시설을 설치하기 위하여 농지를 전용하는 경우

㉰ 제35조 제1항(농지의 전용신고) 각 호의 규정에 의한 시설 기타 대통령령이 정하는 시설을 설치하기 위하여 농지를 전용하는 경우

③ 농지보전부담금은 「부동산가격 및 감정평가에 관한법률」에 의한 해당 농지의 개별 공시지가의 범위 안에서 대통령령이 정하는 부과기준을 적용하여 산정한 금액으로 한다(§38·⑥).

④ 농지보전부담금을 납입하여야 하는 자가 납입기한 내에 이를 납입하지 아니하는 때에는 국세체납처분 또는 지방세체납처분의 예에 의하여 이를 징수할 수 있다(§38·⑦).

⑤ 농지법상의 농지보전부담금제도의 취지는 산지관리법상의 대체산림자원조성비(§19)제도의 취지와 같은 것이다.

5) 농지의 지목변경제한

농지는 다음 각 호의 1에 해당하는 경우를 제외하고는 전·답·과수원 외의 지목으로 변경하지 못한다(§41).

① 농지전용허가를 받거나 제34조 제2항의 규정에 의하여 농지를 전용한 경우

② 제34조 제1항 제4호 또는 제5호의 규정에 해당하는 목적으로 농지를 전용한 경우

③ 제35조 또는 제43조의 규정에 의하여 농지전용신고를 하고 농지를 전용한 경우

④ 농어촌정비법 제2조 제5호 가목 또는 나목의 규정에 의한 농어촌 용수 개발 사업이나 농업생산기반개량사업의 시행으로 제2조 제1호 나목의 규정에 의한 토지의 개량시설의 부지로 변경되는 경우

⑤ 시장·군수·구청장이 천재·지변 기타 불가항력의 사유로 그 농지의 형질이 현저하게 변경되어 거의 원상회복이 불가능하다고 인정되는 경우

(6) 농지관리위원회(§40~§48)

개정농지법에서는 농지관리위원회를 폐지하였다.

6. 개발이익 환수에 관한 법률·재건축초과이익 환수에 관한 법률

(1) 개 설

1) 개발이익의 개념

개발이익이라 함은 개발사업의 시행 또는 토지이용계획의 변경 기타 사회·경제적 요인에 의하여 정상지가 상승분을 초과하여 개발사업을 시행하는 자(이하 '사업시행자'라 한다) 또는 토지소유자에게 귀속되는 토지가액의 증가분을 말한다(개발환수법 §2·1호).

2) 개발이익 환수의 필요성

개발이익은 개발사업시행자나 토지소유자의 노력없이 발생하는 우발적인 불로소득이라

할 것이므로, 그들에게 귀속시킬 것이 아니라 사회에 환원해야 하며 사회환원을 통하여 토지투기의 방지와 토지의 효율적인 이용을 촉진하고, 나아가서 부의 형평배분을 기하게 된다는데 그 의의를 가진다.

개발이익 환수에 관한 법률은 이 제도의 목적을 "개발이익의 적정한 배분과 토지에 대한 투기방지 및 토지의 효율적인 이용촉진"에 두고 있다(§1).

3) 개발부담금 부활

「부담금관리기본법」에 의하여 비수도권은 2002년 1월 1일부터, 수도권은 2004년 1월 1일부터 개발부담금의 부과를 중지하고 있고, 「개발이익 환수에 관한 법률」(부칙 제4조)에서는 이들의 개발부담금을 2005년 12월 31일까지 징수하지 아니하기로 되어있는 바, 2006년 1월 1일 이후 인가 등을 받은 사업에 대하여는 개발부담금을 다시 부과·징수함으로써 토지로부터 발생하는 초과 개발이익을 적정하게 환수하여 토지투기를 방지하기 위하여 동법률을 재개정하게 된 것이다(2005. 12.7.). 이 법은 2006년 1월 1일부터 시행한다(부칙 §1).

4) 개발이익 환수방법

개발이익의 환수는 과세적 방법과 비과세적 방법이 있다.

과세적 방법에는 재산세, 종합토지세, 공한지세, 도시계획세(이상은 보류과세), 양도소득세(이상은 처분과세) 등이 있고, 비과세적 방법으로는 개발부담금 내지 수익자부담금 등이 있다.

이하에서는 가장 직접적인 개발이익환수제도인 개발이익환수에 관한 법률에 의한 개발부담금에 관해서만 살펴보기로 한다.

(2) 개발부담금

1) 개발부담금의 개념 및 성질

개발부담금이라 함은 개발이익 중 개발이익환수에 관한 법률에 의하여 국가가 부과·징수하는 금액을 말한다(§2· 4호).

2) 개발부담금의 부과대상사업

개발부담금의 부과대상인 개발사업은 다음 각 호의 1에 해당하는 사업 등으로 한다(§5).

① 택지개발사업(주택단지조성 사업을 포함한다)

② 산업단지조성사업

③ 관광단지조성사업

④ 도시환경정비사업(공장을 건설하는 경우를 제외한다)

⑤ 물류시설용지조성사업

⑥ 온천개발사업
⑦ 여객자동차터미널사업
⑧ 골프장건설사업
⑨ 지목 변경이 수반되는 사업으로서 대통령령이 정하는 사업
⑩ ① 내지 ⑧과 유사한 사업으로서 대통령령이 정하는 사업 등

판례는 개발 사업에는 물리적 개발행위 없이 지목만 변경해도 개발부담금을 부과하는 것은 정당하다고 하고 있다.

> 판례 **〈개발이익환수법상의 개발 사업에는 물리적 개발행위 없이 지목만 변경해도 개발부담금을 부과한 것은 정당하다.〉** 개발 부담금이 부과되는 개발이익환수법 소정의 '개발사업'에는 절토·성토·정지작업 등 토목공사로 인한 물리적인 개발행위 없이 지목만을 변경한 경우에도 개발이익환수법 소정의 개발이익이 발생한 것으로 보아 개발부담금을 부과한 것은 정당하다(대판 1999.12.16, 98두18619).

그리고 개발부담금을 부과하지 아니하는 사업과 개발부담금의 100분의 50을 경감하는 사업을 상세히 규정하고 있다(동법 §7). 이번 개정법률에서는 관광단지조성사업 및 물류단지개발사업에 대한 개발부담금은 면제한다(동법 §7·③·3호 및 4호 신설). 산업입지 및 개발에 관한 법률에 따른 산업단지개발사업에 대한 개발부담금을 면제한다(동법 §7·③·1호).

3) 개발부담금의 부과기준과 부담률

① 부과기준

개발부담금의 부과기준은 부과종료시점의 부과대상토지의 가액(이하 '종료시점지가'라 한다)에서 다음 각 호의 금액을 뺀 금액으로 한다.

㉮ 부과개시시점의 부과대상토지의 가액(이하 '개시시점지가'라 한다)
㉯ 부과기간 동안의 정상지가 상승분
㉰ 제11조에 의한 개발비용(§8)

부과개시시점은 사업시행자가 국가 또는 지방자치단체로부터 개발사업의 인가 등을 받은 날로 한다(§9·①).

판례는 개별 공지시가를 기준으로 산정할 것이 아니라 매입가액을 기준으로 부과개시시점지가를 산정해야 한다고 한다.

> 판례 **〈납부의무자가 신고한 매입가액이 개발이익환수법시행령 제9조 제5항(현행 §11·⑤)의 소정의 매입가액에 해당하지 않더라도 그 가액이 인정되면 이를 기준으로 부과개시시점지가를 산정해야 한다.〉** 개발이익 환수에 관한 법률 제10조 제3항 단서 중 대통령령이 정하는 경우에만 실제 매입가격을 기준으로 부과개시시점지가를 산정하도록 한 부분은 헌법재판소의 위헌결정(헌재결 1998. 6. 25, 95헌바35; 97헌바81; 98헌바5. 10결정)에 의하여 그 결정일로부터 효력을 상실하였으므로, 납부의무자가 신고한 매입가액이

> 법시행령 제9조 제5항의 소정의 매입가액에 해당하지 않더라도 그 가액이 인정되면 이를 기준으로 부과개시시점지가를 산정해야 하고, 위 소정의 매입가액에 해당하지 않는다고 하여 개별공시지가를 산정할 것이 아니다(대판 1998.9.4, 98두7565).

그리고 제11조의 개발비용을 산정함에 있어서 실제 드는 비용을 정산하는 방식이 복잡하고 시간과 비용이 과다하게 소모될 뿐만 아니라 잦은 민원과 소송 및 비리를 유발하였다.

따라서 개발비용의 산정방식에 단위면적당 표준비용을 적용하는 「표준비용」제도를 도입하고, 납부의무자는 표준비용제도와 실비정산방식 중 유리한 것을 선택할 수 있도록 함으로써 개발비용을 투명하고 간편하게 산출할 수 있게 하였다(개발이익환수법 §11).

② 부 담 률

납부의무자가 납부해야 할 개발부담금은 부과종료시점의 부과대상토지의 가액에서 개발사업인가 등 ㉮ 부과개시시점의 부과대상토지의 가액 ㉯ 부과기간 동안의 정상지가 상승분 및 ㉰ 제11조의 규정에 의한 개발비용 등을 뺀 금액에 의해 산정된 개발이익의 100분의 25로 한다.

다만, 국토의 계획 및 이용에 관한 법률 제38조의 규정에 의한 개발제한구역에서 개발사업을 시행하는 경우로서 납부의무자가 동구역의 지정당시로부터 토지소유자인 경우에는 100분의 20으로 한다(§13·①·②).

4) 환수주체와 징수금의 배분

국가는 개발부담금 부과대상사업이 시행되는 지역에서 발생되는 개발이익을 개발이익환수에 관한 법률이 정하는 바에 의하여 개발부담으로 징수하여야 한다(§3). 징수된 개발부담금의 100분의 50에 상당하는 금액은 개발이익이 발생한 토지가 속하는 지방자치단체에 귀속되고, 이를 제외한 나머지 개발부담금은 따로 법률이 정하는 광역·지역발전특별회계에 귀속된다(§4·①).

5) 개발부담금의 부과·징수 및 시효

① 부담금의 결정·부과

국토해양부장관은 부과종료시점부터 3월 이내에 개발부담금을 결정·부과해야 한다. 국토해양부장관은 개발부담금을 결정·부과하고자 하는 경우에는 대통령령이 정하는 바에 따라 미리 납부의무자에게 그 부과기준 및 개발부담금을 통지해야 한다(§14·①·②).

② 시 효

개발부담금을 징수할 수 있는 권리와 개발부담금의 과오납금을 환급받을 권리는 이를 행사할 수 있는 때부터 5년간 행사하지 않으면 소멸시효가 완성된다(§17).

③ 징 수

개발부담금의 납부의무자는 부과일부터 6월 이내에 개발부담금을 납부해야 한다. 지정된 기간 내에 그 개발부담금을 납부하지 아니한 때에는 납부기한 경과 후 10일 이내에 독촉장을 발부해야 한다. 독촉장을 받고 지정된 기한까지 개발부담금 및 가산금 등을 완납하지 아니한 때에는 국토해양부장관은 국세체납처분의 예에 의하여 이를 징수할 수 있다(§18, §21, §22).

6) 개발부담금 부과에 대한 불복

① 심사청구

제14조 제1항(부담금의 결정·부과), 제2항(개발부담금의 부과 기준 및 사전통지)의 규정에 의하여 통지받은 개발부담금에 대하여 이의가 있는 자는 대통령령이 정하는 바에 따라 심사를 청구할 수 있다(§14·③).

② 행정심판의 특례

개발부담금 등의 부과·징수에 대하여 이의가 있는 자는 공익사업을 위한 토지 등의 취득 및 보상에 관한 법률에 의한 중앙토지수용위원회에 행정심판을 청구할 수 있다. 위의 행정심판청구에 대하여는 행정심판법 제6조(행정심판 위원회)의 규정에도 불구하고 공익사업을 위한 토지 등의 취득 및 보상에 관한 법률에 의한 중앙토지수용위원회가 심리·의결하여 재결한다(§26·①·②). 행정심판재결에 불복있는 자는 행정소송을 제기할 수 있다. 개발부담금 납부고지서의재발부시 불복기간의 기산점은 당초의 납부고지서가 송달된 날이다.

판례 납부의무자가 개발부담금 납부고지서의 수령사실을 부인함에 따라 행정청이 납부고지서를 재발부 송달했어도 그것은 납부의무자의 편의를 위한 것이므로 당초의 납부고지와는 다른 별개의 독립된 부과처분으로 볼 수 없어 그 처분에 대한 불복기간의 기산점은 당초의 납부고지서가 송달된 날을 기준으로 해야 한다(대판 2000.4.21, 2000두345).

개발부담금 감액경정처분에 대한 항고소송시 제소기간은 당초 처분을 기준으로 판단해야 한다.

판례 개발부담금 부과처분을 한 후에 개발부담금을 정산해 감액결정을 한 경우 감액정산처분은 당초의 부과처분에 대한 변경처분이므로 항고소송대상은 당초처분 중 감액경정처분에 의해 취소되지 않고 남은 부분이 되는 것이므로 제소기간 준수 여부도 당초 처분을 기준으로 판단해야 한다(대판 1998.10.13, 96누10621).

7) 결 어

개발이익환수가 그 이론적 정당성을 갖는다면 마찬가지 이유로 재산권 행사에 대한 제한으로 입는 재산상 손실도 보상되어야 할 필요가 있다 할 것이다.

(3) 재건축초과이익환수에 관한 법률

1) 동법의 제정 이유

재건축사업으로 발생하는 개발이익을 사회적으로 환수하고 이를 적정하게 배분하기 위해 당해 개발이익에 일정한 부담금을 부과하고, 이를 통해 개발이익의 사유화를 방지함으로써 주택가격의 안정과 사회적 형평을 기하고 국민경제의 건전한 발전과 사회통합에 이바지하려는 것이다. 본질적 취지는 개발이익 환수에 관한 법률과 같다.

재건축 초과이익 환수에 관한 법률은 2008년 6월 5일 일부재개정이 있었다.

개정이유는 지방의 주거환경을 개선하고 지역경제를 활성화하기 위한 것으로서 수도권 외의 지방에서 시행되는 재건축사업 중 2009년 6월 30일까지 관리처분 계획의 인가를 신청한 사업에 대하여는 동 부담금을 징수하지 아니하도록 하였다(부칙 §3).

2) 목 적

이 법은 「도시 및 주거환경정비법」에 의한 주택재건축사업(이하 '재건축사업'이라 한다)에서 발생되는 초과이익을 환수함으로써 주택가격의 안정과 사회적 형평을 기하여 국민경제의 건전한 발전과 사회통합에 이바지함을 목적으로 한다(§1).

3) 주요 내용

주요 내용은 동법에서 자세하게 규정하고 있으나, 개발이익에 대한 사회적 환수라는 점에서 대체로 개발이익환수에 관한 법률과 본질적 취지는 유사하다고 생각할 수 있다. 다만, 특기할 것은 ① 「징수금의 배분」은 국가에 100분의 50이, 특별시·광역시·도·제주특별자치도에 100분의 20이, 당해 시·군·구에 100분의 30이 각각 귀속되고(§4), ② 재건축부담금의 국가귀속분은 주택법상의 「국민주택기금」의 재원으로, 지방자치단체의 귀속분은 도시및주거환경정비법상의 「도시·주거환경정비기금」 또는 도시재정비 촉진을 위한 특별법상의 「재정비촉진특별회계」 또는 주택법상의 「국민주택사업특별회계」의 재원으로 각각 귀속되며(§4·②·③), 재건축부담금 중 국민주택기금 귀속분은 지방자치단체별 주거기반시설의 설치수준 및 주거복지실태 평가 결과 및 주거복지 증진 노력 등을 고려하여 지방자치단체가 운용하는 도시 및 주거환경정비기금 또는 재정비촉진 특별회계 또는 국민주택사업 특별회계 등의 재원으로 특별시·광역시·도·제주특별자치도와 시·군·구에 각각 100분의 50을 지원되도록 한 것이며(§4·③·④), ③ 「대상사업」은 「도시및주거환경정비법」 제2조 제2호 다목의 규정에 의한 「주택재건축사업」으로 하고(§5), ④ 「납부의무자」는 재건축 부담금을 납부하여야 할 의무가 있는 재건축조합이다. 다만, 조합이 해산된 경우와 조합의 재산으로 그 조합에 부과 되거나 그 조합이 재건축부담금·가산금 등에 충당하여도 부족한 경우에는 종료시점부과 대상주택을 분양받은 조합원(이하 "조합원"이라 하며, 조합이 해산된 경우는 부과 종료시점 당시의 조합원을 말한다)이 제2항의 규정에 따라 재건축 부담금을 납부하여야 한다(조합원의 2차 납부의무: §6·① 단서). 조합원의 2차 납부의무는 제12조의 규정에 의하여 산정된 재건축 부담금 중 제2항의 규정에 의한 관계처분계획상 분담비율을 적용하여 산정한 금액에 한한다(§6·③). 재건축조합은 조합원별로 종전자산을 평가한 가액 등 대통령령이 정하는 사항을 고려하여 제14조의 규정에 의한 재건축부담금 예징액의 조합원별 납부액과 제15조의 규정에 의하여 결정 및 부과하는 재건축 부담금의 조합원별 분담기준 및 비율을 결정하여 이를 관리처분 계획에 명시해야 하고(§6), ⑤ 부과기준은 종료시점 부과대상 주택의 가격총액에서 (가) 개시시점 부과대상 주택의 가격 총액, (나) 부과기간 동안의 개시시점과 부과 대상 주택의 정상주택 가격상승분 총액, (다) 제11조의 규정에 의한 개발비용 등 모든 금액을 공제한 금액으로 한다(§7). ⑥ 기준 시점은 (가) 부과 개시시점은 「도시 및 주거환경정비법」(이하 "도정법"이라 한다)에 의한 당해 주택건축사업을 위하여 최초로 구성된 조합설립추진위원회(이하 "추진위원회"라 한다)가 승인된 날로 한다. 다만, 부과 대상이 되는 주택재건축사업의 전부 또는 일부가 ㉮ 2003년 7월 1일 이전에 조합설립인가를 받은 주택재건축사업은 최초로 조합설립인가를 받은 날, ㉯ 추진위원회 또는 재건축조합이 합병된 경우는 각각의 최초 추진위원회 승인일 또는 재건축조합인가일, ㉰ 그 밖에 대통령령이 정하는 날을 각각 부과 개시시점으로 한다(§8·① 단서). 부과 개시시점부터 부과 종료시점까지의 기간이 10년을 초과하는 경우는 부과 종료 시점으로부터 역산하여 10년이 되는 날을 부과 개시시점으로 한다(§8·②) (나) 부과 종료시점은 당해 주택재건축사업의 준공인가일로 한다. 다만, 부과 대상이 되는 주택 재건축 사업의 전부 또는 일부가 ㉮ 관계법령에 의하여 주택재건축사업의 일부가 준공인가된 날, ㉯ 관계행정청의 인가 등을 받아 건축물 사용을 개시한 날, ㉰ 그 밖에 대통령령이 정한 날을 각각 부과 종료시점으로 한다(§8·③). ⑦ 부담금을 면탈·감경할 목적 또는 면탈·감경하게 할 목적으로 허위의 계약을 체결하거나 개발비용 등의 신청 등에 필요한 내역서를 허위로 제출한 자에 대하여는 3년 이하의 징역 또는 면탈·감경하였거나 면탈·감경하고자 한 재건축부담금의 3배 이하의 벌금에 처하도록 하고, 내역서를 제출하지 아니하거나 게을리 한 자에 대하여는 과태료에 처한다(§23, §24).

법인의 대표자나 법인 또는 개인의 대리인, 사용인, 그 밖의 종업원이 그 법인 또는 개인의 업무에 관하여 제1항의 위반행위를 하면 그 행위자를 벌하는 외에 그 법인 또는 개인에게도 제1항의 벌금형을 과한다. 다만, 법인 또는 개인이 그 위반행위를 방지하기 위하여 해당업무에 관하여 상당한 주의와 감독을 게을리 하지 아니한 경우에는 그러하지 아니하다(§23·② 단서조항신설).

7. 부동산가격공시 및 감정평가제

(1) 부동산가격공시의 일원화

1) 지가의 일원화

종래에는 구 국토이용관리법에 의한 보상가격 산정기준으로서의「기준지가」, 소득세법에 의한 양도소득세액 등의 산정기준으로서의「기준시가」, 지방세법에 의한 재산세액 등 산정기준으로서의「과세시가표준액」, 금융기관의 담보물가격 등 산정기준으로서의「토지시가」등의 다원적 지가조사 체계를 단일화하여 공시지가의 공신력을 높이기 위해 1989년 4월 1일에「지가공시및토지등의평가에관한법률」이 제정되어 시행되어 왔었다.

2) 부동산가격의 평가체계 일원화

세부담의 형평성을 제고하기 위하여 주택에 대한 토지·건물의 통합과세를 내용으로 하는 부동산 보유세제의 개편에 따라 현행 공시지가제도 외에 토지와 건물의 적정가격을 통합 평가하여 공시하는 주택가격공시제도를 도입하고, 현재 분산되어있는 부동산(토지·건물)가격 평가체계를 일원화하여「부동산가격공시및감정평가에관한법률」(이하 '공시법'이라 한다)이 2005년 1월 14일에 제정·공포되었다.

3) 부동산가격공시및감정평가에관한법률의 목적

동법은 토지, 주택 등 부동산의 적정가격을 공시하여 부동산가격 산정의 기준이 되게 하고, 토지·건물·동산 등의 감정평가에 관한 사항을 정함으로써 이의 적정한 가격형성을 도모하며, 나아가 국토의 효율적인 이용과 국민경제의 발전에 이바지함에 있다.

「지가공시및토지등의평가에관한법률」제정에서부터 주택에 대한 토지 외에 건물까지 통합 평가하여 공시하는「부동산가격공시및감정평가에관한법률」로 전문 개정되었다.

(2) 부동산가격의 공시

1) 지가의 공시

① **표준지공시지가**

㉮ 의 의 : 표준지공시지가라 함은 공시법의 규정에 의한 절차에 따라 국토해양부장관이 조사·평가하여 공시한 표준지의 단위면적당 가격을 말한다(§2·5호). 즉 표준지공시지가는 표준지의 매년 공시기준일(1월 1일 원칙) 현재의 적정가격을 말하는데,「적정가격」이라 함은 당해 토지 및 주택에 대하여 통상적인 시장에서 정상적인 거래가 이루어지는 경우 성립될 가능성이 가장 높다고 인정되는 가격을 말한다(§2·6호).

「표준지」는 국토해양부장관이 토지이용상황이나 주변환경 그 밖의 자연적·사회적 조건이 일반적으로 유사하다고 인정되는 일단의 토지 중에서 선정한 대표할 수 있는 필지의 토지를 말한다(§3·①).

표준지공시지가라 함은 이 법의 규정에 의한 절차에 따라 국토해양부 장관이 조사·평가하여 공시한 표준시의 단위 면적당 가격을 말한다(§2·5호).

㈏ 지가의 공시 : 국토해양부장관은 토지이용상황이나 주변 환경 그 밖의 자연적·사회적 조건이 일반적으로 유사하다고 인정되는 일단의 토지 중에서 선정한 표준지에 대하여 매년 공시기준일 현재의 적정가격을 조사·평가하고, 중앙부동산평가위원회의 심의를 거쳐 이를 공시해야 하며, 정부는 지가공시의 주요사항에 관한 보고서를 매년 정기국회의 개회 전까지 국회에 제출해야 한다(§3·①·③).

표준지공시지가의 공시사항은 표준지의 지번, 표준지의단위면적당 가격, 표준지의 면적 및 형상, 표준지 및 주변토지의 이용 상황, 지목, 지리적 위치, 「국토의 계획 및 이용에 관한 법률」 등에 의한 토지의 용도제한, 도로·교통상황, 지세 등을 포함하여야 한다(§6, 동법시행령§9).

㈐ 조사·평가기준 : 국토해양부장관이 표준지의 적정가격을 조사·평가하는 경우에는 인근 유사토지의 거래가격·임대료 및 당해 토지와 유사한 이용가치를 지닌다고 인정되는 토지의 조성에 필요한 비용추정액 등을 참작해야 한다(§5·①). 표준지에 건물 그 밖의 정착물이 있거나 지상권 그 밖에 토지의 사용·수익을 제한하는 권리가 설정되어 있는 때에는 당해 정착물 또는 권리가 존재하지 아니하는 것으로 보고 적정가격을 평가하여야 한다(동법시행령 §6·②).

국토해양부장관이 표준지의 적정가격을 조사·평가하고자 할 때에는 둘 이상의 감정평가업자에게 이를 의뢰하여야 한다(§5·②).

㈑ 열람 및 관계 행정기관에 공급 : 국토해양부장관은 지가를 공시한 때에는 그 내용을 특별시장·광역시장 또는 도지사를 거쳐 시장·군수 또는 구청장에게 송부하여 일반으로 하여금 열람하게 하고, 대통령령이 정하는 바에 따라 이를 도서·도표 등으로 작성하여 관계 행정기관 등에 공급하여야 한다(§7).

㈒ 표준지공시지가의 적용 : 국가·지방자치단체, 「공공기관의운영에관한법률」에 따른 공공기관 그 밖에 대통령령이 정하는 공공단체(산림조합 및 동중앙회, 농업협동조합 및 동중앙회, 수산업협동조합 및 동중앙회, 중소기업진흥공단, 산업단지관리공단)가 ㉠ 공공용지의 매수 및 토지의 수용·사용에 대한 보상, ㉡ 국·공유토지의 취득 또는 처분, ㉢ 「국토의계획및이용에관한법률」 그 밖의 법령에 의하여 조성되는 공업용지·주거용지·관광용지 등의 공급 또는 분양, ㉣ 도시개발법에 의한 도시개발사업, 도시 및 주거환경정비법에 의한 정비사업 또는 농어촌 정비법에 의한 농업생산기반정비사업을 위한 환지·체비지의 매각 또는 환지신청, ㉤ 토지의 관리·매입·매각·경매·재평가의 목적을 위하여, 토지의 가격을 산정하는 경우에는 당해 토지와

유사한 이용가치를 지닌다고 인정되는 하나 또는 둘 이상의 표준지 공시지가를 기준으로 하여 당해 토지의 가격과 표준지 공시지가가 균형을 유지하도록 해야 한다(§9·① 동법 시행령 §13). 다만, 필요하다고 인정하는 때에는 산정된 지가를 그 목적에 따라 가감조정하여 적용할 수 있다(§9·① 단서).

ⓑ 토지가격비준표 : 국토해양부장관은 표준지공시지가의 적용을 위한 지가산정을 위하여 필요하다고 인정하는 경우에는 표준지와 지가산정대상토지의 지가형성요인에 관한 표준적인 비교표(이하 '토지가격비준표'라 한다)를 작성하여 관계 행정기관 등에 제공해야 하며, 관계행정기관 등은 이를 사용하여 지가를 산정해야 한다(§9·②).

ⓢ 표준지공시지가의 법정 성질

㉠ 행정계획설[234] : 행정계획설은 표준지공시지가는 내부적 효력만을 갖는 구속력 없는 행정계획으로 본다. 그 논거는 ⓐ 표준지공시지가는 일반적인 토지거래의 지표가 되고 행정주체나 감정평가자의 감정 평가 시에 기준이 됨에 불과하므로 표준지공시지가가 개별공시지가결정에 있어서 그대로 적용되는 것이 아니라 그 목적에 따라 가감하여 적용 가능한 것이므로 그 구속력을 인정할 수 없고, ⓑ 표준지공시지가 결정에 의해 바로 당사자의 권리·의무에 영향을 미치지 않으며, 부동산공시법이 표준지 공시지가에 대하여 이의절차를 허용하고 있더라도(§8·①), 그 자체만으로 행위의 처분성을 인정할 수 없다고 한다.

㉡ 행정규칙설·행정입법설[235] : 입법행위설은 표준지공시지가는 개별공시지가의 산정기준이 되는 일반적·추상적 규율이라는 견해이다. 그 논거는 표준지공시지가는 그 자체로서 국민의 권리·의무를 발생시키는 것은 아니므로 개별적·구체적 규율로서의 성질을 가지는 처분이라고 할 수 없다는 것이다.

㉢ 행정행위설[236] : 행정행위설은 표준지공시지가는 개발부담금 등의 산정기준이 되므로 국민의 구체적인 권리·의무 내지 법률상 이익에 영향을 미치며, 이의신청의 대상이 된다는 점에서 행정행위라는 것이다(개발이익환수법 §10·①, 재건축초과 이익환수법 §10·①·②).

㉣ 개별검토설[237] : 개별검토설은 표준지공시지가가 개별공시지가의 성질을 갖는 경우에는 행정행위이지만, 표준지공시지가가 토지거래의 지표에 불과한 경우에는 처분성을 인정할 수 없으나, 개별공시지가의 기준이 되거나 토지 수용시 보상액 산정의 기준이 되는 경우 등에는 처분성이 인정된다는 견해이다.

㉤ 사실행위설[238] : 사실행위설은 표준지공시지가는 현실적으로 존재하는 정상지가

---

234) 유지태, 행정법신론, 918쪽 : 강구철(Ⅰ), 711쪽 : 한견우(Ⅱ), 370쪽.
235) 김남진(Ⅱ), 500쪽 : 석종현(하), 469쪽 : 홍정선 (하) 603쪽.
236) 조용호, "개별공시가의제문제", 사법논집 제25집, 1994, 660~663쪽 : 김완석, "토지와 관련한 조세의 공시지가와의 관계에 관한 연구", 감정평가논집, 1997, 82~83쪽.
237) 박윤흔(하), 728~729쪽 : 김동희(Ⅱ), 468쪽~469쪽.

를 조사하여 공시함으로써 지가정보를 제공하는 의사작용을 요소로 하는 사실행위로서 그 자체로서는 어떠한 법적 효과도 발생하지 아니한다는 견해이다.

ⓗ 판 례 : 판례는 표준지공시지가가 항고소송의 대상이 되는 것으로 보고 있다. 아래의 두 개의 판례는 구체적 사안을 달리하고 있으나, 어느 경우에도 대법원은 그 구체적 이유는 제시하지 않고 있으나 관련 공시지가는 행정소송의 대상인 '처분'에 해당한다는 전제에 입각하고 있다.

판례 ① **〈표준지로 선정된 토지의 공시지가의 위법성을 조세소송에서는 다툴 수 없고, 이의절차를 거쳐 처분청을 상대로 그 공시지가 결정의 취소를 구하는 행정소송을 제기해야 한다.〉** 표준지로 선정된 토지의 공시지가에 불복하기 위하여는 구 지가공시 및 토지등의평가에관한법률 제8조 제1항 소정의 이의절차를 거쳐 처분청인 건설부장관을 상대로 그 공시지가 결정의 취소를 구하는 행정소송을 제기하여야 하는 것이지 그러한 절차를 밟지 아니한 채 그 표준지에 대한 조세부과처분의 취소를 구하는 소송에서 그 위법성을 다툴 수는 없다(대판 1997.2.28, 96누10225).

② **〈표준지 공시지가의 처분성 여부〉** 표준지로 선정된 토지의 공시지가에 불복하기 위하여는 구 지가공시 및 토지등의평가에관한법률 제8조 제1항 소정의 이의절차를 거쳐 처분청을 상대로 그 공시지가 결정의 취소를 구하는 행정소송을 제기하여야 하는 것이고, 그러한 절차를 밟지 아니한 채 개별토지 가격결정의 효력을 다투는 소송에서 그 개별토지 가격산정의 기초가 된 공시지가의 위법성을 다툴 수는 없다(대판1998.3.24, 96누6851).

그러나 최근의 판례는 「표준지공시지가 결정이 위법한 경우에는 그 자체를 행정소송의 대상이 되는 행정처분으로 보아 그 위법여부를 다툴 수 있음은 물론, 수용보상금의 증액을 구하는 소송에서도 선행처분으로서 그 수용대상 토지가격산정의 기초가 된 비교표준지 공시지가 결정의 위법을 독립한 사유로 다툴 수 있다」고 판시하고 있다(대판 2008.8.21, 2007두13845).

ⓢ 사 견(법규명령성을 갖는 고시설)

ⓐ 표준지공시지가는 현실적으로 이를 기준으로 하여 개별공시지가가 산정된다는 점에 그 의의가 있으므로 다른 토지의 지가의 산정에 있어서 하나의 기준이 되는 것에 불과하고, 표준지공시지가는 개별공시지가 결정에 있어서 그대로 적용되는 것이 아니라 그 목적에 따라 가감하여 적용 가능한 것이므로 그 구속적 효력을 인정할 수 없고, 표준지를 기준으로 개별공시지가 등 주변토지의 가격을 정함에 있어서는 다른 요소들을 고려해야 하므로 표준지공시지가가 직접 다른 토지의 소유자 등의 권·익에 직접 영향을 미치지 않는다고 보아야 하며, 특히 표준지공시지가의 처분성을 부정하는 것이 처분성을 인정하는 것보다 표준지 주변의 토지소유자의 권익구제를 위해서도 유리하다는 점에서(행정소송에서의 하자의 승계문제 : 후술함) 표준지공시가의 처분성을 인정하기는 어렵다고 본다.

---

238) 이춘섭, "공시지가, 개별지가는 행정소송의 대상인가?", 사법행정, 1992. 12, 62쪽.

표준지 공시지가는 개별 공시지가의 산정 기준(개별공시지가 결정 등 행정처분의 구속력 있는 기준)이 되고, 표준지 공시지가가 위법한 경우 당해 표준지 공시지가를 기준으로 행하여진 처분도 위법하다고 보아야 하므로 행정입법(법규명령의 성질을 가지는 고시)으로 보아야 한다.

ⓑ 표준지로 선정된 토지 등에 대하여는 개별공시지가를 결정·고시하지 아니할 수 있는 바, 이 경우 표준지로 선정된 토지에 대하여는 당해 토지의 공시지가를 개별공시지가로 본다(§11·① 단서).

따라서 예외적으로 표준지로 선정된 토지, 즉 표준지공시지가가 개별공시지가로 인정되는 경우에는 개별부담금 등의 산정기준이 되므로 국민의 구체적인 권리·의무에 직접 영향을 미치므로 항고소송의 대상이 된다. 이 경우에는 결국 개별공시지가의 법적 성질의 문제가 된다.

㉶ 표준지공시지가의 효력

㉠ 표준지공시지가는 토지시장의 지가정보를 제공하고 일반적인 토지거래의 지표가 되며, 국가·지방자치단체 등의 기관이 그 업무와 관련하여 지가를 산정하거나 감정평가업자가 개별적으로 토지를 감정평가하는 경우에 그 기준이 된다(§10).

표준지공시지가는 특히 다음의 목적을 위해 토지의 가격을 산정하는 경우에 그 기준이 된다(§9·①).

ⓐ 공공용지의 매수 및 토지의 수용·사용에 대한 보상, ⓑ 국·공유토지의 취득 또는 처분, ⓒ 「국토의계획및이용에관한법률」 그 밖의 법령에 의하여 조성된 공업용지·주거용지·관광용지 등의 공급 또는 분양, ⓓ 도시개발법에 의한 도시개발사업, 「도시및주거환경정비법」에 의한 정비사업 또는 「농어촌정비법」에 의한 농업생산기반정비사업을 위한 환지·체비지의 매각 또는 환지 신청, ⓔ 토지의 관리·매입·매각·경매·재평가(동법시행령 §13).

㉡ 국가·지방자치단체, 「공공기관의운영에관한법률」에 따른 공공기관 그 밖에 대통령령이 정하는 공공단체가 위의 목적을 위하여 토지의 가격을 산정하는 경우에는 당해 토지와 유사한 이용가치를 지닌다고 인정되는 하나 또는 둘 이상의 표준지공시지가를 기준으로 하여 당해 토지의 가격과 표준지공시지가가 균형을 유지하도록 해야 한다. 다만, 필요하다고 인정하는 때에는 산정된 지가를 목적에 따라 가감조정하여 적용할 수 있다(§9·①).

㉢ 국토해양부장관은 토지가격비준표를 작성하여 관계 행정기관 등에 제공해야 하며, 관계 행정기관 등은 이를 사용하여 지가를 산정해야 한다(§9·②).

② 개별공시지가

㉮ 의의 및 기준일 : 개별공시지가라 함은 시장·군수 또는 구청장이 개발이익환수에 관한 법률에 의한 개발부담금의 부과 그 밖의 다른 법령이 정하는 목적을 위한 지

가산정에 사용하도록 하기 위하여 시·군·구 부동산 평가위원회의 심의를 거쳐 매년 공시지가의 공시기준일 현재를 기준으로 결정·공시한 관할구역 안의 개별토지의 단위면적당 가격을 말한다(§11·①).

시장·군수 또는 구청장은 공시기준일 이후에 분할·합병 등이 발생한 토지에 대하여는 대통령령이 정하는 날을 기준으로 하여 개별공시지가를 결정·공시해야 한다(§11·②).

㉯ 산정기준 : 시장·군수·구청장이 개별공시지가를 결정·공시하는 경우에는 당해 토지와 유사한 이용가치를 지닌다고 인정되는 하나 또는 둘이상의 표준지의 공시지가를 기준으로 토지가격비준표를 사용하여 지가를 산정하되, 당해 토지의 가격과 표준지공시지가가 균형을 유지하도록 해야 한다(§11·③). 시장·군수·구청장은 국토해양부장관이 정한 개별공시지가의 조사·산정지침에 따라 개별공시지가를 조사·산정해야 한다(동법시행령 §16·①).

표준지로 선정된 토지, 조세 또는 부담금의 부과 대상이 아닌 토지 그 밖의 대통령령이 정하는 토지에 대하여는 개별공시지가를 결정·공시하지 아니할 수 있는데, 이 경우 표준지로 선정된 토지에 대하여는 당해 토지의 공시지가를 개별공시지가로 본다(§11·① 단서).

㉰ 산정절차 및 공시

㉠ 시장·군수·구청장은 개별공시지가를 결정·공시하기 위하여 개별토지의 가격을 산정하는 때에는 그 타당성에 대하여 감정평가업자의 검증을 받고 토지소유자 그 밖의 이해관계인의 의견을 들어야 한다. 다만, 시장·군수·구청장은 감정평가업자의 검증이 필요없다고 인정되는 때에는 지가의 변동 상황 등 대통령령이 정하는 바에 따라 감정평가업자의 검증을 생략할 수 있다(§11·④).

㉡ 국토해양부장관은 개별공시지가의 결정·공시업무를 효율적으로 추진하기 위하여 필요하다고 인정할 때에는 당해 지역의 표준지의 공시지가를 조사·평가한 감정평가업자 또는 대통령령이 정하는 감정평가실적 등이 우수한 감정평가업자를 제4항의 규정에 의한 검증을 실시할 감정평가업자로 지정할 수 있으며, 시장·군수 또는 구청장은 특별한 사정이 없는 한 이 감정평가업자에게 검증을 의뢰해야 한다(§11·⑤).

㉢ 시장·군수 또는 구청장이 개별공시지가를 결정·고시하고자 할 때에는 시·군·구 부동산평가위원회의 심의를 거쳐야 한다(§11·①). 시장·군수 또는 구청장은 결정·공고된 개별공시지가를 관계행정기관 등에 제공해야 한다(§11·①).

㉣ 개별공시지가의 정정 : 시장·군수 또는 구청장은 개별공시지가에 위산, 오기, 표준지 선정의 착오 그 밖에 대통령령이 정하는 명백한 오류가 있음을 발견한 때에는 지체 없이 이를 정정해야 한다(§13·①). 이 규정은 직권정정을 규정한 것이며 토지소유

자 등 이해관계인에게 정정신청권을 인정한 것은 아니다(대판 2002.2.5, 2000두5043).

㈒ 개별공시지가의 법적 성질 : 개별공시지가의 법적 성질에 관해서도 행정계획설, 행정입법설, 행정행위설, 사실행위설이 다투어지고 있으나 처분설이 다수설이라 할 수 있다.

시장·군수·구청장에 의해 결정·공시되는 개별공시지가는 이에 기초하여 세무기관이 산정하는 조세부과(보유세, 초과이득세, 초과소유부담금, 개발부담금 등) 등의 행정처분을 함에 있어서 구속된다는 점에서 직접적인 법적 규율성이 인정되고, 개별공시지가는 물적 행정행위로서 일반처분성에 해당하는 바, 물적 행정행위는 직접적으로는 물건의 성질이나 상태에 관한 규율을 내용으로 하고 간접적으로 이와 관련되는 당사자의 권리·의무관계에 영향을 미치는 행위이므로, 그 체계상 일반처분에 속하며, 개별공시지가에 대하여 토지소유자 기타 이해관계인의 의견청취, 이의신청 및 처리절차와 이의제기기간의 제한 등을 규정하고 있는 바, 이는 개별공시지가 결정이 행정처분임을 전제로 한 것이라고 볼 수 있을 것이므로 처분성을 인정하여 행정소송의 대상이 된다고 하겠다. 판례도 개별공시지가의 처분성을 인정하고 있다.

판례 **〈시장·군수 또는 구청장의 개별토지가격결정은 행정청이 행하는 구체적 사실에 관한 법집행으로서의 공권력 행사이므로 항고소송의 대상이 되는 처분에 해당한다.〉** 시장·군수 또는 구청장의 개별토지가격결정은 관계법령에 의한 토지초과이득세, 택지초과소유부담금 또는 개발 부담금 산정의 기준이 되어 국민의 권리나 의무 또는 법률상 이익에 직접적으로 관계되는 것으로서 행정소송법 제2조 제1항 제1호 소정의 행정청이 행하는 구체적 사실에 관한 법집행으로서의 공권력의 행사이므로 항고소송의 대상이 되는 처분에 해당한다(대판 1993.6.11, 92누16706).

㈓ 개별공시지가의 효력 : 개별공시지가는 ㉠ 개발이익환수에관한법률에 의한 개발부담금의 부과(§14·①), ㉡ 농지법에 의한 농지보전부담금(§38), 재건축초과이익환수에관한법률에 의한 재건축부담금의 부과(§7), ㉢ 재산세, 양도소득세 부과처분 등 과세처분(소득세법 §99)시 지가산정에 사용된다.

③ 공시지가 결정에 대한 권리구제

㈎ 표준지공시지가의 경우

㉠ 이의신청 : 표준공시지가에 대하여 이의가 있는 자는 표준지공시지가의 공시일부터 30일 이내에 서면으로 국토해양부장관에게 이의를 신청할 수 있다. 국토해양부장관은 이의신청기간이 만료된 날부터 30일 이내에 이의신청을 심사하여 그 결과를 신청인에게 서명으로 통지해야 한다.

이 경우 국토해양부장관은 이의신청의 내용이 타당하다고 인정될 때에는 당해 표준지공시지가를 조정하여 다시 공시해야 한다(§8·①·②).

㉡ 행정소송

ⓐ 판례와 같이 표준지공시지가의 처분성을 인정하는 입장에서 보면, 표준지공시지가는 항고소송의 대상이 된다. 따라서 이의신청의 재결에 대하여 불복하는 자는 행정소송을 제기할 수 있다. 이 경우에도 원처분중심주의가 적용된다(행소법 §19).

표준지의 공시지가에 대한 불복방법을 개별 토지가격에 대한 불복방법과 달리 규정하는 것이 헌법상 평등원칙, 재판권 보장의 원칙에 반하는 것은 아니다.

판례 **〈표준지의 공시지가와 개별토지가격에 대한 불복방법을 달리하는 것으로 해석하는 것이 헌법상 평등원칙, 재판권 보장의 원칙에 위반된다고 볼 수 없다.〉** 개별토지가격에 대한 불복방법과는 달리 표준지의 공시지가에 대한 불복방법을 지가공시및토지의평가등에관한법률 제8조 제1항 소정의 절차를 거쳐 처분청을 상대로 다툴 수 있을 뿐 그러한 절차를 밟지 아니한 채 조세소송에서 그 공시지가결정의 위법성을 다툴 수 없도록 제한하고 있는 것은 표준지의 공시지가와 개별토지가격은 그 목적·대상·결정기관·결정절차·금액 등 여러가지 면에서 서로 다른 성질의 것이라는 점을 고려한 것이므로, 이러한 차이점에 근거하여 표준지의 공시지가에 대한 불복방법을 개별토지가격에 대한 불복방법과 달리 인정한다고 하여 그것이 헌법상 평등의 원칙, 재판권 보장의 원칙에 위반된다고 볼 수는 없다(대판 1997. 9. 26, 96누7649 토지초과이득세 부과처분취소).

ⓑ 판례는 이의신청절차를 행정소송제기에 있어서 필요적 전치절차로 보고 있다.

판례 **〈표준지로 선정된 토지의 공시지가에 대하여 불복을 하기 위해서는 법률에 규정된 소정의 이의절차를 거쳐 행정소송을 제기하여야 한다.〉** 지가공시 및 토지 등의 평가에 관한 법률 제4조 제1항에 의하여 표준지로 선정되어 공시지가가 공시된 토지의 공시지가에 대하여 불복을 하기 위해서는 같은 법 제8조 제1항 소정의 이의절차를 거쳐 처분청인 건설부장관을 피고로 하여 위 공시지가 결정의 취소를 구하는 행정소송을 제기하여야 한다(대판 1994.3.8, 93누10828).

그러나 명시적 규정이 없음에도 필요적 전치절차로 보는 것은 문제가 있다고 본다(행소법 §18단서).

ⓒ 하자의 승계 : 판례는 표준지공시지가와 개별공시지가 사이에 하자의 승계를 인정하지 않는다. 즉, 개별토지가격결정의 효력을 다투는 소송에서 표준지의 공시지가를 다툴 수 없다(대판 1995. 3. 28, 94누12920).

판례 **〈개별토지가격 결정의 효력을 다투는 소송에서 표준지의 공시지가를 다툴 수 없다.〉** 표준지로 선정된 토지의 공시지가에 불복하기 위해서는 구 지가공시 및 토지평가에 관한 법률 제8조 제1항 소정의 이의절차를 거쳐 처분청을 상대로 그 공시지가 결정의 취소를 구하는 행정소송을 제기해야 하는 것이고, 그러한 절차를 밟지 아니한 채 개별토지가격결정의 효력을 다투는 소송에서 그 개별 토지가격 산정의 기초가 된 표준지공시지가의 위법성을 다툴 수 없다(대판 1998.3.24, 96누6851).

또한 판례는 표준지로 선정된 토지의 공시지가의 위법성을 조세소송에서 다툴 수 없다고 하여, 표준지공시지가를 조세부과처분의 취소를 구하는 소송에서 하자의 승계를 인정하지 않는다. 즉, 표준지의 일부가 법령상 사용제한되어 토지초과이득세 과세대상에서 제외된 경우, 잔여지에 대하여 부과된 토지초과이득세 취소소송에서 표준지공시지가의 적용을 다툴 수 없다고 한다(대판 1997.2.28, 96누10225).

그러나 수용보상금의 증액을 구하는 소송에서는 선행처분으로서 그 수용대상토지가격산정의 기초가 된 비교표준지공시지가 결정의 위법을 독립한 사유로 주장할 수 있다고 판시하여 하자의 승계를 인정하고 있다(대판 2008.8.21, 2007두13845).

㈏ 개별공시지가의 경우

㉠ 이의신청 : 개별공시지가에 대하여 이의가 있는 자는 개별공시지가의 결정·공시일부터 30일 이내에 서면으로 시장·군수 또는 구청장에게 이의를 신청할 수 있다. 시장·군수 또는 구청장은 이의신청기간이 만료된 날부터 30일 이내에 이의신청을 심사하여 그 결과를 신청인에게 서면으로 통지해야 한다. 시장·군수 또는 구청장은 이의신청의 내용이 타당하다고 인정될 때에는 당해 개별공시지가를 조정하여 다시 결정·공시해야 한다(§12·①·②).

㉡ 행정소송

ⓐ 개별공시지가의 처분성을 부정하는 견해에 의하면 개별공시지가의 위법은 직접 다툴 수 없고, 잘못 산정된 개별공시지가가 기초가 되어 내려진 처분(과세처분이나 부담금처분)을 다투면서 개별공시지가의 위법을 간접적으로 다툴 수 있다.

그러나 개별공시지가의 처분성을 인정함이 다수설·판례 입장이다. 따라서 개별공시지가는 당연히 항고소송의 대상이 된다. 그러므로 이의신청의 재결에 대하여 불복하는 자는 행정소송을 제기할 수 있다. 이 경우에도 원처분주의가 적용된다(행소법 §19·단서).

판례 **〈토지초과이득세부과처분 취소소송에서 그 과세표준산정의 근거가 된 개별공시지가결정의 위법을 독립된 위법사유로 주장할 수 있는지의 여부(적극) 및 전심절차의 이행방법(개별공시지가 결정의 처분성 여부)〉** 개별공시지가의 결정에 위법이 있는 경우에는 그 자체를 행정소송의 대상이 되는 행정처분으로 보아 그 위법 여부를 다툴 수 있음은 물론 이를 기초로 과세표준을 산정한 과세처분의 취소를 구하는 조세소송에서도 그 개별공시지가 결정의 위법을 독립된 쟁송사유로 주장할 수 있고, 이 경우 당해 과세처분에 대한 항고소송을 제기하는 데에는 행정소송법 제18조제1항, 국세기본법 제55조, 제56조의 각 규정이 정하는 바에 따라 당해 과세처분에 대한 심사 및 심판청구 등의 전심절차를 거침으로써 충분하고, 그 외에 개별공시지가결정 자체에 대한 별도의 전심절차의 이행이 요구되지는 않는다(대판 1996.6.25, 93누17935 토지초과이득세부과처분취소).

판례 **〈개별공시지가에 대하여 이의가 있는 자가 행정심판을 거쳐 행정소송을 제기하는 경우 제소기간**

의 기산점과 불복방법〉 부동산 가격공시 및 감정평가에 관한 법률 제12조, 행정소송법 제20조 제1항, 행정심판법 제3조 제1항의 규정 내용 및 취지와 아울러 부동산 가격공시 및 감정평가에 관한 법률에 행정심판의 제기를 배제하는 명시적인 규정이 없고 부동산 가격공시 및 감정평가에 관한 법률에 따른 이의신청과 행정심판은 그 절차 및 담당 기관에 차이가 있는 점을 종합하면, 부동산 가격공시 및 감정평가에 관한 법률이 이의신청에 관하여 규정하고 있다고 하여 이를 행정심판법 제3조 제1항에서 행정심판의 제기를 배제하는 '다른 법률에 특별한 규정이 있는 경우'에 해당한다고 볼 수 없으므로, 개별공시지가에 대하여 이의가 있는 자는 곧바로 행정소송을 제기하거나 부동산 가격공시 및 감정평가에 관한 법률에 따른 이의신청과 행정심판법에 따른 행정심판청구 중 어느 하나만을 거쳐 행정소송을 제기할 수 있을 뿐 아니라, 이의신청을 하여 그 결과 통지를 받은 후 다시 행정심판을 거쳐 행정소송을 제기할 수도 있다고 보아야 하고, 이 경우 행정소송의 제소기간은 그 행정심판 재결서 정본을 송달받은 날부터 기산한다(대판 2010.1.28, 2008두19987 개별공시지가결정처분취소).

ⓑ 하자의 승계 : 판례는 표준지공시지가와 개별공시지가 사이에 하자의 승계를 인정하지 않는다. 즉, 개별공시지가를 다투는 소송에서 표준지공시지가의 위법을 다툴 수 없다고 한다(대판 1995.3.28, 94누12920).
그러나 판례는 표준지공시지가를 조세부과처분의 취소를 구하는 소송에서는 하자의 승계를 부정하였으나(전술함. 대판 1997.2.28, 96누10225), 개별공시지가를 조세부과처분의 취소를 구하는 소송에서는 하자의 승계를 인정한다. 즉, 판례는 수인성의 원칙을 근거로 하여 개별공시지가의 결정상 위법은 이를 기초로 한 조세부과처분소송에서 다툴 수 있다(대판 1994.1.25, 93누8542; 대판 1998.3.13, 96누6059. 행정법(상). '하자의 승계' 참조).

판례 **〈두 개 이상의 행정처분이 연속적으로 행하여진 경우 선행처분과 후행처분이 서로 독립하여 별개의 법률 효과를 목적으로 하는 경우에도 선행처분이 불가쟁력이나 구속력이 그로 인하여 불이익을 입게 되는 자에게 수인한도를 넘는 가혹함을 가져오고 그 결과가 당사자에게 예측 가능한 것이 아닌 경우에는 선행처분에 위법이 있는 경우에는 그 자체를 행정소송대상으로 삼아 위법여부를 다툴 수 있음은 물론 이를 기초로 한 후행처분의 취소를 구하는 행정소송에서도 선행처분의 위법을 독립한 위법사유로 주장할 수 있다.〉** 두 개 이상의 행정처분이 연속적으로 행하여진 경우 선행처분과 후행처분이 서로 독립하여 별개의 법률효과를 목적으로 하는 때에는 선행처분에 불가쟁력이 생겨 그 효력을 다툴 수 없게 되면 선행처분의 하자가 중대하고 명백하여 당연무효인 경우를 제외하고는 선행처분의 하자를 이유로 후행처분을 다툴 수 없는 것이 원칙이나, 이 경우에도 선행처분의 불가쟁력이나 구속력이 그로 인하여 불이익을 입게 되는 자에게 수인한도를 넘는 가혹함을 가져오고 그 결과가 당사자에게 예측 가능한 것이 아닌 경우에는 국민의 재판받을 권리를 보장하고 있는 헌법의 이념에 비추어 선행처분의 후행처분에 대한 구속력은 인정될 수 없다고 봄이 타당하므로, 선행처분에 위법이 있는 경우에는 그 자체를 행정소송의 대상으로 삼아 위법 여부를 다툴 수 있음은 물론 이를 기초로 한 후행처분의 취소를 구하는 행정소송에서도 선행처분의 위법을 독립된 위법사유로 주장할 수 있다(대판 1998. 3. 13, 96누6059).

2) 주택가격의 공시

① **표준주택가격의 공시**

㉮ 의 의 : 표준주택가격이라 함은 국토해양부장관이 부동산가격공시법의 규정에 의한 절차에 따라 조사·평가하여 중앙부동산평가위원회의 심의를 거쳐 공시한 표준주택의 매년 공시기준일(1월 1일 원칙) 현재의 적정가격을 말한다(§16·①). 표준주택이라 함은 국토해양부장관이 용도지역, 건물구조 등이 일반적으로 유사하다고 인정되는 일단의 단독주택 중에서 선정한 당해 일단의 단독주택을 대표할 수 있는 주택을 말한다(§16·①).

㉯ 산정기준 및 방법 : 국토해양부 장관이 표준주택의 적정가격을 조사·평가하는 경우에는 인근 유사주택의 거래가격·임대료 및 당해 주택과 유사한 이용가치를 지닌다고 인정되는 주택의 건축에 필요한 비용추정액 등을 종합적으로 참작하여야 한다(§16·⑧, §5·①).

국토해양부장관이 표준주택의 적정가격을 조사·평가하고자 할 때에는 둘 이상의 감정평가업자에게 이를 의뢰하여야 한다(§16·⑧, §5·②).

㉰ 산정절차 및 공시 : 국토해양부장관은 표준주택을 중앙부동산평가위원회의 심의를 거쳐 산정하고, 이를 공시해야 한다(§16·①). 표준주택가격의 공시에는 다음 사항이 포함돼야 한다(§16·③). ㉠ 표준주택의 지번 ㉡ 표준주택가격 ㉢ 표준주택의 대지면적 및 형상 ㉣ 표준주택의 용도, 연면적, 구조 및 사용승인일(임시사용승인일을 포함한다) ㉤ 그 밖에 대통령령 정하는 사항.

국토해양부장관은 표준주택가격을 공시한 때에는 그 내용을 특별시장·광역시장 또는 도지사를 거쳐 시장·군수 또는 구청장에게 송부하여 일반으로 하여금 열람하게 하고, 대통령령이 정하는 바에 따라 이를 도서·도표 등으로 작성하여 관계 행정기관 등에 공급해야 한다(§16·⑧, §7).

정부는 표준주택가격의 주요 사항에 관한 보고서를 매년 정기국회의 개회 전까지 국회에 제출해야 한다(§16·⑧).

㉱ 표준주택가격의 법적 성질 : 표준주택가격은 표준지지가공시와 유사한 성질을 갖는다(§16·⑧).

㉲ 표준주택가격의 효력 : 표준주택가격은 국가·지방자치단체 등의 기관이 그 업무와 관련하여 개별주택가격을 산정하는 경우에 그 기준이 된다(§18·①).

② **개별주택가격의 공시**

㉮ 의 의 : 개별주택가격이라 함은 시장·군수 또는 구청장이 시·군·구 부동산평가위원회의 심의를 거쳐 매년 표준주택가격의 공시기준일 현재를 기준으로 결정·공시한 관할구역 안의 개별주택가격을 말한다(§16·②).

시장·군수 또는 구청장은 공시기준일 이후에 토지의 분할·합병이나 건물의 신축 등이 발생한 경우에는 대통령령이 정하는 날을 기준으로 하여 개별주택가격을 결정·공시해야 한다(§16·⑥).

㈏ 산정기준 : 시장·군수 또는 구청장은 개별주택가격을 결정·공시하는 경우에는 당해 주택과 유사한 이용가치를 지닌다고 인정되는 표준주택가격을 기준으로 「주택가격비준표」를 사용하여 가격을 산정하되, 당해 주택의 가격과 표준주택가격이 균형을 유지하도록 해야 한다(§16·⑦).

표준주택으로 선정된 단독주택 그 밖에 대통령령이 정하는 단독주택에 대하여는 개별주택가격을 결정·공시하지 아니할 수 있는데, 이 경우 표준주택으로 선정된 주택에 대하여는 당해 표준주택가격을 개별주택가격으로 본다(§16·② 단서).

㈐ 산정절차 및 공시 : 시장·군수 또는 구청장은 개별주택가격을 결정·공시하기 위하여 개별주택의 가격을 산정하는 때에는 그 타당성에 대하여 감정평가업자의 검증을 받고 주택소유자 그 밖의 이해관계인의 의견을 들어야 한다. 다만, 시장·군수 또는 구청장은 감정평가업자의 검증이 필요 없다고 인정되는 때에는 주택가격의 변동상황 등 대통령령이 정하는 바에 따라 감정평가업자의 검증을 생략할 수 있다(§16·⑧, §11·④).

시장·군수 또는 구청장은 개별주택가격을 결정·공시하고자 할 때에는 시·군·구 부동산평가위원회의 심의를 거쳐야 한다(§16·②).

개별주택가격의 공시에는 ㉠ 개별주택가격의 지번 ㉡ 개별주택가격 ㉢ 그 밖에 대통령령이 정하는 사항이 포함되어야 한다(§16·④).

㈑ 개별주택가격의 정정 : 시장·군수 또는 구청장은 개별주택가격에 위산, 오기, 표준지 선정의 착오 그 밖에 대통령령이 정하는 명백한 오류가 있음을 발견한 때에는 지체 없이 이를 정정해야 하고, 정정한 사실을 국토해양부장관에게 통보해야 한다(§16·⑧, §13).

㈒ 개별주택가격의 법적 성질 : 개별주택가격은 개별공시지가와 유사한 법적 성질을 가진다(§16·② 후단, §18·②).

㈓ 개별주택가격의 효력 : 개별주택가격은 주택시장의 가격정보를 제공하고, 국가·지방자치단체 등의 기관이 과세 등의 업무와 관련하여 주택의 가격을 산정하는 경우에 그 기준으로 활용될 수 있다(§18·②).

③ 공동주택가격의 공시

㈎ 의 의 : 공동주택가격이라 함은 국토해양부장관이 중앙부동산평가위원회의 심의를 거쳐 공동주택에 대하여 매년 공시기준일 현재를 기준으로 산정한 적정가격을 말한다(§17·①).

공동주택중 아파트 및 165제곱미터 이상의 연립주택에 대하여는 2006년 1월 1일부터 제17조의 규정을 적용한다(부칙 §4).

㈏ 산정기준 : 국토해양부장관은 공동주택의 적정가격을 조사·산정하는 경우에는 인근 유사 공동주택의 거래가격·임대료 및 당해 공동주택과 유사한 이용가치를 지닌다고 인정되는 공동주택의 건설에 필요한 비용추정액 등을 종합적으로 참작해야 한다(§17·⑤).

㈐ 산정절차 및 공시 : 국토해양부장관은 공동주택가격을 공시하기 위하여 공동주택가격을 산정하는 때에는 대통령령이 정하는 바에 따라 공동주택소유자 그 밖에 이해관계인의 의견을 들어야 한다(§17·②).

국토해양부장관은 공동주택에 대하여 매년 공시기준일(1월1일 원칙) 현재의 적정가격을 중앙부동산평가위원회의 심의를 거쳐 이를 공시해야 한다(§17·①). 다만, 대통령령이 정하는 바에 따라 국세청장이 국토해양부장관과 협의하여 공동주택가격을 별도로 결정·공시하는 경우를 제외한다(§17·① 단서).

국토해양부장관은 공동주택의 적정가격의 조사·산정에 관하여 대통령령이 정하는 부동산 가격의 조사·산정에 관한 전문성이 있는 기관에 이를 의뢰하여 수행하게 할 수 있다(§17·⑥).

> 국토해양부장관은 공동주택가격을 공시한 때에는 그 내용을 특별시장·광역시장 또는 도지사를 거쳐 시장·군수 또는 구청장에게 송부하여 일반으로 하여금 열람하게 하고, 대통령령이 정하는 바에 따라 이를 도서·도표 등으로 작성하여 관계행정기관 등에 공급하여야 한다(§17·⑧, §7).

㈑ 공동주택가격의 정정 : 국토해양부장관은 공시한 공동주택가격에 위산, 오기 그밖에 대통령령이 정하는 명백한 오류가 있음을 발견한 때에는 지체 없이 이를 정정해야 한다(§17·⑦).

㈒ 공동주택가격의 법적 성질 : 공동주택가격의 법적 성질은 개별주택가격의 법적 성질과 동일하다(§17·⑧, §18·②).

㈓ 공동주택가격의 효력 : 공동주택가격의 효력도 개별주택가격의 효력과 동일하다(§18·②).

④ **주택가격결정에 대한 권리구제(불복)**

㈎ 표준주택가격의 경우 : 이의신청(§17·⑧, §8), 행정소송가능성문제 모두 표준지공시지가에 대한 것과 동일하다.

㈏ 개별주택가격 및 공동주택가격 : 공동주택가격의 결정에 대한 불복문제와 개별주택가격결정에 대한 불복문제는 동일하다. 그리고 개별주택가격결정에 대한 이의신청(§16·⑧, §8), 행정소송문제는 개별공시지가의 결정에 대한 권리구제와 동일하다.

(3) 감정평가제도

1) 연 혁

종래에는 토지 등의 감정평가에 관한 법제도는 국토이용관리법상의 토지평가사와 감정평가에 관한 법률상의 감정평가 자격을 가진 감정평가사로 이원화되어 있었다. 1989년 4월 1일에 제정된 지가공시및토지등의평가에관한법률은 이들을 동법에 의한 감정평가사로 일원화하였고, 2005년 1월 14일 부동산가격공시및감정평가에관한법률로 전면 개정되었으나 감정평가사제도는 그대로 유지되면서 보완하였고, 부동산에는 토지 이외에도 주택·건물 등이 포함되기 때문에 주택가격의 공시제도를 포함하게 하였다.

동 법률은 2007년 4월 27일 감정평가에 대한 신뢰를 제고하기 위하여 감정평가사 자격등록에 도입하고, 감정평가사에 대한 징계의 공정성을 확보하기 위해 징계절차를 신설하였다(§26의2, 제3장의2). 동 법률은 2008년 3월 28일 시험관리의 전문성과 효율성을 제고하기 위해 감정평가사 자격시험 관리를 전문기관인 한국산업인력공단에 위탁할 수 있는 근거를 마련하였다.

지가 및 주택·건물가격공시제도와 감정평가제도는 불가분의 관계에 있다.

2) 자 격

감정평가사는 ① 감정평가사 제1차 시험 및 제2차 시험에 합격하고 대통령령이 정하는 기간 이상의 실무수습을 마친 자 ② 대통령령이 정하는 기관에서 5년 이상의 감정평가와 관련된 업무에 종사한 자로서 감정평가사 제2차 시험에 합격한 자가 그 자격을 가진다(§23). 외국의 감정평가사 자격을 가진 자로서 결격사유(§24)에 해당하지 아니하는 자는 그 본국에서 대한민국정부가 부여한 감정평가사 자격을 인정하는 경우에 한하여 국토해양부장관의 인가를 받아 감정평가업자의 업무(§29)를 행할 수 있다(§25). 국토해양부장관은 외국평가사 자격을 인가를 하는 경우에 필요하다고 인정하는 때에는 그 업무의 일부를 제한할 수 있다(§25·②). 감정평가사는 2 이상의 감정평가사무소를 설치할 수 없고, 2 이상의 감정평가법인 또는 감정평가사무소에 소속될 수 없다(§27·⑥, §37·⑦).

3) 토지의 감정평가 및 직무

① 감정평가업자가 타인의 의뢰에 의하여 토지를 개별적으로 감정평가하는 경우에는 당해 토지와 유사한 이용가치를 지닌다고 인정되는 표준지의 공시지가를 기준으로 해야 한다. 다만, 담보권의 설정·경매 등 대통령령이 정하는 감정평가를 하는 경우에는 당해 토지의 임대료·조성비용 등을 고려하여 감정평가를 할 수 있다(§21·①).

감정평가업자는 평가대상토지와 유사한 이용가치를 지닌다고 인정되는 하나 또는 둘이상의 표준지와 평가대상토지와의 위치·지형·환경 등 토지의 객관적 가치에 영향을 미치는 제 요인을 비교하여 평가대상토지의 가격과 표준지의 공시지가가 균형을 유지하도록 감정평가하여야 한다(§21·②).

② 감정평가사는 타인의 의뢰에 의하여 토지 등을 감정평가함을 그 직무로 한다(§22).

③ 감정평가업자는 자기 또는 친족의 소유 토지 그 밖에 불공정한 감정평가를 할 우려가 있다고 인정되는 토지 등에 대하여는 이를 감정평가해서는 아니되며, 토지 등의 매매업을 직접 영위해서는 아니된다(§37·③·④).

4) 손해배상책임

감정평가업자가 타인의 의뢰에 의하여 감정평가를 함에 있어서 고의 또는 과실로 감정평가 당시의 적정가격과 현격한 차이가 있게 감정평가하거나 감정평가서류에 거짓의 기재를 함으로써 감정평가의뢰인이나 선의의 제3자에게 손해를 발생하게 한 때에는 감정평가업자는 그 손해를 배상할 책임이 있고, 그 손해배상책임을 보장하기 위하여 대통령령이 정하는 바에 의하여 보험에의 가입 또는 감정평가협회가 운영하는 공제사업에의 가입 그 밖의 필요한 조치를 해야 한다(§36·①·②).

【헌재결】 〈한국감정평가협회(감정평가업자와 감정평가법인 또는 감정평가사 사무소의 소속감정 평가사들이 설립한 사적임의 단체이므로 원칙적으로 민법 중 사단법인에 관한 규정이 적용됨)가 제정한 토지보상평가 지침이 헌법소원의 대상이 되는 공권력의 행사에 해당하지 아니한다.〉(헌재결 2006.7.27, 2005헌마307 전원재판부 택지개발촉진법 시행령 제13조의2 제5항에 제4호 위헌확인).

Ⅲ. 건축과 주택(건축법과 주택법)

1. 건축법상 건축

(1) 개 설

1) 건축법의 목적

건축법은 건축물의 대지·구조 및 설비의 기준과 건축물의 용도 등을 정하여 건축물의 안전·기능·환경 및 미관을 향상시킴으로써 공공복리의 증진에 이바지함에 있다(§1).

2) 기본용어

① 건 축 물

건축물이라 함은 대지에 정착하는 공작물 중 지붕과 기둥 또는 벽이 있는 것과 이에 수반되는 시설물, 지하 또는 고가의 공작물에 설치하는 사무소·공연장·점포·차고·창고 기타 대통령령이 정하는 것을 말한다(§2·①·2호).

② 건 축

건축이라 함은 건축물을 신축·증축·개축·재축 또는 이전하는 것을 말한다(§2·①·8호).

③ 건축물의 용도

건축물의 용도라 함은 건축물의 종류를 유사한 구조·이용목적 및 형태별로 묶어 분류한 것을 말한다. 건축물의 용도는 다음과 같이 구분한다(§2·①·3호, §2·②, 동법시행령§3의4).

㉮ 단독주택

㉠ 단독주택(단독주택의 형태를 갖춘 가정어린이집·공동생활가정·지역아동센터 및 노인복지시설을 포함한다)

㉡ 다중주택 : 학생 또는 직장인 등 다수인이 장기간 거주할 수 있는 구조로 되어 있을 것, 독립된 주거의 형태가 아닐 것(각 실별로 욕실은 설치할 수 있으나 취사시설은 설치하지 아니한 것), 연면적 330제곱미터 이하이고 층수가 3층 이하일 것 등 요건을 모두 갖추어야 한다.

㉢ 다가구주택 : ⓐ 공동주택에 해당하지 않는 것으로서 주택으로 쓰이는 층수(지하층을 제외한다)가 3개 층 이하일 것(다만, 1층 바닥면적의 2분의 1이상을 피로티구조로하여 주차장으로 사용하고 나머지 부분을 주택외의 용도로 사용하는 경우에는 해당층을 주택의 층수에서 제외한다), ⓑ 1개 동의 주택으로 쓰이는 바닥면적(지하주차장면적을 제외한다)의 합계가 660제곱미터 이하일 것, ⓒ 19세대 이하가 거주할 수 있을 것 등 요건을 갖추어야 한다.

㉯ 공동주택(공동주택의 형태를 갖춘 가정보육시설·가정어린이집·공동생활가정·지역아동센터·원룸형 주택 및 재가노인복지시설을 포함한다). 공동주택이란 건축물의 벽·복도·계단이나 그 밖의 설비 등의 전부 또는 일부를 공동으로 사용하는 각 세대가 하나의 건축물 안에서 각각 독립된 주거생활을 할 수 있는 구조로 된 주택을 말한다(주택법 §2·2호). 다만, ㉠ 또는 ㉡의 경우 층수 산정에 1층 전부를 피로티구조로 하여 주차장으로 사용하는 경우 피로티부분을 층수에서 제외하고, ㉢의 경우 층수산정에 1층 바닥면적의 2분의 1 이상을 피로티구조로 하여 주차장으로 사용하고 나머지 부분을 주택 외의 용도로 사용하는 경우에는 해당 층을 주택의 층수에서 제외한다.

㉠ 아파트 : 주택으로 쓰이는 층수가 5개 층 이상인 주택

㉡ 연립주택 : 주택으로 쓰이는 1개 동의 바닥면적(지하 주차장 면적 제외)이 660제곱미터를 초과하고, 층수가 4개 층 이하인 주택

㉢ 다세대주택 : 주택으로 쓰이는 1개 동 바닥면적(지하 주차장 면적 제외)이 660제곱미터 이하이고, 층수가 4개 층 이하인 주택

㉣ 기 숙 사

㉰ 제1종 근린생활시설

㉱ 제2종 근린생활시설

㉲ 문화 및 집회시설 ㉳ 종교시설 ㉴ 판매시설 ㉵ 운수시설 ㉶ 의료시설 ㉷ 교육연구시설 ㉸ 노유자시설 ㉹ 수련시설 ㉺ 운동시설 ㉻ 업무시설 ㉮-1 숙박시설 ㉯-1 위락시설 ㉰-1 공장 ㉱-1 창고시설 ㉲-1 위험물저장 및 처리시설 ㉳-1 자동차관련시설 ㉴-1 동물 및 식물관련시설 ㉵-1 분뇨 및 쓰레기 처리시설 ㉶-1 교정 및 군사시설 ㉷-1 방송통신시설 ㉸-1 발전시설 ㉹-1 묘지관련시설 ㉺-1 관광휴게시설 ㉻-1 장례식장

④ 대 수 선

대수선이라 함은 건축물의 기둥·보·내력벽·주계단 등의 구조 또는 외부형태를 수선·변경 또는 증설하는 것으로서 대통령령이 정하는 것을 말한다(§2·①·9호).

⑤ 리모델링

리모델링이라 함은 건축물의 노후화 억제 또는 기능향상 등을 위하여 대수선 또는 일부 증축하는 행위를 말한다(§2·①·10호).

3) 적용완화

건축주·설계자·공사시공자 또는 공사감리자(이하 '건축관계자'라 한다)는 그 업무를 수행함에 있어서 건축법의 규정을 적용하는 것이 매우 불합리하다고 인정되는 대지 또는 건축물로서 대통령령이 정하는 것에 대하여는 건축법의 기준을 완화하여 적용할 것을 특별시장·광역시장 또는 시장·군수·구청장(이하 '허가권자'라 한다)에게 요청할 수 있다. 요청을 받은 허가권자는 건축위원회의 심의를 거쳐 완화여부 및 적용범위를 결정하고 그 결과를 신청인에게 통지하여야 한다(§5·①·②).

4) 기존 건축물 등에 대한 특례

허가권자는 법령의 제정·개정이나 기타 대통령령이 정하는 사유로 인하여 대지 또는 건축물이 이 법의 규정에 부적합하게 되는 경우에는 대통령령이 정하는 범위 안에서 당해 지방자치단체의 조례로 정하는 바에 의하여 건축을 허가할 수 있다(§6).

5) 리모델링에 대한 특례

리모델링이 용이한 구조의 공동주택의 건축을 촉진하기 위하여 공동주택을 대통령령이 정하는 구조로 하여 건축허가를 신청하는 경우에는 제56조(용적율)·제60조(높이제한) 및 제61조(일조 등의 확보를 위한 건축물의 높이제한)의 규정에 의한 기준을 100분의 120의 범위 안에서 대통령령이 정하는 비율로 완화하여 적용할 수 있다(§8).

6) 다른 법령의 배제

건축물의 건축 등을 위하여 지하를 굴착하는 경우에는 민법 제244조 제1항(지하시설 등에 대한 제한)의 규정을 적용하지 아니한다. 다만, 지하를 굴착하는 경우에는 필요한 안전조치를 하여 위해를 방지해야 한다(§9·①). 건축물에 수반되는 개인하수처리시설에 관한 설계의 경우에는 하수도법 제38조(개인하수처리시설의 설계·시공)의 규정을 적용하지 아니한다(§9·②).

(2) 건축물의 건축

1) 사전결정

① 사전결정신청자의 신청

제11조(건축허가)의 규정에 의한 건축허가 대상 건축물을 건축하고자 하는 자는 건축허가를 신청하기 전에 허가권자에게 당해 건축물을 해당 대지에 건축하는 것이 건축법 또는 다른 법령의 규정에 의하여 허용되는 지의 여부에 대한 사전결정을 신청할 수 있다. 사전결정신청자는 건축위원회 심의와 「도시교통정비촉진법」에 따른 교통영향분석·개선 대책의 검토를 동시에 신청할 수 있다(§10·①·②).

② 허가권자의 행위

허가권자는 사전결정이 신청된 건축물의 대지면적이 「환경정책기본법」 제25조 2의 규정에 의한 사전환경성검토 협의 대상인 경우에는 환경부장관 또는 지방환경관서의 장과 사전환경성검토에 관한 협의를 해야 한다. 허가권자는 교통영향평가 신청이 있는 경우에는 입지 및 건축물의 규모·용도 등을 사전결정한 후 사전결정신청자에게 통지해야 한다(§10·③·④).

③ 효　력(인·허가의의제제도 : 집중효제도)

㉮ 사전결정을 통지받은 경우에는 ㉠ 국토계획·이용법상의 개발행위허가, ㉡ 산지관리법상의 산지전용허가 및 산지전용신고, 다만, 보전산지인 경우에는 도시지역만 해당된다. ㉢ 농지법상의 농지전용허가·신고 및 협의, ㉣ 하천법상의 하천점용허가를 받거나 신고 또는 협의를 한 것으로 본다(§7·⑥). ㉯ 허가권자는 ㉮의 ㉠ 내지 ㉣ 어느 하나에 해당되는 내용이 포함된 사전결정을 하는 경우에는 미리 관계행정기관의 장과 협의하여야 하며, 협의를 요청받은 관계 행정기관의 장은 요청받은 날부터 15일 이내에 의견을 제출해야 한다(§10·⑦).

④ 사전결정의 실효

사전결정신청자는 사전결정통지를 받은 날부터 2년 이내에 제11조의 규정에 의한 건축허가를 신청해야 하며, 동기간 내에 건축허가를 신청하지 아니하는 경우에는 사전결정의 효력이 상실된다(§10·⑧).

2) 건축허가

① 건축허가의 의의

허가라 함은 행정목적을 위한 일반적·상대적 금지를 특정한 경우에 해제하여 적법하게 사실행위 또는 법률행위를 할 수 있게 하는 자연의 자유를 회복시켜주는 명령적 행정행위이다. 건축허가라 함은 건축·건축물의 대수선 및 리모델링을 할 수 있게 사전에 주어지는 허가이다.

② 건축허가의 법적 성질

【기출문제】 <2005년 (제47회) 사법시험 (사례형)>

건축행위는 본래 인간의 자연적 자유에 속하는 것을 경찰상 목적을 위하여 건축을 일반적으로 금지하고 일정한 요건에 해당하는 경우 그 금지를 해제하여 자연적인 건축의 자유를 회복시켜 주는 것이 건축허가이므로 법적 요건을 충족하는 한 건축을 허가해야 하는 것이므로 기속행위임이 원칙이다. 다만, 허가의 요건이 불확정개념으로 규정되어 있는 경우에 행정청에게 판단여지가 인정될 수 있는 경우가 있고, 법령에서 특별히 재량을 부여한 경우가 있다.[239)]

그리고 개발제한구역 내에서의 건축허가는 재량행위로 보아야 한다.

판례도 건축허가는 기속행위를 원칙으로 하고, 관계 법령에서 허가의 요건이 불확정 개념으로 규정되어 있는 경우, 법령에서 특별히 재량을 부여한 경우, 개발제한구역 내에서의 건축허가는 재량행위로 보고 있다(대판 2001. 2. 9, 98두17593).

판례 **〈건축 허가권자가 중대한 공익상 필요가 없음에도 불구하고 관계 법령에서 정하는 제한 사유 이외의 사유를 들어 그 허가신청을 거부할 수 없다.〉** 건축허가권자는 건축허가신청이 건축법, 도시계획법 등 관계 법령에서 정하는 어떠한 제한에 배치되지 않는 이상 당연히 같은 법조에서 정하는 건축허가를 하여야 하고, 중대한 공익상의 필요가 없음에도 불구하고, 요건을 갖춘 자에 대한 허가를 관계 법령에서 정하는 제한 사유 이외의 사유를 들어 거부할 수는 없다(대판 2003. 4. 25, 2002두3201, 건축불허가 처분 취소; 2006. 11. 9, 2006두1227, 건축허가 반려 처분 취소).

판례 **〈건축불허가처분을 하면서 건축불허가 사유뿐만 아니라 구 소방법 제8조 제1항에 따른 소방서장의 건축 부동의 사유를 들고 있는 경우, 그 건축불허가 처분에 관한 쟁송에서 건축법상의 건축불허가 사유뿐만 아니라 소방서장의 부동의 사유에 관하여도 다툴 수 있다.〉** 건축허가권자가 건축불허가 처분을 하면서 그 처분사유로 건축불허가 사유뿐만 아니라 구 소방법(2003. 5. 29. 법률 제6916호로 개정되기 전의 것) 제8조 제1항에 따른 소방서장의 건축부동의 사유를 들고 있다고 하여 그 건축불허가 처분 외에 별개로 건축 부동의 처분이 존재하는 것이 아니므로, 그 건축불허가 처분을 받은 사람은 그 건축불허가 처분에 관한 쟁송에서 건축법상의 건축불허가 사유뿐만 아니라 소방서장의 부동의 사유에 관하여도 다툴 수 있다(대판 2004. 10. 15, 2003두6573 건축불허가 처분 취소).

판례 **〈국토의계획및이용에관한법률에 의하여 지정된 도시지역 안에서 토지의 형질변경 행위를 수반하는 건축허가는 재량행위이다.〉** 국토의계획및이용에관한법률에서 정한 도시지역 안에서 토지의

239) 최근 이른바 '러브호텔' 등의 건축허가에 대한 주민의 집단민원이 증가하자, 건축법 제8조 제5항은 「위락시설 또는 숙박시설」에 해당하는 건축물의 건축허가에 대하여는 허가권자에게 관계 법규정 이외에 주거환경 또는 교육환경 등 주변 환경을 감안하여 건축허가를 불허할 수 있는 재량권을 부여하고 있다(교육환경과 교육환경과의 이익형량요구).

형질변경행위를 수반하는 건축허가는 건축법 제8조 제1항의 규정에 의한 건축허가와 국토의 계획및이용에관한법률 제56조 제1항 제2호의 규정에 의한 토지의 형질변경허가의 성질을 아울러 갖는 것으로 보아야 할 것이고, 같은 법 제58조 제1항 제4호, 제3항, 같은법시행령 제56조 제1항 [별표 1] 제1호 (가)목 (3), (라)목 (1), (마)목 (1)의 각 규정을 종합하면, 같은 법 제56조 제1항 제2호의 규정에 의한 토지의 형질변경허가는 그 금지요건이 불확정개념으로 규정되어 있어 그 금지요건에 해당하는지 여부를 판단함에 있어서 행정청에 재량권이 부여되어 있다고 할 것이므로, 같은 법에 의하여 지정된 도시지역 안에서 토지의 형질변경행위를 수반하는 건축허가는 결국 재량행위에 속한다(대판 2005. 7. 14, 2004두6181 건축허가신청 반려 처분 취소).

③ 건축허가의 대상 및 허가권자

㉮ 건축물을 건축 또는 대수선하고자 하는 자는 시장·군수·구청장의 허가를 받아야 한다. 다만, 21층 이상의 건축물 등 대통령령이 정하는 용도 및 규모의 건축물을 특별시 또는 광역시에 건축하고자 하는 경우에는 특별시장 또는 광역시장의 허가를 받아야 한다. (§11·①본항 및 단서). 허가를 받고자 하는 자는 허가신청서에 국토해양부령이 정하는 설계 도서를 첨부하여 허가권자에게 제출해야 한다(§11·③).

㉯ 시장·군수는 「㉠ 제1항 단서에 해당하는 건축물, ㉡ 자연환경 또는 수질보호를 위하여 도지사가 지정·공고 하는 구역 안에 건축하는 3층 이상 또는 연면적합계 1천 제곱미터 이상의 건축물로서 위락시설 및 숙박시설 등 대통령령이 정하는 용도에 해당하는 건축물, ㉢ 주거환경 또는 교육환경 등 주변 환경의 보호상 필요하다고 인정하여 도지사가 지정·공고하는 구역 안에 건축하는 위락시설 및 숙박시설의 건축물」의 건축을 허가하는 경우 미리 건축계획서와 국토해양부령이 정하는 건축물의 용도, 규모 및 형태가 표시된 기본설계도서를 첨부하여 「도지사」의 승인을 얻어야 한다(§11·②).

㉰ 허가권자는 위락시설 또는 숙박시설에 해당하는 건축물의 건축을 허가하는 경우 당해 대지에 건축하고자 하는 건축물의 용도·규모 또는 형태가 주거환경 또는 교육환경 등 주변환경을 감안할 때 부적합하다고 인정하는 경우에는 건축법 또는 다른 법률의 규정에 불구하고 건축위원회의 심의를 거쳐 건축허가를 하지 아니할 수 있다(§11·④).

⑤ 다른 인·허가의 의제(집중효제도)

현행 건축법에서는 건축허가를 받으면 다른 법률에서 규정하고 있는 허가 등을 받거나 신고를 한 것으로 보며, 공장건축물의 경우에는 「산업직접활성화및공장설립에관한법률」상의 인·허가 등의 의제 및 공장의 건축허가에 관한 규정에 의하여 관계법률의 인·허가 등 또는 허가 등을 받은 것으로 본다(§11·⑤)고 규정하여 의제 조항을 두고 있다.

그러나 허가권자는 의제조항에 해당하는 사항이 다른 행정기관의 권한에 속하는 경우에는 미리 당해 행정기관의 장과 협의해야 하며, 협의를 요청받은 관계 행정기관의 장은 요청받은 날부터 15일 이내에 의견을 제출해야 한다. 이 경우 관계행정기관의 장은(관계법령을 관장하는 중앙행정기관의 장이 국토해양부장관에 통보한 그 처리기준) 「처리기준」이 아닌 사유를 이유로 협의를 거부할 수 없다(§11·⑥).

허가권자는 허가를 받은 자가 「허가를 받은 날부터 1년 이내에 공사에 착수하지 아니하거나 공사를 착수하였으나 공사의 완료가 불가능하다고 인정하는 경우」에는 그 허가를 취소해야 한다. 다만. 허가권자는 정당한 이유가 있다고 인정하는 경우에는 1년의 범위 안에서 그 공사의 착수기간을 연장할 수 있다(§11·⑦).

⑥ 건축복합민원일괄협의회

허가권자는 건축허가를 하고자 하는 경우 당해 용도·규모 또는 형태의 건축물을 그 건축하고자 하는 대지에 건축하는 것이 「국토의계획및이용에관한법률」 제54조(지구단위계획구역 안에서의 건축 등)·제56조 내지 제62조(개발행위의 허가)·제76조 내지 제82조(용도지역·용도지구·용도구역 안에서의 건축물의 건축제한 등) 그 밖에 대통령령이 정하는 관계법령의 규정에 적합한지의 여부를 확인하고 제10조 제6항 각 호(사전결정에 있어서의 인·허가 의제제도) 및 같은 조 제7항(미리 관계행정기관의 장과 협의 및 의견제출) 또는 제11조 제5항 각 호(건축허가에 있어서의 인·허가 의제제도) 및 같은 조 제6항(미리 당해행정기관의 장과 협의 및 의견제출)의 사항을 처리하기 위하여 대통령령이 정하는 바에 의하여 건축복합민원일괄협의회를 개최해야 하고, 확인이 요구되는 법령의 관계 행정기관의 장과 제10조 제7항(사전결정시 미리 관계 행정기관의장과 협의 및 의견제출)·제11조 제6항(건축허가시 미리 관계 행정기관의장과 협의 및 의견제출)의 규정에 의한 관계 행정기관의 장은 소속공무원을 건축복합민원일괄협의회에 참석케 해야한다(§12·①·②).

3) 건축신고

① 건축신고의 의의

건축신고는 신고의 대상이 되는 행위가 법에 의해 금지되어 있으나 신고로 그 금지가 해제되는 신고인 사인의 공법행위이다. 적법요건을 갖춘 신고만 있으면 행정기관의 수리를 기다릴 것 없이 신고의무가 이행되고 그 자체로서 법적 효과가 완성되는 경우이다.

그러나 자체 완성적 신고의 대상이 되는 행위라고 할지라도, 그 신고가 「인·허가 의제」의 효과를 갖는 경우에는 "수리를 요하는 신고"라고 보아야 할 것이며, 행정청의 신고반려행위나 수리거부행위도 항고소송의 대상이 된다고 보아야 할 것이다(예: 건축법 §14·①·②). 인·허가 의제 효과를 갖는 건축신고는 "수리를 요하는 신고"에 해당하고 따라서 행정청이 그 실체적 요건의 충족여부를 심사하여 수리를 거부할 수 있다(대판 2011.1.20, 2010두14954; 2010.11.18, 2008두167, 판례변경).

② 건축신고의 법정성질

㉮ 자체완성적 공법행위로서의 신고 : 건축법 제14조에서 「…… 신고를 하면 건축허가를 받은 것으로 본다」고 규정하고 있어 자체완성적 공법행위로서의 신고에 해당한다. 따라서 적법한 신고만 있으면 수리여부와 관계없이 신고의무를 이행한 것이 된다. 다

만, 신고를 해야 할 의무가 있는데 신고를 하지 아니한 경우에는 벌금에 처한다(§111).

㉯ 규제적 신고(신고유보부금지의 해제) : 법령이 정한 요건을 구비한 적법한 신고가 있고, 행정청이 이를 수리함으로써 법적효과가 발생하는 경우이다. 신고가 수리되어야 신고의 대상이 되는 행위에 대한 금지가 해제되는 신고다. 법적요건을 갖춘 적법한 신고가 있어도 수리되지 않으면 신고가 되지 않은 것이 된다.

그러므로 수리를 요하는 신고는 등록 또는 허가와 매우 유사하다. 다만, 수리를 요하는 신고에서의 수리는 형식적 심사만 거치지만 허가제에서의 허가는 형식적 심사 외에 실질적 심사도 거쳐야 하기 때문에 양자는 구별된다.

규제적 신고·신고유보부금지 또는 수리를 요하는 신고의 경우에는 신고 없이 행위를 한 경우 위법한 행위가 되며 통상 행정형벌의 부과대상이 되고 시정명령의 대상이 된다. 다만, 행정형벌의 행정질서벌화의 정책에 따라 과태료를 부과하는 경우도 있다.

법령이 정한 요건을 구비한 적법한 신고가 있으면 행정청은 의무적으로 수리해야 한다. 법령에 없는 새로운 사유를 내세워 수리를 거부할 수 없다. 따라서 수리의 거부(거부처분)는 행정소송법상 처분성이 인정되며 행정소송의 대상이 되는 것이다.

규제적 신고·신고유보부금지·수리를 요하는 신고에는 요건미비의 부적법한 신고가 있었음에도 불구하고 행정청이 이를 수리하였다면, 그 수리행위는 위법한 수리행위가 된다. 즉, 하자 있는 행정행위가 된다. 수리행위가 무효인 경우에는 신고의 효과가 발생하지 아니하며, 신고영업의 영업행위는 무신고영업으로서 불법영업에 해당한다.

수리행위가 취소할 수 있는 행위인 경우에는 신고의 효과가 발생하며, 신고영업의 영업행위는 수리가 취소될 때까지는 불법영업에 해당하지 않는다. 따라서 이 경우에는 수리행위를 취소함으로써 신고인의 신고영업행위를 막을 수 있다.

③ 신고대상 및 신고기관

허가대상 건축물이라 하더라도 소규모 건축물의 건축이나 경미한 건축물의 건축행위 등 통제의 필요성이 크지 않은 다음의 경우에는 특별자치도지사 또는 시장·군수·구청장에게 신고를 하면 건축허가를 받은 것으로 본다(§14·①).

㉮ 바닥 면적의 합계가 85제곱미터 이내의 증축·개축 또는 재축

㉯ 「국토의계획및이용에관한법률」에 의한 관리지역·농림지역 또는 자연환경보전지역 안에서 연면적 200제곱미터 미만이고 3층 미만인 건축물의 건축. 다만, 제2종 지구단위계획구역 안에서의 건축을 제외한다.

㉰ 대수선(연면적 200제곱미터 미만이고 3층 미만인 건축물의 대수선에 한한다)

㉱ 주요구조부의 해체가 없는 등 대통령령으로 정하는 대수선

㉮ 그 밖에 소규모 건축물로서 대통령령이 정하는 건축물의 건축

④ **신고의 효과**

법적 요건을 구비한 적법한 신고가 되면 행정청이 그 신고를 수리하지 않은 경우에도 신고의 대상이라는 행위를 적법하게 할 수 있다. 적법한 신고를 하면 건축허가를 받은 것으로 본다(§14·①).

적법한 신고가 있게 되면 건축허가에 있어서의 의제제도에 관한 규정이 준용되기 때문에 당해 인·허가가 의제된다(§14·②). 신고를 한 자가 신고일부터 1년 이내에 공사에 착수하지 아니한 경우에는 그 신고의 효력은 상실된다(§14·③).

4) 건축물의 사용승인

① 건축주는 건축허가를 받았거나 신고를 한 건축물의 건축공사를 완료한 후 그 건축물을 사용하고자 하는 경우에는 공사감리자가 작성한 감리완료보고서(제21조 제1항의 규정에 의한 공사감리자를 지정한 경우에 한한다) 및 국토해양부령이 정하는 공사완료도서를 첨부하여 허가권자에게 사용승인을 신청해야 한다(§22·①). 허가권자는 사용승인신청을 받은 경우에는 국토해양부령이 정하는 기간 내에 「㉮ 사용승인을 신청한 건축물이 이 법에 따라 허가 또는 신고한 설계도서대로 시공되었는지의 여부, ㉯ 감리완료보고서, 공사완료도서 등의 서류 및 도서가 적합하게 작성되었는지의 여부」에 검사를 실시하고, 검사에 합격된 건축물에 대하여는 사용승인서를 교부해야 한다. 다만, 당해 지방자치단체의 조례로 정하는 건축물은 사용승인을 위한 검사를 실시하지 아니하고 사용승인서를 교부할 수 있다(§22·②). 건축주는 사용승인을 받은 후가 아니면 건축물을 사용하거나 사용하게 할 수 없다(§22·③). 다만, 「㉮ 허가권자가 제2항에 따른 기간 내에 사용승인서를 교부하지 아니한 경우, ㉯ 사용승인서를 교부받기 전에 공사가 완료된 부분이 건폐율, 용적률, 설비, 피난·방화 등 국토해양부령으로 정하는 기준에 적합한 경우로서 기간을 정하여 대통령령으로 정하는 바에 따라 임시로 사용승인을 한 경우」에는 그러하지 아니하다(§22·③ 단서). 특별시장 또는 광역시장이 사용승인을 한 때에는 지체 없이 그 사실을 군수·구청장에게 통지하여 건축물대장에 기재하게 해야 한다. 이 경우 건축물 대장에는 설계자, 대통령령이 정하는 주요공사의 시공자, 공사감리자를 기재해야 한다(§22·⑥).

판례 **〈건축 관련 법규를 위반하는 내용이 포함된 건물의 용도변경신고를 수리한 행정관청이 신고 내용대로 용도변경된 건물의 사용승인을 거부하는 경우, 건축허가의 취소에 있어서와 같은 조리상 제약이 따른다 할 수 없다.〉** 건축법(2005. 11. 8 법률 제7696호로 개정된 것)상 용도변경 신고에 대하여 행정청은 그 신고가 소정의 형식적 요건을 갖추어 적법하게 제출되었는지 여부만 심사하여 수리할 뿐 실질적인 심사를 하는 것이 아니므로 용도변경 신고내용대로 용도변경을 하였다고 하더라도 그 신고내용에 건축 관련법규를 위반하는 내용이 포함되어 있었다면, 그 신고를 수리한 행정관청으로서는 사용승인을 거부할 수 있고, 그 사용승인을 거부함에 있어 건축허가의 취소에 있어서와 같은 조리상의 제약이 따른다고 할 수 없다(대판 2006. 1. 26, 2005두12565 반려처분 등 취소).

② 검사 등 의제 : 건축주가 사용승인을 얻은 경우에는 다음 각 호에 따른 사용승인·준공검사 또는 등록신청 등을 받거나 한 것으로 보며, 공장건축물의 경우에는「산업집적활성화및공장설립에관한법률」 제14조의 2의 규정에 의하여 관련 법률의 검사 등을 받은 것으로 본다(§22·④).

㉮ 하수도법(§27, §37의)상의 배수설비의 준공검사 및 개인하수처리시설의 준공검사

㉯ 측량·수로조사 및 지적에 관한 법률상(§64)의 지적공부변동사항의 등록 신청

㉰ 승강기제조 및 관리에 관한 법률 상(§13)의 승강기 완성검사

㉱ 에너지이용합리화법상(§39)의 보일러 설치검사

㉲ 전기사업법상(§63)의 전기설비의 사용전검사

㉳ 정보통신공사업법상(§36)의 정보통신공사의 사용전검사

㉴ 도로법상(§38·③)의 도로점용공사 완료확인

㉵ 국토의계획·이용에관한법률상(§62)의 개발행위의 준공검사

㉶ 국토의계획·이용에관한법률상(§98)의 도시계획시설사업의 준공검사

㉷ 수질및수생태계보전에관한법률(§37)의 수질오염물질 배출시설의 가동개시의 신고

㉸ 대기환경보전법상(§30)의 대기오염물질 배출시설의 가동개시의 신고

㉹ 소음·진동규제법상(§13)의 소음·진동 배출시설의 가동 개시의 신고이다. 허가권자는 사용승인을 하는 경우 제4항 각 호(위의 ㉮에서 ㉹까지)의 어느 하나에 해당하는 내용이 포함되어 있으면 관계 행정기관의 장과 미리 협의하여야 한다(§22·⑤).

5) 현장조사·검사 및 확인업무의 대행

허가권자는 현장조사·검사 및 확인업무(신고대상건축물에 대한현장조사·검사 및 확인업무를 제외한다)에 대하여는 건축사법에 의한 건축사 업무신고를 한 자에게 이를 대행케 할 수 있다. 그 업무를 대행하는 자는 현장조사·검사 또는 확인결과를 국토해양부령이 정하는 바에 의하여 허가권자에게 서면으로 보고해야 한다(§27·①·②).

6) 건축종합민원실의 설치

특별자치도지사 또는 시장·군수·구청장은 대통령령이 정하는 바에 의하여 건축허가·건축신고·사용승인 등 건축과 관련된 민원을 종합적으로 접수하여 처리할 수 있는 민원실을 설치 운영해야 한다(§34).

(3) 건축물의 대지 및 도로

1) 대지의 안전

대지는 이와 인접한 도로면보다 낮아서는 아니된다. 다만, 대지 안의 배수에 지장이 없거

나 건축물의 용도상 방습의 필요가 없는 경우는 그렇지 않다(§40 ①).

2) 건축선의 지정

도로와 접한 부분에 있어서 건축물을 건축할 수 있는 선(이하 '건축선'이라 한다)은 대지와 도로의 경계선으로 한다(§46 ①).

특별자치도지사 또는 시장·군수·구청장은 시가지 안에 있어서의 건축물의 위치를 정비하거나 환경을 정비하기 위하여 필요하다고 인정하는 경우에는 제1항에 규정에 불구하고 대통령령이 정하는 범위 안에서 건축선을 따로 지정할 수 있다(§46 ②). 이 경우에는 지체 없이 고시해야 한다.

3) 건축선에 의한 건축제한

건축물 및 담장은 건축선의 수직면을 넘어서는 안된다. 다만, 지표 아래부분은 그러하지 아니하다(§47 ①). 도로면으로부터 높이 4.5m 이하에 있는 출입구, 창문 그 밖에 이와 유사한 구조물은 열고 닫을 때 건축선의 수직면을 넘지 아니하는 구조로 하여야 한다(§47 ②).

(4) 지역·지구 안의 건축물

1) 건축물의 대지가 지역·지구·구역에 걸치는 경우의 조치

대지가 건축법 또는 다른 법률에 의한 지역·지구(녹지지역 및 방화지구를 제외한다) 또는 구역에 걸치는 경우는 그 건축물 및 대지의 전부에 대하여 그 대지의 과반이 속하는 지역·지구 또는 구역 안의 건축물 및 대지 등에 관한 건축법의 규정을 적용한다. 다만, 건축물이 미관지구에 걸치는 경우에는 그 건축물 및 대지의 전부에 대하여 미관지구 안의 건축물 및 대지 등에 관한 건축법의 규정을 적용한다(§54 ①).

2) 건축물의 건폐율

대지면적에 대한 건축면적(대지에 2이상의 건축물이 있는 경우에는 이들 건축면적의 합계로 한다)의 비율(이하 '건폐율'이라 한다)의 최대한도는 「국토의 계획 및 이용에 관한 법률」 제77조의 규정에 의한 건폐율의 기준에 의한다. 다만, 건축법에서 그 기준을 완화 또는 강화하여 적용하도록 규정한 경우에는 그에 의한다(§55).

3) 건축물의 용적률

대지면적에 대한 연면적(대지에 2 이상의건축물이 있는 경우에는 이들 연면적의 합계로 한다)의 비율(이하 '용적률'이라 한다)의 최대한도는 「국토의 계획 및 이용에 관한 법률」 제78조의 규정에 의한 용적률의 기준에 의한다. 다만, 건축법에서 그 기준을 완화 또는 강화하여 적용하도록 규정한 경우에는 그에 의한다(§56).

4) 건축물의 높이제한

허가권자는 가로구역(도로로 둘러싸인 일단의 지역을 말한다)을 단위로 하여

① 건축물의 최고높이를 지정·공고할 수 있다. 다만, 특별자치도지사 또는 시장·군수·구청장은 가로구역의 최고높이를 완화하여 적용할 필요가 있다고 판단되는 대지에 대하여는 대통령령이 정하는 바에 의하여 건축위원회의 심의를 거쳐 최고높이를 완화하여 적용할 수 있다(§60.①).

② 특별시장 또는 광역시장은 도시관리를 위하여 필요한 경우에는 제1항의 규정에 의한 가로구역별 건축물의 최고높이를 특별시 또는 광역시의 조례로 정할 수 있다(§60.②).

③ 제1항의 규정에 의한 최고높이가 정해지지 아니한 가로구역의 경우에는 건축물의 각 부분의 높이는 그 부분으로부터 전면도로의 반대쪽 경계선까지의 수평거리의 1.5배를 초과할 수 없다. 다만, 대지가 2 이상의 도로, 공원, 광장, 하천 등에 접하는 경우에는 건축물의 높이를 당해 지방자치단체의 조례로 정할 수 있다(§60.③).

5) 일조 등의 확보를 위한 건축물의 높이 제한

① 주거전용지역 및 일반주거지역 안에서 건축하는 건축물의 높이는 일조 등의 확보를 위하여 정북방향의 인접대지경계선으로부터의 거리에 따라 대통령령이 정하는 높이 이하로 해야 한다(§61.①). 건축법시행령 제86조 제1항은 전용주거지역 또는 일반주거지역 안에서 건축물을 건축하는 경우에는 건축법 제61조 제1항의 규정에 의하여 건축물의 각 부분을 정북방향으로서 인접대지 경계선으로부터 「㉮ 높이 4m 이하인 부분 : 인접대지 경계선으로부터 1m이상, ㉯ 높이 8m 이하인 부분 : 인접대지 경계선으로부터 2m 이상, ㉰ 높이 8m 초과하는 부분 : 인접대지 경계선으로부터 당해 건축물의 각 부분의 높이의 2분 1이상」 범위 안에서 건축조례가 정하는 거리이상을 띄어 건축하여야 한다. 다만, 전용주거지역 또는 일반주거지역 안에서 건축물을 건축하는 경우로서 건축물을 미관향상을 위하여 너비 20m 이상의 도로(자동차전용도로를 포함한다)로서 건축조례가 정하는 도로에 접한 대지(도로와 대지의 사이에 도시계획시설인 완충녹지가 있는 경우 그 대지를 포함한다) 상호간에 건축하는 건축물의 경우에는 그러하지 아니하다.

② 공동주택(일반상업지역과 중심상업지역에 건축하는 것을 제외한다)의 높이는 제1항의 규정에 의한 기준에 적합해야 하는 것 외에 대통령령이 정하는 높이 이하로 해야 한다. 건축법시행령 제86조 제2항은 ㉮ 건축물(기숙사를 제외한다)의 각 부분의 높이는 그 부분으로부터 채광을 위한 창문 등이 벽면으로부터 직각방향으로 인접대지경계선까지의 수평거리의 2배(근린상업지역·준주거지역 안의 건축물 및 다세대주택은 4배)이하의 높이로 할 것, ㉯ 동일한 대지 안에서 2동 이상의 건축물이 서로 마주보고 있는 경우(1동의 각 부분이 서로 마주보고 있는 경우를 포함한다)의 건축물 각 부분 사이의 거리는 ㉠ 채광을 위한 창문 등이 있는 벽면으로부터 직각방향으로 건축물 각 부분의 높이의 0.5배 이상(도시형생활주택의 경우는 0.25배), ㉡ ㉠의 설명에 불구하고 서로 마주보는

건축물 중 남측방향(마주보는 2동의 축이 남동에서 남서방향에 한한다)의 건축물의 높이가 낮고 주된 개구부(거실과 주된 침실이 있는 부분의 개구부를 말한다)의 방향이 남측을 향하는 경우에는 높은 건축물 각 부분의 높이의 0.4배(도시형생활주택의 경우는 0.2배)이상이고, 낮은 건축물 각 부분의 높이의 0.5배(도시형생활주택의 경우는 0.25배)이상, ㉢ ㉠의 설명에도 불구하고 건축물과 부대시설 또는 복리시설이 서로 마주보고 있는 경우에는 부대시설 또는 복리시설 각 부분 높이의 1배 이상, ㉣ 채광창(창 넓이 0.5제곱미터 이상의 창을 말한다)이 없는 벽면과 측벽이 마주보는 경우는 8미터 이상, ㉤ 측벽과 측벽이 마주보는 경우(마주보는 측벽 중 1개의 측벽에 한하여 채광을 위한창문 등이 설치되어 있지 아니한 바닥 면적3제곱미터 이하의발코니를 설치하는경우를 포함한다)에는 4미터 이상을 띄어 건축할 것. 다만, 당해 대지 안의 모든 세대가 동지일 을 기준으로 9시에서 15시 사이에 2시간 이상을 계속하여 일조를 확보할 수 있는 거리 이상으로 할 수 있다.

③ 다음 각 호의 1에 해당하면 ①의 설명에도 불구하고 건축물의 높이를 정남방향의 인접대지경계선으로 부터의 거리에 따라 대통령령으로 정하는 높이 이하로 할 수 있다.

1. 택지개발촉진법(§3)상 택지개발예정지구인 경우
2. 주택법(§16)상 대지조성사업지구인 경우
3. 지역균형개발및지방중소기업육성에관한법률(§4 §9)상 광역개발권역 및 개발촉진지구인 경우
4. 산업입지및개발에관한법률(§6- §8)상 국가산업단지, 일반산업단지, 도시첨단산업단지 및 농공단지인 경우
5. 도시개발법(§2·① ·1호)상 도시개발구역인 경우
6. 도시및주거환경정비법(§4)상 정비구역인 경우
7. 정북방향으로 도로, 공원, 하천 등 건축이 금지된 공지에 접하는 대지인 경우
8. 정북방향으로 접하고 있는 대지의 소유자와 합의한 경우나 그 밖에 대통령령으로 정하는 경우

건축법 시행령 제86조 제3항은 ①의 설명의 높이의 범위 안에서 특별자치도지사 또는 시장·군수·구청장이 정하여 고시하는 높이를 말한다.

④ 2층 이하로서 높이가 8m인 이하인 건축물에는 해당 지방자치단체의 조례로 정하는 바에 따라 위의 ①에서부터 ③까지의 규정(설명)을 적용하지 아니할 수 있다(건축법 §61·④).

(5) 건축 설비(승강기 등)

1) 승강기 설치

건축주는 6층 이상으로서 연면적 2천 제곱미터 이상인 건축물(대통령령으로 정하는 건축물을 제외한다)을 건축하고자 하는 경우에는 승강기를 설치해야 하며, 승강기의 규모 및 구조는 국토해양부령으로 정한다(§64·①). 높이 31미터를 초과하는 건축물에는 대통령령이 정하는 바에 의하여 제1항의 규정에 의한 승강기 외에 비상용승강기를 추가로 설치해야 한다. 다만, 국토해양부령이 정하

는 건축물의 경우에는 그렇지 않다(§64·②).

2) 건축물의 열손실 방지와 건축물의 에너지 효율등급인증제

개정 건축법에서는 건축물을 건축하는 경우에는 에너지의 합리적인 이용을 위하여 국토해양부령으로 정하는 바에 따라 열의 손실을 방지하는 단열재 및 방습층을 설치하는 등 필요한 조치를 해야 하고(§64의2), 에너지 절약형 건축물을 확대·보급하고, 건축물의 효과적인 에너지 관리를 위하여 국토해양부장관과 지식경제부장관이 공동으로 "건축물에너지효율등급인증제"를 시행한다(§66의2).

3) 친환경건축물의 인증 및 지능형 건축물의 인증

개정건축법에서는 ① 국토해양부장관과 환경부장관은 지속 가능한 개발의 실현과 자원절약형이고 자연친화적인 건축물의 건축을 유도하기 위하여 공동으로 친환경 건축물 인증제도를 실시하고(§65·①), ② 국토해양부장관은 건축물을 구성하는 설비 및 각종기술을 최적으로 통합하여 건축물의 생산성과 설비운영의 효율성을 극대화 할 수 있도록 지능형 건축물의 건축을 활성화하기 위하여 지능형 건축물 인증제도를 실시한다(§65의2).

(6) 의무이행 확보수단

1) 건축공사현장 안전관리예치금 등

① 허가권자는 연면적이 5천 제곱미터 이상으로 지방자치단체의 조례로 정하는 건축물(주택법(§77·①·1호)에 따라 대한주택보증주식회사가 분양보증을 한 건축물이나 건축물의 분양에관한법률 (§4·①·1호에 따라 분양보증이나 신탁계약을 체결한 건축물은 제외한다)에 대하여는 착공신고를 하는 건축주(대한주택공사, 한국토지공사, 또는 지방공기업법에 따라 건축사업을 수행키 위해 설립된 지방공사는 제외한다)에게 장기간 건축물의 공사현장이 방치되는 것에 대비하여 미리 미관개선 및 안전관리에 필요한 비용(대통령령이 정하는보증서를 포함하며, 이하 '예치금'이라 한다)을 건축공사비의 1퍼센트의 범위 안에서 예치하게 할 수 있다(§13·②).

② 허가권자가 예치금을 반환하는 때에는 대통령령이 정하는 이율로 산정한 이자를 포함하여 반환해야 한다. 다만, 보증서를 예치한 경우는 그렇지 않다(§13·③).

③ 허가권자는 공사현장이 방치되어 도시 미관을 저해하고 안전에 위해하다고 판단하는 경우에는 건축허가를 받은 자에게 건축물의 공사현장에 대한 미관 및 안전관리를 위한 개선을 명할 수 있다(§13·⑤). 허가권자는 개선명령을 받은 자가 개선을 하지 않은 때에는 「행정대행집행법」이 정하는 바에 따라 대집행을 할 수 있다. 이 경우 건축주가 예치한 예치금을 행정대집행에 필요한 비용에 사용할 수 있다(§13·⑥). 행정대집행에 필요한 비용이 이미 납부한 예치금보다 많을 때에는 행정대집행법 제6조에 따라 그 차액을 추가로 징수할 수 있다(§13·⑥).

2) 위반건축물 등에 대한 조치

① 허가권자는 대지 또는 건축물이 건축법 또는 건축법의 규정에 의한 명령이나 처분에 위반한 경우에는 건축법의 규정에 의한 허가 또는 승인을 취소하거나 그 건축물의 건축주·공사시공자·현장관리인·소유자·관리인 또는 점유자(이하 '건축주 등'이라 한다)에 대하여 그 공사의 중지를 명하거나 상당한 기간을 정하여 그 건축물의 철거·개축·증축·수선·용도변경·사용금지·사용제한 기타 필요한 조치를 명할 수 있다(§79·①).

② 허가권자는 제1항의 규정에 의하여 허가 또는 승인이 취소된 건축물 또는 제1항의 규정에 의하여 시정명령을 받고 이행하지 아니한 건축물에 대하여는 다른 법령에 의한 영업 기타 행위의 허가를 하지 아니하도록 요청할 수 있다(§79·②).

다만, 허가권자가 기간을 정하여 그 사용 또는 영업 기타행위를 허용한 주택과 대통령령이 정하는 경우는 그렇지 않다(§79·② 단서).

③ 허가권자는 제1항의 규정에 의한 시정명령을 하는 경우에는 국토해양부령이 정하는 표지를 당해 위반 건축물 또는 그 대지 안에 설치해야 하며, 국토해양부령이 정하는 바에 따라 건축물대장에 위반내용을 기재해야 한다(§79·④). 누구든지 표지설치를 거부 또는 방해하거나 훼손해서는 안된다(§79·⑤).

3) 이행강제금

① 허가권자는 시정명령을 받은 후 시정기간 내에 당해 시정명령의 이행을 하지 아니한 건축주 등에 대하여는 당해 시정명령의 이행에 필요한 상당한 이행기간을 정하여 그 기한까지 시정명령을 이행하지 아니하는 경우에는 ㉮ 건축물이 건폐율 또는 용적률을 초과하여 건축된 경우 또는 허가를 받지 아니하거나 신고를 하지 아니하고 건축된 경우에는 지방세법에 의해 해당 건축물에 적용되는 1제곱미터당 시가표준액의 100분의 50에 상당하는 금액에 위반면적을 곱한 금액 이하, ㉯ 건축물이 ㉮ 외의 위반건축물에 해당하는 경우에는 지방세법에 의하여 당해 건축물에 적용되는 시가표준액에 상당하는 금액의 100분의 10의 범위 안에서 그 위반 내용에 따라 대통령령이 정하는 금액(이행강제금)을 부과한다(§80·①), 다만 연면적(공동주택의 경우는 세대 면적을 기준으로 한다) 85제곱미터 이하의 주거용 건축물인 경우와 ㉯ 중의 주거용건축물로서 대통령령이 정하는 경우에는 ㉮·㉯에 해당하는 금액의 2분의 1의 범위 안에서 당해 지방자치단체의 조례가 정하는 금액을 부과한다(§80·① 단서).

② 허가권자는 이행강제금을 부과하기 전에 이행강제금을 부과·징수한다는 뜻을 미리 문서로써 계고해야 한다(§80·②).

③ 허가권자는 최초의 시정명령이 있은 날을 기준으로 하여 1년에 2회 이내의 범위 안에서 당해 시정명령이 이행될 때까지 반복하여 이행강제금을 부과·징수할 수 있다. 다만, 위

의 ①의 ㉮·㉯ 부분 단서에 해당하는 경우에는 총 부과횟수 5회를 넘지 아니하는 범위에서 당해 지방자치단체의 조례로 부과횟수를 따로 정할 수 있다(§80·④).

4) 행정대집행법의 적용의 특례

허가권자는 제11조(건축허가), 제14조(건축신고), 제41조(토지굴착부분에 대한 조치)와 제79조 제1항(위반건축물 등에 대한 조치)에 따라 필요한 조치를 할 때 ① 재해가 발생할 위험이 절박한 경우, ② 건축물의 구조 안정상 심각한 문제가 있어 붕괴 등 손괴의 위험이 예상되는 경우, ③ 허가권자의 공사중지명령을 받고도 불응하여 공사를 강행하는 경우, ④ 도로통행에 현저하게 지장을 주는 불법건축물인 경우, ⑤ 그 밖에 공공의 안전 및 공익에 심히 저해되어 신속하게 실시할 필요가 있다고 인정되는 경우로서 대통령령으로 정하는 경우에 해당하는 경우로서 「행정대집행법」 제3조 제1항(대집행계고)과 제2항(대집행영장에 의한 통지)에 따른 절차에 의하면 그 목적을 달성하기 곤란한 때에는 해당절차를 거치지 아니하고 대집행할 수 있다(§85).

다만, 대집행절차를 거치지 아니하는 대집행은 건축물의 관리를 위하여 필요한 최소한도에 그쳐야 한다(§85·②).

5) 건축분쟁전문위원회

종래의 건축분쟁조정위원회는 폐지하고, 신설된 제4조 제2항에 따른 「건축분쟁전문위원회」를 둔다. 건축분쟁전문위원회는 건축물의 건축 등과 관련된 분쟁의 조정 및 재정을 하며, 중앙건축위원회에 두는 중앙건축분쟁전문위원회와 시·도지사가 설치하는 지방건축위원회에 두는 지방건축분쟁전문위원회로 구분한다(§88·②).

2. 주택행정(주택법상 주택)

1972년 12월 30일 「주택건설촉진법」으로 신규제정·시행되어 수많은 개정을 거쳐 2003년 5월 29일 「주택법」을로 법명 변경하였고 이후에도 수많은 개정을 거듭하였다.

주택법은 경제적·재산가치 및 의식주생활과 직결되기 때문에 더욱 수많은 개정을 거듭하게 된 것이다.

(1) 개 설

1) 목 적

주택법은 쾌적한 주거생활에 필요한 주택의 건설·공급·관리와 이를 위한 자금의 조달·운용 등에 관한 사항을 정함으로써 국민의 주거안정과 주거수준의 향상에 이바지함에 있다(§1).

2) 기본 용어

① 주 택

'주택'이라 함은 세대의 구성원이 장기간 독립된 주거생활을 영위할 수 있는 구조로 된 건축물의 전부 또는 일부 및 그 부속 토지를 말하며, 이를 단독주택과 공동주택으로 구분한다.

② 준 주 택

준주택이란 주택 외의 건축물과 그 부속토지로서 주거시설로 이용가능한 시설 등을 말한다(주택법 §2·1의2). 준주택의 범위와 종류는 대통령령으로 정하는바, 고시원·노인복지주택·오피스텔 등이 이에 해당한다(주택법시행령 §2의2).

③ 공동주택

공동주택이라 함은 건축물의 벽·복도·계단 그 밖의 설비 등의 전부 또는 일부를 공동으로 사용하는 각 세대가 하나의 건축물 안에서 각각 독립된 주거생활을 영위할 수 있는 구조로 된 주택을 말하며, 아파트, 연립주택(주택으로 쓰는 1개동의 바닥면적(지하주차장 면적은 제외)합계가 660제곱미터를 초과하고, 층수가 4개 층 이하인 주택), 다세대주택(주택으로 쓰는 1개동의 바닥면적 합계가 660제곱미터 이하이고, 층수가 4개 층 이하인 주택(두개 이상의 동을 지하주차장을 연결하는 경우는 각각의 동으로 보며 지하주차장 면적은 바닥 면적에서 제외)) 및 기숙사로 구분한다(주택법 §2·2호, 건축법 §2·2호, 주택법 시행령 별표 1). 공동주택의 형태를 갖춘 가정어린이집·공용생활가정·지역아동센터·노인복지시설(노인복지주택은 제외) 및 원룸형 주택을 포함한다(주택법시행령 별표 1).

④ 국민주택

국민주택이라 함은 국민주택기금으로부터 자금을 지원받아 건설되거나 개량되는 주택으로서 주거의 용도로만 쓰이는 면적(이하 '주거전용면적'이라 한다)이 1호 또는 1세대당 85제곱미터 이하인 주택(수도권정비계획법 제2조 제1호의 규정에 의한 수도권을 제외한 도시지역이 아닌 읍 또는 면 지역은 1호 또는 1세대당 주거전용면적이 100제곱미터 이하의 주택을 말한다. 이하 '국민주택규모'라 한다)을 말한다(주택법 §2·3호).

⑤ 국민주택 등

국민주택 등이란 국민주택과 국가·지방자치단체, 한국토지주택공사 또는 지방공사가 건설하는 주택 및 임대주택법상 건설임대주택으로서 공공택지에 사업계획 승인을 받아 건설하여 임대하는 주택 중 주거전용 면적이 85제곱미터 이하인 주택을 말한다(§2·3의2).

⑥ 민영주택

민영주택이란 국민주택 등을 제외한 주택을 말한다.

⑦ 도시형생활주택

도시형생활주택이란 300세대 미만의 국민주택 규모에 해당하는 주택으로서 대통령령으로 정하는 주택을 말한다. 대통령령으로 정하는 주택이란 「국토의 계획 및 이용에 관한 법률」에 따른 도시지역에 건설하는 다음 각 호의 주택을 말한다.

1. 단지형 연립주택(원룸형 주택제외) : 건축위원회의 심의를 받은 경우는 주택으로 쓰는 층수를 5층까지 건축가능
2. 단지형 다세대주택(원룸형 주택제외) : 건축위원회의 심의를 받은 경우는 주택으로 쓰는

층수를 5층까지 건축가능

3. 원룸형 주택 : 아파트·연립주택·다세대주택 중 어느 하나에 해당하는 주택으로서 다음의 각 요건을 모두 갖춘 주택이다. ㉠ 세대별로 독립된 주거가 가능하도록 욕실, 부엌을 설치할 것 ㉡ 욕실 및 보일러실을 제외한 부분을 하나의 공간으로 구성할 것. 다만, 주거전용 면적이 30제곱미터 이상인 경우 두 개의 공간으로 구성할 수 있다. ㉢ 세대별 주거전용 면적은 12제곱미터 이상 50제곱미터 이하일 것 ㉣ 각 세대는 지하층에 설치하지 아니할 것

⑧ 공공택지

공공택지라 함은 ㉮ 제18조 제2항의 규정에 의한 국민주택건설 또는 대지조성사업 ㉯ 택지개발촉진법에 의한 택지개발사업 ㉰ 산업입지 및 개발에 관한 법률에 의한 산업단지개발사업 ㉱「보금자리주택건설 등에 관한 특별법」에 의한 보금자리주택지구조성사업 ㉲ 도시개발법에 따른 도시개발사업 ㉳ 경제자유구역의지정및운영에관한법률에 따른 경제자유구역개발사업, ㉴「공공기관 지방이전에 따른 혁신도시 건설 및 지원에 관한 특별법」에 따른 혁신도시 개발사법, ㉵「신 행정수도 후속 대책을 위한 연기·공주지역 행정중심 복합도시건설을 위한 특별법」에 따른 행정중심 복합도시 건설사업, ㉶「공익사업을 위한 토지 등의 취득 및 보상에 관한 법률」에 따른 공익사업으로서 대통령령으로 정하는 사업에 해당하는 공공사업에 의하여 개발·조성되는 공동주택이 건설되는 용지를 말한다(주택법 §2·5호).

⑨ 주택단지

주택단지라 함은 제16조의 규정에 의한 주택건설 사업계획 또는 대지조성사업계획의 승인을 얻어 주택과 그 부대시설 및 복리시설을 건설하거나 대지를 조성하는데 사용되는 일단의 토지를 말한다. 다만 ㉮ 철도·고속도로·자동차전용도로, ㉯ 폭 20m이상인 일반도로, ㉰ 폭 8m 이상인 도시계획예정도로, ㉮ 내지 ㉰의 시설에 준하는 것으로서 대통령령이 정하는 시설로 분리된 토지는 이를 각각 별개의 주택단지로 본다(주택법 §2·4호).

⑩ 사업주체

사업주체라 함은 제16조의 규정에 의한 주택건설사업계획 또는 대지조성사업계획의 승인을 얻어 그 사업을 시행하는 자로서 ㉮ 국가·지방자치단체 ㉯ 한국토지주택공사 ㉰ 제9조의 규정에 의하여 등록한 주택건설사업자 또는 대지조성사업자 ㉱ 그 밖에 주택법에 의하여 주택건설사업 또는 대지조성사업을 시행하는 자를 말한다(주택법 §2·5호).

⑪ 부대시설

㉮ 부대시설이란 주택에 딸린 주차장, 관리사무소, 담장 및 주택단지안의 도로, ㉯ 건축법상의 건축설비, ㉰ ㉮및 ㉯의 시설·설비에 준하는 것으로서 대통령령으로 정하는 시설 또는 설비를 말한다(§2·8호).

⑫ 복리시설

복리시설이라 함은 주택단지 안의 입주자 등의 생활복리를 위한 공동시설로서 ㉮ 어린이 놀이터·근린생활시설·유치원·주민운동시설 및 경로당 ㉯ 그 밖에 입주자 등의 생활복리를 위하여 대통령령이 정하는 공동시설을 말한다(주택법 §2·9호).

⑬ 간선시설

간선시설이라 함은 도로·상하수도·전기시설·가스시설·통신시설 및 지역난방시설 등 주택단지(2이상의 주택단지를 동시에 개발하는 경우는 각각 주택단지를 말한다)안의 기간시설을 당해 주택단지 밖에 있는 동종의 기간시설에 연결시키는 시설을 말한다. 다만, 가스시설·통신시설 및 지역난방시설의 경우는 주택단지 안의 기간시설을 포함한다(§2·10호).

⑭ 주택조합(주택법 §2·11호)

주택조합이라 함은 다수의 구성원이 주택을 마련하거나 리모델링하기 위하여 결성하는 조합으로 다음과 같이 구분한다.

㉮ 지역주택조합 : 동일한 특별시·광역시·시 또는 군(광역시의 관할구역안에 있는 군을 제외한다)에 거주하는 주민이 주택을 마련하기 위해 설립한 조합

㉯ 직장주택조합 : 동일한 직장의 근로자가 주택을 마련하기 위해 설립한 조합

㉰ 리모델링조합 : 공동주택의 소유자가 당해 주택을 리모델링하기 위해 설립한 조합

3) 국가 및 지방자치단체의 의무

① 국가 등의 의무

국가 및 지방자치단체는 주택정책을 수립·시행함에 있어 ㉮ 국민의 쾌적하고 살기 좋은 주거생활이 가능하도록 할 것, ㉯ 주택시장의 원활한 기능발휘와 주택산업의 건전한 발전을 기할 수 있도록 할 것, ㉰ 주택이 공평하고 효율적으로 공급되며 쾌적하고 안전하게 관리될 수 있도록 할 것, ㉱ 저소득자·무주택자 등 주거복지차원에서 지원이 필요한 계층에게는 국민주택규모의 주택이 우선적으로 공급될 수 있도록 할 것 등의 달성을 위하여 노력하여야 한다(§3).

② 주택정책에 대한 협의

중앙행정기관의 장, 특별시장 또는 광역시장 또는 도지사(이하 '시·도지사'라 한다)는 ㉮ 주택의 건설·공급 및 관리, ㉯ ㉮의 업무를 위한 자금의 조달·운용에 관련되는 사항의 업무와 관련하여 이 법에 규정한 사항 외의 자가 소관업무에 관하여 필요한 조치를 취하고자 할 때에는 미리 국토해양부장관과 협의해야 한다(§4).

③ 주거실태조사

국토해양부장관, 시·도지사, 시장 또는 군수는 ㉮ 주거 및 주거환경에 관한 사항, ㉯ 가구특성에 관한 사항, ㉰ 그 밖에 주거실태 파악을 위한 사항과 관련하여 대통령령이 정하는

사항에 대하여 주거실태조사를 실시할 수 있다(§5).

국토해양부장관이 실시하는 주거실태조사는 정기조사와 수시조사로 구분하여 실시하며, 시·도지사, 시장 또는 군수가 실시하는 주거실태조사도 정기·수시조사로 구분하여 실시한다(§5·②·③).

④ 최저주거기준의 설정 등

국토해양부장관은 국민이 쾌적하고 살기 좋은 생활을 영위하기 위하여 필요한 최저기준을 설정·공고해야 하는 바, 이 경우에는 미리 관계중앙행정기관의 장과 협의하고 주택정책심의 위원회의 심의를 거쳐야 한다(§5의2).

최저기준에는 주거면적, 용도별 방의 개수, 주택의 구조·설비·성능 및 환경요소 등 대통령령이 정하는 사항이 포함되어야 하며 사회적·경제적인 여건변화에 따라 그 적정성이 유지되어야 한다(§5의2·③).

⑤ 최저주거기준 미달 가구에 대한 우선지원 등

국가 또는 지방자치단체는 최저주거기준에 미달되는 가구에 대하여 우선적으로 주택을 공급하거나 국민주택기금을 지원하는 등 혜택을 부여할 수 있다. 국가 또는 지방자치단체가 주택정책을 수립·시행하거나 사업주체가 주택건설 사업을 시행하는 경우에는 최저주거기준에 미달하는 가구를 줄이기 위해 노력해야 한다. 국토해양부장관 또는 지방자치단체의 장은 주택의 건설과 관련된 인·허가 등을 할 때 그 건설사업의 내용이 최저주거기준에 미달되는 경우에는 당해 기준을 충족하도록 사업계획승인 신청서의 보완지시 등 필요한 조치를 하여야 한다(주택법 §5의3·③). 국토해양부장관 또는 지방자치단체의 장은 최저주거기준에 미달되는 가구가 밀집한 지역에 대하여는 우선적으로 임대주택을 건설하거나 「도시및주거환경정비법」이 정하는 바에 따라 우선적으로 주거환경정비사업을 시행할 수 있도록 하기 위해 필요한 조치를 할 수 있다(§5의3·①·②·④).

4) 다른 법률과의 관계

① 임대주택의 건설

임대주택의 건설·공급 및 관리에 관하여는 「임대주택법」으로 정하지 않은 사항에 대하여는 주택법을 적용한다.

② 주거환경의 정비에 관하여는 「도시및주거환경정비법」으로 정하지 아니한 사항에 대하여는 주택법을 적용한다(§6·①·②).

(2) 주택종합계획의 수립

1) 주택종합계획의 수립

국토해양부장관은 국민의 주거안전과 주거수준의 향상을 도모하기 위하여 ㉮ 주택정책의 기본목표 및 기본방향에 관한 사항, ㉯ 국민주택·임대주택의 건설 및 공급에 관한 사항, ㉰ 주택·택지의 수요·공급 및 관리에 관한 사항, ㉱ 주택자금의 조달 및 운용에 관한 사항, ㉲ 저소득자·무주택자 등 주거복지차원에서 지원이 필요한 계층에 대한 주택지원에 관한 사항, ㉳ 건전하고 지속가능한 주거환경의 조성 및 정비에 관한 사항, ㉴ 주택의 리모델링에 관한 사항이 포함된 주택종합계획을 수립·시행해야 한다.

국토해양부장관은 주택종합계획을 수립하고자 하는 때에는 미리 관계 중앙행정기관의 장 및 시·도지사에게 주택종합계획에 반영되어야 할 정책 및 사업에 관한 소관별 계획서의 제출을 요청할 수 있다. 이 경우 관계 중앙행정기관의 장 및 시·도지사는 특별한 사유가 없는 한 이에 응해야 한다. 국토해양부장관은 제출받은 소관별 계획서를 기초로 주택종합계획안을 마련하여 관계 중앙행정기관의 장과 협의한 후 주택정책심의위원회의 심의를 거쳐 확정한다. 이 경우 국토해양부장관은 확정된 주택종합계획을 관계 중앙행정기관의 장 및 시·도지사에게 통보해야 한다. 주택종합계획은 연도별 계획과 10년 단위의 계획으로 구분하며, 연도별 계획은 10년 단위의 계획을 토대로 당해 연도 2월 말까지 수립해야 한다(§7·①·②·③·④·⑤).

2) 주택건설사업 또는 대지조성사업의 시행

주택종합계획은 국토기본법에 의한 국토종합계획에 적합해야 하며, 국가·지방자치단체·한국토지주택공사 및 지방공사인 사업주체는 주택종합계획이 정하는 바에 따라 주택건설사업 또는 대지조성사업을 시행하여야 한다(§7·③).

3) 시·도 주택종합계획의 수립

시·도지사는 제7조의 규정에 의한 주택종합계획에 따라 대통령령이 정하는 범위 안에서 시·도의 조례가 정하는 바에 의하여 연도별 시·도 주택종합계획 및 10년 단위의 시·도 주택종합계획을 수립해야 한다(§8).

(3) 주택의 건설

1) 주택건설사업자

① 주택건설사업의 등록

연간 단독주택은 20호, 공동주택은 20세대 이상의 주택건설사업을 시행하고자 하는 자 또는 연간 1만 제곱미터 이상의 대지조성사업을 시행하고자 하는 자는 국토해양부장관에게 등록해야 한다(등록사업자)(주택법 §9·①, 주택법시행령 §10·①). 다만, 다음 각 호의 사업주체의 경우는 그렇지 않다.

㉮ 국가·지방자치단체, ㉯ 한국토지주택공사, ㉰ 지방공사, ㉱ 공익법인의 설립·운영에 관한 법률 제4조 규정에 의해 주택건설사업을 목적으로 설립된 공익법인, ㉲ 제32조

에 의해 설립된 주택조합(등록사업자와 공통으로 주택건설사업을 하는 경우에 한한다), ㉥ 근로자를 고용하는 자(등록사업자와 공동으로 주택건설사업을 하는 경우에 한한다. 이하 '고용자'라 한다).

② 공동사업주체

토지소유자가 주택을 건설하는 경우에는 능록사업자와 공동으로 사업을 시행할 수 있나. 이 경우 토지소유자와 등록사업자를 공동사업주체로 본다. 주택조합이 그 구성원의 주택을 건설하는 경우에도 등록사업자(지방자치단체·대한주택공사 및 지방공사를 포함한다)와 공동으로 사업을 시행할 수 있다. 이 경우 주택조합과 등록사업자를 공동사업주체로 본다. 고용자가 근로자의 주택을 건설하는 경우에도 등록사업자와 공동으로 사업을 시행하여야 한다. 이 경우 고용자와 등록사업자를 공동사업주체로 본다. 공동사업주체간의 구체적인 업무·비용 및 책임의 분담 등에 관하여는 대통령령이 정하는 범위 안에서 당사자간의 협약에 따른다(§10·①·②·③·④).

2) 주택건설사업의 시행

① 사업계획의 승인

단독주택은 20호, 공동주택은 20세대 이상의 주택건설사업을 시행하고자 하는 자 또는 1만 제곱미터 이상의 대지조성사업을 시행하고자 하는 자는 사업계획승인 신청서에 주택과 부대시설 및 복리시설의 배치도, 대지조성공사 설계도서 등 대통령령이 정하는 서류를 첨부하여 사업계획승인권자, 「즉, ㉮ 국가 및 한국토지주택공사가 시행하는 경우와 대통령령으로 정하는 경우에는 국토해양부장관, ㉯ 주택건설사업 또는 대지조성사업으로서 해당 대지면적이 10만 제곱미터 이상인 경우에는 시·도지사 또는 지방자치법 제175조에 따라 서울특별시와 광역시를 제외한 인구 50만 명 이상의 대도시의 시장, ㉰ 주택건설사업 또는 대지조성사업으로서 해당 대지면적이 10만 제곱미터 미만인 경우에는 특별시장·광역시장·특별자치도지사 또는 시장·군수」에게 제출하고 그 사업승인을 얻어야 한다(§16·①).

주택건설사업계획의 승인을 얻고자 하는 자는 당해 주택건설대지의 소유권을 확보해야 한다. 다만, ㉮ 국토의 계획·이용법상의 지구단위계획의 결정이 필요한 주택건설사업으로서 당해 대지면적의 100분의 80 이상을 사용할 수 있는 권원을 확보한 경우,[240] ㉯ 사업주체가 주택건설대지의 소유권을 확보하지 못하였으나 당해 대지를 사용할 수 있는 권원을 확보한 경우, ㉰ 국가·지방자치단체·한국토지주택공사 및 지방공사가 주택건설 사업을 하는 경우에는 그렇지 않다(§16·②).

사업계획승인을 받은 사업주체는 당해 주택건설대지 중 사용할 수 있는 권원을 확보하지 못한 대지(건축물을 포함한다)의 소유자(지구단위계획구역 결정고시일 10년 이전에 당해 대지의 소유권을 확보하여 계속 보유하고 있는 자를 제외한다. 이 경우 대지 소유기간 산정시 대지소유자가 직계비속·직계존속 및 배우자로부터 상속으로 소유권을 취득한 경우에 피상속인의 소유기간을 합산한다[241])에게 그 대지를 시가에 따라 매도할 것을 청구할 수 있다. 이 경우 매도

240) 주택건설예정지에 대한 소위 '알박기' 등으로 사업지연 및 분양원가 상승 등 문제점을 해결하기 위해 사업주체의 주택건설대지확보비율을 100분의 90에서 100분의 80으로 완화하였다.

청구대상이 되는 대지의 소유자와 사전에 3월 이상의 기간 동안 협의하여야 한다(§18의2·①).

시·도지사는 사업계획을 승인함에 있어서 사업주체가 제출하는 사업계획에 당해 주택건설사업 또는 대지조성사업과 직접적으로 관련이 없는 공공청사 등의 용지의 기부채납이나 간선시설 등의 설치에 관한 계획을 포함하도록 요구해서는 안 된다(§16·⑤).

사업계획승인권자는 사업계획을 승인한 때에는 이에 관한 사항을 고시해야 하며, 사업계획 승인서 및 관계서류의 사본을 지체 없이 관할 시장·군수·구청장에게 송부해야 한다(§16·⑥).

② 사업주체의 공사착수

사업계획승인을 얻은 사업주체는 승인을 얻은 사업계획대로 사업을 시행해야 하며 승인을 얻은 날부터 2년 이내에 공사에 착수해야 한다. 다만, 사업계획승인권자는 대통령령으로 정하는 정당한 사유가 있다고 인정하는 경우에는 사업주체의 신청을 받아 그 사유가 없어진 날부터 1년의 범위에서 그 공사의 착수기간을 연장할 수 있다.

사업계획승인권자는 사업주체가 위의 기간 내에 공사에 착수하지 않는 경우에는 그 사업계획의 승인을 취소할 수 있다(§16·⑦·⑨).

사업계획승인을 받은 사업주체는 당해 주택건설대지 중 사용할 수 있는 권원을 확보하지 못한 대지소유자의 소재 확인이 현저히 곤란한 경우에는 전국적으로 배포되는 2 이상의 일간신문에 2회 이상 공고하고, 그 공고한 날부터 30일 이상이 지난 때에는(매도청구대상의 대지로 본다) 그 소유자의 소재 확인이 현저히 곤란한 대지의 감정평가액에 해당하는 금액을 법원에 공탁하고 주택건설사업을 시행할 수 있다(§18의3 신설).

③ 효력(집중효제도 : 다른 법률에 의한 인·허가 등의 의제)

현행 주택법에서는 사업계획승인을 받으면 다른 법률에서 규정하고 있는 허가·인가·결정·승인 또는 신고 등(이하 '인·허가 등'이라 한다)에 관하여 관계행정기관의 장과 협의한 사항에 대하여는 당해 인·허가 등을 받은 것으로 보며, 사업계획의 승인·고시가 있은 때에는 관계 법률에 의한 고시가 있은 것으로 본다(§17·①).

인·허가 등의 의제를 받고자 하는 자는 사업계획승인을 신청하는 때에 해당 법률이 정하는 관계서류를 함께 제출해야 한다(§17·②).

사업승인권자는 사업계획을 승인하고자 하는 경우에 다른 법률에서 규정하고 있는 의제되는 사항이 포함되어 있는 경우(제17조 제1항 각호)에는 해당 법률이 정하는 관계서류를 미리 관계 행정기관의 장에게 제출한 후 협의해야 한다. 이 경우 관계 행정기관의 장은 사업계획승인권자의 협의요청을 받은 날부터 30일 이내에 의견을 제출해야 하며, 당해 법률에서 규정한 인·허가 등의 기준을 위반하여 협의에 응해서는 안 된다(§17·③).

---

241) 매도청구권제도의 실효성을 확보하여 조속한 사업추진이 가능토록 하기 위해 매도청구 제외대상은 소유권 보유기간이 3년 이전에서 10년 이전으로 개정된 것이다.

3) 주택성능등급 및 바닥충격음 성능등급의 표시

① 사업주체가 대통령령이 정하는 호수 이상의 주택을 공급하고자 하는 때에는 국토해양부 장관이 지정하는 주택성능 등급인정 기관으로부터 ㉮ 경량충격음·중량충격음·화장실소음·경계소음 등 소음관련등급, ㉯ 리모델링 등을 대비한 가변성·수리용이성 등 구조관련등급, ㉰ 조경·조망권·일조시간·외부소음·실내공기질 등 환경관련등급, ㉱ 사회복지시설·놀이터·휴게실 등 주민공동시설에 대한 생활환경등급, ㉲ 화재·소방성능·홈네트워크 성능 등 대통령령이 정하는 성능등급에 해당하는 주택의 성능에 대한 등급을 인정받아 이를 입주자 모집 공고에 표시해야 한다(§21의2).

② 국토해양부장관은 제21조 제1항 제1호에 따른 주택건설기준 중 공동주택 바닥충격음 차단 구조의 성능 등급을 대통령령으로 정하는 기준에 따라 인정하는 기관(이하 "바닥충격음 성능등급 인정기관"이라 한다)을 지정할 수 있다(§21의4).

4) 간선시설의 설치 및 비용의 부담

① 간선시설의 설치

사업주체가 100호 이상의 주택 건설사업을 시행하는 경우 또는 1만 6천 5백 제곱미터이상의 대지조성사업을 시행하는 경우에 ① 지방자치단체는 도로 및 상·하수도 시설, ② 당해 지역에 전기·통신·가스 또는 난방을 공급하는 자는 전기시설·통신시설·가스시설 또는 지역난방시설, ③ 국가는 우체통의 간선시설을 각각 설치해야 한다(§23·①).

이들 간선시설의 설치는 특별한 사유가 없는 한 제29조 제1항의 규정에 의한 사용 검사일까지 완료해야 한다(§23·②).

② 설치의무자의 비용부담

간선시설의 설치비용은 그 설치의무자가 이를 부담하고, 그 설치비용의 2분의 1의 범위 안에서 국가가 이를 보조할 수 있다(§23·③).

전기 간선시설을 지중선로로 설치하는 경우에는 전기를 공급하는 자와 지중에 설치할 것을 요청하는 자가 각각 100분의 50의 비율로 그 설치비용을 부담하도록 하되, 다만, 사업지구 밖의 기간시설로부터 그 사업지구 안의 가장 가까운 주택단지의 경계선까지 전기 간선시설은 전기를 공급하는 자가 부담한다(§23·④).

5) 주택의 감리

① 사업계획승인권자는 주택건설사업계획을 승인한 때와 시장·군수·구청장이 리모델링의 허가를 한 때에는 감리자격이 있는 자를 당해 주택건설공사를 감리할 자로 지정해야 한다. 다만, 사업주체가 국가·지방자치단체·한국토지주택공사·지방공사 또는 대통령령이 정하는 자인 경우와 도시형생활주택의 경우에는 그렇지 않다. 사업주체와 감리자간의 책임내용 및 범위는 주택법에서 규정한 것을 제외하고는 당사자간의 계약으로 정한다(§24·①·⑧).

② 감리자의 업무협조

감리자는 「전력기술관리법」 제14조의 2, 「정보통신공사업법」 제8조, 「소방시설공사업법」 제17조의 규정에 의하여 각각 감리업무를 수행하는 자(이하 '다른법률에 의한 감리자'라 한다)와 서로 협력하여 감리업무를 수행해야 한다. 다른 법률에 의한 감리자는 공정별 감리계획서 등 대통령령이 정하는 자료를 감리자에게 제출해야 하며, 감리자는 제출된 자료를 근거로 다른 법률에 의한 감리자와 협의하여 전체 주택건설공사에 대한 감리계획서를 작성해야 한다. 감리자는 주택건설공사의 품질·안전관리 및 원활한 공사진행을 위하여 다른 법률에 의한 감리자에게 정정보고 및 시정을 요구할 수 있으며, 다른 법률에 의한 감리자는 요청에 따라야 한다(§24의2).

③ 부실감리자에 대한 조치

사업계획승인권자는 지정·배치된 감리자 또는 감리원(다른 법률에 의한 감리자 또는 그에게 소속된 감리원을 포함한다)이 그 업무를 수행함에 있어서 고의 또는 중대한 과실로 감리를 부실하게 하거나 관계법령을 위반하여 감리를 함으로써 당해 사업주체 또는 입주자 등에게 피해를 입히는 등 주택건설공사가 부실하게 된 경우에는 당해 감리자의 등록 또는 감리원의 면허 그 밖의 자격인정 등을 한 행정기관의 장에게 등록말소·면허취소·자격정지·영업정지 그 밖에 필요한 조치를 하도록 요청할 수 있다(§24의3).

6) 사용검사

① 사업주체는 사업계획승인을 얻어 시행하는 주택건설사업 또는 대지조성사업을 완료한 경우에는 주택 또는 대지에 대하여 시장·군수·구청장(국가·한국토지주택공사가 사업주체인 경우와 대통령령이 정하는 경우는 국토해양부장관)의 사용검사를 받아야 한다. 다만, 사업계획 승인조건의 미이행 등 특별한 사유가 있어 사업을 완료하고 있지 못하고 있는 경우에는 완공된 주택에 대하여 동별로 사용검사를 받을 수 있다(§29·①).

㉠ 사업주체가 파산 등으로 사용 검사를 받을 수 없는 경우에는 해당 주택의 시공을 보증한 자 또는 입주예정자, ㉡ 사업주체가 정당한 이유없이 사용검사를 위한 절차를 이행하지 아니하는 경우에는 해당 주택의 시공을 보증한 자, 해당 주택의 시공자 또는 입주예정자(이 경우 사용검사권자는 사업주체가 사용검사를 받지 아니하는 정당한 이유를 밝히지 못하는 한 사용검사를 거부하거나 지연할 수 없다)는 대통령령으로 정하는 바에 따라 사용검사를 받을 수 있다(§29·③).

② 효력(집중효 : 다른 법률에 의한 인·허가 등의 의제)

사업주체가 사용검사를 받은 때에는 제17조 제1항의 규정에 의하여 의제되는 인·허가 등에 따른 당해 사업의 사용승인·준공검사 또는 준공인가 등을 받은 것으로 본다.

이 경우 사용검사를 행하는 시장·군수·구청장(이하 '사용검사권자'라 한다)은 미리 관계 행정기관의 장과 협의하여야 한다.

사업주체 또는 입주예정자는 사용검사를 받은 후가 아니면 주택 또는 대지를 사용하게 하거나 이를 사용할 수 없다. 다만, 대통령령이 정하는 경우로서 사용검사권자의 임시사용승인을 얻은 경우에는 그렇지 않다(§29·②·④).

7) 주택조합

① **주택조합설립**(지역주택조합)

다수의 구성원이 주택을 마련하거나 리모델링하기 위하여 주택조합을 설립하고자 하는 경우(직장주택조합의 경우를 제외한다)에는 관할 시장·군수·구청장의 인가를 받아야 한다. 국민주택을 공급받기 위하여 직장주택조합을 설립하고자 하는 자는 관할 시장·군수·구청장에게 신고하여야 한다(§32·①·③).

② **책임 및 감독**

주택조합과 등록사업자가 공동으로 사업을 시행하면서 시공할 경우 등록사업자는 시공자로서의 책임뿐만 아니라 자신의 귀책사유로 사업추진이 불가능하게 되거나 지연됨으로 인하여 조합원에게 가한 손해를 배상할 책임이 있다. 시장·군수·구청장은 주택조합 또는 그 조합의 구성원이 주택법 또는 주택법에 의한 명령이나 처분에 위반한 때에는 주택조합의 설립인가를 취소할 수 있다(§32·②, §34·②).

주택조합은 ㉮ 사업계획승인을 얻은 날부터 3월이 경과한 날, ㉯ 사용검사 또는 임시사용승인을 신청한 날부터 각각 30일 이내에 「주식회사의외부감사에관한법률」 제3조의 규정에 의한 감사인의 회계감사를 받아야 하며, 그 감사 결과를 관할 시장·군수·구청장과 당해 주택조합에게 보고하고, 인터넷에 게재하는 방법 등 당해 조합원이 열람할 수 있도록 해야 한다(§34·②·③, 동법시행령 §42).

(4) 주택의 공급

1) 주택공급

① **주택공급**

사업주체(건축법 제11조의 규정에 의한 건축허가를 받아 주택외의 시설과 주택을 동일건축물로 제16조 제1항의 규정에 의한 호수 이상으로 건설·공급하는 건축주를 포함한다)는 ㉠ 사업주체(국가·지방자치단체·대한주택공사 및 지방공사를 제외한다)가 입주자를 모집하고자 하는 경우에는 국토해양부령이 정하는 바에 의하여 시장·군수·구청장의 승인을 얻을 것, ㉡ 사업주체가 건설하는 주택을 공급하고자 하는 경우에는 국토해양부령이 정하는 입주자 모집조건·방법·절차·입주금(입주예정자가 사업주체에게 납입하는 주택가격)의 납입방법·시기·절차, 주택공급계약의 방법·절차 등에 적합할 것 ㉢ 사업주체가 주택을 공급하고자 하는 경우에는 국토해양부령이 정하는 바에 따라 벽지·바닥재·주방용구·조명기구 등을 제외한 부분의 가격을 별도로 제시하고, 이를 입주자가 선택할 수 있도록 하여 주택을 건설·공급해야 한다(§38·①). 이 경우 국가유공자, 장애인, 철거주택의 소유자, 그 밖에 국토해양부령으로 정하는 대상자에 대하여는 국토해양부령이 정하는 바에 따라 입주자 모집 조건 등을 달리 정하여 별도로 공급할 수 있다(§38·① 단서).

② 모집공고승인

사업주체가 입주한 모집공고의 승인을 얻고자 하는 때에는 견본주택에 사용된 마감자재의 규격·성능 및 재질을 기재한 목록표와 견본 주택의 각실 내부를 촬영한 영상물을 승인권자에게 제출해야 하고, 시장·군수 또는 구청장은 마감재 목록표와 영상물을 사용검사가 있은 날부터 2년 이상 보관하여 입주자가 열람을 요구하는 때에는 공개해야 한다(§38·③및 ⑤신설).

③ 견본주택건설

사업주체가 주택의 판매·촉진을 위하여 견본주택을 건설하는 경우에는 견본주택의 내부에 사용하는 마감자재 및 가구는 사업계획 승인의 내용과 같은 것으로 시공·설치하여야 한다(§38의 3·①).

사업주체가 견본주택의 내부에 사용하는 마감자재를 사업계획승인 또는 마감자재 목록표와 다른 마감재로 설치하는 경우로서 ㉮ 분양 가격에 포함되지 아니하는 품목을 견본주택에 전시하는 경우, ㉯ 마감자재 생산업체의 부도 등으로 인한 제품의 품귀 등 부득이한 경우에는 일반인이 그 해당사항을 알 수 있도록 국토해양부령이 정하는 바에 따라 그 공급가격을 표시해야 한다(§38의 3·②).

④ 공급질서교란금지

주택을 공급받을 수 있는 지위, 주택상환사채, 입주자저축증서 등을 양도·양수 또는 이를 알선할 목적으로 각종간행물, 유인물, 전화, 인터넷 등을 통한 광고행위를 금지하고, 이를 위반한 자에 대하여 10년의 범위에서 주택의 입주자 자격을 제한할 수 있도록 하여 공급 질서 교란금지를 제도화하였다(§39· ①·⑤).

2) 주택의 분양가격 제한

① 주택분양 가격의 제한

(가) 의의 : 사업주체가 일반인에게 공급하는 공동주택은 이 조(§38조 의2)에서 정하는 기준에 따라 산정되는 분양가격 이하로 공급(이에 따라 공급되는 주택을 "분양가 상한제 적용주택"이라 한다)하여야 한다. 이 경우 분양 가격은 택지비 및 건축비로 구성되며, 구체적인 명세, 산정방식, 감정평가기관 선정 방법 등은 국토해양부령으로 정한다(§38의 2·①).

(나) 택지비 : 공공택지에서 주택을 공급하는 경우의 택지비는 해당택지의 공급가격에 국토해양부령이 정하는 택지와 관련된 비용을 가산한 금액으로 하고, 공공택지외의 택지에 주택을 공급하는 경우의 택지비는 「부동산가격공시및감정평가에관한법률」에 따라 감정평가한 가액에 국토해양부령이 정하는 택지와 관련된 비용을 가산한 금액으로 한다. 다만, 택지매입 가격이 ㉮ 민사집행법, 국세징수법, 또는 지방세기본법에 따른 경·공매 낙찰가격, ㉯ 국가·지방자치단체 등 공공기관으로부터 매입한 가격, ㉰ 그 밖에 실제 매매 가격을 확

인할 수 있는 경우로써 대통령령으로 정하는 경우에는 해당 매입 가격에 국토해양부령으로 정하는 택지와 관련된 비용을 가산한 금액을 택지비로 볼 수 있다. 이 경우 택지비는 주택단지 전체에 동일하게 적용해야 한다(§38의 2·②).

(다) 건축비 : 건축비는 국토해양부장관이 정하여 고시하는 건축비(이하 "기본형 건축비"라 한다)에 국토해양부령이 정하는 금액을 더한 금액으로 한다. 이 경우 기본형 건축비는 시장·군수·구청장이 해당지역의 특성을 감안하여 국토해양부령이 정하는 범위 내에서 따로 정하여 고시할 수 있다(§38의 2·③).

② 분양가상한제 적용주택의 분양가격 공시 : 사업주체는 분양가상한제 적용주택으로서 공급하는 주택에 대하여 입주자 모집 승인을 얻은 때에는 입주자 모집공고에 ㉮ 택지비 ㉯ 공사비 ㉰ 간접비 ㉱ 그 밖에 국토해양부령이 정하는 비용에 대하여 분양 가격을 공시하여야 한다(§38의 2·④). 시장·군수·구청장이(§38의 규정에 따라)공공택지외의 택지에서 공급되는 분양가 상한제 적용주택(수도권정비계획법 제2조 제1호의 규정에 따른 수도권 등 분양가 상승우려가 큰 지역으로서 대통령령으로 정하는 기준에 해당되는 지역안에서 공급되는 주택에 한한다)에 대하여 입주자 모집 승인을 하는 경우에는 ㉮ 택지비 ㉯ 직접공사비 ㉰ 간접공사비 ㉱ 설계비 ㉲ 감리비 ㉳ 부대비 ㉴ 그 밖에 국토해양부령이 정하는 비용에 대하여 분양가격을 공시하여야 한다. 이 경우 ㉯ 내지 ㉳의 비용은 기본형 건축비의 항목별 가액으로 한다(§38의 2·⑤).

3) 저당권설정 등의 제한

① 담보물권 등 설정제한

사업주체는 사업계획승인을 얻어 시행하는 주택건설사업에 의하여 건설된 주택 및 대지에 대하여는 입주자 모집공고 승인신청일(주택조합의 경우에는 사업계획 승인 신청일을 말한다) 이후부터 입주예정자가 당해 주택 및 대지의 소유권 이전등기를 신청할 수 있는 날(사업주체가 입주예정자에게 통보한 입주가능일) 이후 60일까지의 기간 동안 입주예정자의 동의 없이 ㉮ 당해 주택 및 대지에 저당권 또는 가등기 담보권 등 담보물권을 설정하는 행위, ㉯ 당해 주택 및 대지에 전세권·지상권 또는 등기되는 부동산임차권을 설정하는 행위, ㉰ 당해 주택 및 대지를 매매 또는 증여 등의 방법으로 처분하는 행위에 해당하는 행위를 해서는 안된다(§40·①).

사업주체는 해당주택 또는 대지가 입주예정자의 동의 없이는 양도하거나 제한물권을 설정하거나 압류·가압류·가처분 등의 목적물이 될 수 없는 재산임을 소유권등기에 부기등기해야 한다(§40·③). 이러한 부기등기는 주택건설대지에 대하여는 입주자 모집공고 승인신청과 동시에 해야 하고 건설된 주택에 대하여는 소유권보존등기와 동시에 해야 한다(§40·④).

부기등기일 이후에 당해 대지 또는 주택을 양수하거나 제한물권을 설정 받은 경우 또는 압류·가압류·가처분 등의 목적물로 한 경우에는 그 효력을 무효로 한다(§40·⑤).

사업 주체의 재무상황 및 금융거래상황이 극히 불량한 경우 등 대통령령이 정하는 사유에 해당되어 대한주택보증주식회사가 분양보증을 행하면서 주택건설대지를 대한주택보증주식회사에 신탁하게 할 경우에는 제1항 및 제3항의 규정에 불구하고 사업주체는 당해 주택건설대지를 신탁할 수 있다(§40·⑥).

사업주체가 주택건설 대지를 신탁한 경우 신탁등기일 이후부터 입주 예정자가 해당 주택건설 대지의 소유권이전등기를 신청할 수 있는 날 이후 60일까지의 기간 동안 해당 신탁의 종료를 원인으로 하는 사업주체의 소유권이전등기청구권에 대한 압류·가압류·가처분 등은 효력이 없음을 신탁계약 조항에 포함하여야 한다(§40·⑧).

신탁등기일 이후부터 입주예정자가 해당 주택건설 대지의 소유권이전등기를 신청할 수 있는 날 이후 60일까지의 기간 동안 해당 신탁의 종료를 원인으로 하는 사업주체의 소유권이전등기청구권을 압류·가압류·가처분 등의 목적물로 한 경우에는 그 효력은 무효로 한다(§40·⑨).

4) 투기과열지구의 지정 및 해제

국토해양부장관 또는 시·도지사는 주택가격의 안정을 위하여 필요한 경우에 일정한 지역을 주택정책심의위원회(시·도지사의 경우는 시·도 주택정책심의위원회)의 심의를 거쳐 투기과열지구로 지정하거나 이를 해제할 수 있다. 투기과열지구의 지정은 그 지정목적을 달성할 수 있는 최소한의 범위로 한다(§41·①). 투기과열지구는 해당 지역의 주택가격 상승률이 물가상승률 보다 현저히 높은 지역으로서 그 지역의 청약경쟁률·주택가격·주택보급 보급률 및 주택공급계획 등과 지역 주택시장 여건 등을 고려하였을 때 주택에 대한 투기가 성행하고 있거나 우려되는 지역 중 국토해양부령으로 정하는 기준을 충족하는 곳이어야 한다(§41·②).

국토해양부장관이 투기과열지구를 지정하거나 이를 해제하는 경우에는 시·도지사의 의견을 들어야 하며, 시·도지사가 투기과열지구를 지정하거나 이를 해제하는 경우에는 국토해양부 장관과 협의해야 한다(§41·⑤).

5) 주택의 전매행위 제한

① 사업주체가 건설·공급하는 주택 또는 주택의 입주자로 선정된 지위(입주자로 선정되어 그 주택에 입주할 수 있는 권리·자격·지위 등을 말한다)로서 ㉮ 투기과열지구 안에서 건설·공급되는 주택의 입주자로 선정된 지위, ㉯ 분양가상한제 적용주택 및 당해 주택의 입주자로 선정된 지위, ㉰ 주택공영개발지구(§41의3)에서 제38조의 2의 규정에 의한 분양가격의 제한을 받지 아니하고 지정된 주택공영 개발지구에서 공공기관(§41의3·②)이 건설·공급하는 공동주택 및 당해 주택의 입주자로 선정된 지위에 해당하는 경우에는 10년 이내의 범위 내에서 대통령령이 정하는 기간이 경과하기 전에는 이를 전매(매매·증여 그 밖의 권리의 변동을 수반하는 일체의 행위를 포함하되, 상속의 경우를 제외한다)하거나 이의 전매를 알선할 수 없다. 이 경우 전매제한기간은 주택의 수급상황 및 투기 우려 등을 감안하여 대통령령에서 지역별로 달리 정할 수 있다(§41의2·①).

② ①의 ㉮·㉯·㉰ 중 어느 하나에 해당하여 입주자로 선정된 자 또는 ①의 ㉯ 또는 ㉰에 해당되는 주택을 공급받은 자의 생업상의 사정 등으로 전매가 불가피하다고 인정되는 경우로서 대통령령이 정하는 경우에는 제1항의 규정을 적용하지 않는다. 다만, ①의 ㉯ 또는 ㉰에 해당하는 주택을 공급받은 자가 전매하는 경우에는 한국토지주택공사(사업주체가 지방공사인 경우에는 지방공사를 말한다)가 당해 주택을 우선 매입할 수 있다(§41의2·②).

③ ①에 위반하여 주택의 입주자로 선정된 지위의 전매가 이루어 진 경우에는 사업주체가 이미 납부된 입주금에 대하여 은행법에 의한 금융기관의 1년만기정기예금 평균이자율을 합산한 금액(이하 '매입비용'이라 한다)을 그 매수인에게 지급한 때에는 그 지급한 날에 사업주체가 당해 입주자로 선정된 지위를 취득한 것으로 보며, 제2항 단서의 규정에 의하여 한국토지주택공사(지방공사 포함)가 분양가상한제 적용주택을 우선 매입하는 경우의 매입비용에 관하여도 이를 준용한다(§41의2·③).

④ 사업주체가 ①의 ㉯ 또는 ㉰에 해당하는 주택을 공급하는 경우에는 당해 주택의 소유권을 제3자에게 이전할 수 없음을 소유권에 관한 등기에 부기등기 해야 한다. 부기등기는 주택의 소유권보존등기와 동시에 해야 하며, 부기등기에는 "이 주택은 최초로 소유권이전등기가 된 후에는 주택법 제41조의 2 제1항에서 정한 기간이 경과하기 전에 한국토지주택공사(제41조의 2 제2항 단서의 규정에 의하여 대한주택공사가 우선매입한 주택을 공급받는 자를 포함한다) 외의 자에게 소유권을 이전하는 일체의 행위를 할 수 없음"을 명시해야 한다(§41의2·⑤).

6) 주택공영개발 지구의 지정

① 국토해양부장관은 「투기과열지구」에서 조성되는 공공택지 중에서 주택에 대한 투기가 성행할 우려가 있거나 공공택지의 주택공급 공공성을 강화하기 위하여 필요한 경우에는 주택정책심의위원회에서 ㉮ 주택공영개발지구의 지역적 범위, ㉯ 당해 주택공영개발지구에서 주택공영개발의 대상이 되는 주택의 규모 및 종류에 대한 심의를 거쳐 주택공영개발지구를 지정할 수 있다. 이 경우 공공기관이 택지를 양수하여 건설·공급해야 하는 공동주택의 규모 및 종류 등은 지역별 특성 및 주택의 수급상황 등을 고려하여 달리 정할 수 있다(§41의3·①).

② 지정된 주택공영개발지구에서 주택공영개발의 대상이 되는 주택을 건설·공급하기 위하여 공급되는 공공택지는 공공기관(국가 또는 지방자치단체, 한국토지주택공사, 지방공사)에 이를 양도해야 하며, 이를 양수한 공공기관은 당해 택지 내 주택건설사업을 직접 건설해야 한다. 다만, 택지공급의 원활한 수급을 위해 대통령령이 정하는 경우에는 그렇지 않다(§41의3·②).

③ 국토해양부장관이 주택공영개발지구를 지정한 때에는 관보에 고시하고, 관할 시·도지사에게 이를 통보해야 한다(§41의3·③).

위와 같이 주택에 대한 투기가 우려되거나 공공택지 내 주택공급의 공공성을 강화하기 위하여 필요한 경우에는 투기과열지구 내 공공택지 중에서 주택공영개발지구를 지정하여 공공기관이 직접 주택을 건설·공급하도록 한 것이다.

(5) 주택의 관리

1) 관리주체

① 대통령령이 정하는 공동주택을 건설한 사업주체는 입주예정자의 과반수가 입주할 때까지 당해 공동주택을 직접 관리해야 하며, 입주예정자의 과반수가 입주한 때에는 입주자에게 그 사실을 통지하고 당해 공동주택을 관리할 것을 요구해야 한다.

입주자는 공동주택을 자치관리하거나 주택관리업자에게 위탁 관리해야 한다(§43·①·②).

② 입주자는 주택관리할 것을 요청받은 때에는 그 요구를 받은 날부터 3월 이내에 입주자대표회의를 구성하고 당해 공동주택의 관리방법을 결정(주택관리업자에 의한 관리방법을 선택한 경우에는 그 주택관리업자의 선정을 포함한다)하여 이를 사업주체에게 통지하고 관할 시장·군수·구청장에게 신고해야 한다(§43·③). 사업주체는 통지가 없거나 입주자대표회의가 자치관리기구를 구성하지 아니한 경우에는 주택관리업자를 선정해야 한다. 이 경우 사업주체는 입주자에게 그 사실을 통지해야 한다(§43·⑤).

입주자대표회의가 공동주택을 관리하고자 하는 때에는 공동관리요구를 받은 날부터 6월 이내에 공동주택의 관리사무소장을 자치관리기구의 대표자로 선임하고 대통령령이 정하는 기술인력 및 장비를 갖춘 자치관리기구를 구성해야 한다(§43·④).

2) 담보책임 및 하자보수

① 입주자대표회의 등의 하자보수청구

사업주체(건축법상 건축허가를 받아 분양을 목적으로 하는 공동주택을 건축한건축주 및 공동주택을 신축·증축·개축·대수선또는 리모델링하는행위를 한 시공자를 포함한다)는 건축물 분양에 따른 담보책임에 관하여 민법 제667 내지 제671조의 규정을 준용하도록 한 「집합건물의 소유 및 관리에 관한 법률」 제9조의 규정에 불구하고 공동주택의 사용검사일 또는 건축법 제22조의 규정에 의한 공동주택의 사용승인일부터 공동주택의 내력구조부별 및 시설공사별로 10년 이내의 범위에서 대통령령이 정하는 담보책임기간 안에 공사상 잘못으로 인한 균열·침하·파손 등 대통령령으로 정하는 하자가 발생한 때에는 공동주택의 입주자·입주자 대표회의·관리주체 또는 「집합건물의 소유 및 관리에 관한 법률」에 따른 관리단의 청구에 따라 그 하자를 보수해야 한다(§46·①).

② 하자보수보증금예치

사업주체는 대통령령이 정하는 바에 의하여 하자보수보증금을 예치해야 한다. 다만, 국가·지방자치단체·한국토지주택공사 및 지방공사인 사업주체의 경우에는 그렇지 않다(§46·②).

③ 손해배상책임

사업주체는 담보책임기간 안에 공동주택의 내력구조부에 중대한 하자가 발생한 때에는 하자발생으로 인한 손해를 배상할 책임이 있다.

사업주체·설계자 또는 감리자는 담보책임기간 안에 발생한 하자의 책임범위에 대하여 분쟁이 발생한 때에는 건축분쟁조정위원회에 조정을 신청할 수 있다(§46·③·⑤).

④ 하자심사분쟁조정위원회에 조정신청

입주자대표회의 등과 사업주체(하자보수 보증금의 보증서 발급기관을 포함한다)는 담보책임기간 안에 발생한 하자의 책임범위에 대하여 분쟁이 발생한 때에는 제46조의 2에 따른 하자심사분쟁조정위원회에 조정을 신청할 수 있다(§46·⑥ 신설).

3) 공동주택 리모델링에 따른 특례

① 리모델링의 의의

리모델링이란 제42조 제2항 및 제3항에 따라 건축물의 노후화 억제 또는 기능향상 등을 위하여 대수선을 하거나 대통령령으로 정하는 범위에서 증축을 하는 행위를 말한다(§2·15호).

② 리모델링 시행요건

리모델 주택조합이 리모델링을 시행하는 경우에는 설립인가를, 입주자대표회의가 시행하는 경우에는 소유자 전원의 동의를 받은 후에, 리모델링 주택 조합의 총회 또는 입주자대표회의에서 건설업자 등 시공자로 선정하도록 하되, 경쟁입찰의 방법으로 선정하도록 하고, 시장·군수·구청자의 허가를 받아 리모델링을 할 수 있다. 이를 위반한 경우에는 3년 이하의 징역 또는 3천만 원 이하의 벌금에 처한다(§42·④·⑤, §96·③·④).

③ 전유부분면적증감시의 대지사용권

공동주택의 소유자가 리모델링에 의하여 전유부분의 면적이 증감하는 경우에는 「집합건물의소유및관리에관한법률」 제12조 및 제20조 제1항의 규정에 불구하고 대지사용권은 변하지 아니한 것으로 본다(§48·①).

리모델링의 경우에는 「도시 및 주거환경정비법」 제12조를 준용하여 안전진단을 하여야 하며, 안전진단의 결과 건축물 구조의 인전에 위험이 있디고 평기되어 주택제건축사업의 시행이 필요하다고 결정된 공동주택의 경우에는 증축을 위한 리모델링을 허가할 수 없다(§42·②단서).

④ 공용부분의 면적을 전유부분 면적으로 변경한 경우

공동주택의 소유자가 리모델링에 의하여 일부 공용부분의 면적을 전유부분의 면적으로 변경한 경우에는 「집합건물의 소유 및 관리에 관한 법률」 제12조의 규정에 불구하고 당해 소유자의 나머지 공용부분의 면적은 변하지 아니한 것으로 본다(§48·②).

⑤ ③의 대지사용권 및 ④의 공공부분의 면적에 관하여는 제1항 및 제2항의 규정에 불구하고 소유자가 「집합건물의 소유 및 관리에 관한 법률」 제28조의 규정에 따른 규약으로 달리 정한 경우에는 그 규약에 의한다(§48·③).

4) 주택의 전문관리

① 주택관리업

공동주택관리를 업으로 하고자 하는 자는 시장·군수·구청장에게 등록하여야 한다. 주택관리업자의 지위에 관하여 이 법에 규정이 있는 것을 제외하고는 민법 중의 위임에 관한 규정을 준용한다(§53·①·④). 주택관리사와 임원 또는 사원의 3분의1 이상이 주택관리사인 상사법인에 한하여 주택관리업을 등록할 수 있다(§53·③).

② 주택관리사무소장

입주자대표회의(자치관리 경우에 한한다)·임대사업자·관리업무를 인계하기 전의 사업주체 또는 주택관리업자는 주택관리사를 해당 공동주택의 관리사무소장으로 배치하여야 한다. 다만, 대통령령으로 정하는 세대수 미만의 공동주택에는 주택관리사를 갈음하여 주택관리사보를 해당 공동주택의 관리소장으로 배치할 수 있다(§55·①). 관리사무소장은 선량한 관리자의 주의로 그 직무를 수행하여야 한다(§55·③).

③ 주택관리사 등의 자격

주택관리사보가 되고자 하는 자는 국토해양부장관이 시행하는 자격시험에 합격한 후 시·도지사로부터 합격 증서를 교부받아야 한다.

주택관리사는 주택관리사보 자격시험에 합격하고 대통령령이 정하는 주택관리 실무경력 그 밖에 주택관련경력을 갖춘 자로서 시·도지사로부터 주택관리사의 자격증을 교부받은 자로 한다(§56·①·②).

④ 관리사무소장의 손해배상책임

주택관리사 등은 관리사무소장의 업무를 집행하면서 고의 또는 과실로 입주자에게 재산상 손해를 입힌 경우에는 그 손해를 배상할 책임이 있다. 손해배상 책임을 보장하기 위하여 주택관리사 등은 대통령령이 정하는 바에 따라 보증보험 또는 공제사업의 공제에 가입하거나 공탁을 하여야 하고, 보증보험 또는 공제에 가입하거나 공탁을 한 후 해당 공동주택의 관리사무소장으로 배치된 날에 입주자대표회의를 대표하는 자·임대사업자 또는 입주자대표회의가 없는 경우는 시장·군수·구청장에게 보증보험 등에 가입한 사실을 입증하는 서류를 제출해야 한다. 공탁한 공탁금은 주택관리사 등이 해당 공동주택의 관리사무소장의 직책을 사임하거나 그 직에서 해임된 날 또는 사망한 날부터 3년 이내에는 회수할 수 없다(§55의2).

(6) 주택자금

1) 국민주택기금

정부는 주택종합계획을 효율적으로 실시하기 위하여 필요한 자금을 확보하고, 이를 원활히 공급하기 위하여 국민주택기금을 설치한다. 국민주택기금은 국토해양부장관이 운용·관리한다(§60·①, §62·①).

2) 국민주택채권

정부는 국민주택사업에 필요한 자금을 조달하기 위하여 국민주택기금의 부담으로 국민주택채권을 발행할 수 있다. 국민주택채권은 국토해양부장관의 요청에 의하여 기획재정부장관이 발행한다(§67·①·②).

3) 주식상환사채

대한주택공사 및 등록사업자는 대통령령이 정하는 바에 의하여 주택으로 상환하는 사채(이하 '주택상환사채'라 한다)를 발행할 수 있다. 이 경우 등록사업자는 자본금·자산평가액 및 기술인력 등이 대통령령이 정하는 기준에 부합하고 금융기관 또는 대한주택보증주식회사의 보증을 받은 때에 한하여 이를 발행할 수 있다. 주식상환사채를 발행코자 하는 자는 주택상환사채발행계획을 작성하여 국토해양부장관의 승인을 받아야 한다(§69·①·②).

4) 대한주택보증주식회사

주택건설에 대한 각종 보증을 행함으로써 주택분양계약자를 보호하고 주택건설을 촉진하며 국민의 주거복지향상 등에 기여하기 위하여 대한주택보증주식회사를 둔다. 대한주택보증주식회사는 정관이 정하는 바에 따라 본점의 소재지에서 등기함으로써 성립한다. 대한주택보증주식회사에 관하여는 민영화의 원활한 추진을 위하여 「정부투자기관 관리기본법」을 적용하지 아니한다. 이 법에 규정되지 아니한 사항에 대하여는 상법 중 주식회사에 관한 규정을 준용한다(§76·①·②, §80·①·③). 대한주택보증주식회사의 임·직원이 수뢰죄 등을 범한 경우 이를 공무원으로 본다(§102 신설).

(7) 주택의 거래

1) 주택 거래의 신고

소득세법 제104조의 2 제1항의 규정에 의한 지역 중 주택에 대한 투기가 성행하거나 성행할 우려가 있다고 판단되는 지역으로서 주택정책심의위원회의 심의를 거쳐 국토해양부장관이 지정하는 지역(이하 '주택거래신고지역'이라 한다)에 관한 소유권을 인정하는 계약을 체결한 당사자는 공동으로 주택거래가액 등 대통령령이 정하는 사항을 주택거래계약의 체결일부터 15일 이내에 당해 주택소재지의 시장·군수·구청장에게 신고하여야 한다(§80의 2·①).

신고를 받은 시장·군수·구청장은 그 신고내용을 확인한 후 신고필증을 신고인에게 즉시 교부해야 한다(§80의 2·③). 신고인이 신고필증을 교부받은 때에는 「부동산등기특별조치법」 제3조 제1항의 규정에 의한 검인을 받은 것으로 본다(§80의 2·④).

2) 세무관서의 장에게 통보

시장·군수·구청장은 신고필증 교부일부터 15일 이내에 당해 주택소재지 관할 세무관서의 장에게 신고사항을 통보해야 하며, 통보받은 세무관서의 장은 당해 신고사항을 국세 또는 지방세 부과를 위한 과세자료로 활용할 수 있다(§80의 3·②).

제7장 공용부담법

제1절 개 설

Ⅰ. 공용부담의 개념

1. 전통적 의미의 공용부담의 개념

공용부담은 실정법상의 용어가 아니고 학문상의 개념이다.

전통적 의미의 공용부담이란 "특정한 공익사업의 수요에 충당하기 위하여 또는 특정한 물건의 효용을 보존하기 위하여 특정의 개인에게 강제적으로 과하는 공법상의 인적·물적 부담"으로 정의되어 왔다.

도로·항만·철도·공공주택의 건설 등 특정한 공익사업을 위하여 개인의 토지나 기타 물건 기타 노력을 필요로 하는 경우에는 보통은 매매계약·임대차 기타 사법(私法)상의 수단을 통하여 이를 획득하여 이에 충당함이 원칙이다.

그러나 때로는 공익상의 필요에도 불구하고 권리자의 동의를 얻을 수 없거나 긴급을 요하여 사법상의 수단이 가능하지 않은 경우가 발생할 수 있다. 이러한 경우에 한편으로 공익사업의 수요를 충당하기 위하여 상대방의 의사에 반하여 강제적으로 부담을 부과할 수 있게 하고, 다른 한편으로 공익과 사익과의 조화를 도모하여 그 부담을 합리적으로 조정하는 것을 목적으로 하는 공법상 제도로서 공용부담제도가 발전되었다.[242)]

2. 공용부담의 개념의 변화

상술한 바와 같이 전통적 의미의 공용부담은 특정한 공익사업의 수요에 충당하기 위한 것이고 또한 한정된 특정한 개인 또는 특정의 재산권에 대한 부담이다.

그런데 오늘날은 특정한 공익사업과는 관계없이 국토의 합리적인 개발이나 이용을 위하여 광범위한 지역의 토지를 수용하는 것도 가능하며, 개발제한구역의 지정이나 국토의 계획·이용법에 의한 용도지역·용도지구의 지정을 통하여 광범위한 지역의 토지 이용이나 거래가 제한되기도 한다. 이러한 수용이나 제한은 특정의 공익사업의 수요에 충당하기 위한 것이라기보다는 국토의 합리적인 이용을 본래적인 목적으로 하며 또한 그것은 한정된 특정의 개인 또는 특정의 재산권에 대한 부담이라고 보기는 어렵다.

그러나 이러한 수용이나 제한도 역시 복리행정상의 목적을 위한 것이고, 또한 개인이나 재산권에 대한 부담이라는 점에서 전통적 의미의 공용부담의 발전적 형태라 보겠다.[243)]

---

242) 박윤흔(하), 558쪽.

그리하여 공용부담이란 용어를 그대로 사용하더라도 보다 확대하여 공용부담의 개념을 재구성하는 것이 필요하게 되었다. 본서에서는 공용부담을 "특정한 공익사업 기타의 복리행정상 목적을 위하여 또는 일정한 물건의 효용을 보존하기 위하여 행정주체가 법규에 근거하여 개인에게 강제적으로 부과되는 공법상 인적·물적 경제적 부담"이라고 정의하기로 한다.[244)]

3. 공용부담의 개념적 요소

(1) 목적(공익사업)

공용부담의 목적은 공익사업 기타 복리행정의 수행 또는 물건의 효용을 보전하기 위함이 목적이다. 공익사업은 국가 또는 공공단체가 경영하는 사업도 있고, 사인이 경영하는 사업도 있다. 사인이 경영하는 사업은 특허기업인 것이 보통이나 순수한 사기업(광·어업)인 경우도 있다.

판례도 관광시설인 '워커힐' 건설이 문화시설 건설임을 이유로 공익사업에 해당한다고 판시한 바 있으며(구 토지수용법§3), 「공익사업인가 여부는 그 사업체의 성질로 보아 그 사업의 공공성과 독점성을 인정할 수 있는지의 여부로써 정할 것이고, 그 사업주체 여하에 따라 정할 성질의 것이 아니다」라고 판시한 바 있다.[245)] 복리행정목적이란 대부분 국토개발행정수행을 말한다.

일정한 물건의 효용을 보존하기 위한 부담에서 국가 또는 공공단체의 공물의 관리를 위한 것도 있고, 사인의 물건의 보존을 위한 것도 있다.

따라서 재정목적을 위한 조세부담이나 군정목적을 위한 병역의 획득·유지 또는 경찰 목적을 위한 부담도 사회공공의 이익을 도모하는 점에서는 같으나 공용부담은 적극적으로 공공복리를 증진시키는 것인데 반하여 경찰상 과하여지는 부담은 사회공공의 안녕과 질서를 위한 소극적인 질서유지인 점에서 구별된다.

(2) 당사자(주체 및 상대방)

공용부담의 주체는 원칙적으로 행정주체, 즉 국가나 지방자치단체이며, 예외적으로 공기업이나 특허기업도 법률에 근거하여 행정주체로부터 공용부담을 명할 수 있는 특권을 부

243) 박윤흔(하), 558쪽.

244) 공용부담의 개념을 "환경정서·공공시설운영 등 공익사업 기타 복리행정상 수요를 충족하기 위한 수단으로서, 법규에 의거하여 강제적으로 국민에게 과하는 공법상의 인적·물적부담(김도창(하), 578)", "공공필요, 특히 공익사업 또는 특정한 물건의 효용을 확보하기 위하여 개인에게 강제적으로 과해지는 공법상의 경제적 부담(김남진(Ⅱ), 516)", "특정한 공익사업 기타의 복리행정상의 목적을 위하여 또는 물건의 효용을 보존하기 위하여 개인에게 강제적으로 과하는 공법상 경제적 부담(박윤흔(하), 559쪽)", "특정 공익사업, 특정 공익목적을 위하여 또는 특정물건의 효용을 보존하기 위하여 개인에게 강제적으로 부과되는 경제적 부담(김동희(Ⅱ), 349쪽)"으로 각각 정의하고 있다.

245) 대판 1970. 9. 22, 70누81.

여받기도 한다. 한편 공용부담의 상대방은 개인으로서의 국민이다. 따라서 국가나 지방자치단체가 지는 부담은 여기서 말하는 공용부담이 아니다.

(3) 공용부담의 성질 및 수단

공용부담은 권력적 강제수단에 의한다. 즉 공용부담의 상대방의 의사 여하에 관계없이 공용부담주체의 일방적인 의사에 의해 부과되는 강제적인 것이다. 그러므로 임의적 공용부담은 공법상 계약에 해당하고, 협의의 공용부담에 포함되지 않는다.

그리고 공용부담은 일반적으로는 법률에 근거하여 행정행위로써 이뤄지는 것이나 법규가 직접 부과하는 부담도 있다. 이들은 법정공용부담이라 부른다. 공용부담은 그 발생 원인이 공법상의 것이며, 따라서 공법상의 부담이다.

(4) 공용부담의 내용

공용부담은 경제적 부담만을 말한다. 경제적 부담이란 금전적 가치 있는 부담을 말한다. 따라서 충성·봉사의무 같은 윤리적 의무는 공용부담이 아니다. 어떤 부담이 경제적 가치를 내용으로 하는 한 그것이 물적인 부담인지 인적인 부담인지를 불문한다.

Ⅱ. 공용부담의 근거

공용부담은 권력적 강제부담이므로 반드시 법적 근거를 요한다.

헌법 제23조 제3항은 "공공필요에 의한 재산권의 수용·사용 또는 제한 및 그에 대한 보상은 법률로써 하되 정당한 보상을 지급하여야 한다"고 명시하고 있다.

이러한 헌법규정에 따라 개별법에서 구체적 내용을 규율하고 있다.

공용부담에 관한 가장 일반적인 법률로는 ①「공익사업을위한토지등의취득및보상에관한법률」이 있고, 그 밖에 개별법으로는 ②「국토의계획및이용에관한법률」 ③「도시개발법」 ④「도시및주거환경정비법」 ⑤「자연공원법」 ⑥「도시공원및녹지등에관한법률」 ⑦「개발제한구역의지정및관리에관한특별조치법」 ⑧「농어촌정비법」 등이 있고, 기타 도로법·하천법·철도건설법·도시철도법·농지법·산림자원의조성및관리에관한법률·도시재정비촉진을위한 특별법 등이 이에 해당하는 개별법이다. 위의 법적 근거 중 대체적으로 ①은 공용수용, ③과 ⑧은 공용환지, ④는 공용환권, ②·⑤·⑥ 및 ⑦은 공용제한에 관한 주요 법적 근거가 된다.

Ⅲ. 공용부담의 종류

1. 목적에 따른 분류

공용부담은 공공필요라는 목적을 위하여 행하여지나, 공공의 필요의 개념이 다의적인 만큼 그 목적에 따라 다양하게 분류할 수 있다. 공익사업의 경영을 위해 행하여지는 것, 특정한 물건의 보존을 위해 행하여지는 것, 기타의 복리행정의 수행을 위해 행하여지는 것으로 나누어진다. 이들은 다시 구체적인 목적에 따라 도로부담·하천부담·철도부담·우편부담·국토개발행정상의 부담 등으로 나누어진다.

2. 권리자(부담권자)에 따른 분류

공용부담은 그 부담권자를 기준으로 국가에 의한 부담, 공공단체에 의한 부담, 사인에 의한 부담으로 나누어진다. 공용부담을 과할 수 있는 권리는 국가적 공권의 성질을 가지며, 원래는 국가에 전속하는 권리이나 경우에 따라서 공공단체나 사인에게 부여할 수 있다. 여기서 사인이 갖게 되는 권리를 공용부담특권이라 한다(예:사인이 도시재개발사업의 시행자가 되는 경우에 갖는 공용부담특권).

3. 내용에 따른 분류

(1) 인적 공용부담

특정인이 공익사업 기타 복리행정상의 수행이나 물건의 보존을 위하여 필요한 작위·부작위 또는 급부의 의무를 부담하는 것을 말한다. 인적 공용부담은 대인적 성질을 가지며, 원칙적으로 이전이 곤란하다. 그 권리자와 의무자와의 관계는 공법상의 채권·채무관계이다. 물건에 부착한 것이 아니며 또한 재산권에 대하여 물권적 변동을 발생시키는 것이 아닌 점에서 물적 공용부담과 구별된다. 인적 공용부담에는 ① 부담금, ② 부역·현품, ③ 노역·물품, ④ 시설부담, ⑤ 부작위 부담으로 나누어진다.

(2) 물적 공용부담

일정한 재산권이 공익사업 기타 복리행정상의 수행이나 물건의 보존을 위하여 필요하기 때문에 그 재산권에 부착하여 부과되는 부담이다(재산권 주체가 변경되면 의무자도 변경된다). 재산권에 부착하여 직접 물권적 변동을 발생시키는 점에서 물상부담이라고도 하며, 단순한 채권·채무적 성질을 갖는 인적 공용부담과 구별된다. 이는 재산권 자체에 부착되는 대물적 성질이 강하므로 재산권의 이전과 더불어 타인에게 이전된다.

물적 공용부담에는 ① 공용수용, ② 공용제한, ③ 공용환지·공용환권으로 구분된다. 이하에서는 공용부담의 분류에서 중요한 의미를 갖는 인적 공용부담과 물적 공용부담에 대하여 살펴보기로 한다.

제2절 인적 공용부담

【기출문제】 <1987년 (제29회) 사법시험 (약술형)> ※ 인적공용부담

Ⅰ. 인적 공용부담의 의의

인적 공용부담이라 함은 특정한 공익사업의 수요 또는 물건의 효용을 보존하기 위하여 법률에 근거하여 사인에(사업의 경영주체) 대하여 일정한 작위(노무의 제공, 우편물의 운송 등)·부작위·급부(부담금의 급부 등) 또는 수인의 의무를 부과하는 공법상의 의무를 말한다.

인적 공용부담은 공법상 의무인 까닭에 그 의무불이행에 대하여는 행정상의 강제집행이, 의무위반자에 대하여는 행정벌이 과해지는 것이 보통이다.

Ⅱ. 인적 공용부담의 분류

1. 부과방법에 따른 분류

각 개인에게 개별적으로 부과하는 개별부담과 개인의 총합에 대하여 공동의 부담으로 과하는 연합부담으로 나눌 수 있다. 개별부담의 경우는 공용부담의 전체가 각 의무자에게 분할되어 개별적으로 과하여지며, 따라서 부담의무자가 다수인 경우에도 각자는 자기의 부담분에 대하여만 책임을 진다. 연합부담의 경우에는 공용부담이 분할됨이 없이 총합체에 대하여 과하여지기 때문에 그 전체의 이행이 있어야 비로소 공용부담이 이행된 것으로 보며, 각 부담의무자는 공용부담의 전체에 대하여 책임을 지게 된다. 인적 공용부담은 원칙적으로 개별부담의 형식에 의한다.

2. 부과 근거에 따른 분류

(1) 일반부담

일반부담은 일정범위의 개인에 대하여 그 능력에 따라 과해지는 부담이다.

그 점에서 특정한 공익사업과 특별한 관계가 있는 자에 대하여 과해지는 특별부담, 우연히 특정 공익사업의 수요를 충족시킬 수 있는 위치에 있는 자에게 과해지는 우발부담과는 각각 구별된다.

또한 일반부담은 그 대상의 일반성이라는 측면에서 국방의무나 납세의무와 유사하나, 이들과는 그 목적과 내용에 있어서 구별된다. 즉 일반부담은 특정한 공익사업의 수요를 충족시키기 위한 것이나, 국방의무는 국가목적적 작용이며 병력의 취득·관리를 위한 것이고, 납

세의무는 국가목적적 작용이며 재력의 취득·관리를 위한 것이라는 점에서 서로 구별된다.

일반부담을 과할 수 있는 주체는 그 성질상 국가나 지방자치단체에 한하며 그 내용은 금전급부의무 이외의 것에 한한다. 일반부담의 실례는 매우 드문 바, 그 이유는 공익사업에 필요한 것이 금전이라면 조세의 방법에 의하면 되고, 금전 이외의 것인 경우에는 보통은 사법(私法)적 방법에 의하여 취득할 수 있기 때문이다. 구 지방자치법에서는 비상재해 등의 복구를 위하여 주민에게 과하는 부역·현품(구법 지방자치 §129·①)이 있었으나, 현행 지방자치법은 이를 삭제하였다.

(2) 특별부담

특정 공익사업과 특별한 관계에 있는 자에게 그 특별관계에 근거하여 과해지는 부담이다. 특별부담은 다시 공익사업과의 관계에 따라 수익자부담·원인자부담 및 손상자 부담으로 구분된다.

특별부담의 권리자는 국가와 공공단체이며, 순수한 개인인 경우는 없고, 그 내용은 금전지급의무인 것이 보통이다. 특별부담은 당해 사업과 특별한 관계가 있는 자에 대하여 그 관계에 응하여 과해지는 부담이므로 그 성질상 「특별한 희생」이라고는 볼 수 없으며, 따라서 손실보상 문제는 생기지 않는다.

(3) 우발부담

우발부담은 우연히 당해 사업의 수요를 충족시킬 수 있는 자에게 과해지는 부담으로서, 그 정도는 사업의 필요에 따라 결정된다.

우발부담의 권리자는 국가 또는 공공단체에 한하지 않고 사인일 경우도 있을 수 있으며, 그 내용은 금전지급 이외의 것을 내용으로 하는 것이 원칙이다.

우발부담은 특별부담과는 달리 공익적 필요에 의하여 그 의무자에게 불평등하게 과해지는 것이므로, 그로 인한 '특별한 손실'은 보상되어야 한다(수난구호법 §7, 재난 및 안전관리기본법 §64, §65, 농어업재해대책법 §7·③).

(4) 내용에 따른 분류

인적 공용부담은 그 내용에 따라 부담금, 부역, 현품, 노역·물품, 시설부담, 부작위 부담 등으로 분류할 수 있다. 실정법상 가장 중요한 분류이므로 이에 따라 항을 바꾸어 이하에서 상세히 설명하기로 한다.

Ⅲ. 부 담 금

1. 부담금의 개념(협의의 부담금)

(1) 전통적 개념

부담금이란 국가나 지방자치단체 등 행정주체가 특정한 공익사업에 대하여 특별한 이해관계 있는 자에게 그 사업에 필요한 경비의 전부 또는 일부를 부담시키기 위하여 과하는 공법상 금전지급의무를 말한다. 특정한 사업에 필요한 경비의 일부를 부담시키는 경우에는 특히 분담금이라고도 한다. 부담금은 금전지급의무이기 때문에 성질상 특별 부담에 한하는 것이 원칙이며, 부담권리자는 국가 또는 공공단체인 것이 보통이다.

(2) 오늘날의 부담금(광의의 부담금)

부담금이란 "특정한 공익사업 등 일정한 행정목적을 위하여 특정 또는 불특정의 관계인에게 부과하는 금전급부의무를 말한다." 따라서 부담금은 특정 공익사업을 위하여만 부과되지 않고, 일정한 행정목적을 달성하기 위하여도 부과되고, 특정 공익사업에 대한 재정충당을 목적으로 하는 부담금 외에도 일정한 행정목적을 위해 부과 대상자의 행위를 일정한 방향으로 유도하기 위하여 부과하는 유도적 부담금(수도권정비계획법에 의해 설치된 과밀부담금 §12), 의무이행확보를 위한 부담금(장애인 고용촉진 및 직업재활법상 장애인고용부담금 §33), 하나의 부담금이 유도적 기능과 의무이행 확보기능을 함께 갖는 경우(환경행정법상의 배출부과금)도 있다. 유도적 부담금과 의무이행 확보를 위한 부담금은 또한 재정충당 기능도 갖게 된다.

(3) 실정법상 개념

부담금관리기본법에서는 부담금이라 함은 「중앙행정기관의 장, 지방자치단체의 장, 행정권한을 위탁받은 공공단체 또는 법인의 장 등 법률에 의하여 금전적 부담의 부과권한이 부여된 자가 분담금, 부과금, 예치금, 기여금 그 밖의 명칭에 불구하고 재화 또는 용역의 제공과 관계없이 특정 공익사업과 관련하여 법률이 정하는 바에 따라 조세 외의 금전지급의무를 말한다」고 정의하고 있다(부담금관리기본법 §2). 동법은 별표에서 그 설치가 인정되는 부담금을 열거하고 있는바, 여기에는 전통적 부담금뿐만 아니라 유도적 부담금, 의무이행 확보를 위한 부담금 등이 포함되고 있다.

2. 부담금의 성질

(1) 조세와의 구별

부담금과 조세는 목적·대상자 및 부과정도에 있어서 차이가 있다.

1) 목 적

부담금은 특정한 공익사업에 충당하기 위한 것인데, 조세는 국가 또는 지방자치단체의 일반수입을 목적으로 한다.

2) 대 상 자

부담금은 당해 사업과 특별한 이해관계가 있는 자에게 부과되는데 반하여, 조세는 일반국민 또는 주민에게 부과된다.

3) 부과정도

부담금은 사업소요경비, 사업과의 관계 등 종합적 표준에 의해 부과되는데 비하여, 조세는 담세력을 표준으로 하여 부과된다.

그러나 조세 중 목적세는 특정한 사업의 경비에 충당하기 위하여 부과된다는 점에서 부담금과 성질을 같이하나, 부담금과 같이 그 사업과 특별한 관계가 있는 자에게만 부과되는 것이 아니라 일반 개인에 대하여 그 능력에 따라 과하여진다는 점에서 차이가 있다. 다만, 목적세 중 당해 사업으로부터 이익을 받는 자에 대하여만 이익의 한도 내에서 부과되는 지역자원시설세는 부담금과 성질이 같다(지방세법 §141~§148).

(2) 사용료·수수료와의 구별

1) 성 질

사용료 및 수수료는 행정주체가 제공한 서비스의 대가, 즉 사업의 이용자(공기업의 이용자 혹은 공물의 사용자)에게 이용한 대가인 반대급부인 점에서, 부담금은 사업 자체의 경영에 소요되는 경비의 부담인 성질을 갖는 점에서 서로 구별된다.

이러한 성질상 차이가 있기 때문에 공기업 이용자나 공물이용자가 특정한 공익사업과 특별한 관계에 있는 경우에는 양자는 병과될 수 있다.

2) 대 상 자

양자는 공익사업과 특별한 관계에 있는 자에 대하여 부과된다는 점에서는 같다. 그러나 부담금은 공익사업자체와 특별한 관계에 있는 자에 대하여 그 사업의 이용여부와 관계없이 부과되는데, 수수료·사용료는 이용자에 대하여 부과되는 점에서 구별된다.

3) 부과기준(부과내용)

부담금은 부담자의 특별한 공익사업과의 관계에 응하여 부과되는데 반하여 수수료·사용료는 서비스이용의 제공을 위하여 필요한 실제비용을 기준으로 이용대가로서 징수되는 점에서 구별된다.

3. 부담금의 법적 근거(법률유보)

(1) 부담금의 설치 근거

부담금은 행정주체의 일방적인 행위에 의하여 강제적으로 재산권을 침해하는 침해적 행위이므로 부담금의 설치에는 반드시 법률의 근거를 요한다.

「부담금관리기본법」에서는 "부담금은 별표에 규정된 법률의 규정에 의하지 아니하고는 이를 설치할 수 없다"(§3)고 규정하여 부담금의 설치에 법률의 근거가 필요함을 명시하고 있다.

(2) 부담금의 부과요건 및 부담금 부과의 원칙 등

1) 부담금의 부과요건

부담금 부과의 근거가 되는 법률에는 부담금의 부과 및 징수 주체·설치 목적·부과요건·산정기준·산정방법·부과요율 등(이하 '부과요건 등'이라 한다)이 구체적이고 명확하게 규정되어야 한다(§4). 다만, 부과요건 등의 세부적인 내용은 당해 법률이 구체적으로 범위를 정하여 위임한 바에 따라 대통령령·총리령·부령 또는 조례·규칙으로 정할 수 있다(§4 단서).

2) 부담금 부과의 원칙(비례의 원칙과 이중부과의 금지)

부담금은 설치목적을 달성하기 위하여 필요한 최소한의 범위 안에서 공정성 및 투명성이 확보되도록 부과되어야 하며, 특별한 사유가 없는 한 동일한 부과대상에 대하여 이중의 부담금이 부과되어서는 아니된다(§5·①).

4. 부담금의 종류

(1) 의무부과의 원인에 따른 분류(전통적 부담금의 종류)

1) 수익자부담금

당해 사업으로부터 특별한 이익을 받는 자에 대하여 그 수익의 한도 안에서 사업 경비의 일부를 부담시키는 것을 말한다(국토의 계획·이용법 §103, 지자법 §138, 방조제관리법 §12, §13).

2) 원인자부담금

당해 사업을 필요로 하게 만든 원인을 조성시킨 관계에 있는 자에 대하여 사업 경비의 일부를 부담시키는 것을 말한다(사방사업법 §19, 도로법 §76, 수도법 §71).

3) 손궤(상)자부담금

당해 사업의 시설에 손상을 주는 자에 대하여 그 시설의 유지·수선비 등의 전부 또는 일부를 부담시키는 것을 말한다(도로법 §75, §77 수도법 §72, 항만법 §58). 손상자부담금은 넓은 의미로 볼 때 원인자부담의 일종이라 할 것이다.

(2) 특별부담

1) 의 의

특별부담금이란 특별한 공적과제를 위한 재정에 충당하기 위하여 특정집단에게 과업과의 관계 등을 기준으로 부과되고 부과 주체에 의한 반대급부가 보장되지 않는 금전급부의무를 말한다. 전통적 부담금과 구별되는 근래 특별부담금과 관련하여 많은 논란이 되고 있는 것이다.

【헌재결】 〈영화 및 비디오물의 진흥에 관한 법률 제25조의2 등 위헌확인〉 2. 영화관 관람객이 입장권 가액의 100분의 3을 부담하도록 하고 영화관 경영자는 이를 징수하여 영화진흥위원회에 납부하도록 강제하는 내용의 영화상영관 입장권 부과금 제도가 영화관 관람객의 재산권 및 영화관 경영자의 평등권을 침해하는지 여부(소극)

3. 위2.항과 같은 영화상영관 입장권 부과금 제도가 영화관 관람객 및 영화관 경영자의 평등권을 침해하는지 여부(소극)

2. 가. 재판관 이강국, 재판관 김종대, 재판관 이동흡, 재판관 목영준의 기각의견

영화관 관람객이 입장권 가액의 100분의 3을 부담하도록 하고 영화관 경영자는 이를 징수하여 영화진흥위원회에 납부하도록 강제하는 내용의 영화상영관 입장권 부과금 제도는, 영화예술의 질적 향상과 한국영화 및 영화·비디오물산업의 진흥·발전의 토대를 구축하기 위한 영화발전기금의 안정적 재원 마련이라는 정당한 입법목적을 위한 것으로 헌법적으로 정당화되는 재정조달목적 부담금으로서 위와 같은 목적 달성에 적합한 수단이다.

즉 영화예술의 진흥과 한국영화산업의 발전이라는 공적 과제는 반드시 조세에 의하여만 재원이 조달되어야만 하는 국가의 일반적 과제라기보다 관련된 특정 집단으로부터 그 재원이 조달될 수 있는 특수한 공적 과제의 성격을 가진다. 그리고 영화상영관 관람객은 영화라는 단일 장르의 예술의 향유자로서 집단적 동질성이 있고, 영화 예술의 진흥 발전에 객관적 근접성이 있으며, 영화발전기금의 지출용도는 영화의 장기적 발전에 기여하는 내용으로 그 기금의 집행을 통한 궁극적인 이익은 영화산업의 소비자인 관람객에게 돌아간다는 점에서 집단적 책임성 및 집단적 효용성도 인정되므로 위와 같은 공적 과제에 대하여 특별히 밀접한 관련성이 있는 집단이다. 따라서 이들을 부과금의 납부의무자로 정한 입법자의 선택이 현저히 불합리하다고 볼 수는 없으며, 이 사건 부과금은 부담금관리기본법에 따라 그 징수의 타당성 및 적정성에 대하여 국회의 지속적 통제를 받으므로 재정에 대한 민주적 통제체계로부터 일탈하는 수단으로 남용될 위험성도 크지 않다.

한편 영화상영관 경영자에게 관람객과 가까이 있다는 이유로 부과금 징수 및 납부의무를 부담시킨 것은 부과금의 납부의무자가 불특정 다수의 관람객이라는 점에서 그 징수 업무의 효율성을 달성하기에 합리적인 수단이다.

또한 관람객이 부담하는 실제 부담액이 입장권 가액의 100분의 3에 불과하여 과다하지 아니

하고, 부과금의 모금 기간을 2007. 7. 7.부터 2014. 12. 31.까지 7년 6개월로 법정하여 한시적으로 정하였으며, 영화관 경영자에 대하여는 부과금 징수 과정에서 그 미납에 대하여 의견을 진술할 기회를 주도록 되어 있고, 에니메이션영화·소형영화·단편영화 또는 영화진흥위원회가 인정하는 예술영화를 연간 상영일수의 100분의 60 이상 상영하는 전용상영관에 대하여는 징수·납부의무를 면제하는 등 그 피해를 최소화하고 있다.

그리고 이와 같은 정도로 제한되는 관람객의 재산권과 영화관 경영자의 직업수행의 자유에 비하여 한국영화의 발전 및 영화산업의 진흥이라는 공익이 결코 작다고 할 수 없어 법익의 균형성 또한 인정된다.

그러므로 영화상영관 입장권에 대한 부과금 제도는 과잉금지원칙에 반하여 영화관 관람객의 재산권과 영화관 경영자의 직업수행의 자유를 침해하였다고 볼 수 없다.

<나. 재판관 이공현, 재판관 조대현, 재판관 김희옥, 재판관 민형기, 재판관 송두환의 위헌의견>

영화상영관 입장권에 대한 부과금 제도는 영화 예술의 진흥이라는 국가의 문화적 책무의 수행과 한국영화산업의 발전이라는 산업적·경제적인 정책의 추구를 목적으로 하고 있는바, 이는 영화라는 단일 장르에 대한 지원이라는 특별한 정책적 필요에 의한 것으로서 조세의 경우와 달리 특정의 관련된 집단으로부터만 그 재원을 조달할 수 있는 특수한 공적 과제에 해당한다. 그러나 영화관 관람객은 이러한 공적 과제에 대하여 특별히 밀접한 관련성이 있는 집단이 아니다. 즉 대중문화인 영화의 관람은 우연한 일시적 사정일 뿐 그 관람객이 역사적·사회적·법적으로 동질성 있는 특정 집단은 아니며, 영화는 일상적으로 용이하게 접근 가능하므로 국민 중 누구를 영화 예술의 진흥에 더 근접하다고 할 수 없고, 특히 영화라는 특정 산업의 진흥에 직접적 근접성 및 책임성과 효용성이 인정되는 집단은 그 산업의 종사자들이지 불특정 다수의 소비자가 아니므로 영화관 관람객을 책임 있는 집단으로 선정한 것은 합리성이 결여되어 있는 것이며, 현재의 납부의무자와 집단적 동질성이 없는 장래의 관람객에게 기대되는 간접적 이익만으로 집단적 효용성이 있다고 보기도 어렵다. 또한 부담금의 징수 및 집행 과정에 관한 입법자의 통제가 있다는 점은 납부의무자 집단이 공적 과제에 대하여 특별히 밀접한 관련성을 가져야 한다는 요건과는 별개의 문제이다.

따라서 영화관 입장권에 대한 부과금 제도는 재정조달목적 부담금의 헌법적 허용 한계를 벗어난 것이므로 입법목적 달성을 위하여 적절치 못한 방법을 선택한 것으로, 과잉금지원칙을 위반하여 영화관 관람객의 재산권 및 영화관 경영자의 직업수행의 자유를 침해하였다.

3. 가. 재판관 이강국, 재판관 김종대, 재판관 이동흡, 재판관 목영준의 기각의견

영화상영관 입장권 부과금 제도는 재정조달목적 부담금의 헌법적 정당화 요건을 갖추었으며 영화상영관 관람객은 영화의 본래적·전형적 소비자인 점에서 이들에게 일반 국민들, 특히 다른 문화영역을 향유하는 사람들과 다른 특별한 재정책임을 지우는 것은 합리적 근거가 있다. 또한 위와 같은 영화산업의 특수성과 부과금 부과의 효율적 집행이라는 측면에서 볼 때 영화상영관 경영자에게 특별히 부과금의 징수 및 납부의무를 지우는 것 역시 합리적 근거가 있는 것이므로, 이는 영화상영관 경영자를 다른 사업자, 특히 영화 이외의 문화 사업을 영위하는 사람들과 자의적으로 차별하는 것이 아니다.

<나. 재판과 이공현, 재판관 조대현, 재판관 김희옥, 재판관 민형기, 재판관 송두환의 위헌의견>

영화상영관 입장권 부과금은 재정조달목적 부담금으로서 그 부과의 목적인 특수한 공적 과제와 특별히 밀접한 관련성이 인정되지 않는 영화관 관람객을 납부의무자로 하여 조세 외의 재

> 정책임을 지우고 있으므로, 합리적 근거가 없이 영화상영관 이외의 일반 국민들, 특히 문학, 음악, 미술 등 다른 문화 영역에서의 소비자를 차별하는 것이다.
> 또한 위와 같이 합리성이 결여되어 있는 부과금 부과의 집행을 위해 영화상영관 경영자에게 강제적으로 그 징수 및 납부의무를 지우고 있으므로, 이는 자의적으로 영화상영관 경영자를 다른 사업자, 특히 영화 이외의 문화산업을 영위하는 사람들과 차별하는 것이다(헌재결 2008.11.27, 2007헌마860 전원재판부).

2) 유 형

① **재정조달목적부담금**

특별부담금을 그 부과 목적과 기능이 순수하게 재정조달의 목적만 가지는 부담금이다(헌재결 2008.11.27, 2007헌마860 전원재판부). 이는 공적과제가 부담금 수입의 지출단계에서 비로소 실현된다.

② **특정한 정책실현 목적부담금**

재정조달 목적뿐만 아니라 행정목적 실현을 위해 특정한 방향으로 유도적 기능을 수행하거나 특정한 공법적 의무이행 또는 공공출연으로부터의 특별한 이익과 관련된 집단 간의 형평성 문제를 조정하여 특정한 사회·경제 정책을 실현하기 위한 부담금을 말한다(수질 및 수생태계 보전에 관한 법률상 종말처리시설의 설치·운영부담금, 수도권정비계획법상 과밀부담금, 먹는물 관리법상 수질개선부담금, 한강수계상수원수질개선및주민지원등에관한법률상 물이용 부담금, 농지법상 농지보전부담금, 장애인고용촉진및직업재활법상 장애인고용부담금). 이는 공적과제의 전부 또는 일부가 부담금의 부과 단계에서 이미 실현된다.

3) 특별부담금의 부과요건

특별부담금의 남용을 방지하기 위하여 다음과 같은 요건이 제시되고 있다. ① 일반인과 구별되고 사회적으로 동질성을 지니는 특정집단일 것, ② 부담금의무자는 부담금부과를 통해 수행하고자 하는 공적과제와 객관적으로 밀접한 관련성이 있을 것(또한 객관적인 근접한 위치), ③ 공적과제 수행에 관하여 조세외적 부담을 질만한 집단적인 책임성이 인정될 것, ④ 부담금의 수입은 특정 과제의 수행을 위하여(부담금 의무자의 집단적 이익을 위하여) 별도로 지출·관리되어야 하며 국가의 일반적 재정수입에 포함시켜 일반적 국가과제를 수행하는데 사용하여서는 아니 된다.

> **【헌재결】 〈관광진흥법 제10조의4 제1항 위헌소헌〉**
> **1. 구 관광진흥법 제10조의4 제1항의 규정에 의한 카지노사업자의 납부금의 법적 성격**
> 구 관광진흥법 제10조의4 제1항은 카지노사업자는 총매출액의 100분의 10의 범위 안에서 일정비율에 상당하는 금액을 관광진흥개발기금 법에 의한 관광진흥개발기금에 납부하도록 하고 있는데, 위 납부금은 관광사업의 효율적 발전 및 관광외화수입의 증대라는 과제를 위한 재정충당을 위하여 카지노사업자라는 특정집단으로부터 징수되는 공과금으로서 특별 부담금에 해당한다.
> **2. 특별 부담금 부과의 허용한계**
> 특별 부담금을 부과함으로써 국민의 재산권을 제한하는 법률규정이 헌법에 위배되지 않기 위하여는 헌법 제37조 제2항에서 정하고 있는 과잉금지의 원칙이 지켜져야 하고, 평등의 원칙에 위배되

어서는 아니 됨은 물론이며, 특히 조세 유사적 성격을 지니고 있는 특별부담금의 부과가 과잉금지의 원칙과 관련하여 방법상 적정한 것으로 인정되기 위해서는, 이러한 부담금의 부과를 통하여 수행하고자 하는 특정한 경제적·사회적 과제에 대하여 특별히 객관적으로 밀접한 관련성이 있는 특정집단에 국한하여 부과되어야 하고, 이와 같이 부과·징수된 부담금은 그 특정과제의 수행을 위하여 별도로 지출·관리되어야 하며 국가의 일반적 재정수입에 포함시켜 일반적 국가과제를 수행하는 데 사용하여서는 아니된다(헌재결 1999.10.21, 97헌바84 전원재판부)

【헌재결】 〈관광진흥개발기금법 제2조 제3항 위헌소헌〉

1. 관광진흥개발기금법 제2조 제3항(이하 '이 사건 법률조항'이라 한다)의 규정에 의한 납부금의 법적 성격

국외여행자납부금은 관광사업의 효율적 발전 및 관광외화수입의 증대라는 과제를 위한 관광진흥개발기금의 재원을 마련하는 동시에, 내국인의 국외여행을 간접적으로 규제함으로써 관광수지 적자를 억제하고 국내 관광사업의 활성화를 유도하기 위하여 내국인 중 국외여행자라는 특정집단으로부터 재정충당 및 유도적 성격을 지닌 특별 부담금이다.

2. 재정충당 및 유도적 성격을 가진 특별 부담금 부과의 허용한계

헌법은 제37조 제2항에서 일반적 법률유보 조항을 두고 있으므로, 그 형식을 법률로 규정하고 입법목적이 정당한 경우, 재정충당 및 유도적 성격을 지닌 특별부담금제도의 도입자체는 허용된다. 다만, 그 구체적 내용이 과잉금지원칙이나 평등원칙과 같은 헌법상의 원칙들을 준수해야 한다.

3. 내국인 국외여행자에게 2만원의 범위 안에서 대통령령이 정하는 금액을 관광진흥개발기금에 납부하도록 한 것이 내국인 국내여행자의 재산권 등을 침해하는지 여부(소극)

국외여행자납부금의 재정충당 및 유도적 성격에 비추어 볼 때, '내국인 국외여행자'는 일반인과 구별되는 사회적으로 동질성을 가지는 특정집단으로서 관련된 공익적 과제 등에 관하여 집단적 책임이 있을 뿐만 아니라, 기금의 운용을 통한 관광시설의 개선 등 국내 관광사업의 발전과도 객관적인 관련성이 있다. 한편, 전체 인구 중 20%를 넘지 않는 상대적으로 소수인 내국인 국외여행자가 관광수지적자에 대한 직접적 원인을 제공하고 있다는 점에 비추어 보면, 입법자가 관광진흥개발기금의 재원확대를 위하여 일반 국민을 대상으로 한 조세의 방법을 선택하지 아니하고, 내국인 국외여행자만을 부과대상으로 한정한 현행 납부금제도를 선택한 것은 나름대로 합리성을 가진다. 한편 이 사건 납부금이 일반적인 재정수입에 포함되는 것이 아니라 각종 관광시설의 건설 등 한정된 용도에만 사용된다. 또한 일반적으로 국제선 항공료 등이 이 사건 납부금보다 훨씬 고액이라는 점 등 여러 가지 사정에 비추어 볼 때, 이 사건 납부금이 이른바 '침해의 최소성의 원칙'이나 '법익균형성의 원칙'에 위배된다고 볼 수도 없다. 따라서 이 사건 법률조항이 과잉금지의 원칙에 위배하여 내국인 국외여행자의 재산권 등의 본질적인 내용을 침해하였다고 볼 수 없다.

〈재판관 하경철, 재판관 권성, 재판관 김효종, 재판관 송인준의 반대의견〉

국외여행자납부금이 내국인의 국외여행을 간접적으로 규제하려는 유도적 목적을 가지는 것으로 보는 것은 법문상 근거도 없을 뿐만 아니라, 실효성이나 법익형량의 면에서 헌법적으로 정당화되기도 어렵다. 따라서 국외여행자납부금은 관광진흥기금 마련을 위한 재정충당적 목적만 가진다고 보아야 한다. 정부가 관리·운영하는 각종 기금들은 헌법상 예산총계주의원칙에 관한 중대한 예외가 되기 때문에, 특별 부담금을 징수함에 있어서 국민들 사이의 공과금 부담의 형평성 내지

조세평등을 침해하지 않기 위해서는, 일반인과 구별되고 동질성을 지니는 특정 집단으로서 부담금의 부과를 통하여 수행하고자 하는 경제적·사회적 과제와 객관적으로 밀접한 관련성이 있기 때문에 위 과제수행에 관하여 조세 외적 부담을 질 만한 집단적인 책임성이 인정되는 집단에 대해서만 부담금이 부과되어야 하고, 나아가 부담금의 수입이 부담금 납부의무자의 집단적 이익을 위하여 사용될 경우에는 그 정당성이 더욱 제고된다. 그런데 오늘날 국외여행은 일반국민들 사이에 상당히 보편화되어 있고 그 출국 목적도 다양하다는 점에 비추어 볼 때 내국인 국외여행자들을 일반인과 구별되고 동질성을 지니는 특정 집단으로 볼 수 있는지는 의문이다. 한편, 이 사건에서 국외여행자납부금 부과를 통하여 궁극적으로 수행하고자 하는 공적 과제를 '관광사업의 효율적 발전 및 관광외화수입의 증대'로 한정하는 경우, 이러한 과제들과 내국인 국외여행자들 사이에 특별히 객관적으로 밀접한 관련성을 인정하기 어렵다. 결국 내국인 국외여행자들에게 부과되는 이 사건 납부금은 국민들 사이의 공과금 부담의 형평성을 위해 갖추어야 할 특별부담금의 요건을 구비하지 못하였으므로, 이 사건 법률조항은 국민들 간의 공과금 부담의 형평성을 침해하여 평등의 원칙에 위배된다(헌재결 2003.1.30, 2002헌바5 전원재판부).

(3) 사업의 종류·내용에 따른 분류

부담금은 사업의 종류·내용에 따라 도시계획부담금, 도로부담금, 하천부담금, 기반시설부담금, 사방(砂防)부담금 등으로 나누어 볼 수 있다.

5. 부담금에 대한 통제

(1) 존속기한 설정

중앙행정기관의 장은 부담금을 신설할 경우 계속해서 존속시켜야 할 명백한 사유가 없는 부담금에 대해서는 존속기한을 설정하여 당해 법률에 명시해야 한다(부담금관리기본법 §5의2 신설).

(2) 부담금 신설에 관한 심사

중앙행정기관의 장은 소관 사무와 관련하여 부담금을 신설(부담금의 부과 대상을 확대하는 경우와 부담금의부과요율을 인상하는 경우를 포함한다)하고자 하는 경우에는 해당 법률안을 입법예고 하기 전에 기획재정부장관에게 부담금 신설의 타당성에 관한 심사를 요청해야 한다(§6·①).

중앙행정기관의 장은 심사를 요청하는 때에는 부담금의 신설에 관한 계획서를 제출해야 한다(§6·②).

(3) 부담금 운용 종합보고서의 국회 제출

부담금을 규정하고 있는 법률의 소관 중 중앙행정기관의 장(이하 '부담금의 소관중앙행정기관의 장'이라 한다)은 매년 전년도 부담금의 부과실적 및 사용명세 등이 포함된 부담금 운용 보고서를 작성하여 기획재정부장관에게 제출해야 하고, 기획재정부장관은 부담금 운용 보고서를 제출받은 때에는 이를 기초로 부담금 운용 종합보고서를 작성하여 매년 정기 국회 개회일 전까지 국회에 제출해야 한다(§7·①·②).

(4) 부담금 운용의 평가

기획재정부장관은 부담금 운용의 적정을 기하기 위하여 각 부담금의 부과목적, 부과실태, 사용 내용의 건전성 및 부과절차의 공정성 등을 지속적으로 점검·평가해야 한다(§8·①).

기획재정부장관은 점검·평가 결과 부담금 운용이 적정하지 아니하였거나 부담금 존치의 필요성이 없어졌다고 인정하는 경우에는 부담금의 소관 중앙행정기관의 장에게 당해 부담금의 폐지 등을 위한 제도 개선을 요청할 수 있다(§8·②).

(5) 부과금의 부과·징수 및 권리구제

① 부담금을 징수할 수 있는 권리인 부과권은 당해 사업 주체가 가지는 것이 원칙이다. 다만, 국영공비사업과 같이 사업 주체와 비용부담자가 다른 경우에는 후자가 부담금의 부과·징수권을 갖는다고 볼 수 있다.

② 부담금은 조세와 같이 공법상의 금전지급의무이므로 부담의무자가 스스로 그 의무를 이행하지 아니한 때에는 국세 또는 지방세의 체납처분의 예에 의하여 이를 징수한다. 즉, 행정상의 강제징수절차에 의하여 강제집행 한다(도로법 §90, 사방사업법 §19·③, 항만법 §70, 지방자치법 §139).

지방자치단체의 부담금의 경우에는, 사기 기타 부정한 방법으로 그 징수를 면한 자에 대하여는 면한 금액의 5배 이내의 과태료에 처할 수 있다(지자법 §139·②).

③ 부담금의 부과·징수에 대하여 이의가 있을 때에는 행정쟁송(행정심판·행정소송) 절차에 이를 다툴 수 있음은 물론이다.

Ⅳ. 부역·현품

1. 개념 및 성질

부역·현품이란 노역·물품 또는 금전 중에서 선택적으로 납부할 의무를 부담하는 인적 공용부담이다. 노역과 금전 중에서 선택적인 납부의무가 부역이고, 물품과 금전 중에서 선택적인 납부의무가 현품이다. 부역·현품은 노역 또는 물품과 금전과의 선택적 지급의무라는 점에서 노역 또는 물품 자체의 지급의무인 노역·물품과 다르고, 또한 금전지급의무만인 부담금과 다르다.

부역·현품은 성질상 ① 반드시 금전으로 환산하여 부과해야 하고, ② 부역의 내용은 특별한 지식이나 기능을 필요로 하지 않는 단순한 노무임을 요하며, 대체적 성질을 가지므로 반드시 스스로 할 필요가 없고 타인에 의한 대행으로도 가능하며, ③ 현품도 주관적 가치나 미술적 가치가 있는 것이 아닌 대체적인 것이어야 한다.

2. 법적 근거(법률유보)

부역·현품은 국민의 신체·재산에 대한 침해로 가져오는 것이므로 법률의 근거를 요한다. 구 지방자치법에서는 부역·현품을 일반부담으로 인정하였으나 현행 지방자치법은 화폐경제시대와 경제발전에 맞추어 부역·현품제도를 폐지하였다. 일반부담으로서의 부역·현품은 현행법상으로는 존재하지 않는다. 다만, 개별법상 특별한 제도인 특별부담으로서 부역·현품을 구 농촌근대화 촉진법(§39·①)[246]에서 규정하고 있었다. 그러나 현행법상으로는 그 예를 찾아보기 어렵다.

V. 노역·물품

1. 노역·물품의 의의 및 성질

노역·물품부담이란 특정한 공익사업을 위해 특정한 사인이 노동력 또는 물품을 납부하여야 하는 인적 부담이다. 노동력의 납부의무를 노역부담이라 하고, 물품의 납부의부를 물품부담이라 한다. 부역·현품은 노역 또는 물품과 금전과의 선택적 급부의무인데 대하여, 노역·물품은 그 자체의 급부의무를 지며 금전에 의한 대체가 인정되지 않는 점에서 구별된다. 노역·물품은 금전으로 대납이 불가능하기 때문에 비상재해의 복구 기타 목전에 급박한 필요가 있는 경우, 달리 그 수요를 충족할 방법이 없을 때에 한하여 예외적으로만 인정된다.

2. 법적 근거(법률유보)

노역·물품부담도 국민의 신체·재산에 침해를 가하는 것이므로 법적 근거를 요한다. 노역·물품은 예외적인 경우에만 인정되어야 할 것이므로 노역·물품에 대한 일반법은 없다. 다만, 단행법에서 가끔 나타난다(도로법 §47, 수난구호법 §7·①, 소방기본법 §24). 노역부담의 부과로 인한 손실에 대하여는 보상되어야 한다(소방기본법 §24·②).

3. 종 류

(1) 노역부담

노역부담은 화재·재해·재난·수난구호나 천재지변 등 긴급한 사정이 발생한 경우에 법률

246) 농촌근대화촉진법은 1995년 12월에 농지개량조합법에 의해 폐지되고(농지개량조합법 부칙 §2), 농지개량사업 및 농지개량시설은 「농어촌정비법」에 의한 농업생산기반정비사업 및 농업생산 기반시설 보아 농지개량조합법도 폐지되었다(농어촌정비법 부칙 §6).

에 근거하여 사인에게 노동력의 제공을 명하는 인적 공용부담이다(수난구호법 §7·①, 소방기본법 §24, 도로법 §47).

노역부담의무는 대체성이 인정되지 않으므로 의무불이행시에는 대집행의 방법은 적용될 수 없고 행정벌이나 집행벌(강제금) 등의 방법으로 강제되어야 할 것이다.

(2) 물품부담

물품부담 역시 화재·재해·재난·수난구호나 천재지변 등 긴급한 사정이 발생한 경우에 법률에 근거하여 물품의 제공을 명하거나, 타인에 의한 물품사용을 수인하게 하는 부담을 말한다(수난구호법 §7·①). 도로법(§47)은 "관리청은 재해로 인한 도로의 구조 또는 교통에 대한 위험을 방지하기 위하여 특히 필요하다고 인정하는 경우에는 그 도로의 부근에 거주하는 자에게 노무의 제공을 요청하거나(노역부담), 재해현장에서 필요로 하는 토지, 가옥 기타의 공작물을 일시 사용하여 장애물을 변경 또는 제거하거나 토석, 죽목, 운반기구 기타의 물건(공작물을 제외한다)을 사용 또는 수용할 수 있다(물품부담)고 규정하여 노역과 물품의 예를 볼 수 있다.

물품부담은 우발부담에 해당하므로 그 손실에 대하여는 보상을 요한다 할 것이다.

Ⅵ. 시설부담

1. 시설부담의 의의 및 성질

시설부담이란 공익사업의 수요를 충족하기 위하여 또는 공물의 효용 증대를 위하여, 당해 사업과 관계를 갖는 특별한 당사자나 우발적으로 이러한 수요를 충족할 수 있는 지위에 있는 자에게 일정한 시설을 완성할 의무를 부담시키는 인적 공용부담이다.

시설부담은 공사 등 일정한 일(시설)을 완성할 의무인 점에서 개개의 노역·물품의 급부의무인 노역·물품과 구별된다.

시설부담은 일의 완성이라는 점에서 사법상 도급과 유사하나, 그것이 공법상 의무이고 또한 반드시 유상이 아닌 점에서 도급과 구별된다. 즉, 일정한 경우는 무상으로 부담을 명하는 경우도 있다.

2. 법적 근거(법률유보)

시설부담도 국민의 자유와 재산을 침해하는 작용이므로 법적 근거를 요한다. 이에 관한 일반법은 존재하지 않고, 몇몇 개별법에서 규정하고 있다.

타 공작물관리자에 대한 공사시행명령·공사원인자에 대한 공사시행명령(도로법 §29, §31)·댐 등 설치자의 재해방지시설의 설치(하천법 §39) 등을 들 수 있다.

시설부담은 사인에게 가해지는 침해가 관계자에게 특별한 희생을 받으면 그 손실은 보상되어야 할 것이다.

3. 시설부담의 종류

시설부담은 현행법상 그 내용에 따라 도로부담, 하천부담 등으로 구분될 수 있다.

4. 의무이행확보(부과·징수)

시설부담의 의무불이행에 대해서는 시설부담 중에서도 대체성이 있는 경우에는 대집행이 가능할 것이나, 대체성이 없는 경우에는 행정벌이나 집행벌(강제금)로써 이행을 확보할 수 밖에 없을 것이다. 이 경우 이로 인한 손실이 특별희생인 경우에는 손실보상이 행하여져야 한다.

Ⅶ. 부작위부담

1. 부작위부담의 의의 및 성질

부작위부담이란 사인에게 특정한 공익사업을 위하여 부작위의무(일정한 행위를 하지아니할 의무)를 부과하는 인적 부담이다. 부작위부담은 특정한 공익사업을 위한 것인 점에서 경찰상 금지 또는 재정상 금지와 그 목적의 점에서 서로 구별된다.

2. 부작위 부담의 종류

부작위 부담에는 ① 국가의 독점사업(우편)의 독점권 확보를 위하여 사인에게 동종의 사업을 금지하는 경우(우편법 §2)와 ② 특정한 공익사업 자체의 보호를 위하여 일정한 행위를 금지하는 경우가 있다(도로법 §45, 하천법 §46).

3. 강제와 보상

부작위의무의 불이행이나 위반의 경우에는 비대체적 의무의 성질상 행정벌의 제재가 가해진다(우편법 §46~§55, 도로법§97·4호, 하천법 §95·8호, §98). 부작위부담은 사인에게 특별한 희생을 가져오는 것은 아니므로 손실보상의 문제는 발생치 않는다.

제3절 공용제한(물적 공용부담)

【기출문제】 <1960년 (제2회) 사법시험 (논술형)·1968년 (제10회) 사법시험 (논술형)·1982년 (제24회) 사법시험 (약술형)> ※ 공용제한을 논술하라.

<1978년 (제20회) 사법시험 (논술형)> ※ 공공필요에 의한 재산권제한의 법적형태를 기술하고 그에 대한 보상여부에 관하여 언급하라.

<1969년 (제13회) 행정고시 (논술형)·1975년 (제19회) 행정고시 (논술형)·제5회 군법무관시험 (약술형)> ※ 공용제한

Ⅰ. 공용제한의 의의 및 법적 근거

1. 공용제한의 의의

(1) 공용제한의 개념

공용제한이란 특정한 공익사업이나 특정한 공익목적을 위하여 또는 특정 물건의 효용을 보존하기 위하여 개인의 특정한 재산권의 행사에 제한을 가하는 것을 말한다(공법상 제한). 그러나 오늘날은 전통적 의미의 공용제한 이외에 「국토의계획및이용에관한법률」상의 일정한 용도지역 내에서의 모든 토지의 이용이 제한되는 것과 같이, 특정한 공익사업을 위한 것이라기보다는 국토의 합리적인 이용을 그 본래의 목적으로 하는 제도가 발전되고 있다.

사업 및 사업주체의 특정성뿐만 아니라 공용제한을 받는 재산권의 특정성도 완화되었다. 이에 따라 공용부담의 개념에서와 마찬가지로 공용제한의 개념 역시 변화를 요한다. 본서에서는 "특정한 공익사업 기타 복리행정상의 목적을 위하여 또는 물건의 효용을 보존하기 위하여 재산권의 행사에 제한을 가하는 것"(공법상 제한)으로 정의하기로 한다.

(2) 공용제한의 개념적 요소

1) 목 적

공용제한은 특정 공익사업 기타 복리행정상의 목적을 위하여 또는 물건의 효용을 보존하기 위해 과하는 제한인 점에서 경찰상 제한(위험건축사용금지, 불법무기사용금지), 재정상 제한(조세체납처분을 위한 재산압류), 군사상 제한(요새지 내의 토지소유권제한) 등과 구별된다.

2) 대 상

공용제한은 동산·부동산·무체재산권 등 재산권에 가해진 부담이다. 재산권에 고착된 물상부담인 까닭에 그 권리의 이전과 함께 공용제한의 효과도 이전된다.

토지소유권에 대한 제한을 특히 공용지역이라 한다. 사람에 대하여 일정한 의무를 과하는 인적 공용부담과 구별된다.

3) 내 용

공용제한은 재산권에 대한 제한이다. 「제한」인 점에서 재산권의 강제적 취득인 공용수용이나 강제적으로 교환·분합하는 공용환지 및 공용환권과 구별된다.

4) 성 질

공용제한은 재산권에 대한 공법상 제한이다. 이 점에서 재산권에 대한 사법상 제한인 상린관계나 지역권과 구별된다. 공법상의 제한이므로 그 불이행 또는 위반에 대해서는 행정상 강제집행 또는 행정벌의 대상이 된다.

5) 주 체

공용제한의 주체는 당해 공익사업의 주체이다. 복리행정상의 목적을 위한 작용으로서 원칙적으로는 국가나 지방자치단체가 주체가 되나 사인도 국가나 지방자치단체로부터 공익사업의 수행을 위탁받은 경우에는 공용제한의 주체가 될 수 있다.

2. 공용제한의 법적 근거

공용제한은 개인의 재산권에 대한 침해를 가져오므로 법적 근거가 있어야 한다.

헌법 제23조 제3항은 "공공필요에 의한 재산권의 수용·사용 또는 제한 ……은 법률로 하되"라고 하여 헌법상 "제한"이란 말로 표현되고 있다.

공용제한의 근거 법률로는 자연공원법, 도시공원 및 녹지 등에 관한 법률, 개발제한구역의 지정 및 관리에 관한 특별조치법, 국토의 계획 및 이용에 관한 법률 등이 주요 법률이고 도로법·하천법·철도건설법·도시철도법·문화재보호법·야생동·식물보호법·지방자치법·산림자원의 조성 및 관리에 관한 법률 등이 있다.

Ⅱ. 공용제한의 종류 및 내용

공용제한은 보는 관점에 따라 여러 가지로 분류할 수 있다.[247] 이하에서는 공용제한을 그 제한을 필요로 하는 공익사업의 수요 또는 공익상 필요의 내용에 따라 ① 계획제한 ② 보전제한 ③ 사업제한 ④ 공물제한 ⑤ 사용제한으로 나누어 설명하기로 한다. 이들 설명에 앞서 먼저 개발제한구역부터 설명하기로 한다.

1. 개발제한구역

【기출문제】 <1995년 (제37회) 사법시험 (약술형)> ※ 계획제한과 손실보상

---

247) 김남진 교수께서는 공용제한의 분류를 다음과 같이 하고 있다.
1. 내용에 의한 분류 : ① 작위부담 ② 부작위 부담 ③ 수인부담
2. 제한의 근거 또는 형식에 의한 분류 : ① 법률에 의한 분류 ② 명령에 의한 분류 ③ 계획에 의한 분류(계획 제한) ④ 행정행위에 의한 제한
3. 목적 또는 원인에 의한 분류 : ① 공물제한 ② 부담제한 ③ 사용제한(공용사용)으로 나누고, 3의 기준을 통해 공용제한의 내용에 관해 설명하고 있다. 김남진(Ⅱ), 531~532쪽.

> **<1985년 (제29회) 행정고시 (약술형)>** ※ 공용제한과 손실보상
>
> **<1998년 (제14회) 입법고시 (사례형)>** ※ A광역시의 관할구역 내 B지역의 토지의 거래가격은 평당 200만 원이다. 위 B지역에 500평의 토지를 소유하고 있는 甲은 건설회사와 매매를 위한 협의 중에 건설교통부장관으로부터 권한을 위임받은 A광역시장은 도시계획법의 관계규정 등에 근거하여 B지역을 적법하게 개발제한구역으로 지정하였다. 개발제한구역의 지정으로 B지역내의 토지의 거래가격은 급격하게 하락되었고, 매매도 이루어지지 않고 있다. 이 경우 토지소유자 甲은 재산상손실의 보전을 청구할 수 있는가?

2000년 1월 28일 개발제한구역의지정및관리에 관한 특별조치법이 제정되고 현재까지 수많은 개정을 거듭하였다. 개발제한구역의지정및관리에 관한 특별조치법(2009. 2. 6 개정 2009. 8. 7 시행)의 주요내용을 살펴본다.

(1) 목 적

「개발제한구역의 지정 및 관리에 관한 특별조치법」(이하 '개발제한법'이라 한다)은 국토의 계획 및 이용에 관한 법률 제38조의 규정에 의한 개발제한구역의 지정과 개발제한구역에서의 행위제한, 주민에 대한 지원, 토지의 매수 기타 개발제한구역의 효율적인 관리를 위하여 필요한 사항을 정함으로써 도시의 무질서한 확산을 방지하고 도시주변의 자연환경을 보전하여 도시민의 건전한 생활환경을 보호함에 있다(§1).

(2) 개발제한구역의 의의

국토해양부장관은 도시의 무질서한 확산을 방지하고 도시 주변의 자연환경을 보전하며 도시민의 건전한 생활환경을 확보하기 위하여 또는 국방부장관의 요청이 있어 보안상 도시의 개발을 제한할 필요가 있다고 인정되는 경우에는 도시개발을 제한할 구역의 지정을 도시관리계획으로 결정할 수 있는 바, 그 제한 구역을 바로 「개발제한구역(Green Belt)」이라 부른다(동법 §1, §3).

(3) 개발제한구역의 지정 및 법적 성질

① 개발제한구역의 지정은 국토해양부장관이 개발제한구역의 지정 및 해제를 도시관리계획으로 결정한다(§3).

② 개발제한구역에서는 그 지정목적에 위배되는 건축물의 건축 및 용도변경, 공작물의 설치, 토지의 형질변경, 죽림의 벌채, 토지의 분할, 물건을 쌓아놓는 행위 또는 국토의 계획 및 이용에 관한 법률 제2조 제11호의 규정에 의한 도시계획사업(이하 '도시계획사업'이라 한다)의 시행을 할 수 없다(개발제한법 §12·① 본문). 즉, 개발제한구역 안에서는 재산권의 행사에 제한이 가해지는 바, 개발제한구역 제도는 대표적인 공용제한에 해당한다.

개발제한구역은 영국의 그린벨트(green belt)에서 유래하는 도시관리계획의 하나이다. 개발제한구역의 법적성질은 개발제한구역은 도시관리계획의 하나(국토의 계획·이용법 §2·4호, 개발제한법 §3·①)이므로 개발제한구역은 구속적 행정계획이며 처분에 해당한다.

판례 ① **〈개발제한구역 내에 도시계획시설결정을 하기 위하여 구 개발제한구역의 지정 및 관리에 관한 특별조치법에 따른 개발제한구역관리계획을 수립하여야 하는 것은 아니다.〉** 구 개발제한구역의 지정 및 관리에 관한 특별조치법(2002. 2. 4. 법률 제6655호로 개정되기 전의 것) 제10조는 개발제한구역의 관한 시·도지사로 하여금 개발제한구역 관리의 기본 목표와 방향을 제시하고, 도시계획시설의 입지 여부 등을 검토하여 개발제한구역의 종합적인 관리에 지장이 없도록 5년 단위로 관리계획을 수립하도록 하는 규정이라 할 것이므로, 그 규정만을 근거로 개발제한구역 내에 도시계획시설결정을 하기 위하여 반드시 사전개발제한구역 관리계획을 수립하여야 한다고 할 수 없다.

② **〈개발제한구역 내에 묘지공원과 화장장시설을 설치하는 내용의 도시계획시설결정이 개발제한구역의 지정 목적에 어긋나 위법하다고 볼 수 없다.〉** 개발제한구역은 도시의 무질서한 확산을 방지하고 도시 주변의 자연환경을 보전하여 도시민의 건전한 생활환경을 확보하기 위하여 도시의 개발을 제한할 필요에 의하여 지정되는 것이어서 원칙적으로 개발제한구역에서의 개발행위는 제한되는 것이기는 하지만 위와 같은 개발제한구역의 지정목적에 위배되지 않는다면 허용될 수 있는 것인바, 도시계획시설인 묘지공원과 화장장 시설의 설치가 위와 같은 개발제한구역의 지정목적에 위배된다고 보이지 않으므로, 시장이 이미 개발제한구역으로 지정되어 있는 부지에 묘지공원과 화장장 시설들을 설치하기로 하는 내용의 도시계획시설결정을 하였다 하더라도 이를 두고 위법하다고 할 수 없다.

(4) 개발제한구역의 지정 등에 관한 도시관리계획의 입안

1) 도시관리계획의 입안

① 도시관리계획입안권자

개발제한구역의 지정 및 해제에 관한 도시관리계획(이하 '도시관리계획'이라 한다)은 당해 도시지역을 관할하는 특별시장·광역시장·특별자치도지사·시장 또는 군수가 입안한다. 다만, 국가 계획과 관련된 경우에는 국토해양부장관이 직접 또는 관계 중앙행정기관의 장의 요청에 의하여 관할 시·도지사, 시장 및 군수의 의견을 들은 후 도시관리계획을 입안할 수 있으며, 국토의 계획 및 이용에 관한 법률 제2조 제1호의 규정에 의한 광역도시계획과 관련되는 경우에는 도지사가 직접 도시관리계획을 입안하거나 관계 시장 또는 군수의 요청에 의하여 관할 시장 또는 군수의 의견을 들은 후 도시관리계획을 입안할 수 있다(§4·①).

② 해제대상지역 아닌 개발제한구역안의 훼손된 지역복구

입안권자는 제1항에 따라 개발제한구역의 해제에 관한 도시관리계획을 입안하는 경우에는 개발제한구역 중 해제하고자 하는 지역(이하 "해제대상지역"이라 한다)에 대한 개발계획 등 구체적인 활용방안과 해제지역이 아닌 지역으로서 개발제한구역안의 훼손된 지역(건축물 또는 공작물 등 각종 시설물이 밀집되어 있거나 다수 산재되어 녹지로서의 기능을 충분히 발휘하기 곤란한 곳을 말하며, 이 경우 각종 시설물의 적법 또는 불법여부는 고려하지 아니한다. 이하 "훼손지"라 한다)의 복구계획 등 주변개발제한구역에 대한 관리방안을 포함하여야 한다. 이 경우 복구하고자 하는 훼손지의 범위는 해제대상지역 면적의 100분의 10부터 100분의 20까지에 상당하는 범위 안에서 중앙도시계획위원회의 심의를 거쳐 국토해양부장관이 입안권자와 협의하여 결정한다(§4·④).

③ 훼손지의 복구비는 개발사업자부담

복구하기로 한 훼손지는 해제대상지역의 개발사업에 관한 계획의 결정을 받은 개발사업자의 부담으로 복구하여야 한다(§4·⑤).

④ 훼손지의 복구예외

입안권자 또는 개발사업자는 제4항 및 제5항 규정에도 불구하고 국토해양부장관이 중앙도시계획위원회의 심의를 거쳐 해당 시·군·구 및 인접 시·군·구에 훼손지가 없는 등 부득이한 사유가 있다고 인정하는 경우에는 훼손지의 복구계획을 제시하지 아니하거나 훼손지의 복구를 하지 아니할 수 있다(§4·⑥).

⑤ 개발제한구역 훼손지 복구사업 및 비용지원

주민지원사업 등의 일환으로 개발제한구역보전과 관리 등을 위한 훼손지복구사업을 시행할 수 있으며, 국가는 이에 대한 비용을 지원할 수 있다(§16·①·②).

2) 의견청취

국토해양부장관, 시·도지사, 시장 또는 군수는 도시계획을 입안하는 때에는 주민의 의견을 청취해야 하며, 그 의견이 타당하다고 인정되는 때에는 이를 당해 도시관리계획 안에 반영하여야 한다. 다만, 국방상 기밀을 요하는 사항(국방부장관의 요청이 있는 것에 한한다)이거나 대통령령이 정하는 경미한 사항인 경우에는 그러하지 아니하다(§7·①).

(5) 도시관리계획의 결정 및 지형도면의 고시

1) 도시관리계획의 결정·고시·효력

도시관리계획은 국토해양부장관이 결정하는데, 이를 결정하고자 하는 때에는 관계 중앙행정기관의 장과 미리 협의하여야 하고, 중앙도시계획위원회의 심의를 거쳐야 한다. 이 경우 협의 요청을 받은 관계 기관의 장은 그 요청을 받은 날부터 30일 이내에 의견을 제시해야 한다. 다만, 국방상 기밀을 요한다고 인정되는 때(국방부장관의 요청이 있는 때에 한한다)에는 그 도시관리계획의 전부 또는 일부에 대하여 관계 중앙행정기관의 장과 협의 및 중앙도시계획위원회의 심의 등 절차를 생략할 수 있다(§8·①, ②, ③, ④).

국토해양부장관은 도시관리계획을 결정한 때에는 이를 고시하고 관계 서류를 일반이 열람하게 하여야 한다. 이 경우 국토해양부장관이 결정한 도시관리계획에 대하여는 관계 특별시장·광역·특별자치도지사·시장 또는 군수에게 관계 서류를 송부하여 이를 일반이 열람할 수 있도록 하여야 한다. 도시관리계획은 고시가 있는 날부터 5일 후에 그 효력이 발생한다(§8·⑥, ⑦).

2) 도시관리계획에 관한 지형도면의 고시

① 특별시장·광역시장·특별자치도지사·시장 또는 군수는 도시관리계획결정의 고시가 있는 때에는 당해 도시지역 안의 토지에 관하여 지적이 표시된 지형도면에 도시관리계획사항을 명시한 도면(이하 '지형도면'이라 한다)을 작성하여야 한다. 시장·군수는 지형도면을 작성한 때에는 도지사의 승인을 얻어야 한다. 국토해양부장관은 도시관리계획을 직접 입안한 때에는 관계 특별시장·광역시장·특별자치도지사 시장 또는 군수의 의견을 들어 직접 지형도면을 작성할 수 있다.

작성된 지형도면은 국토해양부장관이 고시하고 관계 특별시장·광역시장·특별자치도시자·시장 또는 군수에게 관계 서류를 송부해야 하며 관계 서류를 송부받은 특별시장·광역시장·특별자치도지사·시장 또는 군수는 이를 일반이 공람하게 하여야 한다(§9·①, ②, ③, ④).

② 축적 500분의 1 내지 1500분의 1(임야인 경우에는 축적 3000분의 1 내지 6000분의 1) 이상의 지적이 표시된 지형도를 사용하여 도시관리계획결정을 고시한 경우에는 지형도면을 따로 작성하지 아니하고 그 도시계획결정의 고시로써 지형도면의 고시에 갈음할 수 있다. 이 경우 도시계획결정의 고시내용에 이를 명기하여야 한다(§9·⑤, 동법 시행령 §8·⑦).

(6) 도시관리계획결정의 실효

도시관리계획결정의 고시일부터 2년이 되는 날까지 지형도면의 고시가 없는 경우(제9조 제5항의 규정에 의하여 지형도면의 고시에 갈음하는 경우를 제외한다)에는 그 2년이 되는 날의 다음날에 그 도시관리계획결정은 효력을 상실한다(§10).

(7) 개발제한구역에서의 행위제한

1) 할 수 없는 행위

개발제한구역에서는 건축물의 건축 및 용도변경, 공작물의 설치, 토지의 형질변경, 죽목의 벌채, 토지의 분할, 물건을 쌓아 놓는 행위 또는 국토의 계획 및 이용에 관한 법률 제2조 제11호의 규정에 의한 도시계획사업(이하 '도시계획사업'이라 한다)의 시행을 할 수 없다(§12·① 본문).

2) 허가받아 할 수 있는 행위(개발행위의 허가)

① 다음 각 호의 1에 해당하는 행위를 하고자 하는 자는 특별자치도지사·시장·군수 또는 구청장의 허가를 받아 이를 행할 수 있다(§12·① 단서).

㉮ 다음 각 목의 1에 해당하는 건축물 또는 공작물로서 대통령령이 정하는 건축물의 건축 또는 공작물의 설치와 이에 따르는 토지의 형질 변경

㉠ 공원, 녹지, 실외체육시설 등 개발제한구역의 존치 및 보전관리에 도움이 될 수 있는 시설

㉡ 도로, 철도 등 개발제한구역을 통과하는 선형시설과 이에 필수적으로 수반되는 시설

㉢ 개발제한구역이 아닌 지역에 입지가 곤란하여 개발제한구역 내에 입지하여야만 그 기능과 목적이 달성되는 시설

㉣ 국방·군사에 관한 시설 및 교정시설

㉤ 개발제한구역 주민의 주거·생활편익·생업을 위한 시설. 종래의 개발제한구역 내 공공·공익 시설의 허용대상을 축소·조정하였다.

㉯ 개발제한구역 안의 건축물로서 제15조의 규정에 의하여 지정된 취락지구 안으로의 이축

㉰ 공익사업을 위한 토지 등의 취득 및 보상에 관한 법률 제4조의 규정에 의한 ㉠ 공익사업(개발제한구역 안에서 시행하는 공익사업에 한한다)의 시행으로 인하여 철거된 건축물의 이축을 위한 이주단지의 조성 및 ㉡ 공익사업시행에 따라 철거되는 건축물중 취락지구로 이축이 곤란한 건축물로서 개발제한구역 지정 당시부터 있던 주택, 공장 또는 종교시설을 취락지구가 아닌 지역으로 이축하는 행위

㉱ 건축물의 건축을 수반하지 아니하는 토지의 형질변경으로서 영농을 위한 경우 등 대통령령이 정하는 토지의 형질변경

㉲ 벌채면적 및 수량 기타 대통령령이 정하는 규모 이상의 죽목의 벌채

㉳ 대통령령이 정하는 범위의 토지의 분할

㉴ 모래·자갈·토석 등 대통령령이 정하는 물건을 대통령령이 정하는 기간까지 쌓아두는 행위

㉵ 건축물중 대통령령으로 정하는 건축물을 근린생활시설 등 대통령령이 정하는 용도로 용도 변경하는 행위

시장·군수 또는 구청장은 2)의 ㉮ 내지 ㉴의 행위 중 대통령령이 정하는 규모 이상의 건축물의 건축 또는 토지의 형질변경 등을 허가하고자 하는 때에는 주민의 의견을 듣고 관계 행정기관의 장과 협의한 후 특별자치도·시·군·구 도시계획위원회의 심의를 거쳐야 한다. 다만, 도시계획시설 또는 국방·군사에 관한 시설(2)의 ①의 ㉴)의 설치와 그 시설의 설치를 위한 토지의 형질변경의 경우에는 그러하지 아니하다(§12 ④).

국토해양부장관 또는 시·도지사가 2)의 ㉮의 각 목의 시설중 공공용시설의 설치를 위하여 「국토의 계획 및 이용에 관한 법률」 제91조의 규정에 따라 실시계획을 고시한 때에는 그 도시계획 시설사업은 2)에서의 허가를 받은 것으로 본다(§12 ⑧). 이 경우 허가를 의제받고자

하는 자는 실시계획 인가의 신청을 하는 때에 허가에 필요한 관련서류를 함께 제출해야 하며, 국토해양부장관 또는 시·도지사가 실시계획을 작성 또는 인가하는 때에는 미리 관할 시장·군수 또는 구청장과 협의하여야 한다(§12·⑨).

② 개발제한구역의 개발행위 허가기준의 재량준칙

개발제한구역에서의 개발행위허가는 재량행위이므로 개발제한구역의 개발행위허가 기준이 되는 규칙(예: 개발제한구역관리규정, 개발제한구역내 음식점허가관련처리지침 등)은 재량준칙으로 보아야 하며 평등원칙을 매개로 하여 대외적 구속력이 있다고 보아야 한다.

③ 개발행위의 허가의 재량성(개발행위 허가의 법적성질)

개발제한구역 내에서의 개발행위(건축, 용도변경 등)는 원칙적으로 금지되고 예외적으로 구체적인 경우에 당해 개발행위가 개발제한구역의 지정 목적에 위배되지 않는 경우에 예외적으로 허가될 수 있는 것이다(예외적 승인). 그러므로 개발제한구역에서의 개발행위의 허가는 학문상 예외적 허가에 해당하고 따라서 재량행위로 보는 것이 타당하다(대판 2002. 5. 31, 2001추88 조례안재의결 무효).

판례 〈**개발제한구역 내에서는 구역지정의 목적상 건축물의 건축이나 그 용도변경은 원칙적으로 금지되고, 예외적으로 허가에 의하여 그러한 행위를 할 수 있는바, 건축물의 용도 변경에 대한 예외적인 허가는 재량행위에 속한다.**〉 "개발제한구역 내에서는 구역 지정의 목적상 건축물의 건축이나 그 용도변경은 원칙적으로 금지되고, 다만 구체적인 경우에 위와 같은 구역 지정의 목적에 위배되지 아니할 경우 예외적으로 허가에 의하여 그러한 행위를 할 수 있게 되어 있음이 위와 같은 관련 규정의 체재와 문언상 분명한 한편, 이러한 건축물의 용도변경에 대한 예외적인 허가는 그 상대방에게 수익적인 것에 틀림이 없으므로, 이는 그 법률적 성질이 재량행위 내지 자유재량행위에 속하는 것이라고 할 것이고, 따라서 그 위법 여부에 대한 심사는 재량권 일탈·남용의 유무를 그 대상으로 한다."(대판 2001. 2. 9, 98두17593 건축물용도변경신청거부처분취소)

판례 〈**구 도시계획법상의 개발제한 구역 내의 건축물의 용도변경 허가의 기준 및 그 위법 여부에 대한 사법심사 기준**〉 구 도시계획법 (2000.1.18. 법률 제6243호로 전문 개정되기 전의 것)상의 개발제한구역 내에서의 건축물 용도변경에 대한 허가가 가지는 예외적인 허가로서의 성격과 그 재량행위로서의 성격에 비추어 보면, 그 용도변경의 허가는 개발제한구역에 속한다는 것 이외에 다른 공익상의 사유가 있어야만 거부할 수가 있고 그렇지 아니하면 반드시 허가를 하여야만 하는 것이 아니라 그 용도변경이 개발제한구역의 지정 목적과 그 관리에 위배되지 아니한다는 등의 사정이 특별히 인정될 경우에 한하여 그 허가가 가능한 것이고, 또 그에 관한 행정청의 판단이 사실오인, 비례·평등의 원칙 위배, 목적위반 등에 해당하지 아니하면 이를 재량권의 일탈·남용이라고 하여 위법하다고 할 수가 없다(대판 2001.2.9, 98두17593 건축물용도변경신청거부처분취소).

3) 신고만 하고 할 수 있는 행위

주택 및 근린생활시설의 대수선 등 대통령령이 정하는 행위는 시장·군수 또는 구청장에게 신고를 하고 이를 행할 수 있다(§12·②).

4) 허가·신고 등의 통보와 개발제한구역 관리전산망의 구성·운영

시장·군수·구청장(다른 법령에 따라 제12조 제1항 및 제2항 또는 제13조에 따른 허가나 신고가 의제되는 협의를 거친 경우는 해당 허가권자 또는 신고를 받은 자를 말한다)은 개발제한구역 내에서의 행위를 허가를 하거나 신고를 받으면 지체 없이 국토해양부장관에게 알려야 한다(§13의2). 국토해양부장관은 개발제한구역을 보다 효율적으로 운영하기 위하여 개발제한구역 관리전산망을 구성하여 운영할 수 있다(§13의3).

(8) 각종 특례 및 주민지원사업

1) 존속 중인 건축물에 대한 특례

시장·군수 또는 구청장은 법령의 개폐 기타 대통령령이 정하는 사유로 인하여 사유발생 당시의 대지·건축물 또는 공작물이 이법의 규정에 적합하지 아니하게 된 경우에는 대통령령이 정하는 바에 따라 건축물의 건축 또는 공작물의 설치를 허가할 수 있다(§13).

2) 취락지구에 대한 특례

시·도지사는 개발제한구역 안에 주민이 집단적으로 거주하는 취락(제12조 제1항 제3호의 규정에 의한 이주단지를 포함한다)을 국토의 계획 및 이용에 관한 법률 제37조 제1항 제8호의 규정에 의한 취락지구(이하 '취락지구'라 한다)로 지정할 수 있다. 취락지구에서의 건축물의 용도·높이·연면적 및 건폐율에 관하여는 제12조 제7항의 규정에 불구하고 따로 대통령령으로 정한다(§15·①·③).

3) 주민지원사업

① 주민지원대상사업

시장·군수 또는 구청장은 관리계획에 따라 ㉮ 개발제한구역 주민의 생활편익과 복리 증진 및 생활비용의 보조 등을 위한 지원사업, ㉯ 개발제한구역보전과 관리 등을 위한 훼손지 복구사업 등을 위한 지원사업을 시행할 수 있다(§16·①).

② 비용지원

국토해양부장관은 국가균형발전특별법에 의한 국가균형발전특별회계에서 제1항 각 호의 사업에 드는 주민지원사업에 소요되는 비용을 지원할 수 있다. 비용지원하는 경우 지원기준·금액 등은 제30조 시정명령에 관한 업무, 제30의 2의 이행강제금의 부과·징수에 관한 업무, 제34조의 과태료의 부과·징수에 관한 업무의 처리실적과 개발제한구역 관리실태 등을 종합적으로 고려하여 국토해양부장관이 정한다(§16·②). 지정된 취락지구 안에 건설하는 주택에 대하여는 주택법에 의한 국민주택기금을 우선하여 지원할 수 있다(§16·①·③).

(9) 개발제한구역보전부담금

개발제한훼손부담금을 개발제한구역의 보전 및 관리를 위한 개발제한구역보전부담금으로 명칭을 변경하였다.

1) 보전부담금대상자(납부의무자)

국토해양부장관은 개발제한구역의 보전과 관리를 위한 재원을 확보하기 위하여 ① 개발제한구역해제된 지역을 개발하는 사업자 중 훼손지복구계획을 제시하지 못하거나 복구를 하지 않는 자, ② 제12조 제1항 단서(개발제한구역에서의 행위제한에서 허가) 또는 제13조(존속중인 건축물 등에 대한 특례에서 허가)에 따른 허가(토지의 형질변경허가나 건축물의 건축허가에 해당하며 다른 법령에 따라 제12조 제1항 단서 또는 제13조에 따른 허가가 의제되는 협의를 거친 경우를 포함한다)를 받은 자에게 개발제한구역보전부담금(이하 "부담금"이라 한다)을 부과·징수한다. 부담금을 내야할 자(이하 "납부의무자"라 한다)가 대통령령으로 정하는 조합으로서 ㉠ 조합이 해산된 경우, ㉡ 조합의 재산으로 그 조합에 부과되거나 그 조합이 내야 할 부담금·가산금 등을 충당하여도 부족한 경우에는 그 조합원(조합이 해산된 경우에는 해산당시의 조합원을 말한다)이 부담금을 내야한다(§21·①·②).

2) 부담금의 산정기준

해제에 따른 부담금은 해제대상지역의 제곱미터당 개별공지가 평균치의 100분의 10에 해당하는 지역의 면적을 곱하여 산정한다(바다 및 하천의 면적을 제외한다)(§24·①).

3) 부담금의 부과·징수 및 납부

국토해양부장관은 제22조(개발사업결정통보, 시장·군수·구청장의 허가내용통보)에 따른 내용을 통보받으면 지체 없이 부담금을 부과하고 제4조 제4항(훼손된 지역의 복구)에 따른 복구를 하지 아니할 자에 대하여는 제21조 제1항 제1호(제4조 제6항에 따라 복구계획을 제시하지 아니하거나 복구하지 아니하기로 한 자)에 따른 부담금을 지체 없이 부과하여야 한다(§25·①). 납부기한은 부과한 날부터 6개월로 하되, 부득이한 사유로 국토해양부장관의 허가를 받으면 1년 이내의 범위에서 기한을 연장하거나 분할납부할 수 있다(§25·①·②).

4) 부담금의 귀속 및 용도

징수된 부담금은 「국가균형발전특별법」에 따른 국가균형발전특별회계에 귀속된다. 부담금은 주민지원사업, 토지 등 매수, 개발제한구역 내 훼손지 복구·공원화 사업·인공조림조성·여가체육공간조성, 개발제한구역의 지정·해제에 관한 조사·연구, 개발제한구역 내 불법행위의 예방·단속의 용도로 사용하여야 한다(§26).

(10) 개발제한구역과 권리구제

1) 토지매수청구(§17)

개발제한구역의 지정으로 인하여 개발구역 안의 토지를 종래의 용도로 사용할 수 없어 그 효용이 현저히 감소된 토지 또는 당해 토지의 사용 빛 수익이 사실상 불가능한 토지(이하 '매수대상 토지'라 한다)의 소유자로서 ① 개발제한구역의 지정 당시부터 당해 토지를 계속 소유한 자 ② 토지의 사용·수익이 사실상 불가능하게 되기 전에 당해 토지를 취득하여 계속 소유한 자 ③ ① 또는 ②에의 자로부터 당해 토지를 상속받아 계속 소유한 자는 국토해양부장관에게 당해 토지의 매수를 청구할 수 있다(§17·①).

개발제한구역의지정및관리특별조치법상의 토지매수청구권은 형성권이 아니라 청구권으로 보아야 한다. 따라서 매수청구가 있는 경우에는 국토해양부장관은 매수할 의무가 있고(동법§17·②), 행정청이 매수를 거부할 경우 매수거부는 처분이 아니며 매수청구권은 공권이므로 매수청구자는 공법상 당사자소송(이행소송)을 제기하여야 한다.

도시계획시설부지의 지정으로 인하여 특별한 희생을 받은 경우에는「국토의 계획 및 이용에 관한 법률」제47조에 따라 매수청구권을 행사할 수 있다.

2) 개발제한구역과 손실보상문제

① 문 제 점

헌법은 공용제한과 그에 대한 보상은 법률로써 하되, 정당한 보상을 지급하도록 규정하고 있다(§헌법23·③). 그런데 과거에 개발제한구역에 관해 규정하였던 도시계획법은 개발제한구역 지정으로 인한 손실에 대하여 아무런 보상규정을 두고 있지 않았었다. 그리하여 개발제한구역의 지정으로 인한 손실의 보상 문제를 둘러싸고 계속 논란이 많았었다. 중요문제는 개발제한구역 지정으로 인한 침해가 특별한 희생에 해당하는가가 문제였다.

② 사회적 제약과 특별 희생

공용제한에 따라 사유지의 이용행위가 제한·금지되더라도 종전 방법에 의한 토지이용의 계속이 가능하고, 또 제한이 객관적으로 보아 당해 토지 본래의 기능에 반하지 않는 한 보상은 불필요하며, 공용제한이 질서유지를 위한 것인 때나 상린관계상의 제약인 경우와 같이 사회통념상 당연히 수인해야 할 사회적 제약에 불과한 것인 경우는 손실보상의 필요가 없다.

그러나 예외적으로 공법상 제한이 객관적으로 현실화되어 있는 재산가치를 현저히 손상하거나 사적 개발효과를 본질적으로 저해하는 것일 때, 소유권의 본질적 내용을 제한할 때, 이미 현실화되어 있는 개발행위를 제한하는 것인 때, 공용제한의 결과 상대방에게 특별한 희생이 발생한 경우인 때 등에는 손실보상을 요한다 할 것이다.

③ 판 례

대법원은 개발제한구역 지정으로 인한 피해에 대해 손실보상을 인정하지 아니한다는 입장을 취하였다.

> 판례 〈도시계획법 제21조에 따른 개발제한구역 안에 있는 토지소유자의 재산권행사 제한은 도시의 무질서한 확산을 방지하고 도시주변의 자연환경을 보호하여 도시민의 건전한 생활환경을 확보하기 위하여 또는 국방장관의 요청이 있어 보안상 도시개발을 제한할 필요가 있다고 인정하는 때(도시계획법 §21·①)에 한해 가해지는 그와 같은 제한으로 인한 토지소유자의 불이익은 공공복리를 위해 수인해야 할 정도의 것이므로 그에 대한 손실보상규정을 두지 않았다 하여 도시계획법 제21조의 규정을 헌법 제23조 제3항, 제11조 제1항 및 제37조 제2항에 위배되는 것으로 볼 수 없다.〉 구 도시계획법 제21조 제1항·제2항의 규정에 의한 개발제한구역 안에 있는 토지의 소유자는 재산상의 권리행사에 많은 제한을 받게 되고, 그 한도 내에서 일반토지소유자에 비하여 불이익을 받게 되었음은 명백하지만 '도시의 무질서한 확산을 방지하고 도시 주변의 자연환경을 보전하여 건전한 생활환경을 확보하기 위하여, 또는 국방부장관의 요청이 있어 보안상 도시의 개발을 제한할 필요가 있다고 인정되는 때'에 한하여 가하여지는 위와 같은 제한은 공공복리에 적합한 합리적인 제한이라 볼 것이고, 그 제한으로 인한 토지소유자의 불이익은 공공의 복리를 위하여 감수하지 아니하면 안 될 정도의 것이라고 인정되므로 이에 대하여 손실보상의 규정을 하지 아니하였다 하여 구 도시계획법 제21조 제1항·제2항의 규정을 헌법 제23조 제3항이나 제37조 제2항에 위배되는 것이라 할 수 없다(대판 1996.6.28, 94다54511).

대법원은 반드시 명백한 것은 아니지만 경계이론에 입각한 것으로 보인다.

④ 헌법재판소 결정

헌법재판소는 그린벨트제도 그 자체는 헌법적으로 하자가 없는 것으로서 이를 그대로 유지해야 할 필요성과 당위성이 있고, 다만 개발제한구역 지정으로 말미암아 예외적으로 토지소유자에게 사회적 제약의 범위를 넘는 가혹한 부담이 발생하는 경우에 대하여 손실보상규정을 두지 않는 것에는 위헌성이 있다고 하고, 보상의 구체적인 기준설정은 입법자의 임무로 본다(헌재결 1998.12. 24, 89헌마214;90헌바 16;97헌바78). 그리고 헌법재판소는 분리이론에 입각하여 개발제한구역의 지정으로 인한 재산권행사의 제한과 그에 대한 권익구제의 문제를 헌법 제23조 제3항의 공용제한과 손실보상의 문제로 보지 않고, 헌법 제23조 제1항 및 제2항의 재산권의 내용과 한계의 문제로 보고 있다.[248] 그리하여 토지매수청구권의 인정으로 개발제한구역의 지정으로 인한 특별한 희생에 대한 구제가 행하여진 것으로 본다.

> 【헌재결】〈도시계획법 제21조의 위헌여부(적극)〉 도시계획법 제21조에 의한 재산권의 제한은 개발제한구역으로 지정된 토지를 원칙적으로 지정 당시의 지목과 토지현화에 의한 이용방법에 따라 사용할 수 있는 한 재산권에 내재하는 사회적 제약을 비례의 원칙에 합치하게 합헌적으로 구체화한 것이라고 할 것이나. 종래의 지목과 토지현황에 의한 이용방법에 따른 토지의 사용도 할 수 없거나 실질적으로 사용·수익을 전혀 할 수 없는 예외적인 경우에도 아무런 보상없이 이를 감수하도록 하고 있는 한, 비례의 원칙에 위반되어 당해 토지소유자의 재산권을 과도

248) 이에 관한 상세 설명은 조정환, 행정법(상), 「행정상 손실보상」에서 경계이론과 분리이론 설명 참조할 것.

하게 침해하는 것으로서 헌법에 위반된다(헌재결 1998. 12. 24, 89헌마214).

【헌재】〈토지재산권의 사회적의무성이 강해 다른 재산권에 비하여 보다 강한 제한과 의무가 부과될 수 있다.〉 헌법상의 재산권은 토지소유자가 이용가능한 모든 용도로 토지를 자유로이 최대한 사용할 권리나 가장 경제적 또는 효율적으로 사용할 수 있는 권리를 보장하는 것을 의미하지는 않는다. 입법자는 중요한 공익상의 이유로 토지를 일정 용도로 사용하는 권리를 제한할 수 있다. 따라서 토지의 개발이나 건축은 합헌적 법률로 정한 재산권의 내용과 한계 내에서만 가능한 것일 뿐만 아니라 토지재산권의 강한 사회성 내지는 공공성으로 말미암아 이에 대하여는 다른 재산권에 비하여 보다 강한 제한과 의무가 부과될 수 있다.

【헌재】〈도시계획법 제21조는 헌법 제23조 제1항, 제2항에 따라 토지재산권에 관한 권리와 의무를 일반·추상적으로 확정하는 규정으로서 재산권을 형성하는 규정인 동시 공익적 요청에 따른 재산권의 사회적 제약을 구체화하는 규정인바, 재산권의 본질적 내용인 사용·수익권과 처분권을 부인해서는 안된다.〉 개발제한구역을 지정하여 그 안에서는 건축물의 건축 등을 할 수 없도록 하고 있는 도시계획법 제21조는 헌법 제23조 제1항, 제2항에 따라 토지재산권에 관한 권리와 의무를 일반·추상적으로 확정하는 규정으로서 재산권을 형성하는 규정인 동시에 공익적 요청에 따른 재산권의 사회적 제약을 구체화하는 규정인바, 토지재산권은 강한 사회성, 공공성을 지니고 있어 이에 대하여는 다른 재산권에 비하여 보다 강한 제한과 의무를 부과할 수 있으나, 그렇다고 하더라도 다른 기본권을 제한하는 입법과 마찬가지로 비례성원칙을 준수하여야 하고, 재산권의 본질적 내용인 사용·수익권과 처분권을 부인하여서는 아니된다.

【헌재】〈토지재산권의 사회적 제약의 한계를 정하는 기준〉 개발제한구역 지정으로 인하여 토지를 종래의 목적으로 사용할 수 없거나 또는 더 이상 법적으로 허용된 토지이용의 방법이 없기 때문에 실질적으로 토지의 사용·수익의 길이 없는 경우에는 토지소유자가 수인해야 하는 사회적 제약의 한계를 넘는 것으로 보아야 한다.

【헌재】〈토지를 종전의 용도대로 사용할 수 있는 경우에 개발제한구역 지정으로 인한 지가의 하락이 토지재산권에 대해서는 사회적 제약의 범주에 속하는 것으로 보아야 한다.〉 개발제한구역의 지정으로 인한 개발가능성의 소멸과 그에 따른 지가의 하락이나 지가상승률의 상대적 감소는 토지소유자가 감수해야 하는 사회적 제약의 범주에 속하는 것으로 보아야 한다. 자신의 토지를 장래에 건축이나 개발목적으로 사용할 수 있으리라는 기대가능성이나 신뢰 및 이에 따른 지가상승의 기회는 원칙적으로 재산권의 보호범위에 속하지 않는다. 구역지정 당시의 상태대로 토지를 사용·수익·처분할 수 있는 이상, 구역지정에 따른 단순한 토지이용의 제한은 원칙적으로 재산권에 내재하는 사회적 제약의 범주를 넘지 않는다(헌재결 1998. 12. 24, 89헌마214, 90헌바16, 97헌바78(병합) 도시계획법 제21조에 대한 위헌소원).

그러나 경계이론에 의하면 토지매수청구권과는 별도로 손실보상이 선택적으로 인정되어야 한다.

⑤ 사 견

모든 개발제한구역이 아니라 위에서 본 바와 같은 재산권의 제한이 내재적 제약·사회적 제약이 아니고 그것을 넘어서는 특별한 희생이 가해지고 있는 개발제한구역에 대해서는 분리이론이 아닌 경계이론(境界理論)에 따를 경우 손실보상이 주어져야 할 것이다.

토지매수를 실질적 손실보상으로 보는 견해도 있지만 이는 타당치 않으며, 또한 토지매수를 실질적인 손실보상이라고 보더라도 토지매수청구의 성립요건이 엄격하여 매수대상토지의 판정기준을 충족하지 못하여 토지매수청구를 하지 못함에도 불구하고 특별희생을 받고 있는 경우 개발제한구역의 지정(공용제한)으로 이미 발생한 손해에 대한 보상이 행하여지지 않는 경우는 문제가 된다. 그러나 공법상 제한이 객관적으로 현실화 되어 있는 재산 가치를 현저히 손상하는 경우, 토지의 본래의 기능이나 소유권의 본질적 내용을 제한하는 경우, 이미 객관적으로 현실화 되어 있는 개발행위를 저해하는 경우, 공용제한의 결과 상대방에게 특별한 희생이 발생하는 경우에는 손실보상을 요한다 할 것이다. 이 경우 손실보상에 관한 개별규정이 없는 경우에는 헌법 제23조 제3항의 국민에 대한 직접적 효력설에 의하여 직접 헌법 제23조 제3항에 근거하여 직접 청구권을 행사할 수 있다(상세설명은 행정법(상) 손실보상 참조).

▶ 사 례(1)

<개발제한구역지정과 보상규정 없는 경우의 손실보상>

국토해양부장관은 도시주변의 자연환경을 보전하여 건전한 생활환경을 확보하기 위하여 A시 ○○○동 ○○○번지 일대를 개발제한구역으로 지정하였다. 개발제한구역에서는 건축물의 건축, 공작물의 설치 및 토지위에 연립주택을 건축할 계획을 갖고 있었으나, 이로 인해 계획을 달성할 수 없게 되었고 또한 토지가격도 대폭하락하여 재산상 피해를 보게 되었다. 이에 甲은 자신이 받은 피해를 공용제한으로 인한 특별한 희생에 해당된다고 주장하면서 국가를 상대로 손실보상을 청구하려 한다. 甲의 청구는 타당한가?

【근거법령】

국토의 계획 및 이용에 관한 법률

제38조(개발제한구역의 지정) ① 국토해양부장관은 도시의 무질서한 확산을 방지하고 도시주변의 자연환경을 보전하여 도시민의 건전한 생활환경을 확보하기 위하여 도시의 개발을 제한할 필요가 있거나 국방부장관의 요청이 있어 보안상 도시의 개발을 제한할 필요가 있다고 인정되면 개발제한구역의 지정 또는 변경을 도시관리계획으로 결정할 수 있다.

② 개발제한구역의 지정 또는 변경에 필요한 사항은 따로 법률로 정한다.

개발제한구역의 지정 및 관리에 관한 특별조치법

제3조(개발제한구역의 지정등) ② 개발제한구역의 지정 및 해제의 기준은 도시의 인구·산업·교통 및 토지이용등 경제적·사회적여건과 도시확산추세, 그 밖의 지형등 자연환경여건을 종합적으로 고려하여 대통령령으로 정한다.

제12조(개발제한구역에서의 행위제한) ① 개발제한구역에서는 건축물의 건축 및 용도변경, 공작물의 설치, 토지의 형질변경, 죽목의 벌채, 토지의 분할, 물건을 쌓아놓는 행위 또는 「국토의 계획 및 이용에 관한 법률」 제2조 제11호에 따른 도시계획사업(이하 "도시계획사업"이라 한다)의 시행을 할 수 없다.

제17조(토지매수의 청구) ① 개발제한구역의 지정에 따라 개발제한구역의 토지를 종래의 용도로 사용할 수 없어 그 효용이 현저히 감소된 토지나 그 토지의 사용 및 수익이 사실상 불가능하게 된 토지(이하 "매수대상토지"라 한

다)의 소유자로서 다음 각 호의 어느 하나에 해당하는 자는 국토해양부장관에게 그 토지의 매수를 청구할 수 있다.

1. 개발제한구역으로 지정될 당시부터 계속하여 해당 토지를 소유한 자
2. 토지의 사용·수익이 사실상 불가능하게 되기 전에 해당 토지를 취득하여 계속 소유한 자
3. 제1호나 제2호에 해당하는 자로부터 해당 토지를 상속받아 계속하여 소유한 자

② 국토해양부장관은 제1항에 따라 매수청구를 받은 토지가 제3항에 따른 기준에 해당되면 그 토지를 매수하여야 한다.

③ 매수대상토지의 구체적인 판정기준은 대통령령으로 정한다.

개발제한구역의 지정 및 관리에 관한 특별조치법시행령

제28조(매수대상토지의 판정기준) 법 제17조 제3항에 따른 매수대상토지(이하 "매수대상토지"라 한다)의 판정기준은 다음 각 호와 같다. 이 경우 토지의 효용 감소, 사용·수익의 불가능 등에 대하여 본인의 귀책사유가 없어야 한다.

1. 종래의 용도대로 사용할 수 없어 그 효용이 현저히 감소된 토지 : 매수를 청구할 당시 매수대상토지를 개발제한구역 지정 이전의 지목(매수청구인이 개발제한구역 지정 이전에 적법하게 지적공부상의 지목과 다르게 이용하고 있었음을 공적자료로서 증명하는 경우에는 개발제한구역 지정 이전의 실제 용도를 지목으로 본다)대로 사용할 수 없어 매수청구일 현재 해당 토지의 개별공시지가(「부동산 가격공시 및 감정평가에 관한 법률」 제11조에 따른 개별공시지가를 말한다. 이하 같다)가 그 토지가 있는 읍·면·동에 지정된 개발제한구역의 같은 지목의 개별공시지가 평균치의 50퍼센트 미만일 것
2. 사용 또는 수익이 사실상 불가능한 토지 : 법 제12조 및 제13조에 따른 행위제한으로 해당 토지의 사용 또는 수익이 불가능할 것

【문제해결】

1. 주요논점

설문은 국토해양부장관의 개발제한구역의 지정에 의해 재산상의 손실을 입은 甲이 국가를 상대로 행정상의 손실보상을 청구할 수 있느냐를 묻고 있는 바, 이를 위해서는 다음과 같은 점이 검토의 대상이 된다.

첫째, 개발제한구역의 법적 성질

둘째, 개발제한구역지정으로 입은 甲의 재산상의 손해가 헌법 제23조 제3항의 손실보상의 요건을 충족하는가?
요건충족여부를 검토함에 있어서는 특히 사안에서의 甲의 재산권에 부과되는 제한의 정도가 사회적 제약을 넘어서는 특별한 희생에 해당되는지 여부

셋째, 행정상의 손실보상의 다른 요건들이 충족되더라도 현행 국토계획 및 이용에 관한 법률(§38) 및 개발제한구역의 지정 및 관리에 관한 특별조치법(§17, §20)상의 손실보상규정의 요건에 해당되지 않는 바, 이 경우에도 손실보상의 청구가 가능한지?

2. 주요논점의 해설

(1) 개발제한구역지정의 의의 및 법적성질과 합헌성의 문제

① 의의 : 국토해양부장관은 도시의 무질서한 확산을 방지하고 도시주변의 자연환경을 보전하며 도시민의 건전한 생활환경을 확보하기 위하여 또는 국방부장관의 요청이 있어 보안상 도시의 개발을 제한할 필요가 있다고 인정되는 경우에는 도시개발을 제한할 구역의 지정을 도시관리계획으로 결정할 수 있는바, 그 제한구역을 바로 개발제한구역(Green belt)이라 부른다(개발제한구역의 지정 및 관리에 관한 특별조치법 §1 : 이하 "개발제한법"이라 한다).

② 법적 성질 : 개발제한구역의 지정은 국토해양부장관이 개발제한구역의 지정 및 해제를 도시관리계획으로 결정한다(개발제한법 §3). 개발제한구역에서는 그 지정목적에 위배되는 건축물의 건축 및 용도변경, 공작물의 설치, 토지의 형질

변경, 죽림의 벌채, 토지의 분할, 물건을 쌓아놓는 행위 또는 국토의계획및이용에관한법률 제2조 제11호의 규정에 의한 도시계획사업(이하 "도시계획사업"이라 한다)의 시행을 할 수 없다(개발제한법 §12·①). 즉, 개발제한구역안에서는 재산권의 행사에 제한이 가해지는바, 개발제한구역제도는 대표적인 공용제한에 해당한다. 개발제한구역의 법적성질은 개발제한구역은 도시관리계획의 하나(국토의계획·이용법 §2·4호, 개발제한법 §3·①)이므로 개발제한구역의 지정은 구속적 계획이며 행정처분에 해당한다.

③ 개발제한구역지정제한의 합헌성 여부

이처럼 개발제한구역지정에 의해 그 구역 안의 토지 및 건물의 소유자는 자신의 재산권 행사에 많은 제한을 받게 되는데, 이러한 제한은 과연 헌법에 합치하는 합리적인 제한인지가 문제된다.

헌법상 재산권은 제한이 가능한 기본권이다. 헌법 제23조 제1항은 "모든 국민의 재산권은 보장된다. 그 내용과 한계는 법률로 정한다"고 하여 법률에 의한 재산권 제한을 예정하고 있다. 같은 조 제2항은 "재산권의 행사는 공공복리에 적합하도록 행사하여야 한다"고 하여 재산권의 사회적 제약을 규정하고 있으며, 제3항은 "공공필요에 의한 재산권의 수용·사용 또는 제한 및 그에 대한 보상은 법률로써 하되, 정당한 보상을 지급하여야 한다"고 규정하여 공공필요에 의한 재산권의 제한가능성을 규정하고 있다. 그러나 재산권의 제한은 법률로서만 가능하고, 그 법률은 목적이 정당하여야 하며, 공공복리에 적합한 합리적인 제한이어야 한다.

개발제한구역제도의 합헌성 여부에 관해 학계에서는 아직 특별한 논의가 전개되고 있지 않다. 대법원 판례는 "개발제한구역 지정에 의한 재산권의 제한은 공공복리에 적합한 합리적인 제한이므로 도시계획법 제21조 제1항, 제2항의 규정을 헌법 제23조 제3항이나 제11조 제1항 및 제37조 제2항에 위배되는 것이라 할 수 없다"고 한다(대판 1990.5.8, 89부2 위헌심판제청). 또한 헌법재판소도 "도시계획법 제21조에 규정된 개발제한구역제도 자체는 원칙적으로 합헌규정이다"고 판시하고 있다(헌재 1998.12.24, 89헌마214, 도시계획법 제21조의 위헌여부에 대한 헌법소원: 헌법불합치결정).

생각건대, 보상규정이 없는 점을 별론으로 하면 개발제한구역 지정제도 자체는 법률에 의한 기본권 제한이고, 도시의 무질서한 확산을 방지하고 도시주변의 자연환경을 보전하여 도시민의 건전한 생활환경을 확보하기 위하는 등의 제한법률의 목적도 정당성이 있으며, 공공복리에 적합한 재산권의 제한이라고 할 수 있다.

(2) 행정상 손실보상의 요건충족여부문제

① 문제의 소재

甲은 도시개발제한구역지정은 공공필요에 의한 재산권의 제한이고, 이러한 재산권의 제한의 정도는 사회적 제약이 아니라 특별한 희생에 해당된다며 손실보상을 청구하고자 하므로, 당해 사안의 경우 헌법 제23조 제3항의 행정상 손실보상의 요건을 충족하고 있는지를 검토할 필요가 있다.

행정상 손실보상이란 적법한 공공필요에 의한 행정상의 행정작용에 의하여 사유재산에 가하여진 특별한 희생에 대하여 사유재산권보장과 전체적인 평등부담의 견지에서 행정주체가 하는 조절적인 재산적 보상을 말한다. 행정상의 손실보상을 청구할 수 있기 위해서는 공공필요에 의한 재산권의 수용·사용 또는 제한일 것, 특별한 희생이 존재할 것, 손실보상규정이 존재할 것 등이 요구된다. 과연 당해 사안이 이 요건들을 충족하고 있는지를 검토하기로 한다.

② 공공필요성

손실보상의 원인이 되는 행정상 행정작용은 공공필요에 의한 경우에만 인정된다. 이는 공익의 실현을 보장하는 측면 이외에 사인의 재산권 보장도 고려하기 위한 것이다.

공공필요가 인정되는지 여부는 개별적으로 검토되어야 하고, 이를 검토할 때에는 당해 행정작용을 통해서 기대되는 공익과 침해되는 사익을 비교형량하여 결정하여야 하며, 이때에는 비례의 원칙이 이익형량을 위한 하나의 척도가 된다. 이익형량의 기준으로는 행정법상 비례의 원칙, 즉 적합성의 원칙, 필요성의 원칙, 상당성의 원칙은 물론 보충성의 원칙, 평등성의 원칙이 적용된다.

사안에서 도시개발제한구역지정은 도시의 무질서한 확산을 방지하고, 자연환경을 보호하며 건전한 생활환경을 확보하는 공익이 그 구역 안의 토지소유자 등의 재산권이 제한되는 사익보다 우월하다고 할 수 있으므로 공공필요에 의한 경우라고 할 수 있다. 공공필요로 인하여 침해되는 이익에는 사익뿐만 아니라 공익도 포함되는데 침해되는 공익의 예로는 환경상 이익, 문화재 보호이익 등을 들 수 있다.

③ 재산권의 수용·사용 또는 제한일 것

행정상 손실보상은 재산권의 수용·사용 또는 제한에 대한 보상이다. 여기서 재산권이라 함은 사법상 권리이건 공법상 권리이건 법에 의해 보호되고 있는 일체의 재산적 가치있는 권리나 법적지위를 말한다. 당해 사안의 도시개발제한구역으로 인하여 토지 및 건물 소유자의 소유권행사가 제한되므로, 이는 공용제한에 해당되어 재산권

제한의 대상이 된다.

④ 특별희생의 존재여부

손실보상은 사인에게 발생한 재산권 행사의 제약정도가 사회적 제약을 넘어서 특별한 희생에 해당하는 경우에만 인정된다. 이는 행정상 손실보상이 사인의 재산권에 발생하는 특별한 희생을 재산권 보장과 사회적 공평부담의 관점에서 조절적으로 행하는 보상을 의미하기 때문이다. 재산권 제약의 정도가 재산권의 사회적 제약에 해당하는 경우에는 손실보상을 요하지 않으므로 특별한 희생의 기준을 어떻게 정하는가 하는 것은 중요한 의미를 갖는다. 특별희생과 사회적 제약을 구별하는 기준(표준)에 관해서 이에 대한 논의를 검토할 필요가 있다.

수용이나 사용의 경우는 대체로 특별희생에 해당되어 큰 문제가 없으나(공익사업을 위한 토지등의 취득 및 보상에 관한 법률 §3 : 이하 '토지보상법'이라 한다), 가장 문제가 되는 것은 「재산권을 제한」하는 경우이다. 그 중에서도 국토의 이용·계획법상 도시관리계획제한(§38 : 개발제한구역의 지정)에 관해서는 학설·판례상 많은 논란이 되고 있다.

㉮ 학 설

㉠ 형식적 기준설

이에는 개별행위설과 특별희생설이 주장된다. 전자는 독일의 제국법원이 따르고 있던 견해로서, 행정기관의 개별적인 행위에 의해 특정인의 재산권이 제약되었는가의 여부를 기준으로 논의하는 것이다. 이에 대해 후자는 개별행위설을 발전시켜 주장되는 것으로서 독일연방통상법원이 택하고 있는 견해이다. 이에 따르면 특정 개인이나 집단을 다른 개인이나 집단과 비교하여 그들만에 대하여 특별히 관련되고 특별한 희생을 강요하는 재산권 제약행위가 행해질 때에는 특별희생의 존재를 인정한다.

㉡ 실질적 기준설

이는 재산권의 제약정도와 강도(强度)라는 실질적인 기준을 가지고 특별희생유무를 판단하는 견해이다. 이에는 재산권을 분류하여 보호할 만한 가치가 있는 재산권에 대한 제약만을 손실보상의 대상이 되는 특별한 희생으로 보는 보호가치설, 재산권의 본질인 배타적인 지배가능성을 기준으로 하여 재산권의 제약행위를 통하여 당사자의 배타적 지배가능성을 기준으로 하여 재산권의 제약행위를 통하여 당사자의 배타적 지배가능성을 불가능하게 하는 경우에 특별한 희생으로 인정하는 수인한도설(또는 기대가능성설), 당사자가 갖는 재산권의 주관적인 이용목적을 불가능하게 하는지 여부를 기준으로 하는 사적 효용설, 재산권의 객관적인 이용목적에 위배하는 것인가의 여부를 기준으로 하는 목적위배설, 행정기관의 행위가 재산권에 미치는 중요성과 범위를 기준으로 하는 중대성설, 당해 재산권이 놓여있는 지리적 여건을 기준으로 하는 상황구속성설 등이 주장되고 있다.

㉢ 결 어

특별한 희생에 관한 이러한 견해들은 각각의 타당성을 갖고 있다. 따라서 어느 하나의 입장을 취하기보다는 가급적 모든 입장이 고려되도록 하는 것이 바람직할 것이다. 우리나라의 일반적인 견해는, 이러한 형식적 기준과 실질적 기준을 모두 고려하여 특별한 희생에 해당되는지 여부를 판정하고 있다.

㉯ 판 례

㉠ 대법원 판례

대법원은 개발제한구역을 정하고 있는 (구)도시계획법 제21조의 위헌심판제청사건에서 (구)도시계획법 제21조 제1항에 의한 제한은 공공복리에 적합한 합리적인 제한으로서, 그 제한으로 인한 토지소유자의 불이익은 공공복리를 위하여 감수하지 아니하면 안 될 정도의 것이라며 특별한 희생은 아니라고 판시하였다. "도시계획법 제21조 제1항, 제2항의 규정에 의하여 개발제한구역 안에 있는 토지의 소유자는 재산상의 권리행사에 많은 제한을 받게 되었음은 명백하지만, '도시의 무질서한 확산을 방지하고 도시 주변의 자연환경을 보전하여 도시민의 건전한 생활환경을 확보하기 위하여, 또는 국방부장관의 요청이 있어 보안상 도시의 개발을 제한할 필요가 있다고 인정될 때'에 한하여 가해지는 위와 같은 제한은 공공복리에 적합한 합리적인 제한이라 볼 것이고, 그 제한으로 인한 토지소유자의 불이익은 공공의 복리를 위하여 감수하지 아니하면 안 될 정도의 것이라고 인정되므로, 손실보상의 규정을 두지 아니하였다하여 도시계획법 제21조 제1항 제2항의 규정을 헌법 제23조 제3항이나 제37조 제2항에 위배되는 것이라고 할 수 없을 것이다"고 하여 특별희생을 부정한다(대판 1990.5.8, 89부2. 도시계획법 제21조의 위헌심판제청).

㉡ 헌법재판소 결정

"개발제한구역 지정으로 인하여 토지를 종래의 목적으로도 사용할 수 없거나 또는 더 이상 법적으로 허용된 토지이용의 방법이 없기 때문에 실질적으로 토지의 사용·수익의 길이 없는 경우에는 토지소유자가 수인해야하는 사회적 제약의 한계를 넘는 것으로 보아야 한다.

개발제한구역의 지정으로 인한 개발가능성의 소멸과 그에 따른 지가의 하락이나 지가상승률의 상대적 감소는 토지소유자가 감수해야 하는 사회적 제약의 범주에 속하는 것으로 보아야 한다. 자신의 토지를 장래에 건축이나 개발목적으로 사용할 수 있으리라는 기대가능성이나 신뢰 및 이에 따른 지가상승의 기회는 원칙적으로 재산권에 내재하는 사회적 제약의 범주를 넘지 않는다.

(구)도시계획법 제21조에 의한 재산권의 제한은 개발제한구역으로 지정된 토지를 원칙적으로 지정당시의 지목과 토지현황에 의한 이용방법에 따라 사용할 수 있는 한, 재산권에 내재하는 사회적 제약을 비례의 원칙에 합치하게 합헌적으로 구체화한 것이라고 할 것이나, 종래의 지목과 토지현황에 의한 이용방법에 따른 토지의 사용도 할 수 없거나 실질적으로 사용·수익을 전혀 할 수 없는 예외적인 경우에도 아무런 보상없이 이를 감수하도록 하고 있는 한, 비례의 원칙에 위반되어 당해 토지소유자의 재산권을 과도하게 침해하는 것으로서 헌법에 위반된다."고 하여 도시계획법 제21조의 위헌여부에 대한 헌법소원에서 헌법불합치결정을 내렸다(헌재 1998.12.24, 89헌마214).

다만, 헌법재판소는 「분리이론」에 입각하여 개발제한구역의 지정으로 인한 재산권행사의 제한과 그에 대한 권익구제의 문제를 헌법 제23조 제3항의 공용제한과 손실보상의 문제로 보지 않고 헌법 제23조 제1항 및 제2항의 재산권의 내용과 한계문제로 보고 있다(헌재 1998.12.24, 헌마214, 90헌마16, 97헌바78).

위와 같은 헌법재판소의 헌법불합치결정이 있은 후 2000년 1월 28일 제정된 개발제한구역의 지정 및 관리에 관한 특별조치법(§17)에서는 헌법재판소의 결정을 반영하여 개발제한구역의 지정으로 인하여 개발제한구역안의 토지를 종래의 용도로 사용할 수 없어 그 효용이 현저히 감소된 토지 또는 당해 토지의 사용 또는 수익이 사실상 불가능한 토지의 소유자는 국토해양부장관(국가)에 대하여 당해 토지의 매수를 청구할 수 있다. 이러한 매수청구권제도는 손실보상은 아니지만 이에 갈음하는 제도로 이해될 수 있을 것이다.

㈐ 사안의 경우

상술한 바와 같이 개발제한구역으로 지정된 구역 안에서는 그 구역지정의 목적에 위배되는 건축물의 건축, 공작물의 설치, 토지의 형질변경, 토지면적의 분할 또는 도시계획사업을 시행할 수 없게 되어 토지소유자는 소유권 등 재산권을 행사하는 데 많은 제한을 받게 될 뿐 아니라, 이러한 제한으로 토지가격이 하락하여 경제적 손실을 입게 된다.

대법원의 태도와는 달리 학계의 일반적인 견해는, 개발제한구역 내에서 토지소유자 등에 부과되는 재산권 제한은 특별한 희생이 되는 것으로 인정하고 있다. 개발제한구역 안에 있는 토지소유자에 비하여 재산권 행사에 불이익을 받게 될 뿐만 아니라, 당해 토지를 종전대로 이용할 수 없으며, 당해 구역지정의 목적에 따른 토지이용이 객관적으로 보아 그 토지의 본래의 기능에 맞지 않는 경우도 발생하게 되므로, 이러한 이유에서 특별한 희생으로 보아야 한다는 것이다. 그 밖에도 개발제한구역의 지정에 관하여서는 구역지정을 다툴 수 있는 행정수단의 불충분성, 개발제한구역 안의 주민들의 생활상 불편, 개발이익의 불평등한 배분, 개발제한구역의 취지와 현실간의 괴리 등의 문제점을 감안할 때, 특별한 희생으로 보아 손실보상에 의해 피해자 구제의 폭을 넓혀야 된다는 정책적인 고려를 하여야 한다는 주장도 제기된다(김연태, 행정법사례연습, 홍문사, 2007년, 제4판, 455쪽).

㈑ 소 결

개발제한구역 내 토지소유자 등이 개발제한구역 지정으로 받는 현실적 피해에 대해 특별한 희생을 부정하고 있는 대법원의 태도는 문제점이 있다고 생각된다.

개발제한구역지정으로 인한 손해가 특별한 희생인가 여부에 대해서는 개별적으로 고찰해야 할 것이다. 당해 계획으로 인하여 토지이용이 제한되더라도 종래의 방법에 의한 토지의 이용이 계속 가능하고, 또한 그 제한이 당해 토지의 본래의 기능에 반하지 아니한 경우에는 사회적 제약으로 보아 보상이 필요하지 아니하나, 당해 구역지정의 목적에 따른 토지이용이 객관적으로 보아 맞지 않는 경우나 종전대로의 이용을 계속할 수 없는 때에는 특별한 희생으로 보아야 할 것이다. 오늘날 전 국토가 개발되고 있고 토지이용이 고도화됨에 따라, 토지의 기능이 변화되어 당해 개발제한구역 지정의 목적에 따른 토지이용이 당해 토지의 본래의 기능에 맞지 않는 경우가 오히려 일반적이라고 할 수 있다.

사안의 경우 갑은 자신의 나대지에 연립주택을 지으려 했으나 개발제한구역으로 지정되어 이러한 이용이 불가능해졌다. 일반적인 경우 토지를 장래에 건축이나 개발목적으로 사용할 수 있으리라는 기대가능성이나 신뢰는 원칙적으로 재산권에 내재하는 사회적 제약의 범주를 넘지 않으나, 甲 소유의 나대지가 그 지목과 토지현황으로 보아 건축 이외에는 실질적으로 사용·수익을 전혀 할 수 없는 경우에 해당한다면 甲이 입은 불이익은 특별한 희생에 해당한다고 보아야 한다.

⑤ 손실보상규정의 존재여부(개발제한법상의 토지매수청구 : §17)

국토의 계획·이용법(§38)은 개발제한구역의 지정에 의해 재산권 행사의 제한을 받는 토지소유자의 손실보상에 관해서는 아무런 규정이 없어, 개발제한법 제17조에서 개발제한구역의 지정으로 인하여 개발제한구역안의 토지를 종래의 용도로 사용할 수 없어 그 효용이 현저히 감소된 토지 또는 당해 토지의 사용 또는 수익이 사실상 불가능한 토지의 소유자는 국토해양부장관에 대하여 당해 토지의 매수를 청구할 수 있다. 매수대상토지의 판정기준은 동법시행령(§28)에서 자세하게 규정하고 있다. 이러한 매수청구권제도는 손실보상은 아니지만 이에 갈음하는 제도로 이해될 수 있을 것이다. 그러나 상술한 바와 같이 매수청구권이 성립할 수 있도록 요건이 충분히 구비하였다고 보기는 어렵다. 하지만 공용제한으로 인한 특별희생에 해당된다고 판단되기 때문에 손실보상을 청구하려는 것이다. 이 문제가 바로 헌법은 보상을 법률로써 하도록 하고 있으므로 법률이 재산권에 대한 공권적 침해를 규정하면서 보상규정을 두지 않을 경우 피해자를 어떻게 구제할 것인가의 문제이다.

(3) 보상규정이 없는 경우의 손실보상청구의 가능성 문제(헌법 제23조 제3항의 효력)

헌법 제23조 제3항은 국가가 국민의 재산권을 수용·사용·제한하는 경우 그에 대한 보상은 법률로써 하되 정당한 보상을 지급하여야 한다고 규정하고 있는데, 실제로 법률이 공용침해(수용·사용·제한) 규정을 두면서 그 보상규정을 두지 않는 경우 재산권을 침해당한 개인은 헌법 제23조 제3항의 규정만을 근거로 해서 보상금을 청구할 수 있는가 하는 문제이다.

① 학 설

㉮ 방침규정설(입법지침설)

이 견해는 헌법 제23조 제3항은 규범적 효력이 결여되어 있는 것으로서, 입법자에 대한 방침을 규정한 것에 불과한 것으로 보는 것이다. 이 견해에 의하면 근거법률에서 보상규정을 두지 아니한 경우에는 피해자는 결국 손실을 수인할 수밖에 없게 된다.

㉯ 직접효력규정설

이 견해는 법률에 손실보상규정이 없다는 것이 바로 손실보상을 배제하는 취지로 이해되서는 안되며, 이때에는 헌법 제23조 제3항을 직접적인 근거로 하여 주장할 수 있다고 한다. 이 견해는 헌법 제23조 제3항을 보상의 구체적 내용이나 방법만을 유보한 것이지 보상여부까지를 법률에 유보한 것이 아니기 때문에, 법률에 의해 보상 자체를 배제할 수는 없는 것이라고 주장하고 있다. 국민에 대한 직접효력이라고도 한다.

㉰ 유추적용설(간접효력규정설)

이 견해는 법률에 손실보상규정이 없는 경우에는 헌법 제23조 제1항과 제11조를 직접적인 근거로 하고, 제23조 제3항 및 관계규정의 유추적용을 통하여 손실보상을 청구할 수 있다고 한다. 이는 독일에서 발전된 수용유사침해이론을 도입하여 이를 통해 해결하려는 것이다. 유추적용설은 간접효력규정이라고도 한다.

㉱ 위헌무효설

이 견해는 손실보상 여부는 법률에 근거하여야 하므로 이러한 규정을 포함하지 않고 재산권 제약을 허용하는 법률은 헌법 제23조 제3항에 반하는 위헌·무효의 법률이며, 이에 근거한 행정작용은 위법한 것이 되므로 피해자는 손실보상이 아니라 행정소송의 제기와 국가배상청구를 통해 권리구제를 받을 수 있다고 한다. 입법자에 대한 직접효력이라고도 한다.

② 판 례

㉮ 대법원의 경우 : 소위 신군부에 의하여 문화방송주식을 강제로 빼앗긴 자가 국가를 상대로 손실보상청구를 한 사건에서 원심인 고등법원은 「국가의 주식강제취득은 법률의 근거 없이 개인의 재산을 수용한 것으로서 이른바 수용유사침해에 해당하며, 구헌법 제22조 제3항의 효력으로서 국가에 그 손실의 보상을 청구할 수 있다」(서울고법 1992.12.24, 92나20073)고 하여 수용유사침해의 법리를 적극 활용한 바 있으나, 상소심인 대법원은 「과연 우리법제하에서 그와 같은 이론을 채택할 수 있는가는 별론으로 하더라도, 이 사건 주식취득이 공권력 행사에 의한 수용유사적침해에 해당한다고 볼 수는 없다」(대판 1993.10.26, 93다6409)고 함으로써 수용유사침해이론의 수용여부에 대해 소극적 입장을 간접적으로 나타내고 있다.

㉯ 헌법재판소의 경우 : 헌법재판소는 분리이론에 입각하여('경계이론과 분리이론'은 행정법(상), 제2장 행정상 손해전보, 제4절 행정상 손실보상, III. 손실보상의 원인 설명을 참조할 것), 진정입법부작위로서의 위헌결정(헌재 1994.12.29, 89헌마2), 또는 헌법불합치결정으로 보상입법의무의 부과(헌재 1998.12.24, 89헌마214)를 통해 문제를 해결하게 하였다. 이러한 결정을 반영하여 「개발제한구역의 지정 및 관리에 관한 특별조치법」

에서 토지소유자의 매수청구권을 인정하고 있다(동법 §17).

③ 결 어

㉮ 방침규정설의 문제점

헌법 제23조 제3항의 규정을 단순히 입법자가 지향하여야 할 방침을 정한 것에 불과하다고 보는 것은, 오늘날의 실질적 법치국가에서는 인용될 수 없는 주장이라고 할 것이다.

㉯ 유추적용설의 문제점

이 견해는 우선 헌법 제23조 제1항을 근거로 하고 있는 점에서 문제가 있다. 동 규정은 위법한 재산권 침해에 대한 방어적 권리를 당사자에게 인정한 재산권의 존속보장에 관한 규정이라고 보아야 하므로, 재산권의 가치보장의 문제인 손실보상에 관한 근거규정이 될 수 없다.

또한 이 견해는 헌법 제23조 제3항을 유추적용하여 손실보상을 청구할 수 있다고 하나, 이러한 시도는 유추적용을 위한 전제요건을 충족하지 못하기에 타당할 수 없다는 문제점이 있다.

이 견해에 대해 특히 지적할 점은, 독일의 수용유사침해이론을 도입하여 손실보상의 문제를 해결하려는 시도는 수용유사침해이론의 근거로서 주장되고 있는, 독일의 관습상 인정되고 있는 희생보상청구권과 같은 관습법이 우리나라의 경우에는 존재한다고 볼 수 없다는 점에서 타당하다고 할 수 없다.

㉰ 위헌무효설의 문제점

위헌무효설에 대해서는 이를 행정상 손해배상의 문제로 보게 되면 그 성립요건으로서 공무원의 과실이 인정되어야 하는데, 이때에 공무원의 과실의 존재를 인정하기 어려워 결국은 당사자의 배상청구권이 부정되는 문제점이 있다.

㉱ 직접효력규정설의 타당성

㉠ 헌법 제23조 제3항에서는 정당보상(이는 완전보상을 의미)원칙을 명시적으로 규정하고 있고, 이 헌법규범은 입법자뿐만 아니라 국민에게도 직접적 구속력을 갖는 것이며, 이렇게 해석하는 것이 국민의 권익구제라는 관점에서 바람직하고 헌법합치적 해석이라 할 것이므로 직접효력설이 타당하다고 본다.

㉡ 손실보상에 관한 법률로써 정할 사항으로는 ⓐ 보상여부 ⓑ 보상기준 ⓒ 보상주체 ⓓ 보상절차 ⓔ 보상방법 등을 들 수 있으나, 법률상 이들 규정들이 없어도 직접 제23조 제3항에 근거하여 직접청구권을 행사할 수 있다.

ⓐ '보상여부'는 "…법률로써 하되 정당한 보상을 지급하여야 한다"라고 규정하고 있으므로 현행법하에서 「보상여부」를 법률로 정할 수 있다는 해석은 불가능하며, 재산권이 침해된 경우에 보상을 해주지 않는 것은 재산권의 본질적 내용을 침해하는 것이므로 인정될 수 없다. ⓑ '보상주체'는 공용침해를 한 행정주체가 되는 것이므로 어떠한 경우에도 보상주체에 관한 규정이 없다는 사실이 보상청구를 불가능하게 만들 수는 없다. ⓒ '보상절차'는 공법상 당사자소송을 제기하여 보상을 받을 수 있다. ⓓ '보상방법'에 관한 규정이 없는 경우에는 일반원칙에 따라 금전보상하여야 할 것이고, ⓔ 문제는 '보상기준'이다. 그러나 완전보상을 취하는 경우에는 보상액결정에 관하여 입법부에게 원칙적으로 재량권이 인정되지 않는다. 완전보상을 공용침해로부터 발생한 공용침해와 상당인과관계가 있는 모든 손실의 보상이라고 본다면 공용침해로 인한 보상액은 논리적·경험칙에 의해 객관적으로 결정될 수 있을 것이다.

④ 사안의 경우

사안의 경우 직접효력규정설이나 유추적용설에 의하면 甲은 국가를 상대로 손실보상청구권을 행사할 수 있게 된다. 반면에 방침규정설에 의하면 甲은 재산상의 손해에 대해 아무런 구제방법이 없게 된다. 위헌무효설에 따르면 甲은 손실보상을 청구할 수는 없고, 국가를 대상으로 행정상 손해배상을 청구할 수 있지만 공무원의 과실의 존재를 인정하기 어려워 손해배상청구권이 성립되기는 어려울 것이다.

(4) 결 론

개발제한구역지정으로 인한 甲의 재산상의 제약(공용제한)은 공용필요에 의한 재산권의 제한이고, 재산권의 제약의 정도는 사회적 제약을 넘어선 특별희생에 해당되는 등 손실보상의 요건을 충족하나, 개발제한법(§17)상 손실보상에 관한 규정이 없으나 직접효력규정설에 따라 헌법 제23조 제3항과 공적부담 앞의 평등원칙에 근거하여 국가를 상대로 하고, 당사자소송으로 하여 직접손실보상청구권을 행사할 수 있다고 할 것이다.

3) 개발제한구역의 지정, 지정해제 또는 지정해제거부에 대한 항고소송

개발제한구역은 도시관리계획의 하나이므로 개발제한구역의 지정이나 지정해제행위는 항고소송의 대상이 되는 처분이다. 개발제한구역의 지정으로 개발제한구역 내에 있는 토지소유사 등 새산권행사에 제한(예 : 건축물의 건축, 용도변경, 공작물의 설치, 토지의 형질변경 등)을 받는 자는 개발제힌구역의 지정을 디틀 원고적격이 있다고 보아야 한다.

그러나 개발제한구역 해제여부 문제는 개발제한구역 제도의 목적이 공익보호만을 목적으로 하므로 개발제한구역으로 인하여 개발제한구역 내에 있는 자나 개발제한구역 주변에 있는 자가 받는 이익은 반사적 이익이 일반적일 것이므로 이 자들이 개발제한구역의 해제를 다툴 원고적격은 인정되지 않는 것이 일반적일 것이다.

2. 계획제한(개발제한구역에 관해서는 전술한 「1. 개발제한구역, (9) 개발제한구역과 권리구제」 설명을 참조할 것)

계획제한이란 도시관리계획·수도권정비계획 기타의 계획에 따라 국토의 합리적 이용이나 도시의 건전한 발전·정비 및 그것을 위한 토지이용질서의 확립을 위한 제한이다. 지역·지구 등의 지정에 따른 제한을 받는다. 계획제한에는 국토계획 및 도시(관리)계획 등에 의한 제한이 가장 큰 비중을 차지하고 있는 바 이에 관하여는 이미 별도로 설명하였다(국토의 계획 및 이용에 관한 법률과 수도권정비계획법과 관련하여 설명하였음).

(1) 수도권정비계획제한

수도권정비계획법에 근거한 수도권정비계획은 수도권(수도권이라 함은 서울특별시와 인천광역시 및 경기도를 말한다)을 과밀억제권역, 성장관리권역, 자연보전권역의 3개 권역으로 세분하여 지정하고, 이들 권역이 지정되면 각 권역별로 일정한 종류와 규모 이상의 공장 등 인구집중유발시설을 신설 또는 증설하거나 공업지역의 지정을 할 수 없는 등 토지이용이 제한된다(동법§2, §6~§9). 수도권정비계획은 수도권 안에서의 국토의 계획 및 이용에 관한 법률에 의한 도시계획 기타 다른 법령에 의한 토지이용계획 또는 개발계획 등에 우선하며, 그 계획의 기본이 된다. 다만, 군사에 관한 사항에 대하여는 그러하지 아니하다(§3).

(2) 도시관리계획제한

「국토의계획및이용에관한법률」에 근거한 도시관리계획은 도시의 건전하고 합리적인 발전을 위하여 용도지역, 용도지구, 용도구역의 지정을 도시관리계획으로 결정하여 토지이용을 제한하고 있다.

1) 용도지역

용도지역이란 토지의 이용 및 건축물의 용도·건폐율·용적률·높이 등을 제한함으로써 토

지를 경제적·효율적으로 이용하고 공공복리의 증진을 도모하기 위하여 서로 중복되지 아니하게 도시관리계획으로 결정하는 지역을 말한다(동법 §2·15호).

국토해양부장관 또는 시·도지사 또는 대도시 시장은 ① 도시지역, ② 관리지역, ③ 농업지역, ④ 자연환경보전지역의 지정을 도시관리계획으로 결정하며, 이들 지역들을 다시 각각 세분하여 지정하고 있다(§36).

2) 용도지구

용도지구이란 토지의 이용 및 건축물의 용도·건폐율·용적률·높이 등에 대한 용도지역의 제한을 강화 또는 완화하여 정함으로써 용도지역의 기능을 증진시키고 미관·경관·안전 등을 도모하기 위하여 도시관리계획으로 결정하는 것을 말한다(동법 2·16호). 국토해양부장관 또는 시·도지사 또는 대도시 시장은 경관·미관·고도·방화·방재·보전·시설보호·취락·개발진흥·특정용도제한 등의 지구와 그 밖에 대통령령이 정하는 지구로 지정하고, 이들 지구를 다시 세분하여 지정할 수 있다(§37).

3) 용도구역

용도구역이란 토지의 이용 및 건축물의 용도·건폐율·용적률·높이 등에 대한 용도지역 및 용도지구의 제한을 강화 또는 완화하여 정함으로써 시가지의 무질서한 확산방지, 계획적이고 단계적인 토지이용의 도모, 토지이용의 종합적 조정·관리 등을 위하여 도시관리계획으로 결정하는 지역을 말한다(§2·17호). 국토해양부장관은 개발제한구역(이에 관해서는 기술하였음), 도시자연공원구역, 시가화 조정구역, 수산자원보호구역을, 각각 도시관리계획으로 결정할 수 있다(§38 ~§40).

3. 보전제한

(1) 의 의

보전제한이란 자연·자원·문화·농지·산지 등의 보전을 위하여 사권에 가해지는 공용제한을 말한다. 도시화·공업화를 위한 개발은 필연적으로 국토의 수려한 자연(풍경·경관 등)·자원(보안림, 야생동·식물 등)·문화재·농지·산지의 파손이나 다른 목적에의 전용을 초래하기 때문에 이들을 보전할 필요성이 있다.

(2) 종 류

1) 자연보전제한

자연공원이나 도시공원 내에서의 토지 등에 대한 제한을 들 수 있다(자연공원법 §23, §27, 도시공원 및 녹지 등에 관한 법률 §27).

2) 자원보전제한

산지전용제한지역이나 보전산지 안에서의 제한(산지관리법 제2절, 제3절), 야생동·식물의 보호(야생동물의 학대, 불법포획한 야생동물의 취득, 덫·창애·올무의 제작 등의 금지), 멸종위기 야생동·식물의 보호(멸종위기 야생동·식물의 포획·채취, 국제적 멸종위기종의 국제거래 등의 금지·규제), 야생동·식물 특별보호구역 내에서의 제한을 들 수 있다(야생동·식물보호법 §8, §9, §10, §14, §16, §28, §29, §55).

3) 문화재보호제한

국보·사적·명승·보물·천연기념물·전통사찰·중요민속자료 등 공적보존물에는 그 보존에 필요한 한도에서 소유권에 대한 제한이 따른다(문화재보호법 §35, §70, §94, 전통사찰보존법 §6).

판례 〈**문화재보호구역 내 토지 소유자의 문화재보호구역 지정해제 신청에 대한 행정청의 거부행위가 항고소송의 대상이 되는 행정처분에 해당하는지 여부(적극)**〉 문화재보호법은 문화재를 보존하여 이를 활용함으로써 국민의 문화적 생활의 향상을 도모함과 아울러 인류문화의 발전에 기여함을 목적으로 하면서도, 문화재보호구역의 지정에 따른 재산권행사의 제한을 줄이기 위하여, 행정청에게 보호구역을 지정한 경우에 일정한 기간마다 적정성 여부를 검토할 의무를 부과하고, 그 검토사항 등에 관한 사항은 문화관광부령으로 정하도록 위임하였으며, 검토 결과 보호구역의 지정이 적정하지 아니하거나 기타 특별한 사유가 있는 때에는 보호구역의 지정을 해제하거나 그 범위를 조정하여야 한다고 규정하고 있는 점, 같은 법 제8조 제3항의 위임에 의한 같은 법 시행규칙 제3조의2 제1항은 그 적정성 여부의 검토에 있어서 당해 문화재의 보존가치 외에도 보호구역의 지정이 재산권 행사에 미치는 영향 등을 고려하도록 규정하고 있는 점 등과 헌법상 개인의 재산권 보장의 취지에 비추어 보면, 문화재보호구역 내에 있는 토지소유자 등으로서는 위 보호구역의 지정해제를 요구할 수 있는 법규상 또는 조리상의 신청권이 있다고 할 것이고, 이러한 신청에 대한 거부행위는 항고소송의 대상이 되는 행정처분에 해당한다(대판 2004.4.27, 2003두8821 문화재보호구역지정해제거부처분취소).

4) 농지·산지전용제한

농지의 보전, 산지의 보전을 위해 전용을 제한하는 것을 들 수 있다(농지법 제4장, 산지관리법 제2장).

4. 사업제한

(1) 의 의

사업제한이란 도로·하천·전기·사방사업·도시계획사업 등 공익사업을 원활하고 안전하게 수행하기 위하여 그 사업과 관계가 있는 타인의 재산권에 대하여 가해지는 공용제한이다. 즉, 당해 공익사업의 사업자·사업인접지역 또는 사업예정지에서 가해지는 제한이다.

(2) 종 류

1) 사업제한 내용에 따른 분류

① 부작위의무

사업시행에 장애가 되는 일정한 행위를 제한·금지하는 경우이다.

도로접도구역·도로보전입체구역(도로법 §49, §50, §51)·하천구역(하천법 §10)·용도지역·용도지구·용도구역(국토의계획 및 이용에 관한 법률 제6장) 등에 있어서의 건축·토지의 형질변경 기타의 행위를 제한·금지하는 경우이다.

② 작위의무

공작물 개축·시설설치 기타 작위 의무를 가하는 경우이다(도로법 §49·④).

③ 수인의무

당해 공익사업을 위하여 사업자에 의한 토지형질의 변경, 공작물제거, 권리행사의 정지 기타 재산권 침해를 수인하여야 하는 경우이다(도로법§46, 전기사업법 §87~§89, 사방사업법§9·②, 공익사업을 위한 토지등의 취득 및 보상에 관한 법률§45·②).

2) 사업지 안인지 여부에 따른 분류

공익사업을 원활하게 수행하기 위하여 용도지역·용도지구·용도구역 안, 산업단지 안, 사방지 안에서의 행위제한을 받는 사업지(국토의 계획 및 이용에 관한 법률제6장, 산업입지 및 개발에 관한 법률§12, 사방사업법 §14), 접도구역, 도로보전입체구역, 하천연안구역에서의 행위제한을 받는 사업인접지역(도로법§52, 하천법§10), 하천예정지에서의 행위제한을 받는 사업예정지(하천법 §11)가 있다.

5. 공물제한

(1) 의 의

공물제한이란 특정한 사유재산(토지·물건 등)이 공공목적에 제공되고 있기 때문에 그 목적에 필요한 한도에서 그 소유권에 가해지는 공법상 제한을 말한다.

광의의 공물제한에는 사유재산이 공공목적에 제공되고 있기 때문에 일정한 공법상 제한이 가해지는 경우와 특정 목적물의 존재 자체가 공익상 필요하기 때문에 공법상 제한이 가해지는 경우가 있는 바, 여기서는 전자만을 공물제한으로 다루고 후자는 보전제한의 일종으로 다루었다.

(2) 종 류

1) 사유공물에 대한 제한

사유재산이 공용 또는 공공용에 제공되고 있기 때문에 그 소유권에 가해지는 공법상 제한이다. 사유토지가 도로의 부지로 사용되고 있기 때문에 그에 대한 사권행사가 제한되는 경우이다(도로법 §5).

2) 특허기업용 재산에 대한 제한

특허기업에 제공되어 있는 물건에 대해 동 특허기업의 원활한 수행을 위해(당해 사업의 공익성이 인정되는 한도에서) 융통성을 제한하는 경우이다.

6. 사용제한(공용사용)

(1) 의 의

사용제한이란 공익사업의 주체가 타인의 재산권위에 공법상 사용권을 취득하고, 상대방은 그 사용을 수인할 공법상 의무를 부담하는 것을 말한다. 공용에 사용하기 때문에 공용사용이라고도 한다.

(2) 종 류

1) 일시적 사용

공익사업의 주체가 일시적으로 타인의 토지·건물 기타 재산을 사용하는 것을 말한다. 측량·실지조사·공사 등을 위하여 타인의 토지에 출입하여 사용하는 경우(도로법 §48, 사방사업법 §9·③, 자연공원법 §72, 공유수면관리 및 매립에 관한 법률 §8, §17, 전기사업법 §87, §89, 전기통신사업법 §40, §41, 항공법 §97, 철도건설법 §10) 또는 비상재해의 경우에 그 위험의 방지 또는 구호를 위하여 타인의 토지나 물건을 사용하는 경우(도로법 §47, 광업법 §68)이다. 일시적 사용은 상대방에게 통지를 요하며, 손실이 발생한 경우에는 손실을 보상해야 한다(국토의 계획 및 이용에 관한 법률 §131, 공익사업을 위한 토지 등의 취득 및 보상에 관한 법률 §9, §27, 전기사업법 §90, 하천법 §76, 항공법 97·②).

2) 계속적 사용

계속적 사용은 개인의 재산권에 대한 중대한 제한이므로 공용수용과 동일한 절차에 따라 그 사용권이 설정되는 경우이다(공익사업을 위한 토지 등의 취득 및 보상에 관한 법률 §3, 제3장, 제4장).

그러나 권리자가 받은 손실이 비교적 경미하거나 계속적 사용의 필요성이 명백하고 긴급성이 요구되는 경우에는 보다 간이한 절차에 의하도록 하는 예도 있다(전기사업법 §89). 공용사용권(지하사용권이나 공중사용권 포함)의 설정은 다른 법률에 특별한 규정이 있는 경우를 제외하고는(하천법 §76), 원칙적으로 「공익사업을 위한 토지 등의 취득 및 보상에 관한 법률」이 정한 요건과 절차에 따라 행해져야 하며 동법이 정하는 바에 따라 손실이 보장되어야 한다(자연공원법 §22·④).

7. 부담제한

(1) 의 의

부담제한이란 공익사업의 수행을 위하여 개인의 재산권에 작위·부작위·수인의무를 부과하는 공용제한이다. 이는 직접적으로 공적목적에 제공되지 않는 물건에 대한 제한이라는 점에서 공물제한과 구별된다.

(2) 종 류

1) 작위부담

적극적인 일정한 행위의 의무를 부과하는 경우이다. 예컨대 접도구역내에 토지나 물건의 소유자나 점유자에게 도로안전을 위해 장애방지시설을 할 의무이다(도로법 §49·④).

2) 부작위부담

소극적인 일정한 부작위, 즉 금지의 의무를 부과하는 경우이다. 예컨대 접도구역에서의 토지의 형질을 변경하는 행위 또는 건축물이나 그밖의 공작물을 신축·개축 또는 증축하는 행위를 금지하는 경우이다(도로법 §49·③).

3) 수인부담

특정한 공익사업을 위한 일정한 행위를 참고 받아들일 의무를 부과하는 경우이다. 예컨대 국가에 의한 문화재발굴을 토지소유자 등은 그 발굴을 참고 받아들일 의무이다(그 발굴을 거부·방해·기피하여서는 아니된다)(문화재보호법§57). 공용수용 또는 공용사용의 결과로서 그 목적물에 관한 소유권 이외의 권리가 소멸되거나 행사가 정지되는 것도 수인부담의 예이다(토지보상법§45).

Ⅲ. 공용제한과 손실보상

1. 개 설

우리 헌법에서는 「공공필요에 의한 재산권의 수용·사용 또는 제한 및 그에 대한 보상은 법률로써 하되 정당한 보상을 지급하여야 한다」(§23·③). 그러므로 공용제한에 의한 재산권의 이용·행사에 대한 제한이 사회생활상 당연히 수인해야 할 한도(사회적 제약)를 넘어, 개인에게 「특별한 손실」(특별 희생)을 과하는 것인 때에는 정당한 보상을 하여야 한다. 그러나 어떠한 경우에 특별한 손실이 있다고 볼 것인지가 문제인 바, 이에 관한 실정법규정에는 그 내용상 반드시 통일성이 있는 것으로는 보이지 않는다.

이하에서는 공용제한을 그 제한을 필요로 하는 공익사업의 수요 또는 공익상 필요의 내용에 따라 위에서 분류한 대로 (1) 계획제한 (2) 보전제한 (3) 사업제한 (4) 공물제한 (5) 사용제한에 따라 살펴보기로 한다.

2. 계획제한(개발제한구역에 관해서는 전술한 「1. 개발제한구역. (9) 개발제한구역과 권리구제」 설명을 참조할 것)

(1) 문제의 제기

계획제한에 대한 손실보상문제는 공용제한 중에서 가장 문제가 되는 부분이다. 왜냐하면 현재 국토의 합리적 이용이나 도시의 건전한 발달을 도모하기 위하여 토지 기타 사유재산의 이용·제한에 대하여는 법률이 거의 보상규정을 두고 있지 않고 있기 때문이다(국토의 계획 및 이용에 관한 법률상의 도시관리계획).

그러나 국토의 계획·이용법상의 용도지역·용도지구·용도구역에서의 행위제한의 대부분은 그 부담의무자에게 실질적인 재산상의 희생을 부과하고 있음을 부인할 수 없을 것이다.

이것은 대부분 도시관리계획결정, 그 중에서도 특히 개발제한구역의 지정으로 인하여 당해 지역주민이 현실적으로 받는 손실은 상당한 부분 실질적인 재산상의 희생을 받고 있다고 보아야 할 것이다(개발제한구역과 손실보상문제 설명참조).

(2) 특별희생 판단문제

계획제한이 손실보상을 요하는지의 여부는 그것이 내용상 재산권의 내재적 한계안의 것인가, 아니면 그를 넘어서서 개인에 특별한 희생을 가하는 것인지의 여부에 따라 판단되어야 할 것이다. 이 문제는 손실보상의 원인에 관한 일반론(행정상 손실보상에서 설명함)과 계획제한의 특수성을 공히 검토하여 결정되어져야 할 것이나, 학설은 아직도 명확한 정리는 되지 못한 상태이다.

그러나 보상여부에 대하여는 대체로 ① 공용제한으로 인하여 토지이용이 제한되더라도 종전 방법에 의한 토지이용의 계속이 가능하고, 또한 그 제한이 객관적으로 보아 당해 토지의 본래의 기능에 반하지 않는 경우에는 보상을 요하지 않으나, ② 공용제한으로 인하여 토지 본래의 기능을 침해하는 것이거나, 토지이용규제가 종전대로의 이용을 계속할 수 없게 하는 경우이거나, 이미 객관적으로 현실화된 개발행위를 저해하는 것일 때(예 : 개발제한구역지정 전에 건축을 하기 위하여 대지를 조성하고 있던 중 당해 지역이 개발제한구역으로 지정되어 건축을 할 수 없게 된 경우)에는 보상을 요한다고 보아야 한다.[249] 토지이용규제가 종전대로의 이용을 계속할 수 없게 된 경우라도 그로 인하여 오히려 지가가 상승하여 이득을 보게 된 때에는 특별희생이 아니므로 보상할 필요가 없다(예 : 농지나 산지가 도시지역으로 지정된 경우).

(3) 개별법에 보상규정이 없는 경우

특정한 공용제한으로 인하여 개인에 그 귀책사유 없이 특별한 손실이 가해지는 경우에는 그러한 손실은 보상되어야 할 것이나(헌법 §23·③), 관계 개별법에 보상규정이 없는 경우에는 구체적인 규제상의 문제가 있다. 이 문제는 헌법 제23조 제3항의 효력과 관련하여 방침규

---

249) 김도창(하), 590쪽 ; 이상규(하), 564쪽 ; 박윤흔(하), 584~585쪽 ; 김동희(Ⅱ), 365쪽.

정설, 직접적 효력설, 위헌무효설, 유추적용설(간접효력규정설→수용유사침이론) 등 학설이 대립된다. 헌법규정은 공공필요에 의한 법률에 기한 재산권의 수용·사용 또는 제한에는 정당한 보상이 지급되어야 한다는 것을 기본 취지로 한다는 점에서는 의문이 없다고 하겠다. 그러므로 그에 따라 법률이 개인의 재산권에 대한 공용침해를 규정하면서 그에 대한 보상을 규정하고 있지 아니한 경우 당사자는 헌법 제23조 제3항에 근거하여 직접보상을 청구할 수 있다고 본다.[250)]

(4) 계획제한의 경우 구체적 보상액 산정문제

계획제한으로 인한 손실을 보상하는 경우에도, 계획제한은 재산의 장래에 있어서의 사용·수익을 제한하는 데 그치고 재산권을 박탈하는 것은 아니므로, 구체적인 보상액의 산정은 매우 어렵다. 이와 관련해서는 다음의 세 가지 견해가 제시되고 있다.

1) 적극적 실손(實損) 보상설

특정의 토지이용행위가 제한 또는 금지됨에 따라 토지소유자가 현실적으로 예기하지 않았던 지출을 하게 된 경우에 한하여, 그와 같은 적극적이고 현실적인 출연만을 보상해야 한다고 본다.

2) 지가저락설

토지이용제한에 의하여 초래된 토지이용가치의 객관적 저하가 지가의 하락으로 나타난다고 보고 그 지가 저락분을 보상하여야 한다고 본다.

3) 상당인과 관계설

토지이용방법이 제한됨으로써 토지소유자가 받는 손실 중에서 이용제한과 상당인과 관계가 있다고 인정되는 모든 손실을 보상하여야 한다고 본다.[251)]

3. 보전제한·사업제한·공물제한·사용제한(공용사용)·부담제한

(1) 보전제한

보전제한에 있어서도 제한·금지 또는 처분 등으로 인하여 손실을 받은 자가 있는 때에는 손실보상의 규정을 두고 있다(도시공원 및 녹지등에 관한 법률§46, 문화재보호 §46). 보전제한은 내용에 있어서는 보전제한이나, 형식에 있어서는 도시계획·공원계획 등 계획에 의하여 행해지는 계획제한의 형태를 취하는 경우가 있는 바, 이 경우에는 계획제한의 문제가 된다.

---

250) 이에 관한 자세한 설명은 조정환(상), 행정상 손실보상 설명 참조하시오.

251) 小高剛, 行政法名論, 1990, 229쪽~230쪽 ; 박윤흔, 행정법(하), 587쪽.

(2) 사업제한

사업제한에 있어서는 보상여부의 판단기준으로서는 그 제한이 당해 토지의 자연적 조건으로 보아 당연히 수인하여야 할 것인가 아니면 당해 제한이 인위적 사업으로 인한 것인가에 따라 전자에 대하여는 보상을 요하지 않고, 후자에 대하여는 보상을 요한다고 보는 것이 일반적 견해이다. 현행 실정법도 이러한 기준에 입각하고 있는 것으로 보이는 바, 하천연안구역에서의 행위제한에 대하여는 보상규정을 두고 있지 않으나(하천법 §10), 도로접도구역·연도구역 등에서의 행위제한에 대하여는 보상규정을 두고 있다(도로법 §92). 전기사업·사방사업과 같은 인위적인 사업으로 인한 제한에 대하여는 보상규정을 두고 있다(전기사업법§90, 사방사업법§10).

그리고 공익사업을 원활하게 수행하기 위하여 용도지역·용도지구·용도구역 안에서의 행위 제한을 받는 사업지의 경우에도 도시관리계획(도시계획)에 의하여 행해지는 계획제한의 형태를 취하는 경우이므로 이 경우에는 계획제한의 문제가 된다.

(3) 공물제한

특정한 사유재산이 공공목적에 제공되고 있기 때문에 그 목적에 필요한 한도에서 그 소유권에 가해지는 공법상 제한으로 손실을 받은 자가 있는 때에는 그 손실을 보상해야 한다(도로법 §92).

(4) 사용제한

공익사업주체가 타인의 재산권위에 공법상 사용권을 취득하고, 상대방은 그 사용을 수인할 공법상 의무를 부담하는 경우에, 계속적 사용인 경우는 물론, 일시적 사용인 경우에도 손실이 있는 한 그 손실을 보상하여야 한다. 사용제한에 대한 손실보상문제는 이미 설명한 바 있다.

(5) 부담제한

부담제한으로 인해 사인이 입는 피해는 재산권의 사회적 구속으로 특별한 희생으로 보기 어려운 경우가 많겠으나 그 침해가 특별한 희생을 받는다면 손실보상이 이루어져야 한다(도로법 §92).

제4절 공용수용

Ⅰ. 개 설

1. 공용수용법제의 최근 경향

(1) 공용수용의 법리와 그 새로운 동향

공공필요에 의한 토지수용제도는 근대 자유주의적 법치국가의 기본원리 중 하나인 재산권보장에 대한 예외적 법리로 성립한 것이다.

개인의 재산권 보장을 기본원칙으로 하면서도 특정 공익사업의 수행을 위하여 토지 등의 재산권의 취득이 불가결한 경우에 그 강제적 취득을 인정한 것이 공용수용의 법제이다.

이러한 공용수용은 개인의 재산권에 대한 중대한 침해이므로 초기의 시민적 법치국가에서는 공용수용을 정당화하는 공익사업은 공공성·공익성이 강한 개개의 사업에 한정되고, 공용수용의 절차도 매우 엄격하게 규제되고 있었다.

이러한 원리적 제약은 오늘날에도 기본적으로는 변함이 없으며 우리 헌법 제23조 제3항도 이 원리에 입각하고 있다고 할 수 있다. 그러나 고도의 산업화, 도시화 등에 의하여 특징지어지는 현대 사회에서는 균형 있는 도시의 발전, 토지의 합리적 이용, 산업발전을 위한 기반조성, 도시환경 개선 등이 행정의 주요한 책무로 되면서 공용수용의 개념도 종래의 개개의 구체적인 공익사업을 위한 제도뿐만 아니라, 보다 광범위한 공익사업을 위한 수단으로서도 인정되게 된 것이다.

이와 같은 공용수용의 변화는 공공수용의 요건인 공공성 개념의 확대, 수용제도의 객관화·종합화, 공공용지취득을 위한 새로운 법적 수단의 등장, 보상의 성격 변화 및 개발이익 환수문제 등을 들 수 있다.

(2) 공공개념의 확대(후술할 "공용수용의 목적(공익사업)"과 "공공필요성"을 참고할 것)

우리 헌법은 「공공필요에 의한 재산권의 수용 …… 및 그에 대한 보상은 법률로써 하되, 정당한 보상을 지급하여야 한다」(§23·③)고 규정하고 있다. 그러므로 공공성은 수용제도의 본질적 제약이며 공공성이 입증되지 아니한 사업을 위해 수용을 인정함은 위헌이 된다.

그런데 오늘날은 공공성의 개념을 확대함이 세계적 추세이다. 예컨대 많은 나라에서 적극적으로 추진되고 있는 사업구역(action area)의 정비 및 대규모 개발사업에 있어서는 도시재개발(urban renewal)·사업단지 등의 예에서 보는 바와 같이 정비·조성 그 자체는 공적 기관이 실시하지만 정비·조성 후의 토지는 상점·제조공장 등의 영리·수익사업용에 제공하는 경우에도 수용이 인정되고, 주택지조성사업에서 보는 바와 같이 사업자가 광대한 토지를 정비·조성한 후 일정한 목적에 따라 그 소유권을 제3자인 사인에게 양도하여 궁극적으로는 사적 이용에 제공하는 사업에 대하여도 수용이 인정되게 되었다.

이들 사업에 있어서는 정비·조성 후의 토지가 민간의 수익사업에 공용된다는 결과가 아니고, 시가지의 계획적 정비, 도시기능의 유지·증진, 주택의 대량공급이라고 하는 사업자체가 가지는 목적과 효과에 공공성을 인정하는 것이다.

더 나아가서 오늘날은 공적 기관이 아닌 사인이 사기업을 위하여 행하는 공용수용, 이른바 사인을 위한 공용침해도 인정한다. 뒤에서 보는 바와 같이 석유비축·송유, 임대나 양도의 목적으로 시행하는 주택의 건설 또는 택지의 조성에 관한 사업 등을 들 수 있다(토지보상법 §4·2호,5호).

(3) 수용제도의 종합화·객관화

현행 「공익사업을위한토지등의취득및보상에관한법」(이하 '토지보상법'이라 한다)은 공익이 되는 사업을 개별적으로 인정하고 재결도 개개의 사업마다 개별적으로 절차를 진행하는 구조로 되어 있다. 이러한 전통적인 토지수용제도는 광범위한 토지를 취득함에 있어서는 적합하지 않다. 즉, 전통적인 토지수용은 당사자의 합의에 의하여 취득할 수 없는 토지를 개별적으로 수용하는 것 이므로 광범위한 토지를 전체로서 취득하는 구조로는 되어 있지 않다.

그러나 국토 또는 일정 지역의 전체적 견지에서 토지의 합리적·효율적 이용을 위하여 광범위한 토지의 취득이 필요한 경우에는 개별사업을 위한 취득의 경우와는 달리 당해 토지를 일괄하여 취득할 필요가 있다. 우리나라에서는 이러한 수용제도는 아직 채택되고 있지 않으나, 토지이용계획과 관련하여 앞으로 신중히 검토되어야 할 것으로 본다. 종합적인 견지에서 필요한 공공용지의 취득은 종합적인 국토계획이나 지역계획에 의거하여 토지의 합리적인 이용·개발·보전을 기하기 위하여 토지의 용도구분·대규모사업·공공시설의 규모 등을 정한 토지 이용계획과 관련하여 행하여져야 한다. 토지이용계획은 양적으로 한정된 토지에 대한 다원적인 수요를 조정하고, 방임하는 경우 무질서하게 될 우려가 있는 토지이용에 대하여 일정한 질서를 부여하는 것인 바, 대규모 사업이나 각종 공공질서의 건설을 위한 용지취득 수단으로서의 수용은, 토지 소유자의 사용·수익·처분권에 제약을 가하는 규제와 아울러 토지이용계획의 내용을 실현하는 법령에 근거한 행정수단의 하나이다.

토지수용과 토지 이용계획 나아가서는 종합적인 토지정책·지가정책과의 관련성의 중요성은 수용목적의 설정이 개별 기업자나 개별 토지소유자의 주관으로부터 벗어나 객관화된 것을 의미한다. 그리하여 관계자나 이해관계인의 권리조정도 다수의 권리자를 상대방으로 하여 공정·타당한 결과가 도출될 수 있도록 배려해야 하기 때문에, 토지취득의 대가나 조건을 결정하는 절차로 개별적인 당사자의 자율을 기초로 하는 당사자주의적인 제도에 갈음하여 절차 자체를 객관화할 필요가 있다.

이러한 절차의 객관화를 위하여는 첫째, 토지 이용계획의 책정절차에 있어서의 절차적 보장을 확립하는 것이 중요하며, 둘째, 손실보상의 객관화, 셋째, 개발이익의 사회 환원, 넷째, 조세제도의 개혁 등 종합적·거시적 이해조정의 수단이 필요하다.

(4) 간접손실보상(제3자 보상) 및 생활보상문제

간접손실 내지 제3자 손실이라 함은 공공사업의 시행으로 기업지(사업시행지) 밖에 미치는 손실을 말한다. 공사 중의 소음·진동이나 완성된 시설에 의한 일조 또는 전파에 의한 장애 등 넓은 의미의 공해에 해당하는 물리적 내지 기술적 손실이 있고, 댐 건설 등에 의하여 주민이 이전함으로써 발생되는 생산체계와 유통구조의 변화 또는 어업권의 소멸에 따라 발생되는 지역경제의 변화를 통하여 개인에게는 미치는 간접적인 피해에 해당하는 경제적 내지 사회적 손실이 있다.

생활보상이란 재산권의 객관적 가치보상으로 전보되지 않는 손실, 즉 당사자가 생활의 근거를 상실함으로써 입게 되는 손실을 생활배려적인 측면에서 보상하는 것을 말한다. 영세민 보상과 이주대책 등 생활재건조치 또는 지역사회의 공동생활 기능의 회복을 위한 공공보상이 필요하게 된 것이다.

2. 공공수용의 의의

공용수용이란 국가 또는 지방자치단체 등이 특정한 공익사업을 위하여 법령에 근거하여 사인의 재산권을 강제적으로 취득하고 피수용자에게 손실보상이 주어지는 공적 공용부담을 말한다. 민법에서는 공용징수라 한다(민법 §187). 도로·항만·주택건설 등 공익사업을 위하여 타인의 토지 등이 필요한 경우에는 민법상의 매매계약을 통하여 이를 취득함이 원칙이나, 소유자가 매도를 원하지 않는 경우가 빈번이 발생한다. 여기서 당해 사업이 공익상 반드시 실현되어야 할 필요가 있는 경우에는 강제적으로 취득할 수밖에 없는 바, 이를 위해 발전된 제도가 공용수용제도이다. 이를 분설하면 다음과 같다.

(1) 공용수용의 주체

공용수용의 주체는 당해 공익사업의 주체이다. 국가나 지방자치단체뿐만 아니라 공공조합·영조물법인과 같은 공공단체일 수도 있고, 사인도 수용권을 부여받은 경우에는 공무수탁사인으로서 공용수용의 주체가 될 수 있다. 공익사업을 위한 토지 등의 취득 및 보상에 관한 법률은 공용수용의 주체를 "사업시행자"라 부른다(토지보상법 §2·3호). 공공단체 또는 사인일 경우에 수용권의 주체가 누구인지에 대하여는 국가수용건설과 사업시행자(기업자) 수용권설이 대립되고 있다.

(2) 공용수용의 목적(공익사업)

공용수용의 목적은 특정한 재산권을 「공익사업」을 위하여 취득하는 것이다.

공익사업을 위한 것인 점에서 경찰상의 목적(예: 몰수)·재정상의 목적(예: 조세징수)을 위한 재산권의 제한 및 박탈과 구별된다. 사익을 위해서는 공용수용이 이루어질 수 없음은 물론이다. 공용수용할 수 있는 공익사업은 개별 법률에서 규정하고 있으나 일반법인 「공익사업을 위한 토지 등의 취득 및 보상에 관한 법률」에서는 토지 등을 취득할 수 있는 공익사업을 다음과 같이 규정하고 있다(§4).

① 국방·군사에 관한 사업
② 관계 법률에 의하여 허가·인가·승인·지정 등을 받아 공익을 목적으로 시행하는 철도·도로·공항·항만·주차장·공영차고지·화물터미널·삭도·궤도·하천·제방·댐·운하·수도·하수도·하수종말처리·폐수처리·사방·방풍·방화·방조·방수·저수지·용수로·배수로·석유비축·송유·폐기물처리·전기·전기통신·방송·가스 및 기상관측에 관한 사업
③ 국가 또는 지방자치단체가 설치하는 청사·공장·연구소·시험소·보건 또는 문화시설·공원·수목원·광장·운동장·시장·묘지·화장장·도축장 그 밖의 공공용시설에 관한 사업
④ 관계 법률에 의하여 허가·인가·승인·지정 등을 받아 공익을 목적으로 시행하는 학교·도서관·박물관 및 미술관의 건립에 관한 사업
⑤ 국가·지방자치단체·공공기관·지방공기업 또는 국가나 지방자치단체가 지정한 자가 임대나 양도의 목적으로 시행하는 주택의 건설 또는 택지의 조성에 관한 사업
⑥ ① 내지 ⑤의 사업을 시행하기 위하여 필요한 통로·교량·전선로·재료적치장 그 밖의 부속시설에 관한 사업
⑦ ①부터 ⑤까지의 사업을 시행하기 위하여 필요한 주택, 공장 등의 이주단지조성에 관한 사업
⑧ 그 밖에 다른 법률에 의하여 토지 등을 수용 또는 사용할 수 있는 사업

공익사업인가의 여부는 그 사업 자체의 성질로 보아 그 사업의 공공성과 독점성을 인정할 수 있는가의 여부로써 정할 것이고 그 사업주체에 따라 정할 성질이 아니다(대판 1970. 9. 22, 70누81).

(3) 공용수용의 목적물(적용대상)

공용수용의 목적물은 특정한 재산권이다. 토지·물건 및 권리를 말한다. 즉, 토지소유권은 물론 그 밖의 부동산·동산의 소유권 및 기타의 권리(지상권·저당권 등의 물권)외에도 광업권·어업권·물의 사용에 관한 권리, 무체재산권, 그리고 토지에 속한 흙·돌·모래 또는 자갈에 관한 권리도 그의 목적물이 될 수 있다(토지보상법 §3).

(4) 공용수용의 수단

공용수용의 수단은 법률에 근거한 강제적 취득이다. 이 점에서 사법상 계약에 의한 임의매수와 구별된다. 즉 공용수용은 상대방에게 재산권을 제공할 채무를 부과시켜 그 이행의 결과로 재산권을 취득하는 것이 아니라, 수용권자가 피수용자의 의사 여하를 불문하고 직

접목적물의 권리 그 자체를 일방적으로 취득하는 것이다. 따라서 공용수용에 의한 수용권자의 권리취득은 승계취득이 아니라 원시취득에 속한다(등기를 요하지 아니하는 부동산 물권취득: 민법 §187). 다만, 공용수용은 비례의 원칙에 따라 당사자와의 협의에 의한 매수가 불가능한 경우에만 허용됨을 주의해야 한다. 「공익사업을위한토지등의취득및보상에관한법률」은 사업시행자와 토지소유자와의 협의에 의한 매수절차(§14 이하)를 토지수용절차에 선행시키고 있으며, 토지수용절차에 있어서도 토지수용위원회의 재결 이전에 협의절차(§26 이하)를 거치도록 하고 있다.

(5) 공용수용의 보상(정당한 보상의 지급)

공용수용에 의하여 재산권을 박탈당한 자는 공공의 필요를 위하여 특별한 희생을 입은 자로서 공평부담의 원칙에 따라 그에 대하여 정당한 보상이 주어진다(헌법 §23·③).

3. 공용수용의 법적 근거

공용수용은 공공의 필요를 위하여 개인의 재산권을 강제적으로 취득하는 것이므로 반드시 법률의 근거가 있어야 한다.

(1) 헌 법

헌법 제23조 제3항은 「공공필요에 의한 재산권의 수용·사용 또는 제한 및 그에 대한 보상은 법률로써 하되, 정당한 보상을 지급하여야 한다」고 규정하고 있다.

(2) 일 반 법

공용수용에 대한 일반법으로는 「공익사업을위한토지등의취득및보상에관한법률」(이하 '토지보상법'이라 한다)이 있다.

토지보상법은 종래 사법적인 토지취득절차(협의취득절차)를 규율하여 왔던 「공공용지의취득및손실보상에관한특례법」과 토지의 공법적인 수용취득절차를 규율하여왔던 「토지수용법」을 통합한 법률이다.

그런데 「공공용지의취득및보상에관한특례법」과 「토지수용법」은 법적 성격(사법·공법) 만 다를 뿐 토지의 취득절차에 관한 사항을 제외하고는 손실보상 및 기타의 사항에 대하여 매우 흡사한 규정을 두고 있었으며, 실질적 기능면에 있어서도 공익사업을 위한 토지의 취득 절차라는 점에서 공통적인 성격을 갖고 있었다. 이들 두 법체계의 2원화로 인한 절차의 중복, 법령적용의 불명확 등 법집행상 적지 않은 혼란이 있었다. 그리하여 두 법을 모두 폐지하고 협의취득(절차)과 수용취득(절차) 그리고 이들에 대한 보상절차를 통합한 토지보상법이 제정된 것이다. 토지보상법은 협의취득(사업인정 전의 협의취득 및 사업인정후의 협의취득)과 수용취득에 다 같이 적용된다. 다만, 아래서는 강제취득인 수용취득을 중심으로 설명하지만, 그러한 설명이 토지보상법상의 성질에 반하지 아니하는 한 협의취득에도 적용됨을 유의해야 한다.

(3) 특 별 법

공용수용에 관한 특별법으로는 「국토의 계획 및 이용에 관한 법률」·광업법·도로법·하천법·징발법·도시 및 주거환경정비법 등 많은 법률들이 있다.

이들 특별법은 ① 토지보상법에서 규정하지 않은 새로운 공익사업(도시 및 주거환경정비법 §38 광업법 §86, §87)을 정한 것 ② 특수한 재산권을 정한 것(특허법 §106), ③ 수용설차를 산소화 또는 강화하는 등 특별질차를 규정한 것(도로법§48, 광업법 §72, 도시개발법§22) 등이 있다. 이들 특별법은 공용수용에 관한 모든 문제를 모두 스스로 규정하고 있는 것이 아니라 특히 필요한 특칙을 규정하고 있을 뿐, 그 밖의 사항에 대하여는 토지보상법을 준용함이 보통이다(국토의 계획·이용법§96, 광업법 §73, 도시 및 주거환경정비법§40·①, 주택법 §27). 또한 이들 법률에서 규정한 사업인가, 계획승인 등은 토지보상법상의 사업인정으로 간주하는 예도 많이 있다. 이하에서는 일반법인 토지보상법을 중심으로 설명하고자 한다.

2002년 2월 4일 공익사업을 위한 토지등의취득및보상에관한법률(토지보상법)이 제정되어 현행까지 수많은 개정을 거쳤다. 이하에서 동법률상의 주요 내용을 살펴보기로 한다.

Ⅱ. 공용수용의 당사자

공용수용의 당사자라 함은 공용수용의 주체인 수용자와 수용권의 객체인 피수용자를 말한다.

1. 공용수용의 주체(수용권자)

공용수용의 주체라 함은 토지 등에 대하여 수용권을 가지는 자를 말한다. 즉, 그 사업을 위하여 공용수용을 할 수 있는 공익사업의 주체를 말한다. 수용자는 공익사업의 주체로서 수용의 목적물을 취득할 권리와 이에 부수된 여러 가지 권리를 가지는 동시에 의무를 부담한다. 이 권리는 사업주체로서 가지는 것이므로 합병 기타의 사유로 사업이 이전되면 사업과 함께 승계인에게 이전된다(토지보상법 §5).

사업시행자[252]가 국가인 경우에는 국가가 공용수용의 주체(수용권자)라는 것에 대하여는 이견이 없으나 사업시행자가 국가가 아닌 공공단체 또는 사인인 경우에 수용권자가 국가인가 아니면 사업시행자인가에 관하여 견해의 대립이 있다.

252) 구 토지수용법은 공익사업의 주체를 "기업자"라 하였는데, 토지보상법은 "사업시행자"라는 용어를 사용하고 있다.

(1) 국가수용권설

국가수용권설은 공용수용의 주체(수용권자)는 국가이고, 사업시행자는 수용청구권을 가지고 있음에 불과하다고 본다.[253] 그 근거는 수용권은 수용의 효과를 야기할 수 있는 능력을 말하는데, 이러한 수용권은 국가밖에 가질 수 없고, 사업시행자는 국가의 수용권 발동에 따른 수용의 효과를 향수하는 권리만을 가진다고 본다.

(2) 사업시행자수용권설(기업자수용권설)

사업시행자수용권설은 공용수용의 주체는 사업시행자라고 한다. 이 설은 수용권이란 자기를 위하여 원인행위를 요구할 수 있고, 그 행위에 의하여 발생하는 수용의 효과를 향유할 수 있는 능력으로 보고 따라서 사업시행자를 수용권자로 본다. 이 견해가 통설이다.

(3) 사 견

국가수용권설과 사업시행자수용권설의 대립은 토지보상법이 공용수용의 효과를 발생시키는 자, 즉 수용재결을 할 수 있는 자를 국가로 하고 있고, 그 수용의 효과를 향유하는 자는 사업시행자로 규정하고 있는데 기인한다.

생각건대 수용의 본질은 공익사업을 시행하기 위하여 보상을 전제로 재산권을 "강제로 취득"하는데 있고, "수용의 강제성"은 수용의 효과를 위한 원인행위에 불과한 것이므로 공익사업의 주체이며 보상을 행하고 재산권을 취득하는 사업시행자를 수용권자로 보는 통설의 견해가 타당하다.

2. 공용수용의 상대방(피수용자)

피수용자라 함은 수용의 목적물인 재산권의 주체를 말한다. 피수용자는 수용할 토지 또는 물건의 소유자와 그 토지 또는 물건에 대하여 소유권 이외의 권리를 가진 자(관계인)를 포함한다. 공법인이거나 사법인이거나를 불문하고 피수용자가 될 수 있다. 경우에 따라서는 국가도 피수용자가 될 수 있다(예: 지방자치단체가 국가의 잡종재산을 수용하여 공익사업을 경영하고자 하는 경우).

토지보상법상 토지소유자 및 관계인이 피수용자가 된다(동법 §5·②).

동법상 "토지소유자"라 함은 공익사업에 필요한 토지의 소유자를 말하고(§2·4호), "관계인"이라 함은 사업시행자가 취득 또는 사용할 토지에 관하여 지상권·지역권·전세권·저당권·사용대차 또는 임대차에 의한 권리 기타 토지에 관한 소유권 외의 권리를 가진 자 또는 그 토지에 있는 물건에 관하여 소유권 그 밖의 권리를 가진 자를 말한다. 다만, 제22조의 규정에 의한 사업인정의 고시가 있은 후에 권리를 취득한 자는 기존의 권리를 승계한 자를 제

253) 윤세창·이호승, 행정법(하), 356쪽.

외하고는 관계인에 포함되지 아니한다(§2·5호).

> 판례 〈가처분권리자는 피수용자나 관계인에 해당하지 않는다.〉 부동산에 대한 수용절차 개시 이전에 종전 소유자로부터 부동산을 매수하여 그 주장과 같은 가처분등기를 종료하였다 하더라도, 가처분등기는 토지소유자에 대하여 임의 처분을 금지함에 그치고 그로써 소유권취득의 효력까지 주장할 수 없을 뿐만 아니라, 이러한 가처분권리자는 토지수용법 제4조 제3항에서 말하는 관계인으로도 해석할 수 없다(대판1973.2.26, 72다2401).

토지보상법에 의하여 행한 절차 그 밖의 행위는 사업시행자·토지소유자 및 관계인의 승계인에게도 그 효력이 미친다(§5②).

피수용자는 손실보상청구권 및 이를 실현하기 위한 절차상의 권리(예: 재결신청권, 수용청구권)를 가지는 이외에 목적물이 공익사업을 위하여 불필요하게 될 경우의 환매권과 기타의 권리를 가진다. 그리고 사업시행자와 마찬가지로 대리인을 선임할 수 있다(토지보상법 §7).

Ⅲ. 공용수용의 목적물

1. 목적물의 종류

공용수용에 관한 일반법인 토지보상법과 각 단행법에서 정하고 있다.

토지보상법에서 정한 수용·사용의 목적물은 ① 토지 및 이에 관한 소유권 이외의 권리 ② 토지와 함께 공익사업을 위하여 필요로 하는 입목, 건물 기타 토지에 정착한 물건, 이에 관한 소유권 외의 권리 ③ 광업권·어업권 또는 물의 사용에 관한 권리 ④ 토지에 속한 흙·돌·모래 또는 자갈에 관한 권리이다(§3).

2. 목적물의 제한

공용수용은 공익사업을 위하여 타인의 특정한 재산권을 법률의 힘에 의하여 강제적으로 취득하는 것이므로 수용할 목적물의 범위는 비례의 원칙상 사업을 위하여 필요한 최소한도에 그쳐야 한다(대판 1987.9.8, 87누395).

또한 물건 자체의 성질상 수용이 불가능하거나 제한되는 것이 있다. ① 치외법권이 인정되는 자의 재산권(예: 외국대사관 등의 부지·건물: 외교관계에 관한 비엔나협약 §22·③), ② 공익사업에 수용 또는 사용되고 있는 토지 등은 특별히 필요한 경우가 아니면 이를 다시 다른 공익사업을 위하여 수용 또는 사용할 수 없고(토지보상법 §19·②), ③ 공물도 공용폐지가 되지 않는 한 공용수용의 목적물이 되지 않는다고 할 것이다.

3. 목적물의 확장

공익사업에 필요하지 않는 토지 등을 수용하는 것은 원칙상 인정되지 아니한다. 그러나 토지 등의 소유자 또는 사업시행자의 이익을 위하여 공익사업에 필요한 토지 이외의 토지가 수용의 대상이 될 수 있다. 공익사업에 필요한 토지 이외의 토지를 수용하는 것을 확장수용이라 한다. 확장수용 및 지대수용이 그것이다.

(1) 확장수용

1) 완전수용

사업인정 고시가 있은 후 ① 토지를 사용하는 기간이 3년 이상인 때 ② 토지의 사용으로 인하여 토지의 형질이 변경되는 때 ③ 사용하고자 하는 토지에 그 토지소유자의 건축물이 있는 때에는 당해 토지소유자는 사업시행자에게 그 토지의 매수를 청구하거나 관할 토지수용위원회에 그 토지의 수용을 청구할 수 있다(토지보상법 §72). 이를 완전수용이라 한다. 이 경우 관계인은 사업시행자 또는 관할 토지수용위원회에 그 권리의 존속을 청구할 수 있다(§72·2문).

2) 전부수용(잔여지수용)

동일한 토지소유자에 속하는 일단의 토지의 일부가 협의에 의하여 매수되거나 수용됨으로 인하여 잔여지를 종래의 목적에 사용하는 것이 현저히 곤란한 때에는 당해 토지소유자는 사업시행자에게 일단의 토지의 전부를 매수하여 줄 것을 청구할 수 있으며, 사업인정이후에는 관할 토지수용위원회에 수용을 청구할 수 있다. 이를 전부수용 또는 잔여지수용이라 한다. 전부수용의 경우 수용의 청구는 매수에 관한 협의가 성립되지 아니한 경우에 한하되, 그 사업의 공사완료일까지 하여야 한다(§74·①).

한편, 제1항의 규정에 따라 매수 또는 수용의 청구가 있는 잔여지 또는 잔여지에 있는 물건에 관하여 권리를 가진 자는 사업시행자 또는 관할 토지수용위원회에 그 권리의 존속을 청구할 수 있다(§74·②).

사업시행 인정고시가 있은 후 제1항의 규정에 따라 사업시행자가 잔여지를 취득하는 경우 그 잔여지에 대하여는 제20조의 규정에 의한 사업의 인정 및 제22조의 규정에 의한 사업인정고시가 있는 것으로 본다(§74·③).

3) 이전수용(이전에 갈음하는 수용)

건축물·입목·공작물 기타 토지에 정착한 물건(이하 '건축물 등'이라 한다)에 대하여는 이전에 필요한 비용(이하 '이전비'라 한다)으로 보상하여야 한다. 다만 ① 건축물 등의 이전이 어렵거나 그 이전으로 인하여 건축물 등을 종래의 목적대로 사용할 수 없게 된 경우 ② 건축물 등의 이전비가 그 물건의 가격을 넘는 경우 ③ 사업시행자가 공익사업에 직접 사용할 목적으로 취득하는 경우에는 당해 물건의 가격으로 보상하여야 한다(§75). 이 경우를 이전수용이라 한다.

4) 잔여건축물의 수용(잔여건축물의 손실에 대한 보상)

사업시행자는 동일한 건축물 소유자에 속하는 일단의 건축물의 일부가 취득 또는 사용됨으로 인하여 잔여건축물의 가격이 감소되거나 그 밖의 손실이 있는 때에는 국토해양부령으로 정하는 바에 따라 그 손실을 보상하여야 한다. 다만, 잔여건축물의 가격감소분과 보수비(건축물의 잔여 부분을 종래의 목적대로 사용할 수 있도록 그 유용성을 동일하게 유지하는데 통상 필요하다고 볼 수 있는 공사에 사용되는 비용을 말한다. 다만, 건축법 등 관계법령에 의하여 요구되는 시설의 개선에 필요한 비용은 포함치 않는다)를 합한 금액이 잔여 건축물의 가격보다 큰 경우에는 사업시행자는 그 잔여건축물을 매수할 수 있다(§75의 2·①). 동일한 건축물소유자에 속하는 일단의 건축물의 일부가 협의에 의하여 매수되거나 수용됨으로 인하여 잔여건축물을 종래의 목적에 사용하는 것이 현저히 곤란한 때에는 그 건축물 소유자는 사업시행자에게 잔여건축물을 매수해 줄 것을 청구할 수 있고, 사업 인정 후에는 관할 토지수용위원회에 수용을 청구할 수 있다(§75의 2·②).

(2) 지대수용

토지 또는 건축물을 조성·정리하기 위하여 본래 자기사업에 필요한 토지 이외에 그에 인접하는 일대의 토지수용이 인정되는 경우가 있는 바, 이것을 지대수용이라 한다. 조성·정리가 완성된 후에는 타인에게 매각 또는 임대하여 조성·정리에 소요된 비용의 일부에 충당하는 것이 일반적이다. 우리 실정법은 지대수용을 채택하지 않고 있다. 다만, 사업시행을 위하여 필요한 경우에 인접한 토지·건축물 등의 「일시적 사용」만이 인정되고 있을 뿐이다(국토의 계획·이용법 §95·②).

Ⅳ. 사업의 준비

1. 출입의 허가

(1) 출입허가의 신청

사업시행자는 공익사업의 준비를 위하여 타인이 점유하는 토지에 출입하여 측량 또는 조사를 하고자 하는 때에는 사업의 종류와 출입할 토지의 구역 및 기간을 정하여 시장·군수 또는 구청장(자치구의 구청장을 말한다)의 허가를 받아야 한다(§9·②). 허가없이 출입하거나 출입하게 하면 벌금형이 가해진다(§97·1호). 다만, 사업시행자가 국가인 때에는 당해 사업을 시행할 관계 중앙행정기관의 장이 특별자치도지사·시장·군수 또는 구청장에게 통지하고, 사업시행자가 특별시·광역시 또는 도(이하 '시·도'라 한다)인 때에는 특별시장·광역시장 또는 도지사(이하 '시·도지사'라 한다)가 이를 시장·군수 또는 구청장에게 각각 통지하여야 한다(토지보상법 §9·①·②).

(2) 출입허가의 공고·통지

특별자치도지사·시장·군수 또는 구청장은 ① 제1항의 규정에 의한 허가를 한 경우 및 통지를 받은 경우 또는 ② 특별자치도·시·군·구가 사업시행자인 경우로서 제1항에 따라 타인이 점유하는 토지에 출입하여 측량 또는 조사를 하려는 경우에는 사업시행자, 사업의 종류와 출입할 토지의 구역 및 기간을 공고하고 이를 토지점유자에게 통지하여야 한다(§9·③). 허가는 사업시행자에게 토지에 출입하여 측량·조사 등을 할 수 있는 권리를 부여하고 토지의 소유자 및 점유자에게는 이를 수인하여야 할 의무를 부과한다. 따라서 토지점유자는 정당한 사유없이 제9조 제1항의 규정에 따라 허가를 받거나 통지를 한 사업시행자가 제10조 제1항의 규정에 따라 통지하고 출입·측량 또는 조사하는 행위를 방해하지 못한다(§11). 이를 위반하면 벌금형이 가해진다(§97·2호).

2. 출입과 장애물의 제거 등

(1) 출입의 통지와 공고

제9조의 규정에 따라 타인이 점유하는 토지에 출입하고자 하는 자는 출입하고자 하는 날의 5일 전까지 그 일시 및 장소를 특별자치도지사·시장·군수 또는 구청장에게 통지하여야 한다(§10·①). 특별자치도지사·시장·군수 또는 구청장은 제1항의 규정에 의한 통지를 받은 때에는 지체 없이 이를 공고하고 그 토지점유자에게 통지하여야 한다(§10·②). 일출 전이나 일몰 후에는 토지점유자의 승낙없이 그 주거나 경계표·담 등으로 둘러싸인 토지에 출입할 수 없다(§10·③).

(2) 장애물의 제거 등

사업시행자는 제9조의 규정에 따라 타인이 점유하는 토지에 출입하여 측량 또는 조사를 함에 있어서 장애물의 제거 또는 토지의 시굴(이하 '장애물의 제거 등'이라 한다)을 하여야 할 부득이한 사유가 있는 경우에는 그 소유자 및 점유자의 동의를 얻어야 한다.

다만, 그 소유자 및 점유자의 동의를 얻지 못한 때에는 사업시행자는 특별자치도지사·시장·군수 또는 구청장의 허가를 얻어 장애물의 제거 등을 할 수 있다(§12·①). 타인 토지에의 출입 및 장애물의 제거를 위한 출입허가에 대해서는 허가설, 억제적 금지의 예외적 승인설 등 견해가 있지만 공용사용권의 설정의 효과를 갖는다는 점에서 특허이며 재량행위로 보는 견해가 타당하다. 특별자치도지사·시장·군수 또는 구청장은 허가를 하고자 하는 때에는 미리 그 소유자 및 점유자의 의견을 들어야 한다. 제1항의 규정에 따라 장애물의 제거 등을 하고자 하는 자는 장애물의 제거 등을 하고자 하는 날의 3일 전까지 그 소유자 및 점유자에게 통지하여야 한다(§12·②, ③).

(3) 증표 등의 휴대

제9조 제2항 본문의 규정에 따라 특별자치도지사·시장·군수 또는 구청장의 허가를 받고 타인이 점유하는 토지에 출입하고자 하는 자 및 제12조의 규정에 따라 장애물의 제거 등을 하고자 하는 자는 그 신분을 표시하는 증표 및 특별자치도지사·시장·군수 또는 구청장의 허가증을 휴대하여야 한다(§13·①). 제9조 제2항 단서의 규정에 따라 특별자치도지사·시장·군수 또는 구청장에게 통지를 하고 타인이 점유하는 토지에 출입하고자 하는 자와 사업시행자가 특별자치도·시·군 또는 구인 경우로써 제9조 제3항 제3호 또는 제12조 제1항 단서에 따라 타인이 점유하는 토지에 출입하거나 장애물의 제거 등을 하려는 자는 그 신분을 표시하는 증표를 휴대하여야 한다(§13·②). 제1항 및 제2항의 규정에 의한 증표 및 허가증은 토지 또는 장애물의 소유자 및 점유자 그 밖의 이해관계인에게 이를 내보여야 한다(§13·③).

3. 손실의 보상

사업시행자는 제9조 제1항의 규정에 따라 타인이 점유하는 토지에 출입하여 측량·조사함으로써 발생하는 손실을 보상하여야 한다(§9·④).

사업시행자는 제12조 제1항의 규정에 따라 장애물의 제거 등을 함으로써 발생하는 손실을 보상하여야 한다(§12·④). 이들의 손실의 보상은 손실이 있은 것을 안 날부터 1년이 지나거나 손실이 발생한 날부터 3년이 지난 후에는 이를 청구할 수 없다(§9·⑤, §12·⑤).

V. 공용수용의 절차

【기출문제】 **<1962년 (제4회) 사법시험 (논술형)>** ※ 토지수용의 보통절차와 손실보상

<1979년 (제21회) 사법시험 (논술형)> ※ 대한주택공사(甲)가 국민주택건설사업에 필요한 乙 소유의 토지를 매수하기 위하여 乙과 교섭하였으나 乙이 거절하였는바, 甲이 위 토지를 취득하려면 어떤 절차를 밟아야 하는가?

<1972년 (제16회) 행정고시 (논술형)> ※ 공용수용의 절차를 설명하고 그의 보상을 논하라.

<2005년 (제49회) 행정고시 (일반행정) 약술형)> ※ 「공익사업을위한토지등의취득및보상에관한법률」상의 "사업인정"을 설명하고, 사업 인정의 하자를 이유로 수용재결의 취소를 구할 수 있는지를 기술하시오.

공용수용은 공익사업을 위하여 상대방의 의사에 반하여 재산권을 강제적으로 취득하는 절차이므로 수용자와 피수용자의 상반되는 이해관계를 조정하기 위하여 일정한 절차에 따라 행하여져야 하는 것이 원칙이다. 현행법상 공용수용의 절차는 크게 두 가지로 나눌 수 있다.

첫째, 공용수용권이 직접 법률에 의하여 설정되는 경우(법률수용)인 바, 수용권자가 국가 또는

공공단체에 한정되고 긴급한 필요가 있을 때(비상 재해시)에만 예외적으로 인정되는 경우(도로법 §47)로서, 아무런 절차가 필요없고 수용자의 통지에 의하여 또는 보상금액의 결정을 조건으로 즉시 수용의 효과가 발생한다.

둘째, 공용수용권이 법률에서 정한 일련의 절차를 거쳐, 특별한 행정행위에 의하여 설정되는 경우(행정 수용)인바, 이것은 다시 소정의 절차를 모두 거치는 보통절차와 그 중 일부 절차를 생략하는 약식절차로 나누어진다.

1. 보통절차

토지보상법이 정한 보통절차는 ① 사업인정, ② 토지조서·물건조서의 작성, ③ 협의, ④ 재결·화해의 4단계로 나누어진다.

(1) 사업인정

1) 사업인정의 의의

사업인정이란 공익사업을 토지 등을 수용 또는 사용할 사업으로 결정하는 것을 말한다(§2· 7호). 사업인정이라 함은 특정사업이 그 사업에 필요한 토지를 수용 또는 사용할 수 있는 공익사업임을 인정하고 사업시행자에게 일정한 절차를 거쳐 그 사업에 필요한 토지를 수용 또는 사용하는 공법상의 권리를 설정하여 주는 행위를 말한다.

그러므로 사업인정은 ① 특정사업이 그 사업에 필요한 토지를 수용 또는 사용할 수 있는 공익사업임을 인정하는 것과 ② 토지를 수용 또는 사용하고자 하는 자는 당해 특정사업의 공공필요성의 인정을 주된 내용으로 한다. 사업시행자는 제19조의 규정에 따라 토지 등을 수용 또는 사용하고자 하는 때에는 대통령령이 정하는 바에 따라 국토해양부장관의 사업인정을 받아야 한다(§20 ·①).

또한 토지보상법 이외의 개별법에 의해 토지보상법 제20조의 사업인정이 의제되는 경우가 있다(택지개발촉진법 §12· ②, 도시개발법 §22·③). 이 경우에는 사업인정을 별도로 받지 않아도 된다.

판례 **〈토지수용법 제14조 및 제16조에 따른 사업인정은 조건부 수용권을 설정해 주는 행정처분으로서, 수용목적물의 범위가 확정되고 목적물에 대한 현재 및 장래의 권리자에게 대항할 수 있는 공법상 권리의 효력을 발생한다.〉** 토지수용법 제14조 및 제16조에 따른 사업인정은 그 후 일정한 절차를 거칠 것을 조건으로 하여 일정한 내용의 수용권을 설정해 주는 행정처분의 성격을 띠는 것으로서 그 사업 인정을 받음으로써 수용할 목적물의 범위가 확정되고 수용권으로 하여금 목적물에 관한 현재 및 장래의 권리자에게 대항할 수 있는 일종의 공법상의 권리로서의 효력을 발생시킨다(대판 1988. 12. 27, 87누1141).

2) 사업인정의 법적 성질

① 처분성(행정행위성)

사업인정은 토지수용절차에 있어서 가장 기본이 되는 절차이다. 사업인정으로 ㉮ 사업시행자에게는 토지수용 등을 위한 절차를 개시할 권리 및 이들 절차의 이행을 조건으로 토지 등을 수용 또는 사용할 권리가 창설되고, ㉯ 토지소유자 등에게는 사업인정의 고시가 있은 후에는 고시된 토지에 대하여 사업에 지장이 될 우려가 있는 형질변경이나 법에 규정된 물건의 손괴 또는 수거를 하지 못하는 의무가 생기는 등(§25) 일정한 의무가 부과되고, 손실보상청구권이 주어진다. 즉, 사업인정으로 사업시행자 및 토지소유자 등에게 일정한 구체적인 법적 효과가 발생한다. 따라서 사업인정으로 사업시행자 및 토지소유자 등에게 일정한 구체적인 법적 효과가 발생한다. 따라서 사업인정을 행정행위로 볼 수 있고 항고소송의 대상이 되는 처분으로 볼 수 있다 또한, 사업인정의 처분성을 인정하는 것이 토지소유자 등의 권리보호를 위하여도 타당하다고 본다. 판례도 같은 입장이다(대판 1988.12.27, 87누1141; 1987.9.8, 87누395).

판례 **〈사업인정은 수용권을 설정해주는 행정처분이며, 그 사업인정을 받음으로써 수용할 목적물의 범위가 확정되고 수용권으로 하여금 목적물에 관한 현재 및 장래의 권리자에게 대항할 수 있는 공법상의 권리로서 효력이 발생한다.〉** 토지수용법 제14조의 규정에 의한 사업인정은 그 후 일정한 절차를 거칠 것을 조건으로 하여 일정한 내용의 수용권을 설정해 주는 행정처분의 성격을 띠는 것으로서 그 사업인정을 받음으로써 수용할 목적물의 범위가 확정되고 수용권으로 하여금 목적물에 관한 현재 및 장래의 권리자에게 대항할 수 있는 일종의 공법상의 권리로서 효력을 발생시킨다(대판 1994.11.11, 93누19375).

② 재량행위성

사업인정이 재량행위인가 기속행위인가에 대한 논의도 있다.

사업시행자가 사업인정에 필요한 요건을 충족하고 있는 한, 행정청은 사업인정을 해야 하며, 사업인정을 할 수도 안할 수도 있는 자유는 인정되지 아니하므로, 사업인정은 기속행위라는 설[254]과 당해 사업이 비록 토지보상법 제4조에 열거된 사업에 해당한다고 하더라도, 과연 그 사업이 공용수용을 할 만한 공익성이 있는지의 여부를 구체적으로 판단하여야 할 것이므로 인정관청의 자유재량행위라는 설[255]이 내립되고 있다.

생각건대 사업인정에 있어서 토지보상법 제4조의 각 호의 공익사업에의 해당 여부는 단순한 불확정개념의 판단문제이므로 법에 기속되지만, 공공필요성의 판단에 있어서는 관련 이익의 형량을 포함하는 전문·기술적이고 정책적인 판단이 행해지므로 공공필요성의 인정에 있어서는 인정관청의 재량행위라고 보아야 한다. 판례도 같은 입장이다(대판 1992.11.13, 92누596).

254) 김남진(Ⅱ), 542쪽.

255) 박윤흔(하), 605쪽 ; 박균성(하), 354쪽 ; 홍정선(하), 530쪽.

③ 형성행위

사업인정이 형성행위인가 확인행위인가 학설이 대립되고 있다.

㉮ 확인행위설[256]은 사업인정은 단순히 특정한 사업이 토지 등을 수용할 수 있는 공익사업에 해당한다고 확인하고 선언하는 확인행위라고 보는 견해이다. 이 설에 의하면 사업인정은 사업시행자에게 직접 수용권을 설정해 주는 행위가 아니라고 하고, 수용에 관한 권리·의무는 사업의 확인 등의 절차를 거친 후 협의 또는 토지수용위원회의 재결에 의하여 비로소 직접 발생된다는 입장이다.

㉯ 형성행위설은 사업인정은 적극적으로 기업자에게 사업인정 후 일정한 절차를 거칠 것을 조건으로 수용권을 설정하여주는 형성행위라고 보는 설권적 형성행위인 특허라고 보는 견해이다. 이 견해가 통설이며 또한 타당하다고 본다. 판례도 같은 입장이다.

판례 **〈광업법 및 토지수용법상의 토지수용을 위한 사업인정이 행정청의 재량에 속한다.〉** 광업법 제87조 내지 제89조, 토지수용법 제14조에 의한 토지수용을 위한 사업인정은 단순한 확인행위가 아니라 형성행위이고 당해 사업이 비록 토지를 수용할 수 있는 사업에 해당된다 하더라도 행정청으로서는 그 사업이 공용수용을 할 만한 공익성이 있는지의 여부를 모든 사정을 참작하여 구체적으로 판단하여야 하는 것이므로 사업인정의 여부는 행정청의 재량에 속한다(대판 1992.11.13, 92누596, 토지수용을위한사업인정거부처분취소).

판례 **〈사업인정의 법적성격과 효력〉** 토지수용법 제14조 및 제16조에 따른 사업인정은 그 후 일정한 절차를 거칠 것을 조건으로 하여 일정한 내용의 수용권을 설정해 주는 행정처분의 성격을 띠는 것으로서 그 사업인정을 받음으로써 수용할 목적물의 범위가 확정되고 수용권으로 하여금 목적물에 관한 현재 및 장래의 권리자에게 대항할 수 있는 일종의 공법상의 권리로서의 효력을 발생시킨다(대판 1988. 12. 27, 87누1141 토지등수용재결처분취소).

3) 사업인정권자

국토해양부장관은 사업인정을 하고자 하는 때에는 관계 중앙행정기관의 장 및 시·도지사와 협의하여야 하며, 대통령령이 정하는 바에 따라 미리 중앙토지수용위원회 및 사업인정에 관하여 이해관계가 있는 자의 의견을 들어야 한다(§21).

그러나 오늘날 대부분의 공익사업의 경우에 각 개별법에서 시장·군수 또는 자치구청장 등이 작성한 사업계획 등을 감독관청이 인가하면 그 것을 사업인정으로 간주하고 있다(국토의 계획·이용법 §96·②).

예컨대 국토의 계획·이용법은 토지 등의 수용 및 사용에 관하여는 이 법에 특별한 규정이 있는 경우를 제외하고는 토지보상법을 준용하는데, 토지보상법을 준용함에 있어서 실시계획의 고시가 있는 때에는 토지보상법 제20조 제1항 및 제22조의 규정에 의한 사업인정

256) 윤세창·이호승, 행정법(하), 364쪽.

및 그 고시가 있는 것으로 본다(국토의 계획·이용법 §96·②). 그리하여 대부분의 공익사업에 있어서는 사실상 지방 행정기관에서 사업인정이 행하여지고 있는 셈이다.

특히 도시계획사업의 경우에는 종전에는 국토해양부장관이 행하던 도시계획결정 및 실시계획 인가 등의 권한이 도지사 또는 시장·군수·자치구청장에게 이양되었기 때문에 사업인정권자와 사업시행자가 동일하게 되는 경우도 발생하게 되었다.

4) 사업인정의 요건

토지보상법상의 사업인정처분이 행해지기 위해서는 ① 동법 제4조 각 호의 1에 해당하는 공익사업이어야 하고, ② 그 사업의 공공필요성이 인정되어야 한다(헌법 §23·③).

① 사업인정의 대상이 되는 공익사업

㉮ 토지보상법은 사업인정의 대상이 되는 공익사업을 구체적으로 열거하지 않고 개괄적으로 규정해 놓고 있다. 토지보상법에 의하여 토지 등을 취득 또는 사용할 수 있는 공익사업에 관해서는 전술하였다(2. 공용수용의 의의(2) 공용수용의 목적 설명 참조).

폐지된 토지수용법에서는 제철·비료사업이 공익사업에 포함되어있었으나 시대상황변화에 따라 오늘날에는 그 공익성이 약화되었으므로 토지보상법에서는 제철·비료사업을 공익사업에서 제외시키고, 반면에 하수종말처리·석유비축에 관한 사업은 공익사업에 포함시켰다.

㉯ 토지보상법 제4조 각 호에 해당하는 사업인지 여부의 판단에는 재량권이나 판단여지가 인정되지 아니한다. 그러나 토지보상법 제4조 각 호에 해당하는 사업이 자동적으로 토지수용을 할 수 있는 사업이 되는 것은 아니며 공공필요성을 따져 사업인정을 받아야 수용권을 부여받게 된다.

㉰ 수용할 수 있는 공익사업은 일반법인 토지보상법 이외에 개별법에서도 규정되고 있다. 특히 사업계획 등을 감독관청이 인가·승인하면 그것을 사업인정으로 간주(의제)하는 경우도 있다(국토의 계획·이용법§96·②, 도시 및 주거환경정비법상 사업시행인가 §40·②, 택지개발촉진법상 개발계획의 승인§12·②).

② 공공필요성

【기출문제】 <2007년 (제49회) 사법시험 (시례형)> ※ 공공필요성 〈※ 전술한 공공개념의 확대와 공용수용의 목적 (공익사업)을 참고할 것〉

토지보상법 제4조 각 호에 해당하는 「공익사업」이어야 할 뿐만 아니라, 사업인정의 대상이 되는 사업으로 인하여 달성되는 공공의 이익(공공필요성)이 당해 사업으로 인하여 침해되는 공·사익보다 우월하여야 비로소 사업인정이 주어진다.

(가) 달성되는 공익 : 사업으로 인하여 달성되는 공공의 이익은 오늘날 넓게 인정되고 있다.

오늘날 「공공필요」는 국가안전보장, 질서유지, 공공복리와 함께 국가 또는 지역의 경제상의 이익도 포함한다고 보아야 한다.

민간인이 사회간접자본시설사업을 수행하는 경우에 수익보장을 위하여 부대사업을 허용하는 경우에 부대사업을 위하여도 수용권을 인정할 수 있는지에 관하여는 논란의 여지가 있다.[257] 사업인정의 대상이 되는 사업의 직접적인 수행목적이 공익의 실현인 경우뿐만 아니라 그 직접목적은 영리목적이지만 간접적·부수적으로 공익실현에 기여하는 경우에도 공공필요가 인정될 수 있는 경우가 있다(예: 지역경제가 파탄되고 실업문제가 심각한 지역에 공장을 설치하는 경우에 공공필요가 인정될 여지가 있을 것이다). 다만, 사인을 위한 수용의 경우에는 사인에게 부당한 특혜가 되지 않도록 계속적 공익실현을 위한 보장책이 마련되어야 한다.[258]

(나) 침해되는 공·사익 : 사업으로 인하여 침해되는 공익에는 환경상 이익과 문화적 가치 등이 포함된다. 사업으로 인하여 침해되는 사익에는 사업으로 인하여 침해되는 토지소유자의 소유권뿐만 아니라 토지의 이용으로 인한 거주의 이익, 영업·영농·산림경영 등 경제적 이익, 종교적 이익 등 사업으로 인해 침해되는 모든 사적 이익을 포함한다. 그리고 사업시행지 내의 토지소유자 등이 상실하는 이익뿐만 아니라 사업시행지 밖의 토지소유자 등이 상실하는 이익도 포함된다고 보아야 한다.

(다) 이익형량(공공필요성의 판단) : 사업으로 인하여 달성되는 공익과 당해 사업으로 인하여 침해되는 공·사익을 비교형량하여 전자가 더 우월할 때 비로소 사업의 공공필요성으로 판단되는 것이다. 공공필요성의 판단은 전문·기술적이고 정책적인 판단을 내용으로 하므로 행정청의 재량에 속한다. 그러나 재량권의 일탈·남용이 있는 경우에는 사업인정은 위법이 된다(계획재량의 하자 즉 형량하자 설명참조 : 행정법(상), 행정계획).

(라) 최소침해성 : 공익사업을 위한 방안이 수개인 경우에 국민의 권리와 공익을 가장 적게 침해하는 수단을 채택하여야 한다. 최소침해를 위반하여 초과수용의 경우에는 위법이 된다.

판례 〈초과수용의 효과〉 공공수용은 공익사업을 위하여 타인의 특정한 재산권을 법률의 힘에 의하여 강제적으로 취득하는 것이므로 수용할 목적물의 범위는 원칙적으로 사업을 위하여 필요한 최소한도에 그쳐야 하므로 그 한도를 넘는 부분은 수용대상이 아니므로 그 부분에 대한 수용은 위법하고 초과수용된 부분이 적법한 수용대상과 불가분적 관계에 있는 경우에는 그에 대한 이의재결 전부를 취소할 수밖에 없다(대판 1994. 1. 11, 93누8108 토지수용재결처분취소).

공용수용은 공익사업을 위하여 타인의 특정한 재산권을 법률의 힘에 의하여 강제적으로 취득하는 것이므로 수용할 목적물의 범위는 원칙적으로 사업을 위하여 필요한 최소한도에 그쳐야 한다(대판 1987. 9. 8. 선고 87누395 판결, 1994. 1. 11. 선고 93누8108 판결 등 참조).

---

257) 유해웅, 「토지보상법 연구」, 55~56쪽 ; 김성수, "행정상 손실보상요건으로서 공공의 필요와 특별한 희생의 재검토", 「정현 박윤흔 박사 회갑기념논문집」, 33쪽.

258) 정연주, "민간사업시행자의 토지수용과 공공필요" 「정현 박윤흔 박사 회갑기념논문집」, 50쪽 이하.

판례 〈**사업인정에 있어서 비례원칙의 원칙적용**〉 공익사업을위한토지등의취득및보상에관한법률의 규정에 의한 사업인정처분이라 함은 공익사업을 토지 등을 수용 또는 사용할 사업으로 결정하는 것으로서(같은 법 제2조 제7호) 단순한 확인행위가 아니라 형성행위이므로, 당해 사업이 외형상 토지 등을 수용 또는 사용할 수 있는 사업에 해당된다 하더라도 행정주체로서는 그 사업이 공용수용을 할 만한 공익성이 있는지의 여부와 공익성이 있는 경우에도 그 사업의 내용과 방법에 대하여 사업인정처분에 관련된 자들의 이익을 공익과 사익 간에서는 물론 공익 상호간 및 사익 상호간에도 정당하게 비교·교량 하여야 하고, 그 비교·교량은 비례의 원칙에 적합하도록 하여야 한다(대판 2005.4.29, 2004두14670 사업인정처분취소).

(마) 요건 구비시 : 토지보상법 제4조의 공익사업에 해당하고 공공필요성이 인정되는 경우에는 사업인정을 하여야 한다. 즉, 사업인정의 요건이 구비된 경우에는 행정청은 사업인정을 하여야 하며 그것을 거부할 수 있는 재량권은 원칙적으로 인정되지 않는다.

(바) 입증책임 : 공용수용에 있어서 공익사업을 위한 필요에 대한 입증책임은 사업시행자에게 있다.

판례 〈**공공수용에 있어서 공익사업을 위한 필요에 대한 입증책임을 사업시행자에게 있다.**〉 공공수용은 공익사업을 위하여 특정의 재산권을 법률에 의하여 강제적으로 취득하는 것을 내용으로 하므로 그 공익사업을 위한 필요가 있어야 하고, 그 필요가 있는지에 대하여는 수용에 따른 상대방의 재산권침해를 정당화할 만한 공익의 존재가 쌍방의 이익의 비교형량의 결과로 입증되어야 하며, 그 입증책임은 사업시행자에게 있다(대판 2005. 11. 10, 2003두7507 토지수용이의재결처분취소).

5) 사업인정절차

① **사업인정의 신청**

사업시행자는 토지 등을 수용 또는 사용하고자 하는 때에는 국토해양부장관에게 사업인정을 신청하여야 한다(§20).

② **협의 및 의견청취**

국토해양부장관은 사업인정을 하고자 하는 때에는 관계 중앙행정기관의 장 및 시·도지사와 협의하여야 하며, 대통령령이 정하는 바에 따라 미리 중앙토지수용위원회 및 사업인정에 관하여 이해관계가 있는 자의 의견을 들어야 한다(§21).

③ **사업인정의 고시**

국토해양부장관은 사업인정을 한 때에는 지체 없이 그 뜻을 사업시행자, 토지소유자 및 관계인, 관계 시·도지사에게 통지하고, 사업시행자의 성명 또는 명칭사업의 종류·사업지역 및 수용 또는 사용할 토지의 세목을 관보에 고시해야 한다(§22·①). 이를 사업인정의 고시라 한다.

사업인정의 사실을 통지받은 시·도지사는 관계 시장·군수 및 구청장에게 이를 통지하여야 한다(§22·②).

토지의 세목 고시(공고)는 사업인정에 의하여 지정된 범위 내에서 구체적으로 수용할 수 있는 목적물을 임시로 결정하는 행위이며, 이로써 목적물에 대하여 막연한 효력밖에 없었던 사업인정이 현실화되고 구체화 된다(대판 1988.12.27, 87누1141).

판례 ① **〈토지세목 공고의 의의〉** 토지의 세목의 공고는 사업인정에 의하여 지정된 범위 내에서 구체적으로 수용할 수 있는 목적물을 임시로 결정하는 행위이며, 이로써 목적물에 대하여 막연한 효력밖에 없었던 사업인정이 현실화하고 구체화 된다.

② **〈행정청이 아닌 사업시행자가 도시계획구역안에서 토지·건물 등을 수용할 경우에 토지세목의 고시가 필요하다.〉** 도시계획법 제29조, 토지수용법 제14조, 제16조의 규정취지에 미루어 본다면 행정청이 아닌 사업시행자가 도시계획구역안에서 사업에 필요한 토지, 건물 등을 수용할 경우에도 토지세목은 고시되어야 한다고 풀이된다(대판 1988. 12. 27, 87누1141 토지등수용재결처분취소).

국토해양부장관이 사업인정 후 수용할 토지의 세목을 고시하고 토지소유자에게 이를 통지하는 절차를 취하지 아니하였다는 등의 하자는 절차상 위법으로서 이의 재결의 취소를 구하는 사유가 될 뿐 당연무효의 사유는 아니다(대판 1993.8.13, 93누2148).

도시계획사업허가의 공고시에 토지세목의 고시를 누락한 것은 절차상의 위법으로서 취소사유에 불과하고 그 하자가 중대하고 명백하여 사업인정 자체가 무효라고는 할 수 없으므로 이러한 위법을 선행처분인 사업인정단계에서 다투지 아니하였다면 그 쟁송기간이 이미 도과한 후인 수용재결 단계에 있어서는 그 처분의 불가쟁력에 의하여 위 도시계획사업허가의 위와 같은 위법 부당함을 들어 수용재결처분의 취소를 구할 수는 없다(대판 1988.12.27, 87누1141).

④ 사업인정(고시)의 효력

㉮ 효력발생과 수용권 설정 : 사업인정은 고시한 날부터 그 효력을 발생한다(§22·③). 그리고 사업인정은 일정한 수용절차를 거칠 것을 조건으로 수용권이 발생한다(§19, §20). 사업인정을 받은 사업시행자는 수용권을 실현하기 위하여 토지조서 및 물건조서의 작성, 보상계획의 공고·통지 및 열람, 보상액산정과 토지소유자 및 관계인과 협의하여야 하고(§26·①), 협의가 성립되지 아니하거나 협의를 할 수 없을 때에는 사업인정의 고시가 있은 날부터 1년 이내에 대통령령이 정하는 바에 의하여 관할 토지수용위원회에 재결을 신청할 수 있다(§28·①). 사업시행자는 재결신청을 위하여 토지조서 및 물건조서를 작성하여야 하고, 조서작성을 위하여 토지 또는 공작물에의 출입·조사권을 갖는다(§27)(사업인정고시가 있은 후이므로 해당또는 물건에 출입하여 측량하거나 조사하는 데에 시장·군수·구청장의 허가를 요하지 않는다).

㉯ 수용목적물의 확정 : 사업인정을 한 때에는 지체 없이 수용 또는 사용할 토지의 세목을 고시하여야 하므로 사업인정이 고시되면 수용목적물이 확정된다(§22·①).

㉰ 관계인의 범위 확정(제한) : 토지보상법 제22조의 규정에 의한 사업인정의 고시가 있은

후에 권리를 취득한 자는 기존의 권리를 승계한 자를 제외하고는 관계인에 포함되지 아니하고, 동법 제2조 제5호에서 규정한 관계인에 한하여 보상금이 주어진다(§2·5호).

㉣ 토지 등의 보전 의무(형질변경 등의 제한) : 사업인정 고시가 있은 후에는 누구든지 토지 등에 변경을 가하여 사업에 지장이 되도록 하는 행위가 금지된다.

㉠ 사업인정고시가 있은 후에는 누구든지 고시된 토지에 대하여 사업에 지장을 초래할 우려가 있는 형질의 변경이나 제3조 제2호 또는 동조 제4호에 규정된 물건을 손괴 또는 수거하지 못한다(§25·①).

㉡ 사업인정고시가 있은 후에는 고시된 토지에 건축물의 건축·대수선, 공작물의 설치 또는 물건의 부가·증치를 하고자 하는 자는 특별자치도지사·시장·군수 또는 구청장의 허가를 받아야 한다. 이 경우 시장·군수 또는 구청장은 미리 사업시행자의 의견을 들어야 한다(§25·②).

이 규정에 위반하여 건축물의 건축·대수선, 공작물의 설치 또는 물건의 부가·증치를 한 토지소유자 또는 관계인은 당해 건축물·공작물 또는 물건을 원상으로 회복하여야 하며 이에 관한 손실의 보상을 청구할 수 없다(§25·③).

금지되는 행위는 사업에 지장이 될 우려가 있는 형질변경이므로 사업에 지장을 줄 우려가 없는 형질변경은 가능하다.

㉤ 토지 및 물건에 대한 조사권 등

㉠ 측량·조사 : 사업인정고시가 있은 후에는 사업시행자는 제9조(사업준비를 위한 출입 등의 허가 등)의 규정에 불구하고 사업의 준비나 토지조서 및 물건조서를 작성하기 위하여 필요한 경우 해당 토지 또는 물건에 출입하여 이를 측량하거나 조사할 수 있다. 이 경우 출입·측량·조사하기 위하여 시장·군수 또는 구청장의 허가는 받을 필요 없으나, 제10조(출입의 통지)·제11조(토지점유자의 수인의무) 및 제13조(증표 등의 휴대)의 규정은 준용한다(§27·①).

㉡ 이의제기의 제한 : 사업인정고시가 있은 후에는 제26조(협의 등 절차의 준용) 제1항의 규정에 의하여 준용되는 제15조(보상계획의 열람 등) 제3항의 규정에 따라 토지소유자 또는 관계인이 토지조서 및 물건조서의 내용에 대하여 열람기간 이내에 이의를 제기하는 경우를 제외하고는 제26조 제1항의 규정에 의하여 준용되는 제14조(토지조서 및 물건조서의 작성)의 규정에 따라 작성된 토지조서 및 물건조서의 내용에 대하여 이의를 제기할 수 없다. 다만, 토지조서 및 물건조서의 내용이 진실에 반하는 것을 입증하는 때에는 그렇지 않다(§27·②).

㉢ 손실의 보상 : 사업시행자는 제1항의 규정에 따라 타인이 점유하는 토지에 출입하여 측량·조사함으로써 발생하는 손실을 보상하여야 한다(§27·③).

동법 제9조 제5항(손실보상청구권의 소멸시효기간)부터 제7항(손실보상의 협의, 재결신청)까지의 규정은 제3항에 따른 손실보상에 관하여 준용한다(§27·④).

⑤ 사업인정의 실효

사업인정은 사업시행자가 일정한 기간 내에 재결신청을 하지 아니하거나 당해 사업의 폐지 및 변경으로 그 효력을 상실한다.

㉮ 재결신청기간의 경과로 인한 실효 : 사업시행자가 사업인정고시가 있은 날부터 1년 이내에 제28조 제1항의 규정에 의한 재결신청을 하지 아니한 때에는 사업인정고시가 있은 날부터 1년이 되는 날의 다음 날에 사업인정은 그 효력을 상실한다. 사업시행자는 사업인정이 실효됨으로 인하여 토지소유자 또는 관계인이 입은 손실을 보상하여야 한다(§23·②). 제9조 제5항부터 제7항까지의 규정은 제2항에 따른 손실보상에 관하여 준용한다(§23·③).

㉯ 사업의 폐지·변경으로 인한 실효 : 사업인정고시가 있은 후 사업의 전부 또는 일부를 폐지하거나 변경함으로 인하여 토지 등의 전부 또는 일부를 수용 또는 사용할 필요가 없게 된 때에는 사업시행자는 지체 없이 사업지역을 관할하는 시·도지사에게 신고하고, 토지소유자 및 관계인에게 이를 통지하여야 한다(§24·①).

시·도지사는 제1항의 규정에 의한 신고가 있는 때에는 사업의 전부 또는 일부의 폐지나 변경이 있는 것을 관보에 고시해야 하고, 신고가 없는 경우에도(직권으로) 사업시행자가 사업의 전부 또는 일부를 폐지하거나 변경함으로 인하여 토지를 수용 또는 사용할 필요가 없게 된 것을 안 때에는 미리 사업시행자의 의견을 들어 제2항의 규정에 의한 고시를 하고(§24·②, ③), 지체 없이 그 사실을 국토해양부장관에게 보고하여야 한다(§24·④).

사업시행자는 사업의 전부 또는 일부를 폐지·변경함으로 인하여 토지소유자 또는 관계인이 입은 손실을 보상하여야 한다(§24·⑥).

⑥ 사업인정의 후속절차

㉮ 수용취득의 경우 : 제20조의 규정에 의한 사업인정을 받은 사업시행자는 토지조서 및 물건조서의 작성, 보상계획의 공고·통지 및 열람, 보상액의 산정과 토지소유자 및 관계인과의 협의의 절차를 거쳐야 한다(§26·①). 이 경우 제14조 내지 제16조(토지·물건조서의 작성, 보상계획의 열람, 협의) 및 제68조(보상액의 산정)의 규정을 준용한다(§26·① 단서).

㉯ 협의취득 불성립의 경우 : 사업인정 이전에 제14조 내지 제16조 및 제68조의 규정에 의한 절차를 거쳤으나 협의가 성립되지 아니하여 제20조의 규정에 의한 사업인정을 받은 사업으로서 토지조서 및 물건조서의 내용에 변동이 없는 때에는 제1항의 규정에 불구하고 제14조 내지 제16조의 규정에 의한 절차를 거치지 아니할 수 있다. 다만, 사업시행자 또는 토지소유자 및 관계인이 제16조의 규정에 의한 협의를 요구하는 때에는 협의하여야 한다(§26·②).

⑦ 사업인정에 대한 권리구제

㉮ 사업인정은 처분성을 가지므로 항고소송의 대상이 된다.

판례 〈토지수용법상의 사업인정처분만에 대하여 이해관계인은 그 위법을 다툴 법률상 이익이 있다.〉 토지수용법상의 사업인정의 고시가 있으면 그 이해관계인은 그 위법을 다툴 법률상 이익이 있어 그 취소를 구할 소송요건을 구비하고 있다고 해석함이 상당하다(대판 1973. 7. 30, 72누137, 행정처분취소).

㉯ 사업인정에 대한 항고소송의 원고적격이 있는 자는 당해 수용절차에 의하여 토지 등이 수용 또는 사용될 염려가 있는 자 및 그 관계인에 한정된다고 보아야 한다. 사업시행지 밖의 주민은 사업인정에 의해 직접 법률상 지위에 영향을 받지 않으므로 원고적격은 인정되지 않는 것이 원칙이다.

그러나 사업계획의 승인처분에 대해서는 사업계획승인처분의 근거 내지 관계 법규가 공익뿐만 아니라 인근 주민의 개인의 개별적 이익도 보호하고 있는 경우에는 인근 주민에게 당해 사업계획승인처분의 취소를 구할 원고적격이 인정된다.

특히 사업계획승인이 환경영향평가의 대상이 되는 경우에 환경영향평가대상지역에 거주하는 주민은 당해 사업계획승인처분을 다툴 원고적격이 있다. 더 나아가서 "환경영향평가 대상지역 밖의 주민"이라 할지라도 당해 사업시행으로 인하여 그 처분전과 비교하여 수인한도를 넘는 환경피해를 받거나 받을 우려가 있는 경우에는 당해 사업시행 등으로 인하여 환경상 이익에 대한 침해 또는 침해우려가 있다는 것을 "입증"함으로써 당해 사업인정처분의 무효확인 등 항고소송을 구할 원고적격을 인정받을 수 있다고 볼 것이다(대판 2006.3.16, 2006두330 새만금간척종합개발사업).

판례 〈환경영향평가 대상지역 밖에 거주하는 주민에게 공유수면매립면허처분과 농지개량사업시행인가처분의 무효확인을 구할 원고적격이 인정된다. 환경영향평가 대상지역 밖의 주민도 공유수면매립처분 등으로 인하여 그 처분전과 비교하여 수인한도를 넘는 환경피해를 받거나 받을 우려가 있는 경우에는 공유수면매립면허처분 등으로 인하여 환경상 이익에 대한 침해 또는 침해 우려가 있다는 것을 입증함으로써 그 처분 등의 무효확인을 구할 원고적격을 인정받을 수 있다.〉

㉰ 사업인정에 대한 불복기간에 관하여는 특별한 규정이 없으므로 행정심판법 및 행정소송법상의 불복제기기간에 따라 처분 등이 있음을 안 날부터 90일 이내에, 처분등이 있은 날부터 1년 이내에 제기하여야 할 것이다.

문제는 토지보상법 제22조 제3항은 사업인정은 고시한 날부터 그 효력을 발생한다. 그러므로 사업인정고시일(사업인정의 효력발생일)에 사업인정이 있었음을 알았다고 보고 불복기간을 산정하여야 한다.

또한 제22조 제1항은 사업인정을 한 때에는 지체 없이 그 뜻을 토지소유자 및 관계인 등에게 통지하도록 하고 있다. 이러한 법규정에 비추어 사업인정에 대한 불복기간은 사업인정의 고시일(사업인정의 효력 발생일)의 다음날을 기산일로 하여 불복기간을 산정하여야 한다고 볼 것이다.

판례 〈고시 또는 공고에 의하여 행정처분을 하는 경우 "행정처분이 있음을 안 날"이란 고시 또는 공고의 효력발생일을 말한다.〉 통상 고시 또는 공고에 의하여 행정처분을 하는 경우에는 그 처분의 상대방이 불특정 다수인이고 그 처분의 효력이 불특정 다수인에게 일률적으로 적용되는 것이므로, 행정처분에 이해관계를 갖는 자가 고시 또는 공고가 있었다는 사실을 현실적으로 알았는지 여부에 관계없이 고시가 효력을 발생하는 날에 행정처분이 있음을 알았다고 보아야 한다(대판 2001. 7. 27, 99두9490 과징금부과처분취소).

다만, 사업인정을 토지소유자 및 관계인에게 통지하지 않은 경우에는 통지를 받지 못한 토지소유자 및 관계인에 대하여는 불복기간은 사후에 통지 등을 받은 날의 다음날부터 기산하여야 한다.

(2) 토지조서·물건조서, 보상계획 및 보상액의 산정

1) 토지조서·물건조서의 작성

① 조서의 의의 및 취지

토지조서와 물건조서는 사업시행자가 공익사업을 위해 수용 또는 사용할 필요가 있는 토지 및 그 토지 위에 있는 물건의 내용을 기재하는 문서이다. 토지조서와 물건조서는 재결절차의 개시 전에 사업시행자로 하여금 미리 토지에 대하여 필요한 사항을 확인하게 하고(§14, §27), 또한 토지소유자와 관계인에게도 이를 확인하게 하여 토지의 상황을 명백히 함으로써 토지의 상황에 관한 당사자 사이의 차후 분쟁을 예방하며 토지수용위원회의 심리와 재결 등의 절차를 용이하게 하고 신속·원활을 기하려는데 그 작성의 목적이 있다.

② 토지조서·물건조서의 작성

사업시행자는 사업인정고시가 있은 후에는 토지조서 및 물건조서를 작성한다(§27·①). 다만, 사업인정 이전에 협의절차를 거쳤으나 협의가 성립되지 아니한 경우에 토지조서 및 물건조서의 내용에 변동이 없는 때에는 토지조서 및 물건조서를 다시 작성하지 않아도 된다(§26·②).

사업인정을 받은 사업시행자는 토지조서 및 물건조서를 작성하여 서명 또는 날인을 하고 토지소유자 및 관계인의 서명 또는 날인을 받아야 한다. 다만, 토지소유자 및 관계인이 정당한 사유없이 서명 또는 날인을 거부하거나 또는 토지소유자 및 관계인을 알 수 없거나 그 주소 또는 거소를 알 수 없는 등의 사유로 인하여 서명 또는 날인을 할 수 없는 경우에는 그러하지 아니하되 사업시행자는 해당 토지조서 및 물건조서에 그 사유를 기재해야 한다(§14·①, §26·①). 구 토지수용법에서는 토지·물건조서 작성 후 토지소유자가 서명·날인을 거부하는 경우에는 입회공무원의 날인을 받도록 입회공무원 날인제도가 있었으나, 절차의 진행의 지체 등 부작용이 많아 토지보상법에서는 이를 삭제하였다.

③ 조서의 효력

㉮ 사업인정고시가 있은 후에는 제26조 제1항의 규정에 의하여 준용되는 제15조 제3항의 규정에 따라 토지소유자 또는 관계인이 토지조서 및 물건조서의 내용에 대하여 열람기간 이내에 이의를 제기하는 경우를 제외하고는 제26조 제1항의 규정에 의하여 준용되는 제14조의 규정에 따라 작성된 토지조서 및 물건조서의 내용에 대하여 이의를 제기할 수 없다. 다만, 토지조서 및 물건조서의 내용이 진실에 반하는 것을 입증하는 때에는 그렇지 않다(§27 ②).

㉯ 적법하게 작성된 토지조서와 물건조서는 이의가 부기된 사항을 제외하고 거기에 기재된 사항이 진실에 합치하는 것으로 추정된다(진실 추정성). 이의를 부기하지 않는 사항에 대하여 후일 이의를 제기하기 위하여는 조서의 기재가 진실이 아니라는 것을 입증해야 한다. 이의가 부기된 사항에 대하여는 토지수용위원회가 수용재결시 결정을 내린다.

④ 하자있는 조서의 효력

㉮ 내용상 하자있는 조서의 효력 : 예컨대 작성된 조서에 권리관계 및 물적상태 등에 관하여 사실과 다른 기재가 있는 경우이다. 이 경우에도 조서가 진실한 것으로 추정되는지에 대하여 조서의 기재가 진실에 반하는 것을 입증(입증책임은 토지소유자나 관계인에게 있다)할 때까지는 그 효력을 부인할 수 없다고 보아야 한다.

㉯ 절차상 하자있는 조서의 효력 : 예컨대 작성된 조서에 서명·날인이 누락되거나 기재사항 등이 누락된 조서는 조서로서의 효력이 부인되므로 조서의 기재에 대한 증명력에 관하여 진실한 것으로 추정력이 인정되지 않는다. 따라서 이의제기가 없었어도 이의를 제기할 수 있다. 판례도 같은 입장이다.

판례 **〈토지소유자의 입회나 서명날인이 없이 작성한 토지조서는 절차상의 하자를 지니게 되는 것으로서 토지조서로서의 효력이 부인되어 조서의 기재에 대한 증명력에 관하여 추정력이 인정되지 아니한다〉** 토지수용을 함에 있어 토지소유자 등에게 입회를 요구하지 아니하거나 서명날인이 없이 작성한 토지조서는 절차상의 하자를 지니게 되는 것으로서 토지조서로서의 효력이 부인되어 조서의 기재에 대한 증명력에 관하여 추정력이 인정되지 아니한다(대법원 1993.9.10. 93누5543 [토지수용재결처분취소 등]).

㉰ 토지·물건조서의 하자와 재결의 효력 : 조서의 하자가 있는 경우 이를 근거로 하여 내려진 토지수용위원회의 재결은 위법한가? 이에 관하여 학설은 ㉠ 하자있는 조서에 기초하였기 때문에 재결도 위법하게 된다는 긍정설(조서작성상의 하자를 재결의 독립된 취소사유로 보는 견해), ㉡ 토지조서가 토지수용위원회를 반드시 구속하는 것도 아니고, 사실인정을 위한 하나의 자료에 지나지 않기 때문에 토지수용위원회의 재결에 아무런 영향을 미치지 아니한다는 부정설(토지작성상의 하자를 재결의 독립된 취소사유로 보지않는 견해)이 대립하나, 부정설이 타당하다. 판례도 토지작

성상 하자만으로는 수용재결의 취소사유가 되지 않는다고 한다.

> **판례** **〈토지조서작성상의 하자가 재결의 효력에 미치는 영향 : 토지조서에 실제 현황에 관한 기재·실측평면도의 첨부 및 토지소유자의 입회나 서명·날인 등이 없다든지 하는 사유만으로는 이의재결이 위법하다하여 그 취소를 구할 사유로 삼을 수 없다.〉** 토지수용을 함에 있어 토지소유자 등에게 입회를 요구하지 아니하고 작성한 토지조서는 절차상의 하자를 지니게 되는 것으로서 토지조서로서의 효력이 부인되어 조서의 기재에 대한 증명력에 관하여 추정력이 인정되지 않는 것일 뿐, 토지조서의 작성에 하자가 있다 하여 그것이 곧 수용재결이나 그에 대한 이의재결의 효력에 영향을 미치는 것은 아니라 할 것이므로 토지조서에 실제 현황에 관한 기재가 되어 있지 아니하다거나 실측평면도가 첨부되어 있지 아니하다거나 토지소유자의 입회나 서명·날인이 없다든지 하는 사유만으로는 이의재결이 위법하다하여 그 취소를 구할 사유로 삼을 수 없다(대판 1993.9.10, 93누5543).

2) 보상계획

① 보상계획의 공고

사업인정을 받은 사업시행자는 토지조서 및 물건조서를 작성한 때에는 공익사업의 개요, 토지조서 및 물건조서의 내용과 보상의 시기·방법 및 절차 등을 기재한 보상계획을 전국을 보급지역으로 하는 일간신문에 공고하고, 토지소유자 및 관계인에게 각각 통지하여야 한다(§26·①, §15·①). 다만, 토지소유자 및 관계인이 20인 이하인 경우에는 공고를 생략할 수 있다(§26·①후단, §15·①단서).

② 보상계획의 열람

사업시행자는 제1항의 규정에 의한 공고 또는 통지를 한 때에는 그 내용을 14일 이상 일반인이 열람할 수 있도록 하여야 한다(§26·①, §15·②). 다만, 사업지역이 2이상의 시·군 또는 자치구에 걸쳐있거나 사업시행자가 행정청이 아닌 경우에는 해당 특별자치도지사·시장·군수 또는 구청장에게도 그 사본을 송부하여 열람을 의뢰하여야 한다(§26·①, §15·②).

③ 이의 신청

제15조 제1항의 규정에 따라 공고 또는 통지된 토지조서 및 물건조서의 내용에 이의가 있는 토지소유자 또는 관계인은 제2항의 규정에 의한 열람기간 내에 사업시행자에게 서면으로 이의를 제기할 수 있다(§26·①, §15·③). 사업시행자는 해당 토지조서 및 물건조서에 제기된 이의를 부기하고 그 이의가 이유가 있다고 인정하는 때에는 적절한 조치를 하여야 한다(§26·①, §15·④).

3) 보상액의 산정

① 사업시행자는 토지 등에 대한 보상액을 산정하고자 하는 경우에는 부동산 가격공시 및 감정평가에 관한 법률에 의한 감정평가업자(이하 '감정평가업자'라 한다) 2인 이상에게 토지 등의 평가를 의뢰하여야 한다. 다만, 사업시행자가 국토해양부령이 정하는 기준에 따라 직접 보상액을

산정할 수 있는 때에는 그렇지 않다(§26·①, §68·①).

② 감정평가업자를 선정함에 있어서 대통령령이 정하는 바에 따라 토지소유자가 요청하는 경우 제1항의 규정에 의한 감정평가업자 외에 토지소유자가 추천하는 감정평가업자 1인을 선정할 수 있다(§26·①, §68·②).

③ 제1항 및 제2항의 규정에 의한 평가의뢰의 절차 및 방법, 보상액의 산정기준 등에 관하여 필요한 사항은 국토해양부령으로 정한다(§26·①, §68·③).

(3) 협 의

1) 협의의 의의

협의에는 사업인정 전의 협의(§16)와 사업인정 후의 협의(§26)의 두 가지가 있다. 수용절차의 하나로서의 협의는 사업인정 후의 협의를 뜻한다(§26).

사업인정을 받은 사업시행자는 토지소유자 및 관계인(§2·5호)과 협의의 절차를 거쳐야 한다. 토지보상법은 협의절차를 필요적 절차로 하고 있다. 따라서 협의절차는 의무적인 것으로서 협의를 거치지 않고 재결을 신청하는 것은 위법이다. 다만, 사업인정 이전에 협의절차를 거쳤거나 협의가 성립되지 않아 사업인정을 받은 사업의 경우에는 토지조서 및 물건조서의 내용에 변동이 없는 때에는 협의의 절차를 거치지 아니할 수 있다.

협의 후 토지소유자 및 관계인과 합의에 도달하여야 하는 것은 아니다. 따라서 협의가 성립되지 아니하거나 협의를 할 수 없을 때(§26·② 단서의규정에 의한 협의의 요구가 없는 때를 포함한다)에는 사업시행자는 사업인정고시가 있은 날부터 1년 이내에 대통령령이 정하는 바에 따라 관할 토지수용위원회에 재결을 신청할 수 있다(§28·①).

2) 협의의 성질

① 쌍방간의 교섭행위

협의는 수용할 토지의 범위·수용시기·손실보상 등에 관한 사업시행자와 피수용자간의 교섭행위이다. 따라서 쌍방 간의 합의에 의하여 이루어지며 사업시행자의 일방적인 행위에 의하여 이루어 실 수 없나. 사업시행자는 토지 등에 대한 보싱에 관하여 토지소유자 관계인과 성실하게 협의해야 한다(§16).

② 사법상 계약설과 공법상 계약설

협의의 법적 성질에 대해서는 공법상 계약설과 사법상 계약설로 나뉜다. 공법상 계약설이 통설이다. 즉, 협의는 사업시행자가 국가적 공권의 주체로서 토지소유자 및 관계인에 대하여 기득의 수용권을 실행하는 방법의 하나이며 협의가 성립되지 않으면 재결에 의해 수용을 하게 되므로 협의의 결과 성립하는 합의는 수용계약이라고도 할 수 있는 공법상

계약이라 한다(사법상 계약설은 협의는 사업시행자가 토지소유자 및 관계인과 법적으로 대등한 지위에서 행하는 임의적인 합의이고 수용권의 행사가 아니므로 사법상 매매계약이라 한다. 실무에서는 협의를 사법상 계약으로 본다).

3) 협의의 내용 및 효과

① 협의는 피수용자(토지소유자 및 관계인) 전원과 하여야 하며, 사업인정의 고시가 있은 날부터 1년 이내에 하여야 한다(§26·①, §28·①). 협의할 사항은 토지수용위원회의 재결에 의하여 결정될 모든 사항, 즉 수용할 토지의 범위·수용시기·손실보상 등에 대하여 하여야 한다(§50).

② 협의의 효과는 협의가 성립하면 공용수용의 절차는 이로써 종결되고 수용의 효과가 발생한다. 즉, 사업시행자는 협의에서 정해진 수용의 시기까지 보상금을 지급 또는 공탁하고(§40), 피수용자는 그 시기까지 토지·물건을 사업시행자에게 인도 또는 이전함으로써(§43), 사업시행자는 목적물에 대한 권리를 취득하고, 피수용자는 그 권리를 상실한다(§45). 주의할 것은 이 경우 사업시행자가 토지·물건을 취득하는 것은 재결에 의한 원시취득과는 달리 「승계취득」으로서, 사업시행자는 이전 소유자의 권리 위에 존속하는 부담과 제한들을 그대로 승계하게 된다. 판례도 같은 입장이다.

> 판례 **〈토지수용법 제25조 제1항에 의한 협의가 성립되어 기업자 앞으로 소유권이전등기를 경료하였더라도 그 협의에 대하여 같은 법 제25조의 2 제1항에 의한 토지수용위원회의 확인을 받지 아니한 이상, 원시취득이 아니고 승계취득으로 볼 수밖에 없다.〉** 토지수용법 제25조 제1항에 의한 협의단계에서 기업자와 토지소유자 사이에 협의가 성립되어 그를 원인으로 기업자 앞으로 소유권이전등기가 경료되었다 하더라도 그 협의에 대하여 같은 법 제25조의 2 제1항에 의한 토지수용위원회의 확인을 받지 아니한 이상, 재결에 의한 수용의 경우와는 달리 그 토지를 원시취득한 것으로 볼 수 없고, 원래의 소유자로부터 승계취득한 것이라고 볼 수밖에 없다 할 것인 바, 수용재결처분은 그 후의 토지승계인들에 대하여도 효력이 미치는 것이므로, 수용재결처분이 있은 뒤, 다른 개발사업을 위하여 토지수용위원회의 확인절차를 거치지 않은 수용협의와 그에 기한 소유권이전등기로 소유권을 승계취득한 자가 있다 하더라도 수용재결처분은 하등 영향을 받지 아니한다(대판 1994.6.28, 94누2732).

4) 협의성립의 확인

① 사업시행자는 협의가 성립된 경우 사업인정의 고시가 있은 날부터 1년 이내에 당해 토지소유자 및 관계인의 동의를 얻어 관할 토지수용위원회에 협의성립의 확인을 신청할 수 있다(§29·①). 그리고 사업시행자가 협의가 성립된 토지의 소재지·지번·지목 및 면적 등 대통령령이 정하는 사항에 대하여 공증인법에 의한 공증을 받아 협의성립의 확인을 신청한 때에는 관할 토지수용위원회가 이를 수리함으로써 협의성립이 확인된 것으로 본다(§29·③).

② 협의의 확인은 재결로 간주되며, 사업시행자·토지소유자 및 관계인은 그 확인된 협의의 성립이나 내용을 다툴 수 없다(§29·④). 그러므로 이 확인에는 재결에 관한 많은 규정이 준용된다(§29·②).

판례 기업자가 사업인정을 받은 후 토지소유자와 토지에 관하여 권리의 취득을 위한 협의가 성립되었다 하더라도 관할 토지수용위원회의 협의성립의 확인을 받지 아니하였다면 이는 토지수용법에 의한 권리취득이라 할 수 없다(대판 1992.9.14, 92다21319).

판례 **〈토지수용위원회로부터 확인받지 아니한 기업자와 토지 소유자의 수용협의의 효력〉** 토지수용에 있어서 기업자와 토지소유자의 협의성립에 대한 관할 토지수용위원회의 확인을 받지 아니한 것이면 그 토지를 원시적으로 취득한 것으로는 볼 수 없고 원래의 소유자로부터 승계취득을 한 것이라고 해석할 수밖에 없다(대판 1978.11.14, 78다1528 손해배상 등).

판례 **〈협의취득시 토지수용위원회의 협의확인을 받지 않은 경우 토지소유권의 소유권취득의 성립〉** 기업자와 토지 소유자 사이에 토지수용법 제25조가 정하는 협의가 성립하였으나 기업자가 같은 법 제25조의2가 정하는 바에 따라 협의성립에 관하여 관할 토지수용위원회의 확인을 받지 아니한 경우에 기업자가 토지소유권을 취득하기 위하여는 법률행위로 인한 부동산물권변동의 일반원칙에 따라 소유권이전등기를 마쳐야 하고, 소유권이전등기를 마치지 아니하고도 토지소유권을 원시취득 하는 것은 아니다(대판 1997.7.8, 96다53826 소유권이전등기말소 등).

그리고 피수용자를 과실 없이 오인하고 협의를 마친 경우도 기업자는 권리를 취득한다.

판례 **〈기업자가 과실 없이 등기부상 소유명의자를 토지소유자로 보고 그를 피수용자로 하여 매수협의에 따른 수용절차를 마쳤다면 기업자는 권리를 원시취득하게 된다.〉** 피고(대한주택공사)가 과실없이 진정한 토지소유자를 알지 못하여 등기부상 소유명의자를 토지소유자로 보고 그를 피수용자로 하여 매수협의에 따른 수용절차를 마쳤다면, 그 수용의 효과를 부인할 수 없게 되어 수용목적물의 소유자가 누구임을 막론하고 이미 가지고 있던 소유권은 소멸함과 동시에 기업자인 피고가 완전하게 확실하게 그 권리를 원시 취득하게 됨은 물론이다(대판 1993.11.12, 93다34756).

(4) 재결·화해(수용)

1) 재 결

① 재결의 의의 및 성질

토지수용위원회의 재결은 협의가 성립되지 아니하거나 협의를 할 수 없는 경우에 행하는 수용절차를 완결시키는 공용수용의 최종 절차로서 사업시행자로 하여금 토지의 소유권 또는 토지의 사용권을 취득케 하고 피수용자에게 지급하여야 하는 손실보상액을 결정하는 형성적 행정처분이다. 그러나 수용재결은 행정심판의 재결과는 구별되며 원행정행위에 속한다.

② 재결의 신청

토지수용위원회에 재결을 신청할 수 있는 자는 사업시행자만이 할 수 있다(§28·①). 제26조의 규정에 의한 협의가 성립되지 아니하거나 협의를 할 수 없는 때(제26조 제2항 단서의 규정에 의한 협의의 요구가 없는 때를 포함한다)에는 사업시행자는 사업인정고시가 있은 날부터 1년 이내에 대통령령이 정하는 바에 따라 관할 토지수용위원회에 재결을 신청할 수 있다(§28·①). 이 기간 안에 재결신청을 하지 아니한 때에는 사업인정고시는 기간 만료일의 다음날부터 그 효력을 상실한다(§23, §28).

③ 재결신청의 청구

재결신청은 사업시행자만이 할 수 있게 되어 있는 바, 수용절차의 조속한 종결은 피수용자에게도 커다란 이해관계가 있다.

그리하여 사업인정고시가 있은 후 협의가 성립되지 아니한 때에는 토지소유자 및 관계인은 대통령령이 정하는 바에 따라 서면으로 사업시행자에게 재결의 신청을 할 것을 청구할 수 있다. 사업시행자는 재결신청의 청구를 받은 때에는 그 청구가 있은 날부터 60일 이내에 관할 토지수용위원회에 재결을 신청해야 하는데, 이 기간을 경과하여 재결을 신청한 때에는 그 경과한 기간에 대하여 소송촉진 등에 관한 특례법 제3조의 규정에 의한 법정이율을 적용하여 산정한 금액을 관할 토지수용위원회에서 결정한 보상금에 가산하여 지급하여야 한다(§30·③).

④ 재결기관(토지수용위원회)

㉮ 토지 등의 수용과 사용에 관한 재결을 하기 위하여 국토해양부에 중앙토지수용위원회를, 시·도에 지방토지수용위원회를 둔다(§49). 중앙토지수용위원회는 국가 또는 시·도가 사업시행자인 사업, 수용 또는 사용할 토지가 2 이상의 시·도에 걸쳐있는 사업의 재결에 관한 사항을 관장하고, 지방토지수용위원회는 그 외의 사업의 재결에 관한 사항을 관장한다(§51). 토지수용위원회는 재결이라는 형식의 행정처분을 행하는 합의제 행정관청이며, 영·미식인 행정위원회의 성격을 가진다.

㉯ 중앙토지수용위원회는 위원장(국토해양부장관) 1인을 포함한 20인 이내의 위원으로 구성하되, 위원 중 대통령령이 정하는 수의 위원은 상임위원으로 한다(§52).
지방토지수용위원회는 위원장(시·도지사) 1인을 포함한 위원 9인으로 구성한다(§53).

㉰ 토지수용위원회의 상임위원 및 위촉위원의 임기는 각각 3년으로 하며, 연임할 수 있다. 토지수용위원회 위원에게는 제척·기피·회피의 규정이 적용된다(§55, §57).

⑤ 재결의 절차

㉮ 공고·열람 및 의견진술 : 토지수용위원회는 재결신청서를 접수한 때에는 지체 없이 이를 공고하고 공고한 날부터 14일 이상 관계서류의 사본을 일반이 열람할 수 있도록 하여야 한다(§31·①). 토지수용위원회가 공고를 한 때에는 관계서류의 열람 기간 중

에 토지소유자 또는 관계인은 의견을 제시할 수 있다(§31·②).

㈏ 심 리

㉠ 토지수용위원회는 열람기간이 경과한 때에는 지체 없이 당해 신청에 대한 조사 및 심리를 하여야 한다(§32·①). 토지수용위원회는 심리를 함에 있어서 필요하다고 인정하는 때에는 사업시행자·토지소유자 및 관계인을 출석시켜 그 의견을 진술하게 할 수 있다(§32·②). 토지수용위원회는 사업시행자·토지소유자 및 관계인을 출석하게 하는 경우에는 사업시행자·토지소유자 및 관계인에게 미리 그 심리의 일시 및 장소를 통지하여야 한다(§32·③).

㉡ 토지수용위원회는 심리에 필요하다고 인정할 때에는 사업시행자·토지소유자·관계인 또는 참고인에 대하여 위원회에 출석하여 진술케 하거나 그 의견서 또는 자료의 제출을 요구할 수 있고, 감정평가업자 그 밖의 감정인에 대하여 감정평가를 의뢰하거나 위원회에 출석하여 진술케 할 수 있고, 토지수용위원회의 위원 또는 제52조 제8항의 규정에 의한 사무기구의 직원이나 지방토지수용위원회의 업무를 담당하는 직원으로 하여금 실지 조사권을 갖는다(§58). 다만, 위원에게도 재판의 경우와 같이 심리의 공정을 기하기 위하여 제척·기피·회피의 제도가 채택되었다(§57).

⑥ 재 결

㈎ 재결기간 : 토지수용위원회는 제32조의 규정에 의한 심리를 개시한 날부터 14일 이내에 재결을 하여야 한다. 다만, 특별한 사유가 있은 때에는 1차에 한하여 14일의 범위 안에서 이를 연장할 수 있다(§35).

㈏ 재결방식 : 토지수용위원회의 재결은 서면으로 한다. 서면으로 하는 재결서에는 주문 및 그 이유와 재결의 일자를 기재하고, 위원장 및 회의에 참석한 위원이 이에 기명날인한 후 그 정본을 사업시행자·토지소유자 및 관계인에게 송달해야 한다(§34).

㈐ 재결사항(내용) : 토지수용위원회의 재결사항은 ㉠ 수용 또는 사용할 토지의 구역 및 사용방법, ㉡ 손실의 보상, ㉢ 수용 또는 사용의 개시일과 기간, ㉣ 그 밖에 이법 및 다른 법률에서 규정한 사항이며(§50·①), 사업시행자·토지소유자 또는 관계인이 신청한 범위 안에서 재결하여야 한다. 다만, 손실의 보상에 있어서는 증액재결을 할 수 있다(§50·②).

판례에 의하면 토지수용위원회는 행정쟁송에 의하여 사업인정이 취소되지 않는 한 사업인정 자체를 무의미하게 하는 재결, 즉 사업의 시행이 불가능하게 되는 것과 같은 재결을 행할 수 없다고 한다.

판례 **〈중앙토지수용위원회가 기업자의 협의제시 가액을 초과하여 손실보상액을 정한 것과 당사자주의나 불고불리 원칙과의 관계〉** 중앙토지수용위원회가 이의재결에서 기업자의 협의제시 가액을 초과한 금원을 토지에 대한 손실보상액으로 정하였다 하더라도 이의재결에 당사자주의나 불고

불리의 원칙에 위배된 위법이 있다고 할 수 없다(대법원 1993.10.8. 93누8610 [토지수용재결처분취소등]).

판례 **〈토지수용위원회가 사업의 시행이 불가능하게 되는 즉, 기능상 사업인정 자체를 무의미하게 하는 것과 같은 재결을 행할 수는 없다〉** 토지수용법은 수용·사용의 일차 단계인 사업인정에 속하는 부분은 사업의 공익성 판단으로 사업인정기관에 일임하고, 그 이후의 구체적인 수용·사용의 결정은 토지수용위원회에 맡기고 있는바, 이와 같은 토지수용절차의 2분화 및 사업인정의 성격과 토지수용위원회의 재결사항을 열거하고 있는 같은 법 제29조 제2항의 규정 내용에 비추어 볼 때, 토지수용위원회는 행정쟁송에 의하여 사업인정이 취소되지 않는 한 그 기능상 사업인정 자체를 무의미하게 하는, 즉 사업의 시행이 불가능하게 되는 것과 같은 재결을 행할 수는 없다(대법원 1994.11.11. 93누19375 [토지수용재결처분취소]).

판례 **〈토지수용법에 의한 수용재결의 효과로서 수용에 의한 토지소유자의 토지 등 인도의무에 목적물에 대한 하자담보책임이 포함되는지 여부(소극)〉** 토지수용법에 의한 수용재결의 효과로서 수용에 의한 기업자의 토지소유권취득은 토지소유자와 수용자와의 법률행위에 의하여 승계취득하는 것이 아니라, 법률의 규정에 의하여 원시취득하는 것이므로, 토지소유자가 토지수용법 제63조의 규정에 의하여 부담하는 토지의 인도의무에는 수용목적물에 숨은 하자가 있는 경우에도 하자담보책임이 포함되지 아니하여 토지소유자는 수용시기까지 수용대상토지를 현존상태 그대로 기업자에게 인도할 의무가 있을 뿐이다(대법원 2001.1.16. 98다58511 [손해배상(기)]).

㉣ 재결의 경정 : ㉠ 재결에 계산상 또는 기재상의 잘못 그 밖에 이와 유사한 잘못이 있는 것이 명백한 때에는 토지수용위원회는 직권 또는 당사자의 신청에 의하여 경정재결을 할 수 있다(§36·①). ㉡ 경정재결은 원재결서의 원본과 정본에 부기하여야 한다. 다만, 정본에 부기할 수 없는 때에는 경정재결의 정본을 작성하여 당사자에게 송달해야 한다(§36·②).

㉤ 재결의 실효 : 사업시행자가 수용 또는 사용의 개시일까지 토지수용위원회가 재결한 보상금을 지급 또는 공탁하지 아니하는 때에는 당해 토지수용위원회의 재결은 그 효력을 상실한다(§42·①). 이 경우 재결의 실효로 토지소유자 또는 관계인이 손실을 입은 경우 사업시행자는 그 손실을 보상하여야 한다(§42·②).

⑦ 재결의 효과

재결의 효과는 ㉮ 사업시행자는 일정 조건하에 수용의 효과(권리취득효과)가 발생하고, ㉯ 피수용자는 손실보상청구권 및 환매권을 취득하며, 수용물건의 인도·이전의무를 지며, ㉰ 재결은 불가변력이 발생하므로 당해 토지수용위원회 스스로도 이를 변경하지 못하며, ㉱ 재결이 확정되면 민사소송법상 확정판결이 있은 것으로 보며, 재결서 정본은 집행력있는 판결의 정본과 동일한 효력을 가진다(§86·①). ㉲ 재결이 있은 후에는 위험부담도 사업시행자의 부담으로 한다. ㉥ 재결은 사업시행자가 수용 또는 사용의 개시일까지 보상금을 지급 또는 공탁하지 아니한 때에는 그 효력을 상실한다(§42).

⑧ 재결에 대한 불복

> **【기출문제】** <2001년 (제17회) 입법고시 (약술형)> ※ 토지수용법상 지방토지수용위원회의 수용재결에 대한 행성쟁송절차를 약술하시오.

재결은 행정행위의 성질을 가지므로 그에 대하여 불복하는 자는 행정쟁송을 제기하여 그것의 취소·변경을 구할 수 있다. 다만, 토지보상법은 재결의 취소·변경을 구하는 행정쟁송에 대하여 행정심판법 및 행정소송법에 대한 약간의 특례를 규정하고 있다. 재결에 대한 불복절차로는 이의신청과 행정소송이 있다. 종전 토지수용법에서는 필요적 이의신청 전치주의가 채택되어 이의신청을 거쳐야만 행정소송을 제기할 수 있었으나, 현행 토지보상법은 임의적 이의신청주의를 채택하여 이의신청을 거쳐 행정소송을 제기할 수도 있고, 이의신청을 거치지 않고 바로 행정소송을 제기할 수도 있게 되었다(§85).

지급이나 공탁된 보상금을 수령하였더라도 그 수령시에 일부 수령이라는 등 이의 유보의사를 밝힌 이상 토지수용위원회의 재결에 승복한 것은 아니다(대판 1985.8.20, 83누303).

> 판례 **〈토지소유자가 이의유보의 의사를 밝히고 한 토지수용보상금 수령은 토지수용위원회의 재결에 승복한 것으로 되지는 않는다.〉** 토지소유자가 토지수용법 제61조 제2항 제1호 또는 제3항의 규정에 의하여 기업자로부터 지급되거나 공탁된 보상금을 수령하였다고 하더라도 그 수령시에 일부의 수령이라는 등 이의유보의 의사를 밝힌 이상 그가 토지수용위원회의 재결에 승복한 것으로 되지는 아니한다(대판 1985. 8. 20, 83누303).

㉮ 이의신청 : 중앙토지수용위원회의 재결에 이의가 있는 자는 중앙토지수용위원회에, 지방토지수용위원회의 재결에 대하여 이의가 있는 자는 해당 지방토지수용위원회를 거쳐 중앙토지수용위원회에 각각 이의신청을 하되 재결서의 정본을 받은 날로부터 30일 이내에 하여야 한다(§83).

사업시행자가 관할 토지수용위원회의 수용재결에 불복하여 중앙토지수용위원회에 이의를 신청할 경우에는 자기가 산정한 보상금을 지급하고 토지수용위원회가 재결한 보상금액과의 차액을 공탁하여야 한다(§40·④).

중앙토지수용위원회는 이의신청이 있는 경우 심리를 통하여 원재결(§34)이 위법 또는 부당하다고 인정하는 때에는 그 재결의 전부 또는 일부를 취소하거나 보상액을 직접 변경할 수 있다(§84·①). 중앙토지수용위원회의 취소나 변경으로 보상금이 증액된 경우 사업시행자는 재결의 취소 또는 변경의 재결서 정본을 받은 날부터 30일 이내에 보상금을 받을 자에게 그 증액된 보상금을 지급하여야 한다(§84·②).

다만, 사업시행자가 당해 재결에 불복할 경우에는 증액된 보상금을 공탁한 후 행정소송을 제기할 수 있다(§85·① 후문).

이의신청의 제기는 사업의 진행 및 토지의 수용 또는 사용을 정지시키지 아니한다(§88)고 규정하여 "집행부정지원칙"을 천명하고 있다. 그러나 이 규정은 행정심판법에서 규정하고 있는 집행정지신청을 배제하는 것은 아니라 할 것이므로 중앙토지수용위원회는 직권 또는 신청에 의하여 재결의 집행정지결정을 할 수 있다고 할 것이다(행심법 §21·②).

㉯ 행정소송 : 지방토지수용위원회 또는 중앙토지수용위원회의 재결에 대하여 불복이 있는 사업시행자·토지소유자 또는 관계인은 재결서를 받은 날부터 60일 이내에, 이의신청을 거친 때에는 이의신청에 대한 재결서를 받은 날부터 30일 이내에 각각 행정소송을 제기할 수 있다(§85·①). 60일 또는 30일 제소기간은 행정소송의 일반적인 제소기간인 90일 보다 짧은 것인데, 이는 공공사업을 신속하게 수행할 필요성에 기인한 것이므로, 그것이 행정심판법이나 행정소송법의 관련규정의 취지에 어긋나거나 헌법 제27조(재판을 받을 권리)에 위반된 것이라 볼 수 없다.

판례 **〈수용재결에 대한 이의신청기간과 이의재결에 대한 행정쟁송제기기간을 그 일반법인 행정심판법 및 행정소송법상의 기간보다 짧게 규정한 것이 위법 또는 위헌규정이라 할 수 없다.〉** 수용재결(원결재)에 대한 이의신청기간과 이의재결에 대한 행정소송제기기간을 그 일반법인 행정심판법 제18조 제1항의 행정심판청구기간(60일)과 행정소송법 제20조 제1항의 행정소송의 제소기간(60일)보다 짧게 규정한 것은 토지수용과 관련한 공공사업을 신속히 수행하여야 할 그 특수성과 전문성을 살리기 위한 필요에서 된 것으로 이해되므로 이를 행정심판법 제43조, 제42조에 어긋나거나 헌법 제27조에 어긋나는 위헌규정이라 할 수 없다(대판 1992.8.18, 91누9312).

여기에서의 행정소송은 ㉠ 지방토지수용위원회나 중앙토지수용위원회의 재결의 취소 또는 무효확인을 구하는 항고소송과 ㉡ 보상금의 증액 또는 감액만을 청구하는 보상금증감청구소송인 형식적 당사자소송의 두 가지가 있다.

토지수용위원회의 재결(수용재결)이나 이의신청재결(이의재결)은, 수용재결부분과 보상재결부분으로 쪼개어 볼 수 있는데, ㉠는 전자에 대한 불복소송이고, ㉡는 후자에 대한 불복소송이다.

㉠ 취소소송 : 종전 토지수용법에서는 지방토지수용위원회 또는 중앙토지수용위원회의 재결(수용재결)에 대한 중앙토지수용위원회의 이의신청재결(이의재결)에 대한 취소소송에서 원재결(수용재결)이 취소소송의 대상이 되는지 또는 이의신청재결(이의재결)이 취소소송의 대상이 되는지 학설의 다툼이 있었으나 다수설과 판례[259]는 재결주의의 입장에서

259) 대판 1990. 6. 22, 90누1755 ; 대판 1991. 2. 12, 90누288.

이의재결이 취소소송의 대상이 된다는 입장을 취하였었다.

판례 **〈토지수용법상 토지수용에 관한 행정소송에 있어서는 중앙토지수용위원회의 이의재결에 대하여 불복이 있을 때에 제기할 수 있고, 수용재결은 행정소송의 대상으로 삼을 수 없다 할 것이므로 그 행정소송에서는 이의재결 자체의 고유한 위법사유뿐만 아니라 수용제결의 하자도 주장할 수 있다.〉** 토지수용법 제73조 내지 제75조의 2의 규정을 종합하면 토지수용에 관한 행정소송에 있어서는 중앙토지수용위원회의 이의신청에 대한 재결에 대하여 불복이 있을 때에 제기할 수 있고 수용재결은 행정소송의 대상으로 삼을 수 없다 할 것이므로, 그 행정소송에서는 이의재결 자체의 고유한 위법 사유뿐 아니라 이의신청 사유로 삼지 않은 수용재결의 하자도 주장할 수 있다(대판 1991. 2. 12, 90누288).

현행 토지보상법에서 지방토지수용위원회 또는 중앙토지수용위원회의 재결(수용재결)에 대하여 이의신청을 제기하지 않고 직접 취소소송을 제기하는 경우, 그 대상은 토지수용위원회의 원재결(수용재결)이 된다. 그러나 이의신청을 거쳐 취소소송을 제기하는 경우에 그 대상이 원재결(수용재결)이 되어야 하는지 또는 이의신청에 대한 재결(이의재결)이 되어야 하는지 다툼이 있다. 1설에서는 「이의신청을 거친 때에는 이의신청에 대한 재결서를 받은 날부터 30일 이내에 …… 행정소송을 제기할 수 있다」(§85·①)는 규정, 이의신청에 대한 중앙토지수용위원회의 이의신청재결은 원재결(수용재결)의 내용을 변경하는 경우가 대부분이며, 현실적으로 사업시행자·토지소유자나 이해관계인 등은 이의신청재결 자체에 대하여 불복을 하기 때문에 이의재결이 취소소송의 대상이 된다고 한다.[260] 그러나 2설에서는 이의신청의 재결 그 자체를 취소소송의 대상으로 하여야 한다고 규정하고 있지는 아니하고, 제85조 제1항의 규정방식은 원처분주의를 채택하고 있다고 보고, 취소소송의 원처분주의에 따라 원재결(수용재결)이 취소소송의 대상이 된다고 한다. 원처분(수용재결)이 취소소송의 대상이 된다는 것이 타당하며 다수설이다(김남진, 김연태, 김좋의, 류지태).

현재는 판례도 수용재결에 불복하여 이의신청을 거친 후 취소소송을 제기하는 경우에도 이의재결이 아니라 원재결(수용재결)이 취소소송의 대상이 된나고 판시하고 있다.

판례 **〈토지소유자 등이 수용재결에 불복하여 이의신청을 거친 후 취소소송을 제기하는 경우 피고적격(=수용재결을 한 토지수용위원회)및 소송대상(=수용재결)〉** 공익사업을 위한 토지 등의 취득 및 보상에 관한 법률 제85조 제1항 전문의 문언내용과 같은 법 제83조, 제85조가 중앙토지수용위원회에 대한 이의신청을 임의적 절차로 규정하고 있는 점, 행정소송법 제19조 단서가 행정심판에 대한 재결은 재결 자체에 고유한 위법이 있음을 이유로 하는 경우에 한하여 취소소송의 대상으로 삼을 수 있도록 규정하고 있는 점 등을 종합하여 보면, 수용재결에 불복하여 취소소

260) 박윤흔(하), 614쪽.

송을 제기하는 때에는 이의신청을 거친 경우에도 수용재결을 한 중앙토지수용위원회 또는 지방토지수용위원회를 피고로 하여 수용재결의 취소를 구하여야 하고, 다만 이의신청에 대한 재결 자체에 고유한 위법이 있음을 이유로 하는 경우에는 그 이의재결을 한 중앙토지수용위원회를 피고로 하여 이의재결의 취소를 구할 수 있다고 보아야 한다(대법원 2010.1.28, 2008두1504 [수용재결취소등]).

㉡ 무효확인소송 : 수용재결도 행정처분의 성질을 가지므로 재결에 중대하고도 명백한 흠이 있는 경우에는 재결의 무효확인소송을 제기할 수 있다(대판 1993.1.19, 91누8050).

판례 〈토지수용에 관한 토지수용위원회의 수용재결처분이 무효인 경우 수용재결 자체에 대한 무효확인을 소구할 수 있다.〉 토지수용에 관한 중앙 또는 지방토지수용위원회의 수용재결이 그 성질에 있어 구체적으로 일정한 법률효과의 발생을 목적으로 하는 점에서 일반의 행정처분과 전혀 다를 바 없으므로 수용재결처분이 무효인 경우에는 그 재결 자체에 대한 무효확인을 소구할 수 있다(대판 1993. 1. 19, 91누8050).

㉢ 보상액증감청구소송 : 지방토지수용위원회나 중앙토지수용위원회의 재결(수용재결) 또는 중앙토지수용위원회의 이의신청재결(이의재결) 중 보상금에 대하여 불복이 있는 때에는 위에서 본 기간 내에 보상금증감청구소송을 제기할 수 있다.
종전의 토지수용법은 보상액증감청구소송의 경우에 당사자인 토지소유자 및 관계인과 사업시행자가 원고·피고가 되는 것 이외에도 재결청인 토지수용위원회도 피고가 되게 하였기 때문에 소송의 성격이나 형태에 대하여 논란이 있어왔었다. 그런데 현행 토지보상법은 「…… 행정소송이 보상금의 증감에 관한 소송인 경우 당해 소송을 제기하는 자가 토지소유자 또는 관계인인 때에는 사업시행자를, 사업시행자인 때에는 토지소유자 또는 관계인을 각각 피고로 한다」(§85②)고 규정하여, 소송당사자에서 재결청을 제외시키고 있어, 보상금증감청구소송이 형식적 당사자소송임을 명백히 하고 있다.

판례 〈 구 '공익사업을 위한 토지 등의 취득 및 보상에 관한 법률' 제74조 제1항에 의한 잔여지 수용청구를 받아들이지 않은 토지수용위원회의 재결에 대하여 토지소유자가 불복하여 제기하는 소송의 성질 및 그 상대방〉 구 '공익사업을 위한 토지 등의 취득 및 보상에 관한 법률'(2007.10.17. 법률 제8665호로 개정되기 전의 것) 제74조 제1항에 규정되어 있는 잔여지 수용청구권은 손실보상의 일환으로 토지소유자에게 부여되는 권리로서 그 요건을 구비한 때에는 잔여지를 수용하는 토지수용위원회의 재결이 없더라도 그 청구에 의하여 수용의 효과가 발생하는 형성권적 성질을 가지므로, 잔여지 수용청구를 받아들이지 않은 토지수용위원회의 재결에 대하여 토지소유자가 불복하여 제기하는 소송은 위 법 제85조 제2항에 규정되어 있는 '보상금의 증감에 관한 소송'에 해당하여 사업시행자를 피고로 하여야 한다(대판 2010.8.19, 2008두822 [토지수용이의재결처분취소 등]).

만약 보상액만이 사업시행자와 토지소유자 간에 다툼이 대상이 되고 있는 경우에 이러한 형태의 소송이 인정되지 않는다면, 사업시행자 또는 토지소유자는 행정청인 토지수용위원회를 피고로 하여 재결취소소송을 제기한 후 또는 그와 동시에 보상금증감에 관한「당사자소송」을 제기하여 양자를 병합하는 등의 불편이 있으며, 이해당사자간의 재산상의 분쟁에 행정청이 피고가 되는 것은 불합리한 측면도 있다. 형식적 당사자소송은 이러한 불편과 불합리를 제거하기 위하여 소송기술적인 고려에 의하여 인정된 것이다.

㈐ 확정된 이의재결의 효력 : 이의신청의 재결에 대하여 제85조 제1항의 기간 이내에 소송이 제기되지 아니하거나 그 밖의 사유로 이의신청에 대한 재결이 확정된 때에는 민사소송법상의 확정판결이 있은 것으로 보며, 재결서 정본은 집행력있는 판결의 정본과 동일한 효력을 가진다(§86·①). 사업시행자가 제기한 행정소송이 패소(각하·기각 또는 취하)된 경우 ㉠ (수용)재결이 있은 후 소송을 제기한 때에는 재결서 정본을 받은 날, ㉡ 이의 신청에 대한 재결이 있은 후 소송을 제기한 때에는 그 재결서 정본을 받은 날부터 판결일 또는 취하일까지의 기간에 대하여 소송촉진 등에 관한 특례법 제3조의 규정에 의한 법정이율을 적용하여 산정한 금액을 보상금에 가산하여 지급하여야 한다(§87).

㈑ 하자의 승계문제(사업인정과 수용재결의 관계)

【기출문제】 〈2005년 (제49회) 행정고시 (일반행정) (약술형)〉

사업인정의 하자가 수용재결에 승계되는가? 즉, 수용재결에 대한 취소소송에서 사업인정의 위법을 취소사유로 주장할 수 있는지가 문제이다.

㉠ 긍정설[261] : 사업인정과 수용재결은 양 처분의 주체, 법률요건 및 법률효과가 상이하지만, 수용재결은 사업인정이 있음을 전제로 하고 양 처분은 상호결합하여 구체적인 법적 효과를 완성시키는 일련의 행정행위이고, 토지수용절차에서 필요한 토지의 취득이라는 법적 효과의 완성은 최종 처분인 수용재결에 유보되어 있고, 사업인정의 처분성을 인정하여 쟁송의 대상으로 한 것은 국민의 권리이익에 중대한 영향을 미치는 행정행위에 있어서 각 단계에서 쟁송의 기회를 인정함으로써 그 절차를 신중히 하도록 하고 그 절차 및 내용의 적정을 확보하고자 하는 것이므로 하자의 승계를 인정하지 않는 것은 이러한 취지에 반하기 때문에 하자의 승계를 인정함이 타당하다고 본다.

㉡ 부정설 : 사업인정과 수용재결은 별개의 법적 효과를 가져오는 별개의 행위이므로 사업인정의 위법은 수용재결에 승계되지 않는다는 것이 다수설이며, 판례입장이다.

---

261) 유해웅, 신수용보상법론, 295쪽, 부연사, 2001 ; 박균성(하), 373쪽.

판례 〈사업인정을 받음으로써 수용할 목적물의 범위가 확정되고 수용권으로 하여금 목적물에 관한 현재 및 장래의 권리자에게 대항할 수 있는 일종의 공법상 권리가 발생하기 때문에 사업인정의 위법 부당한 하자를 이유로 수용재결처분의 취소를 구할 수 없다.〉 토지수용법 제14조에 따른 사업인정은 그 후 일정한 절차를 거칠 것을 조건으로 하여 일정한 내용의 수용권을 설정해 주는 행정처분의 성격을 띠는 것으로서 그 사업인정을 받음으로써 수용할 목적물의 범위가 확정되고 수용권으로 하여금 목적물에 관한 현재 및 장래의 권리자에게 대항할 수 있는 일종의 공법상의 권리로서의 효력을 발생시킨다고 할 것이므로 이 사업인정단계에서의 하자를 다투지 아니하여 이미 쟁송기간이 도과한 수용재결단계에 있어서는 위 사업인정처분에 중대하고 명백한 하자가 있어 당연무효라고 볼만한 특단의 사정이 없다면 그 처분의 불가쟁력에 의하여 사업인정처분의 위법, 부당함을 이유로 수용재결처분의 취소를 구할 수 없다(대판 1987. 9. 8, 87누395 토지수용재결처분취소).

판례 〈택지개발계획을 승인함에 있어 이해관계자의 의견을 듣지 아니하거나 토지소유자에 대한 통지를 하지 아니한 하자가 있다는 이유로 수용재결의 취소를 구할 수 없다.〉 건설부장관이 택지개발계획을 승인함에 있어서 토지수용법 제15조에 의한 이해관계자의 의견을 듣지 아니하였거나, 같은 법 제16조 제1항 소정의 토지소유자에 대한 통지를 하지 아니한 하자는 중대하고 명백한 것이 아니므로 사업인정 자체가 당연 무효라고 할 수 없고, 이러한 하자는 수용재결의 선행처분인 사업인정단계에서 다투어야 할 것이므로 쟁송기간이 도과한 이후에 위와 같은 하자를 이유로 수용재결의 취소를 구할 수 없다(대판 1993.6.29, 91누2342).

판례 〈도시계획사업허가의 공고시에 토지세목의 고시의 누락은 절차상 위법으로서 취소사유이고, 그 처분의 불가쟁력에 의하여 도시계획사업 허가의 위와 같은 위법 부당함을 들어 수용재결처분의 취소를 구할 수는 없다.〉 도시계획사업허가의 공고시에 토지세목의 고시를 누락한 것은 절차상의 위법으로서 취소사유에 불과하고 그 하자가 중대하고 명백하여 사업인정 자체가 무효라고는 할 수 없으므로 이러한 위법을 선행처분인 사업인정단계에서 다투지 아니하였다면 그 쟁송 기간이 이미 도과한 후인 수용재결단계에 있어서는 그 처분의 불가쟁력에 의하여 위 도시계획사업허가의 위와 같은 위법 부당함을 들어 수용재결처분의 취소를 구할 수는 없다(대판 1988. 12. 27, 87누1141 토지수용재결처분취소).

㉢ 사 견(결어) : 선행처분의 하자를 이유로 후행처분의 효력을 다툴 수 없는 것이 원칙이나 선행처분과 후행처분이 서로 독립하여 별개의 효과를 목적으로 하는 경우에도 선행처분의 불가쟁력이나 구속력이 그로 인하여 불이익을 입게 되는 자에게 수인한도를 넘는 가혹함을 가져오며, 그 결과가 당사자에게 예측가능한 것이 아닌 경우에는 국민의 재판을 받을 권리를 보장하고 있는 헌법의 이념에 비추어 선행처분의 후행처분에 대한 구속력은 인정될 수 없다. 이러한 관점에 관한한 사업인정과 수용재결간 관계에서도 사업인정은 그 자체가 독립한 법률효과를 발생하는 행정행위이지만, 수용이라는 궁극적 목적을 달성하기 위한 준비행위(동일한 행정목적을 달성하기 위한 목적과 수단관계)로서 그 하

자가 수용재결에 승계된다고 보는 것이 타당하다(대판 1994. 1. 25, 93누8542)(상세설명은 행정법(상), 행정행위 하자의 승계 참조).

2) 화해(화해의 권고)

① 토지수용위원회는 그 재결이 있기 전에는 그 위원 3인으로 구성되는 소위원회로 하여금 사업시행자·토지소유자 및 관계인에게 화해를 권고하도록 할 수 있다. 이 경우 소위원회는 위원장이 지명하거나 위원회에서 선임한 위원으로 구성하되, 그 구성에 관하여 필요한 사항은 대통령령으로 정한다(§33·①).

② 화해가 성립되면 당해 토지수용위원회는 화해조서를 작성하여 화해에 참여한 위원·사업시행자·토지소유자 및 관계인이 이에 서명 또는 날인하여야 한다(§33·②).

③ 화해조성에 서명 또는 날인이 된 경우에는 당자사간에 화해조서와 동일한 내용의 합의가 성립된 것으로 본다(§33·③).

2. 약식절차

공용수용은 위에서 본 보통절차에 의하는 것이 원칙이나 토지보상법은 토지·물건의 사용에 대하여 다음과 같은 약식절차를 규정하고 있다.

(1) 천재·지변시의 토지의 사용

천재·지변 그 밖의 사변으로 인하여 공공의 안전을 유지하기 위한 공익사업을 긴급히 시행할 필요가 있는 때에는 사업시행자는 대통령령이 정하는 바에 따라 특별자치도지사·시장·군수 또는 구청장의 허가를 받아 즉시 타인의 토지를 사용할 수 있다. 다만, 사업시행자가 국가인 때에는 당해 사업을 시행할 관계 중앙행정기관의 장이 특별자치도지사, 시장·군수 또는 구청장에게, 사업시행자가 시·도인 때에는 시·도지사가 시장·군수 또는 구청장에게 각각 통지하고 이를 사용할 수 있으며, 사업시행자가 특별자치도, 시·군 또는 구인 때에는 특별자치도지사, 시장·군수 또는 구청장이 허가나 통지 없이 사용할 수 있다(§38·①). 시장·군수 또는 구청장은 허가를 하거나 통지를 받은 때에는 대통령령이 정하는 사항을 즉시 토지의 소유자 빛 섬유자에게 동시하여야 한다(§38·②). 토지의 사용기간은 6월을 넘지 못하며, 토지를 사용함으로써 발생하는 손실은 보상하여야 한다(§38·③, ④).

(2) 시급을 요하는 토지의 사용

사업인정 후 협의가 성립되지 아니하거나 협의를 할 수 없는 때 사업시행자가 재결을 신청한 경우, 재결의 신청을 받은 토지수용위원회는 그 재결을 기다려서는 재해를 방지하기 곤란하거나 그 밖에 공공의 이익에 현저한 지장을 줄 우려가 있다고 인정하는 때에는 사업시행자의 신청에 의하여 대통령령이 정하는 바에 따라 담보를 제공한 후 즉시 당해 토지의 사용을 허가할 수 있다. 다만, 국가 또는 지방자치단체가 사업시행자인 경우에는 담보를 제공하지 아니할 수 있다. 이 경우에도 토지의 사용기간은 6월을 넘지 못한다. 토지수용위원회가 허가를 한 때에는 대통령령이 정하는 사항을 즉시 토지소유자 및 점유자에게 통지하여야 한다(§39·①②·③).

시급을 요하여 토지를 사용하는 경우 토지수용위원회의 재결이 있기 전에 토지소유자 또는 관계인의 청구가 있는 때에는 사업시행자는 자기가 산정한 보상금을 토지소유자 또는 관계인에게 지급하여야 한다(§41·①). 토지소유자 또는 관계인은 사업시행자가 토지수용위원회의 재결에 의한 보상금의 지급시기까지 이를 지급하지 아니하는 때에는 제39조의 규정에 따라 제공된 담보의 전부 또는 일부를 취득한다(§41·②).

Ⅵ. 공용수용의 효과

【기출문제】 <1967년 (제7회) 행정고시 (논술형)·1977년 행정고시 (논술형)> ※ 공용수용의 효과

1. 공용수용효과의 발생시기

① 사업시행자는 관할토지수용위원회가 재결한 보상금의 지급 또는 공탁을 조건으로 "수용개시일", 즉 재결에서 정한 시점(협의취득의 경우는 협의에서 정한 시점)에 수용의 효과가 발생한다(§40·①·②). 수용개시일이란 토지수용위원회가 재결에서 정한 수용의 효과가 발생한 날을 말한다. 사업시행자가 수용개시일까지 관할 토지수용위원회가 재결한 보상금을 지급하거나 공탁하지 아니하였을 때에는 해당 토지수용위원회의 재결은 효력을 상실한다(§42·①).

② 사업시행자는 "사용개시일"(토지수용위원회가 재결로써 사용을 시작하는 날)에 토지나 물건의 사용권을 취득하며, 그 토지나 물건에 관한 다른 권리는 사용의 기간 중에는 이를 행사하지 못한다(§40·① §45·②).

2. 수용자(사업시행자)에 대한 효과

(1) 수용자(사업시행자)의 권리취득, 제한, 소멸 등

1) 사업시행자는 수용개시일에 토지나 물건의 소유권을 취득하며, 그 토지나 물건에 관한 다른 권리는 이와 동시에 소멸한다(§45·①). 사업시행자는 사용개시일에 토지나 물건의 사용권을 취득하며, 그 토지나 물건에 관한 다른 권리는 사용기간 중에는 행사하지 못한다(§45·②). 다만, 토지수용위원회의 재결로 인정된 권리는 제1항 및 제2항에도 불구하고 소멸되거나 그 행사가 정지되지 아니한다(§45·③).

2) 원시취득

수용에 의한 사업시행자의 권리취득은 토지소유자와 사업시행자간의 법률행위에 의한 승계취득이 아니라, 법률의 규정에 의한 원시취득임을 주의해야 한다(민법 §187 토지보상법 §45).

따라서 등기없이도 수용 또는 사용시기에 권리의 취득이 이루어진다(취득한 소유권을 타인에게 처분하려면 등기를 하여야 한다. 민법 §187 단서). 원시취득이므로 토지소유자에게 하자담보책임을 물을 수 없다.

판례 ① **〈토지수용법 제63조에 의한 토지소유자의 토지 등 인도의무에 목적물에 대한 하자담보책임이 포함되는지 여부(소극)〉** 토지수용법에 의한 수용재결의 효과로서 수용에 의한 기업자의 토지소유권취득은 토지소유자와 수용자와의 법률행위에 의하여 승계취득하는 것이 아니라, 법률의 규정에 의하여 원시취득하는 것이므로, 토지소유자가 토지수용법 제63조의 규정에 의하여 부담하는 토지의 인도의무에는 수용목적물에 숨은 하자가 있는 경우에도 하자담보책임이 포함되지 아니하여 토지소유자는 수용시까지 수용대상 토지를 현존상태 그대로 기업자에게 인도할 의무가 있을 뿐이다.

② **〈수용재결이 있은 후에 수용 대상 토지에 숨은 하자가 발견되었으나 기업자가 불복절차를 취하지 않음으로써 그 재결에 대하여 더 이상 다툴 수 없게 된 경우, 기업자가 민사소송절차로 토지소유자에게 부당이득의 반환을 구할 수 있는지 여부(소극)〉** 수용재결이 있은 후에 수용 대상 토지에 숨은 하자가 발견되는 때에는 불복기간이 경과되지 아니한 경우라면 공평의 견지에서 기업자는 그 하자를 이유로 재결에 대한 이의를 거쳐 손실보상금의 감액을 내세워 행정소송을 제기할 수 있다고 보는 것이 상당하나, 이러한 불복절차를 취하지 않음으로써 그 재결에 대하여 더 이상 다툴 수 없게 된 경우에는 기업자는 그 재결이 당연무효이거나 취소되지 않는 한 재결에서 정한 손실보상금의 산정에 있어서 위 하자가 반영되지 않았다는 이유로 민사소송절차로 토지소유자에게 부당이득의 반환을 구할 수는 없다(대법원 2001.1.16. 98다58511 [손해배상(기)]).

사업시행자의 원시취득은 압류나 가압류의 효력에도 영향을 미치게 된다.

판례 **〈수용되는 토지에 대하여 가압류가 집행되어 있는 경우, 토지수용에 따른 가압류의 효력 및 수용 전 토지에 대한 가압류채권자가 다시 수용보상금채권에 대하여 가압류를 하더라도 수용 전 토지에 관하여 주장할 수 있었던 사유를 수용보상금채권에 대한 배당절차에서까지 주장할 수 있는지 여부(소극)〉** 구 토지수용법(2002. 2. 4. 법률 제6656호 공익사업을위한토지등의취득및보상에관한법률 부칙 제2조로 폐지) 제67조 제1항에 의하면, 기업자는 토지를 수용한 날에 그 소유권을 취득하고 그 토지에 관한 다른 권리는 소멸하는 것인바, 수용되는 토지에 대하여 가압류가 집행되어 있더라도 토지수용으로 기업자가 그 소유권을 원시취득하게 됨에 따라 그 토지 가압류의효력은 소멸하는 것이고 이 경우에 그 토지 가압류가 수용보상금채권에 당연히 전이되어 그 효력이 미치게 된다고는 할 수 없으므로, 수용 전 토지에 대한 가압류채권자가 다시 수용보상금채권에 대하여 가압류를 하였다고 하더라도, 수용 전 토지에 대하여 위 토지 가압류 이후 저당권을 취득하였다가 위 수용보상금채권에 대하여 물상대위에 따른 압류를 한 자에 대하여는 수용 전 토지에 관하여 주장할 수 있었던 사유를 수용보상금 채권에 대한 배당절차에서까지 주장할 수 없다고 보아야 한다(대법원 2004.4.16. 2003다64206 [배당이의] 대법원 2003.7.11. 2001다83777 [배당이의]).

그러나 협의매수에 의한 토지수용의 경우, 관할토지수용위원회의 협의성립의 확인을 받지 아니한 것이면 원시취득이 아니라 승계취득이 된다.

> **판례** **〈토지수용위원회로부터 확인받지 아니한 기업자와 토지소유자의 수용협의의 효력〉** 토지수용에 있어서 기업자와 토지소유자의 협의성립에 대한 관할 토지수용위원회의 확인을 받지 아니한 것이면 그 토지를 원시적으로 취득한 것으로는 볼 수 없고 원래의 소유자로부터 승계취득을 한 것이라고 해석할 수 밖에 없다(대법원 1978.11.14. 78다1528 [손해배상등]).

> **판례** **〈토지수용법 제25조의 협의에 의한 소유권취득의 성질 및 취득방법〉** 기업자와 토지 소유자 사이에 토지수용법 제25조가 정하는 협의가 성립하였으나 기업자가 같은 법 제25조의2가 정하는 바에 따라 협의성립에 관하여 관할 토지수용위원회의 확인을 받지 아니한 경우에 기업자가 토지소유권을 취득하기 위하여는 법률행위로 인한 부동산물권변동의 일반원칙에 따라 소유권이전등기를 마쳐야 하고, 소유권이전등기를 마치지 아니하고도 토지소유권을 원시취득하는 것은 아니다(대법원 1997.7.8. 96다53826 [소유권이전등기말소등] 동지: 대법원 1997.7.8. 96다53826).

그러므로 협의취득시 관할 토지수용위원회의 확인을 받지 아니한 경우, 사업시행자가 토지소유권을 취득하기 위해서는 소유권이전등기를 마쳐야 한다.

(2) 토지·물건의 인도 등

1) 인도·이전의무

피수용자(토지소유자 및 관계인과 그밖에 토지소유자나 그밖에 관계인에 포함되지 아니하는 자)는 수용 또는 사용의 개시일까지 토지나 물건을 인도하거나 이전해야 한다(§43). 사업시행자가 수용 또는 사용의 개시일까지 보상금을 지급하거나 공탁하지 않으면 재결의 효력이 상실하므로 그에 따라 인도·이전의무도 소멸한다.

형평의 원칙상 목적물의 인도·이전과 보상금의 지급 또는 공탁은 동시이행관계에 있다고 보는 것이 타당하다(민법 §536).

2) 대 집 행

피수용자가 그 정하여진 기간이내에 의무를 이행하지 아니하거나 완료하기 어려운 경우 또는 그로 하여금 그 의무를 이행하게 하는 것이 현저히 공익을 해치다고 인정되는 사유가 있는 경우에는 사업시행자는 시·도지사나 시장·군수 또는 구청장에게 행정대집행법에서 정하는 바에 따라 대집행을 신청할 수 있고, 신청을 받은 당해 지방자치단체의 장은 정당한 사유가 없으면 이에 따라야 한다(§89·①·②).

사업시행자가 국가나 지방자치단체인 경우에는 행정대집행법에서 정하는 바에 따라 직접 대집행을 할 수 있다(§89·②).

문제는 제89조에서 의무불이행 중 사람이 점유하고 있는 토지·건물 등의 인도는 실력으로 점유를 풀어 점유이전을 하지 않으면 목적을 달성하기가 어려우므로 직접강제의 대상이 되고, 대집행의 대상이 될 수 없음이 원칙이지만, 그렇게 되면 토지보상법 제89조는 유명무실하게 되기 때문에 토지나 물건의 이전의무가 비대체적 작위의무이기는 하나(대체적 작위의무가 아니므로) 토지보상법 제89조에 의해 예외적으로 대집행이 가능한 것으로 해석해야 할 것이다(박윤성). 이 경우 대집행은 그 실질이 직접강제에 해당한다고 보아야 한다.

판례는 퇴거 및 명령·인도의무 불이행에 대한 대집행을 부정하고(이 경우에는 직접강제의 대상이 됨), 민사상 "명도단행가처분"을 인정하고 있다.

판례 ① **〈구 토지수용법상 피수용자 등이 기업자에 대하여 부담하는 수용대상 토지의 인도의무가 행정대집행법에 의한 대집행의 대상이 될 수 있는지 여부(소극)〉** 피수용자 등이 기업자에 대하여 부담하는 수용대상 토지의 인도의무에 관한 구 토지수용법(2002. 2. 4. 법률 제6656호 공익사업을위한 토지등의취득및보상에관한법률 부칙 제2조로 폐지) 제63조, 제64조, 제77조 규정에서의 '인도'에는 명도도 포함되는 것으로 보아야 하고, 이러한 명도의무는 그것을 강제적으로 실현하면서 직접적인 실력행사가 필요한 것이지 대체적 작위의무라고 볼 수 없으므로 특별한 사정이 없는 한 행정대집행법에 의한 대집행의 대상이 될 수 있는 것이 아니다.

② **〈구 토지수용법상 피수용자 등이 기업자에 대하여 부담하는 수용대상 토지의 인도 또는 그 지장물의 명도의무를 피보전권리로 하는 명도단행가처분의 허용 여부(적극)〉** 구 토지수용법(2002. 2. 4. 법률 제6656호 공익사업을 위한 토지 등의 취득 및 보상에 관한 법률 부칙 제2조로 폐지) 제63조의 규정에 따라 피수용자 등이 기업자에 대하여 부담하는 수용대상 토지의 인도 또는 그 지장물의 명도의무 등이 비록 공법상의 법률관계라고 하더라도, 그 권리를 피보전권리로 하는 명도단행가처분은 그 권리에 끼칠 현저한 손해를 피하거나 급박한 위험을 방지하기 위하여 또는 그 밖의 필요한 이유가 있을 경우에는 허용될 수 있다(대법원 2005.8.19. 2004다2809 [가처분이의]).

판례 **〈도시공원시설 점유자의 퇴거 및 명도의무가 행정대집행법에 의한 대집행의 대상인지 여부(소극)〉** 도시공원시설인 매점의 관리청이 그 공동점유자가 중의 1인에 대하여 소정의 기간 내에 위 매점으로부터 퇴거하고 이에 부수하여 그 판매 시설물 및 상품을 반출하지 아니할 때에는 이를 대집행하겠다는 내용의 계고처분은 그 주된 목적이 매점의 원형을 보존하기 위하여 점유자가 설치한 불법 시설물을 철거하고자 하는 것이 아니라, 매점에 대한 점유자의 점유를 배제하고 그 점유이전을 받는 데 있다고 할 것인데, 이러한 의무는 그것을 강제적으로 실현함에 있어 직접적인 실력행사가 필요한 것이지 대체적 작위의무에 해당하는 것은 아니어서 직접강제의 방법에 의하는 것은 별론으로 하고 행정대집행법에 의한 대집행의 대상이 되는 것은 아니다(대법원 1998.10.23. 97누157 [시설물철거대집행계고처분취소]).

토지보상법 제89조에는 제3자에게 대집행하게 할 수 있다는 규정이 없다. 그러나 행정대집행법상 대집행의 경우 대집행기관은 스스로 대집행하거나 제3자로 하여금 대집행하도록 할 수 있으므로 토지보상법 제89조에 의한 대집행에 있어서도 제3자로 하여금 대집행하도록 할 수 있다고 해석함이 타당하다.

3) 인도·이전의 대행

① 토지나 물건을 인도하거나 이전하여야 할 자가 고의나 과실없이 그 의무를 이행할 수 없거나, ② 사업시행자가 과실없이 토지나 물건을 인도하거나 이전해야 할 의무가 있는 자를 알 수 없을 때에는 특별자치도지사, 시장·군수 또는 구청장은 사업시행자의 청구에 의하여 토지나 물건의 인도 또는 이전을 대행하여야 한다(§44·①).

(3) 위험부담의 이전

토지수용위원회의 재결이 있은 후 수용하거나 사용할 토지나 물건이 토지소유자 또는 관계인의 고의나 과실없이 멸실되거나 훼손된 경우 그로 인한 손실은 사업시행자가 부담한다(§46). 위험부담의 이전시점은 재결시이다.

3. 피수용자에 대한 효과

(1) 손실보상(손실보상청구권)

1) 개 설

공용수용은 공익사업의 수요를 충족시키기 위하여 타인의 토지 등 재산권을 강제로 취득하는 것이므로 그로인한 피수용자의 손실에 대하여는 당연히 정당한 보상을 지급하여야 한다. 헌법 제23조 제3항은 "공공필요에 의한 재산권은 수용·사용 또는 제한 및 그에 대한 보상은 법률로써 하되 정당한 보상을 지급하여야 한다"고 규정하여 공용수용으로 인한 재산권침해에 대한 보상원칙을 천명하고 있다. 공용수용의 일반법인 「공익사업을 위한 토지 등의 취득 및 보상에 관한 법률」(이하 "토지보상법"이라 한다)은 손실보상에 대한 일정한 원칙을 정하고, 다시 손실보상의 내용에 관하여 구체적인 규정을 두고 있다.

① 보상금의 지급·공탁

재결의 효과로서 피수용자인 토지소유자 및 관계인은 손실보상청구권을 갖는다. 사업시행자는 제38조(천재지변시 토지사용) 또는 제39조(시급한 토지사용)의 규정에 의한 사용의 경우를 제외하고는 수용 또는 사용개시일(토지수용위원회가 재결로서 결정한 수용 또는 사용을 개시하는 날을 말한다)까지 관할토지수용위원회가 재결한 보상금을 지급하여야 한다(§40·①).

다만, 사업시행자는 (가) 보상금을 받을 자가 그 수령을 거부하거나 보상금을 수령할 수 없을 때, (나) 사업시행자의 과실없이 보상금을 받을 자를 알 수 없을 때, (다) 관할 토지수용위원회가 재결한 보상금에 대하여 사업시행자가 불복할 때, (라) 압류나 가압류에 의하여 보상금의 지급이 금지되었을 때에는 수용 또는 사용의 개시일까지 수용하거나 사용하려는 토지 등의 소재지의 공탁소에 보상금을 공탁할 수 있다(§40·②).

판례 〈수용대상 토지가 압류 또는 가압류되어 있거나 수용대상 토지에 근저당권이 설정되어 있다는 사유만으로 토지수용법 제61조 제2항 제2호 소정의 '기업자가 과실없이 보상금을 지급받을 자를 알 수 없을 때'의 공탁사유에 해당하는지 여부(소극)〉 수용대상 토지가 일반 채권자에 의하여 압류 또는 가압류되어 있거나 수용대상 토지에 근저당권설정등기가 마쳐져 있더라도 그 토지의 수용에 따른 보상금청구권 자체가 압류 또는 가압류되어 있지 아니한 이상 보상금의 지급이 금지되는 것은 아니므로, 이러한 사유만으로 토지수용법 제61조 제2항 제2호 소정의 '기업자가 과실없이 보상금을 지급받을 자를 알 수 없을 때'의 공탁사유에 해당한다고 볼 수 없다(대법원 2000.5.26. 98다22062 [전부금]).

사업시행자는 관할 토지수용위원회가 재결한 보상금에 대하여 사업시행자가 불복할 때에는 자기가 산정한 보상금을 지급하고 그 금액과 토지수용위원회가 재결한 보상금과의 차액을 공탁하여야 한다. 이 경우 보상금을 받을 자는 그 불복의 절차가 종결될 때까지 공탁된 보상금을 수령할 수 없다(§40·④).

그리고 사업인정고시가 된 후 권리의 변동이 있을 때에는 그 권리를 승계한 자가 제1항에 따른 보상금 또는 제2항에 따른 공탁금을 받는다(§40·③).

② 재결의 실효

반면에 사업시행자가 수용 또는 사용의 개시일까지 관할 토지수용위원회가 재결한 보상금을 지급하거나 공탁하지 아니하였을 때에는 해당 토지수용위원회의 재결은 효력을 상실한다(§42·①). 사업시행자는 재결의 효력이 상실됨으로 인하여 토지소유자 또는 관계인이 입은 손실을 보상하여야 한다(§42·②).

2) 손실보상에 관한 원칙

① 사업시행자 보상의 원칙

공익사업에 필요한 토지 등의 취득 또는 사용으로 인하여 토지소유자 또는 관계인이 입은 손실은 사업시행자가 이를 보상하여야 한다(§61). 사업시행자는 수용의 효과를 누리는 자이므로 당연히 보상주체가 된다.

② 사전보상의 원칙

사업시행자는 당해 공익사업을 위한 공사에 착수하기 이전에 토지소유자 및 관계인에 대하여 보상액의 전액을 지급하여야 한다. 다만, 제38조의 규정에 의한 천재·지변시의 토지의 사용과 제39조의 규정에 의한 시급을 요하는 토지의 사용 또는 토지소유자 및 관계인의 승낙이 있는 때에는 그러하지 아니하다(§62). 이 경우에는 보상시까지의 적정한 이자를 가산 지급하여야 한다. 사업시행자가 수용의 개시일까지 토지수용위원회가 재결한 보상금을 지급 또는 공탁하지 아니하였을 때에는 재결의 효력은 상실한다(§42·①).

③ 현금(금전) 보상의 원칙

㉮ 현금보상 : 손실보상은 다른 법률에 특별한 규정이 있는 경우를 제외하고는 현금으로 지급하여야 한다(§63·①).

㉯ 채권보상 : 사업시행자가 국가·지방자치단체 그 밖에 대통령령이 정하는 「공공기관의운영에관한법률」에 따라 지정·고시된 공공기관 및 공공단체인 경우로서 ㉠ 토지소유자 또는 관계인이 원하는 경우, ㉡ 사업인정을 받은 사업에 있어서 대통령령이 정하는 부재부동산소유자의 토지에 대한 보상금이 대통령령이 정하는 일정금액(1억원 : 동법 시행령§27)을 초과하는 경우로서 그 초과하는 금액에 대하여 보상하는 경우에는 당해 사업시행자가 발생하는 채권으로 지급할 수 있다(§63·⑦).

또한 투기가 우려되는 지역으로서 대통령령이 정하는 지역 안에서 ㉠ 택지개발촉진법에 의한 택지개발사업, ㉡ 산업입지 및 개발에 관한 법률에 의한 산업단지개발사업, ㉢ 그 밖에 대규모 개발사업으로서 대통령령이 정하는 사업에 해당하는 공익사업을 시행하는 자 중 대통령령이 정하는 「공공기관의운영에관한법률」에 따라 지정·고시된 공공기관 및 공공단체는 제7항의 규정에 불구하고 제7항 제2호의 규정에 의한 부재부동산소유자의 토지에 대한 보상금 중 대통령령이 정하는 1억 원 이상의 일정금액을 초과하는 부분에 대하여는 당해사업시행자가 발행하는 채권으로 지급하여야 한다(§63·⑧).

채권으로 지급하는 경우 채권의 상환기한은 5년을 넘지 아니하는 범위 안에서 정해야 하며 그 이율은 상환기간이 3년 초과 5년 이하인 채권은 5년 만기 국고채금리, 상환기간이 3년 이하인 채권은 3년 만기 정기예금 이자율로 한다(§63·⑨).

㉰ 토지보상 : ㉠ 토지소유자가 원하는 경우로서 사업시행자가 해당 공익사업의 합리적인 토지이용계획과 사업계획 등을 고려하여 토지로 보상이 가능한 경우에는 토지소유자가 받을 보상금 중 본문에 따른 현금 또는 제7항 및 제8항에 따른 채권으로 보상받는 금액을 제외한 부분에 대하여 다음 각 호에서 정하는 기준과 절차에 따라 그 공익사업의 시행으로 조성된 토지로 보상할 수 있다(§63·① 단서).

1. 토지로 보상받을 수 있는 자 : 건축법 제57조 제1항에 따른 대지의 분할제한 면적 이상의 토지를 사업 시행자에게 양도한 자가 된다(대상자가 경합하는 때에는 부재부동산 소유자가 아닌자로서 채권으로 보상받는 자에게 우선하여 토지로 보상하며, 그 밖의 우선순위 및 대상자 결정 방법 등은 사업시행자가 정해 공고한다).
2. 보상하는 토지가격의 산정기준금액 : 다른 법률에 특별한 규정이 있는 경우를 제외하고는 일반 분양가격으로 한다.
3. 보상기준 등의 공고 : 제15조에 따라 보상계획을 공고하는 때에 토지를 보상하는 기준을 포함하여 공고하거나 토지로 보상하는 기준을 따로 일간 신문에 공

고할 것 이라는 내용을 포함하여 공고한다.

㉡ 토지로 보상하는 면적은 사업시행자가 그 공익사업의 토지이용계획과 사업계획 등을 고려하여 정한다. 이 경우 그 보상면적은 주택용지는 990평방미터, 상업용지는 1,100평방미터를 초과할 수 없다(§63·②).

㉢ 사업시행자는 토지소유자가 ⓐ 국세 및 지방세의 체납처분 또는 강제집행을 받는 경우, ⓑ 세대원 전원이 해외로 이주하거나 2년 이상 해외에 체류하는 경우, ⓒ 그 밖에 ⓐ, ⓑ와 유사한 경우로서 국토해양부령으로 정하는 경우에 해당하여 토지로 보상받기로 한 보상금에 대하여 현금보상을 요청한 경우에는 이를 현금으로 보상하여야 한다(§63·⑥).

④ 개인별 보상 및 일괄보상의 원칙

손실보상은 토지소유자 또는 관계인에게 개인별로 행하여야 한다(§64). 다만, 개인별로 보상액을 산정할 수 없는 때에는 그중 1인(대표자)에 일괄급이 허용된다(§64·단서). 사업시행자는 동일한 사업지역 안에 보상시기를 달리하는 동일한 소유의 토지 등이 수개 있는 경우 토지소유자 또는 관계인의 요구가 있는 때에는 일괄하여 보상금을 지급하도록 하여야 한다(§65).

> 판례 〈개인별보상원칙〉 토지수용법 제45조 제2항은 수용 또는 사용함으로 인한 보상은 피보상자의 개인별로 산정할 수 없을 때를 제외하고는 피보상자에게 개인별로 하여야 한다고 규정하고 있으므로, 보상은 수용 또는 사용의 대상이 되는 물건별로 하는 것이 아니라 피보상자 개인별로 행하여지는 것이라고 할 것이어서 피보상자는 수용 대상물건 중 전부 또는 일부에 관하여 불복이 있는 경우 그 불복의 사유를 주장하여 행정소송을 제기할 수 있다(대판 2000.1.28, 97누11720 토지수용재결취소등).

사업시행자는 동일한 사업지역에 보상시기를 달리하는 동일한 소유의 토지 등이 여러 개 있는 경우 토지소유자나 관계인이 요구할 때에는 한꺼번에 보상금을 지급하도록 하여야 한다(§65).

⑤ 사업시행이익과의 상계금지

사업시행자는 동일한 토지소유자에 속하는 일단의 토지의 일부를 취득 또는 사용하는 경우 당해 공익사업의 시행으로 인하여 잔여지의 가격이 증가하거나 그 밖의 이익이 발생한 때에도 그 이익을 그 취득 또는 사용으로 인한 손실과 상계할 수 없다(§66).

⑥ 보상액의 가격시점 등

보상액의 산정은 협의에 의한 경우에는 협의성립 당시의 가격을, 재결에 의한 경우에는 재결 당시의 가격을 기준으로 한다. 보상액의 산정에 있어서 당해 공익사업으로 인하여 토지 등의 가격에 변동이 있는 때에는 이를 고려하지 아니한다(§67·①, ②).

⑦ 보상액의 산정

사업시행자는 토지 등에 대한 보상액을 산정하고자 하는 경우에는 「부동산가격공시및감정평가에관한법률」에 의한 감정평가업자 2인 이상에게 토지 등의 평가를 의뢰하여야 한다. 다만, 사업시행자가 국토해양부령이 정하는 기준에 따라 직접 보상액을 산정할 수 있는 때에는 그러하지 아니하다(§68·①). 감정평가업자를 선정함에 있어서 대통령령이 정하는 바에 따라 토지소유자가 요청하는 경우 제1항의 규정에 의한 감정평가업자 외에 토지소유자가 추천하는 감정평가업자 1인을 선정할 수 있다(§68·②).

⑧ 개발이익의 배제원칙

보상액의 산정에 있어서 당해 공익사업으로 인하여 토지 등의 가격에 변동이 있는 때에는 이를 고려하지 아니한다(§67·②). 개발이익 배제의 원칙은 구 토지수용법에서는 명문화 되지 않았으나, 토지보상법에서 명문화하였다.

【헌재결】 〈구 공익사업을 위한 토지 등의 취득 및 보상에 관한 법률 제67조 제2항 등 위헌소헌〉 〈당해 공익사업으로 인하여 토지 등의 가격에 변동이 있는 경우 이를 고려하지 않도록 하고 있는 공익사업법 제67조 제2항이 헌법 제23조 제3항의 정당보상원리에 위반되는지 여부(소극)〉 공익사업법 제67조 제2항은 보상액을 산정함에 있어 당해 공익사업으로 인한 개발이익을 배제하는 조항인데, 공익사업의 시행으로 지가가 상승하여 발생하는 개발이익은 사업시행자의 투자에 의한 것으로서 피수용자인 토지소유자의 노력이나 자본에 의하여 발생하는 것이 아니므로, 이러한 개발이익은 형평의 관념에 비추어 볼 때 토지소유자에게 당연히 귀속되어야 할 성질의 것이 아니고, 또한 개발이익은 공공사업의 시행에 의하여 비로소 발생하는 것이므로, 그것이 피수용 토지가 수용 당시 갖는 객관적 가치에 포함된다고 볼 수도 없다. 따라서 개발이익은 그 성질상 완전보상의 범위에 포함되는 손실이라고 볼 수 없으므로, 이러한 개발이익을 배제하고 손실보상액을 산정한다 하여 헌법이 규정한 정당보상의 원리에 어긋나는 것이라고 할 수 없다(헌재결 2009.9.24, 2008헌바112 전원재판부).

또한 다음 손실보상의 기준에서 설명하는 「공익사업의 공고일 또는 고시일 전」의 시점을 공시기준일로 하는 공시지가로서 당해 토지의 가격시점 당시 공시된 공시지가 중 당해 공익사업의 공고일 또는 고시일에 가장 가까운 시점에 공시된 공시지가로 하는 것도 개발이익을 배제하기 위함이다(§70·③ 단서, §70·④).

⑨ 손실보상의 기준

㉮ 공시지가를 기준으로 하는 적정가격 : 협의 또는 재결에 의하여 취득하는 토지에 대하여는 「부동산가격공시및감정평가에관한법률」에 의한 공시지가를 기준으로 하여 보상하되, 그 공시기준일부터 가격시점까지의 관계법령에 의한 당해 토지의 이용계획, 당해 공익사업으로 인한 지가의 영향을 받지 아니하는 지역의 대통령령이 정하는 지가변동률, 생산자 물가상승률 그 밖에 당해 토지의 위치·형상·환경·이용상황 등을 참작하여 평가한 적정가격으로 보상하여야 한다(§70·①).

토지에 대한 보상액은 가격시점에 있어서의 현실적인 이용상황과 일반적인 이용방법에 의한 객관적 상황을 고려하여 산정하되, 일시적인 이용상황과 토지소유자 또는 관계인이 갖는 주관적 가치 및 특별한 용도에 사용할 것을 전제로 한 경우 등은 이를 고려하지 아니한다(§70·②: 주관적가치 및 특별한 사용 등 불고려).

㉯ 사업인정 전의 협의 취득의 경우 : 사업인정 전의 협의에 의한 취득에 있어서「공시지가」는 당해 토지의 가격시점 당시 공시된 공시지가 중 가격시점에 가장 가까운 시점에 공시된 공시지가로 한다(§70·③).

㉰ 사업인정 후의 취득의 경우 : 사업인정 후에 취득에 있어서「공시지가」는「사업인정 고시일 전」의 시점을 공시기준으로 하는 공시지가로서, 당해 토지에 관한 협의의 성립 또는 재결 당시 공시된 공시지가 중 당해 사업인정 고시일에 가장 가까운 시점에 공시된 공시지가로 한다(§70·④).

이와 같이 보상액 산정기준을「사업인정고시일 전」의 시점을 공시기준일로 하는 공시지가를 그 기준으로 하는 이유는 개발이익을 배제하기 위함이다.
공공사업시행의 발표로 인하여 지가가 상승하는 경우가 대부분이며, 이러한 경우에 공시지가에서 자연상승분을 제외한 추가적 상승분을 공제하는 것은 당연하다.
헌법재판소도 보상액 산정기준에 대하여 합헌판결을 내린 바 있다.

【헌재결】 구 토지수용법 제46조 제2항 및 지가공시 및 토지 등의 평가에 관한 법률 제10조 제1항 제1호가 토지수용으로 인한 손실보상액의 산정을 공시지가를 기준으로 하되 개발이익을 배제하고, 공시기준일부터 재결시까지의 시점보정을 인근 토지의 가격변동률과 도매물가 상승률 등에 의하여 행하도록 규정한 것은 위 각 규정에 의한 기준지가가 대상지역 공고일 당시의 표준지의 객관적 가치를 정당하게 반영하는 것이고, 표준지와 지가산정대상토지 사이에 가격의 유사성을 인정할 수 있도록 표준지의 선정이 적정하며, 대상지역 공고일 이후 수용시까지의 시가변동을 산출하는 시점보정의 방법이 적정한 것으로 보이므로, 헌법상의 정당보상의 원칙에 위배되는 것이 아니며, 또한 위 헌법조항의 법률유보를 넘어섰다거나 과잉 금지의 원칙에 위배되었다고 볼 수 없다(헌재 1995.4.20, 93헌바20·66, 95헌바6 병합).

2) 손실보상의 내용

토지보상법은 공용수용으로 인한 손실보상에 대하여 비교적 상세한 기준과 내용을 마련하고 있다. 토지보상법의 보상내용은 ① 공용수용의 목적물인 토지·물건·권리 등에 내한 보상인 재산권보상, ② 공익사업의 실시 또는 완성 후에 시설이 사업지 밖의 재산권에 미치는 손실에 대한 보상인 간접손실보상(사업손실보상 또는 제3자보상), ③ 공용수용으로 인하여 생활근거를 상실한 재산권자에 대한 생활재건을 내용으로 하는 생활보상으로 나눌 수 있다.

① 재산권 보상

㉮ 토지수용(공용수용)에 대한 보상 : 토지수용에 대한 보상은 위에서 설명한 사업시행자 보상의 원칙, 사전보상의 원칙, 금전보상의 원칙, 개별보상의 원칙, 사업시행이익과의

상계금지, 보상액의 가격시점, 보상액의 산정, 개발이익 배제원칙 및 손실보상의 기준에서 설명한 것이 그대로 타당하다.

㉯ 사용하는 토지의 보상(사용보상) : 협의 또는 재결에 의하여 사용하는 토지에 대하여는 그 토지와 인근유사 토지의 지료, 임대료, 사용방법, 사용기간 및 그 토지의 가격 등을 고려하여 평가한 적정가격으로 보상하여야 한다(§71·①).

㉰ 부대적 손실의 보상 : 부대적 손실이란 공익사업을 위한 토지 등 취득이 직접 원인이 되어 부수적으로 발생한 손실을 말한다. 완전 보상이 되기 위하여는 취득의 대상이 된 재산권의 재산적 가치뿐만 아니라 취득이 원인이 되어 부수적으로 발생한 손실로 보상되어야 한다.

㉠ 잔여지의 손실과 공사비 보상(잔여지수용)(§73)

㉡ 건축물 등 이전료 보상 및 건축물 등 수용에 대한 보상(§75)

㉢ 광업권·어업권 등 권리의 보상(§76)

㉣ 영업손실 등에 대한 보상(§77)

㉤ 농작물 등에 대한 손실의 보상(§75·②, ③)

㉱ 확장수용보상 : 일정한 사유로 인하여 공익사업에 필요한 토지 이외의 토지를 수용하는 것을 확장수용이라 한다. 부대적 손실의 보상의 한 유형으로 볼 수 있다.

㉠ 잔여지 등의 매수 및 수용청구(잔여지수용)(§74)

㉡ 이전 대상 물건의 수용(§75·① 단서)

㉢ 사용하는 토지의 매수 청구(§72)

② 사업손실보상(간접손실보상·제3자보상)

간접손실 내지 사업손실이라 함은 공공사업의 시행으로 사업시행지 밖에 미치는 손실을 말한다. 예컨대 공공사업의 기행으로 사업시행지 밖의 주변 토지 등의 소유자에게 미치는 손실인 바, 그 보상문제는 간접손실보상 또는 제3자 보상의 문제이다. 그 중 특히 제3자의 사업손실의 보상이 문제가 제기되기 때문에 사업손실보상이라고도 한다. 사업 주변에 미치는 손실에는 물리적 내지 기술적 손실과 경제적·사회적 손실로 구분할 수 있다. 물리적 내지 기술적 손실에는 예컨대 공사 중의 소음·진동이나 완성된 시설에 의한 일조 또는 전파에 의한 장애 등 넓은 의미의 공해에 해당한다. 경제적 내지 사회적 손실에는 예컨대 댐 건설 등에 의하여 주민이 이전함으로써 발생되는 생산체계와 유통구조의 변화 또는 어업권의 소멸에 따라 발생되는 지역경제의 변화를 통하여 개인에 미치는 간접적인 피해를 말한다.

현행법상의 법적 근거는 토지보상법 제73조, 제74조, 제79조 및 동법시행규칙 제59조 내지 제65조에 의한 공익사업지구 밖의 토지 등의 보상이 있다.

㉮ 잔여지에 대한 보상(§73, §74)

㉯ 공익사업지구 밖의 대지 등에 대한 보상(§79, 동법시행규칙 §59)

㉰ 공익사업지구 밖의 건축물에 대한 보상(§79, 동법시행규칙 §60)

㉱ 소수 잔존자에 대한 보상(§79, 동법시행규칙 §61)

㉲ 공익사업시행지구 밖의 공작물에 대한 보상(§79, §62)

㉳ 공익사업지구 밖의 어업의 피해에 대한 보상(§79, 동법시행규칙 §63)

㉴ 공익사업지구 밖의 영업손실에 대한 보상(§79, 동법시행규칙 §64)

㉵ 공익사업지구 밖의 농업손실에 대한 보상(§79, 동법시행규칙 §65)

③ 생활보상

생활보상이란 재산권의 객관적 가치보상으로 전보되지 않는 손실, 즉 당사자가 생활의 근거를 상실함으로써 입게 되는 손실을 생활배려적인 측면에서 보상하는 것을 말한다.

이는 수용 전과 같은 경제적 상태 및 생활상태를 회복시켜주는 보상이다.

오늘날 토지 등의 공용수용에 있어서 그의 객관적 가치만을 완전히 보상받으면 충분하다는 생각은 많은 경우에 적절하지 않은 것으로 나타났다. 예를 들면 신도시개발, 공항건설, 항만 및 댐 건설 등 대규모 공공사업이 시행됨에 따라 광범위한 토지 취득이 행하여지고 지역사회가 파괴되어 주민들의 생활근거가 상실되는 경우가 빈번히 발생한다. 이에 따라 재산권의 피수용자의 생활재건에 필요한 보상을 해주어야 한다는 생활보상이라는 개념이 등장하게 되었다. 재산권 보상은 재산권의 침해가 없었던 것과 동일한 재산상태의 실현을 목적으로 하는 반면에, 생활보상은 침해가 없었던 것과 동일한 생활상태의 실현을 목적으로 하고 있다.

그러나 현행법상 이러한 생활보상의 내용에 대하여는 학설에 따라 차이가 있다. 생활보상의 개념에 협의설은 생활재건을 목표로 영세민 보상과 생활대책 등의 생활재건조치만을 포함하는 반면, 광의설은 협의의 생활보상에 부대적인 손실과 간접손실(사업손실; 제3자손실)보상을 포함시키고 있다. 생각건대 부대적 손실은 재산권의 직접적인 침해로 발생한다는 점에서, 그리고 간접손실은 그 침해가 비록 간접적으로 발생되기는 하나 간접손실도 공익사업이 직접 원인이 되어 발생한 손실이므로 직접손실과 달리 볼 이유가 없다는 점에서, 이들 모두를 재산권보상으로 보고 헌법 제23조 제3항의 정당한 보상의 내용을 이루는 것으로 보는 것이 타당하다. 생활보상은 재산권 보상에 대립되는 개념이다.

㉮ 영세민 보상

㉠ 휴직 또는 실직 보상(동법시행규칙 §51)

㉡ 허가 등을 받지 아니한 영업의 손실보상에 관한 특례(동법시행규칙 §52)

㉢ 이농비 또는 이어비 보상(§78·⑥, 동법시행규칙§56)

㉣ 주거이전비 보상(동법시행규칙 §54)

공익사업시행으로 이주되는 주거용 건물의 세입자가 주거이전비 등 청구권을 취득하려면 계속 거주가 그 요건은 아니다. 즉 사업인정 고시일 등이 있은 당시 당해 공익사업 시행지구 안에서 3월 이상 거주한 자에 해당하는 세입자는 이후의 사업시행자의 주거이전비 산정통보일 또는 수용개시일까지 계속 거주할 것을 요하지 않는다(대판 2006.4.27, 2006두2435).

㉤ 주거용 건축물 등의 보상에 관한 특례(동법시행규칙 §58).

㉯ 이주대책(생활재건조치)(§78)

사업시행자는 공익사업의 시행으로 인하여 주거용 건축물을 제공함에 따라 생활의 근거를 상실하게 되는 자를 위하여 이주대책을 수립·실시하거나 이주정착금을 지급하여야 한다(§78·①). 사업시행자가 이주대책을 수립하고자 하는 때에는 미리 관할 지방자치단체의 장과 협의하여야 한다(§78·②). 사업시행자가 이주대책을 수립·시행한 경우에는 국가나 지방자치단체는 이주대책의 실시에 따른 주택지의 조성 및 주택의 건설에 대하여 주택법에 의한 국민주택기금을 우선적으로 지원하여야 한다(§78·③).

이주대책의 내용으로는 이주정착지에 대한 도로·급수시설·배수시설 기타 공공시설 등 당해 지역조건에 따른 생활기본시설이 포함되어야 하며, 이에 필요한 비용은 사업시행자의 부담으로 한다. 다만, 행정청이 아닌 사업시행자가 이주대책을 수립 실시하는 경우에는 지방자치단체는 비용의 일부를 보조할 수 있다(§78·④).

그리고 주거용 건물의 거주자에 대하여는 주거 이전에 필요한 비용과 가재도구 등 동산의 운반에 필요한 비용을 산정하여 보상하여야 한다(§78·⑤).

또한 공익사업의 시행으로 인하여 영위하던 농·어업을 계속할 수 없게 되어 다른 지역으로 이주하는 농·어민이 지급받을 보상금이 없거나 그 총액이 국토해양부령이 정하는 금액에 미달하는 경우에는 그 금액 또는 그 차액을 보상하여야 한다(§78·⑥).

3) 보상업무 등의 위탁

사업시행자는 보상 또는 이주대책에 관한 업무를 ① 지방자치단체, ② 보상실적이 있거나 보상업무에 관한 전문성이 있는 「공공기관의운영에관한법률」 제4조부터 제6조까지의 규정에 따라 지정·고시된 공공기관 또는 지방공기업법에 따른 지방공사로서 대통령령이 정하는 기관에 위탁할 수 있다(§81). 이는 보상전문기관 지정제도를 도입한 것으로, 사업시행자가 보상업무에 대한 전문성이 결여되거나 보상전문인력이 부족한 경우에 대처하기 위해 채택된 제도이다.

4) 토지수용 등으로 인한 대체취득에 대한 비과세

「공익사업을위한토지등의취득및보상에관한법률」·「국토의계획및이용에관한법률」·도시개발법 등 관계법령의 규정에 의하여 토지 등을 수용할 수 있는 사업인정을 받은 자(관광진흥법상의 조성계획승인을 얻은 자 및 농어촌정비법상의 농어촌정비사업시행자를 포함한다)에게 부동산(선박·어업권 및 광업권을 포함한다)매수 또는 수용되거나 철거된 자(토지보상법상 공공사업에 필요한 부동산 등을 당해 공익사업시행자에게 매도한 자 및 이주대책의 대상이 되는 자를 포함한다)가 계약일 또는 당해 사업인정고시일(관광진흥법상의 조성계획 고시일 및 농어촌정비법상의 개발계획고시일을 포함한다) 이후에 대체취득할 부동산 등의 계약을 체결하거나 건축허가를 받고 그 보상금을 마지막으로 받은 날(사업인정을 받은 자의 사정으로 대체취득이 불가능한 경우에는 취득이 가능한 날을, 토지보상법상의 보상금을 채권으로 지급받은 경우에는 채권상환기간 만료일을 말한다)부터 1년 이내에 이에 대체할 토지 또는 건축물을 취득한 때(건축중인 주거용 부동산을 분양받는 경우에는 분양계약을 체결한 때)에는 그 취득에 대한 취득세를 부과하지 아니한다. 다만, 새로 취득한 부동산 등의 가액의 합계액이 종전의 부동산 등의 가액의 합계액을 초과하는 경우에 그 초과액에 대하여는 부과한다(지방세법 §109).

5) 손실보상액에 대한 불복(상술한 '재결에 대한 불복' 설명참조)

(2) 환 매 권

【기출문제】 <(제4회) 군법무관시험 (약술형)> ※ 환매권

1) 환매권의 의의

환매권이란 공용수용의 목적물인 토지가 당해 공익사업에 필요없게 되었거나 그것이 현실적으로 수용의 전제가 된 공익사업에 공용되지 아니하는 경우에, 수용 당시의 토지소유자 또는 그 포괄승계인이 보상금에 상당하는 금액을 지급하고 원소유권을 다시 취득할 수 있는 권리를 말한다. 공용수용은 특정한 공익사업을 위하여 개인의 재산을 강제적으로 취득하는 것이므로 수용목적물이 당해 공익사업을 위하여 불필요하게 된 경우에는 원래의 피수용자에게 그 소유권을 회복시켜주는 것이 당연한 바, 이는 재산권의 존속보호사상에 근거한다.

2) 환매권의 근거

① **이론적 근거**

㉮ 피수용자의 감정의 존중이라고 하는 견해[262] : 이 견해는 피수용자는 보상을 받아 재산상 손실은 없지만 피수용자의 의사에 반하여 권리를 박탈당한 점에서 아직 감정상의 손실이 남아있으므로 공익상 필요가 소멸된 경우에는 피수용자의 감정을 만족시키기 위하여 수용의 목적물을 피수용자에게 반환해야 한다고 본다.

㉯ 공평의 원칙이라고 하는 견해[263] : 이 견해는 공용수용은 공익사업에 제공하기 위하여 강제적으로 재산권을 취득하는 행위인 까닭에 사업의 폐지·변경 기타의 사유

---

262) 박윤흔(하), 635쪽.
263) 김도창(하), 621쪽.

로 수용지의 전부 또는 일부가 불필요하게 되었을 때에 원소유자 등에게 그 소유권을 회복할 수 있는 기회를 부여함은 공평의 원칙에 비추어 당연하다.

㈐ 재산권의 존속보장사상이라고 하는 견해[264] : 재산권자는 공공필요를 위하여 재산권의 존속보장이 희생되고 재산권의 가치만이 보장되는 것을 용인하여야 하지만, 이후에 공공필요가 없어지게 된 경우에는 재산권보장을 위하여 존속보장을 회복시켜주는 환매를 인정함이 타당하다고 본다. 재산권의 존속보장이론은 재산권이 인간의 생존 및 정신적 자유의 기초가 된다는 점에 비추어 재산권을 재산적 가치있는 권리 이상의 것으로 보면서 재산권의 금전가치보다 재산권의 존속을 중시하여 재산권의 존속보장을 가치보장에 우선시켜야 한다는 이론이다.

㈑ 대법원 및 헌법재판소 : 대법원은 환매권을 재산권 보장과 관련하여 공평의 원칙상 인정되는 권리로 보고 있다. "…… 환매권은 공공의 목적을 위하여 수용 또는 협의취득 된 토지의 원 소유자 또는 그 포괄승계인에게 재산권보장과 관련하여 공평의 원칙상 인정하고 있는 권리"이다(대판 1993.6.29, 91다43480). 헌법재판소는 "…… 환매권은 헌법상 재산권보장으로부터 도출되는 것으로서 헌법이 보장하는 재산권의 내용에 포함되는 권리"라고 보고 있다(헌재결 1995.10.26, 95헌바22).

② 실정법상 근거

㈎ 헌법상의 근거 : 환매권은 헌법 제23조 제1항의 재산권보장에 근거하고 있다. 문제는 환매권이 헌법상 재산권 보장규정으로부터 직접 도출되는가 아니면 실정법률의 근거가 있어야 하는지가 문제된다. 학설은 대립되고 있고, 대법원과 헌법재판소도 서로 대립되고 있다. 헌법재판소는 "공용수용된 토지 등에 대한 환매권은 헌법상의 재산권보장으로부터 도출되는 것으로서 헌법이 보장하는 재산권의 내용에 포함되는 권리"라고 하고 있다(헌재 1995.10.26, 95헌바22).

【헌재결】 〈환매권의 법적 성격〉(환매권이 헌법상 보장되는 재산권의 내용에 포함되는 권리인지 여부) 공용수용은 헌법 제23조 제3항에 명시되어 있는 대로 국민의 재산권을 그 의사에 반하여 강제적으로라도 취득해야 할 공익적 필요성이 있을 것, 법률에 의할 것, 정당한 보상을 지급할 것의 요건을 갖추어야 하므로 일단 공용수용의 요건을 갖추어 수용절차가 종료되었다고 하더라도 그 후에 수용의 목적인 공공사업이 수행되지 아니하거나 또는 수용된 재산이 당해 공공사업에 필요없게 되거나 이용되지 아니하게 되었다면 수용의 헌법상 정당성과 공공사업자에 의한 재산권 취득의 근거가 장래를 향하여 소멸한다고 보아야 한다. 따라서 토지수용법 제71조 소정의 환매권은 헌법상의 재산권보장규정으로부터 도출되는 것으로서 헌법이 보장하는 재산권의 내용에 포함되는 권리이며, 피수용자가 손실보상을 받고 소유권의 박탈을 수인할 의무는 그 재산권의 목적물이 공공사업에 이용되는 것을 전제로 하기 때문에 위 헌법상 권리

---

264) 김남진(Ⅱ), 55쪽 : 김유환, "환매권의 법리", 「정현 박윤흔 박사 회갑기념 논문집」, 585쪽 ; 정하중(각론), 433쪽 ; 박균성(하), 374쪽.

는 피수용자가 수용 당시 이미 정당한 손실보상을 받았다는 사실로 말미암아 부인되지 않는다(헌재 1994.2.24, 92헌가15내지17, 20 내지24).

㈏ 법률상의 근거 : 헌법 제23조 제1항에서 도출되는 환매권을 구체화하고 있는 개별 법률로는 토지보상법(§91, §92), 택지개발촉진법(§13), 징발재산정리에 관한 특별조치법(§20) 등이 있다. 다수학설과 대법원은 환매권은 민법상 환매권과는 달리 법률의 명시적 근거를 요한다고 하며, 환매권을 법률의 규정에 의하여서만 인정되는 권리로 보고 있다.

판례 **〈환매권은 민법상 환매권과는 달리 법률의 규정에 의해서만 인정되므로, 토지구획정리사업법상 환매권을 공공용지의취득및손실보상에관한특례법상의 환매권에 관한 규정을 적용할 수 없다.〉** 토지수용법이나 공공용지의취득및손실보상에관한특례법 등에서 규정하고 있는 바와 같은 환매권은 공공의 목적을 위하여 수용 또는 협의취득된 토지의 원소유자 또는 그 포괄승계인에게 재산권보장과 관련하여 공평의 원칙상 인정하고 있는 권리로서 민법상의 환매권과는 달리 법률의 규정에 의하여서만 인정되고 있으며, 그 행사요건, 기간 및 방법 등이 세밀하게 규정되어 있는 점에 비추어 다른 경우에까지 이를 유추적용할 수 없고, 환지처분에 의하여 공공용지로서 지방자치단체에 귀속되게 된 토지에 관하여는 토지구획정리사업법상 환매권을 인정하고 있는 규정이 없고, 이를 공공용지의취득및손실보상에관한특례법상의 협의 취득이라고도 볼 수 없으므로 같은 특례법상의 환매권에 관한 규정을 적용할 수 없다(대판 1993.6.29, 91다43480).

3) 환매권의 법적 성질

환매권의 성질에 관하여 공권설과 사권설이 대립되고 있다.

공권설에 의하면 환매권에 관한 소송은 행정소송 중 당사자소송으로 제기하고, 사권설에 의하면 환매권에 관한 소송은 민사소송으로 제기하게 된다.

① 공 권 설

㈎ 공권설(김남진, 홍정선, 박윤성, 정하중, 류지태) : 환매권은 "공법적 원인에 기하여 야기된 법적 상태를 원상으로 회복하는 수단"이므로, 또는 공법과 사법의 구별에 관하여 귀속설을 지지하는 입장에서 환매권이 사업시행자라고 하는 "공권력 주체에 대한 권리"이므로 또는 환매권은 "헌법상의 재산권보장조항에서 직접 도출되는 권리이기 때문에 공권이라고 보아야 한다. 특히 토지보상법, 징발재산정리에 관한 특별조치법, 택지개발촉진법 등은 공법에 해당하며, 이들 법률에서는 공권력에 의하여 소유권이 강제적으로 박탈된 수용목적물에 대하여 일정한 요건하에 환매권을 행사할 수 있도록 하고 있는 점에서 공권에 해당한다고 볼 것이다." 환매권은 공익사업을 위해 공권력을 배경으로 취득한 토지의 환매와 관련이 있는 점에서 환매권은 행정청의 고권적 행정작용이

그 원인을 이루고 있고, 공공필요가 없는지 여부의 판단 등 공익판단문제를 포함하고 있으므로, 환매권을 공권으로 보는 것이 타당하다. 판례는 사업시행자가 환매권자를 상대로 하는 환매가격의 증감에 관한 소송은 공법상 당사자 소송으로 보고 있다.

판례 **〈토지수용법상의 사업시행자가 환매권자를 상대로 하는 환매가격의 증감에 관한 소송은 공법상 당사자 소송이다.〉** 공공용지의 취득 및 손실보상에 관한 특례법 제9조 제3항, 같은법 시행령 제7조 제1항, 제3항 및 토지수용법 제73조 내지 제75조의 2 의 각 규정에 의하면 토지수용법 제75조의 2 제2항에 의하여 사업시행자가 환매권자를 상대로 하는 소송은 공법상의 당사자소송으로 사업시행자로서는 환매가격이 환매대상토지의 취득 당시 지급한 보상금 상당액보다 증액 변경될 것을 전제로 하여 환매권자에게 그 환매가격과 위 보상금 상당액의 차액의 지급을 구할 수 있다(대판 2000.11.28, 99두3416).

㉯ 사권설(박윤흔, 유해웅) : 환매는 개인이 행정청에 대하여 청구를 하고 이에 따라 행정청이 수용을 해제하는 것이 아니고, 환매권자인 토지소유자와 포괄승계인이 전적으로 자신의 개인적 이익을 위하여 일방적으로 수용물을 회복하는 것이므로 사법상 권리라고 한다.

㉰ 판 례 : 대법원과 헌법재판소는 사권설을 취하고 있다.

판례 **〈징발재산정리에관한특별조치법(§20)상의 환매권은 일종의 형성권으로서 그 존속기간은 제척기간으로 보아야 하며, 환매권의 행사로 매매의 효력이 생기고 그 매매는 사법상 매매라 할 것이다.〉** 징발재산정리에 관한 특별조치법 제20조 소정의 환매권은 일종의 형성권으로서 그 존속기간은 제척기간으로 보아야 할 것이며, 위 환매권은 재판상이든 재판외이든 그 기간 내에 행사하면 이로서 매매의 효력이 생기고, 위 매매는 같은 제1항에 적힌 환매권자와 국가간의 사법상의 매매라 할 것이다(대판 1992.4.24, 92다4673).

【헌재결】〈사업시행자의 환매거부 의사표시가 헌법소원의 대상이 되는지 여부〉〈서울특별시장이 환매권의 발생을 부인하는 취지로 민원에 대한 회신문서를 발송하고, 환매권 발생여부 또는 그 행사의 가부에 관한 사법관계의 다툼을 둘러싸고 민사소송절차에서 응소행위를 한 것만으로 헌법소원심판 대상이 되는 공권력의 행사라고 볼 수 는 없다.〉 청구인들이 주장하는 환매권의 행사는 그것이 공공용지의 취득 및 손실보상에 관한 특례법 제9조에 의한 것이든, 토지수용법 제71조에 의한 것이든, 환매권자의 일방적 의사표시만으로 성립하는 것이지, 상대방인 사업시행자 또는 기업자의 동의를 얻어야 하거나 그 의사 여하에 따라 그 효과가 좌우되는 것은 아니다. 따라서 이 사건의 경우 피청구인이 설사 청구인들의 환매권행사를 부인하는 어떤 행사를 하였다 하더라도, 이는 환매권의 발생여부 또는 그 행사의 가부에 관한 사법관계의 다툼을 둘러싸고 사전에 피청구인의 의견을 밝히고, 그 다툼의 연장인 민사소송절차에서 상대방의 주장을 부인하는 것에 불과하므로, 그것을 가리켜 헌법소원심판 대상이 되는 공권력의 행사라고 볼 수는 없다(헌재 1994.2.24, 92헌마283).

② 형 성 권

환매는 환매기간 내에 환매의 요건이 발생하면 환매권자가 수령한 보상금의 상당금액을 사업시행자에게 지급하고 일방적으로 의사표시를 함으로써 사업시행자의 의사에 관계없이 성립되는 것이므로 환매권은 형성권의 일종이다.

판례 **〈환매권자는 수령한 보상금 상당액만을 사업시행자에게 미리 지급하고 일방적으로 매수의 의사표시를 함으로써 사업시행자의 의사와 관계없이 환매가 성립한다.〉** 공공용지의 취득 및 손실보상에 관한 특례법 제9조 제1항에 의하면 환매기간 내에 환매의 요건이 발생하는 경우, 환매대상토지의 가격이 취득 당시에 비하여 현저히 하락하거나 상승하였다고 하더라도, 환매권자는 수령한 보상금 상당액만을 사업시행자에게 미리 지급하고 일방적으로 매수의 의사표시를 함으로써 사업시행자의 의사와 관계없이 환매가 성립된다(대판 2000.11.28, 99두3416).

그리고 사업시행자의 동시이행항변권도 인정되지 않는다.

판례 **〈공익사업을 위한 토지등의취득및보상에관한법률 제91조에서 정한 환매권의 행사방법 및 그 환매권행사로 인한 소유권이전 등기청구소송에서 사업시행자가 환매대금 증액청구권을 내세워 선이행 또는 동시이행 항변을 주장할 수 없다.〉** 공익사업을 위한 토지등의취득및보상에관한법률 제91조에 의한 환매는 환매기간 내에 환매의 요건이 발생하면 환매권자가 지급받은 보상금에 상당한 금액을 사업시행자에게 미리 지급하고 일방적으로 의사표시를 함으로써 사업시행자의 의사와 관계없이 환매가 성립하고, 토지 등의 가격이 취득 당시에 비하여 현저히 변경되었더라도 같은 법 제91조 제4항에 의하여 당사자 간에 금액에 관하여 협의가 성립하거나 사업시행자 또는 환매권자가 그 금액의 증감을 법원에 청구하여 법원에서 그 금액이 확정되지 않는 한, 그 가격이 현저히 등귀한 경우이거나 하락한 경우이거나를 묻지 않고 환매권을 행사하기 위하여는 지급받은 보상금 상당액을 미리 지급하여야 하고 또한 이로써 족한 것이며, 사업시행자는 소로써 법원에 환매대금의 증액을 청구할 수 있을 뿐 환매권 행사로 인한 소유권이전등기 청구소송에서 환매대금 증액청구권을 내세워 증액된 환매대금과 보상금 상당액의 차액을 지급할 것을 선이행 또는 동시이행의 항변으로 주장할 수 없다(대판 2006. 12. 21, 2006다49277, 소유권이전등기).

4) 환매권자

환매권을 가지는 자는 협의 취득일 또는 수용 당시의 당해 토지의 소유자 또는 그 포괄승계인이다(토지보상법§91·①). 여기서 포괄승계인이라 함은 자연인인 상속인과 합병 후의 존속법인 또는 신설법인을 의미한다. 따라서 지상권자·가처분권리자 기타 소유권자가 아닌 권리자는 환매권이 없다. 그리고 환매권은 양도될 수 없다는 것이 통설·판례입장이다.

판례 **〈환매권은 제3자에게 양도할 수 없고, 환매권을 가지는 자는 토지의 협의취득일 또는 수용의 개시일(이하 "취득일"이라 한다) 당시의 토지소유자 또는 그 포괄승계인이다.〉** 공공용지의 취득 및 손실보상에 관한 특례법이 환매권을 인정하고 있는 입법 취지는 토지 등의 원소유자가 사업시행자로부터 토지 등의 대가로 정당한 손실보상을 받았다고 하더라도 원래 자신의 자발적인 의사에 따라서 그 토지 등의 소유권을 상실하는 것이 아니어서 그 토지 등을 더 이상 당해 공공사업에 이용할 필요가 없게 된 때에는 원 소유자의 의사에 따라 그 토지 등의 소유권을 회복시켜 주는 것이 원 소유자의 감정을 충족시키고 동시에 공평의 원칙에 부합한다는 데에 있는 것이며, 이러한 입법 취지에 비추어 볼 때 특례법상의 환매권은 제3자에게 양도할 수 없고, 따라서 환매권의 양수인은 사업시행자로부터 직접 환매의 목적물을 환매할 수 없으며, 다만 환매권자가 사업시행자로부터 환매한 토지를 양도받을 수 있을 뿐이라고 할 것이다(대판 2001.5.29, 2001다11567).

5) 환매의 목적물

토지보상법상 환매의 목적물은 토지소유권이다(§91 ①). 따라서 토지에 대한 소유권 이외의 권리(예: 담보물권·용익물권) 및 토지이외의 물건(건물 등의 토지의 정착물, 토석, 입목 등) 등은 환매의 대상이 되지 못한다. 제74조 제1항의 규정(잔여지 등의 매수 및 수용청구)에 따라 매수 또는 수용한 잔여지는 그 잔여지에 접한 일단의 토지가 필요 없게 된 경우가 아니면 이를 환매할 수 없다.

수용한 토지의 일부분만이 당해 공익사업에 불필요하게 된 경우에는, 그 불필요하게 된 부분의 토지에 대하여만 환매권을 행사할 수 있다(§91 ①).

【헌재결】 〈입법자가 건물에 대한 환매권을 부인한 것은 헌법적 한계 내에 있는 입법재량권의 행사이므로 재산권을 침해한 것이라 볼 수 없다.〉 수용된 토지 등이 공공사업에 필요 없게 되었을 경우에는 피수용자가 그 토지 등의 소유권을 회복할 수 있는 권리 즉 환매권은 헌법이 보장하는 재산권에 포함된다. 그러나 수용이 이루어진 후 공익사업이 폐지되거나 변경되었을 때, 건물에 대해서까지 환매권을 인정할 것인지에 관해서는 입법재량의 범위가 넓다. 토지의 경우에는 공익사업이 폐지·변경되더라도 기본적으로 형상의 변경이 없는 반면, 건물은 그 경우 통상 철거되거나 그렇지 않더라도 형상의 변경이 있게 되며, 토지에 대해서는 보상이 이루어지더라도 수용당한 소유자에게 감정상의 손실 등이 남아있게 되나, 건물의 경우 정당한 보상이 주어졌다면 그러한 손실이 남아있는 경우는 드물다. 따라서 토지에 대해서는 그 존속가치를 보장해 주기 위해 공익사업의 폐지·변경 등으로 토지가 불필요하게 된 경우 환매권이 인정되어야 할 것이나, 건물에 대해서는 그 존속가치를 보장하기 위하여 환매권을 인정하여야 할 필요성이 없거나 매우 적다. 따라서 건물에 대한 환매권을 인정하지 않는 입법이 자의적인 것이라거나 정당한 입법목적을 벗어난 것이라 할 수 없고, 이미 정당한 보상을 받은 건물소유자의 입장에서는 해당 건물을 반드시 환매받아야 할 만한 중요한 사익이 있다고 보기 어려우며, 건물에 대한 환매권이 부인된다고 해서 종전 건물소유자의 자유실현에 여하한 지장을 초래한다고 볼 수 없다. 즉 공익사업을위한토지등의취득및보상에관한법률(2002. 2. 4. 법률 제6656호로 제정된 것) 제91조 제1항 '토지'부분(이하 '이 사건 조항'이라 한다)으로 인한 기본권 제한의 정도와 피해는 미비하고 이 사건 조항이 공익에 비하여 사익을 과도하게 침해하는 것은 아니다. 입법자가 건물에 대한 환매권을 부인한 것은 헌법적 한계 내에 있는 입법재량권의 행사이므로 재산권을 침해하는 것이라 볼 수 없다(헌재 2005. 5. 26, 2004헌가10, 공익사업을 위한 토지등의취득및보상에관한법률 제91조 제1항 위헌제청).

6) 환매권의 성립시기

① **수용시설**

이 설은 수용시 또는 임의 매수시에 환매권이 성립한다는 것이다.

이 견해에 의하면 토지보상법 제91조상의 환매의 요건은 성립요건이 아니라 행사요건이다. 이 견해가 다수설이다.

② **요건 성립시설**[265)]

이 설은 토지보상법 제91조의 환매의 요건이 충족된 때에 비로소 성립한다는 것이다. 이 견해에 의하면 토지보상법 제91조상의 환매의 요건은 성립요건이다.

③ 사 견

환매권은 수용의 효과로서 수용의 시기에 법률상 당연히 성립·취득된다고 할 것이고, 따라서 제91조상의 두 가지의 환매요건은 이미 성립된 환매권을 현실적으로 행사하는데 필요한 요건이라고 할 것이다.

7) 환매권의 통지·공고

사업시행자는 제91조 제1항 및 동조 제2항의 규정에 따라 환매할 토지가 생긴 때에는 지체 없이 이를 환매권자에게 통지하여야 한다. 다만, 사업시행자가 과실없이 환매권자를 알 수 없는 때에는 전국을 보급지역으로 하는 일간신문에 공고하거나 당해 토지가 소재하는 시·군 또는 구(자치구가 아닌 구를 포함한다)의 게시판에 7일 이상 게시하는 방법에 의한다(§92·①, 동법 시행령 §50).

환매권자에 대한 통지 또는 공고가 없거나 부적법하여 환매권자가 환매권을 상실하는 손해를 입은 경우 불법행위가 성립한다(대판 2006.11.23, 2006다35124).

사업시행자의 통지는 환매의 청약도 아니고 환매권 행사의 요건도 아니며, 단순한 최고에 불과하다.

환매할 토지가 생겼을 때에는 사업시행자가 지체 없이 이를 원소유자 등에게 통지하거나 공고하도록 규정한 취지는 환매권 행사의 실효성을 보장하기 위한 것이므로 그 규정은 사업시행자의 법적인 의무를 정한 것이며, 이러한 법적인 의무에 위배한 채 목적이 될 토지를 제3자에게 처분한 경우 원 소유자에 대한 관계에서는 불법행위를 구성한다.

판례 **〈환매할 토지가 생겼을 경우 기업자로 하여금 원소유자 등에게 지체 없이 통지나 공고하도록 규정한 토지수용법은 기업자의 법적인 의무를 정한 것이고, 기업자가 그 통지나 공고의무에 위배하여 환매의 목적이 된 토지를 제3자에게 처분한 행위가 원소유자에 대하여 불법행위를 구성한다.〉** 토지수용법 제72조의 규정이 환매할 토지가 생겼을 때에는 기업자(특례법상의 사업시행자)가 지체 없이 이를 원소유자 등에게 통지하거나 공고하도록 규정한 취지는 공익목적에 여부를 최고하도록 하고 그러한 기회를 부여한 후에도 환매의 의사가 없을 때에 비로소 원 소유자 아닌 제3자에게 전매

265) 유해웅, 전게서, 375쪽.

할 가능성을 가지도록 한다는 것으로서 이는 법률상 당연히 인정되는 환매권 행사의 실효성을 보장하기 위한 것이라고 할 것이므로 위 규정은 단순한 선언적인 것이 아니라 기업자(사업시행자)의 법적인 의무를 정한 것이라고 보아야 할 것이고, 기업자(사업시행자)가 원소유자의 환매가능성이 존속하고 있는데도 이러한 의무에 위배한 채 환매의 목적이 될 토지를 제3자에게 처분한 경우 처분행위 자체는 유효하다 하더라도 적어도 원소유자에 대한 관계에서는 법률에 의하여 인정되는 환매권 자체를 행사함이 불가능하도록 함으로써 환매권 자체를 상실시킨 것으로 되어 불법행위를 구성한다(대판 1993.5.27, 92다34667).

따라서 환매권의 통지·공고 의무는 법적의무이다.

환매권의 상실로 인한 손해배상액은 환매의무자가 환매 목적물을 제3자에게 매도하여 소유권이전등기를 경료함으로써 환매권자의 환매권을 박탈할 당시의 환매목적물의 시가에서 환매권자가 환매권을 행사할 경우 반환하여야 할 보상금 상당액을 공제한 금원으로 정함이 상당하다(대판 1995.6.30, 94다13435).

8) 환매권의 행사

① **행사요건**

환매권자는 다음의 ㉮·㉯의 둘 중 어느 하나에 해당할 때 환매권을 행사할 수 있다.

㉮ 토지의 협의취득일 또는 수용의 개시일 부터 10년 이내에 당해 사업의 폐지·변경 그 밖의 사유로 인하여 취득한 토지의 전부 또는 일부가 필요 없게 된 경우(§91·①). 이 경우 토지의 전부 또는 일부가 필요 없게 된 때부터 1년 또는 취득일부터 10년 이내에 행사하여야 한다(§91·① 후단).

㉠ 여기서 협의취득일 또는 수용의 개시일 부터 10년 이내라 함은 그 기간 내에 환매권을 행사하여야 한다는 제척기간을 정한 것이 아니라 소정기간 내에 공익사업의 폐지·변경 등으로 인하여 수용한 토지의 전부 또는 일부의 필요가 소멸한 때를 의미한다.

㉡ '필요없게 된 때'란 환매하려고 할 당시에 단순히 사업에 제공되지 않는데 그치지 않고 사업에 제공할 필요가 없어진 경우를 말한다. 여기에는 수용 당시부터 이미 필요가 없는 경우(원래 불용)와 수용 후에 필요가 없게 된 경우(사후 불용)가 있다. 어떤 경우이든 '필요없게 된 때'라 함은 사업시행자의 주관적인 의사와는 관계없이 당해 토지가 특정 공익사업의 폐지·변경 등의 이유로 더 이상 그 공익사업에 직접 이용될 필요가 없어졌다고 볼만한 객관적인 사정이 발생한 경우를 뜻한다. 이 경우 사업시행자의 주관적인 의사와는 관계없이 환매권자가 토지 등을 환매할 수 있다.

판례 **〈토지수용법 제71조 제1항의 규정취지와 수용한 토지가 필요 없게 된 경우("공익상 필요의"소멸의 의미)의 환매권〉** 토지수용법 제71조 제1항의 취지는 토지 등의 원소유자가 사업시행자로부터 토지 등의 대가로 정당한 손실보상을 받았다고 하더라도 원래 자신의 자발적인 의사에 기하여 그 토지 등의 소유권을 상실하는 것이 아니어서 그 토지 등을 더 이상 당해 공공사업에 이용할 필요가 없게 된 때, 즉 공익상의 필요가 소멸한 때에는 원소유자의 의사에 따라 그 토지 등의 소유권을 회복시켜 주는 것이 공평의 원칙에 부합한다는 데에 있으므로 기업자가 소정의 절차에 따라 취득한 토지 등이 일정한 기간 내에 그 취득목적사업인 공공사업의 폐지·변경 등의 사유로 그 공공사업에 이용될 필요가 없어졌다고 볼 만한 객관적 사정이 발생하여야 기업자의 주관적인 의사와는 관계없이 환매권자가 토지 등을 환매할 수 있다(대판 1993.12.28, 93다34701 토지소유권이전등기).

판례 **〈"수용한 토지의 전부 또는 일부가 필요 없게 된 때"라 함은 수용 또는 협의취득의 목적이 된 구체적인 특정의 공익사업이 폐지되거나 변동되는 등의 사유로 인하여 당해 토지가 더 이상 그 공익사업에 직접 이용될 필요가 없어졌다고 볼만한 객관적 사정이 발생한 경우를 말한다.〉** 수용되거나 협의취득된 토지의 환매권에 관하여 규정한 토지수용법 제71조 제1항과 공공용지의 취득 및 손실보상에 관한 특례법 제9조 제1항 소정의 "사업(또는 당해 공공사업)의 폐지·변경 기타의 사유로 인하여 수용한(또는 취득한) 토지의 전부 또는 일부가 필요없게 된(또는 되었을)때"라 함은 수용 또는 협의취득의 목적이 된 구체적인 특정의 공익사업이 폐지되거나 변경되는 등의 사유로 인하여 당해 토지가 더 이상 그 공익사업에 직접 이용될 필요가 없어졌다고 볼 만한 객관적인 사정이 발생한 경우를 말하는 것이므로, 당해 토지의 취득 목적사업인 공익사업의 내용이 변경됨에 따라 새로이 필요하게 된 다른 토지 등을 취득하기 위하여 당해 토지를 활용하는 것이, 당초 당해 토지를 수용하거나 협의 취득한 목적을 궁극적으로 달성하는 데 필요하다고 하더라도, 이와 같은 사정만으로는 당해 토지에 대한 환매권의 발생에 아무런 영향도 미칠 수 없다(대판 1994.1.25, 93다11760,11777,11784).

판례 **〈계쟁토지의 취득 목적인 공원조성 사업이 완료되어 공중에 제공되었다가, 그 후 위 토지가 그 일대의 토지들에 대한 택지개발계획이 승인되어 공원시설을 철거하고 그 지상에 아파트 건축공사를 시행하고 있다면, 토지의 원소유자가 공공용지의취득및손실보상에관한특례법(현행 토지보상법)에 따라 토지를 환매할 수 있다.〉** 계쟁토지의 취득 목적사업인 공원조성사업이 시행되어 그 토지를 포함한 그 일대의 토지들 위에 공원조성공사가 완료되고 공중의 공동사용에 제공되었다가, 그 후 위 토지를 포함한 그 일대의 토지들이 택지개발예정지구로 지정되고 이에 대한 택지개발계획이 승인되자, 위 토지 위의 공원시설을 철거하고 그 지상에 아파트건축공사를 착수하여 현재에 이르기까지 그 공사를 시행하고 있다면, 위 토지는 당초의 취득목적사업인 위 공원조성사업에는 더 이상 필요없게 된 것임이 객관적으로 명백하다고 하지 않을 수 없고, 당초의 목적사업인 공원조성사업은 토지수용법 제3조 제3호에 해당하는 공익사업인 반면, 그 후 시행한 택지개발사업은 같은 법 제3조 제5호에 해당하는 공익사업임이 법문상 명백하므로, 토지수용법 제71조 제7항과 공공용지의취득및손실보상에관한특례법 제1조·제2조·제9조 등 관계법령의 규정취지로 미루어 볼 때, 위 토지 위에 택지개발사업이 새로 시행되고 있다는 이유만으로는 공원조성사업에 필요없게 될 위 토지의 원소유자가 위 특례법 제9조 제1항에 따라 위 토지를 환매할 수 없는 것이 아니라고 한 사례(대판 1992. 4. 28, 91다29927, 소유권이전등기).

판례 ① 〈공공용지의취득및손실보상에관한특례법 제9조 제2항에 의한 환매권 행사의 요건〉 공공용지의취득및손실보상에관한특례법 제9조 제2항은 제1항과는 달리 '취득한 토지 전부'가 공공사업에 이용되지 아니한 경우에 한하여 환매권을 행사할 수 있고 그 중 일부라도 공공사업에 이용되고 있으면 나머지 부분에 대하여도 장차 공공사업이 시행될 가능성이 있는 것으로 보아 환매권의 행사를 허용하지 않는다고 규정함으로써 제1항의 경우보다 환매권 행사의 요건을 가중하고 있는바, 위 규정상의 이용하지 아니하였는지 여부는 필요한 토지를 취득한 사업시행자의 입장에서 당해 공공사업에 이용될 일단의 토지의 전부를 기준으로 판단할 것이고, 취득 당시의 토지 등의 소유자나 해당 토지의 필지별로 판단할 것은 아니다.

② 〈공공용지의취득및손실보상에관한특례법 제9조 제1항의 환매권 행사의 요건인 공공사업의 폐지·변경의 의의 및 그 판단 기준〉 공공용지의취득및손실보상에관한특례법 제9조 제1항의 '당해 공공사업의 폐지·변경 기타의 사유로 인하여 취득한 토지 등의 전부 또는 일부가 필요 없게 되었을 때'라 함은 사업시행자의 주관적인 의사와는 관계없이 취득의 목적이 된 구체적인 특정의 공익사업이 발생한 경우를 말하는 것이고, 취득된 토지 등이 필요 없게 되었는지 여부는 당해 사업의 목적과 내용, 취득의 경위와 범위, 당해 토지와 사업과의 관계, 용도 등 제반 사정에 비추어 합리적으로 판단하여야 한다(대판 1996.2.9, 94다46695 소유권이전등기말소).

판례 〈수용한 토지의 전부 또는 일부가 필요 없게 된 때의 판단기준〉 수용된 토지의 환매권에 관하여 규정한 토지수용법 제71조 제1항 소정의 '사업의 폐지·변경 기타의 사유로 인하여 수용한 토지의 전부 또는 일부가 필요 없게 된 때'라 함은 기업자의 주관적인 의사와는 관계없이 수용의 목적이 된 구체적인 특정의 공익사업이 폐지되거나 변경되는 등의 사유로 인하여 당해 토지가 더 이상 그 공익사업에 이용될 필요가 없어졌다고 볼 만한 객관적인 사정이 발생한 경우를 말하는 것인바, 수용된 토지가 필요 없게 되었는지 여부는 당해 사업의 목적과 내용, 수용의 경위와 범위, 당해 토지와 사업과의 관계, 용도 등 제반 사정에 비추어 합리적으로 판단하여야 한다(대판 1998.3.27, 97다39766 소유권이전등기).

판례 〈수용된 토지가 녹화되어 도시공원의 복지로 이용되는 경우가 수용목적사업에 해당되어 환매권을 행사할 수 없다.〉 도시공원 외부와는 울타리로 차단되어 그 내부에 위치하면서 녹화를 통하여 공원으로 이용되고 있는 피수용 토지를 도시공원법상 도시공원과 구별되는 녹지로 보지 아니하고 도시공원 내의 녹화된 공원 부지로 보아, 그 토지가 수용목적사업에 이용되는 것에 해당하여 환매권을 행사할 수 없다고 한 사례(대판 1998. 2. 27, 97다39766).

㈏ 토지의 협의 취득일 또는 수용의 개시일 부터 5년 이내에 취득한 토지의 전부를 당해 사업에 이용하지 아니한 때(§91·②). 이 경우 환매권은 취득일부터 6년 이내에 행사하여야 한다(§91·② 단서).

여기서 '공익사업에 이용하지 아니한 때'란 사업에 사용할 필요가 없어진 것은 아니나 사실상 사업에 사용되지 아니한 경우를 의미한다.

'취득일부터 5년 이내에 취득한 토지의 전부를 당해 사업에 이용하지 아니한 때'란 당해 사업이 폐지·변경된 것은 아니나 단순히 그 실시가 지연되어 사업에 제공되지 않는 경우에도 환매권 행사가 가능하도록 하는데 그 의미가 있다. 수용된 토지를 사업에 사용하지 않고 방치하는 것은 수용의 취지에 반할 뿐만 아니라 사회적으로도 비경제적이기 때문이다. 다만, 제91조 제1항과는 달리 '토지의 전부'가 사업에 이용되지 않는 경우에만 환매할 수 있도록 요건을 강화하고 있다. 이는 토지가 불용이 된 것이 아니라 장래 사업에 사용될 가능성이 있기 때문이다.

판례 **〈공공용지의취득및손실보상에관한특례법 제9조 제1항과 제2항의 환매권 행사요건에 모두 해당되는 경우, 더 짧은 제척기간을 정한 제2항에 의하여 제1항의 환매권 행사가 제한되는 것이 아니다.〉** 공공용지의취득및손실보상에관한특례법 제9조 제1항은 공공사업에 필요한 토지 등의 취득일부터 10년 이내에 당해 공공사업의 폐지·변경 기타의 사유로 인하여 취득한 토지 등의 전부 또는 일부가 필요 없게 되었을 때를 환매권 행사의 요건으로 하고 있음에 반하여, 제2항은 그 취득일부터 5년을 경과하여도 취득한 토지 등의 전부를 공공사업에 이용하지 아니하였을 때를 환매권 행사의 요건으로 하고 있는 등 그 요건을 서로 달리하고 있으므로, 어느 한쪽의 요건에 해당되면 다른 쪽의 요건을 주장할 수 없게 된다고 할 수는 없고, 양쪽의 요건에 모두 해당된다고 하여 더 짧은 제척기간을 정한 제2항에 의하여 제1항의 환매권의 행사가 제한된다고 할 수도 없을 것이므로, 제2항의 규정에 의한 제척기간이 도과되었다 하여 제1항의 규정에 의한 환매권 행사를 할 수 없는 것도 아니라 할 것이다(대판 1995. 2. 10, 94다31310, 소유권이전등기).

② 행사기간(환매권 행사의 제척기간)

㉮ 토지의 협의 취득일 또는 수용의 개시일부터 10년 이내에 당해 사업의 폐지·변경 그 밖의 사유로 인하여 취득한 토지의 전부 또는 일부가 필요 없게 된 경우에는 당해 토지의 전부 또는 일부가 필요 없게 된 때부터 1년 또는 취득일부터 10년 이내에 당해 토지에 대하여 지급받은 보상금에 상당한 금액을 사업 시행자에게 지급하고 그 토지를 환매할 수 있다(§91·①).

㉯ 토지의 협의 취득일 또는 수용의 개시일부터 5년 이내에 취득한 토지의 전부를 당해 사업에 이용하지 아니한 때에는 환매권을 취득일부터 6년 이내에 이를 행사해야 한다(§91·②).

국가·지방자치단체 또는 「공공기관의 운영에 관한 법률」 제4조에 따른 공공기관 중 대통령령으로 정하는 공공기관이 사업인정을 받아 공익사업에 필요한 토지를 협의 취득 또는 수용한 후 당해 공익사업이 제4조 제1호 내지 제4호에 규정된 '다른 공익사업'으로 변경된 경우 제1항 및 제2항의 규정에 의한 환매권 행사기간은 관보에 당해 공익사업의 변경을 고시한 날부터 기산한다. 이 경우 국가·지방자치단체 또는 정부투자기관인 공공기관은 공익사업의 변경사실을 대통령령이 정하는 바에 따라 환매권자에게 통지하여야 한다(§91·⑥).

㉰ 환매권자는 제92조 제1항의 규정에 의한 통지를 받은 날 또는 공고를 한 날부터 6월이 경과한 후에는 제91조 제1항 및 동조 제2항의 규정에 불구하고 환매권을 행사하지 못한다(§92·②).

③ 환매의 의사표시

환매를 하기 위하여는 토지에 대하여 지급받은 보상금에 상당하는 금액을 사업시행자에게 지급하고 그 토지를 환매(매수)한다는 의사표시를 하여야 한다(§91·①).

환매는 사업시행자의 동의를 요하지 않고, 환매권자의 의사표시(일정한 금액의 지급과 함께)만으로 성립하며(형성권), 소유권 이전의 효과가 발생한다고 보아야 한다. 환매가 사업시행자의 의사에 불구하고 그의 권리를 잃게 하는 것이므로 권리를 잃음과 동시에 그 대가를 취득할 수 있게 하려는 것으로, 수용의 경우 보상금의 지급과 같은 취지라 할 것이다.

과거에는 소유권은 환매권자의 의사표시만으로는 이전되지 않고 사업시행자가 이에 동의함으로써, 즉 사업시행자와 환매권자간에 매매계약이 성립하고 소유권은 그 결과로 이전된다는 견해가 있었으나[266] 그것은 환매권의 본질에도 맞지 않으며 현행 토지보상법이 취하고 있는 법률구조에도 합치하지 않는다. 판례도 같은 입장이다.

판례 **〈환매대상 토지의 가격이 취득 당시에 비하여 현저히 하락하거나 상승하였다고 하더라도, 환매권자는 수령한 보상금 상당액만을 사업 시행자에게 미리 지급하고 일방적으로 매수 의사표시를 함으로써 사업시행자의 의사와 관계없이 환매가 성립한다.〉** 공공용지의 취득 및 손실보상에 관한 특례법 제9조 제1항에 의하면 환매기간 내에 환매의 요건이 발생하는 경우, 환매대상토지의 가격이 취득 당시에 비하여 현저히 하락하거나 상승하였다고 하더라도, 환매권자는 수령한 보상금 상당액만을 사업시행자에게 미리 지급하고 일방적으로 매수의 의사표시를 함으로써 사업시행자의 의사와 관계없이 환매가 성립된다(대판 2000.11.28, 99두3416).

판례 **〈환매는 환매요건이 구비된 때에 환매권자가 환매 기간내에 수령한 보상금 상당액을 사업시행자에게 지급하고 일방적으로 매수의 의사표시를 함으로써 성립되는 것이다.〉**(공공용지의취득및손실보상에관한특례법 제9조에 규정된 환매의 성립요건) 공공용지의취득및손실보상에관한특례법 제9조의 환매는 같은 법 소정의 환매요건이 구비된 때에 환매권자가 환매기간 내에 수령한 보상금 상당액을 사업시행자에게 지급하고 일방적으로 매수의 의사표시를 함으로써 성립되는 것이고, 환매대상인 토지 등의 가격이 취득 당시에 비하여 현저히 변경되었을 때라도 같은 조 제3항에 의하여 당사자 간에 협의가 성립되거나 토지수용위원회의 재결로 그 금액이 확정되지 않는 한 환매권자는 수령한 보상금 상당액을 지급한 후 매수의 의사표시를 할 수 있고 그로써 환매가 성립한다(대판 1995. 6. 30, 94다13435, 토지소유권이전등기).

266) 대판 1989. 12. 12, 89다카9675; 대판 1992. 4. 24, 92다4673.

④ 환매대금

환매대금은 원칙적으로 당해 토지에 대하여 지급받은 보상금에 상당한 금액이다(§91 ①). 그러나 토지의 가격이 취득일 당시에 비하여 현저히 변동된 경우 사업시행자 및 환매권자는 환매금액에 대하여 서로 협의하되, 협의가 성립되지 아니한 때에는 그 금액의 증감은 법원에 청구할 수 있다(§91 ④). 사업시행자가 보상금 상당액보다 증액변경을 청구하는 경우에 소송종류는 토지보상법 제85조 제2항의 형식적 당사자 소송이 된다고 보아야 할 것이다.

판례 **〈토지수용법 제75조의 2 제2항에 의하여 사업시행자가 환매권자를 상대로 하는 환매가격의 증감에 관한 소송의 종류는 공법상 당사자 소송이다.〉** 공공용지의 취득 및 손실보상에 관한 특례법 제9조 제3항, 같은 법 시행령 제7조 제1항, 제3항 및 토지수용법 제73조 내지 제75조의 2의 각 규정에 의하면 토지수용법 제75조의 2 제2항에 의하여 사업시행자가 환매권자를 상대로 하는 소송은 공법상의 당사자소송으로 사업시행자로서는 환매가격이 환매대상토지의 취득 당시 지급한 보상금 상당액보다 증액 변경될 것을 전제로 하여 환매권자에게 그 환매가격과 위보상금 상당액의 차액의 지급을 구할 수 있다(대판 2000.11.28, 99두3416).

환매대금은 그 가격이 현저히 등귀된 경우이거나 하락한 경우이거나를 묻지 않고 환매권을 행사하기 위하여는 수령한 보상금의 상당 금액을 미리 지급하여야 하고 또한 이로써 족하다.

판례 **〈환매권행사의 방법 및 그 행사를 위하여 지급할 금액〉** 공공용지의취득및손실보상에관한특례법 제9조에 의한 환매는 환매기간 내에 환매의 요건이 발생하면 환매권자가 수령한 보상금의 상당금액을 사업시행자에게 미리 지급하고 일방적으로 의사표시를 함으로써 사업시행자의 의사와 관계없이 환매가 성립되는 것이고, 토지 등의 가격이 취득 당시에 비하여 현저히 변경되었더라도 같은 법 제9조 제3항에 의하여 당사자 간에 금액에 대하여 협의가 성립되거나 토지수용위원회의 재결에 의하여 그 금액이 결정되지 않는 한, 그 가격이 현저히 등귀된 경우이거나 하락한 경우이거나를 묻지 않고 환매권을 행사하기 위하여는 수령한 보상금의 상당 금액을 미리 지급해야 하고 또한 이로써 족하다(대판 1995. 2. 10, 94다31310, 소유권이전등기).

그리고 사업시행자는 소(訴)로서 법원에 환매대금의 증액을 청구할 수 있을 뿐 환매권 행사로 소유권이전등기 청구소송에서 환매대금 증액청구권을 내세워 증액된 환매대금과 보상금 상당액의 차액을 지급할 것을 선이행 또는 동시이행의 항변으로 주장할 수 없다.

판례 공익사업을 위한 토지 등의 취득 및 보상에 관한 법률에 의한 환매권 행사에 대하여 사업시행자가 환매대금 증액 청구권을 내세워 선이행 또는 동시이행의 항변을 할 수 없다(대판 2006.12.21, 2006다49277).

9) 환매권 행사의 효과

환매권은 환매권자의 일방적인 의사표시에 의해 사업시행자의 의사와 관계없이 환매라는 법률효과가 발생한다. 즉, 환매권을 청구권이 아니라 형성권이다. 판례도 환매권행사의 결과 사법상매매 계약의 효력이 발생한다고 본다.

판례 ① **〈환매권은 일종의 형성권으로서 그 존속기간은 제척기간이고 그 기간내에 행사하면 이로써 매매의 효력이 생기고, 위 매매는 환매권자와 국가간의 사법상 매매라 할 것이다.〉** 징발재산정리에관한특별조치법 제20조 소정의 환매권은 일종의 형성권으로서 그 존속기간은 제척기간으로 보아야 할 것이며, 위 환매권은 재판상이든 재판외이든 그 기간 내에 행사하면 이로써 매매의 효력이 생기고, 위 매매는 같은 조 제1항에 적힌 환매권자와 국가 간의 사법상의 매매라 할 것이다.
② **〈환매권의 행사로 발생한 소유권이전등기 청구권의 소멸시효 기간은 일반 채권과 같이 10년의 소멸시효 기간이 진행한다.〉** 위 "가"항의 환매권의 행사로 발생한 소유권이전등기청구권은 위 제척기간과는 별도로 환매권을 행사한 때로부터 일반채권과 같이 민법 제162조 소정의 10년의 소멸시효의 기간이 진행된다(대판 1992. 4. 24, 92다4673, 소유권이전등기).

그리고 환매권 행사에 의해 그것만으로 소유권의 변동이 일어나는 것은 아니며 소유권이전등기청구권이라는 청구권이 발생한다. 소유권이전등기청구권의 소멸시효 기간은 환매권을 행사한 때로부터 일반채권과 같이 10년의 소멸시효기간이 진행된다.

판례 **〈환매권자의 환매대금 지급의무 발생 시기는 환매권행사시이므로 환매대상 토지의 취득 당시 지급한 보상액과 재결이나 행정소송 절차에서 정한 환매가격과의 차액에 대한 지연손해금이 발생한다.〉** 환매권자의 환매대금 지급의무는 환매권 행사 당시에 이미 발생하는 것인데 환매대상토지의 취득 당시 지급한 보상금 상당액과 재결이나 행정소송 절차에서 환매가격으로 정하여진 금액과의 차액 역시 환매대상토지와 대가관계에 있는 것이므로 그 차액이 환매권 행사 당시 지급되지 아니한 이상 이에 대하여 지연손해금이 발생하는 것이고 현실적으로 구체적인 환매가격이 재결이나 행정소송 절차에 의하여 확정된다고 하여 달리 볼 것은 아니다(대판 2000. 11. 28, 99두3416, 환매대금이의재결처분취소).

10) 환매권의 대항력

환매권은 부동산등기법이 정하는 바에 의하여 공익사업에 필요한 토지의 협의 취득 또는 수용의 등기가 된 때에는 이를 제3자에게 대항할 수 있다(§91⑤). 즉 등기되었을 때는 환매의 목적물(토지)이 제3자에게 양도된 경우에도 환매권자는 제3자에 대하여 환매권을 행사할 수 있다.

11) 환매권의 존속기간(환매권의 소멸)

① **사업시행자의 통지·공고가 있는 때**

사업시행자의 통지·공고가 있었을 경우에는 그 통지일 또는 공고일 부터 6월이 경과하면 환매권이 소멸힌다(§92 ②).

② **사업시행자의 통지·공고가 없는 때**

사업시행자의 통지·공고가 없는 때에는 ㉮ 당해 토지의 전부 또는 일부가 필요 없게 된 때부터 1년, 그 취득일부터 10년(§91 ①), ㉯ 취득일부터 5년 이내에 취득한 토지의 전부를 당해 사업에 이용하지 아니한 때는 취득일부터 6년이 경과하면 환매권이 소멸한다(§91 ②).

토지가 그 공익사업을 위하여 필요 없게 된 때로부터의 1년과 취득일부터 10년이 서로 다른 경우에는, 환매권자의 이익을 위하여 인정된 제도라는 점에 비추어 장기의 것에 따라야 할 것이다.

판례 **〈"필요 없게 된 때로부터 1년, 또는 취득일로부터 10년"이란 기간은 두 기간이 모두 경과되었을 때엔 소멸함〉** 공공용지의 취득 및 손실보상에 관한 특례법 제9조 제1항이 "필요없게 된 때로부터 1년, 또는 취득일로부터 10년 이내에 매수할 수 있다"고 규정한 취지는 취득일로부터 10년 이내에 그 토지가 필요 없게 된 경우에는 그 때부터 1년 이내에 환매권을 행사할 수 있으며, 또 필요없게 된 때로부터 1년이 경과하였더라도 취득일로부터 10년이 경과하지 아니하였다면 환매권자는 적법하게 환매권을 행사할 수 있다는 의미로 풀이된다(대판 1987.4.14, 86다324).

사업시행자는 ㉮, ㉯의 어느 경우에서나 통지 또는 공고를 함으로써 그 기간을 6월로 단축할 수 있다.

환매권 행사가 이루어진 이상, 환매권 행사기간이 경과하여도 환매가격결정을 위한 절차는 진행될 수 있다.

즉, 환매대상토지의 가격이 취득 당시에 비하면 현저히 변경된 경우, 환매가격결정을 위한 협의 및 재결신청을 환매권 행사기간 내에 하여야 한다고 볼 것은 아니고, 또 환매대상토지가 수용된 경우, 환매가격결정을 위한 협의 및 재결절차에 나아갈 수 있다(대판 2000.11.28, 99두3416).

판례 **〈환매대상 토지의 가격이 취득 낭시에 비하여 현서히 변경된 경우, 환매가격 결정을 위한 협의 및 재결신청을 환매권의 행사기간 내에 하여야 한다고 볼 것은 아니고, 환매대상 토지가 수용된 경우 환매가격 결정을 위한 협의 및 재결절차에 나아갈 수 있다.〉** 공공용지의취득및손실보상에관한특례법 같은 법 시행령 및 그에 의하여 준용되는 토지수용법의 규정을 살펴보아도 환매대상토지의 가격이 취득 당시에 비하여 현저히 변경된 경우 환매가격을 결정하기 위하여 사업시행자 또는 환매권자가 협의 및 재결신청을 할 수 있는 기간을 특별히 제한하지 않고 있는바, 환매권의 행사와 환매가격 결정을 위한 절차는 그 성질을 달리하는 것이므로 공공용지의취득및손실보상에관한특례법 제9조 제5항에 의하여 준용되는 토지수용법 제72조 제2항에 의하여 환매권의 행사기간이 통지를 받은 날로부터 6개월로 정하여져 있다고 하여 환매가격 결정을 위한 협의 및 재결 신청도 그 기간 내에 하여야 한다고 볼 것은 아니고, 또 환매대상 토지가 수용되었다고 하더라도 환매대상 토지 또는 환매권이 소멸하는 것이 아니라 단지 소유권이전등기 의무만이 이행불능으로 되는 것이고 환매권자로서는 환매가 성립되었음을 전제로 사업시행자에 대하여 대상청구를 할 수 있으므로 여전히 환매가격 결정을 위한 협의 및 재결절차에 나아갈 수 있다(대판 2000. 11. 28, 99두3416 환매대금 이의재결 처분취소).

12) 공익사업의 변환(환매권행사의 제한)

① 의 의

공익사업의 변환이라 함은 공익사업을 위하여 토지를 협의 취득 또는 수용한 후 당해 공익사업이 다른 공익사업으로 변경된 경우 별도의 협의 취득 또는 수용 없이 당해 토지를 변경된 다른 공익사업에 이용하도록 하는 제도를 말한다(§91 ⑥).

판례 **〈공익사업의 변환의 취지는 당초의 공익사업이 공익성의 정도가 높은 다른 공익사업으로 변경되고 그 다른 공익사업을 위하여 토지를 계속 이용할 필요가 있을 경우에는, 환매권행사를 인정한 다음 다시 협의취득이나 수용 등 방법으로 그 토지를 취득하는 번거로운 절차를 되풀이 하지 않기 위하여이다.〉** 원래 국민의 재산권을 제한하는 토지수용권 등의 발동은 공공복리의 증진을 위하여 긴요하고도 불가피한 특정의 공익사업의 시행에 필요한 최소한도에 그쳐야 하는 것이므로, 사정의 변경 등에 따라 그 특정된 공익사업의 전부 또는 일부가 폐지·변경됨으로써 그 공익사업을 위하여 취득한 토지의 전부 또는 일부가 필요 없게 되었다면, 설사 그 토지가 새로운 다른 공익사업을 위하여 필요하다고 하더라도 환매권을 행사하는 환매권자(원소유자나 그 포괄승계인)에게 일단 되돌려 주었다가 다시 협의취득하거나 수용하는 절차를 밟아야 되는 것이 원칙이라고 할 것이나, 당초의 공익사업이 공익성의 정도가 높은 다른 공익사업으로 변경되고 그 다른 공익사업을 위하여 토지를 계속 이용할 필요가 있을 경우에는, 환매권의 행사를 인정한 다음 다시 협의취득이나 수용 등의 방법으로 그 토지를 취득하는 번거로운 절차를 되풀이하지 않게 하기 위하여 이른바 '공익사업의 변환'을 인정함으로써 환매권의 행사를 제한하려는 것이 토지수용법 제71조 제7항의 취지이다(대판 1992. 4. 28, 91다29927).

공익사업의 변환은 환매권에 대한 실질적인 제한이 되므로 원칙상 인정될 수 없다. 따라서 공익사업이 다른 공익사업으로 변경된 경우에는 해당 토지를 일단 환매권자에게 되돌려주고 다시 일정한 절차를 거쳐 협의 취득 또는 수용하는 것이 원칙이다. 그러나 공익사업의 변환제도는 입법취지상으로는 공익사업이 변환된 경우에도 환매권 행사를 인정하게 되면, 당사자의 환매와 사업주체의 수용절차라는 불필요한 절차가 반복되는 문제가 발생하므로, 이러한 문제(무용한 절차의 반복)를 해결하기 위하여 도입된 것이다. 하지만 공익사업의 변환제도는 공익사업주체가 수용한 토지를 원래의 용도대로 사용하지 않게 된 경우에도 다른 공익사업의 명목을 빌려 계속하여 토지를 사용하는 것을 가능하게 하여, 환매권제도를 무용하게 만드는 제도임에는 틀림없다.

② 요 건

㉮ 주 체 : 국가·지방자치단체 또는 「공공기관의운영에관한법률」 제4조부터 제6조까지의 규정에 따라 지정 고시된 공공기관 중 대통령령으로 정하는 공공기관(이하 공공기관이라 한다)인 경우에 한한다(§91·⑥). 여기서 공익사업의 변환주체(사업주체)가 변환되기 전의 사업주체와 동일한 것이어야 하는지가 문제된다. 판례는 사업주체가 동일하지 않은 경우에도 공익사업의 변환을 인정하고, 공익사업의 변환에 따른 환매권 행사제한을 인정한다.

판례 **〈공익사업의 변환은 국가·지방자치단체 또는 정부투자기관 등 기업자(또는 사업시행자)가 동일한 경우에만 허용되는 것은 아니다.〉** 이른바 "공익사업의 변환"이 국가·지방자치단체 또는 정부투자기관이 사업인정을 받아 토지를 협의취득 또는 수용한 경우에 한하여, 그것도 사업인정을 받은 공익사업이 공익성의 정도가 높은 토지수용법 제3조 제1호 내지 제4호에 규정된 다른 공익사업으로 변경된 경우에만 허용되도록 규정하고 있는 토지수용법 제71조 제7항 등 관계법령의 규정내용이나 그 입법이유 등으로 미루어 볼 때, 같은 법 제71조 제7항 소정의 "공익사업의 변환"이 국가·지방자치단체 또는 정부투자기관 등 기업자(또는 사업시행자가)동일한 경우에만 허용되는 것으로 해석되지는 않는다(대판 1994.1.25, 93다11760,11777,11784).

판례 **〈공익사업을 위해 협의취득하거나 수용한 토지가 변경된 사업의 사업시행자 아닌 제3자에게 처분된 경우에도 '공익사업의 변환'을 인정할 수 있는지(여부)소극〉** 공익사업의 원활한 시행을 위한 무익한 절차의 반복 방지라는 '공익사업의 변환'을 인정한 입법 취지에 비추어 볼 때, 만약 사업시행자가 협의취득하거나 수용한 당해 토지를 제3자에게 처분해 버린 경우에는 어차피 변경된 사업시행자는 그 사업의 시행을 위하여 제3자로부터 토지를 재취득해야 하는 절차를 새로 거쳐야 하는 관계로 위와 같은 공익사업의 변환을 인정할 필요성도 없게 되므로, 공익사업의 변환을 인정하기 위해서는 적어도 변경된 사업의 사업시행자가 당해 토지를 소유하고 있어야 한다. 나아가 공익사업을 위해 협의취득하거나 수용한 토지가 제3자에게 처분된 경우에는 특별한 사정이 없는 한 그 토지는 당해 공익사업에는 필요 없게 된 것이라고 보아야 하고, 변경된 공익사업에 관해서도 마찬가지이므로, 그 토지가 변경된 사업의 사업시행자 아닌 제3자에게 처분된 경우에는 공익사업의 변환을 인정할 여지도 없다(대판 2010.9.30, 2010다30782 소유권이전등기).

이에 대하여 공익사업의 변환에 따라 사업시행자가 바뀌는 경우에는 폐지된 공익사업의 시행자가 아무런 이유 없이 수용시와 공익사업의 변환시 사이의 토지가액의 변동으로 인한 차익을 얻게 되는 불합리가 있기 때문에 사업시행자가 변동되는 경우에는 공익사업의 변환이 허용되지 않는다고 보아야 한다는 견해가 있다.[267)]

267) 김시현, "환매권에 있어서의 공익사업의 변경" 「판례연구」, 제8호, 지방변호사회, 1995, 95쪽.

㉯ 대상사업 : 토지보상법 제91조 제6항은 공익성이 강한 공익사업으로 변경된 경우에 한하여 예외적으로 공익사업의 변환을 인정하고 있다.

이는 처음에 사업인정을 받은 공익사업(이 때에는 토지 보상법 제4조에규정된 사업이면 어느사업이든 포함된다)에서 토지보상법 제4조 제1호부터 제5호까지 규정된 다른 공익사업으로 변경된 경우에 한하여 인정된다.

③ 환매권 행사기간 및 통지

다른 공익사업으로 변경된 경우 제1항 및 제2항의 규정에 의한 환매권 행사기간은 관보에 당해 공익사업의 변경을 고시한 날로부터 기산한다(§91·⑥). 이 경우 국가·지방자치단체 또는 「공공기관의운영에관한법률」 제4조에 따른 공공기관 중 대통령령으로 정하는 공공기관은 공익사업이 변경사실을 대통령령이 정하는 바에 따라 환매권자에게 통지하여야 한다(§91·⑥ 후단).

> 판례 〈통지의무를 위반한 경우에 법적효과〉 징발재산 정리에 관한 특별조치법 부칙(1993. 12. 27) 제2조 제3항 및 같은 법 제2항이 환매권 행사의 실효성을 보장하기 위하여 국방부장관의 통지 또는 공고의무를 규정한 이상 국방부장관이 위 규정에 따라 환매권자에게 통지나 공고를 하여야 할 의무는 법적인 의무이므로, 국방부장관이 이러한 의무를 위반한 채 통지 또는 공고를 하지 아니하거나 통지 또는 공고를 하더라도 그 통지 또는 공고가 부적법하여 환매권자로 하여금 환매권 행사기간을 넘기게 하여 환매권을 상실하는 손해를 입게 하였다면 환매권자에 대하여 불법행위가 성립할 수 있다(대판 2006.11.23, 2006다35124 소유권이전등기 등).

④ 공익사업변환의 효과

공익사업의 변환이 인정되면 원래의 공익사업의 폐지·변경으로 협의 취득 또는 수용한 토지가 원래의 공익사업에 필요없게 된 때에도 환매권을 행사할 수 없다.

당해 토지에 대한 환매권 행사를 위한 기간은 당해 공익사업의 변환을 관보에 고시한 날부터 다시 기산한다(§91·⑥ 후단). 이로 인하여 실질적으로는 당해 토지에 대하여 환매권 행사가 거의 불가능하게 된다.

⑤ 공익사업의 변환 조항의 위헌성 문제

㉮ 헌법상 보장된 재산권침해 : 공용수용된 토지 등에 대한 환매권은 헌법상 재산권보장으로부터 도출되는 것으로서 헌법이 보장하는 재산권의 내용에 포함되는 권리이다. 공익사업변환제도는 결국 환매권제도를 실효시키는 효과를 발생케하므로 헌법 보장된 재산권행사의 침해문제를 발생하게 된다.

> 【헌재결】 〈징발재산정리에관한특별조치법 제20조 제1항 소정의 환매권이 헌법상 보장되는 재산권의 내용에 포함되는 권리이다.〉 공용 수용된 토지 등에 대한 환매권은 헌법상의 재산권 보장으로부터 도출되는 것으로서 헌법이 보장하는 재산권의 내용에 포함되는 권리인데, 징발매매는 피징발자가 국방부장관의 매수통지에 응하지 않더라도 결국 국방무장관의 매수결정에 의하여 일방적으로 성립되는 것이어서 그 매매라는 법형식과는 관계없이 실질적으로 헌법 제23조 제3항에 의한

공용수용에 해당하는 것이므로 징특법 제20조 제1항에 의한 환매권)도 헌법 제23조 제1항이 보장하는 재산권의 내용에 포함되는 권리라고 보아야 할 것이다(헌재 1996. 4. 5. 95헌바9, 징발재산정리에 관한특별조치법 제20조 제1항 위헌소헌).

㉯ 평등권 침해 문제 : 공익사업이 제4조 제1호부터 제5호까지에 해당하는 사업으로 변환된 경우와 제4조 제6호 이하로 변환되는 경우 사이의 형평성문제로 평등권침해 문제를 발생하게 한다. 즉, 후자의 경우에는 환매 후 다시 수용절차를 진행하여야 하므로, 이러한 경우의 토지소유자들은 수용 후 형성된 지가 상승으로 인해 불로소득이 발생될 수도 있다.[268)]

㉰ 소급입법에 의한 재산권 박탈금지의 원칙 위반 문제 : 소급입법에 의한 재산권박탈이 금지되는 경우는 원칙적으로 과거에 완성된 사실 또는 법률관계를 규율대상으로 하는 이른바 진정소급효의 입법인 경우에 한한다고 할 것이나, 구법관계 내지 구법상의「기대이익이 존중되어야 할 특단의 사정이 있다면」비록 진행과정에 있는 사실 또는 법률관계를 규율대상으로 하는 이른바 부진정소급효의 입법의 경우라 하더라도 진정소급효의 입법의 경우와 동일하게 보아 소급입법에 의한 재산권 박탈이 금지된다고 보아야 한다.

㉱ 본질적 내용 침해 문제 : 협의취득 또는 수용된 토지를 본래의 목적 공익사업 이외의 다른 법정공익사업을 위하여 재심사·불복절차 등 아무런 적법절차 없이 전용함을 허용하고 있어서, 그 입법목적의 정당성 입법수단의 적정성이 있다고 보기 어렵고, 전시나 준전시에 적용되는 징발법의 관련 조항과 비교할 때 피해의 최소성을 도모하였다고 인정할 수도 없으므로 헌법 제37조 제2항 본문이 규정하고 있는 기본권제한의 일차적·상대적 한계를 일탈하였으며, 특히 종전의 수용토지에 대하여 수삼 차에 걸쳐 계속 적용한다면 원소유자들은 환매권을 취득할 기회를 영원히 상실하게 되는 결과가 초래할 것이므로 이는 환매권의 단순한 제한이 아니라 그 본질적 내용을 침해하는 것(징발재산정리에관한특별조치법에서는 공공사업목적이외의 다른 목적으로 당해 공공사업시행자에게 매각할 수 있다. §20의2·②)이므로 헌법 제37조 제2항 단서가 규정하고 있는 기본권제한의 절대적 한계를 일탈한 위헌의 것이다.

그러나 헌법재판소는 공익사업변환제도를 합헌이라고 결정하고 있다.

【헌재결】〈공익사업의 변환(환매권행사의 제한) 조항은 입법 목적의 정당성·입법수단의 적정성·피해의 최소성 및 법익균형원칙에도 부합된다 할 것이므로 헌법 제37조 제2항이 규정하는 기본권제한에 관한 과잉금지원칙에 위배되지 아니한다.〉 이 사건 심판대상조합은 공익사업의 원활한 시행을 확보하기 위한 목적에서 신설된 것으로 우선 그 입법목적에 있어서 정당하고 나아가 변경사용이 허용되는 사업시행자의 범위를 국가·지방자치단체 또는 정부투자기관으로 한정하고 사업목적 또한 상대적으로 공익성이 높은 토지수용법 제3조 제1호 내지 제4호의 공익사업으로 한정하여 규정

268) 류지태(신론), 931쪽.

하고 있어서 그 입법목적 달성을 위한 수단으로서의 적정성이 인정될 뿐 아니라 피해최소성의 원칙 및 법익균형의 원칙에도 부합된다 할 것이므로 위 법률조항은 헌법 제37조 제2항이 규정하는 기본권 제한에 관한 과잉금지의 원칙에 위배되지 아니한다(헌재 1997. 6. 26, 96헌바94 토지수용법 제71조 제7항 위헌소원).

제5절 공용환지·공용환권

【기출문제】 <1981년 (제23회) 사법시험 (약술형)> ※ 환지처분
<1984년 (제28회) 행정고시 (약술형)> ※ 환지예정지

Ⅰ. 공용환지

1. 개 설

(1) 공용환지의 의의

1) 의 의

공용환지란 토지구획이나 형질을 변경하거나 공공시설의 정비 등에 의해 토지의 이용가치를 증진시키기 위하여 특정 토지에 대해 소유권 기타의 권리를 권리자의 의사 여하에 불구하고 강제적으로 교환·분합하는 것을 말한다. 권리자는 종전의 토지에 관한 권리를 상실하고, 종전의 토지 위에 존재하던 권리관계는 그대로 새로운 환지로 이전된다는 뜻에서 환지라 한다. 토지의 이용가치증진을 위하여 직접 토지에 관한 권리에 대하여 강제적 부담(물권적 변동)을 과한다는 점에 물적 공용부담의 일종이다.

2) 공용환권과 구별

공용환지는 그 내용이 평면적인 토지정리에 그치고 토지와 토지를 교환·분합하는데, 공용환권은 그 내용이 토지·건물에 관한 권리를 토지정리 후에 새로이 건축된 건축물과 그 부지에 관한 권리로 변환·이행하게 되므로 평면적이 아니라 입체적인 점이 다르다.

(2) 법적 근거 및 유형

현행법상 인정되고 있는 공용환지로는 도시개발법에 의한 도시개발사업의 일환으로 행하여지는 경우, 농어촌정비법에 의한 농업기반 등 정비사업의 일환으로 행하여지는 경우의 두 가지가 있다.

2. 도시개발법상 도시개발사업(도시개발법상 공용환지)

(1) 도시개발사업의 의의

1) 도시개발사업의 의의

도시개발사업이라 함은 도시개발구역 안에서 주거·상업·산업·유통·정보통신·생태·문화·보건 및 복지 등의 기능을 가지는 단지 또는 시가지를 조성하기 위하여 시행하는 사업을 말한다(§2·① ·2호). 과거의 도시개발은 주택단지개발, 산업단지개발 등과 같이 단일목적의 개발방식으로 추진되어 복합적 기능을 갖는 도시를 종합적·체계적으로 개발하는 데는 한계가 있었다.

이에 따라 2000년 1월 28일에 종전의 도시계획법의 도시계획사업에 관한 부분과 종전의 토지구획정리사업법을 통합·보완하여 종합적으로 체계적인 도시개발을 위한 도시개발법이 제정된 것이다.

2) 도시개발사업의 방식

도시개발사업의 방식으로는 ① 수용 또는 사용방식에 의한 사업시행 ② 환지방식에 의한 사업시행이 있다(제2절, 제3절). 그리고 ①·②를 혼용하는 방식으로 시행할 수 있다(§21).

위 두 가지 방식 가운데 환지방식은 종래 토지구획정리사업의 이름으로 행하여졌으며, 그 동안 토지구획정리사업법에 근거하여 행하여졌던 것인데, 이 법은 폐지되고 도시개발법에서 시행되고 있다.

도시개발에 있어서 환지방식과 수용방식은 양자 모두 장·단점을 가지고 있다.

첫째, 도시의 개발에 있어서 수용방식의 경우, 종전의 토지소유자가 당해 지역을 떠나지 않을 수 없게 되는 데 비하여, 환지방식의 경우, 종전의 토지소유자가 그 주변 지역에서 토지의 일부를 환지받아 머물게 됨으로써 도시개발의 혜택을 누리는 장점이 있고,

둘째, 수용방식의 경우, 피수용자가 충분한 보상을 받지 못하는데 비하여, 인근의 토지소유자 등이 개발이익(불로소득)을 향유한다는 평을 듣는 데 대하여, 환지방식의 경우, 그러한 폐단을 줄일 수 있는 장점이 있고,

셋째, 수용방식을 통해서는 수용된 지역에 있어서의 공공시설을 정비하는데 그치는 데 대하여 환지방식의 경우, 시행지구 내의 전체 토지가 정비될 수 있는 장점이 있다.

반면, 환지방식은 수용방식보다 절차가 복잡하고 이해 조정이 쉽지 않으며 장기간의 시간을 소요한다는 단점을 지닌다고 할 수 있다.[269)]

도시개발사업의 방식에는 ③ 원주민의 재정착률을 높이고 세입자 등을 보호할 수 있도록 "순환개발방식"과 (§3의2, §5·①·15호·16호, §21의2부터 §21의3까지), ④ 저렴한 토지공급과 건축물 소유자도 입체환지

---

269) 김남진 / 김연태(Ⅱ), 567쪽.

신청을 할 수 있도록 허용하여 입체환지의 활성화를 도모하도록 "원형지개발방식"을 신설·도입하였다(§25의2·①·③·④·⑤, §32의2, §32의3).

(2) 도시개발구역의 지정

1) 지정권자

① 시·도지사원칙

특별시장·광역시장·도지사 또는 특별자치도지사(이하 '시·도지사'라 한다)는 계획적인 도시개발이 필요하다고 인정되는 때에는 도시개발구역을 지정할 수 있다(§3·①). 이 경우 지정하고자 하는 도시개발구역의 면적이 대통령령이 정하는 규모 이상인 때에는 국토해양부장관의 승인을 얻어야 한다.

도시개발사업이 필요하다고 인정되는 지역이 2 이상의 시·도 또는 지방자치법 제3조 제3항에 따라 자치구가 아닌 구가 설치된 시의 행정구역에 걸치는 경우에는 관계 시·도지사 또는 대도시 시장이 협의하여 도시개발구역을 지정할 자를 정한다(§3·②).

② 국토해양부장관

㉮ 국가가 도시개발사업을 실시할 필요가 있는 경우, ㉯ 관계 중앙행정기관의 장이 요청하는 경우, ㉰ 제11조 제1항 제2호의 규정에 의한 공공기관의장 또는 같은 항 제3호에 따른 정부출연기관의 장이 대통령령이 정하는 규모 이상으로 도시개발구역의 지정을 제안하는 경우, ㉱ 제2항의 규정에 의한 협의가 성립하지 아니하는 경우, ㉲ 기타 대통령령이 정하는 경우에는 도시개발구역을 국토해양부장관이 지정할 수 있다(§3·③).

③ 시장·군수·구청장의 지정 요청

시장(대도시 시장을 제외한다)·군수 또는 구청장은 대통령령이 정하는 바에 따라 시·도지사에게 도시개발구역의 지정을 요청할 수 있다(§3·④).

④ 도시개발구역의 지정 제안

제11조 제1항 제2호 내지 제4호까지의 규정에 해당하는 자 도시개발구역의 토지소유자(수용 또는 사용의 방식으로 제안하는 경우는 도시개발구역의 국·공유지를 제외한 토지면적의 3분의2 이상을 사용할 수 있는 권한을 가지고 2분의 1 이상을 소유한 자를 말한다.) 또는 제1항 제7호부터 제11호까지의 규정에 해당하는 자는 대통령령이 정하는 바에 따라 특별자치도지사·시장·군수 또는 구청장에게 도시개발구역의 지정을 제안할 수 있다(§11·⑤). 다만, 제3조 제3항에 해당하는 자는 국토해양부장관에게 직접 제안할 수 있다. 토지소유자 또는 제11조 제1항 제7호부터 제11호까지(제1항 제1호부터 제4호까지의 규정에 해당하는 자가 대통령령으로 정하는 비율을 초과하여 출자한 경우는 제외한다)의 규정에 해당하는 자가 도시개발구역의 지정을 제안하고자 하는 경우에는 대상구역의 토지면적의 3분의 2 이상에 해당하는 토지의 소유자(지상권자를 포함한다)의 동의를 얻어야 한다(§11·⑥).

⑤ 결합 개발제도 도입

도시개발 구역을 지정하는 자(이하 "지정권자"라 한다)는 도시개발사업의 효율적인 추진과 도시의 경관 보호 등을 위하여 필요하다고 인정하는 경우에는 도시개발구역을 둘 이상의 사업지구로 분할하거나 서로 떨어진 둘 이상의 지역을 결합하여 하나의 도시개발구역으로 지정할 수 있다(§3의2). 이는 낙후지역에 대한 민간투자를 촉진시키고 지역 특성에 맞는 다양한 도시 공간을 창출할 수 있도록 서로 떨어진 둘 이상의 지역을 묶어서 하나의 도시개발구역으로 지정할 수 있는 결합개발제도를 신설한 것이다.

2) 개발계획의 수립·내용

① 개발계획의 수립

도시개발구역을 지정하는 자(이하 '지정권자'라 한다)는 도시개발구역을 지정하고자 할 때에는 당해 도시개발구역에 대한 도시개발사업의 계획(이하 '개발계획'이라 한다)을 수립하여야 한다. 다만, 대통령령이 정하는 지역에 도시개발구역을 지정하는 때에는 도시개발구역 지정 후에 개발계획을 수립할 수 있다(§4·①). 지정권자는 직접 또는 제3조 제3항 제2호 및 같은 조 제4항에 따른 관계 중앙행정기관의 장 또는 시장(대도시 시장을 제외한다)·군수·구청장 또는 제11조 제1항에 따른 도시개발사업시행자의 요청을 받아 개발계획을 변경할 수 있다(§4·②).

지정권자는 도시개발사업을 환지방식으로 시행하고자 하는 경우 개발계획을 수립하는 때에는 환지방식이 적용되는 지역의 토지면적의 3분의 2 이상에 해당하는 토지소유자와 그 지역의 토지소유자 총수의 2분의 1 이상의 동의를 얻어야 한다. 개발계획을 변경하는 경우에도 또한 같다(§4·③).

② 개발계획의 내용

개발계획에는 다음 사항이 포함되어야 한다(§5).

㉮ 도시개발구역의 명칭·위치와 면적

㉯ 도시개발구역의 지정목적 및 도시개발사업의 시행기간

㉰ 도시개발구역을 2 이상의 사업시행지구로 분할하거나 서로 떨어진 둘 이상의 지역을 하나의 구역으로 결합하여 도시개발사업을 시행하는 경우는 그 지구분할이나 결합에 관한 사항

㉱ 도시개발사업의 시행자에 관한 사항

㉲ 도시개발사업의 시행방식

㉳ 인구수용계획

㉴ 토지이용계획

㉵ 제25조의2에 따라 원형지로 공급될 대상 토지 및 개발방향

㉶ 교통처리계획

㉮ 환경보전계획

㉯ 보건의료 및 복지시설의 설치계획

㉰ 도로, 상·하수도 등 주요기반 시설의 설치 계획

㉱ 재원 조달 계획

㉲ 도시개발구역 밖의 지역에 기반시설을 설치하여야 하는 경우에는 당해 시설의 설치에 필요한 비용의 부담 계획

㉮-1 수용 또는 사용의 대상이 되는 토지·건축물 또는 토지에 정착한 물건과 이에 관한 소유권 외의 권리, 광업권, 어업권, 물의 사용에 관한 권리(이하 '토지 등'이라 한다)가 있는 경우에는 그 세부 목록

㉮-2 임대주택건설계획 등 세입자 등의 주거 및 생활안정대책

㉮-3 제21조의2에 따른 순환개발 등 단계적 사업추진이 필요한 경우 사업추진계획 등에 관한 사항

㉮-4 기타 대통령령이 정하는 사항

다만, ㉲부터 ㉮-3까지에 해당하는 사항은 도시개발구역의 지정 후에 이를 개발계획에 포함시킬 수 있다.

③ 개발계획의 기준

국토의 계획 및 이용에 관한 법률에 의한 광역도시계획 또는 도시기본계획이 수립되어 있는 지역에 대하여 개발계획을 수립하고자 하는 때에는 개발계획의 내용이 당해 광역도시계획 또는 도시기본계획에 부합되도록 하여야 한다(§5·②).

대통령령이 정하는 규모 이상인 도시개발구역에 관한 개발계획을 수립함에 있어서는 당해 구역 안에서 주거·생산·교육·유통·위락 등의 기능이 상호 조화를 이루도록 노력해야 한다(§5·④).

3) 도시개발구역의 지정 절차

① 기초조사 등

도시개발사업의 시행자 또는 시행자가 되고자 하는 자는 도시개발구역을 지정하거나 도시개발구역의 지정을 요청 또는 제안하고자 하는 때에는 도시개발구역으로 지정될 구역 안의 토지, 건축물, 공작물 주거 및 생활실태, 주택수요 기타 필요한 사항에 관하여 대통령령이 정하는 바에 따라 조사를 하거나 측량을 할 수 있다(§6·①).

조사 또는 측량을 하고자 하는 자는 관계 행정기관·지방자치단체·「공공기관의 운영에 관한 법률」에 따른 공공기관(이하 '공공기관'이라 한다)·정부출연기관 기타 관계기관의 장에게 필요한 자료의 제출을 요청할 수 있다. 이 경우 자료제출을 요청받은 기관의 장은 특별한 사유가 없는 한 이에 응하여야 한다(§6·②).

② 주민 등의 의견 청취

국토해양부장관 또는 시·도지사가 또는 대도시 시장이 도시개발구역을 지정(시장·군수 또는 구청장의 요청에 의하여 지정하는 경우를 제외한다)하고자 하거나 시장·군수 또는 구청장이 도시개발구역의 지정을 요청하고자 하는 때에는 공람 또는 공청회를 통하여 주민 또는 관계 전문가 등으로부터 의견을 청취하여야 하며, 공람 또는 공청회에서 제시된 의견이 타당하다고 인정되는 때에는 이를 반영하여야 한다(§7·①).

③ 도시계획위원회의 심의

지정권자는 도시개발구역을 지정하거나 제4조 제1항 단서의 규정에 의하여 개발계획을 수립하는 때에는 관계 행정기관의 장과 협의한 후 중앙도시계획위원회 또는 시·도 도시계획위원회나 대도시 도시계획위원회의 심의를 거쳐야 한다. 변경의 경우에도 또한 같다(§8·①). 국토의계획·이용법 제49조에 따른 지구단위계획에 따라 도시개발사업을 시행하기 위하여 도시개발구역을 지정하는 경우에는 제1항에 따른 중앙도시계획위원회 또는 시·도 도시계획위원회나 대도시 도시계획위원회의 심의를 거치지 아니한다(§8·②).

④ 도시개발구역 지정의 고시 등

지정권자는 도시개발구역을 지정하거나 제4조 제1항 단서의 규정에 의하여 개발계획을 수립한 때에는 대통령령이 정하는 바에 따라 이를 관보 또는 공보에 고시하고 대도시 시장인 지정권자는 관계서류를 일반에게 공람시켜야 하며, 대도시 시장이 아닌 지정권자는 당해 도시개발구역을 관할하는 시장·군수 또는 구청장에게 관계 서류의 사본을 송부하여야 하며, 이 경우 관계서류를 송부 받은 시장·군수 또는 구청장은 이를 일반에게 공람시켜야 한다. 변경의 경우에도 또한 같다(§9·①).

4) 도시개발구역 지정의 효과

① 도시개발구역의 지정·고시를 국토의 계획·이용법상 도시지역과 지구단위 계획구역의 결정·고시로 의제

도시개발구역이 지정·고시된 경우 당해 도시개발구역은 국토의 계획·이용법에 의한 도시지역과 대통령령이 정하는 지구단위 계획구역으로 결정·고시된 것으로 본다. 다만, 국토의 계획·이용법 제51조 제3항에 따른 지구단위계획구역 및 동법 제37조 제1항 제8호의 규정에 따른 취락 지구로 지정된 지역인 경우에는 그러하지 아니하다(§9·②).

② 도시개발사업시행기간 안에 지형 도면 고시

제2항의 규정에 의하여 결정·고시된 것으로 보는 사항에 대하여 국토의 계획·이용법 제32조에 따른 도시관리계획에 관한 지형도면의 고시는 동법 제33조의 규정에 불구하고 제5조 제1항 제2호의 도시개발사업의 시행기간에 할 수 있다(§9·④).

③ 각종 행위 제한

도시개발구역 안에서 건축물의 건축, 공작물의 설치, 토지의 형질변경, 토석의 채취, 토지분할, 건물을 쌓아 놓는 행위, 죽목의 벌채 및 식재 등 대통령령이 정하는 행위를 하고자 하는 자는 특별시장·광역시장·특별자치도지사·시장 또는 군수의 허가를 받아야 한다. 허가받은 사항을 변경하고자 하는 때에도 또한 같다(§9·⑤). 특별시장·광역시장·특별자치도지사·시장 또는 군수는 제5항의 규정에 위반한 자에 대하여 원상회복을 명할 수 있다. 이 경우 명령을 받은 자가 그 의무를 이행하지 아니하는 때에는 행정대집행법에 따라 이를 대집행할 수 있다(§9·⑧).

제5항의 규정에 따라 허가를 받은 경우에는 국토의 계획·이용법 제56조의 규정에 따라 허가를 받은 것으로 의제된다(§9·⑩).

(3) 도시개발사업의 시행

1) 시행자 및 시행인가절차

① 시 행 자

도시개발사업의 시행자(이하 '시행자'라 한다)는 다음의 자 중에서 지정권자가 이를 지정한다(§11·①).

㉮ 국가 또는 지방자치단체

㉯ 대통령령이 정하는 공공기관

㉰ 대통령령이 정하는 정부출연기관

㉱ 지방공기업법에 의하여 설립된 지방공사

㉲ 도시개발구역 안의 토지소유자(수용 또는 사용방식의 경우에는 도시개발구역 안의 국·공유지를 제외한 토지면적의 3분의 2 이상을 소유한 자를 말하며, 공유수면매립법 제9조의 규정에 의하여 면허를 받은 자를 당해 공유수면을 소유한 자로 보고 그 공유수면을 토지로 본다)

㉳ 도시개발구역의 토지소유자가 도시개발을 위하여 설립한 조합

㉴ 수도권정비계획법에 의한 과밀억제권역에서 수도권 외의 지역으로 이전하는 법인 중 과밀 억제권역 안의 사업기간 등 대통령령이 정하는 요건에 해당하는 법인

㉵ 주택법 제9조에 따라 등록한 자 중 도시개발사업을 시행할 능력이 있다고 인정되는 자로서 대통령령으로 정하는 요건에 해당하는 자(주택법 제2조 제4호에 따른 주택단지와 그에 수반되는 기반시설을 조성하는 경우에만 해당한다)

㉶ 건설산업기본법에 의한 토목공사업 또는 토목건축공사업의 면허를 받는 등 개발계획에 적합하게 도시개발사업을 시행할 능력이 있다고 인정되는 자로서 대통령령이 정하는 요건에 해당하는 자

㉷ 부동산투자회사법에 따라 설립된 자기관리 부동산투자회사 또는 위탁관리 부동산투자회사로서 대통령령으로 정하는 요건에 해당하는 자(㉮부터 ㉲까지 또는 ㉴부터 ㉷까지의 규정에 해당하는 자와 공동으로 시행하는 경우에만 해당한다)

㉸ ㉮부터 ㉲까지 또는 ㉴부터 ㉷까지의 규정에 해당하는 자 중 둘 이상의 도시개발사

업을 시행할 목적으로 출자하여 설립한 법인

다만, 도시개발구역의 전부를 환지방식으로 시행하는 경우에는 ㉤의 토지소유자 또는 ㉥의 조합을 시행자로 지정한다(§11·①단서). 그러나 지정권자는 제1항의 단서에 불구하고 ㉠ 토지소유자 또는 조합이 대통령령이 정하는 기간 이내에 시행자 지정을 신청하지 아니하거나 신청된 내용이 위법 또는 부당하다고 인정한 때, ㉡ 지방자치단체의 장이 집행하는 공공시설에 관한 사업과 병행하여 시행할 필요가 있다고 인정한 때, ㉢ 도시개발구역 안의 국·공유지를 제외한 토지면적의 2분의 1 이상에 해당하는 토지의 소유자 및 토지소유자 총수의 2분의 1 이상이 지방자치단체 등의 시행에 동의한 때에는 지방자치단체 또는 대통령령이 정하는 자를 시행자로 지정할 수 있다(§11·②). 이 경우 도시개발사업을 시행하는 자가 시·도지사 또는 대도시 시장인 경우에는 국토해양부장관이 이를 지정한다(§11·②).

② 도시개발사업 시행의 위탁 등

시행자는 항만·철도 기타 대통령령이 정하는 공공시설의 건설과 공유수면의 매립에 관한 업무를 대통령령이 정하는 바에 따라 국가·지방자치단체 대통령령으로 정하는 공공기관, 정부출연기관 또는 지방공사에 위탁하여 시행할 수 있다(§12·①).

시행자는 도시개발사업을 위한 기초조사, 토지매수업무, 손실보상업무, 주민이주대책사업 등을 대통령령이 정하는 바에 따라 관할 지방자치단체나 대통령령이 정하는 공공기관·정부출연기관·정부출자기관 또는 지방공사에 위탁할 수 있다(12·②). 다만, 정부출자기관에 주민이주 대책사업을 위탁하는 경우에는 이주대책의 수립·실시 또는 이주 정착금의 지급, 그 밖에 보상과 관련된 부대업무만을 위탁할 수 있다(§12·②단서).

제11조 제1항 제5호 내지 제9호(위의 ㉣ 내지 ㉧)의 규정에 의한 시행자는 지정권자의 승인을 얻어 「자본시장과 금융투자사업에관한법률」에 따른 신탁업자와 대통령령이 정하는 바에 따라 신탁계약을 체결하여 도시개발사업을 시행할 수 있다(§12·④).

③ 도시개발사업조합의 인가(시행인가 절차)

㉮ 조합의 설립인가 : 조합을 설립하고자 하는 때에는 도시개발구역 안의 토지소유자 7인 이상이 대통령령이 정하는 사항을 기재한 정관을 작성하여 지정권자에게 조합 설립의 인가를 받아야 한다. 조합설립의 인가를 신청하고자 하는 때에는 당해 도시개발구역 안의 토지면적의 3분의 2 이상에 해당하는 토지소유자와 그 구역 안의 토지소유자 총수의 2분의 1 이상의 동의를 얻어야 한다(§13·①, ③).

㉯ 조합원, 조합의 법인격 : 조합의 조합원은 도시개발구역 안의 토지소유자로 한다(§14·①). 조합은 법인으로 하고, 조합에 관하여 이 법에 규정한 것을 제외하고는 민법 중 사단법인에 관한 규정을 준용한다(§15·①, ④).

2) 시행준비행위(타인 토지의 출입 등)

① 토지에 출입, 일시사용, 장애물제거

제11조 제1항 각 호의 1에 해당하는 자(시행자)는 도시개발구역의 지정, 도시개발사업에 관한 조사·측량 또는 사업의 시행을 위하여 필요한 때에는 타인이 점유하는 토지에 출입하거나 타인의 토지를 재료적치장 또는 임시도로로 일시 사용할 수 있으며, 특히 필요한 경우에는 장애물 등을 변경하거나 제거할 수 있다(§64·①).

② 기초단체장의 허가

제1항의 규정에 의하여 타인의 토지에 출입하고자 하는 자는 특별자치도지사·시장·군수 또는 구청장의 허가를 받아야 하며(행정청이 아닌 도시개발사업의 시행자에 한한다), 출입하고자 하는 날의 3일 전에 당해 토지의 소유자·점유자 또는 관리인에게 그 일시와 장소를 통지해야 한다(§64·②).

③ 토지소유자 등의 동의

타인의 토지를 재료적치장 또는 임시도로로 일시 사용하거나 장애물 등을 변경 또는 제거하고자 하는 자는 미리 당해 토지의 소유자·점유자 또는 관리인의 동의를 얻어야 한다(§64·③).

④ 주소 등 부지·동의 불능

제3항의 경우 토지 또는 장애물 등의 소유자·점유자 또는 관리인이 현장에 없거나 주소 또는 거소를 알 수 없어 그 동의를 받을 수 없는 때에는 관할 특별자치도지사·시장·군수 또는 구청장에게 통지하여야 한다. 다만, 행정청이 아닌 도시개발사업의 시행자는 관할 특별자치도지사·시장·군수 또는 구청장의 허가를 받아야 한다(§64·④).

⑤ 증표와 허가증의 제시

제1항의 규정에 의한 행위를 하고자 하는 자는 그 권한을 표시하는 증표와 허가증을 지니고 이를 관계인에게 내보여야 한다(§64·⑧).

⑥ 손실보상

장애물 등의 이전 및 제거(§38·①). 또는 타인 토지의 출입·일시사용(§64·①)으로 인하여 손실을 받은 자가 있는 때에는 시행자가 그 손실을 보상하여야 한다(§65·①). 손실보상에 관하여는 그 손실을 보상할 자와 손실을 입은 자가 협의하여야 하는 바, 협의가 성립되지 아니하거나 협의할 수 없는 때에는 관할 토지수용위원회에 재결을 신청할 수 있다(§65·②, ③).

보상기준에 관하여는 토지보상법 제14조(토지조서 및 물건조서의 작성), 제18조(보존등기 등이 되어 있지 아니한토지 등에 대한 보상의 특례), 제61조(사업시행자 보상원칙), 제63조(현금보상원칙) 내지 제65조(개인별 보상, 일괄보상), 제67조(보상액 가격시점), 제68조(보상액의 산정), 제71조(사용하는 토지의 보상 등) 내지 제73조(사용하는 토지의 매수청구 등, 잔여지 손실과 공사비보상), 제75조(건축물 등 물건에 대한 보상) 내지 제77조(권리의 보상, 영업의 손실 등에 대한 보상), 제78조 제5항·제6항·제9항 (거주이전비, 농·어업이주보상금 등)의 규정을 준용한다(§65·⑤).

3) 실시계획의 작성 및 인가·고시·의제

① 실시계획의 작성 및 인가

시행자는 대통령령이 정하는 바에 따라 도시개발사업에 관한 실시계획(이하 '실시계획'이라 한다)을 작성하여야 한다. 실시계획에는 지구단위계획이 포함되어야 한다. 작성된 실시계획에 관하여 지정권자의 인가를 받아야 한다. 지정권자가 실시계획을 작성하거나 인가하는 경우 국토해양부장관인 지정권자는 시·도지사의 의견을, 시·도지사인 지정권자는 시장·군수 또는 구청장의 의견을 미리 들어야 한다(§17·①·②·③). 실시계획에는 사업시행에 필요한 설계도서·자금계획 및 시행기간 기타 대통령령이 정하는 사항 및 서류를 명시하거나 첨부해야 한다(§17·⑤).

② 실시계획의 고시·공람

지정권자는 실시계획을 작성하거나 인가한 때에는 대통령령이 정하는 바에 따라 관보 또는 공보에 고시하고 시행자와 당해 도시개발구역을 관할하는 시장·군수 또는 구청장에게 관계서류의 사본을 송부하여야 한다. 이 경우 지정권자인 특별자치도지사의 본문에 따라 관계서류를 송부받은 시장·군수 또는 구청장은 이를 일반에게 공람시켜야 한다(§18·①).

실시계획을 고시한 경우 그 고시된 내용 중 국토의 계획·이용법에 의하여 도시관리계획(지구단위계획을 포함한다)으로 결정해야 할 사항은 국토의 계획·이용법에 의한 도시관리계획이 결정·고시된 것으로 본다(도시관리계획의 결정·고시로 의제). 이 경우 종전에 도시관리계획으로 결정된 사항 중 고시내용에 저촉되는 사항은 고시된 내용으로 변경된 것으로 본다(§18·②). 도시관리계획으로 결정·고시된 사항에 대한 국토의 계획·이용법 제32조의 도시관리계획에 관한 「지형도면」의 고시에 대하여는 제9조 제4항의 규정(도시개발사업의 시행기간 내)을 준용한다(§18·③).

③ 관련인·허가 등의 의제(집중효)

제17조(실시계획의 작성 및 인가 등)의 규정에 의한 실시계획의 작성 또는 인가를 함에 있어서 지정권자가 당해 실시계획에 대한 관련되는 해당법률의 규정에 의한 허가·승인·심사·인가·신고·면허·등록·협의·지정·해제 또는 처분 등(이하 '인·허가 등' 이라 한다)에 관하여 제3항의 규정에 의하여 관계 행정기관의 장과 협의한 사항에 대하여는 당해 인·허가 등을 받은 것으로 보며, 제18조 제1항의 규정에 의한 실시계획의 고시가 있는 때에는 관계 법률에 의한 인·허가 등의 고시가 있는 것으로 본다(§19·①)고 규정하여 소위 「집중효」제도를 채택하고 있다.

제1항의 규정에 의한 인·허가 등의 의제를 받고자 하는 자는 실시계획인가의 신청을 하는 때에 당해 법률이 정하는 관계서류를 함께 제출해야 한다(§19·②).

지정권자는 실시계획을 작성하거나 이를 인가함에 있어서 그 내용에 제1항 각 호의 1에 해당하는 사항이 있는 경우에는 미리 관계 행정기관의 장과 협의하여야 한다. 이 경우 관계 행정기관의 장은 협의 요청을 받은 날부터 대통령령이 정하는 기간 내에 의견을 제출해야 한다(§19·③).

4) 수용 또는 사용방식에 의한 사업시행

① 토지 등의 수용 또는 사용

시행자는 도시개발사업에 필요한 토지 등을 수용 또는 사용할 수 있다. 다만, 제11조 제1항 제5호 및 제7호부터 제11호까지의 규정에 해당하는 시행자는 사업대상 토지면적의 3분의 2 이상에 해당하는 토지를 매입하고 토지소유자 총수의 2분의 1 이상에 해당하는 자의 동의를 얻어야 한다(§22·①). 토지 등의 수용 또는 사용에 관하여 이 법에 특별한 규정이 있는 경우를 제외하고는 토지보상법을 준용한다(§22·②).

② 도시개발구역 지정시점을 토지보상법상 사업인정시점으로 의제

도시개발구역을 지정한 후 토지를 수용 또는 사용할 때까지 장기간이 소요되는 경우에는 개발에 대한 기대이익이 지가에 반영되어 토지소유자는 아무런 노력 없이 개발이익을 갖게 되는 문제점이 있으므로 도시개발구역 지정시점을 토지보상법상의 사업인정시점으로 보아 토지의 수용 또는 사용의 시기를 앞당김으로써 개발구역의 지정으로 인한 기대이익이 지가에 반영되기 전의 가격으로 토지를 매수할 수 있도록 하였다.

그리하여 토지보상법을 준용함에 있어서 제5조 제1항 제14호의 규정에 의한 수용 또는 사용의 대상이 되는 토지의 세목을 고시한 때에는 토지보상법 제20조 제1항 및 제22조의 규정에 의한 사업인정 및 그 고시가 있은 것으로 본다고 규정하고 있는 것이다(§22·③). 다만, 재결신청은 토지보상법 제23조 제1항 및 제28조 제1항의 규정에 불구하고 개발계획에서 정한 도시개발사업의 시행기간 종료일까지 행하여야 한다(§22·③ 단서).

③ 이주대책

시행자는 토지보상법이 정하는 바에 따라 도시개발사업의 시행에 필요한 토지 등을 제공함으로 인하여 생활의 근거를 상실하게 되는 자에 대한 이주대책 등을 수립·시행하여야 한다(§24).

④ 조성 토지 등의 공급 계획

시행자(지정권자가 시행자인 경우를 제외한다)는 조성토지 등을 공급하려고 할 때에는 조성토지 등의 공급계획을 작성 또는 변경하여 지정권자에게 제출해야 한다(§26·①). 이 경우 행정청이 아닌 시행자는 시장·군수 또는 구청장을 거쳐 제출하여야 한다. 조성토지 등의 공급계획의 내용, 공급의 절차·기준 및 조성토지 등의 가격의 평가 기타 필요한 사항은 대통령령으로 정한다(§26·②).

⑤ 학교용지 등의 공급가격

시행자는 학교·폐기물처리시설 기타 대통령령이 정하는 시설을 설치하기 위한 조성토지 등과 이주단지의 조성을 위한 토지를 공급하는 경우에는 당해 토지의 가격을 부동산가격공시 및 감정평가에 관한 법률에 의한 감정평가사업자가 감정평가한 가격 이하로 정할 수 있다(§27).

국가나 지방자치단체, 공공기관, 정부출연기관 및 지방공사인 시행자는 제1항에 정한 토지 외에 지역특성화 사업유치 등 도시개발사업의 활성화를 위해서 필요한 경우에는 대통령령으

로 정하는 바에 따라 감정평가한 가격이하로 공급할 수 있다(§27·②).

5) 환지방식에 의한 사업시행

① **환지계획**

㉮ 환지계획의 의의·성질

㉠ 환지계획이란 도시개발사업의 전부 또는 일부를 환지방식에 의하여 시행하고자 하는 경우에 도시개발사업이 완료된 경우에 행할 환지처분에 관한 계획을 말한다. 환지처분의 내용은 이 환지계획에 정하여지고 환지계획에 따라 행해져야 하므로 환지계획은 매우 중요하다.

㉡ 환지계획은 환지예정지 지정이나 환지처분의 근거가 될 뿐 그 자체가 직접 토지소유자 등의 법률상의 지위를 변동시키거나 또는 환지예정지 지정이나 환지처분과는 다른 고유한 법률효과를 수반하는 것이 아니어서 이를 항고소송의 대상이 되는 처분에 해당한다고 할 수 없다고 보는 것이 판례입장이다(대판 1999.8.20, 97누6889).

판례 **〈환지계획은 환지예정지지정이나 환지처분의 근거가 될 뿐 그 자체가 직접 토지소유자 등의 법률상 지위를 변동시키는 것이 아니어서 이를 항고소송의 대상이 되는 처분에 해당하다고 할 수 없다.〉** 토지구획정리사업법 제57조, 제62조 등의 규정상 환지예정지 지정이나 환지처분은 그에 의하여 직접 토지소유자 등의 권리의무가 변동되므로 이를 항고소송의 대상이 되는 처분이라고 볼 수 있으나, 환지계획은 위와 같은 환지예정지 지정이나 환지처분의 근거가 될 뿐 그 자체가 직접 토지소유자 등의 법률상의 지위를 변동시키거나 또는 환지예정지 지정이나 환지처분과는 다른 고유한 법률효과를 수반하는 것이 아니어서 이를 항고소송의 대상이 되는 처분에 해당한다고 할 수가 없다(대판 1999. 8. 20, 97누6889).

환지계획에 대한 판례에 처분성 부인에 대하여 ⓐ 환지예정지 지정이나 환지처분의 내용은 환지계획에 의하여 확정되고, 환지처분 등은 환지계획의 단순한 집행에 그친다는 점, ⓑ 환지계획에 따라 환지처분이 행하여지면 판례가 환지처분의 취소소송의 소익을 인정하지 않고 있는 점에 비추어 환지계획에 대하여 처분성을 인정하지 아니하면 도시개발사업과 관련된 분쟁에 대한 쟁송을 봉쇄하는 결과가 된다는 점, 그리고 ⓒ 판례가 공용환권의 경우 관리처분계획을 처분으로 보는 것과 균형이 맞지 않다는 점 등을 들어 타당하지 않다는 비판이 있다.[270]

인가를 얻은 환지계획이나 행정청이 작성한 환지계획은 구속적 계획의 성질과 같은 것으로 볼 수 있고, 환지계획에 의하여 필지별로 된 환지명세, 필지별과 권리별로 된 청산대상토지의 명세 및 체비지 또는 보류지의 명세가 정해지는 점, 이들 관련된 자들의 권익 보호를 위해서라는 점에서 환지계획이 행정쟁송의 대상이 되

---

270) 김종보, 환지계획의 처분성, 공법연구, 28집 3호, 2000. 3, 281쪽.

는 처분성을 인정함이 타당하다고 본다.

㈏ 환지계획의 작성 : 시행자는 도시개발사업의 전부 또는 일부를 환지방식에 의하여 시행하고자 하는 경우에는 ㉠ 환지설계, ㉡ 필지별로 된 환지명세, ㉢ 필지별과 권리별로 된 청산대상 토지의 명세, ㉣ 제34조의 규정에 의한 체비지 또는 보류지의 명세, ㉤ 제32조에 따른 입체환지를 계획하는 경우에는 입체환지용 건축물의 명세와 제32조의3에 따른 공급방법·규모에 관한 사항, ㉥ 기타 국토해양부령이 정하는 사항이 포함된 환지계획을 작성해야 한다(§28·①).

㈐ 환지계획의 기준 : 환지계획은 종전의 토지 및 환지의 위치·지목·면적·토질·수리(水利)·이용상황·환경 기타의 사항을 종합적으로 고려하여 합리적으로 정해야 한다(§28·②). 도시개발법은 특히 다음 사항에 관하여 특별규정을 두고 있다.

㉠ 환지의 부지정(동의 등에 의한 환지의 제외) : 토지소유자의 신청 또는 동의가 있는 때에는 당해 토지의 전부 또는 일부에 대하여 환지를 정하지 아니할 수 있다. 다만, 당해 토지에 관하여 임차권자 등이 있는 때에는 그 동의를 얻어야 한다(§30).

㉡ 토지면적을 고려한 환지(증환지와 감환지) : 시행자는 토지면적의 규모를 조정할 특별한 필요가 있는 때에는 면적이 작은 토지에 대하여는 과소토지가 되지 아니하도록 면적을 증가하여 환지를 정하거나 환지대상에서 제외할 수 있고, 면적이 넓은 토지에 대하여는 그 면적을 감소하여 환지를 정할 수 있다(§31·①).

㉢ 입체환지 : 시행자는 도시개발사업의 원활한 시행을 위하여 특히 필요한 때에는 토지 또는 건물소유자의 신청을 받아 건축물의 일부와 그 건축물이 있는 토지의 공유지분을 부여할 수 있다(§32·①). 입체환지의 경우 시행자는 환지계획 작성 전에 실시계획의 내용, 환지계획기준, 환지대상 및 건축물의 명세, 환지신청기간 등 대통령령으로 정하는 사항을 토지소유자에게 통지하고 해당 지역에서 발행되는 일간신문에 공고하여야 한다(§32·③). 입체환지 신청기간은 통지한 날부터 30일 이상 60일 이하로 해야한다(§32·④).

㉣ 공공시설의 용지 등에 관한 조치 : 토지보상법 제4조 각 호의 1에 해당하는 공공시설의 용지에 대하여는 환지계획을 정함에 있어서 그 위치·면적 등에 관하여 제27조 제2항의 규정에 의한 기준을 적용하지 아니할 수 있다(§33·①).

㉤ 국가·지자단체의 소유에 속하는 공공시설에 대체되는 공공시설의 설치 : 시행자가 도시개발사업의 시행으로 국가 또는 지방자치단체의 소유에 속하는 공공시설에 대체되는 공공시설을 설치하는 경우 종전의 공공시설의 전부 또는 일부의 용도가 폐지 또는 변경되어 불용으로 될 토지에 대하여는 제66조 제1항 및 제2항의 규정에 불구하고 환지를 정하지 아니하며, 이를 다른 토지에 대한 환지의 대상으로 하여야 한다(§33·②).

㉥ 체비지·보류지 : 체비지라 함은 사업시행에 필요한 경비에 충당하기 위하여 매각할 목적으로 환지계획에서 환지로 정하지 아니한 토지를 말하고, 보류지라 함은 시행자가 그 규약·정관·시행규정 또는 실시계획이 정하는 목적을 위하여 환지로 정하지 아니하고 보류해 두는 토지를 말한다. 도시개발법은 시행자는 도시개발사업에 필요한 경비충당이나 실시계획 등이 정하는 목적을 위하여 일정한 토지를 환지로 정하지 아니하고 이를 체비지 또는 보류지로 정할 수 있다(§34·①). 특별자치도지사·시장·군수 또는 구청장은 주택법에 의한 공동주택의 건설을 촉진하기 위하여 필요하다고 인정하는 때에는 체비지 중 일부를 같은 지역 안에 집단으로 정하게 할 수 있다(§34·②).

㉣ 환지계획의 인가 등(결정절차)

㉠ 행정청이 아닌 시행자가 환지계획을 작성한 때에는 특별자치도지사·시장·군수 또는 구청장의 인가를 받아야 한다. 인가받은 내용을 변경하는 경우에도 마찬가지이다(§29·①,②).

㉡ 행정청이 아닌 시행자가 환지계획의 인가를 신청하고자 하거나 행정청인 시행자가 환지계획을 정하고자 하는 때에는 토지소유자와 당해 토지에 대하여 임차권·지상권 기타 사용하거나 수익할 권리(이하 '임차권 등'이라 한다)를 가진 자(이하 '임차권자 등'이라 한다)에게 환지계획의 기준 및 내용 등을 통지하고 대통령령이 정하는 바에 따라 관계서류의 사본을 일반인에게 공람시켜야 한다(§29·③).

토지소유자 또는 임차권자 등은 공람기간 내에 시행자에게 의견서를 제출할 수 있으며, 시행자는 그 의견이 타당하다고 인정하는 때에는 환지계획에 이를 반영해야 한다(§29·④).

행정청이 아닌 시행자가 환지계획인가를 신청하는 때에는 제4항에 따라 제출된 의견서를 첨부하여야 한다(§29·⑤).

시행자는 제출된 의견에 대하여 공람기일이 종료된 날부터 60일 이내에 그 의견을 제출한 자에게 환지계획에의 반영여부에 관한 검토결과를 통보하여야 한다(§29·⑥).

판례 **〈환지계획인가신청에 앞선 최초공람과정에서 이해관계인으로부터 의견이 제시되어 그에 따라 환지계획을 수정, 인가신청을 하고자 하는 경우에는 그전에 다시 수정된 내용에 대한 공람절차를 거쳐야 하고 그 같은 공람절차를 거치지 않고 인가받은 환지계획 및 환지예정지지정처분은 위법하다.〉**
(대판 2001.10.30, 99두11110 환지예정지지정처분등취소)

㉤ 환지지정 등의 제한과 입체환지에 따른 주택공급

㉠ 환지지정 등의 제한 : 시행자는 제7조에 따른 주민 등의 의견청취를 위하여 공람 또는 공청회의 개최에 관한 사항을 공고한 날 또는 투기억제를 위하여 시행예정자

(제3조 제3항 제2호 및 제4항에 따른 요청자 또는 제11조 제5항에 따른 제안자를 말한다)의 요청에 따라 지정권자가 따로 정하는 날(이하 "기준일"이라 한다)의 다음 날부터 ⓐ 1필지의 토지가 여러 개의 필지로 분할되는 경우, ⓑ 단독주택 또는 다가구 주택이 다세대 주택으로 전환되는 경우, ⓒ 하나의 대지범위 안에 속하는 동일인 소유의 토지와 주택 등 건축물을 토지와 주택 등 건축물로 각각 분리하여 소유하는 경우, ⓓ 나대지에 건축물을 새로 건축하거나 기존 건축물을 철거하고 다세대 주택이나 그 밖의 「집합건물의 소유 및 관리에 관한 법률」에 따른 구분소유권의 대상이 되는 건물을 건축하여 토지 또는 건축물의 소유자가 증가되는 경우에는 국토해양부령으로 정하는 바에 따라 해당 토지 또는 건축물에 대하여 금전으로 청산하거나 환지지정을 제한할 수 있다(§32의2·①). 지정권자는 제1항에 따라 기준일을 따로 정하는 경우는 기준일과 그 지정사유 등을 관보 또는 공보에 고시해야 한다(§32의2·②).

㉡ 입체환지에 따른 주택공급 : 시행자는 입체환지로 건설된 주택 등 건축물을 환지계획인가된 환지계획에 따라 환지 신청자에게 공급하여야 한다. 이 경우 주택을 공급하는 경우는 주택법 제38조에 따른 주택의 공급에 관한 기준을 적용하지 아니한다(§32의3·①).

· 입체환지로 주택을 공급하는 경우 제1항에 따른 환지계획의 내용은 ⓐ 1세대 또는 1명이 하나 이상의 주택 또는 토지를 소유한 경우 1주택을 공급할 것, ⓑ 같은 세대에 속하지 아니하는 2명 이상의 1주택 또는 1토지를 공유한 경우에는 1주택만 공급할 것 등의 기준에 따른다(§32의3·②).

· 시행자는 제2항에도 불구하고 ⓐ 수도권정비계획법상 과밀억제권역에 위치하지 아니하는 도시개발구역의 토지소유자, ⓑ 근로자 숙소나 기숙사의 용도로 주택을 소유하고 있는 토지소유자, ⓒ 국가나 지방자치단체, 공공기관, 정부출연기관, 지방공사인 시행자의 토지소유자에 대하여는 소유한 주택의 수만큼 공급할 수 있다(§32의3·③).

· 입체환지로 주택을 공급하는 경우 주택을 소유하지 아니한 토지소유자에 대하여는 제32조의2에 따른 기준일 현재 ⓐ 토지 면적이 국토해양부장관이 정하는 규모 이상인 경우, ⓑ 종전토지의 총 권리가액이 입체환지로 공급하는 공동주택 중 가장 작은 규모의 공동주택 공급예정가격 이상인 경우에만 주택을 공급할 수 있다(§32의3·④).

② 환지예정지 지정

㉮ 의 의 : 환지예정지의 지정이라 함은 환지방식에 의한 도시개발사업의 중심이 되는 환지처분에 대한 전 단계로 볼 수 있는 일종의 준비로서 장래에 있을 환지처분에 앞서 종래의 토지에 대해 앞으로 있을 환지를 미리 지정해 놓는 것을 말한다.

즉, 환지처분이 행해지기 전에 종전의 토지대신에 사용하거나 수익하도록 지정된 토지를 환지예정지의 지정이라 한다. 이는 종전의 토지에 대한 사용·수익권의 환지예정지로 변환되는 효과가 있다.

㈏ 취지·목적 : 시행지구 내의 토지소유자 및 용익권자는 공사의 장기화로 인하여 상당 기간 권리행사에 제한을 받게 되는 결과를 초래하기 때문에 불안정한 이해관계인의 권리관계를 안정시켜 권리자가 실제상 환지처분이 행해진 것과 같은 효과를 부여받을 수 있도록 함으로써 사권의 제한을 최소화할 수 있도록 하는데 그 목적이 있다.

㈐ 환지예정지 지정처분의 성격

㉠ 임의적 처분 : 사업시행자가 환지방식에 의한 도시개발사업을 시행하기 위하여 환지예정지를 지정할 수 있는 임의적 처분에 불과하다.

㉡ 독립한 행정처분 : 환지예정지의 지정은 도시개발사업 성격이나 환지예정지지정의 효과 등으로 미루어 행정처분의 성격을 갖는다 할 수 있고, 판례도 같은 취지이다(대판 1962.5.17, 62누10).

㉢ 형성적인 처분 : 환지예정지 지정처분의 효과로써 토지에 대한 사용·수익을 할 수 있는 권리가 발생하기 때문에 설권적·형성적 처분의 성격을 갖는다.

㉣ 확인적·준사법 처분 : 한번 지정한 환지예정지의 처분은 함부로 이를 취소 또는 변경 못한다.

㈑ 지정 절차 등

㉠ 지 정 : 시행자는 도시개발사업의 시행을 위하여 필요한 때에는 도시개발구역 안의 토지에 대하여 환지예정지를 지정할 수 있다. 이 경우 종전의 토지에 대한 임차권자 등이 있는 경우에는 당해 환지예정지에 대하여 당해 권리의 목적인 토지 또는 그 부분을 아울러 지정하여야 한다(§35·①).

㉡ 통 지 : 행정청이 아닌 시행자가 환지예정지의 지정을 하고자 하는 때에는 토지소유자와 당해 토지에 대하여 임차권·지상권 기타 사용 또는 수익할 권리를 가진 자에게 환지예정지의 위치·면적과 환지예정지 지정의 효력 발생시기를 통지해야 한다(§35·②, ③, §29·③).

㉢ 관계 서류의 공람 : 행정청이 아닌 시행자가 환정예정지를 지정하고자 하는 때에는 관계서류의 사본을 일반에게 공람시켜야 한다. 토지소유자 또는 임차권자 등은 공람기간 내에 시행자에게 의견서를 제출할 수 있으며, 시행자는 그 의견이 타당하다고 인정하는 때에는 환지예정지의 지정에 이를 반영하여야 한다(§35·②, §29·③, ④).

㈒ 환지예정지 지정의 효과

㉠ 환지예정지에서 사용·수익 : 환지예정지가 지정된 경우에는 종전의 토지에 관한 토

지소유자 및 임차권자 등은 환지예정지의 지정의 효력 발생일부터 환지처분의 공고가 있는 날까지 환지예정지 또는 당해 부분에 대하여 종전과 동일한 내용의 권리를 행사할 수 있으며 종전의 토지에 대하여는 이를 사용하거나 수익할 수 없다(§36·①).

판례 〈어떤 토지가 다른 토지의 환지예정지로 지정되었다 하더라도 그 토지의 소유자는 환지의 인가와 고시가 있을 때까지는 그 소유권을 상실하는 것은 아니므로 이를 처분할 수 있다.〉(대판 1963. 5. 15, 63누21, 행정처분취소)

㉡ 사용·수익 개시일의 별도 지정 : 시행자는 환지예정지를 지정한 때에 당해 토지에 사용 또는 수익의 장애가 될 물건이 있거나 기타 특별한 사유가 있는 경우에는 환지예정지의 사용 또는 수익을 개시할 날을 따로 정할 수 있다(§36·②).

㉢ 수인 의무의 발생 : 환지예정지의 지정의 효력이 발생하거나 환지예정지의 사용 또는 수익을 개시하는 때에 당해 환지예정지의 종전의 소유자 또는 임차권자 등은 지정의 효력 발생일 또는 사용·수익 개시일로부터 환지처분 공고일까지의 기간 동안 종전의 토지를 사용·수익할 수 없으며, 그 토지를 환지예정지로 지정받은 자의 사용·수익을 방해할 수 없다(§36·③).

그러나 소유권의 변동은 발생되지 아니하므로 종전의 토지소유자는 환지의 인가와 고시가 있을 때에까지는 종전의 토지소유권을 상실하는 것은 아니므로 그 토지를 처분할 수 있다(대판 1963.5.15, 63누21).

㉣ 체비지의 사용·수익·처분 가능 : 체비지에 관하여 환지예정지가 지정된 때에는 사업시행자는 도시개발사업에 소요되는 비용을 충당하기 위하여 이를 사용 또는 수익하게 하거나 처분할 수 있다(§36·④).

㉤ 임대료 등의 증감 청구와 권리 포기 등(§36·⑤)

ⓐ 임대료 등의 증감 청구 : 환지예정지의 지정으로 인하여 임차권 등의 목적인 토지나 지역권에 관한 승역지의 이용이 증진 또는 방해됨으로써 종전의 임대료·지료 기타의 사용료가 불합리하게 된 때에는 당사자는 종래의 계약조건에도 불구하고 장래에 대하여 그 증감을 청구할 수 있다. 도시개발사업으로 인하여 건축물이 이전된 경우 당해 임대료에 관하여도 또한 같다.

ⓑ 권리의 포기 및 계약의 해지(§36·⑤, §49) : 환지예정지의 지정으로 인하여 임차권·지상권 등의 설정목적을 달성할 수 없게 된 때에는 당사자는 그 권리를 포기하거나 계약을 해지할 수 있으며, 그 권리를 포기하거나 계약을 해지한 자는 그로 인한 전세금, 보증금 등 계약상의 금전반환청구권을 시행자에게 청구할 수 있으며, 그 청구에 의하여 금전을 대신 지급한 시행자는 토지소유자에게 이를 구상할 수 있다.

이때 금전반환청구권은 손실보상의 성질을 가지며 손실을 보상할 자와 손실을 받을 자가 1차적으로 협의를 하여야 하며, 협의가 성립되지 아니한 경우에는 관할 토지수용위원회의 재결에 따라야 한다.

또한 시행자가 토지소유자에게 구상청구할 수 있는 구상액은 지방세체납처분의 예에 따라 이를 징수하거나 시장·군수에게 징수를 위탁할 수 있다(§36·⑤, §49·⑥, §16 ④, ⑤).

ⓒ 청구시기의 제한(§36·⑤, §48) : 임대료 등의 증감청구나 권리의 포기 또는 계약의 해지는 환지예정지 지정의 효력발생일로부터 60일 이내에 행사하여야 하고 60일이 경과하면 행사할 수 없다.

ⓗ 환지부지정 토지의 사용·수익의 정지(§37)

ⓐ 시행자는 환지를 결정하지 아니하기로 결정된 토지소유자 또는 임차권자 등에게 기일을 정하여 그 날로부터 당해 토지 또는 당해 부분의 사용 또는 수익을 정지시킬 수 있다.

ⓑ 시행자가 위의 규정에 의하여 사용 또는 수익을 정지시키고자 할 때에는 30일 이상의 기간을 두고 미리 이를 당해 토지소유자 또는 임차권자 등에게 통지하여야 한다.

ⓢ 환지부지정 대상 토지의 관리(§39)

ⓐ 환지예정지의 지정이나 사용 또는 수익의 정지처분으로 인하여 이를 사용 또는 수익할 수 있는 자가 없게 된 토지 또는 당해 부분은 그날로부터 환지처분 공고가 있는 날까지 시행자가 이를 관리하여야 한다.

ⓑ 시행자는 환지예정지 또는 환지의 위치를 나타내고자 하는 때에는 국토해양부령이 정하는 표지를 설치할 수 있다.

ⓒ 누구든지 환지처분이 공고된 날까지는 시행자의 승낙 없이 설치된 표지를 이전 또는 훼손하여서는 아니된다.

ⓞ 장애물 등의 이전 및 제거(§38)

ⓐ 시행자는 환지예정지를 지정하거나 종전의 토지에 관한 사용 또는 수익을 정지시키는 경우 또는 대통령령이 정하는 시설의 변경 또는 폐지에 관한 공사를 시행하는 경우에 필요한 때에는 도시개발구역 안에 있는 건축물 기타의 공작물 또는 물건(이하 '건축물 등'이라 한다) 및 죽목·토석·울타리 등의 장애물(이하 '장애물 등'이라 한다)을 이전하거나 제거할 수 있다. 이 경우 시행자(행정청이 아닌 시행자에 한한다)는 미리 관할 시장·군수 또는 구청장의 허가를 받아야 한다.

ⓑ 시행자가 건축물 등 및 장애물 등을 이전하거나 제거하고자 하는 때에는 그 소유자 또는 점유자에게 미리 이를 통지하여야 한다. 다만, 소유자 또는 점유자를 알 수 없는 때에는 대통령령이 정하는 바에 따라 이를 공고하여야 한다.

ⓒ 주거용으로 사용하고 있는 건축물을 이전하거나 철거하고자 하는 때에는 이전

하거나 철거하고자 하는 날부터 늦어도 2월 전에 통지를 하여야 한다. 다만, 건축물의 일부에 대하여 대통령령이 정하는 경미한 이전 또는 철거를 하는 경우나 국토의계획및이용에관한법률 제56조 제1항의 규정에 위반한 건축물에 대하여는 그러하지 아니하다.

㉳ 환지예정지 지정처분에 대한 불복

환지예정지 지정처분은 처분으로서 항고소송의 대상이 되나 환지처분이 일단 공고되어 효력을 발생하게 되면 환지예정지 지정처분은 그 효력이 소멸되는 것이므로 환지처분이 공고된 후에는 환지예정지 지정처분에 대하여 그 취소를 구할 법률상 이익이 없다.

판례 **〈환지예정지 지정처분은 환지처분의 공고일까지만 효력이 있으므로 그에 대한 항고소송은 환지처분이 유효하게 공고되면 그 소의 이익이 소멸된다.〉**(대판 1999. 8. 20, 97누6889 환지계획 등 무효확인 및 취소 1999. 10. 8, 99두6873 환지예정지등 지정처분취소).

③ 환지처분

㉮ 환지처분의 의의 및 성질 : 환지처분이란 종전의 토지에 대하여 소유권 기타의 권리를 가진 자에게 종전의 토지에 갈음하여 환지계획에 정하여진 토지를 교부하여 종국적으로 이를 귀속시키는 행정처분이다. 즉 환지계획에 따라서 시행자가 종전 토지에 갈음하여 환지를 교부하는 것이다. 따라서 환지처분은 형성적 행정행위의 성격을 가지며, 이에 의하여 종전의 토지의 구획·형질이 변경되어 불확정의 상태로 된 환지계획구역에 있어서 소유건 기타 권리관계가 확정되게 된다.

환지처분의 내용은 이미 환지계획에 정하여져 있고, 환지처분은 그 내용을 그대로 실현하는 작용이므로 환지계획에 의하지 아니하거나 환지계획에 없는 사항을 그 내용으로 하는 환지처분은 무효이다.

판례 **〈환지계획에 의하지 않은 환지처분의 효력〉** 환지처분의 내용은 모두 환지계획에 의하여 미리 결정되는 것이며 환지처분은 다만 환지계획구역에 대한 공사가 완료되기를 기다려서 환지계획에 정하여져 있는 바를 토지소유자에게 통지하고 그 뜻을 공고함으로써 효력이 발생되는 것이고, 따라서 환지계획과는 별도의 내용을 가진 환지처분은 있을 수 없는 것이므로 환지계획에 의하지 아니하고 환지계획에도 없는 사항을 내용으로 하는 환지처분은 효력을 발생할 수 없다(대판 1993.5.27, 92다14878; 2002.2.25, 97누5534).

㉯ 환지처분의 절차

㉠ 공사완료 공고·공람 : 시행자는 환지방식에 의하여 도시개발 구역에 관한 공사를 완료한 때에는 지체 없이 대통령령이 정하는 바에 따라 이를 공고하고 공사 관계서류를 14일간 일반에게 공람시켜야 한다(§40 ①).

㉡ 의견청취 : 도시개발구역 안의 토지소유자 또는 이해관계인은 공람기간 내에 시행자에게 의견서를 제출할 수 있으며, 그 의견서의 제출을 받은 시행자는 공사결과와 실시계획 내용과의 적합 여부를 확인하여 필요한 조치를 하여야 한다(§40·②).

㉢ 준공검사 신청 : 시행자는 공람기간 내에 의견서의 제출이 없거나 제출된 의견서에 따라 필요한 조치를 한 때에는 지정권자에 의한 준공검사를 신청하거나 도시개발사업의 공사를 완료하여야 한다(§40·③).

㉣ 환지처분의 시기 및 통지·공고 : 시행자는 지정권자에 의한 준공검사를 받은 때(지정권자가 시행자인 때는 제50조의 규정에 의한 공사완료공고가 있는 때)에는 60일 이내에 환지처분을 해야 한다(§40·④, 동법 시행령 §55). 시행자는 환지처분을 하고자 하는 때에는 환지계획에서 정한 사항을 토지소유자에게 통지하고 대통령령이 정하는 바에 따라 이를 공고해야 한다(§40·⑤).

㈐ 환지처분의 효과

㉠ 권리변동효과(환지교부) : 환지처분의 공고가 있는 경우에는 환지계획에서 정하여진 환지는 그 환지처분의 공고가 있는 날의 익일부터 종전의 토지로 본다. 그러므로 종전의 토지에 존속하던 소유권 기타의 권리는 그 통일성을 잃지 않고 환지계획에서 정하여진 새로운 환지대상토지로 이전하게 된다. 이는 민법 제187조의 법률의 규정에 의한 부동산물권의 변동으로서 등기를 요하지도 않는다. 다만, 환지처분에 의하여 취득한 토지를 처분하려면 등기를 하여야 한다. 그리고 환지계획에서 환지를 정하지 아니하는 종전의 토지에 존재하던 권리는 그 환지처분의 공고가 있은 날이 종료하는 때에 소멸한다(§42·①).

다만, 행정상 또는 재판상의 처분으로서 종전의 토지에 전속하는 것에 관하여는 영향을 미치지 않고 종전의 토지에 존속한다(§41·②). 토지보상법에 의한 수용처분, 국토의 계획·이용법에 의한 지역·지구·구역의 지정, 출입금지가처분, 증거보전처분 등이 그 예이다.

지역권도 그 성질상 종전의 토지에 그대로 존속한다(§42·③). 다만, 도시개발사업의 시행으로 인하여 행사할 이익이 없어진 지역권은 환지처분의 공고가 있은 날이 종료하는 때에 소멸한다(§42③ 단서).

환지처분이 일단 공고되어 그 효력을 발생하면, 그 환지처분의 일부만을 따로 떼어 환지처분을 변경할 수 없고, 그 환지처분의 일부에 대하여 취소청구도 할 수 없으며, 손해배상을 청구할 수밖에 없다.

판례 **〈토지구획정리사업법(현 도시개발법)에 따른 환지처분이 공고되어 효력을 발생한 이후 그 일부부만을 따로 떼어 환지처분을 변경할 수 없다.〉** 토지구획정리사업법에 따른 환지처분은 사업시행자가 환지계획구역의 전부 또는 그 구역 내의 일부 공구에 대하여 공사를 완료한 후 환지계획에 따라 환지교부 등을 하는 처분으로서 일단 공고되어 효력을 발생하게 된 이후에는 환지

전체의 절차를 처음부터 다시 밟지 않는 한 그 일부만을 따로 떼어 환지처분을 변경할 수는 없다(대판 1993.5.27, 92다14878).

판례 **〈환지처분이 일단 공고되어 그 효력을 발생한 이상 환지확정처분의 일부에 대한 취소를 구할 법률상의 이익은 없다.〉** 토지구획정리사업법에 의한 환지처분이 일단 공고되어 그 효력을 발생한 이상 환지전체의 절차를 처음부터 다시 밟지 않는 한 그 일부만을 따로 떼어 환지처분을 변경할 길이 없으므로 그 환지처분 중 일부 토지에 관하여 환지도 지정하지 아니하고 또 정산금도 지급하지 아니한 위법이 있다 하여도 이를 이유로 민법상의 불법행위로 인한 손해배상을 구할 수 있으므로 그 환지확정처분의 일부에 대하여 취소를 구할 법률상 이익은 없다(대판 1985.4.23, 84누446).

㉡ 입체환지의 권리변동

환지계획에 따라 환지처분을 받은 자는 환지처분이 공고된 날의 다음 날에 환지계획에서 정하는 바에 따라 건축물의 일부와 당해 건축물이 있는 토지의 공유지분을 취득한다(입체환지 공용환권). 이 경우 종전의 토지에 대한 저당권은 환지처분의 공고가 있은 날의 다음날부터 당해 건축물의 일부와 당해 건축물이 있는 토지의 공유지분에 존재하는 것으로 본다(§42·④).

㉢ 체비지 및 보류지의 권리 변동 : 체비지는 시행자가, 보류지는 환지계획에서 정한 자가 각각 환지처분의 공고가 있은 날의 다음날에 당해 소유권을 취득한다. 다만, 제35조 제4항의 규정에 의하여 이미 처분된 체비지는 당해 체비지를 매입한 자가 소유권 이전등기를 마친 때에 이를 취득한다(§42·⑤).

㉣ 환지등기(등기의 신청·촉탁) : 환지교부에 따르는 등기는 시행자의 신청 또는 촉탁에 의하여 일괄적으로 행하여진다. 시행자는 환지처분의 공고 후 14일 이내에 관할 등기소에 이를 통지하고, 토지와 건축물에 관한 등기를 촉탁하거나 신청하여야 한다(§43·①). 환지처분의 공고가 있은 날로부터 위의 등기가 있을 때까지 다른 등기를 할 수 없고(§43·③), 만일 다른 등기가 있는 경우에는 무효로 본다.[271] 다만, 등기신청인이 확정일부있는 서류에 의하여 환지처분의 공고일 전에 등기원인이 생긴 것임을 증명한 경우에는 다른 등기를 할 수 있다(§43·③ 단서).

㉤ 환지청산(청산금)

ⓐ 청산제도의 의의 : 환지는 적응환지처분이 원칙이나 공익상 또는 기술상의 문제로 현실적으로 극히 어렵기 때문에 종전 토지에 대한 환지가 때로는 권리면적보다 크게 환지될 때도 있고(증환지), 반대로 권리면적보다 작게 환지되기도 한

271) 대판 1972. 5. 9, 72다97.

다(감환지). 또한 동의 및 과소토지에 의한 환지부지정의 경우 등 과부족 또는 환지부지정 토지에 대하여 시행자는 재산상의 불공평을 시정하기 위하여 금전으로써 징수 또는 교부를 하게 되는데 이를 청산이라 한다. 따라서 청산제도는 적법한 원인에 의해 발생된 과부족에 관한 것으로서 종전의 토지와 환지, 환지부지정에 대한 재산상 불공평을 시정하기 위한 조치이다.

ⓑ 청산금의 법적 성질 : 시행자가 징수하는 청산금은 부당이득금의 성질을 가지고, 시행자가 교부하는 청산금은 손실보상금의 성질을 가진다. 환지처분은 환지교부(원칙)와 환지청산을 그 내용으로 한다.

ⓒ 청산금의 산정기준 : 환지청산은 환지를 정하거나 그 대상에서 제외한 경우에 그 과부족 분에 대하여 종전의 토지(입체환지 방식으로 사업을 시행하는 경우는 환지대상 건축물을 포함한다) 및 환지의 위치·지목·면적·토질·수리(水利)·이용상황·환경 기타의 사항을 종합적으로 고려하여 금전으로 이를 청산하여야 한다(§41·①).

ⓓ 청산금의 확정 : 환지계획에 의하여 환지를 정하거나 환지를 정하지 않기로 하였거나 종전의 토지와 환지의 가치가 다른 경우에 그 과부족분에 대한 청산금은 환지처분의 공고가 있은 날의 다음날에 확정된다(§42·⑥).

ⓔ 청산금결정 : 청산금은 환지처분을 하는 때에 이를 결정하여야 한다(§41·②). 다만, 제30조 또는 제31조의 규정에 의하여 환지대상에서 제외한 토지 등에 대하여는 청산금을 교부하는 때에 이를 결정할 수 있다(§41·② 단서). 청산금 교부처분도 환지계획에 따른 환지처분에 포함되는 것이기 때문에, 환지처분이 확정된 후에는 별도로 환지청산금 교부처분을 행할 수는 없다.[272]

ⓕ 청산금의 교부·징수 : 시행자는 환지처분의 공고가 있은 후에 확정된 청산금을 징수하거나 교부해야 한다(§46). 다만, 제30조 및 제31조의 규정에 의하여 환지를 정하지 아니하는 토지에 대하여는 환지처분전이라도 청산금을 교부할 수 있다(§46·① 단서).

환지의 가격이 종전 토지의 가격보다 큰 경우에는 토지소유자로부터 청산금을 징수하고, 반대의 경우에는 토지소유자에게 청산금을 교부한다. 청산금은 이자를 붙여 분할 징수하거나 분할 교부할 수 있다. 행정청인 시행자는 청산금을 납부하여야 할 자가 이를 납부하지 아니할 때에는 국세체납처분 또는 지방세체납처분의 예에 따라 이를 징수할 수 있으며, 행정청이 아닌 시행자는 시장·군수 또는 구청장에게 청산금의 징수를 위탁할 수 있다(§46·②, ③). 청산금을 받을 권리 또는 징수할 권리는 5년간 이를 행사하지 아니하는 때에는 시효로 인하여 소멸한다(§47).

272) 대판 1987. 3. 24, 85누926.

㉥ 용익권자의 권리보존 : 이는 환지예정지정처분을 하지 아니하고 바로 환지처분을 한 경우에 적용된다.

ⓐ 임대료의 증감청구 : 도시개발사업으로 인하여 임차권 등의 목적인 토지나 지역권에 관한 승역지의 이용이 증진 또는 방해됨으로써 종전의 임대료·지료 기타의 사용료 등이 불합리하게 된 경우 당사자는 계약조건에 불구하고 장래에 관하여 그 증감을 청구할 수 있다. 도시개발사업으로 인하여 건축물이 이전된 경우 그 임대료에 대하여도 동일하다(§48·①). 이 경우 당사자는 권리를 포기하거나 계약을 해지하여 그 의무를 면할 수 있다. 증감청구는 환지처분의 공고가 있은 날부터 60일이 경과한 때에는 임대료·지료·기타 사용료 등의 증감을 청구할 수 없다(§48·③).

ⓑ 권리의 포기 및 계약의 해지 : 환지예정지 지정의 효과와 동일하다(§49).

㉣ 환지처분에 대한 불복

환지처분은 그에 의하여 직접 토지소유자 등의 권리 의무가 변동되므로 이를 항고소송의 대상이 되는 처분이라고 볼 수 있다(대판 1999.8.20, 97누6889).

도시개발사업의 시행에 따른 도시계획 변경결정처분과 도시개발구역지정처분 및 도시개발사업 실시계획 인가 처분은 도시개발사업의 시행자에게 당해 도시개발사업을 시행할 수 있는 권한을 설정해 주는 처분으로 도시개발사업의 공사 등이 완료되고 원상회복이 사회통념상 불가능하게 되었더라도 위 각 처분의 취소를 구할 법률상 이익은 소멸한다고 할 수 없다.

판례 **〈도시개발사업의 공사 등이 완료되고 원상회복이 사회통념상 불가능하게 된 경우, 도시개발사업의 시행에 따른 도시계획변경결정처분과 도시개발구역지정처분 및 도시개발사업실시계획인가처분의 취소를 구할 법률상 이익이 있다.〉** 도시개발사업의 시행에 따른 도시계획변경결정처분과 도시개발구역 지정처분 및 도시개발사업실시계획인가처분은 도시개발사업의 시행자에게 단순히 도시개발에 관련된 공사의 시공권한을 부여하는데 그치지 않고 당해 도시개발사업을 시행할 수 있는 권한을 설정하여 주는 처분으로서 위 각 처분자체로 그 처분의 목적이 종료되는 것이 아니고 위 각 처분이 유효하게 존재하는 것을 전제로 하여 당해 도시개발사업에 따른 일련의 절차 및 처분이 행해지기 때문에(위 각처분 자체의 관계에서 보더라도 도시계획변경결정처분이 존재하는 것을 전제로 도시개발구역지정처분이 도시개발구역지정처분이 존재하는 것을 전제로 도시개발사업실시계획인가처분이 각 이루어졌다) 위 각 처분이 취소된다면 그것이 유효하게 존재하는 것을 전제로 하여 이루어진 토지 수용이나 환지 등에 따른 각종의 처분이나 공공시설의 귀속 등에 관한 법적 효력은 영향을 받게 되므로, 도시개발사업의 공사 등이 완료되고 원상회복이 사회통념상 불가능하게 되었더라도 위 각 처분의 취소를 구할 법률상 이익은 소멸한다고 할 수 없다(대판 2005. 9. 9, 2003두5402, 5419 병합, 도시계획변경결정처분등 취소·건축허가처분 취소).

당연 무효인 당초의 환지처분이 있은 뒤에 적법한 절차를 거쳐 새로운 환지처분이 유효하게 이루어진 경우, 당초의 환지처분에 대한 무효확인을 구할 법률상의 이익이 없어진다.

판례 **〈당연무효인 당초의 환지처분이 있은 뒤에 적법한 절차를 거쳐 새로운 환지처분이 유효하게 이루어진 경우, 당초의 환지처분에 대한 무효확인을 구할 법률상 이익이 없다.〉** 환지처분이 공고되어 효력을 가지게 되면 환지예정지지정처분의 효력은 소멸되므로 그 때부터는 환지예정지지정처분이 무효라는 확인을 구할 법률상 이익이 없어지고, 당초의 환지처분이 환지계획의 내용에 따르지 아니하여 무효이면 시행자는 환지계획 변경 등의 절차를 거쳐 다시 환지처분을 할 수 있고, 이러한 새로운 환지처분이 적법하게 이루어지면 당초의 환지처분이 무효라는 확인을 구할 법률상의 이익도 없어진다(대판 2002.4.23, 2000두2495).

시행자가 한 처분에 관하여 불복이 있는 자는 행정심판법에 의하여 행정심판을 제기할 수 있다. 다만, 행정청이 아닌 시행자가 한 처분에 관하여는 다른 법률에 특별한 규정이 있는 경우를 제외하고는 지정권자에게 행정심판을 제기하여야 한다(§77).

㉤ 환지처분의 변경

환지처분이 일단 확정되어 효력을 발생한 후에는 이를 소급하여 시정하는 뜻의 환지변경처분은 이를 할 수 없고, 그러한 환지변경의 절차가 필요할 때에는 그를 위하여 환지 전체의 처음부터 다시 밟아야 하며 그 일부만을 따로 떼어 환지처분을 변경할 수 없음은 물론, 그러한 절차를 밟지 아니하고 한 환지변경처분은 무효이다(대판 1998. 2. 13, 97다49459, 소유권이전등기말소).

④ 감가보상금 ; 도시개발사업의 시행으로 인하여 토지소유자에게 귀속되는 환지의 전체 면적이 크게 줄어들어 환지가격의 총액이 시행 전에 비하면 감소한 경우 그 차액을 보상하는 제도가 감가보상제도이다. 행정청인 시행자는 도시개발사업의 시행으로 인하여 사업시행 후의 토지 가액의 총액이 사업시행전의 토지가액의 총액보다 감소한 때에는 그 차액에 상당하는 감가보상금을 대통령령이 정하는 기준에 따라 종전의 토지소유자 또는 임차권자 등에게 지급하여야 한다(§45).

6) 순환개발 방식 및 원형지 개발 방식에 의한 사업시행

① 순환개발 방식에 의한 사업시행

(가) 순차적 개발 : 시행자는 도시개발사업을 원활하게 시행하기 위하여 도시개발구역의 내외에 새로 건설하는 주택 또는 이미 건설되어 있는 주택에 그 도시개발사업의 시행으로 철거되는 주택의 세입자 또는 소유자(제7조에 따라 주민 등의 의견을 듣기 위해 공람한 날 또는 공청회의 개최에 관한 사항을 공고한 날 이전부터 도시개발구역의 주택에 실제로 거주하는 자에 한정된다. 이하 "세입자 등"이라 한다)를 임시로 거주하게 하는 등의 방식으로 그 도시개발구역을 순차적으로 개발할 수 있다. 시행자는 순환개발 방식으로 도시개발사업을 시행하는 경우에는 「주택법」 제38조에도 불구하고

임시로 거주하는 주택(이하 "순환용주택"이라 한다)을 임시거주 시설로 사용하거나 임대할 수 있다(§21의2·①·②).

(나) 개발계획의 내용 : 순환개발 방식의 개발사업 시에는 개발계획의 내용에 ㉮ 임대주택건설계획 등 세입자 등의 주거 및 생활안정대책과 ㉯ 순환개발 등 단계적 사업추진이 필요한 경우 사업추진계획 등에 관한 사항이 포함되어야 한다(§5·①·15호·16호).

(다) 순환용 주택 : 순환용 주택에 거주하는 자가 도시개발사업이 완료된 후에도 순환용 주택에 계속 거주하기를 희망하는 때에는 대통령령으로 정하는 바에 따라 이를 분양하거나 계속 임대할 수 있다. 이 경우 계속 거주하는 자가 환지대상자이거나 이주대책대상자인 경우에는 대통령령으로 정하는 바에 따라 환지대상에 제외하거나 이주대책을 수립한 것으로 볼 수 있다(§21의2·③).

(라) 세입자 등을 위한 임대주택 건설용지의 공급 : 시행자는 도시개발사업에 따른 세입자 등의 주거안정 등을 위하여 제6조에 따른 주거 및 생활실태 조사와 주택수요 조사 결과를 고려하여 대통령령으로 정하는 바에 따라 임대주택 건설용지를 조성·공급하거나 임대주택을 건설·공급해야 한다(§21의3·①).

국가나 지방자치단체, 공공기관, 정부출연기관, 지방공사에 해당하는 자 중 주택의 건설·공급·임대를 할 수 있는 자는 시행자가 요청하는 경우 도시개발사업의 시행으로 공급되는 임대주택 건설용지나 임대주택을 인수해야 한다(§21의3·②).

시행자(임대주택 건설용지를 공급하는 경우에는 공급받는 자, 인수한 경우에는 그 인수자를 각각 말한다)가 도시개발구역에서 임대주택을 건설·공급하는 경우에 임차인의 자격, 선정방법, 임대보증금, 임대료 등에 관하여는 「임대주택법」 제20조 및 제21조에도 불구하고 대통령령으로 정하는 범위에서 그 기준을 따로 정할 수 있다. 이 경우 행정청이 아닌 시행자는 미리 시장·군수·구청장의 승인을 받아야 한다(§21의3·④).

② 원형지 개발방식에 의한 사업시행

(가) 원형지 개발승인과 원형지 공급 : 시행자는 도시를 자연친화적으로 개발하거나 복합적·입체적으로 개발하기 위하여 필요한 경우에는 대통령령으로 정하는 절차에 따라 미리 지정권자의 승인을 받아 ㉮ 국가나 지방자치단체, ㉯ 공공기관, ㉰ 지방공사, ㉱ 국가나 지방자치단체가 복합개발 등을 위하여 실시한 공모에서 선정된 자, ㉲ 원형지를 학교나 공장 등의 부지로 직접 사용하는 자에게 원형지를 공급하여 개발하게 할 수 있다. 이 경우 공급될 수 있는 원형지의 면적은 도시개발구역 전체 토지면적의 3분의1 이내로 한정한다(§25의2·①).

(나) 개발계획 및 공급계획 : 개발계획의 내용에는 원형지로 공급될 대상 토지 및 개발방향이 포함되어야 하고(§5·①·7의2), 시행자는 원형지를 공급하기 위해 지정권자에게 승인신청을 할 때에는 원형지의 공급계획을 작성하여 함께 제출해야 한다(§25의2·②). 원형지 공급계획에는 원형지를 공급받아 개발하는 자(이하 "원형지개발자"라 한다)에 관한 사항과 원형지의 공급내용 등이 포함되어야 하며(§25의2·③).

시행자는 원형지 개발자와 공급 계약을 체결한 후 원형지 개발자로부터 세부계획을 제출받아 이를 제17조에 따른 실시계획의 내용에 반영하여야 한다(§25의 2·④).

(다) 제한 : 지정권자는 원형지 개발 승인을 할 때에는 용적률 등 개발밀도, 토지용도별 면석 및 배치, 교통처리계획 및 기반시설의 실치 등에 관한 이행 조건을 붙일 수 있다(§25의 2·⑤).

원형지 개발자(국가 및 지방자치단체는 제외한다)는 10년의 범위에서 대통령령으로 정하는 기간 안에는 원형지를 매각할 수 없다. 다만, 이용주택이나 공공·문화시설 등 대통령령으로 정하는 경우로서 미리 지정권자의 승인을 받은 경우는 예외로 한다(§25의 2·⑥).

7) 조세 및 부담금 등의 감면 등

국가 또는 지방자치단체는 도시개발사업의 원활한 시행을 위하여 지방세특례제한법(§74 : 토지수용 등으로 인한 대체취득에 대한 비과세)·농지법(§38 : 농지보전부담금)·산지관리법(§19 : 대체산림자원조성비) 등이 정하는 바에 따라 지방세와 농지보전부담금·대체산림자원조성비 등을 감면할 수 있다(§71).

3. 농어촌정비법상 농업기반 등 정비사업에 있어서 공용환지

(1) 농업생산기반정비사업의 의의

1) 농업생산기반정비사업의 의의

농업생산기반정비사업(이하 '농업기반정비사업' 이라 한다)은 농지, 농어촌 용수 등의 자원을 효율적으로 이용하여 농업의 생산성을 제고할 수 있도록 사업시행지역의 토질, 토양, 경사도, 기후, 재배작목, 경제성 및 농업기반 정비사업에 참가할 수 있는 자격이 있는 자의 동의 등을 감안하여 종합적·체계적으로 시행함을 원칙으로 한다.

2) 농어촌 정비법의 제정 취지(목적)

종래에 도시에서의 공용환지는 토지구획정리사업법에 의거하여 행해지고, 농촌에서의 경지정리(농지개량사업)는 농어촌근대촉진법에 의거하여 행해졌었다. 그런데 농어촌 정비법(1994. 12. 22.)이 제정됨에 따라 농어촌지역에서의 공용환지가 새로 제정된 농어촌 정비법에 의거하여 행하여지게 되었다. 그런데 새로 제정된 농어촌정비법은 농어촌지역에서의 공용환지를 주목적으로 제정된 것은 아니다. 농어촌정비법은 농업생산기반, 농어촌 생활환경과 농어촌 관광휴양자원 및 한계농지 등을 종합적·체계적으로 정비·개발하여 농수산업의 경쟁력 향상과 농어촌 생활환경개선을 촉진함으로써 현대적인 농어촌 건설과 국가의 균형발전에 이바지함을 목적으로 제정된 것이다(§1). 공용환지에 관한 부분은 그 중의 일부분에 지나지 않는다. 아래에서는 농어촌 정비법에 규정되어 있는 공용환지에 대하여 살펴보고자 한다.

3) 기본 용어 정리

① **농어촌 정비사업**

농어촌 정비사업(이하 '정비사업'이라 한다)이라 함은 농업생산기반을 조성·확충하기 위한 농업생산기반 정비, 생활환경개선을 위한 농어촌 생활환경정비와 농어촌 관광휴양자원개발 및 한계 농지 등의 정비사업을 말한다(§2·4호).

② **농업생산기반정비사업**

농업생산기반정비사업이라 함은 다음 사업을 말한다(§2·5호).

㉮ 농어촌 용수의 개발사업

㉯ 경지정리, 배수개선, 농업생산기반시설의 개보수 및 준설 등 농업생산기반 개량사업

㉰ 농수산업을 주목적으로 하는 간척·매립·개간 등 농지확대개발사업

㉱ 농업주산단지 조성 및 영농시설 확충사업

㉲ 저수지, 담수호 등 호소와 늪 내의 수질 오염 방지와 수질 개선사업 및 농지의 토양 개선사업

㉳기타 농지의 개발 또는 이용을 위하여 필요한 사업

③ **농업생산기반시설**

농업생산기반시설이라 함은 농업생산기반정비사업으로 설치되거나 기타 농지의 보전이나 농업생산에 이용되는 저수지, 양수장, 관정(管井; 우물); 등 지하수리용시설, 배수장, 취입보(取入洑), 용·배수로, 웅덩이, 도로, 방조제, 제방 등의 시설물 및 그 부대시설과 농수산물의 생산·가공·저장·유통시설 등 영농시설을 말한다(§2·6호).

④ **농어촌 생활환경 정비사업**

농어촌 생활환경 정비사업이라 함은 농어촌 지역의 생활환경, 생활기반 및 편익·복지시설 등을 종합적으로 정비·확충하여 농업인 등의 복지를 향상시키기 위한 다음 사업을 말한다(§2·10호).

㉮ 집단화한 농어촌 주택, 공동이용시설 등을 갖춘 새로운 농어촌 마을의 건설사업

㉯ 기존 마을 토지·주택 등의 합리적인 재배치를 위한 농어촌 마을의 재개발사업

㉰ 분산된 마을의 정비사업

㉱ 간이상수도, 마을하수도 및 오수·폐수 정화시설의 설치 등 농어촌 수질오염방지를 위한 사업

㉲ 주민생활의 거점이 되는 지역을 중점적으로 개발하는 정주생활권 개발사업

㉳ 빈집의 철거·정비

㉴ 농어촌 임대주택의 공급 및 관리를 위한 사업

㉵ 치산 녹화 등 국토보전시설의 정비·확충

㈒ 농어촌 주택의 개량(신축·증축·개축 및 대수선을 말한다)사업

㈓ 그 밖에 농어촌지역과 준농어촌지역의 생활환경을 개선하기 위하여 필요한 사업

⑤ **농어촌 관광 휴양사업**

농어촌 관광휴양사업이라 함은 다음 사업을 말한다(§2·16호).

㉮ 농어촌관광휴양단지사업

㉯ 관광농원사업

㉰ 주말농원사업

㉱ 농어촌민박사업

⑥ **한계농지**

한계농지라 함은 농지법 제28조에 따른 농업진흥지역 밖의 농지 중에서 영농조건이 불리하여 생산성이 낮은 농지로서 대통령령으로 정하는 기준에 해당하는 농지를 말한다(§2·17호).

4) 농어촌정비법은 농업생산기반, 농어촌 생활환경과 농어촌 관광휴양자원 및 한계농지 등의 종합적이고 체계적인 정비·개발을 규정하고 있는 바, 공용환지는 이 중 농업생산기반 정비사업과 생활환경정비사업의 시행을 위하여 필요한 경우에 시행할 수 있도록 하고 있고(§25·①, §2·10호), 정비사업의 공사와 관련 없이 행하여지는 교환·분합 등에 관하여 규정하고 있다(§58 내지 §62).

(2) 농업기반 등 정비사업

1) 농업생산기반정비사업의 시행

① **시 행 자**

농업생산기반 정비사업(이하 '농업기반정비사업'이라 한다)의 시행자는 국가, 지방자치단체, 한국농어촌공사 또는 토지소유자가 된다. 다만, 농업수산 단지조성 및 영농시설 확충사업은 농업협동조합도 시행자가 될 수 있다(§10).

② **농업생산기반정비계획 및 예정지 조사**

농림수산식품부장관은 농어촌정비를 위하여 자원조사를 할 수 있는 바(§3), 자원조사 결과와 농어촌정비종합계획을 기초로 논농사, 밭농사 시설농업 등 지역별·유형별 농업생산기반 정비계획을 수립·추진하고(§7·①), 시행자의 신청이 있거나 필요하다고 인정하는 경우에는 농업생산기반정비계획에 따라 당해 지역에 대한 예정지 조사를 실시하여야 한다(§7·②).

③ **농업생산기반정비사업의 기본계획 및 시행계획**

농림수산식품부장관은 예정지 조사결과 농업기반 정비사업 중 타당성이 있다고 인정되는 사업에 대하여는 당해 지역에 대하여 기본 조사를 실시하고 농업생산기반정비사업 기본계획을 수립하여야 하고(§8), 농업생산기반정비사업 기본계획에 따라 사업을 시행하고자 할

때에는 당해 지역에 대한 세부설계를 실시하고, 농업생산기반정비사업 시행계획을 수립하여야 한다(§9·②).

㉮ 사업시행자의 지정 : 농림수산식품부장관 또는 시·도지사는 농업생산기반정비사업 기본계획 중 타당성이 있는 농업생산기반 정비사업에 대하여는 농업생산기반정비사업 시행자를 지정하여야 한다(§9·①).

㉯ 시행계획의 공고·동의 : 농업생산기반정비사업 시행자는 동 시행계획이 수립된 지역에 사업을 시행하고자 할 경우에는 당해 농업기반정비사업 시행계획을 공고하고 그 시행계획을 농업기반 정비 사업에 참가할 수 있는 자격이 있는 자에게 열람시켜야 하며 3분의 2 이상의 동의를 얻어야 하고(§9·③). 농림수산식품부령이 정하는 특수한 사유로 인하여 이러한 동의를 얻을 수 없는 경우에는 그 지역 내의 수혜면적의 3분의 2 이상에 해당하는 토지소유자의 동의를 얻어야 한다(§9·④).

㉰ 이의신청 : 공고된 농업기반정비 사업에 참가할 수 있는 자격이 있는 자가 당해 농업기반정비사업 시행계획에 대하여 이의가 있을 때에는 공고일부터 30일 이내에 농업생산기반정비사업 시행자에게 이의신청을 할 수 있다(§9·⑤). 시행자는 이의신청일부터 30일 이내에 이의신청에 대한 검토의견을 이의 신청인에게 알려야 하고, 이의신청 내용이 타당하면 농업생산기반정비사업 시행계획에 그 내용을 반영해야 한다(§9·⑤).

㉱ 사업시행인가 및 시행계획의 변경 : 농업생산기반정비사업 시행자는 농업생산기반정비사업 시행계획을 수립하면 농림수산식품부령으로 정하는 서류를 첨부하여 농림수산식품부 장관에게 승인을 신청하여야 한다. 다만, 제2조 제5호 나목의 경지정리, 농업생산기반시설의 개수·보수 및 준설사업은 시·도지사에게 승인을 신청하여야 한다(§9·⑥). 농림수산식품부 장관 또는 시·도지사는 농업생산기반 정비사업 시행계획을 승인한 경우는 그 내용을 고시하여야 한다(§9·⑦).

④ 수몰이주민에의 지원금

농업생산기반 정비사업 시행자는 수몰이주민(저수지 축조·개수 또는 보수의 농업생산기반정비사업 시행으로 생활의 근거를 상실하게 되는 자로서 "토지보상법" 제78조 제1항에 따른 이주대책 대상자를 말한다) 중 이주정착지에 이주하지 아니하는 자와 그 밖에 대통령령으로 정하는 자에게 이주정착금 지원 및 생활안정 지원금을 지급할 수 있다(§110조의2)고 규정하여 수몰이주민이 조기에 정착하여 안정적인 생활을 영위할 수 있도록 하였다.

2) 농어촌 생활환경 정비사업의 시행

① 시 행 자

생활환경정비사업은 시장·군수, 구청장이 시행한다. 다만, 시장·군수·구청장은 생활환경정비사업을 효율적으로 추진하기 위하여 사업의 전부 또는 일부에 대하여 ㉠ 한국농어촌공사, ㉡ 제57조 제1항에 따라 설립된 마을정비조합, ㉢ 시장·군수·구청장, 한국농어촌공사 또는 마을정비 조합이 한국토지주택공사 또는 주택건설사업자와 공동으로 출자하여 설립한 법인, ㉣ 농어촌 주택의 소유자(빈집정비, 농어촌주택의 개량사업에만 해당)를 사업시행자로 지정할 수 있다(§56·①). 시·도지사 또는 시장·군수·구청장은 사업시행자를 지정할 때 제103조에 따른 마을정비구역지정 제안자를 우선적으로 사업시행자로 지정할 수 있다(§56·②). 시장·군수·구청장은 제2조 제10호 가목 및 나목에 해당하는 생활환경정비사업을 효율적으로 추진하기 위하여 필요하면 한국농어촌공사, 한국토지주택공사 및 주택건설사업자에게 사업의 전부 또는 일부를 위탁하여 시행하게 할 수 있다(§56·③).

② 생활환경정비계획·생활환경정비사업기본계획·생활환경정비사업시행계획의 수립

(가) 시장·군수·구청장은 생활환경정비사업을 시행할 필요가 있으면 5년마다 생활환경정비계획을 세워 시·군·구 농어업·농어촌 및 식품산업정책심의회 심의를 거쳐 시·도지사의 승인을 받아야 하며, 승인을 받은 경우에는 생환환경정비계획을 고시하고, 일반인에게 열람하도록 하여야 하고, 생활환경정비계획을 승인한 시·도지사는 농림수산식품부 장관에게 보고하여야 한다(§54·①·②·③).

(나) 시장·군수·구청장은 생활환경정비계획에 포함된 사항을 추진하기 위해 필요한 경우 세부사업별로 생활환경정비사업 기본계획을 수립할 수 있고, 그 기본계획을 수립하는 경우에는 미리 해당 사업지역 주민의 의견을 듣고 시·도지사 및 관계기관과 협의하고 이를 고시해야 한다(§58).

(다) 생활환경정비사업 시행자가 생활환경정비사업을 추진하려면 생활환경정비계획, 생활환경정비사업 기본계획, 제101조에 따른 농어촌 마을 정비계획에 따라 생활환경정비사업 시행계획을 수립하여야 한다(§59·①). 다만, 생활환경정비사업 시행계획을 세울 때 국토의 계획·이용법에 따른 도시관리계획이 수립되어 있는 지역에 대하여는 해당 도시관리계획에 따라 생활환경정비사업 시행계획을 수립할 수 있다(§59·① 단서).

생활환경정비사업 시행자가 시장·군수·구청장인 경우는 생활환경정비사업 시행계획을 세워 사업을 시행하고, 시장·군수·구청장 이외의 생활환경정비사업 시행자는 생활환경정비사업 시행계획을 세워 시장·군수·구청장에게 승인을 받아(제2조 제10호 가목 및 나목의 사업인 경우는 시·도지사의 승인을 받아), 고시하고 일반인에게 열람하도록 하여야 한다(§59·②·③·④).

③ 사업시행자 지정 특례

한국농어촌공사가 생활환경정비사업 시행자나 위탁 시행자로 지정되면 「주택법」 제2조 제7호에 따른 사업주체로 보고, ㉮ 임대주택법 제6조에 따른 임대사업자의 등록, ㉯ 건축사법 제28조에 따른 건축사 업무신고를 한 것으로 본다(§63).

④ 마을정비구역의 지정

시·도지사는 농어촌 정비 사업을 종합적·계획적으로 시행하기 위하여 시장·군수·구청장의 요청을 받아 마을정비 구역을 지정할 수 있다(§101·①). 시장·군수·구청장은 마을정비 구역의 지정을 요청하려면 농어촌마을정비계획(이하 "마을정비계획"이라 한다)을 수립하여, 시·군·구 농어업·농어촌 및 식품산업정책 심의회 심의를 거쳐야 한다(§101·②). 마을정비구역의 지정을 요청받은 시·도지사는 관계행정기관의 장과 협의한 후 마을정비구역을 정비할 수 있고, 마을정비구역이 지정되면 이를 고시하고, 관계행정기관의 장 및 해당 마을정비구역을 관할하는 시장·군수·구청장에게 관계서류 사본을 보내야 하며 관계서류를 받은 시장·군수·구청장은 이를 일반인이 열람하게 하여야 한다(§101·④·⑦). 마을정비구역이 지정·고시된 경우 제8조에 따른 농업생산기반정비사업 기본계획의 수립, 제54조에 따른 생활환경정비계획의 수립, 제94조에 따른 한계농지 등 정비지구의 지정·고시 등에 관하여 미리 관계행정기관의 장과 협의한 사항은 제7항에 따라 고시된 정비계획의 내용에 따라 그 지정·수립·승인 등이 있는 것으로 본다(§101·⑧).

3) 준공검사

정비사업의 시행자가 정비사업을 완료한 때에는 지체 없이 정비사업의 시행·사업계획 승인권자에게 준공검사를 받아야 한다. 다만, 정비사업의 효율적인 추진을 위하여 필요한 경우에는 해당 정비사업이 전부 완료되기 전이라도 완공된 부분에 대하여 준공검사를 받을 수 있다(§114·①).

(3) 환지계획

1) 환지계획의 수립

농업생산기반정비사업과 생활환경정비사업(이하 '농업기반 등 정비사업'이라 한다)의 시행자는 농업기반 등 정비사업 시행을 위하여 필요한 경우에는 사업시행 전의 토지를 대신하여 사업 시행 후의 토지를 정하고, 이로 인하여 생긴 이해관계의 불균형을 금전으로 청산하게 하기 위한 환지계획을 수립하여야 한다(§25·①, §62).

농업생산기반정비사업시행에 따른 환지는 영농경영의 합리화에 기여할 수 있도록 집단 지정하여야 하고, 농경지 지정을 원칙으로 한다. 다만, 생활환경정비사업의 병행시 토지소유자의 신청 또는 동의가 있을 경우에는 비농경지를 지정할 수 있다(§25·②, ⑤). 환지를 받을 수 있는 자는 등기부상 토지소유자로 해야 한다(§25·③).

환지로 지정되는 면적은 대통령령으로 정하는 바에 따라 산정한 면적과 비교하여 토지소유자별로 증감 폭이 100분의 20 이내가 되도록 하여야 한다. 다만, 산적한 면적의 100분의20에 해당하는 면적이 1천 제곱미터 미만이면 천 제곱미터까지 증감할 수 있다(§25·⑥). 국공유지 또는 한국농촌공사 소유토지 외의 토지 중 지목이 구거, 도로, 하천, 제방 또는 유지인 토지로서 실제 경작하지 아니한 경우와 환지계획구역 안에 1천 제곱미터 이하의 토지소유자가 있는 경우에는 환지를 지정하지 아니하고 금전으로 청산한다. 다만, 수혜자 총회의 의결(대의원회의 의결로수혜자 총회의 의결에 갈음하는 경우를 포함한다)이 있는 경우에는 1천 제곱미터 이하의 토지소유자에 대하여도 환지를 지정할 수 있다(§25·⑦).

2) 환지계획의 인가

농업기반 등 정비사업시행자는 농업기반 등 정비사업의 공사를 준공한 후 그 사업의 성질상 필요한 경우에는 지체 없이 당해 농업기반 등 정비사업을 시행하는 지역에 대하여 환지계획을 작성하여 시·도지사의 인가를 받아야 한다. 다만, 수혜면적이 3천만 제곱미터 이상인 사업은 농림수산식품부장관의 인가를 받아야 한다(§26·①). 농업기반 등 정비사업 시행자는 인가를 받고자 할 때에는 환지계획의 개요, 기타 필요한 상항을 14일 이상 공고하고 그 구역 안의 토지 등 소유자에게 개별 통지 하여야 하며, 토지 등 소유자의 3분의 2 이상의 동의를 얻어야 한다(§26·②). 공고된 환지계획에 이해관계가 있는 자가 그 환지계획에 대하여 그 공고가 끝난 날부터 15일 이내에 농업생산기반정비사업 시행자에게 이의신청을 할 수 있다(§26·③). 농업기반 등 정비사업 시행자는 이의신청이 없거나 재정(裁定)을 한 때에는 농림수산식품부령이 정하는 필요한 서류를 첨부하여 농림수산식품부장관 또는 시·도지사에게 환지계획 인가신청을 하여야 한다(§26·⑤). 농림수산식품부장관 또는 시·도지사는 인가를 한 때에는 지체 없이 그 사실을 고시하고 이를 시장·군수와 등기소에 통지하여야 한다(§26·⑥).

(4) 창설환지 및 입체환지(환지의 지정)

1) 창설환지

환지는 종전의 토지에 대신하여 정하는 것이나, 예외적으로 창설적으로 특정 용도에 필요한 토지를 환지로 정할 수 있는 바 이를 창설환지라 한다. 농업기반 등 정비사업시행자는 당해 사업계획에서 정하여진 다음 사항의 용도에 필요한 토지를 환지로 정할 수 있다(§34). ㉠ 당해 사업시행상 필요하여 새로이 조성된 농업기반시설의 용지, ㉡ 미곡 종합처리장, 공동집하장 등 농업경영의 합리화 및 농수산업 구조개선을 목적으로 하는 시설의 용지, ㉢ 기타 농어촌 발전과 농어민 복지향상을 위한 시설로써 대통령령으로 정하는 시설의 용지.

창설환지의 경우에는 국가, 지방자치단체, 사업시행자 및 농림수산식품부령으로 정하는 자 중에서 사전에 그의 동의를 받은 자에게 환지를 지정한다. 다만, 농업생산기반정비사업 시행자에게 농업기반시설용지를 환지로 지정하는 경우에는 별도의 동의를 요하지 않는다(§34·②). 창설환지를 정하는 경우에는 농림수산식품부령이 정하는 것을 제외하고는 금전에 의한 청산을 하되 당해 환지계획에서 그 금액의 지불 및 징수의 방법과 시기를 정하여야 한다(§34·③).

2) 입체환지

농업기반 등 정비사업시행자는 그 토지소유자의 신청 또는 동의가 있을 경우에는 종전 토지에 대신하여 사업시행으로 조성된 부지를 포함하는 건축물의 일부 또는 전부를 환지로 정할 수 있다(§34·⑥).

(5) 일시이용지의 지정

시행자는 농업기반 등 정비사업에 관한 공사가 준공되기 전이라도 필요한 경우에는 당해 사업지역 내의 토지에 대하여 종전의 토지에 대신할 일시이용지를 지정할 수 있다(§38·①). 일시이용지는 도시개발사업의 경우의 환지 예정지에 해당하는 것으로서, 그 지정의 절차나 효과 등이 환지 예정지의 지정과 유사하다(§38·② 내지 ⑤). 농업기반 등 정비사업 시행자는 일시이용지 지정으로 인하여 보통 생길 손실을 보상해야 하며, 일시 이용지의 지정으로 인하여 이익을 받는 자로부터 그 이익에 상당하는 금액을 징수할 수 있다(§38·⑥ 내지 ⑧).

(6) 환지처분

환지처분이란 농업기반 등 정비사업이 완료된 후에 종전의 토지에 갈음하여 새로운 토지를 교부하는 형성적 처분이다. 환지처분은 환지계획 내용의 실행행위로서의 성질을 갖는바, 농림수산식품부장관 또는 시·도지사가 행하는 환지계획인가의 고시가 바로 환지처분에 해당한다. 환지처분의 고시가 있는 경우에는 환지계획에 의하여 교부될 환지는 환지계획을 고시한 날의 다음날부터 이를 종전토지로 보며, 그 환지계획에 의하여 환지를 정하지 아니할 종전토지에 존재하는 권리는 그 고시가 있은 날에 소멸된 것으로 본다(§37·①).

그러나 행정상 또는 재판상의 원본에 의하여 종전의 토지에 전속하는 권리에 대하여는 영향을 미치지 아니한다(§37·④). 종전의 토지와 환지와의 과부족분에 대하여는 청산금을 지불하거나 징수하게 된다(§37·⑤). 이 경우 청산금은 환지인가가 있는 날부터 90일 이내에 청산하여야 한다(§37·⑤).

환지계획에서 정하여진 창설환지는 환지계획의 인가를 고시한 날의 다음날에 환지를 교부받은 자가 취득한 것으로 본다(§37·②).

농업기반 등 정비사업시행자는 환지계획의 인가가 있을 때에 지체 없이 당해 환지처분에 관한 토지 및 건물에 관한 등기를 촉탁하여야 한다(§42·①).

(7) 수혜자 총회

종전의 토지 및 사업시행 후 토지의 평정가격, 등급결정, 환지구역 분할 등과 이 법에 규정되지 아니한 기타 중요한 사항의 결정은 당해 농업기반 등 정비사업을 시행하는 지역의 수혜자 총회의 의결을 거쳐야 한다. 다만, 당해 지역의 수혜자 총수가 100인을 초과하는 경우에는 대의원회의 의결로 수혜자 총회의 의결에 갈음할 수 있다(§40·①).

(8) 교환·분합

1) 교환·분합의 의의

여기서의 교환·분합이란 농업기반 등 정비사업의 공사와는 관련없이 농지에 관한 권리, 그 농지의 이용에 필요한 토지에 관한 권리 및 농업기반시설과 물의 사용에 관한 권리의 교환·분합을 말한다. 농업기반 등 정비사업의 공사와는 관련이 없다는 점에서 환지처분과 구분된다. 이하의 설명은 주로 농지의 소유권에 대한 교환·분합을 대상으로 하지만 농지에 관한 소유권 외의 지상권·임차권 또는 사용차권에 대한 교환·분합에 대하여도 준용된다(§43, §46).

2) 교환·분합의 유형

① 시장·군수 또는 한국농어촌공사의 교환·분합

시장·군수 또는 한국농어촌공사는 농지소유자 2인 이상의 신청이 있거나 신청이 없더라도 토지 소유자의 동의를 얻은 때에는 농지에 관한 권리, 그 농지의 이용에 필요한 토지에 관한 권리 및 농업기반 시설과 물의 사용에 관한 권리의 교환·분합을 시행할 수 있다(§43·①).

② 토지소유자의 교환·분합

2인 이상의 토지소유자는 농지의 집단화를 위하여 필요한 경우 상호 협의에 의하여 교환·분합을 시행할 수 있다(§43·④).

3) 교환·분합의 절차

① 교환·분할·합병계획의 작성·인가·고시

시장·군수 또는 한국농어촌공사가 교환·분합을 시행하는 때에는 교환·분합계획을 작성하여 시·도지사의 인가를 받아 그 개요를 고시하고 이를 시장·군수와 등기소에 통지하여야 한다(§43·②).

② 시행자 지정·사업시행인가 신청 등

시·도지사가 교환·분합 계획의 인가를 하고자 하는 때에는 시행계획을 수립하여 당해 지역의 사업시행자를 지정해야 하고, 당해 시행계획을 공고하고 토지에 대한 권리를 가지고 있는 자에게 열람시켜야 하며, 농지소유자의 3분의 2 이상의 동의를 얻어야 한다. 이의신청이 없거나 재정을 한 때에는 대통령령이 정하는 서류를 첨부하여 시행자가 시장·군수 또는 농촌공사인 경우에는 농림수산식품부장관에게, 토지소유자인 경우에는 시·도지사에게 각각 사업시행인가를 신청해야 하고, 농림수산식품부장관 또는 시·도지사가 사업시행인가를 한 때에는 지체 없이 시행자에게 통지하고 그 인가내용을 고시하여야 한다(§43·③).

③ 교환·분합의 결정방법

교환·분합계획을 작성함에 있어서는 농지소유자가 새로이 취득할 농지의 면적과 가격은 그가 상실한 농지의 면적과 가격에 비하여 현저한 차이가 없도록 하여야 한다(§44·①). 농지의 소유권에 대한 교환·분합 계획에는 교환·분합에 의하여 소유권자가 취득할 농지와 상실할 농지 및 소유권의 이전 시기를 정해야 한다(§44·③). 처분의 제한이 있는 농지로서 농림수산식품부령이 정하는 것과 지상권 또는 임차권이 설정된 농지로서 당해 권리가 압류·가압류 또는 가처분의 목적으로 되어 있는 것에 대하여는 교환·분할·합병계획을 정하지 못한다(§44·②).

4) 교환·분합의 효과

교환·분합계획의 인가·고시가 있는 때에는 그 고시된 교환·분할·합병계획에 의하여 소유권은 이전되고 저당권·지상권·임차권 또는 사용차권이 설정되며 이에 대응하는 종전의 권리는 소멸되고, 지역권은 설정되거나 소멸된다(§45).

5) 교환·분합의 청산금 등

시장·군수·구청장 또는 한국농어촌공사는 교환·분합계획의 인가 고시가 있는 때에는 그 고시된 교환·분합계획에 의하여 청산금을 지불하거나 징수하여야 한다(§47·①).

Ⅱ. 도시 및 주거환경 정비법에 의한 공용환권

1. 개 설

(1) 공용환권의 의의·성질·특색·연혁

1) 의의·특색

공용환권이란 일정한 지역 안에서 토지와 건축물 등 도시공간의 효용을 증대시키기 위한 사업을 실시하기 위하여 토지의 구획이나 형질을 변경하여 토지 및 건축물의 소유권 및 기타의 권리를 권리자의 의사와 관계없이 토지정리 후에 새로 건축된 건축물 및 토지에 관한 권리로 강제적으로 교환·분합하는 입체적 변환을 말한다. 토지 및 건축물의 이용가치 증진을 위하여 직접 토지 및 건축물에 관한 권리에 대하여 강제적으로 부담(물권적 변동)을 과한다는 점에 물적 공용부담의 일종이다.

공용환권은 공익개발사업을 토지의 수용에 의해 행하지 않고 권리의 교환·분합에 의해 행하는 점에서 공용환지와 같으나, 공용환지는 원칙상 토지에 대한 권리의 교환·분합하는 평면적인 점에서, 공용환권은 토지뿐만 아니라 건축물에 대한 권리도 포함하여 교환·분합하는 입체적인 점에서 다르다. 즉 새로 취득되는 권리가 종전의 내용과 동질적인 것이 아니라는 점에서 공용환지와 다르다. 성질상으로는 공용환지의 변형이라 할 수 있다.

2) 연 혁

공용환권은 도시개발사업의 일환으로 실시되어 왔다. 우리나라의 재개발사업은 1971년에 전면 개정된 구 도시계획법상에 처음으로 도입되었고, 1976년 말에 구 도시재개발법이 제정되면서 독립적으로 규율하고 있었다. 구 도시재개발법은 그 뒤 몇 차례 개정되었다. 특히 1995년의 전면 개정은 ① 종전의 도심지재개발사업·주택재개발사업에 공장재개발사업을 추가한 점, ② 지방자치단체의 권한을 확대한 점, ③ 순환재개발방식을 채택함으로써 공사기간 중 주민의 주거안정을 기한 점, ④ 재개발사업인가를 받은 경우, 다른 법률에 의한 인·허가를 받은 것으로 간주하는 집중효제도를 채택한 점 등 많은 개선·발전을 가져왔다. 반면, 토지 등의 소유권자만 보호하고, 구가옥의 임차권자 또는 전세권자 등 사회적 약자에 대한 보호가 실질적으로 결여되었다는 비판을 받기도 하였다.[273]

그러다가 2002년 12월 30일에 구 도시재개발법은 폐지되고 대신 「도시및주거환경정비법」이 제정되었다. 「도시및주거환경정비법」은 개별법으로 운영되던 주택재정비사업의 통합 및 종합관리로 사업의 일관성과 「선계획·후개발」에 입각한 도시 관리를 도모하고, 재개발·재건축·주거환경개선 등 정비사업의 제도운영상 나타났던 문제점들을 보완하였는 바, ① 종래 도시재개발법에 의한 재개발사업 및 도시 환경정비사업, ② 종래 「도시저소득주민의주거환경개선을위한임시조치법」에 의한 주거환경 개선사업, ③ 종래 「주택건설촉진법」에 의한 재건축사업 등이 각각 개별법으로 규정되어 이에 관한 제도적 뒷받침이 미흡하므로 이를 보완하여 단일·통합법으로 하여 일관성 있고, 종합적이고 체계적으로 관리되게 되었다. 「도시및주거환경정비법」에 새로이 채택된 주요한 것으로는 ① 정비사업의 시공사는 사업시행인가 후 경쟁입찰을 통하여 선정하도록 한 점(§8, §11), ② 정비사업의 추진위원회를 제도화하여 조합의 설립 등 사업추진 준비를 하도록 하는 등 그 역할을 명확히 하여 사업추진과 관련된 분쟁 및 비리요인을 제거한 점(§13~ §15), ③ 관리처분계획의 수립시의 재산평가 방법을 구체적으로 정하여 조합원과의 분쟁을 예방하였고(§20, §48), ④ 정비사업의 시공사로부터 의무적으로 시공보증을 받도록 하여 조합원의 피해를 최소화한 점(§51), ⑤ 정비사업의 시행을 위하여 필요한 사항을 위탁받거나 자문할 수 있는 정비사업전문관리업 제도를 도입하여 조합의 비전문성을 보완한 점(§69~ §74) 등을 들 수 있다.

2010. 4. 15일 동법 개정에서는 ① 재개발·재건축 사업진행시 공공부문의 역할을 강화함으로써 정비사업의 투명성과 효율성을 높이기 위하여 '공공관리제도'를 도입하고(§77 의4), ② 조합장 선거 등을 '선거관리위원회에 위탁'할 수 있도록 하고(§21 ③), ③ 추진위원회의 조합설

273) 김남진, 김연태(Ⅱ), 585쪽.

립인가 신청서류에 관하여 이 법 시행규칙에서 지방자치단체의 조례로 정하도록 하고 있으나, 하위 법령의 개정만으로 조례위임 규정이 없어져 지방자치단체의 자치입법권이 침해받을 우려가 있어 조례위임 규정을 법률에서 정하도록 하였다(§16①).

(2) 기본 용어 정리(§2)

1) 정비구역

정비사업을 계획적으로 시행하기 위해 제4조의 규정에 의해 지정·고시된 구역

2) 정비사업

도시 및 주거환경정비법에서 정한 절차에 따라 도시기능을 회복하기 위해 정비구역 안에서 정비기반시설을 정비하고 주택 등 건축물을 개량하거나 건설하는 다음 사업을 말한다.

① 주거환경개선사업

도시저소득주민이 집단으로 거주하는 지역으로서 정비기반시설이 극히 열악하고 노후·불량건축물이 과도하게 밀집한 지역에서 주거환경을 개선시키기 위해 시행하는 사업

② 주택재개발사업

정비기반시설이 열악하고 노후·불량건축물이 밀집한 지역에서 주거환경을 개선키기 위해 시행하는 사업

③ 주택재건축사업

정비기반시설은 양호하나 노후·불량건축물이 밀집한 지역에서 주거환경을 개선키 위해 시행하는 사업

④ 도시환경정비사업

상업지역·공업지역 등으로서 토지의 효율적 이용과 도심 또는 부도심 등 도시기능의 회복이나 상권활성화 등이 필요한 지역에서 도시환경을 개선시키기 위해 시행하는 사업

다만, ③의 경우에는 정비구역이 아닌 구역에서 시행하는 주택재건축사업을 포함한다.

3) 노후·불량건축물

다음 사항에 해당하는 건축물을 말한다.

① 건축물이 훼손되거나 일부가 멸실되어 붕괴 그 밖의 안전사고의 우려가 있는 건축물

② 다음의 요건에 해당하는 건축물로서 대통령령이 정하는 건축물

㉮ 주변 토지의 이용 상황 등에 비추어 주거환경이 불량한 곳에 소재할 것

㉯ 건축물을 철거하고 새로운 건축물을 건설하는 경우 그에 소요되는 비용에 비하여 효용의 현저한 증가가 예상될 것

③ 도시미관의 저해, 건축물의 기능적 결함, 부실시공 또는 노후화로 인한 구조적 결함

등으로 인하여 철거가 불가피한 건축물로서 대통령령이 정하는 건축물

④ 정비기반시설

도로·상·하수도·공원·공용주차장·공동구(국토의 계획·이용법 제2조 제9호의 규정에 의한 공동구를 말한다) 그 밖에 주민의 생활에 필요한 가스 등의 공급시설로서 대통령령이 정하는 시설

4) 공동이용시설

주민이 공동으로 사용하는 놀이터·마을회관·공동작업장 그 밖에 대통령령이 정하는 시설

5) 토지 등 소유자

다음의 자를 말한다.

① 주거환경개선사업·주택재개발사업 또는 도시환경정비사업의 경우에는 정비구역 안에 소재한 토지 또는 건축물의 소유자 또는 그 지상권자

② 주택재건축사업의 경우에는 ㉮ 정비구역 안에 소재한 건축물 및 그 부속토지의 소유자 ㉯ 정비구역이 아닌 구역 안에 소재한 대통령령이 정하는 주택 및 그 부속 토지의 소유자와 부대·복리시설 및 그 부속 토지의 소유자

6) 주택공사 등

대한주택공사법에 의해 설립된 대한주택공사 또는 지방공기업법에 의해 주택사업을 수행하기 위하여 설립된 지방공사

7) 정관 등

다음의 것을 말한다.

① 제20조의 규정에 의한 정관

② 토지 등 소유자가 자치적으로 정하여 운영하는 규약

③ 시장·군수 또는 자치구의 구청장(이하 '시장·군수'라 한다) 또는 주택공사 등이 제30조 제8호의 규정에 의하여 작성한 시행규정

(3) 정비사업의 의의 및 종류

정비사업에는 ① 주거환경개선사업, ② 주택재개발사업, ③ 주택재건축사업, ④ 도시환경정비사업이 있고, 각각의 의의는 위에 설명한 바 있다.

2. 기본계획의 수립 및 정비구역의 지정

(1) 기본계획(도시·주거환경정비기본계획)의 수립

특별시장·광역시장 또는 시장은 ① 정비사업의 기본방향, ② 정비사업의 계획기간, ③

인구·건축물·토지이용·정비기반시설·지형 및 환경 등의 현황, ④ 주거지 관리계획, ⑤ 토지이용계획·정비기반시설계획·공동이용설치계획 및 교통계획, ⑥ 녹지·조경·에너지공급·폐기물 처리 등에 관한 환경계획, ⑦ 사회복지시설 및 주민문화시설 등의 설치계획, ⑦-2 도시의 광역적 재정비를 위한 기본방향, ⑧ 정비구역으로 지정할 예정인 구역의 개략적 범위, ⑨ 단계별 정비사업 추진계획, ⑩ 건폐율·용적률 등에 관한 건축물의 밀도계획, ⑪ 세입자에 대한 주거안정대책 등이 포함된 「도시·주거환경정비기본계획」(이하 '기본계획'이라 한다)을 10년 단위로 수립하여야 하며, 5년마다 그 타당성 여부를 검토하여 그 결과를 기본계획에 반영하여야 한다(§3·①·②).

기본계획을 수립 또는 변경하고자 하는 때에는 14일 이상 주민에게 공람하고 지방의회의 의견을 들은 후 지방도시계획위원회의 심의를 거쳐야 한다(§3·③).

시장이 기본계획을 수립·변경하는 때에는 도지사의 승인을 얻어야 하며, 도지사가 이를 승인함에 있어서는 지방도시계획위원회의 심의를 거쳐야 한다(§3·④).

시·도지사는 지방도시계획위원회의 심의를 거치기 전에 관계 행정기관의 장(국토해양부장관을 포함한다)과 협의해야 한다. 기본계획이 수립·변경된 때에는 이를 지체 없이 당해 지방자치단체의 공보에 고시하여야 하며, 국토해양부장관에게 보고하여야 한다(§3·⑤·⑥·⑦).

(2) 정비계획의 수립 및 정비구역의 지정과 행위제한

1) 정비계획의 수립

시장·군수는 기본계획에 적합한 범위 안에서 노후·불량건축물이 밀집하는 등 대통령령이 정하는 요건에 해당하는 구역에 대하여 ① 정비사업의 명칭, ② 정비구역 및 그 면적, ③ 국토의 계획·이용법(§2·7호)상 도시계획시설의 설치에 관한 계획, ④ 공동이용시설 설치계획, ⑤ 건축물의 주용도·건폐율·용적률·높이·층수 및 연면적에 관한 계획, ⑥ 도시 경관과 환경보전 및 재난방지에 관한 계획, ⑦ 정비구역 주변의 교육환경보호에 관한 계획 ⑧ 정비사업시행 예정시기, ⑨ 국토의 계획, 이용법 제52조 제1항(지구단위계획) 각 호의 사항에 관한 계획(필요한 경우에 한한다)이 포함된 정비계획을 수립하여 14일 이상 주민에게 공람하고 지방의회의견을 들은 후 이를 첨부하여 시·도지사에게 정비구역을 신청하여야 한다(§4·①).

그러나 지방자치법 제3조 제3항에 따라 자치구가 아닌 구가 설치된 시(이하 "대도시"라 한다)의 시장은 시·도지사에게 정비구역지정을 신청하지 아니하고 직접 정비구역을 지정한다(신설 §4·②).

2) 정비구역의 지정

정비구역은 정비사업을 계획적으로 시행하기 위하여 지정·고시된 구역을 말한다(§2·1호). 시장·군수로부터 정비구역(또는 변경)지정의 신청을 받은 시·도지사 또는 대도시의 시장은 정비구역을 지정(또는 변경지정)하고자 하는 경우에는 지방도시계획위원회와 건축위원회(건축법 §4)가 공동으로 하는 심의를 거쳐 지정 또는 변경하여야 한다(§4·③).

시·도지사 또는 대도시의 시장은 정비구역을 지정(또는 변경지정)한 경우에는 그 내용을 당해 지방자치단체의 공보에 고시하고 주민설명회를 거친 후 국토해양부장관에게 그 지정내용(또는 변경지정내용)을 보고하여야 한다(§4·④). 정비구역의 지정(또는 변경지정)에 대한 고시가 있는 경우 당해 정비구역 및 정비계획 중 국토의 계획·이용법 제52조 제1항 각 호의 1에 해당하는 사항(지구단위계획의 내용)은 동법 제49조(지구단위계획의 구분) 및 제51조(지구단위계획구역의 지정)의 규정에 의한 제1종 지구단위계획구역 및 제1종 지구단위계획으로 결정·고시된 것으로 본다(§4·⑤). 국토의 계획·이용법에 의한 지구단위계획구역에 관하여 제1항 각 호의 사항(정비계획수립의 내용)을 모두 포함한 지구단위계획을 결정·고시하는 경우 당해 지구단위계획구역은 정비구역으로 지정·고시된 것으로 본다(§4·⑥).

정비계획을 통한 토지의 효율적인 활용을 도모하기 위하여 국토의 계획·이용법 제52조 제3항의 규정에 의한 「건폐율 등의 완화 규정」은 제1항의 규정에 의한 정비계획에 관하여 이를 준용한다. 이 경우 "지구단위계획구역"은 "정비구역"으로 "지구단위계획"은 "정비계획"으로 본다(§4·⑦).

시장·군수는 정비계획의 내용 중 재건축임대주택에 관한 사항(제1항 제7호의 2)에 대하여는 재건축임대주택을 공급받을 자(이하 '인수자'라 한다: 제30조의 2 제2항)와 미리 협의하여야 한다(§4·⑧).

시장·군수는 정비사업을 효율적으로 추진하기 위하여 필요하다고 인정하는 경우에는 제4조의 규정에 의한 정비구역을 2 이상의 구역으로 분할할 수 있다(§34).

3) 행위제한(허가제)

정비구역 안에서 건축물의 건축, 공작물의 설치, 토지의 형질변경, 토석의 채취, 토지분할, 물건을 쌓아두는 행위 등 대통령령이 정하는 행위를 하고자 하는 자는 시장·군수의 허가를 받아야 한다. 허가받은 사항을 변경하고자 하는 때에도 또한 같다(§5·①).

시장·군수는 제1항의 규정에 위반한 자에 대하여 원상회복을 명할 수 있다. 이 경우 명령을 받은 자가 그 의무를 이행하지 아니하는 때에는 시장·군수는 「행정대집행법」에 따라 이를 대집행할 수 있다(§5·④). 제1항의 규정에 따라 허가를 받은 경우에는 국토의 계획·이용법 제56조(개발행위의 허가)의 규정에 따라 허가를 받은 것으로 보며, 동법 제57조 내지 제60조 및 제62조의 규정을 준용한다(§5·⑤,⑥).

(3) 주택의 규모 및 건설비율

국토해양부장관은 주택수급의 안정과 저소득 주민의 입주기회를 확대하기 위하여 정비사업으로 건설하는 주택에 대하여 대통령령이 정하는 범위 안에서 ① 정비사업으로 공급하는 주택의 최대·최소 규모 또는 주택의 규모별 면적이 전체 연면적에서 차지하는 비율(이 경우 면적 또는 비율을 지역별로 구분하여 정할 수 있다), ② 임대주택의 규모 및 규모별 건설비율(제30조의 2의 규정에 의하여 재건축 임대주택을 공급하는 경우를 제외한다)을 정하여 고시할 수 있다(§4의2·①).

시장·군수는 제1항의 규정에 의한 국토해양부장관의 고시내용을 제4조의 규정에 의한 정비계획에 반영하여야 한다(§4의2·②).

3. 정비사업의 시행

(1) 정비사업의 시행방법

정비사업은 사업유형별로 나누어서 시행한다(§6).

1) 주거환경개선사업

주거환경개선사업의 시행자가 ① 정비구역 안에서 정비기반시설을 새로이 설치하거나 확대하고 토지 등 소유자가 스스로 주택을 개량하는 방법, ② 제38조(토지 등의 수용 또는 사용)의 규정에 의하여 정비구역의 전부 또는 일부를 수용하여 주택을 건설한 후 토지 등 소유자에게 우선 공급하는 방법, ③ 환지(§43·②)로 공급하는 방법에 의한다(§6·①).

2) 주택재개발사업

정비구역 안에서 제48조의 규정에 의하여 인가받은 관리처분계획에 따라 주택 및 부대·복리시설을 건설하여 공급하거나 제43조 제2항의 규정에 의하여 환지(§43·②)로 공급하는 방법에 의한다(§6·②).

3) 주택재건축사업

정비구역 안 또는 정비구역이 아닌 구역에서 제48조의 규정에 의하여 인가받은 관리처분계획에 따라 공동주택 및 부대·복리시설을 건설하여 공급하는 방법에 의한다. 다만, 주택단지 안에 있지 아니하는 건축물의 경우에는 지형여건·주변 환경으로 보아 사업시행상 불가피한 경우와 정비구역 안에서 시행하는 사업에 한한다(§6·③).

4) 도시환경정비사업

정비구역 안에서 제48조의 규정에 의하여 인가받은 관리처분계획에 따라 건축물을 건설하여 공급하는 방법 또는 제43조 제2항의 규정에 의하여 환지로 공급하는 방법에 의한다(§6·④).

(2) 정비사업의 시행자와 시공자

정비사업의 시행자도 사업유형에 따라 달리 정해진다(§7, §8).

1) 주거환경개선사업의 시행자(시장·군수, 주택공사 등)

주거환경개선사업은 정비구역 지정 고시일 현재 토지 등 소유자의 3분의 2 이상의 동의와 세입자(정비계획공람공고일3월 전부터 당해정비구역안에 3월 이상 거주하고 있는 자를 말한다) 세대수 과반수의 동의를 각각 얻어 시장·군수가 직접 시행하거나 주택공사 등을 사업시행자로 지정하여 이를 시행하게 할 수 있다. 다만, 세입자의 세대수가 토지 등 소유자의 2분의 1 이하인 경우 등 대통령령이 정하는 사유가 있는 경우에는 세입자의 동의절차를 거치지 아니할 수 있다(§7·①).

한편 시장·군수는 천재·지변 그 밖의 불가피한 사유로 인하여 건축물의 붕괴 우려가 있어 긴급히 정비사업을 시행할 필요가 있다고 인정되는 경우에는 제1항의 규정에 불구하고 토지 등 소유자 및 세입자의 동의없이 자신이 직접 시행하거나 주택공사 등을 사업시행자로 지정하여 시행하게 할 수 있다. 이 경우 시장·군수는 지체 없이 토지 등 소유자에게 긴급한 정비사업의 시행사유·시행방법 및 시행시기 등을 통보하여야 한다(§7·②).

2) 주택재개발사업의 시행자

주택 재개발사업은 정비사업조합이 이를 시행하거나 조합이 조합원 과반수의 동의를 얻어 시장·군수·주택공사 등 「건설산업기본법」 제9조의 규정에 의한 건설업자(이하 '건설업자'라 한다), 주택법 제12조 제1항의 규정에 의하여 건설업자로 보는 등록사업자(이하 "등록사업자"라 한다) 또는 대통령령이 정하는 요건을 갖춘 자와 공동으로 이를 시행할 수 있다(§8·①).

3) 주택 재건축사업의 시행자

주택재건축사업은 정비사업조합이 이를 시행하거나 조합이 조합원과 반수의 동의를 얻어 시장·군수 또는 주택공사 등과 공동으로 이를 시행할 수 있다(§8·②).

주택재건축사업을 시행하고자 하는 자는 시장·군수에게 당해 건축물에 대한 안전진단을 신청해야 하고, 신청을 받은 시장·군수는 당해 건축물의 노후·불량 정도 등에 대한 현지조사와 한국시설안전공단(시설물 안전관리에 관한 특별 §25) 또는 한국건설기술연구원(과학기술분야·정부출연연구기관 등의 설립·운영 및 육성에 관한 법률 §8)의 의견청취 등을 거쳐 안전진단의 실시가 필요하다고 결정한 경우에는 안전진단기관을 지정해야 한다(§12·②). 지정을 받은 안전진단기관은 국토해양부장관이 정하여 관보에 고시하는 기준에 따라 안전진단을 실시해야 하며, 국토해양부령이 정하는 방법 및 절차에 따라 안전진단 결과보고서를 작성하여 시장·군수 및 주택재건축 사업을 시행하고자 하는 자에게 제출해야 한다. 안전진단결과보고서를 제출받은 시·도지사는 필요한 경우 한국시설안전공단 또는 한국건설기술연구원에 안전진단결과의 적정성 여부에 대한 검토를 의뢰할 수 있고, 국토해양부장관은 시·도지사에게 제출받은 자료의 제출을 요청할 수 있으며, 필요한 경우 시·도지사로 하여금 안전진단결과의 적정성여부에 대한 검토를 하도록 요청할 수 있다(신설 §12·⑦·⑧). 시장·군수는 안전진단의 결과와 도시계획 및 지역여건 등을 종합적으로 검토하여 주택재건축 사업의 시행 여부를 결정하여야 한다(§12·⑤).

4) 도시환경정비사업의 시행자

도시환경정비사업은 정비사업조합 또는 토지 등 소유자가 시행하거나, 조합 또는 토지 등 소유자가 조합원 또는 토지 등 소유자의 과반수의 동의를 얻어 시장·군수, 주택공사 등, 한국토지공사법에 의한 한국토지공사(공장이 포함된 구역에서의 도시환경정비사업의 경우를 제외한다), 건설업자, 등록사업자 또는 대통령령이 정하는 요건을 갖춘 자와 공동으로 이를 시행할 수 있다(§8·③).

5) 사업대행자의 지정

시장·군수는 조합 등 토지 등 소유자가 시행하는 정비사업을 당해 조합 또는 토지 등 소유자가 계속 추진하기 어려워 정비사업의 목적을 달성할 수 없다고 인정하는 때에는 당해 조합 또는 토지 등 소유자를 대신하여 직접 정비사업을 시행하거나 지정개발자 또는 주택공사 등으로 하여금 당해 조합 또는 토지 등 소유자를 대신하여 정비사업을 시행하게 할 수 있다(§9·①).

6) 시공자의 선정

주택재개발사업조합 및 도시환경정비사업조합은 조합설립인가를 받은 후, 주택재건축사업조합은 사업시행인가를 받은 후 건설업자 또는 등록업자를 경쟁입찰방법으로 선정하여야 한다(§11·①·②). 조합이 정비사업의 시행을 위하여 시장·군수 또는 주택공사 등이 아닌 자를 시공자로 선정(제8조 제1항 또는 제3항의 규정에 의한 공동사업시행자가 시공하는 경우를 포함한다)한 경우 그 시공자는 공사의 시공보증을 위하여 국토해양부령이 정하는 기관의 시공보증서를 조합에 제출하여야 한다(§51·①). 시장·군수는 건축법 제21조의 규정에 의한 착공신고를 받은 경우에는 제1항의 규정에 의한 시공보증서 제출여부를 확인하여야 한다(§51·②). 주의할 것은 사업시행자(사업 대행자를 포함한다)는 선정된 시공자와 공사에 관한 계약을 체결할 때에는 기존 건축물의 철거공사에 관한 사항을 포함하여야 한다는 점이다(§11·④).

7) 조합의 설립 등

① 조합의 설립

시장·군수 또는 주택공사 등이 아닌 자가 정비사업을 시행하고자 하는 경우에는 토지 등 소유자로 구성된 조합을 설립하여야 한다. 다만, 제8조 제3항의 규정에 의하여 토지 등 소유자가 도시환경정비사업을 단독으로 시행하고자 하는 경우에는 그러하지 아니하다(§13·①).

② 추진위원회 구성

조합을 설립하고자 하는 경우에는 정비구역지정고시 후 위원장을 포함한 5인 이상의 위원 및 제15조 제2항에 따른 운영규정에 대한 토지 등 소유자 과반수 동의를 얻어 조합설립을 위한 추진위원회를 구성하여 국토해양부령이 정하는 방법 및 절차에 따라 시장·군수의 승인을 얻어야 한다(§13·②). 토지 등 소유자의 동의를 받고자 하는 자는 그 동의를 받기 전에 대통령령으로 정하는 방법 및 절차에 따라 "추진위원회의 구성에 동의한 토지 등 소유자(이하 "추진위원회 동의자"라 한다)는 제16조 제1항부터 제3항까지에 따른 조합의 설립에 동의한 것으로 본다. 다만, 조합설립인가 신청 전에 시장·군수 및 추진위원회에 조합설립에 대한 반대의 의사표시를 한 추진위원회 동의자의 경우에는 그러하지 아니하다"는 내용을 설명·고지하여야 한다(동법 §13·③·④).

③ 조합의 설립 인가

㉮ 주택 재개발사업 및 도시환경정비사업의 추진위원회가 조합을 설립하고자 하는 때에는 토지 등 소유자의 4분의 3 이상 및 토지면적의 2분의1 이상의 토지소유자의 동의를 얻어 정관 및 국토해양부령이 정하는 서류 그 밖에 시·도의 조례로 정하는 서류를 첨부하여 시장·군수의 인가를 받아야 한다(§16·①).

재개발조합이나 재건축조합의 설립인가의 법적성격이 강학상 인가로 보는 견해와 강학상 특허(설권행위)로 보는 견해가 대립되어 왔다. 이러한 견해의 대립은 조합설립에 필요한 토지소유자 등의 동의에 하자가 있는 경우에 조합설립의 효력을 다투는 소송형태와 관련하여 중요한 의미를 갖는다.

조합설립인가 처분을 강학상 인가로 볼 경우 설립인가 자체의 하자가 없다면 민사소송을 통하여 조합설립결의의 무효를 다투어야 하는 반면, 특허로 볼 경우 토지소유자 등의 동의는 조합설립인가처분의 필요한 요건 중 하나가 되어 그 하자를 이유로 조합설립인가처분에 대하여 항고소송을 제기하여야 한다. 판례는 종래 강학상 인가설을 취하여 왔으나(대판 2000.9.5. 99두1854), 최근에는 입장을 바꾸어 강학상 특허설을 취하고 있다.

판례 **〈구 도시 및 주거환경정비법상 재개발조합설립인가신청에 대하여 행정청의 재개발조합설립인가 처분이 있은 후 조합설립동의에 하자가 있음을 이유로 재개발조합 설립의 효력을 다투기 위한 소송(=항고고송)〉** 재개발조합설립인가신청에 대한 행정청의 조합설립인가처분은 단순히 사인의 조합설립행위에 대한 보충행위로서의 성질을 가지는 것이 아니라 법령상 일정한 요건을 갖추는 경우 행정주체(공법인)의 지위를 부여하는 일종의 설권적 처분의 성질을 가진다고 보아야 한다. 그러므로 구 도시 및 주거환경정비법(2007.12.21. 법률 제8785호로 개정되기 전의 것)상 재개발조합설립인가신청에 대하여 행정청의 조합설립인가처분이 있은 이후에는, 조합설립동의에 하자가 있음을 이유로 재개발조합 설립의 효력을 부정하려면 항고소송으로 조합설립인가처분의 효력을 다투어야 한다(대판 2010.1.28, 2009두4845 재개발정비사업조합설립인가처분무효확인).

㉯ 주택재건축사업의 추진위원회가 조합을 설립하고자 하는 때에는 집합건물의 소유 및 관리에 관한 법률 제47조 제1항 및 제2항의 규정에 불구하고 주택단지 안의 공동주택의 각 동(복리시설의 경우에는 주택단지 안의 복리시설 전체를 하나의 동으로 본다)별 구분 소유자의 3분의 2이상 및 토지면적의 2분의 1 이상의 토지소유자의 동의와(공동주택의 각 동별 세대수가 5이하인 경우는 제외한다) 주택단지 안의 전체구분소유자 4분의 3 이상 및 토지면적의 4분의 3 이상의 동의를 얻어 정관 및 국토해양부령이 정하는 서류를 첨부하여 시장·군수의 인가를 받아야 한다(§16 ②). 주택단지가 아닌 지역이 정비구역에 포함된 때에는 주택단지가 아닌 지역 안의 토지 또는 건축물 소유자의 4분의 3 이상 및 토지면적의 3분의 2 이상 토지소유자의 동의를 얻어야 한다(§16 ③).

판례 〈집합건물소유 및 관리에 관한 법률 제47조의 재건축결의를 위한 집회와 구 주택건설촉진법 제44조의 재건축조합설립을 위한 창립총회가 외형상 1개의 집회로 개최된 경우, 그 집회가 재건축결의를 위한 관리단집회로서의 요건을 갖추지 못하여 재건축결의가 무효인 경우 재건축조합설립을 위한 창립총회의 결의까지 당연히 무효로 된다고 할 수는 없다.〉 집합건물의 구분소유자들이 재건축사업을 추진하는 과정에서 집합건물의 소유 및 관리에 관한 법률 제47조의 재건축결의를 위한 집회와 구 주택건설촉진법(2002. 12. 30. 법률 제6852호로 개정되기 전의 것) 제44조의 재건축조합 설립을 위한 창립총회를 함께 개최하는 경우에는 외형상 1개의 집회로 보이더라도 거기서 이루어지는 결의는 법률적으로 각 건물별로 구성된 관리단집회가 개별로 한 재건축결의와 구분소유자들을 조합원으로 한 1개 재건축조합의 설립행위로 구분되는 것이고, 재건축결의가 재건축조합설립행위의 일부를 이루는 것은 아니므로, 재건축결의를 위한 관리단집회로서는 요건을 갖추지 못하여 재건축결의가 무효라고 하더라도 이로써 곧 재건축조합 설립을 위한 창립총회의 결의까지 당연히 무효로 된다고 할 수는 없다(대판 2006.2.23, 2005다19552 구분소유권 등 매도청구 등).

판례 재건축조합의 최초 설립 당시부터 총 구분소유자의 과반수 이상을 조합원으로 삼아야만 설립될 수 있는 것은 아니고, 재건축조합 설립 당시에는 조합원 수가 총 구분소유자의 과반수에 미달하였다고 하더라도 그들이 우선 비법인사단의 실체를 갖춘 재건축조합을 설립한 다음에 다른 구분소유자들이 조합규약 등에 동의하여 재건축조합에 가입하는 것도 얼마든지 가능하므로 재건축조합 창립총회의 개의정족수가 총 구분소유자의 과반수에 이르러야 하는 것은 아니다(대판 2006.2.23, 2005다19552,19569).

판례 설립인가를 받은 재건축조합의 조합원은 부득이한 사유가 없는 한 조합을 임의로 탈퇴할 수 없다고 할 것이지만, 아직 설립인가를 받지 아니한 재건축조합의 경우에는 조합규약 등에 조합원의 탈퇴를 불허하는 규정이 없는 한 그 인가를 받기 전에 조합원은 조합의 임의로 탈퇴할 수 있다(대판 2006.2.23, 2005다19552,19569).

판례 **〈최초의 관리단집회에서 재건축에 필요한 정족수를 충족하지 못하였으나 그 후 재건축추진과정에서 구분소유자들이 재건축에 동의하는 취지의 서면을 별도로 제출함으로써 재건축결의 정족수를 갖추게 된 경우, 이러한 서면결의가 재건축결의로서 유효하다.〉** 당초 무효인 재건축결의가 그 후 일부 구분소유자의 재건축에 대한 추가 동의로 유효하게 될 수는 없으나, 재건축에 동의할 것인가는 구분소유자들로서는 쉽게 결정할 수 없는 사안이라는 점과 반드시 서면에 의한 동의가 강제되는 것은 아니더라도 실무상 비법인사단으로서의 재건축조합 설립을 통한 재건축의 경우 서면에 의하여 재건축 동의의 의사표시가 이루어지고 있다는 점에 비추어, 유효한 재건축결의가 있었는지의 여부는 반드시 최초의 관리단집회에서의 결의에만 한정하여 볼 것은 아니고 비록 최초의 관리단집회에서의 재건축동의자가 재건축에 필요한 정족수를 충족하지 못하였다고 하더라도 그 후 이를 기초로 하여 재건축 추진과정에서 구분소유자들이 재건축에 동의하는 취지의 서면을 별도로 제출함으로써 재건축결의 정족수를 갖추게 된다면 그로써 관리단집회에서의 결의와는 별도의 재건축결의가 유효하게 성립한다고 보아야 할 경우가 있고, 그와 같은 서면결의를 함에 있어서는 따로 관리단 집회를 소집·개최할 필요가 없다(대판 2006.2.23, 2005다19552,19569).

추진위원회의 구성에 동의하지 아니한 정비구역 내의 토지 등 소유자도 주택재개발정비사업조합설립추진위원회 설립승인처분에 대하여 추진위원회설립 승인처분의 취소를 구할 법률상 이익이 있다. 왜냐하면 하나의 정비구역 안에서 복수의 추진위원회에 대한 승인은 허용되지 않는 점(§13·①·②), 추진위원회가 조합을 설립할 경우 추진위원회가 행한 업무와 관련된 권리와 의무는 조합이 포괄 승계하는 점(§15·④), 주택재개발사업의 경우 정비구역 내의 토지 등 소유자는 당연히 그 조합원으로 되는 점 등에 비추어보면 추진위원회의 구성에 동의하지 아니한 정비구역 내의 토지 등 소유자도 추진위원회설립승인처분에 대하여 법에 의하여 보호되는 직접적이고도 구체적 이익이기 때문이다(대판 2007.1.25, 2006두12289).

판례 **〈도시및주거환경정비법상 조합설립추진위원회의 구성에 동의하지 아니한 정비구역내의 토지 등 소유자가 조합설립추진위원회 설립승인처분의 취소를 구할 원고적격이 있다.〉** 도시및주거환경정비법 제13조 제1항 및 제2항의 입법 경위와 취지에 비추어 하나의 정비구역 안에서 복수의 조합설립추진위원회에 대한 승인은 허용되지 않는 점, 조합설립추진위원회가 조합을 설립할 경우 같은 법 제15조 제4항에 의하여 조합설립추진위원회가 행한 업무와 관련된 권리와 의무는 조합이 포괄승계하며, 주택재개발사업의 경우 정비구역 내의 토지 등 소유자는 같은법 제19조 제1항에 의하여 당연히 그 조합원으로 되는 점 등에 비추어 보면, 조합설립추진위원회의 구성에 동의하지 아니한 정비구역 내의 토지 등 소유자도 조합설립추진위원회 설립승인처분에 대하여 같은 법에 의하여 보호되는 직접적이고 구체적인 이익을 향유하므로 그 설립승인처분의 취소소송을 제기할 원고적격이 있다(대판 2007. 1. 25, 2006두12289).

④ 조합의 법인격 및 지위

조합은 법인으로 한다(§18). 조합은 그 명칭 중에 '정비사업조합'이라는 문자를 사용하여야 한다(§18·③). 조합에 관하여 이 법에 규정된 것을 제외하고는 민법 중 사단 법인에 관한 규정을 준용한다(§27).

주택재개발사업 및 주택재건축 사업을 위하여 설립된 "정비사업조합"은 공공조합으로서의 공법인이다. "정비사업조합"은 재개발사업이나 재건축사업이라는 공행정 목적을 수행함에 있어서 행정주체의 지위에 서며 재개발사업이나 재건축사업이라는 공행정 목적을 직접 달성하기 위해 행하는 "정비사업조합"의 행위는 원칙상 공법행위라고 보아야 한다. 형법 제129조 내지 제132조의 적용에 있어서 조합의 임원과 정비사업 전문 관리업자의 대표자(법인인 경우는 그 임원)·직원은 이를 공무원으로 본다(§84).

⑤ 조합원의 자격 등

㉮ 정비사업(시장·군수 또는 주택공사 등이 시행하는 정비사업을 제외한다)의 조합원은 토지 등 소유자(주택재건축사업의 경우에는 주택재건축사업에 동의한 자에 한한다)하되, 토지 또는 건축물의 소유권과 지상권이 수인의 공유에 속하는 때에는 그 수인을 대표하는 1인을 조합원으로 본다(§19·①).

㉯ 주택법(§41·①)상 투기과열지구로 지정된 지역 안에서의 주택 재건축사업의 경우 조합설립인가 후 당해 정비사업의 건축물 토지를 양수(매매·증여 그 밖의 권리의 변동을 수반하는 일체의 행위를 포함하되, 상속·이혼으로 인한 양도·양수의 경우를 제외한다)한 자는 제1항의 규정에 불구하고 조합원이 될 수 없음이 원칙이다(§19·②). 사업시행자는 조합설립인가 후 당해 정비사업의 건축물 또는 토지를 양수한 자로서 조합원의 자격을 취득할 수 없는 자에 대하여는 제47조의 규정을 준용하여 현금으로 하되 청산금액은 조합설립인가 기준으로 하여 산정한다(§19·③).

㉰ 정비사업조합과 조합원과의 관계는 공법상 권리·의무관계에 해당한다.

판례 **〈도시재개발법상 재개발조합과 조합원의 관계는 공법상 권리 의무관계에 서 있다.〉** 도시재개발법상 재개발조합의 설립목적 및 취급업무의 성질, 권한 및 의무, 재개발사업의 성질 및 내용, 관리처분계획의 수립 절차 및 그 내용 등에 비추어 보면 조합은 조합원에 대한 법률관계에서 적어도 특수한 존립목적을 부여받은 특수한 행정주체로서 국가의 감독하에 그 존립목적인 특정한 공공사무를 행하고 있다고 볼 수 있는 범위 내에서는 공법상의 권리의무관계에 서 있다고 할 것이다(대판 1996.2.15, 94다31235).

판례 **〈도시 및 주거환경정비법상의 주택재건축정비사업 조합을 상대로 관리처분계획안에 대한 조합 총회 결의의 효력을 다투는 소송은 행정소송법상 당사자 소송에 해당한다.〉** 「도시 및 주거환경정비법상 행정주체인 주택재건축정비사업 조합을 상대로 관리처분계획안에 대한 조합 총회 결의의 효력 등을 다투는 소송은 행정처분에 이르는 절차적 요건의 존부나 효력 유무에 관한 소송으로서 그 소송결과에 따라 행정처분의 위법 여부에 직접 영향을 미치는 공법상 법률관계에 관한 것이므로, 이는 행정소송법상 당사자 소송에 해당한다(대판 2009.9.17, 2007다2428 전원합의체).

(3) 사업시행계획 등

1) 사업시행의 인가 등

① 사업시행의 인가

사업시행자(공동시행의 경우를 포함하되, 사업시행자가 시장·군수인 경우를 제외한다)는 사업시행계획서에 정관 등과 그 밖에 국토해양부령이 정하는 서류를 첨부하여 시장·군수에게 제출하고 사업시행인가를 받아야 한다. 시장·군수는 정비구역 외에서 시행하는 주택재건축사업의 사업시행인가를 하고자 하는 경우에는 건축물의 높이·층수·용적률 등 대통령령이 정하는 사항에 대하여 건축위원회의 심의를 거쳐야 한다. 시장·군수는 사업시행인가(시장·군수가 사업시행계획서를 작성한 경우를 포함한다)를 하거나 그 정비 사업을 변경·중지 또는 폐지하는 경우에는 그 내용을 당해 지방자치단체의 공보에 고시해야 한다. 사업시행자(시장·군수 또는 주택공사 등을 제외한다)는 사업시행인가를 신청하기 전에 미리 정관 등이 정하는 바에 따라 토지소유자(주택재건축사업인 경우는 조합원)의 동의를 얻어야 한다. 다만, 사업시행자가 지정개발자인 경우는 정비구역 안의 토지면적 50퍼센트 이상 토지소유자의 동의와 토지 등 소유자 과반수의 동의를 각각 얻어야 한다(§28).

> 판례 **〈주택재건축사업시행인가의 법적 성질을 수익적 처분으로서 재량행위이고, 이에 대하여 법령상의 제한에 근거하지 않은 조건(부담)을 부과할 수 있다.〉** 주택재건축사업시행의 인가는 상대방에게 권리나 이익을 부여하는 효과를 가진 이른바 수익적 행정처분으로서 법령에 행정처분의 요건에 관하여 일의적으로 규정되어 있지 아니한 이상 행정청의 재량행위에 속하므로, 처분청으로서는 법령상의 제한에 근거한 것이 아니라 하더라도 공익상 필요 등에 의하여 필요한 범위 내에서 여러 조건(부담)을 부과할 수 있다(대판 2007. 7. 12, 2007두6663 사업시행인가처분일부취소).

② 다른 법률의 인·허가 등의 의제

㉮ 사업시행자가 사업시행인가를 받은 때(시장·군수가 직접 정비사업을 시행하는 경우에는 사업시행 계획서를 작성한 때)에는 건축법·도로법·농지법·산지관리법·하천법·수도법·국토의 계획·이용법 등 여러 법령의 인가·허가·승인·신고·등록·협의·동의 또는 심사가 있는 것으로 보며, 제28조 제4항의 규정에 의한 사업시행인가의 고시가 있은 때에는 주택법·건축법·도로법·농지법·사방사업법·하천법·수도법·하수도법·국토의계획및이용에관한법률·산지관리법 등 여러 관계 법률에 의한 인·허가 등의 고시·공고 등이 있는 것으로 본다(§32·①).

㉯ 그리고 사업시행자가 공장이 포함된 구역에 대한 도시환경정비사업에 대하여 사업시행 인가를 받은 때에는 제1항의 규정에 의한 인·허가 등이 있는 것으로 보는 것 외에 산업직접활성화및공장설립에관한법률·전기사업법·폐기물관리법·하수도법·대기환경보전법·수질및생태계보전법·소음진동규제법 등 여러 관계 법령의 인·허가 등이 있는 것으로 보며, 제28조 제3항의 규정에 의한 사업시행인가의 고시가 있은

때에는 산업직접활성화및공장설립에관한법률·전기사업법·폐기물관리법·하수도법·대기환경보전법·수질및생태계보전법·소음진동규제법 등 여러 관계 법률에 의한 인·허가 등의 고시·공고 등이 있은 것으로 본다(§32·②).

㉰ 사업시행자는 정비사업에 대하여 제1항 및 제2항의 규정에 의한 인·허가 등의 의제를 받고자 하는 경우에는 제28조 제1항의 규정에 의한 사업시행인가를 신청하는 때에 해당 법률이 정하는 관계 서류를 함께 제출해야 한다. 다만, 사업시행인가를 신청한 때에 시공자가 선정되어 있지 아니하여 관계 서류를 제출할 수 없는 경우에는 시장·군수가 정하는 기한까지 이를 제출할 수 있다(§32·③).

㉱ 시장·군수는 사업시행인가를 하거나 사업시행계획서를 작성하고자 함에 있어서 제1항 각 호 및 제2항 각 호의 규정에 의하여 의제되는 인·허가 등에 해당하는 사항이 있는 경우에는 미리 관계 행정기관의장과 협의 하여야 하며, 협의를 요청받은 관계 행정기관의 장은 요청 받은 날부터 20일 이내에 의견을 제출하여야 한다. 이 경우 관계행정기관의 장은 당해 법률에서 규정한 인·허가 등의 기준에 위반하여 협의에 응해서는 안 된다(§32·④).

㉲ 정비 사업에 대하여 제1항 및 제2항의 규정에 의하여 다른 법률에 의한 인·허가 등이 있은 것으로 보는 경우에는 관계 법률 또는 시·도 조례에 의하여 당해 인·허가 등의 대가로 부가되는 수수료 등은 이를 면제한다(§32·⑤).

③ 사업시행인가의 특례

사업시행자는 일부 건축물의 존치 또는 리모델링에 관한 내용이 포함된 사업시행계획서를 작성하여 사업시행인가의 신청을 할 수 있다. 이 경우 시장·군수는 존치 또는 리모델링되는 건축물 및 건축물이 있는 토지가 주택법 및 건축법상의 건축 관련 기준에 적합하지 아니하더라도 대통령령이 정하는 기준에 따라 사업시행인가를 할 수 있다(§33·①). 사업시행자가 제1항의 규정에 의하여 사업시행계획서를 작성하고자 하는 경우에는 존치 또는 리모델링되는 건축물 소유자의 동의(집합 건물의 소유 및 관리에 관한 법률 제2조 제2호의 규정에 의한 구분소유자가 있는 경우에는 구분소유자의 3분의 2이상의 동의와 당해 건축물 연면적의 3분의 2이상의 구분소유자의 동의로 한다)를 얻어야 한다(§33·②).

2) 사업시행계획서의 작성

사업시행자는 고시된 정비계획에 따라 ① 토지이용계획(건축물 배치계획을 포함), ② 정비기반시설 및 공공이용시설의 설치계획, ③ 임시수용시설을 포함한 주민이주대책, ④ 세입자의 주거대책, ⑤ 임대주택의 건설계획(주택재건축사업의 경우 제30조의 3 제2항에 따른 재건축소형주택의 건설계획을 말한다), ⑥ 건축물의 높이 및 용적률 등에 관한 건축계획, ⑦ 정비사업의 시행과정에서 발생하는 폐기물의 처리계획, ⑧ 교육시설의교육환경보호에관한계획 ⑨ 시행규정(시장·군수 또는 주택공사 등이 단독으로 시행하는 정비사업에 한한다)을 포함하여 사업시행계획서를 작성하여야 한다. 다만, 도시환경정비사업(기존건축물에 주택이 포함되어있는 사업을 제외한다)의 사업시행계획서를 작성하고자 하는 때에는 ③ 내지 ⑤의 내용을 포함하지 아니할 수 있다(§30).

3) 관계서류의 공람과 의견청취

시장·군수는 사업시행인가를 하고자 하거나 사업시행계획서를 작성하고자 하는 경우에는 관계서류의 사본을 30일 이상 일반인이 공람하게 하여야 한다. 토지 등 소유자 또는 조합원 그 밖에 정비사업과 관련하여 이해관계를 가지는 자는 공람기간 이내에 시장·군수에게 서면으로 의견을 제출할 수 있다. 시장·군수는 제출된 의견을 심사하여 채택할 필요가 있다고 인정하는 때에는 이를 채택하고, 그렇지 않은 경우에는 의견을 제출한 자에게 그 사유를 알려주어야 한다(§31).

(4) 주택재건축사업의 용적률 완화 및 소형주택건설 등 신설(§30의 3)

1) 주택재건축사업의 용적률 완화

수도권정비계획법 제6조 제1항 제1호에 따른 과밀억제권역에서 주택재건축을 시행하는 경우 그 사업시행자는 제4조에 따라 정비계획(이 법에 따라 정비계획으로 의제되는 계획을 포함한다)으로 정해진 용적률에도 불구하고 같은조 제4항에 따른 지방도시계획위원회의 심의를 거쳐 「국토의 계획 및 이용에 관한 법률」 제78조 및 관계법률에 따른 용적률의 상한(이하 이 조에서 "법적상한용적률"이라 한다)까지 건축할 수 있으며, 사업시행자가 정비계획으로 정해진 용적률을 초과하여 건축하고자 하는 경우 다음 각 호의 적용을 받지 아니한다.

1. 「국토의 계획 및 이용에 관한 법률」 제78조에 따라 특별시·광역시, 시 또는 군의 조례로 정한 용적률 제한
2. 정비계획으로 정한 허용세대수 제한(§30의 3·①)

2) 주택재건축사업의 재건축소형주택건설

사업시행자는 법적상한 용적률에서 정비계획으로 정하여진 용적률을 뺀 용적률의 100분의 30 이상 100분의 50 이하로서 시·도 조례로 정하는 비율에 해당하는 면적에 주거전용면적 60제곱미터 이하의 소형주택(이하 "재건축 소형주택"이라 한다)을 건설하여야 한다(§30의 3·②).

3) 재건축소형주택의 인수자에 공급

사업시행자는 제1항에 따라 정비계획상 용적률을 초과하여 건축하는 경우 그 초과한 용적률에 제2항에 따라 건설한 재건축소형주택을 국토해양부장관, 시·도지사, 시장·군수 또는 주택공사 등(이하 이 조에서 "인수자"라 한다)에 공급하여야 한다. 이 경우 재건축소형주택의 공급가격은 「임대주택법」 제16조 제3항에 따라 국토해양부장관이 고시하는 공공건설 임대주택의 표준건축비로 하며, 부속토지는 인수자에게 기부채납한 것으로 본다(§30의 3·③).

4) 용적률 초과한 소형주택건축시 인수자와 협의

제1항에 따라 정비계획상 용적률을 초과하여 건축하고자 하는 경우 사업시행자는 사업시행인가를 신청하기 전에 미리 재건축소형주택에 관한 사항을 인수자와 협의하여 사업시행계획서에 반영하여야 한다(§30의 3·⑤).

5) 임대주택 또는 전세주택으로 활용

재건축소형주택의 인수를 위한 절차와 방법에 관하여 필요한 사항은 대통령령으로 별도로 정할 수 있으며, 인수된 재건축소형주택은 시·도 조례로 정하는 바에 따라 임대주택 또는 전세주택으로 활용해야 한다(§30의 3·⑥).

(5) 순환정비방식의 정비사업

1) 순환용주택으로 순차적 정비

사업시행자는 정비사업(가. 주거환경개선사업, 나. 주택재개발사업, 다. 주택재건축사업, 다. 도시환경정비사업)을 원활히 시행하기 위하여 정비구역의 내·외에 새로 건설한 주택 또는 이미 건설되어 있는 주택에 그 정비사업의 시행으로 철거되는 주택의 소유자 또는 세입자(정비구역 안에서 실제 거주하는 자에 한한다)가 임시로 거주하게 하는 등의 방식으로 그 정비구역을 순차적으로 정비할 수 있다(§35·①).

2) 임시수용시설로 사용·임대

사업시행자는 순환정비방식으로 정비사업을 시행하는 경우에는 그 임시로 거주하는 주택(이하 '순환용주택'이라 한다)을 주택법 제38조(조합원의 자격)의 규정에 불구하고 제36조(임시수용시설의 설치)의 규정에 의한 임시수용시설로 사용하거나 임대할 수 있다. 다만, 임시로 거주하는 자가 정비사업이 완료된 후에도 순환용 주택에 계속 거주하기를 희망하는 때에는 이를 분양하거나 계속 임대할 수 있으며, 이 경우 순환용주택은 제48조의 규정에 따라 인가받은 관리처분계획에 의하여 토지 등 소유자에게 처분된 것으로 본다(§35·②).

4. 정비사업시행을 위한 조치 등

(1) 임시수용시설의 설치 등

사업시행자는 주거환경개선사업 및 주택개발사업의 시행으로 철거되는 주택의 소유자 또는 세입자에 대하여 당해 정비구역 내·외에 소재한 임대주택 등의 시설에 임시로 거주하게 하거나 주택 자금의 융자알선 등 임시수용에 상응하는 조치를 해야 한다.

이 경우 사업시행자는 그 임시수용을 위하여 필요한 때에는 국가·지방자치단체 그 밖의 공공단체 또는 개인의 시설이나 토지를 일시 사용할 수 있고(§36·①), 국가 또는 지방자치단체는 사업시행자로부터 임시수용시설에 필요한 건축물이나 토지의 사용신청을 받은 때에는 대통령령이 정하는 사유가 없는 한 이를 거절하지 못한다. 이 경우 그 사용료 또는 대부료는 이를 면제한다(§36·②).

(2) 손실보상

제36조의 규정에 의하여 공공단체(지방자치단체를 제외한다) 또는 개인의 시설이나 토지를 일시 사용함으로써 손실을 받은 자가 있는 경우에는 사업시행자는 그 손실을 보상해야 하며, 손실을 보상함에 있어서는 손실을 받을 자와 협의하여야 한다. 사업시행자 또는 손실을 받은 자는 손실보상의 협의가 성립되지 아니하거나 협의할 수 없는 경우에는 토지보상법(§49)상의 관할 토지수용위원회에 재결을 신청할 수 있고, 동법률을 준용한다(§37·②,③).

(3) 토지의 수용 또는 사용

사업시행자는 정비구역 안에서 정비사업(주택재건축사업의 경우에는 제8조 제4항 제1호의 규정에 해당하는 사업에 한한다)을 시행하기 위하여 필요한 경우에는 토지보상법 제3조의 규정에 의한 토지·물건 또는 그 밖의 권리를 수용 또는 사용할 수 있다(§38).

(4) 매도청구

사업시행자는 주택재건축사업을 시행함에 있어 조합설립의 동의를 하지 아니한 자(§16·②,③)의 토지 및 건축물에 대하여는 집합건물의 소유 및 관리에 관한 법률 제48조의 규정을 준용하여 매도청구를 할 수 있다. 이 경우 재건축결의는 조합설립의 동의로 보며, 구분소유권 및 대지사용권은 사업시행구역 안의 매도청구의 대상이 되는 토지 또는 건축물의 소유권과 그 밖의 권리로 본다(§39).

(5) 토지보상법의 준용

정비구역 안에서 정비사업의 시행을 위한 토지 또는 건축물의 소유권과 그 밖의 권리에 대한 수용 또는 사용에 관하여는 이 법에 특별한 규정이 있는 경우를 제외하고는 토지보상법을 준용한다. 토지보상법을 준용함에 있어서 사업시행인가의 고시(시장·군수가 직접정비사업을 시행하는 경우에는 사업시행계획서의 고시를 말한다)가 있는 때에는 토지보상법(§20·①, §22·①)상의 사업인정 및 그 고시가 있은 것으로 본다. 다만, 수용 또는 사용에 대한 재결의 신청은 토지보상법 제23조 및 제28조 제1항의 규정에 불구하고 사업시행인가를 할 때 정한 사업시행기간 이내에 이를 행사해야 한다(§40·①②·③).

(6) 건축법 등의 적용 특례

주거환경개선사업에 따른 건축허가를 받은 때와 부동산등기(소유권 보존등기 또는 이전 등기에 한한다)를 하는 때에는 주택법 제68조의 국민주택채권의 매입에 관한 규정은 적용하지 아니한다(§42 ①).

(7) 도시개발법상 환지방식에 의한 사업시행규정의 준용

도시개발법 제27조 내지 제49조(환지방식에 의한 사업시행)의 규정은 정비사업과 관련된 「환지」에 관하여 이를 준용한다. 이 경우 도시개발법 제41조 제2항의 규정에 의한 "환지처분을 하는 때"는 이를 "사업시행인가를 하는 때"로 본다(§43 ②).

5. 관리처분계획(공용환권계획)

(1) 공용환권 및 관리처분계획(환권계획)의 의의

1) 공용환권의 의의(기술함)

2) 관리처분계획(환권계획)의 의의 및 성질

① 처 분

도시 및 주거환경정비법상 공용환권은 분양신청과 관리처분계획에 따른 환권처분에 의해 행하여진다. 관리처분계획이란 정비사업이 완료된 후에 행할 환권처분(분양처분)을 미리 정하는 계획을 말한다. 환권처분(분양처분)의 내용은 관리처분계획으로 정하여 지는 바, 관리처분계획은 토지 등 소유자의 권리·의무에 직접적인 구속력을 미치는 것이므로 행정쟁송상의 처분에 해당한다.

> 판례 **〈도시재개발법상 관리처분계획은 항고소송의 대상이 되는 행정처분에 해당한다.〉** 도시재개발법에 의한 재개발조합은 조합원에 대한 법률관계에서 적어도 특수한 존립목적을 부여받은 특수한 행정주체로서 국가의 감독하에 그 존립목적인 특정한 공공사무를 행하고 있다고 볼 수 있는 범위 내에서는 공법상의 권리의무 관계에 서 있는 것이므로 분양신청 후에 정하여진 관리처분계획의 내용에 관하여 다툼이 있는 경우에는 그 관리처분계획은 토지 등의 소유자에게 구체적이고 결정적인 영향을 미치는 것으로서 조합이 행한 처분에 해당하므로 항고소송의 방법으로 그 무효 확인이나 취소를 구할 수 있다(대판 2002.12.10, 2001두6333).

② 구속적 행정계획

관리처분계획은 환권처분의 기준을 제시하고 환권처분은 관리처분계획에 구속되어 행해지므로, 관리처분계획은 구속적 행정계획으로 볼 수 있다.

(2) 분양공고 및 분양신청

1) 분양공고

사업시행자는 사업시행인가의 고시가 있은 날(주택재건축사업의 경우는 시공자를 선정하여 계약을 체결한 날 : §11)부터 21일 이내에 개략적인 부담금 내역 및 분양신청기간 그 밖에 대통령령이 정하는 사항을 토지 등 소유자에게 통지하고 분양의 대상이 되는 대지 또는 건축물의 내역 등 대통령령이 정하는 사항을 해당지역에서 발간되는 일간신문에 공고해야 한다. 이 경우 분양신청기간은 그 통지한 날부터 30일 이상 60일 이내로 해야 한다. 다만, 사업시행자는 관리처분계획의 수립에 지장이 없다고 판단하는 경우에는 분양신청기간을 20일의 범위 내에서 연장할 수 있다(§46·①).

2) 분양신청

대지 또는 건축물에 대한 분양을 받고자 하는 토지 등 소유자는 분양신청기간 이내에 사업시행자에게 대지 또는 건축물에 대한 분양신청을 하여야 한다(§46·②).

재개발조합이 조합원들에게 정해진 기한까지 분양계획에 응해줄 것을 안내하는 '조합원 분양계획에 대한 안내서'를 보낸 행위는 항고소송의 대상이 되는 행정처분에 해당하지 아니하고 그 부존재확인을 구할 법률상 이익도 없다(대판 2002. 12. 27, 2001두2799 가 청산금부과 처분 취소).

판례 **〈재개발조합이 조합원들에게 정해진 기한까지 분양계획에 응해줄 것을 안내하는 통지는 조합원들의 구체적인 권리·의무에 직접적 변동을 초래하는 행정처분에 해당한다고 볼 수 없다.〉** 재개발조합이 조합원들에게 '조합원 동·호수 추첨결과 통보 및 분양계약체결 안내'라는 제목으로 계약의 지연 등으로 인한 개인적 불이익을 당하지 않도록 유념해 달라는 내용의 통지를 한 경우, 위 통지는 조합원들에 대하여 관리처분계획에서 정한 바에 따라 위 기한까지 분양계약에 응하여 분양대금을 납부해 줄 것을 안내하는 것에 불과하고, 조합원들에게 분양계약의 체결 또는 분양금의 납부를 명하거나 기타 법률상의 효과를 새로이 발생하게 하는 등 조합원들의 구체적인 권리·의무에 직접적 변동을 초래하는 행정처분에 해당한다고 볼 수 없다(대판 2002.12.10, 2001두6333).

3) 분양신청을 하지 아니한 자 등에 대한 조치

사업시행자는 토지 등 소유자가 ① 분양신청을 하지 아니한 자, ② 분양신청을 철회한 자, ③ 관리처분계획에 의하여 분양대상에서 제외된 자에게는 그 해당하게 된 날부터 150일 이내에 대통령령이 정하는 절차에 따라 토지·건축물 또는 그 밖의 권리에 대하여 현금으로 청산하여야 한다(§47).

(3) 관리처분계획의 내용

1) 관리처분계획에의 규정사항

관리처분계획에는 다음 각 호의 사항을 정하여야 한다.

사업시행자(주거환경 개선사업을 제외한다)는 분양신청기간이 종료된 때에는 기존의 건축물을 철거하기 전에 분양신청의 현황을 기초로 ① 분양설계, ② 분양대상자의 주소 및 성명, ③ 분양대상자별 분양예정인 대지 또는 건축물의 추산액, ④ 분양대상자별 종전의 토지 또는 건축물의 명세 및 사업시행인가의 고시가 있은 날을 기준으로 한 가격, ⑤ 정비사업비의 추산액 및 그에 따른 조합원 부담규모 및 부담시기, ⑥ 분양대상자의 종전의 토지 또는 건축물에 관한 소유권 외의 권리명세 ⑦ 그 밖에 정비사업과 관련된 권리 등에 대하여 대통령령이 정하는 사항이다. 관리처분계획을 변경·중지 또는 폐지하는 경우에도 또한 같다(§48·①).

한편 주택재개발사업에서 ③의 분양대상자별 분양예정인 대지 또는 건축물의 추산액은 시·도의 조례가 정하는 바에 의하여 산정하되, 시장·군수가 추천하는 부동산 가격공시 및 감정평가에 관한 법률에 의한 감정평가업자 2인 이상의 감정평가 업자의 감정평가 의견을 참작하여야 하고, ④의 종전의 토지 또는 건축물의 가격은 시장·군수가 추천하는 부동산 가격공시 및 감정평가에 관한 법률에 의한 감정평가업자 2인 이상이 평가한 금액을 산술평균하여 산정한다(§48·⑤).

2) 관리처분계획의 내용기준

관리처분계획의 내용은 다음 사항의 기준에 의한다(§48·②).

① 종전의 토지 또는 건축물의 면적·이용상황·환경 그 밖의 사항을 종합적으로 고려하여 대지 또는 건축물이 균형 있게 분양신청자에게 배분되고 합리적으로 이용되도록 한다.

② 지나치게 좁거나 넓은 토지 또는 건축물에 대하여 필요한 경우에는 이를 증가하거나 감소시켜 대지 또는 건축물이 적정규모가 되도록 한다.

③ 너무 좁은 토지 또는 건축물이나 정비구역 지정 후 분할된 토지를 취득한 자에 대하여는 현금으로 청산할 수 있다(청산금).

④ 재해 또는 위생상의 위해를 방지하기 위하여 토지의 규모를 조정할 특별한 필요가 있는 때에는 너무 좁은 토지를 증가시키거나 토지에 갈음하여 보상을 하거나 건축물의 일부와 그 건축물이 있는 대지의 공유지분을 교부할 수 있다.

⑤ 분양설계에 의한 계획은 분양신청기간이 만료되는 날을 기준으로 하여 수립한다.

⑥ 1세대가 1 이상의 주택을 소유한 경우 1주택을 공급하고, 2인 이상이 1주택을 공유한 경우에는 1주택만 공급한다. 다만, ㉮ 투기과열지구안에 위치하지 아니하는 주택재건축사업의 토지 등 소유자, ㉯ 근로자(공무원인 근로자를 포함)숙소·기숙사용도로 주택을 소유하고 있는 토지 등 소유자, ㉰ 국가, 지방자치단체 및 주택공사 등의 어느 하나에 해당하는 토지 등 소유자에 대하여는 소유한 주택수만큼 공급할 수 있다(§48·②).

3) 관리처분계획상의 하자

관리처분계획은 행정쟁송의 대상이 되는 행정처분의 일종이므로 행정행위의 하자이론은 관리처분계획에도 그대로 타당하게 적용된다. 따라서 관리처분계획상의 하자가 중대하고도 명백한 하자만이 무효이고 기타는 모두 취소사유에 해당한다.

판례 〈관리처분계획에서 정한 청산금의 산정방법에 비례율의 부당적용과 같은 하자가 있는 경우, 관리

처분계획이 무효로 볼 수는 없다.〉 관리처분계획에 하자가 있어 그것이 무효로 되기 위해서는 그 하자가 중대하고도 명백할 것이 요구된다고 할 것인 바, 비례율의 부당적용과 같이 관리처분계획에서 정한 청산금의 산정방법에 하자가 있는 경우라도 그러한 하자는 다른 특별한 사정이 없는 한 중대하고도 명백하다고 볼 수 없어 이러한 하자를 사유로 하여 관리처분계획을 무효로 볼 수는 없다(대판 2002.12.10, 2001두6333).

그리고 행정청의 관리처분계획의 인가는 사업시행자의 관리처분계획의 효력을 완성시키는 보충행위로서 강학상 인가에 해당한다. 따라서 조합의 의결의 내용상의 하자를 들어 인가의 취소 또는 무효의 확인을 청구하는 소송을 제기할 소의 이익이 없다. 즉, 관리처분계획의 하자를 이유로 관리처분계획 인가처분의 취소 또는 무효 확인을 소구할 법률상 이익이 없다.

판례 **〈도시재개발법 제34조에 의한 행정청의 관리처분계획인가처분은 관리처분계획에 대한 법률상의 효력을 완성시키는 보충행위이므로, 관리처분계획의 하자를 이유로 관리처분계획인가처분의 취소 또는 무효확인을 구할 법률상 이익이 없다.〉** 도시재개발법 제34조에 의한 행정청의 인가는 주택개량재개발조합의 관리처분계획에 대한 법률상의 효력을 완성시키는 보충행위로서 그 기본이 되는 관리처분계획에 하자가 있을 때에는 그에 대한 인가가 있었다 하여도 기본 행위인 관리처분계획이 유효한 것으로 될 수 없으며, 다만 그 기본 행위가 적법·유효하고 보충행위인 인가처분 자체에만 하자가 있다면 그 인가처분의 무효나 취소를 주장할 수 있다고 할 것이지만, 인가처분에 하자가 없다면 기본 행위에 하자가 있다 하더라도 따로 그 기본 행위의 하자를 다투는 것은 별론으로 하고 기본 행위의 무효를 내세워 바로 그에 대한 행정청의 인가처분의 취소 또는 무효확인을 소구할 법률상의 이익이 있다고 할 수 없다(대판 2001.12.11, 2001두7541).

(4) 관리처분계획의 공람 및 인가

1) 공람·의견청취

사업시행자는 관리처분계획의 인가를 받기 전에 관계서류의 사본을 30일 이상 토지 등 소유자에게 공람하게 하고 의견을 들어야 한다(§49·①).

2) 관리처분계획의 인가신청

시장·군수는 사업시행자의 관리처분계획의 인가신청이 있은 날 부터 30일 이내에 인가여부를 결정하여 사업시행자에게 통보해야 한다(§49·②).

3) 관리처분계획의 성립 및 효력 발생

① 시장·군수의 인가 : 시장·군수는 관리처분계획을 인가한 때에는 그 내용을 당해 지방자치단체의 공보에 고시해야 하는데, 그 인가가 고시됨으로써 효력을 발생한다(§49·③). 이때 시행자가 시장·군수인 경우에는 시장·군수가 관리처분계획을 작성하여 이를 공람 후 고시

함으로써 효력을 발생하나(§49·⑤),

② 조합총회의 의결 : 조합이 시행자인 경우에는 관리처분계획은 조합 총회의 의결을 거쳐야 한다(§24·③). 그러므로 조합 총회의 결의에 의해 관리처분계획이 성립한다. 조합 총회의 의결은 처분이 아니므로 항고소송의 대상이 되지 아니한다. 정비조합은 공법상 법인이고 관리처분계획에 관한 정비조합의 의결은 공법상 행위이므로 조합원은 조합 총회의 의결에 대하여 민사소송이 아니라 공법상 당사자 소송으로 다투어야 한다.

판례 **〈도시 및 주거환경정비법상의 주택재건축정비사업 조합을 상대로 관리처분계획안에 대한 조합 총회결의의 효력을 다투는 소송의 법적 성질(=행정소송법상 당사자소송)〉** 도시 및 주거환경정비법상의 행정주체인 주택재건축정비사업 조합을 상대로 관리처분계획안에 대한 조합 총회결의의 효력 등을 다투는 소송은 행정처분에 이르는 절차적 요건의 존부나 효력 유무에 관한 소송으로서 그 소송결과에 따라 행정처분의 위법 여부에 직접 영향을 미치는 공법상 법률관계에 관한 것이므로, 이는 행정소송법상의 당사자소송에 해당한다(대판 2009.9.17, 2007다2428 전원합의체 총회결의무효확인)

조합원 자격의 확인을 구하는 것은 공법상 당사자 소송으로 제기하여야 하고, 분양신청 후에 정해진 관리처분계획의 내용에 관하여 다툼이 있는 경우에는 항고소송으로 관리처분계획 또는 그 내용인 분양거부처분 등의 취소를 구할 수 있다. 판례는 관리처분계획을 조합이 행한 처분으로 보고 관리처분계획을 다투고자 하는 자는 조합을 피고로 해야 한다고 한다.

판례 **〈재개발조합원의 자격인정 여부에 관해 다툼이 있는 경우는 공법상 당사자 소송으로 조합원자격 확인을 구할 수 있고, 분양신청 후 정하여진 관리처분계획의 내용에 관해 다툼이 있는 경우는 항고소송으로 관리처분계획 또는 그 내용인 분양거부처분 등의 취소를 구할 수 있다.〉** 구 도시재개발법(1995.12.29. 법률 제5116호로 전문 개정되기 전의 것)에 의한 재개발조합은 조합원에 대한 법률관계에서 적어도 특수한 존립 목적을 부여받은 특수한 행정주체로서 국가의 감독 하에 그 존립 목적인 특정한 공공사무를 행하고 있다고 볼 수 있는 범위 내에서는 공법상의 권리의무 관계에 서 있다. 따라서 조합을 상대로 한 쟁송에 있어서 강제 가입제를 특색으로 한 조합원의 자격 인정 여부에 관하여 다툼이 있는 경우에는 그 단계에서는 아직 조합의 어떠한 처분 등이 개입될 여지는 없으므로 공법상의 당사자소송에 의하여 그 조합원 자격의 확인을 구할 수 있고, 한편 분양신청 후에 정하여진 관리처분계획의 내용에 관하여 다툼이 있는 경우에는 그 관리처분계획은 토지 등의 소유자에게 구체적이고 결정적인 영향을 미치는 것으로서 조합이 행한 처분에 해당하므로 항고소송에 의하여 관리처분계획 또는 그 내용인 분양거부처분 등의 취소를 구할 수 있으나, 설령 조합원의 자격이 인정된다 하더라도 분양신청을 하지 아니하거나 분양을 희망하지 아니할 때에는 금전으로 정산하게 되므로(같은 법 제44조) 대지 또는 건축시설에 대한 수분양권의 취득을 희망하는 토지 등의 소유자가 한 분양신청에 대하여 조합이 분양대상자가 아니라고 하여 관리처분계획에 의하여 이를 제외시키거나 원하는 내용의 분양대상자로 결정하지 아니한 경우, 토지 등의 소유자에게 원하는 내용의 구체적인 수분양권이 직접 발생한 것이라고는 볼 수 없어서 곧바로 조합을 상대로 하여 민사소송이나 공법상 당사자소송으로 수분양권의 확인을 구하는 것은 허용될 수 없다(대판 1996.2.15, 94다31235).

사업시행자는 관리처분계획의 고시가 있은 때에는 지체 없이 분양신청을 한 자에게 관리처분계획의 인가내용을 통지하여야 한다(§49·④).

관리처분계획의 고시가 있은 때에는 종전의 토지 또는 건축물의 소유자·지상권자·전세권자·임차권자 등 권리자는 제54조의 규정에 의한 이전의 고시가 있은 날까지 종전의 토지 또는 건축물에 대하여 이를 사용하거나 수익할 수 없다. 다만, 사업시행자의 동의를 얻은 경우에는 그러하지 아니하다(§49·⑥).

관리처분계획이 확정된 후에도 주택재개발조합을 상대로 조합원지위확인을 구할 소의 이익이 있다.

판례 **〈관리처분계획이 확정된 후에도 주택개량재개발조합을 상대로 조합원 지위 확인을 구할 소의 이익이 있다.〉** 주택개량재개발조합이 그 조합원임을 주장하는 자의 조합원 자격을 부인하는 경우, 소합원임을 주장하는 자는 그의 권리 또는 법적 지위에 현존하는 위험·불안을 제거하는 방법으로 위 조합을 상대로 조합원 지위확인을 구할 소의 이익이 있다 할 것이고, 관리처분계획은 분양처분이 이루어지기 전까지는 변경될 수도 있을 뿐만 아니라, 그 계획이 확정되었다고 하여 위와 같은 소의 이익에 관한 법리가 달라지는 것은 아니라 할 것이다(대판 1999.2.5, 97누14606).

(5) 체비지·보류지

사업시행자는 분양신청을 받은 후 잔여분이 있는 경우에는 정관 등 또는 사업시행계획이 정하는 목적을 위하여 보류지(건축물을 포함한다)로 정하거나 조합원 외의 자에게 분양할 수 있다. 일반에게 분양하는 대지 또는 건축물은 도시개발법 제34조의 규정에 의한 보류지 또는 체비지로 본다(§48·③, §55·②, 도시개발법 §34).

(6) 시공보증

조합이 정비사업의 시행을 위하여 시장·군수 또는 주택공사 등이 아닌 자를 시공자로 선정(제8조 제1항 또는 제3항의 규정에 의한 공동사업시행자가 시공하는 경우를 포함한다)한 경우 그 시공자는 공사의 시공보증을 위하여 국토해양부령이 정하는 기관의 시공보증서를 조합에 제출하여야 한다. 시장·군수는 건축법 제21조의 규정에 의한 착공신고를 받은 경우에는 시공보증서 제출여부를 확인하여야 한다(§51·①, ②).

6. 관리처분(또는 환권처분)

(1) 관리처분(환권처분)의 의의 및 성질

관리처분이란 사업시행자가 사업완료 후에 관리처분계획(환권계획)에 따라 분양처분 등 권리의 변환을 행하는 것을 말한다. 즉 사업시행자가 관리처분계획에 따라 정비사업의 시행으로 조성되는 대지 및 설치되는 건축시설을 사업이 완료 된 후에, 종전의 토지와 건축물에 갈음하여 새로운 토지와 건축물을 교부하고 이에 종전의 권리를 이전시키거나 일반인에게 분양 등의 방법에 의하여 처분하는 것을 말한다. 환지방식과는 달리 정비사업에 있어서 환권처분의 경우에는 토지와 건축물이 함께 처분된다는 점에서 특색이 있다.

환권처분은 권리의 변환을 가져오는 형성적 행정행위이다.

> 판례 〈도시재개발법에 의한 재개발사업에 있어서의 분양처분은 공법상 처분으로 종전의 토지 또는 건축물에 관한 소유권 등의 권리를 강제적으로 변환시키는 이른바 공용환권에 해당하나 대물적 처분이라 할 것이므로 재개발사업시행자가 소유자를 오인하여 종전의 토지 또는 건축물의 소유자가 아닌 다른 사람에게 분양처분한 경우 그러한 분양처분이 있었다고 하여 그 다른 사람의 권리를 취득하는 것은 아니며, 종전의 토지 또는 건축물의 진정한 소유자가 분양된 대지 또는 건축시설의 소유권을 취득하고 이를 행사할 수 있다.〉 도시재개발법에 의한 재개발사업에 있어서의 분양처분은 재개발구역 안의 종전의 토지 또는 건축물에 대하여 재개발사업에 의하여 조성되거나 축조되는 대지 또는 건축 시설의 위치 및 범위 등을 정하고 그 가격의 차액에 상당하는 금액을 청산하거나, 대지 또는 건축 시설을 정하지 않고 금전으로 청산하는 공법상 처분으로서, 그 처분으로 종전의 토지 또는 건축물에 관한 소유권 등의 권리를 강제적으로 변환시키는 이른바 공용환권에 해당하나, 분양처분 그 자체로는 권리의 귀속에 관하여 아무런 득상·변동을 생기게 하는 것이 아니고, 한편 종전의 토지 또는 건축물에 대신하여 대지 또는 건축 시설이 정하여진 경우에는 분양처분의 고시가 있은 다음날에 종전의 토지 또는 건축물에 관하여 존재하던 권리관계는 분양받는 대지 또는 건축 시설에 그 동일성을 유지하면서 이행되는 바, 이와 같은 경우의 분양처분은 대인적 처분이 아닌 대물적 처분이라 할 것이므로, 재개발사업 시행자가 소유자를 오인하여 종전의 토지 또는 건축물의 소유자가 아닌 다른 사람에게 분양처분을 한 경우 그러한 분양처분이 있었다고 하여 그 다른 사람이 권리를 취득하게 되는 것은 아니며, 종전의 토지 또는 건축물의 진정한 소유자가 분양된 대지 또는 건축시설의 소유권을 취득하고 이를 행사할 수 있다(대판 1995.6.30, 95다10570).

(2) 관리처분의 절차

1) 준공인가 등

① 준공인가

시장·군수가 아닌 사업시행자는 정비사업에 관한 공사를 완료한 때에는 대통령령이 정하는 방법 및 절차에 의하여 시장·군수의 준공 인가를 받아야 한다(§52 ①).

준공인가신청을 받은 시장·군수는 지체 없이 준공검사를 실시하여야 하는데, 효율적인 준공검사를 위하여 필요한 때에는 관계 행정기관·정부투자기관·연구기관 그 밖의 전문기관 또는 단체에 준공검사의 심사를 의뢰할 수 있다. 시장·군수는 준공검사의 실시결과 정비사업이 인가받은 사업시행계획대로 완료되었다고 인정하는 때에는 준공인가를 하고 공사완료를 당해 시·군의 공보에 고시해야 한다(§52·②·③).

시장·군수는 직접 시행하는 정비사업에 관한 공사가 완료된 때에는 그 공사의 완료를 당해 지방자치단체의 공보에 고시하여야 한다(§52·④).

② 공사완료에 따른 관련 인·허가 등의 의제

준공 인가를 하거나 공사완료의 고시를 함에 있어 시장·군수가 제32조(다른법률의 인·허가등의 의제)의 규정에 의하여 의제되는 인·허가 등에 따른 준공검사·준공인가·사용검사·사용승인 등 (이하 '준공검사·인가 등'이라 한다)에 관하여 관계 행정기관의 장과 협의한 사항에 대하여는 당해 준공검사·인가 등을 받은 것으로 본다(§53·①). 시장·군수가 아닌 사업시행자는 준공검사·인가 등의 의제를 받고자 하는 경우에는 준공인가를 신청하는 때에 해당 법률이 정하는 관계서류를 함께 제출해야 한다(§53·②). 시장·군수는 준공인가를 하거나 공사완료의 고시를 함에 있어서 그 내용에 제32조의 규정에 의하여 의제되는 인·허가 등에 따른 준공검사·인가 등에 해당하는 사항이 있을 때에는 미리 관계 행정기관의 장과 협의하여야 한다(§53·③).

2) 분양처분(이전고시)

사업시행자는 준공인가의 고시가 있은 때에는 지체 없이 대지확정측량을 하고 토지의 분할절차를 거쳐 관리처분계획에 정한 사항을 분양을 받을 자에게 통지하고 대지 또는 건축물의 소유권을 이전하여야 하는 소유권귀속처분이다. 도시 및 주거환경정비법상의 이전고시는 구 도시재개발법상의 분양처분에 해당한다. 분양처분 내지 이전고시는 행정소송법상의 처분으로 항고소송의 대상이 된다. 다만, 정비사업의 효율적인 추진을 위해 필요한 경우에는 당해 정비 사업에 관한 공사가 전부 완료되기 전에 완공된 부분에 대하여 준공인가를 받아 대지 또는 건축물 별로 이를 분양받을 자에게 그 소유권을 이전할 수 있다(§54·① 단서). 사입시행자는 대지 및 긴축물의 소유권을 이전한 때에는 그 내용을 당해 지방자치단체의 공보에 고시한 후 이를 시장·군수에게 보고해야 한다(§54·②).

분양처분이 고시되어 효력을 발생한 후에 관리처분계획의 변경을 구할 소의 이익은 없다.

판례 **〈분양처분이 고시되어 효력을 발생한 후에는 관리처분계획의 변경 또는 분양거부처분의 취소를 구할 소의 이익이 없다.〉** 도시재개발법에 의한 도시재개발사업에서 분양처분이 일단 고시되어 효력을 발생하게 된 이후에는 그 전체의 절차를 처음부터 다시 밟지 아니하는 한 그 일부만을 따로 떼어 분양처분을 변경할 길이 없고 분양처분의 일부 변경을 위한 관리처분계획의 변경도 분양처분이 이루어지기 전에만 가능하므로, 분양처분이 효력을 발생한 이후에는 조합원은 관리처분계획의 변경 또는 분양거부처분의 취소를 구할 수 없고 재개발조합으로서도 분양처분의 내용을 일부 변경하는 취지로 관리처분계획을 변경할 수 없다(대판 1999.10.8, 97누12105).

(3) 환권처분(분양처분·이전고시)의 효과

1) 대지 및 건축물에 대한 권리의 확정

대지 또는 건축물을 분양받은 자는 소유권의 이전고시가 효력을 발생한 날(§54 ②)에 그 대지 또는 건축물에 대한 소유권을 취득한다.

그리하여 대지 또는 건축물을 분양받을 자에게 소유권을 이전한 경우 종전의 토지 또는 건축물에 설정된 지상권·전세권·저당권·임차권·가등기담보권·가압류 등 등기된 권리 및 주택임대차 보호법 제3조 제1항의 요건을 갖춘 임차권은 소유권을 이전받은 대지 또는 건축물에 설정된 것으로 본다(§55 ①). 이 경우 취득하는 대지 또는 건축물중 토지 등 소유자에게 분양하는 대지 또는 건축물은 도시개발법 제40조의 규정에 의하여 행하여진 환지로 보며, 보류지와 일반에게 분양하는 대지 또는 건축물은 도시개발법 제34조의 규정에 의한 보류지 또는 체비지로 본다(§55 ②).

준공인가고시가 있은 때에는 일정절차를 거쳐 관리처분계획에 정한 사항을 분양받을 자에게 통지하고 대지 또는 건축물의 소유권을 이전하여 소유권이전고시를 해야만 소유권을 취득하게 되는 것이므로(§52, §54), 재개발공사완료 공고가 있었다 하더라도 재개발사업시행자의 관리처분계획의 수립 및 분양처분의 고시가 없었다면 재개발구역 안의 토지 등의 소유자가 재개발 사업의 시행결과 새로 조성된 대지에 관한 소유권을 취득하지 못한다(대판 2006.4.27, 2004다38150, 38167, 38174, 38181 병합).

판례 **〈구 도시재개발법에 의한 재개발사업의 시행에 있어서 관리처분계획의 수립 및 분양처분의 고시 없이 재개발사업이 종료된 경우, 재개발구역안의 토지 등의 소유자가 새로 조정된 대지에 관한 소유권을 취득하지 못한다.〉** 구 도시재개발법(1981. 3. 31. 법률 제3409호로 개정되기 전의 것) 제47조는 "대지 및 건축시설은 관리처분계획에 의하여 이를 처분 또는 관리하여야 한다."고 규정하고 있고, 제49조 제1항은 "제41조 제5항의 규정에 의하여 고시된 관리처분계획에 따라 대지 또는 건축시설을 분양받을 자는 제48조 제5항의 규정에 의한 분양처분의 고시가 있은 다음날에 그 분양받을 대지 또는 건축시설에 대한 소유권을 취득한다."고 규정하고 있어 재개발구역 안의 토지 등의 소유자가 재개발사업의 시행 결과 조성된 대지에 관한 소유권을 취득하는지 여부는 관리처분계획에 따른 분양처분에 의하여 정하여지는 것이므로, 비록 구 도시재개발법 제48조 제3항의 규정에 의한 재개발공사완료 공고가 있었다고 하더라도 재개발사업 시행자의 관리처분계획의 수립 및 분양처분이 없었다면 재개발구역 안의 토지 등의 소유자가 재개발사업의 시행 결과 새로 조성된 대지에 관한 소유권을 취득하지 못한다(대판 2006. 4. 27, 2004다38150).

2) 등기절차 및 권리변동의 제한

사업시행자는 소유권 이전고시(분양처분)가 있은 때에는 지체 없이 대지 및 건축물에 관한 등기를 지방법원지원 또는 등기소에 촉탁 또는 신청하여야 한다. 정비사업에 관하여 소유권 이전의 고시가 있은 날부터 위의 촉탁 또는 신청에 의한 등기가 있을 때까지는 저당권 등의 다른 등기를 하지 못한다(§56).

3) 청 산 금

대지 또는 건축물을 분양받은 자가 종전에 소유하고 있던 토지 또는 건축물의 가격과 분양받은 대지 또는 건축물의 가격 사이에 차이가 있는 경우에는 사업시행자는 소유권 이전의 고시가 있은 후에 그 차액에 상당하는 금액(이하 '청산금'이라 한다)을 분양받은 자로부터 징수하거나 분양받은 자에게 지급하여야 한다(§57).

청산금을 납부할 자가 이를 납부하지 아니하는 경우에는 시장·군수인 사업시행자는 지방세 체납처분의 예에 의하여 이를 징수할 수 있으며, 시장·군수가 아닌 사업시행자는 시장·군수에게 청산금의 징수를 위탁할 수 있다. 청산금을 지급받을 자가 이를 받을 수 없거나 거부한 때에는 사업시행자는 그 청산금을 공탁할 수 있다. 청산금을 지급받을 권리 또는 이를 징수할 권리는 소유권이전의 고시일 다음날부터 5년간 이를 행사하지 아니하면 소멸한다(§58).

4) 저당권의 물상대위

정비사업을 시행하는 지역 안에 있는 토지 또는 건축물에 저당권을 설정한 권리자는 저당권이 설정된 토지 또는 건축물의 소유자가 지급받을 청산금에 대하여 청산금을 지급하기 전에 압류절차를 거쳐 저당권을 행사할 수 있다(§59).

(4) 환권처분(분양처분·이전고시)에 대한 불복

① 이전고시의 처분성 : 환권처분이나 이전고시(분양처분)는 행정처분이므로 이에 대해 항고소송의 제기가 가능하다. 분양처분이 공고되어 효력을 발생한 후에는 관리처분계획은 변경할 수 없고, 분양처분의 일부에 대하여 취소 또는 무효확인을 구할 법률상 이익이 없다(대판 1991.10.8, 90누10032; 대판 1999.10.8, 97누12105).

판례 **〈도시재개발법에 따른 분양처분의 일부에 대하여 취소나 무효확인을 구할 법률상 이익이 없다.〉** 도시재개발법에 의한 도시재개발사업에 있어서의 분양처분은 일단 공고되어 효력을 발생하게 된 이후에는 그 전체의 절차를 처음부터 다시 밟지 않는 한 그 일부만을 따로 떼어 분양처분을 변경할 길이 없으며 다만 그 위법을 이유로 하여 민사상의 절차에 따라 권리관계의 존부를 확정하거나 손해의 배상을 구하는 길이 있을 뿐이므로 그 분양처분의 일부에 대하여 취소 또는 무효확인을 구할 법률상의 이익이 없다(대판 1991. 10. 8. 90누10032).

1) 소유권 귀속은 진정한 소유자에게

판례는 구 도시재개발법상의 분양처분은 대인적 처분이 아닌 대물적 처분이므로, 재개발사업시행자가 소유자를 오인하여 종전의 토지 또는 건축물의 소유자가 아닌 다른 사람에게 분양 처분을 한 경우, 그러한 분양처분이 있었다고 하여 그 다른 사람이 권리를 취득하게 되는 것은 아니며, 종전의 토지 또는 건축물의 진정한 소유자가 분양된 대지 또는 건축시설의 소유권을 취득하고 이를 행사할 수 있다고 한다(대판 1995. 6. 30. 95다10570). 따라서 소유권 등의 귀속을 다투는 경우에는 분양처분을 다툴 수는 없고, 오인된 소유자 개인을 상대로 등기말소나 이전등기를 구하는 민사소송을 제기해야 한다.

2) 환권처분(분양처분)의 일부의 취소 및 무효확인문제

판례는 구 도시재발법상의 도시재개발사업에 있어서의 분양처분은 일단 공고되어 효력을 발생하게 된 이후에는 그 전체의 절차를 처음부터 다시 밟지 않는 한 그 일부만을 따로 떼어 분양처분을 변경할 길이 없으며 다만 그 위법을 이유로 하여 민사상의 절차에 따라 권리관계의 존부를 확정하거나 손해의 배상을 구하는 길이 있을 뿐이므로 그 분양처분의 일부에 대하여 취소 또는 무효 확인을 구할 법률상 이익이 없다고 보고 있다(대판 1991.10.8. 90누10032).

7. 비용의 부담

정비사업비는 특별한 규정이 있는 경우를 제외하고는 사업시행자가 부담한다(§60·①). 시장·군수는 시장·군수가 아닌 사업시행자가 시행하는 정비사업의 정비계획에 따라 설치되는 도시·군계획 시설 중 대통령령으로 정하는 주요정비기반시설, 공동이용시설 및 제36조의 규정에 의한 임시수용시설(이하 "임시수용시설"이라 한다)에 대하여는 그 건설에 소요되는 비용의 전부 또는 일부를 부담할 수 있다(§60·②).

8. 정비사업의공공관리

(1) 공공관리자

시장·군수 및 위탁관리자이다. 즉, 시장·군수는 정비사업의 투명성 강화 및 효율성 제고를 위하여 시·도 조례로 정하는 정비사업에 대하여 사업시행과정을 지원(이하 '공공관리'라 한다)하거나 주택공사 등, 신탁업자, 대한주택보증주식회사 또는 이 법 제69조 제1항 각 호 외의 부분 단서에 따라 대통령령으로 정하는 기관에 공공관리를 위탁할 수 있다(§77의4·①).

(2) 공공관리자의 업무

정비 사업을 공공관리하는 시장·군수 및 공공관리를 위탁받은 자(이하 "위탁관리자"라 한다)는 ① 추진위

원회 또는 주민대표회의 구성을 위한 업무지원, ② 정비사업 전문 관리업자의 선정(위탁관리자는 선정을 위한 지원에 한한다), ③ 설계자 및 시공자 선정방법 등에 대한 지원, ④ 그 밖에 시·도 조례로 정하는 사항에 관한 업무를 수행한다(§77의 4·②).

(3) 대외적 책임 및 비용부담

시장·군수는 위탁관리자의 공정한 업무수행을 위하여 관련 자료의 제출 및 조사, 현장점검 등 필요한 조치를 할 수 있으며, 위탁관리자의 행위에 대한 대외적 책임은 시장·군수에게 있다(§77의 4·③). 공공관리에 필요한 비용은 시장·군수가 부담하되, 시·도지사는 시·도 조례로 정하는 바에 따라 그 비용의 일부를 지원할 수 있다(§77의 4·④).

제8장 재무행정법

제1절 개 설

Ⅰ. 재정의 개념과 종류

1. 재정의 개념

재정이란 국가 또는 지방자치단체가 그의 존립과 활동을 유지하기 위하여 일반통치권에 의하여 필요한 재력을 취득하고, 수입·지출의 회계를 경리하며, 재산을 관리함을 직접목적으로 하는 국가목적적 작용을 말한다. 재정의 개념은 그 목적·수단 및 권력적 기초의 세 가지 점에서 다른 행정작용과 구별된다.

(1) 재정의 목적

① 재정은 국가 또는 지방자치단체의 존립과 활동에 필요한 재력을 취득하고 관리함을 목적으로 한다. 재정은 국가적 이익을 직접목적으로 하는 점에서 병력의 취득과 유지를 직접목적으로 하는 군정과 함께 국가목적과 작용에 속하며, 사회적 이익을 직접목적으로 하는 경찰행정·급부행정과 구별된다.

② 재정은 수입 자체를 직접목적으로 하는 점에서, 다른 특정한 목적을 위한 작용으로 수입은 부수적 또는 우연히 생기는데 지나지 않는 경찰(수수료), 환경규제행정(수수료), 공용부담(부담금), 사법(벌금·소유권의 국가귀속) 등의 작용과 구별된다. 그러나 이러한 부수적 수입도 일단 국고에 귀속되면 그 후 이를 관리하는 작용은 재정작용에 속한다.

(2) 재정의 수단

재정작용 중 재력의 취득은 권력적 명령·강제를 수단으로 하고, 재산의 관리 및 수입·지출의 경리는 비권력관리를 수단으로 하는 바, 전자를 재정권력작용, 후자를 재정관리작용이라 한다. 재정권력작용은 경찰작용·경제규제행정 및 환경규제행정 중 권력적 수단으로 하는 점에서 수단에 있어서는 같으나, 그 목적이 다르다. 물론 국가 또는 지방자치단체가 수입을 얻는 수단이 모두 권력적 작용에 의하여 이루어지는 것(조세)은 아니며, 그 외에 ① 비권력적 사업경영에 의하는 경우(체신사업, 관광사업, 주식보유 등) ② 공채(公債)·재정증권·일반차입금에 의하는 경우 ③ 경찰 등 다른 행정에 부수된 수입 등이 있다.

(3) 재정권(권력적 기초)

재정권력작용은 일반통치권의 작용이며, 일반통치권의 재정목적을 위하여 국민에게 명령·강제하는 권력으로 발동된다. 이러한 권력을 재정권이라 하며, 국가 및 국가로부터 통치권을 부여받는 지방자치단체만이 행할 수 있다. 이에 대하여 재성관리작용은 일반새산관리권의 작용에 지나지 아니하며, 이에 관한 법적 규율은 국가 또는 지방자치단체의 재정관리의 공정을 확보하기 위한 법규로, 주로 사법에 대한 특별법 또는 행정의 내부규율적인 성질을 가진다.

2. 재정의 종류

(1) 주체에 의한 분류

주체를 기준으로 국가재정과 지방재정이 있다. 국가재정이란 국가의 존립과 활동에 필요한 재력을 국가가 취득하고 관리하는 작용을 말하고, 지방재정이란 지방자치단체의 존립과 활동에 필요한 재력을 지방자치단체가 취득하고 관리하는 작용을 말한다. 국가재정과 지방재정은 양자 모두 재정작용이라는 점에서는 본질상 차이가 없다. 다만, 국가재정은 국가의 통치권이라는 그 자체의 고유한 권한에 의거하여 행하여지는 데 비해서, 지방재정은 국가로부터 부여받은 전래적 권한에 의거하여 행하여지는 점이 다르다.

국가재정에 관한 기본법에는 국가재정법·국세기본법·국유재산법 등이 있고, 지방재정에 관한 기본법에는 지방재정법·지방세법·공유재산및물품관리법 등이 있다.

(2) 수단에 의한 분류

수단을 기준으로 재정권력작용과 재정관리작용이 있다.

재정권력작용이란 국가 또는 지방자치단체의 재력을 취득하기 위해 국민에 대하여 명령·강제하는 작용을 말하며, 조세의 부과·징수 및 전매가 있다. 다만, 전매에는 그것이 사법상 매매를 통해서 행하여진다는 점에서 비권력적 요소도 있다. 재정권력작용은 수단의 면에서 경찰작용·규제작용과 다를 바 없으며 그 목적에서 다를 뿐이다.

재정권력작용에는 재정하명, 재정허가, 재정면제, 재정강제(재정상강제집행, 재정상즉시강제)가 주된 내용을 이룬다.

재정관리작용이란 취득한 재력을 유지·관리하기 위하여 그 재산 및 수입·지출을 관리하는 작용을 말한다. 재정관리작용을 회계라고도 하는데, 이 경우 재산관리는 물품회계(동산·부동산·채권회계)라고 하고, 현금의 수입·지출의 관리는 현금회계라고 한다. 재산관리작용은 사인의 재산관리행위와 본질적으로는 차이가 없고, 다만 그 재산과 수입·지출이 공적인 성격을 띠며 국민의 이해와 밀접하게 관련이 있으므로 공정성을 확보하기 위하여 특별히 법적 규율을 하고 있는 것이다. 따라서 재정관리작용에 관한 법규는 행정내규적 성질과 아울러 사법에 대한 특칙으로서의 성질을 갖는다.

Ⅱ. 재정법의 기본원칙

1. 재정의회주의(국회중심주의)

재정의회주의란 국가의 재정작용을 국민의 대표기관인 의회의 감독과 규제 아래서 행하게 하는 것을 의미한다. 재정의회주의에는 구체적으로 다음과 같은 것이 있다.

(1) 조세법률주의

조세부과는 반드시 법률이 정하는 바에 의하여야 한다는 원칙으로 조세의 종목과 세율은 법률로 정하게 되어 있다(영구세주의 채택)(헌 §59). 여기서 법률로 정해야 할 사항은 조세의 종목과 세율뿐만 아니라 과세물건·과세표준·납세의무자 등 조세의 부과와 징수에 관한 모든 사항이다.

(2) 예산심의·확정원칙(예산의결의 원칙)

예산은 국민의 경제적 부담 또는 국민경제와 밀접한 관련이 있으므로 재정민주주의를 채택하여 국회의 심의를 거쳐 의결을 통해 확정되어야 한다는 원칙이다(헌 §54).

(3) 결산심사원칙

예산의 집행결과인 결산을 국회가 심사하도록 하는 제도이다. 헌법은 "감사원은 세입·세출의 결산을 매년 검사하여 대통령과 차년도 국회에 그 결과를 보고 하여야 한다"고 하여 이 원칙을 명문화 해 놓고 있다(헌 §99). 지방자치법도 지방자치단체의 결산승인을 지방의회의 의결사항으로 규정하고 있다(지자법 §39·①).

2. 공공재산엄정관리주의(공금·공재존중주의)

국가 또는 지방자치단체가 소유하거나 행정목적에 제공한 재산은 국민 전체 또는 주민 전체의 공동재산이기 때문에 멸실되거나 효용이 감소되는 일 없이 그 가치가 유지되고 본래의 목적에 계속 제공될 수 있도록 엄정하게 관리해야 한다. 재정관리(물품관리·부동산관리·채권관리 등)에 있어서 특별 규율은 모두 공공재산엄정관리주의 이념에 입각한 것이다. 공공재산엄정관리주의의 세부원칙으로 국가채권의 일부나 전부를 면제하거나 효력을 변경하는 경우에는 법률에 의해야 한다는 원칙인 「채권존중의 원칙」과 적정 대가 없이는 국유재산의 교환을 할 수 없다는 「적정대가의 원칙」을 들고 있다.[274]

---

274) 김남진(Ⅱ), 651쪽 ; 박윤흔(Ⅱ), 768쪽.

3. 건전재정주의(적자재정방제)

건전재정주의란 재정운용에 있어서 수입과 지출이 균형을 이루어야 한다는 원칙이다.

(1) 기채금지원칙

국가 세출은 원칙으로 국채나 차입금 이외의 수입을 그 재원으로 하여야 한다(국가재정법 §18). 지방자치단체의 세출은 지방채외의 세입을 그 재원으로 하여야 한다(지방재정법 §35). 그리고 국채를 모집하거나 예산 외에 국가의 부담이 될 계약을 체결하려할 때에는, 정부는 미리 국회의 의결을 얻어야 한다(헌 §58).

(2) 감채원칙

매회계연도 세입세출의 결산상 생긴 잉여금 중 다른 법률에 따른 것과 세출예산의 이월액을 공제한 금액(이하 "세계잉여금"이라 한다)은 지방교부세법상의 교부세의 정산 및 지방교육재정교부금법상의 교부금의 정산에 사용할 수 있고, 위의 사용한 금액을 제외한 세계 잉여금은 100분의 30 이상을 공적자금상환기금법상의 공적자금상환기금에 우선적으로 출연해야 하며, 그 다음 나머지 세계 잉여금은 100분의 30 이상을 국채 또는 차입금의 원리금, 국가배상법상 확정된 국가배상금, 공공자금관리기금법상의 공공자금 관리기금의 융자계정의 차입금의 원리금 등 채무를 상환하는데 사용하여야 한다(국가재정법 §90).

제2절 재정의 내용(재정권력작용, 재정관리작용)

I. 재정권력작용

재정권력작용이란 재정목적을 달성하기 위하여 일반통치권에 기하여 개인에게 명령·강제하는 작용이다. 이러한 재정권력작용에는 그 법률 효과의 내용에 따라 재정하명, 재정허가, 재정면제, 재정강제, 재정벌로 나누어진다.

1. 재정하명

(1) 의의·종류

재정하명이란 재정행정청이 재정목적을 위하여 일반통치권에 의하여 개인에게 일정한 작위, 부작위, 급부, 수인을 명하는 행정행위이다.

재정목적(국가목적)을 위한 하명인 점에서 사회목적적 작용인 경찰하명, 규제하명과 구별된다.

1) 작위하명

조세신고의무, 장부비치 및 기재의무, 납세필증인날인의무 등 일정한 행위를 명하는 하명

2) 부작위하명

화물수출·입금지·제한, 세금포탈금지 등 일정한 행위를 금지하는 하명

3) 급부하명

조세납부의무 등 일정한 물건이나 금전의 지급을 명하는 하명

4) 수인하명

체납처분·장부검사를 수인할 의무 등 재정권 발동인 실력행사를 수인할 것을 명하는 하명

(2) 근거와 형식

1) 근 거

권력작용이므로 반드시 법적 근거가 있어야 한다.

2) 형 식

조세신고의무 등과 같이 직접 법령의 규정에 의하여 행하여지는 것인 법규하명과 조세부과처분 등과 같이 법령에 근거한 행정처분에 의하여 행하여지는 것인 재정처분이 있다. 일반적으로는 재정하명은 처분으로서의 하명을 의미한다.

(3) 효 과

그 하명을 받은 특정인은 그 하명의 내용을 이행할 공법상의 의무가 발생하는 데, 이 의무를 불이행할 경우에는 재정강제(재정상 강제집행과 재정상 즉시강제)를, 의무를 위반한 경우에는 제정벌(재정형벌과 재정질서벌)을 과한다.

(4) 재정하명의 하자 및 그 구제

① 재정하명의 하자가 중대하고 명백한 경우에는 재정하명은 당연히 무효가 되지만, 단순히 재정권의 한계를 일탈하거나 재정권을 그르친 경우에는 당연히 무효가 되는 것이 아니고 권한 있는 기관의 취소에 의하여 그 효력이 상실됨은 일반 행정행위의 경우와 같다.

② 위법 또는 부당한 재정하명으로 인하여 권리 또는 이익을 침해받은 자는 행정쟁송절차를 통하여 그 취소·변경을 청구할 수 있다. 다만, 국세의 부과·징수에 대하여는 국세기본법에 의한 특별한 행정심판절차가 인정되고 있다(국세기본법 §55~§81). 또한 하자 있는 재정하명으로

재산상의 손해를 입은 경우에는 행정상 손해배상 또는 부당이득반환청구의 방식에 의하여 구제를 받을 수 있다.

2. 재정허가

(1) 의 의

재정허가란 재정상 목적을 위하여 명한 일반적·상대적 금지를 특정한 경우에 해제하여 적법하게 그 행위를 할 수 있도록 하는 행정행위이다. 주세법에 의한 주류의 제조·판매허가를 들 수 있다. 재정목적을 위한 금지해제인 점에서(국가 목적) 경찰허가, 군정허가와 구별된다.

(2) 성 질

1) 특허와 구별

재정허가는 재정목적상 부과되어있는 일반적 금지를 해제하여 영업의 자유를 적법하게 행사할 수 있게 하여주는데 그치고, 새로운 권리나 법률상의 힘을 설정하여 주는 특허와 구별된다.

2) 재량성문제

일반적으로 강학상의 허가는 법률에 특별한 규정이 없는 한 기속행위의 성질을 갖는다. 그러나 재정허가의 경우에는 허가대상인 행위의 성질에 따라 달리 판단하여야 한다는 것이 다수설이다. 즉 허가를 요하는 행위가 원래 이를 자유로이 행할 수 있는 성질의 것인 때에는 그 허가는 기속행위이고(예: 주조업면허 ·수출입허가), 그 행위가 국가의 전매권 등의 이유로 특별한 관계에 있는 자만이 할 수 있는 성질의 것인 때에는 그 허가는 원칙적으로 재량행위의 성질을 갖는다.[275)]

(3) 재정허가의 형식

재정허가는 재정하명의 경우와는 달리 법규상 허가는 없고 법령에 근거한 행정처분의 형식으로만 행하여진다.

(4) 재정허가의 효과

재정허가의 효과는 일반적 금지를 구체적인 경우에 해제하여 적법하게 그 행위를 행할 수 있도록 하는 데 있다. 허가를 받아야 할 행위를 허가없이 행한 경우에는 원칙적으로 그 행위의 법률적 효과가 무효로 되는 것이 아니고, 강제집행이나 행정벌의 대상이 되는 것이

---

275) 김도창(하), 663쪽 ; 박윤흔(하), 767쪽 ; 김동희(Ⅱ), 598쪽.

보통이다.

재정허가의 신청에 대한 부작위나 거부의 경우에는 행정쟁송절차를 통하여 다툴 수 있다.

3. 재정면제

재정면제란 재정상 목적을 위하여 일반적으로 과하여진 작위·급부 또는 수인의무를 특정한 경우에 해제(소멸)시키는 행정행위이다. 의무를 해제하는 것인 점에서는 재정허가와 같으나, 재정허가는 부작위의무를 해제하는 점(예: 조세면제, 과세면제)에서 해제하는 내용이 서로 다르다.

4. 재정강제

【기출문제】 <1968년 (제12회) 행정고시 (논술형)> ※ 재정강제

(1) 의 의

재정강제란 재정상 목적을 위하여 재정권에 의거하여 국민의 신체·재산에 실력을 가하여 필요한 상태를 실현시키는 권력적 사실작용이다. 재정상 강제집행과 재정상 즉시강제가 있다. 재정강제는 실력을 발동하여 국민의 자유와 재산을 침해하는 권력적 침해작용이므로 엄격한 법률의 근거를 요한다.

(2) 재정상 강제집행

재정하명에 의한 의무의 존재와 그 불이행을 전제로 하여 장래의 방향으로 그 이행을 강제하거나 또는 이행된 것과 동일한 상태를 실현하는 권력적작용을 재정상 강제집행이라 한다. 재정의무 불이행의 경우 특별한 규정이 없으면 대체적 작위의무 불이행에 대하여는 행정대집행법이 정하는 바에 의하고 비대체적 작위의무·수인의무·부작위의무 불이행에 대하여는 직접강제가 인정되고 있다. 금전급부의무의 불이행에 대하여는 국세징수법상 강제징수·담보권실행, 특별법인 관세법상 강제집행이 적용된다.

1) 국세징수법상 강제징수(체납처분)

국세징수법상의 강제징수절차는 독촉과 체납처분으로 이루어지며, 체납처분은 다시 재산의 압류, 압류재산의 매각 및 청산으로 이루어진다. 그리하여 국세징수법상의 강제징수절차는 독촉·재산의 압류·압류재산의 매각 및 청산의 4단계로 행하여진다.

① 독촉과 최고

국세를 그 납부기한까지 완납하지 아니한 때에는 세무서장 또는 시장·군수·구청장은 납기경과 후 10일 내에 독촉장을 발부하여야 한다(국세징수법 §23·①). 그리고 세무서장은 제2차 납세의무자가 체납액을 그 납부기한까지 완납하지 아니한 때에는 10일 내에 납부최고서를 발부하여야 한다(§23·②). 독촉장 또는 납부최고서를 발부하는 때에는 납부기한을 발부일로부터 20일 이내로 한다(§23·③).

독촉의 법적 성질에 대하여는 재성상의 시급의무의 이행을 최고하고 일정한 기한까지 그 의무를 이행하지 아니하면 강제징수하겠다는 준법률행위적 행정행위로서의 통지행위로 보는 것이 일반적이다. 독촉은 대집행·집행벌에 있어서의 계고의 성질과 같다. 다만, 급부하명으로 보는 견해도 있다.[276]

② 재산의 압류

㉮ 압류의 요건 : 세무서장은 ㉠ 납세자가 독촉장을 받고 지정된 기한까지 국세와 가산금을 완납하지 아니한 때, ㉡ 납세자가 납기 전에 납부의 고지를 받고 지정된 기한까지 완납하지 아니한 때에는 납세자의 재산을 압류한다(§24). 세무공무원은 체납처분을 하기 위하여 질문·검사 또는 수색을 하거나 재산을 압류할 때에는 그 신분을 표시하는 증표를 휴대하고 이를 관계자에 제시해야 하며(§25), 아울러 압류조서를 작성해야 한다(§29).

㉯ 압류금지재산 : 체납자의 재산은 동산·부동산 또는 무체재산권을 가리지 않고 모두가 압류 대상이 되나, 다만 압류재산을 선택함에 있어서 비례성의 원칙이 고려되어야 한다. 따라서 체납액의 한도 내에서 체납자에게 가장 적은 불이익을 주는 것을 택해야 할 것이다. 그러나 ㉠ 체납자와 그 동거가족의 생활상 없어서는 아니될 의복·침구·가구와 주방기구, ㉡ 체납자와 그 동거가족이 필요한 3월간의 식료와 연료, ㉢ 인감도장 기타 직업에 필요한 인장, ㉣ 제사·예배에 필요한 물건·비석과 묘지, ㉤ 체납자 또는 동거가족의 장사·장례에 필요한 물건, ㉥ 족보 기타 체납자의 가정에 필요한 장부·서류, ㉦ 직무상 필요한 제복·법의, ㉧ 훈장 기타 명예의 증표, ㉨ 체납자와 그 동거가족의 수학상 필요한 서적과 기구, ㉩ 발명 또는 저작에 관한 것으로서 공표되지 아니한 것, ㉪ 법령에 의하여 급여하는 사망급여금과 상이급여금, ㉫ 의료·조산의업 또는 동물진료업에 필요한 기구·약품 기타 재료, ㉬ 체납자의 생계유지에 필요한 소액금융재산으로서 대통령령으로 정하는 것 등은 압류금지재산이다(§31).

㉰ 압류제한

그리고 급여채권의 압류제한이 있는바, 급료·연금·임금·봉금·상여금·세비·퇴직연금 그 밖에 이와 비슷한 성질을 가진 급여채권에 대하여는 그 총액의 2분의 1에 해당하는 금액은 압류하지 못한다(§33).

다만, 그 금액이 「국민기초생활보장법」에 따른 최저생계비를 고려하여 대통령령으로

276) 김남진/김연태(I), 451쪽.

정하는 금액에 미치지 못하는 경우 또는 표준적인 가구의 생계비를 고려하여 대통령령으로 정하는 금액을 초과하는 경우에는 각각 대통령령으로 정하는 금액을 압류하지 못한다(§33·① 단서). 퇴직금 그 밖에 이와 비슷한 성질을 가진 급여채권에 대하여는 그 총액의 2분의 1에 해당하는 금액을 압류하지 못한다(§33·②).

㉱ 조건부압류금지재산 : ㉠ 농업에 필요한 기계·기구·가축사료·종자와 비료 ㉡ 어업에 필요한 어망·어구와 어선 ㉢ 직업 또는 사업에 필요한 기계·기구와 비품은 그 체납자가 국세·가산금과 체납처분에 충당할 만한 다른 재산을 제공하는 때에는 이를 압류할 수 없다(§32).

㉲ 교부청구·참가압류 : 세무서장은 납기전징수에 관한 일정한 사유가 있는때(§14·①·1호 내지 6호)에는 당해 관서·공공단체·집행법원·집행공무원·강제관리인·파산관재인 또는 청산인에 대하여 국세·가산금과 체납처분비의 교부를 청구하여야 한다(§56).

그리고 세무서장은 압류하고자 하는 재산이 이미 다른 기관에서 압류하고 있는 재산인 때에는 교부청구에 갈음하여 참가압류통지서를 그 재산을 이미 압류한 기관에 송달함으로써 그 압류에 참가할 수 있다(§57). 세무서장은 납부, 충당, 공매의 중지, 부과의 취소 기타의 사유로 인하여 압류의 필요가 없어진 때 등 일정한 사유가 발생한 경우에는 압류재산의 전부 또는 일부에 대한 압류를 해제해야 한다(§53).

③ 압류재산의 매각

㉮ 공 매 : 세무서장은 압류한 동산·유가증권·부동산·무체재산권 등을 대통령령이 정하는 바에 의하여 공매에 붙여 매각함이 원칙이다(§61). 공매는 입찰 또는 경매의 방법에 의하여 공매공고일부터 10일이 경과한 후에 행한다(§67, §70).

㉯ 수의계약 : 압류재산이 수의계약에 의하지 아니하면 매각대금이 체납처분비에 충당하고 잔여가 생길 여지가 없는 때, 부패·변질 또는 감량되기 쉬운 재산으로서 속히 매각하지 아니하면 그 재산가액이 감손될 우려가 있는 때, 압류한 재산의 추산가액이 1천만 원 미만인 때, 법령으로 소지 또는 매매가 규제된 재산인 때, 1회 공매 후 1년간 5회 이상 공매하여도 매각되지 아니한 때, 공매함이 공익상 적절하지 아니한 때 등일 경우에는 수의계약에 의하여 이를 매각할 수 있다(§62).

㉰ 공매대행 : 세무서장은 압류한 재산의 공매에 전문지식이 필요하거나 기타 특수한 사정이 있어 직접 공매하기에 적당하지 아니하다고 인정되는 때에는 대통령령이 정하는 바에 따라 「금융회사부실자산 등의 효율적 처리 및 한국자산관리공사의 설립에 관한 법률」에 의하여 설립된 한국자산관리공사로 하여금 이를 대행하게 할 수 있으며 이 경우의 공매는 세무서장이 한 것으로 본다(국세징수법 §61·⑤).

④ 청 산

㉮ 배분금전의 범위 : 세무서장은 매각이 끝난 때에는 압류한 금전, 채권·유가증권·무

체재산권 등의 압류로 인하여 체납자 또는 제3채무자로부터 받은 금전, 압류재산의 매각대금 및 그 매각대금의 예치이자, 교부청구에 의하여 받은 금전을, 압류에 관계되는 국세·가산금과 체납처분비, 교부청구를 받은 국세·가산금·체납처분비·지방세 또는 공과금, 압류재산에 관계되는 전세권·질권 또는 저당권에 의하여 담보된 채권, 주택임대차보호법 또는 상가건물임대차보호법에 따라 우선변제권이 있는 임차보증금반환채권, 근로기준법 또는 근로자퇴직급여보장법에 따라 우선변제권이 있는 임금, 퇴직금, 재해보상금 및 그 밖에 근로관계로 인한 채권, 압류재산에 관계되는 가압류채권, 집행력 있는 정부에 의한 채권에 배분 또는 충당하고, 잔여액이 있을 때에는 체납자에게 지급하여야 한다(§80, §81, §82).

㉯ 배분순위 : 압류한 국유 또는 공유재산에 관한 권리의 매각대금의 배분순위는 ㉠ 국유 또는 공유재산의 매수대금 중 체납자가 아직 지급하지 못한 금액을 지급, ㉡ 체납액에 충당, ㉠에 따라 지급하거나 ㉡에 따라 충당하고 잔여액은 체납자에게 지급한다(§82). 세무서장 등은 금전의 배분을 할 때에는 배분계산서 원안을 작성하고 이를 배분기일 7일 전까지 갖추어 두어야 한다(§83·①).

체납자 등은 세무서장에게 교부청구서, 감정평가서, 채권신고서, 배분요구서, 배분계산서원안 등 배분금액 산정의 근거가 되는 서류의 열람 또는 복사를 신청할 수 있고, 세무서장은 이에 응하여야 한다(§83·③·④).

체납자 등은 배분계산서 원안이 비치된 이후부터 배분기일이 끝나기 전까지 배분계산서 원안에 기재된 다른 채권자의 채권 또는 채권의 순위에 대하여 이의를 제기할 수 있다(§83의2 ①·②). 세무서장은 이의제기가 없거나 이의의 내용이 정당하다고 인정하지 아니하는 때에는 배분계산서를 원안대로 즉시 확정하고, 이의내용이 정당하다고 인정하거나 배분계산서 원안과 다른 체납자 등의 합의가 있는 때에는 배분계산서 원안을 수정하여 배분계산서를 확정한다(§83의2 ③·④).

⑤ 체납처분의 중지 및 결손처분

체납처분의 목적물인 총재산의 추산가액이 체납처분비에 충당하고 잔여가 생길여지가 없는 때에는 체납치분을 중지히여야 한다(§85). 그리고 세무서장은 체납처분이 중지된 때, 체납처분이 종결되고 체납액에 충당된 배분금액이 그 체납액에 부족한 때, 국세징수권의 소멸시효가 완성한 때, 대통령령으로 정하는 바에 따라 징수가능성이 없다고 인정될 때 등에는 납세자에게 결손처분을 할 수 있다(§86).

⑥ 체납처분의 유예

세무서장은 체납자가 ㉮ 국세청장이 성실납세자로 인정하는 기준에 해당하는 때, ㉯ 재산의 압류나 압류재산의 매각을 유예함으로써 사업을 정상적으로 운영할 수 있게 되어 체납액의 징수가 가능하다고 인정되는 때에는 그 체납액에 대하여 체납처분에 의한 재산의 압류나 압류재산의 매각을 유예할 수 있다(§85의2).

⑦ 하자의 승계

독촉, 재산압류, 매각, 청산의 4단계는 국세충당이라는 하나의 목적을 위한 것으로서, 그 관계가 밀접하므로 선행행위에 위법(취소·무효 불문)이 있으면 그 위법은 후행행위에 승계된다. 그러나 과세처분에 위법이 있는 경우 그 위법이 위의 4단계에 승계되는가에 대하여는 다툼이 있으나 무효의 경우는 승계되지만 취소의 경우는 승계되지 않는다고 봄이 일반적이다.

2) 담보권 실행

국세징수법과 각 세법에서는 조세채권의 보존수단으로서 일정한 경우에 납세담보의 제공을 요구할 수 있도록 규정하고 있다. 예컨대, 징수유예에 관한 담보(국세징수법 §18), 체납처분유예의 경우(국세징수법 §85의2) 등을 들 수 있는데, 납세의무가 이행되지 않는 경우에 세무서장은 그 담보권을 실행함으로써 조세를 급부한 것과 같은 효과를 발생시키게 된다.

담보에는 인적담보와 물적 담보가 있는데, 「국세기본법」은 담보의 종류(국세기본법 §29), 담보의 평가(§30), 담보의 제공방법(§31), 담보의 변경과 보충(§32), 담보에 의한 납부와 징수(§33), 담보의 해제(§34) 등에 대하여 규정하고 있다.

3) 관세법상 강제징수

관세의무에 대하여는 물적 담보만 인정된다.

① 법정담보

관세미납물품은 법률상 당연히 관세의 담보가 되며 다른 조세 기타의 공과금 및 채권에 우선하여 징수한다(관세법 §3·①).

② 특별담보

세관장은 일정한 사유가 있는 경우에는 관세에 대해 특별담보를 제공 또는 공탁하게 할 수 있다. 담보의 종류로는 금전, 국채 또는 지방채, 세관장이 인정하는 유가증권, 납세보증보험증권, 토지, 보험에 가입된 등기 또는 등록된 건물·공장재단·광업재단·선박·항공기 또는 건설기계, 세관장이 인정하는 보증인의 납세보증서 등이 있다(관세법 §24). 세관장은 담보를 제공한 납세의무자가 기한 내에 관세를 납부하지 아니하는 때에는 그 담보를 관세에 충당할 수 있다(§25).

③ 관세미납물품의 유치 및 예치와 매각

세관장은 여행자의 휴대품 또는 우리나라와 외국간을 왕래하는 운송수단에 종사하는 승무원의 휴대품으로 필요한 허가 등 조건이 구비되지 아니한 것은 유치할 수 있으며, 또한 여행자 또는 승무원의 휴대품으로 수입할 의사가 없는 물품은 세관장에게 신고하여 일시 예치시킬 수 있다(관세법 §206). 유치 및 예치된 물건은 장치(藏置)기간이 경과하면 공고를 한 후 이를 매각하고, 매각대금 중에서 관세 등에 충당하고 잔금이 있을 때에는 화주에게 교부한다(§208 내지 §212). 다만, 살아있는 동식물, 부패하거나 부패할 우려가 있는 물품, 창고나 다른 외국물품을 해할 우려가 있는 것, 기간의 경과로 사용할 수 없게 되거나 상품가치가 현저히 감소될 우려가 있는 물품, 관세청장이 정하는 물품 중 화주가 요청하는 것 등은 기간이 경과되기 전이라도 매각할 수 있다(관세법 §208).

(3) 재정상 즉시강제

조세 또는 관세의 포탈을 방지하기 위하여 급박한 필요가 있거나 미리 의무를 명하여서는 목적을 달성할 수 없는 경우에 직접 사람의 신체·재산에 실력을 가하여 재정목적을 실현하는 권력적 사실행위이다. 재정상 즉시강제에는 대인적 강제, 대물적 강제, 대가택적 강제가 있다.

6. 재 정 벌

【기출문제】 <1967년 (제11회) 행정고시 (논술형)> ※ 재정벌

(1) 의 의

재정벌이라 함은 국가 또는 지방자치단체가 그 재정수입을 확보하기 위하여 재정상 의무위반에 대한 제재로서 일반통치권에 의하여 과하는 벌을 말하며, 이에 해당하는 범죄를 재정범이라 한다. 재정벌은 과거에 행하여진 재정법상의 의무위반에 대한 제재로서의 의미를 가지나, 간접적으로는 의무자에게 심리적 위압을 가함으로써 의무이행을 확보하는 수단으로서의 기능을 한다.

(2) 종 류

재정벌은 재정형벌과 재정질서벌로 구분된다.

1) 재정형벌(포탈범)

재정형벌은 형법에 정해져 있는 형(사형·징역·금고·자격상실·자격정지·벌금·구류·과료·몰수)이 과하여지며 형법총칙이 적용된다. 포탈범이라고도 하는데 사기 기타 부정한 행위로서 현실적으로 조세를 포탈하거나 전매권을 침해하여 부정한 이득을 보거나 보려고 한 경우에 성립하는 죄이다(예: 탈세, 술·담배의 밀조, 밀수 등).

2) 재정질서벌

재정질서벌은 그 밖의 각종의 재정하명에 위반하여 재정상의 손해를 발생할 우려가 있

는 행위를 말한다. 즉 재정상의 질서를 위반하는 경우에 성립하는 죄이다(예: 장부기재의 해태, 허위신고 등).

재정질서범에 대하여도 대부분 행정형벌이 과하여진다(조세범처벌법 §9, §14).

(3) 특 수 성

재정벌은 행정벌의 일종으로서 행정벌이 가지는 여러 가지 특색을 갖추고 있다.

재정벌은 행정주체의 재정상의 수입확보를 주안으로 하기 때문에 종래 금전벌(재산형)을 원칙으로 하였던 것인데, 근래에는 자유형을 과하거나 또는 재산형·자유형을 병과하는 사례가 많다(조세범처벌법 §5, 관세법 §268의 2 참조). 재정형벌에 대하여는 특별한 규정이 없는 한 형법총칙이 적용된다(형법 §8). 다만, 조세범처벌법·관세법·담배사업법 등 다수의 조세관계법규는 조세범에 대하여 형법총칙의 적용에 많은 예외를 인정하고 있다(조세범처벌법 §3, §4, §20, 관세법 §278, 담배사업법 §31 등).

(4) 재정벌의 과벌절차

재정형벌은 형사소송법이 정하는 절차에 의하여 형사재판의 선고로써 과한다. 그러나 조세범처벌법, 조세범처벌절차법, 관세법은 각기 조세범, 관세범의 과형절차에 관하여 형사소송법에 대한 특별규정을 두고 있다. 이들 특별법이 규정하는 특별과형절차의 요점은 수사(범칙사건의 조사) → 통고처분 → 고발 → 형사소송의 절차에 따라 진행된다.

1) 수 사(범칙사건의 조사)

세무공무원·세관공무원 등은 특별사법경찰관리(형사소송법 §197)로서 조세범·관세범에 대한 수사권이 부여되어 있다. 범칙사건조사에 있어서 압수 또는 수색을 할 때에는 법관이 발부한 영장이 있어야 한다(조세범처벌법 §3, §4, 관세법 §295, §296).

2) 통고처분

① 요건과 내용

국세청장, 지방국세청장, 세무서장, 관세청장, 세관장은 증빙의 조사에 의하여 범죄에 관한 심증을 얻었을 때에는 이유를 명시하여 범칙자에게 벌금 또는 과료에 상당하는 금액, 몰수 또는 몰취에 해당하는 물품, 추징금에 상당하는 금액, 서류송달 및 압수물건의 운반·보관비용을 지정한 장소에 납부할 것을 통고할 수 있는 바, 이를 통고처분이라 한다(조세범처벌절차법 §9, 관세법 §311).

통고처분은 범칙행위에 대한 벌칙으로서 재산형만 규정된 경우나 재산형과 다른 형과의 선택형으로 규정된 경우에만 행할 수 있으며, 생명형이나 자유형만 규정된 경우에는 통고처분의 대상이 되지 않고 처음부터 일반형사절차로 다루어진다.

판례 〈경제적 사정으로 납세가 곤란한 경우도 조세범으로 처벌 못한다.〉 조세범처벌법 제10조에서 말하는 「정당한 사유」에는 납세자 또는 그 동거가족의 질병, 납세자의 파산선고, 납세자 재산의 경매시기 등 납세자의 경제적 사정으로 사실상 납세가 곤란한 경우도 포함되므로 이 경우 조세범으로의 처벌은 허용되지 않는다(대판 2000.10.27, 2000도2858).

② 효 과

㉮ 통고처분을 받은 범칙자가 통고처분을 이행할 것인가의 여부는 그의 자유의사에 의하여 결정된다. 범죄자가 그 통고에 복종하여 처분의 내용을 통고처분을 받은 날로부터 15일(관세범은 10일, §316, 출입국관리사범도 10일, §105) 이내에 이행할 때에는 그 통고처분은 확정판결과 동일한 효력이 발생한다(조세범처벌절차법 §11, 관세법 §317). 동일사건에 대하여 형사소추를 받지 않는다(조세범처벌절차법 §11, 관세법 §317)는 일사부재리를 규정하고 있다. 통고처분이 행하여진 때에는 공소시효가 중단된다(조세범처벌절차법 §10). 통고이행기간이 경과하여도 고발하기 전에 이행한 때에는 고발할 수 없다.

㉯ 범측자가 이행기간 내에 통고된 내용을 이행하지 아니한 때에는 통고처분은 당연히 그 효력을 상실하고, 그 범칙자는 관계공무원(국세청장·지방국세청장·세무서장·관세청장·세관장 등)의 고발에 의하여 일반법원의 형사재판을 받게 된다.

이러한 점에서 통고처분은 성질상으로는 행정처분의 성질을 가질지라도 행정소송의 대상이 되지 않는다. 즉 통고처분은 행정소송의 대상이 되는 처분에 포함되지 않는다. 국세기본법과 관세법은 명시적으로 통고처분을 행정심판과 행정소송의 대상에서 제외하고 있다(국세기본법 §55·⑤·2호, 관세법 §119·②·2호). 판례도 같은 취지이다(대판 1980.10.14, 80누380).

판례 〈도로교통법상 경찰서장의 통고처분은 행정소송의 대상이 되는 행정처분이 아니므로 그 처분의 취소를 구하는 소송은 부적법하다.〉 도로교통법 제118조에서 규정하는 경찰서장의 통고처분은 행정소송의 대상이 되는 행정처분이 아니므로 그 처분의 취소를 구하는 소송은 부적법하고, 도로교통법상의 통고처분을 받은 자가 그 처분에 대하여 이의가 있는 경우에는 통고처분에 따른 변칙금의 납부를 이행하지 아니함으로써 경찰서장의 즉결심판청구에 의하여 법원의 심판을 받을 수 있게 될 뿐이다(대판 1995. 6. 29, 95누4674 범칙금 부과처분취소).

3) 고 발

관계공무원은 범칙자가 15일(관세법·출입국사범은 10일) 이내에 통고의 내용을 이행하지 않을 때에는 고발을 하여야 한다(조세범처벌절차법 §12). 다만, 통고 이행기간이 경과하여도 고발절차를 취하기 전에 이행하면 고발할 수 없다(조세범처벌법 §12·① 단서, 관세법 §316 단서).

① 고발권자

조세범, 관세범에 대하여는 원칙적으로 국세청장, 지방 국세청장, 세무서장, 관세청장, 세관장이 고발권자이다(조세범처벌절차법 §9, 관세법 §316).

② 소추요건

조세범, 관세범에 대하여는 원칙적으로 고발권자의 고발이 없으면 검사는 공소를 제기할 수 없으며, 고발에 의하여 공소가 제기된 경우에는 제1심 판결선고 전에 고발이 취소되면 공소도 취하되어야 한다. 다만, 생명형이나 징역형만으로 규정되어 있는 재정범은 통고처분의 대상이 되지 아니하므로 고발이 없어도 검사는 공소를 제기할 수 있다.

③ 고발사유

㉮ 범칙혐의자의 거소가 분명하지 아니한 경우, ㉯ 범칙혐의자가 도주할 우려가 있는 경우, ㉰ 증거인멸의 우려가 있는 경우, ㉱ 범칙자가 통고대로 이행할 자금이나 납부능력이 없다고 인정될 때, ㉲ 정상에 따라 징역형에 처할 것으로 판단되는 경우에는 통고를 하지 아니하고 즉시 고발하거나 할 수 있다(조세범처벌절차법 §8, §9·③·④).

Ⅱ. 재정관리작용(회계)

1. 의 의

재정관리작용이란 국가 또는 지방자치단체가 그 재산 및 수입·지출을 관리하는 작용을 말하며, 「회계」라고도 한다. 재정관리작용은 권력행사를 내용으로 하지 않으며, 그 본질에 있어서는 사인의 회계작용과 다르지 않다. 그러나 그 적정하고 공정한 관리는 국민의 이해에 중대한 관련이 있기 때문에, 국유재산법·물품관리법·지방자치법·지방재정법·공유재산 및 물품관리법 등의 법률이 이에 대하여 특별한 규율을 하고 있고, 독립된 감사기관인 감사원으로 하여금 이를 검사·감독하게 하고 있다(감사원법 §20).

2. 종 류

재정관리작용은 그 내용에 따라 재산관리와 수입·지출관리로 나누어지는데, 전자를 물품회계, 후자를 현금회계라고 한다.

(1) 재산관리(물품회계)

국가 또는 지방자치단체가 소유하는 재산을 관리하는 작용으로서, 국고작용의 일환으로 행하여진다. 재산에는 부동산·동산·무체재산권·채권 등이 포함된다. 재산 관리작용은 사경제작용으로 특별한 규정이 없는 한 사법규정 또는 사법원리가 적용된다. 부동산회계는 국유재산법, 동산회계는 물품관리법, 채권회계는 국가채권관리법이 각각 적용된다.

(2) 현금의 수입·지출관리(현금회계)

수입·지출의 관리는 국가 또는 지방자치단체의 예산·회계에 관한 작용으로서 특별한 규정이 없는 한 사법규정 또는 사법원리가 적용되는 것은 재산관리작용과 마찬가지이다. 일반법으로 국가재정법과 지방재정법이 있다.

제3절 조 세

Ⅰ. 조세의 개념·종류

1. 개 념

조세란 국가 또는 지방자치단체가 보상으로서가 아니라, 그의 재력취득을 위하여 재정권(과세권)에 의하여 일반국민에게 그 자력(부담능력)에 따라 균등하게 부과·징수하는 금전급부의무(과징금)이다. 관세도 조세의 일종이다. 조세는 ① 재력취득을 직접 목적으로 하는 점에서 제재목적을 가진 벌금·과료·과태료 등 처벌수입과 구별되고, 특정공익사업을 제공하기 위한 수입인 부역·현품·부담금·분담금과 다르다. 다만, 조세는 예외적으로 특정한 사용목적을 위하여 부과되는 경우(목적세)도 있다. ② 권력적 공과금이며 ③ 일반국민으로부터 그 자력(담세력)에 따라 균등하게 부과·징수하고 ④ 조세는 반대급부 또는 보상적 성질을 가진 것이 아니며 일방적 급부의무이다. 이 점에서 수수료, 사용료 등과 같은 특정한 역무 또는 이익에 대한 반대급부적 성질을 가지는 것과 구별된다. 사용료·수수료·특권료 등은 그 역무비용이나 이득을 표준으로 결정되는 데 대하여, 조세는 국가의 재력획득을 위하여 징수되는 것으로서, 그 세율은 의무자의 담세력을 표준으로 하여 결정된다. ⑤ 오늘날 화폐경제하에서는 금전급부가 원칙이고, 예외적으로 법률이 정하는 경우에 한하여 납세자의 편의를 위해 물납이 인정된다(법인세법 §65, 상속세 및 증여세법 §73). 조세의 과징권(과세주체)은 국가 또는 지방자치단체에 한한다.

2. 조세의 종류

(1) 국세와 지방세

1) 국 세

국세와 지방세는 과세주체에 따른 분류이다.
국세는 국가가 부과 징수하는 조세이다. 국세는 원칙적으로 각 조세마다 단행법이 제정되어 있으며(상속세및증여세법은 예외임), 모든 국세(관세는 제외됨)는 일반적 사항을 규정한 일반법으로서 국세기본법·국세징수법·조세범처벌법 및 조세범처벌절차법이 있다. 관세는 국세의 하나인데 외국으로부터 국경을 통과하여 수입되는 물품에 과세되는 조세인데, 여기에는 조세수입만을 주로 목적으로 하는 재정관세와 국내산업의 보호가 주된 목적인 보호관세가 있다. 관세에 관해서는 국세기본법·국세징수법·조세범처벌법 등이 적용되지 않고, 관세법이 적용된다.

국세의 종류는 도표에 보는 것과 같다.

2) 지 방 세

지방세는 지방자치단체가 부과 징수하는 조세이다. 지방세는 ① 총칙과 지방세에 관한 기본적 사항과 부과·징수에 관한 사항 및 위법 또는 부당한 처분에 대한 불복절차와 범칙행위에 대한 처벌에 관한 사항을 규정한 「지방세기본법」, ② 지방세 각 세목에 관한 사항과 각 세목의 과세요건 및 부과·징수에 관한 사항을 규정한 「지방세법」, ③ 지방세 감면 및 특례에 관한 사항을 규정한 「지방세특례제한법」이 있다.

종래의 종합토지세는 지방세(기초단체)이었으나, 종합부동산세로 바뀌면서 국세로 되면서 종합부동산세법이 제정되었다(2005년 1월 5일). 종합부동산세(보유세)는 거래세를 줄이고 보유세를 강화하는 것이 부동산세 제도의 대원칙이다. 그런데 보유세인 재산세는 지방세이다.

지방세의 종류는 도표에 보는 것과 같다.

우리나라의 현행 조세체계(국세와 지방세의 조정 등에 관한 법률 §2~§4, 국세기본법 §2, 지방세기본법 §7, §8)

- 조세
  - 국세
    - 내국세
      - 직접세
        - ① 소득세 — 수익세
        - ② 법인세 — 수익세
        - ③ 상속세 — 수익세
        - ④ 증여세 — 재산세
        - ⑤ 재평가세 — 재산세
        - ⑥ 부가가치세 — 재산세
      - 간접세
        - ⑦ 증권거래세 — 거래세
        - ⑧ 인지세 — 거래세
        - ⑨ 개별소비세(2007.12.31. 개정) — 거래세
        - ⑩ 주 세 — 소비세
    - 관 세
      - ⑪ 관 세
      - ⑫ 임시수입부과세
    - 목적세
      - ⑬ 교육세
      - ⑭ 교통·에너지·환경세
      - ⑮ 농어촌특별세
      - ⑯ 종합부동산세(종래의 종합토지세는 지방세였다)
  - 지방세
    - 지방세의 세목
      - 보통세 : 취득세, 등록세, 레저세(경륜·경정·경마세), 담배소비세, 지방소비세, 주민세, 지방소득세(농업소득세 폐지), 재산세, 자동차세
      - 목적세 : 지역자원시설세(공동시설세, 도시계획세, 지역개발세, 사업소세 폐지), 지방교육세
    - 지방자치단체의 세목
      - 특별시세 광역시세
        - 보통세 : 취득세, 레저세, 담배소비세, 지방소비세, 주민세, 지방소득세, 자동차세
        - 목적세 : 지역자원시설세, 지방교육세
      - 도 세
        - 보통세 : 취득세, 등록면허세, 레저세, 지방소비세
        - 목적세 : 지역자원시설세, 지방교육세
      - 구 세 – 보통세 : 등록면허세, 재산세
      - 시·군세(광역시의 군세를 포함) – 보통세 : 담배소비세, 주민세, 지방소득세, 재산세, 자동차세

※ 국세 중 특별소비세는 개별소비세로, 교통세는 교통·에너지·환경세로, 각각 개정되고, 부당이득세·자산재평가세 등은 폐지되었고, 지방세 중 경주·마권세는 레저세로 개정되었다.

지방세의 부과주체는 지방자치단체인 바(지방세기본법 §4, 지방세법 §3), 그 집행기관인 자치단체의 장은 지방세기본법 또는 지방세관계법에 규정된 그 권한의 일부를 소속공무원에게 위임하거나 다른 지방자치단체의 장에게 위임 또는 위탁할 수 있다(지자법 §135, 지방세기본법 §6).

지방세의 세목, 과세대상, 과세표준, 세율 기타 부과·징수에 관하여 필요한 사항을 정함에 있어서는 지방세기본법 또는 지방세관계법이 정하는 범위 안에서 조례로 정한다(지방세기본법§5·①).

농업소득세와 사업소세는 삭제되고, 지방소득세와 지방소비세가 신설되었다(지방세기본법 §7, 지방세법 제6장). 지방소비세는 국세가 지방세로 이양되는 최초의 사례로서 납세자의 추가 부담 없이 부가가치세 5%가 지방소비세로 전환되고 기존 부가가치세 납부세액은 현재와 동일하다. 지방소득세는 소득할 주민세(농업소득세)와 종업원할 사업소세(사업소세)가 지방소득세로 명칭이 변경되고 세액을 비롯한 과세체계는 기존과 동일하다. 복지향상에 크게 기여할 것으로 본다.

등록과 면허를 통합하여 등록면허세로 통합하였다(지방세기본법 §7·② ·2호, 지방세법 제3장).

판례 **〈구(區)가 특별시세인 취득세를 신고·납부받아 특별시에 납입할 경우 귀속주체는 특별시이고, 국세인 농어촌 특별세를 지방세인 취득세에 부과하여 신고·납부받아 국고에 납입할 경우 귀속주체는 국가이다.〉** 구 지방세법(1997.8.30. 법률 제5406호로 개정되기 전의 것) 제6조 제1항 제1호 (가)목, 제53조, 구 지방세법시행령(1997.10.1. 대통령령 제15489호로 개정되기 전의 것) 제41조 제1항을 종합하여 볼 때, 구(區)가 특별시세인 취득세를 신고 납부받아 특별시에 납부하는 것은 특별시 사무의 처리에 불과하여 구가 취득세를 신고 납부 받는다고 하더라도 이로 인한 취득세의 귀속주체는 특별시라 할 것이고, 국세기본법 제2조 제1호 (거)목, 농어촌특별세법 제3조 제5호, 제5조 제1항 제6호, 제7조 제4항, 제5항, 제10조, 농어촌특별세법시행령 제6조 제1항, 제10조, 제7조 제1항 제2항을 종합하여 보면, 구가 국세인 농어촌특별세를 지방세인 취득세에 부가하여 신고 납부 받아 국고에 납입하는 것은 국가 사무의 처리에 불과하여 구가 농어촌특별세를 신고 납부 받는다고 하더라도 이로 인한 농어촌특별세의 귀속주체는 국가라 할 것이다(대판 2000.9.8. 99두2765).

지방자치단체의 징수금의 체납처분에 관하여는 지방세기본법 또는 지방세관계법에서 규정하고 있는 사항을 제외하고는 국세체납처분의 예를 준용한다(지방세기본법 §98).

(2) 직접세와 간접세

1) 직 접 세

법률상 납세의무자와 사실상 조세부담자가 일치하는 조세(예: 소득세, 법인세, 상속세 등)

2) 간 접 세

조세부담의 전가가 행하여져 법률상 납세의무자와 사실상 조세부담자가 불일치하는 조세(예: 부가가치세, 주세, 인지세, 개별소비세등)

(3) 수익세, 재산세, 거래세, 소비세

1) 수 익 세

소득 기타 수익을 과세물건으로 하여 부과·징수하는 조세(예: 소득세, 법인세 등)

2) 재 산 세

재산소유사실(예: 재산세,), 재산취득(상속세, 취득세), 재산가격증가(예: 재평가세)에 대하여 부과·징수하는 조세

3) 거래세(유통세)

경제거래행위에 의해 추측되는 담세력을 과세물건으로 하는 조세(예: 인지세, 등록면허세 등)

4) 소 비 세

사람이 상품이나 서비스(용역)을 구입·소비하는 사실에 착안하여 과하는 조세(예: 개별소비세·주세·부가가치세 등)

(4) 물세, 인세, 행위세

과세물건의 종류에 의한 구별이다. 과세권의 소재를 명확히 하고, 이중과세를 피하기 위해 중요한 것이다. 인세는 특정인의 주소·거소·소득에 대하여(예: 주민세, 소득세), 물세는 특정 물건의 소재지(소유, 제조, 매매, 수입, 수익)에 대하여(예: 재산세), 행위세는 행위지(법률적·경제적·사실적 행위)에서(예: 부가가치세, 등록면허세) 과세함이 원칙이다.

(5) 내국세·관세

내국세는 국내에 있는 물건에 대하여 과하는 조세이고, 관세는 국경을 통과하여 수입되는 화물에 대하여 과하는 조세이다.

(6) 보통세·목적세(용도에 따른 분류)

1) 보 통 세

국가 또는 지방자치단체의 일반경비에 충당하기 위하여 과하는 조세이다.

2) 목 적 세

특정경비에 충당하기 위하여 과하는 조세이다.

① 국세인 목적세

교육세, 교통·에너지·환경세, 농어촌특별세, 종합부동산세

② 지방세인 목적세

지역자원시설세, 지방교육세

(7) 정기세·수시세(징수시기에 따른 분류)

1) 정 기 세

일정시기를 정하여 정기적으로 과하는 조세(예: 소득세)

2) 수 시 세

과세물건이 발생할 때마다 수시로 과하는 조세(예: 상속세, 등록면허세, 인지세)

(8) 종량세·종가세

1) 종 량 세

과세표준을 물건의 수량으로 정하는 조세

2) 종 가 세

과세표준을 물건의 가격으로 정하는 조세

(9) 비례세·누진세

1) 비 례 세

과세표준의 크기와는 관계없이 일정률의 같은 세율이 적용되는 조세로서 납세자의 개인적 사정은 고려하지 않는다(부가가치세, 주세, 개별소비세).

2) 누 진 세

과세표준의 크기와 정도에 따라 세율에 차이가 있는 즉 세율이 과세표준금액의 증가와 함께 누진적으로 증가하는 조세로서 납세자의 개인적 사정이 고려된다(소득세·법인세·상속세·증여세). 대체로 간접세는 비례세, 직접세는 누진세와 결부된다. 그리하여 소득의 재분배·경제적 정의 및 빈부격차를 줄이기 위해서는 직접세·누진세를 취하게 된다.

(10) 신고납부조세·부과납부조세·인지납부조세

과세주체의 과세권의 발동 방식에 의한 구분인바, ① 신고납부하는 조세는 납부하여야 할 세액이 원칙적으로 납세자의 신고에 의하여 확정(소득세법 §70, §70의2, §71)되고, 신고가 없거나 신고한 세액의 계산이 법률 규정에 맞지 않는 경우 기타 그 세액이 세무서장의 조사와 다른 경우에 한하여 세무서장 등의 처분에 의하여 확정되는 조세이다(소득세법 §70~§71). 소득세 등에 있어서는 납세의무자가 과세표준(종합소득과세표준 확정신고, 퇴직소득과세표준 확정신고)을 신고하고, 세액을 자진 납부하는 형식(확정신고 납부 §76)의 신고주의를 취하고 있다(지방세법 §18), ② 부과 납부하는 조세는 납부하여야 할 세액이 세무서장 등의 처분에 의하여 확정(결정)되고, 그 징수도 국가의 명령적 절차에 의하여 행하여지는 조세이다. 신고납부 조세에 있어서 신고를 하지 아니하였거나 그 신고한 과세표준이나 세액에 탈루 또는 오류가 있는 경우에는 그 과세표준과 세액을 세무서장 등이 조사하여 결정한다(소득세법 §80, 법인세법 §66, §87, 부가가치세법 §21, 상속세및증여세법 §76). ③ 인지 납부하는 조세는 인지세, 등록면허세 등과 같이 납부하여야 할 세액이 법률의 규정에 의하여 확정되고, 그 납부는 납세의무자의 인지첩부에 의하여 자발적으로 행하여지는 조세이다(인지세법 §8·①). 판례는 신고납부방식의 조세인 취득세 신고행위의 하자에 대하여 명백성 보충 요건설을 적용하였다(대판 2009.2.12, 2008두11716).

Ⅱ. 조세법의 기본원칙

1. 형식상 기본원칙

(1) 조세법률주의

원칙은 "조세의 종목과 세율은 법률로 정한다"(헌법 §59), 예외로는 조례에 의한 지방세와 조약에 의한 관세가 있다. 조세법률주의는 뒤에서 별도로 설명한다.

(2) 영구세주의

관계법령의 개폐가 없는 한 당해 법률에 의하여 계속하여 과세할 수 있는 것을 말하며 일년세주의에 대응되는 개념이다.

2. 실질상 기본원칙

(1) 공평부담의 원칙(조세공평의 원칙)

조세는 국민의 담세력에 따라 평등하게 부담되도록 해야 한다. 조세평등주의는 우선 조세의 부담이 국민들 사이에 공평하게 배분되도록 제정되어야 한다(입법상의 평등조세).

> 판례 국세청장의 예규통첩은 행정청 내부에 있어서의 사무처리상의 훈시적인 지시에 불과한 것이고 일반국민에 대하여 준수의 효력이 있는 것이라고 보여지지 않는 이상, 어느 사업연도 경과 후에 통첩을 변경하여 우발적 사고경비를 소득에서 공제하지 아니하였다 하여 조세공평의 원칙 내지 헌법이 보장한 조세법률주의에 위반한 과세처분이라 할 수 없다(대판 1967.6.20, 67누57).

(2) 수입확보의 원칙

조세제도의 가장 큰 목적은 국가 또는 지방자치단체의 존립과 활동에 필요한 재력취득과 수입확보에 있다. 이를 위해 조세부과권·강제징수권·통고처분권·조세범처벌권 등이 인정된다.

(3) 능률주의의 원칙

조세법은 최소경비로 간이·신속하게 능률적으로 조세수입을 확보함을 목적으로 한다. 이를 위해 신고제도·원천징수·자력강제 등이 인정된다.

(4) 공공성의 원칙

조세는 국민경제 내지 국민생활 전체의 조화적 발전이라는 공공복리의 실현을 위한 수단이다. 이를 위해 조세채권우선 등 과세권이나 조세채권에 여러 가지 특징이 인정된다.

(5) 신의성실·신뢰보호의 원칙(국세기본법 §15)

1) 의 의

납세자가 의무를 이행함과 세무공무원이 그 직무를 수행함에 있어 신의에 좇아 성실히 하여야 한다는 원칙인 바 신뢰보호원칙이라고도 한다.

세법은 방대하고 전문·기술적인 것이어서 그 내용을 정확하게 파악하기는 매우 어려워 과세당국의 홍보·법해석·과세관행 등은 매우 중요하여 신뢰보호의 필요성이 부각되고 있다. 그리하여 국세기본법 제18조 제3항은 "세법의 해석 또는 국세행정의 관행이 일반적으로 납세자에게 받아들여진 후에는 그 해석 또는 관행에 의한 행위 또는 계산은 정당한 것으로 보며, 새로운 해석 또는 관행에 의하여 소급하여 과세하지 아니한다"고 규정하여 이 원칙을 명시하고 있다. 판례도 인정하고 있다. 판례는 조세법률관계에서 과세관청의 행위에 대하여 신뢰보호의 원칙이 적용되는 요건으로 ① 과세관청이 납세자에게 신뢰의 대상이 되는 공적인 견해표명을 해야 하고, ② 과세관청의 견해표명이 정당하다고 신뢰한데 대하여 납세자에게 귀책사유가 없어야 하며, ③ 납세자가 그 견해표명을 신뢰하고 이에 따라 무엇인가 행위를 해야 하고, ④ 과세관청이 위 견해표명에 반하는 처분을 함으로써 납세자의 이익이 침해되는 결과가 초래되어야 한다는 입장을 취하고 있다(대판 1995.9.29, 95누7376).

2) 비과세관행

세법분야에 있어서는 비과세관행에 신뢰보호의 원칙의 적용요건이 특히 문제가 된다. 비과세관행이 성립되었다고 하려면 상당한 기간에 걸쳐 그 사항에 대하여 과세하지 아니하였다는 객관적 사실이 존재해야 할 뿐만 아니라 과세관청이 그 사항에 대하여 과세할 수 있음을 알면서도 어떤 특별한 사정에 의하여 과세하지 않는다는 의사가 있고, 이와 같은 의사가 명시적 또는 묵시적으로 표시되어야 한다. 따라서 과세관청이 비과세대상에 해당하는 것으로 잘못 알고 일단 비과세결정을 하였으나 그 후 과세표준과 세액의 탈루 또는 오류가 있는 것을 발견한 때에는 이를 조사하여 결정할 수 있다.

판례 ① 〈국세기본법 제18조 제3항 소정의 비과세관행의 성립요건〉

② 〈농지세 과세증명만으로 자경한 농지로 보아 비과세 처리하는 것이 국세행정의 확립된 관행이라고 할 수 없으며, 위 자료에 의한 비과세결정을 실지조사 후 번복하고 다시 과세처분을 한 사실만 가지고 신의성실 원칙에 반하여 위법하다고 할 수 없다.〉(대판 1991.10.22, 90누9360 양도소득세 등 부과처분 취소)

3) 신뢰보호의 원칙과 법률적합성(합법성)원칙의 충돌

신뢰보호의 원칙과 위에서 본 바와 같은 법률적합성원칙이 충돌하는 경우에 어떤 원칙이 우선할 것 인지가 문제되는데, 이익형량설에 따라 상대방의 신뢰가 침해됨으로써 발생되는 불이익과 법률적합성 원칙에 따른 처분을 통하여 달성하는 공익을 형량하여 결정하여야 할 것이다(대판 1996. 7. 12, 95누11665 공장설립신고 수리거부처분 취소).

4) 신뢰보호원칙 위반의 효력

신뢰보호원칙에 위반한 행정기관의 행위는 위법이 되고, 그로 인하여 법률상이익을 침해당한 자는 손해전보청구나 행정쟁송제기를 통하여 피해 구제를 구할 수 있다. 신뢰보호의 원칙에 반하는 과세처분이 행하여진 경우 그 처분에 대하여는 무효라는 설과 취소사유에 불과하다는 설 등이 대립될 수 있으나, 판례는 취소사유가 됨에 불과하다고 본다(대판 1991. 1. 29, 90누7449 상속세등 부과처분 무효 확인).

3. 과세기술상 기본원칙

(1) 실질과세의 원칙

명목과세원칙에 대응하는 개념으로 과세물건의 명목상 귀속과는 관계없이 사실상 과세물건의 귀속자가 따로 있으면 그가 납세의무자로 하는 원칙이다(국세기본법 §14).

판례 〈원고가 소외인과 동업하되 영업감찰은 편의상 소외인 단독명의로 한 경우 실질과세원칙에 따라 그 두 사람에게 영업세를 부과한 것은 정당하다.〉 편의상 한 사람 명의로 영업감찰을 받아 두 사람이 동업하여 그 수익을 분배한 때에는 외형상의 영업명의인이 누구냐에 불구하고 실질과세의 원칙에 따라 영업세·사업 소득세를 부과할 수 있다(대판 1967.2.7. 65누91).

귀속의 실질주의는 과세물건의 명목상의 귀속에 관계없이 사실상 과세물건이 귀속된 자를 납세의무자로 보아야 함을 의미한다. 국세기본법은 “과세의 대상이 되는 소득·수익·재산·행위 또는 거래의 귀속이 명의일 뿐이고 사실상 귀속되는 자가 따로 있는 때에는 사실상 귀속되는 자를 납세의무자로 하여 세법을 적용한다.” 그리고 “세법 중 과세표준의 계산에 관한 규정은 소득, 수익, 재산, 행위 또는 거래의 명칭이나 형식에 관계없이 그 실질 내용에 따라 적용한다.”고 하여 귀속에 관한 실질주의를 규정하고 있다(§14). 예컨대 매매의 형식을 취하였으나 그 실질은 증여에 해당할 경우에 이를 증여로 보고 증여세를 부과하는 것은 거래내용에 대한 실질주의를 따른 결과이다.

판례 〈실질과세의 원칙의 의미〉 실질과세의 원칙상 과세의 대상이 되는 소득, 수익, 재산, 행위 또는 거래의 귀속이 명의일 뿐이고 사실상 귀속되는 자가 따로 있을 때에는 사실상 귀속되는 자를 납세의무자로 보아야 한다(대판 1987.5.12, 86누602).

(2) 소급과세금지 원칙

이는 법률이 규정하기 이전에 발생한 사실에 대하여는 과세하여서는 아니된다는 원칙이다(헌법 §13·②, 국세기본법 §18·②).

판례 〈소급과세금지의 원칙의 적용범위〉 소급과세금지의 원칙은 국가의 조세권발동 전반에 적용되는 원칙이라 할 것이므로, 그것이 구 국세기본법 제18조 제2항에 규정되어 있다고 할지라도 위 조항이 제정·발효하기 이전에 발생한 과세요건에 대한 처분이나 동조항의 준용이 명시되어 있지 않은 과세에 대하여 적용할 수 없다고 할 수 없다(대판 1983.4.12, 80누203).

헌법은 "모든 국민은 소급입법에 의하여 …… 재산권을 박탈당하지 아니한다"(헌법 §13·②)고 규정하여 소급금지의 원칙을 명시하고 있으며, 국세기본법 역시 "국세를 납부할 의무(세법에 징수의무자가 따로 규정되어 있는 국세의 경우에는 이를 징수하여 납부할 의무)가 성립한 소득·수익·재산·행위 또는 거래에 대하여는 그 성립 후의 새로운 세법에 의하여 소급하여 과세하지 않는다"고 규정하여 동 원칙을 명시하고 있다(국세기본법 §18·②).

소급효에는 진정소급효와 부진정소급효가 있다. 진정소급효란 이미 완결된 사실 또는 법률관계에 신법을 적용하는 경우이고, 부진정소급효란 아직 종료되지 않은 사실 또는 법률관계에 신법을 적용하는 경우이다. 진정소급효는 물론 금지된다. 그러나 부진정소급효는 허용된다는 것이 일반적이다. 판례도 같은 취지이다.

판례 〈조세법령 불소급원칙의 의미〉 소급과세금지의 원칙은 조세법령의 제정 또는 개정이나 과세관청의 법령에 대한 해석 또는 처리지침 등의 변경이 있는 경우, 그 효력발생 전에 종결한 과세요건사실에 대하여 당해 법령 등을 적용할 수 없다는 것이지, 이전부터 계속되어 오던 사실이나 그 이후에 발생한 과세요건사실에 대하여 새로운 법령 등을 적용하는 것을 제한하는 것은 아니다(대판 1997.9.5, 97누7493).

부진정소급효의 허용성 여부도 납세의무자의 신뢰보호 및 법적안정성과 입법자가 법개정에 의하여 추구하려는 공익의 비교형량에 의하여 판단되어줘야 할 것이다. 신법에 의하여 달성하려는 공익보다 관계자의 신뢰보호의 필요가 크다면 경과규정을 두어 진행 중인 사실에 대한 신법의 적용을 피해야 할 것이다. 즉 부진정소급효 역시 신뢰보호의 원칙에 위배되어서는 안된다는 한계가 인정된다.

소급과세의 금지의 원칙과 관련하여 특히 문제가 되는 것은 일정기간을 과세단위로 하는 소득세나 법인세와 같은 기간과세세목의 경우이다. 즉 1년 과세연도 또는 사업연도의 도중에 제정 또는 개정된 법령에 의하여 동년도 초에 소급하여 적용할 수 있는지가 문제된다. 기간 과세되는 세목의 조세채무는 세법이 정하는 과세요건이 충족되는 사업연도 말에 성립되기 때문에, 당해 과세연도 초에 소급하여 과세하는 것은 소급과세금지의 원칙에 위배되지 아니한다는 것이 판례입장이다.

판례 **〈과세기간 진행 중에 새로운 세법의 해석이 있는 경우에 그 과세기간 전체의 소득에 대하여 과세기간 종료당시의 새로운 해석을 적용함이 원칙이고, 이것을 소급과세라 할 수 없다.〉** 소급과세란 국세를 납부할 의무가 성립한 소득, 수익, 재산, 행위 또는 거래에 대하여 그 성립 후의 새로운 세법이나 해석 또는 관행에 의하여 소급하여 과세하는 것을 말하고, 납세의무는 각 세법이 정한 과세요건이 완성된 때 즉, 각 법규에 정한 바에 따라 과세표준을 계산하고 세율을 적용하여 과세할 수 있는 상태가 되었을 때 성립하여, 청산소득 이외의 소득에 대한 법인세에 있어서는 과세기간인 법인세법 제5조, 제6조 소정의 사업 연도가 종료하는 때에 그 납세의무가 성립하므로, 그 과세기간 진행 중에 새로운 세법의 해석이 있는 경우에는 그 과세기간 전체의 소득에 대하여 과세기간 종료 당시의 새로운 해석을 적용함이 원칙이고, 그것을 소급과세라 할 수는 없다(대판 1992.9.8, 91누13670).

(3) 근거과세의 원칙

인정과세에 대응하는 개념으로, 과세표준의 조사·결정은 원칙적으로 납세의무자가 세법에 의하여 작성·비치한 장부 기타의 증빙자료에 의하여야 한다(국세기본법 §16·①).

다만, 국세를 조사·결정함에 있어서 기장의 내용이 사실과 다르거나 기장에 누락된 것이 있는 때에는 그 부분에 한하여 정부가 조사한 사실에 따라 결정할 수 있다(국세기본법 §16·②). 이 경우 정부가 조사한 사실과 결정의 근거를 결정서에 부기하여야 한다(국세기본법 §16·③). 이와 같은 추가과세는 근거과세의 방법으로 과세할 수 없는 특별한 경우에만 예외적으로 인정하며, 그에 대한 입증책임은 과세관청에 있다(대판 1987.3.10, 86누721). 근거과세의 원칙은 과세권자의 자의를 방지하고 과세의 공정을 기하기 위한 것이다.

Ⅲ. 조세법률주의

1. 원 칙

조세의 부과와 징수는 반드시 법률에 근거하여 행해져야 한다는 원칙을 조세법률주의라고 한다. 조세는 국가·지방자치단체가 반대급부로서가 아니고 재력취득을 목적으로 일반국민에게 부과·징수하는 것이므로 반드시 법률에 근거하여 행하여져야 함은 당연하다.

우리 헌법도 "모든 국민은 법률이 정하는 바에 의하여 납세의 의무를 진다(헌법 §38). 조세의 종목과 세율은 법률로 정한다(헌법 §59)"라고 하여 조세법률주의를 선언하고 있다. 여기서 법률로 정할 사항은 조세의 종목과 세율뿐만 아니라 납세의무를 성립시키는 요건, 즉 과세요건(납세의무자, 과세물건, 과세표준, 세율)과 조세의 부과·징수절차를 모두 국민의 대표기관인 의회가 제정하는 법률로 정한다는 것이 통설과 판례 입장이다.

2. 기 능

(1) 국민의 대표자인 의회가 결정

역사적·연혁적으로는 행정권에 의한 자의적인 과세로부터 국민을 보호함을 목적으로 하였으며, 현대국가에서도 민주주의 원칙에 의하여 국민의 대표자인 의회가 제정한 법률에 근거하여야 하므로 조세법률주의의 중요성이 있는 것이다.

(2) 법적 안정성과 예측가능성

경제적 기능으로는 조세가 국민의 권리·의무에 지대한 관계가 있고, 재산권침해라는 성격을 가지므로 다른 어떤 경우보다 법적 안정성과 예측가능성을 보호할 필요가 있는 것이다. 헌법재판소도 조세행정에 있어서 법치주의 적용은 조세징수로부터 국민의 재산권보호와 법적생활의 안전을 도모함이 목적이며 헌법이 선언하고 있는 조세법률주의를 실질적 법치를 의미한다고 보고 있다.

판례 〈조세법률주의도 실질적 법치주의로 뜻하므로 과세요건이 법률로 명확해야 할 뿐만 아니라 조세법의 목적이나 내용까지 기본권보장의 헌법이념과 이를 뒷받침하는 헌법상 제 원칙에 합치되어야 한다.〉(헌재결 1992.2.25, 90헌가69·91헌가5, 90헌바3)

3. 내 용

(1) 과세요건법정주의

이는 형법에 있어서 죄형법정주의와 같은 관념으로 과세적용은 국민의 재산권에 대한 침해가 되므로 과세권자, 납세의무자, 과세물건(귀속), 과세표준, 세율 등의 과세요건과 부과·징수절차는 법률에 의해야 한다는 원칙이다. 이는 조세법률주의의 가장 중요한 내용으로서 헌법 제59조에 근거를 두고 있다.

조세에 관하여 법률로 정하여야 할 사항은 조세의 종목과 세율은 물론 과세요건과 조세의 부과·징수절차가 모두 포함된다. 여기서 조세의 부과·징수절차라 함은 신고·납부·환급·징수·불복심사·벌칙 등 세법상 국민의 권리·의무에 직접 영향을 주는 일체의 사항을 말한다.

헌법재판소도 헌법 제59조의 "조세의 종목과세율"을 넓게 보아 납세의무의 중요한 사항 내지 본질적 내용이라고 여겨지는 '과세요건인 납세의무자, 과세물건, 과세표준 및 세율뿐만 아니라 조세의 부과·징수절차까지' 모두 법률로써 가능한 한 명확하게 규정할 것으로 해석하고 있고(헌재 1995.11.30, 91헌바1·2·3·4, 92헌자17·37, 94헌바34·44·48·95), 또한 헌법재판소는 감면대상·감면비율 등 조세의 감면에 관한 사항도 조세법률주의가 적용되는 것으로 보고 있다.

【헌재결】〈납세의무자 상호간에는 조세의 전가관계가 있으므로 특정인이나 특정계층에 대하여 정당한 이유없이 조세감면의 우대조치를 하는 것은 다른 납세자군의 부담으로 떠맡기는 것이므로 조세감면의 근거 역시 법률로 정해야 한다.〉(헌재결 1996.6.26, 93헌바2)

주의할 것은 조세법령불소급의 원칙은 그 법령의 효력발생 전에 완성된 요건사실에 대하여만 타당하다는 것이 판례입장이다. 그리하여 종전에 과세대상이 아닌 것을 사업연도 진행 중 개정하여 과세대상으로 하여도 조세법률주의에 반하는 것은 아니라한다.

판례 〈종전에 과세대상이 아닌 것을 사업연도 진행중 개정하여 과세대상으로 하여도 조세법률주의에 위배되지 아니한다.〉(대판 1964.12.15, 64누93)

(2) 과세요건명확주의

1) 의 의

법률 또는 위임에 의한 행정입법에서 과세요건과 조세부과·징수에 관한 사항을 정함에는 납세의무자가 사전에 예측할 수 있도록 일의적으로 명확하게 규정해야 한다는 원칙이다. 조세법은 행정의 자유재량을 허용하는 규정을 둘 수 없는 것이 원칙이다.

2) 조세법에서 불확정개념을 사용할 필요가 있는 경우에는 그 불확정개념이 행정청의 객관적인 경험법칙 또는 윤리법칙에 의하여 일의적인 해석을 도출할 수 없는 주관적 가치개념일 경우는 과세요건명확주의에 위반되어 무효이다. 다만, 과세요건·징수절차에 대하여는 일정한 한도에서 위임입법에 의한 규율도 허용되지만, 이 경우 법률에 의한 위임은 구체적이어야 한다. 만약, 법률의 위임이 없이 행정입법으로 과세요건과 부과징수절차에 관한 사항을 규정하거나 또는 법률에 규정한 내용을 유추·확장하는 내용의 규정을 마련하는 것은 조세법률주의에 위반된다.

판례 〈법률의 위임없이 명령 또는 규칙 등의 행정입법으로 조세요건과 부과징수절차에 관한 사항을 규정하거나 또는 법률에 규정된 내용을 유추, 확장하는 내용의 해석규정을 마련하는 것은 조세법률주의에 위반된다.〉(대판 1987.10.26, 86누426)

판례 〈조세법률주의에는 과세요건법정주의와 과세요건명확주의가 포함된다.〉
〈과세요건과 징수절차에 관한 사항은 법률사항이나 하위 법령에 위임하는 경우 개별적·구체적 위임만 허용되고 일의적이고 명확하게 규정해야 한다.〉 (대판 1994.9.30. 94부18)

(3) 행정법상 일반원칙

조세법률주의를 구현하는 원칙으로 신뢰보호원칙, 소급과세금지원칙, 공평의 원칙 등의 위의 설명 이외에도 과잉금지원칙, 유추금지원칙 등이 적용된다.

1) 과잉금지의 원칙(비례의 원칙)

① 의 의

과잉금지의 원칙이란 행정권발동에 의한 국민의 자유와 권리의 침해는 달성하고자 하는 행정목적에 적합(적합성 원칙)하고 합리적인 관련성 있는 수단을 선택해야 하며, 그 중에서도 최소한의 침해를 가져오는 필요한 수단을 선택해야 하며(필요성 원칙 또는 최소침해 원칙), 침해로 인해 달성되는 공익과 침해되는 사익 간에 상당한 비례가 유지되어야 한다는 원칙(상당성의 원칙·협의의 비례원칙)을 말한다. 광의의 비례원칙이라고도 한다. 이 원칙은 원래 경찰법 영역에서 논의된 것이었으나 오늘날에는 국가권력행사 일반에 확대되었다.

② 헌법원칙

과잉금지의 원칙은 행정권뿐만 아니라 입법권도 기속하는 헌법원칙이므로 모든 행정영역에 적용되며 개별 법률에 규정이 없는 경우에도 과잉금지의 원칙은 적용된다(대판 1997. 9. 26. 96누10096).

③ 과잉금지원칙 위반의 효과

과잉금지원칙에 위반한 행정권발동은 위법이며, 그 구제수단은 구체적 사안에 따라 다르겠지만 일반적으로 위법한 행정권행사의 경우에 인정되는 구제수단의 모두가 인정된다. 예컨대 행정통제, 행정쟁송, 국가배상청구 등을 들 수 있다. 그리고 그 위법성의 정도는 중대·명백설에 따라 판단한다.

판례 〈과세요건사실을 오해한 과세처분이 당연무효가 되기 위한 요건〉 과세처분이 당연 무효라고 하기 위하여는 그 처분에 위법사유가 있다는 것만으로는 부족하고 그 하자가 중요한 법규에 위반한 것이고 객관적으로 명백한 것이어야 하며, 하자가 중대하고도 명백한 것인가의 여부를 판별함에 있어서는 당해 과세처분의 근거가 되는 법규의 목적, 의미, 기능 등을 목적론적으로 고찰함과 동시에 구체적 사안 자체의 특수성에 관하여도 합리적으로 고찰함을 요하는바, 과세대상이 되는 법률관계나 사실관계가 전혀 없는 사람에게 한 과세처분은 그 하자가 중대하고도 명백하다고 할 것이나 과세대상이 되지 아니하는 어떤 법률관계나 사실관계에 대하여 이를 과세대상이 되는 것으로 오인할 만한 객관적인 사정이 있는 경우에 그것이 과세대상이 되는지의 여부가 그 사실관계를 정확히 조사하여야 비로소 밝혀질 수 있는 경우라면 그 하자가 중대한 경우라도 외관상 명백하다고 할 수 없어 과세요건사실을 오인한 위법의 과세처분을 당연무효라고는 볼 수 없다(대판 2001. 7. 10, 2000다24986, 부당이득반환).

2) 유추금지의 원칙

유추금지의 원칙이란 납세의무자에게 불리하게 세법을 확대 해석하거나 유추해석하여 적용해서는 아니된다는 것을 말한다. 그러나 납세자에게 유리하게 유추해석하는 것은 무방하다.

판례도 유추해석이나 확장해석은 허용되지 않는다고 한다.

판례 〈조세법률주의의 원칙상 과세요건이나 비과세 요건 또는 조세감면 요건을 막론하고 조세법규의 해석은 특별한 사정이 없는 한 법문대로 하여야 하고 합리적 이유없이 확장해석이나 유추해석하는 것은 허용되지 아니한다.〉(대판 2002. 7. 26, 2000두4378 증여세 부과처분 취소).

조세행정이 전형적인 부담행정이므로 증세적으로 확장해석은 금지된다는 점에 대해서는 이론이 없다. 그러나 확장해석과는 달리 증세적 유추해석의 경우에는 조세정의인 조세평등을 실현하기 위하여 허용될 여지가 있다는 견해가 있다.[277]

(4) 합법성의 원칙

1) 의 의

과세요건이 충족되는 한 행정청은 조세를 감면하거나 징수하지 않을 자유는 없고, 법률이 정한 세액을 징수하여야 한다는 원칙이다.

2) 합법성의 원칙은 그 절차면에서도 미치는 것이므로 조세의 부과·징수도 적정절차에 의해야 한다.

(5) 조세법률주의의 예외 문제

법률이 아닌 법규명령·조약·조례로서 과세요건을 정할 수 있는지가 문제된다.

1) 행정입법

조세에 관한 위임입법은 법률의 위임없이 과세요건이나 부과·징수절차에 관한사항을 정할 수 없으며, 과세요건에 관한 위임은 구체적·개별적 위임이어야 하며, 범위를 정한 것이어야 한다. 그러나 관세법에서 관세법이 정한 간이세율을 중심으로 상·하 가감할 수 있는 권한을 대통령령에 수권한 관세수권제도가 인정되고 있고(관세법 §81), 관세율에 있어서 긴급관세

277) 류지태(신론), 1065쪽.

의 부과대상(관세법 §65)·할당관세(동법 §71) 등을 인정하여, 기본세율을 중심으로 상·하 각 관세가격의 100분의 40에 상당하는 율을 가감하여 부과할 수 있는 권한을 관세당국에 부여하고 있다. 이는 신축성 있는 관세를 통하여 일정한 경제목적을 달성하기 위한 제도라는 점에서 일면 수긍이 가지만, 수권의 범위가 기본세율의 상·하로 미칠 수 있다는 점과 지나치게 광범위한 수권을 내용으로 하고 있다는 점에서 조세법률주의(헌법 §59) 및 위임입법의 한계(헌법 §75)의 관점에서 비판을 받고 있다.[278] 보복관세의 부과대상(관세법 §63), 국제협력관세의 적용기준(동법 §73) 및 일반특혜관세의 적용기준(§76)의 경우도 마찬가지 문제점이 있다. 부가가치세법과 개별소비세법에서도 일정한 범위 안에서 대통령령으로 세율을 가감 조정할 수 있게 하고 있다(개별소비세법§1·②, 부가가치세법§26·②).

2) 조 약

과세요건에 관한 사항을 조약으로 정하는 경우가 있는데, 이는 구체적 경제활동에 따른 이중과세의 회피와 조세방지를 위한 조세조약으로 관세 등에 관하여 국내세법에 대한 특례(조약으로 협정 세율을 정함)를 두고 있다. 조약은 법률과는 별개의 국법형식이지만 입법사항에 관한 조약 등의 체결·비준에 대하여 국회가 동의권을 가지며, 체결·공포된 조약은 국내법과 동일한 효력을 가지므로 조세법률주의에 위반되는 것은 아니다.

3) 조 례(지방세 법률주의와 지방세조례주의)

지방자치법은 「지방자치단체는 법률이 정하는 바에 의하여 지방세를 부과·징수할 수 있다」(§135)고 규정하고, 지방세법은 「지방자치단체는 지방세의 세목, 과세대상, 과세표준, 세율 기타 부과·징수에 관하여 필요한 사항을 정함에 있어서는 지방세기본법 또는 지방세관계법에서 정하는 범위 안에서 조례로써 하여야 한다」(지방세기본법§⑤·①)고 규정하고 있다.

구 지방세법(1998년 12월 31일 개정 전의 것) 제3조 제1항은 "지방자치단체는 지방세의 세목, 과세객체, 과세표준, 세율 기타 과세징수에 관하여 필요한 사항을 정함에 있어서는 조례로써 하여야 한다"고 규정함으로써 지방세 조례주의를 천명한 것이고 헌법 제59조의 조세법률주의에 대한 예외를 인정한 것이 아닌가에 관한 논란이 제기되었었다. 그런데 입법자는 1998년 12월 31일 지방세법 제3조 제1항을 ".....'지방세법이 정하는 범위 안에서' 조례로써 하여야 한다"라고 개정하였다.

이 규정을 해석함에 있어서 ① "지방자치단체는 지방세의 세목, 과세객체, 과세표준, 세율 기타 부과·징수에 관하여 필요한 사항을 정함에 있어서는 '이 법이 정하는 범위 안에서' 조례로써 하여야 한다"고 개정함으로써 지방세와 관련하여서도 조세법률주의가 지배함은 명확히 하였다고 하는 견해[279]와 ② 지방세의 기준세율은 지방세법에 규정되어 있고, 지방

278) 김도창(하), 658쪽 : 김남진·김연태(Ⅱ), 655쪽 ; 김동희(Ⅱ), 611쪽.
279) 유지태, 행정법신론, 1065쪽.

세의 종목·세율·과세표준·과세물건 등 과세요건에 관하여 규율하고 있지만 기준세율의 범위 안에서 지방자치단체의 조례로써 구체적인 세율을 결정할 수 있으므로, 일정한 범위 내에서 조례에 의한 규율되고 있는 예외규정이지만, 조례도 헌법이 인정한 하나의 법형식이며, 또한 법률의 범위 안에서 조례로 정하는 것이므로 조세법률주의에 위반되는 것은 아니라는 견해가 있다.

4. 영구세주의

조세법률주의를 취하는 경우는 ① 영구세주의(법률의 개폐가 없는 한 매년의 예산에 의하여 좌우되지 아니하고 과세)와 ② 일년세주의(회계연도마다 의회의 의결을 얻는 예산법에 의해 과세)가 있는데, 우리나라는 전자를 채택하고 있다. 따라서 어떤 세율이 제정되면 그 개폐가 없는 한 그 법률에 따라 계속적으로 과세된다.

5. 권리구제수단의 인정

조세법률주의는 조세의 부과·징수가 법률에 근거하여 법률에 따라 행하여질 것이 요구되므로 법률에 위반하여 조세가 부과·징수된 경우에는 납세자의 권리를 구제하기 위한 조세쟁송제도가 마련되어 있다(Ⅶ. 위법한 조세징수에 대한 구제 참조).

Ⅳ. 조세의 부과

1. 과세권자

(1) 국세의 경우

과세권이라 함은 세법이 정하는 바에 따라 조세를 부과·징수할 수 있는 권한을 가진 자를 말한다. 국세인 경우는 세무서장이나 세관장이 원칙이나 세무서장의 시·군·구 위탁징수의 경우는 시장·군수가 과세권을 가진다(국세징수법 §8·①).

(2) 지방세의 경우

서울특별시장, 광역시장, 도지사, 시장, 군수, 자치구청장과 그들로부터 과세권의 위임을 받은 공무원이다(지방세기본법 §4, 지방세법 §3).

2. 과세요건

조세를 부과할 수 있는 요건을 과세요건이라 한다. 과세요건은 납세의무자, 과세대상, 과세표준 및 세율로 이루어진다.

첫째, 인적 과세요건으로 납세의무자가 있고

둘째, 물적 과세요건으로 과세대상, 과세표준, 세율이 있다.

과세권자(광의의 과세요건)는 납세의무자와 과세대상이 있으면 거기에 과세표준과 세율을 적용하여 조세를 부과한다.

(1) 납세의무자

1) 의 의

국가 또는 지방자치단체에 의하여 조세금액을 납부할 의무를 지는 자이다 조세는 국가의 통치권의 지배를 받은 자에게 과하여지는 것이므로 자연인, 법인, 내국인, 외국인을 불문한다. 단, 치외법권자는 제외된다.

국세기본법은 '납세의무자'라 함은 세법에 의하여 국세를 납부할 의무(국세를 징수하여 납부할 의무를 제외한다)가 있는 자를 말한다(국세기본법 §2·9호). 법인격(권리능력)없는 사단·재단 기타의 단체도 일정한 경우에는 법인으로 의제되어 납세의무자가 될 수 있다(국세기본법 §13). 납세의무자와 실제상 조세부담자는 개념상 구분된다. 직접세에 있어서는 납세의무자와 조세부담자는 일치하지만, 조세의 전가가 행해지는 간접세에 있어서는 납세의무자와 조세부담자는 서로 다르다.

2) 연대납세의무자(국세기본법 §25)

하나의 동일한 납세의무를 2인 이상이 연대하여 부담하는 경우 그들은 연대납세의무자가 된다. 세법상 연대납세의무를 지는 경우는 다음과 같다.

① 공유물·공동사업 또는 당해 공동사업에 속하는 재산에 관계되는 국세·가산금과 체납처분비는 공유자 또는 공동사업자가 연대하여 납부할 의무를 진다.

② 법인이 분할 또는 분할합병되는 경우 분할되는 법인에 대하여 분할 일 또는 분할합병일 이전에 부과되거나 납세의무가 성립한 국세·가산금 및 체납처분비는 ㉮ 분할되는 법인, ㉯ 분할 또는 분할합병으로 인하여 설립되는 법인, ㉰ 분할되는 법인의 일부가 다른 법인과 합병하여 그 다른 법인이 존속하는 경우 그 다른 법인이 연대하여 납부할 책임을 진다.

③ 법인이 분할 또는 분할합병으로 인하여 해산되는 경우 해산되는 법인에 대하여 부과되거나 그 법인이 납부할 국세·가산금 및 체납처분비는 ㉮ 분할 또는 분할합병으로 인하여 설립되는 법인, ㉯ 존속하는 분할합병의 상대방 법인이 연대하여 납부할 책임을 진다.

④ 법인이 「채무자 회생 및 파산에 관한 법률」 제215조에 따라 신 회사를 설립하는 경우 기존의 법인에 대하여 부과되거나 납세의무가 성립한 국세·가산금 및 체납처분비는 신 회사가 연대하여 납부 책임진다.

위의 ①·②·③·④의 연대 납세의무자는 지방세의 경우에도 연대하여 납부 또는 납입할 의무를 진다(지방세기본법 §44).

그리고 연대 납세의무에 대해서는 민법의 연대채무에 관한 대부분의 규정이 준용된다(국세기본법 §25의2, 지방세기본법 §44·⑤).

3) 제2차 납세의무자

제2차 납세의무는 본래의 납세의무자가 조세를 체납하여 그의 재산에 대해 체납처분을 집행하여도 징수해야 할 국세 등에 충당하기에 부족한 경우에 본래의 납세의무자와 일정한 관계에 있는 제3자가 그를 대신하여 납세의무를 부담하는 제도이다. 국세기본법상 제2차 납세의무를 지는 자는 ① 법인 해산시의 청산인 또는 잔여재산의 분배 또는 인도를 받은 자(§38), ② 비상장법인의 무한책임사원 또는 일정한 과점주주(§39), ③ 당해 법인(§40), ④ 사업양수인(§41) 등이며, 동일한 내용은 지방세법에도 규정하고 있다(지방세기본법 §46 내지 §49).

제2차 납세의무자의 납세의무는 주된 납세의무자와의 관계에서 부종성과 보충성을 가지므로, 제2차 납세의무자는 주된 납세의무자로부터 징수할 수 없는 금액을 한도로 하여 보충적으로 납세의무를 부담한다.

판례 **〈제2차 납세의무자에 대해 납부고지를 하려면 선행요건으로서 주된 납세의무자에 대한 과세처분 등을 하여 그의 구체적인 납세의무의 확정절차를 마쳐야 하고 주된 납세의무자에 대한 과세처분 등의 절차를 거침이 없이 제2차 납세의무자에 대한 납부고지는 위법하다.〉** (대판 1983.5.10, 82누123)

판례 **〈제2차 납세의무자 지정통지는 항고소송대상이 되는 행정처분은 아니다.〉** 제2차 납세의무자는 주된 납세의무자의 체납 등 그 요건에 해당되는 사실의 발생에 의하여 추상적으로 성립하고 납부통지에 의하여 고지됨으로써 구체적 확정된다할 것이나, 구체적으로 납세의무가 발생하지 아니하는 제2차 납세의무자 지정통지는 항고소송의 대상이 되는 행정처분이라 볼 수 없다(대판 1983.5.10, 92누123).

〈제2차 납세의무자 지정통지는 필수적인 것은 아니다.〉 제2차 납세의무자에 대한 과세처분은 국세징수법 제12조에서 규정하고 있는 바와 같이 제2차 납세의무자에 대하여 세액산출근거 등 필요한 사항을 기재한 납부통지서에 의하여 고지하도록 되어 있으므로 제2차 납세의무자 지정통지를 필요로 하는 것은 아니다(대판1985.9.24, 83누726).

4) 납세의무의 승계

① 법인 합병으로 인한 납세의무의 승계 : 법인이 합병한때에 합병 후 존속하는 법인 또는 합병으로 인하여 설립된 법인은 합병으로 인하여 소멸된 법인에게 부과되거나 그 법인이 납부할 국세·가산금과 체납처분비를 납부할 의무를 진다(국세기본법 §23).

② 상속으로 인한 납세의무의 승계 : 상속이 개시된 때에 그 상속인 또는 상속재산 관리인은 피상속인에게 부과되거나 그 피상속인이 납부할 국세·가산금과 체납처분비를 상속으로 인하여 얻은 재산을 납부할 의무를 진다(국세기본법 §24·①).

③ 지방세기본법에서도 법인의 합병으로 인한 납세의무의 승계와 상속으로 인한 납세의무의 승계에 관하여 국세기본법에서와 같은 내용을 규정하고 있다(지방세기본법 §41, §42).

(2) 과세물건(과세대상)

1) 의 의

조세법상 과세의 목적물(과세의 대상이 되는 물건·행위 또는사실)로 규정된 것을 말하는데 과세대상 또는 과세객체라고도 한다. 과세물건은 납세의무를 성립시키기 위한 물적 기초가 되므로 개인의 담세력(경제적 급부능력)을 나타내는 것이어야 한다. 따라서 과세물건을 접하는 것은 경제적 급부능력에 따른 공평한 조세부담의 원칙에 합치해야할 것이다.

2) 종 류

과세대상 또는 과세물건에는 소득(수익세의 경우), 재산(재산세의 경우), 경제적 거래행위(거래세의 경우), 소비행위(소비세의 경우)가 있다.

소득세 등과 같은 수익세에 있어서는 소득을, 재산세·상속세 등과 같은 재산세에 있어서는 재산을, 등록세·인지세와 같은 거래세에 있어서는 경제적 거래를, 주세 등과 같은 소비세에 있어서는 소비행위를 각각 과세물건으로 한다.

3) 과세물건과 이중과세(중복과세의 금지)

국세와 지방세 및 지방세 상호간의 이중과세는 조세의 종목을 정함으로써, 국세 상호간에는 조세를 인세, 물세, 행위세로 나누어 인세는 납세의무자의 거주지에서, 물세는 물건의 소재지에서, 행위는 그 행위지에서 과세함으로써 이중과세를 회피하도록 하였다. 동일한 과세물건에 대한 이중과세를 피하기 위하여 국세와지방세의조정에관한법률이 제정되어 있다. 「국세와지방세의조정등에관한법률」은 국세와 지방세의 종목을 명시하고, 국가와 지방자치단체는 이 법에 규정한 것을 제외하고는 과세물건이 중복되는 어떠한 명목의 세법도 제정하지 못한다(동법 §2 내지 §4).

4) 과세물건의 귀속

조세부담관계가 성립하기 위하여는 일정한 과세물건이 특정한 납세의무자와 관련·결합되어야 하는데 과세물건과 납세의무자가 결합되는 것을 과세물건의 귀속이라 한다.

과세물건의 귀속의 방법에는 명목과세주의(과세의 명백·정확을 도모하기 위해 실질보다 명목을 존중하는 주의)와 실질과세주의(과세물건의 귀속이 명의일 뿐이고 사실상 귀속되는 자가 따로 있을 때에는 사실상 귀속되는 자를 납세의무자로 하여 조세를 부과한다는 원칙; 국세기본법 §14·①)가 있는데, 우리나라는 실질적 공평을 위하여 실질과세주의를 채택한다(국세기본법 §14). 명목과세(또는 표준과세)주의는 외관적 사실 등이 실질과 다르게 위장되어 있는 경우에는 탈세 또는 조세회피를 결과하여 조세부담의 공평을 저해하게 된다. 과세물건의 귀속은 그 귀속을 가져온 권원의 정당성 여부를 묻지 않는다. 그러므로 위법한 소득이라도 조세부담의 대상이 된다.

판례 〈주식의 명의신탁 후 증여세부과처분 전에 명의신탁을 해지한 경우 증여세 부과대상이 된다.〉 : 〈1인당 주식담보 대출 한도를 피하여 타인 명의로 추가 대출을 받기 위한 목적으로 주식을 명의신탁한 사안에서 명의신탁으로 회피한 종합소득세액이 상당한 액수에 달한 경우 조세회피 목적도 있다.〉(대판 1998.6.26, 97누1532).

판례 〈증여세로 의제되는 경우 재차 상속인에게 상속세 부과도 가능하며 중복 과세에 해당하지 않는다.〉 상속인이 상속세 부과를 회피하기 위하여 명의신탁해지를 원인으로 제3자 앞으로 소유권 넘긴 경우 그 소유권을 넘겨받은 명의자에게 증여한 것으로 의제되어 부과되는 증여세와 그 등기 이전에 의해 회피하려던 상속세는 서로 과세물건을 달리하여 중복과세에 해당하지 않고 상속인에게 부과된 상속세는 재산상속을 과세요건으로 하여 부과하는 것으로 실질과세의 원칙에 반하지 아니한다(대판 2000.11.16, 98두17937).

(3) 과세표준

1) 의 의

과세표준이란 세법에 따라 직접적으로 세액산출의 기초가 되는 과세물건의 수량(중량, 용적, 품질 등) 또는 가액을 말한다(국세기본법 §2·14호). 소득세에 있어서의 소득액, 주세에 있어서의 주류의 양 내지는 알콜의 도수 등이 그에 해당한다.

2) 금액(가액)이 과세표준이 되는 조세를 종가세라 하고, 수량(개수 또는 분량)이 과세표준이 되는 과세를 종량세라 한다.

3) 과세표준은 납세의무자를 신고에 따라 또는 직권으로 세무관청이 결정하는데 과세표준결정은 확인행위의 성질을 가진다.[280] 그러나 판례는 행정소송대상이 되지 않는 행정의 내부적 행위라 한다.

판례 〈관세부과에 있어서의 과세표준의 결정은 관청 내부의 사무로써 이루어짐에 불과하고 행정처분은 아니다.〉(대판 1967.3.7, 66누163)

〈과세표준과 세액을 감액하는 경정 결정이 독립한 항고소송의 대상이 되지 않고 당초의 부과처분 중 경정처분에 의하여 취소되지 않고 남은 부분이 항고소송의 대상이 된다.〉(대판 2007.10.26, 2005두3585)

〈상속과세가액의 결정은 항고소송의 대상이 되는 행정처분이라 할 수 없다.〉

상속세법 제25조에 따른 상속과세과액의 결정은 상속세부과처분에 앞선 결정으로서 그것만으로 바로 과세처분의 효력이 발생하는 것이 아니고 그 결정의 통지를 받은 사람이 구체적으로 납세의무를 부담하거나 현실적으로 어떤 권리침해 내지는 불이익을 받는다고는 할 수 없어 위 결정을 항고소송의 대상이 되는 행정처분이라고 할 수 없다(대판 1985.3.26, 84누869).

---

280) 이상규(하), 747쪽 ; 김남진(Ⅱ), 642쪽.

과세표준은 인지세의 경우에 있어서와 같이 법률에 의하여 명백히 결정되어 있는 경우(인지세법 §3)를 제외하고는, 부과과세의 경우에는 부과처분에 의하여 확정되고, 신고납세의 경우에는 납세의무자가 스스로 계산하여 정부에 신고함으로써 구체적으로 확정된다. 부과과세이지만 납세의무자에게 과세표준의 신고의무를 지우는 세목도 있으나(상속세 및 증여세법 §67, §68), 이 경우의 과세표준신고는 신고납세와 같이 과세표준과 납세의무를 확정하는 효과는 갖지 못하고, 부과처분과 관련한 참고자료를 제출한다는 의미에서의 협력의무를 이행하는데 불과하다.[281)]

> 판례 〈납세의무자의 소득금액신고의 효력〉 소득세에 관하여 부과납세제도를 채택하고 있는 체제 아래에서는 납세의무자가 하는 소득금액신고는 세무관청이 소득세부과처분을 하는데 있어서 하나의 참고자료에 지나지 아니할 뿐이고 거기에 어떠한 기속력이 생기는 것은 아니다(대판 1987.3.10, 86누566).

과세표준의 확정은, 수시세는 과세물건이 생길 때마다 수리로 행하여지나, 정기세의 경우는 원칙적으로 매년 일정한 시기에 행해진다.

(4) 세 율

1) 의 의

세율이란 세액산정을 위하여 과세표준에 곱해야 할 비율을 말한다. 과세표준이 일정한 금액으로 표현된 경우(종가세)에는 백분율 또는 천분율 등의 비율로 나타내고, 과세표준이 일정한 수량이나 건수로 표현된 경우(종량세)에는 1단위에 대한 금액으로 나타낸다(예: 주세중 주정 1kg당 50,000원). 어느 경우에나 과세표준에 세율을 곱하여 세액이 산정된다.

세율의 크기와 종류를 정하는 것은 조세법률주의에 따라서 입법사항이지만, 아직 일정한 원칙이나 구체적기준이 제시되고 있지는 않으며, 다만 자본축적도·소득분배도·경기에 대한 영향 등과 같은 사회적·경제적·정치적 요소에 의하여 좌우된다.

2) 종 류

① 비례세율

과세표준의 수량 또는 금액의 다과에 관계없이 동일한 세율이 적용되는 경우인바, 주세(주세법 §22), 부가가치세(부가가치세법 §14) 등이 그 예에 해당한다.

② 누진세율

누진세율은 과세표준이 증가함에 따라 증가되어 적용되는 세율을 말한다. 누진세율은 다시 과세표준이 증가함에 따라 단순히 고율의 세율이 적용되는 단순누진세율과 과세표준을 몇 단계로 나누어 각 초과단계마다 보다 높은 세율이 적용되는 초과누진세율로 나누어진

281) 김남진·김연태(Ⅱ), 663쪽.

다. 현행법상 단순누진세율의 예는 없고, 초과 누진세율의 예로는 소득세, 법인세, 상속세, 증여세 등이 있다.

한편 일정한 범위 내에서 신축적으로 적용되는 세율을 탄력세율이라 하는데, 이는 조세의 경기조절·가격안정·수급조절 및 자본시장육성 기능을 수행하기 위하여 채용되고 있다(개별소비세법 §1·⑦, 증권거래세법 §8·②). 지방세기본법에서 채용하고 있는 표준세율(지방세기본법 §2·6호) 역시 탄력세율의 일종이다. 그러나 탄력세율을 채택함에 있어서는 조세법률주의, 특히 과세요건명확주의의 요청에 위반되어서는 아니된다.

3. 조세의 부과처분

(1) 의의 및 방법

1) 의 의

과세물건에 대하여 과세표준과 세율을 적용함으로써 과세금액을 결정하여 납세의무자에 대하여 일정 기일까지 이를 납부할 것을 명령하는 과세기관의 행정행위를 조세의 부과처분이라 한다. 즉, 납세의무내용을 확정하여 그 이행을 명하는 재정상 급부하명이다.

2) 방 법

조세는 그 부과방법에 따라 법정세와 부과세를 나눈다.

법정세는 법률의 규정에 의하여 직접납세의무가 확정되고, 부과세는 행정행위에 의하여 비로소 납세의무가 확정된다. 따라서 부과처분의 문제는 부과세의 경우에만 발생한다.

3) 납세의무의 성립과 납세의무의 확정의 구별

① 납세의무의 성립

납세의무는 개별세법이 규정하고 있는 과세요건이 충족되면 과세관청이나 납세의무자의 특별한 행위를 기다리지 아니하고 당연히 성립한다.

납세의무의 성립시기는 각 세법에 정한 과세요건이 충족될 때이다. 따라서 그 발생 시기는 당해 조세의 근거법령을 해석함으로써 결정될 문제이나, 종래 해석상 의문이 있는 경우도 있어서 국세기본법은 국세의 성립시기에 관하여 국세의 종류별로 규정을 두고 있다. 국세별 납세의무의 성립시키는 소득세·법인세·부가가치세에 있어서는 원칙적으로 과세기간이 종료하는 때, 상속세에 있어서는 상속을 개시하는 때, 증여세에 있어서는 증여에 의한 재산을 취득하는 때, 개별소비세·주세·교통에너지·환경세는 과세물품을 제조장으로부터 반출하거나 판매장에서 판매하는 때 또는 과세 장소에 입장하거나 과세 유흥 장소에서 유흥 음식행위를 한 때 또는 과세영업장소에서 영업행위를 한 때(다만, 수입물품의 경우에는 세관장에게 수입신고를 한 때), 증권거래세는 당해 매매거래가 확정되는 때, 종합부동산세는 과세기준일, 가산세는 이를 가산할 국세의 납세의무가 성립하는 때, 인지세에 있어서는 과세문서를 작성하는 때 등이다(국세기본법 §21).

납세의무는 과세요건을 충족하는 사실이 존재할 때 당연히 성립하나, 그 내용이 곧 현실적으로 확정되어 있는 것은 아니고 추상적으로 형성되어 있을 뿐이다(추상적 납세의무).

② 납세의무의 확정

㉮ 의 의 : 납세의무의 확정이란 과세요건을 이루는 사실을 인정하고 관계법령을 해석·적용하여 구체적으로 세액을 확정하는 것을 말한다.

국세기본법 역시 「국세는 당해 세법에 의한 절차에 따라 그 세액이 확정된다」(동법 §22·①)고 규정하고 있다.

납세의무의 확정으로 추상적 납세의무는 구체적 납세의무가 된다. 그리하여 강학상으로는 확정절차 이전의 납세의무를 추상적 납세의무라 하고, 확정절차 이후의 납세의무를 구체적 납세의무라 한다. 납세의무의 확정은 이미 발생되어 있는 조세채권을 확정하는 것이므로 그 성질은 준법률행위적 행정행위로서의 확인행위에 속한다.

㉯ 확정방식 : 납세의무확정의 방식에는 과세관청이 부과처분의 형식으로 납세의무를 확정하는 「부과과세방식」, 원칙적(1차적)으로 납세의무자가 과세표준과세액을 과세관청에 신고함으로써 납세의무를 확정하는 「신고납세방식」, 일정한 절차를 필요로 하지 아니하고 법률상 납세의무의 성립과 동시에 자동적으로 확정하는 「자동확정방식」이 있다. 우리나라의 경우 종래 모든 세목에 대해서 부과과세 방식을 채택하고 있었었다. 그러나 현재는 「부과과세방식」을 채택하고 있는 조세로는 양도소득세·상속세·증여세·재평가세 등이 있고, 「신고납세방식」을 채택하고 있는 조세로는 양도소득세 이외의 소득세·법인세·부가가치세·개별소비세·주세 등이 있고, 「자동확정방식」을 채택하고 조세로는 인지세·원천징수하는 소득세 및 법인세·납세조합이 징수하는 소득세·중간예납하는 법인세 등이 있다(국세기본법 §22). 자동확정방식의 경우를 제외하면 일반적으로 조세채무의 확정을 위해서는 신고·부과처분·경정처분의 전부 또는 일부의 단계를 거치게 된다.

(2) 부과처분의 형식

조세의 부과처분은 특별규정에 의해 구술로 할 수 있는 경우(관세법 §19)를 제외하고는 원칙적으로 서면으로 해야 한다. 부과처분을 하는 서면을 납세고지서라 한다. 부과처분은 종목·납세금액·납부기일·납부장소와 세액의 산출근거를 명시한 납부고지서가 상대방에게 도달함으로써 효력이 발생함이 원칙이다.

(3) 부과처분 및 국세징수권행사기간(국세징수권의 소멸시효시간과 국세부과권의 제척기간)

「국세징수권」의 소멸시효기간은 "국세의 징수를 목적으로 하는 국가의 권리는 이를 행사할 수 있는 때로부터 5년간 행사하지 아니하면 소멸시효가 완성한다"(국세기본법 §27)고 규정하고 있다. 국세징수권의 소멸시효에 관한 규정 외에 「국세부과권」의 제척기간에 관한 규정을 신설하였다(§26의2). 즉 납세자가 ① 사기 기타 부정한 행위로써 국세를 포탈하거나 환급·공제받은 경우에는 부과할 수 있는 날로부터 10년간 ② 법정신고 기한 내에 과세표준신고서를 제출하지 아니한 경우는 부과할 수 있는 날로부터 7년 ③ 위의 ①·②에 해당하지 아니하는 경우는 부과할 수 있는 날로부터 5년 ④ 상속세, 증여세는 10년간으로 하되, 사기 기타 부정한 행위로써 포탈하거나 환급·공제받은 경우 등에는 15년간 부과할 수 있고, 그 기간이 경과된 후에는 부과권을 행사할 수 없다.

판례 **〈관세처분을 한 뒤에 감액처분한 경우에는 가산금 및 중가산금의 부과여부는 처음 과세처분의 납부기한 등을 기준으로 판단해야 할 것이다.〉** 과세관청이 과세처분을 한 뒤에 증액경정처분을 한 경우 처음의 과세처분은 뒤의 경정처분의 일부로 흡수되어 독립된 존재가치를 상실하고 소멸하는 것과는 달리, 감액경정처분을 한 경우에는 처음의 과세처분 전부를 취소한 다음에 새로이 잔액에 관하여 구체적 조세채무를 확정시키는 효과를 갖는 것이 아니라 처음의 과세처분 일부를 취소·변경하는 효력을 갖는 데에 불과하여 처음의 과세처분이 감액된 범위 내에서 존속하게 되는 것으므로, 가산금 및 중가산금의 부과 여부는 처음의 과세처분의 납부기한 등을 기준으로 하여 판단하여야 할 것이다(대판 2000.9.22, 2000두2013).

〈과세에 대한 증액경정처분시 취소소송의 제소기간은 증액경정처분에 전심절차를 거쳤다면 경정처분 심판결정 통지 수령일로부터 60일로 보아야 하고 당초 과세처분에 대한 심판 결정통지수령일을 제소기간 기산일을 삼을 근거는 없다.〉 과세처분이 있은 후에 증액경정처분이 있는 경우 당초 과세처분은 경정처분에 흡수되어 독립적인 존재가치를 상실하므로 전심절차의 경우 여부도 그 경정처분을 기준으로 판단하여야 하는 것이 원칙이고, 다만 그 위법사유가 공통되고 당초 과세처분에 대하여 적법한 전심절차를 거친 경우에는 납세의무자는 그 경정처분에 대하여 다시 전심절차를 거치지 아니하고도 취소를 구하는 행정소송을 제기할 수 있는 것이지만, 납세의무자 스스로 당초 과세처분에 대한 전심절차 외에 증액경정처분에 대한 전심절차를 거쳤다면, 그 증액경정처분에 대한 제소기간은 국세기본법의 규정에 따라 증액경정처분에 대한 심판결정 통지 수령일로부터 60일이라고 보아야 할 것이고, 당초 과세치분에 대한 심판결정 통지 수령일을 제소기간 기산일로 삼을 근거는 없다(대판 2000.9.22, 98두18510).

4. 과세제외

(1) 의 의

과세의 객체가 되는 과세요소(인적 또는 물적 요소) 중 특별한 것을 과세의 대상에서 제외하는 것을 말한다.

1) 인적 과세제외

납세의무자를 특별사유로 납세의무자에서 제외

2) 물적 과세제외

과세물건을 특별사유에 의하여, 과세물건에서 제외(후자가 일반적).

소득세법·법인세법상의 비과세소득, 인지세법상의 비과세문서, 개별소비세법상의 비과세물품 등이 이에 해당한다.

(2) 과세면제와 구별

과세제외는 법률이 처음부터 납세의무자 또는 과세물건의 범위에서 제외하며 전혀 납세의무자가 발생되지 않는 경우이고, 과세면제는 납세의무가 발생된 자에 대하여 그 의무를 면제하여 주는 행정행위이다(전자에 대한 과세는 위법이 되며, 후자는 면제받고자 하는 자의 출원에 의해 행하는 행정행위로 하는 것으로, 출원이 없는 경우는 면제를 받을 수 없고, 그에 대한 과세는 적법이 된다).

(3) 근거 및 사유

과세제외 및 조세감면에 대한 일반법으로는 조세특례제한법 기타 각종 세법이 있고, 관세에는 관세법이 있다. 과세제외 인정 이유는 각 세법에 따라 다르나, 공익사업보호, 담세력이 약한 자에 대한 보호, 경제정책상 이유 및 외교상 이유 등 특별한 공익상 이유가 있어야 한다.

V. 조세의 징수

1. 조세의 징수의 의의 및 납세의 고지

【참고】 사례문제 : 필요적 기재사항이 생략된 납세고지

① 갑회사는 관할세무서장으로부터 과세의 근거와 세액산출근거 등의 기재사항이 누락된 납세고지서를 통보받았다. 다만 과세관청은 사전에 갑회사의 직원을 불러 과세의 근거와 세액산출근거 등을 알려준 바 있었다. 이 경우 조세부과 처분의 효력과 갑의 법적 대응방법은 어떻게 되는가?

② 갑회사가 불복하여 쟁송을 제기하자 과세관청은 쟁송계속 중에 납세고지서에 과세의 근거와 세액산출근거를 밝힌 보정통지를 하였다. 이 경우 선행행위의 하자는 치유되는가?

(1) 의 의

조세징수란 조세의 부과처분에 의해 확정된 조세를 조세징수기관이 납부의무자로부터 징수하는 행위를 말한다.

(2) 납세고지

확정된 조세채권에 대하여 납세의무자 등에 대해 그 이행을 청구하는 재정하명행위이다.

소득금액결정 내지 조세부과처분이 준법률행위적 행정행위 중 확인에 속하는데 반해, 납세고지는 확정된 조세채권에 대하여 납세의무자 등에 대해 그 이행을 청구하는 법률행위적 행정행위 중 명령적 행정행위의 하명(급부하명·개정하명)에 속한다.

판례 **〈납세고지서에 세액산출근거 등 기재사항누락은 위법으로 취소대상이 됨〉** ① 국세징수법 제9조 제1항(세무서장·시장·군수가 국세를 징수하고자 할 때에는 납세자에게 그 국세의 과세연도·세목·세액 및 산출근거·납부기한과 납부 장소를 명시한 고지서를 발부하여야 한다)의 규정은 단순한 세무행정상의 편의를 위한 훈시규정이 아니라 헌법과 국세기본법이 정한 조세법률주의의 원칙에 따라 과세당국의 자의를 배제하고 신중하고 합리적인 처분을 하게 함으로써 세무행정의 공정을 기함과 아울러 납세자에게 과세처분 내용을 자세히 알리고 이에 대한 불복 여부의 결정과 불복신청에 편의를 주고자 하는 데 그 근본취지가 있으므로 위 규정은 강행규정으로 보아야 하고 따라서 납세고지서에 세액산출근거 등 기재사항이 누락되었다면 이는 적법한 부과결정의 고지라 볼 수 없고 그 부과처분 자체가 위법한 것이 되어 취소의 대상이 된다.

② 납세고지서에 세액산출근거를 전혀 명기하지 아니하였다면 설사 과세관청이 사전에 납세의무회사의 직원을 불러 과세의 근거와 세액 산출근거 등을 사실상 알려준 바 있다 하더라도 그 하자가 치유될 수는 없다.

③ 과세관청이 취소소송계속 중에 납세고지서에 세액산출근거를 밝히는 보정통지를 하였다 하여 이것을 종전에 위법한 부과처분을 스스로 취소하고 새로운 부과처분을 한 것으로 볼 수 없으므로 이미 항고 소송이 계속 중인 단계에서 위와 같은 보정통지를 하였다 하여 그 위법성이 이로써 치유된다 할 수 없다(대판 1988.2.9, 83누404).

〈조세법률주의 내용을 누락한 과세처분은 위법으로 취소의 대상이 됨〉

〈과세표준과세율·세액 기타 필요한 사항을 기재하지 않는 납세고지서에 의한 과세처분은 취소사유이다.〉 국세징수법 제9조와 소득세법 제128조, 동법 시행령 제183조는 헌법과 국세기본법이 규정하는 조세법률주의의 대원칙에 따라 처분청으로 하여금 자의를 배제하고 신중하고도 합리적인 처분을 행하게 함으로써 조세행정의 공정성을 기함과 동시에 납세의무자에게 과세처분의 내용을 상세하게 알려서 불복여부의 결정 및 그 불복신청에 편의를 주려는 취지에서 나온 것으로 엄격히 해석 적용되어야 할 강행규정이라 할 것이며, 이들 규정 소정의 과세표준과 세율, 세액 기타 필요한 사항의 기재가 누락된 납세고지서에 의한 과세처분은 위법한 것으로 취소의 대상이 된다(대판 1984.3.27, 83누711).

〈부과처분에 앞서 보낸 과세예고통지서에 납세고지서의 필요적 기재사항이 기재되어 있었던 경우 기재사항의 일부가 누락된 납세고지서에 부과처분은 하자가 보완·치유될 수 있다.〉 부과처분에 앞서 보낸 과세예고통지서에 납세고지서의 필요적 기재사항이 제대로 기재되어 있었다면 납세의무자로서는 과세처분에 대한 불복여부의 결정 및 불복신청에 전혀 지장을 받지 않았음이 명백하므로 비록 납세고지서에 그 기재사항의 일부가 누락되었더라도 이로써 납세고지서의 흠결이 보완되거나 하자가 치유될 수 있다(대판 1993.7.13, 92누13981).

2. 조세의 징수기관과 방법

조세징수의 방법에는 보통징수, 특별징수, 예외징수(변태징수), 강제징수의 네 가지가 있다.

(1) 보통징수

세무서장 또는 시장·군수·구청장 등 지방자치단체의 장은 조세를 징수하고자 할 때에는 그 납세자에게 그 조세의 과세연도·세목·세액 및 그 산출근거·납부기한과 납부 장소를 명시한 납부고지서를 발부하고(국세징수법 §9, 지방세기본법 §2·15), 동고지서에 의하여 지정된 기한·장소에 부과받은 세액을 납부함으로써 징수절차가 종료하는 것이 통상의 조세징수절차이다. 보통징수의 기관과 방법은 조세의 종목에 따라 다르나, 원칙적으로 국세는 세무서장 또는 세관장이 징수하고 지방세는 지방자치단체의 장이 징수한다(국세징수법 §8, 지방세기본법 §62, §67). 시장·군수에게 그 관할구역 내의 국세의 징수를 위탁할 수 있다(국세징수법 §8·①, 지방세기본법 §67, §68).

(2) 특별징수(원천징수)

납세의무자 이외의 제3자(징수의무자)가 조세를 징수하여 과세권자인 국가·지방자치단체에 납부하는 것을 원천징수라 한다.

수입원천에서 직접 징수하는 경우로 원천징수가 그 예이다. 특별징수는 원천징수의무자인 사인에게 징수권을 위임한 것이다(소득세법 §127 내지 §159). 원천징수의무자가 소정의 납세를 하지 않으면 제2차 납세의무자가 납세의무를 진다.

원천징수 제도는 납세의무자로부터 직접 조세를 징수하는 것이 곤란한 경우에 조세를 용이하고 확실하게 징수할 수 있게 한다.

한편, 징수의무자가 지는 징수납부 의무는 본래의 납세의무는 아니지만 그에 유사하므로, 징수의무자를 납세의무자와 더불어 납세자에 포함시키고 있다(국세기본법 §2·10호).

판례 〈원천징수 내지 원천징수행위는 공권력행사로서의 행정처분은 아니다.〉 원천징수는 소득세에 있어서는 납세의무자의 신고나 과세관청의 부과결정이 없이 법령이 정하는 바에 따라 그 세액이 자동적으로 확정되고 원천징수의무자는 소득세법 제142조 및 제143조의 규정에 의하여 이와 같이 자동적으로 확정되는 세액을 수급자로부터 징수하여 과세관청에 납부하여야 할 의무를 부담하고 있으므로, 원천징수의무자가 비록 과세관청과 같은 행정청이더라도 그의 원천징수행위는 법령에서 규정된 징수 및 납부의무를 이행하기 위한 것에 불과한 것이지, 공권력의 행사로서의 행정처분을 한 경우에 해당하지 아니한다(대판 1990.3.23, 89누4789).

(3) 변태징수(예외징수)

조세의 납세징수원칙에 대한 예외적인 징수방법이다.

1) 납기전 징수

납기에 조세의 납부를 기대할 수 없는 특별한 사유가 있는 경우에 납부기한의 이익을 박탈하여 납기 전에 이미 확정된 조세를 징수하는 것을 말한다. 체납처분을 받을 때, 강제집행을 받을 때, 어음교환소에서 기래정지처분을 받은 때, 경매가 시작된 때, 법인이 해산한 때, 국세를 포탈하려는 행위가 있다고 인정될 때, 납세관리인을 정하지 아니하고 국내에 주소 또는 거소를 두지 아니하게 된 때에는 납기전이라도 이미 납세의무가 확정된 국세는 징수할 수 있다(국세징수법§14, 지방세기본법§73).

2) 징수유예

납기가 도래한 납세의무를 특정한 사유가 있는 경우에 납세의무자의 편의를 위하여 직권 또는 신청에 의하여 일정기간 동안 그 납부를 유예하는 것을 말한다. ① 재해 또는 도난, ② 사업의 현저한 손실, ③ 사업의 중대위기, ④ 납세나 그 동거가족의 질병이나 중상해로 장기치료가 필요한 경우, ⑤ 국세조세조정에관한법률에 따른 상호합의 절차가 진행 중인 경우에는 납세고지를 유예하거나 결정한 세액을 분할하여 고지할 수 있다(국세징수법 §15, 지방세기본법 §80).

(4) 강제징수

납세의무자가 그 납기까지 납세의무를 스스로 이행하지 아니하는 것을 조세의 체납이라고 하는데 조세의 체납이 있는 경우에는 과세관청이 납세자의 재산에 실력을 가하여 강제징수하게 된다. 조세의 강제징수는 일반법인 국세징수법에 의한 강제징수절차에 의한다. 과세관청은 독촉을 한 후에 납세의무자의 재산을 압류·매각·청산(충당)함으로써 조세채권을 강제적으로 만족시키게 된다. 강제징수철자에 대하여 「재정 강제」에서 상술한 바 있다.

3. 납세의 감면(조세의 감면)

(1) 의 의

납세의무가 발생된 자에 대하여 법률이 정하는 특별한 사유가 있는 경우에 납세의무자의 출원에 의하여 납세의무의 선부 또는 일부를 해제하는 행정행위로서 면제의 성질을 가진다. 조세의 일부면제를 경감 또는 감세, 그 전부면제를 면제라 한다. 조세감면에 관한 행위는 기속행위이다. 따라서 조세감면의 신청이 있는 경우에 과세관청은 법정의 감면사유에 해당하는 지의 여부만을 판단하며, 그에 해당할 때에만 감면을 하여야 한다.

(2) 조세감면사유(조세감면요건)

재해로 인한 담세력의 감퇴나 상실의 경우와 공익사업보호의 경우가 있다. 조세감면의 구체적 사유에 관하여는 일반법인 「조세특례제한법」이 있는 외에 각 조세법에서 개별적으로 정하고 있다.

4. 납세의무의 미정상태

(1) 납세의무의 미정상태란 과세원인인 사실이 발생하였으나, 특별한 사정에 의하여 납세의무가 즉시 확정되지 아니하고 일시적으로 그 납세의무 성립이 불확실한 상태에 있는 것을 말한다.

(2) 납세의무의 미정상태는 소비세(국내소비세와 관세)에서만 볼 수 있는데 현행법상으로는 소비세에 관하여는 미정상태가 인정되지 아니하고 관세에 관해서만 인정된다.

(3) 관세납세의무의 미정상태의 주된 경우는 보세구역 안의 화물(보세구역 안에 있는 화물은 아직 확정적으로 수입된 것으로 보지 아니하고, 납세의무를 미정상태에 두었다가 외국으로 반출하면 납세의무는 발생하지 않고, 국내로 반입하면 그 때 비로소 국세가 부과된다)과 통화화물(화물이 단순히 국내를 통과함에 불과할 것인지 국내에 소비될 것인지 여부가 불확실한 때이다. 통과화물에 대하여는 관세를 과하지 아니하며, 만일 통과화물이 지정 기간 내에 운송목적지에 도달하지 않고 국내에 남게 되면 수입된 것으로 보아, 즉 관세의무가 성립되어 관세를 징수함)의 경우에 발생할 수 있다(관세법 제7장, 보세구역).

5. 각종조세채권의 확보

(1) 각종 조세채권보전제도

조세는 국가 또는 지방자치단체의 재정적 기초이며, 또한 활동의 기초가 되는 것이므로 법률은 조세채권의 확보를 위하여 여러 제도를 채택하고 있는 바, ① 조세징수에 대한 자력집행 ② 조세채권의 우선권(예외가 있음) ③ 조세채무자의 확충(예: 상속, 합병, 연대납세의무, 제2차 납세의무 등) ④ 조세의 담보(인적담보와 물적담보 포함) ⑤ 조세채권의 대외적 효력(채권자대위권과 채권자취소권 등) ⑥ 조세보전조치(납세세액이 확정되거나 납기도래를 기다려서는 조세징수를 확보할 수 없는 경우에 납세자의 재산을 보전하는 조치로서 재산을 압류하거나 담보를 제공하게 하는 것) 등을 인정하고 있다.

(2) 조세채권의 우선문제

조세우선징수의 원칙은 사법질서 내지 재산권의 본질적 내용을 침해하지 않고, 비례성원칙을 위반하지 않는 범위 내에서 통용된다고 할 수 있다(헌재결정).

1) 국세의 우선징수

① 우선권의 의의

조세우선권이란 납세의무자의 재산이 조세의 강제징수절차에 의해 환가(공매)되는 경우 그 금액에서 국세가 다른 공과금이나 그 밖의 채권에 우선하여 지급받을 수 있는 것을 말한다(국세기본법 §35·①).

② 예 외(조세우선권의 제한)

다음에 해당하는 공과금 기타 채권에 대하여는 우선하지 못한다(국세기본법 §35·① 단서).

㉮ 지방세 또는 공과금에 대한 제한 : 지방세 또는 공과금의 체납처분에 있어서 그 체납처분금액 중에서 국세·가산금 또는 체납처분비를 징수하는 경우의 그 지방세 또는 공과금의 가산금 또는 체납처분비

㉯ 강제집행·경매 또는 파산절차비용에 대한 제한 : 강제집행·경매 또는 파산절차에 의한 재산의 매각에 있어서 그 매각금액 중에서 국세·가산금 또는 체납처분비를 징수하는 경우의 그 강제집행·경매 또는 파산절차에 소요된 비용

㉰ 약정담보물권 등에 의한 제한 : 법정기일[282] 전에 전세권·질권 또는 저당권이 설정된 재산의 매각에 있어서 그 매각금액 중에서 국세 또는 가산금(그 재산에 대하여 부과된 국세와 가산금을 제외한다)을 징수하는 경우의 그 전세권·질권 또는 저당권에 의하여 담보된 채권

㉱ 주택임대차보호법(§8)상의 소액보증금채권 또는 상가건물임대차보호법(§14)상의 소액보증금채권

㉲ 근로기준법(§38)상의 임금 등 근로관계로 인한 채권 등에는 우선하지 못한다(국세기본법 §35).

주의할 것은 「지방세」도 지방세우선징수가 인정되고 예외(조세우선권의 제한)가 있는 것 등은 국세의 경우와 거의 같다.(지방세기본법 §99·①).

주의할 것은 지방세 우선징수는 위헌이라는 헌법재판소의 결정이다. 즉, 지방세는 저당권, 질권 등 일반채권이 설정된 뒤라는 1년의 기간은 소급해서 우선 징수할 수 있다고 규정한 지방세법 제31조 제2·제3항에 대해서 위헌결정을 내렸다(헌재결 1991. 11.25, 91헌가6).

【헌재결】 〈지방세법 제31조 제2항 제3호 중 "…으로부터 1년" 이라는 부분은 재산권의 본질적 내용을 침해하는 것으로서 헌법에 위반된다.〉(헌재 1991.11.25, 91헌가6 지방세법 제31조에 대한 위헌심판)

지방자치단체의 징수금의 징수 순위는 ① 체납처분비 ② 지방세(도세는 시·군세에 우선하여 징수한다) ③ 가산금의 순위로 징수한다(지방세기본법 §62·①·②).

2) 관세의 우선 징수

관세미납물품은 법률상 당연히 관세의 담보가 되며, (관세미납물건 위에 법정담보인 공법상유치권을 가지며 관세의무불이행시에 그 물건을 매각하여 우선 충당할 수 있다) 그에 의한 관세의 징수는 모든 조세 기타 공과금의 채권에 우선한다(관세법 §3). 국세징수의 예에 의하여 관세를 징수하는 경우 체납처분의 대상이 당해 관세를 납부하여야 하는 물품이 아닌

282) 국세의 "납부기한으로부터 1년 전에" 설정된 저당권 등에 의하여 담보된 채권에 대해서만 국세가 우선하지 못하도록 한 국세기본법 제35조 제1항 제3호 중 "1년 전에" 부분은 헌법재판소에 의해 위헌결정을 받았다(헌재결 1990. 9. 3, 89헌가95).

재산인 때에는 관세의 우선순위는 「국세기본법」에 의한 국세와 동일한 순위로 한다(관세법 §3·②).

【헌재결정】 〈국세기본법 제35조 제1항 3호 중 "…으로부터 1년" 이라는 부분은 위헌임〉 선순위로 성립하고 공시를 갖춘 담보물권이 그 후에 발생하고 공시를 전혀 갖추고 있지 않은 조세채권에 의하여 그 우선순위를 추월당함으로써 담보채권의 실현에 전혀 기여하지 못하고 있다면 그것은 담보물권은 물론이고 사유재산제도의 본질적 내용의 침해가 있는 것이다. …… 조세채권의 우선이란 비공시된 조세채권이 공시된 담보물권보다 우선하는 것이 아니라 채권자평등의 원칙에 입각한 일반 타채권에 우선하여 징수할 수 있다는 것이다. …… 과세관청의 과세징수상의 편의만을 도모한 국세기본법 제35조 제1항 제3호는 과잉금지원칙상의 방법의 적정성, 피해의 최소성, 법익의 균형성을 정면으로 위배한 것이다. 따라서 국세기본법 제35조 제1항 제3호 중 "…으로부터 1년"이라는 부분은 헌법의 규정에 위반된다(헌재결 1990.9.3, 89헌가95, 국세기본법 제35조 제1항 제3호의 위헌심판).

(3) 납세담보(조세담보)

납세담보란 조세징수를 확보하기 위하여 과세관청의 요구에 따라 납세자 또는 제3자로부터 제공받은 인적·물적 담보를 말한다. 인적 담보는 보증인에 의한 담보를, 물적 담보는 특정재산에 의한 담보를 말한다.

담보를 제공해야 하는 경우로는 ① 징수유예에 관한 담보와 체납처분의 유예에 관한 담보(국세징수법 §18, §85의2), ② 납부기한을 연장하는 경우의 담보(국세기본법 §6·②), ③ 과세물품을 관세법에 따라 수입신고 수리 전에 보세구역에서 반출할 때(개별소비세 §10·④), ④ 주류제조자에 대한 주세의 담보 및 보증(주세법 §36), ⑤ 상속세·증여세의 연대 납부의무(상속세 및 증여세법 §3, §4), ⑥ 물품 수입시 감면받거나 분납하는 관세액에 상당하는 담보제공(관세법 §108·①)등이 있다. 납세담보는 공법상 채권의 담보 수단이므로 그 담보권의 이행은 행정상 강제집행 절차에 의한다(국세기본법 §33, 국세징수법 §13).

(4) 납세의무의 확장(조세채무자의 확충)

조세채무는 본래의 납세의무자에 의하여 이행되어야 한다. 그러나 조세채권의 확보의 견지에서 본래의 납세의무자 이외의 자에게 납세의무가 확장되는 경우가 있다. 이에는 ① 법인의 합병으로 인한 납세의무의 승계, 상속으로 인한 납세의무의 승계(국세기본법 §23, §24), ② 연대 납세의무(동법 §25), ③ 청산인·출자자·법인·사업양수인 등의 제2차 납세의무(동법 §38~§41)등이 있다.

(5) 조세채권의 대외적 효력(채권자 대위권, 채권자 취소권)

세무공무원은 체납처분을 집행함에 있어서 체납자가 국세의 징수를 면탈하려고 재산권을 목적으로 한 법률행위를 한 경우에는 민법 제406조 및 제407조의 규정을 준용하여 사해행위의 취소를 법원에 청구할 수 있다. 채권자가 취소원인을 안 날로부터 1년, 법률행위

있는 날부터 5년 내에 소를 제기하여야 한다(국세징수법 §30 민법 §406·②). 즉, 세무서장은 체납처분을 집행함에 있어서 체납자가 압류를 면하고자 고의로 그의 재산을 양도하고, 양수인은 그 정을 알고 그 재산을 양수한 때에는 그 양도행위의 취소를 요구할 수 있다. 이와 같은 사행행위의 취소제도는 민법상 인정되는 채권자 취소권과 그 본질·취지가 동일하므로, 조세채권의 대외적 효력이라고도 한다. 한편 국세기본법 제35조 제4항에 규정된 통정허위표시에 의한 담보설정계약의 취소제도 역시 사해행위의 취소에 포함시킬 수 있다.

Ⅵ. 조세의무의 소멸(조세채권의 소멸)

1. 서 설

법률상 과세요건의 충족으로 일단 성립한 납세의무는 여러 가지 요인에 의하여 소멸하고 조세법률관계를 종료하게 된다.

납세의무의 소멸사유로는 (1) 납세의무의 이행, (2) 국세부과의 제척기간이나 국세징수권의 소멸시효, (3) 행정처분에 의한 소멸을 들 수 있다.

2. 납세의무의 이행(납부)

조세는 납세의무자에 의하여 이행되는 것이 원칙이나, 납세보증인·연대납세의무자·양도담보권자·제2차 납세의무자 등이 이행하여도 소멸한다.

납세의무는 또한 그 의무자가 사망한 경우에 그 상속인, 법인이 합병된 경우에 합병 후 존속하거나 신설된 법인, 법인의 해산 시에는 그 청산인이 이를 이행함으로써 소멸한다.

조세의 납부방법은 금전의 교부에 의함을 원칙으로 하나, 예외적으로 인지(인지세법 §8) 또는 물건의 교부(상속세 및 증여세법 §73,)에 의하는 경우도 있다.

3. 국세부과의 제척기간 및 국세징수권의 소멸시효

(1) 국세징수권의 소멸시효

국세기본법은 국세징수권과 국세부과권으로 구별하고 있다. 국세징수권의 소멸시효에 관한 규정(§27) 외에 국세부과권의 제척기간에 관한 규정(§26의2)을 신설하였다. 국세징수권은 이를 행사할 수 있는 때로부터 5년간 행사하지 않으면 소멸시효가 완성된다(§27). 지방세징수권의 소멸시효와 관세징수권의 소멸시효도 이를 행사할 수 있는 때로 부터 5년간 행사하지 아니하면 소멸시효가 완성된다(지방세기본법 §39, 관세법 §22). 소멸시효는 납세고지, 독촉 또는 납부최고, 교부청구·압류로 인하여 중단된다(국세기본법 §28·①). 중단된 소멸시효는 고지한 납부기간, 독촉 또는 납부최고에의 납부기간, 교부청구중의 기간, 압류해제까지의 기간이 경과한 때로부터 새로 진행한다(국세기본법 §28·②).

그리고 소멸시효는 세법에 의한 분납기간, 징수유예기간, 체납처분유예기간, 연부연납기간 또는 세무공무원이 국세징수법 제30조의 규정에 따른 사해행위 취소의 소를 제기하여 그 소송이 진행 중인 기간 동안에는 진행하지 아니한다(시효의 정지). 사해행위 취소소송 또는 채권자대위의 소의 제기로 인한 시효정지의 효력은 소송이 각하·기각 또는 취하된 때에는 효력이 없다(국세기본법 §28·③·④).

(2) 국세부과권의 제척기간

국세부과권의 제척기간은 일정 기간이 만료된 날 후에는 부과할 수 없는데, 그 기간은 내용에 따라 다르다. 예컨대 ① 납세자가 사기 기타 부정한 행위로써 국세를 포탈하거나 환급·공제받는 경우에는 당해 국세를 부과할 수 있는 날부터 10년간, ② 납세자가 법정신고기한 내에 과세표준신고서를 제출하지 않은 경우에는 당해 국세를 부과할 수 있는 날부터 7년간, ③ ① 및 ②에 해당하지 아니하는 경우에는 당해 국세를 부과할 수 있는 날부터 5년간, ④ 상속세·증여세는 ① 내지 ③의 규정에 불구하고 이를 부과할 수 있는 날부터 10년간이다(국세기본법 §26의2).

4. 행정처분에 의한 소멸

행정처분에 의하여 소멸하는 경우로는 ① 조세의 감면(조세특례제한법), ② 부과처분의 취소(세무서장의 직권에 의한 취소와 쟁송기관의 쟁송제기에 의한 쟁송취소), ③ 체납처분의 종결 또는 공매의 중지(국세징수법 §71·②), ④ 결손처분(국세징수법 §86·① 지방세기본법 §96), ⑤ 환급금 등의 충당(조세채권자가 납세의무자에 대하여 환급금 또는 과오납채무를 지는 경우에 그 환급금 등과 조세채무와 대등액에 관하여 소멸시키는 세무관서의 행위이다)(국세기본법 §51·②) 등에 의하여 소멸한다.

Ⅶ. 조세의 부과 및 징수에 대한 권리구제(조세의 하자있는 부과에 대한 구제. 조세징수의 위법에 대한 구제)

【기출문제】 <1989년 (제33회) 행정고시 (약술형)> ※ 위법한 조세부과 징수에 대한 구제

위법·부당한 조세부과·징수처분에 의하여 개인의 권·익을 침해받은 경우에는 그 것을 구제하는 수단이 여러 가지 존재한다. 이하에서는 (1) 과세 전 적부심사제, (2) 행정쟁송, (3) 조세과오납금환급소송, (4) 국가배상청구소송으로 나누어 설명하기로 한다.

1. 과세 전 적부심사제

(1) 취 지

과세 전 적부심사제도는 일종의 사전구제제도로서 세무조사 결과에 따른 과세처분 등을 하기 전에 앞으로 과세할 내용을 미리 납세자에게 통지하여 그 내용에 대하여 이의가 있는 경우에 과세의 적법여부심사를 청구할 수 있도록 하는 것이다. 이 제도는 국세청 훈령인 과세적부심사처리규정에 의하여 실시되고 있었는데, 1999년 국세기본법의 개정시 직접 법률에 규정하였다(국세기본법 §81의 15). 이 제도는 지방세 및 관세의 경우에도 채택하고 있다(지방세기본법 §116, 관세법 §118). 이 제도는 세무조사의 결과에 대한 청문권을 직접 보장하기 위한 것은 아니지만, 의견을 진술할 기회가 부여되고 있다는 점에서 불충분하기는 하지만 청문의 기회를 보장하는 제도로 기능할 수 있다고 평가된다.[283)]

(2) 내용 및 절차

과세 전 적부심사는 ① 세무조사결과에 대한 서면통지, ② 기타 대통령령이 정하는 과세예고통지를 받은 자는 그 통지를 받은 날부터 30일 이내에 당해 세무서장 또는 지방 국세청장에게 통지내용에 대한 적법성여부에 관하여 심사를 청구할 수 있다. 다만, 법령과 관련하여 국세청장의 유권해석을 변경하여야 하거나 새로운 해석이 필요한 경우 등 대통령령이 정하는 사항에 대하여는 국세청장에게 이를 청구할 수 있다(국세기본법 §81의15·①).

과세 전 적부심사청구를 받은 세무서장·지방국세청장 또는 국세청장은 과세 전 적부심사위원회의 심사를 거쳐 결정을 하고 그 결과를 청구를 받은 날부터 30일 이내에 청구인에게 통지해야 한다(동법 §81의 15·③).

(3) 결정의 종류

과세전적부심사청구에 대한 결정은 ① 청구가 이유없다고 인정되는 경우는 채택하지 아니한다는 결정, ② 청구가 이유있다고 인정되는 경우는 채택하는 결정, ③ 청구기간을 경과하거나 보정기간 내에 보정을 하지 아니하는 경우는 심사하지 아니한다는 결정을 한다(동법 §81의 15·④).

2. 행정쟁송(국세·지방세 행정쟁송)

(1) 행정심판

조세의 부과·징수에 대한 행정심판은 조세의 부과·징수에 관한 행정행위의 하자를 이유로 행정기관에 그 취소·견경을 구하는 쟁송절차이다. 조세에 관한 행정심판도 일반행정심

283) 박균성(하), 654쪽.

판이지만 조세사건의 특수성을 고려하여 국세기본법은 원칙적으로 행정심판법의 적용을 배제하였다. 일반 국세의 부과·징수 및 관세의 부과·징수에 관한 행정심판은 각각 국세기본법 및 관세법이 정하는 바에 의한다.

1) 국세행정심판

국세기본법 또는 세법에 의한 처분으로서 위법 또는 부당한 처분을 받거나 필요한 처분을 받지 못함으로 인하여 권리 또는 이익의 침해를 당한 자는 국세기본법의 규정에 의한 심사청구 또는 심판청구를 하여 그 처분의 취소 또는 변경이나 필요한 처분을 청구할 수 있다(국세기본법 §55·①).

구 국세기본법은 국세의 부과·징수에 대한 행정심판을 국세청장에 대한 심사청구와 국세심판소장에 대한 심판청구의 필요적 2심제를 두고 있었다. 그러나 필요적 2심제도는 납세자의 사법구제를 부당하게 지연시키고 또한 책임있는 결정을 상급심에 미루는 등의 폐단이 있었다. 그리하여 1999년 8월 31일에 개정된 국세기본법에서는 국세에 관한 처분 등에 불복하는 경우 심사청구와 심판청구 중 하나의 절차만 거치면 바로 행정소송을 제기할 수 있도록 하고(국세기본법 §55·①,②), 동일한 처분에 대하여 심사청구와 심판청구를 중복하여 제기할 수 없도록 하였다(§55·⑨).

① 이의신청

국세기본법 또는 세법에 의한 처분으로서 위법 또는 부당한 처분을 받거나 필요한 처분을 받지 못함으로써 권·익 침해를 당한 자는 국세청장이 조사·결정 또는 처리하거나 하였어야 할 것인 경우를 제외하고는 그 처분에 대하여 심사청구 또는 심판청구에 앞서 세무서장 또는 당해 세무서장을 거쳐 소관지방 국세청장에게 이의신청을 할 수 있다(§55·③, §66). 이의신청은 필요적 절차가 아니라 임의적 절차이다. 이의신청은 그 처분의 통지를 받은 날부터 또는 당해 처분이 있었던 것을 안날부터 90일 이내에 제기해야 한다(§61·①, §66·⑥). 다만, 결정은 이의신청을 받은 날부터 30일 이내에 하여야 한다(§66·⑥ 단서).

② 심사청구

위법·부당한 처분 또는 부당한 처분을 받거나 필요한 처분을 받지 못함으로써 권·익을 침해당한 자는 당해 처분이 있은 것을 안 날(처분의 통지를 받은 때에는 그 받은 날)로부터 90일 이내에 당해 처분을 하거나 하였어야 할 세무서장을 거쳐 국세청장에게 심사청구를 할 수 있다(§61, §62).

이의 신청을 거친 경우에는 그 결정통지를 받은 날부터 90일 내에 제기해야 한다(§61·②). 심사청구가 있는 때에는 국세청장은 국세심사위원회의 심의를 거쳐 결정해야 한다(§64·①). 결정은 심사청구를 받은 날부터 90일 이내에 하여야 하며, 이유를 기재한 결정서에 의하여 심사청구인에게 통지해야 한다(§65·②,③).

③ **심판청구**

심판청구는 당해 처분이 있는 것을 안 날(처분의 통지를 받은 때에는 그 받은 날)로부터 90일 이내에 그 처분을 하거나 하였어야 할 세무서장을 거쳐 국세심판원장에게 하여야 한다(§68·①, §69·①). 이의 신청을 거친 경우에는 그 결정통지를 받은 날로부터 90일 이내에 제기해야 한다(§68·②, §61·②). 심판청구에 대한 결정을 관장하는 국세심판원은 국무총리 소속하에 두며, 합의제 행정관청이다(§67·①). 국세심판원에 원장과 국세심판관을 둔다. 국세심판원장이 심판청구를 받은 때에는 국세심판관회의가 그 심리를 거쳐 이를 결정한다(§78·①). 결정은 심판청구를 받은 날부터 90일 이내에 하여야 하며, 이유를 기재한 결정서에 의하여 심판청구인에게 통지해야 한다(§81, §65). 이의신청·심사청구 또는 심판청구의 재결청은 결정서에 그 결정서를 받은 날부터 90일 이내에 이의신청인은 심사청구 또는 심판청구를, 심사청구 또는 심판청구인은 행정소송제기를 할 수 있다는 내용을 적어야 한다(§60·①). 국세심판원의 결정에는 불고불리의 원칙과 불이익 변경금지의 원칙이 적용되며, 그 결정은 관계행정청을 기속한다(§79, §80). 위법한 조세처분에 대한 행정소송은 국세기본법에 따른 심사청구 또는 심판청구와 그에 대한 결정을 거치지 아니하면 제기할 수 없다(§56·②)고 하여 필요적 행정심판 전치주의를 취하고 있다.

2) 관세심판

관세법 기타 관세에 관한 법률 또는 조약에 의한 처분으로서 위법 또는 부당한 처분을 받거나 필요한 처분을 받지 못함으로써 권리 또는 이익의 침해를 당한 자는 관세법 규정에 의한 심사청구 또는 심판청구를 하여 그 처분의 취소 또는 변경이나 필요한 처분을 하여 줄 것을 청구할 수 있다(관세법 §119·①).

그 처분이 관세청장이 조사결정 또는 처리하였거나 처리하였어야 할 것인 경우를 제외하고는 그 처분에 대하여 심사청구 또는 심판청구에 앞서 관세법의 규정에 의한 이의신청을 할 수 있다(§119·① 단서). 이의신청의 청구는 임의적·선택적 절차이다. 관세에 대한 행정심판도 일반국세와 마찬가지로 심사청구와 심판청구가 있으며, 행정소송의 전심절차로서는 이중 어느 하나를 거치면 되고(필요적 행정심판 전치주의), 동일한 처분에 대하여는 심사청구와 심판청구를 중복하여 제기할 수 없다(§120·②, §119·⑧).

3) 지방세 행정심판

지방세법에 의한 처분(신고납부 또는 수정신납부를 한 경우에는 그 신고납부를 한 때에 처분이 있었던 것으로 본다)으로는 위법 또는 부당한 처분을 받았거나 필요한 처분을 받지 못함으로써 권리 또는 이익의 침해를 당한 자는 지방세기본법의 규정에 의한 이의신청·심사청구 및 심판청구를 할 수 있다(지방세기본법 §117·①).

청구의 대상에는 ㉮ 이의신청, 심사청구 또는 심판청구에 대한 처분(다만, 이의신청에 대한 처분에 대하여 심사청구 또는 심판청구를

(하는 경우는 제외한다), ㉯ 조세범처벌절차법에 따른 통고처분, ㉰ 감사원법에 따라 심사청구를 한 처분이나 그 심사청구에 대한 처분, ㉱ 과세전 적부심사의 청구에 대한 처분은 제117조 제1항의 처분에 포함되지 아니한다(§117·②).

① 이의신청

이의신청을 하고자 할 때에는 그 처분이 있은 것을 안 날(처분의 통지를 받은때에는 그 통지를 받은 날)부터 90일 이내에 불복사유를 구비하여 도세(도세 중 특정 부동산에 대한 지역자원시설세 및 시·군세에 부가하여 징수하는 지방교육세와 특별시세·광역시세 중 특별시분재산세·특정 부동산에 대한 지역자원시설세 및 구·군세에 부가하여 징수하는 지방교육세를 제외한다)에 있어서는 도지사에게, 시·군세(도세 중 특정 부동산에 대한 지역자원시설세 및 시·군세에 부가하여 징수하는 지방교육세와 특별시세·광역시세 중 특별시분재산세·특정 부동산에 대한 지역자원시설세 및 구·군세에 부가하여 징수하는 지방교육세를 포함한다)에 있어서는 시장·군수에게 이의 신청을 할 수 있다(지방세기본법 §118).

② 심사청구

이의신청을 거친 후에 심사청구 또는 심판청구를 하고자 할 때는 이의신청에 대한 결정의 통지를 받은 날부터 90일 이내에 도지사의 결정에 대하여는 조세심판원장에게, 시장·군수의 결정에 대하여는 도지사에게 심사청구를 하거나 또는 조세심판원장에게 각각 심사청구를 해야 한다(지방세기본법 §119·①).

이의신청을 거치지 아니하고 바로 심사청구를 하고자 할 때에는 당해 처분이 있은 것을 안 날(처분의 통지를 받은때에는 그 통지를 받은 날)부터 90일 이내에 도세(도세 중 특정 부동산에 대한 지역자원시설세 및 시·군세에 부가하여 징수하는 지방교육세와 특별시세·광역시세 중 특별시분재산세·특정 부동산에 대한 지역자원시설세 및 구·군세에 부가하여 징수하는 지방교육세를 제외한다) 에 있어서는, 조세심판원장에게 심판청구를, 시·군세(도세 중 특정 부동산에 대한 지역자원시설세 및 시·군세에 부가하여 징수하는 지방교육세와 특별시세·광역시세 중 특별시분 재산세 및 구·군세에 부가하여 징수하는 지방교육세를 포함한다)에 있어서는 도지사에게 심사청구를 해야 한다(지방세기본법 §119·③).

이의신청 또는 심사청구를 받은 지방자치단체의 장은 그 신청 또는 청구를 받은 날부터 90일 이내에 지방세심의위원회의 의결에 따라 결정을 하고 신청인 또는 청구인에게 이유를 함께 기재한 결정서를 송달해야 한다(지방세기본법 §123·①).

결정은 당해 처분청을 기속하며, 결정이 있는 때에는 당해 처분청은 결정의 취지에 따라 즉시 필요한 처분을 하여야 한다(지방세기본법 §123·②·③).

③ 다른 법률 및 행정소송과의 관계

지방세에 대한 행정심판에 대하여도 행정심판법의 규정을 적용하지 아니한다(지방세기본법 §125·①). 지방세에 대한 행정심판의 경우에는 이의신청, 심사청구 또는 심판청구를 할 수 있다(지방세기본법 §117·①)고 규정하고 있다. 그런데 구 지방세법 제78조 제2항은 지방세에 대한 처분에 대하여 이의신청 및 심사청구를 거치지 아니하고는 행정소송을 제기할 수 없도록 규정하여 필요적 2심제를 채택하였으나, 행정심판에 사법절차를 준용하도록 한 헌법 제107조 제3항 및 재판청구권을 보장한 헌법 제27조 제1항에 위반된다는 헌법재판소의 결정에 의하여 동조항은 삭제되었다(헌재 2001.6.28, 2000헌바30). 이에 따라 지방세에 관련된 처분에 대한 행정소송은 국세 및 관세와는 달리 이의신청과 심사청구를 거치지 아니하고도 제기할 수 있다.

【헌재결】 〈이의신청 및 심사청구를 거치지 아니하고서는 지방세부과처분에 대하여 행정소송을 제기할 수 없도록 한 지방세법 제78조 제2항이, 행정심판에 사법절차를 준용하도록 한 헌법 제107조 제3항 및 재판청구권을 보장하는 헌법 제27조에 위반된다.〉 지방세부과처분에 대한 이의신청 및 심사청구의 심의·의결기관인 지방세심의위원회는 그 구성과 운영에 있어서 심의·의결의 독립성과 공정성을 객관적으로 신뢰할 수 있는 토대를 충분히 갖추고 있다고 보기 어려운 점, 이의신청 및 심사청구의 심리절차에 사법절차적 요소가 매우 미흡하고 당사자의 절차적 권리보장의 본질적 요소가 결여되어 있다는 점에서 지방세법상의 이의신청·심사청구제도는 헌법 제107조 제3항에서 요구하는 "사법절차 준용"의 요청을 외면하고 있다고 할 것인데, 지방세법 제78조 제2항은 이러한 이의신청 및 심사청구라는 2중의 행정심판을 거치지 아니하고서는 행정소송을 제기하지 못하도록 하고 있으므로 위 헌법조항에 위반될 뿐만 아니라, 재판청구권을 보장하고 있는 헌법 제27조 제3항에도 위반된다 할 것이며, 나아가 필요적 행정심판전치주의의 예외사유를 규정한 행정소송법 제18조 제2항, 제3항에 해당하는 사유가 있어 행정심판제도의 본래의 취지를 살릴 수 없는 경우에까지 그러한 전심절차를 거치도록 강요한다는 점에서도 국민의 재판청구권을 침해한다 할 것이다(헌재결 2001. 6. 28, 2000헌바30).

4) 감사원에 심사청구

감사원법에 의하면 감사원의 감사를 받는 자의 직무에 관한 처분 기타의 행위에 대하여 이해관계 있는 자는 감사원에 심사청구를 할 수 있도록 하고 있으므로(감사원법 §43·①), 국세·관세·지방세에 관한 처분에 대하여도 감사원에 심사청구를 할 수 있다. 그러나 감사원은 이해관계인으로부터 심사청구가 있는 경우에 그에 대한 결정으로 조세행정기관이 행한 처분을 직접 취소·변경할 수 없고, 관계 행정기관의 장에게 시정 기타의 필요한 조치를 요구할 수 있는 데 그치며, 그러한 요구가 있으면 관계 행정기관이 요구받은 조치를 취하여야 한다(감사원법 §46, §47).

감사원에 대하여 심사청구를 제기하였거나 제기하여 그 결정을 받은 때에는 국세기본법·관세법상의 심사청구나 심판청구를 제기할 수 없으며(국세기본법 §55·⑤, 관세법 §119·②), 지방세법상의 이의신청이나 심사청구를 제기할 수도 없다(지방세기본법 §117·②). 감사원에 대한 심사청구기간은 처분이 있는 것을 안 날로부터 90일 이내, 그 행위가 있는 날부터 180일 이내이다(감사원법 §44). 감사원의 심사의 청구 및 심사청구에 대한 결정을 거친 행정기관의 장의 처분에 대하여 불복이 있는 경우에 결정의 통지를 받은 날로부터 90일 이내에 처분청을 피고로 하여 행정소송을 제기할 수 있다(감사원법 §46의 2).

5) 현행 행정불복신청제도의 개선방안

현행 행정불복신청제도의 개선방안으로는 ① 조세행정심판법과 같은 단일법률의 제정에 의한 조세불복신청제도의 통합·단일화 ② 단일심급제 ③ 불복신청대상의 구체적 규정 ④

집행정지결정 요건의 완화 ⑤ 조세부과처분 자체에 대한 불복고지제도 등이 제시되고 있다.

(2) 행정소송

1) 행정소송법에 대한 특별규정

심사청구결정 또는 심판청구결정 등에 불복이 있는 자는 행정소송을 제기하여 위법한조세의 부과와 징수에 관하여 다툴 수 있다. 조세의 부과·징수와 관련된 행정소송의 경우에도 역시 행정소송법이 적용된다. 다만 국세기본법 등 조세법은 행정심판전치주의와 제소기간에 대하여는 행정소송법과 다른 특별한 규정을 두고 있다.

국세기본법과 관세법은 행정심판전치주의를 채택하고 있다(국세기본법 §56·②, 관세법 §120·②).

판례 〈조세소송에서 전심절차를 거치지 아니하고 행정소송을 제기할 수 있는 경우〉 조세소송에 있어서는 국세기본법 규정에 의하여 행정소송법 제18조 제2항, 제3항 및 제20조의 규정이 적용되지 아니하나, 다만 2개 이상의 같은 목적의 행정처분이 단계적, 발전적 과정에서 이루어진 것으로서 서로 내용상 관련이 있다든지, 세무소송 계속 중에 그 대상인 과세처분을 과세관청이 변경하였는데 위법사유가 공통된다든지, 동일한 행정처분에 의하여 수인이 동일한 의무를 부담하게 되는 경우에 선행처분에 대하여, 또는 그 납세의무자들 중 1인이 적법한 전심절차를 거친 때와 같이, 국세청장과 국세심판소로 하여금 기본적 사실관계와 법률문제에 대하여 다시 판단할 수 있는 기회를 부여하였을 뿐더러 납세의무자로 하여금 굳이 또 전심절차를 거치게 하는 것이 가혹하다고 보이는 등 정당한 사유가 있는 때에는 납세의무자가 전심절차를 거치지 아니하고도 과세처분의 취소를 청구하는 행정소송을 제기할 수 있다고 보아야 한다(대판 2000.9.26, 99두1557).

① 국세기본법상 행정심판 전치주의

위법한 조세처분에 대한 행정소송은 행정소송법 제18조 제1항 본문, 제2항 및 제3항에도 불구하고 국세기본법에 따른 심사청구 또는 심판청구와 그에 대한 결정을 거치지 않으면 제기할 수 없다(국세기본법 §56·②)고 규정하여 행정심판전치주의를 채택하고 있다.

다만, 결정기간인 90일 내에 결정의 통지를 받지 못한 경우에는 결정의 통지를 받기전이라도 그 결정기간이 경과한 날부터 행정소송을 제기할 수 있다(국세기본법 §56·③ 단서). 관세법에서도 같은 내용의 취지를 규정하고 있다(관세법 §120·②·③).

② 감사원법상 심사청구

감사원법에 의하여 심사청구를 한 처분이나 그 심사청구에 대한 처분의 심사청구를 거친 경우에는 국세기본법에 의한 심사청구 또는 심판청구를 거친 것으로 보고 행정소송을 제기할 수 있다(국세기본법 §56·④).

③ 지방세의 경우

지방세의 경우에는 이의신청이나 심사청구를 거치지 아니하고 직접행정소송을 제기할 수 있다. 따라서 지방세부과 처분에 대해서는 ㉮ 바로 제소하거나, ㉯ 이의신청을 거친 후 제소하거나, ㉰ 이의신청과 심사청구나 심판청구를 거쳐 제소하거나, ㉱ 감사원에의 감사청구를 거쳐 제소할 수 있다.

2) 조세행정소송의 소송물

조세행정소송에 있어서 소송물, 즉 법원의 심판의 대상 및 범위에 관하여는 총액주의와 쟁점주의의 대립이 있다.[284)]

① 총액주의

총액주의는 과세처분에 의하여 확정된 세액이 조세실체법에 의하여 객관적으로 존재하는 세액을 초과하는지 여부가 심판의 대상 및 범위가 된다는 것이다. 이 설에 의하면 과세처분의 일부분에 대하여 불복청구가 있는 경우에도 과세처분의 대상이 된 세액전부에 대하여 실체적 세액을 기준으로 심판하게 되고, 과세관청은 처분당시의 처분사유와 다른 사유를 내세워 과세처분을 유지할 수 있게 된다. 이 설은 일반적 행정처분 취소소송의 소송물을 위법성 일반으로 보는 견해 및 과세처분 취소소송의 본질을 채무부존재 확인으로 파악하는 견해와 이론적 기초를 같이 하고 있다.

② 쟁점주의

쟁점주의는 심판의 대상 및 범위를 과세관청의 처분이유와 관계되는 세액의 적법여부에 한정하는 것으로, 과세처분 취소소송은 과세관청이 처분시에 인정한 처분사유의 당부(개개의 수입이나 경비의 존부 등)만을 심판의 대상으로 하고, 과세관청이 처분시에 인정한 처분사유가 다르면 별개의 처분으로서 소송물도 동일하지 않게 되는 것으로 본다. 이 설에 의하면 과세처분에 대한 불복청구가 있는 경우 실체적 세액 전부가 아니라, 불복청구 부분의 이유에 한정하여 심판의 대상이 되고, 처분사유의 추가·변경도 원칙적으로 허용되지 아니한다.

③ 판 례

판례는 총액주의 입장을 취하고 있다.

> 판례 〈과세처분 취소소송의 심판대상과 그 취소의 범위〉 과세처분의 취소를 구하는 소송에 있어서의 심판대상은 과세관청이 부과 고지한 과세표준과 세액이 객관적으로 존재하는가의 여부이므로 부과처분에 의하여 인정된 과세표준과 세액이 정당한 과세표준과 세액에 비하여 과다한 경우에는 그 부과처분은 정당한 과세표준과 세액을 초과하는 범위에서만 위법하므로 이를 취소하여야 한다(대판 1989. 3. 28, 88누6504)(종합소득세 등 부과처분 취소).

284) 김동희(Ⅱ), 637~677쪽 : 박균성(하), 659쪽 ; 조인호, "조세행정소송 사건의 현황과 쟁점", 2001년도 특별실무법관 연수자료, 1~2쪽 ; 최정일, 행정법(하), 1135쪽.

판례 〈과세관청이 그 과세표준과 세액을 산출·결정함에 있어 계산방식 등에 잘못이 있다 할지라도 부과고지된 세액이 정당세액의 범위를 넘지 아니하며 그 잘못된 방식이 과세단위와 처분사유의 범위를 달리하는 정도의 것이 아닌 경우, 그 부과고지처분의 취소를 할 수 없다.〉 납세의무자가 세법의 규정에 의해 부담하는 납세의무를 확정짓는 절차로서 과세관청이 그 과세표준과 세액을 구체적으로 산출, 결정하게 되는 과정에 있어 과세청의 계산방식 등에 잘못이 있다 하더라도 그와 같이 하여 부과고지된 세액이 원래 당해 납세의무자가 부담하여야 할 정당세액의 범위를 넘지 아니하는 결과로 되고 그 잘못된 방식이 과세단위와 처분사유의 범위를 달리하는 정도의 것이 아니라면 그 정당세액 범위 내의 부과고지처분이 위법하다 하여 취소할 것은 아니다(대판 1992. 7. 28, 91누10695 법인세 등 부과처분 취소).

3) 경정처분과 소의 대상

① 과세관청은 과세처분에 잘못이 있는 조세부과권의 제척기간 등 장애사유가 없는 한 그 횟수에 제한 없이 선행처분을 시정하기 위하여 경정처분을 할 수 있는 바, 이것은 부과과세방식이나 신고납세방식의 경우 모두 인정된다. 이처럼 과세관청이 당초 처분을 시정하기 위한 경정처분을 한 경우 어떤 것이 소송의 대상이 되는 것인지가 문제된다.

이 문제에 대하여는 ㉮ 당초 처분과 경정처분은 독립된 처분으로 별개의 소송대상이라는 병존설 ㉯ 당초 처분은 경정처분에 흡수되어 소멸하고 경정처분만이 효력을 가지고 소송의 대상이 된다는 흡수설, ㉰ 경정처분은 당초 처분에 흡수되어 경정처분에 의하여 수정된 당초의 처분이 소송대상이라는 역흡수설 등이 주장되고 있다. 판례는 유리하게 변경된 경우(감액경정처분)는 역흡수주의, 불리하게 변경된 경우(증액경정처분)는 흡수주의를 취하고 있다.

② 감액경정처분의 경우

감액경정처분은 세액의 일부취소(원처분의 일부 취소에 불과하므로 원처분을 기준으로 판단)라는 납세자에 유리한 효과를 가져오는 처분이어서 그 취소를 구할 소의 이익이 없고, 항고소송의 대상은 감액경정결정이 아니라 당초 처분 중 경정처분에 의하여 취소되지 아니하고 남은 부분이 된다. 제소기간을 준수하였는지 여부, 적법하게 전심절차를 밟았는지 여부도 당초 처분을 기준으로 판단하여야 한다(대판 1987. 12. 22, 85누599 법인세 등 부과처분 취소).

판례 〈당초 부과처분의 일부를 취소, 감액하는 경정결정을 한 경우 항고소송의 대상이 되는 것은 당초의 부과처분 중 경정결정에 의하여 취소되지 않고 남은 부분이 된다.〉 과세관청이 과세처분을 한 뒤에 당초 부과처분의 일부를 취소, 감액하는 내용의 경정결정을 한 경우 위 경정처분은 그에 의하여 감소된 세액부분에 관하여서만 법적효과를 미치는 것으로서 당초 부과처분과 독립의 과세처분이 아니라 그 실질은 당초 부과처분의 변경이고 그에 의하여 세액의 일부취소라는 납세자에게 유리한 효과를 가져오는 처분이라 할 것이므로 그 경정결정으로도 아직 취소되지 않고 남아 있는 부분이 위법하다고 하여 다투는 경우에는 항고소송의 대상이 되는 것은 당초의 부과처분 중 경정결정에 의하여 취소되지 않고 남은 부분이 된다할 것이고 경정결정이 항고소송의 대상이 되는 것은 아니라 할 것이므로 이 경우 적법하게 전심절차를 밟았는가 여부도 당초 처분을 기준으로 판단하여야 할 것이다(대판 1986. 7. 8, 84누50 법인세 등 부과처분 취소).

판례 〈감액경정처분이 있었으나 그 경정시 취소되지 않고 남아 있는 부분에 관하여 다투는 경우, 항고소송의 대상은 당초 신고나 부과처분 중 경정결정에 의하여 취소되지 않고 남은 부분이 된다.〉(대판 1996. 11. 15, 95누8904 법인세 부과처분 취소).

판례 〈감액경정처분은 행정소송의 대상이 아니고, 처음의 과세처분이 감액된 범위 내에서 존속하게 되므로 당초의 처분만이 쟁송의 대상이 되고 전심절차의 적법 여부도 당초처분을 기준으로 판단해야 한다.〉(대판 1987. 12. 22, 85누599).

③ 증액경정처분의 경우

증액경정처분이 되면 납세자에게 불리한 효과를 가져오는 처분이므로, 먼저된 당초처분은 증액 경정처분에 흡수되어 독립한 존재 가치를 상실하며 당연히 소멸되는 것으로 보아야 하고(따라서 그 후에 당초처분을 취소하였다고 하여도 이는 대상을 결여한 처분으로서 효력이 없다), 납세자는 증액경정처분만을 쟁송의 대상으로 삼을 수 있다. 전심절차의 경우 여부도 그 경정처분을 기준으로 판단하여야 한다(대판 1987. 12. 22, 85누599 법인세 등 부과처분 취소). 소송절차에서 당초 처분에 존재하는 하자도 다툴 수 있다(대판 1987. 12. 22, 85누599).

판례 〈증액경정처분이 되면 먼저된 당초처분은 증액경정처분에 흡수되어 독립된 존재가치를 상실하여 당연히 소멸되는 것으로 보아야 하고, 납세자는 증액경정처분만을 쟁송의 대상으로 삼을 수 있다.〉 과세처분이 있은 후 이를 증액하는 경정처분이 있으면 당초 처분은 경정처분에 흡수되어 독립된 존재가치를 상실하여 소멸하는 것이고, 그 후 다시 이를 감액하는 재경정처분이 있으면 재경정처분은 위 증액경정처분과는 별개인 독립의 과세처분이 아니라 그 실질은 위 증액경정처분의 변경이고 그에 의하여 세액의 일부 취소라는 납세의무자에게 유리한 효과를 가져오는 처분이라 할 것이므로, 그 감액하는 재경정결정으로도 아직 취소되지 않고 남아 있는 부분이 위법하다 하여 다투는 경우 항고소송의 대상은 그 증액경정처분 중 감액재경정결정에 의하여 취소되지 않고 남은 부분이고, 감액재경정결정이 항고소송의 대상이 되는 것은 아니다. 이러한 법리는 국세심판소가 심판청구를 일부 인용하면서 정당한 세액을 명시하여 취소하지 아니하고 경정기준을 제시하여 당해 행정청으로 하여금 구체적인 과세표준과 세액을 결정하도록 함에 따라, 당해 행정청이 감액경정결정을 함에 있어 심판결정의 취지에 어긋나게 결정하거나 혹은 그 결정 자체에 위법사유가 존재하여 그에 대하여 별도의 쟁송수단을 인정하여야 할 특별한 사정이 없는 한 마찬가지로 적용된다(대판 1996. 7. 30, 95누6328 상속세 등 부과처분 취소).

판례 〈과세처분이 있은 후에 증액경정처분이 있었는데 납세의무자가 당초과세처분에 대한 전심절차 외에 증액경정처분에 대한 전심절차를 거친 경우, 그 증액경정처분에 대한 제소기간은 증액경정처분에 대한 심판결정통지 수령일로부터 기산하여야 한다.〉(대판 2000. 9. 22, 98두18510 종합소득세 부과처분 취소).

판례 〈증액경정처분의 경우는 증액경정처분만이 쟁송의 대상이 되고, 당사자는 증액경정처분에 대한 소송절차에서 이미 확정된 처음의 과세처분에 의하여 결정된 과세표준과세액에 대하여 그 위법 여부를 다툴 수 있다.〉(대판 1987. 12. 22. 85누599).

판례 〈국세기본법 제22조의2의 시행이후 당초 과세처분에 대한 증액 경정처분이 있는 경우 항고소송의 심판대상은 증액 경정처분만이 되고, 그 항고소송에서 당초 신고나 결정에 대한 위법사유를 함께 주장할 수 있다.〉(대판 2009.5.14. 2006두17390).

④ 국세기본법 규정(제22조의 2 : 경정 등의 효력)

㉮ 세법에 따라 당초 확정된 세액을 증가시키는 경정(증액 경정 처분)은 당초 확정된 세액에 관한 국세기본법 또는 세법에서 규정하는 권리·의무관계에 영향을 미치지 아니한다.

㉯ 세법에 따라 당초 확정된 세액을 감소시키는 경정(감액 경정 처분)은 그 경정에 의하여 감소되는 세액외의 세액에 관한 국세기본법 또는 세법에서 규정하는 권리·의무관계에 영향을 미치지 않는다. 국세기본법 규정은 당초처분(당초 확정된 세액 또는 경정에 의하여 감소되는 세액외의 세액)과 증액경정 처분은 각각 별개의 항고소송의 대상이 되는 것으로 규정하여 병존설 입장을 취하고 있다.

3. 과오납금반환청구

(1) 의 의

과오납금이란 법률상 납부해야 할 원인이 없음에도 불구하고 조세로 납부된 금전을 말한다. 이것은 일종의 부당이득이므로 납세자는 당연히 반환청구권을 가지며, 국가 또는 지방자치단체는 이것을 반환할 의무를 진다.

(2) 과오납금의 발생

과오납금은 ① 초과납부하거나 이중 납부한 경우, ② 부과처분에 따라 조세를 납부한 후에 부과처분이 취소되거나 변경(감액경정결정)된 경우, ③ 무효인 부과처분에 따라 조세를 납부한 경우, ④ 납부의무가 없음에도 불구하고 착오로 조세를 납부한 경우에 발생한다.

국세기본법은 넓은 의미의 과오납금을 국세환급금이라 하여, 과오납부한 금액 또는 세법에 의하여 환급하여야 할 환급세액이 있을 때에는 이를 반환하도록 규정하고 있다(국세기본법 §51). 관세법과 지방세법도 국세기본법과 유사한 규정을 두고 있다(관세법 §46 내지 §48, 지방세기본법 §76 내지 §79).

(3) 충당과 환급처리

1) 환급금 결정

세무서장은 납세의무자가 국세·가산금 또는 체납처분비로서 납부한 금액 중 잘못 납부하거나 초과하여 납부한 금액이 있거나 세법에 따라 환급하여야 할 환급세액(세법에 따라 환급세액에서 공제해야 할 세액이 있는 때에는 공제한 후의 잔여액)이 있는 때에는 즉시 그 잘못 납부한 금액, 초과하여 납부한 금액 또는 환급세액을 「국세환급금」으로 결정해야 한다(국세기본법 §51·①).

2) 충 당

세무서장은 국세환급금으로 결정한 금액을 ① 납세고지에 의해 납부하는 국세, ② 체납된 국세·가산금과 체납처분비, ③ 세법에 따라 자진 납부하는 국세에 충당하여야 한다. 다만, ① 및 ③의 국세에의 충당은 납세자가 그 충당에 동의하는 경우에 한한다(§51·②). ④ ②의 국세에의 충당이 있는 경우 체납된 국세·가산금 또는 체납처분비와 국세환급금은 체납된 국세의 법정 납부기한과 대통령령으로 정하는 국세환급금 발생일 중 늦은 때로 소급하여 대등액에 관하여 소멸한 것으로 본다(§51·③). 납세자가 세법에 따라 환급받을 환급세액이 있는 경우에는 환급세액을 ① 및 ③의 국세에 충당하기 위하여 청구를 할 수 있다. 이 경우 충당된 세액의 충당청구를 한 날에 국세를 납부한 것으로 본다(§51·④).

원천징수의무자가 원천징수하여 납부한 세액에서 환급받을 환급세액이 있는 경우 그 환급액은 당해 원천징수의무자가 원천징수하여 납부하여야 할 세액에 충당하고, 잔여금을 환급한다. 다만, 당해 원천징수의무자가 그 환급액을 즉시 환급해 줄 것을 요구하거나 원천징수하여 납부해야 할 세액이 없는 경우에는 즉시 환급한다(§51·⑤).

3) 납세자에 지급

국세환급금중 제2항의 규정에 의하여 충당한 후의 잔여금은 국세환급금의 결정을 한날로부터 30일 내에 납세자에게 지급하여야 한다(§51·⑥).

(4) 국세환급가산금 및 환급금의 소멸시효

1) 국세환급가산금

세무서장은 국세환급금을 충당 또는 지급하는 때에는 ① 착오납부·이중납부 또는 납부 후 그 납부의 기초가 된 신고 또는 부과를 경정하거나 취소함에 따라 발생한 국세환급금에 있어서는 그 납부일, ② 적법하게 납부된 국세의 감면으로 발생한 국세환급금에 있어서는 그 감면 결정일, ③ 적법하게 납부된 후 법률 개정으로 발생한 국세환급금에 있어서는 그 개정된 법률의 시행일, ④ 소득세법·법인세법·부가가치세법·개별소비세법 또는 주세법에 따른 환급세액을 신고 또는 잘못 신고함에 따른 경정을 원인으로 하여 환급함에 있어서는 그 신고를 한 날로부터 30일이 경과한 때, ⑤ 원천징수의무자 또는 원천징수대상자에게 환급함에 있어서는 연말정산세액 또는 원천징수세액 납부기한으로부터 30일이 경과한 때의 다음날부터 충당하는 날 또는 지급결정을 하는 날까지의 기간과 금융회사 등의 예금이자율 등을 참작하여 대통령령이 정하는 이율에 따라 계산한 금액을 국세환급금에 가산하여야 한다(§52).

2) 국세환급금에 관한 권리의 양도 및 국세환급금의 소멸시효

납세자의 국세환급금과 국세환급가산금에 관한 권리는 이를 행사할 수 있는 때로부터 5년간 행사하지 않으면 소멸시효가 완성한다(§54). 환급금에 대한 권리의 소멸시효 기간은 지방세의 경우도 5년이고(지방세기본법 §79·①), 관세의 경우에도 5년으로 개정되었다(관세법 §22·②).

납세자는 국세환급금에 관한 권리는 이를 타인에게 양도할 수 있다(국세기본법 §53).

(5) 선결문제

과오납의 원인이 과세처분 등 행정처분에 의해 발생한 경우, 그 처분이 무효인 때에는 과오납반환청구권이 발생한다. 그러나 그 행정처분이 취소사유가 있는 경우에는, 그 처분이 취소되기까지는 반환청구권은 발생하지 않는다. 따라서 과세처분 취소소송을 제기하여 처분의 효력이 소멸된 이후에 과오납 반환청구소송을 제기하거나 과세처분 취소소송과 과오납 반환청구소송을 병합하여 제기하여야 한다.

(6) 과오납금환급청구소송(과오납금반환청구소송)

과오납금반환청구권은 공법상 부당이득반환청구권의 일종이다.

정부가 스스로 과오납금을 반환하지 아니하는 경우에는 납세자는 그것을 소송으로 청구하게 되는 바, 그 소송은 사권으로서 민사소송으로 제기해야 한다는 견해와 공권으로서 행정소송의 일종인 공법상 당사자소송으로 제기해야 한다는 견해가 대립되나 후설이 다수설이고 타당하다.

무효인 조세부과처분은 무효확인소송을 제기하지 않고 곧바로 공법상 부당이득반환청구가 가능하나, 부과처분이 무효가 아닌 한, 부과처분이 존재하지 않음을 전제로 하는 부당이득반환청구권을 제기할 수 없으므로 과오납금반환청구는 당해부과처분의 효력이 소멸된 이후 또는 부과처분의 취소소송과 병합하여 제기하여야할 것이다.

판례는 일관되게 민사소송으로 다루고 있다.

판례 〈공법상 부당이득 반환청구는 민사소송으로 그 환급청구를 하면 된다.〉 환급사유가 생겼다면, 국가는 환급해 줄 세액에 관한 한 법률상 원인 없이 수령할 것이 되어 부당이득이 되고, 납세의

무자는 국세당국의 환급거부처분에 대한 행정소송을 할 것이 아니라 바로 부당이득의 반환을 구하는 민사소송으로 그 환급청구를 하면 된다(대판 1991.7.9, 91다13342).

〈무효인 조세부과처분은 무효확인소송 제기하지 않고 곧 부당이득반환청구 가능함〉 원고들은 무효인 조세부과처분에 의하여 그 세금을 피고에게 납부하였으니 이것을 도로 내놓으라는 것이 이 사건의 청구원인이다. 이러한 청구는 민사소송으로 가능한 것이지 굳이 행정소송으로 소구할 성질의 것이 아니다. 당연무효인 조세부과처분은 행정소송에서 무효인 것이 확인되지 아니한다 할지라도 민사소송에서는 그것이 무효인 것을 전제로 하여 심판할 수 있다(대판 1969.12.9, 69다170).

4. 국가배상청구소송

위법한 조세부과처분에 근거하여 조세를 납부한 후 ① 국가배상청구소송을 제기할 수 있는지 문제와 ② 국가배상청구소송을 제기한 경우 인용판결을 하는 것이 공정력(또는 구성요건적 효력)에 반하는지가 문제 된다.

국가배상청구를 인정하는 것이 과세처분의 효력을 직접 부인하는 것은 아니므로 공정력에 반하지 않으며, 국가배상청구를 제한하는 법규정이 없으며, 취소소송과 국가배상청구소송은 서로 다른 목적과 요건을 가지기 때문에 과세처분의 경우에도 취소소송과 별도로 국가배상청구소송을 제기할 수 있다고 보아야 한다.

판례도 같은 취지이다.

판례 **〈세무담당 공무원이 직무상 과실로 과세대상을 오인한 과세처분을 행한 경우, 동과세처분이 취소되지 아니하였다 하더라도, 국가는 이로 인한 손해를 배상할 책임이 있다.〉** 물품세 과세대상이 아닌 것을 세무공무원이 직무상 과실로 과세대상으로 오인하여 과세처분을 행함으로 인하여 손해가 발생된 경우에는, 동 과세처분이 취소되지 아니하였다 하더라도, 국가는 이로 인한 손해를 배상할 책임이 있다(대판 1979.4.10, 79다262).

판례 **〈세무서장이 한국감정원의 상속재산 가액감정결과가 잘못된 것임을 알았거나 알 수 있었음에도 불구하고 부실감정에 기초한 상속재산평가액에 따라 상속세납세고지처분을 하여 상속세를 납부한 경우 불법행위 책임이 있다.〉** 세무서장이 한국간정원의 상속재산 가액감정결과가 잘못된 것임을 알았거나 알 수 있었다면 세무서장 등 담당공무원들이 그 직무를 집행함에 당하여 고의 또는 과실로 부실 감정에 기초한 상속재산 평가액에 따라 상속세납세고지처분을 함으로써 손해를 가한 것이 되므로 정당한 감정결과를 기초로 계산되는 세금을 초과하는 차액 상당의 금액을 배상하여야 한다(대판 1991.1.25, 87다카2569).

제4절 전 매

Ⅰ. 개념 및 전매의 종류

전매란 국가의 수입을 목적으로 특정한 재물의 판매를 독점하는 것을 말한다. 전매에 따라서 특정한 물품의 판매를 독점할 수 있는 권리를 전매권이라 한다. 전매는 국가가 경작(원료의 생산) 제조·판매의 전과정을 독점하는 전부전매와 판매 등의 일부 과정만을 독점하는 일부전매가 있으며, 전매의 핵심은 판매의 독점에 있다. 전매는 국민의 영업의 자유를 제한하고 권력적 요소도 있으므로 반드시 법률의 근거가 있어야 하며, 전매사업은 비권력적인 사법행위에 의하여 행해지며, 그 수입은 사법상 수입에 해당한다.

Ⅱ. 전매의 대상

과거에는 전매로 담배전매와 홍삼전매가 있었다. 그러나 과거 오랫동안 전매가 인정되었던 담배의 경우, 담배시장의 대외개방에 따른 「담배사업법」이 시행됨으로써 전매에서 제외되고, 일정시설을 갖추어 기획재정부장관의 허가를 받은 자는 누구나 담배제조업을 영위할 수 있다(담배사업법 §11).

그리고 종전까지는 인삼사업법에 의한 홍삼전매가 인정되고 있었으나 1995년 12월 인삼산업법이 새로이 제정되면서 홍삼전매제가 폐지되어 일정시설을 갖추어 신고만 하면 누구나 홍삼을 제조·가공·판매할 수 있게 되었다(인삼산업법 §4, §12). 그리하여 현행법상 전매는 더 이상 인정되고 있지 않는다.

제5절 회 계

Ⅰ. 개 념

1. 회계의 개념

회계란 국가나 지방자치단체가 자신의 수입과 지출, 그리고 재산을 관리하는 작용이다. 일부견해는 재산관리를 회계에서 제외하기도 하나,[285] 다수설은 이를 포함시켜 회계를 정의하고 있다. 본서에서는 재정관리작용에는 재산의 관리와 수입·지출의 관리가 있는데 이들을 모두 합쳐 회계라 부르기로 한다(재정관리작용).

---

285) 김도창(하), 763쪽.

2. 회계의 종류

회계는 (1) 관리주체에 따라 국가의 회계와 지방자치단체의 회계로, (2) 경영목적에 따라 일반회계와 특별회계로, (3) 관리대상(재산)에 따라 현금회계·채권회계·동산회계·부당산회계로 나눌 수 있다.

3. 회계법의 법원

국가의 회계에 관한 일반법으로는 국가재정법(예산회계법 및 기금관리법은 이를 각각 폐지한다. 부칙 §2)·국고금관리법[286)]·정부기업예산법·국유재산법·물품관리법·국가채권관리법 등이 있고, 지방자치단체의 회계에 관한 일반법으로는 지방자치법·지방재정법·공유재산 및 물품관리법 등이 있다.

그리고 특별회계는 국가에서 특정한 사업을 운영하고자 할 때, 특정한 자금을 보유하여 운용하고자 할 때, 특정한 세입으로 특정한 세출에 충당함으로써 일반회계와 구분하여 계리할 필요가 있을 때에 법률로써 설치하고(국가재정법 별표 1에 규정된 법률에 의하지 아니하고는이를 설치할 수 없다), 지방자치단체에 있어서의 특별회계는 지방공기업법에 의한 지방직영기업 그 밖의 특정사업을 운영할 때 또는 특정자금이나 특정세입·세출로서 일반세입·세출과 구분하여 계리할 필요가 있을 때에 한하여 법률 또는 조리로 설치할 수 있는데, 이러한 특별회계에 관한 법률과 조례도 회계법의 중요한 법원이 된다.

4. 회계법의 특색

(1) 회계법의 내규성

회계는 행정내부적 작용이므로 회계법은 일반적으로 법령의 형식으로 되어있다 하더라도, 그것의 실질은 행정내부법적인 법규에 해당한다. 따라서 회계법을 위반하더라도 행위자의 책임문제는 제기될지라도 그 위반행위의 대외적 효력에는 아무런 영향이 없는 것이 원칙이다.

> **판례** 출납공무원이 예산회계법의 규정에 위배하여 개인채무를 모면할 방안으로 국고수표를 발행한 경우에도 예산집행으로서의 수표발행(직무집행행위)인 효과마저 당연히 부정되는 것은 아니다(대판 1968.1.31, 67다2631).

그런데 회계법규정 중에는 강행법규의 성질을 갖는 것도 있는 바, 이에 위반한 행위는 무효이다.

---

286) 국고금관리법은 구 예산회계법에서 규정하고 있던 국고금의 수입과 지출 및 자금관리 등에 관한 사항을 규율하는 법률로서 2003년 1월 1일부터 시행되고 있다.

판례 학교지출관이 재정법(폐)에 위배하여 돈을 차용하더라도 이는 강행규정에 위배된 것이어서 국가에 대하여 효력이 없다(대판 1964.12.29, 64다953).

(2) 회계에 사법적용

회계법에는 사법에 대한 특칙적 규정을 두는 경우가 있다(예: 시효규정). 회계관계법이 그러한 특별규정이 없는 경우에는 회계가 비권력적 작용이며 사인의 회계경리와 본질적인 차이가 있는 것이 아니므로 원칙적으로 사법규정 또는 사법원리가 적용된다 할 것이다.

(3) 회계법의 기술성

회계법의 목적은 회계의 공정을 확보함과 동시에, 회계사무처리의 합리화와 능률성을 도모하려는 데 있다. 이러한 두 가지의 목적을 상호조화의 결과를 이루는 것이 회계법이므로 기술적인 성격이 강하다.

Ⅱ. 현금회계

현금회계란 국가 또는 지방자치단체의 현금수지에 관한 예산·출납 및 결산을 총칭함을 말한다. 현금회계의 목적은 국가 또는 지방자치단체의 재정수지의 균형을 확보하고, 그의 명료성·확실성을 기함과 아울러 회계의 문란을 방지하려는데 있다.

[국가재정법상 기본용어정리]

1) 회계구분

① 국가의 회계는 일반회계와 특별회계로 구분한다.

② 일반회계는 조세수입 등을 주요 세입으로 하여 국가의 일반적인 세출에 충당하기 위하여 설치한다.

③ 특별회계는 국가에서 특정한 사업을 운영하고자 할 때, 특정한 자금을 보유하여 운용하고자 할 때, 특정한 세입으로 특정한 세출에 충당함으로써 일반회계와 구분하여 계리할 필요가 있을 때 「법률」로써 설치하되, 별표 1에 규정된 법률에 의하지 아니하고는 이를 설치할 수 없다(§4).

2) 기금의 설치

기금은 국가가 특정한 목적을 위하여 특정한 자금을 신축적으로 운용할 필요가 있을 때에 한하여 법률로써 설치하되, 정부의 출연금 또는 법률에 따른 민간부담금을 재원으로 하는 기금은 별표 2에 규정된 법률에 의하지 않고는 이를 설치할 수 없다. 기금은 세입세출예산에 의하지 아니하고 운용할 수 있다(국가재정법 §5).

3) 독립기관 중앙관서

① 이 법에서 "독립기관"이라 함은 국회·대법원·헌법재판소 및 중앙선거관리위원회를 말한다.

② 이 법에서 "중앙관서"라 함은 「헌법」 또는 「정부조직법」 그 밖의 법률에 따라 설치된 중앙행정기관을 말하고, 국회의 사무총장, 법원행정처장, 헌법재판소의 사무처장 및 중앙선거관리위원회의 사무총장은 이 법 적용에 있어 중앙관서의 장으로 본다(§6).

4) 회계·기금간 여유재원의 전입·전출

① 정부는 국가 재정의 효율적인 운용을 위하여 필요한 경우에는 다른 법률의 규정에 불구하고 회계 및 기금의 목적수행에 지장을 초래하지 아니하는 범위 안에서 회계와 기금간 또는 회계 및 기금 상호간에 여유재원을 전입 또는 전출하여 통합적으로 활용할 수 있다(국가재정법 §13·①).

② 다음 각 호의 특별회계 및 기금을 제외한다(§국가재정법 §13·① 단서).

㉮ 우체국보험특별회계, ㉯ 국민연금기금, ㉰ 공무원연금기금, ㉱ 사립학교교직원연금기금 ㉲ 군인연금기금, ㉳ 고용보험기금, ㉴ 산업재해보상보험및예방기금, ㉵ 임금채권보장기금, ㉶ 방사선폐기물관리기금, ㉷ 그 밖에 차입금이나 「부담금관리기본법」 제2조의 규정에 따른 부담금 등을 주요재원으로 하는 특별회계와 기금 중 대통령령이 정하는 특별회계와 기금

5) 세입세출예산의 구분

① 세입세출예산은 필요한 때에는 계정으로 구분할 수 있다(§21·①).

② 세입세출예산은 독립기관 및 중앙관서의 소관별로 구분한 후 소관 내에서 일반회계·특별회계로 구분하되, 세입예산은 그 내용을 성질별로 관·항으로 구분하고, 세출예산은 그 내용을 기능별·성질별 또는 기관별로 장·관·항으로 구분한다(§21·②, ③).

③ 예산의 구체적인 분류기준 및 세항과 각 경비의 성질에 따른 「목」의 구분은 기획재정부장관이 정한다(§21·④).

1. 현금회계의 일반원칙

(1) 예산총계주의(총액예산주의)

1) 원 칙

예산총계주의(총계예산주의)란 회계연도의 모든 수입을 세입으로 하고, 모든 지출을 세출로 한다

는 것이다(국가재정법 §17).

이는 세입과 세출은 모두 예산에 편입하여야 한다는 원칙으로 총계예산주의라고도 하는데 이는 예산순계주의(순계예산주의)(세입에 필요한 경비를 공제한 잔액만을 세입에 계상하고, 지출에 수반하여 생기는 수입을 공제한 잔액만을 세액에 계상)에 대응되는 개념이다. 총계예산주의는 모든 수입·지출을 예산에 표시함으로써 수입·지출 전체의 통관을 용이하게 하며, 예산을 통한 국회와 국민의 비판·감시에 편의를 제공하려는 데 있다.

2) 예 외

① 수입대체경비 : 각 중앙관서의 장은 용역 또는 시설을 제공하여 발생하는 수입과 관련되는 경비로서 대통령령이 정하는 경비(이하 "수입대체경비"라 한다)에 있어 수입이 예산을 초과하거나 초과할 것이 예상될 때에는 그 초과 수입을 대통령령이 정하는 바에 따라 그 초과 수입에 직접 관련되는 경비 및 이에 수반되는 경비에 초과 지출할 수 있고,

② 차관물자대의 경우 : 차관물자대의 경우 전년도 인출예정분의 부득이한 이월 또는 환율 및 금리의 변동으로 인하여 세입이 그 세입예산을 초과하게 되는 때는 그 세출예산을 초과하여 지출할 수 있고,

③ 전대차관 상환의 경우 : 전대차관을 상환하는 경우 환율 및 금리의 변동, 기한 전 상환으로 인하여 원리금 상환액이 그 세출예산을 초과하게 되는 때는 초과한 범위 안에서 그 세출 예산을 초과하여 지출할 수 있다.

④ 현물출자와 외국차관 도입 전대의 경우 : 국가가 현물을 출자하는 경우와 외국 차관을 도입하여 전대하는 경우에는 이를 세입세출예산 외로 처리할 수 있고,

⑤ 제12조상 출연금의 경우 : 각 중앙관서의 장은 출연금이 지원된 국가연구개발업의 개발성과물 사용에 따른 대가를 기획재정부장관의 협의를 거쳐 세입세출예산 외로 사용할 수 있다(국가재정법 §53).

(2) 통일국고주의(회계총괄주의)

1) 원 칙

국가의 모든 수입은 반드시 국고에 납입시키고, 모든 지출은 반드시 하나의 국고에서 지출하도록 하는 주의이다. 만약 통일국고주의원칙이 인정되지 않는다면, 국가의 수입이 증대되더라도 지정된 용도·목적에 구속되기 때문에 예산이 탄력적으로 운영되지 못하고 지정된 용도·목적에 비경제적으로 사용될 우려가 있기 때문이다. 현행 국고금관리법도 "중앙관서의 장은 다른 법률에 특별한 규정이 있는 경우를 제외하고는 그 소관에 속하는 수입을 국고에 납부하여야 하며 이를 직접 사용하지 못한다"라고 규정하여 수입의 중앙관서 직접 사용을 금지하고 있다(국고금관리법 §7).

2) 예 외

국고통일주의원칙에 대한 예외로는 특별회계, 수입대체경비(국고금관리법 §8), 재외공관에 있어 수입의 직접사용(재외공관수입금등 직접사용에 관한 법률§2), 목적세 등을 들 수 있다.

(3) 단일예산주의(회계통일원칙)

단일예산주의의 원칙은 국가의 수입과 지출은 하나의 예산(회계)에 계리되어야 한다는 원칙을 말한다. 즉, 세입·세출의 모두를 예산에 편입하여, 수지를 모두 결산에 편입하여야 한다는 주의이다. 단일예산주의는 국가재정전반에 대한 조감을 가능케 함으로써 그것의 투명성을 보장하고 재정의 팽창·문란을 방지함에 있다. 단일예산주의 내지 회계통일원칙에 대한 예외로서는 특별회계와 추가경정예산을 들 수 있다.

(4) 성과주의예산제도(실적주의예산제도)

운영계획과 예산을 일치시키기 위해 지출예산에 관하여 기능별·성질별의 업무단위로 예산을 편성하여 예산의 효과적 사용과 책임소재를 명백히 하도록 하는 제도이다. 국가재정법도 기금관리주체는 재정활동의 성과관리체계를 구축하여야 하며, 각 중앙관서의 장은 예산요구서를 제출할 때 다음연도 예산의 성과계획서 및 전년도 예산의 성과보고서를 기획재정부장관에게 함께 제출해야 하며, 기금관리주체는 기금운용계획안을 제출할 때 다음연도 기금의 성과계획서 및 전연도기금의 성과보고서를 기획재정부에 함께 제출해야하고, 각 중앙관서의 장과 기금관리주체는 세입세출결산보고서 및 기금의 결산보고서를 제출할 때 예산 및 기금의 성과보고서를 기획재정부장관에게 함께 제출하도록 하여 성과중심의 재정운용을 규정하고 있다(국가재정법 §8). 그리하여 기획재정부장관은 주요재정사업에 대한 평가를 실시하고 그 결과를 재정운용에 반영할 수 있다(§8·⑥, §16·3호). 예산안과 기금운용계획안을 국회에 제출할 때에는 물론 수정예산안 및 추가경정예산안과 기금운용계획변경안을 제출할 때에도 성과계획서의 내용을 일치시키도록 하여 성과중심의 재정운용을 실현하기 위함이다(개정 국가재정법 §8·⑨ 신설, §36 개정·신설).

(5) 기업회계제도

특별회계에 의하여 정부가 운영하는 사업에 있어서는 그 재산의 증감 및 변동을 그 발생사실에 따라 계리하는 것으로 기업회계의 원칙에 의하여 회계할 수 있는 바, 이는 경영성과와 재정상태를 명백히 하기 위한 것이다. 이러한 특별회계는 단일예산주의의 예외일 뿐만 아니라 단일국고주의에 대한 예외이다.

정부기업예산법은 「기업형태로 운영하는 정부사업」을 "정부기업"이라 하고, 정부기업에는 우편사업, 우체국예금사업, 양곡관리사업 및 조달사업을 들고 있고, 정부기업 운영은 모두 「특별회계」를 설치하고 그 수입으로써 그 지출에 충당하도록 하고 있다(정부기업예산법 §2, §3).

(6) 회계년도의 구분과 독립의 원칙

1) 원 칙

회계연도란 세입·세출을 시간적으로 구분하여 그 사이의 수지·균형을 확보하는 동시에 회계경리를 명확하게 하기 위하여 설정하는 일정한 기간을 말한다(회계연도는 우리나라는 1년이며, 매년 1월 1일에 시작하여 12월 31일에 종료된다 국가재정법 §2). 회계연도의 독립이란 수입·지출을 일정한 기간단위(1월1일~12월31일)로 경리하고, 각 회계연도의 경비는 당해 연도의 세입으로써 지변하는 원칙이다.

회계연도구분의 원칙은 회계경리의 명확과 재정수지의 균형을 도모함이 그 주된 목적이다. 회계연도 독립의 원칙이란 각 회계연도의 경비는 그 연도의 수입으로 충당하여야 한다는 원칙이다(§3).

2) 예 외

회계연도독립의 원칙을 고수하면 회계연도의 종료에 가까울수록 예산이 낭비적으로 집행될 우려가 있다. 따라서 회계연도독립의 원칙에 대한 예외로서 계속비·명시이월비·국고채무부담행위 등을 규정하고 있다(국가재정법 §23, §24, §25).

(7) 회계기관독립(분립)의 원칙(징수기관과 수납기관의 분립 및 지출기관과 출납기관의 분립)

회계상의 비위방지, 공정성확보를 위하여 수입·지출을 명하는 기관과 현금을 출납하는 기관을 분리시킨다는 원칙이다(국고금관리법 §12, §13).

수입징수관은 수입금 출납 공무원의 직무를 겸할 수 없다(국고금관리법 §13, §9). 재무관이 지출원인행위(계약행위 등)를 하고, 지출관이 지출원인 행위에 따라 지출을 하게 한다(국고금관리법 §19, §22). 재무관, 지출관 및 출납 공무원의 직무는 서로 겸할 수 없다(국고금관리법 §27)고 하여 지출기관과 출납기관의 분립을 명문화 하고 있다.

(8) 건전재원의 원칙

국가의 세출은 국채 또는 차입금 이외의 세입으로써 그 재원을 삼아야 한다는 원칙이다. 이 원칙은 재정수지를 건전하게 유지하기 위하여 인정되는 원칙이다(국가재정법 §18, §86). 국가재정법도 "정부는 재정건전성의 확보를 위해 최선을 다해야 하고", "정부는 건전재정을 유지하고 국가채권을 효율적으로 관리하며 국가채무를 적정수준으로 유지하도록 노력해야 한다"고 규정하고 있다(국가재정법 §86). 건전재정의 원칙의 예외로서 국가재정법은 매회계연도 세입세출의 결산상 잉여금 중 세출예산의 이월액을 공제한 금액(이하 '세계잉여금' 이라 한다)은 지방교부세법(§5·②)에 따른 교부세의 정산 및 지방교육재정교부금법(§9·③)에 따른 교부금의 정산에 사용할 수 있고(국가재정법 §90·①), 나머지 세계잉여금은 공적자금상환기금법에 따른 공적자금 상환기금에 우선적으로 출연하여야 하며(국기재정법 §90·③), 나머지 세계잉여금은 ㉮ 국가 또는 차입금의 원리금, ㉯ 국가배상법에 따라 확정된 국가배상금, ㉰ 공적자금관리기금법에 따른 공공자금 관리기금의 융자계정의 차입금의 원리금에 사용하여야 하는데(국가재정법 §90·④), 국무회의의 심의를 거쳐 대통령의 승인을 얻어야 한다(국가재정법 §90·⑥).

(9) 재정정보공개성의 원칙

정부는 예산, 기금, 결산, 국채, 차입금, 국유재산의 현재액 및 통합 재정수지 그 밖에 대통령령이 정하는 국가와 지방자치단체의 재정에 관한 중요한 사항을 매년 1회 이상 정보통신매체·인쇄물 등 적당한 방법으로 알기 쉽고 투명하게 공표하여야 한다(국가재정법 §9·①).

2. 예 산

(1) 의의·종류

1) 예산의 의의

예산이란 실질적으로는 국가 또는 지방자치단체의 회계연도에 있어서 세입·세출의 예정서이고, 형식적으로는 정부에 의해 편성되어 국회의 심의·확정으로 성립된 일회계연도 중의 세입·세출의 예정서이다(구미제국에서는 예산법률주의 채택). 그러나 예산은 국회의 의결을 거쳐 성립하고 모든 국가기관을 구속하는 법적 효력을 가진 국법형식의 일종이다.

2) 예산의 종류

① 본 예산(기초예산)과 보정예산(추가경정예산)

㉮ 본예산 : 본래의 예산으로 회계연도 개시 이전에 편성된 것으로 회계연도의 모든 세입·세출을 망라하여 편성된 예산이다. 기초예산이라고도 한다.

㉯ 추가경정예산(보정예산) : 본예산성립 후에 특별한 필요에 의하여 본예산에 대하여 추가·경정한 예산이다. 보정예산이라고도 한다.

② 확정예산과 준예산

㉮ 확정예산 : 정부가 편성하여 회계연도 개시 30일 전까지 국회의 심의·결정을 거쳐 성립되어 회계연도 중 통용되는 본예산이다.

㉯ 준예산 : 새로운 회계연도가 개시될 때까지 예산안이 국회에서 의결되지 아니한 경우에 예산안의 심리·의결이 있을 때까지 세입의 범위 내에서 전년도에 준하여 지출

할 수 있는 예산이다.

준예산으로 집행될 수 있는 것으로는 ㉠ 헌법이나 법률에 의하여 설치된 기관 또는 시설의 유지·운영비, ㉡ 법률상 지출의무가 있는 경비, ㉢ 이미 예산으로 승인된 사업의 계속비이다(헌법 §54·③). 준예산으로 집행된 예산은 당해 연도의 예산이 확정된 때에는 그 확정된 예산에 따라 집행된 것으로 본다(국가재정법 §55·②).

③ 일반회계예산(총예산)과 특별회계예산

㉮ 일반회계예산 : 국가가 일반적인 활동에 대한 총수입과 총지출을 망라하여 편성한 예산이다.

㉯ 특별회계예산 : 국가가 특정사업을 운영할 때, 특별자금을 보유하여 운영할 때 기타 특정한 세출에 충당함으로써 일반의 세입·세출과 구분하여 경리할 필요가 있을 때 법률로써 설치된 예산이다.

(2) 예산의 편성과 성립

예산은 정부(기획재정부장관)가 편성하여 국회에 제출하고, 국회의 심의·의결을 거쳐 성립한다(국가재정법 §32, 33).

1) 예산편성에 관한 사무는 기획재정부장관이 관장하므로(정부조직법 §23, 국가재정법 §32), 기획재정부장관은 각 중앙관서의 장이 예산편성지침(국가재정법 §29, §30)에 따라 작성하여 제출한 예산요구서(각 소관에 속하는 다음 연도의 세입·세출예산·계속비·명시이월비 및 국고채무부담행위 요구서)에 따라 예산안을 편성하여 국무회의의 심의를 거친 후 대통령의 승인을 얻어야 한다(국가재정법 §32). 이와 같이 예산안은 정부가 편성하므로 국회·대법원·헌법재판소 및 중앙선거관리위원회 등 독립기관의 예산 역시 그 각 기관이 정부에 요구하여 정부가 편성한다. 다만, 정부는 독립기관의 예산을 편성함에 있어 당해 독립기관의 장의 의견을 최대한 존중하여야 하며, 국가재정 상황들에 따라 조정이 필요한 때에는 당해 독립기관의 장과 미리 협의해야 한다(국가재정법 §40·①).

이러한 협의에도 불구하고 독립기관의 세출예산 요구액을 감액하고자 할 때에는 국무회의에서 당해 독립기관의 장의 의견을 구하여야 하며, 정부가 독립기관의 세출예산요구액을 감액한때에는 그 규모 및 이유, 감액에 대한 독립기관의 장의 의견을 국회에 제출하여야 한다(동법 §40·②).

2) 예산안의 국회제출

회계연도 개시 90일 전까지 국회에 제출하여야 한다(헌법 §54·② 국가재정법 §33). 정부는 예산안을 국회에 제출한 후 부득이한 사유로 인하여 그 내용의 일부를 수정하고자 하는 때에는 국무회의의 심의를 거쳐 대통령의 승인을 얻은 수정예산안을 국회에 제출할 수 있다(국가재정법 §35).

3) 예산안의 심의·의결

국회에 예산안이 제출된 때에는 소관상임위원회의와 예산결산특별위원회 심의를 거쳐 본회의에서 회계연도 개시 30일 전까지 의결하여야 한다(헌법 §54·②).

4) 예산의 공포

국회의 의결로 확정되나 대통령이 공고한다(법률 등 공포에 관한 법률 §8, §11)(예산에 대한 국회의 의결에 대하여는 거부권을 행사할 수 없다).

(3) 예산의 내용

예산의 내용은 예산 총칙, 세입·세출예산, 계속비, 국고채무부담행위, 명시이월비로 이루어진다.

1) 예산총칙

예산총칙에는 세입·세출예산, 계속비, 명시이월비 및 국고채무부담행위에 관한 총괄적 규정을 두고, 국채와 차입금의 한도액, 재정증권의 발행과 일시차입금의 최고액, 기타 예산집행에 관하여 필요한 사항을 규정하여야 한다(국가재정법 §20).

2) 세입·세출예산

세입세출예산은 독립기관 및 중앙관서의 소관별로 구분한 후 소관 내에서 일반회계·특별회계로 구분하되, 세입예산은 그 내용을 성질별로 관·항으로 구분하고, 세출예산은 그 내용을 기능별·성질별 또는 기관별로 장·관·항으로 구분한다(국가재정법 §21·②, ③).

3) 계 속 비

공사나 제조에 있어서 그 완성에 수년도를 요하는 것은 경비의 총액과 연부액을 정하여 미리 국회의 의결을 얻은 범위 내에서 수년도에 걸쳐 지출할 수 있으며, 국가가 지출할 수 있는 연한은 당해 회계연도로부터 5년 이내로 한다. 다만 필요하다고 인정하는 때에는 국회의 의결을 거쳐 그 연한을 연장할 수 있다(국가재정법 §23).

4) 국고채무부담행위

국가는 법률에 따른 것과 세출예산금액 또는 계속비의 총액의 범위 안의 것 이외에 채무를 부담하는 행위를 할 때에는 미리 예산으로써 국회의 의결을 얻어야 한다. 이 밖에도 국가는 재해복구를 위하여 필요한 때에는 회계연도마다 국회의 의결을 얻은 범위 안에서 채무를 부담하는 행위를 할 수 있다. 이 경우 그 행위는 일반회계예비비의 사용절차에 준하여 집행한다(국가재정법 §25).

5) 명시이월비

세출예산 중 경비의 성질상 연도 내에 그 지출을 못 다할 것이 예측될 때에는 그 취지를 세입·세출예산에 명시하여 미리 국회승인을 얻은 후 다음 연도에 이월하여 사용할 수 있다(국가재정법 §24·①). 각 중앙관서의 장은 명시이월비에 대하여 예산집행상 부득이한 사유가 있는 때에는 사항마다 사유와 금액을 명백히 하여 기획재정부장관의 승인을 얻은 범위 안에서 다음 연도에 걸쳐서 지출해야할 지출원인행위를 할 수 있다(동법 §24·②).

(4) 예산의 효력

1) 세입예산의 효력

세입은 법령에 의해 징수·수납된다. 따라서 단순한 세입예측표에 지나지 않으며, 특정회계연도의 세출지변의 재원을 표시하고 세입을 통관하는 편의를 제공한다.

2) 세출예산의 효력

세출예산은 지출목적, 지출금액, 지출시기의 세 가지 점에서 정부(관계기관)를 구속하는 법적 효력을 가진다.

① 각 중앙관서의 장은 세출예산이 정한 목적 외에 경비를 사용할 수 없고, 예산이 정한 각 기관 간 또는 각 장·관·항간에 상호이용(移用)할 수 없음이 원칙이고(국가재정법 §45, §47·①), ② 세출예산이 정한 금액의 한도 안에서만 경비를 사용할 수 있을 뿐 초과하여 사용할 수 없음이 원칙이며, ③ 매 회계연도의 세출예산은 다음 연도에 이월하여 사용할 수 없음이 원칙이다(국가재정법 §48·①).

(5) 예산의 집행

예산집행의 주된 부분은 예산배정·수입 및 지출이다.

1) 예산배정

각 중앙관서의 장은 예산이 확정된 후 사업운영계획 및 이에 따른 세입세출예산·계속비와 국고채무부담행위를 포함한 「예산배정요구서」를 기획재정부장관에게 제출해야 하고, 기획재정부장관은 예산배정요구서에 따라 분기별 예산배정계획을 작성하여 국무회의 심의를 거친 후 대통령의 승인을 얻어 각 중앙관서별로 배정한다(국가재정법 §42, §43).

기획재정부장관은 각 중앙관서의 장에게 예산을 배정한 때에는 감사원에 각각 통지하여야 한다(§43·②).

예산배정에는 위와 같은 분기별·정기적 배정이 원칙이지만 긴급배정·수시배정 및 배정보류제도가 있다. 즉, ① 기획재정부장관은 필요한 때에는 대통령령이 정하는 바에 따라 회계연도 개시 전에 예산을 배정할 수 있고(긴급배정 : §43·③), ② 기획재정부장관은 예산의 효율적인 집행관리를 위하여 필요한 때에는 분기별 예산배정계획에 불구하고 개별 사업계획을 검토하여 그 결과에 따라 예산을 배정할 수 있고(수시배정 : §43·④), ③ 기획재정부장관은 재정수지의 적정한 관리 및 예산사업의 효율적인 집행관리 등을 위하여 필요한 때에는 분기별 예산배정계획을 조정하거나 예산배정을 유보할 수 있으며, 배정된 예산의 집행을 보류하도록 조치를 취할 수 있다(배정보류제도 : §43·⑤).

2) 수 입

① 수입예산은 그 연도의 수입예측표에 불과하므로 수입은 별도로 법령의 근거에 의하여 징수하며 그 종류로는 조세, 수수료, 각종 벌과금, 국유재산수입, 사업수입 등이 있고, 행정·사법·입법의 각 부문에서 생긴다.

② 수입종류는 사법상 수입(재산수입·공기업수입)도 있고, 공법상 수입(조세·수수료수입)도 있다.

③ 수입기관은 납부를 명령하는 징수기관(명령기관)과 현금을 출납하는 수납기관(집행기관)이 있는데 양 기관간에는 회계기관분립의 원칙이 적용된다.

④ 수입방법은 현금 이외의 수입인지·우표·증권으로써 수납시키는 경우도 있다.

3) 지 출

지출이란 세출예산 및 기금운용계획의 집행에 따라 국고에서 현금 등이 지급되는 것을 말한다(국고금관리법 §2·3호). 지출에 관한 사무는 기획재정부장관이 총괄하고, 중앙관서의 장은 그 소관에 속하는 지출원인행위(국고금지출의 원인이 되는 계약 그 밖의 행위를 말한다)와 지출에 관한 사무를 관리한다(동법 §19).

① 지출원인행위

국고금의 지출원인이 되는 계약 기타의 행위로서 공법상 행위와 사법상 행위도 있다. 지출원인행위를 할 수 있는 권한을 가진 자를 「재무관」이라 하는데, 중앙관서의 장 또는 그 위임을 받은 공무원이 있다(국고금관리법 §21, §22).

② 지출기관

지출기관에는 지출원인행위에 따라 지출을 명하는 지출관(국고금관리법 §22)과 지출명령에 따라 현금을 지급하는 집행기관 또는 출납공무원(출납기관)이 있는데 양자의 겸임이 금지된다. 지출관은 각 중앙관서의 장이고, 집행기관(출납기관)은 원칙으로 한국은행이다. 재무관·지출관·출납공무원의 직무는 서로 겸할 수 없다. 다만, 기금의 경우에는 대통령령이 정하는 바에 따라 지출관과 출납공무원의 직무를 겸할 수 있다(국고금관리법 §27).

4) 예산의 전용, 예산의 이용·이체, 세출예산의 이월

① **예산의 전용**

각 중앙관서의 장은 예산의 목적범위 안에서 재원의 효율적 활용을 위하여 대통령령이 정하는 바에 따라 기획재정부장관의 승인을 얻어 각 세항 또는 목의 금액을 전용할 수 있다(국가재정법 §46·①). 그리고 각 중앙관서의 장은 제1항의 규정에 불구하고 회계연도마다 기획재정부장관이 위임하는 범위 안에서 각 세항 또는 목의 금액을 자체적으로 전용(轉用)할 수 있다(국가재정법 §46·②). 전용한 경비의 금액은 세입세출결산보고서에 이를 명백히 하고 이유를 기재하여야 한다(동법 §46·⑤).

② **예산의 이용·이체**

각 중앙관서의 장은 예산이 정한 각 기관간 또는 각 장·관·항 간에 상호이용(移用)할 수 없다(국가재정법 §47·①). 다만, 예산 집행상 필요에 따라 미리 예산으로써 국회의 의결을 얻은 때에는 기획재정부장관의 승인을 얻어 이용하거나 기획재정부장관이 위임하는 범위 안에서 자체적으로 이용할 수 있는데, 이 경우에는 기획재정부장관 및 감사원에 각각 통지해야 한다(국가재정법 §47·①·③).

기획재정부장관은 정부조직 등에 관한 법령의 제정·개정 또는 폐지로 인하여 중앙관서의 직무와 권한 변동이 있는 때에는 그 중앙관서의 장의 요구에 따라 그 예산을 상호이용(移用)하거나 이체(移替)할 수 있는데, 이 경우에는 그 중앙관서의 장 및 기획재정부장관과 감사원에 각각 통지하여야 한다(동법§47·②,③). 많은 경우 예산의 이체는 예산의 이용과 전용을 수반한다.

③ **세출예산의 이월**

매회계연도의 세출예산은 다음 연도에 이월하여 사용할 수 없다. 그러나 다음과 같은 경비의 금액은 다음회계연도에 이월하여 사용할 수 있다. 이 경우 이월액은 다른 용도로 사용할 수 없고, 아래의 ㉯에 해당하는 경비의 금액은 재이월할 수 없다(국가재정법 §48·②).

㉮ 명시이월비(세출예산중 경비의성질상 연도내에 지출을 끝내지 못할 것이 예측되는때에는 그취지를 세입세출예산에 명시하여 미리 국회의 승인을 얻은 후 다음 연도에 이월하여 사용할 수있다.§24·①)

㉯ 연도 내에 지출원인행위를 하고 불가피한 사유로 인하여 연도 내에 지출하지 못한 경비와 지출원인 행위를 하지 아니한 그 부대경비

㉰ 지출원인행위를 위하여 일찰공고를 한 경비 중 일찰공고 후 지출원인행위까지 장기간이 소요되는 경우로서 대통령령이 정하는 경비

㉱ 공익사업의 시행에 필요한 손실보상비로서 대통령령이 정하는 경비

㉲ 경상적 성격의 경비로서 대통령령이 정하는 경비

그리고 계속비의 연도별 연부액 중 당해 연도에 지출하지 못한 금액은 계속비사업의 완성연도까지 계속 이월하여 사용할 수 있다(§48·③).

각 중앙관서의 장은 예산을 이월하는 때에는 이월명세서를 작성하여 다음연도 1월 31일까지 기획재정부장관과 감사원에 각각 송부해야 한다(§48·④). 각 중앙관서의 장이 예산을 이월한 경우 이월하는 과목별 금액을 다음연도의 이월예산으로 배정된 것으로 본다(§48·⑤).

예산의 이월제도는 예산 단연도주의를 완화하여 연도 말에 낭비성 예산지출이 생기는 것을 방지하고 특정 사업에 대한 예산 뒷받침이 일시적으로 중단되는 것을 막기 위한 배려에서 인정되는 것이다.

5) 예산성과금의 지급

각 중앙관서의장은 예산의 집행방법 또는 제도의 개선 등으로 인하여 수입이 증대되거나 지출이 절약된 때에는 이에 기여한 자에게 성과금을 지급할 수 있으며, 절약된 예산을 다른 사업에 사용할 수 있다. 각 중앙관서의 장은 성과금을 지급하거나 절약된 예산을 다른 사업에 사용하고자 할 때에는 예산성과금심사위원회의 심사를 거쳐야 한다(국가재정법 §49·①,②).

3. 결 산

결산은 1회계연도별 세입·세출의 확정적 계수이며, 현금회계는 결산으로써 종결한다.

정부는 결산이 「국가회계법」에 따라 재정에 관한 유용하고 적정한 정보를 제공할 수 있도록 객관적인 자료와 증거에 따라 공정하게 이루어지게 하여야 한다(국가재정법 §56).

기획재정부장관은 「국가회계법」에서 정하는 바에 따라 회계연도마다 작성하여 대통령의 승인을 받은 국가결산 보고서를 다음연도 4월 10일까지 감사원에 제출하여야 한다(§59). 감사원은 제출된 국가결산 보고서를 검사하고 그 보고서를 다음연도 5월 20일까지 기획재정부장관에게 송부하여야 한다. 정부는 감사원의 검사를 거친 국가결산 보고서를 다음연도 5월 31일까지 국회에 제출해야 한다(국가재정법 §60, §61).

4. 국가재정법상 금전채권의 소멸시효

(1) 시효기간

금전의 급부를 목적으로 하는 국가의 권리 및 국가에 대한 권리로서 시효에 관하여 다른 법률에 규정이 없는 것은 5년 동안 행사하지 않으면 시효로 인하여 소멸한다(국가재정법 §96·①,②). 여기서의 금전급부청구권은 공법상의 것이건 사법상의 것이건 불문한다.

(2) 중단·정지

금전의 급부를 목적으로 하는 국가의 권리 및 국가에 대한 권리에 있어서 소멸시효의 중단·정지 그 밖의 사항에 관하여 다른 법률의 규정이 없는 때에는 민법의 규정을 적용한다. 법령의 규정에 따라 국가가 행하는 납입의 고지는 시효중단의 효력이 있다(국가재정법 §96·③,④).

5. 기 금

(1) 기금의 의의

기금이란 국가가 특정한 목적을 위하여 특정한 자금을 신축적으로 운용할 필요가 있을 때 한하여 법률로써 설치하되, 특정사업을 위한 특정자금을 관리·보유·운용하는 것을 말한다. 광의의 기금 개념에는 「기금」이라는 명칭을 가진 것 외에 「자금」[287]이라는 명칭을 가지는 것도 포함시켜 논의할 수 있지만, 이하에서는 광의의 기금 중 「자금」이라는 명칭을 가지는 것을 제외한 나머지를 기금으로 사용하기로 한다.

기금에 대한 주요 법원으로는 국가재정법, 국고금관리법, 공공자금관리기금법 등을 들 수 있다.

(2) 기금의 설치

기금은 국가가 특정한 목적을 위하여 특정한 자금을 신축적으로 운용할 필요가 있을 때에 한하여 법률로써 설치하되, 정부의 출연금 또는 법률에 따른 민간부담금을 재원으로 하는 기금은 별표 2에 규정된 법률에 의하지 아니하고는 이를 설치할 수 없다. 기금은 세입세출예산에 의하지 아니하고 운용할 수 있다(국가재정법 §5).

(3) 기금관리·운용의 원칙

1) 공익성원칙

기금관리주체는 그 기금의 설치목적과 공익에 맞게 기금을 관리·운용해야 한다(국가재정법 §62·①).

2) 투명성의 원칙

기금관리주체는 안정성·유동성·수익성 및 공공성을 고려하여 기금자산을 투명하고 효율적으로 운용하여야 한다(국가재정법 §63·①).

3) 신의성실 및 공시의 원칙

기금관리주체는 기금이 보유하고 있는 주식의 의결권을 기금의 이익을 위하여 신의에

287) 국가재정법 제95조는 "국가는 법률로 정하는 경우에 한하여 특별한 자금을 보유할 수 있다"고 규정하고 있고, 기업예산회계법 제20조는 "특별회계는 세입세출 이외에 사업의 운영상 필요한 자금을 보유할 수 있다"는 「회전자금의 보유」를 규정하고, 회전자금의 보유는 「국고금관리법」 제35조, 제37조, 제38조, 제40조 및 제45조의 규정은 회전자금의 출납 보관에 관하여 이를 준용하고 있고, 국고금관리법 제4장은 「자금관리」라고 하여 장으로 규정하고 있다.

따라 성실하게 행사하고, 그 행사내용을 공시하여야 한다(국가재정법 §64).

(4) 기금운용계획

1) 기금운용계획안의 수립·확정절차

기금관리주체는 기획재정부장관이 통보[288]한 「기금운용계획안 작성지침」에 따라 다음연도의 기금운용계획안을 작성하면 매년 6월 30일까지 기획재정부장관에게 제출하여야 한다(국가재정법 §66·②·⑤). 기획재정부장관은 제출된 기금운동계획안에 대하여 기금관리 주체와 협의·조정하여 기금운동계획안을 마련한 후 국무회의의 심의를 거쳐 대통령이 승인을 얻어야 한다(§66·⑥).

기획재정부장관은 기금운용계획안을 조정함에 있어 과도한 여유재원이 운용되고 있는 기금(구조적 요인을 지닌 연금성 기금을 제외한다)에 대하여는 예산상의 지원을 중단하거나 당해 기금수입의 원천이라는 부담금 등의 감소를 위한 조치를 취할 것을 기금관리 주체에게 요구할 수 있다. 이 경우 기금관리주체가 중앙관서의 장이 아닌 경우에는 그 소관 중앙관서의 장을 거쳐야 한다(§66⑦·⑧).

기금운용계획은 예산과 마찬가지로 국회의 의결을 거쳐야 하는데, 정부는 장·관·항 또는 세항·목의 주요 항목단위로 마련된 기금운용계획안을 회계연도개시 90일 전까지 국회에 제출해야 한다(국가재정법 §68·①).

국회는 회계연도 개시 30일 전까지 기금운용계획안을 심의·확정한다(국회법 §84의2·①).

기금운용계획이 확정되면 기금관리주체는 기금의 월별 수입 및 지출계획서를 작성하여 회계연도 개시 전까지 기획재정부장관에게 제출하여야 한다(국가재정법 §68·②).

2) 기금운용계획안의 내용

기금운용계획안은 운영총칙과 자금운용계획으로 구성된다.

운용총칙에는 기업의 사업목표, 자금의 조달과 운용(주식 및 부동산 취득한도를 포함) 및 자산취득에 과한 총괄적 사항을 규정한다. 자금운용계획은 수입계획과 지출계획으로 구분하되, 수입계획은 성질별로 구분하고 지출계획은 성질별 또는 사업별로 주요항목 및 세부항목으로 구분한다. 이 경우 주요항목의 단위는 장·관·항으로, 세부항목의 단위는 세항·목으로 각각 구분한다(§67·①·②·③).

(5) 기금의 결산

중앙관서의 장은 「국가회계법」에서 정하는 바에 따라 회계연도마다 기금의 결산보고서

---

288) 기획재정부장관은 기금정책심의회와 국무회의심의를 거쳐 대통령의 승인을 얻은 다음 연도의 기금운용계획안 작성지침을 매년 4월 30일까지 기금관리주체에게 통보해야 함(§66·②).

를 중앙관서 결산 보고서에 통합하여 작성한 후 다음연도 2월말까지 기획재정부장관에게 제출해야 한다. 정부는 여성과 남성이 동등하게 기금의 수혜를 받고 기금이 성차별을 개선하는 방향으로 집행되었는지를 평가하는 보고서(이하 "성 인지기금 결산서"라 한다)를 작성해야 한다(§73의2).

연금 급여 및 보험사업 수행을 목적하는 기금 또는 채권을 발행하는 기금 중 대통령령으로 정하는 기금의 관리주체는 소관기금에 관하여 매년 해당 회계연도부터 5회계연도 이상의 기간에 대한 중장기 기금 재정관리 계획을 수립하고 이를 기획재정부장관에게 제출하여야 한다. 이 경우 기금관리 주체가 중앙관서의 장이 아닌 경우에는 소관 중앙관서의 장을 거쳐야 한다. 기획재정부장관은 중장기 기금재정 관리계획을 국가재정운용계획 수립시 반영해야 한다(§73의3).

6. 예산 및 기금의 관리·통제·감독

(1) 재정집행의 관리

각 중앙관서의 장과 기금관리주체는 사업집행보고서와 예산 및 기금운용계획에 관한 집행보고서를 기획재정부장관에 제출해야 한다. 기획재정부장관은 예산 및 기금의 효율적인 운용을 위하여 보고서의 내용을 분석하고 예산 및 기금의 집행상황과 낭비실태를 확인·점검한 후 필요한 때에는 집행애로요인의 해소와 낭비 방지를 위하여 필요한 조치를 각 중앙관서의 장과 기금관리주체에게 요구할 수 있다(국가재정법 §97).

(2) 내부통제

각 중앙관서의 장은 재정관리·재원사용의 적정 여부와 집행과정에서 보고된 자료의 신빙성을 분석·평가하기 위하여 소속공무원으로 하여금 필요한 사항에 관하여 내부통제를 하게 하여야 한다(§98).

(3) 예산 및 기금운용계획의 집행 및 결산의 감독

기획재정부장관은 예산 및 기금운용계획의 집행 또는 결산의 적정을 기하기 위하여 소속공무원으로 하여금 확인·점검하게 하여야 하며, 필요한 때에는 각 중앙관서의 장에게 관련제도의 개선을 요구하거나 국무회의의 심의를 거친 후 대통령의 승인을 얻어 예산 및 기금운용계획의 집행과 결산에 관한 지시를 할 수 있다(§99).

(4) 예산·기금의 불법 지출에 대한 국민감시

국가의 예산 또는 기금을 집행하는 자, 재정지원을 받는 자, 각 중앙관서의 장(그 소속기관의 장을 포함) 또는 기금관리주체와 계약 그 밖의 거래를 하는 자가 법령을 위반함으로써 국가에 손해를 가하였음이 명백한 때에는 「누구든지」 집행에 책임있는 중앙관서의 장 또는 기금관리주체에게 불법지출에 대한 증거를 제출하고 시정을 요구할 수 있다. 시정요구를 받은 중앙관서의 장 또는 기금관리주체는 그 처리결과를 시정요구를 한 자에게 통지하여야 하며, 처리결과에 따라 수입이 증대되거나 지출이 절약된 때에는 시정요구를 한 자에게 예산성과금(§49)을 지급할 수 있다(국가재정법 §100).

Ⅲ. 채권회계

1. 채권회계의 의의

채권회계란 국가 또는 지방자치단체가 그의 채권을 관리하는 작용을 말한다. 채권회계는 본질적으로 사인이 자신의 채권을 관리하는 것과 다를 바 없다.

국가의 채권회계에 관한 일반법으로 「국가채권관리법」이 있고, 지방자치단체의 채권회계에 관한 일반법으로 지방재정법이 있다.

국가채권관리법은 국가의 채권에 대한 관리기관·관리절차·채권의 내용변경 및 면제 등에 관한 기준을 정함으로써 채권의 적정한 관리를 기함을 목적으로 한다(동법 §1).

2. 채권의 의의

(1) 국가채권관리법상 "채권"이라 함은 「금전의 지급을 목적으로 하는 국가의 권리를 말한다」(동법 §2·①). 다만, ① 벌금·과료·형사추징금·과태료 및 이에 준하는 것으로서 대통령령으로 정하는 채권, ② 증권으로 되어 있는 채권, ③ 국가의 예금 및 예탁금에 관한 채권, ④ 보관금이 될 금전의 지급을 목적으로 하는 채권, ⑤ 기부금에 관한 채권, ⑥ 국세 및 관세와 이의 징수에 관련된 채권 등은 국가채권관리법이 적용되지 않는다(동법 §3).

(2) 국가채권관리법상 "채권관리에 관한 사무"라 함은 국가채권에 대하여 채권자로서 행할 채권의 보전·행사·내용변경 및 소멸에 관한 사무중 ① 「국가를 당사자로 하는 소송」에 관한 법률에 의하여 법무부장관의 권한에 속하는 사무, ② 법령의 규정에 의하여 체납처분을 집행하는 자가 행하는 사무, ③ 변제의 수령에 관한 사무, ④ 「물품관리법」의 규정에 의한 동산의 보관에 관한 사무 이외의 사무를 말한다(동법 §2·③).

(3) 국가채권관리법에서 "중앙관서의 장"이라 함은 국회의장, 대법원장, 헌법재판소장, 대한민국 헌법 또는 정부조직법 기타 법률에 의하여 설치된 중앙관서의 장을 말한다(동법 §2·②).

3. 채권관리기관

(1) 총괄기관

채권관리의 총괄기관은 기획재정부장관이다. 기획재정부장관은 채권관리의 적정을 기하기 위하여 ① 채권관리에 관한 제도정비, ② 채권관리사무에 관한 통일적인 기준설정, ③ 채권사무의 처리에 관한 조정, ④ 채권관리사무에 대한 성과관리사무를 수행한다(동법 §5·①).

기획재정부장관은 채권관리의 적정을 기하기 위하여 필요하다고 인정하는 때에는 각 중앙관서의 장에게 그 소관에 속하는 채권의 내용 및 관리상황에 관하여 보고를 요구하거나 소속직원으로 하여금 실지지도·조사를 하게 하며 기타 필요한 조치를 할 수 있다(동법 §5·③).

(2) 관리기관

각 중앙관서의 장은 그 소관에 속하는 채권을 관리하고 채권관리관의 사무를 감독한다(§5·②). 각 중앙관서의 장은 당해 관서의 채권관리 중에서 채권의 관리에 관한 사무를 총괄하는 채권관리관(이하 '총괄채권관리관'이라 한다)을 임명하여야 하며(동법§5의2·①), 대통령령이 정하는 바에 따라 그 소관에 속하는 채권의 관리사무를 그 소속공무원, 다른 중앙관서의 소속공무원과 지방자치단체의 장 또는 그 소속공무원에게 위임할 수 있다(동법 §6·①).

4. 채권관리의 내용

(1) 관리의 준칙

채권관리에 관한 사무는 법령의 규정과 채권의 발생원인 및 내용에 따라 재정상 국가의 이익에 적합하도록 처리하여야 한다(동법 §11).

법령의 규정 또는 계약이나 그 밖의 행위에 의하여 채권을 발생하게 하였거나 이를 국가에 귀속하게 한자 또는 그 사실을 안 자는 지체 없이 채권관리관에게 채권이 발생하였음을 통지하여 한다(동법 §11의2).

채권관리관은 장부의 비치와 기재(§12), 납입의고지(§13), 독촉(§14), 이행기한 전의 징수(§16), 채권의 신고(§17), 담보제공 등의 요구(§18), 담보 또는 증거물건 등의 보존(§19), 채권자대위권의 행사(§21), 시효중단(§23), 관리정지(§24) 등의 사무를 수행한다.

(2) 채권의 내용변경·면제

채권의 이행기한은 일정한 기한으로 명시되어야 하나, 이행에 있어서 유리하다고 인정될 때에는 다른 법령에 특별한 규정이 없는 한 그 채권금액을 분할하여 이행기한을 정할 수 있다(동법§26·①,②). 그리고 이행연기의 특약이 가능한 경우도 있고(§27), 5년의 범위 내에서 이행기한의 연장도 가능하다(§28). 채권관리관은 이행연기의 특약을 한 채권에 대하여 당초의 이행기한으로부터 10년을 경과하여도 채무자가 자력을 회복하지 못하고 장래 변제할 가능성이 없을 때에는 소속중앙관서의 장의 승인을 얻어 당해 채무를 면제할 수 있다(동법 §31).

5. 채권의 관리·소멸

채권관리기관은 선량한 관리자의 주의로서 다루고 보존해야 하며, 채권의 이행·소멸시효·면제에 의하여 소멸한다.

사례 〈정부채권은 포기할 수 없다는 사례〉

[사건개요]
UNKRA 원조사업으로서 민간에게 융자한 수산부흥기금대출연체액을 회수함에 곤란함 점이 있어 다음의 경우에 정부채권을 포기하려고 하는바, 그 법적 근거 여하, ① 차주의 사망, ② 사업실패로 인한 차주의 행방불명, ③ 담보물 공매집행에 있어서 담보물이 도서 또는 벽지에 편재되어 혈연관계 등으로 원매자가 없음, ④ UNKRA 결의에 의하여 무담보로 인도한 물자대회수에 있어서는 법적 조치도 불능, ⑤ 경비의 증가.

[결정요지]
귀문의 경우 정부채권은 포기할 수 없다. 예산회계법 제7조 제1항은 「국가의 채권의 전부 또는 일부를 면제하거나 효력을 변경함에는 법률에 의하여야 한다」고 규정하였는바, 정부대부금에 대한 면제를 규정한 법률이 없으므로 다른 법률에 규정이 없는 한 전시법률 제17조 소정의 시효기간 5년을 경과하기까지는 본권 채권을 포기할 수 없다[(법무법 1881) 1962. 5. 19 경제기획원에 대한 법무부 해석].

Ⅳ. 동산회계(물품관리)

1. 동산회계(물품관리)의 의의

동산회계라 함은 국가나 지방자치단체가 자신의 재산 중에서 동산을 관리하는 작용을 말한다. 동산회계는 물품관리라 불리기도 한다. 동산회계에 관한 일반법으로는 물품관리법이 있다. 따라서 물품관리에 관하여는 다른 법률에 특별한 규정이 있는 경우를 제외하고는 물품관리법이 적용된다(물품관리법 §4). 다만, 군수품의 관리에 관하여는 군수품관리법이 적용된다(물품관리법 §4).

2. 물품(동산)의 의의

물품관리법에서 "물품"이라 함은 국가가 소유하는 동산과 국가가 사용하기 위하여 보관하는 동산(국유재산법에 의하여 관리하고 있는 국유재산에서 개별적으로 분리된 동산을 포함)을 말한다(물품관리법 §2). 다만, ① 현금, ② 법령의 규정에 의하여 한국은행에 기탁하여야 할 유가증권, ③ 국유재산법의 적용을 받는 동산(예 : 국유부동산의 종물, 국유선박·항공기, 정부기업 또는 정부시설에서 사용하는 중요한 기계 등)은 제외한다(동법 §2· ① 단서).

물품관리법에 의한 물품이 아닌 동산 중 ① 국가가 국가 외의 자로부터 기탁받은 동산, ② 법령에 의하여 수사 등을 하기 위하여 증거물로서 보관된 동산, ③ 법령에 의하여 통고처분 또는 국세체납처분 등을 하기 위하여 압수 또는 압류한 동산, ④ 기타 각 중앙관서의 장이 지정하는 동산은 물품관리법의 규정이 준용된다(§47).

3. 물품관리기관

(1) 총괄기관

기획재정부장관은 물품의 관리에 관한 제도 및 정책에 관한 사항을 관장한다. 물품관리에 관한 정책의 결정을 위하여 필요한 때에는 조달청장 또는 각 중앙관서의장으로 하여금 물품의 관리상황에 관한 보고를 하게 하거나 필요한 조치를 할 수 있다(물품관리법 §7·①).

조달청장은 각 중앙관서의 장이 행하는 물품의 관리에 관한 업무를 총괄조정한다(§7·②).

조달청장은 각 중앙관서의 장이 행하는 물품의 관리에 관한 사항에 대하여 물품관리상황에 관한 자료의 요구 및 감사의 실시 등의 필요한 조치를 할 수 있다(§7·③).

(2) 관리기관과 물품관리관

각 중앙관서의 장은 그 소관에 속하는 물품 및 물품의 재고를 관리한다(§8, §18).

각 중앙관서의 장은 대통령령이 정하는 바에 따라 그 소관에 속하는 물품의 관리에 관한 사무를 소속공무원에게 위임할 수 있고, 필요한 때에는 다른 중앙관서의 소속공무원에게 위임할 수 있는데, 이 위임을 받은 공무원을 「물품관리관」이라 한다(§9·①,②). 물품관리관은 소관물품을 관리하고 출납명령을 한다(§31). 그리고 각 중앙관서의 장은 물품관리관의 사무의 일부를 분장하는 공무원을 둘 수 있는데, 이러한 공무원을 「분임물품관리관」이라 한다(§12·①).

(3) 집행기관(물품출납공무원 및 물품운용관)

물품관리관은 대통령령이 정하는 바에 따라 그 소속하는 관서의 공무원에게 그 관리하는 물품의 출납 및 보관에 관한 사무(출납 명령에 관한 사무는 제외한다)를 위임하여야 해야 하며(§10·①), 이러한 위임을 받은 공무원을 출납공무원이라 부른다(§10·②). 물품관리관은 물품출납공무원의 사무의 일부를 분장하는 공무원을 둘 수 있으며, 이러한 공무원을 「분입출납공무원」이라 부른다(§12·①). 물품관리관은 대통령령이 정하는 바에 따라 그가 소속하는 관서의 공무원에게 국가의 사무 또는 사업의 목적과 용도에 따라서 물품을 사용하게 하거나 사용중인 물품의 관리에 관한 사무를 위임하여야 하는데, 이러한 위임을 받은 공무원을 「물품운용관」이라 한다(§11).

4. 물품관리의 내용

(1) 물품의 분류 및 표준화

1) 물품의 분류

각 중앙관서의 장은 그 소관에 속하는 물품을 기관별·사업별 및 성질별로 분류하여 효율적이고 적정하게 관리해야 하며, 그 소관에 속하는 물품의 효율적인 사용이나 처분을 위하여 필요한 때에는 그 소관에 속하는 물품의 소속 분류를 전환할 수 있다(§5·①·②).

물품분류의 기준, 소속분류의 전환 기타 물품분류에 관하여 필요한 사항은 조달청장이 정하여 고시한다(§5·③).

2) 표 준 화

각 중앙관서의 장은 당해 관서 및 그 소속기관에서만 사용하는 주요물품에 관하여 조달청장은 정부 각 기관에서 공통적으로 사용하는 주요 물품에 관하여 각각 그 표준을 정해야 한다(§6).

(2) 물품수급관리계획

조달청장은 대통령령이 정하는 바에 의하여 매년 물품수급관리계획 작성지침을 정하여 각 중앙관서의 장에게 통보해야 하는데, 이 경우 중앙관서별 지침을 따로 정할 수 있다(§15·①). 각 중앙관서의 장은 물품수급관리계획작성지침에 따라 매년 그 소관에 속하는 물품의 취득·보관·사용 및 처분에 관한 계획(이하 '물품수급관리계획'이라 한다)을 수립하여 조달청장에게 제출해야 한다(§15·②).

조달청장은 제출된 물품수급관리계획을 종합한 정부종합물품수급관리계획을 작성하여 기획재정부장관에게 제출하여야 한다(§15·③).

(3) 재고관리와 재물조사

각 중앙관서의 장은 재고관리기준을 정하여 물품을 관리하여야 한며(§18), 대통령령이 정하는 바에 따라 연1회 그 소관에 속하는 물품에 대한 정기재물조사를 해야 하며(§19), 정기재물조사의 보고서를 조달청장에게 제출하여야 한다(§19·③).

(4) 물품관리사무의 전산화

각 중앙관서의 장은 대통령령이 정하는 바에 따라 물품의 관리에 관한 사무를 전산화하여 물품을 효율적으로 관리하여야 한다(§25).

(5) 물품관리종사공무원의 선관주의의무 및 행위의 제한

물품의 관리에 관한 사무에 종사하는 공무원은 물품관리법 및 기타물품의 관리에 관한 법령의 규정을 준수하는 외에 선량한 관리자의 주의로써 사무에 종사하여야 하며, 그 취급하는 물품을 국가로부터 양수할 수 없다(§26, §27).

(6) 물품의 취득·보관·사용·처분

1) 물품의 취득

물품관리관은 물품수급관리계획에 정하여진 물품에 대하여는 그 계획의 범위 안에서, 그 밖의 물품에 대하여는 필요할 때마다, 계약 담당공무원에게 물품의 취득에 관한 필요한 조치를 할 것을 청구하여야 하고, 청구를 받은 계약 담당공무원은 예산의 범위 안에서 대통령령이 정하는 바에 따라 당해 물품을 취득하기위한 필요한 조치를 하여야 한다. 물품은 각 관서의 장 또는 그 위임을 받은 공무원이 지명하는 관계공무원이나 기술자의 검수를 받지 아니하고는 이를 취득할 수 없다(§28·①·②·③).

2) 물품의 보관 및 출납명령

물품은 항상 사용 또는 처분할 수 있도록 선량한 관리자의 주의로써 국가의 시설에 보관하여야 한다. 다만, 물품관리관이 국가의 시설에 보관하는 것이 물품의 사용 또는 처분에 부적당하다고 인정하거나 기타 특별한 사유가 있을 때에는 국가 이외의 자의 시설에 보관할 수 있다(§30).

물품관리관은 물품을 출납하게 하고자 할 때에는 물품출납공무원에게 출납해야 할 물품의 분류를 명백히 하여 그 출납을 명하여야 한다. 물품출납공무원은 출납관리관의 출납명령 없이는 물품을 출납할 수 없다(§31·①,②).

물품출납공무원은 그 보관 중인 물품 중 사용할 수 없거나 수선 또는 개조를 요하는 물품이 있다고 인정할 때에는 그 사실을 물품관리관에게 보고하여야 한다(§32·①).

3) 물품의 사용

물품관리관은 물품을 사용하게 하기 위하여 출납명령을 한 때에는 그 사용의 목적을 명백히 하여 그 사실을 물품운용관이나 물품운용관을 두지 아니한 경우에는 물품을 사용하는 공무원(이하 '물품사용 공무원'이라 한다)에게 알려야 한다. 다만, 물품운용관의 요청에 의하여 출납명령을 한 때에는 그러하지 아니하다(§33).

4) 물품의 처분

① 불용의 결정

물품관리관은 그 소관에 속하는 물품 중 사용할 필요가 없거나 사용할 수 없는 물품이 있을 때에는 그 물품에 대하여 불용의 결정을 하여야 한다. 다만, 대통령령이 정하는 물품에 대하여는 소속중앙 관서의 장의 승인을 받아야 한다(§35).

② 매각의 제한

물품은 매각을 목적으로 한 물품이거나 불용품이 아니면 이를 매각할 수 없다(§36).

③ 대부의 제한

물품은 대부를 목적으로 한 물품이거나 대부하여도 국가의 사업 또는 사무에 지장이 없다고 인정되는 물품이 아니면 이를 대부할 수 없다(§41).

④ 출자 등의 제한

물품은 법률에 의하지 아니하고는 출자의 목적으로 하거나 이에 사권을 설정할 수 없다(§42).

⑤ 물품의 교환

물품관리관은 물품을 효율적으로 관리하기 위하여 필요하면 대통령령으로 정하는 바에 따라 국가외의 자가 소유하고 있는 다른 물품과 교환할 수 있다(§35의 2 신설).

5) 자연감모와 물품의 관급의 제한

물품의 장기보관이나 운송기타 불가피한 사유로 인하여 생기는 감모는 자연감모로 하여 이를 정리할 수 있다. 각 중앙관서의 장은 그 소관에 속하는 물품에 자연감모가 생긴 때에는 대통령령이 정하는바에 따라 감사원에 각각 통보하여야 한다(§43·①·③). 물품은 법률의 규정에 의한 계약에 의하지 아니하고는 공사·제조 기타의 계약자에게 관급(官給)할 수 없다(§44).

V. 부동산회계

1. 의 의

부동산관리란 국가 또는 지방자치단체가 그의 부동산을 보호하고, 그 취득·유지·보존 및 운용 등 관리와 처분하는 작용을 말한다(국유재산법 §1). 부동산회계에 관한 일반법으로는 국유재산법이 있고, 특별법으로는 문화재보호법, 하천법, 도로법, 산림기본법, 공유수면매립법, 자연공원법, 귀속재산 처리법 등이 있다.

국유재산의 관리와 처분에 관하여는 다른 법률에 특별한 규정이 있는 경우를 제외하고는 국유재산법이 적용된다(국유재산법 §4). 이하에서는 국유재산법을 주로 하여 살펴보도록 한다.

2. 국유재산

(1) 의의 및 종류

국유재산법상의 국유재산이란「① 부동산과 그 종물, ② 선박·부표·부잔교·부선거(浮船渠) 및 항공기와 그들의 종물, ③ 정부기업 또는 정부시설에서 사용하는 기계와 기구, ④ 지상권·지역권·전세권·광업권 기타 이에 준하는 권리, ⑤「자본시장과 금융투자업에 관한 법률」제4조에 따른 증권 ⑥ 특허권·저작권·상표권·디자인권·실용신안권 기타 이에 준하는 권리, ⑦ 제1항 제3호의 기계와 기구로서 해당기업이나 시설의 폐지와 함께 포괄적으로 용도폐지된 것은 해당기업이나 시설이 폐지된 후에도 국유재산으로 한다(국유재산법 §5·①·②). 국유재산은 그 실체에 따라 부동산, 동산 및 무체재산권으로 나눌 수 있으며, 그 용도에 따라 행정재산과 일반재산으로 나눈다. 행정재산은 공물, 일반재산은 사물의 성질을 가진다. 국유재산이 위의 어느 것에 속하느냐에 따라 그 관리 또는 처분의 기관을 달리하며, 관리 또는 처분에 대한 법규상 제한, 대장 등에 차이가 있다(국유재산법 §6, §9, §11, §21 제3장, 제4장). 국유재산은 그 용도에 따라 행정재산과 일반재산으로 구분한다.

1) 행정재산

행정재산에는 공용재산, 공공용재산, 기업용재산, 보존용재산이 있다(§6).

① 공용재산

국가가 직접 그 사무용·사업용 또는 공무원의 주거용으로 사용하거나 사용하기로 결정한 재산이다(§6·②·1호).

판례 〈도유림인 자연휴양림은 공공용행정재산이다.〉 도유림인 자연휴양림은 국민의 보건휴양, 정서함양 및 자연학습교육과 산림 소유자의 소득증대에 이바지하기 위하여 경관이 수려한 산림에 산책로 야영장 등 편익시설, 어린이놀이터 등 체육시설, 취사장 등 위생시설, 자연관찰원 등 교육시설을 갖추어 일반 공중의 이용에 제공되는 공공용 행정재산에 속한다(대판 1993.8.24, 93누6928).

〈주택개량재개발사업구역 내의 토지가 모두 당연히 행정재산인 것은 아니다.〉 행정재산은 그 자체로서 직접 행정주체 내지는 공공의 사용목적에 제공되는 재산이므로 주택개량재개발사업 구역 내에 위치하는 토지라고 하더라도 그 자체로서 직접 위와 같은 행정목적을 위하여 제공되는 토지라고 볼 아무런 증거가 없고, 주택개량촉진에 관한 임시조치법 제2조 또는 도시계획법 제82조의 규정은 이미 주택개량재개발사업구역 내의 국공유지에 대한 매각 등의 처분을 전제로 하는 규정으로서 그 토지에 대하여 위 각 규정이 적용된다는 사정만으로는 그 토지를 행정재산이라고 볼 수 없다(대판 1995.9.15, 95다18956).

② 공공용재산

국가가 직접 공공용에 사용하거나 사용하기로 결정한 재산이다.

판례 〈도시계획법상 공원으로 결정·고시되었다는 사정만으로 공공용재산이 되었다고 볼 수 없다.〉 도시계획법상 공원으로 결정·고시된 국유지라도 그것만으로 그 임야가 행정재산은 아니다. 공원으로 결정·고시된 국유지라도 도시공원법 제4조에 의해 조성계획이 결정되어 동법 제2조에 정한 공원시설의 종류·위치·범위 등이 구체적으로 확정되어야만 국유재산법상의 「공공용으로 사용하기로 결정한 재산」으로서 행정재산이 된다(대판 1998.9.4, 97다24481).

③ 기업용재산

정부기업이 직접 그 사무용·사업용 또는 당해 기업에 종사하는 직원의 주거용으로 사용하거나 결정한 재산이다.

④ 보존용재산

보존용재산이란 법령이나 그 밖에 필요에 따라 국가가 보존하는 재산을 말하는 데(국유재산법 §6·②·4호), 이는 보존공물로서의 성질을 가진다.

2) 일반재산(종래의 잡종재산)

행정재산 이외의 모든 국유재산을 말한다(동법 §6·③). 국유의 "사물"로서의 성질을 가지므로 대부·매각·교환·양여 또는 시효취득의 대상이 된다(제4장 §7·②). 일반재산의 처분은 행정소송법상 처분에 해당하지 아니한다.

(2) 국가의 국유재산 취득재원 확보의무(§10)

「국유재산의현물출자에관한법률」은 폐지되고(국유재산법 부칙 §2), 「국유재산관리특별회계법」이 폐지됨에 따라 국유재산의 매각대금 및 취득재원이 일반회계로 편입되기 때문에 국가는 국유재산의 매각대금과 비축 필요성 등을 고려하여 국유재산의 취득을 위한 재원을 확보하도록 노력하여야 한다는 규정을 신설하였다(§10). 이는 장기적인 행정수요에 대비하여 국유재산을 관리함으로써 국가기관의 원활한 행정수행을 지원할 것으로 기대된다.

(3) 국유재산의 관리기관

국유재산의 관리기관에는 총괄청(총괄기관)과 관리청(직접관리기관)이 있다.

1) 총 괄 청

기획재정부장관(이하 '총괄청'이라 한다)은 국유재산에 관한 사무를 총괄한다(§2·10호).

총괄청은 일반재산을 보존용재산으로 전환하여 관리할 수 있다(§8·②).

총괄청은 ① 중앙관서의 장 등에 해당 국유재산의 관리 상황에 관하여 보고하게 하거나 자료를 제출하게 할 수 있고, ② 중앙관서의 장 등의 재산관리 상황과 유휴 행정재산 현황을 감사하거나 그 밖에 필요한 조치를 할 수 있다(§21). 총괄청은 중앙관서의 장에 그 소관에 속하는 국유재산의 용도를 폐지 또는 변경할 것을 요구할 수 있고, 그 국유재산을 관리전환하게 하거나 총괄청에 인계하게 할 수 있다(§22·①). 이번 신법은 유휴행정재산의 관리를 강화하였다. 중앙관서의 장이 관리소홀 등으로 활용성이 유휴행정재산을 장기간 총괄청에 인계하지 아니하는 경우가 있었기 때문에 중앙관서의 장은 소관 유휴행정재산의 현황을 매년 총괄청에 보고하도록 하고, 총괄청은 직권으로 용도폐지를 할 수 있도록 하여 유휴행정재산의 관리를 강화함으로써 전체 국유재산의 유동성을 높일 것으로 기대된다(§21, §22).

총괄청은 국유재산의 관리처분에 관한 소관 중앙관서의 장이 없거나 분명하지 아니한 국유재산에 대하여 그 소관 중앙관서의 장을 지정한다(§24).

총괄청은 용도를 폐지함으로써 일반재산으로 된 국유재산에 대하여 필요하다고 인정하는 때에는 그 처리방법을 지정하거나 이를 인계받아 직접 처리할 수 있다(§23).

총괄청은 대통령령이 정하는 바에 의하여 국유재산법에서 규정하는 총괄에 관한 사무의 일부를 조달청장 또는 지방자치단체의 장에게 위임하거나 정부출자기업체 또는 특별법에 의하여 설립된 법인으로서 대통령령이 정하는 자에게 위탁할 수 있다(§25).

2) 관 리 청(중앙관서의 장)

① 관리·처분 재산

각 중앙관서의 장은 그 소관에 속하는 국유재산을 관리한다(§8·③). 중앙관서의 장이 관리·처분하는 국유재산은 다음과 같다(§8·③).

① 「국가재정법」 제6조에 따른 중앙관서의 장(이하 "중앙관서의 장"이라 한다)은 그 소관에 속하는 행정재산
② 「국가재정법」 제4조와 제5조에 따른 특별회계와 기금에 속하는 국유재산
③ 관리전환·교환 또는 양여의 목적으로 용도를 폐지한 재산
④ 국가재정법제5조 제1항 제2호의 재산(선박·부표·부잔교·부선거 및 항공기와 그들의 종물)
⑤ 공항·항만 또는 산업단지에 있는 재산으로서 그 시설운영에 필요한 재산
⑥ 총괄청이 그 중앙관서의 장에게 관리·처분하도록 하거나 중앙관서의 장에게 인계하도록 지정한 재산

총괄청이나 중앙관서의 장은 국유재산을 취득한 경우 대통령령이 정하는 바에 의하여 지체 없이 등기·등록·명의개서 그 밖의 권리보전에 필요한 조치를 해야 하고, 등기 또는 등록을 필요로 하는 국유재산에 있어서 그 권리자의 명의는 國으로 하되 소관 중앙관서의 명칭을 함께 기재해야 한다(§14). 다만 대통령령으로 정하는 법인에 증권을 예탁하는 경우에는 권리자의 명의를 그 법인으로 할 수 있다(§14·② 단서).

② 관리사무의 위임

중앙관서의 장은 ㉮ 대통령령으로 정하는 바에 따라 소속 공무원에게 그 소관에 속하는 행정재산의 관리에 관한 사무를 위임할 수 있고, 이 경우 위임을 받은 공무원의 사무의 일부를 분장하는 공무원을 둘 수 있고, ㉯ 대통령령으로 정하는 바에 따라 다른 중앙관서의 장의 소속 공무원에게 그 소관에 속하는 행정재산의 관리에 관한 사무를 위임할 수 있고, ㉰ 그 소관에 속하는 행정재산의 관리에 관한 사무의 일부를 대통령령으로 정하는 바에 따라 지방자치단체의 장이나 그 소속 공무원에게 위임할 수 있다(§28·① 내지④). 이들의 사무위임은 중앙관서의 장이 해당기관에 설치된 직위를 지정함으로써 갈음할 수 있다(§28·⑤).

중앙관서의 장과 위임 받은 기관이 일반재산을 관리·처분하는 경우에는 제28조를 준용

한다(§42·④).

총괄청은 대통령령으로 정하는 바에 따라 소관 일반재산의 관리·처분에 관한 사무의 일부를 중앙관서의 장 그 소속공무원, 지방자치단체의 장 또는 그 소속 공무원에게 위임할 수 있다(§42·①).

③ **관리위탁**

중앙관서의 장은 행정재산을 효율적으로 관리하기 위하여 필요하면 국가기관 외의 자에게 그 재산의 관리를 위탁(이하 "관리위탁"이라 한다)할 수 있다. 관리위탁을 받은 자는 미리 해당 중앙관서의 장의 승인을 받아 위탁받은 재산의 일부를 사용·수익하거나 다른 사람에게 사용·수익하게 할 수 있다(§29·①·②).

중앙관서의 장과 위탁받은 기관이 일반재산을 관리·처분하는 경우에는 제29조를 준용한다(§42·④).

중앙관서의 장이 소관 특별회계나 기금에 속하는 일반재산을 제59조에 따라 개발하려는 경우에는 정부출자기업체, 금융기관, 투자매매업자, 투자 중개업자 또는 특별법에 따라 설립된 법인으로서 대통령령으로 정하는 자에게 위탁할 수 있다(§42·③·①).

총괄청은 ㉮ 대통령령으로 정하는 바에 따라 소관 일반재산의 관리·처분에 관한 사무의 일부를 정부출자기업체, 금융기관, 투자매매업자, 투자 중개업자 또는 특별법에 따라 설립된 법인으로서 대통령령으로 정하는 자에게 위탁할 수 있고(§42·①), ㉯ 제8조제3항의 일반재산의 관리·처분에 관한 사무의 일부를 위탁받을 수 있다(§42·②).

3) 기부채납(§13)

① **총괄청이나 관리청**

총괄청이나 중앙관서의 장(특별회계나 기금에 속하는 국유재산으로 기부 받으려는 경우만 해당한다)은 제5조 제1항 각 호의 재산을 국가에 기부하려는 자가 있으면 대통령령으로 정하는 바에 따라 받을 수 있다.

② **기부제한**

(가) 기부금지의 경우

총괄청이나 중앙관서의 장은 국가에 기부하려는 재산이 국가가 관리하기 곤란하거나 필요하지 아니한 경우 또는 기부에 조건이 붙은 경우에는 받아서는 아니된다.

(나) 예외적 조건의 경우

㉮ 행정재산으로 기부하는 재산에 대하여 기부자, 그 상속인, 그 밖의 포괄승계인에게 무상으로 사용허가하여 줄 것을 조건으로 그 재산을 기부하는 경우

㉯ 행정재산의 용도를 폐지하는 경우 그 용도에 사용될 대체시설을 제공한 자, 그 상속인, 그 밖에 포괄승계인이 그 부담한 비용의 범위에서 제55조 제1항 제3호에 따라 용도폐지된 재산을 양여할 것을 조건으로 그 대체시설을 기부하는 경우에는 기부

에 조건이 붙은 것으로 보지 아니한다.

(4) 국유재산의 관리와 처분

1) 국유재산 종합계획

중앙관서의 장은 총괄청의 지침에 따른 국유재산의 관리·처분에 관한 다음연도의 계획을 작성하여 매년 6월 30일까지 총괄청에 제출하고, 제출받은 총괄청은 제출된 계획을 종합·조성하여 수립한 국유재산 종합계획을 국무회의 심의를 거쳐 대통령의 승인을 받아 확정하고, 회계연도 개시 90일전까지 국회에 제출해야 한다. 국유재산 종합계획을 변경하는 경우에도 같다(§9·②·③·⑤).

총괄청은 국유재산 종합계획을 확정하거나 변경한 경우에는 중앙관서의 장에게 알리고, 변경한 경우에는 지체 없이 국회에 제출하여야 한다(§9·⑥). 총괄청이 국유재산 종합계획을 수립하는 경우에는 독립기관의 장(국가재정법 §6·①)의 의견을 최대한 존중해야 하며, 국유재산 정책운용 등에 따라 불가피하게 조정이 필요한 때에는 독립기관의 장과 미리 협의해야 하며, 독립기관의 계획을 조정한 때에는 국무회의에서 해당 독립기관의 장의 의견을 들어야 하며, 총괄청이 그 계획을 조정한 때에는 그 규모 및 이유, 조정에 대한 독립기관의 장의 의견을 국유재산 종합계획과 함께 국회에 제출하여야 한다(§9·⑧·⑨).

중앙관서의 장은 확정된 국유재산 종합계획의 반기별 집행계획을 수립하여 해당연도 1월 31일까지 총괄청에 제출하여야 한다(§9·⑦).

2) 무주부동산의 처리

총괄청 또는 중앙관서의 장은 무주의 부동산(소유자 없는 부동산)을 국유재산으로 취득한다. 이를 취득함에 있어서는 대통령령이 정하는 바에 따라 6월 이상의 기간을 정하여 그 기간에 정당한 권리자나 그 밖의 이해관계인이 이의를 제기할 수 있다는 뜻을 공고하고, 그 기간에 이의가 없는 경우에만 공고를 하였음을 입증하는 서류를 첨부하여 측량·수로조사 및 지적에 관한 법률에 따른 지적소관청에 소유자 등록을 신청할 수 있다. 이렇게 취득한 국유재산은 대통령령이 정하는 특별한 사유가 있는 경우를 제외하고는 그 취득일로부터 10년간은 처분을 하여서는 아니 된다. 다만, 대통령령으로 정하는 특별한 사유가 있으면 그러하지 아니한다(§12).

3) 사권설정의 제한

사권이 설정된 재산은 그 사권이 소멸된 후가 아니면 국유재산으로 취득하지 못한다. 다만, 판결에 따라 취득하는 경우에는 그러하지 아니하다(§11·①). 국유재산에는 사권을 설정하지 못한다. 다만, 일반재산에 대하여 대통령령으로 정하는 경우는 그러하지 아니하다(§11·②).

4) 직원의 행위제한

국유재산에 관한 사무에 종사하는 직원은 그 처리하는 국유재산을 취득하거나 자기의 소유재산과 교환하지 못한다. 다만, 당해 총괄청이나 중앙관서의 장의 허가를 받은 때에는 그러하지 아니하나(§20). 위에 위반한 행위는 무효로 한다(§20·②).

5) 국유재산의 관리전환

① 국유재산의 관리전환은 (가) 일반회계와 특별회계·기금 간에 관리전환을 하려는 경우는 총괄청과 해당 특별회계·기금의 소관 중앙관서의 장간의 협의, (나) 서로 다른 특별회계·기금 간에 관리전환을 하려는 경우는 해당 특별회계·기금의 소관 중앙관서의 장간의 협의로 한다. 협의가 성립되지 아니하는 경우 총괄청이 (가) 해당 재산의 관리상황 및 활용계획, (나) 국가의 정책목적 달성을 위한 우선순위를 고려하여 소관 중앙관서의 장을 결정한다(§16).

② 유상관리전환 등 국유재산을 관리전환하거나 서로 다른 회계·기금 간에 그 사용을 하도록 하는 경우에는 유상으로 하여야 한다. 다만, (가) 직접도로, 하천, 항만, 공항, 철도, 공유수면, 그 밖의 공공용으로 사용하기 위하여 필요한 경우, (나) 관리전환 하려는 국유재산의 감정평가에 드는 비용이 해당 재산의 가액에 비하여 과다할 것으로 예상되는 경우와 상호교환의 형식으로 관리 전환하는 경우로서 유상으로 관리 전환하는 데에 드는 예산을 확보하기가 곤란한 경우에는 총괄청과 중앙관서의 장 또는 중앙관서의 장간에 무상으로 관리전환하기로 합의하는 경우에는 무상으로 할 수 있다(§17).

6) 변상금의 징수(§72)

【기출문제】 <2008년 제50회 사법시험(사례형)>

중앙관서의 장 등은 무단점유자에 대하여는 대통령령이 정하는 바에 의하여 당해 재산에 대한 대부료 또는 사용료의 100분의 120에 상당하는 변상금을 징수한다(§72·①). 변상금을 징수하는 경우에는 제33조에 따른 사용료와 제47조에 따른 대부료의 조정을 하지 아니한다(§72·③).

한편 변상금징수는 행정처분인 변상금부과처분에 의해서만 가능할 뿐, 사법상 계약에 의하여서는 허용되지 않는다. 판례도 같은 취지이다.

판례 **〈국유재산의 무단점유로 인한 변상금징수권은 사법상 계약에 의하여 제3자로부터 징수하게 할 수 없다.〉** 국유재산의 무단점유로 인한 변상금징수권은 공법상의 권리채무를 내용으로 하는 것으로서 사법상의 채권과는 그 성질을 달리하는 것이므로 위 변상금 징수권의 성립과 행사는 국유재산법의 규정에 의해서만 가능한 것이고 제3자와의 사법상계약에 의하여 그로 하여금 변상금 채무를 부담하게 하여 이로부터 변상금징수권의 종국적 만족을 실현하는 것은 허용될 수 없다(대판 1989.11.24, 89누787).

판례 **〈국유재산법 제51조 제1항에 의한 국유재산의 무단점유자에 대한 변상금부과처분은 행정처분에 해당한다.〉** 국유재산법 제51조 제1항에 의한 국유재산의 무단점유자에 대한 변상금 부과는 대부나 사용, 수익허가 등을 받은 경우에 납부하여야 할 대부료 또는 사용료 상당액 외에도 그 징벌적 의미에서 국가측이 일방적으로 그 2할 상당액을 추가하여 변상금을 징수하도록 하고 있으며, 그 체납시에는 국세징수법에 의하여 강제징수토록 하고 있는 점 등에 비추어 보면 그 부과처분은 관리청이 공권력을 가진 우월적 지위에서 행하는 것으로서 행정처분이라고 보아야 한다(대판 1992.4.14, 91다42197).

판례 **〈국유재산 무단점유자에게 변상금부과처분을 함에 있어 납부고지서나 사전통지서에 산출근거를 밝히지 않았다면 위법한 것이고, 산정방법을 알 수 있는 구 국유재산법시행령의 조항을 명기했다하여 산출근거를 간접적으로 명시했다고 볼 수 없다.〉**(대판 2001.12.14, 2000두86 변상금부과처분취소)

7) 불법시설물의 철거

정당한 사유 없이 국유재산을 점유하거나 이에 시설물을 설치한 때에는 행정대집행법을 준용하여 철거 기타 필요한 조치를 할 수 있다(§74).

8) 은닉재산의 신고

은닉된 국유재산 또는 무주의 부동산(소유자 없는 부동산)을 발견하여 정부에 신고한 자에 대하여는 대통령령이 정하는 바에 의하여 보상금을 지급할 수 있다(§77 ①).

9) 재산관리공무원의 변상책임

국유재산의 관리에 관한 사무를 위임받은 자가 고의 또는 중대한 과실로 인하여 그 임무에 위배한 행위를 함으로써 그 재산에 대하여 손해를 끼친 때에는 변상책임이 있다. 변상책임에 관하여는 「회계관계직원등의책임에관한법률」 제4조 제3항·제4항 및 제6조 내지 제8조의 규정을 준용한다(§79).

10) 시효취득의 금지

구 국유재산법은 "국유재산은 민법 제245조의 규정에 불구하고 시효취득의 대상이 되지 아니한다"고 규정하여 국유재산의 공공성을 중시하였다. 그런데 헌법재판소는 동 조항을 국유재산 중 잡종재산에 적용하는 것은 헌법위반이라고 하였다.

【헌재결】 **〈국유잡종재산에 대하여도 시효제도의 적용이 있는지 여부〉** 국유잡종재산은 사경제적 거래대상으로서 사적 자치의 원칙이 지배되고 있으므로 시효제도의 적용에 있어서도 동일하게

보아야 하고, 국유잡종재산에 대한 시효취득을 부인하는 동 규정은 합리적 근거없이 국가만을 우대하는 불평등한 규정으로서 헌법상의 평등의 원칙과 사유재산권 보장의 이념 및 과잉금지의 원칙에 반한다(헌재 1991. 5. 13, 89헌가97 국유재산법 제5조 제2항의 위헌심판).

헌법재판소는 동일한 내용의 지방재정법 제74조 제2항에 대해서도 동일한 내용의 판결을 하였다.

【헌재결】 〈지방자치단체 소유의 공유재산은 시효취득의 대상이 되지 아니한다고 규정한 지방재정법 제74조 제2항을 공유재산 중 잡종재산에 적용하는 것이 헌법에 위반된다.〉 지방재정법 제74조 제2항이 같은 법 제72조 제2항에 정한 공유재산 중 잡종재산에 대하여까지 시효취득의 대상이 되지 아니한다고 규정한 것은, 사권을 규율하는 법률관계에 있어서는 그 권리주체가 누구냐에 따라 차별대우가 있어서는 아니되며 비록 지방자치단체라 할지라도 사경제적 작용으로 인한 민사관계에 있어서는 사인과 대등하게 다루어져야 한다는 헌법의 기본원리에 반하고, 공유재산의 사유화로 인한 잠식을 방지하고 그 효율적인 보존을 위한 적정한 수단도 되지 아니하여 법률에 의한 기본권 제한에 있어서 비례의 원칙 또는 과잉금지의 원칙에 위배된다.
이 법 제74조 제2항에서 같은 법 제72조 제2항에 정한 잡종재산에 대하여까지 이를 적용하도록 한 것은 평등원칙에 관한 헌법 제11조 제1항, 재산권보장에 관한 헌법 제23조 제1항, 비례의 원칙 또는 과잉금지의 원칙을 정하고 있는 일반적 법률유보에 관한 헌법 제37조 제2항에 위배된다(헌재 1992. 10. 1, 92헌가6,7. 지방재정법 제74조제2항에 대한 위헌심판).

그리하여 국유재산 중 잡종재산은 시효취득의 대상이 되게 되었다. 그 후 1993년 12월 국회는 국유재산법 제7조 제2항에 "다만, 잡종재산의 경우는 그러하지 아니하다"는 단서를 삽입하여 동법을 개정하였고, 신국유재산법(2009.1.30. 전부개정)에서는 "행정재산은 「민법」 제245조에도 불구하고 시효취득의 대상이 되지 아니한다"고 규정하고 있다(§7·②). 지방재정법은 현행 「공유재산및물품관리법」에서 국유재산법과 같은 내용으로 개정하였다(공유재산 및 물품관리법 §6·② 단서).

11) 행정재산

① 처분 등의 제한

행정재산은 처분하지 못한다(§27·①). 다만, ㉮ 공유 또는 사유재산과 교환하여 그 교환받은 재산을 행정재산으로 관리하고자 하는 경우, ㉯ 직접공용 또는 공공용으로 사용하기 위하여 필요로 하는 지방자치단체에 양여하는 경우에는 교환하거나 양여할 수 있다(§27·① 단서).

행정재산은 불융통물로서 이의 매각은 당연무효라는 것이 대법원의 확립된 판례이다.

판례 **〈잡종재산으로 오인한 행정재산매도행위는 당연 무효이다.〉** ① 세무서장이 공공용 행정재산으로서 용도폐지도 되지 않은 국유재산을 잡종재산으로 오인하여 매각하였다면 그 매도행위는 무효라고 할 것이고, 이를 국세청이 관리청을 국세청으로 등기한 후 매수인에게 소유권이전

등기를 경료해 주었다고 하여 무효인 매도행위를 추인한 것으로 볼 수 없다(대판 1992.7.14. 92다12971). ② 행정재산은 공용폐지시까지 시효취득의 대상이 될 수 없다 …… 헌법재판소 1991. 5. 13, 89헌가97결정은 민법상의 시효취득규정의 적용을 배제한 국유재산법 제5조 제2항 규정을 잡종재산인 국유재산에 대하여 적용하는 것이 위헌이라는 것이지 행정재산에 대하여 민법의 시효취득의 규정의 적용을 배제하는 것이 위헌이라는 것이 아니므로 위 결정으로 인하여 행정재산에 대하여 공용폐지가 있기까지의 점유에 어떤 영향이 있는 것은 아니다(대판 1992.11.10. 92다25489).

② 사용·수익허가(범위)

㉮ 중앙관서의 장은 ㉠ 공용·공공용·기업용재산은 그 용도 또는 목적에 장애가 되지 아니하는 범위 안에서 ㉡ 보존용재산은 보존목적의 수행에 필요한 범위에서 각각 그 사용 또는 수익을 허가할 수 있다(§30·①).

㉯ 국가 외의 자는 국유재산에 건물, 교량 등 구조물과 그 밖의 영구시설물을 축조하지 못한다(§18·①). 다만, ㉠ 기부를 조건으로 축조하는 경우, ㉡ 다른 법률에 따라 국가에 소유권이 귀속되는 공공시설을 축조하는 경우, ㉢ 그 밖에 국유재산의 사용 및 이용에 지장이 없고 국유재산의 활용가치를 높일 수 있는 경우로서 대부계약의 사용목적을 달성하기 위하여 중앙관서의 장 등이 필요하다고 인정하는 경우에는 영구시설물을 축조할 수 있다. 단서에 따라 영구시설물의 축조를 허용하는 경우에는 대통령령으로 정하는 기준 및 절차에 따라 그 영구시설물의 철거 등 원상회복에 필요한 비용의 상당액에 대하여 이행을 보증하는 조치를 하게 하여야 한다(§18). 행정재산이나 보존재산의 사용·수익의 허가를 받은 자는 당해 재산을 다른 사람으로 하여금 사용·수익하게 하여서는 아니 된다. 다만, 기부를 받은 재산에 대하여 사용·수익의 허가를 받은 자가 당해 재산의 기부자이거나 그 상속인 기타의 포괄승계자인 경우에는 중앙관서의 장의 승인을 얻어 다른 사람에게 사용·수익하게 할 수 있다(§30·②).

사용·수익의 허가 또는 취소는 일방적인 공권력의 행사로서 행정행위의 성질을 갖기 때문에 상대방을 항고소송을 통하여 다툴 수 있다.

판례 〈국립의료원 부설주차장에 대한 위탁관리 용역 운영계약의 실질은 국립의료원이 원고의 신청에 의하여 공권력을 가진 우월적 지위에서 행한 행정처분으로서 특정인에게 행정재산을 사용할 수 있는 권리를 설정해주는 강학상 특허에 해당한다.〉(대판 2006. 3. 9, 2004다31074 채무부존재 확인)

판례 〈구 지방재정법 제75조의 규정에 따라 기부채납받은 행정재산에 대한 공유재산관리청의 사용·수익허가는 행정처분에 해당한다.〉 공유재산의 관리청이 하는 행정재산의 사용·수익에 대한 허가는 순전히 사경제주체로서 행하는 사법상의 행위가 아니라 관리청이 공권력을 가진 우월적지위에서 행하는 행정처분이라고 보아야 할 것인바, …… 행정재산에 대해서는 그 용도 또는 목적에 장애가 없는 한도 내에서 사용 또는 수익의 허가를 받은 경우가 아니면 처분을 하지 못하도록 하고 있는 구 지방재정법 제82조 제1항, 제83조 제2항 등 규정의 내용에 비추어 볼 때, 그 행정재산이 구 지방재정법 제75조의 규정에 따라 기부채납받은 재산이라 하여 그에 대한 사용·수익허가의 성질이 달라진다고 할 수는 없다(대판 2001.6.15, 99두509).

판례 〈행정재산에 대한 사용·수익허가 취소가 항고소송 대상인 행정처분이다.〉 국·공유재산의 관리청이 행정재산의 사용·수익을 허가한 다음 그 사용·수익하는 자에 대하여 하는 사용·수익허가 취소는 순전히 사경제주체로서 행하는 사법상의 행위라 할 수 없고, 이는 관리청이 공권력을 가진 우월적 지위에서 행한 것으로서 항고소송의 대상이 되는 행정처분이다(대판 1997.4.11, 96누17325).

판례 〈공유재산의 관리청이 행하는 행정재산의 사용·수익에 대한 허가는 행정처분으로서 특허이다.〉 공유재산의 관리청이 행하는 행정재산의 사용·수익에 대한 허가는 순전히 사경제 주체로서 행하는 사법상의 행위가 아니라 관리청이 공권력을 가진 우월한 지위에서 행하는 행정처분으로서 특정인에 행정재산을 사용할 수 있는 권리를 설정하여 주는 강학상 특허에 해당한다(대판 1996.2.13, 95누11023).

③ 사 용 료

행정재산의 사용·수익을 허가한 때에는 대통령령이 정하는 요율과 산출방법에 의하여 매년 사용료를 징수한다(§32). 행정재산 등의 사용·수익허가를 받은 자가 사용료를 체납하는 때에는 중앙관서의 장 등은 직접 또는 관할 세무서장·지방자치단체의 장에게 위임하여 국세징수법상 체납처분에 관한 규정을 준용하여 이를 징수할 수 있다(§73·②).

판례 〈국유재산의 관리청의 사용료 부과는 항고소송의 대상이 되는 행정처분이다.〉 ① 국유재산의 관리청이 행정재산의 사용·수익을 허가한 다음 그 사용·수익하는 자에 대하여 하는 사용료 부과는 순전히 사경제주체로서 행하는 사업상의 이행청구라 할 수 없고, 이는 관리청이 공권력을 가진 우월적 지위에서 행한 것으로서 항고소송의 대상이 되는 행정처분이라 할 것이다. ② 국유재산법에 관하여 관습에 의한 법정지상권이 성립된 경우 그 지료에 관하여는 당사자의 청구에 의하여 법원이 이를 정한다고 규정한 민법 제366조를 준용하여야 할 것이고, 이 때 토지소유자는 법원에서 상당한 지료를 결정될 것을 전제로 하여 비로 그 급부를 청구할 수 있다(대판 1996. 2. 13, 95누11023).

【사례】〈행정재산의 사용허가가 취소된 경우 사용자가 설치한 시설을 제거하기 위하여 행정대집행이 가능하다는 사례〉

[사실개요]

행정재산(모 공항청사 2층)의 사용허가를 받아 구내 다방을 경영하는 자가 허가조건을 이행하지 않으므로 허가를 취소하고 다방시설을 철거시키고자 하는 바, 수허가자가 허가취소 후에도 시설을 철거하지 않고 동재산을 계속 점용하고 있을 경우 행정대집행법에 의하여 대집행할 수 있는지의 여부

[결정요지]

국유재산법 제5조는 「국유재산은 누구든지 정부의 허가 없이 이를 사용 또는 수익하지 못한다」고 규정하고 있으며, 동법 제37조는 「제5조의 규정에 위반한 자가 당해 재산상에 시설을 가진 경우에 정부의 철거요구가 있을 때에는 지체 없이 이를 철거하여야 한다」고 규정하고 있으므로 행정재산의 사용허가를 받아 동 재산상에 시설을 설치하고 사용중인 자가 사용허가 취소 후에도 시설을 철거하지 않고 동 재산을 계속 점유하는 경유에 동 재산관리청으로부터 철거명령을 받으면 동 재산상에 설치한 시설을 철거하여야 할 행정의무가 발생한다고 해석되는바, 행정대집행법 제2조는 「법률(법률의 위임에 의한 명령, 지방자치단체의 조례를 포함한다. 이하 같다)에 의하여 직접 명령되었거나 또는 법률에 의거한 행정청의 명령에 의하는 행위로서 타인이 대신하여 행할 수 있는 행위를 의무자가 이행하지 아니하는 경우 다른 수단으로써 그 이행을 확보하기 곤란하고 또한 그 불이행을 방지함이 심히 공익을 해할 것으로 인정될 때에는 당해 행정청은 스스로 의무자가 하여야 할 행위를 하거나 또는 제3자로 하여금 이를 하게 하여 그 비용을 의무자로부터 징수할 수 있다」고 규정하고 있으므로 귀문의 경우 다방시설 철거의무 불이행에 대하여 다른 수단으로써는 그 이행을 확보하기 곤란하고 또한 그 불이행을 방치함이 심히 공익을 해할 것으로 인정된다면 행정대집행법 소정의 절차에 따라 대집행할 수 있다고 생각한다[법무법 810－20203(1966. 9. 7, 질의회답), 810－10482(1968. 6. 29, 교통부에 대한 법무부 해석)참조].

④ 사용·수익허가기간

행정재산 등의 사용·수익허가기간은 5년 이내로 한다. 다만, 제34조 제1항 제1호 경우(행정재산으로 할 목적으로 기부를 받은 재산에 대하여 기부자나 그 상속인 기타 포괄승계인에게 사용허가하는 경우)에는 사용료의 총액이 기부를 받은 재산의 가액에 이르는 기간이내로 한다(§35). 허가기간이 끝난 재산에 대하여 대통령령으로 정하는 경우를 제외하고는 5년을 초과하지 아니하는 범위에서 종전의 사용허가를 갱신할 수 있다. 다만, 수의의 방법으로 사용허가를 할 수 있는 경우가 아니면 1회만 갱신할 수 있다(§35·①·②).

갱신을 받으려는 자는 허가기간이 끝나기 1개월 전에 중앙관서의 장에 신청하여야 한다(§35·③).

⑤ 용도폐지

중앙관서의 장은 대통령령이 정하는 기준에 의하여 행정재산 등의 용도를 폐지하는 바, 용도폐지를 한 때에는 당해 재산을 지체 없이 총괄청에 인계하여야 한다. 다만, ㉠ 관리전환, 교환 또는 양여의 목적으로 용도를 폐지한 재산, ㉡ 선박, 부표, 부잔교, 부선거 및 항공기와 그들의 종물, ㉢ 공항·항만 또는 산업단지에 있는 재산으로서 그 시설운영에 필요한 재산, ㉣ 총괄청이 그 중앙관서의 장에게 관리·처분하도록 하거나 다른 중앙관서의 장에게 인계하도록 지정한 재산은 그러하지 아니하다(§40).

12) 일반재산

① 처분 등

일반재산은 대부 또는 처분할 수 있다(§41·①). 중앙관서의 장 등은 국가의 활용계획이 없는 선물이나 그 밖의 시설물이 ㉮ 구조상 공중의 안전에 미치는 위험이 중대한 경우, ㉯ 재산가액에 비하여 유지·보수비용이 과다한 경우, ㉰ 위치, 형태, 용도, 노후화 등의 사유로 철거가 불가피하다고 중앙관서의 장 등이 인정하는 경우에는 철거할 수 있다(§41·②).

② 계약의 방법

일반재산을 처분하는 계약을 체결함에 있어서는 그 뜻을 공고하여 경쟁입찰에 붙여야 한다. 다만, 계약의 목적·성질·규모 등을 고려하여 필요하다고 인정되면 대통령령으로 정하는 바에 따라 참가자의 자격을 제한하거나 참가자를 지명하여 경쟁에 부치거나 수의계약으로 할 수 있으며 증권인 경우에는 대통령령으로 정하는 방법에 따를 수 있다. 경쟁입찰·지명경쟁·제한경쟁에 붙이는 경우에는 총괄청이 지정·고시하는 정보처리장치를 이용하여 입찰공고·개찰·낙찰선언을 한다. 이 경우 중앙관서의 장은 필요하다고 인정하는 경우 일간신문 등에 게재하는 방법을 병행할 수 있다(§31·② §43·②).

③ 처분재산의 가격결정

일반재산의 처분가격은 대통령령이 정하는 바에 의하여 시가를 참작하여 결정한다(§44).

④ 개척·매립·간척·조림을 위한 예약

일반재산은 개척·매립·간척 또는 조림사업을 시행하기 위하여 그 사업의 완성을 조건으로 대통령령이 정하는 바에 의하여 대부·매각 또는 양여를 예약할 수 있다. 예약 상대방은 당해 사업기간 중 예약된 재산 또는 사업의 기성부분을 무상으로 사용·수익할 수 있다(§45·①·②).

⑤ 대부기간

일반재산의 대부기간에 대하여 특별규정을 두고 있다(§46·①). 즉, ㉠ 조림을 목적으로 하는 토지와 그 정착물은 10년, ㉡ ㉠이외의 토지와 그 정착물은 5년, ㉢ 그 밖의 재산은 1년이다. 대부기간이 끝난 재산에 대하여 대통령령으로 정하는 경우를 제외하고는 그 대부기간을 초과하지 아니하는 범위 내에서 종전의 대부 계약을 갱신할 수 있다. 다만, 수의계약의 방법으로 대부할 수 있는 경우가 아니면 1회만 갱신할 수 있다(§46). 갱신을 받으려는 자는 대부기간이 끝나기 1개월 전에 중앙관서의 장 등에 신청하여야 한다(§46·③).

⑥ 매 각

일반재산을 매각하는 때에는 대통령령이 정하는 바에 의하여 매수자에게 당해 재산의 용도와 그 용도에 사용해야 할 기간을 정하여 매각할 수 있고, 매각대금은 대통령령이 정하는 기간 내에 일시에 전액을 납부함이 원칙이다. 매각대금을 일시에 전액을 납부케 하는 것이 곤란하다고 인정되어 대통령령이 정하는 경우에는 1년 만기 정기예금 금리수준을 감안하여 대통령령이 정하는 이자를 붙여 20년 이내의 기간에 걸쳐 분할 납부하게 할 수 있다(§48, §49, §50).

국가소유의 잡종재산을 매각하는 행위는 사법상 행위에 해당한다.

> **판례** 〈국가소유의 잡종재산(현행, 일반재산)을 매각하는 행위는 사법상 행위에 지나지 않는다.〉 국가소유의 잡종재산을 국유재산법과 동시행령에 의하여 매각하는 행위는 그 성질이 사법상 행위에 지나지 아니하므로 국유재산법 제27조 제1항에 의한 그 매각행위의 취소의 효력은 민법 제110조 제3항의 규정상 선의의 제3자에게는 미치지 아니한다(대판 1970.6.30, 70다7080).

⑦ 개 발(§57~§59)

㉮ 일반재산의 개발요건 및 종류

일반재산은 ㉠ 재정수입의 증대 등 재정관리의 건전성, ㉡ 공공시설의 확보 등 공공의 편익성, ㉢ 주변환경의 개선 등 지역발전의 기여도, ㉣ 그 밖에 국가 행정목적 달성을 위한 필요성 등의 사항을 고려하여, 국유재산 관리기금의 운용계획에 따라 국유재산 관리기금의 재원으로 개발(건축법상 건축, 대수선, 리모델링 등을 말한다)하거나 제58조(신탁개발)·제59조(위탁개발) 및 제59조의2(민간참여개발)에 따라 개발(건축법 제2조에 따른 건축, 대수선, 리모델링을 말한다)하여 대부·분양 할 수 있다(§57).

㉯ 신탁개발

㉠ 중앙관서의 장이 신탁업자에 신탁하여 개발하는 경우에는 신탁업자의 선정, 신탁기간, 신탁보수, 자금차입의 한도, 시설물의 용도 등에 대하여 대통령령으로 정하는 바에 따라 총괄청과 협의해야 한다. ㉡ 제42조 제1항에 따라 관리·처분에 관한 사무를 위임·위탁받은 자가 개발하는 경우에는 신탁업자의 선정, 신탁기간, 신탁보수, 차입금의 한도, 시설물의 용도 등에 대하여 대통령령으로 정하는 바에 따라 총괄청의 승인을 받아야 한다. ㉢ 신탁으로 발생한 수익의 국가귀속방법, 그 밖에 필요한 사항은 대통령령으로 정한다(§58).

㉰ 위탁개발

제42조 제1항(총괄청이 일반재산의 관리·처분사무의 위임·위탁)과 제3항(중앙관서의 장이 일반재산을 제59조에 따라 위탁개발)에 따라 관리·처분에 관한 사무를 위탁받은 자(이하 "수탁자"라 한다)는 위탁받은 일반재산을 개발할 수 있다(§59①).

㉠ 수탁자가 제1항에 따라 개발하는 경우에는 위탁기간, 위탁보수, 자금차입의 한도, 시설물의 용도 등에 대하여 대통령령으로 정하는 바에 따라 총괄청이나 중앙관서의 장의 승인을 얻어야 한다(§59②).

㉡ 중앙관서의 장이 제2항에 따라 개발을 승인하는 경우에는 대통령령으로 정하는 바에 따라 총괄청과 협의하여야 한다(§59③).

㉢ 개발한 재산의 대부·분양·관리방법은 제43조(계약방법)·제44조(처분재산의 가격결정)·제46조(대부기간) 및

制47조(대부료 계약의 해제 등)에도 불구하고 수탁자가 총괄청이나 중앙관서의 장과 협의하여 정할 수 있다(§59·⑤).

㉣ 개발로 발생한 수익의 국가귀속방법, 그 밖에 필요한 사항은 대통령령으로 정한다(§59·④).

㉱ 민간참여개발

- 총괄청은 일반재산 중 ㉠ 5년 이상 활용되지 아니하면서 향후 활용할 계획이 없는 재산, ㉡ 매각이 곤란하며 재산관리에 과다한 비용이 소요되는 재산, ㉢ 청사의 이전 등으로 용도 폐지된 재산으로서 그 위치·형태·용도 등을 고려하여 위원회의 심의를 거쳐 개발이 필요하다고 인정되는 재산은 대통령령으로 정하는 민간 사업자와 공동으로 개발할 수 있다(§59의2·①).
- 총괄청은 이러한 개발을 위해 설립하는 국유지개발 목적회사와 자산관리 회사에 국유재산관리기금운용 계획에 따라 출자할 수 있다(§59의2·②). 총괄청은 국유재산관리기금운용계획에서 정한 범위 외에 국가에 부담이 되는 계약을 체결하는 경우에는 미리 국회의 의결을 얻어야 하고, 개발이 완료되고 출자목적이 달성된 경우 기획 재정부장관이 정하는 바에 따라 출자한 지분을 회수해야 한다(§59의2·⑤·⑥).
- 총괄청이 개발을 하려면 민간참여 개발 사업에 관한 기본계획(이하 "민간참여개발 기본계획"이라 한다)을 수립하여 국유재산정책심의위원회의 분과위원회를 거쳐 위원회의 심사를 받되, 위원회의 전문적인 심의를 위하여 기획재정부장관이 정하는 바에 따라 수익성 분석 및 기술 분야의 전문가로 민간참여개발 자문단을 구성·운영하여야 한다(이 경우 민간참여개발 자문단은 민간참여 기본계획에 대한 자문의견서를 위원회에 제출해야 한다)(§59의3·①·②·③).
- 총괄청은 민간 사업자를 공개적으로 모집하고 선정하여야 한다. 이 경우 협상대상자 선정기준 및 방법 등 모집에 관한 사항을 공고(인터넷에 게재하는 방식 포함)해야 한다. 민간사업자가 공고된 민간참여 개발 사업에 참여 하려는 경우에는 타당성 조사내용, 수익배분기준 등 대통령령으로 정하는 사항을 포함하는 민간참여 개발사업계획제안서(이하 "사업제안서"라 한다)를 작성하여 총괄청에 제출해야 하고, 총괄청은 제출된 사업제안서에 대하여 민간전문가가 과반수로 구성된 민간참여 개발사업 평가단의 평가와 위원회의 심의를 거쳐 협상 대상자를 지정하고, 지정한 협상 대상자와의 협의에 따라 개발사업의 추진을 위한 사업협약을 체결한다(§59의3 ⑤내지⑧).

13) 대장과 보고

① 대장과 실태조사

중앙관서의 장 등은 국유재산의 구분과 종류에 따라 그 소관에 속하는 국유재산의 대장·등기부등본과 도면을 비치하여야 한다. 이 경우 국유재산의 대장은 전산자료로 대신할 수 있다. 중앙관서의 장 등은 매년 그 소관에 속하는 국유재산의 실태를 조사하여 대장을 정비하여야 한다(§66·①,②). 총괄청은 중앙관서별로 국유재산에 관한 총괄부를 갖추어 그 상황을 명백히 하여야 한다. 이 경우 총괄부는 전산자료로 대신할 수 있다(§66·④).

② 국유재산 평가

국유재산의 가격평가 등 회계처리는 「국가회계법」 제11조에 따른 국가회계기준에서 정하는 바에 따른다(§68). 국가회계제도 도입에 따라 국유재산평가제도에 복식부기와 발생주의를 반영하였다.

③ 국유재산관리운용보고서

중앙관서의 장 등은 그 소관에 속하는 국유재산에 관하여 국유재산관리운용보고서를 작성하여 다음 연도 2월말까지 총괄청에 제출하여야 한다. 총괄청은 국유재산관리운용보고서를 통합하여 국유재산관리운용총보고서를 작성하여 다음 연도 4월 10일까지 감사원에 제출하여 검사를 받아야 한다. 감사원의 검사를 받은 총괄청은 국유재산관리운용총보고서와 감사원의 검사보고서를 다음 연도 5월 31일까지 국회에 제출하여야 한다(§69·①·②·③). 국유재산관리운용현황을 파악할 필요성이 있고, 특히 도로·하천·항만·공유수면을 포함한 국유재산관리운용보고서를 작성하여 감사원의 감사를 받도록 하였다.

3. 문 화 재

1962년 1월 10일 문화재보호법이 제정·시행 되었으나 현재까지 무려 30여 차례 이상 개정을 거듭하였다. 문화재보호법상의 주요 내용을 설명하기로 한다.

(1) 목 적

문화재보호법은 문화재를 보존하여 민족문화를 계승하고, 이를 활용할 수 있도록 함으로써 국민의 문화적 향상을 도모함과 아울러 인류문화의 발전에 기여함에 있다(동법 §1).

(2) 기본적 용어정리(문화재보호법 § 2)

1) 문 화 재

이 법에서 "문화재"라 함은 인위적이거나·자연적으로 형성된 국가적·민족적 또는 세계적 유산으로서 역사적·예술적·학술적 또는 경관적 가치가 큰 다음의 것을 말한다.

① 유형문화재 : 건조물·전적(典籍)·서적·고문서·회화·조각·공예품 등 유형의 문화적 소산으로서 역사적·예술적 또는 학술적 가치가 큰 것과 이에 준화는 고고자료

② 무형문화재 : 연금·음악·무용·공예기술 등 무형의 문화적 소산으로서 역사적·예술적 또는 학술적 가치가 큰 것

③ 기 념 물

(가) 절터, 옛무덤, 조개무덤, 성터, 궁터, 가마터, 유물포함층(遺物包含層) 등의 사적지와 특별히 기념이 될 만한 시설물로서 역사적·학술적 가치가 큰 것

(나) 경치 좋은 곳으로서 예술적·경관적 가치가 큰 것

(다) 동물(그 서식지·번식지·도래지를 포함)·식물(그 자생지를 포함)·광물·동굴·지형·지질·생물학적 생성물 및 특별한 자연현상으로서 역사적·경관적 또는 학술적 가치가 큰 것

(라) 민속 문화재로서 의식주·생업·신앙·연중행사 등에 관한 풍속·관습과 이에 사용되는 의복·기구·가구 등으로서 국민생활의 추이를 이해함에 불가결한 것

2) 지정문화재

이 법에서 "지정문화재"라 함은 다음의 것을 말한다.

① 국가지정문화재 : 문화재청장이 보물·국보, 중요무형문화재, 사적·명승·천연기념물, 중요민속 문화재 등에 대하여 지정한 문화재

② 시·도 지정문화재 : 특별시장·광역시장·도지사·특별자치도지사가 그 관할구역 안에 있는 문화재로서 국가지정문화재로 지정되지 아니한 문화재 중 보존가치가 있다고 인정되는 것을 지정한 문화재

③ 문화재자료 : 국가지정문화재 또는 시·도 지정문화재로 지정되지 아니한 문화재 중 시·도지사가 향토문화보존상 필요하다고 인정되는 것을 문화재자료로 지정할 수 있다(§2·②·3호, §70·②).

3) 보호구역

이 법에서 "보호구역"이라 함은 지상에 고정되어 있는 유형물이나 일정한 지역이 문화재로 지정된 경우 당해 지정문화재의 점유면적을 제외한 지역으로서 당해 지정문화재를 보호하기 위하여 지정된 구역을 말한다.

(3) 문화재보호의 기본원칙

문화재는 그것의 보존·관리 및 활용은 「원형유지」를 기본원칙으로 한다(§2의2).

(4) 국가지정문화재의 공개 등

1) 문화재의 공개원칙

국가지정문화재(중요무형문화재는 제외한다)는 당해 문화재의 공개를 제한하는 경우 외에는 특별한 사유가 없는 한 이를 공개하여야 한다(§48·①).

중요무형 문화재의 보유자는 대통령령으로 정하는 특별한 사유가 있는 경우를 제외하고

는 매년 1회 이상 해당 중요 무형문화재의 기·예능을 공개해야 한다(§50·①).

2) 문화재의 공개제한

문화재청장은 국가지정문화재의 보존과 훼손방지를 위하여 필요한 경우에는 당해 문화재의 전부 또는 일부에 대하여 공개를 제한할 수 있는 바, 이 경우 문화재청장은 해당 문화재의 소유자(관리단체가 지정되어 있으면 그 관리단체)의 의견을 들어야 하며, 당해 문화재가 있는 지역의 위치, 공개가 제한되는 기간 및 지역 등을 문화체육관광부령이 정하는 바에 의하여 고시하고, 해당 문화재의 소유자·관리자 또는 관리단체, 관할시·도지사와 시장·군수 또는 구청장에 알려야 한다. 공개제한 사유가 소멸하게 된 때에는 지체 없이 제한조치를 해제하여야 하며, 이를 고시하고 해당 문화재의 소유자·관리자 또는 관리단체, 관할 시·도지사와 시장·군수 또는 구청장에게 알려야 한다(§48·②, ③, ④).

공개가 제한되는 지역에 출입하고자 하는 자는 그 사유를 명시하여 문화재청장의 허가를 받아야 한다(§48·⑤).

(5) 관 람 료

국가지정문화재의 소유자·보유자 또는 관리단체는 그 문화재를 공개하는 경우에는 관람자로부터 관람료를 징수할 수 있다. 관람료는 당해 문화재의 소유자·보유자 또는 관리단체가 정한다(§49·①, ②).

(6) 국유문화재에 관한 특례

1) 관리 및 총괄청

국유에 속하는 문화재(이하 '국유문화재'라 한다)는 국유재산법 제8조 및 물품관리법 제7조의 규정에 불구하고 문화재청장이 이를 관리 및 총괄한다. 다만, 국유문화재가 문화재청장외의 중앙관서의 장(국가재정법에 의한 중앙행정기관의 장을 말한다)이 관리하고 있는 행정재산인 경우 또는 문화재청장외의 중앙관서의 장이 관리하여야 할 특별한 필요가 있는 것인 경우에는 문화재청장은 관계기관의 장 및 기획재정부장관과 협의하여 그 관리청을 정한다(§62·①).

2) 국유문화재의 관리의 위임·위탁

문화재청장은 제1항 단서(문화재청장 외의 중앙관서의 장이 관리)에 해당하지 아니하는 국유문화재의 관리를 지방자치단체에 위임하거나 비영리법인 또는 법인 아닌 비영리 단체에 위탁할 수 있다. 이 경우 국유문화재의 관리로 인하여 생긴 수익은 관리의 위임 또는 위탁받은 자의 수입으로 한다(§62·③).

(7) 비상시의 문화재보호

문화재청장은 전시·사변 또는 이에 준하는 비상사태에 있어서 문화재의 보호상 필요하다고 인정될 때에는 국유문화재와 국유 외의 지정문화재 및 가지정문화재를 완전한 지역으로 이동·매볼 기타의 필요한 소치를 하거나 당해 문화재의 소유자·보유자·짐유자·관리자 또는 관리단체(이하 '문화재의 소유자 등' 이라 한다)에 대하여 그 문화재를 안전한 지역으로 이동·매몰 기타의 필요한 조치를 할 것을 명령할 수 있다. 조치 또는 명령의 이행으로 손실을 받은 자에 대한 보상은 제46조를 준용한다(§21·①·②). 문화재청장은 전시·사변 또는 이에 준하는 비상사태 시 문화재 보호를 위하여 필요하면 제39조(수출 등의 금지)에도 불구하고 이를 국외로 반출할 수 있다. 이 경우 미리 국무회의 심의를 거쳐야 한다(§21·②).

(8) 세계유산의 등록 및 보호

문화재청장은 「세계문화유산 및 자연유산의 보호에 관한 협약」, 「무형문화 유산의 보호를 위한 협약」 또는 유네스코 프로그램에 따라 국내의 우수한 문화재를 유네스코에 세계유산, 인류무형문화유산 또는 세계기록 유산으로 등재 신청할 수 있다(§19·①). 이 경우 등재신청 대상 선정절차 등에 관하여는 유네스코의 규정을 참작하여 문화재청장이 정한다(§19·① 단서). 국가와 지방자치단체는 세계유산 등에 대하여는 등재된 날부터 국가지정 문화재에 준하여 유지·관리 및 지원하여야 하며, 문화재청장은 대통령령으로 정하는 바에 따라 세계유산과 그 역사문화 환경에 영향을 미칠 우려가 있는 행위를 하는 자에 대하여 세계유산과 그 역사문화 환경의 보호에 필요한 조치를 할 것을 명할 수 있다(§19·③).

4. 귀속재산

(1) 의 의

귀속재산이란 1956년 8월 9일 이전에 일본기관, 그 국민, 그 단체의 소유이던 동산·부동산·주식·사원권 기타 재산으로서 1948년 9월 11일자 「대한민국정부와 미국정부간에 체결된 재정 및 재산에 관한 최초협정」 제5조의 규정에 의하여 대한민국정부에 이양된 모든 재산(농경지는 제외함 : 농경지는 따로 농지개혁법에 의해 처리하도록 함)을 말한다. 이에 관한 법이 귀속재산처리법이다.

(2) 기본용어정리(§2)

1) 귀속재산

① 귀속재산처리법에서 "귀속재산"이라 함은 단기 4281년 9월 11일부 「대한민국정부와 미국정부간에 체결된 재정 및 재산에 관한 최초협정」 제5조의 규정에 의하여 대

한민국정부에 이양된 일체의 재산을 지칭한다. 단, 농경지는 따로 농지개혁법에 의하여 처리한다.

② 북위 38도선 이북 「수복지구」 내에 있는 재산으로서 단기 4278년 8월 9일 현재 일본인인 개인, 법인, 단체, 조합, 그 대행기관이나 그 정부의 조직 또는 통제한 단체가 직접·간접 혹은 전부 또는 일부를 소유한 일체의 재산은 귀속재산으로 취급하여 귀속재산처리법을 적용한다.

③ 단기 4278년 8월 9일 이전에 한국 내에서 설립되어 그 주식 또는 지분이 일본기관, 그 국민 또는 그 단체에 소속되었던 재단법인 또는 사단법인에 대하여는 그 주식 또는 지분이 귀속된 것(이하 귀속된 주식또는 지분이라 한다)으로 간주한다.

④ 단기 4278년 8월 9일 이전에 한국 내에서 설립되어 그 이사행사권 또는 사원권이 일본기관, 그 국민 또는 그 단체에 소속되었던 사단법인 또는 재단법인에 대하여서는 그 이사행사권 또는 사원권도 귀속된 것(이하귀속된 이사행사권 또는사원권이라 칭한다)으로 간주한다.

2) 매각되는 재산

귀속재산은 본법과 본법의 규정에 의하여 발하는 명령의 정하는 바에 의하여 국유 또는 공유재산, 국영 또는 공영기업체로 지정되는 것을 제외하고는 대한민국의 국민 또는 법인에게 매각한다(§3).

3) 귀속재산의 관리(§ 4)

귀속재산은 지정 또는 매각될 때까지 타 법률에 특별한 규정이 없는 한 귀속재산처리법이 정하는 바에 의하여 정부가 이를 관리한다.

귀속재산 중 국영 또는 공영으로 지정된 후 당해 재산에 관한 법령이 실시될 때까지는 정부가 이를 관리한다.

(3) 국유와 공유

1) 국유 또는 공유

귀속재산 중 대한민국헌법 제85조에 열거된 천연자원에 관한 권리 및 영림재산으로 필요한 임야, 역사적 가치있는 토지, 건물, 기념품, 미술품, 문적(文籍) 기타 공공성을 갖거나 영구히 보존함을 요하는 부동산과 동산은 국유 또는 공유로 한다.

정부, 공공단체에서 공용, 공공용 또는 공인된 교화, 후생기관에서 공익사업에 공하기 위하여 필요한 부동산과 동산도 국유 또는 공유로 한다(§5).

2) 국영 또는 공영

귀속기업체 중 대한민국헌법 제87조에 열거된 기업체와 중요한 광산, 제철소, 기계공장

기타 공공성을 가진 기업체는 이를 국영 또는 공영으로 한다(§6).

(4) 현재 상황

귀속재산은 국유재산과는 구별되는 것으로서 국가가 그 소유권을 가지지 아니하고, 다만, 그것을 매각하거나 국·공유화할 때까지 잠정적으로 정부가 관리하는 재산에 불과한 것이다(귀속재산처리법 §2, §3, §4).

그러나 실효된 "귀속재산처리에 관한 특별조치법"(1963. 5. 29.일)은 그 부칙 제5조 제1항에서 1964년 12월 말까지 매매계약이 체결되지 아니한 귀속재산은 무상으로 국유로 한다. 1964년 12월 말까지 매매계약이 체결된 귀속재산으로서 1965년 1월 1일 이후 그 매매계약이 해제된 귀속재산도 또한 같다고 규정하고 있기 때문에 1964년 12월 31일까지 매매계약이 체결되어 있는 것 외의 모든 귀속재산은 1965년 1월 1일자로 국유재산이 되었다. 따라서 오늘날 귀속재산에 관한 법률관계는 역사적 의미밖에 갖지 않는다. 그러므로 현재로서는 매매계약이 체결되어 대금납부가 끝나지 아니하거나 소유권의 변경 등기를 마치지 아니한 형식상의 귀속재산을 제외하고는 귀속재산은 없게 된 셈이다. 귀속재산의 매각처분관계·임차관계·관리관계는 행정처분 또는 공법관계로 간주한 것이 일관된 판례의 태도였다.

제9장 군사행정법

제1절 일 반 론

Ⅰ. 헌법적 기초(국가의 안전보장)

1. 국가의 안정보장

군사행정법(군정법)은 국가의 안전보장에 관한 행정작용을 대상으로 하는 특별행정법의 한 분야이다. 국가작용을 소극적인 현상유지 작용과 적극적인 형성 작용으로 구분할 때, 국가의 안전보장을 위한 작용은 기존의 국가질서·헌법질서의 유지 작용으로서의 소극적인 작용으로 보아야 한다. 국가안전보장이란 국가의 독립·영토의 보전·헌법과 법률이 기능·헌법에 의해 설치된 국가기관의 유지 등과 같은 국가적 안전의 유지를 말하는 것으로서 국가의 내란이나 외침으로부터 국가의 존립을 보장하고 아울러 국민의 생명과 재산을 보호하는 작용이다. 따라서 국가와 국민에게 새로운 질서와 복지를 가져다주는 작용은 아닌 것이다. 목표의 소극성 때문에 국가의 안전보장을 위한 국방행정은 그 임무에 한계를 갖게 된다.

헌법은 이와 관련하여 국민에게 기본의무로써 국방의 의무를 부과하고 있을 뿐만 아니라(헌법 §39·①), 안전보장(국가의 존립)을 위해 필요한 경우에는 개인의 기본권을 제한할 수 있도록 규정하고 있다(헌법 §37·②). 즉, 일반적 법률유보에 의한 기본권제한의 목적으로서 국가안전보장을 규정하고 있다.

2. 질서유지

제3공화국 헌법은 국가안전보장이라는 개념을 질서유지의 개념 속에 포함하고 있었으나, 제4·제5공화국 헌법과 현행헌법은 국가의 안전보장을 질서유지개념과 별도로 사용하고 있다(헌법 §37·②). 그런데 학설은 현행헌법의 국가안전보장과 질서유지의 개념에 관하여 견해가 일치하고 있는 것은 아니나, 양자의 개념이 모두 소극적인 개념인 것은 일치되는 견해이다.

헌법상 국가안전보장의 개념과(협의의)질서유지 개념을 합하여 광의의 질서유지 개념을 구성한다고 새기는 견해가 논리적이라고 생각된다[289]

협의의 질서유지란 사회공공의 안녕과 질서의 유지를 의미하여 이에는 타인의 권리의 유지와 도덕질서유지가 포함된다. 질서유지는 특별행정법으로서의 경찰법(질서행정법)의 고찰대상이 된다.

289) 김철수, 헌법학개론, 311쪽.

물론 국가안전보장과 질서유지의 개념이 언제나 반드시 구분되는 것은 아니고 경우에 따라서는 양자의 개념이 겹치기도 한다는 점(국가보안법상의 반국가단체의 폭력시위의 진압)을 유의할 필요가 있다.

Ⅱ. 군사행정의 개념

1. 군사행정(군정)의 의의

군사행정(군정)이란 국가가 국방의 목적을 실현하기 위하여 일반통치권에 의거하여 병력을 취득·관리·유지하는 행정작용을 말하며, 그것은 성질상 사회목적적이 아니라 국가목적적인 행정작용에 속한다. 여기서의 군사행정은 협의의 군사행정 즉, 군정개념에 해당한다.

이에 대하여 군령이란 국가가 보유하는 실력수단으로서의 군을 동원하고 지휘·통솔하는 용병작용 내지 용병작전작용을 말한다. 군정과 군령을 합하여 광의의 군사행정(군정)이라함이 일반적이다. 그리고 국방 목적을 위하여 개인에게 명령·강제하여 혹은 부담을 과하는 작용을 "군사권력작용"이라고, 군대를 관리하는 작용은 "군사관리작용"이라 부른다.

2. 군정과 군령의 구별필요성(병정분리·병정통합)

제도적으로 군의 행정면(군정)과 작전면(군령)을 구분하여 각각 양자를 상이한 기관에 분장시키는 법제를 병정분리주의라 하고, 양자의 구분을 하지 않고 하나의 기관에 관장시키는 법제를 병정통합주의라 한다.

병정분리주의란 군정은 일반행정기관이 관장하나 군령은 국가원수직속의 독립적인 군령기관을 설치하여 그 기관으로 하여금 정부의 책임과 무관하게 임무를 수행하도록 하는 제도이다. 이 경우 최고군령기관은 직업군인으로 구성되는 참모본부가 담당함이 일반적이다. 협의의 군정개념은 병정분리주의 국가에서 채택한다. 병정분리주의의 예로서는 제정독일이나 패전전의 일본에서 볼 수 있는데, 그것은 제국주의의 소산이라 할 수 있다.[290)]

이에 반하여 병정통합주의란 군정과 군령을 일정행정기관이 관장함으로써 정부의 책임과 의회의 통제하에 임무를 수행하도록 하는 제도이다. 광의의 군정개념은 병정통합주의 국가에서 채택함이 일반적이다.

우리나라는 헌법에서 "대통령은 헌법과 법률이 정하는 바에 의하여 국군을 통수한다"(헌법 §74)고 하여 병정통합주의를 채택하고 있다. 국군조직법도 "대통령은 헌법, 이 법 및 기타 법률에서 이 정하는 바에 따라 국군을 통수한다"(§6)고 규정하여 병정통합주의를 채택하고 있다.

말하자면 우리헌법상 대통령은 행정수반의 지위에서 국군통수권을 가지는 바, 국군최고

---

290) 윤세창·이호승, 행정법(하), 99쪽.

사령관으로서 국군을 지휘·감독한다.[291] 따라서 군정과 군령을 일반행정기관이 관장하되 민주적 통제하에 임무를 수행하도록 하고 있는 것이다.

그러나 우리나라와 같이 병정통합주의를 채택하는 경우에도 군정과 군령의 양자개념은 개념상뿐만 아니라 실제적·기술적 이유에서 엄격히 구분해야 할 것이며, 이점은 국군조직법이 국방부에 설치한 합동 참모본부의 합동참모의장과 합동참모회의는(§2, §9, §13) "군령에 관하여" 국방부장관을 보좌하며 라고 규정하고 있는 데서도 잘 나타나고 있다(§9·②, §13·①).

Ⅲ. 군사행정법의 기본원칙(헌법상 원칙)

1. 국제평화주의의 원칙

우리헌법은 그 전문에서 "…… 안으로는 국민생활의 균등한 향상을 기하고 밖으로는 항구적인 세계평화와 인류공영에 이바지함으로써 우리들과 우리들의 자손의 안전과 자유와 행복을 영원히 확보할 것을 다짐하면서……"라고 규정하여 국제평화주의를 헌법상의 원칙으로 선언하고 있으며, 제4조에는 "대한민국은 통일을 지향하며, 자유민주적 기본질서에 입각한 평화적 통일정책을 수립하고 이를 추진한다"고 규정하고, 제5조 제1항은 "대한민국은 국제평화의 유지에 노력하고 침략적 전쟁을 부인한다"고 하여 침략전쟁만을 부인하고 있다. 여기서 침략전쟁이란 자위전쟁에 대응하는 개념인 바, 자위전쟁이 아닌 전쟁은 모두 침략전쟁에 해당한다고 볼 것이다. 하여튼 국제평화주의의 원칙상 전쟁은 당연히 국가의 방위 외에 국제평화에 기여하는 범위 내에서만 가능하고 허용된다.

헌법전문은 "…… 조국의 민주개혁과 평화적 통일의 사명에 입각하여 ……"라고 규정하고, 제66조 제3항은 "대통령은 조국의 평화적 통일을 위한 성실한 의무를 진다"고 규정하고, 제92조 제1항은 "평화통일정책의 수립에 관한 대통령령의 자문에 응하기 위하여 민주평화통일자문회의를 둘 수 있다"고 규정하여, 우리헌법은 「평화통일의 원칙」을 천명하고 있다.

2. 민주군정주의의 원칙

자유민주적 기본질서하에서는 군정작용도 당연히 국민의 의사가 반영되는 민주주의의 원리에 따라야 함은 당연하다. 우리 헌법도 제74조 제2항은 "국군의 조직과 편성은 법률로 정한다"라고 하고, 제60조 제2항에서는 "국회의 선전포고, 국군의 외국에의 파견 또는 외국군대의 대한민국 영역 안에서의 주류에 대한 동의권을 가진다"고 하여, 국군의 조직·편성, 국군의 외국에의 파견 등에 국민의 대표기관인 국회의 통제를 하게 함으로써 군사행정에도 민주주의의 원칙에 입각하고 있다.

---

291) 김철수, 헌법학개론, 1056쪽.

3. 군의 정치적 중립성의 원칙

헌법 제5조 제2항은 "국군은 국가의 안전보장과 국토방위의 신성한 의무를 수행함을 사명으로 하며, 그 정치적 중립성은 준수된다"고 규정하며 군의 정치관여를 금지하고 있다. 이를 뒷받침하기 위하여 "군인은 현역을 면한 후가 아니면 국무총리로 임명될 수 없다"(헌법 §86·③)고 하고, "군인은 현역을 면한 후가 아니면 국무위원으로 임명될 수 없다"(헌법 §87·④)고 규정하고 있으며, 기타 이외에도 공직취임이나 정치활동을 금지하는 법률들이 있다(군형법 §94).

4. 병정통합주의의 원칙

상술한 바와 같이 우리 헌법은 병정통합주의를 채택하고 있다.

대통령의 국군통수권(헌법 §74·①), 대통령의 선전포고와 강화권(헌법 §73), 대통령의 계엄 선포권(헌법 §77·①), 대통령의 긴급명령·처분권(헌법 §76·①·②), 선전·강화 기타 중요한 대외정책, 합동참모의장·각군참모총장의 임명 등 군사에 관한 중요사항에 대한 국무회의 심의제도(헌법 §89·2호·16호) 등의 규정은 우리헌법이 병정통합주의를 채택하고 있음을 나타내고 있다.

Ⅳ. 군사행정법의 법원

군사행정법의 법원에는 위에서 본 바와 같이 최상위규범인 헌법과 기타 많은 특별법이 있다. 주요한 법률로는 병역법, 국군조직법, 통합방위법, 군인사법, 군무원인사법, 군법무관임용등에 관한 법률, 징발법, 계엄법, 군사기지및군사시설보호법, 방위사업법, 군수품관리법, 방어해면법, 군사기밀보호법, 군용전기통신법, 향토예비군설치법, 민방위기본법, 비상대비자원관리법, 국가보안법, 국가안전보장회의법, 국가정보원법, 군인연금법, 군인보수법 등을 들 수 있다.

제2절 군사행정조직

Ⅰ. 군사행정기관

1. 국군의 조직과 각군의 임무

(1) 국군의 조직

국군은 육군·해군 및 공군(이하 '각군'이라 한다)으로 조직하며, 해군에 해병대를 둔다. 각 군은 전투를 주임무로 하는 작전부대에 대한 작전지휘·감독과 합동작전 및 연합작전의 수행을 위하여 국방부에 합동참모본부를 둔다. 군사상 필요할 때에는 대통령령이 정하는 바에 의하여 국방부장관의 지휘·감독하에 합동부대와 기타 필요한 기관을 둘 수 있다(국군조직법 §2).

(2) 각군의 임무

육군은 지상작전을, 해군은 상륙작전을 포함한 행상작전을, 해병대는 상륙작전을, 공군은 항공작전을, 각각 주임무로 하고 이들을 위하여 편성·장비되며 필요한 교육·훈련을 한다(국군조직법 §3).

'군인'이라 함은 전시와 평시를 막론하고 군에 복무하는 자를 말한다(국군조직법 §4).

군인의 인사·병역복무 및 신분에 관한 사항은 따로 법률로 정한다(국군조직법 §4·②). 이에 따라 제정된 법이 군인사법이다.

2. 대통령과 소속기관

(1) 대 통 령

국가원수이자 행정부의 수반의 지위를 갖는 대통령은 헌법과 법률이 정하는 바에 의하여 국군을 통수하는 권한을 부여 받고 있는바(헌법 §74), 이러한 지위의 대통령은 최상위군사행정기관이다. 국군을 지휘·통제하는 대통령의 국군통수권(군사행정권)은 헌법과 법률에 따라 행사하여야 한다. 헌법상으로는 군사에 관한 중요한 사항은 국무회의의 심의에 앞서 국가 안전보장회의의 자문을 거쳐야 하고(헌법 §91·①), 그 다음 국무회의의 심의를 거쳐야 하고(헌법 §89·6호), 국군을 외국에 파견하는 경우에는 국회의 사전동의가 있어야 한다(헌법 §60·②).

국군의 조직과 편성은 법률로 정하여야 하고(헌법 §74·②), 이에 의거하여 제정된 법률이 국군조직법이다. 국군조직법에서도 "대통령은 헌법, 이법 및 기타 법률이 정하는 바에 의하여 국군을 통수한다"고 규정하고 있다(국군조직법 §6).

국무총리는 대통령을 보좌하며 행정에 관하여 대통령의 명을 받아 행정각부(군사행정의 경우는 국방부장관)를 통할하고(헌법 §86·②), 대통령이 궐위되거나 사고로 인하여 직무를 수행할 수 없을 때에는 제1차적 권한 대행자이며(헌법 §71), 국무회의의 부의장이 되고(헌법 §88·③), 국가안전보장회의의 의장의 직무대행자(국가안전보장회의법 §4·②)이므로, 군사행정에 있어서 제2차적 최고(군사)행정기관이 된다.

(2) 국가안전보장회의

국가안전보장회의는 국가안전보장에 관련되는 대외정책·군사정책과 국내정책의 수립에 관하여 국무회의의 심의에 앞서 대통령의 자문에 응하기 위하여 설치되는 헌법상 필수 자문기관이다(헌법 §91). 국가 안전보장회의의 조직은 법률로 정하게 되어 있는데(헌법 §91·③), 이에 따라 제정된 법률이 국가안전보장회의법이다. 국가안전보장회의는 대통령·국무총리·외교통상부장관·통일부장관·국방부장관 및 국가정보원장과 대통령령이 정하는 약간의 위원으로 구성되며, 대통령은 회의의 의장이 된다(국가안전보장회의법 §2·①·②).

의장은 필요하다고 인정하는 경우에는 관계부처의 장, 합동참모회의의장 기타의 관계자를 회의에 출석시켜 발언하게 할 수 있다(동법 §6). 국가정보원장은 국가안전보장에 관련된 국내외정보를 수집·평가하여 이를 회의에 보고하고 심의에 협조하여야 한다(동법 §10). 회의는 관계부처에 대하여 자료의 제출 및 기타 필요한 사항에 관하여 협조를 요구할 수 있다(동법 §9).

3. 국방부장관과 소속기관

(1) 국방부장관

국방부장관은 대통령과 국무총리의 지휘·감독하에(정부조직법 §11, §16) 국방에 관련된 군정 및 군령과 기타 군사에 관한 사무를 관장하는(정부조직법 §28·①) 중앙행정관청이다. 국방부장관은 대통령의 명을 받아 군사에 관한 사항을 장리하고 합동참모의장과 각군참모총장을 지휘·감독한다(국군조직법 §8).

(2) 병 무 청

징집·소집 기타 병무행정에 관한 사무를 관장하기 위하여 국방부장관소속하에 병무청을 둔다(정부조직법 §28·③). 병무청 역시 중앙행정관청이다. 병무청에 정무직인 청장 1인과 고위공무원단에 속하는 별정직국가공무원인 차장 1인을 둔다(정부조직법 §28·④).

(3) 방위사업청

방위력 개선사업, 군수물자 조달 및 방위산업육성에 관한 사무를 관장하기 위하여 국방부장관 소속하에 방위사업청을 둔다(정부조직법 §28·⑤). 방위사업청 역시 독임제 중앙행정관청이다. 방위사업청에 정무직인 청장 1인과 고위공무원단에 속하는 별정직국가공무원인 차장 1인을 둔다(정부조직법 §28·⑥).

(4) 합동참모본부(합동참모의장)

① 각 군의 전투를 주임무로 하는 작전부대에 대한 작전지휘·감독과 합동작전 및 연합작전의 수행을 위하여 국방부에 합동참모본부를 둔다(국군조직법 §2·②). 합동참모본부에 합동참모의장을 두며, 합동참모의장 외에 소속 군이 다른 3인 이내의 합동참모차장과 필요한 참모부서를 둔다(국군조직법 §9·①, §12·①).

합동참모의장은(이하 '합참의장'이라 한다) 참모총장을 역임한 자 또는 장관급(將官級)장교 중에서 국방부장관의 추천에 의하여 국무회의의 심의를 거쳐 대통령이 임명한다. 이 경우 국회의 인사청문을 거쳐야 한다(헌법 §89·16호, 군인사법 §18). 합참의장은 재임기간 중 군에서 복무하는 현역장교 중에서 최고의 서열을 가지며, 임기는 2년으로 한다. 다만 전시·사변 또는 국방상 필요한 때에는 1년 이내의 기간에 한하여 그 임기를 연장할 수 있다(군인사법 §18·②,③).

② 합참의장은 군령에 관하여 국방부장관을 보좌하며, 국방부장관의 명을 받아 전투를 주 임무로 하는 각군의 작전부대를 작전지휘·감독하고, 합동작전의 수행을 위하여 설치된 합동부대를 지휘·감독한다(국군조직법 §9·①·②). 다만, 평시 독립전투여단급 이상의 부대이동 등 주요군사사항은 국방부장관의 사전승인을 얻어야 한다(국군조직법 §9·② 단서).

③ 군령에 관하여 국방부장관을 보좌하며, 주요군사사항 기타 법령이 정하는 사항을 심의 하게 하기위하여 합동참모본부에 합동참모회의를 둔다(국군조직법 §13·①). 합동참모회의는 합동참모의장과 각 군 참모총장으로 구성하며, 합참의장이 그 의장이 된다. 다만, 해병대와 관련된 사항을 심의할 때는 해병대 사령관도 구성원으로 특정작전 부대와 관련된 사항을 심의할 때에는 당해 작전사령관을 배석시킬 수 있고, 합동참모회의는 월1회 이상 정례화 한다(국군조직법 §13·②,③,④).

④ 위와 같이 군령에 관한 사항만을 담당하는 기관으로서 국방부에 합동참모본부가 있고 여기에는 그 장인 합동참모의장 및 합동참모회의가 있다.

(5) 각 군 참모총장(각 군본부)

육군에 육군참모총장, 해군에 해군참모총장, 공군에 공군참모총장을 둔다. 「각군참모총장은 국방부장관의 명을 받아 각각 당해 군을 지휘·감독하는 군사행정관청이다. 다만, 전투를 주임무로 하는 작전부대에 대한 작전지휘·감독은 이를 제외한다」(국군조직법 §10·①·②)라고 개정되어 각군 참모총장은 협의의 군정권만 가지며 「군령권」은 배제시키고 있는 바, 군령권은 합동참모의장이 갖도록 하고 있다. 해병대 사령관은 해군 참모총장의 명을 받아 해병대를 지휘·감독한다(국군조직법 §10·③). 그 한도에서 해병대 사령관도 군사행정관청이 된다. 참모총장은 당해 군 장관급(將官給)장교 중에서 국방부장관의 추천에 의하여 국무회의의 심의를 거쳐 대통령이 임명한다(군인사법 §19·①). 참모총장은 재임기간 중 당해 군에서 복무하는 현역장교 중에서 최고의 서열을 가지며, 임기는 2년으로 한다. 다만, 전시·사변시에 한하여 1차 연임할 수 있다(군인사법 §19·②·③). 해병대 사령관은 해병대 장관급 장교 중에서 해군 참모총장의 추천을 받아 국방부장관의 제청으로 대통령이 임명한다(군인사법 §19·①). 육군에 육군본부, 해군에 해군본부, 공군에 공군본부, 해병대에 해병대사령부를 두고, 각군 본부에 참모총장 외에 참모차장 1인과 필요한 참모 부서를 둔다(국군조직법 §14·①,②).

Ⅱ. 군공무원

1. 서 론

군 공무원에는 ① 군인과 ② 군무원이 있다. 이들은 모두 특정직공무원인 점에서는 같다. 군인의 임용·복무·교육훈련·사기·복지·신분보장 등 인사행정의 기준을 정한 법이 군인사법이고, 군무원의 그 자격·임용·복무·보수·신분보장 등 인사행정의 기준을 정한 법이 군무원인사법이다.

군무원은 이를 일반군무원과 기능군무원으로 구분한다. 일반군무원은 기술·연구 또는 일반 행정에 대한 업무를 담당하는 군무원으로서 직군별, 직렬별로 분류하고, 1급 내지 9급으로 구분하고, 기능군무원은 기능적인 업무를 담당하는 군무원으로서 그 계급구분은 대통령령으로 정한다(군무원인사법 §2, §3). 군인사법과 군무원인사법은 양자 모두 국가공무원법에 대한 특별법의 지위에 있는 점도 같다(군인사법 §1, 군무원인사법 §1). 이하에서는 군인사법에 관해서만 살펴보고자 한다.

2. 적용범위

군인사법은 ① 현역에 복무하는 장교·준사관·부사관 및 병(兵) ② 사관생도·사관후보생 및 부사관 후보생, ③ 소집되어 군에 복무하는 예비역 및 보충역에 적용된다(군인사법 §2).

3. 계급 및 병과

(1) 계 급(§3)

① 장교는 장관(將官)·영관 및 위관으로 구분하고, 장관은 원수·대장·중장·소장 및 준장으로, 영관은 대령·중령 및 소령으로, 위관은 대위·중위 및 소위로 한다.

② 준사관은 준위로 한다.

③ 부사관은 원사, 상사, 중사 및 하사로 한다.

④ 병은 병장·상등병·일등병 및 이등병으로 한다.

그리고 군인의 서열은 이러한 계급의 순위에 의한다(§4).

(2) 병 과(§5)

군인의 병과는 기본병과와 특수병과로 구분하고, 이를 다시 육군·해군·공군에 따라 상이하게 세분하고 있다. 예컨대 기본병과로서 육군은 보병과·기갑과·포병과·방공과·정보과·공병과·정보통신과·항공과·화학과·병기과·병참과·수송과·부관과·헌병과·경리과 및 정훈과(政訓科) 그리고 특수병과로서 육군의 의무과(군의과, 치의과, 수의과, 의정과, 간호과의 5과를 말한다) 법무과 및 군종과(軍宗科)가 있다.

국방부장관은 전시, 사변 등의 국가비상시에 있어서 필요할 때에는 기본병과의 일부를 신설, 폐지 또는 병합할 수 있다.

(3) 복 무

장교는 장기복무와 단기복무로 구분하여 복무하고(군인사법 §6), 장교, 준사관 및 부사관(본인의 지원에 의하지 아니하고 임용된 하사를 제외한다)에게는 일정한 의무복무기간이 있다(군인사법 §7). 그리고 현역정년제도에는 ① 연령정년(원수는 종신, 대장은 63세, 중장은 61세, 소장은 59세, 준장은 58세, 대령은 56세, 중령은 53세, 소령은 45세, 대위이하 위관은 43세, 준위 55세, 원사 55세, 상사는 53세, 중사는 45세, 하사는 40세), ② 근속정년(대령은 35년, 중령은 32년, 소령은 24년, 대위이하 위관은 15년, 준위는 32년), ③ 계급정년(중장은 4년, 소장은 6년, 준장은 6년)이 적용된다. 다만, 의무복무기간이나 현역정년은 전시·사변 등의 국가비상시에는 예외로 한다(군인사법 §7, §8).

(4) 보 임

장교, 준사관 및 부사관은 학력과 자격에 기초를 두고 공개 경쟁시험으로 임용한다. 다만, 공개 경쟁시험 이외에 능력의 실증에 기초를 둘 때에는 전형에 의하여 임용할 수 있다(군인사법 §9·①). 장교는 참모총장의 추천에 의하여 국방부장관의 제청으로 대통령이 임명한다. 다만, 대령이하의 장교는 대통령의 위임에 의하여 국방부장관이 임용할 수 있다(군인사법 §13·①). 준사관은 국방부장관이 임용한다. 다만, 국방부장관은 참모총장에게 임용권을 위임할 수 있다(군인사법 §13·②). 부사관은 참모총장이 임용한다. 다만, 참모총장은 장관급지휘관에게 임용권을 위임할 수 있다(군인사법 §13·③). 장교, 준사관 및 부사관에 최초로 임용되는 자에게는 최저연령과 최고연령의 제한이 따른다(군인사법 §15).

(5) 신분보장 및 불복

군인은 법률이 정하는 바에 의하여 신분이 보장되며, 그 계급에 상응하는 예우를 받으며, 이법에 의하지 아니하고는 그 의사에 반하여 휴직을 당하거나 현역에서 전역 또는 제적되지 아니한다(군인사법 §44).

전역 또는 제적과 징계 및 휴직 기타 본인의 의사에 반하는 불리한 처분에 관한 행정소송은 인사 소청심사위원회 또는 제60조의 2의 규정에 의한 항고심사위원회의 심사·결정을 거치지 아니하면 이를 제기할 수 없다고 규정하여 필요적 전심절차를 두고 있다(군인사법 §51의 2).

(6) 징 계

징계권자는 군인이 ① 직무상의 의무를 위반하거나 직무를 태만히 한 때, ② 직무의 내외를 불문하고 품위를 손상하는 행위를 한 때, ③ 그 밖에 이 법 또는 이 법에 의한 명령을 위반한 때에는 징계의결의 요구를 하고, 동 징계의결의 결과에 따라 징계처분을 행하여야 한다(군인사법 §56).

징계의 종류는 장교·준사관 및 부사관에 대한 징계처분은 중징계(파면·해임·강등·정직)와 경징계(감봉·근신·견책)로 하고(군인사법 §57), 병(兵)에 대한 징계처분은 강등·영창·휴가제한 및 근신으로 구분한다(군인사법 §57·②). 징계는 징계위원회의 심의를 거쳐 이를 행하고(군인사법 §59·①), 징계처분에 불복하는 자는 항고심사위원회에 항고할 수 있다(군인사법 §60, §60의2).

징계사유가 발생한 날부터 2년(금품 및 향응수수, 공금의 횡령·유용의 경우는 5년)을 경과하면 징계의결을 요구할 수 없다(군인사법 §60의 3).

제3절 군사행정작용(군정작용)

Ⅰ. 서 설

군사행정작용(군정작용)은 군사권력작용과 군사관리작용으로 나눌 수 있다. 군사관리작용은 군대내부에서 조직편성과 유지관리를 하는 비권력적 작용을 뜻하는 것으로서, 이는 군내부에서의 특별행정법 관계적 작용이거나(예: 군인사관리) 또는 사경제적작용(예: 군수품관리)으로서 행하여지는 경우가 대부분이다. 군사권력작용은 국가목적을 위하여 국민에게 명령·강제하며(예: 병역취득) 부담을 과하는 작용(예: 군사부담)이다. 즉, 개인에게 병역의 의무를 과하고, 군사와 관련하여 각종의 인적·물적부담을 과하는 작용을 말하며, 그 밖에 국가의 비상사태 및 통합방위사태와 관련한 일련의 비상체제하의 작용도 문제된다. 군사관리작용은 「군사행정조직」에서 설명하였다.

이하에서는 군사권력작용에 관하여 주로 살펴보기로 한다.

Ⅱ. 병 역

1. 총 설

(1) 병역의 의의와 성질

헌법 제39조 제1항은 「모든 국민은 법률이 정하는 바에 의하여 국방의 의무를 진다」라고 규정하고 있다. 이에 근거하여 제정된 병역법 제3조 제1항은 「대한민국 국민인 남성은 헌법과 이법이 정하는 바에 따라 병역의무를 성실히 수행하여야 한다. 여성은 지원에 의하여 현역 및 예비역으로만 복무할 수 있다」고 규정하여 국민의 기본의무로서의 국방의무 중 가장 기본적인 병역의무를 규정하고 있다. 국방의무의 의미에 관해서는 견해가 갈린다. 협의설은 병역제공의무만을 의미하고 광의설은 병역제공의무 외에 방공·방첩 등 국방에 필요한 모든 의무를 포함한다고 한다. 광의설이 통설이다. 이하에서는 병역제공의무만을 설명하기로 하고, 나머지는 군사부담 등에서 뒤에 별도 설명하기로 한다.

병역의무는 국가의 복무명령이 있을 때에는 군대의 구성원으로서의 군에 복무할 의무를 말하는데, 병역의무란 현실적으로 군복무를 행할 의무를 뜻하는 것이 아니고 국가로부터 군복무의 명령을 받을 수 있는 추상적인 법률상의 지위를 뜻하는 것에 불과하다.

특별행정법관계로서의 군복무관계는 병역의무에 근거해서 또는 자유로운 의사에 기해서 개시되는 것이다. 군인사법 제47조에서 "군인은 국가에 대하여 충성을 다하고 복무기간 중 성실히 그 직무를 수행하여야 하며 직무상의 위험 또는 책임을 회피하거나 상관의 허가를 받지 아니하고 직무를 이탈하여서는 아니된다"라고 규정하여 직무수행의 의무를 규정하고 있다.

현역·예비역·보충역의 병과 제2국민역의 병역의무는 40세까지로 하고, 예비역·보충역의 장교·준사관 및 부사관의 병역의무는 「군인사법」에 의한 그 계급의 연령정년이 되는 해까지로 한다(병역법 §72·①). 병역의무기간을 마친 때에 장교·준사관 및 부사관의 경우는 퇴역이 되고, 병의 경우는 면역이 된다(병역의무의 종료).

징병검사·현역병입영 또는 공익근무요원 소집의무는 36세부터 면제됨이 원칙이며, 면제된 사람은 제2국민역에 편입한다(병역법 §71·①)(입영의무등의 감면). 다만, 정당한 사유없이 징병검사·현역병입영 또는 공익근무요원 소집을 기피하고 있는 사람과 행방을 알 수 없는 사람 등 제71조 제1항 단서의 각 호의 어느 하나에 해당하는 사람은 38세부터 면제된다(병역법 §71·① 단서).

(2) 기본용어정리(병역법 §2)

1) 징 집

국가가 병역의무자에 대하여 현역에 복무할 의무를 부과하는 것을 말한다.

2) 소 집

국가가 병역의무자 또는 지원에 의한 병역복무자 중 예비역·보충역 또는 제2국민역에 대하여 현역복무 외의 군복무의무 또는 공익분야에서의 복무의무를 부과하는 것을 말한다.

3) 입 영

병역의무자가 징집·소집 또는 지원에 의하여 군부대에 들어가는 것을 말한다.

4) 무관후보생

장교·준사관·부사관의 병적편입을 위하여 군사교육기관 또는 수련기관 등에서 교육이나 수련 등을 받고 있는 사람을 말한다.

5) 전환복무

현역병으로 복무 중인 사람을 교정시설경비교도·전투경찰대원 또는 의무소방원의 임무에 종사하도록 군인으로서의 신분을 다른 신분으로 전환하는 것을 말한다.

6) 상근예비역

징집에 의하여 현역병으로 입영한 사람이 일정기간을 현역병으로 복무하고 예비역에 편입된 후 향토방위와 이와 관련된 업무를 지원하기 위하여 소집되어 실역에 복무하는 사람을 말한다.

7) 공익근무요원

① 국가기관·지방자치단체·공공단체 및 사회복지시설의 공익목적에 필요한 사회복지, 보건·의료, 교육·문화, 환경·안전등 사회서비스업무지원업무, ② 국가기관·지방자치단체·공공단체의 공익목적에 필요한 행정업무등의 지원업무, ③ 문화창달과 국위선양을 위한 예술·체육의 육성업무, ④ 「국제협력요원에 관한 법률」에 따른 개발도상국가의 경제·사회·문화발전 등의 지원업무를 위하여 소집되어 공익분야에 복무하는 사람을 말한다(병역법 §2·①·10호, §26·①).

8) 산업기능요원

산업을 육성하고 지원하기 위하여 제36조(병무청장이 선정한 지정업체)에 따라 산업기능요원으로 편입되어 해당분야에 종사하는 사람을 말한다(병역법 §2·①·17호).

9) 지정업체

병무청장이 선정한 연구기관·기간산업체·방위산업체와 「농어업 경영체 육성 및 지원에 관한 법률」(§19)상의 농업회사법인, 「농업기계화촉진법」(§11·②)상의 농업기계의 「사후관리업체」를 말한다(병역법 §2·①·18호).

(3) 병역의 종류(병역법 §5)

1) 현 역

징집 또는 지원에 의하여 입영한 병과 이 법 또는 군인사법에 의하여 현역으로 임용된 장교·준사관·부사관 및 무관후보생

2) 예 비 역

현역을 마친 사람 기타 이 법에 의하여 예비역에 편입된 사람

3) 보 충 역

징병검사를 받아 현역복무를 할 수 있다고 판정된 사람 중에서 병역수급사정에 의하여 현역병입영대상자로 결정되지 아니한 사람과 공익근무요원·공중보건의사·징병검사전담의사·국제협력의사·공익법무관·공중방역수의사·전문연구요원·산업기능요원으로 복무 또는 의무종사하고 있거나 그 복무 또는 의무종사를 마친 사람 기타 이법에 의하여 보충역에 편입된 사람

4) 제1국민역

병역의무자로서 현역·예비역·보충역 또는 제2국민역이 아닌 사람

대한민국 국민인 남자는 18세부터 제1국민역에 편입된다. 행정안전부장관은 매년 18세가 되는 남자에 대하여 제1국민역 편입자의 조사에 필요한 주민등록전산자료를 병무청장에게 통보하여야 한다(병역법 §8, §9).

5) 제2국민역

징병검사 또는 신체검사결과 현역 또는 보충역복무는 할 수 없으나 전시근로소집에 의한 군사지원업무는 감당할 수 있다고 결정된 사람과 그 밖에 이 법에 의해 제2국민역에 편입된 사람(병역법 §5 ·①·5호)

(4) 징병검사와 병역처분

1) 징병검사

병역의무자는 19세가 되는 해에 병역을 감당할 수 있는지를 판정받기 위하여 지방병무청장이 지정하는 일시 및 장소에서 징병검사를 받아야 한다. 다만, 군에서 필요로 하는 인원과 병역자원의 수급상황 등을 고려하여 19세가 되는 사람 중 일부를 20세가 되는 해에 징병검사를 받게 할 수 있다(§11).

2) 병역처분

지방병무청장은 징병검사를 받는 사람(군병원에서 신체검사를 받은 사람을 포함) 또는 현역병지원 신체검사를 받은 사람에 대하여 다음과 같이 병역처분을 한다. 이 경우 현역병지원 신체검사를 받은 18세인 사람에 대하여는 신체등위 5급 또는 6급의 판정을 받은 경우에 한하여 병역처분을 한다(§14).

① 신체등위가 1급 내지 4급인 사람은 학력·연령 등 자질을 감안하여 현역병입영대상자·보충역 또는 제2국민역

② 신체등위가 5급인 사람은 제2국민역

③ 신체등위가 6급인사람은 병역면제

④ 신체등위가 7급인 사람은 재신체검사. 재신체검사의 처분을 받은 사람으로서 제12조 제3항의 규정(다시 신체검사를 받게할 수 있는 기간은 신체검사 결과 7급판정을 받은 날부터 1년을 초과할 수 없다)에 의하여 다시 신체검사를 받아도 신체등위가 7급으로 판정된 사람은 대통령령이 정하는 바에 따라 제2국민역으로 처분한다. 다만, 수형(受刑) 등 대통령령이 정하는 사유로 그 병역에 적합하지 아니하다고 인정되는 사람의 경우에는 다시 신체검사를 하지 아니하고 제2국민역에 편입할 수 있다(§14·②단서, §65·①·2호).

2. 현역병 등의 복무

(1) 현역병입영(징집)

1) 의 의

국가가 병역의무자에 대하여 현역에 복무할 의무를 부과하는 것을 징집이라 한다. 지방병무청장은 징병검사결과 현역병입영대상자로 처분된 사람에 대하여 시·군·구별로 징집순서를 정한다. 징집순서결정의 기준은 신체등위·학력·연령 등 자질을 감안하여 병무청장이 정한다(§15·①, ②).

지방병무청장은 현역병징집순서가 결정된 사람에 대하여는 징병검사를 받은 해 또는 그 다음해에 입영하게 하되, 입영시기를 정함에 있어서는 군(軍)별·적성별로 입영할 사람 간에 자질의 균형이 유지되도록 하여야 한다(§16·①).

병무청장 또는 각군참모총장은 18세 이상인 사람으로서 군에 복무할 것을 지원한 사람에 대하여 신체검사를 거쳐 육군·해군 또는 공군의 현역병으로 선발할 수 있다(§20·①).

2) 현역의 복무

현역은 입영한 날부터 군부대에서 복무한다. 다만, 국방부장관이 허가한 사람은 군부대 밖에서 거주할 수 있다(§18·①). 현역병(지원에 의하지 아니하고 임용된 하사를 포함한다)의 복무기간은 육군은 2년, 해군은 2년 2월(다만, 해병은 2년), 공군은 2년 4월로 한다(§18·②).

국방부장관은 현역의 복무기간을 다음과 같이 조정할 수 있다(§19·①).

① 전시·사변에 준하는 사태, 「재난및안전관리기본법」(§60·3·①)상 특별재난지역이 선포된 경우, 군대의 증편·창설의 경우 또는 병력자원의 부족으로 병력충원이 곤란한 경우 6월의 기간 내에서 연장

② 항해중이거나 외국에서 복무중인 경우 또는 중요한 작전이나 연습중인 경우 3월의 기간 내에서 연장

③ 정원조정의 경우 또는 병 지원율 저하로 복무기간의 조정이 필요한 경우 6개월의 기간 내에서 단축

① 및 ③의 경우에는 미리 국무회의의 심의를 거쳐 대통령의 승인을 얻어야 한다(§19·①). ②의 경우에는 복무기간을 연장하고자 할 때에는 그 기간과 사유를 본인에게 통지해야 하

며, 연장사유가 해소된 때에는 즉시 복무기간 연장조치를 해제해야 한다(§19·②).

(2) 상근예비역소집대상자의 입영 및 소집

1) 대상 및 선발

상근 예비역이란 징집에 의하여 현역병으로 입영한 사람이 일정기간을 현역병으로 복무하고 예비역에 편입된 후 향토방위와 이와 관련된 업무를 지원하기 위하여 소집되어 실역에 복무하는 사람을 말하는데, 상근예비역의 소집은 징집에 의하여 상근예비역의 소집대상으로 입영하여 1년간의 기간 내에서 대통령령이 정하는 현역복무기간을 마치고 예비역에 편입된 사람과 제65조제3항에 다라 예비역에 편입된 사람을 대상으로 한다(§21·①). 지방병무청장은 현역병으로 입영할 사람 중에서 징집에 의하여 상근예비역소집대상자를 주거지별로 선발한다(§21·②).

2) 입영 및 소집

지방병무청장은 상근예비역으로 소집될 사람에 대하여 거주지별 필요인원에 따라 현역병으로 입영하게 한다. 각 군 참모총장은 입영한 사람이 현역복무기간을 마친 다음날에 예비역에 편입시켜야 하며, 이와 동시에 상근예비역으로 소집해야 한다(§22·①, ②).

3) 상근예비역의 복무

상근 예비역으로 소집된 사람의 복무기간은 2년 6월 이내로 하되, 제21조 제1항의 규정에 의한 현역복무기간은 상근예비역의 복무기간에 이를 산입한다(§23·①). 각군참모총장은 상근예비역으로 소집된 사람에 대하여 향토방위업무를 수행하는 군부대 또는 이를 지원하는 기관에 파견하여 근무하게 한다(§23·④). 국방부장관은 상근예비역으로 소집된 사람에 대하여 군부대 밖에서 거주하게 할 수 있으며, 예산의 범위 안에서 급식 또는 실비지급 등을 할 수 있다(§23·⑤).

(3) 전환복무

1) 배정에 의한 전환복무

법무부장관·경찰청장 또는 해양경찰청장은 다음사항의 구분에 따라 전환복무를 위하여 필요한 소요인원의 배정을 국방부장관에게 요청할 수 있다(§24·①).

① 법무부장관의 경우에는 「교정시설경비교도대설치법」(§3)상의 경비교도의 임용예정인원
② 경찰청장 또는 해양경찰청장의 경우에는 「전투경찰대설치법」(§3·①)상의 대간첩작전의 수행을 임무로 하는 전투경찰 순경의 임용예정인원

국방부장관은 소요인원 배정의 요청을 받은 때에는 현역병으로 입영하여 소정의 군사교육을 마친 사람 중에서 소요인원을 전환복무시킬 수 있고(§24·②), 전환복무된 사람은 입영한 날부터 기산하여 현역병의 복무기간과 같은 기간 동안 복무를 해야 한다. 이 경우 전환복무 기간은 현역병으로 복무한 기간으로 본다(§24·③·④).

2) 추천에 의한 전환복무

국방부장관은 ① 소방방재청장으로부터 「의무소방대설치법」(§3·②)상의 소방업무의 보조를 임무로 하는 의무소방원 임용예정자의 추천을 받은 때, ② 경찰청장 또는 해양경찰청장으로부터 「전투경찰대설치법」(§3·②·③)상의 치안업무의 보조를 임무로 하는 전투경찰순경 임용예정자와 경찰대학 졸업예정자로서 전투경찰대에 복무할 사람의 추천을 받은 때에는 그 추천을 받은 사람을 현영병지원자로 보고 지방병무청장으로 하여금 이들을 입영하게 하여 소정의 군사 교육을 마치게 한 후 전환복무시킬 수 있다(§25·①).

3. 보충역의 복무

(1) 공익근무요원의 복무

1) 공익근무요원의 업무 및 소집대상

공인근무요원은 ① 국가기관·지방자치단체·공공단체 및 사회복지설의 공익목적에 필요한 사회복지, 보건·의료, 교육·문화, 환경·안전 등 사회서비스 업무의 지원업무, ② 국가기관·지방자치단체·공공단체의 공공목적에 필요한 행정업무 등의 지원업무, ③ 문화 창달과 국위선양을 위한 예술·체육 분야, ④ 「국제협력요원에관한법률」에 의한 개발도상국가의 경제·사회·문화발전 등의 지원업무에 복무하게 하여야 한다(§26·①). 이러한 업무에 복무하여야 할 공익근무요원은 ①및 ②의 경우는 보충역, ③의 경우는 보충역 또는 현역병입영대상자 중 대통령령이 정하는 예술·체육분야의 특기를 가진 사람으로서 문화체육관광부장관이 추천한 사람, ④의 경우는 보충역 또는 현역병 입영대상자 중 「국제협력요원에관한법률」에 의하여 외교통상부장관의 추천을 받은 사람에 대하여 각각 소집한다(§26·②). 이때 현역병입영대상자는 보충역에 편입한다(§26·⑤).

2) 공익근무요원의 배정인원(§27)

지방병무청장은 위의 1)의 ①및 ②의 업무에 복무할 공익근무용원을 필요로 하는 국가기관·지방자치단체 또는 공공단체의 장으로부터 다음 해에 필요한 인원의 소요인원의 배정 요청을 받은 때에는 복무기관·복무분야·복무형태 및 배정인원 등을 결정한다.

병무청장은 위의 1)의 ④의 업무에 복무할 공익근무요원에 대하여 외교통상부장관으로부터 다음 해에 필요한 인원의 배정요청을 받은 때에는 복무기관·복무분야 및 배정인원 등을 결정한다.

3) 공익근무요원의 복무기간·복무 및 보수(§30, §31)

공익근무요원의 복무기간은 ① 행정업무 등의 지원업무에 복무하는 공익근무요원은 2년 2월, ② 예술·체육분야에 복무하는 공익근무요원은 2년 10월, ③ 국제지원업무에 복무하는 공익근무요원은 2년 6월로 한다(§30·①).

공익근무요원의 복무 및 보수는 ① 행정업무 등의 지원업무에 복무하는 공익근무요원을 배정받은 기관의 장은 복무분야를 지정하여 복무하게 하여야 하며, 이 경우 공익근무요원의 직무상행위는 공무수행으로 보며 출·퇴근하며, 소속기관장의 지휘·감독을 받고, 보수 및 직무수행에 필요한 여비 등을 지급하여야 하며, 그 기준 등에 관하여 필요한 사항은 대통령령으로 정한다. 행정업무 등의 지원업무에 복무하는 공익근무요원을 배정받은 기관으로서 대통령령이 정하는 인원이 복무하는 기관의 장은 공익근무요원 복무관리 담당직원을 지정하여야 한다(§31의2). ② 예술·체육분야에 복무하는 공익근무요원은 해당분야의 특기계발 및 복무에 관한 문화체육관광부장관의 지휘·감독을 받아 복무하여야 한다(§31·③). ③ 국제지원업무에 복무하는 공익근무요원은 외교통상부장관의 지휘·감독을 받아 복무하여야 하며, 「국제협력요원에관한법률」이 정하는 바에 따라 보수 및 직무수행에 필요한 여비 등을 지급한다(§31·⑥·⑦).

(2) 공중보건의사·공익법무관·공익수의사 등의 복무

1) 의 의

공중보건의사란 의사·치과의사 또는 한의사의 자격을 가진 사람으로서 「농어촌 등 보건의료를 위한 특별조치법」이 정하는 바에 따라 공중보건업무에 종사하는 사람을 말하고, 공익법무관이란 변호사의 자격을 가진 사람으로서 「공익법무관에관한법률」이 정하는 바에 따라 법률구조업무 또는 국가·지방자치단체의 공공목적의 업무수행에 필요한 법률사무에 종사하는 사람을 말하고, 징병검사전담의사(이하 '징병전담의사'라 한다)란 의사 또는 치과의사의 자격을 가진 사람으로서 제34조의 규정에 의하여 징병검사 전담의사로 편입되어 신체검사업무 등에 종사하는 사람을 말하고, 공중방역 수의사란 수의사의 자격을 가진 사람으로서 「공중방역수의사에관한법률」이 정하는 바에 따라 가축방역업무에 종사하는 사람을 말하고, 국제협력의사란 의사·치과의사 또는 한의사의 자격을 가진 사람으로서 「국제협력요원에관한법률」이 정하는 바에 따라 국제협력업무에 종사하는 사람을 말한다(병역법 §2·①, 11내지 15호).

2) 편입·복무

① 공중보건의사 등의 편입·복무

병무청장은 의사·치과의사 또는 한의사의 자격이 있는 사람으로서 ㉮ 현역병입영대상자로서 제58조 제1항 제1호의 규정에 의한 의무분야 현역장교의 병적 편입을 지원한 사람 중 그 편입이 되지 아니한 사람, ㉯ 제58조 제2항 제1호의 규정에 의한 의무사관후보생의 병적에 편입된 사람으로서 의무분야 현역장교병적에 편입되지 아니한 사람, ㉰ 의사·치과의사 또는 한의사의 자격이 있는 사람으로서 제26조 제1항 제1호 및 제2호의 규정에 의한 공익근무요원소집대상인 보충역에 해당하는 사람이 원할 경우 공중보건의사·징병검사 전담의사(한의사의 자격이 있는 사람은 제외한다) 또는 국제협력의사로 편입할 수 있다. 이 경우 현역병입영대상자는 보충역에 편입한다(§34·①).

공중보건의사·징병검사 전담의사 또는 국제협력의사로 편입된 사람은 해당분야에 3년간 종사하여야 하며, 그 기간을 마친 때에는 공익근무요원의 복무를 마친 것으로 본다. 공중보건의사·징병검사 전담의사 또는 국제협력의사에 편입된 사람에 대하여는 제55조의 규정에 의한 교육소집을 실시하되, 그 교육소집기간은 복무기간에 산입하지 아니한다(§34·②, ③).

② 공익법무관의 편입·복무

병무청장은 변호사의 자격이 있는 사람으로서 ㉮ 현역병입영대상자로서 제58조 제1항 제2호의 규정에 의한 법무분야 현역장교의 병적편입을 지원한 사람 중 그 편입이 되지 아니한 사람, ㉯ 제58조 제2항 제2호의 규정에 의한 법무사관 후보생의 병적에 편입된 사람으로서 법무분야 현역장교의 병적에 편입되지 아니한 사람, ㉰ 변호사의 자격이 있는 사람으로서 제26조 제1항 제1호의 규정에 의한 공익근무요원 소집대상인 보충역에 해당하는 사람이 원할 경우 공익법무관으로 편입할 수 있다. 이 경우 현역병입영대상자는 보충역에 편입한다(§34의6). 공익법무관에 편입된 사람은 해당분야에서 3년간 종사해야 하며, 그 기간을 마친 때에는 공익근무요원의 복무를 마친 것으로 본다. 공익법무관에 편입된 사람에 대하여는 제55조의 규정에 의한 교육소집을 실시하되, 그 교육소집기간은 복무기간에 산입하지 않는다(§34의6·②, ③).

③ 징병검사 전담의사의 신분 및 보수 등

징병검사 전담의사는 병무청소속 계약직공무원으로 하고, 군인 보수의 범위 안에서 보수 및 직무수행에 필요한 여비 등을 지급하되 그 지급기준 등에 관하여 필요한 사항은 대통령령으로 정한다. 병무청장은 징병검사 전담의사에 편입된 사람을 소집하여 직무에 필요한 교육 등을 실시하고 신체검사업무 등에 종사하게 하여야 하며, 징병검사를 실시하지 아니하는 기간 중 3월의 범위 안에서 군병원 등에서 직무와 관련된 수련을 실시할 수 있다. 병무청장은 징병검사 전담의사의 복무에 대하여 지휘·감독한다. 징병검사 전담의사의 복무에 관하여는 이 법에 정한 것을 제외하고는 「국가공무원법」에 의한다(§34의3).

④ 공중 방역 수의사 편입·복무

병무청장은 수의사의 자격을 가진 사람으로서 ㉮ 현역병입영대상자로서 제58조 제1항 제4호의 규정에 따른 수의분야 현역장교의 병적편입을 지원한사람 중 그 편입이 되지 아니한 사람, ㉯ 제58조 제2항 제4호의 규정에 따른 수의사관후보생 병적에 편입된 사람으로서 수의분야 현역장교 병적에 편입되지 아니한 사람, ㉰ 수의사의 자격이 있는 사람으로서 제26조 제1항 제1호 및 제2호의 규정에 따른 공익근무요원소집대상인 보충역에 해당하는 사람이 원할 경우 공중 방역 수의사로 편입할 수 있다. 이 경우 현역병입영대상자는 보충역에 편입한다(§34의7).

공중 방역 수의사로 편입된 사람은 해당분야에 3년간 종사하여야 하며, 그 기간을 마친 때에는 공익근무요원의 복무를 마친 것으로 본다(§34의7·②).

(3) 전문연구요원 및 산업기능요원의 복무

1) 의 의

전문연구요원이란 학문과 기술의 연구를 위하여 제36조에 따라 전문연구 요원으로 편입되어 해당전문분야의 연구업무에 종사하는 사람을 말하고, 산업기능요원이란 산업을 육성·지원하기 위하여 제36조에 따라 산업기능요원으로 편입되어 해당분야에 종사하는 사람을 말한다(§2·①·6호, 7호).

2) 지정업체선정 등

병무청장은 연구기관·기간산업체 및 방위산업체 중에서 전문연구요원이나 산업기능요원이 종사할 지정업체(농업회사법인 및 사후봉사업체를 제외한다)를 대통령령이 정하는 기준에 따라 선정하고, 군에서 필요로 하는 인원의 충원에 지장이 없는 범위 안에서 전문연구요원 또는 산업기능요원으로 편입할 수 있는 인원을 결정하고 대통령령이 정하는 바에 따라 지정업체별 배정인원을 결정한다(§36·①, ④).

지정업체 또는 후계농업경영인 및 어업인후계자의 사업장이 소재하는 행정구역을 관할하는 지방병무청장은 ① 현역병입영대상자 또는 ② 제26조 제1항 제1호 및 제2호에 따른 공익근무요원 소집대상인 보충역 ③ 제26조제1항 제1호 및 제2호에 따른 공익근무요원으로서 제39조에 따른 의무종사기간을 35세까지 마칠 수 있는 사람에 대하여는 전문연구요원 또는 산업기능요원으로 편입할 수 있다. 이 경우 현역병입영대상자는 보충역에 편입한다(§36·⑤).

3) 편입대상 및 제한

① 전문연구요원으로 편입할 수 있는 사람은 원할 경우 ㉮ 석사이상의 학위를 취득한

사람으로서 지정업체로 선정된 연구기관에 종사하고 있는 사람 ㉯ 지정업체로 선정된 자연계대학원에서 박사학위과정을 수학 중인 사람, ㉰ 의사, 치과의사 또는 한의사 자격이 있는 사람으로서 제58조 제2항 제1호의 규정에 따른 군정공의수련기관에서 소정의 과정을 수료하고, 제2호의 자연계대학원에서 박사학위과정을 수학 중인 사람은 편입할 수 있다(§37).

② 산업기능요원으로 편입할 수 있는 사람은 원할 경우 ㉮ 지정업체로 선정된 공업·광업·에너지산업·건설업·수산업 또는 해운업분야의 기간산업체에 종사하고 있는 사람, ㉯ 방위사업법 제18조 및 제35조의 규정에 의한 전문연구기관 및 방위산업체(군정비부대를 포함한다) 중에서 지정업체로 선정된 전문연구기관 또는 방위산업체에 종사하고 있는 사람, ㉰ 국제적 수준의 기능을 가진 사람 중 국가이익을 위하여 특히 필요하다고 인정하여 대통령령이 정하는 사람, ㉱ 후계 농업 경영인, 농업회사법인의 농업기계운전요원 및 사후관리업체에 종사하고 있는 사람으로서 관할 시장 또는 군수의 추천을 받은 사람 및 후계 어업 경영인으로 국립수산과학원원장의 추천을 받은 사람은 편입할 수 있다(§38).

③ 지정업체(지정업체가 기업부설연구기관인 경우에는 모기업을 말한다) 대표이사의 4촌 이내의 혈족에 해당하는 사람은 그 지정업체에 전문연구요원 또는 산업기능요원으로의 편입이나 제39조 제3항 단서의 규정에 의한 전직을 할 수 없다(§38의2).

(4) 복무기간의 조정

국방부장관은 병무청장의 요청에 따라, ① 현역병의 복무기간 단축 또는 연장으로 복무기간 또는 의무종사기간의 조정이 필요한 경우, ② 근무조건이나 작업환경이 나빠 복무기간 또는 의무종사 기간의 단축이 필요한 경우, ③ 병역자원의 수급계획상 필요한 경우에는 공익근무요원·전문연구요원 또는 산업기능요원의 복무기간 또는 의무종사기간을 1년의 범위 내에서 조정할 수 있다. 이 경우 공익근무요원소집대상보충역으로서 공익근무요원·전문연구요원·산업기능요원으로 소집 또는 편입된 사람에 대하여는 그 복무기간 또는 의무종사기간의 조정의 범위를 현역병 입영대상자로서 소집 또는 편입된 사람과 달리 정할 수 있다(§42). 복무기간 또는 의무종사기간을 조정하고자 할 때에는 미리 국무회의의 심의를 거쳐 대통령의 승인을 얻어야 한다(§42).

4. 소 집

(1) 병력동원소집

병력동원소집은 전시·사변 또는 이에 준하는 국가 비상사태에 부대편성이나 작전수요를 위하여 ① 예비역, ② 교육소집을 마친 보충역, ③ 제66조의 규정에 의하여 보충역에 편입된 사람에 대하여 행한다. 지방병무청장은 병력동원소집대상자에 대하여 입영부대별로 소집할 사람을 지정하고, 전시·사변 또는 이에 준하는 비상사태시에는 병력동원소집대상자로 지정된 사람에 대하여 병력동원소집을 한다(§45·①, §46·①). 병력동원소집으로 입영한 사람의 복무 및 처우는 현역과 같이 한다(§48·①).

(2) 병력동원훈련소집

병력동원훈련소집은 병력동원소집에 대비한 훈련 또는 점검을 위하여 병력동원소집대상자에 대하여 실시하며 그 기간은 연간 30일 이내로 한다. 지방병무청장은 병력동원소집대상자로 지정된 사람에 대하여 병력동원훈련소집을 한다(§49, §50·①).

(3) 전시근로소집

전시근로소집은 전시·사변 또는 이에 준하는 국가 비상사태에 군사업무를 지원하기 위하여 ① 제44조 제2호의 보충역 중 병력동원소집 지정에서 제외된 자, ② 제2국민역(국가기술자격법 기타 다른 법령에 의하여 면허 또는 자격을 취득한 자 및 외국의 법령에 의하여 기술면허 또는 자격을 취득한 자로서 행정안전부장관이 인정한 자를 제외한다) ③ 제55조제3항에 따라 교육소집에서 제외 된 사람에 해당하는 사람에 대하여 실시한다. 전시근로소집대상자에 대하여는 전시근로소집에 대비한 점검을 실시할 수 있으며, 그 기간은 연간 2일로 한다(§53·①·②). 전시근로소집된 자의 복무 및 처우는 현역과 같이한다(§54·①).

(4) 교육소집

교육소집은 군사교육을 위하여 보충역과 승선근무예비역에 대하여 60일 이내로 실시할 수 있으며 그 시기·소집기간·소집해제 등에 관하여 필요한 사항은 대통령령으로 정한다. 다만, 제2국민역에 대하여도 군사교육이 필요한 경우 소집할 수 있다. 국방상 필요한 경우에는 대통령령이 정하는 바에 따라 예비역·보충역 또는 제2국민역에 대하여 진급시키거나 장교임용에 필요한 자격을 부여하기 위하여 소집을 할 수 있다. 이 경우 소집기간은 120일 이내로 한다(§55·①,②). 교육소집으로 입영한 사람의 복무 및 처우는 현역의 경우와 같이한다(§56·③).

5. 병역의무의 연기 및 감면

(1) 징병검사 및 입영 등의 연기

① 지방병무청장은 ㉮ 국외를 왕래하는 선박의 선원(대통령령이 정하는 날로부터 3년 이상 공익근무요원 소집이 연기된 사람에 대하여는 제55조의 규정에 의한 교육소집을 실시하며, 그 교육소집을 마친 때에는 공익근무요원의 근무를 마친 것으로 본다), ㉯ 국외에 체재 또는 거주하고 있는 사람, ㉰ 범죄로 인하여 구속되거나 형의 집행 중에 있는 사람에 대하여는 징병검사를 연기할 수 있다(§60·①).

② 지방병무청장은 징병검사를 받은 사람으로서 ㉮ 고등학교 이상의 학교에 재학 중인

학생, ㉯ 연수기관에서 소정의 과정을 이수중에 있는 자, ㉰ 국위선양을 위한 체육 분야 우수자에 대하여는 징집 또는 소집을 연기할 수 있다(§60·②).

③ 징병검사·징집 또는 소집이 연기된 사람으로서 징병검사·징집 또는 소집을 원하는 사람과 그 연기사유가 끝나는 사람에 대하여는 그 해 또는 그 다음 해에 징병검사를 받게 하거나 징집 또는 소집한다(§60·③).

(2) 가사 등으로 인한 제2국민역편입

① 현역병입영대상자로서 ㉮ 본인이 아니면 가족의 생계를 유지할 수 없는 사람은 원할 경우에 제2국민역으로, ㉯ 부·모·배우자 또는 형제·자매 중 전사자·순직자가 있거나 전·공상으로 인한 장애인이 있는 경우의 1인은 원할 경우에 보충역으로 처분할 수 있다(§62·①).

② 보충역으로서 본인이 아니면 가족의 생계를 유지할 수 없는 사람에 대하여는 원할 경우에 제2국민역에 편입할 수 있다(§62·②).

(3) 가사사정으로 인한 전역 등(§63)

① 현역병으로서 본인이 아니면 가족의 생계를 유지할 수 없는 사람에 대하여는 원할 경우에 제2국민역에 편입할 수 있다.

② 현역병 또는 공익근무요원으로 복무 중인 사람으로서 부·모·배우자 또는 형제·자매 중 전사자·순직자가 있거나 전·공상으로 인한 장애인이 있는 경우의 1인에 해당하는 사람에 대하여는 원할 경우에 복무기간을 6월로 단축할 수 있으며, 그 복무기간을 마친 사람은 보충역에 편입하거나 그 소집을 해제한다(§63·②).

③ 병력동원소집 또는 전시근로소집에 의하여 복무 중인 병(소집통지서를 받은 사람을 포함한다)으로서 본인이 아니면 가족의 생계를 유지할 수 없는 사람은 원할 경우 제2국민역에 편입하거나 그 소집을 해제 또는 연기할 수 있다(§63·③).

(4) 제1국민역의 병역면제 등

지방병무청장은 제1국민역으로서 전신기형자 등 외관상 명백한 장애인(신체등위가 6급에 해당하는 사람에 한한다) 또는 군사분계선이북지역에서 이주하여 온 사람은 원할 경우 징병검사를 하지 아니하고 병역을 면제할 수 있고, 전신기형자 등 외관상 명백한 장애인 중에서 신체등위가 5급에 해당하는 사람과 수형(受刑) 등 대통령령이 정하는 사유로 그 병역에 적합하지 아니하다고 인정되는 사람은 원할 경우에 의하여 징병검사를 하지 아니하고 제2국민역에 편입할 수 있다(§64·①).

6. 병역의무이행자 등에 대한 권익보장

(1) 복학보장 및 군복무 중 학점취득인정

1) 복학보장

고등학교 이상의 학교의 장은 징집·소집 또는 지원에 의하여 입영하거나 소집 등에 의한 승선근무예비역 또는 보충역복무를 하는 학생에 대하여는 입영 또는 복무와 동시에 휴학하게 하고, 그 복무를 마친 때에는 원할 경우에 복학시켜야 한다. 등록기간이 지난 때에도 학사일정에 지장이 없는 사람은 원할 경우 복학시켜야 한다(§73.①).

2) 학점취득인정

고등학교 이상의 학교의 장은 입영 또는 복무로 인하여 휴학 중인 자가 방송·통신 또는 인터넷 등 정보통신망을 활용한 원격수업을 수강하여 학점을 취득하고자 하는 경우 학칙이 정하는 바에 따라 등록을 허용할 수 있다(§73.②).

(2) 복직보장 등

1) 복직보장

국가기관·지방자치단체의 장 또는 고용주는 소속공무원 또는 임·직원이 징집·소집 또는 지원에 의하여 입영하거나 소집 등에 의한 승선근무예비역 또는 보충역복무(당해기관 등에서 재직하면서 보충역 복무를 하는 사람은 제외한다)를 하게 된 때에는 휴직하게 하고, 그 복무를 마친 때에는 복직시켜야 한다. 다만, 그 공무원 또는 임·직원이 복무 중 범죄행위로 인하여 제적·전역 또는 소집해제된 때에는 그러하지 아니하다(§74.①).

2) 의무복무기간의 산정

국가기관·지방자치단체의 장 또는 고용주는 제1항의 규정에 의하여 휴직된 사람에 대하여는 그 승진에서 의무복무기간을 실제근무기간으로 산정하여야 하며, 군 또는 의무복무기관에서 지급하는 보수와 입영 또는 소집 등에 의한 승선근무예비역 또는 보충역 복무 전 보수와의 차액의 범위 안에서 상당한 보수를 지급할 수 있다(§74.②).

3) 불이익처분금지원칙

국가기관·지방자치단체의 장 또는 고용주는 공무원 또는 임·직원의 임용·채용 및 승진에서 징집·소집 등 병역의무를 이행할 것, 이행하고 있는 것(재직하면서 보충역복무를 하는 사람에 한한다) 또는 이행하였던 것을 이유로 불이익한 처우를 하지 못한다(§74.③).

(3) 채용시 우대 등

「국가유공자등예우및지원에관한법률」 제30조의 규정에 따른 취업보호실시기관의장은 소집 등에 의한 승선근무예비역 또는 보충역복무[292]를 마친 사람이 채용시험에 응시하는 경우에는 대통령령이 정하는 바에 따라 3세의 범위 안에서 응시상한 연령을 연장하여야 한다.

승선근무예비역 또는 보충역복무 중인 사람이 복무만료예정일 전 6월 이내에 채용시험에 응시하는 경우에는 복무를 마친 사람으로 본다(§74의2).

(4) 보상 및 치료

1) 보 상

① 복무 중 전사·순직한 사람의 유족과 전상·공상 또는 공무상질병으로 인하여 전역되거나 병역이 면제된 사람 및 그 가족은 「국가유공자등예우및지원에관한법률」이 정하는 바에 따라 보상을 받을 수 있다(§75·①).

② 제26조 제1항 제1호 및 제2호에 따른 공익근무요원으로 복무 중 순직한 사람(공상 또는 공무상 질병으로 사망한 사람을 포함한다)의 유족과 공상을 입고 소집 해제된 사람(제2국민역에 편입되거나 병역이 면제된 사람을 포함한다) 및 그 가족에 대하여는 「국가유공자등예우및지원에관한법률」에 의한 보상을 행한다(§75·②). 이 경우 순직한 사람의 유족은 「국가유공자등예우및지원에관한법률」 제4조 제1항 제5호의 규정에 따른 순직군경의 유족으로 보고, 공상(공무상 질병을 포함한다)을 입고 소집 해제된 사람(제2국민역에 편입되거나 병역이 면제된 사람을 포함한다) 및 그 가족은 동법 제4조 제1항 제6호에 따른 공상군경과 그 가족으로 본다(§75·③).

2) 치 료

제26조 제1항 제1호의 규정에 의한 공익근무요원으로 복무 중 질병에 걸리거나 부상한 사람에 대하여는 대통령령이 정하는 바에 따라 국가기관·지방자치단체 또는 공공단체 등의 부담으로 군의료시설이나 국가기관·지방자치단체 또는 민간의료시설에서 치료한다(§75·④).

(5) 병역의무자의 국외여행제한

1) 국외여행허가 대상자

① 병역의무자로서 ㉠ 25세 이상인 제1국민역 또는 보충역으로서 소집되지 아니한 사람, ㉡ 승선근무예비역 또는 보충역으로 복무중이거나 의무종사중인 사람이 국외여행을 하려면 병무청장의 허가를 받아야 한다(§70·①).

---

292) 보충역복무는 제26조 제1항 제3호 및 제4호의 업무에 복무하는 공익근무요원·공중보건의사·징병전담의사·국제협력의사·공익법무관·공익수의사·전담연구요원·산업기능요원으로 복무 또는 의무종사하는 것을 말한다(§74의2·①).

② 국외여행의 허가를 받은 사람이 허가 기간에 귀국하기 어려운 경우에는 기간만료 15일전까지, 25세가 되기 전에 출국한 사람은 25세가 되는 해의 1월 15일까지 병무청장의 기간연장허가 또는 국외여행허가를 받아야 한다(§70③).

병무청장은 국외여행허가 또는 기간연장허가를 한 경우에는 그 사실을 법무부 장관에게 통보해야 한다(§70⑤).

③ 국외여행허가 또는 기간연장허가를 받은 사람이 국내에서 영주할 목적으로 귀국하는 등 대통령령으로 정하는 사유에 해당하는 경우에는 국외여행허가 또는 기간연장허가를 취소하고 병역의무를 부과할 수 있다(§70⑥).

2) 국외여행제한

병무청장은 정당한 사유 없이 징병검사나 입영을 기피한 사실이 있거나 기피하고 있는 사람 등 대통령령으로 정하는 사람에 대하여는 ① 국외여행허가 대상자인 경우는 국외여행허가를 해서는 아니 되고, ② 25세 미만으로 제1국민역 또는 보충역으로서 소집되지 아니한 사람인 경우는 국외여행이 제한되도록 필요한 조치를 취해야 한다. 다만, 가족의 사망 등 불가피한 사유로서 대통령령으로 정하는 경우는 그렇지 않다(§70②).

(6) 병역의무 불이행자에 대한 제재

1) 채용금지·해직

국가기관·지방자치단체의 장 또는 고용주는 ① 징병검사를 기피하고 있는 사람, ② 징집·소집을 기피하고 있는 사람, ③ 군복무 및 공익근무요원복무를 이탈하고 있는 사람을 공무원 또는 임·직원으로 임용 또는 채용할 수 없으며, 재직 중인 경우에는 해직하여야 한다(§76①).

2) 관허사업제한

국기기관 또는 지방자치단체의 장은 위의 1)의 ①·②·③에 해당하는 사람에 대하여는 각종 관허업의 특허·허가·인가·면허·등록 또는 지정 등을 하여서는 아니되며, 이미 이를 받은 사람에 대하여는 취소하여야 한다(§76②).

3) 40세까지 연장

제70조 제1항 또는 제3항에 따른 허가를 받지 아니하고 출국한 사람, 국외에 체류하고 있는 사람 또는 정당한 사유없이 허가된 기간 내에 귀국하지 아니한 사람에 대하여는 40세까지 제1항(채용금지·해직) 및 제2항(관허사업제한)의 규정을 준용한다. 다만, 귀국하여 병역의무를 마친 때에는 그러하지 아니하다(§76③).

Ⅲ. 군사부담

1. 군사부담의 의의와 성질

군사부담이란 군정의 목적을 위하여 (군사)행정주체가 행정의 상대방에 대하여 그의 신체나 재산에 대하여 법률에 의해 또는 법률에 근거하여 일정한 인적·물적 부담을 과하는 것을 말한다.

군사부담은 군사행정상의 목적을 위한 것이지 복리행정목적을 위한 것이 아닌 점에서 그 목적이 (일반)공용부담과 다르다. 그러나 군사부담도 노력의 제공, 물품의 납부 또는 수용, 권리행사의 제한 등을 내용으로 하는 점에서 그 내용은 공용부담과 다를 바 없다.

군사부담은 법률에 의해 직접 부과되거나 법률에 근거한 행정처분에 의하여 부과된다. 군사 부담에는 물적 부담으로는 징발이 대표적이고, 인적 부담으로는 군사제한 등이 있고, 인적·물적 부담으로는 비상대비자원관리를 들 수 있다.

2. 징 발

(1) 징발의 의의

징발이란 전시·사변 또는 이에 준하는 비상사태하에서 보상을 지급하고 군사작전수행을 위하여 필요로 하는 토지·물자와 시설 또는 권리를 수용·사용의 부담을 과하는 것을 말한다. 징발은 물적 군사부담의 성질을 갖는다. 징발에 관한 일반법으로 징발법이 있다.

(2) 징발목적물(§5)

징발목적물은 동산·부동산 및 권리로 구분하며, 동산은 다시 소모품인 동산과 비소모품인 동산으로 구분한다.

① 소모품동산은 식량·식료품·음료수, 의약품, 건축용 및 축성용 재료, 화학용품, 연료, 통신용품 기타 군작전상 필요한 소모성품을 말하고, ② 비소모품동산은 선박·항공기·차량 기타의 운송기기 및 그 부속품, 의료기기 및 그 부속품, 인쇄기기 및 그 부속품, 통신기기 및 그 부속품, 피복제조가공기기 및 그 부속품, 건축기기 및 그 부속품, 동물 기타 군작전상 긴요한 시설, 설비 등 비소모성품을 말하고, ③ 부동산은 토지, 건물, 공작물을 말하고 ④ 권리는 군작전상 긴요한 특허권 및 기타 대통령령으로 정하는 재산에 관한 권리를 말한다. 그리고 징발목적물의 종물은 목적물과 함께 징발할 수 있다(§6).

(3) 징 발

1) 징발관·징발집행관(§3, §4)

징발관은 국방부장관이 된다. 다만, 비상계엄이 선포된 지역에 있어서는 당해 지역을 관할하는 계엄사령관이 징발관으로 된다. 징발집행관은 징발목적물의 소재지 또는 소유자·점유자의 거주지를 관할하는 특별시장·광역시장·도지사·특별자치도지사·시장·군수 또는 경찰서장이 된다. 다만, 군작전상 부득이한 경우에는 징발관이 현역장교 중에서 임명할 수 있다.

2) 징발절차

① 징발집행절차

징발관이 징발을 하고자 할 때에는 징발영장을 발행하여 징발집행관에게 교부하고 이를 집행하게 한다. 징발영장을 받은 징발집행관은 징발집행통지서를 징발 목적물의 소유자·점유자 또는 관리자(이하 '피징발자'라 한다)에게 교부하여야 한다(§7·①,②). 급박한 경우나 원격지징발의 경우에는 전신(電信)으로 징발을 집행하게 할 수 있는데, 이 경우에는 징발관은 그 징발을 집행하게 한 후 지체 없이 징발영장을 발행하여 징발집행관에게 교부하여야 한다(§8·①).

② 징발목적물 제출의무

징발대상자가 징발집행통지서를 받은 때에는 그 목적물을 지정기일 내에 지정장소에 제출하여야 한다. 다만, 징발목적물이 부동산과 권리인 경우는 지정기일 내에 징발집행관에게 인계하여야 한다. 징발목적물의 제출 또는 인계에 소요되는 비용은 국고의 부담으로 한다(§9·①,②).

징발집행관은 징발목적물의 제출이 있거나 그 인계를 받은 때에는 즉시 그 징발대상자에게 징발물인수증을 교부하고 당해 징발목적물을 징발관에게 인계하여야 한다(§11). 징발관이 징발집행관으로부터 징발목적물을 수령한 때에는 대통령령이 정하는 바에 따라 지체 없이 그 형상·과세기준·가격 기타 필요한 사항을 조사하고 그에 대한 「징발증」을 그 징발대상자에게 교부하여야 한다(§12·①).

3) 징발해제

① 징발을 해제할 경우

징발관은 징발물의 사용이 필요없게 되었거나 멸실된 때에는 지체 없이 징발을 해제하여야 한다. 계속사용을 필요로 하는 징발물이라 하더라도 징발된 날로부터 10년이 경과된 때에는 징발대상자는 국방부장관에게 징발물의 매수에 관하여 협의할 것을 요청할 수 있다(§15·①,②).

② 해제절차

징발관이 징발을 해제할 때에는 징발해제 통지서와 징발해제증을 발행하여 징발집행관에게 교부하고 징발물을 징발대상자에게 반환하여야 한다. 다만, 징발물의 멸실로 인하여 그 반환이 불가능한 경우에는 반환불능통지서를 발행하여 교부하게 한다. 징발집행관이 징발물을 징발대상자에게 반환할 때에는 징발해제증을 교부해야 한다. 징발물의 반환에 소요되는 비용은 국고의 부담으로 한다(§16·①, ②, ④).

③ **원상회복**

징발물은 소모품인 동산을 제외하고는 원상을 유지하여야 하며, 징발해제로 인하여 징발대상자에게 반환할 때에는 원상으로 반환하여야 한다. 다만, 징발대상자가 원상회복을 원하지 아니하거나 멸실 기타의 사유로 인하여 원상회복이 불가능한 때에는 예외로 한다(§14).

4) 징발에 대한 보상

① **손실보상의 원칙**

㉮ 소모품인 동산을 징발한 때에는 정당한 대가를 징발대상자에게 보상한다(§19·①). 비소모품인 동산 또는 부동산 그리고 권리를 징발한 때에는 정당한 사용료를 지급하되 매사용연도분을 그 다음해에 지급한다(§19·②, ④, ⑤). 징발대상자가 원상회복을 원하지 아니하거나 멸실 기타의 사유로 인하여 원상회복이 불가능한 경우에도 징발대상자에게 손실이 있을 때에는 이를 보상하되, 징발이 해제되는 날로부터 2년 이내에 지급한다(§19·③, ⑤). 다만, 그 손실이 천재·지변·전쟁 기타 불가항력의 사유로 인한 때에는 보상하지 아니한다(§19·③).

㉯ 보상금지급이 지연되는 경우에는 대통령령으로 정하되 법정이자율 이상의 이율에 의한 이자를 가산하여 지급하여야 한다(§19·⑤ 단서).

② **보상기준과 보상금지급의 방법**

㉮ 징발물에 대한 사용료는 당해 사용연도나 징발해제 당시의 표준지의 공시지가 또는 실제 거래가격 등을 기준으로 평가한 적정가격으로 정하되, 보상기준에 관한 세부사항은 대통령령으로 정한다(§21·①·②).

㉯ 징발재산에 대한 보상금은 현금으로 지급하되, 국가의 재정 형편상 부득이한 경우에는 국무회의의 심의를 거쳐 징발보상증권(이하 '증권'이라 한다)으로 지급할 수 있다. 다만, 보상금액 또는 그 끝수가 증권의 액면가액 미만인 경우는 현금으로 지급한다(§22의2·①). 증권으로 지급하는 경우에는 10년의 범위 안에서 기간을 정하여 일시 또는 분할상환하여야 하며, 상환금에 대한 이율과 상환금의 지급절차 및 증권의 액면가액은 대통령령으로 정하되, 상환금에 대한 이율은 법정이자율 이상으로 한다(§22의2·②).

③ **보상금의 지급절차**

㉮ 징발보상금지급통지서를 받은 징발대상자는 현금보상의 경우에는 당해 통지서를 국방부장관에 제출하고 현금을 지급받고, 증권보상의 경우에는 당해 통지서를 한국은행에 제출하고 한국은행으로부터 증권을 교부받거나 현금을 지급받는다(§22의3·①).

㈏ 징발대상자가 현금 또는 증권의 수령을 거부하거나 대통령령이 정하는 기간 내에 징발보상금지급통지서를 국방부장관 또는 한국은행에 제출하지 아니함으로 인하여 징발대상자에게 현금 또는 증권을 지급 또는 교부할 수 없을 때에는 당해 현금 또는 증권을 공탁관에게 공탁하여야 한다(§22의4·①).

④ 보상청구권의 소멸시효

보상청구권은 국방부장관의 보상시행공고기간 만료일로부터 5년간 행사하지 아니하면 소멸시효가 완성된다(§23).

5) 재심과 전치주의

① 보상에 관하여 이의가 있는 자는 대통령령이 정하는 바에 의하여 징발보상심의회에 그 재심을 청구할 수 있다. 다만, 징발보상심의회는 재심청구를 받은 날로부터 60일 이내에 재심결정을 하여야 한다(§24·③).

② 징발보상금지급청구의 소는 국방부장관의 징발보상금 지급결정의 통지를 받고 앞서 본 재심절차를 거친 후가 아니면 이를 제기할 수 없다(§24의2). 다만, 전술한 지급기한 내(§19·⑤)에 징발보상금 지급결정의 통지가 없거나 재심청구를 한 날로부터 60일이 경과한 때에는 그러하지 아니하다(§24의2).

3. 군사제한

(1) 의 의

군사제한이란 군정의 목적을 위하여 개인에게 일정한 작위·부작위 또는 수인의 의무를 부과하는 것을 말한다. 현행법제상 군사제한과 관련된 법률로는 군사기지 및 군사시설보호법, 방어해면법 등을 들 수 있다.

(2) 군사기지 및 군사시설보호법

1) 서 설

국민의 재산권 행사와 관련하여 군사시설보호구역의 축소와 토지이용규제의 완화를 요구하는 민원이 증가되고 있고, 육·해·공군의 군사기지 및 군사시설보호에 관한 법률이 각각 개별 법률로 되어 있어 법집행 및 국민의 토지이용에 불편이 초래되고 있어 종전의 군사시설보호법·해군기지법 및 군용항공기지법을 폐지하고 그 성격이 유사한 것 등을 하나의 법률로 통합하여 「군사기지및군사시설보호법」이 제정된 것이다.

2) 개념정의 및 적용범위

① 개념정의

㉮ 군사기지 및 군사시설보호구역 : 이는 군사기지 및 군사시설을 보호하고 군사작전을 원활히 수행하기 위하여 국방부장관이 제4조(보호구역 등의 지정권자) 및 제5조(보호구역 및 민간인 통제선의 지정범위)에 따라 지정하는 구역으로서 통제보호구역과 제한보호구역으로 나뉜다. 통제보호구역은 군사기지 및 군사시설보호구역(이하 "보호구역"이라 한다) 중 고도의 군사 활동 보장이 요구되는 군사분계선의 인접지역과 중요한 군사기지 및 군사시설의 기능보전이 요구되는 지역을 말하고, 제한보호구역은 보호구역 중 군사작전의 원활한 수행을 위하여 필요한 지역과 군사기지 및 군사시설보호 또는 지역주민의 안전이 요구되는 지역을 말한다(동법 § 2·6호).

㉯ 군사기지 : 이는 군사시설이 위치한 군부대의 주둔지·해군기지·항공작전기지·방공기지·군용전기통신기지, 그 밖에 군사작전을 수행하기 위한 근거지를 말한다(동법 § 2·1호).

㉰ 군사시설 : 이는 전투진지, 군사 목적을 위한 장애물, 폭발물관련시설, 사격장, 훈련장, 군용전기통신설비, 그 밖에 군사목적에 직접 공용되는 시설을 말한다(동법 § 2·2호).

㉱ 해군기지 : 이는 군의 해상작전의 근거지로서 ㉠ 해군 주세력의 근거지인 군항과 ㉡ 함대별작전 근거지인 해군작전기지를 말한다(동법 § 2·3호).

㉲ 항공작전기지 : 이는 항공작전의 근거지로서 ㉠ 전술항공작전기지 ㉡ 지원항공작전기지 ㉢ 헬기전용작전기지 ㉣ 예비항공작전기지를 말한다(동법 § 2·4호).

㉳ 군용항공기 : 이는 군이 사용하는 비행기·회전익항공기·비행선·활공기 그 밖의 항공기기를 말한다(동법 § 2·5호).

㉴ 민간인통제선 : 이는 고도의 군사 활동보장이 요구되는 군사분계선의 인접지역에서 군사작전상 민간인의 출입을 통제하기 위하여 국방부장관이 제4조 및 제5조에 따라 지정하는 선이다(동법 § 2·7호).

② 적용범위

군사기지 및 군사시설보호법은 헌법에 규정된 절차에 따라 대한민국에 주류하는 외국군의 군사기지 및 군사시설에 대하여도 적용된다(동법 §23).

3) 보호구역의 지정

① 보호구역 등의 지정원칙

보호구역, 민간인 통제선, 비행안전구역 및 대공방어 협조구역(이하 "보호구역 등"이라 한다)은 군사기지 및 군사시설의 보호, 군사작전의 원활한 수행 및 군용항공기의 비행안전에 필요한 최소한의 범위 안에서 지정되어야 한다(과잉금지원칙)(동법 §3).

② 보호구역 등의 지정권자

국방부장관은 합동참모의장(이하 "합참의장"이라 한다)의 건의(관계행정기관의 장과 미리 협의한 관계행정기관의 장의 의견서를 첨부하여야 한다)에 따라 국방부 군사기지 및 군사시설보호구역심의위원회의 심의를 거쳐 보호구역 등을 지정하거나 이를 변경 또는 해제할 수 있다. 국방부장관은 보호구역 등을 지정·변경 또는 해제한 때에는 이를 지체 없이 관계행정기관의 장에게 통보하여야 한다(동법 §4·①·③·④).

③ 보호구역 등의 지정범위(§5)

㉮ 민간인 통제선의 지정범위 : 민간인 통제선은 군사분계선(휴전선)의 이남 10킬로미터 이내에서 지정할 수 있다(§5·②).

㉯ 보호구역의 지정범위

㉠ 통제보호구역 : ⓐ 민간인통제선 이북지역. 다만, 통일정책의 추진에 필요한 지역, 취락지역 또는 안보관광지역 등으로서 대통령령이 정하는 기준에 해당하는 지역은 제한보호구역으로 지정할 수 있다.

ⓑ ⓐ의 외의 지역에 위치한 중요한 군사기지 및 군사시설의 최외곽경계선으로부터 300미터 범위 이내의 지역. 다만, 방공기지(대공방어임무를 수행하기 위하여 지대공무기 등을 운용하는 기지를 말한다. 이하 같다)의 경우에는 최외곽경계선으로부터 500미터 범위 이내의 지역으로 한다.

㉡ 제한보호구역 : ⓐ 군사분계선의 이남 25킬로미터 범위 이내의 지역 중 민간인 통제선 이남지역. 다만, 중요한 군사기지 및 군사시설이 없거나 군사작전상 장애가 되지 아니하는 지역으로서 대통령령으로 정하는 기준에 해당하는 지역은 제한보호구역의 지정에서 제외하여야 한다.

ⓑ ⓐ의 외의 지역에 위치한 군사기지 및 군사시설 최외곽경계선으로부터 500미터 이내의 지역. 다만, 취락지역에 위치한 군사기지 및 군사시설의 경우는 당해 군사기지 및 군사시설의 최외곽경계선으로부터 300미터 범위 이내의 지역으로 한다.

ⓒ 폭발물관련시설, 방공기지, 사격장 및 훈련장은 당해 군사기지 및 군사시설의 최외곽경계선으로부터 1킬로미터 범위 이내의 지역

ⓓ 전술항공작전기지는 당해 군사기지 최외곽경계선으로부터 5킬로미터 범위 이내의 지역, 지원항공작전기지 및 헬기전용 작전기지는 당해 군사기지 최외곽경계선으로부터 2킬로미터 범위이내의 지역

ⓔ 군용전기 통신기지는 군용전기 통신설비 설치장소의 중심으로부터 2킬로미터 범위 이내의 지역이다.

㉰ 군항의 지정범위 : 해군기지 중 군항의 보호구역의 범위는 대통령령으로 정하고, 해군작전기지의 수역에 대한 보호구역은 항만의 경계 안에서 지정한다.

㉱ 비행안전구역의 지정범위(§6) : 비행안전구역은 전술항공작전기지, 지원항공작전기지, 헬기전용 작전기지, 예비항공 작전기지로 구분하되, 그 지정범위는 별표 1과 같다.

㉤ 대공방어협조구역의 지정범위 : 대공방어 협조구역은 특별시·광역시·특별자치도·시·군 관할 구역을 기준으로 지정하되, 지정절차 등에 관하여 필요한 사항은 대통령령으로 정한다(§7).

④ **보호구역 등의 고시 및 표지**

국방부장관은 제4조부터 제7조까지의 규정에 따라 보호구역 등을 지정·변경 또는 해제한 때에는 이를 고시하여야 한다. 국방부장관은 제4조 및 제5조에 따라 보호구역 또는 민간인 통제선을 지정한 때에는 보호구역 또는 민간인 통제선의 지정사실, 관할부대장 또는 관리부대장(이하 "관할부대장 등"이라 한다), 보호구역에서의 제한 또는 금지사항 및 그 위반자에 대한 처벌의 취지, 그 밖에 필요한 사항을 알리는 표지를 설치해야 한다. 다만, 민간인 통제선의 경우에는 제1항에 따른 고시로써 이에 갈음할 수 있다(§8·①·②).

4) 행위의 제한(제3장)

① **보호구역에서의 금지 또는 제한**(§9)

㉮ 누구든지 보호구역 안에서 다음 각 호의 어느 하나에 해당하는 행위를 하여서는 아니된다. 다만, 제1호, 제3호, 제7호, 제8호, 제11호 또는 제12호의 경우 미리 관할부대장 등(제1호의 경우에는 주둔지부대장을 포함한다)의 허가를 받은 자에 대하여는 그러하지 아니하다.

1. 통제구역과 울타리 또는 출입통제표찰이 설치된 군사기지 및 군사시설구역 또는 군사기지 및 군사시설에의 출입(다만, 군사작전상 장애가 되지 아니하는 범위에서 대통령령으로 정하는 지역의 경우에는 허가를 받지 아니하고 출입할 수 있다)
2. 통제보호구역 안에서의 주택의 신축(다만 군사작전에 지장이 없는 범위에서 대통령령으로 정하는 사항은 그러하지 아니하다)
3. 통제보호구역 안에서의 수산동식물의 포획 또는 채취
4. 군사기지 또는 군사시설의 촬영·묘사·녹취·측량 또는 이에 관한 문서나 도서 등의 발간·복제(다만, 국가기관 또는 지방자치단체, 그 밖의 공공단체가 공공사업을 위하여 미리 관할부대장 등의 승인을 받은 경우는 그러하지 아니하다)
5. 보호구역 등의 표지(보호구역 등임을 나타내는 표본·표석·부표·출입통제표찰 또는 수중부설물을 포함한다)의 이전 또는 훼손
6. 군함의 항로 방해
7. 표류물, 침몰물의 습득 또는 군사작전이나 항해에 장애가 될 우려가 있는 대통령령으로 정하는 유해물의 유기(遺棄)
8. 군용항공기를 제외한 항공기의 항공작전기지에의 착륙
9. 군사시설 또는 군용항공기를 손괴하거나 그 기능을 손상시키는 행위
10. 군용항공기를 향하여 물건을 던지거나 군용항공기 운항에 위험을 일으킬 우려가 있는 행위
11. 제5조 제1항 제2호 라목에 따른 제한보호구역 안에서의 각종 총포의 발사, 폭발물의 폭발 등의 행위
12. 제5조 제1항 제2호 마목에 따른 제한보호구역 안에서의 군용통신에 장애가 되

는 것으로서 대통령령으로 정하는 건축물의 건축, 공작물·매설물 등(이하 "장애설비 등"이라 한다)의 설치

㈏ 국방부장관 또는 관할부대장 등은 보호구역 안에서 군용통신에 장애가 되는 장애설비 등의 사용을 제한할 수 있다.

② 비행안전구역에서의 금지 또는 제한(§10)

㈎ 누구든지 비행안전구역(예비항공작전기지 중 민간비행장의 비행안전구역을 제외한다)안에서는 다음 각 호의 어느 하나에 해당하는 행위를 하여서는 아니된다(다만, 제3호의 경우 미리 관할부대장 등의 허가를 받은 자에 대하여는 그러하지 아니한다).

1. 제1구역에서의 군사시설(민간항공기의 항행을 지원하기 위한 항행안전시설을 포함한다)을 제외한 건축물의 건축, 공작물·식물이나 그 밖의 장애물의 설치·재배 또는 방치
2. 제2구역부터 제6구역까지에서 그 구역의 표면높이(이들의 투영면이 일치되는 부분에 관하여는 이들 중 가장 낮은 표면으로 한다)이상인 건축물의 건축, 공작물·식물이나 그 밖의 장애물의 설치·재배 또는 방치
3. 군용항공기를 제외한 항공기의 비행안전구역 상공의 비행
4. 항공등화의 명료한 인지를 방해하거나 항공등화로 오인할 우려가 있는 유사등화의 설치
5. 비행장애를 일으킬 우려가 있는 연막·증기의 발산 또는 색채유리나 그 밖의 반사물체의 진열

㈏ ㈎의 제2호에도 불구하고 비행안전구역 중 전술항공작전기지의 제3구역, 제5구역 또는 제6구역과 지원항공작전기지의 제4구역 또는 제5구역 안에서는 각 구역별로 최고장애물 지표면 중 가장 높은 지표면의 높이를 초과하지 아니하는 범위 안에서 일정 구역의 지표면으로부터 45미터 높이 이내에서 그 구역의 표면높이 이상인 건축물의 건축, 공작물·식물이나 그 밖의 장애물을 설치 또는 재배할 수 있다(다만, 지원항공작전기지의 제4구역·제5구역의 경계부분이 연속적으로 상승하거나 하강하는 능선형태로 되어 있어서 그 경계부분의 높이가 최고장애물의 지표면 높이의 기준이 됨으로써 본문에 따른 높이까지 건축물의 건축 또는 공작물의 설치를 할 수 없게 되는 경우에는 최고장애물의 지표면 높이가 높은 구역의 최고장애물을 기준으로 하여 적용한다).

㈐ ㈏를 적용함에 있어서 각 구역 간의 경계부분에서의 표면높이는 다음 각 호의 구분에 따른다.

1. 전술항공작전기지 비행안전구역 제2구역과 제3구역이 접하는 부분에서는 제3구역의 바깥쪽 상방향으로 50분의 1의 경사면을 초과하지 아니하는 범위로 한다.
2. 전술항공작전기지 비행안전구역의 제4구역이 제5구역과 접하는 부분 및 지원항공작전기지 비행안전구역의 제3구역이 제4구역과 접하는 부분에서는 각각의 경계부분으로부터 상방향으로 7분의 1의 경사면을 초과하지 아니하는 범위로 한다.
3, 전술항공작전기지 비행안전구역의 제2구역이 제6구역과 접하는 부분 및 지원항공작전기지 비행안전구역의 제2구역이 제5구역과 접하는 부분에서는 제2구

역의 긴 변으로부터 상방향으로 7분의 1의 경사면을 초과하지 아니하는 범위로 한다.

㉣ 관할부대장 등은 ㉮의 제1호에도 불구하고 비행안전에 지장을 초래하지 아니하는 범위 안에서 비상활주로의 비행안전구역에 식물 재배 및 이와 관련되는 임시시설물의 설치를 허용할 수 있다.

㉤ 관할부대장 등은 ㉮의 제2호에도 불구하고 비행안전에 지장을 초래하지 아니하는 범위 안에서 각 기지별 지역의 특수성을 고려하여 항공작전기지의 비행안전구역에 있어서 그 구역의 표면높이 이상인 건축물의 건축, 공작물·식물이나 그 밖의 장애물의 설치 또는 재배를 허용할 수 있다.

③ 장애물 등에 대한 조치 등(§11)

㉮ 관할부대장 등 (①의 ㉮의 제1호의 경우에는 주둔지부대장을 포함한다)은 ①·②를 위반한 자 또는 그 위반으로 인한 장애물의 소유자와 그 밖의 권리를 가진 자(이하 "소유자 등"이라 한다)에게 퇴거를 강제하거나 장애물의 제거, 그 밖에 필요한 조치를 명할 수 있다.

㉯ 관할부대장 등은 ㉮에 따른 장애물의 제거, 그 밖에 필요한 조치명령을 받은 자가 이를 이행하지 아니하는 경우에는 「행정대집행법」에 따라 직접 또는 제3자로 하여금 이를 제거 또는 이전하게 할 수 있다.

㉰ 관할부대장 등은 ㉮에 따른 소유자 등을 알 수 없거나 급박한 위험이 존재하는 등 긴급을 요하는 경우에는 ㉮에 따른 명령 없이 직접 이를 제거 또는 이전할 수 있다. 이 경우 그 소유자 등에게 이에 사용된 비용을 징수할 수 있다.

㉣ 관할부대장 등은 ②의 ㉮의 제2호, ②의㉯ 및 ㉤에 따른 장애물 외의 건축물·공작물·식물 등으로서 항공기의 비행안전에 위해를 끼칠 우려가 있는 장애물에 대하여는 소유자 등에게 대통령령으로 정하는 바에 따라 소요비용을 지급하고 항공장애등 및 주간 장애표지의 설치를 명할 수 있다.

㉤ 관할부대장 등은 ㉣에 따른 항공장애등 및 주간장애표지의 설치명령을 받은 소유자 등이 이를 이행하지 아니하는 경우에는 이를 직접 설치할 수 있다.

④ 선박의 정박지 제한과 입항시 선박명 표시(§12)

㉮ 선박은 보호구역 안에서 군의 작전이나 항해에 장애가 되지 아니하도록 정박하여야 한다.

㉯ 관할부대장 등은 보호구역 안에 정박 중인 선박에 대하여 필요한 경우에는 그 정박지를 지정 또는 변경하거나 퇴거의 강제 등 필요한 조치를 할 수 있다.

㉰ 해군기지에 입항하는 선박은 보호구역 외곽의 3해리 지점으로부터 정박지점에 이르기까지 만국선박식별 신호에 따라 그 선박명을 표시하여야 한다.

⑤ 행정기관의 처분에 관한 협의(§13)

㉮ 관계행정기관의 장은 보호구역 안에서 ① 주택의 신축·증축 또는 공작물의 설치

② 도로·철도·교량·운하·터널·수로·매설물 등과 그 부속공작물의 설치 또는 변경 ③ 하천 또는 해면의 매립·준설과 항만의 축조 또는 변경 ④ 광물·토석 또는 토사의 채취 ⑤ 해안의 굴착 ⑥ 조림 또는 입목의 벌채 ⑦ 토지의 개간 또는 지형의 변경 ⑧ 해저시설물의 부설 또는 변경 ⑨ 통신시설의 설치와 그 사용 ⑩ 총포의 발사 또는 폭발물의 폭발 ⑪ 해운의 영위 ⑫ 어업권의 설정, 수산동식물의 포획 또는 채취 ⑬ 부표(浮漂)·입표(立標) 그 밖의 표지의 설치 또는 변경에 관한 허가, 그 밖의 처분(이하 "허가등"이라 한다)을 하려는 때에는 대통령령으로 정하는 바에 따라 국방부장관 또는 관할부대장 등과 협의해야 한다(§13·①). 국가기관 또는 지방자치단체가 ① 내지 ⑬까지 해당하는 행위를 하려는 경우에도 또한 같다. 다만, 보호구역의 보호·관리 및 군사 작전에 지장이 없는 범위 안에서 대통령령으로 정하는 사항은 그러하지 아니하다(§13·① 단서).

㈏ 관계 행정기관의 장이 ㉠ 비행안전구역 안에서 제10조 제1항 제2호·제4호 및 제2항에 저촉될 우려가 있는 건축물의 건축, 공작물·등화의 설치·변경 또는 식물의 재배 ㉡ 대공방어협조구역 안에서 대통령령으로 정하는 일정높이 이상의 건축물의 건축 및 공작물의 설치에 관한 허가 등을 하려는 때에도 제1항을 적용한다(§13·②).

㈐ 국방부장관 또는 관할 부대장 등은 ㈎ 또는 ㈏에 따른 협의 요청을 받은 경우 소관 군사기지 및 군사시설보호심의위원회의 심의를 거쳐 30일 이내에 그 의견을 관계 행정기관의 장에게 통보하여야 한다. 이 경우 그 의견에 대한 구체적인 사유를 명시하여야 한다(§13·③).

㈑ 재협의 요청 : 의견을 통보 받은 관계 행정기관의 장은 그 의견에 이의가 있는 경우 대통령령으로 정하는 절차에 따라 국방부장관 또는 관할 부대장 등에게 재협의를 요청할 수 있다(§13·⑤). 협의결과에 이의가 있는 허가 등의 당사자는 대통령령이 정하는 절차에 따라 관계 행정기관의 장에게 국방부장관 또는 관할 부대장 등과 재협의하여 줄 것을 요청할 수 있다. 이 경우 관계 행정기관의 장은 특별한 사유가 없는 한 이에 따라야 한다(§13·⑥).

㈒ 필요한 조치요청 : 국방부장관 또는 관할 부대장 등은 관계 행정기관의 장이 제1항 또는 제2항에 따른 협의를 거치지 아니하거나 협의조건을 이행하지 아니하고 제1항 또는 제2항에 해당하는 사항에 관하여 허가 등을 한 경우에는 당해 행정기관의 장에게 그 허가 등의 취소, 행위의 중지, 시설물의 철거 등 원상회복에 필요한 조치를 할 것을 요청할 수 있고, 그 요청을 받은 행정기관의 장은 특별한 사유가 없는 한 이에 응하여야 한다(§13·⑧).

5) 심의위원회 및 관리기본계획

① **군사기지 및 군사시설보호심의위원회**

㉮ 국방부심의위원회 : 보호구역 등의 지정·변경 또는 해제에 관한 사항 등을 심의하기 위하여 국방부장관 소속으로 국방부군사기지 및 군사시설보호심의위원회를 둔다(§15·①).

㉯ 합참심의위원회 : 제4조 제1항에 따른 합참의장의 건의사항 등을 심의하기 위하여 합참의장 소속으로 합동참모본부 군사기지 및 군사시설보호심의위원회를 둔다(§15·②).

㉰ 관할 부대심의위원회 : 제13조에 따른 관할 부대장 등 소관협의에 관한 사항 등을 심의하기 위하여 관할부대장 등 소속으로 관할 부대 또는 관리부대 군사기지 및 군사시설보호심의위원회를 둔다(§15·③).

㉱ 조직구성 : 국방부심의위원회는 관계 행정기관에서 추천하는 자 2인 이상을 포함한 9인 이상 11인 이하의 위원으로 구성하고, 합참심의위원회 및 관할 부대 심의위원회는 합참의장 및 관할 부대장 등이 지명하는 5인 이상 9인 이하의 위원으로 구성한다(§15·④).

② **기본계획과 관리계획의 수립**

㉮ 기본계획 : 국방부장관은 보호구역 등을 체계적으로 관리하기 위하여 군사기지 및 군사시설보호에 관한 기본방향, 보호구역 등의 관리에 관한 사항 등이 포함된 보호구역 등 관리기본계획(이하 "기본계획"이라 한다)을 5년마다 수립하여 국방부심의위원회의 심의를 거쳐 확정한다(§16·①·②).

㉯ 관리계획 : 관할 부대장은 수립된 기본계획에 따라 소관 관할 부대의 보호구역 등 관리계획(이하 "관리계획"이라 한다)을 5년마다 수립·추진하되, 관할 부대 심의위원회의 심의를 거쳐야 한다(§16·③).

6) 권익보호(토지매수청구 및 손실보상청구와 불복구제)

① **토지의 매수청구(§17)**

제4조부터 제7조까지의 규정에 따른 보호구역 등의 지정으로 인하여 그 구역안의 토지를 종래의 용도로 사용할 수 없어 그 효용이 현저하게 감소한 토지 또는 당해 토지의 사용·수익이 사실상 불가능한 토지(이하 "매수대상토지"라 한다)의 소유자로서 ㉮ 보호구역 등의 지정당시부터 당해 토지를 계속 소유한 자, ㉯ 토지의 사용·수익이 사실상 불가능하게 되기 전에 당해 토지를 취득하며 계속 소유한 자, ㉰ ㉮또는 ㉯에 해당하는 자로부터 당해 토지를 상속받아 계속 소유한 자는 국방부장관에게 당해 토지의 매수를 청구할 수 있다(§17·①). 국방부장관은 매수청구를 받은 토지가 대통령령으로 정하는 기준에 해당하는 때에는 예산의 범위 내에서 매수하여야 한다(§17·②·③). 제17조 제4항에 따른 매수가격의 산정을 위한 감정평가 등에 사용되는 비용은 국방부장관이 부담한다(§18·①).

② 협의에 따른 토지 등의 매수

국방부장관은 보호구역 등의 지정 목적을 달성하기 위하여 필요한 경우에는 토지소유자와 협의하여 그 구역안의 토지 및 그 토지의 정착물(이하 "토지 등"이라 한다)을 매수할 수 있다(§19).

③ 손실보상

국방부장관은 ㉮ 제9조 제2항에 따른 장애설비 등의 사용제한으로 인하여 발생한 손실, ㉯ 제10조 제1항 제1호 또는 제2호에 해당하는 장애물을 제11조 제1항에 따라 제거함으로써 발생한 손실에 대하여 정당한 보상을 하여야 한다. 손실보상을 받으려는 자는 그 청구의 원인이 되는 사유가 발생한 날부터 1년 이내에 국방부장관에 청구하여야 한다(§20·①·②). 국방부장관은 보상청구를 받은 때에는 그 청구를 받은 날부터 90일 이내에 손실보상금의 지급여부를 결정하여 청구인에게 통지하여야 한다(§20·③).

④ 행정쟁송(불복구제)

㉮ 이의신청 : 이 법에 따른 처분에 이의가 있는 자는 그 처분을 받은 날부터 60일 이내에 대통령령으로 정하는 바에 따라 국방부장관 또는 관할 부대장 등에게 이의 신청을 할 수 있다. 이의신청을 받은 국방부장관 또는 관할 부대장 등은 30일 이내에 이의 신청에 대하여 결정하고 신청인에게 지체 없이 그 결과를 통보하여야 한다(§21·①·②).

㉯ 행정쟁송 : 이 법에 따른 처분에 대하여 이의가 있는 자는 위의 신청여부와 관계없이 「행정심판법」에 따른 행정심판청구 또는 「행정소송법」에 따른 행정소송을 제기할 수 있다(§21·③).

(3) 방어해면법상의 군사제한

1) 출입과 항행의 허가

방어해면(군사상 방어를 요하는 해면)의 구역을 출입하거나 항행하고자 하는 모든 선박은 해군작전사령관 또는 함대사령관(이하 '관할통제권자'라 한다)의 허가를 받아야 한다(§4).

2) 선박의 의무

방어해면의 구역 안에 있는 모든 선박은 관할통제권자가 군사작전상 필요에 따라 ㉮ 기적·기류(旗類)·발광·등화·무선통신 기타 선박의 신호·통신에 관한 사항 ㉯ 출발·정지·정박·항로변경 기타 선박의 항행에 관한 사항에 관하여 발하는 명령에 따라야 한다(§5).

3) 행위의 제한

관할 통제권자는 군사작전상 필요하다고 인정할 때에는 방어해면의 구역 안에서 해안의 굴착, 해면의 매립·준설, 시설물의 설치 또는 변경, 해상운송, 어로 또는 해조의 채취, 부표 기타 표지의 설치 또는 변경, 각종 총포의 발사·폭발물의 파열, 광물·토석·토사의 채취, 표류물 또는 침몰물의 습득 기타 군사작전의 수행에 심한 장애를 초래할 우려가 있는 행위를 제한 또는 금지할 수 있다.

위의 행위를 제한 또는 금지하고자 할 때에는 이를 고시하여야 한다(§6).

4) 퇴거의 강제 등

관할 통제권자는 ① 제4조에 따른 허가를 받지 않고 방어해면 구역을 출입 또는 항행한 선박(외국의 군함 및 비상업용 정부선박은 제외한다), ② 제5조에 따른 명령을 따르지 아니한 선박, ③ 제6조제3항에 따른 허가를 받지 아니하고 제한 또는 금지된 행위를 한 자 또는 선박에 대하여는 방어해면 구역에서 퇴거하도록 명령하거나 강제로 퇴거시키거나, 시설물의 철거 등 원상회복에 필요한 조치를 명할 수 있다(§7).

4. 비상대비자원관리

(1) 목 적

비상대비자원관리법은 전시·사변 또는 이에 준하는 비상시(이하 '비상사태'라 한다)에 국가의 인력·물자 등 자원을 효율적으로 활용할 수 있도록 이에 대비한 계획의 수립·자원관리·교육 및 훈련 등 필요한 사항을 규정함을 목적으로 한다(§1).

(2) 대상자원의 범위

① 인적자원이라 함은 ㉮ 제11조(중점관리대상자원의 지정)에 따라 지정된 업체에 종사하는 대한민국 국민 ㉯ 국가기술자격법이나 그 밖의 법령(외국의 법령을 포함한다)에 따른 기술 면허나 자격을 취득한 사람 또는 과학기술자로서 20세가 되는 해의 1월 1일부터 60세가 되는 해의 12월 31일까지의 대한민국 국민을 말한다(§2·①).

② 물적 자원이라 함은 「별표 2」에 기재된 물자와 업체를 말한다(§2·②).

【별표 2】 물적자원종류(제2조 제2항 관련)

1. 물 자

가. 무기탄약폭약과 그 밖의 군용물자　　나. 식품·음료 및 담배

다. 피복류·피혁류·고무류·화공류·금속류·소방기기류와 그 밖의 공산품류

라. 석탄석유·천연가스와 그 밖의 연료　　마. 의약품·의료기기·의약외품·수처리제

바. 농약·비료 및 동물사료

사. 자동차·선박·항공기·철도차량·건설기계·하역장비와 그 밖의 수송 및 건설용 장비

아. 토지·건물·토목건축용 물자·공작물과 그 부속물자

자. 전산장비·통신설비·통신용품과 그 밖의 통신용물자

차. 방송·인쇄시설과 그 밖의 홍보용 물자 카. 물의 사용권, 광업권·조광권·어업권·특허권 및 실용신안권

타. 가목부터 카목까지의 규정에 준하는 물건 및 권리로서 대통령령으로 정하는 것

2. 업 체

가. 물자의 생산·수리·가공·수출입·보관·판매 또는 관리에 관한 업무를 수행하는 업체

나. 전력·운수·방송·통신·보건·건설·금융·조폐·신문·출판·영화·문화·관광·환경·연구개발·사회복지·소프트웨어 및 정보보호에 관한 업무와 그 밖에 대통령령으로 정하는 업무를 수행하는 업체·단체 및 기관

(3) 중점관리대상자원의 지정

① 주무부장관은 효율적인 비상대비업무를 수행하기 위하여 필요하다고 인정하는 경우에는 대통령령이 정하는 바에 의하여 인력자원·물적자원 중에서 중점관리하여야 할 인력·물자 또는 업체를 지정할 수 있다(§11.①).

② 중점관리대상인력·물자 또는 업체를 지정한 때에는 그 지정된 자와 물자의 소유자 또는 업체의 장에게 지정된 사실과 그에 따른 임무를 기재한 고지서를 송달하여야 한다(§11.②).

(4) 지정업체 등에 대한 조치

주무부장관은 지정된 물자의 소유자 또는 업체의 장에 대하여 대통령령이 정하는 바에 따라 비상대비업무수행에 필요한 범위 안에서 부담능력을 감안하여 ① 시설의 보강 및 확장, ② 기술인력의 양성과 기술의 개발(시제품의 제작을 포함한다) 등 준비조치를 하게 할 수 있다(§12).

(5) 비 축

정부는 비상사태에 대비하여 필요한 물자를 비축하여야 한다(§13.①).

주무부장관은 효율적인 비상대비를 위하여 필요하다고 인정하는 경우에는 지정된 물자의 소유자 또는 업체의 장에 대하여 자체 부담능력을 감안하여 대통령의 승인을 얻어 3월분의 범위 안에서 필요한 물자를 비축하게 할 수 있다(§13.②).

(6) 비상대비훈련

1) 훈련의 실시

정부는 비상대비업무를 효율적으로 수행하기 위하여 필요하다고 인정하는 경우에는 대통령령이 정하는 바에 의하여 전국 또는 지역이나 부문별로 훈련을 실시할 수 있다(§14.①).

2) 훈련실시대상

훈련실시대상은 지정된 인력·물자 및 업체로 한다. 다만, 대통령령이 정하는 자에 대하여는 훈련을 면제할 수 있다(§15).

3) 훈련의 방법 및 기간

훈련의 실제훈련과 문서에 의한 도상훈련으로 구분하여 실시한다.

훈련의 기간은 연 7일을 초과할 수 없다. 다만, 시제품생산훈련과 도상훈련의 경우는 그러하지 아니하다(§16·①,②).

4) 훈련통지서의 전달

특별시장·광역시장·도지사 또는 주무부장관 소속 지방행정기관의 장은 훈련실시명령이 있는 때에는 대통령령이 정하는 바에 의하여 훈련대상자·훈련대상물자의 소유자 또는 업체의 장에게 훈련 통지서를 사전에 교부해야 한다(§17·①). 다만 본인이 부재중인 때에는 동일 세대내의 세대주나 가족 중 성년자, 물자의 관리인이나 업체의 임원 또는 직원에게 교부하여야 한다(§17·① 단서).

5) 직장보장 및 실비변상

① 직장보장

사용자는 그가 고용한 사람이 훈련에 참가 하였을 때에는 그 기간을 휴무로 하거나 훈련참가를 이유로 불리한 처우를 하여서는 아니 된다(§20).

② 실비변상

훈련에 참가한 자에 대하여는 대통령령으로 정하는 바에 따라 여비나 그 밖에 필요한 실비를 지급한다(§22).

Ⅳ. 비상사태 및 통합방위사태와 군정

1. 비상사태

(1) 긴급명령

1) 의 의

대통령은 국가의 안위에 관계되는 중대한 교전상태에 있어서 국가를 보위하기 위하여 긴급한 조치가 필요하고 국회의 집회가 불가능한 때에 한하여 법률의 효력을 가지는 명령을 발할 수 있다(헌법 §76·②).

2) 요 건

① 국가의 안위에 관계되는 중대한 교전(내란도 포함)이 있을 것, ② 국가를 보위하기 위하여 긴급한 조치가 필요할 것, 따라서 긴급명령은 국가보위목적으로만 가능하고 공공복리를 위한

적극적인 목적으로는 발동할 수 없고, ③ 국회의 집회가 불가능할 것, 여기에는 국회가 폐회 중인가, 개회 중인가 또는 휴회 중인가는 묻지 않는다. ④ 국무회의의 심의를 거칠 것을 요한다(헌법 §89·5호).

3) 절 차

긴급명령은 국무회의의 심의를 거쳐야 하며, 지체 없이 국회에 보고하여 승인을 얻어야 한다(헌법 §76·③). 만약 국회의 승인을 얻지 못한 때에는 그 명령은 그 때부터 효력을 상실한다(헌법 §76·④). 이 경우 그 명령에 의하여 개정 또는 폐지되었던 법률은 그 명령이 승인을 얻지 못한 때부터 당연히 효력을 회복한다(헌법 §76·④ 후단). 대통령은 긴급명령을 발한 후에 국회에 보고하고 승인을 요청했다는 사실과 그 승인여부를 지체 없이 공포해야 한다(헌법 § 76·⑤).

4) 효 과

긴급명령은 국회제정 법률과 같은 효력을 갖는다(헌법 §76·②). 따라서 국민의 권리와 자유를 제한할 수도 있고, 기존의 법률을 개정하거나 폐지할 수도 있다.

5) 통 제

긴급명령에 대한 사전통제로는 국무회의 심의가 있고, 사후통제로는 국회에 의한 통제(국회의 승인거부·탄핵소추·법률 개정등)와 헌법재판소에 의한 통제(위헌법률심사)가 있다.

(2) 계 엄

1) 의 의

대통령은 전시·사변 또는 이에 준하는 국가비상사태에 있어서 병력으로써 군사상의 필요에 응하거나 공공의 안녕질서를 유지할 필요가 있을 때에는 법률이 정하는 바에 의하여 계엄을 선포할 수 있다(헌법 § 77·①). 계엄은 전시·사변 또는 이에 준하는 국가비상사태에 있어서 「병역」으로써 군사상필요 또는 공공의 안녕질서를 유지할 필요가 있는 경우에 한해서, 그 지역 내의 행정권 또는 사법권을 계엄사령관의 지휘·감독하에 둘 뿐만 아니라 헌법에 보장된 개인의 기본권의 일부에까지 특별조치를 할 수 있으며, 계엄은 법률로써도 침해할 수 없는 헌법의 일부규정을 배제할 수 있는 가장 강력한 비상사태권한이다(헌법 §77·③, 계엄법 §9·①·③).

헌법(§77·①·③)에 근거하여 제정된 법이 계엄법이다.

2) 계엄의 종류

계엄은 비상계엄과 경비계엄으로 한다(헌법 §77·②).

① 비상계엄은 대통령이 전시·사변 또는 이에 준하는 국가 비상사태에 있어서 적과 교전

상태에 있거나 사회질서가 극도로 교란되어 행정 및 사법기능의 수행이 현저히 곤란한 경우에 군사상의 필요에 응하거나 공공의 안녕질서를 유지하기 위하여 선포한다(계엄법 §2·②).

② 경비계엄은 대통령이 전시·사변 또는 이에 준하는 국가비상사태에 있어서 사회질서가 교란되어 일반행정기관만으로는 치안을 확보할 수 없는 경우에 공공의 안녕질서를 유지하기 위하여 선포한다(계엄법 §2·③). 비상계엄이든 경비계엄이든 병력이 동원되는 점에서는 같다.

3) 절 차

대통령이 계엄을 선포하거나 변경하고자 할 때에는 국무회의의 심의를 거쳐야 하며(헌법 §89·5호·, 계엄법 §2·⑤), 계엄의 선포이유·종류·시행일시·시행지역 및 계엄사령관을 공고하여야 한다(계엄법 §3). 그리고 대통령이 계엄을 선포하였을 때는 지체 없이 국회에 통고하여야 한다(헌 법 §77·④, 계엄법 §4·①). 국회가 폐회 중인 때에는 대통령은 지체 없이 국회의 집회를 요구하여야 한다(계엄법 §4·②). 계엄사령관은 현역장관급장교 중에서 국방부장관이 추천한 자를 국무회의의 심의를 거쳐 대통령이 임명한다(계엄법 §5·①). 대통령은 계엄의 종류·시행지역 또는 계엄사령관을 변경할 수 있다(계엄법 §2·④).

계엄사령관은 계엄의 시행에 관하여 국방부장관의 지휘·감독을 받는다. 다만, 전국을 계엄지역으로 하는 경우와 대통령이 직접 지휘·감독할 필요가 있는 경우에는 대통령의 지휘·감독을 받는다. 계엄사령관을 지휘·감독함에 있어서 국책에 관계되는 사항은 국무회의의 심의를 거쳐야 한다(계엄법 § 6·①·②).

4) 효 력

계엄지역 안의 행정기간(정보 및 보안업무를 관장하는 기관을 포함) 및 사법기관은 지체 없이 계엄사령관의 지휘·감독을 받아야 한다(계엄법 §8·①). 계엄사령관이 계엄지역 안의 행정기관 및 사법기관을 지휘·감독함에 있어서 그 지역이 1개의 행정구역에 국한될 때에는 당해 구역의 최고책임자를 통하여, 2개 이상의 행정구역에 해당될 때에는 당해 구역의 최고책임자 또는 주무부처의 장(법원의 경우는 법원행정처장)을 통하여 행하여야 한다(계엄법 §8·②). 계엄선포 중 국회의원은 현행범인 경우를 제외하고는 체포 또는 구금되지 아니한나(계엄법 §13).

① 비상계엄의 경우

비상계엄의 선포와 동시에 계엄사령관은 계엄지역 안의 모든 행정사무와 사법사무를 관장한다(계엄법 §7·①).

비상계엄지역 안에서 계엄사령관은 ㉮ 군사상 필요한 때에는 영장제도·체포·구금·압수·수색·거주·이전·언론·출판·집회·결사 또는 단체행동에 대하여 특별한 조치를 할 수 있다. 이 경우 계엄사령관은 그 조치내용을 미리 공고하여야 하고(헌법 §77·③, 계엄법 §9·①), ㉯ 법률이 정하는 바에 의하여 동원 또는 징발할 수 있으며, 필요한 경우에는 군수에 공할 물품의 조사·등록과 반출금지를 명할 수 있고(계엄법 §9·②), ㉰ 작전상 부득이한 경우에는 국민의 재산을 파괴 또는 소훼할 수 있는데, 이 경우에는 미리 그 사유·지역·대상 등 필요한 사항을 당해 재산의 소재지를 관할하는 행정기관 및 그 재산의 소유자·점유자 또는 관리자에게 통보하거나 공고하여야 하며, 발생한 손실에 대하여는 정당한 보상을 하여야 한다. 다만, 그 손실이 교전상태에서 발생한 경우에는 그러하지 않다(계엄법§9·③, ④, §9의2·①).

국방부장관은 미리 보상청구의 기간 및 절차 등 보상청구에 필요한 사항을 10일 이상의 기간을 정하여 공고해야 하고, 보상금지급결정을 한 때에는 지체 없이 보상대상자에게 보상금 지급통지서를 송부하여야 한다(계엄법 §9의 2·②·③). 손실액의 산정은 파괴 또는 소훼로 인하여 재산이 멸실될 당시의 과세표준을 기준으로 한다(§9의 3·②). 관할 행정기관의 장은 재산의 파괴 또는 소훼로 인한 손실액을 판단하는데 필요한 조사서·확인서·사진 등 증빙을 기록·유지해야 한다(§9의 2·④). 보상금의 수령거부 등 보상대상자에게 보상금을 지급할 수 없을 때에는 당해 보상금을 보상대상자의 주소지를 관할하는 지방법원 또는 지원에 공탁하여야 한다(§9의5). 보상청구권은 공고기간만료일부터 5년간 행사하지 아니하면 시효로 소멸한다. 다만, 공고사실을 알지 못한 경우에는 그 사실을 안 날부터 기산한다(계엄법 §9의6).

비상계엄지역 안에 있어서는 제14조 또는 내란·외환·국교·공안·폭발물·공무방해·방화·통화·살인·강도에 관한 죄·국가보안법·총포도검화약류단속법·군사상 필요에 의해 제정된 법령에 규정된 죄를 범한 자는 군사법원에서 재판한다. 다만, 계엄사령관은 필요한 경우에는 당해 관할법원으로 하여금 이를 재판하게 할 수 있다(계엄법 §10·①). 비상계엄지역 안에 법원이 없거나 당해 관할법원과의 교통이 차단된 경우에는 제1항의 규정에 불구하고 모든 형사재판에 대한 군사법원이 이를 행한다(§10·②).

② 경비계엄의 경우

경비계엄의 선포와 동시에 계엄사령관은 계엄지역안의 군사에 관한 행정 사무와 사법사무를 관장한다(계엄법 §7·②). 이 경우 행정기관 또는 사법기관은 지체 없이 계엄사령관의 지휘·감독을 받아야 한다(계엄법 §8·①). 경비계엄은 공공의 안녕질서의 유지라는 치안유지의 행정목적을 위한 것이므로(계엄법 §2·③) 경비계엄하에서는 국민의 자유에 관한 침해는 허용되지 않는다(헌법 §77·③).

5) 해 제

대통령은 국가비상사태가 평상사태로 회복되거나 국회가 재적의원 과반수의 찬성으로 계엄의 해제를 요구하면 지체 없이 계엄을 해제하고 이를 공고하여야 한다(헌법 §77·⑤ 계엄법 §11·①). 대통령이 계엄을 해제하고자 할 때에는 국무회의의 심의를 거쳐야 한다(헌법 §89·5호, 계엄법 §11·②). 국방부장관 또는 행정안전부장관은 비상사태가 평상사태로 회복된 때에는 국무총리를 거쳐 대통령에게 계엄의 해제를 건의할 수 있다(계엄법 §11·③).

계엄이 해제된 날로부터 모든 행정사무와 사법사무는 평상사태로 복귀한다(계엄법 §12·①). 비상계엄중 군사법원에 계속 중인 재판사건의 관할은 비상계엄해제와 동시에 일반법원에 속한다. 다만, 대통령이 필요하다고 인정할 때에는 군사법원의 재판권을 1월 이내에 한하여 연기할 수 있다(계엄법 §12·②).

(3) 위 수 령

1) 목적 및 명칭

위수령은 육군군대가 영구히 1지구에 주둔하여 당해 지구의 경비, 육군의 질서 및 군기의 감시 외 육군에 속하는 건축물 기타 시설물의 보호에 임함을 목적으로 한다(위수령 §1). 위수근무집행의 구역은 육군참모총장이 이를 정하고, 당해 지구를 위수지라 칭하되, 그 지명을 위에 붙여야 한다(위수령 §4).

2) 위수사령관

위수근무를 행하게 하기 위하여 위수지역에 위수사령관을 둔다. 위수사령관은 당해 지구에 주둔하는 헌병대 이외의 군대의 장 중 상급선임자가 이에 임한다. 군사상 필요가 있을 때에는 전항의 규정에 불구하고 육군참모총장은 따로 위수사령관을 임명할 수 있다(위수령 §2). 위수사령관은 위수근무에 대하여 당해 지역에 주둔하는 부대 및 육군병원을 지휘한다(위수령 §2·④). 위수근무는 헌병대·요새사령부 또는 그 중의 1이 주둔하는 지구에 있어서는 이를 행하지 않는다(위수령 §3).

3) 병력출동

위수사령관은 재해 또는 비상사태에 즈음하여 시·도지사로부터 병력출동의 요청을 받았을 때에는 육군참모총장에게 상신하여 그 승인을 얻어 이에 응할 수 있다(위수령 §12·①). 그러나 사태가 긴급하여 육군참모총장의 승인을 기다릴 수 없을 때에는 즉시 그 요청을 응할 수 있다. 다만, 위수사령관은 지체 없이 이를 육군참모총장에게 보고하여야 한다(위수령 §12·②).

2. 통합방위사태

(1) 목 적

「통합방위법」은 적의 침투·도발이나 그 위협에 있어서 국가총력전의 개념에 입각하여 국가방위요소를 통합·운용하기 위한 통합방위대책을 수립·시행하는데 필요한 사항을 규정함을 목적으로 한다(통합방위법 §1).

(2) 기본용어정리(§2)

1) 통합방위

적의 침투·도발이나 그 위협에 있어서 각종 국가방위요소를 통합하고 지휘체계를 일원화하여 국가를 방위하는 것을 말한다.

2) 국가방위요소

통합방위작전의 수행에 필요한 ① 국군조직법(§2)상 국군, ② 경찰청·해양경찰청 및 그 소속기관과 「제주특별자치도설치및국제자유도시조성을위한특별법」상 자치경찰기구, ③ 국가기관 및 지방자치단체(㉮ 및 ㉯의 경우를 제외한다), ④ 향토예비군설치법상 향토예비군, ⑤ 민방위기본법상 민방위대, ⑥ 제6조의 규정에 의하여 직장통합방위협의회를 두는 직장의 방위전력 또는 그 지원요소를 말한다.

3) 통합방위사태

적의 침투·도발이나 그 위협에 대응하여 갑종사태·을종사태·병종사태의 구분에 따라 선포하는 단계별 사태를 말한다.

4) 통합방위작전

통합방위사태가 선포된 지역에서 그 사태의 구분에 따라 통합방위본부장·지역군사령관·함대사령관 또는 지방경찰청장(이하 '작전지위관'이라 한다)이 국가방위요소를 통합하여 지휘·통제하는 방위작전을 말한다.

5) 갑종사태

일정한 조직체계를 갖춘 적의 대규모 병력침투 또는 대량살상무기의 공격 등의 도발로 인한 비상사태로서 통합방위본부장 또는 지역군사령관의 지휘·통제하에 통합방위작전을 수행하여야 할 사태를 말한다.

6) 을종사태

일부 또는 수개지역에서 적의 침투·도발로 인하여 단기간 내에 치안회복이 어려워 지역군사령관의 지휘·통제하에 통합방위작전을 수행하여야 할 사태를 말한다.

7) 병종사태

적의 침투·도발위협이 예상되거나 소규모의 적이 침투한 때에 지방경찰청장·지역군사령관 또는 함대사령관의 지휘·통제하에 통합방위작전을 수행하여 단기간 내에 치안이 회복될 수 있는 사태를 말한다.

(3) 통합방위본부장 및 각 통합방위지원본부

1) 통합방위본부장

합동참모본부에 통합방위본부를 둔다. 통합방위본부장은 합동참모의장이 된다(통합방위법 §8·①·②).

2) 통합방위지원본부

시·도지사 소속하에 시·도 통합방위 지원본부를, 시장·군수·구청장·읍장·면장·동장 소속하에 시·군·구·읍·면·동 통합방위지원본부(이하 '각통합방위 지원본부'라 한다)를 둔다. 각 통합방위 지원본부의 조직 및 운영에 관하여 필요한 사항은 대통령령이 정하는 기준에 의하여 조례로 정한다(통합방위법 §9·①·②·③).

(4) 통합방위사태의 절차

1) 통합방위사태의 선포

통합방위사태는 갑종, 을종 또는 병종사태로 구분하여 선포한다(§12).

① 국방부장관은 ㉮ 갑종사태에 해당하는 상황이 발생한 때 ㉯ 또는 둘 이상의 시·도에 걸쳐 을종사태에 해당하는 상황이 발생한 때에, ㉰ 행정안전부장관 또는 국방부장관은 둘 이상의 시·도에 걸쳐 병종사태에 해당하는 상황이 발생한 때에는 즉시 국무총리를 거쳐 대통령에게 통합방위사태의 선포를 건의하여야 한다(§12·②). 건의를 받은 대통령은 중앙통합협의회(통합방위법 §4)와 국무회의 심의를 거쳐 통합방위사태를 선포할 수 있다(통합방위법 §12·③).

② 지방경찰청장 또는 지역군사령관은 을종사태나 병종사태에 해당하는 상황이 발생한 때에는 즉시 시·도지사에게 통합방위사태의 선포를 건의하여야 한다. 건의를 받은 시·도지사는 지역통합위협의회(이하 '시·도협의회'라 한다)의 심의를 거쳐 을종사태 또는 병종사태를 선포할 수 있다(통합방위법 §12·④,⑤).

2) 국회 또는 시·도의회에 대한 통고

대통령은 통합방위사태를 선포한 때에는 지체 없이 그 사실을 국회에 통고하여야 하고, 시·도지사는 통합방위사태를 선포한 때에는 지체 없이 그 사실을 시·도의회에 통고하여야 한다(통합방위법 §13·①,②). 대통령 또는 시·도지사는 통합방위사태를 통고함에 있어 국회 또는 시·도의회가 폐회중인 때에는 그 집회를 요구하여야 한다(§13·③).

(5) 통합방위작전·수행

1) 통합방위작전의 관할구역

통합방위작전의 관할구역은 ① 지상관할구역(특정경비지역, 군관할 지역 및 경찰관할지역) ② 해상관할구역(특정경비해역, 일반경비해역),

③ 공중관할구역(비행금지공역, 일반공역)으로 구분한다(§15·①).

2) 통합방위작전수행

지방경찰청장·지역군사령관 또는 함대사령관은 통합방위사태가 선포된 때에는 즉시 ① 경찰관할지역은 지방경찰청장, ② 특정경비지역 및 군관할지역은 지역군사령관, ③ 특정경비해역 및 일반경비해역은 함대사령관, ④ 비행금지공역 및 일반공역은 공군작전사령관이 통합방위작전(공군작전사령관의 경우에는 통합방위지원작전)을 신속하게 수행하여야 한다. 다만, 을종사태가 선포된 경우에는 지역군사령관이, 갑종사태가 선포된 경우에는 통합방위본부장 또는 지역군사령관이 각각 통합방위작전을 수행한다(§15·②).

통합방위작전의 임무를 수행하는 자는 그 작전지역 안에서 대통령령이 정하는 바에 의하여 임무수행에 필요한 검문을 할 수 있다(§15·⑤).

3) 통제구역

시·도지사 또는 시장·군수·구청장은 통합방위사태가 선포된 때에는 대통령령이 정하는 바에 의하여 인명·신체에 대한 위해를 방지하기 위하여 필요한 통제구역을 설정하고, 통합방위작전에 관련되지 아니한 자에 대하여는 출입을 금지·제한하거나 그 통제구역으로부터 퇴거할 것을 명할 수 있다(§16·①).

4) 대피명령

시·도지사 또는 시장·군수·구청장은 통합방위사태가 선포된 때에는 인명·신체에 대한 위해를 방지하기 위하여 즉시 작전지역 안에 있는 주민이나 체재자에 대하여 대피할 것을 명할 수 있다. 대피명령은 방송·확성기·벽보 기타 대통령령이 정하는 방법에 의하여 공고하여야 한다(§17·①, ②).

5) 검문소의 운용

지방경찰청장·해양경찰서장·지역군사령관 및 함대사령관은 관할구역 중에서 적의 침부가 예상되는 곳 등에 검문소를 설치·운용할 수 있다. 다만, 해양경찰서장이 검문소를 설치하는 경우에는 미리 관할 함대사령관과 협의하여야 한다(§18·①).

색 인

판례색인

사항색인

(ㄹ)

(ㅁ)

(ㅂ)

(ㅅ)

(ㅈ)

(ㅊ)

약 력

1967년 고려대학교 법과대학 졸업
1983년 건국대학교 대학원(법학석사) 졸업
1991년 단국대학교 대학원(법학박사) 졸업
건국대, 덕성여대, 중앙대 강사(고시특강)
내무부 공무원연수원, CBS방송,
재정경제원 통계청연수원 강사
1992. 3.1. ~ 대진대학교 조교수 임용
1994. 3.1. ~ 대진대학교 법학과장
1997. 4.1. ~ 1999. 3.30. 대진대학교 고시원장
1998. 3.1. ~ 2000. 2.28. 대진대학교 법무대학원장
2000. 3.1. ~ 2001. 8.31. 대진대학교 법무행정대학원장
2005. 3.1. ~ 2006. 5.31. 대진대학교 사회과학대학장
현재 대진대학교 법학과 교수

연구분야

주연구분야 : 공법중 행정법
세부연구분야 : 법치주의, 행정절차법
환경행정소송(환경오염으로 인한 피해구제)
경찰법, 자치입법.

학회 활동

1998. 2.1. ~ 1999. 1.31. 한국토지공법학회 언론이사
2000. 3.1. ~ 2001. 2.28. 한국공법학회 부회장
2004. 4.27. ~ 현재 한국 부동산학회 부회장
2005. 7.1. ~ 현재 한국토지공법학회 감사

저서 및 논문

1991. 8.25. 신경찰행정법(한국고시개발원)
1992. 10.20. 신 경찰법(한국고시개발원)
1993. 4.25. 고시행정법정해(형설출판사)
1997. 6.24. 민홍 행정법(선학사)
1999. 8.27. 법학개론(도서출판 경인)
2002. 3.15. M.TEXT 헹정법(박문각)
2003. 4.25. 이것이 행정법이다(고시연구원)
2003. 5.10. 정답이 씨익~웃는 행정법총론(고시연구원)
2004. 1.5. 이것이 경찰학개론이다(고시연구원)
2005. 5.25. 행정법(상)(고시연구원)
2009. 3.10. 행정법(상) 로스쿨교과서(진원사)

- 부동산등기의 공신력부여에 관한 연구. 1983. 법학석사 학위논문
- 환경행정소송에 관한연구(환경침해에 대한 공법적 구제). 1991. 법학박사하위논문
- 미국행정법상의 집단소송(Class Action). 1993. 대진논총.
- 형식적당사자소송. 1994. 대진논총
- 토지수용법상 보상금증감청구소송. 1997. 한국부동산학보 제14집
- 토지수용법상 보상금증감청구소송과 형식적 당사자소송. 1998. 토지공법연구 제6집
- 자치입법권 특히 조례제정에 있어서 법률유보문제. 1999. 토지공법연구 제7집
- 조례제정에 있어서 법률우위문제. 2000. 공법연구 제29집 제1호
- 공익사업을위한토지등의취득및보상에관한법률에 대한 소고. 2003. 현대공법이론의 제문제, 석종현 화갑기념논문집
- 한국의 자치경찰제도 도입문제. 2004. 법정책논총 창간호
기타 논문 다수

사회활동

2003. 10. 7급·9급·지방직·승진시험위원
2004. 01. 행정고시시험위원
1993. 6.4. ~ 2001. 12.31. 국.도.군정 홍보위원
1993. 11.23. ~ 현재 포천시 지방부동산평가위원회 위원
1995. 5.1. ~ 현재 포천시 행정정보공개위원회 부위원장
1995. 5.30 ~ 현재 포천시 부동산중개업분쟁조정위원회 위원
2002. 11.11. ~ 현재 포천시 인사위원회위원
2004. 11.12. ~ 현재 포천시 갈등조정위원회위원
2005. 3.1. ~ 현재 경기도 주민감사청구심의회 부위원장
2006. 8.1. ~ 현재 포천시공직자윤리위원회 위원

행 정 법(하) | 이론 · 판례 · 사례 |

저 자 조정환
발행인 양진수
발행처 진원사

2007년 9월 5일 제1판 발행
2012년 4월 13일 제3판 인쇄
2012년 4월 20일 제3판 반행

서울시 서초구 서초3동 1714-32 형덕빌딩 1층
전화 : 02)916-1850 / 팩스 : 02)916-3442
신고번호 제321-2512007002호
http://www.jinwonsa.co.kr
http://www.lawbookstore.co.kr

ISBN : 978-89-6346-181-6 94360
978-89-6346-182-3 94360(세트)

정가 45,000원